DICTIONARY OF
MEDIEVAL LATIN
FROM BRITISH SOURCES

FASCICULE XVII

Syr–Z

DICTIONARY OF
MEDIEVAL LATIN
FROM BRITISH SOURCES

Fascicule XVII Syr–Z

PREPARED BY
R. K. ASHDOWNE, M.A., D.Phil.

With
K. GOWERS, Dr. phil.
G. PEZZINI, D.Phil.
S. SNEDDON, M.A., Ph.D.
M. N. A. THAKKAR, M.A., M.Sc., D.Phil.
and C. WHITE, M.A., D.Phil.

UNDER THE DIRECTION OF A COMMITTEE
APPOINTED BY THE BRITISH ACADEMY

Published *for* THE BRITISH ACADEMY
by OXFORD UNIVERSITY PRESS

Oxford University Press, Great Clarendon Street, Oxford OX2 6DP

Oxford New York

Auckland Cape Town Dar es Salaam Hong Kong Karachi
Kuala Lumpur Madrid Mexico City Nairobi
New Delhi Shanghai Taipei Toronto

With offices in

Argentina Austria Brazil Chile Czech Republic France Greece
Guatemala Hungary Italy Japan Poland Portugal Singapore
South Korea Switzerland Thailand Turkey Ukraine Vietnam

Published in the United States
by Oxford University Press Inc., New York

British Library Cataloguing in Publication Data
Data available

Library of Congress Cataloging in Publication Data
Data available

Typeset by Data Standards, Frome, Somerset.
Printed and bound in Great Britain by
CPI Antony Rowe, Chippenham, Wilts.

ISBN 978–0–19–726561–1

MEMBERS OF THE COMMITTEE

PREFACE TO FASCICULE XVII

Publication of fascicule XVII brings the printed publication of the *Dictionary of Medieval Latin from British Sources* to a close. It comes in the centenary year of the proposal by R. J. Whitwell in 1913 that led ultimately to the creation of this dictionary and of other regional and national dictionaries of medieval Latin across Europe. The *DMLBS* reaches its conclusion in a world very different from that of 1913 or even of 1967, when R. E. Latham, its first editor, began the work of drafting, but the potential value of modern guides to the vocabulary of the medieval Latin language, identified by Whitwell, has not changed. Indeed, over those years it has continued to increase, especially as familiarity with Latin and the other languages of the original medieval sources has diminished.

The publication of this final fascicule naturally calls for a significant number of acknowledgements of contributions from many quarters. It was made possible by the generous financial support of the Packard Humanities Institute, the Arts and Humanities Research Council, the John Fell Oxford University Press Research Fund, and the British Academy, and by support from the Faculty of Classics and the Bodleian Library of the University of Oxford.

In addition to the editor and assistant editors named on the title page, it is a pleasure to thank for continuing invaluable service P. G. W. Glare as Consulting Editor and Dr Thomas Wrobel as XML and Web Developer. We also thank Mr Philip Barras for assistance in checking draft material for this fascicule.

We are grateful to the numerous specialists who have been consulted in the course of preparing this fascicule for their willingness to share their expertise in relation to particular entries. We acknowledge especially the assistance of Professor David Trotter. We also thank the staff of the many libraries and archives we have consulted for their assistance in tracing and verifying quotations. We record our particular gratitude to the staff of the National Archives and of the Bodleian and British Libraries.

In the course of the century of work that has led to this point, the work of the dictionary has been served and aided by countless people and institutions, including volunteer readers, committee members and chairmen, archives and archivists, libraries and librarians, printers, typesetters, and, above all, the many editorial staff. Without their collective efforts and contributions, this dictionary would not have been possible, and this fascicule is dedicated to all who have contributed to the work of compiling the *DMLBS*.

T. Reinhardt
Oxford, December 2013

LIST OF FASCICULES PUBLISHED

advocatio 3c, for *BBC* (*Bakewell*) 8 read *BBC* (*Bakewell*) 81.

aesculus, W. MAP *NC* IV 11 p. 180, for 'tortuose' read 'tortulose'.

aetas 2b, for *SelPlCrown* 18 read *SelPlCrown* 7, and for ib. 27 read ib. 11.

aggarrire [CL ad+garrire], to chatter foolishly (in quot., trans.).

ad hec ~ires virge perperam volatilitatem calciamentoque non minus inconvenientem alatilitatem E. THRIP. *SS* IV 20.

2 aira [αἶρα], darnel (*Lolium temulentum*).

lolium Graeci 'eram' vocant, nonnulli 'zizanion', Angli *darnell* TURNER *Herb.* (1965) 52.

alatilitas [CL alatus+-ilis+-tas], fact of being furnished with wings, wingedness.

ad hec aggarrires virge perperam volatilitatem calciamentoque non minus inconvenientem ~atem E. THRIP. *SS* IV 20.

aleo [CL], dice-player.

aleator, alio *CathA*.

aliquantisper b, for NECKAM *Sac.* 862 read NECKAM *Sac.* 362.

altivolans [CL], high-flying.

scorpius altivolans titulat ambitque Novembrem (*Kal. M. A.*) *Traditio* XI 70.

anteveredus [CL ante+veredus], ? what comes before cart.

dum .. anteriorem equum regulandi gracia voluisset adire, incaute subter ipsas restes sive traxus quibus jungebantur inclinatus, inter veredum scilicet et ~um, transitum fecit *Mir. Hen. VI* I 24.

1 aquila, add **3** *f. l.*

1427 †aquila [l. ampulla] cum olio benedicto (*Lib. Mem. Cam.*) *CalExch* II 123 (cf. ib. II 116: ampulla cum olio benedicto).

1 assida, *Best.* 35a, for 'stratcamelon' read 'stratocamelon'.

aureus 2, add **c** (as unit of weight) one sixth of an *uncia*.

recipe .. zirungen ana ~eos ij GILB. VII 321. 1.

ballista 2, for *Misae* 230 read *Misae* 236.

bennagium [benna = *large basket or container, measure of dry goods*+-agium], toll on wine sold.

c**1180** ita .. quod de vino de predictis vineis collecto non reddat capellanus benagium neque aliam consuetudinem *Act. Hen. II* II 255; c**1180** concedo .. septem quartas vinearum .. immunes ab omnibus consuetudinibus ad me pertinentibus, ut de vinagio et aliis, ita etiam quod de vino de predictis vineis collecto non reddat capellanus bennagium neque aliam consuetudinem *Ib.* II 256.

bennarius [OF *bannier*], one who is obliged to use his lord's mill.

c**1180** do predicto capellano jurisdictionem in omnes subjectos etiam rebelles ejusdem terre et feodi, jus pariter bennerii, torcularis venationisque *Act. Hen. II* II 256.

bisulcus, add **b** (of animal) that has cloven hooves, bisulcate.

est in Britannia nostra hoc anno 1561 peregrinum animal et ~um CAIUS *Anim.* f. 7b.

bithalassum, for H. LOS. *Ep.* 42b read H. LOS. *Ep.* 22.

Britannica, add **2** English scurvy-grass (*Cochlearia anglica*).

britanni[c]a herba est folia habens similia lappacio agresti sed paulo nigriora et lanosa *Alph.* 26.

caneulla, for *Reg. Wint.* II 74 read *Reg. Wint.* II 704.

canibapirum [f. l. *for* theion apyron < θεῖον ἄπυρον], (in gl.) native sulphur.

~um, sulphur vivum *Alph.* 32; sulphur et sulphur vivum quod alio nomine dicitur ~um *Ib.* 180.

castorinus [LL], of or belonging to a beaver.

cur agninas pelles haberet qui sabelinas vel ~as vel vulpinas habere posset W. MALM. *Wulfst.* III 1.

caudeus [cf. CL caudex], of tree-trunks or logs, (as sb. f.) logboat.

hec trabaria .. i. navis longa et stricta que aliter 'litoraria' dicitur et '~ea' OSB. GLOUC. *Deriv.* 576; trabaria, navis longa et stricta que et 'littorea' et '~ea' dicitur *Ib.* 590.

caumaliter [CL cauma+-alis+-ter], in the form of heat.

dum aer in se vaporaliter aquam de imis et ignem ~er de superioribus trahat BEDE *NR* 220.

cephal, add **b** (her.) upper third of shield, chief.

Galli .. symbolum istud quod in summitate scuti cernitur chef .. vocant, tractum suspicor a κεφαλὴ .. quamobrem nos .. '~alum' .. appellamus. areae tertiam partem obtinere dicitur, superioremque semper clypei regionem SPELMAN *Asp.* 88.

clausula 3b, for 'shrine (fig., w. ref. to BVM)' read 'private chamber, closet (in quot. fig., w. ref. to womb)', and after quot. GARL. *Epith.* 33v. (35v.) add 'tenditur ventris cuticula / et vulnericiam non sensit clausula WALT. WIMB. *Carm.* 80'.

1 codex, add **e** (in gl.) boat hollowed out from a single block of wood, logboat, trow.

10.. trabaria i. caudex, *punt WW.*

commenda b, **1439**, for 'precrebuere' read 'percrebuere'.

contrata, for WYCL. *Sim.* 22 read WYCL. *Sim.* 23

coopertorium 5c, for *RentSurvR* r. 6 (1) read *RentSurvR* 730 r. 6 (1).

corruptela, for *GAS* 255 read *GAS* 257.

coucherius 2, for **1286** read **1280**.

crocodileon [CL < κροκοδίλεον], kind of thistle-like plant.

†colidion [l. ~ion] similis est camele[o]nte nigre, nascitur in locis saxosis [Diosc. III 10: τόπως δρυμώδεσι; Plin. *HN* XXVII 64: sabuletis], radicem habet longam et grossam, odore viscidam sicut cardomum *Alph.* 43.

curialis 3b, for P. BLOIS *Ep.* 150. 446B read P. BLOIS *Ep.* 150. 440B.

de 9d, for *Ib.* IV 181v. 2 read *Ib.* IV 182v. 2.

1 dia 1, GARL. *Mor. Scol.* 597, for 'diaciminium' read 'diaciminium [v. l. diaciminum]', and GAD. 76v. 2, for 'causa' read 'cauda'.

discorditer b, for *Cust. Westm.* 26 read *Cust. Westm.* 36.

diverticulum 1e, GIR. *IK* I 2, for 'statum' read 'statim'.

1 dragantum [*perh. by confusion and/or misreading of* Ar. al-qalqand (< χάλκανθον) *or karkand*], (in gl.) metal sulphate, vitriol.

dragantum, vitriolum, calcantum .. idem *Alph.* 48; dragantum, i. vitreolum, calcantum idem *SB* 18; draganti, A. *vytryole, or coporose WW.*

ebibitor [CL ebibere+-tor], (in gl.) one who drinks, (heavy) drinker.

sorbillator, degulator, potator, ganeo, helluo, tabernio, ~or, consumptor OSB. GLOUC. *Deriv.* 556.

ergasterium, add **4** trave, shackle or frame to restrain horse while being shod.

tramerium, *traveys.* ~ium idem est *WW; trave for to scho horse jn*, ferratorium, ~ium, trave *CathA*.

error 1, for ADEL. *QN* 70 read ADEL. *QN* 71.

extremitas, add **4** *f. l.*

philosophi ponunt animam in †zizonte [l. orizonte] †extremitatis [l. eternitatis] et temporis GILB. IV 184v. 2.

falconarius 2, **1282**, for 'sablonarium' read 'sablonariorum'.

fatulum [fatum+-ulum], ~a, sort of open vessel of large size for liquids, bucket, tub, vat.

c**1462** pro magna fatula Anglice *acovell* [*sic*] empt' ad portand' aquam *KR Ac* 462/6 m. 4.

2 fatum, for existing entry read:

2 fatum, ~a, ~us [ME *fat*, AS *fæt*], sort of open vessel of large size for liquids, bucket, tub, vat.

octo scrinia que cancellarii continebant supellectilem, auream scilicet et argenteam; vatos, culullos, pateras, scyphos, cuppas W. FITZST. *Thom.* 19 p. 30; c**1283** xvj quarteria per factum bracini solvuntur de avena, pro una firma octo facti; et continet factus bracini xvij bussell omnes avene ad brasium *Dom. S. Paul.* 164*; **1290** j caneulla et ij pipe, vatta, ij barilla, ij cuve et iiij magne cuve *Reg. Wint.* II 704; **1313** de .. ij patellis eneis, ij ~is, iiij tubbis (*Ac. Templar.*) *LTR Ac* 19 r. 33; **1327** item in treyes, ~is, tinis, et hopis, xxj d. (*Comp. Pitanc. Norw*) *Arch. J.* XXXII 474; **1346** in j matte empto pro ~is cooperiendis j d. *Rec. Elton* 324; c**1350** in brasina unum plumbum cum cuppa quod dicitur *masse fatte* .. j fattum *Reg. Moray* 367; pro cariagio j dolii vini .. pro cariagio unius fatti vini de Ruyn' *Ac. H. Buckingham* 12; de lxxj sexteriis, iij picheriis, ij quarteriis [sc. vini] repertis in j fatto vini de Ruyn' *Ib.* 36.

1 foris e, GIR. *Invect.* I 2 p. 85, for 'pro ~ibus' read 'pre ~ibus'.

forma 9c, OCKHAM *Pol.* I 319, for 'repeteretur' read 'reciperetur [v. l. repeteretur]', and 11d, M. SCOT *Sol* 713, for ' introduci propria' read 'introduci ubi propria'.

generalis 8b, **1501**, for 'receptoris' read 'receptores', and 9, OCKHAM *Pol.* I 293, for 'magister' read 'minister'.

generosus 1, for R. NIGER *Chr.* II 16 read R. NIGER *Chr.* II 169.

genialis 3, s**1020**, for 'affectionem' read 'affectionum'.

geras [γέρας], cast skin, slough of a serpent.

geras, tunica serpentis *Gl. Laud.* 699.

gramen 2, *Mir. Nin.* 193, for 'quassantia' read 'grassantia'.

grisus 2b, **1432**, for 'de primo ~eo' read 'de puro ~eo'.

guidagium, ~onagium [guidus+-agium; cf. ME *guidage*], **guiagium** [AN *guiage*], (safe-) conduct, (right of) free passage (under escort or protection), (also) fee paid for this (*v. et. viagium*).

p**1251** cum dominus G. et ejus predecessores in Bigorra francagia seu ~agia in pluribus locis perceperint ab antiquo .. comes Bigorritanis inhibuit viva voce ne predicta ~agia solverentur *V. Montf. app.* 316; **1254** cepistis quasdam vaccas, quas .. Ern' habuit sub ~agio nostro de licencia nostra *Cl* 301; **1289** averium, vacce, et boves et omnia alia animalia .. que sunt sub nostro ~anagio *RGasc* II 395b; **1289** servicium consuetum de sciendo numero vaccarum et aliorum animalium que nobis ad solvendum ~onagium tenebuntur *Ib.* II 418b; **1290** pro quibusdam ~ag' dictorum girfalconum, xij d. (*AcWardr*) *Chanc. Misc.* 4/4 f. 49*d.*; **1290** pro ~agio et conductu faciendo eidem magistro J. de O. usque .. fronteria Navarre (*AcWardr*) *Ib.* 4/5 f. 17*d.*; **1343** quod .. poterunt ire secure de una patria ad aliam .. ita libere sicut solebant venire et ire .. solvendo pedagia et †vinagia [v. l. vynagia; l. wiagia, widagia] (*Treuga*) AD. MUR. *Chr.* 133; **1372** omnes compellentes clericos solvere pedagia vel vuydagia seu alias exacciones *Reg. Exon.* VI 291; **1402** nunquam .. imponet .. nec levare faciet aut procurabit aliqua illicita onera, *bonys, cowys,* guydagia, vel pedagia super et de tenentibus ecclesie cathedralis de Clone *Pipe Cloyne* 55; **1418** officium prepositi et peagii civitatis nostre Dax cum herbagio et ~oatg' civitatis predicte *RNorm* 257; *tolle or custome,* ~agia, -ie *PP*.

guidare [guidus+-are; cf. ME *guiden*, AN *guider*], to guide, conduct, escort. **b** (in gl.).

1254 si aliquis de Genciaco vult ~are aliquem, potest hoc facere, nisi expresse eidem esset prohibitum, vel nisi ille quem ~are vellet hominem dicti loci cepisset vel occidisset, et periculo ~antis est si ~atus transiens locum injuriam vel dampnum intulerit (*Pat*) *RGasc* I 546a. **b** *tollyn or take toll,* ~o, -as, -avi *PP*.

guidarium [guidus+-arium], (safe-)conduct, (right of) free passage (under escort or protection), (also) fee paid for this (*v. et. guidagium*).

1254 quod V. P. civis Burdegalensis salvo et sub ~io regis ducere possit per aquam de villa de B. *RGasc* I 341b.

guidus, ~o [AN, ME *guide*], one who leads or shows the way, guide.

1265 pro expensis G. euntis ad comitem .. cum ~one et equitatura locata, ij s. (*Rot. Hospit.*) *Manners* 31; **1286** Johanni de B. pro j ~o ducente [i. e. docente] regi viam ad riparias juxta C. *Rec. Wardr.* 193; **1287** pro ~is conductis ad docendum regi viam apud I. .. quando rex .. passavit fordam Tamis' per tres vices *KR Ac* 351/28 m. 3; **1290** una cum .. conduccione diversorum ~orum ducencium reginam per omnia itinera predicta (*AcWardr*) *Chanc. Misc.* 4/5 f. 4v; **1290** duobus guydis .. ducentibus regem noctanter de N. usque S. *Ib.* 4/5 f. 45; **1300** Thome le C. deferenti literas regis .. vicecomiti Cumb' pro expensis suis et ~is conducendis *Ac Wardr* 294.

helioscorpio [ἡλιοσκόπιος by conf. with CL scorpio], (bot.) heliotrope (perh. *Heliotropium europaeum*). *V. et. solago* a.

solago major, i. elioscorpio *Gl. Laud.* 1320 (cf. *MS Ashmole* 1431 f. 17v: solago major .. ad .. scorpionum percussus).

Hiberniensis, s**1195**, for 'Walle et Scosci' read 'Wallie et Scoscie'.

hieros 2f, *Invent. Med.* 68, for 'pilaur'' read 'piliaur''.

impositio 11, for BALSH. *AD rec. 2* 28 n read BALSH. *AD rec. 2* 43.

incolorate [CL], without alleging a reason.

fictio ista dyaboli tam incolorate sophisticans de ignota ecclesia militante non sonat in virtute ecclesie WYCL. *Versut.* 99.

1 indefectus, †**745**, for 'perennitati' read 'perennitate'.

inferius 3, **1537**, for *AcDurh* 06 read *Ac. Durh.* 706.

inferre 2, c**1080**, for *Chr. Westm.* 234 read *Ch. Westm.* 234.

inniti 2a, GIR. *TH* II 18, for 'artificium' read 'artificum'.

insanus 5b, for 'mullein' read 'phlome'.

integumentum 1, R. COLD. *Cuthb.* 41 p. 86, for 'nullus' read 'nullius'.

interpungere 2a, SPELMAN *Asp.* 84, for 'rhumbulos' read 'rhombulos'.

inviscerare 1b, R. BOCKING *Ric. Cic.* I 16, for 'concellario' read 'cancellario'.

iynx [CL < ἴυγξ], kind of woodpecker-like bird, wryneck (*Iynx torquilla*).

~x .. cinerei coloris avicula caudam vibrans assidue .. nomina omnia a colli obtorsione efficta .. *a wrynecke* J. HIGGINS, *Nomenclator* (London, 1585) 59b.

janua 1c, **1525**, for 'fecere' read 'facere'.

3 justa, **1333**, for 'harnesionum' read 'harnesiorum'.

kermon, *SB* 26, for 'silex' read 'siler'.

labella 1c, **1241**, for 'phanus'' read 'phanun''.

labiliter [LL], in a flowing, slipping way.

quicquid .. aquarum, sive ~iter undosum sive vaporabiliter tenuatum, utrumque tamen humide nature deputatur ANDR. S. VICT. *Hept.* 17 (cf. Aug. *Gen. ad Lit.* III 3).

laquear 1a, for *Temp.* 26 read *TR* 26, and 2, for *Bannatyne Misc.* II 17 read *Found. Holyrood* II 17 and reorder as the second quotation.

larvalis 1a, B. *V. Dunst.* 17, for 'fatigant' read 'fatigavit'.

leptologia [λεπτολογία], (rhet.) pedantically detailed enumeration, leptology.

satis digessimus de vocabulis, notis, ac serie unciarum, quae ipse exsequens facit figuram ~iam, quae fit ubi subtiliter ac minutatim singula judicantur [Cassiod. *Psalm.* 51. 5: indicantur] (ABBO *Calc.*) *Auct. Brit.* XV 105.

1 levare 10b, *Rec. Templars* 9, for 'falcabant' read 'falcabunt'.

linosa, *WW,* for '*douek*' read '*donek*'.

litorarius [CL], of the sea-shore, (as sb. f.) boat suitable for use near the shore.

hec trabaria .. i. navis longa et stricta que aliter '~ia' dicitur et 'caudea' OSB. GLOUC. *Deriv.* 576.

litoreus, add **c** (as sb. f.) boat suitable for use near the shore.

trabaria, navis longa et stricta que et 'littorea' et 'caudea' dicitur OSB. GLOUC. *Deriv.* 590.

lodmannagium, **1300**, for 'stonag'' read 'stouag''.

lutstringus, **1471**, for 'tustea' read 'tuscea'.

machinarius [CL], of or pertaining to an engine or machine.

1270 in vij virgis ~iis et suis †filiis [l. filis] et pendentibus *Liberate* 46 m. 9.

malleus 1c, *KR Ac* 514/16/2, for **1468** read **1428**.

2 manca b, **1234**, for *Cart. Glast.* 9 read *Cust. Glast.* 9.

manerialis, add **2** ? of or pertaining to kind or nature (*cf. suppositio* 4b).

'homo est species' .. hic est ~o manerialis, quia supponit pro ipsa manerie speciei SHIRWOOD *Log.* 268.

medicinalis 5, **1336**, for *IssueR* m. 18 read *IssueR* 288 m. 18.

melior 10, for TURGOT *Marg.* 243 read TURGOT *Marg.* 8 p. 243.

mercasa, *Alph.* 116, for 'vulgare salsicas' read 'vulgare salsisas'.

2 minator 2, **1290**, for *Chanc. Misc.* 415 f. 13 read *Chanc. Misc.* 4/5 f. 13.

1 mola 3d, c**1315**, for 'cinopium' read 'cinapium', and **1390**, for *KB CourtR* read *KB ContrR*.

neptigallus, ÆLF. *Coll.* 94, for 'nusculas' read 'musculas'.

noctescere b, WALT. WIMB. *Var.* 50, for 'furnescit' read 'furvescit'.

1 nothus, add **4** (med., in quot. of fever) spurious, bastard.

[febris] non vera sive ~a est in qua non omnia particularia sed pauca vel plura conveniunt GILB. I 7v. 1; in quotidiana et tertiana ~a *Ib.* II 97. 1; tertiana non vera vel nota i. e. non pura quandoque durat tempore longo GAD. 4. 2.

oleum 2c, BACON *Maj.* II 217, for 'oriens et petra' read 'oriens ex petra'.

ordinare 13e, OCKHAM *Dial.* 808, for 'sacerdotum' read 'sacerdotem'.

ordinative [LL ordinativus+-e], **a** with regard to order in a series, in a manner that indicates order. **b** according to an order.

a li 'ex' potest sumi ~e vel materialiter; si ordinaliter, sic est sensus: ex nichilo, id est post nichil, et sic est vera; si 'ex' teneatur materialiter, sic est falsa, et est sensus: ex nichilo, id est ex nulla re. BACON XIII 104. **b** cum natura paulative et ~e procedit WYCL. *Ver.* III 109.

ordinativus [LL], **a** that indicates order. **b** that is in accordance with an order.

a 'et' conjunctio .. modo ~a: 'corpusque lavant frigentes et ungunt'. modo superlativa, ut 'quidquid est, timeo Danaos et dona ferentes' BONIF. *AG* 541. **b** nec haberet philosophus recursum et statum ad Deum regulantem, quando queritur de subtilitate nature agentis ~e, non presupposito, quod Deus concurrat ad omnem talem accionem WYCL. *Ente Praed.* 132.

ordinator [CL]

1 one who sets, arranges, or disposes in order, one who imposes order upon. **b** (w. ref. to barons and bishops appointed by Edward II in 1310) ordainer.

caritatis ~or et largitor .. ordinata me .. caritate dilexit BEDE *Cant.* 1104; ipse temporum conditor ~orque Dominus *Id. TR* 1; alios .. fraudulentus ~or distribuit *Id. Sam.* 551; qui cum non sit malorum Creator aut incentor, est tamen ipsorum malorum prudentissimus ~or .. cum de malis bona faceret .. ordinata ordinaret AILR. *Spec. Car.* I 2. 507; auctorem temporum et potestatum ~orem Deum .. criminantur J. SAL. *Ep.* 263 (204); centuriator, ~or OSB. GLOUC. *Deriv.* 144; missa .. imitatur cujusdam pugne conflictum .. quasi duo exercitus sequuntur dum hinc inde ordinatim cantantes gradiuntur .. sequuntur priores quasi exercitus duces atque agminum ~ores HON. *GA* 566D; monasterium .. construxerunt .. in quod conventum .. feminarium recluserat, quibus et provisor erat et ~or GIR. *GE* II 17; **1231** dicti judices de consensu predictarum partium super toto negocio memorato nos deputaverunt ~ores ita quod quicquid a nobis .. ordinaretur .. ratum .. permaneret *Reg. Ant. Linc.* II 374; **s1222** sedata [est] controversia .. per .. archiepiscopum .. episcopos .. in quos ambe partes, tamquam arbitros et pacis ~ores, consenserunt M. PAR. *Maj.* III 75; precatum est vj ~oribus infrascriptis quod ipsi .. compleant ordinacionem vini quam cicius poterunt *MGL* II 305; **1354** W. de C. et E. uxorem meam facio ~ores et confirmo executores meos *Test. Karl.* 4; **1355** magistro Hugoni de Sancto Albano ~ori operum pictorum depictantium ibidem *KR Ac* 471/6 m. 19. **b** c**1311** cum .. concesserimus prelatis, comitibus, et baronibus de regno nostro quod ipsi certas personas .. eligere possent illisque sic eligendis plenam concesserimus potestatem ordinandi de statu hospicii et regni nostri .. et ~ores ad hoc electi .. ordinaverunt *Pat* 136 m. 5; **1312** nos volentes hujusmodi dampnosa .. in dictis ordinacionibus corrigi .. vobis dedimus potestatem premuniendis .. comites qui fuerunt de ~oribus predictis quod sint coram nobis .. *(Pat) Foed.* III 337; mandavit rex majori .. quod dicti ~ores .. in dicta civitate valerent .. tractare *Ann. Lond.* 173.

2 (eccl.) one who ordains (to priesthood or episcopacy).

ab Aelfego .. in gradum sacerdotalem consecratus est. .. Atheluuoldus .. melioratus doctrinis et exemplis Aelfegi, ~oris sui ÆLF. *Æthelwold* 6; **1102** quicumque .. investituras seu consecrationem acceperunt a consortio fratrum et ordinatos et ~ores alienos habemus *(Lit. Papae) Ep. Anselm.* (281) IV 198; c**1125** Bernegus quem ~or suus Pleigmundus archiepiscopos idoneum fuisse pronuntiat W. MALM. *GP* II 96; "scivit hoc ~or tuus?" "non." "si districte agereter tecum, deberes judicari furtive ordinatus et ita degradandus .." ROB. FLAMB. *Pen.* app. 378 p. 294; **1287** tam ~ores quam ordinatos ab executione sui officii suspenderunt *Conc. Syn.* 1032; consecracio electi in episcopum .. cum datur mitra, dicat ~or .. *Mon. Rit.* II 290.

ordinatrix [LL], one (f.) who sets, arranges, or disposes in order, one (f.) who imposes order upon.

miro igitur modo unde displicere poterat, quin et revera displicuit, inde malorum ~ix suorum placere meretur [sc. sponsa Domini] J. FORD *Serm.* 44. 5.

ordinatus [CL ordinare+-tus], arrangement, distribution, or disposition in order, ordering.

c**1193** bucee quatuordecim .. quorum ornatus et ~us hic erat: prima navium tria gubernacula .. habuit, tredecim anchoras, xxx remos DEVIZES f. 28v; una erat omnium navium dispositio; singule vero bucearum ~us et oneris duplum receperunt *Ib.*

ordinium [cf. CL ordo], line of succession, posterity.

1254 constituerunt se debitores et persolutores predictis creditoribus et eorum ~io *RGasc* I 348; **1295** dedimus ipsi B. .. suisque heredibus, successoribus, et ~io licentiam quod .. *Foed.* II 692; **1339** et heredibus ejusdem G. et ejus successoribus universis ac ~io totum jus quod idem dominus noster .. habet *Ib.* V 132.

ordiolum v. hordeolum.

ordiri [CL], **~ire**

1 to weave (fabric, also absol.); **b** (of spider);

c (transf. & fig.).

cujus colobium cum de stuppae stamine .. ~iretur, sindonis peplum texebatur ALDH. *VirgP* 38 p. 287; ~ior, ~iris, ~itus sum, dicitur pro telam texere OSB. GLOUC. *Deriv.* 394; nente illa vel urdiente R. COLD. *Cuthb.* 124; videas .. istam .. productis filis quasi velam ~iri, illam sedendo quasi jam ~itam .. rex ere mireris GIR. *IK* I 2; juxta liciatorium ~itur textor NECKAM *NR* II 171. **b** tele quidem aranee sunt regulariter ~ite in angulis WYCL. *Ver.* II 136. **c** adventus causam .. non ab re fuerit hic intexere; et ut quod intendo clarius elucescat, altius ~iendum W. MALM. *GR* I 1; respondit se eidem telam ~iturum R. NIGER *Chr.* I 54; de dolo non colliges, nisi fructum doloris, et ~itus es telam, ut diploide vestiaris P. BLOIS *Ep.* 89. 280B; sed hec omnia dum ~iretur, veluti tela a texente succisa sunt M. PAR. *Maj.* V 93.

2 (intr.) to (begin to) speak. **b** (p. ppl. as sb. n.) (beginning of) speech, word, saying.

exceptis his rebus de quibus orsi sumus [*gl.*: locuti] BYRHT. *Man.* 10; imprimis ~ior de principio sine principio ORD. VIT. *prol.* 4. **b** adnuentes apostolorum orsis BEDE *Sam.* 607; venit .. / se cupiens solitis sacri firmarier horsis [v. l. orsis] *Id. CuthbV* 630; maxime praesagi admonitus cum spiritus orsis / mortis adesse sibi gauderet tempus *Ib.* 688; exin sacratis perrexit querere plantis / pontificis summi sanctis firmarier orsis *Mir. Nin.* 39; rex caepit narrare patri, qui livida civis / viderit orsa mali sese violare volentis FRITH. 721; orsa, initia loquendi OSB. GLOUC. *Deriv.* 400; inguina telo, / pectora libarat gladio, respexit Achilles / atque indignatus furialibus intonat orsis .. J. EXON. *BT* VI 338.

3 to make a beginning, start, commence; **b** (w. inf.). **c** (trans.) to begin. **d** (in gl.).

quique quadragesimus quartus ut novi ~itur annus GILDAS *EB* 26; **672** vates .. sacro praesagio orsus infit ALDH. *Ep.* 5 p. 492; **928** orsus infit *CS* 663; c**970** prooemium Regularis Concordiae .. ~itur RegulC I; juxta promissam tractandi seriem ~ientes GIR. *PI* I 17. **b** accersitis eis quidnam quaesierint orsi sunt rogitare *Enc. Emmae* II 13. **c** inscius egregios aegris conatibus actus / ordior FRITH. 2. **d** *comencer,* incipere .. ~iri *Gl. AN Ox.* f. 153v.

4 (w. ref. to ordered arrangement, progression, or sim., esp. w. *ab*) to start (from).

c**991** termini isti circumjacentes telluri isto ~iuntur notamine *CD* 712; multiplicitas tam vasti operis tanto spatio ab oriente ~ita est veteris templi *V. Ed. Conf.* f. 49; a sensibilibus et compositis orsus est ADEL. *ED* 11; a rege Edgaro orsus W. MALM. *GR* I *prol.*; ab increpatione sapientia predicationem suam ~itur ANDR. S. VICT. *Sal.* 17; ut ab insensibilibus ~amur AILR. *Spir. Amicit.* I 54. 667.

orditio [CL ordiri+-tio], (as deriv. of *ordiri*).

ordior .. et tunc inde venit orditus et ~o OSB. GLOUC. *Deriv.* 394.

orditura [CL ordiri+-ura], (in gl.).

~a, A. *warpe WW.*

ordium v. hordeum.

parietinus 2c, **1295**, add *Conc. Syn.* II 1138.

partisana [Eng. *partisan*], sort of spear or javelin, partisan.

1567 navem .. a .. piratis Anglis .. raptam .. et instrumenta hic subsequent' .. rapta .. nempe .. tam .. hallabardas quam sibinas seu partisanas *HCA Act Bk.* 13 f. 15v.

partisona, for *Chanc. Misc.* 414 f. 45*d.* read *Chanc. Misc.* 4/4 f. 45*d.*

2 patina 2, **1460**, for '~enas sive patellas' read '~enam sive patellam salinam'.

pax 5b, for *DB* I 12a read *DB* I 11a.

peisatio, **1486**, for '*le kinges beure*' read '*le kinges beme*'.

pellis 1c, *V. Cuthb.* II 3, for 'voluntantes' read 'volutantes'.

periculum 1, for 'text, experiment' read 'test, experiment'.

perstrepere, add **4** to sound, play (musical instrument).

1527 concedimus eidem N. L. .. officium virgebajulantis .. necnon officium organa ~endi in dicta capella (*Middx*) *AncD* A 13426.

petrinus 1b, D. BEC. 1755, for 'residentes' read 'residenti'.

plagula [CL plaga+-ula], (slight) stroke or blow.

non est sui criminis / plagula vulneratrix *Anal. Hymn.* XXXI 164.

planeta 1, for ADEL. *QN* 70 read ADEL. *QN* 71.

1 planus 13b, for *Chanc. Misc.* 45 f. 49v read *Chanc. Misc.* 4/5 f. 49v.

platus 8, **1277**, for *Chanc. Misc.* read *IMisc* 35 (52), and 9, **1355**, for *MinAc* read *MinAc* 893/ 25.

pomellus 6b, for **1297** read **1279**.

ponticitas, BART. ANGL. IV 11, for 'trahitur' read 'trahit'.

praedicabilis 2, for *Ps.*-GROS. *Summa* 298 read *Ps.*-GROS. *Summa* 293.

praedicare 1d, AMUND. I 35, for **s1429** read **s1422**, and for AMUND. I 35 read AMUND. I 95

praegnas 5, add **b** (log., *negativa ~ans*) negative proposition that implies an affirmative, 'negative pregnant'.

logici antiquitus vocaverunt exclusivas negativas .. 'negativas ~antes', includentes affirmaciones WYCL. *Log.* I 132.

praevaricator 3c, J. FORD *Serm.* 33. 6, for '[*sic*]' read '[l. servando]'.

privare 1f, **s1245**, for 'summaliter' read 'sententialiter'.

privare 4, before first quot. add '**1282** si .. rex velit habere transcriptum illud quod inventum fuit in bracali Lewelini, poterit ipsum habere a domino E. de Mortuomari qui custodit illud cum sigillo ~ato ejusdem PECKHAM *Ep.* 373'.

prosecutor 2b, *Chr. Angl.* 260, for 'vicecomitatem' read 'vicecomitem'.

prospectare 1b, for G. CRISPIN *Herl.* 89 read G. Crispin *Herl.* 101.

quadrans 2, **1293**, for *Gaol Del.* m. 13 read *Gaol Del.* 87 m. 13.

quadruplare, add **2** (leg.) to make a quadruply, to make a second rejoinder in a legal process.

procuratores .. ad .. respondendum .. repliandum, duplandum, triplandum, et, si necesse fuerit, ~andum *Conc.* III 621b.

quartero 4, **1441**, for *Pat* 460 p. 572 read *Pat* 450 m. 33*d.*

queintisa, **1290**, for *Chanc. Misc.* 415 f. 8 read *Chanc. Misc.* 4/5 f. 8.

receptator 1b, **1208**, add *Pat.* I 80b.

regratarius 1, **1412**, add *Mem. York* I 167.

reinrotulare [re-+in-+rotulare], to re-enrol.

1445 presentes littere vacant hic quia male tractantur, ideo reirrotulantur *DL ChancR* 12 m. 4.

remanere 1b, **1453**, for 'thesaurii' read 'thesaurarii'.

remeatio, for J. FORD *Serm.* 13. 4 read J. FORD *Serm.* 12. 4.

remissio 3a, **1582**, for 'abque' read 'absque'.

remordere, for O. CHERITON *Cant.* 56 read (O. CHERITON *Cant.*) *AHDLMA* XXXI 56.

rependere 4, c**1010**, for '[AS: *gelæste man*]' read '[AS: *gelæste man*] congruis'.

1 residere 3, s**1366**, for III 240 read *Eul. Hist.* III 240.

respiratio, add **4** act of evaporation.

ut per ipsam fiat ~o vaporosarum substantiarum seu superfluitatum interiorum membrorum *Ps.-RIC. Anat.* 16.

restitutio 2, for W. MALM. *GP* V 251 read W. MALM. *GP* V 252.

revapulare [CL re-+vapulare], to beat in turn.

1305 processit .. breve quod Anglice dicitur traillebaston, contra conductitios hominum vapulatores, qui ab uno viro conduci volebant propter unam summam pecunie alium verberare, et iterum a verberato [v. l. vapulato] propter duplum censum vel amplius verberare [v. l. ~are] nequius conductorem *Flor. Hist.* III 123.

rixosus 1, for O. CHERITON *Cant.* 44 read (O. CHERITON *Cant.*) *AHDLMA* XXXI 44.

2 sacer, **1461**, for 'pro torcello austurci' read 'pro tarcello austurci'.

saliceus 2, **1275**, for *KR Ac* 467/6/21 read *KR Ac* 467/6(2).

scomber [CL], mackerel.

trachurus figura corporis ~ro est simillimus CAIUS *Anim.* f. 25b.

scorpio 5a, for '(perh. Russian thistle, tumbleweed, *Salsola tragus*)' read '(*Ephedra distachya* or sim.)'.

secessivus [CL secessus+-ivus], (med.) that causes defecation, purgative.

medicina ~a tunc non est danda, set vomica N. LYNN *Kal.* 217.

secretarius 4c, *G. Roman.* 315, for 'viventer' read 'violenter'.

sedile 1, for G. WINT. *Epigr.* 236 read G. WINT. *Epigr.* 238.

signare 8, for BACON *CSTheol.* 26 read BACON *CSTheol.* 38, and 9, for *CSTheol.* 22 p. 52 read *CSTheol.* 37.

spechta, for '*Gecinus*' read '*Picus*'.

stare 16, for sense b read '**b** (phil., *stare cum*) to be consistent with.' and add '**c** (impers., in quot. w. acc. & inf.) it is possible.'

b oppositum conclusionis .. optime stat cum eis [sc. premissis] BACON *Tert.* 71; cum necessitate Dei stat quod illud ad quod immediate se habet est mutabile DUNS *Ord.* IV 326; nulla res erat propria alicui apostolo neque etiam speciali collegio apostolorum .. cum quo stat, quod aliqua fuerunt communia apostolis et aliis, sed non erant propria apostolorum OCKHAM *Pol.* II 771. **c** sic partes circumferenciales terre stat tremere et alterari propter sui porositatem WYCL. *Log.* II 161.

statuificare [CL statua+-ficare], to make statues or to represent in statuary.

ut edificator per se edificat .. †statuificaturus [MSS: statuificus] .. per se ~at WYCL. *Log.* II 94.

statuifictor [CL statua+fictor], statue-maker.

statue causa per se est ~or, hoc est artifex OCKHAM *Phys.* I 286.

statuificus [CL statua+-ficus], who makes statues, (in quot. as sb. m.) statue-maker.

ut edificator per se edificat .. †statuificaturus [MSS: ~us] .. per se statuificat WYCL. *Log.* II 94.

subpulsio [subpellere+-tio], (in list of words).

suppello .. unde .. hec suppulsio, -nis OSB. GLOUC. *Deriv.* 452.

SUPPLEMENTARY BIBLIOGRAPHY

ABBO Calc. Commentary on the Calculus of Victorius of Aquitaine (*c*983), ed. A. M. Peden, *Auct. Brit.* XV (2003) [by cap. & sect.]. **Carm. Fig.** ed. S. Gwara, 'Three Acrostic Poems by Abbo of Fleury', JML II (1992) 215–28 [by letter & line].

ADEL. CA, ED, QN also checked against ed. C. Burnett, Adelard of Bath, Conversations with his Nephew (CUP, 1998). **Euclid** superseded by ROB. ANGL. (I) *Euclid.*

ADEL. BLANDIN. Dunst. from Fasc. XV also checked against ed. M. Winterbottom & M. Lapidge, The Early Lives of St. Dunstan (OMT, 2012).

AD. MARSH Ep. also checked against ed. C. H. Lawrence, 2 vols. (OMT, 2006, 2010).

AD. USK also checked against ed. C. Given-Wilson, (OMT, 1997).

ÆLF. Swith. superseded by ed. M. Lapidge, Winchester Studies IV pt. ii (2003).

Alph. also ed. A. García González, (Florence, 2007).

Ann. Durh. for (1940) read (1945).

Arch. Soc. Birmingham Transactions of the Birmingham Archaeological Society I– (1917–).

Arch. Soc. Bristol & Glos Transactions of the Bristol & Gloucestershire Archaeological Society (1876–).

Arch. Soc. Oxon Reports and Transactions of the North Oxfordshire Archaeological Society (1853–86); also Reports and Transactions of the Oxfordshire Archaeological Society (1887–1949).

B. Ep., V. Dunst. from Fasc. XV also checked against ed. M. Winterbottom & M. Lapidge, The Early Lives of St. Dunstan (OMT, 2012).

BACON Persp. from Fasc. XIV superseded by ed. D. C. Lindberg, (Oxford, 1996) [by bk., dist., & cap.].

BART. ANGL. from Fasc. XIV partly superseded by (bks. I–IV, XVII) ed. H. Meyer, B. van der Abeele, *et al.*, (Turnhout, 2007).

BEDE Apoc. also *CCSL* CXXIA (2001). **Mark** for XCI read XCII.

BECKET Ep. also checked against ed. A. Duggan, The Correspondence of Thomas Becket, Archbishop of Canterury, 1162–1170 (OMT, 2000).

Birmingham Arch. Soc. *v. Arch. Soc. Birmingham.*

BR Will. also checked against ed. E. van Houts, Camd. Misc. XXXIV (Camd. 5S. X).

Bristol Rec. Soc. Bristol Record Society, publications, I– (1930–).

BYRHT. V. Ecgwini, V. Osw. also checked against ed. M. Lapidge, (OMT, 2009).

Cart. Lanercost The Lanercost Cartulary, Surtees Soc. CCIII (1997).

Ch. David I The Charters of David I, ed. G. W. S. Barrow (1999) [by no.]; supersedes *E. Ch. Scot.*

Chester Plays for Lumianskey read Lumiansky.

Collect. W. Worc. for 519–72 read 519–742.

Ch. Malm. Charters of Malmesbury Abbey, ed. S. E. Kelly, ASC XIV (2005).

DCWells Muniments of the Dean and Chapter of Wells, MS Wells.

DUNS Metaph. superseded by *Opera Philosophica* III–IV (St. Bonaventure, 1997). **Praedic.** superseded by *Opera Philosophica* I (St. Bonaventure, 1999) 249–566. **Univ.** superseded *ib.* 3–245.

EADMER Odo from Fasc. XV also checked against ed. A. Turner & B. Muir, Lives and Miracles of Saints Oda, Dunstan, and Oswald (OMT, 2006) 4–36.

Gaol Del. Cambs A Cambridgeshire Gaol Delivery Roll 1332–1334, ed. E. G. Kimball, Cambr. Antiq. Rec. Soc. IV (1978).

GARL. Myst. Eccl. from Fasc. XIV also checked against ed. E. Könsgen, *Iohannes de Garlandia: Carmen de Misteriis Ecclesie* (Leiden, 2004). **Syn.** from Fasc. XV also checked against ed. M. Kurz, Die Synonyma des Johannes von Garlandia (Vienna, 1885).

G. BURTON Modw. superseded by ed. R. Bartlett, (OMT, 2002) [by cap. & p.].

GERV. TILB. superseded by ed. S. E. Banks & J. W. Binns, (OMT, 2002).

Gl. Durh. also checked against ed. B. von Lindheim, Das Durhamer Pflanzenglossar (Bochum, 1941).

G. MON. also checked against ed. M. D. Reeve, (Woodbridge, 2007).

GOSC. Werb. for *ib.* 93–110 read *PL* CLV 97–110; from Fasc. XIII also checked against ed. R. C. Love, The Hagiography of the Female Saints of Ely (OMT, 2004) 28–50.

HARCLAY superseded by ed. M. G. Henninger, *Auct. Brit.* XVII, XVIII [–679, 680–] (2008) [by existing short title & p., other qq. by no. & p.].

H. AVR. Edm. *Vita Sancti Edmundi*, ed. D. Townsend, JML V (1995) 95–118 [by line]. **Fred.** *Vita Sancti Fredemundi*, ed. D. Townsend, JML IV (1994) 1–24 [by line].

HEYTESBURY Reg. for *sophismata* read *sophismatum.*

H. HUNT. HA also checked against ed. D. Greenway, (OMT, 1996) [bk. numbering differs from that of ed. RS]. **Herb.** Herbal, ed. A. G. Rigg, Med. Stud. LXV (2003) 213–92.

IS. STELLA An., Can. for *PL* CXC read *PL* CXCIV.

J. FURNESS Helen also ed. A. Harbus, Helena of Britain in Medieval Legend (Woodbridge, 2002) [by f.].

Kal. M. A. I, superseded by (except verses before and after each month) ed. P. McGurk, 'The Metrical Calendar of Hampson', *Anal. Boll.* CIV (1986) 90–125 [by line] and (verses before and after each month) ed. J. Hennig, *Traditio* XI (1955) 65–90.

LEVINS Manip. for 1579 read 1570.

Modus Cenandi ed. F. J. Furnivall, EETS XXXII (1868) ii 34–56; superseded by D. BEC. 2524–832.

Neues Archiv Neues Archiv der Gesellschaft für Ältere Deutsche Geschichtskunde, I–.

OCKHAM Brev. superseded by ed. H. S. Offler, *Auct. Brit.* XIV (1997) 97–260. **Err. Papae** superseded *ib.* 14–77. **I. & P.** superseded *ib.* 279–355.

OCREATUS Helceph also checked against ed. C. Burnett, 'Algorismi vel helcep decentior est diligentia', in ed. M. Folkerts, Mathematische Probleme im Mittelalter (Wiesbaden, 1996) 262–96.

P. BLOIS Carm. from Fasc. XIV superseded by ed. C. McDonough, The Arundel lyrics; the poems of Hugh Primas (Cambridge, MA, 2010) 2–140.

P. CORNW. Rev. (extr.) I 6, Cornish Studies XIII (1986) 16–34.

PMLA Publications of the Modern Language Association of America, I– (1884–).

P. VERG. Invent. = **De rerum inventoribus** *De rerum inventoribus libri octo*, (Basel, 1546) [by bk., cap., & p.]; partly superseded by (bks. I–III) ed. B. Copenhaver, (Cambridge, MA, 2002) [by bk., cap., & sect.].

Qui majora cernitis for *Studi Literari .. al Pio Rajna* read *Studi Letterari .. a Pio Rajna.*

Relationes *Relationes quaedam Arnaldi Blair*, ed. J. Blair, Acts and Deeds of Sir William Wallace (Edinburgh, 1758).

R. MAIDSTONE Conc. also ed. D. R. Carlson, *Concordia* (Kalamazoo, 2003).

ROB. ANGL. (I) Alg. from Fasc. XIV also checked against ed. B. B. Hughes, Robert of Chester's Latin translation of al-Khwarizmi's al-Jabr (Stuttgart, 1989). **Euclid** ed. H. Busard & M. Folkerts, Robert of Chester's (?) Redaction of Euclid's Elements (Basel, 1992).

SACROB. AN from Fasc. XIV superseded by ed. F. S. Pedersen, *Petri Philomenae de Dacia et Petri de S. Audomaro Opera quadrivialia* (1983) 174–201 [by p.].

Tab. Phlebotomiae *Tabula Phlebotomiae,* MS BL Cotton Vitellius D ix f. 4r.

V. Neot. Metr. The Life of St Neot [attrib. WILLIAM OF RAMSEY], ed J. Whitaker, (London, 1809) 317–38.

W. MALM. GP superseded by ed. M. Winterbottom, (OMT, 2007).

W. LEIC. Sim. for *Similitudinarius* read *Similitudinarium.*

syrina v. siren.   **syringa** v. syrinx.

syringia [AS *syring*], buttermilk.

pastoris ovium rectum est ut habeat .. lac gregis .. et *blede* (id est cuppam) plenam .. de ~ia [AS: *syringe*] tota estate. .. caseum facienti reddere convenit centum caseos, et ut butirum faciat ad mensam domini sui de siringie [AS: *syringe*]; et habeat sibi totam siringiam [AS: *syringe*] preter partem pastoris (*Quad.*) GAS 451.

syrinx [CL < σῦριγξ], **syringa**

1 pipe, tube, reed.

~nx est fistula BACON *Gram. Gk.* 66; siringa, calamus *Alph.* 172.

2 (med.) syringe, catheter (also fig.).

scleroma, stiperion, siringia, serpitiones *Gloss. Poems* 104; canna vocans sompnos, faciens syringa sopori HANV. IX 415; parum olei .. tepefacti per virgam cum siringa injiciatur GILB. VI 273. 2; detur diadragantum .. cum lacte asinino et modico camphore; injiciatur per siringam in caput virge et optime valet GAD. 101. 1; siringa est fistula subtilis cum qua medecina mittitur in vesica *SB* 39; *spatyl, instrument to clens with sorys* .. ~mga est fistula qua mittitur medica in vesicam *PP*.

3 (in plant name).

cassia †firenga [l. ~nga] i. cassia fistula *SB* 14.

Syrius v. Sirius.

syrma [CL < σύρμα], long robe.   **b** train of garment or ornamental cloth border; **c** (transf., of lengthy speech).

cirmata, *suttaines* NECKAM *Ut.* 101 *gl.*; sirmata, longe vestes que et segmenta dicuntur OSB. GLOUC. *Deriv.* 566; syrmate prolixo mentes gaudent muliebres D. BEC. 2245.   **b** humum .. pulverulentam interularum et palliorum superfluo sirmate verrunt ORD. VIT. VIII 10 p. 325; sirmata [*gl.*: *repliures*] (BALSH. *Ut.* 46) *Teaching Latin* II 38; scirmata [*gl.*: A. *ragys* sc. plicas .. G.*le frengis*] (BALSH. *Ut.* 46) *Ib.* II 58; **11.** sirma i. *train WW Sup.* 99; sirma anglice *hem* i. margo feminee vestis *GlSid* f. 150v; sirmata, [*gl.*: *vestures trainans*] (NECKAM *Ut.* 101) *Teaching Latin* II 81; sirma i. cauda vestis feminarum, A. *a trayne WW*; *skyrte of a garmente*, sirma, -atis, *tayle or trayne of a cloth*, scrima, -atis *PP*.   **c** scismate [v. l. sirmate] falsidico necnon et litigioso *Altercatio* 40.

syrograph- v. chirographum.   **syrpus** v. scirpus.

syrrexis [σύρρηξις], (in gl.) internal rupture of abscess.

siretis [l. syrrexis], id est erupcio apostematis *Alph.* 172.

Syrtis [CL], (in pl.) sand-flats or sandbanks on the coast between Carthage and Cyrene, proverbially dangerous to shipping; **b** (transf.); **c** (fig.); **d** (in gl.).

sunt namque Syrtes aquarum attractiones per quas accipimus vitia BERN. *Comm. Aen.* 46.   **b** spumosa ~ium superabant salsa HUGEB. *Wynn.* 2; vortex caput ejus sirtibus abdit; / que sceptrum tenuit manus udis heret arenis *Lives Ed. Conf.* 368; inde et arenarum tractus ~es nuncupantur ALB. LOND. *DG* 11. 9. **c** cirtes ignorabam et latentes scopulos non precavi .. et fracta sentina latex ingrediens fragilem summersit cimbam H. LOS. *Ep.* 12; ut sirtibus / felicibus / mens nequeat avelli P. BLOIS *Carm.* 2. 5. 55.   **d** 10.. sirtim, *sandgewurp WW*; hec sertis, *a sandbedde Ib.*

syrtites [CL], kind of precious stone.

alia est species saphirie que sirtites dicitur, que juxta sirtes inter harenas maris libici invenitur BART. ANGL. XVI 87.

syrup- v. sirup-.

Syrus [CL], Syriac.

802 mammona Syra est lingua et latine divitiae dici possunt ALCUIN *Ep.* 251.

syser v. sicera.   **sysimbrium** v. sisymbrium.

systema [LL < σύστημα], (mus.) conjunction of intervals.

astipulant modulis compto sistemate certis FRITH. 1140; reor .. Dunstano celitus esse concessum ut concentum exultationis conciperet in animo cum sistematibus melicis NECKAM *SS* III 73. 1; en philomena novis modulis systemata frangit *Id. DS* II 753; musica vocales licet in systemata ducat *Ib.* X 125.

systichia [συστοιχία], parallel series.

duas ~as, id est coordinaciones, Pythagorici exposuerunt, que sequendo ipsum Eustracium sic possunt describi BRADW. *CD* 13C.

systole [LL < συστολή], **a** (anat.) contraction (of heart).   **b** (metr.) shortening of a long vowel or heavy syllable, treating a heavy syllable as light.

a hi .. repleta et elevata arteria per fluentem spiritum diastolen fieri dicunt; sistolen .. cum arterias egressus fuerit ALF. ANGL. *Cor* 11. 2; diastolen .. irradiatio, sistolen spadulati facit *Ib.* 11. 3; est .. pulsus secundum diastolen et sistolen id est secundum dilatationem et constrictionem cordis et arteriarum motus BART. ANGL. III 23; major reperitur dilatatio quam constrictio et velocior diastole quam sistole GILB. I 14. 1; [cor] habet duos motus contrarios, sc. dilatationis et constrictionis, que dicuntur diastole et sistole apud Grecos RIC. MED. *Anat.* 219; sistole .. cordis GAD. 16. 1.   **b** syllabam naturaliter productam nusquam in metro correptam me legisse memini nisi per figuram ~en ABBO *QG* 15 (33); immutatio [dicitur] sistole quasi commissio *Ps.*-GROS. *Gram.* 70.

sytarchia v. sitarchia.   **sythalis** v. sithalis.   **sythcundus** v. sithcundus.   **syuratio** v. escuratio.   **syve** v. siva.   **syxhindus** v. sixhundus.

syzygia [συζυγία]

1 that which unites or joins, conjunction.

quonammodo ista duo elementa contraria sine synzugia [v. l. scinzugia] .. connectentur NECKAM *NR* I 16; zinzugia quedam (spiritus, scilicet, qui contraria duo vel pocius opposita sine medio male conjungibilia conjungit) E. THRIP. *SS* X 2.

2 combination, union.   **b** (metr.) syzygy, coupling of different metrical feet.

psallentes zinzugia / monocordo musa / nos illustret gracia / Domini diffusa (*Motet*) KR *Misc.* 22/1/24. **b** quot sunt oratorum pedes?.. nonaginta et sex, quos Graeca disertitudo sinzigias vocitavit ALDH. *PR* 112; sed decies novem sunt et sex corporis ungues, / sinzigias numero pariter similabo pedestres *Id. Aen.* 84 (*Scrofa praegnans*) 5; multimodas alternantes sinzigiae replicationes .. studeamus. .. hi sunt .. rethorum pedes .. quaternarum mensuram sillabarum transeuntes *Id. PR* 141; pedes .. qui ex his geminatis adcrescunt sine nomine generaliter synzygiae, id est conjugaciones, dicuntur BEDE *AM* 107.

3 (in gl.).

sinzygia, conjunctio OSB. GLOUC. *Deriv.* 564; ~ia, conjungacio BACON *Gram. Gk.* 66.

syzygiare [syzygia+-are], (in gl.).

sinzygiare, copulare, conjungere, confoederare OSB. GLOUC. *Deriv.* 564.

szoherus v. sorus.   **szucra** v. succarum.

T

T [CL], T (letter of alphabet). **b** (representing letter of the Hebrew alphabet) tau (in quot. w. ref. to *Ezech.* ix 4; *cf. tau*). **c** (assoc. w. letter of the Greek alphabet) theta (in quot. as symbol for zero; *cf. theta*).

'Matthaeus' et 'Matthias' per duo t scribenda, quia Graeci per t et *θ* scribunt BEDE *Orth.* 35; precipit in litera t non duplicare / sed in litus litoris t vult geminare *Qui majora cernitis* 129; quedam sillabe pronunciate quasi cum aspiracione possunt scribi cum s et t, verbi gracia 'est' *Orthog. Gall.* S7. **b** vir portans atramentarium scriptoris ad renes signat T in frontibus Israelitarum AD. DORE *Pictor* 161. **c** scribes .. cyfre in ipso primo loco jam vacuo .. hoc modo: T OCREATUS *Helceph* 137; scribes T T ad signanda loca vacua *Ib.*

tabacum, ~us [Sp. *tabaco*], tobacco.

1598 arrestavit unum barellum de lez tobacco *KR Mem* 414 Easter comm. 8 (cf. *HCA Crim.* 6: **1612** navem .. carbonibus marinis et tobacco onustam).

tabanum, *var. sp. of* 2 *cabanum.*

1292 in uno tabano pro Nicholao, xx asper' *KR Ac* 308/15 r. 1.

tabanus [CL], (in gl.) gadfly. **b** (understood as) bumble-bee.

tabunus, *briosa GlC* T 20; **11..** tabunus, *bruosa WW Sup.* 183; ~us, ystros *Gl. Laud.* 1537. **b** hic ~us, A. *a humbylbee WW.*

tabarda v. tabardum.

tabardatus [tabardum+-atus], as, resembling, or furnished with a tabard or tunic.

1312 quidam insuper cucullis quasi ~is, quidam tam froccis quam cucullis in colore .. vario variatis .. utuntur vel verius abutuntur *Doc. Eng. Black Monks* II 66.

tabardum, ~us, ~a [AN *tabard*, ME *tabart*], sleeveless or short-sleeved garment, tabard, tunic (also as part of outfit); **b** (worn as mark of status, vocation, or profession, or as livery).

1253 octo ulnas grossi russetti .. ad quendam ~um .. faciendum *RGasc* I 359b; **1257** unum tabarum [*sic* MS] cum furrura de cuniculis de dono regis *Cl* 163; **1274** deliberavit averia sua per unum tabertum, et pro taberto recuperando cepit averia *Hund.* II 99b; **1275** amisit unum thabardum in campo .. precii v s., et R. .. invenit illum ~um et abscondit *Ib.* I 257a; **1287** tradidit eidem .. unum tabbardum de perso precii v s. *Law Merch.* I 21; **1291** habet de eo duo ~a de blueto, iiij lintheamina, ij chalones *SelCCoron* 128; **1309** invenientes R. .. noctanter .. cum uxore Gilberti .., ipsum verberaverunt et asportaverunt ~um suum et supertunicale suum in testimonium invencionis *S. Jers.* XVIII 272; **1310** respondit fratri quod hoc non fecisset pro talbarto suo denar. pleno *Conc.* II 363a; a**1350** taberdum furratum, iv d., taberdum sine furrura, iii d. *StatOx* 97; consulo quod tunica sibi sculpatur de illa veste vel alias ad taberdam pro anno proximo reservetur *FormOx* 237; unam togam lividi coloris furratam, pretium xij s. .. una tabarda cum caputio blodii coloris, pretium vj s. *MunAcOx* 545. **b 1286** pro iij ulnis et dimidia blueti emptis ad opus Mathei de Cone falconarii regis ad talbardum, x s. *Rec. Wardr.* 179; de indumentis scolarium: .. magistri .. et bacularii cum collobiis seu tabbardiis talaribus *Cant. Coll. Ox.* III 163; **1444** nullus dictorum pauperum .. in villam .. aggredietur sine ~o de russeto nigro .. habeatque .. crucem in pectore .. super ~o suo consutam *Stat. Eton* 605.

tabarna v. taberna.   **tabarum** v. tabardum.
tabbacium v. 2 cablicium.   **tabbardium, ~um** v.
tabardum.

tabefacere [LL]

1 to cause (body or part of body) to waste away or decay (as result of disease, mortification, or death). **b** (absol.) to cause physical decay or decline. **c** (transf.) to weaken (mind or spirit), to cause to become dispirited.

ferentes in grabato juvenem, longae aegritudinis acerbitate ~tum BEDE *CuthbP* 32; miraculo .. ducitur posse cadaver exanimari et non posse tabefieri W. MALM. *GR* II 165; diuturno morbo ante mortem ~tus *Id. GP* II 83; assiduis .. vigiliis corpus ~ere; quotidianis laboribus carnem affligere AILR. *Spec. Car.* II 5. 549C; patrem suum deprehendit nimia macie et horrido squalore per omnes artus ~tum COGGESH. *Visio* 32; vigilia honestatis ~iet carnes *AncrR* 46; *it is a straunge syght to se .. ye grystell of ye nose consumed away,* aspectu mirandum est .. cartilaginem nasorum ~tam vel tabidam WHITTINGTON *Vulg.* 69. **b** dicimus omne temporale pati aliquid sub tempore quia ~it tempus et senescunt omnia sub tempore SICCAV. *PN* 165. **c** hoc verbo a rege audito, corda omnium ~ta sunt .. timentes .. illius fortitudinem (*Declanus* 1) *VSH* II 33; **1359** temporis discontinuacio animum suum [sc. erga labores scolasticos] nimis tabefecit sed .. fervencior diligencia .. departita restaurabit *Lit. Cant.* II 387.

2 to mark and spoil the appearance of, stain, disfigure; **b** (transf.). **c** (fig., of sin) to corrupt, defile.

psalterium .. lapsorum luminum cruore ~tum M. PAR. *Maj.* I 373. **b** nonnulli calculosi seu ~ti pustulis *V. Edm. Rich P* 1821C. **c** mentem .. non libido commaculat, non ira dilaniat .. non dejicit tristitia, non invidia ~it AILR. *Spec. Car.* I 17. 520D; tam fama quam consciencia ~ta sceleribus R. BURY *Phil.* 4. 52.

tabefactio [LL tabefacere+-tio], (in list of words derived from *tabefacere*).

tabefacio .. unde tabefactus et hec ~o, -onis OSB. GLOUC. *Deriv.* 585.

tabefieri v. tabefacere.   **tabelamentum** v. tabulamentum.

tabella [CL]

1 flat piece of wood or other material, board; **b** (used as sight of astr. instrument); **c** (as part of castanet). **d** (~*a pacis* or *osculatoria*) paxbred, osculatory. **e** flat part of table, tray, or sim.

1489 de x s. de custuma mille ~arum dictarum *knapholt* [l. *knarholt*] *ExchScot* 144. **b** hallidada est virgula longa .. mota super paxillum .. ut per foramina in ejus ~is altitudo siderum discernatur WALLINGF. *Rect.* 416; horam in qua demum poteris intueri eandem stellam vel solem per ipsa foramina ~arum *Ib.* 420. **c** in utraque manu gemina ludente tabella / ludit in ore sonus VINSAUF *PN* 645. **d 1521** una ~a pacis de argento *Cant. Coll. Ox.* I 56; **1524** ~a osculatoria sc. *a pax Ib.* I 65. **e** sanctificetque sibi venerandae altare tabellae ÆTHELWULF *Abb.* 117; unam ~am super quam ciphi ponuntur, ad longitudinem v pedum et ad latitudinem ij *FormMan* 21.

2 painted panel.

cui conpacta nitet prepulchris mensa tabellis ÆTHELWULF *Abb.* 436; eidem pictori pro factura ~arum pendencium in hospicio domini *Ac. H. Derby* 93.

3 (usu. pl., esp. *par ~arum*) tablet for writing or etching; **b** (for recording brief or draft text).

pugillarem i. simul ~ae et graphium *Comm. Cant.* III 90; [aurifabri] discipulus rudis habeat ~am ceratam vel ceromate vel argilla unctam .. ad flosculos .. depingendos NECKAM *Ut.* 118; **1364** in uno caton' cum j pare ~arum .. x d. *Ac. Durh.* 567; j par ~arum cum iij foliis *Obed. Abingd.* 57; **1408** j par ~arum pro compoto cove, ij mense *Ac. Durh.* 223; **1415** j par ~arum magnarum *Ib.* 184. **b** c**795** miror, quomodo

me sub unius momenti angustia in brevi ~a vitae aeternae formam depingere poscis. .. aliquid inde .. brevi sermone dictavi ALCUIN *Ep.* 268; sinceram abbreviationem sicut ~is tradidi compendiose, sic nunc satagam membrane summatim commendare ORD. VIT. VI 3 p. 6.

4 table, tabulation, diagram; **b** (w. ref. to the *Tabulae Salernitanae*).

Jupiter habet sex primos gradus Arietis, Venus sex sequentes, et sic ceteris, ut patet in hac ~a GROS. 43. **b** quia morietur ex ~io Salerni in glosa J. MIRFIELD *Brev.* 70.

5 (in gl.).

a paire of tabyls, ~e *CathA; a tabyldormande,* assidella, ~a fixa *Ib.*; hec ~a, A. *tabulles WW.*

tabellarium [cf. CL tabellarius], board for games.

1235 j ~ium de ebore de opere Sarracenico cum tabellulis *Chanc. Misc.* 3/4.

tabellarius [CL]

1 notary, scrivener, or other official writer of formal legal or public documents; **b** (eccl.).

si [nostre littere] ad amplitudinem tuam non perferantur ut velim, humanitatis erit tue hanc .. culpam in ~ios .. ascribere FREE *Ep.* 56; quantum regiis pro diplomatibus ac caeteris literis libellionibus, ~iis, lictoribusque solvendum foret instituit BOECE f. 254; si quis nescire se scribere profiteatur, pro sic profitente ~ius publicus sive notarius subscriberet *Jus Feudale* 92. **b** illi .. qui ~ii et exploratores illorum defectuum .. sacramenti vinculo arctantur *Stat. Wells* 64; tres ~ii ex collatione cancellarii et ex assignatione succentoris *Ib.* 99; **1462** cuilibet alio canonico suo de choristis et ~iis ij d. *REED Somerset* 248.

2 (in gl.) one who plays board games.

qui frequenter ludit cum tabulis .. ~ius vel tabularius dicitur OSB. GLOUC. *Deriv.* 574.

tabellator [cf. CL tabella], (in gl.) one who plays (board) games, gamester, gambler.

aleatores, ~ores OSB. GLOUC. *Deriv.* 590.

1 tabellatus [CL tabella+-atus]

1 (as sb.): **a** (n., in gl.) board, plank. **b** (in quot., f.) panel, tablet.

a ~um, *a burdwogh WW.* **b 1418** lego .. ~am auream cum imagine Sancti Petri (*Wills*) *Reg. Exon.* 422 (f. 133).

2 (~*um lapideum*) ? coping or course of stonework (cf. 2 *tabellatus, tabulare, tabulatus*).

turres .. fecit, et quinque ~a lapidea super quinque tecta cryptarum, et .. partem ecclesie .. reparavit *Chr. Evesham* 269.

2 tabellatus [CL tabella+-atus], ? coping or course of stonework (cf. 1 *tabellatus* 2, *tabulatus*).

fecit eam [turrem] in modum pinnaculorum ad deambulandum circa illam partem ecclesie cum ~u et turribus petrinis, et fenestram vitream in presbyterio de historia sancti Egwini *Chr. Evesham* 269.

tabellio [CL]

1 notary, scrivener, scribe of formal legal or public documents, registrar; **b** (~*io publicus*).

1166 ne tantum adversus ecclesiam .. testimonium daret sapiens ille ~io et facundus J. SAL. *Ep.* 184 (174 p. 140); **1237** quoniam ~ionum usus in regno Anglie non habetur, propter quod magis ad sigilla recurri auctentica est necesse *Conc. Syn.* 257; ~io .. qui dicitur servus publicus a serviendo [sc. non a servando] derivatur BRACTON f. 4b; **1282** inauditum est quod judicia curie regis per aliquem ~ionem, quarum [*sic*] nomina non a longo tempore in regno Anglie sunt audita seu nota, essent impedita *SelCKB* I 99; **S1305** ~iones fuerunt in garderoba domini regis Anglie et ad scribendas bullas et privilegia .. sub manu publica *Ann. Lond.* 143; **S1307** si sint notoria [facta] per instrumenta publica ~ionum istius sedis *Ann. Ed. I* 495; **1470** unus magister arcium notarius publicus in rhetorica sufficienter eruditus, in scribam registrarium et ~ionem cancellarii et universitatis .. habeatur *Stat Ox* 285; *notarye*, notarius .. ~io, -onis *PP.* **b** **1254** habeant ibi unum publicum ~ionem ad modum civitatis .. Burdegale *RGasc* I 338b; qui erat puplicus ~io *SelCCant* 219; clericis, notariis, ~ionibus publicis AMUND. I 381.

2 (in gl.) one who plays board games, gamester, gambler.

~o .. qui frequenter ludit cum tabulis OSB. GLOUC. *Deriv.* 574.

tabellionalis [CL tabellio+-alis], of or pertaining to a notary.

1540 prothonotarius .. aliique notarii .. signis suis ~ibus .. signarunt *Conc.* III 855a.

tabellionare [CL tabellio+-are], to act as notary (in quot., pr. ppl. as sb. m.).

1389 licet plura contineantur in instrumento ~antis qui dicit se hiis interfuisse *Reg. Heref.* 88.

tabellionatus [CL tabellio+-atus], (also w. *officium*) office of notary, notaryship, 'scrivenership', clerkship.

1284 concedendi ~us officium juxta formam quam Romana ecclesia servare in talibus consuevit .. concedimus .. facultatem *Mon. Hib. & Scot.* 127b; **1337** directis ad .. cardinales deprecatoriis literis pro impetrando sibi ~us officio, in quo plurimum eidem universitati prodesse poterit *Collect. Ox.* I 36; **1403** officium decanatus christianitatis seu ~atus .. seu aliquod aliud officium *Cl* 251 m. 17*d.*; fideli exercitio ~us *Conc. Scot.* II 112.

tabellium v. tabella.

tabellula [CL tabella+-ula]

1 small board, (in quot. for inscription) plaque.

in hac Christi cruce penes capud Christi ponunt ~am quandam quadratam in qua scripsit Pilatus titulum *Holy Rood-Tree* 57.

2 playing piece for board game.

1235 j scaccarium de ebore cum scaccis et ~is de eodem .. j tabellarium de ebore .. cum ~is et scaccis *Chanc. Misc.* 3/4.

3 plank, drawbridge.

aderat mox .. capitaneus, apertaque porticu, et ~a ultra fossata protensa, cepit extra porticum super ~am ipsam cum prefato milite habere colloquium. tres vero viri .. finem ~ae, ne de facili levaretur .. conservabant *Ps.*-ELMH. *Hen. V* 100.

taberculum v. taburculum. **taberda, ~um** v. tabardum.

tabere [CL], **~escere** [CL]

1 to waste away, lose strength, become worn out (also fig.). **b** to weaken, become dispirited.

caritatis vinculum nec annorum numerositate marcescit nec spatioso terrarum intervallo ~escit ALDH. *Met.* 4; nisi .. corporee fragilitatis valitudine medullitus ~entia membra coquente non sinerer *Id. Ep.* 2; tercius .. per lubrica voluptatum blandimenta miserabili fine ~escet WULF. *Æthelwold* 8; more canis rabidi, qui fauce tabescit hianti *Id. Swith.* II 870; quid sibi vult? quid habet? cur invidia male tabet? R. CANT. *Poems* 17. 49; Franci tribulationibus ~escentes ORD. VIT. IX 10 p. 549; fertur quod .. homines .. et animantia ~uerint mortalitate HON. *Spec. Eccl.* 951A; non inflatur superbia, non ~escit invidia BALD. CANT. *Serm.* 2. 30. 434D; si quos sane ~escentes macie vidissent, hos cum venia preteribant J. SAL. *Pol.* 421C; aut nudus omnino aut in semicinctiis ~escens fame P. BLOIS *Ep.* 102. 318D; his ~escit crus, et claudicant si non urantur GAD. 37v. 1. **b** **797** nec mirum .. si animus tuus perturbatus continuo dolore ~escat ALCUIN *Ep.* 122; liventi oculo sed ~ente interius animo R. COLD. *Cuthb.* 60; non dolore ~escas H. BOS. *Thom.* IV 13 p. 364; caro anxie patitur, anima miserabiliter ~escit BALD. CANT. *Serm.* 2. 43. 437A; **S1087** cum raperet suis sua .. in intimis cordium amaricabantur et ~escebant H. HUNT. *HA* VI 39.

2 **a** (of fire) to die down, dwindle. **b** (of land, material world, or sim.) to wither, dry out, waste or fade away. **c** (of possessions or wealth) to dwindle away.

a quasi focus fulvis favillarum cineribus coopertus .. frigenti tepore ~escit ALDH. *VirgP* 60 p. 321; ignes .. ex quo ~escere incipiebant in saxeos globos convertebantur M. PAR. *Maj.* I 28. **b** prole virens aestate, tabescens tempore brumae ALDH. *Aen.* 1 (*Terra*) 4; non ros, non imber sitientes inrigat agros, / arida flammigeris tabescit terra sub astris ALCUIN *SS Ebor* 589; **979** (12c) rotunda seculorum volubilitas ~escendo evanescit *CD* 622; solida machine compago tabescet; / versatilis orbium girus abibit J. HOWD. *Cant.* 144. **c** servicio sic sepe spenduli res tabet herilis *WW.*

3 (trans.) to cause to languish.

1293 non ergo dolor vos ~escat nec solicitudo distrahat *Reg. Cant.* 1272.

taberna [CL]

1 place where wine or beer is sold and consumed, tavern, inn; **b** (dist. acc. sort of beverage sold); **c** (in fig. context). **d** (*~a panum*) building in which bread is baked or sold, bakery.

nectare cauponis complens ex vite tabernam ALDH. *Aen.* 78 (*Capa vinaria*) 4; ~um, domus ubi vinum emitur *GlC* T 18; non licet clerico .. esse ebriosum nec bibere in ~is ÆLF. *Ep.* 2. 173; **c1185** prohibeo etiam ne quis aliquam ~am habeat in aliqua villa intra vicecomitatum de Perth nisi ubi miles sit dominus ville *BBC* 217; **c1202** de quibusdam inquietis et ebriosis impudenter sedentibus ad ~am ab hora nona diei Sabbati usque ad horam terciam Dominice diei *Becket to Langton* 197; **c1220** prohibemus eciam .. sacerdotibus .. ne causa commessacionis vel potacionis intrent ~as, nisi in itinere constituti (*Const. Lond.*) *EHR* XXX 297; **12..** de wagantibus ociosis expendentibus in thabinis et alibi qui non habent de proprio unum expendere *Reg. Tristernagh* 33; hec tabarna, A. *a taverne WW.* **b** magistrum suum ad ~am vinariam secum conduxit R. COLD. *Cuthb.* 112; **1192** quod nullus extraneus habeat ~am de vino, nisi in navi *Gild Merch.* II 59; **1219** concordati fuerunt in ~a ad vinum *CurR* VIII 83; **1452** ~as exercens cervisie *Pri. Cold.* 175; probum non decet studentem ~as cervisarias et vinarias frequentare WHITTINGTON *Vulg.* 63; **1542** ~as vinarias aut domos cervisianas *Deeds Balliol* 322. **c** quid patrat graciam verbalis fluminis? / si nescis, referam—taberna virginis WALT. WIMB. *Carm.* 148; Dominus habet unam ~am de optimo vino, sc. celeste gaudium et signum pulchrum ante ~am, sc. crucem *G. Roman.* 307. **d** custodiebat .. Finanus ~am panum; et fratres audientes ~am ardere illam, cucurrerunt extinguere piram (*Finanus* 7) *VSH* II 88.

2 (allowance for) expenditure at an inn (perh. for accommodation).

1278 expens. prioris: .. in coquina in predictis locis per xv dies, iv l. vj s. in pane et ~a in eisdem locis, xxij s. x d. *Ac. Durh.* 487; **1342** Andree Bur, clerico liberacionis .. per ~am, carnes bovinas, et ostreas expenditas apud Inverkethyn, vj s. v d. *ExchScot* 487.

3 brew of beer or quantity of malt.

1185 H. T. j acram .. per xliiij d. et cum facit ~am dat unum denarium *Rec. Templars* 19; **1269** ultima ~a .. W. venatoris non fuit de assisa *CBaron* 73; **1400** lego Isabelle filie mee unam ~am brasii de meliori brasio et de secundo sicut consuetudinem pandoxarem *Arch. Bridgw.* 508.

4 sale of wine or beer.

1233 de xij d. de Gunnilda pro ~a per annum et de vj d. de Agnete pro ~a per dimidium annum *Crawley* 207; **1236** poterunt omnes empciones suas facere sicut ceteri burgenses, exceptis vendicionibus omnibus nomine ~e *Gild Merch.* II 235; **1372** in tribus doliis vini de providencia et trecentis viginti tribus lagenis cum dimidia lagena vini de ~a, varii precii, cij li. xv s. ij d. ob. *ExchScot* 368.

5 (in gl.).

nomina reprehensibilium mulierum: .. hec caupana, A. *a taverner wyffe*; hec ~a [? l. tabernaria], idem est *WW.*

tabernacularius [CL], person concerned with tents or pavilions (in quot., of carrier).

curritur ad meretrices et ~ios curiales ut inquiratur ab eis quo princeps profecturus sit P. BLOIS *Ep.* 14. 49A.

tabernaculatus [CL tabernaculum+-atus], furnished with a canopy (in quot., transf.).

emit .. capam de rubeo velvetto cum imaginibus ~is et ramusculis foliorum de auro supertextis *Chr. Evesham* 296.

tabernaculum [CL]

1 tent, hut, movable or temporary dwelling; **b** (w. ref. to *Psalm.* lxxxiii 11). **c** (*sollemnitas ~orum* or sim., w. ref. to *Lev.* xxiii 34) Feast of Tabernacles.

episcopum .. qui .. pro viridantis campi equore ibi ~um tetenderat .. occidit W. MALM. *GR* II 131; plures in ~is morabantur, in domibus ne mollescerent requiescere dedignabantur ORD. VIT. IV 4 p. 184; ~um, domus in expeditione vel in deserto manentium OSB. GLOUC. *Deriv.* 590. **b** elegit .. in ~is peccatorum ad tempus ut fenum florere ORD. VIT. III 2 p. 41; **1166** ut habitarem salubrius in domo Domini quam in ~is peccatorum BECKET *Ep.* 223 p. 495; quod abjecta sis in domo Domini et non habites in ~is peccatorum P. BLOIS *Ep.* 35. 113B. **c** scenophegia i. sollemnitatem ~orum quam in vij mense Judei celebrant *Comm. Cant. III* 130; scenopegia, sollemnitas ~orum *GlC* S 119; die octavo Pasche et die octavo ~orum S. LANGTON *Chron.* 155.

2 (also in Christian allegorical context) curtained tent containing Ark of the Covenant (*cf. Exod.* xxvi ff), portable sanctuary; **b** (in book title).

curtinae .. ~i purpureis ostri et cocci coloribus fucatae ALDH. *Met.* 2 p. 64; venit ad erudiendos eos qui evacuati a Christo adhuc in lege gloriabantur et quasi ~um Domini in Silo absque testamenti arca servabant BEDE *Sam.* 527A; inter sacerdotes Wiltonie qui precedebant arcam foederis Domini, ministri dominici ~i GOSC. *Edith* 50; **1167** recurrebant illi ad ~um foederis ubi sancta sanctorum servabantur, id est mandata Dei, que cunctis justificationibus antecellunt J. SAL. *Ep.* 219 (219 p. 372); in intimo dilectionis celice domicilio, quod est ~um testimonii AD. MARSH *Ep.* 247. 12 p. 452. **b** de ~o et vasis ejus .. libros iiij BEDE *HE* V 24 p. 357.

3 dwelling place (also transf. or fig.); **b** (of heaven, freq. w. ref. to *Luc.* xvi 9); **c** (applied to body or part of it as dwelling of soul, or to mind as dwelling of thoughts or sim.).

respondit rex ".. mansionis tue construe habitaculum, edifica monasterium." .. Kentegernus .. non dedit oculis sompnum liberum .. donec inveniret locum aptum ad edificandum ~um Domino Deo Jacob J. FURNESS *Kentig.* 24 p. 201; pervenit ad me edictum abbatis ne egrederer ostium ~i nec curiam ingrederer nisi cum eo *Chr. Evesham* 145. **b** **735** tibi in celestibus mansionibus et in aeternis ~is .. aeternalem mercedem .. restituat BONIF. *Ep.* 35; post migrationem corporis [te] custodiat, ducens ad aeterna ~a ÆTHELW. *prol.* p. 1; teste veritate amici de mammona iniquitatis facti factores recipiunt in eterna ~a *Canon. G. Sempr.* f. 88; confederacio duorum supremi via recta rectoris ad ~um celsitudinis et incircumvenibilis infinitivum ducit ad habitaculum E. THRIP. *SS* I 5. **c** certus sum .. quia tempus mee resolutionis instat et velox est depositio ~i mei [*II Petr.* i 14] BEDE *HE* IV 27 p. 274; ut homo luteo ~o circumdatus J. FURNESS *Walth.* 120; nimia replevit amaratudine [*sic*] ~um mentis nostre rumor *Pri. Cold.* 13; ~um nostre mentis .. replevit amaritudine *FormOx* 192.

4 canopy or canopied structure. **b** canopied niche in wall or pillar, or receptacle for image or relic (of saint); **c** (represented in embroidered design). **d** ornamental receptacle to contain the Holy Sacrament.

1289 ad ~um lecti regis in sua magna camera *KR Ac* 467/17 m. 8; unus .. in alba ad deferendum ~um sericum *Cust. Sal.* 201; **c1300** in j ~o faciendo supra ymagines ad protegend' pluviam, iij s. *DCCant.* D E 150; quatuor sacerdotes .. portent ~um. tres diaconi .. subtus ~um liquores benedicendos deferant; tres pueri acolythi precedant ~um cum cruce *Miss. Heref.* 87. **b** **1242** pro pondere xiiij d. argenti ad quoddam ~um factum ad quandam ymaginem de ebore *Liberate* 18 m. 6; **1419** in j ymagine B. Marie empta cum factura

~i sui et pictura ejusdem stantis super le *parclos* ante altare S. Stephani *Fabr. York* 42; **1432** lego A. T. de London parvam imaginem B. Virginis de auro inclusam in uno ~o eciam de auro *Reg. Cant.* II 493; elevabatur turris .. in cujus medio sub uno ~o splendido stetit imago .. S. Georgii armata *G. Hen. V* 15. **c** a**1414** una capa de rubeo camaca .. in qua sunt diversa ~a cum imaginibus diversorum sanctorum (*Invent.*) AMUND. II *app.* 341. **d 1325** volumus quod ~um nostrum sit in gubernacione .. aldermannorum et in loco honesto et sacro conservetur, viz. in ecclesia S. Marie ad Turrim *Gild Merch.* II 126; **1424** unum thabernaculum melius quod habeo pro corpore dominico imponendo *Reg. Cant.* II 299; qui illud statim in predicta pixide in ~o deponat *Med. Stage* II 314.

5 a (understood as) panel. **b** (in gl., understood as) little tavern, or *f. l.*

a 1436 magnum tabulatum sive ~um, argenteum deauratum, habens in medio imaginem .. pretiose et solemniter anemelatum AMUND. II 190. **b** cauponula, †tabernacula [? l. tabernula] *GlC* C 175.

tabernagium [CL taberna+-agium], tax on selling wine or beer.

1183 sint quiti de telonagio .. de passagio .. de focagiis, de ~io *Act. Hen. II* II 249.

tabernare [CL taberna+-are]

1 (of leaseholder) to subdivide or sublet (property).

?**1340** R. F. ~avit unam rodam terre Willelmo filio Elene .. pro quatuor vesturis habendis et predicta roda terre capiatur in manu domini *Hal. Durh.* 14; **1345** preceptum est quod x acre terre quas A. W. ~avit diversis ad diversos terminos .. capiantur in manum prioris, quia sine licencia *Ib.* 18; **1365** idem Johannes illud [tenementum] ~avit sine licencia *Ib.* 38; de Johanne A. pro licencia ~andi unum cotagium pro termino vite sue j sufficienti tenenti xij d. *Ib.* 42; **1564** quod non alienabunt, separabunt, locabunt, vel ~abunt .. dicta tenementa sive aliquam inde parcellam alicui persone .. sine licencia *Pat* 999 m. 26; **1578** nec .. barganizabunt, vendent, alienabunt, concedent, sive ~abunt aliquam partem .. dicti tenementi *Ib.* 1172 m. 13.

2 to sell (esp. beer or wine) by retail (also absol.).

a**1153** si aliquod doleum vendiderit ~ando [Scot.: *be tavarnyt*], doleum vacuum erit regis (*Cust. Portuum*) *APScot* I 672; quod nullus forishabitans emat aliqua victualia .. per naves venientia ad ~anda nisi tantum ad sustentacionem domus sue *Gild Merch.* I 240; **1330** attach' in foreste .. de Johanne filio Henrici quia ~avit boscum regis, iij d. *KR Ac* 131/24 m. 3*d.*; quod faciunt lardarium in grosso et illud vendunt minute ~ando, contra jura *Iter Cam.* 8; **1453** de vij li. receptis a Willelmo Bully, alias custumario .. in vino ad usus regis ~ato a Willelmo de Carriberis *ExchScot* 605; **1466** Johannes B. ~avit et fregit assisam cervisie *Crawley* 507.

3 to frequent taverns.

1324 si aliquis ~ando, palustrando, verberando casu periculum inciderit *Borough Cust.* II 40.

tabernaria [LL]

1 female tavern-keeper, tapstress.

c**1331** Petrus D. tabernarius, Johanna Hervie ~ia *JustIt* 1166 r. 1.

2 prostitute.

hec meretrix, ~ia, *a strumpytt WW*; **1385** Agnetem que fuit ~ia Simonis Sherman de Cantebr' *Cl* 225 m. 7*d.*

tabernarius [CL]

1 characteristic of taverns, tavern-keepers, or one who frequents taverns.

1526 abbas fatetur se permisisse fratribus ut tabernas visitent ... vestiuntur .. aliqui ex monachis satis splendide, quorum vita et conversatio magis ~a est quam monastica (*Vis. Thame*) *EHR* III 721.

2 (as sb. m.) tavern-keeper, one who sells beer or wine. **b** one who frequents taverns.

caupo, ~ius, *tæppere, winbrytta* ÆLF. *Gl.*; hic tabernio .. qui vendit potum, quod etiam hic ~ius dicitur

---

OSB. GLOUC. *Deriv.* 575; **1234** mandatum est .. quod xxv dolia vini regis .. tradant ~iis ville sue Ebor' qui plene respondebunt de pretio eorundem *Cl* 311; de ~iis vini. .. calumniabuntur quod .. miscent vina corrupta cum sanis *Iter Cam.* 18; **1291** liberata ~iis Londonie xvij dolia [vini] .. ad opus regis tempore sepulture regine *EEC* 201; s**1355** in quadam taberna vini, inter quemdam scholarem et ~ium pro una quarta vini dissensione suborta, idem scholaris effudit vinum super caput ~ii AVESB. f. 123*b*; de mensuris braciatorum et ~iorum *MGL* I 249; hic ~ius, A. *taberner WW*. **b** hic tabernio .. qui frequentat tabernam .. quod etiam hic ~ius dicitur OSB. GLOUC. *Deriv.* 575; **1293** concubinarii, ~ii, ebriosi *Reg. Cant.* 1298.

tabernatio [tabernare+-tio], sub-dividing, subletting (of tenement).

1324 de Thoma le Harper pro ~one iij acrarum terre *CourtR* 183/11 r. 2; **1376** pro ~one unius cotagii sine licencia domini *Hal. Durh.* 136.

tabernator [tabernare+-tor], one who sells beer or wine, tavern-keeper.

1259 faciat habere R. de H. ~ori de Windes', unum dolium vini *Cl* 431; summoniri faciatis .. ~ores vini *Iter Cam.* 1; **1430** omnes brasiatores et tappatores et ~ores *Gild Merch.* II 261.

tabernatrix [tabernare+-trix], female tavern-keeper, tapstress.

1266 de ij feminis ~icibus ad habendam licenciam vendendi cervisiam usque ad festum S. Michaelis *CourtR* 154/34 m. 2.

tabernio [cf. CL taberna], (in gl.): **a** one who frequents taverns. **b** tavern-keeper.

a ~o .. bibax OSB. GLOUC. *Deriv.* 263 (v. ganeo 3); ~ones, taberne sectatores *Ib.* 590. **b** caupones, ~ones OSB. GLOUC. *Deriv.* 146; ~o, .. qui vendit potum *Ib.* 575; hic ~o, -onis, *tavernier Teaching Latin* I 380; *a tawerner*, caupo .. ~o *CathA*.

tabernum v. taberna. **tabertum** v. tabardum.

tabes [CL]

1 wasting or fading away, (act of) growing weaker.

a diutina spiritalis inediae sumus ~e salvati BEDE *Luke* 449C; sensim languoris tabe peresa / pontificis summi plectuntur membra dolore *Mir. Nin.* 258; et sensu demptos et morbi tabe peresos FRITH. 1320; longe paralisis ~e admonitus W. MALM. *GP* II 73.

2 corrupt, decaying, or putrefying matter, pus.

· es ex putrescentibus carnibus nascitur (AILR. *Serm.*) *CC cont. med.* IID 77; cum .. ~e moriencium pestilencia cotidie sumeret incrementum GREG. *Mir. Rom.* 5; ea que nascuntur de corrupcionibus et purgamentis vel exalacionibus aut cadaverum ~e GROS. *Hexaem.* VII 5; stabes, A. *a spotte WW.*

tabescentia [CL tabescens *pr. ppl. of* tabescere +-ia], wasting away (in quot. w. ref. to moral decay).

~ia: est de malis alterius exultatio GROS. *Templ.* 9. 6.

tabescere v. tabere. **tabetum** v. tapes.

tabiditas [CL tabidus+-tas], (condition of) wasting away, weakening, weakness.

~as in omnibus paroxismis et horis eorum GILB. I 33. 2; hanc egritudinem sequitur corporis ~as et virtutis defectus *Ib.* I 207v. 1.

tabidosus [LL], (in gl.).

morbidosus, morbidus .. pestilens, tabidus, ~osus OSB. GLOUC. *Deriv.* 367.

tabidus [CL]

1 (growing) weak, languishing. **b** that is in deteriorating or poor health or physical condition.

quorum cor fuerit ~um et contritum AILR. *Serm.* 10. 397A; talibus insudans olei librique lucerna / tabidus illanguet HANV. III 188; quare mortale est et si vivat ~us vivit *Quaest. Salern.* B 118. **b** redde fragrancia que vides olida / fac sana tabida WALT. WIMB. *Carm.* 75.

---

2 putrefying, rotting. **b** (in gl.).

ligabitur lingua ~a sanie, que sepe inanes fabulas proferebat ELMER CANT. *Record.* 720B; lingua tumens, venter distentus, tabida pellis GARL. *Tri. Eccl.* 67. **b** fetidus .. sordidus, ~us OSB. GLOUC. *Deriv.* 324.

3 that causes wasting away, decay, or putrefaction, detrimental to health, pestilential.

tradunt cervos .. terebrantem ~i aeris nebula morbum incurrisse W. MALM. *GR* III 275; ~a pestis in auras effluens multos .. leto dedit *Ib.* IV 374; cogitationes .. que tamquam musce ~e in tam suave olenti sacrificio totum perdant mox tante suavitatis odorem H. Bos. *Thom.* III 13.

tabificare [CL = *to cause to waste away*], (to cause) to decay, rot.

nature vile sepulcrum, / tabificansque rogus et edulis funeris urna HANV. II 346.

tabificus [CL], foul, decaying, putrefying (in quot. fig. of Satan).

ludit te spiritus ater. / sentio tabificus te perdere vult inimicus R. CANT. *Malch.* I 195.

tabifluus [LL], flowing with that which causes wasting away, decay, or putrefaction, detrimental to health, pestilential.

s**552** peste pestis adolevit ... ~as discutiens nebulas .. annum reducens frugiferum W. MALM. *Mir. Mariae* 234.

tabitudo [CL]

1 (condition or process of) wasting away, emaciation.

fugit dolor interaneorum omnis, fugit exteriorum ~o membrorum BEDE *CuthbP* 31.

2 (process or product of) putrefaction, putrefying matter.

ex colluvione congesta oppalluerat .. cenosa ~inis fuligo .. apparuerat R. COLD. *Cuthb.* 101; *a rotynge*, putrifaccio, ~o *CathA*.

tablamentum v. tabulamentum. **tablarium** v. tabularium. **tablementum** v. tabulamentum. **tablerium** v. tabularium. **tablettum** v. tabuletta. **tabliamentum** v. tabulamentum. **tabor** v. tabur. **taborare** v. taburare. **taborarius** v. taburarius.

tabula [CL]

1 flat piece of wood, board, plank, wooden strip; **b** (as part of ship); **c** (as used after shipwreck as float or raft, also in fig. context).

de lignis levigatis i. devinctis ~is bitumine inter juncturas *Comm. Cant.* I 72; nam domus est constructa mihi de tergore secto / necnon et tabulis, quas findunt stipite, rasis ALDH. *Aen.* 61 (*Pugio*) 7; ipsae auri laminae cedrinis sunt ~is adfixae vel abiegnis vel certe de lignis olivarum paratis BEDE *Hom.* II 1. 119; †tubolo [? l. tabula], *fala GlC* T 321; puellam instar cadaveris ~e impositam GOSC. *Transl. Mild.* 28; **1398** m ~e de *barelholt* empt', xviij s. *Ac. Durh.* 601. **b** confractis .. duabus ~is ex insperato navis, proh dolor! subversa est ORD. VIT. XII 26 p. 413; pars nostrum tabulis, pars heret plurima transtris L. DURH. *Dial.* III 181; navis ex omnibus ~is abietinis, postea per partes tota refecta sit ex omnibus ~is cupresseis VAC. *Assumpt.* 28; s**1237** a superioribus ~is navis ad inferiora delapsi .. submersi sunt *Chr. Man* 96. **c** unam veluti post naufragium, in qua ad vivorum terram evadatis, paenitentiae ~am toto animi nisu exquirite GILDAS *EB* 110; ad ~as etiam confugiunt naufragantes et a periculo sepius liberantur BART. ANGL. XVII 162; quid extiterit per originalis peccati contagionem, quid per baptismi gratiam .. quid etiam per secundam ~am post naufragium *Chr. Abingd.* 123; 'spargique litus tabula naufraga', id est sparsim venire naufragos super ~am ad litus TREVET *Troades* 73.

2 sheet or slab (of rigid material other than wood). **b** (transf.) cut of precious stone characterized by a large flat surface surrounded by small facets, table cut, (in quot., *in* ~a) with the large flat surface uppermost.

1447 eidem pro factura ~arum lapidearum pro eodem orreo *Ac. Durh.* 145; **1449** xj ~as ferri pro argento jactando et positas in domo vocata *le Furneyshous KR Ac* 294/6; **1479** pro xvj ~is vitri Anglicani, xiiij s. viiij d. *Fabr. York* 83.   **b 1387** viginti tria perlarum grossarum et unum rubinum in tabulla ligatum in auro *Foed.* VII 562.

3 flat board or sheet (in spec. uses): **a** (mon.) wooden board struck with a mallet to give signal, 'semantron'. **b** clapper (of castanet). **c** (~*a pacis* or *osculatoria*) paxbred, osculatory. **d** abacus.

a pulsata ~a, prior auxilium .. invocet divinum *RegulC* 25; post capitulum pulsata ~a loquantur in claustro. .. pulset .. prior ~am tribus ictibus LANFR. *Const.* 121; ad officium tenebrarum non cum campanis sed cum ligneis ~is .. est pulsandum. .. ~a lignea Christum significat, qui de ligno clamabat BELETH *RDO* 100. 105C; c**1190** audito .. cujuslibet obitu fratris .. statim ~a a priore pulsabitur; congregatis fratribus, breve a precentore recitabitur *Cart. Rams.* II 251; ~as sonatiles cum malleolis *Cust. Cant.* 106. **b** pariter ferit aera cantus, / et sese tabule strepitusque saporat in aure VINSAUF *PN* 649. **c** c**1300** vas ad aquam benedictam, ~as pacis, candelabrum ad cereum paschalem *Conc. Syn.* 1386; **1368** iiij ~e pacis *Invent. Norw.* 11; **1388** ~e osculatorie sunt quatuor, unde tres argentee et amelate pro pace danda (*Invent. Westm.*) *Arch.* LII 236; **1443** j ~a pacis de argento *Cant. Coll. Ox.* I 1. **d** per ~am, id est abacum THURKILL *Abac.* f. 63v.

4 a cover or board of book. **b** flat receptacle, casket, case.

a 1368 ~a textus et tabula pacis *Invent. Norw.* 74; **1409** omnes libri .. sunt valde debiles et confracti in ~is et foliis *Fabr. York* 246; **1415** lego .. unum parvum librum cum ~is argenteis et deauratis *Reg. Cant.* II 59. **b** Lanfrancus .. in ~a plumbea ponderosa valde inventus est, in qua a die prime sepulture intactis membris .. usque in illum diem jacuerat GERV. CANT. *Combust.* 25; **1383** item de vestimento sancti Johannis Evangeliste in ~is deauratis cum aquila *Ac. Durh.* 428; **1415** omnia precatoria mea .. cum omnibus ~is et *broches* que non [? l. nunc] vocantur *nouches* de auro vel argento *Reg. Cant.* II 188.

5 (wooden) board or panel (for painting); **b** (her.).

crucem .. ferentes argenteam et imaginem Domini .. in ~a depictam BEDE *HE* I 25; ferebatur Wibertus imaginem ejus in ~a pingi fecisse W. MALM. *GP* I 55; ~a in qua pingitur ymago KILWARDBY *SP* f. 28v; **1368** ~a altari depicta loco frontelli *Invent. Norw.* 68; **1388** ~e sunt due plicabiles .. bene depicte quarum prima continet in se in una parte ymaginem crucifixi, Marie et Johannis et Marie Magdalene (*Invent. Westm.*) *Arch.* LII 240. **b** cuidam pictori .. pro pictacione de vij vexillis magnis et ij parvis una cum ~is, clipeis *Ac. H. Derby* 93; Mowbray Herauld pro viij ~is pro *scochons* domini, militum, et scutiferorum suorum faciendis *Ib.* 227.

6 table-top (also ~*a mensalis*); **b** (of altar).

1221 ~as mensales ex una parte ejusdem aule *Cl* 453a; **1313** ~as mensales in magna aula .. tam moventes quam dormientes *KR Ac* 469/16 f. 2d.; **1340** de ij ~is portab[ilibus] cum ij paribus tristall'; ij ~is dorm'; .. j ~a pro ciphis; item j ~a cum j pari testall' *MinAc* 1120/10 r. 9d.; **1350** cancellarius .. ~am illam usque ad ~am marmoream in aula Westmonasterii secum deferens *Foed.* VI 141; **1464** item j longa ~a mensalis cum ij trestellis *Ac. Durh.* 639. **b** [episcopus] benedicat ~am altaris, quae tamen ~a prius lota erit ex aqua sacrata .. deinde ponatur ~a desuper, id est mensa altaris, et lineatur calce EGB. *Pont.* 46; frusta .. de marmorea urna .. quidam asportaverunt, ex quibus .. multa altaria ~eque itinerarie consecrate sunt ORD. VIT. VII 12 p. 211; in illo festo papa celebravit extra ecclesiam super ~am sub divo ECCLESTON *Adv. Min.* 113.

7 board or table marked out for spec. use: **a** (for games such as chess, backgammon, or draughts; also in fig. context); **b** (for reckoning, esp. w. ref. to chequer board of the Exchequer). **c** square on chequer board. **d** (usu. pl.) game played on a marked board or table.

a quia fatalis alea incertis jactibus in hujus vite ~a mortales eludit W. MALM. *GR* I 17; dicitur ~a alea, in qua luditur, et hec duplicatur et diversis coloribus insignitur BART. ANGL. XVII 162; **1388** j par ~arum cum *chesmeyne* *IMisc* 239 (10) m. 2; **1553** de .. duobus paribus ~arum ludend', A. *two payer of playing tables Pat* 852 m. 29. **b** ad quadrangulam ~am que dicitur calculis bicoloribus, vulgo scaccarium; potius autem

est regis ~a nummis albicoloribus ubi etiam placita corone regis tractantur W. FITZST. *Thom.* 39; **1303** pro una magna ~a .. pro compoto garderobe suprajactando (*AcWardr*) *KR Ac* 363/18 f. 9d. **c** duos tabularum reges ponat per planiciem / .. rex iturus contra regem pedetemptim properet, / primitus alteram petens occupare tabulam / .. bifrons rochus ordinetur in extrema tabula *Hist. Chess* 514. **d** hinc thessara, calculus, ~a .. quorum artem utilius est dediscere quam docere J. SAL. *Pol.* 399C; **1209** domino regi ad ludendum cum comite Sar' ad ~as, iiijs. x d. *Misae* 139; **1313** fratribus regis ludentibus ad scaccarium, ~as et alias *KR Ac* 374/19 f. 5d.; **1478** quod nullus tenencium domini .. amodo frequentat tabernas customabiliter et noctanter neque ludat ad talos, ~as, scaccos neque ad *lez cardes* pro aliquo argento *CourtR Lygh* I f. 12v.

8 table; **b** (as place of business).

assederat ad mensam contra regem, ad aliam ~e partem W. MALM. *GP* V 240; fratres .. non conjunctim ad mensas sedebunt .. sed divisim ac spaciatim ordinate, ut ~e honorifice vestiantur *Cust. Cant.* 161; **1342** pro iij ulnis panni viridis .. emptis .. pro ~a compotorum officii magne garderobe .. vj s. (*Ac Wardr*) *KR Ac* 389/14 m. 8; **1371** j *rigald* empto pro tebula in tesaurario vij d. *Fabr. York* 12. **b 1331** licet .. ordinaverimus .. quod ~a sit apud Dovor' et alibi .. pro escambio expensarum necessariarum hominibus ultra mare extra regnum transeuntibus *Cl* 151; **1335** quod ~a cambii sit apud Dovorr' et alibi ubi et quando videbitur nobis *Cl* 156 m. 11; **1430** exceptis carnificibus et piscatoribus extraneis pro stallagiis et ~is suis *Gild Merch.* II 261.

9 (~*a rotunda*, of King Arthur, also w. ref. to his knights) Round Table. **b** Order of the Round Table (proposed by Edward III). **c** meeting of members of the Order of the Round Table (also transf. w. ref. to its purpose-built meeting place at Windsor Castle begun by Edward III, and imitations). **d** meeting or assembly of knights or sim., esp. one at which tournament takes place, (also transf.) tournament or festival.

Arthurus fecit rotundam ~am quod cum illi nobiles milites deberent sedere ad prandendum non unus altius altero sed omnes equaliter sederent et omnibus equaliter serviretur *Eul. Hist. Annot.* II 320; rex Arthurus .. vocavit milites illos milites de rotunda ~a *Pol. Poems* I 150. **b s1344** post hastiludia domicellorum, dominus rex fecit cenam magnam in qua suam rotundam ~am inchoavit et juramenta quorundam comitum et baronum et militum quos voluit esse de dicta ~a rotunda recepit sub certa forma AD. MUR. *Chr.* 155 (cf. ib. 232). **c s1344** ordinavit .. quod ibidem [in castro de Wyndeshore] fieret una nobilissima domus, in qua posset dicta rotunda ~a teneri AD. MUR. *Chr.* 156; **s1344** rex Edwardus fecit convocari plures artifices ad castrum de Wyndeshores et coepit edificare domum que rotunda ~a vocaretur; habuit .. ejus area a centro ad circumferenciam .. centum pedes. .. eodem tempore .. rex Francie hoc facto regis Anglie provocatus, coepit et ipse rotundam edificare ~am in terra sua ut sic sibi attraheret miliciam Alemannie et Italie ne ad regis Anglie ~am properarent WALS. *HA* I 263. **d 1232** de rotunda ~a prohibenda. rex omnibus fidelibus suis qui conventuri sunt ad rotundam ~am salutem. .. colloquium habituri cum L. principe de Abbefrau .. vobis mandamus .. quod .. nullatenus ad .. ~am convenientes turneare presumatis .. et preterea non permittemus quod decetero torneetis in terra nostra *Pat* 492; **s1252** ~a rotunda apud Waldene ubi Ernulphus de Mounteneye a Rogero de Leyborne lancea interfectus *Ann. Lond.* 46; **s1279** ad rotundam ~am Warewici multi nobiles et potentes de partibus transmarinis et indigene convenerunt *Flor. Hist.* III 53; iste Rogerus .. filios suos, .. centum milites et tot dominas ad hastiludium de Kenilworth, expensis suis sumptuosis, .. secum adduxit et rotundam ~am ibi incoepit *MonA* VI 350b.

10 inscribed board, notice- or display-board. **b** (transf.) systematically arranged written presentation of numbers, words, or symbols, table, list.

si aliquis frater, cum in ~a fuerit, de aliquo officio durante per ebdomadam per primos quatuor dies ~am suam fecerit, si tunc per egritudinem .. *Cust. Cant.* 99; fratribus in ~a misse existentibus *Comp. Swith.* 271; tricennale .. Gregorii ponetur in ~a pro anima ejus decantandum *Cart. Bath* B 808 p. 152; **1434** nomina .. in una ~a litterata formata ponenda super majus altare *Reg. Durh.* 26; puer qui ad aquam

scribitur in ~a *Process. Sal.* 19. **b** sic .. de ceteris variatum est, ut subscripta demonstrat ~a ADEL. *Elk.* 1; c**1170** ~e astronomice *Libr. Cant. Dov.* 11; ~e Tolletane vel alie meliores eis ac faciliores si unquam appareant M. SCOT *Part.* 291; istud kalendarium .. habet sibi suppositas duas ~as parvas ostendentes aureum numerum et litteram dominicalem pro omni tempore ELVEDEN *Cal.* 5; **1439** ~a medie conjunccionis solis et lune *MunAcOx* 763; in scripto meo de veritatibus collectis per modum ~e GASCOIGNE *Loci* 175; per tabulam cuncta reperire potes sive [l. sine] cuncta / ordine scriptorum, possessorum, foliorum R. ESK 53.

11 tablet (of stone or metal) inscribed and set up as a permanent record (in quot. w. ref. to the stone tablets bearing the Ten Commandments). **b** badge having a form representing one of the tablets of the Ten Commandments (prescribed to be worn by Jews).

quis in monte cum Domino locutus .. duas ~as .. advexit? GILDAS *EB* 69; ut duo jusa [*sic*] .. ~is conscripta lapideis BURGINDA; **1218** omnes Judei deferant in superiori indumento suo .. quasi duas ~as albas in pectore factas de lineo panno vel de parcameno, ita quod per hujusmodi signum manifest possint Judei a Christianis discerni *Cl* 378b; tria priora [mandata] .. erant scripta in prima ~a et septem sequencia in secunda ~a GROS. *DM prol.* 5; s**1275** precepit rex quod ad instar ~arum ad unius palme longitudinem signa ferrent [Judei] in exterioribus indumentis *Flor. Hist.* III 45; quomodo .. servat primum mandatum secunde ~e WYCL. *Versut.* 100. **b 1222** providemus .. ut omnes .. Judei, tam masculi quam femine, in veste superiori ante pectus ~as laneas [v. l. tabulanea] alterius coloris quam vestis sit deferant manifeste; ita quod utraque ~a duorum digitorum mensuram habeat in latitudine et quatuor in longitudine, et ad hoc faciendum per censuram ecclesiasticam compellantur (ÆTHELWOLD) *Conc. Syn.* 121.

12 tablet for or containing writing.

scriptoria pueris et indoctis fabricabat ~asque .. cera illitas preparabat ORD. VIT. III 7 p. 94; ~a .. dicitur lignum planum et tenue, in quo posito colore litere inscribuntur. quandoque complanantur breves asseruli .. atque concavantur ex utraque parte parum et .. replentur cera nigra, viridi vel rubea ad scribendum BART. ANGL. XVII 162; loca .. sunt quasi ~e quibus inscribimus, ymagines quasi littere eis inscripte BRADW. *AM* 2; **1418** ~as testamenti mei meam ultimam voluntatem continentes impressione sigilli mei .. sigillavi *Reg. Cant.* II 157.

13 (account for) board, maintenance.

1296 revera predictus Johannes .. commorabatur cum ipso .. per aliquod tempus ad ~am ipsius .. pro denariis *PlRCP* 115 m. 205; **1438** monasterium ibidem debet invenire ~am suam pro dicto anno *Reg. Cant.* II 561; **1466** et per solucionem factam priorisse de H. pro expensis .. Margarete .. in ~a de mandato regis *ExchScot* 428; **1496** per liberacionem factam ad expensas ~e domini regis .. ut patet in libris averie .. regis *Ib.* 595.

tabulamentum [CL = *flooring, boarding*]

1 (horizontal) layer or band of stone in wall or foundation (freq. marking the level of or providing support for a floor), stringcourse, coping.

1222 pro dc pedibus de petris de Insula pro tablamento *Ac. Build. Hen. III* 138; **1250** item deest totum ~um dictarum domorum [sc. capelle et domus speculatoris in turre castelli] circa stillicidia *CalIMisc* I 91; **1252** tabelamentum ejusdem turris innovari facias *Liberate* 28 m. 8; **1289** pro ij petris marmoreis, videlicet una ad tablementum lavorii cum columpnis *KR Ac* 467/17 m. 1; **1291** in ij hominibus discoperientibus vetus tabliamentum porte .. item in vadiis plumbatorum componencium tabliamentum *Ib.* 479/15 m. 1; **1330** ~um in pignone est ruptum *Reg. Exon.* 575; **1355** pictoribus operantibus ibidem tam super ~um quam super primationem fin[i]s orientalis capelle regis *KR Ac* 471/6 m. 2.

2 cloth laid on or hung on the front of altar.

1364 unum velum de novo factum pendens ante tablamentum *Fabr. York* 290; **1368** tabliamentum pro uno altari cum custodiis de una secta brudatis *Invent. Norw.* 16; unum ~um de alba camaca de armis Nicholai Copsi *Ib.* 136; **1415** unum vestimentum parvum de serico cum tablementis, frontellis, et duabus towellis *Foed.* IX 278.

tabulanea v. tabula.

tabulare [CL tabula+-are; cf. tabulatum, tabulatus]

1 to fit with coping or stringcourse, or to install panelling or floorboards in (room); **b** (absol.).

1291 in muro castri retro idem torallum erigendo et ~ando, cum cariagio petre et terre .. xiiij s. *KR Ac* 486/6; **1323** ad ipsam cameram regulandam, ~andam, et singulandam (*Glouc*) *MinAc* 854/7; **1369** in clavis ad ~andum pulbitum, ij d. *Ac. Churchw. Bath* 9; **1466** in ccc tabulis emptis .. et solario ~ando *Ib.* 63. **b** **1211** in j fraxino sternend', scapuland' et secand' inde ~and' ad opus episcopi *Pipe Wint.* 131.

2 to make flat or level, (p. ppl. as adj.) flat; **b** (of deformed face).

1388 de .. j carecta fimali ~ata *LTR AcEsch* 10 r. 5. **b** ductus est ad eum vir quidam ~atam faciem habens sine oculis et naribus et benedixit Aidus faciem ejus et dedit ei Deus oculos et nares (*Aidus* 16) *VSH* II 299.

3 to pattern with squares of alternate colours like a chequer board, to chequer, (p. ppl. as adj.) chequered, (perh. also transf.) patterned. **b** (p. ppl. as sb.) ? square of a chequer board or playing piece used on a chequer board.

1245 pannus de aresta .. ~atus rubeo et indico *Invent. S. Paul.* 493; **1326** tres cupas .. quarum alie due deaurate, indentate, et ~ate .. et unam cupam deauratam et esmelatam in capite, indentatam, et ~atam *Cl* 144 m. 4. **b** in .. ~atis et scaccariis .. de cornuum vel solidiori ossuum materia procreandis R. Cold. *Cuthb.* 88 p. 186.

4 to enter on a list or notice-board, to put on a rota. **b** (p. ppl. as sb.) notice-board, list.

1439 omnes .. qui in festis .. celebrare habeant magnas missas in ecclesia per vicecancellarium singulis diebus sabati ~entur et scribantur. si tempore hujus tabulacionis .. decanus .. festum pro celebrando ex devocione licet non ~atus assumere sibi velit, libere permittatur *Stat. Linc.* I 219. **b** cum a quodam fratre regulariter in ~ata sibi injungeretur vices suas supportare (*Thomas Dovorie*) *NLA* II 554.

5 (p. ppl. as sb. f.) ? table.

gens .. Harpyiis similis, violando vasa liquoris, / ac mensas hominum, tabulatas ac mulierum *Reg. Whet.* I 400.

tabularis [CL]

1 used in course of stone, in flooring, or in panelling. **b** (of deformed face) flat.

1403 pro ~ibus lapidibus *Ac. Durh.* 221. **b** sanctus .. invenit hominem cum ~i facie sine oculis et auribus et naribus (*Cainnicus* 12) *VSH* I 156.

2 of or pertaining to a table or list.

caeco quia numine fratres / nituntur validis tabularia menda tueri / obicibus Frith. 265; expositiunculam summariam quam .. ~i memorie commisistis Ad. Marsh *Ep.* 244; si .. inveniamus literam ~em et revolvamus ab ea cyclum Dionysii Bacon *Maj.* I 203.

tabularium [CL], board (marked out for use in game such as draughts, backgammon, or chess); **b** (dist. fr. chessboard).

1209 pro uno furrello vaccineo ad tab'larios [*sic* MS] reg', xviij d. *Misae* 123; **1209** pro furrello de corio ad tab'laria domini regis xviij d. *Ib.* 125; **1212** pro j tablario de cypresso *Pipe* 49; **1213** in uno ~io eburneo cooperiendo, xviij d. *Misae* 255; **1335** unum ~ium cum aleis (*Vis. S. Paul.*) *Camd. Misc.* IX (*Camd. Soc.* N. S. LIII) xvi; pro j tablerio *Ac. H. Derby* 281. **b** quia scaccarii lusilis similem habet formam. .. cum et simili ratione posset ~ium appellari *Dial. Scac.* I 1A; **1291** scaccarium j cum familia, tabular' debilis cum imperfecta familia (*Monkton*) *Ac. Man. Cant.*

1 tabularius v. tabularium.

2 tabularius [CL]

1 notary, scrivener, scribe of formal legal or public documents.

1395 in curialitate facta ~io .. per annum vj s. viij d. *Comp. Swith.* 204; **1532** in solutis ~io pro vectura mappe de Aryse *Ac. Coll. Wint.*

2 (in gl.) one who plays board games.

qui frequenter ludit cum tabulis .. tabellarius vel ~ius dicitur Osb. Glouc. *Deriv.* 574.

tabulatio [tabulare+-tio]

1 panelling.

hoc lacunar .. i. strata ~o Osb. Glouc. *Deriv.* 311.

2 (act of) entering on a list (in quot., of names on a rota). **b** (act of) compiling an index, list, or table (in book). **c** list (in rota, account-book, index, or sim.). **d** entry or item in a list.

1439 (v. tabulare 4); **1525** succentori pro ~one cantarie *Ac. Durh.* 295. **b** qui diversorum voluminum correctionibus, expositionibus, ~ibus ac compilationibus indefessis studiis incumbebant R. Bury *Phil.* 8. 138. **c** **1531** in ~one bursarii *Househ. Bk. Durh.* 26. **d** **1475** neque volunt obedire in ~onibus sibi factis *Process. Sal.* 158.

tabulatum [CL; cf. tabulare, tabulatus]

1 board, floorboard, (usu. pl.) floor or ceiling. **b** deck (of ship). **c** platform, stage. **d** storey, level, tier (of structure).

laquearia sunt ~a quae supposita trabibus adfiguntur clavibus Bede *Kings* 722D; totam regiam ~is desuper cameravit Gosc. *Edith* (II) 87; cruor altus in auras / exilit et minio rorant tabulata fluenti J. Exon. *BT* IV 487; substernentes ei ~um, hinc inde focum accendunt W. Cant. *Mir. Thom.* II 40. **b** ~a navium, ubi remiges sedent Bede *Orth.* 24; **9..** fori, i. ~a navium, *scipes flor WW*; navis optima, ~is novis et clavis recenter compacta W. Malm. *GR* V 419; et navi et oneri propter ~orum distractores .. providendum *Chr. Rams.* 100; jam fere usque ad supremum ~um videbatur submergi [navis] Ben. Pet. *Mir. Thom.* IV 42; sepe tamen tabulata gemunt, stridentque rudentes Neckam *DS* III 349. **c** erat .. ligneus ~us inter feretrum et magnum altare, super quem duo cerei . . . erant sub ~o illo multa reposita indecenter, linum et filum et cera et utensilia varia .. hostio et parietibus ferreis existentibus Brakelond f. 75. **d** alii in superioribus ~is per foramina coria desuper tensa irrigabant Osb. Bawdsey clxxv; tribus ~is [parietes] distinctos, immense longitudinis et altitudinis, erexit Ric. Hex. *Hist. Hex.* I 3; domuscule bicamerate vel tricamerate, que quasi per tria ~a seu solaria sunt distincte Bart. Angl. XVIII 28.

2 upright boards, planks, or panels, used for wall or partition, (also) partition.

anuli .. aurei per quos vectes ~a continebant Bede *Tab.* 443D; factus est .. medius paries in templo de ~is cedrinis viginti cubitorum altitudinis *Id. Hom.* II 25. 438A; imaginem .. apostolorum, quibus mediam .. ecclesie testudinem, ducto a pariete ad parietem ~o, praecingeret *Id. HA* 6; machinam firmissimis compactam compagibus gradibus ad ascendendum dispositis, vulgo dictam berefredum .. coriis opertam et funibus et solidissimis ligneis ~is *Itin. Ric.* III 7; eum [locum] ~is includere constituit, quo prohiberentur cuncti introire, vel exire volentes P. Verg. X p. 173.

1 tabulatus v. tabulatum.

2 tabulatus [CL tabula+-atus; cf. tabulare, CL tabulatum]

1 (freq. w. *lapideus* or sim.) building in coursed stone. **b** layer, course. **c** ledge.

nec .. lapidei ~us in Anglia ante Benedictum nisi perraro videbantur W. Malm. *GP* IV 186; adductis secum ex partibus transmarinis artificibus, miro lapideo ~u ut inpresentiarum cernitis Ailr. *SS Hex prol.* p. 175; ecclesia .. plumbeis laminis operta, lapideoque ~u pro loci natura non indecenter exstructa Gir. *IK* I 3; s**1291** jussit rex crucem miro ~u erigi, ad regine memoriam Rish. 121; **1422** in diversis lathamis conductis pro ~u domus bercarie cum hostio nove stabule ibidem *Rect. Adderbury* 77. **b** pavimenti, cui beatissima gleba incubuit, lateres puniceos, nitidos, plano ~u contextos Gosc. *Transl. Aug.* 27A; infula .. velut quodam ~u gemmis et auro ante munitur *Lib. Eli.* II 84. **c** **1252** fieri facias in muris camere .. ~us ubi luminaria affigi possint *Liberate* 29 m. 13; ~us, *a kyrnelle of the walle WW.*

2 planking, wooden boards or panelling (esp. used for wall, floor, or ceiling); **b** (of bridge).

Paulinum .. asserit patrum tradicio ecclesie contextum dudum .. virgee ligneo ~u induisse et plumbo a summo usque deorsum cooperuisse W. Malm. *Glast.* 19; ignis .. xij paria tignorum cum omni ~u quo tegebantur .. consumpsit *Meaux* III 194. **b** ~us .. pontis arctior rotarum vehiculi spatiis pontem per mediam videbatur prohibere transitum Herm. Arch. 12; soluto repente ~u [pontis] cui pes regis innitebatur, ipse illico per medium lapsus foramen suspensus herebat brachiis, mox totus in patentem inferius voraginem ruiturus Grim *Thom.* 94; s**312** Maxentio .. flumine submerso, dum .. in laqueum corruit et decipulam falsi ~us Gir. *PI* I 18 p. 86.

3 storey, tier, level.

procerior [piramis] habet quinque ~us et altitudinem viginti octo pedum; .. in superiori .. ~u est imago pontificali scemate facta W. Malm. *GR* I 21; ibi columpna nulla marmorea, hic innumere. .. novum opus altius est veteri quantum superiores fenestre tam corporis chori quam laterum ejus a ~u marmoreo in altum porriguntur Gerv. Cant. *Combust.* 27; antequam medium operis in ~um domitialem exurgeret *G. S. Alb.* I 219.

tabuletta, ~um [AN *tablet(te)*, ME *tablet, tabulet(te)*], decorated tablet or panel (typically made of precious material).

1396 pro una ~a auri operata cum *perles* et cum ymaginibus B. Marie *IssueR* 555 m. 4; **1403** lego duobus capitalibus justiciariis .. regis .. cuilibet ipsorum unum unulum aureum cum uno *dyamand.* vel unum de parvis tablettis ad valorem centum solidorum. item lego domino Wilhelmo Hengford unum anulum aureum vel unum tablett' ad valorem centum solidorum (*Test.*) R. Lowth, *The Life of William of Wykeham* (1758) p. 394; **1447** ~um cum reliquiis qui vocatur *tablet de Bourbon Exc. Hist.* 44; **1448** cum .. unum memoriale et jocale .. illam videlicet ~am auream vocatam *le tablet de Burboyn'* nonnullis et diversis inestimabilis thesauri reliquiis insertis in eadem .. dederit (*Pat*) *Ib.* 46; **1453** uno ~o auri garnisato in borduris ejusdem cum x *troches* perularum (*KR Ac*) *JRL Bull.* XLII 122.

tabulettum v. tabuletta.

tabulla v. tabula.

tabulum v. terebellum.

tabum [CL]

1 rotting or putrid matter.

flevimus cadavera ~o adhuc fluentia W. Malm. *GR* II 170; protendit manum sanioso ulcere stillantem ... tres guttas defluentis ~i super eum jaculatus est *Ib.* III 237; aderat .. inhumanus ille .. illitus ora ~o semesorum porcorum G. Mon. X 3 (ed. M. Reeve (Woodbridge, 2007) X 165).

2 pestilence, plague, disease.

lurida tabo / membra medens pestemque luemque resolvo necantem Aldh. *Aen.* 66 (*Castor*) 7; quem lurida leprae spurcitia .. elefantino ~o contexerat *Id. Met.* 2 p. 70; en cuncta obsidens foedarat viscera tabo, / excolorata cute erupuerunt pondera leprae *Mir. Nin.* 330; ut patriam tali ~o corruptam medicina liberarent salutari *V. Audoeni* 813.

tabunus v. tabanus.

tabur [OF *tabur, tabor*], drum; **b** (used in fowling and falconry to start prey).

s**1097** equi .. non ferentes clamorem et buccinarum clangorem et ictus ~urciorum H. Hunt. *HA* VII 7 (cf. M. Par. *Min.* I 85: non ferentes .. pellium extentarum, quas tabercula vocamus, tumultum). **b** **1180** pro coriis ad ~urnam et pro vasis et sabulo ad balneandum aves regis vj s. et v d. *Pipe* 129; juxta sonitum illius instrumenti quod a riparitoribus vocatur 'tabur' subito cercella quedam alarum remigio perniciter evolavit Diceto *YH* 102; c**1227** per serjantiam ad .. inveniendum ij portitores et seipsum ad ferrendum taborem *Fees* 374; **1241** ad reddendum .. regi duos austurcos et duos tabores [v. l. taburos] quos J. le Daneys legavit .. regi *CurR* XVI 1850; **1286** falconarius: Roberto .. pro viij ~uris .. emptis ad riveandum, xxiiij s. *Rec. Wardr.* 85; **1296** et ij s. viij d. in ~urdis emptis pro espervar' comitis *DL MinAc* 1/1 r. 12*d*; **1300** tabure empte pro riparia .. una cum denariis liberatis .. pro cariagio eorundem [*sic*] tabur' *AcWardr* 89; **1303** pro duobus tabor' de ripar[ia] (*AcWardr*) *KR Ac* 363/18 f. 5.

tabura v. tabur.

taburare [tabur+-are], to beat a drum.

1269 per tumultum quem fecit taborando in stabilia sua exierunt plures fere de foresta in libertatem *SelPl Forest* 44.

taburarius [tabur+-arius], drummer.

1213 Markward' ~io comitis Wilekini de Houtland, de dono j marca *Misae* 258; **1288** Guillelmo Arnaldi, ~io domini .. de dono regis (*AcWardr*) *TR Bk* 201 p. 62; **1472** cum iiij d. datis Thome ~io *Med. Stage* II 247.

taburator [taburare+-tor], drummer.

1466 mimis seu ~oribus in convivio Natali, viij d. *REED Cambridge* 44.

taburcius v. tabur.

taburculum [tabur+-culum], small drum.

s1097 equi .. non ferentes Turcorum buccinarum et pellium extentarum, quas tabercula vocamus, tumultum horribilem M. Par. *Min.* I 85 (cf. H. Hunt. *HA* VII 7: buccinarum .. taburciorum).

taburdus v. tabur.

taburella [cf. tabur, OF *taborel*], small drum, tambourine.

1287 pro viij ~is aquaticis emptis pro ostoriis regis ad ripar', xxiiij s. *KR Ac* 351/24 m. 1.

taburna, ~urus v. tabur.   **tacamentum** v. taccamentum.   **tacca** v. 1 taccum.

taccamentum [taccare+-mentum], **tachiamentum** [tachiare+-mentum; cf. attachiamentum, ME, AN *tachement*]

1 abutment (of mill-dam).

c1155 warantizabimus eis tacamentum stagni sui et le *reful* molendinorum suorum *Danelaw* 119; **c1158** molendinum etiam et taccame[n]tum cum stagno *E. Ch. Yorks* IV 31; **1163** in molendinis, in trencatibus, in tacamentis, et in omnibus aliis assiamentis *Danelaw* 127; **a1190** in trencatibus et tacchamentis et omnibus aliis asiamentis *Ib.* 129.

2 (leg.) binding (of defendant) by pledge, distraint, or arrest to appear in court, attachment.

1258 provisum est quod .. eligantur quatuor .. milites qui .. conveniant .. ad faciendum tachiamenta que ad dictas querelas pertinent *Ann. Burton* 446.

taccametum v. taccamentum.

1 taccare [taccum+are], **tachiare** [tachia+-are; cf. ME *tachen*, AN *tacher*, cf. et. attachiare]

1 to attach, fasten or secure in position (with nails), tack (one thing to another). **b** to tack (cloth). **c** to attach (supplementary document or sim.).

1303 carecte .. in ij strak' emendandis cum xxx clavis emptis ad alios strakos thachiand' per loca necessaria, viij d. *MinAc* 991/26; **1323** in dim. c de *tacnayl* ad taccand' tapet' domini regis (*Glouc*) *Ib.* 854/7.   **b 1447** unam peciam panni lati vocati *blanket*, continentem xij virgas, plicatam et takkatam (*KR Mem*) *Bronnen* 1324; **1465** nulla persona .. eosdem pannos et duodenas non taket aut simul plicet priusquam dictus ulnator scrutinium et supervisum sua debite fecerit *FineR* 274 m. 14.   **c c1300** in quadam cedula rotulo .. tachiata *KR Ac* 501/23 m. 2; **1340** per .. literam thesaurarii eisdem literis tachiatam *CatAncD* IV A 9780.

2 to attach a protective or reinforcing metal plate to (in quot., axle of cart, *cf.* 1 *taccum* 3).

1280 in xij tackis cum clavis suis ad axes carectarum tackandos emptis, ix d. (*Stockton*) *Ac. Man. Wint.*

3 to create an embankment for, to embank.

1354 in solucione facta domino episcopo pro stagno molend' fullonatici de Akley tacheando super vastum episcopi xxj d. *Ac. Durh.* 554; pro stagno molend' full' tacheat' super vastum *Ib.* 556.

2 taccare [ME *taken* < AS *tacan*], to take (into one's hands), lay hold of, (in quot. w. ref. to etymology of *wapentagium*, understood as) to agree or confirm, or *f. l.*

[hundretum vocant wapentagium.] Anglice .. arma vocant *wepne* et taccare [vv. ll. tactare, tractare] confirmare, quasi armorum confirmacio (*Leg. Ed.*) *GAS* 653 (cf. ib.: magis expresse secundum linguam Anglicam .. *wapen* .. arma .. *tac* tactus est).

taccettum [taccum+-ettum], sort of short nail, tacket. **b** needle.

1302 unus coffrus rubeus cum takettis in quo continentur diversi rotuli de compoto garderobe *KR Ac* 357/13 m. 4; **1306** de .. uno cliketto de ferro et xxij tachettis ferri *Ib.* 369/11 r. 87d.; **1358** factura l tachett' argenti ad feretrum sancte Etheldrede *Sacr. Ely* II 177.   **b c1346** in takettis emptis pro mappis emendandis iiij d. ob. *Sacr. Ely* II 133.

tacchamentum v. taccamentum.   **tacco** v. 1 taccum.

1 taccum [ME *tak*], **tachia** [AN *tache*; cf. attachia], **tacco**

1 sort of nail.

1285 in taccis et coreo rubeo et in opere ad idem *Fabr. Exon.* 6.

2 fastening, clasp.

1212 pro .. tachiis et laquis sericis ad cameram regis *Pipe* 14; **1286** pro iiij ameraudis ad tachiam mantelli S. Edwardi *KR Ac* 972/11 m. 3; **1275** unus [sc. annulus] .. habet in se saphirum grossum .. cum quatuor tachiis prominentibus *Cart. Glouc.* I 171.

3 piece attached to repair, strengthen, or protect, patch: **a** (material, attached to shoe); **b** (applied to metal plate used on a cart to prevent wear).

a nova calciamenta tenentem / spectabat juvenem commercantemque tacones *V. Merl.* 496; ementem / calciamenta virum vidi pariterque tacones / ut postquam dissuta forent usuque forata / illa resartiret primosque pararet ad usus *Ib.* 515; **1293** duo pictacia sive tacconos cum quolibet pare [sotularium] *Reg. Newbattle* 174 p. 141.   **b 1211** in clutis, clavis, uncto, sapone, et tacca emptis, v s. ij d. ob. *Pipe Wint.* 89; **1248** in tackis et clavis ad carectas, ij d. ob. (*Portland*) *Ac. Man. Wint.*; **1280** in xij tackis cum clavis suis ad axes carectarum tackandos emptis, ix d. (*Stockton*) *Ib.*; **1316** in xx takkis emptis ad idem [sc. ad plaustra renovanda] iij s. vj d. *Cart. Glam.* 832.

2 taccum [ME, ON *tak*], fee charged for the right to keep swine.

c1170 cum tacco et cum tollo et cum omnibus libertatibus *Ch. Chester* 168; **1257** idem reddit compotum de j sue recepta de tacco *South Wales & Monmouth Rec. Soc.* II 120; **c1290** omnes burgenses mei qui porcos habuerint .. dent rectum takcum quando pasturant infra predictas communas (*Altrincham*) *BBC* 82; **1465** Desford' curia tacc' porcorum tenta ibidem .. de Roberto Taillour pro j porco, j d. *DL CourtR* 80/1106; **1510** curia tacc' porcorum .. J. Smyth pro ij porcellis j d. *Ib.* 81/1108.

tacea v. tassa.   **tacellus** v. tassellus.

tacentia [CL tacens *pr. ppl. of* tacere+-ia], (state of) remaining silent (about something, in quot. w. gen.).

longe plura mala orta sunt per ~am veritatis Wycl. *Ver.* I 316.

tacera v. tessera.

tacere [CL]

1 to be silent, stay in or keep silence (also in fig. context); **b** (mus.); **c** (w. *de* & abl.).

Cuthbertus .. ob suavitatem divinae contemplationis .. ~ere delectabatur Bede *CuthbP* 1; taciturnitas .. ut prius ~eat, posterius dicat *Simil. Anselmi* 140; est indocta loqui que nescit lingua tacere J. Sal. *Enth. Phil.* 1497; si concepte indignationis spiritum possem dissimulare silentio, mallem ~ere quam scribere P. Blois *Ep.* 86. 262C; dum enim taceo, dum loqui nescio, / victum me fateor ipso silencio Walt. Wimb. *Carm.* 196; cum in lite saccus tacet, / litigantis causa jacet, / perit allegacio *Id. Van.* 20.   **b** si vero non fuerit concordans [sc. tenor], erit ~ens vel quiescens *Mens. & Disc. (Anon. IV)* 86; quod si non fuisset in concordantia .. tenor tac[uiss]et *Ib.* 87; immo levius est ~ere quam exprimere, et tamen exprimimus minimas, ergo tacere possumus eas: sed ~ere musice non est aliud quam pausare, ergo et contra *Mus. Mens. (Anon. VI)* 401.   **c** scriptores .. de his ~uisse pro incredibili testantur formarum figuris *Lib. Monstr.* II 27; de commissa sibi pecunia .. omnino ~uit Ord. Vit. III 3 p. 59.

2 to fall silent (after speaking), to stop speaking.

spe sua non tantum frustratus, verum etiam ut ~eret aspere †increpatur [l. increpatus], de camera confusus exiit *V. Edm. Rich P* 1803C; **1372** quia .. noluerunt ~ere ex precepto seneschalli ac terrarii in curia *Hal. Durh.* 114.

3 (trans.) to be silent about, keep silence about, omit mention of. **b** (mus.) to be silent for the duration of, to observe a rest of.

ubi ad describendum .. apostolorum catalogum pervenerunt, ~ito Levi vocabulo, Matheum illum aperte nuncuparunt Bede *Hom.* I 21. 251C; **793** quae est enim karitas in amicum, si utilia ~et amico? Alcuin *Ep.* 16 p. 42; ?a1081 ut majora ~eam Lanfr. *Ep.* 23 (47); nomen suum hic ~ui eo quod sic preceptum fuit mihi *V. Chris. Marky.* 26; quod scripsit, seu quod tacuit, te posse docere / promittas J. Sal. *Enth. Phil.* 105; c1211 ut pecuniarum dampna ~eantur Gir. *Ep.* 6 p. 236; **1329** notandum quod idem Johannes, ~ita veritate, ut dicitur, habet .. literas *ExchScot* 187.   **b** ~ere .. eas *Mus. Mens. (Anon. VI)* 401 (v. 1b supra).

tacheare v. 1 taccare.

tachellatus [OF *tachelé*], spotted, mottled, brindled, ticked (*cf.* tessellatus).

1248 duxerunt tres leporarios in lesso, quorum unus fuit albus, alter techellatus albedine et nigredine, et tercius nescierunt cujus coloris fuit *SelPlForest* 77; **1251** duxerunt tres canes in lieno quorum unus fuit niger et alter ruffus cum auribus †stantinis [l. stantivis] et tercius tetchelatus albedine et nigredine *Ib.* 99.

tachettum v. taccettum.   **tachia** v. 1 taccum, taxa.

tacite [CL]

1 without making a sound or utterance, silently, in silence.

preces agant ~e Ælf. *EC* 9; mens humana .. secum sola ~e disputando Anselm (*Mon.* 32) I 51; loquens tacite sub divo talia dicens .. *V. Merl.* 430; ejus ad illicita commovere tentavit animum, signis, nutibus, suspiriis quasi dicens ~e "dormi mecum" *V. Edm. Rich P* 1783D; ~e, ne res sodalibus innotesceret, perturbatus discessit M. Par. *Maj.* I 527; c1350 nec conventiculis interesse debes nec eisdem ~e vel expresse consentire *StatOx* 20.

2 (transf.): **a** without publicity, secretly, privately. **b** without express statement, implicitly.

a in talibus .. indutiis desolato populo saeva cicatrix obducitur. fame alia virulentiore †tacitus [vv. ll. tactus, tacite] pullulante, quiescente autem vastitate tantis abundantiarum copiis insula affluebat Gildas *EB* 21; furibus invisis .. / .. tacite dispono scandala mortis Aldh. *Aen.* 65 (*Muriceps*) 4; hec ait et tacite puerum secedere jussit *V. Merl.* 332.   **b** quia .. opera .. salvatoris .. sunt plena figuris cum in monte orat Dominus quasi ~e nos ammonet sublimia tantum orando inquiri Bede *Mark* 275A; Lucas .. eorum .. redarguere curavit audaciam, lectorem .. ~e ammonens ut .. quae aliter sonuerint noverit penitus esse detestanda *Id. Luke* 307B; quod .. malitia exercendae aemulationis dicitur, evangelista ~e innotuit, cum subjunxit 'et qui missi fuerant, erant ex Pharisaeis', ac si aperte dicat .. Alcuin *Exeg.* 754A; clamose taciti, et ~e clamosi Ad. Scot *QEC* 871D.

taciturnalis [CL taciturnus+-alis], marked by silence.

memoria quorum fuerit eternalis, non dubium quin non similium fore debeat ~is, quoniam silentio claudentur perpetuali Herm. Arch. *prol.* p. 26.

taciturnitas [CL]

1 (fact or state of maintaining) silence; **b** (in respect of something spec., w. gen.).

discrimen .. certaminis subire maluerunt quam in populo .. pudorem ~atis incurrere, ne viderentur se ipsi silentio damnavisse Bede *HE* I 17 p. 35; a797 ne longa ~as oblivionis rubigine maculetur Alcuin *Ep.* 78; pacemque induit operosam et ~atem laudisonam vacationemque contemplativam Gosc. *Wulsin* 5; in senectute sua ~ati et orationi studuit Ord. Vit. IV 7 p. 218; eleemosinis ac ~ati precipue deditus erat Alex. Cant. *Mir.* 33 p. 225; sedebit solitarius et tacebit [*Thren.* iii 28]. de hac ~ate [ME: *stilnesse*] premittit: bonum est prestolari cum silencio salutare Dei *AncrR* 51; si aliquis invocatus in testem .. presens

taciturnitas

non contradicat, talis ~as non stat cum veritate perfecta DUNS *Ord.* I 80. **b** c1200 litterarum, que et per ~em veritatis, et per expressionem falsitatis obtente sunt P. BLOIS *Ep.* 149. 439B.

2 inability or unwillingness to speak.

premonuit ne muti canis ~ate permitteret .. inimicum .. animas sibi commissorum .. furtim preripere B. *V. Dunst.* 30; modesta ~ate cogitavit que visa sunt BYRHT. *V. Ecgwini* 365; Iopas enim puerilis ~tas dicitur BERN. *Comm. Aen.* 13; periculose presumat ~as humana supprimere quod dignatur deitas revelare *Canon. G. Sempr.* f. 120; in juvene .. tria notantur quibus ad probitatem venturus praenoscitur. .. ~as, corporis continentia, verecundia. ~as .. ut prius taceat, posterius dicat *Simil. Anselmi* 140.

taciturnus [CL], marked by an absence of utterance, silent, taciturn. **b** (of sound or sim.) relatively quiet, low.

ore loquens prompto taciturna silentia rupit ALCUIN *SS Ebor* 1110; ut scalam .. apponerent et ~i confidenter ascenderent ORD. VIT. IX 9 p. 538; elinguis fiat et quavis statua ~ior J. SAL. *Pol.* 654A; taceo .. inde tacitus .. et tacite adverbium et ~us -a -um OSB. GLOUC. *Deriv.* 581. **b** dum venatorum tumultus egreditur, alie, etsi ~iores, perstrepunt nuge J. SAL. *Pol.* 398D.

1 tacitus v. tacite.

2 tacitus [CL]

1 who does not speak or makes no utterance, not speaking (aloud), silent. **b** not inclined to speak, taciturn, reticent. **c** (of thing) that makes no sound, noiseless, silent. **d** (of act) not accompanied by speech or utterance, silent.

ore quidem ~o sed in intimis cordis multa secum conloquens BEDE *HE* II 9 p. 100; et haec ipsa .. mecum ~o in corde tractavi BEDE *CuthbP* 12; et tacitus sedit sublustri lumine lunae ALCUIN *SS Ebor* 96; facile est igitur ut aliquis sic secum ~us dicat ANSELM (*Mon.* 1) I 14; die quadam secum ~us cogitare coepit quidnam esse potuisset ALEX. CANT. *Mir.* 32 (II) p. 222; cibus homines efficit ~os, potus loquaces J. SAL. *Pol.* 729A; ut ~i melius audirent et plus discerent GIR. *SD* 12; **1466** Willelmo Gistyn uni ~orum ministrallorum nostrorum *Cl* 318 m. 36. **b** queri ergo potest ab aliquo vel ~um etiam quempiam movere GIR. *PI* III 30; natura ~i, ad faciendum quam ad dicendum promptiores J. SAL. *Pol.* 610A. **c 801** me ~o pede curva senectus festinare cogit ad praesentiam judicis mei ALCUIN *Ep.* 225 (cf. ib. 310). **d** ~is ut ita dicam nutibus innuit quale tunc erat sacerdotium Judaeorum BEDE *Luke* 315C.

2 (of thought, feeling, prayer, or sim.) not expressed aloud or through the use of speech, silent, tacit. **b** untold.

cum .. diu ~is mentis angoribus et caeco carpereter igni BEDE *HE* II 12 p. 108; atque diu tacitam jussit proferre loquelam ALCUIN *Carm.* 1. 1108; agant ~as genu flexo more preces ÆLF. *EC* 9; set longe verius cuncta dissimulante et per ~um consensum approbante GIR. *Ep.* 7 p. 244; solvit Philosophus unam ~am objeccionem vel dubitacionem OCKHAM *Phys.* II 281. **b** intimi profunditas estuat ardoris / vires agens tacitas nec apparens foris P. BLOIS *Carm.* 5. 2. 2; mysterium .. temporibus eternis ~um et in Deo solo absconditum J. FORD *Serm.* 13. 5.

3 (*in ~o*) in silence, not openly, tacitly, implicitly.

1339 quod in expresso legali .. corrigitur, multo forcius in ~o prohibetur AD. MUR. *Chr.* 93.

tackare v. 1 taccare. **tackum, taco** v. 1 taccum. **tacra, ~is** v. dacra.

tactare [CL tactus *p. ppl. of* tangere+-are], to touch, (in quot. w. ref. to etym. of *wapentagium*, understood as) to agree or confirm, or *f. l.*

GAS 653 (v. 2 taccare; Anglice .. arma vocantur *wapne*, tactare [? l. taccare] est confirmare, quasi armorum confirmacio vel, ut magis expresse secundum linguam Anglicanam dicamus, wapentakium, armorum tactus, *wapne* enim armum sonat, *tak* tactum significat. *Fleta* 134.

tactio [CL]

1 (act of) touching.

ideo videtur quod oportet superaddere ad sacramentum privatam auriculacionem et manu sacerdotis capitis ~onem WYCL. *Blasph.* 112.

2 (sense of) touch.

visio, audicio, olfaccio, gustacio, et ~o vocantur actus sensuum particularium WYCL. *Act.* 1.

tactivus [LL], of or pertaining to the sense of touch.

c1260 in vi ~a seu palpativa BACON V 133; de tactu .. similiter dici potest .. quod ab anteriori cerebri procedunt nervi ~i KILWARDBY *SP* f. 42rb; potentia ~a est tota forma sensitiva OCKHAM *Sent.* VI 139; aliqui [actus] habent magnitudinem quoad molem, ut tactus, ut virtus ~a sit extensa WYCL. *Act.* 54.

tactor [LL], one who touches.

labiorum nostrorum mitte tactorem J. HOWD. *Cant.* 10.

tactus [CL *as 4th decl.*]

1 (act or fact of) touching, (physical) contact, touch; **b** (in sexual context); **c** (w. ref. to act of clasping hands to ratify agreement). **d** examination by palpation, feeling (of pulse).

mulier .. primo ~o freni plene pulsato demone .. ministravit illis *V. Cuthb.* II 8; Dominus .. quasi pius .. magister verbo simul eos et ~u consolatur et erigit BEDE *Hom.* I 24.101B; herbe virtuosissime ~u, qui .. expirasse videbantur .. respirare compellit GIR. *TH* I 27; c1150 tac tactus est (*Leg. Ed.*) *GAS* 653 (v. 2 taccare; de .. vermibus ~u manuum regis de fauce mulieris expulsis OSB. CLAR. *V. Ed. Conf.* 13 *tit.*; procacitas cum nutu vel ~u [ME: *gropunges*] vel attractu *AncrR* 72. **b** femineos tactus ignoret virga virilis D. BEC. 1994; vere beatus venter qui tanti amatoris et manu meretur tangi et ~u amabiliter concuti J. FORD *Serm.* 29. 63; si tetigero / quem desidero / sinum tenerum / tactu libero P. BLOIS *Carm.* 3. 21; oscula, amplexus, et ~us que fiunt propter delectacionem inordinatam sunt peccata mortalia et vocantur .. ~us libidinis HOLCOT *Wisd.* 79. **c 1364** ad hec .. omnia fideliter observanda dicti abbas et comes ~u manualis fidei se invicem obligarunt *Reg. Aberbr.* II 29. **d** ~us .. pulsus vestri finiri nunc innuit accessionem istam AD. EYNS. *Hug.* V 16.

2 (sense of) touch.

qualitates habent temperatas .. lingua et palatum ad gustum, manus vero ad ~um ADEL. *QN* 31; sensus .. quibusdam perceptibilior ut linci et aquile visus, homini ~us et gustus, odoratus cani ALF. ANGL. *Cor* 3; cum partes ille [subascelle et plante pedum] non sint assuete ~u .. unde fit major sensibilitas *Quaest. Salern.* P 64; nullus nervus est sine sensu ~us RIC. MED. *Anat.* 218; in visu, auditu, gustu, olfactu, vel ~u UHTRED *Medit.* 201.

3 official stamp impressed on metal or coin to certify fineness, touch (*cf. OED s. v. touch* 5b).

1323 [a saltcellar of the touch] de ~u [*of London and another of the touch of Paris*] L. F. Salzman, *English Industries of the Middle Ages* (London 1964), p. 133; **1361** assignavimus vos .. ad assaiam de monetis nostris de auro et argento .. tam per ignem, ~um, et pondus, quam per examinationem operariorum monetarum hujusmodi *Foed.* VI 308.

taculus v. taxulus.

tado [dub.], (in gl.) kind of insect, fly, or *f. l.*

scinifes, vel ~o [? l. gnato], *gnæt* ÆLF. *Gl.*

taeda [CL]

1 (also ~*a pinguis*) stick of resinous wood (*cf. Cels.* 6. 9. 2), or (transf.) resin.

recipe aceti acris sextaria x, .. ~e pinguis lib. j GILB. VII 316. 1; **1255** in vendicione ~e, brocorum, et picheriorum *RGasc* I sup. 25b; ~a pinguis lignum est abietis ex quo manat gummositas que similiter appellatur *SB* 41.

2 stick of resinous wood set alight and used as a torch; **b** (carried at or symbolic of a wedding).

candela interim deintro oblita ~as accensas .. latius effudit R. COLD. *Cuthb.* 36; flammivomas ignium ~as super me jaculare festinant *Id. Godr.* 291; aut ~as purgantur vel sulphure ALB. LOND. *DG* 6. 18; c1200 hauri nos de celi sede, / ubi clares sine tede / favendo fragilibus (*Or.*) *Cumb & Westmor Antiq. Soc.* LXXX 32; hec ~a, *a brande WW*. **b** necteret ad thalami copulam tedasque jugales ALDH. *VirgV* 2126; munera laeta capis, festivis fulgida taedis BEDE *HE* IV 18 p. 248; et virginales ferte tedas virgines GOSC. *Edith* 47; me mihi das, te da; tua Palladis est mihi teda SERLO WILT. 18. 27; quia studium hoc a conscientia turpitudinis odit lucem sicut e contra legitimi amoris gaudia solemnes lucis sue preferunt ~as J. SAL. *Pol.* 391A; inque pudicas / Penelopes post multa redit connubia tedas J. EXON. *BT* VI 948.

taedeosus v. taediosus.

taedere [CL *impers. only*]

1 (impers., with acc. of person affected) to be tired or sick (of); **b** (w. inf.); **c** (w. gen.).

sunt quaedam verba impersonalia .. secundi ordinis .. libet mihi, tibi, illi; ~et me, te, illum BONIF. *AG* 519. **b** vos sub adversario servos effectos gemetis quos sub domino liberos pridem vivere ~ebat BEDE *Sam.* 552D; volo mortem, vivere tedet! R. CANT. *Poems* 5. 24; et quid habere juvet quem tedet habere Dunelmum? L. DURH. *Dial.* III 261; si quos .. egregia hec sanctorum certamina, antea forte non incognita, legere jam ~eat GIR. *GE* I 24 p. 64; quod ~ebit eum vivere [ME: *wa bið him hise lives*] et vos eritis .. contenti *AncrR* 63. **c** cepit interea ~ere Ceolfridum prioratus *Hist. Abb. Jarrow* 8; cujus adversionis Christianam non mediocriter ~ebat *V. Chris. Marky.* 25; ~et nos predicatorum nostrorum .. semetipsos predicantium J. FORD *Serm.* 2. 2; **1327** illud nimirum magis animam meam ~uit vite mee [cf. *Job* x 1], quod credebatis quod .. aliis patefeci *Lit. Cant.* I 232.

2 (w. pers. subj.) to be wearied, sick, distressed. **b** (trans.) to be tired of, fed up with.

adsumit Petrum et Jacobum et Johannem secum et coepit pavere et ~ere BEDE *Mark* 275C; p792 ~et animus meus multum pro absentia tui ALCUIN *Ep.* 281; pertimescant qui corde arente et ~ente opus spirituale .. exercent AD. SCOT *Serm.* 98C; ceperat .. Jesus .. ~ere, pavere et mestus esse, ut evangelista dicit, sed ceperat tantum J. FORD *Serm.* 28. 3. **b 795** meae mentis dilectio tui taedet absentiam ALCUIN *Ep.* 49; omni humana consolatione se destitutam dicens, ~ere cepit locum in quo morabatur R. SHREWSB. 4.

3 to cause weariness or sickness (to), annoy.

cum autem hec aversio / plus tedeat quam passio / mortis et crucis tedium J. HOWD. *Cyth.* 123. 2; modo tedet veri lima / modo dolum modo zima / placet adulancium WALT. WIMB. *Van.* 117; **1282** cum .. guerra sit suborta, quod nos ~et *RGasc* II 154a.

taediare [LL], to cause weariness, tediousness or annoyance (to), to weary.

in his .. exsequendis operibus forte nimis morosus videor et in ipsorum commendatione operum ~ans [v. l. tediosus] inculcator verborum H. BOS. *Thom.* III 18; **1334** victualium carencia et oppugnacionibus continuis ~atus, castrum eis reddidit *Meaux* II 374; c1436 episcopus rerum angustia ~atus peciit a rege .. ut .. BROMPTON 946.

taedifer [CL], torch-bearing.

Ceres .. ipsa dicitur dea ~era, unde illud: 'et per taedifere mystica sacra dee' [Ov. *Her.* 2. 42] *Natura Deorum* 54.

taediose [LL]

1 in a manner causing weariness or annoyance, wearisomely, annoyingly.

[spiritus immundi] corpori ejus .. longe solito crebrius et ~ius insederunt GIR. *IK* I 5.

2 in a state of weariness or annoyance.

1364 magistro puerorum .. ~e carentes cum quodam Hugone .. pedagogo .. convencionem fecerunt *Lit. Cant.* II 465; **1454** dissueti sepius ~e magis claustrale jugum deferunt *Reg. Whet.* I 145.

taediosivus [LL taediosus+-ivus], that causes weariness, wearisome.

1438 via nimis ~a *Stat. Linc.* II 476.

taediosus [LL]

1 marked by (physical or mental) weariness or distress. **b** easily wearied, slothful.

p792 ~us et tristis desiderabilem vestrae faciei praestolabor aspectum ALCUIN *Ep.* 281; si omnis peregrinus ~usque homo tres flectiones flectaverit juxta illud [sepulcrum] .. et non gravabitur iterum ullo tedio NEN. *HB* 218; custodes carceris quo Octa atque Eosa .. ~am vitam ducebant G. MON. VIII 21 (cf. M. PAR. *Maj.* I 231); decet imperatoriam magestatem privatos habere fideles cum quibus delectabitur .. quando fuerit tediosus [sc. rex] BACON V 51; elevatis igitur hinc inde ~is clamoribus, arreptis armis relicti Anglici viriliter prospereque resistebant *Chr. S. Edm.* 68; c**1365** cor paternum efficitur multipliciter ~um .. quia tua filiacio .. est dedita pro tribulo meretricum *FormOx* 367; c**1400** unde suos commonachos .. de se reddidit ~os *G. S. Alb.* III 460. **b** duos codices ..: minor amicabiliter obtemperet amicis exteris ~is, major uberius redundet domesticis filiis desideriosis GOSC. *Aug. Maj.* 45A; hec non ~is ingero, sed studiosis .. consecro W. MALM. *GR* IV *prol.*

2 that causes (physical or mental) weariness, wearisome, tedious: **a** burdensome, troublesome, wearing. **b** irksome. **c** (of piece of writing, speech, style, or sim.) boring, prolix.

a Franci sumptibus ~is affecti DICETO *YH* 393; **1265** cum grave sit et ~um clericis laicum feodum habentibus poni in assisis (*Univ. Oxf.*) *BBC* 188; **1285** perpendens dictam libertatem nobis et foreste nostre predicte onerosam esse et ~am (*Ch. Regis*) *Cart. Chester* 37 p. 88; c**1488** perquisivit manerium de Burstone, quod jacet prope parcum de Eywode, satisque etiam fuerat .. custodi ibidem ~um *Reg. Whet.* I 463. **b** ut .. invitis auditoribus fastidia pariant ~a GIR. *TH* III 2; ad scaccarium .. inutilem et ~am moram facere *Dial. Scac.* I 8I; hec anachorita est ~a, querula, et implacabilis *AncrR* 32; **1326** debilitatem corporis quam michi attulit ~a senectus *Lit. Cant.* I 190. **c** quorum pre multitudine ~a est enumeratio J. SAL. *Pol.* 461C; ut nec .. sit .. obscura brevitas, nec concinnitas ~a DICETO *Chr.* 34; c**1205** me dilucida brevitate rem difficilem et obscuram perstringere nesciente excrevit in prolixum et vereor ne ipsa prolixitate ad legendum tibi ~um GROS. *Ep.* 1 p. 17; longum et ~um referre lectoribus videretur ELMH. *Cant.* 162; **1461** multis cladis [v. l. cladibus] intervenientibus .. quod tedeosum esset .. in scriptis redigere *Plusc.* VII 23.

3 painstaking, thorough, exhaustive.

~us examinandae in judiciis veritatis arbiter extistebat ASSER *Alf.* 105; **1285** literas .. recepimus cum cedula .. continente .. consensum .. monachorum, ad quos vos ~issimo ipsos conamine dicitis induxisse PECKHAM *Ep.* 638.

taedium [CL], state of being (physically or mentally) weary, bored, annoyed, or sim; **b** (w. ref. to spec. cause or source). **c** prolonged state of physical tiredness or weariness, fatigue. **d** suffering, torment. **e** harm.

non labor ac tĕdium, nulla [? l. non ulla] molestia cursum / tardat HWÆTBERHT *Aen.* 2 (*Angelus*) 2; in labore et erumna, in fame et siti, in ~o et pavore et mestitudine J. FORD *Serm.* 95. 4; literas .. adeo hujuscemodi .. verbis onerare .. consueverat ut in ~um plerumque maximum .. auditoribus vergi soleat GIR. *IK* I 2 p. 23; c**1212** [nepotes] quibus ~io est vita nostra *Id. Ep.* 5 p. 190; cujus capcionis modum .. omitto, propter ~um lectorum *V. Ric. II* 168. **b** profectus est .. lugentium fratrum ~o conpulsus *Hist. Abb. Jarrow* 25; c**794** ~um habet animus meus de absentia faciei tuae ALCUIN *Ep.* 25; **1228** (15c) ipse vidit ignem appositum ad hostia ut ~o fumi monachus exiret *Feod. Durh.* 267; de regis .. sublacione ~o afficiuntur *Hist. Arthuri* 90; et vitam mors accelerat / que mortis nescit tedium J. HOWD. *Cyth.* 10. 12; tercia amaritudo est in langore versus celestia et in ~o mundanorum [ME: *anui*] *AncrR* 146. **c** non gravabitur iterum ullo ~o NEN. *HB* 218; ad divinationes que ad levandum noctis hiemalis ~um .. excogitari solent GIR. *GE* II 37 p. 356; fleubotania / .. tedia subvertit D. BEC. 2690; novem mensium ~a sustinens J. FORD *Serm.* 83. 2. **d** ave, que torqueris / quando contueris / nati tedium J. HOWD. *Sal.* 13. 3. **e** **1276** levaverunt fossatum ad ~um sui liberi tenementi *Hund.* II 175.

Taenarius [CL], of Taenarus (as supposed entrance to the underworld).

Tartareas portas, Stigialia menia, claustra / frangit Tenaria, prole potente, potens GARL. *Epith.* IX 391.

taenere v. 2 tenere.

taenia, ~a [CL]

1 strip of cloth, tape, band. **b** fillet, headband; **c** (fig.).

9.. ~ia, *tæppan WW*; licia [v. l. linthia] tam ~iis [v. l. tenuis; gl. *frenges*] quam fimbris apte socientur NECKAM *Ut.* 106; hec tenea, A. *tappe WW.* **b** pariter tum taenia sanctis / hic dabitur regni aurea BONIF. *Carm.* 2. 7; *taenis*, uaelum *GlC* T 46; **9..** ~ia, honore vel *cyninngierela WW*; ~ia, *a herstrynge, a ffrenge Ib.*; *a phillet, band*, vitta, -e, ~ia, -ie LEVINS *Manip.* 86. **c** Helias vates quem tetra volumina regum / insignem memorant virtutum tenia fretum ALDH. *VirgV* 249.

2 head-covering, hood, cap, coif (esp. as mark of spec. status or profession); **b** (for wear beneath a helmet).

trica comis tena non sit fuligine tincta D. BEC. 1188; sine .. capis, ~is, caputiis *Ps.*-MAP 134; **1251** ceperunt .. Gervasium .. ut clericum et deposuerunt ~am suam et habuit coronam de novo rasam *SelPl Forest* 78; **1291** statuimus .. quod omnes capellani .. non capuciis nec tinis vel piliis .. cum tonsura .. ad divinum officium accedant (*Const. Man*) *MonA* V 253b; **1305** Willelmus statim post pronunciacionem judicii predicti contemptabiliter barram ascendit. .. per ipsum dominum regem .. consideratum quod prefatus Willelmus discinctus in corpore, capite nudo et ~a deposita .. veniam petet a prefato Rogero *Abbr. Plac.* 257; falsi seductores populi .. imponunt capitibus populi ~am vitream *Ziz.* 352; **1425** nullus bachallarius .. utatur ~a vel birreto *StatOx* 229; *cape, ornament for clerkis*, ~a *PP*; thenam, *keyfe WW*; ~a, .. *a coyfe .. howe .. hewd Ib.* **b** lorica cum ~a et maniculis *Collect. Staffs* VI 205; de .. uno helmone, septem bacinis erreis, una ~a ferria .. uno gladio *Ac. Exec. Ep. Lond.* 60.

3 (in gl.) kind of fish, perh. ribbon-fish.

a shelp, fish, ~ia LEVINS *Manip.* 58.

taeniare, ~nare [CL taen(i)a+-are], to put on a head-covering, hood.

non cyrothecatus, gladiatus, pilleolatus, / ullam legatus intret tenatus in aulam; / tenato capite calvis intrare licebit D. BEC. 1326.

taenicula [CL taenia+-cula], small strip or band.

1339 in ij paribus ~arum, iiij d. *KR Ac* 20/37.

taenis v. taenia. **taesserarius** v. tesserarius.

taeter, teter [CL]

1 black, dark, obscure. **b** (transf.) obscure, ambiguous. **c** gloomy, sad.

tremor ~tras [AS: *sweartan*] turbas terreat (LAIDCENN MAC BAÍTH *Lorica*) *Cerne* 86; antiquus hostis .. ~tra [*gl.*: i. e. nigra] numina commutans FELIX *Guthl.* 29 p. 94; saepius in tetrae noctis cum tempore strati / mansissent fratres ÆTHELWULF *Abb.* 688; ~trum, *deorclice GlP* 216; ~trum chaos .. rupit virgineis radiis solare virginis festum GOSC. *Transl. Mild.* 36; per quam vestimenta ~tra et maculosa candida efficiuntur sicut nix J. FORD *Serm.* 3. 4; in celesti pagina idem nomen nunc ~tris litteris scribitur nunc aureis NECKAM *NR* I 52 p. 104; erant ibi dies omnes quasi nebulosi, et noctes lune stellarumque absentia ~terrime GIR. *IK* I 8. **b** si fuerit metrum falsum bene discute tetrum *Pol. Poems* I 168; bene discute tetrum, i. bene discutias occultam sententiam litere et obscuram per occultationes auctoris *Ib.* I 170. **c** **1170** illa pars hiemis ~trior est que veris imminentis precedit amenitatem J. SAL. *Ep.* 293 (298); o si micet .. scintillula / caritatis .. / hac refulget cor tetrum facula J. HOWD. *Ph.* 388.

2 that induces terror or revulsion, horrible, monstrous, horrific. **b** foul, offensive.

carne venenata tetroque cruore draconum ALDH. *Aen.* 31 (*Ciconia*) 7; precinctus spiritalibus armis adversus ~terrimi hostis insidias FELIX *Guthl.* 27; cernebam tetrum lustrans per secula monstrum BONIF. *Aen.* (*Cupiditas*) 184; verum ~terrimo corpore nudas ac furvis crinibus horrendas LANTFR. *Swith.* 3; tetrum devincere mole camelum *Altercatio* 8; nec bellua ~trior ulla est GIR. *Galf.* II 1 p. 389; ecce apparet ei hostis antiquus, ~trum vultum exhibens et horrendum *V. Edm. Rich P* 1792B; vidimus emergere superius ex valle quasi per unum milliare a nobis ~tros cuneos Gallicorum *Ps.*-ELMH. *Hen. V* 46. **b** in fovea semper latere desiderans odore etiam ~tro putens BEDE *Luke* 509C; ne ~trum redderent odorem AD. SCOT *TT* 679B.

3 morally offensive, vile, abominable.

trude tetra / tua scethra / que capesso / et facesso *Cerne* 131; ut tetras possit compescere noxas / et facinus scelerum superans explodat inorme ALDH. *VirgV* 104; item indignamur ~trum, crudele, nefarium, tyrannicum scelus non ulcisci ALCUIN *Rhet.* 33; in quoddam pigritie ~terrime nihilum te inanescere AD. SCOT *Serm.* 486C; quis enim Gaio Caligula .. ~trior aut immanior preter Neronem J. SAL. *Pol.* 768B.

taetrare [CL = *to make loathsome*], to grow black, darken.

ennercer, nigrescere, ~are .. obfuscare *Gl. AN Ox.* f. 154v.

taetredo [CL taeter+-edo; ? cf. teredo], dark or foul substance.

postquam computruerunt ibi membra prolis / carnee tetredinem deponebat molis RIPLEY 424.

tafeta v. taffata.

taffata [ME, AN *taffata* < Pers. *tāftah*], sort of silk material, taffeta.

13.. item iij auriclaria de taffeta viridi coloris *Invent. Norw.* 16 (cf. ib. 143: cum tunica et dalmatica de taffeta); **1331** ad cooperturam unius dubletti quatuor ulnas et j quart' panni de taffat' *KR Ac* 385/4; **1343** utentur .. capis nigris desuper cum capuciis ex sindone vel ~a linatis *MonA* VI 3 p. 1373; c**1380** de .. j panno adaurato raffata [? l. taffata] *Miss. Westm.* II 676n; **1423** pro iij curtinis de tafeta alba *Test. Ebor.* III 69; habetur de secta unus pannus cum .. de viridi ~a AMUND. II 357; **1591** emptio sericorum .. ~a (*Wardr*) *KR Ac* 432/10 r. 1*d.*

taffeta v. taffata. **tagantes** v. tagetes.

tagetes [? cf. CL Tages], (bot.) kind of aromatic herb, (in quot., identified w.) tansy (*Tanacetum vulgare*) or migwort (*Artemisia*).

herba artemisia tagantes *þæt ys oþres cynnes mucgwyrt Leechdoms* I 10; herba artemesia †traganthes [MS: tagantes], *þæt is mugwyrt Ib.* I 202; **10..** †gagantes, *mugwyrt WW*; athanasia que grece ~es, latine tanacetum, Anglice dicitur *tansey* TURNER *Herb.* (1965) 45.

tagnus, taignus v. thegnus. **tailagium** v. talliagium. **tailator** v. taleator. **tailgia** v. talea. **taillagium** v. talliagium. **tailla** v. talea. **taillabilis** v. taleabilis. **taillagium** v. talliagium. **taillare** v. taleare. **taillatio** v. taleatio. **tailleare** v. taleare. **tailleatura** v. taleatura. **tailleria** v. talearia. **tailli-** v. tale-. **taillium** v. talea. **taillor** v. taleator. **tailloria** v. talearia.

tailum [ME *tail, teil* < AS *tægl*], tail.

c**1403** in *baudrikes* factis de telis equorum cum *basts* emptis pro portagio lapidum *Fabr. York* 23.

tainland, ~landa v. thegnlanda. **tainus** v. thegnus. **taissellus** v. tassellus.

taium [AN *tai*], mud.

1300 [*striking her on the face with a handful of mud*] cum ~o *Cal. Mayor's CourtR Lond.* 95.

takare v. 1 taccare. **takcum** v. 2 taccum.

takelanda [ME *tāken*+*lōnd*], land taken into cultivation.

1220 noveritis me concessisse .. homagium Roberti filii Gamelli de Stamforde de ~is et de ridingis *Cart. Sallay* 318.

takettum v. taccettum. **takk-** v. tacc-.

takmannus [ME, ON *tak*+ME *man*], one who pays a fee for the right to keep swine (*cf.* 2 *taccum*).

1390 unde takmann' superius oneratur (*Springthorp*) *MinAc* 910/17 r. 1*d.*; **1390** compotus .. ~i ibidem .. idem computat' .. in decasu redditus unius furni .. modo in manu domini .. et modi di[missi] per takmann' pro xij d. hoc anno (*Springthorp*) *Ib.* 910/17 r. 2; **1420** Burton, Gilbertus Whyte, takmann' (*Manle wap., Lincs*) *CourtR* 186/3 r. 2.

tala [dub.], (in gl.) ? sort of implement used in weaving, or *f. l.*

tara [? l. talassio, tela], *webgereþru* ÆLF. *Sup.*; **11..** tala, *ber WW Sup.* 264; tala, *webgerodes WW.*

talaferos v. thalasseros. **talam-** v. thalam-. **talapsium** v. thlaspi. **talare** v. taleare.

talaricus [CL talaris+-icus], (in gl.) of the heel.

~us, *cleonede* ÆLF. *Gl.*

talaris [CL], **~ia**

1 of the ankle.

c**1565** sicque illorum caligas confici precipimus ut .. neque suturae aliquae in eis reperiantur preter eas quae in ~ibus partibus .. requiruntur *StatOx* 386.

2 (as sb. n. pl.) wings attached to the ankles, winged sandals.

quod vero ~ia habeat Mercurius ALB. LOND. *DG* 9. 5.

3 (of garment) ankle-length, reaching to the ankles; **b** (of vestment worn by clerics in religious ceremonies); **c** (of monastic habit). **d** (as sb.) long garment.

poderem intelligimus esse vestem ~em id est usque ad pedes longam ÆLF. *Ep.* 2. 33; per tunicam Joseph, que .. erat .. ~is quia pertingebat usque ad talos AILR. *Serm.* 8. 252C; sumptis .. vestimentis virilibus .. vestita cappa ~i exivit foras *V. Chris. Marky.* 33; fratres Joseph nudant eum tunica ~i et polimita AD. DORE *Pictor* 161; a patre tunicam thalarem polimitam undique intextam .. recepit *G. Roman.* 1; **1472** lego Katerine L. togam ~em de *cremysyn Test. Ebor.* III 198. **b** [sacerdos] tunica ~i indutus absque cingulo incedit BEDE *Tab.* 483B; tunica ~is, qua sacerdotes in veteri lege utebantur ALCUIN *Orth.* 2343; de vestibus ministrorum inferioris gradus. .. tunicam ~em .. portant ut humilitatem induant HON. *GA* 612C; c**1424** capellanus .. negligit exercere vestibus ~ibus *Stat. Linc.* II 470. **c** ~ibus vestimentis .. monachi utuntur HAM. S. ALB. 1454; habitus .. hujus ordinis .. ~ibus vestimentis utimur .. quoniam qui perseveraverit in finem hic salvus erit G. CRISPIN *Ep. sup.* 121; virgo .. Aelfrida castitatem corporis sui Deo devovit .. talari tunica .. induta GIR. *Æthelb.* 10; vestimenta .. ~ia erant et clausa inferius, sicut religiosis suis uti vestibus statuit ordo suus *V. Edm. Rich P* 1795A. **d** clam fugio pontumque peto, talaribus uti / visus L. DURH. *Dial.* III 75.

4 of or pertaining to dice or gambling (*cf. talus* 2b).

vir et mendosus et fortune ~is sectator in ecclesia S. Marie .. latitavit M. PAR. *Min.* II 372n. 5.

talariter [CL talaris+-ter], at the height of the ankles, down to the ankles.

1331 nescit .. qui humilia respicit et alta a longe cognoscit propter se taliter inclinatos ~iter non altare *Reg. Exon.* III 256.

talaspeos v. thlaspi.

talassio [ταλασήϊος], (in quot.) understood as sort of basket used by wool-workers.

~o, vas lanificiis aptum quod et calatus dicitur OSB. GLOUC. *Deriv.* 590 (cf. Varro ap. Fest. p. 351: ~onem .. Varro ait signum esse lanifici).

talasso v. thalassios. **talbardum, ~tum** v. tabardum. **talch, talchum** v. talcum.

talcstona [talcum+ME *ston*], talc-stone.

1417 in xiij talcstonis ab eodem emptis *Rect. Adderbury* 15.

talcum [Ar. *ṭalq*], kind of crystalline and shining mineral, (spec.) talc.

est etiam nitrum salsum; de isto due sunt maneries: folliatum ut ~um, alter depillatur ut allumen de pluma M. SCOT *Lumen* 246; sanguis hominis rubei 3 3 talchi mortificati, 3 1 et 5 parum sulphuris albi *Ib.* 250; requiruntur .. calx veneris et lune pro talch, quod in colore et natura similatur argento BACON *Min.* 313; multa cognovimus que non consumuntur in flamma, ut .. thalc et hujusmodi *Id. NM* 536.

talea [CL], **tallia** [cf. ME *talie*, AN *taille*]

1 (long and thin) branch (of tree), cutting, shoot. **b** blade (of grass). **c** (pl., ? transf.) some part of the body, (understood as) loins.

inde dyathalon de ramis et talia ut in Passionario vel dyathalon i. de ramis, et talea ut in Palladio *Alph.* 181. **b** *blade of an herb*, talea, -e LEVINS *Manip.* 8 (corrig. at p. 239). **c** Deus .. / undique me defende potentia: / .. cladum carsum madianum talias [*gl.*: lendana] (LAIDCENN MAC BÁITH *Lorica*) *Cerne* 86 (cf. *Nunnam.* 123: *lendenu*); **11..** talios, *lendene WW Sup.* 473.

2 wooden stick marked with notches to record an account and typically split into two matching halves, tally, (also) either of the matching halves of such a stick, foil; **b** (recording number or quantity of material goods or sim.); **c** (recording amount of money, expense, or account).

serviens camerariorum .. taleas de thesauro contra vicecomitem .. ministrat et cum oportuerit .. mutat .. in talea, apposita eidem contratalea vicecomitis *Dial. Scac.* I 5H; a**1300** singule grosse recepciones debent recipi per talliam et eciam solvi, ita quod .. fiat j tallia per se cissa et divisa in accopam et anticopam [id est] taliam et contrataliam *FormMan* 14; **1327** ostendit j talliam .. que non allocatur ei quod contratallia non reperitur in custodia camerariorum *LTR Mem* 99 r. 147*d*. (v. contratalea). **b** c**1130** de tot arboribus .. de quot garantizaverint eos monachi .. per suas taillias (*Regesta* 1951) *EHR* XXIV 221; **1215** mandamus .. quod permittatis fidelem nostrum .. capere per scriptum et tailliam meremium et buscam in foresta nostra *Cl* 195a; **1243** assignetis .. aliquem virum discretum ad recipiendum bladum quod ad nos mitti debet .. una cum baconibus ad nos mittendis per talliam inter vos et ipsum factam de numero quateriorum et baconum *Liberate* 20 m. 9; item ad ipsum [senescallum] veraciter scire quot panes .. fiant .. item habere debet folium tallie tripartite de blado et braseo pistori liberato per prepositum *Fleta* 161; illi qui necessaria capiunt ad carucas vel mortuum boscum tallias accipiunt a forestariis in signum quod fuerunt licenciati, ne impediantur *Feod. Durh.* 232. **c** s**1189** ut .. monachos .. ordinaret qui redditibus omnibus thesaurariis a conventu constitutis per taleas responderent GERV. CANT. *Chr.* 453; **1230** de denariis provenientibus de bosco quem vendiderint, penes se habeant unam talliam et ipsi per quorum visum hoc fecerint aliam talliam *Cl* 359; accidit ut frater A. .. vellet audire computum fratrum Londonie .. cumque audivit quod tam sumptuose processissent .. projecit omnes tallias et rotulos ECCLESTON *Adv. Min.* 9.

3 tally recording amount of money, material goods, or sim. given on credit by a creditor to a debtor, (also) either of the foils of such tally serving as receipt of debit or credit (esp. in phr. *per ~am*): **a** (for purchase of material goods); **b** (recording monetary loan or unspec. debit); **c** (handed in or traded to third parties, *cf.* 3b *infra*). **d** (*~a alba*) white or blank tally, not marked and thus convertible into tally for any amount.

a **1209** in liberatis Johanni decano .. de purchasiis, xx s. per j talliam *Crawley* 189; si denarii non redderent quod facerent tailliam et quamdiu ipsa femina haberet talliam non possent plus capere de cervisia *PlCrGlouc* 108; ejus [officium] est lac per talliam recipere et per numerum lagenarum *Fleta* 173; **1446** tallia et indenture, vid. in expensis coquine, xxxv l., iv s., xlii d. *Feod. Durh.* 211; c**1452** debet pandoxatoribus .. prout in talliis continentur *MunAcOx* 655; c**1530** in candelis emptis pro extraneis .. de uxore Willielmi B. per tallium .. iv s. ij d. *Househ. Bk. Durh.* 17. **b** c**1166** debita ejusdem Willelmi Cade inventa in taleis sine cartis (*KR Misc* 1/1b) *EHR* XXVIII 224; **1206** per tallias et scripta recipiant que in usus officiorum suorum sunt expendenda (*Vis. Ebor.*) *Ib.* XL 450; **1227** solvit in taleis, set non detulit taleas *KR Mem* 9 m. 3*d*.; **1234** Josceus .. petit versus Rogerum .. xxiiij l. et xij s. et iij d. quos ei debet et injuste detinet ut dicit, et quos accomodavit in denariis, et unde ostendit scriptum et tayllliam *BNB* II 639; **1287** cum debita Philippi .. eciam cum v taliis antiquis et xv taliis novis *Gild Merch.* II 153; ubi debitum fuerit prestitum aut per talliam quam probare tendit vel per talliam sigillatam sive per scriptum *Cust. Fordwich* 25; **1523** pro majori securitate solucionis ejusdem summe fiende .. idem defendens .. fecit unam talliam vocatam *a score*, et illam ut factum suum prefato querenti deliberavit *Law Merch.* II 136. **c** **1275** quam quidem talliam predictus H. .. eis tradidit in extremis suis ad exigendam pecuniam predictam *SelPlMan* 146; **1283** de taliis vacantibus venditis, xxij s. vj d. *Dom. S. Paul.* 174. **d** c**1274** dictus Joccus debet respondere regi de hoc, quod pecuniam suam per albas tallias mutuo tradidit Christianis *SelPl Jews* 82 (cf. ib. 82n. 1).

4 (official) tally recording the sums received at the Treasury of Receipts of the Exchequer. **b** foil of tally given to a creditor of the Exchequer for purposes of issue and equivalent to a cheque payable to bearer, to be cashed from the Exchequer itself, which retained the other foil, or to be presented to it as evidence of payment, or to be traded to other parties almost as currency. **c** (pl., transf.) the Exchequer.

1127 illi quatuor solidi qui inde de redditu accipiebantur antequam eam habebant ponantur in talea mea, et ipsi inde sint quieti *Regesta* 1490; **1130** receperunt compotum iiij l. et iiij s. que posite fuerunt in thesauro sine talea *Pipe* 129; s**1167** franguntur tallie omnisque ejusdem pecunie memoria de rotulis eraditur *Chr. Battle* f. 89; marescalli cura est taleas debitorum quas vicecomes reddiderit, que tamen annotantur in rotulo, mittere seorsum in forulo suo *Dial. Scac.* I 5F; legittime .. talee longitudo in summitate indicis ad summitatem extenti pollicis est. illic terebro modico perforatur. .. hac autem ratione fit incisio. in summo ponunt m. li. sic ut incisio ejus spissitudinis palme capax sit, c. li. ut pollicis, xx. li. ut auricularis, libre unius incisio quasi grani ordei tumentis, solidi vero minus, sic tamen ut ex conscissionibus loco vacuato modicus ibi sulcus fiat. denarius facta incisione nullo dempto signatur. *Ib.* I 5I; a**1416** de corulis rite tallas Ussher ibi scindit, / postea de stipite camerator folia findit; / scissor ligniculi nisi sit de munere tutus / deficient coruli nec erit cultellus acutus (*Vers. Exch.*) *EHR* XXXVI 61; **1526** uni clericorum ad tall' jungend' .. uni officiar' in recepta predicta ad tall' scribend' et declaraciones faciendas .. uni clericorum ad tall' scindend' et examinand' *SP Hen. VIII* 37 (*L. & P. Hen. VIII* IV no. 1939). **b** item sunt ad scaccarium liberationes constitute que statutis terminis sine brevi regis solvuntur qualis est liberacio naucleri, custodis scilicet navis regie . . . de qua et consimilibus talee fiunt a camerariis quia de hiis brevia non habent. miles .. argentarius horum recauta habet, id est contrataleas. *Dial. Scac.* I 6K; **1296** inter ceteras tallias de Scaccario (*LTR Mem* 68 r. 12*d*.) *Hist. Exch.* 710 (v. contratalea); **1364** computat liberatum domino Ricardo .. receptori Regine per unam talliam xvi die Octobris *Banstead* 343; s**1337** in estate sequenti rex cepit lanas de tota terra Anglie, per tallias corulinas, et parvula brevia scripta, imposito precio ix marcarum ad saccum per manus mercatorum KNIGHTON II 1; **1444** pro domino de Bourchier per restitutionem unius tallie .. nunc levate per manus Ricardi Wode (*ReceiptR*) *Arch.* LXII 379. **c** quod autem hodie dicitur ad scaccarium olim dicebatur ad taleas *Dial. Scac.* I 1A.

5 measured piece of metal sliced or cut from ingot in coining.

p**1280** nunc dicendum est de tallia monete. est autem tallia scissio vel divisio argenti prout in partes equalius scindi potest, ita quod in pondere et numero constituto ad marcam conveniant et ad libram *RBExch* 1001.

6 measured piece (of cloth), (*vendere ad ~am, per ~am*, or sim.) to sell material goods (esp. fabric or cloth) in measured pieces or small quantities, retail (*cf. retallia*).

c**1160** (1301) pro tingendis pannis suis vel vendendo ad taleam (*CalCh* III 7) *Gild Merch.* II 378; c**1200** nemo nisi sit de burgo corium viride emat in burgo nec aliquod tallium faciat *BBC* 213; **1230** veniunt apud Roffam et ibi volunt vendere pannos ad tallium *LTR Mem* 11 m. 12 (2); **1251** vendiderunt contra libertatem carte sue in foro de Montegomer' pannum per talliam (*IMisc* 5/12) *Gild Merch.* I 46; **1313** emebat et vendidit per talliam tanquam concivis et non est de libertate *Leet Norw.* 57.

7 arrangement or settlement of hereditary succession to property (restricting it to descendants of spec. person or couple), law of succession, entail, (Sc.) tailzie.

p**1364** tenet modo ratione tallii, quare feoffavit per patrem tenere de se per servitium xij d. *Pipe Cloyne* 9; **1392** [*to descend to him .. by virtue of an entail*] virtute ejusdem tallie [*thereof by his great-grandfather*] *CalPat* 190; noveritis me tenens [*sic*] in tallia dedisse .. Nicholao Birecomb totum statum meum omnium terrarum et tenementorum .. meorum .. in Sandford .. usque ad terminum Hock' proximo futurum *AncD* A 8540; **1459** volo .. quod feoffati mei .. inde faciant statum dicte uxori mee habendum ad terminum vite sue, remansurum inde Ricardo filio meo progenito .. in tallia secundum finem de S. in curia domini regis levatum *Test. Ebor.* II 242; s**1315** parliamentum statuit .. ubi certam talliam pro successione regi de consensu statuum ordinavit BOWER XII 24; limitatum .. feudum sive talliatum, quod lineam directam aliqua ex parte in successione secat et propinquiorem .. excludit, quales sunt apud nos omnes tallie sive feuda provisionalia. unde tallie nomen deducatur varie sunt doctorum opiniones. alii enim a voce gallica *tailler*, .. alii ab adjectivo talis *Jus Feudale* 58.

8 tax, exaction, tallage, tail.

TRE valebat lii l., modo similiter, et tailgia xx s. *(Lincs) DB* I 339va; TRE et modo valet vj l. tailla xl s. *(Lincs) DB* I 360vb; **1110** prohibeo ne te intromittas de terra monachorum .. neque incisione neque de taillio *Regesta* 942; quid de talliis et exactionibus, quid de obventionibus placitorum et ceteris improbis extorsionibus loquar? P. BLOIS *Ep.* 102. 319D; **1237** [*form of talliage*] taillia *CalCh* I 229; **1279** clamat .. terciam partem cujusdam consuetudinis que vocatur talliorum *PQW* 745; **1313** cum .. questis, talhis, leudis, pedagiis *RGasc* IV 1155; cum .. talhiis *Ib.*; c**1320** a burgensibus exacciones et tallias insuetas extorsit TREVET *Ann.* 166; predari nunc taxis vel talliis, nunc pedagiis sive subsidiis WYCL. *Ver.* III 57; **1451** ab omnibus et singulis gabellis, taliis, subsidiis, exactionibus, et pedagiis perpetuo exempti *Mon. Hib. & Scot.* 385; **1529** absolvendi tallias seu contributiones .. debitas *Form. S. Andr.* I 318.

taleabilis [taleare+-bilis], **talliabilis,** liable to tallage, tallageable.

1257 omnia burgaria sua talliabilia in villa et in suburbio Oxonie de cetero tallientur *BBC* 117; **1275** remanet tenementum illud decetero talliabile sicut prius *Hund.* I 265b; **1275** omnes isti ten' .. solent esse tallagabil' *Ib.* I 316b; **1281** Judei talliabiles *RGasc* II 141a; **1308** extiterunt seisiti de predictis hominibus .. ut de villanis suis taillabilibus alto et basso ad voluntatem ipsorum dominorum *Villainage in Eng.* 114; **1384** tenentes .. qui pro tempore fuerint sint talliabiles ad hujusmodi decimas de bonis et catallis *MunC Ox* 168; c**1395** quod non forent talliabiles ad abbatis arbitrium et voluntatem *G. S. Alb.* II 261; cives Londoniarum cognoverunt se esse talliabiles *MGL* I 594.

taleamentum [taleare+-mentum], **talliamentum,** (leg.) entailment.

de omnibus et singulis talliamentis, infeodationibus regalitatum factis et concessis de quibuscunque terris *Reg. Moray* 227.

taleare [talea+-are], **talliare** [tallia+are; cf. AN *tailler, taillier*]

1 to cut a piece or pieces off (esp. for subsequent use, destruction, *etc.*), make a cutting from: **a** (plant or sim.); **b** (cloth). **c** to prune. **d** (in place-name).

a si quis nemus alterius sine licentia comburat vel taliet [AS: *heawep*] solvat omne grossum lignum v s. *(Quad.) GAS* 53; ?**1261** reparia comburendo .. blada et segetes cremando et talando, vineas nostras .. abscidendo *RL* II 185. **b** **1212** Emma de H. .. per servicium ~andi pannos domini regis *Fees* 104 (cf. ib. 253: per servicium scindendi lineos pannos). **c** c**1182** iste debet talleare vineam et alia que opus fuerit in vineam facere *RB Worc.* 171. **d** **1228** quinque acres prati cum pertinenciis que jacent ex utraque parte Riperie Taylliate (*Essex*) *Fines* m. 164; **1243** dominis de Rupe Talliata *RGasc* I 208b.

2 to cut (a piece or pieces), make (a cutting, in quot. transf.).

1185 pro j operacione ducent et taillabunt j carratem closture et carriabunt *Rec. Templars* 7.

3 to make or produce by cutting (to shape or sim.): **a** to cut, tailor (garment or sim.). **b** to cut, carve, mould (stone or sim.). **c** to engrave.

a **1322** pro courtepiis ~andis et reparandis *Rec. Leic.* I 340; **1326** indutus est vestibus stragulatis ex transverso talliatis, nullam habens tonsuram nec habitum clericalem *SelCKB* IV 163; **1391** pro .. ij novis [? nouuis i. e. AN: *nu = knot, loop*] tailliatis pro swisengles iij s. iiij d. .. emptis apud Caleys *Ac. H. Derby* 13; **1395** meliorem vestem meam ~atam *Test. Ebor.* III 1; **1435** [lego] .. pannum .. cum capucio pro corpore meo ~ato *Ib.* II 53. **b** **1198** portatoribus maremiorum et quarellorum taillatorum *RScacNorm* II 309; **1204** cum jaspidibus †teilluis [*sic* MS] *RChart* 134b; **1237** exaltari facias murum .. altitudine unius cursus petre talliate *Cal. Liberate* VI 2433 (v. cursus 5a); **1259** quatuor petras marmoreas talliatas ad unum pedem inde faciendum ad candelabrum *Cl* 370; c**1300** in vadiis .. cementariorum tailliantium lapides .. pro fenestris dicte capelle (*Works*) *KR Ac* 486 (22) m. 4*d.*; **1324** pro imaginibus talliandis *Fabr. Exon.* 151 (v. imaginator); **1342** pelotis .. sculpandis et calliandis [l. talliandis] (*Pipe*) *VCH Kent* III 391. **c** **1290** cuppam talliatam de auro *TR Bk* 274. 217*d.*; **1303** cyphus argenti costatus et talliatus (*Wardr.*) *KR Ac* 363 (6); **1321** in precio unius ciphi argenti deaurati et ~ati cum pede et coperculo, et olla de secta (*AcWardr*) *Cal. Scot.* III 435.

4 to cut (document recording agreement between two or more parties, each part being official proof for the agreement, *cf. indentura*), stipulate, agree on. **b** (spec.) to cut a tally.

s**1356** de .. indentura de ipso feodo taliata inter .. Simonem D. et Simonem de N. que .. nobis dabatur et apud nos remanet, pars superior marginis .. est abscissa *Meaux* III 148n. **b** quia de taleis mentionem fecimus, quo ordine taleandi ratio consistat paucis adverte *Dial. Scac.* I 5I.

5 to count, account, reckon (in or by means of tallies); **b** (money for taxes). **c** to keep an account, account for (revenues or sim., in or by means of tallies). **d** (transf.) to count.

1221 quod tallietis contra eum quot fusta .. in predicta foresta capi fecerit *Cl* I 452; **1243** in expensis unius clerici et duorum servientium assignatorum ad predictos pontes et claias recipiendos et talliandos *Liberate* 19 m. 4; **1295** in j cribro empto pro sabulo talando *KR Ac* 462/14 m. 1; **1325** de viij ringis de exitu talliatis in taliis frumenti contra dictum H. *Rec. Elton* 281. **b** c**1151** precipio camerariis meis quod illud computent et tallient in firma mea coram vicecomite et ballivis meis *Ch. Chester* 99; **1237** summa xlvj s. et v d. et tallianda est hec summa *KR Ac* 501/18; si certa species monete solvenda in reversione exprimatur (nos talliatam monetam dicimus) *Jus Feudale* 308. **c** **1199** assisa .. de officio quodam .. scilicet talliare contra propositum ville de S. de liberacionibus factis in eadem villa .. unde compotum debet reddi ad scaccarium *CurR* II 83; **1207** pro uno homine talliante contra prepositum de exitu grangie et molendini Berchamsted de gracia hoc anno xiij s. iiij d. *Ac. Cornw* 53; ordinavit .. pro fratribus suis apud Oxeneye commorantibus .. tresdecim petras casei pro equali portione percipiendas in manerio de Eye .. ita quod singulis annis perceptio inter custodem ecclesie predicte et custodem manerii de Eye plenarie tallietur, ut utriusque partis ignorantia plenius excludatur WHITTLESEY 161. **d** s**1390** conflixit uno die singillatim cum duobus militibus de Scocia .. ad ictus talliatos BOWER XV 4; s**1390** in ejus .. recessu .. bellum peregit in ictibus talliatis, et in ambobus se honorabiliter habuit *Plusc.* X 11.

6 to assess, impose, or exact tallage on. **b** (p. ppl. as sb. f.) money gained by taxation. **c** to pay tax or toll, make payment.

1194 tailleantur omnes civitates et burgi et dominica dominia R. HOWD. III 264 (=W. COVENTR. II 71); **1205** quod non possit tailliare homines de S. nisi per preceptum nostrum *Cl* 28 (=*Pat* 52b); **1207** per justiciarios nostros qui burgenses nostros ad opus nostrum tailliaverint *BBC* 125; **1219** talliavit eum mensurabiliter cum talliavit alios homines suos *BNB* II 63; **1253** cepit pro tallagio Bonevie de N. qui talliatus fuit in dimidia marca *SelPlJews* 18; s**1214** eos frequenter depauperat et quasi ultime conditionis servos crebro talliat M. PAR. *Abbr.* 232; s**1250** facta est ecclesie conditio equalis conditioni Judeorum, ut annuatim tallietur *Ib.* 316; s**1247** concessit .. quod cyrographarii .. fuissent tayliati, sicut alii cives *Leg. Ant. Lond.* 16; c**1275** abbas et predecessores sui nunquam tallari consueverunt *Reg. S. Aug.* 6; imponunt onera gravia, ipsosque ~ant et eis collectas imponunt RISH. 462; reversus .. eodem anno talliavit ecclesias W. GUISB. 149; **1392** quociens dominus rex suos dominicos ~are contigerit dabunt .. 5 marcas *Cart. Boarstall* 538; carta ne servientes .. tallientur ELMH. *Cant.* 31. **b** **1203** libras quas nobis debuit de tailliata ville de Cenom' *Pat* 29b; **1223** cum omnibus redditibus, excepto dominio equorum emendorum et tailliata Judeorum *Ib.* 366. **c** c**1198** quod ipsi annuatim redderunt [*sic*] camere mee xviij d. pro *shirvestuth* et *streteward* et quod hoc sit talliatum vicecomiti meo *Ch. Chester* 245; **1200** nesciunt utrum debent .. de porcis suis vel tallare contra natale *CurR* II 198; **1331** Walterus .. dat communitati vj d. pro libertate habenda emendi et vendendi coria et pelles, quia est de libertate Exon' et hic prius non talliavit ad libertatem *Gild Merch.* I 56.

7 to settle (land, estate, or sim.) to a restricted or limited hereditary succession, entail. **b** to designate (person) in a restricted or limited hereditary succession. **c** (p. ppl. as adj.) restricted or limited in hereditary succession, (*feodum ~atum*) fee-tail. **d** (p. ppl. as sb. n.) entailment.

1308 si .. ab execucione .. de finibus illis in persona sua talliatis nunc excludi debeat *SelCKB* IV 14; **1315** ipse tenet predictam terram .. tanquam tenenciam talliatam *Year Bk.* XVII (*Selden Soc.* XLI) 71; ?**1397** terras tuas taliatas et non taliatas confiscandas .. condempno AD. USK 14; **1519** com' Wiltes' de terr' talliat' *MinAc* HENVIII/3824. **b** ex consensu et assensu W. Walas fratris et heredis mei talliati *Reg. Paisley* 80; **1410** dictus Willelmus et Joneta et heredes sui prenominati, quibus forte deficientibus cetere persone talliate et heredes sui *RMS Scot* 930. **c** **1294** feodum talliatum est ut in donatione liberi maritagii *Year Bk.* 21 & 22 *Ed. I* 365; **1335** qui illud tenuit in feodo talliato .. et jus ad me tanquam heredem .. pertinet *Cart. Glam.* 1192; **1347** per viam pacis aut per conditionem talliatam .. in hereditatem suam ponantur *RScot* 689a; **1360** comes .. infeodatus fuit infeodatione talliata *Reg. Brechin* I 15; feudum .. limitatum seu conditionatum nos talliatum dicimus .. quod lineam directam aliqua ex parte in successione secat *Jus Feudale* I 58. **d** intravit voluntarie super Mattheum Whyte per talliatum junioris filii *Pipe Cloyne* 9.

talearia [talea+-aria, cf. ME, AN *taillourie*], (work of) tailoring.

1265 pro acubus ad cameram et tailleriam iiij d. *Manners* 10; **1355** cum Johannes .. Taillour de eo quod ipse pro operacione sua taillorie plusquam debuerat cepit .. sit indictatus *Pat* 246 m. 19 (=*CalPat* 253).

talearius [talea+-arius], **talliarius** [cf. ME *taillour, talliur,* AN *taillur*], (stone-)mason.

prohibeo ne quis vestrum cementarios, taliarios, quarriarios sive alios illius operis operarios .. ab ope abstrahat *Reg. S. Andr.* f. 150b.

taleatio [taleare+-tio], **talliatio**

1 (act of) cutting: **a** (plant) pruning. **b** (cloth or fabric) tailoring. **c** (statue or sim.) carving.

a **1493** propter salvacionem arborum, scilicet circa tallacionem *lez stovens Ac. Durh.* 249. **b** **1322** in *carde* et *cendal* pro eorum ponecellis et filo cum talliacione *Rec. Leic.* I 340. **c** **1275** empciones circa mutas .. pro taillacione unius falconis de cera et pro *les crokes* ad j pomell', iiij s. *KR Ac* 467/6 (2) m. 11.

2 imposition of tax, taxation.

fuerunt .. homines dampnis et taleationibus atrociter afflicti GERV. CANT. *GR* 101; **1275** talliaverunt minores pro voluntate sua, tam grosse quam minute, ita quod de hujusmodi tallacione eisdem non fuerit allocatum *Hund.* I 421a; a**1309** lego .. communitati Lenne iiij li. ad abregiandum talliacionem pauperum Lenne *RR K's Lynn* I 4.

3 (leg., act of) designating succession, entailing.

1346 ~o Johannis de Burton capellani facta Galfrido Hunter et Katerine uxori sue *DCDurh. Misc. Ch.* 88d; **1391** carta talliacionis pro Normanno de Leslei et Georgio de Leslei *RMS Scot* 808; per viam talliacionis ad heredes mares *Reg. Whet.* II 424.

taleator [taleare+-tor], **talliator** [cf. ME *taillour, talliur,* AN *taillur*]

1 one who cuts: **a** tailor. **b** (stone)mason.

a c**1130** Reinerus tinctor, Cola faber, Rogerus Croc, Ulfus taleator, Audoenus, Aldredus tannator *EHR* XIV 424; c**1135** tallator regis in domo sua commedet; et homini suo iij ob. *RBExch* 811; **1212** dominus rex Johannes dedit Willelmo tailatori suo quandam domum in Wintonia que fuit de dominio suo que vocatur Chupmanneshalle *Fees* 77. **b** **1198** tailliatoribus petre ad muros faciendos *RScacNorm* II 310; **1258** in stipendiis duodecim talliatorum talliantium petram ad predictum gradum per quindecim dies, xl s. *Ac. Build. Hen. III* 186; **1317** taylator (*Caernavon*) D. Knoop & G. Jones, *The medieval mason* (Manchester 1967), p. 74; **1359** Rob. Wodhurst talliator per iiij septimanas pro clau' fac' .. xiij s. iiij d. *DCWestm.* 23455.

2 officer (esp. of the Exchequer) employed in tasks related to tax-collection, tax-collector, assessor of taxes. **b** money-counter, treasurer, teller.

1130 [de lignariis de Eilling] in perdonis Roberto taleatori j lign' *Pipe* 17; **1191** Malgerus talliator reddit compotum de xv s. *Ib.* 70; **1237** perdonavimus Luce De D. xx s. quos tailliatores dominicorum nostrorum in com' Wiles assederunt *Cl* 431; **1227** lx s. et x d. .. allocantur hominibus .. in liberatione talliatoris .. singulis annis *LTR Mem* 9 m. 12; **1257** cujus talliagii summa redacta fuit in scriptis per talliatores, que scripta adhuc remanent penes Willielmum filium Ricardi, unum de talliatoribus *Leg. Ant. Lond.* 33; **1274** dictus Willelmus Clericus collector et instructor et talliator erat illo anno de illo pannagio *CourtR Wakefield* I 13. **b 1243** monetarii .. Raynerius taliator *RBExch* 1078; **1354** de assensu operariorum utencium martellis pro dictis monetis cudendis et talliatorum earundem monetarum *Pat* 28 i m. 22 (=*CalPat* 12).

3 (passing into surname).

1205 Gilbertus tellegator debet dim. m. pro eodem [*sc.* pro disseisina] *Pipe* 254; c**1210** inter domus Rannulfi Bataille et Hugonis Taillatoris *E. Ch. S. Paul.* 81; c**1240** terram Johannis Tailloris *Cart. Osney* I 148; **1242** Willelmus Talliator tenet xxiiij acras *Fees* 1126.

taleatura [taleare+-ura], **talliatura** [cf. ME, AN *taillourie*], (act or work of) cutting (cloth), tailoring (garment).

1374 pro talliatur' et elarg' .. loric' (*AcWardr*) *KR Ac* 397/10 m. 2; **1342** pro .. expensis .. circa facturam et talliaturam diversorum tent' et pavillon' (*AcWardr*) *Ib.* 389/14 m.3; **1346** [*yearly for his robe .. for cutting the same*] talliatura ix d. *CalPat* 83; **1377** in talliatura et elargacione cciij^{xx}viij loricarum strictarum *KR Ac* 30/15; **1419** super facturam, tailleaturam, consituram, et linuram garmentorum (*KR Ac*) *JRL Bull.* XXVI 89; c**1444** pro vadiis diversorum scissorum et pellipariorum .. operancium .. super .. talliatura .. diversorum robarum (*AcWardr*) *KR Ac* 409/12 m. 36.

talendiola v. kalendula.

talentare [CL talentum+-are], (her.) to make bezanty (*cf. talentum* 3d).

portat in campo rubeo unam crucem ~atam. Anglice, *he berith of gowlis with a croys besantis or talentis* .. talis crux potest tortillari sicut et ~ari, quia talenta et tortelle differunt in colore BAD. AUR. 193 (cf. UPTON 213: ista arma portat unam crucem talentatam in campo rubeo. et gallice sic, *il port de gowlez ung crois besantee*); hec crux vocatur ~ata quia fit de talentis totaliter UPTON 213; de bordura ~ata *Ib.* 237.

talentatim [talentatus *p. ppl. of* talentare+-im], (her.) with bezants.

portavit unum leonem rapacem rubium in campo argenteo bordurato cum nigro ~im UPTON 237.

talentum [CL < τάλαντον]

1 weight (of indeterminate amount, also as measure), talent; **b** (~*um medium, minimum, summum*); **c** (in gl., w. amount spec.). **d** (fig.) burden, weight.

utrumque tamen et plumbum scilicet et aurum talenti habet mensuram BEDE *Tab.* 422B; iniquitas .. que sedere dicitur super ~um plumbi onere gravi premit et opprimit humeros quibus incumbit J. FORD *Serm.* 99. 7; de hoc pondere legitur in Zacaria: vidi et ecce ~um plumbi portabatur [*Zach.* v 7] T. CHOBHAM *Serm.* 5 f. 27va. **b** ~um autem triplicis esse mensurae traditur: minimum librarum quinquaginta, medium autem librarum septuaginta duarum, summum librarum centum viginti BEDE *Ezra* 866C; ~um quod 'medius' dicitur lx minas habet, quae faciunt lxxii libras *Comm. Cant.* 564 (cf. Isid. *Etym.* XVI 25. 22: talentum .. est autem triplex; id est minor, medius, summus. minor quinquaginta, medius septuaginta duarum librarum, summus centum viginti constat). **c** ~um habet pondere lx quod facit libras lxxij *Gl. Leid.* 32. 10 (cf. ib. 33. 3: ~um habet lx [minas]); ~is, *pundum Gl*P 575. **d** c**1325** corpus sui pontificis .. ponentes autem ~um illud preciosum in feretro *NLA* I 394.

2 unit of account (equal to the value of the corresponding weight unit of gold, silver, *etc.*), talent; **a** (of unspec. or uncertain value); **b** (equivalent to 50 pounds of silver); **c** (of gold, equivalent to 100 pounds); **d** (assoc. with Span-

---

ish maravedi). **e** (~*um Saracenicum*) golden bezant.

a ~um, pondus argenti *GlC* T 8; argenti tria magna talenta quotannis / accipit a sterili .. humo L. DURH. *Dial.* II 169; c**1180** pro hac donacione .. dederunt michi .. monachi octoginta marcas argenti .. dederunt eciam .. uxori mee unum ~um et .. filio .. meo unum ~um *FormA* 274; **1200** reddendo inde annuatim .. duo ~a et decem pyra de sancto regulo *RChart* 70a; **1252** unam pallam pretiosam et duo monilia et duos anulos et duodecim ~a M. PAR. *Maj.* V 320; sub pena unius ~i *CourtR A. Stratton* 116. **b** ut si vita ac libertate velit potiri, lx argenti ~a persolvat, singulis ~is l librarum pondere appensis OSB. *V. Elph.* 28 (=BROMPTON 889). **c** condempnatus est .. in triginta talentis auri regi solvendis .. que summa se extendit ad tria milia librarum, videlicet pro quolibet talento c libras (*Edmund*) *NLA* II 675. **d 1253** item iiij marbotini auri .. ponderis xij d. .. summa ponderum .. iiij marbotinorum seu ~orum auri *KR Ac* 349/25. **e** pro redemptione capitum suorum darent duobus regibus ducenta ~orum Saracenicorum millia *Itin. Ric.* III 17.

3 coin, talent; **b** (w. ref. to *Matth.* xxv 14–30); **c** (in representation). **d** (her.) bezant.

a**899** ecce aptas clara semper lucrare taltane [i. e. ~a] *ASE* IX 82; jam late per populos auxit lucranda talenta *Mir. Nin.* 71; c**1325** aureum feretro infixum quasi deosculans cum dentibus conabatur eripere .. dentem ~o herentem feretro conjunxit (*Edmundus*) *NLA* II 661. **b** ipse est servus piger et malus qui pro retentione ~i quod accepit in exteriores tenebras missus est BEDE *Prov.* 973D; c**796** quid ~um humo obruis? ALCUIN *Ep.* 191; ne cum servo torpente pro absconso in terra ~o damner ORD. VIT. V 2 p. 6; quarta fuit de ~o multiplicando, juxta illud Mathei xxv T. CHOBHAM *Commend. Virt.* 99. **c 1388** [alba brudata] cum lunis et parvis ~is et frectis aureis .. cum rosis, lunis, stellis, et ~is (*Invent. Westm.*) *Arch.* LII 247. **d** si vero ipsa signa rotunda fuerint et solida et aurea, tunc vero non pile sed ~a vocantur, Gallice *besauntes* .. non est necessarium dicere colores in ~is, quia si non sunt aurei coloris, ~a non sunt. BAD. AUR. 132; in istis figuris pilarum, .. est sciendum quod tales possunt habere omnem colorem aureum. que si fuerint aurei coloris ~a vocari debent, quod speciale est in talentis, que semper coloris aurei sunt UPTON 241.

4 power or opportunity divinely entrusted to a person for use, natural ability, talent (*cf.* 3b *supra*).

creditorum vobis ~orum fidelissimae negotiationis officiis uberem fructum impendens BEDE *HE* II 8 p. 95; **796** alius est qui ~um praedicationis accipit; alius sapientiae; alius divitiarum .. quidam forte alicujus artificii donum a Deo, horum omnium bonorum dispensatore ALCUIN *Ep.* 111; si ~um scientie sibi a Domino commendatum sponte et gratis expenderit, non est abbreviata manus Domini P. BLOIS *Ep.* 26; de ~o scientie quod copiosius acceperat negociari cepit *Canon. G. Sempr.* f. 39 (cf. ib.: pro mei negotiatione ~i); **1236** tu cui commissum est ~um familiaritatis regie et dignitatis potestatis judiciarie .. satagas .. leges contrarias legibus divinis .. ad conformitatem legum divinarum .. revocare GROS. *Ep.* 23; **1292** ~um nobis commissum tempore nostri regiminis .. fecerimus augmentari *Reg. Malm.* II 375; magnum .. ~um est principibus a Deo creditum GARDINER *VO* 725.

taleola [CL], **talliola** [tallia+ola], little tally.

appensa sibi ~a combustionis .. summa que relinquitur in taleam redigitur *Dial. Scac.* II 27B.

†taleteca, *f. l.*

hec †taleteca [? l. caleteca i. e. galatica, galatia], A. *blawmunger WW.*

talevasium [OF *talevas*], sort of wooden shield.

1198 pro iiij paribus talevaciorum emptis et missis ad regem .. lx s. *RScacNorm* II 347; **1200** et constabulario turris Lond' iiij s. quasdam talevatias, et item iij s. ad firgias emendas *Pipe* 149.

talevatia v. talevasium.   **talha, ~hia** v. talea.

1 talia v. talea.

2 talia [cf. CL talla], (in gl.) onion.

a chibol, ~a LEVINS *Manip.* 160.

taliare v. taleare.   **taliarius** v. talearius.

---

talimpulum, sort of small measure, or *f. l.*

utatur .. lactis sextario romano sitis gratia et aque talimpulo [? l. tantillo], si operarius est GILDAS *Pen.* 1.

talio [CL], repayment (in kind), retaliation, talion. **b** (for injury, insult, or sim.) retaliation, revenge, punishment; **c** (*poena ~onis*). **d** (for service, work, or sim.) reward, remuneration.

victori domino impares pro victoria qua functus est reddens ~ones *Chr. Abingd.* I 125; c**1212** ad ~onem .. reddendum tanquam a pari contendendo GIR. *Ep.* 5 p. 190. **b** affabilitas tanta et .. immensa copia benevolencie in eo concurrerunt ut .. non provocaretur ad vindictam, contumeliis affectus ~oni supersederet W. DAN. *Ailred* 2; pari .. ~one plecti meruit qui votum quod voverat non observavit T. MON. *Will.* IV 9; in margine ducatus Normannie aliquos .. vexaverunt, Normannis sibi ~onem reddentibus TORIGNI *Chr.* 203; pro meritis suscipietis commissi ~onem et dignas reatus vestri penas .. exsolvetis *Found. Waltham* 24; c**1211** cedulam .. ad nos diffamandum quasi ~one reddita pro modulis suis pariter .. confectam GIR. *Ep.* 6 p. 208; c**1212** ejus [sc. Domini] virtute .. ~onem pravi suscipiunt *Ib.* 5 p. 204; beati regis et martiris Eadmundi ~onem reddere cupientes, in silva eadem caput ejus .. projecerunt *Flor. Hist.* I 440. **c c1300** acquietatus petiit judicium de probatore ad penam talionis *Year Bk.* 30 & 31 *Ed. I* 542; pena ~onis quia falsa proposita non probavit .. decapitatur AD. USK 58; **1453** jusjurandum .. prestitit quod se removeret a sepefacta universitate .. et quod nunquam rediret .. sub pena ~onis *MunAc Ox* 660. **d 747** ut eum multo amplius ~onem habere non dedignemini perniciter ob nostram .. parvitatem *Ep. Bonif.* 85; omnis sicut otiositas est correptioni subjicibilis ita labor ~one est remunerabilis *Chr. Abingd.* II 386.

taliorchus [cf. CL talus], form of gambling game or object used to play such a game.

hinc tessera .. orbiculi, taliorchus, vulpes quorum artem melius est dediscere quam docere J. SAL. *Pol.* 399C.

talipi v. thlaspi.

1 talis [CL]

1 of such a character or kind (as stated or implied in the context). **b** (pregn.) of such an exceptional sort of character, such (a).

mutatum sponte Cuminum / talem de tali tam cito miror eum L. DURH. *Dial.* III 260; in terra .. viventium ~is vox anime estuantis auditur AILR. *Jes.* III 21. **b** dignum .. fuit ut tantus precessor ~em haberet .. heredem BEDE *HE* III 6 p. 139; in hac .. amicitia .. tanta ac ~is experiatur dulcedo AILR. *Spir. Amicit.* I 36. 665B; et si hoc fortassis in quibusdam aliis tolerabile est, sed in te nequaquam que ~is ac tanta es AD. SCOT *QEC* 818D.

2 (w. strong demonstrative force) of such (a) kind, such, of this kind, this: **a** (referring to or summarizing something mentioned or described previously); **b** (referring to what follows); **c** (w. *quod*).

a si in captivitatem ducta fuerit, vir ejus v annos expectet similiter .. et mulier si viro ~ia contingerint THEOD. *Pen.* II 12. 21; omnes ~es [syllabe] naturaliter correpte produci possint ABBO *QG* 4 (11); nolumus .. equos mittere .. ubi .. fame afficiuntur .. ad ~em itaque locum non sunt equi nostri mittendi GIR. *SD* 4; **1221** venit Johannes .. in foresta domini regis .. forestarii non potuerunt eum capere vivum et ipse defendit [*sic*] se contra dominum regem et abscidit cuidam forestario digitum, et ~i modo occisus *SelPl Crown* 85; **1231** sutor, peliparius, fullo vel aliquis ~is *Ch. Chester* 435 p. 435 (v. officium 5); c**1290** de quo Wolnerico predicti juratores nullam fecerunt mentionem nec unquam ~is Wolnericus fuit in rerum natura *State Tri. Ed. I* 62; papa expulit regem .. dicens eum schismaticum et Gallicis alligatum et ~is non debet regnare *Eul. Hist.* III 347. **b** ~i eum supernus agnus miraculo est consolari dignatus BYRHT. *V. Osw.* 406; **1214** et est recordum ~e: in die Oct. B. Martini apud Triveru Johannes .. tenuit hundredum *SelPl Crown* 68; c**1219** missi fuerunt justiciarii .. viz. ~es, abbas de Rading, abbas de Evesham *Pat* 209; furorem eorum sub ~i forma temperabant; scilicet quod iidem magnates thesaurum .. restituere deberent TROKELOWE 78. **c** ~is erat culpa regis .. quod evangelica precepta .. servaret BEDE *HE* III 22 p. 173; tenuit ~i conventione quod .. non alicui nisi ei .. vendere .. liceret *DB* I 45vb; ~em concordiam inierunt, quod .. rex Scotorum daret regi Anglorum .. xj milia marcas argenti M. Par. *Min.* II 119; **1407** sub ~i .. condicione quod ipse solvat executoribus *Wills N. Country* I 4.

3 (correl.) of such (a) kind, of the kind: **a** (w. *qualis*); **b** (w. compar. cl.); **c** (w. other rel.); **d** (w. consecutive cl.).

a ~is .. mihi videtur .. vita hominum .. quale cum .. adveniens unus passerum domum .. pervolaverit Bede *HE* II 13 p. 112; vult facere ~e servitium quale suus antecessor fecit *DB* II 18b; semper ~is est qualis ille Alb. Lond. *DG* 9. 6; ~is sermo, qualis vestis Walt. Wimb. *Van.* 82. **b** **1205** per ~e servicium ut Ricardus de W. illam tenuit *Ch. Chester* 296; non sunt ~es respectus sicut homines imaginantur Ockham *Quodl.* 394. **c** a**1078** si ~is persona sit que .. pondus pre se gerere videatur Lanfr. *Ep.* 50 (46); c**1216** ~em ad nos de vestris .. mittatis, de quo sicut de vobis ipsis confidatis *Pat* 13; nolumus .. ad ~em locum equos mittere, ubi .. fame afficiuntur Gir. *SD* 4; tempestatem intelligere debemus ~em que impedimento sit itineri vel navigationi Ric. Angl. *Summa* 17 p. 17; nollet fecisse ~e peccatum per quod Deum offendit Ockham *Quodl.* 98. **d** Orion .. ~is fuisse confingitur ut omnia maria transire potuisset *Lib. Monstr.* I 56; cujus ~em fuisse constat vitam ut nemo .. dubitare debeat Bede *HE* IV 9 p. 222; ~em operam vel artem jubet injungi ut nec otiosi sint Ord. Vit. VIII 26 p. 439.

4 (referring to unspecified or unnamed person, place, or sim.) such and such, so and so, certain; **b** (*~is et ~is, ~is ac ~is*). **c** (*~is vel ~is*) such or such. **d** (pl., in legal context, w. ref. to justices or jurors).

quare ille ~is .. Honorium .. lacerare voluit? Gosc. *Transl. Aug.* 26A; examinatio scribatur in aliquo rotulo sub hac forma: examinatio .. die ~i, anno ~i . . . hanc examinationem fecimus nos magister N. de ~i loco et N. de ~i et N. de ~i assumti L. Somercote 42; tales oderunt clerum, talesque sequuntur / fortunam, tales bella lucrumque petunt Garl. *Tri. Eccl.* 45; c**1269** ad sedem apostolicam .. militem nostrum ~em, exhibitorem presentium, destinamus *Cl* 362; ecce pergens in domum tuam in ~i loco requires et ibidem tot auri et argenti pondera .. invenies. mihi autem hoc facias, ut ~i die huc uxorem tuam ad me adducas *Latin Stories* 31; ?a**1350** scio ~em esse dignum .. quatinus rectum sciendi judicium ad meam pertinere permittitur facultatem *StatOx* 31. **b** quod .. tenebantur prelati singuli ad solvendum ~i ac ~i mercatori Senensi aut Florentino tantam pecuniam M. Par. *Maj.* V 513; de xxiij lagenis [lactis] provenientibus de colectis infra festa ~e et ~e *FormMan* 46. **c** utrum superbia illa sit ~is vel ~is *Simil. Anselmi* 20; inflexiones vero vocales ~es vel ~es .. non a natura sunt, sed ab humana impositione Kilwardby *OS* 638. **d** precipimus vobis quod ad certos dies et loca que vobis scire facient dilecti et fideles nostri ~es, vel aliter ~es et socii sui, quos justitiarios nostros assignavimus Bracton f. 109; et loco ~ium qui de assisa amoventur eo quod sunt certa ratione suspecti, vel quia sunt homines vel parentes .. vel loco ~ium qui mortui sunt, ponas tot et ~es legales et discretos milites alios cum prius electis, et ~es etcetera ut supra *Ib.* f. 238b; **1304** [*sheriff .. was ordered to summon a good assize .. and should put on it*] tot et ~es *Collect. Staffs* VII 125.

5 (pl.) persons coopted to serve on a jury when the original panel or pool of jurors is deficient in number, tales.

1342 et vicecomes apponat viginti et quatuor ~es de wapentachio predicto et similiter de wapentachiis propinquioribus *Couch. Furness* II 429; **1345** *ou le panel par le* habeas corpora et octo ~es fuit *returne devant luy Year Bk.* 19 *Ed. III* 147; **1346** *par quei il avoit brief al vicounte de faire venir* preter *les deux que furent jurez* xij ~es *Ib.* 491; c**1422** breve ad distringendum octo ~es. .. precipimus eciam quod non omittas .. quin octo ~es tam milites quam alios liberos et legales homines in juratam illam ponas et illos habeas coram prefatis justiciariis nostris ad diem et locum predictos ad faciendum juratam predictam ita quod jurata illa ad diem illum pro defectu juratorum non remaneat capienda (*Augm. Bk.* 169) B. H. Putnam, *Early Treatises on the Practice of the Justice of the Peace* (1924), p. 249; **1433** et de residuo jurati non comparuerunt: ideo preceptum est ministro curie quod venire faciat sex ~es (*CourtR Winchester*) *EHR* XXXV 103.

2 talis, (bot.) kind of herb.

~is, i. galla quod est coloquintida *Gl. Laud.* 1453.

3 talis v. talus.

talisqualis [CL talis+qualis], of whatever sort (it might be, in quot. *div.*).

1442 per vestram sentenciam interlocutoriam, talem qualemque et post occasum solis .. et nullo juris ordine observato prolatam *FormOx* 468.

talitas [CL talis+-tas], condition or state of having a certain quality, suchness.

conceditur quod vita vel vivere non sit attributum, quia dicit tale esse non ~ate quasi accidentali, sed quasi per se contrahente rem Duns *Ord.* VI 60; Deus in quolibet causat entitatem, quodlibet aliud agens ~atem entitatis *Id. Metaph.* 1. 1 p. 18.

taliter [CL]

1 in such a way or manner, in this way, thus; **b** (correl.); **c** (w. final or consecutive cl.).

723 proinde nos ~er visi [fuimus concessisse] *Ep. Bonif.* 22; papa .. sententiam excommunicationis vibravit .. in ~er investitos consecrantes W. Malm. *GP* I 54; **1235** quod omnia ecclesiastica beneficia .. ~er sibi fuerunt canonice collata *Reg. S. Thom. Dublin* 248; unde suis primordiis ~er Petrum de Gavastone dilexerat (J. Bridl.) *Pol. Poems* I 133; de quo ~er scribitur in libro Flete *Westm.* 108. **b** **704** possessionem .. hujus terrae ~er ut supradiximus *CS* 111; c**800** qualiter quisque laborat, ~er accipiet remunerationem Alcuin *Ep.* 297. **c** **1309** ac ~er vos habeatis in hac parte ne ad vos .. graviter capere debeamus *Reg. Carl.* II 12; s**1450** et ea que .. ~er ordinentur ut .. gloriosum nomen valeas .. obtinere (*Lit. Papae*) Capgr. *Hen.* 73; c**1540** custos ~er regnum rexit .. quod .. *Extr. Chr. Scot.* 158.

2 (*~er qualiter*) in some way or other, somehow.

~er qualiter victitavit usque ad tempus inferius annotandum Ad. Mur. *Chr.* 52; paucis villanis dum taxat exceptis, qui terras ~er qualiter excolebant *DCCant.* 248.

talka v. talcum. **talla** v. talea. **tallagabilis** v. taleabilis. **tallagia, ~ium** v. talliagium. **tallare** v. taleare. **talle-** v. tale-.

talliagium [OF *taillage*]

1 tax, levy, tallage (imposed on individual or community, of var. or unspec. form).

1151 sancimus .. ut ecclesie et possessiones ecclesiastice ab operationibus et exactionibus quas vulgo .. tenserias sive tallagias vocant omnino libere permaneant *Conc. Syn.* 823; a**1165** (14c) teneant has .. terras .. cum quietantiis, tailagiis, et scuagiis *CalCh* IV 63; s**1210** [rex Johannes] de singulis ordinibus et gradibus hominum in terra Anglicana cepit tallagia de laicis, clericis, religiosis et de monachis, quod ante fuerit inauditum Silgrave 99; **1240** papa ad subsidium ecclesie Romane fecit taylagium per omnes provinciarum ecclesias *Ann. Dunstable* 154; **1255** convocatis .. episcopis, abbatibus, comitibus, et baronibus .. disposuit rex habere taylagium quod dicitur *horngelth Ann. Burton* 336; **1274** tallagium eorundem quod appellatur lardarium *IPM* 6/1 m. 18; s**1095** Willelmus rex Rufus .. subjectos omnes continuis geldis et taliagiis vexabat Oxnead *Chr.* 39; *danegeld* est tallagium datum Danis, id est iij d. de qualibet bovata terre *Eul. Hist.* II 155; s**1297** nimis afflicti sunt per diversa talliagia .. viz. de frumentis, avenis, braseo, lanis, coriis, bobus Wals. *HA* I 68.

2 (spec.) tax levied by feudal superior on lands, towns, monasteries, churches, or sim. demesne possessions, tallage: **a** (levied by king); **b** (levied by lord); **c** (levied by eccl. authority).

a c**1214** salvis racionabilibus regalibus taillagiis dimidie acre terre accidentibus *Cart. Mont. S. Mich.* 79; **1221** prior hospitalis Jerosolyme in Anglia habet tenentes in villa sua qui ad taillagia domini regis nolunt auxiliari sicut solent et debent *SelPlCrown* 97; c**1227** exceptis regalibus tallagiis *Cart. Mont. S. Mich.* 25; s**1210** [Rex Johannes] gravissimum tallagium imposuit super omnes abbatias *Flor. Hist.* II 139; **1257** destructa est civitas .. quod per illos mutata est forma faciendi tallagia, quia rotulus de ultimo tallagio non fuit lectus .. coram omni populo .. sicut antea fieri solebat *Leg. Ant. Lond.* 33; **1326** Robertus .. rex Scottorum .. concessimus .. quod .. omnes terre .. libere sint et immunes ab omnimodis prisis capcionibus, cariagiis, martis, et aliis talliagiis quibuscumque *Melrose* 374. **b** c**1190** ego Matildis filia Helewise de Burchedun .. dedi .. predictis monachis .. has prenominatas terras cum pertinenciis suis .. liberas et quietas et solutas ab omni terreno servicio et seculari exactione et tailillagio *Couch. Kirkstall* 121; **1262** neque ego Mauricius nec heredes .. thallagii .. aliquid ab eis [sc. meis burgensibus] exigere poterimus *BBC* 118; **1289** tallagium ville viz. tenentium domini iiij li. *SelPlMan* 33; **1327** David .. concedit libertatem baronie .. nec ego nec heredes mei nec successores .. intromittere possint .. infra predictas terras .. vel attachiamenta facienda .. vel prisas tallagia vel cariagia capienda *Reg. Newbattle* 149. **c** a**1201** Willelmus .. abbas Westmonasterii .. salutem. noverit universitas vestra nos .. confirmasse, sine ullo retinemento .. et sine omni exactione tailagii .. conventui nostro Westmonasterii villam nostram de Perham cum terris *Ch. Westm.* 326; **1247** tota villata dat de tallagio abbatis ij m. dim. *SelPlMan* 12.

talliamentum v. taleamentum. **talliari-** v. taleari-. **talliatura** v. taleatura.

tallignum [cf. CL talea, lignum], clog almanac.

he tabule vocantur almanach vel tallignum, in quibus semel sunt omnes motus celorum certificati Bacon *Tert.* 36 (v. almanac).

tallium v. talea. **tallosus** v. callosus. **tallus** v. callus. **talmon** v. talmus.

Talmud [Heb. *tal'mūd*], Talmud.

igitur et Thalmud vestrum Babylonicum clare dicit Bradw. *CD* 52E.

talmudista [Talmud+ista], talmudist.

talmutiste (*MS Balliol 29 f. 66*) Docking 105.

talmus [*aphaeretic form of* ὀφθαλμός], eye.

talmon, i. oculus, inde obtalmia et butalmon et similia *Alph.* 182; *eye*, .. ~us, -i *PP*; *an eghe*, oculus, ~us, ocellus *CathA* 112; ~i [*gl.*: in oculo] *WW*.

talmutista v. talmudista.

1 talo, talonus [cf. CL talus]

1 heel; **b** (fig.).

calcaneus, talonus qui et cals et talus dicitur Osb. Glouc. *Deriv.* 139. **b** multa .. et alia in eo vidi .. que brevitatis causa sponte pretereo, hoc in talone sermonis adnectens .. quod vir ille venerabilis vas erat virtutum *Canon. Edm. Rich* 195.

2 keel (of ship, perh. by conf. of ME *kele* and *hele*).

in uno ligno empto .. ad talonem galee vj d. *Ac. Galley Newcastle* 172.

2 talo [ME *talou*], tallow.

12.. ~onem ad candelas faciendas coram ipso comburendas *Reg. S. Thom. Dublin* 205.

†talomus, *f. l.*

1501 et pro manu unius †talomi [l. latomi] operantis .. in factura sicci muri *Ac. Churchw. Bath* 95.

talon v. thallus.

talpa [CL], **~o,** mole.

prime .. declinationis .. sunt haec masculina .. appellativa, ut hic scriba 'adsecla' ~a Bonif. *AG* 482; ~a, *wandewurpe* Ælf. *Gram.* 309; examinandus, exarandus .. est .. ager ne qua pestis lateat, ne mus, ne ~a Gosc. *Lib. Mild.* 20; ~e .. propter nimiam terre humiditatem, aut nulle sunt hic, aut rarissime Gir. *TH* I 27; c**1185** terram diligis, ac sicut ~a capta oculis, liberioris aeris beneficium non admittis P. Blois *Ep.* 91. 285C; de ~a. subterraneos fodiunt cuniculos ~e oculis capti Neckam *NR* II 122; miror .. quod temptat temere / talpa lucifuga de luce scribere Walt. Wimb. *Carm.* 191; sicut ~a dicitur ceca quia nata est habere visum secundum rationem animalis, non secundum rationem ~e Duns *Ord.* IV 165; sicut ~a bene videt sub terra .. sed supra cecus efficitur *G. Roman.* 386; an comparatio aliqua .. †calpe [l. ~e] cece ad lincem fieri possit? Fortescue *NLN* I 29; ~a vel ~o *wandewurpe WW*; ~a [*gl.*: *wont*] *Ib.*

talpanarius v. talponarius.

talpator [CL talpa+-tor], mole-catcher.

1335 Thome ~ori .. vj d. *Ac. Durh.* 528; **1335** item Thome ~ori .. xviij d. *Ib.* 529.

talpefodium [CL talpa+fodeum], (in gl.) molehill.

~um, *a wonthylle WW.*

talpetum [CL talpa+-etum], (in gl.) mole-hill.

a molwarpphylle, ~um *CathA.*

talpo v. talpa.

talponarius [talpo+-arius]

1 mole-catcher.

c**1335** in stipendio .. talpanarii, xij d. *Comp. Swith.* 249.

2 excavator, miner (in quot. attrib. or as adj.).

viri ~ii sub terra sibi viam aperientes murorum fundamenta subfodiebant DEVIZES f. 35v.

talshida [AN, OF *tail*+ME *shid*], piece of wood for fuel, talshide.

1321 in quindecim millariis de fagotis et ~is .. ad Stanford' in com' Surr' ducendis *JustIt* 546 r. 20*d.*; **1344** pro ccc talshid', v s. iiij d. *KR Ac* 390/11 r. 14*d.*; **1344** aula: c talsh' cum cop[agio] et car[iagio], xviij d.; c talshid', iij s., ij quar. j bus. carb', vj d. ob. *Ib.* 390/11 r. 16 *d.*

taltane v. talentum.

talumbus, (in gl.) kind of plant, ? oxeye or great mullein (*Verbascum thapsus*).

~us, *gescaldwyrt WW.*

talun, kind of disease.

1284 in morina de veteribus porcis de quadam infirmitate que vocatur ~un *Ac. Wellingb.* 40.

talus [CL]

1 ankle-bone, ankle. **b** (*talotenus*) down to the ankle.

[spiritus] erant .. cruribus uncis, ~o tumido, plantis aversis FELIX *Guthl.* 31; **11..** ~us, *anclou WW Sup.* 429; ideo dicta est talaris, id est attingens usque ad ~os, ubi finis est corporis AILR. *Serm.* 9. 31. 256D; fuit et mulier .. a nativitate fixos in tergo ~os habens GIR. *Rem.* 7; hec vestis .. a collo usque ad ~os extenditur T. CHOBHAM *Commend. Virt.* 77; ~u, *oncleouue* .. *ancleow* .. *oncleou WW.* **b** per cucullam vero, qua sicut tunica ~otenus induitur, humilitas ordinis .. commendatur HAM. S. ALB. (*Extr.*) 1455.

2 heel. **b** (of shoe, boot, or sim.) heel, spur. **c** claw (of bird of prey).

calcaneus, talonus qui et cals et ~us dicitur OSB. GLOUC. *Deriv.* 139; ~orum natibus adherentium tenebatur incommodo W. CANT. *Mir. Thom.* II 33; mulier humi jacens .. ~is tellurem conculcabat T. MON. *Will.* VI 6; ipsum .. propellit ut ad illam .. ~o offendat et ultra corruat MAP *NC* III 2 f. 38; quanquam comes a vertice capitis usque ad talum pedis .. ferro fideliter esset indutus, tamen .. perforato cerebro in mare corruit moribundus GIR. *IK* II 7; ~us, A. *an hele WW.* **b** fulvus jam ~us nimis est communis GOWER *VC* VII 265; **1417** si magister allutarius pictaciaverit aut novos ~os fecerit, Anglice dictum .. *talons Mem. York* I 189. **c** falco .. quadrati pectoris ictu vehementi, prepositaque ~orum armatura .. ad pedes regios accipitrem confodiendo prostravit GIR. *IK* I 12 (cf. id. *TH* I 12: falcones .. prepositis ~orum armaturis .. confodiunt).

3 knuckle-bone of a sheep, or sim. object, used for gaming. **b** (pl.) gambling game played with such objects, game of dice, (transf.) gambling.

dicitur etiam ~us pro tessera OSB. GLOUC. *Deriv.* 584 (cf. ib. 592); hic pirgus vel ~us, *deiz Gl. AN Glasg.* f. 20; judicium pillorii pro falsis ~is, judicium pillorii pro falsis ~ibus *MGL* I 606; hic ~us, *a dyse WW.* **b** idem Johannes lusit cum .. Arnaldo Lippard ad ~os ita quod discordia orta inter eos *PlCrGlouc* 48; **1290** per denariis quos idem liberavit de prestito ad ludum ~orum quos regina mandavit solvi de suis per Russellettum *Househ. Eleanor* 93; **1378** et in lusu domini ad ~os cum Willelmo Kirkeby, vj. viij d. *Househ. Ac.* 250; **1437** Robertus Swaby est communis et publicus ~orum frequentator et aleator *Stat. Linc.* II 403.

talwoda [ME *talwod*], (piece or bundle of) wood for fuel, talwood.

c**1304** ~e vel fagotti, cortices vel ramilla harum arborum *Cant. Cath. Pri.* 213; **1375** pro .. dim. centena ~e precii iiij s. iiij d., empte pro plumbo fundendo (*AcWardr*) *EHR* XXVI 693.

tam [CL]

1 to such a degree (as stated or implied in the context), to that extent, so: **a** (w. vb.); **b** (w. adv.); **c** (w. adj.).

a **1334** vos rogamus quod non accipiatis pro malo quod tam distulimus .. solvere *Lit. Cant.* II 66. **b** opusculum illud quod a me tanto studio de tam longe petitis ANSELM (*Ep.* 83) III 207; dum .. rex .. tam vive, tam valide in capiendo castello desudaret .. castellum reddiderunt *G. Steph.* 89; quomodo poterit .. occurrere de tam procul sursum venienti .. et tam ab olim raptim ac celerrime properanti J. FORD *Serm.* 13. 4; c**1211** in Christi sortem electos tam tyrannice deservire presumunt GIR. *Ep.* 6 p. 234; utinam .. comprobaremus ea que ipsi philosophi .. tam sapienter proponunt BACON *Mor. Phil.* 132; Deus posset hominem †tamdui [l. tamdiu] conservare quod iste homo tantam caritatem haberet sicut beatus Petrus habet in patrio RIC. ARMAGH *Sent.* 419. **c** ne tam periculosam, tam laboriosam, tam incertam peregrinationem adire deberent BEDE *HE* I 23 p. 42; felix .. Atravata civitas, tam excellenti munita patrono ALCUIN *Vedast.* 424; incipe parare tam magnum quaestum ANSELM (*Ep.* 56) III 171; que hujus est, mi Joannes, tam inopinati adventus tui causa? AILR. *An.* I 1; nunquam in hac curia tam viles et tot fuerunt in uno negotio corrogati GIR. *JS* IV p. 253.

2 (correl. to compar., w. *quam*) so much (.. as), as much (.. as), so (.. as), as (.. as); **b** (w. *ut, sicut, quasi,* or sim.). **c** (*tamdiu*, w. temporal cl., *al. div.*) for so long or such a time, (for) as long.

tam procul a nobis quam caelum distat a terra BEDE *Prov.* 1030B; c**801** quid tam aptum immolationi quam caro mortalis? ALCUIN *Ep.* 307; omne bonum tam bonum est quam mala est ejus destructio ANSELM (*CurD* II 14) II 114; si mihi tam saepe liceret quam saepe vellem, utique saepissime schedulam et nostram vobis dirigerem et mihi vestram exigerem *Ib.* (*Ep.* 50) III 163; utinam quam prompta voluntas est, tam etiam sit presto facultas AILR. *An.* II 1; cum non tam sepe quam fere semper magis reprehendenda videas quam laudanda AD. SCOT *QEC* 839C; expectat .. Pater quam de filii recuperatione festivus, tam de filii foris adhuc stantis introductione sollicitus J. FORD *Serm.* 66. 7. **b** quis .. / .. tam solerter rimari nititur umquam / ceu meditatus erat .. dedasculus idem ALDH. *VirgV* 1642; tam sollicite serva quae doceo quasi nil recti sine his aspicere valeas BEDE *Prov.* 962C; **903** hoc sit tam firmiter constitutum omnibus diebus Christianitatis quasi libertas illa constituta est *CS* 894; tam citissime perscribere sicuti erant patrata BYRHT. *V. Osw.* 452; nisi faceret homo aliquid tam magnum sicut erat mors illa ANSELM (*CurD* I 9) II 63; infantes sine peccato originali nasci, et tam insontes esse ut fuit Adam ante prevaricationem M. PAR. *Maj.* I 176; c**1285** non est aliquod breve .. per quod .. habent tam festinum remedium sicut per breve nove disseisine *Reg. Malm.* I 91; quid tam contrarium veritati sicut mendatium? *AncrR* 21; c**1390** tamdiu .. vivit vir hillaris sicut tristis *FormOx* 238. **c** ut tamdiu esset cum eo usque dum fideles socios itineris .. inveniret EDDI 3; quamdiu bene se haberet erga eum tam diu terram de eo teneret *DB* I 45vb; tam diu erunt in hoc saeculo populi donec .. numerus .. compleatur ANSELM (*CurD* I 18) II 82; tandiu intus in sua quodammodo Samaria est quandiu per ea .. nobis non patet AD. SCOT *Serm.* 164B; c**1218** tamdiu arceatur quousque puer confirmetur *Conc. Syn.* 71; debent .. tamdiu fieri quamdiu fieri precepta sunt GROS. *Gal.* 70.

3 (w. weaker compar. force, correl., w. *quam* or *et*) as much (as), as well (as), both (.. and); **b** (in gl.).

tam propter apostasiam .. quam propter .. tyranidem BEDE *HE* III 1 p. 128; participia .. tam activam quam passivam significationem habentia inveniuntur ALCUIN *Gram.* 891C; c**760** tam pro anime mee remedio quam pro amore omnipotentis *Ch. Roff.* 8; c**1150** noverint tam presentes quam futuri *Doc. Theob.* 36; sine voluntate tam regis quam nobilium regni H. HUNT. *HA* V 14; lectio divina tam falli quam fallere nescia AD. SCOT *QEC* 810C; per exempla pariter et precepta, tam philosophica quam theologica sive canonica GIR. *JS* VII p. 334; secunda est castitas, tam in eis que gustus sunt quam in illis que tactus BACON *Mor. Phil.* 48; **1281** omnes .. tam mares et feminas, senes et juvenes .. occiderunt *Meaux* II 177; aliquis vadit ad forum tam ut emat necessaria quam ut inveniat debitorem OCKHAM *Phys.* I 287; tam viri quam mulieres parvulos suos .. comedebant TROKELOWE 95. **b** tam, *aswell WW.*

4 (*non tam*, correl., w. *quam*) not so much .. (as rather).

murum .. non tam lapidibus quam cespitibus construentes BEDE *HE* I 12 p. 26; fratrem non tam sanguine quam spiritu ALCUIN *Exeg.* 652D; non .. tam ad perniciem perfidi saeviendo dixit quam ad salutem fidelium festinando *Ib.* 928D; quod quis non habet a se, sed a Deo, hoc non tam suum quam Dei dicere debet ANSELM (*CurD* I 9) II 63; qui .. volunt non tam prodesse quam dominari *Ib.* (*Ep.* 253) IV 143; quam non tam amicitiam quam amicitie dicimus esse venenum AILR. *Spir. Amicit.* II 58. 677A.

5 (w. consecutive cl.) so much, to such a degree, so (.. that); **b** (w. rel. cl.); **c** (w. *quin*).

tanta ingruit tamque fera tempestatis hiems ut neque velo neque remigio quicquam proficere .. valeremus BEDE *HE* V 1 p. 281; c**802** tam profunda scelerum voragine demersus ut misericordia Christi eum mederi non possit ALCUIN *Ep.* 245 p. 395; veritatis ratio tam ampla tamque profunda est ut a mortalibus nequeat exhauriri ANSELM (*CurD*) II 40 *commend.*; in unam vallem, que erat .. tam amenissima et splendidissima ut nulla ratione dicere valeam W. MALM. *GR* II 111; tam dulce tibi intendere his .. ut quando uni intendis vix ab eo evelli possis AD. SCOT *QEC* 827D; tam acriter instat Galo .. ut omnino gigas a spe fraudetur MAP *NC* III 2 f. 38; c**1381** plebs tam fuit impia regi / scripta sibi venie quod rex dedit obvia legi *Pol. Poems* I 228; tam ceci sunt ut non possunt discernere GARDINER *CC* 298. **b** nihil tam parvum sit quod de ordine vestro .. violetis ANSELM (*Ep.* 183) IV 68; hec est .. virtus .. ut nihil tam obscurum quod non illuminet GIR. *TH intr.* p. 6; nulla gens tam fera est et immanis cujus mentem non imbuerit Dei opinio BACON *Mor. Phil.* 198. **c** neminem unquam tam crudeliter odi quin morienti cunta [*sic*] dimitterem MAP *NC* I 25 f. 18v; nullum est tam densum quin species potest transire BACON *MS* 128; impossibile est facere tam magnam caritatem quin Deus possit facere majorem OCKHAM *Sent.* III 552.

tamari v. tamaricium.

tamaricium, tamariscus [LL]

1 tamarisk (*Tamarix*).

mirice, i. tramaritia *Gl. Laud.* 985; cortices sunt salicis et fraxini, genestre, ~isci GAD. 15. 2; cum incisivis, aperitivis, subtiliativis, spleni appropriatis sicut radix capparorum, scolopendria et ~iscus *Ib.* 16. 1; mirice, i. ~icium cum foliorum elixatura cum vino bibita splenis tumorem compescit, dolori dentium subvenit *Alph.* 118; ~iscus arbor est medicamen speciale contra opilacionem splenis, et inde fiunt vasa eandem virtutem habentia *Ib.* 181.

2 wood of tamarisk (used for the making of vessels).

1292 apud pistoryam .. item in iij barillis de tamaris' xxij s. vj d. *KR Ac* 308/15 m. 8; **1302** ij parvi costrelli de ~isco muniti argento *Ib.* 357/13 m. 3*d.*; **1303** cyphus de peciis de tamari' cum pede argenti sine cooperculo ponderis vij s. xj d. (*KR Ac*) *DocExch* 281; **1303** duo costretti fracti de tamary' argento muniti in parte (*KR Ac*) *Ib.*; unum ciphum de tamaris [l. tamaris'] J. GLAST. 118.

3 broom (*Spartium junceum*).

~iscus arbor est quam quidam intelligunt nomine geneste seu nomine mirte in medicina *SB* 41; *brome, burch,* genesta, -te, merica, -ce, .. tammacium [l. tamaricium], -ij *PP*; *brume,* genesta, merica, tramarica *CathA.*

tamarinda v. tamarindus.

tamarindus [Ar. *tamr-hindī*], tamarind.

si videantur abundare humores acuti, purgetur cum apozimate .. manna, cassa fistula, ~i *Quaest. Salern.* L 2; quare cassia fistula, thamarindi, manna purgant sanguinem? *Ib.* N 47; de medicinis evacuativis .. medulla cassie fistule et ~orum et manne GILB. I 17v. 1; fincon indi vel oxifenicia, i. ~i *Alph.* 65; oxifenicia, dactilus acetosus i. camarindus [l. ~us] *Ib.* 133; oxifenicia vel fincon dicitur, inde dactilus indicus vel ~us *Ib.*; oxifenica, i. ~i *SB* 32; ~i masticati in ore recenti sitim mitigant GAD. 5v. 1; c**1357** in providencia medicine .. in j quarta ~e xiij d. *Ac. Obed. Abingd.* 14.

tamaris v. tamaricium.

tamariscinus [LL tamariscus+-inus], of tamarisk wood.

que ad oculos .. distemperari debent in vase eneo ..
que ad splenem in ~o et in eo reservari GILB. III
136bv. 2.

tamarus v. cammarus.　　**tamary** v. tamaricium.
tamba v. tumba.　　**tamdiu, tamdui** v. tam.

tamen [CL]

1 (presenting fact, circumstance, *etc.*, or element thereof, as occurring in spite of or in
contrast to what has just been stated or implied)
all the same, nevertheless, even so, yet;
b (preceded by copulative conj.); **c** (preceded
by adversative conj., *cf. et. attamen, verumtamen*).

si quis pro ultione .. hominem occiderit, peniteat
sicut homicida ... si ~en reddere vult propinquis
pecuniam .. levior erit penitentia THEOD. *Pen.* I 4. 1;
in castris sedens .. ibique habente stipendio parvo ~en
omne spatium habundanter vivens *V. Cuthb.* I 7;
ecclesiastici .. de utraque parte inplicantur. sepe ~en
.. per verbis firmabant WEALDHERE *Ep.* 22; **738**
sciat se in die judicii rationem Deo redditurum,
manentem ~en hanc cartulam nichilominus in sua
firmitate *Ch. Roff.* 3; ~en, *neuertheles WW*; c**1507**
percussit .. ~en letaliter, ~en fuit presens cum dictus
Thomas habuerat plagam mortalem de qua in-
continenter obiit *Sanct. Durh.* 125 (cf. ib. 123: dictus
Robertus .. et Ricardus ut assessor, eo quod interfuit
tempore hujus modi percussionis, ~en dictum Thomam percussisse quoquomodo negavit, cum magna
cordis tristicia immunitatem pecierunt). **b** multis
sententiarum catholicarum milibus responderunt, nec
eorum ~en dementiam corrigere valebant BEDE *HE* I
10 p. 24; modo appreciatur xl li., et ~en prepositus
inde reddit liiij li. *DB* I 1ra; cum aliquid boni facis
non existimes hec tuis viribus agere; nec ~en a tua id
alienes voluntate AILR. *Spec. Car.* I 12. 516D; nusquam est, in eo quod loco non claudatur; et ~en
nusquam non est, quia non excluditur loco AD. SCOT
QEC 858A; hec multum differunt, et ~en impossibilia
sunt omnia OCKHAM *Phys.* I 49. **c** fiunt generaliter
colore fulvo sed ~en albos .. Indus habuisse fertur
Lib. Monstr. II 1; sacratos gestant praecordia biblos /
at tamen ex isdem nequeo cognoscere quicquam
ALDH. *Aen.* 89 (*Arca Libraria*) 3; addebant ut nunquam .. verbo fidei predicando committeret. sed non
~en divina pietas plebem suam .. deseruit BEDE *HE* I
22 p. 42; transfer calicem istum a me, verum tamen
non mea voluntas sed tua fiat *Id. Luke* 602D; motus
est quidam actus, sed ~en est actus imperfectus
OCKHAM *Phys.* IV 471.

2 (after expr. w. concessive force): **a** (after
concessive cl.); **b** (after *quidem, equidem, vero,* or
sim.).

a quamvis eos audire noluisset, tolerabatur ~en ab
eis BEDE *HE* V 14 p. 314; si abierit domum non
apprehensus .. ~en minister regis eum sequetur *DB* I
1rb; etiamsi hoc solo dicitur jam non posse peccare ..
~en illi sit ad gloriam ANSELM (*Casus Diab.* 25) I 272;
quamquam tres hi amores omnes simul habeantur ..
non ~en semper eque sentiantur AILR. *Comp. Spec.
Car.* 10. 629C; cum omnibus apostolis plus laboraverit
.. indignum se ~en asserit ut vocetur apostolus AD.
SCOT *QEC* 822D; siquidem .. indivisibilis sim .. ~en
.. diversa etiam soleo vocabula sortiri *Id. TGC* 809D;
tum ut de quo dicatur incertum esse, licet sit, non
videatur ~en BALSH. *AD* 31. **b** ille vero non plene
intellegens, adhuc ~en loci vanitatem derelinquens *V.
Cuthb.* I 3; lentis quidem sed ~en continuis febribus
anhelabat BEDE *HE* II 1 p. 77; munus quidem
parvum, non parva ~en ei devotione oblatum AD.
SCOT *QEC* 802B; credo equidem, mallem ~en minus
alta saperes et humilibus consentires GIR. *GE* II
36 p. 347.

3 (presenting clarification of, and esp. limit to,
the force or applicability of preceding expr.)
however, 'that is'; **b** (in rel. cl.); **c** (w. *ut*); **d** (in
conditional cl., also in ellipt. context).

c**1130** eligat conventus puellarum seniorem ydo-
neum qui earum ecclesie presit, abbatis ~en consilio
Ch. Westm. 249; parens noster libero muneratus arbitrio poterat quidem, Dei ~en adjutus gratia AILR.
Spec. Car. I 4. 508. **b** si forte evenisset quod ~en
raro evenit, ut ad regis convivium vocaretur BEDE *HE*
III 6 p. 139; ut nulla esca a Christianis repudiaretur,
que ~en rationalis et humana esset M. PAR. *Maj.* I
130. **c** quolibet modo conjungi dicuntur he due
nature integre, ut ~en alius sit homo, alius deus

ANSELM (*CurD* II 7) II 102; non minus istud caritatem sapit .. ut ~en memineris amenam hanc hortorum
habitationem non extra ipsum querere sponsum J.
FORD *Serm.* 119. 1. **d** haec eadem mihi quies, si
~en quies dicenda est inopinata mentis anxietas BEDE
Sam. 633C; incubi demones vanitatis et malitie sue
certa indicia, si quem ~en gignunt, relinquunt in
sobole J. SAL. *Pol.* 722D; cum oras, si ~en eo modo
oras, quo orare debes, os tuum in aure Dei est AD.
SCOT *QEC* 827B; qui justitias quoque nostras (si ~en
justitias) a tanto propheta tali rei assimilari audimus
Ib. 865D; juventutem ad meliorem frugem convertere.
pium sane sanctumque negotium, si ~en rite obeatur
FERR. *Kinloss* 6.

4 (presenting alternative) rather, in fact, in-
stead.

1321 major et communitas .. respondent quod istud
breve non dirigitur ipsis majori et communitati, sed
~en ballivis .. regis *Lit. Cant.* I 47.

tamenetsi [CL] *al. div.* even though.

ad quos tamen etsi foris positos verba suae doctrinae fecit pervenire quia nos ipse per sanctorum ora
praedicatorum collegit et quamvis extra sinagogam ..
inventos evangelii sui fecit esse participes BEDE *Mark*
146C; concessit quod .. caritatis communionem .. eis
exhiberet[,] tamenetsi plerique eorum .. exierant *Canon. G. Sempr.* f. 90; tamen etsi non ponatur voluntas
creata posse velle malum sub ratione mali, adhuc
potest assignari peccatum ex certa malitia, quando
voluntas ex libertate sua .. peccat DUNS *Ord.* VIII
486.

Tamensis v. Tamesis.　**tames'** v. temesa.　**Tame-
sia** v. Tamesis.

Tamesinus [CL Tamesis+-inus], of the river
Thames.

tumor Thamesinus [vv. ll. Themesinus, Temesinus]
obtenderat undique Thornensem insulam FLETE
Westm. 40.

Tamesis [CL; cf. W. *Tafwys*, AS *Temese*, ME
Themese], the river Thames.

trans ~esis nobilis fluvii alveum GILDAS *EB* 3;
ostium ~esis fluminis ASSER *Alf.* 5; tria nobilia flumina, Tamensis videlicet .. G. MON. I 2; caput fratris ..
in Tamensem fluvium projecit R. NIGER *Chr.* II 157;
Tamise fluvium GIR. *JS* IV p. 238; Tamisie pontem
transiret *Id. Galf.* II 6; **1315** submersi sunt in Tame-
sia *Doc. S. Paul.* 47; flumen Thamesie *Eul. Hist.* II
160; per aquam Tamysie aufugit *Dieul.* f. 143v; prope
Londoniam super Thamisii ripam AD. USK 2; passagio ultra aquam Thamisie *Reg. Brev. Orig.* f. 2; **1544**
in rivo Thamasie *Entries* 25; super aquam Thamesis
Ib. 441b.

Tamisa, ~sia v. Tamesis.　**tamisium** v. temesa.
tammacium v. tamaricium.　**tammezca** v. temesa.
tamnaticus v. traumaticus.

1 tamnus [CL], kind of herb, (prob.) black
bryony (*Tamus communis*).

[de cervo] femine .. post partum duabus herbis
scilicet †camo [l. tamno] et sisolis [v. l. silosis] paste
redeunt ad fetum BART. ANGL. XVIII 29 (cf. Plin.
HN VIII 112: duas [herbas], que tamnus et seselis
appellantur).

2 tamnus v. thegnus.

tampo [OF *tapon*; cf. Fr. *tampon*], wooden plug
inserted into the muzzle of a gun or sim. to act
as a wad or for protection, tampion.

c**1388** et pro c ~onibus de ligno, precii iiij s. et ..
pro lx lib. pulveris pro predictis canonibus (*AcWardr*)
EHR XXVI 698; **1399** idem computat in .. iijᶜ ~onis
de ligno .. c xxvj lb. pulverisgonnorum (*AcWardr*) *Ib.*
XXVI 701.

tamquam (tan-) [CL]

1 (in general comparisons) to the same degree
as, in the same way as, as. **b** (expressing
similarity) like, as.

proximum ~am nos ipsos amare precipimur BEDE
Templ. 756A; diligent Deum plus quam seipsos, et
invicem ~am seipsos, et Deus illos plus quam illi
seipsos ANSELM (*Prosl.* 25) I 119; tunc enim erit ipse
quem diligis ~am alter tu AILR. *Spir. Amicit.* III 70.
688D; **1286** concesserunt eidem .. partem in omnibus
tanquam uni ex fratribus domus *FormA* 315.
b florent justi ~am arbores BEDE *Ep. Cath.* 13A;
munificus est ~am beneficus et maleficus; munifex
autem ~am opifex et artifex *Id. Orth.* 2792; tam quam
[*gl.:* *suoelce*] aurum in fornace probavit eos *Rit. Durh.*
86; an non est mater, qui ~am gallina congregat sub
alas pullos suos? ANSELM (*Or.* 10) III 40; transierunt
omnia velut umbra, et tanquam nuntius precurrens
AILR. *Spec. Car.* I 24. 528A; ibi quasi columba, hic
~am ignis, quia profecto Spiritus Sanctus nec columba nec ignis *Id. Serm.* 67. 17; est in ore suo tanquam
mel, dulcis AD. SCOT *QEC* 815B.

2 as or in respect of being: **a** (w. sb.); **b** (w.
adj.).

a ita ut ubicumque .. adveniret, gaudenter ab
omnibus ~am Dei famulus exciperetur BEDE *HE* III
26 p. 191; se .. tanquam advocatum ejusdem in causis
omnibus gerere consuevit GIR. *JS* IV p. 265; virginalem pudicitiam a pueritia servans et uxorem habens
tanquam sororem *Id. PI* I 20 p. 129; Atlas .. fuit avus
maternus Hermetis .. propter quod eum tanquam
deum post mortem venerati sunt BACON *Maj.* III 57;
s**1297** comites predicti .. rogaverunt Londonienses
tanquam amicos ut .. eis assistere vellent W. GUISB.
294; non includens eam ~am partem sui OCKHAM
Phys. I 238. **b** unde cassamus electionem illam
tanquam nullam GIR. *JS* IV p. 268; non accipit ~am
verum, sed accipit ~am concessum ab aliquo OCKHAM
Phys. I 68; notandum est quod Philosophus supponit
~am certum et ~am concessum ab omnibus quod caro
non est caro nisi per substantiam et naturam *Ib.* I 249;
non dicit hoc tanquam verum de opinione sua, sed
tanquam famosum et secundum opinionem aliorum
Id. Sent. V 209.

3 (w. conditional cl.) (just) as (if).

sed facti sumus sicut parvuli in medio vestrum vel
~am si nutrix foveat parvulos suos [cf. *I Thess.* ii 7]
GILDAS *EB* 103; accedit homo ad cor altum et exaltabitur Deus [*Psalm.* lxiii 7], ~am si aliis verbis
diceretur BEDE *Cant.* 1177D; hoc enim significant ..
propositiones .. ~am si diceretur ita .. ANSELM
(*Gram.* 6) I 150; ~am si ipse hoc perpetrasset horrebat
J. SAL. *Pol.* 425A; tanquam si diceret: "lauda post
mortem" GIR. *Spec.* II 24 p. 72.

4 (introducing sub. cl. w. subj. vb.) in the
same way as if, as though (it were the case that);
b (w. ref. to something which is patently not the
case). **c** (without finite vb.) as if (it were).

a**800** habens saeculum, ~am non habeas ALCUIN *Ep.*
209; signis ostensis tanquam angelum ex de coelo
missum suscepissent GIR. *GE* I 22 p. 61; ab illa die
nusquam visa est illa milicia, tanquam nobis insipientibus illi suos tradiderunt errores MAP *NC* IV
13 f. 54v; conemur tanquam ex nobis inicia sint *Ib.* III
5 f. 43; imponitur eis error judicii, ~am infallibiliter
velint cum divina certitudine contendere BACON *Maj.*
I 242. **b** ~am tormenta .. ~am non ipse pateretur
[v. l. passus fuisset] obliviscebatur FELIX *Guthl.* 31
p. 104; tanquam .. melior Pater esset quam Filius, ita
Philippus Patrem nosse cupiebat et ideo nec Filium
sciebat ALCUIN *Exeg.* 933B; tanquam ipsi soli sint
quos educat a tenebris Dominus MAP *NC* I 25 f. 18;
tanquam juste sit auctor ulcionis de culpa triplici
coram ipsis magnifica gloriatur jactancia *Ib.* I 12 f. 11;
cotidie tanquam nihil comedisset esuriit GIR. *GE* I
18 p. 54. **c** ne forte Patrem quidem honorifices
tanquam majorem, Filium vero tanquam minorem
ALCUIN *Exeg.* 811C; tanquam illa muliere, hoc est,
Ecclesia annuntiante, ad Christum veniunt *Ib.* 800C;
adeo firmiter et tanquam naturaliter inest eis Walensibus hebetudo mansuetudinis MAP *NC* II 8 f. 26; livor

eorum in ipsos tanquam in redivivos exardeat Trojanos *Ib.* II 18 f. 30; vir quidam in somno vidit .. Philippum .. Francorum regem tanquam ab Henrico rege in quoddam castellum suum hospitandi gratia deductum GIR. *PI* III 29 p. 165; redeuntem cum gaudio tanquam re bene gesta *Id. GE* II 34 p. 330.

5 (indicating circumstance alleged or felt to be the ground on which an act is based) on the ground (of being).

valedicunt sociis ~am ultra non reversuri BEDE *HE* I 12 p. 28; apposuerunt .. ut Giraldum archidiaconum, tanquam exosum regi et archiepiscopo .. exciperent a nominatione GIR. *JS* V p. 298; vir .. in transitu ei reliquit nepotem suum .. tanquam infirmum MAP *NC* V 3 f. 60v.

6 (w. coordinating force) as well as.

c1155 sciant posteri tanquam presentes me concessisse *Regesta Scot.* 122; **c1160** sciant posteri tanquam [v. l. tam quam] presentes me dedisse *Ib.* 186.

tamus v. tarmes. **Tamysia** v. Tamesis. **tana** v. tannum. **tanaceta** v. tanacetum.

tanacetum [AN *tanesie* < athanasia < ἀθανασία], (bot.) tansy (*Tanacetum vulgare*), silverweed (*Potentilla anserina*), or other herb (*cf. athanasia*).

10.. tenedissa, *helde WW*; **10..** tanicetum, *helde Ib.*; ~a, *helde* ÆLF. *Gl.*; tenesita, i. *helde Gl. Laud.* 1450; taneticus quid commemorem licet acrius ora (H. HUNT.) *Med. Stud.* LXV 232; **12..** tanesetum, i. *tanesie*, i. *helde WW*; hic autem dicunt quod †tranacetum [l. tanacetum] cum aceto distemperatum vel sucus ejus cum aceto distemperatus sanguinem intra coagulatum eijcit per vomitum GILB. IV 182v. 2; ~um domesticum vel ortolanum magis viride est. G. *tanesie*, A. *banifan Alph.* 181 (cf. ib.: tanacetum agreste .. tanacetum, athanasia idem); tansetum, *tansaye WW*; *gosys gresse, camoroch, wylde tanze*, tanasetum, -ti, agreste *PP*; *tanszey*, tanazetum, -ti, .. quia tanazetum silvestre dicitur *goosgrese* vel *camarocham Ib.*; Athanasia, que grece tagetes, latine tanacetum, Anglice dicitur *Tansey* TURNER *Herb.* (1965) 45.

tanaliter [cf. θανεῖν], mortally.

937 fortuna fallentis seculi procax .. Acherontici .. ad ima Cociti .. impudenter est declivis. et ideo quia ipsa ruinosa deficiendo ~er dilabitur, summopere festinandum est ad amena indicibilis letitie arva (*Malm.*) *ASC* XI no. 28 (cf. *CS* 702, *Reg. Malm.* I 307: fortuna .. †canaliter [l. tanaliter] dilabitur; W. MALM. *GP* V 201).

tanare v. tannare. **tanaria** v. tannarius. **tanasetum** v. tanacetum. **tanator** v. tannator. **tanazetum** v. tanacetum.

tancardus [cf. ME *tankard*, AN *tankart*, ? cf. CL cantharus], large drinking vessel hooped with iron or other material, tankard.

cervisia in duobus magnis vasis, que ~i sive bollette [? l. bottelle] dicebantur, in refectorium portari consuevit *Cust. Westm.* 99; **1275** Stephano le Joignur .. pro j tankardo ligato de ferro .. xviij d. *KR Ac* 467/6/2 m. 4; **1284** pro uno tankardo pro domino Edwardo filio regis *Ib.* 351/9 m. 14; **1290** in vj tankard' de buteleria emptis ferro ligatis, iij s. *Ac. Swinfield* 93; de sex barellis ferratis, quinque .. costerellis .. et decem ~is *Ac. Exec. Ep. Lond.* 58; **1315** in j tancard' continente iiij lagenas reparand', j d. .. in j tancard' ligand' cum quodam novo ferramento, ij d. (*Teddington*) *MinAc* 918/13; **c1326** celarium .. quinque ~i debiles, unde tres ferro ligati et duo cum ligaturis ligneis precii vj d. *Reg. Exon.* II 568; **1392** unius tangard', unius magni ciphi *Pat* 334 m. 30; **1423** in emendacione tankardorum iij d., in tankardis emptis ij s. viij d. *Ac. Obed. Abingd.* 92.

tancreda v. cantredus. **tanctus** v. tantus.

tandem [CL]

1 (emphatic) really, I ask you.

quid ~em virtus timebit nisi defectum sui quo homini in aeternum nocetur? BEDE *Cant.* 1073A; **c790** resipisce ~em et noli consentire ei qui tibi talia praeparat incendia ALCUIN *Ep.* 65; quid est, Domine meus, Samson meus .. quod ~em caperis, ~em teneris, ~em vinciris AILR. *Serm.* 62. 15; disce modum tandem, Cornubia, disce laborem! J. CORNW. *Merl.* 76 (104); sed lege equa idem tandem, 'justitia est que divinum et humanum jus complectitur' GIR. *PI* I 10 p. 38.

2 after some time, at length, at last; **b** (w. weak temporal force, w. last element of series).

differentes .. emendare scelera que fecerunt, in ipso ~em mortis articulo ad penitentiam confugiunt BEDE *HE* V 12 p. 308; **798** ~em Cenulfus rex .. libellos .. in Doroberniam remisit (*Clovesho*) *CS* 291; tum illa, resoluta in lacrimas et in se ~em reversa, fidem sororibus adhibuit (AILR. *Serm.*) *CC cont. med.* IID 38; formosus est? exspecta paulisper et non erit. at enim bonis artibus doctus .. ~em aliquando ipsum virum laudas J. SAL. *Pol.* 633B; tandem namque scio quod nescio: nescio totum / hoc quod ab ingenuis artibus arte meat L. DURH. *Dial.* IV 155; procedendo in peccatis equalibus vel majoribus, sequitur quod natura tandem totaliter consumetur DUNS *Ord.* VIII 382. **b** a priore quidem amor libertatis, amor patrie, et ~em extraneorum amor J. SAL. *Pol.* 721A; si vox fortasse mihi negetur certe vel aspectus ejus, aut si nec provenerit ipse, vel pia ~em et dulcis recordatio ipsius J. FORD *Serm.* 40., 3; si vel minimum articulum, vel aliquem capillum, vel ~em extremum pulvisculum de tanto thesauro nancisci mererer GOSC. *Transl. Aug.* 31A; non presentia objecti, non perfectio potentie, non ~em determinatio potentie ad actum vel exercitium actus DUNS *Ord.* II 299.

3 (*vix ~em*) only just, after much time and effort.

ita ut .. aliquandiu pronus jacens, vix ~em resurgeret BEDE *HE* IV 29 p. 278; vix ~em aliquando fenore me solvebam gravissimo ALCUIN *Gram.* 866D; accepta vix ~em consolacione foris qua non egebat interius MAP *NC* III 3 f. 39v; marcas extortas relaxavit, et vix ~em ad manus suas revocavit GIR. *JS* VII p. 349.

4 at the latest.

1584 habeatis .. coram baronibus de scaccario .. tam cito quam cito poteritis et ~em a die Pasche in quindecim dies *Pat* 1246 m. 1d..

tandiu v. tam. **tandundem** v. tantusdem. **tanella** v. 1 tenella. **tanesetum, taneticus** v. tanacetum.

tangabulum [AN *tan*+gabulum], tax on the selling of tan or due paid by tanners, 'tan-gavel'.

1297 et de iij s. rec' de ~o hoc anno *Ac. Cornw* 75; **1300** est ibidem quoddam mercatum tentum per quamlibet septimanam .. cujus theolonia cum theoloniis ~i, flesgabuli, stocgabuli, et stallagii valent per annum xij s. *IPM* 95/9.

tangardus v. tancardus.

tangere [CL]

1 to make physical contact with, touch (with hand or other part of body); **b** (sacred book in making an oath); **c** (in fig. context). **d** to feel (person or part of body for pulse), (*~ere pulsus*) to feel the pulse.

[Midas] .. omnia que tetigerat in aurum vertebat *Lib. Monstr.* I 37; claudicans, pede altero terram non ~ens *V. Cuthb.* I 4; multi infirmi sanati sunt per hoc quod tetigerunt fimbriam vestimenti ejus AILR. *Serm.* 13. 14. 286A; **1167** qui ~it picem, inquinatur ab ea J. SAL. *Ep.* 231 (233); [Anteus] tacta terra viridior et validior exsurgebat ALB. LOND. *DG* 13. 2; fons .. qui si tactus ab homine vel etiam visus fuerit, statim .. provincia pluviis inundabit GIR. *TH* II 7 p. 89. **b** **c1220** tactis sacrosanctis evangeliis juramentum corporaliter prestitit *Reg. Malm.* II 8; **1264** per renovatum scriptum .. confectum in plena curia tactis sacrosanctis Evangeliis concedam hanc .. vendicionem *Deeds Newcastle* 32; **1314** jurare ad sacrosancta Dei evangelia corporaliter tacta *StatOx* 117; **1446** juravit .. ad sancta Dei evangelia, corporaliter tacto libro *Eng. Clergy* 211; **1529** tactis per eundem manu sua dextera sacrosanctis Dei evangeliis ad ea juravit *Deeds Balliol* 127. **c** manus domini tetigit cor meum, et unxit illud unctione misericordie sue AILR. *Jes.* I 1; nec candoris inops sum, quem manus Domini tetigit, lavit ac dealbavit J. FORD *Serm.* 3. 4. **d** omnibus membris .. in quibus .. pulsus .. sentitur, sed tamen honestatis causa maxime in brachiis solent ~i RIC. MED. *Anat.* 222; clericus manum domine accepit et pulsum suum tetigit *G. Roman.* 339.

2 to be immediately next to or in contact with, to border on, touch, reach; **b** (geom.). **c** (transf.) to be connected, related or akin to.

ala una ~ebat parietem BEDE *Templ.* 765B; **11..** super Sopresland iiij rode, et quinta roda que ~it super Langeland *FormA* 155; **1164** velut illam scalam Jacob cujus summitas celum ~ebat J. SAL. *Ep.* 134 (136); illius namque summitas celum tetigit GIR. *Symb.* I 24 p. 272; sicut una domus consequenter est post aliam, non tamen ~it eam OCKHAM *Phys.* II 385; tractus occupat duo spatia et ~it duas regulas WALS. *Mus. Mens.* 84. **b** superficies multorum equalium laterum non ~entium circulum minorem ADEL. *Elem.* XII 13; quia sphera mota super planum describit lineam in plano, et tamen non ~it nisi in puncto DUNS *Ord.* VII 338; puncta non sunt continua .. nec sunt ~entia se OCKHAM *Phys.* II 450; de intentione Aristotelis, quia secundum eum illa ~unt se inter que nihil est medium *Ib.* II 583; corpus pure sphericum non potest ~ere corpus pure planum *Ib.* II 584. **c** **c1219** ponat vicecomes alios [recognitores] qui predictos non ~ant affinitate *CurR* VIII 102; **c1290** inquisicionem .. de bonis et fidelibus non ~entibus dictos felones consanguinitate *State Tri. Ed. I* 81; **1597** si .. dubium aliquod in premissis, aut eorum aliquid ~entibus .. oriri contigerit *StatOx* 456.

3 **a** to touch (with substance) so as to leave a trace. **b** to test the fineness of (metal) by rubbing upon a touchstone, 'touch'.

a eam aqua benedicta tetigit languentem BEDE *CuthbP* 29; tangor non pullis maculis speciosa virago BONIF. *Aen.* (*Virginitas*) 169; doces hominem scientiam, interiori unctione cor ~ere J. FORD *Serm. prol.* 3; labium calicis melle ~it GIR. *SD* 88. **b** **1400** de .. j pari *touches* continent' dclij pec' precii xxx li., ij petris pro diversis aur' tangend', precii iiij li. *KR Ac* 293/1.

4 to touch (so as to affect more or less injuriously); **b** (in sexual context). **c** (of illness, pain, or sim.) to affect, strike; **d** (transf., w. ref. to moral injury).

ne tunc quidem eandem ~ere flamma destinam valebat BEDE *HE* III 17 p. 160; iratus tetigit regem jacentem virga *Ib.* III 22 p. 174; ut dicat Deus: isti mei sunt .. qui ~it illos me ~it T. CHOBHAM *Commend. Virt.* 31; si servat legem, non debet tangere regem / cum quis insidias regi per verba minatur (*Vers. Corpus*) *Hist. Chess* 519. **b** nec tetigi penitus muliebres turpiter artus ALDH. *VirgV* 749; virga virilis / ignoret tenera puerorum tangere crura D. BEC. 1995; sponsa Christi .. cecinit de sponso suo: quem .. cum tetigero munda sum [Offic. S. Agnetis Virg.] J. FORD *Serm.* 29. 4. **c** langore corporis tactus est BEDE *HE* IV 3 p. 210; tactus infirmitate decidit in lectum *Ib.* IV 13 p. 311; tactus est .. et nimio capitis dolore *V. Gund.* 39.3; tactus .. infirmitate AILR. *Gen. Regum* 349; ut experimento tactus in reliquum rectus discat incedere LUCIAN *Chester* 64; gravi corporis infirmitate tactus .. defunctus est M. PAR. *Maj.* I 314. **d** sed spernantur et injuria ~antur *Tract. Ebor.* 682; singula fere verba vel oblique vel directe nos ~ere vel infamare videntur GIR. *Invect.* I 2.

5 to touch (in order to make use of), to taste, eat, drink, use, *etc.*

haec polluti labii cymbala ~ere non merentur ADEL. BLANDIN. *Dunst.* 8; nec ~ebat quicquam nisi panem et aquam GIR. *GE* I 26 p. 82; ut si dicam nolenti ~ere venenum: ~e illud secure quia nichil nocebit T. CHOBHAM *Praed.* 235.

6 to arrive at, reach (point), touch. **b** (transf.) to amount to.

die Sabbati navem ascendit, que priusquam Gallicum litus ~eret, tribus in provinciis in terram adpulsa est *Hist. Abb. Jarrow* 31; in terris gradior, sed nubila vertice tango BONIF. *Aen.* (*Superbia*) 263; incerti qualem mereamur tangere portum ALCUIN *SS Ebor* 1591. **b** **1315** pro quadam transgressione feloniam aliquam non ~ente *Cl* 133 m. 28.

7 to affect (with emotion). **b** to affect, worry, cause concern to.

predicando audientium corda ~it ac ~endo sublevat BEDE *Tab.* 462B; ~at me dulcedine praesentiae .. redemptoris mei *Id. Cant.* 1223C; **1103** omnis mundana adversitas .. ~at animum meum ANSELM (*Ep.* 293) IV 213; aves tangit yrundo metu WALT. ANGL. *Fab.* 25. 2; dominus H. respondit quod fuisset mirabilis predicatio quia eum ~ebat *Hist. Roff.* 365; **1422** Galli .. non minore dolore cordium tacti intrinsecus, non minore lesione sauciati *Ps.*-ELMH. *Hen. V* 128. **b** infirmitatis causa et aliorum arduorum negotiorum, que totam ~ebant Christianitatem M. PAR. *Maj.* III 160.

8 to pertain, relate to, be the business of. **b** (of text or sim.) to be concerned with (also w. *de*).

c1284 dicte Constancie vel suo procuratori .. in nos ~entibus quatenus ad nos pertinet admittendo .. faciatis maturum justicie complementum *RGasc* II 221a; c1290 [nec] fuit ibi aliquis auditorum qui in hujusmodi placito posset cognoscere quia ~it coronam *State Tri. Ed. I* 38; c1312 vexaverunt R. S. in curia Christianitatis .. super hiis que non ~unt testamentum neque matrimonium *Leet Norw.* 58; s1326 concordati sunt .. per omnes barones, clerum et proceres, et omnes alios quibus ~ebat *Plusc.* IX 22; de nostris redditibus specialibus ad coronam regni ~entibus .. pro omnibus rebus coronam et regnum ~entibus *Eul. Hist.* III 105; 1419 mercandiset .. de rebus officium suum ~entibus *MGL* I 162. **b** 1281 respondit de concelemento placiti ~entis Johannem F. *CourtR A. Stratton* 136; omnes precedentes regule ~entes de equalitate .. semibrevium HAUDLO 104; c1336 subvic' Northumbr' de dono ut favorabiliter exequeretur brevia ~entia priorem et conv', xxvj s. viij d. *Ac. Durh.* 533; c1374 litteras vestras .. ~entes prioratum de Coldingham *Pri. Cold.* 87; 1420 quasdam cartas et scripturas ~entes jus et titulum heredum *Mem. York* II 96.

9 to make (slight) mention of, to touch on, to refer or allude to (also in ellipt. context). **b** (p. ppl.) mentioned, aforementioned. **c** (w. *de*) to make (slight) mention, reference, or allusion.

conversi estis nunc ad pastorem .. ~it evangelicam parabolam ubi pius Pastor .. venit visitare unam [sc. ovem] quae erraverat BEDE *Ep. Cath.* 54C; circa hec tempora eligitur abbas Dunstanus ad episcopatum Wigornensis ecclesie sicut supra tetigimus WULF. *Æthelwold* 14; s1136 habebat enim, ut supra tetigi, rex immensam vim thesaurorum W. MALM. *HN* 463; ille quidem quam hic ~is vir magni nominis .. putatur ROB. BRIDL. *Dial.* 32; quia jam tetigit opinionem Platonis, ponit eam apertius T. SUTTON *Gen. & Corrupt.* 79; motivum istorum fuit, ut ~it Augustinus, ex verbis apostoli ibidem HARCLAY *Adv.* 6. **b** ad usum et studium .. scholaribus aule tacte R. BURY *Phil.* 18. 232; 1382 ad tacta singula clare respondebat *Pol. Poems* I 262; 1414 premissa superius tacta et enarrata *Pri. Cold.* 87. **c** illis, qui ex loco humili venerunt, de quibus modo tetigimus AD. SCOT *OP* 523A; c1296 de aliquibus .. premissorum vobis .. dudum tetigimus *Reg. Cant.* I 127; cum primo regi de lapidibus tetigerat, rex solutus est in risum *Eul. Hist.* II 303; c1380 vobis tetigi de .. voluntate mea quam habeo per istud vacacionis tempus .. Oxonie residere *FormOx* 314.

10 to treat, to deal with, to discourse of. **b** (w. *de* & abl.) to treat, discourse.

nec omnia evangelia ~imus per circulum anni ÆLF. *CH* I *pref.* 1; hic incipiunt materie que ~untur in sermone sequente EDMUND *Spec. Relig. praef.*; in secundo [libro Metaphysice] multa ~untur de origine sciencie BACON *CSTheol.* 21; s1312 sicut prius in proximo tactum est AD. MUR. *Chr.* 20. **b** de quo alibi tangitur ad plenum MILEMETE *Nob.* 83; de ista materia in speciali tangemus OCKHAM *Dial.* 754 (*recte* 774); constituto de qua translatione tangit decretale titulo: Venerabilem *Eul. Hist.* I 234; s1410 nondum tetigimus de collegiis, cantoriis, .. nec de glebis aut domibus leprosorum *Chr. S. Alb.* 55.

11 (mus.) to articulate, perform (note).

bcaa ~endo disjunctim sine florificatione *Mens. & Disc. (Anon. IV)* 80.

tangibilis [LL], that may be touched, tangible.

qualitates que sunt in rebus ~ibus GILB. III 164. 1; que res corporales sunt licet tangi non possunt, tamen ~ia sunt BRACTON f. 10b; tactus est sensus specierum ~ium perceptivus BART. ANGL. III 21; corpus aliquibus formis sensibilibus afficitur, ut vel ~ibus vel visibilibus J. BLUND *An.* 299; species .. odoris poterit immutare cerebrum quantum ad ejus qualitates ~es BACON XIV 104; omne corpus est ~e T. SUTTON *Gen. & Corrupt.* 120; omnis qualitas ~is melius tangitur dum distat a nervo tactus per medium carneum, quam si foret intrinsecus WYCL. *Act.* 20.

tangnum v. tangonum.

tangonum [cf. ON *þang, þang*, Jers. Norm. Fr. *tangon*], kind of seaweed.

1324 communis latro focalium videlicet tangnorum positorum ad desiccandum *JustIt* 165 r. 18; 1324 communes latrones de focalibus adunatis de wrecco et tangonis positis ad desiccandum *Ib.*; 1324 de latrocinio focalium videlicet tangnu' po'it' ad desiccand' *Ib.* 165 r. 23.

tanicetum v. tanacetum.   **tankardus** v. tancardus. **tanna** v. tannum.

tannare [tannum+-are, ME *tannen*]

1 to convert (skin or hide) into leather by infusion of tan-bark, tan.

c1130 de sutore ~ante. nullus sutor potest emere coria ~andum (*Leg. Burg.*) *RegiamM* I f. 145v; c1177 transiens persolvet .. pro tacra coriorum, iiij d.; pro corio tanato, j ob. *Act. Hen. II* II 55; 1284 nullus extraneus ferens coria ~ata ad vendendum (*Stat. Gild.*) *RegiamM* I 160; c1303 coreum crudum, ob; coreum ~atum, j d. *EEC* 162 (cf. *MonA* I 143); 1318 quorum iij coria boum ~antur et corea j vacce et j superannate dealbantur *MinAc Wistow* 51; 1332 saccis de correo tannetto *Arch.* LXXVII 125; 1387 capiatis .. de quolibet corio equi, eque, bovis et vacce frisco, salito aut ~ato j quad. *RScot* 87b; mille coria ibidem ~avit *Entries* 602ra.

2 to treat (fishing-nets) with tanners' ooze or sim. substance for preservation.

1287 in viij retibus vj cordis filo et cork' emptis et eisdem ~andis, xx s. ix d. ob. *MinAc* 827/39 r. 3; 1288 in ij bussellis corticis emptis pro retibus ~andis, vj d. *Ib.* 991/22.

3 (? p. ppl. as sb. n., heap of) tan-bark.

1308 [P. obstructed part of the high street with his *tan-bark*] cum ~ato suo *CourtR Wakefield* II 163.

4 (*turba ~ata*) tan-turf (block of waste oak-bark from tannery).

1294 in .. turbis tannitis emptis ad inde faciend' cineres pro dicto plumbo affinando *KR Ac* 260/4 m.1.

5 (p. ppl. as adj.) tan-coloured, tawny. **b** (as sb. n.) tan-coloured cloth.

1322 tres ulnas panni tannet' *KR Ac* 385/4; 1341 pro xij ulnis panni tanneti mixti coloris emptis pro liberacione clerici de capella *Ib.* 389/9 m. 3; 1359 coopertorio de panno ~ato furrurat' de minuto verio *CalExch* III 246 (cf. ib. III 240: j coopertorum de panno *tauny*). **b** c1325 iij pannos de tanneto velveto stragulato *LTR Ac* 14 r. 6d.; c1337 in pannis de burneto, de tanneto, de melleto *Ac. Durh.* 534.

tannarius [tannum+-arius]

1 of or pertaining to tanning, (in quot. *molendinum ~um*) tanning-mill.

1288 de .. molend' tannar' *AncExt* 86/1; 1295 molendinum tanarium *JustIt* 1306 r. 1d. (v. molendinum 3h).

2 (as sb. m.) tanner; **b** (passing into surname).

1423 quod curiatores .. non capiant corium tannatum .. item quod scrutatores .. habent sigillum quod ~ii hujus civitatis ab antiquo habuerunt *Mem. York* II 170; *tanner*: si aliquis ablutarius .. utatur misteria ~ii *Entries* 602. **b** a1188 de terra Eilredi ~ii j d. *E. Ch. S. Paul.* 47; c1190 testibus .. Hemmiggo tannero *Cart. Osney* I 360; 1222 Johannes filius Hugonis ~ii *Dom. S. Paul.* 78.

3 (as sb. f.) tannery.

c1175 quare volo quod prior et canonici predicti habeant prenominatam corticem ad sustentationem tanarie domus de L. (*Cart. Lanercost*) *Surtees Soc.* CCIII 65; 1207 viginti solidos pro †taunaria [l. tannaria] *Pat* I 70b; c1270 portam que est subter tanneriam *Ch. Sal.* 235; 1275 hostium ~ie sue fregit *Hund.* I 290a; c1300 Constantinus tannator habuit .. corium in ~ia pretii xx s.; cortices in eadem pretii iij s., cuvas, algeas et alia utensilia pro officio suo in eadem pretii iiij s. *RParl* I 246a; 1358 pro coriis .. in ~ia domus sue predicte tannatis vel tannandis *Enf. Stat. Lab.* 390; s1249 magister ~ie nostre .. viginti coria bovina et vaccina tannata .. solveret *Meaux* III 64; 1427 in j *vat* pro tanneria facienda, ix d. *Doc. Robertsbr.* 168; 1486 officium .. supervisoris omnium .. coriorum tannatorum .. ad scrutandum .. infra domos, mansiones et ~ias sive bercarias *Pat* 564 m. 16 (9).

tannatio [tannare+-tio], (act or process of) tanning.

[*for tanning*] pro ~one *CourtR Lancs* 7; 1346 in ~one j corii vacce et j corii juvencule pro hernesio ix d. *Rec. Elton* 322; 1375 vendunt communiter coria tannata et dupliciter valorem et sic capiunt pro artificio suo in ~one tantum quantum corium crudum valuit in empcione *SessPLincs* 220; 1459 pro ~one et domacione vj coriorum bovin' *Ac. Durh.* 90; c1531 ~o pellium *Househ. Bk. Durh.* 69.

tannator [tannare+-tor]

1 tanner; **b** (passing into surname).

1199 concedimus burg' .. cum ~oribus suis *RChart* 8b; ~or, carnifex, cirotecarius *Gild Merch.* II 60; 1288 ~ores habent quandam gildam inter se *Leet Norw.* 13; 1294 nullus erit tinctor vel ~or aut cutis tannati secator nisi fuerit burgensis *BBC* 288; 1302 cuidam ~ori pro corriis corriandis *Sacr. Ely* II 19; 1307 cursus aque .. per sordes et inundaciones ~orum *RParl* I 200b; hic ~or, A. *barkare* WW; 1389 statute gilde tenatorum [? l. tannatorum] *Guild Cert.* 42/239; 1452 fines et amerciamenta de sutoribus, tanntoribus [l. tannatoribus] *Oak Bk. Southampt.* II 122. **b** 11.. Aldred[us] ~or (*Cart. Merton*) *EHR* XIV 424; 1168 pro Herberto tanatore homine eorum *Pipe* 4; 1234 una acra terre .. que fuit Eustachii tanatoris *Cl* 14; 1248 quod pater meus habuit de Ada ~ore *Couch. Furness* II 201; 1278 confirmaverunt Ade thanatori *Cart. Sallay* 185.

2 (*albus ~or*) ? one who taws skins into whiteleather, whittawer (in quot. passing into surname).

1240 Joh' albus tanator *Rec. Leic.* I 62.

tannatorium [tannare+-torium], tannery.

1376 pro turre retro .. tannatorem [? l. tannatorium] *Mem. York* I 4.

tanneria, ~erus v. tannarius.   **tannettus, ~etus** v. tannare.

tanninatio [cf. tannatio], (act of) tanning.

1325 in ~one duarum pellium bovinarum *Ac. Durh.* 167.

tannire v. tannare.   **tanno** v. tannum.   **tanntor** v. tannator.

tannum [ME *tanne*, AN *tan*], bark of oak or other tree (typically crushed or powdered), tan; **b** (used for tanning).

1170 Melredus forestarius reddit compotum de dim. m. pro tano *Pipe* 48; superponatur epati emplastrum .. ~i cortice ulmi GILB. II 153. 2; 1281 exceptis busca, tannis, ~o, carbone et hujusmodi *PQW* 401a; 1298 de qualibet carecta ~i venali per ebdomadam *Reg. Carl.* I 116; 1300 in cineribus de ~o factis emptis pro affinacione argenti *Pipe* 145 r. 22; 1315 habere solebant de omnibus quercubus .. ~am et ramos *SelPlForest* xxi n. 1; 1328 toto ~o de toto bosco *MonA* IV 317; ~um est cortex quercus *SB* 41; 14.. tanno .. *tan* i. *barke Teaching Latin* I 51. **b** a1135 coria et ~um et naves et quicquid emerint vel duxerint *Cart. Glouc.* II 134; c1150 habemus .. triginta coria in ~o *MonA* V 570; c1200 venditores tane .. sperantes monachos .. magnam tanariam habituros tanam carius vendunt *Ib.* V 641.

tanquam v. tamquam.   **tansetum** v. tanacetum.

tantalicus [CL], of Tantalus.

quidam more ~o in aquis sitiunt P. BLOIS *Ep.* 12. 37B; in bonis temporalibus quibus more ~o pepercisti *Ib.* 17. 65A.

tantalizare [CL Tantalus+-izare], (in list of words).

nova .. verba contingit quandoque per similitudinem invenire, ut tantalizat, pregnat, detunicat, primitiat GERV. MELKLEY *AV* 91.

Tantalus [CL]

1 Tantalus: **a** (myth.); **b** (other).

a ~us .. deos omnes ad convivium invitavit, quibus Pelopem filium suum epulandum apposuit *Natura Deorum* 80; ~us laborat in fabulis citra satietatem J. SAL. *Pol.* 777A; legisti ~um fugiencia captantem a labris flumina MAP *NC* I 3 f. 7v. **b** Artephius .. ~um magistrum regis Indie invenit in aureo throno sedentem BACON *Maj.* II 209.

2 (in quot.) kind of long-necked bird with long stout bill, heron, tantalus.

ardea quedam avis est .. quidam dicunt ipsam avem generatam de quibusdam cineribus de dicta civitate ejectis, que insuper a quibusdam dicitur ~us Upton 175.

tantarisare v. taratantarizare.

tante [CL tantus+-e], so much; **b** (w. consecutive cl.).

1256 si ad hoc per vos ~e valeat induci *RL* II 113; suspensa foret in eis heresis symoniaca ~e fetens Wycl. *Sim.* 58; non aliunde ex defluxu accidencium ~e imperficitur iste mundus *Id. Dom. Div.* 222. **b** illud dominium fuit ~e abjectum quod in statu innocentie non potuit .. competere Wycl. *Versut.* 100.

tantellus [? cf. AN *tante*], class of close relative.

hic maritus, *a husbond*, hic ~us, *a congyn* [? l. *couȝin*] *WW.*

tanterida v. cantharis.

tanticulus [CL tantus+-culus], so little.

etas tua in malo decuplata quid tantum faceret unde ~um digne expiaret? Pull. *CM* 221.

tanticus, (in gl.) kind of bird, ? cuckoo, wagtail, or wren.

~us, *ærdling* Ælf. *Gl.*; **10..** birbicaliolus, *eordling*, vel ~us *WW.*

tantillulus [CL]

1 so small, so little. **b** some small amount of, a bit of.

hic tantus voluit ~us esse Vinsauf *PN* 1182; nec totidem hostium immensum numerum contra se et ~um exercitum suum prevalere posse .. arbitratur *Ps.*-Elmh. *Hen. V* 25. **b** post tamen ~um tempus reliquit eum febris Amund. I 129.

2 (n. sg. as pron.) such a very small amount. **b** (*de ~o*) to some small extent.

s**801** quod cum factum esset, regi illud ~um argenti .. pro bono pacis obtulit *Chr. Abingd.* I 23. **b** **1458** pauculos denarios aureos, qui, etsi nequaquam in toto, de ~o tamen relevare vos poterint in itinere versus vestras partes *Reg. Whet.* I 322.

tantillus [CL]

1 so small. **b** a small amount of, a bit of.

et nos licet ~i .. verbum Dei seminamus Bede *Retract.* 1026B; siquidem pauper insipiens, cum obolum acquirit .. dicit: "ad quid illud ~um servarem?" *Simil. Anselmi* 689B; tantum in tempore ~o profecerit Ad. Eyns. *Visio* 23; **1439** si .. ~o non pepercisses vado Bekynton I 103; ego, inquam, ~us tante rei quid conferam? *Mir. Hen. VI* I *prol.* p. 4. **b** interea tamen, Aethelwulfo rege ultra mare ~o tempore immorante, quedam infamia .. orta est Asser *Alf.* 12.

2 (n. sg. as pron.) so small a quantity, (just) a little bit (also w. partitive gen.).

pauco supervixit tempore sed tamen illud ~um gloriose *Enc. Emmae* I 5; ~um sibi quod erat itineris vix .. peragebat F. Malm. *V. Aldh.* 80C; dicebat autem id ~um quod habebat non posse sibi sufficere ut quinquaginta milibus stipendia donaret G. Mon. VI 7; **1166** multiplicitas occupationum quibus id ~um subripui J. Sal. *Ep.* 168 (167 p. 100); ut illius ~um verbi de compromissione tolleret H. Bos. *Thom.* IV 26; quod rebus agendis supererat, vix id tantillum quieti dabat Gir. *EH* I 46; illo ~o veneni sese erumpente *Quaest. Salern.* Ba 89.

3 (in gl.) dwarf. **b** cripple.

hic ~us, *a dwarf WW*; *a dwarghe*, ~us *CathA.* **b** *a crepylle*, ~us *CathA.*

4 so great.

truncus ingens .. tactam in pectore .. eam obruit. .. extitit quippe ~us truncus ille, ut vix a duobus adultis potuisset ammoveri *Mir. Hen. VI* I 11.

tantipendere v. tantum.

tantiplex [CL tantum+-plex], consisting of so many elements, so varied or complex.

suscipite ~icem ejus expositionem pro fide roboranda Netter *DAF* II f. 234ra C.

tantisper [CL]

1 for such a (long) time, all the time.

graviter ferens eum quem ipsa ~er ardebat infideli aliorum torpore .. gravari Bede *Cant.* 1159A; stupens ecclesiam divina gratia ~er esse sublimatam ut nullis mundani imperii viribus valeat .. superari *Ib.* 1184A; aperit quam maximum se praesentium calamitatum nacturum speret in fine solatium, quem ~er advenire desiderat *Id. Luke* 345B; salutis oblatae quam ~er amabant prophete et justi priores *Id. Ep. Cath.* 44D.

2 for the present.

hec iccirco ~er de generosa ejus sanguinis linea dicta sufficiant Osb. Clar. *V. Ed. Conf.* 2.

tantivalentia [CL tantum+valentia], an equivalent value.

1264 civitatem circum fossare ceperunt ipso justiciario et David .. fideliter promittentibus quod dominus Edwardus ~am terrarum ac redditiuum .. restitueret *Ann. Cestr.* 130.

tantologia v. tautologia. **tantomodo** v. tantum.

tantopere, tanto opere [CL]

1 (w. vb. expr. wish, care, effort, or sim.) so earnestly.

prohibiti a Deo ne preces pro vobis fundant perseverantibus in malis et ~e incitantibus Gildas *EB* 50; qualis esse possit quies in hac vita quam ~e quaerebat Bede *Cant.* 1105D; nos quod pro nobis curare .. prohibemur .. pro aliis ~e curabimus? Anselm (*Ep.* 17) III 123; ei, quam ~e niteris commendare, adeo caritati constat esse contrarium Ailr. *Spec. Car.* II 5. 549C; ut illi rei, quam ~e paulo ante voluerat, jam .. acquiesceret J. Ford *Serm.* 120. 3; viri principales equitatem in omnibus et justitiam tanto opere conservare studebant Gir. *PI* I 20 p. 121.

2 to such a great degree, so much.

quomodo .. fieri potest ut minimus versus et maximus concordi scematum lege decurrant, cum ~e sillabarum numero discrepent? Aldh. *Met.* 10 p. 88; quis ultra presumet de tuis subsidiis si ~e me tibi commendatum deserueris? Gosc. *Transl. Mild.* 11; **1156** miramini forsitan et obstupescitis quid me ~e potuerit perturbare? J. Sal. *Ep.* 115 (19).

tantula, (in gl.) antelope, or *f. l.*

anteloppe, beest, tantula [v. l. tatula] *PP.*

tantulus [CL], so small, or *f. l.*

formae igitur diminutivorum quot sunt? .. -ulus .. ut agniculus, ~us, capreolus Alcuin *Gram.* 861C.

tantum [CL]

1 such (a) quantity, such (an) amount, so or as much (also w. partitive gen. or *de*); **b** (correlative w. *quantum*); **c** (w. other compar. conj.); **d** (w. rel. pron); **e** (w. consec. cl.). **f** such and such amount. **g** (*alterum ~um*) as much again.

luna cujuslibet aetatis post ~um temporis ad eundem redeat anni solaris diem Bede *TR* 44; per triennii spatium, quia ~um temporis se ad hoc Giraldus adhibuisse testatur Gir. *Invect.* IV 10; incipit suum cyclum a dxxxij anno post incarnationem .. et quod ~um fuit, Beda docet Bacon *Maj.* I 203; **1289** retinendo de hiis que debebuntur .. Gastoni .. illud plus solutum, et exonerando .. Raymundum in ~um de debito in quo nobis tenetur *RGasc* II 373a. **b** ~um gaudii ac suavitatis tum .. conversio, quantum nunc meroris ac luctus ministravit .. reversio Gildas *EB* 34; ~um profectus spiritalis .. quantum numquam antea potuere ceperunt Bede *HE* V 8 p. 295; c**1086** ad ~um bestiarum quantum ibi plus habere potuit *Cart. York* 2; ~um prati quantum pertinet ad x acras terre *DB* I 2va; ~um habent in longitudine quantum latera quatuor quadranguli extensa Bacon *Maj.* I 155. **c** hoc manerium recepit ~um valens ut modo *DB* II 72; c**1311** pro relevio dabitur ~um sicut datur de redditu de tenementis per annum *Cust. Battle* 162. **d** ~um cum gratulatione in spe bibamus, quod habemus Alcuin *WillP* 31; tenet Willelmus .. ~um quod valet vij l. *DB* I 5ra; est in foresta regis .. ~um terre que TRE reddebat vj sextaria mellis *DB* I 179vb; ~um pasture que valet x d. *VCH Essex* I 461. **e** ~um turpitudinis ingessit ut is .. eterna patris maledictione mulctetur Ailr. *Spec. Car.* I 26. 529A; ~um potest addi ad d ut aggregatum sit equale potentie que est b Bacon *Maj.* I 147; lumen stellarum .. habet ~um fortitudinis, quod non recipit occultationem in ere *Ib.* II 100. **f** si hoc factum non erit tunc nomine pene ~um dare spondes? Bracton f. 100. **g** deprehensos quinquagies sextertium .. pactus dimisit. anne dubites, si alterum ~um daretur, jugulum quoque suum .. illis fuisse prebiturum? J. Sal. *Pol.* 774D.

2 (~*i*) of such value.

~i apud eum habitus est ut ipsum .. residere preciperet Bede *HE* V 19 p. 328; suas preces .. nolit .. tanti pendere ut pondus impendens possint suspendere Anselm (*Ep.* 29) III 137; nequaquam ~i existimavi ut illud suo nomine dignarer *Ib.* (*Ep.* 72) III 193; celsitudo vestra tanti pendat opuscula nostra ut ea petere .. dignetur *Ib.* (*Ep.* 109) III 241; quia parvi estimaret benefitium cujus amplitudinem ipsi tantipendent [*sic*] W. Malm. *GP* I 49. 20; **1168** ~i fecerit barbam ut crediderit de se quod de Sansone legitur J. Sal. *Ep.* 235 (276); quid es tu, o homo, quia tanti estimatus .. es? J. Ford *Serm.* 13. 7.

3 (~*o*) by so much: **a** (w. compar.); **b** (w. *ante*, *post*, or sim.). **c** (*de ~o*) by so much, so much (also w. consec. cl. or correl.).

a quanto studiosius .. quaerebam, ~o minus inveniebam Bede *HE* II 13 p. 112; a**785** ~o libentius ~oque promptius consensus prebendus est quanto et illis .. impertitur *Ch. Roff.* 15; aptitudinem .. ~o majorem quanto purioris substantie sunt Ad. Scot *QEC* 852C; quo longius illa recedit, ~o proprius .. hec accedit Gir. *GE* II 23 p. 279; res quanto sint nobiliores .. tanto incompletiorem faciunt speciem Bacon *MS* 10. **b** reliquerunt multa quae ~o post eruenda ac prodenda remanerent Bede *Pleg.* 13; occulta vox .. personabat, quod ~o ante in Psalmorum litteris prophetatum est Alcuin *Exeg.* 973A; hujusmodi regum multos in universa terra populos videmus .. sicut tanto ante predictum est J. Ford *Serm.* 55. 3. **c** c**1380** exoro .. quod de ~o vos meis precibus velit vestra bonitas inclinare ut lectum meum .. precipere voluerit ordinari *FormOx* 327; cura parvipensa de quanto pinguius, de tanto accepcius Wycl. *Sim.* 23; c**1383** et per consequens papa .. esset tunc de ~o conformis capiti ecclesie triumphantis (Wycl.) *Speculum* III 251.

4 (*in ~um*, also *intantum*) to such a degree or extent; **b** (correl. w. *in quantum*); **c** (w. *quod* or *ut*); **d** (w. consec. cl.).

quare debes ipsum intantum diligere? *G. Roman.* 325. **b** in quantum .. semen gratiae Dei .. manet in justis, in ~um peccare non possunt Bede *Cant.* 1137B; in quantum illud quisque negligit, in ~um de actibus suis non letari sed penitere eligit Anselm (*Ep.* 17) III 122. **c** regi et optimatibus honorabilis effectus est, in ~um ut et .. possessiunculas .. contulerunt Alcuin *WillP* 1; inter istos [sc. fratres] fuit et est discordia ab initio, intantum quod qui est amicus unius, est inimicus alterius *G. Roman.* 279; **1409** est una latrina .. nociva valde in tantum quod .. vix potest aliquis in choro exprecari propter fetoris abhominationem (*Vis.*) *Fabr. York* 247. **d** in ~um erat timori Domini subditus, in ~um novissimorum suorum .. memor ut .. continuo misericordiam Domini invocaret Bede *HE* IV 3 p. 210; in ~um multitudo propagabitur eorum ut nullo modo intra terre concludi valeant ambitum Petrus *Dial.* 57.

5 (acc. sg. as adv.) to such an extent or degree, so much, for so much (time, distance, *etc.*); **b** (correl. w. *quantum*); **c** (w. other compar. conj.); **d** (w. consec. cl.).

quid tantum praesumis? quid de te sentis? quid esse te credis? Alcuin *Exeg.* 931C; vix poterat sufferre illum dolorem, maxime quia Dominus ~um tardabat Ailr. *Serm.* 1. 24. 214A; ~um de equitate curie vestre confidebam Gir. *Symb.* I 22 p. 264; nec mirum si Aristoteles non ~um vixit, nec Plato Bacon *Maj.* II 213. **b** quantum recedit juste districtus a nobis ~um obscuramur, quantum redit propitius ~um illustramur Bede *Cant.* 1136A; nihil me ~um maestificat quantum eorumdem adversitas et fortitudo Anselm (*Ep.* 96) III 222; si ~um anhelassem ad cathedram illam quantum partes adverse confingunt Gir. *Invect.* I 13; contingit quod ~um ultra appareat res quantum ipsa distat a speculo aliquando Bacon *Persp.* III 1. 2. **c** nusquam dominatur Mercurius ~um sicut in Virgine Bacon *Maj.* I 261; nullus regum Britonum .. ~um subjugavit Hibernienses sicut et ipse fecit *Eul. Hist.* I 418. **d** ~um inter se calculatores dissident ut uno .. die hic quartam decimam, ille quintam decimam .. asseverent lunam esse putandam Bede *TR* 11; homo .. quem ~um diligo ut nesciam quem plus diligam Anselm (*Ep.* 174) IV 56; c**1170** et ~um faciatis ut inde amplius clamium non audiam *Ch. Chester* 166; c**1218** ~um faciatis ne ad terras et tenementa vestra nos capere debeamus *Pat* 148; **1220** ~um fecit quod idem Thomas una cum exploratore illo fecerunt Willelmum .. ire apud Tyrington post prandium *SelPl Crown* 129; ~um erant desiccata quod quam cito ardere inceperunt *G. Roman.* 303.

6 (w. weaker compar. force, correl. w. *quantum*) as much (as), as well (as); **b** (w. neg.) not so much .. as (rather).

unusquisque ~um de singulis aliis quantum de se glorietur ANSELM (*Ep.* 211) IV 108. **b** honor in scripturis non ~um in salutationibus .. quantum in elemosina .. sentitur BEDE *Mark* 199D; sed non ~um debemus inherere improprietati verborum veritatem tegenti quantum inhiare proprietati veritatis sub multimodo genere locutionum latenti ANSELM (*Casus Diab.* 1) I 235; prima non ~um oratio quantum meditatio dicenda est *Ib.* (*Ep.* 10) III 113; de qua re non ~um debes credere tibi quantum abbati tuo *Ib.* (*Ep.* 188) IV 74.

7 only, just. **b** (*non ~um .. sed* (*etiam*) or sim.) not only .. but also.

ea ~um que victui necessaria videbantur .. accipiendo BEDE *HE* I 26 p. 47; cui ergo nocuisti? ~um tibi PULL. *Sent.* 745C; de homine qui unum filium ~um habuit *Latin Stories* 17; non permisit .. imperator Judeos ibidem habitare sed ~um Cristianos *Itin. Mand.* 58. **b** manu forti .. non tantum ad consentiendum veris sed etiam ad resistendum falsis dogmatibus apta BEDE *Sam.* 648B; **c800** non tantum mihi .. gaudium facies ineffabile, sed etiam juxta evangelicam parabolam ALCUIN *Ep.* 295; profugos non tantum reducit verum morte sua redimit PULL. *Sent.* 745A.

8 (*~um modo*, also *~ummodo*) only, merely. **b** (indicating an exception or restriction to something just stated) only, but.

per nares halitu ~ummodo vivere testantur *Lib. Monstr.* I 21; **1214** ~ummodo ipse habuit quandam hachiam in manu sua et fuit extra domum *SelPlCrown* 74; dicuntur artes liberales .. quia ~ummodo liberi et nobiles solent eas adiscere BACON XV 194; **1382** discordes tantomodo fratres adunavit (*Contra Religiosos* 88) *Mon. Francisc.* I 598. **b** in qua .. omnium sunt corpora tumulata praeter duorum ~ummodo BEDE *HE* II 3 p. 86; **796** omnis bonitas .. ad benefaciendum sufficit nisi unum ~ummodo propter tempora periculosa hujus seculi, quod .. ALCUIN *Ep.* 111; **s1138** fama .. volitabat quod comes Gloucestre .. in proximo partes sororis foret adjuturus, rege ~um modo ante diffidiato W. MALM. *HN* 467; **c1200** reddendo inde .. iiij s. et vj d., unde prius reddidit nisi tres solidos ~ummodo *Ch. Westm.* 346.

tantummodo v. tantum.

tantummodus [cf. CL tantummodo], of just that sort.

nunquid omnes Christiani per quos fiunt miracula illius ~e et non magis omnimode complexionis existant? BRADW. *CD* 42A.

tantus [CL]

1 of such (a) magnitude or size, so great (in size, quantity, degree, importance, or sim., as stated or implied in the context); **b** (of person). **c** (w. num. adv.) (times) as great.

nec tamen ~is malorum offendiculis tuus hebetatus .. sensus .. tardatur GILDAS *EB* 35; terram ~o sanguine maculavisset *Lib. Monstr.* I 12; is qui tibi ~a taliaque dona veraciter .. adventura predixerit .. qui .. tot ac ~is calamitatibus ereptum ad regni apicem proveheret BEDE *HE* II 12 p. 109; **796** numquam ~us nobilium et rectorum sanguis effunderetur in ea ALCUIN *Ep.* 108; sol .. dicitur .. quia solus ex omnibus sideribus ~us est ALB. LOND. *DG* 8. 1; **c1213** per quinquennii spacium afflicti .. pacienter autem ~o tempore sustinuimus GIR. *Ep.* 7 p. 254; **1312** cum ~us enormis excessus remanere non debeat impunitus *RGasc* IV 1171; pro alleviatione †tancte [l. tante] pene suppliciter invocabit WALS. *HA* I 81. **b** **796** hoc enim ~us et a Deo specialiter electus gentium predicator egit ALCUIN *Ep.* 111; triumphale corpus ~i viri FELIX *Guthl.* 51 p. 162; ~is auctoribus et tot innitentes .. magni fieri possumus GIR. *TH intr.* p. 5. **c** latitudine cubitorum l, altitudine quater ~a BEDE *Gen.* 127A; murorum .. latitudo erat cubitorum l .. habens altitudinem quater ~am M. PAR. *Maj.* I 53.

2 (correl., w. *quantus*) of such a size (as), so or as great (in size *etc.* as); **b** (w. *sicut*).

tabulam fieri voluit auream tantam quanta archam tegere sufficeret BEDE *Tab.* 404C; quanta itaque GH ad HD ~a KT ad TD ADEL. *Elem.* VI 12; ~a est area ejus quantus et orbis J. SAL. *Pol.* 491B; non ~us est amor prolis in parentibus et parentum in prolem GIR. *SD* 70; solus Pater est ~us quantus est Pater et Filius .. et tamen Filius est ~us quantus est Pater et Filius OCKHAM *Sent.* IV 41. **b** ~us erit amor Patris ad Spiritum Sanctum sicut Filii ad eundem BACON *Mor. Phil.* 13; ~us cultus debetur redemptori sicut creatori DUNS (*Lect.* II 3 ii q. 3) *Opera Omnia* XVIII (1982) 346; quando exprimitur aqua de cinere, non est ~a aqua sicut prius OCKHAM *Phys.* II 120.

3 (w. consec. cl., also in limiting or defining use) so great (that).

non tamen sunt ~ae perfectionis ut .. statim mereantur introduci BEDE *HE* V 12 p. 308; in penuriam incidit ~am quod et vestibus usque ad nuditatem .. careret GIR. *SD* 14; **1221** ~a dudum se sensit infirmitate gravatam quod putavit esse pregnans *CurR* X 37; ~i fuit ingenii ut plures leges scripsit et ordinavit *Eul. Hist.* I 63.

4 (pl.) so many; **b** (correl.); **c** (w. consec. cl.).

flasco de qua ~i bibebant homines inventa est plena ut ante ALCUIN *WillP* 17. **b** ego tanta feram .. tropea, / quot tu penarum genera crudeliter infers ALDH. *VirgV* 2315; **1417** ad sustentandum duos presbiteros et ~os pauperes sicut per discrecionem executorum meorum melius videbitur expedire *Reg. Cant.* 137. **c** erant .. ibi scutorum ~a genera ut crederes adesse omnium populorum agmina *Enc. Emmae* II 4; Origenes .. ~a scripsit volumina quod beatus Hieronymus fatetur se legisse .. sex millia *Eul. Hist.* I 329.

tantusdem [CL]

1 (as sb. n.) the same quantity, just as much (also as indecl.); **b** (correl.).

per ~umdem temporis geminatis aestus sui vicibus BEDE *TR* 29; TRE valuit lj libras et ~undem quando vicecomes recepit *DB* I 2ra; **c1140** ad Pascha duas marcas et dimidiam et ad festum S. Michelis ~undem eundem *Ch. Westm.* 253; quicunque acceperit de hac planta [boriza] .. cum ~undem [*sic*] cipra BACON IX 136; **c1266** redditus brasei de illo anno, ij celdras x bollas et dimidium. expense in servitio regis ~undem *ExchScot* 21. **b** ~undem est mihi de qualibet parva parte quantum si de toto spoliatus ANSELM (*Ep.* 321) V 251; virum .. te oportet .. placare imo et ~undem ejus honori .. debere impendere quantum superbe presumptionis temeritate derogasse cognosceris *Mir. Hen. VI* II 53 p. 137.

2 (n. as adv.) to the same degree or extent; **b** (correl.).

~undem autem valent et cum multiplicantur BEDE *Apoc.* 132B; progrediente una, ~undem gradiebatur et illa R. COLD. *Godr.* 110; ~umdem valet, quia neuter sine altero potest OCKHAM *Sent.* I 462. **b** ~undem pro singulis quantum pro teipso gauderes ANSELM (*Prosl.* 25) I 120; mundus .. ~umdem ergo durabit quantum duraverit et non plus PECKHAM *Aetern.* 92.

3 (understood as assoc. w. *tandem*) at length, at last.

825 ille episcopus hanc reconciliationem diu recusans, sed tamen tandundem .. sic invitus consensit *CS* 384; tandundem vero .. patefactum est quod .. *Ib.*; decem namque et octo ebdomadarum .. perduravit. ~undem quoque ab igne illo jam vorata fuerat et consumpta corporis omnis substancia *Mir. Hen. VI* I 16 p. 46.

tanum v. tannum. **tanus** v. thegnus.

tapacitas [tapax+-tas], (in gl.) character or quality of being sneaky, sneakiness.

tapacitas, *mychery PP.*

tapacitor v. topazius.

tapax [cf. AN *tapir*], (in gl.) person who acts secretly or in a sneaky manner, (petty) thief, mitcher.

tapax, *michare PP.*

tapeceria v. tapeteria. **tapenagium** v. tapinagium.

tapenarius [cf. CL tapes], class of clothworker, weaver of coverlets (also passing into surname).

1202 Robertus tapinarius de Sudhant' *Pipe* 143; **s1275** et de xx s. de utensilibus ~iorum *BB Wint.* 77.

taper, ~era [AS *tapur*], sort of wax candle, taper.

1337 item xx li. cere pro iij ~eris de stauro precium x s. *Househ. Ac.* 204; **1389** sustentabunt .. viginti et septem ~eres super unam perticam in ecclesia de Becclys, qui ardebant omnibus diebus dominicis *Guild Cert.* 45/398; **c1464** xx d. solutis pro vasto et factura unius candele de tapyr' ponderantis xvj li. *Househ. Ac.* 579; iij li. cere pro quadam candela sive ~era annuatim inde faciend' *Entries* 78vb.

tapes, ~eta, ~ete, ~etum [CL], piece of fabric, typically ornamented, for spreading out on a surface: **a** (on bed or sim.) bed-cloth, coverlet, counterpane. **b** (over table, bench, or sim.) table-cloth. **c** (on floor, ground, or sim.) carpet, rug. **d** (to be hung or suspended on wall, from window, behind altar, or sim.) hanging, tapestry, curtain. **e** (for other or unspec. uses).

a in lecto .. funibus intexto .. in ~etibus .. pictis .. oculorum temptat illecebras BEDE *Prov.* 963C; **7..** ~etsa, *rye WW*; recubans ostris sericisque tapetis *De lib. arb.* 73; quadam die .. in precioso ~eto pulvinari serico subnixus inter clericos suos obdormivit et suspiravit MAP *NC* V 6 f. 67v; chalonem sive ~etum .. super lectum .. extendere *Cust. Westm.* 147; **1353** [*two counterpanes*] capetas [l. ~etas] [*called 'chalouns'*] *Cal Pat* 381; **1360** lego .. unum lectum, viz. unum *canvas*, ij *blanketts*, ij lintheamina, et unum *coverlyt* cum ~eto *Test. Karl.* 29; **1365** unum lectisternium cum tapit' cum aquilis *Ac. Durh.* 128; dedit .. lectum .. cum multis tapesiis et cortinis *Hist. Durh.* 3; ?**c1430** de omnibus pannis tam coverlettis quam ~ettis *Mem. York* II 190; hoc ~etum, A. *a schalun, chalon WW.* **b** hec vestimenta desunt .. et ~eta in mea sessione ÆLF. BATA 4. 29; in aula .. xij tepete cum totidem lintheaminibus *FormMan* 21; **s1345** emit .. unum ~etum de blodio cum mitris intextis pro sede abbatis *Chr. Evesham* 296; **1459** ut .. custos ponat ornamenta altaris thapetas et reliquias *Reg. Glasg.* 411; ~eto sternenda est mensa WHITTINGTON *Vulg.* 126; **1553** Antonius B. .. fuit possessionatus .. de .. una ~eta pro mensa de *Turky worke*, A. *one table carpett of Turkey work*, .. tribus veteribus ~etis super cistas jacend', A. *thre olde carpettes to laye uppon chestes Pat* 852 m. 28. **c** ponatur ante altare ~etum ubi supra ponantur candele LANFR. *Const.* 96; **11..** pavimentum stratum sit ~etibus et palliis *Rec. Coronation* 30; nihil occurrerit pretiosum, non marmora strata ~etibus AILR. *Spec. Car.* II 24. 572D; **s1214** precepit abbas ut illud sedile .. allatum poneretur in medio super ~etium *G. S. Alb.* I 245; procedant ad gradum altaris, ubi scilicet propter eos ~etia tunc sternentur *Cust. Cant.* I 424; ij ~eta ad ponendum sub pedibus *Invent. Norw.* 22. **d** a stilis sive epistilis columpne ~etum sive ~ete [*gl.*: chaluns] apte dependeant NECKAM *Ut.* 100; **s1307** per regales vicos ~etos aureos dependebant *Ann. Lond.* 152; **1342** furtive cum hamo per fenestram talis abstraxit duo ~eta et alia necessaria *CBaron* 98; **1390** *crochetes* .. emptis ad pendendum .. les ~etos in dicta aula *Ac. H. Derby* 25; **c1395** vasa, mappa, ~etum id est dorsale cum pulvinaribus et bancalibus *G. S. Alb.* II 399; imago formosissima sancti Georgii .. habens de post dorsum ~etum coccineum cum armis suis rutilantem in scutorum multitudine *Ps.*-ELMH. *Hen. V* 63. **e** **798** direxi vobis unam ~etam et unum sagellum tenuem ALCUIN *Ep.* 153; cum .. ~etia, quae fracta et exhausta sanctorum corporibus monumenta tegebant, pluvia et lutum sordidaret GOSC. *Transl. Aug.* 26C; ego Thomas .. ~eto sepulcrum ejus cooperui T. MON. *Will.* III 3; **1206** pro cariando j ~ito et ij manutergiis ad opus regis *Pipe* 149; **c1294** equum summarium .. cum sella, ~eto et Barehid *Invent. Ch. Ch.* 6; hic accipitur hoc ~etum, quamvis similiter dicatur hoc ~ete .. quod dicitur ab hoc Greco .. unde non est ibi pulcrasque ~etas, ut multi credunt, sed pulcros quia ~etes est masculini generis BACON *Gram. Gk.* 77; **1310** de j capeto striagulato debili vendito *Ac. Exec. Ep. Exon.* 5; ornamenta contulit ecclesie .. tepetum preciosum de opere Saraceno J. GLAST. 89; **c1510** tabetum rubeum .. cum armis fundatorum *Cant. Coll. Ox.* I 52.

tapescere v. capessere. **tapeseria** v. tapeteria. **tapesium** v. tapes. **tapesteum** v. tapeteria.

tapestrix [CL tapes+-trix], (f.) maker of a *tapes*.

1452 de adulterio commisso cum Johanna .. tapsetricem morantem [MS: tapsetrice morante] in domo *MunAcOx* 633.

tapetarius [CL tapes+-arius], **tapissarius** [OF *tapicier*, AN *tapiser*], maker of or dealer in tapestries, carpets, or sim. fabric articles.

artificii tapitariorum Ebor' *Mem. York* I 84; **1367** pro bono servicio quod .. tapiciarius noster nobis impendit .. concessimus ei talia vadia .. qualia broudeator noster a nobis percipit *Pat* 275 m. 6; **1375** Willelmo Barker capitero de London .. pro xij *quyssyns* (*IssueR*) *EHR* XXI 16; **1378** [*the late King's upholder*] tapicerus *CalPat* 180; **1419** magistri tapiceriorum .. jurati *MGL* I 654; **1436** Egidio tapisario fabricanti pannos de attrabato apud Bruges *ExchScot* 678; **1462** [*upholsterer*] tapiterus *CalPat* 202; **1520** in angiporto .. textores pannarii, stragularii, ~ii WHITTINGTON *Vulg.* 66; **1539** tappicerio .. ad emendas plumas pro pulvinaribus *Rent. S. Andr.* 62.

tapeteria [CL tapes+-eria], **tapisseria** [OF *tapisserie*], **tapestria** [cf. ME *tapestrie*]

1 heavy textile fabric with pictures or designs woven into it, tapestry.

1315 legavit summo altari .. aulam suam de pannis de *ostrech* et tapestria *Invent. Ch. Ch.* 97; **1377** vj tapetes de alba tapecerie *IMisc* 213/6 m. 2; **1388** ij duodenas de *cussyns* de opere tapserie *Foed.* VII 590; **1390** *tapiz* de tapiceria *CalPat* 251; **1394** concedere velimus .. sex duodenas panni stragulati .. unum lectum operis tapeterii *RScot* 1172; **1415** una pecia de opere tapeserie blodie cum armis (*LTR Ac*) *Arch.* LXX 92; **1419** de falso tapicerio *MGL* I 603; **1429** in vj quyssones operis tapisti emptis .. vij s. *Ac. Obed. Abingd.* 106; **1431** Nicholao .. lectum meum de tapetoria *Wills N. Country* I 41; **1433** cum tapetio de viridi tapistria *Reg. Cant.* 496; in comparandis vasis aureis et argenteis, tapisseriis, ornamentis *Croyl. Cont. C* 559; **1461** pro cariagio tapesteorum de Arass *Exch Scot* 63; **1466** Johanni .. lectum meum cum uno coopertorio de tapissaria *Wills N. Country* I 46.

2 (in gl.) fabric canopy of a bed, tester.

tapisterium, A. *a testour WW.*

tapeterium v. tapeteria. **tapetium** v. tapes. **tapetoria** v. tapeteria. **tapetsa, tapettum, tapetus** v. tapes. **tapezeta** v. trapezita.

†taphidus, *f. l.*

locis .. prefixis per nostros fideles et †taphidos [? l. subditos] vicinos *Rec. Nott.* II 348.

tapiare [AN *tapir*], (in gl.) to act secretly or in a sneaky manner, filch, pilfer.

~io, *mychyn PP; mychin or stelyn prively smale thyngs* .. ~io, -is, ~sum *Ib.*

tapiceria, ~ium v. tapeteria. **tapicerius, ~erus, ~iarius** v. tapetarius.

tapinagium [AN *tapinage*], sneaky behaviour, (*in* ~*io*) secretly, in a sneaky manner, by subterfuge.

prosiliit abbas coram omnibus, dicens se esse paratum querere dominum suum regem vel in ~io vel alio modo BRAKELOND f. 135v; **1227** ipse venerat illuc in tapenagio .. sed non potuit cum ea loqui de die (*Eyre Kent*) *JustIt* 358 m. 22.

tapinarius v. tapenarius.

tapinosis [ταπείνωσις], (rhet.) figure of speech whereby something is represented as less than it is or degraded.

tapynosin, que latine humiliatio dicitur, quoties magnitudo mirabilis rebus humilissimis conparatur *Gl. Leid.* 24; ponimus etiam pro toto partem quando ponimus gurgitem pro mari .. et tunc incidit quedam figura que appellatur ~is, id est humiliatio magne rei VINSAUF *AV* II 3. 32; similiter ponimus partem pro toto .. et est figura que appellatur thapinosis *Ib.* II 3. 43; vitia contra dilucidum, quando inusitata utitur sententia .. aut diminute ut 'mille milites ingressi sunt cavernam' .. et appellantur hec vitia cacefaton, ~is Ps.-GROS. *Gram.* 69; juxta ~im sumitur epiteton, quando scilicet dicitur alicujus nomen proprium de aliquo alio cum sua proprietate gracia proprietatis, ut 'iste est Plato philosophus' *Ib.* 74; nil ago te laudando / sed rem grandem defalcando / pecco per tapinosim WALT. WIMB. *Virgo* 133.

tapisarius v. tapetarius. **tapissaria, ~sseria, ~sterium, ~stria, ~stum** v. tapeteria. **tapitarius, ~terus** v. tapetarius. **tapitum** v. tapes.

tappa, ~um [AS *tæppa*, ME *tappe*], tap, (*vendere ad ~um, ~am*) to sell 'on tap', sell (liquor) in small quantities, tap.

licet .. vendere vinum ad tabernam sive ut vulgo dicitur ad broccam, seu ut lingua tautonica dicitur ad ~am *Inst. Sempr.* **lxv;* **1251** ne aliquis .. vinum ad ~um vendere presumat *Gild Merch.* I 294.

tappare [tappa+-are], to draw (liquor) from a tap and sell in small quantities, tap.

1442 dat domine de fine ut cervis[iam] tapp[are] poterit *CourtR* 208/5 m. 2 (cf. ib.: fin[is] tapp' xvj d.).

tappator [tappare+-tor], one who sells (liquor) in small quantities, tapster.

1430 omnes brasiatores et ~ores et tabernatores pro signis suis expositis .. erunt quieti *Gild Merch.* II 261.

tappicerius v. tapetarius. **tapseria** v. tapeteria. **tapsetrix** v. tapstrix. **tapsia** v. taxo, thapsia. **tapsibar, tapsivalencia** v. thapsus. **tapsus** v. taxo, thapsus. **tapynosis** v. tapinosis. **tapyr** v. taper. **tara** v. tala. **tarabrum** v. terebra. **taragium** v. terragium. **tarambium** v. terebellum.

taranta [cf. OF *Tarente*, Italian *Taranto* < CL *Tarentum*], tarantula.

de tarrentis qui pungendo veneno suo populum affligebant *Itin. Ric.* IV 12; imminebant quidam vermiculi, vulgo dicti tarentes solo repentes atrocissimis ferventes puncturis *Ib.*; contra puncturam ~e speciale est ut ponantur ij vel iij in oleo et computrescant. hoc oleum omnes puncturas earum curat GILB. VII 357v. 1.

tarantantarium, ~tarta, ~tarum, tarantarum v. taratantara. **tarascon** v. altaraxacon.

tarascus [cf. Fr. *tarasque*], fabulous amphibious monster, living in and around the Rhône, tarasque.

sub rupe castri Tarasconensis ubi, tempore beate Marthe .. ~us, serpens de genere pessimi illius Leviathan occeanalis anguis, occultabatur, ut homines per Rodanum sibi incorporaret GERV. TILB. III 85.

tarastrus [cf. ταράσσειν, ταραγμός], (in gl.) buffet, blow.

colapsus, i. colafus, pugnus, *fyst*, vel ~us *GlH* C 3376.

taratantara, ~um [CL taratantara]

1 (representing or denoting the sound of a trumpet).

cui pestifer morbus vocem ademerat, cui sibilus pro loquela, cui taratara pro clamore erat GOSC. *Aug. Maj.* 81D; ~a .. est clangor tubarum *WW*.

2 ? sort of medical instrument, perh. sort of trumpet.

rusticus afferri medica ~a poscit WALT. ANGL. *Fab.* p. 374 (v. taratantarizare 1).

3 sieve or bolting cloth; **b** (for straining milk). **c** (for bolting meal or flour) bolten.

taratantrum, sarse, her-seve (NECKAM *Ut.*) *Teaching Latin* II 115; hoc est stauramentum .. due cuve et tria ~a et una tina et due ringe *Cart. Rams.* III 253; **1313** pro implastr' deonerand' extra naves, vj d. .. in j taratantar' empt' pro eodem, iiij d. *MinAc* 843/4; c**1450** cum cribro et tirantro, vulgariter loquendo *syff and ridyl Scone* 221; hoc taratanterum, *a tense WW; a tempse*, ~um [v. l. taratantorium], setarium, setacium *CathA; a syfe*, crybrum, ~um *Ib.* **b 1287** in j tarantaro ad purgandum lac ij d. ob. *Rec. Elton* 22; **1297** in uno ~o ad lac, j d. *MinAc* 885/30. **c** ~um [*gl.*: hersine, sarz, temise u sarce], ut illo *pollen* eliquatur NECKAM *Ut.* 110; ~a est instrumentum quo farina colatur *WW.*

4 instrument in a mill which by strikes the hopper and causes the grain to move down to the mill-stones, clapper.

1328 in j ~a pro pistrina viij d. *MinAc* 956/2; ~a .. instrumentum cujus percussione granum defluit inter molas molendini, *a clacke WW*; hoc terratorium [l. ~um], *a clape WW*; *a clappe of a mylne*, taratantarium *CathA*; *a milne clappe*, tarantarum [vv. ll. tarantantarta, tarantantarium] *Ib.*

5 ? child's toy, perh. rattle.

Savarico .. filium suum parvulum .. auferebat diarrhea: solius aque gustu vixerat diebus viginti. .. cenantibus .. illis surrexit puer, quem in thalamo semivivum reliquerant, et .. ad discumbentes in-

troivit, ~a coram se, levitate pueril, rotans et ludens BEN. PET. *Mir. Thom.* IV 96.

taratantarazare, ~risare v. taratantarizare. **taratantarium** v. taratantara.

taratantarizare [CL taratantara+-izare]

1 to sound, or imitate the sound of, a trumpet (or sim. instrument), taratantarize; **b** (fig.).

rusticus afferri medica taratantara poscit / .. / clauditur in thalamo, taratantarizare jacendo / incipit. egra stupet: huic locus [l. jocus] ille placet WALT. ANGL. *Fab.* p. 374; ~are, tuba clangere *CathA.* **b** Constantinus .. ecclesiam Dei .. scandalizat et contra ortodoxos ~at *Extr. Chr. Scot.* 37.

2 to bolt, sift.

quod si ea que intus posueras in unum corpus ad modum lapidis commixta inveneris, accipe illud et tere bene et tantarisa: quod quum feceris, aliud vas .. accipe et hoc jam bene tritum et tantarisatum intus pone ROB. ANGL. (I) *Alch.* 518a; taratantarisare, *to bult WW;* ~are .. farinam colare *CathA; to syfte*, cribrare, taratan[ta]razare *Ib.; to tempse*, ~are [v. l. tarartantizare] *Ib.*

taratantarizatio [taratantarizare+-tio]

1 act of sifting, bolting.

1464 de xlj quart' iiij buss' furfuris provenientibus de terratantarizacione clxv quart' iiij buss' frumenti .. furnitis *Comp. Dom. Buck.* 56.

2 (in quot., act of) making a clapper (from piece of wood).

1483 pro taratantaryatione unius ligni pro pistrino, vj d. *Ac. Churchw. Som* 194.

taratantarizator [taratantarizare+-tor], one who sifts, or instrument for sifting, bolter.

bultare, ~or PP.

taratantarizatrix [taratantarizare+-trix], one who sifts (f.), or instrument for sifting, bolter.

bultare .. ~rix PP.

taratantaryatio v. taratantarizatio. **taratanterum, ~torium, ~trum, taratara** v. taratantara. **taratrum** v. teretram. **taraxacon** v. altaraxacon. **tarcellus** v. tercellus. **tarcha** v. targia.

tarchon [Med. Gk. ταρχόν], **tragonia** [cf. Sp. *taragona*], tarragon (*Artemisia Dracunculus*).

tragonia, *an herbe nowe called 'taragon', late sene in this realme* T. ELYOT *Dictionary* (London, 1538); ~on .. is called wyth us Tarragon TURNER *Herb Names* (1965) 132; taragon, tragonia LEVINS *Manip.* 164.

tarcia v. targia. **tarcinus** v. thegnus.

tarcosium [OF *tarcois*], quiver.

1209 pro .. corrigiis et duabus serruris ad tarkais' domini regis *Misae* 119; **1210** pro j tarkeisio ad opus regis, xij d. *Ib.* 164; **1212** pro ~iis et pro ccc perpunctis et pro xlv latis targiis *Pipe* 44; **1235** j tarkos' de corio brusdato parvum *Chanc. Misc.* 3/4.

tardantia [CL tardans *pr. ppl. of* tardare+-ia], (act of) delaying, condition of being delayed.

vetus testamentum est .. longe difficilius quam est novum, quia plus fatigativum propter multitudinem ceremonialium et ~am Messie ac aliorum consolancium speratorum WYCL. *Mand. Div.* 64.

tardare [CL]

1 (trans.) to cause to slow down, delay, hinder. **b** to defer, put off, delay; **c** (w. inf.).

nec tamen tantis malorum offendiculis tuus .. sensus velut quodam obice ~atur GILDAS *EB* 46; qui meliorem [locum] querit, compede non ~atur LUCIAN *Chester* 40; **1244** iter nostrum ex certa scientia ~aramus *RL* II 36; Xanctus tardus, id est ~atus a suo cursu propter multitudinem cadaverum TREVET *Troades* 16; **1420** predictum scriptum .. fuit negligenter amissum .. et ea de causa solucio predicte summe ~ata *Mem. York* II 94; se manifestant filios diaboli, qui occidendo, extenuando vel ~ando .. generacionem filiorum Dei multiplicant alienos WYCL. *Ver.* II 147. **b** ibat ad .. ecclesiam ut ~atum compleret officium B. V. Dunst. 11; **1346** quia liberaciones cistarum .. ~ebantur [*sic* MS], ordinavit universitas ut .. infra diem post infallibiliter reponatur *MunAcOx* 156.

c servorum suorum injurias sepius vindicare non ~at ALCUIN *WillP* 30; dominus .. gloriam suis paulatim revelare non ~avit BEDE *Sam.* 677D; ~ans venire, ut augeantur desideria nostra AD. SCOT *Serm.* 426B; **1217** miramur .. quod preceptum nostrum .. facere ~atis *Pat* 77; ut quam cito eis ostenderet illum transfigere non ~arent *Latin Stories* 93; **1309** mandamus quatinus .. clericum .. admittere ad competens beneficium .. non ~etis *Lit. Cant.* I 35; s**1396** rex .. breve .. dirigebat .. archiepiscopo .. quatinus .. suas literas transmittere non ~aret *Meaux* III 250.

2 (intr.) to delay, be late. **b** to hold back, refrain.

de promissione sua laici non debent moram facere, quia mors non ~at THEOD. *Pen.* II 14. 3; quinque dies postquam clausi ferventibus undis / tardarant BEDE *CuthbV* 719; que matutine laudes si ultra modum et indecenter ~averint .. secretarius .. prosternatur LANFR. *Const.* 151; festina, ne ~averis, comede favum cum melle tuo AILR. *Inst. Inclus.* 31 p. 671; Esau ~ante circa venationem Jacob preveniens benedicitur AD. DORE *Pictor* 165; heu michi misero, quare ~averam? WALT. WIMB. *Carm.* 460; maxime tardere [sc. luna] apparet cum iste due cause concurrent in Virgine et Libra BACON VI 65. **b** s**1002** persoluta sunt illis igitur xxiij milia librarum .. ut ~arent a tanta destructione *AS Chr.*

tardarius v. tardearius.

tardatio [CL tardare+-tio], delay, act of deferring or slowing down.

c**795** si longior domni regis ~o fiat in Saxonia ALCUIN *Ep.* 50; sublato cujuslibet †tardatis [? l. ~onis] obstaculo *Val. Norw.* 515; **1281** in misericordia pro ~one operum suorum faciendorum vj d. *SelPlMan* 30; c**1332** morosa ~o deportatoris pallii *Lit. Cant.* I 477; s**1311** ad ~onem dicti exilii *Chr. Ed. I & II* II 173; ne per ~onem eorum seu ipsorum alicujus .. damnum seu periculum predicto navigio posset aliqualiter evenire *Entries* 117ra.

tardatis v. tardatio.

tardativus [CL tardatus *p. ppl. of* tardare+-ivus], that causes to slow down, hindering, delaying.

siccitas est motus ~a. nam per dominium siccitatis partes aeree et aquose in terrestres inspissantur, et sic substantia .. tardior est ad motum BART. ANGL. IV 3; similiter, omnis constitutio retardans a lege Christi observantia est sibi contraria; nulla talis est statuenda quia iniqua; ergo nulla ~a sed juvativa est rationaliter statuenda WYCL. *Mand. Div.* 66.

tarde [CL]

1 slowly, sluggishly.

cumque hoc ~e ac difficulter inpetraremus, intravimus ad reficiendum BEDE *HE* V 4 p. 287; **801** ut vel ~e fiat quod cito non valet ALCUIN *Ep.* 229; c**1157** retinebitis aut remittetis, equitem sive peditem, ~e quoque aut cito J. SAL. *Ep.* 75 (34); vocavit eam et vocari jussit, tardeque venientem iratus intuens ait .. MAP *NC* II 12 f. 27; aiunt operari quidem oportere velociter consiliata, consiliari autem tarde GROS. *Eth. Nic.* 263; quod tarde movetur, sicut si diceretur testudo esse immobilis OCKHAM *Phys.* II 375.

2 at a time after that expected, with delay, late.

neque aliquanto ~ius quod petiit inpetravit BEDE *HE* III 3 p. 131; ~e propter egritudinem impedientem dilecto dilectori meo .. scribo ANSELM (*Ep.* 106) III 239; **1278** ~e venit ad metendum bladum domini in autumpno *SelPlMan* 91; c**1300** nuncius .. dimiserat apud Mepham ciphum quia ~e per locum illum transiens ulterius portare non audebat *Lit. Cant.* I 28; eructat et vomit ac acerbum vultum pretendit sed tunc ~e [ME: *to late*] *AncrR* 88; dare tamen sero, id est ~e TREVET *Troades* 18; **1422** in cerevisia empt' in villa pro hospitibus ~e venientibus *Ac. Durh.* 141.

3 lately, recently (also w. *jam*).

est ibidem quidam boscus; .. pannagium inde non extenditur quia ~e amputabatur *Ext. Hadleigh* 229; c**1333** vicecomes .. ~e ingressus est libertatem vestram .. et ibidem cepit duos de tenentibus vestris et duxit eos ad castrum Cantuarie *Lit. Cant.* II 22; c**1366** in .. concilio .. regis .. apud Westm' .. jam ~e celebrato *Conc.* III 66a; **1397** perdonavimus .. transgressionem per ipsum factam et perpetratam jam ~e infra warennam nostram *Pat* 346 m. 3; **1401** nunc vero flent discreti .. qui jam ~e .. erant omnes plaudentes BEKYNTON I 152; **1426** ipse frater Willelmus hereticus

condempnatus jam ~e fuerat receptus et hospitatus in domo fratrum minorum London' *Reg. Cant.* III 175.

4 (*ad ~ius*) at the latest.

1254 sit ibi Dominica proxima ante assencionem Domini ad ~ius *Liberate* 30 m. 4; c**1293** honeste revertantur in claustrum, ad ~ius cum servientes .. finito prandio cum miserere processerint *Reg. Malm.* II 384; **1325** rogamus quatinus .. velociter destinetis ut sint apud L. ad ~ius isto die dominico hora vesperarum *DCCant.* 271; c**1335** tempore hiemali tempestive saltem ad ~ius circa auroram diei et tempore estivali ad ~ius circa ortum solis consurgant *Eng. Clergy* 272; presenciam vestram .. in carniprivio proximo futuro ad ~ius penes nos exhibentes *Cant. Coll. Ox.* III 18.

tardearius [cf. ardearius], kind of falcon, lanneret.

falco ascensorius, ancipiter, falco ~us [*gl.*: *layner, laner*] NECKAM *Ut.* 100; tardarius, i. *faukon layuer* [l. *layner*] *Latin Stories* 227; tardarius, *a tarcel*, quoddam genus nisi *WW*; *lanret, hawke*, tardarius *PP*.

tardere v. tardare.

tardigradus [CL], that walks slowly, taking slow steps.

alii 'asinam' interpretantur Synagogam, ~am scilicet et gravi pondere legis depressam BEDE *Gen.* 279B.

tardiloquus [CL], slow to speak.

esto tardiloquus, estoque pauca loquens J. SAL. *Enth. Pol.* 232.

tarditas [CL]

1 slowness, sluggishness, tardiness. **b** delay.

798 post centum viginti annos ~as solis, dum Arietem intrare debuisset, intrasset itaque Taurum ALCUIN *Ep.* 148; **799** ubi nulla ~as sarcinae corporalis piae voluntati obsistit *Ib.* 167; ignavia est rigor et ~as corporis BERN. *Comm. Aen.* 103; Asael agilitas esset ibi pigra ~as HON. *Eluc.* 1171B; per asinam et pullum possumus .. accipere totam humanam naturam .. per asinam carnem propter ~em et gravitatem, per pullum animam, propter levitatem et mobilitatem AILR. *Serm.* 2. 21. 268B; velocitas et ~as, debilitas et fortitudo ALF. ANGL. *Cor* 11. 24; si dicis quod iste passiones, velocitas et ~as, non conveniunt motui alicujus indivisibilis OCKHAM *Quodl.* 56. **b** Deus vero sine labore sanat, sine ~ate medicinae veniae prestat ALCUIN *Moral.* 652C; sed omnem hanc ~em in pecuniis mittendis internuntiorum negligentie imponendam esse arbitror FREE *Ep.* 59.

2 slowness (of intellect, senses, or sim.), dullness.

nullatenus propter ingenii ~em potuit cathecizandi .. ministerium discere BEDE *HE* V 6 p. 291; nec tantum considerantes imperitae linguae in me ~em, quantum in testimoniis Patrum catholicae fidei veritatem ALCUIN *Dogm.* 234D; intentus ero quantum potero. si .. tardior .. exstitero, non te me exspectare pigeat, prout videris tarditatem meam expetere ANSELM (*Casus Diab.* 12) I 252; multum itaque ~ati nostre intelligentie Spiritus Sanctus consuluit R. MELUN *Sent.* II 90; arguit Jesus stultitiam et ~em cordis eorum et arguens vulnerabat J. FORD *Serm.* 17. 8; ad quas intelligendas et explicandas simplicioribus insufficientem reputo sensus mei penuriam et ~am R. MARSTON *QD* 412.

3 fact of being advanced in time, lateness.

1258 propter temporis ~em et hyemem supervenientem provisum est ut .. *SelPlMan* 59.

tardiuscule [CL], somewhat later.

cum .. imminente jam vespera procul adhuc a loco distarent, ~e enim quam hora postulabat de urbe exierant OSB. *V. Dunst.* 38; precibus ergo factis, cum ~e rogantium differretur desiderium W. MALM. *Mir. Mariae* 149; quia ~e quam hora poscebat progressus fuerat *Id. Wulfst.* II 6.

tardiusculus [CL]

1 rather slow.

non habens unde jumentum suum ~um .. excitaret W. CANT. *Mir. Thom.* III 28; ebes est calamus et tardiusculus / affectus tepidus, sensus turbidulus WALT. WIMB. *Carm.* 8.

2 (n. sg. as adv.) somewhat tardily.

animis jam admodum contristatis exiliunt cernentesque jam, licet ~um, diffusam in aera flammam terrificam *Mir. Hen. VI* III 89.

tardus [CL]

1 slow (in motion or sim.); **b** (of speech, voice, etc.); **c** (mus.). **d** sluggish, tardy; **e** (fig.).

quia sidus ejus [sc. Saturni] ~issimum sit ALB. LOND. *DG* 1. 3 (cf. ib.: Saturnus xxx annos in circuli sui peragratione consumit); sic dicitur [pulsus] velox, ~us et medius .. ~us quia magnum continet temporis intervallum BART. ANGL. III 23; sic staret argumentum Zenonis, quod mobile velocissimum numquam attingeret mobile ~issimum OCKHAM *Quodl.* 56; ~us, *slowe* WW. **b** multum mihi placent salutationes tue, placentiores tamen fierent si lingua dicerentur ~iori quod ipsa audiens, pauciores dixit .. sed devociore *Spec. Laic.* 59; [vox] tarda enim notat hominem vilem et luxuriosum J. FOXTON *Cosm.* 36 d. 1. **c** tertius irregularis est una longa nimia cum duabus longis ~is (irrespective breves dicuntur) *Mens. & Disc. (Anon. IV)* 84. **d** terra, aqua, aer et ignis .. reddunt .. corpus obscurum, passibile, ~um et rude *Spec. Incl.* 4. 2. **e** ~a et infirma est terra quam gerimus GIR. *TH intr.* p. 7.

2 (w. *ad* or *in*) slow (to take action). **b** negligent, indolent.

quedam earum [creaturarum] ~iores fuere in suscipienda forma PETRUS *Dial.* 28; c**1298** rex noster Edwardus / velox est ad veniam, ad vindictam tardus (*Dunbar* 34) *Pol. Songs* 163. **b** si usque nunc fuisti ~us ad ecclesiam, a modo debes esse assiduus *IMisc* 228/6.

3 that causes to slow down, hindering.

solvite vincla mee sancti rogo tarda loquele WULF. *Brev.* 19.

4 (of event, period, or sim.) long drawn out.

[Solomon] otia tarda fovet non fera bella movet L. DURH. *Hypog.* 67; **1235** quando ferie devenerunt ~iores, ballivi .. circa horam nonam solebant intrare feriam ultra pontem .. ita tamen quod semper per diem illum erat contentio .. scilicet ante nonam sed non post nonam *CurR* 1352.

5 occurring after the expected or proper time, late. **b** occurring after a long time.

?c**1240** expensas nuncii ultra terminum racione ~e solucionis demorantis .. acquietabit *Cart. Chester* 160. **b** cum solus esset .. nec socium .. habens, ~um tamen archiepiscopo fuit quod interventu magnorum virorum concordiam cum ipso demum inire potuit GIR. *Invect.* V 9.

6 (*jam ~us*) recent.

1383 jam quasi ~o tempore in diebus memoralibus dominus Edwardus tertius nuper rex Anglie .. concessit *IMisc* 228/6.

7 stupid, dull: **a** (of persons). **b** (of senses, faculties).

a ne in plurimis tum ~us compertor tum durus intellector inveniatur BALSH. *AD rec.* 2 105. **b** c**717** licet scientia ~iora [MS *corr. to* ~ior], meritis viliora [MS *corr. to* vilior] illo sim tamen .. dispar non sum *Ep. Bonif.* 13.

tarellum v. toraillum. **tarentes** v. taranta.

tarentinillus, sort of cloth, or *f. l.*

1265 pro iij ulnis tarentinilli [MS: tarontinill'; ? l. tirreteni mixti] ad eadem [i. e. cruralia comitisse] per eundem [i. e. cissorem] *Manners* 10.

tarera v. tarrera. **tareta** v. tarita. **targa, ~ea** v. targia. **targere** v. tergere.

targetta [OF *targete*, ME *target*], small targe or shield-shaped object.

c**1295** vij ~as de armis, in dicto castro dimissas, R. sicut continetur in chyrographo predicto *Pipe Chesh* 170; **1343** j cas' cum sagitt' saracenorum, cxxx targett', quorum xxiij nullius valoris *KR Ac* 23/31 m. 2; **1374** pro depict' cvj targett' de armis S. Georgii *Ib.* 397/10 r. 1; **1374** pro lvj targett' de cornu, prec' pecie xiij s. iiij d. *Ib.* 397/10 r. 2.

targia [AS *targe, targa*, ME *targe*, AN *targe* < ON *targa*]

1 sort of shield, targe.

1165 pro ccc targis coterellorum Ernulfo scutario *Pipe* 31; **1173** pro xxx scutis et l tarchis *Ib.* 188; **1215** mittatis et nobis xx ~as et falcones nostros *Pat* 161b; bene armatos usque ad talum constituit sub scutis et tarciis cum arcubus ad sagittandum Coggesh. *Chr.* f. 14b; **1241** fieri faciat c targeas magnas bonas et fortes et rubro colore depictas *Cl* 377; **1298** ut .. respexit ultra ~am suam .. sagittavit eum in oculo sinistro *SelCCoron* 91; s**1385** l paria armorum .. presentaverunt cum totidem lanciis et ~is *Plusc.* X 7; ~a, *a targat or a pavys WW*; s**1423** comes Salisberiensis .. cum tergia aurea in manu cujus umbo continebat minutos rimulos perforatos *Extr. Chr. Scot.* 225.

2 (transf.) large protective cover, screen (used in siege to protect crenel or embrasure).

1298 in c bordis mmmclx clavis emptis ad iiij^xx ~as faciendas, pendendas extra mur' illius castri ad kernellos pro tuicione ejusdem *Pipe* 143 r. 23; **1302** carpentariis .. facientibus .. ~as ad pendendum in kernell' *MinAc* 771/2 m. 7; **1304** carpentariis .. facientibus ~as pro turri vocata Gillot .. pro c bord' et c legiis emptis pro ~iis inde faciendis *Ib.* 771/4 m. 6.

3 representation of a shield, shield-shaped object. **b** (her.) escutcheon, shield of arms. **c** boss, stud.

1293 in medio sigilli predicti impressa seu graviata fuit quedam ~a mediocris *Cl* 110 m. 7d. **b 1295** de quodam magno panno .. cum targis de armis regum Anglie et Hispanie *Hist. S. Paul.* 224; **13. .** unam casulam decenter ornatam, cum vestimento cum ~is regis Anglie et Hispannie *Cart. Bath* B 808 p. 158. **c** una zona cum cathenis argenti annell' cum targ' et membris argenti *AcWardr* 349.

4 seal containing the depiction of a shield, (esp. *regis* ~a) Royal seal, the Privy Seal.

c**1320** custos domini regis ~e ab eo ibidem ablate .. pariter detinebatur ibidem. ob quod dominus rex cito postea fieri fecit sigillum, volens illud privatum sigillum appellari, ad differentiam ~e sic ut premittitur ablate A. Hall (ed.), *Nicolai Triveti Annalium Continuatio* Oxford (1722), p. 15; s**1313** qui rediens in Angliam reportavit secum domini regis ~am .. usu tamen ipsius primitus interdicto Wals. *YN* 246; s**1314** dominus Rogerus .. custos ~e domini regis que ab eodem ibidem per Scotos est ablata *Id. HA* I 141.

5 sort of ship, or *f. l.*

~as [? l. bargias] multas et galeias cum barbotis et navibus aliis .. rapuerunt M. Par. *Maj.* III 46.

targum v. tergum. **taricius** v. taricus.

taricus [τάριχος = *preserved (flesh)*], herring (perh. preserved by salting, pickling, drying, or smoking).

hæringcas, alleces i. †itaricos [l. taricos] Ælf. Bata 6 p. 83; ~us vel allec, *hærinc* Ælf. *Gram.* 308; allec vel iairus vel ~ius vel sardina, *haering Id. Sup.* 181; **11. .** ~us vel illec, *hæring WW*.

tarinca v. taringa.

taringa [OIr. *tairnge*], sharp point on weapon or implement, spike.

[imago] duriciem non amisit qua repulit acutissimam celtem vel ~ncam *V. Har.* 11 f. 15; serras et tharincas exuperans ferreas *Miss. Westm.* II 1010; *pyk of tyynd of yryn*, carinca [l. tarinca] *PP*; *tynde, prekyl*, ~nca *Ib.*; *a spykynge*, ~nga *CathA*.

1 tarinus [Ar.], gold coin of Arabic origin minted in Sicily and southern Italy, 'Tari'.

1166 in extremis agens lx milia terrinorum Johanni Neapolitano tradi fecit ad usum domini pape J. Sal. *Ep.* 145 (168); datis .. mille millibus terrinorum ad expensas Devizes f. 29v; **1292** summa tocius monete terinorum et granorum conversorum in florinis *KR Ac* 308/15 m. 6; s**1190** si aliquis bladum emerit .. tenetur lucrari in salma unum terrin' tantum *G. Ric. I* 132; **1292** summa xx li. xij s. vj d. qui valent iiij florinos, j tarin', xij grana *KR Ac* 308/15 m. 7; **1292** v florini, j tar[inus] et xij grana, et iiij^xx^ij li. vij s. viij d. pisanorum *Ib.* 308/15 m. 8; ego [Tancredus rex Sicilie] dedi Johanne sorori vestre regine decies centena milia tirrenis pro quieta clamacione dotarii sui Brompton 1184.

2 tarinus v. tarmes.

tarisus, *? f. l.*

---

in quadrato cereo clerici scripturam hujuscemodi legere. .. "populum tarisum peccato" .. sic nimirum visum est illis ut divinitus diceretur Petro .. "manda Petre iram de celo ut effundatur super populum tarisum" id est totum aridum peccato Ord. Vit. VIII 21 p. 392.

tarita [AN *tarit, tarette* < Ar. *tarīdah*], sort of merchant-ship, 'tarette'.

1340 in conflicto .. facto quando ~i et naves Ispan' capte fuerant per flotam Angl' *AcWardr* 209; **1371** in una choca sive ~a diversis mercimoniis onerata *Pat* 284 m. 24; **1374** cum una ~a de Cateloigne que vocatur le Seint Marie (*Pat*) *Law & Cust. Sea* I 98; **1385** dominus Baldewynus .. cepit duas taretas bene onustas Knighton *Cont.* 206; **1386** quedam ~a de Janua bonis et mercandisis ipsorum mercatorum carcata *Pat* II m. 37d.; **1387** per Georgium Lornelyn patronum ~e vocate Antoyn Marie de Janua *IMisc* 237/14 m. 1; ceperunt quinque naves magnas et seu †carricas [l. tarritas, i. e. taritas] refertas Wals. *YN* 344.

taritus v. tarita.

tarium, *? f. l.*

cuculle, tunice, sotulares, pedules, taria [? l. cotaria, amictoria], calceamenta, saga et alia consuetudinaria distribuuntur *Chr. Abingd.* II 387.

tarkaisium, ~kosium v. tarcosium.

tarmes [CL]

1 maggot.

tamus, maþa, mite Ælf. *Gl.*; carinis [l. tarmes], A. *a make WW*; tarinus [l. tarmus], quidam vermis lardi, *a mathe .. maked WW*; hic tarus est vermis lardi *WW*; hic tramus, *a mowght WW*; *magat .. math, or worm in fleshe*, ~us *PP*; *trunchyn, worme* .. tarinus [l. tarmus] *PP*; *a mawke*, cimex, lendex, tarmus *CathA*.

2 woodworm.

hic †trunos [l. ~es], *a treworme WW*.

tarmosus [CL tarmes+-osus], maggoty.

mawky, comicosus, tarmosus *CathA*.

tarmus v. tarmes. **tarpex, ~pica, ~pisum** v. tarpix.

tarpix [ME *tar*+CL pix], resinous substance obtained by the distillation of tar, (tar-)pitch.

1323 in ~iso pro j equo ungendo, ij d. *MinAc* 965/5; **1324** in ij lagenis ~icis emptis pro ovibus unguendis *Ib.* 840/21; **1346** in j potello ~icis empto *Rec. Elton* 322; **1350** custus bidentium, in sagimine empto ad miscendum cum tarpic' *Comp. Worc.* I 58; **1350** in j doleo bituminis empto [*marg.*: j dolium ~ecis] *Rec. Elton* 356; **1351** in dim. lagena ~ccia cmpta pro bidentibus domini consignandis post tonsuram iij d. *Ib.* 371; **1361** emit vj barella ~ice, quodlibet barellum pro iiij s. vj d. *Proc. J. P.* 366.

tarqua v. dacra.

1 tarra, tarrum [ME *tar*], tar.

1282 de quolibet dolio picis olei et tar' *Pat* 101 m. 14; **1284** pro j barillo ~i empto ad easdem [bargias], v s. vj d. *KR Ac* 467/9; c**1300** in ij barillis picis emptis .. in j barillo tharri empto, vj s. *Ib.* 501/23 m. 2; **1329** pro j barello tharre empto pro ovibus, vij s. *MinAc* 856/20 m. 2; **1364** in ~a pro bidentibus nichil computat hoc anno. .. ad miscendum cum ~e deremande *Banstead* 341; c**1390** xiv peciis †terre [l. tarre] *CalPat* 207; **1398** in ~e et uncto emptis pro bidentibus domini ungiendis iij s. viij d. (*Comp. J. Lane, Harmondsworth*) *Ac. Man. Coll. Wint.*; **1467** pro v lastis picis et ~e *EEC* 610.

2 tarra v. terra.

tarragium v. terragium.

tarrare [tarra+-are], to tar.

1281 tres barill' tarri .. ad cordas ingeniorum ~andi *Pipe* 125 m. 1d..

tarratantizare v. taratantarizare. **tarre** v. 1 tarra. **tarrenta** v. taranta.

tarrera [AN *terere*], auger.

1214 faciatis parare xij buttas et ij butellos ad dinnierium nostrum et ij ~ias *Cl* 141b; **1218** Willelmus .. occidit Hugonem .. quadam tarera *Eyre Yorks* 280; **1255** minute spine .. que non possunt sustinere foramen unius tarere *Hund.* I 22; **1255** minutas spinas illas scilicet que non possunt pati †caretam [l. tare-

---

ram] que vocatur *restnaueger Ib.* I 26; **1266** de tali spina que non potest perforari de ~a que vocatur *restnawegar SelPlForest* 122; **1266** exitus atachiamentorum factorum de minuta spina .. que non potest pati perforari de †carrera [l. ~a] *CalIMisc* 305.

tarreria v. tarrera. **tarrita** v. tarita. **tarsator** v. tassator.

tarsensis, tarsicus, tarsinus [? Tarsus *or* Tarsia (*a supposed land in central Asia*) + -ensis, -icus, -inus], (*pannus* ~*ensis,* ~*icus, or* ~*inus*) sort of rich (silken) cloth imported from the East, 'tars' (*cf. tartarinus*).

1295 tunica et dalmatica de quodam panno indico, ~ico, besantato de auro .. casula de panno ~ico *Vis. S. Paul.* 322; **1303** iidem respondent .. de c s. de una casula de panno ~ino vendita *Ac. Exec. Ep. Lond.* 47; iidem respondent .. de lx s. de una tunica et dalmatica de panno ~ensi rubeo venditis *Ib.* 48; **1327** de .. aliis rebus subtilibus sicut de pannis ~ensibus, de serico, de sindatis *KR Mem* 103 m. 6.

tarsum v. 1 tassus.

tarta [AN *tarte*], pie, tart.

pastillarii .. exponendo ~as et flaones fartos caseis molibus Garl. *Dict.* 127; **1265** casei, pro ~is, ix d. *Manners* 29; **1292** in factura et speciebus ~arum et pastillarum vij s. ij d. *KR Ac* 308/15 m. 7; **1305** in pistura ~arum, vij s. *Ib.* 309/10 m. 1; coquina .. ij s. de j pari bacinorum pro ~is vendito *Ac. Exec. Ep. Exon.* 11; ~a, *a tarte WW.*

tartaranus v. tartarinus.

Tartarescus [Tartarus+-escus], of or pertaining to Tartary.

1292 in una cupa argenti ~a lvij s. vj d. (*Exp. Embassy to Tartary*) *KR Ac* 308/15 m. 9.

1 Tartareus [CL], of the underworld or hell, infernal.

Lerneum anguem .. dirum fuisse spiramine et ~eo nocivum veneno *Lib. Monstr.* III 1; **944** (12c) tetra raptus acie ~eas ducatur ad penas *CS* 796; ob illius prevaricationem ~ea pena rependitur J. Furness *Kentig.* 2 p. 164; ignes tertareos penas perpende futura D. Bec. 284; in ~eas tenebras perpetuasque gehenne flammas presumptuosa superbia .. precipitavit Gir. *Spec.* IV 98; c**1440** dum sue innocencie puritas, ne in lucem prodire valeat, tartario fimo cotidiane fornacis defuscatur *FormOx* 465.

2 Tartareus [Tartarus+-eus]

1 (as sb.) Tartar.

Coresminos abigunt feritate lupinos / sevi Tartarei quos movet ira Dei Garl. *Tri. Eccl.* 25.

2 of the Tartars or Tartary.

panditur ex aquilone malum, quod Tartara mittunt / Tartaream gentem .. / .. / ensis Tartareus nostrum scelus expiat Garl. *Tri. Eccl.* 107.

3 (*pannus* ~*eus*) sort of rich (silken) cloth imported from the East, 'tartare', 'tartarin' (*cf. tartarinus,* 2 Tartarus 2).

1289 quandam cameram de panno ~eo *CalCl* 20; **1330** ad unum hernes' cum baner' et penocell' pro corpore regis et uno dextrario pro turniament' faciendum, xiiij ulnas panni tartar' purpurei .. et unam peciam de Ailesham glauc' *KR Ac* 385/4.

1 Tartaricus [CL Tartarus+-icus], of the underworld or hell, infernal.

per que vincens agmina virtutum studio ~a celi splendida conscenderet gaudia *Miss. Ebor.* II 297.

2 Tartaricus [Tartarus+-icus], Tartarian.

gens ~a exivit de locis illis .. quoniam habitabant post portas illas, inter aquilonem et orientem, inclusi in montibus Caucasi et Caspii Bacon *Mor. Phil.* 16.

tartarinus [Tartarus+-inus; cf. AN *Tartarin*], (made) of a sort of rich (silken) cloth imported from the East, 'tartarin'. **b** (as sb.) such cloth (*cf. tarsensis,* 2 Tartareus 2, 2 Tartarus).

1303 de aliis rebus subtilibus de pannis tartenis de serico *MGL* II 209; **1342** ad facturam j lecti pro domino rege de panno tartaryn' virid' cum circulis quadrangularibus factis de draconibus .. minuat' de serico (*AcWardr*) *KR Ac* 389/14; **1368** ij pallia, unum de serico et alterum ~um *Invent. Norw.* 50; dedit insuper apparatum de panno ~o albo aureis lineis stragulatum *G. S. Alb.* III 380.   **b 1349** pro .. capella .. ij ridell' de tartaryno ynde *KR Ac* 391/15; **1388** cum .. tribus curtinis de rubeo ~o *Foed.* VII 577; **1432** nullus .. utatur .. sindone seu tartarano aut serico in capicio suo *StatOx* 239; cum .. superpelliciis et capuciis de minuto vario foderatis .. cum sindone aut ~o duplicatis *Stat. Eton* 558; **1451** unus habitus cum caputio cum tartorone duplicato *MunAcOx* 612; **1472** cum .. liberatis vesturarum, furrurarum et linurarum de Tartron' *Pat* 529 m. 12.

tartarius v. 1 Tartareus.   **tartaro** v. tartero.

tartarum [cf. Med. Gk. τάρταρον], bitartrate of potash, deposited during fermentation of wine and adhering to the sides of casks as a hard crust, argol, tartar.

hoc .. balneum .. confectione quadam sulphuris et nigri salis et ~i *Greg. Mir. Rom.* 10; accipiebant de isto allumine rubeo et .. semine amborum arsenicorum sulphuris ~i talci cinabrii omnium .. et ex ipso extrahebant lunam pretiosam M. Scot *Lumen* 256; ~um est vini feculentia in modum crete vel mollis lapidis circa partes dolei indurata .. valet contra scabiem .. virtutem enim habet extenuandi, consumendi, mundificandi et laxandi Bart. Angl. XVI 99; ~um fex est vini tam albi quam rubei que doleo coheret et alio nomine dicitur petra vini *SB* 41; corrosiva sunt arsenicum sublimatum .. et realgar repressum et ~um et calx viva Gad. 127. 1; *wyne draggis or lye*, ~um *PP*; *wyne lees*, ~um, vinacium *CathA*.

1 Tartarus [CL], **~a** [CL *pl.*], (myth.) infernal regions or the lowest part of them, Tartarus; **b** (applied to Christian hell).

penetrant erebi sub tristia nigri / Tartara Plutonis plangentes ignea regis Bonif. *Aen.* (*Justitia*) 73; sciendum est infernum dividi in duas partes, in ~um et elisium. .. vita autem malorum ~us, id est infernus quasi inferior Bern. *Comm. Aen.* 106.   **b** ob amissionem tantae multitudinis quae cotidie prona ruit ad ~a Gildas *EB* 41; quia videret inferos apertos et Satanam demersum in profundis ~i Bede *HE* V 14 p. 314; **949** miserorum corda in cupiditate lasciviaque enerviter dissolvat secumque cabeata ad ~a ducat *CS* 880; qui in virtute crucis mundum [purgavit] / Tartara disrupit claustra celestia a[peruit] / et omnibus dedit pac[em] fidelibus sa[lutem] *AS Inscr.* 7; idem filius gehenne .. aquis suffocatus ad ~a descendit J. Furness *Kentig.* 28 p. 212; Greci [sc. excommunicati] .. se ~is jam federaverunt *Chr. Peterb.* 63; hic ~us, -i, *helle WW*.

2 Tartarus [cf. OF *tartaire*, ME *tartar*, assoc. w. Tartarus]

1 Tartar (first applied to those who overran much of Asia and Eastern Europe led by Ghenghiz Khan and then used more vaguely to refer to inhabitants of central Asia).

in hac [epistula Ivonis] Tattari vel Tatari nuncupantur M. Par. *Maj.* IV 270; **1243** ipsa gens memorata que Tattari nuncupatur .. dictum oppidum .. obsedit (*Lit. Ivonis Narb.*) *Ib.* IV 272; hi borealem plagam inhabitantes vel ex Caspiis montibus vel ex vicinis dicti ~i, a Tar flumine *Ib.* III 488; **1261** providendo contra feritatem ~orum *Cl* 481; **1290** pro expensis domini Buskerell' nuncii solempnis Aragon regis ~orum (*AcWardr*) *Chanc. Misc.* 4/5 f. 4; **1307** serenissimo principi domino ~orum imperatori potentissimo Edwardus .. cum salute *Foed.* III 34; multi sperabant de conversione ~orum barbarorum in eodem concilio *Ann. Lond.* 83; qui suo ipsorum idiomate Muselmanni, Magier, Czechi, Besermanni dicuntur, ab Europeis omnibus Turce, Hungari, Bohemi et ~i nuncupantur Camd. *Br.* 26.

2 (as sb.) sort of rich (silken) cloth imported from the East, 'tartare', 'tartarin' (*cf. tarsensis*, 2 *Tartareus, tartarinus*).

1462 duas particulas panni serici, viz. unam de viridi tartorum .. et alteram de *russett* tartorum *Mun AcOx* 692; deliberavit ad decorandum magnum altare quatuor cortinas de duplici ~a blavii coloris *Bannatyne Misc.* II 26.

tartarynus, tartenus v. tartarinus.

tartero [*aphaeretic form of* τεταρτηρόν], sort of Byzantine coin, tetarteron.

tartarones .. quadratos ex Cupro nummos Traces vocitant de quibus in Tracia .. provinciales mercimonia sua sicut philippis aut bizantiis actitant Ord. Vit. X 20 p. 125.

tartoro v. tartarinus.   **tartorum** v. 2 Tartarus. **tartron** v. tartarinus.   **tarus** v. tarmes.   **tasc-** v. et. tax-.   **tascarius** v. tassarius.   **tasch-** v. tax-.

tasellum [ME *tesel, taselle*], the plant fullers' teasel (*Dipsacus fullonum*), the heads of which have hooked prickles and are used for teasing cloth.

1334 de xv d. de tasell' fullon' vend' ibidem *MinAc* 992/22; **1331** caretta carcata de ~is venalibus *PQW* 160a; **1336** de tassellis ibidem hoc anno venditis *DL MinAc* 242/3886 m. 1; **1337** de tasell' fullon' nichil, quia remanet ad vend' *MinAc* 992/25; **1434** pro teselis venditis *Ac. Churchw. Bath* 42; **1440** pro .. xxxv skevys tesellarum *Port Bk. Southampt.* 28.

taska v. taxa.   **tasla** v. 1 tassus.

1 tassa [AN *tasse* < Ar. *ṭâssa*], sort of cup or bowl.

1352 j tass' pro barbitonsor' domini .. dat' per dominum Roberto Barber *Reg. Black Pr.* IV f. 44; **1419** asseruit se habere in domo duas pecias sive ~as argenteas deauratas *Reg. Cant.* 181; **1434** bona sua scilicet vestes, libros, taceas *ActPC* IV 204; **1448** pro una tassea argentea compotantibus furtive ablata *Exch Scot* 307; **1498** habeat sex taceas cum coopertor' *Test. Ebor.* IV 142; **1537** pateras seu crateras .. vulgo tassias dicunt Ferr. *Kinloss* 73.

2 tassa v. 1 tassus.

tassagium [tassus+-agium, OF *tassage*], act of or payment related to stacking (hay or sim.).

1274 pro eodem ij panes et ij capones et de ~o xij s. iij d. *S. Jers.* II 32; **1309** percipit etiam [rex] de qualibet bovatarum illarum j danerell' frumenti pro ~o *Ib.* XVIII 140.

tassalus v. tassellus.

tassare [tassus+-are]

1 to stack, make a rick of, heap (harvested crop).

preterea arare, serere, metere, fenum falce succidere, et sepe reversum colligere atque taxare Rob. Bridl. *Dial.* 154; **1222** dominus poterit capere pro manibus opus in autumpno ad tascandum dum carriat bladum *Med. E. Anglia* 261; c**1250** debent .. in autumpno colligere et in horrea reponere et ~are *Reg. S. Aug.* 26; c**1300** ~ent bladum in grangia et accingent in campis *DCCant.* Reg. J p. 45; **1346** custumariis falcantibus et ~antibus pratum domini viiij d. ex consuetudine *Rec. Elton* 327; **1392** ad dictum fenum levandum et thassandum *Cart. Boarstall* 538; *schokkyn shevys or odyr lyk*, †casso [l. tasso] *PP*; **1577** totam herbam .. falcabunt, spergent, et ~abunt ac in fenum facient *Pat* 1162 m. 1.

2 (p. ppl. as sb.) stack, mow, rick.

1388 fuerunt ibidem facti .. xxxvj ~ati feni in pratis domini .. et xxj tass' *IMisc* 240/15.

tassarius [tassus+-arius], one who stacks (harvested crop), stacker.

in estati tascarii et alii operarii .. mane surgunt et ante solis ortum intrant in opera *Ac. Beaulieu* 202; in mercede ~orum vj s. (*Faringdon*) *Ib.* 56.

tassatio [tassare+-tio], act of stacking (harvested crop).

debet esse cum furca sua ad ~onem fabarum domini et ponere fabas super tassum *Cust. Bleadon* 205; **1289** relaxaverunt .. falcationem, levationem, cariagium, et ~onem prati *Gavelkind* 187; **1315** escaetor .. expendit .. in cariagio et ~one [sc. bladi et feni] *Doc. Ir.* 368; **1347** *paid for stacking* pro taxatione, quasi ~one (*Ac. Holy Is.*) *North Durh.* 90; c**1389** de vj operibus ~onis provenientibus de j custumario .. qui inveniet j operarium pro bladis domini tassandis quousque totaliter tassentur *Crawley* 292; c**1448** de vj operibus ~onis bladorum *Ib.* 488.

tassator [tassare+-tor], one who stacks (harvested crop), stacker.

1268 in stipendiis autumpnantium scilicet ij ~orum cum aliis *Ac. Wellingb.* 6; **1286** in stipendio j tassoris in autumpno *MinAc* 843/28; **1289** in stipendio j tarsatoris per autumpnum *Ib.* 1070/8 r. 1; c**1300** ~or

habebit de domino abbate .. stuveriam suam dum facit tassos pisarum, stipularum, et feni *Reg. S. Aug.* 199; **1326** custumarii debent colligere, cariare in grangiam et tassare dictum fenum .. absque cibo, salvo quod dominus inveniet j magistrum ~orem *IPM* 97/1; †cassator [l. tassator] .. *moweare WW*.

tassca v. taxa.   **tassea** v. 1 tassa.

tassellagium [tassellare+-agium], act of adorning with tassels, tasselling.

1303 pro parvis cordis .. pro ~o earundem tentarum *KR Ac* 363/18 f. 11*d*.

tassellare [tassellus+-are], to fit or adorn with a tassel or tassels, tassel: **a** (vestment, *cf. tassellus* 1); **b** (tent or sim.).

a 1383 item una cistula .. cum vestimento Sancti Cuthberti tassilato *Ac. Durh.* 426.   **b 1303** pro xxv coriis bovinis .. pro dictis domibus [i. e. papillonibus, tentis etc.] ~andis cum foraminibus et capitibus earundem inde garniandis una cum filo, canabi et cera emptis ad dicta tassella *KR Ac* 363/18 f. 11*d*.; **1342** pro vadiis iiij tassellar' .. operancium super dictis pavillonibus ~andis per xxviij dies .. et viij tassellar' .. ~antium predictos pavillones per xiiij dies *Ib.* 389/14 m. 4.

tassellarius [tassellus+-arius], one who tassels.

1342 pro vadiis iiij tassellar' .. operancium super dictis pavillonibus tassellandis per xxviij dies .. et viij tassellar' .. tassellantium predictos pavillones per xiiij dies *KR Ac* 389/14 m. 4.

tassellum v. tasellum, tassellus.

tassellus [AN *tassel*]

1 ? ornamental sheet of precious metal or other material fastened to cope, chasuble, or other vestment, or band or clasp of such vestment, 'tassel'; **b** (fastened to other artefact).

c**1080** iiij taissellos ad opus capparum *MonA* I 477; s**1120** fecit .. duas casulas, sc. nigram cum ~o super humeros de auro bruslatam *Reg. Roff.* 120 (cf. *Flor. Hist.* II 45: cum †cassello [l. tassello]); cappas xxix de his xvj cum tassulis *Chr. Abingd.* II 151; **1245** capa .. cum tassellis in quibus breudantur Sanctus Petrus et Sanctus Paulus *Invent. S. Paul.* 475; **1245** quarum una est sine ~is, alie due cum tassalis rubeis confracte sunt *Ib.* 480; capa chori crocea cum duobus ~is brusdatis Majestate et Maria *Vis. S. Paul.* 14; dedit etiam casulam unam, auro, ~is ac gemmis pretiosis adornatam *G. S. Alb.* I 70; alia vero [capa] pretiosis ~is, auro et margaritis, anterius et in circuitu parabatur *Ib.* I 93; nullo modo fratribus juvenibus cappas brullatas vel cum tacellis tradat *Cust. Cant.* 158; cirothece cum parvis ~is argenteis et deauratis (*Invent. Ch. Ch.*) *Arch. J.* LIII 266.   **b 1342** pro tassell' pro platis, xij d. *KR Ac* 389/14 m. 7.

2 pendent ornament consisting of a fringe of threads knotted at one end, tassel.

1303 pro xxv coriis bovinis .. pro dictis domibus [i. e. papillonibus, tentis etc.] tassellandis cum foraminibus et capitibus earundem inde garniandis una cum filo, canabi et cera emptis ad dicta ~a *KR Ac* 363/18 f. 11*d*.; *tassel*, ~us *PP*.

tassia v. 1 tassa.

tassiculus [tassus+-culus], small stack (of harvested crop).

1218 quidam ~us cecidit super Willelmum, Hugonem .. ita quod obierunt *Eyre Yorks* 242; **1279** quilibet falcator habebit j panem et ij ~os herbagii quantos potest levare cum hasta falcis sue *Hund.* II 750; **1287** de uno ~o drageti lxxvij ringe *Rec. Elton* 17; **1297** de iiij ~is rotundis de feno venditis *MinAc Wistow* 3; **1345** de .. xxx quar' frumenti .. in duobus tassis et iiij carettatis feni in ij ~is *MinAc* 1120/12 r. 1/6.

tassilare v. tassellare.

1 tassis [ME *tasse*, AN *tache*], (in gl.) sort of armament.

nomina armorum .. hec ~is, *a palett*. hic ~is, *a nett*. hec ~is galea, hic ~is rethia monstrat *WW*.

2 tassis v. 1 tassus.

tassium v. 1 tassus.   **tassor** v. tassator.   **tassula** v. †tassellus.

1 tassus, ~a, ~um, ~is [ME *tasse* < AN *tas*], stack, mow, rick (of harvested crop).

1200 duos ~os ordei et avene .. asportaverunt *CurR* I 217; **s1248** quendam frumenti consertum aggerem, quem vulgariter ~um appellamus M. PAR. *Maj.* V 33; **c1280** provideat se ut ~a domini sint bene ordinata *Crawley* 232; **1282** in j homine .. cooperiente domos de Oldinton' et tarsum pisar' *MinAc* 1070/5 r. 1; **c1300** dum facit ~os pisarum, stipularum et feni *Reg. S. Aug.* 119; **1325** de viij^{xx}v ringis fabarum et pisorum receptis de exitu duarum ~arum *Rec. Elton* 283; **c1325** coronator habebit equos domitos .. blada de cumulis et †taslis [l. tassis] fractis (*Leg. Malc.*) *RegiamM* I 2v; **1407** pro victualibus emptis pro factoribus tassiorum prioris xij d. *Ambrosden* II 214; †cassa [l. tassa], *a mowe WW*; tassis, *a mowe WW*.

2 tassus v. taxo.

3 tassus v. thapsus.

tasta [ME, OF *taste*], instrument used for medical examination of part of the body, probe.

immittatur in profundum cum pluma et cum ~a ad ejus mundificationem GILB. III 144v. 1; removeatur ligatura leviter palpando cum ~a ex omni circumferencia GAD. 123. 1; debet poni ~um vel aliquid simile inter labia [vulneris] et subtus *Ib.* 124. 1; *spatyl, instrument to clens with sorys* .. ~a, -e PP.

tastador v. tastator.

tastare [tastum+-are; cf. ME *tasten*, AN *taster*]

1 to taste (in quot., ale) in order to test the quality.

1247 debent .. cervisiam ~are in burgo et in villa *BBC* 221; **1302** vendidit cervisiam antequam tastabatur *CourtR* 178/47 m. 27; **1366** conservatores .. cum necesse fuerit de cervisia tastum et assaiam faciunt et secundum valorem dicte cervisie tastate inde ponant assisam *Cl* 204 m. 6a; **c1370** clamat per ministros suos ad hoc deputatos ~are quamlibet bracenam cervisie infra manerium suum *Rec. Caern.* 167.

2 to inspect, check (weir).

1289 in vadiis unius hominis euntis ad gurgitem .. et pro ingeniis ~andis et lampredis custodiendis *Min Ac* 854/5; **1325** cuidam tastatori gurgitum gurgita infra balliam suam in quibus lampreda et anguille ad opus regis capiuntur ~anti *LTR Mem* 125d.

tastator, tastor [tastare+-tor]

1 one who tastes (food or drink) to test the quality, taster. **b** (spec., *~or cervisie*) ale-taster.

1276 dominus rex percipit .. in villa de Wodestok emendas de assisa panis et cervisie, set Johannes le Turnor burgensis de Wodestok modo de novo non permittit ~atores ejusdem ville habere ingressum in domum suam *Hund.* II 37. **b 1270** ~atores cervisie dicunt quod Radulphus de Grene braciavit contra assisam *CourtR Hales* 4; **1275** ubi testatores cervicie assignabantur ad assisam custodiendam *CourtR Wakefield* I 51; **1276** tastadores cervisie *Hund.* I 18; **1279** villanus de homagio .. Radulfi erit tastor servisie et de feodo Roberti .. erit alius ~or *Ib.* II 461; **1297** de ij s. de ~atoribus cervisie pro concelamento *Ac. Cornw* 121; **1368** Willelmus de S. et Willelmus L. electi sunt ~atores cervisie et jurati sunt *Hal. Durh.* 68; **1461** constabularii, decenarii, testores servisie, et supervisores .. fideliter presentant (*Court Leet Peterb.*) *EHR* XIX 528.

2 one who inspects (in order to check quality, serviceability, or sim.), inspector: **a** (weir); **b** (leather).

a 1323 in vadiis j ~atoris gurgitum (*Glouc.*) *MinAc* 854/7; **1325** cuidam ~atori gurgitum gurgita infra balliam suam in quibus lampreda et anguille ad opus regis capiuntur tastanti *LTR Mem* 125d. **b 1453** eligant quolibet anno tres ~atores correi, unum *a girdeler*, alium *a corviser*, et tercium *a barker*, qui erunt jurati ad probandum correum utrum sit bene tannatum velne *Leet Coventry* I 277.

3 sort of shallow cup used for tasting, taster.

1374 duo ~or' argent', precii x s. *IMisc* 205/11.

tastum [ME, AN *tast*], act of tasting (food or drink) to test quality. **b** (transf.) choice (of food or drink).

1366 burgenses [Dunstapl]' clamant quod tastatores servis' non faciunt in dicta villa .. um de servis' seu

---

assaiam *Cl* 204 m. 6d.; conservatores de die in diem cum necesse fuerit de cervisia ~um et assaiam faciunt et secundum valorem dicte cervisie tastate inde ponant assisam *Ib.*; **15**.. in dolio vini sunt ccl lagene unde debet allocari pro ~o, vasto, lactagio, et fecibus, xxx lagene (*MS BL Harl.* 369 f. 101) H. Hall, *Select tracts and table books* (London, 1929), p. 8. **b 1293** habere primum ~um et primas emptiones de vinis et omnibus aliis mercandisis venientibus in portum aque de Hull *PQW* 221; **c1323** pro vino sancti Michelis .. pro ~is abbatis, iij s., iiij d. *Ac. Obed. Abingd.* 2.

tastura [tastare+-ura], act of tasting (ale).

c1250 quiete .. de tolsexterio, ~a servisie, panis cissione .. et omnibus aliis consuetudinibus (*Monmouth*) *DL Cart. Misc.* II 94.

Tatarus v. 2 Tartarus.

tatella, ? kind of bird, or *f. l.*

similiter perdices valent et aves lacunales cum suis pedibus sicut tatelle GAD. 10v. 1.

Tattarus v. 2 Tartarus.   **tatula** v. tantula.

tau [CL < ταῦ], **tauma**, tau, nineteenth letter of the Greek alphabet (also as numeral, = 300); **b** (as corresponding to Hebrew tav). **c** signifying, identifying, or authorizing mark (perh. orig. in the shape of tav or tau, cf. et. *Ezech.* ix 4, also transf.).

T ccc BEDE *TR* 1; tau, 't', T, ccc *Runica Manuscripta* 351; tau significat 300 HARCLAY *Adv.* 72. **b** thave quam .. nos vocamus thau NECKAM *NR* I I p. 7. **c 984** (13c) crucis taumate confirmavi *Ch. Burton* 25; Eadwardus Christi regis nostri signatus caractere et tau vivificantem litteram gestans in fronte sceptrum gestavit OSB. CLAR. *V. Ed. Conf.* 1; **a1211** ferens .. in fronte sua thau, id est quod non scriptum est manu hominum sed potius manibus angelorum P. BLOIS *Ep. Sup.* 47. 9; crux est sacra thau signatum limine GARL. *Tri. Eccl.* 46; signa thau super frontes virorum dolentium R. BOCKING *Ric. Cic.* I 91; frontes gementium tau signabat R. BURY *Phil.* 6. 98.

tauberius v. daubarius.   **tauco** v. tauto.   **taulagio** v. tollagium.   **tauma** v. tau, thauma.

taumalis [cf. CL tau], (in quot., her.) that has the shape of a tau, T-shaped.

induxit novitatis studium omnes quas suscipere symbola, vel praeterea excogitari possunt. imbricata, filicata, .. nebulosa, taumales SPELMAN *Asp.* 105.

taumantias v. Thaumantias.

taumaticus [cf. CL tau], that constitutes a signifying, identifying, or authorizing mark (cf. *tau* c).

†**974** (12c) ~o crucis sigillo *CS* 1301.

taunatus [ME *tawny*, AN *taune*, OF *tané* < *tannatus p. ppl. of* tannare], tawny.

1286 cum duobus leporariis suis quorum unus erat albus et alius niger ~us *TR Forest Proc.* 76 r. 13.

taurare [CL taurus+-are], to put (cow) to a bull.

1296 duae vacce ~ande, due sues verrande *Hist. Agric.* II 577.

taurellus [CL taurus+-ellus], young bull.

1205 ix vacce et ij torelli ij annorum et ij vituli *RNorm* 141; **1275** cepit .. ij boves, j vaccam, ij taurell', et iij bacones *Hund.* I 165a; **1310** de xix xviij d. de xxvij bobus, ij taurillis, viij vaccis, iij boviculis, et ij vitulis venditis *Ac. Exec. Ep. Exon.* 14; **1339** de j bovett' taurell' *MinAc* 1091/6; **1388** habuit ibidem xij ~os, bovettos, et boviculos *IMisc* 239/1 m. 7.

taureus [CL], derived from a bull, (in quot.) made of bull-hide, (also as sb.) leather whip.

super quem .. homines stabant qui ~eis eum atque ignitis serpentibus flagellabant OSB. *V. Elph.* 125; cum magistri flagris ~eis et nodatis corrigiis armati .. pueros .. prestolabantur EADMER *Mir. Dunst.* 12; quem ~eis ignitis et flagris plurimis dirissime cruciando flagellabant R. COLD. *Godr.* 320.

tauriculus [CL taurus+-iculus], young bull.

1312 ~us j (*Ac. Bocking*) *DCCant.*

taurillus v. taurellus.

---

taurinus [CL], of, pertaining to, or derived from a bull (also fig.). **b** like that of a bull.

[Minotaurus] ~um caput habuit *Lib. Monstr.* I 50; in ~i corporis magnitudine *Ib.* II 1; reliquum .. corpus .. dissecatum et multo sale aspersum coriis ~is reconditum est causa fetoris evitandi H. HUNT. *HA* VIII 2; Europam .. in specie ~a id est in navi picturam tauri habente .. asportavit ALB. LOND. *DG* 3. 5; sanguis ~us .. maxime est coagulationis BART. ANGL. IV 7. **b** vox tibi forte sonat Christi taurina per aulam ALCUIN *Carm.* 26. 34.

taurion [? cf. ταύρειος], lesser celandine.

celidonia minor, quam multi ~on vel piron agreste dicunt *Alph.* 36.

taurocolla [LL < ταυρόκολλα], (in gl.) glue made from bull-hide; **b** (understood as ταύρου χολή).

~a, i. gluten taurinum *Gl. Laud.* 1463; ~a, quam multi oxicolla dicunt, melior est radaica, que maxime ex rasura corii fit *Alph.* 183. **b** ~a, fel taurinus idem *Alph.* 183.

taurus [CL]

1 bull (also in fig. context); **b** (*libertas ~i* or *liber ~us*, w. ref. to privilege of some manors to allow a bull to roam and graze). **c** device resembling a bull (in quot. made of bronze, used by Phalaris as instrument of torture).

ruptis .. quibus praecipitanter involvi solent pingues ~i moduli tui retibus GILDAS *EB* 34; qui [Cacus] iiij ~os furto et totidem vaccas abduxit armentario *Lib. Monstr.* I 31; non .. elephantos mole, ~os robore, tigrides velocitate preibimus BERN. *Comm. Aen.* 29; pingues ~i cornipete .. cum objectis depugnant canibus W. FITZST. *Thom. prol.* 17; Cristus .. noluit suos apostolos esse thauros cornutos in temporalibus turgitantes WYCL. *Ver.* III 62; hic ~us, A. *bulle WW*; histriones venientes ad nundinas .. habebunt unum ~um de priore de T. si ipsum capere possint citra aquam de D. *Cart. Tutbury* 363. **b 1252** possunt esse ibi in stauro quadraginta vaccae cum exitu earundem et unus ~us liber *Cart. Rams.* I 295; **c1280** tenet .. liberum aprum et ~um *Suff Hund.* 6; **1307** cum libertate ~i et apri continue de anno in annum progressu' infra villam et campos predictos *AncD* A 13198; **1325** libertas ~i et verri *Cl* 142 m. 7d.; **1368** dedi .. unum mesuagium cum tofto .. cum jure habendi liberum ~um et liberum aprum *AncD* A 6300. **c** si mille crucibus furem afficio / et tauro Siculi tiranni crucio WALT. WIMB. *Carm.* 456.

2 (astr., also *signum ~i*) Taurus.

ante frontem aethralis tauri locatus ALDH. *Met.* 3 p. 73; secundum ~i [signum] ab illa caelestis circuli parte qua in medio aprilis sol circumfertur ortus initium faciens BEDE *TR* 16; [summitas] primam particulam primi gradus ~i percutiet PETRUS *Dial.* 10; comitantur .. ~um .. leo atque scorpius cum aquario ADEL. *Elk.* 25; Robertus tercius rex futurus natus est in signo ~i *Plusc.* VII 28.

3 (in gl.) cockchafer (*Melolontha vulgaris*) or stag beetle.

~i, *eorðcaferas* ÆLF. *Gl.*

4 *f. l.*

haec lege, solve cito, aut †taurum [l. aurum] persolve poetae (*Aen.*) ALCUIN *Carm.* 63. 5. 7.

tauruspera [cf. CL taurus, AS *eorðcaferas*], (in gl.) cockchafer (*Melolontha vulgaris*) or stag beetle.

~a, scarabeus terrestris OSB. GLOUC. *Deriv.* 593.

tautalogia v. tautologia.

tauto [τὸ αὐτό], the same, the like, (by misplacement of a gloss understood as) eyelid, eyelash, or eyebrow.

pupillis [l. pupulis], rotis, palpebris, tautonibus [*gl.: oferbruum*] (LAIDCENN MAC BAÍTH *Lorica*) *Cerne* 86 (=*Nunnam.* 92) (cf. *MS BL Harley* 585 *gl.*: *dona-himmchosnib*); ~ones, palpebrae *GlC* T 34; tauco, *hringban ðæs eagan* ÆLF. *Gl.*; licet ambitu absque tautonum / super- et -ciliorum decorum / ullum glebenis ferant ophthalmum / non sine tamen ferunt avium (*Rubisca*) *Peritia* X 74; **11**.. ~ones, *þe nyþera breyes WW* *Sup.* 370.

tautologia [LL < ταυτολογία], tautology. **b** (understood as) foolish or useless utterance.

tautalogia, repetitio *GlC* T 14; vicia ex superhabundancia, ut si bis idem dicitur diccione vel oracione et dicitur ~ia *Ps.*-Gros. *Gram.* 69. **b** Doctrinale .. non gerit egregiam linguam set tautologiam Garl. *Mor. Scol.* 354 (cf. ib. 353 *gl.*: ut patet in littera tantologia; dicitur a tantos quod est fatuus et logos, sermo, quasi fatuus sermo).

Tautonicus v. Teutonicus.

tautoparonomion [cf. τὸ αὐτό, LL paroemia], proverb that directly matches the situation under discussion and means what it says.

~on consistit in maturitate dicendi et est quedam species sententie et dicitur quasi idemptitatis proverbium Gerv. Melkley *AV* 10; epiphonema idem est quod idemptitatis proverbium, quod alio nomine ~on appellatur *Ib.* 182.

tauvagium v. towagium.

tav [Heb.], last letter of the Hebrew alphabet.

in hoc .. principio .. sex littere sunt tantum apud Hebreos .. viz. bez, rehs, alef, sin, joz, thave, quam .. nos vocamus thau Neckam *NR* I 1 p. 7; primam literam alphabeti, sc. aleph, et tav ultimam, vocant congeminatas, et beth et sin similiter Bacon *Gram. Heb.* 206.

taw- v. et. tow-.

taware [ME *tauen, tawen* < AS *tawian*], to prepare (animal hide) for use by dressing, treating, or curing, to taw.

1335 in ij coriis vaccarum ~and' pro barehid *Sacr. Ely* II 69; **1366** in j corio boviculi tannato empto ad j sellam carect' cooperiendam. in j quart' butiri frisci ad dictum corium ~andum, ij d. *MinAc* 840/27.

tawator [taware+-tor; cf. ME *tawer, tawyer*], tawyer, one who prepares (white) leather.

1365 de mestero tawyatorum *Pl. Mem. Lond.* A 10 m. 12b; J. H. qui fuit summonitor ad sum' omnes servientes tawyatorum *Ib.*

tawyator v. tawator.

taxa [AN *taxe, tasche*, ME *taxe, task*; cf. CL taxare], **tasca**

1 (process of) determination, valuation, assessment (for purpose of fixing due payment).

1340 taxatoris et collectoris quintedecime domini regis in E. ultimo concesse ante taxum triennale *Sel CKB* V 123; **1341** de feno decimabili, oblationibus .. et aliis proficuis et commoditatibus in dictam ~am currentibus *Inq. Non.* 425.

2 imposition of obligation to make payment or contribution, levying of tax, taxation. **b** tax (as obligation to make payment); **c** (as payment due or made); **d** (w. ref. to determination of level of payment due); **e** (w. ref. to basis of taxation); **f** (w. ref. to recipient); **g** (as payment received).

1322 juxta taxim communem in subsidium terre sancte *StatOx* 126; **1340** secundum ~am ecclesiarum ibidem facere liberari concesserimus ei in recompensacionem *RScot* 600a; **1342** concedimus .. decimam .. regi secundum novam ~am persolvendam *Conc.* II 712a (cf. ib.: secundum novam taxationem); **1366** optinet ecclesiam parochialem .. taxatam secundum antiquam ~am ad liij l. vj s. viij d. sterlingorum et secundum novam ~am taxa taxatur causa guerre ad xlij m. et x s. sterlingorum *Reg. Lond.* II 167; s**1377** tam novam et inauditam ~am *Chr. Angl.* 131; s**1399** non sint oppressi per exacciones et ~as decimarum, quintadecimarum, et subsidiorum *Misc. Scrope* 305; s**1380** quod .. despoliassent patriam diversis ~is, quas gabelas appellant Wals. *HA* I 445; semper a tempore hujusmodi exaccionis, ~e vocate, regnum memini .. infortunia sustinere Ad. Usk 8. **b** s**1381** communitas Cantie et Estsexie surrexerunt contra regem .. propter ~am nimiam toti Anglie impositam *Ann. Dunstable app.* 415; **1395** nulla imposiciones, contribuciones, ~e, quote, tallagia, vel auxilia .. imponantur *MonA* VI 1416a; sub facie guerre nos multant undique ~e Gower *VC* VII 283 (cf. ib. VII 209: sub vicii ~a sic virtus victa laborat); s**1422** cum ~am a superiore impositam placenter admittunt subditi Amund. I 85; s**1433** ~e non levabantur in regno *Plusc.* XI 2; s**1266** rex .. ad sedem apostolicam appellavit et ad defendendam appellacionem ~am per clerum constituit duarum millium marcarum *Extr. Chr. Scot.* 107. **c** **1338** quilibet eorum [taxatorum] solvat taxum suum prout taxatur sicut ceteri de communitate *Rec. Leic.* II 44; s**1367** in toto dominio .. novas ~as exigere et insuetas Wals. *HA* I 305; **1444** ad solvendum domino regi unam ~am vel duas dimidias ~as pro inhabitantibus, sc. Langetofte et Cotom *Test. Ebor.* II 98; **1445** pro dimidio quintadecime vel ~e domino regi concesse *MunAcOx* 550; **1543** nostram excommunicationis sententiam ob non solutionem hujusmodi ~e in terminis supranotatis .. incurrerint *Conc. Scot.* I cclvi; **1581** absque solucione alicujus subsidii taxus aut imposicionis aut alius oneris *Pat* 1205 m. 8. **d** **1453** quod hospitia et domus nostre civitatis vobis locentur ad ~am vestram et civium in equali numero eligendorum et ad hoc juratorum *Reg. Glasg.* 399. **e** s**1304** rex exegit ~am omnium bonorum W. Guisb. 358 *tit.* **f** memorandum de denariis pro pensione scholarium et contribucione expensarum et ~e Capituli Provincialis ac nomine subjeccionis, de obedientiariis monasterii S. Albani, et prioribus cellarum, thesaurario conventus ejusdem monasterii persolvendis Amund. II *app.* 307. **g** **1484** eidem de pensione viginti librarum .. pro tempore vite vel quousque promotus fuerit ad beneficium ~e viginti librarum *ExchScot* 286.

3 task, piece or defined amount of work (undertaken for fixed payment, or imposed or exacted as duty), (*ad ~am* or sim.) at task, by the piece of work.

1221 in distemperatione calcis: cl summarum in tassca iiij sol. *Ac. Build. Hen. III* 40; **1251** operabitur die Lune, Martis, et Mercurii, quodcunque opus sibi fuerit ad tascum assignatum *Cart. Rams.* I 310; **1276** in reparacione ij beddorum karrorum de novo et lignum [*sic*] scapiliendum ad ~am xiiij d. *Ac. Stratton* 189; **1292** exceptis operariis operantibus ad tachiam *Manners* 133; **1295** xviij d. in meremio secando apud S. ad taskam *KR Ac* 5/8 m. 4; **1314** in ferura equorum domini prioris celerarii molendini equini et equorum longe carete, viz. xxij equis [*sic*] ad ~am lx s. *Comp. Worc.* I 42; **1344** per viij dies ad tascham xx d., per diem ij d. ob. *Ac. Trin. Dublin* 28; **1364** in iij^{m} et ccc talwode faciendis ad th[ascu]m xxij s. pro mille vj s. viij d. *Banstead* 341; **1373** pro lathatione et cooperatura cum tegulis magne aule .. cum duabus cameris eidem aule annexatis pro majori comodo ad tasc[hum] cvj s. viij d. *Ib.* 352; **1388** solutum Ricardo T. carpentario pro diversis operibus .. ultra convencionem ~e sue iiij li. iij s. iiij d. *Ac. Bridge Masters* 8 m. 8; **1398** in stipendio .. cementarii .. emendantis defectus parietum stabuli .. in grosso ad thascam una cum zabulo et petra ad idem emptis xij s. iiij d. *Comp. Swith.* 208; **1398** ad .. grondsull' et stodend' ij spacia ejusdem grangie ad thaxam (*Harmondsworth*) *Ac. Man. Coll. Wint.*; **1409** Johanni de L., fabro, fabricanti et in pecias dolanti iiij blomes ista septimana, capiente pro quolibet blome ad tascam vij d., ij s. iiij d. (*Ac.*) *EHR* XIV 520; **1414** solutum J. carpentario in partem solucionis thaxe sue viz. facture tecti cancelle lvj s. viij d. *Rect. Adderbury* 11.

4 portion, allotted part, allotment (of land).

1242 a boveria .. hospitalis .. usque ad tastam [*CalPat* 341: tascam] que vocatur Tasta Reimundi Bastard *RGasc* I 84a.

taxabilis [CL taxare+-bilis], subject to assessment (for taxation).

1298 Willelmus .. clericus maliciose taxavit Robertum C. pauperem ad octo d. et non fuit ~is (*JustIt*) *Linc. Rec. Soc.* XXXVI 61; **1343** quod predicta tenementa perquisita fuerunt post predictum vicesimum annum .. et sic ~ia et taxata inter laicos, prout ipsi superius advocant (*PlRCP*) *Year Bk.* 17 *Ed. III* 603n. 12; **1352** ubi quedam terre et tenementa taxata et ~ia fuerunt .. ad quindenam domini regis *SelCKB* VI 86; **1356** eos .. racionabiliter, juxta quantitatem bonorum suorum ~ium, assideant atque taxent *MunAcOx* 177; ipso die quo venerunt ut taxarentur, fecit eos dominus abbas jurare per singulos quod sunt, fuerunt, et erunt ~es ad voluntatem domini *G. S. Alb.* II 263.

taxadtio v. taxatio.

1 taxare v. tassare.

2 taxare [CL]

1 to assess the worth of, to value (also w. internal acc.). **b** to assess the size, extent, amount, or quantity of (also w. *sub*). **c** to assess (size, extent, *etc.*). **d** to assess the significance of, weigh up. **e** to assess, value, reckon, or consider as. **f** to consider valuable, to value or esteem highly, to admire.

11.. si quis gildam non habens aliquam waram vel corrigia vel aliud hujusmodi ~averit et aliquis gildam habens supervenerit eo nolente mercator quod ipse ~averat emet (*St. Omer*) *Gild Merch.* I 290; **1250** ~avimus vicarias .. et de proventibus ipsarum .. vicariis singularum ecclesiarum congruas assignavimus portiones, viz. .. vicarie ecclesie de Banff' ~ate xxx marcas alteragium ipsius ecclesie cum manso *Reg. Aberd.* I 22. **b** †**680** (10c) hanc libertatem sub estimatione lxx tributariorum ~avimus in illo loco *CS* 50; terre partem .. sub decem mansionum estimatione ~atam W. Malm. *GP* V 233; **1263** cum nuper assignaremus .. J. M. et R. W. pro parte nostra ad pecuniam ~andam in qua rex Francie .. nobis tenetur pro sumptu .. militum *Cl* 283; **1518** sententias .. ferendi .. expensas ~andi, litteras .. fulminandi *Form. S. Andr.* I 21. **c** virtutis debemus potius mirari magnitudinem quam loci ~are dimensionem Ad. Scot *TGC* 798C. **d** id sibi dumtaxat mens intra viscera taxat, / conicit, et reputat R. Cant. *Malch.* V 273. **e** si, quod praestantissimum constat in cunctis virtutum gradibus et mortalium naturae difficillimum, nondum regeneratus sibi usurpans tantopere ~averat [*gl.*: judicaverat, *he demde*] Aldh. *VirgP* 25 (cf. *WW*: **10..** ~averat, figurabat); **1012** (12c) praefectum meum .. quem primatem inter primates meos ~avi *CD* 719; indifferenter cibis et vestibus que minori pretio ~arentur utens W. Malm. *GP* IV 168. **f** Matheus regalem Lucas sacerdotalem Domini personam suscepere ~andam Bede *Luke* 362A.

2 to assess for tax, rent, or other payment or duty, to impose tax, rent, or other obligation, based on assessment of (freq. w. *ad* w. ref. to amount): **a** (property or sim.); **b** (person). **c** (w. internal acc.) to make an assessment of property, person, *etc.* for tax, rent, or other due payment.

a **1229** ~ent omnia bona .. non secundum taxationem factam in vicesima sed secundum quod melius et uberius possunt ~ari (*Lit. capellani Papae*) *Reg. S. Osm.* II 149; **1231** hospitia predicta ~ari et secundum .. taxacionem locari permittatis (*Oxford*) *BBC* 101; s**1229** omnia bona et mobilia singulorum ~ari M. Par. *Maj.* III 187; s**1254** convocavit [episcopus] .. omnes ecclesiarum rectores .. ut bona eorum prestito †taxerentur [*Flor. Hist.* II 399: ~arentur] sacramento *Id. Abbr.* 336; **1282** in dono clerico tascanti xxxij d. (*Ac. Thorncroft*) *Surrey Rec. Soc.* XV 40; a**1350** taxatores deferant in ultima congregacione singulorum terminorum in cedulis scriptas taxaciones omnium domorum .. quas illo termino ~averint .. et similiter faciat cancellarius si que per ipsum et majorem fuerint ~ate *StatOx* 71; cetera officia non ~antur ad pensiones seu contribuciones predictas Amund. II *app.* 308; c**1449** spiritualia et temporalia .. abbatis ~antur .. ad sexcentas triginta quinque libras *Reg. Whet.* I 67; **1452** diverse camere in hospitio Burnelli .. ad certas summas ~ate per diversos scholares *MunAcOx* 628. **b** sedem suam habens in Cantia, saltem ad legem Cantie judicari et ~ari deberet W. Fitzst. *Thom.* 51; **1298** Willelmus .. clericus maliciose ~avit Robertum C. pauperem ad octo d. (*JustIt*) *Linc. Rec. Soc.* XXXVI 61; s**1264** omnes burgi, ville, et campestres, et ecclesiastice persone ~ati fuerunt ad inveniendum secundum suum posse ad custodiam marinam Taxter *Chr. Bury* f. 151; s**1282** burgensibus ad quingentas marcas ~atis, servientum ipsius curie monachorum taxationem, ut a burgensibus .. minime ~arentur, ejusdem loci priori commisit Oxnead *Chr.* 258 (=B. Cotton *HA* 162); sponsus celestis taxatur *Pol. Poems* I 141 (cf. (Ergome) ib. I 143: episcopi .. qui sponsi celestes dicuntur .. ab illis regibus .. multum per taxam et injustas exacciones gravabantur); eciam reges quietantur .. accipere quindecimam petito consensu ~andorum Wycl. *Sim.* 57; s**1380** scirent .. plebem nullatenus velle vel ~ari vel taxacionibus adquiescere Wals. *HA* I 445; **1452** easdem summas ad quas ~abantur solvere recusarunt *MunAcOx* 628. **c** alius clericus qui quod illi [sc. majores] ~averint in exceptis annotat studiose *Dial. Scac.* II 1B; **1270** sicut vicesima alibi ~atur et colligitur in regno nostro *RL* II 337.

3 to assess (offence) for punishment or sim.

extorsio secularium dominorum .. primo quando fingunt offensam et ~ant excessive .. secundo quando veram offensam ~ant amerciamento non misericordi sed severitate crudeli Wycl. *Mand. Div.* 369.

4 (also pass. *s. act.*) to give an assessment of, set out (in writing or sim.).

quem comparandi ordinem ipse, dum adviveret, Benedictus cum .. rege .. ~averat, sed priusquam complere potuisset obiit Bede *HA* 15; **786** ut supra

~avimus *Ep. Alcuin.* 3; **939** divinus sermo, ut supra ~ati sumus, terribiliter praemonet ut .. *CS* 734; **946** ut eandem supra ~atam vitae cursu faeliciter possideat *E. Ch. S. Paul.* 6; **964** (13c) supra ~ate lateranee mee tanta libertate concessi ut possideat quamdiu vixerit absque mundiali tributo *CS* 1143; ornamenta .. quorum omnium pudendam ante paucitatem ~are piget W. MALM. *GP* II 96; copiam .. arborum que, ut supra ~atum est, antiquitus ibi habebatur *Chr. Rams.* 9.

5 to determine, define, lay down, fix, appoint: **a** (cost, price, or sim.); **b** (size, extent, quantity (of), or sim.); **c** (damages, punishment, or sim.). **d** to assign.

a s**1192** ~ata est redemptio ejus ad centum quadraginta milia marcarum argenti *Flor. Hist.* II 108. **b** ecclesiam .. Cantuariensem invasit, cuncta que juris illius erant intus et extra per clientes suos describi precepit, ~atoque victu monachorum inibi Deo famulantium, reliqua sub censum atque in suum dominium redigi jussit EADMER *HN* p. 31; quantum vero singulis dari voluit callide ~avit ORD. VIT. VII 14 p. 228; ob hoc quantitatem et partes animalis ~avit natura ALF. ANGL. *Cor* 1. 4; insulam per girum cum auctoritate regis .. ~ato signavit limite *Lib. Eli.* II 54; quid ergo tunc illam duracionem moderabitur et ~abitur [*sic*], quid .. nisi voluntas divina? BRADW. *CD* 112B; ad numerum quinquaginta monachorum, qui est numerus ~atus .. conventus monasterii nostri *Meaux* II 28; **1434** secundum assisam concurrentem et per .. cancellarium et duodenam ultimo positam et ~atam *Mun AcOx* 508. **c** amerciamentum ~abitur per pares suos et in tali forma levetur *Reg. S. Aug.* 145; judex semper penam taxat WALT. WIMB. *Van.* 58; **1293** dampna que ~antur ad v s. *SelPlMan* 70; non recuperet nisi debitum .. et damna sua ~ata per curiam *MGL* I 175; contra .. penas ~atas pro crimine WYCL. *Sim.* 24; **1451** cogant eos ad plenam observanciam penarum que in ipsis constitucionibus sunt ~ate *Mon. Francisc.* II 104. **d** potestas .. faciendi, quamvis numquam nostra .. sed a solo Deo detur atque ~etur, semper tamen et naturaliter nobis inest, quanta a quo datur inesse permittitur (BART. EXON. *Contra fatalitatis errorem*) *CC cont. med.* CLVII 57; c**1235** predictam vicariam ~avimus predicto Ricardo in hunc modum .. *Reg. Dunferm.* 114; vicarias in singulis prefatis ecclesiis singulis vicariis assignandis sub moderamine subsequenti ~avimus et constituimus *Reg. S. Thom. Dublin* 319.

6 to levy or demand (sum or amount) in tax, rent, or other due payment (also p. ppl. as sb.).

hoc ~atum, i. *sac, feite* [i. e. *forfeite*] *WW Sup.* 57; reddende ratiocinationis summa ~ata, videlicet circa triginta marcarum millia H. BOS. *Thom.* III 35; **1182** pena eadem summam dimidie marce argenti non excedet, que summa .. ~abitur (*Ch. Regis*) ELMH. *Cant.* 452; s**1224** rex Alexander .. certam summam subsidii ad maritandum sorores suas in regno Scocie ~avit, viz. decem millium librarum sterlingorum *Plusc.* VII 10 (cf. BOWER IX 43: imposuit auxilium terre sue); pro ejus [sc. Ricardi regis Anglie] redempcione decimus tercius denarius rerum regni sui ~atur *Extr. Chr. Scot.* 81.

7 (absol.) to assess tax, rent, or other due payment.

1292 novi .. taxatores qui .. multo gravius solito ~averunt *Ann. Osney* 333.

8 to seek to obtain, demand.

non tamen destiterunt professionem nostram precio ~are H. CANTOR f. 28; ablate .. sibi et suis pecunie ~abat summam, triginta videlicet marcarum millia H. BOS. *Thom.* IV 29 p. 448.

9 (in gl.) to trade, buy and sell.

~o, *bargagner Teaching Latin* II 61; *to chepe*, ~are *CathA*.

1 taxatio v. tassatio.

2 taxatio [CL]

1 valuation (for rent or sale). **b** assessment (of price or sim.).

nummolarii ad hoc sedebant ad mensas ut inter emptores venditoresque hostiarum prompta esset pecuniae ~o BEDE *Hom.* II 1. 115C; magnum illud sacramentum pietatis, illud inestimabile et ineffabile pretium mundi sine pretio, pretium impretiabile hodie sub vilis oboli ~one venditur et offertur P. BLOIS *Serm.* 737A; **1231** hospitia predicta taxari et secundum .. ~onem locari permittatis (*Oxford*) *BBC* 101; **1249** super ~one vicariarum *Reg. Aberbr.* I 169; s**1254** obedientiarios .. fecit bona sua districte .. taxare, asserens quod postmodum fieret super eandem ~onem inquisitio cum diligenti et districta excussione *Flor. Hist.* II 400; **1298** omnium bonorum .. existencium in singulis monasteriis de singulis marchis secundum ~onem Norwicensem, et sicubi non habeatur illa ~o secundum estimacionem ejusdem ~onis, contribuatur denarius unus *Doc. Eng. Black Monks* I 139; **1182** si parochiani qui vocati fuerint ad ~onem faciendam ad diem eis assignatum non venerint, juramento sacerdotis tantum procedet ~o ELMH. *Cant.* 452. **b** **1284** prior .. necessaria sibi et familie sue et evectionibus sumat sub talliis et certi ~one pretii a bonorum custodiis eorundem PECKHAM *Ep.* 583.

2 determination, fixing, stipulation, provision. **b** expression, setting out, description, account.

juxta legis ~onem sicut oculus pro oculo, ita anima exigenda est pro anima J. FORD *Serm.* 115. 3; nullum .. aliud hujusmodi numeri ~onis monachorum hujus monasterii scimus moderamen nisi .. *Meaux* II 28. **b** **786** ego Eanbaldus .. hujus cartule pie et catholice ~oni signo sancte crucis subscripsi *Ep. Alcuin.* 3 p. 27; c**798** quam plurimis vero profuturum et pernecessarium fecistis opus in catholicae fidei ~one ALCUIN *Ep.* 139; ne prolixitas ~onis fastidio legentes oneraret ORD. VIT. IX 18 p. 623.

3 assessment for, or determination, exacting, or payment of, (also) payment due or made as: **a** tax, contribution (in some quot. assoc. w. AS *witerǣden* = 'fine' app. understood as form of aid, tax, or other levy). **b** rent. **c** (w. ref. to other mandated payment) fine, compensation, damages.

a s**854** libera ab omnibus .. ~onibus quod nos *wintereden* appellamus (*Ch.*) M. PAR. *Maj.* I 384; **877** (12c) a ~onibus quod dicimus *ƿite redenne* omnium saecularium perpetualiter libera sit *CS* 544; **933** tutus .. ab omnibus .. tributis majoribus et minoribus atque expeditionalibus videlicet ~onibus omniumque rerum nisi sola expeditione et arcis munitione *CS* 694; c**1155** assignabit eis unam marcatam redditus de terra sua .. ~one legalium hominum provinciae in liberam .. eleemosinam *Chr. Rams.* 305; s**1282** burgensibus ad quingentas marcas taxatis, servientum ipsius curie monachorum ~onem, ut a burgensibus .. minime taxarentur, ejusdem loci priori commisit OXNEAD *Chr.* 258 (=B. COTTON *HA* 162); s**1266** si possent infra dictos tres annos terciam partem dicte ~onis solvere *Chr. Bury Cont. A* f. 153v; Antonius .. maluit vasa propria .. alienare quam vel .. senatum .. per collectas ~ones aggravare *Eul. Hist.* I 325; s**1380** scirent .. plebem nullatenus velle vel taxari vel ~onibus adquiescere WALS. *HA* I 445; **1432** lego ad ~onem, que concessa est .. regi, solvendam nunc .. in auxilium et levamen tocius communitatis civium civitatis Ebor' xl s. *Test. Ebor.* II 18; ~o denariorum de libra de nobis monasterio S. Albani pertinentibus AMUND. II *app.* 309; s**1274** papam pro clero Scocie precaturus ut antiquas ~ones omnium bonorum suorum acciperet BOWER X 35. **b** a**1350** taxatores deferant .. in cedulis scriptas ~ones omnium domorum .. quas illo termino taxaverint *StatOx* 71. **c** **1164** estimatis .. dampnis medii temporis et sub nostra ~one probatis G. FOLIOT *Ep.* 153; dimittatur reus exacto eo quod promissum est, et si quid plus circa litem impendisse cum ~one judicis juraverit RIC. ANGL. *Summa* 12; observarent ut sibi pollicitam enumerarent pecunie ~onem AD. EYNS. *Hug.* IV 7; **1278** ideo villata satisfaciat eidem per ~onem jur' ij bus' pisarum .. sub pena dim' marce *SelPlMan* 90; **1549** ultra expensas litis parti solvendas, ~one judicis, pro prima vice duos solidos [persolvat] *Conc. Scot.* II 122.

4 ? allotment, allocation, or piece of work (*cf. taxa*). **b** portion, allotted part or area.

1270 de exitu grangie frumenti per tascacionem cxxvij quar' dim' *Ac. Stratton* 34 (cf. ib.: de exitu grangie ordei triturato ad tascam). **b** **866** et aliam silvaticam taxadtionem [*sic*] pertinentem ei etiam dabo altrinsecus in campo et silvo *CS* 513 (cf. ib.: in commone illa salvatica [l. silvatica] ~one).

5 (in gl.) trade, buying and selling.

a chepynge, ~o *CathA*.

taxator [CL = *one who touches*]

1 assessor (esp. of value, for purpose of setting tax, fine, rent, price, or sim.), valuer; **b** (for spec. tax or payment).

11.. si forte ~or supervenienti porcionem contradixerit .. duos solidos emendabit (*St. Omer*) *Gild Merch.* I 290; **1223** qui constituti sunt ~ores de interceptionibus factis nobis et nostris a .. Leulino et suis *Pat* 386; **1256** domus .. retaxentur secundum arbitrium ~orum clericorum et laicorum ex utraque parte juratorum (*Univ. Oxon.*) *BBC* 101; **1330** senescallus taxat amerciamenta curie non vocatis aliquibus tascatoribus *Reg. Exon.* III 575; de quodam brevi .. regis directo ~oribus de comitatu Oxonie, ne assiderent cives Londoniarum inter eos ad talliagium *MGL* I 348; **1433** quod nullus eorum fiat collector, ~or, assessor decimarum .. (*Lit. Regis*) AMUND. I 311; **1469** electio officiariorum .. ~ores domorum *MunC Ox* 229. **b** **1270** ~ores et collectores nostros vicesime predicte *RL* II 337; **1276** prior S. Oswaldi Gloucestrie et Johannes de S. .. ~ores decime terre sancte in Wigorniensis civitatis diocesi *Val. Norw.* 620; **1276** in expensis ~orum quindecime vj s. viij d. *Ac. Stratton* 74; **1308** pro serviciis et consuetudinibus manerii subtrahendis de rotulis capitalium ~orum *Rec. Elton* 140; **1316** ~atoribus et collectoribus sextedecime *RScot* 161a; **1452** dicta bona taxarentur per communes ~ores et appreciatores *MunAcOx* 628.

2 university official responsible for fixing rents and regulating prices and measures, taxor.

a**1337** magistri .. ~ores sic deputati coram congregacione jurent ut officium suum .. fideliter exequentur [*sic*] *StatCantab* 317; a**1350** quatuor ~ores in prima congregacione post festum sancti Michaelis a procuratoribus eligantur .. deferant .. in cedulis scriptas taxaciones omnium domorum vel scolarum quas illa termino taxaverint *StatOx* 71; **1549** illi .. procuratores aut ~ores erunt quos major pars presentium suffragiis suis elegerit *Ib.* 351.

3 task worker, one who is paid by the task (*cf. taxa*).

1286 tasch' cyment' .. tascatoribus diversorum operum de cursu et extra cursum in villa de C. fact' ad tascham *KR Ac* 485/28 m. 4.

taxatorius [CL taxator+-ius], (in list of words derived from *taxare*).

taxo .. i. numerare, unde taxator .. et ~ius, -a, -um OSB. GLOUC. *Deriv.* 584.

taxea [CL], bacon-fat, lard (perh. also understood as adj. f. sg. or n. pl.).

~ea, *spic* ÆLF. *Gl.*; ciborum .. tria genera: taxea [*gl.*: *lardys*], scruta [v. l. cruda], ex succidiis sumpta .. BALSH. *Ut.* 48.

taxere v. 2 taxare.

1 taxeus [CL]

1 of yew, yew-, (in quot. w. *arbor*) yew tree.

locus .. abundans arboribus quercinis, ~eis .. J. YONGE *Vis. Purg. Pat.* 6.

2 made of yew-wood.

non arcu utuntur corneo, non alburneo, non ~eo GIR. *IK* I 4; unde et arcus ~ei dicuntur NECKAM *NR* II 70.

2 taxeus [LL taxo+-eus], of a badger.

penula .. ~ea [*gl.*: *pane de tessun*] NECKAM *Ut.* 100.

taxibarbassus v. thapsus. **taxilla** v. taxillus.

taxillarius [CL taxillus+-arius], (in list of words) dice-player.

tesserarius, qui cum tesseris ludit, qui etiam .. ~ius dicitur, quia taxillus tessera dicitur OSB. GLOUC. *Deriv.* 594.

taxillator [CL taxillus+-are+-tor], (in gl.) dice-player.

dice player, aleator, alio, ~or *CathA*.

taxillus [CL]

1 (in gl.) small ankle-bone.

~us, *lytel ancleow* ÆLF. *Gl.*

2 cube. **b** (for gaming) die.

erunt sex superficies quadrate, ut est in ~o BACON *Maj.* I 160; ut ~i quatuor superficialiter secundum omnem situm replent locum *Ib.* I 164. **b** quis non erubescat si sortis sue gratiam non virtuti debet sed ~is? J. SAL. *Pol.* 399C; **1240** prohibemus .. clericis ne .. ludant ad aleas vel ~os *Conc. Syn.* 313; inserviunt aleis et ~is R. BURY *Phil*. 5. 81; cum .. perdidisset ad ~os pecuniam suam *Latin Stories* 76; **1442** ludendo per totam noctem .. ad aleas seu taxillas *MunAcOx* 530.

3 (in list of words).

paxillus, ~us, tantillus, cultellus, quorum primitiva sunt .. palus, talus, tantus, culter ALDH. *PR* 124.

1 taxinus [LL taxo+-nus; cf. LL taxoninus], of a badger, (in gl. as sb.) badger.

brokk, castor .. taxus, ~us, castoreus *CathA*.

2 taxinus [CL taxus+-inus], of yew, (in gl. as sb.) yew-tree.

ev tre, taxus, ~us *CathA*.

taxis v. taxa.

taxo [LL; cf. tesso], **2 taxus,** badger.   **b** (in list) kind of animal.

capio .. ~ones ÆLF. BATA 6 p. 80; ~o, vel melus, *broc* ÆLF. *Gram*. 309; est et hic ~us, qui et melota dicitur, animal mordax et immundum GIR. *TH* I 25; cum urina tassi M. SCOT *Lumen* 246; urina animalis qui tapsus dicitur *Ib*. 257; cum sanguine ~onis aut porci GILB. II 85v. 1; inungatur cum assungia ~i vel ~onis vel gatti GAD. 17. 1; ei [justiciario] sunt tibie ~is, corona pontificis, facies leopardi *Cant. Coll. Ox*. III 71.   **b** pavo, leo, taxus, tapsia, tigris, ovis GARL. *Tri. Eccl*. 36.

taxos v. thapsus.

taxulus [LL taxo+-ulus], (in gl.) badger.

taculus, *brocc GlC* T 17; †thadalus, *brooc* [? l. *brocc*] *Ib*. T 155.

1 taxum v. taxa.

2 taxum [cf. CL taxea], (in gl.) bacon-fat, lard.

~um, *lart* (NECKAM *Ut. comment. gl.*) *Teaching Latin* II 83; hoc ~um, G. *lard* (GARL. *Dict. comment. gl.*) *Ib*. II 145.

3 taxum v. 3 taxus.

1 taxus v. taxa.

2 taxus v. taxo.

3 taxus [CL], yew; **b** (dist. acc. origin).

populus et taxus ALDH. *Aen*. 84 (*Scrofa praegnans*) 6; ~us .. pro quadam arbore que venenata esse dicitur OSB. GLOUC. *Deriv*. 584; hec ~us, i. *hif WW Sup*. 111; venenosas et amaras .. ~os GIR. *TH* I 6; ~os arboresque varias quas .. circa cemeterium olim plantaverant *Ib*. II 54; faciunt balistas et arcus de acere, viburno, et ~o [*comment. gl*.: hec ~us, *yf*] GARL. *Dict*. 124; **1435** quinque arcus de ~o non cordati *Collect. W. Worc*. 572; hec ~us, *hawtre* [l. *hewtre*], *newtre* .. *a hewtre WW*; *an ev stok*, ~um *CathA*.   **b 1284** ccc baculos de ~o Yspanica *Cl* 102 m. 11; **1315** cum uno arcu tento de ~u Hibern' facto *CoramR* 220 r. 105; **1315** unum arcum .. de ~u de Ispania facto [*sic*] *Ib*. 220 r. 105d.

4 taxus v. thapsus.

taycia v. teisa.   **taylagium** v. talliagium.   **tayliare** v. taleare.   **tayllia** v. talea.   **taylliare** v. taleare.   **taynus** v. thegnus.   **Tays** v. thais.   **taysa** v. teisa.   **tazza** v. tassa.

†tcana, *f. l.*

viticella, brionia, †t[c]ana [? l. dictana, i. e. (v. dictamnus)] idem, radice utimur, A. *wildenep Alph*. 190 (cf. ÆLF. *Gl*.: diptamnus vel bibulcos *wilde næp*).

teacia, (in gl.).

teacia i. beta *Gl. Laud*. 1492.

teamum [AS *team*], right of jurisdiction in a suit of *team* (orig. for the recovery of goods alleged to have been stolen) and to fees or sim. accruing from it.

cui sanctus Ædwardus tollum et themum et omnia jura regalia concessit BRAKELOND f. 142v.

teare v. tiara.   **teatralis** v. theatralis.   **teatricalis** v. theatricalis.   **teatricus** v. theatricus.   **teatrum** v. theatrum.   **Tebaicus** v. Thebaicus.

tebet [Heb. *tebet*], Tebeth, tenth month of the Jewish calendar.

decimus [Hebraeorum mensis] ~et Januario .. comparatur BEDE *TR* 11; Hebraice vocatur ~eth .. Lat' Jan' *Miss. R. Jum*. 9.

tebia v. tibia.   **tebialis** v. tibialis.   **tebula** v. tabula.   **teca** v. 1 theca.

†tecesfoca, *f. l.*

13. . habet pisces marinos .. sive platias et balenas sive †tecesfocas [MS: tecẹsfocas; ? l. cete focas], sturgiones, cungros (*Nominale*) *Neues Archiv* IV 340.

techa v. theca.   **techarium** v. thecarium.   **techel** v. tekel.   **techellatus** v. tachelatus.

techna [CL *only in sense c* < τέχνη], skill, craft, art; **b** (in title of book, w. ref. to Galen's Τέχνη ἰατρική).   **c** trick, ruse.

conscissa tunica / quam nobis texuit tegna Sathanica WALT. WIMB. *Palpo* 196.   **b** pronostica Ypocratis et tegni Galieni et pantegni NECKAM *Sac*. p. 54b; hunc modum principaliter habemus in tegni GILB. I 61. 2; periplicis .. interpretatur de replecione ut in fine tegni *Alph*. 139; sic multi jurisperiti condidere Pandectam, sic medici multi Tegni R. BURY *Phil*. 10. 160; **1501** liber isagogii J. A. super librum tegni *Cant. Coll. Ox*. 26.   **c** quem non quivere molesta / exsuperare fuga, nituntur fallere tegna FRITH. 1064; metuens ne redargueretur .. tegna socordiae *Enc. Emmae* I 3; hanc iste intelligens tegnam omnibus patere musitat GOSC. *Lib. Mild*. 12; **s1138** alii tegnam excogitantes versutiorem G. *Steph*. 29; differt a se utroque ~is ipse fetus arrogans, qui cum defert sibi soli, auferre nititur omni quod sibi cumulat uni P. BLOIS *Opusc*. 1026A.

technicus [CL < τεχνικός], expert.

ceterae .. duae [caesurae] posterorum ~orum judicio sunt omissae BONIF. *Met*. 110.

technosus [CL techna+-osus], wily, cunning, crafty.

s1140 vir itidem tecnosus et ad magna fraudulenter commovenda paratissimus G. *Steph*. 51.

tecnare [AS *tæcnan*], to show, present.

qui habet tres hidas terre, ~et [AS: *tæce*; vv. ll. tenet, reddat] unam hidam et dimidiam (*Quad.*) *GAS* 119.

tecnopoeticus [τεκνοποιητικός], that makes a child.

eam [combinacionem patris ad filium] Aristoteles vocat †celmostinam [*sic* MS; l. ~am], id est factivam filiorum OCKHAM *Dial*. 792.

tecnosus v. technosus.

tecte [CL], in a concealed manner, secretly, obscurely.

meditabatur quo ingenio ~ius et callidius Constantem monachum deponeret G. MON. VI 7; que .. declarabo .. dilucide non ~e RIPLEY 123.

tectim [CL tectus *p. ppl. of* tegere+-im; cf. CL tecte], in a concealed manner (in quot. w. ref. to allegorical significance).

Abraham .. carnem Christi immolavit figurative [ed. *PL*: ~im immolavit] cum arietem sacrificavit BELETH *RDO* 98. 100C.

tectio [LL], (act of) covering, (state of) being covered.

per parietum erectionem, et ipsorum ~onem AD. SCOT *TT* 689C; longitudo notat insensibilem et hoc propter ~onem et disjunctionem cellularum J. FOXTON *Cosm*. 37 d. 1.

1 tectis, (in gl.).

tectis [? l. teuchitis], i. cercicla *Gl. Laud*. 1496.

2 tectis v. Tethys.

tectonare [? cf. CL tectum, τέκτων], (in gl., in quot. as p. ppl.) roofed.

~atus, tecto coopertus OSB. GLOUC. *Deriv*. 593.

tector [CL = *plasterer*], roofer, thatcher.

1296 in una grangia de novo construenda cum stipend' carpent' et coopertur' empt' cum stipend' ~oris, clavis et aliis emptis *DL MinAc* 1/1 r. 1; **1314** in stipendio j ~oris tegentis totam coquinam (*Ac. Milton*) *DCCant*.; hic sunt artifices, ibi carnifices, ibi tector R. MAIDSTONE *Conc*. 285; **1437** cum quadam

muliere .. uxore cujusdam ~oris *Stat. Linc*. II 395; **1447** in .. tectura straminea et mercede ~oris *Fabr. York* 63; hic ~or, A. *a thaser WW*.

tectora v. tectura.

tectum [CL]

1 (also pl.) roof; **b** (in fig. context).   **c** ceiling, vault, (in quot. also transf., w. ref. to heavens) sky.   **d** (*sub ~o*) under cover, secretly.

vidit .. corvos .. tecta domus navigantium in portum posite dissipantes *V. Cuthb*. III 5; ablata harundine plumbi lamminis eam [ecclesiam] totam, hoc est et ~um et ipsos quoque parietes ejus, cooperire BEDE *HE* III 25 p. 181; festines .. tecta ipsius [ecclesiae] redintegrare GOSC. *Transl. Mild*. 21 p. 184 (cf. *ib*. 21 p. 181: templum .. diruptis tegulis .. detectum); super ecclesie ~um machinabatur fabricam in qua dependerent campane W. MALM. *Wulfst*. I 8; partes domus .. hoc ~um, *feste Gl. AN Glasg*. f. 20ra; superponitur ~um, tignis et laquearibus obnoxium NECKAM *NR* II 172; sub patulum ~um janue ingredi AD. EYNS. *Hug*. IV 13.   **b** sacrum scripture theologice ~um .. concludere, et sic edificium .. stabilire GIR. *RG* II 1.   **c** jam vero Phebo signorum tecta remenso / cursu bisseno revoluto septies anno *V. Neot*. A 10; sal †petisum [l. pensum] quod est fuligo nata in ~is balneorum *Alph*. 159.   **d** non sub ~o, non clam, sed publice et solemniter H. BOS. *Thom*. IV 17.

2 roofed building, house, dwelling.   **b** shelter.

799 Turonis .. fumosis ~is contenta, Deo donante per vestrae bonitatis providentiam in pace permanet ALCUIN *Ep*. 178; quique tuis tectis habitant, sunt valde beati / et resonant laudes hi tibi perpetuas *Id. Carm*. 99. 7. 6; si .. quivis alium fugientem in aliam domum infuget, si ibi duo ~a sunt, hamsocna reputetur (*Leg. Hen*. 80. 11c) *GAS* 597; gaudentes .. ad sua ~a remeaverunt ORD. VIT. X 19 p. 115; omnes [aucae silvestres], grege facto, collis demissis hostem secutae, ~o incluse sunt W. MALM. *GP* IV 172; ~a cujuslibet veluti propria secure subintrant GIR. *DK* I 10.   **b c1172** nudis operimenta, fatigatis ~i lectique requiem, uberem egrotis misericordiam sollicite subministrantes G. FOLIOT *Ep*. 413.

3 material used for construction of a roof.

1461 per reparacionem camerarum .. in ~is, tigulis, calce, sabulo *ExchScot* 59.

tectura [LL]

1 roof, roofing.   **b** roofing material, material used in or for construction of roof.   **c** (act or process of) roofing, construction of or furnishing with a roof.   **d** roofed building.   **e** (in gl.) ceiling or canopy.

turris .. quam necdum ulla in supremo cacumine ~a claudebat OSB. *V. Dunst*. 26; **c1122** domos conquassatas, ~as reparandas .. tacere non potui OSB. CLAR. *Ep*. 2 p. 51; talis .. domus illius ~e est R. COLD. *Godr*. 172; sustentabit celerarius intrinsecus et de thesauria conventus, sicuti et ~am, mensas et fenestras refectorii *Cust. Westm*. 149; **1450** xxvj celdr' calcis .. pro factura murorum et ~a lapidea *Ac. Durh*. 239; in quodam foramine vel theca inter ~am domus et ipsius celaturam *Meaux* III 175; turris amicta fuit stellis; sapphirica nubes / fulsit tectura: splendor ubique nitet ELMH. *Metr. Hen*. V 664.   **b 1416** in ~a straminea vocat' *rede Ac. Durh*. 612; **1447** in custibus appositis super quamdam domum .. videlicet, in .. ~a straminea et mercede tectoris *Fabr. York* 63; **1463** pro postibus, tignis, ~a, et laboribus et expensis edificancium *ExchScot* 179; hec ~a, *thak WW*; *thakke*, culmus, tegmen, ~a *CathA*.   **c c1380** in plumbo empto pro ~a cancelli ecclesie *Cant. Coll. Ox*. 127; **1396** pro ~a chori de B. cum *chyngyll*, iij s. viij d. *Fabr. York* 131; **1411** ~a refectorii cum veteri plumbo et duodecem foderis novi plumbi additis *Lit. Cant*. III 115; **1459** pro .. expensis factis in reparacione, edificacione, et ~a diversarum domorum *ExchScot* 565.   **d 1540** una ecclesia cum cymiterio, iiij vetuste ~e, unum parvum pomarium *MS PRO SP* 65/3/3 f. 85.   **e** hec tectora, *a selowyr WW*.

2 cover (in quot. of wool or fabric), coverlet; **b** (fig. in quot. pl.).

chirotheca, -ce .. i. manuum tectura vel manuum repositorium, nam theca dicitur scrinium ubi reponitur aliquid OSB. GLOUC. *Deriv*. 106; **1588** unam ~am Anglice vocatam *a coverlett Pat* 1320 m. 2.   **b** fossam .. quam prius industria regia .. longis fasciculis sub nocturnis silenciis et ~is repleri fecerat *G. Hen. V* 7.

tecula v. tegula.   **teculare** v. tegulare.   **teculator** v. tegulator.   **tecum** v. tu.   **teda** v. 1 todus.

teddare [ME *tedden*], to spread out (cut grass or sim.) for drying, to ted.

c**1230** falcabit, ~abit, levabit tantum dim' acram prati pro ij operationibus *Cust. Waltham.* f. 207v; c**1230** in prato de N. falcat, ~it, levat j rodam *Ib.* f. 210v; **1277** in xxxj acris prati .. falcandis, ~andis, levandis, et tassandis *MinAc* 915/9; **1279** debet ~iare herbagium *Hund.* II 870a; **1333** ~abunt pratum domine, deinde facient fenum et tassabunt in prato (*Rent. Lisronagh*) *RIA Proc.* XLIII 47.

teddere, ~iare v. teddare.

tedea, (in gl.).

dadidium, i. tedea *Gl. Laud.* 504.

tedebir [Ar. *tedebir* pl.], (geom.) plan, scheme, arrangement, argument.

proportio g ad a et b sicut proportio ad alteram. sitque ~ir [v. l. consilium] idem ADEL. *Elem.* V 7; sitque eorum ~ir unum *Ib.* VI 3 (cf. ib. X 104: sit enim consilium eorum unum).

tederare [ME *tederen*], to tether.

1535 nullus tenens ~abit ultra unum equum super communiam (*Court Bk Tothill, Lincs*) *MS BL Egerton 3002* f. 47b.

tedere, (in gl.).

to wagge, palare, tedere [? l. cedere], et cetera, ubi *to styrre CathA.*

tedinga, ~hinga v. tethinga.   **tedis** v. 2 Thetis. **tedula** v. scindula.   **tega, tegedum** v. teges.   **tegel** v. tekel.   **tegellaria, ~ius** v. tegularius.

tegere [CL]

1 to cover.   **b** (also *humo ~ere*) to cover with earth, bury.   **c** to place or set as a covering.

ossa tegat tellus quamvis modo mole sepulcri ALDH. *CE* 2. 34; ut lapis quo monumentum ~ebatur amoveretur BEDE *HE* III 8; [inmundi spiritus] spatium totius aeris fuscis nubibus ~ebant FELIX *Guthl.* 31; usque ad tectum ligneum plumbo diligenter tectum *V. Ed. Conf.* f. 49; crescentes herbe antiquum aggerem ~ebant ORD. VIT. III 14 p. 149; totam earum terram nebula texit, quia mentem eorum erroris phantastici caligo obscuravit AD. SCOT *Serm.* 125B; hic more avis pilis corporis sui ~ebatur (*Brendanus* 98) *VSH* I 148; **1404** j cista que ~itur cum correo rubeo *Ac. Durh.* 395.   **b** non valens sanctus illum ~ere humo ibi .. rogavit Christum ut vivificaret illum (*Coemgenus* 15) *VSH* I 241; cum fratres .. equum vel boves, quibus potuissent semen projectum in agro humo ~ere, non haberent, ipse pater .. trahens supra vires octamen cepit humo ~ere semen (*Cronanus* 13) *Ib.* II 25; cum fima respersa fuerint, mox revolvatur terra et fima ~antur *Cart. Glouc.* III 218.   **c 1374** tectori ~enti dictum stramen super aulam predictam *DL MinAc* 507/8227 m. 1; **1473** in convencione J. H. tegulatoris, ~entis vj perticas super bovariam ad tascham .. xx s. *Pipe Wint.* 11M59/B1/202.

2 to roof, place a roof over.   **b** (p. ppl. as sb. n.) covered place.   **c** to provide shelter under a roof to (also transf.), to provide or act as a home for.

ecclesiam .. quam .. harundine texit BEDE *HE* III 25; ad domos ~endas *Cart. Glouc.* III 217; **1314** in stipendio j tectoris ~entis totam coquinam (*Ac. Milton*) *DCCant.*; **1409** T. P. operanti et ~enti super diversa ten' infra ballium .. viij s. *Ac. Durh.* 607; **1510** porticus ante hostium ecclesie oportet de novo ~i, A. *thekyd Fabr. York* 264.   **b** coluber .. umbris et tecto succedere solet *Lib. Monstr.* III 17; juventus nostra, quae tecto gaudet et umbris [cf. Juv. *Sat.* 7. 105: genus ignavum, quod lecto [v. l. tecto] gaudet et umbra] J. SAL. *Pol.* 598B.   **c** major relliquias quas tunc aulea tegebat ALCUIN *SS Ebor* 366; hoc tegitur corpus venerandi praesulis antro / Tatwine *Epigr. Milredi* 811.

3 to cover (with clothing or sim., also fig.). **b** (of clothing or sim.) to cover.

frondigeris tegitur bellantum turma coronis ALDH. *Aen.* 91 (*Palma*) 7; nolui .. vivens ullo lineo tegmine corpus meum ~ere FELIX *Guthl.* 50 p. 156; quid significant ista vestimenta quibus discipuli ~unt hec

animalia in quibus sedet Dei Filius? AILR. *Serm.* 2. 26. 269A; sandaliis pedes et crura .. ~ebantur T. MARLB. *Odulph* 316; Scoti collecti, serpentum felle refecti, / stulticia tecti *Pol. Poems* I 43; froccis sive collobiis de canabo ad modum panni saccorum ~untur FORTESCUE *LLA* 35.   **b** nec minor eximiae renitebat gratia vestis / incorrupta solo, sanctos quae texerat artus BEDE *CuthbV* 831; te monachi texit vestis (*Vers.*) *V. Gund.* 49; scapularius, vestis scapula ~ens OSB. GLOUC. *Deriv.* 560; habebant .. comas perlongas .. corpus ex magna parte ~entes GIR. *TH* III 26; si forte regiis inflaris vestibus, / de tecto cogita, non de tegentibus WALT. WIMB. *Carm.* 413.

4 to shield.

sospitem tete sordibus / servet Herus ab omnibus, / tegat totum tutamine / truso hostis acumine (*Æthelwald*) *Carm. Aldh.* 5. 67.

5 to conceal, hide; **b** (w. ref. to nakedness, *cf. Gen.* ix 21–3).   **c** to refrain from disclosing, conceal, keep secret.   **d** to prevent (something) being seen or disclosed.

o tu Nate, Patris gremio qui congeris actu / materno tectus populos DUNST. *Vers.* 8; omnes .. rerum forme informi quadam et contumeliosa obfuscacione ~ebantur EADMER *Excell. B. M.* 576D; criniti sic tondeantur ut pars aurium appareat et oculi non ~antur W. MALM. *GP* I 64.   **b** quod probrum cupiunt fratres velare paternum / tertius et primus pepli sub veste tegentes ALDH. *VirgV* 2507; pudenda patris maluit deridere quam ~ere PULL. *Sent.* 918C.   **c** visio .. tremenda apparuit, quam te audire ac silentio ~ere volo donec .. BEDE *HE* V 19; revolutio lapidis mystice reserationem sacramentorum, quae velamine litterae tegebantur, insinuat *Id. Luke* 623; his taliter obloquentibus, et sue latebras incontinentie falsitatis umbra ~entibus H. READING (I) *Haeret.* III 1290A; scoma .. morsus est figuratus quia sepe vel fraude vel urbanitate ~itur ut aliud sonet, aliud intelligas J. SAL. *Pol.* 709A; dolor siquidem speciem ignis gerit, quia dum plus ~itur, plus ignescit P. BLOIS *Ep.* 49.   **d** non tantum debemus inherere improprietati verborum veritatem ~enti quantum inhiare proprietati veritatis sub multimodo genere locutionum latenti ANSELM (*Casus Diab.* 1) I 235; turpe .. discipulo presertim magistri martyris, aut martyri debita veritatis preconia subticere aut ejus inimicis exquisita assentationis blandimenta consuere, quibus suam sevitiam ~ant H. BOS. *LM* 1312A.

6 to cover up, conceal, veil (defect, foulness, or sim.).

tecta sunt peccata per penitentiam PULL. *Sent.* 1002B; nam cenum cenum est, quamvis cadentibus / que sordes pallient tegatur nivibus WALT. WIMB. *Carm.* 413.

7 to cover or occupy (space).

pausa trium temporum tria spatia vel valorem trium ~it ... pausa vero duarum temporum duo spatia ~it vel unum integrum et duo semis HAUDLO 160.

teges [CL]

1 covering.   **b** thatch.

prosiliente spuma pingui quae concreta densatur ubi loci natura poscat ~ete palmea excipiente [Plin. *HN* XII 32] BEDE *Cant.* 1144A.   **b** ~es, *ðaca GlT* 78; sanctus vates .. tugurium obsoleti deserens ~etis LANTFR. *Swith.* 1.

2 shed, hut.   **b** (euphem.) brothel.

gloria castrensis gladiis aequata remansit, / lutea pars tegetum [v. l. digitum] sola videtur iners ALCUIN *Carm.* 9. 39; conclusit eos in ~ete posti firmiter alligatos MAP *NC* I 30 f. 22v; si quando necesse habuit in matris †tetige [l. tegite] mutare locum *Mir. J. Bev. C* 331; *coth, lytyl howse,* casa .. tugurrium .. ~es *PP*; hec ~es, *parva domus WW*; **1491** pro parva tega juxta clocherium cum parvo angulo juxta portam carnarie (*Sacr. Norw.*) *Arch. J.* XXXII 31. **b** prostibulum, domus meretricum .. proseucha, ~es, meritorium OSB. GLOUC. *Deriv.* 469; predictis tegedum conjungas, atque proseuta GARL. *Syn.* 1587D; *a bordylle house* .. lupanar, prestibulum, †prosenta [l. proseuca], ~es, lustrum, stupratorium *CathA.*

3 (in list of words).

ut 'haec seges, segitis', sic 'merces', '~es', 'quies' TATWINE *Ars* 1. 104; haec seges segetis, ~es et abies ALCUIN *Gram.* 865A.

tegga [cf. Eng. *teg*], teg, female deer in her second year.

1494 dedit unum sowrellum .. item unum teggum [MS: un' tegg'] (*DL Forest Proc.*) *Pickering* I 154.

teggus v. tegga.

tegilectum [cf. CL tegere+lectum], (in gl.) coverlet.

~um, A. *a coverlyth WW.*

tegillarius v. tegularius.

tegimen, ~men, ~umen [CL]

1 that which covers, covering, cover. **b** shelter, cover (as protection, concealment, *etc.*); **c** (in transf. or fig. context).   **d** (outward) appearance.

tempore non ullo viduabor tegmine spisso ALDH. *Aen.* 69 (*Taxus*) 2; numquid mala punica cittis granisque rubentibus referta et simplo librorum ~mine [*gl.:* operimento, *emfencge*] contecta contemptibilem naturae calumniam perpeti putantur ..? *Id. VirgP* 9; de .. pellibus [ballaenarum] sibi genus quaedam apud Indos vestimentorum ~mina componit *Lib. Monstr.* II 26; **716** veluti si videntis .. hominis oculi densissimo ~mine velentur, et subito auferatur velamen, et tunc perspicua sint omnia (WYNFRID) *Ep. Bonif.* 10; nolui .. vivens ullo lineo ~mine corpus meum tegere FELIX *Guthl.* 50 p. 156 (cf. ib. 28: nec alterius cujuscumque delicatae vestis ~minibus usus est); pugnae instrumentis, quae facile per scuta vel alia ~mina viam inveniunt W. POIT. I 17; non in armorum vel in ~minum fidutia sed in .. crudo robore brachiorum victoria virorum consistat W. MALM. *GR* IV 374; librum pregrandem rubenti ~mine adopertum R. COLD. *Godr.* 322; **1291** is qui super vestibus, calciamentis .. apparatu lecti vel ~uminis ministrandi gerit officium *Hexham* I app. xxiii.   **b** arboris umbriferae maestus sub tegmine solus / dum sedi BEDE *Hymn.* 14. 3; ilex .. sub cujus ~mine Abraham stans tres pueros vidit SÆWULF 73; Pleyades .. / nunc sub telluris tegmine delitescunt J. HOWD. *Cant.* 123. **c** hic quoque Jacobus cretus genitore vetusto / dilubrum sancto defendit tegmine celsum ALDH. *CE* 4. 4. 1; quid archanorum spiritalium intra ~men litterae celaret edocuit BEDE *Ezra* 862D; ?**800** ego .. sub ~mine pietatis vestrae constitus ad jocunditatem animi vestri .. litterulas dirigere studeo ALCUIN *Ep.* 198; sub verborum tegmine vera latent J. SAL. *Enth. Phil.* 186; caritas .. vestra .. est .. non fucata ~mine coloris R. COLD. *Osw. pref.* p. 327; fit ut vel nunquam vel certe raro quibus se aliquando obligavere promissa, interveniente oblivionis ~mine, a cordis aspectibus abscondant AD. SCOT *OP* 443D; in ~mine alarum ejus sperantibus J. FORD *Serm.* 105. 8.   **d** una solet sub melle venenum / largiri, altera dat sub tristi tegmine vinum HWÆTBERHT *Aen.* 18 (*Iniquitas et justitia*) 3; quem prius absconsum nitidi sub tegmine panis / mystica verba canens semper sacrare solebas, / nunc oculis spectans manibus tractare memento *Mir. Nin.* 433.

2 roof.   **b** shelter, protection.

illi ~men tegurii sancti .. viri quod ollim [*sic*] per xvj annorum spatia exceptis xiij ebdomadis in tellura [*sic*] tectus tenebatur, movere fodereque ceperunt HUGEB. *Wynn.* 13; invenit .. muros ecclesie sine ~mine AILR. *SS Hex* 11 p. 191.   **b** domus .. ejus cunctis .. peregrinis erat pro hospicii ~mine R. COLD. *Cuthb.* 102.

3 roofing material, thatch.   **b** (in gl., conf. w. *tignus*) beam.

1222 herciabit .. et dabit quadraginta garbas ~minis vel duos denarios (*Ext. Ely*) *Med. E. Anglia* 260; **1300** de cxx garbis ~minis venditis *MinAc* 1132/10 m. 12; hec tectura, *thak.* hoc ~imen, idem *WW.*   **b** hic tignuus vel hoc ~imen, *a sparre WW.*

tegimentator [CL tegimentum+-are+-tor], **~mentator, ~umentator,** one who conceals, concealer.

1432 rerum absconditarum ~umentatori *FormOx* 439.

tegimentum, ~mentum, ~umentum [CL]

1 that which covers, covering (also fig.); **b** (applied to clothing).   **c** (source of) protection.   **d** shelter, cover (as protection, concealment, *etc.*).

[martyres] corpora sua animarum videlicet ~umenta pro domino dabant BEDE *Hom.* II 3. 123B; vinacia quippe sunt ~umenta verborum, figurarum involucra J. FORD *Serm.* 81. 6; vene et artarie dilatantur intantum quod circumdant totum stomachum et intestina in modum cujusdam sacci quod ~mentum zirbus appellatur *Ps.*-RIC. *Anat.* 34. **b** aderant .. duo religionis exterius ascripti titulo tonsura et ~umento LUCIAN *Chester* 39; homines preparant hospicia calida, provident ~umenta, carbones et ligna adquirunt BACON V 61; alimenta et ~umenta parce recipere WYCL. *Blasph.* 108. **c** quid .. eis nocere valebit quibus dextera Dei ~umentum erit? EADMER *Beat.* 5. **d** in causarum .. assignacione nec sufficienti nec competenti, ne verum ex toto publicaret, sub astutie sue ~umento latitavit GIR. *GE* I 18 p. 55; Deus loquens patribus in prophetis sub quodam ~umento occidentis littere COGGESH. *Visio* 1; debet hec simplicitas esse sine plica vane intencionis, sine ruga false opinionis, sine ~umento paliate ficcionis HOLCOT *Wisd.* 16.

2 roof.

1389 tradiderunt .. schopam .. ac eciam unam parvam schopam sub ~umento dicte schope *Cart. Osney* I 288.

tegistis [? cf. CL tegere; cf. et. LL tegeste = *covering of a pauper's hovel*], (in gl.).

~is, i. fragmenta fronorum *Alph.* 184.

tegium v. ignitegium. **teglanda** v. thegnlanda. **teglare** v. tegulare. **teglator** v. tegulator. **tegmen** v. tegimen. **tegna, ~i** v. techna. **tegnio, ~nus** v. thegnus. **tegorium** v. tugurium.

tegula [CL]

1 tile: **a** (for roof); **b** (for covering or constructing wall, or for paving); **c** (dist. acc. material); **d** (dist. acc. shape or appearance); **e** (dist. acc. origin); **f** (w. ref. to the Keramidion, the holy tile of Edessa, imprinted with an image of the face of Christ). **g** (collect. sg.) tiling. **h** tile-like object, (in quot., of soap) bar.

a domus .. ~is contecta BEDE *Luke* 387C; ~as .. integras et lapides quos invenit aptos ad edificia seponens ad fabricam ecclesie reservavit *G. S. Alb.* I 24; s**1254** prorupit inundacio pluvialis .. abradens scindulas domorum et ~as M. PAR. *Maj.* V 448; **1292** in teculis, clavis latis, et calse emptis ad novam domum *Comp. Worc.* I 12; **1348** in .. tiglis emptis ad cooperturam grangie (*Wye, Kent*) *MinAc* 899/7 m. 1; **1440** pro sex tigulis vocatis 'crestis' ad cooperiendum tectum aule *Cant. Coll. Ox.* 157. **b** **1275** Willelmo le Pavor pro m ~is ad pavimentum *KR Ac* 467/6 (2) m. 8; **1335** solut' Willelmo Tegulatori pro factura .. ~arum muralium *Sacr. Ely* II 35; **1389** factores tegularum .. non vendant mille ~arum muralium carius quam pro quinque solidis *Mem. York* I 42; super constructura ejusdem monasterii de lapidibus vel saltem ~a vocat' *bryk* (*Test. Hen. V*) *EHR* XCVI 93. **c** ~is .. ereis fastigia ecclesiarum nudavit W. MALM. *GR* IV 356; officina regularia decenter constructa lapidibus et ~is ligneis tecta AILR. *SS Hex* 11 p. 193; Constans discooperuit Pantheon ~is ereis R. NIGER *Chr. II* 143; **1302** de d ~is lingneis receptis de empcione *MinAc W. Wales* 475. **d** **1238** capellam .. ~a picta decenter paveari faciatis *Cl* 26; **1245** in xx^m iiij tegulis et c ~is concavis *Pipe Wint.* 11M59/B1/18 r. 20; **1253** in j ~a cornar' et viij crestis ad dictam domum putei emptis *Ib.* 11M59/B1/24 r. 12*d.*; **1289** de ~is subtilibus (*KR Ac*) *Building in Eng.* 146; **1313** Waltero .. pro dim' c ~arum cavatarum *KR Ac* 468/20 f. 6; **1370** exitus tegularie: .. in vendicione .. cccc de cornariis, c mill' de ~is planis *MinAc* 899/23. **e** **1320** in c ~is Flandrensibus pro pulvere inde faciendo ad idem symentum *KR Ac* 469/1; **1344** in vij^m ~is Flandrensibus pro parietibus circumquaque domum predictam inde conficiendis *MinAc* 1082/5 no. 4 (3). **f** sanctum manutergium .. habet vultum Salvatoris .. sancta .. ~a in qua apparuit et ipse vultus Christi de sancto manutergio *Descr. Constant.* 245. **g** **1220** quoddam mesuagium ~a coopertum in magno vico Oxonie *Cart. Osney* I 381; **1259** dedit .. ad .. capellam paviendam totam ~am que remansit de pavimento capituli Westmonasterii *Cl* 377; **1280** in coopertorio et ~o *Ac. Stratton* 232; **1354** ad maeremium, petram, ferrum, plumbum, ~am, focale, et alia necessaria pro turri nostra Lond' .. providenda *Pat* 242 m. 20. **h** **1380** J. R. habet de bonis et mercandizis predictis xxx ~as de soope albo *IMisc* 222 (7).

2 tiled or covered room, store.

dapifer super ~am que in promptuario trabibus erat superposita .. ascendit R. COLD. *Cuthb.* 22 p. 48 (cf. ib. 22 p. 49: ~a .. trabibus cellarii superposita fuerat que panes sustinere antea diutius solita erat, quia panibus [*sic*] talis custodia munditie integritate tenuit).

3 covering, (item of) clothing or bedding.

4 ~is vocatis *blankets Entries* 208ra.

tegulare [CL tegula+-are; cf. LL tegulatus, tegulatum]

1 to prepare or use as a tile (in quot. p. ppl.).

1535 tenent' .. quarinam de lapidibus tegulat' ad fodendum *Val. Eccl.* II 202b.

2 to cover or construct with tiles or panels; **b** (absol.). **c** (p. ppl. as sb. n. pl.) roof.

c**1192** duos solarios ~atos [cum] mairemio de quercu *Cart. Osney* I 61; **1236** gistas et planchias .. et pressorium et warderobas de camera ~ata hostia et fenestras et mensas *BNB* III 215; **1245** nullas domos nisi ~atas et securas in ea edificare *Reg. S. Aug.* 520; **1337** xij solidorum .. quos tenebantur annuatim reddere de molendino suo ~ato *ChartR* 124 m. 21 (18); cujus situm vallavit muro terreo fortissimo, ex materia lignea optime ~ato *G. S. Alb.* III 445; **1580** pro uno tenemento ibidem teculato *Hal. Durh.* 196. **b** **1276** in stipendiis ij tegulatorum per xvij dies ~antium super aulam et cameram *Banstead* 307; **1361** Ricardus le M. *teylere* cepit .. pro stipendio suo ad ~andum .. vij d. (*AncIndict* 115) *Proc. J. P.* 366; **1454** nec illi qui ~ant ponant hujusmodi *semytyll Leet Coventry* I 279. **c** nascitur circa ortos et in viis et super tecta s. teglanta [v. l. ~ata] *Alph.* 70.

3 to embellish or cover (with repeated design, pattern, or sim.).

1295 casula de quodam panno, Tarsici coloris, ~ata cum pluribus listis de aurifilo contextis *Vis. S. Paul.* 323.

tegularis v. tegularius.

tegularius [CL], **~is,** of, for, or concerning tiles or their manufacture or use. **b** (as sb. m. or f.) tile-maker, tiler (also passing into personal name). **c** (as sb. f., in gl.) sorceress, witch. **d** (as sb. f. or n.) tile-works. **e** tile-work, roofing, tiling.

1324 petram ~em et lapides murorum *FormA* 139; **1547** domus ~is [vulgariter vocata] *a tyle kylle CalPat* I 116. **b** a**1200** his testibus .. Henrico ~io *Danelaw* 354; **1271** debere Hugoni Pape et ~io Amatoris et Guelpho ~ii xxv marcas *Cl* 418; **1318** ~io operanti .. circa candellariam *KR Ac* 469/1; **1371** custus tegularum et stipendia tegillariorum *Fabr. York* 8; **1419** plasterarii et ~ii *Mem. York* II 82; **1461** solucionem factam uni tigulario laboranti circa emendacionem tecti turris de F. *ExchScot* 106; **1468** tegellaria, *a she tylare* .. ~ius *a tylere* (*Medulla*) *MED* s. v. *tiler*; *a tiler*, cenofaciarius, ~ius, ~ia *CathA*; **1533** in solutis Johannis Swithune ~io operanti circa cooperturam in parte australi sacristariae xx d. per quatuor dies *Comp. Swith.* 217. **c** ~ia, venefica super tegulas sacrificans OSB. GLOUC. *Deriv.* 590. **d** **1287** de Ricardo de B. pro duobus ~iis quondam Margarate H., postea Stephani C., postea Rogeri de R. viij s. *Mem. Beverley* II 315; **1341** in defectu redditus ~ie extra le Nakholte (*Wye, Kent*) *MinAc* 899/2; **1370** exitus ~ie: .. in vendicione .. c mill' de tegulis planis *Ib.* 899/23; **1370** Thomas .. tegulator cepit ~iam de A. .. reddendo inde communitati vj millia tegularum per annum *Doc. Bev.* 28. **e** **1335** in xlviij millen' et viij cent' turbarum marisc' empt' pro ~ia ad diversa precia *Sacr. Ely* II 67; **1360** una fons sive puteus aquaticus .. indiget cementria .. et tegulr' *IMisc* 182/12.

tegulatio [tegulare+-tio], manufacture or installation of tiles, tiling.

1371 in mcccc tegulis emptis pro domo scolarium cooperanda .. in ~one ejusdem domus ex convencione *Fabr. York* 8; **1376** ij tegulatoribus operantibus super ~one et emendacione diversarum domorum *KR Ac* 464/30 m. 3; a**1440** in ~one horrei et ligatura unius domus ibidem AMUND. II app. p. 262; **1503** solutum duobus tegulatoribus operantibus circa ~onem cubiculorum *Cant. Coll. Ox.* II 237; **1504** pro ~one xv^m novarum et veterum tegularum precium m. xij d. xv s. *Crawley* 495.

tegulator [tegulare+-tor], one who makes or installs tiles, tiler (also passing into personal name).

1225 in iij ~oribus .. ad aulam tegendam *Pipe Wint.* 11M59/B1/11 m. 15; **1270** inter ipsum et Hervicum ~orem *Law Merch.* I 9; **1276** in stipendiis ij ~orum per xvij dies tegulantium super aulam et cameram *Banstead* 307; **1292** in stipendio ejusdem teculatoris *Comp. Worc.* I 12; **1346** in mmm pynnis emptis pro granaria sclatanda iiij d. ob. in stipendiis iij ~orum sclatancium granariam *Rec. Elton* 323; **1348** in stip' j tiglatoris cooperientis super .. aulam et grangiam (*Wye, Kent*) *MinAc* 899/7 m. 1; **1371** insultavit predicto Johanni C. teglatore [*sic*] per verba maliciosa *SelCCoron* 55; **1379** Robertus Boket .. trigulator et *potere* .. non vult laborare *SessPEssex* 159; **1379** Johannes Coraunt trigulator [MS: tygulator] capit per diem iiij d. et cibum *Ib.* 176; **1440** tigulatori .. ad tegendum tectum aule .. x d. *Cant. Coll. Ox.* 157; *a teler*, cenofaciarius [v. l. scenofactorius], ~or *CathA*; **1485** ij sexis, j *trulle*, et j *pynnynge hamyre* emptis pro ~ore hoc anno, xx d. *Comp. Swith.* 384.

tegulatorius [tegulare+-torius], of or used for tiling.

1439 in d petris ~iis emptis cum cariagio xxij d. *Ac. Churchw. Glast.* 192.

tegulatrix [tegulare+-trix], tile-maker, tiler (f., in quot. passing into personal name).

1327 in .. tegl' emp' de Constanc' Tegl'at'ce pro oper' predicto *KR Ac* 501/8 m. 6.

tegulatura [tegulare+-ura], tiling. **b** (in list of words).

1419 in plasteratura et ~a in tenemento *Mem. York* II 82. **b** tegula .. unde .. hec ~a, -e OSB. GLOUC. *Deriv.* 574.

tegulinus [CL tegula+-inus], of or used for tiling.

1319 in lxv m^lis et v^c petris ~is *Fabr. Exon.* 108.

tegulria v. tegularius. **tegulum** v. tegula. **tegumen** v. tegimen. **tegumentator** v. tegimentator. **tegumentum** v. tegimentum. **tegurium** v. tugurium. **teha** v. 1 theca. **teholneum** v. tolneum.

teia [AN *teie*, OF *toie* < CL theca, θήκη], cover, case (for pillow, cushion, or sim.).

1208 pro pannis de serico ad faciendas ~as ad auricularia nostra *Cl* 109a.

teignus v. thegnus. **teillus** v. taleare. **teinagium** v. thegnagium. **teinga** v. tethinga. **teinlanda** v. thegnlanda. **teinnus, teinus** v. thegnus. **teintarius** v. tinctarius. **teinterarius** v. tincturarius. **teintor** v. 2 tinctor. **teinturarius** v. tincturarius.

teisa [AN *teise* < CL tensa (sc. brachia)], linear measure of six (French) feet, toise, fathom.

1198 pro .. xxxv teseis corde *RScacNorm* II 303; **1200** cordam unam que continet xx^ti teysas *RChart* 97a; **1212** tres cable magne de centum et sexaginta et decem et octo ~iis *Cl* 130a; **1221** duo milia ~arum de cordis *Cl* 448b; **1224** tesa *Pipe Wint.* 11M59/B1/11; **1253** injunxit quod eas [cathenas ad machinam] faceret una theya longiores *RGasc* I 362b; **1269** in v tramallis et una sagena de longitudine iiij^xx tesiarum .. emptis *MinAc* 1078/11 r. 8*d.*; **1287** in j corda autumpn' de xij ~onibus *Ib.* 840/4; **1289** in una corda empta de xxvij theys' *KR Ac* 479/15 r. 3; **1296** in .. cordis longitudine xxxvj tesionum emptis *MinAc* 997/11; **1298** longitud' corde unius teysie et dimidie *PlRCP* 123 m. 107; **1325** pro ij magnis cordis longitudinis xl ~orum *KR Ac* 469/8 m. 2; **1332** pro sexcentis taysis cordarum ad opus custodis *ExchScot* 414; **1350** j corda de ix tayciis *Surv. Durh. Hatf.* 218.

teisia v. teisa.

teisillare [? cf. AN *teisir* < CL tacere; cf. et. intesillare], to gag (*cf.* T. MON. *Will.* I 5: *aperto ori tormentum quod vulgo* teseillun *dicitur intromiserunt*).

1228 ipse ligatus fuit lannera sua propria et capistro equi sui et quod ~atus fuit mitra sua propria *CurR* XIII 745.

teiso, ~um v. teisa. **teitinga** v. tethinga.

tekel [LXX θεκέλ < Ar. *teqel*], one of the words that were written on the wall at Belshazzar's feast (*Dan.* v 25).

mane, techel, phares, quod interpretatum dicitur numeravit, pensavit, divisit ALDH. *VirgP* 21; digitos scribentis in pariete mane, thecel, phares R. BURY

Phil. 16. 209; **1346** flos es, flore cares, in campo viribus ares, / mane tegel [v. l. techel] phares, lupus et lynx non leo pares *Pol. Poems* I 28 (=*Ib.* I 40); per techel et mane phares discussaque plane *Ib.* I 164 (cf. (ERGOME) ib. I 165: per techel et mane, phares, i. per scripturam istam, seu per ista verba).

1 tela [CL]

1 cloth in the course of being woven on a loom; **b** (fig., ~ *vitae*). **c** width of cloth on a loom (in quot., as measure).

videas .. istam deambulando productis filis quasi ~am ordiri GIR. *IK* I 2. **b** **1183** vite ~am in nato regio, quam nondum perfecte texuerat, tempestive preciderit P. BLOIS *Ep.* 167. **c** **1445** cum ij *curtens* de Boker' blod' de iij tel' latid' et viij virg' long' *KR Ac* 409/12 f. 63.

2 (woven) cloth (as material or item made thereof); **b** (dist. acc. size, sort, *etc.*).

~ae eorum non sunt in vestimenta quae animam calefaciant BEDE *Sam.* 612C; solebat .. summonere fullones .. ut ei accomodarent pannos ad sal suum ducendum. alioquin ipse prohiberet eis usum aquarum et caperet ~as quas ibi inveniret BRAKELOND f. 150v; nolebat expendere ~am ad sepeliendum maritum suum *Latin Stories* 9 *tit.*; **1451** almutia .. sive de panno vel de ~a *Mon. Francisc.* II 89; **1527** ponetur ~a panni sub pedibus suis super quam gradietur *Stat. Linc.* II 553. **b** **1165** uxor .. cum aliis munusculis trecentas ulnas ~arum Remensium regi nuper transmisit in Angliam ad camisias faciendas P. BLOIS *Ep.* 138; ~e cilicine que ad operiendum tabernaculi tectum parabantur AD. SCOT *TT* 646B; in hoc [fonte] .. non tantum ligna, sed et lina, lineaque ~a, per annum imposita, durissimum in lapidem congelantur GIR. *TH* II 7; **1290** in iiij peciis ~e de Eylesham ad tria rocheta et j superpellic' *Ac. Swinfield* 190; **1330** quatuor ulnas ~e Paris' *KR Ac* 385/4; **1330** cx ulnas ~e de Reyns *Ib.*; **1351** in ij ulnis linee ~e emptis *Rec. Elton* 371; eme tres ulnas ~e de borello *Latin Stories* 10; **1460** lata ~a, duabus libris de cotone, et diversis aliis minutis *ExchScot* 34; **1509** cum xxij virgis ~i [*sic*] auri *EEC* 572.

3 web (of spider or sim.); **b** (in fig. context).

annua dum redeunt texendi tempora telas ALDH. *Aen.* 12 (*Bombix*) 1; clavi massam rupit ferream ceu ferrugineam araneae ~am LANTFR. *Swith.* 27; catene ille ferree .. quasi ~a aranee dissiliere R. COLD. *Cuthb.* 49; **1295** domum undique a ~is aranearum et sordibus mundatam *Obs. Barnwell* 192; †telamanee [l. ~a aranee] virtutem habet consolidandi, alio nomine dicitur apium barbatum *Alph.* 184 (cf. ib. 13: apium barbatum respice in ~a †mariee [l. aranee]). **b** Arnulpho .. neniis et ambagibus diutius ~am aranee texente W. JUM. III 12; tamquam aranea pausans in angulo orditur ~as diaboli quibus illaqueat fratres WYCL. *Blasph.* 246; absit quod .. claudat ~a aranee manus suas [sc. mundi principum] *Id. Sim.* 6.

4 account, narrative.

cetera materie ~a contexitur qua ad tanti regis amorem populus Dei divino igne succendatur OSB. CLAR. *V. Ed. Conf.* 16; vidi .. longam hanc, quam multo inani labore orditus es, ~am BEKYNTON II 170.

5 (often also *~a araneae* or sim., anat.) membrane; **b** (around brain); **c** (in eye). **d** (as disease) membrane-like growth, (in quot., in eye) cataract. **e** layer or skin formed on the surface of a liquid.

erat illarum figura quasi testule ovi interior ~a que quandoque unguinum preacumine vix pre sui teneritudine de testula confracta expilatur R. COLD. *Godr.* 112; vel dicitur hernia quasi ~am rumpens araneam, que est zirbus super intestina GAD. 129v. 1. **b** due igitur matres, que dicuntur miringe vel ~e vulgariter, faciunt devexas tres plicaturas RIC. MED. *Anat.* 213. **c** septem [oculorum] tunice .. sunt septem pellicule sive ~e, quarum prima dicitur ~a aranea, secunda uvea .. BART. ANGL. V 4; centrum .. vitrei humoris est in extremitate nervi optici sed istos duos humores conjunctos circundat quedam ~a ex interiori parte .. et ex anteriori parte dividitur alia que dicitur ~a aranea que cooperit cristallinum humorem ex anteriori parte et est ~a subtilis GILB. III 125. 2. **d** remanet macula et ex macula fit ~a, ex ~a pannus, ex panno unguis .. GILB. III 134. 1; ~a et pannus et perla et macula diffunduntur in oculis secundum magis et minus; .. ex ~a inspissata et indurata fit pannus; .. ~a et macula sunt passiones cornee directe ante pupillam GAD. 108. 1; super palpebras oculorum inuncta lacrimas mirabiliter sistit, ~am dissolvit *RB Ossory HMC* 255; fragaria .. cujus succus vel fructus valet contra ~am in oculo *Alph.* 63. **e** cum instrumento ferreo .. collige spumam vel ~am in superficie apparentem ad latera vasis RIPLEY 417.

2 tela [ME *tele, tile* < AS *tigele* < CL tegula], tile, (in quot.) sheet (of lead; *cf. et.* 1 *tela*).

1326 in iiij^{xx}ix ~is plumbi pro coopertura turris *Pipe* 171 r. 38; **1329** pro factura seu jattacione ejusdem plumbi in novas telas ad reponendum ibidem *KR Ac* 467/6 (1); **1361** furati fuerunt .. ij ~as de plumbo ponderantes xvj petras *Proc. J. P.* 377; **1430** lego xl ~as novi plumbi pro tectura aule ejusdem collegii *Reg. Cant.* II 445.

3 tela [ME *tele*], teal.

aves aquaticae anati similes, sed minores, ut sunt ~ae vocatae ab Anglis Vvigene et Pochardae TURNER *Av.* (1903) 48.

4 tela, ? *f. l.*

1221 septimo die in medio noctis ceciderunt tres turres et †tres telae [? l. teisae; *other eds read* VI cubiti] de muris predicte civitatis (*Lit. cardinalis*) *Ann. Dunstable* 74.

5 tela v. tilia.

telamanee v. 1 tela.

telare [CL tela+-are], to weave.

1424 pro textura et operacione singularum telarum .. quos [*sic*] dicti .. operantur et ~ant cum suis magistris *Leet Coventry* I 94.

telarius [CL tela+-arius]

1 of or pertaining to weaving or weavers. **b** for use in or used for weaving, (in quot., *ligna ~ia*) loom.

1202 gilda ~ia non sit decetero in civitate nostra Londonie nec ullatenus suscitetur *BBC* 208; **1202** cives Lond' debent lx m. pro gilda teleria delenda, ita ut de cetero non suscitetur *Pipe* 288. **b** incidens ligna ~ia, in quibus texturam telarum operabatur L. DURH. *Brig.* 6 (cf. ib. 14: inveniuntur etiam in eadem domo ligna ~ia); mulier .. pauper ligna sua ~ia, in quibus texebantur tele, incidit .. mane .. ligna ~ia restaurata invenit (*Brigida*) *NLA* I 159.

2 (as sb. m.) weaver; **b** (passing into surname).

1130 vicecomes reddit compotum de j. m. auri pro gilda ~iorum Lincolnie *Pipe* 109; **1228** firme gildarum predictorum fullonum et ~iorum *Cl* 58; **1275** cum .. concessisset thelariis de Oxon' gildam suam (*Oxford*) *BBC* 283; **1321** ~ii Londonienses summoniti fuerunt *PQW* 465b; **1457** curia ~iorum et fullonum *MunCOx* 220. **b** Wlston ~ius tenet dimidiam acram *Kal. Samson* 38; **1220** Robertus ~ius et Biatricia uxor ejus *Pipe* 26; **1224** Henricus ~ius *Ib.* 78.

3 (as sb. n.) upright post of loom, (also metonym.) loom. **b** (transf., also as sb. m. or f.) tiller (of cross-bow or fire-arm).

1229 si textor vel textrix tres telas a suis ~iis descindat vel decidet (*Const. Sodor*) *MonA* V 253b; *loome of webstaris crafte*, ~ium *PP*; *stodul or stedul of wevynge*, ~ium *Ib.*; *a strydylle of the lomys*, ~ium *CathA*. **b** **1205** remanent ij baliste ad duos pedes et vij arkill' et vj telar' *Pipe 8 John* p. xxvii; **1225** meremium de alier' ad ~ios faciendos ad balistas nostras *Cl* 50a; **1228** maeremium ad ~ias faciendas ad balistas regis *Cl* 49; **1263** alieras ad teleras balistarum regis .. faciendas *Cl* 238; **1346** portagio x gunnorum cum ~iis (*Pipe*) *EHR* XXVI 689.

telda, ~um [AS *teld*], awning, canopy (esp. one made from canvas used on ship to cover goods or sim.); **b** (perh. dist. acc. origin).

1171 pro teld' ad blad' operiend' et alio apparatu navium, xxx s. *Pipe* 12; **1188** in apparatu esnecce regis sc. ~is et louo et aliis necessariis *Ib.* 179; **1225** cum quatuor duodenis theldorum et ducentis virgis tele ad reficiendum velum ejusdem navis *Cl* 50b; **1226** ad telas emendas ad velum et †celtas [l. teltas] magne navis nostre faciendas *Cl* 112b; **1292** in j pecia et dimidia de panno vermili pro teuda galee *KR Ac* 308/13 m. 5; **1295** iiij s. vj d. in iij ~is emptis .. pro logis coopeniendis *Ib.* 5/8 m. 3; **1295** xxij s. in duabus duodenis ~arum emptis *Ib.* 5/8 m. 12; **1296** in velo capto per sacramentum juratorum ad ~as *Ac. Galley Newcastle* 188; c**1311** duabus cabulis magnis, duabus anchoris .. x tildis *MS Bodl. Tanner 197* l f. 40; **1314** in toldis pro navi *Comp. Worc.* I 40; **1421** pro j fardello cum ix pannis curtis sine grano et pro ij rollis ~orum pr. xl s. (*KR AcCust*) *EEC* 478. **b** **1296** in x ~is de Normann' emptis de A. J., x s. *Ac. Galley Newcastle* 185; in una ~a de Norwyco empto de R. de N. xv d. *Ib.*

teldare [telda+-are; cf. ME *telden* = *to pitch a tent*], to cover with an awning.

1209 pro kanevaz ad vela et in teldis ad galias ~endas *Pipe* 66.

teldere v. teldare. **teldum** v. telda. **teleonarius** v. teloniarius. **telerius** v. telarius.

†telgis, ? *f. l.*

utemur vomitu cum oximelle et semine raphani et †telgis [*sic*; ? l. relgis i. e. realgaris, *unless conn. w.* AS *telg* = *dye*] et sinapis et sale et aq' mellis GILB. VII 320. 1.

telia v. tellina, tilia.

telicos [τελικῶς], (gram.) finally (in quot. dist. from consecutively).

videtur 'ut' particula subaudienda, sed apostaticos non ~os, ut sit sensus 'fratrem talem ut ..' LINACRE *Emend. Lat.* f. lxxii v.

telifer [CL telum+-fer], one who carries projectile weapons, (in quot.) archer.

s**1134** alter .. a ~eris pro fide saggittatur et sic in martyrii gloriam vita privatur J. WORC. 39.

teliger [CL telum+-ger], one who carries projectile weapons.

sic vindicat orbem / exitium venale Venus, sic exit in omnes / teligerum complexa suum J. EXON. *BT* II 421.

teligraphus v. telligraphum.

telinum [CL < τήλινον], oil or fragrant ointment made from or with fenugreek.

fenugrecum semen est cujusdam herbe que similiter appellatur, sed oleum quod inde elicitur dicitur cilinum, loco ejus utimur semine lini *Alph.* 63; tylino, i. oleum de fenigreco *Ib.* 186.

telion v. 3 telon.

telis [CL < τῆλις], fenugreek.

fenugreoum [*sic*], †siled [l. ~is] idem, simile est melliloto *Alph.* 63 (cf. ib. 171: †sileos [l. ~is], respice in fenugrecum).

tellegator v. taleator. **telligraffum, ~fphus, ~phium** v. telligraphum.

telligraphum [CL tellus+graph-, cf. e. g. chirographum], **~ium,** description of the boundaries of land (esp. in charter), (also metonym.) charter.

798 ~phia, id est libellos quos a supradictis hominibus D. et O. injuste perceperat (*Clovesho*) *CS* 291; **824** (10c) si quis interrogat quare primitivis ~ffis vicisse noluerunt *CS* 381; **825** hanc .. terram .. cum propriis et antiquis ~phis .. tradiderat (*Clovesho*) *CS* 384; **951** sicut legitur in antiquo ~pho libertatis quam rex Offa [contulit] *CS* 1351; c**969** ~phium [AS: *boc*] quod Ælfredus basileus suis antecessoribus praescripsit dedere *CD* 1347; c**1080** ~fphus V. abbatis Westmonasterii de quadam mansione terre *Ch. Westm.* 234 *rub.*; c**1097** teligraphus R. Dispensatoris *Ib.* 488 *rub.*; ex chartis et ~phis regum Anglorum FLETE *Westm.* 34.

tellina [τελλίνη; cf. Fr. *telline*], (in gl.) mussel.

hic ausculus [l. musculus], A. *a muskylle*. hec telie, -arum, idem est *WW*.

tellonium v. teloneum. **tellura, ~ium** v. tellus.

tellus [CL]

1 ground, earth, soil, land; **b** (as productive source).

draco .. pestiferum praevaricationis virus rudibus florulentae ~uris colonis de venenosa fauce letaliter evomuit ALDH. *VirgP* 12; erat ~us durissima et saxosa, cui nulla .. spes .. venae fontanae videretur inesse BEDE *HE* IV 26; ~us vel terra, *eorðe* ÆLF. *Gram.* 297; quasi culturam ~uris impediens BERN. *Comm. Aen.* 78; aquarum inopia ~us arescit GIR. *TH* II 7; ibi .. volebat ~uri recludi *Hist. Arthuri* 88. **b** [panes] non de nostra ~ure orti sed de paradiso voluptatis sunt allati BEDE *CuthbP* 7; omnia quae praesens tellus producit alendo ALCUIN *Carm.* 70. 2. 1; sponte dabat tellus quod quisque rogabat GREG. ELI. *Æthelwold* 1. 5.

2 (as surface or solid stratum); **b** (beneath which things are buried or hidden).

cum tellus sponte dehiscet / omnia de priscis et surgent corpora tumbis ALDH. *CE* 4. 6. 24; tremuit tellus magno tremibunda fragore *Id. VirgV* 2043; [aquae] ferventes in superficiem ~uris emanant BEDE *Gen.* 15B; subito ~uris hiatu absortus, vivens et videns intravit infernum W. MALM. *GP* IV 181. **b** ossa tegat tellus quamvis modo mole sepulcri ALDH. *CE* 4. 2. 34.

3 dry land (dist. from sea).

carta, dirige gressus / per maria navigans / tellurisque spacium / ad regis palacium *ASE* IX 98; marinis se tempestatibus dantes existimabant in pelago martyris iram effugere posse, quos ab ejus ira ~us tueri non posset OSB. *Transl. Elph.* 144; apprehensa ~ure primus de navi rex egreditur *Ib.* 146; harenarum cumulis profundo injectis longe itur in salum et novo commento ~us inventa veteres contrahit undas W. MALM. *GR* IV 355.

4 open land, field(s), country(side) (dist. from town, woods, mountains, or sim.).

dum per agrestia rura graderetur, spine latentis sub herbis inculte ~uris fixura in pede lesus est ORD. VIT. IV 15 p. 274; cum hunc sol intrat, ~us floribus, silvae frondibus vernant HON. *GA* 675B; viri qui ~uris operibus inherentes ex ruris familiaritate mentis contrahunt ruditatem FORTESCUE *LLA* 29.

5 (tract of) land, territory (also transf. w. ref. to inhabitants); **b** (as property). **c** (*~us promissa*) the Promised Land. **d** (*~us sancta*) the Holy Land.

nec minus interea stupuit Memphitica tellus ALDH. *VirgV* 971; Cretensis tellus habere / sola nequibit me HWÆTBERHT *Aen.* 58 (*Noctua*) 4; ob quod semper amavit me Germanica tellus, / rustica gens hominum Sclaforum et Scythia dura BONIF. *Aen.* (*Ignorantia*) 324; ~ure paterna propelli W. MALM. *GP* V 192; Normanni ante legitimum principatus Guillelmi terminum ~urem suam contaminaverunt ORD. VIT. XII 8 p. 334; fulgens in rota seculi catholica fides Normannica diffundebatur in ~ure H. READING (I) *Adjut.* 1345C. **b 604** (12c) tibi .. trado aliquantulum ~uris mei *CS* 3; **823** prima pars predicti ~urii *CS* 373; **956** propter istius ~uris [*Chr. Abingd.* I 239: ~ure] lubricam divisionem *Ch. Abingd.* 55(i). **c** usquequo promissae telluris regna capessit ALDH. *VirgV* 2481. **d** Deum siquidem offenderant illius sancte ~uris incole luxuria et rapina et variis sceleribus H. HUNT. *HA* VII 40.

6 earth (dist. from sky *etc.*, also transf.).

non tellure locus mihi, non in parte polorum est ALDH. *Aen.* 3 (*Nubes*) 2; ~us nivibus, nebulis coelum horrescit BEDE *CuthbP* 11; omnia te expectant, pelagus tellusque polusque ALCUIN *Carm.* 58. 54; coelum non exaudivit ~urem, nec ~us ea quae seminabantur in ea OSB. *V. Dunst.* 46.

1 telo [cf. CL teloneum], toll.

est .. ~on Latine vectigal ALCUIN *Orth.* 2348; **s884** Marinus papa .. scolam Saxonum ab omni tributo et thelone liberavit *Chr. Melrose* 23 (cf. ASSER *Alf.* 71: telonio; S. DURH. *HR* 115: ~one); **1027** propter thelon injustum [v. l. injustum theloneum] (*Lit. Regis*) *Conc. Syn.* 509; **s1031** Canutus .. a Johanne papa ut scolam Anglorum ab omni tributo et thelone [ed. *OMT*: ~one] liberaret impetravit. .. multas per viam clausuras ubi thelon a peregrinis extorquebatur .. dissipavit FL. WORC. I 185.

2 telo v. tolleno.

1 telon v. 1 telo.

2 telon [cf. LL telones < τελώνης], (in gl.) toll-collector.

toller, ~on, -onis hic LEVINS *Manip.* 73.

3 telon [Isid. τηλόν; cf. τῆλε, τηλοῦ], (in gl.) long.

dicitur mustela quasi mus longus, nam telion [Isid. *Etym.* XX 15: τηλὸν] longus dicitur, unde et telum et tela OSB. GLOUC. *Deriv.* 343 (=*Ib.* 362).

4 telon v. tolleno.

telonarius v. teloniarius.

teloneagium [CL teloneum+-agium], toll.

12.. dabit ij d. de tollenagio si vendiderit equum suum .. infra libertates manerii *Cust. Bleadon* 204; ab omni .. exaccione, thelonagio, tallagio .. quietos *Meaux* II 30; **1428** tollenagia, quin verius extorciones a communibus victualariis .. extorquendo exigebant *EpAcOx* 42.

teloneare [CL teloneum+-are], to pay a toll.

1373 qui .. theolonare non tenentur *Cart. Glam.* 1334.

telonearius v. teloniarius.

teloneatio [teloneare+-tio], toll.

s1087 ipsi .. elevabant injustas ~eationes et alias malas consuetudines *Ann. Wav.* 196.

telonetum, tolonetum [cf. CL teloneum, LL tolonium; cf. et. tolnetum], toll.

c1197 quieti erunt de tolleneto per totum regnum meum *Regesta Scot.* 388 (=*APScot* I 89, *BBC* 191); **c1256** (1716) piscatores et mercatores .. quieti sint de tholonetto (*Ch. Dunster*) *EHR* XVII 288; **c1256** prepositi vel firmarii de portu maris aut tholoneto ipsius burgi (*Dunster*) *BBC* 130; **1312** de .. tollonetis et aliis custumis (*Berwick*) *Cal. Scot.* III *app.* 432.

teloneum [CL < τελωνεῖον, τελώνιον], **~ium** [LL], **tolonium** [LL; cf. et. AS *toln, toll*]

1 toll-house, customs-house.

sedentem in ~eo Matheum [*Matth.* ix 9] BEDE *Hom.* I 21. 251A; **c1190** habuit [abbas] .. quasi tholoneum, scackarium consuetudinale *G. S. Alb.* I 216; **s1192** jam pervenisset ante ~eum civitatis *Itin. Ric.* V 26; **1278** levavit hutesium et secuta fuit usque ad teolonium *Leet Norw.* 4; juxta domum .. Willelmi contra theoloneum *Reg. Malm.* I 117; [reparavit] ~ium, Anglice *the Towle Booth*, in foro Dunelmensi *Hist. Durh.* 16; **1406** manucaptores Henrici M., gaolari de thelonio ville Kilkennie *Lib. Kilken.* 51; *tolle hows*, theloneum *PP.*

2 toll, tax or duty on (movement of) goods or people (entering or leaving market, jurisdiction, or sim.); **b** (w. ref. to goods subject to it); **c** (exacted other than on goods); **d** (exacted in spec. place or circumstances); **e** (? w. ref. to right to collect or receive as income); **f** (transf.).

796 locis oportunis statuta solvant ~ea *Ep. Alcuin.* 100 (=W. MALM. *GR* I 93); scholam .. ab omni tributo et ~io .. liberavit ASSER *Alf.* 71; **964** pleniter persolvant .. ea quae Anglice dicuntur *ciric sceott* et *toll*, id est thelon', et *tacc* .. et caetera jura aecclesiae *CS* 1136; reddebat regi consuetudinem, quietus erat de thelonio per totam Angliam *DB* I 1ra; **a1123** (1330) ab omnibus .. toleneis *CalCh* IV 183; **c1132** omnes homines London' sint .. liberi et omnes eorum res et per totam Angliam et per portus maris de theolonio et passagio et lestagio et omnibus aliis consuetudinibus (*Ch. Lond.*) *GAS* 525; si quis thelonium vel consuetudinem a civibus London' ceperit *Ib.*; omnes malas exactiones in via .. que vocantur tolonea vel transversa H. HUNT. *HA* VI 17; **1190** quieti .. de theloneyo [v. l. tolneyo] et consuetudine *Regesta Scot.* 285; **c1190** quieti sint ab omni consuetudine et toloneyo [v. l. tolneyo] *Ib.* 282; †**c1192** quietas .. de omnibus aliis toloneis *Ch. Chester* 242; **c1198** quietas de omni tolloneo *Regesta Scot.* 400; **p1201** infeodacio tollonii de propriis catallis *Ib.* 429 *endorsement* (cf. ib. 429: ne quis in regno meo [burgenses de Aberdon] .. vexare presumpmat in exigendo ab eis de propriis catallis eorum tolneium); **1219** tholomeum *BNB* II 14 (v. queri 2); **a1221** exigendo de eis tollenium *Inchaffray* 29; quieti sint .. de tholleneo *Ib.*; de libertate tollenei *Ib.* 29 *tit.*; **1239** quieti .. de .. omnimodo tellonio (*Marlborough*) *BBC* 258; **1275** sunt quieti de operibus castellorum .. teolloniis, expeditacionibus canum *Cart. Glast.* I 223; **1333** per omnes portus maris quieti sint [burgenses] de thelemo [*sic* MS; ? l. thelenio], lestagio .. stallagio *LTR Mem* 105 m. 26; **1329** Petro .. per tholloneum suum, xlvj s. viij d. *ExchScot* 169; **1344** homines ad theolonum et alias custumas indebitas .. distringunt *RScot* 658a; **1393** cum .. parvis custumis ac tholoniis *ExchScot* 335; regnum .. spoliasti, theolanea notabiliter elevando *Eul. Hist. Cont.* 382. **b** accipiunt .. theloneum aliud quam acceperunt TRE de pane, piscibus, coriis, et aliis rebus plurimis unde nunquam datum fuit *DB* I 375vb; theloneum salis *DB* I 164ra; **c1172** dimidiam salinam ex donacione R. de B., quietas de ~io salis *Ch. Chester* 187; celerarius solet accipere theloneum de lino, tempore rotacionis, sc. unam bottam de qualibet cerna BRAKELOND f. 150v; **1221** non debent de jure ~eum capere de carectis novis .. nec .. de rotis nisi sint venales *SelPlCrown* 91; **1276** de xxiij d. de theolonio cervisie de S. *Ac. Stratton* 71; **1294** pro teoloneo avene *Comp. Worc.* I 22. **c a1184** si burgensis vult discedere et vendit burgagium suum et domum suam det iiij d. thelonario et quietus sit, et si voluerit perhendinet per unum mensem per illud theloneum *Cart. Glam.* 138. **d 10..** de ~io dando ad Bylyngesgate. .. si advenisset una navicula unus obolus tolonei dabatur *EEC* 154; **1253** theolonium de ripa *CalIMisc* 182; **1260** de mercato, theolonio ripe, et transitu fori .. xj s. iiij d. (*Dartford, Kent*) *MinAc* 1118/15; **1270** de teolonio nundinarum S. Margarete hoc anno xxxij s. *Ac. Stratton* 38; **1308** abbati vel ejus ministris .. tholoneum in nundinis Westm' persolvant *Doc. W. Abb. Westm.* 238; **1330** Derteford' .. de theolonio, transverso et caya ibidem per annum xl s. *IPM* 23 m. 8; **1388** sunt .. ibidem nundine in vigilia translacionis S. Thome et per diem sequentem sine teolon' *IMisc* 240/13. **e** ?**p1028** concedo duas partes ~ei in portu qui dicitur Wincenesel predicto monasterio Fiscannensi (*Ch. Regis*) *EHR* XXXIII 343; **1221** H. le Tolnur .. qui per feodum habet ~eum levavit novas consuetudines in villa de W. de theloneo *SelPlCrown* 90; **1226** prior .. ponit se super comitatum .. quod semper fuit domus sua seisita de illo theoloneo per cartam suam *BNB* III 560. **f 1309** C. le P. et G. B. molendinarii habent falsas mensuras de quibus capiunt tiolonium (*JustIt*) *S. Jers.* XVIII 262.

3 (*domus ~ei*) toll-house, customs-house.

statutum est etiam ut homines celerarii venirent ad domum thelonei cum aliis et ibi renovarent pleggios suos BRAKELOND f. 150 (cf. (*Cust. Bury*) *Cust. Rents* 171: **12..**).

teloneyum v. teloneum.

teloniaria [cf. CL teloniarius], toll-house, customs-house.

1261 major et communa .. singulis annis persolvent .. priori .. in tholeonora sua Dublin iiij s. argenti pro .. terra quam .. tenebunt de eodem priore (*Fines Dublin*) *Doc. Ir.* 499.

teloniarium [cf. CL teloniarius], toll.

1484 absque omni solutione theolonearii, pedagii, pontinegii .. sive alterius cujuscumque exactionis *Foed.* XII 211.

teloniarius [CL], **~arius** [LL], toll or customs collector, (more gen.) tax-collector (also passing into surname).

de ~eario discipulum fecit BEDE *Hom.* I 21. 251A; **734** (9c) nullus .. regum vel optimatum vel ~iariorum vel etiam juniorum quilibet eorum *Ch. Roff.* 2 (cf. *Ch. Minster-in-Thanet* 49: ?**717** (13c) nullus .. thelonearìorum); **a745** precipio .. omnibus meis ducibusque prefectis thelonariis caeterisque publicis dignitatibus ut haec donatio mea .. illaesa .. perduret *E. Ch. S. Paul.* 7; **824** Aldred theloniarius consensi *MonA* I 590b; **1027** absque omni angaria clausurarum et thelonearìorum (*Lit. Regis*) *Conc. Syn.* 510; ?**1086** ~ario jurante se non amplius accepisse *Regesta app.* p. 127; **a1184** burgensis .. det iiij d. thelonario *Cart. Glam.* 138 (v. teloneum 2c); **1199** [*Ralph*] teleonarius *Fines Warw* 41; **c1207** his testibus .. Henrico coloneario [l. toloneario] *E. Ch. Yorks* I 206; testibus hiis .. Odone teolenario *AncD* A 2658; **s1226** theolenarius domibus religiosorum exitialis M. PAR. *Maj.* III 112; **s1230** pape theleonarii *Id. Min.* II 322n; **1276** abbas de S. et teloniar' de S. mirabiliter exaltaverunt teoloneum sine assensu regis *Hund.* I 131a; *tollare, a takyr of tol*, ~arius *PP*; **1441** judicibus, theolonariis, tributariis .. BEKYNTON II 102; **1471** rex .. custumariis .. theolonariis[,] portuum, pontium, pedagiorum .. ac districtuum custodibus *Foed.* XI 727; *a toller*, tolonarius *CathA.*

telonizare [CL teloneum+izare], to pay a toll.

c1230 debet .. ad turbagium obolum dare .. et theolonizare *Doc. Bec* 111.

telos [LL = *goal, aim* < τέλος], end.

~os. protectorium pauperis Ricardi Maydestoni Carmelitae finit (BALE) *Carmelus* V 180 *tit.*

1 telum v. tailum, 1 tela.

2 telum [CL]

1 spear (esp. as missile). **b** projectile weapon (esp. arrow, bolt of crossbow, or sim.). **c** (unspec.). **d** (fig. or in fig. context).

non cessant uncinata nudorum ~a, quibus miserrimi cives de muris tracti solo allidebantur GILDAS *EB* 19; arduus excusso quorum convitia telo / unus pontifici foedo sic ingerit ore FRITH. 789; rumex, genus ~i simile sparto Gallico OSB. GLOUC. *Deriv.* 508; arma sua ad altare .. offert .. ad hostium pharetram et arcum, ingens ~um et versatilem gladium Deo presentat ORD. VIT. VI 3 p. 8; instabant eis Britones a tergo, cum viris sagittariis et amentatis ~orum missilibus H. HUNT. *HA* II 10. **b** in subjectos tela torquentes, lapides rotantes W. MALM. *GR* III 242; funditores lapidibus, sagitarii jaculis, arcubaliste ~is .. exercentes .. propugnantes de muro summovere *Ib.* IV 369; ~um missile aut plumbum balia contortum, eam sullevatam velocitate superare non posset (*Brendanus* 40) *VSH* II 284; ~is [ME: *scheotung*], lanceis et gladiis *AncrR* 15; porosis mansiunculis per que in canellis suis .. ac ~is, balistis et offensivis aliis nos afficere potuerunt *G. Hen. V* 4; lapides ex canellis et ~a ex balistis et arcubus hostibus emitti possent *Ib.* 6. **c** [bestia major elephanto] tantae animositatis erat ut sibi conspectis hominibus non ~a neque ignes nec ulla vitaret pericula *Lib. Monstr.* II 16; qui pugnae immemores, armis telisque relictis, / tuta fugae petiere loca et sua signa revellunt ALCUIN *SS Ebor* 545; ~orum quisque noverat usum, et qualiter equitem, qualiter peditem, nunc instare, nunc fugere, nunc cesim, nunc punctim ferire oporteat, domi prediscebatur J. SAL. *Met.* 914C; omnia ~a ferrea sartagine opposita illesus exceperat OXNEAD *Chr.* 102. **d** cum in universis quae pie agimus a venenatis daemonum ~is, per angelorum praesidia, Domino donante, protegimur BEDE *Templ.* 771D; c**750** eo diligentius huic insistamus, quo vehementius nos variis temptationum ~is inpugnari non ignoramus (LUL) *Ep. Bonif.* 92; saxea femineis franguntur pectora telis D. BEC. 1980; ad artem nequitie, ad consueta fallacie ~a recurrunt GIR. *TH* III 20; cur non migro telo tristicie? J. HOWD. *Ph.* 380; renunciaverunt ei .. quod eligerent sibi regem qui vellet .. obtemperare consiliis dominorum. quo ~o rex repercussus ad Westmonasterium in crastino remigravit *V. Ric. II* 100; timore ~orum, quorum adversitas eos reptabat per latera et umbracula cassidum *G. Hen. V* 13.

2 shaft (of weapon or sim.).

1294 hachie ~um de fraxino longitudinis sex pedum *CoramR* 138 r. 53*d*. (v. spartha a).

3 (transf., or understood as) tool.

committantur ei ~a [AS: *tol*] ad opus suum et suppellex ad domum suam (*Quad.*) *GAS* 447.

4 (in gl.).

stych, peyne in the syde, ~um *PP*.

tema v. temo, thema. **temanatala** v. tenmantala.
temanentia v. tenentia. **tembrium** v. 2 timbria.
temelicus v. thumelicus. **temendum** v. 2 tenere.

temenias [Ar. *thamaniya*], Arabic numeral 8.

octava [integrorum figura est] 8 ~ias. .. ~ias [significat] octonarium THURKILL *Abac.* f. 55v.

tementum v. temetum.

temer [*backformation from* CL temere], blind, heedless, reckless.

ejus [sc. Cumini] et a temero scita furore ruunt L. DURH. *Dial.* II 50.

temerare [CL]

1 to treat heedlessly, recklessly, negligently, or without consideration or attention. **b** to fail to heed or observe, to scorn, ignore, or violate (agreement, arrangement, custom, or sim.).

cupit reverti, sed virtus nature non ~anda resistit *V. Birini* 11; set temerant te [Jhesu] temere / qui venenantur scelere J. HOWD. *Cyth.* 63. 4. **b 778** siquis .. contra hanc piam donationem meam venire fuerit ausus et ~are eam invido malivoloque temptaverit animo sit anathema *Ch. Roff.* 9; **1072** antiquam sua querela non est veritus consuetudinem ~are LANFR. *Ep.* 3 (4); festum ejus venerabile, quod nemo impune ~are presumat W. MALM. *GP* II 87; si .. clericus .. hec que a nobis sub divino juditio statuta sunt, transgredi vel ~are temptaverit *Ib.* V 221; c**1157** Jordanus religionem fidei et sacramenti ~averat J. SAL. *Ep.* 19 (56).

2 to treat shamelessly, impiously, irreligiously, or irreverently, to outrage, defile. **b** (p. ppl. as adj.) characterized by defilement, impiety, irreverence, *etc.*

si quisquam cuperet sacrum temerare pudorem / gestibus obscenis contrectans corpus honestum ALDH. *VirgV* 1237; sed spoliare vetat carnem verecundia frontis, / corpore ne nudo temeraret jura pudoris *Ib.* 1472; regales exuvias ferro ~avit W. MALM. *GR* II 160; sanctarum sepulchra, que ~are meditabantur, inviolata relinquentes *Id. GP* IV 183; temeravi, violavi justa castimonie (*Vers.*) W. FITZST. *Thom.* 71; jus omne defederat, / naturale temerat, / spernit positivum P. BLOIS *Carm.* 25. 20. **b** c**675** circa ~atum spurcae Proserpinae incestum, quod abhorret fari ALDH. *Ep.* 3.

3 to act above one's position in respect of, to usurp. **b** (p. ppl. as adj.) presumptuous, arrogant.

numquam .. regium nomen ~are meditati, ejusdem mediocritatis formam in proximos posteros deliniaverunt W. MALM. *GR* I 44; ausus est ~are naturam *Ib.* II 145; **1346** Philippus [Valeys] gravius sceptrum regni temeravit *Pol. Poems* I 27. **b** dum coelestium doctorum sapientia, vitio male intelligentium, procacitate ~ata, non secundum sui sensus proprietatem perpenditur, sed in alienos sensus pro arbitrio et voluntate legentis, secus quam veritatis ratio habet, derivatur ALCUIN *Dogm.* 285C; **1418** per †temerucas [l. temeratas] et injustas †ratagaciones [l. satagaciones] emulorum suorum .. prioratus maxima mole .. primitur *Reg. Heref.* 49.

temerarie [CL]

1 thoughtlessly, rashly, ill-advisedly.

Osricum, dum se in oppido municipio ~ie obsedisset, erumpens .. delevit BEDE *HE* III 1; me talia incaute et ~ie promittere non posse ASSER *Alf.* 79; nec militis jam submersi terribili retardatus exemplo, ad alteram ripe partem non trepide, non timide, sed audacter magis ac ~ie transpenetravit GIR. *EH* II 7; nomen antiqui hostis inclamavit. qua voce ~ie emissa .. *Canon. G. Sempr.* f. 158v; s**748** nos huc ~ie venimus .. ve nobis, quia peccavimus *Flor. Hist.* I 379; talia presumere ut in contrarium .. regis Anglie .. tam ~ie contenderet decertare BOWER XI 34; timerarie [v. l. ~ie] levi consilio juvenum *Plusc.* VI 27.

2 irreligiously, impiously, outrageously.

unus fratrum .. in sanctum corpus ~ie extendit digitum, experiri curiosus an illud adhuc esset solidum GOSC. *Transl. Aug.* 37B; pie te commoneo .. ne clericos monachis, ne monachos clericis ~ie preferas, quos eadem fides, eadem gratia in Christo sociat, quorum diversus est habitus, sed unus in eis est Christus H. READING (I) *Dial.* VI 1220A.

3 presumptuously, arrogantly, out of turn or above one's position.

c**791** (14c) si .. aliquis tirannica fretus potestate ~ie tenere aut minuere voluerit (*Selsey*) *ASC* VI no. 13; c**1145** prohibeo eciam ne aliquis .. prefatam elemosinam ~ie disturbare .. presumat *Cart. Chester* 12 p. 70; vidi temporibus meis nonnullos sacerdotali se immiscentes officio et humeros ~ie supponentes, ut archam preriperent ab humeris Levitarum J. SAL. *Pol.* 808C; potius ergo ignorantiam nostram humiliter fateamur quam ~ie nos incognita scire jactemus H. READING (I) *Dial.* VII 1233B; cui ~ie filius ejus succedens hereditate videbatur possidere sanctuarium Dei *Chr. Battle* f. 95; c**1410** occasio .. nostras .. libertates et jura, possessiones, et predia ~ius invadendi *FormOx* 194.

temerarius [CL]

1 fortuitous, random in effect.

devastatis omnibus circa urbem que ad victum poterant parari, ~ia fames, que etiam tuta expugnare solet, exercitum incessere ceperat W. MALM. *GR* IV 362.

2 who acts rashly, blindly, recklessly, or without consideration, foolhardy (also in fig. context). **b** (transf., of act or sim.) rash, reckless, ill-considered.

Eva, relicto timore divino, neglecto viri consilio, accessit ~ia ad serpentem BEDE *Gen.* 172A; nondum .. humani officii ratio colebatur, sed caeca et ~ia dominatrix cupiditas ad se explendam corporis viribus abutebatur ALCUIN *Rhet.* 2; an ~ius insuetum miraculum attemptaret, an durus lacrimas orbate mulieris despiceret W. MALM. *GP* III 100; juvene instigante ~io .. silve partem usque ad saltum interiorem transpenetrarunt GIR. *EH* II 1 p. 310. **b** duo sunt .. in quibus ~ium judicium cavere debemus, cum incertum est quo animo quidque factum sit, vel cum incertum est qualis futurus sit qui nunc vel malus vel bonus apparet BEDE *Luke* 408D; ~ia festinatio plerisque nimis nocuit ORD. VIT. XI 25 p. 244; si a ~ia diffinitione abstinens id unde patres dissentire videt .. relinquat incertum J. SAL. *Ep.* 143 (209); o ~ia hominum judicia que et siquando probabilia, fallentia tamen H. BOS. *Thom.* III 2; hec .. ymago .. Veneri dedicata fuit in ea forma in qua juxta fabulam cum Junone et Pallade Paridi in ~io examine dicitur Venus se nudam exhibuisse, quam temerarius arbiter intuens inquid .. GREG. *Mir. Rom.* 12.

3 irreligious, impious, outrageous.

juramentum regis [Herodis] ~ium BEDE *Hom.* II 23. 239C; c**793** quidam .. plus ~ii facti sunt, ut dicerent Christum, qui carne passus est .. non esse dominum salvatorem ALCUIN *Ep.* 23; monachus Glastonie .. ~ia fide ambiens reliquias de vestibus sacrati corporis .. collectam in rugam a virgineo pectore tunicam cultello precidit GOSC. *Edith* 270; **1102** nequis ~ia novitate corporibus mortuorum aut fontibus aut aliis rebus quod contigisse cognovimus sine episcopali auctoritate reverentiam sanctitatis exhibeat (*Conc. Lond.*) EADMER *HN* p. 165.

4 presumptuous, arrogant, acting or speaking out of turn or above one's position (also transf., of attitude or action).

672 potius jocistae scurraeque ritu dicacitate ~ia loquentium fraternae hironia dilectionis obtentu cavillabatur ALDH. *Ep.* 5; **800** litterulas aliquas admonitionis vestrae scribere venerandae auctoritati ~ium duxi ALCUIN *Ep.* 207; hujusmodi hominem ultra modum esse magnanimum, qui regis in secretum ~ius intraret B. *V. Dunst.* 22; vereri .. me hominum reprehensiones, qui forte mimos nos aut certe ~ios vocare possent OSB. *V. Dunst.* 1; rigidus et asper erat ~iis atque adulari dedignabatur hypochritis ORD. VIT. III 9 p. 111; de repetendis dominiis que ~ii desertores tempore belli usurpaverint *Ib.* X 19 p. 112; felix medicamentum .. filii perditionis ad cumulum sue damnationis .. usurpaverunt ... pontifices ..~iam usurpationem prohibuerunt *Ib.* XI 11 p. 208; qui .. in aliena ~ia usurpatione irruit, laqueis juris tenetur ad penam J. SAL. *Pol.* 398A; si quis .. mortem regis ausu ~io machinatus fuerit .. accusatus attachiabitur per corpus *Fleta* 31.

temerator [CL = *one who violates* (*sexually*)], one who fails to heed or observe, violator (of agreement, arrangement, custom, or sim.). **b** one who treats shamelessly, impiously, or irreligiously, defiler.

quo, perfide leno, / hospitii temerator, abis? J. EXON. *BT* III 310; **1282** sue salutis immemor ac ~or proprii juramenti PECKHAM *Ep.* 289. **b** c**1105** dominici corporis et sanguinis consecrandi potestatem qui te ordinante suscepit, irreverens et temerarius esset si te prohibente et id pro causa Christi prohibente non consecrator, sed ~or et profanus existeret *Ep. Anselm.* (363) V 305; ~orem porro sacri corporis [sc. regis] mox animus reliquit W. MALM. *GR* II 160.

temeratrix [CL temerare+-trix; cf. temerator], one who acts arrogantly or presumptuously (f.).

quia peccasti patrem proprium jugulando, / regnum turbasti patriotas depopulando, / amodo despecta reputaberis ac odiosa, / utpote suspecta, temeratrix, impetuosa *Pol. Poems* I 230.

1 temere [CL]

1 without reason or good cause.

nec ~e Dominus et frustra septuagesima et septima generatione venit aboliturus omnia peccata BEDE *Luke* 364B; non ~e, neque injuste, sed consulto et aequitatis ductu in hanc terram transvectus sum W. POIT. II 12; a**1105** non ~ere sed ob multas rationes ANSELM (*Ep.* 345) V 282; frugalitate sobrius et .. nimius ut qui .. non ~e nisi semel inter prandium et cenam biberet W. MALM. *GP* V 271; **1166** ~e .. non dixerim ei rationem deesse meritorum cui ad amandum intensa famulatur affectio J. SAL. *Ep.* 195 (189).

2 blindly, heedlessly, recklessly, rashly, without thought. **b** carelessly, negligently.

cum ~e exercitum ad vastandam Pictorum provinciam duxisset, multum prohibentibus amicis BEDE *HE* IV 24 (=EADMER *Wilf.* 43); morte multati peccati quam ~e contraxerant stirpi generique suo reliquere contagium *Id. Cant.* 1070B; c**803** ne quid ~e dicam ALCUIN *Ep.* 307; tulerat contra scelus ensem, / quo factum temere posset docte cohibere *V. Anselmi Epit.* 62; vivam tuus, vive mea, / nec properemus temere P. BLOIS *Carm.* 9. 5; nichil ~e faciat sanguine calido, sed vindictam deferat donec pertranseat ira *Plusc.* VII 20. **b** offenderunt lapidem, corporis receptaculum, minus pleno palmo ~e cavatum W. MALM. *GP* I 66.

3 presumptuously, arrogantly, out of turn or above one's position.

798 nihil de vestrae sapientiae profundissimis quaestionibus ~e audemus respondere ALCUIN *Ep.* 155; si quid alii historiographi ~e sunt professi, ipsi viderint W. MALM. *GR* I 49; **1145** eos vel sua ~e perturbare aut aliquam inde vexacionem inferre *Doc. Theob.* 5; nemo .. alium ~e judicet, nisi prelatus sit cui hoc faciendi necessitas incumbit ALEX. CANT. *Dicta* 172; a quibus [pactis] contra propria eorum juramenta, conscripciones, et sigilla ~e recessissent *G. Hen. V* 2.

4 a impiously, irreligiously, scandalously. **b** wrongfully.

a septimanam Pentecostes .. ~e violavit nefariis actibus ORD. VIT. XIII 23 p. 60. **b** c**1149** [ecclesiam] ~e mea culpa dedi Hugoni fratri Bertranni clerici *Doc. Theob.* H.

2 temere v. 2 tenēre.

3 temere v. timere.

temeritas [CL]

1 (state, act, or instance of) rashness, recklessness, excessive or inappropriate boldness. **b** (as virtue) boldness.

tota .. juventutis alacritate spoliata, quae tyrannorum ~ate abducta nusquam .. rediit BEDE *HE* I 12; Conani in tantum jam ~as crevit ut quo die terminos Normanniae aggrederetur denuntiare non formidaret W. POIT. I 43; enormem causam per ~atem suam enutrivit, per quam multis milibus ruina misere mortis incubuit ORD. VIT. IV 13 p. 265; per prudentiam vitat ~ates, presumptiones novitatum, fraudulenta consilia IS. STELLA *Serm.* 43. 21. 1837D; fortitudo sine suavitate ~as est, et suavitas sine fortitudine remissio est AILR. *Serm.* 35. 3; ne forte os confractum et incauta ~ate glutitum gutturi se comedentis infigat J. FORD *Serm.* 32. 7. **b** sancte ~atis femina, que contrectaret artus [Sancti Edmundi], quibus omnis inferior est mundus! at non ita Lefstanus, effrenate audacie adolescens, qui sibi corpus martyris minis inflatioribus ostendi exegerat W. MALM. *GP* II 74.

2 presumptuousness, arrogance.

676 contra hanc nostre diffinitionis cartulam propria ~ate presumere temptaverit (*Bath*) *ASC* XIII no. 1; civem Cantuariae, contra oppositam sancti auctoritatem substantiam ecclesiae Christi subripientem, post paucos dies poenam suae ~atis solvisse OSB. *Mir. Dunst.* 26; pro reatu ~atis in regem fac illi rectum ORD. VIT. VI 10 p. 95; **1170** ne ~as eorum .. regem .. nota proditionis inureret J. SAL. *Ep.* 300 (304); ~atem ipsius, que nimis publica et notoria est .. instanti studio reprimatis P. BLOIS *Ep.* 120. 352B.

3 impiety, immorality, shamelessness.

Bersabee illegitimo jugalitatis vinculo foederatur et pro hac ~ate expianda caelestis irae mucrone proles primogenita percellitur ALDH. *VirgP* 53; c**795** impia ~ate Deum .. negare non timent ALCUIN *Ep.* 41; c**1074** aliam .. maritali seu fornicaria lege punienda sibi ~ate conjungit LANFR. *Ep.* 38 (10); culpam .. ~atis lavare fletibus curavit GOSC. *Edith* 271; si quis vero salvitatem Silve Majoris aliqua ~ate violaverit *Act. Hen. II* I 120.

temeritudo [CL = *recklessness*], arrogance, boldness.

cedo .. ~dini et pergo in sententiam ejus, qui instat interim ut scandalum quo uritur valeat declinare J. FORD *Serm.* 109. 10.

temerucus v. temerare.

temerus [dub.], kind of fish, or ? *f. l.*

de piscibus valentibus eis sunt petrosi aque dulcis et habentes squammas, sicut lucius, parchia, temerus [? l. tencha], et similes GAD. 23. 2.

temesa, ~um [ME *temse, temes*; cf. AS *temesian*, AN *tamis*], sieve, strainer.

c**1180** molent .. sine multura, quando venerint, et tammezca fuerit evacuata *MonA* VI 869; **1294** in j tamisio empto (*Ac. Milton*) *DCCant.*; **1350** in granaria .. ij tames' pro blado *MinAc* 1127/2 r. 3*d*; ?**1362** pro duabus temys emptis pro pistrina *Ac. Durh.* 566.

temesare [ME *temsen* < AS *temesian*], to bolt, sieve, sift.

a**1250** panem bultatum, †tribatum [l. cribratum], saclatum sive ~satum (*Nominale*) *Neues Archiv* IV 341; *departir*, dividere .. segregare, ~ssare *Gl. AN Ox.* f. 154v; **1311** farina ~sata. item reddit compotum de xxxiij qr. vj buss. farine ~sate proveniente de xxx qr. frumenti multati superius pro farina ~sata inde facienda (*AcWardr*) *MS Bodl. Tanner 197* f. 53.

temesis v. tmesis.

temeson [? *by false division of* (par)hypate meson], (in gl.).

~on, medius sonus OSB. GLOUC. *Deriv.* 593.

temessare v. temesare. **temet, temetipsum** v. tu.

temetum [CL], strong or intoxicating drink (applied esp. to wine or mead).

quantum distat dulcis sapa a merulento ~o [*gl.*: *wine*] ALDH. *VirgP* 60; rus [sc. Nucariense] equidem gratum, rus fertile, rusque beatum / gurgite piscoso, gleba, temeto generoso R. CANT. *Poems* 14. 10; in vasculo ligneo quo naute sibi ~um servare solebant ORD. VIT. VII 12 p. 211; themeto sepulti GIR. *Spec.* III 12 p. 203; atque tenens mentem [v. l. mentera] temetum venit hinc temulentus GARL. *Syn.* 1590B (ed. Kurz 1885, p. 31); *goode wyne*, ~um *PP*; hoc tementum, A. *strong wyne WW*; themato [*gl.*: i. vino] *Ib.*

temlanda v. thegnlanda.

temnere [CL], to scorn, despise, reject, avoid. **b** not to show favour to (person). **c** (w. inf.) to refuse, not to deign (to).

torrentum furias, Aquilones temnite saevos BEDE *CuthbV* 742; septdecimis martur Cyriacus tartara tempsit *Kal. M. A.* 75; humanam laudem, vanum et tempsere favorem WULF. *Brev.* 611; [precaria] invidis aemulorum abdicamentis ~pnuntur B. *V. Dunst.* 1; ut cujus monita ~pneret acriter agnosceret *Ib.* 7; s**653** ~nebat .. credentes et male viventes H. HUNT. *HA* III 41. **b** temnere personas et jus servare solemus ALDH. *Aen.* 23 (*Trutina*) 3. **c** auscultare pii tempsit legata ierarchi WULF. *Swith.* I 161.

temo [CL], main beam (of chariot, cart, plough, or sim.) or draught pole (also fig. or in fig. context); **b** (transf., in ship); **c** (astr., w. ref. to the Plough).

scalae .. carri nostri corpus et anima recte intelliguntur, quae non immerito ~oni affixe dicuntur ANSELM *Misc.* 304; in omnibus istis curribus ~ones sunt Dei contemptus et oblivio mortis P. BLOIS *Serm.* 710D; desiderat hujus vehiculi compositio .. ~ones .. cum gerulis NECKAM *NR* II 168; **1288** in j timone ligando cum dicto ferro ... in xiij carucis cum ij timonibus de novo faciendis *MinAc* 995/3; **1316** in ~is et sidropis ad caruc' vij d. *Ib.* 132/13 B9*d*.; **1316** in themis et sydropis *Ib.* 132/13 B7*d*.; hec tema, A. *teme WW.* **b** finaliter, velut ~onem a navi, animam illius a corpore separavit S. SIM. *Itin.* 73. **c** Arcturus Ripheis praelatus montibus, qui boreo aquilonalis poli cardine volvitur, qua Scithica regna horrendam incolunt barbariem, septiformi ~onis et plaustri sidere signatur ALDH. *Met.* 3 p. 72; crastina luctificos mesto themone jugales / vix Aurora movet J. EXON. *BT* VI 370; arctos ~onem vertere cepit G. MON. VIII 18; nubem dolat et construit in themonem, / poscit et nominat cohortes astrorum J. HOWD. *Cant.* 371.

temolus [dub.; ? cf. τὸ μῶλυ], sengreen, houseleek (*Sempervivum tectorum*).

herba ~us *þæt is singrene Leechdoms* I 24; temulum, *vingre Gl. Durh.* 305; ~us vel titemallos, *singrene Ib.*; temorus, i. *sengrene Gl. Laud.* 1442; ~us, *zyngrene MS BL Sloane 2479* f. 105v; ~us, A. *singrene MS BL Addit. 18752* f. 114r; Jovis barba, sticados citrinum, themolus, semperviva .. A. *syngrene, erewort, houslek Alph.* 20.

temorus v. temolus.

tempe [CL *also as toponym* < Τέμπη], beautiful or pleasant valley. **b** (in gl.) woodland.

manet in tempis paradisi hactenus heros ALDH. *VirgV* 272; novit caelica Tempe FRITH. 980; perducat ad celica ~e LANTFR. *Swith.* 40; si caelica Tempe velimus adire *Altercatio* 45; ad Tempe ductus, non dicam tempora luctus *V. Anselmi Epit.* 167; amoena loca in planicie OSB. GLOUC. *Deriv.* 592; pomerii thalamo vicina florida tempe / intulit A. MEAUX *Susanna* 147. **b** tempe, *sceadugeardas GlC* T 79; tempe, silva *Ib.* T 95.

tempellarius v. templarius.

temperabilis [LL], (in gl.) able to be tempered.

temperable, ~is LEVINS *Manip.* 4.

†temperalitas, *f. l.*

respondit Ysemgrimus quod mors ex †temperalitate [? l. extemporaliter *or* ex temporalitate] venit super eas [oves] O. CHERITON *Fab.* 23A.

temperalium v. temporalium.

temperamen [LL = *moderation*], ? sort of marinade, seasoning, or sauce.

1344 pro ~ine piscis, ij d. *KR Ac* 390/11 r. 5; **1344** pro ~ine carnis et piscis, ij d. *Ib.* 390/11 r. 8; salsaria: j lagena cenapii, vj d.; j lagena viniacri, vj d.; j lagena ~inis, iij d.; iij quart' viride succe, iiij d. ob. *Ib.* 390/11 r. 14; **1346** j lagena ~inis, iij d. *Ib.* 390/11 r. 52.

1 temperamentum [CL]

1 balanced mixture, combination (in correct proportions).

melioris poculi incapaces adhuc de ~o lactei nutrimenti maternis applausere uberibus J. FORD *Serm.* 81. 5; artifex quidam excogitavit vitri ~um ut flexibile esset et ductibile M. PAR. *Maj.* I 92.

2 (state of) balance, equilibrium: **a** (of elements, bodily humours, or sim., assoc. w. healthy condition); **b** (between physical conditions, forces, or sim.). **c** balanced state, suitable conditions.

a horum .. proprietatibus et virtuti cerebrum maxime congruebat. purum quippe est et ~o vicinum ALF. ANGL. *Cor* 15. 8; motu cicius repressus excedentis impetus ignis naturali cessit humane complexionis ~o *Canon. G. Sempr.* f. 158; si .. [humana complexio] distemperata fuerit, per contrarium reducatur paulatim ad ~um J. MIRFIELD *Flor.* 154. **b** ut .. [sol] paulatim per diversa commigrans terrenis fructibus nascendis maturandisque ~a custodiat BEDE *TR* 35; optimus [hyacinthus] qui nec rarus est, nec densitate obtusus, sed ex utroque ~o lucet, et purificatum suaviter florem trahit *Id. Apoc.* 201D (cf. Isid. *Etym.* XVI 9. 3); **972** (14c) sicque ab initio mundi triumphalia ~a [? l. tempora] usque ad diffinitionem cessantis seculi statuta precepta conditoris custodiunt *CS* 1285; egressus raritatis a ~o potest intelligi, vel per declinationem ad extremum deficiens, vel ad extremum superabundans, quia ~um est medium utriusque, sicut largitas inter prodigalitatem et avaritiam BACON *Persp.* I 9. 2. **c** cum afflictiones aliquae corpori eveniunt, offenditur anima, dum ~um faciendi quod vult deerit ALCUIN *Moral.* 645A; quibus non jam lacte opus est, sed solido cibo, ipsumque quodammodo attenuare et infirmare possunt, et quodam ~o vel dispensationis vel disputationis illis sobrium reddere, qui ad solidum per se insufficientes erant, sed tantummodo lactis participes G. HOYLAND *Serm.* 124A.

3 (act or way of) balancing or taking a middle way (between extremes).

a**801** forsan ~um quoddam inter meam negationem vestramque petitionem inveniri posse video ALCUIN *Ep.* 158; [Normanni] ad nimias efferati sunt laudes .. [Angli] dominum .. proscidere convitiis. ego .. quia utriusque gentis sanguinem traho, dicendi tale ~um servabo: bene gesta .. sine fuco .. efferam W. MALM. *GR* III *pref.*; quo .. ~o usum esse Servium Opidium Canusinum in ultimo elogio .. refert Oratius J. SAL. *Pol.* 762C (cf. Hor. *Sat.* II 3. 168); mirabili equitatis ~o justitiam in patre, et misericordiam servavit in principe P. BLOIS *Ep.* 95 (cf. J. SAL. *Pol.* 770C); sibi .. succedunt invicem .. tum adversita prosperitati, tum e converso mutatione frequenti, quatinus utraque semper habita pre oculis neutri fiat propter alteram oblivio, sed se medico ~o moderentur .. ut contemplacione futurorum nec sit a spe vacua meditacio, nec a metu libera MAP *NC* I 31 f. 23v.

4 (act of) restraining or moderating (excessiveness of state, action, effect, *etc.*), restraint, moderation; **b** (w. ref. to Academic scepticism);

c (deriving from spec. influence or sim.). **d** modification, qualification, attenuation.

sonus ei vocalis adponitur, cujus ~o ejus levigetur asperitas BEDE *AM* 125; tormenta sine fine, sine intervallo, sine ~o ANSELM (*Or.* 13) III 51; **1185** quomodo ad ~um tam acerbi doloris vestre celsitudinis sufficientes poterimus reperiri? P. BLOIS *Ep.* 167; olla bulliens, nisi aliquo ~o reprimatur, quicquid in ea continetur inutiliter effundit T. CHOBHAM *Commend. Virt.* 190; a zona .. torrida recipiunt calorem ad ~um sue frigiditatis et a zonis extremis recipiunt frigiditatem ad ~um sue caliditatis J. FOXTON *Cosm.* 91. 3. **b** cum et ipse [Augustinus] in operibus suis Achademico ~o utatur frequentius, et sub ambiguitate proponat multa J. SAL. *Pol.* 640A. **c** ipse ~um misericordiae suae noverat qui omnia in mensura et numero et pondere disponit BEDE *Hom.* I 22. 102C; pro hac servanda sepe rigor justitie inflectendus est in ~um misericordie BALD. CANT. *Sacr. Alt.* 763D; sciens vir clementissimus ~um misericordie sue AD. EYNS. *Hug.* IV 1; **1281** ut si quid in ipso [concilio] videatur intolerabile istius regionis consuetudini .. circa illud ~um apostolice clemencie .. imploretur *Conc.* II 51b. **d** pro cautela vitandi cujuscumque falsi, cum referebat quippiam seu que egisset vel audisset recensebat, aliquo semper ~o utebatur in hiis etiam que indubitanter verissima esse noverat AD. EYNS. *Hug.* IV 9; non .. est conveniens ~um quando persona divina dicitur esse quasi secunda T. SUTTON *Quodl.* 159.

5 rule, control, regulation.

tempora .. a ~o nomen accipiunt sive quod unumquodque illorum spatium separatim temperatum sit, sive quod momentis, horis .. et aetatibus mortalis vitae curricula temperentur BEDE *TR* 2; imperii sui ~o derelicto, factus est monarchus, relinquens filio suo Lodovico Italici dignitatem imperii GIR. *PI* I 18 p. 103; donec adolescerent pueri, Alexandram, conjugem suam, ~o regali preesse voluit, simul arbitram statuens M. PAR. *Maj.* I 70.

2 temperamentum v. temptamentum.

temperaneus v. temporaneus.

temperanter [CL]

1 with moderation or restraint.

quasi vel a fornicatione tutum, vel licito matrimonio ~er utentem, vel virginitate gloriosum existere BEDE *Luke* 340A; **793** omnia ~er agere et religiose vivere ALCUIN *Ep.* 21; nobilis virtus est valde temperantia .. omnia in quacunque causa homo ~er cogitet, loquatur, et agat cum consilio salutis suae *Id. Moral.* 637D; mala vitantes, et bona facientes, et hoc mundo ~er utentes BALD. CANT. *Commend. Fid.* 596D; paulo ~ius et vitancius age MAP *NC* III 3 f. 40; quid quod magnificis illis laudibus castigatior illa temperantiorque accessisse videtur et simpliciter .. pronuntiatum, 'pulchra es amica mea'? .. quod .. ~ius solito .. laus ipsa proponitur, cum innovatione pulchritudinis modus quoque adicitur humilitatis J. FORD *Serm.* 47. 4.

2 in a balanced manner, to a moderate or intermediate degree, moderately, following a middle course.

vestimentis utebatur communibus, ita ~er agens, ut horum neque mundiciis neque sordibus esset notabilis BEDE *CuthbP* 16.

3 in due proportion, fairly, fully, properly, correctly.

hic primum [diem] adjungit et ultimum, ideoque ~ius fere dies octo commemorat BEDE *Luke* 454A; in his .. omnibus puer Jesus animum habet virilem, prudenter, ~er, fortiter, et juste a socia ac magistra divinitate institutum IS. STELLA *Serm.* 8.4 1716D.

temperantia [CL]

1 moderation, restraint (of character, behaviour, or sim.).

cotidianae .. vitae ipsius tanta ~ia fuit ut .. excepta ordeacei panis particula et lutulentae aquae poculamento post solis occasum, nullius alicujus alimenti usibus vesceretur FELIX *Guthl.* 28; an ~ia non est quae .. omnes animi impetus sedat et temperat? ALCUIN *Rhet.* 46; caritate, humilitate, patientia, pudicitia, ~ia, jugulabant odia, superbiam, iracundiam, luxuriam, gulam, et cetera vitiorum agmina GOSC. *Transl. Mild.* 1; per moderantiam .. navium accipimus ~iam, que est moderatrix omnium voluptatum BERN. *Comm. Aen.* 26; sicut roborat fortitudo, sic dispensat ~ia et moderatur, quatenus terrorem zeli modestia temperet J. FORD *Serm.* 47. 10.

2 (state of) balance (of constituent elements, qualities, or sim.), equilibrium, (also) due proportion. **b** mean or intermediate position, value, opinion, *etc.* **c** temperate heat or conditions, mildness.

crassis [i. e. crasis] est ~ia que constat calido sicco humido *Gloss. Poems* 103 *gl.*; cum aliquid extrinsecus adhibetur, cujus aliqua qualitas instrumentorum [sensuum] ~iam excedit, similis subjecti passio ad cognationem excrescens, in distemperantiam convertit instrumentum ADEL. *QN* 31; ab utriusque luminis / confinio / moderati libraminis / judicio / naris eminencia / producitur venuste / quadam temperantia: / nec nimis erigitur, / nec premitur / injuste P. BLOIS *Carm.* 4. 55; cum corpus hominis conservatur in debita ~ia, et quando revocatur ab indebita consistentia ad debitam per sonum extra, habet anima delectationem a sono extra J. BLUND *An.* 170; omnia naturalia non sunt nisi per terminum et ~iam determinatam, sicut patet ex definicione generacionis .. nulla variatio facta infra illam proportionem abjiciet illam formam a sua materia SICCAV. *PN* 50; vel de rigore juris vel de ~ia equitatis OCKHAM *Dial.* 596. **b** terra .. medio inter Yslandiam frigidam et Hispaniam torridam libramine porrecta, a contrariis hinc inde contracta ~ia .. GIR. *TH* I 3. **c** lupi in Hibernia .. in mense Decembri catulos habent .. propter nimiam terre ~iam GIR. *TH* II 26.

temperare [CL]

1 (intr., w. abl. or *ab*) to restrain oneself or refrain from (act or behaviour). **b** to abstain from (thing). **c** (pr. ppl. as adj., of person) restrained, moderate.

etiam si a monachice institutionis austeritate hac de causa deberet aliquantulum ~are EADMER *V. Anselmi* I 33; somno ~ans OSB. *V. Dunst.* 8; regi scripsit ut ab hac exactione ~aret W. MALM. *GP* I 60; cuncti strepere, perfidum et cupidum vocare, ut vix manibus ~arent *Id. GR* IV 388; **1167** si ab injuriis archiepiscopi sui et domini postea aliquantulum ~asset J. SAL. *Ep.* 216 (218). **b** occasio .. effecit ut omni in perpetuum carne et etiam unctiori cibo ~aret W. MALM. *GP* IV 137. **c** in precipuis festivitatibus, quanvis amiciretur vestibus auro intextis .. ita ~ans erat ut nec majestati sue deesset nec tamen supercilium attolleret W. MALM. *GR* II 220; quo in adversis nemo securior, sed quo in prosperis nemo ~antior AILR. *Gen. Regum* 363.

2 (trans., refl.) to restrain oneself, to exercise moderation. **b** (w. abl.) to abstain from.

si .. senseritis quod in aegritudinem vobis vertatur, tunc consulo ut, sicut expedire cognoscetis, vos ~etis ANSELM (*Ep.* 446) V 393; correptus a .. Odone aliquantisper se ~abat, verens ne si illum omnimodis non audiret, regie dignitatis benedictionem ultra votum suum sibi dare differret EADMER *Odo* 32. **b** non posse se ~are convivio simul et conjugio, ut pariter abstineat cibis et venere W. MALM. *GP* II 75.

3 (w. *ab*) to restrain or inhibit from, to cause to abstain from.

ejusdem summae virtutis actibus congruit quae ab aestu carnalium voluptatum animos ~are .. consuevit BEDE *Cant.* 1146D; non dubites quantum ~arit a noxio vulgus promiscuum W. MALM. *GP* I 18; **1280** injungimus .. priori .. quod familiam suam a contumeliis conviciis .. modis omnibus decetero ~et et castiget *Reg. Ebor.* 131; s**1217** illa .. celestis unctio .. carnem ejus sic ardore concupiscencie ~avit ut nec primus libidinis motus in ea .. pullularet TREVET *Ann.* 203.

4 to restrain, to moderate or temper the excessiveness or extremeness of; **b** (p. ppl. as adj.).

a**804** semper aequali mentis soliditate, quae adversa pertulit vel laeta ~avit ALCUIN *Ep.* 279; siquidem ita columbinae simplicitatis mansuetudine ~avit serpentinae calliditatis astutiam ut nec antiqui hostis deciperetur simulatione fraudulenta ABBO *Edm.* 4; vix ingluviem fautium pre dulcedine ~are valebant W. MALM. *GR* IV 377; **1164** ~avi responsum ut me nec de mendacio conscientia reprehendat nec .. J. SAL. *Ep.* 134 (136); sic .. timor cum dilectione ~etur, ut nec remissa liberalitas lentescat in teporem, nec insolenti rigore violenter extortus timor in tyrannidem convertatur GIR. *EH* I 1 p. 227; Plinius .. qui .. persecutor ecclesie datus fuerat .. rescriptis levioribus ilico ~avit edictum M. PAR. *Maj.* I 119; **1300** prelatus .. mansuetudinem quandoque temporans cum rigore *Vis. Ely* 8. **b** providus archiater egrotum fovet ~ato medicamine, ne si nimis importune medicationis vexat infirmum cruciamine, quem curandum susceperat videatur extinguere ORD. VIT. VIII 26 p. 437.

5 to regulate, moderate (heat).

ne ex eo calor interior comburat intestina sed ~etur *Quaest. Salern.* B 31; aeris caliditas vernalibus pluviis ~atur ALB. LOND. *DG* 4. 2; ut .. ~etur calor cordis .. ne propter motum sepissimum nimis incenderetur RIC. MED. *Anat.* 222; subtrahe aquam ab eo, destillando per eundem ~atissimum calorem, donec remaneat in fundo oleum tenue RIPLEY 146.

6 to regulate or moderate the temperature of, to reduce the extreme heat or cold of. **b** (p. ppl. as adj.) temperate, neither too hot nor too cold.

Jupiter frigore Saturni .. ~atur BEDE *TR* 8 p. 196; carbones .. proicit, .. cineres exponit, lares aptat, et intromittendis panibus ~at ORD. VIT. VI 3 p. 11; **1245** movetque / cuncta Sator stabilis, qui frigore temperat ignem GARL. *Myst. Eccl.* 594; ignis in solucione semper erit lenis, in sublimacione mediocris, in coagulacione ~atus, in dealbacione continuus, in rubificacione fortis DASTIN *Ros.* 6. **b** eo [sole hiberno] post tergum relicto transgressis Aethiopum fervoribus, ~atas .. repererint sedes BEDE *TR* 34; aeremque ibi ~atissimum esse, adeo ut veris estatis autumni et hiemis semper ibi fere tempus sit equale PETRUS *Dial.* 12; cum digesto calore vini ~atior aura corda quorundam afflasset W. MALM. *GR* III 255; terra terrarum hec omnium ~atissima GIR. *TH* I 33; s**1248** transiit annus iste aere ~atus et serenus OXNEAD *Chr.* 179.

7 to remedy, make good (defect, deficiency, or sim.). **b** to compensate for, make bearable.

pedes efficitur, ut transacti laborem diei ~aret medice quietis voluptas W. MALM. *GR* II 154; **1407** ut .. hujusmodi defectus .. ~ent *StatOx* 196. **b** inminens sibi famis periculum latrocinio .. ~abant BEDE *HE* I 12; ut intollerabilem laborem ejus celestia carmina ~arent (*Coemgenus* 19) *VSH* I 244.

8 to combine or mix in due proportion.

pane hordeaceo cinere commixto, et aqua lacrymis ~ata ALCUIN *Hag.* 684C; ut in ejus [piscis] brodio ~em michi pauculas J. GODARD *Ep.* 222; recipe tuthie antimo' repressorum an' 3 iiij .. . tuthia et antimonium post repressionem tribus diebus debent ~ari cum mirabol' GILB. III 141v. 1; epitima .. dicitur quando res pulverizate subtiliter ~antur cum aliquo liquore *SB* 19; **1409** cariantis *sindres* .. usque dictum forgeum pro ferro novo ibidem cum eisdem ~ando (*Ac.*) *EHR* XIV 518.

9 to bring to proper strength or consistency, to prepare by blending or softening; **b** (of lime mixed with water); **c** (absol., w. ref. to ink).

comparabat cere juvenis etatem, que ad informandum sigillum apte est ~ata EADMER *V. Anselmi* I 11; die .. precedente providere debet ut salsa cibaria, si qua sunt, ~anda tempestive recipiat *Cust. Cant.* 57; **1370** in luto ~ando pro predictis vj furnis, ix s. *MinAc* 899/23; **1399** in salario j hominis temporantis lutum pro *ryggyng* pro predicta domo *Mem. Ripon* III 130. **b** **1227** in portagio mill' cent' xx summagiis aque ad fossata et ad calcem ~atam ibidem liij sol' quodlibet cent' *Ac. Build. Hen. III* 70. **c** accipe tuum calamum et ~a, festinanterque scribe CUTHB. *Ob. Baedae* clxiii.

10 to produce by restraining or moderating excessiveness or by balancing extremes. **b** (as p. ppl.) balanced.

fortis est quando ... debilis est quando ... medius ab utroque ~atur. .. durus est quando ... mollis est quando ... medius inter hos duos est ~atus BART. ANGL. III 23 (cf. ib.: medius .. ab his duobus ~atur). **b** prae ceteris simplicissimus [sc. heroicus] habetur, constatque e duobus pedibus, dactylo et spondio, ac saepe paene vel ex hoc vel ex illo, nisi quod ~atissimus fit utriusque mixtura quam si instruatur a singulis BONIF. *Met.* 111; **799** omnia vestro tantummodo servantur judicio; ut prudentissimo consilio sapientiae .. ~ata consideratione corrigantur quae corrigenda sunt, et conserventur quae conservanda sunt ALCUIN *Ep.* 177; instrumenta [sensuum] .. pre ceteris corporis partibus qualitates habent ~atas ADEL. *QN* 31; ubi ~ato inter egenum et superfluum usu nec labor frangeret nec mollities enervaret W. MALM. *GP* I 46.

11 to regulate, control, guide (by restraining or moderating, or so as to produce balance or other proper outcome); **b** (w. ref. to style or length of writing). **c** to arrange, adjust. **d** (intr. or absol.) to moderate, to make due provision, adjustment, or arrangement.

credere quis poterit tantis spectacula causis / temperet et fatis rerum contraria fata? ALDH. *Aen.* 54 (*Cocuma duplex*) 2; uberum .. officium gerunt cum sua dicta infirmis prout audire valent ~ant BEDE *Cant.* 1198A; an temperantia non est quae .. omnes animi impetus sedat et ~at? ALCUIN *Rhet.* 46; **s1224** in claustro religionem, .. in temporalibus providenciam, inter magnates .. verborum faceciam, modeste ~avit BOWER IX 43. **b c803** ita ~abo calamum ut longioris epistolae modum non excedat ALCUIN *Ep.* 307; in dictando ita stylum ~avi meum ut nec humi repat nec tumeat in altum J. FURNESS *Walth. prol.* 5 (cf. id. *Kentig. prol.*: stilum sic ~abo ut ..). **c** ita horam matutinarum ~ant ut ante laudes lucescat W. MALM. *GR* IV 336; illud mane sic ~etur ut nulli sit onerosum sed ad assiamentum omnium infirmorum *G. S. Alb.* II 505 (cf. ib. *tit.*: de horis ~andis). **d** pulchre .. ~avit dicens ut timeant a facie ejus ALCUIN *Exeg.* 682B; de cibo et potu et omni conversatione humana provide ~at ac disponit, ut omnia mensurate fiant propter pusillanimes ORD. VIT. VIII 26 p. 439.

12 (p. ppl. as adj.) moderate, balanced, restrained; **b** (w. ref. to meaning of word).

796 si docibilis, si moribus ~atus, si sobrius, si vita castus .. *CS* 276; **c802** sint verba in veritate modesta, et vox ~ata, et silentia considerata ALCUIN *Ep.* 244. **b** est philologia sicut philosophia nomen ~atum, quia sicut appetere quam habere sapientiam facilius est, sic amare quidem quam exercere rationem J. SAL. *Met.* 924C.

temperate [CL]

1 with restraint or moderation.

cum .. pulsanti ei non aperiretur, aliquando, sed ~e, minas addebat W. FITZST. *Thom.* 80; nec ad inania quedam blandimenta mollesque teneritudines patiatur effluere, nisi forte ob id aliquando mature ac ~e progrediatur, ut virtus amata et laudata ferventius exerceatur AILR. *Spec. Car.* III 28. 602A; hic mane, hec meditare, in his esto: aut si isto pertingere non potes, ~ius age G. HOYLAND *Serm.* 63C; non solum ~e cibo et potu nos uti opus est sed etiam horas constitutas observare decet ut extra eas aliquid non sumamus AD. SCOT *OP* 530A; diligamus nosipsos, sed quantum ad carnem, ~e *Ib.* 561D; non .. litibus exasperandi sunt principes, sed ~ius corrigendi P. BLOIS *Ep.* 10.

2 to a moderate or intermediate degree, moderately, in a balanced manner.

denique est oratio ~e media inter frigidam et fervidam, illam excedens, sed non accedens ad istam G. HOYLAND *Serm.* 78B; imo in lacte noverat ista ~e miscere, et in altero utrumque largiri *Ib.* 218A; ita .. competenter, et ex utroque ~e, ut te nimia aliquando vel alicubi nec levitas vilem nec severitas exhibeat gravem AD. SCOT *OP* 490B; aliquando unum exsuperat aliud, aliquando ~e conveniunt *Quaest. Salern.* B 175.

temperatio [CL]

1 mixing in due proportion, blending: **a** (w. ref. to slaking of lime); **b** (in preparation of metal).

a 1221 calciatoribus pro ccl summis .. pro ~one earum summarum in tassca vj s. viij d. *Ac. Build. Hen. III* 54. **b 1409** pro ~one ferri ibidem de novo faciendo (*Ac.*) *EHR* XIV 519.

2 balanced or ordered organization, regulation, moderation, (also transf.) agent or means of organization.

de quo [sole] Tullius 'dux' inquit 'et princeps .. luminum reliquorum, mens mundi et ~o' [Cic. *Rep.* 6. 17] ALB. LOND. *DG* 8. 19; ut ex spiritu Dei solo pendeamus, qui noster est quasi magnes, et horologii nostri ~o COLET *Corp. Myst.* 190.

3 moderation or tempering (of condition or sim., as process or resulting condition).

in illis .. etatibus primis est nimietas caloris; in senectute .. nimietas frigoris et humoris. in virilitate .. est ~o BERN. *Comm. Aen.* 48.

4 (in list of words).

temperantia animorum, ~o rerum, temperies aurarum ALCUIN *Orth.* 2347.

temperativus [LL = *alleviating*], that moderates or tempers.

[sanguis naturalis] cum aliis humoribus admixtus malicie eorum est ~us, sua virtute doloris oculorum mitigativus BART. ANGL. IV 7.

temperatura [CL]

1 mixing in due proportion, (transf.) blend, mixture (in quot. in fig. context).

quia varia debet esse uberum ~a, pro sugentium qualitate diversa. .. quid aliud molitus est ~a tam multiplici, nisi ut leniter et lactis more teneris auditorum ejus doctrina influeret animis? G. HOYLAND *Serm.* 161C; quando tibi in quodam cordis mei cratere vini et lactis illam potero ~am miscere? rara est mixtura hec *Ib.* 216B; hujus .. ~am dulcedinis lac itidem suum dixit, lac viz. maternum et lac uberum suorum, lac parvulis suis edificandis accommodum J. FORD *Serm.* 37. 7; mirabiliter non solum fidem astruit sed et caritatem edificat novorum ista veterumque ~a, maxime cum in manibus sponse ordinari eam ornarique contigerit *Ib.* 92. 7.

2 mean between two extremes, intermediate or middle way, position, *etc.*

deinde in tali ~a incipere debet ut ipso cum choro, aut majore parte chori, acumen et gravitatem attingere possent TUNST. 250.

temperi [CL], in good time, promptly, early.

~ius [AS: *medemlicur*] agatur vespera *RegulC* 25.

temperies [CL]

1 mixture in due proportion, blend. **b** mean, average, middle.

hujus ~iei rationem ab eis quero unde tunc talis fuerit R. MELUN *Sent.* I 240; ~iem caloris et humoris *Ib.*; sic apud mensam quandoque aptis philosophandum est ut crateri liquoris ad letitiam nati adhibeatur non modo Nimpharum sed Musarum quoque admixtione ~ies [Macrob. *Sat.* 7. 1. 16] J. SAL. *Pol.* 744A; trachea arteria .. que est .. anulosa, ut quasi cum quadam mora in anulis aer ~iem accipiat et sonorior vox redderetur, sicut in cavernis criptarum melius vox sonat RIC. MED. *Anat.* 221. **b** temperiem medie faciunt extrema, jubetque / ut medium teneat qui bonus esse cupit J. SAL. *Enth. Phil.* 753.

2 atmospheric conditions, weather, climate. **b** meteorological influence or effect(s). **c** temperate or mild weather or climate (also fig.). **d** (mild) temperature (also w. ref. to human physiology). **e** (transf.) mild, calm, or benign condition (of society or sim.).

jacinctus es ceruleus / .. / cujus decora facies / mutatur ut temperies FRITH. *Cives* 12; temporum quoque ~ies hominum corpora sibi consona reddit et pectora PETRUS *Dial.* 12; erat .. totum tempus quasi vernalis ~ies HON. *Eluc.* 1120A; occiduam ~iem .. benignior atque salubrior aura fecundat GIR. *TH* I 3; redeunte .. vernali tam tempore quam ~ie vitalem spiritum resumentes, revirescunt simul et reviviscunt *Ib.* I 21; **s1178** †temptoriis [DICETO *YH* 436: temperies] itaque †desuperiori lapsa [l. desuper illapsa] benignius sementia, radiciunculis vix aliquantulum innitenti[a], roris et pluvie succedaniis irrigationibus fecundata, restituit *Leg. Ant. Lond. app.* 198; **s1428** et postmodum stillans ~ies per dies et noctes *Chr. S. Alb.* 27 (v. stillatio 1). **b** cum .. ~iem solis acceperit, mox vapores exhalat largissimos BEDE *Gen.* 15B; Hiberniam .. angustiorem sed celi solisque ~ie magis utilem protestatur GIR. *TH* I 3. **c** quasi post hiemalem ac prolixam noctem ~iem lucemque serenam aurae caelestis excipiunt GILDAS *EB* 12; non est ibi frigus, non aestas, sed perpetua aeris temperies *Comm. Cant. II* 9; ea villa in supremo montis vertice constituta, ideoque hinc inde veniente ~ie refrigerata prope momentis omnibus, pestiferi nichil habet spiritus W. MALM. *GP* I 52; toto .. brumali tempore in fundo fluminum hiemantes, ad primam veris emergunt ~iem GIR. *TH* I 19 (cf. ib.: sancti .. mundo .. perpetuam .. sine tempore ~iem jam sortito, ad primam archangeli vocem emergent); temperiem / dans aura veneriis / inperiis / alludit P. BLOIS *Carm.* 1. 3; **s1248** tota hyems in vernam versa est ~iem OXNEAD *Chr.* 179. **d 793** regis bonitas totius est gentis prosperitas, victoria exercitus, aeris ~ies, terrae habundantia ALCUIN *Ep.* 18; psalmodie dediti et omnes albis induti si fieri potest vel aeris permiserit ~ies ÆLF. *EC* 3; aeris adsit leta ~ies, aquarum copia tribuatur, ventus incipiat spirare clementior, ut estus quo populus laborat tuo munere citius restinguatur W. S. ALB. *V. Alb. & Amphib.* 21 p. 154; conservat .. calorem in fetu matrix prohibetque ne spiritus exhalet ~ie consimili ALF. ANGL. *Cor* 12. 4; cum semper in utero materno continua sit ~ies *Ib.* 13. 7; ardor depascens tepescit, naturalis ~ies, quies salusque optata succedit *Canon. G. Sempr.* f. 158. **e** si populi strages et saeva pericla duelli / protinus auferret solita clementia Christi / temperiem reddens discusso turbine belli ALDH. *Virg V* 2087.

3 moderation (of conduct, attitude, or sim.).

erga suos ~iem habuit W. MALM. *GP* III 115.

temperius v. temperi. **tempesta** v. tempestas.

tempestare [CL tempestas+-are], to throw into violent commotion (also fig.).

papam tempestat, qui Christi pondera gestat, / nescius et restat quot in orbe Simon mala prestat GARL. *Mor. Scol.* 473; ultio fulmen erit prius, et post flamma gehenne, / quod tempestabit tota procella stygis GARL. *Tri. Eccl.* 79.

tempestas [CL]

1 period of time.

Agathae rumor ea ~ate [*gl.*: *on þære earmlican tide*] longiuscule crebrescens qua .. ALDH. *VirgP* 41; passi sunt ea ~ate Aaron et Julius BEDE *HE* I 7; sub eadem ~ate in eadem regione quaedam degebat vidua *Pass. Indracti* f. 100v; ea ~ate Glestonia, regalibus stipendiis addicta, monasticae religionis penitus erat ignara OSB. *V. Dunst.* 6; **s1170** ea ~ate .. Thomas Cantuariensis .. occubuit GIR. *EH* I 20.

2 atmospheric conditions, weather.

decorem maceriarum vetustas et multimoda ~as obduxerat W. MALM. *GP* III 100; pedisecas Junonis, comites sc. aeris, intelligimus esse naturas et effectus aerios, id est qualitates et ~atum varietates BERN. *Comm. Aen.* 5.

3 bad weather, storm. **b** turbulence, stormy condition, (also) tumultuous mass or flow.

cum grandinum et aliarum turbinum fiunt ~atumque motiones magnae *Comm. Cant. I* 295; quia .. plerumque navem incaute religatam etiam de sinu tuti littoris excutit, cum ~as excrescit *V. Greg.* p. 76; marinae ~atis procella nostris servit remigiis ABBO *Edm.* 7; **1166** navem disponitis gubernare, quam in fluctibus et ~ate subducto remige reliquistis G. FOLIOT *Ep.* 170; donec Jonas ex navi et peccatum ex corde expellatur et cessabit ~as, id est remorsus consciencie, quando peccatum in profundo inferni demergatur *G. Roman.* 334. **b** montanus torrens crebris ~atum rivulis auctus GILDAS *EB* 17; ~atem quoque aquae surgens cessare fecit BEDE *Luke* 435B; seculum captiosum! cujus, tanquam maris tranquilli, quamvis aliquando serena sit superficies, intus tamen ~ates habet absconditas W. FITZST. *Thom.* 50; aquarum ~as ingruit et flumina irruunt paulominus usque ad animas nostras J. FORD *Serm.* 109. 10; **1403** propter destruccionem molendini .. per ~atem aquarum *Ac. Durh.* 216; **s1480** per tempestas [? l. tempestates] maris reversi sunt usque portum in Hibernia pro repositione navis et marinariorum W. WORC. *Itin.* 308.

4 (fig. or in fig. context) disturbance, upheaval, trouble (in life, affairs, or sim.).

c745 multorum relatu audivi ~ates tribulationum quae tibi in senectute .. supervenerunt BONIF. *Ep.* 94; **c792** procellosa saecularium negotiorum ~as .. nos .. in salo profundissimae voraginis submergere quaerens ALCUIN *Ep.* 60; post diuturnam ~atem bellorum, Athelredo rex Cnutus quasi serenitatis aura successit GOSC. *Transl. Mild.* 6; **1093** quod Christus trahit ad portum de procellis et ~atibus mundi, hoc episcopus retrahat a portu in naufragosos turbines mundi ANSELM (*Ep.* 161) IV 33; **1164** si .. ad hoc vos ~as impulerit, premittite ante .. emptorem vestrum qui et comitis auctoritate utatur J. SAL. *Ep.* 134 (136); orta est hec gravis ~as plurium malorum in illa parochia GASCOIGNE *Loci* 6.

tempestative v. tempestive.

tempestive [CL], **~ative** [cf. CL tempestas]

1 at the right or appropriate time, seasonably. **b** at or by the appointed time, on time, punctually. **c** at a convenient time, opportunely.

c1165 ad pii patris spectat officium ut necessitatibus filiorum ~ive provideat *Ch. Westm.* 285; si ante fidei nostre confirmationem, quam Christi resurrectio roboravit, aut minus consulte aut minus ~ive Christi publicarentur arcana P. Blois *Opusc.* 790B; cum .. raro vel nunquam aliquid ~ive fiat a nobis, merito nos excepisset qui dicit 'omni rei sub celo tempus et tempora' [cf. *Eccles.* iii 1] Map *NC* I 15 f. 13; ~ive debent hujusmodi terre seminari ut per sappum et virtutem yemis naturale recipiant nutrimentum *Fleta* 163. **b** nolebat elongari a loci vicinia quo divina celebrari licebat ante festum adeo preclarum, ne forte, aura dissentiente, in Angliam ad hoc celebrandum minus ~ive occurreret Ad. Eyns. *Hug.* V 15; nihilominus iter arripiens, ad diem a judicibus datum apud Wigorniam in crastino Conversionis S. Pauli ~ive satis advenit Gir. *JS* III p. 203; **1292** coram predicto episcopo .. bene ~ive venerunt Johannes de H. .. *RParl* I 70b; **1364** de P. .. quia non venit ~ive ad curiam ij d. *Hal. Durh.* 30; si quis ad matutinas ~ive non occurrerit *Ord. Ebor.* I 5. **c** litteras vobis sepissime destinassem, sed vereor ne importunitati detractor ascribat si minus ~ive vestram interpello sollicitudinem publicis ecclesie utilitatibus occupatam P. Blois *Ep.* 159; terra precarie dimissa que ~ive et pro voluntate domini poterit revocari *Fleta* 289.

2 straightaway, without delay, promptly. **b** within a reasonable time, within a time limit.

?**1173** resipiscas igitur, et iram Domini prevenias ~ive P. Blois *Ep.* 42; hortaris ut circa eum ~ivius vigilantia magistralis appareat *Ib.* 101; c**1173** tanto ~ivius ac diligentius injunctam nobis legationem duximus prosequendam quanto periculosior in tanto discrimine dilatio videbatur *Ib.* 153; c**1176** certe requiret exactissime usque ad novissimum quadrantem, et vereor ne ~ivius aut durius quam credere aut timere velimus *Ib.* 5; **1177** injuncta mihi per vos negotia ~ivius expediri *Ib.* 41; ~ive se corrigens et resipiscens Gir. *PI* I 21; **1325** non messuit bladum domini ~ive post opera sibi imposita *CBaron* 143. **b 1315** brevia illa erunt retornabilia quod brevia predicta satis ~ive Vic' fuerunt liberata *RParl* I 322b (cf. ib.: brevia nimis tarde venerunt); **1325** non ligavit ~ive j rodam ordei *CBaron* 146.

3 (just) in time, early enough, not too late. **b** in good time (beforehand), promptly, early. **c** at an early stage, early on.

cum his de justitia litteris nuntius premittitur, qui Eboracensem et Londoniensem transfretare parantes ~ive apud Cantuariam invenit W. Fitzst. *Thom.* 114; ut ecclesie sue fidelitatem debitam .. conservarent, donec ipsum .. redditibus suis in Anglia vel Wallia privatum viderent, et tunc se ~ive satis et cum minori dedecore retrahere possent Gir. *JS* III p. 198; cum venisset, concessa fuit schola alii magistro, qui non venit ~ive *G. S. Alb.* I 73; cui cum .. crux processionalis .. offerretur, eandem dissolvisset in frusta, nisi de manibus ejus ~ivius raperetur (*Transl. Guthl.*) *NLA* II 725. **b** ad primam nocturnam surgebant tantum ministri ecclesie, qui jam dormierant ~ive [ed. *PL*: ~ivius] cubantes Beleth *RDO* 20. 32A (cf. ib.: in estivali tempore adhuc celebrat ecclesia nocturnum officium in tempore prime nocturne, quod nos vigilias vocamus, licet quandoque ~ivius); forte tam ~ive et ante missam venisse, ut ei ad missam osculum pacis ferat W. Fitzst. *Thom.* 112; **1234** obedientiarii .. sic ~ative missas suas cantent ut claustrales cantare .. non impediantur (*Vis. Bury*) *EHR* XXVII 730; tamquam in juventute id est ~ive Holcot *Wisd.* 72; vitentur .. ~ive talium consorcia, ne verba Salomonis sibi imputentur, sic dicentis 'propterfrigus piger arare voluit, mendicabit ergo et non dabitur ei' [*Prov.* xx 4] *Quadr. Reg. Spec.* 37; **1409** luminaria circa magnum altare nimis tarde accenduntur et nimis ~ive in festis duplicibus et ix lectionum extinguuntur *Fabr. York* 244; **1409** temporibus nundinarum emant ~ivius sed modo honesto *Doc. Bev.* 30 (cf. ib. 29: nullus cocorum emat pisces in foro .. ante horam octavam diei amodo in futurum); ~ive valde et quasi in inicio divinorum officiorum solebat interesse Blakman *Hen. VI* 6. **c** non adeo ~ive ornat natura rubricatis barbis gallos Phasidos .. ut gallos domesticos Neckam *NR* I 42.

tempestivus [CL]

1 ready at its proper time, that is in season. **b** (of person) mature, ready, or sufficiently advanced (for).

si haberes prioratum aut saltem liberam egrediendi et predicandi licentiam, fructum in ecclesia Dei faceres ~um P. Blois *Ep.* 13; sperabam quod refloruisset crux Christi, et quasi sanguine ejus iterum irrigata et vivificata fructum salutis et gratie faceret ~um *Id. Opusc.* 1064B; hiemali quoque tempore Waie salmones, estivo vero Osche ~i reperiuntur Gir. *IK* I 2; canicie jam ~a segnificato senioque jam silicerniali confecto E. Thrip. *SS* VI 1. **b** due mulieres, altera matrimonio copulata, altera nondum viro ~a W. Cant. *Mir. Thom.* V 30.

2 that comes or happens at the right or proper time, timely. **b** (*~um esse* w. inf.) to be (the right) time to. **c** (pred.) at the right time.

intempestivum veteres dixerunt inoportunum, ~um oportunum Alcuin *Orth.* 2337; frequenter fit baptismus nec sollempnis nec ~us, id est congruo tempore factus Beleth *RDO* 110. 115; ut non modo amaritudine careant sed afferant ~am dulcedinem J. Sal. *Pol.* 744C; **1178** satis ~a est penitentia que anticipat diem mortis P. Blois *Ep.* 15; exspectet per eam peregrinatio nostra solatium ~um *Id. Serm.* 663C. **b** [Eratosthenis] flores quos et mihi enumerare ~um non est Adel. *ED* 25; tunc jam in via iniquitatis latescentibus satis erit ~um viam illam arctam nimis et arduam ingredi, quoniam quacumque hora ingemuerit peccator, saluus erit J. Ford *Serm.* 102. 5. **c** tempestiva tibi funduntur lumina caelis, / inviso properat consueta porismate lampas, / pervigil excubias Jesu dum solvis amatas Frith. 844; si in valida manu ~us adveneris Gir. *EH* I 12.

3 prompt, early, that comes without delay. **b** (pred.) straightaway.

cum dominus .. sub certa exspectatione ~i beneficii sue familie ascripsisset P. Blois *Ep.* 72; ad literature quoque reparationem et ~am sanioris doctrine reversionem Gir. *Spec.* I *proem.* p. 9. **b** confestim ut lotus est aqua, diuturnis tenebris exulantibus, lux ~a orbes implevit W. Malm. *GR* II 223.

4 stormy.

December, quem in medio hiemis venire et esse pluvialem ac ~um mirum quis nesciat Bede *Ezra* 878A; ventus subito ab occasu ~us assurgens *Id. CuthbP* 3; nautis pro ~o vento urgentibus W. Malm. *GP* II 75; ~is .. ventis instantibus erexit vela sua G. Mon. IV 7; ~o ventorum afflatu mare ingressus est *Ib.* X 2; culmen .. sub quo Deus nos hac nocte ~a defendit vento et pluvia (*Mochoemog* 29) *VSH* II 179.

tempestuose [LL tempestuosus+-e], in the manner of a storm.

ut hanc sanctam reconderem a Danorum exercitu ~e imminente Gosc. *Lib. Mild.* 19; ut mare ventis, ita maledictis attollitur et intumescit, afficcioni ~ius universorum imminens Map *NC* IV 6 f. 49v.

tempestuosus [LL], of, pertaining to, or marked by storms, stormy. **b** storm-affected, turbulent, disturbed; **c** (fig. or in fig. context).

cui dexter Africus, qui et Libs, ~us, tonitrua generans et fulmina Bede *NR* 218; si [sol] palleat, ~um [diem praesagit] *Ib.* 222; accidit .. ~am auram adsurgere, in tantum ut ipsa .. adire ecclesiam nequiret Ælf. *Æthelwold* 4; s**1177** hyems secuta est ~issima Diceto *YH* 422; paradisus regio est celestis qui locus neque in terra neque in mari situatur sed ultra nebulas ~as erigitur in oriente *Eul. Hist.* II 51. **b** rheuma, -atis, i. ~a maris inundatio Osb. Glouc. *Deriv.* 494; propter mare Hybernicum preterfluens ~issimum Gir. *JS* I p. 136; quod .. halcyones mare ~um in profunda hyeme cogant quiescere Bacon *Maj.* II 220; mare .. ~um et infestum Trevet *Troades* 71. **c** nichil .. mirandum ~o seculi hujus in salo si procellis tribulationum versamur Pull. *CM* 200; versa est in tranquillitatem ~a procella Gir. *EH* I 29; ad mandatum domini regis et ad seculum ~um habentes respectum *G. S. Alb.* II 170; **1421** post ~um martyrium Sancti Thome *Lit. Cant.* III 143; postquam tempore diuturno hac ~a demencia delirasset, contigit .. devenisse illam ad ecclesiam *Mir. Hen. VI* I 2.

tempestus [CL; cf. et. CL intempestus]

1 (in gl.) timely, opportune.

behovefulle, oportunus, tempestivus, ~us, utilis *Cath A.*

2 (*~a nox* or *~a noctis*) dead of night, or ? *f. l.*

nocte .. media paschalis solennii, sub ~e [? l. intempeste] noctis silentio in cellam ipsius soporatus obdormivi R. Cold. *Godr.* 192; in tempesta noctis [W. Malm. *GR* II 205: ita nocte intempesta] cum famulis rediens *Eul. Hist.* I 394.

templalis [CL templum+-alis], of or pertaining to a church.

ad dilatandum monasterii sui templum largum extendit animum, cui cum videbatur nimis angustum ordinatum a .. Wilfrico ~is aree spacium .. Thorne 1790.

templaris [LL = *pertaining to temples*], (*miles ~is* or sim., or as sb.) Templar.

quidam ~es milites, magni et religiosi viri H. Bos. *Thom.* III 37; s**1179** ecclesias interdicto subpositas in anno semel aperiant ~es vel hospitalarii Diceto *YH* 430; hec et his similia primitivis contigerunt ~ibus dum Dei caritas et mundi vilitas inerat Map *NC* I 19 f. 14v; de dominis ~ibus forte menciuntur multi *Ib.* I 22 f. 16.

templarius [CL templum+-arius], Templar, belonging (or formerly belonging) to the order of Knights Templar; **b** (of property or person responsible for it). **c** (as sb.) member of the order of Knights Templar.

1193 fratri Willelmo ~io ad warnisionem castelli de W. *Pipe* 62; s**1239** rex fratrem Galfridum ~ium a curia .. precepit amoveri M. Par. *Maj.* III 629; excipit milites ~ios quos dicit jurisdiccioni alicujus principis temporalis in hoc casu non subjacere cum sint religiose et ecclesiastice persone, quarum ordo est specialiter deputatus ad Judeorum et Saracenorum destruccionem Upton 91. **b 1444** me vendidisse .. episcopo .. tenementum meum tempellarium jacens in villa de K. .. cum tresdecem solidis .. usualis monete Scotie annui redditus de terris ville de Tempylhill *Reg. Brechin* I 97 (cf. ib. I 145: **1450** saisinam .. de domo ~ie [*sic*] de K.); **1458** ballivus terrarum ~iarum infra constabulariam de Hadington *Reg. Newbattle* 288; **1498** inter terram ~iam domus Sancti Johannis de Torpechen ex orientali et terram David C. ex occidentali *Reg. Aberd.* I 340; **1531** de terris ~iis de Balquharge, duabus terris ~iis in villa de Strethmeglo *Reg. Dunferm.* 516; **1542** in manibus .. ballivi ~ii sponte resignasse *Form. S. Andr.* II 210. **c** a**1166** ~ii ei obviam properantes *Ep. Becket* 253; **1166** video .. ~ios in curia ejus benigne recipi J. Sal. *Ep.* 175 (176 p. 178); nos in regum recessu in ~iorum domum, que templum nominatur, prope extra Parisius, in qua hospitati eramus, confestim nos recepimus H. Bos. *Thom.* IV 29; quidam ~ius, officio miles, natione Turonicus *Itin. Ric.* I 2; s**1118** incepit ordo ~iorum *Flor. Hist.* II 47; s**1249** [rex Francie] redemptus fuit per ~ios et Hospitalarios *Leg. Ant. Lond.* 17; primogenitam [filiam] .. meam, superbiam scilicet, concedo ~iis qui fastu tument et pre ceteris sunt elati W. Guisb. 143; s**1118** dicuntur ~ii eo quod in porticu templi sedem sui ordinis statuerunt *Eul. Hist.* I 385.

templum [CL]

1 building or complex consecrated to a god or gods, temple; **b** (pagan); **c** (Jewish, in Jerusalem); **d** (applied to Christian church); **e** (transf.).

de ergastulo ~um, de sterquilinio thalamum facit J. Ford *Serm.* 80. 3. **b** dum ingrederentur in Aegypto, erat illic ~um idolorum, qui, in praesentia Christi, omnia simulacra, de suis locis .. exsilientes, confracta sunt Theod. *Laterc.* 7; suggero .. ut ~a et altaria quae sine fructu utilitatis sacravimus .. igni contradamus Bede *HE* II 13; et ipsum / postulat ut templum famosis moenibus amplum / Romuleum donaret idem benedicere Christo Wulf. *Brev.* 26; Vesta remansit innuba et quia virgo virgines in ~o ejus sunt sacrate *Natura Deorum* 4; armatorum quatuor milia misit Delphos ad Appollinis ~um sacrilege diruendum E. Thrip. *SS* III 16; Judeus quidam Romam veniens .. in quodam ~o Apollinis ad manendum se contulit (*Brithunus*) *NLA* I 161. **c** hinc est .. quod Paulus .. hostias in ~o immolavit Bede *HE* III 25; de renovatione ejusdem ~i quae per Cyrum praecepta est *Id. Ezra* 847D; post regressum filiorum Israel de captivitate Babyloniorum et restaurationem ~i Ælf. *EC* 14; Salomoniaci misteria candida ~i Gosc. *Edith* 89; edificato .. a Salomone ~o M. Par. *Maj.* I 27; s**1118** quoniam juxta ~um Domini mansionem habent, fratres militie templi dicuntur *Ib.* II 145. **d** urbem Romuleam vidit, templumque verendum / aspexit Petri mystica dona gerens Bede *HE* V 7; unde votum vovi altissimo Auctori, qui me renasci fecit, ~um ei facturum Byrht. *V. Ecgwini* 363; ventus .. ~a domosque detexit Ord. Vit. XII 1 p. 312; exeuntibus parentibus suis de ~o *V. Chris. Marky.* 4; s**1170** ipse furibundis hostibus ~i fores aperuit Gir. *EH* I 20; **1470** per que .. Dei ~a metropolitana .. pia devocionis reminiscencia et ampliori frequentacione .. venerentur (*Bulla Papae*) *Lit. Cant.* III 253; **1536** in ~o fratrum dominicanorum sive predicatorum intra oppidum Edinburgense *Conc. Scot.* I ccxlix; **1549** conciones in academiae ~o sint *StatOx* 354. **e** c**793** sicut dixit apostolus 'vos .. estis ~um Dei et spiritus Dei abitat in vobis' [*II Cor.* vi 16] Alcuin *Ep.* 65; conditor hanc [sc. Mariam] templum Christus sibi condidit amplum WULF. *Brev.* 110; **c1106** si .. sancte vivitis .. ~um Dei estis ANSELM (*Ep.* 403) V 347; ut .. ipsi [angeli] nos .. recipiant in eterna tabernacula, in restaurationem superne Jerusalem, in repletionem ~i celestis P. BLOIS *Serm.* 681C; ita si homo ~um Dei, sc. seipsum, mortali crimine violaverit, atque per penitentiam denuo non remundaverit, demonibus habitatio erit HON. *GA* 596D.

2 Jewish Temple in Jerusalem as symbol of the order of Knights Templar. **b** (transf.) the order of the Knights Templar. **c** house, church, or other centre of the Knights Templar; **d** (in London, also dist. as *vetus* or *novum*). **e** Temple, district in London surrounding the Temple church. **f** (in names of three of the Inns of Court in London).

xviij de militibus ~i evaserunt ORD. VIT. XIII 33 p. 94; **c1140** testibus comite Gilberto .. Pagano de ~o Domini (*Cart. Walden*) *MonA* IV 149a; **s1148** rex fratres ~i semper studuit excusare J. SAL. *Hist. Pont.* 25; **c1175** sicut fratres de hospitali et de ~o ubique tenent *Regesta Scot.* 167; si cruce signatus rubea me confero templo, / trans mare me mittent solvere vota Deo NIG. *SS* 2053; **s1118** quoniam juxta templum Domini mansionem habent, fratres militie ~i dicuntur M. PAR. *Maj.* II 145; **1242** fratres milicie ~i Salomonis Jerusalem *Pipe* 100; **s1147** auxilio militum ~i quod est in Iherosolima .. obsedit Damascum *Meaux* I 137 (=H. HUNT. *HA* X 27). **b a1170** dedi .. lucum .. domino et domui ~i de Jerusalem *Ambrosden* I 174; **p1174** frater R. C. magister in terra regis Scottorum de domo ~i *Reg. Glasg.* 37; **1224** magistri domus ~i citra montes *Pat* 439 (cf. ib.: recepimus ab eadem domo ~i Londonie); **a1300** terram quam T. .. tenuit de ~o ita quod .. fratres solvent annuum censum templariis de B. pro eadem terra *Midlothian* 29. **c 1185** in ~o Bruerie *MonA* VI 827a; **1349** bona tam dicto hospitali quam ~o ibidem spectancia *RScot* 730a; **1434** dedit templariis ~um Guttinge pertinens eidem *MonA* VI 836b. **d s1144** corpus .. Londoniis apud vetus ~um extra cimiterium in antro quodam projectum est *Chr. Rams.* 332; **a1161** quatinus ecclesiam eorum [religiosorum fratrum militum de templo], que dicitur dominicum ~um extra Londoniam .. visitetis *Rec. Templars* 162; **1161** nos concessisse .. Roberto episcopo Lincolniensi .. locum ~i juxta urbem Londonie primo a nobis edificatum sibi .. possidendum *Ib.* 158; **1213** eadem die apud novum ~um marinellis qui ducebant dominum regem ultra Tamisiam de dono xij d. *Misae* 257; **s1232** Hubertus .. apud novum ~um habuit thesaurum non modicum sub eorundem templariorum custodia deputatum M. PAR. *Maj.* III 232 (cf. ib.: rex, magistrum ~i ad suum vocans colloquium, ..); juxta vetustissimum illud ~um Londoniarum, infra cepta sc. parochie sanctissimi pape Clementis *Mir. Hen. VI* V 152. **e c1237** magistros nautas de libertate ~i in Stroda *MGL* I 501; **1293** extra barram novi ~i London' *Pat* 112 m. 17; **1509** in hospitio apud vetus ~um London' (*Vis. Dorchester*) *EHR* IV 313. **f 1388** a die S. Michelis in tres in tres septimanas termino supradicto H. .. et J. .. interioris ~i et W. .. medii ~i dederunt aurum *Selden Soc.* Suppl. Ser. V 256; **1425** J. .. et W. .. de exteriori templo *Ib.* Suppl. Ser. V 260; **1499** admissus est in societatem interioris ~i *Proc. J. P.* 130n; **1583** C. F. de interiori ~o *Entries* 551va.

3 horizontal timber beam or rafter, template.

1221 R. carpentario pro cintris et ~is faciendis. item in xxx bordis longis ad ~a nove porte facienda *Ac. Build. Hen. III* 30; **1324** ix d. in virgis pro ~is et funibus perquirendis *MinAc* 1148/6; **1422** pro virgis pro ~is et wethis emptis *Fabr. York* 48.

tempnere v. temnere.

temporalis [CL]

1 of or pertaining to time, temporal.

cronicorum, brevium ut [? l. vel] ~ium *GlC* C 867 (cf. ib. C 885: cronicon, ~e); ~ia, *þæt synd tidlice, þa æteowjað timan*: annus .. mensis .. ÆLF. *Gram.* 14; constat .. vulgo quod 'immensus' factus est localis, 'eternus' ~is NECKAM *SS* I 1. 23; cronicus ortus sive ~is est quando signum vel stella post solis occasum supra orizontem ex parte orientis emergit de nocte; et dicitur ~is quia tempus mathematicorum nascitur cum solis occasu SACROB. *Sph.* 9b; ut omnis dies cum nocte sua, sive sit estivus sive ybernus, indifferens ostendatur in dimensione ~i sensibili secundum periodum reversionis sue ad ortum GROS. *Hexaem.* II 11.

2 of or pertaining to the days through the year which are not the feast days of saints (also as sb. n. w. ref. to such a day or its office or other liturgy). **b** (as sb. n.) book containing the daily office or other liturgy for the days through the year not celebrated as feast days of saints, temporal.

in adventu .. puer ebdomadarius responsoriorum tenetur interesse tercie et sexte hore diei ad .. responsoria cantanda, quando de ~i agitur *Consuet. Sal.* 40; **c1250** legenda bona et sufficiens in uno volumine, ~e scilicet et sanctorum *Vis. S. Paul.* 6; **1342** legenda ~is corrosa et male ligata, legenda sanctorum insufficiens et defectiva (*Vis.*) *EHR* XXIV 124; **1430** lego eidem ecclesie mee legendas ~ium et sanctorum meas in duobus voluminibus *Reg. Cant.* II 478. **b 1220** hi sunt libri .. ~e breviarii, in duobus voluminibus, vetus et attritum *Reg. S. Osm.* I 283; **s1300** missale competens .. ~e, commune sanctorum *Ch. Sal.* 369.

3 lasting for a limited time, temporary, transitory.

688 omnia que videntur ~ia sunt et que non videntur eterna sunt [*II Cor.* iv 18] (*Malm.*) *ASC* XI no. 7 (=W. MALM. *GP* V 206); **9..** ~ia, *hwilwendlice WW*; preclare innocens prolapsio ~i castigata est verbere W. MALM. *GP* V 259; non ei [sc. diei septimo] ascribitur vespere, non mane, non finis, non initium. ergo dies requietionis Dei non ~is, sed eternus AILR. *Spec. Car.* I 19. 522B; nos .. duplici natura, ~i scilicet et eterna compactos .. tam tempori satisfaciamus quam eternitati GIR. *EH pref.* p. 223; require aliunde differentiam inter perpetuum, sempiternum, ~e sive perhenne, et eternum S. LANGTON *Gl. Hist. Schol.* 45; creatus est solum ~is et non eternus a parte ante (KYN.) *Ziz.* 43; in purgatorio est ~is punicio WYCL. *Ver.* II 56 (cf. ib.: expressiora testimonia de pena inferni perpetua quam de pena purgatorii ~i).

4 in, of, or pertaining to the temporal (opp. to eternal or spiritual) world, worldly (opp. to heavenly). **b** (as sb. n.) temporal affairs or matters.

non de firmamento solum ~i sed de summa etiam caelorum arce tempora cuncta excedente GILDAS *EB* 8; terminans ~em vitam, intravit aeternam BEDE *HE* IV 8; **717** ~is caducum auri munus (WYNFRID) *Ep. Bonif.* 9; largire sensibus nostris omnipotens Deus, ut per ~em [*gl.*: *tidlic*] filii tui mortem .. vitam nobis dedisse perpetuam confidamus *Rit. Durh.* 24; ad insinuandos ~es sancti viri labores vel ad ejus sempiternam gloriam catholicae ecclesiae fidelibus commendandam OSB. *Mir. Dunst.* 26; diversis morum curriculis ~ium hominum animi trahuntur GIR. *IK pref.* p. 3; tria sunt necessaria ad salutem ~em ECCLESTON *Adv. Min.* 115. **b** quid .. beatius quam si principes .. transferantur de ~ibus ad eterna? J. SAL. *Pol.* 533A; stultus est qui eternis ~ia preponit BALD. CANT. *Serm.* 14. 40. 448D; [hostis antiquus] in ~ium successibus .. blande ad nos ingreditur GIR. *TH* I 16.

5 temporal (opp. to clerical or ecclesiastical), secular, lay. **b** (as sb. n.) temporal or material property or possession (esp. belonging to bishop or other ecclesiastic).

c1158 quiete et libere ab omni exactione ~i *Regesta Scot.* 128; **1200** ab omni exaccione ~i et seculari servicio *CurR* 128; id sibi perpetuam conferens in laudem, quod in usum ceteris cederet ~em G. COLD. *Durh.* 10; **1231** saisina bonorum ~ium predicti episcopatus *Cl* 469; domini ~es potestatem habent subtrahendi suas eleemosynas collatas ecclesie *Ziz.* 249; litere .. dominorum, ~ium et spiritualium, majori et aldermannis misse *MGL* I 531; per viros potentes in regno, tam per ecclesiasticos quam ~es *Plusc.* VII 19. **b** etsi ratione ~ium regibus obnoxii sint, prepositos tamen suos pro ~ibus nec civiliter judicare possunt H. BOS. *Thom.* III 33; **1214** episcopus .. ~ia, que prius vocabantur regalia, de manu predicti archiepiscopi et successorum suorum recipiet *RChart* 202b; quia non querebant nisi ~ia ECCLESTON *Adv. Min.* 114; **1302** ipse temporalia prelatorum .. regni Anglie pretextu alicujus mandati summi pontificis taxare .. non debet, presertim cum mere spiritualia domini pape mandato submitti possunt, ~ia vero non (*KR Mem*) *Val. Norw.* 75n; **1341** rector ecclesie .. habet ~ia infra eandem parochiam in dotem ecclesie sue *Inq. Non.* 435; custodiam .. ~ium .. rex commisit priori et conventui FLETE *Westm.* 130.

temporalitas [LL]

1 state of having position or duration in or being subject to time, temporary character, transitoriness, temporality (opp. to eternity).

procedit .. ab eternitate ~as NECKAM *SS* I 1. 20; ~as obumbrat temporalia, adhibito respectu ad eternitatem ... cum autem dico nec ~atem nec localitatem esse in Deo, ad statum divinitatis id refero *Ib.* I 1. 23.

2 that which belongs to the temporal (opp. to eternal or spiritual) world, temporal matter(s).

nobis in intentione aeternitas, in usu vero ~as esse debet BEDE *Luke* 494B; hujus ~atis umbra, transacta hac mortalitate [Greg. Magn. *Mor.* 296A] *Id. Cant.* 1231C (cf. ib.: donec praesentis mortalitatis umbras aeterno die aspirante transeamus); cum ad petendum se aeternitatis lucem accendit ab hoc nimirum ~atis amore lassescit *Ib.* 1105B; duo sunt dies: dies ~atis, et dies eternitatis. dies ~atis, quandiu vivit homo .. hoc est, hoc tempore quo vivitis HON. *GA* 692D.

3 temporal power or material property or possession (esp. belonging to bishop or other ecclesiastic, also w. ref. to revenues derived from such possessions). **b** interest in or ownership of temporal or material property or possessions.

s1260 in plenariam episcopatus sui instituitur ~atem, pro spiritualitate vero archiepiscopi Eborum adivit presentiam *Flor. Hist.* II 456; **1280** ad recipiendum totam pecuniam tam ex spiritualitate quam ~ate in episcopatu *Reg. Heref.* 252; **1286** custodi ~atis episcopatus Sar' sede vacante *Ch. Sal.* 364; judex .. secularis de rebus spiritualibus cognoscere non debet .. si decime vendantur per vendicionem jam translata est spiritualitas in ~atem *Fleta* 429; **1302** pro decima ~atum utriusque termini secundi anni *Sacr. Ely* II 16; extenta ~atum monasterii .. ccc iiij[xx] li. v s. *Meaux* II 209; **1459** donec ad ~atem episcopi admittantur et ad electiva secularia *Conc. Scot.* II 80. **b** quando ecclesia Anglie incepit delirare in ~ate [*Concl. Loll. XII* 1: possessione temporalium; ME: *temporalte*] (*Concl. Loll.*) *Ziz.* 360.

temporaliter [LL]

1 in respect of time.

generali non minus quam severo ~erque duraturo causam dedit edicto E. THRIP. *SS* II 6; juris .. ratio vix variabilis ~erve perfunctoria *Ib.* VI 3; omnis creatura eternaliter et non eternaliter; vel in Deo est temporalis aut instantanea ~er, ergo sic est eterna (KYN.) *Ziz.* 45.

2 on time, seasonably. **b** on the appropriate occasion.

si se ~er vel extemporaliter reddiderint tempora J. SAL. *Pol.* 417C; tempestive ~erque tandem Junonis sub uberibus eandem autumpnus progenitorum maturitate venustet E. THRIP. *SS* I 3. **b** ipsa quoque regalium ornamentorum pompa qua ex officio regie uxoris sue ambiebantur tacite et ~er, utique satis expresse dictum sit, nulla animi delectatione utebatur *V. Ed. Conf.* f. 48.

3 for some (limited) time, temporarily (opp. eternally), subject to, during, or in time.

qui ~er in carne vivens paucos Judaeorum docuit BEDE *Mark* 143B; **724** si omnipotentes sunt dii .. non solum suos remunerant cultores, verum etiam puniunt contemptores.et si haec utraque ~er faciunt .. (DAN. WINT.) *Ep. Bonif.* 23; **800** ~er incipit, sed perpetualiter permanet ALCUIN *Ep.* 207; eternitatem simplicem motoris primi secundum dispositionem unam se habentis, mutabilia tamen ~er variantis GROS. 105; ut prima nota esset nimis longa et secunda nimis brevis, et ut videatur participare ~er inter discantum et organum *Mens. & Disc.* (*Anon. IV*) 83; Bachus, macescens [? l. inacescens] sponte sua, ~erque transfiguratus, maris et in litore repertus E. THRIP. *SS* III 5; **1284** impossibile est tali prevalente remige illud in supracelestes aquas tendens remigium ~er prosperari PECKHAM *Ep.* 519.

4 in or with respect to the temporal (opp. to eternal or spiritual) world or temporal things.

natus est ex Patre aeternaliter et ex virgine ~er ALCUIN *ad Beatum* 320; si tibi factum displicet in me, ~er ulciscere; .. malo ut aliqua insigniar corporis clade quam eterna involvar ultione W. MALM. *GP* II 74; arbitror etiam ~er absolutam esse celestis sententie fidem, quam divinum quondam resultavit oraculum *Id. GR* I 49; **s1340** nobis regere ~er sic concedat in terris ut in eo letemur eternaliter in excelsis AVESB. f. 90; **s1106** credo quod .. penuria percussus et ingratitudine filii ~er punitus est, et hec omnia finaliter patienter tulisse CAPGR. *Hen.* 35.

5 in respect of temporal (opp. to clerical or ecclesiastical) things.

1327 dictam .. ecclesiam .. cures sollicite .. spiritualiter et ~er augmentare (*Lit. Papae*) *Mon. Hib. & Scot.* 238a; s**1337** ut fideles nostri, super hiis informati, nobis libentius ~er subveniant (*Lit. Regis*) *G. Ed. III Bridl.* 130; **1341** ejus consilio super hiis que anime nostre saluti expediunt et regni nostri augmentum .. respiciunt,spiritualiter et ~er usi sumus (*Lit. Regis*) WALS. *HA* I 241.

temporalium [CL temporale+-ium], (in gl.) book containing the daily office or other liturgy for the days through the year not celebrated as feast days of saints, temporal.

hoc temperalium, A. *a temperal WW.*

temporaneus [LL *in sense* 2]

1 that is subject to or occurs in time, that lasts for a period of time. **b** of limited duration, temporary. **c** temporal, of, in, or pertaining to the temporal world.

et fidem perpetuae divinitatis, et ~eae dispensationis illius debet ordinem nosse BEDE *Luke* 308D; in incerto felicitatis ~ee fiduciam certam .. non habendam *Chr. Rams.* 85; faciamus apud Patrem nostrum felicitatis dies, non ~eos, sed eternales H. READING (I) *Fid. Cath.* 1344C; supponit eorum penam quasi instantanee brevitatis et eorum premium ~ee quantitatis HOLCOT *Wisd.* 117; si actus dicatur surrepticius quia fit sine deliberacione ~ea, sequitur quod talis actus potest esse peccatum mortale OCKHAM *Quodl.* 139; omne semper esse est aliqualiter esse .. ergo vel est esse temporale vel esse instantaneum. .. si ~eum, tunc est successive longum WYCL. *Ente Praed.* 180. **b** ut ~eo eum transitoriae hereditatis subjungeret lucro WILLIB. *Bonif.* 1; mundi istius pericula transitura et ~ea ALCUIN *Exeg.* 615B; **1440** non dignatur annuere etiam minima, ~ea, caduca, facilia BEKYNTON I 115. **c** tanti perspecto pontificis ~eo [v. l. perspecta .. ~ea] corporis morte WILLIB. *Bonif.* 8 p. 54; c**1000** ejus ~eam [*gl.*: secularem] vitam per nimium furorem propria manu funditus extinxit (*Lit. Episc.*) *Conc. Syn.* 234; Edmundus, ab eisdem interemptus, ~ee mortis compendio regnum emit eternum W. MALM. *GR* II 120; videt .. omnia contuitu superexcelso, non visu ~eo, sed suo singula cernens eterno H. READING (I) *Dial.* IV 1186D; eventibus ~eis immutabile nihil attribuens DICETO *Chr.* 3.

2 that happens at the right time, timely, appropriate to the season. **b** (in gl.) ripe, in season. **c** (in gl., as sb. n.) season.

Christus quasi imber ~eus est et serotinus quia in tempore retributionis et in vespera hujus vite erit ipse vita et resurrectio nostra [cf. *Os.* vi 3] P. BLOIS *Perf. Jud.* 848A; ipse rores et irrigationes dat ~eas J. FORD *Serm.* 45. 3; ?**1242** ~ea et opportuna largitio muneris est augmentatio GROS. *Ep.* 100. **b** *rype*, maturus, precoquus, temperaneus *CathA*; *tymely rype*, ~eus, prematurus *Ib.* **c** *sesone, tyme*, tempus .. ~eum *PP.*

3 contemporary (also as sb. m.).

†**1093** (12c) ea que a ~eis nostris in sancte ecclesie matris exaltatione facta sunt *Ch. Chester* 3; de regno et regibus Jude qui ~ei [v. l. contemporanei] fuere regibus [Israel] memoratis tractaturi *Flor. Hist.* I 36.

temporare v. temperare.

temporarie [CL temporarius+-e], for a time.

suae dispensationis quam pro nobis ~ie suscepit BEDE *Luke* 557B.

temporarius [CL]

1 of limited duration, temporary.

ut credamus unicum Filium Dei .. non ~ium, sed aeternum ALCUIN *Dogm.* 110A; mundus est nature motus orbicularis, concors, universalis, ~ius, localis, exterius nihil relinquens J. SAL. *SS* 962C; ~ias .. penas alii in hac vita tantum, alii post mortem [Aug. *Civ. Dei* XXI 13] AILR. *An.* III 37; si est divine [l. divini] humanique presentis digna collatio, uti vos vestro hoc ~io presenti quedam videtis, ita ille omnia suo cernit eterno [Boeth. *Cons. Phil.* V *pr.* 6. 20] NECKAM *SS* II 50. 1; sicut .. ad centrum circulus, sic ad eternitatem consistit mundus ~ius BRADW. *CD* 135D.

2 of, in, or pertaining to the temporal world, temporal.

quod auctorem lucis aeternae cum cremento lucis ~iae concipi simul et nasci deceret BEDE *TR* 30; peractis ~iae dispensationis sacramentis *Id. Luke* 442D; quia ~iam vitam apud se quam pudicitiam periclitari malebant J. SAL. *Pol.* 585C.

temporeus [CL tempus+-eus], (in list of words) of or pertaining to time.

tempus .. inde hoc tempusculum, -i, et ~eus, -a, -um OSB. GLOUC. *Deriv.* 583.

temprura [cf. ME *tempren*, OF *temprer*, AS *temprian* < CL temperare; cf. temperatura], (action of) softening (in quot. leather).

1302 in ~a unius corei pro cibul' fabrorum et in factura eorundem viij d. *KR Ac* 482/20 r. 20.

temptabilis (tent-) [LL], able to be tempted, liable to temptation.

cum certum sit quod papa sit vir ~is et a multis dyabolis assidue est temptatus WYCL. *Chr. & Antichr.* 677.

temptamen (tent-) [CL]

1 attempt. **b** (mil.) assault, attack (also fig. or in fig. context).

961 (12c) si quisque quod non optamus presumptivo peregerit ~ine *CS* 1073. **b** s**868** usque ad Snotingaham .. perveniunt, parati adversus ~ina stare BYRHT. *HR* 70 (cf. ASSER *Alf.* 30: bellum unanimiter quaerentes perveniunt); circa curam gregis sibi commissi vigilanter intendens, contra ~ina adversarii suos subditos vivaciter animavit exhortacionibus (*V. J. Bridl.*) *NLA* II 68.

2 (act or words of) temptation.

heu, qua fronte queunt temptamina cetera dici? NIG. *Paul.* f. 45v. 59.

temptamentum (tent-) [CL]

1 attempt, try. **b** trial, challenge, testing condition or circumstance. **c** (mil.) assault, attack (also fig. or in fig. context).

per herbas vel quaecunque ~a sive molimina maleficiosa peccata sua contueri et defendere (*Jud. Dei*) *GAS* 407; ut ad eorum [miraculorum] ~a veniretur, primum ad pietatem et emendationem Britonum prodiit W. MALM. *GP* V 215; quasi cornix cornici oculos effoderet, dum pari arte ~is ejus occurreret *Id. GR* II 168. **b** quanta egrotus ~a pertulerit BEDE *CuthbP* 37 *tit.*; per hec .. coronantur qui per hcc tcntamcntorum genera probantur G. HOYLAND *Serm.* 151D (cf. ib.: nescio .. quid asperum, quid ferum, quid fraudulentum in his vel nominibus vel naturis datur intelligi). **c** arma quibus .. devincere valeatis antiqui hostis sagacissima †temperamenta [l. ~a] EGB. *Pont.* 61; remittit nunc majora ~a orantibus ne vincant, remittit minima ne laedant BEDE *Ep. Cath.* 88D; tribulationes et ~a *Id. Sam.* 663B; nodos abrumpe veteres / ut superes / hostis tentamenta P. BLOIS *Poems* 1130A.

2 (act or words of) temptation.

daemonum quae paterentur ~a profitentes BEDE *CuthbP* 22; de vitiorum quae fecit vel ~orum memoria quae pertulit *Id. Sam.* 536C; quanta sibi ~orum luctamina ingesserit B. *V. Dunst.* 7; contra carnis tentamenta robustior J. FORD *Serm.* 115. 11; inter tentamenta libidinis semper castus *V. Edm. Rich P* 1822D.

temptare (tent-) [CL]

1 to touch or handle in an exploratory way, to test or investigate by touching, feel, try. **b** to seek out or try to discover by feeling. **c** (absol.).

in sanctum corpus temerarie extendit digitum, experiri curiosus an illud adhuc esset solidum. expertus est autem ejus virtutem, cujus tentare ausus est conditionem GOSC. *Transl. Aug.* 37B; tentant ubera, sed nihil humoris eliciunt ex eis AILR. *Sanct.* 795D; quesivit dominus si ignis esset in domo. [Maimundus] .. advocato murelego, ~avit si calidus esset an non *Latin Stories* 26; s**1397** data lictori venia .. tentavit .. suis digitis mucronis aciem quo fuerat feriendus WALS. *HA* II 225. **b** ceci qui baculo viam ~aret .. lux celitus obvia orbes implevit W. MALM. *GP* II 74; insulanus, contempto quo periculum oppositum ~abat baculo, viam expeditus regrediens consuetos lares repetiit *Ib.* V 266. **c** cecus est et manu ~ans [*II Petr.* i 9] BALD. CANT. *Commend. Fid.* 596A.

2 to investigate, carry out an investigation (on). **b** to assess, test, try to find out the nature, quality, or extent of. **c** to try to find or work out (also w. indir. qu.).

incipiebat occulte de longinquo obsequi eum ~ando, scire volens quomodo vitam nocturnam transegeret *V. Cuthb.* II 3. **b** Deus ~ans oboedientiam Abrahae filium unicum ejus, eum quem diligit, in holocaustum sibi offerre praecepit BEDE *Hom.* I 14. 71C; animum regis ~ans, deditionem sui obtulit W. MALM. *GR* II 141; **1221** †temptares [l. temptatores] cervisie non ~abunt cervisiam super terram priorisse nisi per unum solum ciphum semel impletum *SelPl Crown* 97; **1311** omnia vina venalia .. supervideri, ~ari, et assaiari *MunCOx* 22; non custodiunt officium suum ~ando lanas *Iter Cam.* 15. **c** c**793** constringe te ipsum .. hujus timoris catenis et ~a quomodo vel unam ardoris scintillam sufferre possis ALCUIN *Ep.* 65; abbas, aliquid de miraculis sancti ~andum ratus W. MALM. *GP* V 274; rursum etiam ~andum si eidem diversis rationibus eadem convenit appellatio BALSH. *AD* 54; cursim ad judices properavit, ~ans an eorum auctoritate possessionem habere posset GIR. *Symb.* I 31 p. 312.

3 to put to the test; **b** (by questioning or sim.); **c** (absol.).

sine respectu ~ant Deum, cujus praecepta .. contemnunt [cf. *Deut.* vi 16, *Matth.* iv 7] GILDAS *EB* 62; cum .. [antiquus hostis] omnes nequitiae suae vires versuta mente ~aret FELIX *Guthl.* 29; non .. datur signum generationi illi, id est ~antium Dominum et resultantium verbis ejus BEDE *Mark* 209C; omnipotentia divine majestatis .. me ab ineunti etate, prout voluit, multifariam et multis modis ~ari permisit, quoad juvenilis etatis robur adversitatibus assuesceret ABBO *QG* 1 (2); obsessionis die septimo, fortunam scalis erectis ~arunt, in resistentes volaticas moliti sagittas W. MALM. *GR* IV 369; denique .. ad .. cognatum suum divertit, illiusque fidem et audaciam ac adminiculum ~avit ORD. VIT. XI 37 p. 294; egredi cupiebam armatus vires meas, equum, et arma ~are MAP *NC* III 2 f. 36. **b** **796** Christus, dum a Judeis ~aretur de muliere adultera, non statim legalis censuram sententiae protulit ALCUIN *Ep.* 113; nec fraudabor vos questionibus expeditis, quas vel ~ando vel discendo obiciunt quique studiosi ABBO *QG* 1 (4); cum .. archiepiscopus, super solitis articulis tentatus et interrogatus, semper idem inveniretur W. FITZST. *Thom.* 94; sicut sunt quedam communia omnibus scientiis et quedam singulis propria, sic ~are contingit aliquem circa communia et circa propria KILWARDBY *OS* 533. **c** unum vidi miraculum per manum ipsius a Domino factum, audivi plurima. .. veniebat .. episcopus .. non ut ~aret, sed quod fere credebatur vere posset scire MAP *NC* II 3 f. 24v; magus .. venit ad eum temptans eum .. vir sanctus .. benedixit ramum aridum et ilico protulit .. fructum, ut magus ~avit (*Carthagus* 66) *VSH* I 198; ~are .. est .. experimentum de ignorantia sumere KILWARDBY *OS* 533.

4 to try to influence, sway, win over, or persuade (to).

beatus Vitus, in puerilitate virtutibus maturus, primum a patre suo sacrilego Hyla, ut a cultura Dei recederet, tentatus est BEDE *Mart.* 947A; insontes multos necavere, quos nequicquam tentaverunt ad transvertendum, vel quos majori obstaculo sibi esse perviderant W. POIT. I 7; hunc ad necem vel expulsionem viri Dei Ebroinus epistolis cum ~asset W. MALM. *GP* III 100; convenientibus illis ibidem coram justiciario, ~avit adhuc animum ipse archidiaconi, monens secretius quatinus aliquos de Anglia viros bonos nominaret GIR. *JS* VI p. 321; *to begyle* .. subducere, ~are, tergiversari *CathA.*

5 to tempt (often regarded as form of moral or spiritual test); **b** (to).

ut daemones ab hominibus ~andis fracta suarum virium malignitate trementes .. resiliant BEDE *Sam.* 586C; qui [immundi spiritus] temtare non desinunt in sua superbia ALCH. *Or.* 144; **786** impedivit nos is qui tentat *Ep. Alcuin.* 3; ipsa .. peccatorem converti .. tentatum tentationi resistere, non tentatum sic permanere .. facit *Simil. Anselmi* 111; ne, dum temptentur, nimium temptando graventur GREG. ELI. *Æthelwold* 3. 6; habes certe .. ubi .. tue affectionis unguentum secure sine aliquo .. motu vitii tentantis effundas AILR. *Jes.* III 27; securius est .. non ~ari quam cum temptatione congredi BALD. CANT. *Serm.* 3. 35. 525A; Esau tenptavit quem magna fames superavit *Vers. Peterb. Psalter* 41. **b** boni innoxie ~antur ad culpam BALD. CANT. *Serm.* 17. 32. 507B; ~avit illum diabolus ut tolleret cucumerem et comederet O. CHERITON *Par.* 67.

6 to make an attempt (at), to attempt or try (course of action or sim.), take on (role or responsibility); **b** (w. inf.); **c** (in dismissive sense).

697 si aliter ~atum fuerit a qualibet persona sub anathematis interdictione sciat .. *CS* 97; **793** dum fluctivagi maris incertum iter ~are conpellar ALCUIN *Ep.* 15; **955** (14c) ego divino fulciente numine nunc nuperrime rex regimina ~ans *CS* 917; ascensum ~are pedemque retrahere ORD. VIT. IX 13 p. 580; ardua ~are et difficilia sustinere nequivit que antecessor ejus longo usu exercitatus inivit *Ib.* XI 26 p. 260; **1224** thesaurarius minutas decimas .. contra justiciam detinet et eidem reddere contradicit in ~ando petitorium et dicendo se tali occasione dampnificaturum *Cart. York* 54; devictus in omni bello quod ~abat (ERGOME) *Pol. Poems* I 132. **b** **679** (14c) quisquis contra hanc donationem venire ~averit *CS* 45; cum fari pueriliter temtabat FELIX *Guthl.* 12; cum viro Dei persuadere ~aret, rennuit primum ALCUIN *WillP* 6; tantum facinus perpetrare tentati sunt ASSER *Alf.* 12; in vanum laborant quicumque nocere sive renuere violenter illam ~ant *V. Chris. Marky.* 26; ut ipse cum suo exercitu ~arent movere saxum de via (*Moling* 12) *VSH* II 195. **c** alii post illum in gente Anglorum religiosa poemata facere temtabant, sed nullus eum aequiperare potuit BEDE *HE* IV 22.

7 to make a bid (for), (transf.) to strive (for or after).

Petre, nimis tardas, nam Simon ad ardua temptat (*Vers.*) W. MALM. *GR* IV 338; multi non fidei pietate, sed temeritatis securitate, audaces ad ardua, impossibilia ~ant BALD. CANT. *Commend. Fid.* 604C.

8 to make an assault on. **b** to harass. **c** (transf.) to rival, vie with.

tentant murum ariete, qui percussus in virga castellanorum frangitur W. POIT. I 33; Turchi .. posterius agmen ~are aggressi .. frustrati sunt insidiis W. MALM. *GR* IV 374; si terrigene temptarent astra gigantes [Lucan *Bell. Civ.* III 316] J. SAL. *Pol.* 811D. **b** ab illius infestatione quem tot molestiis ~averat invita cessavit ORD. VIT. XI 9 p. 198; multa pericula vos ~averunt, set Deus .. nobis semper contulit salutare (*Brendanus* II 16) *VSH* II 283. **c** utinam vel unus in hoc ordine, non dico qui hos [sc. Laurentium et Vincentium] ~et, sed qui saltem a longe sequatur et vestigia semper adoret [cf. Stat. *Theb.* XII 817], nostris diebus inveniatur GIR. *GE* II 33 p. 325.

9 (of condition) to afflict, strike.

ad gratiorem laetitiam iterum tentantur tristitia, dum .. proclamatur tumba vacua GOSC. *Transl. Aug.* 37A.

temptares v. temptator. **temptari** v. temptare.

temptatio (tent-) [CL = *attempt*]

1 test, examination, investigation; **b** (of person); **c** (transf.).

1236 quod .. abbas haberet ~onem cervisie de hominibus ipsius Johannis *Cart. Ciren.* 208; **1248** quotienscunque debeat fieri ~o panis et cervisie ab eisdem burgensibus (*Oxford*) *BBC* 222; **1255** ~o panis fiat bis in anno (*Oxford*) *Ib.*; **1351** [*for testing*] ~one [*of the white wine for the lord*] *Rec. Leic.* II 76. **b** Dominus noster factiosam farisaicae ~onis [*gl.*: *þære fariseiscere costnunge*] calumniam verae responsionis argumento confutans explodit ALDH. *VirgP* 18. **c** vix precipienti paritum est, eo quod res incredibilis videbatur et majestatis divine manifesta tentatio J. SAL. *Anselm* 1013C.

2 trial, challenge, difficult or testing circumstance.

voverat .. ab olim inter varias ~onum angustias, si Dominus prosperum faceret desiderium suum, edificaturum se Domino templum DOMINIC *V. Ecgwini* I 8; [Paulinus] post multa populi aquilonalis spolia diabolo detracta, ne militi emerito persecutionum deesset ~o, violentia hostili proturbatum a sede, Cantiam concessisse W. MALM. *GP* I 72; infirmitatis .. humane ~ones sunt he: verumtamen et virtus plerumque in infirmitate perficitur et fidei constantia tribulationibus augmentatur GIR. *IK* II 7; ipsi quod in cotidianis tentationibus cogimur experiri, et aquarum tempestas ingruit et flumina irruunt J. FORD *Serm.* 109. 10; s**1345** licet .. Dominus interdum quos diligit lacessiri permittat injuriis, facit tamen cum ~one proventum [cf. *I Cor.* x 13], ut servus humilis ex persecucione in justicia proficiat et hostis iniquus in sua perversitate succumbat (*Lit. Regis*) AD. MUR. *Chr.* 169.

3 temptation.

si quis Christianus subita ~one mente sua excederit vel post †inasinam [l. insaniam] se ipsum occiderit THEOD. *Pen.* II 10. 4; quomodo primam temtationem [v. l. ~onem] disperationis a Satana pertulerit FELIX *Guthl.* 29 *tit.*; [temtatus immunditia] nisi prius ignis temtationis reciderit, reum se quasi usque ad vesperum cognoscat BEDE *HE* I 27 p. 59; protege corpus meum et animam meam ab hostis antiqui temtationibus ALCH. *Or.* 144; verens ne monachi .. noviter instituti aliqua ultra quam ferre valerent ~one concuterentur EADMER *V. Osw.* 23; hostes nostri spiritales .. ~onum tormentis murum virtutum quatientes AILR. *SS Hex prol.* p. 175; ab estu eam [ac. animam] tentationum carnalium .. defensare J. FORD *Serm.* 38. 7.

temptative (tent-) [temptativus+-e], by way of a test, trial, experiment, or challenge (esp. in dialectic contest).

eas [questiones] mihi proponis, earumque solutionem cum instantia petis; verumtamen cum sis in scholis, ego autem in castris; et cum jam biennium in legibus et decretis expenderis, vereor ne tentative hoc facias, ut sic me in simplicitate mea callide comprehendas P. BLOIS *Ep.* 19; sepius opiniones contrarias pertractabo .. et interdum scienter ~e pro eis seu sophistice allegando, in persona conferam aliorum, ut pro utraque parte allegationibus intellectis .. veritatis amator .. verum a falso occasionem habeat discernendi OCKHAM *Pol.* I 15; patet conferentibus scripturam in sua integritate, sicut doctor meus facit, licet tentative proponat mihi talia, quod scriptura juvat seipsam pro sensibus postillandis (WYCL.) *Ziz.* 461.

temptativus (tent-) [CL temptatus *p. ppl. of* temptare+-ivus], (often for πειραστικός) of or pertaining to experiment, trial, or attempt (also absol. w. *dialectica* or sim. understood, as sb. f.). **b** (pregn.) purely experimental, 'academic'.

est autem logice pars tentativa, sed illam / censetur prudens edocuisse Plato NECKAM *DS* X 63 (cf. id. *NR* II 173 p. 284: Parmenides .. primus maximas adinvenit; Plato tentativam edocuit); est autem tentativus syllogismus casus demonstrativi sicut sophisticus dialectici *Id. NR* II 173 p. 292; verbum Avicenne est de dieta tentativa, ad videndum ad que morbus declinet et cujus speciei fuerit GAD. 18. 1; quatuor .. genera disputationum, sc. doctrinales sive demonstrative, dyalectice et ~ive et sophistice (SHIRWOOD) *GLA* III 19 (cf. BACON XV 325: quadruplex est disputacio, doctrinalis, dyalectica, ~a, et sophistica); ubi .. de syllogismo ~o agit, qui est instrumentum disputationis ~e? KILWARDBY *OS* 532 (cf. ib. 534: syllogismus verus .. est et ~us quia sumit experientiam de ignorantia propriorum). **b** probe intelligo ~a esse et captiosa que per vos nuncios proponunt episcopi .. illi meum sanguinem sitiunt W. FITZST. *Thom.* 118; quescio de causa individuacionis, sicut consuevit queri, ~a est, cum fundetur supra falsam imaginacionem supradictam, et apud recte sentientes fatua vel ridiculosa debet reputari SICCAV. *PN* 87; non .. seminemus tales errores Dei ~os, blasfemos, et gignitivos cathaclismi diffidencie WYCL. *Ver.* II 60; iste discursus excogitatus est ut tentativus, et non ad efficaciam realem, cum nulli logico sit dubium de questione, cum conglutinato sensu foret forma monstruosissima (WYCL.) *Ziz.* 467.

temptator (tent-) [CL]

1 one who touches or handles in an exploratory way, one who investigates by touching.

supradictus tentator cum turgida manu miserabilis accurrit GOSC. *Transl. Aug.* 38A (cf. ib. 37B (v. temptare 1)).

2 one who examines, tests, or investigates (also, in official capacity); **b** (person); **c** (proposition in dialectic context). **d** (acad.) examiner.

1221 †temptares [l. ~ores] cervisie non temtabunt cervisiam super terram priorisse nisi per unum solum ciphum semel impletum *SelPlCrown* 97; **1253** preposuimus in dicta moneta ~orem seu esseiatorem nostrum (*Pat*) *RGasc* I 273b; **1276** districta pro assisa et quia non mostravit ~ori servisie antequam vendidit *CourtR A. Stratton* 34; **1280** W. C. in misericordia pro assisa panis. J. de H. in misericordia quia non misit post temtatores, plegius Manebi *Ib.* 130; **1306** ~oribus et tastatoribus de dicto burgo nostro .. totaliter amotis (*Swansea*) *BBC* 224. **b** ?**803** quid ipsa veritas ~oribus suis respondit [cf. *Matth.* xxii 21] ALCUIN *Ep.* 265; ~or quoque Phariseus et Herodianus insidiator quas fraudis sue non adhibuit artes ut eum caperet in sermone lingua dolosa, in cujus ore non est inventus dolus? J. SAL. *Pol.* 497B; ?**1175** adversus eum .. quandoque dolosus tentator Phariseus et Herodianus accessit P. BLOIS *Ep.* 70. **c** supponit et genera disputationum, ut appareat quomodo nunc docentem ex principiis, nunc ex probabilibus colligentem, nunc ex his que non videntur probabilia arguentem, quod est demonstratoris dialectici et ~oris officium, sophista imitetur J. SAL. *Met.* 930A; aliquando utitur ~or sillogismo falsigrafico BACON XV 326. **d** **14**.. quilibet bachallarius antequam admittatur solvat decano et ~oribus xii denarios; .. nullus admittatur per ~ores ad determinandum nisi attingat xv annum *Mun. Univ. Glasg.* II 27.

3 one who tempts or tries to persuade, tempter (esp. of Satan).

ut vincendo ~orem nobis quoque vincendi peritiam virtutemque tribueret BEDE *Hom.* I 7. 38B; si autem culpabilis atque reus contempserit et quasi ~or judicium tuum adierit (*Jud. Dei*) *GAS* 407; **999** (13c) instigante humani generis perversissimo ~ore diabolo *CD* 703; victus tandem importunitate ~oris, exitum de ecclesia moliebatur EADMER *Mir. Dunst.* 23; vir sanctus [sc. Benedictus] dum solus esset ~or affuit GIR. *GE* II 10 p. 213; s**1258** sic confusus recessit ~or suo infecto desiderio M. PAR. *Maj.* V 687.

temptorium v. temperies, tentorium.

1 tempus [CL]

1 time, moment or period when something occurs; **b** (as antecedent to cl.); **c** (when person is alive, in power, or sim., also pl.); **d** (as property of or information about occurrence or event, esp. as being able to be recorded or predicted, dist. from the occurrence or event itself). **e** appointed or fixed time.

cum ~us jam resolutionis ejus instaret .. membrorum .. et linguae motu caruit BEDE *HE* IV 9; instat resolutionis meae dies et ~us obitus mei adpropinquat WILLIB. *Bonif.* 8 p. 46; **1075** singuli secundum ordinationis suae ~ora sedeant LANFR. *Ep.* (11); ut .. ~us retributionis usque ad annos ultime senectutis reservent in memoriam NIG. *Ep.* 19; cum jam ~us remunerationis sanctissimi patris nostri Finani appropinquasset, toto corpore infirmatus est (*Finanus* 29) *VSH* II 95; **1422** solvant .. id quod reperietur eis debitum ~ore obitus nostri (*Test. Hen. V*) *EHR* XCVI 92; **1472** sol' J. W. molendinario .. pro factura del *milniryns* .. cum iij s. j d. ob. pro evacuacione aque et reimposicione ejusdem ~ore reparacionis *Ac. Durh.* 643. **b** a**797** veniet .. ~us quando corruptibile hoc induitur incorruptione et resumit anima quod reliquit in terra ALCUIN *Ep.* 79; vice comes .. denominavit illis constitutum ~us .. ut ambo adfuissent *DB* II 424; **1312** A. de W. attachiatus fuit .. ad respondendum .. de placito quod reddat .. resonabilem compotum suum de ~ore quo fuit receptor denariorum *Year Bk.* XI (*Selden Soc.* XXXI) 154; eligatur ~us in quo planeta ipsum respiciens male se habeat aut debilitetur N. LYNN *Kal.* 213; fuit ~us cum oppidani nostri, metu scholasticorum, se probe in officio continerent ASCHAM *Ep.* 317. **c** qui postmodum .. omni vitae suae ~ore signum incendii quod in anima pertulit visibile cunctis .. portavit BEDE *HE* III 19; **1100** heres suus non redimet terram suam, sicut faciebat ~ore fratris mei (*Ch. Coron.*) *GAS* 521; **1100** sicut fecerunt in ~ore regis Eadwardi (*Ch.*) *Ib.* 524; ecclesia toto Turchorum ~ore illibata permansit W. MALM. *GR* IV 359; Isembardus gesta ~oribus Hugonis magni .. Adelelmo rogitante descripsit ORD. VIT. III 13 p. 140; cujus ~ore facta est repromissio Jacob BACON *Maj.* III 56; hac revolutione servorum suorum, hac totius familie sue rotacione usus est omni ~ore vite sue *Croyl.* 28. **d** inter quae siquidem sunt maxima dona librorum, / qui series rerum et tempora cuncta canunt, / et dictante Deo retinent primordia mundi ALCUIN *Carm.* 69. 15; lectiuncula .. edita .. ab auctore ignaro, cui non plene .. patuit rerum et ~orum certitudo ORD. VIT. VI 10 p. 86. **e** c**1010** decimationes frugum .. Domino per singulos annos ~oribus rependantur congruis *GAS* 253; reservetur questio ~ori disputationis RIC. ANGL. *Summa* 30 p. 46; **1318** ideo vobis mandamus quod ipsum vic' respectum illum usque ad predictum ~us inde habere permittatis *RScot* 186a.

2 (in var. adv. phrases): **a** (w. demonstr. or sim. in agreement); **b** (gen. *~oris* w. demonstr. or

sim.). **c** (*pro ~ore*) then, for or at the time, (w. ref. to present time) now, for the time being. **d** (*suo ~ore*) at one's or its proper time. **e** (*de ~ore in ~us* or sim.) from time to time. **f** ? (*ad ~ora*) at times.

a miraculorum signis .. omni saeculo usque ad id ~us inexpertis ALDH. *VirgP* 53; s**491** bellum Saxonum .. adversus Brittones eo ~ore junctis viribus susceptum BEDE *Chr.* 518; jacebat ad hoc ~us illa [sc. Witburga] in rure ignobili W. MALM. *GP* IV 184; s**1107** annuit rex et statuit ut ab eo ~ore in reliquum nunquam .. per regem vel quamlibet laicam manum in Anglia investiretur EADMER *HN* p. 221; c**1240** medio ~ore *Reg. Malm.* I 407 (v. medius 7c); si hoc ~ore repristinabis [MS: representabis] regnum Israel HARCLAY *Adv.* 44 (cf. *Act.* i 6); circa idem ~us stella comata apparuit in borialibus partibus Anglie *Dieul.* f. 145v. 2. **b** nulla esset omnimodis praeter domorum ruinas, bestiarum volucrumque ventres in medio sepultura, salva sanctarum animarum reverentia, .. quae arduis caeli id ~oris a sanctis angelis veherentur GILDAS *EB* 24; **1073** in Anglorum .. terram veniens .. omnia sanctitati vestrae reseravi quae reseranda esse tunc ~oris .. judicavi LANFR. *Ep.* 43 (18); ubi res ad abbatis et conventus de Bello qui tunc ~oris erant pervenit noticiam *Chr. Battle* f. 91v; eo ~oris .. terra .. silvis .. fuerat obsita GIR. *TH* III 2; s**1326** vocabatur tunc ~oris hujusmodi robaria *rifflinge Ann. Paul.* 321. **c** **1154** post ecclesiam de Fuleham episcopo Lond' qui pro ~ore fuerit resignabit *Ep. J. Sal.* 35 (5); **1166** licet multas domi pro ~ore necessarias habeam occupationes J. SAL. *Ep.* 182 (179); **1270** prior et canonici .. concesserunt .. quadraginta solidatas annui et quieti redditus .. per manum rentarii S. Trinitatis qui pro ~ore fuerit *AncD* A 7301; **1276** constabulario nostro Burdegale qui pro ~ore fuerit *RGasc* II 18b; **1427** suos .. precessores .. pro ~ore existentes *Form Ox* 463. **d** quod Paschae sollemnitatem non suo ~ore celebrarent BEDE *HE* II 4; c**700** (11c) digna consilia verbaque venerabilia patrum antiquorum suo ~ore regulariter peracta GOSC. *Milb.* 201; longius suo ~ore ascendentis in coelum LANFR. *Corp. & Sang.* 424C. **e** **1421** reddat executoribus nostris inde compotum de ~ore in ~us prout per eos fuerit ad hoc ammonitus (*Test. Hen. V*) *EHR* XCVI 93; **1423** dummodo vende et retrovende exinde provenientes ad manus constabularii nostri Burdegalensis de ~ore in ~us deveniant licenciam [Johanni Radclyf] concessimus *Arch. Gironde* XVI 8; **1456** a ~ore in ~us quousque .. abbas aut sui successores sint plenarie contenti *Reg. Whet.* I 260; **1503** ut de ~ore in ~us missa .. septimanatim de die in diem perpetuo celebretur *FormA* 339. **f** preelegit corpore se ad ~ora absentare *Meaux* I 441.

3 recurring time or period (in year), season. **b** (liturg.) season, 'tide'; **c** (w. ref. to days through the year other than Sundays and feast-days). **d** (*quattuor ~ora anni* or sim.) four Ember or Rogation days or times, observed one in each season of the year. **e** (recurring other than on annual basis) time, period. **f** phase, moment or period (during longer period of time); **g** (in relation to particular event); **h** (of life).

et fertilis et nemorosa vallis verno in ~ore avium dulci cantu resultat G. HOYLAND *Ascet.* 283; rigente .. asperie brumali ~ore R. COLD. *Godr.* 74; redeunte .. vernali tam ~ore quam temperie vitalem spiritum resumentes, revirescunt simul et reviviscunt GIR. *TH* I 21; rusticus .. habeat .. saticulum ad ~us sacionis conservatum NECKAM *Ut.* 111; **1265** cum instet ~us rutesionis ferarum *Cl* 72; **1275** ~ore aperto *Hund.* I 175a (v. aperire 2g); **1288** ad ~us seminis hiemalis .. ad ~us seminis quadragesimalis dicti anni sequentis *Cart. Osney* IV 235; armigeri qui serviunt magnis dominis pro diversis ~oribus anni convenientes robas accipiunt .. unam pro hyeme, aliam pro estate HOLCOT *Wisd.* 120. **b** festis ~oribus atque dominicis diebus LUCIAN *Chester* 63; s**891** circa ~us rogationum cometa apparuit M. PAR. *Maj.* I 428 (cf. *AS Chr.*: circa Ascensionem Domini); sedeat abbas usque ad repeticionem retractus post versum vel prosam pro ~ore *Lib. Evesham* 13; s**1316** rex .. apud C. .. curiam suam ~ore natalicio tenuit TROKELOWE 92. **c** antiphonaria cum responsoriis ~orum viij. .. antiphonaria cum responsoriis sanctorum vj. .. antiphonaria sine responsoriis, tam ~orum quam sanctorum, ij (*Catal. Libr.*) *Meaux* III lxxxiii. **d** quattuor ~oribus [AS: *on feower timum*] quae ecclesiastice custodiuntur *RegulC* 61; quatuor ~orum observatio competenti tempore .. observetur (*Conc.*) ORD. VIT. IV 9 p. 239 (v. quattuor b); missa poterit celebrari .. in sabbatis quatuor ~orum circa vesperam, in sabbato magno circa noctis initium GIR. *GE* I 7 p. 24. **e** mulieres .. menstruo ~ore non intrent in aecclesiam THEOD. *Pen.* I 14. 17; in revolutione ~orum octavus idem qui et primus computatur dies BEDE *Gen.* 33D; lucida .. spiritui ~ora, nocturna quoque carni dedicantes GIR. *TH* III 27; **1473** vigilantibus et custodientibus animalia ~ore nocturno *Ac. Durh.* 644. **f** tertio ~ore saeculi cum gratia venit ipse [Christus] BEDE *HE* V 2; primo ~ore noctis defunctus est *Ib.* V 12; mortuus ac tandem primo sub tempore noctis, / ejus in extrema respirans parte revixit ALCUIN *SS Ebor* 888; in illa [civitate] majori ~ore totius anni commanebat *Flor. Hist.* I 77; tunc conplete principii ad casus proportionem sequitur proportio aliorum tenporrum [v. l. signorum] RIC. MED. *Signa* 36. **g** animi ejus pura sanctitas et sancta puritas magis proximo ~ore obitus excelluit W. MALM. *GR* I 60. **h** vera .. conversio in ultimo ~ore potest esse THEOD. *Pen.* I 8. 5.

4 period in history, age, era, times; **b** (w. *retroactus* or sim.). **c** (w. *memoria* or sim.) time within memory, (w. neg.) time immemorial.

Judae epistola quia de apocrypho libro testimonium habet primis ~oribus a plerisque reiciebatur BEDE *Ep. Cath.* 129A; in antiqua redire ~ora, et ad annos respicere meliores J. SAL. *Met.* 915D; in trium nocturnarum officiis tria ~ora representamus, ~us sc. ante legem, ~us sub lege, ~us gratie BELETH *RDO* 22. 33C; patres primi ~oris magis remoti erant ab adventu Christi quam patres secundi vel tertii *Ib.* 63. 70B; merito reprehendibiles sunt nostri ~oris mulieres, que novos ornatus tam capiti quam corpori .. invenerunt ROLLE *IA* 266; quidam moderni ~oris religiosi, qui dum restringuntur aliqualiter juxta sue religionis sacras observancias .. *Spec. Incl.* 1. 2 p. 68. **b** **1222** retroductis ~oribus *RL* I 195; **1274** sicut retro ~oribus habere consueverunt *Hund.* II 100b; c**1304** studium generale, quod in Oxoniensi universitate .. retroactis ~oribus noscitur floruisse *FormOx* 7. **c** s**1239** exegit .. ut .. contra consuetudinem ecclesie infra ~us cujus non exstat memoria, visitarentur M. PAR. *Maj.* III 528; **1255** tenent ij virg' terre .. a ~ore unde nemo recolit *Hund.* II 72b; c**1256** quale ad opus suum memorie ~ore alicujus predecessorum habere consueverunt (*Ch.*) *EHR* XVII 288; **1289** qua [pastura] usi sunt a ~ore quo non extat memoria *SelPlMan* 32; **1325** a ~ore et per ~us cujus contrarii memoria non existit *Lit. Cant.* I 156; **1366** hoc fiebat a toto ~ore quo memoria non existit *Hal. Durh.* 52.

5 period or expanse of time; (of heavenly body) periodic time; **b** (pl., stretching into the past, transf. w. ref. to start); **c** (covered by account or sim.). **d** (*ad* or *in tempus*, *pro ~ore*) for some time, for a while, temporarily. **e** length, duration, time taken, spent, or given. **f** (conduct during) period of office.

qui iram corde multo ~ore retinet, in morte est GILDAS *Pen.* 90; quia luna in duobus suis mensibus, id est diebus lviiij, quinquagies et septies terrae orbem circuit, aestus oceani per ~us idem geminato hoc numero .. exundet ad superiora BEDE *TR* 29; per aliquod ~us in secretiori habitaculo deguit EADMER *Wilf.* 14; scanna quibus repserat suspensa sunt in ecclesia, ibique per ~ora visa sunt diuturna OSB. CLAR. *V. Ed. Conf.* 9; plurimo ibi ~ore repausavit *G. Steph.* 90; c**1212** effluxerat ~us semenstre ita quod ad episcopum .. fuerat donatio .. devoluta *Reg. Linc.* I 44; hanc civitatem ego post modicum ~us relinquam (*Moling* 27) *VSH* II 203; per quantum ~us eas in manu regis tenuerunt *Fleta* 26; **1308** per magnum ~us fuit rentarius .. Templariorum in London' *DocExch* 159. **b** virgo .. etate quidem adulta, sed a multis retro ~oribus paralitica *Mir. Fridesw.* 18; **1266** contencionibus et controversiis longissimis retro ~oribus habitis *Cart. Glast.* I 100; **1432** cujus loci confrater sum et a ~oribus cram *Reg. Cant.* II 485. **c** **1324** per ~us compoti *MinAc* 840/21; **1409** de cclxviij *blemes* ferri provenientibus de exitibus minere puteorum .. et in forgeo .. forgeatis, factis, et fabricatis per ~us compoti (*Ac.*) *EHR* XIV 529; **1460** onerat se de xviij li. receptis a senescallo de K. per ~us compoti *ExchScot* 6; **1469** cum exitibus unius itineris camerarie tenti infra ~us computi *Ib.* 668. **d** haec .. sicut utiliter saepe tenentur ita non numquam pro ~e salubriter intermittuntur BEDE *Cant.* 1184D; juxta tropologiam, id est sensum moralem, electi etiam in hac vita agunt sabbatum Domino sacratum, cum ab hujus mundi curis ad ~us separati orationi vacant *Id. Ezra* 921C; prudentie est in ~us differre quod continuo non possis explere ORD. VIT. IX 6 p. 496; distulit abbas ad ~us tante injurie .. ultionem querere, si forte idem Alanus in se rediens vellet resipiscere *Chr. Battle* f. 95v; post se illustris indolis filium derelinquens, qui suum pro ~ore poterit representare parentem ut propago respondeat pro radice P. BLOIS *Ep.* 181. 474D. **e** c**800** breve praesentiae diu optatae ~us plangebam ALCUIN *Ep.* 260; ~us revolutionis lune ab ortu ad ortum excedit ~us diei et noctis GROS. *Flux.* 463; si multiplicaverimus ~us equalis lunationis .. in 235 resultabunt 6,939 dies BACON *Maj.* I 278; semivocalis medietatem sui ~oris transfert ad aliam vocem. que dicitur semivocalis descendens semitonus dicitur ascendendo ODINGTON 94. **f** **1221** J. de M. qui fuit serviens hundredi in misericordia quia non venit respondere de ~ore suo *PlCrGlouc* 10; **1231** sint ibidem coram .. justiciariis nostris .. ad respondendum de ~ore suo *RL* I 396; **1251** omnia arreragia que eidem Henrico [constabulario] debentur de ~ore suo *Cl* 466; **1321** ad respondendum de ~ore suo *MGL* II 286.

6 sufficient, available, or allotted (period of) time; **b** (*~us legis* or sim., leg., w. ref. to taking of oaths, *e. g.* by jury). **c** lifetime. **d** prescribed, required, or necessary (length or period of) time.

~us mihi concede ut repenetescat [*in MS corr. to* repenitescat] me *Cerne* 101; **946** (14c) expleto .. dierum ~ore suorum *CS* 818; nec ~oris aut scede angustia nunc patitur explicare J. SAL. *Ep.* 143 (209 p. 320) (cf. ib. 181 (182): **1166** cum .. devotionis fructus etsi non pro voto, plane pro ~ore precesserit); dum locus et tempus subeant quibus illa rependas D. BEC. 827; cum pro ~oris angustia salientis aqua deesset .. in sanguine suo .. baptizatus est W. NEWB. *Serm.* 900. **b** **1220** quia non fuit ~us legis, sc. adventus, data fuit eis dies ad proximum comitatum post Natale *BNB* III 384; **1220** non potuit ante Pascha habere diem nisi ~ore legis quo non potuit legem suam facere *Ib.*; **1259** assisa .. remansit capienda eo quod adventus regis nunc erat tempore quadragesimali et datus est dies quod assisa illa sit coram rege in proximo adventu regis usque Rading' ~ore legum *Cl* 470; **1260** in assisa nove disseisine quam .. Albreda arramiavit coram rege in proximo adventu suo usque Windes' ~ore legali *Cl* 453. **c** tempore completo gelidantia membra reliquit *Mir. Nin.* 266; reliquum ~oris .. religiose complevit W. MALM. *GR* I 78. **d** **1582** an .. admittatur ad gradum magisterii absque remissione ~oris et completionis formae *Stat Ox* 424.

7 time that passes or elapses; **b** (as phenomenon); **c** (*in ~ore* as dist. from being instant).

revertuntur .. grassatores Hiberni domos, post non longum ~oris reversuri GILDAS *EB* 21; ut pollicita codicelli rescriptio tanto ~oris intervallo protelaretur ALDH. *VirgP* 59 (cf. ib. 36: diuturno ~oris intervallo); brevissimum illud ~oris spatium .. quod in ictu pungentis transcurrit quod secari et dividi nequit .. momentum .. vocant BEDE *Temp.* 3; assiduis .. infestationibus, quas sedulo terra marique sine ullius quieti ~oris intervallo sustinebat ASSER *Alf.* 91; rota ~oris referente annuum regni spatium W. MALM. *GR* IV 373; his .. septuaginta annis, tantum enim ~oris in sinistro latere repausabunt [sc. septem sancti dormientes] AILR. *Ed. Conf.* 768B; quasi insania .. exagitati in easdem domos sub momento ~oris iterum ac sepius irruebant J. SAL. *Pol.* 423D; s**1450** non longa ~oris respiratione res suum serenum sortita est finem *Reg. Whet.* I 152. **b** ~us non est continuum nec omnino quantitas nisi per accidens KILWARDBY *OS* 193; ~us .. est motus numerus circularis T. SUTTON *Gen. & Corrupt.* 196. **c** subitum .. id dicimus quod cum fiat non fit in ~ore, ut generatio .. digestio .. fit in ~ore et est motus ALF. ANGL. *Cor* 11. 10–11.

8 passage of time (also pl.).

resina, quae cedria dicitur, in conservandis libris adeo est utilis ut perliniti ex ea nec tineas patiantur nec ~ore consenescant [Isid. *Etym.* XVII 6. 33] BEDE *Cant.* 1101A; **800** saepe dolor ~ore sanabitur qui ratione non poterit ALCUIN *Ep.* 197; reliquie ratium, multo ~ore dissolutarum, Rotomagi adhuc nostra etate visebantur W. MALM. *GR* II 180; solida mens .. ipsis celi januis imminens vincebat ~orum situm *Id. GP* V 227; passio .. ~ore mitescens .. consolari non renuit GIR. *TH* III 12 p. 156.

9 (as dimension) time.

rotante prolixi ~oris diuturnitate ALDH. *Met.* 4; cronicus ortus .. est quando signum vel stella post solis occasum supra orizontem ex parte orientis emergit de nocte, et dicitur temporalis ortus quia ~us mathematicorum nascitur cum solis occasu SACROB. *Sph.* 96; ut non langueat .. alicujus spacii seu ~oris diuturnitate BART. ANGL. II 16.

10 time (dist. from eternity, regarded as created and having a start and end), (also transf.) the temporal world; **b** (pl.).

Dominus non solum ~oris sed et cordis inspector THEOD. *Pen.* I 8. 5; sicut nobis vita promittitur aeterna quae sic ex ~ore nos suscipiat ut numquam nobis finem beate vivendi reponat BEDE *Ep. Cath.* 120B; **799** inter aevum .. et ~us hoc distat, quod illud stabile est, ~us autem mutabile ALCUIN *Ep.* 163; sic utique sine ulla repugnantia dicitur aliquid esse mutabile in ~ore antequam sit, quod in aeternitate manet immutabiliter ANSELM (*Praesc.* I 5) II 255; seculum .. dicitur tocius ~oris spacium tractatum BACON VI 5; si ~us incepit esse .. *Ib.* XIII 379; animalia et homines primos [Deus] creavit in inicio ~oris non perfecta in species suas GROS. *Hexaem.* II 5 p. 90; **1251** post pacem ~oris gloriam eternitatis AD. MARSH *Ep.* 8. **b** ad id unde digressus sum retorquam articulum, ut possim adprobare quod in fine ~orum venerit Christus THEOD. *Laterc.* 23; **799** videtur .. saeculum et ~ora simul coepisse ALCUIN *Ep.* 163; filium .. ante ~ora genitum a patre, in tempore natum ex matre *GAS* 249; Abraham, patrem multarum gentium et fidei principem ante ~ora secularia predestinatum AILR. *Nin. pref.* p. 139.

11 proper or due time (for occurrence); **b** (w. ref. to harvest or sim.).

cum parturiendi ~us inmineret FELIX *Guthl.* 4; ~us scindendi et ~us consuendi ALCUIN *Exeg.* 681A; **c1190** scriptum est: 'est ~us tacendi, ~us loquendi' [*Eccles.* iii 7] P. BLOIS *Ep.* 112. 335A; de ~ore flebotomie .. et scarificationis et ventose BACON V 108. **b** **1400** licebit .. omnes arbores, dumos, et subboscum seisionabile .. loppare .. ~ore et modo seisionabilibus *AncD* D 300; **1483** licebit .. capere de bosco predicto et subbosco ~ore sesionabili prosternendo et immediate post prosternationem clausurando *Pat* 554 m. 14.

12 convenient or suitable time, (*ex ~ore*) as the opportunity arises.

Historiam Gentis Anglorum Ecclesiasticam quam .. nunc ad transcribendum ac plenius ex ~ore meditandum retransmitto BEDE *HE pref.* p. 5; ut olim tibi per priscam breviter commemoravi epistolam .. nunc plenius ex ~ore generis nostri prosapia retransmitto meditandum ÆTHELW. IV 2.

13 set or conjunction of circumstances at a point in time, occasion. **b** (*ad ~us, pro ~ore*) to meet or suit the occasion, as the occasion demands, as or when necessary. **c** (pl.) history, events, occurrences, 'times'.

Indorum rex quodam ~ore, quia ibi maxime nascuntur, ad regem Romae Anastasium duos pardulos misit in camelo et elephanto *Lib. Monstr.* II 6; sumpsit secum ex more cytharam suam .. quo se ~ibus alternis mentesque ad se tendentium jocundaretur in illa B. *V. Dunst.* 12; ecce ~us strenuis tironibus optabile, et illustribus athletis ad ultionem karorum probabile, timidisque ac inertibus vulpiumque dolis et segnitie similibus satis horribile ORD. VIT. X 22 p. 135; **1238** si .. clericus ~ore presentatus .. minus idoneus reperiatur, remanebunt dicte decime in sequestrum .. donec .. *Ch. Sal.* 247; **1434** pro passagio suo .. et pro repassagio suo cum ~us advenerit *ActPC* IV 218. **b** si .. ab aliquo repetas tunicam quam illi nudo sponte ad ~us praestiteras .. ANSELM (*Casus Diab.* 1) I 234; Domino .. ad ~us .. sustinentiam docente, sed sempiternaliter infinita praemia reddente GOSC. *V. Iv.* 84B; est in Londinia supra ripam fluminis .. publica coquina .. ibi quotidie pro ~ore est invenire cibaria, fercula .. W. FITZST. *Thom. prol.* 10; **1166** ut et ipse scribat que fuerint scribenda pro ~ore J. SAL. *Ep.* 147 (166); de genere bonorum est .. linguam reprimere, injuriam ad ~us dissimulare, et stulticiam stulti fugere et ignorare BACON V 45; si ad ~us dissimulaverit et subticuerit, quasi consentiens et assentiens, erit seductor domini regis manifestus BRACTON f. 118b. **c** ut Moyses magnus scriptor ~orum exposuit in suis monumentis THEOD. *Laterc.* 3; in hoc quinque libri retinentur codice Moysis, / bella ducis Josue, seniorum et tempora patrum ALCUIN *Carm.* 68. 2; interruptam ~orum seriem sarcire W. MALM. *GR* I *prol.* (cf. ib.: senium oblivionis eluctari meruerunt quecumque ~ora post illum virum fluxerunt).

14 period of (spec.) conditions; **b** (w. ref. to weather).

ratus est utilius .. servare se ad ~ora meliora BEDE *HE* III 14 p. 155; nemo .. se putet esse securum in ~ore belli ALCUIN *Exeg.* 681B; **s891** cometa .. stella, quam nonnulli existimant rusticanorum esse ~orum ante fluentium omen ÆTHELW. IV 3 p. 48; beata tui pontificii ~ora in quibus .. reluxit nobis cum suis gemmis haec angelica margarita GOSC. *Transl. Aug.* 16C; talliis crebris scutagiis indebite ~ore pacis extortis GIR. *Galf.* II 19; ubi post convictionem cujuscumque felonie retrotrahitur ~us ad ~us felonie perpetrate BRACTON f. 129; vere calente novo componit acredula cantus, / matutinali tempore ruricolans HIGD. I 24 p. 236. **b** nec pecudum .. nec etiam armentorum ex communi fere ~oris intemperie ulla penitus dampna persensit GIR. *SD* 66; non potuerunt venire propter tempestatem et malum ~us *BNB* II 456; **1255** propter duritiam ~oris in hieme (*Pipe Wint.*) *Econ. HR* 2 S. XII 372; **s1277** audita sunt primo tonitrua .. cum inundacione pluvie subsequente, licet clarum fuerit ~us in die *Ann. Wint.* 123; **1435** pro purgacione de le *goters* circa manerium de B. pro evacuacione aque influentis ~ore pluviali *Ac. Durh.* 624.

15 (pl.) period with reference to its social, moral, or other conditions, times.

o ~ora, o mores! [Cic. *Cat.* 1. 2] W. MALM. *GP* V 265.

16 (prosody & mus.) unit of time; **b** (spec., of short syllable); **c** (of breve).

metra sunt verborum spatia certis pedibus ac ~oribus terminata, quibus adhaeret rythmus, id est modulatio, quae certa dimensione ~orum terminatur BONIF. *Met.* 110; quartum et quintum accentus eorum nos ~ora vocamus, sc. longum et breve BACON *Gram. Gk.* 9. **b** arsis .. recipit ~ora duo et thesis unum ut fanum, frenum .. ALDH. *PR* 116; cum .. syllabas per ~ora dividant, et longae quidem duo ~ora unum brevi tribuant BEDE *TR* 3. **c** una brevis, due breves conjunctim cum una brevi pausacione unius ~oris, una longa duorum ~orum cum una brevi, et una brevis cum brevi pausacione *Mens. & Disc.* (*Anon. IV*) 35; sunt quedam alie longe et significant longitudinem ~orum secundum majus et minus *Ib.* 44; modus est representacio soni longis brevibusque ~oribus mensurati HAUBOYS 344; semibrevium alia minor, alia major. minor valet terciam partem unius ~oris, major vero valet duas partes unius ~oris WALS. *Mus. Mens.* 83; signum cantus qui est de ~ore perfecto et modo inperfecto est semicirculus cum puncto in medio *Ib.* 88.

17 (gram.) tense.

participia .. futuri ~oris .. ut recturus, mersurus .. ALDH. *PR* 124 p. 172; sunt .. aliquanta verba quae primas syllabas ~orum ratione permutant BEDE *AM* 96; omnia verba que antecrescunt in preteritis semper repetunt non solum primam consonantem, sed etiam primam vocalem prime syllabe presentis ~oris ABBO *QG* 13 (30); hoc verbum 'dividi' est presentis ~oris BACON *Tert.* 132.

18 *f. l.*

1250 item unum turribulum de †tempore [l. opere] Limoniocensi [l. Lemovicensi]. item crux una de eodem opere *Vis. S. Paul.* 23.

2 tempus [CL], side of the forehead, temple.

antiae frontis et ~orum cincinni calamistro crispantur ALDH. *VirgP* 58; **930** (13c) fedata flumine eternarum lacrimarum timpora .. tergens (*Selsey*) *ASC* VI no. 17; timpora cum .. manu palpasset frigida FRITH. 515; [cornipedum] splendescunt timpora bullis WULF. *Swith.* I 1268; **10..** timpor, *ðunwange WW*; **10..** tympora, *þunwonge Ib.*; conto ictus timpora hebetatusque ingenio W. MALM. *GR* V 398; ~us vel ~ora dicuntur illa capitis membra ad dextram sinistramque capitis adjacentia, que sic dicuntur quia sui mobilitate continua quasi intervallis temporum immutantur BART. ANGL. V 11; hic timpus, *timple Gl. AN Ox.* 36.

tempusculum [LL], (in gl. or list of wds.).

tempus .. inde hoc ~um, -i OSB. GLOUC. *Deriv.* 583; *a tyme*, tempus, ~um nominativo, caret genetivo hujus vicis *CathA*.

temtare v. temptare. **temtatio** v. temptatio. **temtator** v. temptator.

temulentia [CL], drunkenness, inebriation.

in pastorem suum ac ministros semisopita grassatur ~ia GOSC. *Transl. Mild.* 15; si quis ministrorum vel ~ia vel somnolentia victus matutinis non affuisset W. MALM. *GP* IV 141; jugi crapule ~ieque dati GIR. *EH* II 36 p. 390; J. FORD *Serm.* 46. 6 (v. temulentus a); sitim temulencia, / vomitu convivia / non sat est finire P. BLOIS *Carm.* 25. 5; vincit .. Persas in ~ia E. THRIP. *Collect. Stories* 202.

temulentus [CL], drunken, inebriated; **b** (transf.).

quid memorem sapae temulentum nectare Nabal ALDH. *VirgV* 2525; spina nascitur in manu ~i, cum in operibus ejus qui carnalibus servit illecebris punctiones oriuntur scelerum BEDE *Prov.* 1016D; compatriote in tabernis convenientes jamque ~i W. MALM. *GR* II 149; talem nempe decet esse sponsam Verbi quam nec celle vinarie copia faciat exposita ~am neque temulentia garrulam J. FORD *Serm.* 46. 6; ille in diversorio letus et ~us lecto excipitur AD. EYNS. *Hug.* IV 5; ut ipsum vino estuanti madentem redderet ~um *V. II Off.* 7; quorundam estimacione, parum a ~o distare vel frenetico videbatur *Mir. Hen. VI* V 163 p. 297. **b** ingredientes .. ipsum offendunt ~o sopore profligatum J. SAL. *Pol.* 767D.

temulum v. temolus. **temum** v. temo.

temura [Heb. *tĕmūrāh*], form of cabbalistic decipherment involving systematic (reciprocal) substitution by reference to alphabet(s) divided into pairs of letters.

hac [operatione] ego in Hebraeorum tziruph (sive thmura) cum maxima voluptate uti soleo DEE *Monas* 210.

temys v. temesa. **tena** v. taenia, 2 tina. **tenabula** v. tenabulum.

tenabulum [cf. tenaculum], ? instrument for gripping or catching; **b** (as kitchen utensil).

tenax .. unde .. hoc ~um, -i, i. venabulum OSB. GLOUC. *Deriv.* 569 (cf. ib. 589: ~um, venabulum); *trap to take with beestys, as borys or oder lyke*, cenabulum .. venabulum *PP.* **b** **1345** item tenabule, fucinule, et una craticula de novo facta *Ac. Durh.* 206.

tenacia [CL = *stubbornness*]

1 retentiveness, ability or tendency to keep or hold: **a** tight-fistedness, meanness. **b** ? memory, recognition.

a in illo [sc. Vetere Testamento] non ~ia sed rapina multatur; ibi res injuste sublata restitutione quadrupli punitur [Greg. Magn. *Hom. in Ev.*] BEDE *Luke* 533D; cuidam filia Sion sacrata ob sui structuram imperfectam monasterii anxio apparet incolarum, per illum suggillans ~iam suamque ad inchoata consumanda spondens munificentiam GOSC. *Transl. Mild. cap.* p. 156; nulli dubium etheream Mildretham in hac specie revelationis sue plebis increpasse duritiam atque ~iam *Ib.* 33; **1170** ex pusillanimitate et ~ia quorundam (quod Deus avertat) ecclesia Christi contrahat obprobrium sempiternum J. SAL. *Ep.* 299 (303); **s607** ter pro culpa ~ie et hujus derogationis increpatum, quod non respiceret pauperes *Flor. Hist.* I 292. **b** **1234** ad majorem securitatem et in ~iam [MS: tenatiam] fidelis servitii idem G. tradet castrum suum .. archiepiscopo *RL* I 439.

2 persistence, tenacity, endurance.

castitatem da perfectam / humilemque tenaciam et veram oboedientiam ALCUIN *CR* 2. 10 p. 908.

tenacitas [CL]

1 fastness, tightness (of attachment, grip, or that which grips or is attached). **b** cohesiveness, ability to retain form or resist breakage, toughness.

rubiginosae forcipis ac forficis ~as ALDH. *VirgP* 9; glutinosa cementi ~as quae lapides invicem astringens ab imposito sibi onere separari non sinat ANSELM *Misc.* 314; ipsa tanta ~ate Dei preceptis per legem inherebat EADMER *Virt.* 580D; funium .. triplicium .. ~ate se vix retinuerunt GIR. *TH* III 26; in oliva est folium in quo tria consideremus, sc. viriditatem, canitiem, et ~atem .. arbor enim sicca folia non tenet (RIC. CORNW. *Serm.*) *Études de philosophie médiévale* XV (Paris, 1931) 365. **b** fabrum .. qui vitrea vasa faceret ~atis tante ut non magis quam aurea vel argentea frangerentur J. SAL. *Pol.* 521B.

2 retentiveness, ability or tendency to keep or hold. **b** tight-fistedness, meanness, parsimony.

bonos actus spiritualium potentiarum pervertunt, utpote .. rationis discretionem, memorie ~atem BERN. *Comm. Aen.* 112. **b** ille avaritia, tu vero elemosyna; ille ~ate, tu largitate ALCH. *Ep.* 299; a fronte urget voluptas et a tergo retorquet ~as W. MALM. *Mir. Mariae* 216; partem .. de ampla possessione .. requirebat sed eorum ~itate nimium perdurante nil impetrabat ORD. VIT. VIII 18 p. 378; cum sit avaricie manus altera ~as MAP *NC* I 25 f. 18; ~atem de ipsius largitate constringendo .. preparat R. COLD. *Cuthb.* 106.

3 tenacity, persistence. **b** obstinacy, stubbornness.

in quo .. impulsu nulla intelligitur violentiae necessitas, sed acceptae bonae voluntatis spontanea et amata ~as ANSELM (*CurD* I 10) II 65; ut tale damnum et tam diuturnum, et per infamie ~atem quasi perpetuum, tantillo lucro et tam transitorio debeat unquam compensari GIR. *Spec.* III 13 p. 215. **b** **1169** non quod ~atem aut inhumanitatem vestram accusem hec scribo J. SAL. *Ep.* 289 (292).

tenaciter [CL], with a strong hold, fast, tight, tightly, (also in transf. or fig. context) persistently; **b** (w. ref. to avarice or miserliness). **c** (w. ref. to memory, perception, or sim.) securely, in a lasting manner.

abstinentie, castimonie, purificationi ~iter inherentes W. MALM. *GP* V 221; unguibus predam nostram teneamus atque ~iter amplexemur J. FORD *Serm.* 8. 2; set mea novit anchora / tenacius herere P. BLOIS *Carm.* 6. 1; **s1393** vestimentum resina piceque linitum ut lini stuppa .. hereret ~ius .. WALS. *HA* II 212. **b** avaritie est proprium ea que sunt retinenda nec retinenda ~iter observare W. DONC. *Aph. Phil.* 13. 4. **c** multo recolunt ~ius quod .. quam quod .. BEDE *Luke* 598B; quo ~ius saporem internae satietatis percipit eo terribilior exsistit eis *Id. Cant.* 1196D; **685** ut firmius ac tenatius hec donatio in perpetuum roboretur (*Ch.*) W. MALM. *GP* V 204; injuriarum memoria camelo ~iter residet J. SAL. *Pol.* 639B; ut hoc ~iter nostre memorie imprimatur HON. *Spec. Eccl.* 1052B; si .. ea que dicta sunt memorie ~ius inheserint .. AILR. *An.* I 24; quanto frequentius audiuntur, tanto melius intelliguntur et ~ius retinentur *Ib.* III 28.

tenacula v. tenaculum.

tenaculum [CL], instrument for gripping: **a** (usu. pl.) tongs, pincers, forceps, pliers. **b** claw (that holds stone in jewellery). **c** (in gl.). **d** (as name of kind of comet, *cf. et. Matuta* 2), or ? *f. l.*

a ~a quibus ferrum tenebat fortiter ignire ... larvalem faciem ~is includit OSB. *V. Dunst.* 14; capiatur cum ~is et trahatur ad inferiora GILB. III 154. 1; **1337** j par ~orum, j sufflatorium *Ac. Wearmouth* 142; **1339** in ij paribus tenicularum, iiij d. *KR Ac* 20/37; sicut ~um forte requiritur ubi fortis clavus infigitur GAD. 38v. 1; ~e applicentur radici dentis *Ib.* 120. 1. **b** **a1414** sapphirus .. quatuor ~is, que vulgariter *peconi* dicuntur, circumseptus (*Invent.*) AMUND. II *app.* 330; **1550** diversa vasa et ornamenta argentea videlicet .. unam pixidem, unum tinaculum *Pat* 830 m. 7. **c** *tenowre* [l. *tenowne*], *knyttyng of a balk or odyre lyk tymbyre*, cenaculum .. gumfus *PP*; ~um, A. *a rynge of a dore WW.* **d** de novem [speciebus cometarum] .. Ptolemeus .. pertractat ..: prima dicitur Veru, secunda Tenaculum [GROS. 37n: Conaculum] *Ps.*-GROS. *Summa* 586.

tenaculus [cf. CL tenax], (in gl.) niggardly.

niggardish, ~us LEVINS *Manip.* 145.

tenail-, tenal- v. tenell-. **tenamentum** v. tenementum. **tenancia** v. tenentia. **tenandia, ~dria** v. tenendria. **tenandus** v. 2 tenēre. **tenantia** v. tenentia. **tenantos** v. tenon.

tenar [τέναρον, θέναρ], (in gl.) hollow in the palm of the hand.

vola vel ~ar vel ir, *middeweard hand* ÆLF. *Gl.*

tenascis v. tenax. **tenatio** v. 2 tentio. **tenator** v. tannator, tentor. **tenatorium** v. 2 tentorium. **tenatura** v. tenetura.

tenax [CL]

1 holding fast, clinging, (of substance) sticky (also transf. or in fig. context). **b** (of binding, embrace, or sim.) holding tight (also in fig. context).

velut apes de diversis pratorum floribus flaventium favorum machinas ~aci glute sarcientes ALDH. *VirgP* 22; illi firma et ~aci mente adhaesit BEDE *Hom.* I 20. 222A; amor quippe noster veneno cupiditatis infectus, ~acique voluptatis visco miserabiliter irretitus AILR. *Spec. Car.* I 8. 512C; fortis .. mors est, quae ~acissimum gluten hujus vitae dissolvit J. FORD *Serm.* 106. 2; in generatione animalium multa humiditas abundat circa cerebrum que viscosa et ~ax redditur *Quaest. Salern.* B 59; puls .. recte dicitur '*puz*', sed hic ponitur pro cloaca quia ~ax est *GlSid* f. 143vb (cf. ib.: hoc glutinum .. ponitur pro cloaca); **1511** item solutum pro quatuor bigis terre ~acis pro eodem opere *Cant. Coll. Ox.* II 253. **b** tantis tamque variis vitae hujus blandimentis velut ~acissimis quibusdam vinculis irretita ALDH. *VirgP* 49; **800** quam ~acibus tua colla strinxissem .. amplexibus ALCUIN *Ep.* 193; ne per multiplicia sophismatum diverticula incauta levitate discurrens aliqua ~aci illaqueetur falsitate ANSELM (*Incarn. A* 4) I 285; in carcere regis ~aci nexu constricti temeritatis sue poenas diu .. luerunt ORD. VIT. XII 39 p. 458; quo sacratior hic amor est, eo utique et stimulus ejus urgentior .. et nexus ~acior J. FORD *Serm.* 68. 2.

2 retentive, able or tending to keep or hold (also w. obj. gen.); **b** (of memory).

hordei .. medulla ~acissima palea tegitur BEDE *Mark* 206D; speram facili conamine prensam / extrahit, et dicto citius de rupe tenaci / hunc sequitur WULF. *Swith.* I 130; ordeum ~acis palee est et aristam habet pungitivam S. LANGTON *Ruth* 97; in quibus certe omnibus nihil usque adeo ignium capax, flammarum vorax, sed neque calorum ~ax occurrit quam lignum crucis tue J. FORD *Serm.* 86. 3; os .. detestans homines, affectusque malorum in corde ~ax .. Deo displicent (*Ita* 22) *VSH* II 124. **b** fortuitas praeteritorum permutationes temporum ~aci memoriae textu tradiderunt ALDH. *VirgP* 4; hanc vero restitutionis scedulam .. ob future posteritatis memoriam ~acem caraxare precepi W. MALM. *GP* V 252; res gestas .. ediscebat, .. sagaciter investigabat, auditasque patrum vitas ~aci memorie commendabat ORD. VIT. V 19 p. 446; cui .. lingua eruditior ad interrogandum, et memoria ~acior ad retinendum AILR. *Spir. Amicit.* III 1. 679B; mali memoria tam ~ax est et bonorum obliviosa GIR. *Symb.* I 28 p. 302.

3 who keeps a tight hold (of possessions or sim.), tight-fisted, (unduly) restrained; **b** (w. obj. gen.).

793 cui largus eris, si tuae animae ~ax? ALCUIN *Ep.* 18; tenasces .. et cupidi ÆLF. BATA 5. 8; [Wlferius] ei [Wilfrido] locum .. largitus est. sed nec ~atior in honore viri fuit Egbertus W. MALM. *GP* III 100 p. 334; farre .. suffitiens paulo ~acioris animi ad pauperes fuit *Ib.* IV 168; **1169** adeo ~aces estis in ecclesie necessitatibus et honoribus reformandis J. SAL. *Ep.* 303 (293); avaro .. ~aci etiam de habundanti penuriam insufficientem informat R. COLD. *Cuthb.* 106. **b** nimium avarus est qui verborum suorum ~ax est W. MALM. *GP* V *prol.*; rex .. proprii ~ax, largus alieni MAP *NC* V 6 f. 67.

4 (w. gen.) that holds fast to, resolute in, (firmly) set on.

nempe tenax scripti fuerat veloxque legendi ALDH. *VirgV* 1169; odii et amicitie in quamlibet [v. l. quemlibet] ~ax W. MALM. *GR* V 411; illa nobilis propositi ~ax *Id. GP* II 87; date fidei ~aciores *Id. HN* 466; multos quidem homines haberet, viros autem discipline ~aces nullos J. SAL. *Pol.* 609A; Hugo juris benigni emulator ~acissimus AD. EYNS. *Hug.* II 5; nemo equi et recti ~acior *Ib.* V 13.

5 steadfast, persistent, resolute, relentless, obstinate, stubborn (also transf. or in transf. context); **b** (of process or phenomenon).

nequidquam .. ~ax ille temptator in famulum Dei .. fraudibus insanivit B. *V. Dunst.* 16; cui tam ~ax erat bona voluntas ut sufficeret ad cavendum peccatum ANSELM (*Casus Diab.* 24) I 271; presul erat Brito in multis indiscretus, ~ax et iracundus ORD. VIT. XII 25 p. 407; erat .. simplicis nature simul et ~acis GIR. *IK* I 9; mens tamen anxia flet sibi gaudia tanta negari / fataque segnia fila tenacia nendo morari NIG. *Paul.* f. 50v. 654; significat ~acem et pungitivum vermem consciencie T. CHOBHAM *Serm.* 23 f. 92ra. **b** ~acem tamen et indelebilem infamie notam GIR. *Spec.* III 8; antiquum illud et inexorabile odium quod contra Latinos Graii dudum conceperant ~ax successio temporum transfudit in posteros *Id. PI* III 19; penitentia .. dicitur quasi pena ~ax, quia semper debet durare usque ad mortem T. CHOBHAM *Commend. Virt.* 60.

tenca, ~cha, ~chia, ~cus v. tinca.

tencellare [*aphaeretic form of* estencellare], to decorate with glittering or reflective material.

1276 pictura lambrichure camere domine regine de viridi colore et ~ata de auro *Chanc. Misc.* 3/48/2; iij tuniculis cum .. clavibus et rosis aurifragiatis tensalatis WHITTLESEY 167; iij tunicis .. brudatis cum .. rosis de aurifragio tensellatis *Ib.* 168; unam .. capam de panno tartarino, cervis argenteis ~atam *G. S. Alb.* III 381.

tenceria v. tenseria. **tencio** v. 1 tensio. **tenda** v. 2 tenta. **tendatam** v. 1 tendere. **tendator** v. tenditor.

tendentia [CL tendens *pr. ppl. of* tendere+-ia], tendency (towards something), disposition to move or act in some direction or to some end.

in tali actu magis est ~ia quam quies MIDDLETON *Sent.* I 21b; cum in omni volicione .. sit accipere 'quid' et 'cur', 'intendere' non respicit 'quid' sed 'cur', prout scilicet dicit ~iam in aliquid ut distans, per aliquid tamquam per aliquod medium DUNS *Ord.* VIII 452 (cf. ib. IX 571: non est potencia vel voluntas, sed inclinacio voluntatis et ~ia qua tendit in perfeccionem passive recipiendam); quedam ~ie in alia seu inclinaciones LUTTERELL *Occam* 20; sicut .. visio perficitur per commixtionem luminis visibilis cum lumine oculi .. sic ~a hominis in Deum fit per commixtionem gracie primi luminis et vite merentis WYCL. *Civ. Dom.* I 239.

1 tendere [CL]

1 to extend outwards or upwards, to hold or stretch out, offer; **b** (goods for sale); **c** (transf.). **d** to point, direct, aim.

manus supra terras ad aquilonem tetendit BEDE *Hom.* II 23. 241D; panem .. manum .. ~entibus alacriter et ubertim distribuit ORD. VIT. VIII 25 p. 430; tensis palmis ad celum *Hist. Arthuri* 88; grifo quidam ex aere descendens .. ad eos capiendos ungulas ~it (*Brendanus* 35) *VSH* II 282; Willelmus coram pueris nostris, ostentans ocreas suas, more procaci tensas in altum cum calcaribus deauratis GIR. *SD* 90; obtulit ei caput collumque tetendit *Id. PI* II 28; manus illius tenditur indigenti J. HOWD. *Cant.* 9. **b** **1291** de mercatoribus de C. quia ~unt pannos suos contra libertatem civitatis Norwici *Leet Norw.* 38. **c** tendit in hunc [agnum] menti dissona verba lupus WALT. ANGL. *Fab.* 26. 2; **1378** (1383) quod jus eorum talis est ~unt sectam et disracionacionem bonam *Pl RCP* 490 m. 105*d*. **d** lacum sulcantes, ordinate ~ebant puppes ad urbem ORD. VIT. IX 7 p. 504; vellem in beluam hanc arcum tendere / .. / sed sensus tenuis et pauce littere / acutas nesciunt sagittas cudere WALT. WIMB. *Palpo* 148; quousque aptatis .. machinis suis et canellis sub muris infra jactus hostiles eas tetendisset in faciem ville ac in muros, portas, et turres *G. Hen. V* 6; adversitas canellas suas .. tetenderat versus nos *Ib.*; in aula in qua pendent tenture quinque et duo tripodes pro ~endo grossas balistas *Collect. W. Worc.* 569.

2 to stretch out to particular, greater, or full length or extent; **b** (geom.). **c** to spread out or over to full extent. **d** to extend or prolong in time.

rex .. ad confinium usque Humbrae .. fines imperii tetenderat BEDE *HE* I 25; cum dicis octoginta, indicem .. circumflexum pollice in longum tenso implebis *Id. TR* 1. **b** linea g d similis fit linee b h quoniam ipse in latitudine aree h g equali divisione ~untur ROB. ANGL. (I) *Alg.* 84. **c** **1298** super stratorium ante altare ibi tensum a servientibus flectent genua (*Stat.*) *Reg. S. Paul.* 81. **d** **s755** post non tempore tenso obiit et ipse ÆTHELW. II 18; etsi sermo noster per hoc in longum ~i videatur ROB. BRIDL. *Dial.* 79.

3 to set (up) by stretching out: **a** (tent, canopy, or sim.); **b** (hunting net, snare, or sim., also transf. or fig.).

a tetenderunt .. ei egrotanti tentorium ad occidentalem ecclesiae partem BEDE *HE* III 17; tetenderunt .. papilionem in quo jacerem *Ib.* V 6 p. 290; partes tentorii sunt iste. hoc sagum, -gi [*gl.: heyre*], G. *saye.* saga debent esse extra tensa propter pluviam. intus debent esse cortine GARL. *Comm.* 234–5; **1342** super .. easdem pavillon' .. tendend' *KR Ac* 389/14 m. 4. **b** **717** fragilia aranearum in cassum ceu flatum tenuem sive pulverem captantia tetendisse retia BONIF. *Ep.* 9 p. 5; flumina te cingunt florentibus undique ripis / retia piscator qua sua tendit ovans ALCUIN *Carm.* 23. 8; unde tetendit ei communis adversarius solitas suae malignitatis insidias ut eum si ullo modo posset extingueret WULF. *Æthelwold* 15; ?**c1168** meis ~untur insidie J. SAL. *Ep.* 274 (263); Ulixes Palamedem habens odio ei tetendit insidias *Natura Deorum* 191;

1251 forestarii .. regis .. in parco ... invenerunt unam trappam tendatam *SelPlForest* 94.

4 to exert strain on, pull tight. **b** to stretch back (bow or catapult), string (bow), tighten (strings of instrument). **c** to pull tight over a frame; **d** (? as form of repair). **e** (transf.) to strain (mentally).

tensis .. rudentibus longius a littore se removent W. MALM. *GP* V 224; [navis] moveri non poterat, et multis pellentibus, pulvinis suppositis, tensisque remulcis, cassus erat conatus W. CANT. *Mir. Thom.* IV 6; tumet si niteat tensa cuticula, / quam cito contrahit senilis rugula WALT. WIMB. *Carm.* 331. **b** citharis .. ubi ligno chordae ~untur BEDE *Apoc.* 146A; tetenderunt arcum, tetendit *tinde bogan Psalt. B* 261; faciant .. dulcissimam dissidentium consonantiam, chordis non ruptis sed tensis proportionaliter, vel remissis J. SAL. *Pol.* 530B; maligni illius .. qui jugiter arcum suum ~it quatinus .. sagittet immaculatos [cf. *Psalm.* lxiii 5-6] GIR. *Spec.* III 1 p. 129; **1261** cum uno turno ad majores balistas ~endas *Cl* 449; si una chorda magis ~eretur, proporcio corrumperetur W. MACCLESFIELD *Quaest.* f. 13ra; in iiij petr' canob' emptis pro *strenges* ad dicta springalda tentend' *MinAc* 1147/23 m. 3. **c** si .. corpus laxum cederet debilis sonus efficeretur, ut apparet in timpano. dum enim bene tensum percutitur et fortiter sonat .. *Quaest. Salern.* Ba 1. **d** **1278** faciat habere magistro B. ingeniatori regis septem querc' et quinque fagos ad tendend' ingenia regis apud turrim London' *Cl* 96 m. 11; **1306** pro balistis unius pedis tentendis *KR Ac* 486/20 (cf. ib.: j biz pro eadem [balista] ~enda). **e** si .. quod nonnumquam utile est, tensum animum ad inferiora quedam ac jucunda laxemus AILR. *Comp. Spec. Car.* 37. 646A.

5 to stretch through fullness or expansion (from within), distend.

bursa nummis bene tensa WALT. WIMB. *Van.* 53; nequit offensam per bursam tergere tensam *Id. Scel.* 16; si virga ~atur ex grossa ventositate GAD. 84v. 1; rex duas rates ex aqua trahi jussit .. et per terram ultra montem juxta civitatem illas traxit super trudas, velis tensis, per duo miliaria STRECCHE *Hen. V* 171.

6 to direct (one's steps, course, or sim.); **b** (sound).

postquam vix de lectulo surrexit, non in antea pedem tetendit, sed occidentalem Normanniam quantocius repetiit ORD. VIT. III 4 p. 65 (cf. ib. IX 13 p. 581: usque in murum pedem tetendit); facula, qua gressum sine errore ~erem, ammonebar W. MALM. *GP prol.*; alias iter ~ere sedule nitebantur (*Brendanus* 39) *VSH* II 284. **b** dicuntur tenores qui ~unt sonum vel sursum vel deorsum vel medio modo BACON *Gram. Gk.* 140 (cf. ib.: acutus accentus incipit ab imo et tendit in altum).

7 (intr.) to proceed, make one's way; **b** (impers. pass.); **c** (transf., in conversation or discussion).

proficiscebat juxta fluvium Tesgeta ~ens in meridiem inter montana *V. Cuthb.* II 5; dona .. promittentes, si te .. ad sedem apostolicam ~entem retinerem EDDI 28; ipsum ad passionem omnibus amicis destitutum ~entem hac voce sequebatur gemens: 'vadis ..' EADMER *Excell. B. M.* 566C; conantem ulterius ~ere Edmundum, ut reliquias predonum persequeretur ad internitionem W. MALM. *GR* II 180; **1284** impossibile est tali prevalente remige illud in supracelestes aquas ~ens remigium temporaliter prosperari PECKHAM *Ep.* 519. **b** usque ad medium itineris, quo a Gallico sinu Brittanias usque ~itur, secundis flatibus navis tuta volabat BEDE *HE* I 17. **c** de duce et filio ejus sufficienter audivimus, sed de his ad presens silentes ad alia ~amus ORD. VIT. XII 24 p. 403.

8 (also trans. refl. or pass.) to extend or reach (to, towards, or as far as in a spec. direction). **b** (transf.) to pertain to, concern.

Brittannia .. ab Africo boriali propensius tensa axi GILDAS *EB* 3; [vallum] ~ens contra occidentem terminatur juxta urbem Alcluith BEDE *HE* I 12; tenditur in campum muro latus undique tutum, / quo tenuit letos sepe juventa jocos L. DURH. *Dial.* I 439 (cf. ib. I 443: ab arce potens descendens murus in Austrum / tenditur, ecclesie ductus ad usque caput); **c1168** sicut publica via ~it de B. usque ad T. *Feod. Durh.* 173n; ramus ille propriam arborem flexuose ambiens, et in altum se ~ens, transitum illis facilem dedit (*Samthanna* 19) *VSH* II 259; de Apennini parte oritur, que spectat inferum mare .. et ~itur usque ad superum ALB. LOND. *DG* 6. 21; arconium est acervus gelimarum et ~it in conum S. LANGTON *Ruth* 114; pars [vene] tercia ad partem cruris silvestr[em] ~it .. que etiam dicitur sciatica *Ps.*-RIC. *Anat.* 44. **b** ceterum quod ad scientiam litterarum ~it, ita edocti ut aut parum aut nichil ipsis deberent artibus W. MALM. *GR* III 237.

9 to progress or be on the way (to another stage or condition). **b** to verge on, amount to, reach.

si videris urinam egri ~entem ad ruffedinem tinctam ad rubedinem claram GAD. 4. 1. **b** **1473** multa enormia, veluti homicidia, incendia .. perpetrantur que .. demum ad dictarum treugarum violacionem et in parte rupturam ~ere verisimiliter conspiciuntur *RScot* 436a.

10 to tend or lead towards (consequence, conclusion, or sim.).

nitebatur .. ut quoquomodo papam a sententia traduceret. quod ubi ad nichilum ~ere vidit .. W. MALM. *GP* I 59; intelligentes quo responsio ~eret, capsas sanctorum nudaverunt *Id. GR* IV 318; **1340** si qua et que sint acta ad pacis et concordie suavitatem ~encia (*Lit. Univ.*) *Collect. Ox.* I 25; **1425** ad ea que ad profectum studii in fidei sublimacionem ac divini cultus augmentum ~ere possent affectuose desiderantes dispensacionis graciam impartiri *Reg. Cant.* I 344.

11 to strain, make an effort, exert oneself (against opponent).

dixit et, ense retecto, / tendit in hostiles feriendo forte phalanges *V. Neot. A* 16; Deum contra ~ere, qui ventum arceret W. MALM. *GR* III 238.

12 (w. dat., *ad*, or *in* & acc.) to aim or strive for, devote oneself to, be intent on, to have as one's end; **b** (w. inf. or *ut* cl.).

c**793** cordis mei devotio specialiter ~it in vos propter familiaritatem et pietatem quam fecistis in nos ALCUIN *Ep.* 72; **931** ut ea .. velud fastidiosam melancoliae nausiam abhominando fugiamus, ~entes ad illud evvangelicum 'date et dabitur vobis' *CS* 677; ad studium vigiles avide laudabile tendunt (*Vers.*) ORD. VIT. XI p. 160; ad hec resupinant materialiter, respiciunt formaliter, ~unt spiritualiter omnia J. SAL. *SS* 962D; qui ~unt ad celum vadunt ut sanctificentur et ut inveniant .. Deum *AncrR* 135; **1338** qui solis theologicis et philosophicis ~entes, licet in illis eminenter fructificent .. rei tamen familiaris penuriam paciuntur, quia sciencie quibus vacant non sunt plurimum lucrative *FormOx* 89. **b** uxorari ~ebat non amari MAP *NC* IV 2 f. 44v; opera .. legalia non ad aliud ~ebant nisi ut faciens illa viveret in illis vita (videlicet temporali) longiori GROS. *Gal.* 86; **1320** cognovit quod sic fecit extra libertatem gilde et non infra, et hoc ~it se purgare secundum consuetudinem gilde, quod non est contra formam gilde *Rec. Leic.* I 325.

13 (p. ppl. f. as sb.) fathom (*v. et. teisa*).

1351 in vj tensis de *kyppelyne* emptis, ij d. *MinAc Wistow* 61; tensa, A. *a vedme WW.*

2 tendere v. 2 tenēre.

1 tendi v. 1 tendere.

2 tendi v. 2 tenēre.

tendicula [CL], **~um** [LL], snare, trap (also transf.).

abscondunt statim ~as contra insontem BEDE *Sam.* 674D; ecce omnia ~a, ecce reciacula quibus avicula Christi tota videbatur intercepta GOSC. *Wulfh.* 2; [Ulixes] cujus ~as nemo hostium indempnis evasit J. SAL. *Pol.* 392D; tendicule dicenti vera parantur *Id. Enth. Phil.* 1503; in subversionem judicii et captionem pauperis et syllabarum aucupationes et verborum ~e proponuntur P. BLOIS *Ep.* 95; **1296** capciosa ~a jam tetendit *Reg. Cant.* I 144; tres ~e pendentes in predicta aula *Collect. W. Worc.* 573; *nette* .. ~a, tenticula, vel tenticulum est rethe avium vel animalium *CathA.*

tendiculum v. tendicula.

tenditor [cf. OF *tendeor*, CL tendere], (falc.) keeper.

1350 officium ~oris falconum ad opus nostrum infra regnum nostrum Anglie *Pat* 231 m. 17; **1361** officium ~oris *Ib.* 263 m. 3; a**1365** compotus .. ~oris domini regis in partibus Norff' *KR Ac* 394/11; **1389** officium tendatoris et manucaptoris prisarum falconum in omnibus partibus et villis in com. Norff' *Pat* 329 m. 22.

tendlus v. tenelus.

tendro [ME *tendron* < AN *tendrun*], young shoot.

1385 ob defectum clausture ejusdem bosci ~ones et gemina dicti bosci devastantur cum bestiis *IMisc* 234/4.

tendula v. scindula. **tendura** v. tentura. **tenea** v. taenia. **teneamentum** v. tenementum. **teneatura** v. tentura.

tenebra [CL *usu. pl.*]

1 darkness, absence of light; **b** (of night, also transf. w. ref. to night-time). **c** dark conditions. **d** (liturg., pl.) Tenebrae, office sung on Wednesday, Thursday, and Friday of Holy Week during which candles lit at the start of the service are extinguished one after each psalm. **e** (fig.) spiritual or mental darkness.

vidi .. ~is omnia repleri BEDE *HE* V 12; sol terram circuiens .. umbram relinquit ~arum *Id. Cant.* 1135C; nunc ego verba tenens nunc sepe repello tenebras HWÆTBERHT *Aen.* 31 (*Cera*) 4; quid ~as in luce querimus? AILR. *Spec. Car.* II 35. 612; multa sunt que posita in ~a videntur PECKHAM *Persp.* I 1 f. 3v. **b** garrulus in tenebris rutilos cecinisse solebam / augustae lucis radios et lumina Phoebi ALDH. *Aen.* 26 (*Gallus*) 1; sicque meo noctis tetras depello tenebras / lumine, clarifica perfundens luce sacellum *Aen. Laur.* 10 (*Luminare*) 7; mater .. ancillam adjuta noctis ~is cubili apposuit W. MALM. *GR* II 159; nicticorax .. in ~is alimenta perquirit *AncrR* 46. **c** ut solveretur a vinculis ferreis et carcerum ~is GIR. *PI* II 1. **d** per triduum illud ante Pascha quod appellamus ~as BELETH *RDO* 61. 67B; **1201** tribus noctibus ~arum *CurR* I 459; precedunt Pascha tenebre GARL. *Myst. Eccl.* 303; in tribus noctibus ante Pascha (que noctes ~arum sunt vocate quia in Passione Domini sunt tenebre facte) *Obed. Abingd.* 354; **13..** candelabrum pro cereo paschali; item cratis ~arum *Fabr. York* 164. **e** **625** si a vestrae fidei splendore interpositis detestabilis erroris ~is ille remanserit alienus (*Lit. Papae*) *CS* 17; si nunc adversus .. potestates ~arum .. pertinaciter pertinacibus repugnantes .. fortiter dimicemus ALDH. *VirgP* 11; qui longis peccatorum ~is involutus semel de luce desperat BEDE *Prov.* 991A; quod in ~is oblivionis erravit, et speratae jam lucis rememoratione correxit .. *Id. Mark* 283A; caelitus lumen rutilum refunde, / et fuga mentis tepidae tenebras ALCUIN *Carm.* 121. 7. 1; scio qua ~a teneris, que universos qui de rerum ordine dubitant involvit, in errorem inducit ADEL. *QN* 64; crassas ignorantie ~as palpo W. MALM. *GP* I *prol.*; prudentia Ithaci et Pelide virtus sub ~is ignorantie usque hodie latuissent P. BLOIS *Ep.* 77; Brandanus .. qui tanquam aurora rutilans peccatorum ~as a multorum cordibus fugavit (*Brendanus* 1) *VSH* I 98; de corde meo omnis dubitationis deterserant ~as *Mir. Wulfst.* II 16 p. 171; preclara nobilitas quam nulla infidelitatis ~a eclipsare .. valebat *Ps.*-ELMH. *Hen. V* 73.

2 blindness, impairment or loss of vision.

magis magisque crassescentibus ~is veram cecitatem intelligens W. MALM. *GP* V 266; [femina] spectabilis sed ~is oculorum deformis *Ib.* V 278; virum pluribus annis luce privatum .. consolatur .. et longam ~arum mesticiam mutat in .. restitute lucis leticiam *Brev. Hyda* f. 294ra.

3 dark or gloomy times.

relictis idolatriae ~is, Christianus integro ex corde factus est BEDE *HE* I 7; annus .. nubileus a nubilo dicendus, tam nubilo temporis quam ~is infelicitatis MAP *NC* I 15 f. 12; mortis et crucis ~as sustinendo pro filiis hominum J. FORD *Serm.* 80. 8.

4 dark colouring.

1581 Colob' de Chamblet de serico virid' de ~e colore [Eng.: *of sadd grene silke chamblet*] *Ac. LChamb.* 72 f. 15.

tenebrare [CL]

1 to make dark, darken; **b** (with blindness, also fig.).

herens .. in ligno, terram movit, celum ~avit (G. FOLIOT *Cant.*) *PL* CCII 1206B; denique cum moritur, sol lunaque sunt tenebrati P. BLOIS *Poems* 1148A. **b** ~atur oculus ejus infirmitate sua aut reverberatur fulgore tuo? ANSELM (*Prosl.* 14) I 112; unde sic ~atur intuitus meus? *Ib.* (*Or.* 14) III 57; inutilis persona, nullis bonis ornata, sed profunda ignorantia ~ata *Ib.* (*Or.* 17) III 68; de ceco per x et ix annos ~ato Osb. Clar. *V. Ed. Conf.* 16 *tit.*

2 (in gl.).

to make or to be mirke, ~are *CathA.*

tenebrascere [LL], ~escere [LL]

1 to become or grow dark, darken (also in fig. context); **b** (w. ref. to ability to see); **c** (impers.). **d** to bring about darkness or dark conditions.

cum consuetus ordo temporum habeat vesperam magis ~escere in noctem quam in diem lucescere Bede *Hom.* II 7. 135B; ne intentio ex natura lucens per accidens ~escat Pull. *Sent.* 857C; sic non potest vita mori, sicut non potest lux ~escere Ailr. *An.* II 53; dies sensim in vesperum ~escere jam inceperat R. Cold. *Cuthb.* 136; totum cor obduretur et ~escat Bald. Cant. *Serm.* 18. 74. 464D; **1239** quotquot noverit dilucide describat, non sub generalitate .. cum angulus generalitatis interius ~escat et sordes colligat Gros. *Ep.* 71; qui, tanquam sidera .. rutilantia, ~escentem mundum suis illuminarent radiis *NLA prol.* p. 4. **b** pupilla .. nigra videt, alba ~escit Bede *Tob.* 934C; ubi .. visibilis spiritus est grossus et substantia oculorum obscura, noctis obscuritate ~escit amplius et videre nequit *Quaest. Salern.* B 291. **c** accendi non debent donec in claustro ~escat *Cust. Westm.* 46; crasseta .. accendi debent quam cito ~escit *Cust. Cant.* 105. **d** qui .. descendit in confusionem peccatorum usque in Babylonem, utique sine luce est et absque pace, quoniam confusio ~ascit R. Niger *Mil.* III 87.

2 (trans.) to make dark, darken (also with blindness).

perturbati spiritus gravitate oculorum ~ascitur visus, memoria tollitur *Ep. ad amicum* 192; causidici nubes sunt ethera qui tenebrescunt Gower *VC* VI 225.

3 (in gl.).

to make or to be mirke .. ~assere, con- *CathA* (cf. ib.: *to wex mirke,* nigrescere, ~assere, con-).

tenebrassere v. tenebrascere.

tenebrativus [CL tenebratus *p. ppl. of* tenebrare+-ivus], that tends to darken or dim.

ocium est anime inimicum. .. nam occiositas est anime in sua intellectiva ~a J. Waleys *V. Relig.* 1. 2 f. 219v.

tenebrescere v. tenebrascere.

tenebricosus [CL], shrouded in darkness.

~i cordis motus Ad. Scot *Serm.* 332A (cf. ib.: occultos cordis motus vanitate caliginosos).

tenebrifer [CL tenebra+-fer], (as sb.) bringer of darkness.

Lucifer vocabatur, nunc autem Noctifer sive ~er P. Blois *Serm.* 643D (cf. ib. 722D); c**1169** filius superbie, ille Lucifer, aut potius ~er *Id. Ep.* 90; Lucifer ille, qui mane oriebatur non jam Lucifer, sed ~er, glorie tue similitudinem usurpare presumit *Id. Opusc.* 780A; ex Lucifero illo factus ~er, Diabolus Colet *Sacr. Eccl.* 39.

tenebrositas [LL]

1 darkness. **b** opacity.

quanto nebulose ~atis et turbationis densior obscuritas Gir. *EH* II 28; **1238** accidit .. quod terre particula quam sol irradiat in sue radiositatis virtute aliquid exhalet nubilum de propria ~ate Gros. *Ep.* 61; extenditur pyramis ab oculo cujus basis est circulus iridis et terminatur in nube rorida ad locum debite ~atis Bacon *Maj.* II 189. **b** raritas et densitas materie sunt accidentia, perspicuitasque et ~as .. et similia plurima Ps.-Gros. *Summa* 320.

2 defect of vision, (as condition) blindness.

in breve tempus tamen remanente quiddam ~atis in medio pupillae oculi unius Herm. Arch. 26; per hec signa que sunt ~as oculorum, gravitas superciliorum Bacon V 83; nocumentum in operacionibus cerebri, sicut ~as in oculis et gravis somnus Gad. 70. 2; ipopia vel ypepiosa, ~as idem *Alph.* 87; scotomis sive scotomia est ~as oculorum *Ib.* 179.

3 ? dark colour.

Aethiopica ~as sola ad hoc refertur, ut credam regem nostrum a spurcitiis pessimis mundatum, innoxium, ergoque et immunem, nec alicujus tetri coloris fuligine decoloratum Capgr. *Hen.* 3.

tenebrosus [CL]

1 dark, that is without light, that brings darkness (also fig.).

caligine ~ae noctis obstante Theod. *Laterc.* 1; ponto .. ~o hoc opus aequipero *Lib. Monstr. prol.*; ecce latex rorat tenebrosus nubibus aeris [cf. *Psalm.* xvii 12] Aldh. *CE* 4. 9. 11; umida rorifluis umectant vellera guttis / irrigat et terram tenebrosis imbribus aer *Id. VirgV* 2044; obscurat sacrum nox tenebrosa diem Alcuin *Carm.* 23. 26; dicitur ille .. facere ~am [domum] qui fenestram non fecit Anselm *Misc.* 350; genitrix .. ut pallida ~e mortis tempora medullitus meditari cepit Ord. Vit. XI 9 p. 189; horror magnus et ~us invadit eum [sc. Abram] Ad. Dore *Pictor* 166; 'thenebrosa palus' Lethes Bern. *Comm. Aen.* 51; obiit incarceratus in tenebro [*sic* MS] carcere cecatus M. Par. *Maj.* I 209; s**1234** consolatio Anglicana .. sorte ~a .. obfuscabatur *Flor. Hist.* II 212; quanto corpus ~um magis accedit ad corpus luminosum tanto majorem proicit umbram J. Blund *An.* 137.

2 evil, wicked.

[Deus] a ~orum operum vos liberat incentivis Egb. *Pont.* 88; de ~is mentibus in exteriores tenebras missi [sunt] Gosc. *Edith* 280; in tenebris tenebrosa docens tenebrosus Apollo / fictilibus verbis detineat socios Adel. *ED* 7; mundi .. principes .. inherebant ~is operibus Ord. Vit. VIII 8 p. 315; ista faciunt homines mundani ~i, oppressores veritatis G. Roman. 319; vendito Christo a discipulo et empto a ~is Judeis Melton 247.

3 blind (also transf.).

rex tinctis aqua digitis linit faciem, et orbiculis ~is signum crucis impressit Ailr. *Ed. Conf.* 764D (cf. ib. 765B: adhibito lavacro tenebrosas pauperum facies lavit. .. facies tenebrosa solis splendore perfunditur); [cecus effectus] cum diu .. ~am et tediosam vitam duxisset Gir. *IK* I 1; s**304** oculis ferientis .. in terram cadentibus, ipse totus efficitur ~us M. Par. *Maj.* I 151.

4 (w. ref. to meaning) unclear, opaque.

quicquid .. in ~is dictis prophetarum multis potest accipi modis Petrus *Dial.* 52.

5 ? dark-coloured.

'Aethiops' vel '~us' Capgr. *Hen.* 3.

tenebrus v. tenebrosus. **tenedura** v. tenetura. **tenedissa** v. tanacetum.

†teneicius, *f. l.*

1263 a casu tunc temporis cepit unum brokettum †teneicium [*sic* MS; ? l. cervicium] in eadem foresta *Cl* 206 (cf. *FineR* 72 m. 30: **1275** pro captione unius broketti cervicei).

1 tenella [ME, AN *tenel*, OF *tenaille* < CL tenaculum]

1 (usu. pl.) instrument for gripping, tongs, pincers, forceps, pliers.

1269 [*took up some tongs*] tanellas *CalIMisc* 2142; c**1280** pro duobus tenailis vj d. *KR Ac* 485/22 m. 1; **1312** in panetria .. ij paria tinellarum pro igne *LTR Ac* 19 r. 31; **1346** de .. viij martellis, vj paribus ~arum, x garbis asceris (*Pat*) *EHR* XXVI 689; **1392** j veru de ferro .. j par ~arum de ferro *Test. Ebor.* I 173; *a pair of tanges,* in plurali numero, tenalia *CathA*; **1527** caminos, ~os, craticulasque ferreas *Form. S. Andr.* I 202.

2 that which is gripped or grasped, handle.

1390 de uno calefactorio argenteo albo signato extra in tenell' uno scuto de armis *Ac. Foreign* 25 G (cf. ib.: de .. iiij coclearibus arg' alb' .. signatis in tenell' armis quartellatis); **1390** de .. iiij ollis arg' alb' .. unde una signata in ~o cum una rosa *Ib.* 25 G *d.*

2 tenella [AN *tenelle*], (lord's) residence, household.

1384 articulos .. per ipsum fratrem .. in sermone publico predicatos ac in ~is dominorum et locis aliis proborum virorum .. coram laicis dogmatizatos (Crompe) *Ziz.* 354; **1394** corrodium subscriptum, viz. .. de coquina nostra tantum .. quantum monachus comedens in †tenerella [? l. ~a] nostra percipit (*Ep.*) *Comp. Swith.* 164.

tenellulus [CL = *tender, delicate*], of tender age, young.

adhuc siquidem ~ae, missae fuerant ultra mare ad discendam in monasteriali gymnasio disciplinam sophiae caelestis Folc. *V. Bot.* 4.

tenellum v. 1 tenella.

1 tenellus v. 1 tenella.

2 tenellus [CL], soft, tender, delicate (also in fig. context); **b** (transf., of age). **c** of tender age, young, that is at an early stage.

quamquam tortores asserant igne tenellam Aldh. *VirgV* 1822; aetate ~us lacertis validis frementium mandibulas leonum discerpsisse .. describitur *Id. Virg P* 53; si ocellorum jocunda varietas, si vultus tractus, si facies ~a studiose considerentur W. Donc. *Aph. Phil.* 7. 3; cum adhuc per etatem discernere nequiret inter rectum et iniquum suam ~am carnem virgis cedebat *V. Chris. Marky.* 2; purpura pedibus jacet substrata ~is P. Blois *Opusc.* 1022D; quarum virginitas ad modum floris decidui et virtus ~a facile labilis senciebat utrumque periculum sibi imminere *V. Edm. Rich C* 596. **b** a ~a juventutis aetate ad viros usque perfectos B. *V. Dunst.* 1; ab ipsa ~a aetate litterarum applicatur doctrinae *V. Neot. A* 1; morum honestate ~am in puero exornavit etatem H. Reading (II) *Cel.* 30. **c** magno ~is ibi adhuc ecclesiae crementis detrimento fuit Bede *HE* II 5; excerptiones .. vobis puerulis ~is ad vestram linguam transferre studui Ælf. *Gram.* 1; ad rudis ecclesie fundamina sacra tenelle / atque nove fidei candidam mente locanda Wulf. *Brev.* 404; septem circiter annorum tunc puer fuisse describitur. ubi .. ~us .. equo delabitur *V. Kenelmi* 5; stimulabant eum, adhuc in regno ~um, heroes W. Malm. *GP* V 257; dummodo panem filiorum .. catelli isti delicati et ~i non comedant G. Hoyland *Ep.* 294B; prius suis quasi ~is et in lacte matris adhuc dixerat .. H. Bos. *Thom.* IV 29; arbores non fecit Deus in forma plantarum ~arum S. Langton *Gl. Hist. Schol.* 47.

3 tenellus v. tonellus.

tenelus [ME *tenel* < AS *tænel*], basket.

1307 [*sorted the fish in casks*] in tendlos [*sic*] sorciebantur *Cal. Mayor's CourtR Lond.* 257.

tenemanetale, ~mannetala, ~maunetala, ~mentale v. tenmantala.

tenementum [CL tenere+-mentum; cf. ME, AN *tenement*]

1 (fact or right of) holding (property, esp. under obligation to superior), tenure, possession, (also transf.) property held in tenure, tenement; **b** (pl., often dist. from *terrae*, w. ref. to immovable things held as subjects of property); **c** (in leg. definition). **d** (in gl.).

debent etiam universi liberi homines totius regni .. juxta feodum suum et secundum ~a sua, arma habere (*Leg. Ed.*) *GAS* 656; **1157** tenimentum quod habetis in Gunfo Hadrian IV 126; **1166** debeo domino meo Henrico regi servitium dimidii militis in Norfolcia de antiquo ~o a conquestu Anglie *RBExch* 400; a**1176** salvo jure et tenemento Walteri sacerdotis ejusdem ecclesie, habendam et tenendam in pace *Cart. Osney* IV 153; c**1176** ex dono Eustacii .. mansionem Leuesoni que est sub nemore quater xx acras colendas in uno †tenente [? l. tenemento] prope Puttchekeswelle *Cart. Clerkenwell* 11; ?a**1189** hanc terram tenebunt .. et omnes redditus .. et pro toto predicto tenamento adquietabunt me predicti monachi versus Belasez predictam judeam de Ocsenford de iiij^or libris annuatim *Starrs* I 128; ecclesia de Middelton habeat et teneat omnia ~a sua in capellis, et decimis et terris, et in omnibus aliis ecclesiasticis beneficiis Elmh. *Cant.* 416; **1511** unum ~um cum seminationis ij b. ordei assedatur pro x s. in anno cum communi pastura duarum vaccarum *Reg. Aberd.* I 360. **b** c**1096** (1332) omnes terras et possessiones et omnia ~a sua .. habeant et teneant bene et in pace *CalCh* IV 287; **1270** vicessima terrarum nostrarum et ~orum feodalium que tenemus in dominico et etiam nativorum nostrorum seu rusticorum *Conc.* II 21; **1271** liberorum tenementorum, que Judei regni nostri clamabant habere in terris, ~is, feodis, redditibus, et aliis tenuris *Leg. Ant. Lond.* 235; terris et ~is et rebus .. sint forisfacti Ad. Mur. *Chr.* 85n; **1426** volo quod Willelmus filius habeat omnia terras et ~a mea in Acome *Test. Ebor.* II 2; **1552** damus .. omnia et singula mesuagia, terras, ~a, tofta, cotagia, pomeria, gardina, prata *Pat* 850 m. 21. **c** oportet igitur quod distinguantur genera ~orum, ut per hoc sciri possit diversitas tenentium et heredum. ~orum autem aliud tenetur per servitium militare, aliud per serjantiam, de quibus homagium erit faciendum domino capitali propter servitium forinsecum quod dicitur regale, et quod pertinet ad scutum et militiam ad patrie defensionem. est etiam aliud genus ~i ejus, scilicet quod tenetur in socagio libero, et ubi fit servitium in denariis capitalibus dominis, et nihil inde omnino datur ad scutum et servitium regis BRACTON f. 77; liberum ~um est id quod quis tenet sibi et heredibus suis in feodo et hereditate, vel in feodo tantum sibi et heredibus suis *Ib.* f. 207; tale ~um commune non est proprium per se alicujus nec discretum, sed cum aliis per totum in communi *Ib.* f. 208; nec regni bono efficere potest, licet burgensium filii et aliorum libere tenencium qui in socagio tenent ~a sua, quo ipsi ad miliciam non astringuntur, in domo consimilium amicorum suorum educantur FORTESCUE *LLA* 45. **d** in fundis, i. ~is (ERGOME) *Pol. Poems* I 191.

2 (spec.): **a** (*~um liberum*) freehold. **b** (*-um laicum*) lay tenement.

a nemo tenetur respondere in curia domini sui de aliquo libero ~o suo sine precepto domini regis vel ejus justitie capitalis GLANV. XII 25; **c1200** petunt recognitionem utrum sit maritagium an liberum ~um illorum *CurR* 12; **s1209** rex Johannes cepit homagia de omnibus hominibus libere tenentibus per totam Angliam, tam de clericis quam de laicis liberum ~um tenentibus *Ann. S. Edm.* 17; **1227** in turbara et pastura .. quas dicti abbas et monachi asserebant spectare ad liberum ~um suum de Staynburn *Reg. S. Bees* 341; **1271** possent etiam mediante pecunia situs et liberum ~um, ita etiam baronias, que de domino rege immediate tenentur, futuris temporibus occupare *Leg. Ant. Lond.* 235; **s1341** quod nullus liber homo regni Anglie capiatur, vel imprisonetur, aut disseisiatur de libero ~o suo W. GUISB. *Cont.* 377; **1575** reservando tantum sibi Joanne liberum ~um et usufructum ejusdem loci cum hortis, muro, et pertinentiis durante toto tempore vite sue *Scot. Grey Friars* II 249. **b** **c1160** me concessisse .. omnes donationes et concessiones .. tam in ecclesiastico beneficio quam in laico ~o *Regesta Scot.* 142; **1215** nullus clericus amercietur de laico ~o suo nisi secundum modum aliorum predictorum et non secundum quantitatem beneficii sui ecclesiastici *Magna Carta* 22; laica habent ~a et terras et exchaetas GIR. *JS* IV p. 214; **1269** dominus papa solummodo de proventibus et redditibus ecclesiasticis domino regi decimam concessit et non de laico ~o *Conc. Syn.* 798; **c1300** Haselingfeld cum laico ~o lx m. *Val. Norw.* 211.

3 building.

c1276 curia dicit quod ~um et j acra servilis condicionis sunt et j acra libere *SelPlMan* 22; **1334** Johannes Crabbe burgensis ville Berwici .. fecit per cartam suam .. Thome de toto illo ~o quod vocatur le Wyt halle in vico de Segate *RScot* I 274a; sic opus in basso tenementum construit altum GOWER *VC* IV 857; **1415** J. L. quia nundum reparavit ~um suum .. remanet in misericordia *CourtR Banstead*; re-edificari fecit de novo unum ~um apud Wykewone vocatum Hodysplace pro quo edificando expendit ad minus viginti marcas *Chr. Evesham Cont. A* 305; **1513** ~um sive hospitium bene .. reparatum *Cart. Glouc.* III 286.

4 content.

p1280 ab omni alio ~o cupri aut cujuscunque alterius metalli purgatur *RBExch* 993.

tenendia v. tenendria.

tenendria [cf. Scot. *teneindri*, ME *tenauntrie, tenandrie*]

1 (Sc.) state or condition of being a tenant, tenancy, tenantry.

1448 de firmis terrarum quondam D. L., tam in proprietate quam in tenendia *ExchScot* 330.

2 (Sc.) land or property let in exchange for money or feudal service, (also) income or profit from such property.

1315 tenend' .. cum tenandiis, serviciis, sectis, homagiis *Melrose* 418; **1382** tenend' et haben' .. omnes dictas terras de West Kerss et de Alueth, nec non officia, cum ~iis suis de Ochiltrie et Perdovenyne ejusdem baronie de West Kerss .. cum sok et sak, thole et theme, furca et fossa, infanganthiefe et outfanganthiefe, et cum ~iis et libere tenencium servitiis *APScot* I 554; **1359** redditum assise de quadam tenandia in tenemento de Myntow *ExchScot* 568; **1396** cum tenandriis et servitiis liberetenentium *Reg. Paisley* 91; **1451** sciatis nos .. concessisse .. terras .. ~iasque ville ecclesie de Deveth *Reg. Moray* 223; **1510** unacum tenementis, ~iis et liberetenencium serviciis *Reg. Aberbr.* II 399.

tenendura v. tenetura.

tenentabiliter [cf. CL tenens, ME *tenauntabulli*], in a tenantable or inhabitable condition, in a state fit for being tentanted.

1513 tenementum sive hospitium bene sufficienter ~er reparatum, edificatum, et sustentatum *Cart. Glouc.* III 286.

tenente v. tenementum.

tenentia [CL tenens *pr. ppl. of* tenere+-ia], **tenantia** [cf. ME *tenaunci* < AN *tenance*]

1 (act of) holding, keeping (as pledge or security).

1209 pro eisdem terminis fideliter tenendis dedimus ei in ~iam obsides nostros, quos habet *Regesta Scot.* 488 (=*Foed.* I 155); **1230** commisit .. regi castra sua .. in tenantiam et securitatem de fideli servicio, ita quod ipse rex, quamdiu guerra duraverit inter ipsum et regem Francie, tenebit castra sua *Pat* 409; **1232** jocalia nostra que deposuimus in domo Novi Templi Londonie in tenantia pro tribus milibus marcis *Ib.* 490; tradidit nobis tria castra Wallie sue .. in tenantiam reddendi nobis predicta debita nostra *BBExch* 379; **1276** rex .. dedit domino S. de Monteforti .. maneria de Rodeleye et Munstreworth in ~iam pro debito *Hund.* I 180b.

2 holding or occupation of land or other property under a lease, tenure, tenancy.

c1194 caput unius acre quod extat inter duas vias cujus temanenciam tenuerunt de me W. .. et W. *Ch. Sal.* 54; **1249** M. tenuit in ~ia illam partem de hereditate T. .. quousque plenarie recepisset partem suam *CurR* 970; **1305** predicta C. nichil habuit in predictis tenementis nisi tantum tenanciam in villenagium *PlRCP* 155 m. 128*d.*; **1309** profert inde duas cartas totaliter concordantes in quantitate redditus et forma ~e *S. Jers.* XVIII 235; dicit quod Berton .. et suburbium civitatis Cant. de ~a abbatis sunt THORNE 2020.

3 content.

p1280 singule dimidie uncie .. sunt argenti purissimi absque cujuscunque alterius metalli ~a seu mixtura *RBExch* 996; **1289** secundum ~am [MS: tinenciam] nostrarum litterarum *RGasc* II 513b.

tenentiarius [tenentia+-arius], one who holds real property from another by feudal obligation or payment of rent, tenant.

1254 confirmavi .. decem virgatas terre et ~ios cum pertinenciis suis *Cart. Beauchamp* 39; **c1284** ~iis et habitatoribus comitatus .. Bigorre *RGasc* II 219b; **1433** a quibuscumque nostris ligeis, feudatoriis .. et ~iis ecclesiasticis seu secularibus *Foed.* X 544a.

tenentos v. tenon.

tener [CL]

1 (of body or part of the body) physically soft, tender, delicate (also transf.); **b** (of animal); **c** (in gl.).

latera regiorum ~rrima puerorum GILDAS *EB* 28; quamvis sanguineos fudissent verbera rivos / crudaque per teneras rorarent vulnera pulpas ALDH. *VirgV* 1064; dum tumor in tenero succrevit corpore fervens ALCUIN *SS Ebor* 688; nos qui ~ros humeros virorum oneribus supposuimus H. BOS. *Ep.* 37. 1468B; virga virilis / ignoret tenera puerorum tangere crura D. BEC. 1995; quid ~ra membra illicientia et a te illicite concupita sunt ..? AD. SCOT *Sol.* 846B; in locis ~ribus carnium ut juxta oculos et aures GILB. III 143v. 2; et quia sic teneres subeunt pondus mulieres GOWER *VC* IV 583. **b** vermiculus ligni ~r quidem et fragilis toto suo corpore BEDE *Kings* 721B. **c** delicatus i. ~rus, querulus, amoenus, *unbrocheard* .. *mearuwe GlH* D 103; **a1000** per ~ra, *ðurh ða myrwan WW*; ~r, A. *tendere or neshe WW*.

2 of tender age, immature (freq. not clearly dist. from 1 *supra*); **b** (transf., of age or other attribute). **c** (*a ~ra aetate* or sim.) from a tender age.

ut in tanto tormento ~rrima [*gl.*: i. juvencula; *þæt iunge*] virgo torreretur ALDH. *VirgP* 43; perfectus, seu ~r adhuc, et in profectu positus virtutum BEDE *Tab.* 495B; ~ros aquila pullos a serpentinis morsibus .. defendit *Id. Luke* 428C; qualiter aut animam ferri super astra videbat / praesulis Aedani, teneros dum pasceret agnos ALCUIN *SS Ebor* 692; primis elementis literarum apud Evesham initiatus; perfectiori mox apud Burch scientia ~ras informavit medullas W. MALM. *Wulfst.* I 1; modo incipientes, et ~ros [legentes] lacte quodam potat historie; modo autem, in fide proficientes, pane cibat allegorie AD. SCOT *TT* 630A; ullus Sunamitides, quoniam adhuc ~r et puerulus egressus est ad messores, revertens ad matrem P. BLOIS *Ep.* 12. 40A. **b** in ~rima [*gl.*: in gracillima, *on mearuwes*] pubertate ALDH. *VirgP* 21; pubertas, juventus ~ra, legitima tamen *GlC* P 857; **799** Dei gratia donante meque ~ros erudiente annos ALCUIN *Ep.* 178; ergo et ~ra infantia rationalitatem habet PULL. *Sent.* 737C; si nostris nil dulce novum, nil utile visum / quod teneri pariunt anni J. EXON. *BT* I 16; occurrit hic igitur in primis tempore ~rior Cronographia nostra GIR. *Catal. Brevior* 421. **c** a ~ra .. pueritie etate PETRUS *Dial.* 3; he [moniales] a ~ra etate impudicitiam discunt HON. *Inev.* 1220C; a ~ra .. infantia P. BLOIS *Ep.* 20. 73C.

3 tender (as food); **b** (fig., as. sb. n.).

occidit ad opus eorum vitulum optimum et ~rrimum, et cum lacte et butyro apposuit eis subcinericium panem AILR. *Serm.* 11. 27. 276C; Godefredus .. bellatorem .. valido .. ictu per medium quasi ~rum porrum obtruncavit ORD. VIT. IX 9 p. 531; hic edus .. dicitur ab edendo quod ~r sit et comestibilis OSB. GLOUC. *Deriv.* 183. **b** secundum [diligentium genus] illorum qui caritatis Christi gustum habentes ~ra ejus sectantur et dulcia J. FORD *Serm.* 55. 1.

4 (of substance) not tough or resisting, delicate, soft, friable (also in fig. context). **b** fragile, frail (in quot., of abstr.).

ut glebae germina / dura atque tenerrima (ÆTHELWALD) *Carm. Aldh.* 4. 46; persecutiones, quae ~rum saepe apud mortales juventutis florem ceu nebulosa quadam caecitatis caligine obtegere solent WILLIB. *Bonif.* 2; haec ego, nauta rudis, teneris congesta carinis / per pelagi fluctus et per vada caeca gubernans ALCUIN *SS Ebor* 1648; cera durior sigilli imaginem non admittit, ~ra nimis et liquens non retinet J. SAL. *Anselm* 1018B; novelle plantaciones circumcinguntur spinis dum sunt ~re [ME: *marewe*] *AncrR* 148. **b** situ roscido robora / quaeque virescunt tenera (ÆTHELWALD) *Carm. Aldh.* 4. 48; **796** ~ra fides et infantilis animus ALCUIN *Ep.* 110; quam fidem in homine fidei ~rrime ipse invenire posset GIR. *SD* 142; **1227** quia non habuit seisinam nisi per dimidium diem et seisina ita ~ra fuit [et injuriosa] consideratum est quod nullam inde seisinam habuit *BNB* III 680; **1268** propter teneritatem temporis et pacem tunc existentem quia videbant pacem ~ram *CalIMisc* I 2138; nomen irrotulabitur in rotulatione defalte illius propter ~rem statum ipsius HENGHAM *Magna* 6.

5 (of person, feeling, or sim.) tender, sensitive.

~rum adhuc .. nostrae mentis desiderium BEDE *Sam.* 583D; solvitur in tenerum confestim contio luctum FRITH. 287; quasi mater ~ra .. leniter eum nutrivit (*Albeus* 1) *VSH* I 46; possumus .. non inconvenienter sicut in spiritu subtilem et attenuatum intellectum, sic in anima suavem et ~rum affectum accipere G. HOYLAND *Serm.* 17B; ~ri est ingenii M. SCOT *Phys.* 33.

1 tenerē [CL]

1 softly, gently, tenderly. **b** voluptuously.

[filii] quos ipse infra gremium matris ecclesiae ~rius nutrierat OSB. *V. Dunst.* 44; de ejus recessu pius pater, eo quod eum ~re diligeret, plurimum anxius erat (*Berachus* 25) *VSH* I 85; miles psittacum habens .. quem ~rrime diligebat NECKAM *NR* I 37; **?1411** quem .. dux Gloucestrie dum viveret ~rrime diligebat *Form Ox* 189. **b** **1166** more hominum carnaliter et ~re magis quam prudenter et vere amantium J. SAL. *Ep.* 309 (190).

2 feebly, weakly.

~rius .. circa ea infirmantur, ad que toleranda seipsos infirmos sentiunt, et quasi domestico edocti exemplo paupertati amant pro Christo compati, quam non sustinent pro Christo pati BALD. CANT. *Serm.* 1. 22. 566D.

3 (in gl.).

tener .. unde ~re, ~rius, ~rrime adverbia Osb. Glouc. *Deriv.* 569; ~re, A. *sherdes WW.*

2 tenēre [CL]

1 to hold in the hand or other part of the body, grasp. **b** to take in one's hand, take hold of.

cum lagoenas viris ~entibus egregias in manibus sonantesque tubas Gildas *EB* 70; **687** necnon et cespites horum locorum pro ampliore firmitate libro supposui quem ipsi duo praefati episcopi in manibus suis ~uerunt *CS* 100; forcipibus .. igneis quos ~ebant in manibus minitabantur me conprehendere Bede *HE* V 12 p. 306; episcopo post obscena dicta vim inferre paranti femina forcipibus quas ~ebat inguina suffodit W. Malm. *GP* IV 163; libellum quem [mater] pre manibus ~ebat acciperet si cito addisceret *Id. GR* II 123; leva partes tui vassis de terra, et ~e in manibus tuis (*Finanus* 26) *VSH* II 95; quomodo feteat coram Deo angelus ostendit in Vitis Patrum qui ~uit nasum [ME: *heold his nase*] obvians superbo luxurioso equitanti *AncrR* 77. **b** ascende itaque .. equum .. et hunc sedens ~e [*gl.*: habe; accipe] labarum tuum Aldh. *VirgP* 25; de manu illius manicam ~uit et .. Wilfritho manicam reddidit Felix *Guthl.* 40; duces Midi miserunt me ut manum tuam ~eam et eiciam te cum tuis de hac civitate (*Carthagus* 53) *VSH* I 191.

2 to exert a sustained grip on, hold fast; **b** (in embrace).

si .. scias virum ita fortem ut eo ~ente taurum indomitum taurus non possit se movere, et videas eundem virum ita ~entem arietem ut ipse aries sese de manibus ejus excutiat: putabisne illum minus fortem in ~endo arietem quam in ~endo taurum? Anselm (*Lib. Arb.* 7) I 219; Iacob, angelum violenter ~ens, benedictionem ab eo extorsit [*Gen.* xxxii] W. Malm. *GR* V 420; **1202** eum ~uit dum Emma uxor ejus abscidit ei unum testiculorum suorum et Radulfus Pilate alterum *SelPlCrown* 15. **b** mulier .. venit ad eum lacrimans, et ~uit eum contra pectus suum (*Molua* 14) *VSH* II 210.

3 to hold, keep, or maintain (in quot. part of body) in (spec.) position. **b** to hold and control or guide, steer (plough, cart, or sim., also in fig. context). **c** (of spectacle or sim.) to hold (eyes) fixed, to hold the attention of.

exaltatus .. in cruce, caput erectum ad caelos ~uit Bede *Hom.* II 23. 241D; stupor .. vulgariter appellatur dormicio membri sicut cum aliquis ~uit tibiam super aliam tunc non sentit, nec bene potest moveri donec aliquantulum steterit *SB* 41. **b** ~ens aratrum Christi Anselm (*Ep.* 17) III 123; stivarius .. qui ~et aratrum Osb. Glouc. *Deriv.* 511; **c1250** si quis .. virgatarius, vel alius hominum domini abbatis .. carucas domini voluerit fugare, vel ~ere, accipiet pro stipendiis tanquam extraneus conductus *Cart. Rams.* I 473; debet ~ere carucam vel tingere boves domini si jussus fuerit *Cust. Bleadon* 205; **c1300** arrura yemalia .. computat in relaxacione duorum dictorum virgatariorum ~encium carucam domini per annum clxvj *FormMan* 48. **c** aecclesia .. decore sui oculos spectantium ~ebat W. Malm. *GR* IV 359; nec tamen noverant quid cernebant, quia a te eorum oculi ~ebantur Ric. Armagh *AP* 18.

4 to have within itself, hold, contain; **b** (of document, text, or sim.); **c** (of measure). **d** to be the home or location of (also fig.).

arbitrans oportunum ut membra sanctorum ex diversis regionibus collecta .. sepulchri quoque unius ~eret hospitium Bede *HE* I 18; ingrediens etiam sociis cellaria paucis / in qua sola parum vini vix tunna tenebat Alcuin *WillV* 18. 6; secundum nomina has relationes significantia ~ent sicut diversae hominum personae pluralitatem Anselm (*Proc. Sp.* 16) II 219. **b** **693** sub testificatione plurimorum, quorum nomina infra ~entur asscripta *CS* 82; Mathei et Marci, Lucae liber atque Johannis / inclyta gesta tenens salvantis saecula Christi Alcuin *Carm.* 68. 12; continet iste decem naturae verba libellus / quae jam verba tenent rerum ratione stupenda / omne quod in nostrum poterit decurrere sensum *Ib.* 73. 2; **838** (10c) subscribentibus quorum infra nomina taenentur *CS* 418; †**c700** (14c) donationem, que in alia parte hujus paginule plenissima scripta ~etur *CS* 79. **c** anfora, quattuor modios ~et *GlC* A 585. **d** et si forte animam nunc altera vita teneret / illius illa preces propter missasque frequentes / libera, credo, foret, poenasque evaderet omnes Alcuin *SS Ebor* 815; insula quem [virum] tenuit, proprio quae nomine Vecta / dicitur Wulf. *Swith.* II 917.

5 to reach in journeying. **b** to reach (end, conclusion), to achieve (result), attain (to).

in serenitate navigantes prospere portum salutis ~uerunt *V. Cuthb.* II 4; jam tenet Hesperias vergens sol aureus oras Wulf. *Swith.* II 742; **c1150** quicumque reus .. ad ecclesiam causa presidii confugerit, ex quo atrium ecclesie ~uerit [*Leg. Ed.*: ex quo atrium ingressus fuerit] a nemine .. apprehendatur (*Leg. Ed. retr.*) *GAS* 630; non parum promovimus et quasi jam medium equor ~emus W. Malm. *GP* V 212; fratres .. hodie portum Brittanie ~ebunt prospera navigacione (*Fintanus* 12) *VSH* II 101. **b** Christiani victoriam honorifice ~uerunt Asser *Alf.* 5; de moribus ejus dicta hunc modum ~ebunt W. Malm. *GP* IV 142.

6 to occupy, take up (space or room); **b** (place in calendar); **c** (of time). **d** (*~ere locum*) to apply, have effect.

Brittannia insula .. octingentorum in longo milium, ducentorum in lato spatium .. ~ens Gildas *EB* 3; spatium .. magnum ~ebat canopeum ultra columpnam in mari, quasi per unum miliare (*Brendanus* 56) *VSH* I 128. **b** Cuthbertus denas tenuit ternasque kalendas *Kal. Met.* 15; Augustus Xystum octavis tenet idibus aptum *Ib.* 45; Agna tenet meritis bis senas casta kalendis *Kal. M. A.* 21. **c** itaque fit ut numquam Pascha nostrum a septimana mensis primi tertia in utramvis partem declinet, sed vel totam eam, id est omnes septem legalium azymorum dies, vel certe aliquos de illis ~eat (*Lit. Ceolfridi*) Bede *HE* V 21 p. 337. **d** **1220** protulit quoddam cirographum .. set quia prius posuerat se in magnam assisam, non ~et locum cirographum *CurR* 232; **1290** incipiet locum ~ere ad festum sancti Andree proximo futurum *StRealm* I 106; **1315** apporciacio que .. de eisdem terris .. facta fuit locum ~et *RParl* I 330a; **1413** quod predicta ordinacio incipiat ~ere locum a festo sancti Michaelis proximo futuro *Cl* 263 m. 21.

7 to occupy (position), inhabit; **b** (position of status, authority, or sim.).

[Osviu] gentes quae septentrionales Brittaniae fines ~ent maxima ex parte perdomuit Bede *HE* II 5; qui pascis populum, qui loca sancta tenes Alcuin *Carm.* 9. 188; **833** de stercore erigens pauperem ut sedeam cum principibus, et solium gloriae ~eam *CS* 409; episcopus .. misit ad veprem sub sindone candido ~entem in silva moros (*Ciaranus de Saigir* 16) *VSH* I 224; **1377** ad dexteram vero costam aule ~ebant principalem mensam barones V portuum (*Cl*) *Foed.* VII 160a; **1428** sunt nisi octo inhabitantes domicilia ~entes in parochia de F. *Aids* I 243 (v. domicilium). **b** anno Focatis, qui tum Romani regni apicem ~ebat, primo Bede *HE* I 34; in quibus substantia principalem locum ~et, quoniam est causa aliorum Anselm (*Gram.* 12) I 156.

8 to be in military control of, occupy, hold. **b** (of ruler or sim.) to hold sway over, exercise sovereignty or authority over, rule. **c** to have (troops) under one's command. **d** to hold (person) as tenant (*cf. et.* 10 & 11 *infra*).

in his ergo locis laetas habitare videbam / sanctorum turmas, sedesque tenere beatas Alcuin *SS Ebor* 970; ~es .. Angliam, comes, rex futurus W. Malm. *GR* III 238. **b** [Ecgric] qui et antea partem .. regni ~ebat Bede *HE* III 18; pontificalis apex, Petri dignissimus heres / sanctus apostolicam tenuit tunc Sergius aulam Alcuin *WillV* 4. 2; sine fine merebitur heres / caelestis patriae felicia regna tenere Wulf. *Swith.* I 751; regnum plebis tuae ~ebis, et semen tuum post te per tempora (*Brendanus* 102) *VSH* I 150; cum ~eret beatissimus Molyng cathedram episcopalem sancti Moedhog (*Maedoc* 58) *Ib.* II 162. **c** **1230** ad sustinendam guerram nostram eidem duci tale faciemus auxilium, videlicet, quod ~ebimus ei quadringentos milites et centum servientes equites *Pat* 399. **d** istos liberos homines addidit Radulfus comes huic manerio .. et ~ebat eos quando forisfecit *DB* II 133b.

9 (of physical or mental state) to hold under its sway, possess; **b** (of cause, motive, or sim.). **c** (of person) to be affected by, enjoy (physical or mental state).

superveniet eis eversio et dolores tamquam parturientis eos ab ira ~ebunt Gildas *EB* 59; in tantum ~ebatur amore Romanae .. institutionis Bede *HE* IV 5; surrexi a morte qua ~ebar, et apud homines sum iterum vivere permissus *Ib.* V 12; ne me fluctivagi teneant mala gaudia mundi Alcuin *Carm.* 124. 13; nullo se affirmabat eorum ciborum ~eri desiderio W. Malm. *GP* IV 137; timor ~ebat pavidum H. Reading (I) *Adjut.* 1350C; quocunque dolore ~ebantur, statim gratia sancti Finani curabantur (*Finanus* 2) *VSH* II 87. **b** abrenuntiavit errori quo eatenus in observatione Paschae cum sua gente ~ebatur Bede *HE* V 21 p. 332; papa statuit / quod de vobis placuit / vanus labor tenuit / vos huc venientes P. Blois *Carm.* 26. 6. 47. **c** spiritus aetheriam laetus migravit ad aulam / gaudia cum sanctis jam sine fine tenens Alcuin *WillV* 34. 72; **944** prospera feliciter longiturnae vitae gaudia ~eat *CS* 791.

10 to hold (property); **b** (transf.); **c** (spec. as one's own, in full ownership, also absol.; *v. et. alodium*, 2 *burgagium*, *dominicus* 3, *elemosina* 3 & 4, *libere* 3); **d** (in phr. *libere ~ens*, *liber ~ens*, or sim., pr. ppl. as sb., *cf. et. libertenens*). **e** (*~ere shopam* or sim.) to keep a shop or stall.

tenuere, possidere *GlC* T 54; egit iter quondam venerandus forte viator / qua se per segetes propior jam semita duxit / cum sociis etiam tenuit quas dives avarus Alcuin *WillV* 15. 3; invasores ecclesiastici patrimonii .. invitavit ut aut indebita redderent aut se jure illa ~ere in senatu Romano probarent W. Malm. *GR* II 201; patris mei hereditatem ~eo, et ideo debeo pugnare contra hostes meos (*Endeus* 2) *VSH* II 61; **1200** jus habeat †tendi [l. ~endi] ita terram illam *CurR* 162; **1228** vidit G. ~ere ecclesiam illam, sed nescit utrum sicut firmarius vel sicut persona *Feod. Durh.* 224; **1279** [duo villani] ibunt ad predictos duos turnos pro toto feodo et omnes alii terram ~entes et non ~entes remanebunt ad domum *Hund.* II 461b; **1319** J. B., qui non est terram ~ens, falcavit lesch' ante festum S. Johannis contra communem ordinacionem *CBaron* 129. **b** Piatus martyr victorque Georgius aram / praesentem teneant, ambo piis meritis Alcuin *Carm.* 89. 15. 2. **c** **679** tibi tuoque monasterio conferimus .. ~eas possedeas tu posterique tui inperpetuum .. sicuti donata est ita ~e et posteri tui *CS* 45; ipse enim et pater suus et avunculus ~uerunt libere *DB* I 159va; **1094** terras quas archiepiscopus Lanfrancus .. quiete usque in diem sui obitus ~uit militibus partim daret, partim dare disponat Anselm (*Ep.* 176) IV 59; **c1185** sciatis me concessisse .. burgensibus de Covintre .. ut .. bene et in pace et honorifice in libero burgagio ~eant sicut unquam in tempore patris prefato comitis .. melius et firmius ~uerunt (*Ch. Hen. II*) *EHR* XVI 98; **1228** vidit P. episcopum ~ere boscum illum tota vita sua usque ad ultimam egritudinem suam in dominico, ut carius defensum quod habuit *Feod. Durh.* 233; **c1314** ~endam et habendam eisdem religiosis in liberam puram et perpetuam elemosinam *Inchaffray* 115; **1382** [terre et tenementa] que Alianora nuper comitissa Arundell defuncta .. ~uit in dotem *RScot* 45a. **d** fecit rex omnes homines regni sui .. comites, barones, milites, francos ~entes et etiam villicanos .. jurare *G. Hen. II* I 5 (=W. Coventr. I 188); **1236** multi magnates de regno nostro, qui feoffaverunt milites et libere ~entes suos de parvis tenementis in magnis maneriis suis *Cl* 338; **c1291** liberi ~entes qui vocantur *fresokemen EIIR* I 737; **1324** coram ipso militibus omnibus, nobilibus, et aliis libere ~entibus insimul convocatis *Proc. A. Kyteler* 13; **1464** ~tes ad voluntatem et alii libere ~entes reddunt clare pro terris et tenementis ibidem 63 s. 2 d. *Feod. Durh.* 106. **e** **c1280** consuetudo in predicto burgo .. talis est quod non licet alicui, nisi burgensibus .. infra .. burgum aliquem pannum scindere, nec per ulnas vendere, nec schoppam ~ere *Gild Merch.* II 180; nomina fratrum gilde et ~entium bothas mercimonii *Iter Cam.* 1.

11 (w. *a*, *de*, or *sub*) to hold (property) by tenancy (*v. et. bondagium*, *census* 4, *caput* 20c, 1 *cornagium*, *firma* 2, *feodum* 5a, *homagium* 6). **b** (absol.) to be enfeoffed. **c** (pr. ppl. as sb., also, esp. Sc., gdv. as sb.) one who holds real property from another by feudal obligation or payment of rent, tenant; **d** (dist. acc. status or acc. form of tenancy).

c880 tota libera terra quam Leofus a nobis per antea ~uit [AS: *þa bocland ealle þe Leofheah hylt*] *CS* 555; **c1080** concedo .. terram quam de me ~et G. M. .. tam in alodio quam in feudo *Regesta app.* p. 124; ibi iiij villani qui ~ent hanc terram sub canon' *DB* I 128ra; **1094** terras .. milites Angli ab archiepiscopo Cantuariae ~uisse dicuntur et mortui sunt sine haeredibus Anselm (*Ep.* 176) IV 59; qui ad expeditionem regis quinque hidas ~eret [*Quad.*: haberet, AS: *hæfde*] (*Inst. Cnuti*) *GAS* 457; ne monachi ~eant villas ad firmam W. Malm. *GP* I 64; **1212** ipse ~et quoddam tenementum de feodo comitis .. et ipse ~et aliud tenementum de R. .. et pro defectu servicii utriusque tenementi fecit ipse capi predicta averia *SelPlCrown* 61; **1313** de hiis qui ~ent terras Normannorum,

Flandrensium, Britannorum vel aliorum extraneorum cujuscunque feoda sint et quo waranto eas ~ent sive de domino rege vel aliis rebus sine speciali precepto domini regis *Eyre Kent* I 31. **b** Godric' ~uit ad voluntatem episcopi *DB* I 173vb; quicunque de ecclesia ~uerit vel in feudo ecclesie manserit, alicubi extra curiam ecclesiasticam non placitabit (*Leg. Ed.*) *GAS* 630; c**1290** quod omnes tenentes de Molland solebant esse custumarii .. sed .. nec ~ent per cartas, sed per virgam in curia *EHR* I 736; cum plerique [vicarii perpetui] xx annis .. vel pluribus quiete sine cartis et inconcusse ~uerunt GIR. *JS sup.* 151 (v. inconcusse b); c**1336** se de Leone et non de alio ~ere asserentes *RScot* 401a. **c** **1214** A. ostendit quod quidam ~ens suus .. H. .. obiit, quo audito ipse voluit seisire in manum suam, sicut consuetudo est, feudum quod de eo tenuit *SelPlCrown* 71; **1279** facit unam sectam ad curiam visus franci plegii .. cum suis ~entibus *Hund.* II 656a; inhibentes per coronatores domini episcopi servientibus ac ~entibus monasterii memorati *G. Durh.* 9; in primo adventu novi domini solebant domini ~entes arma sua domino reddere pro homagio *Eul. Hist.* II 153; domini temporales debent .. racionabiliter et caritative tractare ~entes [ME: *tenauntis*] et subditos et famulos vel nativos *Concl. Loll. XXXVII* 31; **1457** x li. infra pauperes ~entes meos infra prepositturam Beverlacensem *Test. Ebor.* II 206; **1460** de hereyeldis certorum ~endorum *ExchScot* 21; **1497** non intromittet .. cum heregeldis ~andorum suorum *Melrose* 594; c**1520** inhibent eorum subditis et ~andis ne ipsi aut aliquis alterum suum ~andum .. trahat ad judicium ecclesiasticum *Conc. Scot.* I cclxxix. **d** **1269** si plures sunt ~entes in communi tunc sic: A. tenens una cum B. versus etc. *CBaron* 81; **1269** si ~ens forte vocaverit ad warrantum tunc si exigens .. essoniari voluerit hoc erit versus ~entem in dominico set non versus vocatum in warrantum antequam warrantizaverit *Ib.*; **1279** parvos ~entes de acris, dimidiis acris, rodis, pro parvo reddītu *Hund.* II 330b; c**1306** summa redditus ~encium ad terminum vite iij s. *Cust. Battle* 22; **1314** (v. custumarius 1e); in terris ~encium ad terminum annorum vel ad voluntatem *Meaux* III 33; **1392** ad quem finem prefati socemanni sectatores curiae nihil solvent sed inferiores ~entes, nisi in casu quod deficiant ~tes inferiores (*Reg. Stoneleigh*) *Villainage in Eng.* 430; **1576** ~entes ad voluntatem alias *gale tenauntes* (*Surv. Haverford*) *MS PRO LR 2/238* f. 23.

12 (leg., in quot., pr. ppl. as sb.) defendant (in suit concerning possession of land).

1191 finalis concordia .. inter canonicos ecclesie sancti Pauli de Londonia ~entes et Willelmum de B. petentem de manerio de Kenneswrth' cum pertinenciis *E. Ch. S. Paul.* 93; c**1219** magnam assisam inter Thomam .. et Matillidem .. petentes et Rogerum .. ~entem *Eyre Yorks* 5; **1265** dies assignetur ~enti quo veniat .. ostensurus quare conquerens .. terram recuperare non debeat *Cl* 133; **1269** A. ~ens vel exigens (seu petens) versus B. de placito terre *CBaron* 81; reus vero, id est ~ens, ad causam extenuandam et querelam adversarii sui per exceptiones cassandam *RegiamM* II 2; loquela .. in curia .. inter ipsum A. petentem et B. ~entem *Reg. Brev. Orig.* f. 1.

13 to hold, have (rank, office, or sim.); **b** (role, function, or sim.). **c** to have (origin or sim.).

sibi regnaverunt et non per me: ~uerunt principatum, nec me agnoverunt GILDAS *EB* 52; provinciae Nordanhymbrorum .. quattuor nunc episcopi praesulatum ~ent BEDE *HE* V 23; imperium regni tenuit quo tempore magnus / Eadgar WULF. *Swith. pref.* 555; mihi videtur servitium Dei inter istas artes primatum ~ere [AS: *ealdorscype healdan*] ÆLF. *Coll.* 99; **1094** si ergo ita ~uero archiepiscopatum imminutum usque ad obitum meum, hoc modo perdet ecclesia per me ANSELM (*Ep.* 176) IV 59; dominum papam fideliter adjuvabo ut papatum suum quiete et secure ~eat W. MALM. *GR* V 422; Augustus Julio Cesari succedens monarchiam totius mundi ~uit H. HUNT. *HA* I 16. **b** ~ebat ea tempestate jus regni in Cantia Æthelbertus EADMER *Breg.* 832B; nos .. beati Petri .. vicem ~entes (*Lit. Papae*) W. MALM. *GP* I 33; hostiarii in ecclesia vicem ~ent janitorum templi BELETH *RDO* 13. 28; illuminationis etenim vicem ~ent ex parte delicie G. HOYLAND *Serm.* 144B; nisi abbas, vel aliquis episcopus, seu major prior, vel ille qui ~et ordinem, ibi sit *Cust. Westm.* 30; **1366** ordinatum est .. quod quilibet eorum ~et hirsill' et quod custodiant porcos *Hal. Durh.* 55 (v. hirsellum). **c** Ida regnare coepit, a quo regalis Nordanhymbrorum prosapia originem ~et BEDE *HE* V 24 p. 353.

14 to hold (gathering, event, or sim.): **a** (meeting, council, parliament, chapter, or sim.; *cf. et.* 1 *concilium, parlamentum*); **b** (leg., court or sim.; *cf. et. assisa* 7, *curia* 4–7, *hundredum* 2, *iter* 9, *justitia* 3 & 4); **c** (other form of gathering).

a **825** ibi [sc. in loco qui dicitur Oslaveshleu] enim ~ebat concilium *CS* 385; confirmatus papa perambulabat Burgundiam .. et Narbone concilium ~uit H. CANTOR f. 15; eodem anno rex Londoniis parliamentum ~uerit, in quo edita sunt statuta que 'Westmonasterii secunda' dicuntur TREVET *Ann.* 312; s**1374** archiepiscopus .. consistorium, synodos, et convocaciones transtulit ab Eboraco usque ad Beverlacum, et ibi ~ta fuerunt per quattuor annos *Chr. Pont. Ebor. C* 424; c**1499** in expens. d'ni W. .. cum aliis equitantibus usque Northampton ad generale capitulum ordinis Sci. Benedicti ~tum ibidem hoc anno *Ac. Durh.* 655. **b** debet .. in Londoniis .. singulis septimanis die lune husting' sedere et ~eri (*Leg. Ed.*) *GAS* 657 (v. hustingum); **1228** constituti sunt justiciarii ad justiciam ~endam de hiis quos Johannnes .. appellat de latrocinio et felonia *Pat* 218; c**1298** lestus marisci de R. ~tus apud B. .. anno regni regis Edwardi vicesimo sexto coram communi ballivo et xxiiij[or] juratoribus marisci *Reg. S. Aug.* 610; **1328** de xv li. per lucra justiciarii de uno itinere ~to infra tempus compoti *ExchScot* clxxxi; c**1375** concessimus .. licenciam duo paria prepositorum in anno eligendi .. qui nullis aliis laboribus erunt subditi nisi ad hundredum ~endum (*Pat.* 292 m. 11) *EHR* XVI 102; c**1553** curia capitalis ballivorum burgi de Abirdene ~ta in pretorio ejusdem *Scot. Grey Friars* II 229. **c** c**1150** facias .. fratres de Templo ~ere mercatum suum de Witham .. quiete *Regesta* 848; c**1192** me .. concessisse .. nundinas apud Glasgu habendas et singulis annis ~endas ab octabis apostolorum Petri et Pauli plenarie per octo dies *Regesta Scot.* 308; **1217** torniamentum .. volumus et precipimus non ~eri *Pat* 116; s**1260** ubi ~uit torneamentum *Ann. Cambr.* 99; c**1288** dicunt quod R. .. G. .. J. et W. ~ent forum ad portam S. Trinitatis per quod forum commune deterioratur *Leet Norw.* 17.

15 to hold, conduct (practice, service, or sim.), to carry out (task). **b** (leg., *~ere placita* or sim.) to hold pleas, have jurisdiction. **c** to hold, celebrate, observe (holiday, feast, or sim.).

sanctimonialis que collectam ~et et aliud officium non potest implere *Inst. Sempr.* lxxx*; quia .. ad ipsum .. pertinet versum incipere, eciam si succentor in tabula sit aut chorum ~eat *Cust. Westm.* 30; ab eo loco fugiens, ad villam de S. in animo ire proponebat, ubi aliquandiu moram ~ens, in oracionibus et aliis affliccionibus vacans prolixius persistebat *V. Rob. Knaresb.* 4; in visitatione sua in eodem hospitali ~ta .. beneficia fecit FLETE *Westm.* 123. **b** istae consuetudines pertinent ad Tantone .. ter in anno ~eri placita episcopi sine ammonitione *DB* I 87va; **1212** ipsi per preceptum vicecomitis fuerunt ad castellum ad ~endum residua placitorum comitatus *SelPlCrown* 62; **1215** communia placita non sequantur curiam nostram sed ~eantur in aliquo loco certo *Magna Carta* 17; ?**1236** cum dominus rex .. scribit ecclesiastico judici ne ~eat placitum in curia Christianitatis super feodo vel possessione laicali, decens est .. quod talis judex .. rescribat domino regi .. seriem processus sui GROS. *Ep.* 72* p. 223; c**1290** miserunt recordum et processum loquele predicte coram R. de Hengham et sociis suis placita regis ~entibus *State Tri. Ed. I* 3. **c** interrogatus ubi festum suum in Natali ~eret, respondit Pictavis W. MALM. *GR* IV 333; s**1266** rex Henricus ~uit Natale apud Westmonasterium *Flor. Hist.* III 7; **1322** sub condicione quod prior et successores sui ~eant anniversarium meum in ecclesia sua *FormA* 431; **1395** festum sancti Edwardi .. ~ebunt, observabunt, et celebrabunt *Lit. Cant.* III 38; dominus rex quadragesimam ~uit in castello de Kenylworth ELMH. *Metr. Hen. V* p. 83 *rub.*; **1432** ipsi ~enti convivium, et loco in quo ~etur ipsa convivacio *Stat Ox* 244.

16 to (continue to) hold, retain, keep; **b** (abstr. thing).

ne forte me adveniente ad fores regni caelorum non sit qui reserat, averso illo qui claves ~ere probatur BEDE *HE* III 25 p. 189; quorum scriba tenet caelesti in arce libellos ALCUIN *Carm.* 90. 19. 3; c**1078** ea bona quae necessario amittuntur sponte dimittere, ut ea quae aeterne ~entur possit recipere ANSELM (*Ep.* 56) III 170; ~ens unum ficonem circa pedem cucurrit ad ecclesiam (*Cainnicus* 45) *VSH* I 169; **1275** omnia bona .. Thome ~eantur in manu donec per mercatores fiat inde judicium *SelPlMan* 149; si aliquis venerit in villa nostra qui tolloneum dare debuerit et tolloneum suum ~uerit ultra diem fori in misericordia erit de xi denariis (*Cust. Preston*) *EHR* XV 498. **b** [Aegypti] qui prae ceteris doctoribus calculandi palmam ~ent (*Lit. Ceolfridi*) BEDE *HE* V 21; **939** quatinus illa bene perfruatur ac perpetualiter possideat quamdiu istius caducis saeculi vitam ~ere presumet *CS* 734; c**1106** veritatem .. ~ent qui terrena et transitoria toto corde contemnunt et ad veram humilitatem toto conatu ascendunt ANSELM (*Ep.* 418) V 364; **1237** quamdiu istud debitum per gratum ejus ~uero *Feod. Durh.* 205; corpus sic tinctum amittet primas qualitates et ~ebit secundas RIPLEY 185.

17 (*iter ~ere* or sim., freq. fig.), to hold, maintain, or keep going on course.

qui rectam hic ~uerunt viam, beatitudinis praemia ibi possidebunt ALCUIN *Exeg.* 592D; ille .. nos ducit ubicumque viam veritatis ~emus ANSELM (*CurD* II 9) II 106; **1103** affirmaverunt siquidem quod nec Romam videre, si coeptum iter ~erem, nec ulterius prae nimia loci infirmitate et caloris angustia redire valerem *Ib.* (*Ep.* 287) IV 206; neque .. rectum tramitem ~ere potuit W. MALM. *GP* I 55; ostendam .. eis .. quam viam recte ~ere possint versus loca predicta *Itin. Mand.* 2.

18 to maintain (state), to keep (custom or sim.) going or in use or effect (also transf.). **b** to hold fast to, keep on or up with, maintain (practice or sim.). **c** to keep, observe (law, rule, or sim.). **d** (leg., *rectum ~ere* or sim.) to do justice (*cf. et.* 15 *supra, rectitudo* 4b, *rectus* 10).

insula nomen Romanum nec tamen morem legemque ~ens GILDAS *EB* 13; pacatus, pacem ~ens *GlC* P 34; c**895** audito nefandos ritus paganorum partibus in vestris repullulasse, et vos ~uisse silentium ut canes non valentes latrare (*Lit. Papae*) *CS* 573; si quis exegerit ab aliquo monacho .. sacramentum .. propter ~endam aliquam potestatem .. considerate ANSELM (*Ep.* 311) V 238; ubi tormenta numquam peccata delebunt, sed peccata semper tormenta ~ebunt *Ib.* (*Or.* 14) III 60; optimates Anglorum ejus amicitiam et avidissime optarent et constantissime ~erent W. MALM. *Wulfst.* I 7; eundem modum methodi ~ebimus T. SUTTON *Gen. & Corrupt.* 98; **1375** compertum est per sacramentum .. quod terra capelle de Heworth ten' domini Willelmi Capellani ~ebit vicinitatem cum averiis suis et fac' pro eisdem pro[ut] tenentes domini prioris faciunt *Hal. Durh.* 131. **b** sic enim nos fidelibus ~ere disciplinam debemus sicut boni patres carnalibus filiis solent BEDE *HE* I 27; interroges eum si ~eat orationem dominicam et symbolum, et si hoc ~et, dices ei: "vis tuam confessionem facere" BONIF. *Pen.* 430; qui faciunt eleemosynas et ~ent hospitalitatem OCKHAM *Pol.* II 479 (v. hospitalitas 1c). **c** oporteret eos qui uni Deo servirent unam vivendi regulam ~ere BEDE *HE* III 25 p. 183; hoc pactum jus omne ~e BURGINDA 10; ut monachi proprium ordinem ~eant et proprietate careant W. MALM. *GP* I 42; iste sunt leges et consuetudines quas W. rex .. omni populo Anglorum concessit ~endas (*Leis Will.*) *GAS* 493 (v. consuetudo 2a); **1213** precipio quatenus predicta convencio inter eos facta firmiter et inviolabiliter ~eatur *Regesta Scot.* 519; **1218** certas metas et terminos .. fieri et ~eri faciat inter .. forestas permanentes et alias forestas *Pat* 162; **1226** hec vero firmiter fideliterque †tendenda [l. ~enda], tactis sacrosanctis, juramento confirmavi *Cart. Mont. S. Mich.* 16. **d** c**1096** ibi rectum ~eant aliis et justitiam suam habeant *CalCh* IV 287; ~e rectitudinem nobis et nos tuis juste optemperabimus jussis ORD. VIT. VIII 10 p. 322; **1206** preceptum est quod ~eat appellantibus rectum in curia sua *SelPlCrown* 53; **12..** donec custos sokne in qua manserit ei defecerit in recto ~endo *EHR* XVII 714.

19 to uphold, hold to, insist on (opinion, belief, faith, or sim.). **b** to maintain, uphold (argument, claim, or sim., also absol.); **c** (w. ind. statement).

indicio fit quod ea quae apostoli Petri sunt in abdito cordis amplectimini si quae ejus esse nostis etiam in facie ~etis BEDE *HE* V 21 p. 344; **804** profiteor .. me illam fidem .. ~ere, praedicare, defendere, quam orthodoxi .. patres .. ~endam, confitendam, defendendamque divinitus edocti sanxerunt *CS* 315; quod est contra Christianam fidem, quam cum Graecis ~emus ANSELM (*Proc. Sp.* 14) II 215; has sane nenias .. Angli pene innata credulitate ~ent W. MALM. *GR* II 124; vidit .. quod Britannia maximam heresim ante judicium ultimum ~eret (*Brendanus* 87) *VSH* I 143; secundum opinionem ~entem plures simul posse esse apostolicos OCKHAM *Dial.* 816; ecclesia .. potuit olym determinare quod panis remaneat .. †quia non [MS: quo] facto sic †temendum [MS: tenendum] fuisset (WYCL. *Errare in mat. fid.*) *Speculum* III 250; docuit .. dogmata perfidi Johannis Wiclyf, et opiniones quas ~uit WALS. *HA* II 32. **b** c**1077** precipio ne ullus ei contra ~eat sed sic habeat omnia de illis ad meum opus et suum *Pl. Anglo-Norm.* 19; quid potius ~endum est: an angeli prius facti sint in numero perfecto an non? ANSELM (*CurD* I 18) II 76; A: nulla .. anima ante mortem Christi paradisum caelestem ingredi poterit, sicut supra dixi de regis palatio. B: sic ~emus. *Ib.* (*Ib.* II 16) II 119; quod docens predicans et ~ens contra catholicam veritatem est pertinax in sua assercione OCKHAM *Dial.* 618; 'quod Deus non potest aliquod adnichilare' hunc articulum sepius ~ui et persuasi UHTRED *Contra querelas* 334; **1461** quum contigerit eos [sophistas] ~ere vel respondere in parviso *MunAcOx* 684. **c** **1318** vobis ad solacium nunciamus nos indubitanter ~ere quod .. concordia inter dominum nostrum regem et .. alios regni magnates solidabitur *DCCant.* 220; asseruit se fuisse presentem quando quidam magister in theologia Parisiis ~uit in scholis quod Bersabee erat uxor Salomonis OCKHAM *Dial.* 615; ex intermeancium .. relacione veridica ~et cleri et populi fama quod vestra dominacio est omnium borialium in universitate Oxon' capud tuitorium *FormOx* 234.

20 to hold back or up, to prevent from moving forward, detain, keep. **b** (refl.) to remain (in a place), stay put.

quam parvo cernis in antro / me tenet hic requies ALCUIN *Carm.* 123. 12; secundo accitus vi se et rationibus clericorum suorum ~eri renuntiavit W. MALM. *GP* III 118; crastina vero die .. positum fuit in curru suo corpus benedictum ejus, et solus auriga secum in via, ne ab incolis terre ~eretur (*Brendanus* 105) *VSH* I 151; volens ille sequi sanctum Dei, ~uit eum dominus suus cum suis; et cum esset toto corpore retentus, anima ejus egressa est a corpore, et cecidit mortuus super terram (*Colmanus* 8) *Ib.* I 261; **1255** senescallus foreste in comitatu Hunt' ipsos ejecit et extra ipsam communam toto tempore suo ~uit *SelPl Forest* 26. **b** **1203** milites de comitatu non malecredunt Adredum .. qui se ~et in ecclesia et abjuravit terram quod ipse non consensit .. maleficio *SelPl Crown* 47; **1214** dictum fuit ei quod homines armati ~uerunt se in feodo illo et ei necare [l. negare] voluerunt ingressum *Ib.* 71; **1228** E. archidiaconus, dicens se personam illius ecclesie, intravit per suos in ecclesiam illam, et postea per se, et ~uit se in ea; monachi .. intraverunt in eandem et ~uerunt se ibi *Feod. Durh.* 248; s**1415** percipiens hostilis astucia .. ~uit se eminus in oppositum nobis, nec appropiavit adversus nos *G. Hen. V* 12.

21 to hold or keep (confined or captive), to prevent from leaving. **b** to hold or keep (thing) still, steady, or in position.

ita ligati iniquitatibus in hoc mundo ~emini ut in caelis nequaquam ascendatis GILDAS *EB* 109; Ecgfrid eo tempore in provincia Merciorum apud reginam Cynuise obses ~ebatur BEDE *HE* III 24; cumque reum vigili dominus statione teneret / nec illum penitus solvi permitteret WULF. *Swith.* II 1151; ~etur .. omnium sotiorum viae superstes, et utrum aliquando sit exiturus vero vacillante in dubio W. MALM. *GR* IV 389 p. 463; filium, quem rex Midhi in vinculis ~ebat ad perdendum eum (*Aedus* 23) *VSH* I 41; **1202** eum ~uit in prisona ita quod dominus ejus non potuit eum habere *SelPlCrown* 18; sub ista replicatione, quod tantum pro rege, regina, et filiorum regis primogenito, si in captivitate ~erentur, foret contributio facienda WALS. *HA* I 171. **b** quasi anchora[ta] est sub ecclesia sicut anchora sub navi ad eam ~endam [ME: *halde*] ne tempestatibus et procellis obruatur *AncrR* 45.

22 to restrain from activity, keep in check or under control. **b** to check, repress (impulse, emotion, or sim., in quot. tears).

subito a diabolo arreptus clamare, dentibus frendere, spumare et diversis motibus coepit membra torquere; cumque a nullo vel ~eri vel ligari potuisset, cucurrit minister BEDE *HE* III 11; preda predones ~uit ut nec cepto desistere nec inchoata valerent perficere W. MALM. *GP* II 74; mirare magis quare non precido, aut rumpo funem, si alias solvi non potest, qui me in curialibus nugis tamdiu ~uit, et ~et adhuc tante obnoxium servituti J. SAL. *Pol.* 386B; sic Pharao in exitu Israel de Egypto truculentius sevit, et Satanas ab homine quem ~uerat ab infantia exiturus eumdem gravius in egressu discerpit P. BLOIS *Opusc.* 1062C; jussit ei yconomus duos indomitos boves ~ere, et ponere in plaustrum (*Maedoc* 12) *VSH* II 144. **b** quis ~eat lacrimas? quis non fleat? R. CANT. *Poems* 5. 7; ad hoc spectaculum .. Wlstanus lacrimas ~ere nequivit W. MALM. *GP* IV 141.

23 to keep, maintain, look after (in quot., person or animal); **b** (in fig. context).

cantatorem .. Maban .. ad se suosque instituendos accersiit, ac per annos XII ~uit BEDE *HE* V 20; c**1105** praecipio .. ut omnes sacerdotes qui feminas ~uerunt ecclesiis et omni ecclesiastico beneficio priventur ANSELM (*Ep.* 364) V 307; qui excommunicatum vel utlagam habet et ~et (*Leg. Hen.*) *GAS* 556; nomina porcos ~entium .. in rotulamento .. scripta *Iter Cam.* 1; Joh. 3. venator et lubricus feminas publice ~uit OCKHAM *Dial.* 475; **1384** injunctum est omnibus ten' istius villae quod non ~eant canes pro cuniculis fugandis, sub poena di. marc. *Hal. Durh.* 185. **b** aecclesiam Doroberniae .. spetialiter sub tuitione manus nostrae ~emus (*Lit. Papae*) W. MALM. *GP* I 36.

24 (w. pred. expr.) to cause to be or remain, keep, maintain (in a condition); **b** (w. person as obj.). **c** (refl.) to behave oneself, act (in a certain way).

firma tenes fidei tu pectora credens ALCUIN *SS Ebor* 487; nonne melius esset satis ut margaritam suam mundam ~eret et servaret quam pollutam? ANSELM (*CurD* I 19) II 85; ad .. aecclesie statum tranquilla pace ~endum et roborandum (*Lit. Regis*) W. MALM. *GP* I 61; **1221** dicit .. R. quod idem W. injuste cepit oves suas et fecit eas tondere dum illas ~uit in namio *SelPlCrown* 109; et ejus equipollentia tantum se ~et in unisono usque ad finem alicujus puncti, ut secum convenit secundum aliquam concordantiam GARL. *Mus. Mens.* 13; c**1280** abbas potest granam suam de F. clausam ~ere, ita quod bestie silvestres possint intrare et exire *Cart. Osney* IV 343; **1292** dicit .. quod .. P. usus est .. libera chacia et ~et in defenso in eadem cervos et bissas *SelPlForest* cxxviii (=*PQW* 787); **1364** ordinatum est .. omnibus qui fuerunt in inquisicione predicta quod quilibet eorum ~eat hoc quod locutum fuerat inter eos pro secreto *Hal. Durh.* 83. **b** sub ecclesiastica regula sunt ~endi, ut bonis moribus vivant BEDE *HE* I 27; quanta .. reatitudinis culpa ~eantur obstricti hi qui idolatriarum perniciosissimam superstitionem colentes amplectuntur (*Lit. Papae*) *Ib.* II 10; in praefata etenim quidam ferus urbe tenebat / compedibus strictum quendam pro crimine servum WULF. *Swith.* II 1147; excusavit adventum, quod Parisiaci episcopatus vinculis ~eretur astrictus W. MALM. *GP* II 75; **1370** mandamus quod .. omnes homines defensabiles .. arraiari et in arraiatione ~eri faciatis *Foed.* VI 663; erga noctem incepit eos plus solito calamitare lapidibus, ut eos ~eret insompnes et per consequens domiciores in crastino redderet ad vincendum *G. Hen. V* 8. **c** c**1130** abbas .. concessit eandem procurationem uxori sue Albrede quamdiu et ipsa vivet et legaliter se ~ebit (*Ch. Burton*) *EHR* XX 288.

25 (refl., w. *ad*) to commit oneself, adhere, or hold to.

1212 A. et R. non ponunt se super aliquam inquisitionem set ~ent se ad appellum suum *SelPl Crown* 62; **1272** precise se ~uit ad finem predictum (*CurR*) *EHR* XXXV 412; **1277** petitum fuit ab eo per justiciarios .. utrum se voluit ~ere ad legem Christianam vel Judaicam *SelPlJews* 96; c**1290** non respondet ad premissa, sed semper ~et se ad verificationem patrie *State Tri. Ed. I* 23.

26 (absol., of law, rule, or sim.) to have coercive force, bind. **b** to continue in force or effect, hold, persist.

~et regula veluti de modo perfecto, sed de modo imperfecto nequaquam HAUBOYS 194; hodie ~et ut pro brevi imperfecta, sed pro brevi perfecta nequaquam *Ib.* 258. **b** prima conventio justa est et ~et GLANV. X 8; s**1321** processus exilii dominorum H. et H. Despenser fuit erroneus et rex cum concilio suo pronunciarunt illud exilium non ~ere AD. MUR. *Chr.* 35 (v. erroneus 4); multa .. fieri non debent, immo absque peccato fieri nequaquam possunt, et tamen facta ~ent OCKHAM *Pol.* I 16; affirmativa .. contraria non potuit damnari tanquam erronea, cum sit vera et contingens, et si damnaretur, illa damnacio non ~eret CONWAY *Def. Mend.* 1423 (*recte* 1323).

27 to hold under liability, obligation, or sim. (to, esp. in spec. respect); **b** (*~eri ad grates* or sim.); **c** (w. inf. or gdv.).

quodsi cui forisfacerent .. ipsi ~erent eos rectitudini in curia sua [*Leg. Ed.*: haberent eos ad rectum in curia sua] (*Leg. Ed. retr.*) *GAS* 647; c**1178** clamo eosdem monacos liberos et quietos ab omni servicio, quod ad me pertinet de eadem terra, et amodo ad R. pincernam de eodem servicio me ~ebo *Ch. Chester* 159; s**1166** eo quod rex [estis], ~eor vobis ad reverentiam et commonitionem (*Ep. Becket*) DICETO *YH* 320; **1217** ad faciendum nobis homagium et fidelitatem suam quibus nobis ~etur *Pat* 79; **1257** tibi districte precipimus in fide qua nobis ~eris *Cl* 29; **1269** noveritis nos ~eri exequtoribus testamenti .. patris mei in decem marcis *Deeds Balliol* 328; **1269** quod unus vel ambo per sentenciam excummunicacionis et interdicti possint ipsos ad .. convencionem .. ~ere et compellere *Cl* 145; **1274** unde rex se ~et ad unum debitum xl m. sub nominibus R. .. et ipsius V. *SelPlJews* 79; **1289** cognovit se ~ere de magistro S. .. in centum solidos sterlingorum *Rec. Leic.* I 203; c**1290** de sex saccis lane precio sacce xiiij marcarum, unde Normannus de A. aliquo tempore ~ebatur mercatoribus de Florencia *State Tri. Ed. I* 78; **1324** si aliquis ~eatur alicui de eorum gilda in argento pro opere suo *MGL* II 417; **1400** non ~eatur ad continuam residenciam in ipsa universitate *StatOx* 190. **b** **1216** ita quod vobis ad multiplices ~eamur graciarum acciones *Pat* 17; **1258** nos exinde perpetuo ~eamur ad grates *SelPlMan* 60; c**1310** ut ego .. vobis imperpetuum ad grates ~ear speciales *Chr. Rams.* 407. **c** c**880** pro Elfleda et pro amicis suis, quibus ipsa gratitudines ~etur impendere [AS: *for Ælflæde and for þa frynd þe heo fore þingode and ic fore þingie*] *CS* 555; homo igitur ~etur diligere Deum, et proximum suum sicut se ipsum P. BLOIS *Opusc.* 909D; s**1186** de conservando et manutenendo jure et honore imperii ipsi .. regi Augusto per sacramentum ~emur DICETO *YH* 46; cum infinitis sociis ruinam passus est, quorum magister et pastor fuerat, quosque pro sapientia eius magna virtute Dei instruere ~ebatur (*Brendanus* 20) *VSH* II 276; **1275** ~eamur ad faciendum prestari juramentum a vobis *RGasc* II 9a; imperator .. qui debet et ~etur construere basilicam *G. Roman.* 300; **1374** jurantur facere quod ~erent facere *Hal. Durh.* 123.

28 to hold to (by tie of allegiance, affection, or sim.). **b** (w. *cum*) to take the side (of). **c** ? to belong (to).

941 Deum quem diligimus .. incessanter eum ~eamus et amemus *CS* 767. **b** **1253** homines jurati ~ebunt cum domino Rege contra .. Amaneum, et ipsum Amaneum totis viribus suis infestabunt et guerrabunt *RGasc* I 286a; s**1263** barones qui cum eo [rege] ~uerunt *Leg. Ant. Lond.* 58; quem [finem] rex imposuit ei qui ~uit cum baronibus post bellum de Lewes WHITTLESEY 138; nos .. contra regem Scocie insurgemus .. et cum domino nostro ligio rege Anglie ~ebimus et ipsum defendemus *Eul. Hist.* III 178; s**1383** illi .. dixerunt se non ~ere cum papa Urbano *V. Ric. II* 45; hec audiens Justicia allegavit contra fratrem suum, supervenit Veritas et ~uit cum Justicia, sed Misericordia cum fratre suo ~uit *G. Roman.* 353. **c** non licet ut Caesar animas torquere valebit / nec de posse suo res tenet illa sibi GOWER *VC* III 584; rettulit Ovidius, nec michi verba tenent *Ib.* V 384.

29 to grasp mentally, understand; **b** (w. indir. speech).

ut ex scriptis beati Gregorii ejusque successorum ~emus, in Dorobernia civitate metropolim .. constat esse regni Anglorum W. MALM. *GP* I 38; ea qui legit, qui ~uit, non intellexit, nisi per eum qui clavem scientie gerit H. READING (I) *Hexaem.* 1250A. **b** **709** de visione .. qua se beata virgo Maria ei manifestavit eque ita certum esse ~eamus; quemadmodum de viri bonitate non dubitamus (*Lit. Papae*) *CS* 126.

30 to retain (in the mind or heart); **b** (absol.).

hoc adprobo, quia in celebratione sui Paschae non aliud corde ~ebat BEDE *HE* III 17; hoc, rogo, carmen / ore caneto / mente teneto ALCUIN *Carm.* 54. 51; catholicam quicumque fidem sectantur, et illam / mente tenent, atque ore docent, ac moribus implent WULF. *Swith. pref.* 403; multa ~entur memoria et intelliguntur quae non amantur ANSELM (*Mon.* 50) I 65; solum enim nomen ejus ~eo, quia Vitalis vocatur *Ib.* (*Ep.* 121) III 260; antiphonam illam de Sancto ~ebat corde, ruminabat ore, exercebat opere W. MALM. *GP* II 82; **1228** non memoriter ~et quod audiret cartam legi *Feod. Durh.* 285. **b** vir, vocalis offitii expers, eodem anno, si bene ~eo, ad festum venit W. MALM. *GP* V 277; monachi annuatim ~ebunt anniversarium patris et matris mee, et me et omnes fratres meos susceperunt in fraternitatem *Feod. Durh.* 157.

31 (w. pred. expr.) to consider, acknowledge, deem as, to hold to be.

nos hoc de illo certum ~emus, quia reliquit successores magna continentia .. insignes BEDE *HE* III 4; **787** cuncta .. eterna mercari posse ex sacrorum voluminum testimoniis certum ~emus *CS* 251; **1219** Hugo ~uit se pacatum *CurR* 38; **1257** de aliis terris .. talem ei faciemus curialitatem quod bene et racionabiliter ~ebit se contentum *Cl* 91; prima duplex longa vel valor pro recta ~eatur .. punctum divisionis ante longam duplicem penultimam vel ante valorem habere ~etur HAUBOYS 214; **1458** declaramus .. quod dicti dux, comes, et dominus .. fuerunt .. nostri .. fideles ligei .. et sic volumus quod sint accepti, ~ti, et per omnes subditos nostros reputati (*Lit. Regis*) *Reg. Whet.* I 302.

teneres v. tener.

tenerinus [CL tener+-inus], tender shoot, sapling.

1462 pro factura unius cepis in conservacionem ~orum *de les boxe trees Ac. Churchw. Sal.* 10.

teneritas [CL]

1 state of being fresh or young, tenderness (also transf., of age). **b** immaturity.

nimirum ~atem infantie comitari decebat ignorantiam, ac cum incremento etatis, increscere sapientiam PULL. *Sent.* 793B; assit .. androgia .. que agnellos morbidos .. in sua ~ate lacte foveat alieno NECKAM *Ut.* 101; **1220** et jura et dignitates nostras in regno nostro Anglie et alibi in nostra ~ate nobis illesa conservantes *Pat* 268; **1282** regina enim, mater sua, et karissima mater nostra nolunt sustinere, propter ~atem ejusdem filie, quod antea traducatur *RGasc* II 164a; etatis ~ate regis considerata *Plusc.* VII 17. **b** fructus terre qui adhuc in ~ate sunt vel in flore solent corrumpi per incommoditatem nebularum BELETH *RDO* 123.

2 tenderness (as food).

caseus in sua ~ate [*gl.*: teneritudine, *tendre*] in techa .. lateat coopertus .. propter insidias .. muscarum NECKAM *Ut.* 110.

3 weakness, delicacy, lack of strength.

quae .. hujus ~atis crurum necessitas? ADEL. *QN* 38; obscenitatibus deditus enim, quamdam ex proximo ardebat feminam, quam vagus ardor et inops boni consilii ~as quesierat W. MALM. *Mir. Mariae* 162; **1265** curret lex ista pro ~ate pacis et pro hujusmodi transgressoribus cohercendis usque a festo Sancti Luce .. in unum annum .. completum *Cl* 132; **1268** propter ~atem temporis et pacem tunc existentem quia videbant pacem teneram *CalIMisc* 2138.

4 (transf.) tender or soft part.

inter collum et fauces sub ~ate aurium GILB. III 133. 1; oximel factum ex succo ~atum ebuli et sambuci *Ib.* VI 254v. 1; ponantur .. macedonicum, ~ates feniculi GAD. 34. 1; ypocondrium est locus sub ~ate costarum *SB* 25.

teneritudo [CL]

1 (esp. of part of body) physical softness, tenderness, delicateness.

puerorum more cibandos existimo, qui si quando grossum aliquod pomum edendum percipiunt, illud ob dentium ~inem et oris angustiam absumere nequeunt EADMER *Beat.* p. 274; ex .. unguium acumine nervorum atque venarum ~inem transforantium R. COLD. *Cuthb.* 68; cartilago .. naris et auris ossea ~o eo quod dolore careat dum flectitur OSB. GLOUC. *Deriv.* 99; aiunt .. quod nuper creatarum rerum ~o violentiam estivi caloris minime pateretur BERN. *Comm. Aen.* 77; ne forte frigiditate nimia ossium ~o cerebri occasionaliter lederetur BART. ANGL. V 2; sunt ibi nervi molliores sensitivi et motivi, quos pre sui ~ine non vocat ibi 'nervos' KILWARDBY *SP* f. 43va.

2 tenderness (of age).

Hieremias .. ab ipsa rudi incunabulorum ~ine [*gl.*: tenerum, molle, fragile, *fram þære iugan mearenysse*] virginitati consecratur ALDH. *VirgP* 20; nullus itaque qui ad bonum propositum adhuc in mentis ~ine esse conspicitur despiciatur, quia frumentum Dei ab herba incipit ut granum fiat BEDE *Mark* 172D; qui nihil boni eligere nec mali respuere pro ~ine invalidae aetatis adhuc possunt ASSER *Alf.* 93; quatinus perlectis octo partibus Donati in isto libello potestis utramque linguam, videlicet Latinam et Anglicam, vestrae ~ini inserere interim, usque quo ad perfectiora perveniatis studia ÆLF. *Gram.* 1; quis inter subditos .. qui non aut quiescat aut operi intendat preter parvulos, quorum ~o nescia utrique interim inepta est? PULL. *Sent.* 935C; in parvule ~ine etatis J. FORD *Serm.* 72. 5.

3 (of substance) fineness, softness, delicateness, tenderness. **b** soft part.

[pinus] stetit in terra .. nichil crescens, neque viriditatem vel foliorum ~inem perdens *Judas Story* 68; caseus in sua teneritate [*gl.*: ~ine, *tendre*] in techa .. lateat coopertus .. propter insidias .. muscarum NECKAM *Ut.* 110 (v. teneritas 2); vix .. permisit ut unus fratrum, propter pavimenti frigiditatem et plantarum regiam ~inem, mattam pedibus supponeret infrigidatis M. PAR. *Min.* I 386. **b** quorundam lignorum ~ines, adhuc herbe similes, comedant pleraque animalia GROS. *Hexaem.* IV 28.

4 weakness, frailness, fragility (also fig.).

ab ejusdem .. decalogi lactea ~ine et quasi adhuc parvulis apta BEDE *Sam.* 614D; ut qui ob ~inem ingenii sublimia vel difficilia intellectu capere nequeant haec simpliciori stilo exposita facilius apprehendant BEDE *Luke* 304A; **1077** ne .. judicandus sit .. ex infirmitatis ~ine succubuisse, ubi se putat per patientiae fortitudinem superavisse ANSELM (*Ep.* 78) III 201 (=*V. Gund.* 19); mortem misellus pro clementie ~ine indeptus W. MALM. *GR* V 419; in mala significatione solet poni propter mollitiem et ~inem et infirmitatem; in bona significatione, propter fecunditatem vel affectum caritatis quem mulieres solent habere erga filios suos AILR. *Serm.* 33. 6; **1168** vereor ne de presenti scripto michi proveniat quod cavebam, scilicet ne vera dicens amicis aurium ~ine laborantibus eorundem jactura pericliter J. SAL. *Ep.* 247 (247); per rosam designare voluptatis ~inem NECKAM *NR* II 66; sue dilectionis erga eos ~inem GROS. *Gal.* 117; ~inem hujus reparandi negocii preponderans quietudini proprie *G. Hen. V* 17.

5 tenderness of disposition, mildness; **b** (transf.).

perpetuam Deo viduitatis castimoniam promittentem, ut poeta ait, summam ceu teneritudinem caelicolarum, tota animi veneratione GILDAS *EB* 32; tali modo conquestus, divinus sacerdos silentium interim indicit discipulo, metuens et sue estimationi et virginis ~ini GOSC. *Edith* 91; timor et ~o virginalis W. CANT. *Mir. Thom.* III 7; adeo .. enervata est militaris condicio ut jam sit delicacior quam muliebris ~o R. NIGER *Mil.* IV 50. **b** consultissimum est ut [affectus noster] infra ipsum mentis sinum cohibeatur nec ad inania quedam blandimenta mollesque ~ines patiatur effluere AILR. *Comp. Spec. Car.* 33. 602A.

teneriusculus [cf. CL tener], very tender, immature (in quot., of age).

in aetate adhuc illa ~a FERR. *Kinloss* 61.

tenerus v. tener. **tenes** v. et. ren-. **tenesa** v. tenura. **tenesia** v. tenisia. **tenesita** v. tanacetum.

tenesmus [CL < τεινεσμός], constipation.

[artemisia] demulcet stomachum, lenit caput, atque tenasmo / quem tamquam mater frigida causa parit NECKAM *DS* VII 15; egestio nulla vel viscosa .. cum gravi thenasmon GILB. V 226. 2; dolet virga et adest tenasmon ex compassione GILB. VI 274. 1; tenasmon est appetitus et voluntas nimia egerendi cum modico aut nullo effectu *SB* 41; thenasmon, i. passio in testomi [l. in parte stomachi] inferioris in quo fit vehemens voluntas egerendi et nihil agere *Alph.* 186.

tenesternitronium [dub.], (in gl.) ? sort of seat.

†istronium, *i. banc turniz WW Sup.* 310 (cf. *Bibliothèque de l'École des chartes* XXX (1869) 330: tenesternitronium, *banc torneiz*).

tenetta v. tinetta.

tenetura [cf. CL tenere]

1 (right of) holding of property, tenure, possession, (also transf.) property held in tenure (*v. et. tenura*).

revocat ad feudum episcopi Baiocensis de ~a Aluredi antecessoris sui et hund' deficit ei quod non pertinet ad antecessorem *DB* II 124; **1136** (1317) cum .. consuetudinibus cum quibus pretaxata Wintoniensis ecclesia liberius tenet alias teneduras suas *CalCh* III 352; **1141** omnes tenenturas et possessiones ejusdem ecclesie, unde .. saisiati et tenentes fuerunt die qua H. rex .. fuit vivus et mortuus *Cart. Glast.* I 149; c**1152** dominica et feoda et omnes Baiocensis ecclesie teneduras .. juramento fecit recognosci *Act. Hen. II* 40; s**1194** R. rex Anglie et sui erunt in ea teneatura, citra Ligerim versus Normanniam, in qua erant die qua treuge capte fuerunt R. HOWD. III 260; concessimus .. tenendam de ecclesia nostra .. tenaturam suam de Appelford *Chr. Abingd.* II 233; **1200** quod .. predictas teneaturas teneant bene et in pace *RChart* 81b.

2 state, position, condition.

s**1194** rex Francie et sui erunt de omnibus in ea teneatura [W. COVENTR. II 67: tenatura] in qua erant die qua treuge date fuerunt R. HOWD. III 257; **1214** nos .. et homines nostri et imprisii erimus in eadem ~a in qua eramus predicta die Jovis, in qua data est ista treuga *Foed.* I 192a.

teneura v. tenura. **tenga, tengagio, tenia** v. tinca. **tenicula** v. tenaculum. **tenigia** v. pterygium. **teniludius** v. teniludus.

teniludus [ME *tenis*, CL ludere], (in gl.).

tenys, pley, ~us .. teniludius *PP.*

tenimentum v. tenementum.

tenisia [ME *tenis*], 'tennis' (perh. ancestor of the modern game, prob. a form of handball played in an enclosed space).

1446 quod nullus ludet ad tenesiam neque ad *penyprikke* neque ad alios illicitos jactus diebus neque noctibus .. sub pena iij s. iiij d. domino et iij s. iiij d. fabrice ecclesie (*Elton, Hunts*) *CourtR* 179/65 m. 1; **1450** abjuraverant ludum tenesiarum infra Oxoniam et precinctum ejusdem, tactis sacrosanctis evangeliis *MunAcOx* 602; de crebro lusu ad ~iam et hoc in locis pupplicis *Reg. Merton* 156; s**1415** immensis petrarum molibus ultra muros per machinas bellicas introjectis, quasi ludendo cum Francigenis, ut vulgo dicitur ad ~ias, ipsos acriter impugnabat *Croyl. Cont. B* 500; **1525** ludent ad tennisios (*Vis. Linc.*) G. Baskerville, *English Monks and the Suppression of the Monasteries* (1937) p. 80.

tenmanetale v. tenmantala.

tenmantala, ~e [ME *tenmentale* < AS *tin manna talu*], (in quot.) land tax levied on a carucate.

a**1137** acquietabit .. terram de omni servitio .. preter temanatala *E. Ch. Yorks* I 258; **1189** quieta de .. scyris et tenemannetal' et murdris *Cart. Antiq.* II 95; **1199** de omnibus geldis .. et thenemannetale et de murdro *RChart* 18b; **1201** quietas de .. geldis et danegeldis et themannetal' et auxiliis *Ib.* 94b; de omnibus geldis et danegeldis .. et sciris et tenmanetale *Cart. Rievaulx* 184; **1204** libera et quieta de geldis .. et tenemanetale et pecunia danda pro murdro *RChart* 122a; **1330** quieta de .. shiris et tenemaunetal' et murdris *PQW* 507; **1330** quietanciam de .. hundr' et shir' et tenementale et murdris *Ib.* 524.

tennisius v. tenisia. **tennus** v. thegnus.

tenon [τένων], sinew, tendon.

in juncturis et articulis est quoddam consimile membrum, quod ligamentum vel corda Latine, Grece autem ~entos dicitur RIC. MED. *Anat.* 219; ~antos autem non est ligamentum ut quidam existimant, set est iddem quod corda *Ps.*-RIC. *Anat.* 42; nervi et ~antos punctura parata est advocare spasmum trahendo materiam ad se GAD. 102. 2.

1 tenor [CL]

1 sustained and even course or movement (also fig.).

non acies flammae quodammodo rigidi ~ris ad occidentem caeruleo oceani torrente potuit vel cohiberi vel extingui GILDAS *EB* 5; stilus jam finem quaerit et dictandi ~r [*gl.*: sonus vel ratio, ordo, *sweg*] terminandus est ALDH. *VirgP* 59; cetere virtutes omnes quasi in stadio currunt, sed ~r perseverantie unus accipit bravium BALD. CANT. *Serm.* 2. 10. 431B; non vaga Pax aberat, rerum Concordia custos / Justicie Rectique Tenor J. EXON. *BT* II 361.

2 way of proceeding, course, tenor.

rapto tantum sacerdotali nomine nec tamen ~re GILDAS *EB* 66; sine ulla haesitatione hunc promissum voti sui ~rem leto tenus incommutabiliter .. conservare posset ASSER *Alf.* 103; ~r virtutis, quia in quibusdam virtus expulsiva fortior est, in aliis defecta existit *Quaest. Salern.* B 299; hic quidem ~r naturaliter rebus inerat GIR. *TH* I 33; quonam ~re vel arte aves quaedam .. destrui possent et deleri *Ib.* III 42; cujus conspirationis ~r et modus Gallice conscriptus ad multorum notitiam .. pervenit *Flor. Hist.* II 323; misit legatos ad dominum papam, instruens illum de ~re negotii sui et jure suo SILGRAVE 75.

3 condition (freq. foll. by *ut*); **b** (in gl.).

c**945** sancto Albano terram que vocatur Gætesdene eo ~re ut fruantur ea fratres communiter *CS* 812; **947** tali .. ~re hoc .. munus tradendo concessi ut possideat et firmiter teneat *CS* 820; **955** ruris particulam modo ~re tantum .. interposito ut ex his binarum usus vernantibus ad ejus oracula monasterii prout antiquitus destinabatur indiscussus perseveret .. concessi *CS* 903; †**1083** hec vero sibi tenenda concessimus .. eo tamen ~re ut post ejus decessum terra illa predicta soluta ecclesie nostre maneat et quieta *Ch. Westm.* 236; s**1106** [terras] concedo eo ~re ut ego et .. uxor .. de beneficiis et orationibus ecclesiae Sancti Pauli sine fine participes simus *MGL* II 341. **b** intentio, ~r, status *GlC* I 256; ~re, ordine *Ib.* T 99; *a conande*, condicio, pactum .. ~r *CathA*; *a condicion*, condicio, ~r *Ib.*

4 continuity (of conditions, events, conduct, or sim.), continuous action or observance.

804 at nihil horum religiosam mentem fatigare debet, sed semper stabili ~re erecta spe ad Deum firma soliditate immobilis permanere ALCUIN *Ep.* 279; **858** tam rato ac stabili ~re quilibet episcopus .. terram teneat *CS* 495; **1124** sciatis me .. dedisse .. totam .. terram de Melr' .. perpetuo ~re possidere *Melrose* 1; mens in ~re boni firmiter fixa non posset a rectitudine dimoveri ORD. VIT. IV 3 p. 176; c**1190** hec autem omnia do et concedo eis perpetuo ~re possidere *Regesta Scot.* 301; consuetudines earum antiquo ~re habitas inviolate manere statuo et concedo *Reg. S. Osm.* I 209.

5 line or position (taken in law, document, or sim.), tenor, content.

dictandi ~rem [*gl.*: rationem vel ordinem, *gescead, sweg*] notariis excipientibus et antiquariis describentibus ALDH. *VirgP* 59; antistitem, secundum vestrorum scriptorum ~rem, minime valuimus nunc repperire (*Lit. Papae*) BEDE *HE* III 29; ~r, textus epistulae *GlC* T 107; quattuordecim monachos elegit .. quibus que in mente habuit secundum ~rem propositi omnia enucleavit (*Brendanus* 3) *VSH* II 271; c**1295** ~ram [l. ~rem] .. mandati apostolici in hac parte de verbo in verbum presentibus duximus inferendum *Cart. Glam.* III 577; **1347** gerentes administraciones hujusmodi bonorum ecclesie .. faciant in eorum novitate duo plena et perfecta ejusdem ~ris inventaria omnium bonorum *Norw. Cath. Pri.* 107.

6 tone, stress (of the voice).

trochaici pedes quo ~re quibusve accentibus pronuntiandi sunt, seu arsis et thesis qua divisionum formula dirimuntur et quibus temporum lancibus trutinantur ALDH. *PR* 116; dicuntur ~res qui tendunt sonum vel sursum vel deorsum vel medio modo BACON *Gram. Gk.* 140.

7 (mus.) (base) melody to which one or more other melodies are added in counterpoint, cantus firmus, tenor. **b** (*campana ~ris*) tenor bell, the largest bell of a ring or set.

usus quidam est in ~ribus discantuum sive motellorum *Mens. & Disc.* (*Anon. IV*) 55; cantus vel ~r est primus cantus primo procreatus vel factus *Ib.* 74; et sunt tot species sicut et in modo a parte equipollentis, qui dicitur secundus cantus, quot a parte ~ris , qui dicitur primus cantus GARL. *Mus. Mens.* 11 p. 75; minor probatur: nam ad ~rem tendit, a quo in cantando originatur inesse perfectio HAUBOYS 270; modus vero dicitur de maxima et de longa, ultra quas nemo communiter vocem sub uno spiritu ac ~re retinere potest HOTHBY *Cant. Mens.* L 58; possumus ascendere et descendere cum ~re per dissonancias *Id. Contrap.* 63. **b** **1536** de ij[d] expensis super fabrum ferrarium qui fecit *le clapper* ad campanam ~ris. .. et de ij[d] pro pinna ad le Bawderic' de *le tenor belle* et emendacione fibuli ejusdem *Ac. Churchw. Bath* 113.

8 ? tenant (*cf. tenere, tentor*).

c**1300** ne de cetero fiat mediator inter capitalem dominum feodi et ~rem [*sic*] *FormMan* 1.

2 tenor v. 1 tentor.

tenora v. 1 tenor.

tenorcula [cf. CL tenere], (in gl.) stock of a crossbow (*cf. et. telarius*).

~a, *a telor of an arblast WW.*

tenporrum v. 1 tempus. **tenptare** v. temptare.

†tensa, *f. l.*

1285 prepposituram de B. .. tradidimus ad firmam Johanni A. pro centum quadraginta et quinque libris .. mandamus .. quatinus .. prepposituram .. tradatis eidem pro †tensa [l. censa] predicta .. constabulario .. persolvenda *RGasc* II 237b.

tensabilis [tensare+-bilis], that can be enclosed or fenced.

?**14**.. est pratum illud ~e per totum annum, unde prior post asportationem herbe pro denariis locat partem suam *Gl. Arch.* 535.

tensalare v. tencellare.

tensare [CL tensus *p. ppl. of* tendere+-are, cf. AN *tenser*]

1 to surround with a fence, enclose.

a**1214** claudemus xl acras terre ad excolendum vel ad ~andum ad libitum nostrum *MonA* VI 887; **1242** licebit eis predictas frussuras arare et seminare et claudere haya et blada sua in predictis frussuris seminata ~are [*Cal. Scot.* I 290: †censare] *Fines* 1/35/3 no. 31; c**1250** licebit michi .. ex utraque parte dicte vie ~are vel fossare, ita quod dicti monachi medietatem custi haye vel fosse adquietabunt *Reg. S. Bees* 177; c**1258** concessi eciam .. quod possint claudere et ~are boscum suum infra predictas divisas pro voluntate sua, salvo jure aliorum .. licebit eis ipsa blada ~are cum sufficiente claustura circa predicta blada *Ib.* 349.

2 to protect, defend.

c**1145** concedo ut habeant illud molendinum in pace et libere et ut melius eis poterimus ~are et custodire *Antiq. Salop* IX 66; **1216** concedimus vobis quod terram vestram contra ipsum Lodovicum ~etis *Pat* I 188a; c**1230** dicit inquisicio quod a die purificacionis beate Marie ~ari pastura debet .. a propriis ovibus et alienis quin depascatur *Doc. Bec* 38; **1293** tenemur predictam domum .. contra omnes homines et feminas warantizare ~are et defendere in perpetuum *Cart. Mont. S. Mich.* 67; *to defende*, defendere .. ~are, protegere *CathA.*

3 to exact or extort protection payment or toll from.

1202 S. .. arrestatus fuit eo quod dictum fuit quod ipse ~avit naves transeuntes per mariscum *SelPlCrown* 19; **1233** mandatum est Nicholao .. quod permittat Rogerum .. in pace tenere villanos .. ita quod domus eorum non comburantur et ipsi ~entur *Cl* 354; **1237** captus pro .. consorcio latronum itinerancium et ~ancium patriam et abbacias *CurR* 107B; s**1265** villas adjacentes depredati sunt: alias vero ~averunt *Ann. Dunstable* 241.

tensaria v. tenseria.

tensarius [CL tensus *p. ppl. of* tendere+-arius, cf. ME *tenser*], inhabitant of a city or borough who was not a citizen or freeman, granted permission to reside and practise a trade there upon payment of an annual rate, denizen, tenser (*cf. censarius*).

1283 redditus burgensium et ~iorum per annum valet lxxiij s. vj d. *IPM* 35(4) m. 14; **1301** preposıtus debet tradere cuilibet burgensi et ~iis seudas suas in foro .. si burgensis vel ~ius voluerit stare in seudis mercatorum (*Manchester*) *BBC* 276.

tensellare v. tencellare.

tenseria [AN *tenserie*, cf. tensare]

1 protection, defence. **b** territory over which such suzerainty is exercised, protectorate.

1141 omnes res monachorum de Luffelda sunt in mea firma pace .. quia ipsi sunt in mea proteccione et ~a et omnes res eorum *Regesta* 571; s**1144** oportuit predictum abbatem .. pro rusticis suis redemptiones seu ~as prestare qui .. per .. malefactores multum exhausti fuerant *Chr. Rams.* 334. **b** c**1150** notum sit .. me burgenses meos de Cristeschircia quietos clamasse per totam terram meam et ~am de gablo stationis in foro et de custodia latronum (*Christchurch*) *BBC* 251.

2 protection-money, tax paid by subjects to their lord in return for protection, tallage (*cf. censaria*). **b** (w. ref. to unlawful or excessive levying) payment made or obtained under extortion.

1151 sancimus .. ut ecclesie et possessiones ecclesiastice ab operationibus et exactionibus quas vulgo ~as sive tallagias vocant omnino libere permaneant, nec super his eas aliqui de cetero inquietare presumant *Doc. Theob.* I p. 547; **1203** quod totam ~am nostram et malam toltam ponatis ad operacionem castri nostri de Valedol' *RNorm* 80; s**1215** pro reragiis ~arum *Ann. Dunstable* 51; **1220** receptum Philippi Marc' de ~is et finibus factis per dominum regem Johannem .. de civibus Lincolnie d iiij[xx] li. de ~a .. memorandum quod omnes fines et ~e prescripte pacate fuerunt tempore guerre *LTR Mem* 3 m. 2; ipsas quoque regiones omnes sub tributo ~e constituit M. PAR. *Min.* II 182; omnia sue commissa custodie .. in pace sustinuit sine destructione, per tencerias *G. S. Alb.* I 296. **b** c**1145** ad ~as faciendas imperiosa voce nos provocant G. FOLIOT *Ep.* 27; c**1150** quieta sit ab omni exactione mei et meorum tam de operibus castrorum quam de tensariis que violenter et injuste a castrensibus exigi solent *Ch. Mowbray* 318; c**1150** quidam .. sub nomine ~arum villas et homines suos spoliant et injustis operationibus et exaccionibus opprimunt *Mandeville* 215; **1175** de c s. de T. D. quia assedit tensariam in dominio regis *Pipe* 69; inquisitio que querenda erat de prisis et ~is omnium ballivorum .. regis .. et quare prise ille capte fuerunt et per quem R. HOWD. III 267; **1225** tempore werre .. captus fuit ipse per Falcasium pro averiis captis per ~am et inprisonatus *CurR* 1055.

tensibilis [LL = *capable of tension*], (in list of words derived from *tendere*).

tendo .. hic et hec ~is vel tensilis OSB. GLOUC. *Deriv.* 570.

tensibiliter [LL tensibilis+-ter], (in list of words derived from *tendere*).

tendo .. hic et hec tensibilis vel tensilis, unde ~ter vel tensiliter adverbia OSB. GLOUC. *Deriv.* 570.

tensilis [CL tendere+-ilis; cf. LL tensibilis], capable of being drawn out or stretched, tensile.

tendo .. hic et hec tensibilis vel ~is OSB. GLOUC. *Deriv.* 570; instrumenta vel sunt percussionalia, ut acetabula et cymbala; vel ~ia , ut cithara, nidula et multa; vel inflativa, ut fistula et tibia BACON *Tert.* 230; eis οὐρητῆρες adnectuntur, i. urinarii meatus, candidi fistulosi ac ~es D. EDW. *Anat.* B3v.

tensiliter [tensilis+-ter], (in list of words derived from *tendere*).

OSB. GLOUC. *Deriv.* 570 (v. tensibiliter).

tensim [CL tensus *p. ppl. of* tendere+-im], (in list of words derived from *tendere*).

tendo .. ~im adverbium OSB. GLOUC. *Deriv.* 570.

1 tensio, 1 tentio [CL]

1 (act of) stretching (in quot., of bow). **b** (state of) being stretched (tight), tightness, tension. **c** erection (of penis).

videmus quod ~cio arcus reflexio est a sua naturali habitudine HOLCOT *Wisd.* 32. **b** carnis .. mollities et humiditas nervi ~sione et siccitate .. ad aequalitatem temperantur ALF. ANGL. *Cor* 6; magnus est ambitus et circulatio / celi, sed vastior est ventris tencio WALT. WIMB. *Carm.* 110. **c** priapismus, pudendorum ~sio OSB. GLOUC. *Deriv.* 480.

2 direction (in quot., phil.); **b** (transf., w. ref. to pitch accent).

c**1205** 'intentio' dicitur quasi 'in aliud ~tio' (SAMUEL PRESB. *Div. Aud.*) *MS Bodley Bodl. 860* f. 104 (cf. DUNS (*Lect.* II 38 q. 1) *Opera Omnia* XIX (1993) 373: nomen intentionis .. est 'in aliud ~tio', unde 'intendere' est 'in aliud tendere'). **b** bene comparantur tercie dimencioni que complet naturam dimensionis, sicut hujusmodi prosodia complet ~sionem soni BACON *Gram. Gk.* 140 (cf. ib.: dicuntur tenores qui tendunt sonum vel sursum vel deorsum ... unde oxis .. incipit ab imo et tendit in altum).

3 constriction, drawing tight, spasm.

semen ejus .. bibitum .. humores vomitibus purgat cum ~sione sicut elleborum *Alph.* 168.

2 tensio v. 2 tentio.

tensitare [CL tensus *p. ppl. of* tendere+-itare], (in list of words derived from *tendere*).

tendo .. ~o -as i. frequenter tendere OSB. GLOUC. *Deriv.* 570.

tensitudo [CL tensus *p. ppl. of* tendere+-tudo], act or result of drawing out, stretching.

1146 corda tendi potest usque ad summitatem collis .. ita quod quicquid de bosco infra corde ~inis rectitudinem .. fuerit, mei juris est *MonA* V 522.

tensorium [CL tendere+-torium; cf. et. tentorium]

1 stretching frame, tenter.

tendo .. tensio .. et hoc ~ium -rii Osb. Glouc. *Deriv.* 570; *tentowre for cloþ,* ~ium, -ii .. tentorium *PP.*

2 shelter made of stretched skins, cloth, or sim., tent, pavilion (*cf. et. tentorium*).

a tent, castrum, papilio, ~ium, tentorium *CathA.*

tent- v. et. tempt-.

1 tenta [ME *tent,* AN *tente*; cf. CL temptare], (med.) tent, probe (for wound). **b** plug or tampon of absorbent material or medicinal substance for placing into wound. **c** (in gl.).

in crastino tria foramina prius divisa et diffusa in unum confusa sunt; cui cum ~am immitteret, os unum digitalis magnitudinis exsiliit W. Cant. *Mir. Thom.* II 23. **b** iste, ope medici credens sanari, posuit quandam ~am in quadam apertura que aparuit in testiculo et nodavit filum in fine illius ~e, quo melius eandem cum necesse fuerit extrahere possit *Mir. Montf.* 102; sine ~a curat omnia vulnera et facit ducere saniem donec oportet Bacon IX 130; ~e fiant de bombace vel panno lineo vel intincto in incausto Gad. 9. 2; fiat unguentum, et utere cum licinio vel cum ~a, quod idem est *Ib.* 118. 1. **c** *tent of a wownd or odyre sore,* ~a *PP.*

2 tenta, 1 tentum [ME *tent,* AN *tente*; cf. CL tendere]

1 shelter made of stretched skins, cloth, or sim., tent, pavilion. **b** ? market-stall.

tenda, *tyldsyle Ælf. Sup.*; ad tendas eorum redierunt, et quicquid erat concupiscibile diripuerunt Ord. Vit. IX 10 p. 561; **1304** unam ~am de *canevaz* precii sex marcarum *PlRCP* 150 m. 193*d.*; iij tortores tranceant in ~o *Beunans Meriasek* p. 128; **1548** de thesauro nostro munitionum, artillariorum, ~orum, pavilionum *Foed.* XV 175*b.* **b** c**1296** de Johanne de W. quia suffodit terricidias de fossato Norwyci exaltando calcetum ~e sue *Leet Norw.* 47.

2 frame for stretching (esp. skins, leather, or cloth), tenter.

1290 Georgius de J. .. legavit .. Nicholao totam ~am suam et placeam cum atilio ejusdem ~e *Rec. Norw.* II 14; ~a, A. *a tente or an harwe WW.*

3 trap.

c**1160** stangnum quod vocatur Bellemer. et unam ~am salmonum apud Norhtheng *Reg. Ant. Linc.* III 251.

tentere v. 1 tendere. **tenterium** v. 1 tentorium.

1 tenticula v. tendicula.

2 tenticula [cf. tenta], (in gl.) cheating, deception.

~a, decipula, fraus .. deceptio Osb. Glouc. *Deriv.* 589.

tenticulum v. tendiculum.

tenticum [cf. CL tendere, tentipellium], (in gl.) hook by which cloth was attached to a tenter, tenter-hook.

~um, *sprindel GlC* T 88.

tentiginamus [cf. CL tentigo], (in gl.).

~us, luxuriosus, quasi amans tentiginem Osb. Glouc. *Deriv.* 589.

tentigo [CL]

1 (state of) sexual tumescence, erection (of penis). **b** (transf.) (erect) penis. **c** clitoris. **d** (in gl.).

Fergus .. qui ~em gravissimam paciebatur (*Carthagus* 38) *VSH* I 184; ~o, i. extensio vel arrectio virilis membri. item dicitur A. *a kyker WW.* **b** causa doctrine inter alias partes humani corporis numquid nominabo que rusticus derisorie nominabit ~inem [*gl.: laundey, kiker*] cullum et podicem? Garl. *Dict.* 121; veratrum [ME: *a pyntyl*], tentigo [*gl.: idem est*], priapum *WW*; hec ~o, *a kykyre WW.* **c** in mulier similiter ventus et spiritus nervos qui sunt in collo matricis replet, et tunc dicitur erigi ~o rigida in

mulieribus juvenibus, et sic mulier spermatizat Ric. Med. *Anat.* 234; ~o, secretior pars vulve Osb. Glouc. *Deriv.* 589; hec ~o, *lamdie Gl.* AN Ox. 88. **d** ~o, *gesca GlC* T 71.

2 sexual arousal or lust.

hic [Priapus] dicitur Beelphegor, idest Deus ~inis .. 'beel' dicitur 'Deus', 'phelgor' '~o' *Natura Deorum* 143; similiter et in aliis regnis alie servierunt Deo ~inis in utriusque sexus abusione R. Niger *Chr. I* 96; cum etiam stimulus carnis indulta occasione applicatur immunditiis sue ~inis, facile fornicatur in eis *Id. Mil.* II 57; Belphegor, id est Deum ~inis T. Chobham *Commend. Virt.* 74.

†tentilium, ? *f. l.*

1282 Resus tunc temporis erat in †tentilio [? l. tutela] domini Payn Peckham *Ep.* 345.

1 tentio v. 1 tensio.

2 tentio [CL tenere+-tio], **2 tensio**

1 (act of) holding or keeping; **b** (in phil. context).

absque ~sione mallei, seu ictu securis, constructi templi ruinas reficere *Reg. Whet.* II 414; **1430** unum denarium ad offerendum ad missam de requiem et j d. pro ~cione tortarum et unam nigram togam cum capucio *Test. Ebor.* II 3; **1437** de stipendiis subtractis, ~cionis torche eisdem debitis *Stat. Linc.* II 414. **b** tres .. sunt dotes anime: visio et fruicio [et] ~cio Peckham *QA* 113; cum .. actus caritatis remanebit in patria, non actus fidei aut spei, sed visio et ~cio R. Orford *Reprob.* 159.

2 (act of) holding (property), tenure.

1255 percipit consuetudines burgi per antiquas ~ciones *Hund.* I 28b.

3 (act of) holding (court, parliament, or sim.), session.

c**1403** per tres dies ante ~cionem ejusdem curie *BB Wint.* 40; **1441** in tam longinquis .. partibus a loco quo comitatus teneri debet et .. solebat .. moratur quod ~cioni comitatus .. interesse nequeat *Cl* 291 m. 10; a**1564** ad dictos diem et locum ~tionis parliamenti *Entries* 664rb.

4 (act of) holding back or preventing from moving.

'tenentes quatuor ventos terre ne flarent' .. per ~sionem .. venti intelligitur inpedimentum verbi divini Peckham *Paup.* 16 p. 74.

5 (act of) keeping or harbouring (a person).

de ~tione alicujus ultra III noctes (*Inst. Cnuti*) *GAS* 616 (cf. ib. 331: nemo teneat aliquem hominem diutius tribus noctibus).

6 commitment, obligation.

non tamen semper peccamus quamdiu charitatem non habemus, quia tali ~tione quam non implendo novum peccatum incurritur non tenemur habere charitatem semper et ad semper Middleton *Sent.* I 426a.

7 (in quot. app. w. ref. to dissuasion) prevention, restraint, or ? *f. l.*

[species homicidii:] lingua tribus modis, scilicet precepto, consilio, defensione sive ~tione [*vv. ll.* contentione, intentione, tuitione] Bracton f. 120b (cf. ib. f. 121: lingua ut si quis dissuadet et sic dissuadendo retrahit aliquem a bono proposito ..).

tentivus [ME, OF *tentif*; cf. CL attendere], assiduous, attentive.

inpossibile est hominem tenere de Deo dominium, ut capitali domino, nisi pro ~o servicio Deo debito Wycl. *Civ. Dom.* I 351.

1 tentor [CL tenere+-tor]

1 one who holds or controls, (esp. *~or carucae* or sim.) driver (of plough), ploughman.

1267 in liber' j carectarii, iij carucariorum, iij tynctorum, et j bercarii *Pipe Wint.* 11M59/B1/46 r. 21; **1273** in liberatione unij tenorum carucarum *MinAc* 768/7 m. 1*d.*; **1296** opera iiij custumar' debent allocari, videlicet prepositi, duorum tinctorum, et unius fugatoris *IPM* 80/6; c**1297** in stipendiis j carectarii, iij tenatorum per annum xxiv s. *Ac. Cornw* 9; c**1311** uterque ~or caruce, et fugator cujuslibet caruce, habebunt cibum semel in die *Cust. Battle* 149.

2 holder (of property), tenant.

c**1429** ~ores .. venellarum solvant omnia et singula arreragia *Doc. Bev.* 20; **1442** fines pro .. alienacionibus terrarum et tenementorum ad voluntatem dominorum ejusdem manerii ~orum durante termino subscripto factos *Paston Let.* 10; **1515** ~orum, possessorum, aut occupatorum *Foed.* XIII 479.

3 holder, supporter, defender (of opinion, faith, or sim.).

1409 errores et hereses ac ~ores et defensores earundem *Conc.* III 323; c**1412** nullam predictarum conclusionum aut alicujus earum sentenciam docebit, defendet, aut tenebit .. nec aliquem doctorem, defensorem, aut ~orem hujusmodi .. juvabit *StatOx* 222.

4 keeper (of animals), herdsman.

1234 tinctores debent per totum annum bene custodire boves domini tam in hyeme quam in estate *Cust. Glast.* 102; **1260** sciendum quod necessarie sunt iij caruce ad dictam terram colendam, et quod sint ibi duo tinctores ad dictos boves custodiendos *Ib.* 220.

2 tentor v. 1 tentorium.

1 tentorium [CL; cf. et. tensorium]

1 shelter made of stretched skins, cloth, or sim., tent; **b** (mil.); **c** (transf. or fig.). **d** (eccl.) tabernacle. **e** sort of (portable) protection against bad weather, perh. sort of umbrella. **f** (in gl.).

tetenderunt ei egrotanti ~ium ad occidentalem ecclesiae partem, ita ut ipsum ~ium parieti hereret ecclesiae Bede *HE* III 17 p. 160; inventum est ~ium [*v. l.* velum] complicatum, sicut dixerat. et iterum interrogavit magos ejus: quid in medio ~ii est? .. duo vermes in eo sunt .. ~ium expandite Nen. *HB* 185; ventorum violentia inflante, quae .. per .. ~iorum tenuitates .. flabat Asser *Alf.* 104; **1290** pro quatuor carrettis conductis ad ducend' tentores et papillones (*AcWardr*) *Chanc. Misc.* 4/5 f. 9v; locus in quo erat archa ubi David paraverat ei temptorium aliquantulum remotus erat a loco in quo factum est templum S. Langton *Chron.* 150; **1415** pro factura et emendacione pavilionum et ~orum nostrorum *Foed.* IX 200a. **b** Christiani .. ad ~ia Turcorum pugnam divertebant Ord. Vit. IX 10 p. 560; Priamus .. ad ~ia Achillis venit *Natura Deorum* 186; ad Stephanide ~ia viriliter accesserunt Gir. *EH* I 4; **1322** de .. iiij balist', .. viij arcubus, ij tentor' *MinAc* 1145/21 m. 34; rex perrexit ad ~ium comitis sui Sarum causa secum secrecius in certis communicandi Strecche *Hen.* V 162. **c** nunc tempus fugiendi de medio Babylonis, nunc tempus ad celestia ~ia transmigrandi, nunc etiam tempus pastorum se doctrine ac legibus submittendi Ailr. *Serm.* 13. 10. 414B; subintrat virginis verbum granarium, / tamen granarii non pandit ostium; / verbum virgineum tendit tentorium, / tamen tentorii non rumpit licium Walt. Wimb. *Carm.* 82; Christi lectus et lectica / sponsa, mater et amica / velum et tentorium *Id. Virgo* 65; **1363** aulam collegiatam .. infra ~ii sui metas fundavimus *Lit. Cant.* II 446. **d** ?c**1090** lj bancheta; j ~ium; et vj candelabra ferrea et erea *Lib. Eli.* II 139; post haec veniat episcopus de ~io cum processione ante ostium ecclesiae quae dedicanda est *Pont. Bernham* 2a; cum ante ~ium processio ordinata fuerit *Miss. Ebor.* I 86; hoc centorium, *a tabernakylle WW.* **e** **800** misi .. munuscula: ~ium, quod venerandum caput tuum defendat ab imbribus Alcuin *Ep.* 207. **f** ~ium, *geteld GlC* T 76; ~ium, casa militaris *Ib.* T 123; ~ium, eo quod tenet inhabitantes Osb. Glouc. *Deriv.* 569; *tente, hyllyng madde of cloþ,* ~ium .. papilio *PP*; *a buthe* .. tenterium *CathA*; nomina domorum .. hoc temtorium *WW.*

2 hanging, canopy.

ingressus ergo atrium tabernaculi habes ab utroque latere ~ia cubitorum quindecim ternis suspensa columnis Bede *Tab.* 459C; ~ium erat quinque columnis suspensum *Ib.* 639B; **1527** cussinos lectorum coopertoria ~ia viridaria *Form. S. Andr.* I 202.

3 frame for stretching (esp. skins, leather, or cloth), tenter. **b** place for stretching cloth, tenter-yard.

c**1250** concessi .. eisdem canonicis ~ium et situm ~ii in Millecroft *Cart. Cockersand* 357; scribe pectus magni consilii / textum legis et glosam gaudii / tenuatum ligno tentorii / et rubescens instar rosarii J. Howd. *Ph.* 747; **1357** faciet unum molendinum fullaticum .. et .. habebit sufficiens meremium .. pro ~iis suis ibidem reparandis *Enr. Chester* 39 r. 2; **1417** pro hamis .. emptis pro dicto ~io xiij d. *Ac. Chamb. Winchester*; *tentowre for clop*, tensorium, -ii .. ~ium *PP.* **b 1292** ad tenendum le Pruckusherd excepto ~io, de communitate *Rec. Leic.* I 218; **1338** quod xij d. anni redditus percipiendi de quodam cotagio juxta tentor' de Egremond' sint in communi *Cl* 161 m. 10; **1386** firm' unius cotagii vocati Walkmilnehous cum ~io *DL CourtR* 4/40 r. 2; **1418** viginti unam shopas, quatuor selaria, unum ~ium et terram eidem ~io adjacentem *Cl* 268 m. 11; c**1537** et de ij s. rec. pro firma unius ~ii apud Pellowlez hoc anno *Ac. Durh.* 684.

4 wooden platform, scaffold.

1533 coram eo stabant [*sic*] super quodam ~io Anglice *a skaffold* una monialis nomine Elizabeth Barton *Reg. Lond.* 1362—75 I 224.

5 ? sleeve.

cum supertunicis pendentibus et clausis et ~iis ad cubitus se extendentibus cum penulis de grisio B. COTTON *HA* 177.

2 tentorium [CL tenere+-torium], part of a plough, perh. the handle.

1289 caruce .. in j tentor' iiij d. (*Barksore*) *Ac. Man. Cant.*; **1298** in j tentor' empt' v d. (*Appledore*) *Ib.*; **1309** pro iiij trabibus, iij tenatoriis, iij chypp', et vj riscis cum iij fusillis de novo faciendis *West Coker* 463.

tentorius [cf. tentor, tentorium], steerer, driver (of a plough), ploughman.

c**1350** solutum carectario, iij ~oriis, iij fugatoribus .. pro secundo blado per annum xlix s. *Comp. Worc.* I 59.

tentrix [LL], that holds or keeps (f.).

tripoda tentrix fidei mensa (*Arbor Eterna*) *Conc. HS* I 622.

tentula [tenta+ula], (med.) tent, small plug or tampon of absorbent material or medicinal substance for placing into wound.

quociens .. ammotis emplastris evulsisque ~is purificari vulnera debuissent, quicquid eo die gustasset alimenti, idipsum apparuit indigestum *Mir. Hen. VI* II 37.

1 tentum v. 2 tenta.

2 tentum [ME, AN *tenon, tenoun*], tenon, projecting part of one piece shaped to fit into a cavity in another in a joint wood- or metalwork joint.

~um A. *a tenon*, quod ponitur in commissura *WW.*

3 †tentum, *f. l.*

antistes .. belliger .. ubi majus conspicit esse periculum, dirigit †tentum [MS contum] suum, et hunc perforando, illum dejiciendo .. non cessat ledere vehementer WALS. *HA* II 8.

tentura [cf. ME *tentour*]

1 frame for stretching (esp. skins, leather, or cloth), tenter, (transf.) place for use of tenter(s), tenter-yard.

1358 quia .. per subtiles machinaciones mercatorum et aliorum qui pannos .. a locis ubi facti sunt albi et fulland' et tenturand' deferri faciunt quamplurimum defraudamur eo quod panni illi post fullacionem et tenturacionem eorundem antequam .. signentur .. vendicioni exponantur, nos assignavimus vos .. ad inquirendum .. qui et quot textores, fullones, et tenturatores sive conductores ~arum .. existunt et in quorum manibus .. ~e ille fuerunt *Pat* 255 m. 6*d.*; **1384** de sex mesuagiis .. et duobus croftis, ubi sunt octo tentur' et unum quarrer' .. in Coventre *Cl* 224 m. 10; **1407** croftum .. quod .. R. .. tenet in Norwode juxta ~as *Doc. Bev.* 26; **1411** unum curtilagium .. cum una ~a ibidem supersituata *Rec. Nott.* II 76; **1495** clausuram .. fregit et intravit .. et ~am largam ibidem inventam evellebat *Ib.* III 30; **1496** duarum ~arum unius *strayte* et alius *brode Ib.* III 503.

2 (cloth for) awning, shelter (in quot. on a ship).

1225 ad duos batellos emendos et tenduram ad duas galias xij mᵃ *Cl* 49a; **1234** et in heiriis ad tenduras vj li. vj s. et viij d. *Pipe* 78 m. 16*d.*

tenturare [tentura+-are], to stretch on a tenter or tenters, to tenter.

1358 ~and' (v. tentura 1).

tenturatio [tenturare+-tio], (act of) stretching on a tenter or tenters, tentering.

1358 (v. tentura 1); **1465** quilibet integer pannus laneus nuncupatus *brode clothe* .. post plenam humettacionem, extensionem, constriccionem vel ~onem ejusdem .. contineat in longitudine xxiiij virgas *FineR* 274 m. 14.

tenturator [tenturare+-tor], one who stretches (cloth) on a tenter or tenters.

1358 (v. tentura 1).

tenturhokum [ME *tentourhok*], hook by which cloth was attached to a tenter, tenter-hook.

c**1502** pro 14 ~is factis ex argento pro fixura annulorum super feretrum, 2s. 8d. *Ac. Durh.* 480.

tenua v. taenia.

tenuale [? cf. ME *wal* or cf. CL tenuis], (in gl.) barbican.

~e, A. *a barbykan WW.*

tenuare [CL]

1 to make thin or slender (also fig.). **b** to cause (body) to become thin through lack of food, emaciate. **c** to reduce swelling in.

sicut autem uter frigore glaciali contrahitur, sic carnis nostrae incentiva vitiorum afflictione poenitentiae ~antur, ut justificationum Domini non obliviscantur ALCUIN *Exeg.* 608C; dum marsupium tenuatur WALT. WIMB. *Scel.* 28; ~are, i. *amenuser Teaching Latin* II 8. **b** cum autem ille recesserit, paulatim emarcescere et subtracto cibo ~ari, pallere, languescere, et interitum sequi omnium que prius vigebant GROS. *Gal.* 116. **c** germinis Ydrei penitus tenuata cicatrix FRITH. 1295.

2 to make less dense, rarefy; **b** (transf.).

donec in auroram nox tenuata perit L. DURH. *Dial.* III 114; aer in flammam, tellus tenuatur in undam GIR. *Symb.* II 1 p. 343. **b** ~ando prudenter et eludendo quod dixerat LUCIAN *Chester* 68.

3 to reduce, diminish, weaken (non-material thing).

robur ecclesie, guerrarum hujusmodi accione diutissime ~atum FORTESCUE *NLN* I 1.

tenuaria v. tenura.

tenuatim [LL], so as to thin or wear down.

ut propria falcicula licet sit .. mutilatione ~im obducta, propriam messem sudati laboris pro posse virium piare procedam B. *V. Dunst.* 1.

tenuatio [LL], (act of) thinning or rarefying, or (state of) being thin or rarefied (also in fig. context).

sic colligacione, ~one, et perforacione deest fides vianti secundum defectus trium virtutum theologicarum WYCL. *Civ. Dom.* II 62; in corpore non morabitur spiritus .. quousque ipsum corpus maneat ex subtilitate et ~one, ut habet spiritus RIPLEY *Axiom.* 120.

tenucla [cf. CL tenuiculus, tenuis, lac], thin milk, watery part of milk, ? whey.

utatur .. ~ae .. et balthutae lactis sextario Romano sitis gratia GILDAS *Pen.* 1; si operarius, sextarium de lacte Romanum et alium de ~a et aquam quantum sufficiat pro sitis ardore sumat *Ib.* 2.

tenuera v. tenura.

tenuis [CL]

1 small in cross-section in proportion to length, fine, slender, thin.

ad sensus ceteros ~es fistule deducuntur, ad aures videlicet et ad nares, et ad palatum propter audiendum, olfaciendum, atque gustandum AILR. *An.* I 19; campana ~i filo ligata et mota *Quaest. Salern.* N 21; **1219** quamve ~i filo penderet honor totius populi Christiani P. BLOIS *Ep.* 196. 480B.

2 that has little extent between opposite surfaces, thin; **b** (of cloth, artefact made from cloth, or sim.).

lapis terrae aequalis obtectus cespite ~i BEDE *HE* V 6 p. 290; ense feroci .. per ~iorem hostium craten sibi callem aperuit ORD. VIT. XIII 10 p. 22; bractea, lamina auri ~issima OSB. GLOUC. *Deriv.* 77; pani quoque ~i et lato, quotidiano labore decocto GIR. *DK* I 10; [humor albugineus] humefaciat .. telam araneam, que valde ~is est BACON *Persp.* I 4. 1 p. 48. **b** sedens in ~i veste BEDE *HE* III 19 p. 167; **798** direxi vobis unam tapetam et unum sagellum ~em, obsecrans ne despicias munusculi parvitatem ALCUIN *Ep.* 153; recidinna .. vestis ~is ad sumendum et reiciendum apta OSB. GLOUC. *Deriv.* 100; pallio namque ~i et interula solum omni tempore frigora pellunt GIR. *DK* I 10.

3 (of body, part of body, or sim.) thin, slim. **b** (of age) tender, young (*cf. et.* tener 2).

forma manet tenuis, cum semipedalis imago est HWÆTBERHT *Aen.* 54 (*Ocenaus piscis*) 1; canaque caesaries, sed ~is facies ORD. VIT. IV 18 p. 293; gigas .. qui .. posset tenere taurum .. potest ita tenue [*sic*] tenere arietem KNAPWELL *Quare* 380. **b** cum ipse ~es actitaret annos W. MALM. *GP* V 263.

4 (w. ref. to overall size, in quot. of mark) tiny, minute.

sic discipulos .. recumbentes undecim lavit ad purum, ne aliquam sane vel ~em maculam post se in oculis suis relinqueret J. FORD *Serm.* 17. 8.

5 (of substance) light, thin, not dense, that has little weight, strength, toughness, or sim.

mare idcirco dicunt salsum permanere, tot fluminibus ac pluviis irrigatum, quod exhausto a sole dulci ~ique liquore, quem facillime trahit vis ignea, omnis asperior crassiorque linquatur BEDE *NR* 226; cartilago, ~e os vel auris vel naris OSB. GLOUC. *Deriv.* 148.

6 that consists of small particles. **b** (of liquid mixture) thin, dilute, weak, watery. **c** free from impurities, fine, pure, clear (also transf.). **d** (transf., of writing) faint.

atomi ~issimi pulveris [? l. pulveres] in ratio [l. radio] apparent solis *GlC* A 875; flos ~issime farine OSB. GLOUC. *Deriv.* 533. **b** non aliud quam panem ac lac ~issimum BEDE *HE* III 27 p. 194; varietatis .. ejus juxta physicos hec ratio est, quod aqua ~is, aer lucidus, et nubes caligans irradiata varios creent colores necesse est ALB. LOND. *DG* 4. 2; signa indigestionis .. ut urina alba et ~is RIC. MED. *Signa* 35; in coitu delectantur, et non sperma tamen sed liquorem quemdam liquidum, ~em, et exilem, et ad generandum minime sufficientem, loco spermatis emittunt GIR. *Spec.* II 32; **1511** [dat fratribus] servisiam nimis tenuam (*Vis. Cant.*) *EHR* VI 22 (v. cervisia 1c). **c** a**1100** aure ~is, *smylte wedere WW*; [vox] alia acuta, id est ~is, ut in chordis ODINGTON 71. **d 1342** excepto uno portiforio quod nimis est debile, corrosum, et male ligatum et obscurum, et litera est nimis ~is (*Vis. Totnes*) *EHR* XXVI 120.

7 (of air, vapour, or sim.) rarefied, thin. **b** (of light, shadow, or sim.) thin, faint, soft.

aestate calidi vapores raro ~esque densentur in nubes, sine quibus non fulgurat BEDE *NR* 220; [nebularum] sicut quaedam ~es sunt, ita aliae densae, aliae densissimae, prout unaqueque humiditate conserta est ADEL. *QN* 64; oculus .. vapores pertransit propter fortitudinem et nubes leves et ~es, sed spissas non pertransit BACON *Persp.* III 1. 5 p. 282. **b** lux .. ~issima prorsus videbatur et parva BEDE *HE* V 12 p. 308; umbram .. ~em .. amisse libertatis suspiret W. MALM. *GP* V 197; Deus enim, qui habitat lucem inaccessibilem, ne omnino ignoretur et per ignorantiam non ametur, quadam sua luce, licet ~i, in cordibus nostris scintillat BALD. CANT. *Serm.* 15. 7. 574B; socius meus se nescio quas imagines ~es tamen et nubilosas videre indicasset J. SAL. *Pol.* 474B.

8 (of material or non-material thing) present in a very small quantity, scanty, meagre. **b** sparsely or thinly attended. **c** modest, simple, not excessive.

milites, qui pacem regis Henrici oderant, quod sub ea ~i victu vitam transigebant W. MALM. *HN* 17; ~esque res lateque dispersas ad victum fratrum juxta mediocritatem sui contulerunt ORD. VIT. V 13 p. 401; **1166** facultas enim solito magis ~is est, sed onera non decrescunt J. SAL. *Ep.* 168 (167). **b 1258** preceptum domini regis venit ad istam curiam et quia curia ~is erat datus est dies in tres septimanas ad perficiendum dictum domini regis *SelPlMan* 60. **c** [que coerceant libidinem] hanc poterunt sedare labor tenuisque dieta J. SAL. *Enth. Phil.* 881; ~e satis ex virgis et cespite castrum erexerunt GIR. *EH* I 13; ~is victus tam anime quam corpori utilis est, superfluus vero e contra *Id. GE* II 22. 275; [laicus] qui omni die laborando victum sibi ~em acquirebat, nec ei postquam cenavit quicquam remanebat *Latin Stories* 63.

9 (of abstr.) that has little strength or substance, faint, weak, slight. **b** (of noise) soft, quiet, gentle. **c** (phon.) voiceless.

et fragilis tenues flatus discedat in auras ALDH. *Aen.* 62 (*Famfaluca*) 5; qua pressione dum lac quaerimus butyrum invenimus quia dum nutriri vel ~i intellectu quaerimus ubertate internae pinguedinis unguimur BEDE *Prov.* 1027D; nichilque illorum inter nos nisi ~is fama manet W. MALM. *GP* I 13; super lignum ~em invitare soporem *Id. Wulfst.* I 3; siquidem si opinio ~is, judicio vacillat incerto J. SAL. *Met.* 871D; ~is flatus aura sentitur *Id. Pol.* 417D; si qua est autem cognitio per fidem in insipientibus vel proficientibus, adeo mediocris et ~is est ut nondum scientie nomine digna sit BALD. CANT. *Commend. Fid.* 584A; hec ergo juxta verbum angeli beate Virgini obumbravit, quam in summo virtutum vertice collocatam, ne qua vel ~i titillatione superbie possit aduri, sacri pudoris velamine usquequaque contexit J. FORD *Serm.* 4. 5. **b** trans oceanum Britannicum abditos vix ~i murmure rerum Asianarum fama illustrat W. MALM. *GR* IV 372; sibilus aure ~is AILR. *Jes.* III 22; ideo ~is et gracilis sonus exit per foramina illa T. CHOBHAM *Commend. Virt.* 40. **c** 's' .. ~em facit sibilum OSB. GLOUC. *Deriv.* 510.

10 trivial, slight.

agmina conserta ~i armorum discrimine vix a se ipsis distabant ORD. VIT. IX 10 p. 560.

11 inconsiderable, poor, lacking (in spec. respect). **b** lowly, poor.

[parentes] nec ~es censu nec natalibus abjecti W. MALM. *Wulfst.* I 1; episcopus, facultate et possessione ~is J. SAL. *Ep.* 53 (87); Gaufridus miles, facultatibus quidem ~is, sed et sanguinis et animi generositate praeclarus P. BLOIS *Ep.* 78. 240C. **b** despecta exilitate patris mei, municipis Barcinonensis admodum ~is W. MALM. *GR* II 170; hanc mense tenuis sobria Martha domat J. EXON. *Virg.* 96; [ego] qui in caritatis substantia egenus omnino ac ~is januas divitum circueo, mendicans ostiatim cotidianum panem meum J. FORD *Serm.* 26. 1; confluebant ad monasterium viri senes cum junioribus, divites et ~es J. FURNESS *Kentig.* 25 p. 204.

12 fine in matters of sense, understanding, or sim., subtle.

quae ~issima cogitatione peccavi BEDE *HE* V 13 p. 312; ad quod intelligendum per hanc ~em significationem mens ipsa mea conatur proficere ANSELM (*Mon.* 65) I 76.

tenuissare [cf. CL tenuis], to thin, make less dense, rarefy.

unde nisi alia forma inprimatur, in tantum defficiens [est] quod ipsa et materia existens sub ipsa tenuissetur et in elementis resolvetur BACON VIII 50.

tenuitas [CL]

1 thinness; **b** (of fabric or sim.). **c** (transf.) thin part.

ebur nature densioris et usque ad extremam ~atem rasum nullo visus acumine penetretur J. SAL. *Pol.* 428D; sicut cornu rasum ad ~atem luci est et visui perspicax BERN. *Comm. Aen.* 128; propter plumarum ~atem in collo columbe, quia non habent spissitudinem .. non percipimus sic colores veros qui sunt in eis BACON *Persp.* III 1. 5 p. 278; secundum doctores fides que .. 'est scutum contra tela hostium' deest .. viatori .. quando est integrata et firmiter colligata, sed ex nimia ~ate deest soliditas sufficiens ad resistendum jaculis WYCL. *Civ. Dom.* II 62. **b** fenestris lucem dabant vel panni linei ~as vel multiforatilis asser: ipse vitreas fecit W. MALM. *GP* III 100. **c** ventorum violentia inflante, quae .. per .. frequentes parietum rimulas nec non et tentoriorum ~ates .. flabat ASSER *Alf.* 104 (v. 1 tentorium 1a).

2 (of body or sim.) leanness, thinness, emaciation.

prodebat abstinentiam comestionis ~as corporis W. MALM. *GP* II 76 p. 170; vir fuscus .. statura modica, pro corporis captu habitudine bona, ad ~atem tamen quam ad corpulentiam magis accommoda GIR. *IK* II 14.

3 (of person) mental or intellectual feebleness, weakness, frailty. **b** (of mind) slenderness, weakness.

de quibus omnibus, si quid ille in cujus manu sumus nos et sermones nostri ~ati nostre revelare dignabitur, cum de ipsius anime egressu tractare ceperimus, competentius declarabitur AILR. *An.* I 65; hec .. pro nostra ~ate ad litteram diximus W. NEWB. *Serm.* 835. **b** ~as ingenii mei requirit ut auditores mei ad parvitatem mei sermonis suum potius inclinent auditum AILR. *Serm.* 14. 1. 290B; juxta ~atem ingenii mei LUTTERELL *Occam* 1; a policie cura ~ate intellectus .. mulieres retrahuntur FORTESCUE *NLN* II 23.

4 lowness of density, rarefied quality, thinness.

ipse etiam potuit aquas super rotundam caeli spheram, ne umquam delabantur, non vaporali ~ate sed solidate [l. soliditate] suspendere glaciali BEDE *Gen.* 18D; ideo quodam igniti verbi beneficio inter sponsi flagrans amplexus, de pulvere pigmentario in fumi ~atem liquescit G. HOYLAND *Serm.* 80B.

5 sparse, thin, or low attendance.

1258 pro ~ate curie ponitur in respectum usque ad proximam curiam *SelPlMan* 67; **1302** inquisicio fieri non potuit .. propter ~atem curie *Law Merch.* I 87.

6 scarcity, shortage.

intellexit ille et rationis esse et honestatis hoc facere, sed propriarum rerum ~ate constrictus, unde expleret quod faciendum fore videbat non habebat EADMER *HN* p. 85; eo adito difficultatem rei et ~atem pecunie sanctitati ejus apploravit W. MALM. *Wulfst.* II 2; in circuitu suo victualium tandem ~atem incurrunt, penaque penurie castigati, quid agendum sit diu deliberant MAP *NC* I 24 f. 16v; **a1200** nunc propter ingruentium necessitatum urgentiam incultius, nunc propter materie ~em recisius .. me scribere oportebat P. BLOIS *Ep.* 1. 2A; **1340** et non plus de anno hujus compoti, propter ~atem firmarum dicti burgi *Exch Scot* 455.

7 shortage of money or resources, poverty, indigence. **b** frugality, scantiness.

paupertate prohibeor, ~as me retinet ut hospitalis esse non possim BEDE *Mark* 225D; ut Angliae copia ~as illorum sustentaretur W. MALM. *GR* III 278; sancta .. paupertas magis estimanda est ex humilitate animi quam ~ate patrimonii BALD. CANT. *Serm.* 16. 43. 491A. **b** ~ate ultronea victualium pascens animum W. MALM. *GP* V 213; inspectaque victus exilis et viliter conquisiti feda ~ate MAP *NC* IV 6 f. 47v; cum in ~ate ciborum, in asperitate vestium, in vigiliis .. deprimatis carnem, spiritum erigatis P. BLOIS *Ep.* 82. 253A.

8 (of style) freedom from ornamentation, bareness, simpleness.

id quoque inter prima rudimenta docebat et infigebat animis, que in economia virtus, que in decore rerum, que in verbis laudanda sint, ubi ~as et quasi macies sermonis, ubi copia probabilis, ubi excedens, ubi omnium modus J. SAL. *Met.* 855C.

tenuiter [CL]

1 with little depth, thinly.

bovina .. cornua alba ac in una ~r dolabris erasa non minus vitreo vasculo elucent ASSER *Alf.* 104; municipium tenebat immunitissimum, virgis ~r et cespite clausum GIR. *EH* I 22; alioquin diu affluere eas aut certe ~r fluere impossibile erit, nisi in fontem suum per continuam gratiarum actionem non minori recurrant impetu quam influxerunt J. FORD *Serm.* 100. 7; **s1297** pollardi .. ~r dealbati ut †appararent [l. apparerent] de argento *Ann. Ang. & Scot.* 380 (v. dealbare 2d).

2 in a rarefied or thin manner (in quot. fig.).

felix auris que susurrii illius venas percipere potest. vene sunt, que vitales sunt, et occulte sunt, et clause sunt; et quod inde nobis ~r evaporat, susurrio, imo silentio est quam clamori vicinius G. HOYLAND *Ascet.* 274C.

3 scantily, meagrely, in a very small quantity.

[res] que ab egenis sed devotis fundatoribus ~r aucte sunt ingenti sollicitudine patrum ORD. VIT. V 1 p. 300; laneis enim ~r utuntur, et his omnibus ferme nigris, quia terre istius oves nigre sunt, et barbaro ritu compositis GIR. *TH* II 10.

4 with slight force or effect, hardly, feebly.

ipsam verborum Dei lectionem vel ~r auribus ingestam GILDAS *EB* 98; iam sentit quod de caelesti gaudio diligat et adhuc metuit ne plene non percipiat quod vix ~r sentit BEDE *Cant.* p. 371; presbiteri .. litteris ~r edocti ORD. VIT. V 12 p. 397; sunt autem quedam voluntates ~r et quasi superficietenus anime adherentes BALD. CANT. *Serm.* 18. 25. 456B; vinculis ruptis quibus satis ~r alligantur GIR. *EH* I 15; quod si orent ~r et predicent minus efficaciter, id ipsum tamen humiliter sentiunt PECKHAM *Paup.* 9 p. 192; quia quod non creditur possibile alicui, aut non vult illud, aut ~r DUNS *Ord.* I 194.

tenulentum [cf. CL tenuis, temetum], (in gl.) thin or weak wine.

hoc ~um, A. *thyn wyne WW.*

tenura [AN, ME *tenure*, cf. CL tenere]

1 holding (of property, esp. under obligation to superior), tenure, (also) property held by tenure. **b** (*in ~a esse* or sim.) to be in feudal dependence.

c1160 quod [archidiaconus] nec artem nec ingenium exquiret quo per ~am suam monasterium predictum aliquod detrimentum incurrat *Cart. Glam.* I 119; Robertus .. recognovit se credere Kokefelda esse jus suum hereditarium propter longam ~am BRAKELOND f. 163; **1276** quatuor tofta .. que fuerunt de †tunura [MS: tinura] sokemannorum *Hund.* I 104b; **1292** dicunt quod de predicto regno est judicandum quod jus succedendi, sicut de comitatibus, baroniis, et aliis ~is impartibilibus *Foed.* II 582a; **c1400** in ~a albe aule de Hely, 20 d. *Ac. Durh.* 602; **1422** J. .. et J. .. reparare debent circa manerium de B. racione ~e tenementorum suorum *CourtR Banstead*; **1449** tenementum .. nunc in ~a Mathilde Thalyour *Wills Richm.* 6. **b** quia miles de ~a .. erat episcopali, episcopus Willelmus militi ut consulat licentia regis ad consilium procedit T. MON. *Will.* II 14 p. 103; **1358** viij bovate terre sunt in manu domini pro defectu tenencium, unde pratum valet per annum viij s. et si fuerint in ~a valerent ut supra *IMisc* 239/31.

2 (dist. acc. species). *V. et. antiquus* 3b, *bassus* 2c.

c1138 monachis .. omnes tenuarias suas in elemosinis et terris et decimis et hominibus *Regesta* 985; **c1300** qui tenent per antiquam ~am et qui per novum feoffamentum *FormMan* 26; **1308** ipsi sunt de ~a de *gavelikynde PQW* 317b; **1309** *IPM* 7/17 (v. pennaethium); **1310** (*Cust. Sutton*) *Antiq. Warw.* 639 (v. bondagium b); **1400** totam ~am quam Johannes de K. modo tenet ad voluntatem in Carleton *Cl* 246 m. 7*d.*; **c1495** per manus diversorum liberorum tenentium de bassa ~a *Cl* 355 m. 23; **1585** *Entries* 359 (v. 1 copia 4b).

3 (right of) possession or use of property in exchange for the performance of some duty or service to superior, tenure, (also) land or property so held.

1101 sciatis me reddidisse .. totam ~am et socam suam de Creplegate *Regesta app.* p. 306; **c1150** (1286) terram et teneuram boscorum illorum .. teneant *Cal Ch* II 334; **c1150** cum aliis terris et ~iis *Regesta Scot.* 44; **1321** placita de ~ibus exterioribus *PQW* 450b; **1418** de xx s. don' Ric' Weller pro feodo suo et idem R de xj s. viij d. pro tenesa sua et pro forrura (*Ac. Chamb. Winchester*) *MS Hants RO* W/E1/14 m. 3; **c1464** [carpentario] pro *le crowbyng* unius plumbi in ~a Agnetis Plummer, 5 d. *Ac. Durh.* 154; **1537** R. F. tenet terr' voc' Orchard place in tenuera Christoferi *Cart. Cockersand* 1279.

4 (*nontenura*, *al. div.*, leg.) defendant's plea in bar to a real action denying holding all or part of the land mentioned in the plaintiff's count or declaration, non-tenure.

1281 tria maneria petita fuerunt versus eum per unum Precipe et per nontenuram unius manerii breve cassatum fuit *SelCKB* I 88; **1285** cassat breve post visum terre, sicut per non ~am (*Stat. Westm.*) *St Realm* I 95; in assisa mortis antecessoris et in aliis brevibus post visum terre jacet exceptio de non ~a HENGHAM *Parva* 8 p. 69.

5 state, position, condition.

s**1214** nos autem et homines et inprisii nostri erimus in eadem ~a in qua eramus predicta die Jovis M. PAR. *Maj.* II 582.

6 ? handle.

1300 pro pondere argenti appositi ad unam plateam cum longa ~a *AcWardr* 332.

tenuria, ~ris v. tenura.

1 tenus v. et. 2 solum.

2 tenus [CL < τένος = *sort of snare*], (in gl.).

~us, extrema pars arcus *GlC* T 83; *a nyke*, ~us *CathA.*

3 tenus [CL] Placed after sb. and often written combined with prec. sb. as one word.

1 (w. abl. or gen.) right up to, as far as, (on)to; **b** (as prep. w. acc.). **c** (w. limiting force) just as far as.

aquilonalem extremamque terrae partem pro indigenis muro ~us capessunt GILDAS *EB* 19; marinarum genera beluarum, quae .. inormi membrorum mole agitata litore ~us aequora .. verrunt *Lib. Monstr.* II pref; cruratenus ALDH. *Ep.* 10 (13) (v. crus 1a); infirma .. cingulo ~us inferius debilitata HERM. ARCH. 18 (v. frustrari 4); restaurare monasteria .. velut muscivis scindulis cariosisque tabulis tignotenus visibiliter diruta W. MALM. *GR* II 153; si ceciderit sacrificium de mano offerentis terra ~us, uti non conculcetur, omne quod inventum fuerit in quo ceciderit comburatur ROB. FLAMB. *Pen.* 340; tum digiti manuum .. torrefacti at ossium ~us herentes [Eng.: *the fyngers of theyr handes wyddred and clunged unto the bare bones*] WHITTINGTON *Vulg.* 70. **b** cum expedita militia ~us ripas ex alia parte fluminis festini direximus gressus ad pontes (*Lit. Imperat.*) M. PAR. *Maj.* III 443. **c 1077** has et alias tam animi quam corporis sui dotes .. tango summotenus, non describo P. BLOIS *Ep.* 66. 201B; nempe superiores te esse fortassis videntur, quantum ad quamdam nomine tenus et superficie ~us dignitatem periculosam AD. SCOT *QEC* 828B.

2 up to, until (stage in process, point in time, event, occurrence, or sim.). *V. et. hactenus*; *cf. et. hodie* 2b, *finis* 5f, *mors* 1e.

dicens se spreta pace sequestra leto ~us pugnaturum [*gl.*: i. usque ad mortem] ALDH. *VirgP* 38; in paupertate et miseria leto ~us .. vitam duxit ASSER *Alf.* 15; mortetenus LANTFR. *Swith.* 1 (v. mors 1i); sed prius excusa sibi me, fidissima Musa, / quod fuerim mutus tenushac R. CANT. *Poems* 8. 15.

3 (expr. limit) to the extent of. **b** (w. *voce* or *verbo*) verbatim. **c** (w. *ore* or *verbo*) verbally, orally. *V. et. aliquatenus.*

qui caelestes in ecclesia specie ~us fulgent, vento novissimae persecutionis inpulsi terreni fuisse probabuntur BEDE *Apoc.* 148D; manifestum est quod sicut verba sola pietatis nudum vel esurientem non recreant, si non et cibus praebeatur ac vestis, ita fides verbo ~us servata non salvat *Id. Ep. Cath.* 21C; coepere eundem Dei virum .. prosperitatibus ipsius morte ~us invidere B. *V. Dunst.* 13; spetietenus illi regis nomine donato W. MALM. *GR* I 68; cum multi specie ~us boni sint, in latebris conscientie pessimi, multi .. qui fidem, quia aliud non audent, verbo ~us laudant, quam perditis moribus impugnant AILR. *Serm.* 11. 10. 407C; amicitiam corde ~us possidenti perfacile est amicitiam verbo ~us demonstrare GIR. *Symb.* I 9 p. 230; s**1239** favorem omnem promisit ore ~s (*Lit. Imperatoris*) M. PAR. *Maj.* III 632. **b** dico, non semper voce ~us, sed quoad sensum GERV. MELKLEY *AV* 48. **c** non credat aliquis quod electio secundum hanc formam fieri nequeat sine scriptis. potest etiam verbotenus fieri. sed .. honestius et tutius est quod in scriptis fiat L. SOMERCOTE 38; **1312** camerario .. injunximus oretenus *RScot* 109a (v. 2 frettare 2a); ad dicendum et opponendum quicquid verbotenus aut in scriptis dicere sive opponere voluerint *Canon. S. Osm.* 88.

4 in respect of, around, about.

prurulenta sanie ore ~s stillabat *Mir. Wulfst.* I 20.

5 (gram.).

ablativi casus sunt: a ab abs [absque] cum coram de e ex pro prae palam sine ~us, ut .. sine fine, tenus pube BONIF. *AG* 543; ~us postponitur, ut hactenus, et genitivo quoque jungitur ALCUIN *Gram.* 899D; dicit ~us approximacionem sive egressum a privacione in presenciam *Ps.*-GROS. *Gram.* 56.

6 (? as sb.) end.

797 sicut praedecessores vestri christianissimi reges semper ex eadem beati Petri aecclesia fontem veritatis auriebant et inreprehensibilem orthodoxamque fidem, ita et vestra excellentia protectricem et doctricem prorsus utens usque ~s amplectere et tenere habebit (*Lit. Papae*) ALCUIN *Ep.* 127; ~s, finis *GlC* T 53.

tenuta [cf. AN *tenue*, CL tenere], upkeep, maintenance.

1289 in constructione, possessione, et ~a .. pontis non impediatis eundem *RGasc* II 512b.

tenuus v. tenuis. **teol-, teoll-** v. tel-. **teologus** v. theologus. **teomachia** v. theomachia. **Teontonicus** v. Teutonicus. **teophania** v. theophania. **Teotonichus, Teotonicus** v. Teutonicus. **tepeditas** v. tepiditas.

tepefacere [CL], to make tepid or lukewarm (also transf., w. ref. to emotion or sim.).

circa horam quippe nonam, cum inclinata jam esset ad vesperam dies et ~factus a meridiano fervore radius solis, mysterium victoriosissimae passionis consummavit BEDE *Hom.* II 7. 133D; operam dedi ut breve et manuale verbum mecum de te semper haberem, ex cujus lectione quoties ~fio, in tuum reaccendar amorem ALCUIN *Dub.* 1046D; adhuc cum esset corpus ~factum venerunt .. ad ecclesiolam et .. sepelierunt *Lib. Landav.* 5; sic ab amore Dei tepefactus homo numerosis / raptatur vitiis L. DURH. *Dial.* IV 229; debet succus talis ~fieri GAD. 126. 1; regalis nobilitas, que modo tota calore Marciali efferbuit .. tandem .. indignacionis sue accensas flammas ~fieri passa est *Ps.*-ELMH. *Hen. V* 103; *to be calde, or make callde*, algere .. ~facere *CathA.*

tepefieri v. tepefacere.

tepenter [CL tepens *pr. ppl. of* tepere+-ter], in a warm condition, (transf.) unenthusiastically, half-heartedly.

mystice .. indicat intrante plenitudine gentium omnem Israhel salvum futurum et tunc abundantiam gratiae spiritalis quam modo nos ~er exercemus illius populi doctoribus esse conferendam BEDE *Luke* p. 341.

tepere [CL]

1 to have a small or moderate degree of heat, be warm, tepid; **b** (fig. or transf.).

artus virgineos sic texit parma pudoris / .. / sed fax et fomes et dempto pruna vigore / nequicquam ardentes sopito torre tepebant ALDH. *VirgV* 2327; igne ~enti liquefactam B. *V. Dunst.* 30; sed nec sic algore ~ente in mortem anima fugiente diriguit W. MALM. *GP* I 17; si corpus, quia caluit, modo autem ~et, mutatur PULL. *Sent.* 681B; hanc domum incolit palponum concio / que verne tepuit fortune radio WALT. WIMB. *Palpo* 109. **b** accende amorem ejus ~entem et redde ferventem ANSELM (*Or.* 12) III 47; a**1077** ne qua occasione amor ipse ab aliquo putetur ~ere, expedire puto ut aliquando schedulis, quasi scintillis ab invicem emicantibus, videatur fervere *Ib.* (*Ep.* 69) III 189; me sentiam a spirituali fervore ~ere *Ib.* (*Ep.* 230) IV 135; qui [Salomon] pigras mentes hominum votoque tepentes / his monet aptari formicis et similari R. CANT. *Malch. app.* 683 p. 168; sic, ubi vela tepent, remos fervere jubemus L. DURH. *Dial.* III 93; ab amore ~ens divino illa consulta se calere gaudebat *V. Chris. Marky.* 57.

2 to make lukewarm.

non horror nivei tramitis obstitit, / non gressu tepuit aequoreum jecur / te WULF. *Poems* 166.

tepescentia [CL tepescens *pr. ppl. of* tepescere +-ia], (act of) becoming or (state of) being lukewarm in one's feelings or passion.

1312 necnon animarum pericula, devocionis ~iam, et quamplurima alia incommoda et inhonesta *Reg. Durh.* 1153; **1314** ex subditorum ~a .. processiones .. didicimus pretermitti *Conc.* II 439a.

tepescere [CL]

1 to become or be tepid or lukewarm, (in quot., of weather) to be mild; **b** (by cooling).

veris amenitate temperieque tempora fere cuncta ~unt GIR. *TH* I 33. **b** nec crepitante foco nec scintillante favilla / ardeo sed flammae flagranti torre tepescunt ALDH. *Aen.* 15 (*Salamandra*) 4; merito beatam Agnetem ignis iste materialis nequivit adurere, cui carnis flamma tepuerat, quam ignis succenderat caritatis AILR. *Inst. Inclus. prol.*; vix corpus zona complectitur, cum ad tactum illius subito sudor erumpit, ardor depascens ~it .. salusque optata succedit *Canon. G. Sempr.* f. 158; permittatur calidum ~ere [ME: *acolin*] *AncrR* 36.

2 (of person) to become less impassioned, (also of feeling, emotion, or sim.) to cool, subside, diminish. **b** to become or be half-hearted, unenthusiastic, or reluctant, to relent, hold back.

cum ob cognatae propinquitatis curam accepto conversationis fervore paulatim ~eret [*gl.*: i. frigesceret, *hreonede*] et torrido coenubialis vitae rigore .. sensim refrigesceret ALDH. *VirgP* 31; quia multi virtutum studia non eadem qua incipiunt intentione pietatis consummant, sed vel accepto virtutum amore ~unt, vel ex integro ad scelerum volutabra relabuntur BEDE *Mark* 234B; vide .. ne .. timor Dei quem concepisti ~at ANSELM (*Ep.* 2) III 100; **1156** orans ut in me non ~at vestrae caritatis affectus J. SAL. *Ep.* 105 (11); coepit .. fervor .. studii literalis ~ere KETEL *J. Bev.* 282; **1172** aliis ~entibus, ipsius devotio non ~it ARNULF *Ep.* 84; virtus in se fervida torpet et tepescit NECKAM *Poems* 116. **b 1282** rogantes attentius quatenus ab inceptorum prosecutione minime ~atis PECKHAM *Ep.* 223.

3 to become attenuated or weaker, (also transf.) to become lax.

798 ne ~at animus tuus, nec crebra te exterreat corporis tui infirmitas ALCUIN *Ep.* 158; ecclesie minuuntur opes, sacer ordo ~it ORD. VIT. V 4 p. 313; dum enim bene tensum percutitur et fortiter sonat, quod si mollius inveniatur, cedit et quasi percussio ipsa ~it, unde aer debiliter collisus debilem sonum reddit *Quaest. Salern.* Ba 1; in ista .. die in Britannia justicie tepuit disciplina, legum raruit observancia *Hist. Arthuri* 88; inundatio Nili augmentatur in principio et magis ac magis fortificatur ad tempus, donec ~at in fine BACON *Maj.* I 323.

tepeta, ~um v. tapes.

tepide [CL], in a (luke)warm condition, (also transf.) unenthusiastically, half-heartedly, reluctantly.

[praecepta Christi] ab incolis ~e suscepta sunt GILDAS *EB* 9; plerumque .. contingere solet ut inferioris vitae gradus usquequaque paulatim proficiens superiorem ~e [*gl.*: i. segniter, enerviter, *wlæclice*] torpentem praeoccupet ALDH. *VirgP* 10; quare tam neglegenter ac ~e dixisti Ecgbercto quae tibi dicenda praecepi? BEDE *HE* V 9; **956** (13c) quicquid vero tepius [*CS* 941: †cepius] vel negligentius quacumque ex causa eos [v. l. *adds* egisse] compertus fuero emendare *Ch. Abingd.* 55; quod .. rarius et ~ius quam vellet facerem TURGOT *Marg.* 7; [regula Benedicti,] quam illic huc usque ~e ac negligenter in eodem monasterio tenueratis STEPH. HARD. *Exord.* 1502B; vixit deinde Leil post sumptum regnum xxv annis, sed regnum in fine ~e rexit G. MON. II 9.

tepiditas [LL], lukewarmness, tepidness. **b** half-heartedness, lack of enthusiasm, sluggishness.

calde, frigus .. tepeditas *CathA.* **b** de qua [acedia] nascitur .. ~as laborandi, taedium cordis ALCUIN *Moral.* 635A; comperit .. penes eos .. plurimam mentis inolevisse ~atem G. COLD. *Durh.* 4; vae ~ati nostre, qui cogitationum nostrarum tam negligentes sumus J. FORD *Serm.* 15. 5; **1315** quod per vestri ~atem in hac parte (quod absit) dampnum vel periculum non eveniat quoque modo *RScot* I 151b; **1323** ipsius .. nuncii ~ati et desidie imputamus *Foed.* IV 10a; **1358** †tepiditos [l. ~as] nostra salubri commutacione disposita primitivum †reddat [l. redeat] ad fervorem *MonA* III 629a.

tepiditos v. tepiditas.

tepidus [CL]

1 warm (freq. as dist. from hot), lukewarm.

nam si optime tritum et cribellatum ~ae pingui mulsae admisceas BEDE *Luke* 540B; unus [fons] erat nimium calidus, alter vero clarus et ~us W. MALM. *GR* II 111 p. 114; cum [fumositates] exhalare non possint, aque in profunditatibus terre existentes licet non reddantur calide tamen minus sentiuntur solito frigide et sentiuntur quasi ~e *Quaest. Salern.* B 117; de ciconiis hoc mirandum, quod aquas gelidas petant, tepidas relinquant GIR. *TH* I 19; aqua ~a que mixta aqua fluenti fit calidior T. SUTTON *Gen. & Corrupt.* 82; *calde*, algidus .. ~us *CathA*.

2 less hot than is desired or expected, lukewarm, tepid (also fig.). **b** (transf.) lukewarm in one's feelings or passion, unenthusiastic, reluctant.

ob incuriam cordis ~i BEDE *Hom.* II 25. 435D; ille seminecem, cui adhuc vitalis calor palpitabat in ~o pectore, ut vix posset subsistere, avellit cruento stipite festinus ABBO *Edm.* 10; nimis ~a est oratio mea ANSELM (*Or.* 18) III 72; eructantia .. ~ae conversationis spiritum pestilentem G. HOYLAND *Serm.* 67C; dicamne adesse misericordiam, sed quasi sopitam, quasi ~am? PULL. *Sent.* 701A; torpor .. cor ~um [ME: *wlech*] cui non placet bonum, quod tamen deberet inflammari flamma amoris Dei *AncrR* 71. **b** qui si forte in disciplinae vigore ~us existat, tuae fraternitatis zelo accendendus est BEDE *HE* I 27; **c1155** diabolica fraude decepti in Domini servitio inveniuntur remissi vel ~i HADRIAN IV 77; **1176** virum .. fortem vocas ~um et remissum P. BLOIS *Ep.* 100. 308C; ne et illi, se plene scientes electos, per nimiam securitatem in bono opere nimis ~i sint AD. SCOT *TGC* 832C; de ipsa [catholica veritate] falsorum fratrum accusat nequitiam, de ipsa ~orum ignaviam increpat J. FORD *Serm.* 57. 5; Urbanus episcopus .. monacho ferventissimo, abbati calido, episcopo ~o, archiepiscopo remisso, salutem GIR. *IK* II 14.

tepitudo [cf. CL tepidus+-tudo], lukewarmness, tepidity.

addunt zuccaras cujus colatura mane detur cum ~ine GILB. I 32. 2.

tepius v. tepide.

tepor [CL]

1 mild heat, warmth.

alia flatus ~oris, alia vaporis, alia roris, alia frigoris BEDE *NR* 202; sanctus .. Cuthberhtus .. non solum adhuc expectat diem resurrectionis incorrupto corpore sed etiam perfusus quodam blando ~ore ABBO *Edm. pref.* p. 68; ut cum aliquis in balneo residens fabulas audit, edit et bibit, aquae ~orem circumquaque tangit *Simil. Anselmi* 16; omnes inviolatis cute et carne, flexibilibus articulis, extremus vitali quodam ~ore, spetiem dormientium meditantes W. MALM. *GR* II 207; flos preclusus sub torpore / pagine legalis / se fatetur in tepore / gracie vitalis P. BLOIS *Carm.* 17. 1. 3.

2 lukewarmness, tepidity (as falling short of desired or expected temperature), (also fig.) half-heartedness, lack of enthusiasm, sluggishness.

discutite .. tenebrosam atramque cordis vestri caliginem ~oris, ut veritatis et humilitatis praefulgidum lumen videre possitis GILDAS *EB* 74; ni torpens nostrae mediocritatis ingenium, quod .. si non fuerit sciscitandi aut scribendi fomite succensum, frigenti ~ore [*gl.*: i. algore, pigritia, *asolcennesse*] tabescit ALDH. *VirgP* 60; excute cordis mei ~orem et per fervorem tui amoris da mihi .. ANSELM (*Or.* 16) III 67; sed in nobis ista omnia mixta sunt cum peccato, quia fami nostre et siti solet se sociare concupiscentia mala .. et lassitudini nostre ~or et torpor AILR. *Serm.* 12. 13. 280B; discretionem ejus ~orem judicantes, dicebant ipsum in censura ecclesiastica minus esse rigidum *V. Edm. Rich P* 1822E; sic .. timor cum dilectione temperetur ut nec remissa liberalitas lentescat in ~orem GIR. *EH* I 1.

ter [CL]

1 three times, thrice, on three occasions; **b** (in indef. expr., *bis terve*, *ter aut quater*, or sim.). **c** (*terque quaterque* or sim.) three and even four times, *i. e.* repeatedly.

Agitio ter consuli gemitus Britannorum GILDAS *EB* 20 (=BEDE *HE* I 13, G. MON. VI 3); scribunt .. Alloidas tam immensae corporum magnitudinis fuisse ut ter caelum manibus adgressi essent distruere *Lib. Monstr.* I 55; per ter depotavi eum *V. Cuthb.* IV 7; Petrus etiam apostolus et ipse peccatum peccavit grande coram te, ter etenim negavit te AD. SCOT *TGC* 828A; ter circa ecclesiam se invicem portant GIR. *TH* III 22. **b** ter aut quater festinantius percutiat LANFR. *Const.* 112; mirum autem quod propter exiguas et momentaneas oris delicias sapidosque cibos intra fauces bis terve revolvendos tanta sumptuositas in cibis atque gulositas exercetur GIR. *Spec.* II 14; tu lavas manus bis aut ter [ME: *þriȝen*] in die et lavare non vis animam tuam *AncrR* 124. **c** **c717** vale jugiter prosperis successibus vivens Deo terque quaterque interpellans pro me *Ep. Bonif.* 13 p. 21; terque quaterque simul pulsati nocte sub una WULF. *Swith.* I 1325; "victus es tandem, victus" ter quaterque ingeminat W. MALM. *GR* III 235; terque quaterque et preterea quociens volueris GIR. *Invect.* I 7 p. 109; ejus turpitudo terque quaterque turpiter deprehensa fuit *Id. Spec.* II 11.

2 (w. numeral or sim., sts. written as one word, as multiplier) three times, thrice.

sancti martires in circi spectaculo ter denis [*gl.*: *xxxta*] cuparum gremiis includuntur ALDH. *VirgP* 36 (cf. *WW*: **9..** ter denis, *þreotienum*); **798** numerus .. si dividitur in tres partes aequales, erunt ter sex ALCUIN *Ep.* 143; spiraculo ineffabili .. ter quaterni luculentissimi proceres BYRHT. *Man.* 244; ter mille panes *DB* I 162vb; Britanniam terdenorum regnorum fecistis dominam G. MON. X 7; tricenus, tricesimus .. vel ut alii volunt tercentum OSB. GLOUC. *Deriv.* 593; annis .. terquinis .. hanc uniformiter consuetudinem retentabat AD. EYNS. *Hug.* III 7; vix Angli reliqui terdecas ense ruunt ELMH. *Metr. Hen. V* 564; **s1460** terdenoque die *Reg. Whet.* I 383 (v. 2 duodenus 3).

3 (hyperb., w. adj., also as one word) three times in degree. **b** (*terque quaterque*) three and even four times in degree, *i. e.* many times, multiply.

terque beatissimo papae Gregorio, Hwaetberchtus humilis servus vester .. salutem (*Lit. Hwætberhti*) BEDE *HA* 19; Agatho .. ter beatissimus episcopus ecclesiae catholicae W. MALM. *GP* III 100 p. 223; trimegistus, ter maximus vel ter sublimatus OSB. GLOUC. *Deriv.* 591; termaximus ille Hermes DEE *Monas* 196. **b** ecclesiam, triplici fortiter patrono suffultam, et sic jam terque quaterque beatam, multiplici virtutum lumine reddat illustrem GIR. *Hug.* II 13.

4 in a threefold manner, trebly.

ter cum Deum dicimus, non tres deos credimus ALCUIN *CR* 1. 19.

tera, ~um, ~us [cf. ME *tethir*, MLG *tier*], rope or sim. used as fastening to confine an animal, tether.

1264 in .. una ~a de pilo empta *MinAc* 1078/8 r. 5; **1278** custodiens quemdam pullanum alligatum cum quadam ~a ad brachium suum *JustIt* 132 m. 23; **1324** in viij theris pro equis (v. lattera); **1349** in iiij *colers* equinis 20 d. in iij ~is pro equis 6 d. *Surv. Durh. Hatf.* 246; **1352** in j tyro pro affris, iiij d. (*Biggin, Hunts*) *MinAc* 875/1; **1360** item j *gange de wainefelies* de fraxino, j theyer' *Finc.* liii; **1381** equi et juvenca nec pullani ponantur infra blad' nisi in fortibus theris *Hal. Durh.* 171.

terabrare v. terebrare. **terabrum** v. terebra. **teracium** v. terracium. **teramabin** v. tereniabin. **teramasium** v. terramasium.

teranus, *var. sp. of* ceraunius.

emplastrum fiat ex pul' aurip' coralli. terani [l. cerani *i. e.* cerauni]. psidie GILB. IV 195. 1.

terapeuta v. therapeuta.

1 terare [tera+-are], to make fast or confine with a tether, tether.

1380 injunctum est omn' ten' ville quod nullus eorum permittant [*sic*] equos, boves, vaccas, pullanos, aucas, venire infra blad', et eciam quod non therant equos noctanter infra blad' *Hal. Durh.* 163.

2 terare v. terrare.

teratio v. ceratio, terebratio. **terbentinus** v. terebinthinus. **terbichetum** v. trebuchettum.

tercelettus [AN, ME *tercelet*], the male of any kind of hawk, tercel, tercelet.

1247 intravit cameram illam et quendam terteletum quem ipsa in ea habebat .. asportavit, precii unius marce *JustIt* 56 r. 35; **1287** pro putura j falconis gentilis et j ~i gentilis, cuilibet per diem j d. *KR Ac* 24 m. 5; **1290** pro putura .. girfalconis tercilleti Johannis de Brabant' (*AcWardr*) *Chanc. Misc.* 4/4 f. 60v; **1325** unum ~um de erea nostra .. recepit *Cl* 143 m. 31; **1461** solvendo pro eisdem prisis precium consuetum, videlicet pro falcone xx s., pro ~o gentyn' x s., pro austurco xiij s. iiij d., pro tarcello austurci; sacre, laneri, et laneretti pro quolibet eorum vj s. *Pat* 493 m. 20.

tercellium v. tercellus.

tercellus [AN, ME *tercel*], the male of any kind of hawk, tercel, tercelet; **b** (in gl.).

assit etiam pertica cui possit insidere capus .. ~us [*gl.*: *gerfacun, tercel, faucun*], falco peregrinus NECKAM *Ut.* 100; **1234** mandatum est H. .. quod de gerefalconibus regis quos rex Norwegie ei .. misit faciat habere J. .. unum gerfalconem ~um et alium furmelum *Cl* 465; **1255** Sibilla et Margareta tenent Wilmitun p' duobus sol. vel unum tertellum sorum *Hund.* II 60b; **c1260** reddendo .. annuatim unum ~ium ancipitris *Melrose* 338; **1313** unum austurcum tersellonem *RGasc* IV 978; **1389** nullus mercator .. aliquas falcones, austurcos, vel ~os in terra nostra Hibernie emere presumat *StatIr* I 490; **1461** pro tarcello austurci (v. tercelettus). **b** *a terselle*, ~us, avis est *CathA*; nomina avium .. hic ~us, A. *hawke WW*; nomina volatilium incomestilium .. hic ~us, *a tercelle Ib.*

tercennalis [cf. triennalis], (of mass) repeated daily for three years, (in quot. as sb. n.) payment for such masses (*cf. annalis* 5c).

c1235 nec capellanus .. annale vel ~e .. in .. dampnum matricis ecclesie recipiet *Cart. Osney* IV 144; **1245** [sacerdotes] nullum annale nec ~e de parochianis .. aliquo tempore recipient *Reg. S. Aug.* 510.

tercentum v. ter.

terceria [AN *tercerie, terterie* < CL tertiaria], third part.

1282 valet quinquaginta libras preter ~iam domine Matillidis *IPM* 31/1 m. 12.

Tercicore v. Terpsichore. **tercilletus** v. tercelettus.

terciolus [cf. tercellus], the male of any kind of hawk, tercel, tercelet.

~i sunt minime volucres aucupative pro sexu et natura sua, set ad aucupandum promptissimi quia sunt masculi, quos oportet conjungere generibus falconum quia eorum femine eisdem conjunguntur UPTON 188.

terdecas v. ter. **terdecimus** v. tredecimus. **terebantinus** v. terebinthinus.

terebellum [terebrum+-ellum], small instrument for boring holes, drill, gimlet.

~us, *nabogaar GlC* T 87; terebillum, parvum teretrum OSB. GLOUC. *Deriv.* 591; ibi est .. j uuogium et j tarambium et vij esperdinte [l. esperduite] de ferro *Dom. S. Paul.* 132; videbantur ei .. intestina quasi ~o perforari *Mir. Wulfst.* I 20; **a1250** vinitarius habeat in cellario suo .. †tabulum [v. l. ~um] sive penetralium sive persorium (*Nominale*) *Neues Archiv* IV 339; vir habebit .. securim lignorum, terebrellum, et retentaculum *Leg. Wall.* B 225; hoc ~um, *petit terel Gl. AN Ox.* 184; vertebellum instrumentum est carpentariorum i. ~um, et simili instrumento in quibusdam operibus utuntur cyrurgici *SB* 43; **1413** duodecim fraxinos, precii x s., et j terribellum, precii vj d., j securem, precii xl d. *Proc. J. P.* 100; cuperus cum suis instrumentis .. hoc teribellum, A. *a persowyr WW*.

terebellus v. terebellum. **terebentinus** v. terebinthinus. **terebentus** v. terebinthus. **terebillum** v. terebellum.

terebinthinus, terebenthinus [CL < τερεβίνθινος, τερμίνθινος], of the terebinth tree, (*resina ~a*, also as sb. f. or n.) the resin of this tree, turpentine; **b** (in gl.).

de terebintho. terebinthus arbor est resinam sudans omnibus aliis prestantiorem, cujus resina dicitur ~a et est multum medicinalis BART. ANGL. XVII 164; resina .. therebintina [TREVISA: tirebentina] *Ib.* XVII 138; intingatur in terebentina GILB. IV 206. 1; masti, galbani, terebantine *Ib.* VII 333. 2; **1307** pro oleo de terebintino distillato, xl s. (*KR Ac* 368/30) *EHR* LXVII 173; **c1314** cum vermilone et turbentino pro rubea cera facienda *Ib.* XLII 198; **c1370** ac eciam in focali pro cera calefacienda, viridi grecia, rosino et termentino *Form. Hist. Doc.* II 118; **1405** bona magni valoris .. sc. in cera, variopere, cupro, ferro, therebinthino *Lit. Cant.* III 92; **1439** nimis libre olei terbentin', prec' viij s. (v. oleum 2c). **b** resina i. .. turbentina (v. resina 1); albocyn, id est terebentina *Alph.* 5; gluten alliotinum, i. terebentina secundum serapion *Ib.* 75; terebentina est quedam gumma terebinthi arboris de qua sophisticatur balsamus vel balsamum *Ib.* 183; botra, i. terebentina *SB* 13; *wodde bynde*, terebintus, terebintinus *CathA*.

terebinthus, ~os [CL < τερέβινθος, τέρμινθος], the terebinth or turpentine tree, *Pistacia terebinthus*; **b** (in gl.).

~us enim est arbor, lacrymam resinae praestantissimam manans quae industria medici dissoluta quaeque conjungit et scissa conglutinat BEDE *Sam.* 610B; in supercilio montis australis stetit, ubi nunc terebintus est regum (*Coemgenus* 40) *VSH* I 253; lentisci cortex resinam sudat, at illam / prepono cunctis quam, terebinthe, paris NECKAM *DS* VIII 134; ~us, arbor a qua resyna melior distillat BACON *Gram. Gk.* 138; de ~o. ~us arbor est resinam sudans omnibus aliis prestantiorem BART. ANGL. XVII 164; ~i folia et semen et corium stiptica sunt et colliguntur sicut squinum. semen ejus cacostomachum est et calidum et diureticum. ejus resina eligenda est alba et limpida *Alph.* 183; terebentina est quedam gumma ~i arboris de qua sophisticatur balsamus vel balsamum *Ib.*; †tormenti [l. termenti] cortex et folia et fructus aliquid in se habent stipticum *Ib.* 187. **b** *wodde bynde*, terebintus *CathA* (v. terebinthinus b); hic terebentus, A. *a thone WW.*

terebintinus v. terebinthinus. **terebintus** v. terebinthus.

terebra [CL], **~um**

1 instrument for boring holes, drill; **b** (in gl. or list of words).

nec mirum si non foramen illud advertere potuit, quoniam ~i unius transmeatu non amplius patuit R. COLD. *Cuthb.* 26; illic ~o modico perforatur *Dial. Scac.* I 5I; natans subtus aquas accessit ad navem, et eam ~o perforavit DICETO *YH* 93; exesa cernimus ligna terredine: / prode quo terebro, quo terebramine WALT. WIMB. *Carm.* 405; **1321** in emendacione ~orum, ij d. *KR Ac* 482/3 m. 1. **b** caterva, latebra, ~a ALDH. *PR* 121; ~um, *nauegar* ÆLF. *Gl.*; a tero hoc ~um -bri quod aliter dicitur tarabrum OSB. GLOUC. *Deriv.* 577; *a wymbylle*, dolabra .. ~um, terebellum .. terabrum *CathA*; ~um, A. *an augur, or a persour WW*; hoc terubrum, *a wymbylle Ib.*

2 (understood as) candlestick, or *f. l.*

c1500 item una terebra [? l. feretra *or* cerebra, *i. e.* cereus+-bra, cf. (v. candelabra)] stans ad pedes sancti Thome tenens tres cereos *Invent. Ch. Ch.* 129.

terebramen [CL terebrare+-men], instrument for boring holes.

quo terebro, quo terebramine WALT. WIMB. *Carm.* 405 (v. terebra 1).

terebrare [CL], to drill a hole in, bore through, perforate, pierce (also absol.); **b** (fig.); **c** (in gl.).

nam toros terebrans taurorum sanguine vescor ALDH. *Aen.* 36 (*Scnifes*) 7; sagittis ~atus martirium sacravit W. MALM. *GR* III 251; alii dolant, alii ~ant, alii lignis ligna copulant ORD. VIT. IX 15 p. 603; arietes .. quarum impulsu crebro plerumque muri ~antur vel solutis cementis in maceries dilabuntur R. NIGER *Mil.* III 76; est .. bestia nomine enidrus spinis repleta .. haec luto se involvens apertum os corcodrilli ingreditur, moxque ab eo deglutitur. que cuncta interna ejus spinis ~at, et enecata bestia viva remeat HON. *Spec. Eccl.* 938B; libri .. vermium morsibus ~ati R. BURY *Phil.* 8. 120; sagittis illos terrebrando et aliis armis invadendo STRECCHE *Hen. V* 164. **b** timoris aculeo quidam puerorum ~atus [*gl.*: vel tremefactus] R. COLD. *Cuthb.* 73; [jus] subtilius ~at, et acutius perforat, et vehementius incidit R. NIGER *MR* 250; eum languoris ~aret aculeus *Mir. Fridesw.* 74; heretici qui nocivis argumentis simplices circumveniunt, mentes eorum perfidia ~antes ad ignis eterni stimulos deducunt HON. *Spec. Eccl.* 1048B; **1281** non cessant prenominati sancti cum incrementis quotidiane malitie cerebrum ~are PECKHAM *Ep.* 180. **c** **10..** ~o, *ic borige WW*; *to bore* .. perforare .. terabrare *CathA*; *to thirle*, †crabrare [l. terabrare], forare *Ib.*

terebratio [CL], (act of) drilling a hole, piercing.

1443 [*for making anew a*] *wymbubytt* [*for the drilling*] teracione [? l. ~ione] [*of the*] *spynduls* [*of the louvre*] *Building in Eng.* 345; ~io quando crux in centro perforatur SPELMAN *Asp.* 103.

terebrellum v. terebellum. **terebrum** v. terebra.

teredo [CL < τερεδών], wood-boring insect larva or other invertebrate, ship-worm, wood-worm; **b** (transf.).

vermiculus ligni tener .. a terendo ligna ~inis nomen habet BEDE *Kings* 721C; terido, vermis in ligno *GlC* T 120; termes, vel ~o, *wyrm þe borað treow* ÆLF. *Gl.*; ~ona vermis lignorum OSB. GLOUC. *Deriv.* 276; τερεδόνας vocant Graeci lignorum vermes, eo quod terendo edant. .. ~o .. ligni vermiculus in substantia est mollissimus, et tamen corrodit et comminuit durissima ligna BART. ANGL. XVIII 104; exesa cernimus ligna terredine WALT. WIMB. *Carm.* 405 (v. terebra 1); nomina vermium et muscarum .. hec terudo, -nis, *a treworme WW.* **b** ~o .. est ipsa ligni putredo S. LANGTON *Gl. Hist. Schol.* 49.

teredona v. teredo.

tereniabin [Ar. *tar angalobin = fresh honey*], kind of sweet exudation or 'manna'.

decoquantur et projiciantur super illud ʒ xx teramabin, dein coletur et detur GILB. IV 197v. 1; ~in est pinguedo manne. est etiam mel sylvestre tendens ad modicam nigredinem, non ex apibus, sed ex aere decidens in campos, arbores et herbas dulce quemadmodum aliud mel. reperitur in bona quantitate mensibus estivis, Junio, Julio et Augusto *LC* 268; ~in est manna *Ib.* 290.

terere [CL]

1 to subject to friction, rub, brush, graze. **b** to rub smooth, polish.

8.. ~it, *he trepeð WW.* **b** **c792** hoc dolens dictavi, vel propter oblivionem mei, vel propter absentiam tui, paululum ferociori pumice cartam ~ens, ut vel iratus aliquid rescriberes ALCUIN *Ep.* 13; *to teawe lether*, ~ere, condire LEVINS *Manip.* 213; *to teawe wax*, mollire, ~ere *Ib.* 214.

2 to separate (grain or sim.) by rubbing, thresh. **b** (in gl.) to thrash.

in manu vero sinistra Ceres tenebat falcem messoriam et baculum ad ~endum frumentum *Deorum Imag.* 23. **b** *batre*, verberare, terrere, flagellare *Gl. AN Ox.* f. 153v.

3 to reduce (substance) to small pieces, powder, or sim. by rubbing, grinding, or sim. **b** to crush (also fig.).

sermo etenim Dei aromatum more quo subtilius quasi ~endo et cernendo discutitur eo .. BEDE *Hom.* II 8. 144D; tanquam tritis pigmentis dedit odorem vite perhennis GOSC. *Transl. Mild.* 14; et †ceratur [l. ~atur] cum rebus desiccantibus BACON *Min.* 313 (cf. id. *NM* 548: deinde ~atur cum rebus desiccantibus); desicca [lapillos] cum panno lineo et ~e in pulverem RIPLEY 203; sacramentum Eukaristie .. quod manibus frangitur et dentibus ~itur [ME: *is chewid wiþ þe teeþ*] *Concl. Loll. XXXVII* 15; religiosi illi dicunt carnes tritas non esse carnes WYCL. *Serm.* III 237. **b** scilicet ut valeat reges rex ipse feroces / vincere bellipotens, colla superba terens *ASE* IX 95; mantum .. consertum aculeis tanteque molis ut robustissimos premat, ~at et comminuat humeros J. SAL. *Pol.* 814B; sic divine animadversiones plures quidem terrent quam ~unt GIR. *GE* I 54 p. 164; sic magis audaces prope se quos attigit hostes / fulmineo gladii trivit in ore sui GOWER *VC* VI 954.

4 to destroy gradually by attrition, wear down, wear away (also fig.). **b** to wear (person) out.

poterat occalluisse animus noster frequenti tritus injuria, et usu ipso contra adversa durior reddi G. HOYLAND *Ascet.* 281D; [Tritones] quod aque terras ~unt ALB. LOND. *DG* 5. 1. **b** dolor et tribulatio ~it omnes et cruciat, quos ira rodit et discordia stimulat ORD. VIT. XII 21 p. 381; o tristicia patris inenarrabilis, qui in ultima etate tribulationibus ~itur *Ep. ad amicum* 95; vivat et Henricus quem trivit in his inimicus *Collect. Ox.* III 180.

5 to handle constantly or repeatedly (resulting in wear). **b** to tread or traverse (ground or sim., esp. repeatedly), to tread on. **c** to use or engage in repeatedly, practise, pursue. **d** to repeat (words, view, or sim.) constantly, discuss. **e** (transf.) to accustom to, to make familiar with. **f** (p. ppl. as adj.) well-worn, usual, familiar (also w. implic. of overuse).

accidit hora gravis, Thomeque miserrima navis / quam male recta terit rupe soluta perit ORD. VIT. XII 26 p. 417; pellitur a nostro trita moneta foro J. SAL. *Enth. Phil.* 58; **c1285** oportebat totam monetam parvam et tritatam venire ad cambium *KR Ac* 234/19 m. 2; de tot ulnis [mapparum] cum trite fuerint ibidem facere restitucionem elemosinario *Fleta* 80. **b** **c793** regiam viam ab apostolis tritam .. pleno catholicae fidei pede incedite ALCUIN *Ep.* 23 p. 64; tripudiare, i. gaudere et terram pedibus ~ere *GlSid* f. 145rb; ejusdem dilectionis ~ebat orbitam Aldredus W. MALM. *Wulfst.* I 7; tres ingressi sunt nuntii, alter alterius calcem pene pro festinatione ~entes *Ib.* III 19; terram quidem non hanc quam ~imus, sed pocius illam quam querimus GIR. *Æthelb.* 3. **c** post tot praedas, caedes, rapinasque quas arma triverunt [v. l. quae arma triverat], lassi quieverunt FELIX *Guthl.* 18; has virtutes ita beata Domini mater trivit ut religiosa munditia vitae Domino Deo templum in suo aedificaret corpore EADMER *Virt.* 581C; cantabat ille horas ejus [Virginis] magis illo quem triverat usu quam ullo pene affectu W. MALM. *Mir. Mariae* 182; paterna ~entes instituta CIREN. I 229. **d** verbum 'communicat' proprie Scripturarum est, et publico sermone ~itur BEDE *Mark* 200C; solus Alfrithus rex Northanhimbrorum obstinatioris animi sententiam ~ens pervicatiam tenuit W. MALM. *GP* III 107 p. 239; **1169** versentur hec et similia in animis, et ~antur in colloquiis vestris J. SAL. *Ep.* 289 (292) p. 672; frequentata et trita fastidium generant; auctoritatem nova non habent GIR. *TH intr.* p. 6; non possum plus tecum verba ~ere .. domum ire pergam LIV. *Op.* 45. **e** scienti legem loquor, et ei qui nutritus et tritus est examinare sermones et vim ponderare verborum J. SAL. *Ep.* 284 (271). **f** frequens et tritum triclinium ignotis notum LUCIAN *Chester* 57; juxta tritam scribendi formulam AD. EYNS. *Hug.* IV 9 p. 48; tritas regulas et novellas J. SEWARD 88.

6 to use up or spend (time, effort, or sim., in an activity).

triverat hic soles, nullamque assumpserat escam ÆTHELWULF *Abb.* 413; saxum dicit ingens volvere inefficacibus laboriosisque conatibus vitam ~entes ALB. LOND. *DG* 6. 6; frustra cardinales .. trivissent operam nisi refugienti pretendissent pape obedientiam W. MALM. *Wulfst.* I 11; Balduinus pueriles adhuc annos ~ebat *Id. GR* IV 373; summus regni justiciarius regis vicarium monuit ne pateretur eum inaniter tempus ~ere WALS. *YN* 485.

teres [CL]

1 (esp. of cylindrical thing) that has no angularities, smooth and rounded; **b** (of part of the body); **c** (of fabric, net, or sim., rounded into a bulge).

~tes [*gl.*: rotundos, *sintrendende, sinhwyrfende*] hederarum corimbos ALDH. *VirgP* 4; ~s, rotundum *GlC* T 75; ~s, *siunhuurful Ib.* T 100; aecclesiam ~ti edificavit scemate W. MALM. *GP* IV 164; **10..** ex terite glomere, *of sinuwealtum cliwene WW.* **b** manus, manus mirabiles / multum pedes placibiles / tibiae cursu teretes (ÆTHELWALD) *Carm. Aldh.* 5. 43; jacuit puer facietenus ac ~ti flexu genuum super undam GOSC. *Lib. Mild.* 20; ardua membra, teres oculus, projectior alvus J. EXON. *BT* IV 139; digiti .. illius protensi et ~tes R. COLD. *Godr.* 201; collo ~ti et longo GIR. *EH* II 11. **c** ex ~ti [*gl.*: *of sinewæltum*, rotundi] filorum glomere ALDH. *VirgP* 38.

2 (transf.) smooth, rounded, perfect.

quo virtus fundum teres [*gl.*: rotunda] in se fundat habundum GARL. *Mor. Scol.* 350.

terestris v. terrestris.

teretizare [τερετίζειν, cf. CL tetrissitare], to quack.

anates teritisant ALDH. *PR* 131.

1 teretrum [cf. CL teres, feretrum], (in gl.): **a** frame-drum, tambourine. **b** roundel.

a **10..** rotum vel taratrum, *timbor WW.* **b** *a roundel*, ~um, circus LEVINS *Manip.* 57.

2 teretrum v. theristrum.

tereuma v. toreuma.

tergeminus [CL], that consists of three combined into one, threefold, triple; **b** (in work title). **c** (w. pl. sb.) that form a set of three.

~o Gerione victo J. SAL. *Pol.* 391D; jaculum hoc ~um emittens .. "per passionem, crucem, et mortem tuam vivificam libera me Domine" AD. EYNS. *Hug.* II 2. **b** [tractatus Giraldi] 'De copula ~a' GIR. *JS* VII p. 623. **c** quarta [particula libri] preelectorum Anglie nostri temporis antistitum ~orum mores et modos comprehendit GIR. *Rem. proem.* p. 13.

tergere [CL]

1 to rub clean, wipe; **b** (from, also fig.). **c** to wipe dry (in quot., part of body). **d** to free (channel or sim.) from obstructions, clear. **e** (p. ppl as adj.) cleansed, clean.

flagellum Dei scopa ~gens dici potest, quo visitat in virga iniquitates nostras (AILR. *Serm.*) *CC cont. med.* IID 169; panniculus cum quo disci ~guntur OSB. GLOUC. *Deriv.* 445; equum .. strigili ~git MAP *NC* V 3 f. 60; ipse etiam inveniet veteres pannos ad ~gendum siphos argenteos et mureos *Cust. Swith.* 17; cultellum terge, mappa quoque coclear terge *Doctus dicetur* 28. **b** tergamus animam a culpe sordibus WALT. WIMB. *Sim.* 202; speculum, cui non est perfectio nisi apparet in eo forma pulcra, quod non fit nisi cum omnino ~sum fuerit a sorde et rubigine et postea opponantur ei forme pulcre BACON *Mor. Phil.* 56. **c** lavatis manibus et pedibus linteaminibusque ~gens *V. Cuthb.* II 2; **8..** ~gens, *dregende WW*; ~sisque ocellis e lacrymarum rivulis B. *V. Dunst.* 14; singuli singulis abluant pedes, ~gant, et osculentur ore et oculis LANFR. *Const.* 108; quorum cum primo pedes abluissent et lintheo ~sissent GIR. *GE* II 11; noli labellula, Maria, tergere / beati parvuli, sed magis lambere WALT. WIMB. *Carm.* 227. **d** pavimentum scopha cotidie ~gitur (*Molua* 30) *VSH* II 217; **1307** tenuit .. per servicium ~gendi unam placeam coram quodam kernello castri domini regis de L. *IPM* 125 (3); **1434** laborar' targen' gurgitem *Stewards' Bk. Southampt.* I 116. **e** non hiemis queritur fecem tersissima veris / area HANV. VIII 369; vitio ~sissimus omni J. HERD *Hist. IV Regum* 45.

2 to remove by wiping, wipe away or off (also fig.).

crucifixus polluta piacula tersit ALDH. *CE* 2. 31; ut baptizaretur aqua cui nulla inerat quae baptismo ~geretur culpa BEDE *Hom.* I 12. 58D; o genetrix Christi / .. / tu tuus et natus nostros tergete reatus R. CANT. *Poems* 292. 1; que pars mundi primum excipit solis ardorem, cujus beneficio fugantur tenebre et ~so gelu que prius refriguerant recalescunt AILR. *Serm.* 76. 15; ave, cujus pia prece / peccatorum tersa fece / rei gaudent venia WALT. WIMB. *Virgo* 36; peccati tersa caligine GARL. *Epith.* III 331.

3 to cover, or *f. l.*

vestes non habent nisi de pellibus bestiarum quibus corpora sua ~gunt [? l. tegunt] *Itin. Mand.* 106.

tergia v. targia.

tergiflagellum [CL tergum+flagellum], scourge, 'pain in the neck'.

~flabellum [cf. (v. 2 flabellum] dicitur et cauda tocius fecis sui demoniaci generis BOWER XII 14.

tergiversari [CL], ~are, to turn one's back upon a task, challenge, or position, to show reluctance; **b** (in gl.).

misit qui anulum extorquerent a Venere; illa multum ~ata vix tandem reddidit W. MALM. *GR* II 205 p. 258; at ille ~ando magne orationis firmitate suam causam defensitabat, seseque cum suis complicibus immunem esse ab hujuscemodi culpa constanter affirmabat ALEX. CANT. *Mir.* 28 (II) p. 215; fucaret sermones? .. ~aretur? sed reduceret et teneret eum dextera ejus qui mensus est pugillo aquas W. CANT. *Mir. Thom.* II 91; qui diu ~ans neutrum et utrumque voluit et noluit MAP *NC* V 6 f. 70v; at in universum ab accusatione desistere, ~ari est J. SAL. *Pol.* 574C; quid est ergo, Satana, quod fecisti .. hominem ~ando seduxisti PULL. *Sent.* 745B. **b** *descordier*, discordare .. delirare, ~are *Gl. AN Ox.* f. 154v; ~o, -as i. decipere vel in varias partes se convertere OSB. GLOUC. *Deriv.* 600; *to begyle*, calvire .. ~ari .. ~ari est in totum deserere non inpetreta abolecione [*sic*] *Cath A.*

tergiversatio [CL]

1 (act of) turning one's back, withdrawal.

minus idoneus martyrio, celeri ~one gradus ascendi W. CANT. *V. Thom.* II 42; percutientibus terga dederunt, et in illa ~one multos ex suis amiserunt ORD. VIT. IX 14 p. 590; Cesar agminibus laceratis .. Galliam .. petivit. ab hac autem ~one, Lucanus .. ait "territa quaesitis ostendit terga Britannis" M. PAR. *Maj.* I 73.

2 (act of) turning one's back upon a task, challenge, or position, tergiversation; **b** (in gl.).

omnes ejus ~ones ac dolos statim reprehendere traducere ac devincere nosset BEDE *Sam.* 706C; ille juvata sibi nimia ~one magne rationis firmitate suam causam defensitabat ALEX. CANT. *Mir.* 28 (I) p. 215; erroneus exul ad tantum laborem tirannum excivit, eumque callida ~one taliter illexit ORD. VIT. III 11 p. 124; mandavit .. quatinus omni ~one postposita debitum .. persolveret COGGESH. *Visio* 30; **1245** non enim cessat impietas machinationum, diffugia ~onum, calliditates cavillationum AD. MARSH *Ep.* 213; grave est institoris pellacis effugere ~onem [*gl.*: perfidiam, *terserie, trecherie*] fabateriam subintrantis NECKAM *Ut.* 119; omni ~onis, excusacionis, aut porrogacionis [*sic*] impedimento sublato *Dictamen* 357. **b** tenticula, decipula .. deceptio .. ~o, dolositas OSB. GLOUC. *Deriv.* 589; *begylinge*, decepcio .. impostura, ~o *Cath A.*

tergiversator [CL], tergiversor, one who abandons, avoids, or shows reluctance in respect of a task, challenge, or position; **b** (in gl.).

de angelorum auxilio quasi ad infirmum loquitur de sui conculcatione quasi ~or tacet BEDE *Luke* 369B; ~or est, qui, ut semel corruit, nil nisi ruinam querit PULL. *CM* 202; solutus a vinculis ~o .. rupit carceres et aufugit G. *Hen.* V 1. **b** ~or, dorsi versator *GlC* T 51; ~or, deceptor, fraudator OSB. GLOUC. *Deriv.* 593; *a begyler*, deceptor .. illusor, tergiversor *CathA.*

tergiversatrix [CL tergiversari+-trix], that abandons, avoids, or shows reluctance in respect of a task, challenge, or position (f.).

astutia ~ix, et aperta superbia P. BLOIS *Ep.* 131. 389B.

tergiversor v. tergiversator.

tergo [cf. CL tergere], cloth, towel.

ego .. capud linthei tenui, et extersi pedes ejus cum ~ine (*Ita* 20) *VSH* II 123.

tergoreus [CL tergus+-eus], (in list of words).

tergus .. pro dorso, et inde ~us OSB. GLOUC. *Deriv.* 587.

1 tergosus [CL tergere+-osus], (in gl.).

wypynge, ~us *CathA.*

2 tergosus [CL tergum+-osus], (in gl.) broad-backed.

~us, *earsode* ÆLF. *Gl.*; *great backed*, ~us LEVINS *Manip.* 213.

tergotenus v. 3 tenus.

tergum [CL]

1 hinder part or side of the human torso, back; **b** (presented in flight or withdrawal, esp. in phr. *~a vertere*, *~a dare*, or sim.). **c** (in gl., pl., understood as) flight.

si in ~o nupserit, penitere debet quasi ille qui cum animalibus THEOD. *Pen.* I 14. 22; ~a hominum sunt tantum, singulariter ~um; tergus quadrupedum, pluraliter facit tergora, id est coria ALCUIN *Orth.* 2347; strinxit eam manicis, secat ac per terga flagellis WULF. *Swith.* II 1126; flavo crine in ~a soluto W. MALM. *GP* V 278; dux .. maximum bellatorem aurea lorica indutum in ~o ense percussit ORD. VIT. IX 9 p. 531; ~um i. dorsum, et tergus, -oris, est corium dorsi, sed unum pro alio ponitur quia proprie ~a sunt hominum, tergora brutorum animalium, unde versus "terga viri proprie dicuntur, tergora capre" et suple aliorum brutorum *Dist.* 5 p. 334; *a bakke*, dorsum .. ~um hominum, tergus animalium *CathA.* **b** ~a pro scuto fugantibus dantur GILDAS *EB* 6; Brocmail ad primum hostium adventum cum suis ~a vertens BEDE *HE* II 2 p. 84; dux in proelio plus eum militem diligit qui post fugam reversus hostem fortiter premit quam illum qui numquam ~a praebuit *Id. Luke* 520D; c**800** quia multorum auxilio tutius laborem militiae sustinet quam si solus adversum plurimos stare incipiat vel, quod absit, fugiendo ~a ostendat persequentibus se ALCUIN *Ep.* 303; pagani .. ~a in fugam verterunt ASSER *Alf.* 42; antequam in manus veniretur ~a ostendit W. MALM. *GR* III 231; dux .. prospiciens multam partem adverse stationis .. insequi ~a suorum fugientibus occurrit ORD. VIT. II 14 p. 148; [Julius Caesar] qui bis ~a Britannis ostenderat GIR. *EH* I 7. **c** ~a, fuga *GlC* T 50.

2 back (of animal, *cf. et. tergus*). **b** covering of animal's back, *i. e.* skin or hide.

[belua] ~o serrato et saevis armata dentibus *Lib. Monstr.* II 22; equus niger et superbum hinniens videbatur, uncis ferreis per totum ~um protuberantibus W. MALM. *GR* II 204; spumantis equi ~um premere *Id. GP* I 44. **b 1225** corium nigrum .. octo ~a, precium x s. (*Ass. Scacc.*) *DCCant.*; **1341** pro xij terg' de grys, prec' terg' vj s. *KR Ac* 389/9 m. 2.

3 surface of body of water.

per plana maris ~a BEDE *HE* V 1 p. 282; flatus violentia ~a maris verrebat W. MALM. *GR* IV 320.

4 reverse side (of thing), back.

saevissimis hostibus scapularum ~a pro scutorum umbonibus segniter praebeamus ALDH. *VirgP* 11; margine circumquaque tam ex parte carnis quam ex parte ~i existente libera NECKAM *Ut.* 116 (v. caro 2); respice in ~o *Capt. Seis. Cornw* 30 (n. 1); **1553** de .. una cathedra cum ~o corrii, A. *one chere with a backe of lether Pat* 522 m. 28.

5 back, rear (w. ref. to direction or position relative to conventional or contextual orientation): **a** (*post ~um* or *~a*, also w. gen.) behind, to the rear. **b** (*a ~o*) from or at the back or rear, (from) behind. **c** (*ad ~um*) towards the rear, backwards.

a relictis post ~um mundialibus tenebris GILDAS *EB* 9; sicut et in nostro, id est, in Brittanico mari refrenandae navi post ~um molaria saxa subiungere solent BEDE *Acts* 992A; tabulae .. in angulis jubentur erigi post ~um tabernaculi *Id. Tab.* 442C; milites quatuor cursu rapidissimo post ~a secuti sunt GRIM *Thom.* 80; non respiciens post ~um, nec ad dexteram, neque ad sinistram (*Abbanus* 13) *VSH* I 11; Deumque et Ecclesiam ejus atque ordinem meum post ~a rejiciens P. BLOIS *Ep.* 14. 43A; curro post ~um Jesu vocans atque vociferans J. FORD *Serm.* 24. 6. **b** unum pallium a ~o portant, et nuditatem patris neque intuentur BEDE *Gen.* 112A; ex iis quae exterius a ~o gerebant, intolerabili maerore me vulneraverunt ANSELM (*Ep.* 12) III 115; feda tempestas ventorum nubiumque a ~o glomeratur *Enc. Emmae* II 9; revertens eundem [denarium] post se volantem a ~o suscepit GIR. *TH* II 46; Lodowicus .. fugit a ~o Johannis regis; sicque uterque exercitus ignominiosa dilapsus fuga, uterque alterum a ~o salutavit M. PAR. *Maj.* II 577; festinandum est: instatur a ~o BACON *Mor. Phil.* 129. **c** ad ~um pre timore respicientes, montem .. a nubibus expoliatum viderunt (*Brendanus* 41) *VSH* II 285.

6 rear or far side (of topographical feature, territory, or sim.).

[Brittania] a ~o .. Orcadas insulas habet BEDE *HE* I 1; Galaad mons ad ~um Foenicis et Arabiae collibus Libani copulatus extenditur *Id. Nom. Loc.* 279.

7 (in gl., pl.) hips, buttocks.

targa [l. ~a], *the hanches WW.*

tergus [CL]

1 back (of animal, *cf. et. tergum* 2).

calciamenta mihi tradebant tergora dura ALDH. *Aen.* 32 (*Pugillares*) 3; terga hominum sunt tantum, singulariter tergum; ~us quadrupedum, pluraliter facit ~ora, id est coria ALCUIN *Orth.* 2347; stellio .. est ~ore pictus lucentibus guttis in modum stellarum ANDR. S. VICT. *Hept.* 177; ~us, -oris, est corium dorsi .. ~ora brutorum animalium *Dist.* 5 p. 334; *a bakke* .. ~us animalium *CathA*; hoc ~us .. *a bak of a best WW.*

2 covering of animal's back, hide, skin (esp. as material).

nam domus est constructa mihi de tergore secto / necnon et tabulis, quas findunt stipite, rasis ALDH. *Aen.* 61 (*Pugio*) 6; corium, vel ~us, *hyd* ÆLF. *Gl.*; binas caprarum pelles in manibus ferentes .. cum ~ora in medio manibus tenerent, cornibus et ungulis illum verberantes ALEX. CANT. *Mir.* 31 (II) p. 220; sepe enim videmus post a pecore direpta ~ora hinc inde particulas dissilire; sed ergo anima PULL. *Sent.* 692C; hoc ~us, *quir de dos Gl. AN Glasg.* f. 19va; cui et animalium coria, et pecudum ferarumque ~ora, Hibernia .. remittit GIR. *TH* I 6.

teriatur v. terminare.   **teribellum** v. terebellum.

teribilis [CL terere+-bilis], that can be ground to a powder, pulverizable, friable.

sub corpore non fusili sunt hujusmodi species subalterne, scilicet corpus ~e et corpus non ~e. sub corpore ~i sunt hujusmodi species, sal, piper, cuminum, cinnamonium, garriofilum BACON XV 218.

tericidium v. terricidium. **terido** v. teredo. **terimentum** v. termentum. **terinus** v. tarinus. **terio** v. trio.

teripes [cf. AN *estriu, estrier*, CL pes], stirrup.

tunc sacerdos sinistrum pedem in ~pedem misit, manumque arreptis loris clitelle imposuit ORD. VIT. VIII 17 p. 372.

terista v. therista. **teristrum** v. theristrum. **teriterium** v. territorium. **teritisare** v. teretizare. **teritorium** v. territorium. **terma** v. thermae. **termaximus** v. ter.

termen [CL], boundary-stone or -post, (also transf.) boundary, limit.

785 hanc .. terram vobis concedo cum propriis ~minibus cum campis silvis pratis .. et omnibus ad eam rite pertinentibus rebus *CS* 247; c**806** [terra] cum rectis ~minibus et jure hereditario *Ib.* 318; **812** demediam partem unius mansiunculae .. cum pristinis ~minibus cunctis ad eam usquam rite pertinentibus *Ib.* 341; **949** hiis autem ~minum finibus predicta terra circumcirca girata esse videtur *Ch. Burton* 10; s**762** terra circumcincta est his ~minibus ELMH. *Cant.* 327.

termentilla v. tormentilla. **termentinus** v. terebinthinus.

termentum [CL = *sore caused by friction*], (in gl.).

terimentum, nutrimentum *GlC* T 124.

termentus v. terebinthus. **termenus** v. terminus.

termes [CL = *bough of a tree*], **termus** [cf. CL teredo, terere], wood-worm.

eodem modo in plurali numero reperiuntur ut margines, cardines .. ~ites, stipites ALDH. *PR* 122; ~us, vel teredo, vermis lignum comedens OSB. GLOUC. *Deriv.* 591; *cankyr, wyrme of a tre,* teredo .. ~us .. ~es *PP* 70.

termesium v. tremesius.

terminabilis [CL terminare+-bilis]

1 that can be terminated or brought to an end, limitable, terminable.

satis liqueat quod eadem substantia non sit aliud quam vita sua et aeternitas sua, nec sit aliquo modo ~is ANSELM (*Mon.* 24) I 42; paralisis apoplexiam secundum viam crisis ~em non .. necessario comitatur GILB. II 116. 1; cum ergo [Deus] non sit componibilis alii, non est ejus essentia ~is per aliquod in quo recipiatur; et quia non est aliquod componibile sibi, non est ~is per aliquid quod recipiatur in ipso MIDDLETON *Sent.* I 380b; siccitas .. que non perfecte terminatur in proprio centro, est qualitatis humorose in se male ~is terminativa et sue interminabilitatis finis immobilis BART. ANGL. IV 3; utraque tamen quantitas ~e habent principium; sed una crescens et alia decrescens ~em non habent finem TUNST. 254b; hoc non potest aliqua virtus finita, cum sit ~is per ultimum OCKHAM *Quodl.* 775.

2 that can be finally decided or determined, resolvable.

ideo de conceptibus illis communissimis non sunt problemata per se ~ia DUNS *Ord.* IV 215; **1432** aliquam causam infra universitatem ~em *StatOx* 241; **1435** de non trahendo aliquam causam extra dictam universitatem, quae est ~is infra universitatem predictam *MunAcOx* 510; in natura assisarum ~ium coram justiciariis domini regis *Reg. Brev. Orig.* f. 199v.

terminabilitas [terminabilis+-tas], terminability, quality of being terminable.

si materia est humida valde et fluide situatur extra propter malam sui ~atem GILB. III 134. 1; item tempus tale quale descriptum est, est incertum sui ~ate J. WALEYS *V. Relig.* 1; item sicut infinitas possibilitatis est negatio terminationis per actum, ita infinitas actus est negatio finibilitatis ejus vel ~atis ejus per potentiam MIDDLETON *Sent.* I 382a.

terminalis [CL]

1 that marks or constitutes a boundary or limit.

†**854** (12c) item ad aquilonem partem per flumen dirigitur usque vetustum ac ~em fossatum *CS* 476; describatur aliquis semicirculus et ducatur diameter ab uno ~i puncto secundum circumferentiam ad aliud punctum ~em J. BLUND *An.* 105.

2 that constitutes an end, concluding, final.

Arator subdiaconus, primo versu, ~em genetivi sillabam displodit ALDH. *Aen. prol.* p. 375.

3 (as sb. n.) register (perh. of boundaries or due dates of payments).

1508 predictus R. .. omnia rotulos, rentalia, et ~ia ad dictum cursum conpatrie pertin' .. scribunt *MS BL Cotton Claudius E vi* f. 61v; **1526** predictus J. convenit .. omnia rotulos, rentalia, ~ia, ac libros de nominibus conpatrum ejusdem cursus .. facere, scribere, et renovare *Ib.* f. 270.

terminamentum [CL terminare+-mentum], termination, settlement.

quod ~a facta de debitis sibi debitis .. starent in robore suo WALS. *HA* I 255.

terminancia v. traumaticus.

terminare [CL]

1 to mark or form the boundary or limit of (area, territory, or sim.), delimit, bound.

[vallum] tendens contra occidentem ~atur juxta urbem Alcluith BEDE *HE* I 12; **704** terra .. ab oriente et austro flumine Tamisae ~ata *CS* 111; **711** (791) hic silva certis finibus ~atur *Ib.* 261; c**845** exiguam ruris portiunculam .. donabo .. sic ~atam *Ib.* 482; sortita est autem inde provincia nomen, inter duos hos fluvios sita, Deugledeu; eo quod duobus his fluviis quasi duobus gladiis cingatur et ~etur GIR. *IK* I 10.

2 to set the limits of, determine, define, delimit (immaterial or abstr. thing). **b** (phil., of form) to constrain (dimension), 'determine'.

854 hujus telluris quantitas xxx cassatis ~atur *CS* 474; **940** ego Eadmundus .. rex Anglorum optinens non inhianter supra ~atam divinam admonitionem obaudiens *Ib.* 757; quod ejus solum rei sit aliquod tempus cujus diuturnitatem tempus metiendo aliquomodo ~at et ~ando metitur ANSELM (*Mon.* 22) I 39; vegetabilium spermata optesi ~ata violentiam .. sustinent expostulantque permutationem ALF. ANGL. *Cor* 12. 2; que vero facta sunt deprehensa tenentur; unde ~ata, seu descripta, vel diffinita proponuntur H. READING (I) *Hexaem.* 1252B; etsi relativum sit ~ans esse alterius relativi *Ps.*-GROS. *Gram.* 61. **b** prima materia numquam dividitur a dimensionibus non ~atis (*Euch.*) PECKHAM *QD* ed. Etzkorn (2002) 52; corpus non-terminatum est quod non habet propriam figuram et propriam constitutionem BACON XIV 34; secundum Commentatorem dimensiones interminate precedunt in materia, igitur .. dimensiones ~ate sunt primo in materia OCKHAM *Op. Theol.* X 63.

3 to limit in scope, extent, duration, or sim., to restrict.

obsecro .. qui ad coronam te vitae, quae terminum nesciat, tendere credis, quid contrario tuae fidei habitu ~atam in capite coronae imaginem portas? (*Lit. Ceolfridi*) BEDE *HE* V 21 p. 344; siccitas .. que non perfecte ~atur in proprio centro est qualitatis humorose in se male terminabilis BART. ANGL. IV 3.

4 to terminate, to come at or form the end of, to be an end to. **b** to bring (process, state, or sim.) to a close, end, conclude. **c** to settle, decide, resolve (issue).

pentimimeres caesura fit quotiens post duos pedes syllaba remanens partem ~at orationis .. tetarte bucolicon fit cum in quarta regione pars orationis cum fine sensus dactylo ~atur BONIF. *Met.* 110; pes perficitur in penultima, et pes primi modi in brevi ~atur, et pes secundi in longa ~atur *Mens. & Disc.* (*Anon. IV*) 25; nova gradalia .. quorum unum ~atur per missam sponsalium *Invent. Norw.* 2; tertius ~atur in D, quartus vacat, quintus terminabit in a WILL. 16 (v. 7b infra). **b** stilus jam finem flagitat et dictandi tenor ~andus [*gl.*: i. finiendus, *to geendienne*] est ALDH. *VirgP* 59; est .. genus hominum qui angustissimam metam ~andi vitam habere dicuntur *Lib. Monstr.* I 27; **800** quod opus in quatuor librorum numero ~avimus ALCUIN *Ep.* 201; post regem Cnutum filii ejus Haroldus quinquennio, Hardecnutus biennio, nam is subita morte raptus est, regna cum vita ~averunt GOSC. *Transl. Mild.* 18; omnia elementa .. mortalibus mortem interminando et bonam valetudinem exterminant et vitam terminant GIR. *TH* I 35; **1224** ad Pascha .. ~ate fuerunt treuge pridem capte inter nos et regem Francorum, ita quod treugas cum ipso non habemus *Pat* 484; sicut isti duo motus simul incipiunt, sic eodem instanti ~antur, in quo sunt due mutationes eos ~antes SICCAV. *PN* 161. **c** dispositum est ut .. synodus fieri et haec questio ~ari deberet BEDE *HE* III 25; c**798** nam haec duo maxime dubitationem solvere solent et ad certum lectorem perducere sensum et contentiosas scolasticorum ~are quaestiones ALCUIN *Ep.* 162; c**1169** sciatis quod controversia .. in curia mea ~ata est *Regesta Scot.* 105; **1221** dicit quod loquela fuit deducta alias coram justiciariis itinerantibus et ~ata *PlCrGlouc* 31; **1412** sed non †teriatur [l. ~atur] in curia regis *Couch. Furness* I 94; necessarius sum concilio regis et regni, ut cause ibi ~entur et lites GASCOIGNE *Loci* 1.

5 (phil.) to be the end or term of (action or relation), terminate (also absol.). **b** (pass.) to be directed (towards end or term), terminate (in).

si esset intra [solum], haberet terminum, quia intellectus noster ~aret illud in universo; si esset extra [solum], similiter haberet terminum quia intellectus noster terminaret illud ad universum HALES *Qu.* 772; intellectio .. est ad ipsum [objectum] ut ad ~ans DUNS *Ord.* III 286; respectus qui proprie terminatur ad aliquem terminum ita quod illud quod ~at sit proprie ejus terminus OCKHAM *Sent.* VI 36. **b** apparatum .. calido humido ad coagulationem ~atum ALF. ANGL. *Cor* 14. 7; appetitus humanus non potest ~ari in aliquo bono nisi in summo BACON *Mor. Phil.* 29; intellectus quandoque ~atur .. ad aliquid a quo non movetur, puta intellectus divinus ad creaturam DUNS *Ord.* III 288; fundamentum absolutum sive terminus est prior respectu fundato in illo sive ~ato ad illud OCKHAM *Sent.* V 25; actus studendi ~atus ad geometricalia *Id. Qu.* 147.

6 to attermine, fix date or dates for payment for (debt or debtor, *cf. atterminare* 2).

1239 non distringat Willelmum Doinel pro viij m. que ab eo exiguntur quia falsum dixit, qui inde ~atus est, sicut in finibus continetur *KR Mem* 17 m. 8*d*.

7 (intr.) to finish, end, have one's end or boundary. **b** to have a (particular) final part or ending. **c** (acad.) to complete a course.

Thamar flumen, qui separat Cornubiam et Devoniam et ~at apud *le hevyn* de Salt-Assh W. WORC. *Itin.* 26. **b** c**1252** temporale cum psalterio bono .. ~ans in fine cum antiphona 'salve Regina' *Vis. S. Paul.* 18; diccionem in vocali ~antem *Orthog. Gall.* S8; tertius terminatur in D, quartus vacat, quintus ~abit in a WILL. 16. **c** c**1350** incipiant infra quatuor dies .. et tribus ultimis diebus ante cessacionem magistrorum debent terminare *StatOx* 27; s**1355** sicque universitate Oxonie .. dissoluta, nullus in termino in arte dialectica ~avit nec incepit AVESB. f. 124.

8 (in gl.) ? to exile.

~ate, exulate *GlC* T 115.

terminarius [CL terminus+-arius]

1 situated at or forming the end or extremity of something, (in quot., *numerus ~us*, also as sb. m.) golden number (*cf. numerus* 1e).

~ius numerus qui est in kalendis Januarii BACON *Tert.* 281; si ante quadringentos annos luna per ~ium prima ostenderetur sufficienter in locis kalendarii ubi ~ius signatus est BACON VI 53.

2 belonging to or lasting for a limited term or definite period, (as sb m.) one who hold lands or tenements for a term of years or for life.

si .. per virum .. facta fuerit alienacio tenementi ante desponsationem ad terminum vite ipsius viri, talis alienacio mulieri non prejudicat eo quod ~ius nichil habuit nisi usumfructum *Fleta* 347; **1281** prohibitum est quod ~ii non manu operentur in aliquo quod inde tenent ad terminum *CourtR Hales* 165; judicium quod ~ius habebit terminum suum, non obstante feoffamento facto postea per possessorem tenementi *MGL* I 678; **1443** postea in domo de Blakney per iiij^{or} annos mansit, et ibidem fuit ~ius et hospes *Paston Let.* 871 p. 516.

terminatim [CL terminus+-atim], by terms, termly, at fixed intervals.

1280 quod .. decima solvatur ad duos terminos anni, incipiente primo termino in festo Natalis Domini .. et alio termino in festo Natalis beati Johannis .. et sic ~im usque ad ultimam solutionem *Conc. Syn.* 870; c**1545** annuatim et ~im in festis Inventionis sancte crucis, sancti Petri ad vincula *Conc. Scot.* I ccxci.

terminatio [CL]

1 limitation, imposition of boundaries.

~o autem in divinis esse non potest, et ideo nec commensuratio proprie loquendo MIDDLETON *Sent.* I 182a.

2 termination (of state, process, or sim.), ending, conclusion. **b** ending, final part (of word, verse, or sim.).

erit ~o appetitus materie universalis per complementum universi, quia quelibet forma completa necesse est ut compleat materiam suam PECKHAM *QA* 114; lector .. ceram mundam in margine contra locum ~onis sue ponet *Obs. Barnwell* 164; ?a**1350** determinaturi pro se incipiant infra quatuor dies .. et tribus ultimis diebus ante cessacionem magistrorum debent terminare, ita quod dies Mercurii sit primus dies ~onis *StatOx* 27; damnabilis .. depredacio plurium, post belli .. ~onem *Reg. Whet.* I 171; c**1559** usque ad dissolutionem, ~onem, conclusionem .. concilii provincialis generalis *Conc. Scot.* II 143. **b** singulae .. ~ones habent regulas praefixas, quot genera possint in eis esse ALCUIN *Gram.* 862D; *sêo forme* declinatio *hæfð* tres ~ones, *þæt syn ðrêo geendunga*: a *and* as *and* es ÆLF. *Gram.* 24; quomodo .. ita te subjecisti socordiae ut non vel uno die ad primum 'fiat' et secundo ad aliud, et inde ulterius pervenias, quatinus per totidem dies quot sunt hujusmodi ~ones psalterium compleas? GOSC. *Mir. Iv.* lxv; intelligendo ~onem pedis *Mens. & Disc.* (*Anon. IV*) 26; Greca que apud Latinos Grecam retinent ~onem habent eadem genera que apud Grecos BACON *Gram. Gk.* 70; 4[ta] cadencie ~o suam potest finire ~onem in spondeo quatuor sillabarum cum dactilo precedente *Dictamen* 335.

3 determination, decision, resolution.

quia orator non intendit persuadere nisi propter questionis ~onem, ut justum .. quod prius latuit per sententiam elucescat KILWARDBY *OS* 591.

terminative [terminativus+-e]

1 in a way to provide or form a boundary, limit, or extremity.

si forma una recepta satiat intrinsece, sequitur quod objectum quod respicitur a potentia per illam formam satiat potentiam extrinsece vel ~e DUNS *Ord.* II 2; quodcumque receptivum quietatur intra finito aliquo recepto; sed extra sive ~e non oportet quod in finito quietetur *Ib.* II 15.

2 in a way that brings to an end, finally, conclusively.

mirabile est quomodo sensus potest judicare, cum judicare sit actus complexus ~e et presupponit apprehensionem sive formationem complexi, quod non potest fieri per potentiam sensitivam OCKHAM *Sent.* VI 85.

3 in the way of direction to something as ultimate object.

sicut enim est duplex dare subjectum sciencie, que est qualitas, scilicet substanciam sciencie, in qua est formaliter subjective, et rem scitam, in qua est causaliter ~e, cum sciencia sit ad aliquid WYCL. *Ente Praed.* 83.

terminativus [CL terminatus *p. ppl. of* terminare+-ivus]

1 that provides or forms a boundary, limit, or extremity.

punctus potest significare vel minimum sensibile secundum tres demensiones terminatum intrinsecus quantitatis continue permanentis, vel ~um linee intrinsece simpliciter sine parte WYCL. *Log.* III 46.

2 that brings to an end, finishing, concluding.

est .. siccum ~um; .. est .. sicci sigillare formamque impressam retinere *Ps.*-GROS. *Summa* 530; siccitas .. que non perfecte terminatur in proprio centro est qualitatis humorose in se male terminabilis ~a et sue interminabilitatis finis immobilis BART. ANGL. IV 3; ens ~um .. non tantum terminat sed movet DUNS *Ord.* III 76; si ratio naturae sit ratio prima objectiva intellectus, oportet quod differentia contrahens sit ratio motiva et ~a ipsius actus sentiendi OCKHAM *Sent.* II 455.

3 directed to some ultimate object, that has an end.

intelligere vel scire res operatio ~a ad res sicut creatio BACON VII 146.

terminator [CL terminare+-tor]

1 one who provides or forms a boundary or limit.

vident polum septentrionalem et ipse est ~or visus eorum GROS. 13; orizon vero est circulus dividens inferius emipserium [*sic*] a superiori, unde appellatur orizon, id est, ~or visus SACROB. *Sph.* 91.

2 one who settles or decides questions or disputes, judge.

illi duo ~ores .. personaliter accedent ad locum et diligenter examinabunt THORNE 1958; **1408** cum terminis philosophicis . concludi non poterit omnium ~or *Conc.* III 317.

terminum v. terminus.

terminus [CL]

1 boundary marker, boundary-post, -stone, or sim; **b** (in gl.).

~o [*gl.*: ~i dicti quod terre mensuras distinguunt atque declarant] ALDH. *VirgP* 18; ~us lapis ipse a tribus pedibus minus hab' *GlC* T 103; de arbore que ~us erat agrorum suorum MAP *NC* I 25 f. 20v; habeo .. locum valde secretum .. et ipsum tibi et Deo offero cum ~is suis (*Mochoemog* 13) *VSH* II 170. **b** conpetis, ~is *GlC* C 595; metas, ~os *Ib.* M 126; competis, ~is, *wega gelaetum GlH* C 1282.

2 extremity, limit, boundary (of territory). **b** furthest point, end. **c** (geom.) boundary. **d** (pl.) territory, region. **e** (astr.) region (in quot., within zodiac sign, assoc. w. spec. planet). **f** (transf.).

alis remorum remigumque brachiis ac velis vento sinuatis vecti, ~os rumpunt caeduntque omnia GILDAS *EB* 16; ?**700** ~os vero hujus terrulae ideo non ponimus quoniam ab accolis undique certi sunt *CS* 98; [Aedilberctus] qui omnibus .. usque ad ~um fluminis Humbrae Anglorum gentibus imperabat BEDE *HE* II 3; **8..** ne transgrediaris ~os antiquos, *ne oferstepe ðu ealde gemero WW*; **957** his ~is haec terra ambitur *CS* 988; irrumpitur .. a barbaris nationibus hereditas Christi .. possessioque ejus de ~is terre incursatur J. FORD *Serm.* 116. 6. **b** vidi ante nos murum permaximum, cujus neque longitudini hinc vel inde neque altitudini ullus esse ~us videretur BEDE *HE* V 12; ipsa postremo argenteorum rotunditas eternitatis, que ~um non habet, manifeste exprimit infinitum J. FORD *Serm.* 117. 9; in corporibus sphericis equalibus medietas cujuslibet recipit virtutem alterius, quia radii extremi contingunt corpora illa, et ideo transeunt per ~os diametri, et non attingit aliquis radius ad aliquam partem alterius medietatis BACON *Maj.* I 124. **c** figura est que ~o vel ~is continetur ADEL. *Elem.* I *def.* 14; exeat .. superficies ex a b et a g. eritque ei communis ~us cum superficie assignata. sitque communis ~us linea d h *Ib.* XI 13. **d** spumantis cataclismi caerula cum proprios egrederentur ~os [*gl.*: i. fines] ALDH. *VirgP* 29; **799** prope enim estis vos ~is paganorum ALCUIN *Ep.* 184; per omnes Albionis ~os in hostes clam palamque stimulabant ORD. VIT. IV 4 p. 184; que Bosra est in deserto trans Jordanem, que cecidit in tribu Ruben ad orientalem plagam Jericho et extenditur versus Macherontem et ~os Moabitarum BACON *Maj.* I 347. **e** inest item stellis vigor ex suorum effectuum locis, velud est domus, principatus, ~us, facies, et trigonalitas (ROB. ANGL. (I) *Jud.*) *MS BL Cotton app. vi* f. 162v (v. facies 11); de ~is .. diversi diversa sentiunt. famosiores sunt ~i Egyptiorum, qui sunt hi: Jupiter habet 6 primos gradus arietis, Venus 6 sequentes GROS. 43 (=BACON IX 192). **f** s**1455** damnabilis .. magis quam laudabilis ille triumphus, qui cum in prosperis perstet ~is, nescit posterius gladium convertere in vaginam, compescere spiritum ultionis *Reg. Whet.* I 177.

3 line or point that marks the furthest possible or permitted extent of action, condition, or sim., limit, bound (often pl.). **b** (phil.) end or term (of action or relation).

patet .. error inrationabilis eorum qui praefixos in lege ~os .. vel anticipare vel transcendere praesumunt (*Lit. Ceolfridi*) BEDE *HE* V 21 p. 337; **798** ut .. nihil apostolicis traditionibus contrarium aboriri permittatis, sed inter ~os patrum firma statione se ipsos retenere jubeatis ALCUIN *ad Beatum* 319; exitus .. finis, effectus, ~us .. *utgong, endestæf GlH* E 505; si in me corripiendo .. excederitis ~os equitatis P. BLOIS *Ep.* 130. 385A; qui ultra concessos qui preteriri nec debent nec possunt ~os celestium secretorum ardua et arcana scrutari nituntur GIR. *TH* I 13; pono ~um in divina providencia J. FOXTON *Cosm.* 87. 5. **b** si esset intra [solum] haberet ~um, quia intellectus noster terminaret illud in universo; si esset extra [solum] similiter haberet ~um, quia intellectus noster terminaret illud ad universum HALES *Qu.* 772; omne quod movetur partim est in ~o a quo et partim in ~o ad quem; in vacuo non est pars OCKHAM *Quodl.* 49; dico quod '~us relationis' dupliciter accipitur: uno modo, proprie pro illo ad quod dicitur secundum convententiam relatio, quod sibi additur in casu obliquo quando relatio de aliquo verificatur *Ib.* 673.

4 condition, stipulation.

siquis burgensis frangebat ~um quem vicecomes imponebat ei *DB* I 251ra; c**1103** precor .. ut illum in pace in episcopatu manere permittatis, saltem usque ad ~um nostri respectus, ut interim mihi liceat illi facere consecracionem ANSELM (*Ep.* 265) IV 180; **1241** cui remandastis .. literas vestras tenere dicta placita in manum vestram donec aliud precepissetis, qui .. ex[ced]ens ~os mandati vestri disseisivit me de tota ballia foreste vestre *CurR* 1486; **1502** assignatis per manus receptoris eorundem pro tempore existenti ad ~os ibidem usuales per equales portiones unacum .. aliis proficuis debitis *RScot* II 547a.

5 point at which an activity or process stops, end, finish. **b** (leg., *ad ~um vitae* or sim.) for life.

[sedis Lundoniae civitatis] episcopus usque ad vitae suae ~um mansit BEDE *HE* III 7; in fide Catholica usque ad vitae ~um perseverantes EGB. *Pont.* 55; [questiones] quas vestra fraternitas perlegendo discutiat, discutiendo perlegat, ~um his imponere decrevi, maxime quia disputando perveni ad eum qui est initium et finis ABBO *QG* 23 (50); ?**1197** quanto recessimus longius a die nativitatis nostre, tanto propinquiores mortis ~o facti sumus P. BLOIS *Ep.* 141. 424A. **b** item de terris et tenementis propriis quae tenuerit in feodo sibi et heredibus suis, et non ad ~um vite vel annorum BRACTON f. 92b; **1283** Agnes .. tenet j mesuagium cum quadam crofta adjacente, ad ~um vite sue *Cust. Battle* 3; **1342** idem R eadem tenementa eidem T. dimisit ad ~um vite *CBaron* 121; c**1367** L. H. et R. H. ceperunt unum tenementum et xv acras terre quondam in tenura Johannis .. habend' et tenend' ad term' vite eorum *Hal. Durh.* 61.

6 defined point in time (being the start or end of a period, or when something is to be done), defined temporal limit. **b** each of the days in the year fixed for payment of rent, wages, and other dues, beginning or end of tenancy, or sim., 'term-day'.

cum in vicesima secunda die mensis Paschae diem statuunt dominicum, legitimos utique ~os Paschae aperta transgressione violant (*Lit. Ceolfridi*) BEDE *HE* V 21 p. 338; **797** sicut ab omnibus in ~is paschalibus verissime decantatur et firmissime tenetur ALCUIN *Ep.* 126; c**1087** pro predicta terra det cambium iij libras, quod abbas et monachi gratanter accipere debeant. hii sunt ~i denariorum: in Ramis Palmarum xxx solidos; in festivitate Apostolorum Petri et Pauli xxx solidos *Ch. Westm.* 237; quodsi parentes mortui nolint illuc venire constituto ~o [AS: *ðæm andagan*], emendet unusquisque cxx sol. (*Quad.*) *GAS* 157; Domini annos diversis modis et ~os numerant, sicque in ecclesiam Dei multam mendaciorum confusionem inducunt. quidam enim annos Domini incipiunt computare ab Annuntiatione, alii a Nativitate, quidam a Circumcisione .. GERV. CANT. *Chr.* 88; **1224** vicecomes scire faciat perambulacionem illam ad tale ~um per quatuor milites. item dies datus est partibus *BNB* II 698; **1276** cum nos .. ~um peremptorium vobis dederimus ad visitandum vos *Reg. Heref.* 87. **b** sunt autem quatuor ~i, scilicet festum sancti Michaelis, Natale Domini, Pascha, et Nativitas sancti Johannis Baptiste *Consuet. Sal.* 11; **1200** de ~o sancti Andree *CurR* 372; c**1209** eidem de ~o Natalis xlv s. j d. per j talliam. eidem de iij ~is sequentibus vj li. xv s. per talliam *Crawley* 189; **1232** reddendo inde annuatim mihi et heredibus meis octo denarios ad duos ~os, scilicet quatuor denarios ad Pascha et quatuor denarios ad festum sancti Michaelis pro omnimodis serviciis *Starrs* I 40; c**1300** ad duos anni ~os principales, viz. ad Pascha v s. et ad festum sancti Michaelis v s. *FormMan* 3; c**1410** et de xij s. iiij d. de *tuthyngpenny* ad †turnos [l. ~os] sancti Martini et *hocke Crawley* 297; **1452** solvat .. sex solidos et octo denarios ad quatuor anni ~os usuales per equales porciones *Deeds Balliol* 40.

7 period of time that has definite limits, term; **b** (of each of the periods, usually three or four in the year, appointed for the sitting of certain courts of law or for keeping accounts); **c** (acad.); **d** (leg.). **e** (*~us regis*) king's term (a year and a day). **f** (in name of writ, *ad ~um qui preteriit*).

957 Adam .. usque ad ~i sui calcem mirabiliter vivens mortem minatam persolvit et ad inferos poenas luens decendit [*sic*] *CS* 995; decurso hujus aevi ~o EGB. *Pont.* 55; emit eam .. ad aetatem trium hominum et infra hunc ~um poterat ire cum ea ad quem vellet dominum *DB* I 72rb; habeat tres noctes ~um [AS: *ðreora nihta fyrst*] cavendi sibi (*Quad.*) *GAS* 49; **1217** nullus comitatus de cetero teneatur nisi de mense in mensem, et ubi major ~us esse solebat, major sit (*Magna Carta* 42) *SelCh* 343; quod nullus recipiat tenentem alicujus in tenementi ~um, nisi idem tenens rationabiliter monstrare poterit quod licentialiter recessit de feodo in quo antea morabitur [l. morabatur] *MGL* I 252. **b** **1219** placita apud Westmonasterium de ~o sancti Michaelis *CurR* 1; **c1266** computum .. de exitu coquine, de quatuor ~is finitis die hujus computi *ExchScot* 1; **c1290** quia fuit in ultimo die ~i super levacione auditorum datus fuit eis dies in crastino Assencionis Domini *State Tri. Ed. I* 14; **1482** quibuscunque diebus et locis attachiandum et per omnes juris ~os ipsos prosequendum *Reg. Aberbr.* II 187. **c** **a1275** in quolibet ~o quilibet magister recitet ter in scolis suis rotulum suum *StatOx* 60; **s1355** sicque universitate Oxoniae .. dissoluta, nullus in ~o in arte dialectica terminavit nec incepit AVESB. f. 124; a scolaribus sive discipulis, cum in studiis generalibus in iniciis anni aut ~i cujusquam ad scolas accedunt, tria racionabiliter queri possunt RIC. ARMAGH *Serm.* 34; **1412** temporibus parvarum vacacionum sicut in pleno ~o *StatOx* 216; **1595** quolibet anno in termino Michaelis temporibus et locis consuetis *Ib.* 454. **d** ubi quis seisinam suam perierit vel alicujus antecessoris sui quam de voluntate sua de aliqua re ad ~um annorum vel ad terminum vite aliis dimisit, et que post terminum preteritum ad ipsum reverti debeat BRACTON f. 318; **1416** quod .. Bernardus pro ~o vite sue cum aliquo alio, preterquam nobiscum, non retineatur *Foed.* IX 360a; **c1467** de denariis receptis de J. B., milite .. de quadam summa .. pro ~o vite sue (*TR Bk.*) *JRL Bull.* L 443; **1457** [lego] Margarete uxori mee .. ~os meos in domo de *la stathe Test. Ebor.* II 109; **1513** volo quod T. S. et W. filius meus habeant insimul omnes annos et ~os in firma mea de Somborne parva *Crawley* 545. **e** **1221** vicecomes resp' .. de xvij sol. de precio terre ejusdem Willelmi de ~o domini regis *SelPlCrown* 104; **1221** J. R. capitalis dominus finem fecit pro habendo ~o domini Regis de dimid' hida terre per 20s *PlCrGlouc* 33. **f** **c1270** non [habet] ingressum nisi post dimissionem quam predictus P. inde fecit R. ad ~um qui preteriit ut dicit *Selden Soc.* LXXXVII 98 (cf. ib. *tit.*: de ingressu ad ~um qui preteriit post dimissionem); **c1309** *par defaute après defaute en un bref d'entré* ad ~um qui preteriit *et en ceste court et devaunt nos mestres ci Year Bk.* I (*Selden Soc.* XVII) 103.

8 (*~us crucesignatorum* or sim.) crusader's term of immunity and protection.

c1192 attornavit pro debitis suis acquietandis usque ad ~um crucesignatorum *Pipe* 33; **1203** Gaufridus crucitus est et petit pacem per crucem et ~um crucitorum *CurR* 196; **1204** quod ~us cruisitorum elapsus est *Ib.* 234; **1219** vocat ad warrantum .. W., qui iter in terram Jerusalem [arripuit] et petit quod habeat ~um suum crucesignatorum *BNB* II 53; concedo A. talem terram meam ad certum ~um, sicut cruce signatorum, et ita quod si rediero, restituet mihi terram meam BRACTON f. 20; **1253** ut licenciam ei concederemus capiendi ad firmam terram .. in Kery usque ad ~um crucesignatorum *Cl* 108.

9 term: **a** (math.); **b** (phil., esp. *~us medius*, in syllogism).

a si vis addere proportionem proportioni, pone ~os unius proportionis, ut duo unum sunt ~i dupli et subdupli *Mens. & Disc.* (*Anon. IV*) 70. **b** communis ~us syllogismi non tam in prolatione quam in sententia est habendus ANSELM (*Gram.* 4) I 149; scientiam reperiendi medium ~um J. SAL. *Met.* 909B (v. medius 3); quid quod Aristotelis medius quoque terminus alti / viribus ingenii cedere promptus erat NECKAM *DS* X 71; Aristoteles primus syllogismos distinxit, et rationibus adjutus geometricis, artificiosam medii ~i inventionem tradidit *Id. NR* II 173 p. 284; causa est quia iste ~us 'facere C esse verum' non est ~us singularis - quod tamen requireretur si consequentia valeret KILVINGTON *Soph.* 40 (41) h.

10 (technical) term, expression, phrase.

'hoc est corpus meum', id est subjectum huic forme est corpus meum, et ita hoc pronomen 'hoc', sicut iste ~us existens sub hac forma communem habet suppositionem S. LANGTON *Quaest.* f. 206vb; **1324** in juventute sua .. ~os grammaticales et usum et artem cantandi et legendi addiscat *Lit. Cant.* I 127; [modus intelligendi] qui est obscurus et prophecialis, quia dat alia intelligere quam ~i secundum communem usum loquenti significant (ERGOME) *Pol. Poems* I 125; intelligimus per istum ~um 'depositum' rem alicui causa custodie .. datam *G. S. Alb.* II 437; termeni Arabici in instrumento astrolabii: armilla .. alorcat W. WORC. *Itin.* 240; quanto major ~orum multitudo, tanto major difficultas et confusio *Plusc.* X 8.

termo v. ternio. **termodium** v. trimodia. **termofila** v. thermopyla. **termus** v. termes.

1 terna, ternus [? cf. ON *þerna*, AS *stearn*, starnus], ? kind of bird (*cf. starnus*).

c1326 in exhenniis missis domino priori .. item in ~is v s. iij d. *Sacr. Ely* II 53.

2 terna [ME *terne*], lake, pond, tarn.

[*through the middle of Richard's ploughland near a certain tarn*] ~a *Reg. Holm Cultram* 70.

ternarius [CL]

1 that consists of three or pertains to the number three, (*~ius numerus* or as sb. m.) the number three.

~ius numerus .. propter confessionem sanctae Trinitatis BEDE *Sam.* 569C; **798** sunt etiam versus beati Ambrosii episcopi de ~ii numeri excellentia nobilissimi, quos ad confirmationem trinae mersionis huic epistolae inserere placuit ALCUIN *Ep.* 137; quinarius numerus perfectus est et in suis partibus constat divisus, nam gloriatur se ~io atque binario esse comptum. ~ius ad sancte Trinitatis pertinet mysterium BYRHT. *Man.* 204; ad ~ium et quaternarium .. immo ad duodenarium perfectum numerum pervenit ANSELM *Misc.* 319 (v. quaternarius 1); nunquam scietur quid sit triangulus sine ~io BART. ANGL. XIX 114; tota perfectio numeri in ~io .. reperitur BACON *Maj.* I 222.

2 threefold.

nec rebellare audent tam evidenti caelesti imperio ~ia indictione probato GOSC. *Wulfh.* 1; penes istas potius quam penes alias sapientia ~io partitionem sortitur BACON VIII 111.

3 (as sb. m. or n.) set or group of three. **b** the Trinity.

~io psalmorum et lectionum contenta, tribus quoque responsoriis et tribus versiculis BELETH *RDO* 56; iste vero duodenarius per quattuor ~ios dividitur. primus igitur ~ius ponatur sardius et topacius et smaragdus in diademate R. NIGER *Mil.* II 6; per dies singulos tria cantavit horarum paria, devotus complens hunc ~ium *V. Edm. Rich P* 1794B; sicut primus ~ius descendit a maximo in suo ordine per medium ad ymum, sic secundus ~ius ascendit ab ymo in suo ordine per medium ad summum GROS. *Hexaem.* V 1 p. 159; **1247** vere fidei, secure spei, et fervide caritatis ~io insignitus (*Lit. Papae*) M. PAR. *Maj.* VI 121 (=*Flor. Hist.* II 316); illud corpus et a et b faciunt ~ium; igitur in isto corpore est aliqua pars illius ~ii vel totus ~ius OCKHAM *Sent.* IV 102. **b** pro denario vendunt ternarium *Ps.*-MAP 13.

4 the third (as tax).

annis predictis domini ternarius assit, / ad pelagus properant undique signa crucis GARL. *Tri. Eccl.* 127.

ternio [CL]

1 set or group of three.

viros quos adduxerat in ~ones et quaterniones separavit *Ps.*-ELMH. *Hen. V* 100; **1554** pro portatore cujusdam ~onis [*CalPat* 182: †termonis] vocat' *a leashe* hujusmodi austurcorum, falconum *Pat* 870 f. (14) 21.

2 quire of three sheets, each folded in two, ternion.

EE. ~o LINACRE *Emend. Lat.* f. ii v (v. duernio).

3 (in gl.) commander of three soldiers.

~o .. ille qui habet tres milites sub custodia sua OSB. GLOUC. *Deriv.* 579; ~ones, trium militum magistri *Ib.* 591.

ternitas [CL ternus+-tas], set of three, 'threeness'.

sicut est ibi ~as *Ps.*-GROS. *Summa* 384 (v. quaternitas).

ternorium [? cf. ME *terne*], ? conduit, channel.

per quandam fossam et per ~ium de Shelvak usque ad dictum vivarium *Cart. Haughmond* 542.

ternus [CL *usu pl.*; cf. et. trinus]

1 three in each instance, three at a time, in groups of three.

septies ~i xxj BYRHT. *Man.* 30; dicant completorium bini aut ~i sub silentio LANFR. *Const.* 113; decem quoque sunt triplicia, quia saepe ~i et ~i delectantur corporis sensus supradicti *Simil. Anselmi* 16; cum .. quidam ex eis [fratribus] singulos calices, alii binos, aliqui vero ~os bibissent, mox in eos qui tres biberunt calices irruit sopor trium dierum (*Brendanus* 36) *VSH* I 120; ~i .. in Trinitatis memoriam ad prandium sedent GIR. *DK* I 18.

2 threefold.

decebat enim ut timorem ~ae negationis ~ae confessionis amor elueret BEDE *Luke* 600C; redeunt ad altare cum letania ~a [*gl.*: *þreofealdum*] *RegulC* 48; triclinium .. ~a sessio convivantium OSB. GLOUC. *Deriv.* 580; o Trinitas una et unitas ~a AD. SCOT *TGC* 826A; quo zelo reprobos feriat, justos adamando / confoveat, deno ternoque volumine pando GERV. CIC. *Vers.* xlviii.

3 (also in comp. numeral) three. **b** (of things forming a set) three.

aethereus ternas genitor nos jam peperit hoc / sub miserae fato legis de matre sorores TATWINE *Aen.* 15 (*Nix, grando, et glacies*) 1; pontifices ex his ternos sacra infula texit *Epigr. Milredi* 813; ecclesia rotunda .. ~as per circuitum cameratas habet porticus desuper tectas BEDE *HE* V 17; **797** tricenteni quinquageni ~i dies repperiuntur ALCUIN *Ep.* 126 p. 186 (v. quinquagenus 1); Emma .. abbatissa cum ~is sanctimonialibus Uticum confugit ORD. VIT. XI 3 p. 182. **b** in annali .. libello .. ubi duos lunae circuitus, id est quiquagenos et novenos dies, ~a tenent alphabeta BEDE *TR* 33; ceu geminae ex ternis furium sedere sorores WULF. *Swith.* I 512.

4 third.

Austraberta pia ternas dimiserat idus *Kal. M. A.* 42; ~am .. partem collegii ad divinum officium celebrandum instituit (*Geraldus* 10) *VSH* II 112; **1386** de ~o itinere burgi de Abirdene tento de tempore hujus compoti *ExchScot* 680; hic rex Henricus quintus ~o notat anno, hoc est dicere, anno domini m°cccc°xvi° et anio [l. anno] regni regis Henrici vtiii° capta fuit villa STRECCHE *Hen. V* 153; Ricardus .. ~us praenominis ejus J. HERD *Hist. IV Regum* 101.

terpolus v. 2 tribulus.

Terpsichore [CL < Τερψιχόρη], Terpsichore, Muse of lyric poetry and dance.

sunt .. novem Muse que sapientiam comitantur .. Tersicore delectatio studendi BERN. *Comm. Aen.* 35; novem Muse .. nomina sunt hec: Clio, Euterpe, Melpomene, Thalia, Polyhymnia, Erato, Terpsichore [MS: Tercicore], Urania, Calliope *Natura Deorum* 21.

terquini v. ter.

1 terra v. tarra.

2 terra [CL]

1 (dry) land, area of (dry) land; **b** (w. *sicca*, *arida*, or sim.). **c** (abl. sg. *~a*, esp. in phr. *~a marique*) on or by land. **d** (also *~a continens*, *~a firma*, *~a certa*, or sim.) mainland.

transnavigare maria ~asque spatiosas transmeare non tam piget quam delectat GILDAS *EB* 67; unda tuo jussu pelagi fit pervia justis, / terra sed econtra vindex fit gurges iniquis ALCUIN *SS Ebor* 1380; prohibeo ne aliquis disturbet .. carreiam Sancte Marie de Abbendona, nec aliquid aliud quod sit dominicum abbatis .. vel per ~am vel per aquam disturbet *Chr. Abingd.* II 78; insula quasi 'in salo posita' dicitur illa ~a quam circumquaque collustrant maria BERN.

Comm. Aen. 21. **b** tunc transierunt filii Israhel per Mare Rubrum tamquam per aridam ~am THEOD. *Laterc.* 2; ~a solida, vix duobus jugeribus lata, monasteriolum et monachorum officinas habet W. MALM. *GP* II 92; **a1271** concessi ut dicti monachi habeant omnes vias peture et certe [*CalCh* II 173: †trite] terre de feodo meo *ChartR* 60 m. 3; **a1295** quod nullus emat allec .. antequam navis jaceat super siccam ~am (*Berwick-upon-Tweed*) *Gild Merch.* I 233. **c** a Syria usque Romam cum bestiis ~a marique depugno GILDAS *EB* 74; insula .. et avium ferax ~a marique generis diversi BEDE *HE* I 1; hostiles copiae ~a marique irrumperent ASSER *Alf.* 91; quando rex ibat in expedition' vel ~a vel mari (*Wilts*) *DB* I 64v; est in ea domo hospitum ~a marique venientium quantum libuerit diversorium W. MALM. *GP* II 78. **d** Tanatos insula .. quam a continenti ~a secernit fluvius Uantsumu BEDE *HE* I 25; **c1175** tam de piscationibus insularum quam firme ~e adjacentibus *Regesta Scot.* 165; **1234** si .. gravellam proici fecit inter .. insulam et certam ~am ita quod .. cursum aque divertit *CurR* XV 1177; **1501** potestatem committimus .. hujusmodi banneras et insignia nostra in quacumque .. insula seu ~a firma a se sic noviter inventis affigendi *Pat* 587 m. 20 (7); **1502** quod nullus ex nostris subditis ad aliquam ~am firmam, insulam, patriam, seu locum .. navigare .. presumat *Foed.* XIII 38a.

2 ground, surface of the earth. **b** (w. *tenus*, also as one word) on or to the ground.

Herculis .. postquam paene totum orbem cum bellis peragrasset et ~am tanto sanguine maculavisset *Lib. Monstr.* I 12; alii .. stantes nudi versis capitibus contra naturam deorsum ad ~am, et expansis cruribus erecti pedes ad coelos sursum prominebant *V. Cuthb.* I 3; repentina .. molestia tactus est, ita ut corruens in ~am, et aliquandiu pronus jacens, vix tandem resurgeret BEDE *HE* IV 29; in commune precor prostrato corpore terris, / utque mei curam Paulini habeatis in aevum ALCUIN *Carm.* 20. 24; per bidentes .. accipimus corpora in ~a prona et bruta BERN. *Comm. Aen.* 39; surgens de ~a, cucurrit ludens et mugiens ad alios vitulos (*Abbanus* 7) *VSH* I 7. **b** si sacrum ~a tenus negligendo ceciderit, cena careat GILDAS *Pen.* 21; ibi puellam terretenus inclinatam .. erexit *V. Kenelmi* 30; porrectis ~a tenus manibus AILR. *Ed. Conf.* 754B; fratres .. sanguinati, dum die primo minucionis sue, ut moris est, in locutorio terratenus resident *Cust. Cant.* 310.

3 ground, earth (regarded as solid stratum); **b** (in plant-name or sim.). *V. et. terraemotio, terraemotus.*

aquae calidae .. naturali meatu per venas ~ae de mari exeuntes *Comm. Cant. II* 15; Aethiopes .. a vapore ardentissimorum siderum ~arum defenduntur latebris *Lib. Monstr.* I 9; in India, a qua prius Hercules ~ae motu fugatus recessit *Ib.* II 6; pecunia sepulture justum est ut aperta ~a reddatur (*Quad.*) *GAS* 294; pretium cantus accepit; quod asportare nausians sub se in ~a defodit W. MALM. *GR* II 131; fuerat in Anglia ~e motus generalis .. qui terra motus [*sic*] maximis edificiis in partibus australibus grave dampnum intulit et jactura *Chr. Kirkstall* 124. **b 10..** fel ~ae, vel centauria, *eorðgealle WW*; malum ~e, *galluc* vel *elechtre Gl. Durh.* 303; stella ~e, que est quedam mucillago jacens super terram, prohibet apostemata calida in principio GAD. 28. 1; fumus ~e, fumulus idem, A. et G. *fumetere Alph.* 69.

4 ground or earth (as source of vegetation or as cultivated), soil, land; **b** (dist. as *nova* or *vetus*). **c** (also *~a arabilis*, *~a sationabilis*, or sim.) arable land (dist. from *pratum, etc.*). **d** (*~a pasturalis* or sim.) grazing land. **e** (*~a campestralis*, *~a plana*, or sim.) open, unenclosed land.

ne ~a penitus in solitudinem redigeretur GILDAS *EB* 7; de terris orior candenti corpore pelta ALDH. *Aen.* 70 (*Tortella*) 1; cum frumento .. quod dum praeparata ~a .. seminaret BEDE *HE* IV 26; nec facit ad sapidos amplexus nubile multis / ancille gremium. variis hec bobus aratur / terra nec indecores scit fastidire colonos HANV. IX 252; **c1190** istum pratum meum cum demenio meo in marisco de F. preter ~am cultum [*sic*] et toftos *Ch. Gilb.* 50; **1279** dictus firmarius non communicabit cum aliquibus averiis suis in ~a culta ex parte orientali de Colepath *Feod. Durh.* 110n; **1314** seisivit ~as seminatas et blada *Eyre Kent* I86. **b 1292** debent .. omnes tenentes novam ~am in dicto manerio releviare cum acciderit totum redditum quem solvunt per totum annum. et pro veteri ~a debent releviare .. terciam partem tocius redditus *Reg. S. Aug.* 236; **1292** de quo tenemento sunt nova ~a et dangerium viij acre *Ib.* 237; **1385** arrari faciant novam ~am super le Braks et Oxenlawfeld *Hal. Durh.* 126. **c 675** (15c) ~am trium aratrorum in marisco qui appellatur Stodmerch .. cum pratis, campis, silvis, fontanis, paludibus, fluminibus, et omnibus ad eamdem pertinentibus rebus *Ch. S. Aug.* 6; **686** (13c) omnes ~as sationales, cum pratis, campis, silvis, fontanis *CS* 67; **943** (14c) x mansas ei .. concessi, ad quam .. ~am pratum aliquod pertinet *CS* 782; **a1200** iiij acras ~e et ij parcatas prati .. scilicet j terra jacet super Weletonhul juxta terram Holiveri, et altera est terra que pulsat super Losletthes *Danelaw* 31; si ~e sint tripartite tunc novies viginti acre faciunt carucatam *Fleta* 159; **1293** dicunt .. quod predicta tenementa, que predictus prior dicit esse ~am, pratum falcabile est *Ann. Dunstable* 379; **1583** bovatas ~e, prati, et pasture *Pat* 1234 m. 18. **d** duabus peciis ~e, una videlicet pasturalis, altera .. *Reg. Rough* 177; **1587** ~a pasturalis *Pat* 1303 m. 24. **e** Anschitil tenet xl acras inter planam ~am et pratum (*Heref*) *DB* I 179va; **c1215** concessi .. molendinum .. cum .. crofta et tota ~a campestri que pertinet illi molendino *Cart. Osney* IV 170; **1227** concessimus .. de platia nostra .. partem illam quam incluserunt quodam fossato .. usque ad dunam fossati civitatis Eboraci .. quamdiu plana ~a se extendit *Cl* 11; **1378** sunt ibidem cc acre ~e campestrales *IMisc* 215/3 r. 2.

5 earth personified as (pagan) goddess.

inde hic Titanus, -ni i. nomen cujusdam gigantis qui dicitur esse filius Terre OSB. GLOUC. *Deriv.* 585; filii Titanis et Terre, Gigantes, sunt corpora humana ex sole et terra composita BERN. *Comm. Aen.* 108.

6 earth as substance or material, esp. for use in building, in pottery, or in medicine. **b** piece or clod of earth as symbol of possession of land or rent in contracts. **c** earth as one of the four elements. **d** earth as substance from which humanity was created (*cf. Gen.* ii 7).

tulit .. de pulvere ~ae illius secum .. cogitans .. quia ad medellam infirmantium idem pulvis proficeret BEDE *HE* III 10; **c1195** duo stabula, unum de petra et aliud de ~a *Cart. Osney* II 283; **a1230** quandocumque opus fuerit .. stagnum predictum et estupamentum emendare homines .. capient libere et quiete .. ~am sufficientem ad eorum emendationem *E. Ch. Waltham* 243; **1294** pro .. ollis de ~a ad preparandum picem *KR Ac* 5/2 m. 2; **1339** in ~a et alba pinguedine emp' pro ovibus ungendis *Ac. Durh.* 310. **b 1450** ballivus .. cum terra et lapidibus manualiter ministravit .. episcopo .. saisinam .. ~arum *Reg. Brechin* I 145; **1516** idem ballivus .. statum, possessionem, et sasinam hereditariam de predicto annuo redditu .. per ~am et lapidem denariumque argenti .. dedit *Scot. Grey Friars* II 12. **c** non .. dubito omnem hanc mundi molem .. constare ex ~a et aqua et aere et igne ANSELM (*Mon.* 7) I 21; Jupiter, id est ignis superior ... deus aquarum dicitur Neptunus ... deus Herebi dicitur Pluto, id est ~a, quia in regione caducorum gravedo, id est terra, dominatur. horum soror Juno, id est aer BERN. *Comm. Aen.* 4; ~a non est ubique purum elementum, set alicubi magis commixta cum aqua, alicubi minus T. SUTTON *Gen. & Corrupt.* 93; ignis et aqua, aer et ~a sunt elementa *Ib.* 149. **d** omnia quae de ~a sunt in ~am ibunt [cf. *Sirach* xli 13] GILDAS *EB* 35; homo (carne quidem de ~a, anima vero de nihilo, creatus); qui in paradiso .. constituitur BEDE *NR* 193; quid terrenus homo, pulvis et terra, superbit? ALCUIN *Carm.* 62. 133; quoniam tarda et infirma est ~a quam gerimus GIR. *TH intr.*; corpus regis infuncti ad quandam parvam deferunt ecclesiam .. sicut ipse vivens devoverat (ne alia suam ~am susciperet terra) *Hist. Arthuri* 88.

7 (of spec. kind, named after its source, colour, use, *etc.*, also w. ref. to substance resembling earth). **b** (*~a rubea*) red earth, ruddle. **c** (*~a alba*) pipe clay, gypsum. **d** (*~a tenax*) marl, chalky clay. **e** (*~a figuli*) potter's clay. **f** (*~a falsa*) saltpetre, potash, rock salt, or sim. (*cf. nitrum*).

vitriolum nigrum apportatur de Francia et idcirco dicitur ~a Francigena M. SCOT *Lumen* 262; ~a sigillata dicitur specialiter quedam vena terre frigida singulariter et sicca, que dicitur secundum Pla' terra Sarracenica sive argentea BART. ANGL. XVI 96; ~a fetida est sulphur fetidum ROB. ANGL. (I) *Alch.* 518b; **1326** terram arti fullonum aptam *Cl* 143 m. 6*d*.; atramentum ~a quedam est, cujus nobilior species est vitreolum *SB* 12; **1393** de qualibet traia ~e de Roucestre venali, unum obolum *Pat* 337 m. 7; **1534** tarra sygylata, xij *Rec. Nott.* III 194. **b** in quolibet sacco [lane] cum rubea ~a .. fiat una crux depicta *Leg. Ant. Lond.* 144; **1276** fossatum .. includit xij pedes terre in latitudine et xx pertic' in longitudine in rubea ~a de dominico domini regis de la Berton' *Hund.* I 175a. **c** aque que diu scaturizantur in albis ~is sunt calide et infirme, quia continent in se particulas terreas BACON V 91; in dictis parietibus ligandis, plastrandis, et perjactandis .. in alba ~a ad idem fodenda et carianda *Ac. Cornw* 4; **1377** pro xvj cariagis pro alba ~a *KR Ac* 462/5. **d** hec glis, -tis i. terra argillosa .. que tria nomina quidam ita concludens ait glis animal, glis ~a tenax, glis lappa vocatur, glis -ris mus, glis -tis humus, glis glissis mala dumus OSB. GLOUC. *Deriv.* 259; **1511** item solutum pro quatuor bigis ~e tenacis pro eodem opere *Cant. Coll. Ox.* II 253. **e** †trasiguli [l. terra figuli], i. argilla *Alph.* 183 (cf. ib. 16: argilla, respice in ~a figuli). **f c1346** Willelmus Duglas sal Scotis sit quasi nitrum [*gl.*: ~a falsa] *Pol. Poems* I 50; cum crescunt pulli vadit masculus [sc. columba] et suggit ~am falsam, et quod suggit ponit in ore pullorum, ut assuescat eos cibo UPTON 177.

8 (particular) country, land, region, territory, esp. as inhabited by spec. people; **b** (transf., w. ref. to inhabitants); **c** (Ir., *~a pacis*, *~a guerre*). **d** (*~a repromissa*, *~a promissionis*, or sim.) promised land; **e** (*~a desiderabilis*). **f** (*terra sancta*) the Holy Land. **g** (*~a viventium*) heaven, (*~a morientium*) earth.

inimicis per multos annos praedas in ~a agentibus GILDAS *EB* 20; interrogavit .. de qua regione vel ~a essent adlati BEDE *HE* II 1; Tuder quidam Walensis ten' de comite j finem ~ae Walensis (*Salop*) *DB* I 253va; leges et consuetudines ~arum sunt multiplices et varie (*Quad.*) *GAS* 452; iter Angliam remeandi ingressus est, ipso pontifice et toto populo ~e super hoc dolente EADMER *HN* p. 134; **1218** si castrum de Knoc prosterneretur, tutior .. esset ~a nostra Hibernie in partibus illis *Pat* 160; Lasriano exeunti in quadam remota ~a a suis occurrunt sibi clerici quidam (*Lasrianus* 18) *VSH* II 135. **b s1292** elegitur in regem Scocie Johannes de Bailolf de communi consensu ~e *Ann. Exon.* f. 16v. **c ?1230** in ~a pacis *AncC* 11/128; **a1272** cum dominus rex quandam terram habeat in ten' de Tassagard juxta ~am guerre et predictus Rogerus quandam habeat terram manerio domini regis Novi Castri de Liuns ajacentem in ~a pacis *Chanc. Misc.* 10/13/6; **1297** quidam magnates et alii qui .. terras habent in marchiis prope Hybernicos et alias terras in ~a pacis manent .. in maneriis suis in ~a pacis, terris suis in marchiis relictis vastis et incultis *StatIr* I 198. **d** in extirpationem usque ad internicionem de ~a repromissionis septem gentium GILDAS *EB* 70; in repromissam ~am vix .. intrare potuit *Eccl. & Synag.* 75; **1189** Franci restaurabunt ~am promissionis DICETO *YH* 59; licuit .. filiis Israel ad ~am promissam proficiscentibus Egyptios spoliare HIGD. I 16. **e** legebam .. admirandum legislatorem ob unius verbi dubitationem ~am desiderabilem non introiisse GILDAS *EB* 1; qui magni hujus patriarche heres esse optaverit, ut nunc in longitudine, nunc in latitudine ~am desiderabilem perambulet J. FORD *Serm.* 65. 3. **f** certum est eos maledictione dignos in divino examine teneri qui me malis suasionibus ab ejus tabernaculo et ~a sancta repulsum inter idololatras .. vitam ducere cogunt BEDE *Sam.* 694A; **c1195** noverit universitas vestra me Hugonem T., qui pro me ibit in sanctam ~am Jerusalem, liberum hominem fecisse cum tota sequela sua *EHR* XXVI 95; dum dicitur psalmus 'Deus, venerunt' pro pace ~e sancte *Cust. Westm.* 202; **c1344** bona in subsidium ~e sancte .. legata *FormOx* 157; terremotus in ~a sancta factus est tam terribilis ut multas civitates in ruinam euntes submersit *Plusc.* VI 24 (cf. BOWER VIII 14: **s1170** in partibus orientis et in ~a promissionis .. terremotus multas urbes deglutivit); **1462** qui ad limina apostolorum necnon ad sanctam ~am Jerosolimitanam dudum peregrinationis votum emisit *Lit. Cant.* III 239. **g** non perdet de ~a viventium memoriam tuam [cf. *Psalm.* xxxiii 17] GILDAS *EB* 31; **s796** nomen eradicabitur de ~a viventium et a sotietate sanctorum privabitur W. MALM. *GP* V 235; non enim moriar sed vivam, recedensque de ~a morientium, credo videre bona Domini in ~a viventium AILR. *Ed. Conf.* 775A; abas .. debet navem fabricare, prior utensilia navis providere .. et omnibus dispositis .. vel ventis committere ac ~am viventium petere LUCIAN *Chester* 71; anthropos interpretatur arbor inversa. .. hominis radices eminentissimam partem tenent, quia propositum hominis figi debet et stabiliri in ~a viventium NECKAM *NR* II 152.

9 piece of land, esp. as property typically belonging to one person, holding, estate or sim; **b** (dist. acc. form of tenure, *v. et. censarius, censualis, communis, dominicus, forinsecus, francus, gavelikinda, geldum, hereditarius, liber, operarius,* *perjurare*, *plenus*, *testamentalis*, *tributarius*, *vacuus*, *villanus*); **c** (w. *tenens*, esp. w. ref. to one who by acquisition of land takes on responsibility in respect of debt of or judgement against its former holder). **d** (*~a sanctorum*) lands belonging to the church. **e** (*~a Normannorum*) Normans' land, holdings of those who chose French allegiance on the loss of Normandy, forfeited to the crown. **f** (*~ae datae*) lands granted out (directly) by the crown. **g** (*placitum ~ae*) plea of land, plea concerning land, (also) jurisdiction over such pleas, or profits from such jurisdiction.

c**675** (13c) de meo jure in tuam transcribo ~am ad augendum monasterium .. manencium ducentos *CS* 34; c**690** (13c) ad confirmacionem istius cartulae cespitem ~ae supradictae sacro altari superposui *Ib.* 40; c**765** (12c) una cum cespite ~ae praedictae tradere tibi *Text. Roff.* f. 125v (=*CS* 194); hae duae ~ae fuerunt ij maneria TRE et modo sunt in uno (*Kent*) *DB* I 6vb; consuetudo archiepiscoporum Cantuariensium ab antiquo fuit et est ut in ~is suis, ubicunque per Angliam sint, nullus episcoporum preter se jus aliquod habeat EADMER *HN* p. 52; **1336** de quadam ~a que fuit carpentaria juxta castrum .. non respondet quia dicta ~a jacet vasta *Cal. Scot.* III 327. **b** in communi ~a S. Martini sunt cccc acrae (*Kent*) *DB* I 2rb; **1095** W. rex Anglorum omnibus Francis et Anglis qui francas ~as tenent de episcopatu de Wireceastra (*Cart. Heming*) *SelCh* 109; a**1242** liberas consuetudines quas habebant .. in burgo et in ~a forinseca (*Okehampton*) *BBC* I 11. **c** c**1229** noverit universitas vestra nos .. vidisse .. postquam eramus ~as tenentes .. teneri in curia priorum Dunelm. placita ad coronam pertinencia *Feod. Durh.* 218; **1334** omnes ~e tenentes maneriorum predictorum .. omnia proficua predicta percipere solebant *RParl* II 79a; **1382** ipsos cives .. ac eorum heredes, executores et ~e tenentes *Ib.* III 135b; **1418** quo haberet brevia de scirefacias versus terretenentes eorundem [terrarum et tenementorum] *Cl* 268 m. 10. **d** hoc totum est de escangio de Laquis de ~a sanctorum (*Norf*) *DB* II 166r. **e** Pinnocsira est de ~a Normannorum et dominus rex Johannes illam commisit Godefrido de Craucumbe *PlCrGlouc* 9; manerium de Hailes est de ~a Normannorum et Eudo de la Jalle illud habet ex ballia domini regis *Ib.* 10; **1224** scias quod commisimus Thome B. manerium de K. que est ~a Normannorum ad se sustentandum *Ambrosden* I 276. **f** **1130** in ~is datis ecclesie Sagiensi x lib. terre numero *Pipe* 52; **1159** in ~is datis Rogero de Toeni c s. numero in Holcham *Ib.* 8; **1284** remanencia .. firmarum eorundem comitatum post ~as datas scribantur in rotulis annalibus et onerentur inde vicecomites *StRealm* I 69a. **g** ibi aecclesia et de placitis ~ae que in Walingeford huic manerio pertinent xxv s. (*Berks*) *DB* I 58rb; eadem K. .. queritur de eodem .. set non apponit roberiam vel feloniam, nec vult sequi nisi de placito ~e et heredis sue *PlCr Glouc* 63; **1229** exceptis placitis corone et placitis ~e motis per breve episcopi vel domini regis, sede vacante *Feod. Durh.* 215; c**1307** primo de placito ~e sic – A. versus B. de placito ~e – vel sic melius – A. tenens vel exigens (seu petens) versus B. de placito ~e *CBaron* 81.

10 the earth with all it contains, the whole world, the known world (esp. pl.); **b** (in phr. *orbis ~arum* or sim.). **c** (*in ~is*, *in ~a*, esp. w. comp. or sup. expr.) in the world, in existence. **d** (*~arum*, partitive gen. w. adv. of place) on earth, in the world.

in omni paene ~a tum cessavere bella GILDAS *EB* 5; urbs aeterna Dei, terrae sal, lumina mundi ALCUIN *Carm.* 10. 1; vix tandem angulus unus .. ~arum scilicet finis Hibernicus orbis occurrit GIR. *TH intr.*; domum .. convivii letante universa ~a nec Patre meo humiliter deprecante introire sustinui J. FORD *Serm.* 95. 2. **b** de occulto orbis ~arum situ interrogasti *Lib. Monstr. prol.*; ~arum orbis universus, Oceano cinctus, in tres dividitur partes: Europam, Asiam, Africam BEDE *NR* 233; Roma .. quondam domina orbis ~arum W. MALM. *GR* IV 351; eo anno quo compressis cunctarum per orbem ~e gentium motibus .. pacem .. Cesar Octavianus composuit ORD. VIT. I 1 p. 6; secundum diversas partes orbis ~arum *Mens. & Disc.* (*Anon. IV*) 48; vidi angelos Dei descendentes et replentes orbem ~arum (*Colmanus* 15) *VSH* I 264. **c** altera in terris non est crudelior ulla BONIF. *Aen.* (*Superbia*) 258; quis enim in ~a ludus acceptabilior? P. BLOIS *Serm.* 767C. **d** elevatis cordis oculis, ubicumque ~arum vidissent caelestia, gavisi sunt BEDE *Sam.* 535A; libros qui ante id temporis nimis corrupti ubique ~arum erant nocte corrigebat EADMER *V. Anselmi* I 8; latuitque pene anno et incolas et rumigerulos quo ~arum abductus, si superis auris vesceretur necne W. MALM. *GR* IV 386; Christianitas ubique ~arum Deo gratias exaltata est ORD. VIT. IX 17 p. 622.

11 earth as the abode of mortals; **b** (w. heaven, as constituting the whole of creation).

inde conversatus cum hominibus super ~am Dominus noster et saluator Jesus Christus THEOD. *Laterc.* 3; ~a mortalibus ad inhabitandum data BEDE *TR* 32; cui multum loqui ore ad os, plus quam alicui in ~a viventi, desidero ANSELM (*Ep.* 99) III 230; Salvator xxxij annis et iij mensibus in ~is conversatus est ORD. VIT. I 3 p. 10; cum de ~a hac et nebulosa lacrimarum valle J. FORD *Serm.* 118. 4; Deus magnificavit omnipotens miraculis ilico a nativitate sanctum famulum suum futurum, tunc in ~a genitum (*Declanus* 4) *VSH* II 36. **b** abjecto caeli ~aeque metu GILDAS *EB* 4; mundus est universitas omnis, quae constat ex coelo et ~a BEDE *NR* 194; passim dum templa parenti / jam caeli et terrae surgunt per rura vetusta ÆTHELWULF *Abb.* 150; **858** in die magni aexaminis quando celum et ~a moventur *CS* 496; solet namque celi et ~e nomine cuncta simul creata colligere H. READING (I) *Hexaem.* 1252D; ejusque gloriam de omnibus, que in celo agit et in ~a ipsi soli ut dignum est vendicantes J. FORD *Serm.* 63. 10.

12 (astr.) earth in relation to celestial bodies or sim.

causa .. inaequalitatis eorundem dierum ~ae rotunditas est; neque enim frustra et in scripturae divinae et in communium literarum paginis orbis terrae vocatur BEDE *TR* 32; respondetur 'solem deficere videri quoniam ei et videnti interponitur luna', 'lunam vero quoniam ei et soli ~a' BALSH. *AD rec. 2* 151; omnia .. preter ~am mobilia existunt, que ut centrum mundi ponderositate sui magnum extremorum motum undique equaliter fugiens rotunda spere medium possidet SACROB. *Sph.* 79; ~a, que est centrum tocius mundi BACON V 13; in nullo .. loco concurrunt virtutes omnium partium celi nisi in ~a, eo quod ipsa est quasi immobile centrum totius sphere celestis SICCAV. *PN* 192; sol vero nunquam intrat umbram ~e, ideo nunquam eclipsatur realiter HOLCOT *Wisd.* 72.

terracium [OF *terrace*], raised level platform, terrace.

item supra summum altare in quodam quasi teracio discooperto, Spiritus Sanctus descendit supra apostolos, uti predicitur BRYGG *Itin.* 385.

terraemotio [CL terra+motio], earthquake.

tum fiunt turbines et ~o *Ps.*-MAP 13.

terraemotus [LL], earthquake. *V. et. motus* 1e.

in illo die factus est ~us magnus in tota Constantinopolitana urbe *Descr. Constant.* 255; idem enim dictu videtur ~um ex aqua esse et terram moveri ex aqua, quare et idem quesitu an ~us sit ex aqua et an terra moveatur ex aqua BALSH. *AD rec. 2* 152; quod .. concilium vocavit idem magister Johannes concilium ~us *Ziz.* 283; ~us, A. *erthequake WW.*

terragiare [terragium+-are], to subject to land-tax (in quot., charge for occupying ground at fair or market).

1402 quod veniant ad ballivos dicte civitatis .. ad jurandum quare dictum stallagium, porticum, [sive] penticium non ~iatur *BB Wint.* 40.

terragiator [terragiare+-tor], one who assesses and collects *terragium*.

c**1168** si agricola circa mane ~iatorem submonuerit, usque ad meridiem eum expectet; et si venire noluerit, terragium .. data fide in illo campo dimittat *Act. Hen. II* I 510; **1215** consuetudine .. illa sublata qua dicunt se non debere decimare antequam messores vel bipartitores vel ~itores partes suas non decimatas receperint (*Conc. Burdeg.*) *Pat* 140a.

terragitor v. terragiator.

terragium [CL terra+-agium, cf. AN *terrage*]

1 a (right of) exaction of payment, due to lord, of portion of produce of land. **b** terrage, land-tax, charge for occupying ground in a town (esp. for stall at fair or market). **c** (in list of tolls, in some cases perh. on landing goods at port).

a c**1168** illi vero qui ~ia et decimas ferre solebant pro consuetudine ubicunque domini eorum volebant, ad grangias dominorum suorum tantummodo et non ultra infra Valeiam in garbis aducant *Act. Hen. II* I 510; item redditus feodi de La Guinaudere de ~ia bladi et vini in festo Beati Martini *Reg. Gasc. A* 33; item census seu redditus quos percipit rex in parochia de Champania de ~iis in diversis locis *Ib.*; item census seu redditus ~ii quos percipit dominus rex in loco vocato La Fayole *Ib.*; **1364** Robertus non sic perturbatur in ~io suo in dicta pecia terre *Arch. Bridgw.* 214; c**1527** verumetiam census, fructus, redditus, proventus, ~ia, et alias annuas responsiones terrarum predictarum *Form. S. Andr.* I 202. **b** c**1160** xxx marcas de ~io hoc est de seldagio quod Anglice *landagable* dicitur *Act. Ep. Wint.* 128; **1211** in aquietantia domini episcopi versus Ricardum de Crekelade de ~io extra Portam Orientalem *Pipe Wint.* 162; **1352** tenementum tenetur de domino rege in capite et inmediate per servicium ij d. ad firmam dicte civitatis de terrag' *Cl* 190 m. 20*d.*; **1386** decanus et capitulum .. solebant .. percipere .. ~ium et pavagium de omnibus mercatoribus .. infra clausum ecclesie Beate Marie Lincolnie venientibus ad vendendum *IMisc* 237/4; **1422** tenementum .. fuit tam clarum quod nullus possit aliquod clameum ex jure de aliquo annuali redditu inde habere, nisi solomodo quod ballivi .. pro tarragio domini regis annuatim percipiendo *BB Wint.* 22. **c** **1301** quod ipsi et successores sui .. inperpetuum sint quieti de muragio, pavagio, pontagio, cayagio, stallagio, et ~io per totum regnum nostrum (*Lincoln*) *BBC* II 262; **1318** de theolonio .. hansagio, ancoragio, ~io, kayagio, passagio, et sedagio .. sint quieti *ChartR* 105 m. 1; **1324** de hujusmodi theolonio, muragio, panagio [l. pavagio], pontagio, stallagio, hansagio, anchoragio, ~io, kayagio, passagio, et sedagio, vobis ibidem de eisdem bonis et mercimoniis prestandis quietos esse permittatis *Gild Merch.* I 195n; **1340** liberi sint de theoloneo, muragio, pontagio, pavagio, ~io, kayagio, et picagio *Cart. Glam.* 1240.

2 land, soil. **b** particular piece of land.

terage, erth, humus .. solum .. ~ium *PP.* **b** **1552** quatuordecim terrag' terre in campis de T. *Pat* 848 m. 14; **1553** unum tarragium terre nostrum vocatum *a hodde lande* .. ac quinque terragia terre nostra vocata *ley lande* .. et quinque tarragia terre nostra vocata *forbylande* .. et unum tarragium prati vocatum *a butt of medow Ib.* 853 m. 26.

3 ground, field (of painting or sim.).

1397 item j pannus auri de blodio tarag' cum .. leporariis aureis *IMisc* 266/12; **1416** invadiare fecimus .. majori et communitati civitatis nostre Londonie .. quoddam magnum colerum, vocatum Pusan, de operacionibus coronarum et bestiarum .. confectum .. bestiis illis super ~io viridi positis *Foed.* IX 405a; dominus abbas fecit pulverizari totum vestimentum cum floribus crescentibus de viridi taragio AMUND. II 338; **1448** unam ymaginem argenteam deauratam resurrectionis dominicae stantem super viride ~ium amilasatum (*Test. H. Beaufort*) *MonA* II 280n.

terramasium [CL terra, Gasc. *mas*, cf. Catalan *masia*], (Gasc.) farmhouse with associated lands.

1312 ad locum seu teramasium de La Valea in honore seu districtu Villenove personaliter accedentes .. Guillelmum Pagani, domicellum, ibidem letaliter vulnerarunt *RGasc* IV 1171.

terraneola [terraneus+-ola], (in gl.) kind of small bird, bunting.

a bunkin, bird, terraneola, -e LEVINS *Manip.* 133.

terraneus [CL terra+-aneus, cf. terreus, terrenus]

1 made of earth, earthen.

1353 teneamus .. totam partem predicte placee .. jacentem ex parte occidentali cujusdam ~ei muri *Lit. Cant.* II 312; juxta murum ~eum apud Turhille, Londonie, penitens, truncato capite, fataliter agonizavit FAVENT 21; **1412** cooperiet dictam domum tegulis ~eis *Cart. Harrold* 90.

2 kind of plant, lily of the valley (*Convallaria majalis*) or hound's tongue (*Cynoglossum officinale*).

13.. terraneus, *glofwort MS BL Sloane 2479* f. 106.

3 *f. l.*

sterea est pars †in terraneorum [l. interraneorum i. e. interaneorum] omnigena *Gloss. Poems* 103.

terrare [CL terra+-are], **terreare** [CL terreus+ -are], **terrere**, **a** to daub or cover (wall, floor, or sim.) with earth or plaster. **b** ? to bank up (land) with earth. **c** to block with earth, earth up.

a 1185 pro cameris regis ~andis et ostiis reparandis et removendis *Pipe* 25; **1238** in ij stagiis in eadem turella desuper planchiis ~endis ij s. *KR Ac* 476/3; **1250** totum atrium dictarum sex camerarum super planchias ~eandum est *CalIMisc* I 91; **1251** tresanciam inter aulam et thalamum predictum lambriscari [MS: lambruscari] et desuper †texari [MS: terrari] *RL* II 66; **1286** in servicio duorum hominum ~ancium ij turres .. in servicio unius hominis trahentis terram cum equo suo *KR Ac* 460/27 A (3); ~o, i. terram alicui supponere, A. *to tere or daube WW*; **14.**. domus .. fuit ~ata, dealbata, vitriata, ambulacionibus, scannis, et celatura ornata, et libris instaurata *Mon. Francisc.* I 519. **b 1296** in iij rodis xiij perticis more ~andis et exaltandis et terr' equandis alibi per loca *DL MinAc* 1/1 r. 6; **1359** Johanni de Oxon' daubar' pro omnibus muris circa cameras veteres versus aulam predictam de novo luteand' et eciam pro omnibus fund' aliarum camerarum ad finem orientalem aule predicte terand' de luto per convenc' seno' faco' in gross' *TR Bk* 278 f. 176v. **c** regi .. mandaverat .. quomodo omnes porte civitatis contra eum ~ate erant, preter portam Sancti Stephani Coggesh. *Chr.* f. 56; **s1192** omnes .. civitatis porte ~ate sunt M. Par. *Min.* II 31.

terrarius [CL = *one who works on shore*, LL = *earthly*]

1 (as sb. m.) landholder, lord or tenant of lands. **b** terrar, officer of monastic house responsible for its lands, and associated rents and expenses, and sometimes also responsible for entertainment of guests.

omnis thainus .. meus, qui ~ius [AS: *gelandod*] sit (*Quad.*) *GAS* 182; **s1086** accipiens hominium omnium ~iorum Anglie cujuscunque feudi essent H. Hunt. *HA* VI 37; si homo sipcundus terram habens (~ius) [AS: *landagende*] *fird* (expeditionem) supersedeat (*Quad.*) *GAS* 113; **c1235** coram Ricardo de F., tunc ~io de Muskilburescyre, et aliis bonis viris *Reg. Dunferm.* 181; **s1086** venerunt contra eum [sc. regem] barones sui, et omnes ~ii hujus regni qui alicujus pretii erant, cujuscunque feodi fuissent, et omnes homines regis effecti sunt *Ann. Wav.* 195. **b 1260** recepto juramento abbatis, prioris, camerarii, sacriste, et ~ii de Abirbr' qui pro tempore fuerint *Reg. Aberbr.* I 186; ?**1268** cum teneremur eisdem religiosis in triginta sex libris sterlingorum quas cepimus de fratre Hugone tunc temporis ~io ejusdem monasterii *Inchaffray* 86; **1308** ~io allocantur liberaciones omnibus maneriis prioris, exceptis duobus, per duas ebdomadas *Ac. Durh.* 4; **s1328** quod infra triduum elemosinarium ~ium et feretrarium a suis officiis ammoveret Graystanes 41.

2 (as sb. f.) land, territory.

prosperante prioratu sub prioris regimine, applicavit prior conferre suis ~iam, [proficua] halmotorum Graystanes 23.

3 (as sb. n.) terrier, register of landed property, including lists of tenants with their rents and holdings.

~ium [novum] factum anno regni regis Edwardi filii regis Edwardi nono *Terr. Fleet* 3; **1326** quesiti quo waranto utuntur illa communa, dicunt quod quilibet *undersetle* metet dim. acram bladi in autumpno .. et hoc per ~ium. et quia .. nec in ~io specificatur illud jus communicandi, dictum est eisdem quod presentent [*sic*] nomina .. ut possunt agistari *CBaron* 146.

4 (as sb. m.) kind of dog used for hunting animals such as foxes or badgers in their burrows, terrier.

1210 Philippus de Columbieres .. iij gupillerettos bonos et baldos et j terrarium ut sit quietus de v m. de misericordia foreste *Pipe* 105; **1211** in expensis Johannis vater' domini regis .. xxiiij brachet', j terreer, vj leporariorum *Pipe Wint.* 116; sunt qui vulpem atque taxum solum [sequi student], quos ~ios vocamus Caius *Can.* f. 2.

terratantarizatio v. taratantarizatio.

terratio [terrare+-tio], covering of earth or plaster.

1305 Johanni Stokfish' .. pro ~one facienda de spissitudine dimidii pedis super planchuras in superiori camera nova et superficie dicte turris .. xiij s. *KR Ac* 486/17 *sched.* 2.

terratorium v. taratantara. **terreare** v. terrare.
terrebrare v. terebrare. **terredo** v. teredo.
terreer v. terrarius.

terrefacere [CL terrere+facere, cf. et. CL terrificare], to terrify, alarm, fill with fear.

cum Turchi .. subito ~facti fuge se dedissent W. Malm. *GR* IV 389; in tantum ~fecit eum ut .. pro suis transgressionibus graciam humiliter imploraret *Reg. Whet.* I 162; *to flay*, collidere, terrere .. territare, terrificare, terrifacere, timorem inferre *CathA*.

terrefodina [CL terra+fodina], turbary, place from which peats are cut.

1273 ~am sive peteriam in loco qui dicitur Cumberstroth' (*Bulla Papae*) *Reg. Newbattle* 224.

terregenus v. terrigenus.

terreitas [CL terreus+-tas], earthiness, quality associated with earth (in quot. as one of the four elements).

erit .. imperspicuitas naturaliter precedens ~atem, sicut perspicuitas aeritatem. .. patere potest tenebrositatem aliam esse essentialem ~ati, aliam .. accidentalem tam terre quam ceteris elementis Ps.-Gros. *Summa* 532.

terremeritum [CL terra+meritum *p. ppl. n. of* merere], form of toll on or revenue from produce of land.

in agreraria sibi [? l. frumenti] sive in ~i[s] dicte parochie, x sextaria bladi ad communem estimacionem *Reg. Gasc.* A I 24; dominus habet in dicta parochia agrerariam sive ~um lini *Ib.*

terrenascens [CL terra+nascens *pr. ppl. of* nasci], that is born from the earth, plant, vegetable.

omnia ~entia generantur et nutriuntur ex humiditate attracta a terra per digestionem factam in illo nutrimento *Quaest. Salern.* W 2; quia naturaliter in ~entibus et etiam animalibus accidit *Ib.* N 11; terra adhuc erat inanis, quia nondum germinaverat ~encia, et vacua ab animalibus que eam erant inhabitatura Gros. *Hexaem.* I 7; sicut sol facit peryodum in terrusnascentibus [*sic*], ita in animalibus facit peryodum signum ascendens in hora conceptus T. Sutton *Gen. & Corrupt.* 189.

terrene [LL], (in gl.).

terrulenter, terrene Osb. Glouc. *Deriv.* 591.

terrenis v. terrenus.

terrenitas [CL terrenus+-tas], earthliness, worldliness, quality of being part of the mortal world.

1188 donec .. probetur nihil ~atis habens, et purgetur septuplum *Ep. Cant.* 253; temperancia omnis motus carnis illicitos absorbet et eorum dehiscit ~atem Gros. *Hexaem.* XI 24; dare curam animarum parvulo, sententia est alicujus prelati, humano sensu electa propter carnem vel ~atem M. Par. *Maj.* V 401.

terrenus [CL]

1 of, pertaining to, or on (dry) land.

Anselmus, continuo prosperis flatibus marina pericula transvectus, bona etiam fortuna ~um iter Romam usque emensus est W. Malm. *GP* I 58; sepilierunt eum ibi inter undas maris et stetit corpus ita fixum in uno loco ut .. quasi in ~o monumento poneretur (*Brendanus* 73) *VSH* I 137.

2 of, pertaining to, or on the ground or earth. **b** (as sb. n. pl.) fields, open lands. **c** (as sb. n. pl.) the classical underworld.

divina .. procurante sapientia ut .. [sol] paulatim per diversa commigrans ~is fructibus nascendis maturandisque temperamenta custodiat Bede *TR* 35; fauces: introitus ~us Averni Bern. *Comm. Aen.* 64; dum .. [humores] collibus incumbunt, nebule nuncupantur: altius elevati, et a ~o contagio libere sublimati, nubes vocantur Gir. *TH* I 6; generantur .. ex corruptione tere lumbrici ~es [*sic*] Gilb. V 228v. 1; ipse solus propriis manibus sarculo ceterisque ferramentis tuber ~um ante aquam omni die .. fodiebat (*Moling* 9)

VSH II 193. **b** deambulat per prata, id est errat per ~a que modo virent et statim arescent quia 'sicut flos feni sic omnis gloria mundi' Bern. *Comm. Aen.* 54. **c** si respicit, retrahitur ad ~a, nec oranti Orpheo redditur Alb. Lond. *DG* 8. 21.

3 made of earth, clay. **b** (of colour) earthy.

artificiatum non subjicitur cuilibet materie ex qua fit secundum predicationem denominativam, sicut scamnum non dicitur terra nec ~um, sed ligneum Siccav. *PN* 144; **1398** cum xij discis ~is pro fleubotomia *Ac. Durh.* 267. **b** cogita quo labore .. ~um in quo crevit linum colorem exuerit, et ad talem candorem pervenerit ut ex eo ornetur altare Ailr. *Inst. Inclus.* 26; aliquid candoris recipimus in peccatorum remissione, sed necdum plene ~o colore exuimur pro naturali, que restat, corruptione *Ib.*

4 consisting of earth (as one of the four elements).

unde et ignem in terris et in aere nubila ~aque corpora videmus Bede *NR* 196.

5 territorial, land-holding.

occisus fuit dux Clarencie .. cum multis aliis baronibus, usque ad numerum xxvj dominorum ~orum *Plusc.* X 26.

6 earthly, of or pertaining to the mortal or temporal world, worldly. **b** (as sb. n.) earthly things. **c** lay, temporal (opp. spiritual or ecclesiastical).

talis hereditas, quae non sicut ~a decidua, sed inmarcescibilis atque aeterna est Gildas *EB* 106; ut .. ~is absolutus curis inter libera orationum studia diem spectaret ultimum *Hist. Abb. Jarrow* 21; a1089 illos .. qui corporaliter tantum et propter ~a lucra se amant Lanfr. *Ep.* 10 (23); monasterium in quo ~i incolatus pretendimus militiam W. Malm. *GR* I 29; Cerinthus qui diceret Christi regnum futurum esse ~um post mille annos R. Niger *Chr. I* 24; corpus meum habere non potes, ego enim non sum ~a sed spiritualis *Itin. Mand.* 80. **b** ~a quaeque transiliens, atque ad caelestia .. pervolans Bede *HE* II 7; spiritus astra petit sancti terrena relinquens Alcuin *SS Ebor* 739; nunc pro terrenis homines mactantur Garl. *Tri. Eccl.* 10; qui habet ~a [ME: *wortlich þing*] non tamen afficitur ad ea sed ea largitur sicut veniunt *AncrR* 136; innisus .. prudentie proprie sollicitudinem generat ~orum, nimiaque ~orum sollicitudo dominium admitit tam amorem quam studium R. Bury *Phil.* 6. 92; regis animus, celestia et spiritualia magis inhians, hujusmodi ~a postponens Blakman *Hen. VI* 10. **c 681** (13c) xxx cassatos .. abbati .. in libertatem ~arum servitutum .. largitus sum *Reg. Malm.* I 282 (=*CS* 58); **805** ab universis ~is difficultatibus ac tributis .. liberam esse concedimus *CS* 321; Ricardus .. in ~is ego frater Johannes de Derlinton' .. de quo dominus papa providit ecclesie Dublinensi juro .. quod .. regi Anglie .. portabo bonam fidem de vita et membris et ~o honore contra omnes gentes *RParl Ined.* 4; **12.**. amittit hereditatem aut beneficium ecclesiasticum seu ~um *Conc. Scot.* II 26; **1330** quod sint quieti .. de omni terreni [*sic*] servicio et seculari exaccione *PQW* 625a.

7 belonging to the earth as celestial body or sim.

splendorem ejus [sc. solis] a nobis objectio ~ae molis excludit Bede *TR* 7.

terreoia, hart's-tongue fern (*Asplenium scolopendrium*, *Phyllitis scolopendrium*).

14.. terreoia, *hertistong, cerlang* MS *Univ. Libr. Camb. Dd.* 11. 45 f. 115.

terrepetitus [CL ter+repetitus *p. ppl. of* repetere], repeated three times.

dico itaque quia proportio pyramidis a b g d k l ad pyramidem h z n t m n proportio b d ad z t ~a Adel. *Elem.* XII 10; erit proportio solidi multarum basium quod est in spera a b g d ad solidum multarum basium quod est in altera spera sicut proportio diametri b d ad diametrum spere alterius ~a *Ib.* XII 14.

1 terrere v. terere, terrare.

2 terrere [CL]

1 to constrain or inhibit by fear, terrorize, overawe. **b** (w. cl.) to deter (from). **c** to amaze, overawe, fill with wonder.

ut .. nulla labentium rerum contrarietate ~ente nulla blandiente serenitate a fidei firmitate divellamur BEDE *Hom.* I 16. 261C; sublimitas apostolicae auctoritatis ~ere debuisset istos adoptionis vel nuncupationis in Christo assertores ut tacerent, quia omnes novitates vocum cunctis catholicae fidei filiis sub anathematis terrore interdixit ALCUIN *Dogm.* 199C; regem ipsum auctoritate sanctitudinis in bonis actibus mulcens, in excessibus ~ens W. MALM. *GR* II 184; ut presentes et futuri ~eantur et castigentur hujus ultionis relatione ORD. VIT. VIII 2 p. 276; cadaver illius .. per omnes Rothomagi vicos ad ~endos desertores turpiter pertractum est *Ib.* VIII 15 p. 356; asserebat .. adversarios, audito tantum regis nomine, ~endos *G. Steph.* 100; sic monachi dicunt hiis quos tenent in probacione; ~ent enim eos .. asperitatem ordinis pretendentes S. LANGTON *Ruth* 94. **b** ut nec marinis periculis nec .. terre spatiis ~eri potuerit quin vestigiis beati Petri pro nostre parvitatis ministerio se presentare .. studuerit EADMER *V. Anselmi* II 29. **c** Wintonie maxime munificentie sue magnificentiam ostendit, ubi tanta intulit ut moles metallorum ~eat advenarum animos W. MALM. *GR* II 181.

2 to fill with violent fear, to alarm, terrify; **b** (w. *ne*). **c** (pass.) to be in a state of terror or alarm. **d** (transf., *terras et aera ~ere, caelum ~ere*, or sim.) to cause (heaven and earth or sim.) to tremble or shake.

nam tremulos terret nocturnis larba latebris ALDH. *VirgV* 2856; tunc terrebat eum clamans ex hostibus unus, / "non hodie effugies" ALCUIN *SS Ebor* 1349; ac timor inmensus quatiens vultusque minaces / per tenebras animam terrebant agmine spisso ÆTHELWULF *Abb.* 327; vehemens ventus .. humana mirabiliter corda ~ebat ORD. VIT. V 19 p. 460; tunc terrebunt lupos oves WALT. WIMB. *Van.* 100; venit ~ere mentes vestras et navem vestram mergere (*Abbanus* 18) *VSH* I 15. **b** plebem .. ~ebat ne quis habendo folia et fructum non habendo, hoc est verba justitiae absque operibus praetendendo, excidi .. mereretur BEDE *Mark* 244D. **c** cernebat .. nautas haesitantes ad terram venire, visu ejus ~itos *Lib. Monstr.* I 32; ita ut aliquot laesi, omnes ~iti, inpugnare ultra urbem cessarent BEDE *HE* III 16; territa, *afæred GlP* 1003; terreor, et quid agam? L. DURH. *Dial.* IV 259; cives terrentur populari funere, portu / amisso, captis finibus hoste fero GARL. *Tri. Eccl.* 133. **d** si .. corusci ac tonitrua terras et aera ~erent BEDE *HE* IV 3; jam grande tument, jam terrent aera verbis W. MALM. *GR* II 135; celum tonitruis ~et, fulminibus infestat GIR. *TH* I 35; nummus muris montes ambit / quorum vertex astra lambit, / celum terret turribus WALT. WIMB. *Van.* 98.

3 (in gl.).

territ [*sic*], formidat *GlC* T 132.

terrescidium v. terricidium.

terrestrare [CL terrestris+-are], to daub or cover (wall, floor, or sim.) with earth or plaster.

1419 Johanni C. .. pro parietibus predicte domus carettar' ~and' iiij d. *MinAc* 1249/4 m. 2.

terrestreitas, ~rietas v. terrestritas.

terrestris [CL]

1 land-based, that inhabits or occurs on (dry) land, terrestrial; **b** (of spec. kind of animal or plant).

apparet .. quare de creatis herbis et arboribus, piscibus et volatilibus, ~ibus quoque animantibus dictum sit, ut fierent singula juxta genus et species suas BEDE *Gen.* 28B; qui ~i .. itinere illo venire, sed navigio cum virgine redire disponebat *Id. HE* III 15; nostra etas .. aggeribus .. in paludem jactis tramitem ~em prebuit, et insulam pedibus accessibilem fecit W. MALM. *GP* IV 184; vovit .. numquam se ~is animalis carnes comesuram, numquam nisi diebus festis unctiores escas sumpturam *Ib.* V 259; obsidentes urbem suam ~i navalique prelio conterere sategit ORD. VIT. VII 5 p. 171. **b** scirpio i. fluvialis juncus, quae est major ~i, minor autem quam harundo *Comm. Cant. I* 216; erinacius sive hericius, animal est spinosum cujus due sunt species, sc. aquaticus et ~is, qui nobilior est *SB* 18; ungula caballina est duplex, videlicet ~is que confert ptisicis et ethicis, et aquatica, cujus flos dicitur nenufar *Ib.* 43.

2 that inhabits or occurs in the ground or earth. **b** low-growing, growing on the ground (also in plant-name).

qui .. thesauros effodit eicit rudus ~e, facit in altum foveam, sedulus insistit labori, donec ad thesauros .. attingat BEDE *Prov.* 946B; **s1326** insulam [Lundy] .. oleo, melle .. et terestri carbone instuffatam BAKER f. 104b; sumatur in potu de lumbricis ~ibus exiccatis GAD. 7. 2; lumbrici, vermes longi ~es *SB* 28; **1496** carbonum ~ium *DL MinAc* 8277 (v. carbo 2a). **b** num arborum silvestrium natura foliorumque infecunda viriditas aut suculentus herbarum ~ium [*gl.*: terrenarum, terrarum] cauliculus contempnitur? ALDH. *VirgP* 9; edera ~is, paulina idem, A. *alehoue Alph.* 52; herba ~is, pes pulli idem [cf. (v. pes 16q)] *Ib.* 83 (cf. ib. 140: pes pulli, herba terestris idem, crescit in montibus et in terris cultis, G. *pee de polayn* vel *pe de clyval*, A. *donnhoue* vel *wowell* vel *feldhoue*. respice in portulaca); senecio vel senecium, cardo benedictus, carduncellus terestris *Ib.* 165.

3 made of earth. **b** (in place name).

1258 claudi facias curiam nostram de Haveryng' muro ~i qui fiat de litera et bona terra argilosa *Liberate* 35 m. 7; **1507** cirpis emptis cum ollis terrestr' et ciphis erga visitacionem episcopi (*Comp. S. Aug. Bristol.* f. 5v) *MS Glos RO*. **b** †**901** (14c) incipe in termino latine vocitato Pons ~is, Anglice *Orthebrygge CS* 598.

4 earthy, consisting of earth (as one of the four elements).

a**1190** alium .. porum mittit ad splenem, qui deportat fecem sanguinis id est ~iorem partem RIC. MED. *Anat.* 226; humiditas ex qua generatur fructus diversa est. alia .. est ~is et terrea .. alia ~is et aerea, alia ~is, aquea et aerea *Quaest. Salern.* B 144; sanguis ~is coagulatur cito propter privationem humiditatis BART. ANGL. IV 7; quedam partes ejusdem plante sunt aromatice, quedam non, et hoc est virtute anime que propter sui diversas operationes et finem operationis exigit de necessitate quasdam sicciores et quasdam ~iores et quasdam duriores et quasdam moliores BACON XI 234; fumus .. est ex aere et terra, et hoc apparet ad sensum, quando ex lignis in quibus est humiditas aerea per ignem educitur fumus ~is, qui subtiliatus convertitur in flamma T. SUTTON *Gen. & Corrupt.* 143; est igitur causa materialis albedinis perspicuum purum in omni ~i feculentia inpermixtum UPTON 102.

5 of or pertaining to the mortal or temporal world, earthly.

Christum .. caelestium et ~ium reconciliatorem ALDH. *Met.* 2 p. 64; fidem .. regni caelestis suscipere rennuit, et non multo post etiam regni ~is potentiam perdidit BEDE *HE* III 7; **955** Deus celum celestibus celorum agminibus .. et terram ~ibus trutinavit *Ch. Burton* 13; amor ~ium extinxit in me delectationem caelestium ANSELM (*Or.* 14) III 58; ipsius .. vox ad celestia et ~ia atque ad omnem creaturam, ut omnia creatori omni virtute conjubilent J. FORD *Serm.* 9. 8; de regno isto transitorio et ~i non magna nobis cura est BLAKMAN *Hen. VI* 19.

6 (of class of gods of classical world) belonging to the earth, earth-bound.

sunt .. numina aliqua tantum celestia, aliqua tantum ~ia, aliqua media, quos deos Apuleius medioximos vocat ALB. LOND. *DG* 2. 1.

terrestritas [CL terrestris+-tas], **terrestreitas**

1 earthiness, quality associated with earth (esp. as one of the four elements).

ad generationem squille humiditas et ~itas conveniunt *Quaest. Salern.* B 110; secundum quod inflammatio fit major et ~eitas materie minor GILB. I 54. 1; perspicui .. due sunt differentie: est enim perspicuum aut purum separatum a ~eitate, aut impurum ~eitatis admixtione GROS. 78; in quibus aqueitas et ~itas magis dominatur BACON V 129; statua .. que propter densitatem suam et ~eitatem continet species tantum de materia eadem quantitate supposita statue, que fuerat femine NETTER *DAF* II f. 122vb A; resurgent .. corpora nostra incorruptibilia, immo impassibilia contra dolorem, agilia contra gravitatem, subtilia contra ~ietatem, clara contra opacitatem PECKHAM *QA* 112; quedam vis sulphuris simplicissima sine ulla ~eitate RIPLEY 139.

2 earthliness, quality of being part of this mortal world.

oportet .. christianum esse Deo insorptum per amorem, sic quod tota ~itas instar ferri vel carbonis candentis pro zelo honoris Dei, honore seculi postposito, sit ignita WYCL. *Eccl.* 101; postea .. ~itati carnis et seculi crucifixi *Id. Ver.* II 267.

terretorium v. territorium.

terreus [CL]

1 of or pertaining to the ground or earth. **b** that occurs in the ground or earth.

humi traditum corpus venerabile, ~ea gleba superjecta W. MALM. *GR* II 213; lapideis saxis ~eeque moli .. arbores et herbe longe precellunt GIR. *TH* I 13. **b** **1306** quod habeant carbonem ~eum in Byllywasta absque impedimento (*Swansea*) *BBC* 69.

2 that has the quality of earth, earthy; **b** (of colour).

mors .. facit corpus rigidum et frigidum, fetidum et putridum, horridum et ~eum et ponderosum HOLCOT *Wisd.* 44. **b** sanguis exiens in flobotomia habet ~eum colorem GAD. 46v. 1; isti quinque colores medii a nigredine ascendunt ad albedinem, videlicet, griseus color .. plumbeus, cinericius, ~eus, lividus BAD. AUR. 155; item color cinericius, color ~eus, color lividus UPTON 102.

3 made of earth.

in patellis ~eis ad idem [sc. daeriam] emptis vj d. *Ac. Beaulieu* 153; **1368** duo morteria, sex olle ~ee .. in quadam navi in Flandr' carcata *RScot* I 925a; **1420** invenerunt quod predictus murus ~eus fuit predictorum abbatis et conventus *Mem. York* II 93; **1451** prout includitur per muros ~eos ibidem *Cl* 302 m. 27*d*.; tunc pone totum in olla ~ea habente latum orificium RIPLEY 206.

4 of or consisting of earth: **a** (as one of the four elements); **b** (as substance from which humanity was made, *Gen.* ii 7).

a circa nares aerea, sed spissa et fumosa; circa palatum vi aquea, circa medullas ~ea, secundum ordinem quatuor elementorum J. SAL. *SS* 953B; humiditas ex qua generatur fructus diversa est. alia .. est terrestris et ~ea *Quaest. Salern.* B 144; dicitur .. a pluribus auctoribus quod tactus est vis ordinata in nervo ~ee nature J. BLUND *An.* 215; neque induratur, epsesi quippe terminata; est enim ~ei, aquei, maxime vero aerei metheora ALF. ANGL. *Cor* 15; puta quod hoc [*sic*] sit ignea, illa autem ~ea T. SUTTON *Gen. & Corrupt.* 85; taurus .. femininum, ~eum, meridionale WALLINGF. *EPT* 206 (cf. ib.: aries .. masculinum, ignem, orientale). **b** digiti .. mei grossi nimis et rigidi .. . terreni quippe ei [l. et] carnalis hominis digiti hi, imo ~ei et de terra H. BOS. *LM* 1342B; corpus nostrum hodie moles ~ea et onerosa P. BLOIS *Serm.* 688A; hoc solum superest ut reddam ~ea terre NIG. *Paul.* f. 48v. 448.

5 belonging to the mortal or temporal world, earthly, terrestrial.

ad mala proclivi que ~ea sunt meditantur ORD. VIT. XI *prol.* p. 159; ~eam .. et transitoriam nostri partem transitoriis et frivolis .. dedicemus GIR. *EH pref.* 2 p. 223; corpus .. Christi, quod est altius omni celo, est de nostra carne formatum. porro caro nostra substantia est quedam ~ea (*Helena*) *NLA* II 13; spiritus es, Papa, carnis velamine clausus; / hunc quasi terrenum describere quis fuit ausus? / terrea cum superis qua paritate geris? CAPGR. *Hen.* 45.

terrevastentius [cf. CL terra, vastare], world-ravaging, world-destroying, or *f. l.*

post diluvium terrevastencium [? l. terrenascentium] fuerant debilitati in complexione BACON *Min.* 373.

terribellum v. terebellum.

terribilis [CL]

1 that inspires terror or alarm, frightening, terrible; **b** (in phr. *ultimum ~ium*, w. ref. to death). **c** (n. sg. as adv.) terribly, terrifyingly. **d** that inspires awe or holy dread, numinous (of place w. ref. to *Gen.* xxviij. 17).

tandem ~es inimicorum cervicibus infigunt mucronum ungues GILDAS *EB* 17; belua Lernae .. quam nunc apud inferos esse tam horrendam stridore quam forma ~em Graeci .. fingunt *Lib. Monstr.* II 8; dicens de ~i exitu animarum e corpore CUTHB. *Ob. Baedae* clxi; ut erat bonis humilis, ita minax superbis ac ~is W. MALM. *GP* IV 155; eum .. conjuratione ~i ne consilium eorum detegeret constrinxerunt ORD. VIT. IV 13 p. 262; elephanto .. mus ~is esse perhibetur GIR. *TH* I 27; fuit .. gens fortissima, mole corporum ingens, armorum genere ~lima *Eul. Hist.* II 32. **b** **1408** sicut protunc nobis videbatur honestum ..

ipsos .. vel eorum alterum ab ultimo ~ium custodire .. eis pugne supersedere mandavimus *Foed.* VIII 539b.   **c** in reges et delinquentes duces insonare ~e, pauperes et mediocres juste sustentare W. MALM. *GR* II 149.   **d** in honorem tanti tamque ~is sacramenti BEDE *Luke* 597B; †**785** (?11c) plebi Dei degenti in Torneia in loco ~i quod dicitur *æt Westmunster CS* 245; †**969** (?12c) ecclesiam .. beati Petri quae sita est in loco ~i quae ab incolis *Thorney* nuncupatur *Ib.* 1228 (=*CS* 1264).

2 distressing, disturbing.

quid enim ~ius est homini peccatori ad mensam Domini accedenti? BALD. CANT. *Sacr. Alt.* 704C.

3 full of or accompanied by terror or alarm.

14.. ibi invasit eum horror terribulis *Ghost Stories* 86.

terribilitas [LL], quality of being frightening, terrible, or formidable.

nihil pendens ~atem hanc dux Guillelmus, in quem diem adventum Conani meminit denuntiatum, eo ipse .. occurrit W. POIT. I 45; ~as hominum major quam sit amplificanda fama refertur ORD. VIT. IV 5 p. 192; intenderunt turpitudinem et ~atem ipsius; et in hoc apparet quod dyabolus fuit (*Abbanus* 18) *VSH* I 15; non poteris sustinere ~atem vultus ejus (*Aedus* 25) *Ib.* I 42; s**1114** facte sunt contra ~atem ejus multe principum conspiraciones CAPGR. *Hen.* 39.

terribiliter [LL]

1 in a manner that inspires terror or fright, so as to inspire terror or fright; **b** (of judicial act or sim.).

simulacrum .. flammivoma camini incendia naptarum fomite sarmentorumque nutrimine succensa ~iter torruerint ALDH. *VirgP* 21; qui .. nunc per evangelium suum ~iter ac salubriter clamat BEDE *Hom.* I 11. 54C; hunc ab ecclesia ~iter repulsum quod ficto corde ad eam accesserit OSB. *Mir. Dunst.* 22; si sic non facias, ecce quam ~iter [ME: *grurefulliche*] Deus ipse tibi comminatur per prophetam *AncrR* 123; s**1327** Jacobus de Douglas miles .. per medium exercitum Anglicanum transivit, quosdam cepit, aliquos occidit, plurimos ~iter evigilavit G. Ed. III *Bridl.* 97; s**1397** venit ad parliamentum rex equitans ~iter per medium London' cum c mil. armatorum, quorum tamen multi ficti erant *Eul. Hist. Cont.* 373.   **b** **747** spiritales medici hujus peccati venenum et horrendum vituperabant, et ~iter prohibebant BONIF. *Ep.* 73; a**1080** summus .. pontifex raptores ipsos nisi omnia sua ei redderent ~iter excommunicavit LANFR. *Ep.* 30 (25); alii .. non habentes hostias, consecratas iterum consecrant, quod ~iter interdictum est ORD. VIT. IV 9 p. 239; c**1250** audio sacerdotibus Dei .. divinitus esse commendatam hilarem mense liberalis communicationem, et nihilominus ~iter condemnatam profusam ipsorum immoderantiam in epularum affluentiis AD. MARSH *Ep.* 37; jus ulcionis in fine judex in judicando rigidissime circumspectus ~iter est executus ordinarium E. THRIP. *SS* II 15; **1301** periture ovis in tremendo judicio sanguis de vestre [*sic*] manibus ~ius requiretur *Reg. Cant.* II 733.

2 in a distressingly extreme manner, terribly, dreadfully, frightfully.

vidi etiam in sancto canone, id est 'Te igitur', ~iter perversum, sive auctum, contra fidem catholicam ÆLF. *Ep.* 3. 78; quos adjutores me oportuerat habere in causa Dei, ~iter offensos patior ANSELM (*Ep.* 198) IV 89; Gallos et Andegavenses .. in me ~iter excivit ORD. VIT. V 10 p. 389.

terribulis v. terribilis.

terribulosus [terribulum+-osus], (in gl.) full of terror.

~us, -a, -um, i. terrore plenus, unde Sidonius 'aut frigore terribulosas' [cf. Sid. *Ep.* 3.2.3: aut frigorum siccitate tribulosus] OSB. GLOUC. *Deriv.* 583; *drefulle* .. trepidus, terribilis, ~us, verendus, stupidus, timidus, torvus *CathA*.

1 terribulum [CL terrere+-bulum], (in gl.) torture, torment.

hoc ~um, -li, i. quodlibet tormentum eo quod terreat reos OSB. GLOUC. *Deriv.* 583; ~um, tormentum .. cruciatus, supplicium *Ib.* 592.

2 terribulum v. turibulum.

terricida v. terricidium.

terricidium, ~ia [cf. CL terra, caedere]

1 peat or piece of cut peat.

1277 pro ~iis emptis ad opus camere regine vj d. *KR Ac* 3/15; **1296** de J. de W. quia suffodit ~ias de fossato Norwyci exaltando calcetum tente sue *Leet Norw.* 47; **1311** et terra et terricidio [MS: terriciodio] pro stagno dicti molendini reparando *Cart. Chester* 229; **1338** in carbonibus et turicidiis ad lan' siccand' *KR Ac* 457/7; **1393** W. B. et sociis suis pro cariagio ciiij m. tericidiorum de Langwath *Fabr. York* 130; **1396** in †tortricidiis [*Camd. Soc.* NS XIV 33: t'riciidiis] per totum tempus viij d. (*Comp. Ebor.*) *Med. Stage* II 289; s**1335** Angli .. circumvicinos .. Scotos .. angariaverunt de turbis et ~iis firmissimum murum componere BOWER XIII 29; videbatur sibi quasi percuteret ~ium more *Ghost Stories* 415; **1466** decimas .. lane, lini, croci, grani, terrescidiorum, et carbonum *Conc.* III 604a; *a turfe*, cespes, gleba [MS: ~ium, turba, glebella] *CathA*; **1538** de xxiij s. iiij d. receptis de vendicione ~iarum infra dictam forestam *MinAc* 464 r. 8d.

2 place from which peats are cut, turbary, or (act of) peat-cutting.

1402 quodque idem vicarius decimas ~iorum, curtilagiorum, fossorum pede .. percipiat *Reg. Ant. Linc.* II 240.

terriciodium v. terricidium.

terricola [CL], inhabitant of the earth.

solaris .. globus .. universa mole terrarum longe major diffinitur, cum nobis ~is palmo mensurabilis videatur GOSC. *Lib. Confort.* 86.

terricrepus [LL], of terrifying sound.

s**1135** constat .. illo die .. ~um sonum tonitrui cum horrendo fulgure fuisse W. MALM. *HN* 460; quosdam .. redegit in carcerem inedia consumendos, regi mox affuturo non dissimilia ore ~o comminans W. NEWB. *HA* IV 20.

terricula [CL terra+-cula], small piece of land.

c**850** (13c) cum consilia et licentia ejus istis ~is multiplicando augebo quorum hic nomina infra tenentur *CS* 407; **959** (14c) confinia ~ae istius taliter sunt sita *Ib.* 1030; c**1350** idem tenet parvulam ~am, et reddit inde per annum unum denarium *Cart. Rams.* I 389.

terrifacere v. terrefacere.

terrificamen [CL terrificare+-men], (in list of words derived from *terrificare*).

territus componitur .. terrifico .. unde terrificamen OSB. GLOUC. *Deriv.* 583.

1 terrificare [CL], to terrify, alarm, fill with fear.   *V. et. terrefacere.*

virgam .. manu gerebat, tanquam ille qui in epistolis transgressores ~at GOSC. *Transl. Mild.* 21; tum comites Deum precepisse referunt ut ante demonum visione ~arer W. MALM. *GR* III 268; territus componitur .. ~o, -as OSB. GLOUC. *Deriv.* 583; *to flay*, collidere, terrere .. territare, ~are, terrificare, timorem inferre *CathA*.

2 terrificare [CL terra+-ficare], to turn into dry land (in quot. by reclaiming from the sea).

1574 maneria, terras .. preantea mare cooperta et modo per opera Dei vel aliter inclus' et non ~ata vel recuperata *Pat* 1113 m. 9.

terrificatio [LL], (quality of) causing fear, dread, or awe.

ex illis procedunt infinita sophismata regis superbie, ut excommunicacionis ~o, observacionis legis sue preponderacio et signorum in sacramentis ac sacramentalibus nimia attencio WYCL. *Euch.* 323.

terrifice [CL terrificus+-e], so as to inspire great fear, dread, or awe, with dread or awe.

non sunt verba tantum audienda, sed est res ~e metuenda ANSELM (*Ep.* 8) III 111; terrificus, -a, -um, et inde ~e adverbium OSB. GLOUC. *Deriv.* 583; **1251** cum unanimi populorum conspiratione in clerum ~e grassantium AD. MARSH *Ep.* 24.

terrificus [CL], terrifying, frightening, awe-inspiring.

pyram .. basiliscum .. scandere ~ae jussionis imperio compellens ALDH. *VirgP* 29; ambo .. in montem a

Domino duci, et aliquando sonum de nube ~um percipere meruerunt BEDE *Luke* 398B; rictibus ~is omnes qui aderant terruerat *Mir. Fridesw.* 25; ecce iterum sanctus Julianus adest precipiens ei sub ~a comminatione ut .. publicet visionem COGGESH. *Visio* 8; quod evidenter indicat ipsos non ob amorem dicte persone quam sic excommunicant, sed propter amorem peccunie medicinam ~am taliter fulminare WYCL. *Blasph.* 70; cum Dominus iratus peccatorum nequicia judicaturus venerit suoque sedens ~o tribunali J. YONGE *Vis. Purg. Pat.* 1.

terrigena [CL]

1 one born of the earth: **a** (of giant of classical mythology); **b** (of human being).

a ~ae, gigantes *GlC* T 93; si ~e temptarent astra gigantes [cf. Lucan *Bell. Civ.* III 316] J. SAL. *Pol.* 475D.   **b** et quidem terriginae [v. l. terrigenae] gloriam Dei narrare possunt, non autem hanc enarrare nisi valida cives sufficiunt BEDE *Hom.* II 16. 186A; nulla major potest esse merces quam filios hominum ~as effici filios altissimi qui in caelis est *Id. Luke* 408A; terrigenas jugiter duco ad caelestia regna BONIF. *Aen.* (*Spes*) 58; a**939** quem Deus Angligenis solii fundamine nixum / constituit regem terrigenisque ducem *ASE* IX 95; digna est a ~is venerari, que inter celigenas meruit coronari GOSC. *Edith* 267; valida fames ~as passim maceravit in mundo ORD. VIT. XI 38 p. 296; facile ex locis superioribus eos vincebant. unde factum est, ut 'dii' superiores, inferiores vero '~e' dicerentur ALB. LOND. *DG* 1. 10.

2 one who is earthbound or belongs to the ground or earth.

799 aquilae per alpes volanti, per campos currenti, per urbes ambulanti humilis ~a salutem ALCUIN *Ep.* 169.

3 one who dwells on the mainland.

rex inter suos tam insulanos quam ~as Scotos et Pictos .. firmissimum communionis fedus caute composuit FORDUN *Chr.* II 13 (=BOWER II 13).

4 native, inhabitant (of a particular land or territory).

hec in occiduis partibus ~e senserunt ORD. VIT. IV 1 p. 162; dulcis [Francia] .. propter terre fructus .. dulcis etiam propter aerem .. sed verius dulcis propter ~arum ingenuos mores H. Bos. *Thom.* IV 21; dominus Johannes [sc. rex Francie] .. in propria transfretavit, tractaturus cum ~is de premissis ac aliis se et regnum concernentibus J. READING f. 174.

terrigenus [cf. CL terrigena], who dwells in or belongs to the mortal or temporal world.

935 (15c) usui .. terregeno ineffabiliter creata prolataque ad antropon salutem concessit duo inesse quibus tunc humanorum constat effectus actuum, voluntas scilicet atque potestas *CS* 708; quod omnes / per mea terrigenos bella retrudo viros GOWER *VC* III 877.

terrigina v. terrigena.   **terrinus** v. tarinus.

terrisonus [LL], of terrible sound.

~e vocis roncho juvenem abigens W. MALM. *GR* IV 389.

territabulum [CL territare+-bulum], (in gl.) sign or signal designed to inspire fear.

territabulum, signum ad terrorem incutiendum OSB. GLOUC. *Deriv.* 594.

territare [CL]

1 to constrain or inhibit by (constant) fear, terrorize, overawe.

oppugnatione diurna ~ans, egrediendi facultatem penitus interclusit W. POIT. I 9; imperatoris satellites, qui tunc secundo Romam armis ~abat W. MALM. *GP* I 68; civilitate demulcens bonos, austeritate ~ans reos *Ib.* V 271; **1167** nostra .. et nostrorum proscriptione, et aliorum vexatione et damnis, sic rex ille terruit et ~at universos ut nullus eo sciente audeat nostri meminisse in bonum BECKET *Ep.* 331.

2 to terrify, fill with (constant) fear.

homines in urbibus horribili stridore ~ans [v. l. terrens] *Lib. Monstr.* I 42; dum in conspectu omnium regium equum ascendit, terra dat motum, ~at exercitum totum *Pass. Æthelb.* 4; cuncta peccata mea, quae ~ant, quae sollicitant, quae gravant animam meam ANSELM (*Or.* 13) III 52; nota sue virtutis spetie alienos ~ans et suos corroborans W. MALM. *GR* II 121; maligni illi .. minis auras ~are *Ib.* II 201; sicut mare .. solita .. fluctuatione et instabilitate navigante ~at ORD. VIT. IV 12 p. 251.

3 (in gl.) to terrify frequently.

~are, frequenter terrere OSB. GLOUC. *Deriv.* 592.

territorium [CL]

1 piece of land; **b** (spec. by name); **c** (w. ref. to population, ownership, jurisdiction, or sim.); **d** (fig.).

690 istud .. ~ium a me modo commemoratum *CS* 35; donabantur munere regio possessiones et ~ia ad instituenda monasteria BEDE *HE* III 3; †**974** ab affinitate .. circum jacentium agellulorum haec memorata terra giratur teritorio *CS* 1301 (=*Reg. Malm.* I 317); **1201** concedentes ut totum ~ium subscriptum liberum sit burgum (*Wells*) *BBC* I 2; ?**c1270** noverit universitas vestra me concessisse .. ecclesie .. totam gravam illum [*sic*] cum ~io fossato *FormA* 260; **1320** in omnibus ~iis incultis infra jurisdictionem loci et bastide predictorum *Foed.* III 843b. **b 998** quoddam ruris *æt Bromleage* ~ium *Text. Roff.* f. 157; **c1208** dedi .. unum croftum in ~io meo Edardoennech *Inchaffray* 24; **c1250** in quadam pecia prati jacenti in teriterio de Taverham *Ch. Norw. Cath.* II 174. **c** ducta est .. beata Victoria .. in Tribulano ~io ALDH. *VirgP* 52; natus in ~io ejusdem monasterii BEDE *HE* V 24; crebris expeditionibus et diuturnis in ipso ~io mansionibus metum incutere W. POIT. I 38; ?**a1180** quia predictus J. in jurisdictione vestra et in vestro ut dicitur ~io apud Grennig' commoratur G. FOLIOT *Ep.* 268; in ejusdem Britannie Chiltrensi ~io sunt fontes multi GIR. *TH* II 7; **1478** de firmis .. terrarum jacencium in ~io burgi de Drumfreis spectancium Roberto domino Maxwell *ExchScot* 555; **1490** infra villam et terretorium de B. *Ib.* 153. **d 939** eterne hereditatis ~ia et perpetue prosperitatis privilegia magnis meritorum machinamentis jam concedente Cristo Jesu mercanda sunt *Ch. Burton* 4 (=*CS* 746).

2 title-deeds. **b** terrier, register of landed property, including lists of tenants with their rents and holdings.

1012 aurea .. saecula .. nullis ~iis usa noscuntur *CD* 1307. **b 1487** cum omnibus libris meis de lege Anglie .. cartuariis [*sic*], ~iis *Cart. Boarstall app.* I, p. 289; **1508** ~ium terrarum et tenementorum (*Rent. Newenham* f. 20) *Beds Hist. Rec. Soc.* XXV 72 *tit.*; **1553** omnibus et singulis evidenciis .. chartis, curie rotulis, ~iis, escriptis, rentalibus, munimentis *Pat* 856 m. 6.

territorius [cf. CL territorium], concerned with land.

1042 ego Ælfricus archipraesul hanc territoriam scedulam signo sanctae crucis diligenter adsignare curavi *CD* 763.

territura [cf. CL territorium], area of land, territory, district.

c1245 quandam partem bosci mei in ~a de Ductona *Cart. Sallay* 283.

terrivola [dub.], (in gl.).

~a, formidolosus, tumidus [? l. timidus], et dicitur ~a quasi cum terrore volans OSB. GLOUC. *Deriv.* 593.

terror [CL]

1 fact or quality of inspiring terror. **b** person or thing that causes terror.

ne dicant nos propria adinventione et loquaci tantum temeritate tales minas eis tantosque ~ores incutere GILDAS *EB* 37; isti Hierosolimitae .. et illi Galilei non soli fuere peccatores sed in ~orem sunt reliquorum puniti BEDE *Luke* 503A; de ~ore futuri judicii .. carmina faciebat *Id. HE* IV 22; **799** ut triumpho ~oris vestri inimicas indique subiciat gentes ALCUIN *Ep.* 178; occurrit ei animosus Egfrithus, solito ~ore acturum existimans W. MALM. *GP* III 100; quatenus ~orem zeli modestia temperet J. FORD *Serm.* 47. 10; **1290** R. W. et uxor sua de consuetudine levant hutesium super vicinos suos injuste ad ~orem omnium vicinorum suorum *Leet Norw.* 35. **b** quos jussit construere inter duo maria trans insulam murum, ut esset arcendis hostibus turba instructus ~ori civibusque tutamini GILDAS *EB* 15; decus imperii terrorque hostilibus armis ALCUIN *SS Ebor* 26; habens epitaphium: 'hic ~or mundi Guiscardus' W. MALM. *GR* III 262; multos filios pepererunt, qui .. hostibus in armis magno ~ori fuerunt ORD. VIT. III 2 p. 22;

illis jam sit ludibrio, quibus ante fuerat ~ori AD. SCOT *TGC* 815A.

2 extreme fear or terror (as a feeling).

de his tribus .. generibus [monstrorum] quae maximum formidinis ~orem humano generi incutiunt *Lib. Monstr. prol.*; apparuerunt cometae duae .. multum intuentibus ~orem incutientes BEDE *HE* V 23; territus intus / secreto terrore Dei WULF. *Swith.* I 1197; omni timore vacuus, ut affirmaret se nescire quid esset ~or W. MALM. *GP* IV 138; sacerdos .. ~ore .. magis quam ratione compulsus GIR. *TH* II 19; dum intra mentes ut ~orem mortificet virtutem invitat BERN. *Comm. Aen.* 104; cadat in ~ore monstri *Beunans Meriasek* p. 160.

terrubulum v. turibulum.

terrugena [? cf. Ar. *turungan = citrus*], kind of plant.

terrugenaque [v. l. terugenaque] abscissa et plantata secus mare viride fortasse fiet sesebram ALF. ANGL. *Plant.* 23.

terrula [CL]

1 small plot of land; **b** (~a *terrae*).

c715 ~ae quoque partem ejusdem Dei genetrici beatae Mariae similiter inperpetuum possidendam perdono *CS* 98; **732** est ~a quaedam id est quarta pars aratri unius juxta Liminaee sali coquendo accommoda *Ib.* 148; **c1150** capella de Q. cum tota decima domini in omnibus, et omnibus decimis villanorum, et ~a quadam ad colligendam decimam *Ch. Heref.* 17; nummus est dominus in mundi sperula; / recedat veritas a nostra terula WALT. WIMB. *Sim.* 41; **a1270** totam terram de Fimbelach .. cum quibusdam ~is *Reg. Paisley* 163. **b 1512** recepit .. corporalem possessionem dicte ~e terre ... acta super solum dicte ~e terre (*Glasgow*) *Scot. Grey Friars* II 246.

2 little piece or clod of earth.

terrula suscipitur, formatur massa pusilla, / fit corpus solidum quod fuit ante solum GOWER *VC* VII 531.

terrulenter [LL terrulentus+-er], in an earthly way.

~er, *eorþlice* [cf. Prudentius *Peristephanon* X 378: rem spiritalem terrulenter quaerere] *GlP* 474; ~er, terrene. in Decretis rem spiritualem ~er querere [Prudentius *Peristephanon* X 378] OSB. GLOUC. *Deriv.* 591.

terrulentus [LL], earthy.

~um, *grotig GlP* 581; dum .. [anime] vinculis corporum irretiuntur, trahunt ab ipsis ~a contagia W. MALM. *GR* IV 347; terrulentus, terra plenus OSB. GLOUC. *Deriv.* 591.

terruncius [CL], sort of coin, or ? *f. l.*

s1190 si .. aliquis bladum emerit et de eo panem fecerit, tenetur lucrari in salma unum teruncium [v. l. terrim; R. HOWD. III 61: terrin (cf. AN: *terrin = earthenware pot*)] tantum et brennon G. *Ric.* I 132.

terruncula [CL terra+-uncula], small plot of land.

859 aliquam †terre unculam emi *CS* 497; ?**869** (10c) est autem terruncula praememorata his falerata agellulis *CS* 524.

terrura [CL terra+-ura]

1 area of land, territory, district, region.

c1180 viginti et quatuor acras terre lucrabilis in ~a de Denebi *BM Ch. no.* 64; **a1194** sciatis me dedisse .. capitalem domum meam .. in villa de Warcopp' et quinque acras terre cum pertinentiis in ~a ejusdem ville (*Ch. Byland*) *Cumb & Westmor Antiq. Soc.* LXXIX 37; **c1195** duas bovatas terre in ~a de Litton *Cart. Sallay* 400; **1279** quilibet habens averia super ~as domini ad valentiam xxx d. dabit unum denarium .. qui vocatur *wardpeny Dom. S. Paul.* lxxx.

2 terrier, register of landed property, including lists of tenants with their rents and holdings.

1513 fraudelenter [*sic*] rasuravit evidenc' et terrur' domini *CourtR Wimbledon* I 74.

terrusnascens v. terrenascens. **tersegus** v. carsea. **tersello** v. tercellus. **Tersicore** v. Terpsichore. **tersionarius** v. 2 tertionarius.

tersitudo [CL tersus *p. ppl.* of tergere+-tudo], state or condition of having been wiped, rubbed, or polished.

quando anima fuerit preparata ad recipiendum illas comprehensiones, ut ferrum per ~inem preparatur ad recipiendum lucem et alios colores et formas OCKHAM *Phys.* II 661.

tersorium [CL tergere+-torium]

1 cloth or sim. for rubbing or wiping clean or dry with; **b** (fig.); **c** (in gl.).

omnia vero .. debent esse praeparata .. scilicet aqua calida .. ~ia ad pedes, manutergia ad manus LANFR. *Const.* 108; camerarii est procurare .. ~ia ad radendum, ~ia in claustro pendentia, ~ia et manutergia mandati *Ib.* 151; tunc duo subdiaconi duo ~ia [ed. *PL*: mantilia] vel aliquos alios pannos altari superpositos tollunt BELETH *RDO* 98. 101B; **c1203** unum troparium et unam crucem parvam de metallo et dua ~ia *DL DeedsLS* 111; togellas sive pallas illius altaris, ~ia, calicem, corporalia et offertoria .. in sua specialiter habebit custodia *Cust. Westm.* 55; corporalia .. et ~ia quibus calices terguntur et involvuntur *Obs. Barnwell* 70; **1396** in armario in ecclesia .. ~ia sine listis xxviij *Meaux* III lxxxi. **b** hic paleas purgans excussos ventilet actus, / albaque mundande tribuat tersoria menti HANV. VIII 248. **c** pistores .. formant panes .. quos quocunt in furno mundato cum ~io [gl.: *tersour, escovelon, tuayllun, tayle*] GARL. *Dict.* 127; ~ium, A. *a swepelles WW*; pistor cum suis instrumentis .. hoc ~ium, A. *a malkyn Ib.*; *a malyn*, ~ium *CathA*.

2 (understood as) pestle (? *cf. terere*).

1417 in coquina .. j mortariolum eneum cum ~io ferreo *Ac. Jarrow* 91.

tersus [CL = *neat, trim, spruce*], (in gl., piece of) turf.

tersus, A. *a turfh WW*.

tertareus v. 1 Tartareus.

tertaum, (in list of words derived from Greek).

tetrarcha, tigris, tertaum [? l. teatrum], theca BACON *CSPhil.* 443.

terteletus v. tercelettus. **tertellus** v. tercellus.

tertianarius [LL], one who suffers from tertian fever.

queritur quare ~ii liberentur statim vel in secunda die vel tertia quandoque per minutionem, cum materia sit exterius *Quaest. Salern.* B 133; caveant omnes ~ii sive simplices ex materia composita GILB. I 24. 2; si ~ius sit senex, debent dari minus frigida quam juveni ~io GAD. 4v. 2.

tertianus [CL]

1 (of fever) recurring every third (*i. e.* every other) day, tertian, (also as sb. f.) tertian fever. **b** (*duplex ~a*) double tertian fever.

tertiana, *lenctinald* [l. *lenctinadl*] *GlC* T 85; diliponta est cotidiana vel ~a vel quartana *Gloss. Poems* 103; monachus .. tredecim septimanis continuis ~is laborabat febribus J. FURNESS *Walth.* 128; calor .. in ~e, longe minor est, valde sensibilis est KNAPWELL *Quare* 4; morsus diaboli .. valet contra ~am *Alph.* 121; de ~a sciendum quod est febris ipsa tertium diem tenens, secundum ethimologiam nominis GAD. 3. 2; Thomas Rylee clericus .. febre gravi et ~a infirmatus fuit *Canon. S. Osm.* 80. **b 1262** licet aliamdiu gravati fuerimus dupplici ~a *Cl* 174.

2 of the third hour.

quod cum sit in secunda, sub aurora scilicet, missa, sicut et in prima, necnon et in tertia similiter et ~a luce clarissima jam evenisset GIR. *Spec.* IV 27.

3 (I. of M., as sb. f.) unit of land, perh. to be identified with Manx *treen*.

1505 confirmantes eis tercianam plene ville de Kyrkby, propinquiorem ecclesiam sancti Bradani .. ~am plene ville de Kyrkmarona, terras de Cullusshy, de Glenfaba .. ~am de Balycem *MonA* V 256; **1527** redditus tercian' .. respondet de iiij li. xiij s. viij d. de exitibus unius tercian' voc' Fysshgarth' sic in tenura diversorum tenencium ibidem ut in libro assedacionis hujus anni continetur *MinAc* HENVIII/5676 r. 1.

tertiare [CL]

1 to repeat for a third time.

in qua nocte ~ata visio tertia in cubiculo adhuc quiescenti representatur GOSC. *Transl. Mild.* 21; sed qui semel et secundo verbum exhortationis proposueras, eamdem exhortationem debueras ~asse P. BLOIS *Ep.* 10. 32A.

2 (of fever) to repeat (attacks) every third (*i. e.* every other) day.

si minor hemitriteus esset .. suos nunquam ~aret assultus P. BLOIS *Ep.* 43. 126C.

3 (of number in abacus) to move into the third (*i. e.* next but one) column.

si .. divisor fuerit decenus secundat a se, si centenus terciat THURKILL *Abac.* f. 58.

tertiarius [CL]

1 (of fever) recurring every third day, tertian.

defendunt se ferentes ab ethica [v. l. eptica] febre et ~ia et causon *Sculp. Lap.* 450.

2 (as sb. f.) third part of tenant's estate that passes to lord on tenant's death. *V. et. terceria.*

1245 quod singuli ipsorum et eorum heredes et tenentes de ipsis et heredibus eorum in H. in decessu suo dabunt et fideliter facient terciariam de omnibus bonis suis crescentibus vel existentibus in predicta villa de H. *Arch. Soc. Salop* LVIII 70.

3 three-fold.

nexu ~io qui Deum diligit, a Deo ad seipsum, a seipso descendit ad proximum, ne funis abrumpatur, a proximo secum assumpto recurrit ad Deum [cf. *Eccles.* iv 12] H. READING (I) *Mem.* 1300B.

4 (as sb.) group of three.

si quatuor semibreves vel plures, ita quod unitas transit ~ium, inveniantur inter duas breves, prima brevis imperficitur per semibrevem subsequentem HAUBOYS 292.

tertilis [CL tertius+-ilis], (astr.) trine.

aspectus alius est oppositus, quod fit per spatium 180 graduum et est plene inimicitie, alius est trinus vel ~is per spatium 120 graduum, et est plene amicitie BACON IX 207.

tertiogenitus [CL tertio+genitus], third-born.

1406 volumus .. quod universale jus successionis .. transeat .. ad Johannem ~um nostrum *RParl* III 576a; Johannem, ducem Bedfordie, fratrem regis ~tum *G. Hen. V* 18.

1 tertionarius [? cf. W. *trydydd*], ? one of a group of three (men with spec. status or privilege), third man.

1282 Gruffud ab Goronou, tercionarius domini principis, spoliatus fuit uno bove PECKHAM *Ep.* 349.

2 tertionarius [cf. OF *tierchonnier*], (C. I., Normandy) *tierchonnier*, dry measure containing a third of a *caboteau* (also *modius tertionarius*).

?**c1175** tenebat de eisdem abbate et monachis duas partes decime parochie de Barra ad firmam unius modii ~ii ad mensuram de Barra *Act. Hen. II* II 72; **1309** reddunt domino regi per annum .. v buss' frumenti et tercionar' j cab' frumenti *S. Jers.* XVIII 249; dominus rex habet .. de Ricardo le Provost xvj cab' j tersionar' frumenti *Ib.* XVIII 279; dominus rex habet de feodo de Hennodoit xl bussellos frumenti per annum ad parvam mensuram, et se extendit ad mensuram regis ad vj quart' v cab' et j tercionar' *Ib.* XVIII 305; **1331** summa de frumento .. ix cab' tierch' .. prec' cab' xv d. .. xij s. j d. (*KR Ac*) *Ib.* I 14.

tertius [CL]

1 third (in numerical order, esp. in enumerations); **b** (w. *liber* or as sb. m., of division of literary work); **c** (of bearer of a name). **d** third in line of descent, order of succession, or sim. **e** (abl. as adv., in enumerating points of argument or sim.) thirdly.

et primam dactilicam, secundam iambicam, ~iam peonicam nuncupari solers antiquitas sanxit ALDH. *PR* 112; Aethiopes .. sub ~io zonarum ferventissimo et torrido mundi circulo demorantur *Lib. Monstr.* I 9; in superiore versu Virgilii accusativus graecus est ~iae declinationis ABBO *QG* 16 (35); in omni triangulo duo latera sunt ~io longiora BACON *Maj.* I 112; **c1210** et tres toftos, videlicet unum toftum .. et alium toftum .. et tercium toftum *Ch. Chester* 304. **b** Lucanus libro ~io ALDH. *Met.* 10 p. 92; unde Ovidius Metamorphoseos in ~io OSB. GLOUC. *Deriv.* 90; quod est verbum philosophi in ~io De Anima BACON *Tert.* 74; sicut Avicenna docet ~io Metaphysice *Id. NM* 530. **c** **1189** Willelmus de Einesford' ~ius *Pipe* 230; necnon et his addito de Herodis ~ii, filii scilicet Aristoboli, fine similiter ignominioso GIR. *PI* I 17; **1347** Rogerus de Merlay ~ius *PlRCP* 352 m. 285. **d** quartus Occidentalium Saxonum antistes Leutherius fuit. siquidem primus Birinus, secundus Agilberctus, ~ius exstitit Vini BEDE *HE* IV 12; hanc [hidam] emit .. Godricus .. vita trium haeredum .. modo habet hanc terram ~ius heres (*Worcs*) *DB* I 175rb; constat eum ~ium Wigorniensium presulem fuisse W. MALM. *GP* IV 160; post Jeroboam in Samaria secundus, Nadab filius ejus regnavit duobus annis; sed post eum ~ius, Bassa, xxiv annis R. NIGER *Chr. I* 7. **e** operatio divina .. quadriformi ratione distinguitur: primo .. secundo .. ~io .. quarto BEDE *NR* 192; secundo vero, ut ... ~io quoque ut ordinem quem sunt professi .. discretione previa ex communi consilio et assensu reparent AD. SCOT *QEC* 805B; ~io dico quod eandem rem esse diversis delectabilem et tristabilem non sunt contraria WYCL. *Ente Praed.* 108; **1498** imprimis ... secundo ... ~io .. volo quod unum collegium .. erigatur *Test. Ebor.* IV 139.

2 third (in order of time). **b** (*~ia feria*) third day of week, Tuesday. **c** (as sb. f.) terce (canonical hour).

1221 non possunt emere cibum suum ante horam ~iam *SelPlCrown* 89. **b** primam .. diem .. dominicam nuncupavit ... deinde secundam feriam, ~iam feriam, quartam, quintam, et sextam de suo adnectens, sabbatum ex veteri scriptura retinuit BEDE *TR* 8; **s1199** obiit .. rex .. feria ~ia ante dominicam in Ramis Palmarum W. NEWB. *HA Cont.* 504; **s1415** feria .. ~ia proxima ante dictam dominicam *Chr. S. Alb.* (*1406–20*) 90. **c** omnia quae diximus post ~iam his temporibus agenda, dominicis diebus omni tempore ante ~iam agantur *RegulC* 22; usquequo signum ~ie insonuerit ÆLF. *Regul. Mon.* 175; antequam sonet signum ad apparatum ~iae nullus calciet se diurnalibus suis LANFR. *Const.* 87; **1235** si facit *hauwre* [l. *hanwrc*], veniet mane et faciet quodcumque opus serviens ei precipiet usque ~iam *Cust. Glast.* 142; laici .. dicant viginti quatuor 'pater noster' pro matutinis .. pro prima, ~ia, sexta, nona, pro qualibet istarum, septem M. PAR. *Maj.* III 138; **1344** ~ia et sexta de die dicantur cum nota in communi *Eng. Clergy* 285.

3 (w. ref. to unit resulting from dividing by 60 for a third time, also as sb.) one sixtieth of a second, $\frac{1}{216000}$ of the whole: **a** (of time); **b** (of angle).

a punctum autem est species mirabilis fraccionis, scilicet 1080 pars hore, quod est 3 secunda et 20 ~ia BRADW. *CD* 469E. **b** rota .. in xij dividitur signa .. dakaica item in lx secundas, secunda item in lx ~ias ADEL. *Elk.* 6; secundum astronomos iterum quilibet gradus dividitur in 60 minuta, quodlibet minutum in 60 secunda, quodlibet secundum in 60 ~ia, et sic deinceps SACROB. *Sph.* 88; quilibet gradus dividitur in 60 partes que dicuntur minuta .. secunda .. ~ia et sic ulterius .. quarta, quinta, sexta et ultra BACON V 15.

4 (reckoning inclusively from a point) third, *i. e.* the next but one: **a** (in time, *v. et. nudiustertius*); **b** (in succession). **c** (mus., as sb. f.) the next note but one (in a scale), interval of a third.

a die ~ia dominus .. resurrectionis suae triumphum celebravit BEDE *Luke* 624B; **932** (12c) ~iis Septembris kalendis [v. et. (v. kalenda)] *CS* 689; dies .. ascensionis Christi festivus diem clarificationis beati Dunstani praecessit ~ius OSB. *V. Dunst.* 41; nudiustertius adverbium, i. transacta nuper ~ia die OSB. GLOUC. *Deriv.* 160; noveritis .. quia medium hemitriteum patitur: cum enim patiatur continue de ~io in ~ium, magis affligitur P. BLOIS *Ep.* 43. 126C. **b** Tiberius autem a Julio ~ius veneno obiit J. SAL. *Pol.* 789D. **c** sic de necessitate erit una sexta discordans, si ditonus vel semiditonus fuerit a tenore ~ia supra *Mens. & Disc.* (*Anon. IV*) 81.

5 additional to two others already known or mentioned, a third; **b** (*~ia manu*, w. ref. to number of compurgators). **c** (as sb. m.) third party. **d** (for OW, OI idiom) one of three. **e** (abl. as adv.) for a third time, on a third occasion.

de defensione itemque vastatione, de secunda ultione ~iaque vastatione GILDAS *EB* 2; Brittania post Brettones et Pictos ~iam Scottorum nationem in Pictorum parte recepit BEDE *HE* I 1; **800** aderit tibi in itinere hujus laboris illius gratia, qui duobus discipulis euntibus in via ~ium se socium addidit et aperuit illis sensus ALCUIN *Ep.* 196; **802** quid cui conveniat personae, quid canonicis, quid monachis, quid ~io gradui, qui inter hos duos variatur; superiori gradu canonicis et inferiori monachis stantes *Ib.* 258; ait, quia duas eodem die Marie missas celebraverat, se ~iam tunc dicere non posse GIR. *GE* I 48 p. 128; **1208** item remanent Hugoni de Nevill': j par bacinorum ponderis v m. .. et par bacinorum ponderis vj m. .. tercia [*sic*] par ponderis v m. iij unciarum *Invent. Exch.* 122; rex a ~io monacho tunc tacente quid dare vellet inquisivit KNIGHTON I 110; obiit .. comes Suffolchie, post se relinquens in campo heredem juvenem ~ii septennii *G. Hen. V* 8. **b** poterit idem negare contra totam curiam ~ia manu cum sacramento illud se non dixisse affirmando GLANV. VIII 9. **c** **1168** hec a vobis ad ~ium non transibunt, nec innotescat cardinalibus quicquam de hoc negotio J. SAL. *Ep.* 235 (276); **1212** faciendo ei j dinnarium cum se ~io annuatim *Fees* 196. **d** Christus, filius Dei vivi, ~ia Trinitatis divine Persona (*Paternus*) *VSB* 252. **e** ~io aedificata ibi ecclesia BEDE *HE* III 17; an adhuc etiam somniare te putas hec tam clara spectacula jam ~io tibi manifestata? GOSC. *Transl. Mild.* 21; ille .. iterum et ~io clientem direxit ORD. VIT. VI 10 p. 111; **1207** summus .. pastor Petrum pastorem constituens ei ~io inculcat: "pasce oves meas" P. BLOIS *Ep. Sup.* 43. 8; **1287** si ~io inveniatur cum hujusmodi transgressione in dominicis boscis .. capiatur et prisone .. salvo custodiatur *SelPlForest* 63.

6 third in order of quality or importance. **b** (*~ius melior*) third best.

cyprus .. est arbor aromatica .. unguentumque ex eo regale paratur optimum in Aegypto, secundum in Ascalone Judaeae, ~ium in Cypro insula BEDE *Cant.* 1146A; ~io autem, hoc est ultimo loco, curam ponamus eorum quae ad generalem vitae hujus provisionem respiciunt *Id. Ezra* 887C; sed illius quam ~iam et ultimam posui locutionis verba .. naturalia sunt et apud omnes gentes sunt eadem ANSELM (*Mon.* 10) I 25. **b** **1235** prepositus .. habebit j acram frumenti in ~ia meliori cultura domini *Cust. Glast.* 118; **a1250** dominus habebit ~ium meliorem porcum *Doc. Bec* 120; **1309** quarterium melioris frumenti se vendebatur pro octo solidis, secundi melioris pro septem solidis et vj den', et ~ii melioris pro septem solidis *Arch. Ox.* II 142.

7 (*~ia pars*) a third part of any whole, one third (also w. ellipsis of *pars*). **b** widow's third (of a property), dower. **c** (*~ius denarius*) third penny (of borough or county, *v. et. denarius*).

qui thesaurizat superflua, pro ignorantia tribuat ~iam partem pauperibus THEOD. *Pen.* I 3. 4; tertia pars mundi mihi constat jure tenenda ALDH. *Aen.* 29 (*Aqua*) 6; de quibus denariis habebat rex E. duas partes et comes Goduinus ~iam (*Kent*) *DB* I 1ra; separata .. est a linea a b pars quam intendimus estque ~ia ADEL. *Elem.* VI 11; **12..** item de agno obulus, de edo quadrans vel ~ius in electione *Conc. Scot.* II 44; ergo tres tales faciunt tres rectos et tres ~ias unius recti, sed tres tertie valent integrum BACON *Maj.* I 161; cum ~io unius grave que vocatur *Percyes grove* .. et ~iam partem grave prenominate *Reg. Malm.* II 98; **1352** de pensione a hospicio levanda universitas duas haberet ~ias, et tercia ~ia scolarum gramaticalium visitatoribus sit applicanda *StatOx* 154; **c1380** Johannes de Redworth, brasiator .. non ostendit potellum nec quartam nec ~iam *Ac. Durh.* 327. **b** ?**c1220** dictum pratum et totam dictam terram cum omnibus libertatibus suis predictis canonicis contra omnes homines et dotes vel ~ias feminarum warantizabimus *Dryburgh* 129; **1372** domino Hugoni de Eglyngtoun, racione ~ia [*sic*] sponse sue de centum marcis, debitis .. annuatim de custuma de Dunde *ExchScot* 393; **1460** domino Johanni Ogilvy pro ~ia debita sponse sue de dicto thanagio *Ib.* 16; **1467** pro duabus ~iis exeuntibus de terris de Redpethland debitis duabus dominabus earundem *Ib.* 495. **c** de ~io denario Sarisberie habet rex vj li., de ~io denario Merleberge iiij li. .. de ~io denario Malmesberie vj li. *DB* I 64va; **1155** comiti Gloec' xxli. pro ~io denario comitatus *Pipe* 49; **c1164** sciatis me dedisse .. ecclesie .. et sanctimonialibus .. totum redditum meum de ~io meo denario de Bedeford *Regesta Scot.* 204.

8 (abl. as adv.) three times.

dominum quem ter negaverat ~io se amare professus est BEDE *Luke* 607C; clamavit ~io unam de consecratis Christo virginibus, proprio eam nomine quasi praesentem alloquens, "Eadgyd, Eadgyd, Eadgyd" *Id. HE* IV 8; ibi .. ~io potata aqua undam superflui humoris ore rejecit W. MALM. *GP* IV 181.

9 (in comp. numeral).

~io decimo regni sui anno BEDE *HE* III 24; tricessimo itaque et ~io aetatis suae anno ALCUIN *WillP* 5; anno .. nativitatis .. Aelfredi regis trigesimo ~io ASSER *Alf.* 62; superius retulimus de duodenarii numeri profunditatis mysterio; nunc ex plurimis pauca dicamus de tertiodecimo BYRHT. *Man.* 226; unde Augustinus De Civitate Dei in tertiodecimo OSB. GLOUC. *Deriv.* 513; anno .. post transitum ejusdem patris ducentesimo sexagesimo ~io W. MALM. *GP* V 257; interea regio .. promulgatum et edicto, tam a monasteriis quam ecclesiis ~iam decimam exigi G. COLD. *Durh.* 17; Solinus probat Romam fuisse conditam Olympiade septima quadringentesimo tricesimo ~io post bellum Trojanum BACON *Maj.* III 60; **1282** tertiodecimo, petimus ut nobis significent quibus modis velint .. turbationem pacis regie .. emendare *Conc.* II 73b.

tertrum [AN *tertre*], ridge of land.

1274 concessimus .. septem seliones terre arabilis cum omnibus pertinenciis suis in territorio de Welleborne in campo australi ejusdem ville, scilicet unum selionem jacentem super ~um inter terram N. H. prepositi et terram que quondam fuit M. la B. (*Lincs*) *AncD* C 5901.

terubrum v. terebra. **terudo** v. teredo. **terugena** v. terrugena. **terula** v. terrula. **teruncius** v. terruncius. **tervical** v. cervical. **tesa** v. teisa. **tesapium** v. thesapium.

tesare [ME *tesen*], to tease, harass, worry (game or other animal).

1209 duos brachettos comitis ~antes unum cervum usque in forestam *SelPlForest* 5; **1241** vidit duos canes currentes ad unam damam ~atam ad mortem *Ib.* 73; **1248** obviaverunt cuidam leporario ruffo thesanti unam damam *Ib.* 77.

tesaur- v. thesaur-.

tescula [dub.: ? cf. tesquum], (in gl.) fold for animals.

a pynfolde, catabulum, tescula, inclusorium *CathA*.

tesea v. teisa. **tesela, ~lla** v. tasellum. **tesga** v. phthisicus. **teshaurius** v. thesaurius. **tesia, ~io** v. teisa. **tesis** v. thesis. **tesqua** v. tesquum.

tesquator [cf. CL tesquum; ? cf. et. CL testis], (in gl.) one who gelds or castrates animals.

a gelder, testuator, castrator *CathA* (cf. Hugh of Pisa *Deriv.*: tescua sunt loca in quibus pecora castrantur, unde .. tescuatores castratores dicuntur).

tesquum [CL], wilderness; **b** (applied to marshland or fen).

provincialium tuto armenta vel greges pascebantur seu per campestria seu per ~a W. POIT. II 2 (=W. POIT. II 45); hoc tempe .. i. amenus locus in planitie, sicut tesqua dicuntur loca amena in silva: Horatius in epistolis 'deserta et inhospita ~a' OSB. GLOUC. *Deriv.* 584; nam casus mutum pecus per nemorosa ~a ducebat W. CANT. *Mir. Thom.* III 24. **b** Slepe est inter ~a prope Anglie, distans ab Huntedune castello ad iij leucas, et a Ramesseia per octo leucas *Chr. Wallingf.* 62; habeat autem ocreas, ne ~a [*gl.*: vasceus, waseus, de *waseys*] vel lutosas vel cenosas plateas expavescat NECKAM *Ut.* 108; *gor, or flory*, limus .. ~a, -e, fem. *PP* 196; *a wesche*, ~um, in plurali ~a *CathA*.

1 tessara, tessarum [τέσσαρες], four.

~a interpretatur quatuor. inde tiriaca diatasseron quod fit de iiij speciebus tantum *Alph.* 184; ~um interpretatur quattuor *SB* 42.

2 tessara v. tessera.

tessarescedecas [cf. τεσσαρεσκαίδεκα], set of fourteen (esp. w. ref. to the three sets of fourteen generations between Abraham and Christ).

istas tres perfectiones possumus intelligere per ~ades AILR. *Serm.* 24. 13. 328D; dicitur .. tesserecedecas a tetras, quod est quatuor, et decas, quod est decem BELETH *RDO* 134 (=*CCSL* p. 257); ~as est una quaterdena, et ejus nominativus pluralis est ~ades, quod significat quaterdenas, unde tres ~ades fuerunt in generacione Christi ab Abraam usque ad Christum BACON *Gram. Gk.* 78.

tessarescedecatica v. tessarescedecatita.

tessarescedecatita [cf. tessarescedecas], quartodeciman heretic, one who begins Easter on eve of fourteenth day of Nisan, rather than on eve of following Sunday.

p**675** erat .. genus quoddam hereticorum aput orientales quod tessereskaedecaditae vocatur id est quartadecimani, eo quod quarta decima luna cum Judeis Christum blasphemantibus .. Paschae solemnitatem peragunt ALDH. *Ep.* 4; Isidorus dicit [*Etym.* VIII 5. 60] quod tessarescedecatice sunt dicti heretici qui contendebant semper celebrari Pasca in xiiij luna BACON *Gram. Gk.* 78.

tessaur- v. thesaur-. **tessela** v. tessella.

tessella [CL], small square or cube, esp. as part of mosaic. **b** square or cubed stone or shingle (for building or roofing).

sed titubant templi tremibundis marmora crustis / et ruit in praeceps tessellis fabrica fractis ALDH. *VirgV* 1337; ~a, parva tessera OSB. GLOUC. *Deriv.* 592; porticum .. in qua non lithostrata ~is [*gl.*: *de ronde peres, de tyulez quarés, de per de marbre, de peres quartes, quarere*, lapidibus *picoys*] et crustis elaborata, sed ostracum testaceum calcari videbam BALSH. *Ut.* 47. **b** *fowr skware stone*, tressillum [v. l. tessellum] *PP*; totum templum secundum tectum ligneis tesselis veluti planis imbricibus contexit FERR. *Kinloss* 71.

tessellatus [*p. ppl. of* CL tessellare]

1 constructed or adorned with mosaic work, tessellated.

pavimenta ejus ~ata olim sectiliaque, id lecta fragmenta demonstrant BOECE f. 35.

2 (her.) checky.

area ~ata seu emblematica fit cum plures perpendiculares lineae a pluribus transversis dissecantur, quod .. alii scaccatam vocant, alii scachificatam SPELMAN *Asp.* 85; Highamiorum equestris familia scuto utitur zebellino fascia ~ata auro et cyaneo *Ib.* 122.

tessellum v. tessella.

tessera [CL]

1 small square or cubical block.

petalum .. i. forma marmorea ad instar ~e quadrate unde pavimenta templorum et palatiorum quondam sternebantur OSB. GLOUC. *Deriv.* 420.

2 die; **b** (symbolic of fate, chance). **c** (in gl.).

aleator calculis et ~is ludens per aleam ALDH. *PR* 120; ludis .. alearum et ~arum plerunque indulgebat ORD. VIT. V 3 p. 311; tessera pro psalmis, pro dulci pocula cantu, / pro varia vigilat fabula multa prece L. DURH. *Dial.* II 441; nonne tibi videtur aleator ineptus qui thessararum non tam vivit quam perit ex gratia J. SAL. *Pol.* 399A; tunc de ludis .. hic pirgus vel talus, hec ~a vel calixus, *deiz Gl. AN Glasg.* f. 20rb; **1519** idem ludit ad taceras communiter *Vis. Linc.* I 44. **b** una dies ridet, casus cras altera planget, / nil fixum faciet tessera laeta tibi ALCUIN *Carm.* 9. 14; piratas Danorum .. non semel .. contudit, quamvis (ut est ~a bellorum) ipse in eisdem frequentes et insignes calamitates acceperit W. MALM. *GR* II 108; sors propemodum idem est quod micare, quod talos jacere, quod ~as, quibus in rebus temeritas et casus, non ratio nec consilium ualet ANDR. S. VICT. *Sal.* 14; lex est quam tessera dictat NIG. *SS* 1419. **c** *dayly* [? l. *des play*] *or play*, thessara, -e *PP*.

3 chess-man or other gaming piece or token.

milites aureos conspicatur ~is aureis colludentes [TREVISA: *pleyenge with chesses of golde*, MS BL Harl. 2261: *playenge with chesses of golde*] HIGD. VI 14; **1552** *chest-men, or table men*, ~ae (R. HULOET *Abcedarium*) *OED* s. v. *chess-men*.

4 bushel.

videbamus in horreis .. cylindros, tribulas, palas, pastinatas, furcillas, et tessaras [*gl.*: *mesures, bussel*] BALSH. *Ut.* 50; *a buschelle* .. modius, batillus, modiolus, ~a *CathA*; *a multer dische*, metreta, ~a *Ib.*

5 a inn-sign. **b** banner.

a *a senny of an ine or hostry*, texera .. tessera -e *PP*. **b** *a baner*, vexillum, signum, ~a *CathA*; **1527** item tres ~as seu vela cum baculis convenientibus pro processionis decoramento *Reg. Aberd.* II 251.

tesserarius [CL]

1 (in gl., as sb. m.) dice-player.

~ius, qui cum tesseris ludit, qui etiam tabellio, tabellator, tabellarius, taxillarius dicitur OSB. GLOUC. *Deriv.* 594.

2 relating to chessmen or other gaming pieces.

ye chesse, ~ius ludus LEVINS *Manip.* 84.

3 (in gl.) one who is in charge of messengers.

tesserarius, praepositus currorum [l. cursorum] qui bella nutriunt [l. nuntiant] *GlC* T 111.

tesserecedecas v. tessarescedecas. **tessereskaedecadita** v. tessarescedecatita. **tessis** v. thesis.

tessiva [? cf. CL tessera], (in list of words) token used in gaming.

cibe, tessere, tali, taxilli, tessive OSB. GLOUC. *Deriv.* 145.

tesso [AN *tesson, tessun*; cf. LL taxo], badger.

1253 fugare .. leporem, vulpem, ~onem, et catum per omnes forestas nostras (*Pat*) *RGasc* I 269a; **1261** quia vulpes et ~ones destruunt parcum regis de W. tempore feonacionis, rex mittit .. R. .. ad predictos vulpes et ~ones capiendos *Cl* 363; **1310** ad vulpem, leporem, catum, seu tissonem *FormA* 384; **1334** habent chaceam suam per totam ballivam foreste predicte ad lepores, vulpes, murilegos, ~ones, et ad omnimodas hujusmodi vermes *RParl* II 79a.

tessu- v. tissu-. **tessua, ~utum** v. tissuum.

testa [CL]

1 object made of fired clay: **a** earthenware jar or other vessel. **b** clay lamp or lamp-holder. **c** earthenware (as material).

a dum rogus ardescens et rubrae fragmina testae / necnon et rigidi crudelis sectio ferri / membra cruentabant spurco sine crimine culpae ALDH. *VirgV* 1758; comminuet eum ut ne ~a quidem remaneat in qua hauriatur aquae pusillum BEDE *Luke* 578A; universitatis figulus servis infimis luteisque ~is se totum exposuit GIR. *TH* I 13; urceus, urceolus, est urna, vel amphora, testa, / olla vel hydria, vas vini dic esse lagenam GARL. *Syn.* 1587C; cave ne alii per rigorem tuum scandalissentur, quia testa fragilior alia ~a est (*Fintanus* 5) *VSH* II 98; fornacibus, folliculis, ollarum fragmentis, sulphure et arsenico cum salibus, crucibulis, ~is, et calcibus .. omnia sunt repleta RIPLEY 187. **b** ipse .. lucernam accendit, qui ~am humanae naturae flamma suae divinitatis implevit BEDE *Luke* 481D; lucerna quippe lumen in ~a est. lumen vero in ~a est divinitas in carne *Ib.* 521B; lucerna lux est in ~a H. Los. *Serm.* 286. **c** quamvis miro sapiendi dicendique ingenio ~am ferrumque, ut dicitur, conglutinare valeret BEDE *Pleg.* 16; fragiles ut testa homines nos ecce pusilli WULF. *Brev.* 222; constare ex ~a quam facit figulus ANDR. S. VICT. *Dan.* 27; sol idem est qui lutum liquidum condensat in ~am FORTESCUE *NLN* I 20.

2 fragment of earthenware, shard.

sic cum beato Job ~a saniem rades AD. SCOT *QEC* 841A; post hec jussit eam judex nudam super ignitas ~as et vivos carbones volutare HON. *Spec. Eccl.* 861B; scindatur filum juxta nodum, ponendo acum vel ~am sub filo GAD. 123. 2; si alterata sunt, tunc cum acu vel cum ~a labia [sc. vulneris] fricentur ut sanguis effluat *Ib.*

3 hard outer covering, shell: **a** (of crustacean, mollusc, or other animal); **b** (of egg); **c** (of nut, stone of fruit, or sim.). **d** sheath, covering.

a coclea .. i. ~a cujusdam piscis OSB. GLOUC. *Deriv.* 132; aves iste [sc. cornices] conchosos pisciculos contra litorea saxa sursum in aera deferunt et demittunt ut ~am quam rostro frangere non prevalent GIR. *TH* I 22; (tortuca) est .. animal quadrupes, habens .. ~as duras diversis maculis deformatas [TREVISA: *harde schelles and many foule spekkes*] BART. ANGL. XVIII 106; exemplum de cancro, qui volens vorare carnes ostrie, explorat quando aperit ~am suam et projicit in eo lapillum ita quod eam claudere non potest *Spec. Laic.* 11; cocule marine sunt ~a quadam ubi pisces latitant quales sunt ille que a peregrinis de Sancto Jacobo deferuntur *SB* 16; nomina piscium marinorum .. hec ~a, A. *a schylle* WW. **b** ovorum teretes praebens ad pocula testas ALDH. *Aen.* 42 (*Strutio*) 5; plaga ejus nunquam clausa esset, et inde sanies quantum ~a ovi anseris capere posset .. cotidie defflueret ORD. VIT. III 10 p. 114; potest dari de .. sirupo .. quantum ~a ovi capit GILB. I 31V. 2; **1418** ac si quis, dividendo ovum, caperet sibi vitellum, socio relinquendo ~am vel albumen *Foed.* IX 638a. **c** sicut .. nux dulcem .. habet fructum interius, sed non hunc ostendere foris, nisi fracta ~ae duritia, potest BEDE *Tab.* 416D; verborum levitas morum fert pondus honestum, / ut nucleum celat arida testa bonum WALT. ANGL. *Fab. prol.* 12; queritur quare contingat in quibusdam fructibus ~as generari cum circa eos et infra eos mollior substantia contineatur, in quibusdam vero minime *Quaest. Salern.* B 63; latet in testa nucleus, sub cortice granum (*Vers.*) M. RIEVAULX 38. 13; plerique nucem abiciunt inconsulte prius quam ~a soluta nucleus attingatur R. BURY *Phil.* 13. 179; fisticus fructus est ~am habens et nucleum *SB* 21. **d** sub bruma .. glacie constrictus, et aquarum superficie in lubricam ~am frigore concreta, [lacus] sonum horribilem .. emittit GIR. *IK* I 2; **1227** pro duabus ~is eneis ad duas cysternas sine quibus cysterne non possent bene salvari, de pondere xxx librarum *Ac. Build. Hen. III* 76.

4 (usu. *~a capitis*) skull. **b** (spec.) top of the head. **c** (*~a de Nevill*) a collection of Exchequer documents of the early thirteenth century (edited as *Fees*).

quod .. in ~a defuncti, si quis notare velit, perspicuum est ADEL. *QN* 20; ~a capitis usque ad cerebri interiora collisa R. COLD. *Cuthb.* 60; **1199** vulneratus est J. de W. in capite ita quod ~a capitis scissa est *CurR* I 91; s**544** ex cujus capitis ~a ciphum sibi ad bibendum paravit *Flor. Hist.* I 270; capitis sibi spherica testa, / magni consilii signum *Vers. Hen. V* 70. **b** tam dira capitis tonsione, ubi ~a capitis cum corona unctionis separatur a capite H. BOS. *Thom.* VI 9; ~a capitis cum corona unctionis, que in modum disci dependebat a capite, per cutis modicum fronti herens adhuc, capiti resolidatur et coaptatur ut potuit *Ib.* VI 13. **c** **1298** sicut continetur in rotulo Teste de Nevill' sub titulo Hundredi de D. (*LTR Mem*) *Fees* I *pref.* xv.

5 canopy over a bed or headboard (perh. supporting such a canopy, *cf. testura*), or ? *f. l.*

1420 lectum meum antiquum cum ~a did' colori *Wills N. Country* I 29.

testaceus, ~ius [CL]

1 **a** made of burnt clay, pottery, brickwork. **b** made of the shells of molluscs.

a in monte Hares, quod interpretatur testateo .. 'hares' testam sive coctum laterem significat BACON *Maj.* III 99; Petrus et Johannis [*sic*] ibunt ac hominem vas aque ~eum portantem alloquerentur *Chester Plays* XV 36. **b** porticum .. in qua non lithostrata tessellis et crustis elaborata, sed ostracum [*gl.*: G. *paviment de ceste de ostres*] ~eum [*gl.*: *tesogés, de tees*, est G. *tees* et alio nomine *tyule de tere*] calcari videbam BALSH. *Ut.* 47.

2 (in gl.).

hoc ~ium, -cii, i. multe teste OSB. GLOUC. *Deriv.* 582; ~ium, locus ubi plurime teste congeruntur *Ib.* 591.

testacius v. testaceus.

testagium [AN *teste*+-agium], (Ir.) capitation, poll tax.

1284 memorandum de testag' Art nusquam se onerat *KR Ac* 230/13 (2) r. 17; **1306** de ~io in baronia .. de quadam Flory Hybernica .. de ~io pro esse in advocacione domini per annum iiij d. *RB Ormond* 41.

testalia [cf. testaticulam], black hellebore (*Helleborus niger*).

elleborum melinum vel nigrum, i. ~ia *Gl. Laud.* 633.

testamen [LL = *proof*], (in list of words derived from *testor*).

testor .. unde testator, testatus, testatio .. et hoc ~en, -nis OSB. GLOUC. *Deriv.* 582.

testamentalis [CL testamentum+-alis]

1 that relates to or is governed by a charter.

de eo qui terram ~em *bocland* .. habet, quam ei parentes sui dimiserunt (*Quad.*) *GAS* 75; si sit *bocland* vel *biscopland* [id est terra ~is vel episcopalis] (*Quad.*) *Ib.* 173; et secundum *scryftes* [episcopi] dictionem et per suam mensuram convenit per rectum, ut necessario servi [s. ~es] operentur super omnem sciram cui insunt [preest] (*Quad.*) *Ib.* 478.

2 that relates to a covenant.

in observacione mandatorum custodiave ~i E. THRIP. *SS* II 5.

testamentari [CL testamentum+-ari], (in gl.).

to make testament, ~ari *CathA*.

testamentarie [CL testamentarius+-e], by means of a will or testament.

1291 testamentar' concedimus et legamus ornamenta capelle nostre *ChartR* 78 m. 14; rex Henricus .. Templariis .. religiosis cujuslibet ordinis, viduis generosis, leprosis, et languentibus xl millia marcas ~ie in eleemosynam dividebat *Meaux* I 206; ~ie primitus legaverat se apud Westmonasterium tumulandum WALS. *HA* II 345.

testamentarius [CL], of or pertaining to a will or testament, testamentary, appointed or created by the terms of a will. **b** (as sb. m.) executor of a will. **c** (as sb. n.) treatise on wills.

1188 ut misereatur et commodet ad usus egentium, tanquam ~ius dispensator P. BLOIS *Ep.* 20. 74A; a**1193** dedi etiam et legavi, et in ~ia rerum mearum dispositione assignavi, quindecim marcas *Ch. Westm.* 352; c**1293** de ~ia tutela *SelCCant* 641; causa .. est ~ia et ad forum ecclesiasticum noscitur pertinere *Proc. A. Kyteler* 11; **1397** dicunt .. quod T. B. traxit quendam T. F. in causa ~ia ad curiam secularem (*Vis. Heref*) *EHR* XLV 93; **1522** nominare sponsam ipsius defuncti in specialem tutricem ~iam sui filii *Scot. Grey Friars* II 78. **b** **1257** prout idem comes ordinaverit in testamento suo et ~iis suis visum fuerit expedire *RL* II 392 (=*Pat* 71 m. 12). **c** hic incipit ~ium, et primo modus componendi testamenta subtiliter faciendas [*sic*] *FormMan* 16.

testamentum [CL]

1 will, testament. **b** bequest, legacy.

ligat quis vinculo, legat ~o BEDE *Orth.* 32; sexto, quod universi fideles in infirmitate positi .. cum debita solemnitate ~um condant GIR. *EH* I 35; quidam .. ~um condidit sub hac forma verborum NECKAM *NR* II 173 p. 296; si infirmus ~um conditurus .. non posset expresse verba testamenti sui exprimere, et aliquem de amicis constitueret expressorem .. non staret illius ~um M. PAR. *Min.* III 21n. 2; **1301** in ~o suo legavit totam terram suam prequisitam [*sic*] prefatis Roberto et Nicholao .. et Katerine *SelPlMan* 127. **b** heredium, hereditas, fundus, predium, ~um OSB. GLOUC. *Deriv.* 275; c**1205** concedo et confirmo .. canonicis .. ~um duarum acrarum terre in Langeland quas pater meus divisit eis *AncD* A 2557; **1254** si .. ante solucionem .. in fata concessero, de bonis et catallis meis .. nullum ~um solvi volo vel permitto, quousque .. Alexandro de dictis c libris fuerit .. satisfactum *RGasc* I 455b.

2 charter.

in hujus [sc. regis] conspectu venerabilis pater Dunstanus adeo erat pretiosus ut omni humano generi eum praeferret, principem ~orum statueret, thesauros ei delegaret, animam, corpus, et regnum committeret OSB. *V. Dunst.* 22; de eo qui terram testamentalem .. habet .. ne illam extra cognationem suam mittere possit, si scriptum intersit ~i et testes [*gewrit oðđe gewitnes*] quod eorum prohibitio fuerit qui hanc inprimis adquisierunt et ipsorum qui dederunt ei ne hoc possit (*Quad.*) *GAS* 75; taini lex est ut sit dignus rectitudine ~i sui [*his bocrihtes*] (*Quad.*) *Ib.* 444; si quis .. irritum facere hujus privilegii ~um nisus fuerit W. MALM. *GR* II 185; facto generali ~o cum Hugone fratre suo de rebus quas supra memoravimus ORD. VIT. III 2 p. 41; magnificus .. rex Guillelmus hujuscemodi ~um sancto Ebrulfo condidit *Ib.* VI 5 p. 19.

3 covenant; **b** (of God with His people); **c** (dist. as *vetus, i. e.* Jewish, or *novum, i. e.* Christian). **d** (as collection of Biblical writings) the Old and New Testaments.

notandum .. quod ubicumque in Graeco legimus 'testamentum', ibi in Hebraeo sermone sit foedus sive pactum, id est, 'berith' BEDE *Gen.* 161B; dicitur etiam ~um pactum quod fuit inter Jacob et Laban pro pace inter se federanda. dicitur quoque ~um quod inter malos disponitur contra Deum BALD. CANT. *Sacr. Alt.* 665A; de suggestu .. Spiritus illius qui ~um pacis vult esse inter proceres, disposuit unum magnum sollemneque tenere concilium apud Westmonasterium *Reg. Whet.* I 296. **b** stante diu arca prope glareas ~i in medio Jordanis canali GILDAS *EB* 11; unde centenario Abrahae nomen amplificatur, ~um circumcisionis datur, Isaac nasciturus promittitur BEDE *Gen.* 160A; alienigenae .. et hospites erant gentes, et peregrini a ~o Dei ALCUIN *Exeg.* 798A; ibi imposuit Salomon .. duas tabulas ~i SÆWULF 67; **1251** concultantes Filium Dei et pollutum ducentes sanguinem ~i in quo sanctificati sunt AD. MARSH *Ep.* 8. **c** carpentes paucos flores veluti summos de extento sanctorum novi ~i tironum amoenoque prato GILDAS *EB* 73; sicut .. in ~o veteri exteriora opera observantur, ita in ~o novo non tam quod exterius agitur quam id quod interius cogitatur sollicita intentione adtenditur (*Lit. Papae*) BEDE *HE* I 27 p. 56; in secundo [vasculo intelligimus] corpus Christi demonstrari quod est in novo ~o, hoc est aecclesia sub gratia Christi ÆLF. *Regul. Mon.* 186; ipse idem Deus homo novum condat ~um et vetus approbat ANSELM (*CurD* II 22) II 133; de sanctis .. novi ~i frequentius legitur quod ad episcopatus officium provecti sunt magis compulsi quam spontanei *V. Thom. B* 7. **d** indicium est non esse eum legitimum pastorem .. qui haec non tam nostra .. quam veteris novique ~i decreta recusarit GILDAS *EB* 92; capitula lectionum in totum novum ~um, excepto evangelio BEDE *HE* V 24; adjuro te .. per septuaginta duos libros veteris ac novi ~i (*Jud. Dei*) *GAS* 405; donnus Rogerius, prior secundus, in utroque ~o apprime eruditus TORIGNI *Chr.* 158; propter hoc fuerunt Manichei heretici et judicati, quia vetus ~um respuerunt, et novum ~um pro parte solummodo receperunt OCKHAM *Dial.* 449; preferendo .. judicium mee naturalis racionis supra ~um vetus et novellum *Reg. Whet.* I 285.

4 solemn declaration, witness; **b** (in written form).

cum pia remanentium expleta caede devotio conversa ad dominum ardentius occisorum sub ~o ejus fratrum memoriam ei orando vel sacras hostias offerendo commendat BEDE *Sam.* 663A; nam pro ampliore firmitatis ~o principes et senatores, judices et patritios, subscribere fecimus (*Cart. Ine*) W. MALM. *GP* V 226; quis .. vehementior mihi amoris stimulus ad vos .. quam cum ex ~o patris vestri donatos vos mihi ab ipso animadverto non solum ut fratres sed etiam ut filii mei sitis J. FORD *Serm.* 26. 7; similiter alios libros fecerunt, tangentes Christi mysteria, ut in libro Enoch et in libro de ~is patriarcharum .. BACON *Maj.* III 71; volo ut solemni nobis juramento ~um reddatis ea vos credere CHAUNCY *Passio* 78. **b** **969** (11c) omnis .. larga munificentia regum ~o litterarum roboranda est ne postteritatis successio ignorans in malignitatis fribolum infeliciter corruat *CS* 1229; auctoritate litterarum et ~o cirographorum W. MALM. *GR* I 84.

testanter [CL testans *pr. ppl. of* testari+-ter], in a manner that provides clear, authoritative witness.

oportet ut illius populi vita et conversacio prophetalis de vita Cristi .. incarnacionis misterium ~ancius demonstrarent WYCL. *Ver.* III 138.

testari [CL], **testare** [CL *as p. ppl. only*]

1 to invoke as a witness, call to witness.

800 nec eo pietatis intuitu apices aspexit meos quo me, Christum ~or, illi dirigere scio ALCUIN *Ep.* 200; **1150** ~or .. ipsam veritatem que Deus est quod .. G. FOLIOT *Ep.* 95; c**1156** ~or inaccessibilem illam lucem que bonarum occulta mentium penetrat et illustrat, illam quoque communem spem quam sanctorum est amplexa devotio, nos verbis illis nil aliud intellexisse *Ib.* 128; voluntatis mee, Deum ~or, nunquam fuit ut domino meo filio regis coronam auferrem, vel minuerem potestatem GRIM *Thom.* 77; Deum ~or et innocentiam Christi, patrem meum vixisse innocenter et sancte P. BLOIS *Ep.* 49. 146C.

2 to affirm or declare solemnly (esp. before witnesses), testify (to or that); **b** (before spec. witness). **c** (impers. pass.) it is attested or sim. **d** (w. dat.) to bear witness in support of a person. **e** to attest to, vouch for, certify (fact). **f** (p. ppl. as sb. n.) attestation, declaration before witnesses.

956 (13c) ego Oscutel episcopus ~or *CS* 921; homines de hund' testificantur quod .. ~antur quoque quod Hagelei de isto manerio ablata est (*Kent*) *DB* I 2va; redd' lxx lib' ad numer' et c solid' plus si episcopus Walchel' ~atus fuerit (*Som*) *Ib.* I 87ra; homines de hund' eam ~antur ad feudum Willelmi de Waren' (*Norf*) *Ib.* II 166r; jam certi eruperant nuncii qui de certitudine ~abantur imminentis periculi Ord. Vit. IX 9 p. 536; hoc idem ~antur in periculo animarum suarum priorissa et magna pars conventus *Canon. G. Sempr.* f. 148v. **b 802** in conspectu illius ~or qui singulorum corda considerat quod nec me exhortante vel praesciente vel etiam volente factus est Alcuin *Ep.* 249; quod coram Deo nec ideo fecisse ~or Asser *Alf.* 81. **c 1201** hoc ~atur per juratores ita esse *SelPlCrown* 2; **1201** ~atum fuit quod ipse eam ita rapuit *Ib.* 3; ~atum est quod hoc fuit in guerra et per infortunium *PlCrGlouc* 5; **1293** hoc idem ~atum est per juratam *PQW* 588b. **d** de hac terra calumpniatur G. de Magna Villa ij hid' xx ac' minus, et hund' ~atur ei (*Essex*) *DB* II 50v; Rogerus de Ramis calumpniatur eas, sed nec hund' ei ~atur (*Essex*) *Ib.* II 87v. **e 1199** Henricus non venit vel se essoniavit, et summonicio ~atur *CurR* I 104; **1460** magistro avarie ~ante receptum *ExchScot* 70. **f** ergo nothus donet ~ata, Petrumque coronet W. Peterb. *Bell. Hisp.* 105.

3 to promise solemnly.

ni profusior eis munificentia cumularetur, ~antur se cuncta insulae rupto foedere depopulaturos Gildas *EB* 23; obsecrans .. / quatinus haec nulli cunctae per tempora vitae / dicant; ast miseri testantur dicere numquam Æthelwulf *Abb.* 485.

4 to make a will (in the presence of witnesses). **b** (w. *in* + acc.) to bequeath to. **c** (p. ppl. as adj., also pr. ppl.) who has made a will, testate.

nostra est pecunia, de qua ~atus non est propinquus noster Alcuin *Rhet.* 11; in primis .. debet quilibet qui ~averit dominum suum de meliore re quam habuerit recognoscere *Fleta* 123; receptum est quandoque quod [uxor] ~ari possit de racionabili parte quam habitura esset si virum supervixisset *Ib.* 124; de feudalibus .. ~ari non potest Upton 48. **b** si esset feudum francum, posset ~ari in ecclesiam tanquam inter liberos salva proprietate domini et debitis serviciis Upton 48. **c** ad filias .. eorum, .. Falcidiam tantum ex bonis matris, sive ~ata sive intestata defecerit, volumus pervenire J. Sal. *Pol.* 628C; **1291** (1331) si dicti burgenses .. ~ati vel intestati decesserint (*Ch. Haverfordwest*) *EHR* XV 518; **1345** ipsis scriptoribus mortuis, sive ~ato sive ab intestato, habeat archidiaconus antedictus testamentorum eorumdem insumationem et approbationem *Mun AcOx* 150; **1420** episcopi .. consueverunt .. confirmare testamenta et codicillos decedentium subditorum suorum ~antium *Conc. Scot.* II 78.

5 (in non-legal context) to attest, declare, bear witness; **b** (of document or sim.). **c** (of action, condition, or sim.) to give evidence of (a thing), demonstrate, attest.

accipite veracem publicumque adstipulatorem, boni malique vestri retributionem absque ullo adulationis fuco .. ~antem Gildas *EB* 43; me .. quendam hominem .. utriusque sexus cognovisse ~or *Lib. Monstr.* I 1; est gens aliqua commixtae naturae in Rubri Maris insula quam linguis omnium nationum loqui posse ~antur *Ib.* I 40; confitetur Salomon filium Dei cum patre omnia condidisse, quem tu patribus tuis incognitum fuisse superius ~abaris *Eccl. & Synag.* 72; qui .. confitetur et ~atur veritatem Dei Anselm (*CurD* I 18) II 83; aliis .. quod ab illo de hac re reverentia vestra audiet, secure pro veritate ~etur *Ib.* (*Ep.* 274) IV 189; rex .. episcopum direxit in Jerusalem qui principibus ~aretur quecunque parabantur Ord. Vit. IX 16 p. 615. **b** ~ante sacro eloquio, thesaurus desiderabilis requiescit in ore sapientis Wulf. *Æthelwold* 3; **c1098** ~ante cyrographo ab eodem Y. et T. abbate conscripto *Regesta* 68; **c1140** sicut carta H. regis hoc idem ~atur *Regesta Scot.* 22. **c** quantae .. parsimoniae, cujus continentiae fuerit ipse .. ~abatur etiam locus ille Bede *HE* III 27; corpora deseruit; nitidis comitatus ut ipse / alitibus testatus erat, pia castra beorum / ingreditur felix Æthelwulf *Abb.* 577; [orbiculus] cum multisque aliis testantibus inclita signa / compedibus, manicis, scabellis, atque bacillis, / coenobio pro teste fuit suspensus in ipso Wulf. *Swith.* II 296; utinam in legendo epistolam meam sentiant avunculi mei quem affectum in dictando eam ~antur oculi mei Anselm (*Ep.* 22) III 129; veritas rerum ~atur celesti oraculo *Eul. Hist.* III 16; **1434** de mandato regis, ~ante privato sigillo super computum *ExchScot* 591.

6 **a** (pr. ppl. as adj.) providing clear, authoritative witness. **b** (p. ppl. as adj.) well attested.

a videre hodiernae filiae grandevas matres suae institutionis ~antissimas suae sanctitatis Gosc. *Wulfh. prol.* **b** Odo, ut ~atior ejus esset sanctitatis indoles W. Malm. *GP* I 14; seu ut miraculum de pusiola ~atius vulgo esset, quam .. urbs ignorare nequiret *Ib.* V 273.

testaria v. testera. **testateus** v. testaceus.

testaticulam [cf. testalia], maidenhair-fern (*Adiantum capillus-veneris* or *Asplenium trichomanes, v. et. polytrichon*).

erba pullitrica, i. testaticulam *Gl. Laud.* 592.

testatio [CL]

1 sworn statement or deposition.

1395 per solucionem factam domino comiti de Carric in partem solucionis pensionis sue .. xiij li. vj s. viij d., per ~onem Ade Forster super compotum *ExchScot* 351.

2 bequest.

post obitum .. ejusdem .. uxor ipsius, parentum inducta suggestione, huic ~oni omnino contradixit *Chr. Rams.* 60.

3 (in list of words derived from *testari*).

testor .. unde testator, testatus, ~o Osb. Glouc. *Deriv.* 582.

testativus [CL testatus *p. ppl. of* testari+-ivus], (w. gen.) indicative of, attesting or testifying to.

urbium quarundam burgenses ac opidorum incolas, qui nuper ei hostili conatu restiterant, ad sui obsequia paratissimos invenit, qui sibi notanda munera prompte obediencie et fidelis servicii ~iva gratanter offerebant *Ps.*-Elmh. *Hen. V* 108; testamentum suum .. et alios codicillos sue voluntatis ultime ~ivos eis ostendit *Ib.* 127.

1 testator v. tastator.

2 testator [CL]

1 one who makes a will, testator. **b** one appointed to make a will on behalf of someone else, attorney.

?**798** testamentum in mortuis confirmatur apostolo protestante, ideoque post obitum ~oris omnimodam firmitatem obtinuit Alcuin *Ep.* 132; hic dicitur testamentum solemnis ordinatio ~oris, in qua plerumque fit institutio heredis Bald. Cant. *Sacr. Alt.* 665A; quis .. legem Romanam voluntati ~oris satisfecisse intelliget, nisi in proportionum naturis instructus sit Neckam *NR* II 173; sive per naturam brevis de morte antecessoris alterius quam ~oris, sive per queremoniam de intrusione *Leg. Ant. Lond.* 41. **b** ut .. bona sine testamento decedentium .. in gremio sue [sc. pape] avaritie amplecteretur, etiamsi infirmus, propter imbecillitatem non potens vel volens loqui, pro se relinqueret ~orem *Flor. Hist.* II 307; **1332** executores .. venerunt hic .. ad computandum pro prefato R. et predicto T., ~ore suo in premissis *LTR Mem* 105 m. 12.

2 witness.

hunc merito furem dixeris non scriptorem, adulterum veritatis non ~orem Gosc. *Lib. Mild.* 12; veracis ~oris verba sunt quod difficile, immo impossibile, sit ut de deliciis ad delicias transeamus ut in hoc seculo et etiam in futuro beati simus R. Merton f. 94.

testatrix [CL], one who makes a will (f.), testatrix.

nullatenus itaque par arbitramur pro tante ~icis reverentia ut ejus testamentum alteremus stili nostri tanquam lepore vel elegancia Gosc. *Milb.* 201; denarios illos .. contra voluntatem dicte ~icis fore detentos *Reg. Brev. Orig.* f. 54.

testera, testaria [ME, AN *tester*, OF *testier*, cf. CL testa], piece of armour for the head, esp. of horse, tester.

habet equus etiam armaturam suam, ~eriam que caput munit, et coleriam que collum et pectus protegit R. Niger *Mil.* I 15; **1209** Eimerico le Hauberger, pro ~aria ad equum para[nda] *Misae* 119; **1212** pro vj ~eris equorum *Pipe* 44; **1213** in quadam ~aria in armanda [l. inarmanda] et in albo corio ad coopertoria *Misae* 268; **1301** item liberavit eidem iij paria coopertor' ferri et ij ~eras ferri et v loricas cum capite *Exc. Hist.* 23; **1303** duobus ~ariis, et duobus coopertoriis de ferro pro equis *Ac. Exec. Ep. Lond.* 60; **1322** de .. j mantello ferr', ij ~ar' de mayill' *MinAc* 1145/21 m. 34.

testeria v. testera. **testerium, ~rum** v. testura.

testeus [CL]

1 made of (fired) earth or clay, earthenware; **b** (fig.).

ferrei aenei sive ~ei vasis Bede *Sam.* 513; facti sunt vasa ~ea P. Blois *Serm.* 736C; vasis ligneis et ~eis .. uteris *Canon. G. Sempr.* f. 60; casellam ~am ad modum parvule cisterne sub terra fabricaverat W. Dan. *Ailred* 16. **b** eadem [anima] ~eo et lutulento corporis amicta carcere Adel. *ED* 10.

2 of the shell (in quot. of oyster).

lapillum / intra pisciculi testea tecta jacit Neckam *DS* III 482.

testiculatus [LL], that is endowed with testicles. **b** that has the characteristics of a male, dominant, forceful, aggressive.

a balloke stone, testiculus, ~us participium *CathA*. **b** do tibi decretum: per te, karissime nate, / non offendantur matrone testiculate [*gl.*: matrone ~e vocantur que habent dominium et que volunt dominari] D. Bec. 1948.

testiculus [CL]

1 testicle; **b** (in nickname); **c** (transf. w. ref. to ovary of female); **d** (w. ref. to part of plant).

testis, inde ~us .. quia testatur masculum hominem esse Osb. Glouc. *Deriv.* 582; **1202** quod ipse .. eum tenuit dum Emma uxor ejus abscidit ei unum ~orum suorum et Radulfus Pilate alterum . . . serviens .. regis .. testatus est quod .. invenit cultellum et ~os in quodam ciphulo *SelPlCrown* 15; nares nasi stricte ac subtiles significant hominem habentem parvos ~os M. Scot *Phys.* 66; ~i habent glandulosam .. compositionem et mollem quasi carnosam Ric. Med. *Anat.* 229; s**1265** capud .. comitis Leicestrie .. abcisum fuit a corpore et ~i sui abcisi fuerunt et appensi ex utraque parte nasi sui, et ita missum fuit capud suum uxori .. Rogeri de Mortuo Mari *Leg. Ant. Lond.* 76; s**1268** quod cum unus laicus Cisterciensis apud Fentone fecisset .. ac intinctis ~is canis in aquam benedictam super animalia sparsisset *Lanercost* 85; in bursa testicorum [l. ~orum] Gad. 32v. 2; castoreum, ~us cujusdam animalis quod castor appellatur *Alph.* 35. **b** Humfridus Aurei Testiculi *DB* II 100b; **c1105** Unfredi Aureis Testiculis *Cal. Doc. France* 1048. **c** queritur quare mulieres habent unum ~um sub uno rene et alium sub alio *Quaest. Salern.* B 192; quecunque sic concipiunt [ex vento] habent instrumenta utriusque sexus, ut mulieris que habet ~os sub umbilico *Ib.* B 238; in hoc loco matricis .. locavit natura ~os parvos sed aptos ad spermatis generacionem Ric. Med. *Anat.* 233; sunt .. in viro tria membra generacioni deputata, virga et duo testiculi, .. in femina, matrix tota et duo ~i in cornibus matricis Gad. 74v. 1. **d** filipendula .. habet multos ~os in radice *Alph.* 66; saturion .. folia habet stricta et maculosa et ~os in radice .. A. *kukkowspitte Ib.* 158.

2 (in plant name): **a** (*~us muris*) ? silverweed (*Potentilla anserina*), 'mouse-ballock'. **b** (*~us leporis*) kind of orchid.

a ~us muris folia habet valde parva, A. *museballok Alph.* 184. **b** ~us leporis, *ravenleke MS Univ. Libr. Camb. Dd 11. 45* f. 115r.

3 counterweight (of drawbridge).

1366 in conjunccionibus petr' in muris et merem' pro ~is pontis ponder' j carrat' et iij wag' plumb' *KR Ac* 483/23 m. 2d.

testicus v. testiculus.

testidictio [CL testis+dictio], (act of) bearing witness.

nonne habet tuos corallos testis? .. estne corallis testidictio? Liv. *Op.* 27.

testifer [CL testis+-fer], that bears witness.

sit .. hujus verbalis promissionis ~er presens calamus *Reg. Whet.* II 398.

testificari [CL], **~are,** to attest, bear witness, testify (to), affirm the truth (of); **b** (w. ind. statement).

hinc pius antistes fidei mysteria coepit / testificare palam Alcuin *SS Ebor* 164; juret quod nullo modo .. quicquam ~are velit nisi que auribus audierit aut oculis viderit *GAS* 211; homines de Strafordes .. ~antur ad opus Willelmi de Warenna ij carucatas de terra *DB* I 373vb; **1198** debuerunt ~asse visum *CurR*

I 41; **1202** captus fuit in fuga .. set fuga non fuit ~ata per hundredum *SelPlCrown* 8; c**1205** ea presenti scripto et sigilli mei appositione ~or *Ch. Westm.* 438; qui ~antur jurent .. priusquam perhibeant testimonium RIC. ANGL. *Summa* 30 p. 42. **b** homines de hund' ~antur quod de isto manerio regis ablatum est unum pratum *DB* I 2va; homines .. ~antur quia non adjacet alicui manerio *Ib.* I 30ra; E. rex Anglie ~atus est se inspexisse cartas donacionum *Cart. Chester* 29 p. 83; si venerit et ~averit visum rite factum et languorem adjudicatum ad diem datum *Fleta* 391; fecit ~are in banco quod .. Rogerus demersus fuit cum tota familia sua *State Tri. Ed. I* 19; ut dignaretur ~are, sub sigillis nostris, eandem relaxacionem .. fore spontaneam, et non coactam *Reg. Whet.* II 189.

testificatio [CL]

1 (act of) testifying (to), attestation.

800 in praedicatione verbi Dei et veritatis ~one .. laborate ALCUIN *Ep.* 200; venit .. quasi ad hujus mirae visionis ~onem B. *V. Dunst.* 34; hec ~o conjungitur cum precedentibus cartis *Cart. Chester* 212 p. 170; cum .. dicitur quod tres persone testantur hoc vel illud, numquid una ~o inest illis aut plures? NECKAM *SS* I 26. 5; ad hujus .. ~onem juramenti .. sigillum .. commune .. appendi *Canon. Edm. Rich* 189.

2 testimony, evidence.

quod etiam multis transactis annorum curriculis gloriosa martyrii ~o comprobavit WILLIB. *Bonif.* 4 p. 17.

3 oath.

sub sacra scripturarum ~one W. MALM. *GP* V 225; quicquid vir sanctus ei preciperet adimpleturum, sub ~one pollicetur (*Machutus*) *NLA* II 54.

4 covenant (*cf. et. testimonium* 6).

haec est ergo ~o quam Dominus Moysi in arca ponendam dedit [*Exod.* xxv 16] BEDE *Tab.* 404A.

testificativus [CL testificatus *p. ppl. of* testificari+-ivus], that provides attestation or evidence (of).

illius populi tota vita .. fuit prophetalis et ~a nostre per Dei Filium reparacionis GROS. *Cess. Leg.* I 9 p. 48.

testificatorius [CL testificari+-torius], that provides attestation or evidence (of), certificatory.

litteram libertatis .. ~iam *Reg. Rough* 189.

testim [CL testis+-im], as a witness.

eulogium i. sapientia ~im vel causatus J. FURNESS *Kentig.* 1 p. 162 *marg. gl.*

testimonia v. testimonium.

testimonialis [LL]

1 that attests or serves as evidence; **b** (w. obj. gen.). **c** (as sb. n.) document or written attestation testifying to the truth of something, testimonial (in quot. w. *quod* & indic.).

de annotatione sanctissimi presulis Wlstani .. privilegium ~e .. non relinquemus *Mir. Wulfst.* II *prol.* p. 148; episcopi et abbates concedentes beneficium vel scriptum ~e sub suo sigillo recipiunt xl s. .. et hec vocatur lex curie GASCOIGNE *Loci* 132. **b** s**1250** Rogerus, ad cujus tumbam signa appenduntur quamplurima, beneficiorum collatorum infirmis ~ia M. PAR. *Abbr.* 318. **c** testimoniale pro A. quod non est executor testamenti .. Ricardi fratris sui *Reg. Cant.* 1294–1313 253.

2 (*litterae ~es*, also sg.): **a** document or written attestation testifying to the truth of something, letter of attestation. **b** testimonial letter, letter of credence, accreditation (esp. required by one travelling in foreign parts).

a domino Menevensi episcopo litteras deprecatorias pluries pro ipso destinavimus, sed ~es nequaquam, quas tamen ipse sepius a nobis .. efflagitabat GIR. *SD* 92; s**1206** allegarunt etiam .. decreta et exempla, quosdam testes producentes, et litteras ~es exhibentes, quibus ostendere nitebantur quod ipsi suffraganei una cum monachis tres metropolitanos elegerant M. PAR. *Maj.* II 494; s**1247** de cujus rei veritate per literas .. archiepiscoporum et episcoporum Terrae Sanctae ~es certificamur *Id. Min.* III 29; **1266** vaccas datas sorori domini regis per literas .. justiciarii Scocie ~es super preceptum domini regis *ExchScot* 26; **1295** litteras ~es de receptis [iij millibus sterlingorum] *Reg. Cant.* 56; in quorum omnium testimonium et fidem premissorum, nos .. has litteras nostras ~es fieri fecimus patentes sub sigillo nostri cancellariatus *FormOx* 463; transmisit .. predicte indulgentie ~es literas *Croyl. Cont. A* 113; **1440** litera ~is quod officium sacristarie de Coldingham est officium et non beneficium *Pri. Cold.* 112; litteras .. episcopi .. ~es de ordinacione sua adtunc in subdiaconum .. post missam finitam recepit *Eng. Clergy* 222. **b** **1315** facias injungi quod ipsi literas ~es de villis .. deferant *RScot* 140b; **1321** quod nullus extraneus recipiatur inter eos manuoperarius nisi habeat litteram ~em de fidelitate et qualiter recessit de patria sua *MGL* II 416; **1339** vobis mandamus quod homines et servientes predicti Roberti literas suas ~es secum deferentes infra regnum nostrum .. protegatis *RScot* 557a; has humiles ~es vestre sanctitati porrigimus .. rogantes .. quatinus earundem tenoribus plenam .. credentie fidem adhibere velitis, virumque justum, injuste accusatum, justificare *Reg. Whet.* II 367; fratribus .. ad alia loca .. ituris dentur litterae ~es *Mon. Francisc.* II 95.

testimoniare [cf. LL testimoniatus], to attest, bear witness (to).

c**1077** hanc donationem .. feci .. concedere et ~ari per signum sanctae crucis .. et per signa et testimonia episcoporum *MonA* V 13a; **1087** abbatem .. facias habere Isham sicut ipse eam dirationavit .. et sicut ~ata est et jurata ad opus sancti *Chr. Rams.* 207; a**1100** sicut ~ata et jurata fuit ad opus S. Benedicti *Pl. Anglo-Norm.* 71.

testimonium [CL]

1 personal or documentary evidence, attestation, testimony (also in leg. context); **b** (w. ref. to that which proves authenticity or veracity); **c** (as provided by Scripture or other text); **d** (in gl.). **e** cognizance, (express) knowledge.

quis ob ~ium verum Deo ferendum fullonis vecte cerebro percussus .. interiit? GILDAS *EB* 73; p**675** veritatis ~ium perhibentes ALDH. *Ep.* 4 p. 483; quod millena ~iorum congerie liquido probari .. potest *Id. VirgP* 8; magnum est ~ium hominis quod perhibet de Filio Dei BEDE *Ep. Cath.* 115A; **704** quamvis solus sermo sufficeret ad ~ium attamen pro cautella futurorum temporum .. scedulis saltim vilibus pro ampliore firmitatis supplimento necessarium reor adnectere *CS* 111; c**1077** si Anglicus nolit se defendere per bellum vel per ~ium, adlegiet se per Dei judicium (*Quad.*) *GAS* 484; de hoc adduxit ~ium de melioribus .. hominibus totius comitatus *DB* I 44vb; fert ~ium totum hundredum quod antecessores ejus inde saisiti erant *DB* I 45rb; c**1105** de quibus probi homines Wincestre ~ium portabunt (*Ch. Wint.*) *EHR* XXXV 391; cum testes examinari possint, ~ia semper et apud omnes eadem sunt J. SAL. *Pol.* 574D; si quid erit consonum ad evidentiam rerum, literatus ~iam [MS: ~ium] dabit LUCIAN *Chester* 40; **1202** W. de M. propter falsum ~ium in misericordia *SelPlCrown* 11. **b** sicut .. amicis sub lachrymarum ~io referre solitus erat J. SAL. *Thom.* 7; cuncta .. fideliter conscribentes sub ~io sigillorum nostrorum *Canon. G. Sempr.* f. 131; breve suum .. datum sub ~io ipsius regis *MGL* II 144. **c** sufficiant haec pauca de pluribus prophetarum ~ia .. ne putent nos propria potius adinventione quam legis sanctorumve auctoritate eis talia denuntiare GILDAS *EB* 92; hoc adfirmantes historialiter abuti volunt ~io quod legitur, 'regnabat mors ab Adam usque ad Moysen' *Comm. Cant. III* 75; ex quodam quoddam ~ium libro illi evenit ut recitarem ASSER *Alf.* 88; affirmantes hoc Danielis ~io, qui ait 'cum egrederer ..' [*Dan.* x 20] PETRUS *Dial.* 13; condiebatur sermo proprius evangelicis ~iis W. MALM. *GP* V 215; hec et hujusmodi alia plurima sunt veteris testamenti ~ia que ostendunt cerimonialia desitura GROS. *Cess. Leg.* I 11 p. 70. **d** martyrium, ~ium *GlC* M 101. **e** si servus sine ~io [AS: *gewitnesse*] domini sui operetur (*Quad.*) *GAS* 91.

2 (act of) witnessing (something).

illis .. non credentibus duxerunt secum aliquos ex illis in ~ium *Comm. Cant. III* 115; **1300** si quis .. monachorum .. cum muliere quacumque solus absque ~io laudabili inveniatur confabulari *Vis. Ely* 11.

3 (object or event serving as) proof, (piece of) evidence.

quorum .. virtutum quae fecerunt miracula ~ium praebuerunt BEDE *HE* III 25 p. 187; inde habuit beneficia et societatem fratrum et pro ~io unum equum centum solidorum .. ego habui dono monachorum ORD. VIT. V 19 p. 451; in ~ium et signum salutis et auspicium future religionis, ibidem crucem erigens tentoria fixit J. FURNESS *Kentig.* 24 p. 202; in novo .. testamento sunt ejusdem rei plurima .. ~ia, ut enim supradictum est, Christus tam exemplo quam verbo legalia solvit GROS. *Cess. Leg.* I 11 p. 70.

4 repute, character (as described in the testimony of others; *cf. Act.* vi 3: *boni ~ii* for μαρτυρουμένους).

si ipsi fuerint de pessimo ~io et publice et turpiter diffamati testimonio multorum et legalium hominum *Assize Clar.* 14; **1212** ipse homo legalis est et boni ~ii *SelPlCrown* 66; **1245** virum .. magni ~ii et reverende canitiei GROS. *Ep.* 116; vir .. magni ~ii *G. S. Alb.* I 101.

5 testament, will.

elogium, ~ium *GlC* E 113; debita a ~o vel matrimonio suborta que .. in foro ecclesiastico debent terminari *Fleta* 131; s**1399** rex fecit ~um suum regno valde prejudiciale .. et ducem Eborum fecit custodem regni *Eul. Hist. Cont.* 380.

6 covenant (used in var. OT contexts in place of *foedus* for διαθήκη, w. ref. to the Tablets or Ark of the Covenant, *etc.*; *cf. et. testificatio* 4).

coopertorium quod super ~ium i. super tabulas *Comm. Cant. I* 374; Templum Domini, tabernaculum ~ii vocat, quod ad haec usque tempora mansit in Silo BEDE *Sam.* 504B; in intimo dilectionis celice domicilio, quod est tabernaculum ~ii AD. MARSH *Ep.* 247 p. 452; vos arca Noe et scala Jacob, .. vos lapides ~ii R. BURY *Phil.* 1. 29.

7 (astr.) celestial aspect.

sunt .. in signis predictis quedam fortitudines que planetis attribuuntur; que dicuntur potestates vel dignitates seu ~ia, ut sunt domus, exaltatio, triplicitas, terminus, facies, aspectus GROS. 42; hec .. sunt ~ia planetarum essentialia et accidentalia, que necessaria sunt ad propositum nostrum insinuandum *Ib.* 49.

1 testis [CL]

1 witness, one who is present at a legal transaction to give the proceedings validity, one who validates or verifies (document), one who gives evidence; **b** (in authorization formula).

679 pro confirmatione ejus [chartulae] manu propria signum sanctae crucis expressi et ~es ut subscriberent rogavi *CS* 45; c**1180** Deo ~e et omnibus sanctis, J. priore de T., Sansone clerico *Ch. Chester* 133; ~es juratos, tam religiosos quam seculares, tam clericos quam laicos, tam viros quam mulieres, super virtute signorum que per merita ipsius magistri Gileberti facta dicuntur, diligenter examinavimus *Canon. G. Sempr.* f. 131v; **1219** presenti scripto sigilla nostra apposuimus, ~e capitulo *MunAcOx* 5; c**1300** necesse est enim ponere vj ~es vel v ad minus *FormMan* 1; in presencia ~ium prenotatorum *Reg. Kilmainham* 13. **b** s**1190** reverendissimo .. pontifici, Ricardus .. rex Anglie .. ~ibus nobis .. apud Messanam *G. Ric. I* 138; **1201** ~e me ipso apud Eboracum, ij die Martis *Canon. G. Sempr.* f. 121.

2 (in non-legal context) witness, one present as observer, one who affirms or testifies to something, as being cognizant of or having observed it; **b** (of God or saint); **c** (of author or text quoted as authority for statement).

ut in ore multorum ~ium omne comprobetur Brittaniae malum GILDAS *EB* 39; fuit .. miraculum aliud .. sicut nostri fidelissimi ~es et adhuc viventes indicaverunt *V. Cuthb.* II 2; non uno quolibet auctore sed fideli innumerorum ~ium qui haec scire vel meminisse poterant adsertione cognovi BEDE *HE pref.* p. 7; presentibus vicinis, quos absconderat in quodam loco ut viderent et ~es essent *Latin Stories* 63. **b** ut mihi renum scrutator ~is est Dominus GILDAS *EB* 1; cujus meriti apud internum ~em habitus sit, et in multis aliis et in me ipso maxime expertus sum BEDE *HE* V 6 p. 289; semper virgo Maria ~is assistat, quod maxima michi exultatio proveniet si per me Deus cooperatur in eo quod relata visio docet OSB. CLAR. *V. Ed. Conf.* 16; ~e Deo et conscientia mea loquor P. BLOIS *Ep.* 30. 101B. **c** tocius mundi creatura est bona, ~e etiam scriptura PETRUS *Dial.* 26; et quia, ~e scriptura, nullum peccatum inpunitum PULL. *CM* 199; gemine doctrine observantiam perpendimus in sua Eneide Maronem habuisse, ~e namque Macrobio BERN. *Comm. Aen.* 1; ~em de pera profert cartam quam in persona illius chori dictaverat .. episcopus in medio civitatis GOSC. *Edith* 287; sic regula tertia in hac rubrica locum habet, ~e maxima secunda sequente HAUDLO 104.

3 one who openly acknowledges or professes, one who testifies for Christ even by death, martyr.

pastor egregius Polycarpus Christi ~is GILDAS *EB* 75; susceperunt Christianitatem .. quam gentes ceterae noscuntur suscepisse cum cruoris ~ium respersione multorum LANTFR. *Swith. pref.* p. 256; sit Thomas apostolus in India, sit Thomas martyr noster in Anglia, ut per hos duos ~es Christi ab ortu solis usque ad occasum sit laudabile nomen Dei P. BLOIS *Ep.* 46. 136B; ~is Dei i. e. martyr Dei GASCOIGNE *Loci* 59.

4 evidence, indication (of).

vita Dei famuli multis exempla salutis / praebuit, et testis pectoris omnis erat ALCUIN *WillV* 34. 62; ut que utriusque partis, multiplicationis videlicet vel divisionis, fuerit summa facilius tibi erranti occurrat, in summo tabule margine similes pone caracteres qui utriusque partis sint ~es THURKILL *Abac.* f. 61v; in sanitatis adepte probationem ~es vulnerum cicatrices ostendebant AGNELLUS *Hen.* 267.

2 testis [CL], testicle.

rapinas curialium, furta, stupra edicto compescuit, deprehensis oculos cum ~ibus evelli precipiens W. MALM. *GR* V 399; Thayda te juvenem si mentula cogat adire, / .. / evacues subito testes, subitoque recedas D. BEC. 2106; sed gazas, delphine, tuas natura recondit, / nam testes sexus interiora tegunt NECKAM *DS* III 386.

testitudo v. testudo.

testo [Fr. *teston*, Italian *testone* < CL *testa*], teston (coin bearing portrait or head).

in aureis nummis (quae scuta vocamus) sive angelotis et ~ibus *Jus Feudale* 116.

testor v. tastor, testator. **testorium, testrum** v. testura. **testuator** v. tesquator.

testudinalis [CL testudo+-alis], of a vault or vaulted roof.

jactis etiam fundamentis inchoatur basilica, Deo domus ac suo martyri, vel ~i sculptu non impar templi Salomoniacis cultu [? l. Salomoniaci scul[p]tu] HERM. ARCH. 43.

testudinare [cf. CL testudinatus], to construct in the form of an arch, to vault.

vowtyn, arcuare, ~are *PP*.

testudinatus, ~eatus [CL], (arch.) vaulted, provided with an arched roof or ceiling.

laquear .. i. domus ~eata OSB. GLOUC. *Deriv.* 305; cum adolescens .. cum quodam milite in camera testudinata ludo scaccarii occuparetur RISH. 76; [Edwardus I] in camera ~ata ludo scaccarii occupatus TREVET *Ann.* 282; fluvius .. intrat divisim .. in una janua fluviali et duobus collateralibus alveolis ~atis G. *Hen.* V 4; habens ex utraque parte arcus ~atos bone altitudinis ad lanceam et dimidiam pene *Ib.* 15.

testudineatus v. testudinatus.

testudineus [CL]

1 characteristic of a tortoise.

per domum ~o gradu repens, mox lecto prona decubuit W. MALM. *GP* V 272; **1189** archiepiscopus .. gressu formicino, immo ~o, Wintoniam .. tendit *Ep. Cant.* 322.

2 (mil.) of or comprising a 'testudo' formation, of a defensive screen made of shields.

at testudineo Thelamon defensus amictu / occultum furatur iter J. EXON. *BT* I 415.

testudo [CL]

1 tortoise; **b** (as genus). **c** snail. **d** (in gl.) whelk, shell-fish.

nec lepori se velocitate nec ~ini tarditate conformans GIR. *JS* VII p. 371; tunc testudo tarda pigra / sicut cervus saliet WALT. WIMB. *Van.* 101; ibi alauda venatur accipitrem, et ~o aquilam comitatur ad astra *Canon. G. Sempr.* f. 55v; accipe de ~inibus nemorum et decoquantur in cacabo J. MIRFIELD *Brev.* 86; ~inis terranee abscide capud et pedes et reliqua coque in caldaria quo usque possint ossa a carne separari .. et

da ad manducandum nescienti infirmo *Alph.* 184. **b** tortuca inter ~ines computatur, eo quod inter testas durissimis clauditur BART. ANGL. XVIII 106. **c** ~o duo cornua erigit, sed cum palea vel spina tanguntur, cornua retrahit et infra testam se includit O. CHERITON *Fab.* 48A; bidentes .. per commestum albarum ~inum corrumpi †poterint et infirmari *Fleta* 169; **1297** in herbariis per vices metendis et mundandis de foliis et ~inibus *Ac. Cornw* 132; si fimare non potest [falco], fel galli da ei comedere vel ~ines albas decoctas UPTON 191; *a snayle,* limax .. ~o *CathA*; hec testugo, A. *snele WW*. **d** *a wilke,* conchile, testudo *CathA*.

2 shell of tortoise used as sounding-board of lyre, lyre. **b** shell (of tortoise, snail, or other creature, as material).

licet Orpheus sis .. vel ille qui solo ~inis sono saxa .. emollivit J. SAL. *Pol.* 565B; partem pro toto ut ~o pro cithara GERV. MELKLEY *AV* 69. **b** pulvis ~inis combuste omnem alienacionem et mentis insaniam curat GAD. 132v. 1.

3 (mil.): **a** shelter formed by a body of troops locking their shields together above their heads. **b** movable wooden screen or frame for siege engine or used in sieges; **c** (transf. & fig.).

a cuncta squamis tela velut obliqua scutorum ~ine reppulit *Lib. Monstr.* III 9; ~o, densitas ramorum [l. armorum] *GlC* T 56; vexilla .. contra universum paganorum exercitum cum densa ~ine ferociter belligerans ASSER *Alf.* 56; consertorum ~ine scutorum se occultare et sic jaculorum ingruentia [? l. ingruentiam] devitare ORD. VIT. IX 7 p. 501. **b** ~o, *bordðeaca GlC* T 81; cum .. parata ~ine murus suffoderetur G. MON. I 7; sint in eis [oppidis] .. / testudo preceps, aries lignumque, securis D. BEC. 1867; **s1224** a regis bellatoribus due ~ines, quas Gallice *brutesches* appellant .. subacte M. PAR. *Maj.* III 86. **c** proturbans acies Christi ~ine fretus ALCUIN *SS Ebor* 542; **947** ego .. episcopus ~inem sanctae crucis subscripsi (*Bath*) *ASC* XIII no. 29; nobis inevacuabili veritatis ~ine galeatis O. CANT. *Pref. Frith.* 16; similiter .. lacerti et ~ines costarum defendunt epar BART. ANGL. V 1; papali ~ine undique se munientes *Mon. Francisc.* II 269.

4 (arch.) arch of roof, vaulting (esp. of church). **b** roof.

hic Thomas .. / servat sacratum sarta testudine templum ALDH. *CE* 4. 6. 2; imaginem .. duodecim apostolorum quibus mediam ejusdem aecclesiae ~inem, dora a pariete ad parietem tabulato, praecingeret BEDE *HA* 6; templum est edificium divinum multiformi ~ine et ornatu comptum W. DONC. *Aph. Phil.* 7. 1; Johannes de Dice sedens supra testitudinem ecclesie .. omnia ista evidenter videbat BRAKELOND f. 155; altitudo ~inis occidentalis a pavimento continet cij pedes *Ann. Paul.* 277; ~o, *voute of an hows PP*; capellam, cum testudine lapidea valde artificiosa. .. parietes cum coopertura de plumbo absque ~ine construxit *Invent. Ch. Ch.* 163. **b** Guthlac .. sub ~ine tecti quo sederet ventinulam posuit FELIX *Guthl.* 39.

5 (in gl.) hardness.

~o, duritia *GlC* T 59.

testugo v. testudo.

testula [CL testa+-ula]

1 (small) earthenware object, (esp.) piece or fragment of earthenware, potsherd. **b** small earthenware lamp.

~arum fragmina ALDH. *VirgP* 41; ~a *tkglf* [l. *tigle*] *GlP* 243; ~e .. vas si confringatur contricione valida, partes ejus ad nichil utiles esse possunt: et quo magis testa quassata durat, tanto semper augetur fractura PETRUS *Dial.* 42; pro .. ~arum fragmentis, in quibus massas suas liquefecerant GOSC. *Mir. Aug.* 549. **b** igniculum [lampadis] .. portare venio in ~a mea J. FORD *Serm.* 108. 1.

2 small or delicate shell or fragment of shell. **b** (~a *capitis*) skull. **c** (transf.) seed pod, husk.

asserunt ~am ovi si impleatur rore Madiali, precluso modico foramine .. per hastam in sterquilinio fixam .. ad cacumen .. ascendere GERV. TILB. I 12. **b** ~a capitis contrita .. omnia cerebri interiora denudando proferebat R. COLD. *Cuthb.* 92. **c** anima leni motu de carne egreditur quasi faba matura que sponte de ~a palee sue progreditur R. COLD. *Godr.* 195.

3 small head or piece of head, fragment of skull; **b** (in list of words derived from *testa*).

s1170 ensis cuspidem patenti capiti crudeliter impressit, cerebrum penitus dissipavit, extraxit et in pavimentum cum ~is et sanguine sparsit GERV. CANT. *Chr.* 227. **b** hec testa, unde hec ~a, -e OSB. GLOUC. *Deriv.* 582.

testura [ME *testur, testor, tester,* AN *tester*], canopy over a bed or framework supporting such a canopy, tester.

1388 unum coopertorium cum celura integra et ~erio de eadem secta *Foed.* VII 577; **1371** de j coopertorio cum j ~ura proveniente ex legacione .. capellani, *bluwete* coloris *Arch. Bridgw.* 268; **1386** lego .. filie mee j lectum rubeum *quiltpoint* cum j ~ro de eadem setta *FormA* 428; **1395** unum lectum cum ~ura de glauco cum avibus de blodio *Test. Ebor.* III 1; **1415** lectum de *worstede* vel *tapestry* cum ~ura, selura, et tribus curtinis *Foed.* IX 277; **1415** unum blodium lectum cum coopertorio, ~orio, et dimidia celura *Reg. Cant.* II 80; **1438** unum lectum depictum cum ~ero *Ib.* II 561.

teta v. theta.

tetanositas [tetanosus+-tas], stretching, expansion by stretching or distension.

ex ventositate [est] gravitas et thetinositas GILB. II 98v. 2.

tetanosus [CL tetanus+-osus], characterized by stretching or distension.

humoris species sunt quatuor: gravativus, tethinosus .. si tales virtutes corporis superent et membra tam plena fit thetinosus GILB. II 105. 1; aliquando fit dolor ex ventositate et est dolor thetinosus et distenduntur oculi *Ib.* III 131. 1.

tetanus [CL < τέτανος]

1 (as adj.).

[spasmus] thetanus equaliter tenens GILB. II 122v. 1 (v. emprosthotonos).

2 (as sb. m.) disease characterized by spasm and tension of the muscles, tetanus. **b** spasm of the muscles. **c** stiffness resulting from muscular spasm in neck or back, crick.

tetanus, epaticus .. atrophia *Gloss. Poems* 104; apoplexia, epilepsia, spasmus, et ~us veniunt de flegmate et colera nigra GAD. 60v. 1. **b** per ~um omne genus spasmi potest intelligi *SB* 42. **c** ~us major est contractio nervorum a vertice usque ad dorsum *SB* 42; *schote or crykke,* ~us *PP*.

tetartaeus [τεταρταῖος], (of fever) that has a four day cycle, quartan.

tytartaeus graece, latine quartana febris quae de splene venit *Comm. Cant. III* 15.

tetarte [τετάρτη], (metr.) caesura where the fourth foot in a hexameter is dactylic and coincides with the end of a word.

quae est definitio caesurae tetartitrochaici [v. l. tetarti trochaici], quam quidam ~e bucolicon nuncupant? cum in quarto loco vel regione pars orationis cum dactilo terminatur .. Vergilius prima ecloga infit, 'nos patriae fines et dulcia linquimus arva' ALDH. *Met.* 10 p. 96; ~e bucolicon fit cum in quarta regione pars orationis cum fine sensus dactylo terminatur BONIF. *Met.* 110.

tetartitrochaicus v. tetarte. **tetchelatus** v. tachelatus. **tete** v. tu.

teteranus [? cf. CL taeter, teter], (in gl.).

~i, proni, tenebrosi *GlC* T 109; titerani, proni *Ib.* T 174; titerani, tenebrosi *Ib.* T 187.

teth [LL < Heb.], Hebrew letter teth.

invenit litteras quibus nunc utuntur Hebraei .. teth, ioth (v. daleth); .. ioth, teth .. BACON *Gram. Heb.* 202; set habent duo t, unum simplex, ut theth, et unum aspiratum, ut th *Ib.* 203.

Tethicus [CL Tethys+-cus], of the sea.

emergunt .. de curucis quibus sunt trans Tithicam vallem evecti GILDAS *EB* 19.

tethinga [AS *teoðung*], tithing, frankpledge group. *Cf.* trithingum.

c1124 prohibeo ne homines S. Edmundi exeant de soka sua pro plegiis suis et friborgis et teingis [MS:

treingis, tremgis] renovandis aliter quam facere solebant *Doc. Bury* 37; [Elfredus] centurias quas dicunt *hundrez* et decimas quas tithingas vocant instituit ut omnis Anglus, legaliter duntaxat vivens, haberet et centuriam et decimam W. MALM. *GR* II 122; **1167** Radulfus Lunel et tedinga ejus reddit compotum de l m. *Pipe* 32; **1169** tyddinga de Q. [et al.] reddunt comp. *Ib.* 115; **1189** quietas ab omnibus placitis et querelis .. et visu teitingarum *CalCh* IV 63; **1194** quietas clamavit .. omnes sectas quas exigebat de thethinga eorundem abbatis et conventus in Froma preter duas sectas quas eadem thethinga debet facere annuatim in hundredo de Froma *Cart. Ciren.* 184; **1195** Walterus .. fuit in tuthinga Gaufridi *Abbr. Plac.* 18; **s872** rex Eluredus .. instituit hundredos et tethingas ad latrones investigandos *Ann. Wint.* 10; **1204** Osbertus de Wica et thedinga ejus debet dim. m. *Pipe* 252; **1212** Hugo et Rogerus qui utlagati sunt fuerunt in thedinga de C. et est in misericordia *SelPlCrown* 76; **1215** quieti de omnibus sectis comitat' et hundr' et tydding' *RChart* 205a; **1217** fiat autem visus de franco plegio, sic ut pax nostra teneatur et quod tethinga integra sit, sicut esse consuevit (*Ch. Regis*) *SelCh* 343 (cf. *Fleta* 112: fiant visus de franco plegio sic quod pax inviolabilis observetur et quod decenne integre sint, sicut tempore Henrici regis .. esse consueverunt); **1219** H. .. et .. R. .. appellati de furto committuntur Londoniensi episcopo et theothinge sue *CurR* 134; **c1240** Auga apreciata pro iiij denariis et liberata B. thuingmanno et tote thuinge *SelCWW* ccii; **1265** fiat .. visus de franco plegio sic .. quod thedginga integra sit sicut esse consuevit *Reg. Glasg.* 603 (cf. *SelCh* 343); de thuthingis hundredis sive wapentakiis BRACTON f. 117; **1269** nomina eorum debent scribi in uno rotulo et dividi per thewingas vel decenas et bis in anno legi, sc. ad curiam franciplegii *CBaron* 69; duo filii N. Marescalli qui sunt xx annorum et manent cum patre suo non sunt in tewinga *Ib.* 72; **1275** facit duas thethyngas suas penitus se subtraere a forinseca cura .. domini de Wynkelegh' .. ad quam curiam semper sequi solebant *Hund.* I 87a; abbas .. subtraxit sectam de dim' thehing' in Lodreford de dicto hundred' *Ib.* II 223a; **1278** H. de la M. captus in theyngha de M. *Gaol Del.* 71 m. 14 (cf. ib. 71 m. 15: theinga); **1278** *le tythingman* de qualibet tythyngga de eodem hundredo *PQW* 183a; **1280** subtraxit domino regi sectam tedingh' de Senebrugge debitam ad turnum vic' com' *Ib.* 689a; clamat quattuor theghingas sc. Stoke Giffard etc. *Ib.* 774a; **1281** sectis decenarum et sectis antiquis hundredorum et tethingorum *Pat* 100 m. 8; **1287** dominus Henricus .. concessit quod abbas et monachi de Persore teneant .. possessiones suas .. liberas et quietas ab omnibus demandis et auxiliis vic' et eorum ministris et visu thethingorum *PQW* 260a; iste Alfredus hundredos et tetingas instituit SILGRAVE 46; **c1300** omnes .. qui in tethyngam intrare debebunt coram balillivis abbatis et conventus Cyrencestriae in tethingham *MonA* VI 508a; **1376** quando campus occidentalis fuerit seminatus cum frumento tunc tutin' de Ellewyll' habebit pro ovibus suis *IMisc* 208/4; ipse [Alfredus] primus terram .. in decurias quas nunc tithingas vel thrithingas vocamus distribuebat *Chr. Angl. Peterb.* 24; ridinga .. wapentagia, ville, villate, tithinga *Entries* 599vb.

tethingha v. tethinga.

tethingmannus [AS *teoðungmann*], head of a tithing (who answers for the tithing in court).

1201 ideo in misericordia et plegii ejus Baldewinus thedigmannus et thedinga ejus (*AssizeR*) *Selden Soc.* LXVIII 48; **1234** Nicholaus filius thethingmanni tenet iij acras prati *Cust. Glast.* 26; **c1240** Auga apreciata pro iiij denariis et liberata B. thuingmanno et tote thuinge *SelCWW* ccii; fiant tuthemanni per ordinem annuatim de hiis qui minora servitia faciunt domino, nec sit tutheman perpetuus *MonExon* 254; **1261** prior de Horsleye inpedivit Ricardum de L. factum theyingmannum et juratum coram .. ballivis abbatis C. *Cart. Ciren.* 355; **1264** Willelmo Fityn tethingmanno et tethinga pro injusto concelamento *CourtR* 182/56 m. 1; **1275** solebat venire unus thuþingmannus et facere sectam consuetam ad hundredum ad placita corone presentanda *Hund.* I 66; **1275** quidam tuthinmann' *Ib.* I 78b; **1276** Jacobus .. non habet tenentem qui possit esse thethingmannus nisi feminam et ponit se in judicio si debeat aliam [*sic*] invenire *Hund. Highworth* 39; **1275** liber theg' et thegingmannus solebant reddere vic' ad turnum suum *Hund.* I 101.

tethingum v. tethinga. **tethinosus** v. tetanosus. **Tethis** v. Tethys. **tethynga** v. tethinga.

Tethys [CL = *goddess of the sea, wife of Oceanus*; cf. Thetis]

1 name of a goddess of the sea.

Salacia, dea maris, que et Thetys OSB. GLOUC. *Deriv.* 556.

2 (meton.) sea, ocean.

undisonis fragoribus / turgentis Tithis (ÆTHELWALD) *Carm. Aldh.* 2. 51; Thetis cur tumidas Zephiro minitante salivas / expetii? FRITH. 124; quos quatit uda Thetis (*Vers.*) ORD. VIT. XII 26 p. 418; sacerdos deduxit illam ad mare .. et continue illud [monstrum] in medio tethis ad magnum scopulum .. irretivit *Lib. Landav.* 111; Thetin ore bibens HANV. III 33; que mora, dum Thĕtios medius superenatet arcum / sol, ubi philosophis est janua prima diei *Ib.* III 287 (cf. ib. VIII 427 (v. 2 Thetis b): Thetidis); Thetyos unda NECKAM *DS* III 336; negat unda viam. / non tenet aura fidem; .. / intumet, iratam percutit ergo Tēthim GARL. *Tri. Eccl.* 131 (cf. ib. 28 (v. 2 Thetis b): Thetis).

tetige v. teges. **tetinga** v. tethinga. **tetis** v. 2 Thetis.

tetra [τετρα- *as prefix*, cf. τέσσαρες, τέτταρες], four.

Helias vates, quem tetra volumina regum / insignem memorant virtutum tenia fretum ALDH. *VirgV* 248; ex quatuor sigillis ejusdem factus est unus calix .. ut patet per hos versus sub pede ipsius inscriptos .. ciphus insignis fit .. ex tetra sigillis *Hist. Durh.* 1 p. 129.

tetraceus [cf. tetra, tetartaeus], (of fever) that has a four-day cycle, quartan.

tetraceus i. febris quartana *Alph.* 184; quartana .. vocatur ab Ysaac tetraceus; .. et dicitur tetraceus a 'tetras' quod est trans et 'traceus' transiens triteum per diem unam; vel a 'tetras' quod est nigra et 'traceus' febris, quia fit nigra GAD. 15. 2.

tetrachordus [LL < τετράχορδος]

1 (as sb. n.) four-stringed instrument.

illud quattuor chordarum instrumentum ~um dicebatur, inventum a Mercurio ut aiunt ODINGTON 78.

2 interval between first and last of a series of four adjacent notes, perfect fourth.

13.. de legitimis ordinibus pentachordorum et ~orum *MS Bodl. 842* f. 1, in ~o diatonice distinccionis, tonus in cromatice semitonium minus et in enarmonice diesis ponitur *Ib.* f. 40v (v. pentachordus).

tetracolon [τετράκωλον], (in gl.) sentence composed of four parallel clauses.

~on, quadrimembris sententia OSB. GLOUC. *Deriv.* 592.

tetracubitus [tetra+CL cubitus], four cubits long.

si .. lux multiplicatione sui infinita extendit materiam in dimensionem bicubitam, eadem infinita multiplicatione duplicata extendit eam in dimensionem ~am GROS. 53.

tetraedrum [τετράεδρον], four-faced solid, tetrahedron.

prima [figura] habet quatuor superficies triangulares et vocatur ~um a tetras quod est quatuor BACON *Maj.* I 159; ex tetrahedri sectione trigonica DEE *Monas pref.* p. 184.

tetrafarmacos, ~us v. tetrapharmacon.

tetragonalis [LL tetragonus+-alis], that has four angles, quadrangular. **b** of or belonging to a square. **c** (transf., of number) square.

quaecumque .. radiatio quaeritur, sive exagonalis sive ~is, sive trigonalis, primo quidem horoscopus quotus sui signi sit, considerandum est ADEL. *Elk.* 37. **b** 36, qui numerus est quadratus, componitur enim ex utrisque quadratis a quo assumantur ~e latus, scilicet sex ODINGTON 55. **c** numerus quadratus vel ~is dicitur qui ex ductu numeri in seipsum producitur, eumque duo numeri equales continent qui sunt ipsius latera ODINGTON 47.

tetragonalitas [tetragonalis+-tas], (astr.) quadrature.

ejus [lune] cum sole ~atem (ROB. ANGL. (I) *Jud.*) *MS BL Cotton App. vi* f. 162v.

tetragonaliter [tetragonalis+-ter], in a quadrangular manner or form.

erit .. stellarum felicitas si benivola benivolam exagonaliter vel trigonaliter vel tetragonaliter adinvicem respicient D. MORLEY 191.

tetragonicus [LL tetragonus+-icus], that has, or pertains to a figure that has, four angles (and hence four sides), (in quot. also transf., of number) square.

principium .. illius est latus ~um cujuslibet superficiei dicte a numero non ~o ADEL. *Elem.* X 105.

tetragonus [LL < τετράγωνος], that has four angles (and hence four sides), (esp.) that has four equal angles, rectangular. **b** (math., of number) quadrangular, that can be represented as a rectangular arrangement of equally spaced points, (also spec.) square. **c** (as sb.) figure that has four angles (and hence four sides), (esp.) rectangle (also fig.); **d** (w. *longus*, dist. fr. square). **e** (astr.).

930 (10c) hujus .. voluntatis scedula .. virgineo aterrimi lacrimas liquoris forcipe in planitiem ~i campuli albentem destillante perscripta est *CS* 1343; ~us, quadrangulus OSB. GLOUC. *Deriv.* 594; civitas .. forma .. oblonga et parte altera longiore ~a, vallibus profundis in tribus partibus circumsepta M. PAR. *Min.* I 160; **s1393** [prior] claustrale ~um tam tecturis quam pavimentis .. reparavit BOWER VI 55. **b** superficialis numerus est ita, qui non solum in longitudine sed in latitudine continetur ut trigonus, ~us, seu quadragonus BART. ANGL. XIX 123. **c** triangulo vel tetrangulo vel ~o contrarium nihil est ALCUIN *Didasc.* 960D; oppositum .. ~i sinistri ~um dextrum ADEL. *Elk.* 37; cur .. nostri non erunt laude digni orbis quadrifidi dimensores, quadriviales historie descriptores, immo proculdubio velut ~i, sine vituperio triumphalis erunt lauree comprehensores? HIGD. I *prol.* p. 6. **d** alia [figura quadrilatera] est ~us longus, estque figura rectangula sed equilatera non est (ROB. ANGL. (I) *Euclid* I *def.* 23) H. Busard & M. Folkerts, *Robert of Chester's (?) Redaction of Euclid's Elements* (Basel, 1992) I 114. **e** respectuum trigonus fortunatissimus; fortunam enim absque difficultate denotat, sextili reliquisque fortunatior velut oppositus, ~o deterior (ROB. ANGL. (I) *Jud.*) *MS BL Cotton App. vi* f. 164 (117).

tetragrammaton [LL < τετραγράμματον], four-lettered name of God, tetragrammaton.

petalum, lamina aurea in fronte in qua scriptum nomen Dei ~on *GlC* P 240; illud nomen Dei quod in secretis secretorum apud Hebreos ineffabile est et '~on' dicitur, licet sit quatuor figurarum, trium tamen tantummodo est elementorum: 'io he vath he' P. BLOIS *Ep. Sup.* 51. 11; non solum .. ad intelligentiam divine essentie sed etiam ad intelligentiam Trinitatis nos invitat nomen Domini ~on NECKAM *SS* I 32. 1; scripsit Moses nomen Domini in lamina aurea ~on GERV. TILB. III 112; nomen Domini thetragramathon WYCL. *Dom. Div.* 19.

tetragrammatus [cf. LL tetragrammatum < τετραγράμματον], that consists of four letters.

quid in natura eris nostri considerandum est ex nomine ejus ~o, hoc est quadrilitero RIPLEY 116.

tetrahedrum v. tetraedrum. **tetrahicus** v. tetrahit.

tetrahit [dub.], kind of plant (in some quot. identified w. *herba judaica*), perh. one that catches, entangles, or attaches itself, perh. meadow salsify (goat's-beard, *Tragopogon pratensis*), cleavers (*Galium aperine*), caltrops, or hempnettle (*Galeopsis tetrahit*).

herba hircina i. ~it, fetet ut hircus et est similis matris silve, foliis utimur. A. *swannestonge Alph.* 80; tetrahith vel tetrahicus i. herba judaica *Ib.* 184; *clyvere* vel tetraid *MS BL Sloane 2527* f. 220v; ~it, herba judaica est *SB* 42; ~it .. rubea minor *Ib.* 42.

tetrahith, ~aid v. tetrahit. **tetralis** v. theatralis.

tetrameter [CL tetrametrus < τετράμετρος], (metr.) that has four feet.

v genera versuum .. in dactilico exametro .. exameter, pentameter, ~ter, trimeter, dimeter ALDH. *Met.* 10 p. 82; metrum iambicum ~trum recipit iambum locis omnibus, spondeum locis tantum inparibus BEDE *AM* 135.

tetranepos [tetra-+CL nepos], (in gl.).

~os i. adnepotis filius OSB. GLOUC. *Deriv.* 377.

tetrangulus [tetra-+CL angulus], figure that has four angles (and hence four sides), quadrangle.

triangulo vel ~o vel tetragono contrarium nihil est ALCUIN *Didasc.* 960D.

tetrapharmacon [CL < τετραφάρμακον], **~us,** (med., of ointment or plaster) that contains four ingredients.

tetrafarmacon i. multa similia *Alph.* 184; incarnatio vulneris cum eis que sunt sicut unguentum ~farmacum quod est tale: recipe litargirii triti .. GAD. 118. 1.

tetraplasticus [tetra-+plasticus], fourfold.

vivifici tetraplastica dat theoremata verbi FRITH. 1323.

tetrapolis [τετράπολις], district of four towns, city or town that has authority over four towns.

est .. Hortuna quasi umbilicus ~is in quattuor oppidis equalibus spaciis .. distantibus GOSC. *Wulfh.* 4 (cf. *NLA* II 508 v. l: quasi umbilicus ~is a quatuor urbibus spaciis equalibus .. distans); hec ~is i. civitas illa que habet sub se quattuor alias civitates OSB. GLOUC. *Deriv.* 432.

tetrapolitanus [tetrapolis+-anus], (as deriv. of *tetrapolis*) one who inhabits a *tetrapolis*.

tetrapolis .. et inde ~us qui illam inhabitat civitatem OSB. GLOUC. *Deriv.* 461.

tetraptos v. therapeutos.

tetraptotus [LL < τετράπτωτος], (gram.) that has four cases or four distinct case endings.

ad ~am formulam rediguntur. .. nomina feminini generis singulari numero carentia .. ut .. exuviae, divitiae .. ~a sunt ALDH. *PR* 130; ~a [nomina] .. ut puer, pueri, puero, puerum ALCUIN *Gram.* 869; *sume naman .. ~a, þa ðe habbað feower ungelice casus* ÆLF. *Gram.* 90.

tetrarcare v. tetrarchizare.

tetrarcha [CL < τετράρχης], tetrarch, ruler of one of four divisions of a country or province, minor provincial ruler; **b** (transf., of John the Evangelist as author of one of the four Gospels).

Herodes, regni ~a ALDH. *CE* 4. 4. 11; s40 Herodem .. regem Judee factum. Herodes ~a Romam veniens .. *AS Chr.* 244; dirimens in quattuor partibus eandem silvam, sicut quondam Judea erat ~is dirempta BYRHT. *V. Ecgwini* 363; rex per omnia sollers, sollicitudinem regni (Angliae) quadrifarie partiens, ~as stabilierat quos fidelis voti reppererat HERM. ARCH. 17 p. 47; cum rex regulos ~as [in Hibernia] ditioni sue .. subjugasset W. CANT. *Mir. Thom.* III 17; in regno Anglorum tanta illi [Johanni] adjecit [rex] ut quasi ~a videretur W. NEWB. *HA* IV 3. **b** Johannes quadripartitae scriptor historiae et verax evangelicae relationis ~a ALDH. *VirgP* 23 (=BYRHT. *V. Ecgwini* 349).

tetrarchare v. tetrarchizare.

tetrarchia [CL < τετραρχία], tetrarchy, district ruled by a tetrarch or minor ruler, division (typically one quarter) of province or country.

s40 Herodes tetrarcha .. ~iam perdit *AS Chr.* 244; ~ia, principatus super quartam partem OSB. GLOUC. *Deriv.* 591; indulta .. Johanni ~ia fecit eum ambire monarchiam W. NEWB. *HA* IV 3; regnum Hebreorum divisum fuit in quatuor ~ias, quarum prima fuit Galilea, que fuit Herodis ~ia *Eul. Hist.* II 97.

tetrarchizare [CL tetrarcha+-izare], **tetrarchare,** to rule as tetrarch or subordinate, to be a minor ruler.

quo ~izante .. clericalis ordo famulatus sancto in ordinem monachicum mutatur HERM. ARCH. 17 p. 47; ~are, i. principare OSB. GLOUC. *Deriv.* 25; tetrarco, *to rayne* WW.

tetrardiem v. tetrardus.

tetrardus [cf. τέταρτος], (mus.) fourth pair of psalm-tones (consisting of the seventh and eighth psalm-tones).

autentus ~us .. plaga ~i *Trop. Wint.* 64; septimus tonus, sc. authentus ~us ODINGTON 120; nec mirum videatur quod deuterus dicitur phrygius cum plaga ~i sic [l. sit] gravior, quia plaga tetrardiem [l. tetrardi est] pars acutissimi modi *Ib.* 126.

tetras [LL < τετράς], tetrad, four.

tres sunt ii, Villicus, Thrax, et Ursi natus; / ut sit tetras, tribus est Brito sociatus *Poem S. Thom.* 84; dicitur .. tesserecedecas a ~as quod est quatuor et decas quod est decem BELETH *RDO* 134. 139; ~as i. quatuor *Alph.* 184; tres sibi vult similem, tetras sibi dissimilem vult T. MERKE *Form.* 135.

tetrasillabus v. tetrasyllabus.

tetraspurius [tetra-+CL spurius; cf. et. tetranepos], descendant of a bastard.

cives potiores quam peregrinos volo, sed peregrinos et spurios et ~os, si sapientes fuant, quam .. ignaros aut pueros malo LIV. *Op.* 350.

tetrastichon [CL < τετράστιχον], four-line poem or verse.

ut Vergilius in tetrasticis theatralibus ALDH. *PR* 133; ~on Malchi ad Spiritum Sanctum R. CANT. *Malch.* VI *cap.* p. 139; ~um vernacula Utopiensium lingua scriptum MORE *Ut.* xcviii.

tetrastichum, ~sticon v. tetrastichon.

tetrasyllabicus [LL tetrasyllabus+-icus], (as sb. n.) word of four syllables, tetrasyllable.

~ica breviat usus noster, ut Athalia, .. Caecilia .. ; vero quedam longantur, ut agonia BACON *Tert.* 257.

tetrasyllabus [LL], that has four syllables, tetrasyllabic. **b** (as sb.) word of four syllables, tetrasyllable.

tetrasillabi pedes ALDH. *PR* 125; sunt .. pedes disyllabi iiij, .. ~i xvj, singuli nominatim distincti BEDE *AM* 107; tetrasillabus, i. quatuor sillabarum OSB. GLOUC. *Deriv.* 539; ultima .. dictio versus pentametri semper sit dissillaba, quamvis contingat .. trissilabas vel ~as .. plenius invenire GERV. MELKLEY *AV* 207. **b** [praepositiones] .. producuntur tantum cum ~am ex se reddunt, ut adicio, obicio BEDE *AM* 95; tetrasyllabum, qui ereos pedes habuit, vel aeripedem, id est velocem, ut dicit Priscianus, qui tetrasillabum posuit hic pro penthasillabo BERN. *Comm. Aen.* 124.

tetravus [tetra+CL avus], (in list of words deriv. from *avus*) (great-)great-great-great-great-grandfather.

avus componitur proavus .. abavus .. attavus .. tritavus, .. ~us, quartus ab avo, quod est ultimum cognationis nomen OSB. GLOUC. *Deriv.* 21.

tetricare [cf. CL tricari; cf. et. CL tetricus], to delay, dawdle.

hora .. surgendi nesciens ~are, mane oratorium ingressus psallere cepit (*Richardus*) *NLA* II 335 (cf. *Sirach* xxxii 15: hora surgendi non te trices).

tetricus [CL], gloomy, sombre, grim, forbidding (also transf. & fig.); **b** (of person or emotion); **c** (of darkness, also in fig. context).

672 qui caelestis ~a enodantes bibliothecae problemata ALDH. *Ep.* 5 p. 492; tetrica contemnens millesis damna periclis *Id. VirgV* 368; Achaeus armis adpetit / dux lucis arma tetricis BEDE *Hymn.* 12. 5. 2; inveni omnia scelera .. quae .. peccavi .. manifestissime in eo tetricis esse descripta litteris *Id. HE* V 13 p. 312; tetrica quod numquam vitans pecamina curo BONIF. *Aen.* (*Ignorantia*) 332; ~a aura est et lurida aura et procellosa aura ÆLF. BATA 5. 6. **b** tetrica mox sponsi fervent praecordia felle ALDH. *VirgV* 1810; tetrica multorum per me compescitur ira BONIF. *Aen.* (*Patientia*) 105; improba lingua / lectoris tetrici linquere cepta monet NECKAM *DS* III 4. **c** tetrica nam facie est una, stans altera pulchra HWÆTBERHT *Aen.* 48 (*Dies et nox*) 8; sic pater ille pius divino lumine verbi / expulit humanis tetricas de cordibus umbras ALCUIN *SS Ebor* 144; ut ~as ignorantie tenebras toto depelleret orbe *Id. Vedast.* 416.

tetrissare v. tetrissitare.

tetrissitare [CL], **tetrissare,** (of a duck) to quack.

anserum clangere, anatum tetrissare OSB. GLOUC. *Deriv.* 78; *to cry,* clamare .. anatum †vetussare [l. tetrissare] *CathA.*

tetritudo [CL taeter, teter+-tudo], (in gl.) gloom.

a mirkness, ablucinacio .. tetritudo *CathA.*

tetroselion, *var. sp. of* petroselinon.

vermicularis major, tetroselion [*sense b*] idem. G. *tatesoriz,* A. *andrede* vel *musedode Alph.* 190.

teubarrum v. reubarbarum.

Teucer, ~crus [CL]

1 Teucer, ancestor of the Trojans. **b** (transf.) Trojan.

a Teucro .. initium habent omnes Trojani BERN. *Comm. Aen.* 100. **b** quamquam Galli sint et ego Teucer, peregrini tamen sumus omnes LIV. *Op.* 195.

2 Turk.

1457 civitas Constantinopolitana a perfidis Teucris fuerit occupata *Mon. Hib. & Scot.* 403a; **1488** contra Teucros fidei et sancrosancte nostre religioni Christiane sevissimos hostes *CalPat* 188.

teucrion [CL < Τεύκριον], kind of fern, hart's tongue fern (*Asplenium scolopendrium*) or spleenwort (*Asplenium ceterach*).

10.. spimon [l. splenion], i. teuerion [l. teucrion], *brunwyrt* WW.

teuda v. telda. **teudum** v. tuathum. **teuerion** v. teucrion.

teuthis [LL < τευθίς], squid.

theotis, loligo *Gl. Laud.* 1489.

Teuthonicus v. Teutonicus.

Teutonice [CL Teutonicus+-e; cf. Theodisce], in German or a Germanic language (also spec. w. ref. to Low German).

843 unus singularis silva ad hanc .. terram pertinens quem nos theodoice *snad* nominamus *CS* 442; vocatur siquidem Hardocnuto, nomen patris referens cum additamento, cujus si ethimologia Theutonice perquiratur, profecto quis quantusve fuerit dinoscitur. *harde* quidem velox vel fortis .. cognosci potuit *Enc. Emmae* II 18; qui .. regem [i. e. Henricum II] in hec verba quasi ~e convenit: *God holde þe, cuning* GIR. *EH* I 40 p. 290; sal Latine .. additione t litere *salt* Anglice, *sout* ~e *Id. IK* I 8; **1243** in quodam oppido Austrie quod Theutonice *Neustat* dicitur, id est nova civitas M. PAR. *Maj.* IV 272; c**1290** si dictus pauper deliquerit in aliquo, supplico vobis ex corde ut eundem castigetis theutonice *DCCant.* 279.

Teutonicus [CL; cf. Theodiscus]

1 German, of or pertaining to Germany or its inhabitants; **b** (of language).

1188 furor ~us etiam in pace arma capessens (*Lit. Imperatoris*) *Itin. Ric.* I 18 p. 36; arcum eminentiorem, crucem in summitate gestantem, similiter ex aere, auro et argento, opero Theutonico fabrefactos erexit [Aldredus] *Chr. Pont. Ebor. A* 354. **b** ut lingua Tautonica dicitur ad tappam *Inst. Sempr.* *lxv; burgo (theutonicum est hoc vocabulum) BOECE f. 249v.

2 (of person) German, (as sb.) native or inhabitant of Germany; **b** (passing into surname); **c** (w. ref. to Order of Teutonic Knights); **d** (of Hanse merchant); **e** (w. implication of dull-wittedness).

transmarinus Theutonicus nomine Maurus GOSC. *Lib. Mild.* 19; s**1110** rex Anglorum Heinricus filiam suam Heinrico regi ~orum dedit in conjugem FL. WORC. II 60; prophetias cujusdam prophetisse ~e nomine Hildegardis PECKHAM *Paup.* 16 p. 64; **1460** dato cuidam Teotonicho Austrie *ExchScot* 33. **b** **1165** in terris datis .. Ricardo theuthonico xv li. *Pipe* 102 (cf. ib. 103: R. de Teuthon' [v. l. R. Teuton']); **1230** Walrandus ~us redd. comp. de vj s. *Ib.* 109; **1242** Terricus Toutonicus [v. l. Tuton'] *Ib.* 329; **1487** Frederico Theotonico *Ib.* 490. **c** **1235** fratri Egidio de hospitali S. Marie Teutonicorum in Hibernia *Cl* 154; **1357** nobilis vir dominus Nicholaus de Babutz, miles Theotonicus *Pat* 252 m. 4; **1388** magistrum generalem ordinis B. Marie domus ~e *Mem. York* II 1; **1389** ordinis beate Marie Theotenicorum magistro generali .. salutem *Dip. Corr. Ric.* II 67. **d** **1307** Gihalle ~orum *CalCl* 514; non cedant .. ultra Aulam Teontonicorum *MGL* I 243; charta regis Henrici facta Theotonicis Alemannie *Ib.* I 535; compositio inter cives Londiniarum et Teuthonicos Alemannie *Ib.* I 542; de conventione inter cives Londiniarum et Teotonicos *Ib.* II 49; **1456** in solutis uno Tutannico pro .. *Ac. Chamb. Winchester.* **e** si sic esses Anglus vivacitate sensus quemadmodum es natione .. talem modo questionem non fecisses. sed quia sensu Theutonicus es et propterea etiam heres in plano .. necesse est michi .. quecunque contempnenda sunt nominatim exprimere Rob. Bridl. *Dial.* 66; dici potest .. 'hebes Teutonia' .. propter .. Theutonicos hebetes Vinsauf *AV* II 3. 38.

Teutonus [CL], **Teuto** [*backformation from gen. pl.* CL Teutonum], member of the Teutonic tribe, (also more generally) German; **b** (dist. fr. *Germanus*).

quid de Clemente ~one dicam, cui magis aptum nomen est Demens quam Clemens Osb. *Mir. Dunst.* 8; Lotharium ducem Saxonum .. eligimus in regem Alemannorum, Lotharingorum, ~onum Ord. Vit. XII 43 p. 470; ardore discendi in Germaniam profectus, omnem Saxonum et Theutonum scholam est perscrutatus *Chr. Pont. Ebor. A* 356. **b** ut habent Germani idemque ~ones indomitum animum W. Malm. *GR* II 192.

tewinga v. tethinga.

texale [CL texere+-ale], woven cover or cushion.

de vestibus thori vel lectio .. ~ale, *quissel Gl. AN Ox.* 339.

texare v. terrare. **texera** v. tessera.

texere [CL]

1 to weave (cloth, also transf. and fig.); **b** (of spider or silk-worm); **c** (w. ref. to bodily tissue). **d** (pr. ppl. as sb.) weaver (also w. ref. to Cathar heretics, *cf. textor*). **e** (p. ppl. as sb. n.) piece of woven fabric, (in quot.) band of rich cloth (*cf.* AN *tissue*).

alii dicunt funem triplicem vel quod subtus ~itur, non sursum, ut nos telam ~imus *Comm. Cant. I* 100; virgines .. ~endis subtilioribus indumentis operam dant Bede *HE* IV 23 p. 265; quasi ad ~endum justitiae .. indumentum *Id. Sam.* 612C; telam .. oppositis lanceole jactibus et alternis calamistre cominus ictibus ~ere Gir. *IK* I 2 p. 33; telam falsitatis vir ille, quam avide nimis dictus abbas ~uerat, artificiose detexuit *Id. Spec.* III 11; **1264** tixuit pannum fullibilem contra libertatem gilde *Rec. Leic.* I 104; **1265** textores qui volunt tixere in Leycestria bene possunt tixere tam per noctem quam per diem *Ib.* I 105; **1298** in eadem [lana] tixanda *Rec. Elton* 83. **b** nec crocea Seres texunt lanugine vermes Aldh. *Aen.* 33 (*Lorica*) 4; tela aranearum studiose ~itur, flatu venti dissipatur Alex. Bath *Mor.* I 61 p. 137; aranea .. de suis visceribus telam ~it et ~endo tabescit P. Blois *Ep.* 16. 60B; aranee subtilis est, in qua etiam subtiliter ~enda se vermis eviscerat Gir. *GE* II 37 p. 356. **c** villorum ex quibus vasa naturalia ~untur sicut stomachus, intestina etc. *Ps.-Ric. Anat.* 14. **d** textrina .. i. locus ~entium Osb. Glouc. *Deriv.* 584; **s1166** Henricus rex tenuit concilium apud Oxonefordiam in quo damnata est heresis ~entium *Ann. Worc.* 381. **e** ~tum i. semicinctorium, *a seynt WW;* hoc ~tum, *a saynt of sylk Ib.*

2 to form (basket, crown, or sim.) by plaiting or entwining (also in fig. context).

libellum quem .. conponi praecepisti, simplici verborum vimine ~tum .. institui Felix *Guthl. prol.* p. 60; rex .. / spinas portat irrisoris, / quas in orbem texuit / turbe manus durioris J. Howd. *Sal.* 23. 9.

3 to construct, compose, arrange; **b** (literary composition or sim.).

quis .. profetarum .. manifestius .. oraculorum seriem ~uisse [*gl.: wefan*] dinoscitur Aldh. *VirgP* 21; **1166** poterit quis .. ~ere dolos in animam suam J. Sal. *Ep.* 193 (187) p. 242; texendis vox egra sonis J. Exon. *BT* IV 140; ut .. rei geste in archidiaconi absentia series hic ~atur Gir. *JS* V p. 190; Matheus in exordio evangelii sui generacionem Christi promisit se ~urum Fortescue *NLN* II 11. **b** Sedulius .. primum versum decascemum ~uit Aldh. *Met.* 10 p. 85; istos [versus] ~uit Oswoldus, qui est nescius artis Osw. *Vers.* 9; heroico metro vitam illius ~i precepit W. Malm. *GP* I 15; "per Deum" inquit "Deique matrem" (hoc enim in usum jurandi ~erat [*diabolus*]) Ciren. II 216.

texibilis [CL texere+-bilis], that can be woven or is easy to weave.

weffabylle, ~is, textilis *CathA.*

texilis v. textilis. **texillaris** v. vexillaris.

texitare [CL texere+-itare], (in gl.).

~are, sepe texere Osb. Glouc. *Deriv.* 592.

textare [CL textus *p. ppl. of* texere+-are], to weave (also fig.).

longarum sententiarum tenorem .. verbis meis brevians .. taliter .. facilius possunt signari in memoria quam si longe relationis ~etur linea W. Malm. *Mir. Mariae* 166; nullus faciat ~are pannum extra libertatem *MGL* I 723; *to wefe,* texere .. ~are *CathA.*

textator [textare+-tor], weaver.

quidam dicunt quod fusuli habuerunt ortum a ~ore eo quod ~ores utuntur talibus fusulis de lana filata factis, sive fusuli dicuntur instrumenta texendi Bad. Aur. 199.

textilis [CL], **texilis**

1 of or pertaining to weaving, suitable for weaving. **b** (of cloth) made by weaving, woven.

~is vel texilis, quod facile texitur Osb. Glouc. *Deriv.* 592. **b** in fronte sancti pontificis auri lamina, non ~is fabrica, .. preminet R. Cold. *Cuthb.* 41 p. 87; relictis quibusdam suis [Brigide] insigniibus, monili videlicet pera et ~ibus armis W. Malm. *GR* I 23.

2 of thatching.

nam ea textrili fuit arte domus cooperta R. Maidstone *Conc.* 297.

textillaris v. vexillaris.

textor [CL]

1 weaver (also passing into surname); **b** (dist. acc. product); **c** (assoc. w. Cathar heresy, *cf. texere*).

c1185 iv denarios de unaquaque hostilla ~orum ad candelam S. Marie *Act. Hen. II* II 383; juxta liciatorium orditur ~or Neckam *NR* II 171 p. 281; **1289** de R. de H. tyxtore pro contemptu *Leet Norw.* 28; **1294** falso se querebatur super injusta detencione unius panni linee tele versus Thomam Tixtorem *Rec. Elton* 43; **1338** nullus fullator neque tixtor de cetero vendant pannos in domobus suis *Gild Merch.* II 336; **1468** per liberacionem factam Johanni Dolase, ~ori de Arras, ad necessaria artis sue *ExchScot* 590; ~or, *webstere WW*. **b** ~ores pannarii *clothe wevers,* stragularii *coverlet wevers,* tapetarii *carpet wevers,* aulearii *arras makers* Whittington *Vulg.* 66; **1563** ~or fimbriarius (*SP Dom. Eliz.*) *Hug. Soc.* X 288. **c** **1165** a nobis sciscitari voluit [vestra discretio] quid super his ~oribus sentiamus, qui vestram nuper ingressi diocesim [Wigorniensem] .. corde conceptas hereses in vulgus spargendo predicant G. Foliot *Ep.* 158; impiisimam heresim .. sancti patribus olim damnatam .. ridendi quidam rustici textrices et ~ores resuscitare conantur... nuptiis detrahunt et sacramentum altaris exsufflant, carnis negant resurreccionem et baptismatis virtutem evacuant Ailr. *An.* I 59.

2 roofer, thatcher (*cf. tector*).

c1220 terram que fuit Roberti ~oris .. Roberti Copertoris *Cart. Osney* II 298; **1316** in stipendio ~oris tegentis super grangiam (*Ac. Milton*) *DCCant.*

textorius [CL], of or pertaining to weaving, characteristic of or belonging to a weaver. **b** (as sb. f. or w. ellipsis of *machina* or sim.) weaving loom. **c** (as sb. n.) place where weaving is carried out, weaver's workshop.

mancipatus fui arti tinctorie, deinde ~ie [*gl.: ye wevers crafte*] et tandem fullonarie Whittington *Vulg.* 67. **b** **1422** solvent .. pro qualibet textoria vocata *webbelome* que nihil fuerit usitata xij d. per annum *BB Wint.* 54. **c** c1200 assessum tinctorii, ~ii, fullonii (*Ch.*) *EHR* XVI 109.

textrilis v. textilis.

textrinus [CL]

1 of or pertaining to weaving, characteristic of or belonging to a weaver. **b** (as sb. f., action of) weaving. **c** weaver's house or workshop. **d** (as sb. n.) that which is woven, web.

arte plumaria omne ~um [*gl.: weblic gewurc*] opus .. perornent Aldh. *VirgP* 15; mendicantem suscepi victum queritantem arte ~a *Canon. G. Sempr.* f. 67. **b** reliquerunt .. mulieres colos et opus ~e Byrht. *V. Osw.* 472; **1464** solutum pro ~a xiiij virg. panni linei xij d. *Househ. Ac.* 576. **c** hec ~a, -e i. locus

texentium Osb. Glouc. *Deriv.* 584; **11.** ~a, *webhus WW Sup.* 217. **d** ~um, *webbe GlC* T 90.

2 (as sb. n.) shipyard (*cf.* Isid. *Etym.* XIV 8. 38).

omne textrinum [*gl.:* ~um, loca ubi naves fabricantur, i. navalia] opus Aldh. *VirgP* 15 (*gl.*).

textrix [CL], female weaver (also passing into surname); **b** (dist. acc. product); **c** (transf.).

~ices et textores Ailr. *An.* I 59; ~ix telam stantem percurret pectine Neckam *NR* II 171; c1242 percipiet .. persona vel vicarius [decimas] de artificio fabrorum .. textorum, ~icum .. *Conc. Syn.* 512; **1296** quod Custancia Textrix recuperet de .. Willelmo Messore pleg' dicti Willelmi xv d. *Hal. Durh.* 6; **1356** Agnes Bogge et Alicia la Honte, ~ices et *shappesters Enf. Stat. Lab.* 181; hec ~ix, *a webster WW.* **b** ~ix bombicinaria *sylke woman,* ~ix cinctuaria *gyrdle wever* Whittington *Vulg.* 66. **c** dici potest '~ix Flandria' .. propter .. Flandrenses textores Vinsauf *AV* II 3. 38.

textualis [CL textus+-alis], of or relating to text: **a** (w. *littera*) text hand (as form of script). **b** (as sb. n. pl.) textual matters.

a 1415 ordinale meum scriptum littera ~i *Reg. Cant.* II 180; **1464** in qua .. tabula nomina subscripta cum ~ibus literis scripta .. scribantur *Reg. Heref.* 102. **b 1431** primitus textum .. legant; deinde ipsum .. exponant, et tunc .. ipsius ~ia excerpant notabilia *StatOx* 236.

textualiter [textualis+-ter], by means of exposition of the text.

1317 bibliam biblice seu ~iter .. legere *FormOx* 24.

textuarium [CL textus+-arium], gospel-book.

post lecturam ad loca consueta se conferant in ministerio pacis, osculi, thuris, ~ii, vel incensi .. illa a se tradant alicui ex cantoribus *Reg. Glasg.* 356.

textula [CL textus *p. ppl. of* texere+-ula], bundle (in quot. of spars for thatching).

acutis virgularum ~is rotundatim schemate feni vel straminis fasciculis quisque interius prestrictim inclusus R. Cold. *Godr.* 144.

textura [CL]

1 (process or art of) weaving (also in fig. context); **b** (w. ref. to spider's web). **c** (act of) plaiting, entwining (in quot. crown). **d** putting together (of words), construction, composition.

799 cui si vestri acutissimi sensus subtegmen addere placuerit, forte pueris palatinis contra frigus inperitiae aliquod vestimenti genus texi poterit; sicut in prioris ~a, me etiam ordinatione optime fecisse protestaris Alcuin *Ep.* 171 p. 282; invenerunt eam sedentem et manibus suis lini ~am operantem H. Albus 107; Anglicae nationis feminae multum acu et auri textura, egregie viri in omni valent artificio W. Poit. II 42; **1290** super tixtura canabi super halis Westm' (*AcWardr*) *Chanc. Misc.* 4/5 f. 23; **1375** est communis textor panni linei et cepit .. pro ~a x ulnarum panni linei x s. *SessPLincs* 222; **1465** absque diversitate in ~a, fullatura .. (v. burlura). **b** capitula non ~a aranearum ac humano artificio consuta sed spiraminibus eternis fecunda Peckham *Paup.* 10 p. 54. **c** pratorum flosculos coacervans ad unius coronae ~am congerere nitar Aldh. *Met.* 1. **d 1281** sacerdos plebi presidens .. exponat populo .. absque cujuslibet subtilitatis ~a fantastica quatuordecim fidei articulos *Conc. Syn.* 901.

2 pattern of weaving, character of textile fabric, texture; **b** (w. ref. to spider's web). **c** (transf., w. ref. to song) pattern, refrain.

curtinarum .. ~a [*gl.:* pictura] Aldh. *VirgP* 15; stragulata vestis, quae variante ~a solet firmissima confici Bede *Prov.* 1036A; pannum artificiose ~e Gosc. *Lib. Mild.* 19; **1265** textor pro defectu ~e unius panni .. vadiavit misericordiam gilde *Rec. Leic.* I 105; **1297** quod .. Agnes deberet imposuisse aliam tixturam in uno panno lineo quem .. texit *CourtR Hales* 351; **1383** lodex duplicis ~e *Ac. Durh.* 434; **1454** j par linth. unum novum boni panni et subtilis ~e pro dominis recipiendis *Ib.* 149. **b** videmus .. araneas ordinare telam .. per varias ~as geometricas Bacon *Persp.* II 3. 9. **c** in insaniam .. relapsus, vix .. a cantilenis supersticiosis .. tamen rithmico tenore cum ~a decurrentibus, abstinere prevaluit R. Cold. *Cuthb.* 114.

3 (product of) weaving, cloth (also fig.). **b** (transf., med.) membrane, tissue, or sim.

omnem lapidum pretiositatem, omnem ~ae varietatem ANSELM (*Ep.* 84) III 209; sicut in artificiali ~a tenduntur fila, quedam in longitudinem, quedam in latitudinem, quedam in transverso *Ps.*-RIC. *Anat.* 14; omnes errores et hereses quos .. ille pseudo-propheta .. J. Wyclyf sub novorum terminorum ~is ab antiquo paganismo revocaverat *G. Hen. V* 1. **b** licet predictorum plura membrorum simplicia nominantur a medicis, non suis tamen carent complexionibus et ~is, sicut vene et artarie [*sic*] et panniculi omnes componuntur .. ex villis seu filis ordinatim in eorum ~a positis *Ps.*-RIC. *Anat.* 14.

1 textus, *var. sp. of* discus.

1395 item alium textum [*sense 4d*] ligneum .. item ad magnum altare j textum [*4d*] parve .. item j textum [*4d*] de aquila superauraт' (*Invent. All Saints*) *MS Bristol RO NA/20*; **1494** novos textus [*sense 4b*] quos carolos vocamus ex novo perdecentes fecit *MS BL Arundel 68* f. 4r.

2 textus [CL *as* 4*th decl.*; cf. et. CL textus *p. ppl. of* texere]

1 text, wording of anything written; **b** (of the Bible or its parts); **c** (applied spec. to main body of text, dist. from heading, introduction, gloss, commentary, *etc.*); **d** (w. ref. to spoken account). **e** (*~us sacer*) the Bible.

quarum literarum iste est ~us BEDE *HE* I 29; **c789** cartula advenit, vestram denuntians lacrimabili ~u infirmitatem ALCUIN *Ep.* 55; **c1407** de difficultatibus .. que possunt moveri probabiliter ex ~u vel processu in qua questio .. fundatur *StatOx* 194; asseritur Carmelitas et Augustinenses hoc in capitulo deponere T et imponere D, dicentes solido statu pro solito, et ideo multi ~us variantur quod vix duo ~us concordent *Extr. Chr. Scot.* 113. **b** lectiones .. ex omni paene sanctarum scripturarum ~u .. excerptae sunt GILDAS *EB* 106; **801** in toto ejusdem evangelii ~u plurima a catholicis doctoribus leguntur exposita pro oportunitate loci vel temporis ALCUIN *Ep.* 213; expressus est ~us Biblie .. sic enim legitur in libro Numerorum xxvij capitulo BOWER XI 9. **c** totum in ~u planius liquebit *Enc. Emmae arg.* p. 6; librum tibi nuper misi, cujus titulus et ~us legentibus .. videtur [*sic*] esse ridiculosus NIG. *Ep.* 17; de avibus .. de quibus .. fit mentio in ~u biblie vel in glosa BART. ANGL. XII 1; naves periclitantur ut Actus Apostolorum cap. xxviij tam in ~u quam in glossa *Eul. Hist.* II 92. **d** affuerunt idonei testes ~um rei geste veraciter exprimentes OSB. CLAR. *V. Ed. Conf.* 21. **e** processio prima / lumine, ture, sacro textu, cruce predita Christi WULF. *Swith.* I 917; ~us sacer non continuat hanc historiam ut patet per totum tempus a Machabaeis usque ad Nativitatem Domini BACON *Tert.* 205.

2 selected words or short passage, text (in quot. of Scripture, taken as subject of sermon).

Augustinus predicavit cccc sermones ad clerum et ad populum absque aliquo themate et absque ~us assumpcione in principio sermonis sui GASCOIGNE *Loci* 44.

3 (also *~us evangelicus* or sim.) volume containing the Gospels, Gospel book; **b** (used in swearing of an oath); **c** (at episcopal coronation).

portantes duos evangelii ~us LANFR. *Const.* 129; **s1087** altaria, scrinia, ~os, candelabra .. ac ornamenta varia .. per ecclesias .. jussit dividi FL. WORC. II 21; ~um evangeliorum auro et argento gemmisque decoravit ORD. VIT. VI 4 p. 17; unde [liber] .. in ~um auro et argento .. insignitum conclusus, humanis interius aspectibus non presentatur GIR. *David* 393; **1209** pro uno furrello de cordwano ad ponendum ~um qui est in camera *Misae* 123; **1245** pulvinar ad ~um portandum *Invent. S. Paul.* 474; ~o deosculato *Cust. Westm.* 7; **1383** unus ~us ewangelicus .. ornatus .. cum crucifixo argenteo deaurato *Ac. Durh.* 432; **c1450** duo †tystris [l. tystus] euuangeliarum *Reg. Aberd.* II 145; **1479** pro emendacione .. ymaginis S. Appolonie, thuribulorum, ~orum, et fiolarum *Fabr. York* 84. **b** **c1168** juraverunt .. super .. ~um evangelii (v. jurare 5a); **c1300** unus liber qui vocatur ~us .. super quem magnates jurare solebant *KR Ac* 354/28; primus juratorum unum denarium poneret super ~um ecclesie sancti Johannis qui vocabatur rubeus liber sancti Johannis *Sanct. Bev.* 105. **c** H. CANTOR f. 18 (v. prognosticus 2b).

4 (copy of) written work (esp. one prescribed for study), text book.

~us Petri Hispani cum syncathegorematibus (*Stat. Glasg.*) *EHR* XIV 251; ~us Ethicorum secundum novam translationem *MLC* X 290; ~us philosophie naturalis *Ib.* V 312.

3 textus v. tinca.

teylagium v. tallagium. **teyntor** v. 2 tinctor. **teysa, ~sia** v. teisa. **tezaurarius** v. thesaurarius. **Th-** v. et. T-. **Thaan** v. Chaganus. **thabardus** v. tabardum. **thabernaculum** v. tabernaculum. **thabina** v. taberna. **thac** v. 2 taccum. **thacgus** v. thachus.

thacharius [ME *thache*+-arius], thatcher.

14.. quidam thakkarius existens supra tectum domus deridebat grammaticos venientes per viam ac versificantes, quibus dixit "compleatis versum istum 'hec domus est alta'". quidam pravi ingenii sublevando scalam a domo clericus finivit "si vis descendere salta" *MS Emmanuel Coll. Camb. 142* f. 79.

thachbordus [ME *thachbord*], **thackbordus,** board fastened to a roof on which to lay thatch.

1355 ad brutnandum maeremium .. pro thacbord' *KR Ac* 544/36 m. 4; in fissura iij^c thacbordorum *Ib.*

thachiare v. 1 taccare.

thachus, thackus [ME *thache, thacke*], of or for thatching.

1355 in fissura bordorum thacgorum (*KR Ac*) *Building in Eng.* 243; **1355** in fissura iiij bordorum thackorum (*KR Ac*) *Ib.*

thadalus v. taxulus.

thaidare [CL Thais+-are], to act like or be a whore. **b** (trans.) to seduce or to cause to act as a whore.

non tibi sit nupta meretricis filia feda; / thaydat ex more meretricis filia queque D. BEC. 2121. **b** inguinis et capitis animo discrimina serves. / indulgere dee noli que thait [v. l. tradit] amantes D. BEC. 979.

thain- v. thegn-. **thaire** v. thaidare.

thais [CL *as proper name*], whore, courtesan, harlot, prostitute.

Thayda te juvenem si mentula cogat adire / queratur Thays non omnino generalis D. BEC. 2104; more talium, ne dicam Taydum GIR. *GE* II 18; est meretrix, scortum, thais, lupa GARL. *Syn.* 1586C; *a common woman* .. thays *CathA*.

thakkarius v. thacharius.

thalamista [CL thalamus+-ista], attendant in charge of private chamber, chamberlain.

a chaumberlayn, camerarius .. talamista *CathA*.

thalamus [CL < θάλαμος]

1 inner or upper chamber, room, private quarters; **b** (in official context); **c** (in fig. context). **d** (*~us secretus*) privy. **e** (transf., anat.) chamber within body or bodily organ. **f** inner place.

adornato solemnissime ~o collocatur [Augustini corpus] GOSC. *Transl. Aug.* 19D; illi .. qui in ~o cum archipresule consederunt .. monentes .. ut .. in .. ecclesiam se reciperet H. BOS. *Thom.* VI 1; ingressa est in privatum ~um suum et clauserat ostium suum et privatim orabat Patrem suum AILR. *Serm.* 9. 17. 254; ostiarii .. tam exteriores quam interiores, juxta preceptum regis, portas omnes et januas ei quam citius aperientes, usque ad edes ulteriores ~osque penitiores, ubi rex erat GIR. *Spec.* III 13 p. 214; vetus infirmaria que nunc est ~us abbatis, et privatum dormitorium *Chr. Evesham* 101; hic ~us, hec camera, *cambre Gl. AN Glasg.* f. 20rb. **b** **1198** pro panno empto ad scaccarium in ~o baronum *Pipe* 167; **1236** pro portico cum hostio ante et talamo clericorum per loca emendandis *Pipe Wint.* 11M59/B1/17 r. 11; jus .. decanorum est ut .. cum notario suo comedant .. in ~o gildalle *Gild Merch.* I 291. **c** quis est iste janitor nisi sacre scripture doctor qui docet quomodo excludatur hereticus et intromittatur catholicus, quis admittatur ad vestibulum et quis in aulam vel ~um T. CHOBHAM *Serm.* 8 f. 34ra. **d** **1285** debet .. parare secretum ~um (*Malling*) *Cust. Suss* II 36. **e** invidiam de cordis ~o expellere BYRHT. *Man.* 208; cum a dextro cordis ~o sanguis .. procedat ALF. ANGL. *Cor* 11. 4; altilis in thalamo nutrit natura lapillum NECKAM *DS* VI 181; hec durior est, ut resistat ossi, et alia est mollior et suavior propter mollitiem cerebri, cujus substantia est medullaris et unctuosa, in qua phlegma dominatur, et habet tres distinctiones, quae vocantur ~i, et cellule, et partes, et divisiones BACON *Persp.* I 1. 2. **f** puteus .. / telluris thalamo frigidiore latens NECKAM *DS* III 306.

2 bedroom (also pl. in sg. sense); **b** (w. ref. to marriage bed or bedroom; also w. ref. to *Psalm.* xviii 6 and meton. for marriage).

precepit sorori nocte sequenti ex ~is furtim egredi G. MON. XII 7; vir mollis et ~orum magis quam militie appetitor *G. Steph.* 110; **1203** de nocte .. fregit ostia ~i .. et dominum suum interfecit *SelPlCrown* 47. **b** nuptiales ~orum copulas ALDH. *VirgP* 22; benedictio ~i, .. benedictio annuli, .. benedictio lecti EGB. *Pont.* 126; **c800** mittente sponso de ~o suo praesentis prosperitatis levam ALCUIN *Ep.* 262; copulam conjungere nuptus / ausus eras, maculans thalamis tua membra secundis ÆTHELWULF *Abb.* 366; **9..** ~us, *brydbur WW*; Johannem .. sibi dilectum a ~is nuptiarum revocavit [Dominus] *Mem. Dunst.* 8; Mildretha resplenduit etherea pompa, tanquam de ~o procedens regia domina sponsa GOSC. *Lib. Mild.* 24; nuptialique more, toto in epulis die, in ~i deliciis nocte consumpta GIR. *EH* II 3.

3 dwelling, house, household; **b** (applied to church); **c** (to staff of household).

duxit uxorem nomine Ganhumaram .. que in ~o Cadoris ducis educata G. MON. IX 9 (ed. M. Reeve (Woodbridge, 2007) IX 152); **c1140** hec omnia concessi, ipso mihi donante quendam apreciatum equum in meo talamo Cestrie *Reg. S. Aug.* 43; edificavit .. talamos et solia plurimis locis BRAKELOND f. 128; de terra in qua talamus suus stat *Reg. S. Aug.* 345; quidquid generose condicionis .. regales ~i nutrierunt *Ps.*-ELMH. *Hen. V* 31; ipsa quoque navis, pro persona regia regalis ~us equoreus ordinata *Ib.* 38. **b** ecclesiam statuit, thalamum Christoque dicavit FRITH. 462; in porticu et ~o basilicae GOSC. *Lib. Mild.* 14. **c** abbas [sc. Deus] dedit pusillo gregi suo, scilicet apostolis et cleris, qui sunt ejus ~us specialis WYCL. *Ver.* I 206.

4 (theol.): **a** (of heaven, as God's dwelling or as marriage chamber of *sponsa Christi*); **b** (of *BVM*, *cf. Psalm.* xviii 6); **c** (w. ref. to inner man).

a **c794** ubi, laudibus excepta angelicis, magni imperatoris ~um aeterna introducatur laetitia ALCUIN *Ep.* 36; **c798** praeparet sibi unusquisque lampades ardentes, ut quacumque hora sponso occurrere jubeatur, cum luce bonorum operum ~um aeterni regis intrare mereatur *Ib.* 281; ut te in regalem suum thalamum, non terrenum sed caelestem, introducat ANSELM (*Ep.* 168) IV 46; **1205** ut .. vos a filio ejus Domino nostro in celestem talamum recipiamini *Pat* 57a. **b** beata virgo est civitas Domini, est tronus Domini, .. et spiritualiter ~us Domini T. CHOBHAM *Serm.* 13. 49va; Domino nostro .. quiescente in ~o uteri virginalis GROS. *Cess. Leg.* IV 2 p. 163; tu Christi thalamus WALT. WIMB. *Carm.* 70. **c** ~us iste .. affectus est et habet tres partes: fundamentum, parietem, tectum AILR. *Serm.* 32. 21; [Dominum Jesum] requirit in ~o quietis interne J. FORD *Serm.* 1. 3.

thalapsium v. thlaspi. **thalaris** v. talaris.

thalasseros [CL < θαλασσερός], sort of eyesalve.

talaferos, ignoramus quid sit ut in Alexandro *Alph.* 181.

thalassinum melle v. thalassomeli.

thalassios [CL], kind of marine algae or sea plant.

talasso, i. ros marinum, quod homo manducat pro fasiolis *Gl. Laud.* 1485.

thalassomeli [CL < θαλασσόμελι], drink made from sea water and honey.

thalassinum melle acceptum purgacionem facit. qualiter conficitur quere in Dyascorides *Alph.* 181.

thalc v. talcum. **thallagium** v. talliagium.

thallus [CL < θαλλός], young branch or stem.

talon interpretatur ramus *Alph.* 181.

Thalmud v. Talmud. **thalo** v. chalo. **thalphi** v. aphlopho. **thamarindus** v. tamarindus. **Thamasia, ~esia, ~esinus, ~esis, ~isia, ~isium** v. Tamesis.

thamul [Heb.], fourth month of the Jewish calendar, Tammuz.

quartus [Hebraeorum mensis] ~ul Julio .. comparatur BEDE *TR* 11; [vocatur] Hebr. ~ul, Aegyp. Episis, Lat. Jul' *Miss. R. Jum.* 15.

thanagium v. thegnagium. **thanator** v. tannator. **thanaus, thanus** v. thegnus. **thapeta** v. tapes. **thapinosis** v. tapinosis.

thapsia [CL < θαψία], (bot.) thapsia (*Thapsia garganica*), umbelliferous perennial (sts. compared to or conf. w. fennel) producing sap that acts as irritant; **b** (w. ref. to sap or resin); **c** (w. ref. to root).

tapsia, folia mirti GILB. II 86. 1; bacce lauri, castorei, tapsie GAD. 66. 1; tapsia, i. herba trutannorum .. dicta est eo quod primo in Tapso insula inventa est. frutex est similis ferule, folia similia maratro habens et hastas tenues *Alph.* 182. **b** tapsia, i. succus ferule *Gl. Laud.* 1469; tapsia .. de qua trutanni solent facies suas aspergere ut leprosis assimulentur et postea cum succo maratri et aceto se lavant et tota deletur infeccio. tapsia enim inflat vultum *SB* 41. **c** capsia herba est vel radix nobis ignota .. alii dicunt quod est radix centaurie *Alph.* 33.

thapsus [CL < θάψος], (bot.) mullein (*Verbascum thapsus*); **b** (w. ref. to juice); **c** (w. ref. to root).

rododampno, i. taxos *Gl. Laud.* 1280; **c1250** tapsus barbatus i. *moleine* i. *softe WW*; radapium, i. tapsus *Alph.* 153; tassus barbassus vel molena, quod est idem, habet principatum in cura earum [emorroydarum] GAD. 59v. 2; *moleyne* .. dapsus .. barbascus *PP*; verbascum a Graecis phlomos, ab officinis taxus barbatus, a vulgo *mullen* aut *longwort* appellatur TURNER *Herb.* (1965) 58; recipe *moleyn and swynez grese* .. *þis medicyne is called* tapsivalencia *MED* s. v. tapsi valencia. **b** succo fumitere vel tapsi bar' GILB. II 83. 1; digeratur materia cum succo camomille et taxibarbassi GAD. 5. 1. **c** radicem tapsibar GILB. IV 180. 2.

†tharia, *f. l.*

a pickle, sause, †tharia [? l. acetaria] LEVINS *Manip.* 121.

tharinca v. taringa. **tharra, ~um** v. 1 tarra. **thasc-** v. tax-. **thassare** v. tassare. **thau** v. tau.

thauma [θαῦμα], wonder, marvel.

959 cunctis mulieribus nitidis precluens taumatibus decus irrogatur *Ch. Abingd.* 84; **993** cunctis mulieribus nitidis precluens [v. l. predictis] taumatibus decus irrogatur *Ib.* 124.

Thaumantias [CL], (in Greek mythology) the daughter of Thaumas i.e. the goddess Iris.

aera vicinum nobis taumantias ornat / Iris, quae vario picta colore nitet NECKAM *DS* IV 37.

thaumatopoieticus [θαῦμα+ποιητικός], that works wonders, thaumaturgic (in quot. as sb. n.).

hydraulicorum totum artificium .. et reliqua Heronis ~a, ut nunc placet illa nominare DEE *Monas* 185.

thaurus v. taurus. **thausia** v. chansia. **thave** v. tav. **thax-** v. tax-. **thaydare** v. thaidare. **thaynagium** v. thegnagium. **thaynetus** v. thegnus. **thays** v. thais.

thearchia [θεαρχία], divine rule.

in omni .. accione theologica, ~iam videmus divinitus laudatam BRADW. *CD* 159E.

thearchicus [θεαρχικός], of or pertaining to divine rule.

solvant me pueri de culpe pedica / anguisque retibus, et ad thearcicha / transmittant horrea conscissa tunica / quam nobis texuit tegna Sathanica WALT. WIMB. *Palpo* 196; apotheca salutaris / pigmenti thearchici *Id. Virgo* 26.

thearcichus v. thearchicus. **theasebia** v. theosebia.

theatralis [CL], of or pertaining to the theatre; **b** (in gl.).

praesidente agonitheta ~es .. pompae .. peraguntur ALDH. *PR* 121 p. 167; proscenia, loca ~ia OSB. GLOUC. *Deriv.* 469; Londonia pro spectaculis ~ibus, pro ludis scenicis, ludos habet sanctiores W. FITZST. *Thom. prol.* 13; recitator ~is larvam habebat ante faciem NECKAM *SS* II 1. 7 (cf. ib.: a recitationibus ~ibus); **s1252** ut mundi vanitas ~is quicquid potuit de brevi ac transitoria sua letitia mortalibus ostentaret M. PAR. *Maj.* V 269; Pampo super mulierem ~em flevit *Spec. Laic.* 60; aliorum sapienciam superficialiter repetitam ~i strepitu labiatis R. BURY *Phil.* 6. 96; **1367** ludos teatrales *Archivum Hibernicum* XI 106 (v. ludus 4d). **b 9..** ~es, *ða pleglican WW*; sirmata .. et lodices †trabeales [v. l. teatrales; *gl.*: *dras a puteyn, a carole kemese, bele vesture*] NECKAM *Ut.* 101; *bordylle house* .. stupratorium, teatrum; tetralis, teatricus participium *CathA*.

theatricalis [LL theatricus+-alis], of or pertaining to the theatre.

1312 spectaculis publicis, ludibriis et coreis, immo teatricalibus ludis .. se immiscent *Mem. Ripon* II 68.

theatricus [LL < θεατρικός], of or pertaining to the theatre; **b** (in gl.). **c** (as sb. m.) stageworker. **d** (as sb. f. or w. *ars* or sim. understood) stagecraft.

si ad memoriam nugarum ~arum prurientibus auribus immane fastidium gravitas honesta intulerit AILR. *Spec. Car.* II 23. 572A. **b** *bordylle house* .. stupratorium, teatrum; tetralis, teatricus participium *CathA*. **c 1580** decreverunt ut pro ~orum expensis probationarii solvant 40 s. *Reg. Magdalen* N. S. III 8. **d** mechania .. est scientia humanorum operum corporeis necessitatibus obsequentium. hujus sunt septem partes: .. agricultura, ~a, medicina BERN. *Comm. Aen.* 32; sub sciencia mechanica sunt hujusmodi, laneficium .. teatrica, venacio .. BACON XV 227.

theatrius [CL theatrum+-ius, cf. LL theatricus], of or pertaining to the theatre, (in quot. as sb. m.) stageworker.

1549 pro verratione cubiculi supra conclave ~iorum et promptuarii inferius *REED Cambridge* 158.

theatrum [CL < θέατρον], theatre, place or building for viewing dramatic performances or other spectacle; **b** (in gl.). **c** stage, platform. **d** (transf., also in fig. context) performance, spectacle.

martires ad theatrum truduntur reste ligati ALDH. *VirgV* 1433; ~um locus est semicirculi figuram habens BEDE *Acts* 984B; an sane mentis sit .. qui Dominicum chorum tam stolido incursu ~um sibi facere non vereretur GOSC. *Transl. Mild.* 19; Mercurii furta et Jovis adulteria .. scenica scurrilitate representabant in ~is H. LOS. *Ep.* 6 p. 9; petrosis in rupibus in ~i modum orbiculariter circumstantibus GIR. *IK* II 7; **s1398** jussit rex fieri unum ~um, Anglice *lystes*, apud Bristolliam pro duello habendo *V. Ric. II* 145. **b** ~um, *wafungstede* ÆLF. *Gl.*; lupanar, vel circus, vel ~um, *myltestrehus Id. Sup.*; *bordylle house* .. stupratorium, teatrum *CathA*. **c s1405** papa .. post missam extra portam S. Petri .. ~um ascendit ac populum .. benedicit AD. USK 97. **d** qui de alto virtutum culmine ~um mundi despiciunt J. SAL. *Pol.* 493D; **1199** si plangam paululum dolorem meum, qui elevatus sum super ventum, ut turpius cadam, et fiam ceteris in ~um et derisum P. BLOIS *Ep.* 151.

theatura [cf. CL theatrum], stagecraft, or *f. l.*

mechanicam in lanificium, armaturam .. venacionem, medicinam, et ~am [? l. theatricam] ODINGTON 47.

Thebaicus [CL], of or from Thebes.

opii miconis, vel Thebayci parum GILB. I 31v. 2; opium quando simpliciter Tebaicum intelligitur *SB* 32; opium ~um i. succus papaveris albi *Alph.* 130.

Thebaycus v. Thebaicus. **Thebet** v. Thebeth.

Thebeth, ~et, (invar.) Tibetan.

~et scribunt sicut nos et habent figuras similes nostris BACON *Tert.* 98n; homines qui vocantur ~eth, qui solebant comedere parentes suos *Id. Maj.* I 371.

1 theca [CL < θήκη]

1 chest, box; **b** (applied to tabernacle for blessed sacrament). **c** (for remains of dead person) coffin, casket.

tehis, *tegum, fodrum GlC* T 128; ~as, in quibus multa inerant librorum volumina, et reliquiarum capsas abstulit WILLIB. *Bonif.* 8 p. 50; ~a, *fodder* ÆLF. *Gl.*; extrahunt ~as et scrinia divitiarum GOSC. *Transl. Mild.* 18; patuit arca et in arca plumbea ~a *Id. Lib. Mild.* 19; cerneres .. alios per verenda sursum trahi, alios ~is parvissimis lapidibus substratis includi et pene quassari S. DURH. *Durh. Cont. B* 164; accessit ad ~am edituus in qua es regium servabatur AILR. *Ed. Conf.* 746B; ergo techam modicam subtili vimine textam / preparat NIG. *Mir. BVM* 2010; est .. crux illa .. de auro purissimo opere mirabili fabricata, que in modum teche clauditur et apperitur FORDUN *Chr.* V 45; in medio ville dimisi [MS: divisi] thocam [l. ~am] meam cum portiforio in hospicio WYCHE *Ep.* 231. **b** deferat illud [sacramentum] usque ad ~am retro altare decenter ad hoc paratam *Lib. Evesham* 82. **c** lota .. ossa intulerunt in ~am quam in hoc praeparaverant atque in ecclesia .. posuerunt BEDE *HE* III 11; involutum novo amictu corpus novaque in ~a reconditum supra pavimentum sanctuarii posuerunt *Ib.* IV 30; cineres conduntur in almis / visceribus thece ÆTHELWULF *Abb.* 267; corpus .. indutum novis vestimentis posuerunt in ~a vel tumba BYRHT. *V. Osw.* 450; sanctissimi corporis ~am vidit OSB. *Mir. Dunst.* 19; rex .. sanctissimum ejus sepulcrum ~a de argento simul et auro fabrefacta .. miro studio decoravit AILR. *Ed. Conf.* 781D; teca namque vetus, in qua diutius quieverunt ossa beata .. dissuta fuerit AD. EYNS. *Hug.* V 13.

2 repository, store, treasury (also transf.); **b** (fig.).

pro quibus locis predecessores mei duas marcas singulis annis de ~is suis dictis religiosis persolvere consueverunt *Ch. Coupar Angus* I 188; **1361** (1606) Ingulfus sub Henrico II, qui ingerente fame ~am Vincencii eidem monasterio a Canuto datam fregit et pauperibus dedit (*Chr. Abingd.*) *EHR* XXVI 729; **1460** resignavit viginti solidos .. quos ipse .. de tecis dicti patris .. percipere consuerunt *Reg. Aberbr.* II 115; **1463** per liberacionem factam .. ad tecas domine regine *ExchScot* 172 (cf. ib. 197: ad .. cofferas domine regine). **b** [Hieronimus] ~a sophie R. CANT. *Malch.* VI 460.

3 case, cover, sheath; **b** (of or for pillow, cushion, or sim.). **c** wrapper, covering (for food). **d** skin (of fruit), husk, pod. **e** thimble.

1416 [magnum colerum] in quadam teca de corio inclusum (*Pat*) *Foed.* IX 405a; *teye of a forsere or a cofure*, teca, -e .. techarium, -ii *PP*; ex motu vario colluctancium cultellus eversus, manubrio .. solotenus posito, cuspide vero ~am transeunte illum .. perfodit *Mir. Hen. VI* I 10; **1503** unum corporale .. cum teca sua ex opere Saresino blodio *Invent. Ch. Ch.* 132. **b** lineas tecas ad parva cervicalia et linea capitegia nocturnalia *Cust. Westm.* 150 (=*Cust. Cant.* 197); **1517** una teca pro *le boster DCCant.* C 11 f. 127b; *teke of a bed*, teca culcitaria LEVINS *Manip.* 54. **c** caseus in sua teneritate in teca [*gl.*: *caere, caser*] casea ex papiro vel ex cirpo .. composita .. lateat coopertus, propter insidias murium NECKAM *Ut.* 110. **d** granum .. per trituram de ~a sua excutitur HON. *GA* 554B; videbis aristas granis in tecis reconditis oneratas NECKAM *Eccles.* f. 80v. 2; folliculi dicuntur vinatia sive ~e in quibus glarea continetur BART. ANGL. XVII 181; *hole off pesyn or benys or oþer coddyd ffrute*, techa, -ce *PP*; *caffe* .. palea .. ~a *CathA*. **e** zonam pueri reperit et a zona dependentem cum artanulo vaginam et acus et ~am T. MON. *Will.* II 9; [nimphula] tecam [*gl.*: *deel*] habeat corigialem acus insidiis obviantem NECKAM *Ut.* 101; instrumenta mulieribus convenientia: forfices et acus et ~a [*gl.*: *deel*] GARL. *Dict.* 134; *thymbyl*, ~a, -e *PP*.

4 container (for holding, carrying, or measuring).

in granario .. sit .. diverse teche [*gl.*: *repostayles, corbais*] frumenti sive tritici NECKAM *Ut.* 106; Noe natans in nave lignea, / lator legis in theca scirpea J. HOWD. *Ph.* 1062; *benger for corn*, teca, -ce *PP*; **1515** pro duabus tecis pro sagittis pro me *DCCant.* C 11 f. 125b; **1532** unius ~e vinarie argentee vulgariter *ane silver flaket* nuncupate *Form. S. Andr.* II 20.

5 (etym.) placing.

primus [liber lectionum] est bibliotheca a biblos, quod est liber, et ~a, quod est positio, ubi totum continetur utrumque testamentum BELETH *RDO* 60. 66A.

2 theca [AS *þecen* = *roof*], (in gl.) projecting upper storey or room.

getee of a solere, ~a .. procer .. meniana .. menianium *PP*; *solere of lofte*, solarium .. hec techa .. menianum *Ib.*

thecarium [CL theca+-arium], case, cover, sheath.

teye of a forsere or a cofure, teca, -e .. techarium, -ii *PP*.

thecel v. tekel. **thedginga** v. tethinga. **thedigmannus** v. tethingmannus. **thedinga, theghinga** v. tethinga. **thegen** v. thegnus. **thegingmannus** v. tethingmannus.

thegnagium [thegnus+-agium], **thanagium** [AN *thanage, thaynage*], thanage, position, land, or tenure of a thegn or thane (also w. ref. to service or payment in respect thereof).

1137 decimam thanagiorum *E. Ch. Scot.* 116 (cf. *Regesta Scot.* 115: †**1155**); **1177** vicecomes redd' comp' de xx l. de teinagio regis Scottie in Tindale *Pipe* 84; est quietus de antiquis operationibus et servitiis que inde sicut de theinagio facere solebat *Boldon Bk.* 16; **1199** unam carucatam terre .. tenendam .. in libero theinnagio per liberum servicium decem solidorum per annum *RChart* 26a; **1205** sergantie et theynnagia et drengacia et alia servicia et terre que ad nos pertinent fuerint alienata de honore Lanc' *Cl* 55a; **1212** W. de A., tres villas in theynagium .. et facit omnes consuetudines spectantes ad theynagium *RBExch* 564; **1212** isti tenent predictum thainagium *Fees* 216; **1228** requisitus an tenementum .. sit drengagium, dicit quod non, sed thenagium. sed pater .. liberavit illud a thenagio *Feod. Durh.* 224; **1230** quas tenet de domino rege in thaynagio *LTR Mem* 11 m. 5*d*.; **1305** decimas theynagiorum (*Sc.*) *Mem. Parl.* 277.

thegnlanda [AS *þegn+land*], thegn-land.

tenuit .. ij hidas in S. TRE et erat tainlande *DB* I 86rb; haec terra fuit tainland [*sic*] TRE sed postea conversus est in reueland *Ib.* I 181rb; hec fuit teglanda *Dom. Exon.* f. 508[b]; si [terra de I.] teinlanda [*Chr. Rams.* 206: †temlanda] tunc fuisse invenietur *Pl. Anglo-Norm.* 71.

thegnus [AS *þegn*]

1 thegn; **b** (as landholder); **c** (w. overlord spec.); **d** (dist. as free); **e** (as soldier or sim.); **f** (dist. acc. class or rank, or from other ranks, or as having spec. status or privilege).

†**1083** Wlfricus Taynus cognomine Bordewate *Ch. Westm.* 236; concedo .. episcopo ut habeat terras suas et tainos et omnes consuetudines *E. Ch. S. Paul.* 18; assumat idem dominus sibi duos credibiles tainos in ipso hundreto (*Quad.*) *GAS* 217; super tot thegenes quod eis concessit pater meus (*Ch. Hen. I*) *Gavelkind* 205. **b** tenent iij teigni j solin et dimidium *DB* I 3ra; hi subscripti taini de Oxenefordscire habuerunt terram in Walingeford *Ib.* I 56va; viginti et unus teini tenuerunt TRE *Ib.* I 81v; hi mansiones fuerunt horum hominum. S., M., S., E., G., cum iiij dingis *Ib.* I 298ra; dimidia hida terrae, quae tenuerunt iij tegni pariter *Dom. Exon.* f. 104b; ij mans' quas tenuerunt duo tagni *Ib.* f. 346; **10..** habuit quidam tagnus Osuuardus iiij hidas et dimidiam *Cart. Bath* A 73 p. 67; **11..** una [hida terre] est libera et fuit terra tani, et altera de dominio *Ib.* A 51 p. 51; donatus est et is thanaus a rege agris praediisque Boece f. 4. **c** tenet j teinnus Stigandi *DB* II 153r; iste Edwinus fuit teinus dominicus regis E. *Ib.* II 203r; teinus Heroldi *Ib.* II 381r; Uluric' tennus regis *Ib.* II 430v; nemo socnam habeat super tainum regis nisi solus rex (*Quad.*) *GAS* 230. **d** virgas terrae .. tenebant tres liberi taini *DB* I 75vb; ipsi teini erant liberi *Ib.* I 254rb; de uno franco teigno *Ib.* II 54v. **e** tainus vel miles regis dominicus *DB* I 56va. **f** c**1078** Willelmus rex .. omnibus tainis de Chent Francigenis et Anglicis salutem *BBC* 232 (cf. Elmh. *Cant.* 352: tamnis de Kent); a**1086** (1433) W. rex Anglorum T. archiepiscopo et E. vicecomiti et omnibus tarcinis [MS *marked for corr.*] Francigenis et Anglicis de Euroicsira *E. Ch. Yorks* IV 101; c**1090** W. rex .. P. de W. et ministris suis et taignis de Herefordscire salutem (*Ch. Wint.*) *EHR* XXXV 387; ad honorem seculi taini lege dignus sit (*Quad.*) *GAS* 290 (cf. (*Inst. Cnuti*) ib. 291: liberalitatem quam Angli vocant *þegenscipe*; (*Cons. Cnuti*) ib.: virronis privilegio dignus; (*Quad.*) ib. 444: taini lex est .. ut tria faciat pro terra sua); mediocris taini [AS: *medemra þegna*] (*Quad.*) *Ib.* 359 (cf. (*Leg. Hen.* 14. 3) ib. 559: et mediocris thaini); sit de tainis [AS: *ðegenboren*], sit de villanis [AS: *ceorlboren*] oriundus (*Quad.*) *Ib.* 377; si tainus ascendisset ut serviret regi et equitatus sui vice fungeretur in familia sua, si tunc habebat tainum qui ministraret ei .. (*Quad.*) *Ib.* 457 (cf. (*Inst. Cnuti*) ib.: si .. liberalis homo .. si haberet alium sub se); si *massere* ascenderet ut ter magnum mare transfretaret per proprium negotium suum, fuit deinde taini dignus rectitudine (*Quad.*) *Ib.* 459; est autem were theni in Merchenelahe xx libr. .. rustici autem c solid' in M. (*Leis Will.*) *Ib.* 499; regine .. episcopi .. comitis .. thaini vel baronis (*Leg. Hen.* 35) *Ib.* 566; si [presbyter] de thainis natus est, thaini wera reddatur, si de villanis .. (*Leg. Hen.* 68. 3a) *Ib.* 587; **1130** de tainis et dreinis et smalemannis *Pipe* 129; rex .. David, duobus tegnionibus, id est baronibus Ric. Hex. *Stand.* f. 42; **1178** R. debet xl s. de auxilio teinorum et drengorum *Pipe* 46; **1196** de tallagio þeingorum et drengorum et firmariorum de N. *Ib.* 95; **1199** omnibus militibus et omnibus theningis et omnibus libere tenentibus *RChart* 25b; **1199** omnes predicti milites et thengi et libere tenentes *Ib.*; **1203** milites et theigni de Lanc' *Pipe* 229; tam milites quam †phengi et liberi tenentes com' predicti *DL Forest Proc.* 1/7 m. 1*d*.

2 (Sc.) thane; **b** (dist. from other class or rank).

c**1117** D. comes .. omnibus suis fidelibus tegnis et drengis de L. .. salutem *E. Ch. Scot.* 30; c**1128** Macbeath thaynetum de Falleland (*Reg. S. Andr.*) *Ib.* 80; c**1192** cum theyno meo *Regesta Scot.* 352; c**1199** hiis testibus .. Anechul theino meo *Inchaffray* 3; c**1200** omne servicium quod .. solebant facere thainis *Reg. Aberbr.* I 38; marcheta filie thani vel ogetharii 2 vacce *RegiamM* IV 31; de consilio .. thanorum de Ross Fordun *GA* 27. **b** ?**1170** concessi .. episcopo .. totas terras meas .. thaynys meis tantum exclusis *Regesta Scot.* 251; c**1192** cum rectitudinibus que de terra ecclesie ad theinum pertinebat [*sic*] *Ib.* 344; a**1199** theynus sub quo rusticus ille sit *Reg. Moray* 5.

3 thegn-land, or ? *f. l.*

praeter terciam partem et tain' [? l. tainland'] qui est caput manerii quem tenet Ilbertus *DB* I 291rb.

thehingha v. tethinga. **theignus** v. thegnus. **theinagium** v. thegnagium. **theingus** v. thegnus. **theinnagium** v. thegnagium. **theinus** v. thegnus. **thel-** v. et. tel-.

theletos [θελητός], desired, wished for.

sentenciam, id est, ~on, id est voluntabile non habebat sancta ejus anima contrarium divine ejus voluntati Bradw. *CD* 581E.

thelo- v. telo-.

thelypteris [CL < θηλυπτερίς], kind of plant, perh. fern, bracken.

felioteron aut nimphon aut epio dicitur folia epteridi similia habet *Alph.* 64 (cf. ib. 58: epis, respice in felicteron; ib. 124: nimphon, respice in seleoteron).

thema [CL < θέμα]

1 position or disposition of celestial bodies.

metarum etenim ter seni themata cicli / in sese refluos juncto monade recursus Frith. 276.

2 theme, subject, matter (for discourse, debate, or sim., freq. w. ref. to passage of text for commentary or sim.); **b** (? in transf. context).

Anglia tunc .. corruit .. unde flebile tema de sua ruina piis historiographis ad dictandum tribuit Ord. Vit. IV 1 p. 162; tractetque [mens] diu de thēmate secum Vinsauf *PN* 54; virgines de quibus in ~ate proposito mentio facta est merito per quinarium numerantur Alex. Bath *Mor.* III 92 p. 128; prudens predicator numquam proponet ~a suum nisi sumptum ex Sacra Scriptura T. Chobham *Praed.* 274; predicavit de hoc ~ate: 'attendite ad petram ..' Eccleston *Adv. Min.* 98; **1313** ad quod thema debeam nimis protelare (*Bannockburn*) *Pol. Songs* 262; preclara laudis themata / vivus prolibavit *Offic. R. Rolle* xl; fideliter consummavi ut veraciter dicere valeam verba ~atis preassumpti Holcot *Sermo* 221; **1381** nec doctoratum vendicat, / nisi quum judex applicat, / et prebet normam thematis *Pol. Poems* I 234; **1560** his ~ata per examinatores tradentur (*Stat. Westm. Sch.*) *Educ. Ch.* 498. **b** agemus penitenciam instar Cristi, qui sumpsit illud pro ~ate Wycl. *Ver.* II 142.

themannetala v. tenmantala.

thematice [cf. θεματικός+-e], by way of or on a topic or subject (for discourse, debate, or sim., in quot. w. ref. to passage of text for commentary or sim.).

ad scabellum se ponens, proposuit ~e, ita dicens "dum steteritis ante reges .. nolite cogitare .. quid loquamini" *Reg. Whet.* I 333.

thematum v. temetum. **themesis** v. tmesis. **themetum** v. temetum. **themo-** v. temo-. **themum** v. teamum, temo. **thena** v. taenia. **thenagium** v. thegnagium. **thenebrosus** v. tenebrosus.

†**thenecium,** *f. l.*

†thenecii [l. chevecii] agrorum, id est arborum crescencium circa agros pro clausura eorum Lyndw. 201a (cf. ib.: ovorum, †thenecii agrorum, apum, mellis ..; *Conc. Syn.* II 1391: ovorum, cuniculorum, vitulorum, apium, mellis ..).

thenemannetale v. tenmantala. **thengus, theningus** v. thegnus.

†**thensutum,** *f. l.*

1364 de fructu gardini et †thensut' [MS: chevent'; ? cf. (v. chevicium)] *MinAc Wistow* 76.

thenus v. thegnus.

Theodisce [Theodiscus+-e], in the German or Germanic language (also w. ref. to Low German). *V. et. Teutonice.*

786 capitula perlecta sunt tam latine quam ~e *Ep. Alcuin.* 3 p. 28.

Theodiscus [AS *þéodisc*], (as sb.) native or inhabitant of Germany. *V. et. Teutonicus.*

in Saxonia, ultra morem omnium Theotiscorum Asser *Alf.* 13.

theodoctus [cf. θεός + CL doctus *p. ppl. of* docere], taught by God (in quot., of the apostles).

ipsi ~i sunt appellati, quorum unus quod non ab homine neque per hominem evangelium acceperit gloriatur, sed per revelationem Jesu Christi H. Bos. *LM* 1362B; cum esset magister gentium, Judeorum advocatus, et inter magnos ~orum maximus *Id. Thom.* IV 11.

theodoice v. Teutonice.

theodoricon, sort of medicinal preparation (typically purgative).

si videtur impetuosa esse illa fumositas, purgetur cum ~on *Quaest. Salern.* L 1; purgetur cum theod' Gilb. I 39. 1; evacuativis .. sicut ex benedicta et theodoriton vel yeralogodion *Ib.* I 43v. 2; discrasia purgetur cum ~on [*sic*] euper[iston] *Ib.* I 52v. 2; theodoriton emperiston *Ib.* VII 294. 2, †antheodoricon Gad. 79v. 2 (v. euporistus); ~on, i. donum [sc. divinum] *Alph.* 184.

theodoriton v. theodoricon. **theodum** v. tuathum. **theofic'** v. theophilion. **theofilus** v. theophilus.

theogonia [CL < θεογονία], (account of the) generation of the gods.

sic ergo Orpheus in ~ia scribit Alb. Lond. *DG* 10. 7.

theolan-, theolen- v. telon-. **theoligus, theologareuma** v. theologus. **theolneum** v. tolneum.

theologari [CL theologus+-ari], (in gl.).

to divine, auspicari, divinare, commentari .. ~ari, theologicare *CathA*.

theologaster [CL theologus+-aster], (derog.) pseudo-theologian.

ridiculi philosophi et ~tri reprobi Gardiner *CC* 316.

theologecus v. theologicus.

theologia [CL < θεολογία]

1 account of a god or gods, or the word of a god or gods (in quot., of the Judaeo-Christian God, identified w. the word of God, w. ref. to Holy Scripture); **b** (spec. applied to *Apoc.*).

~ia, Dei genealogia *GlC* T 137; nec enim absque ~ia, absque Dei sermone, Dei operum virtus declarari potest aut debet H. Bos. *Thom.* III 18; qui tanquam luminare magnum in firmamento celi sacre Scripture jugiter inherebat, apostolicis institutionibus, sed ~ie presertim summam operam dans *Ib.* IV 14; hec est una auctoritas scripture sacre .. et magister meus .. vult septuplare auctoritates in ~ia pro proposito suo *Ziz.* 9; scriptura sancta, que ~ia dicitur J. Bury *Glad. Sal.* 577. **b** sic ait mysteriarchae Johannis ~ia Gosc. *Lib. Confort.* 91.

2 (also *sacra ~ia*) philosophical treatment or study of Christian doctrine, theology; **b** (as acad. faculty or discipline).

magistros quos in ~ia certissimum est nihil hereticum docuisse J. CORNW. *Eul.* 4; si .. incorporeorum speculationes quis respiciat, veluti mathematica theoremata et ~iam .. in quibus maxime operatur intelligentia BERN. *Comm. Aen.* 43; **1268** depredavit .. alios libros de ~ia *JustIt* 618 r. 10*d*.; nihil ~ie est simpliciter necessarium ad salutem DUNS *Ord.* I 33; sperma quia maculatum fuit, pedes filiorum debilitat passione [sc. artetica] duplicata ex parentum principii causa suaque culpa, sicut dicitur de peccato originali in ~ia GAD. 36. 2; **1395** vera practica necromancie pocius quam sacre ~ie *Ziz.* 362; cum philosophia moralis sit quedam particularis ~ia, merito quicquid in ea fundatur, perfeccius id ipsum in sacra scriptura, que est generalis ~ia, potest reperiri J. BURY *Glad. Sal.* 607. **b** **1253** statuit .. quod nullus .. incipiat in ~ia nisi prius rexerit in artibus in aliqua universitate *StatOx* 49; ?**1365** magister arcium studens, in ~ia, vel saltem regens in artibus, et ~iam in proximo auditurus *Cant. Coll. Ox.* III 160; ibi ad statum magistralem in ~ia vocatus BIRCHINGTON *Arch. Cant.* 12; **1415** nullus potest admitti ad incipiendum in sacra ~ia, nisi omnes doctores in ~ia in presentacione presentes jurent .. *StatOx* 225; **1442** Willelmum Say, arcium magistrum et sacre ~ie scholarem (*Lit. Regis*) BEKYNTON I 207; **1549** omnes magistri artium studio theologiae destinati intra septem annos post magisterium suum baccalaurei ~iae erunt *StatOx* 358.

3 (? understood as) godhead.

942 (13c) perpetua hereditas que in sancte trinitatis Dei ~ia ultra omnia humane mentis machinamenta manet essentialiter *Ch. Burton* 5.

theologicare [LL theologicus+-are; cf. theologizare], (in gl.).

to divine, auspicari .. ~are *CathA* (v. theologari).

theologice [LL theologicus+-e]

1 by, in, or through speaking God's word.

sensatissime soliloquus ~eque philosophus te tuis temerarium fore psalmista detegit in procacitatibus licitorum ludicris in reprobacionibus E. THRIP. *SS* IV 9.

2 theologically, concerning or in respect of or accord with (Christian) theology (esp. w. ref. to form of argument or interpretation, dist. from *philosophice etc.*).

sancti non solum loquuntur ~e sed philosophice et philosophica multipliciter introducunt BACON *Maj.* III 78; ad tercium dubium respondeo primo ~e quod .. OCKHAM *Quodl.* 153; hoc non videtur ~e dictum *Ib.* 408; istud neque philosophice, neque logice, neque ~e potest dici BRADW. *CD* 753D; nec logice nec ~e tenet consequencia *Ziz.* 29.

theologicus [LL < θεολογικός]

1 of or pertaining to speaking God's word.

Jacobus sane et Johannes, qui ob eximium virtutis et animi culmen filii tonitrui .. sunt a domino cognominati, nec frustra, quorum unus e caelestibus intonans vocem illam ~am quam nemo prius edere noverat emisit: 'in principio erat verbum ..' [*Joh.* i 1] BEDE *Luke* 398A (cf. id. *Mark* 160B).

2 of or pertaining to the philosophical treatment of god(s) in particular and incorporeal reality more generally.

poeta physicus et ~us [sc. Thales] rerum naturas perscrutatus est *Eul. Hist.* I 51.

3 of or pertaining to (Christian) theology, theological; **b** (as acad. discipline). **c** (as sb. n.) theological matter.

videor .. potius ~e edificationi quam gestorum viri historice explanationi insistere, et ita nimis theologum, historicum vero parum sapere H. BOS. *Thom.* III 18; respondes te in disciplinis liberalibus diutius laborasse, tuumque propositum esse, antequam ~as difficultates expugnes, biennio respirare P. BLOIS *Ep.* 9. 24B; ethicas et physicas et ~as disciplinas GERV. MELKLEY *AV* 213; s**1227** archiepiscopus in scientia theologica suo tempore nulli secundus *Ann. Wav.* 304; **1320** mentem .. spiritualis pabuli ~a .. veritas .. refocillat (R. BURY *Ep.*) *FormOx* 19; spes .. est virtus ~a OCKHAM *Quodl.* 239 (cf. *Meaux* III 39: fides et spes sunt virtutes ~e); desideravit plenius .. imbui ~is Sacre Scripture doctrinis *Offic. R. Rolle* xxiv; **1368** inhibeo ne libri mei ecclesiastici vel theologeci .. exponantur vendicioni (*Test. Episc.*) *Reg. Exon.* 1553. **b** tum in liberalibus artibus tum in theoloycha facultate (*Geraldus* 2) *VSH* II 107; **1314** antequam hujusmodi bachalarii in facultate ~a magistrentur *StatOx* 116; c**1319** magistros ~os et alios litteratos (R. BURY *Ep.*) *FormOx* 59; **1382** in scholis ~is universitatis (*Lit. Archiep.*) *Ziz.* 298; **1421** ut ipse in vitali ligno ~e facultatis decenter jam ramificans peramplius frondeat *EpAcOx* 3; **1433** sacra facultas ~a *Ib.* 100. **c** unde Plato et alii philosophi cum de anima et de alio ~o aliquid dicunt ad integumenta se convertunt BERN. *Comm. Aen.* 51; a**1213** dixistis ~a nos scribere debere GIR. *Ep.* 3 p. 168 (cf. ib. 3 p. 170: in libro nostro Hybernico .. ~as diligens lector invenire poterit tam moralitates quam allegorias); ad tercium tractatum .. qui erit de pure ~is BACON *CSTheol.* 41; nonne et alia plurima mathematicalia, naturalia, metaphysicalia, seu ~a, et moralia ignoravit BRADW. *CD* 108C.

theologista [cf. CL theologus], (in gl.).

a divine, theologus, ~a *CathA*.

theologizare [CL theologus+-izare], to discourse about the gods (in quot. pr. ppl. as sb.). **b** to engage in theology.

quod et forsitan intelligere voluerunt illi antiqui poete et ~antes BRADW. *CD* 99D. **b** moderni theologi .. philosophiam .. theologie .. eorum quos in tertio ordine collocavimus ~antium faciunt deservire *Ps.*-GROS. *Summa* 288; sic sine fundamento ~as ut sine pietate errares NETTER *DAF* I 485b A; hic recte theologizat [*gl.*: i. loquitur vel predicat] (*Vers.*) *WW*.

theologizatio [theologizare+-tio], engagement in theology, (mere) theologizing.

quantum ad solucionem prime instancie, patet quod est quedam ~io WYCL. *Act.* 126.

theologus [CL < θεολόγος]

1 who gives an account of a god or gods (in quot. as sb.).

dii de terris per purgationem, quam Styx apud quosdam ~os significat, celeste consortium meruerunt ALB. LOND. *DG* 6. 3.

2 through whom God speaks (esp. of St. John as author of *Apoc.*, sometimes identified w. the Apostle or Evangelist, also as sb.); **b** (? transf. or fig.).

nec igitur ille praecipuus ~orum .. scriptitans eructaret: 'in principio erat verbum' [*Joh.* i 1] ALCUIN *Dub.* 1037A; bina caelestis / aulae luminaria / Jacobe necnon / Johannes theologe / poscite nobis / veniam rogantibus *Anal. Hymn.* LI 107 p. 121; jubilemus Deo in beato Johanne ~o *Trop. Wint.* 8; optatam praelocuti ~i mentionem B. *V. Dunst.* 1; de Johanne ~o Jesu Christi amico ORD. VIT. II 5 p. 287; hujus .. contemplationis tria sunt genera, a tribus designata ~is per tria vocabula; ab Isaia per solium .. ab Elia per sibilum .. ab Ezechiele per palmum J. SAL. *SS* 958D; quia, ut ait ~us ille, 'Deum nemo vidit unquam' [*I Joh.* iv 12] AD. SCOT *Serm.* 161B. **b** habebat in forensi jure .. turbam, non quidem ~am sed potius civicam quandam facundiam exercentes [*sic*] H. BOS. *Thom.* III 12.

3 of, pertaining to, or engaging in the philosophical treatment of god(s) in particular and incorporeal reality more generally (typically dist. from *physicus*, also as sb.).

secundum ~os unum est principium, Deus creator omnium; secundum physicos, tria sunt principia J. SAL. *SS* 960C; **1170** poeta ~us Prosper P. BLOIS *Ep.* 50.

4 **a** of, pertaining to, or engaging in theology, theological. **b** (as sb. m.) theologian (freq. assoc. w. preaching or exegesis of scripture, *cf.* 1 *supra*); **c** (as member of university faculty).

a †theologareumata [l. ~a reumata, *i. e.* rhemata] concrepet utriusque dyapason vera *Miss. Westm.* I 367; de illa opinione per magistros ~os preelectos veritatem agnoscebat *Meaux* II 324. **b** ~i prolatis sermonibus Dei reos admonebant ORD. VIT. VIII 4 p. 290; ~us habet inquirere qua via contingat animam mereri et demereri J. BLUND *An.* 22; quemdam .. summi fere inter ~os canonicosque Parisienses nominis AD. EYNS. *Hug.* III 11; s**1179** scripsit .. Joachim libellum super Apocalipsim, cujus scripta, quia miraculose factus est subito de simplici et fere laico altiloquus ~us, multum inter magnos recitabantur *Flor. Hist.* II 91; ~i proprie dicuntur theosophie declaratores seu expositores. communiter vero ~i dicuntur ejusdem tractatores professoresque et intenti auditores *Ps.*-GROS. *Summa* 284; principalis occupacio ~orum .. est circa questiones BACON *CSTheol.* 25; hic teolagus, *a mayster of divinite WW*; **1521** puto namque reperies .. [libellum] a summo theoligo aeditum (W. TATE) *Ep. Erasm.* IV 1246. **c** **1292** ad cancellarium et procuratores vel seniorem ~um et seniores artistas *MunAcOx* 61.

5 (as epithet).

doctores sanctae Dei ecclesiae, id est, Athanasium .. Gregorium ~um et Gregorium Nazianzenum ALCUIN *Dogm.* 73A; secundum Johannem Damascenum et Gregorium ~um GROS. *Cess. Leg.* III 1.

theolon- v. telon-. **theolonium, ~num** v. teloneum. **theoloychus** v. theologicus.

theomachia [LL < θεομαχία], fight against a god or gods (also transf.).

~iam BEDE *Retract.* 1012A (v. theomachus a); s**378** ob meritum tamen vel propriae libidinis vel paternae ~iae innumera barbaris adsurgentibus Romani regni detrimenta sustinuit *Id. Chr.* 505; ne per execrabilem ~iam fiat prophanum ORD. VIT. VI 10 p. 135; in ipsam naturam, quasi gigantes alii teomachiam novam exercentes, insurgunt J. SAL. *Pol.* 505B; Domitianus, qui gravissimam ~iam exercuit post Neronem *Ib.* 511B; si divinis reluctetur mandatis et me ~ie sue velit esse participem, libera voce respondeo Deum cuivis homini preferendum *Ib.* 626B.

theomachus [LL < θεομάχος], fighting against God (in quot. as sb.); **b** (applied to witch).

cum in historiis ~os [ed. *PL*: θεομάχος] aut theomachiam [ed. *PL*: θεομαχίαν] invenimus BEDE *Retract.* 1012A; s**1377** aggregaverat ideo sibi quendam pseudo-theologum, sive, ut melius eum nominem, verum ~chum [sc. Wycl.] *Chr. Angl.* 115. **b** quem [diaconum] ~ca ursuta et cornuta cum lancea trisulcata per vastas silvas volitans seminecem prostravit (*V. Samson.*) *Lib. Landav.* 13 (=*NLA* II 352).

theophania [LL < θεοφάνεια, θεοφάνια]

1 appearance of God to man. **b** (also *dies ~iae Christi* or sim.) festival celebrating the appearance of God to man (Epiphany).

his quidem frequentes fiunt sed semper breves et citissime disparentes ~ie, sanctorum revelantur splendores et exsultationes Dei in cordibus eorum. .. in ~iis his brevis quidem hora et parva mora H. BOS. *Thom.* III 13; de illo manifestationis genere quod preexcellenter ~ia dicitur *Id. LM* 1369B (cf. ib. 1369C: divine iste apparitiones que ~ie dicuntur, que animam tam vehementi desiderio anxiam crebro refocillant); cavendus est error dicentium Deum non videri nisi quibusdam ~iis aut divinis apparitionibus PECKHAM *QA* 174. **b** in ~ia seu epiphania domini BEDE *Hom.* I 12. 58A *tit.*; octavas idus colitur theophania Christi *Kal. Met.* 2; sic permansit a ~ia Domini usque ad Letaniam Majorem LANTFR. *Swith.* 26; sicque theophania Christi permansit ab alma, / idibus octavis Janum relevante capella WULF. *Swith.* II 478; regali tumulato more ante diei missam ~iorum HERM. ARCH. 22; a natali Domini usque ad octavam Teophanie [*Inst. Cnuti*: Epiphanie] (*Cons. Cnuti*) *GAS* 297; die ~ie sepultus est W. MALM. *GR* II 228.

2 (as personal name).

1301 versus Theophaniam que fuit uxor Johannis de Bulemere *PlRCP* 135 m. 197*d*..

theophilion [θεοφίλιον; cf. et. LL theodotion < θεοδότιον], sort of eyesalve.

stercus lacerti vel theofic' [? l.theofil'] sunt grana nigra, quibus utuntur ultramarini in medicinis oculorum BACON IX 177.

theophilus [θεόφιλος], dear to God or loving God (in quot. perh. w. ref. or allus. to the Jewish people).

expulsis itaque ~is [ed. OMT: theofilis] a gremio matris suae, locum ipsum tam sanctum et tam honestum non solum praesumtuose sed et irreverenter allophili occupaverunt, et hi Dani immo pagani fuere *Chr. Abingd.* I 47; perquirens undique et ultramarinis partibus cum viris philosophis et sapientibus latinis iberiis harabicis saracenis armenicis ~is grecis et undique partibus provinciis et linguis M. SCOT *Alch.* 151.

theophonophorium, (unidentified) part of a church, perh. Lady Chapel (as *f. l.* for *theophorophorium*, *cf.* θεοφόρος, *pastophorium*), or crib-scene (as *f. l.* for *theophanophorium*, *cf. theophania*), or lectern, ambo, pulpit (*cf.* θεός, φωνή).

1484 do fabrice theofonofori ecclesie predicte de Wallington v marc'. item aliae v marc' pro factur' unius fenestre vitrea in parte australi cancelli .. item volo quod executores mei providant duas parvas ymagines de alabastro situand' in inferiori parte theofonoforii veluti eciam vi[v]a voce executor' meis expresserim *Logge Register of PCC Wills* (Richard III Soc., 2008) I no. 103.

theorare [θεωρεῖν], (etym.).

~o, video Bacon *Gram. Gk.* 135; dicuntur .. theatra a ~ando, id est inspiciendo Bracton f. 8.

theorasticus [cf. theoria], speculative, or ? *f. l.*

septenos ~ae [MS: forastice] discipline gradus Alcuin *Gram.* 853D (cf. Aldh. *Met.* 3: saeculares quoque et forasticae [vv. ll.: pharastice; (corr. add.) an scholastice] philosophorum disciplinae).

theorema [CL < θεώρημα], subject or matter under investigation or discussion, topic, problem (also transf. w. ref. to its investigation, discussion, or solution); **b** (as example or illustration); **c** (stated in form of maxim). **d** (geom.) theorem. **e** proposition known *per se*. **f** (in list of words derived from Greek).

vivifici tetraplastica dat theoremata verbi Frith. 1323; si .. incorporeorum speculationes quis respiciat, veluti mathematica ~ata et theologiam .. in quibus maxime operatur intelligentia Bern. *Comm. Aen.* 43; indigna anima rerum creatarum ~a assumit Ad. Scot *TGC* 799A *tit.*; quarta pars hujus capituli duo theoreumata continet Will. 28. **b** atque ut ad hoc intuendum nulla erroris impediaris nebula, a similibus atque a penitus veris hoc tibi habeas ~a *Enc. Emmae arg.* p. 6. **c** hoc theoremna [*sic* MSS *but also* v. l. theoreuma]: 'omne mendacium est peccatum et non licet in aliquo casu peccare ..' Wycl. *Ver.* II 61. **d** hoc probatur per ~a quoddam primi libri Euclidis, cujus ratio est irrefragabilis Neckam *NR* I 13; racio fundamentalis in hoc solo theoreumate consistit Euclidis: 'inter parallelas ..' Wallingf. *Rect.* 406; si vere vel imaginarie detraheretur ab ea aliqua sciencia finita vel infinita quam habet, puta aliquorum vel omnium ~atum geometrie Bradw. *CD* 134B. **e** quod in lumine eterno videantur ~ata, hoc est propositiones per se note, probat Augustinus R. Marston *QD* 261. **f** theorisma, speculacio vel ~a Bacon *Gram. Gk.* 135.

theoremna v. theorema.

theoreticus [LL = *contemplative* < θεωρητικός], (in gl.).

theoroticus, A. *a dyuyn WW.*

theoreuma v. theorema.

theoria [LL < θεωρία]

1 contemplation (esp. of God).

qui nimirum prophetae vita et verbo quasi organo quod tangebant et carmine quod dicebant consoni de occulta summae gloriae ~ia ad communia humanitatis infima solebant operando pariter et loquendo redire Bede *Sam.* 562D; fideles reclusos qui celesti ~ie in muris Jerusalem intendebant peragravit Ord. Vit. XIII 33 p. 95; quanto autem se corporalibus subtrahebat, tanto luminosius se spiritualibus indidit ~iis Ailr. *Ed. Conf.* 760B; unde persepe ad tertium rapiebatur celum sublimis ~ie Ad. Eyns. *Hug.* I 13; ad celorum ~yas (*Ep.*) M. Rievaulx 62; vitam .. miraculis gloriosam, ~iis preclaris sublimatam J. Furness *Walth. prol.* 3; igneus Heliam currus levat ad theoriam *Vers. Worc.* VIIId.

2 speculation.

artibus erat eruditissimus, ~ia singularis et unicus H. Hunt. *CM* 9.

3 theory, view.

studia que servis Dei veram ~iam querentibus competunt Ord. Vit. III 2 p. 21; salutem spiritus secundum preeuntis ~ie operetur intellectum H. Bos. *Thom.* III 18; dicunt quidam hierarchici quasdam ~ias esse contemplabiles, quasdam incontemplabiles Peckham *QA* 175.

theorice [LL theoricus+-e]

1 by (spiritual) contemplation.

10.. contemplative, ~e *WW*; †**956** (11c) cuncta quae cernuntur inter caelum et terram practice temporalia sunt, et quae non videntur in caelestibus ~e catholica fide credenda sunt *CS* 937.

2 theoretically, in theory.

cum de plana musica quidam philosophi sufficienter tractaverunt, ipsam quoque nobis tam ~e quam practice efficaciter illucidaverunt, ~e precise Boecius, practice vero Guydo monachus Hauboys 180.

theoricus [LL < θεωρικός]

1 of, pertaining to, or engaged in contemplation, contemplative; **b** (w. personal name). **c** (as sb. f.) contemplation, contemplative life. **d** (transf.) spiritual.

~am anachoreseos exercuit vitam Aldh. *VirgP* 37; theoricam solus vitam districtus agebat Alcuin *SS Ebor* 1024; c**970** (12c) cuncti student orthodoxi ut .. criminum pondere semoti .. totius animi cultum celesti habitatione ~o figunt meditamine *CS* 1159; binas habenas sacro moderamine tenens, legis videlicet et ~ae necnon et practicae vitae B. *V. Dunst.* 13; cursum praesentis vitae finire delegerit in conversatione ~a Folc. *V. Bot. pref.* 373; philosophi namque tripartitam hominum vitam esse voluerunt, primam ~am, secundam practicam, tertiam philargicam dicentes, quas Latine contemplativam, activam, voluptariam nuncupamus Alb. Lond. *DG* 11. 22. **b** post Laurentium justissimus Justus et Dei dato assumptus Deusdedit subjuncti a sinistris honorificentissimo Honorio, et theorito Theodoro respondent a dextris Gosc. *Transl. Aug.* 24C. **c** cum mors compositum solvet algifica, / nos ad theoricam transfer ex practica Walt. Wimb. *Carm.* 113; soli Deo in ~a vivens (*Paternus* 22) *VSB* 260. **d** a**1275** ~us architectus inter plurima edificia sua regale monasterium, quod .. sacro virginum contubernio pollebat, reparaturum opibus pristinis ac nova nobilitavit *Lib. Eli.* II 53.

2 of or pertaining to speculative or theoretical investigation, science, or knowledge. **b** (as sb. m.) one who is concerned with speculative or theoretical investigation, science, or knowledge. **c** (as sb. f., also n. pl.) speculative or theoretical investigation, science, or knowledge, theory; **d** (in spec. field, also in title of book).

milites claustrum servant cum monachis, sepe de practicis simul tractant et ~is Ord. Vit. V 19 p. 467; de phisicis ~is et practicis J. Sal. *Pol.* 475C *tit.*; ~am .. a physicis rationem .. exquirat Gir. *PI* III 28; potius ~as disputationes quam operationes practicas L. Somercote 27; scientie in omni pene materia et ~am quandam speculativamque partem et practicam sive operativam contingit assignare Ps.-Gros. *Summa* 301, quare ties erunt philosophie ~c, mathematica, physica, theologica Duns *Metaph.* VI *tit.* p. 302. **b** ~i quicquid suum est faciunt J. Sal. *Pol.* 476A; practicus huic servit, servitque theoricus; arcem / imperii sacri philosophia dedit Id. *Enth. Phil.* 451. **c** ut medicorum Italie ~is videtur Balsh. *AD rec.* 2 170; pro sapientia adipiscenda inventa est ~a disciplina, pro virtute poetica, pro eloquentia eloquendi disciplina Bern. *Comm. Aen.* 36 (cf. ib. 40: ~a namque ea contemplatur in quibus practica nequit agere, id est incorporalia); 'novem jugera' sunt novem scientie: tres eloquentie, tres ~e, tres practice *Ib.* 110; in divisione philosophie .. dividitur in ~am, logicam, et ethicam Gilb. I 65v. 2; differunt rhetor et orator quia rhetor est qui docet, orator qui postulat vel dicit in causis. .. ad rhetorem pertinet ~a, ad oratorem practica Kilwardby *OS* 597; **1339** juxta militarem ~am edocentem quod .. (*Lit. Regis*) W. Guisb. *Cont.* 324; a**1350** incepturi .. in medicina, quantum ad ~am, librum Tengni .. quantum ad practicam, librum Regimenti acutorum .. legisse tenentur *StatOx* 41. **d** **1389** ~a Planetarum *MLC* V 137; **1431** presentatos .. supponimus .. audisse .. ~am Planetarum *StatOx* 234; p**1440** astronomia: .. Theorica †planetarium [l. planetarum] (*Catal. Librorum*) *JRL Bull.* XVI 477.

theorisma [cf. CL theorema], (in list of words derived from Greek).

~a, speculacio vel theorema Bacon *Gram. Gk.* 135.

theoritus v. theoricus. **theoroticus** v. theoreticus. **theorya** v. theoria.

theos (-us) [LL < θεός]

1 God.

845 (11c) nisi .. ~o ponto cratore [l. pantocratore] et hominibus .. emendaverit *CS* 450; **937** (14c) regnante ~o in eona eo[n]um *Ib.* 714; **956** (13c) Adam ~i omnipotetis [*sic*] nutu protogenes ex informi materia creatus *Chr. Abingd.* I 204 (cf. ib. I 239: Dei omnipotentis nutu); o theos agie, basileu pie, quid loquar oro? R. Cant. *Malch.* V 312; per medios cuneos querit post tres Phoroneos, / ad penam piceos si daret alpha theos W. Peterb. *Bell. Hisp.* 120; hoc sonat '~os' in uno sensu Wycl. *Incarn.* 128.

2 (in gl.).

theos, contemplator *GlC* T 134.

theosebia [θεοσέβεια], piety towards God.

si monachus monadem et clericus significat fortem [MS: sortem], utriusque finis in unius Dei consistit †theosophia [MS: theosebia] H. Los. *Ep.* 60; dum presul et consul de ydolatria et theusebia procaliter altercarentur Ord. Vit. V 7 p. 328; nulla igitur naturalis legis pars nec ipsa tota ad hominis pacem sufficiens, quia nec prima, quae potest dici ~ia propter unius Dei cultum, nec secunda, quae potest dici ethica propter vitam bonis moribus institutam, nec tertia, quae dici potest doctrinalis H. Bos. *LM* 1377B; pietatem .. ad Deum tenere debemus, que scilicet, ut ait pater Augustinus, Grece dicitur theasebian, i. e. bonus cultus W. Newb. *Serm.* 871; sobrie per vite munditiam, juste per patientie justitiam, pie per ~iam, id est divinam culturam T. Chobham *Serm.* 4. 21vb.

theosophare [theosophus+-are], to have knowledge, understanding, or wisdom (esp. concerning God) derived from or inspired by God (esp. of writer of holy scripture).

divus Paulus ~antium pene maximus *Ps.*-Gros. *Summa* 367; juxta sententiam ~antium, qui verissime sapiunt *Ib.* 369.

1 theosophia v. theosebia.

2 theosophia [theosophus+-ia], knowledge, understanding, or wisdom (esp. concerning God) derived from or inspired by God (esp. as represented by holy scripture).

Abraham .. primus omnium manifeste in veram ~iam viam invenit *Ps.*-Gros. *Summa* 275; inter veteres itaque ~ie auctores Moysen legis antique latorem primum esse constat *Ib.* 281; sapientie celestis, quam ~iam merito dicimus *Ib.* 282; canonica [scientia] .. ~ie deservit et subicitur *Ib.* 301.

theosophicus [cf. theosophus], of or pertaining to knowledge, understanding, or wisdom (esp. concerning God) derived from or inspired by God (esp. as represented by holy scripture).

haec studiis floret sacris, theosophica jura / perlegit Alcuin *Carm.* 104. 6. 7; quos [hereticos] mediis philosophicis ac ~is per modum tamen syllogisticum destrui oportuit *Ps.*-Gros. *Summa* 287; auctoritate ~a constat intelligentias esse quas et angelos theosophi nuncupant *Ib.* 422.

theosophus [cf. θεός, σοφός], having knowledge, understanding, or wisdom (esp. concerning God) derived from or inspired by God (esp. of writer of holy scripture, also as sb.).

theosopho spirans animo cognata sinergus / oppida diffuso Hripis amplificare colurno Frith. 458; quibus et ~orum nostrorum unus de sapientie spiritu loquendo consonat H. Bos. *LM* 1357A; a ~orum uno describitur inter alia spiritus sapientie multiplex *Ib.* 1364D; ~i proprie dicuntur sacre scripture, id est divinitus promulgate, auctores *Ps.*-Gros. *Summa* 281; auctoritate theosophica constat intelligentias esse quas et angelos ~i nuncupant *Ib.* 422.

theosus v. trochus.

theota [AS *þeote*], channel or conduit for water.

1189 Ricardus de W. tenet unum ferdel pro duobus solidis et custodit unam thecam [l. thetam] j *gulet* cum opere unius hominis *Inq. Glast.* 65.

Theotenicus v. Teutonicus.

theoteta [cf. θεότης], (in gl.).

hec ~a -te, i. deitas Osb. Glouc. *Deriv.* 589.

theothinga v. tethinga.

theoticus [cf. θεός+-ικός], (in gl.).

~us -a -um, i. divinus Osb. Glouc. *Deriv.* 589.

theotis v. teuthis. **theotiscus** v. Theodiscus.

theotocos [LL < θεοτόκος], God-bearing.

Mariam Christotocon esse, non ~on dicis, quia Christi genitrix sit, non Dei ALCUIN *Dogm.* 192B; **974** (12c) ob salvatoris nostri ejusdemque ~os [MS: θεοτόκος, *gl.* thotocos] semper virginis Marie .. honorem (*Malm.*) *ASC* XI no. 30; theotokon, id est, Dei genetricem sanctam Mariam nominamus GROS. *Gal.* 102; tam nomen quam definicionem theotokos abstulisset R. BURY *Phil.* 10. 164; virginem et reginam theotokon benedictam *Ib.* 20. 251; ave! Maria, virgo ~os ELMH. *Metr. Hen. V* p. 164.

theotokos v. theotocos. **Theotonicus** v. Teutonicus.

thepa, ? *f. l.*

1448 thepis [? l. chepis, i. e. caepis], 1 d. *Rec. Norw.* II 72.

thera v. tera. **theranice** v. tyrannice.

therapeuta [θεραπευτής], servant (esp. applied to member of religious order w. ref. to serving God).

in hac .. solitudine taliter philosophantes viros cognominant etiam .. ~as sic dictos a verbo Greco θεραπεύω quod est 'ex dilectione et liberaliter servio' .. vel dicuntur ~e a θεραπεύω quod est 'sano' GROS. *Ep.* 57; divini duces nostri sacris nominibus ultra alios dignificaverunt ~as sue monachos nominantes ex Dei puro servicio et famulatu et indivisibili et singulari vita (UHTRED *Mon. V.*) *MS Durh. Cathedral Libr.* B IV. 34 f. 111; dignati sunt eos appellare sacris nominibus terapeutas famulas vel monachos NETTER *DAF* I 422a B.

therapeutos [θεραπευτός], (in gl.) curable.

tetrapton, i. sanabile *Alph.* 184.

theraphim [LL < Heb.], teraphim, sort of idol or image (in quod. assoc. w. *ephod*, cf. *Os.* iii 4).

multo tempore sine sacerdote, sine ephod, sine ~in gemebunda resedit [ecclesia] AILR. *SS Hex* 11.

therare v. terare. **therebinthinus, ~tinus** v. terebinthinus. **theretrum** v. theristrum.

theria [θηρίον = beast]

1 kind of venomous snake, 'tyre'.

tiria est genus serpentis de qua et toxicum fit et tiriaca contra malitiam toxici prebens remedium NECKAM *NR* II 108.

2 form of leprosy characterized by scaliness and shedding of skin, 'ophidian'.

curat .. omnem lepram, non modo tyriam leoninam, sed elephantiam et alopeciam W. CANT. *Mir. Thom.* IV 20; ver, auster .. / .. / aurum cum tiria consocientur eis NECKAM *DS* IV 833; lepre quatuor sunt species: prima vocatur 'tiria' a tiro serpente propter squammas et excoriationem quam facit GAD. 45. 2.

theriacus [CL < θηριακός]

1 of serpent's venom, (in quot. as sb. f.) serpent's venom.

therion Graeca, Latine fera, unde ~a quia feraliter occidit BEDE *Orth.* 53.

2 that serves as an antidote to a serpent's venom or other toxin (also in fig. context). **b** (as sb., also in fig. context); **c** (as name of plant).

tam potenter ferreum solvit vinculum exulis sine adminiculo tiriacis medicinae, quae laetiferum virus solet auferre BYRHT. *V. Ecgwini* 390 (*recte* 380). **b** tiriaca [*gl.*: tyriaca est antidotum serpentium quo venena pelluntur ut pestis peste solvatur] vel antidota quae letiferum virus auferre solent ALDH. *VirgP* 13; thiriacae, medicinae ignitae *GlC* T 141; tales animarum medici .. venefici vocantur qui pro ~a toxicum propinare probantur J. FURNESS *Walth.* 3. 38; **c1212** tyriacam salutiferam ad hec venena per Dei gratiam apposuimus GIR. *Ep.* 5 p. 190; detur musa vel meli' tyriaca cum decoctione .. GILB. I 39. 1; in tirieca emp' pro diversis nec' et staur' habend' in manerio logice scripture est tyriaca ad destruendum contenciones tales sophisticas WYCL. *Ver.* I 29; apposuerunt tiriacam, sicque venenum fugaverunt G. *Roman.* 320; tyriaca et metridatum administrantur ad omnes egritudines nervorum frigidas GAD. 65v. 2; **1387** in tirieca emp' pro diversis nec' et staur' habend' in manerio

(*Comp. Childerditch, Essex*) *MS Essex RO D/DP/ M1113*; regi ~um in vino vocato *vernage* dederunt *Misc. Scrope* 308; lepra manifesta percussus erat; et camerarii sui .. sibi triacum in vino vocato *vernys* dederunt GASCOIGNE *Loci* 228. **c** [allium domesticum] habet virtutem .. expellendi venenum .. unde .. vocatur ab antiquis autoribus ~e rusticorum BART. ANGL. XVII 11; toriaca, i. tiriaca, vel rusticorum allium *Alph.* 187 (cf. *ib.* 5: allium domesticum, tyriaca rusticorum idem).

therianus [cf. CL theriacus], (as sb. f.) antidote to a serpent's venom.

a tiria sumens nomen tiriana, venenum / expugnans, multis commoda sepe fuit NECKAM *DS* IX 291.

theriotrophium [θηριοτροφεῖον], **therotrophium** [CL], park for wild beasts.

machina .. venatoria qua olim in ~iis praedabantur ferae SPELMAN *Asp.* 103.

therista [θεριστής], (in gl.) mower, reaper.

scherere, metillus, messor .. terista *CathA.*

theristotedes v. theristrum.

theristrum [LL < θέριστρον], sort of light garment worn typically by women.

Judith .. post obitum Manasse sumpto viduitatis ~o [*gl.*: i. *wæuelse, haligrefte*] et spreto sponsali peplo .. ALDH. *VirgP* 57 (cf. *WW*: **10..** theristotedes, *oppe wudewan gierela*); t[h]eretrum, mafortio *GlC* T 116; anaboladia deerant et amiculum et teristrum [*gl.*: *rochet a point*] BALSH. *Ut.* 53; matronales sint serapeline, recinium, et teristrum [*gl.*: *roket ridé*] NECKAM *Ut.* 102; sedit ibi resoluta coma, nudata teristro A. MEAUX *Susanna* 213; *volypere, kerch*, teristrum .. *caliendrum PP*; †toristrum [l. thristrum], A. *a roket WW*.

thermae [CL *in sense* c < θέρμαι], (natural) spring or source of hot water. **b** hot water (esp. from a natural hot spring). **c** hot bath, (also) hot baths, bathing complex (often including gymnasium and other facilities); **d** (in gl.). **e** (sg.) hot bath. **f** (etym.).

ad locum ~arum ubi calida lympha de abyssi latibulis guttatim .. ebullit B. *V. Dunst.* 34; cum aliis aquis, sc. ~arum vel aluminosarum GAD. 40. 1. **b** in thermas ambusto torre calentes ALDH. *VirgV* 2323; **956** (12c) in Bathonia, ubi termae amenae calidis e fontibus dirivantur *CS* 927; per penalem locum venisti ubi est pater tuus .. positus in termis sibi destinatis W. MALM. *GR* II 111; **1167** vester collega Batoniensis, qui utinam submergatur in termis quibus dignus est J. SAL. *Ep.* 205 (243). **c** in ardentes ~arum [*gl.*: *baða*] vapores ALDH. *VirgP* 51; regi astitit in termis MAP *NC* II 11 f. 26v (cf. *ib.*: sedebat .. rex .. in balneo); erat [Kaerleun] .. a Romanis .. egregie constructa. videas hic .. ~as insignes GIR. *IK* I 5. **d** gemnasia, t[h]ermae dicuntur *GlC* G 74 (cf. *ib.* T 140: ~as, colores [l. calores]); *hoote bathe*, murtetum .. terme, *-arum PP*; *stuwe, bath*, stupha .. terme *Ib.*; terme locus est calidus *Alph.* 184. **e** dixit: "Colmane, vade in termam." .. duodecim Colmani simul cum vestimentis in termam exierunt (*Carthagus* 50) *VSH* I 189. **f** illud scotice dicitur [Duibh Linn i. e. *Dublin*], quod sonat latine nigra terma (*Coemgenus* 29) *VSH* I 249.

thermanticus [LL < θερμαντικός], capable of heating, that heats.

sinap[h]e .. cujus naturam medici volunt esse termanticam et leptiuticam *Alph.* 172; [sulphur] nascitur in moloida et lippata; virtus ei termantica et diaforetica et recorporativa et extenuatoria *Ib.* 180.

thermarium [cf. CL thermae+-arium], bathhouse.

balnearium vel ~ium, *bæðhus* ÆLF. *Sup.*

thermealis [cf. CL thermae+-alis], that comes from a natural hot spring.

aque ~es transeuntes per venas sulphureas J. BURGH *PO* II 4 f. 7.

thermofila v. thermopyla.

thermopyla [cf. CL Thermopylae (pl.) *as toponym* < Gk.], narrow pass or passageway (that provides limited access), (transf.) gate.

t[h]ermofilas, *faesten GlC* T 91; qui ante nos apperiet termovelam vadi (*Maedoc* 34) *VSH* II 154 (cf. *ib.*: unus ex eis exiliens termovelam eis apperuit).

thernebedellus v. turnebedellus.

therus [θήρ = beast], kind of venomous snake, 'tyre'.

tyros .. dicimus calidos et siccos esse .. ex ipsorum mobilitate .. et caliditate regionis in qua habitant *Quaest. Salern.* B 82; quedam animalia parvum habent cor set calidum et propter hoc audacia sunt, sicut serpens tyrus mustela .. *Ps.-RIC. Anat.* 41; omnes serpentes .. ejiciunt ova .. excepto tyro et vipera BART. ANGL. XVIII 8; tyri serpentes sunt ultra mare in Yerico GILB. III 174. 2.

thesapeum v. thesapium.

thesapium [? cf. thlapsium], white mustard.

fiselei, ~pei, amei .. GILB. V 225v. 1; tesapium, i. sinapis alba .. G. *blanc moustard MS BL Sloane 5* f. 12; *blanc mustard*, tesapiu' i. sinapis albu' *MS BL Sloane 2527* f. 219v; ~pium, i. cenapium album *Alph.* 184.

thesararius v. thesaurarius. **thesare** v. tesare.

thesaurabiliter [CL thesaurus+-are+-bilis+-ter], as treasure.

historia .. alias peritura si scripta non forent renovat .. et aliis post alios succedentibus ut ita dicam perpetuat et ~er conservat KNIGHTON I 2.

thesaurariatus [CL thesaurarius+-atus], office of treasurer.

1336 licet .. in dignitate cancellariatus et ~us strenue militasset *Lit. Cant.* II 116; **1418** dedimus .. clerico nostro .. ~um, canonicatum, et prebendam de G. *Foed.* IX 541; **1428** decanatus, cancellariatus, et ~us (*Const. Episc. Lich.*) *Conc.* III 506b; **1530** de resta ultimi compoti sui ~us redditi apud E. *ExchScot* 142.

thesaurarius [CL]

1 for, of, pertaining to, or containing treasure. **b** constituting treasure, precious. **c** (as sb. n.) treasure.

speluncam illam inestimabilis pretii ~iam fratres idonei cum summo ingrediuntur tremore GOSC. *Transl. Aug.* 18B; mantica sacrorum ~ia *Ib.* 28C. **b** sidereo quoque lumini respondet terra tot sanctarum glebarum ~ia miraque fragrantia ut paradissus Domini sua tumilat aromata GOSC. *Hild.* 1; tanta fuit virtutum ~ia humilitas ut .. *Id. Transl. Aug.* 41B. **c** Regina Aethiopum ~ium praemittens in Jerusalem gentium designat Ecclesiam, virtutum fideique Domino dona largituram BEDE *Acts* 962B; **1331** visis .. reliquiis ac mirabilibus thessaurariis *Cart. Glast.* I 195.

2 (as sb.) treasurer: **a** (m.); **b** (f.); **c** (of spec. person, institution, place, or sim.).

a Henricus ~ius tenet de rege Sudbertune *DB* I 49ra; **1161** videntibus his: Roberto, Sarum decano, Jordano ~io *Ch. Sal.* 19; camerariorum officium annexum est officio ~ii .. et est eis idem velle et idem nolle ad honorem regis *Dial. Scac.* I 5F (cf. *ib.* I 5Q: officium ~ii cura vel sollicitudo ipsius vix explicari posset verbis); **1194** ~ii officium est .. super quodlibet altare j cereum invenire *Conc.* I 498a; ~ii officium est ornamenta et thesauros ecclesie conservare *Consuet. Sal.* 4; **1206** ut duo ~ii per abbatem de consensu tocius capituli .. eligantur (*Vis. Ebor.*) *EHR* XLVI 449; testibus .. domino Roberto tessaurario *Reg. S. Andr.* f. 128b; revestiarius .. redditus coquine .. incepit custodire, pro qua videlicet re a plebeis ~ius est appellatus *Cust. Westm.* 52; **1322** feretrario, vestiario, socio sacriste, thesorario in eodem sinodo *Sacr. Ely* II 31; revestiarius sive ~ius cum socio jacebunt in thesauraria sive in revestiario *Cust. Cant.* 108. **b 1284** istas moniales ~ias volumus appellari que etiam thesaurarie ter in anno .. de receptis et expensis reddant .. rationem PECKHAM *Ep.* 584; **1422** due moniales .. deputantur ~ie sive bursarie monasterii *Vis. Linc.* 49 (cf. *ib.*: in quadam cista communi sub tribus clavibus quarum unam habeat abbatissa et duas alias habeant ipse thesararie). **c 1180** Anselmus .. ~ius Exoniensis *Lit. Cant.* III 359; **a1181** de eo quod tesaurarius Eboracensis ad reedificacionem et reparacionem ecclesie solet exhibere *Fabr. York* 143; **c1207** Willelmo de H., domini regis tezaurario *Cart. Beauchamp* 204; **a1278** dominus suus, teszaurarius London' *Ann. Durh.* 153; **1287** coram thes' et baronibus scaccarii *PQW* 1a; officium .. ~ii garderobe est .. compotum reddere .. de feodis forincecis *Fleta* 78; **s1307** Walterum de

Langetone regni ~ium TROKELOWE 63 (cf. AD. MUR. *Chr.* 11: Willelmum de Langetone, episcopum Coventriensem, qui fuit ~ius Anglie tempore patris sui); **s1329** R. de Bury ordinatus est coferarius regis, deinde ~ius de *wardrop Hist. Durh.* 1.

3 (as sb. f. or n.) treasury; **b** (transf., w. ref. to contents).

venit .. de via maris ad fontem mellifluum, de perniciosis opibus ad incorruptibilium divitiarum ~ium GOSC. *Aug. Maj.* 88A; dare annuatim de ~ia nostra centum solidos A. TEWK. *Ep.* 11 (12) p. 53; duo cerei .. in [v. l. de] ~ia tota die ante sepulchrum ardebant *Consuet. Sal.* 6; **1225** sex marcas .. quas posuit .. in j cista, et hostio ~ie castri nostri Wintonie, ferratis et preparatis ad quintamdecimam .. custodiendam *Pat* 541; rex .. cum ingrederetur ~iam suam ut videret thesaurum suum M. PAR. *Abbr.* 167; **1326** acquietancia jacet in ~ia in longa cofra inter alias acquietancias *Ann. Dunstable app.* 411; **1347** quod pecunia restituatur tessaurarie *Norw. Cath. Pri.* 114 *tit.*; veredictum aldermannorum de burgaria, ~io domini regis fracto *MGL* I 562; in domo interiori ~ie Wellie *MunAcOx* 653. **b** **1162** ecclesias .. quas Ricardus .. dedit ecclesie beati Pauli et Godefrido ejusdem loci thesaurario in perpetuam ~iam *E. Ch. S. Paul.* 33.

4 (as sb. f.) office of treasurer.

Rogerius .. uni [nepotum] camerariam, alteri ~iam .. impetravit W. MALM. *HN* 481; ~ia illa redibit ad Hamonem precentorem et ipse inde fiet thesaurarius *G. Ric. I* 249; **1223** nos .. concessisse Galfrido .. ~iam ecclesie Limericensis cum prebenda ad eam pertinente .. vacantem *Pat* 372; **1232** tempore vite sue habeat ~iam et camerariam Scaccarii Hibernie *Cl* 102; **1372** cancellaria et thezauraria *Reg. Brechin* I 19; prelati, sacerdotes, vel diaconi non habebunt officia secularia, ut puta cancellariam, ~iam [ME: *tresorie*] *Concl. Loll. XXXVII* 742.

thesaurator [cf. CL thesaurus, thesaurizator], treasurer.

a1410 nam thesaurator ac Henricus tibi gaudent / dum cupis esse dator, quia propter munera plaudent (*Vers. Exch.*) *EHR* XXXVI 62.

thesaurifer [CL thesaurus+-fer], who carries treasure.

susceptor itaque horum sacrorum, ut fuit metuens deprehendi, aut ut ~er depraedari, ocius de sancto Augustino ad Christi ecclesiam se rapuit GOSC. *Transl. Aug.* 28B.

thesaurisare v. thesaurizare.

thesaurius [LL *as sb. n.*]

1 (as sb. f. or n.) treasury.

1224 remanebit .. tercium [instrumentum] in ~ia Sarum *FormA* 29; **1240** prebendam de Kalna .. episcopus Sarum ejus ecclesie ~ie consolidaverit cum onere assignato *Ch. Sal.* 261; **1276** de claris debitis Judeorum in ~ia Judaismi nostri existentibus *Cl* 93 m. 8; **1290** rotulos .. qui sunt in ~ia domini regis *State Tri. Ed. I* 70; **s1272** omnia .. pretiosa, tam in ~io, vestiario, refectuario quam in ceteris ecclesie illius officinis OXNEAD *Chr.* 241; **1295** liberate .. viginti solidos de teshauria [*sic* MS] nostra *Doc. W. Abb. Westm.* 71; **1295** testamentum .. apud Sarresbiriam in tesauria imperpetuum commendetur (*Test.*) *EHR* XV 526; **13..** liberare debet ad ~iam abbatis rotulos suos .. de .. catallis felonum *G. S. Alb.* II 206; **1369** ipse fuit in thezauria domini regis *SelCKB* VI 161.

2 (as sb. f.) office of treasurer.

de reddenda racione de officio ~ie examinatus TROKELOWE 64.

thesaurizare [LL < θησαυρίζειν]

1 (trans.) to collect, amass, hoard, store up; **b** (in transf. or fig. context). **c** to be a store or repository for.

qui ~at superflua, pro ignorantia tribuat tertiam partem pauperibus THEOD. *Pen.* I 3. 4; **c802** ~ate vobis thesauros in caelo [*Matth.* vi 20] ALCUIN *Ep.* 251; quas Tanetus misisset quas Augustinia ~asset gemmas intuitus testis erat irrefragabilis GOSC. *Lib. Mild.* 19 p. 87; alia multa que episcopus in unum ~arat *G. Steph.* 46; latebras .. fodientes et in eis furta sua et rapinas ~antes J. FORD *Serm.* 110. 3; fieri non potest ut multa sibi non ~averit ad quem tam multi conveniunt *Id. Wulf.* 46 p. 64; tunc debes aperire celaria tua et publicare per regnum et civitates frumenta et grana ~ata BACON V 55. **b** rex .. jussit ut nemo abbatum .. sibi locellum ad hoc ~aret terrenum *RegulC* 69; preterita ad mentem revocans ~at memorie J. SAL. *Met.* 923C; **1238** audi adhuc quid per os prophete promittat dominus ~antibus iniquitatem et rapinas in edibus suis GROS. *Ep.* 48; o regem mirabilem, cui impensa officia quasi nebule pertranseunt matutinales, offense autem per tot tempora ~antur! M. PAR. *Maj.* V 569; in altissima paupertate altissimas divicias sapiencie ~atas invenimus R. BURY *Phil.* 8. 135; sic infiniti actus simul forent ~ati .. superflue WYCL. *Act.* 25. **c** felix locus qui .. tam dulce manna ~abat GOSC. *Edith* 96.

2 to cause store to build up (of), to store up (in quot. fig.).

786 ~asti tibi iram in die irae et revelationis justi judicii Dei [cf. *Rom.* ii 5] *Ep. Alcuin.* 3; secundum duriciam meam et cor impenitens ~abam mihi iram in die tremendi judicii P. BLOIS *Ep.* 31. 105B; peccata peccatis cumulantes solum sibi iram non misericordiam ~ant H. BOS. *Thom.* IV 15; dum hic viverent, iram sibi in diem ire ~arent GIR. *GE* I 34 p. 109.

3 (w. internal acc.) to build or create (hoard or store) by collecting or amassing (also fig.).

thesaurum bonorum operum indeficienter sibi ~abat *V. Birini* 2; facile tribuant, communicent, ~ent sibi fundamentum bonum [cf. *I Tim.* vi 19] AILR. *Spec. Car.* I 24. 527C; quando sapientiam discis, ~as tibi thesauros bonos (Hug. S. Vict. *Chr.*) DICETO *Chr.* 31; **s1194** thesaurum auri et argenti inestimabilem quem reges Sicilie ~averant sibi R. HOWD. III 269.

4 (intr.) to collect, amass, or store up precious things or treasure.

thesaurizat et ignorat cui congregat illa [cf. *Psalm.* xxxviii 7 (xxxix 6)] ALDH. *VirgV* 2583; ne qui in imagine Dei ambulamus, vane conturbemur, ~antes in incerto divitiarum BEDE *Gen.* 30B; illuc ferme triennio cum suis excubando ~at HERM. ARCH. 13; cui .. ~avi? forsitan michi W. MALM. *GR* II 202; **1179** non debent filii ~are parentibus, sed parentes filiis [*II Cor.* xii 14] (*Decr. Conc. Lateran.*) W. NEWB. *HA* III 3 p. 216; Alanus .. ut regi ~aret, quaslibet .. personas vexare non destitit *Chr. Battle* f. 89; ad hoc thesaurisatur ut vite sustentacio securius habeatur (WYCL. *Postilla super totam bibliam*) *MS Nationalbibliothek Vienna 1342* f. 16B.

5 (trans.) to heap, bestow (treasure on, w. *super*, in quot. fig.).

thezaurisavit super eum gloriam et honorem [cf. *Sirach* xv 6] P. BLOIS *Ep.* 10; spiritualis jocunditatis et exultationis quam dominus ~avit super eum J. FURNESS *Kentig.* 18.

thesaurizarius [LL thesaurizare+-arius; cf. CL thesaurarius], (as sb. m.) treasurer.

censorius, qui censum servat, qui et apothecarius et ~ius dicitur OSB. GLOUC. *Deriv.* 144; **s1062** [Wlstanus] cantor simul et ~ius ecclesie .. efficitur R. HOWD. I 105; papa Romanus qui finxit se altum thesaurarium [*Ziz.* 366: ~ium] tocius ecclesie *Concl. Loll. XII* 9.

thesaurizatio [LL thesaurizare+-tio], amassing or hoarding of treasure.

interdicendo eis [sc. Apostolis] ~onem OCKHAM *Pol.* II 745.

thesaurizator [LL], one who amasses or hoards (in quot. transf.).

glorie .. quam reposuerat in testimonio conscientie sue ~or sedulus et fidelissimus custos J. FORD *Serm.* 39. 3.

thesaurum v. thesaurus.

thesaurus [CL < θησαυρός]

1 place where valuables are stored, treasure chamber, vault, chest, or sim; **b** (in fig. context). **c** (transf.) storehouse, repository, treasury (of or for immaterial things).

793 videte librorum ~a [vv. ll. ~um, ~os; *unless to be referred to* 3c infra] ALCUIN *Ep.* 19; **800** putans aurum e stercore tulisse lavatumque dominicis indidisse ~is *Ib.* 203; **c1127** per baculum Odonis Revelli, qui in ~o ecclesie reservatur (*Cart. Thorney*) *Eng. Justice* 140; ~um .. reliquiarum ejus in novam ecclesiam transferri et in loco decenter ad hoc preparato reponi fecit *V. Gund.* 18; sicut vas .. diligenter .. politum in ~um reconditur, sic anima omnium vitiorum a contagione mundata paradisum introducitur ORD. VIT. VIII 17 p. 370; **s1135** mercede fuit permulsus ut castellum sibi traderet, ~os aperiret *G. Steph.* 4 p. 8; **1300** redditum recipit et reddit in tessauro S. Trinitatis *Reg. S. Aug.* 178; apertis ~is et sacculorum corrigiis resolutis, pecuniam dispersimus R. BURY *Phil.* 8. 128. **b** scripta non tantum legi sed etiam condidi in ~o cordis mei ÆTHELW. *prol.* p. 1; quaecumque super usus necessarios restaverint .. in coelestes .. recondant ~os *RegulC* 69; Hibernia .. quasi peculiaris .. nature ~us, ubi .. pretiosiora sui secreta reposuerit GIR. *TH* I 2; ventos .. / quos in thesauris Conditor ipse tenet NECKAM *DS* II 66 (cf. J. HOWD. *Cant.* 368: [disce] flantes de thesauris quis ventos educit; WALT. WIMB. *Carm.* 496: thesauros, obsecro, ventorum aperi); **c1365** qui de ~o sue gracie singula merita centuplo recompensat *FormOx* 369. **c** o ~um sapientiae! FELIX *Guthl.* 51; **801** fidem meam in memoriam revocare volui, ne ~um memoriae longa oblivionis rubigine vilescat ALCUIN *Ep.* 225; **c1168** fidelis ~us memorie est scriptura, que rerum seriem incommutabili loquitur veritate *Ch. Chester* 173; passio Domini est clavis qua reserantur nobis ~i sacramentorum S. LANGTON *Ruth* 112; tercia [cellula cerebri] .. est memorativa, que ea que apprehensa sunt .. in ~o memorie retinet et custodit BART. ANGL. III 10; ~us Linguae Romanae et Britannicae T. COOPER (London, 1565) *tit.*

2 (as institution or department) treasury, exchequer (in quot. not always clearly distinct from 1 *supra* and 3 *infra*).

terram .. tenebat .. Robertus .. ad firmam regis et Godricus in ~o regis in brevi suo per xx solidos *DB* II 276v; **c1112** per librum de ~o disratiocinavit quod Leuecanora manerium suum nihil omnino debet in hundredo de P. facere *Chr. Abingd.* II 116; scriptor rotuli de ~o *Dial. Scac.* I 5 B; constabularii officium est ad Scaccarium ut in brevibus regis de exitu ~i .. simul cum presidente testis existat *Ib.* I 5 E; ut nunc incongrue respondeatur querenti de quolibet ubi sit, "in ~o est" *Ib.* I 14; **s1182** in tribus locis regni sui .. jussit hoc scriptum [testamentum regis] diligentius reservari, viz. in ecclesia Cantuarie, in cofris suis et in ~o Wintonie GERV. CANT. *Chr.* I 300; **s1193** episcopus .. dimidium pretii .. de ~o suo adquietavit M. PAR. *Min.* II 44; **1228** pes cyrographi est in ~o *BNB* II 246; **1252** serjantia, sc. conducendi ~um domini regis, .. fuit arentata .. ad j m. per annum *IMisc* 6/15; de depositis in tesauro Cicestr' *DCChich.* p. 190; **1392** pro mutuacione c marcarum de ~o Anglie *Ac. H. Derby* 162.

3 treasure, precious or valuable things. **b** precious or valuable thing, (item of) treasure. **c** (transf., esp. w. ref. to immaterial things).

primo fodiens non invenit adhuc quod quaerebat, sed secundo laboriosius fodiendo, inventum .. ~um .. secum .. asportavit *V. Greg.* p. 92; **8..** ~us desiderabilis, *gewilniendlic goldhord WW*; loco unde opulentissimus ~us Augustini corporis assumptus est GOSC. *Transl. Aug.* 27A; ~us assumendus .. in noctem differtur *Ib.* 36D; si quivis pauperum inveniret ~um unde locuples fieret ALEX. CANT. *Dicta* 20 p. 187; secretum ~um ostendissem illi, unde posset hic antiquam reparare basilicam ORD. VIT. VI 10 p. 112; **1212** tenet j carucatam de domino rege pro thessauro suo conducendo usque le B. *Fees* 210; **s1191** quicquid .. ~i in auro et in argento et lapidibus pretiosis in abbatiis .. inventum est .. acceperunt *Ann. Wav.* 248; **s1190** multum ~um in Turri Londoniensi circumcingenda muro .. consumpsit *Flor. Hist.* II 105; **s1256** nec unquam siccabitur mei fons ~i quin follosis illorum rictibus et spongiosis visceribus satis infundatur M. PAR. *Maj.* V 537; **s1290** [escaetor] monachos .. de ~o abbatis defuncti .. interrogavit *G. S. Alb.* II 3. **b** ~os et facultates aecclesiae dispersit deditque pauperibus WULF. *Æthelwold* 29; ut illos hic tangamus quibus nullus finis possessionum sufficit et ~orum, nisi victualia subsidia ligurriant ecclesiarum, nisi domum Dei lacerent .. GOSC. *Edith* 284; ~os Constantinopolitanos .. cruentatis manibus diripiendos ANSELM (*Ep.* 117) III 254; in aggerandis ~is mirus W. MALM. *GR* III 277; **1135** custodes ~orum regalium *Id. HN* 460; camere .. ubi erant ingentes ~i, copia sc. auri et argenti, lapides preciosi ORD. VIT. XI 26 p. 253; Christus congregare ~os apostolis interdixit [cf. *Matth.* vi 19] OCKHAM *Pol.* I 355; vas vel locus ubi libri vel thesauri servantur *WW*. **c** transtulit in Latium peregrina volumina pandens / thesaurosque simul librorum forte Pelasgos / edidit in lucem ALDH. *VirgV* 2150; qualiter in cordis thesaurum condat acerra *Ib.* 2192; quem [locum] fidelis animi sagaci industria perrimantes, reperiunt thesaurum magnum *Pass. Æthelb.* 12; pretiosissimum virginitatis ~um qui

.. tam irrecuperabiliter amittitur AILR. *Inst. Inclus.* 15; qui .. incomparabilem scientie ~um non absconduntut GIR. *TH* III *intr.*; interior ~us, tanquam teste nucleus, innato sibi jure fruatur *Id. EH pref.* p. 223; magnam medicinam .. que .. vocatur ~us philosophorum BACON V 98.

4 (also *~us inventus* or sim.) treasure-trove (also as legal right to take ownership of valuable objects so found).

a**1088** (1312) si ~us in prefatis terris .. repertus fuerit, abbatis et monachorum sit totus *CalCh* III 197; **1106** sciatis me concessisse .. abbati .. sacam et socam .. et inventionem ~i .. *Chr. Rams.* 214; haec sunt jura que rex .. solus et super omnes homines habet in sua terra .. ~us inventus, naufragium .. (*Leg. Hen.* 10. 1) *GAS* 556; c**1169** causa de inventione ~i *Regesta Scot.* 80; de occultatione inventi ~i fraudulosa GLANV. XIV 2; **1201** de latrocinio, et de combustione, et de ~o *SelPlJews* 2; **1226** pro tehsauro [*marked for corr. in MS*; l. ~o] invento *Cl* II 159; sicut wreccum maris, ~us inventus, et grossus piscis, sicut balena, sturgio, et alii pisces regales BRACTON f. 14; **1275** invenit .. quemdam tesaurum .. et .. Rogerus petit partem dicti ~i inventi *CourtR Wakefield* I 53; **1288** de ~o invento sciunt set presentare contempnunt *Leet Norw.* 2.

5 stock or quantity (also transf., of immaterial things).

~um bonorum operum indeficienter sibi thesaurizabat *V. Birini* 2; **1334** quod ~us noster nummi est exhaustus *RScot* 291a; s**1381** magnum .. ~um pecunie, jocalia, vasa argentea *Chr. Kirkstall* 125; **1548** de ~o nostro municionum, artillariorum, tentorum, pavilionum (*Pat*) *Foed.* XV 175.

Theseri v. Tishri. **Thesiphone** v. Tisiphone.

thesis [CL *not in sense* 1 < θέσις]

1 placing, setting down.

dicitur .. thesaurus locus in quo reponitur, unde thesaurus auri ~is, id est positio, nominatur *Dial. Scac.* I 14.

2 question or matter (for discussion or sim., esp. one stated formally).

~im vero vindicat sibi, i. e. questionem a predictarum circumstantiarum nexibus absolutam J. SAL. *Met.* 869D; materia ejus ~is vel positio est *Ib.* 873A; subsanno tesim, antithesim contemno NECKAM *Poems* 115; thema, ~es sunt idem sc. positura et thema alias est materia sermonis, et norma et figura BACON *Gram. Gk.* 135; philosophi qui ~es discutiunt KILWARDBY *OS* 495; logica est sciencia de ratiocinatione docens modum investigandi veritatem ignotam circa ~im vel circa questionem philosophicam *Ib.* 523; **1549** responsor tres ad minimum ~eis .. pronunciabit ea forma verborum qua velit eas defendere *StatOx* 347.

3 lowering, putting down, reduction; **b** (of the voice); **c** (mus., w. ref. to inversion of melody). **d** (pros.) unstressed part of a metrical unit.

duos motus [cordis] contrarios, sc. dilatationis et constrictionis, que dicuntur diastole et sistole apud Grecos, vel arsis et ~is, id est elevacio et depressio RIC. MED. *Anat.* 219; emathites .. dicitur ab emath quod est sanguis et tesis, posicio quasi i. cistens sanguinem *Alph.* 55; ab emach quod est sanguis et chitin [? l. thesin] quod est potio [l. positio] dicitur emachites quasi ponens sanguinem, i. sistens sanguinem *Ib.* 56. **b** ~is est vocis positio cum temporibus BONIF. *Met.* 109; arsis est vocis elevatio, .. ~is est positio [TREVISA: *settynge*] BART. ANGL. XIX 128. **c** *a canon per arsin et* ~in T. MORLEY *A plaine and easie introduction to practicall musicke* (London, 1597) p. 114. **d** [accidentia pedum] arsis et ~is, numerus sillabarum .. ALDH. *PR* 112; in ionico majori .. duplum temporis augmentum arsis usurpat et simplum ~is gubernat *Ib.* 132.

4 (med., ? understood as) disposition.

quid flebs, hota, nefron, cistis, thessis [*gl.*: tessis est habitudo corporis], anathossis? *Gloss. Poems* 103.

thesmophoria [CL *n. pl.* = *festival of Demeter as law-giver*], (in gl.).

t[h]esmaforia, legislatio *GlC* T 73.

thesorarius v. thesaurarius. **thessara**, **~era** v. tessera. **thessaurarius** v. thesaurarius. **thessaurus** v. thesaurus. **thessis** v. thesis. **thestra** v. thistra.

---

theta [CL < θῆτα]

1 theta, eighth letter of the Greek alphabet. **b** (as numeral) 9.

θ viiij BEDE *TR* 1; ~a, 'th', θ, viiij *Runica Manuscripta* 351; in gamma .. et ita et thita et my .. BACON *Gram. Gk.* 6 (cf. id. *Maj.* III 92: 'th', thita, θ). **b** BEDE *TR* 1, *Runica Manuscripta* 351 (v. 1a supra).

2 (app. by similarity of θ to o) zero.

decima [figura] vero dicitur ~a vel circulus vel cifra vel figura nihili quoniam nihil significat SACROB. *AN* 1 (ed. 1983 p. 176).

3 (orig. as abbr. for θάνατος, θανατωτέον, or sim., also *~a mortis*) mark signifying death.

imprimitur macula malae passionis in oculo, veluti quondam cauteriabatur in fronte teta mortis alicui reo HERM. ARCH. 24; et potis est nigrum vitio prefigere teta [*Pers.* IV 13] J. SAL. *Pol.* 614D; ave, virgo, mali meta, / vena vite, per quam theta / tetre mortis explicit WALT. WIMB. *Virgo* 2.

4 (in list of trochaic words).

creta, ~a, feta, spina, Roma ALDH. *PR* 116.

thethinga v. tethinga. **thethingmannus** v. tethingmannus. **thethingum**, **thethynga** v. tethinga. **thetinositas** v. tetanositas. **thetinosus** v. tetanosus.

1 Thetis v. Tethys.

2 Thetis [CL], chief of the Nereids, wife of Peleus and mother of Achilles. **b** (meton.) the sea (*cf. et. Tethys*).

cum Peleus frater Thelemonis ~idem diligeret WALS. *AD* 164; ut Peleum Tetis, id est mare, a navigacione absterreret in varias figuras se mutabat *Ib.* **b** thitis, mare *GlC* T 135; an requies sit eis quos quatit uda Thetis ORD. VIT. XII 26 p. 418; mare, pontus .. Thetys, Nereus OSB. GLOUC. *Deriv.* 558; superisque revolvitur orbe / dimidio Phebus Thetidisque recolligit undis / surgentes radios HANV. VIII 427; a portu pelagus placidum rex laudat, at inde / se levis irato protheat ore Thetis GARL. *Tri. Eccl.* 28; corpus .. Barruci a tedide projectum in littore Barrensi repertum est (*Cadocus* 29) *VSB* 92.

thetragramathon v. tetragrammaton. **Thetys** v. Tethys, 2 Thetis. **theusebia** v. theosebia. **theuthonicus** v. Teutonicus. **Theuto** v. Teutonus. **Theutonice** v. Teutonice. **Theutonicus** v. Teutonicus. **thewinga** v. tethinga. **theya, theysa** v. teisa. **theyer'** v. terea. **theyingmannus** v. tethingmannus. **theynagium** v. thegnagium. **theyngha** v. tethinga. **theynnagium** v. thegnagium. **theynus** v. thegnus. **thezaurarius** v. thesaurarius. **thezaurisare** v. thesaurizare. **thezaurius** v. thesaurius.

thia [LL < θεία], aunt.

thya, matertera *GlC* T 151 (cf. ib. T 139: ~a, amita, soror patris]; *auynt, moders sistyr* .. tia *PP*.

thiara v. thiasus, tiara. **thias** v. thyias. **thiaspis** v. thlaspi.

thiasus [CL < θίασος], orgiastic dance, esp. in honour of Bacchus.

thiaras [? l. thiasi], laudes virginum *GlC* T 148; Veneremque secutus / primus ad inbelles thiasos et debile vulgus / armatum maturat iter J. EXON. *BT* III 275; tihatis, *de feyris Teaching Latin* II 8.

thiinus v. thyinus.

thillum [cf. ME *thille*], shaft by which draught animal is attached to cart.

1325 pro ij grossis rotis emptis .. pro quodam *poukwayn* .. eidem pro ij peciis fraccini pro ~is et le *extreu* faciendis *KR Ac* 469/8 m. 11.

thima v. thymum. **thimagium** v. cheminagium. **thimalus** v. thymallus. **thimeama** v. thymiama. **thimelus** v. thymelus. **thimiama** v. thymiama. **thimiamaterium** v. thymiamaterium. **thimiana** v. thymiama. **thimiaterium** v. thymiaterium. **thimos** v. thymos. **thimum** v. thymum.

thinctha [*aph. form of* gethinctha < AS *geþingþu*], court, legal assembly.

pax que dabitur in unius burgi þincþa [AS: *burhgaþinðe*] emendetur vj hund. (*Quad.*) *GAS* 228.

---

thingemannus [cf. AS *þeg(e)n, þeng + mann*; cf. et. AS *þegnungmann*], ? soldier (in quot. w. ref. to member of the Danish army).

denagildum, quod aliquando þingemannis dabatur (*Leg. Hen.* 15) *GAS* 559.

thinnama v. thymiana. **thinus** v. thyinus. **thiriacus** v. theriacus. **thirna** v. thyrna. **thirsus** v. thyrsus. **thisicus** v. phthisicus.

thistelfinca [ME *thistel+finch*], thistle-finch, goldfinch (*Carduelis elegans*).

aurivittis una est ex aviculis que carduorum semine victitant. .. alii goldfincam aut distelvincam, spinum, alii carduelem esse volunt TURNER *Av.* (1903) 40.

thisterile [dub.], (in gl.) ? kind of chalky clay.

chimolea est terra inventa sub mola fabri ut videtur per Rogerum ... respice in '~e' *Alph.* 38; tisterile [vv. ll. tisterrile, tissertile, tisteribe, titeribe, tuberrile], i. chimolea, quedam terra, A. *cley Ib.* 186.

thistra [AS *þistra*], part of a plough harness.

1303 in thystr' et togwyth' et iiij fassiculis virgarum *MinAc* 875/17; **1308** in iij duodenis de ~is emptis .. ad carucas iiij d. *Rec. Elton* 135; **1325** in xlviij thestris emptis x d. .. in xij sistres ij d. *Ib.* 273; **1346** in zystr' et þinwyth' emptis vj d. *MinAc* 1240/24.

thita v. theta. **thitis** v. 2 Thetis.

thlaspi [CL < θλάσπι], kind of cress-like plant.

herba thyaspis [? l. ~is] *Leechdoms* I 56; **10**.. thiaspis, *lambescerse WW*; talaspeos i. similis calamo *Gl. Laud.* 1491; pes gallinacius, respice in talapsium *Alph.* 141; talipeos semen est acre virtutis .. *Ib.* 181; thalapsium sive ut alii sinapiagrion vel ut latini scandantium vel scandalicum, i. pes gallinacius *Ib.*; ~i or ~ium .. *may be named in englishe dyshmustard or triacle mustard. .. there is yet an other kinde of thlaspie mentioned of Dioscorides and called* ~i *alterum & sinapi perficuum* TURNER *Herb Names* (1965) 132.

thmura v. temura. **thoca** v. 1 theca.

thocium, *var. sp. of* ptochium.

thocium, locus ubi infirmi et pauperes pascuntur VAC. *Lib. paup.* 7.

thoft- v. tofta. **thoftarius** v. toftarius. **thoga** v. toga. **tholeonora** v. teloniaria. **tollen-, thollon-, tholom-** v. telon-. **thollium, ~um** v. tholum. **tholneium** v. tolneum. **tholnetum** v. tolnetum. **tholneum** v. tolneum. **tholon-** v. et. telon-. **tholonetum** v. tolonetum. **tholos** v. tholum.

tholum [AS *þol*], thole, pin for holding oar.

1321 de qualibet navicula cum *orelok* unum denarium, de qualibet navicula cum ~is .. unum obolum *PQW* 459b; navis in qua navigatur cum ~liis *MGL* I 239; si navigat in ~lis, dabit obolum, et si navigat in *horlok*, unum denarium *Ib.* I 375.

tholus [CL = *domed building or hall* < θόλος]

1 dome, (also) spherical or domed finial, typically ornamental, on summit or other extremity of a roof, tower, spire, or other structure.

~us, *hrof GlC* T 153; stant excelsa tolis rostrata cacumina turris WULF. *Swith. pref.* 179; vocatur ex tholis, poli / ut collocetur angelis *Id. Poems* 164; ~is monasterii hujus erectis GOSC. *Transl. Mild. cap.* p. 156; cecidit magnus trullus ecclesie Sancte Sophie, qui destruxit .. lectorium et chorum cum pavimento .. eorum DICETO *Chr.* 98; precelsa in ea ad ~um usque pertingens congeries feni erat ALEX. CANT. *Mir.* 51 (II) p. 264; tolus [v. l. †colus] sive pinnaculum (NECKAM *Ut.* 119) *Teaching Latin* I 190; abbas .. turrim .. retegi fecit, .. collateralibus additis ornamentis, viz. octo linearibus elevacionibus, a ~o usque ad murale extensis, ut octogona turris manifestius appareret *G. S. Alb.* I 280; †**1248** tolus lapideus .. in summitate ecclesie de Welles M. PAR. *Min.* III 42.

2 pommel, spherical ornamental knob. **b** escutcheon, ornament in the shape of a shield carved on a boss or sim.

s**1099** in summitate haste tolum habebat aureum M. PAR. *Min.* I 154; gladios .. qui habent ~os [*gl.*: *pomels*] et capulos rutilantes (GARL. *Dict.* 124) *Teaching Latin* I 197; hic ~us, *pumel Gl. AN Glasg.* f. 20ra (cf. *Gl. AN Ox.* 105: hic tolus, *pomel*); *pomel of a swerde or of a knyfe*, tolus *PP*; *polle*, contus piscatoris est, .. [*pomel*] tolus *CathA* (cf. ib.: *pumelle* [v. l.

pomel], tolus). **b** *scochen,* ~os, -i, hic LEVINS *Manip.* 61.

thome v. tome.

thomipeta [Thomas+-peta], pilgrim to the shrine of St. Thomas of Canterbury.

negotiatori .. Cantuariam peregre proficiscenti civis obtulit .. oculos argenteos, ad tumbam martyris Thome deferendos, dicens "soror mea, frater ~a, visu .. caruit" W. CANT. *Mir. Thom.* VI 44.

thomisonans [Thomas+sonans *pr. ppl. of* sonare], calling on St. Thomas of Canterbury.

vociferanti quippe nomen martyris, immo, nomini martyris, lapides pepercerunt, et .. caput ~ans illesum timorati conservarunt W. CANT. *Mir. Thom.* VI 49.

thomista [Thomas+-ista], follower of St. Thomas Aquinas, Thomist.

1517 nec ~a sum nec Scotista (J. WATSON) *Ep. Erasm.* II 576; tam argutas argutias non intelligit, hebes videlicet ~a rex, sed facile perpendit acutus satanista Lutherus MORE *Resp. ad Luther.* (ed. J. Headley, 1969) 82.

thomistice [thomisticus+-e], in a Thomistic manner.

hic recte consulunt ecclesiae, sicubi suadent credere; hic ~e, sicubi jubent bene facere MORE *Resp. ad Luther.* (ed. J. Headley, 1969) 620; illo .. negante [assumptum] .. ille .. 'oportet sic esse!', pulcherrime et ~issime *Ib.* 94.

thomisticus [thomista+-icus], Thomist, Thomistic.

quod fidem Christi veram, non informem et ~am doceat, sed Lutheranam MORE *Resp. ad Luther.* (ed. J. Headley, 1969) 176; legebat studiose libros divi Thomae Aquinatis, et hoc agebat hortatu Volsaei, qui totus erat ~us P. VERG. *Camd.* 198n.

thomix v. tomix. **thomus** v. tomus. **thoparcha** v. toparcha. **thopasius, ~ation, ~azion, ~azius** v. topazius. **thophus** v. tofus. **thopicus** v. topicus. **thora** v. 2 tora. **thoracicla** v. thoracicula, thoracis.

thoracicula [thoracis+-cula], **~us,** statue or other artistic representation of human form from (at least) the chest upwards.

Colosus [vv. ll. *add* toraciclus, toracidus] ALDH. *Aen.* 72 *tit.*; toracidas [v. l. toraciclas; *gl.*: i. culturas, thoraciclas imagines, *anclicnyssa*] *Id. VirgP* 38, toracidas [vv. ll. toraciclas, thoraciclas; *gl.*: staturas, imagines] *Ib.* 60, toracidas [v. l. toracyclos] (ÆTHELWALD) *Carm. Aldh.* 2. 171 (v. thoracis); thorociclas, scluptae [*sic*] imagines *GlC* T 148.

thoracis [θωρακίς = *breastplate, chest, or as back formation from* CL thorax], statue or other artistic representation of human form from (at least) the chest upwards.

Colosus [vv. ll. *add* toraciclus, toracidus] ALDH. *Aen.* 72 *tit.*; omnes simulacrorum toracidas [v. l. toraciclas; *gl.*: i. culturas, thoraciclas imagines, *anclicnyssa*] ad solum cernuas diruit *Id. VirgP* 38; regalium personarum pictores deauratis petalis toracidas [vv. ll. toraciclas, thoraciclas; *gl.*: staturas, imagines] ornare *Ib.* 60; munusculum / quoddam addunt pulcherrimum, / toracidas [v. l. toracyclos], tuentibus / retorquentes luminibus / imagines auriferis / Christi matris capitibus (ÆTHELWALD) *Carm. Aldh.* 2. 171; alvum purgavit super toracidam beate Marie ANSELM BURY *Mir. Virg.* 30 (cf. ib.: imaginem .. Marie).

thoracus v. thorax. **thoraillum** v. toraillum. **thoral** v. toral.

1 thorale [cf. CL thorax, torale], part of garment (perh. covering the chest).

~ale [*sic*] et manice et girones, licet quantum ad vestis partes diversa habeant nomina, tamen principalis eorum materia est pannus ROB. ANGL. (I) *Alch.* 514a.

2 thorale v. toraillum.

3 thorale v. toral.

thoralis v. toraillum, toralis. **thoralium, ~allia, ~allum** v. toraillum.

thoratih [dub.], (in gl.) hypocistis, fungus on roots of dog-rose or juice of this.

~ih, i. ypoquistidos *SB* 42.

thorax [CL < θώραξ], **~aca, ~acus**

1 (piece of) armour that covers the breast or chest, breastplate, cuirass.

cassida cum thoracis necnon ancile duelli ALDH. *VirgV* 2463 (cf. id. *VirgP* 53: gigantem crista cassidis et ~aca indutum; *WW*: **10.** . ~aca, *byrne*); fides necnon trilicibus / girat thoracis humeros (ÆTHELWALD) *Carm. Aldh.* 2. 28 (cf. *(id.)* ib. 3. 30: spicula, / quibus infesti fortibus / forant thoracas humeris); lorica vel torax vel squama, *byrne* ÆLF. *Gl.*; dux .. trilicis toracis circumdatus BYRHT. *HR* 72; evasit .. hamate ~acis adjutus beneficio W. MALM. *GR* V 401; furfure jam thorax, jam cassis calce novatur L. DURH. *Dial.* II 476; coniferas galeas, duplicem thoraca, trilices / loricas laxant GARL. *Epith.* I 577; quin indue meum dorsum hanc toraca! LIV. *Op.* 112; Persarum reges selectorum suorum mille numero ~aces malis .. insignire consuevere SPELMAN *Asp.* 64.

2 breast, chest, (also) ribcage, breastbone.

tege toliam toracem cum pulmone (LAIDCENN MAC BAÍTH *Lorica*) *Nunnam.* 94; equestres tibie, ~ax extensior, lacerti pugiles virum fortem .. denuntiant P. BLOIS *Ep.* 66. 197B; pestis .. pariter ~acem et superiores partes immodica distendebat inflatura W. CANT. *Mir. Thom.* VI 81; si minor sit ~ax quam cordis exigat calor ALF. ANGL. *Cor* 8; est pellicula quedam dividens duas toraces a se invicem, transiens per majorem divisionem pulmonis *Ps.-RIC. Anat.* 41; sagapinum causas ~acis medicando componit *Alph.* 160; hic torax, *a brestebone WW; upon Ludgate ye fore quarter of a man is set upon a pole,* in occidentali porta Londoniensi exposita est in pertica hominis .. ~ax WHITTINGTON *Vulg.* 69; membrana pulmones et intimum ~acem aequis portionibus per media distinguens D. EDW. *Anat.* B4.

3 statue or other artistic representation of human form from (at least) the chest upwards, or ? *f. l.*

arte plumaria omne textrinum opus diversis imaginum ~acibus [v. l. thoraciclis; *gl.*: imaginibus, i. *anlicnessum*] perornent ALDH. *VirgP* 15.

thorchia v. torcha.

†thore, ? *f. l.*

qui veteres recolis veteranaque gesta revolvis, / †ferreque scis si vis thore quis fuit† ac pater ejus, / dic si legisti (WHET.) *Pol. Poems* II 266.

thoreuma v. toreuma.

thornacra [AS þorn+æcer], acre of land covered in thorn bushes.

1353 tres thornacr' ibid' *buttant into Tiffeldefeld* (*Deed, Easton Neston, Northants*) *MS Fermor-Hesketh MTD/E/11/8.*

thornellum v. tornellum. **thorocicla** v. thoracicula. **thorosus** v. torosus.

thorpum [AS þorp], hamlet, village.

a**1100** de donanda silva torpi H. Los. *Ep.* 8; mei vicini conantur contrahere ~um in consuetudinem ... praecipite .. ut ~um suo more sit quietum *Ib.* 26.

Thoth [LL < Θώθ < Egyptian], Thoth, first month in the Egyptian calendar (approximately coincident with September).

primus mensis ~th, iiij kl. Septembrium BEDE *TR* 11; ~thos September BYRHT. *Man.* 22 (ed. 1995 p. 24); Aegyp' ~th .. Lat' Sep' *Miss. R. Jum.* 17.

thoythanaka v. contuita. **thoytum** v. tuathum. **thraa** v. trahea. **thraba** v. 2 trabs. **thradere** v. tradere.

thrascias, thracias [CL], north-north-west wind.

cardinalis ventus septentrio habet ventum a dextris circium nomine, qui et tracias dicitur, faciens nives et grandines J. FOXTON *Cosm.* 16. 1.

thraso [CL *as name of character in* Ter. *Eun.*], (transf.) braggart. **b** ? follower, attendant.

plures ibi quam in tota Gallia trasones offendes DEVIZES f. 39v; hi sunt quos videas in gestu ~ones, in conviviis caupones G. HOYLAND *Ascet.* 287C; quibus etiam ipsi seipso gloriosos fecere ~ones P. BLOIS *Opusc.* 1040B; s**1188** perfidus ille traso Rogerus GERV. CANT. *Chr.* 404. **b** s**959** rex .. dolens tam

divites eleemosinas collatas ecclesiae nec in ecclesia nec in ministris ecclesiae nec in pauperibus expendi, mandavit trasonibus et saepe consuluit per episcopum eorum Athelwoldum *Ann. Wint.* 12.

Thrasonianus [CL Thraso+-ianus], of or pertaining to Thraso (character in Ter. *Eun.*).

in vita hominum et in assertione morum subest Gnatonica Trasoniane J. SAL. *Pol.* 711B.

thrasonicus [thraso+-icus], (in quot. as sb. f.) braggartry, boastfulness.

sic et ~a sapientiam ad congressum provocare temeraria presumit NECKAM *NR* II 113.

thrasonius [thraso+-ius], braggard, boastful.

Thrasonem representaret, nisi quia Thrasone ~ior est NECKAM *NR* II 190.

thrava, ~is, ~us v. threva.

Thrax [CL]

1 Thracian (in quot. as sb.).

Jafeth .. habuit septem filios .. septimus Tiras a quo Traces NEN. *HB* 161.

2 (transf.) wild, fierce, or violent person; **b** (w. play on name de Tracy).

trax, dirus *GlC* T 246. **b** tres sunt ii, Villicus, Thrax, et Ursi natus / .. / ut sint ex re nomina, reddit hos reatus / traces et mortiferos, ursos bruti status *Poem S. Thom.* 84.

threhinga v. trithingum. **threna** v. threnus.

threnetice [threneticus < θρηνητικός+-e], by or with lamentation.

gemat trenetice [*gl.*: *waumentusement*], id est lamentorie GARL. *Dict.* 133.

threngus v. drengus.

threnis [cf. LL threnus], (in gl.).

sary .. trenosus, tremosus, trenis *CathA.*

threnosus [LL threnus+-osus], of or characterized by lament or lamentation.

tuum nutum vel ocellum / ad trenosum et misellum / converte mancipium WALT. WIMB. *Virgo* 149; considerans nullam subsistenciam sive solidam substanciam in mundo diu permanere posse, carmen suum ~um exorsus est in hunc modum .. BOWER X 44; *sary* .. trenosus *CathA.*

threnus [LL < θρῆνος]

1 dirge, lament; **b** (*totus in* ~os *ire*). **c** (pl., book of the Bible) Lamentations.

hos igitur threnus, quos mundi fata facessunt / .. / Eustochium lacrimis virgo non sensit amaris ALDH. *VirgV* 2132; trenos, *sarlic sang.* . ~um, *wanung* ÆLF. *Gl.*; lugubres ~os ORD. VIT. XI 8 p. 194; s**1187** nec ipsa doloris immensitas ad singula ~os aptare indulget *Itin. Ric.* I 5; **1188** trenis hujusmodi producunt [dies] dolorosos et noctes insomnes *Ep. Cant.* 206; tunc Stix erit sine trenis, / sine planctu, sine penis WALT. WIMB. *Van.* 104; scripsit .. illas ~as que in multis locis habentur *Croyl.* 24; tales igitur eo prosequente trenorum modulos *Mir. Hen. VI* I 8 p. 29. **b** **1166** in trenos totus ire poteritis et lacrimarum fontem oculis vestris .. negare nulla quidem ratione poteritis *Ep. G. Foliot* 167; totus in trenos ire poteritis GIR. *SD* 150; c**1213** nonne qui hec .. perpetravit totus in trenos .. ire valebit? *Id. Ep.* 7 p. 258. **c** nec psalmis primo Daviticis allecti nec ~is postea correpti voluerint annuere propheticis BEDE *Luke* 422B; quod in ~is suis .. alter luxit propheta H. BOS. *Thom.* IV 1; quod omnes theologi intelligunt esse librum ~orum BACON *CSPhil.* 438; s**1291** o dolor, lamentabilium gemitu Geremie prophete. hic destruccionem veteris Jerusalem planxit in ~is *Flor. Hist.* III 74.

2 (cause or state of) physical or emotional pain, agony.

1346 meroris plenam subit illic Scocia penam; / Edwardi strenam sibi sentit adhuc fore threnam *Pol. Poems* I 41; in mortis .. ~a [*MS*: trena] in palacio suo seorsum decumbens ELMH. *Cant.* 317; *a sarynes,* tristicia, anxietas, trena *CathA.*

threva [AS þreues (pl.)], thrave, measure of corn, straw, or sim. (typically containing two stooks of twelve sheaves each).

reddunt burgenses regi xij trabes annonae *DB* I 28orb; c**1094** travam unam bladi *E. Ch. Yorks* I 166; coloni .. ad pabulum equorum regis .. solebant reddere .. de unaquaque caruca, id est ad cultrum et vomerem, iiij travas de suis frugibus *Mir. J. Bev. A* 298; habet de unaquaque caruca j travam bladi *Boldon Bk.* 4; decem thraves avene *Scone* 18; **1201** novies xx traves de ordeo et avena *CurR* I 388; **1279** ad solucionem travarum quas ipsa ecclesia percipere consuevit *Reg. Ebor.* 13; **1281** estimant illud [dampnum] ad iij thravas *CourtR Hales* I 170; **1282** ducentas travas turbarum *Reg. Linc.* I 16; **1320** in xiiij travis straminis emptis .. xxj d. *KR Ac* 482/1 m. 5; **1334** trabas garbarum que vulgariter nuncupantur 'travae' *Mem. Beverley* II 108; **1343** districtus est per novem thravos et dimidium drageti (*Leics*) *CourtR* 183/51; **1368** ad valenciam xv thravarum pisarum *Hal. Durh.* 71.

thri- v. et. tri-. **thriplus** v. I tribulum. **thrithing-** v. tething-, trithing-. **throcare** v. throccare.

throccare [throccum+-are], to fit (plough) with a throck.

1351 in vj carucis throkandis et reparandis xij d. (*Pershore, Worcs*) *Ac. Man. Westm.* 22125; **1352** in aliis tribus carucis †chrokandis [l. throkandis] vj d. *Comp. Worc.* I 65; **1352** in j caruca trokkanda ij d. (*Pensham, Worcs*) *Ac. Man. Westm.* 22213; **1362** in ij carucis throkkandis de meremio domini iiij d. (*Pensham, Worcs*) *Ib.* 22217; **1364** in j caruca throcanda ij d. (*Pensham, Worcs*) *Ib.* 22219.

throccatio [throccare+-tio], act of fitting (plough) with a throck.

1365 in factura unius nove caruce et ~acione unius alterius caruce vij d. *Ac. Man. Westm.* 22220; **1367** in ~acione unius caruce de meremio domini ij d. *Ib.* 22222.

throccum [AS *þroc*], piece of timber on which to fix ploughshare, share-beam, throck.

1303 in ij throkkis [ad carucas] vj d. (*Brancaster, Norf*) *MinAc* 931/1.

throkare, **~kkare** v. throccare. **throkkum** v. throccum.

thrombosus [thrombus+-osus], (med.) clotted.

subtiliores partes resolute .. divise egredientes quasi glebe trumbosam reddunt urinam GILB. I 37v. 2; urina .. remissa cum quadam residencia ad modum vitri liquefacti quod est contentum trumbosum GAD. 61v. 1; trombosus i. globosus sanguis *Alph.* 188.

thrombus [LL thrombos < θρόμβος], (med.) clot.

mulier .. post partum quosdam trumbos sanguinis emittere consuevit *Quaest. Salern.* Ba 49; flegma vitreum faceret urinam mediocrem cum gleba humoris et trumbis GILB. I 38. 2; trombus i. globus *Alph.* 188.

thron- v. et. tron-.

throneus [CL thronus+-eus], (theol.) pertaining to Thrones, the third of the nine orders of angles.

primus [orbis celestis] quasi seraphicus, quinimmo vocetur ille 'nonus', proximus suo quasi Deo stabili .. septimus ~eus, saturnius et religiosus COLET *In 1 Cor.* 251.

thronicus [CL thronus+-icus], that is characteristic of a Throne.

prima .. angelorum adornatio .. habet .. ~icam [Gk: θρονίαν] proprietatem, expansam Deisusceptionem manifestantem GROS. *Ps.-Dion. (Cael. hier.)* 958.

thronizare [CL thronus+-izare], to enthrone.

1331 archiepiscopo die quo tronizatus fuerit (*CoramR* 284 m. 1d.) *SelCKB* V 53; **1421** vestre paterne dignitatis sublimitas pontificalis eminencie tronizata in arce *EpAcOx* 3; **1427** princeps pacis .. summi pontificis vos ~avit in arce *Conc.* III 477a; **1433** pontifex ille eternus .. sanctitatem vestram summa ~abat in apostolorum sede *EpAcOx* 103.

thronizatio [thronizare+-tio], act of enthroning, enthronement.

1331 aquam .. archiepiscopo .. pro manibus suis ante prandium lavandis die tronizacionis sue *SelCKB* V 53; **1505** tronizacio venerabilis patris .. domini Willelmi W. Cantuariensis archiepiscopi *DCCant.* C 11 f. 39a; **1521** tronazatio commissariis super tronazatione dicti domini facienda *Stat. Linc.* II 554.

---

thronum v. trona.

thronus [CL]

1 ceremonial seat of one wielding power, throne (also transf. or fig.); **b** (~*us gratiae*, w. ref. to *Hebr.* iv 16).

[Maximus] ~um iniquissimi imperii apud Treveros statuens GILDAS *EB* 13; †**705** (12c) sciat se ante terribilem divine majestatis ~um .. perculsurum (*Malm.*) *ASC* XI no. 11; Cantuariae incolatum vivens ~o annis sedecim .. fovit W. MALM. *GP* I 1; Stigandus .. Wintoniensem et Cantuariensem ~os ascendit *Ib.* II 74; **1244** magnum tapetum .. ad pendendum super tronum regis *Cl* 279; Egrico cognato suo ~um regni reliquit M. PAR. *Maj.* I 279; erit preparatus ~us excelsus ut in eo princeps residens .. ab omnibus possit intueri *Lib. Regal.* f. 2; Jupiter .. pingebatur in ~o eburneo in sua majestatis sede sedens *Deorum Imag.* 2. **b** ~um gratie adeuntes, secundum gradus meritorum suorum .. loca sibi congrua sortiuntur J. FORD *Serm.* 26. 5; c**1317** ad suppremum ~um gracie .. facie revelata accedere non veremur (R. BURY *Ep.*) *FormOx* 17.

2 (theol.) angel of the third of the nine orders, Throne (*cf. Col.* i 16).

a**900** per omnia agmina sanctorum angelorum et archangelorum, ~orum [v. l. thrones; AS: *hehsedlo*] .. atque seraphin (*Jud. Dei*) *GAS* 411 (cf. ib. 405); [theologia] ~os ait igneos esse GROS. *Ps.-Dion. (Cael. hier.)* 993; quemadmodum .. astruit S. Dionysius se .. didicisse, in prima .. hierarchia primo seraphin, secundo cherubin, tertio ~i .. collocantur (AD. MARSH) *Mon. Francisc.* I 416; tertius .. ordo [angelorum] est ~i, et isti prevalent aliis in judiciis Dei dandis J. FOXTON *Cosm.* 89. 3.

thropheum v. tropaeum. **throsnum** v. trona. **thruca, ~cha** v. thrusca. **thrulla** v. I trulla.

thrusca [ME *thrushe* < AS *þrysce*], kind of songbird, throstle, thrush.

dulce pelora sonat, quam dicunt nomine troscam [TREVISA: *þrostel*] / sed fugiente die illa quieta manet HIGD. I 25 (*recte* 24) p. 236; **1338** coquina .. in iiij ploveres, ij whitecokes vj d., in thruchis j d. *Ac. Ep. Bath.* 117; **1338** coquina: .. in ix thrucis iiij d. *Ib.* 142.

thrya [AS *þrúh, þrýh* = *trough, conduit*], ? trough or conduit.

1478 uno laboratori pro fodio [? l. fodicione] et factura unius ~e pro aqua bullente [? l. bulliente] *Ac. Churchw. Bath* 78.

thryallis [θρυαλλίς], (bot.) kind of plant with leaves suitable for making wicks, hag-taper, mullein (*Verbascum thapsus*).

est alterum genus flosmis quod 'lignitis' dicitur at 'triallis', folia habens iij aut iiij aut plurima, pinguia et aspera et grossa, quibus multi in lucerna utuntur *Alph.* 69 (cf. Plin. *HN* XXV 74).

thryndingum v. trithingum.

thryon [θρύον], (bot.) kind of hallucinogenic plant, thorn-apple (*Datura stramonium*).

strignus manicon quam alii 'perisson' dixerunt sive ut †juvenes [l. Hellenes] 'drion' vel ut Latini 'furialis' *Alph.* 176.

thryth- v. trith-. **thuing-** v. tething-. **thuista** v. twista. **thumama** v. thymiama.

thumelicus [θυμελικός], musician or singer.

temelici, *idel sangere* ÆLF. *Gl.*

thupetum v. topettum. **thur-** v. et. tur-. **thurallum** v. toraillum. **thurcesius** v. turkesius. **Thurcus** v. Turcus. **thuri-** v. turi-.

thurliare [ME *þurlen* = *to pierce*], to break up, harrow, or plough (land).

a**1300** quando seminant ordeum in Quadragesima .. sex avermanni debent thurliare xx acras terre *Reg. S. Aug.* 101.

thurnus v. tornus. **thurri-** v. turi-. **thus** v. tus. **thuthing-** v. tething-. **thutia** v. tutia. **thwedum** v. tuathum. **thya** v. thia. **thyaspis** v. thlaspi.

thyias [CL < θυιάς], one (f.) who participates in Bacchic rites, Bacchante.

---

commotis excita sacris / thias, ubi audito stimulant trieterica Bacho / orgia [Verg. *Aen.* IV 301] ALDH. *PR* 123.

thyinian- v. thymiam-.

thyinus [LL < θύϊνος], of a kind of fragrant wood, sandarac cypress (*Callitris quadrivalvis*) or sandalwood (*Santalum album*).

adtulerunt inde aurum et ligna thina [vv. ll. thiina, thuina] et gemmas pretiosissimas BEDE *Gen.* 121C; abiegna †thimaque [l. thiinaque] ligna que dat Ophir / cantorum citharis [cf. *III Reg.* x] GOSC. *Edith* 89; ~a, ligna quedam BACON *Gram. Gk.* 62; ~a sunt ligna quedam preciosissima ad modum hebeni .. et ligna ~a sunt imputribilia et spinosa .. et polita instar speculi .. in igne non comburuntur BART. ANGL. XVII 165.

thymallus [LL < θύμαλλος], kind of freshwater fish redolent of thyme, grayling (*Thymallus thymallus*).

qui nomen habet timeos de flore 'timallus' / sic quoniam redolet vescentem sepius illo / protrahit ut tales oleant per flumina pisces V. *Merl.* 827; [pisces] ~is, qui vulgariter 'umbre' dicuntur, persimiles GIR. *TH* I 10; ~is .. in quorum laudem .. "quid" inquit [Ambrosius] "aspectu pulchrius, quid odore suavius, quid gustu jocundius?" *Id. IK* I 2 p. 33; est specie gratus placidoque sapore thymallus NECKAM *DS* III 565; hic thimalus, *a sperlynge WW*; simallus, A. *a sperlynge WW*; hic tumalus, *a sperlyng WW*.

thymbra [θύμβρα], **thymbria** [θυμβραία], kind of aromatic herb, savory (*Satureia*), wild thyme (*Thymus serpyllum*), or sim.

dyaciminum .. recipe .. galange, timbre, calamenti GILB. IV 188v. 2; calamiten, tymbra, serpillum, pulegium agreste idem *Alph.* 31; satureia vel saturegia, timbra vel timbria idem, et in sapore medium inter ysopum et mentam, G. *sarre Ib.* 158; serpillum vel herpillum, timbra, pulegium cervinum vel montanum idem, G. *serpoul* vel *tymbre* vel *puliol*, A. *brotherwort Ib.* 167; satureia, tymbra idem, A. *saverey SB* 37.

thymelaea [CL < θυμελαία], kind of poisonous shrub, flax-leaved daphne, spurge-flax (*Daphne gnidium*).

camelea, timelea idem *Alph.* 29; timelia aut camelea frutex est .. cum virgis plurimis, omnibus in longitudine cubiti unius *Ib.* 185; ~aea *or spurge flaxe* ... *The seede of* ~aea *is called in shops* granum gnidium GERARD *Herball* (London, 1597) III 60 p. 1218.

thymelus [AS *þýmel* = *thumb-stall*], (of pig) whose fat is as thick as a thumb.

si pasnagium capiatur de porcis .. de duodigitali quartus, de þimelo quintus (*Quad.*) *GAS* 111.

thymiama [CL < θυμίαμα], mixture of aromatic gums and spices that produces a sweet smell when burned, incense; **b** (pl.); **c** (transf. or fig.). **d** (in gl.).

timiama [*gl.*: i. incensa] diis ut adoleret ALDH. *Virg P* 47; accendit ~a habensque in manu turribulum consistit in gradibus *Hist. Abb. Jarrow* 25; inpones in incensario ignem et tymiamam, tus et myrram EGB. *Pont.* 119; in ipsa missa non portantur cerei .. sed †thimiama [MS: thimiama] sive thus tantum ÆLF. *Regul. Mon.* 189; in domo .. hec tria erant: mensa propositionis .. et .. candelabrum .. et altare ~atis [*Exod.* xxx] AD. SCOT *TT* 657D; †thyinianiateria [l. thymiamateria], vasa †thyinianiatis [l. ~atis] BACON *Gram. Gk.* 62; p**1255** quatuor aromata sc. stacten, onicam, galbanum, et thus, ex quibus sacrum conficitur thimiama AD. MARSH *Ep.* 247. 12 (cf. *Exod.* xxx 34); timiama, i. cozimbrum vel fex ladani confita .. G. *fraunc ensens Alph.* 185; incense, incensum, thumama [l. thimiama] *CathA*; **1508** pro insenso et thimiama j d. *Ac. Churchw. Bath* 100. **b** caterva .. praeferens .. candelabrorum lumina et thuribulorum incensa ~ata GOSC. *V. Iv.* 88B; diversa thimiamata et amomum .. quod dissolutis moribus faciant nemo nisi dissolutus negat J. SAL. *Pol.* 724B; †thinnamata [l. thimiamata] graciose confecta delectant hominem odorantem BRINTON *Serm.* 52 p. 231. **c** dulce sonant silve, redolent thymiamata campi NIG. *SS* 521; cum senex oratorium ~a precum Deo oblaturus intrasset J. FURNESS *Kentig.* 5; hostias placacionum, aromata affeccionum, et thimiamata precum offerant J. LOND. *Commend. Ed. I* 18. **d** timiana, *letuarie Teaching Latin* II 22.

thymiamaterium [LL], vessel in which incense is burned, censer.

vasa .. timiamateria, turibula, mortariola, et cetera BEDE *Templ.* 802D; cum pontifex noster fumigans thimiamaterium inferret GOSC. *Lib. Confort.* 28; candelabra, turibula, et thimiamateria solaribus radiis respondentia *Id. Transl. Mild.* 16; †thyinianiateria [l. ~ia], vasa †thyinianiatis [l. thymiamatis] BACON *Gram. Gk.* 62.

thymiaterium [θυμιατήριον], vessel in which incense is burned, censer.

ymaginem Filii mei .. cum thimiateriis et cereis assumite AD. EYNS. *Hug.* V 1.

thymius [CL thymum+-ius], of thyme.

epithimata [*gl.*: unguent' factum ex timiis; unguenta facta de timis floribus; *dez flur*] NECKAM *Ut.* 110.

thymos [θυμός], (in gl.) soul, spirit.

orthomia .. dicitur ab 'orthos' quod est rectus et 'thimos' quod est spiritus *Alph.* 131.

thymoxalmus [θυμοξάλμη; cf. CL oxyalmus], (med.) potion of thyme, vinegar, and brine.

timopsalmo antiqui utebantur pro lassitudine stomachi [Diosc. V 16] *Alph.* 185. ~us .. *Alph.* 185.

thymum [CL < θύμον], **~us** [θύμος], kind of aromatic herb, thyme; **b** (in gl.). **c** (~us minor) ? kind of asteraceous herb, flea-bane.

scientes quod abscinthium et thimum .. degustet apis MAP *NC* III 2 f. 39; thymallus ex flore nomen accipit, ~um quippe flos appellatur, nam .. sicut flos flagrat NECKAM *NR* II 46; est, saturea, timo tua vis concessa *Id. DS* VII 149; ~us est herba valde aromatica BART. ANGL. XVII 171; timus frutex est habens folia angusta, pusilla, et oblonga ... flos est illi purpureus. nascitur locis saxosis et asperis, vires habet acres et calefactorias, paululum stringentes *Alph.* 186; acedula, timum, endivia, feniculumque STANBR. *Vulg.* 11. **b** ~us, *haet* GlC T 152; **10.** .. alucurus vel thimus, *hæð* WW; ~o, herba *boþene* GlP 163; **12.** . hoc tymum, -mi, *deyseye* Teaching Latin I 89; thima, *hunisoke Ib.* II 22; tymum, *hunysuke Ib.* II 27. **c** coniza tres habet species .. media coniza cephaleos vel thimus minor *Alph.* 43.

thyra [θύρα], door.

balvae, id est ~ae [v. l. tyrae] BEDE *Orth.* 13.

thyrna [AS *þyrne*], thorn-bush.

c**1208** concessi .. tertiam partem unius acre in campo boriali de S. .. qui jacet in thirna inter terram Simonis G. et terram Ricardi *Cart. Beauchamp* 223.

thyrsiculus [CL thyrsus+-culus], (bot.) little stalk or stem.

lacura †crissiculum [l. ~um] habet oblongum vastitate digiti unius .. et in summo gerit ramulum diffusum et folia oblonga *Alph.* 92.

thyrsus [CL < θύρσος]

1 (bot.) stalk or stem; **b** (in gl.).

tursus, cimia, *crop* ÆLF. *Gl.*; folium .. lilii ab tyrso ejus foris scritur ANDR. S. VICT. *Reg.* 96; habeat [rusticus] ligones quibus tirsos extirpet NECKAM *Ut.* 111; ex succo radicis et ~orum [rhamni] per decoctionem fit medicamen BART. ANGL. XVII 138; ~us, herbarum olerumve medius frutex BACON *Gram. Gk.* 62; orchis .. tirsim habet bipalmen *Alph.* 131; *blade of a herbe*, †cirsus [l. tirsus] *PP* 40. **b** thirso, i. *baletun* Teaching Latin II 8.

2 wreathed wand, thyrsus.

tyrsus, †acta [l. hasta] cum panpino GlC T 356; ~o, vitibus *tællan* GlP 433; ~us .. dicitur ramus quo frondibus quo utebantur in sacrificiis Bachi BACON *Gram. Gk.* 62; solebant .. sacerdotisse Bachi cum tirsis currere per silvas tamquam furentes TREVET *Troades* 50.

3 (in gl., app. confus. w. θυρίς).

~us est genus cymbali in modo fenestre quadrate BACON *Gram. Gk.* 62 (cf. *in Stat. Achil.* I 617) *Corp. Gloss. Lat.* V 158).

thystra v. thistra. **thythinga** v. tethinga. **thythwitus** v. twihyndus.

1 tia v. thia.

2 tia [ME *teie, tai, tie* < AS *teáh*]

1 small coffer (for securing valuables), casket, tye.

1290 pro una tyia data domine Alianore recondenda, xij d. (*AcWardr*) *Chanc. Misc.* 4/5 f. 8; **1389** R. divertit aquam, et fregit ~as, et ei insultum fecit *Rec. Stan.* 65.

2 ? that with which something is secured, rope, tie.

1313 tyibus ad carectam *Fabr. Exon.* 67.

3 (as item paid as rent).

1259 de qualibet domo una gallina et valet iiij d., et de qualibet domo una tya et valet ij d. *Cl* 488.

tiara [CL < τιάρα], sort of middle-eastern head-dress, turban. **b** (eccl.) ceremonial head-dress worn by priest, tiara; **c** (as symbol of pontifical office); **d** (in gl.).

~a, Frigium pilleum GlC T 162; ~a [l. ~am] pro velamento capitis ordinavit [regina] et precipue ipsa usa est ut a populo non videretur, et populo precepit talibus uti *Eul. Hist.* I 31. **b** p**675** ~a [MS: thiara] apud veteres in capite sacerdotum constituebatur ALDH. *Ep.* 4 p. 483; ~a .. quae et 'cidaris' et 'mitra' vocabatur caput tegebat et ornabat pontificis ut .. ammoneretur omnes capitis sensus Deo consecratos habere BEDE *Tab.* 481A; fulget apex clara gemmis et luce tiara R. CANT. *Poems* 7. 14; his ornatur presbiter ornamentis sc. superlicio, alba, talari, et tyara [*gl.*: mitre, amite] GARL. *Dict.* 134; quartum [indumentum] est rotundum pilleolum quod Greci et nostri '~am', nonnulli 'galerum' vocant. .. tertiam partem [capitis] a fronte nudam relinquit .. et est de bysso factum ANDR. S. VICT. *Hept.* 175; ecclesiastica vocabula [ex Greca] sunt 'agios', sanctus .. 'tyara', mitra pontificalis BACON *CSPhil.* 444. **c** [pontifices] diviciis rapti mundano tramite current / eripientuque Deo quod sacra tyara [v. l. tiara] vetabit *V. Merl.* 671. **d** hec thiara, *coife Gl. AN Glasg.* f. 21rb; hic amittus, A. *amytte.* hic [? l. hec] tiera, idem est *WW*; hoc teare, -ris, *a bonet Ib.*

tiaratus [LL], adorned with a *tiara*.

asinae .. nolentis se vehiculum fore ~i magi GILDAS *EB* 1.

†tibaldus, *f. l.*

ita vilipendebatur propter infamiam quod etiam †tibaldi [l. ribaldi] ipsam contempnebant O. CHERITON *Par.* 84.

tibea v. tibia.

tibereus [CL], (*marmor ~um*) kind of marble found in Egypt during the principate of Tiberius.

marbylle, Augusteum marmor, ~ium *CathA* (cf. Plin. *HN* XXXVI 11: haec maculas diverso modo colligunt, Augusteum undatim crispum in vertices, ~eum sparsa, non convoluta, canitie).

tiberius v. tibereus. **tibi** v. tu, tybi.

tibia [CL]

1 shin-bone, tibia; **b** (of animal, used as ice-skate).

11. . ~ia .. *sineban WW Sup.* 430; s**1218** dormitorium .. corruit .. sed nullum oppressit .. preter .. G. monachum, cujus ~iam trabes confregit *Ann. Tewk.* 64; **1338** percussit predictum J. .. super ~iam dexteram cum uno baculo et fregit illam SelCCoron 44; **1370** legem suam versus Ricardum .. de eo quod non fregit ~iam vacce sue *Hal. Durh.* 95; **1469** in recompensam magnarum expensarum .. per eum passarum in fraccione sue tubie *ExchScot* 638. **b** super glaciem ludere .. .. sub talaribus suis alligantes ossa, ~ias scilicet animalium W. FITZST. *Thom. prol.* 17.

2 front part of the lower leg, shin. **b** lower leg. **c** (*arbalista de ~ia*) sort of crossbow drawn by means of a stirrup, 'leg-powered' crossbow. **d** (as joint of meat) shin. **e** (transf., pl.) fur obtained from the legs of animals, 'shanks'. **f** (in gl.).

in nodosi cippi claustrum viri Dei ~ias et suras astringunt ALDH. *VirgP* 35; **11.** . ~ia, *scina WW Sup.* 430; **1212** Walterus .. quandam plagam ei fecit cum quadam securi in ~ia SelPlCrown 59; **1381** apud Savoye asportaverunt certas armuras pro tubiis *Peas-*

ants' Rising 8. **b** directe ~ie, brachia, et manus extente [sunt] GOSC. *Edith* 293; toto corpore incurvatus, ~iis pre nimia debilitate tremulis *Mir. Fridesw.* 10; ~iam ejus et pedem dexteram fistula occupaverat J. FURNESS *Walth.* 131; cicade quedam .. non tibiarum nisu sed alarum remigio se transferentes GIR. *TH* I 21; **1390** priorem extra .. prioratum .. per ~ias suas contra justiciam .. maliciose extraxerit *Pat* 328 m. 15; **1428** collo, capite, tubiis, et pedibus denudatis, corpore camisia et femoralibus solomodo induto *Heresy Tri. Norw.* 36; caballus .. ~iis anterioribus in sabulo infossatis *Plusc.* VII 32; **1447** Johanna .. pedes et ~ias dicti presbyteri .. quodam linthiamine insimul .. ligavit (*Court Bk.*) *Eng. Clergy* 216. **c** **1418** xxv arbalistas de torno, xxv arbalistas de ~ia *RNorm* 237. **d** c**1388** furatus fuit unam ~iam multonis ad macellas S. Nicholai (*LBLond.* H f. 260) *MGL* I 607. **e** **1361** in una furura nigra de ~iis empt' pro mantell' domini prioris, xj s. *Ac. Durh.* 562; **1433** lego .. Alicie K. .. togam nigram furratam cum ~iis agninis *Test. Ebor.* II 50. **f** **11.** . hec ~ia, i. *jambe WW Sup.* 83; hec ~ia, *gombe Gl. AN Ox.* 63; hec tibea, A. *a leg WW*; hec tubia, A. *schanke Ib.*

3 lower or subsidiary part, 'leg' or 'limb'; **b** (of fulling apparatus).

tybia .. pulmonis, adinstar stipitis habentis multas radices, ramificatur secundum substantiam pulmonis *Ps.-RIC. Anat.* 41 p. 26; **1282** residuum chasten' sunt extronati et .. exbrancati et ~ie chasten[eariorum] succise *TR Forest Proc.* 31 m. 9; **1285** custus carac' .. in ~ia j cultri ponenda (*Hallingbury, Essex*) *MinAc* 843/26; **1304** in xxj peciis ferri emptis .. pro ~iis cultrorum, clut', et aliis necessariis ad carucas (*Framlingham, Suff*) *Ib.* 997/15; tres laminas preparemus .. quas tres tibias nominamus WALLINGF. *Rect.* 408. **b** **1332** in domo molendini fullerett' reparando .. in ferro empto ad ~ias molendini predicti et reparacione earundem (*Bocking, Essex*) DCCant.; **1374** tebias, pedes, brachia, et trunccum et runcam fuller' (*Yorks*) *DL MinAc* 507/8227 m. 28 (v. gena 2); **1384** unius carpentarii facientis .. unum walkestok' pro molendino fuller' de K. cum ~iis, pedibus, et le perrour eidem pertinentibus (*Yorks*) *Ib.* 507/8228 m. 20; **1384** in ij peciis ferri emptis .. pro ij *plates* inde habendis firmandis super ~ias ejusdem molendini ob defensionem earumdem ~iarum ab axe vertend' in operacione pannorum tangenc' easdem ~ias *Doc. Leeds* 116.

4 (mus.) sort of wind instrument, pipe. **b** (~ia pneumatica) organ pipe.

nescio ut Sibimenias ~iis canere, sed non pudet me tibicinem non esse [Apul. *Deo Socrat.* 21] J. SAL. *Pol.* 632B; ~ie .. cum qua dum cantaret [Pallas] .. sue bucce vidit inflationem *Natura Deorum* 79; de quinque .. symphoniis quas .. cithara reddit, ~ia vix unam et dimidiam perficit ALB. LOND. *DG* 10. 7; instrumenta .. quorum sua cuique voluptas / tibia feminea, tuba mascula, tympana rauca VINSAUF *PN* 661 (*recte* 666); tibia fraxinea, tuba cuprea H. AVR. *Poems* 27. 165. **b** **1565** septem ~ias pneumaticas, Anglice *organ pipes* .. furatus fuit (*Great Sessions, Brecon*) MS *Nat. Lib. Wales* GB 0210 CGREATS.

tibiacus v. tibracus.

tibialis [CL = *of reed-pipe*], of the lower leg, tibial. **b** (as sb. n.) boot, stocking, or other covering for the lower leg; **c** (in gl.).

'hoc crus' si dicas dicatur crus ~e, i. pars sub genu GAD. 37v. 2. **b** ~ia, ocree circa tibias OSB. GLOUC. *Deriv.* 590; lumbaria, limos, †tibilia [v. l. ~ia, *gl.*: *genulers*] BALSH. *Ut.* 53; ~ia [*gl.*: Gallice *estivaus*] et cruralia et crepitas femineas et monachales GARL. *Dict.* 122; **1325** de xij paribus ~ium veterum, iiij paribus quisshett' veterum cum pullan', j pari de *greves LTR Ac* 16 r. 38; **1346** in ~ibus emptis pro .. fratre Thoma senescallo .. ij s. *Ac. Trin. Dublin* 11; **1374** ij par' ~ium, unde j de coreo (*AcWardr*) *KR Ac* 397/10. **c** ~is, †*baanrist* [l. *baanrift*] GlC T 173; *armour for leggis*, tebialia *CathA*; hoc ~e, *a strapylle WW*; hec ~ia, A. *a legarnes WW* (cf. OED s. v. *leg-harness*).

tibiarius [CL *not in sense* 1]

1 (in gl.) one who makes leggings.

hic ~iarius, A. *legmaker WW*.

2 (in gl., mus.) one who makes pipes.

a pipe maker, ~iarius *CathA*; ~iarius, A. *a pypemaker WW*.

1 tibicen [CL], (mus.) one who plays a pipe, piper.

'en' syllaba terminata, ut .. tubicen, cornicen, ~en BONIF. *AG* 483; speculari circa Dei altarium .. simias ~ines AD. DORE *Pictor* 142; dicunt locum illum noctibus .. Satyriorum lascivia in ~enorum ac fistularum cantu .. perstrepere *Eul. Hist.* II 44; s**1380** comes .. ducit [in] uxorem sororem regis .. in ~inum et histrionum magna frequencia *V. Ric.* II 18; **1556** ne .. permittant histriones et ~ines peragrare per hoc regnum (*SP Dom.*) *MS PRO SP 11/8* f. 83v.

2 tibicen v. tubicen.

tibicina [CL = *female piper*], (mus.) sort of wind instrument, pipe, or ? *f. l.*

pro musica gaudent .. Wallia ~ina [? l. tibia], lyra, et choro *Eul. Hist.* II 126 (cf. GIR. *TH* III 11: utitur .. Wallia .. cithara, tibiis, et choro).

tibicinare v. tubicinare.   **tibilia** v. tibialis.   **tibimet** v. tu.

tibiosus [CL tibia+-osus], (in gl.).

great legged, ~iosus LEVINS *Manip.* 213.

tibizare [LL], (mus.) to play the tibia, pipe.

musici .. artis sue posuerunt ordines .. canticorum, citharizantium, et ~izantium ALB. LOND. *DG* 10. 7.

tibracus v. tubrucus.

ticendulum v. cicindela.   **ticnum** v. tignum.

tida [ME *tide* < AS *tíd*], time of tidal extreme, low or high tide; **b** (spec. as time of sitting of maritime court).   **c** period between successive tidal extremes (esp. as fishing shift).   **d** (pl.) the alternate rise and fall of the sea, tide.

1234 naute .. debent venire ad dominum feodi .. ad rectum habendum .. de tyda in tydam, et si fuerit jus illis exhibitum infra terciam ~am, dominus portus .. plenum rectum illis tenebit (*DL Misc. Bk.* 5) *Eng. Justice* 132; **1293** intravit batillum .. et .. rogavit ut [batellarius] ipsum duceret usque G. .. quod idem J. [batellarius] facere recusavit ante tydam *Gaol Del.* 36/2 m. 6d.; **1329** pro j batello conducto per duos dimidios dies .. viz. ante prandium ad ~as (*Works*) *KR Ac* 467/7 (1); **1349** waldas tam enormiter frangendo quod non possent inter duas tydas maris fluentis et refluentis .. reparari *Cart. Glam.* 1267. **b 1391** curia admirallitatis tenta .. apud Lostwythiell juxta fluxum maris xxviij° Marcii ad primam horam et ad primam tydam *SelPlAdm* I 3; **14.** inquirendum in curia admirallitatis certis ~a et loco tenenda *BBAdm* I 221. **c 1234** si .. fossatum .. infra duas tydas non emendaverit (*DL Misc. Bk.* 5) *Eng. Justice* 134; **1315** nec .. aliquos tractos noctanter, vel etiam unica ~a durante aliquem tractum, tractare possint .. sine assensu .. abbatis .. apud le fyshebothe *Couch. Furness* II 218; et faciunt sect' molend' domini et debent morari ibidem per iij tydas *BB St. Davids* 36; **1328** in allocacione facta computantibus per piscariam de una tyda de Sleples *ExchScot* 88. **d 1253** venire faciant ad regem omnes naves que in portibus suis existunt, et hoc per ~as (*CalPat* 234: †tidos] seu mareias facere .. non differant *Pat* 64 m. 9d..

tidolosa [? AS *tíd*+-*leás*; cf. Germ. *Zeitlose*, Swed. *tidlösa*], (in gl.) kind of poisonous crocus-like plant (in quot. also identified or confus. w. wild garlic), meadow saffron (*Colchicum autumnale*).

c**1000** hermodoctula vel ~a, *crawanleac* WW; hermodactula vel tidulosa, *titolose* (ÆLF. *Bata* 6) *GlN* 56. 425; ~a, *cravelac Gl. Durh.* 305.

tidus v. tida.   **tiera** v. tiara.   **tierchonarius** v. tertionarius.   **tiganus** v. tignum.

tigillum [CL], small timber beam, rafter; **b** (in gl.).

draco .. / deserit obscurum .. tigillum ALDH. *VirgV* 2402; tunc videns ab ecclesia / tigilli fusa fragmina (ALDH.) *Carm. Aldh.* 1. 164; opus est ~is [*gl.*: *petiz chevruns*] usque ad domus commissuram porrectis NECKAM *Ut.* 109 (cf. *Teaching Latin* II 119: tingulum); hoc tignum, A. *spere.* hoc ~um, A. idem WW; hec trabes, *a refter* .. hoc †sigillum [l. ~um], *a barer of a rofetre* WW. **b** ~um, *first GlC* T 184; ~us, -li, i. pertica OSB. GLOUC. *Deriv.* 572.

tigillus v. tigillum.   **tigl-** v. tegul-.   **tigna** v. tignum, 2 tina.

tignarius [CL], carpenter, (spec.) roofer.

~ius, *hrofwyrhta GlC* T 166; ~ius, *carpenter* NECKAM *Corrog.* 238.

tignosus [CL tignum+-osus], (in gl.) raftery.

a sparre, tignus, tignum, tigillum. ~osus, etc. *Cath A.*

tignum [CL], **~a**, **~us**, timber plank, beam; **b** (as rafter); **c** (as lath); **d** (in gl.).

1169 in tingnis et bordis et pro eis ducendis apud Oreford' *Pipe* 31; ~o .. vitioso dolose vendito omne dampnum prestatur VAC. *Lib. paup.* 152; postes, furcas, ticna, et alia ligna necessaria .. ad faciendum aulam, cameram .. et coquinam prioris *Reg. Pri. Worc.* 65b; volens S. Kiaranus ponere ~am suis manibus in primo edificio illius civitatis (*Ciaranus de Cluain*) *VSH* I 211; posuit ~am in angulo domus dicens "contra signum tuum figo ~am istam in terram .." (*Ciaranus de Cluain*) *Ib.* I 212; **1325** pro †cingnis [? l. c tingnis] et .. pro c bordis estrensiis (*KR AcCust* 93/22) *EEC* 375; **1334** cepit xxj tingnos quercuum in haia de S. noctanter, precii xj d. *Pickering* III 40; **1364** W. edificia .. edificabit .. et .. habebit grossum meremium in †boscum [MS: bosco] de A. .. et .. habebit in eodem bosco †tynguam [MS: tyngna] de spinis et salicibus si comode fieri possit *Hal. Durh.* 34; **1412** pro ~is ad scalas factas in castro de E. *ExchScot* 143. **b** tigna tota cum trabibus / tremibunda ingentibus / vacillabant ab omnibus / aulae pulsata partibus (ALDH.) *Carm. Aldh.* 1. 133; cum ~i ponerentur .. unus parietibus ab oppositis .. brevior reperitur GOSC. *Transl. Mild. cap.* p. 156; domus tota crepitare ~aque cum trabibus deorsum vergere ceperunt W. MALM. *Wulfst.* II 8; sicut ad munimen domus ~a, sic ad decorem laquearia referuntur: utraque in superiori parte domus ponuntur, sed ~a sustinent, laquearia venustant G. STANFORD *Cant.* 220 n. 93; dixit quod ipsius [sc. nuche] juvamentum erat per spinam transire ad modum †tigani [l. ~i] .. juvando retentionem spondilium et spine *Ps.-RIC. Anat.* 13; longitudo ~orum aule anglice *raffters* continet 32 pedes W. WORC. *Itin.* 399. **c 1478** pro viij ffasciculis tingnorum [*gl.*: *lathes*] *Mun. K's Lynn* KL/C 38/24; **1486** pro ~is [*gl.*: *lathes*] et cavillis tegular[um] *Ib.* KL/C 39/67. **d** hoc ~um vel -nus, *cheveron Gl. AN Ox.* 99; *a sparre*, ~us, ~um, tigillum *CathA*; hic tignus vel hoc tegimen, *a sparre* WW; ~a, A. †restourez [l. *reftourez*] *Ib.*

tignus v. tignum, 2 tina.   **tignuus** v. tignum.

tigris [CL], kind of large feline, tiger (esp. as type of ferocity).

~res sunt ferae horrendae animositatis quae in India .. nascuntur, et sunt valde rapaces et mirae velocitatis *Lib. Monstr.* II 4; fluvius Tigris .. propter rapidissimum cursum a ~i .. nomen accipit BEDE *Tob.* 928B; credimus hanc .. ~ides ac leones mitigare potuisse GOSC. *Edith* (II) 67; mirus agis mirum, quasi .. / .. / .. vincat tigrida vacca GARL. *Epith.* II 350; [Hyrcania] est .. immanibus feris copiosa, ut pardis, panteris, grifis, ~idibus, et similibus *Eul. Hist.* II 30; ~us, A. *a tygur* WW; mulier illa .. superabat .. furoris magnitudine ~ides *Mir. Hen. VI* III 119.

1 tigrus v. tigris.

2 tigrus [CL tigris; cf. CL tigrinus]

1 (in spurious compar. form) more tigerish.

hujusmodi ludicra sunt et ab operibus auctenticis eliminantur. in hujusmodi doctrine exemplum Johannes de Hanvilla hunc versum composuit: 'petrior est petra, tygre tygrior, ydrior ydra'. visa tamen doctrina abradi jussit et hunc apponi: 'ydra, tygris, petra plus ydra, tigre, petra' GERV. MELKLEY *AV* 97.

2 (of animal) that has a streaked coat, brindle, or ? *f. l.*

c**1289** cepit unum leporarium *tig'* [*sic* MS] (*TR Forest Proc.*) *SelPlForest* 150 (cf. (*ib*) ib.: cum leporariis quorum unus *tig'* [MS: *nig'*] et alter falvus; *Thoroton Soc.* XXI 136n: cum duobus leporariis, uno nigro et alio falvo ruffo).

tigul- v. tegul-.   **tigur-** v. tugur-.

tihla [AS *tihla, tihtle*], (leg.) accusation.

in prima ~a [AS: *frymtyhtlan, frumtihlan*], i. e. accusatione, ponatur in carcanno (*Quad.*) *GAS* 337; non stat alia lada .. de ~a, i. compellatione, nisi ordalium inter Walos et Anglos (*Quad.*) *Ib.* 377; differt .. si quid in actu vel in sola ~a [v. l. tihtla] consistat (*Leg. Hen.* 9. 6) *Ib.* 555; de nemore inoperato per ~am

nemo respondeat nisi sit ibi captus (*Leg. Hen.* 45. 4) *Ib.* 570.

tiketum [cf. ME *tike*], sort of material used to make pillow or quilt, 'ticking'.

1516 xv pulvinares, vj de corio et viij de lineo et j de ~o, j culcitra de ~o *Ac. Durh.* 253.

tilaris [? cf. τυλάς], (in gl.) laverock, lark.

†tilaris, *lauuercae Corp. Gloss. Lat.* V 396; ~es, *lauricae GlC* T 179; ~is, *laurice Gl. Leid.* 47. 61; ~is, *leuerche* WW *Sup.* 169.

tilda v. telda.

tilia [CL], bast-tree, lime, linden (*Tilia*); **b** (in gl.).

levissimos florentis ~iae surculos ALDH. *VirgP* 3; ~ia, i. quoddam genus arboris quod romanice dicitur *teil GlSid* f. 144va; alte castanee tilieque [v. l. tylieque] leves GARL. *Epith.* IV 163; nomina silvestrium arborum .. populus cum salice et cum tremulo et ~ia [v. l. populus cum tilia .. et telia cum tremulo] *Id. Dict.* 136; **1287** querulos vel spinetas vel telam .. vel hujusmodi arbores *SelPlForest* 63. **b** †tilio, *baest GlC* T 170; †calea, *a lyndtre* WW; hec †cilia, *a lynde* WW.

tilio v. tilia.

till' [ME *til* < OF *tille*], cut, portion (in quot. of fat pork).

1344 ij till' lard' x d., ij lag[ene] sagim[inis] ij s. (*AcWardr*) *KR Ac* 390/11 r. 16d.

tillagium [Eng. *tillage*], cultivation, tillage.

1532 vendere grana et catalla pro sola manutencione et supportacione ~ii sive agriculture et pasturagii hujusmodi firme *KR Mem* 311 Trin. rec. r. 21.

tillaria [*aphaeretic form of* artillaria], ? artillery room, arsenal.

1339 ad emendandas diversas armaturas in tillar' (*Works*) *KR Ac* 462/15 m. 2.

tillarius [*aphaeretic form of* artillarius], artillery maker or supervisor.

1339 liberat' ~io castri [Dovor'] pro filo empto pro *springaus*, ij s. vj d. (*Works*) *KR Ac* 462/15 m. 2.

tilliator [*aphaeretic form of* attilliator], artillery maker or supervisor.

1304 pro vadiis unius ~oris existentis in predicto castro alias assignati ibidem ad facien' et reparand' balistas et quarellos cum attilio eorundem (*ExchIr*) *KR Ac* 233/20 m. 8; **1325** in vadiis j ~oris facientis et pennantis cum ere cc quarell' pro predictis ij springaldis (*Skipton, Yorks*) *MinAc* 1147/23 m. 3.

tilo v. tylus.

tiltarium [LL; cf. LL tiltum < τιλτός], shredded lint used for dressing wounds.

carria [l. carpia], †cilcarium [l. ~ium], respice in 'pirium' *Alph.* 29; pirium, †ciltarium [l. ~ium], carpia, rasura panni idem *Ib.* 145.

timallus v. thymallus.

timarria [Pers. *tīmār = care*], sort of Turkish fief held in exchange for military service and a tithe, 'timar'.

solet imperator Turcicus regionem bello occupatam .. in multas partes et praedia dissectam quae '~ias' vocat .. militibus colendam tribuere, sub ea lege ut ad omnes expeditiones certum numerum equitum paratum habeant pro quantitate et bonitate ~iae, decima etiam parte fructuum imperatori reservata *Jus Feudale* 20.

timarriota [cf. timarria], one who holds a *timarria*, 'timariot'.

qualia de timarris sive ~iotis Turcicis hodie scribuntur *Jus Feudale* 20.

timarrus [cf. timarria], one who holds a *timarria*, 'timariot'.

qualia de ~is sive timarriotis Turcicis hodie scribuntur *Jus Feudale* 20; mortuo ~o, timarria ad principem redit *Ib.*

timba, s. *dub.*, or *f. l.*

s**1314** timba [? l. rimba i. e. rhomphaea] securi pectora cruri scindere curet. / tela vibrabit: sic superabit, si bene duret (R. BASTON *Bannockburn*) BOWER XII 23.

†timbia, *f. l.*

†timbia [l. cimbia, i. e. cymbia], A. *a cherne WW*.

1 timbra v. thymbra.

2 timbra [AN *timbre* < CL tympanum], (mus.) tambourine, timbrel.

sonare pelves et tymbras, pulsare tympana, et aliis diversis modis tumultuare *Itin. Ric.* III 5.

3 timbra v. timbria.

timbrea [OF *timbre* = bell, helmet < CL tympanum = *drum*], (her.) upper ornament of coat of arms, crest.

1335 dedimus .. Willelmo [de Monte Acuto] ~eam nostram de aquila per se et heredes suos .. deferendam *ChartR* 122 m. 3; **1339** cum .. dederimus ei [sc. Willelmo de Monte Acuto] tymbriam quam perprius nos ipsi portavimus *Pat* 201 m. 14; **1342** cum nuper concesserimus .. Johanni de Walkynton', tempore quo ipse tymbream nostram ex parte .. Henrici comitis Derb' nobis presentavit, l m. *Cl* 171 m. 40.

1 timbria v. thymbra.

2 timbria, ~ium, 2 timbra, ~um [? AS *timber*], package of forty furs (perh. encased in timber), 'timber'.

?c**1150** de custuma tymbriarum: de tymbria wlpium, cirogrillorum, martinorum, murelegorum, sabinorum, beveriorum, vel similium, de unaquaque ~ia ad exitum iiij d.; de ~ia schorellorum ij d. *(Cust.) APScot* I 667; c**1151** (1445) quecunque navis de Hibernia venerit .. Rothomagum veniat, unde ego habeam de unaquaque navi j tymbr' de marturis *(Rouen) Regesta* 729 (cf. *CartINorm.* 424: unum tymbrium de marturina); **1242** de tymbra pellium vulpium et martynarum, j ob. *(Waterford) RGasc* I 128b; **1244** pro vij tembriis grisii operis *Liberate* 20 m. 12; **1275** de quolibet ~o squirellorum et grisei operis, unum ob. *Pat* 94 m. 17; ~ia .. cuniculorum et de grisis continet xl pelles *Fleta* 73; **1323** de uno tymbrio de marce, unde xl faciunt le tymbr', iiij d. *(KR Ac* 16/17) *EEC* 210; **1444** pro v ~iis de variis minutis .. precium tymerii [? l. tymbrii] xiij s. et iiij d. .. et pro uno [*sic*] ~ia et xj bestiis *dez letteis*, precium ~ie xxxvj s. *ExchScot* 149.

timbrum v. timbria.

timefactus [CL], made afraid, intimidated.

aequoreis numquam timefactus in undis FRITH. 1201.

timelea, ~lia v. thymelaea.   **timer-** v. et. temer-.

timere [CL], **~escere** [timere+-scere]

1 (intr.) to experience fear, be afraid; **b** (w. *pro* or dat.); **c** (w. *ab*).

ubi puero non erat ~endum MAP *NC* II 23 f. 31v; insidie crescunt, peregrini jure timescunt GARL. *Mor. Scol.* 118; in quolibet comitatu ubi de prodicione vel insurrexione hujusmodi ~ebatur G. *Hen.* V 3. **b** s**1141** omnes quibus ~ebat, nominatimque imperatricem, [Rotbertus] premisit W. MALM. *HN* 506; respondit [Aristippus] .. se .. debuisse ~ere pro anima Aristippi J. SAL. *Pol.* 641C; **1168** semper satellitibus armatis septus, ut qui ~et capiti suo *Id. Ep.* 238 (277 p. 592); ~eo quoque et pavens contremisco pro horto nucum mearum J. FORD *Serm.* 60. 13. **c** a silvis silve, set ab arbis arva timescunt / urbs et ab urbe, locus nescit habere loca GOWER *VC* I 1207.

2 (trans.) to be afraid of, fear.

sciebam misericordiam Domini, sed et judicium ~ebam GILDAS *EB* 1; non ~ebo quid faciat mihi homo [*Psalm.* cxvii 6] BEDE *Hymn.* 20. 117; grammatici .. dicunt .. esse .. '~ere' activum, '~eri' vero passivum, cum nemo dicat esse .. '~ere facere, ~eri autem pati ANSELM (*Gram.* 18) I 164; solo .. ~endus aspectu basilicus GIR. *TH* I 36; tempore Paulus eo latuit, tormenta timescens NIG. *Paul.* f. 46r. 71; hic .. mustelam ~uit propter egritudinem GROS. *Eth. Nic.* 281.

3 (w. inf.) to be afraid (to).

ne .. ~eant attingere corpus meum GILDAS *EB* 74; ~uit se militem fuisse confiteri BEDE *HE* IV 20; quum

.. hujuscemodi cruciatu vitam finire ~eret GOSC. *Mir. Iv.* lxxi; **1243** terram .. quam ~et amittere *RGasc* I 172b; **1293** viris potentibus per quos ~ent opprimi *Ib.* III 80b; nec ~etur ex presencia Christi .. eciam ad altare committere symoniam WYCL. *Sim.* 13; **1382** non satisfecerunt .. ecclesie .. de secundis decimis .. plus humanam quam divinam tementes offendere potestatem *Reg. Aberd.* I 162.

4 to be afraid, fear (that): **a** (w. *ne* or *ut* & subj.); **b** (w. indir. statement).

a movit haec quaestio .. corda multorum, ~entium ne .. in vacuum currerent BEDE *HE* III 25 p. 182; c**1105** valde ~eo ne ipse super se provocet iram Dei ANSELM (*Ep.* 369) V 313; nec timet [murus] ut quis eum pedes aut equus [l. eques] aggrediatur L. DURH. *Dial.* I 329; ~entes .. ne sua hereditas nullo †posse [l. posset] medicamine medicinari *Lib. Landav.* 6. **b** sceleris aliquid commiserat .. et se pro illo puniendum .. ~ebat BEDE *HE* IV 23 p. 263; salvum .. est quod perditum esse ~uistis ANSELM (*Ep.* 146) III 293; **1220** ~entes .. faciem vestram nobis .. induxisse minus serenam *Pat* 267; s**1253** Franci .. ~entes .. Pictavenses transfugium facere M. PAR. *Abbr.* 328 (cf. id. *Maj.* V 388: timuerunt ne .. Pictavenses transfugium facerent); **1327** ~eo quod clamosa fratrum instancia me constringet .. diligenter inquirere veritatem *Lit. Cant.* I 227.

timeria, (in gl.).

hec ~ia, A. *a frestone WW*.

timescere v. timere.

timetitas [? cf. τίμησις, τιμητεία], (in gl.).

~tas, A. *a dampnyngge WW*.

timiama v. thymiama.   **timiamaterium** v. thymiamaterium.   **timiana** v. thymiama.

timide [CL], in a fearful manner.

a**731** redirent ad Christum .. quem prius ~e negaverant (BEDE *Ep.*) *PL* XCIV 706A; ~ius se agebat, Sanctum verens offendere W. MALM. *GP* III 134; de potentia [Dei] ~e disputandum puto .. nam .. quasi in caligine opinamur PULL. *Sent.* 717A; tonitrua .. ~issime .. [Tiberius] semper exhorruit J. SAL. *Pol.* 414A; **1171** ~e scribitur ubi scripta periculose publicari timetur (D. LOND. *Ep.* 11) *Ep. Becket* 752; mors non debet ~e formidari HOLCOT *Wisd.* 172.

timiditas [CL], proneness to fear, timidity.

pavorem .. ac ~tatem suae mentis ostendebant BEDE *Mark* 278C; mox apparuit potestas quae putabatur ~tas [Aug. *In Ev. Joh.* 31. 1] ALCUIN *Exeg.* 847D; "audivimus indicia sue ~tatis .. quod cum gigante non erit ei congressus" MAP *NC* III 2 f. 37; quod ab istius operis studio nimia ~tate me perturbat ASHENDEN *AM* f. 1va.

timidulus [CL timidus+-ulus; cf. CL timidule], (contemptibly) timid.

in ecclesia Christianorum .. ~i dedignati sunt audaciam fortiorum [in fide] COLET *Rom. Enarr.* 136.

timidus [CL], timid, fearful; **b** (transf.).

inpetrantes a Romanis auxilia .. veluti ~i pulli patrum fidissimis alis succumbentes GILDAS *EB* 17; ~orum [gl.: formidorum, timentium, *eargra*] more militum horrorem belli .. muliebriter metuentium ALDH. *VirgP* 11; de me .. ~us, de aliis cogor esse sollicitus ANSELM (*Or.* 17) III 70; regum .. quanto quisque ~ior, tanto crudelior. talis .. Edelredus, quia ~issimus erat et omnes timebat MAP *NC* V 4 f. 61; cervi .. ~i sunt quoniam viso sanguine cadunt ad terram quasi mortui *Quaest. Salern.* B 168; qui .. omnia fugit et timet, et nichil sustinet, ~us efficitur GROS. *Eth. Nic.* 165. **b** ~a est .. semper impietas et nequitia ANDR. S. VICT. *Sal.* 46; cum .. capillum a cervice convocaret ad frontem .. ei dictum est: "facilius est, Caesar, te calvum non esse quam me .. quicquam .. acturum esse ~ius" J. SAL. *Pol.* 508D; ~a fuga terribilium .. habet in se .. appetitum voluptatum GROS. *Gal.* 172.

timile, (in gl.).

a basyn, timile, pelvis *CathA*.

timius v. thymius.   **timo** v. temo.

timocratia [τιμοκρατία], (phil.) timocracy.

'policia' .. in alia significacione signat solummodo quandam speciem policie que alio nomine '~ia' nominatur OCKHAM *Dial.* 796.

timopsalmus v. thymoxalmus.

1 timor [CL], feeling of being afraid, fear; **b** (w. obj. gen.); **c** (theol., dist. acc. type).

defunctus .. revivescens .. omnes .. ~ore immenso perculsos in fugam convertit BEDE *HE* V 12 p. 304; Galli .. arbitrabantur .. ipsum ita debilitatum ut nullatenus eis amplius ~ori esset G. MON. IV 5; finito magistrali ~ore et discendi studio, tranquilla .. vita animo ducitur BERN. *Comm. Aen.* 116; si ~or alicujus immoretur sine causa, passio ejus est melancolia BART. ANGL. IV 11; tunc ~or eum ligat quando pre ~ore non audet se ad peccandum movere *AncrR* 116; sub ~ore .. clamavimus ut compateretur nostri Deus G. *Hen.* V 12 p. 84. **b** ne exprobrarent .. quod ~ore mortis facerent ea quae sospes facere noluerat BEDE *HE* V 13; nullius spe commodi, nullius ~ore detrimenti W. MALM. *HN* 520; a matre didicit ~orem Domini J. SAL. *Thom.* 2; **1251** invenit unum cervum qui ~ore canum exivit de bosco *SelPlForest* 99; ut .. sancta terra .. in possessione Christianorum semper remaneret sine ~ore amittendi BACON *Maj.* III 122. **c** ~or .. dicitur 'mundanus' atque 'servilis' quando ad mundum et ad peccatum est, 'initialis' vero et 'filialis' quando ad bonum et per bonum est AD. SCOT *TT* 781B.

2 timor v. tumor.

timorare [CL timor+-are; cf. LL timoratus]

1 to make afraid.

c**1316** quoniam tempore vacuitatis sapiencia scribitur, et qui eam percipiunt actibus ~antur, tunc .. studencium profectus crescit (R. BURY *Ep.*) *FormOx* 13.

2 to be afraid.

ut sit cautus amor, timor associatur amori. / numquam tutus erit ni timorasset amor NECKAM *DS* X 198.

timorate [LL timoratus+-e], with reverential fear, reverently.

1190 exhortor .. quatinus .. ~ate et diligenter, circumspecte et sollerter vos agatis J. EXON. *Ep.* 3. 57; audes intrare .. sic irreverenter et minus ~ate GIR. *GE* II 24 p. 285; c**1261** ut scriptum hoc nostrum tanquam verbum ipsius Domini ~ate et humiliter suscipere curetis (R. GRAVESEND) *Ep. Gros.* 130 p. 440.

timoratus [LL]

1 imbued or filled with reverential fear, reverent; **b** (of conduct).

"justus" inquit "et ~us" .. [habens] timorem Domini sanctum .. quo justus Deum suum .. offendere cavet BEDE *Luke* 344B (cf. *Luc.* ii 25: εὐλαβής); restiterunt ~i viri contra vesani venti flatum BYRHT. *V. Osw.* 444; c**1206** in domo regia .. vos exhibebatis .. socialem, fidelem, et operibus ~um P. BLOIS *Ep. Sup.* 19. 1; s**1264** rex .. mediantibus viris ~is paci baronum adquievit RISH. 18; coquinarius debet esse .. largus .. sobrius et ~us *Obed. Abingd.* 391. **b** **1252** circumspecta discretio .. et ~a devotio AD. MARSH *Ep.* 26.

2 frightened, afraid, fearful.

plurimum consternatus, ~us, et pavefactus, de cymiterii finibus exiit R. COLD. *Cuthb.* 129; trepidi et ~i accesserunt *Ann. Paul.* 312.

timorifer [CL timor+-fer], that brings fear, frightening.

tumultum .. ~erum [v. l. mortiferum] quem 'tonitruum' vocant, unde non solum omnes terrentur populi, verum etiam et irrationabilia hec universalis formido premit animalia ADEL. *QN* 64.

timorose [timorosus+-e], in a frightened manner, fearfully.

'timor' .. unde 'timorosus' .. et '~e' adverbium OSB. GLOUC. *Deriv.* 587; s**1434** in tantum sibi timere ceperat quod .. cuperet .. nimium ~e [MS: timerose] in antro muris delitescere AMUND. I 372.

timorosus [CL timor+-osus]

1 fearful, afraid, frightened; **b** (of conduct. etc.).

~us, timore plenus OSB. GLOUC. *Deriv.* 593; filius sive servus totus ~us BRADW. *CD* 22B; [proditores] ~i valde in turrim Londonie pro securiori tuicione .. fugierunt FAVENT 11; tu es .. columpna fortitudinis ~is *Spec. Incl.* 2. 3 p. 105. **b** confessio debet esse .. humilis, pudorosa, ~a [ME: *dredful*] *AncrR* 115; adeo ut vix mathematicalia certitudine polleant, cetera vero

.. vacillanti et ~a opinione doceantur J. BURY *Glad. Sal.* 611.

2 that causes fear, frightening, fearsome.

quartana .. quedam est magis salva .. et quedam est magis ~a et deterior GILB. I 50v. 1; qui sculpserit in eo formam leonis .. non videt in lecto somnia ~a BACON V 175; **c1365** bellorum periculis emergentibus ~is *FormOx* 366; experimentum .. si non sit vallatum racione .. ~um est et fallax J. MIRFIELD *Brev.* 50; o quam ~ius et deterius est mandata .. Dei contempnere *Quadr. Reg. Spec.* 36; **c1410** pena pecuniaria, hiis diebus ceteris plus ~a, pacis perturbatoribus imponenda *StatOx* 204.

timosis v. tysis. **timpa-** v. tympa-. **timpanistra** v. tympanistria. **timpanotria** v. tympanotriba. **timphanum** v. tympanum. **timpor, ~pus** v. 2 tempus. **timum** v. thymum. **timus** v. thymius, thymum.

1 tina v. taenia.

2 tina [CL; cf. et. AN *tine*]

1 sort of round vessel: **a** wine-bowl. **b** tub.

a in ~a requiescente [? l. recrescente] deos esse .. recognoscentes *Natura Deorum* 128 (cf. Ov. *Met.* VIII 679: cratera repleri / .. per seque vident succrescere vina). **b** unam ~am plenam .. ornamentis et coopertam quodam optimo pallio .. ante altare .. portare *BR Will. I* 20; **1226** in panno ad ~am cervisie cooperiendam iiij d. (*KR Ac*) *Househ. Ac.* 140; **1245** in j cuffa et j ~ea serclandis *Pipe Wint.* 11M59/B1/18 r. 20; **c1266** faciet subcamerarius duas ~as cum aqua calida et viginti quinque patellis .. in claustrum portari *Cust. Westm.* 154; **1308** j tingus ad aquam portandam *MS Glos RO D340* (cf. ib.: ij tigni); novem lapides fluviales igniantur et ponantur in ~a bene cooperta .. et cum fuerit bene calefacta ~a, patiens ibi ponatur .. et sudet inde GAD. 34. 2; semicupium, i. ~ea media vel cuppa parva [v. l. cupa parva vel ~a] *Alph.* 166; **1345** daeria: .. in veteribus stoppis et tynis disjunctis religandis et emendandis, ij d. ob. *Comp. Swith. app.* 148; **1403** item j tripos, ij d., item j tena, item iiij *fattes*, iij s. *Test. Ebor.* III 25 (cf. *Dom. S. Paul.* 131: **c1150** in curia .. sunt .. ij ~e et iij tripod').

2 liquid measure (in quot. of twenty-four gallons), tub, 'tine'. **b** (also *~a castri*) prise of one tine of ale per brewing, 'castle-cowl' (*cf. Great RB Bristol* I 141–5); **c** (pl.).

1230 de singulis bracinis cervisie .. non capiantur .. nisi duo denarii .. salva constabulariis .. racionabili prisa ~e cervisie (*Bristol*) *BBC* 327 (=*Cl* 295); **1252** secundum consuetudinem ville, sc. quod ~a contineat viginti et †quatour [l. quatuor] galones *Bristol Rec. Soc.* I 26; **1253** de tenentibus .. in villa nostra Glouc' qui consueverunt dare ~am cervisie (*Glouc.*) *IMisc* 8/29 m. 1; **1256** commisimus .. castrum nostrum Glouc' cum consuetudine tyne cervisie Glouc' custodiendum *Pat* 70 m. 18. **b** **c1190** quod nullus capiat ~am in villa nisi ad opus domini comitis, et hoc secundum consuetudinem ville (*Bristol*) *Ch. Glouc.* 37 (=*BBC* 235); **c1245** confirmavi eisdem monachis .. unum burgagium in Bristoll' quita de ~a et omni alio servitio seculari (*Margam*) *Cart. Glam.* 462; **1285** ~a que appellatur '~a castri' non consuevit capi in feodis baronum *Great RB Bristol* I 142; **1323** exitus tyne castri: .. de xx li. x s. iij d. provenientibus de quadam consuetudine m^l^dccxxj bracinarum servis' vocata *castelcouuel* .. viz. de qualibet brasina iij d. (*Glouc.*) *MinAc* 854/7; in vadiis j tastatoris et collectoris tyne servisie castri *Ib.*; **1330** dederimus .. matri nostre .. castrum Gloucestre cum bertona et †eyna [l. tyna] ibidem cum pertinen' *PQW* 566b. **c** **1325** de exitu tignar[um] cervisie hoc anno (*Glouc.*) *MinAc* 854/8; in vadiis unius tastatoris ~ar[um] cervisie *Ib.*

tinaculum v. tenaculum. **tinaculus** v. tunicula.

tinare [ME *tinen* < AS *tynan*], to hedge in, enclose.

1401 in iiij^xx^ perticat' nove sepis ~and' (*Comp. Crondon*) *MS Essex RO D/DP M822.*

tinarium [CL tina+-arium], (in gl.) pole used to carry a tub between two or more carriers, 'cowl-staff'.

nomina pertinencia ad pistrinum .. hoc †sinarium [l. ~ium], A. *sotre WW*; hec tina, *a soe.* hoc ~ium, *a so-tre Ib.*; *a sastange* [v. l. *saystange*], falanga, ~ium *CathA.*

1 †tinata, *f. l.*

tinea est nomen equivocum ad vermem et scabiem que fit in capite. vel †tinata [v. l. tyniaca; ? l. tiriaca] est equivocum ad venenum et ad scabiem capitis *Alph.* 185.

2 tinata v. tinetta.

tinator [tinare+-tor], ? hedger (in quot. passing into surname).

c1290 hiis testibus .. Roberto de Gateshead, Germano ~tore (*Gateshead*) *DCDurh.* SHD 8/16.

tinca [LL], **tencha** [OF *tenche*], kind of freshwater fish, tench (*Tinca tinca*); **b** (in gl.).

perchiis turtrisque .. et tenchis .. lacus ille de B. .. patriam replet GIR. *IK* I 2 p. 33; tincta luto, cultrixque luti, viteque tenacis, / febre laboranti tencha nocere solet NECKAM *DS* III 586; lucii, rochie, tenci [*gl.: tenches*] GARL. *Dict.* 135; preter anguillam et tencam, que loco squammarum habent exungiam et mucillagines M. SCOT *Phys.* 22; **1246** habere .. cc bremias et cc teng' in Fossa ad quandam maram .. instaurandam *Cl* 464; piscarias .. perchiis .. instaurare, set non .. tenchiis .. qui effusionem piscium intuitur devorare *Fleta* 164. **b** tinctus, *sluchfish*, i. *tenchec WW Sup.* 204; hic textus [*sic* MS], A. *tenche WW*; tengiagio, A. *a tenche WW*; hec tenia, *a tenche WW*; *a barse, fishe*, tincha LEVINS *Manip.* 33.

tincar [Ar. *tinkār*], **altincar** [Ar. *al-tinkār*], (alch., in quot. *sal ~ar*) white sodium salt of boric acid, borax.

recipe sal atincar libra 1 M. SCOT *Lumen* 250 (cf. ROB. ANGL. (I) *Alch.* 514b: †borteza [*rec. 1*: borich], quod Arabice *tincar* dicitur; *LC* 269: tinkaar est borax).

tincha v. tinca. **tinciare** v. titiare.

tincta [cf. tinctorius], ? dye-house, or *f. l.*

1305 V. le Fullere tenet unum mesuagium .. reddendo inde .. xij d., et pro j †tincta [? l. tinctoria] .. vj d. *Ext. Hadleigh* 246; **1305** W. G. reddit domino pro una †tincta [? l. tinctoria] attachiata in feodo domini .. x d. *Ib.* 248.

tinctare [CL tinctus *p. ppl. of* tingere+-are], (in gl.) to dye.

to litte, colorare, inficere, informare, tingere, ~are *CathA.*

tinctarius [CL tinctus *p. ppl. of* tingere+-arius; cf. tincturarius], **teintarius** [cf. teinturarius], dyer (also passing into surname).

1175 de catall' Ern' tinctuarii [*sic* MS] *Pipe* 6; **1185** ex dono Gervasii de Cornhille, teintarius *Rec. Templars* 15; **1214** Stephanus teintarius debet dim. m. *Pipe* 8; **1271** de firma tingtar' per annum xxvj s. (*Yorks*) *MinAc* 1087/6 r. 5d. (cf. (*Penrith*) *Doc. Scot.* I 2: **1286** de xiiij li. xj s. j d. de firmis molendinorum, unius furni, mensurarum, tingtorum, et braciatrium).

tinctatio [cf. ME *tinken, tinklen*; cf. et. tintinnatio], ringing of a bell (as signal for activity), or *f. l.*

13.. statim post terciam tinctacionem [J. Scott, *Common Bench Reports* XII (London, 1854) p. 336: tintinacionem] missa Beate Virginis inchoetur *Reg. S. Paul.* 68; **13..** ostium vestibuli apperiat in prima tinctacione matutinali *Ib.* 73 (cf. *Stat. Linc.* II 355: **1440** in prima tintinnacione matutinali).

tincte v. tinctetum.

tinctetum, ~us [cf. ME *tinken, tinklen*; cf. et. tinnitus], bell, 'tinkler', or ? *f. l.* **b** ringing of a bell (as signal for activity).

ad x de orologio, pulsato ~o in ecclesiam, surgat sacerdos *Ord. Ebor.* I 87. **b** usque ad ~us vesperarum .. sedeant in pace *Ord. Ebor.* I 155; usque ad tincte sedeant in claustro. .. ante tamen tincte misse familiaris .. *Ib.* I 55.

tinctim [CL tinctus *p. ppl. of* tingere+-im], (as adv. deriv. from *tingere*).

'tingo' .. inde .. 'tinctus' .. et '~im' adverbium OSB. GLOUC. *Deriv.* 571.

tinctio [LL]

1 (act of) plunging (object) into liquid, dipping. **b** baptism.

[Machometus] baptismatis quadam sacrilega imitatione crebras in aqua singulorum ~ones membrorum .. instituit W. NEWB. *HA* V 14; Dominus per buccellam tinctam .. suum exprimit traditorem, fortassis per panis ~onem illius significans fictionem [Aug. *In Ev. Joh.* 62. 3] BALD. CANT. *Sacr. Alt.* 660A. **b** 'baptisma' Graece, Latine '~o' dicitur BEDE *Retract.* 996C; sanctus quem ~o 'David' vulgus autem 'Dewi' clamat (RHYG. *David Vesp.* 1) *VSB* 150.

2 (act of) imbuing with colour, dyeing. **b** imparting of colour, staining, coloration (also fig.).

1455 pro xj virgis et dim. de blankette pro roba .. vj s., .. solutis Johanne Lytster pro ~one ejusdem, iij s. *Ac. Almon. Peterb.* 69; **1520** pro ~one et tonsione unius toge et cuculle, xx d. *DCCant.* MS C 11 f. 133b. **b** **a1185** sanctitati vestre .. absque fucati ~one eloquii .. mentem meam expono H. BOS. *Ep.* 30. 1464A; incipit ~o in radice [capillorum] et procedit versus summitates eorum GILB. II 76v. 1; **c1266** si .. corporalia .. sanguine dominico fuerint intincta .. laventur .. [et] potest .. cum eis postea celebrari .. nisi sit notabile vestigium ~onis *Cust. Westm.* 220.

tinctitare [CL tinctus *p. ppl. of* tingere+-itare], (as freq. of *tingere*).

'tingo' .. inde .. 'tintito, -as' i. frequenter tingere OSB. GLOUC. *Deriv.* 571; tintitare, frequenter tingere *Ib.* 589.

1 tinctor v. tentor.

2 tinctor [CL tingere+-tor], **teintor** [AN *teintur*], dyer; **b** (passing into surname); **c** (w. obj. gen.).

1196 intraverunt in gildam merchatoriam .. et tantum debent .. Rob. H. iij s. iiij d., ejus plegii Galfridus teintor de Eitona, Radulfus ~or francus .. Radulfus teintor francus vj d. (*Gild*) *Rec. Leic.* I 13; sicut videmus .. in tintoribus, qui pannis tingendis substantiam rei tingentis apponunt *Quaest. Salern.* B 164; **1200** non licet ~oribus pannos suos proprios tingere nisi tantum in waido (*Linc.*) *CurR* 259; fullo nudus tinctorque supinus / .. quid nisi lucra petunt? GARL. *Epith.* II 179; accipe cinerem clavellatum quo utuntur ~ores GILB. II 83v. 2; †gardo [l. gaida *or* gaisda, i. e. waida] .. herba ~oris est *Alph.* 71; **1364** furatus fuit sex pannos de diversis coloribus de teyntoribus J. de B. et R. H. (*AncIndict* 115 m. 24) *Proc. J. P.* 343; **1424** J. Swyft ~or de civitate Sarum *Canon. S. Osm.* 78. **b** **a1130** John Clericus, Reinerus ~or, Cola faber (*Cart. Winchester*) *EHR* XIV 424; **1296** in duobus lignis emptis de Waldevo Tynctore .. ii s. vj d. *Ac. Galley Newcastle* 169; tenemento Nicholay Tingtoris *Reg. Malm.* II 97. **c** ~ores pannorum tingunt pannos gaudone, rubea majore, et sandice GARL. *Dict.* 131; dicuntur '~ores' pannorum et lanarum ac aliarum rerum ob nitoris gratiam coloratores [cf. Isid. *Etym.* XIX 28] UPTON 97.

tinctorius [CL tingere+-torius], of or pertaining to dyeing. **b** (as sb. f. or n.) place or establishment in which dyeing is carried out, dye-house.

1424 tinctor .. asseruit quod vas suum ~ium .. et omnia in eodem contenta ad artem suam ~iam pertinencia .. *Canon. S. Osm.* 78; *I was set prentes to the dyers crafte* .. mancipatus fui arti ~ie WHITTINGTON *Vulg.* 67. **b** **c1200** furnum et ~iam et fulloniam in manu mea retinui (*Ulverston, Cumb*) *BBC* II *app.* 381; **c1202** assessum ~ii, textorii, †fullonici [MS: fullonii] debent [*EHR* XVI 109: debet] fieri per visum duodecim burgensium (*Egremont, Cumb*) *Ib.* 160; **c1260** ~ie de C. valent communibus annis xx s. (*RentSurv. R , Cockermouth, Cumb*) *Cumb & Westmor Antiq. Soc.* LXXVII 78; **1325** de vj s. viij d. de firma ~ie (*Almanbury, Yorks*) *LTR Ac* 16 r. 39; **1328** quoddam mesuagium, et quedam secta bondorum ad ~iam ejusdem, quod W. tinctor tenet (*Skipton, Yorks*) *IPM* 5/1 m. 4; **1357** pro una placea vasti ad tyngtor[ium] construendum .. et .. pro una placea vasti pro tyngtorio elargendo *Doc. Leeds* 105.

tinctricula [tinctrix+-ula], (as deriv. of *tingere*).

'tingo' .. inde .. 'tinctrix' .. et hec '~a, -e' i. parva tintrix OSB. GLOUC. *Deriv.* 571.

tinctrix [CL tingere+-trix], dyer (f.).

'tingo' .. inde .. 'tintrix, -cis' OSB. GLOUC. *Deriv.* 571; **c1300** R. B. [reddit] pro domo juxta domum Margarete le *teynteresce* xij d., Margareta ~ix pro domo juxta domum .. Ade servientis sacriste x d. *Reg. Malm.* I 120; *a littester*, tinctor, ~ix *CathA.*

tinctuarius v. tinctarius.

tinctura [CL]

1 (process of) imbuing with colour, dyeing; **b** (person's skin). **c** (*firma ~e*) dye-house.

1197 prohibitum est .. quod nulla ~a vendenda, nisi solummodo nigra, fiat alicubi .. nisi in civitatibus (*Assize*) R. HOWD. IV 34; **1279** in cccclxx ulnis large sarge emptis .. cum †tyatura [l. ~a] pretio ulne xj d. *Comp. Worc.* I 2; **1327** pro ~a pannorum ad coopertu-ram navis regis, viij s. viij d. *ExchScot* 68; **1343** expend' in cucullis et froccis monachorum cum ~a cucullarum *Ac. Durh.* 169; **1421** in xij uln' de *lyght-blew* empt' .. precio ulne xvj d. xvj s., et in ~a ejusdem in pannum viridem .. uln' ad ij d. ij s. *Ib.* 617; **1424** tinctor .. posuit in vase .. wodam et cineres et alia ad hujusmodi ~am pertinencia pro pannis, laneis, et lineis intingendis in eodem *Canon. S. Osm.* 78. **b** **786** si pro Deo aliquis hanc ~ae injuriam sustineret, magnam .. remunerationem acciperet (*Lit. ad Papam*) *Ep. Alcuin.* 3. 19 p. 27 (=*Conc. HS* III 458). **c** **1269** de firma tingtur' per annum xxvj s. viij d. (*Yorks*) *MinAc* 1087/6 r. 4; **1290** in manerio de P. .. una cum .. firmis ~e et mensurarum ibidem (*Penrith, Cumb*) *Doc. Scot.* I 194.

2 substance that imparts colour, dye. **b** (alch.) substance that imparts a quality, tincture.

cocleae .. quibus ~a coccinei coloris conficitur BEDE *HE* I 1; rubent conchylia super Indicas ac Sidonias ~as GOSC. *Aug. Maj.* 51D; **1236** lana vel ~a vel aliqui apparatus ad colores pannorum vel pannos faciendos necessaria (*Cart. Bordeaux*) *RL* II 11; **1278** quod R. de N. de cetero non faciet regratum de tinctur' *Rec. Leic.* I 170. **b** fumus albus est ~a ROB. ANGL. (I) *Alch.* 519a; [corpus] immundum nigrum est .. et .. quando sua aufertur nigredo .. ~a tunc magis in eo operabitur *Ib.* 519b; natura .. ~as generare nequit, quamvis bene ~am in se plenam occulte contineat *Correct. Alch.* 1; unaqueque ~a plus .. tingit in liquida quam in sicca substancia, ut patet de croco cum ponitur in liquoribus DASTIN *Ros.* 20; quomodo .. ex hac aqua metallica artista debet extrahere ~am, hoc est, aurum philosophorum RIPLEY 130.

3 colour imparted by dye, tinge (also fig.). **b** quality imparted by a tincture, tincture.

ut lana †illa [l. alba] et munda absque omni ~a peccati .. corpus Christi .. perlucidum fulserat ALCUIN *Dogm.* 220A; [Cistersienses] pelliciis abstinent .. laneis absque ~a contenti MAP *NC* I 24 f. 37; [tinctores] pannis .. substantiam rei tingentis appo-nunt, aliter enim in eis non posset fieri ~a *Quaest. Salern.* B 164; si tunc appareant signa digestionis occulta ut ~a aliquantula in [v. l. tincta aliquantulum] urina RIC. MED. *Signa* 35. **b** hic mercurius .. facit aurum perfectissimum et supreme ~e RIPLEY 311; mercurius ille tingit stabili ~a omnia corpora in solem et lunam perfecte *Id. Axiom.* 111.

tincturare [CL tinctura+-are], to imbue with colour, dye.

1337 in tincturacione de predictis ccxx ulnis de Belvero de colore nigro ~at' (*KR Ac*) *Sea Terms* II 131.

tincturarius [CL tinctura+-arius], **teinturarius** [AN *teinturer*], dyer.

1201 consideratum est quod tincturarii faciant offi-cium suum sicut consueverant usque in adventum domini regis in Angliam (*Lincs*) *CurR* 20; c**1204** hiis testibus .. Petro teinturario et Nicholao fratre suo *Cart. S. Greg. Cant.* 54; ?a**1216** concesserunt Stephano teinterario terram (*Middx*) *AncD* A 2503; Vivianus mercerius filius Ordnothi tincturarii *Reg. S. Aug.* 588; **1269** de firma tingtur' per annum (*Yorks*) *MinAc* 1087/6 r. 3A (cf. (*Penrith*) *Doc. Scot.* I 2: **1286** de xiiij li. xj s. j d. de firmis molendinorum, unius furni, mensurarum, tingtorum, et braciatrium).

tincturatio [tincturare+-tio], (act of) imbuing with colour, dyeing.

1337 in ~one (*KR Ac*) *Sea Terms* II 131 (v. tincturare).

1 tinctus v. tinca.

2 tinctus [CL], pigment, dye. **b** (spec.) sort of pigment for colouring or shading buildings, 'tint' (*v. Building in Eng.* 169).

[viscositas] ~ui inherentius vel minus inherenter inheret *Quaest. Salern.* B 180. **b** **1276** pro color' xij d., pro dim. lib. ~us xviij d. (*Works*) *KR Ac* 467/6 (2) m. 7; Willelmo de Notingham pro ~u iij s. *Ib.*

3 tinctus v. et. tingere.

tincxit v. tingere.

tinda [ME *tind*], projecting sharp point (of harrow or sim.), prong, tooth, tine.

1297 in una herpica nova facienda ij d. ob., in x ~is ferreis ad idem emptis v d. *Ac. Cornw* 60; **1312** in tyndis herciarum emptis .. v d. *Rec. Elton* 166; **1318** tynd' ferreis (*Stockton*) *Ac. Man. Wint.* (v. tindare); **1324** in tyndis ferreis iij herciarum elongandis et reponendis .. ix d. (*Silkstede*) *Ib.*; **1406** ~is ferreis (*Crondal*) *Ib.* (v. tindare).

tindare [tinda+-are], to furnish (harrow) with prongs, tine.

1318 in ij herciis tyndatis cum tynd' ferreis acuen-dis et emendandis (*Stockton*) *Ac. Man. Wint.*; **1325** in ij novis herciis cum tyndis ferreis tyndendis .. iij s. (*Michelmersh*) *Ib.*; **1377** in iij novis herciis cum tyndis ferreis tyndandis (*Hinton Ampner*) *Ib.*; **1387** in xxv tindis ferreis emptis pro j [hercia] cum eisdem tinenda [*sic*] (*Crondal*) *Ib.*; **1406** in xxv novis tindis ferreis emptis pro j hercia de novo ~anda (*Crondal*) *Ib.*

1 tinea v. 2 tina.

2 tinea, ~ia [CL]

1 gnawing worm or maggot, grub; **b** (fig.).

linteum .. ~ea non consumit quae vestes alias corrumpit BEDE *Acts* 967A; loco .. culcitre quam habuit dives ex plumis, dabuntur ei culcitre ex ~eis et aliis vermiculis ALEX. BATH *Mor.* III 97 p. 143; libri .. vermium morsibus terebrati .. videbantur domicilia ~earum R. BURY *Phil.* 8. 120; de animalibus quibus-dam minutis .. quedam .. habent esse .. ex corrupcio-ne herbarum, ut ~ee ex oleribus [Comestor *Gen.* 1062D] *Eul. Hist.* I 10; hec ~ia, *a moke WW.* **b** nequiquam integritas famae praeconia captat / si cordis peplum corrodens tinea sulcat ALDH. *VirgV* 2756; ob .. vanam gloriam, que solet esse ~ea virtu-tum, evitandam J. FURNESS *Pat.* 113; superbia .. molestissima gratiarum ~ea .. non tam aliena quam propria corrodit J. FORD *Serm.* 24. 7.

2 scurfy or scabby disease of the scalp, 'scald head'.

adeo obscaenus lurida capitis faeditate ut, prae-occupato a ~ea toto circulo capitis, pro pilis horrebat raris et hirsutis quasi porcorum setis FOLC. *V. J. Bev.* 4; in pueris familiarem passionem quam .. dicimus .. '~eam' [ME: *moppe*] quia ad modum tinee superiorem cutis capitis substantiam corrodit BART. ANGL. VII 2; tynea GILB. II 82v. 1 (v. saeta 1i); tynea est scabies capitis cum squamis et crustis et pilorum evulsione GAD. 130v. 2.

tinella v. 1 tenella.

1 tinellus [AN *tinel*], pole used to carry a tub between two or more carriers, 'cowl-staff' (*cf. tinarium*).

c**1182** si ibi plures [cotmanni] fuerint, cum cupa et ~o debent braciare cum visu episcopi (*Hanbury*) *RB Worc.* 187; **1219** S. B. occidit Ricardum .. quodam ~o *Eyre Yorks* 268; **1256** G. percussit eum quodam tynello in fronte ita quod statim obiit *AssizeR Nor-thumb* 94; **1270** cuva apreciatur ij d., ~us apreciatur ad obolum (*Beds*) *SelCCoron* 15; **1275** percussit dictum Robertum cum uno baculo viz. ~o ad portand' oler' (*Beds*) *RCoron* 3 m. 10; **1285** ipsum percussit cum uno ~o de arable *Hund. Highworth* 298; **1305** [*A. W.* .. *struck the King's Beam* .. *thrice with a large cowlstaff*] ~o *Cal. Mayor's CourtR Lond.* 226.

2 tinellus v. tonellus.

tinencia v. tenentia.

tineositas [CL tineosus+-tas], condition of having a scurfy or scabby scalp.

propter ~atem patris vel matris ejus GAD. 130v. 2.

tineosus, ~iosus [CL]

1 infested with maggots, wormy.

meretricum frequentatio ~eosos ex contactu accipi-tres facit ADEL. *CA* 1 (ed. Burnett (1998)).

2 (of scalp) scurfy or scabby. **b** (of person) who has a scurfy or scabby scalp (also as sb.).

fiat unguentum capiti tynioso GILB. II 83v. 2. **b** S. Johannes .. mutum et ~eosum sanasse legitur RIC. HEX. *Hist. Hex.* I 4; mos est ~eosis qui .. sibi adversantibus etiam bene capillatis tineam imprope-rant GIR. *Invect.* I 13 p. 128; puer lacrimatur cum caput abluitur quia ~eosus est (O. CHERITON *Cant.*) *AHDLMA* XXXI 55; ad pilos in capitibus tyneoso-rum removendos GILB. II 78. 2; coitus cum ~eosa .. facit scabiem GAD. 42v. 2.

1 tinere v. tindare.

2 tinere [τείνειν], to stretch.

†tymo [l. tyno], i. tendo *Alph.* 186.

tinetta [OF *tinette*, cf. CL tina], **~ata,** small tub, keg (also as liquid measure); **b** (as prise; *cf. tina* 2b).

1185 senescallus .. cepit xvj ~atas cervisie, quarum quelibet valebat ij d. *RDomin* 29; **1234** quod fieri faciat in coquina .. duos plumbos, unum qui contineat xij ~atas aque et alterum continentem xviij *Cl* 405; **1299** habet magnos bokettos, extrahentes fullyngebri-nie, qui continent vj ~atas (*Hanbury*) *RB Worc.* 183; **1326** de vj vas' plumbi, xxviij ~ett' plumbi *Pipe* 171 r. 38. **b** **1398** exitus ~ettarum seu prise provenien' de braciniis servisie (*Abergavenny*) *Cl* 240 m. 6; **1541** firm' pris' et brasias' cervis' voc' tenett' (*Abergavenny*) *MinAc* HENVIII/2478 m. 13.

tinettum [cf. Eng. *tinnet*; cf. et. tinare, ME *tinen*], brushwood for hedging or fencing.

1443 firmarius habebit ~um sufficiens extra boscum ipsius R. ad clausurandum terras et pasturas supradic-tas (*Cart. Heref.*) T. Blount, *Nomolexicon* (London, 1670) s. v. *tinet*; **1451** T. et J. .. clausurabunt omnes haicas .. [et episcopus] inveniet ~um et *stakes* pro dictis clausuris faciendis *Reg. Heref.* 14.

tineus v. tinneus.

†tinex, *f. l.*

†tinex [l. cimex *or* tinea], A. *a mathe WW.*

tingere, ~guere [CL]

1 to plunge (object) into liquid, dip (also in fig. context). **b** to baptize.

saepe caput proprium tingens in gurgite ALDH. *Aen.* 56 (*Castor*) 6; Cuðberht .. adpropinquans ad mare .. usque ad ascellas .. fluctuante tinctus est *V. Cuthb.* II 3; '~guere' dicendum, non '~gere' [Caper *Orth.* 106] BEDE *Orth.* 54; c**793** dum .. calamum in caritatis fonte .. ~xeram ALCUIN *Ep.* 65; ibant ad fontem .. et .. ~gebant panem in aqua et sic mandu-cabant HUGEB. *Will.* 4 p. 93; si sit veneno ~ctus, [pulmo] putredine .. nec igne confici nequeat W. MALM. *GP* II 86; c**1130** quatinus porcio .. re-liquiarum .. in aqua ~gueretur, et eadem [sc. aqua] .. ipsi ad potandum deferretur (*Mir. Audoeni*) *Anal. Boll.* LI 289; fratres Joseph tunicam ipsius ~gunt in sanguine hedi AD. DORE *Pictor* 161; qui tela .. saliva ~gunt ut vulnus mortale inferat *Quaest. Salern.* B 56; per 'bucellam' bona opera intelliguntur que ~gi de-bent in aceto passionis Domini S. LANGTON *Ruth* 105 (cf. *Ruth* ii 14: intingue buccellam tuam in aceto). **b** "quia Johannes quidem baptizavit aqua, vos autem baptizabimini Spiritu Sancto" .. in quibusdam codi-cibus ita interpretatum invenimus: "quia Johannes ~xit aqua, vos autem ~guemini in Spiritu Sancto" [*Act.* i 5] BEDE *Retract.* 996C; natum / .. sacro baptismate tincxit ALCUIN *WillV* 23. 4; quem .. genitores Jordanico sacro flumine ~gui .. fecerunt BYRHT. *V. Ecgwini* 353.

2 to imbue with colour by dipping, dye. **b** (p. ppl. as adj.) dyed.

sanguis sanctorum .. intravit pannos utique ~ctos *V. Greg.* p. 96; vera purpura sanguine ~guitur con-chiliorum BEDE *Cant.* 1126A; ~gentes pannos vel sericum distemperant alumen in aqua et in ea dimit-tunt jacere *Quaest. Salern.* B 164; **1235** mandamus .. quatinus .. tres bonas blaunchettas .. bene ~gi faciatis in grana *Cl* 73. **b** **1191** pro j panno de xxxiij ulnis ~cto in *grein* .. vij li. et viij s. *Pipe* 3; **1203** habuit de illa roberia j pallium hauberget' ~ctum in burneto *AssizeR Northants* 113; **1215** sit per totum regnum nostrum .. una latitudo pannorum ~ctorum .. sc. due ulne infra listas *Magna Carta* 35; **1252** robam .. de ponacio ~cto in *grein Cl* 290; **1326** de qualibet scarleta et panno tyngto in grano ij s. (*KR AcCust* 40/7B) *EEC* 396; **1331** quod nullus .. ~gtos pannos operare debet nisi in burgo de Derby *PQW* 158a.

3 to impart colour to, tinge; **b** (fig.).

nummus toxica seva gerit: / . . / nulla libris erit apta manus ferrugine tincta J. SAL. *Enth. Pol.* 269; urina ~cta cum nube alba RIC. MED. *Signa* 34; [tinctores] pannis tingendis substantiam rei ~gentis apponunt . . sed ad hoc ut [color] cohereat necesse est ~entem in se habere aliquam viscositatem *Quaest. Salern.* B 164; tutia . . nigra . . ad ~gendos oculos *SB* 42; Tethios unde sanguinis effusi ~guntur murice *Ps.*-ELMH. *Hen. V* 37. **b** femina mundum / mundet, quem tinxit femina tabe sua GARL. *Epith.* I 170; vestes munde linguam tingunt, / os colorant, verba pingunt WALT. WIMB. *Van.* 31.

4 (alch.) to imbue with a quality by subjecting to a tincture, tincture. **b** (transf.) to impart a quality to, 'tinct'.

suum [alumen sapientes] . . cum eo [sc. magisterio] semper faciebant . . antequam aliquid cum eo ~gerent ROB. ANGL. (I) *Alch.* 514b; si ex auro vel argento ~xeris plumbum . . perficietur *Correct. Alch.* 10. **b** ~gere non est aliud quam ~gens ~ctum in naturam suam transformare et secum sine ulla separatione permanere *Correct. Alch.* 10; sic aqua ~gitur ex virtute que occulta fuit in glacie *Ib.* 11; quanto . . elixir magis subtiliatur, tanto plus ~git DASTIN *Ros.* 20; quousque . . sint ita fluxibilia ut possint ~gere metalla, sicut crocus ~git aquam in citrinitate RIPLEY 367.

tingiagio v. tinca.

tingibilis [CL tingere+-bilis], (as deriv. of *tingere*).

'tingo' . . inde . . hic et hec '~is' et hoc '~e' OSB. GLOUC. *Deriv.* 571.

tingnum, ~us v. tignum.   **tingt-** v. tinct-. **tingulum, ~us** v. tigillum.   **tingus** v. scincus, 2 tina.

tingwalla [ON *þingvǫllr*], legislative assembly of the Isle of Man, Tynwald.

s1237 congregato totius Mannensis populi apud tingualla *Chr. Man* 94.

tinia v. taenia, 2 tinea.   **tinica** v. tunica.   **tiniosus** v. tineosus.   **tinnatio** v. tinnitio.

tinneus [ME *tin*+-eus], **a** that is made of tin. **b** (as sb. n.) kind of silvery malleable metal obtainable from cassiterite, tin.

a 1549 unam boxam tineam sancti olei *Pat* 816 m. 18. **b** 1486 tam tinnei, plumbi, et cupri quam et auri et argenti *Pat* 562 m. 25.

tinnipare [LL], (of bird of certain kind) to emit its cry, chirp; **b** (in gl.).

passeres titiant, parri ~ant ALDH. *PR* 131; gallus ibi quanquam per noctem tinnipet omnem HIGD. I 25 (*recte* 24) p. 236. **b** tinnitare vel ~are, sonare, tinnire, crepare, crepitare, bombire, bombizare OSB. GLOUC. *Deriv.* 593.

tinnire [CL]

1 (of metal thing or sim.) to emit a resonating sound, ring, clang. **b** (transf., of sound) to ring out.

arma crepant, aes ~it ALDH. *PR* 131; subito . . ante sacellum / tinniit exiliens e compede pessulus WULF. *Swith.* II 1159; continuo ferrum [catenarum] ~iens panniculorum obvolutione suffocantes W. CANT. *Mir. Thom.* III 19; metalla ad invicem collisa . . solebant . . ~ire R. COLD. *Godr.* 261; in cithara . . chorde . . graves quidem quasi raucum et spissum resonant, sed tinniunt acute H. BOS. *LM* 1299C; persuasio sine gratia Dei nihil aliud est quam . . cymbalum ~iens P. BLOIS *Ep.* 54; palefridus . . campanulis pectoralis dulce ~ientibus delectatur NECKAM *NR* II 158; janitor est surdus ubi nummus tinniat GARL. *Epith.* II 113; quid prodest diviti si bursa tinniat / . . / cum mors farcimina bulge despiciat? WALT. WIMB. *Sim.* 88. **b** cum . . de dormitione . . vox audita illam compellat ex nomine . . fistule acumine super omnes ~iente, 'Thola!' GOSC. *Edith* 299; O justicia . . in hoc solidatur mens mea, quod non ~ientes verborum soni sed sentenciarum gravitates sunt que delectant animum tuum FORTESCUE *NLN* II 16.

2 (of bird) to emit a resonating sound.

799 passer . . in tectis ~it fuliginosis ALCUIN *Ep.* 181; philomela precatur / plangit olor, turtur tinnit J. EXON. *BT* VI 386.

3 (of the ears, esp. fig.) to reverberate with lingering noise, ring.

~ient aures eorum a sibilis et clamore fidelium [cf. *I Reg.* iii 11] J. SAL. *Ep.* 192 (202); c1169 his . . et aliis durioribus, que frequenter auditis, ~ierunt aures vestre P. BLOIS *Ep.* 90; exaudi confessionem meam, qua clarius reboante ~iant aures perversorum W. NEWB. *Serm.* 830.

4 (trans.) to cause (bell) to sound, ring (also absol.).

in . . nutu ~ientis est quando . . pulsatio inchoanda sive finienda est R. COLD. *Cuthb.* 89 p. 189; ter debet ~iri *Stat. Linc.* I 374 (v. tinnitio).

tinnitare [CL tinnire+-itare], (as freq. deriv. from *tinnire*).

'tinnio' . . inde . . '~o, -as' i. frequenter tinnire OSB. GLOUC. *Deriv.* 578; ~are, frequenter sonare *Ib.* 591.

tinnitio [CL tinnire+-tio; cf. tintinnatio], (act of) ringing a bell.

'tinnio' . . inde . . hec '~o, -nis' OSB. GLOUC. *Deriv.* 578; ter debet tinniri, et inter quamlibet tinnacionem [? *l.* tinnacionem] intervallum quoddam erit, ut exercentes missam . . possent ante incepcionem misse venire *Stat. Linc.* I 374.

tinnitum v. tintinnus.

tinnitus [CL]

1 sound made by resonating metal, ringing, clanging.

cimbalorum personabat classicum . . . post completum autem ~um . . GOSC. *Transl. Mild.* 20; ~ibus rata modulatione constantibus quos Greci συνφωνιας [*sic*] vocant ADEL. *ED* 9; [tintinnabulum] mira suavitatis claritudine et preclara melodie dulcedine ~us modulationis emittit R. COLD. *Cuthb.* 81 p. 171; audivit tanquam ~um in ampulla . . et aperiens eam . . nummos effudit W. CANT. *Mir. Thom.* VI 155; sub obtuso grossioris chorde sonitu, gracilium ~us . . latentius delectant GIR. *TH* III 11; vidi . . patriarcham . . in multa pompa supellectilis argentee et auree, cujus . . repositionem propter ~um tedium erat audire R. NIGER *Mil.* III 83; fragor lancearum, gladiorum ~us, ictuum tumultus aera perturbare videbantur *V. II Off.* 3.

2 (also ~*us aurium*) sensation of ringing in the ears, tinnitus.

hoc tempus agit hominis fleuma, ex quo frequenter nascitur . . ~us aurium BEDE *TR* 30; ad fletum oculorum, stridorem dentium, ~um aurium, et varias . . penas inferorum J. SAL. *Pol.* 818B; [mulier] aquam auribus infudit. statim ~us aurium . . subsecuta est *Mir. Fridesw.* 48; fumositas . . nervos replet audibiles et ibi redacta in ventositatem ~um facit *Quaest. Salern.* Ba 29; poteris scire per hec signa, que sunt tenebrositas oculorum . . ac ~us aurium BACON V 83; aliquando fluit materia ad aures et causat surditatem, aliquando ~um GAD. 49v. 2.

tinnulus [CL], that emits the sound of resonating metal, ringing, clanging (also fig.).

~us a tinniendo dicitur, id est *eran GlC* T 185; c1006 pulchra cymbala hymnisona tinnula *Miss. Ebor.* II 307; Elwardus dum ~a et emendicata verba venatur W. MALM. *GR* I *prol.*; **11.** . celestis aule tinnulis / . . organis *Anal. Hymn.* LI 1. 175; tinnula sistra volant oculos pascentia regum VINSAUF *PN* 640; massa metalli tum rutili tum ~i oculos et aures . . demulcens GIR. *JS* IV p. 269.

tinpanum v. tympanum.

tinsela [cf. Eng. *tinsel*], ? spark.

1545 unum ~am [*sic*] igni de sua fabrica casu et exinfortuno evenit *AncIndict* 565 m. 32.

tinsellum [ME *tinsel, tinsil*], brushwood for hedging or fencing.

1374 in stipend' . . hominum prosternencium *haybote* . . pro factura . . nova haie . . cum iij d. datis cuidam homini prosternenti j quercum pro *stakes* . . et in una caretta . . ad cariandum dictum tynsill' de locis quibus dictum tynsill' prostratum fuit usque haiam predictam (*Yorks*) *DL MinAc* 507/8227 m. 1; **1374** in uno plaustro conducto ad cariandum dictum tynsell' . . usque dictam haiam (*Yorks*) *Ib.* 507/8227 m. 10; habebunt licentiam . . ponendi mairemium vel ~um juxta . . piscariam faciendam vel reficiendam *Couch. Furness* I 321.

tinsillum v. tinsellum.   **tintachus** v. Turcatus. **tintare** v. tintinnare.   **tintillatio** v. tintinnatio.

tintimalius v. tithymallus.   **tintinabilis** v. tintinnabilis.   **tintinabilum, ~bulum** v. tintinnabulum. **tintinarius** v. tintinnarius.   **tintinatio** v. tintinnatio. **tintinillus** v. Titivillus.

tintinnabilis [CL tintinnare+-bilis], (as sb.) ? clapper (of bell).

1342 campanella deferenda ad infirmos sine tintinabile, pixis ad eukaristiam sine serura (*Vis. Totnes*) *EHR* XXVI 112; **1342** campanella deferenda ad infirmis insufficiens, una campanella pro mortuis sine tintinabili (*Vis. Totnes*) *Ib.* XXVI 120.

tintinnabilum v. tintinnabulum.

tintinnabulum [CL], bell.

aurea . . ~a . . pontificis tunicae inseruntur BEDE *Tab.* 476D; donec . . pueri introeunt ecclesiam . . continuatim pulsetur ~um [AS: *belle*] *RegulC* 17; cantibus et cymbalis et ~is tota resultat insula GOSC. *V. Iv.* 88C; videbant . . de turri unde dulces et imbelles audierant ~orum monitus . . balistas erigi G. *Steph.* 53; c1242 de . . tintinabulo deferendo ante sacerdotem cum ierit visitare infirmos (*Consuet. Sal.*) *Conc. Syn.* 513; **1418** reddendo nobis . . unum par ~orum pro niso de argento deauratorum *RNorm* 263; **1435** concessimus . . Roberto [priori] . . quod ipse . . unum parvum tintinnabulum pro missa . . asportare possit *Foed.* X 600b; **1472** item j campana pendens in capella [infirmarie], item tintinabilum pendendens [*sic*] ibidem *Ac. Durh.* 246.

tintinnare [CL], ~**ere**

1 (of metal thing) to emit a resonating sound, ring, clang.

juvenis . . tali fuerat deputatus officio ut campanarum cordas ipse traheret, horasque diurnas ~entibus cimbalis ipse terminaret OSB. CLAR. *V. Ed. Conf.* 28.

2 to cause (bell) to sound, ring.

abbas . . †tintet [l. ~et] tintinabulum semel, et cum conventus sufficienter potaverit, †tintet [l. ~et] iterum ter et surgat *Lib. Evesham* 5.

tintinnarius [cf. ME *tinker, tinner*, tintinnare], one who mends metal utensils using tin, tinker.

tynnare [v. l. *tynkare*], tintinarius, -ii . . et capit nomen a sono artis ut tintinabulum et multa alia per onomotopeyam *PP* 483; **1486** sol' tintinario [*gl.: tynkar*] de Damgate pro emendacione cacaborum [*gl.: ketels*] apud le Ketelmyll v d. *Mun. K's Lynn* KL/C 39/67.

tintinnatio [CL tintinnare+-tio], ringing of a bell.

s1298 sic per totam patriam . . quieverunt sonitus campanarum ut, cum compatriote primam †tintillacionem [l. tintinacionem] in civitate de G. perciperent, mox . . *Chr. S. Edm.* 69; c1337 in classicis pro mortuis ante eorum suscepciones fieri solent quedam tintinaciones signorum quasi ad adjutorium vocandum *Ord. Exon.* II 538; **1440** singulis . . diebus ostium vestibuli aperiat in prima ~one matutinali et prima pulsacione vespertina *Stat. Linc.* II 355.

tintinnus [LL], ~**um,** bell.

de ~o [v. l. tintino]: . . aliter versor superis suspensus in auris / et caesus cogor late persolvere planctum TATWINE *Aen.* 7 *tit.*; c1114 pecoris ~um [v. l. tinnitum] et canis hoppa . . unumquodque reputatur melda (*Quad.*) *GAS* 194; de precio titinni pecoris et oppe canis *Ib.* 540.

tintinus v. tintinnus.   **tintitare** v. tinctitare.   **tintor** v. 2 tinctor.   **tintrix** v. tinctrix.   **tinulus** v. tinellus. **tinura** v. tenura.   **tiolonium** v. telonium.   **tiparium** v. typarium.   **tipeitum** v. tipettum.

tipettatus [tippetum+-atus], furnished with a streamer or tippet.

s1365 caputiis parvulis . . laqueatis cum alis, botenatis mento strictissime, ~atis ad modum cordarum . . uti ceperunt J. READING f. 186.

tipettum [ME *tippet, tipet*], trailing extension of hood or sleeve, streamer, tippet. **b** (acad.) short gown with trailing ends.

1342 [clerici] induti . . capuciis cum ~is mire longitudinis . . ordinis suorum prerogativa . . reddunt . . se indignos (STRATFORD *Const.*) *Conc.* II 703a; s1344 cum manicis ac tipeitis supertunicarum et capuciorum nimis pendulis (*Chr. Westm.*) J. READING app. p. 89; **1355** ad eligend' et arraiand' . . mille et centum sagitarr' equites cum albis capuciis et nigris ~is *RScot* 785a. **b** c**1565** vestiti .. scholastico more .. longioribus togis, una cum capitiis, vel typetis *StatOx* 386.

tipetum v. tipettum. **tiphonius** v. typhonius. **tiphus** v. typhus. **tipicalis** v. typicalis. **tipice** v. typice. **tipicus** v. typicus.

tippare [ME *tippen*], to furnish or adorn with a tip, tip, (in quot., p. ppl. as adj., *virga ~ata*) tipstaff.

1348 concessimus .. quod ipse ut proclamator quandam virgam ~atam per totum regnum nostrum Anglie .. portare .. valeat *Pat* 226 m. 21.

tippula [CL], kind of aquatic insect, water-bug.

~a: pergo super latices plantis suffulta quaternis / .. / nec natura sinit celerem natare per amnem / .. / quin potius pedibus gradior super aequora siccis ALDH. *Aen.* 38 *tit.*; sum levior pluma, cedit cui tippula limphae *Ib.* 100 (*Creatura*) 41; ~a, vermis aquaticus *GlC* T 181; tipula, vermis aquaticus OSB. GLOUC. *Deriv.* 594.

tipsana v. ptisana. **tipula** v. tippula.

tipulare, tiplare [cf. ME *tipler, tipeler*], to sell (ale) by retail (also absol.).

1371 isti ~laverunt et vendiderunt per discos et sine mensuris sigillatis contra assisam *SessPLincs* 161; **1371** R. de K. .. et T. Hosteler ~laverunt et vendiderunt in foris supradictis contra assissam [*sic*] *Ib.* 176; **1507** de iij s. iiij d. receptis de diversis mulieribus ~ulantibus et vendentibus serviciam per totam villam (*Elstow, Beds*) *MinAc* HENVII/1 r. 3.

tipulator, tiplator [tipulare+-tor], one who sells ale by retail, tapster.

1539 dicunt quod .. J. T. .. [et] J. H. sunt communes ~latores servicie ibidem (*Lincs*) *CourtR* 188/3 m. 4 (cf. *Leet Norw.* 73: **1391** W. G. assuetus est vendere cervisiam etc., ij s. .. Johannes T. tip' cervisie, xij d.); **1505** pro ~ulatoribus quia vendunt servisiam traventur' me[n]suris non sigillatis (*CourtR Alcester*) *MS Warwick RO Z0024(SM)* 181; **1553** quod H. S. .. et T. D. .. sunt communes ~ulatores sive venditores panis et servisie (*Stoke by Clare, Suff*) *DL CourtR* 117/1822 m. 1.

tipulatrix, tiplatrix [tipulare+-trix], one (f.) who sells ale by retail, tapstress.

c**1503** pro quarteria brasiatrix et ~ulatrix (*CourtR*) O. Howarth & E. Howarth, *A History of Darwin's Parish* (Southampton, 1933) p. 21; c**1548** uxor J. H. est communis tirpillatrix servicie ad vendendum et fregit assisam (*Warwick*) *CourtR* 207/9 m. 3.

tipulum, tiplum [cf. tipulare; cf. et. Eng. *tipple*], sale of ale by retail.

1530 curia canmole .. : de C. C. pro bras' cervisie contra assisam xvj d. .. de N. G. pro hospicio et tipl' iiij d. (*Leic.*) *DL CourtR* 81/1111 m. 2.

tipus v. typhus, 2 typus. **tira** v. tirum.

tiralira [OF *tirelire*], earthenware coffer with a slot for the insertion of coins, money box.

clericus bene constringit morsellos eleemosynarum .. ut de x prebendis nec una cadere possit ... hujusmodi sunt illud vas quod dicitur 'tyralira': poteris intus denarium projicere, sed nihil extrahere nisi confringatur (O. CHERITON *Cant.*) *AHDLMA* XXXI 51.

tiranizare v. tyrannizare. **tirann-** v. tyrann-. **tirannisare** v. tyrannizare.

tirare [AN *tirer*], to pull or tug at, yank.

1283 (1319) quicumque alium percusserit vel ~abit [*Foed.* II 261b: †cirabit] cum pugno vel palma vel pede .. si sanguis non intervenerit et clamor factus fuerit, in v s. .. puniatur (*Valence*) *Reg. Gasc. A* 338 (cf. (*Vianne*) ib. 151: **1287** (1311) traxerit).

tiratrantrum v. taratantara. **tirebentinus** v. terebinthinus.

tiresiare [CL Tiresias+-are], **a** (intr.) to be like Tiresias (in quot. w. ref. to change of sex). **b** (trans.) to make like Tiresias (in quot. w. ref. to queening in chess).

a [Sardanapalus] sub habitu muliebri feminam mentiens .. ~iare desideravit: mas erat beneficio nature, sed in feminam optavit turpiter degenerare NECKAM *NR* I 20. **b** cum .. ultimam tenet lineam, [pedes] regine dignitatem adipiscitur, sed sexus privilegio destitui videtur: ~iatur .. novoque fruitur incessu NECKAM *NR* II 184.

tiretanus, ~a [OF *tiretaine*], (also *pannus ~us*) sort of lightweight cloth with woollen weft and (usu.) linen warp, tiretaine. **b** garment made from tiretaine.

1285 pro xxxix ulnis tirreten' mixte emptis .. precium ulne iij s. vj d. (*KR Ac*) *Arch.* LXX 30; **1290** pro tribus capis de tireteyn' (*AcWardr*) *Chanc. Misc.* 4/5 f. 7; **1305** pro iiij libratis pannorum tyrteynorum xij d. (*KR AcCust*) *EEC* 332 (cf. ib.: pro lx soldatis panni de *tyrteyne* ix d.); **1331** ad linuram unius robe de tirtann' .. quinque pec' sindon' rubei afforc[iat]' *KR Ac* 385/4; pro ancillis camere, de pannis de tirtan' mixt' sine grano .. pro scutiferis, de pannis de tirtan' radiat' *Ib.* **b** **1278** ij tireteyn' mixt' in grana prec' lxxviij li. xv s. *Chanc. Misc.* 3/14.

tiretein- v. tiretanus. **tiria** v. theria. **tiriacus** v. theriacus. **tirianus** v. therianus. **tiriax, tiriecus** v. theriacus. **Tirius** v. Tyrius.

tiro [CL], (mil.) inexperienced soldier, recruit (also fig. or in fig. context); **b** (spec. applied to new knight); **c** (transf., w. ref. to service of God). **d** (in gl.) one who lacks experience, tiro.

dum militat Dione / cum tenero tyrone P. BLOIS *Carm. CC* 3. 2. 16; illos qui tyrones sunt et adhuc rudes in congressibus militaribus NECKAM *NR* II 175; cum filiis suis juvenibus .. viz. ~onibus strenuissimis Otta et Milione .. [Riganus] ad rebellandum se .. premunire cepit *V. II Off.* 3; tyro est miles novus BACON *Gram. Gk.* 66. **b** **956** (12c) visum est regibus sua dona, precipue praedia tyronibus accommodata, grammate prenotari (*Bath*) *ASC* XIII no. 9; s**1149** rex David et tyro Henricus dux Normannie *Hexham* I 159; exercitia ~onum et ludum ineptum damnavit W. CANT. *Mir. Thom.* III 23; omnis pene tyro castelli alicujus donabatur imperio R. COLD. *Cuthb.* 67; ~ones enses suos recipiunt de altari P. BLOIS *Ep.* 94; s**1194** ~onum exercitiis in Anglia prorsus inhibitis W. NEWB. *HA* V 4 (cf. ib.: cum .. illum ~onum concursum .. vetet auctoritas); s**1195** fiebant .. ad †Turonensem [v. l. ~onum] exercitum [TREVISA: *for use of ȝonge knyȝtes*] .. torneamenta HIGD. VII 28; s**1424** multis ~onibus cingulo militari per regem precinctis et decoratis *Plusc.* XI 1. **c** carpentes .. flores .. de .. sanctorum novi testamenti ~onum .. prato GILDAS *EB* 73; exin tyro Dei fultus fervore fidei FRITH. 76; miracula que tyrones Christi per diversas nationes faciebant G. MON. IV 19; s**1227** Franciscus, novus Dei tyro M. PAR. *Maj.* III 136; torporem validissimorum tyronum accuso NETTER *DAF* I f. 1va B. **d** ~o, ignarus, novus *GlC* T 164.

tirocinium [CL]

1 initial period of military service (esp. as new knight or w. ref. to training, also in fig. context). **b** military training exercise, (also spec.) tournament.

cujus mirabile ~ium .. meminisse .. delectat W. POIT. I 12; ~ium, novi militis exercitium OSB. GLOUC. *Deriv.* 592; decennium in vite solitarie tyrocinio, miles jam emeritus, complens *V. Har.* 13 f. 18; s**1245** rex .. Ricardum de C. .. balteo cinxit militari, et tyrocinii sui festum .. consummavit M. PAR. *Maj.* IV 419; **1256** preceptum .. ut quilibet qui haberet xv libratas terre .. ~io donaretur ut Anglia .. militia roboraretur *Ib.* V 560; rex .. gladio filium suum accinxit, adjunctis tyrocinio suo strenuis adolescentibus .. quos .. militaribus indui fecit *V. II Off.* 2. **b** juvenis .. dum se exerceret in tyrocinio, hastili brachium percussus est W. CANT. *Mir. Thom.* II 26; ad .. tornamentum vel ad girum, ~ium [*gl.*: *bourdiz*] agmen vel hastiludium NECKAM *Ut.* 104; **1269** milites, si qui causa tyrocinii .. ad clausum vestrum .. declinaverint, nullatenus hospitari permittentes *Reg. Sal.* 1315–1330 II 562; s**1284** Edwardus rex fecit tyrocinium fieri apud Nevin .. ubi comes Lincolniensis .. habuit unam partem et .. comes de Ulvester alteram *Ann. Cestr.* 114; [Innocentius papa] inhibebat ne qui .. animalia et res alias .. pro ~iis .. a nobis .. extorquerent *Meaux* II 67; hoc ~ium, A. *turnament WW.*

2 (also pl.) period or state of being new in a condition, profession, or sim., (esp.) youth, (also) period of initial training, apprenticeship, or sim.

David .. sub ipso pubertatis ~io .. virginitate praeditus ALDH. *VirgP* 53; ~ia, initia, rudimenta *GlC* T 183; vos ab ipso ~io rudimentorum .. usque adulte pubertatis florem .. docendo (ALDH. *Ep.*) W. MALM. *GP* V 192; me .. ad philosophicum ~ium tirunculum nequaquam molestum .. expertus es W. DONC. *Aph. Phil. prol.* 2; admissa sunt .. spectacula et infinita ~ia vanitatis J. SAL. *Pol.* 406A.

tironia [CL tiro+-ia], (in gl.).

knyhthode, militia .. ~ia *PP* 250.

tirpillatrix v. tipulatrix. **tirrenis** v. tarinus. **tirreten-** v. tiretanus. **tirsis, ~us** v. thyrsus. **tirtan-** v. tiretanus. **tirtann-** v. tiretanus.

1 tirum v. tera.

2 tirum, ~a [AN *tire*]

1 straight line (of things), row.

1228 nulla bona ponantur super terram nisi in certis locis .. et .. plumbum ponatur in ~o et meremium in *hepes* (*Inq. Torksey*) *EEC* 158.

2 decorative 'row' of fur.

1297 pro .. vj penis de minuto verro de ix ~is ad supertunices, vj penis de minuto verro de viij ~is ad supertunices (*AcWardr*) *Eng. Dip. Admin.* 229; **1301** pro viij fur' gr[isei] var[ii] de viij tir' (*AcWardr*) *KR Ac* 359/18 m. 4; **1327** forura de menivero de octo ~is haberet centum et viginti ventres .. forura de bisso de octo ~is, sexaginta et duodecim bestias .. capucia de menivero de tribus ~is, decem et octo ventres (*LBLond.*) *CalPat* 34; **1346** †insticiariis [l. justiciariis] pro robis suis .. cuilibet .. j furruram de miniver' de vij ~is, ij furruras de bisshe similiter de vij ~is (*KR Ac*) *SelCKB* VI xxiii; **1475** cum una penula de *bys* de septem †tymbr' [l. tyr'] *Pat* 537 m. 18.

tiruncula [CL], female recruit (in quot., in the service of God). **b** one (f.) who lacks experience, novice.

famosissimae Christi ~ae Luciae praerogativa .. oppidum .. sublimatur ALDH. *VirgP* 42; c**766** vale Christo virguncula, Christi nempe tiruncula (*Vers.*) *Ep. Bonif.* 140; Dei tyruncula .. fantasmata propellit orationibus GOSC. *Transl. Mild.* 37. **b** hanc [sc. terram promissam] Clio pingit, phaleris tiruncula [*gl.*: famula] pauper GARL. *Epith.* III 573.

tirunculus [CL]

1 (mil.) inexperienced soldier, recruit (in quot. deprec., in fig. context); **b** (transf. or in fig. context, w. ref. to service of God).

me .. ad philosophicum tirocinium ~um nequaquam molestum .. expertus es W. DONC. *Aph. Phil. prol.* 2. **b** ejusdem [sc. archiepiscopi electi] comitantes tyrunculi renunciavere .. sibi infortunium .. contigisse B. *V. Dunst.* 26; Beda .. legis mysteria .. tyrunculis aecclesiae .. propinavit BYRHT. *Man. epil.* 244; tyrunculus [*gl.*: novus noviter electus rudis ignarus] .. Domini ad clibanum cucurrit J. FURNESS *Kentig.* 25; didicerat .. ab .. Christi milite .. Edmundo dum .. sub eo novus ~us militaret R. BOCKING *Ric. Cic.* I 60; ducem deserunt Christi tirunculi WALT. WIMB. *Carm.* 530.

2 youth, adolescent.

[o] formosi pueri et o decori tyrunculi! [*gl.*: *geonge leorne*] ÆLF. BATA 5. 7; ex assistentibus tuae celsitudinis .. Ethelredo et Ethelbyrtho tyrunculis BYRHT. *HR* 3 (cf. W. MALM. *GR* II 209: juvenes; id. *GP* IV 181: pueros).

tirus v. tera, therus, 2 tyrus. **tis** v. tu. **tisana** v. ptisana.

Tishri [Heb.], Tishri, first month of the Jewish calendar (seventh of the Jewish ecclesiastical year).

eorum [sc. Hebraeorum] mensis .. septimus Theseri Octobri, quem propter collectionem frugum et celeberrimas in ipso festivitates novum annum appellant .. comparatur BEDE *TR* 11; Hebraice [vocatur] 'Theseri' .. Latine 'October' *Miss. R. Jum.* 18; sic .. in Egypto [Hebrei] annum constituerunt ut Tisseri, i. e. October, esset principium anni BACON *Maj.* I 194.

tisicus v. phthisicus. **tisifone** v. Tisiphone. **tisipatus** v. dishypatus. **tisiphona** v. Tisiphone.

Tisiphone [CL < Τισιφόνη], Tisiphone, one of the three Furies, understood as personifying malicious speech.

Tisiphone

tisifone, *uualcyrge* GlC T 159; tisiphona, *wælcyrre* Ælf. *Sup.*; Thesiphone sorores suas vocat dum malus sermo .. malas cogitationes et malas operationes excitat Bern. *Comm. Aen.* 107; ~e est mala locutio, *thesis* enim positio, *phonos* est sonus Neckam *NR* II 11; linguasque venenat / Thesiphone Garl. *Tri. Eccl.* 13.

Tisiphoneus [CL], of or resembling Tisiphone.

conspexit mulierculas .. furvis crinibus horrendas Tysiphoneisque vultibus infectas Lantfr. *Swith.* 3 p. 274.

tisis v. phthisis.

†tispana, *f. l.*

in pila †tispana [l. tipsana, i. e. ptisana] teritur Andr. S. Vict. *Sal.* 80.

†tispatum, *? f. l.*

tispatum [? l. hepatum], A. *umbles* WW.

Tisseri v. Tishri.   **tissio** v. titio.   **tisso** v. tesso.

tissutor [tissuum+-tor], one who makes woven fabric, weaver.

1285 Johanni ~ori pro xvj peciis tissut' (*AcWardr*) *KR Ac* 351/18 m. 1.

tissutum v. tissuum.

tissuum, ~ua, ~utum [AN *tissue*, ME *tissheu*], (piece of) woven fabric.

1284 pro xij ~utis emptis pro xij supercingulis faciendis (*Equitium*) *KR Ac* 97/3 m. 3; **1286** pro una tessua empta pro cingulis faciendis, vj d. (*KR Ac* 91/7) *Arch.* LXX 54; **1300** una coronella auri de opere fili super uno ~uto de serico cum petraria *AcWardr* 350; **1433** quoddam exemplare de ~uis de auro *Cl* 284 m. 16; **1460** pro panno linio et laneo diversorum colorum, foderaturis, tussais, et aliis necessariis emptis .. ad proprios usus domini regis .. et .. filie domini regis *ExchScot* 583; **1471** pro .. j ulna j quarta rubei cerici pro tuscea et lutstringis *Ib.* 121; s**1486** [archiepiscopus] contulit huic ecclesie .. xxvij cappis [? l. cappas] de rubio tessuto (*Obit.*) *Invent. Ch. Ch.* 121.

Titan, ~anus [CL < Τιτάν]

1 one of a race of giant pre-Olympian deities, Titan; **b** (as name applied to Antichrist).

Titan, -nis, i. sol, inde hic ~anus, -ni, i. nomen cujusdam gigantis qui dicitur esse filius terre, unde et ~anes [v. l. ~anos] vocamus omnes gigantes Osb. Glouc. *Deriv.* 585; solem vel stellas dicit qui unus erat gigantum et de ~anibus Bern. *Comm. Aen.* 119. **b** hic numerus apud Grecos in nomine ~anis, id est gigantis, dicitur inveniri hoc modo: τ ccc, ε v, ι x, τ ccc, α j, ν l, et hoc sibi nomen Antichristus .. usurpatum ire putatur Bede *Apoc.* 172B; 'Teytan' gigas interpretatur, quod ipse fortis prepotens viribus erit et injuriosus ut gigantes sunt (Harclay *Adv.*) *Auct. Brit.* XVII 70.

2 the sun (personified).

emergunt .. quasi in alto ~ane incalescenteque caumate de .. caverniculis .. vermiculorum cunei Gildas *EB* 19; oceano Titan dum corpus tinxerit almum Aldh. *Aen.* 58 (*Vesper*) 3; Titon, sol GlC T 178; **958** (14c) conditor orbis .. diem ~anis splendidissimi radiis flagrantibus lustrando percurrit (*Cart. Chester*) *CS* 1041; "prius .. quam crastinus ~an solito refulserit, velles meis obtemperasse preceptis" Dominic *V. Ecgwini* II 46; ut diem protulit ~an, egressi sunt G. Mon. VIII 23.

Titaneus v. Titanius.

Titanius [CL], ~eus

1 of or pertaining to the Titans. **b** (as sb. f.) Titaness (in quot. applied to moon).

nec in molem ~iam indecenter elatus, nec in pigmee brevitatis paupertatem dejectus Ps.-Elmh. *Hen.* V 6. **b** Phebe vel luna, Titania, Cynthia, Mena Garl. *Syn.* 1586B (ed. Kurz 1885 p. 22).

2 of or pertaining to the (personified) sun, solar.

sic me pellexit dudum Titania proles [sc. Circe] Aldh. *Aen.* 95 (*Scylla*) 12; ~ia, solaria *Gl. Leid.* 27. 29; **949** sother .. globum lunae ~iaque astra [Verg. *Aen.* VI 725] .. custodiens *Ch. Abingd.* 44; **949** (10c) sancti viri .. rutilantes simillima ~ei fulgoris luci (Dunst.) *CS* 880; fontes .. ~eus ardor .. exsiccavit Ord. Vit. XIII 16 p. 39.

Titanus v. Titan.

titella [ME *title, titel*], ~ula [cf. CL titulus], small penstroke added to written character, tittle.

Tullius omnium partium terminationes et extremitates sub ~ulis comprehendit et .. formas diversas eis indidit .. scribendi vero tam magna erat difficultas ut vix biennio easdem ~ulas possis scribere scire J. Tilb. *AN* 322; ~ula verbi sub quibusdam signis modum, tempus, personam, et numerum significantibus currit *Ib.* 323; pro mille scribunt alpha cum ~ella in ventre vel supposita sic: α- α̣ Bacon *Gram. Gk.* 80; hec dicciones *grant, quant* possunt breviter scribi cum ~ellis, verbi gracia *gᵃnt, qᵃnt* Orthog. *Gall.* S13; quando diccio oneratur litteris longis, scribatur absque ~ellis, verbi gracia *absconder Ib.* S24.

titemallos v. tithymallus.   **titer** v. tityrus.   **titeranus** v. teteranus.   **titerus** v. tityrus.   **tith-** v. teth-.   **tithingarius** v. trithingarius.   **tithringa** v. trithingum.

tithymallus [CL], kind of plant with purgative sap, spurge (*Euphorbia*); **b** (in gl.); **c** (understood as houseleek; *cf. temolus*).

ignea humiditas exuberat in titimallo .. sed etiam .. inest aerea humiditas *Quaest. Salern.* B 150; purgatur .. cum pulvere laureole in crispulis aut lacte titimalli Gilb. I 35. 2; de medicinis laxativis ..: recipe .. corticis sambuci radicis vel foliorum titimali vel spargule .. ana Gad. 6v. 2; ut nunquam doleant [dentes] accipe radicem titimali i. esule *Ib.* 119v. 1; titimallis [vv. ll. titimali, titimallis hujus] vij sunt species, tribus utimur tantum, sc. anabulla, esula, et cathapucia *Alph.* 185. **b** †titumalosca [l. titumalos] calatides, i. e. lacteridas, *lib-corn Gl. Durh.* 305 (cf. *Leechdoms* I 44: herba tytymallus calatites, *þat ys* lacterida); **10..** †tytymalosca [l. tytymalos], *libcorn* WW; *ffaytowris gresse, or tytymal*, ditumallus *PP* 152; totomalus, A. *ffeterwort* WW; hic tintimalius, A. *spowrge Ib.* **c** temolus vel titemallos, *singrene Gl. Durh.* 305; **10..** titemallos, *singrene* WW.

titiare [CL], (of sparrow) to emit its cry, chirp.

passeres ~iant, parri tinnipant Aldh. *PR* 131; est .. proprietas .. passerum tittiare Osb. Glouc. *Deriv.* 78; astutus passer titiat Neckam *DS* III 61; *to cry* .. est .. passerum tinciare *CathA*.

titica, (in gl.).

titica [? l. cladica], *uuefl* GlC T 158.

1 titillare [CL]

1 to touch lightly, tickle.

accedens .. hec molli temeraria tactu / presumit juvenis quasi titillare lacertum H. Avr. *Hugh* 247.

2 to stimulate pleasurably, titillate.

quique [sc. Hilarion] titillantis sprevit primordia luxus Aldh. *VirgV* 805; sed caro titillat, mens ante pudica vacillat R. Cant. *Malch.* III 240; humana temptatio est de cibo, potu, somno, et ceteris ~ari Rob. Bridl. *Dial.* 92; mentes feminee penitus titulantur in istis [sc. ornamentis] D. Bec. 2242; hoc tempus titillat aves Vinsauf *PN* 552 (*recte* 557); sunt etenim monachi, possessio quos titulavit Gower *VC* IV 21; ejus animum mentemque .. regis Henrici ~abat memoria *Mir. Hen. VI* I 15.

3 (intr.) to totter or waver.

931 totillantis saeculi piacula *CS* 677; **961** (12c) ~antis seculi piacula (*Bath*) *ASC* XIII no. 15; **995** (13c) vacillantis status cosmi .. ita .. roboratur ne ~ando enerviter pessumdari .. videatur *Ch. Abingd.* 126; ~are, titubare vel commovere Osb. Glouc. *Deriv.* 593; titubo .. inde .. ~o, -as, i. titubare *Ib.* 588.

2 titillare v. titulare.

titillaris [LL titillus+-aris], of or pertaining to tickling, (med., *vena* ~is) vein in ticklish part of body.

sunt .. vene .. sub asellis que dicuntur '~es' que [aperte] faciunt hominem mori ridendo Ric. Med. *Anat.* 228; si vene ~es in coxis abscindantur, homo moritur ridendo Gilb. V 234. 2; vena yliaca et ~is aperitur pro passionibus inferioribus (*Phlebot.*) J. Foxton *Cosm.* f. 29v p. 138.

titillatio [CL]

---

1 (act of) touching lightly, tickling.

quandoque ex ~one vermium .. nervi audibiles molestantur Bart. Angl. III 18; signa .. lepre: .. item .. sunt ~ones sub cute ac si vermis faceret ibi motum Gad. 46. 1.

2 pleasurable stimulation, titillation.

declinavit .. fraudulenta femineae ~onis [v. l. titulationis; *gl.: ontendnysse*] lenocinia Aldh. *VirgP* 53; c**1073** id aetatis homo .. carnis ~onibus .. cruciatur Lanfr. *Ep.* 43 (18); in bysso .. mollities, in mollitie suavitas, in suavitate carnis pruritus, in pruritu ~o, in ~one voluptas, in voluptate luxuria est Ad. Scot *QEC* 809D; quando aliquis leviter fricatur .. spiritus leviter movetur et ~onem quandam induct, ex qua levi ~one delectatio sequitur *Quaest. Salern.* B 161; c**1205** quedam .. ~o proprie commendationis a corde meo exalabat P. Blois *Ep. Sup.* 42. 4; si .. obsequendi patruo .. vos ~onem sentire contingeret Gir. *SD* 136.

titillatorius [CL titillare+-torius], that titillates.

c**1400** leticia .. clerimoniam .. ~ia voluptate quasi quodam precio scholarium integritatem .. corrumpens .. a regno suo satagit exalare (*Rex Natalicius*) *Collect. Ox.* I 46.

titillenus [cf. CL titillare], (in gl.).

tickil, ~us Levins *Manip.* 129.

titillicus [LL titillus+-icus]

1 ticklish, (in quot. as sb.) ticklish part of body (w. ref. to armpit or elbow).

apostemata emunctoriorum nobilium membrorum sicut .. ~orum vel assellarum cordis Gad. 20. 1.

2 (in etym.) unsteady.

titubo .. inde .. ~us, -a, -um, i. titubatione plenus Osb. Glouc. *Deriv.* 588.

titillus [LL], sensation of being tickled, tickle.

quare in subascellis et plantis pedum patitur quis ~um magis quam alibi *Quaest. Salern.* P 64.

titimallis, ~llus, ~lus v. tithymallus.   **Titinillus** v. Titivillus.   **titinnus** v. tintinnus.

titio [CL]

1 firebrand; **b** (fig. or in fig. context).

assantibus ~onum globis .. [basiliscum] comburens Aldh. *VirgP* 29; ~o extractus ab igne semiustulatus .. esse ostenditur Alcuin *Dogm.* 219D; stipes, ~o qui ad comburendum in igne stipatur Osb. Glouc. *Deriv.* 555; flamma ignis [montis Vulcani] .. sepe importat lapides adhustos et quandoque †sticiones [l. ~ones] lignorum et cinerum M. Scot *Part.* 297; c**1250** fax ardens .. de facili .. totam vastat viciniam quia .. ~o .. sub volitantibus oculis .. portabatur J. Godard *Ep.* 227; hec fax, -cis, A. *brande* .. hic tissio, idem WW. **b** sancti praedicatores .. ad hunc ignem [caritatis] accendendum ~ones in altari componunt Bede *Tab.* 453B; c**1167** timere non debeat a duabus caudis fumigantium ~onum, Frederico et Raginaldo, qui .. blasphemare non cessant [cf. *Is.* vii 4] J. Sal. *Ep.* 189 (186); ~o diaboli est frequens colloquium lascivie T. Chobham *Commend. Virt.* 24.

2 (in gl.) coal-pit.

hec ~o, -nis, *a colpytte* WW.

titionarium [CL titio+-arium], (in gl.) hearth.

an harthe .. ignearium, ~ium *CathA*.

titirus v. tityrus.

Titivillus [cf. LL tittivilis < CL tittibilicium = *something worthless*], Titivil, demon believed to collect syllables dropped during divine office.

[de] demone cui nomen ~us quod apparuit cum cophino apud quosdam psallentes, colligens sub specie micarum dictiones et syllabas omissas ab illis in psalmodia, unde versus: 'fragmina verborum Titivillus colligit horum / sicque die mille vicibus se sarcinat ille' J. Waleys *V. Relig.* I 6 f. 230ra; de quodam demone qui dixit se vocari Titinillum, qui et apparuit in choro psallentium quasi colligens minutias et particulas psalmorum que elabebantur ex ore psallentium per negligentiam J. Waleys (*Pen.* VII 8) *Tractatus Ascetici Duo* (Mainz, 1673) 122; quod sic dicitur videtur potius a †Tintinillo [MS: ~o] .. acceptam quam a Deo Bromyard *Summa* II 143rb; porto syllabas dictionis syncopatas et versus psalmodie quos

isti clerici furati sunt hac nocte .. Tityvillus vocor *Latin Stories* 44; tamquam Titinillus simulant repugnancias doctorum .. nec scientes summulas nec leges equivocorum sive oppositorum WYCL. *Serm.* III 235; hic est confessor .. dominarum / qui magis est blandus quam Titivillus eis GOWER *VC* IV 864; c**1430** novus sinistre reportacionis Titinillus fragmina verborum recollegerat quibus per garritum in vestris auribus opinionem .. infirmaret *Reg. Whet.* II 379.

titlinga [ME *titling*], kind of small passerine bird, titlark or warbler.

suspicor Anglorum ~am esse curucam Aristotelis, nam nullam avem .. frequentius cuculi pullum .. pro suo educantem quam illam observavi. est .. luscinia minor sed eadem corporis figura, colore subviridi .. vermiculos in ramis arborum sectatur, raro humi consistit, hyeme non cernitur TURNER *Av.* (1903) 68.

Titon v. Titan.

†titrinus, *f. l.*

colera †titrina [l. citrina] vel vitellina RIC. MED. *Signa* 37.

†titrus, *f. l.*

hic †titrus [l. citrus], arbor que cito surgit *WW* (cf. OSB. GLOUC. *Deriv.* 113: hec citrus, -ri, i. quedam arbor eo quod cito surgat).

tittiare v. titiare.

titubanter [CL], (as adv. derived from *titubare*).

titubo, -as, inde ~er adverbium OSB. GLOUC. *Deriv.* 588.

titubantia [CL], stumbling (in quot., in speech).

"gloria Patri et Filio et Spiritui sancto" .. si expresse et sine ~ia dixerit, constabit .. non illum venaliter .. presulatu functum W. MALM. *GR* III 265; ~ia linguae notabilis, maxime cum ira succresceret *Ib.* IV 321; archidiaconus .. pro ~ia oris parum eas [sc. liberales artes] audientibus expediret *Id. GP* V 270.

titubare [CL]

1 to walk unsteadily, (esp.) to stumble, slip, miss one's footing; **b** (transf. or fig.). **c** (in gl.).

716 quaedam non ~antes constanter transiebant, quaedam vero labefactae .. cadebant in .. flumen BONIF. *Ep.* 10; **1246** viderunt .. bissam .. aliquando ~antem et aliquando cadentem *SelPlForest* 82; **1270** A. B. ~avit cum pedibus et cecidit in .. plumbo bulliente *SelCCoron* 15; a casu .. puer tutubavit et super illud lignum cecidit *Canon. S. Osm.* 83. **b** si lunae .. quadrantem accomodare negaveris .. fit profecto ut .. paschalis ratio vacillet, et totius mox anni cursus ~et BEDE *TR* 41; **798** dicunt nil esse sine causa in ecclesiasticis consuetudinibus ... ~at illorum sensus ALCUIN *Ep.* 143; illa que numquam ambulaverat .. lento tamen gressu et ~anti ire perrexit SENATUS *Wulfst.* 107; hoc dicto "gloria Patri et Filio", quod sequitur .. ~ans et balbutiens nullatenus proferre potuit GIR. *GE* I 51 p. 153; linguam .. ~ando .. pervertit, ut patet in ebriis BART. ANGL. IV 5. **c** tutibo, A. *to tumble WW*.

2 to stand unsteadily, sway, totter, wobble. **b** (of abstr.) to be unsteady, waver, falter (esp. to the point of toppling).

944 (14c) sciat se .. ante tribunal districti judicis ~antem tremebundumque rationem redditurum *Ch. S. Aug.* 27; quidnam firmum existeret si fundamentum ~aret? (ABBO *Calc.*) *Auct. Brit.* XV 73; in diebus ejus [asini] .. ~abunt montes G. MON. VII 4 p. 394; deberent insimul pulsari quatuor magne campane .. sed .. turris ~at cum pulsantur *Cust. Cant. Abbr.* 308; **1252** calix argenteus parvus et parvi precii ~ans *Vis. S. Paul.* 7. **b** si fides eorum non ~asset FELIX *Guthl.* 40; in nullo video ~are considerationem tuam ANSELM (*Ver.* 5) I 181; principes .. regis .. imperium .. machinationibus ~are faciebant *V. Gund.* 35; cum animus meus .. ad sancte commonitionis verba ~aret, ad sacrarum litterarum lectionem me .. contuli P. WALTHAM *Remed. prol.* 27.

3 to lack resolve, hesitate, vacillate.

Abram .. non quasi dubius de promissis Dei ~at BEDE *Gen.* 153D; sanguinem super cujus estimationem fide ~as .. noveris debere venerari AD. EYNS. *Visio* 13a; a celestibus .. desideriis non ~ant ROLLE *IA* 180; ambiguum .. non conspicio quod morosum me ~amve redderet in eleccione FORTESCUE *LLA* 28.

titubarium [CL titubare+-arium; cf. titubatorium], (in gl.).

tutibarum vel tutibarium, A. *a tumbrell WW*.

titubatio [CL], lack of resolve, hesitation, vacillation.

~ione plenus OSB. GLOUC. *Deriv.* 588; ~io est quando homo quod agit non agit confidenter ROB. FLAMB. *Pen.* 222; juramentum .. propter cordium scrupulas et ~iones .. evitandas .. renovatur FAVENT 24.

titubator [CL titubare+-tor], (in gl.).

a stombyller, cespitator, impactor, ~or, vacillator *CathA*.

titubatorium [CL titubare+-torium; cf. titubarium], dumping-cart, tumbrel.

adolescens .. cum .. stercora vectare debuisset in agros .. corruit preceps in faciem, cum jam .. ejus vociferacione jumenta pavefacta tumultuoso rabidoque cursu ~ium illud totum in ipsum pertrahunt oneratum *Mir. Hen. VI* I 24.

titubatrix [CL titubare+-trix], one (f.) who totters.

alea fortune titubatrix lucra repente / precipitavit Ade GARL. *Epith.* III 181.

1 titula v. titella.

2 †titula, *f. l.*

†titule [l. caule], *gata loc GlC* T 172; c**1000** †titula [l. caula], *gataloc WW*.

1 titulare v. 1 titillare.

2 titulare [CL]

1 to make a distinctive mark on (thing), inscribe (also transf.). **b** to inscribe (writing or image), write (also ellipt. or absol.).

Ionicus major .. acuto accentu in antepaenultima ~abitur ALDH. *PR* 132; Caesaris denarius .. imagine ejus et superscriptione ~atus BEDE *Luke* 329B; **1466** T. quosdam talos veraciter ~atos eidem A. tradidit ad jactandum *Reg. Brev. Orig.* f. 290. **b 935** (15c) ego W. .. ~avi triumphale signum superni rectoris + (*Shaft.*) *ASC* V no. 9; †**996** (11c) ego O. .. ~avi *Ch. Burton* 26.

2 to provide (text) with a descriptive or distinctive heading, title; **b** (w. compl.); **c** (fig.).

solita cessat salutatione, etsi ideo ejus epistola denegatur quia ejus nomine non ~atur LANFR. *Comment. Paul.* 375; qualiter aptius ~ari debeant eadem opuscula ANSELM (*Ep.* 109) III 242; c**1300** taliter debet rotulus ~ari (*Quoniam inter magnates*) *FormMan* 13. **b** in libello quem 'De conceptu virginali et de originali peccato' ~avi ANSELM (*Praesc.* I 7) II 258; scripsit tractatus tres .. et quartum quem ~avit 'De grammatico' EADMER *V. Anselmi* I 19; composuit .. librum quem 'Perifision merimnoi', i. e. 'De nature divisione', ~avit W. MALM. *GP* V 240. **c** scorpius altivolans titulat ambitque Novembrem (*Kal. M. A.*) *Traditio* XI 70.

3 to designate by a descriptive or distinctive appellation, call, name.

~at, significat *GlC* T 177; vermis ibi 'princeps', 'rex', 'dux', 'comes' est titulatus D. BEC. 364; est talis [sc. predapifer] speculum domini populo speculatum: / qualis monstratur, talis dominus titulatur *Ib.* 1163; Stephanus comes .. / quem gens Anglorum 'regem' sibi post titulavit R. ESK 18.

4 to indicate, record, set out, note down.

tribus psalmis .. agitur nocturna laus, uti in Antiphonario ~atur [gl.: ys amearcod] *RegulC* 59; quae supra titulantur / dicere malebas *V. Ed. Conf.* f. 53v; hujus .. operis .. librum .. secundum collegi, et .. necessaria capitula .. subjunxi, quod in quinque libellorum diapsalmate ~avi (*Quad.*) *GAS* 535; preter hoc [sc. trinam partitionem legis Anglice] .. regie majestatis ~amus imperium (*Leg. Hen.* 6. 2a) *Ib.* 552; s**1200** chartam .. factam .. modo et forma quibus superius in charta .. regis R. ~atur (*Liber Albus*) *MGL* I 499; **1347** quod nulli monachi .. ad missam B. Virginis in tabula ~entur nisi .. sciverint .. in cantandi officio ministrare *Norw. Cath. Pri.* 116; **1383** ossa et reliquie .. que inferius ~antur ad tale signum ☞ *Ac. Durh.* 434.

5 (also w. dat. or *ad*) to mark out, allocate, assign. **b** (eccl.) to assign (cleric to church), nominate.

occidi ab hoste ~atur fortune, prodi a cive addicitur ignaviae W. MALM. *GR* II 177; dempta superficies panis domino titulati D. BEC. 2545; [mappa] sordida contrita lotrici sit titulata *Ib.* 2558; Wine .. inter Lundonienses episcopos non connumeratur, quia Lundoniensem ecclesiam ~atam non habuit DICETO *Chr.* 113; s**1296** seysita sunt .. bona clericorum .. super laicum feodum inventa atque fisco regio ~ata *Flor. Hist.* III 291 (cf. B. COTTON *HA* 319); **1393** quod libri .. et omnia alia jocalia .. sint in quadam cista .. ad talia ~ata *Lit. Cant.* III 24. **b** presbiter cum ordinatur .. †tuteletur [l. ~etur] specialiter ad qualem aecclesiam debeat ministrare EGB. *Pont.* 21; in cujus ordinatione .. O. archiepiscopus .. titulo aecclesiae cui episcopus datus est conticito .. [Dunstanum] aecclesiae Christi Dorobernensis metropoli .. ~avit ADEL. BLANDIN. *Dunst.* 7; clerici qui .. predia .. comparant .. teneantur obnoxii nisi ad ecclesiam ad quam ~ati sunt eadem ipsa contulerint BART. EXON. *Pen.* 88; s**1181** pro personis spectabilibus .. [archiepiscopus] ~avit imberbes W. NEWB. *HA* III 5; **1426** beneficia .. sedi apostolice notorie reservata, ad que vos [sc. cardinales] .. pluries novimus ~ari (*Lit. Cant.*) *Conc.* III 473b.

titulatim [CL titulus+-atim], by distinctive mark or sign.

964 testes .. quorum inferius ~im nomina caraxari videntur *CS* 1134.

1 titulatio v. titillatio.

2 titulatio [LL]

1 (piece of) writing, inscription.

acceptes .. horum apicellorum tenuem congeriem .. ebinina ~one styloque fuscanti concretam B. *V. Dunst.* 1; hic in praesenti ~one .. vitia .. corrigantur *Id. Ep.* 388.

2 ? allocation, assignment, designation.

supra dictum est "faciamus hominem" et subditur "masculum et feminam creavit". ne ergo posset putari quod ille homo esset duorum sexuum .. subdit "eos" ut fiat ~o [v. l. relatio] ad hunc terminum 'hominem', qui quodam modo supponit pro mare et femina; confuse enim tenetur, ut alibi "homo est dignissima creaturarum" S. LANGTON *Gl. Hist. Schol.* 50.

3 ? *f. l.*

729 (14c) hoc .. testium solenni subrogata a ~one [v. l. astipulatione] firmari curavimus *CS* 147 (=*Cart. Glast.* II 372).

titulus [CL]

1 inscription, epigraph. **b** mark, token, sign.

731 dictanti titulum mihi .. / succurras *Epigr. Milredi* 810; ecce sub hoc titulo requiescit strenuus Hugo (*Vers.*) ORD. VIT. VIII 28 p. 454; a**1184** hunc librum fecit domnus S. abbas S. Albano, quem qui ei abstulerit .. aut ~um deleverit .. anathema sit *MS BL Royal 13 D iv* f. 1; quidam palatinus .. rogavit quendam clericum ut ~um memorialem scriberet in introitum (S. LANGTON) *JRL Bull.* XVII 128; ~us est quedam subscriptio sive superscriptio imposita domui ad denotandum quod nomine unius potentis possidetur LYNDW. 46n; a**1440** fratribus Oxonie datur in munus liber iste / .. / quem si quis rapiat, raptim titulumve retractet, / vel Jude laqueum vel furcas sentiat (J. WHETHAMSTEDE) *MS Worc. Coll. Ox. LRA 6. 1* f. iv (=*MonA* IV 405b). **b** intellexit eques quicquam praestantius illo / esse loco. titulum ponens equitabat abinde ALCUIN *SS Ebor* 323; **844** + ego A. .. rex .. hoc .. signo sanctae crucis Christi perenni ~o roborabo *CS* 445; †**1065** (13c) + ego B. abbas .. hanc scedulam .. cum ~o venerande crucis confirmavi (*Malm.*) *ASC* XI no. 33; ibidem erexit lapidem in ~um SÆWULF 67; ~us est quando vel lapis vel signum .. ad insignandum aliquid et nobilitandum vel reminiscendum .. erigitur ANDR. S. VICT. *Hept.* 77; prout '~us' sumitur pro scuto, vexillo, aut signo .. dicitur illud quod seipsum offert visui et aliud representat intellectui UPTON 34.

2 heading of book or section, title. **b** stretch of text comprised under one heading, section.

quae utiliora invenire potui .. singillatim ~os praeponens congessi THEOD. *Pen. pref.*; incipiunt tituli de signis presulis almi WULF. *Swith. pref.* 588; ~um prefixi .. qui fastidiosum lectorem .. illi protendens abbreviationem invitaret L. Durh. *Hypog.* 64; ~us .. libelli talis est: Speculum Stultorum Nig. *Ep.* 17; ab archidiacono Menevensi, cujus nomen presentis opusculi ~us tenet Gir. *IK* I 11 p. 83; **12..** in quibus rotulis inseratur ~us scriptus manu clerici senescalli *Cart. Glouc.* III 216; [quod] est contra ~um questionis Ockham *Misc. Phil.* 797. **b** quidquid inde nota dignum inveni in unam summam redigendo sub ordine ~orum et paragraphorum, sine prejudicio melioris sententie, compilavi Bracton f. 1; **a1350** de lectura Decretalium statutum est .. quod certi ~i extracti .. extraordinarie legantur *StatOx* 46; super decretali quadam .. in Clementinis ~o 'De sepulturis' capitulo 'Dudum' incorporata Ric. Armagh *Unusq.* 54; **1453** diversorum exeuncium .. inferius in diversis ~is allocatorum *Ac. H. Buckingham* 19.

3 appellation, title, name; **b** (w. defining gen.).

1169 antiqui .. amicos [confessorum] nequaquam ledebant nisi ex .. confessione consortes haberentur et ~i Becket *Ep.* 577; hec mater devorat quemcunque genuit / si tamen titulum maternum meruit Walt. Wimb. *Sim.* 143; quod .. rex Romanorum .. ~um imperialem assumeret Ockham *Pol.* I 146; si quis .. amicitiam traxerit cum stultis .. ~is sine dubio stulto similatur *Quadr. Reg. Spec.* 37. **b** dies quarta decima .. separatim sub Paschae ~o praenotatur (*Lit. Ceolfridi*) Bede *HE* V 21 p. 335; archipresul pecuniam illam .. donationis ~o .. confessus est se recepisse H. Bos. *Thom.* III 34; ut [ecclesia] sub nominis mei ~o .. Deo consecrari debuisset (*Mir. Ed. Conf.*) *Anal. Boll.* XLI 126; **s1227** [Franciscus] nihil .. proprium habere decrevit .. nisi quod .. sub ~o reciperet caritatis Wend. II 329.

4 mark of appreciation or honour, distinction, accolade; **b** (w. defining gen.).

principes .. quorum ~is nullas .. affiget metas postera .. aetas W. Malm. *GR* IV 372; **p1173** paternis facultatibus superaddens .. regnum Anglie .. [Henricus] paterne magnificentie ~os .. ampliavit P. Blois *Ep.* 66. 201A; cum maximam diei partem in loci prescripti ~os expendisset, tandem .. laudis preconia consummavit Gir. *IK* I 3 p. 39; nonnulli .. ut magnatum ~os .. in corpus .. unum componerem .. efflagitabant *Id. Symb. pref.* p. 199; qualiter .. ~is et triumphis vestris Hibernicus orbis accesserit *Id. TH* III 48. **b** ex quibus et plures ceu fulgida lumina celi / virtutum titulis florebant in bona vite *Mir. Nin.* 110; Tancredum .. multarum ~is probitatum insignem Ord. Vit. VIII 28 p. 456; tante excellentie noster Albanus ~o refulgebat W. Newb. *Serm.* 895; qui aliquem ~um sapientie laudabiliter adepti sunt Bacon *Maj.* III 55.

5 (leg.) that which grounds a claim, title, right, entitlement; **b** (w. *ad*). **c** (transf.) assertion of claim, pretension.

habuerunt .. ex justo antiquitatis vetuste beneficio xviij hidas .. quas rerum statu postea variante .. dubie fidei ~o possederunt *Chr. Rams.* 76; **1190** quicquid laici .. donaverint vel quocumque ~o a se alienaverint .. post mortem non revocabitur (*Conc. Norm.*) Diceto *YH* 87; **c1211** nos .. hiis que justo tytulo et auctoritate magna possedimus .. spoliare presumpsit Gir. *Ep.* 6 p. 218; possessio .. substanciam .. ceperit ex longo tempore et pacifico quod sufficere possit pro ~o .. contra verum dominum *Fleta* 203; **1348** per firmam terrarum de L. et de C. .. in manu domine Marie de M. quo ~o ignoratur *ExchScot* 543; **1446** bona .. ~o viz. hereditario, adventicio, provecticio, castrensi .. seu quovis alio modo juste acquisita *MunAcOx* 554. **b** **1394** cum .. habeat justum ~um hereditarium ad portandum .. unum leopardum de auro (*Pat*) *Foed.* VII 763a; **s1402** si [Ricardus] per vos mortuus est, perdidistis ~um et omne jus quod habere potestis ad regnum *Eul. Hist. Cont.* 392; habet .. ecclesia Dumblanensis justum ~um ad totum dominium de Appilbi Bower XI 21. **c** proprium .. infancium est quicquid manu arripuerint ad os .. absque ~o discrecionis porrigere *Mir. Hen. VI* I 3.

6 (eccl.) church assigned to one in holy orders, titular church. **b** financial guarantee required for ordination, title (also transf. w. ref. to certificate thereof).

752 pagani .. per ~os et cellas nostras plus quam xxx aecclesias vastarunt Bonif. *Ep.* 108; **1125** nullus in presbiterum, nullus in diaconum nisi ad certum ~um ordinetur (*Westm.*) *Conc. Syn.* 740; **s1175** Hugutio cardinalis ~o S. Angeli Gir. *RG* I 8; **1345** reverendi patris domini G. de M. ~i S. Lucie in Cilicia .. sacrosancte Romane ecclesie diaconi cardinalis *Mun AcOx* 149; **s1362** cum .. papa multas ecclesias in urbe, ~os cardinalium et alias .. ruinosas inveniret *Meaux* III 156; dicitur 'titulus' idem quod 'ecclesia', ut ~us Sancti Petri Upton 34. **b** **1277** ordinati fuerunt .. subdiaconi: W. filius J. de U. ad ~um patrimonii .. H. de M. ad ~um xl solidorum *Reg. Heref.* 299; **1287** caveant ad sacros ordines promovendi ut ~um habeant sufficientem (*Exon.*) *Conc. Syn.* 1000; lapidem .. posuit .. baro et cognatus abbatum A. de C., offerens super lapidem ~um patronatus ecclesie de F. *Croyl. Cont. A* 119; ~us canonicus est jus spirituale sive causa habendi beneficium ecclesiasticum vel res ecclesie dispensandi Lyndw. 46n; **1549** ~um canonicum ad valorem viginti librarum .. habentes *Conc. Scot.* II 106.

titumalos, ~osca v. tithymallus. **titurus** v. tityrus.

Titus [CL], Titus (in quot. w. ref. to T. Flavius Vespasianus as type of generosity).

hec Titi pietas, hec munificentia, Cresi / vicit delicias et Salomonis opes Neckam *DS* V 219; sunt aliqui Titi [*gl.*: nobiles; boni datores], dignis donare periti Garl. *Mor. Scol.* 85.

tityrus [CL Tityrus < Τίτυρος = Σάτυρος]

1 (in gl.) herdsman.

c1000 titurus, *gatahierde WW.*

2 (in gl.) leader of flock, bellwether.

belwedyr, shepe, titirus *PP* 29; hic titerus, A. *a belwether WW*; titer, A. *a belwether Ib.*

3 (putative) cross between ewe and goat; **b** (her.); **c** (in gl.).

leones .. sibi conjunguntur .. similiter .. tytiri et musmones, quique in genere suo conveniunt W. Donc. *Aph. Phil.* 3. 58; rusticus .. habeat .. arietes, verveces, multones, †ciciros [l. titiros], et burdones Neckam *Ut.* 112; queritur de ambigenis quare nunquam concipiant .. quemadmodum bardones et ~i *Quaest. Salern.* B 72; 'bigenera' dicuntur que ex diversis nascuntur animalibus, ut .. titirus ex ove et hirco [Isid. *Etym.* XII 1] Upton 146. **b** abbates .. debent in suis armis portare .. titiros, pro eo quod .. portant instrumenta episcoporum .. ut .. tales bestie portant instrumenta generativa .. non tamen eis utuntur Upton 148. **c** titurus, hircus *GlC* T 168.

Tityvillus v. Titivillus. **tix-** v. tex-.

tmesis [LL], (gram. & rhet.) division and separation of word, tmesis.

~is .. non facile in scripturis sanctis .. potest inveniri. est autem hujusmodi 'Hiero quem genuit solymis Davitica proles', hoc est 'Hierosolymis' Bede *ST* 159; 'hac' temesis est 'Trojana tenus' Bern. *Comm. Aen.* 46; Apolli- / naris cui fidei semina prima dedit / .. / usus sum themesi, sed nomen consule: stare / non potuit melius syllaba quina metro Neckam *DS* V 371; yperbaton .. species sunt ysteron proteron, anastrophe, themesis Gerv. Melkley *AV* 80; themesis, quando scilicet diccio dividitur, ut 'septem subjecta trioni' [Verg. *G.* III 381] *Ps.*-Gros. *Gram.* 74.

toagium v. towagium. **toail-, toal-** v. tualia. **tobac-** v. tabacum. **tobale, ~alia, ~allia** v. tualia. **tobba** v. tubba. **tochium** v. ptochium.

†tocidie, *f. l.*

c1379 ordinatum est quod predicti camerarii sint, et sedeant †tocidie [l. cotidie] cum majore *Mem. York* I 34.

tociens v. totiens. **tocius** v. quantocius. **tockagium** v. towagium. **tocorium** v. tugurium.

todda [ME *todde*], measure of wool (app. by weight, typically 28 pounds).

1516 cum .. R. .. vendidisset .. Willelmo G. [*tayliour*] xvj ~as lane, warantizando dictas xvj ~as esse bone lane .. in vero facto fuerunt in qualibet ~a .. ij li. zabuli *Rec. Nott.* III 136 (cf. (*KR Mem* 219) *Bronnen* 1255: **1443** cum vj *todde* et xvj li. lane); **1599** cum .. J. W. .. emisset de eodem J. Shakespere viginti et unam ~as lane vocatum *toddes of wooll* (*PlRCP*) L. Hotson, *Shakespeare's Sonnets Dated* (London, 1949) p. 232.

todidem v. totidem.

todillus [CL dub.], (in gl.).

~us, admodum parvus [cf. Plaut. *Cist.* 408: cum todillis [v. l. todinis] crusculis; Paul. *Fest.* 353M: todi, genus avium parvarum] Osb. Glouc. *Deriv.* 590.

todinus [cf. CL todus, todillus], characteristic of a slender-legged bird, spindly.

debilitate et exilitate tibiarum, que ~e gracilitatis erant, ut sic dicatur [cf. Plaut. *Cist.* 408: cum todillis [v. l. todinis] crusculis] W. Cant. *Mir. Thom.* II 33; erant .. tibie et cruscula gracilitate ~a gradiendi usibus inepta penitus et inutilia *Mir. J. Bev. C* 330.

1 todus [CL], **~a,** (in gl.) kind of small bird, (understood as) wagtail (*Motacilla*) or tit (*Parus*).

~us, genus parvarum avium [Paul. *Fest.* 353M] Osb. Glouc. *Deriv.* 590; *wagge-stert, bryd,* teda, -e .. vel ~a, -e .. Ugucio in '~a' [cf. Hugh of Pisa *Deriv.*: hec toda -de, avis est que non habet ossa in tibiis, qua re semper est in motu] *PP*; *a wagsterd,* ~a, avis est *CathA*; hic †tradus, *a wagstyrt WW*; *a titmose, bird,* ~us, -i Levins *Manip.* 149.

2 todus v. tuathum.

tofft- v. tofta. **toffus** v. tofus.

tofta, ~um, ~us [AS *toft*], plot of land on which a house and its out-buildings stand, toft (*cf. crofta*); **b** (transf.).

iiij ~ae cum saca et soca (*Lincs*) *DB* I 354va; huic manerio pertinent j bervita [? l. bervica], ~es de xxx acris terre (*Norf*) *Ib.* II 257; **c1129** unum plenarium ~um cum omnibus pertinenciis *E. Ch. Scot.* 83; **a1153** ~am supra quam statuta est domus archidiaconi M. *Ib.* 265; **1153** exceptis thoftis quos in manu mea retineo adhuc *Ch. Chester* 107; **c1160** terram nostram .. cum touftis et crouftis (*Lincs*) *Danelaw* 281; **1208** concessi .. burgensibus .. ~os suos et cum quolibet ~o dimidium acre colendum (*Leeds*) *BBC* 41; **c1213** unum tophtum in villa de H. *Couch. Furness* II 400; **1229** quandam viam que jacet inter duo ~a in P. (*Northants*) *Cl* 148; **1256** de capitali †tosto et crosto [l. ~o et crofto] (*Lit. Papae*) *Mon. Hib. & Scot.* 73a; **1258** habeat .. vicarius duos ~os simul junctos pro manso (*Reg. Ebor.*) *MonA* VI 1182b (=*Hist. Church York* III 178); **1290** unum tofftum in burgo de D. (*Lit. Pap.*) *Mon. Hib. & Scot.* 153b; **12..** inter tuftum Thome A. et tuftum Vincentii *Med. E. Anglia* 238; **1485** quoddam ~um .. cum domibus superedificatis (*Ch.*) *EHR* III 319. **b** **c1180** unum toftum ad inhabitandum .. et alium ~um .. ubi possint res suas et catalla reponere *Melrose* 34; R. habet veterem ~um aule juxta domum suam et reddit inde xvj d. *Boldon Bk.* 14; **1326** quinque ~a non edificata quorum pastura valet per annum vj s. viij d. (*Lincs*) *IPM* 96/5 m. 2.

toftagium [tofta+-agium], ? toft or the rent deriving from it.

1174 (13c) ex donatione Henrici unum tophtagium in Legrecestria, ex donatione Roberti de B. unum tophtagium in eadem civitate (*Ulvescroft, Leics*) *Papsturkunden in England* I 390.

toftarius [tofta+-arius], tenant of toft, toftman, tofter.

1279 E. A. habet in eadem villa x thoftar' quorum quilibet tenet j thoft' per servicium xij d. per annum (*Cant.*) *Hund.* II 500a; **1279** comes habet in eadem villa xxij thoftar' quorum quilibet eorum tenet j thoft' cum croft' adjacente et reddit per annum xvj d. (*Cant.*) *Ib.* II 501b.

toftis v. tofta.

toftlonda [ME *toftlond*], tenement including toft, 'toftland' (*cf. tofta*).

1222 de ~is: J. .. et T. frater suus tenet unam *toftland* sc. decem acras, et dat unam gallinam .. et debet qualibet ebdomada duas operaciones et dimidiam (*Ext. Walpole*) *Med. E. Anglia* 261; **1316** in allocacione x toftlond' pro falcacione (*Norf*) *MinAc* 1132/13 r. B8*d.*.

toftmannus [ME *toftman*], tenant of toft, toftman, tofter.

12.. ~i .. operabantur a S. Michele usque ad autumpnum (*Cust. Pri. Lewes*) *Gl. Arch.* 540.

tofus [CL], kind of soft porous stone, tuff, tufa; **b** (in list of words).

chelydri .. in .. lapidosis nascuntur terris .. et tophos sectantur pro cibo *Lib. Monstr.* III 16; toffus, lapis oculosus *GlC* T 198; **c1159** aqua .. usque ad ~um [juxta ecclesiam] S. Michaelis de C. propria est S. Stephani. licet autem Anselino [de C.] in eodem ~o palos figere et piscariam facere *Act. Hen. II* I 266;

fornix ex lapide et ~o levi decenter composita est GERV. CANT. *Combust.* 27; alii spongiosi, ut lapides thophi ac pumex Ps.-GROS. *Summa* 626; thophus lapis est †lenis [l. levis] et spongiosus .. qui .. coquitur in fornace *Alph.* 187. **b** bubo, bufo, tufus, tubus ALDH. *PR* 116.

toga [CL]

1 sort of outer garment, robe, gown.

[matrona] processit †spendente [l. splendente] toga WULF. *Swith.* I 1279; ~ae, *tunecan* GlP 363; quedam mulier .. consulares ~as .. consuevit adornare (*Mir. Ed. Conf.*) *Anal. Boll.* XLI 128; cum feltreis ~is .. in thure intinctis G. HERW. f. 326b; ab .. pertica dependeant .. capa, pallium, ~a [*gl.: gunele*] NECKAM *Ut.* 101; adhuc, ut Tullii utar verbis, in puerili ~a constituto J. FURNESS *Walth.* 14; Wallia nuda pedes, Scotia curta togas GARL. *Tri. Eccl.* 61; **1386** per .. pauperes indutos ~is de russeto *Wills Durh.* I 41; **1400** pro ~is estivalibus datis servientibus *Ac. Durh.* 215; **1403** pro ~a garcionis stabuli iiij s. *Ib.* 219; c**1420** pro v virgis panni nigri .. pro una ~a pro nocte inde facienda furrata cum pelle agnello (*KR Ac*) *JRL Bull.* XXVI 87; **1425** ~a ampla est et rotunda, undique clausa (*Hosp. S. John, Coventry*) *MonA* VI 660b; **1442** cum una thoga damasci nigri coloris *Reg. Cant.* II 609; **1503** unam ~am muliebre[m] (*AssizeR*) *March. S. Wales* 127; c**1565** vestiti .. scholastico more .. longioribus ~is *StatOx* 386.

2 absence of war, peace.

in bello et in ~a W. MALM. *GR* II 133; in tempore ~e [*gl.: i. pacis*] vel in tempore belli NECKAM *Ut.* 105.

togalis v. tualia.

togare [CL toga+-are; cf. CL togatus]

1 to clothe in a gown or toga (esp. as symbolizing civilian life or peacetime), enrobe (also in fig. context). **b** (p. ppl. as adj.) of, pertaining to, or concerned with civilian life or peacetime. **c** (ppl. as sb., mil.) class of soldier.

rubra purpura regum / qua regnatores funguntur jure togati ALDH. *VirgV* 190; proceres ~atos, i. quirites *getunecude* GlP 374; *coverer,* cooperire, ~are, tegere *Gl. AN Ox.* f. 154r; tua .. conjux / .. / si sit .. lite togata / .. / .. infelix vir eam servare tenetur D. BEC. 2017; non oportet te in excercitu incidere nisi ~atum vel loricatum BACON V 153; castrorum .. tecta .. rutilis ~avit amictibus *Ps.*-ELMH. *Hen.* V 75 p. 218. **b** quando .. ~atus negligeret [orationem] qui .. stipatoribus fusis .. nec atrocitate vulnerum nec mortis confinio potuit argui quin .. Deo suplicaret? W. MALM. *GR* I 49; quis in armata militia strenuior? quis in ~ata subtilior? GIR. *TH* III 51. **c** s**1356** in toto exercitu domini principis fuerant .. quatuor milia ~atorum, mille servientes, et duo milia sagittariorum BAKER f. 140b; s**1356** capitaneus de la B. .. recessit cum sexaginta ~atis et c sagittariis *Ib.* f. 143b.

2 (p. ppl. as sb. f., sc. *fabula*) form of comedy in Roman dress.

a**1192** Afranius ~atarum scriptor in ea ~ata que 'Compitalia' inscribitur .. inquit .. [Macrob. *Sat.* VI I] P. BLOIS *Ep.* 92.

3 *f. l.*

angues .. †togatorum demones [Serv. *G.* III 417: ἀγαθοὶ δαίμονες esse putabant, quos Latini .. 'genios' vocant ALB. LOND. *DG* 6. 19.

togathon [τὸ ἀγαθόν], (phil., w. ref. to Platonic form) the good.

togaton, ille summus, omnia creavit BERN. *Comm. Aen.* 119.

togaton v. togathon.   **togella** v. tualia.

1 togilla [CL toga+-illa; cf. CL togula], (in gl.) small toga.

toga .. unde hec togula et hec ~a, -e, diminutivum OSB. GLOUC. *Deriv.* 574; ~a, parva toga *Ib.* 590.

2 togilla v. tualia.

togipurium [cf. CL togipura], (in gl.) plain toga.

~ium, toga pura GlC T 220.

togula [CL], (in gl.) small toga.

toga .. unde hec ~a et hec togilla, -e, diminutivum OSB. GLOUC. *Deriv.* 574.

---

togwithum, **~witthum,** **~wythum** v. tugwithum.

toiso [AN *toison*], wool shorn from a sheep, fleece.

1265 de mdcccliiij toysonibus provenientibus ad tons' et de dcij toyson' factis de pellibus (*York*) *MinAc* 1078/8 r. 2d.; in depilat' ad toyson' faciend' *Ib.*

tolbolla v. tollbolla.

tolbotha [ME *tolboth*], office where toll is collected, custom-house, toll-booth.

1229 ballivi vocaverunt milites et mercatores aput ~am (*Yarmouth*) *BNB* II 263; c**1276** quam .. terram .. ad vendendum obtuli in ~a de S. ad tria placita capitalia *Reg. Moray* 143; **1315** mandetur .. ballivis de ~a de L. .. quod non permittant aliqua victualia .. duci versus inimicos regis *RParl* I 331a; **13**.. in ~a vel in gilda aula *Little RB Bristol* I 59; **1378** pars domini regis de tolbutha de L. *IMisc* 219/3 m. 3.

tolbutha v. tolbotha.   **tolcestrum** v. tolsesterum.

tolcornum [ME *tol-corn*], corn retained as multure, toll-corn.

1281 super precium ~i *CourtR A. Stratton* 135; **1281** non recepit v bussellos ~i .. nisi de tempore suo proprio antequam .. tradidit molendinum *Ib.*

tolea [? cf. CL toles], part of body, (perh.) stomach.

tege ~eam [v. l. ~iam; *gl.: readan*] toracem cum pulmone (LAIDCENN MAC BÁITH *Lorica*) *Cerne* 87 (=*Leechdoms* I lxxii, *Nunnam.* 94); ~ia vel porunula, *reada* ÆLF. *Gl.*; ~ia, *reade* WW *Sup.* 464.

tolectum, *s. dub.*

1324 de receptamento iiij cultrorum aratri, ij vertevellorum, ij gonforum, et j tolecti ferri *JustIt* 1165 r. 27.

tolen- v. telon-.

tolerabilis [CL], that can be endured, bearable, tolerable.

arborem .. inter nos et solem opponimus quo ardorem ejus nobis ~iorem reddamus BEDE *Hom.* I 3. 13B; ~ius .. videretur si [ecclesia] unius .. imperium ingemisceret quam .. sibi .. succedentibus dominis subjaceret W. MALM. *GP* I 47; humane opinioni †toterabilius [Aug. *Gen. ad Lit.* VII 24: ~ius] mihi videtur Deum in .. primis operibus .. animam .. creasse quam .. membris .. formatis inspirasse KNAPWELL *Quare* 424.

tolerabiliter [CL], in an endurable manner, bearably, tolerably.

quodque ~iter dictum intolerabiliter exposuisti LANFR. *Corp. & Sang.* 420D; ut .. ~ius crucientur PULL. *Sent.* 708C; ccclesia .. in .. resurrectione .. satis ~iter poterat *panselenos* nuncupari P. BLOIS *Ep.* 8; quod ~ius uxorati ecclesias tenerent quam concubinis adherentes GIR. *GE* II 5 p. 186; que omnia sunt ~iter sustinenda HOLCOT *Wisd.* 95.

tolerantia [CL]

1 (act or fact of) taking something upon oneself, undertaking.

secundum ~iam boni operis BEDE *Mark* 287D; sex [lustra] data sunt ei mundanam ad gloriam, ad conversionis ~iam, ad devotionis experientiam GIR. *EH* II 27.

2 (act or fact of) enduring (pain, hardship, or sim.); **b** (med., w. ref. to its limit).

ad ~iam tribulationum temporalium BEDE *Cant.* 1196A; Jacob laboris ~iam ostendit J. SAL. *Pol.* 493C; **1170** qui ad ~iam persecutionis se preparat P. BLOIS *Ep.* 22; in cibo habuit abstinentiam, in siti tollerantiam *V. Edm. Rich B* 616. **b** utendum est .. minutione cum ~ia virtutis GILB. I 32. 2.

3 (act or fact of) allowing to exist or happen without interference, sufferance, toleration. **b** permission, licence.

1237 tam longe dissimulationis nostre .. circa eos ut ~ia nostra .. notam pusillanimitatis incurreret (*Lit. Papae*) M. PAR. *Maj.* III 442; sepe [ideo] tolerant quia prohibere non possunt, et ideo ~ia talis est minime arguenda OCKHAM *Dial.* 735 (*recte* 725); s**1356** suplicavit quod placeret eidem tolerare tolerante civitatem in pace, et pro sua ~ia daret sibi quantitatem auri AVESB. f. 134; **1432** per negligenciam .. seu pocius per

---

tolleranciam .. sediciones .. nutriuntur *StatOx* 243. **b 1400** cum .. rex .. certam ~iam statuti provisorum .. edici fecerit et eciam licenciam exequendi dictam provisionem .. concesserit *Pat* 354 m. 1; **1456** cujus firmas J. K. recepit ex tollerancia domini regis *Exch Scot* 235; c**1518** inhibet .. presbiteris .. ne .. sine ipsius speciali licentia et tollerantia .. missas .. celebrare .. presumant (*Form. S. Andr.*) *Conc. Scot.* I cclxxiii; **1541** ~ias et facultates ad celebrandum in capellis .. nondum dedicatis *Form. S. Andr.* II 127.

tolerare [CL]

1 to bear the weight of, support (in quot. fig.).

ne [coronam] ~ando lassescas .. auxiliabor BEDE *Apoc.* 141C.

2 to be subjected to, suffer, undergo, endure.

si longe esset dives ab oculis .. ~asset temptationem pauper BEDE *Luke* 534D; levior fit calamitatis miseria quam ~o ABBO *QG* 1 (3); formidans .. alia pejora ~are *Meaux* I 328.

3 to be prepared to endure, to put up with, bear, tolerate, (also) to be able to endure, cope with.

corporis .. necessitates equanimiter ~are *V. Neot. A* 3; facilius ~es opes non habuisse quam habitas amisisse W. MALM. *GR* II 177; Normannia .. diu seditiones intestinas probe ~at *Ib.* V 397; veteres incole suum nullatenus equanimiter tollerantes exilium MAP *NC* V 5 f. 63; [abbas] enervacionem virium sui corporis ~abat *Meaux* II 313n.

4 to allow to exist or happen without interference, suffer, tolerate; **b** (w. cl.); **c** (absol.).

597 in his qui per ignorantiam fecerunt, culpa aliquatenus ~anda est (*Lit. Papae*) BEDE *HE* I 27 p. 51; aestimo eas [diversitates] potius in pace concorditer ~andas quam discorditer cum scandalo damnandas ANSELM (*Sacr.* 1) II 240; dominum .. tollerandum non occidendum .. salubriter frequentamus advertendum (*Leg. Hen.* 83. 1) GAS 599; hoc .. nullatenus tollerarem *V. Chris. Marky.* 22; s**1356** ~are dictam civitatem in pace AVESB. f. 134; gladii possessionem eis [sc. plebeis] .. tolleratam AD. USK 43; nullos ociosos .. in regno suo voluit ~are *Plusc.* VII 33. **b** quia .. ~are non potuerint ut templum .. aedificaretur BEDE *Ezra* 867A; s**1150** construi super aquas in habitaculis ergasteria ~avit DICETO *YH* 292; c**1309** tolneta .. indebite exigi .. tollerant *Reg. Cant.* 1018; **1327** fratres quibus erat indictum jejunium .. potagio illis diebus refici ~amus *Lit. Cant.* I 209. **c 1304** soluciones singulas .. solvant indulata .. ita quod quindenam non excedant, nisi obedienciarius .. ulterius voluerit tollerare *Ord. Ely* 27.

toleratio [CL tolerare+-tio], sufferance, permission.

per tollerationem et voluntatem dictorum J. I. et W. posuit averia sua in eundem locum *Entries* 555ra.

tolerator [LL], supporter.

creator meus, ~or et nutritor meus ANSELM (*Or.* 2) III 7.

toles [CL], (pl.) tonsils.

~es membra sunt circa †cavam [l. uvam] GlC T 225.

†toletum, *f. l.*

frondes .. congelatas .. ad refectorium deportavit, et super †toletum [MS: coletum] deponens nullo igne supposito .. sufflare cepit *Offic. Kentig. A* 5 (cf. *Offic. Kentig. B* xc: frondes congelatas super coletum ponens .. sufflare cepit, et mox ramusculorum congeries .. accensa erat).

tolfattum v. tolfatum.

tolfatum [ME *tol-fat*, cf. vattum], multure dish, toll-fat (also as dry measure, typically equal to half a bushel, also to a quarter of a bushel).

1222 xvj ~a faciunt unum quarterium salis (*Fines Kent*) *Reg. Roff.* 369; **1225** debent sequi molendina ipsius prioris et ibi molere per xiij ~um [v. l. tolfetum] *CurR* 985; c**1228** dabo eis decimum tolfattum de molendino de C. *Cart. Dunstable* 185; **1227** M. et ejus heredes molent totum bladum suum ad molendinum abbatis .. ad vicessimum primum ~um (*Fines Cumb*) *Reg. S. Bees* 367; **1297** de ix li. xj s. vij d. ob. de xxxxvij quar. vij bus. j ~o cursalis brasei .. vend', precium quar. iiij s. *Ac. Cornw* 13.

tolfetum v. tolfatum.

tolhopa, ~um [ME *tol-hop*, cf. hopa], multure dish, toll-hoop (in quot. as dry measure).

1267 de xix d. quad. de vj tollopp' provent' de *chirichet* vend' (*Bowcombe, IoW*) *MinAc* 984/1 r. 1.

tolia v. tolea. **tolla** v. 1 tollum.

tollagium [tollum+-agium], payment or exaction of toll, tollage.

11.. si quis .. alium appelaverit de ~io .. et culpatus non defenderet [*sic*] nominatim ~ium .. erit in misericordia vicecomitis *Borough Cust.* II 5 (cf. *MGL* I 115: **1243**); **c1230** habere pro ~io de qualibet moltura duos panes (*Cust. Monxton*) *Doc. Bec* 48; **1283** quilibet mercator extraneus qui habeat trussellos .. dabit nobis pro intragio et exitu et taulagio et pro leuda iv d. *RGasc* II 211b; **c1300** cum libertate habendi liberum transitum ad .. nundinas .. merces cum mercimoniis vendendo et emendo .. sine tolloneo et sine ~io *FormMan* 5.

tollarium [tollum+-arium], payment or exaction of toll, tollage, or ? *f. l.*

c1300 de mixtilione et de ~io [? l. tollagio] molendine, lx quarteria *FormMan* 13.

†tollatus, *f. l.*

sunt .. edificia †tollata [l. collata] et vicinata ex quibus fiunt hameletti *Fleta* 234.

tollbolla [AS *toll+bolla*], bowl (of ale) exacted as toll, toll-bowl.

12.. quiete .. de gustatoriis et tolbol' servisie *Reg. Tristernagh* 61 (cf. (*Kells, Ir.*) *MonA* VI 1143b: **c1250** de qualibet brascina .. illam bollam cervisie quam ego nomine telonei .. capere consuevi).

tollen- v. et. telon-.

tolleno [CL], **~um,** mechanism with lever for drawing water, well-sweep, swipe.

[juxta puteum] stabat .. telon [*gl.*: *tumberel*] quod Hispani 'ciconiam' vocant BALSH. *Ut.* 51; *kypptre off a wel*, telo, -is *PP*; *welle crank*, tollinum *Ib.*; *a tumrelle of a wele* .. ciconia, tollinum *CathA*; *a bucket, beame*, tollo, -onis, hic LEVINS *Manip.* 86.

toller- v. et. toler-. **tollerantia** v. tolerantia. **tollerare** v. tolerare. **tolleratio** v. toleratio.

tollere [CL] *sustuli* and *sublatum* also supply the pf. and sup. of *sufferre*.

1 to take up (from the ground or sim. low position), pick up. **b** to raise to a higher position, lift up (*cf. et. sufferre*). **c** (*~ere crucem*) to take (up) the cross (w. ref. to Crusades; *cf. et. Matth.* xvi 24, *Marc.* viii 34, *Luc.* ix 23). **d** to cause to rise into the air, raise.

dominus .. eum .. non solum surgere verum etiam grabattum ~ere et ambulare praecepit BEDE *Hom.* I 23. 85D; [dejectus] exclamat: "~e [me], nebulo! rex Anglie sum" W. MALM. *GR* IV 309; Basilius ~ens chartam et respiciens in celum ait .. GIR. *GE* I 26 p. 87. **b** candelabra .. lucernas in sublime ~unt BEDE *Templ.* 805A; Pelagiani primitias bonorum suorum nolunt domino ~ere *Id. Tab.* 399B; stetit erectus ~ens ad sydera vultus ANDR. S. VICT. *Dan.* 55. **c** **1170** rex cum alio rege .. de ~enda cruce tractabat J. SAL. *Ep.* 293 (298). **d** clamorem pulvere mixtum ad caelum ~unt BEDE *Acts* 989A; tollitur in caelum rumor meus ante tribunal BONIF. *Aen.* (*Virginitas*) 164.

2 to obtain, get, take.

mortuo viro .. licet mulieri alterum ~ere [v. l. accipere] virum THEOD. *Pen.* II 12. 9; radix que ~itur [v. l. colligitur] ROB. ANGL. (I) *Alg.* 98; **s1176** filium .. ex filia memorati regis sullatum DICETO *YH* 407; quedam .. mulier .. fatebatur se multis temporibus apud O. moram fecisse, ibique numerosam sobolem sustulisse *Mir. Fridesw.* 30; de .. filia comitis P. [rex] sustulit duas filias R. NIGER *Chr. II* 166.

3 to take away (from current position or sim.), remove. **b** (also *secum ~ere*) to take away with one, bring. **c** to take off (garment), doff. **d** to remove (person) from office, depose. **e** to remove from someone's possession or use, to deprive or relieve someone of. **f** (math.) to subtract.

surrex si ceciderit in liquorem ~atur inde THEOD. *Pen.* I 7. 8; littera tollatur: post haec sine prole manebo ALDH. *Aen.* 63 (*Corbus*) 10; Aidano .. de hac vita sublato BEDE *HE* III 25 p. 181; **c935** hunc quisquis textum .. / tollere praesumat, finetenus pereat (*Mun. Cant.*) *ASE* IX 95 (=*CS* 710); **s1235** Judei .. puerum quendam .. furto sullatum .. circumciderunt M. PAR. *Maj.* III 305; **1325** [dona] hominibus regis ne ~erent stramen de grangia *Ac. Durh.* 167. **b** dominus .. discipulis ne quid ~erent in via praecepit BEDE *Luke* 601B; ~ens .. abbas quosdam e fratribus secum .. condidit ibi .. monasterium *Id. CuthbP* 7. **c** presbiter .. cappam suam non ~at sed evangelium legens super humeros ponat THEOD. *Pen.* II 2. 11. **d** †**966** (15c) domino nostro .. qui ~it reges et transfert regna *CS* 1178. **e** infelix fato fraudabor munere tali / dum tollunt dirae librorum lumina Parcae ALDH. *Aen.* 89 (*Arca libraria*) 5; gaudium eorum nemo ~et ab eis BEDE *Hom.* II 13. 157B; hasta .. aufertur ... quod .. †tulta [ed. *PL*: sublata] hasta .. David adjunxit .. *Id. Sam.* 692B; **840** (11c) rex .. ~erat a nobis et tradidit terram nostram .. suobus propriis hominibus *CS* 430; si quis viam ~at et avertat retro namium suum (*Leg. Hen.* 51. 8) *GAS* 573; fastidium incolis ~ebat paradisus PULL. *Sent.* 746B; [balliva] cum prestat opes ex rapto, tollit amicos, / tollit amicitias veras D. BEC. 1644. **f** ~e xxx, remanent iiij BEDE *TR* 20; †tolls [l. ~e] .. ix de xl et remanent xxxj THURKILL *Abac.* f. 60r; tercia numeri parte sublata *Id. Li.* 128.

4 to remove from existence, eliminate, destroy. **b** to render null or void, annul, nullify. **c** to eliminate the possibility of, preclude.

reprehensio .. per quam .. adversariorum confirmatio aut infirmatur aut ~itur ALCUIN *Rhet.* 32; contemplatione sullata somniator expergiscitur GOSC. *Transl. Mild.* 22; ad istam dubitationem ~endam T. SUTTON *Gen. & Corrupt.* 101; virtus est ei [sc. lolio] ut .. cancros ~it *Alph.* 105. **b** ut juris .. jurandi consuetudinem ~at BEDE *Ep. Cath.* 38D; cum .. transactio .. et indulgentia .. omnem penam pecuniarum ~ant GIR. *GE* II 33 p. 325; **1258** cum dimissio ad terminum non ~at custodiam *Cl* 190. **c** Jonas, ut naufragium ~eret, naufragium fecit J. SAL. *Pol.* 812A; ut .. ~at prenoscentiam .. [Aristoteles] asserit inferiora non regi per .. decreta providentie *Id. Met.* 932A; si diffamatus non instituerit actionem .. diffamationis .. infra annum .. ~itur actio *Praxis* 118.

tolliamentum [cf. tollum, tolneare], exaction of toll, tolling.

1424 commisimus .. custodiam .. ~i stanni, cum acciderit, ac operum stannarie (*Cornw*) *FineR* 231 m. 3.

tollinum v. tolleno. **tolln-** v. toln-. **tollo** v. tolleno.

†tollocus, *f. l.*

c1311 de .. qualibet duodena lampredarum, piscium, †tollocorum [l. collacorum], et quolibet honore salis exeuncium Vasconiam, et de quolibet quintallo piscis, ½ d. (*Cust. Bordeaux*) *Reg. Gasc. A* 96.

tollon- v. telon-. **tolloppum** v. tolhopa.

1 tollum, ~a [AS *toll*; cf. et. tolneum, CL teloneum], payment exacted as impost, toll. **b** duty to pay toll. **c** right to exact toll.

1247 habere debent totum tolum quod .. potest accidere in spatio predicto (*Farnham*) *BBC* 252; **1425** concessisse .. fratribus .. integram illam ~am sive custumam que per .. nos recipi solebat ad finem pontis de N. (*Ch. Dumfries*) *Scot. Grey Friars* II 101; **1444** ad recipiendum et colligendum .. tholoneum sive ~um nostrum *Reg. Heref.* 258. **b** †**c1074** concedo .. ut .. [ecclesia] emat cibum et vestimentum .. sine ~o (*Evesham*) *Regesta* 13; quod .. conservaret eos .. indempnes de omnibus tallagiis, exactionibus, et ~is *Leg. Ant. Lond.* 148. **c** in detrimentum libertatum S. Edmundi, cui S. Edwardus ~um et themum et omnia jura regalia concessit BRAKELOND f. 142v; **1331** quod .. burgenses .. teneant predictas libertates .. cum socha et sacha et ~a et *theam PQW* 17b.

2 tollum [ME *tol, tole*], tool (in quot., transf.).

15.. *the fryers first lesson* [*to the nunne*] *was* "veni ad me / et ponam tollum meum ad te" [cf. *Matth.* xii 18] (*Eng. Carols*) *Rev. English Stud.* n. s. XXXII 15.

tollus [OIr. *tolae = flood*], stream or river.

cum baculo meo ad ~um perge, et Deus miserebitur nostri (*Cainnicus*) *VSH* I 157; cum baculum .. in ~um intinxisset, statim piscis .. super illum venit *Ib.*

tolnagium v. tolneagium.

tolneagium, tolnagium [tolneum+-agium; cf. AN *tounage*], payment or exaction of toll, tollage.

c1175 quiete .. de .. tolnagiis et de omnibus aliis serviciis, consuetudinibus, exaccionibus, seu vexacionibus *Regesta Scot.* 143; **c1225** concessisse .. burgensibus .. de H. ut quieti sint per totam terram nostram de tonnagio (*Haverfordwest, Pemb*) *BBC* 262; **1255** J. de T. .. dat regi xxx d. per annum ut sit quietus tonnagio et aliis consuetudinibus apud B. (*Bucks*) *Hund.* I 24a; **1270** tonnagio cervisie et omnium rerum venientium ultra montem et redeuntium (*Brecon*) *BBC* 23; **1275** G. de N. capit tonnagium ad pontem de C. de mercatoribus transe[u]ntibus *Hund.* I 266a; **1281** quod abbas de F. clam' et levare fecit tolnagium quod vocatur 'transversum' in villa de N. de carectis .. ibidem transeuntibus in alta strata de N. *PQW* 418b.

tolneare [tolneum+-are], to subject to toll, tax.

1313 assuetus est emere bladum .. et incontinentim illud dividit in dimidios bussellos .. ut non deberet ~eari *Leet Norw.* 57.

tolnearius [tolneum+-arius; cf. AS *tolnere*, CL teloniarius], one who collects toll.

c794 nostrum negociatorem .. mercimonia ferentem .. tuae paternitatis commendo protectioni, ut .. a vestris non teneatur ~iis constrictus, sed .. latam habeat eundi et redeundi semitam ALCUIN *Ep.* 77.

tolneium v. tolneum. **tolneta, tolnetta** v. tolnetum.

tolnetum [AS *toln*; cf. tollum, tolneum, teloneum, telonetum]

1 payment exacted as impost, toll; **b** (of spec. goods or sim.). **c** duty to pay toll.

c1150 dono .. eis omnes decimas omnium .. ~orum .. de B. provenientium (*Brecon*) *MonA* III 265a; **c1200** quietancias .. habent emendi et vendendi .. ut nec ~um nec stallagium reddant (*Newburgh*) *Ib.* VI 319a; **1280** seculares potestates compellunt personas ecclesiasticas .. solvere pedagia, tonnuta, muragia *Conc. Syn.* 877; **1330** de .. locis .. ubi .. burgenses ville N. ceperunt tholnetum *PQW* 630b; **c1437** de officio collectoris ~i de N. *Stat. Linc.* II 475; **1484** J. B. et W. R. sunt molendinarii et excessivum capiunt tollnetum *CourtR Carshalton* 80; **1587** mariscos, bruería, tolnettas custumar' .. que fuerunt predicti N. W. *Pat* 1299 m. 5. **b** **1275** de iiij d. de ~o cervisie *Ac. Stratton* 61; **1297** ~um aque marine valet per annum per estimacionem vj s. viij d. (*Bridgwater, Som*) *IPM* 79/7; **s1365** rex petiit a toto populo ~um de lana vendita extra regionem .. unde pro quolibet sacco l s. *Eul. Hist.* III 235. **c** **a1148** quilibet burgensis potest braciare .. sine ~o et consuetudine (*Cardiff*) *BBC* 96 (=*Cart. Glam.* 95); †**1184** sint .. monachi .. quieti .. de †tonnu et pagio [*MonA* I 62b, *Conc.* I 489a: tolneto et passagio] *Cart. Glast.* I 187 (=J. GLAST. 95); **c1209** sine omni .. exactione humana, excepto toulneto mee proprie mense *Reg. S. Thom. Dublin* 56; urbem .. Conventrensem ab omni ~o preterquam de equis liberam fecit, ad quod impetrandum uxor ejus .. Godgiva .. per medium urbis nuda .. equitavit HIGD. VI 26; **a1477** quod .. sint liberi .. sine ~o, i. e. non debent solvere .. tam in Anglia quam in Wallia .. teloneum (*Found. Tewk.*) *MonA* II 61a.

2 toll-booth used as local courthouse, tolsey, tolsel (*v. et. tolsetlum*).

1524 T. S. ellectus est superior .. in ~o [*or* ? l. tolseto] ejusdem ville et recepit juramentum fidelitatis .. in eodem tolsito *Lib. Kilken.* 144; **1553** unam shopam subtus ~am *Pat* 858 m. (15) 21.

tolneum, ~eium [AS *toln, tolne*; cf. tolnetum, tollum, teloneum], payment exacted as impost, toll; **b** (of spec. goods or sim.). **c** duty to pay toll. **d** right to exact toll.

si .. respondeat [preposito] quod nullum ~eum concelaverit quod juste dare debuisset (*Quad.*) *GAS* 234; **1153** quod nulli respondeat de aliqua exaccione, neque de firma neque de ~eo .. nisi priori *Ch. Chester* 109; **c1195** concessi .. decimam totius tholneii de molendino meo de O. (*Combermere*) *MonA* V 325a; **c1205** ad capiendum .. illum qui ~eia aut aliquam aliam consuetudinem .. asportaverit *Regesta Scot.* 462; **c1224** (1318) ut .. sine consuetudine et sine ~ei exactione emant et vendant .. quecunque voluerint (*Keynsham*) *MonA* VI 453b; **1328** preceptum est ballivis quod capiant tollneum de die in diem (*Andover*) *Gild Merch.* II 324. **b 1273** de theolneo cervisie de S. xx d. *Ac. Stratton* 40; **1336** de vj li. xiij s. iiij d. de ~eo mercati nundinarum et aliorum minutorum proficuorum dicte ville (*Ac. Sheriffs*) *Cal. Scot.* III *app.* 320. **c** c**1162** quod .. sit regi quietus de ~eio et pannagio *Ch. Chester* 147; c**1204** ut .. quieti sint ab omni ~eio et consuetudine seculari *Cart. Lindores* 5. **d 1230** concedo .. monachis .. quod habeant .. tholneum (*Combermere*) *MonA* V 325b; s**1286** abbas .. summonitus fuit ad respondendum .. de placito quo warento clamat habere .. ~eum navium apud A. *Chr. Peterb.* 136; s**1286** quod habeant teholneum apud A. *Ib.*

tolon- v. telon-.

tolor, (in gl.).

~or, hasta *GlC* T 211.

tolpacius v. topazius. **tolsedia** v. tolselda.

tolselda [ME *tolseld*; cf. tolsetlum], toll-booth used as local courthouse, tolsey, tolsel (*v. et.* tolsetlum).

1352 inter tenementum Symonis M. ex parte una et veterem ~am ex altera *Arch. Bridgw.* 163; **1438** officium senescalcie curie nostre tolsedie ac mercati in villa nostra Bristoll' *Pat* 443 m. 31.

tolsester v. tolsesterum.

tolsesterum [ME *tolsester*; cf. tolsextarium], sester of ale exacted as toll, tolsester.

1275 dedit .. unam acram .. pro redempcione tolcestri quam canonici .. solebant percipere de tenemento suo (*Wilts*) *Hund.* II 263a; **1297** de xij s. vj d. rec' de tolcestro braciatorum *Ac. Cornw* 72; **1307** de iiij tolsestris (*Combe*) *Doc. Bec* 157; **1308** de iiij d. rec' de ij ~ibus venditis (*Combe*) *Ib.* 160; **1308** de ij tolsustris provenientibus de consuetudine braciatorum qui fecerunt viij lagenas cervisie (*Combe*) *Ib.* 170; **1312** unusquisque tenencium .. quotienscunque braciaverit ad vendendum, mittet ad manerium .. ij galones melioris cervisie, quod vocatur tolcestr', et pro quolibet tolcestro dabitur portanti j panis *Cust. Battle* 156; **1398** de tolsystr' .. viz. de qualibet brasena j lagena (*Harmondsworth*) *Ac. Man. Coll. Wint.*

tolsestrum v. tolsesterum.

tolsetlum [ME *tolsetle*; cf. tolselda], toll-booth used as local courthouse, tolsey, tolsel (*v. et.* tolselda, tolnetum 2).

1349 ad placita tolseti tenta [coram majore et ballivis ville Bristollie in curia domini regis] (*Chanc. Misc.*) *Law Merch.* II xcv (cf. *Little RB Bristol* I 41: **1344** ministri tenentes placita in tols'); **1517** quod .. superior ville Kilkennie eligatur .. in tolsito ejusdem ville *Lib. Kilken.* 138; **1523** ballivis majoris et communitatis dicte ville Bristollie curie sue tolseti (*Chanc. Misc.*) *Law Merch.* II 135.

tolsetum v. tolsetlum.

tolsextarium [ME *tol*+CL sextarium; cf. tolsesterum], sester of ale exacted as toll, tolsester.

c**1163** quatinus .. monachi .. ~ium suum quietum habeant *Doc. Bec* 14; c**1254** quiete .. de tolsexterio, tastura servisie .. et omnibus aliis consuetudinibus (*Monmouth*) *DL Cart. Misc.* 2 no. 94; **1308** ~ia cervisie valent per annum in eodem manerio iij s. (*Heref*) *IPM* 4/2 m. 3.

tolsexterium v. tolsextarium. **tolsitum, tolsonetum** v. tolsetlum. **tolsustrum, ~ystrum** v. tolsesterum.

tolta [AN *tolte*, OF *toute*; cf. CL tollere]

1 illegal exaction, extortion; **b** (*mala ~a*; *v. et.* malatolta).

1201 omnes ~as et omnes molestias .. que ballivi nostri vobis fecerunt *Pat* 3a; **1226** quare fecerit roberias et ~as injustas *Cl* 93b; **1232** mandatum est .. senescallo W. quod satisfaciat hospitalariis W. .. de ~is et dampnis que eis fecit *Cl* 39; **1266** turbatio .. ob quam mercatores diversi .. damna .. per depredationes, ~as, et homicidia sustinuerunt *RL* II 302; c**1278** nec ~am dent, nec aliquam districtionem faciant (*Quarr, IoW*) *MonA* V 319b; de insultis, baturis, ~is, vulnerationibus .. et aliis hujusmodi injuriis *MGL* I 56. **b 1206** concessimus Hyldebrando de S. quod .. negotietur quietus a mala ~a, faciendo inde debitas et rectas consuetudines *Steelyard* 7; **1215** omnes merca-

tores habeant salvum .. ire .. ad emendum et vendendum, sine omnibus malis ~is, per antiquas et rectas consuetudines *Magna Carta* 41 (cf. M. Par. *Maj.* II 596: toltis malis); **1254** male ~e quas abbatissa et moniales .. percipiunt singulis annis in insula nostra O. *RGasc* I 380a; **1255** de mala touta ab hominibus Agenensium recepta apud R. *Ib.* I *sup.* 47b; **1297** nichil capiatur de cetero nomine vel occasione male ~e [v. l. toute] de sacco lane W. GUISB. 312.

2 (leg.) removal (from seignorial to county court, of action begun by the king's writ of right for land), tolt.

1294 J. D. .. dicit quod predicta A. nuncquam ~am predicti placiti per probacionem, prout moris est, ei optulit tanquam vicecomiti (*CoramR*) *Selden Soc.* LXVI lxxxvii; loquela que est in curia per breve de recto potest removeri et poni coram justiciariis ad sectam tenentis .. sed non ad sectam petentis, quia oportet quod petens faciat ~am de curia in comitatum et exinde potest [loquela] removeri ad sectam suam et poni coram justiciariis de banco *Reg. Brev. Orig.* f. 5.

tolum v. 1 tollum.

tolumen [cf. tolleno], (in gl.) mechanism with lever for drawing water, well-sweep, swipe.

hoc ~en, A. *a tumrelle WW.*

tolus v. tholus.

tolutare [LL = *to trot*], (in gl.).

to amble, ~are LEVINS *Manip.* 18; *to ambil,* ~are *Ib.* 126.

tolutarius [CL], moving at a trot, trotting (in quot. as sb.).

secretarii divitum quasi quidam ~ii vel clitellarii sunt qui eorum delictis onerentur J. SAL. *Pol.* 502B.

tombilarius v. tumblarius. **tomborale, ~ellum** v. tumberellum.

tome [CL < τομή], (rhet.) ? caesura.

1359 ut †quae [l. quasi] in quodam epylogo .. sine tropis seu thomis vel faleris .. progressus et egressus martiris elucescant *Lit. Cant.* II 381.

tomentum [CL], material used for stuffing cushion or sim. (esp. of woolly material or projecting threads on the surface of cloth removed by shearing and used for this purpose), padding, stuffing.

lectos .. quorum ornamenta erant .. lodices, pulvilli, culcitre ex †comento [v. l. ~o; *gl.:* cotun, plume] BALSH. *Ut.* 53; *nope of a cloth,* villus .. ~um .. tumentum *PP; burle off cloth,* dumentum *Ib.;* ~um dicitur quia aut in filo aut in tela tumeat, nec sublilitatem habet, A. *abbe WW;* †tormentum [*gl.:* (v. matres)], stragulum, pulvinar STANBR. *Vulg.* 9.

tomix [CL = *rope* < θῶμιγξ], bundle of hemp.

thomices, *lyches of hempe wherwith halters are made, they be also lyttel bolsters whiche men do weare whanne they carye burdeynes, for frettynge of theyr neckes and shulders with cordes or ropes* T. ELYOT *Dictionary* (London, 1538); *bolsters whyche .. porters do weare for freatynge,* thomices R. HULOET *Abcedarium* (London, 1552).

tomos v. tomus.

tomus [CL]

1 discrete part, portion, piece.

quem videns frater unus .. ampullam S. Thome deferentem ex ~is vestimentorum beati T. W. CANT. *Mir. Thom.* IV 9; tomos, i. divisio .. 'atthomus' dicitur ab 'a' quod est sine et 'thomos' divisio *Alph.* 187; postquam complevissent scripturam .. dederunt singulos ~os carte in manus Nichodemi et Joseph (*Evang. Nicodemi*) *Eul. Hist.* I 128.

2 written work (orig. as occupying scroll), volume, book, letter.

tomum .. / ad famulam Christi [sc. Eustochium] scripsit dedasculus idem [sc. Hieronymus] ALDH. *Virg V* 2153; domus, libros *GlC* D 348 (cf. *ib.* T 208: ~um, librum); c**961** (12c) licet sacra eloquia variis thomis .. nos exortantur .. *CS* 1319; tuus collega .. tacuit in tuo thomo et .. nulla mihi dignatus est scribere H. LOS. *Ep.* 30 p. 63; juxta thomum .. Anacleti pape .. directam [? l. directum] Galliarum episcopis GIR. *Invect.* II 1 p. 130; erras, homo, / in tuo thomo. / hic

tuus thomus / nichil est ut athomus (*Ep.*) M. RIEVAULX 74; s**1319** [rex] binos jussit fieri thomos cartarum *Flor. Hist.* III 188.

1 tona [ME *toun*], hamlet or town.

1221 hii [sunt plegii] Willelmus S. *thethingman* et tota ~a *PlCrGlouc* 35 (cf. *ib.* 89: plegii .. R. F. *tethingman* de D. et tota tethinga sua).

2 tona v. zona.

tonabilum v. tonabulum.

tonabulum [CL tonare+-bulum], (in gl.) bell.

hoc ~um, -i, i. sonus vel tintinnabulum OSB. GLOUC. *Deriv.* 575; *a belle* .. tintinnabulum, tonabilum *CathA.*

tonagium v. 2 tonnagium.

tonale [CL tonus+-ale], (eccl. & mus.) book containing plainchant tones (also transf.; *v. et.* tonarius).

hec est regula generalis de unaquaque variacione tocius ~is *Tonale Sal.* ii; **1339** quod nullus vicarius .. recipiatur .. nisi .. bene sciat .. ~e .. cantare et discernere *Stat. Ottery St. M.* 134; ut de principiis et finalibus omnium modorum in ~i [inferius] patebit TUNST. 234; **1368** j martilogium cum tropario, bonum ~e *Invent. Norw.* 29; hoc †touale [MS: ~e], toual [MS tonal] *WW.*

tonare [CL]

1 (intr.) to cause or give forth thunder, to thunder (also fig.). **b** (pr. ppl. as sb.) thunderer (as appellation of God).

claxendix tonuit FRITH. 731; glorificent patrem vestrum super aethra tonantem WULF. *Brev.* 423; contigit .. temporibus nostris, Jove preter solitum in Hibernia ~ante .. GIR. *TH* II 54; sancti ~ant minis, choruscant miraculis *Mir. Wulfst.* I *prol.;* ~at, *thoneres,* Deus sanctus *WW.* **b** fratres concordi laudemus voce tonantem ALDH. *CE* 3. 50; c**795** in nomine summi ~antis, qui est Deus *CS* 274; eo quod ibidem ~antis gratia [rex] victoriam .. obtinuisset *Chr. Battle* f. 23; s**1227** ut sibi inde .. ~antis favorem adquireret M. PAR. *Maj.* III 127.

2 (trans.) to utter in thunderous tones, thunder.

c**750** dominicae sententiae .. memor .. ~antis "regnum meum non est de hoc mundo" (LULLUS) *Ep. Bonif.* 92; vult Deus omnia, vultque maritus, que tonat uxor D. BEC. 1944; sunt ibi tortores tormenta timenda tonantes *Ib.* 290.

3 to utter in musical tones, chant, intone.

'tonus' dicitur a ~ando sive a sonando *Mens. & Disc.* (*Anon. IV*) 69; deputentur coadjutores cantoris et subcantoris ad ~andum psalmos *Ord. Ebor.* I 9; s**1426** non prius presumat precentor ~are psalmum .. quam AMUND. I 213.

tonarius [CL tonus+-arius], (eccl. & mus.) book containing plainchant tones (also transf.; *v. et.* tonale 3).

c**1400** duo libri '~ii' vocati sunt .. necessarii pro choro .. quia librorum hujusmodi defectus in tonizacione psalmodie .. frequenter discordancias disseminant (*Vis. York*) *Fabr. York app.* 244.

tonator [CL tonare+-tor], chanter (in quot. passing into surname), or ? *f. l.*

Henricus filius Berengarii tornatoris .. Wlfricus tanator .. Aldulfus ~or *DC S. Paul.* 61b.

toncio v. tonsio.

tondera [AN *tonderie, toundrie*], **tondredum** [cf. hundredum], local courthouse, tolsey.

sacramentum clerici tundere *Little RB Bristol* I 48; **1442** clericus tundredi .. durante tempore quo steterit in eodem officio pixabit manu sua propria papirum ejusdem curie et recipiet omnia amerciamenta ejusdem curie *Ib.* I 102.

tonderare [cf. CL tondere], to cut the hair of, (in quot.) tonsure, or *f. l.*

cum .. clericus .. virum Dei .. ~are [v. l. tondere] devenisset FELIX *Guthl.* 35.

1 tondere [CL]

1 to cut the growth or excrescences from, trim: **a** to cut the hair or nails of, clip. **b** to shear (sheep). **c** (p. ppl. as sb.) tonsured monk.

a quamdiu psalmi dicuntur nemo ~eatur Lanfr. *Const.* 158; **1202** coronam sibi fecit et totondit se ad modum clerici *SelPlCrown* 19; hirsutos tonde Garl. *Mor. Scol.* 206; quod ibi debent ~ere digitos suos *Cust. Cant.* 8; [Sclavi] in coma sunt tonsi *Eul. Hist.* II 62. **b** ut greges tonsarum ascendentes de lavacro [cf. *Cant.* iv 2] Gosc. *Aug. Maj.* 80C; c**1250** quasi agnus coram ~ente se obmutescens [cf. *Is.* liii 7] Ad. Marsh *Ep.* 102; **1277** in bident' tundend' et lavand' (*Essex*) *MinAc* 843/12 m. 2; **1346** datos custumariis ~entibus bidentes domini iiij d. *Rec. Elton* 324. **c 1505** quidam Robertus H. .. tonsorum unus ex familia collegii Gloucestr' *MunCOx* 239.

2 to trim (to shape or sim.). **b** to cut the nap off (cloth), shear. **c** to pare the edge of (coin), clip.

1232 in vj^xx quercubus ~endis et carpentandis *KR Mem* 12 m. 16. **b 1338** quas pecias [pannorum] predictus J. .. dixit predictum W. .. ad ~end' sibi liberasse *Pl. Mem. Lond.* CLA/024/01/02/005 m. 3; **1352** cum xiiij ulnis pro caligis ~endis *Ac. Durh.* 553; **1425** quod fullones .. libere possint ~ere .. pannos per ipsos fullitos, si scienciam ~endi habuerint *Mem. York* II 159; **1463** lego .. capellano togam meam talarem de blodio tonsi [*sic* MS; ? l. tons' j] coloris penulatam cum *bever* et j capucium de eodem colore eidem toge pertinens *Test. Ebor.* II 258; **1506** pannos .. scindere .. tingere, ~ere, aut per fullones parari facere *Foed.* XIII 134b. **c s1278** Judei .. capti sunt .. propter tonsuram monete que tunc pudibunde ~ebatur *Chr. Peterb.* 26; **1340** quod R. de B. habet multam pecuniam tonsam, set per quem nescitur *CBaron* 99.

3 to cut or trim (growth or excrescence).

quattuor exspectavit menses donec illi coma cresceret quo in coronam ~i posset Bede *HE* IV 1; caveas tibi .. / .. longos tundere crines / .. / coram magnificis D. Bec. 1212; clerici non habent longos capillos sed alte tonsos, ut melius possint audire Beleth *RDO* 39. 49A; cujus crines tonsi quociens ~ebantur [ME: *evesede*] vendebantur *AncrR* 158.

4 (in etym.) to cut.

tophus .. i. lapis asper, eo quod ambulantes super se ~eat Osb. Glouc. *Deriv.* 573.

2 tondere v. 3 tundere.

†tondris, *f. l.*

ditten, herb, †tondris [l. condris, i. e. chondris] Levins *Manip.* 60.

tonegall- v. cogallus.

tonellata [tonellus+-ata], caskful or barrelful, 'tonnel'. **b** equivalent (by weight) of barrelful of gravel or sim., 'ton-tight'.

1195 abstulit ei .. ij ~as cervisie *CurR PR* 24. **b 1448** qualibet batellata continente xij tonulatos *March. S. Wales* 227; **1453** pro ij tonulatis ferri, pondere mmmm librarum, emptis .. precio tonulati iiij li. xvj s. viij d. *Ac. H. Buckingham* 25 (cf. ib. 50: pro ij *tuntight* ferri ix li. xiij s. iiij d.); **1453** pro *le freght'* predictorum xxij doliorum vini et ij tonulatorum ferri *Ib.* 26.

tonellator [tonellus+-are+-tor], ? maker of casks, cooper (in quot. passing into surname).

1221 Nicholaum ~orem .. Nicholaus ~or *Eyre Worcs* 569.

tonellus, ~a, ~um [AN *tonel*, ME *tonnel*; cf. tunna]

1 cask or barrel, 'tonnel'; **b** (w. use or contents spec.); **c** (as measure, esp. of wine); **d** (transf., as name for roundhouse).

1130 in xvj ~is emendis et in conductu usque .. ad London' x s. *Pipe* 135; **1157** in ~is et cuvis vj s. *Ib.* 95; c**1160** x cuve et iiij tunelle et ij plumbi super fornaces *Dom. S. Paul.* 131; **1277** Edeline le Vinetere pro j tenello vacuo, x d. (*Works*) *KR Ac* 467/6 (2); **1291** per aquam exeuntem de quadam tinello stante prope dictum murum *Gaol Del.* 36/1 m. 2; c**1300** lego .. filie mee .. duo cuppatoria et unum tunellum et j doleum *FormMan* 17; **1303** si quis portaverit ferrum per ~um, quodlibet centum debet ij d. .. ~us vacuus est domino regi *Doc. Scot.* II 460; c**1328** si burgensis habuerit potum ad vendendum .. vendat [ad] assisam

.. nisi in ~o reponatur (*Cust. Preston*) *EHR* XV 497; **1342** in xij *hopes* pro tonelis et *kymlines* cum factura j s. *Sacr. Ely* II 117. **b** duos caballinos ~os [Brompton 898: †colennos] aceto plenos (*Quad.*) *GAS* 234; c**1168** ut nullus .. tunella vini a mercatoribus illuc allata et ibi evacuata exigere presumat *Regesta Scot.* 62; **1268** tres ~os plenos frumento *RL* II 323; **1291** de quolibet ~o asceri iiij d., et si sit extra ~um, de qualibet garba j ob. *CoramR* 129 r. 15d.; c**1310** de .. j tunello ad bultandum .. j tunello ad panem cum j cista *LTR Ac* 19 r. 42d.; **1410** pro quocumque dolio sive †conello [l. ~o] de *gaide* (*Dip DocE* 374) *Foed.* VIII 576b. **c s1199** Johannes rex .. statuit quod nullum ~um vini Pictavensis vendatur carius quam pro xx s. R. Howd. IV 99; **1208** de j ~o et quarta parte j ~i vini .. vendito *Pipe Wint.* 30; a**1250** vinitarius vendat vinum per modios, per dolea sive ~os, per pipas (*Nominale*) *Neues Archiv* IV 339; a**1308** quod ~us contineat centum quinquaginta lagenas (*LBLond.* C f. 119) *MGL* I 699; **1391** pro j ~a j pipa de Rynen vj s. *Ac. H. Derby* 24; **1473** due cistule pectinum et dimidia tonnula in quadam navi .. carcate (*KR Ac* 129/1) *Bronnen* 1700. **d 1297** capellanos .. capiunt ad ~um, quem H. le Waleys .. pro noctu vagantibus .. primo construxerat, adducunt (*Lit. Regis*) *MGL* II 213; c**1406** quod pistores .. furantes pastum .. commitantur delinquentes ~o super Cornhulle et ibidem includantur (*Liber Albus*) *Ib.* I 162.

2 contrivance for catching birds, tunnel-net.

1328 j *canevaz* tinctum pro perdicibus in ~os fugandis (*Reg. Wint.*) *Reg. Exon.* II app. 567.

tonelus v. tonellus.

tongillatim, (in gl.).

~im, singillatim *GlC* T 191 (cf. *Corp. Gloss. Lat.* V 612a: ~im, sigillatim).

tongius [? cf. CL phthongus], (in gl.).

hic sintonus .. i. totus tonus, quod etiam hic ~ius, -gii [dicitur] Osb. Glouc. *Deriv.* 575.

tonica v. tunica. **toniculā** v. tunicula. **tonitare** v. tonitruare.

tonitrualis [CL], of or resembling thunder, thunderous.

clangor bucinae velut ~i [*gl.: þunerlicum*] fragore concrepans Aldh. *VirgP* 23; magister organorum .. ~i sonitu excitavit mentes fidelium Byrht. *V. Osw.* 464; cur venti nubium tonitrualibus / Christum non vindicant percussionibus? Walt. Wimb. *Carm.* 494.

tonitruare [LL], (in gl.) to thunder. **b** (in gl.) to rattle.

thonour, tonare, ~uare *CathA.* **b** *a rattle*, tonitrum .. *to rattle*, concutere, †tonitare Levins *Manip.* 38.

tonitruosus [CL tonitrus+-osus], thundering, thunderous.

vox ~a et fulminans est T. Chobham *Serm.* 4 f. 21ra; tubarum tumultuosus strepitus partes ethereas ~o rugitu reboare cogebat *Ps.*-Elmh. *Hen. V* 12.

tonitrus [CL], **~um, ~uus, ~uum**, thunder or thunderclap, (also transf.) thunderstorm; **b** (fig.). **c** (in gl.) contrivance for producing noise, rattle. **d** (passing into surname).

si .. corusci ac ~ua terras et aera terrerent Bede *HE* IV 3 p. 210; inque modum tonitrūs vox ferrea verberat aures Wulf. *Swith. pref.* 163; verba [ejus] .. adeo ut ~ua fulminabant in improbos W. Malm. *Wulfst.* I 8; in aere fieri .. tumultum .. timoriferum quem '~uum' vocant Adel. *QN* 64; emissa credas mugire tonitrua voce Garl. *Epith.* II 61; scis unde veniunt nix, quando pluvia / yris et tonitrus assunt et tristia Walt. Wimb. *Carm.* 387; quando aer includitur .. in nubibus fit ~uus *Eul. Hist.* I 14; ~uum terribilem bis tonantem pluvia .. sequebatur *Meaux* III 58; s**1502** circa horam vesperarum factus est ~ua maximus *Reg. Merton* 261. **b** fulmen et ~uus transmarinorum exercituum patriam concusserat Gosc. *Lib. Mild.* 19; filii Zebedaei 'Boanerges' i. e. 'filii tonitrui' sunt dicti [*Marc.* xxx 17] propter evangelicae praedicationis ~uum Turgot *Marg.* 1; **1180** vestre indignationis litteras, imo ~uum, legi P. Blois *Ep.* 58; in eo est .. vultuositas vulgare minarum *Ib.* 18. ~um, -i Levins *Manip.* 38. **d 1169** de sochagio quod Willelmus tonitr' tenuit (*Suff*) *Pipe* 106; **1183** de terra Willelmi ~ui (*Suff*) *Ib.* 7.

tonizatio [CL tonus+-izare+-tio], (act of) chanting in musical tones, intoning.

c**1400** tonarii .. sunt .. necessarii .. quia librorum hujusmodi defectus in ~one psalmodie inter psallentes .. facit frequenter discordancias disseminant (*Vis. York*) *Fabr. York app.* 244.

tonna v. tunna.

1 tonnagium v. tolneagium.

2 tonnagium [ME *tonnage*; cf. tunna+-agium], duty levied per tun as royal subsidy, 'tonnage'.

1404 ordinavimus quod thesaurarii guerrarum nostrarum .. custodiant et expendant .. subsidium tonagii et pondagii *Cl* 252 m. 5; **1440** collectoribus subsidii tonagii et pondagii in portu .. Londonie *Cl* 290 m. 25; **1458** eidem .. omnia .. subsidia ~ii et pondagii in dicto portu .. provenientia .. solvatis *Cl* 308 m. 20; **1503** concelamenta tonagii, pondagii, prisagii vinorum custumarum et subsidiorum nostrorum *Pat* 592 m. 10; **1504** vinum indigenarum cccxvj dolia j *hogeshede* ~ium xlvij li. viij s. ix d., vinum alienigenarum non dulce j *hogeshede* ~ium ix d. (*KR AcCust*) *EEC* 684.

3 tonnagium v. towagium.

tonnula v. tonellus. **tonnus, tonnutum** v. tolnetum.

tonorium [ME *tonour*; cf. AN *tunor, tunnare*], funnel for pouring liquid into barrel.

c**1275** in meremio ad tunaria et tunnellos faciendo ij s. iij d. *Ac. Beaulieu* 210; **1290** pro j ~io empto ad butelariam .. xvj d. *Househ. Eleanor* 90; **1290** pro j tancardo et j ton'io pro aqua regis (*AcWardr*) *Chanc. Misc.* 4/5 f. 14.

tonoticos [LL < τονωτικός], strengthening, bracing, tonic.

†tonotiron [v. l. ~icon], i. coroborativum *Alph.* 187.

1 tonsa v. 1 tondere.

2 tonsa [CL], oar.

nautae / tonsis dum trudunt classes Aldh. *Aen.* 95 (*Scilla*) 8; ~i, remi *GlC* T 193; ~a, *roðr Ib.* T 206; videres crebris ~is verberata .. spumare cerula *Enc. Emmae* I 4; ~us, remus Osb. Glouc. *Deriv.* 591; remus .. dicitur ~us, nunc a regendo, nunc a tondendo Neckam *Ut.* 115.

tonsare [CL tonsus *p. ppl. of* tondere+-are; cf. LL tonsurare]

1 to cut growth or excrescences from, shear or trim. **b** to clip (coin).

ubi eum faciet .. ~ari et circumtonderi *Cust. Cant.* 277. **b 1327** moneta controfacta, ~ata, vel alia non de cuneo nostro *KR Mem* 103 m. 15.

2 to cut off, clip from coin.

c**1385** tam aurum quam argentum .. de moneta predicta per ipsum ~atum inventum fuit *SessPWarw* 145.

tonsator [tonsare+-tor; cf. LL tonsurator], one who clips coins.

1375 quod B. H. .. est communis ~or monete, viz. auri et argenti *SessPLincs* 233.

tonsatura [tonsare+-ura; cf. CL tonsura], shearing or trimming, or state of having been shorn (in quot. w. ref. to tonsure).

elegit sub ~a clericorum vivere *Chr. Wallingf.* 19.

tonsetum v. tuccetum.

tonsila [cf. CL tonsilis], (in gl.) sickle.

a 'tondeo' hic ~a [v. l. hec ~la], -le, i. uncinus ferreus Osb. Glouc. *Deriv.* 573; tonsula, uncinus ferreus *Ib.* 590.

1 tonsilla [CL = *mooring-stake*; cf. tonsa], (in gl.) oar.

hec ~a .. i. remus ab aqua tondenda Osb. Glouc. *Deriv.* 573; ~a, remus, remex, remigium *Ib.* 591.

2 tonsilla [CL], (pl.) tonsils, (in quot. transf.) tonsillitis.

the glaunders is that which the physitians call ~e .. 'toncille' is interpreted by them to be inflamions of the kirnelles called in Laten glandes .. which lye on eche syde of the throte T. Blundeville *The Order of Curing Horses Diseases* (London, 1566) f. 40v.

1 tonsio [LL]

1 (act of) cutting growth or excrescences (in quot. w. ref. to champion's hair); **b** (w. ref. to tonsure, in quot., transf.). **c** shearing (of sheep). **d** cutting or mowing (of grass or sim.).

1258 abbas .. mihi solveret in vadiatione .. duelli x m., in ~one mea v m., et residuum .. die armationis mee .. (*Cart. Glast.*) UPTON *app.* 36. **b** in hac tam dura, tam dira capitis ~one, ubi testa capitis cum corona unctionis separatur a capite H. Bos. *Thom.* VI 9. **c** c**1197** per viam .. cum ovibus suis non transibunt .. nisi per iiij dies tempore ~onis (*Ch.*) *Kal. Samson* 103; c**1319** de cxxiij velleribus de ~one anni presentis *MinAc Wistow* 51; **1535** pro toncione, locione, ac unccione ovium apud R. iij s. iiij d. *Ac. Durh.* 111. **d** **1209** in consuetudine messepe post ~onem *Pipe Wint.* 14; **1384** pro ~one prati .. cujus fenum deperiit, v li. *ExchScot* 118; **1434** non onerat se .. de herbagio prati de T. post ~onem ejusdem *Ib.* 599.

2 a shearing (of cloth). **b** clipping (of coin). **c** (understood as act of) shaping (in quot. with hammer blow or sim.).

a soluta .. cissori episcopi defuncti pro ~one et cissura pannorum suorum xv s. viij d. *Ac. Exec. Ep. Lond.* 107; **1326** pro ~one predicti panni *Sacr. Ely* II 54; **1507** pro toncione toge v d. *DCCant.* C 11 f. 115b; cum .. retentus fuisset .. ad tondend' unam peciam panni lanei .. et capiend' pro labore suo pro ~one illa .. xl s. *Entries* 203va. **b** s**1278** fuerunt quamplures Judei suspensi pro ~one monete B. COTTON *HA* 157. **c** calix qui in igne liquescit et .. per multas ~ones [ME: *dunt*] et fricaciones aptatur ut sit Dei ciphus *AncrR* 107.

2 tonsio v. tunsio.

tonsitare [CL], (in gl., as freq. of *tondere*).

a 'tondeo' ~o, -as, i. frequenter tondere OSB. GLOUC. *Deriv.* 573; ~are, frequenter tondere *Ib.* 590.

tonsonarius [cf. CL tondere], ? barber or shearer (in quot. passing into surname).

1177 Robertus ~ius *Pipe* 118.

tonsor [CL], one who shears or trims. **b** barber. **c** sheep-shearer. **d** cloth-shearer. **e** coin-clipper.

forpices que sunt ~orum ALCUIN *Orth.* 2335; hic ~or, A. *cuttere WW.* **b** patet .. hoc et lippis et ~oribus [cf. Hor. *Sat.* I 7. 3] ADEL. *QN* 4; palatio expulit eunuchos, ~ores, et cocos J. SAL. *Pol.* 800D; admissus est ~or, abrasi sunt crines (AILR. *Serm.* 63) *CC cont. med.* IIB 155; ~or Mide P. BLOIS *Ep.* 59; principes .. quorum mores .. lupi [? l. lippi] indicent et ~ores PECKHAM *Paup.* 16 p. 81. **c** carnes pecorum quae occidi ~ibus meis [*I Reg.* xxv 11] BEDE *Sam.* 683C; si in ~oris officium convertas ministerium pastorale P. BLOIS *Ep.* 10; c**1230** debet oves et agnos .. lavare et tondere cum uno homine .. et quilibet ~or habebit panem (*Swyncombe*) *Doc. Bec* 87. **d** **1314** cum quadam filia cujusdam ~oris panni *Mem. Beverley* I 325; **1343** Willelmo ~ori pro tonsura pannorum .. xxv s. *ExchScot* 534; **1461** officium ~oris omnium pannorum lanarum [*sic*] pro nobis .. emptorum *Pat* 492 m. 6. **e** s**1247** moneta .. propter sui materiam desiderabilem .. circumcisione cepit deteriorari .. per illos falsarios monetarum quos '~ores' appellamus M. PAR. *Maj.* IV 632; c**1255** falsarii bulle et ~ores monete *Conc. Syn.* 333; rex omnes Judeos ~ores monete capi fecit *Meaux* II 163; rex H. renovans totam monetam auream Anglie que per ~ores et lotores .. erat pejorata *Chr. Southern* 278.

tonsorare v. tonsurare. **tonsorium** v. tunsorium.

tonsorius [CL], tonsorial, (as sb. f. or n.) barber-shop.

hoc ~ium .. i. locus ubi tondetur OSB. GLOUC. *Deriv.* 573; **1286** C. le *tundur* .. fugit [e Norwico] .. et manet apud Oxoniam in ~ia ejusdem ville *Rec. Norw.* I 217; *a clippynge howse*, ~ium *CathA*; *a raster house*, barbitondium, ~ium *Ib.*

tonstricula [CL], (in gl., as dim. of *tonstrix*).

hec ~a, -e, i. parva tonstrix [v. l. diminutivum] OSB. GLOUC. *Deriv.* 573.

tonstrina [CL], (in gl.).

~a, locus ubi tondetur OSB. GLOUC. *Deriv.* 590; *a clippynge howse* .. ~a *CathA*.

tonstrix [CL], (in gl.) one (f.) who shears or trims. **b** barber's wife.

tonsor, -oris, et hec ~ix, -icis OSB. GLOUC. *Deriv.* 573; ~ix, A. *a shyppestere WW*; hec tontrix, *a barbor WW.* **b** hec †contrix [l. tontrix], *a barbowres wyfe WW.*

tonsula v. tonsila.

tonsura [CL]

1 (act of) cutting growth or excrescences (in quot., in gl., of hair); **b** (w. ref. to tonsure). **c** shearing (of sheep). **d** cutting or mowing (of grass or sim.).

a schavynge, barbitondium, ~a *CathA*. **b** in prima ~a confertur ordo clericalis LYNDW. 117c. **c** **1185** debet habere ij d. .. propter ~am et tracturam ovium *Rec. Templars* 57; **1425** de lana fracta .. collecta in ~a ovium (*Ac. Burcester*) *Ambrosden* II 250. **d** **1369** in ~a de le Elmheye vij d. *Ac. Churchw. Bath* 9; **1450** pro lucracione et ~a pratorum *ExchScot* 396.

2 (act of) trimming: **a** shearing (of cloth). **b** clipping (of coin).

a **1292** in ~a unius pecii panni blevetti *KR Ac* 308/13 m. 4; **1314** in .. iiij pannis pro menestrallis .. cum ~a et cariagio .. emptis (*DL MinAc*) *EHR* XLII 199; **1337** in ~a .. robarum et garniamentorum *Sacr. Ely* II 78; **1391** pro ~a unius duodene de stragulis *Ac. H. Derby* 89; **1397** Johanni T. *sherman* .. pro molura et ~a cclxx pannorum .. cum forpicibus *LTR Ac Wardr* 5 r. 7d. **b** moneta per ~am corrupta renovatur M. PAR. *Abbr.* 316; **1280** quod nulla fiat ~a de nova moneta sub periculo vite et membrorum *RBExch* 982; **1283** antequam Judei Anglie pro ~a monete capti essent *SelPlJews* 128; **1303** quod denarius Anglicanus .. rotundus et sine ~a ponderabit xxxij grana frumenti *StRealm* I 204.

3 shape or style into which hair is clipped, haircut. **b** (mon. & eccl.) tonsure.

793 considerate habitum, ~am, et mores principum .. luxuriosos ALCUIN *Ep.* 16; militares viri mores paternos in vestitu et capillorum ~a derelinquerunt ORD. VIT. VIII 22 p. 394; tam mulieribus .. quam .. maribus ad aures et oculos ~a rotunda GIR. *DK* I 11; **1297** concordatum est .. quod omnes Anglici in hac terra .. ~am gerant Anglicorum *StatIr* I 210; laica et inordinata quam gestas ~a doloris tui est causa HIGD. VII 35 p. 216. **b** qui ordinati sunt a Scottorum vel Britonum episcopis qui in .. ~a catholici non sunt, adunati aecclesiae non sunt THEOD. *Pen.* II 9. 1; postquam [Cuðberhtus] .. ~ae .. Petri formam in modum coronae spineae .. susceperat *V. Cuthb.* II 2; assumpta Templariorum ~a *Itin. Ric.* I 5 p. 16; **1200** si quis vero inventus fuerit comam nutriens .. si .. ~am non resumpserit .. suspendatur *Conc. Syn.* 1073; **1220** inventi fuerunt in laico habitu et sine ~a *SelPl Crown* 132, **1301** parvos clericulos primam ~am habentes .. igne supposito cremaverunt (*Lit. Regis*) RISH. 207.

4 product of shearing or trimming, clipping.

1188 pro ~a et burra pannorum ad sellas .. et pro eisdem ~is et burris ducendis ab E. usque L. (*Yorks*) *Pipe* 82; aquam .. in qua lota erat ~a barbe .. sancti viri *Canon. G. Sempr.* f. 155; **1221** J. B. captus .. pro ~a denar' cum qua inventus fuit et quam .. dicit se a S. aurifabro .. recepisse *Cl* 470b; c**1233** J. habebit et asportabit arbores crescentes et ~as super eandem ripam .. salvo eo quod antequam aliquid asportare [? l. asportari] faciat de arboribus vel ~is predictis .. *Cart. Worc.* 93; **1283** platam de ~a monete .. conflatam *SelPlJews* 121; **1573** ad firmam dimittimus .. subboscos et ~as arborum *Pat* 1105 m. 24.

tonsurare [LL], **~orare** [LL]

1 a to give a haircut to, cut the hair of. **b** to shear (sheep).

a Frisia .. cujus viri circulariter tonduntur, et quanto nobiliores sunt, tanto celsius ~orantur [ME: *i-score*] HIGD. I 262. **b** **1275** dum oves fuerint ad lavandum et ad †concerrendum [l. ~urandum *or* ~orandum] (*Wilts*) *Hund.* II 262b.

2 (mon. & eccl.) to tonsure, give the tonsure to; **b** (p. ppl. as sb.).

748 pseudosacerdotes .. servos ~uratos qui fugerunt dominis suis *Ep. Bonif.* 80 p. 175; ab Æ. Wintoniensi episcopo .. ad clericatus officium ~oratus WULF. *Æthelwold* 7; Karlomannus .. a Zacharia papa in monachum ~oratur DICETO *Chr.* 122; Henricum .. apud Cluniacum ~oravit W. NEWB. *HA* I 4; matronam quandam .. ~oratam et cucullatam .. monachare presumpserant GIR. *Spec.* III 12 p. 200; **1235** diaconum .. non ~uratum .. habitu et gestu laicum GROS. *Ep.* 11 p. 51. **b** **696** si ~uratus [AS: *bescoren*] irregulariter vagetur .. ei hospitium concedatur *Conc.* I 60b.

3 to clip (coin).

s**1289** monetam ~oratam seu reprobatam B. COTTON *HA* 170.

4 to cut or trim (growth).

juro .. quod .. non utar balneo, barba mea non radetur, neque cesaries michi ~orabitur ORD. VIT. VII 5 p. 174.

tonsuratio [LL tonsurare+-tio], **~oratio** [LL tonsorare+-tio], (mon. & eccl., bestowal of) tonsure.

ut benedictione percepta ~orationis alteretur habitu religionis HERM. ARCH. 37; **1328** recepcio monachorum et ~oracio ad nos solum .. pertinet *Reg. Exon.* III 395; **1425** magistrorum, fratrum, et sororum .. creacionem, recepcionem, ~uracionem, professionem ad ordines *MonA* VI 659b.

tonsurator [LL tonsurare+-tor], **~orator** [LL tonsorare+-tor], barber.

Durandus ~orator .. Goisfridus camerarius .. et alii plures servientes regis (*Hants*) *DB* I 37vb.

tontrix v. tonstrix. **tonulatus** v. tonellata.

tonus [CL]

1 (as quality of linguistic sound) pitch (also w. ref. to corresponding written symbol). **b** vocal sound of a certain quality, tone.

prosodiae .. dividuntur .. in ~os, in tempora, in respirationes, in passiones ALDH. *PR* 141; ~i sunt tres: acutus, gravis, circumflexus. acutus ~us est nota per obliquum ascendens in dexteram partem, ut est 'páx' *Ib.*; prosodia apud Grecos dividitur in propriam prosodiam et ~os et passiones BACON *CSPhil.* 514. **b** cum ~orum concentibus quibus voces concrepant OSB. CLAR. *V. Ed. Conf.* 24; [Angli boreales] simili canendo symphonica utuntur harmonia, binis tamen solummodo ~orum differentiis et vocum modulando varietatibus GIR. *DK* I 13; subtiles corde emittunt voces sive ~os tenues BART. ANGL. XIX 132; ex quibus consonis / tonis mellisonis / reddis armonias J. HOWD. *Lira* 2. 13.

2 (mus.) tone (as interval); **b** (transf., w. ref. to celestial distance in Pythagorean cosmology).

[Pythagoras] quomodo ~us ex duobus semitoniis et commate constet .. ostendit ADEL. *ED* 27; namque toni partes are negat esse pares NECKAM *DS* X 132; discordantiarum .. septima dicitur '~us' et sumitur in sesquioctava proportione ut 9 ad 8 GARL. *Mus. Mens.* 10; si descendimus ~um et iterum ~um ascendimus *Id. Mus. Mens. app. P* 95; ~us et diatesseron componunt diapente *Mens. & Disc.* (*Anon. IV*) 67; semitonium dicitur ~us imperfectus, quia medietas ejus non est precise *Ib.* 69. **b** propter primum mundane harmonie ~um, qui a terra usque ad lunam est ALB. LOND. *DG* 7. 4.

3 (mus.) mode. **b** distinctive plainchant melody, tone.

ad melodiam .. faciendam requiruntur .. tonus yperlodius [l. hyperlydius], podorius [l. hypodorius] .. et suavis vox . . . . . dicitur yperludius novissimus, sc. acutissimus [cf. Isid. *Etym.* III 20. 7] BART. ANGL. XIX 132 p. 1252. **b** septem antiphone secundi ~i debent cantari BELETH *RDO* 63. 70D; due lectiones ad missam leguntur, una sub ~o nocturnali, altera sub ~o communi *Ib.* 90. 92A; in cantu ecclesie si quid erratum fuerit .. in ~o inponendo .. nemo illum [sc. precentorem] prejudicet *Obs. Barnwell* 58; hii octo modi vulgariter '~i' vocantur, ut cum dicitur 'primus ~us', 'secundus ~us', et sic deinceps TUNST. 229.

tonxilla v. toxilla. **topa, ~acius** v. topazius. **toparca** v. toparcha.

toparcha [LL], ruler of district, toparch.

~a, loci princeps *Gl. Leid.* 35. 7; unde truciparca furibundus mente toparcha / finditur R. CANT. *Malch.* V 220; toparca, princeps unius loci OSB. GLOUC. *Deriv.* 593; Abgarus thoparcha Jesu Salvatori bono salutem DICETO *Chr.* 57; Abgarus ille ~a illustris M. PAR. *Min.* I 272.

toparchia [CL], district ruled by toparch, toparchy.

toparca, princeps unius loci. ~ia, ejus principatus OSB. GLOUC. *Deriv.* 593; Cnutus .. rex Anglie constituit eam in quatuor ~ias dividit *Chr. Angl. Peterb.* 42.

topasius, ~ssion, ~tion, ~tius, ~zion v. topazius.

topazius, ~zion [LL, cf. ME *topas*, AN *topace*], kind of yellow precious stone, chrysolite or sim., (also) piece of such stone.

c717 candidior cristallo, pretiosior ~zio BONIF. *Ep.* 9; topation ut aurum micat *Gl. Leid.* 41. 15; topatius .. / .. / nitore rubet chriseo FRITH. *Cives* 10. 1; munus auro et ~zion et cunctis opibus pretiosius *Pass. Æthelb.* 14; ~cius dicitur .. aquas fervescentes extinguere R. NIGER *Mil.* II 7; dilexi mandata tua super aurum et †topa [*Psalm.* cxviii 127: ~zion] GIR. *GE* II 25; 1204 firmaculum cum ij saphiris et j †tolpac' *RChart* 134a (cf. *Pat* 55a: 1205 firmaculum cum ij saphiris et ij topac'); 1222 textus .. continens .. smaragdos vj et thopasios viij (*Invent.*) *Reg. S. Osm.* II 127; [castitatem conservat] portatio jaspidis et thopation [ed. Zetzner (Strasbourg, 1601): topacion] M. SCOT *Phys.* 1; 1245 capa .. cum morsu latiori in cujus medio ponitur thopazius *Invent. S. Paul.* 476; 1451 super aurum .. et thopazion (*Lit. Pap.*) *Mon. Hib. & Scot.* 384a; 1476 super .. aurum et †copassion [*FormA* 336: ~sion] *MonA* II 244b; hoc †tapacior [l. tapacion], A. *a stone* WW; gemmae quamplurime pomo insertae sunt .. saphirus, ~sius, rubinus BOECE f. 241v.

topcastellum [ME *top-castel*], (naut.) fortified platform at the top of mast, top-castle.

1353 j ~um est in manu .. domini de C., et clamat tanquam wreccum suum (*Saltfleet Haven, Lincs*) *IMisc* 170/5 m.4.

toper v. topper.

topetillus [OF *topet*; cf. ME *top*, CL *turbo*], spinning top.

trocus .. aliter hic ~us [v. l. torpetillus] dicitur ab .. 'toper' .. quia cito se volvit OSB. GLOUC. *Deriv.* 582; trochus et torpillus, A. *a top* WW.

topettum [ME *topet*], highest part, top; **b** (of structure).

1449 j magnum ciphum auri coopertum .. et super topett' una generosa genulans (*TR Bk*) *CalExch* II 205; 1449 j alium ciphum auri coopertum .. et topett' garnizat' cum ij saphiris (*TR Bk*) *Ib.* **b** 1238 quoddam thupetum ad magnam coquinam nostram .. fieri facias *Liberate* 13 m. 26 *sched.*

topht- v. toft-. **tophus** v. tofus.

1 topice [LL topicus+-e], (log.) by means of a dialectical maxim, topically (and so merely probably).

cum princeps menciens est minus topice / palpo subveniens hoc salvat tropice WALT. WIMB. *Palpo* 96; magis appetimus scire parum de entibus nobilioribus, licet ~e illud sciamus DUNS (*Lect.* I 3. 1 q. 2) *Opera Omnia* XVI (1960) 256; nec episcopus .. scit vel ~e habilitatem persone .. successure WYCL. *Sim.* 90.

2 topice v. topicus.

topicus [LL]

1 of or for a place, (med., in gl.) that belongs or is applied to a particular part of the body, local.

~a remedia, i. localia remedia *Alph.* 188.

2 (log.) that pertains to or relies on a dialectical maxim, topical (and so merely probable, opp. *demonstrativus*. **b** (as sb.) use of dialectical maxims, 'topics'. **c** (as sb. pl., as title of various works) topics.

labora terminare ~as differentias [Boethii] et diligenter accipe praedicamenta Aristotelis H. Los. *Ep.* 49; melius est .. reddere rationem demonstrativam quam ~am R. ORFORD *Sciendum* 53; syllogismus ~us est syllogismus ex probabilibus OCKHAM *Summa* III 1; de aliquibus .. discerni potest differencia, sed inter .. elementa est discrecio solum ~a, sicut et inter angelos WYCL. *Dom. Div.* 50; quid sit ille sensus .. deducitur .. per locum ~um *Id. Ver.* I 36. **b** pro eo .. disciplina ipsa dicta est '~e' quod locorum doctrinam facit J. SAL. *Met.* 909A; ~a, argumentiva

inveniendorum disciplina OSB. GLOUC. *Deriv.* 592; scientia que dicitur '~e' .. probabilibus sit contenta rationibus NECKAM *SS* IV 2. 4. **c** corpus artis .. principaliter consistit in tribus, sc. ~orum, analeticorum, elenchorumque notitia J. SAL. *Met.* 902B; quod videtur velle Aristot' in thopicis GILB. VI 244v. 1; ut ait Tullius in ~is BACON *CSTheol.* 13; textus ~orum Boycii *Chr. Rams. app.* 367.

topographia [LL], description of a region, topography (also in title of work).

veluti subsequens declarat ~ia, i. e. loci descriptio BYRHT. *V. Ecgwini* 350; aggrediar .. expressam .. Hibernie ~iam hoc opusculo quasi speculo .. representare GIR. *TH intr.* p. 7; sicut Hibernica ~ia nostra testatur *Id. IK* I 3 p. 38; magister Giraldus Cambrensis .. qui .. Hiberniam missus statum et ritum gentis illius in sua ~ia descripserat HIGD. VIII 74.

topographicus [LL topographia+-icus], of or pertaining to topography, topographical.

Georgius Lilius .. scripsit .. Britannorum historiolam et cartam Anglie ~am BALE *Index* 84.

topos v. topus.

toppa, ~um [ME *toppe*]

1 highest part, top: **a** (of structure). **b** (pl.) brushwood cut from the tops of trees, 'tops'.

a 1355 pro iiij tupis de final' tabernaculorum in gabula orientali *KR Ac* 471/6 m. 15. **b** 1535 pro .. factura j pinfaldi cum raillis de mearemio domini, ultra ~a arborum succis' pro eodem pinfaldo (*MinAc Norf*) *Rutland MSS* p. 11; 1545 de precio alicujus bosci sive subbosci, lopporum sive ~orum arborum .. hoc anno .. nichil (*Ac. Bailiff Notts*) *Ib.* m. 5*d.*.

2 (*per ~am*) by the head or hair.

1305 prior recuperet .. Robertum M. .. tanquam villanum et nativum suum et liberator eidem priori hic in curia per tupam *PlRCP* 154 m. 62*d.*

toppare [ME *toppen*], to cut off the top of (tree), poll, top.

arbores super quas rami predicti crescebant fuerunt ~ate et loppate, A. *topped and lopped Entries* 490rb.

topper [CL], (in gl.) quickly, at once.

ab hoc adverbio quod est 'toper', i. cito OSB. GLOUC. *Deriv.* 582; toper, cito, protinus *Ib.* 591.

toppum v. toppa.

topus [τόπος], (in gl.) place.

~us vel ~os, locus *Alph.* 188.

1 tora v. 1 cera.

2 tora [cf. antora], (in gl., kind of) poisonous plant.

anthora [v. l. antora] est herba quasi contra ~am [v. l. thoram] i. herbam venenosam *Alph.* 10.

toracicla, ~us v. thoraciccula. **toracida, ~us** v. thoracis. **toracinus** v. styracinus. **toracis** v. thoracis. **toracyclus** v. thoracicula.

toraillare [toraillum+-are], to treat in a kiln.

1300 in busca empta pro clx quar' frumenti †tollerandis [*Pipe (Chanc.)*: ~elland'] ad melius tenend' .. et in stipendio cujusdam femine pro eodem frumento ~ellando (*Pipe*) *MinAc W. Wales* 150; 1315 levare .. lx crannocos boni et sicci frumenti, xl crannocos ~elliati et xx non ~elliati *Mem. Ir.* 339.

toraillum [AN *toraille*; cf. CL *torrere*], (building containing) furnace or oven, kiln; **b** (for drying grain); **c** (for burning limestone); **d** (for baking clay).

c1165 facere ~allos, columbarios, et molendinum equinum (*Cardiff*) *BBC* 96; c1165 facere .. furnos, ~alia, molas manuales (*Tewk.*) *Ib.*; c1175 nec .. turaliam aliquam faciemus (*Cart. Rievaulx* 84; 11.. ut idem turalium commune sit tam illi .. quam michi *Cart. Guisburn* 29; hoc ~reale, i. *toreille* WW *Sup.* 20; c1220 rivulus descendit a thurallo de H. *Reg. S. Bees* 174; 1275 appropriavit sibi terram .. per mensuram duorum pedum ad suum thoraillum *CourtR Wakefield* I 38; 1275 levavit quoddam thoralium in fossato *Hund.* I 310b; 1283 in .. clatis ad tarellum *Ac. Wellingb.* 32; 1287 in reparacione unius †coralis [l. ~alis] combusti *Comp. Worc.* I 6; 1330 est ibi una coquia sine furno et

turella *Reg. Exon.* III 572; c1463 construendi unum ~rale inter .. orreum et mare *Reg. Aberbr.* II 116. **b** c1198 cum duabus turailliis *Cart. Osney* I 112; domunculam ad exsicandos fruges factam, que vulgo '~rellum' vocatur *V. Begae* 516; p1200 portabunt de ~allio ad molendinum .. brasium et .. farinam de avena *Deeds Newcastle* 43; 12.. molendinum .. et ~alliam *Ib.*; 1231 unum bracinum et unam turraliam prostravit *CurR* XIV 1679; c1232 molendini et .. turelli *Cart. Hosp. S. John* II 124; 1242 quedam femina .. cecidit in turlellam sicut siccavit brasium *AssizeR Durh* 12; 1249 eamus in turulum illum et extrahe sagittam *IMisc* 3/26; 1255 mittant in Vasconiam .. duo millia cranocorum frumenti desiccati in turriolis *RGasc* I *sup.* 27; c1265 domum in qua continetur thoralis (*DC S. Paul.*) *HMC Rep.* IX *app.* 36a; 1283 in buscha ad ~alle et ad brachiandum *Dom. S. Paul.* 166; 1283 xl crannoci [frumenti] siccati fuerunt super quoddam ~ellum (*Kildare*) *MinAc* 1237/2 m. 1*d.*; 1298 cum quadam grangia .. et uno ~iolo ibidem edificatis *Cl* 115 m. 5*d.*; 1301 [frumentum] dessicatum fuit super ~allo (*KR Ac*) *MinAc W. Wales app.* 468; 1335 unam thorallium veterem (*DC S. Paul.*) *HMC Rep.* IX *app.* 38a; si aliquis turrellum alicujus combusserit et turrellus habuerit unum hostium pro turrello dabit xl nummos (*Cust. Preston*) *EHR* XV 498. **c** 1325 in stipend' v hominum removend' calcem de turrello usque in camera *MinAc* 1148/6 r. 2; 1326 ij hominibus cariantibus calcem de thorali usque castrum *ExchScot* 54; 1327 in portacione .. calcis ab .. turriolo usque ad barbecanam (*Yorks*) *Ac. Sheriffs* 49/12 m. 1*d.*; 1354 J. levavit quemdam ~alum vocatum *lymhost* subtus gardinum .. et ardet ibidem calcem *SelCKB* VI 96; 1359 de quolibet thorallo arso in le *stanpitts Doc. Bev.* 3. **d** 1439 de pretio xij m. tegulorum voc' *waltyle* proveniencium de firma thoralis domini (*Ac. Cromwell*) *HMC Rep.* LXXVII 222.

toral, 2 torale [CL], cloth covering (esp. for bed), coverlet.

~al, vestimentum tori OSB. GLOUC. *Deriv.* 591; 1220 ij panni serici ante altare et ij alii ad modum thoralis (*Invent. Sal.*) *Reg. S. Osm.* I 291; calices, fercula, mensa, toral [*gl.*: tapetus] GARL. *Epith.* VI 28; hoc thoral, *ornement de lit Gl. AN Ox.* 326; 1386 lego .. filio meo .. unam aulam *bleu* cum ~ellis cum lecto ejusdem secte *FormA* 427; 1396 ~alia [*called* 'chalons'] (*PlRCP*) *Collect. Staffs* XV 73; hoc coopertorium, *a cowyrlythe.* hoc ~all, idem est. est ~al mappa, tegmen lectoque vocatur WW.

1 torale v. toraillum.

2 torale v. toral.

toralis [LL], of or pertaining to a marriage-bed.

mulierem .. impuberem quae .. nec thorali consortio viri apta est FORTESCUE *NLN* II 46; aliqui .. una cum ejus consorte thorali .. regis Henrici ei imprecantes auxilium *Mir. Hen. VI* II 36.

torall v. toral. **toralle, ~ia, ~ium, ~um, ~us** v. toraillum. **torax** v. styrax, thorax. **torb-** v. turb-. **torbaria** v. turbaria. **torca** v. 4 torta. **torcare** v. torchare. **torcata** v. torchetta. **torcellus** v. tortilla.

torcha, ~ia, ~ius [AN *torche*]

1 light made with wax or sim., candle or torch.

1220 venit .. de nocte .. et fecit portare coram eo unam ~iam de candela illuminatam *CurR* IX 336; 1235 tulerunt quandam grossam ~iam tortam in manu sua usque ad hostium .. et .. tunc illam exstinxerunt *Ib.* XV 1438; 1290 pro ij li. cere et opere ~arum .. et candelarum *Doc. Scot.* I 140; 1290 in uno †forctero [l. forcero] ad thorch' de camera faciendo *Ac. Swinfield* 141 (cf. *Reg. Exon.* 368: 1301 ij forceria ad candelas); 1352 in lichino empt' pro torgiis .. faciendis *Ac. Durh.* 552; 1355 inveniant ij ~eos ponderis xx li. .. pro processione *MunCOx* 132; 1396 in j ~io compto ponderis xij li. (*Vis. Ebor.*) *Camd. Misc.* VII 33; 1399 quilibet .. habeat ~eam suam portatam et illuminatam ante dictam processionem (*Mem. York*) *REED York* 12; 1404 vj li. de *weke* pro torgis. item, ij torge nove *Ac. Durh.* 395.

2 ? *f. l.*

decurionum ~ias [? l. forcias *or* torciones] et nebulonum furias .. non timemus (*Quad.*) *GAS* 534.

torchare, ~iare, ~ere [AN *torcher*; cf. AN *torchis*]

1 to wipe or rub down.

[fugatores] debent .. ipsos [sc. boves] .. prurire, striliare, torcare *Fleta* 167.

2 to daub or plaster wall with clay or sim., torch.

1275 pro stramine et feno ad ~end' iiij s. vj d. (*Works*) *KR Ac* 467/6 (2) m. 3; **1277** in sabulon' et argillo empt' ad ~iandum dictum stabulum (*Works*) *Ib.* 467/6 (3); **1279** pro litera ad torgiand' x d. (*Works*) *Ib.* 467/7 (7); **1369** in dicta domo crestand' exterius et ~and' interius xj s. (*Eastwood, Essex*) *MinAc* 840/30 m. 2.

3 to furnish, equip (w. defensive structure), or ? *f. l.*

c1219 facit illud [sc. castellum] firmare de *garoil* .. et facit illud torchiare [MS: torchiare cum] albesteriis et lanceariis et breteschiis de ligno per loca *RL* I 64.

torcharius [torchare+-arius], **~iarius**

1 of or pertaining to daubing or plastering. **b** (as sb. f.) daubing or plastering, 'torching'.

1289 in cl carettatis arsilli empt' ad opera torchar' (*Works*) *KR Ac* 467/20 m. 4. **b 1318** in vj carectatis sablon' pro tegularia et ~iaria quesitis (*Works*) *KR Ac* 468/20 f. 20; **1361** tres camere adjacentes .. indigent tegularia .. ~aria, lath' *IMisc* 182/12 m. 7.

2 (as sb. m.) one who daubs or plasters, 'torcher'.

1287 in stipendiis carpentariorum, plumbariorum, tegulatorum, sclattariorum, ~ariorum *Pipe* 136 r. 26.

torchator [torchare+-tor], **~iator,** one who daubs or plasters, 'torcher'.

1212 dealbatores et luti appositores et ~iatores [capiant] ij d. cum conredio (*Lib. Cust.*) *MGL* II 86; **1276** in stipendiis cementariorum, carpentariorum, torgatorum *Chanc. Misc.* 3/21/19; **c1282** in iij torchioribus per ij dies (*Works*) *KR Ac* 467/11; **1300** cum vadiis carpentariorum, cementariorum, fabrorum, ~eatorum *AcWardr* 93; **1319** ~iatori operanti circa diversos muros (*Works*) *KR Ac* 469/1.

torchea v. torcha. **torcheator** v. torchator. **torchere** v. torchare. **torcheta** v. torchetta.

torchetta [cf. torcha, ME *torchet*], **torcata,** small torch, 'torchet'.

c1243 ut semper inter duos fratres [ad suppparium] ponatur una torcata (*Cust. Bury St. E.* f. 117v) *HBS* XCIX 56; habebunt candelas viz. particatas et torcatas (*Cust. Bury St. E.* f. 118v) *Ib.* XCIX 60; **1421** volumus .. quod in dictis exequiis et missa sint xxiiij pauperes xxiiij ~ett' .. tenentes (*Test. Hen. V*) *EHR* XCVI 91; **1464** volo quod .. fiant circa corpus meum sex ~etae et quinque cerei *MunAcOx* 706; **1471** de torcheis sive ~ettis .. oblatis ad corpora mortuorum *Mem. Ripon* III 214.

torcheus, ~ia v. torcha. **torchiare** v. torchare. **torchiarius** v. torcharius. **torchiator, torchior** v. torchator.

torchisius [cf. torcha], light made with wax or sim., candle or torch.

1400 pro vino dato portantibus ~ios in primo adventu domini regis *Ac. Chamb. Cant.* 137b; Willelmo atte Wode *wexchaundler* pro factura .. viij ~iorum *Ib.*

torchius v. torcha.

torchura [cf. torchare], daubing or plastering, 'torching'.

1301 tam in ~a quam in coopertura *Cal. LBLond.* C 200.

torcia [? cf. AN *torchis*], earthwork for holding back water, embankment.

s1169 fecerat .. super Ligerim ad aquam arcendam .. quedam retinacula que 'torsias' [TREVET *Ann.* 64: torcias] vocant .. faciens ibi edificare mansiones hominum qui torsias [TREVET *Ann.* 64: torcias] tenerent TORIGNI *Chr.* 242.

torclar, ~cula v. torcular.

torcular [CL], **1 torculare** [LL]

1 device for extracting liquid by compressing solid, press; **b** (in fig. context).

in ~ari uve premuntur ut ex eis vini sapor eliciatur *Eccl. & Synag.* 119; celum pulsare pedibus more

calcantium in ~ari PETRUS *Dial.* 15; **1129** vini .. primam decimam que solito more datur ad torclearia *Regesta app.* p. 364 (cf. ib. 749: torclaria); **1137** baccones compresserant in ~ari usque ad emissionem tocius ex lardo sanguinis MAP *NC* I 25 f. 21; **1211** in meremio sternendo ad ~ar cooperiendum *Pipe Wint.* 127; **c1235** in .. sepo et sapone ad ~am .. et aliis custis vindemiandi *Arch. Cant.* XLVI 141; **s1248** annus .. ~aria [*Flor. Hist.* II 356: torquularia] vinis reddens redundantia M. PAR. *Maj.* V 46; ~or, pressorium *Alph.* 188; **1412** unum ~are apud R. pro cisare faciendo (*Test.*) *Reg. Exon.* 400. **b 1281** sancta Romana ecclesia, pro cujus viribus sub ~ari premimur angustie PECKHAM *Ep.* 173; hoc .. de prelo purissimi ~aris in nostre memorie dolia defecandum transibat R. BURY *Phil.* 8. 134; **1442** libris .. e quibus .. vina sciencie .. ~are studii premantur *EpAcOx* 217.

2 (fig.) condition of being hard pressed, tribulation.

1188 scientes quia in fine pro ~aribus istis sabbatum letitie celebrabitis et congaudebimus *Ep. Cant.* 261; ab atroci tanto ~ari laxatus FORTESCUE *LLA* 22.

2 torculare [CL torculum+-are], to operate a press (in quot., in fig. context).

humiliatio mea .. humilitatis mee .. liquorem sub pede calcantium et ~antium pressura expresserit J. FORD *Serm.* 96. 11.

torcularius [CL], of or belonging to a press.

1287 duas molas ~r' [*Cal. CourtR Chester* 57: ~rias] *PlRChester* 3 r. 6.

torculatus [cf. CL torques, torquatus], fashioned by or as by twisting, convoluted.

1468 sex ciphis de argento stantibus ad ~is, A. *wreythin Pat* 522 m. 8.

torculor v. torcular. **tordilion** v. tordylon.

tordylon [CL < τόρδυλον], **~ion** [τορδύλιον], kind of umbelliferous plant, hartwort (*Tordylium; cf. seselis*).

†cordilion [l. tordilion] vel sescliti creticum idem, frutex est [nascens] in Scicilia *Alph.* 46; sescliti creticum, respice †sordilion [l. tordilion] *Ib.* 165.

torella v. 2 turella. **torellare, ~iare** v. toraillare.

1 torellum v. toraillum.

2 torellum v. toral.

3 torellum, ~illum [AN *toreil, turuil*], bolt, bar.

1198 pro seris et toroillis ad portas *RScacNorm* II 310; **1275** Willelmo de S. Dunstano fabro pro ij ferramentis ad garderobam domini regis, x s; eidem pro ij torill', vj d. *KR Ac* 467/6(2); **1289** pro v turrell' ferreis ad diversa hostia: summa xij d. *Ib.* 467/20 m. 4.

torellus v. taurellus. **torena** v. toreuma. **Toresminus** v. Chorasmenus. **torettus** v. turettus.

toreuma [CL < τόρευμα]

1 engraving in relief, relievo.

1552 is .. aram .. celamine vel ~ate variegari fecit *Scot. Grey Friars* II 330.

2 (perh. assoc. w. *torus*) bed or bedstead.

~a, torus, lectus OSB. GLOUC. *Deriv.* 591; cunabulum .. ex solidis lignis quadratum instar ~atis W. CANT. *Mir. Thom.* II 45; hoc torreuma, i. †chaelid [l. chaelit], i. †hefbet [l. hefbed] et grabatum idem *WW Sup.* 13; lectus, †choreuma [l. thoreuma], grabatum GARL. *Syn.* 1586B; hoc [MS: hec] ~a, *lit urné* [MS: *turné*] *Gl. AN Glasg.* f. 21ra; *a bedde* .. tereuma *CathA*; hec †torena [l. ~a] est lectus regis *WW* (cf. ib.: hec ~a, A. *a kynges bedde*).

3 (in gl.): **a** decoratively turned artefact. **b** shaving produced by lathe, turning.

a *turnyd vessel or odyre þyng* .. torreuma, -tis *PP; a turne*, tornus ... '~a' dicitur .. vas tornatile *CathA*. **b** ~a, tornus ... '~a' dicitur .. illa rasura que projicitur de torno *CathA*.

torga v. torcha. **torgator** v. torchator. **torgia** v. torcha. **torgiare** v. torchare. **torgor** v. turgor. **torillus** v. torellum. **toriolum** v. toraillum.

torkeynare [cf. Eng. *turken, turkess*; ? cf. AN *torcenus*], to alter the form or appearance of, refashion.

1376 J. C. communis felliparius est torkeynando [MS: torkeynand'] veteres pannos in deceptionem *Leet Norw.* 64; **1376** P. de S. est communis felliparius torkeynando [MS: torkeyn'] veteres pannos in novam formam in decepcionem populi *Ib.* 65.

tormen [CL tormina], pang, (instance of) pain, agony, torment; **b** (in gl.).

[mater] partus ~inibus dolorisque tortionibus graviter vexabatur *V. Kentig.* 7; [Christus] partus virginis est sine tormine WALT. WIMB. *Carm.* 66. **b** ~ina, tormenta, cruciatus, cruciamina OSB. GLOUC. *Deriv.* 591; *a torment* .. supplicium, ~en *CathA*.

tormentalis [LL]

1 of or pertaining to a gun, (*pulvis ~is*) gunpowder.

1573 tormentum .. pulvere ~i et uno globulo plumbeo oneratum *Pat* 1105 m. 34.

2 of or pertaining to torment.

corpus [sacerdotis] .. constrictum .. in cathedra sua ~i reposuerunt COGGESH. *Visio* 22.

tormentare [LL]

1 to hurl (projectile) by means of a ballista or other engine.

s1304 qui .. ultra murum circumferebantur .. adeo assidue faces et lapides ~arunt quousque acervos messis .. cremarent et .. castri edificia .. prosternerent *Flor. Hist.* III 119.

2 to subject to pain, torment, torture.

quid fecisti unde nunc ~aris? ALEX. CANT. *Mir.* 46 (II) p. 251; fratres a Decio imperatore pro Christo ~ati *Ann. Wav.* 145; **s1400** [Ricardo] catenis ligato et victualium penuria domino N. S. ipsum ~ante AD. USK 42; ubi spiritus sunt ~ati W. WORC. *Itin.* 68.

tormentarius [CL tormentum+-arius], of or pertaining to a gun, (*pulvis ~ius* or *~ia*) gunpowder.

~ium pulverem conficiunt et plumbeos globulos per .. fistulas .. collimant STANIHURST *Hib.* 42; **1588** cepit unum tormentum A. vocatum *a pistoll,* pulverem ~iam A. vocatam *gunpowther Pat* 1321 m. 5.

tormentatio [LL tormentare+-tio], (in list of words deriv. from *tormentor*).

tormentor .. unde .. ~o OSB. GLOUC. *Deriv.* 581.

tormentator [LL tormentare+-tor], (in list of words deriv. from *tormentor*).

tormentor .. unde .. ~or OSB. GLOUC. *Deriv.* 581; *a tormentowre,* tortor, spiculator, ~or *CathA*.

tormenticulum [CL tormentum+-culum], small portable gun.

1577 videre desiderabat quo modo ~um illud exonerare potuit *Pat* 1159 m. 11; de quodam Henrico W. .. interrogavit pro clave ~i *Ib.*

tormentilla [CL tormentum+-illa; cf. AN *turmentille*], kind of low-growing herb with astringent roots, septfoil, common tormentil (*Potentilla erecta*). **b** (in gl., ? pl.) kind of nettle.

potest fieri levis stupha de foliis .. ~e GILB. I 41v. 1; pulvis ~e et decoctio ejus stringit omnem fluxum curabilem GAD. 6. 2; termentilla est herba similis pentafilon, sed ~a habet pilos, †alio [l. alia] non. florem habet croceum ad modum crucis *Alph.* 187; distillitur aqua de diptanno, ~a, scabiosa, et pimpernella J. FOXTON *Cosm.* 17. 7. **b** c1265 dormentille, i. *ortie griesche,* i. *doc-nettle WW.*

tormentiolum [CL tormentum+-olum], (in gl.) small portable gun.

a dag, ~um, -i LEVINS *Manip.* 10.

tormentor [ME *tormentour*], one who inflicts torment or torture, tormentor, torturer.

primus ~or *Beunans Meriasek* p. 36 (cf. ib.: secundus tortor).

tormentularius [CL tormentum+-ulum+-arius], ? gunsmith.

1561 W. Seys, ~ius ... W. Willhems, ~ius, municeps (*SP Dom. Eliz.*) Hug. Soc. X 277.

1 tormentum v. tomentum.

2 tormentum [CL]

1 engine worked by torsion for hurling projectiles, ballista or sim. **b** ballistic weapon fired by gunpowder, gun.

in eminus positos .. quicquid ad manum venisset vice ~i rotare W. MALM. *GP* V 261; tormenta furore tepescunt / et tenues ictus vix dare fessa queunt L. DURH. *Dial.* I 295; s**1304** immensa .. ~a ictu unius lapidis duos antiparietes .. perforarunt *Flor. Hist.* III 319; machinae et ~a .. contra muros erecta terrorem .. intulissent obsessis LIV. *Hen. V* f. 4a. **b 1550** ~a et .. machinae bellicae cum .. suo apparatu sc. pulverum, boulletorum, mortariorum (*DipDocE*) Foed. XV 213b; **1552** tres anates .. cum uno ~o vocat' *a handegune* .. occiderunt *Pat* 849 m. 30; **1554** armis, viz. gladiis .. galeis ferreis ~is sive vibrellis vulgariter vocatis *canons* (*Pat*) *Foed.* XV 360b; subito unum ex ~is aeneis rumpitur P. VERG. XXIII p. 505; **1573** cum .. ~is sive bombardis vulgariter vocatis *handgonnes Pat* 1105 m. 7; **1575** farcivit ~um suum cum pulvere facticio .. alias dict' *he chardged his handgonne with gonnepowder Ib.* 1126 m. 24.

2 (act or condition of) torture, torment, (also transf.) instrument that inflicts torture or torment.

infernus, de cujus ~is intolerabilibus narrari .. audivi BEDE *HE* V 12 p. 305; qui pro delictorum suorum ~o [AS: *pinunga*] vitam suam amittit (*Ps.-EGB. Pen.* II 5) *Conc.* I 129; frustulum salutiferi ~i [sc. clavi crucifixi] GOSC. *Edith* 74; deprehendit vulneratum ligneumque vidit in ore ~um T. MON. *Will.* I 11; c**1175** antequam ad ~a ducantur, per .. penitentiam spiritualiter puniuntur P. BLOIS *Ep.* 73; ineffabilibus ignis et aque variique generis ~is .. affligitur GIR. *TH* II 5; **1316** quendam vallettum posuerat in carcere et ~is et .. vallettus .. privacionem genitalium incurrebat *RGasc* IV 1628; leges .. deficiente testium copia .. veritatem .. extorquent ~is FORTESCUE *LLA* 22.

tormentus v. terebinthus.

torminosus [CL], (in gl.) who is afflicted with griping pain.

~us, contractus tormine, i. tormento repletus OSB. GLOUC. *Deriv.* 593.

tornabilis [CL tornare+-bilis], (in gl.).

a turne of a turnour, tornus, ~is *CathA.*

†**tornagium**, *f. l.*

'argentum ex ungulis mugientum [G. MON. VII 3: mugientium] manabit': in assisa de Clarendune †tornagium [MS: cornagium] et hujusmodi M. PAR. *Maj.* I 202.

tornalis [CL tornus+-alis], **a** that rotates or swivels, turning. **b** (in gl.).

a 1212 in operatione barbekane et pontis tornal' in castello de B. *Pipe* 88. **b** *thrawen,* ~is, tornatilis, tornatus *CathA.*

1 tornamentum [CL tornare+-mentum], ? sort of winch, windlass.

in adquirendis .. lapidibus transmarinis opera data est: ad naves onerandas et exonerandas, ad cementum et ad lapides trahendos, ~a fecit valde ingeniose GERV. CANT. *Combust.* 7.

2 tornamentum v. torneamentum.

tornare [CL]

1 (trans.) to rotate and shape on lathe, wheel, or sim. rotating device, turn; **b** (fig.).

candelam jussit tornare rotundam / hancque sacerdoti .. ferri WULF. *Swith.* II 852 (cf. ib. II 844: candelam .. formare novellam); molle lutum figulus .. tornat / qui nova vasa creans ea cambit et aptius ornat P. BLOIS *Euch.* 1142C; **1322** [*3 ox-hides bought for panels and other requirements of the carts 3 s. For grease 12d.*] in eisdem tournand' et faciend', xvij d. *Fabr. Exon.* 140; **1325** Henrico le *tournour* pro iiij^xx *trendles* ~andis (*Aquitaine*) *KR Ac* 165/1 m. 5.

b solus nummus verba tornat, / planat, polit, comit, ornat WALT. WIMB. *Van.* 28.

2 to rotate, turn (thing). **b** (refl.) to turn.

[filius] in tantum ~atus est in torneamento quod mortuus est O. CHERITON *Fab.* 62A; c**1325** custumarii .. liberam falcatam in prato .. debent ~are et inde fenum levare et mulliones inde facere (*Cust.*) *Ambrosden* I 575. **b 1313** ita quod dictus pons se potest turnare (*Works*) *KR Ac* 469/20 f. 8.

3 to make to face (in particular direction), direct, turn.

1155 de unaquaque domo .. cujus gabulum est ~atum adversus viam (*Scarborough*) *BBC* 47.

4 to turn (one thing into another), convert. **b** to cause to deteriorate, change for the worse, turn bad (in quot. pass.).

1318 si alio modo fecerint, sit transgressio illa ~ata ad roboriam [ME: *turnyt to reff*] *Regesta Scot.* 139 (=*APScot* I 468a). **b** hoc .. est ~ari urinam, i. eam obscurari vel obtenebrari sic quod visus non percipiat eam puram, et hoc fit propter coagulationem GAD. 70v. 1; cuppa ros' ponatur in vino ~ato et statim redibit ad naturam suam *Ib.* 135. 1.

5 ? to get ready, equip (? *cf. attornare* 4).

1204 liberate .. Willelmo de S. M. c s. ad ~and[um] se veniend[o] in servicium nostrum *Liberate RC* 98.

6 (intr.) to rotate, swivel, turn. **b** (pr. ppl. as adj., *pons* ~*ans*) drawbridge.

1246 forestarii .. eos prosecuti fuerunt et .. malefactores .. turnaverunt in defensum et in forestarios sagittas suas direxerunt *SelPlForest* 80; c**1270** ita .. quod .. possimus omni tempore ~are super predictam foream *AncD* C 3830. **b 1313** pro quodam ponte turnante apud turrim Lond' .. de novo faciendo (*Works*) *KR Ac* 469/20 f. 8; **1313** pro una corda .. ad inde trahend' predictum pontem turnantem (*Works*) *Ib.* 469/20 f. 8v.

1 tornarius [*aphaeretic form of* attornarius], ? attorney.

1293 terram Arnaldi .. eorum avunculi, cujus se dicunt tornerios seu heredes *RGasc* III 71a.

2 tornarius [CL tornare+-arius]

1 that rotates or swivels, turning, (in quot., *pons* ~*ius*) drawbridge.

1219 sub britaschia .. est unus pons turnarius (*JustIt* 1041) *Eyre Yorks* 394.

2 (as sb. m.) one who makes things using lathe, wheel, or sim. rotating device, turner (also passing into surname).

c**1220** hiis testibus .. Rogero ~io *Cart. Osney* I 290; c**1225** hiis testibus .. Kenewardo ~io (*Middx*) *AncD* A 2668; **1292** cuidam turnario discorum *IMisc* 51/19 r. 2; c**1316** de cc discis receptis de exitibus dicte foreste de uno turnario operante ibidem (*MinAc*) *Cart. Glam.* I 243; **1317** [*in one turner*] turnero [*for 3 days*] xij d. *Fabr. Exon.* 88; ordinatio turnariorum (*LBLond.*) *MGL* I 735; **1568** Joannes Coteref, ~ius (*SP Dom. Eliz.*) Hug. Soc. X 288.

tornatilis [LL]

1 of or pertaining to (the art of) turning.

manus .. domini '~es' sunt [*Cant.* v 14] quia in promptu habet facere quae vult BEDE *Cant.* 1167A; non opus tantum .. torno factum .. sed artem quoque '~em' nominamus que hujusmodi exercet opus J. FORD *Serm.* 25. 2.

2 shaped by (or as by) turning, rounded. **b** twisted, tortile (*cf. tortilis*).

considerantes .. capud oblongum et tam ~e GIR. *SD* 24; quod umbra .. ~is minuatur in rotunditate donec deficiat SACROB. *Sph.* 115; [grandines] malos excrebrent saxo tornatili WALT. WIMB. *Carm.* 516; **1316** unus baculus ~is *Invent. Ch. Ch.* 69; **1331** calix cum patena cum pede ~i (*Invent. Ch. Ch.*) *Arch. J.* LIII 266. **b** tibiarum tortitudines, que in modum funiculi ~es videbantur, in regularem lineam se dirigere .. incipiebant R. COLD. *Cuthb.* 48.

3 that can turn, rotate, or swivel. **b** (*pons* ~*is*) drawbridge.

b solus nummus verba tornat ... [continued]

11 .. in aula fuerunt duo bancha ~ia *Dom. S. Paul.* 132; sit tibi sedile tornatile tale paratum / quod valeant in eo residentes retro screare D. BEC. 1054. **b 1196** in operatione pontis ~is castelli de R. *Pipe* 281; **1216** precipiens pontem ~em munitionis .. erigi eos capi fecit *DipDoc* I 31; **1239** cujusdem camini de novo facti in camera regine et pontis turnat' et aliarum operac' *KR Mem* 17 m. 8.

tornatio [CL tornare+-tio]

1 (in list of words deriv. from *tornare*).

torno, -as, et inde .. ~o OSB. GLOUC. *Deriv.* 581.

2 deterioration, change for the worse, turning bad.

ablatio spirituum est causa ~onis [urine] GAD. 70v. 2.

tornator [LL], one who uses or works at lathe, wheel, or sim. rotating device, turner (also passing into surname).

1156 quod moniales de M. habeant unum ~orem suum in foresta mea *Act. Hen. II* I 481; ~or Durandus nomine, Normannus natione W. CANT. *Mir. Thom.* IV 36; tres ~ores [tenent] xvij acras et reddunt mmmc scutellas *Boldon Bk.* 28; **1184** inter domum Radulfi de Q. et domum Gwarini ~oris *Ch. Westm.* 292; **1222** Willelmus turnator *Dom. S. Paul.* 32; **1338** [expens' extra coquinam:] in iiij paribus de *paygniers* novis pro piscator' .. et .. ij turnatoribus auxiliantibus contra festa principalia *Ac. Durh.* 35; s**1428** in nundinis S. Bartholomei interfectus fuit ~or Londoniarum (*Chr. S. Alb.* (*1422–31*)) AMUND. I 25.

tornatorius [*aphaeretic form of* attornatorius], of or pertaining to an attorney.

1467 Willelmus procurator et attornatus .. nomine procuratorio et tornatorio .. requisivit ut .. *Reg. Newbattle* 295.

tornatrix [LL], (in gl.) dancing-girl, acrobat.

~ix, A. *a tumbelyster WW.*

tornatura [LL]

1 (art or act of) rotating and shaping on lathe, wheel, or sim., turning.

~a ceteris est promptior atque inerrabilior artibus BEDE *Cant.* 1166D; ~a .. ceteris ocius artificiis vas quod operatur implebit *Ib.* 1189C; ~a crateris .. ei .. infatigabile opus est J. FORD *Serm.* 69. 8.

2 product of turning, turned work.

habet .. domus in tabulis cedrinis ~as suas [cf. *III Reg.* vi 18] BEDE *Templ.* 759D; et cherubin sculpta speciosaeque stant anaglyfa arce domus / et tornaturis et rerum mille figuris ampla tument GOSC. *Edith* 89.

1 tornatus [*aphaeretic form of* attornatus], (leg.) attorney.

1203 R. de C. petit dim. mesagium .. versus Johannem de W., et ~us Johannis petit inde visum *CurR* III 43.

2 tornatus [CL tornare+-tus], (sheriff's) circuit, tour.

c**1255** vicecomes ad ~um suum cepit xl s. (*Samford*) *Hund.* II 176a.

torneamentum [torneare+-mentum], series of (esp. mounted) combat contests, such as jousts, held for training or sport, tournament.

Rotbertus .. in quodam quod vocant 'torniamento' ad mortem lesus W. MALM. *GR* III 257; clipeis assumptis et lanceis erectis, dextrariis admissis .. tornamentis Gallicis preludia faciebant GIR. *EH* I 41; s**1194** meditationes militares, i. e. armorum exercitia que 'torneiamenta' vulgo dicuntur, in Anglia celebrari ceperunt W. NEWB. *HA* V 4; **1198** cum duobus equis .. qui robati fuerunt apud turneiamentum *CurR* I 50; **1200** ut clerici abstineant a .. spectaculis .. in quibus sanguis humanus effunditur, adeo ut nec ~is nec duellis .. interesse presumant *Conc. Syn.* 1073; **1219** omnes qui fuerunt ad tornementum excommunicati sunt *CurR* VIII 158; **1219** [comes Albemarle] turneamentum exercuerit et ei interfuerit *Pat* 257; rex .. junior .. in conflictibus Gallicis qui 'hastiludia' vel '~a' vocantur .. triennium peregit M. PAR. *Min.* I 409; s**1270** videns .. quomodo .. non ~i sed modum belli exercerent W. GUISB. 211; **1333** circa facturam diversorum harnesiorum pro justis et turniamentis regis *LTR Mem* 105 m. 111; **s1342** fuit proclamatum unum turnamentum [AD. MUR. *Chr.* 123: turniamentum] apud D. .. ad quod turniamentum venit quasi tota juventus armatorum Anglie AD. MUR. *Chr. app.* 223.

1 torneare [AN *turneier, torneier*; cf. ME *tourneien, torneien*], to participate in a tournament, tourney.

1194 comes qui ibi ~iare voluerit dabit nobis xx m. (*Lit. Regis*) DICETO II *pref.* lxxxi; **1194** R. de M. .. turniavit sine licencia *CurR RC* I 87; post redditum regis R. in Angliam data est licentia ~eandi militibus BRAKELOND f. 135v; **1228** quidam milites .. proposuerunt .. ad partes Suff' venire ad querendum .. casus fortuitos ut sic latenter ibidem ~eant *Cl* 106; **s1264** cum .. crebresceret fama quod filius regis teneretur in vinculis, excitaverunt eum ut ~earet ut videretur in populo W. GUISB. 197; **1341** ne quis .. turneare .. seu alia facta armorum excercere presumat sine mandato nostro *Foed.* V 223a; **1435** tres selle ad ponendum supra equum pro tourneando (*Invent.*) *Collect. W. Worc.* 573.

2 †torneare, *? f. l.*

[de equis:] †torneare [? l. onerare] vel trussare, *trusser Gl. AN Ox.* 405.

torneator [torneare+-tor], participant in a tournament.

1194 ~or movebit de domo sua versus torneiamentum (*Lit. Regis*) DICETO II *pref.* lxxxi; **s1225** torniamentum factum fuit .. sed episcopus excommunicavit omnes torniatores *Ann. Worc.* 418; **1228** non intelleximus quod ~ores inciderent in sententiam que per .. archiepiscopum .. lata fuit *Cl* 113; **1255** quod non permittant .. aliquem ~orem transfretare .. ad torneandum in partibus transmarinis sine licencia regis *Ib.* 153.

torneiamentum v. torneamentum. **torneicius** v. tornicius.

tornellum [OF *tornele*, cf. AN *turnel*], ? small tower.

1315 porte muri cum sepibus et clausturis manerii, cum garnario, columbario, et thornello similiter destruuntur *Reg. Durh.* 722.

tornementum v. torneamentum.

tornera [cf. Fr. *tourniere*], land at edge of ploughed area in which plough may be turned, headland.

1224 de aliqua †turvera [l. turnera; *gl.*: *scholte*] plus, de aliqua minus (*Felsted, Essex*) *Ch. & Cust. Caen* 89 (cf. *OED* s. v. *shot* 25); **1234** concessi .. xl acras terre arabilis .. e quibus .. in campo qui vocatur Alsewikefeld .. ix acre et iij perticate in turnera de Ellerestub extendentes super fossatum .. inter terram Willelmi filii B. .. et terram meam (*AncD* A 1090) *Starrs* II 27; **1235** iiij acras terre .. in campo qui vocatur Langeheg' in turnera que vocatur Esterache (*Edmonton, Middx*) *AncD* A 1729; **1250** ij acre terre .. jacent in ~a que vocatur Esterache (*Edmonton, Middx*) *Ib.* A 2294; **12..** (16c) [*all the*] turnaria [*of land between C. and the way coming from K.*] (*Caterham, Surrey*) *Cart. S. Thom. Hosp.* 155; **12..** ij turneras in campo qui vocatur Seveneacris, in quibus turneris vj acre terre continentur .. quarum j turnera abutat super Ryvishalemerke .. et alia super terram quondam Willelmi predicti *MS Norfolk RO MC 3/1/XXVI, 466X1.*

tornerius v. 1 tornarius. **tornesia** v. tornicius. **torniamentum** v. torneamentum. **torniare** v. 1 torneare. **torniator** v. torneator. **torniceus** v. tornicius.

tornicius [CL tornus+-icius; cf. AN *turneiz, torneiz*], (of mechanism) that operates by means of a windlass or sim., hoisting-. **b** (*pons ~ius*) drawbridge.

1263 mandamus .. quod ingenium turneicium quod vocatur *la truye* .. in custodia vestra in turri .. liberetis .. carpentario nostro ad meremium .. domorum nostrarum Westmonasterii inde levandum *Cl* 219; injuste capiebant consuetudines extra portam P. super pontem, desicut .. nichil juris deberent habere ultra portam ~esiam *Leg. Ant. Lond.* 40; **1279** in meremio empto ad duas portas turnicias ex utraque parte barbicane (*Works*) *KR Ac* 467/7 (4) m. 2. **b 1214** cursum aque que decendit a fontibus ad pontem R. et ad pontem torneic' *RChart* 196b; **1220** sub britaschia illa est unus pons turnicius *Deeds Newcastle* 64 (v. bretescha); **1231** [custos maris] fecit pontem ~eicium ut naves ibi facilius aplicarent *CurR* XIV 1518; **1266** in reparacione .. pontis ~icei (*Inverie, Knoydart*) *ExchScot* 18; **1271** in ponte turnicio .. de novo planchando, cum iij cordis ad pontes turnicios tractandos emptis *MinAc* 1087/6 r. 5*d.*; ad majorem securitatem traxerunt pontem ~eicium ne ipsi intrassent civitatem *Leg. Ant. Lond.* 90; **1290** in .. ponte ~icio emendando *Ac. Swinfield* 56; **1335** ultra pontem †turnicem magne turri orientali [? l. turris orientalis] extra muros castri *Reg. Kilmainham* 68.

torniculus [CL tornus+-iculus], kind of marine shellfish, (in gl.) winkle.

"quid capis in mari?" ".. musculas, ~i [*sic*; AS: *winewinclan* or *pinewinclan*] .. et polipodes" ÆLF. *Coll.* 94.

†tornnagium, *? f. l.*

c1208 totum †tornnagium [? l. tornagium, cf. (v. tornus 1c)] quod de domo mea ego vel heredes mei facimus molendario *Cart. Haughmond* 1158.

tornus [CL]

1 device that rotates: **a** lathe. **b** crossbow winch. **c** quern or quernstone. **d** (in gl.).

a facta .. pocula torno HANV. VI 260; ars †torvi [l. torni] commoda, prompta, †lenis [l. levis] NECKAM *DS* VIII 68. **b 1213** xxv balistas de cornu ad estrivos .. et iiij balistas de cornu ad turnas *Cl* 144a; **1213** iiij arkillos de cornu crudos ad turnum *Ib.* 145b; **1225** pro j turno baliste facto et reposito una cum eisdem balistis in eadem turri *Ib.* 50a; **1261** cum uno turno ad majores balistas tendendas *Ib.* 449; **1325** pro iiij *brakes* ad tendendas balistas de turno (*Aquitaine*) *KR Ac* 165/1 m. 1; **1418** xxv arbalistas de ~o, xxv arbalistas de tibia *RNorm* 237. **c 1203** pro ix †toris manu molar' [l. ~is manumolarum] *RNorm* 85; **†a1204** (13c) [possint capere] de quolibet ~o molario quad. (*Ch. Wint.*) *Cant. & York Soc.* XXX 743; **c1250** turnus molarum iiij d. *DCCant.* Reg. H f. 162a; **1289** de j molendino ad turnum ad bladum molendum et ij parvis molis ad idem *MinAc W. Wales* 50; **c1303** †turmus [l. turnus] molarum, iiij d. (*KR AcCust*) *EEC* 160; **c1400** de quolibet pari de turnis manumolarum venal', iiij d. (*KR AcCust*) *Ib.* 214. **d** fabrateria, i. turnus *GlH* F 36.

2 land at edge of ploughed area in which plough may be turned, headland.

1251 fossatum parci se extendit ad rivulum de L. et per rivulum .. usque B. et inde .. per superiorem turnam de F. *Cl* 470; **a1297** tres seliones terre .. cum libero introitu et exitu et cum ~o karuce (*Cranfield*) *MS Bedford RO WN/35.*

3 journey there and back again, round trip. **b** official tour, circuit, round. **c** tour made by sheriff in which he held session of each hundred court in county, tourn (also applied to such a session). **d** (*~us vicecomitis*) fee paid at sheriff's tourn.

1248 quod omne batellum dicte insule portans piscem flotantem in Normanniam pro quolibet turno daret xij [*CalIMisc* 55: iij] s. *Ext. Guern.* 28. **b 1217** nec aliquis vicecomes vel baillivus suus faciat turnum suum per hundretum nisi bis in anno .. viz. semel post Pascha et iterum post festum S. Michelis (*Magna Carta* 42) *SelCh* 343; **1226** Willelmus B. junior fecit ~um vicecomitis *LTR Mem* 8 m. 7*d.*; **1267** neminem invenisti qui summoniciones vel turnum brevium nostrum in eodem hundredo faceret *Cl* 418; **1269** assignavit ei pro vicaria .. omnes obvenciones de turnis reliquiarum provenientes *Reg. Exon.* 177; **1299** vicecomiti .. preter feodum quod capit pro turnis suis in predicto comitatu (*Kildare*) *StatIr* I 218; **1317** per officialem episcopi .. in turno, ut verbo vestro utamur, seu transitu dicti officialis (*Ep.*) *Reg. Heref.* 18 (cf. ib. 17: per officiales episcoporum .. qui pro tempore fuerint in turnis suis); **c1334** in expensis ejusdem [sc. terrarii] .. in tercio turno halmot' factis *Ac. Durh.* 522. **c 1218** ad ostendendum .. vicecomiti ad turnum suum placita et attachiamenta *Pat* 141; **1231** petit quod [iiij milites] faciant recordum in comitatu pro tota villata vel coram vicecomite ad turnos illos *BNB* II 402; **1238** (1285) quieti .. sint .. de thurnis vicecomitum *CalCh* II 306; **c1253** placita [assise] allocentur dicto [*sic*] communitati .. ad turrnum vicecomitis *Cart. Beauchamp* 79; **1267** si qui in hundredis diversis habeant tenementa, non habeant necesse ad hujusmodi turnos venire nisi in ballivis ubi fuerint conversantes *StRealm* I 22 (=*Leg. Ant. Lond. app.* 231); **1269** impeditus fuit [vicecomes] .. quominus tenere potuit turna sua *Cl* 72; **1307** in expensis R. de B. tenentis turnum S. Martini iij s. v d. (*Pipe Wint.* 11M59/B1/62) *Crawley* 254; **1362** rotulus .. ballivi .. de indictamentis in turnis suis turnum vicecomitis tangentibus *SelCCoron* 114; **1445** ad turnum capitalis senescalli tentum apud T. .. preceptum est magistro foreste quod .. *Cart. Tutbury* 92; **1463** in expensis †turnvicecomitis [l. turn' vicecomitis] tenti hoc termino, vj s. viij d. *Fabr. York app.* 134. **d 1275** est in eodem hundredo levata quedam extorsio vocata 'turnus vicecomitis' (*Eyhorne, Kent*) *Hund.* I 223a; **1330** quemdam redditum qui 'turnus vicecomitis' nuncupatur secum detulerunt *Reg. S. Aug.* 360.

4 occasion (of duty or sim.) that comes in succession or rotation, turn; **b** (of right to present suitable candidate to vacant church).

c1189 sokemanni de T. faciunt aliam [sectam] secundum turnum suum *Kal. Samson* f. 81v; **1235** quamdiu fuerit inde summagiandum per turnum suum *Cust. Glast.* 7; **1248** sunt ij carucate que debent .. ad turnum [*CalIMisc* 55: †atturnum] suum .. prisones custodire *Ext. Guern.* 26; **c1280** equalitate [talliarum] per liberacionem facta incipiet novus turnus *Stat. Heref.* 51; **1295** W. de H. .. debet corporale servicium .. quando turnus suus venit secundum consuetudinem abbacie *SelPlMan* 84; **1373** quod .. solveret pro aliqua tenura panem benedictum cum turnus suus acciderit *Hal. Durh.* 118; **1549** ut quisque suo loco sedeat quoadusque .. ejus causa fuerit in suo turno nominata *Conc. Scot.* II 123. **b 1291** dicit quod predictum manerium de Neweton' simul cum advocacione predicta fuit predicti Ricardi quondam viri sui, qui ipsam inde dotavit, post cujus mortem assignata fuit tercia pars predicti manerii simul cum tercioturno ejusdem advocacionis cum ipsam vacare contigerit *PlRCP* 91 m. 52*d.*; **1299** predicte participes post mortem communis antecessoris ad predictam ecclesiam secundum omnes turnos .. presentaverunt et jam instat primus turnus presentandi *Ib.* 130 m. 89.

5 ? conversion (in quot. w. ref. to monetary exchange).

c1128 reddunt monetarii de cambitione mercati Undele et Burch in Pascha xx s. et de ~o monete xx s. *Chr. Peterb. app.* 166.

toroillus v. torellum.

toronicus, (in gl.).

~um, genus ligni *Gl. Leid.* 3. 6.

torose [CL torosus+-e], (in gl.).

torosus .. i. superbus, unde ~e adverbium OSB. GLOUC. *Deriv.* 582.

torosus [CL], having well-defined muscles, brawny, muscular. **b** (in gl.).

Waldefus .. per portam egredientes decapitans, nervosus lacertis, thorosus pectore W. MALM. *GR* III 253; hic capitur tigris maculosa boveque torosi GARL. *Epith.* III 503; cum capris, ovibus, bos, verris, equique thorosi WALT. WIMB. *Scel.* 107. **b** quando .. 'torus' dicitur pro palearibus que pendent ante pectus tauri, tunc inde venit '~us' .. i. superbus OSB. GLOUC. *Deriv.* 582; ~us, superbus *Ib.* 590.

torpedo [CL]

1 state of inertness, sluggishness, sloth.

~o, pigritudo, pigrities, segnities, torpor, socordia OSB. GLOUC. *Deriv.* 594.

2 kind of fish with numbing sting, electric ray (*Torpedo*).

de turpedo pisce: corpora si viva tangam, torpescere faxo HWÆTBERHT *Aen.* 55 *tit.*; alias clades torpedo fertur habere / nam qui tangit eam viventem, protinus illi / brachia cum pedibus torpent *V. Merl.* 850; hic ~o est piscis habens multos pedes *WW.*

torpedula v. torrebulum.

torpere [CL]

1 to be numb or paralysed.

linea .. debet stringere sacerdotis .. genua ne ab orationis instantia ~eant BEDE *Tab.* 480D; quo frigore ~ens ad horam .. Petrus .. prunis calefieri cupiebat *Id. Luke* 606D; pes molem corporis non erexit, ~ebant brachia J. SAL. *Pol.* 625C.

2 to be sluggish or lethargic, (also) to be inactive or slothful. **b** (w. inf.) to be slow or loath (to). **c** (of faculty, feeling, or sim.) to be dull or inert. **d** (of inanim. thing) to be slow or motionless.

qui ~etis potius quam sedetis legitime in sacerdotali sede GILDAS *EB* 73; aut somno ~ent inerti aut ad peccata vigilant BEDE *HE* IV 23; nemo in hujus vite itinere ~eat H. Los. *Serm.* 134; cum gentilitas ~ebat in idolatria, in cultu Dei vigebat Judea PULL. *Sent.* 977B; vocat .. philosophia .. ~entes 'asinos' BERN. *Comm. Aen.* 62. **b** c**1231** istud peccatum [sc. accidiam] committunt homines quando ~ent venire ad ecclesiam *Conc. Syn.* 217; electi .. ea que ad Deum pertinent vel loqui vel agere vel meditari non ~ent ROLLE *IA* 149. **c** ~ens [*gl.*: piger] nostre mediocritatis ingenium ALDH. *VirgP* 60; quae vel videndo vel audiendo, licet intellectu ~enti, ab ipso didiceram B. *V. Dunst.* 1; **1170** elongantur .. a sanctuario qui vacuam et ~entem innocentiam ducunt P. BLOIS *Ep.* 50; sic vini copia voto respondeat / ut desiderii sitis non torpeat WALT. WIMB. *Carm.* 170. **d** ~ente vento .. usi fluxus beneficio et remorum tractibus .. litora Calisii carpebamus G. Hen. *V* 23.

1 torpescere [CL]

1 to become numb or paralysed.

corpora si viva tangam, torpescere faxo HWÆTBERHT *Aen.* 55 (*Turpedo*) 1.

2 to become sluggish or lethargic, (also) to become inactive or slothful; **b** (w. gen.). **c** (w. inf.) to become slow or loath (to). **d** (of faculty, feeling, or sim.) to become dull or inert.

si .. a sua sollicitudine ~uerit ANSELM *Misc.* 356; familiam .. desidia ~escere non permittendo GIR. *EH* II 36 p. 392; ex hoc ~escunt [clerici] in officio sacerdotali WYCL. *Blasph.* 34; o humana fragilitas .. que contra temptaciones .. murmuras et ~escis *Spec. Incl.* 3. 3. **b** cum omnis creatura ad libertatem .. tendat .. atque in cordibus nonnullorum servorum divini ~escat laboris et obsequii *Cust. Westm.* 70. **c** alia .. argumenta contexere non ~escam ADEL. *ED* 15. **d** nunc torpescit .. / .. amor pecorum P. BLOIS *Carm.* 8. 1; ne .. [animus] incredibilitate ~escat .. et tedio deficiat *V. Neot. A* 23.

2 torpescere v. torrescere.

torpetillus v. topetillus.

torpidus [CL], (in gl.).

torpeo .. inde ~us OSB. GLOUC. *Deriv.* 586; ~us, piger, segnis *Ib.* 592.

torpillus v. topetillus. **torpis** v. turpis.

torpitudo [cf. CL torpere, turpitudo], ? sluggishness, sloth.

958 (15c) ea que .. ordinantur .. documentis sunt commendanda ne in oblivione succidencium fiat aliqua ignavia ~inis priorum constitucionum (*Shaft.*) *ASC* V no. 23.

torpor [CL], sluggishness, sloth.

ille [pugnat] pigritia corporis et ~ore: tu labore et vigiliis exsupera eum ALCH. *Ep.* 299; ne [fidei scintilla] otiositatis ~ore [*gl.*: *slæwþe*] explosa delitesceret *RegulC* 1; solet se sociare .. lassitudini nostre .. ~or AILR. *Serm.* 12. 13. 280B; si .. contingat nativitas .. in constellatione Saturnia .. vicium ~oris et ignavie .. efficit BERN. *Comm. Aen.* 5; pallescit .. caritas .. ad varios languores .. nunc dolore, nunc ~ore, nunc metu J. FORD *Serm.* 12. 8.

torpositas [cf. CL torpere], sluggishness, sloth.

confiteor tibi iniquitatem et ~atem et conturbationem *Cerne* 93.

torpum v. thorpum. **torquamen** v. torquemen.

torquatio [cf. CL torques, torquatus], (as nonce-word) state or condition of wearing a necklace.

[omnis significans aliquid haberi corpus decorans et ornans:] †ambilacio [v. l. amulacio], ~o, inauricies, et hujusmodi, ut nomina fingantur, non enim sunt nomina inposita istis speciebus BACON XV 232.

1 torquatus [CL], who wears a torque, collared (in quot., in gl.); **b** (w. ref. to insignia of knight of the Garter).

torques .. unde hic ~us, -ti, qui torquem gerebat OSB. GLOUC. *Deriv.* 582; ~us, qui fert torquem *Ib.* 590. **b 1506** archidux .. factus est a regia magestate ~us sive miles *de garter* Reg. Merton 312.

2 torquatus v. torquere.

torquemen [CL torquere+-men; cf. tormen], griping pain.

tortura [*Sirach* xxxi 23], ~mina *Gl. Leid.* 12. 27; ad neumatosim et torquamina precordiorum et intestinorum GILB. VII 357. 1.

torqueola [CL torquere+-ola], ? (piece of) rope.

sint in eis [sc. oppidis turritis] clipei, baliste, spicula, tela / .. / ignis, pistrinum, pix uncti cum lapidistis / unge, torqueole, clavorum copia, cratum D. BEC. 1873.

torquere [CL]

1 to twist tightly. **b** to make by twisting. **c** (p. ppl. as sb. f.) twisted bundle (of straw or sim.), wisp.

lana .. / .. / veluti setis torquitur (ÆTHELWALD) *Carm. Aldh.* 2. 148; uxor .. cepit plorare, manus ~ere, capillos trahere ORD. VIT. VI 6 p. 33; hunc saccum .. in Jordane lavit .. torsit .. siccavit P. BLOIS *Serm.* 616C. **b 793** sponsus tuus .. quaerit .. non tortas crinium alligationes sed rectas morum bonorum conligationes ALCUIN *Ep.* 15; **1214** quod .. mittatis nobis .. tres solidatas albi fili torsi *Cl* 167a; *twyne, threde, ffilum torsum* .. vel tortum filum *PP*; ~ quidam .. tortas de illo feno faciebant et in faciem ejus jactabant, alii barbam ejus inflammaverunt *Chr. Abingd.* II 13; jussit hiatus ulcerum .. torta straminis confricari (*Godricus*) *NLA* I 489.

2 to wind (round). **b** to form into coil, curl, spiral, or sim.

circa illum torserunt funiculum B. *V. Dunst.* 13. **b** serpentes .. qui .. inmensa corporis volumina ~ent *Lib. Monstr.* III 2; capilli .. non erant torti ut per eos allicerentur juvenum animi HON. *Sig.* 506A; ~endo comam et trahendo per eam reflexit caput regis Priami TREVET *Troades* 8.

3 to twist or twine together, weave. **b** to make by weaving.

[sancti] quamdam capellam, inferius per circuitum virgis ~atis muros perficientes, consummaverunt W. MALM. *Glast.* 1; [discipuli Philippi] ecclesiam .. de virgis ~atis muros facientes construxerunt *Eul. Hist.* I 157. **b** vellus / ex quo multiplicis torquentur tegmina pepli ALDH. *Aen.* 91 (*Palma*) 9; **1420** in xviij bundell' virgarum emptis pro foraminibus in dicto columbar' ~endis (*Foulness*) *MinAc Essex* D/DHt M45 m. 1.

4 (p. ppl. as adj.) twisted in shape. **b** twisted out of shape; **c** (fig.).

varus, tortus OSB. GLOUC. *Deriv.* 624; **1258** in bosco regis .. habere .. iiij tortos postes ad quandam aulam .. construendam *Cl* 199. **b** ne [sotularis] .. cadat vel tortus fiat, necessaria sibi est corrigia *Simil. Anselmi* 91; c**1143** terminus essartorum surgit a parva et torta quercu *Cart. Worc.* 190; s**1333** [episcopus] contulit archidiaconatum .. nepoti suo torto et defigurato GRAYSTANES 43. **c** consilium tortum scelus omne refundit abortum / regis in errorem GOWER *Carm.* p. 362. 17.

5 to turn (one thing into another), convert.

quod alii ~ebant in pompam, ipse in compunctionis transferret materiam W. MALM. *GP* IV 141; nobis ambigua in bonum ~ere licet *Ib.* V 260.

6 to turn (so as to face or move in a different direction), redirect.

ad dexteram gressum ~et J. SAL. *Pol.* 532A.

7 (to cause) to rotate, spin, turn, move in a twisting manner.

monstra .. revulsa litoribus prona ~entur ad undas *Lib. Monstr.* I pref.; subito a diabolo arreptus .. diversis motibus coepit membra ~ere BEDE *HE* III 11; celi qui sidera torquet *Mir. Nin.* 413; sicut se annuus orbis ~ebat ad festum W. MALM. *GP* V 273; ut caput in alterutram partem ~ere non posset *Canon. G. Sempr.* f. 146v; cum .. brachium confractum est .. non .. huc illuc ~eri potest vel curvari S. LANGTON *Serm.* 2. 21.

8 to send (missile) spinning, hurl.

spicula nec geminis nitor torquere lacertis ALDH. *Aen.* 72 (*Colosus*) 6; s**1066** occupato tumulo .. in subjectos tela ~entes W. MALM. *GR* III 242.

9 to subject to torture, torment, torture. **b** to afflict with severe pain, agonize, excruciate.

feri .. hostes / .. meme torquere sequuntur ALCUIN *SS Ebor* 1347 (*recte* 1348); tortores diabolici ~ent pariter et ~entur ANSELM *Misc.* 357; [angelus] cadens .. in hoc jam aere tortus .. in inferno ~endus PULL. *Sent.* 800A; **1166** mallemus .. quod [tortores] redirent ut filii quam ut .. ~eantur ut servi J. SAL. *Ep.* 184 (174 p. 146); nec [innocens] formidabit .. calumpniam inimicorum .. quia non ~ebitur .. ad arbitrium ipsorum FORTESCUE *LLA* 27. **b** tactus infirmitate .. acri coepit dolore ~eri BEDE *HE* V 13; c**780** tribulatio tua ~et animum meum ALCUIN *Ep.* 2; puella quaedam .. nimis infirmabatur et usque ad mortem paene ~ebatur WULF. *Æthelwold* 44; effectu .. voti sui cepit ipse miser [sc. Midas] ~eri OSB. CLAR. *V. Ed. Conf.* 1; gramatici .. / torquentur studiis, cura torquentur edaci J. SAL. *Enth. Phil.* 69; ciphi virginei victum intueor / et vini speciem, et siti torqueor WALT. WIMB. *Carm.* 157.

torques, ~is [CL]

1 twisted metal band worn as necklet, bracelet, or sim., torque (freq. as mark of distinction).

gratia capiti nostro et collo ~es additur [*Prov.* i 9] BEDE *Hom.* I 19. 65B; si Christum crucifixum imitantur, ~e victorie remunerantur HON. *GA* 601B; ut Daniel purpura indueretur et collum ejus aureo ~e circumdaretur ANDR. S. VICT. *Dan.* 6; ornamenta pedes .. poscunt / auris inaures, colla monalia, brachia torques D. BEC. 2244; ambiant ~es aurei lacertos NECKAM *NR* II 188 p. 334; **1467** J. R. .. invenit unum ~em de auro .. ponderantem l solidis *sterling* (*MS Lond. Metrop. Arch.* ACC/1379/010 m. 15) *Lond. & Middx Arch. Soc. NS* XXXIV 179.

2 twisted wicker band used as tie or bond, withe. **b** (Sc.) measure of iron (perh. as bound with a withe), 'widdy' (*cf. withum* 2; *cf. et. garba* 4).

furcas ascendens [uxor] desecto ~e vimineo suspensum detrusit W. CANT. *Mir. Thom.* V 1 p. 371; **1368** in c iiij^{xx} v m^1 ~ibus torquibus empt' de eodem Ricardo pro scaff' ligand' pro predict' operibus (*Works*) *KR Ac* 494/1 m. 2; in virgis pro clatis et torq' inde faciendis pro scaffot' (*Works*) *Ib.* 466/4; hec ~es, A. *wythe* WW. **b 1486** de xx ~ibus ferri exoneratis in anno precedenti .. licet scripte sunt in arreragiis dicti compoti 'xx *wyddis* ferri' *ExchScot* 411 (cf. ib. 330: **1485** de x li. xx *wethis* ferri).

3 ? decorative twisted threads, tassel.

1457 lego .. Johanne .. unum culcitrum, A. *a quilt*, contextum cum nodis et ~ibus *Fabr. York* 208.

torquesium v. turkesium.

torquillus [CL torques+-illus]

1 (as sb. m., in gl.) twisted band, wisp.

wyspe, torques .. ~us *PP*.

2 (as sb. f.) kind of woodpecker-like bird, wryneck (*Iynx torquilla*).

iynx, ~a Gazae .. cinerei coloris avicula caudam vibrans assidue .. nomina omnia a colli obtorsione efficta .. *a wrynecke* J. Higgins, *Nomenclator* (London, 1585) 59b.

torquinus [CL torques+-inus], ? (noose of) rope (in quot. for hanging person).

quo tu suspendis fures torquinus habetur GARL. *Syn.* 1583B.

torquular v. torcular.

torra [? cf. AS *torr*], lump of earth, clod.

c**1283** debent unum diem omnes post prandium torrare, sc. ~as frangere *Cust. Battle* 55; sequitur ant[iphona] 'De terra' que dum dicitur sacerdos projicit †tortam [? l. ~am] super corpus *Ord. Ebor.* III 385.

torragium v. turragium. **torrale** v. toraillum.

torrare [torra+-are], to break up clods, clot.

c**1283** quando ~are debent, sc. glebas frangere ad ordeum *Cust. Battle* 28; c**1283** debent unum diem omnes post prandium ~are, sc. torras frangere *Ib.* 55.

torreale v. toraillum. **torrebula** v. torrebulum.

torrebulum [CL torrere+-bulum], **~bula, ~dulum, ~dula,** (building containing) furnace or oven, kiln.

1221 nec verentur hominem nec differunt ecclesie magis quam †torpedule [l. ~dule] qui .. ecclesias combusserunt tempore guerre, nunc vero extrahunt homines de ecclesia tanquam grangia *RL* I 177; c**1235** a latere de via puteo ~duli usque ad curiam *Cart. Cockersand* 897; **1282** J. concessit .. rationabilem asyamentum ~bule sue. .. N. et heredes sui .. ad clayas et [*lacuna*] ~bule juvabunt *MS Coventry RO BA/H/8/110/1*; **1291** noveritis me .. tradidisse .. ~bulam meam et .. unum plumbum in fornace, unum *maysfat*, unum *cappethrou*, unum *gylfat MS Coventry RO BA/B/16/440/1*.

torrectus v. turettus.   **torredula, ~um** v. torrebulum.

torrefactio [CL torrefacere+-tio], (process of) drying with heat.

valent .. bellirici .. infusi post ~onem in aqua plantagi[nis] GAD. 6v. 1.

torrefactus v. torrefieri.

torreficare [CL torrere+-ficare], to dry with heat.

rufa vitula .. in cinerem est cremata dum in ara .. igne .. est torrificata Hon. *Spec. Eccl.* 912A.

torrefieri [cf. CL torrefacere], to be dried with heat, parched, roasted, scorched, to become dry *etc.* through heat.

cum .. omnia membra hoc execrabili unguine ~facta fuissent et adinvicem compaginata Coggesh. *Visio* 21; sicut ~fit aliquid in frixorio Gilb. I 67. 1; capiantur mirabolani citrini, ~fiant modicum in patella .. et tunc ponantur in infusione GAD. 6v. 1; *the fyngers of theyr hands wyddred* .. digiti manuum .. ~facti Whittington *Vulg.* 70.

torrella v. 2 turella.   **torrellum** v. toraillum.

torrenter [LL], in or with a headlong flow or rush, torrentially.

subito a borea flante cinerum quedam congeries .. ~er percussa .. scintillas sparsim effudit *V. Kentig.* 8.

torrenticula [CL torrens+-cula], small stream, brook.

a**1450** sic ad intra ~am [AS: *broc*] de quousque perveneris ad M. (*Lib. abbatiae*) *Ch. Wint. app.* 7.

torrentuosus [CL torrens+-osus], (of flow or rush) headlong, torrential.

post cartanas febricitantes et fluxus ventris ~os .. [Hugo] diem clausit extremum S. Sim. *Itin.* 64.

torrere [CL]

1 to heat and so dry up or out, parch, roast, scorch; **b** (fig.). **c** (p. ppl. as sb.) piece of toasted bread, toast. **d** ? to affect with a burning sensation.

reliquias cinerum mox viscera tosta relinquunt Aldh. *Aen.* 52 (*Candela*) 8; tosta .. fercula Tatwine *Aen.* 4 (*Litterae*) 3; arripientes inmundi spiritus unum de eis ignis in ignibus ~ebant Bede *HE* III 19 p. 166; omnis regio sub sole ardentissimo ~ebatur W. S. Alb. *V. Alb. & Amphib.* 2. 15; membra .. discerpta execrabili liquore ~entur Coggesh. *Visio* 23; si .. non inveneris crustam [panis] tostam, ad ignem tere GAD. 39v. 1.   **b** familiarium suarum et amore ~etur et livore torquetur Alb. Lond. *DG* 2. 2; nec ignis illi defuit .. quem .. ~uit Dei zelus *V. Edm. Rich P* 1822D.   **c** de panis .. collirida, quam esui destinavi, tostam sallitam michi facio J. Godard *Ep.* 221; **1466** duo instrumenta argentea ad torrendum tostas (*CoramR* 819 m. 16) *IHR Bull.* I 72; tostum, A. *a toste WW.*   **d** saluberrime ~ebantur virginea membra in sacrificium divine laudis Gosc. *Edith* 93.

2 (in gl.) to flow swiftly, rush. **b** (pr. ppl. as sb.) rushing stream, torrent; **c** (transf. or fig.).

to flue, fluere .. fluviare, superundare, ~ere, vacare *CathA.*   **b** *704* terra .. terminata a septemtrione plaga ~ente cujus vocabulum est Fiscesburna *CS* 111; Albanus .. accessit ad ~entem et .. siccato alveo vidit undam .. cessisse Bede *HE* I 7 p. 20; ~ens .. dicitur non semper sed ex tempore currens fluvius qui .. ex montibus initium currendi sumens nimio impetu fluit *Eccl. & Synag.* 112; c**1188** usque ad ulteriorem tor-

rentem qui vocatur Hawardesdalebec (*Bridlington*) *E. Ch. Yorks* V 394; vetus Hullum, ~ens quidam .. processu temporis .. obstructum vix sewera valet nuncupari *Meaux* I 169; super ~entem que dicitur a nomine Collobrok W. Worc. *Itin.* 210.   **c** *796* inde turbulentus infidelitatis ~ens profluit unde purissimus veritatis .. fons emanare solebat Alcuin *Ep.* 101; tantus ~ens imbrium inundavit ut Heliam .. venisse crederes [*III Reg.* xviii 41] Gosc. *Transl. Mild.* 17; sic loquitur Solon et .. funditur .. / eloquii torrens Hanv. III 287; ~entes effluunt lacrymarum P. Blois *Ep.* 49.

torrescere [CL], to become dry through heat, dry up.

indulgentia .. / larga de pietate fluens et fonte superno / dignis qui numquam populis torpescit [v. l. torrescit] in aevum Aldh. *CE* 1. 21.

torrettus v. turettus.   **torreuma** v. toreuma.

torriculum [dub.], (in gl.).

c**1000** ~um, *hyrwe WW;* ~um, *hirwe WW Sup.* 292.

torriculus [CL torris+-culus], (as deriv. of *torris*).

torris .. pro ticione .. et inde hic ~us, i. parvus torris [v. l. diminutivum] Osb. Glouc. *Deriv.* 587.

torridus [CL], scorching hot, torrid.   **b** (fig.) burning with passion, ardent.

Aethiopes .. sub tertio zonarum ferventissimo et ~o mundi circulo demorantur *Lib. Monstr.* I 9; inter Yslandiam frigidam et Hispaniam ~am Gir. *TH* I 3; torrida [zona] si fieret habitabilis Garl. *Tri. Eccl.* 24; cum .. ~a lampas solis ferventius solito radiorum jacula funderet *V. Edm. Rich P* 1814D; sub tropico Cancri incipit ~a zona Bacon *Maj.* I 135.   **b** ut inter ~as [*gl.*: ardentes] Tartari turmas sese .. injeceret Felix *Guthl.* 27; quae .. dormitori .. alapam inflixit ac si ei ~a excitatrix verbere .. diceret quod hic orandi non dormitandi locus esset Gosc. *Lib. Mild.* 9; ~a sua ferocitate .. capitalem per ipsum sorciendo sentenciam .. occubuerunt Favent 5.

torrificare v. torreficare.

torris [CL], firebrand.

c**799** noli ~em de incendio raptum [*Am.* iv 11] disperare Alcuin *Ep.* 283; ticiones et ~es ardentes sursum projicierunt P. Cornw. *Rev.* I 6 f. 27vb; in hospitio probi hominis debent esse .. ~es [*gl.:* tisuns], cremalia, focalia Garl. *Dict.* 132; cur torres stigeos non inflammaverat / et Stigis stippulam incineraverat? Walt. Wimb. *Carm.* 525.

torrium [cf. CL toreuma, torus], (in gl.).

hoc torrium est quidam lectus *WW.*

torror [LL], scorching heat, torridity.

in fervoribus exhustionis humiditas ad cohercendum ~orem eam [sc. Junonem] requirit Bern. *Comm. Aen.* 59.

†torrulus, ? *f. l.*

cum pinguedine cervi lupini, i. †torruli [? l. torvidi] GAD. 49. 1.

torrundo, (in gl.).

torrundo, A. *a kake WW.*

torsia v. torcia.   **torsio** v. tortio.   **torsus** v. torquere.

1 torta v. torquere.

2 torta v. torra.

3 torta [LL]

1 round loaf of bread (esp. made with unbolted flour), 'tourte'.

vident .. / botros et ficos et plures ordine tortas Aldh. *VirgV* 1597; ~um, *coecil GlC* T 212; vidi fratres .. comedere panem quem '~am' vocant vulgariter Eccleston *Adv. Min.* 11; c**1250** debent .. ducere residuum seminis .. et habere .. quodque batellum v turtas *Reg. S. Aug.* 27; de pane albo et turto *MGL* I 532; **1293** panis integer, i. turta, de quadrante [de frumento] ponderabit *coket* et dimidium (*Assisa Panis*) *Ib.* III 411; c**1300** de ordeo ad turtas *DCCant.* Reg. J 282; **1429** ~am panis sic consecratam presbiteri comedunt *Heresy Tri. Norw.* 50; c**1533** in .. *clowes* matri meae pro ~is *Househ. Bk. Durh.* 2.

2 disc of lantern-wheel, trundle-head.

1331 de meremio dicti molendini .. dominus rex debet invenire ~as et allechones pro roeto (*KR Ac*) *S. Jers.* I 9.

4 torta [? *p. ppl. f.* of CL torquere; cf. torchia], light made with wax or sim., candle or torch.

sint in eis [sc. oppidis turritis] .. / .. / torte, quartine, venabula, gesa, sudesque D. Bec. 1873; **1409** xxvij parve ~as [*sic*] de cera pro mensa prioris ponderantes xxj li. *Ac. Durh.* 607; **1417** in ~is et torticiis emptis, xx d. *Comp. Swith.* 366; **1422** in factura iiij ~arum cum resina et lichino, vij s. *Ac. Durh.* 407; c**1422** emerunt xxv †torcas [MS: tortas] et postea †eis [MS: eas] vendiderunt I. M. *corviser* et aliis diversis sutoribus (*Augm. Bk.*) *Treat. J. P.* 266; **1430** quilibet [pauper] .. habeat .. j d. pro tencione ~arum *Test. Ebor.* II 3; consueverat [rex] .. nocte .. propria manu gerere magnum ~um Blakman *Hen. VI* 14.

5 torta [? cf. CL extorquere], ? charge, price demanded (in quot. w. ref. to board and lodging).

s**1431** a peregrinis illuc advenientibus tortae excessivae et injustae pro illorum victualibus in illis hospiciis commorantes expetierunt [*sic*] (*Chr. S. Alb.* (*1422–31*)) Amund. I 62.

tortarius [LL torta+-arius], one who makes bread with unbolted flour, tourte-baker.

nullus turtarius faciat panem album *MGL* I 342; nullus turtarius vendat panem .. in shopis, sed tantummodo .. in foro domini regis *Ib.* I 358.

tortata [cf. LL torta], round loaf of bread, 'tourte'.

1338 uterque [senescallus] habebit de gustatoribus utroque die xij bastones, duas ~as, et .. vj d. (*Andover*) *Gild Merch.* II 335.

tortator [cf. CL tortor], one who inflicts severe pain, tormentor, torturer.

qui sunt isti ~ores turpissimi qui miserimas istas animas tormentant et turpiter cruciant? J. Yonge *Vis. Purg. Pat.* 10.

tortell- v. tortill-.

tortera [cf. torta], light made with wax or sim., candle or torch, 'tortis'.

1415 ad tenendum quinque ~as circa corpus meum ad exequias *Reg. Cant.* II 31.

tortessa v. tortex.

tortex, ~essa, ~ica, ~icus, ~icius, ~icium [cf. torta, OF *tortis*], light made with wax or sim., candle or torch, 'tortis'.   **b** ? holder for torch or candle.

c**1247** duo luminaria cerea honeste magnitudinis facta ad modum ~iceorum *Conc. Syn.* 404; **1275** Stephano Joignur pro ij forcer' ad ~icas ad opus regis (*Works*) *KR Ac* 467/6-2; militi .. cotidie liberetur .. unus ~icius cum sex minutis candelis cere *Fleta* 70; **1292** in uno ~ice de cera, xxxiiij s. v d. *KR Ac* 308/15 m. 8; **1327** in cera pro candelis et ~icis faciendis empta *Comp. Swith.* 255; **1339** semper habeantur duo magna ~icia .. que quotidie accendantur *Stat. Ottery St. M.* 237; **1385** in iiij tortiseis, xviij d. *Ac. Durh.* 594; **1393** habebit .. duos magnos ~ices de cera pro tota mora sua, et qualibet nocte duos minores ~ices et xxiiij candelas de cera (*Feod. Cant.*) *Reg. Exon.* VIII 50; **1397** solvere ij d. annuatim ad sustentacionem tortisiorum (*Vis. Heref.*) *EHR* XLIV 447; **1447** volo quod ordinentur sex ~ices .. arsure usque corpus meum sepultum (*Test.*) *MunAcOx* 558; ~icei quos .. armigeri in manibus sine lumine apportaverunt .. illuminantur W. Say *Lib. Reg. Cap.* 71; **1451** lego ecclesie predicte residuum duorum ~icorum quos ordinavi ardendos circa corpus meum (*Test.*) *MunAc Ox* 622; **1454** pro vasto cere †tortitorum [l. ~icorum] *Ac. Churchw. Som* 95; **1454** remanent in scaccario .. iiij *torchez,* iij ~esse pro mensa *Ac. Durh.* 149; **1474** pro vasto iij li. cere in ~icibus .. accensis in adventu domini regis in nocte *Ac. Chamb. Cant.* 143.   **b** **1274** Willelmo Fabro pro v turticis ferreis, x d. (*Works*) *KR Ac* 467/6-6 m. 3; hic cerius, *a serge.* hic ~icus .. *a sergberger WW.*

tortica, ~eum, ~eus, ~ium, ~ius v. tortex.

torticulus [cf. torta, tortex], small torch, 'torchet'.

1331 liberacionem de .. torcheis, ~is, et *prikes* *SelCKB* V 53; c**1350** recipiet .. pro duabus noctibus .. duos torticeos, iiij ~os, viij pikettos, et sex duodena candele cerearum *MS BL Cotton Faustina B v* f. 104r.

torticus v. tortex.

tortilis [CL]

1 twisted. **b** convoluted.

manus superior .. ~e linum .. [de colo] trahebat Gosc. *Wulsin* 15; crines supportat auris brevis, et quasi concha / tortilis H. Avr. *Hugh* 172. **b** ~es sillogismos dialecticorum .. nec nosset nec nosse dignaretur W. Malm. *GP* IV 139; quorum ~ibus sophismatibus cum vivacitate rationum obsisti nequiret *Id. GR* V 406.

2 that rotates or swivels, turning (*cf. tornatilis*).

pixides ~es [*gl.*: *turnables*] .. in quibus storacis calamita .. contineatur Neckam *Ut.* 109.

tortiliter [CL tortilis+-ter], (as adv. deriv. from *tortilis*).

tortilis .. unde ~er adverbium Osb. Glouc. *Deriv.* 581.

tortilla [LL torta+-illa; *cf. et.* LL tortula],
1 tortillus, turtellus [AN *turtel, tortel, tourtel*]

1 small round loaf of bread, roll. **b** compact mass of powder, cake. **c** (in gl.).

tres sportulas crustulis et ~ellis [*gl.*: *ciclum*] refertas .. familicis vulgi turmis exhibuit Aldh. *VirgP* 38; c**1250** dat ad Natale quatuor capones et unum turtellum panis *Cart. Rams.* I 381; **1279** reddit .. unum †tritellum et iiij altiles (*Camb.*) *Hund.* II 482b; ~ellus factus de flore frumenti decoctus in furno cum vitello ovorum et modico cimini Gad. 58v. 2. **b 1258** quod .. liberent W. pincerne .. ad opus ejusdem regine .. croci iiij libras, sucr' iij ~ellos, †ciconal' [l. citoval'] ij libras *Cl* 186; **1435** pulveres colubrinarum in tourtellis, vijˣˣ v lib. (*Invent.*) *Collect. W. Worc.* 573. **c** hic torcellus, A. *cake WW*.

2 upper millstone, grinder, runner.

molae superior pars '~illus', inferior 'meta' dicitur *Jus Feudale* 185.

3 (her.) circular charge, roundel.

pile in armis .. aliquando majores sunt, et tunc dicuntur '~ille' Bad. Aur. 183; ~ille sunt solide, rotunde, et omnis coloris preterquam aurei *Ib.*; possessor istorum armorum portat tres ~ellas rubias in campo aureo Upton 241.

tortillare, ~ellare [tortilla+-are]

1 (her., p. ppl. as adj.) charged with roundels.

de armis ~ellatis Upton 241 *tit.*

2 (her.) to compose of roundels.

portat in campo rubeo unam crucem talentatam .. et talis crux potest ~illari sicut et talentari Bad. Aur. 193; hec crux vocatur 'talentata' quia fit de talentis totaliter. potest autem talis crux ~illari ita faciliter sicut talentari Upton 213.

tortillinus, ~ellinus [tortilla+-inus], made with unbolted flour.

modo comedere grossa modo subtilia .. et panem calidum et ~ellinum et rizum et artocreas Gad. 31. 1.

tortillosus, ~ellosus [tortilla+-osus], made with unbolted flour.

si venter sit constipatus, debet panis esse furfureus, sed non debet esse similagineus .. non ~ellosus nec adustus Gad. 47v. 1.

1 tortillus v. tortilla.

2 tortillus [AN **tortil, cf. torta*], small torch, 'torchet'.

1215 mandatum est fratri R. T. quod mittat ad dominum regem duos ~ellos cere *Cl* 230b.

3 tortillus [CL tortus *p. ppl. of* torquere+-illus; *cf.* torquillus], (in gl.).

~illus, A. *a shakyl WW*.

tortio [CL], **~sio** [LL]

1 arrangement (of hair) in tresses, braiding, plaiting.

[mulieres] contra sentenciam apostoli [*I Tim.* ii 9] .. in ~cione crinium .. lascivie serventes [*sic*] incedunt Rolle *IA* 266.

2 extortion.

1267 parliamentum suum ad utilitatem .. regni convertere, non ad ~tionem [*sic* MS; Rish. 51: extorsionem] denariorum (*Conc. Syn.*) *Ps.*-Rish. 560 (*cf. ib.*: quia .. extorsiones .. nunquam in utilitatem .. regni converse sunt).

3 (act of) tormenting, torture.

947 sciat se .. in picea custodia taetrae ~tionis mancipatum *CS* 820; aliud est alium torquere, aliud ipsum [*sc.* tortorem] fatigari ex ~sione Pull. *Sent.* 878A; ubi erit fletus et stridor dentium .. ~tiones et punctiones Bracton f. 2.

4 griping pain, agony.

si hac medicina .. a .. intestinorum ~tionibus quibus intolerabili cruciatu concutimur liberati non fuerimus Eadmer *V. Anselmi* II 40; [mater] partus torminibus dolorisque ~tionibus .. vexabatur *V. Kentig.* 7; inter ~tiones et dolores quos morte imminente sustinent peccatores (Ailr. *Serm.*) *CC cont. med.* IID 84; Alredus laborans passione colica et ~cione calculi W. Dan. *Ep.* 79; materna torcio sive tristicia Walt. Wimb. *Carm.* 291; ventres nostri duris ~sionibus viscerum, que vermes .. non cessant corrodere, consumuntur R. Bury *Phil.* 4. 64.

tortiseus, ~ius v. tortex.

tortitudo [LL]

1 quality of being coiled, winding, crooked, or bent, tortuosity. **b** lack of (moral) rectitude, crookedness.

'funibus peccatorum suorum' constringuntur .. qui enim funem facit torquendo semper et involvendo fides fidibus auget: talis est ~o operum malorum Bede *Prov.* 959B; quod [de carcanni porcione] .. pedes induxerat gressuum vestigia in ~inem commutaverat R. Cold. *Cuthb.* 20 p. 42; tibiarum ~ines, que in modum funiculi tornatiles videbantur, in regularem lineam se dirigere .. incipiebant *Ib.* 48 p. 100. **b** ~inem superbiae Bede *Sam.* 595A; ~inem veteris vitae deponunt Anselm *Misc.* 313; quadrati lapides nos debemus esse, quia .. ~ines nostras debemus abscidere Alex. Cant. *Dicta* 195; sermonem .. quo cause mee rectitudinem defendam et illorum ~inem destruam W. Malm. *Wulfst.* II 1; nemo .. ~inem suam .. deprehendit [Greg. *Mor.* XXIV 8. 15] Bradw. *CD* 394E.

2 (leg.) unjust action or treatment, injury, wrong.

1075 (12c) ut ipsi annuant hanc elemosinam, et siquis inde ~inem facere voluerit, ei ad rectitudinem teneant (*Sele, Suss*) *MonA* IV 668b; c**1102** nolo ut abbas amplius inde ~inem sustineat (*Regesta* 600) *Selden Soc.* CVII 568; c**1149** J. per violentiam et ~inem manerium S. invasit *Doc. Theob.* 44; **1199** si ~inem aliquis .. fecerit preposito nostro, cogat prepositus .. eum .. rectum facere *RChart* 9a.

tortitus v. tortex.

tortor [CL], one who inflicts severe pain, tormentor, torturer.

judex .. [Albanum] caedi .. a ~oribus praecepit Bede *HE* I 7 p. 19; ~ores diabolici torquent pariter et torquentur Anselm *Misc.* 357; contempnere .. / cratem, carbones tortoris Nig. *Laur.* 40; **1213** ~or .. latronem afficit tot tormentis quod vi non voluntate confitetur S. Langton *Serm.* 2. 23; contingit .. quandoque .. inprisonatos per penam injustam mori .. quo casu custodes ~ores [et] homicide sunt *Fleta* 39; s**1295** [proditor] distractus per civitatem .. vallatus quatuor ~oribus larvatis *Flor. Hist.* III 282.

tortorius v. trottarius. **tortricidium** v. terricidium.

tortrix [CL torquere+-trix], one (f.) who inflicts severe pain, torments, or tortures.

hominum tortrix [*sc.* ambitio] Hanv. IV 132.

tortua [AN *tortue; cf.* tortuca], shelled reptile of the order Testudines, turtle or tortoise.

Britannia major ~uis et scorpionibus .. caret Gir. *TH* I 9.

tortuca [dub.; *cf.* tortua]

1 shelled reptile of the order Testudines, turtle or tortoise.

~a, manens in locis hudis [i. e. udis] et profundis, rogavit aquilam quod portaret eam in altum O. Cheriton *Fab.* 5; fluvialis .. ~a .. est .. venenosa, terrestris vero .. est .. comestibilis Bart. Angl. XVIII 106; in tempore in quo pertransit [equus] illam leucam, pertransibit ~a centesimam partem illius leuce Ockham *Phys.* II 560; sequitur .. quod equus iste non velocius currat quam ~a Kilvington *Soph.* 32g.

2 (in gl.) shelled mollusc, whelk.

hec tortuga, A. *wylke WW*.

tortuga v. tortuca.

1 tortula [LL; *cf.* tortilla], small round loaf of bread, roll. **b** (in gl.).

1180 populus colligens manna .. terebat in mortario et faciebat ex eo ~as saporis quasi panis oleati [*Num.* xi 8] S. Langton *Serm.* 1. 19; dum .. pertritas et in olla subjecta decoctas .. fastidiret .. ~as E. Thrip. *SS* II 11. **b** *a cake*, torta, ~a diminutivum *CathA*.

2 tortula [torta+-ula; *cf.* tortilla], small torch, 'torchet'.

torta et ~a, *a tapur or a torche WW*; **1521** pro ij tortis cere et ij ~is novis .. viz. utrique ballivo una torta precii ij s. iiij d. et una ~a precii xvj d. (*Ac.*) *Hist. Shrewsb.* I 293.

tortulosus [*cf.* CL torquere], twisted in shape.

sub umbra .. esculi ~e [? l. tortuose] Map *NC* IV 11 f. 53.

tortum v. torquere, 3 torta, 4 torta.

tortuose [LL]

1 in a coiled, winding, or crooked manner, tortuously.

impossibile .. est quod agens in medium inanimatum faciat speciem ~e, sed recte Bacon *MS* 104; vocantur 'arma palata tortuosa acuta' quia in illis duo colores palatim invehuntur, unus scilicet in alium ~e acute Upton 230.

2 in a wrongful manner, crookedly.

de .. injuriis et extorcionibus .. ~e commissis et illatis Favent 17.

tortuositas [LL]

1 quality of being coiled, winding, crooked, or bent, tortuosity (also fig.). **b** lack of (moral) rectitude, crookedness.

capilli .. ex sua ~ate significant hominem valde simplicem M. Scot *Phys.* 60; super lineam flexuosam fit multiplicatio [specierum] in nervis sensuum .. secundum ~atem nervi Bacon *Tert.* 114; sunt in corporibus transparentibus pori .. magis recti secundum ordinem, absque ~ate T. Sutton *Gen. & Corrupt.* 72; ~as foraminis virge virilis, ita quod non directe projicit semen in matricem Gad. 76v. 1; videns .. serpens .. nulla ingenii ~ate hoc modo contra viros sanctos se posse proficere *Latin Stories* 85. **b 1296** nostra circumplexa ~as .. animi nostri ferocitatem .. excecavit (*Lit. Regis*) Bower XI 26.

2 unjust action or treatment, injury, wrong.

~as quam anima concipit quando diabolus [? l. diabolo] consentit O. Cheriton *Par.* 92.

tortuosus [CL]

1 that twists or turns (in motion or shape), coiled, winding, crooked, or bent. **b** slanting, oblique. **c** ? (of lightning) forked (in quot. transf., of thunderstorm). **d** (her., ~us acutus) indented, dancetté.

sequi .. Leviathan ~um serpentem [*Is.* xxvii 1] Byrht. *V. Ecgwini* 352; penetratio per rectum .. facilior est quam per nodosum et ~um *Ps.*-Ric. *Anat.* 35; radix .. ~a est propter fortiorem adherentiam et in terra fixionem Bart. Angl. XVII 137; vulpes .. nunquam rectis itineribus sed ~is anfractibus incedit *Ib.* XVIII 112; s**1267** viam .. quam .. promunitoria [Trevet *Ann.* 269: promuntoria] .. reddebant ~am Rish. 48; [si] rectum lignum sub aqua miseris, statim oculis ~um videbitur Tunst. 204. **b** clivosa, ~a, *oheal GlP* 281; signorum .. malorum .. quedam ..

sunt ista, viz. .. quod oculi appareant †tornosi [l. ~i] J. MIRFIELD *Brev.* 56. **c** s**1238** tonitruum ~um [*sic* MS] apud Carmel *Ann. Exon.* f. 12v. **d** qui habent arma barrata ~a acuta, et Gallice sic describuntur: *il port d'argent et sable dansete* BAD. AUR. 140; vocantur 'arma palata ~a acuta' quia in illis duo colores palatim invehuntur, unus scilicet in alium tortuose acute UPTON 230.

2 lacking (moral) rectitude, crooked.

regem repperisse tergiversatorem, versipellem, ~um, et ejus quod agebatur dissimulatorem H. Bos. *Thom.* IV 28 p. 444; pravus judex et iniquus / tortuosus et obliquus / nummo solet instrui WALT. WIMB. *Van.* 76.

tortura [LL]

1 (act of) twisting tightly, wringing.

exudent oculi lacrimas .. / .. connodet digitos tortura VINSAUF *PN* 371; tunsiones pectorum et ~a manuum .. doloris verissima signa fuere *Ps.*-ELMH. *Hen. V* 128.

2 (act or product of) twisting or plaiting. **b** sort of torch, or *f. l.*

1138 prohibemus .. sanctimoniales .. ~am capillorum .. facere (*Westm.*) *Conc. Syn.* 778. **b 1290** pro ij libris cere et opere torcharum, ~arum [? l. tortularum], et candelarum (*AcWardr*) *Doc. Scot.* I 140.

3 (med.) twisted or distorted appearance.

in ~a faciei valet [aqua vite] fricando partem ad quam velles aliam reducere GAD. 66v. 2; ~a mandibule .. in febre acuta significat mortem J. MIRFIELD *Brev.* 72.

4 (infliction of) torment, torture. **b** excruciating pain, agony.

diei .. quo [ancilla] debebatur affligi gravi ~a LANTFR. *Swith.* 6; non .. tantum poterunt suis questionibus et ~a quod me cogant aperire quod tacere velim LIV. *Op.* 69; judex in criminibus veritatem extorquet ~is FORTESCUE *NLN* II 50. **b** sine penis et tortura / .. / [Jesus] de te nasci voluit WALT. WIMB. *Virgo* 6; si ex lumbricis ~a sequitur et dolor et abominatio BART. ANGL. VII 48 p. 332; preter tenerrimi membri intolerabiles ~as *Mir. Hen. VI* III 91.

5 unjust action or treatment, injury, wrong.

1077 videte .. ne faciatis .. injuriam nec ~am in .. possessionibus suis (*Regesta*) *Chr. Rams.* 200 (=*Cart. Rams.* II 92); c**1133** si quis eis super hanc donacionem .. aliquam inde violenciam vel dampnum vel contumeliam aut ~am .. fecerit *Ch. Westm.* 250; **1209** prohibemus ne .. de elemosina predicta aliquis eis .. ~am amodo faciat *RChart* 184a.

6 ? extortion.

[episcopus] questuram, ~am, et exactionem et prelaturam vendit et ad pretium certum committit GIR. *GE* II 32 p. 322.

torum v. 2 torus.

1 torus v. tornus.

2 torus [CL], **thorus**

1 rounded or bulging muscle, brawn.

toros terebrans taurorum sanguine vescor ALDH. *Aen.* 26 (*Scinifes*) 7; ~os, *earmas* GlP 714; exilium .. dequestus .. / armenti princeps .. / .. / inde thoro meliore redit J. EXON. *BT* I 304; in brachiis .. thori lacertorum sunt et .. robur existit. hi thori dicuntur musculi [*Isid. Etym.* XI 1. 63] BART. ANGL. V 27.

2 bed (esp. as locus of marital or sexual union, also meton.).

honorabiles nuptiae et thorus immaculatus [*Hebr.* xiii 4] BEDE *Gen.* 49A; plumarum .. thorus omnigenarum R. CANT. *Malch.* III 65; [monacho] tam dormienti quam vigilanti, tam in choro quam etiam thoro GIR. *GE* II 13 p. 230; conservato .. semine usque ad actum quod teste thoro satis fit delectabile *Quaest. Salern.* B 192; †chorus [l. thorus] et stratum, lectus GARL. *Syn.* 1586B; **1302** orphanos de legitimo thoro procreatos (*Berwick*) *BBC* 99; **1337** Petrus et Rosa, thorum ab invicem separantes, a carnali copula .. abstinere curarunt (*Lit. Papae*) *Mon. Hib. & Scot.* 273a; hoc ~um, A. *a husbondes bedde WW*; **1513** declaramus .. dominam A. a mensa, thoro, et mutua cohabitatione .. domini W. sui sponsi separandam fore *Offic. S. Andr.* 3.

---

torve [CL torvus+-e], grimly, harshly, cruelly.

caelorum culmina / .. / .. nubibus / torve teguntur trucibus (ALDH.) *Carm. Aldh.* 1. 60; tandem .. rex .. sciscitabatur instantius, et ~ius et protervius, quid de ipsa [sc. regina] fieret *V. II Off.* 9; cui ille .. ~e respiciens respondit .. "*Nun pas pur toi, Cristianelle*" (M. PAR. *V. S. Langton*) *ANQuellen* 324.

torvitas [CL], grimness, harshness, cruelty.

nec terreri .. nisi sola oris ~ate [Solin. *Polyhist.* 18 (17)] ALDH. *PR* 122; hinc timiditas, inde tumiditas / hinc tarditas, inde torvitas HON. *Spec. Eccl.* 1092A; scelus et torvitas et injusticia WALT. WIMB. *Sim.* 31.

1 torvus v. tornus.

2 torvus [CL]

1 savage, cruel, harsh; **b** (of action or event).

torvus vestigia taurus / imprimit [in] silici *Mir. Nin.* 228; ubera cui puero torva leena dedit L. DURH. *Dial.* II 388; [miles] vesano spiritu ~us et quasi in amentiam versus GIR. *Æthelb.* 18. **b** torvum qui scisma docebat / Arrius ALDH. *VirgV* 975.

2 (of features or appearance) suggestive of cruelty, fierce, grim.

bestia .. quae in medio ~ae frontis tria cornua gessit *Lib. Monstr.* II 16; scelerum immanitate et ~a deformitate vultus W. MALM. *Wulfst.* I 4; **1178** episcoporum .. quorum facies ~a, truces oculi P. BLOIS *Ep.* 15; erat .. rex .. vir .. oculis glaucis ad iram ~is et rubore suffusis GIR. *EH* I 46 p. 302; [canonicus] plenus iracundia .. vultu minaci et ~o aspectu *Canon. G. Sempr.* f. 78.

toscia v. tossia.

tossia [LL], mantle or blanket.

lena, toscia *Gl. Leid.* 2. 101.

tosta v. torrere.

tostilis [CL tostus *p. ppl. of* torrere+-ilis], (in gl.) toastable. **b** (as sb. n.) toasted food.

tostable, ~is, -le LEVINS *Manip.* 3. **b** fac ipsum comedere parum de pane tosto vino infuso, et sunt talia †totilia [l. ~ia] cum vino .. confortativa debilibus GAD. 130v. 1.

1 tostum v. tofta.

2 tostum v. torrere.

3 †tostum, *f. l.*

1198 pro esledis et polenis et †tostis [l. costis '*baskets, panniers*' (cf. AN *coste*)] xv s. *RScacNorm* II 461.

tostura [CL torrere+-ura], (in gl.) piece of toast.

a toste, offa, -e, ~a LEVINS *Manip.* 176.

tosus v. 2 tonsa.

tot [CL]

1 of that or such number, as or so many (as stated or implied in the context), that many. **b** (correl., w. *quot*) of such number (as), as or so many (as). **c** of the same number, as many.

contineri sub numero .. est .. esse tot et non plura OCKHAM *Phys.* II 265; **1368** lego successori meo c boves et m oves, si tot habuero *Reg. Exon.* V 1553; **1452** de ccxlviij carcosiis bovinis receptis de necacione tot boum *Ac. H. Buckingham* 37. **b** quot plumas .. habuit, tot oculos *Lib. Monstr.* I 42; assisa [magna] .. tot non expectat essonia quot duellum GLANV. II 7, de figuris oppositis solecismo, que sunt totquot [l. tot quot] possunt fieri addiciones, subtracciones parcium diversarum oracionis, [etc.] *Ps.*-GROS. *Gram.* 71. **c** cum de denso fit rarum .. partes .. tot erunt in raritate et condensitate BACON III 213.

2 of such a large number, so many; **b** (w. consec. cl.).

tot ac tantis calamitatibus BEDE *HE* II 12 p. 109; ?c**737** (13c) de .. humili .. vita quam per tot annorum spacia transegi *Ch. Minster-in-Thanet* 50; quam [peregrinationem] .. inter tot religiose vite viros .. perfero ABBO *QG* 1 (2). **b** Parmenides .. tot et tantos studii habuit successores ut ei inventionis sue .. preripuerint gloriam J. SAL. *Met.* 858D; tot .. inimicorum conculcavere ut cumulo cadaverum planiciem campi equa-

---

rent *Eul. Hist.* III 38; tot libri jacebant .. in camera .. quod ingredientes vix stare poterant *Hist. Durh.* 1.

3 of a certain number, so many.

[intellectus] potest in tot visiones et non in plures OCKHAM *Quodl.* 80 (cf. ib.: intellectus noster .. potest in certum numerum visionum et non in majorem).

4 (representing numeral to be inserted in formula or sim.) such and such a number (of), so and so many.

per tale breve: ".. de terris et catallis predicti B. fieri facias tot denarios et illos sine dilatione habere facias .." BRACTON f. 312b; tociens hoc et illud feci, et hoc tot et tot modis *AncrR* 122.

totalis [CL totum+-alis]

1 of, pertaining to, or affecting the whole.

omnis .. eclipsis vel partialis vel ~is est. .. ~is .. *elmukdh* i. e. mora dicitur .. dum tota obscuratur ADEL. *Elk.* 33; in pastoribus ipsis / temporibus nostris hec est totalis eclipsis NIG. *Laur.* 266; si res .. simplicis substantie .. est odorifera, odor ille fit ex odore ~i, quia tota rei substantia est calida BART. ANGL. XIX 38.

2 (viewed, gathered, acting, *etc.*) as a whole or in its entirety, the whole (of), all (of).

divisa est .. Wallia ~is in tres partes GIR. *DK* I 2; Brutus .. tribus filiis suis regnum Britannie ~e divisit *Ib.* I 7; **12..** dedi .. fundum in quo castrum situm fuit cum orto ~i *Reg. S. Thom. Dublin* 191; s**1246** convenit ad parliamentum regni ~is nobilitas OXNEAD *Chr.* 176; ~is panis in ~e corpus convertitur, ita tamen quod nulla pars panis transeat in aliquam partem corporis [Innoc. III] PECKHAM *QD* (*Euch.*) ed. Etzkorn (2002) 70.

3 complete in number or amount, full, total (esp. of result of addition or sim. reckoning), (also) of or pertaining to a total or to a complete number or amount. **b** (as sb. n.) sum total.

1208 pro habenda quietancia ~is debiti quod idem H. debuit Vivoni *Pat* 81b; **1218** unde summa ~is est duo millia li. quingente et sexaginta j marce *Ib.* 167; c**1223** nullus sacerdos nomine penitentie ~is vel particularis missas presumat injungere *Ch. Sal.* 141; **1238** tradidit .. attornatis vicecomitis .. unam talliam ~em continentem clxix li. xiiij s. iiij d. .. et aliam talliam c s. parcialem *LTR Mem* 12 m. 7d.; **1565** summis .. tam particularibus quam ~ibus .. examinatis *StatOx* 395. **b 1238** talliam .. continentem clxix li. xiiij s. iiij d. de ~ibus itineris comitatus S. *LTR Mem* 12 m. 7d. (v. 3a supra); **1242** vicecomes .. xij s. v d. de remanenti summe ~ium sicut continetur in rotulo precedente *Pipe* 57; **1320** vicecomes Wiltes anno xxj oneratur inter ~ia sua in dicto rotulo xx (*Pipe*) *Reg. Malm.* II app. 415.

4 complete in extent or degree, absolute, total, utter.

Hibernie justiciarius penes quem residebat ~is sub rege potestas GIR. *Invect.* V 14; **1345** Philippus .. in ~em nostri et nostrorum subversionem subversionem machinans (*Lit. Regis*) AD. MUR. *Chr.* 169; suria est ~is urine negacio *SB* 41; s**1388** [cum] Anglici victoriam ~em .. habere putabant *Plusc.* X 9.

5 (phil., of cause) sufficient, adequate.

causa ~is .. fuit voluntas sapientissimi producentis, secunda fuit congruentia rerum BACON VIII 20; impossibile est idem causatum habere plures causas ~es in eodem genere .. a quibus dependeat DUNS *Ord.* IX 47; causa ~is est illa qua posita, omni alio circumscripto, potest poni effectus OCKHAM *Sent.* V 64.

totalitas [totalis+-tas]

1 state or quality of being whole or complete.

secundum integralitatem et ~atem suam .. [Christus] esse desiit J. CORNW. *Eul.* 18 p. 293; quamvis .. albedo tota sit in qualibet parte superficiei quantum ad ~atem speciei MIDDLETON *Sent.* I 91b; qui numquam intelligit ~atem nisi .. in rate lapidis .. numquam intelligit sinceram veritatem hujus principii [sc. 'omne totum est majus sua parte'] DUNS *Ord.* III 167.

2 that which is complete, totality, whole.

c**1240** non intenderet .. unam singularem personam .. punire, sed totum corpus in sua parte, ~ati tamen .. volens parcere GROS. *Ep.* 90 p. 281; 'semper' dicit

~atem temporis et 'hora' partem temporis BACON VII 55; quantificacio respicit ~atem WYCL. *Log.* III 128.

totaliter [LL]

1 in every part, wholly, entirely, completely.

aliquis lapis est ~er albus et ita intrinsecus est albus J. BLUND *An.* 121; bibliam unam glossatam ~er ECCLESTON *Adv. Min.* 53; **1415** una capa ~er de auro *Foed.* IX 273a.

2 in full number or amount, (also) in all, in total.

hoc est ~er cxx li. (*Quad.*) *GAS* 463; **1226** quod pecunia .. colligenda .. in .. utilitatem .. regni ~er convertatur *Pat* 80; **12..** dedi .. aquam meam ~er de K. cum molendino ibi sito *Reg. S. Thom. Dublin* 56; est .. peccunia ~er incolumis inventa E. THRIP. *SS* III 44; **1294** pro quadam summa pecunie quam .. mihi .. tottaliter persolverunt *Kelso* 192; **1326** quantum de dictis c li. defuerit ~er suppleatur *Melrose* 368.

3 to the full extent or degree or in every respect, utterly, totally, fully.

omnia qualstowa .. ~er regis sunt in soca sua (*Leg. Hen.* 10. 2) *GAS* 556; ne vanitati .. creatura partialiter et non ~er subjecta esse putaretur ANDR. S. VICT. *Sal.* 96; si [diffinitio] circumscriptibilis est, ~er vel sufficienter comprehendi potest intellectu NECKAM *SS* I 18. 12; **1248** thesaurarius et Robertus .. dispositioni .. decani .. se ~er submiserunt *Ch. Sal.* 315; **1334** duo molendina .. que .. ~er erant destructa *RScot* 270b; s**1453** periit pene ~er fides in Grecia *Eul. Hist. Cont.* 290.

totalum [dub., *perh. a misreading*], (understood as) wasp-waisted insect.

apes cunctis ~is preminent dignitate [*gl.*: omne hujusmodi volatile, ut apis et vespa et scarabeus, '~um' dicitur .. quasi 'totum alterum' quia scilicet duo corpora videtur habere] NECKAM *NR* II 163.

totare [? CL tot+-are], to mark (name or item in account) with a T (to indicate that payment has been received).

1310 de lx s. de finibus et amerciamentis placitorum .. de hominibus .. quorum nomina totantur in rotulo sub hoc signo T (*MinAc*) *Bulletin of the Board of Celtic Studies* VI 362; **1338** cancellarius et major receperunt particulas tottatas *Arch. Ox.* II 181; **1374** ut patet per nomina in extract' dicti scaccarii tottata per attornatum domini auditoris .. preter summas diversorum nominum non tottatorum unde nichil r[espondet] nec levare potest (*Pontefract, Yorks*) *DL MinAc* 507/8227 m. 35.

Toteneisius [ME *Toteneise*], of Totnes (Devon). **b** (as sb.) sort of coarse cloth made in Totnes.

promissam insulam exigens [Brutus], in Totonesio littore applicuit G. MON. I 15; [Corineus] litora felices intrat Totonesia portus HANV. V 410; si quis eam [sc. Britanniam] a Totenesio littore usque in Calidonicum angulum metiatur HIGD. I 40. **b** **1230** pro m et ccc et iiij ulnis et dim. de russetto et burello et Toteneiso [MS: totenesso; (*Chanc.*): toteneis] emptis .. ad erogandum ex parte regis pauperibus, xlix li. et v s. (*Lond.*) *Pipe* 97.

Toteneisus, ~nesius, ~nessus v. Toteneisius. **toterabilis** v. tolerabilis.

†totere, ? *f. l.*

c**1400** [*shears*] pro †equis totendis [? l. agnis tondendis] (*Messing*) *MinAc Essex* D/DH X.

totfarius [CL tot+-farius], of such a large number of kinds, so diverse; **b** (w. consec. cl.).

1440 inter ~ia .. beata et divina opera BEKYNTON II 92. **b** **1440** affeccionis [vestre] .. integritatem totpharia rerum experiencia hactenus .. oculata fide perspeximus ut .. confidenciam teneamus BEKYNTON I 18.

totidem [CL]

1 of that same number, (exactly) that many.

qui iiij tauros .. et ~m vaccas abduxit *Lib. Monstr.* I 31; quod dum tribus diebus ac ~m noctibus ageretur BEDE *HE* IV 9; silva iij quar' longa et ~m lata *DB* I 69va; c**1300** lego .. ad distribucionem errogandam pauperibus xl s. item, in septimo die meo todidem [*sic*] solidos *FormMan* 17.

2 of the same number, (exactly) as many; **b** (correl. w. *quot*).

composuit mores, essent totidem quasi flores GREG. ELI. *Æthelwold* 5. 7; ut det unusquisque vestrum .. panes cum alimento carnis .. et ~m lucernas (*Ita* 29) *VSH* II 126. **b** quot plumas .. habuit, tot oculos, ~m aures et ora *Lib. Monstr.* I 42; que .. interrogantur .. ~m .. inveniri poterunt quot et ea de quibus interrogantur BALSH. *AD rec. 2* 139.

totiens, ~ies [CL]

1 that number of times, as or so many times (as stated or implied in the context), that many times. **b** (correl., w. *quotiens*) as many times or as often (as). **c** (*~iens quotiens*) as often as one likes or occasion demands, 'as and when'; **d** (leg., as title of special writ of replevin).

sicut in illo xiv sillabarum dactilus decies variatur, ita in hoc spondeus ~ies invertitur ALDH. *Met.* 10 p. 86; s**1147** Colonenses .. subterraneas fossas quinquies aggressi ut murum precipitarent, ~ies cassati sunt OSB. BAWDSEY clxviii; denarius non mensurat x homines in quantum sunt x homines set quia in hiis est unum ~iens replicatum BACON XIII 278. **b** quotiens .. assultum .. inchoabat, ~iens militaris virtus .. assultores ab incepto .. retrahebat ORD. VIT. VIII 16 p. 363; **1383** quod [husbandi] unguent eos [sc. bidentes] ~iens quociens indigent *Hal. Durh.* 179; **1419** omnes .. heredes .. solvent .. principi .. v s. de *amobr'* ~iens quociens acciderit *Rec. Caern.* 263. **c** [femina] si suum maritum in tali suspicione semel vincat, ipsum postea ~iens quociens cornutabit UPTON 186. **d** **1445** clerico vicecomitis pro uno replegiari vocat' '~iens quociens', J. B. pro execucione ejusdem *Ac. Durh.* 145.

2 such a large number of times, so often.

talem gaudent [fratres] .. patronum / esse sibi per quem totiens nova gaudia cernunt WULF. *Swith.* II 434; Arturus .. anxietate cruciatus quoniam [Modredus] tociens evasisset G. MON. XI 2 (ed. Reeve (2007) XI 178); ~ies vel ~iens, frequenter vel tantis vicibus OSB. GLOUC. *Deriv.* 593; injurias .. sibi .. ~ies illatas .. ad animum .. revocans GIR. *EH* I 11; ego sum .. propter quem ~iens .. jejunans affligeris *V. Edm. Rich C* 593.

3 (representing numeral to be inserted in formula or sim.) such and such a number of times, so and so many times.

~iens hoc et illud feci, et hoc tot et tot modis *AncrR* 122.

toties v. totiens. **totilis** v. tostilis. **totillare** v. titillare.

totiplex, ~uplex [CL tot+-plex], as manifold.

1509 quamquam apibus tuorum meritorum immensum pelagus in numerositate comparandum sit .. ~iplice te magnificare affectamus solennitate *Reg. Merton* 380.

totipliciter, ~upliciter [totiplex+-ter], as many times.

quotquot .. denarios quis habuerit, tottupliciter habet communem denarium, ut si infinitos denarios habet, infinitupliciter habet communem denarium WYCL. *Log.* II 62.

totomalus v. tithymallus. **Totonesius** v. Toteneisius. **totpharius** v. totfarius. **totquot** v. tot. **tottaliter** v. totaliter. **tottare** v. totare. **tottupliciter** v. totipliciter. **totupl-** v. totipl-.

1 totus v. coquus.

2 totus [CL]

1 entire, whole, all. **b** (pred., quasi-adv.) in his, her, or its entirety, wholly (also transf., w. ref. to devotion of time, effort, or sim.).

si .. ex ~o animo penitentiam accipit THEOD. *Pen.* I 5. 14; postquam paene ~um orbem cum bellis peragrasset *Lib. Monstr.* I 12; clericus .. ~a nocte coangustatus *V. Cuthb.* II 3; de duabus ultimis Oceani insulis, et his non ~is, contra ~um orbem .. pugnant BEDE *HE* III 25 p. 184; **955** rex et primichaerius ~ius Albionis *CS* 903; in nomine hominis concipitur ~us homo ANSELM *Misc.* 338; in ~a enuntiatione quam in ejus principio manifestius apparet sophisma BALSH. *AD* 39; ministri tres qui ~i Francie preerant MAP *NC* V 5 f. 64. **b** c**803** terrore ~us contremesco ALCUIN *Ep.* 239; trimeter .. ~us solis iambis compositus ABBO *QG* 7 (17); hostis .. illius qui in circumitu ~us est *V. Birini* 3; **1168** in suam .. subversionem ~us preceps currere J. SAL. *Ep.* 245 (274); **1171** erat [S. Thomas] .. in eleemosynis effusus, in misericordiis ~us P. BLOIS *Ep.* 27; c**1203** quando Christus ~us est in altari, nichilominus tamen ~us est in celo *Id. Ep. Sup.* 1. 14; s**1315** quidam puer .. ~us nudus raptus fuit in suburbio Londonie *Ann. Paul.* 278; c**1430** amico singulari magistro T. .. suus ~us ac ~issimus J. de S. Albano abbas (*Ep.*) *Reg. Whet.* II *app.* 431.

2 (pl.) the whole number of, all; **b** (w. num.).

homines .. qui .. ~a in pectore capitis officia gerunt *Lib. Monstr.* I 24; **762** (14c) cum ~is ad eam pertinentibus rebus, campis, silvis (*Selsey*) *ASC* VI no. 9; **790** tui amici ~i qui apud nos sunt ALCUIN *Ep.* 7; totis a partibus orbis FRITH. 608; ~i villani nichil solvunt de cornagio *Surv. Durh. Hatf.* 173. **b** c**803** de hac .. caena ~i quattuor dixerunt ALCUIN *Ep.* 308; non .. ~is septem diebus sed quattuor diebus qui superfuerunt de septem post tres ANDR. S. VICT. *Hept.* 226.

3 (as sb. n.) the whole (of a thing or affair), all. **b** whole, entirety. **c** (*per ~um*) in every part, everywhere, throughout (also transf.). **d** (*in ~o*, *ex ~o*, or *de ~o*, also abl. as adv.) in full, wholly, completely.

rex et comes de ~o habent socam *DB* II 353b; ~um faciamus, set nichil tamen facere videamur GIR. *SD* 136; sunt in estate .. xxxiij averagia .. et ~um de frumento (*Wye, Kent*) *Cust. Battle* 123; amor .. ardentie / totum habens, nihil lucentiae J. HOWD. *Ph.* 466; si totum corpus esset .. impressum pulveri .. ista impressio .. esset .. similitudo ~ius, sicut .. vestigium est similitudo partis DUNS *Ord.* III 179; s**1328** dicitur .. quod albe carte fuerunt, et ~um per ordinacionem regine matris AD. MUR. *Chr.* 57. **b** omne ~um sua parte majus est ADEL. *Elem.* I *commun.* 8; quod juris [est] in ~o quoad ~um, hoc [est] in parte quoad partem GIR. *TH* I 26; si primo petieris ~um et postea partem, obstat exceptio RIC. ANGL. *Summa* 38 p. 93; si ~um sit sue partes KILVINGTON *Soph.* 42h. **c** **1202** cassata una parte appelli, cassatur per ~um *SelPlCrown* 11; **1220** fregit .. hostium et intravit et quesivit per ~um filiam suam *Ib.* 139; **1241** licebit .. priori .. habere .. xx porcos per ~um in predicto bosco preterquam in predicto defenso *Cart. Glast.* I 210; **1315** capa .. brudata per ~um auro *Invent. Ch. Ch.* 56; sicut habetur di[stinctione] ix per ~um OCKHAM *Pol.* I 165; **1342** predictus J. est communis usurarius per ~um *SelCKB* VI 19; **1417** unum himnarium per ~um notatum *Reg. Cant.* II 119. **d** una vox ex ~o percipitur ab alia secundum auditum GARL. *Mus. Mens.* 9; **1265** cum .. custos mandatum nostrum in ~o non sit executus *Cl* 16; **1268** si omnes .. contribucionem .. solvissent, finis predictus jam .. de ~o esset persolutus *Cl* 465; Jacobus lapidatus est, sed non ~o extinctus *Ann. Exon.* f. 6; **1451** (1482) in quo libro [scribantur] nomina .. illorum qui loca fratrum in ~o vel in parte fundaverunt (*Stat. Observ.*) *Mon. Francisc.* II 117; idem opus .. decies reiteretur in ~o RIPLEY 205.

4 the whole number or amount, the lot. **b** (*in ~o*) in all, all told, in total.

1219 ceperunt quicquid intus invenerunt .. et ea vendiderunt per ~um pro xviij s. *CurR* VIII 142; **1300** obligantes nos et quemlibet nostrum in solido et pro ~o teneri *FormA* 359; **1375** ad quam .. solucionem .. faciendam obligamus nos et utrumque nostrum per se in solidum et pro ~o *Ib.* 362; *sweepestake*, ~um simul LEVINS *Manip.* 12. **b** **1335** in ~o pro se et clerico suo et harnasio habebit [senescallus] iij equos *Lit. Cant.* II 110; Jared vixit in ~o dccc annis *Eul. Hist.* I 22; **1457** qui se extendunt in ~o ad numerum septem millium sagittariorum *Lit. Cant.* III 231.

5 (acc. as adv.) totally, completely, fully, (in quot.) all the way, or ? *f. l.*

ut lapis a vertice abruptus ~um [*sic* MS; ? l. josum] lapsus ad ima decurrit irrevocabilis MAP *NC* IV 6 f. 49v.

6 (bot., *~a bona*, for *toute-bonne*) kind of pot-herb, 'orval', clary (*Salvia horminum*).

hormini duo sunt genera: sativum et sylvestre. sativum a Latinis dicitur 'geminalis', a Gallis 'orvala' aut '~a bona', ab Anglis '*clare*' TURNER *Herb.* (1965) 55.

3 totus [CL], (representing ordinal numeral to be inserted in formula or sim.) that is in such and such place in numerical order.

titulum apponit cum dicit 'anno ab incarnatione ~o vel ~o facta sunt illa et illa' GERV. CANT. *Chr.* 88.

4 †totus, *f. l.*

1383 de omnibus proficuis .. certa †tota [l. cota, i. e. quota], quinta videlicet pars ad minus (*Reg. Cant.*) *Lit. Cant.* II xxxiii.

totuslibet [CL totus+libet], as much or many as one likes, (in quot. abl. as adv.) from wherever, or ? *f. l.*

s**1332** miserunt .. pro J. C. marinario .. ut .. veniret sine dilacione ducens secum totam classem navigii quam posset totolibet aduniare KNIGHTON I 464.

†totyium, ? *f. l.*

1294 in sarcland' †totyiis (*Birdbrook*) *MinAc Essex* D/DU 267.

touagium v. towagium. **touale** v. tonale.

touchum [ME *touch*]

1 black quartz used to prove precious metal, touchstone.

1369 mandamus quod .. predicta vasa et zonas .. per ~um nostrum .. assaiari faciatis (*Cl*) *Foed.* VI 611b.

2 iron rod used to ignite gunpowder charge, 'touch'.

1388 pro xxiiij patellis de ferro pro igne custodiendo pro canonibus inflammandis .. et pro iiij^xx ~is de ferro (*KR Ac*) *EHR* XXVI 698; **1399** de .. iiij gonnis de cupro et ferro, vij ~is pro eisdem (*AcWardr*) *Ib.* XXVI 701.

touella v. tualia. **touft-** v. tofta. **toulnetum** v. tolnetum. **toulub** v. tuhlub. **tournare** v. tornare. **tourneare** v. 1 torneare. **tourtell-** v. tortilla. **touta** v. tolta.

toutista [τοῦτο-ista], (theol., w. ref. to Christ's words of institution at the Last Supper) 'tout-ist', one who claims that 'τοῦτο', being neuter, referred to Christ's body (σῶμα) rather than the bread (ἄρτος).

argumentum .. stultum .. a quo autores eo nomine .. irrisi dicebantur Germanis '~ae' quod .. abuterentur sensu illius demonstrationis GARDINER *CC* 83.

Toutonicus v. Teutonicus. **touwagium** v. towagium. **tovale** v. tualia.

towagium [toware+-agium], act of or payment for towing, towage.

1290 cum .. rex .. habere debeat ~ium navium et batellorum .. in aqua de Tyne .. prior non permittit hujusmodi transitum facere volentes terras suas ingredi *RParl* I 27a; **1294** in guindagio extra navem, toagio, et eisdem [sc. doliis] hospitandis *Prests* 110; **1297** pro tonnagio [*sic*] et locmanagio (*KR Ac*) *RGasc* III cliv n. 3; **1297** in touwagio dictarum lanarum (*Boston, Lincs*) *KR AcCust* 5/5 m. 7d.; **1318** in lodmanag', ancorag', tockag', et stowag' (*Works*) *KR Ac* 468/20 f. 15; **1328** pro lodemenagio et tauvagio dicte navis sic transfretantis per mare .. versus Novum Castrum (*Butlerage*) *Ib.* 78/3 m. 6; **1338** pro touag' iij dol' olei .. de aqua usque celar' (*Navy*) *Ib.* 20/27 r. 1d. (cf. ib.: **1337** pro batell[agio] iiij dol' vini bastard' et xxxij dol' vini albi de navi usque terram aput South[amp]t[on] et .. touag' et celer[agio] eorundem); **1358** pro factura de iij swyuels pro ~io ij mast' de H. et j masti de S. *Pipe* 203 m. 36; **1411** mercatores .. solvere consueverunt pro quolibet dolio vini et olei pro cariacione de navibus extra mare usque predictam villam per portum predictum nisi solomodo ij d., viz. pro tawagio cujuslibet dolii j d. et pro sewagio j d. *IMisc* 289 (4).

towailla v. tualia.

towallere [AS *to-weallan*; cf. ME *wallen*], (of pot) to boil separately (w. symbolic ref. to households).

si plures aliqui faciant homicidium quorum crocca ~et, si velint simul componant (*Leg. Hen.* 88. 18) *GAS* 604; si eorum crocca ~et, i. e. si eorum olla non simul bulliat, et misfaciant, singuli singillatim componant (*Leg. Hen.* 94. 3a) *Ib.* 611.

towallus v. tualia.

toware [AN *tower*; cf. ME *touen, towen*], to drag (esp. vessel along water by means of a rope, also freight), tow.

1333 pro towag' eorundem iiij^xx iij doleorum .. ~andorum usque terram (*Butlerage*) *KR Ac* 78/11 m. 4; **1370** in towagio iiij doliorum ~atorum apud Plymuth *MinAc* 818/1; **1390** pro diversis batellis conductis ad ~andum navem domini de portu apud Boston usque Chopchire *Ac. H. Derby* 37; c**1421** ad ~and' et conducend' in diversis magnis batellis omnia apparat' et takelyng' ejusdem [navis] .. usque ad le *storehouse* (*KR Ac*) *Sea Terms* II 10; **1425** de j ferro vocato *swevill* .. facto ad ~andum quoddam malum grossum *Ac. Foreign* 59 G; c**1434** ad extrahend', ~and', veland', et navigand' diversos apparatus extra dictam navem (*Navy*) *KR Ac* 53/5 f. 4v.

towatio [toware+-tio], (act of) dragging (vessel along water by means of a rope), towing.

1434 pro conduccione et ~one xv quarcorum de Hechen usque Westhithe diversis batellis *Stewards' Bk. Southampt.* I 58; c**1434** circa .. conduccionem et ~onem .. navis regis de Bruselden .. ubi prius erat in moryng' (*Navy*) *KR Ac* 53/5 f. 5.

towell- v. tualia.

toxa [cf. τόξον], poison, or ? *f. l.*

vitiorum .. quae .. venenatis .. piaculorum spiculis et dira facinorum framea .. emeritos Christi milites .. virulento castitatis vulnere et letali ~a [*gl.*: veneno, *cluffpunge*; v. l. letaliter] prosternunt ALDH. *VirgP* 13.

toxica v. toxicum.

toxicare [LL]

1 to endow (esp. weapon) with poison, apply poison to, envenom. **b** (p. ppl. as adj.) that contains or is laden with poison, poisonous, venomous, toxic (also fig.).

habebat sicam .. ~atam, ut si ferri vulnus minus ad mortem regis sufficeret, peste juvaretur veneni BEDE *HE* II 9; cum pugione ~ato quem sub femore occuluerat W. MALM. *GR* IV 388 p. 458; serpentem ~are nonne dementia est? J. SAL. *Pol.* 403D; **1272** extracto quodam cutello ~ato .. dedit ei quatuor vulnera .. fere mortalia *Leg. Ant. Lond.* 156. **b 1012** (12c) aurea .. secula haud hominum ~atis infecta nequitiis *Ch. Abingd.* 136; que severitas .. linguas ~atas detrahentium efficaciores reddidit ad nocendum J. SAL. *Thom.* 21; oriens .. habeat ~atas opulentias suas GIR. *TH* I 37; ex membris .. ~atum virus cepit effluere SAMSON *Mir. Edm.* 201; audivit Jason quod .. per ~ate serpentis vigilias sibi viandum esset ad aureum vellus MAP *NC* IV 4 f. 47.

2 to use poison on, to injure or kill with poison; **b** (fig.).

s**1189** Assen .. in veste imperiali ~atus est DICETO *YH* 60; [rex Johannes] libenter potavit et statim ~atus est *Eul. Hist.* III 110; s**1399** plures .. poculo veneno per Cestrences infestis perierunt ~ati AD. USK 26; **1414** W. B. .. stercora latrine sue .. ad et super parietes cujusdam domus .. posuit ad toxigandum diversos homines ibidem .. transeuntes *Proc. J. P.* 299. **b** quotiens .. Pedo vilis in aure susurrat / toxicat interius cordis et oris opus J. SAL. *Enth. Phil.* 1708; **1188** mihi domini vestri gratiam .. ~avit lingue meretricantis adulatio P. BLOIS *Ep.* 20. 72B; **1381** [Lollardi] doctrinam schismatis / .. / docent que cunctos toxicat *Pol. Poems* I 234.

toxicatio [LL toxicare+-tio], (act of) poisoning.

1405 Thomam Cokke abbatem .. toxicavit, per quod idem T. C. ob ~onem predictam .. languebat et tunc obiit *ICrim* 43 no. 7; *a pusonynge*, ~o *CathA*.

toxicativus [LL toxicatus *p. ppl. of* toxicare+-ivus], that poisons, poisoning.

ecce qualis medicina que .. mortem inducit. quare hoc non est mirum, quod †si [ed. 1613: sit] res ~a, cum .. ex stercoribus et venenosis receptis sit composita *Correct. Alch.* 14; medico .. ~o ex malicia et impericia WYCL. *Ver.* III 45.

toxicon v. toxicum.

toxicosus [CL toxicum+-osus], (in gl.) poisonous, venomous.

venomous, veniferus, toxicus [v. l. ~us] *CathA*.

toxicum [CL], **~on** [τοξικόν], poison, venom (also fig.).

pestiferi extinguens toxica saeva lupi BONIF. *Carm.* 7. 20; toxica pretereo, que dulci facta paratu / vulnera conficiunt mortis amara male L. DURH. *Dial.* II 475; **1166** malitia veneficorum qui .. vobis .. ~um miscuerunt J. SAL. *Ep.* 146 (165); propinant tibi mellitum ~on ministri Babel MAP *NC* IV 3 f. 44v; invidia est ~um charitatis, nisi enim invidia esset, quilibet de bono alterius gauderet HOLCOT *Wisd.* 108; excommunicacio .. fuit inventa .. pro ~a peccatorum ab ecclesia extrudenda WYCL. *Ver.* III 40; ~um dicitur quodlibet forte venenum *SB* 42.

toxicus [CL], that contains or is laden with poison, venomous, toxic (also fig.).

cum telum ~um atri veneni sucum infunderet FELIX *Guthl.* 29; zabulus .. novas versutias .. sub ~o pectore versari [v. l. versare] coepit *Ib.* 35; haec [verba] .. Ariana manus ~o calamo .. perscripsit ALCUIN *Dogm.* 270A; ore venena suo toxica lingua gerit WALT. ANGL. *Fab.* 36. 36; credimus laicos debere abstinere ab eorum servicio nephando et ~o WYCL. *Ver.* III 25.

toxifer [cf. CL toxicum], poison-bearing, venomous.

~a .. animalia GERV. TILB. II 10 (ed. *OMT* p. 310).

toxig- v. toxic-. **toxigare** v. toxicare.

toxilla [dub., ? cf. ME *tuskel, tuxl*], (unidentified) part of the (lower) face, perh. cheek or jaw.

ille quis est qui malis inequalibus, toxillis [*gl.*: *faces*, rotunditas gene, et est diminutivum hujus nominis 'toxus' quod idem est quod *fause*; A. *toskez*, longis dentibus] dissimilibus, oblongo ocello .. se uno aspectu notabilem prebet? BALSH. *Ut.* 48 (cf. *OED* s. v. *tuscle*); toxilla [MS: tonxilla], †mamilla [MS: maxilla] idem *Alph.* 188.

toylardus v. coillardus. **toyso** v. toiso. **traale** v. trahale. **traare** v. trahere. **traba** v. threva, trabs.

trabalis [CL], **~ealis**, of or pertaining to a wooden beam, trabeal; **b** (as sb.).

lignum ~ale in quo laquearia tecti .. figerentur tribus pedibus inventum est brevius pariete cui superponeretur GOSC. *Transl. Mild.* 34; ~alem molem in curia artificum deorsum vergentem .. [Dunstanus] loco restituit suo W. MALM. *GP* I 19; struem a visu remove trabealem [cf. *Matth.* vii 5] J. HOWD. *Cant.* 506; [Jesu] cujus adheret humeris / trabealis compactio *Id. Cyth.* 56. 12. **b** hic ~alis, -is, i. trabes OSB. GLOUC. *Deriv.* 576; themo, longale, trabale GARL. *Syn.* 1579A (ed. Kurz 1885 p. 8).

trabare v. turbare.

trabaria [CL trabs+-aria], boat made by hollowing out a single block of wood, logboat.

~ia, *anbyme scip* ÆLF. *Sup.* 10. . ~ia i. caudex, *punt* *WW*, uterque rex in insulam que .. est in ipsius fluminis medio sita ~iis advehitur FL. WORC. I 178; ~ia, navis longa et stricta que et 'littorea' et 'caudea' dicitur OSB. GLOUC. *Deriv.* 590.

trabatura, trabeatura [CL trabs+-are+-tura], (arch.) framework of timber beams, 'travature'.

1179 in trabeatura [(*Chanc.*): travatura] turris Lond' xij l. *Pipe* 125; **1187** pro prosternenda materie ad emendandam trabeturam magne turris x s. *Ib.* 94.

trabea [CL]

1 robe of state (also fig.).

serica imperatorum ~a [*gl.*: toge species ex purpura et cocco a qua operti Romanorum reges initio procedebant] ALDH. *VirgP* 9; lati trabeis mundi et honore frui BEDE *Hymn.* 17. 14; regalis dignitas .. gemmatas ~as [v. l. purpuras] .. apponit GOSC. *Edith* 44; palliorum genera intueri licebat: togam candidam, togam palmatam, ~am BALSH. *Ut.* 53; sermo satis est ornatus .. / .. / .. quem precara / trabea clarificat WALT. WIMB. *Van.* 84.

2 ? *f. l.*

trivium .. theologicarum virtutum et quadrivium cardinalium †trabearum [TREVISA: *of real clopynge*] HIGD. I prol..

trabealis v. theatralis, trabalis.

trabeare [cf. CL trabeatus], to adorn with a trabea, enrobe (also fig.).

956 (12c) siquis .. hoc donum .. munierit, ~atus inveniat stolam immortalitatis (*Bath*) *ASC* XIII no. 8;

ipse festive procedit ~atus [*gl.*: ornatus vel vestitus] BYRHT. *Man.* 228; variis .. scematibus ~ata peragrant orbem cucullatorum examina ORD. VIT. VIII 26 p. 434; qui .. fuerunt ore benigni / sunt trabeati, sunt reputati munere digni WALT. WIMB. *Scel.* 133; ave virgo .. / que nature nostre stola / trabeasti Clarium [i. e. Christum] *Id. Virgo* 29; regalibus infulis ~atus diademateque regio coronatus BLAKMAN *Hen. VI* 4.

trabeatura v. trabatura.

trabecula, ~icula [CL], small wooden beam.

s1254 mire spicula magnitudinis .. ab arcubalistis trajecta quarum arcus proportionaliter censende fuerant ~ecule M. PAR. *Maj.* V 424; marcescunt .. tenelle ~ecule .. ecclesie R. BURY *Phil. prol.* 6; hec trapecula, A. *byndbalk WW*; hec ~ecula, *a wynbeme WW*; hec trabia, *a balk.* hec ~icula idem est *WW*.

trabes v. trabs.

trabetum [CL trabs+-etum], (in gl.) wooden board or plank.

†tabetum [l. ~um] *bred GlC* T 22; c1000 †tabetum [l. ~um], †*cecin* [l. *æcin*] *WW*.

trabetura v. trabatura. **trabia** v. trabs. **trabicula** v. trabecula. **trabis** v. threva, trabs. **trabo** v. turbo.

1 trabs v. threva.

2 trabs, ~es [CL]

1 length of squared timber used horizontally in construction, beam; **b** (in gl.).

laquearia sunt tabulata quae supposita ~ibus adfiguntur clavibus BEDE *Kings* 722D; domus tota crepitare tignaque cum ~ibus deorsum vergere ceperunt W. MALM. *Wulfst.* II 8; inferior .. pars veli ~ibus ex transverso ductis societur NECKAM *Ut.* 115; **1202** domum .. altitudinis sub ~ibus septem pedum (*Suff*) *Fines* 212/3 no. 104; **1289** ascendit plumbarius ecclesiam .. apposuitque patellas .. cum carbonibus et igne in ruderibus .. super .. ~as aliquas et cetera queque cremabilia W. GUISB. 225. **b** *a balke of howse*, ~s, ~es, ~is et ~us *CathA*; hec ~ia, *a balk WW*.

2 (spec.): **a** crossbeam above altar, rood-beam, candle-beam. **b** crossbeam of post-mill, crown-tree, mill-beam. **c** crossbeam of gallows, transom. **d** main timber of plough, plough-beam. **e** wooden roller of loom, web-beam. **f** (pl.) wooden frame for restraining a horse (esp. while being shod), travis, trave.

a transpositam veterem ~em que supra majus altare ponebatur .. in qua .. series xij patriarcharum .. figuratur *G. S. Alb.* I 287; c1250 ad luminare super ~em coram summo altari in choro predicte ecclesie *Mem. Beverley* II 296; ?c1300 debet [thesaurarius] invenire xvj cereos supra ~em secus altare (*BB*) *Stat. Linc.* I 289; **1302** nec figantur .. per magistrum ~is oblati cerei ut ardeant super eam *Mem. Beverley* II 183; **1318** in cereis factis preter luminaria circa feretrum et ~em coram conventu *Ac. Durh.* 373; **1462** de denariis collectis ad lumen thrabe *Ac. Churchw. Bath* 56 (cf. ib. 36: **1427** pro lumine ad ~em; ib. 70: **1477** ad lumen ~is). **b** **1273** in j colero ferr' circa collum ~is molendini (*Meopham*) *Ac. Man. Cant.*; **1285** in j ~e molendini de A. reparanda et liganda (*Adisham*) *Ib.*; **1302** in ferro empto ad j *sole* super quod ~es molendini rotatur (*Milton*) *Ib.* **c** s1381 factum est ut plures [malefactores] .. suspendio interirent, aliquando suspensis super unam ~em decem et novem WALS. *HA* II 20. **d** aratrum .. cujus medium sorciatur grave [v. l. grande] robur quod usualiter '~em' [*gl.*: *tref, bem*] vel 'temonem' dicimus NECKAM *Ut.* 112; **1285** in ij vinculis faciendis ad ~em caruce ligandam (*Loose, Kent*) *Ac. Man. Cant.*; **1337** in ij ~ibus ad carucas faciendis de meremio domini xv d. (*Lawling, Essex*) *Ib.*; **1341** in j temone et j ~e emptis de novo xij d. (*Lydden, Kent*) *Ib.*; **1358** in vj ligaminibus ferri emptis pro ~is caruc' circa foramina cult[rorum] circumligandis (*Durrington, Wilts*) *Ac. Man. Coll. Wint.*; **e 1260** [textores] juraverunt quod .. habebunt in opere suo tres ~es *Rec. Leic.* I 89. **f 1275** S. Mareschall habet et tenet †oves [l. omnes] traves stantes in regalem viam infra A. et nimis incumbrant, et R. de C. levavit eas *Hund.* I 413b; **1275** traves ubi equi ferrantur levati sunt in via regia infra A. per R. de C. *Ib.* I 420b; **1285** de purpresturis dicunt quod G. le Marescal levavit quasdam ~es marescall['] in regia strata .. et P. faber similiter habet ~es .. in regia strata que non sunt arrentate ad opus domini regis (*Eyre*) *DocCOx* 220.

3 weigh-beam, balance.

1362 ~s de ferro pro lana ponderand' (*Ac. Holy Is.*) *North Durh.* 100; **1396** pro .. ~e pesagii lanarum in eadem [domo] exercenda *CalPat* 2; **1486** ordinamus quod in eisdem portubus .. existat una ponderacio .. ~is vulgariter nuncupat' *le kinges beme* .. omnium .. mercandisarum .. que per ponderacionem .. vendi debent *Pat* 563 m. 22/6; cum totum dictum *greene woad* per ~em .. regis .. pro ponderatione hujusmodi merchandis' remanentem .. cognitum fuerit *Entries* 409vb.

4 shooting star, meteor.

dum G. Cesar civili bello patrie imminere[t] .. quot ~es [aer] emiserit nec veteres historie sufficiunt enarrare J. SAL. *Pol.* 413D (cf. FL. WORC. II 54: s1106 quasi ingens trabes de orientali et aquilonali parte claritas ingressit se in eandam stellam [insolitam]).

trabuculum v. trebuchettum. **trabuculus** v. trebuculus.

trabula [CL trabs+-ula], small wooden beam.

1325 in j cooperatorio conducto pro grangia cooperanda .. in j ~a empta ij d. (*Adderley, Salop*) *MinAc* 965/5 r. 3b; *the transome of a bed*, ~a, -e LEVINS *Manip.* 161; *the joyse of a house*, ~a, -e *Ib.* 215.

trabus v. trabs. **trac'** v. trahicia. **tracare** v. traceare. **traccha** v. cracha.

tracea, ~ia [AN, ME *trace*], series of traces left by passage, track, trail. **b** following of trail, pursuit.

1221 ballivi .. committunt eis ~eam sequendam, et nulla sequi poterunt [*sic* MS] per mediam villam, et .. R. de S. cepit .. ab eis xl s. ea occasione quod non potuerunt sequi hujusmodi ~eam (*Eyre Salop*) *SelPl Crown* 113; ~iam conducent per terram suam, et in fine terre sue illam monstrabunt dominis terrarum vicinarum, et .. sic fiat secta de terra in terram .. donec malefactores comprehendantur BRACTON f. 116. **b** **1202** villata de Werkeshop debet xx s. pro ~ia recusata *Pipe* 101; **1203** villata de Werkeshop debet dim. m. pro ~ia recusata *Ib.* 170.

traceare, ~ciare [AN *tracer*, ME *tracen, trasen*], to follow the track or trail of, track, trace.

1209 forestarius .. ~ciavit [v. l. trazavit] sanguinem in nive usque domum Radulfi Red *SelPlForest* 3; **1210** equi .. qui ferratus fuit quadam planchia .. simili planchie que fuit in pede equi .. quem ~ciaverunt *CurR* 24; **1236** ipsi insecuti fuerunt eos [sc. malefactores] cum cane ~cante usque in forestam *Ib.* 1900; nullus .. impediat canem ~ssantem aut homines ~ssantes cum ipso .. ad capiendum malefactores *RegiamM* IV 32.

†tracem, *? f. l.*

Heliseus .. habens †tracem [? l. antracem, *or* taracem '*inflammation*' (cf. τάραξις)] in sinistro oculo et sinistra maxilla per xxiiij septimanas .. convaluit *Mir. Montf.* 73.

tracera v. trasura. **tracessentia** v. tresantia.

traceus [cf. tetraceus], (in etym.).

quartana .. vocatur ab Ysaac tetraceus; .. et dicitur tetraceus a 'tetras' quod est trieus et 'traceus' transiens triteum per diem unam; vel a 'tetras' quod est nigra et 'traceus' febris, quia fit nigra GAD. 15. 2.

trachea [LL trachia < τραχεῖα (ἀρτηρία)], (also ~ea arteria) windpipe, trachea.

uva .. tangit .. epiglotum et summitatem ~ee RIC. MED. *Anat.* 221; [pisces] suffocantur .. cum aeri exponuntur quia ~eam non habent ALF. ANGL. *Cor* 10. 8; sequitur inspirandi et respirandi angustia .. propter opilationem ~ee arterie *Quaest. Salern.* B 191; nec †dicavit [l. ditavit] pisces natura tracheis / nec spirant NECKAM *DS* III 397; s1252 Rogerus .. aptans lanceam .. sub galea Ernaldi guttur ejus cum ~ea precidit et arteriis M. PAR. *Maj.* V 318; catarrhi in ~eam arteriam defluxu subitaria morte est extinctus BOECE f. 177v.

†trachia, *? f. l.*

1431 lego .. Willelmo D. servienti meo .. j †trachiam [? l. crachiam], unum frixorium *Wills N. Country* I 41.

trachicium v. trahicia.

trachida [cf. τραχύς, trachurus], (in gl.) kind of fish with spiny fins.

~a, trachina, et trachurus, *I suppose is a banstykle* T. ELYOT *Dictionary* (London, 1538); *a banstickle*, trachyda LEVINS *Manip.* 122.

trachina [cf. τραχύς, trachurus], (in gl.) kind of fish with spiny fins.

~a .. *banstykle* T. ELYOT *Dictionary* (London, 1538) (v. trachina); *bansticle*, trachida, ~a, trachurus R. HULOET *Abcedarium* (London, 1552).

tracho [τραχών], underground passage, tunnel.

aquis per ~chones terre et venas meantibus siccitas terre temperatur R. MELUN *Sent.* I 238; per ~cones, quasi per vias subterraneas vel per meatus GERV. TILB. I 11; s1247 [terremotus] innaturalis, cum soliditas Anglie cavernis terrestribus et profundis ~conibus ac concavitatibus .. careat M. PAR. *Maj.* II 329; mors .. hostia furtivis gressibus / subintrat nescio quibus traconibus WALT. WIMB. *Sim.* 169; s1258 serpit flamma in tractionibus subterraneis OXNEAD *Chr.* 218; *wey under þe erth*, ~con, -is *PP*.

trachoma [LL < τράχωμα], (med.) granulation of the eyelids, trachoma.

draconea [v. l. dracoma] interpretatur asperitas palpebrarum *Alph.* 49; dracoma dicitur asperitas palpebrarum *SB* 18.

trachomaticus [LL < τραχωματικός], (med.) of or pertaining to trachoma.

draconea .. inde collirium draomaticum [v. l. dracomaticum] ut in Alexandro de oculis *Alph.* 49; dracoma .. inde collirium dracomaticum *SB* 18.

trachurus [τράχουρος *or* τραχοῦρος], 'roughtail', horse mackerel (*Trachurus trachurus*).

~us .. *banstykle* T. ELYOT *Dictionary* (London, 1538) (v. trachina); ~us figura corporis scombro est simillimus, ut vix internoscas nisi ad caudam uncinis, unde ~i nomen habet, et linea ab uncinis ad summas costas atque inde ad caput producta CAIUS *Anim.* f. 25b.

trachyda v. trachida. **tracia** v. tracea, trussa. **traciare** v. traceare. **tracias** v. thrascias. **traco, ~on** v. tracho.

1 †tracta, *f. l.*

1409 levare .. peagium, viz. .. de qualibet †tracta [? l. tacra] corii quinque †ardicos [l. arditos] *Foed.* VIII 580b; **1413** de qualibet †tracta [? l. tacra] corii quinque *arditz Ib.* IX 30b.

2 tracta v. tractus.

3 tracta v. traita.

tractabilis [CL *not in sense 1*]

1 that may be pulled or drawn into or out of position, movable. **b** (pons ~is) drawbridge.

asserem ~em latitudinis quar. et dim. unius ulne per lecti sui introitum habere permittitur, ne unusquisque frater dormiendo se detegens .. nudus .. a transeuntibus jacere videatur *Cust. Cant.* 194. **b** c1233 que domus est juxta forinsecum pontem ~em versus aquilonem a castro Oxonie et durat usque in Tamisiam et usque in fossatum aquantium castri (*Oriel Coll. Ox.*) *OHS* LXXXV 328; **1322** fieri facient unum pontem ~em extendentem se ex transverso fossati in gardino .. conventus *PlRChester* 34 r. 15; **1337** ad .. quemdam murum supra pontem ~em et ex utraque parte porte (*Ac. Stirling Castle*) *Cal. Scot.* III *app.* 366.

2 that can be touched or felt, palpable, tangible.

sicut gladius iste visibilis manuque ~is .. sic gladius spiritus .. quasi conjuncta dividit BALD. CANT. *Serm.* 18. 26. 456C; valet .. divina potentia de ista visibili [ed. Etzkorn (2002) 484: invisibili] atque ~i materia corporum .. auferre quas voluerit qualitates [Aug. *Ep.* 205] PECKHAM *QA* 126.

3 capable of being (easily) dealt with, amenable, tractable.

dum rudes essent anni et ~es animis ANDR. S. VICT. *Dan.* 10; mille modos cultus recipit tractabilis ovi / mollicies HANV. II 444; [ursus] se populo quasi mansuetum .. et ~em exhibebat, tanquam .. servire penamque subire paratus GIR. *TH* II 28; quibus te ostendis .. tam benignum et ~em AD. SCOT *QEC* 827A; ut neque divina immundis facile ~ia sint GROS. *Ps.-Dion.* 778; oportet .. te esse ~em curialem, non contemptorem quorundam propter alios BACON V 151.

tractabiliter [CL], in a tractable or amenable manner, manageably.

illis [puellis] .. occurrent due fere lactiflue quas ~er mulgentes solacium victui vestro .. administrabunt (GOSC. *V. Wihtburge*) *MonA* II 177b.

tractaculum [CL tractare+-culum; cf. tractatulus], little treatise, tractlet.

compegi ~um materiarum capitula preponens in eo contentarum *Spec. Laic. prol.*; de omnibus que in hoc ~o continentur J. MIRFIELD *Brev.* 94; cum solos Henricos .. hoc ~o commendandos suscepi CAPGR. *Hen.* 68.

tractagium [CL tractare+-agium], payment for hauling or conveying goods (esp. in barrels), haulage.

1281 quilibet burgensis dabit plenum ~ium pro quolibet dolio vini quod ponit in tabernam et quod ponit in navem et extra (*Berwick*) *Gild Merch.* I 237; **1306** in portag' et tractag' j gibe diversarum rerum (*Househ.*) *KR Ac* 368/30 m. 6; **1348** in tractag' et cariag' xxx doleorum cum flora impletorum de domibus ubi impleta fuerunt .. usque ad aquam (*Sheriff Camb.*) *Ib.* 552/24; **1378** in portagio et ~io diversorum victualium apud B. ix d. *Househ. Ac.* 255; **1387** tractag', carcag', et discarcag' ... pro extraccione xxj doliorum vini de diversis celariis (*Calais*) *KR Ac* 183/12 f. 21; **1392** clerico buterie super vino .. pro ~io ij doliorum et iiij piparum de celario .. usque le *crane Ac. H. Derby* 161.

tractamen [CL tractare+-men], (process of) dealing, handling, treatment, consideration.

s**1437** cum veniret causa .. coram certis judicibus in ~en AMUND. II 128.

tractare [CL *not in senses* 1–9]

1 to move by pulling, haul, drag. **b** (pr. ppl. as adj., of animal) draught.

1250 fecit ~are unam alam galline et reclamare fecit illum austur[c]um *IMisc* 4/19; **1258** in prebenda viij affrorum .. ix quar. dim. quia ~averunt multum ad herciam (*Ac.*) *Crawley* 226; c**1290** abbas .. venit apud Neugate et fecit eum in carcere profundo ~ari *State Tri. Ed. I* 33; **1295** in cordis emptis ad ~andum predictum meremium (*Ac. Galley Ipswich*) *KR Ac* 5/7 m. 1; **1308** in quodam *haunser* empto .. pro dicta masta ~anda (*Navy*) *Ib.* 14/14; **1348** in carpentria j crane pro meremio et petris .. que ceciderunt .. sursum ~andis (*Works*) *Ib.* 462/16 f. 9*d.*; **1434** in iiij cordis canabi emptis pro .. lodiis .. ~andis *Fabr. York* 55. **b** c**1300** [custus carucarum:] in summa virgarum empta ad boves ~ant[es] ij d. *FormMan* 32; **1408** quod nullus habeat aliquos .. equos ~antes in caruca sua in pastura predicta (*Cust.*) *Doc. Bev.* 19.

2 (spec.) to drag (condemned man in process of execution for treason), 'draw' (*v. et. trahere* 5, *trainare* 1).

1399 dux .. / .. fac tractari falsos et decapitari *Pol. Poems* I 367; s**1402** decem fratres ordinis Minorum .. de prodicione convicti ~ati fuerant ac suspensi *Croyl. Cont. B* 495.

3 to convey, transport, carry (also absol.).

12.. caumiabit xv cumulos stipule ita quod quisque contineat v garbiculos quare [? l. quorum] unus possit ~ari per medium brachium *MS DC Wint. Cust. S. Swithun's* f. 119 (cf. (*Nettleton, Wilts*) *Cust. Glast.* 68: garbam tam magnam quantum poterit trahere sub brachio suo); **1340** Hanekino van Brese et xviij sociis suis marinariis ~antibus ipsum dominum regem, familiam suam .. et victualia sua de Andwerpia usque insulam de Werde (*AcWardr*) *TR Bk* 203 p. 178; cum stipendio xliv hominum ~ancium, laborancium, et auxiliancium in navibus predictis *Ib.*

4 to pull towards one, draw (in or up, in quot. clothing).

1270 vidit nudam carnem mulieris et virum ~antem braccas suas quando surrexit *SelCCant* 101.

5 to pull back (arrow and loose it so as to shoot), draw (also absol.). **b** to draw (and loose) an arrow at (target), shoot with an arrow.

1248 ipsi ~averunt ad forestarios sex sagittas .. et forestarii ~averunt ad eos (*Hunts*) *SelPlForest* 77; **1251** viderunt .. duos malefactores .. cum arcubus .. qui ~averunt ad eos tres sagittas (*Northants*) *Ib.* 102; **1274** nesciunt quis illam sagittam ~avit *CourtR Wakefield* I 19; **1322** camerarius .. una cum hominibus suis .. in navem, marinarios, ac mercatores .. insultum fecit, ad eos cum espringaldis et arbalistis .. continue .. ~ando *Cl* 139 m. 8. **b** Grimbaldus .. arcum sumens, volens columbam ~are dirupta vena interiit *Eul. Hist.* I 359; accepit arcum et ~avit eum [sc. patrem] per medium subtus umbilicum *Latin Stories* 24.

6 to draw or take out, extract (from container or source).

accipiter mihi sepe liber [est], versum vice Nisi / tracto L. DURH. *Hypog.* 67; [refectorarius tenetur] cervisiam a dolio ~are in celario et justas .. implere *Cust. Westm.* 98; **1290** austurci .. ~ati fuerunt de mutis *KR Ac* 352/20 m. 3; **1339** in iiij ollis ligneis pro servicia in eisdem ~anda (*Navy*) *Ib.* 20/37; **1378** Rogero T. auxilianti eos [sc. carbonarios] pro aqua ~anda *Ac. Durh.* 586.

7 to draw out (straw, perh. so as to straighten or arrange in bundles, for use in thatching).

1323 in locacione j mulieris conducte ad fenum ~andum pro coopertura .. grangie et boverie (*Glouc.*) *MinAc* 854/7; **1374** in stipendio j mulieris ~antis dictum stramen in garbis (*Pontefr.*) *DL MinAc* 507/8227 m. 1; **1384** in eodem stramine ~ando ad cooperturam (*Pontefr.*) *Ib.* 507/8228 m. 8.

8 to draw a net through (body of water), drag, trawl.

1315 quod .. habeant .. cum sagena sua quemlibet tercium tractum .. sine impedimento .. ita .. quod .. quamcito debitum tempus ~andi evenerit .. tractus .. suos .. ~are faciant *Couch. Furness* II 218; **1316** J. B. ~avit gurgites apud W. noctanter et asportavit inde piscem *CBaron* 122; **1336** in iij magnis stangnis mundandis .. eo quod ~ati fuerunt .. pro pissibus capiendis (*Lincs*) *DL MinAc* 242/3886 m. 4.

9 to pull or tug at, (in quot.) to milk (animal).

1270 in stipendiis xxxj mulierum ~ancium oves in estate et autumpno (*Yorks*) *MinAc* 1078/12 r. 1; nec ultra festum nativitatis B. Marie matrices ~ari per ubera seu lactari non permittantur *Fleta* 167; **1378** xxx [oves matrices] non ~abantur post separationem quia debiles (*Thurmond, Hants*) *Ac. Man. Wint.*

10 to handle, touch.

a**1199** [sacerdos] corpus Christi bajulavit .. manibus .. quibus paulo ante scorti pudenda ~avit P. BLOIS *Ep.* 123. 361A; c**1269** custos forestarum .. et .. justiciarius .. protestabuntur se vidisse et manibus propriis ~asse cartas ecclesie S. Werburge *Cart. Chester* 31; ~ans .. caput suum .. recordatus est se habuisse tonsuram monachi (*Endeus* 6) *VSH* II 62; **1445** presentes littere vacant hic quia male ~antur, ideo reinrotulantur *DL ChancR* 12 m. 4.

11 to manipulate or work (material). **b** (transf., in quot. math.) to bring into a different form, convert.

1324 [*for false moulds sent to Caen for stones to be worked*] ~andis [*there according to the said moulds*] (*KR Ac*) *Building in Eng.* 22. **b** eodem modo .. ipse substancie ad unius substancie similitudinem erunt ~ande ROB. ANGL. (I) *Alg.* 70 (cf. ib. 68: ad unam convertas substanciam).

12 to act or behave towards, deal with, treat (in spec. manner); **b** (*male ~are*).

790 honorifice eos ~a in †vine [l. vino] et pane ALCUIN *Ep.* 8; quas ille .. alternatim .. turpi palpatu .. libidinose trectavit B. *V. Dunst.* 21; quia Deus hominem illum .. sic ~avit aut ~ari permisit ANSELM (*CurD* I 8) II 60; **1200** quod prepositi .. juste et legitime ~ent tam pauperes quam divites (*Northampton*) *BBC* 246; si .. ballivi eorum injuste illos ~ati fuissent [*sic*] *Leg. Ant. Lond.* 35; **1397** recusat cohabitare cum uxore sua .. nec ~at eam affectu maritali (*Vis. Heref.*) *EHR* XLIV 281. **b** **1245** cepit ipsam .. et ipsam verberavit et male ~avit ita quod comedit nasum suum *SelPlJews* 12; **1308** recognovit se percussisse et male ~asse Robertum *Rec. Elton* 152; **1397** male ~at uxorem suam subtrahendo victualia et alia sibi debita de jure (*Vis. Heref.*) *EHR* XLIV 444.

13 to handle, act in regard to, deal with, manage. **b** (leg.) to consider, examine (plea or sim.).

cum [filii regis] propter etatem regnum ~are nequivissent .. frater suus loco illorum sublimatur G. MON. III 20; **1205** quod terre et tenementa .. ~entur per legem Bretoll' .. et legem Anglischerie secundum quod .. solent ~ari per predictas leges (*Shrewsb.*) *BBC* 137; **1243** si .. contigerit quod [heredes] appelentur de vita .. non ~antur nisi secundum libertates civitatis London' (*Lond.*) *Ib.* 168. **b** regis judices .. per quos debent cause singulorum alterna prosecutione ~ari (*Leg. Hen.* 29. 1) *GAS* 563; c**1125** omne placitum et forisfactum et justitia a ministris abbatis .. ~abuntur in curia S. Werburge *Cart. Chester* 6; **1221** coram ipsis justiciariis ~ata fuit loquela *PlCrGlouc* 85.

14 to treat (of), discuss, consider (subject, in speech or writing). **b** to consider (that).

Scottiam regressus est ~aturus cum suis quid .. facere deberet BEDE *HE* III 26; ut poetica ~emus et philosophica tradamus ALB. LOND. *DG* 6. 2; c**1255** ut .. prior et cellerarius .. ~ent cum consilio que ~anda fuerint *Bury St. Edm.* 192; requisitus quis esset cum quo .. loqueretur et quid cum eo ~asset *Latin Stories* 103; istam materiam ~arem diffusius si non obstaret prolixitas WYCL. *Log.* I 234. **b** dicite ei quid diu mecum de causa Anglorum cogitans ~avi, viz. quia .. idola destruantur (*Lit. Papae*) BEDE *HE* I 30; cum omnis substantia ~etur aut esse universalis .. aut esse individua ANSELM (*Mon.* 27) I 45.

15 (intr.) to have dealings or discussions, to engage in business. **b** to engage in discussion or discourse in speech or in writing (on a subject).

si quis per se vel susceptam .. personam de morte regis ~et [AS: *syrwie*] (*Quad.*) *GAS* 51; pharisei et pontifices .. invidia cruciabantur et congregato concilio ~abant de morte ejus AILR. *Serm.* 2. 1. 264C; s**1266** concessit exheredatis treugas .. ad ~andum interim de pace *Leg. Ant. Lond.* 92; **1275** (1300) in capitulo et alibi ubi ~atis pacienter et modeste vos habeatis *Reg. Cant.* 854; s**1328** semper .. despective et iniquissime ~avit cum ea [sc. uxore sua] AD. MUR. *Chr.* 57n; **1356** in expensis .. supprioris et domini R. de A. ~ancium cum consilio domini regis .. super inhabitacione fratrum apud A. *Ac. Durh.* 556; s**1381** ~are ceperunt de chartis abbatis reddendis WALS. *HA* II 28; c**1401** peccatum est homini in dolo ~are cum fratre suo WYCHE *Ep.* 539; si quis suam .. uxorem incriminatus fuerit .. absque certa causa quod .. in animam ipsius mariti .. ~asset UPTON 81; ad consilium convenerunt quomodo cum rege .. pro pace .. melius ~arent STRECCHE *Hen. V* 171. **b** **798** postquam .. super hiis uberius ~atum est (*Clovesho*) *CS* 291; rex super .. industria lupi cepit .. cogitare et cum viris sapientibus inde propensius ~are *Arthur & Gorlagon* 18; de quo volumine ~abimus in postpositis in capitulo isto *Mens. & Disc.* (*Anon. IV*) 82; de plana musica quidam .. sufficienter ~averunt HAUBOYS 180.

tractatim [CL tractatus *p. ppl. of* tractare+-im; cf. CL tractim], in a drawn-out manner.

1306 hore .. dicantur ~im et non nimis propere *Reg. Ebor.* II 8; ibunt processionaliter ordinate usque in ecclesiam .. ~im ac morose *Cust. Cant.* 179; autoritates subscripte .. non sunt legende .. velociter sed ~im cum intenta et morosa meditacione J. MIRFIELD *Flor.* 120.

1 tractatio [CL *not in senses* 1–5]

1 (act of) pulling (in quot. w. ref. to tolling bell).

c**1260** debet [scoparius] .. cum necesse fuerit pulsatores in ~onibus campanarum adjuvare *Stat. Linc.* I 365.

2 (act of) dragging, hauling, or conveying.

1295 in foss' fodiend' et ~one navis ad aquam xxj s. (*Ac. Galley Ipswich*) *KR Ac* 5/7 m. 1; **1335** Henry le Wyndraghere et sociis suis tractitor' vini pro ~one ccclvj doliorum flor' .. de aqua de Twede usque celar' regis (*Berwick*) *Ib.* 19/3 m. 7; **1336** in una magna corda empta pro ~one doliorum vini ij s. (*Ac. Edinburgh Castle*) *Cal. Scot.* III *app.* 350; **1399** in expensis factis .. circa ~onem eorumdem *fothers* usque aquam de K. et H. iiij s. *Fabr. York* 16; c**1433** in j nova magna corda canabea .. empta pro sursum ~one lapidum super campanile monasterii .. lviij s. x d. *Ib.* 51.

3 (spec.) dragging (of condemned man in process of execution for treason), 'drawing'.

s**1323** captus est et .. sub quadruplici pena, viz. ~onis, suspensionis, decapitationis, et demum .. in quatuor partes divisus vitam suam .. consummavit

TROKELOWE 127; s**1400** damnati sunt clerici .. qui traxacione atque suspensione capitisque truncacione vitam finierunt OTTERB. 228.

4 (~*o sanguinis* or sim.) bloodshed (in quot. leg., w. ref. to bloodwite).

1232 omnes affraie, ~ones sanguinum .. ac omnimodo querele .. terminentur .. coram ministris .. regis *Pat* 484.

5 (act of) drawing out (straw, perh. so as to straighten or arrange in bundles, for use in thatching).

1483 pro ~one xl *travis del lyngthake*, xx d. *Ac. Durh.* 648.

6 (act of) working or handling (substance), manipulation.

operare cum stanno .. donec sis dives, quia in eo est opus facilis ~onis et levis sumptus RIPLEY 338.

7 dealings, discussions, negotiation(s). **b** treatment (of subject) in speech or in writing, discussion, consideration.

1326 quidam sompniant quod .. regina intendit .. prelatos .. convocare et super arduis negotiis cum ipsis tractare, in cujus ~onis eventum .. cautius est ambulandum *Lit. Cant.* I 203. **b** hactenus prolixi fuimus .. in hujus lapidis ~one RIPLEY 169.

2 tractatio v. traditio.

tractativus [CL tractatus *p. ppl. of* tractare+ -ivus], that pertains to or produces traction, tractive.

ad tractum navis requiruntur multi homines, et ideo multi homines sunt potentia ~a navis OCKHAM *Dub.* 583.

tractator [CL]

1 one who hauls or conveys goods, haulier.

1463 concessimus .. aldermanno et burgensibus .. quod non ordinentur neque assignentur .. ductor, ~or, seu collector aliquarum custumarum .. decimarum .. aut aliarum †connocarum [MS: †conuotarum; l. quotarum] quarumcumque (*ChartR*) G. H. Martin, *Royal Charters of Grantham 1463–1688* (Leicester, 1963) 42.

2 a one who draws (liquid from cask or sim.). **b** (~*or salsi*)? one who extracts brine from pit.

a 1286 janitori bracini, pistori, braciatori, ~ori cervisie, et molendinario *Dom. S. Paul.* 174; **1303** [*R. de P., the drawer of beer*] ~or cervisie [*in the cellar for the use of the convent*] *Cal. LBLond.* C 125; **1335** de familia in celariis .. ~or vini et cerevisie cum uno garcione *Lit. Cant.* II 95. **b 1385** uno tract' salsi (*Ac. Westwood*) MS Worcs RO 705:349 BA 3835/10/10 (cf. *Arch. Soc. Worcs 3rd ser.* XIX 135: *for 3 s. 4 d. paid for one salt drawer for 10 weeks at 4 d.*).

3 one who handles or manipulates (material).

s**1136** pauperem vitri ~orem et fere laicum .. abbas ad monachatum recepit *Chr. Rams.* 325.

4 one who has dealings or discussions, (spec.) negotiator.

1285 ~oribus, compositoribus, ordinatoribus per .. regem deputatis *RGasc* II 261a; **1339** ut nos ad pacem .. reformandam tanquam ~ores amicabiles propria persona intendamus (*Lit. Papae*) WALS. *HA* I 218; **1367** articuli in quadam indentura inter ipsos ~ores ex utraque parte facta contenti *RScot* 915a; s**1460** si .. placeret conscendere in tractatum pacis admittendae in ~ores .. archiepiscopum *Reg. Whet.* I 372.

5 one who treats, discusses, or considers (subject, in writing), author of treatise or commentary.

juxta allegoriam de ecclesia diximus sequentes exemplum doctissimi ~oris Gregorii BEDE *ST* 169; hoc .. de suscepto homine dictum esse J. ~or ejusdem epistolae affirmat in homiliis quas in eamdem epistolam .. composuit ALCUIN *Dogm.* 170C; nullatenus .. credam .. ~ores dialecticae .. scripsisse quod .. dicere erubescerent ANSELM (*Gram.* 11) I 156; omnes logice ~ores intendunt astruere quod argumenta ex propositionibus .. componuntur OCKHAM *Summa* I 1; ~ores sacramentorum dum de septem sacramentis tractant (TYSS.) *Ziz.* 162.

tractatulus [CL tractatus+-ulus; cf. tractaculum]

1 retractable compartment, drawer.

1527 [Gavinus Dunbar concessit] satis amplum vestiarium cum ~is et clausuris pro .. ornamentorum conservatione (*Epistolare*) *Reg. Aberd.* II 251.

2 little treatise, tractlet.

de quibus .. finito ~o .. satis scribemus THURKILL *Abac.* f. 57v; universis Christi fidelibus presentem ~um inspecturis (OCKHAM *I. & P.*) *Auct. Brit.* XIV 279; secundum Albertum .. qui scripsit .. vobis illum ~um de secretis mulierum MORE *Resp. ad Luther.* (ed. J. Headley, 1969) 584.

tractatus [CL *not in sense* 1]

1 (act of or quantity of fish caught by) drawing nets, draught, haul.

1426 de iij s. iv d. rec. pro ~u de *sandeelez* ibidem hoc anno *Ac. Durh.* 620.

2 (act of) touching or manipulating with the hands, handling.

si Veneris stimulis tua mentula sit stimulata / levem tractatum digitorum nesciat illa D. BEC. 1992.

3 dealings, discussions, negotiation(s), debate. **b** settlement of negotiations, deal, treaty.

illi .. ~um magnum in concilio quid esset agendum habere coeperunt BEDE *HE* III 5; agitur inter eos de regni statu ~us AILR. *Ed. Conf.* 741C; **1229** ut ~ui pacis inter L. regem Francorum et nos insisteretur *Pat* 243; antequam de electione futuri pontificis ~us aliquis habeatur L. SOMERCOTE 28; **1272** habito .. super negotio illo †citatu [l. ~u] pleniori *RL* II 342; **1388** quibus sic tractantibus, post multos ~us inter se habitos .. extitit .. concordatum *Mem. York* II 2; **1402** pro expensis factis apud N. C. pro ~u habendo cum executoribus W. J. pro terris in W. *Ac. Durh.* 300; **1451** (1482) nullus alterius religionis .. ~ibus capituli admittatur (*Stat. Observ.*) *Mon. Francisc.* II 115. **b a1341** sperantes .. tempus tranquillius advenire quod .. diversi ~us pacis sibi .. promittebant *Pri. Cold.* 30; s**1347** super ipso pacis ~u multos .. tractatus habuimus (*Treuga*) AVESB. f. 116b; non obstante quod ~us ille multis de regno Scocie .. displicuit *Plusc.* VII 26 (cf. BOWER X 19: contractus).

4 (act of) treating, discussing, or considering (subject, esp. in writing), treatment. **b** (written) work that treats, discusses, or considers (a subject), treatise.

c**798** beatus Hieronimus in ~u epistolae ad Titum .. περί .. ad contemptum pertinere dixit ALCUIN *Ep.* 162; proficit si nec genitum nec ingenitum esse ~us patefecerit ABBO *QG* 24 (47); quomodo aliquis summam naturam in aliarum substantiarum ~u contineri intelligit? ANSELM (*Mon.* 27) I 45; sicut in ~u pentagoni docuimus ADEL. *Elem.* IV 16; priusquam in capituli hujus ~u laboremus J. FORD *Serm.* 87. 4. **b** haec in ~ibus magnorum auctorum .. explanata reppererat BEDE *Kings* 715B; codices ac ~us preclaros .. posteris .. monumentum reliquit J. FURNESS *Walth.* 32; personas et earum officia .. presens ~us explanat *Consuet. Sal.* 1; c**1242** simplicem intellectum fidei sicut continetur .. in ~u qui dicitur 'quicunque vult' *Conc. Syn.* 345; hic .. / .. scribendo fatigata / calcem do tractatui WALT. WIMB. *Van.* 153; in quodam libello vel ~u .. cujus inceptio est 'habito de ipsa plana musica' *Mens. & Disc. (Anon. IV)* 45.

5 continuous expanse or extent, stretch, tract (also of time).

~u vite sue .. a letis inchoante sed ad tristia .. vergente, tractando in threnis .. terminante GIR. *JS* VII 344; s**1460** omnes aquarum ~us in gurgitibus et in foveis .. palis sunt obstructi *Croyl. Cont. B* 531.

6 (liturg.) chant consisting of psalm verses, tract (cf. *tractus* 15).

c**1204** hec nomen 'psalmus' transumitur ad appellandum ~us qui modulabantur cum psalterio (SAMUEL PRESB. *Div. Aud.*) MS Bodley Bodl. 860 f. 104r.

tracte [CL tractus *p. ppl. of* trahere+-e], in a drawn-out manner.

via .. / vel fluvius vel rivus erit: vel tractius ibis / vel cursim salies VINSAUF *PN* 207; **1280** ut ipsum [officium] ~ius et devotius valeant .. decantare PECKHAM *Ep.* 213 p. 260; **1472** monemus ut divinum

servicium .. devocius, ~ius, et temperius celebretur *Melrose* 577.

tractellum [CL tractus+-ellus]

1 device used in pulling a shoe on (cf. *tractorium*).

calcianti strictum sotularem necessarium est ~um W. LEIC. *Sim.* f. 86ra s. v. exemplum.

2 one of a pair of ropes or straps by which a draught animal pulls its load, trace (cf. *tractus* 10).

1298 in iiij collariis emptis pro equis carectatis, xvj d. .. et in traxill' empt', xvj d. *Ac. Lenton* 26.

tracticius [LL]

1 operated by or used for pulling or drawing: **a** (*pons ~ius*) drawbridge. **b** (*fons ~ius*) draw-well. **c** (as sb. f.) trace (cf. *tractus* 10).

a 1328 usque ad pontem ~ium manerii (*Linc.*) *IPM* 14/5 m. 4; **1344** de xviij d. de quadam nova custuma .. ad pontem vicecomitis ~ium de xviij navibus intrantibus ibidem cum malis suis stantibus (*MinAc* 1082/5) J. R. Boyle, *Early History of .. Hedon* (Hull, 1895) *app.* p. xxiii. **b 1339** in aqua wyndanda de fonte ~io in claustro *Ac. Durh.* 536. **c 1388** habet .. ~ias et hernes' pro carecta precii xviij d. *IMisc* 240/27.

2 that appeals, attractive.

tractitium laudatur .. collum [accipitris] / plumaque .. corpus amena tegit L. DURH. *Dial.* II 159; erat ei [sc. Waltero Espec] .. facies amplissima, ~ia tamen AILR. *Stand.* f. 196b.

tractim [CL], in a drawn-out manner.

comes .. invitus .. processit ~im .. et morose ad pronuntiandum H. BOS. *Thom.* III 37 p. 310; si .. pes longam habeat in deposicione et longam in elevacione, vocatur 'spondeus' .. quia ~im sonat ODINGTON 90; egredientes a completorio fratres in dormitorio .. ~im transeant et mature *Ord. Ebor.* I 29; **1526** divina officia .. ~im, distincte concinantur .. non transcurrendo aut sincopando (*Vis. Thame*) *EHR* III 712.

1 tractio v. tracho.

2 tractio [CL]

1 (act of causing to move by) pulling. **b** (act of) pulling along, hauling, (also) transport, carriage, conveying. **c** (act of) pulling, drawing, or hauling (esp. up, into position).

ab altero .. motus sunt quatuor: pulsio, ~o, vectio, vertigo ALF. ANGL. *Cor* 11. 22; Augustinus .. aliique doctores .. dicunt non esse querendam .. causam non ~onis a Deo .. ex parte non tracti BRADW. *CD* 614E. **b 1364** salva priori et .. averiis suis fugacione et refugacione per moram predictam ~onem faciendam ad pasturas consuetas *Hal. Durh.* 30; de ~one recium nostrorum super terram suam ad piscacionem aque nostre de S. *Meaux* III 34; **1456** in solutis Roberto B. carpentario pro ~one unius boverie ad S. in manerio ibidem, iiij s. *Ac. Almon. Peterb.* 74; **1459** pro traxione meremii de aqua cum cariagio in officium .. v d. *Ib.* 132. **c 1398** sursum traxerunt velum .. et in ~one veli predicti quedam corda vocata *le staye* fregit *Cl* 242 m. 31.

2 (spec.) dragging (of condemned man in process of execution for treason), 'drawing'.

s**1381** Johannem Balle .. ~oni, suspendio, decollacioni, exentracioni, et quarterizacioni, ut usu vulgari loquar .. Robertus adjudicavit WALS. *HA* II 32; s**1404** clericus .. ~one et suspendio muneratur *Id. YN* 407; rex tibi condonat ~onem et suspensionem, sed decollaberis in monte Turris *Eul. Hist. Cont.* 375.

3 (act of) pulling or taking out, drawing (in quot. weapon).

1383 si cultellum vel gladium vel alia arma traxerint in contencione .. ille qui traxerit solvet .. communitati dim. marcam pro ~one illius arme [*sic*] *Lib. Kilken.* 76.

4 (act of) drawing (water).

1533 [lucracio carbonum:] pro ~one aque eadem septimana, iiij d. *Househ. Bk. Durh.* 185; **1581** facere *lez sough* .. pro conduccione et ~one aquarum ab operibus premissorum *Pat* 1205 m. 8.

5 (act of) drawing out (straw, perh. so as to straighten or arrange in bundles, for use in thatching).

1457 diversis mulieribus pro ~one straminis pro tectura domorum .. xiiij s. *Ac. Durh.* 151.

6 harness by which a draught animal pulls its load, draught.

1374 in ~one caruc' emendanda, vj d. (*Holcombe Rogus*) *MinAc Devon*.

7 (act of) ? drawing, marking out (design).

1581 pro ~one et *purfiling* predicti panni argent' cum operibus (*AcWardr*) *MS PRO AO 3/1110/22*; pro ~one et picturatione de iij^{cc}xlvij ramorum de floribus diversorum generum *Ib*.

tractitare [CL tractare+-itare], (in gl., as freq. of *tractare*).

~are, frequenter tractare OSB. GLOUC. *Deriv.* 590.

tractitius v. tracticius.

tractivus [CL tractus *p. ppl. of* trahere+-ivus], operated by pulling or drawing, (*pons ~us*) draw-bridge.

1256 illam partem [mesuagii] que includitur ffossato ad pontem ~um *Fines* 131/41 no. 54.

tractor [CL trahere+-tor]

1 one who hauls or conveys goods, haulier.

1273 Rogerus ~or vini (*Tweedmouth*) *DCDurh. Misc. Ch.* 5545.

2 one who draws liquid from cask, drawer.

1283 ~or cervisie [percipit] ebdomodatim iij d. *Dom. S. Paul.* 171; **1322** ~or vini et cervisie, qui est cupparius, pro se et garcione suo *DCCant. Reg. J* p. 511.

3 one who draws or marks out design (*cf. tractio* 7).

1441 tot ~ores, purtratores, ac homines et mulieres brauderatores quot pro operacionibus nostris necessarii fuerint *Pat* 451 m. 18*d*..

4 author of treatise.

12.. in principio hujus opusculi ~oribus emulis, i. e. invidis, est oviandum GARL. *Mor. Scol. intr.* p. 180.

tractorium [CL tractorius], device operated by or used for pulling: **a** windlass. **b** device used in pulling a shoe on (*v. et. tractellum*). **c** (in gl.) trace.

a cum sensissent retentum in imo ~ium, tenuerat quippe uncus .. infantuli caligam, trahentes .. elevarunt .. corpus *Mir. Hen. VI* III 120; ~io quodam ferreo rimari profunda fluminis satagebat *Ib.* V 156; *a wyndlasse,* ~ium, tollo LEVINS *Manip.* 34. **b** da mihi .. .. unum ~ium, ut cum eo meos possim ficones trahere sursum ÆLF. BATA 4. 16. **c 11..** ~ium, *tigel* WW; ~ium, A. *a trays* WW.

tractulus [CL tractus+-ulus], short pen-stroke, tittle. **b** (mus., in notation) little stem or tail (*cf. tractus* 8b).

invenitur .. quedam figura .. continens ['D'] .. et ex parte precedenti 'U' .. et in media linea per transversum ~us [v. l. tytula] utramque in modum crucis partem copulans BELETH *RDO* 44. 53A. **b** W. de D. posuit semibrevem majorem cum ~o descendente HAUBOYS 270; R. assignavit alterationem per duos ~os ad similitudinem caude yrundinis sub nota vel supra notam positos *Ib.* 288; per illos duos ~os nomen plice habere meretur WILL. 27.

tractura [LL]

1 (act of) pulling, hauling, conveying.

1391 pro ~a de iiij *laste* de *beer* usque navem, viij s. *Ac. H. Derby* 81.

2 (spec.) dragging (of condemned man in process of execution for treason), 'drawing'.

c1415 sub pena suspensionis et ~e (*Stat. Hen. V*) UPTON 139.

3 milking (of animal).

1185 femina que oves trahit debet habere ij d. et ob. propter tonsuram et ~am ovium *Rec. Templars* 57.

4 (collect.) apparatus for harnessing draught animal to plough, *etc.*

1388 habuit .. ~am ferri pro xij bobus *IMisc* 239/8 m. 1; **1388** j plaustrum, ij hercias, et ~am ferri pro viij bobus *Ib.* 332/1; **1388** ij plaustra cum ~a ferri *Ib.* 332/3.

5 (med.) salve, 'treat' (*cf. intractum*).

trett, ~a, emplastrum *CathA*.

tractus [CL]

1 (act or process of) pulling, pull. **b** (act of) tolling (bell). **c** (act of) pulling, drawing, or hauling (esp. up, into position).

[Syrtes] omnia ad se rapiant, unde Sallustius illis nomen a ~u [sc. σύρσις] dicit impositum BEDE *Acts* 992A; alius .. per .. oceani gurgites .. agens liburnam .. spumosis algosisque remorum ~ibus [*gl.: tium*] trudit ALDH. *VirgP* 2; stetit carrum quasi fixum nec poterat moveri ~u boum vel impulsu hominum *Found. Waltham* 9; vertigo componitur ex ~u et pulsione SICCAV. *PN* 160. **b 1403** sub tali condicione quod .. pulsarent .. qualibet nocte quandam campanam .. in ecclesia de N. vel in campanili ejusdem per trescentos et sexaginta ~us *Cl* 251 m. 11. **c 1322** per ~um pontis *PlRChester* 34 r. 15 (v. tractabilis 1b).

2 (act of) pulling along, hauling, dragging, (also) transport, carriage, conveying; **b** (transf., as amount carried in such an act); **c** (as right or payment in respect of right).

1275 capiendo tolonea .. indebita de mercatoribus .. venientibus ad villam N. .. viz. .. de ~u molarum molend' vj d. *Hund.* II 2b; si tres possent trahere navem et similiter unus solus, ita .. conveniret ~us navis uni sicut tribus R. MARSTON *QD* 92; **1329** in ~u sex doliorum vini de castro ad aquam et alibi, ix s. *ExchScot* 217. **b c1235** centum ~us virgarum de corilo ad trahas suas faciendas *Cart. Lindores* 73 (cf. *Meaux* I 99: duas carectatas virgarum de parco de K. .. ad reficiendas carectas nostras). **c p1164** W. P. .. eisdem concessit monialibus .. ~um decime *Act. Hen. II* I 545; **1331** est ibidem alia consuetudo que vocatur '~us boū' [*Cal. IPM* 389: bonorum] et valet per annum x s. (*Ewyas, Heref*) *IPM* 29/7 m. 14; **1338** est ibi quid' ~us navium super Tamisiam qui val' per annum vj s. viij d. *Ib.* 56/1 m. 13.

3 (spec.) dragging, 'drawing' (of condemned man in process of execution for treason).

s1321 alios .. ~ui et suspendio, culpis proditorum in ipsis clarescentibus, adjudicatos *Flor. Hist.* III 207; **s1381** turbatores pacis .. ~u et suspendio vitam finierunt *Pol. Poems* I 458n.

4 (act of) drawing into the body, intake. **b** pull, draught, swig (of fluid).

si [truncus] non idem [nutrimentum] trahit, interruptus est ~us, nec potest ad insitam pervenire quod affectat ADEL. *QN* 6; quidam .. dicunt .. colon esse ubi vulgariter punctum dicimus, aut quendam spiritus ~um J. SAL. *Met.* 850C; ~us .. est .. motus quo [animal] cibum traicit et potum haurit ALF. ANGL. *Cor* 6. 9; ex nimio ~u et discrasia sepe dolent renes in tertiana GILB. I 51. 1. **b** cum zuccaro dulcoretur et detur ~us bonus GAD. 7. 2; miscentes aque calide calathos [Diosc. V 16: κνάθους] iiij, i. mensuram continens [*sic*] unum ~um, cum timopsalmo *Alph.* 185.

5 (act of) pulling or drawing back (and loosing an arrow), shooting. **b** distance to which a bow can send an arrow, bowshot, range.

s1356 in antiquo tempore, ad tertium vel quartum .. ~um unius sagitte .. scirent .. que pars triumpharet *Eul. Hist.* III 225; **s1402** [transmittere] sagittarios suos .. qui eosdem taliter molestando et vulnerando ~u fatigarent ut .. sine certamine superatos captivaret *Plusc.* X 18. **b** cimba in ~um sagitte a terra abrepta, populus .. ripam occupat Gosc. *Transl. Mild.* 15; **1274** T. le W. amerciavit .. W. O. .. eundo versus domum ad ~um unius arcus de hundredo *Hund.* I 174; extra Bethleem ad ~um quasi baliste est ecclesia S. N. BRYGG *Itin.* 383; **s1423** si .. mihi citra sagittarum ~um congruum adjutorii transmiseritis clypeum AMUND. I 145.

6 (act of) drawing or taking out (from container or source), extraction. **b** (*~us sanguinis*) bloodshed (in quot. leg. w. ref. to bloodwite). **c** (transf.) taking away, removal.

c1220 prior unam [justam cervisie percipiet] ad novum ~um (*Evesham*) *MonA* II 30b; mensurator debet implere busshellum de sale ad duos ~us, et in tertio ~u radere mensuram *MGL* I 243. **b 1272** salvis dictis .. capellanis .. de nobis .. ~u sanguinis, mercetis, et omnibus aliis querelis et forisfactis *Reg. Aberd.* I 32. **c 13..** clericis [justiciarii] .. pro quolibet homine mundato per assisam pro ~u extra rotulos [ME: *for to draw thaim out of the rollis*] iiij d. *APScot* I 710.

7 (act or product of) excerpting.

sic finitur ~us de primo libro *Extr. Chr. Scot.* 7 (cf. ib. 1: incipiunt aliqua de .. libro Scoticronicon vulgo nuncupato .. extracta).

8 (act of) drawing (a net) through body of water (as method of fishing), dragging (also w. ref. to the right to do so or the place where it is done). **b** quantity (of fish) caught by drawing a net, catch, draught, haul.

de sagenis et ~is in aqua Temisiae iij s. (*Hampton, Middx*) *DB* I 130rb; **1107** (1330) cum .. piscaria et duobus ~ibus qui ibi sunt ad trahendum cum retibus (*Regesta* 825) *CalCh* IV 158; **c1140** concessisse .. fratribus .. ~um unius retis in aqua de Thei ad piscandum ubi mea dominica retia piscabuntur *Ch. David I* no. 88 (=*E. Ch. Scot.* 170); **c1144** concedo .. ~um duorum retium in Scypwel *Ib.* no. 147 (=*E. Ch. Scot.* 153); **c1146** (14c) confirmasse [monachis] .. piscarias suas et ~us in aqua de T. .. ita ut aqua rectum [i. e. rettum] suum habea[n]t, viz. terciam partem file aque liberam .. (*Regesta Scot.* 27); primo .. ~us sui conamine dum retia traherent salmo unus mire magnitudinis apparuit R. COLD. *Cuthb.* 73; **1231** in parco .. habere .. v damas .. et in forinseco vivario .. unum ~um ad piscem capiendum *Cl* 10; [ballivus] piscantibus intendens .. salutato .. episcopo dixit "Domine .. nihil cepimus: expectate .. unius .. ~us eventum, et date vestram benedictionem ut in ipsa laxemus rete" R. BOCKING *Ric. Cic.* I 78. **b** ad piscatores jam tensis retibus veniens .. primum ~um piscium .. ab eis impetravit R. COLD. *Cuthb.* 73; **a1192** decimam piscatorie, tercium eciam ~um sagene sancte M. .. concedo .. ad victum monachorum (*Lancs*) *Cart. Antiq.* I 73; **1315** abbas .. clamavit habere singulos primos duos ~us in .. S. Maripot et quemlibet primum ~um cum sagena sua in omnibus aliis locis aque predicte *Couch. Furness* II 217.

9 (act or product of) milking.

de septimana in septimanam unicus lactis ~us [tollatur] *Fleta* 166 (cf. *Gl. AN Ox.* 53: hec †pupilla [l. papilla] .. *tret de mamele*); ~us uberum vicissim tollantur *Ib.*

10 mark left by dragging, trace, track (also transf.). **b** mark left by drawing pen across surface, stroke, line. **c** (mus.) vertical stroke proceeding from note, tail, stem.

quidam fulgor emicuit, qui cum .. longe .. a loco ~u vestigante se transtulisset ADEL. *QN* 73; ex ~ibus dentium [draconis] sanguis emanans (*Brendanus* 33) *VSH* II 282. **b** sicut cum scribimus 'dn̄s' [sc. dominus] per ~um supra .. sic ipsi scribunt 'κō̄s' [sc. κύριος] BACON *Gram. Gk.* 12; hanc diversitatem sonorum designant [Hebraei] per puncta et ~us *Id. Maj.* III 90; **1331** quidam ~us in fine ejusdem rasture factus, majoris substancie et incausti nigrioris quam in principio ~us illius rasture, reperitur *SelCKB* V 65 (v. rastus). **c** figura ligata est ubicumque fit multitudo punctorum simul junctorum per suos ~us GARL. *Mus. Mens.* 2; secundum materialem significationem 'pausatio' dicitur ~us inter duas modulationes *Mens. & Disc.* (*Anon. IV*) 59; longa .. duos ~us possedens quorum dexter longior est sinistro 'plicata longa' vocatur HAUDLO 84; si [semibrevis] major sit, formabitur ad modum losonge habens sub se ~um HAUBOYS 262.

11 (her.) band that follows the outline of a shield, voided escutcheon, orle.

~us dicitur eo quod remanente campo armorum tam intra quam extra, protrahitur unus ~us de alio colore ad modum scuti, et aliquando iste ~us duplicatur .. et quidam habent istum ~um triplicatum vel quadriplicatum BAD. AUR. 197; sunt .. quidam nobiles qui portant unum ~um simplicem de duobus coloribus invectis UPTON 243.

12 extent, length, distance (as measure), (also as quality) 'longness'. **b** stretch, expanse (esp. of land), tract; **c** (*~us maris*, for W. *traeth*, *i. e.* sands). **d** stretch of time, period. **e** (*~u temporis*) in the course of time.

ilia succingit levitas tractusque lacertos [Helenae] J. Exon. *BT* IV 187; dicitur .. 'Sirius' a ~u i. e. longitudine signi, σύρω enim 'traho' interpretatur Alb. Lond. *DG* 9. 6; **1377** dictum rete .. longitudinis trium ~uum brachiorum hominis vocatorum *fadmes* existit *IMisc* 211/5. **b** Brettones .. de ~u Armoricano .. Brittaniam advecti Bede *HE* I 1 p. 11; idem locus .. illinc silvam longis supereminentem habet ~ibus Folc. *V. Bertini* 1; candela .. super tumulum .. linteis .. ornatum decidit, ibique trium pedum ~um signante favilla .. exarsit Gosc. *Transl. Aug.* 17A; quanto .. ad eoos ~us .. magis acceditur, tanto .. fecunditate terra felicior Gir. *TH* I 37. **c** transivimus .. Traitmaur et Traitbochan, i. e. ~um maris majorem et ~um minorem ... dicitur autem '*trait*' lingua Kambrica sabulum mari .. nudatum Gir. *IK* II 6; Trait Maur et Trait Bochan, i. e. ~us maris major et minor *Id. DK* I 5. **d** **940** presentis .. vite ~u pollentes *Ch. Wint.* 12; longo temporum ~u sacris altaribus ministrantes Lucian *Chester* 52; [miseria] que toto ~u temporis hujus perdurat usque in finem Bald. Cant. *Serm.* 14. 55. 452A. **e** s**1146** ecclesie subversa sunt edificia .. [et] canonici regulares positi sunt ibi ~u temporis Diceto *Chr.* 256; **1157** ne ~u temporis ea que semel recte terminata sunt iteratis refragationibus perturbentur *Act. Ep. Linc.* 90; dilectio .. temporis ~u et locali distantia convalescit P. Blois *Ep.* 34; diem sollemnem constituimus observandum ~uque temporis cum essemus .. requisiti .. usque ad S. .. descendimus *Canon. G. Sempr.* f. 140.

13 (act or condition of) moving, drawing, pulling, or tending in a certain direction (in quot. of adjustable apparatus for weighing).

s**1256** consuetudo est .. quod statera debet trahere inclinando versus pecuniam .. et quod ponderator .. per hujus ~um potuit prebere majus pondus uni quam alio sive per favorem sive per timorem *Leg. Ant. Lond.* 25; s**1256** fuit .. statutum .. quod .. pro ~u predicto debet venditor dare emptori ad quemlibet centum iiij li. *Ib.*; s**1269** averia .. solebant ponderari .. ita quod emptor habuit ad quemlibet centinarium iiij li. pro ~u *Ib.* 118.

14 **a** written treatment of a subject, treatise (*cf. tractatus*). **b** oral treatment of a matter, discussion or negotiation. **c** treaty.

a lectiones .. tres de ~u S. Augustini de eodem psalmo Ælf. *Regul. Mon.* 194 (cf. ib.: tractat' S. Augustini de psalmo 'exaudi Deus orationem meam'); **10..** tractatus [MS: ~us] grammatice artis (*Catal. MSS*) *EHR* XXXII 389; in qua pagina perlucidus ille tractatus [MS: ~us] subscribitur Adel. *ED* 21; suffragia monachorum, cum quodam ~u decretalium (*Catal. Rams.*) *Chr. Rams. app.* 358. **b** cum perventum fuit ad colloquium de condicionibus .. quibus rex .. ~u [Bower VIII 14: tractatu] prehabito .. [comitatum] sposponderat *Plusc.* VI 24; **1511** [terre] assedantur pro xix annis de consensu capituli solemni servato ~u *Reg. Aberd.* I 378. **c** **1427** citra ~um pacis finalis inter duo regna Francie et Anglie *Reg. S. Aug.* 362 (=*Cl* 277 m. 14*d.*).

15 (liturg.) form of chant consisting of psalm verses and sung in place of the Alleluia at certain masses (*e. g.* during Lent), tract.

sequitur ~us [AS: *traht*] 'eripe me Domine' *RegulC* 43; singulos ~us duo in albis canant Lanfr. *Const.* 114; cum ad versum ~us ventum esset 'scitote quoniam Dominus ipse est Deus' W. Malm. *GR* II 175; per totam septuagesimam .. in missa dicimus loco illius [sc. alleluia] et sui versiculi ~um Beleth *RDO* 79. 85B; cum .. ab initio cl psalmi .. legerentur, propter tedium loco psalmorum introitus et ~us et offertoria de ipsis psalmis instituit Gir. *GE* I 7 p. 23; antiphonam quam '~um' vulgo appellant .. Gelasius fecit P. Verg. *De rerum inventoribus* (Basel, 1546) V 10 p. 358.

16 one of a pair of ropes or straps by which a draught animal pulls its load, trace.

1177 pro ~is et alio minuto harnasio *Pipe* 198; **1213** in viij paribus ~uum ad caretam wardrobe nostre *Cl* 239b; **1308** in j pari ~arum iiij d. ob. *Crawley* 262; **1311** in j pare ~uum de corio empt' pro long' carect' iiij s., in v paribus ~uum de canabo et ij cordis pro longis carectis ix s. iiij d. *Ac. Durh.* 507; **1325** in j pare traxum factis de canobo domini, iiij d. (*Pershore*) *Ac. Man. Westm.* 22115; **1334** in .. viij *pipes* pro ~ubus *Ac. Durh.* 523; **1357** in stipendio j garcionis conducti ad lucrand' et cindend' virgas .. pro ~ibus ad plaustra faciendis .. [et] in v hominibus conductis ad dictas virgas torquendas et dictos ~us inde faciendos (*Chester*) *MinAc* 802/13 r. 4; **1371** ij *cartrapes*, ij *waynraps* novi, iij ~us ad carrectam novam *Ac. Durh.* 129.

17 coarse wheatmeal, 'treet'.

1300 de lij quart. †secundo [l. secunde] farrine que dicitur †cratus [l. ~us] et lxx quart. furfuris provenientibus de frumento superius moluto *AcWardr* 135.

18 (med.) salve, 'treat' (*cf. intractum*).

~us .. ad plagam satis conveniens .. fit ex albumine ovi et mele crudo et farina siliginis ana et succo apii in majori quantitate Gilb. II 85. 2; ~us ad aperiendum, sanandum, purgandum, dolorem mitigandum, carnem mortuam et cancrum auferendum .. si [plaga] aperta sit super pannum extendatur et superponatur *Ib.* II 85v. 1.

trada [ME *trade*], (naut.) coastal anchorage, roadstead (*cf. SelPlAdm* I xxii n).

1331 navis .. in ~a Sancti Mathei juxta coster' Britann' ancorata fuisset *IMisc* 119 (10).

†tradarius, *f. l.*

hic palifridus, A. *palfray*, hic †tradarius [l. gradarius], idem est *WW*.

tradbenda [cf. ME *bend*], ? sort of fastening used in harness.

1328 in stipendio fabri pro iiij novis †tradbend' inde faciendis ad eandem carectam (*Moundsmere*) *Min Ac Hants* (cf. *OED* s. v. *ridge-band*).

tradella v. turdella.

tradere [CL]

1 to hand over.

c**1185** cartam meam .. signatam capitulo ~idi per manum presbiteri ebdomodarii *E. Ch. S. Paul.* 205; s**1189** ~idit ei archiepiscopus sceptrum in manu dextera et virgam regalem in sinistra *G. Ric. I* 82; **1212** posuerunt serruram .. super cameram .. et ~iderunt clavem Gaufrido T. *SelPlCrown* 64; **1267** prout in cartis .. quas eisdem ~idi in testimonium plenius continetur *Cart. Chester* 563; vidit .. duos angelos sublevantes cathenam .. de collo ejus et ~entes eam alicui viro maturo (*Brendanus* 95) *VSH* I 146.

2 to hand over possession, ownership, tenure, or sim. of, to deliver (to another). **b** (*mutuo ~ere*) to loan.

unam [portionem] conjugi, alteram filiis ~idit, tertiam sibi ipse retentans Bede *HE* V 12 p. 304; **764** (12c) ut possidendi vel vendendi vel etiam ~endi cuicumque voluerit .. habeat potestatem *Ch. Roff.* 6; c**1185** unam carrucatam terre .. quam .. abbas .. et .. vicecomes .. precepto meo eis thradiderunt *Regesta Scot.* 218; **1266** expense: per denarios ~itos in cameram tempore [A.] de M. camerarii, lxiij li. xvj s. iij ob. *ExchScot* 1; ?**1270** convencio facta inter .. priorem .. et conventum .. ~entes et .. J. de S. .. recipientem, viz. quod .. ~iderunt et dimiserunt predicto J. .. terram suam .. ad feodifirmam pro xiiij li. *Cart. Bilsington* 89; s**1292** Johannes de Bailyolle .. electus est in regem Scotie .. et .. ~itum est ei regnum .. cum omnibus pertinentiis *Feudal Man.* 105. **b** **1253** una transgressio [est] in denariis predictis mutuo ~itis *SelPlJews* 24; c**1274** pecuniam suam per albas tallias mutuo ~idit Christianis *Ib.* 82; nullus .. mercator .. aliquid ~at mutuo filatricibus lanam filatam vel non filatam in vadium ponentibus *Cust. Fordwich* 6.

3 to hand over, transfer (person); **b** (to be hostage); **c** (to place of custody or sim.). **d** (*in baillium ~ere* or sim.) to release on bail, to bail.

1221 rex misericordia motus ~idit illum I. vicecomiti et concessit ei pacem suam *PlCrGlouc* 86; s**1164** incongruum esse asseruit clericos a suis justiciariis in publico flagitio deprehensos episcopo loci ~ere impunitos Wend. I 32. **b** s**1209** ~eret eidem duas filias suas in obsidatum M. Par. *Min.* II 119. **c** libros egregios .. tanquam perpetuo carceri ~ere et retrudere Gir. *DK pref.* 2 p. 161; s**1410** pecierunt .. ut clerici convicti .. non ~erentur carceribus episcoporum sed regiis ergastulis *Chr. S. Alb.* 56. **d** **1223** debet xx sol. pro A. .. ut ~atur in bailio *LTR Mem* 6 r. 12*d*; **1227** si .. rectati sint odio et athia et non eo quod .. culpabiles sint, tunc ~at eos in ballium *Cl* 7; **1250** R. de H. .. detentus in prisona .. habet litteras regis vicecomiti Oxonie quod ~atur per ballium usque ad iter justiciariorum *Cl* 324; si A. .. detentus in prisona .. invenerit tibi xij .. homines .. qui manucapiant habendi eum ad .. assisam .. tunc eum ~as in ballio illis .. usque ad .. adventum justitiariorum Bracton f. 123; ipsum A. ~as per ballivum predictis xij hominibus a prisona liberatum *Ib.* f. 123b; **1267** Rogerum .. duodecim [manucaptoribus] ~atis in ballium *Cl* 299.

4 to hand over, give up (to opponent or sim.), (also) to betray.

[Redvaldus] sive occidere se Edvinum seu legatariis ~ere promisit Bede *HE* II 12 p. 107; nec diutius potuere pati oppidani quin se ~erent W. Malm. *GR* IV 306; Deus et homo .. a discipulo suo se ~i permisit Gir. *SD* 130; Vortigernus .. quomodo regem ~eret .. cogitabat M. Par. *Maj.* I 184.

5 to hand over, entrust, commit (to another, as task, responsibility, or sim., also transf. or fig.); **b** (w. gdv.).

marinis se fluctibus ~idit, contrarium littus in gente Flandritarum attingens Osb. *V. Dunst.* 27 p. 101; s**1116** ecclesie cui me, vel quam michi, [rex] ~idit H. Cantor f. 10v; dicebat .. quod si animarum custodiam ipsis ~eret, sathanizaret M. Par. *Maj.* V 257; **1289** rex ~idit .. Bernardo custodiam et exercitium sigilli regis *RGasc* II 305a; quo audito .. abbas .. religionis habitum ei ~ens, normam bene vivendi edocuit (*Berachus* 6) *VSH* I 77. **b** rex .. ~idit obsides et puppes Cnut filio suo custodiendas [ed. *OMT*: custodiendos] H. Hunt. *HA* VI 9; s**1164** si sacerdos .. flagitium perpetrasset, exordinatus ab archiepiscopo, ~eretur laicali curie judicandus *Ann. Wint.* 57; **1309** caveat unusquisque quod non ~at factum hujusmodi custodiendum sine facto quod traditionem testatur *Year Bk.* I (*Selden Soc.* XVII) 164; cum .. cor .. et corpus ejus .. subterranee recondenda ~erentur *Meaux* I 117.

6 to pass on or hand down (information, teaching, or tradition), convey, transmit.

Vilfrido qui primus .. catholicum vivendi morem ecclesiis Anglorum ~ere didicit Bede *HE* IV 2; talia .. postquam precepta matronae / tradidit .. vultum .. inde removit Wulf. *Swith.* I 1384; est .. utilis quam ~imus ratio Balsh. *AD* 53; motus de quibus non est adhuc determinata doctrina ~ita T. Sutton *Gen. & Corrupt.* 47; inceperant .. aliter .. notare, qua de causa alias regulas proprias .. ~iderunt *Mens. & Disc.* (*Anon. IV*) 46; de Willelmo .. ~ebatur quod Londonie erat oriundus Higd. VII 30 p. 144; fulminum plura genera ~it Plinius J. Foxton *Cosm.* 8. 4.

7 to hand over, deliver, consign (to state, position, condition, treatment, or sim.); **b** (*~ere poenis*); **c** (*~ere morti*); **d** (*~ere sepulturae* or sim.); **e** (to writing or sim.); **f** (*~ere memoriae*, *~ere oblivioni*). **g** (*~ere nuptui* or sim.) to give in marriage.

pater filium suum .. potestatem habet ~ere in servitutem Theod. *Pen.* II 13. 1; qui se Deo voverunt comam .. tondere atque igni ~ere jubebantur Bede *Acts* 981D; quod si quis alius .. hoc errore teneretur, incurie ~endum putarem Adel. *ED* 4; **1254** priusquam litere ~erentur ad bullam *RL* II 105. **b** filii tenebrarum .. si vestrae potentiae sit istis me ~ere poenis, en praesto sum Felix *Guthl.* 31 p. 106; corpus suum variis penis ~idit *V. Edm. Rich B* 620. **c** missis itaque sortibus, sors nunc unum nunc alium morti ~idit *Eul. Hist.* I 147; rex offensus multos morti ~idit *Latin Stories* 105. **d** nec erat qui crudeliter interemtos sepulturae ~eret Bede *HE* I 15; **1171** cum .. martiris corpus sepulture ~endum esset J. Sal. *Ep.* 304 (305 p. 734); adhuc .. laborabant laniste iniqui ne .. corpus martyris sepulture .. ~eretur M. Par. *Maj.* I 399; decedens sepeliri non poterat nisi .. de permissione Ricardi terra [*Meaux* I 235: terre] ~eretur Knighton I 153 (cf. *Meaux* I 343: reliqui .. in loco .. vasto .. terre ~iti fuerunt). **e** excessus Henrici de E. memoriali scripto ~ere dignum ducimus, ad cautelam quidem, non ad usum Brakelond f. 140; cum operi manum primo imposuissem et que in cera dictaveram pergamene magna ex parte ~idissem Eadmer *V. Anselmi* II 72. **f** aliqua [miracula] memoriae ~ere commodum duximus Bede *HE* V 2; ut quicquid .. didicerat non .. oblivioni ~eret sed .. memoriae commendaret Wulf. *Æthelwold* 6; **1073** nec ~i oblivioni oportet quam benigne consanguineos vestros .. recepi Lanfr. *Ep.* 1 (1); **1510** pro m *brodnalle* oblivioni ~itis ultimo anno, ij s. j d. *Ac. Durh.* 661. **g** **1100** si quis baronum .. meorum filiam suam nuptum ~ere voluerit .. mecum inde loquatur (*Carta

Regis) *GAS* 521 (=*SelCh* 118); dum michi Margaritam proneptem suam in conjugium ~idit ORD. VIT. VIII 22 p. 395; **1230** cum rex .. filiam suam Matildem nuptui ~eret *RBExch* 5; quidam vir et uxor sua filiam .. cuidam juveni nuptui ~iderunt *Latin Stories* 59.

8 to give over, dedicate, devote (to activity, purpose, or sim.).

puer .. sacris litterarum studiis ~itus est ÆLF. *Æthelwold* 5; propterea quod .. istis forensibus .. curis me ~ere non nossem W. MALM. *GR* IV *prol.* p. 357; sese in obsequium ducis ~iderunt ORD. VIT. III 14 p. 155; Constans .. semet ipsum in consilium ejusdem ~idit ita ut nichil absque precepto ipsius faceret G. MON. VI 7; **c1205** assisam civitatis ~idi ad murum faciendum *Ch. Westm.* 371.

9 ? *f. l.*

sigillum Salamonis facit .. multa folia sursum †tradentia [? l. tendentia] et flores albos plures sub arcu haste sue deorsum †tradentes [? l. tendentes] *Alph.* 169.

tradimentum [CL tradere+-mentum], act of betrayal.

tu eris .. filius tue matris propter ejus alimentum .. sed patricida propter ejus ~um M. SCOT *Proph.* 155.

traditator [cf. CL traditor], one who betrays, traitor.

1566 curavimus Johannem Oneill .. juste proclamari et proscribi ~orem ac rebellum odiosum contra reginam *ActPCIr* 175.

traditio [CL]

1 (act of) handing over (in quot. symbolic).

1344 tibi .. tabellionatus officium .. duximus concedendum, ac te de eodem officio per calami, atramenti, et carte †tractacionem [l. ~onem] presencialiter investimus *Reg. Heref.* 11 (cf. ib. 22: **1365** per calami, atramenti, et carte ~onem); **1458** abbatem .. in .. possessionem predicti annui redditus per ~onem unius denarii indui .. coram .. multis *Reg. Aberbr.* II 99; **1564** quatenus .. Waltero K. .. sasinam hereditariam .. per terre et lapidis fundi .. ac unius denarii, ut moris est, ~onem .. tradatis (*Ch.*) *Scot. Grey Friars* II 7.

2 delivery into another's possession, ownership, tenure, or sim., conveyance. **b** handing down of possession or tenure, bequest.

cum nuda ~o dominium non transferat VAC. *Lib. paup.* 110; **c1244** W. capellanus tenet iij acras .. [et] inde nihil reddit, et est .. de gratia et ~one domini *Cust. Glast.* 11; Anselmus .. ~ones dignitatum ad firmam prohibuit KNIGHTON I 116; Arthurus .. devenit homo regis J. de Britonum .. sed de ~one regis J. remansit in custodia regis Francie *Feudal Man.* 95. **b** aliquas terrarum possessiunculas .. posteri ejus usque hodie ex sanctitatis ejus ~one possident ALCUIN *WillP* 1.

3 delivery into another's custody, committal. **b** (~*o in baillium* or sim.) release on bail.

~onem Johannis in carcerem BEDE *Mark* 140B. **b** **1417** morabitur in prisona .. absque ~one in ballium vel alia deliberacione (*Chanc. Misc.*) *Law Merch.* II xcix.

4 act of betrayal or treachery, treason (*v. et. treisona*).

fundis ~one tua .. sanguinem Normannorum W. POIT. I 4; **c1169** burgensis .. debet .. placitare .. in hundredo ubi calumpnietur de ~one corporis mei aut oppidi mei (*Swansea*) *BBC* 118; occiditur Willelmus .. nequitia et ~one Arnulfi DICETO *Chr.* 146; **1345** clamat .. habere .. proficuum .. proveniens .. de aliis placitibus .. exceptis ~onibus factis regi vel principi *PQW* 818b; **s1404** propter timorem traditorie ~onis *Plusc.* X 21 (v. traditorius); quidam de suis .. conabantur ipsum .. impedire .. et non cognovit rex ~onem CAPGR. *Hen.* 114.

5 handing down of teaching or custom, transmission. **b** teaching or custom that is handed down, tradition.

†**1093** (12c) sanctorum .. patrum .. qui .. suos adjutores .. nobis .. suorum .. scriptorum longa ~one cognitos reddiderunt *Ch. Chester* 3. **b** quae fuerint gesta .. ex scriptis vel ~one priorum .. conperimus BEDE *HE pref.* p. 7; primus .. apud Grecos Ferecides Syrius, soluta ~one, scripsit [prosa] BONIF. *Met.* 111;

annus solaris, secundum Romanorum ~onem et ecclesie Dei consuetudinem, a kalendis Januarii sumit initium GERV. CANT. *Chr.* 88; lex .. bonum fuit vinum sed per ~ones Judeorum degeneravit in acetum S. LANGTON *Ruth* 105; ars [palponis] .. / .. / argento copiat .. / plusquam alkimie vana tradicio WALT. WIMB. *Palpo* 6; ~ones et doctrine morales que in lege nature fundantur J. BURY *Glad. Sal.* 581.

traditiose [CL traditio+-osus+-e], treasonably, traitorously.

1305 Robertus .. contra .. ligienciam suam de .. rege ~e et felonice se elongavit et inimicus .. regis .. devenit *RParl* I 183b.

traditiuncula [CL traditio+-uncula], tradition that is of little account.

quanquam secundum astrologie fabulosam ~am aquila signum sit .. aquario oppositum .. secundum veritatem .. astronomie leo signum est oppositum aquario NECKAM *NR* I 23 p. 74.

traditivus [CL traditus *p. ppl. of* tradere+-ivus], that hands over or passes on.

Deum decens .. pulchritudo .. est .. ~a .. secundum dignitatem unicuique proprii luminis GROS. *Ps.-Dion.* 786; ~us suiipsius omnibus .. approximantibus *Ib.* 996; adquirere [feudum] per investituram ~am vel equipollentem. et voco 'equipollentem' fictam traditionem, in casibus consuetudine feudorum approbatis UPTON 38.

traditor [CL]

1 one who hands over.

c1350 ita concludit inter dominum H. .. ex parte una, ~orem, et dominum J. .. ex parte altera, receptorem, viz. quod .. H. .. tradidit et ad firmam dimisit .. domino J. .. ecclesiam *Reg. Rough* 279.

2 one who betrays, traitor.

780 noverit se .. habere partem cum Juda ~ore Domini nostri in inferno (*Selsey*) *ASC* VI no. 11; **1075** Rodulfus comes, immo Rodulfus ~or, et .. exercitus ejus in fugam versi sunt LANFR. *Ep.* 34 (34); **c1133** murdritor .. vel ~or, si rex condonaverit eis vitam et membra .. nullo modo remanebunt in patria (*Leg. Ed.*) *GAS* 644; ~ores dominis suis per colla se tradunt S. LANGTON *Serm.* 2. 9; **1269** insultum fecit in eumdem A. .. vocando ipsum falsum, perversum, et illegalem ~orem (*Mod. Ten.*) *CBaron* 83; tractus erat et suspensus ~or .. et pendens in patibulo in cineres fuerat concrematus STRECCHE *Hen. V* 149.

traditorie [traditorius+-e], treasonably, traitorously.

s1317 Dispensarii falso et ~ie et quasi vi ceperunt Novum Burgum *Flor. Hist.* III 342; subcapitaneus .. in manus regis Francie, aumpta ab eo .. magna summa pecunie, dictum castrum .. falso et ~ie reddidit *V. Ric. II* 19.

traditorius [CL tradere+-torius], treasonable, traitorous.

s1312 rex .. versus comites .. commovebatur, malo et ~io consilio suo ductus *Flor. Hist.* III 336; qua prodicione ~ia detecta, rex eum .. extinxit *Plusc.* VI 24; **s1404** princeps propter timorem ~ie tradicionis datus est in castro S. A. in custodia episcopi *Ib.* X 21.

traducere [CL], **transducere**

1 to convey, transport (esp. through, across, or over, to another place). **b** to relocate the remains of (saint), translate. **c** to cause to pass through (in quot., thread in stitching).

missatici regis .. dabant pro caballo transducendo iij d. .. burgenses vero inveniebant stiremannum (*Dover*) *DB* I 1ra; fletum .. puerorum et mulierum in captivitatem transducendorum H. HUNT. *HA* VI 7; [Christina] sentit .. se transduci super conclave *V. Chris. Marky.* 59; Cuthbertus in se confisum .. per medium hostium transduxit R. COLD. *Cuthb.* 105; qui .. captivatur .. in Babylonem ~citur R. NIGER *Mil.* I 43; **1221** non fuit ibi aliquis pons, ita quod abbas .. habuit ibi duos batellos ad transducendum homines transeuntes *SelPlCrown* 114; rotundum fuit [os] intrinsecus ut .. sine impedimento spiritus transduceretur BART. ANGL. V 19; **1457** eskippavit .. in quadam navi .. xxiiij centenas pellium lanutarum .. et illas .. abinde usque quartes ~xit non custumatas (*KR Mem*) *Bronnen* 1464; **1506** mercatores .. bullion .. ab eisdem locis .. in regnum Anglie .. ~ere

et transportare poterint *Foed.* XIII 137a. **b** [rex] petitionem .. transducende virginis .. refovit GOSC. *Transl. Mild.* 9. **c** virgo .. fibulam pallii .. dissutam resarciebat .. et cum quater filum ~xisset .. W. CANT. *Mir. Thom.* II 36.

2 to pass or hand on (to another), transmit.

Cyrus .. ~cta voce et missis litteris in universo regno suo .. praecepit .. eos .. ascendere Hierusalem BEDE *Ezra* 814D; ex utroque parentum .. origo nostri exterioris hominis .. ~citur PULL. *Sent.* 729A; de progenitoribus suis atavis formam Christiane imitationis ~xisse [? l. traxisse] non valet R. COLD. *Osw.* 8.

3 to bring into another context, transfer.

[verba] que inventa sunt ut verborum indicent qualitatem .. originis sue sociata sermonibus suum .. excitant intellectum, alio vero ~cta .. absona sunt J. SAL. *Met.* 846A.

4 to bring into another form, convert, transform. **b** to put into another language, translate.

Jesus .. totam .. inferiorem latitidinem [PL: latitudinem] ad unum sue dilectionis cubitum linea rectiore ~cat AILR. *Spec. Car.* III 38. 618A; quando casus a casu ~citur VINSAUF *CR* 322 (v. traductio 4). **b** cum .. ~itur non unum verborum sed plurium complexio BALSH. *AD* 97; **1439** Ethica Aristotelis ~cta per Leonardum Arretinum (*Catal.*) *MunAcOx* 761; vitam .. Albani de Latino in vulgare nostrum rhythmico modo ~ctam *Reg. Whet.* I 426.

5 to take (wife).

Herodes .. †Docidem [l. Doridem] uxorem suam abjecit et Mariagnem .. ~xit in uxorem R. NIGER *Chr. I* 18; **s1290** Rogerus B. .. ~xit Aliciam filiam Johannis de A. OXNEAD *Chr.* 276; alter [miles] uxorem ~xit formosam *Latin Stories* 64.

6 to lead astray, mislead.

fratres .. fratrum defunctorum uxores non dico ducunt, sed ~unt, immo verius seducunt GIR. *TH* III 19; to betray .. ~ere *CathA*.

traductio [CL], **transductio** [transducere+-tio]

1 (act of) taking through, across, or over to another place, conveying, transportation.

quod nusquam pro ~one vel commercio propriarum rerum suarum .. aliquam consuetudinem solvit RIC. HEX. *Hist. Hex.* II 3; **s1274** quamdam ovem Hispanie morbidam que totum gregem Anglie morbi ~one contaminavit RISH. 84; **1389** quominus .. saccos [lane] residuos .. versus partes exteras traducere valeant .. ne hujusmodi ~o fiat, ut dicitur .. impediti existunt *RScot* II 101a; **1503** ~ones et eskippaciones *Cl* 364 m. 15.

2 (act of) bringing into another form, transformation. **b** (act of) putting into another language, translation.

cum .. [aves nondum viventes] in aqua exciderint .. fit .. in spiritum vitalem transductio *Quaest. Salern.* B 138. **b** accidit .. hujusmodi ~onem fieri diversis sibi invicem .. mutuantibus loquelis BALSH. *AD* 97; circa paracionem perornacionemque [libri] .. expendisse .. preter summam pro ~one alibi positam .. summam iij li. *Reg. Whet.* I 427.

3 (act of) taking to wife.

donatio .. ad nuptias est que datur sponse a sponso vel desponsatione vel ~one PECKHAM *QA* 112; **1282** quam .. pecunie summam tempore ~onis .. filie nostre in domum sui soceri .. marito .. solvere promittimus *RGasc* II 159a.

4 (rhet.) repetition with variation of inflection or meaning, polyptoton or antanaclasis.

~o est quando casus a casu traducitur ut .. '†utrique [l. utrimque] severus, utrique / congruus, utrumque nactus, utroque potens', vel .. quando .. eadem dictio in diversis retinetur significationibus: 'terrenis heres, Plutonis alumne, sed heres / que tibi tanta sitis? quam vitiosa sitis!' VINSAUF *CR* 322; in hac clausula 'utrimque severus' determinatur adjectivum per adverbium, in sequenti per dativum, in tertia per accusativum, in quarta per ablativum. hec .. diversitas casuum sumitur ab eadem dictione et sic incidit color qui appellatur '~o' *Id. AV* II 3. 95.

traductivus [LL = *derivative*], that transmits or passes on, transmissive.

celum [empyreum] .. est .. uniformiter luminosum .. quamvis sua luminositas lateat sensus nostros .. quia aque que sunt super firmamentum non sunt illius luminis ~e MIDDLETON *Sent.* II 44b.

traductor [CL], one who takes something to another place, transporter.

c**1230** tempore quo transmittitur caseus [ad Beccum], cariare debet caseum .. usque ad Suhamton .. et .. ~oribus liberare (*Cust. Combe*) *Doc. Bec* 42.

tradus v. 1 todus.

tradux [CL = *layer for propagation of vine*], that which passes on or descends (esp. to subsequent generation) by transmission or propagation (also pred. or as adj.). **b** (~*ce, ex* or *de* ~*ce*, or *per* ~*cem*) by (esp. hereditary) transmission or propagation. **c** (in gl.).

dignitas conditionis humane .. per ~cem successive generationis lineam .. sue corruptionis morbum transfudit *Chr. Rams.* 56; [dignum existimans] quedam ex his que vidi et audivi .. per ~ces litterarum linguas fragili humane conditionis memorie commendare *V. Edm. Rich B* 615; s**1249** nepos .. regis [Anglie] .. regem Francorum .. sollicitavit quatinus .. regi Anglorum jura sua .. concederet, ne peccatum regis Francorum Ludowici ira ~ce in insontem filium transfunderetur M. PAR. *Maj.* V 71; s**1259** Anglici patrem suum .. usque ad mortem .. odio .. persequentes, in filios et nepotes hostiliter ira ~ce similiter insequebantur *Ib.* V 732; censeuerunt .. magnates Anglie indignum esse ut ira ~ce filius culpas portaret genitoris *Id. Min.* II 197; majestas .. legibus ex divina lege ~cibus nusquam decorata GARDINER *Si sedes* 56. **b** Cain .. addidit .. noxae praevaricationis quam ex ~ce traxerat .. homicidii .. reatum BEDE *Gen.* 67B; neque .. anima nex ~ce est, quia una non traducitur ab alia sicut caro ex carne R. MELUN *Paul.* 85; [vir prudens] de cujus stillicidiis [scientie] .. modicum id quod habemus per ~cem accepimus *Dial. Scac.* I 7C; cum .. ~ce nature .. superexcellenti genealogia sitis utrimque derivati .. vos .. dedignemini .. sancte propaginis exsortes fieri J. FURNESS *Walth. prol.* 4; iniquitas patrum .. in impia posteritate quasi ex ~ce solet succedendo propagari GIR. *Æthelb.* 13. **c** *synne* .. vicium, viciolum, ~x *CathA.*

traea v. trahea.   **traecia** v. trahicia.   **traere** v. trahere.   **traerus** v. tractus.

traficare, trafficare [cf. Eng. *traffic*, Fr. *traf-(f)ic*, Italian *trafficare*], to make a journey or travel (to a place) for purposes of trade, traffic.

1554 in .. mercatorum ad hoc regnum Anglie per maria traficantium prejudicium *SelPlAdm* II 92.

trafretatio v. transfretatio.

traga [cf. draga, draia, CL trahea], wheelless cart, sledge, 'dray'.

1147 qui cum quadriga vel ~a aut onere per licentiam forestarii de bosco fuisset egressus, inter boscum et illius hominis domum eum nullus inde inquietare .. ausus fuit (*Saltrey, Hunts*) *MonA* V 523a; trenga [*sic* MS], A. *a dreye* WW.

tragacantha, ~um [CL < τραγάκανθα], spiny Eurasian shrub of the genus *Astragulus*, tragacanth. **b** gum exuded from tragacanth, gum tragacanth.

mirabolani temperentur .. in lacte amigdalarum dulcium .. cum mucillagine draganti vel psilii facta in aqua liquiricie GAD. 5. 2; tragagantum est radix lata et lignosa, virgas habens breves et fortes .. in quibus .. folia sunt plurima et minuta que circa se spinas .. habent [Diosc. III 20] *Alph.* 182; [*herbes:*] †bragagantum [l. dragagantum], i. *dragagant* WW. **b** tragagantus, i. similis gumma *Gl. Laud.* 1494; arbore desudans dragagantum [*gl.:* species aromatica] sole rigescit / sicca salutifero pectora rore rigans GARL. *Epith.* IV 263; dragantum secundum Platearium et Avicennam est gummi cujusdam arboris cujus humor .. actione caloris .. indurescit BART. ANGL. XVII 51; dragantum, gummi .. cujus triplex est maneries, sc. dragantum album .. subrufum et citrinum *Alph.* 48; recipe .. seminis papaveris albi, dragaganti, gummi arabici ana 3 ij J. MIRFIELD *Brev.* 84.

tragades v. tragulidos.   **tragagantum, ~us** v. tragacantha.   **traganthes** v. tagetes.   **tragelafus** v. tragelaphus.

tragelaphus [CL tragelaphos < τραγέλαφος], tragelaph (understood to be a kind of capriform

antelope or sim.). **b** (phil., as fictitious hybrid) 'goat-stag' (*cf. hircocervus*).

cum .. sit naturae .. bubulorum et tragelaforum simulque ibicum caricibus .. vesci ALDH. *PR* 114; **7** .. ~us, *elch* WW; '~um': animal .. quantitate et forma cervo simillimum est, villosos tamen habet armos ad hircorum similitudinem et prolixam a mento barbam dependentem ANDR. S. VICT. *Hept.* 200; est in Britannia nostra hoc anno 1561 peregrinum animal et bisulcum .. corpore .. colore .. et pilo cervi .. arunco capri sed diviso ... ego ~um puto. vulgus et qui ex Mauritania advexerunt 'ovem Barbaricam' vocant, cum tamen nihil habet commune cum ove CAIUS *Anim.* f. 9. **b** illud quod non est .. nec in aliquo loco est, sicut .. ~us aut figlas [Arist. *Phys.* 208a31: τραγέλαφος ἢ σφίγξ] OCKHAM *Phys.* II 3; supradicta descripcio [persone] .. non est nuda descripcio nominis, sicut si quis describeret ~um vel chimeram WYCL. *Univ.* 163; hic ~us, hic hircocervus, parte cervus parte ircus WW.

tragema [CL tragemata *pl.* < τραγήματα], (pl.) fruit and nuts eaten as dessert.

tragimata sunt fructus dulces habentes †dures [v. l. duros] nucleos, ut uve vel nuces, vel duras testas, ut amigdalus [v. l. amigdale] *Alph.* 182.

tragicus [CL]

1 of or pertaining to tragic drama, tragedic. **b** (as sb. m.) tragic actor or poet, tragedian.

Philippum regem Macedonum .. introeuntem .. cubiculum uxor exclusit .. qui exclusus tacuit et injuriam suam versu ~o consolatus est J. SAL. *Pol.* 752D. **b** ~us vel comicus, *unwurð scop* ÆLF. *Gl.*; ~us .. pugnam .. populo .. in theatro .. gestibus suis representat HON. *GA* 570A; comicos relege, revolve ~os J. SAL. *Pol.* 704D; quam fallax .. sit istorum gloria .. ~us quidam sic exclamat: "gloria, gloria! .. " [Eur. *Andr.* 319: ὦ δόξα δόξα] *Incept. Ox.* 178.

2 worthy or reminiscent of tragic drama, tragical.

cum .. provincias .. quasi tyrannus saeviens .. ~a caede dilaceraret BEDE *HE* III 1; [ego] non omen quoad gazas grande ~asque mundi pompas adeptus GIR. *IK* I 3 p. 47; convivium Herodis aut Pharaonis .. fine ~o exit et homicidio maculatur J. SAL. *Pol.* 741B.

tragimata v. tragema.   **tragitum** v. trahicia.

tragoedia [CL < τραγῳδία]

1 tragic drama, tragedy.

[poema] est .. activum in quo personae loquentes introducuntur sine poetae interlocutione, ut se habent ~iae et fabulae BEDE *AM* 140; quamvis ~iam scribere non proposuimus, simplicem tantum historiam retexere satagamus OSB. CLAR. *V. Ed. Conf.* 22; vita hominum ~ie quam comedie videtur esse similior [in eo] quod .. tristis est exitus dum .. mundi dulcia .. amarescunt J. SAL. *Pol.* 489D; genus illud instrumenti quod 'larva' appellatur, quo utebantur histriones in ~iis vel comediis R. MELUN *Sent.* II 51; **1170** nomen vestrum .. memoria commendabile reddent ~ia vestra de Flaura et Marco .. et cetera .. opera P. BLOIS *Ep.* 93; in hac .. ~ia sunt actus septem TREVET *Troades* 3.

2 sequence of events worthy or reminiscent of tragic drama, tragedy.

illi .. commoti tantae historia ~iae GILDAS *EB* 17; scafa .. subsedit omnesque .. fundo involvit. evasit unus .. qui .. totius ~ie actum expressit W. MALM. *GR* V 419; s**1141** fuit .. hic annus cujus ~ias compendio digessi .. perniciosus Anglie *Id. HN* 502; trajediam non proposuimus describere set historiam OSB. CLAR. *V. Ed. Conf.* 18 (cf. ib. 22: ~iam).

tragoedicus [CL tragoedia+-icus], of, pertaining to, or worthy or reminiscent of tragic drama, tragic.

c**1213** hec .. tam parum duratura potestas sibi ~um exitum cum gehennali pena .. comparabit GIR. *Ep.* 7 p. 258; nonne ~um hunc scandendi modum per leta .. principia, mediaque pompatica, fine mestissimo .. ruina sequetur? *Id. Spec.* III 7 p. 164; superare tragedica cuncta / ista videt quisquis carmina prisca legit GARL. *Tri. Eccl.* 110; historiis satyras et gesta tragedica junxi *Ib.* 124.

tragoedus [CL < τραγῳδός], tragic actor or poet, tragedian.

~i vel comedi, *unweorðe scopes* ÆLF. *Gl.*; [Nero] theatra perlustrans assumpto etiam varii vestitus dedecore .. ~os .. visus est superasse J. SAL. *Pol.* 787C; ita ~us: "gloria .."[Eur. *Andr.* 319: ὦ δόξα] BERN. *Comm. Aen.* 75; histriones .. gesticulacione representant hystorias .. sive confictas sive factas, sicut olim fecerunt ~i et comedi in theatris DOCKING 108; 'e' ante 'd' producitur, ut .. 'trajedus' BACON *Tert.* 260; [musica] harmonica est modulatio vocum .. et pertinet ad comedos, ~os, et choros ODINGTON 62.

tragonia v. tarchon.

tragoriganum, ~us [CL < τραγορίγανον], kind of aromatic labiate herb, 'goat's marjoram'.

~us frutex similis serpillo agresti foliis et virgis, et glutinosa vehementer, atque virtute potior. est alterum genus minora habens folia .. quod 'marubium' [Diosc. III 30: πράσιον] ab aliquibus dicitur *Alph.* 183; ~um, *goates marierome* (GERARD *Herball*) *OED* s. v. *marjoram*.

tragula [CL], sort of throwing-spear, javelin.

nunc ex jactu ~orum, nunc ex ictibus sagittarum .. occubuerunt STRECCHE *Hen.* V 170.

tragulidos [Ar. *atrāġūlīdu* ? < τροχιλώδης = *wren-like*], kind of small bird, (understood as) wagtail.

in utrisque [sc. lapide renum et lapide vesice] valet avis †tragades [cf. Avicen. *Canon Med.* III 18. 2. 19/20: tragulidos], i. cauda tremula GAD. 97v. 2.

tragulus v. tragula.

tragum [LL], net for dragging through water to catch fish, dragnet.

~um, *drægnet* ÆLF. *Gl.*; hoc ~um -gi, i. genus retis piscatorii quod aliter [dicitur] 'verriculum' [Isid. *Etym.* XIX 5. 3] OSB. GLOUC. *Deriv.* 576; †**974** (13c) tuum eiciens [*Chr. Rams.* 183: ejiciendo] ~um, multitudini .. obviabis piscium *CS* 1310; *tramale, grete nette for fysch*, ~um PP.

tragus, ~os [CL < τράγος]

1 goat.

caper vel hircus vel ~os, *bucca* ÆLF. *Coll.* 119; '~os' vel 'targos' interpretatur hyrcus *Alph.* 183.

2 kind of rough sponge (? *cf. tracho*).

est .. tercium genus [spongie] quod '~us' dicitur, duros lapides infra se habens et plurimas cavernas [Diosc. V 120] *Alph.* 179.

3 kind of prostrate leafless shrub, *Ephedra distachya* or sim.

~us aut *scorpion* aut *traganon* nascitur locis maritimis. frutex est super terram .. haste sunt illi sine foliis, in quibus in summitate habet velut acina minuta et rufa [Diosc. IV 51] *Alph.* 183.

traha v. trahea, treia.

trahale [CL trahere+-ale; cf. AN *trauil, trahal*], **a** skein-winding reel. **b** (in gl.) one of a pair of ropes or straps by which a draught animal pulls its load, trace.

a instrumenta mulieris convenientia: .. mataxa, ~e [*gl.: rele, trahal*] GARL. *Dict.* 134; hoc alabrum, hoc traale, -is, A. *a rele* WW. **b** ~e, *treives* GARL. *Dict.* 146; hoc retinaculum, A. *a trayse*, hoc traale idem est WW.

†trahctio, *f. l.*

dicendum quod †trahctio [l. attractio] multipliciter fit: uno modo fit a forma .. ut sic adamas attrahit ferrum, alio modo fit a calido et sic matrix .. attrahit sperma .. tertio modo fit attractio propter incomplexionem BACON VIII 208.

trahea [CL = *drag*], ~ha

1 toothed frame for dragging over ploughed land, harrow.

11 .. ad ~eam dixit .. buffo [AS: þa tadda cwæð to þar eiþa] *Catal. MSS AS* 194; digiti [pueri submersi] dentalium ~he formam pretendebant W. CANT. *Mir. Thom.* II 71; oporteat .. cererem terre commissam ~he [*gl.: herce*] beneficio cooperire NECKAM *Ut.* 113; s**1250** utquid ligones, tridentes, ~has, vomeres, aratra, et alia culture necessaria .. secum .. apportasset M. PAR. *Maj.* V 107; **1279** si quis .. equum habuerit .. ad ~ham veniat .. precio equi ad ~ham per ij dies, ij d.

Hund. II 485a; thraa [*sic* MS] semel transivit super bufonem: unus dens fregit sibi capud, alius dorsum, tercius tibiam J. SHEPPEY *Fab.* 26.

2 wheelless cart, sledge, 'dray' (*cf. draga, draia, traga*).

c**1235** centum tractus virgarum de corilo ad ~has suas faciendas *Cart. Lindores* 73 (cf. *Meaux* I 99: duas carectatas virgarum de parco de K. .. ad reficiendas carectas nostras); *slede to draw with*, ~ha, -he *PP*; ~ha, hoc genus est vehiculi a 'trahendo' dicta quia rotas non habet, A. *a dreye WW*; **1513** in facturam undecim ~harum ad ducendas decimas predictas de *crope* .. iij s. viij d. MYLN *Dunkeld app.* 94.

3 (in gl.) one of a pair of ropes or straps by which a draught animal pulls its load, trace.

hec †trane [l. trahe], -arum, A. *trays WW*; *a trayse for horse or trayl*, ~ha, ~he *CathA*; *a trace for drawing*, ~ha, -e LEVINS *Manip.* 6.

4 *s. dub.*

si venit hospes eques te visere, ventre refecto / .. / potus ter detur, domini traha ne capiatur D. BEC. 1474.

trahere [CL]

1 to pull, tug (on).

non contentiosum disceptationis funem ~hentes ALCUIN *Dogm.* 120B; illis .. cordas summa cum devotione ~hentibus AILR. *Ed. Conf.* 788D; arrepta .. una cordarum .. [monachus] toto nisu manibus ~xit utrisque *Ib.*

2 **a** to milk (animal, in quot. sheep, *cf.* 14f *infra*). **b** to pump (bellows or organ). **c** (falc., intr.) to tug and tear (at flesh), 'tire'.

a **1185** femina que oves ~hit *Rec. Templars* 57; c**1230** debet .. quatuor crates infra quas oves ~huntur .. facere (*Cust. Ogbourne St. George*) *Doc. Bec* 30; quando femine vadunt ad faldam pro ovibus ~hendis (*Nettleton, Wilts*) *Cust. Glast.* 68. **b** quociens organa ~huntur ter in una festivitate, dabit sacrista v d. folles ~hentibus *Cust. Cant. Abbr.* 294; **1322** servientes ~hentes organa *DCCant.* Reg. J p. 519; **1322** [solvantur] ~henti organa vj s. viij d. *Stat. Linc.* I 338. **c** in nervosis carnibus eum ~he[re] fac et curabitur ADEL. *CA* 11; caput ejus frica et ~here fac et sanabitur *Ib.*

3 to pull, draw, or haul (esp. up, into position). **b** (of disaster) to drag down.

hippotami [v. l. hippopotami] .. homines .. in .. gurgitum vortices ~xisse .. narrantur *Lib. Monstr.* II 9; s**1184** ligato fune collo ejus [carnifices] ~xerunt illum in sublime R. HOWD. II 286; subdiaconus coram eo [sc. sacerdote] genu flectens debet casulam ~here *Obs. Barnwell* 114; **1300** pro vadiis .. nautarum .. a .. die .. quo .. ~xerunt velum veniendo de portu de B. versus partes predictas *AcWardr* 275; **1384** in .. una longa corda pro theca feretri ~henda *Ac. Durh.* 425; municiones .. sic fabricate .. quod dum finis superior eis ~heretur deorsum, inferior se levaret *G. Hen. V* 6 p. 36. **b** ~xit .. te clades contracta per te W. POIT. II 25.

4 to pull along, drag, haul, (also) to transport, convey; **b** (fig.). **c** (pr. ppl. as adj., of animal) draught. **d** (pr. ppl. as sb.) animal that drags its body along the ground, reptile or sim.

illum .. inter densissima veprium vimina .. ~hebant FELIX *Guthl.* 31; bobus .. qui rhedam ~hebant .. solutis GIR. *TH* II 28; s**1291** patriarcha .. et minister hospitalis, letaliter vulnerati, ~cti a suis in dromundum .. perierunt RISH. 122; **1374** in una corda empta ad ~henda ligna ad stangnum molendini, xj d. *Ac. Durh.* 581. **b** ad voluntatem suam sacram scripturam ~here repugnantem [Jer. *Ep.* 53. 7] OCKHAM *Dial.* 500. **c** p**1182** pasturam .. ad tres charucatas boum ~hentium una cum bobus meis ~hentibus (*Burcester, Oxon*) *Ambrosden* I 186 (cf. *MonA* VI 434a: (1316) cum propriis animalibus meis carucas meas ~hentibus). **d** vi manuum [mulieris incurve] reliquum corpus raptabatur more ~hentium atque serpentium SENATUS *Wulfst.* 107; ~hentium [*Deut.* xxxii 24: super terram]: quedam sunt que incedere non possunt sed trahunt se per terram. hujusmodi dicunt '~hentia' ANDR. S. VICT. *Hept.* 207; s**1252** ibidem venenatorum serpentium et ~hentium habitat multitudo M. PAR. *Maj.* V 341.

5 to drag (condemned man in process of execution for treason), 'draw' (*v. et. tractare* 2, *trainare* 1).

s**1196** equi ministerio per mediam civitatem ~hitur ad furcas prope Tyburnam DICETO *YH* 143; s**1282** tanquam seductor et proditor .. judicatus ~ctus est et suspensus et postea membratim divisus W. GUISB. 221; **1293** attachiarent majorem Cestr' .. ad respondendum de hoc quod fecit ~here quosdam super cleyas *PlRChester* 6 r. 10; s**1305** [Willelmus Waleys] primo .. ~ctus per plateas ad caudas equorum, deinde suspensus, exin evisceratus .. demum decollatus est RISH. 226; s**1322** T. comes pro prodicione ~hatur, et pro .. homicidiis .. suspendatur, et pro .. fuga .. decapitetur (*Proc.*) TROKELOWE 115; s**1381** episcopus .. Johannem .. prosequebatur ad furcas .. sustentans .. caput ejus ne collideretur a terra dum ad suspendendum ~heretur WALS. *HA* II 8.

6 to draw (net) through water, haul. **b** to trawl for (fish).

983 (12c) si quis .. in tribus abyssis .. retia piscando ~xerit vel statuerit *CD* 640; **1228** P. de V. ~xit rete in aqua et cepit unam flundram *Feod. Durh.* 273; **1278** non ~hatur aliquod rete vel ponatur ad gurgites (*Cumb*) *JustIt* 132 r. 32*d*. **b** **12..** veredictum .. quod .. nulla sagena potest ibi ~here pisces (*Middx*) *EHR* XVII 486; **1377** communiter ~hunt brodos hostriarum in aquis predictis .. cum quodam rete vocato *dragge* (*Essex*) *IMisc* 211/5.

7 to pull along or bring behind one or in one's train, (also) to trail. **b** to lead, take, bring along (with one), to come bringing or leading. **c** (gram.) to take or govern (inflected form of word or sim.).

cortina cortinam ~hit in opere tabernaculi [cf. *Exod.* xxvi 3] AD. DORE *Pictor* 155; de quadam muliere que vestes candidas per terram ~hebat *Latin Stories* 18 (cf. ib.: cum .. caudam propter lutum sublevaret). **b** ~hens [equum] in domum et alligans ad parietem *V. Cuthb.* I 6; **1454** iij equi cum toto apparatu pro iij equis ~hendis *Ac. Durh.* 150; **1466** lego .. bigam .. cum jugis et *teemes* ferreis ac hernesiis pro equis ~hendis pertinentibus ille [*sic*] bige *Test. Ebor.* II 277. **c** 'quod' et 'quia' .. aliquando indicativum verbum ~hunt, aliquando conjunctivum BEDE *Orth.* 45.

8 (leg.): **a** (*~here ad curiam, in placitum*, or sim.) to take to court, implead, or sim. **b** (*~here ad warrantum, in testimonium*, or sim.) to vouch to warranty. **c** (*~here causam*) to bring a suit. **d** (*~here curiam*) ? to take matter to court (in quot. app. as form of process following out-of-court settlement). **e** to place (as pledge).

a **1176** clericus de cetero non ~hatur ante judicem secularem in persona sua de aliquo criminali (*Lit. Regis*) DICETO *YH* 410; R. advocatus illius ecclesie queritur quod N. eum inde ~hit in placitum in curia Christianitatis GLANV. IV 14; **1218** episcopus .. auctoritate litterarum domini pape ~xit eum in cameram [MS: cam; ? l. causam] coram vobis de laico feodo suo *Pat* 148; **1280** quod nullus .. scolarium .. invitus ad judicium extra universitatem .. ~hi potuit *StatOx* 97; **1315** (1419) vobis mandamus quod aliquem civem [Londoniarum] .. in ullo placito extra muros civitatis illius non ~hatis *MGL* I 302; **1397** T. B. ~xit quendam T. F. in causa testamentaria ad curiam secularem *EHR* XLV 93. **b** **1169** R. .. reddit compotum de v m. de misericordia quia ~xit hundredum de N. ad warantum de quadam consuetudine et defecerunt illi *Pipe* 89; **1209** R. C. dicit quod .. rex condonavit ei loquelam illam .. et quia est baro .. et regem ~hit ad warantum, dies datus est ei coram rege *SelPlForest* 9; nec .. dicam aliquam falsitatem nec aliquam veritatem celabo super re de qua ~ctus sum in testimonium J. OXFORD 77; **1275** S. dixit .. se recepisse dictam virgam per manus .. cujusdam T. de T. .. quem inde ~xit in warrantum *SelPlMan* 155. **c** **1435** de non ~hendo aliquam causam extra .. universitatem que est terminabilis infra universitatem *MunAcOx* 510. **d** **1293** concordati sunt per licentiam, et dictus T. ~hit curiam *CourtR Hales* I 253; **1300** T. A. de H., querens, per licentiam concordatus est cum C. de H., R. filio suo, et H. famulo suo, et dicta C. ~hit curiam pro omnibus *Ib.* II 125. **e** **1261** precipimus quatenus de terra Johannis S. .. quam ~xit in plegiagium .. x li. .. capiatis *Pri. Cold.* 1.

9 to attract, draw (towards oneself). **b** (falc.) to lure, 'train'.

dum aer in se .. aquam de imis et ignem .. de superioribus ~hat BEDE *NR* 220; magnates .. in urbem .. propriis ~cti negotiis W. FITZST. *Thom. prol.* 12; gagates lapis est qui ~hit paleas *SB* 22. **b** **1213** mittimus ad te .. cum iiij hominibus et iij equis et iiij leporariis, mandantes quod eis necessaria invenias .. ad ~hendum aves nostras *Cl* 152a.

10 to lead (person to act, state of mind, or sim.), induce, move.

voluntate quisque ad id quod indeclinabiliter vult ~hitur vel impellitur ANSELM (*CurD* I 10) II 65; **1166** episcopus Lundoniensis .. ambitione ~ctus .. hujus discordie .. extitit .. incentor J. SAL. *Ep.* 183 (175 p. 156); carnalis .. delectatio in causa fuit quod sic ~hi potest [ad corruptionem] AD. SCOT *QEC* 819B; effundo fletum cum flentibus, ut .. ipsos / a fletu retraham letitieque traham GARL. *Tri. Eccl.* 3.

11 to draw (in quot., breath) into one's body, take in.

ubi illa velut mortua ultimum spiritum ~hens jacebat *V. Cuthb.* IV 3; quod .. vite spiraculum ~hentis experimentum mortalibus est R. COLD. *Cuthb.* 2 p. 3.

12 to take upon oneself (in quot., marriage), contract.

cum alia muliere matrimonium ~hens [v. l. contrahens] *Chr. Rams.* 130; cum memorata muliere .. connubium ~hens *Ib.* 135.

13 to pull back (arrow or bowstring and loose it so as to shoot), draw (also absol.). **b** (p. ppl. as sb. n.) missiles for a bow, 'shot' (*cf. OED s. v.* trait).

1214 B. defendit .. feloniam et quod nunquam sagittam ~xit nec arcum habuit *SelPlCrown* 72; **1220** ~xit ad ipsum W. de una sagitta ita quod percussit eum in crure *CurR* 259; si ultra modum ~xero, archus frangetur O. CHERITON *Par.* 174; sagittarii .. ad pugnam arcubus tensis [ed. 1977: tetentis] sagittas ad aures ~hentes .. sagittare ceperunt *V. Ric. II* 133; **1435** unus tripos pro ~hendo balistas, appreciatus .. vj s. (*Invent.*) *Collect. W. Worc.* 574; **1440** quidam Flandrenses .. ad eos cum balistis ~xerunt et sagittarunt *Pat* 446 m. 24*d*. **b** **1462** arbalistas et ~ctum pro eisdem, arcus, sagittas .. ac omnia alia pro ordinacionibus nostris .. necessaria (*Ordnance*) *Pat* 499 m. 18.

14 to pull out, extract, draw. **b** to bring or take out of confinement, take out. **c** to draw (water from source). **d** to draw (liquid) from container, draw off. **e** (*~here sanguinem*) to draw blood. **f** (*~here lac*) to draw or obtain milk (*cf.* 2a *supra*). **g** to harvest (crop). **h** to bring up (sigh), heave. **i** to draw off from.

Orion .. robora de montibus evulsa radicitus ~xit *Lib. Monstr.* I 56; hic Harold dux ~hebat eos de arena *Tap. Bayeux* 21; si quis ~xerit [ME: *drawys*] cultellum ad alium .. percutiatur per medium manus ejus (*Assize David I* 15) *APScot* I 320; **1383** W. Gore .. B. filiam Ricardi K. noctanter cum cultello ~cto cepit *SessPCambs* 50. **b** **1251** ad girefalcones nostros mutandos et ~hendos *Liberate* 28 m. 19; **1290** pro putura unius girfalconis quem ~xit a mutis (*AcWardr*) *Chanc. Misc.* 4/4 f. 48v. **c** c**1230** inveniet aquam .. sed dominus inveniet ei cordam et boketum ad ~hendum *Doc. Bec* 35; p**1246** licentiam ~hendi aquam .. a rivulo qui dicitur E. *Reg. Paisley* 88. **d** debet potus fratrum .. ~hi .. refectorario presente *Obs. Barnwell* 154; **1314** ~hentibus cervisiam in refectorio, vij s. viij d. *Ac. Durh.* 512; vinetarii .. non permittebant homines videre ~hi vinum eorum sic venditum *MGL* II 425. **e** **1288** G. le *letherkervere* ~xit sanguinem de serviente suo *Leet Norw.* 10; **1306** Robertus filius H. fabri percussit Robertum S. et sanguinem ab eo ~xit *Rec. Elton* 121; qui infra jurisdiccionem admiralitatis percussit, verberavit, vel sanguinem ~xit *BBAdm* I 230. **f** **1306** in factura j boketti pro lacte ~henda ij d. ob. (*Glos*) *MinAc* 856/15 m. 2. **g** R. .. arabit acram et seminabit .. et ~het fenum et bladum *Cust. Abingd.* 302; in hieme debet .. ~here fenum et stramen quod [boves] debent comedere et portabit in boveriam *Cust. Bleadon* 206; **1312** auxil[iabit] .. ad ~endum linum (*Cust. Tolleshunt Tregoz*) *MS Essex RO D/DC 21/12*. **h** intimo ex corde longa ~hens suspiria BEDE *HE* II 1 p. 80; imis de pectoris fibris longa suspiria ~hens FELIX *Guthl.* 50 p. 160. **i** c**1209** debent facere .. flotgatas ad traandum stagna predictorum molendinorum (*Holy Trinity, Lond.*) *AncD* A 1817; **1237** fossator' pro stagno molend' de novo faciend' et platia deliberand' .. et preterea pro cursu aq' ante molend' deliberand' et pro quadam fossa circa dom', fac' ad taschia .. et eidem pro exclusis trahend' infra stagn' (*Works*) *KR Ac* 501/18 m. 2; **1306** T. de W. manens apud G. consuetus est ~hendi bayas molendini de O. ad deterioracionem molendini de O. et commodi [? l. commodum] molendini sui de G. *CourtR Hales* I 548; **1323** litteram abbatis pro stagnis ~hendis et piscandis *Ac. Wellingb.* 128.

15 (refl.) to take oneself off, retire, withdraw.

1280 expositis .. articulis .. magistri non regentes in partem [ecclesie] se ~hentes per se, ac .. magistri regentes similiter per se, super eisdem deliberarunt *StatOx* 96; **1369** rogavit .. religiosos quod se insimul ~herent ad aliquam partem ecclesie *Conc.* III 83a; Edwardus rex versus Cressy .. se ~xit *Meaux* III 58; **1415** archidiaconi .. ~xerunt se in domum inferiorem sub domo .. capitulari *Reg. Cant.* III 5.

16 to obtain (from source), take. **b** to derive (from). **c** (*~here originem* or sim.) to take one's origin (from), come.

c**1182** Petilini .. coriis .. foliisque arborum vitam ~hentes obsidionem .. contempserunt P. Blois *Ep.* 69; alia pars questionum in usu theologorum .. ventilatur .. per auctoritates et rationes et solutiones ~ctas ex philosophicis considerationibus Bacon *CSTheol.* 35. **b** 'severus', ex quo ['assevero'] ~ctum videtur Abbo *QG* 6 (14); quidam dicunt esse differentiam inter 'vispiliones' .. et 'vispillones' .. sed unum ~hitur ab alio *GlSid* f. 145ra. **c** desunt .. [pisces] qui non ex marinis fluctibus sementivam originem ~hunt Gir. *TH* I 9; pater meus et mater mea de optimatibus minoris Britannie ~xerunt originem P. Blois *Ep.* 49; **1293** Henricus quia ~xit originem in Ripton Regis dat .. ij d. (*King's Ripton, Hunts*) *SelPl Man* 112; videre .. possumus .. ubi .. populi erant trucidati .. herbam ebuli .. crescere, que ex ebullicione sanguinis humani naturaliter originem ~hit J. Rous *Hist. Reg. Angl.* 104.

17 to pick out, select, draw.

quum [Jovinianus] ~heretur ad imperium, clamavit se nolle paganis imperare R. Niger *Chr. I* 41 (cf. id. *Chr. II* 126: quum eligeretur in imperatorem); c**1296** debet .. habere de eodem blado quo metet j garbam cum ligamine de meliori blado ~cto *Cust. Battle* 86 (cf. *Crawley* 235: c**1280** debet eligere ligamen suum de blado longiore).

18 to draw a line through or under (text) as mark for deletion or cancellation.

1221 per attornatum suum [*crossed out*] non debet ~hi [*written above line*] *CurR* 9; **1262** Johannes Medicus [*crossed out*] esson' per J. F. de communi. ~ctus quia venit *SelPlMan* 178; **1393** omnes alii part' punct' et ~ct' *KB ContrR* 39 m. 15; **1393** omnes alii in comp' predicto part' punct' et ~ct' *Ib.* 39 m. 18.

19 to extend or stretch by pulling straight or taut, draw out. **b** to prepare (thread or cloth) by drawing out fibres.

1295 in ij hominibus .. conductis ad ~hendum stramen et faciendum morteram (*Lincs*) *MinAc* 1090/3 r. 4; **1320** in stipendio cujusdam mulieris ~hentis stramen pro coopertura (*Works*) *KR Ac* 482/1 m. 5; **1422** nullus .. aliquibus diebus sabbati .. ~hat vel radat, A. *nouther drawe na shafe*, aliquod genus pergameni *Mem. York* II 129. **b** **1295** amictus de filo auro ~cto floribus *Vis. S. Paul.* 319b; **1521** ij frontiaria, j de panno rubio cereci radiat' .. et aliud de ~ct' panno pulverizato cum stellis aureis *Fabr. York* 276.

20 to extend the duration of, spin out, protract. **b** (p. ppl. as adj) protracted, extended in duration. **c** (*~here moram*) to remain, spend time, remain, stay, or reside (in place or with person).

traxi / invito mea regna Deo J. Exon. *BT* I 226. **b** c**1250** ~ctioris more dispendia nullatenus sustinere potui quominus .. petitionem .. conscriberem Ad. Marsh *Ep.* 31. **c** c**1254** in cujus comitiva per plures dies postea moram ~xi Ad. Marsh *Ep.* 180; **1315** in qua .. prisona .. per biennium moram ~xit *RParl* I 323a; quilibet hereticus ~hens moram in episcopatu cujuscunque episcopi est subjectus judicio illius Ockham *Dial.* 584; **1424** pro tempore xx annorum quo moram ~xit in civitate Sarum *Canon. S. Osm.* 60; **1472** J. W. in misericordia quia non ~hit moram suam continuam super tenementum suum (*Dorset*) *CourtR Canford*; **1573** moram ~xit in cemiterio .. pro prefato J. et cum .. J. venisset in cemiterium .. prefatus T. A. extraxit gladium suum *Pat* 1105 m. 35.

21 (intr.) to lag behind, drag, linger.

1351 nullus ante alium .. precurrere, post alios ~here, aut punctum tenere presumat (*Const.*) *G. S. Alb.* II 421; a**1407** caveant procuratores ut debitam faciant execucionem .. contra ~hentes in scolis in Quadragesima *StatOx* 197.

22 to bring (something) into another state or sim., convert; **b** (*~here ad consuetudinem, in consequentiam*, or sim.). **c** (*~here ad finem*) to complete or accomplish.

27 .. perfectum imperficit, cum 81 ~hit ad 54, et perficit imperfectum, cum 18 ~hit ad 27 *Mus. Mens.* (*Anon. VI*) 399; natura semibrevis in ligaturis est ~here .. proximam notam sequentem ad naturam suam propriam Wals. *Mus. Mens.* 77. **b** **1166** mitto hac vice in terram S. Cuthberti justiciam meam .. non quia velim ut ~hatur in consuetudinem (*Ch. regis*) *Selden Soc.* CVII 466 (=*Mandeville* 112); c**1212** precipio quatinus hoc quod illa vice .. fecerunt non ~hatur in exemplum quare aliud in posterum .. facere debeant quam fecerunt .. temporibus antecessorum meorum *Regesta Scot.* 500; **1226** nolentes .. hunc modum auxilii posse ~hi in exemplum vel consequentiam (*Ch. regis*) *MGL* II 37; s**1235** id .. fieri hac vice permiserunt, ita tamen quod non ad consuetudinem [M. Par. *Maj.* III 306: in consequentiam] de cetero ~heretur Wend. III 102; **1523** nolumus .. casum hunc singularem ad sequentiam ~hi *Conc.* III 699b. **c** de conversione domine .. est contrectatum, quod paulo post fuit ad finem ~ctum H. Cantor f. 22v.

23 to take (w. ref. to transfer of ownership, possession, or sim.).

R. .. tenuit j hagam ibi quam ~hebat ad Erlei manerium suum *DB* I 58ra; **1209** in defectu molindini de C. ~cti in dominium, x s. *Pipe Wint.* 44; **1209** in defectu gabuli terre S. ~cte in dominium, ij s. (*Pipe Wint.*) *Crawley* 188; **1230** preceptum est vicecomiti quod de terris .. comitis faciat .. xij m. .. et nisi fecerit, tantundem ei ~hetur de firma sua [*corr. from* compoto suo] ad scaccarium *CurR* 832; in defectu terre B. ~cte in dominico, iiij s. *Ac. Beaulieu* 64.

24 to (make to) apply or refer to.

ex quo [oratio] ~hi potest ad diversos sensus .. non potest sciri quem illorum intenderet proferens Ockham *Dial.* 833; nullam mentionem faciendo .. per quod [MS: quam] predictum capitu[lu]m .. ~hi potest ad eosdem [fratres] Conway *Def. Mend.* 1344 (cf. ib.: statutum ad .. dictos ordines minime se extendat).

25 (intr.) to move, pull, draw, or tend (in a certain direction); **b** (transf., towards state or condition, or sim.).

s**1256** consuetudo est .. quod statera debet ~here inclinando versus pecuniam *Leg. Ant. Lond.* 25; [aurum] semper ponderatur per medium clavum, neque ~hens ad pondam neque ad aurum *Ib.* **b** lapides rubei vel ~hentes ad rubedinem M. Scot *Lumen* 262; **1239** quando .. W. vidit quod [R.] ~xit ad convalescenciam, amovit illum .. ad alium locum *BNB* III 266; si .. humor .. fuerit grossus, [adustus] ~hit ad acredinem Bart. Angl. IV 11.

26 ? *f. l.*

1552 ut prefertur .. unum habilem, idoneum, et †tractum [*sic* MS; ? l. rectum] personam .. Latinis saltem literis bene instructum et eruditum .. in libera scola grammaticali .. deserviturum *Pat* 850 m. 22.

trahibilis [CL trahere+-bilis], that may be pulled or drawn.

omnis volicio Dei .. est immobilis et per consequens non est ~is Wycl. *Dom. Div.* 149.

trahicere v. traicere.

trahicia [cf. CL trahere, ME *trais*], one of a pair of ropes or straps by which a draught animal pulls its load, trace. **b** (*in ~hiciis*) in harness.

1250 in .. cordis et ~eciis et aliis necessariis ad carettas (*Cambs*) *MinAc* 766/20 *d.*; **1276** in j pari ~ycium [ib. 73: tractuum], iij d. *Ac. Stratton* 189; **1279** in albo coreo iiij d. ad ~ycios erigendos [? l. emendandos] *Ib.* 230; **1282** in j tragito et j corda de canabo, viij d. et quad. (*Ac. Thorncroft*) *Surrey Rec. Soc.* XV 34; **1283** in coleris, ~icibus, virgis, funiculis, uncto, et aliis ad molendinum *Dom. S. Paul.* 166; **1294** pro saccis et ~hytis emptis *Comp. Worc.* I 19; **1316** in j pari novarum ~iciarum de canabo empto pro carecta, ix d. *Cart. Glam.* 216; ?c**1343** in .. xlv paribus ~hiciorum et xj *carterapes Ac. Durh.* 543; **1350** in ij paribus ~chiciorum, xij d. *Rec. Elton* 356; ~hicie, *trays WW.* **b** **1255** [equus suus] portabit bladum suum ad molendinum [et] in ~hitiis ambulabit *Cart. Rams.* I 473.

trahicium v. trahicia.

trahiculum [cf. trahicia], (in gl.).

~um, A. *a trahys WW.*

trahin- v. train-. **trahitia, trahyta** v. trahicia. **traia** v. treia. **traiare** v. triare.

traicere [CL], **trajicere**

1 to throw or thrust through.

necis materne gladium / per tue mentis medium / compaciens traicias J. Howd. *Cyth.* 30. 12.

2 to pierce through, transfix.

mortem offenderint .. iste sagitta pectus, iste collum trajectus W. Malm. *GR* III 275; trajectum telo Herculeo Nessum Testias Map *NC* IV 3 f. 46v; cum latus detectum / jaculo transjectum / vides intime J. Howd. *Sal.* 10. 5; ense linguarum intima transjecerunt *Id. Cant.* 62.

3 to move or convey (esp. across, to another place or position), transfer (also transf.). **b** (w. *in corpus, in ventrem*, or sim.) to ingest (also fig.).

audit a domino, 'exi de terra tua', non ut corpus inde ~eret, quod jam fecerat, sed ut amorem mentis evelleret Bede *Acts* 957B; lanam agni immaculati de colo in fusum, de laeva in dexteram ~imus *Id. Prov.* 1034D; in aere ignis suspenditur perque innumeras domos trajectus extra loci moenia invenitur Osb. *V. Elph.* 129; cause cognitionem in concilium Anglie trajecit W. Malm. *Wulfst.* II 1 p. 25; **1166** ad trajiciendum in Tolosam exercitum (G. Foliot) *Ep. Becket* 225 p. 525; hos [canes] Hercules tergemino Gerione victo ab Italia trajecit in Asiam J. Sal. *Pol.* 391D; ad mores .. instruendos et animos exultatione virtutis ~iendos in cultum Domini *Ib.* 402A. **b** improbos .. corripiendo quasi masticant et in corpus ecclesiae mollitos atque humiliatos ~iunt Bede *Cant.* 1133C; gutturis .. meatus reseratus .. est restituta facultate cibaria in corpus trajiciendi *Mir. Fridesw.* 33; nequaquam digni qui ab eo comederentur, id est qui in corpus suum ~erentur Ailr. *Serm.* 10. 5. 259C; caro .. Jesu .. his qui .. avidis faucibus diligentissime ruminatam ad interiora viscerum ~ere didicerunt J. Ford *Serm.* 8. 2; alium cibum in nos sumendo trajicimus et incorporamus; hic vero cibus [sc. corpus Christi] cum sumitur nos in se trajicit et incorporat Gir. *GE* I 18 p. 54; fama .. masticata semel et trajecta ad ruminum assidue sumi non desistit *Id. Symb.* I 28; antequam masticent .. morose suggendo vel lambendo in os trahiciunt J. Godard *Ep.* 223; Liber Bacchus respicitur / et in ventrem traicitur / nocte dieque R. Bury *Phil.* 5. 78; per eorum doctrinam in corpus ecclesie fidelium universitas ~itur Nic. S. Alb. *Concept.* 100; tamquam per medium potum .. ~itur sine labore ad stomachum, sic immensitas divine substancie .. de memoria ~itur in intellectum Lutterell *Visio Beat.* f. 93v; per os alimentum recipimus, masticamus, et trajicimus Holcot *Wisd.* 40.

4 to transmit.

earum imagines per sensus trajecte in animam (Ailr. *Serm.*) *CC cont. med.* IIB 281; per mamillas ad cor venenum aspidum insanabile Cleopatra ~iat J. Sal. *Pol.* 470B; solarius .. radius .. aque superjectus undat in lacunari sed et ignem celestem in subposita ~it per berillum *Ib.* 542D.

5 to go or pass through, across, or beyond, to cross.

exin Jordanem trajicit .. et tres semis mensis .. consuetum manna non tollit Bede *Luke* 595B; animus .. meus .. omnia .. spiritali .. motu pertransiens, ipsam etiam corporis molem sua subtilitate ~iens, in ipsum tue mentis sinum se totus infundit (Ailr. *Serm.*) *CC cont. med.* IID 4; ut frigora et imbres pati, vada fluminum pedibus ~ere assuesceret miles J. Sal. *Pol.* 603B; terra marique multis trajectis dispendiis ad imperatorem .. pervenit *Hist. Meriadoci* 366.

6 to pass over, omit.

haec a rabbinis Hebraicis eduntur expedita, nos silentio trajicimus Spelman *Asp.* 5.

traicia, traicis v. trahicia.

traigis [dub.], (in gl.) magpie or woodpecker.

7.. traigis, *higrae WW.*

traignare v. trainare.

trailbasto [AN *trailbaston*, ME *trail-bastoun*], itinerant court created to suppress thuggery.

s**1331** processus justiciariorum regis in traylbastone predicto deputatorum *G. S. Alb.* II 229 *rubr.* (cf. ib. 222: inceperunt justiciarii .. sedere super *traylebaston*; (*Suff*) *MinAc* 991/28: **1306** coram justiciariis de traylbastunr'; (*RParl*) *DocExch* 26: **1319** cum J. .. convictus fuisset de conspiracione coram W. de O. et sociis justiciariis de Treilbaston'); s**1378** rex grave tallagium a populo extorquebat, dicens quod si non haberet, traylbastonem haberet *Eul. Hist. Cont.* 345.

trailia v. treilla. **traillare** v. treillare. **traillicium** v. trellicium.

traina, trahina [AN *traine, trahin*], (falc.) lure.

1251 grues ad ~hinam girofalconum nostrorum *Liberate* 28 m. 19.

trainare, trahinare [AN *trainer*]

1 to drag, (also spec.) to drag (condemned person in process of execution for treason), 'draw' (*v. et. tractare* 2, *trahere* 5).

1309 equitando super unum equum casu fortuito cecidit, et predictus equus illam †tramavit [MS: trainavit], unde statim inde obiit *S. Jers.* XVIII 293; **1309** G. le B. in ultimis assisis trahinatus et suspensus fuit *Ib.* XVIII 299; **1324** secundum legem et consuetudinem insule ~atus et suspensus fuit *JustIt* 1164 r. 19*d.*

2 (falc.) to lure, 'train'.

1290 pro ix gruis emptis .. pro girfalconibus regis cum eisdem ~andis (*AcWardr*) *Chanc. Misc.* 4/4 f. 55v; **1291** pro putura iij gruum .. ad traignandum girfalconem suum *KR Ac* 352/26 m. 4; **1295** ad gerfalconem suum ~andum ad grues *Prests* 197; **1315** pro ij girfalconibus ad grues traynandis *KR Ac* 369/11 f. 128v.

trainellum [OF *trainel*, ME *trainel, trainelle*], part of gear for controlling or restraining horse, 'trainel'.

[pro] j capistro empto ad palefridum domini H., iiij d. .. pro ij cingulis et j supercingulo ad eundem, vij d. .. pro j traynello, j d. ob. *Househ. Henry* 402; **1284** pro .. xij paribus de traynell' *KR Ac* 97/3 m. 6; in j freno novo, j pare habenarum, et cordis ad traynell', ij s. *Ac. Swinfield* 181; **1303** pro pastronibus, traynell', cingulis, et supercingulis, capistris de corio novis pro equis .. custodiendis et hernesiandis *KR Ac* 363/18 f. 8; **1339** traynellos et pastronos *CalCl* 28; **1359** in .. xiiij capistris canab' et viij treynellis emptis pro dicto equicio et pullanis *KR Ac* 593/28; **1360** pro *loynes*, tranell', et pistura panis *Ib.*

traita [cf. Fr. *traite*, CL *trahere*], duty paid in respect of the transport of goods.

1254 debent vendam et treytam secundum consuetum modum de hiis que in ipsis nundinis trahunt venalia *RGasc* I 546a; **1514** damus .. comitatum X., villam et gubernamentum R. .. cum tracta bladorum et vinorum dictarum patriarum X. et gubernamenti R. *Foed.* XIII 460a.

traitor [cf. CL *tractator*], one who hauls or conveys goods, haulier.

1488 nec aliquis comburgensium .. assignetur ductor, ~or, seu collector aliquarum custumarum, taxarum .. decimarum .. aut aliarum quotarum quarumcumque nobis .. concedend' extra villam *Pat* 569 m. 16.

traitura [cf. AN *trait*, CL *trahere*], one of a pair of ropes or straps by which a draught animal pulls its load, trace.

1314 in uno †peritrayturo [l. pari traytur'] et uno *record* ad longam caretam, xij d. *Comp. Worc.* I 42; **1314** in pipis ad trayturam longe carete emptis, vij d. *Ib.*

traiturarius [*portmanteau blend of* AN *traitre and* CL *thesaurarius*], (nonce-word) traitorous treasurer.

s**1297** vocaverunt .. eum non 'thesaurarium' set '~ium' regis, et verius hoc quam credebant, multos enim seduxit W. GUISB. 303 (=KNIGHTON I 382).

Trajectensis [Trajectum+-ensis], of the city of Utrecht.

Willebrordus, primus ~ium episcopus W. MALM. *GP* I 6; **1487** de vj li. ix s. provenientibus de cona octo librarum et unius uncie auri ponderis ~is monetatis in denariis aureis vocatis *unicornys ExchScot* 549.

trajecterium v. trajectorium.

trajecticius [CL], (of money) lent for the transportation of goods.

in specierum fenori dationibus et in pecuniis transjecticiis et similibus his, in quibus est incertum condicionis periculum ut que piscatoribus vel alleciis in apparatum dantur VAC. *Lib. paup.* 168.

trajectio [CL]

1 (act of) transferring (from one place or position to another), transference, transposition.

liber .. transpositione sermonum, ~one litterarum .. depravatus est J. SAL. *Met.* 919D; quando trajectio verbi / inconcinna venit VINSAUF *PN* 1942; cum .. accessorium rei principali soleat apponi, subtili verborum ~one .. accessorium principale constituens GIR. *DK* I 14.

2 ingestion (cf. *traicere* 3b).

non habebunt actum comestionis, nimirum actus comestionis explete in ore comedentis cum ~one cibi comesti in interiora hominis PECKHAM *QA* 141; non est vera comestio, licet fuerit vera cibi contricio et ~o in interiorem partem corporis assumpti W. MACCLESFIELD *Quaest.* f. 33vb.

trajectorium [LL], funnel or sort of funnel-shaped object.

nuclei nucis et amig' et avellana facta suffumigacione ex una de eis per ~ium valent similiter GAD. 120. 1; hoc trajecterium, *a potlyd WW.*

trajectus [CL], (act of) crossing (over).

interposito mari a Gessoriaco .. litore proximo, ~um milium l BEDE *HE* I 1 p. 9.

trajedia v. tragoedia. **trajedus** v. tragoedus. **trajicere** v. traicere. **traliare** v. treillare. **tralicium** v. trellicium. **trallea** v. treilla.

---

1 trama [CL]

1 thread of woven fabric, warp or weft. **b** (spec.) weft, woof.

1254 fecit unum blanketum et fuit in prima parte bona ~a [*corr.* MS: bonum stagmen] et alibi in locis pluribus debilis ~a [*corr.* MS: stagmen] *Rec. Leic.* I 68. **b** ~a vel subtemen, *oweb vel ob* ÆLF. *Sup.* 188; hic panus .. i. virgula illa circa quam ~a involvitur OSB. GLOUC. *Deriv.* 433; juxta liciatorium orditur textor, duplicique ordine distincto stamini ~a interjecta maritabitur NECKAM *NR* II 171; ~a .. ferro vel saltem ligneo muniatur infra fenestrellas *Id. Ut.* 107; textrix percutit ~am cum lama GARL. *Dict.* 135; c**1256** stamen extractum de ~a *CallMisc* 238 p. 81; c**1275** in iiij petr' ~e excuciendis .. pectinandis .. filandis .. ordiendis et rotandis .. sc. grossioris fili *Ac. Beaulieu* 215; **1346** nulla ~a quod dicitur *ab* sit in loco panni ubi stamen quod dicitur *warp* poni debet *Little RB Bristol* II 2; *oofe, thred for webbynge*, ~a .. stamen PP.

2 (in gl.): **a** sort of instrument for weaving (*cf.* AN *trame*). **b** fringe.

a ~a .. dicitur et quoddam instrumentum textricum quod inequale est *WW.* **b** item ~a, *an hem WW.*

2 trama [cf. Scot. *tram*, ME *trame* = *mechanical device*], shaft of cart, tram.

c**1350** in iij plaustrorum ~is pro bobus emptis v s. *Comp. Worc.* I 58.

3 trama v. trames.

tramagium, ~asium v. tremesius.

tramailum [OF, ME *tramail(e)*], **tramallum** [OF, ME *tramal(e)*], sort of (fishing or hunting) net, trammel.

1246 quod .. possint piscari in piscaria .. cum uno rethe .. et cum ~ailo et sayna una cum batello (*Warw*) *Fines* 243/21/17; **1269** in v ~allis et una sagena de longitudine iiijxx tesiarum cum cordis et flotis ad idem emptis et uno trunco empto, xxix s. x d. *MinAc* 1078/11 r. 8*d.*; **1270** custus varenne: .. in filer' empt' ~

---

ad magnam ~alyam reparend', similiter cum j hominis emendantis dictum ~allium, iiij d. *Ib.* 768/5 m. 2; ~ellum, a *traysus* vel quoddam genus retis, A. a *tramayle WW.*; c**1460** pro j ~ale .. pro pisciculis capiend' *Ac. Durh.* 88.

tramale, ~llium, ~lya v. tramailum. **tramare** v. trainare. **tramarica** v. tamaricium.

tramaricia [? cf. CL *trames*], (in gl.) boundary-mark.

merke of boundys, as dolys, or oder lyke, ~ia, -ie, fem. prime PP; *dole, merke, meta,* ~ia PP.

tramaritia v. tamaricium.

tramarium [CL trama+-arium], (in gl.) treadle of a loom (*cf.* 1 trama 2a).

~ium, *meðema* ÆLF. *Sup.*

tramasericus [CL trama+sericus], with weft of silk.

~um, *seolcen ab* ÆLF. *Gl.*; vestes .. differentes .. materia: sericas .. olosericas, tramosericas [*gl.*: vestis cujus trama est de serico, *treme de seye*], leucosericas BALSH. *Ut.* 52.

1 tramellum v. tramailum.

2 tramellum [AN *tramel*; cf. tremia, CL trimodia], **tremellum**, hopper (of mill, also transf., of grain therein).

habeant [monachi] primam molituram post bladum quod invenerint in ~o *MonA* IV 169; **1190** molent absque multura statim post illud quod fuerit super †trames [l. tramel] nisi meum dominicum fuerit *Kelso* 142 (cf. ib. 149: illud quod fuerit super *trameyl*); **1205** ut quieti sint de multura ad molendinum primo post bladum qui in tremello fuerit *Regesta Scot.* 469; c**1197** ut moleat post primum bladum quod fuerit in tremil' (*Cart. Lanercost*) *Surtees Soc.* CCIII 153; c**1220** et molent post primum bladum quod fuerit in tremuil' (*Cart. Lanercost*) *Ib.* CCIII 114; **1271** post blada super tremultam (*Fines Yorks*) *Arch. Soc. Yorks rec. ser.* LXXXII 154; **1272** post bladum super tremulturas .. molendinorum inventum, nisi bladum nostrum .. supervenerit *Reg. S. Thom. Dublin* 396; **1313** quod possint molere bladum .. ad molendinum dicti Willelmi in Eggesclive propinquius trimulo *Reg. Durh.* II 1240; c**1315** molant ad molendinum meum .. et quod sint proximiores post illud bladum quod fuerit in tremulo quocienscumque venerint nisi bladum meum vel heredum meorum venerit ibidem antequam tremulum vacuetur *Melrose* 393; canonici molent proximiores blado quod est in tramello post dominum *Cart. Holyrood* 49; molent proximo post bladum quod fuerit inventum in tremula *Mem. Ripon* I 288.

3 tramellum [ME *tramel*], (in gl.) shoehorn.

~um, a *traysus WW.*

tramerium [dub.], (in gl.) shackle or frame for restraining horse while it is shod, trave (*v. et.* 2 *trava*), or *f. l.*

tramerium [? l. traverium], *traveys.* ergasterium idem est *WW.*

1 trames v. 2 tramellum.

2 trames [CL]

1 path, track, road; **b** (fig.). **c** course, route, way; **d** (fig. or in fig. context).

ambulat ergo freto solido, ceu tramite terrae ALCUIN *SS Ebor* 1375; non horror nivei tramitis obstitit WULF. *Poems* 166; ~ites publici et strata viarum per totam Italiam a latronibus stipabantur W. MALM. *GR* II 201; intendat Cestrie habitator exeunti portam orientalem qualiter ei trinus viarum ~es aperitur LUCIAN *Chester* 63; c**1240** concessi .. quatuor saylones .. in quibus trama jacet quod vocatur Martin Sti *Cart. Sallay* 456; **1397** est communis diffamator vicinorum super diversis ~itibus (*Vis. Heref.*) *EHR* XLIV 452; hec trama, hec orbita, hec semita, A. a *paytt WW.* **b** a**1164** ut judices seu ~ites juris suo officio fungerentur *Ep. J. Sal.* 71 (7). **c** ~ murum .. ~ite a mari usque ad mare .. directo librant GILDAS *EB* 18; ut populum domini vadentem tramite recto / ferret ALDH. *VirgV* 846; **798** inter haec morborum genera medio ~ite prudens temperamentum consistit ALCUIN *Ep.* 149; undique praecipites veloci tramite tendunt / ad tumulum sancti WULF. *Swith.* I 925; pedes directo ~ite incedit NECKAM *NR* II 184; commodiori ~ite versus eas [naves] totis nisibus festinant *Ps.*-ELMH. *Hen. V* 37. **d** vix artus animaeque carerent tramite mortis ALDH. *Aen.* 70 (*Tortella*) 6; virtutum ~item enodabo *V. Cuthb.* II 1; **941** terram jam praefatam .. ~itibus suae possideat vite deinceps *CS* 768; aeternae vitae ~item quaerere *V. Neot. A* 3; [pontifices] diviciis rapti mundano tramite current *V. Merl.* 671; totus .. sermo a principio per ~ites suos ad idem principium decurrebat P. CORNW. *Panth. prol.* 41; **1221** vota que a rationis ~ite non discordant *Dryburgh* 171.

2 sequence, line, string, row, column.

a**705** tertium [carmen] .. una eademque littera comparis linearum ~itibus aptata .. caraxatum (ÆTHELWALD) *Ep. Aldh.* 2 (7); secunda .. conjugatio isdem linearum ~itibus amphibracho concurrit ALDH. *PR* 121; Arsenium .. / qui dudum extiterat librorum tramite lector *Id. VirgV* 1002; quarto decemnovenalis circuli ~ite designantur epactae solis BEDE *TR* 53; quadrangulam paribus figuram lateribus x et viij ~ites in longitudinem et in latitudinem habentem *Alea Evang.* 174; ut multifidus ~es regnorum in unius Westsaxonici terminetur compendium W. MALM. *GR* I 105; musice cantilene modulamina recto sillabarum ~ite lustrare *Id. GP* V 195.

3 (her.) stripe, band.

de ~ite, baltheo, fascia, strophio SPELMAN *Asp.* 89; palus seu vallus .. ~es est per centrum erectus *Ib.* 96.

tramesi-, trameti-, trameysi-, tramisi- v. tremesius. **tramontanus** v. transmontanus. **tramosericus** v. tramasericus.

trampus [? cf. θρίαμβος *or* διθύραμβος], (rhet.) form of metrical syzygy.

multimodas alternantes sinzigiae replicationes .. ~us ALDH. *PR* 141 (*recte* 142) p. 201 (v. machaus); diopros .. et ~us *Ib.* (v. diopros).

tramus v. tarmes. **trana** v. trahea. **tranalpinare** v. transalpinare. **tranare** v. transnare. **tranatare** v. transnatare.

tranatorium [cf. CL tranare, transnare], crossing (in quot., w. ref. to creek or sim.).

prope Wippedesfleote, id est Wippedi ~ium FL. WORC. I 2.

tranchea v. trenchum. **tranchetum** v. trenchata. **trancire** v. transire. **trandallus, ~ellus, ~lus** v. trendellus. **trandstevum** v. trendstavum. **tranellum** v. trainellum. **tranetarius** v. travetarius. **tranetor** v. traventor.

tranquillare [CL]

1 to make calm or still. **b** to make tranquil or peaceful, to calm (down), pacify, compose.

1197 tanti viri .. qui mihi ~abant omnes infortunii motus P. BLOIS *Ep.* 127. 379B; sic †leva [v. l. seva] seculi tranquillat equora / et tandem applicat ad mitre litora WALT. WIMB. *Palpo* 84. **b** primum .. festum cruciat, secundum ~at, tertium coronat (AILR. *Serm.*) *CC cont. med.* IIB 331; ave Dei genetrix / .. / da timere dominum / mente tranquillata S. LANGTON *BVM* 3. 27; istos rex longanimis et multum misericors in paciencia ~avit J. LOND. *Commend. Ed. I* 20; [Christus] gementem consolatur .. perturbatum ~at ROLLE *IA* 229; non obstantibus mediacionibus vestris graciosissimis, quibus pacis tempora ~astis *Regim. Princ.* 78.

2 (intr.) to be or become calm or still.

mare ~ante et celo arridente a portu .. cum toto navigio suo recessit BROMPTON 1197.

tranquillatio [CL tranquillare+-tio], (act of) making calm or still, calming (in quot., transf.).

letamini .. quia illius projeccio ~io erit plebis *Reg. Whet.* I 170.

tranquille [CL], in a calm manner, calmly, (also transf.) in a tranquil manner, peacefully.

quid .. respondeat .. audiamus, et ~e vivamus ALCUIN *Exeg.* 846B; **974** (12c) ut .. a civium tumultu remoti ~ius Deo servirent *CS* 1302; Antonius [*sic*] .. Pius ~e et sancte gubernavit imperium J. SAL. *Pol.* 791D; impetrantes quatinus in ordine suo .. quiete et ~e vivere possent GIR. *Spec.* III 8 p. 168; s**1312** cum .. regnum Scocie ~e et imperpetuo domino Roberto promitteretur *V. Ed. II* 175; **1424** dum res ~e geritur AMUND. I 189; s**1455** populo .. ~e, pacifice, ac juridice gubernato *Reg. Whet.* I 159.

tranquillimus v. tranquillus.

tranquillitas [CL]

1 (of sea, weather, or sim.) calm(ness), stillness, (also) calm or still conditions.

mox tempestates compescet, refundet ~atem BEDE *Luke* 436B; sedatis fluctibus .. cum mira ~ate tam vasti equoris ABBO *QG* 1 (3); fontes, maria, et flumina hodie per ~atem hylarescunt HON. *Spec. Eccl.* 929D; versa est in ~atem tempestuosa procella GIR. *EH* I 29; maris et aeris nimia ~as corpora eorum languida fecit (*Brendanus* 28) *VSH* II 280.

2 (of person, mind, behaviour, or sim.) calm(-ness), serenity, composure, tranquillity.

numquam se vidisse alium in tam magna .. ~ate vitam suam finisse dicebant CUTHB. *Ob. Baedae* clxiv; **966** non ira cruciabatur .. sed caritatis ~ate leniebatur patientissimus *CS* 1190; fugerunt infestationum nebule, rediit sereni cordis ~as W. MALM. *Wulfst.* III 27; anima .. in summe ~atis serenitate gaudebit G. STANFORD *Cant.* 217 n. 75; eterna Patris paritas .. vera Filii claritas .. sancta Paracliti ~as AD. MARSH *Ep.* 1 p. 80; **1280** ~atem animi vestri in aliquo offendamus PECKHAM *Ep.* 113.

3 (state or conditions of) freedom from or absence of disturbance, peace(fulness), quiet (-ness), tranquillity.

8.. ut .. in ~ate Christiana devotus ipse permaneat *Rec. Coronation* 4; **1075** in tanta ~ate viximus LANFR. *Ep.* 25 (36); rex .. ~ati ejus [sc. Normanniae] .. prospiciebat ORD. VIT. IV 3 p. 177; **1220** paci et transquillitati terre .. intendentes *DipDoc* I 71; c**1250** verendum .. est .. in rebus administrandis ordinis ~atem fore turbandam AD. MARSH *Ep.* 33; s**1266** elegerunt .. ut .. providerent .. super ~ate regis et regni *Ann. Dunstable* 243; c**1413** nedum .. nostre universitatis ~as set eciam bellica perturbacio nostri regni similia pronosticant de futura *FormOx* 425; volentes indemnitati et ~ati eorundem prioris et conventus providere FLETE *Westm.* 110.

4 (as honorific title or form of address) serenity.

ut ecclesiam beati Petri .. haberet vestra ~as specialiter commendatam (*Lit. papae*) DICETO *Chr.* 105.

tranquillus [CL]

1 (of sea, weather, or sim.) calm, still.

neque .. fiunt nisi caelo marique ~o et vento in venas terrae condito BEDE *TR* 49; [columba] aere tranquillo lapsa deinde, sibi / radit L. DURH. *Dial.* III 125; **1242** postquam naves .. ascendimus .. mare .. placitum invenimus et ~um *RGasc* I 3a; tranquillum pelagus promittit puppibus arthos GARL. *Tri. Eccl.* 30; si hyems austrina, pluviosa et ~a fiat et ver siccum boreale GAD. 37. 1.

2 (of person, mind, behaviour, or sim.) calm, serene, composed, tranquil.

ut quomodo .. pura mente ~aque devotione Domino servierat ita etiam ~a morte .. ad ejus visionem veniret BEDE *HE* IV 22 p. 262; recto intellectu et mente ~a .. inspicitur ANSELM (*Ep.* 329) V 261; ~a locutione querulosos impetitores compressit ORD. VIT. XII 21 p. 386; Mars .. quum severet Gradivus, quum ~us esset Quirinus dicebatur ALB. LOND. *DG* 11. 10 p. 234; cum .. mentis ~c serenitatem tot adversa prepediant GIR. *Ep.* 4 p. 186; in armis furens, in pace ~us M. PAR. *Maj.* I 57.

3 (of conditions, period, place, or sim.) free from disturbance, untroubled, peaceful, tranquil.

redeunte temporum statu ~iore redit et mihi otium BEDE *Sam.* 664C; s**1104** hec .. urbs, portum habens .. ~am prebere potest navigantibus .. stationem M. PAR. *Min.* I 199; **1323** tempus habemus ~um in Anglia sine rapina *Lit. Cant.* I 109; ut maximam illic et quietam tranquillitatem et quietudinem ~imam habere mereamini in celo *NLA* II 573; *pesabylle*, pacificus .. ~us, portuosus *CathA*.

trans [CL]

1 through (to beyond), across. **b** on the far or other side of, past, beyond. **c** (w. *mare* or sim., also as single word) overseas. **d** (as adv.) over, across, or *f. l.*

iter ignotum ~s Tamesis .. alveum GILDAS *EB* 11; ac sic quasi via facta ~s oceanum .. haereseos virus .. ferae .. vibrantes *Ib.* 12; currente ~s fluvium navi *Hist. Abb. Jarrow* 27; s**878** alios .. ~s pellunt Gallias mare in aras ÆTHELW. IV 3; navis per mare velificat in forma crucis virga ~s malum posita AD. DORE *Pictor* 161; suffocatum cum ferro plumbarii .. ignito ~s tubam ductilem ad egestionis partes MORE *Chr. Ed. II* 318. **b** Faran nunc oppidum ~s Arabiam junctum Sarracenis BEDE *Nom. Loc.* 278; ~s .. pro super ponitur, ut transgressus, id est, supergressus ALCUIN *Gram.* 898B; ultra fines .. ~s omnem horizontem in infinitum per .. occultas vias GIR. *TH pref.* p. 20; Bosra est in deserto ~s Jordanem BACON *Maj.* I 347; quedam taberna ~s Tiberim vocabatur Emeritoria HIGD. I 25. **c** quando ivit transmare in servitium regis *DB* I 130vb; dum esset transmare in servitio regis *DB* I 151va; regem cito missis transpontum nunciis pro suprascriptis motibus accelerant ORD. VIT. IV 13 p. 263; ne .. de ~s mare venientibus pateret ingressus GERV. CANT. *Chr.* 411; s**1242** Henricus rex iij[us] transfretavit ad partes ~s mare *Ann. Exon.* f. 13; de transmarinis [v. l. transmare] rediens *Meaux* I 364n. **d** eum fecit archiepiscopum Ravenne et postea papam Rome. unde monostichon: transit ab R. [sc. Remis] Gerebertus ad R. [sc. Ravennas] trans papa vigens R. [sc. Romam] R. NIGER *Chr. I* 80.

2 beyond, above (thing regarded as limit of expectation, possibility, acceptability, or sim.).

hi profecto ~s meritum suum divinae gratia pietatis salvantur BEDE *Gen.* 71C; pateat .. ~s omnem humanam intelligentiam GIR. *EH intr.* p. 211; c**1210** trans hominem / induens fortitudinem (*In Episcopos* 7) *Pol. Songs* 7; c**1214** temporalia .. ~s metam omnem atque modestiam diripere et asportare contendunt GIR. *Ep.* 8 p. 288; Ruanus .. ~s omnem antiquorum patrum longevitatem .. vitam producit *Id. TH* III 2 p. 142; verus homo, nichil inhumanum in membris .. habens, ~s hominem acceperat aptitudinem piscium MAP *NC* IV 13 f. 54v; se agebat ~s ausus hominum TREVET *Ann.* 145.

transaccidentatio [CL trans+accidentare+-tio; cf. transaccidere], (theol.) transmutation of accidents, change in respect of accidental attributes (usu. w. ref. to elements of Eucharist), transaccidentation (as dist. from transubstantiation).

quod sit ibi ~io, quia substantia corporis Christi sicut succedit substantie panis ita accidens corporis Christi succedit substantie, et habet esse ubi prius non habuit esse OCKHAM *Sent.* VII 150; quelibet pars vini vel panis convertitur in quamlibet partem Christi, ymmo in quodlibet accidens ejus absolutum .. ita videtur esse multiplex ~io sicut est multiplex transsubstanciacio WYCL. *Euch.* 81; ab ipso .. dicerentur ~iones et transfiguraciones non transubstanciaciones aliqua racione NETTER *DAF* II f. 120va A.

transaccidere [CL trans+accidere], (theol.) to change in respect of accidental attributes (w. ref. to elements of Eucharist), 'transaccidentate' (in quot., pr. ppl. as adj.).

numquid credimus quod populus posset tantum seduci quod credat omnia bona adjacencia sacerdoti esse ~encia destructa tota substancia, et sic sacerdotes Baal viverent pro suo perpetuo sine cibo corporali? WYCL. *Euch.* 145.

transactare [CL transactus *p. ppl. of* transigere +-are], to hand over, transfer.

1146 omnia .. monachis donavit et jure proprietatis ~avit *MonA* V 107.

transactio [CL], (act of) agreement, settlement, compromise, transaction (esp. leg., also of document or sim. recording such).

c**1150** nullo modo .. ex pacto convenit .. donec xxxiiij marcas .. quas ei abbas ~ionis hujus causa muneravit .. *Doc. Bury Sup.* 816; a**1161** causam inter abbatem E. et A. clericum de S. super decimas dominii .. sub hoc .. ~ionis fine .. fuisse terminatam *Cart. Eynsham* 63; c**1170** jura confundere, suscitare lites, ~iones rescindere P. BLOIS *Ep.* 25. 90A; cum .. ~io partium et indulgentia .. omnem penam pecuniarum tollant GIR. *GE* II 33 p. 325; partibus evocatis hinc et inde ~io celebrata est DICETO *YH* 296; modum scribendi .. in cirographis, cartis et in ~ionibus NECKAM *Ut.* 117; c**1220** quod .. habemus nisi unicum sigillum quo sigillamus tranxacciones, vendiciones, procurationes, et alia consignanda *Reg. Ant. Linc.* III 7; abbas .. in ~ionem sub annuo canone duarum marcarum .. canonicis reddendarum per electos iterum arbitros consentivit *Meaux* I 325.

transadigere [CL], to pierce through.

utraque jacto / tempora transadigit jaculo J. Exon.
BT VI 122.

transadire [CL trans+adire], to pierce through,
or *f. l.*

resistentes conferta acie proscindunt, fugientes sagittis et telis crispantibus ~adeunt [? l. transadigunt *or*
transfodiunt] Gosc. *Transl. Mild.* 5 p. 160.

†transadversus, *f. l.*

†transadversam [l. trans adversam] ripam Sequanae
partem suarum copiarum, ut hostem distributum
praenovit, contra dirigens W. Poit. I 30.

transagere v. transigere.

transalpinare [CL transalpinus+-are], to cross
the Alps (also transf. w. ref. to other mountains);
b (spec. on journey to the Holy See).

ut . . propter scientiam salutis et vite jam te ~are
non oporteat aut maria transmeare P. Blois *Ep.* 140.
416D; transalpinabant [*gl.*: iterum alium montem
ascenderunt] iterum tandem superabant / vallem cal-
cabant W. Peterb. *Bell. Hisp.* 112; *to ga on mown-
tayne,* tran[s]alpinare *CathA.* **b** Romam se protestatus aditurum . . quam tempestive potuit . . ~avit
M. Par. *Edm.* 28; licentiam . . ~andi *Id. Min.* I 51;
abbas . . transfretavit, ~avit, et ad curiam prospere
pervenit *G. S. Alb.* I 261; propter jus . . ecclesie sue
totiens ~antem, totiens ad urbem Romuleam . . trans-
migrantem Gir. *Spec.* III 3; c**1265** periculosum . .
esset ad . . papam Rome existentem ~are (*Adventus O.
Legati*) *EHR* XXXIII 225.

transalpinatio [transalpinare+-tio], crossing of
the Alps (in quot. on journey to the Holy See).

mora protacta in ejusdem [electi] ~ione diuturna
M. Par. *Maj.* V 639.

transalpinator [transalpinare+-tor], one who
crosses the Alps (in quot. on journey to the
Holy See).

sciens quod papa in nullo regem offenderet et
sentiens se jam senem et inveteratum ~orem . . a
proposito . . resilivit M. Par. *Maj.* IV 104.

transalpinus [CL], belonging to, originating
from, situated, or dwelling beyond or on the
other side of the Alps, transalpine: **a** (as viewed
from Italy). **b** (as viewed from outside Italy)
Italian, southern.

a septimus [circulus] ab altera Caspii maris ora
incipit, vaditque per Thraciae aversa, Venetiam . .
~am Galliam, Pyreneum, Celtiberiam Bede *NR* 230;
Romani cives pessimi sunt et infidi . . cruentam
civitatem igne succendam, et ~is gentibus replendam,
opitulante Deo, meliorem restituam Ord. Vit. VII
7 p. 178. **b 798** vos audivi ad nidum dulcissimae
quietis de ~is collibus convolare Alcuin *Ep.* 159; **799**
credas velim . . quod non tanta suavitate fratrum vel
sororum litterulas legere potui ultramarinas, quanta
tuae dilectionis ~as Ib. 186; quod . . Gallica studia
nesciunt, ~a reserabunt Adel. *ED* 32; janitor quidam
~us . . more Romanorum vocem exaltans M. Par.
Maj. III 482.

transbeare [CL trans+beare], to confer sacramental character on, to consecrate (bread or
wine in Eucharist).

quamvis ex illis signis panis et vinum non ~eantur,
ipsa tamen materia ex verbis et signis recipit sanctitatem ex qua fit magis idonea ut in corpus Christi
~eatur [*sic*] *Ord. Ebor.* I 138.

transbeatio [transbeare+-tio], (act of) confer-
ring sacramental character (on bread or wine in
Eucharist), consecration.

semper ante ~onem potest aque [? l. aqua] apponi
Ord. Ebor. I 139; si . . musca vel aranea . . ante ~onem
vini in sanguinem in calicem suum ceciderit . . *Ib.* I
140.

transcedere [CL trans+cedere], to pass away,
die.

1393 percussit eum in gutture, per quod transessit
DCDurh. 3/33 m. 12d.

transcellere [cf. CL trans, excellere], to surpass, exceed, be greater than.

post Jude prodicionem scelera cuncta sua immanitate pariter et inhumanitate longe ~it Gir. *SD* 144.

transcendenter [CL transcendens *pr. ppl. of*
transcendere+-ter], (phil.) transcendently.

nunc autem voluntati transcendenti competit ~er
sicut velle, sic et producere 'velle' Duns *Ord.* IV 355.

transcendentia [CL transcendens *pr. ppl. of*
transcendere+-ia], (phil.) fact or quality of being
transcendent(al), transcendency.

tunc non sequeretur ex ista exclusiva quod 'tantum
ens non sit accidens' propter ~iam subjecti exclusive
negative, quamvis arguitur ab inferiori ad suum superius a parte subjecti proposicionis exclusive Wycl.
Log. I 54.

transcendentivus [CL transcendens *pr. ppl. of*
transcendere+-ivus], (phil.) that transcends (the
Aristotelian categories), transcendent(al).

cum ens ~um non communicatur essencie increate
et nature create, licet signa ipsas equivoce significent
Wycl. *Dom. Div.* 42.

transcendere [CL]

1 to climb, go, or pass across or beyond (esp.
over or above), to cross (also fig. or in fig.
context); **b** (intr.). **c** to grow over, cover,
overrun.

aequora transcendens me ducet praevia cornix
Hwætberht *Aen.* 56 (*Ciconia*) 6; limenque domus
transcendito velox Wulf. *Swith.* II 926; mentem ad
celestia contemplanda extenderet, se ipso et omnibus
hujus mundi rebus transcensis W. Malm. *GP* II 74;
~ens nives Alpinas in Italiam veni *Id. GR* II 170;
nunc montium juga ~ens Gir. *EH* I 46 p. 302; vallo
spinoso firmiter undique concluso, quod nemo ~ere
vel penetrare potuit *Id. Invect.* VI 17; ave [Jhesu]
transcendens ethera J. Howd. *Cyth.* 88. 1; c**1287** R.
S. assuetus est ~ere muros noctanter et perforare
parietes et alias fellonias facere *Leet Norw.* 6; cum vir
sit mulieris caput, et corpus caput suum ~ere monstrum esset in natura, mulierem virum transcendere
qui est caput ejus . . non minus esset monstruosum
Fortescue *NLN* II 56. **b** cum . . regnasset . . de
regno terreno ad regnum celeste ~it *Plusc.* VI 16.
c transcendent [*gl.*: suffocabunt] vimina sentes J.
Cornw. *Merl.* 48 (76).

2 to pass over or on from (period, phase, or
stage to the next). **b** (pass., of time, period, or
sim.) to be passed, to pass, go by.

hic . . pueritiam elinguis ~ens ad puberes annos
nichilominus elinguis pervenit Gosc. *Edith* 300.
b cum jam mediae noctis tempus esset transcensum
. . Bede *HE* IV 22 p. 261; tanta velocitate divinae
virtutis ut necdum primum mundi nascentis momentum esset transcensum *Id. Gen.* 13B; aequinoctii die
transcenso plena vespere luna *Ib.* 24A; transcensis
infantiae suae temporibus, cum fari . . temtabat . .
Felix *Guthl.* 12.

3 to go, pass, or rise above or beyond (thing or
amount regarded as level, esp. as limit of expectation, possibility, acceptability, or sim.), exceed, surpass, transcend; **b** (mus.); **c** (w. abl. or
in & abl.).

pax . . Dei exsuperat omnem sensum . . omnem
creaturae . . ~it intellectum Bede *Apoc.* 189D; patet . .
error irrationabilis eorum qui praefixos in lege terminos . . vel anticipare vel ~ere praesumant *Id. HE* V
21 p. 337; c**801** inmemor fidei dominus ~isse convincitur quod juravit Alcuin *Ep.* 24; videtur mihi hujus
tam sublimis rei secretum ~ere omnem intellectus
aciem humani Anselm (*Mon.* 64) I 74; ~it . . omnem
affectum dulcedo tuae benignitatis *Ib.* (*Or.* 18) III 71;
successit in Eboraco Wilfridus presbiter . . qui ~it
tempora Bede W. Malm. *GP* III 111; **1198** trascen-
dens gloria / cum clero populum / . . / factus in
seculum (*Fall of W. Longchamp*) *EHR* V 319; pia et
succensa mens omne corpus omnesque corporeas imagines similitudinesque ~ens Ad. Scot *QEC* 831D;
desiderium anime rationalis ~it omne bonum finitum
et vadit in infinitum Bacon *Mor. Phil.* 29; longe . . ab
humano sensu remota est, et corpoream ~ens naturam
quasi ultra hominem eminus ~itur *Id. Maj.* I 244.
b si . . aliquis cantus ~at per acutum et grave suum
diapason respectu soni infimi Garl. *Mus. Mens.* 16
p. 97. **c** ut . . tuos progenitores . . potestate ~as
Bede *HE* II 12 p. 109; puer . . infra pauca tempora
omnes in scientia ~it *G. Roman.* 403.

4 (phil.) to transcend, (also, pr. ppl. as adj.)
transcendent. **b** (spec., pr. ppl. as adj.) trans-

cending the Aristotelian categories, trans-
cendental (also as sb.).

forma . . secundum nomen transscendit esse materie
Ps.-Gros. *Summa* 313; voluntati ~enti competit trans-
center . . velle Duns *Ord.* IV 355. **b** necesse est
esse aliquam scientiam universalem que per se consideret illa ~entia, et hanc scientiam vocamus metaphy-
sicam . . quasi ~ens scientia Duns *Metaph.* I *prol.* p. 5;
~ens quodcumque nullum habet genus sub quo contineatur *Id. Ord.* IV 206; docuit aliquod predicatum
~ens dici in 'quid', et non esse genus nec definitionem, et alia predicata ~entia dici in 'quale' *Ib.* IV 216;
licet Deus conveniat cum alio in conceptu substantie
~enti, non tamen convenit in proprio conceptu generis
sed in conceptu ~enti quo utimur loco generis
Ockham *Quodl.* 750.

transcensio [LL]

1 (act of) climbing, going, or passing across or
beyond (esp. over or above), crossing.

scalas . . ad ~ionem murorum, qui assiduis ictibus
petrarum conquassabantur, parari Rish. 223.

2 (rhet., for ὑπέρβατον, *cf. transcensus* 3).

yperbaton est ~io quaedam verborum ordinem
turbans Bede *ST* 614 (=Donatus (ed. Keil) IV 401);
yperbaton vel yperbole, ~io Osb. Glouc. *Deriv.* 630;
yperbaton est ~io Gerv. Melkley *AV* 80.

transcensus [LL]

1 (act of or place for) climbing, going, or
passing across or beyond (esp. over or above),
crossing (also fig.).

longitudine . . dierum lucem sempiternam, annis
vitae ~um mortalitatis hujus, augmento pacis ipsum
nactae beatitudinis statum designat Bede *Prov.* 949B;
matrona . . cum usque ad ~um pinnae . . cuncta pro-
spiceret, coelesti prodigio fidele testimonium perhibuit
Adel. Blandin. *Dunst.* 2; cum . . in ~um noctis Senisii
fatigaretur, et laboris impatiens corpore deficeret, vires
suas nivem mandendo reparare tentabat Eadmer *V.
Anselmi* I 4; anima Moabiticis vitiis implicata, de
tenebris in lucem quasi in ~um Arnon [cf. *Is.* xvi 2]
progrediens (Ailr. *Serm.*) *CC cont. med.* IID 257;
sepem . . que per altitudinem et supereminentibus . .
sudibus ~um prohibere videbatur *V. Chris. Marky.* 12.

2 (act or fact of) passing, passage (of point or
period of time).

recipit hora iv punctos . . punctos . . a parvo puncti
~u, qui fit in horologio, minuta . . a minore intervallo
vocantes Bede *TR* 3 p. 183; ante vernalis aequinoctii
~um Pascha non celebretur *Id. Wict.* 12.

3 (act or fact of) exceeding, excess; **b** (rhet., *cf.
transcensio* 2).

ereptorum . . summam summe modo dicte non
solum equavit, immo etiam pretulit, licet forte non
paritate numeri, at ~u meriti Pull. *Sent.* 743C.
b ~us est excessus in verbo vel sententia. hic dividitur
in tres species: yperbaton, liptoten, et yperbolen
Gerv. Melkley *AV* 79.

transceundum v. transire. **transcheia** v. trenchum.

transcopiare [CL trans+copiare], to copy (out
or across), make a copy of.

exhibuit . . litterarum copias . . quibus visis et perlectis . . abbas ~iari eas fecerat, et, post trans-
copiacionem, inseri . . in registro *Reg. Whet.* I 269.

transcopiatio [transcopiare+-tio], (act of) copying (out or across).

Reg. Whet. I 269 (v. transcopiare).

transcorporare [CL trans+corporare], to give
bodily or physical form to, embody.

mentis meror egerrime transit in carnem, et afflicte
fortiter anime ~atur angustia Map *NC* III 3 f. 40.

transcribere [CL]

1 to write out or down as a copy, copy out or
down, transcribe; **b** (w. internal object). **c** (p.
ppl. as sb., typically n.) copy, transcript.

Historiam Gentis Anglorum Ecclesiasticam . . nunc
ad ~bendum ac plenius . . meditandum retransmitto
Bede *HE pref.* p. 5; **1103** quod [concilium] ita mitto
vobis ut illud nec in publicum efferatis nec ~bi faciatis

ANSELM (*Ep.* 307) IV 230; petisti .. quatinus de vita gloriosi parentis tui .. aliqua transscriberem R. MERTON f. 91; in antiquis scedulis seu veteribus libris quoquo modo raptim ~ptis EADMER *HN* p. 347; quinque hujus novi operis quaternos tibi mitto, ut translegas, non ~bas P. BLOIS *Ep.* 19. 71C; E. rex Anglie .. has [cartas] de verbo ad verbum ~psit *Cart. Chester* 29 p. 83; c1340 supplicans dignum duxi ~bere quatinus id quod michi attinet a vobis recipere .. diganter transmittetis *FormOx* 306; 1465 evidenciam .. per notarium .. ~bi, copiari, et exemplari .. mandavimus *Reg. Aberd.* II 315. **b** c1335 in .. copiis brevium ~bendis *Ac. Durh.* 529. **c** 1164 inspectis siquidem previlegiorum predictorum ~ptis *Regesta Scot.* 243; 1222 ~ptum .. cartarum .. nobis .. transmittentes, retentis in custodia vestra originalibus (*Limerick*) *Pat* 356; transscriptum .. de verbo ad verbum W. DROGHEDA *SA* 3 (v. impetratio 2c); ~pto sive contrarotulo *Mod. Ten. Parl.* 15 (v. contrarotulus); 1292 nos, inspecta ~pta carte .. concessimus *BBC* 37; c1320 ~ptum libri qui dicitur domus Dei regis (*Invent.*) *Mem. Pri. East.* f. 30; c1345 pars cirograffy scaccarii Dublin' est in uno hanaperio in quadam cista .. et ~ptum hujus cirograffi invenietur in custodia rememoranciarii (*Ord. Scacc. Dubl.*) *EHR* XVIII 513; 1400 quod eas [litteras] .. transcribi .. faceremus ac .. ~pta .. auctenticare curaremus *FormOx* 186.

2 to give, transfer, or convey (property) by written deed or charter.

c692 (8c) trado et de meo jure in tuo transscribo terram quae appellatur R. *CS* 81; c675 (13c) de meo jure in tuam ~bo terram ad augendum monasterium *CS* 34; sua virginibus transcribet munera letus / unde petens unam ducet feliciter ipsam J. CORNW. *Merl.* 102 (131).

3 to draw (line) across or through.

multae obliquae lineae totidem obliquis orthogonaliter ~ptae aream reddunt apsidalem SPELMAN *Asp.* 86 (v. maculare 7b).

transcripta v. transcribere.

transcriptio [CL = *transfer of ownership*], (act of) transcribing or copying, transcription.

si qui nostrum hoc opusculum lectione vel ~ione dignum duxerint BEDE *Apoc.* ed. *CCSL* p. 577; si qui forte nostra haec qualiacumque sunt opuscula ~ione digna duxerint *Id. Luke* 305A; sunt .. ~iones veterum [librorum], quasi quidam propagaciones recencium filiorum, ad quos paternum devolvatur officium, ne librorum municipium minuatur R. BURY *Phil.* 16. 207.

transcriptor [CL transcribere+-tor], copyist, transcriber.

transcriptiones veterum [librorum] .. ne librorum muncipium minuatur. sane hujusmodi ~ores antiquarii nominantur R. BURY *Phil.* 16. 207.

transcriptum v. transcribere.

transcurrenter [CL transcurrens *pr. ppl.* of transcurrere+-ter], in passing, cursorily.

qualiter .. Terram Sanctam quesierat, enarravimus ~er *MonA* V 706.

transcurrere [CL]

1 to go or pass (rapidly) through, across, or beyond (also fig. or in fig. context); **b** (of river or sim.); **c** (intr.).

docte peregrine transcurre rura sophie (JOHN OLD SAXON) *ASE* IX 82; transcursis Macedonum campis Philippopolim perveniunt *Itin. Ric.* I 21; ecce precor, transcurras ocius equor SERLO WILT. 39. 9; certam illic regionem .. sol .. annua peragratione ~it ALB. LOND. *DG* 8. 11; montium alta ~ere .. prediscunt GIR. *DK* I 8; velocissimo raptu faciem ~unt abyssi *Ps.*-ELMH. *Hen.* V 37. 94; onerate festinis remigiis Sequanam ~ebant classicule *Ib.* 63. **b** fluvius iste nativam quandam rupem transfluit et ~it GIR. *TH* II 41; transcursis molendinis fluvius ab alveolis se remergit *G. Hen.* V 4. **c** aqua .. per certa .. metalla ~it BEDE *HE* I 1 p. 10; per aera ista ~endo promeavi R. COLD. *Godr.* 155; nervos .. per quos spiritus .. ~it *Quaest. Salern.* B 37; per .. equivalenciarum articulos .. liberrimo pede ~it NETTER *DAF* I 25a.

2 (pass., of time, period, or sim.) to be passed, to pass, go by. **b** (intr., of time) to pass, go by.

a die depositionis ejus jam anno transcurso EADMER *Wilf.* 55; transcursis novem circiter annorum orbibus

FELIX *Guthl.* 18; ut hoc nubiloso transcurso diescat J. HOWD. *Cant.* 128; Deus .. post transcursum hujus viacionis stadium .. perducat animam ad gloriam *Reg. Whet.* II 396. **b** brevissimum illud temporis spatium .. quod in ictu pungentis ~it quod secari et dividi nequit momentum .. vocant BEDE *Temp.* 3.

3 to go or run (esp. right) through, to work one's way or progress through (process or thing regarded as such, esp. written work).

pater occurrens .. utroque gradu sine dilatione transcurso, pristinae filiorum restituit dignitati BEDE *Luke* 525A; paginarum .. seriem ~entes, celesti .. archana .. meditantur WILLIB. *Bonif.* 2 p. 11; c770 vitae nostrae quod restat, cum vestro consilio ~ere curamus *Ep. Bonif.* 137; ne quis nos arguat .. historiam interrumpere, regum succedentium nomina ~am W. MALM. *GR* I 96; credideram totum librum ~isse legendo infra diem prescriptum P. BLOIS *Ep.* 37. 116B; qui ad plenum nosse expetit, pontificum libros otiosus ~at ALB. LOND. *DG* 6. 35; exceptores, prius ~entes .. auctorum libros, ubi invenerunt aliquid materie sue congruum, illud puncto signaverunt GROS. *Hexaem. proem.* 63; transcursa .. tabula communi, revertitur ad solitum cursum tabule ebdomadarie *Consuet. Sal.* 109.

4 to go through briefly or rapidly (esp. in a cursory or hasty manner).

haec de expositione lectionis evangelicae succincte ~imus ALCUIN *Exeg.* 992A; leges quas dicunt Eadwardi regis .. compendiosa posteris brevitate ~imus (*Quad.*) *GAS* 532; genera singulorum .. paucis verbis sunt ~enda V. *Edm. Rich* B 623; officium .. celebrare, non syncopando vel ~endo *G. S. Alb.* II 420 (v. syncopare 1b); meditacio .. non velociter nec solum verbaliter ~enda, sed sensim et mentaliter UHTRED *Medit.* 195.

5 to pass over, omit.

manifesta ~imus ne juxta comicum nodum in scirpo querere judicemur ROB. BRIDL. *Dial.* 161; multa quidem monuit rerum sed transeo summam, / vatidicas transcurro minas, oracula, signa V. *Ed. Conf. Metr.* I 457.

transcursim [LL], in passing, en route.

nisi cum raro dominum Anglie ~im hospitem reciperet *Chr. Abingd.* II 50.

transcursio [CL transcurrere+-tio]

1 (act of) climbing over or across, crossing.

scalas .. ad ~ionem murorum .. parari WALS. *HA* I 106.

2 (act or fact of) passing (by), passage.

c798 tres in secla gradus: ortus, transcursio, finis ALCUIN *Ep.* 137.

3 (act of) running through, perusal.

presertim venerande vetustatis virorum tot retrotemporum ~ionibus autenticatorum E. THRIP. *SS* X 14.

transcursorie [LL transcursorius+-e], by running through briefly or rapidly (esp. in a cursory or hasty manner).

statuta .. in congregacione [magistrorum] .. ~ie legere seu audire; propter quod tante prolixitatis et varietatis eorundem statutorum memoria non est capax (R. BURY *Ep.*) *FormOx* 22.

transcursus [CL]

1 passing, passage (of time).

a1161 ne ~u temporis super his aliquid dubium oriatur *Doc. Theob.* 97.

2 run through, (*in* ~*u*) briefly or rapidly (esp. in a cursory or hasty manner).

postulasti .. ut ea que .. tibi summatim et in ~u dixi scripto commendarem S. EASTON *ET* 361.

transdelatus [CL trans+delatus *p. ppl.* of deferre], (in gl., for μετὰ καταφορᾶς).

metha cathophora interpretatur ~us, i. epilenticus dum est in accessione *Alph.* 113.

transdonare [CL trans+donare], to hand over, transfer.

811 nullus fuisset homo aliqua audacitate fretus .. agros mee hereditatis foras ~are vel accommodare *Reg. Winchcombe* I 20 (=*MonA* II 301).

transducere v. traducere.   **transductio** v. traductio.

transelementare [CL trans+elementum+-are], (theol.) to transform in respect of elements.

neque .. id Christus egit ut panis .. novam quandam divinitatem indueret sed ut nos potius immutaret, utque Theophylactus loquitur, ~aret in corpus suum JEWEL *Apol.* B5v.

transelementatio [transelementare+-tio], (theol.) transformation in respect of elements (in quot., w. ref. to bread and wine in the Eucharist).

superest de transitione dicere quam alii mutationem, alii conversionem, alii ~ionem dicunt, sed simplicissime qui transubstantiationem GARDINER *CC* 73; ~ionis significatio rei cui exprimende adjicitur accomodanda est *Ib.* 780.

transenna [CL], net or cage (for birds).

turdus per ~am lumbricum petit [cf. Plaut. *Bac.* 792] NECKAM *NR* II 26.

transennare [CL], (in gl.) to put (bird) in a cage.

to mew an hauke, movere, ~are LEVINS *Manip.* 94.

transeptum [cf. Eng. *transept*, CL saeptum], transept.

occidentalis pars [templi S. Pauli], uti ~um, spatiosa est, sublimis columnis ingentibus et concameratione e saxo pulcherrima conspicua CAMD. *Br.* 372.

transequitare [CL trans+equitare], to ride across.

in autumno rege ~ante magno cum exercitu partem Scotie MORE *Chr. Ed. II* 301.

transesse v. transire.   **transessit** v. transcedere.

transeugam, ? *f. l.*

post comestionem sumere ad magnitudinem unius nucis de electuario magno amissosus, quod est confectum ex ligno aloes et transeugam BACON V 84.

transeunter [LL]

1 by going through briefly or rapidly (esp. in a cursory or hasty manner).

neque haec ~er aut negligenter commemoranda, sed solerter invigilandum est BEDE *Hom.* II 12. 167C; illos modo deflorare libuit qui furtim et ~er hec suis indiderunt libris W. MALM. *Polyh.* 37; perperam acta .. leviter et quasi ~er attingam *Id. GR* III *prol.*; verbum hoc, quod ~er profertur, et ~er prolatum etiam ~er auditur in omnibus .. auribus AD. SCOT *TGC* 806C.

2 by or while paying no heed.

rex Henricus pro fratris infamia .. dolorem ~er ferre nequibat W. MALM. *GR* V 398.

†**transfare,** *f. l.*

1309 concedo eciam de rebus quas ad proprios usus jure hereditatis possidebam et in usus servorum Dei ipsi in eodem loco .. serviencium sollempniter †transfando [? *l.* transfundo] id est medietatem insule .. *PQW* 829a.

transferre [CL]

1 to carry across from one place to another, convey, transport; **b** (person at end of life). **c** to take from one place to another, (esp. refl.) to take oneself or go from one place to another. **d** (intr.) to transfer, move, or go (esp. over or across) to another place.

quibus .. naves delegaverat, ut euntes et redeuntes ~ferrent, nec aliquod transvectionis sue pretium ab his qui ~ferendi fuerant unquam exigerent TURGOT *Marg.* 9 p. 247; s1372 fecit novum opus marmoreum .. et fecit .. per mare usque ad Novum Castrum ~ferri *Hist. Durh.* 2; [canis] quem mandatarius .. appellamus, quod domini mandato literas .. de loco in locum ~ferat CAIUS *Can.* f. 12. **b** ~lato .. ad celestia regna Oswaldo BEDE *HE* III 14 p. 154; Indorum gladio Thomas transfertur Olympo GARL. *Tri. Eccl.* 102;

Elyas a Deo ~latus nusquam comparuit M. Par. *Maj.* I 30; Enoch placuit Deo et ~latus est [*Eccles.* xliv 16] *Eul. Hist.* I 114. **c** salmones .. ab imis in summa .. saltu mirabili ~feruntur Gir. *TH* II 41; **1269** ~tulerunt se super terram preceptoris milicie Templi J. Oxford 72; s**1325** rex .. cum duobus dispensatoribus .. versus marchiam Wallie se ~tulit *Flor. Hist.* III 233; s**1423** se ~ferendo versus suam terram cum comitiva sua Amund. I 134. **d 1291** propositum mei fuerat in studio B. per aliqua tempora in jure canonico studuisse ac demum .. Oxon' ~tulisse ac legisse decretales *DCCant.* 260; dux Lancastrie .. ~tulit cum sua potencia in Britanniam Avesb. p. 468; c**1370** annuit ergo pater et transferat ilico frater *Pol. Poems* I 95; c**1407** sed iterum ~ferat ad legendum naturalia .. vel moralia *StatOx* 193.

2 to move or transfer to another place, relocate, reposition (also fig. or in fig. context); **b** (seat of bishop or sim.). **c** to transfer (relics) to another place, translate.

~fer a me sonum cantionum tuarum Gildas *EB* 85; plurimos eorum quos deceptos tenuerant praedicando eripiunt ac de vasis irae in vasa misericordiae ~ferunt Bede *Cant.* 1134B; in linearum media jacencium x sibi consimiles de arcu in arcum retrograde ~feres Thurkill *Abac.* f. 63; causa differentie ~feratur accentus ad finem Vinsauf *AV* II 3. 173 p. 318; a**1201** ~tulit molendinum .. in longitudine xlj perticarum versus occidentem *E. Ch. Waltham* 244; indultum erat .. ut amoverent thoralia sua, ~ferrent stratoria *Mir. J. Bev. C* 347; in tempore hyemali .. prudens hortulanus ~fert de loco ad locum plantas, evellens eas radicitus a terra in qua steterunt prius Holcot *Wisd.* 181. **b** coeperat rex Merciorum Offa Dorobernensem archiepiscopatum in sui regni primatum ad Lichfeldensem ecclesiarum [l. ecclesiam] ~ferre, ut .. de cetero foret caput ecclesiarum Angliae Gosc. *Transl. Aug.* 41A; **1159** predictam abbaciam, quia locus ille non erat conveniens abbacie, apud R. ~tulit *Regesta Scot.* 131 p. 192; **1169** Lundoniensis episcopus publice .. protestatus est quod .. cathedram metropoliticam illuc ~ferri faciet J. Sal. *Ep.* 289 (292 p. 666); potest papa sedem papalem de Roma ~ferre ad aliam civitatem Ockham *Dial.* 489. **c** statuerunt .. ossa .. abbatissae .. in aliam ecclesiam .. ~ferre Bede *HE* III 8 p. 144; invenies tumbam unius sancti socii mei .. quatenus me cum eisdem sociis meis ~ferat ad Ramesiense coenobium Gosc. *V. Iv.* 85B; virginem .. cujus ossa sanctissima de sepulcro ~ferre meruerat *Mir. Fridesw.* 43; moritur Virgilius et ossa ejus Neapolim ~feruntur *Ann. Exon.* f. 5v; obiit Johannes in carcere Ravennas, cujus corpus Rome ~latum est *Eul. Hist.* I 204; eodem anno beatus Thomas .. ~latus est .. et sanctus Hugo .. canonizatus est Knighton I 207.

3 to transfer (to another situation, jurisdiction, affiliation, holder, *etc.*); **b** (property or sim.). **c** (leg.) to transfer (matter to another court or sim.).

non sine maxima discretione quae divinis erant sacrata ministeriis in communem ~ferenda noverat usum Bede *Sam.* 651C; quod .. meas gentes ~ferendas in tuam legem putas, ignorantia te decipi video *Eccl. & Synag.* 65; Helena .. per Paridem rapitur dum a virtuoso ad sensualem ~fertur Bern. *Comm. Aen.* 99; ut alieno labore partam gloriam in me ~feram W. Malm. *GR* IV 351; gratiam concessam non omnino abstulit, sed ut voluit ~tulit *Chr. Battle* f. 102v; c**1180** post decessum .. ipsius Mirable aut si forte ad religionem se ~tulit *Ch. Westm.* 342; c**1236** se ~tulit ad ordinem fratrum minorum *BNB* III 204; si altera filiarum .. supervixisset .. ad ipsam .. ~feretur successio dicti regni Bower XI 8; **1384** dicti .. scolares gramatica informentur, et tunc eruditi se sophistrie .. ~ferant *Cant. Coll. Ox.* III 179; Deo, qui, quando vult, ~fert et immutat .. regna Wals. *HA* II 405. **b** a**675** ego Fritheuualdus .. concedo, ~fero .. terram ad augendum monasterium *CS* 34; presbitero liceat juramenti sui adtestatione terram .. in jus ~ferre aecclesiae Egb. *Dial.* 404; in hac terra erat domus .. quam Oschetel prepositus regis ~tulit et ex hoc dedit vadem *DB* II 280; c**1161** opera .. †homines [l. hominum] in possessione ecclesie manentium, eis invitis, alias ~ferre non poterit *Ch. Westm.* 284; **1313** quod in feudis et retrofeudis .. ducatus Aquitanie .. in clericos, ecclesias, monasteria .. sibi ~ferre liceret *RGasc* IV 1154. **c** si aliquid in hundretis agendorum penuria judicum .. ~ferendum sit in duos .. vel amplius hundredos (*Leg. Hen.* 7. 5) *GAS* 553; breve de ~ferendo placito a comitatu in curiam Glanv. VI 7; c**1269** si curia domini .. defecerit, poterit loquela ~ferri ad comitatum vel ad justiciarios et ibidem terminari et deduci *CBaron* 69.

4 (eccl.) to transfer (bishop) to another see, translate.

1242 episcopum Norwicensem .. legati in Anglia spreto consilio .. non sustineatis ~ferri [sc. in sedem Wintoniensem] *RGasc* I 160b; R. episcopus Sarisburie ~latus est in episcopum Dunolmensem *Ann. Lond.* 28; ad episcopatum Glascuensem fuit ~latus autoritate apostolica *Plusc.* XI 7.

5 to transfer (idea or word) to another context (as in *e. g.* metaphor or metonymy).

omnia quorum duplex significatio, ut 'proprie' tum uni singulariter tum intranslate, velut 'proprium' tum quod soli accidit tum quod non ~latum Balsh. *AD* 53; translatio est quando aliqua dictio ~fertur a propria significatione ad impropriam quadam similitudine Vinsauf *CR* 325; 'lupus est in fabula' ~fertur a propria significacione ad inpropriam Bacon XV 176; si vero verbum [incipere] possit utcumque sine offensa locucionis communis .. ~ferri ad significandum processionem Bradw. *CD* 212E.

6 to put, transfer, or render into another language, translate. **b** to transfer into another form of expression.

'aufero', 'eximo' .. ex uno Graeco ~feruntur, i. e. ἀφαιροῦμαι Bede *Orth.* 10; neque .. possunt carmina .. ex alia in aliam linguam ad verbum sine detrimento .. ~ferri *Id. HE* IV 22 p. 260; ego Ælfricus .. has excerptiones de Prisciano minore .. vobis puerulis tenellis ad vestram linguam ~ferre studui Ælf. *Gram.* 1; libri .. quem Robertus Cestrensis de Arabico in Latinum .. ~tulit Rob. Angl. (I) *Alg.* 124; unde quidam translatores Latini non spiritum sed flatum ~ferre maluerunt Gros. *Hexaem.* X 7. 2; placuit vestre dominacioni ut ~fereretur [*sic*] de lingua Arabica in Latinam Bacon V 26; a**1332** Liber Didimi de Spiritu Sancto ~latus a beato Jeronimo *Libr. Cant. Dov.* 18. **b** praecipientes eum .. hunc [sermonem] in modulationem carminis ~ferre Bede *HE* IV 22 p. 260.

7 to transfer (event, esp. feast-day) to a different date.

si .. hoc festum ~feratur tunc .. in primis vesperis .. de adventu dicatur antiphona (*Brev. Heref.*) *HBS* XL 76; **1523** decernimus .. quod .. omnes et singuli dies festi, qui pro dedicationibus ecclesiarum hactenus sparsim per diversos .. anni dies .. celebrari solebant, nunc de cetero in unum diem .. ~ferantur *Conc.* III 702b.

8 to convert, change, alter, transform; **b** (w. ref. to the Eucharist).

ecclesiae veritatem ~ferunt in mendacium *Comm. Cant. III* 150; syllabae .. naturaliter longae poetica licentia in breves aut naturaliter breves ~feruntur in longas Bede *AM* 88; quod alii torquebant in pompam, ipse in compunctionis ~ferret materiam W. Malm. *GP* IV 141; ut invidiam facti dilueret et ad sales ~ferret *Id. GR* IV 312; codices ad calices ~tulisti, scribere in bibere convertisti P. Blois *Ep.* 7. 21B; aquam in vinum transtulit / quod in ore dulcessit Ledrede *Carm.* 39. 29; quod .. monasterium rex .. in abbathiam canonicorum regularium ~tulit Knighton I 56. **b** pontifex ad aram reducitur, ~ferens .. speciem panis et vini in veram substantiam carnis et sanguinis Christi Osb. *V. Dunst.* 42 p. 122; exemplo Domini .. carnem suam et sanguinem in cibum spiritualem ~ferentis Adel. Blandin. *Dunst.* 11.

transferrendus v. transferre. **transffretatio** v. transfretatio. **transfieri** v. transire.

1 transfigere [CL]

1 to pierce through, transfix; **b** (transf., fig., or in fig. context).

donec ~at sagitta jecor ejus Aldh. *VirgP* 57; tenerum mactavit femina natum / insuper assandum veribus transfixit acutis *Id. CE* IV 7. 25; jugulant, ~unt Gosc. *Transl. Mild.* 5 p. 161 (v. 1 jugulare 1a); quibusdam pudenda ferreis pectinibus punctim ~untur Hon. *Spec. Eccl.* 998A; c**1205** adhuc extat sigillum lateri ejus dextro lancea ~ente impressum P. Blois *Ep. Sup.* 28. 13; ut quam cito eis ostenderet illum ~ere non tardarent *Latin Stories* 93. **b** cur, o anima mea, te praesentem non transfixit gladius doloris acutissimi? Anselm (*Or.* 2) III 7; justum et impium tabide famis lancea eque transfixit Ord. Vit. IV 5 p. 196; hoc clavo .. divini amoris volens Deus totum cor nostrum ~ere Bald. Cant. *Serm.* 9. 6. 419; hec [mors] est sagitta amaritudinis toxicata que viscera mea transfixit S. Sim. *Itin.* 74.

2 to drive or put stake or sim. in, stake.

portum .. palis et aliis propugnaculis jussit sic ~i ut difficilis navium aditus haberetur *Meaux* III 63.

3 ? to fix, fasten, attach.

1295 presens scriptum cyrograffatum inter .. episcopum et procuratores .. abbatis et conventus sigillis alternis cum procuratorio transfixo consignatum *Reg. Carl.* I 42.

4 to remove.

1520 si conditione cautum esset inter nos ut ex epigrammatis meis tibi liceret quaecunque velles ~ere (More) *Ep. Erasm.* IV 1096.

2 **transfigere** v. transigere.

transfigurare [CL]

1 to change the form or appearence of, transform (also absol.); **b** (w. ref. to disguise). **c** (alch.) to transmute.

haec Circes Scyllam ~avit in formam hominis et canis et delphinis simul *Lib. Monstr.* I 12; corpus .. funebri deformitate ~atum, nam digiti dentalium trahe formam pretendebant W. Cant. *Mir. Thom.* II 71; exstitit leprosissima, adeo ut .. eam .. labiorum .. tumor ac palpebrarum et oculorum transversio .. ~assent *Ib.* IV 23; ut ignis iste potentissimus ~aret et transmutet in se .. expectamus J. Ford *Serm.* 7. 7; non se novit in tot figurarum diversitates ~are Proteus Neckam *NR* II 177; ante conspectum ejus in varias formas se ~avit angelus malus J. Furness *Walth.* 65; questio est utrum Satan, quando ~at se in angelum lucis [cf. *II Cor.* xi 14], fallat sensus hominum *Quaest. Ox.* 107. **b** Herwardus .. occulte iter agit .. per unguenta seipso ~ato, mutataque flavente cesarie in nigredinem *G. Herw.* f. 323; justiciarius de banco regis .. in apparatu simplicimo facie ~ata .. jam venerat ad Londonias *Chr. Kirkstall* 127; ovina pellis ~ato lupo totius gregis ruina est J. Bury *Glad. Sal.* 604. **c** utilitas quod, habita noticia hujus libri .. ~ari possit Mars in lunam et Venus in solem M. Scot *Lumen* 240.

2 (w. ref. to Christ) to transfigure (*Matth.* xvii 2, *Marc.* xi 2–3).

Matheus Dominum Marcusque post sex dies ~atum dicunt Bede *Luke* 454A; **805** in vij[as] k[alend]as agustus [*sic*] die Sabbati quo ~atus est Christus *CS* 322; in monte coram Petro et Jacob et Joanne ~atur Elmer Cant. *Record.* 717B; quum in monte se ~aret Bekinsau 754.

3 (w. *in* & refl. acc.) to adopt or take on oneself so as to embody, represent, or sim. (*cf. transformare* 2b).

debiles .. tristes et pusillanimes tranformans et ~ans in te: tristis est, inquis, anima mea usque ad mortem [*Matth.* xxvi 38] (Ailr. *Serm.*) *CC cont. med.* IIB 275; subjeci hoc paradigma et in me ~avi exempli causa (*Ep.*) M. Rievaulx 56; gens ista [Anglica], de status sui gradu vix unquam contenta, quod alteri congruit libenter in se ~at Higd. I 60 p. 170 (cf. Bower IV 39: in se representat).

transfigurate [CL transfiguratus *p. ppl. of* transfigurare+-e], with changed form or appearance, in disguise.

papa .. latenter ac ignominiose in apparatu vili recedens ~e Ad. Usk 125.

transfiguratio [CL]

1 (act or fact of) change in form or appearance, transformation (also w. ref. to disguise).

David .. furentis actus imitabatur .. sed .. rex dispensatoriae ~onis ejus inscius .. suae domus ingressu privat ut insanum Bede *Sam.* 657C; c**1160** Sathanas transfigurat se in angelum lucis. hoc erat ~o Olofernis, qua virtutis feminam a proposito et habitu sancte viduitatis dimovere decreverat Osb. Clar. *Ep.* 42 p. 162; s**1399** monacalia indutus .. sub talibus vestium transfuguracionibus plura dampnosa .. perpetraverat Ad. Usk 27.

2 Transfiguration (of Christ, *Matth.* xvii 2, *Marc.* xi 2–3). **b** (also w. *festum*) feast of the Transfiguration.

exposita lectione dominicae ~onis ad nostram .. conscientiam revertamur Bede *Hom.* I 24. 101C; discipulis suis praecipientis ne cui ~onis gloriam ante diem resurrectionis suae dicerent Alcuin *WillP* 18;

Dominus idem testimonium accepit a Patre in ~one quod et in baptismo LANFR. *Cel. Conf.* 627A; utrum in ~one priorem speciem exuerit BALD. CANT. *Sacr. Alt.* 678B; ~o Domini facta creditur octavo idus Augusti M. PAR. *Maj.* I 95; constructa est capella .. in honore Sancti Salvatoris et ~onis AMUND. I *app.* 445. **b** in benedictione palmarum .. in purificacione .. sive carnium in die Pasche, vel fructuum in ~one *Obs. Barnwell* 90; **1514** festum ~onis Domini, duplex *Comp. Swith.* 358.

transfixura [CL transfigere+-ura], piercing.

fuit .. ipsa pedis ~a aperta non modico clavo perforata (*Robertus*) *NLA* II 344.

transflammare [CL trans+flammare], to change into flame.

quis amoriferos affectus implentes / quorum vis cogit ignea transflammari J. HOWD. *Cant.* 519.

transfluere [CL], to flow through or across. **b** (of time) to pass (by).

fluvius iste nativam quandam rupem ~it et transcurrit GIR. *TH* II 41. **b** infra certum tempus jam ~xum *Ann. Paul.* 348.

transfodere [CL]

1 to dig through.

~ossus est [collis], ut aque ductum patulo sinu receptum traduceret per directum W. CANT. *Mir. Thom.* III 1 p. 253; cum plumbeam fistulam in imo ~ossi collis collocaret *Ib.*; s**1335** murum .. laboriose ~odiunt, tota quasi nocte laborantes BOWER XIII 29.

2 to pierce through, transfix.

malluit mucrone ~ossus crudeliter occumbere quam pudicitiae jura profanando vitam defendere ALDH. *VirgP* 31; vis ~odere sessorem tuum .. cum illo [sc. cultello] ÆLF. BATA 4. 16 p. 41; contigerit ut manus siromate pedem ~odiat ALEX. CANT. *Dicta* 136; palmae .. planities ipsis digitorum ungulis .. ~ossa torquebatur R. COLD. *Cuthb.* 68 p. 139; **1192** utinam apponantur sagitte que eam [linguam dolosam] ~odiant P. BLOIS *Ep.* 89. 280A; primum in adventu lancea suscipit ~ossum in cor MAP *NC* II 19 f. 30v; s**1392** rex Francorum .. quosdam de suis domesticis in suo furore ~dit *Chr. Westm.* 208 (cf. ib. *in marg.*: rex Francorum .. quosdam de suis domesticis .. perimebat); tunc miles trasfodiet primum puerum et super lancea accipiet *Chester Plays* X 344.

transforare [CL], to bore or pierce through (also fig.).

profecto si quis mihi pupulam ignito ferro ~aret ALEX. CANT. *Dicta* 133; hostis .. in specie tauri .. quasi ~are conatur W. MALM. *Mir. Mariae* 161; sic mente invidie ~atus acumine .. ovino lupus sevit in vellere *Ep. ad amicum* 143; ex .. unguium acumine nervorum atque venarum teneritudinem ~antium R. COLD. *Cuthb.* 68; parietes conterendo ~avit *Ib.*; itaque lanceis punctim ~ant HON. *Spec. Eccl.* 1003B; spata grandi vel lancea .. ~atus *Mir. Hen. VI* I 13 p. 39.

transforatio [LL], (act of) piercing (through).

nec Anlaf .. mentiri potuit quod .. prestiterint ictuum immanitate, telorum ~ione, in concilio proborum H. HUNT. *HA* V 19.

transformabilis [CL transformare+-bilis], capable of transformation, transformable.

ille tortuosus Leviathan, ille Prometheus in omnia ~is GOSC. *Lib. Confort.* 92; habet .. quasi perspicuitatem mentis possibilitatem qua in omnium formarum similitudinem vel differentias est ~is PECKHAM *An.* 19.

transformare [CL]

1 to change the form, shape, appearance, or nature of, transform (also transf. or fig.). **b** (w. ref. to Christ) to transfigure (*Matth.* xvii 2, *Marc.* xi 2–3).

gloriam domini .. speculantes in eandem imaginem ~amur [cf. *II Cor.* iii 18] BEDE *Hom.* II 16. 187C; ex eo tempore quo aurum in caput vituli ~averunt *Id. Acts* 959A; Scilla .. in portentum maritimum ~ata est W. DONC. *Aph. Phil.* 7. 9; quos .. turpitudo ~avit in bestias AILR. *Spec. Car.* III 40. 620; qui grana frumenti et expressionem botri ~at in corpus suum et sanguinem *Found. Waltham* 11; alchemia est sciencia docens ~are omne genus metalli in alterum *Spec. Alch.* 378; ligna .. in .. effigiem per quamvis dolaturam .. fuerint ~ata GERV. TILB. III 4; vestium ~atarum varietatem M. PAR. *Maj.* V 269; metropolis Grecum est .. dicendum quod non est forma Greca, sed a gentili nomine in 'tes', sicut in Latinum ~atur BACON *CSPhil.* 463; c**1301** sicud camaleon .. potest ~are se in diversos colores *Quaest. Ox.* 357; ~at anachoritam in matronam *AncrR* 81; mos .. est barbarice locutionis .. verba ac nomina .. ~are .. apocopando ELMH. *Cant.* 338; c**1430** ille satelles Sathane, qui se in angelum lucis ~averat [cf. *II Cor.* xi 14] *Reg. Whet.* II 381; dux Exonie .. se ~ans in simplicem .. captus .. decollatur *Eul. Hist. Cont.* 386. **b** in monte dominus orat, ~atur, discipulis archana suae majestatis aperit BEDE *Luke* 456D.

2 to change the application of, transfer, adapt, apply (to). **b** (w. *in* & refl. acc.) to adopt or take on oneself so as to embody, represent, or sim. (*cf. transfigurare* 3).

1082 quidam monachus .. ferrum judicii .. per ignorantiam .. in alios usus ~avit *Regesta app.* p. 122; ubicumque sermo vel convertitur vel transsumitur vel ~atur a propria significatione ad inpropriam methaphora dicitur T. CHOBHAM *Praed. prol.* **b** cum nostre infirmitatis in se ~aret esuriem (AILR. *Serm.*) *CC cont. med.* IIB 156; debiles .. tristes et pusillanimes ~ans et transfigurans in te: tristis est, inquis, anima mea usque ad mortem [*Matth.* xxvi 38] (AILR. *Serm.*) *Ib.* IIB 275; **1318** princeps .. antistitum Anglie .. nostre parvitati excellencie sue magnitudinem contemperavit et angustias quas patimur in se compassionis spiritu ~avit *FormOx* 43.

3 to counterfeit, forge.

numisma .. et commercii formam quisque apud se ~avit, inminuit, et adulteravit *Lib. Eli.* III 73; argumenta .. fallacie composuit ~avitque sigillum .. pluresque vacuas cedulas inde inpressit *Ib.* III 96.

transformatio [LL], change in form, shape, appearance, nature, or sim., transformation. **b** Transfiguration (of Christ, *Matth.* xvii 2, *Marc.* xi 2–3). **c** (gram. or rhet., for μεταπλασμός or μεταφορά).

11.. in hac autem consecratione nullius qualitatis fit ~io set hujus substantia in illam .. transubstantiatio vel transmutatio *MS Corpus Christi Coll. Ox. 32* f. 122vb; apparuit in domo per ~ionem aqua in vinum BELETH *RDO* 73. 79; scientia de alckimia, que est scientia de ~ione metallorum in alias species D. MORLEY 158; fructus .. iste divini amoris fruitio est .. et in Dei imaginem, juxta verbum apostoli [cf. *II Cor.* iii 18], ~io gloriosa J. FORD *Serm.* 71. 7; lectulus non est substantia a natura .. set solum quedam dispositio et ~io extrinseca BACON VIII 61; monstruose ~iones hominum in bestias *Eul. Hist.* I 17. **b** aestimant .. discipuli ~ionem gloriae hanc esse quam in monte viderant BEDE *Mark* 220A; manifestissimis splendoribus nos circumfulgente, ut discipulos in illa divinissima ~ione GROS. *Ps.-Dion.* 28. **c** *hig gehleapað on* metaplasmum [*gl.*: ~io] BYRHT. *Man.* 96; methaplasmus, hoc est ~io *Ps.*-GROS. *Gram.* 69 (v. metaplasmus a); methaphora, id est ~io, quia ubicumque sermo vel convertitur vel transsumitur vel transformatur a propria significatione ad inpropriam methaphora dicitur T. CHOBHAM *Praed. prol.*

transformative [transformativus+-e], by way of transformation.

potentia activa .. informetur specie .. receptive vel ~e PECKHAM *QA* 95 (v. receptive).

transformativus [CL transformatus *p. ppl. of* transformare+-ivus], that transforms, transformative.

caliditas est elementaris proprietas .. in suam speciem ~a, illorum que frigiditate mortua sunt .. vivificativa et renovativa BART. ANGL. IV 1; actus qui est voluntatis magis et ~us quam actus intelligendi: transformat enim amor amantem in amatum R. MARSTON *QD* 349.

transformator [CL transformare+-tor], one who transforms or makes changes (in quot., w. ref. to editing of books).

per pravos compilatores, translatores, ~ores nova nobis auctorum nomina imponuntur R. BURY *Phil.* 4. 68.

transfranciare v. transfretare.

transfreta, ~um [cf. CL transfretare, transfretatio], (act of) crossing the sea (or sim.).

paratis .. regali precepto cunctis que ~o forent necessaria *Flor. Hist.* III 193; **1332** de dono dicte domine Alianore ante ~am suam versum partes transmarinas (*KR Ac*) *Arch.* LXX 140.

transfretabilis [CL transfretare+-bilis], suitable for making a crossing of the sea or sim.

Kambrie .. partes .. quas a Lagenia uno ~i die .. solum interfluens mare disterminat GIR. *EH* I 2.

transfretare [CL], **~ari**

1 to cross the sea or sim., make a (sea) crossing; **b** (fig.). **c** (spec.) to cross the English Channel.

regionis transmarinae Gerasenorum de qua ~ando .. venerat [sc. Christus] Galileam BEDE *Luke* 386D; ad unam insulam Cretam .. putandum .. est ~asse ALCUIN *Exeg.* 1026A; **1233** quod omnes naves .. parate ad ~andum cum corpore regis in Hiberniam .. venire faciat .. in portum de Mileford' .. ubi rex expeditius exkippare et ~are poterit *Cl* 319; lupus .. / ad navem se contulit volens transfretare *Latin Stories app.* 170; conatus in Siciliam .. cum militibus ~are BOECE f. 118v. **b** inter Scillam soloecismi et barbarismi barathrum .. ~averint ALDH. *VirgP* 59. **c** ~ans insulae parendi leges nullo obsistente advexit GILDAS *EB* 5; postquam rex [Willelmus] ~avit *DB* II 15; **1169** nullus clericus .. permittatur ~are vel redire in Angliam nisi .. (*Const. Regis*) R. HOWD. I 231; pro negotiis regis transalpinantes quibus etiam transfr[et]antibus nocuerunt adversantes M. PAR. *Maj.* V 618 (cf. *DuC* s. v. transfranciare: et transfranciantes); s**1169** ~arunt, et venerunt ad regem in Normannia *Flor. Hist.* II 82.

2 (trans.) to cross (the sea or sim.).

ponti spumosas ut nauta transfretat undas ALDH. *VirgV* 2804; a**1085** omnis terra sancti Petri .. sit quieta sicut .. in die quo mare ~avi (*Ch. Will.*) *Regesta app.* p. 126; ut ter magnum mare ~aret (*Quad.*) *GAS* 459; mandaverat .. ne quendam sinum maris quem Brachium Sancti Georgii vocant ~arent ORD. VIT. IX 4 p. 482; s**1171** Avigoz .. ~avit mare Affricum *G. Hen. II* I 23; phrut tibi, mare, et omnibus qui te ~ant GERV. TILB. III 88; S. Petrus .. in navicula cum .. piscatore Tamensem fluvium ~ans CIREN. I 93.

3 to ship, transport, or carry (cargo or sim.) across (the sea or sim.).

s**866** ipse exercitus .. ~us .. est fluvium Humbre in N. provinciam ÆTHELW. IV 2; secum .. deliberant .. quid sibi sua ~aturis inque partibus transmarinis moram facturis agendum sit de pecunia E. THRIP. *Collect. Stories* 201; **1276** qui bona sua careat in navem alterius .. ad carianda vel ~anda alicubi (*CoramR*) *Law Merch.* II 15; **1278** vobis mandamus quod canes illos .. ~ari .. faciatis *Chanc. Misc.* 35/8/18; **1304** de mercimoniis ~atis a portu de K. super Hullam *EEC* 74n; **1384** comes Moravie fecit .. quandam navem carcatam ad portum .. ~ari sine coketa recepta a custumariis *ExchScot* 112.

transfretatio [CL], (act of) crossing the sea (or sim., also fig.).

1159 in liberatione snecce vij li. in ~ione ipsius *Pipe* 41; cancellarius .. inibitionem ~ionis .. molitur eludere DEVIZES f. 37v; qui gratie invocationem semper in corde habeat, dum est in ~ione .. et gratie Dei gratias multiplices agat in remeatione J. FORD *Serm.* 12. 4; **1204** post ~ionem Henrici regis .. de Hibernia in Angliam *Pat* 47b; concedimus .. trafretacionem ad portum maris ad navem *Reg. S. Andr.* f. 57a; **12..** copiam sigilli mei proprii pre festinacione transfretationis mee *Reg. S. Thom. Dublin* 472; **1257** tempore ultime ~ionis regis in Wasconiam *Cl* 33; **1450** in exilium condemnabant perpetuum .. diem ~ionis in partes peregrinas peremptorium assignantes *Croyl. Cont. B* 525; ante ~ionem suam Jerosolymam *Meaux* I 165.

transfretator [CL transfretare+-tor], one who ships, transports, or carries across the sea or sim., ferryman.

c**1155** M. rex Scottorum .. omnibus ~oribus portuum maris salutem *Regesta Scot.* 126; *a fery man*, ~or, remex *CathA*.

transfretorium [cf. CL transfretare, transfretatio], (act of) crossing the sea (or sim.).

rex Anglie Edwardus, relicto ~io imperfecto quod facere debuisset contra inimicos suos ad partes Gallicanas, ad Scotos .. iter cum suis arripuit *Ann. Ang. & Scot.* 373.

transfuga [CL], deserter, fugitive (esp. w. ref. to soldier or slave, also fig.).

expeditionem in Brittaniam .. quae excitata in tumultum propter non redhibitos ~as videbatur BEDE *HE* I 3 p. 15; Normanni .. puniendi lege ~arum W. POIT. I 28; in neutra parte ~am spiritum a refuga homine missum pretergredi permisit HON. *Spec. Eccl.* 953C; omnes .. optimates fidei regi jurate ~e fuere W. MALM. *GR* V 394; s**1141** alii .. tam proceres quam milites ~e .. utinam numero plures adducerentur H. HUNT. *HA* VIII 17; c**1182** desertor .. vel ~a P. BLOIS *Ep.* 69. 215B; famulos .. quosdam a dominis suis ~as quos nomen religionis emancipavit *Canon. G. Sempr.* f. 49; pueros nostros ad partes illas, tanquam exploratores et non ~as, mittere consuevimus GIR. *SD* 138.

transfugare [CL trans+fugare], to chase (away).

huc usque cardinales vestri de Roma missi me ~arunt GIR. *Rem.* 28; eos ~ando usque prope Berwicum .. repulsit *Plusc.* X 15 p. 340.

transfugere [CL], to take flight, flee (away). **b** to defect, desert, go over (to).

qui .. reliqui fuerunt Judei ~erunt in Aegyptum BEDE *TR* 66; si quis autem reus vel ante vadationem vel post ~eret, omnes ex centuria et decima regis multam incurrerent W. MALM. *GR* II 122; hostium multitudine magna per marinam glisim, quo ~erant, interempta GIR. *EH* II 17 p. 341; Silvester .. dementire cepit, et ad silvam ~iendo silvestrem usque ad obitum vitam perduxit *Id. IK* II 8. **b** Eadfrid necessitate cogente ad Penda regem ~it BEDE *HE* II 20 p. 124; regula est ecclesiae ~ientes ad se ab hereticis per doctores suos inquirere .. quid de fide senserint *Id. Sam.* 707B; nos igitur Christiane condicionis professores nisi militie ducem nostrum stipemus .. ad hostem .. ~imus PULL. *CM* 207; quod ille ~eret ad .. communem hostem P. VERG. *Vat. Extr.* 206.

transfugium [CL], flight, escape, desertion, defection.

Edgarus .. regis dedititius .. facto ad Scottum ~io jusjurandum maculavit W. MALM. *GR* III 251; s**1253** timuerunt ne iidem .. ~ium facerent ad regem Anglorum M. PAR. *Maj.* V 388.

transfuguratio v. transfiguratio.

transfundere [CL]

1 to transfer by pouring or by causing or allowing to flow (into), transfuse, (also refl.) to flow or pour (into); **b** (fig. or in fig. context); **c** (translation from source).

exterrebatur animal formidolosum [sc. caballus] ex crate erecta, per quam ~ndebatur arena W. CANT. *Mir. Thom.* III 41; in decimo .. S. Edwardo cunctorum predecessorum sanctitas quasi ~sa confluxit J. FURNESS *Walth. prol.* 2; apes .. varios succos in unum saporem artifici mistura, in quadam sui spiritus proprietate ~ndunt P. BLOIS *Ep.* 92. 289C; dum .. humorem ad seminis suscitationem et germinis multiplicationem .. ad locum conceptionis ~ndit *Quaest. Salern.* B 17; illuminet illud [verbum / plenius et plenum lumen transfundat in ipsum] VINSAUF *PN* 849 (*recte* 854); Sinnenus .. Brendanicum in mare se ~ndit GIR. *TH* I 7; arteriis .. bifurcatis ~nditur spiritus vitalis per totum corpus BART. ANGL. III 22; idem [demon] .. semen a decidente primo ~sum recipit et deinde ~ndit illud in matricem DUNS *Ord.* VIII 131. **b** bene tota pulchra .. in quam uberi illapsu sese ~dit omnis pulchritudo Domini G. HOYLAND *Serm.* 150A; adhibui .. operam ex veteri vase in novum vivificum liquorem .. ~ndere J. FURNESS *Kentig. prol.*; decimas et oblationes fidelium in renes meretricum ~ndunt NIG. *Cur.* 164. **c** interpretatione beati Hieronimi presbiteri ex Hebraeo et Graeco fonte ~sus *Hist. Abb. Jarrow* 37; nostri codices ex Hebraeo fonte ~si habent vixisse Adam centum triginta annis BEDE *Gen.* 78D; quod a Colemanno in patriam linguam ut pleraque alia versum ego ~di denuo in Latinum W. MALM. *Wulfst.* I 5; omnes fuerunt de Hebreo in Grecum ~se BACON *Min.* 336.

2 to transfer, pass on, transmit; **b** (to successor or sim.). **c** to communicate, convey.

praetenderunt sibi velamen excusationis, quo suam culpam in conditorem ~nderent BEDE *Gen.* 60C; erit ipse quem diligis tamquam alter tu, si tuam tui in ipsum ~deris caritatem AILR. *Spir. Amicit.* III 70. 689A; comes .. quinte portionis insule .. in Anglorum regem jus et dominium plene ~dit GIR. *EH* II 33. **b** ceterorum apostolorum potestas in cardinales constat esse ~sa (AILR. *Serm.*) *CC cont. med.* IID 213; si accidentales macule parentum filiis ~ndantur PULL. *Sent.* 646C; cum ille Robertus sit primogenitus primogeniti fratris mei .. veremur ne conjunctionis inceste vitium ~ndatur ad posteros P. BLOIS *Ep.* 83. 259A; antiquum illud et inexorabile odium .. successio temporum ~dit in posteros GIR. *PI* III 19; rei .. ulcionem in successorem ~dit ELMH. *Cant.* 253. **c** nisi sollicitudo scriptorum mee ~nderet imperitie memoriam transactorum *Eul. Hist.* I 1 (cf. AYLWARD 287).

transfusio [CL], (act of) transfusing, transfusion (in quot., fig.).

[provincie] videntur .. Britonibus ex uno latere confines et per longam ~ionem morum maxima parte consimiles LUCIAN *Chester* 65; ubi omnimoda est simplicitas nulla potest esse substantie decisio, nulla diminutio, nulla ~io NECKAM *SS* II 12. 2.

transglutinare [CL trans+glutinare], to convert or transform into a (sticky) mass or sim.

multones .. fenum purum .. non comedent sed devorando ~utinabunt cumque .. id quod non madetur nullatenus venerit ad rugitum, possibile est .. per putrefaccionem illius feni in stomachis remanentis deperire *Fleta* 168.

transglutio v. transgluttio. **transglutire** v. transgluttire.

transgluttio [LL transgluttire+-tio; cf. ME *transglucioun*], **transglutio,** (act of) swallowing.

si .. dislocentur spondilia colli periculum est mortis .. si ad interiora impelluntur remanebit concavitas .. et impediet transglutionem GAD. 128. 2.

transgluttire [LL], **transglutire,** to swallow.

vermem .. in os ut ~utiat et sanabitur ADEL. *CA* 12; non patiatur Deus ut istam offam ~utiam W. MALM. *GR* II 197; dum spillam .. volveret in ore suo .. caput rotundum ~utivit cum tibia G. BURTON *Modw.* 48 p. 200; producto vase in quo lethiferi potus pestem recondiderat .. nec .. aliquid exinde gustando ~utivit R. COLD. *Godr.* 600; si illud quod in calicem cecidit sit venenosum .. supra sacrarium comburatur vel .. debet solidum ~utiri *Cust. Cant.* 287; colantes culicem et ~ucientes [ME: *swolheð*] camelum *AncrR* 7; sitim mitigant .. succus granatorum et grana eorum in ore posita, non ~utita GAD. 5v. 1.

transgredi [CL], **~ere**

1 to step, go, or travel across or beyond, cross (esp. boundary, limit, or sim.).

eo [sole hiberno] post tergum relicto ~essis Aethiopum fervoribus, temperatas .. repererint sedes BEDE *TR* 34; **8..** ne ~ediaris terminos antiquos, *ne oferstepe ðu ealde gemero WW*; si .. a qualibet plaga directe ad meridiem eatur lxvj miliaribus .. ~essis .. stella .. videbitur ADEL. *Elk.* 7; ?**11..** mercator foranus nequit ~edi spatium iij miliarum extra civitatem (*Cust. Lond.*) *Growth Eng. Ind.* 617; cum nullus eorum flumen ~edi posset H. HUNT. *HA* VIII 34 p. 287; fluvius marinis redundans aquis ubertim ~editur ripas *Offic. Kentig. A* 9; caveatur .. quod illa linea horaria non ~ediatur primam lineam horarum WALLINGF. *Alb.* 322.

2 to go above or beyond (non-local limit), exceed, transcend; **b** (in quality). **c** (math., in quot. refl. w. ref. to arithmetic progression) to be greater than or exceed (by).

p**675** paschalis calculi terminum .. quem anticipare et ~edi contra jus et fas illicitum fore censuerunt ALDH. *Ep.* 4; sensuum hebetudo rerum corporearum naturam non ~editur J. SAL. *Pol.* 436D; vim nature, Virgo, transgrederis / natum gignens vi casti federis J. HOWD. *Ph.* 6; nec aliquo modo ~ediantur fines mandati vel faciant aliquid quam illud quod continetur in littera J. OXFORD 68. **b** symphonista sola pre ceteris / musicorum melos transgrederis J. HOWD. *Ph.* 42; templum novum vetus transgreditur / incarnatum verbum quo cernitur *Ib.* 679. **c** disponantur a binario omnes partes et a septenario sese septem ~edientes ODINGTON 53 (cf. ib.: decem transilientes).

3 to transgress, trespass against, violate, contravene, breach, break (law, agreement, requirement, or sim.); **b** (absol. or intr.).

viderit aliquem ex fratribus abatis ~edi precepta GILDAS *Pen.* 27; hanc legem ~ediuntur homines: ecce alter dies mortis .. ~ediuntur homines evangelium: ecce quartus dies mortis ALCUIN *Exeg.* 899C; quadragesimalem observationem ~editur (*Cons. Cnuti*) *GAS* 345; ~editur .. promissa sua W. MALM. *GP* I 50; vinetarii .. ~essi sunt assisam *Leg. Ant. Lond.* 25; adultera .. que ~esso maritali thoro exarserat in .. concupiscenciam fatui *Flor. Hist.* III 130; **1337** ne [monachi] .. ~ederent canones *Lit. Cant.* II 156. **b** si ~essum sit contra assisam domini regis BRACTON f. 98; **1264** procuratores .. sic ~ediencium nomina tenentur fideliter registrare *StatOx* 36; suam advovens Deo castitatem .. licet sepe regie dignitatis auctoritate .. ~edi potuit, numquam tamen ~essus est BOWER VIII 6.

4 (intr., w. dat.) to do wrong to, offend against (person).

c**1245** tunc dominus rex habebit duas partes redemptionis et ille cui ~essus fuerit [sc. convictus] tertiam M. PAR. *Maj.* VI 117; **1290** si laicus clerico ~ediatur et pro transgressione illa prisoni committatur quousque .. clerico leso satisfiat *MunAcOx* 49; **1292** quod magnates sic privilegiati non curarent qualiter aliis ~ederentur *PQW* 118a; **1372** injunctum est omnibus tenentibus ville nequis eorum ~ediatur alteri in litigacione per verba pro causa pugnandi *Hal. Durh.* 113.

transgrescio v. transgressio.

transgressibilis [LL = *that can be transgressed*], trangressive. **b** (in gl.).

articuli .. pretactarum culparum cum suis fabricatoribus plures sunt et ultra modum ~es si veri essent *Flor. Hist.* II 449. **b** transgressilis, ~is OSB. GLOUC. *Deriv.* 594.

transgressilis [CL transgressus *p. ppl. of* transgredi+-ilis], (in gl.).

~is, transgressibilis OSB. GLOUC. *Deriv.* 594.

transgressio [CL], (act of) violation, contravention, breaking, breach (of law, agreement, requirement, or sim., esp. w. obj. gen.). **b** transgression, trespass, offence, wrongdoing. **c** (w. dat.) trespass, offence (against person). **d** sin (in quot. w. ref. to the sin of Adam).

non agitur de qualitate peccati, sed de ~ione mandati GILDAS *EB* 38; legitimos terminos Paschae aperta ~ione violant (*Lit. Ceolfridi*) BEDE *HE* V 21 p. 338; orbatus propter jurisjurandi ~ionem oculis ANDR. S. VICT. *Dan.* 83; in aliis provintiis ob parvam occasiunculam in ~ione precepti herilis .. viginti quinque pendantur W. MALM. *GR* III 256; ~iones .. regule sic .. provideantur, ut .. ROB. BRIDL. *Dial.* 182; malum .. ~ione pacti et fidei acceleravit lesione AILR. *Ed. Conf.* 777D; **1279** de ~ione bosci Albi Monasterii *RParl Ined.* 7; **1234** occasione transgrescionis de venacione nostra *Ch. Chester* 463; **1306** nec aliquis burgensis .. pro ~ione assise cervisie amercietur (*Swansea*) *BBC* 223; **1331** ~ionibus contra assisam panis et cervisie *PQW* 26b; principatus .. si non ordinatur ad bonum commune .. est corruptio et ~io principatus temperati et recti OCKHAM *Dial.* 794. **b** **964** (12c) habeat .. ad jus aecclesiasticum debita ~ionum et penam delictorum quae nos dicimus *ofersegenesse* et *gyltpite CS* 1135; **1165** pro remissione .. habenda a predicta ecclesia de omnibus ~ionibus *Regesta Scot.* 265; **1188** debent dim. m. pro ~ione agistamenti *Pipe* 125; **1225** de ~ione terris non servati *Ch. Sal.* 167; ministros .. peremerunt. unde rex nimia commotus ira, in ultionem tante ~ionis .. precepit ut homines interficerent *Flor. Hist.* I 561; **1306** homines .. indictati de conspiraciis et aliis ~ionibus *RParl* I 201a; **1333** pro omnibus feloniis et ~ionibus per ipsum in regno nostro .. perpetratis *RScot* 255a; **1334** filie .. si convicte fuerint super ~ionem luxurie vel adulterii *Surv. Denb.* 47; **1455** volens .. ~iones et offensas predictas manutenere et sustentare *Rec. Leic.* II 263. **c** **1419** perdonatio civium de omnibus ~ionibus et excessibus domino regi *MGL* I 137. **d** quod coluber diabolum saepe insinuet probatum est et in primi hominis ~ione BEDE *Prov.* 1025C; donec fuerit debitum observationis illius legis positive dimissum in purgatione illius originalis ~ionis GROS. *Cess. Leg.* I 8; primis parentibus non necessaria / fuerunt vellera .. / .. / invenit tegimen sola transgressio, / velamen peperit prevaricacio WALT. WIMB. *Carm.* 419.

transgressivus [LL *in sense* 2]

1 that constitutes a transgression (of a limit), transgressive.

si districtiones fecerit injuriosas et ~as Bracton f. 208; propter districtionem nimis ~am vel excessivam [v. l. concessivam] ultra modum et mensuram debitam *Ib.* f. 217.

2 (gram.) semi-deponent.

ausus, gavisus .. quorum verba veteres ~a vocarunt, posteriores neutropassiva Linacre *Emend. Lat.* f. 16v.

transgressor [LL]

1 one who steps or goes across, above, or beyond (in quot., fig.).

Nero .. Gaii avunculi sui erga omnia vitia et scelera non solum sectator, sed etiam in omnibus ~or M. Par. *Maj.* I 107.

2 one of an age between youth and old age, middle-aged person.

sanguis in infantibus maxime viget, in ad-olescentibus cholera rubea, melancholia in ~oribus .. phlegmata dominantur in senibus Bede *TR* 35 p. 247.

3 one who transgresses, violates, contravenes, breaches, or breaks (law, agreement, re-quirement, or sim.), transgressor (w. obj. gen. or sim.). **b** transgressor, offender, trespasser, wrongdoer, criminal, sinner; **c** (applied to Julian the Apostate).

hujus mandati ~or effectus est Alcuin *Dogm.* 29C; austeris legibus legum ~ores rigide multavit Ord. Vit. XI 23 p. 237; c1212 fidei .. impudens est ~or Gir. *Ep.* 5 p. 194; rex .. ~or est veritatis Bacon V 37; 1331 levavit fines .. de ~oribus contra assisam panis et cervisie *PQW* 16b; a1350 si quis .. magistrorum regencium .. constitucionum ~or inveniatur .. *StatOx* 81; 1439 si hujus nostre regularis prohibicionis frater aliquis ~or inventus fuerit, aut contemtor irregularis .. Amund. II 209. **b** in ~ores dignas et competentes punitiones proposuit Bede *HE* III 8; virgam .. manu gerebat, tanquam ille qui in epistolis ~ores terrificat Gosc. *Transl. Mild.* 21; de cruce .. omnes nos pecca-tores respexit, cruci sue peccata nostra affigens et pro ~oribus patrem rogans ne perirent [cf. *Is.* liii 12] J. Ford *Serm.* 19. 2; quasi signum latronis et cauterium ~oris P. Blois *Serm.* 583B; c1370 W. R. est communis ~or et .. communis noctivagax *SessPLincs* 182; 14.. pistores, braciatores, vinetarios .. forstallatores, et omnes alios ~ores *Reg. Brev. Orig.* f. 279v; cella Sancti Adampnani et refugium pro ~oribus *Extr. Chr. Scot.* 9. **c** Julianus ~or regnavit annos vij Theod. *Laterc.* 25 p. 160.

transgressorius [CL transgredi+-torius], that transgresses, transgressing.

tunc Marchisum detestantur / pacti transgressorium *Itin. Ric.* I 74.

transgressus [CL]

1 (act of) going or passing across, above, or beyond, crossing (in quot., of time).

regula praecipit ut ante vernalis aequinoctii ~um Pascha non celebretur Bede *TR* 30; ut et hic per aequinoctii ~um longitudinem noctis superet *Ib.*

2 transgression, offence, trespass, wrong-doing, sin.

illud .. agere in hominum conspectu, magnum constat esse ~um, istud vero perficere, premaximum in ipsum Deum videtur et est peccatum G. *Steph.* 34; 1200 noluit stare recto in curia domini regis de illo ~u *CurR* I 242; legati Romane sedis diligentius .. ~us scrutantur et corrigunt *Chr. Evesham* 201; 1255 pisto-res .. in tertio ~u habeant judicium de pillorio (*Pat*) *MunAcOx* 776; s1217 ab ipso abbate .. de suo ~u cum lacrimis postulans indulgentiam *Flor. Hist.* II 164; ne tamen omnino in tantis taceamus ~ibus Amund. I 92; obtulit .. ei .. culpam pro sue rebellionis ~u .. remittere *Reg. Whet.* I 162.

transgulare v. strangulare.   **transgulatio** v. stran-gulatio.

transhumanus [CL trans+humanus], that goes beyond or exceeds the human.

viri .. optimi, heroici, et divini, vitam ducentes ~am, angelicam, et divinam *Cop. Pri. S. Andr.* 141.

Transhumbranus [CL trans+AS *Humbre+-anus*], situated beyond or across the river Humber.

illi qui ceteram ~ae gentis partem ab aquilone .. regebat Bede *HE* III 14 p. 155; Edwinus .. rex Anglorum .. ~e gentis ad aquilonem .. verbum salutis .. suscepit Fl. Worc. I 15; rex Scottorum .. omnem borealis Anglie partem .. depopulari proposuit. non latuit proceres ~os ejus adventus Ailr. *Stand.* f. 196 (cf. *Meaux* I 121: proceres Cishumbrani).

transibilis [CL transire+-bilis]

1 a capable of crossing or passing over or across. **b** capable of being crossed.

a transilis, ~is, quod facile potest transire Osb. Glouc. *Deriv.* 593. **b** vada .. pontibus confractis .. vix ~ia M. Par. *Maj.* V 334.

2 capable of being transformed.

licet celum habeat materiam, non tamen celum est ~e de uno esse substanciali in aliud esse substanciale Wycl. *Quaest. Log.* 264.

3 liable to pass away, transitory.

944 vanis ac ~ibus rebus *CS* 792.

transicere v. traicere.

transigere [CL], **transagere**

1 to transact, carry out, deal with to the end, complete; **b** (line of argument or sim.). **c** to settle, come to terms about.

~acto [*gl.:* finito] pontificatus officio et consummato vitae curriculo Aldh. *VirgP* 25; profligatis, ~actis *GlC* P 637; ecce transactus labor est diei Alcuin *Carm.* 121. 5. 1; multa illius consilio ~igens W. Malm. *GP* I 42; ut sine suorum detrimento res ~igi nequiret *Id. HN* 506; finis .. datus est causis et ad ~igendum ac deliberandum necnon et sententias firmandum vacatio grata Gir. *JS* IV p. 266. **b** sua assumpta similitu-dinibus ~igens vel aliorum objecta eludens W. Malm. *GP* I 65. **c** ad compromittendum, transignandum [? l. transigendum], componendum, et pacificandum *Reg. Paisley* 27.

2 (w. *victum* or sim.) to provide for oneself.

victum de manuum suarum laboribus ~igebat Bede *Luke* 446C; Christicole .. pauperculo agriculatu ~igentes inediam W. Malm. *GR* IV 347; indigena arte piscandi victum ~igebat *Id. GP* V 266.

3 to live (life or period of life in spec. fashion). **b** to celebrate (feast day).

theoricam anachoreseos ~egit vitam Aldh. *VirgP* 29; hic vir florem adolescentiae suae Mediolana ~egit in urbe Alcuin *Hag.* 659; ut his artibus pudice impubem virginitatem ~igerent W. Malm. *GR* II 126; Benedictus aliquot annis vitam suam pane et aqua ~egit Ailr. *Serm.* 6. 26. 243; vitam .. degenerem in immunditiis .. ~igentes P. Blois *Ep.* 94. 294C; referunt hunc .. parum pudice ~egisse vitam Ferr. *Kinloss* 28. **b** ~acta .. festivitate S. Martini *DB* II 268rb; festa natalitia more suo ~igens André *Hen. VII* 103.

4 to spend (period of time in spec. fashion).

quater senas in fundo maris profundo sospes ~egit [*gl.:* perfecit] Aldh. *VirgP* 24; utrum ipse intus an foris noctem ~igeret Bede *HE* II 12; viginti quattuor horas .. ita dividebat ut octo horas in scribendo .. octo in cura corporis, octo in expediendo regni negotia ~igeret W. Malm. *GR* II 123; noctem cum die pre-cibus transagentes R. Cold. *Godr.* 584.

5 to complete (period of time or sim.), (pass., of time) to pass. **b** (p. ppl. as adj. or sb. n.) past, that has taken place in the past. **c** (p. ppl. as adj., of time) ago, back.

~acto tempore aliquanto Bede *HE* III 11 p. 149; regni discidium .. prognosticaverat cometes, in ~acta estate ejusdem anni fere per octo dies apparens Herm. Arch. 34; multis temporum ~actis curriculis Petrus *Dial.* 38; spacio quasi quattuor annorum post mortem Lanfranci ~acto *V. Gund.* 32; hodie quidem annus ~igitur ex quo maris passus es tormenta (*Brendanus* 20) *VSH* II 277; hanc .. exhortatiunculam meam habuissetis, ~acti sunt multi dies, nisi me turba nego-tiorum .. retardasset P. Blois *Ep.* 103. 326B; 1266 terram .. tradiderat .. ad terminum nondum ~actum *Cl* 207. **b** indaginem ~actorum †irretitabiliter [l. irrecitabiliter] abdidit Ord. Vit. VI 9 p. 74; presuli

concordiam poscenti ~actos reatus indulsit *Ib.* XI 31 p. 273. **c 1203** hoc receptamentum debuit fieri tribus annis ~actis ut idem R. dixit *SelPlCrown* 35; usque ad diem de H. proximo ~actum *CurR* VIII 154.

6 to cross, get to the other side of.

sit pax .. quamdiu puer natus [Eadgarus] regnum tenuerit, et noster Dunstanus mortalis vitae metas ~egerit Osb. *V. Dunst.* 19.

7 to pass through, traverse; **b** (transf.).

stellae .. illam caeli plagam .. solitis noctu ~igunt excubiis Bede *TR* 34. **b** ut .. psalmodiam totam .. sine antiphonis transigeret *Hist. Abb. Jarrow* 14.

transignare v. transigere.

transilire [CL]

1 to leap, go, or pass quickly over or across (to the other side of) (also fig.). **b** (intr.) to move over. **c** (refl. or intr., transf., math.) to move on in progression (by).

lupi .. siccis faucibus ovile ~ientes non comparente pastore Gildas *EB* 16; mentis gressibus sanis alacriter terrena quaeque ~iens Bede *HE* II 7 p. 94; cervi .. altas rupes ~iunt Ælf. *Bata* 5. 9; ~io, *ic oferhleape* Ælf. *Sup.*; cui .. Dominus tantam .. conferre dig-natus est gratiam ut coaetaneos quosque praecelleret et suorum tempora studiorum facili cursu ~iret B. *V. Dunst.* 4; Egfridum metas regni ~ientem pugna ad-orsus domum redire ammonuerit W. Malm. *GR* I 77; montem Snaudunum fluviumque citum Colvenum / pluribus armatus transiliit vicibus Ord. Vit. VIII 3 p. 288; armis saliens in montibus et ~iens colles [*Cant.* ii 8] *Chr. Kirkstall* 131. **b** presbiter, diaconus, sine nutu prioris sui ~iens in alia si liceat diocesi ministrare? desertorem .. proprie ecclesie interdictum habemus in alia ministrare Egb. *Dial.* 406. **c** disponantur a binario omnes partes, a quinario omnes sese quinque ~ientes et duplices sesqualteri generantur ... si a tribus inchoatur et tribus sese ~ient .. Odington 53 (cf. ib.: a septenario sese septem transgredientes); triplex sesquitertius sic reperientie et fiunt triplices et eis comparentur a denario, omnes decem ~ientes *Ib.*

2 to pass over (without paying attention), to skip. **b** to pass over in silence, fail to mention. **c** to omit, fail to perform.

que si vellemus clausis palpebris ~ire Peckham *Ep.* 432 p. 559. **b** nova monasteria quot et quanta fecerit, scribere dissimulo; illud non ~iam, quod vix .. W. Malm. *GR* II 131; quot .. cecos illuminavit, quot leprosos mundavit .. propter .. lassitudinem scribendi .. ~imus (*Declanus* 38) *VSH* II 58; illud .. ~iam quod vix aliquod in tota Anglia vetustum fuerit *Rec. Scot.* 111. **c 1363** quidam eorum horas [canonicas] prorsus ~iunt et omittunt *Eng. Clergy* 145.

transilis [CL transire+-ilis], capable of crossing or passing over or across.

~is, transibilis, quod facile potest transire Osb. Glouc. *Deriv.* 593.

transiliter [transilis+-ter], in passing, cursorily.

~er, transeunter .. pretereunter Osb. Glouc. *Deriv.* 593.

transilitio [CL transilire+-tio], (act of) leaping over.

s1382 fossas, aqua repletas, levi negotio transierunt. .. impedimento erat eis pauliper fossarum ~o, qui-busdam de villa repugnantibus Wals. *HA* II 61.

transilitor [LL, *for* Heb. *Idithun*], leaper, one who leaps over, across or beyond.

Idython [*Psalm.* xxxviii 1], hoc est ~or cupiditatum saecularium Bede *Luke* 345B; Iditun, ~or *GlC* I 23; ~or, *oferhleapend* Ælf. *Sup.*

transinferioratio [CL trans-+inferiorare+-tio], change that involves becoming or rendering in-ferior.

videtur .. quod oportet transsubstanciatum mutari; cujus mutacionis terminum oportet esse substanciam, quia aliter foret ~o vel transsubjeccio, sed juxta viam predictam nec oportet panem perdere vel acquirere aliquam qualitatem sed solum respectum ad quem non est motus secundum philosophos, dum panis fit hostia consecrata Wycl. *Euch.* 82.

transire [CL]

1 (intr.) to make a crossing, go across, cross over (from one place to another). **b** (trans.) to cross, pass over or through (to the other side of) (also in fig. context). **c** to run over, to knock down (person) and pass over.

si Christianitas nostra pateretur, sicut olim anima Euforbii ~isse dicta est in Pitagoram Samium, ita possit dici quod anima Julii Cesaris ~ierit in regem Willelmum W. MALM. *GR* IV 320; si vero navem hac forte ~ire contigerit .. rapitur .. fluctuum violentia ut eam .. vis voracitatis absorbeat GIR. *TH* II 14; **1313** persona ecclesie de E. et R. de R. ~iverunt ultra terram J. de B. causa venandi *Eyre Kent* I 67; **1366** in solucione facta magistro Waltero de Wardlaw ~eunti Londonias pro negociis regis *ExchScot* 260; ad transceundum de Gowerland ad Kedwellyland W. WORC. *Itin.* 198 (v. 2 feria; tranceat in placeam *Beunans Meriasek* p. 21; **1505** et sol. W. W. cum ij servientibus operantibus in *le guttersettying* ut ~iret per ortum cellerarii *Ac. Durh.* 658. **b** passibus oceanum retrograda transeo versis ALDH. *Aen.* 37 (*Cancer*) 3; s**893** ~ierunt .. Tamens[em] flumen *Chr. S. Neoti* 96; a**1087** in pace stare sicut erant ea die qua mare ~ivi *Regesta* 41; montem Seyr cubiculaque leonum / transi [anima] J. HOWD. *Cant.* 364; **1283** debent .. averare .. de manerio usque Cycestr' .. set non debent ~ire portas civitatis *Cust. Battle* 53. **c** **1276** item de Johanne S. soluti sunt xvj s. viij d. pro quodam infortunio quia caretta cum ij affris ~ivit unum puerum *Hund.* I 8b.

2 (intr.) to pass (in ownership or possession, by transfer, gift, sale, export, or sim.). **b** (trans.) to transfer to another place, transport across. **c** to transfer, hand over, or *f. l.*

quando .. vadit alius et dat suum captale pro eo tali pacto, ut idem ~eat ei in manum .. (*Quad.*) *GAS* 117; in numero lx millium saccorum superesse, eo quod ~ire non permittebantur .. quod panni fierent in Anglia AD. MUR. *Chr.* 86n; reddendo inde .. ij s. vj d. annualis feodi firme .. cujus .. ij partes ~ibunt operi ecclesie et tercia pars .. ~ibit predicte fraternitati *Reg. Rough* 276; cum equus venditur .. capistrum ~it cum eo *Latin Stories* 76. **b** **1289** concessimus .. fratribus .. quod ipsi vina sua possint ~ire per custumam .. Burdegale, solvendo .. prout homines Agenesii ~eunt atque solvunt *RGasc* II 300a. **c** in fata decedens, absolvendi appositi operam ad filium ~ivit, qui ipsum negocium transfudit eciam in heredes BROMPTON 1051.

3 to move on or pass (into another condition, situation, status, practice, or sim.); **b** (in leg. context). **c** to pass or change (into something else), be transmuted.

s**823** tota Cantia ~ivit in deditionem *AS Chr.*; ne quicquam castellorum vel terrarum redderetur quod post regis captionem in jus imperatricis ~ierat W. MALM. *HN* 511; ut .. mutata sententia rex in eorum voluntatem ~iret *Id. GP* I 67; dux Northmannorum .. in regem ~iit Anglorum GOSC. *Transl. Aug.* 34A; in desipientiam omnino ~eat bestialem P. BLOIS *Ep.* 7. 20A. **b** si cognatio ejus nolit eum educere nec ei ~ire in plegium (*Quad.*) *GAS* 183; omnes .. cause suos habent pertractationum modos, sive in statu quo cepere permaneant sive de eo in alium ~eant (*Leg. Hen.* 57. 8b) *Ib.* 577; si quis in servum ~eat .. coram testibus agatur (*Leg. Hen.* 78. 2) *Ib.* 594; **1281** adeo .. quod eorum .. punicio aliis ~eat in exemplum *RGasc* II 130b; concordatum est quod sacerdotes qui ad leges ~ire non possunt compleant septem annos in jure canonico *Reg. Cant.* III 72; **1426** puniri sic et taliter quod ceteris similiter committentibus valeat ~ire in exemplum *Ib.* III 144. **c** ad .. in -p interdum ~it ut appono ALDH. *PR* 140 p. 195; aurea terra rubens .. decocta diu .. ~ibit in aurum NECKAM *DS* VI 59; sanguis superfluus in muliere pregnante .. ~it in lactis naturam RIC. MED. *Anat.* 228; lapis lincis .. induratur et ~it in lapidem *Alph.* 90.

4 to move on or pass (to another subject or topic).

licet hoc unum exemplum .. abunde sufficeret, tamen .. ~eamus ad cetera GILDAS *EB* 39; nunc habes de prima et maxima parte rhetoricae artis, id est inventione; jam ~eamus ad alias partes ALCUIN *Rhet.* 34; ab hujus crucis inventione ~eundum est ad ipsius exaltationem *Found. Waltham* 11; examinato penitente de articulis fidei, transseundum est ad spem GROS. *Templ.* 8. 1; hec sufficiant nobis de locis; nunc ad ymagines ~eamus BRADW. *AM* 47.

5 (gram., of verb) to be transitive. **b** (w. *in*) to require (a grammatical case) to complete the sense, to govern.

candeo, candesco, non transit, candido transit GARL. *Syn.* 1580C. **b** sicut tale verbum activum est absolutum et non ~it in accusativum extra BACON XV 74; tertia [activorum ratio], quae in aliquid cognatae significationis ~it, modo in quid ~eat, explicetur, ut curro stadium LINACRE *Emend. Lat.* f. 9v; ~eunt in hunc casum et varia adjectivorum genera veluti partitiva omnia: alter Aiacum .. et interrogativa quaedam: quis deorum? *Ib.* f. 57v.

6 to be in transit or pass (through), to make one's way or travel (through); **b** (of written or drawn figure, also geom.); **c** (pr. ppl. as sb.); **d** (p. ppl. *s. act.*).

licet inter medios predones .. ~ierint, quia alios viatores spoliaverunt *Canon. G. Sempr.* f. 108; cum per loca vestra, terras, castra .. jurisdictiones .. ipsum ~ire contigerit *MunAcOx* 724; **1314** cum per districtus vestros ipsos ~ire contigerit *RScot* 125a. **b** incidemus utramque speram cum superficie supra centrum ~eunte ADEL. *Elem.* XII 14; circulus .. est ~iens supra punctum reliquum *Ib.* XIII 13; pausa longe significans longam perfectam ~it per tria spatia, et imperfectam significans ~it per duo spatia HOTHBY *Cant. Mens.* Fl 22. **c** peregrini vero et ~euntes in ecclesia hospitalis sacramenta possunt recipere *Cart. Chester* 522 p. 299; **1377** injunctum est .. quod inhospitent omnes extraneos ~euntes ad pedes ita bene sicut eos qui inequitant *Hal. Durh.* 138; fratres erant ~euntibus hospitales et benigni *Latin Stories* 40. **d** per Salopiam ~itus [? l. ~iens], ibi per duos dies mansit AD. USK 26.

7 (trans.) to pass through, spend (period of time).

quia .. diem cum nocte jejunus ~iret BEDE *HE* III 27.

8 to run or pass through (subject, esp. with only a brief mention, also absol.).

1282 quia dolor est meminisse dolorem, nos hujusmodi mestuosam materiam sub breviloquio ~euntes *Foed.* II 215; ideo nunc breviter ~eo OCKHAM *Quodl.* 30.

9 to go past, to pass by. **b** (pr. ppl. as adj., her., of representation of four-legged animal) passant, walking and looking ahead, with three paws on the ground and the dexter forepaw raised. **c** (trans.) to pass.

unaquaque .. pars eo ~iente sic proclamavit ad eum *V. Greg.* p. 85; quia multociens sola ~ibat cum pedibus nudis et dissoluto crine *Latin Stories* 74. **b** c**1320** cum tribus leopardis ~euntibus de auro puro *Hist. Francisc. Eng.* 143; leones in Angliaco clypeo Matthaeus Parisiensis ~euntes vocat, set et leopardos nominat, non leones SPELMAN *Asp.* 119. **c** cum .. primos custodes ~iret, dixerunt ei .. (*Samthanna* 7) *VSH* II 255.

10 (of sin or crime) to pass, be allowed to go (unpunished).

1277 transgressionem illam .. ~ire nolentes impunitam *Law Merch.* III 137; ne maleficia ~eant impunita *Conc. Scot.* II 19.

11 to go through, pass, be approved or ratified.

1376 munimenta .. que ~eunt sub illo [communi] sigillo *Cant. Cath. Pri.* 67n; si billa dicta ~iret, sive evaderet Domum illam [sc. Inferiorem Parliamenti] absque modificacione ulla *Reg. Whet.* I 93.

12 (trans.) to pass by or over without mentioning, to omit. **b** to pay no heed to, ignore; **c** (leg.). **d** (of fact or event) to pass (person) by unnoticed, escape the notice of.

cum in scribendo quod scribi non debet ~it scriptio ANSELM (*Orig. Pecc.* 4) II 145; coloseum .. palacium Titi et Vespasiani ~eo. quis enim artificiosam compositionem ejus .. sermone exequi poterit? GREG. *Mir. Rom.* 31. **b** ille surdis auribus ammonentes ~iens W. MALM. *GR* II 175. **c** **1398** R. K. et J. M. legi nostre ad ~eund' super quadam assisa inter J. .. et J. coram .. justic' nostris .. inobedientes fuerunt *Pat* 348 m. 15; calumpniare potest .. homines quos ipse maxime formidat, qui ad ejus calumpniam .. signis talibus notabuntur quod, ut verbis legis utar, illi super eum non ~ibunt FORTESCUE *LLA* 27. **d** ita expedit aut justum judicem res non ~ibit W. MALM. *GP* I 54.

13 to go quit, to go unharmed, unchecked, or unpunished.

1259 idem Willelmus secundum legem Cestresire per *therting* de supradicto foro ~ivit et de parti posuit se super patriam *Cal. CourtR Chester* 2; consideratum fuit quod abbas noster et .. abbas de W. ~irent inde sine die, et .. Katerina .. esset in misericordia pro falso clamio *Meaux* II 228.

14 (of priest or bishop) to transfer (to a different diocese).

1242 qui ad eam [ecclesiam Wintoniensem] ambitiose .. intendat ascendere vel ~ire *RGasc* I 160b; c**1350** si quis vobis rebellis ad .. alterius .. dioces' duxerit .. se transferre, volumus .. quod nomen .. illi de confratribus ad cujus dioces' †transfieret [l. transierit; cf. *Reg. Exon.* IV 1117] .. curetis .. intimare *Conc.* III 1.

15 to pass on or away (from life, the world, or sim.), die. **b** (of inanim. thing) to pass (away), cease to be. **c** (pr. or p. ppl. as adj. or sb.) transitory.

potestatem alterum ordinandi in loco ejus qui transierat sacerdotem BEDE *HE* II 18; ~iens ex hac vita *Ib.* III 8 p. 142; rex .. ~iit ad Dominum, coronandus in parte dextera ab ipso Domino auctore omnium *Enc. Emmae* II 23; s**1089** Lanfrancus .. a rebus transitoriis ~iit H. HUNT. *HA* VII 1; **1331** si .. dominus [archiepiscopus] ~ierit ex hoc mundo *Lit. Cant.* I 414; in primis ~iturus ab hoc mundo .. in manus tuas commendo spiritum meum (*Test. Hen. V*) *EHR* XCVI 89. **b** c**957** ea quae velut umbra ~eunt *CS* 664; cum veteri .. testamento vetera ~ierunt et nova in novo salubriter subsequuntur W. DAN. *Sent.* 30; merita bona non ~eunt irremunerata GIR. *Spec.* III 18 p. 242; sed ~eat appetitus [ME: *let lust ofer gan*] *AncrR* 36. **c** rebus caducis et ~euntibus HOLCOT *Wisd.* 63; **1257** nequaquam in ~euntibus remaneatur .. sed ex illis in permanentia ~eatur (AD. MARSH) *Mon. Francisc.* I 439; obligatio .. confitendi .. ~iens et fluxiva CONWAY *Def. Mend.* 1421 (*recte* 1321); rerum ~itarum notitia *Chr. Angl.* 265.

16 (of time) to pass, elapse. **b** (of event) to pass, take place.

si dies ille non reddita annona ~ierit *DB* I 174ra; ~iit in his [rebus] mensis W. MALM. *HN* 510; **1325** utinam antequam hec eveniant ~eant dies mei *Lit. Cant.* I 152. **b** **1285** si .. offerat .. verificare quod assisa alias ~ivit de eodem tenemento inter easdem partes *SelCh* 463; **1290** partes que modo sunt hic in judicio non sunt eedem [que fuerunt cum] judicium predictum ~iit *State Tri. Ed. I* 5; **1335** quedam jurata ~iit in dicta curia nostra coram nobis inter nos et .. Johannem *Cl* 156 m. 32*d*.

17 (trans.) to pass out of or over, go or project beyond, transcend (limit or boundary). **b** to exceed, be greater than.

hi sunt proprie rethorum pedes, qui quaternarum mensuram syllabarum ~euntes a metricis .. spreti repudiantur ALDH. *PR* 141; praesentis mundi tenebras ~iens supernam migravit ad lucem BEDE *HE* III 8; prope fluvium .. qui tunc .. omnes ripas suas ~ierat *Ib.* III 24; privata .. peccata forte suos non ~eunt auctores R. NIGER *Mil.* IV 1 (cf. ib.: peccatum [publicum] .. transit in prejudicium aliorum); ignis suos terminos ~iens incendit totam domum (*Cainnicus* 18) *VSH* I 159; operatio .. motiva: quedam est simpliciter immanens ut saltare .. quedam autem ~iens, nihil tamen relinquens, ut cantare .. DUNS *Metaph.* I 7 p. 80a; constat .. quod omnis scientia sit nobilior actibus potentie motive ~euntibus in extrinseca *Ib.* I 7 p. 80b. **b** undecim .. qui denarium ~eunt BEDE *Tab.* 430C; **1201** ipse ~ivit etatem lx annorum *SelPlCrown* 7 (cf. (*AssizeR*) *Selden Soc.* LXVIII 176: **1201** desicut ipse †transfuit [l. transivit] etatem lx annorum); c**1255** nisi eorum emptio vel venditio ~eat xij denariis (*Dunster*) *BBC* 265; recta longa est cujus latitudo non ~it longitudinem GARL. *Mus. Mens. app. P* 93; per hoc quod ~ivit etatem, declinare poterit duellum BRACTON f. 138b.

transitio [CL]

1 (act of) crossing, passage. **b** (w. *animae*) transmigration (of the soul).

1321 de pontibus et calcetis fractis in communibus ~onibus *MGL* II 352. **b** μετεμψύχωσιν id est ~onem anime .. namque .. μετὰ trans, ψυχὴ anima interpretatur ALB. LOND. *DG* 6. 21.

2 passage (of time).

anima transit de contradictorio in contradictorium, quia primo est non beata, postea est beata; qui transitus non potest fieri per motum localem nec per ~onem temporis OCKHAM *Quodl.* 94.

3 transport across.

1242 de ~one vinorum: .. in navi presentis latoris permittant secure transire sexcies viginti dolia vini .. usque Burdegalam *RGasc* I 99a.

4 transition (from one state or condition to another). **b** change, transformation.

si quis in servum transeat .. in signum vero ~onis hujus billum .. suscipiat (*Leg. Hen.* 78. 2c) *GAS* 594. **b** quam condensatam alia fumositas inveniens impellit, impulsa elongatur et ab eadem augmentatur, et in cornu fit ejus ~o *Quaest. Salern.* P 14; sed cum per generationem preciditur semen a substantia corporis humani, ibi fit ~o in aliud, quia inde nascitur proles que est aliud a parente suo T. CHOBHAM *Praed.* 116.

5 (gram.) transitive relation or construction, construction involving change of case or person.

quedam [verba] .. sunt que nullam habent ~onem, ut 'jacere', 'dormire', quamvis quedam ex his videantur facere ~onem ad verbum .. ANSELM *Misc.* 346; mensus ubi geminum constructio rectum / transicione ligat, sicut contraria recto / obliquum racio sine transicione maritat HANV. III 175; erit intransitive cum dicitur 'jubar Sancti Spiritus'. potest .. gratia creata nos illuminans dici jubar Spiritus Sancti ut sit ~o NECKAM *SS* I 16. 5; sed hoc facit natura rei verborum, que de se determinat casum ~onis et casum cause *Ps.*-GROS. *Gram.* 64; in aliqua oracione participium per se recipit ~onem verbi, ut 'percucio legentem' BACON XV 61; absolucio ~oni verbali opponitur *Ib.* XV 100.

transitive [LL]

1 temporarily.

quod si talis apparatus fit pro adventu terreni hominis et momentanee potestatis, qualis apparatus omnis boni putamus fiebat pro adventu caelestis Regis et aeterni in corde sacratissimae Virginis quae illum non solum erat in semet ~e hospitatura, sed etiam ex substantia sua factum hominem paritura? EADMER *Excell. B. M.* 561A; **1331** quedam pistrina et brasina et stabulum que maxime indigent refeccione .. et ~e possunt emendari cum xiiij li. xvij s. iiij d. (*IMisc*) *OHS* LXXX 293.

2 (gram.) in a transitive sense or construction, transitively, in a construction involving change of case or person.

verbum substantivum aut tenetur copulative et sic construitur cum recto a parte post, aliquando .. tenetur ut, dependens ab alico, gracia cujus ~e construitur BACON XV 100; construitur genitivus a parte post ~e transicione personarum *Ib.* XV 170; genitivus 'Christi' potest construi ~e et intransitive H. HARTLEPOOL 193.

transitivus [LL]

1 that can change.

Augustinus dicit, tercio de Trinitate, quod panis est species ~a. et Ambrosius .. dicit quod Christus in sacramento species elementorum mutat *Ziz.* 145.

2 that can be transferred, transferable.

condicionale sic factum tale censetur esse legatum, non aliter ad heredem ~um quam si legatarius voluerit, quamvis alias .. ad heredem legatarii transmittitur E. THRIP. *SS* VI 4.

3 that passes away, transitory, temporary.

momentaneus, transitorius, ~us OSB. GLOUC. *Deriv.* 360; honor mundi transitivus / et revera fugitivus WALT. WIMB. *Van.* 3.

4 (gram. & log.) transitive, that involves a change of case or person.

qualecumque sit verbum sive ~um sive absolutum VINSAUF *AV* II 2. 47 p. 281; alium .. accusativum exigit accio transsitiva ut determinantem rem in quam transit accio *Ps.*-GROS. *Gram.* 63; numquam .. debet fieri periodus inter verbum ~um et illud quod terminat ejus transitum; nam illud .. est accusativus casus

BACON *Tert.* 252; nominativus non potest construi cum verbo ~o a parte post BACON XV 40; tertio queritur utrum filius generetur de substantia patris. et videtur quod non, quia hec prepositio 'de' cum sit ~a, inportat aliquam diversitatem; nulla autem est diversitas nec realis distinctio inter filium et substantiam patris MIDDLETON *Sent.* I 68b; ~um [verbum] id dicimus quod in aliquem casum fertur, diversum ab eo qui ipsum praecessit, ut .. egeo, placeo LINACRE *Emend. Lat.* f. 10.

transitor [LL], one who passes through or by.

ut non jam ~or in ea sed pertransitor torrente voluntatis divine epotetur H. Bos. *LM* 1338B.

transitorie [LL]

1 in the act of passing through.

~ie tunc ambulante *Comm. Cant.* I 94.

2 in a cursory or perfunctory manner.

qui fidem ~ie nec fixa intentione percipiunt non solum nihil commodi credendo merentur sed et pocnam de pretio salutis miseri mercantur aeternam BEDE *Sam.* 531D; inquiratur .. a metropolitano si in promptu habeat legem scrutabiliter et non ~ie WYCL. *Ver.* II 159.

3 in a transient manner, in the manner of, or with regard to, something transient or transitory. **b** temporarily, for a short period.

nec eis [praesentium rerum solatiis] pro sponso frui desiderat sed eorum ministerio, ut in servitio sponsi subsistere valeat, ~ie uti festinat G. STANFORD *Cant.* 226; ut tanta temporis nostri gloria ~ie non pertranseat; verum .. literarum beneficio firmum perpetuitatis robur obtineat GIR. *TH pref.* p. 21; hec in transitu et ex incidenti commemorasse sufficiat, utinam non ~ie J. FORD *Serm.* 26. 7. **b** quoniam vero dominus noster paschali tempore mortem ~ie gustatam aeterna resurrectionis virtute devicit BEDE *Ezra* 858A; estis eo tempore prelati .. transitorius hic honor ~ie vobis impenditur AD. SCOT *OP* 574B; et hoc vel ~ie, sicut in raptis, vel permanenter, sicut in beatis DUNS *Ord.* VIII 147; apostoli .. ~ie ac parce susceperunt elemosinas temporales a populo WYCL. *Sim.* 16.

transitorius [CL]

1 of or pertaining to passage across from one place to another, (in quot. w. *navis*) ferry boat.

1233 omnes .. naves ~ias ejusdem aque [Sabrine] magnas et parvas singularum villarum singulis noctibus convenire .. faciat *Cl* 320.

2 passing, cursory, hasty.

tam faciles et perfunctorias, tamque ~ias et vanas verbales .. injurias E. THRIP. *SS* II 7; aliqua capitula .. more ~io compilavi BACON *Tert.* 13.

3 (esp. of worldly things) transient, fleeting. **b** temporary, lasting for a short period.

795 haec .. caduca et ~ia fortitudinis evincite animo ALCUIN *Ep.* 42; **956** cum his fugitivis et .. ~iis possessiunculis jugiter mansura regna Dei suffragio adipiscenda sunt *CS* 978; bona .. ~ia in usu non in affectu possidete *Chr. Rams.* 99; terream .. et ~iam nostri partem ~iis et frivolis temporis ratione dedicemus; illo vero quod perpetuum in nobis esse dignoscitur, ad perennitatis gloriam aspiremus GIR. *EH pref.* p. 223; **1231** ipsius [Dei] familiaritas nulli conceditur nisi qui contemptis ~iis et vanis, ardentem habuerit amorem celestium GROS. *Ep.* 6 p. 39; peccator relinquens secularia et ~ia G. *Roman.* 421. **b** de cujus ~ia promotione .. congaudemus *Collect. Ox.* I 43; **1287** penam purgatorii transsitoriam *Conc. Syn.* 993.

transitus [CL]

1 (act of) crossing (over from one place to another); **b** (in death, *cf. et.* 10 *infra*).

venit ad Morianos, unde in Brittaniam proximus et brevissimus ~us est BEDE *HE* I 2; undae sive Rubri maris seu fluvii Jordanis, cum ad ~um Israheliticae plebis in altum erectae murorum instar figuntur *Id. Gen.* 19A; **716** civitatis muros, ad quam post ~um fluminis festinabant BONIF. *Ep.* 10 p. 12; castra metatus est in utraque parte fluminis prope ad pontem ut ~um pontis civibus prohiberet ASSER *Alf.* 82; si quis impedierit ~um navium *DB* I 280ra; **1170** et servienti de Alrehedam qui custodit piscarias et ~us navium iiij s. xiiij d. *Pipe* 96; rex .. de una civitate in aliam ~um fecerat G. *Roman.* 375. **b** de ~u .. illius, quo

caelestia regna petiit BEDE *HE* III 8; c**803** de gloriossisimo ~u ejus ad Christum ALCUIN *Ep.* 306.

2 movement through, transit, passage; **b** (astr., of heavenly body); **c** (geom.). **d** (in gl.) oblique or passing movement.

tu .. fixum cuspidem labari in terra sic trahe eum ut semitam faciat ~us [*gl.*: itineris] sui ALDH. *VirgP* 25 p. 259; contigit me per Mediam ~um fecisse GIR. *TH* II 19; in ipsa masticatione cibi et ~u ejusdem *Quaest. Salern.* B 77; propter densitatem .. radii omnes reflectuntur, sed propter mediocritatem densitatis, que non impedit ~um lucis, franguntur radii in superficie aque BACON *MS* 130; diabetes est immoderatus urine ~us per renes *SB* 17. **b** nec solum errantia, ut Saturnus, cujus ~us imbriferi fiunt BEDE *NR* 202. **c** spera est cum semicirculo sumpto linea diametri fixa circumducetur arcus circumferie mediati [v. l. mediatas] donec ad locum suum redeat eritque arcus ~us spera ADEL. *Elem.* XI *def.* 8; ~us trianguli rectanguli .. circumducti ad locum unde cepit reditus *Ib.* XI *def.* 10. **d** *a glance*, ~us, -us LEVINS *Manip.* 21.

3 (as Latin equivalent for Jewish Passover, also applied to Easter); **b** (transf.).

dies Paschae, id est ~us .. unam videlicet noctem ~us dominici, id est resurrectionis ejus a mortuis BEDE *TR* 63; Pascha .. ~us interpretatur nomen inde habens quod vel filii Israhel in eo per immolationem agni de Aegyptia servitute ad gaudia libertatis transirent vel ipse agnus immaculatus, id est Dominus Christus, immolatus pro nostra redemptione transierit ex hoc mundo ad Patrem *Id. Ezra* 857D; Pascha Grecum nomen est et sonat idem quod ~us Latine vel Phase Hebraice BELETH *RDO* 113. 118. **b** comederunt igitur festinanter [cf. *Exod.* xii 11]; ~us enim erat M. PAR. *Maj.* IV 212.

4 crossing place, passage, way (through or across).

ubi fontes lucidos juxta puplicos viarum ~us conspexit BEDE *HE* II 16 p. 118; apud Sandwich, ubi publicus est ~us omnium, prohibitus fui transfretare GIR. *JS* IV p. 237; **1262** quia .. ~us viarum inter Maydenhith' et Heneley infra metas foreste nostre de Windes' credimus ampliari .. tibi precipimus quod ad ampliacionem ~uum .. arbores et subboscum nostrum .. prosterni .. faciatis *Cl* 120; **1375** injunctum est omnibus .. quod arrari [*sic*] faciant *les leys* eo quod aqua non habeat sufficientem ~um *Hal. Durh.* 127; *transyte, where men walke,* ~us *PP.*

5 right to pass through or across, passage, right of way.

liberum .. transitum per terram suam .. se illis daturum .. promisit ORD. VIT. IX 6 p. 497; religiosi .. nec liberum transsitum in passagio de Burgo unquam habuerunt *Tract. Peterb. & Ramsey* 173; **1368** R. .. habet unum tenementum vacuum jacens per quod communis ~us fit super blad' dominicorum *Hal. Durh.* 74.

6 duty on passage or crossing, toll.

1208 et de x s. de ~u vie *Pipe Wint.* 80; item burgensis nullum dat ~um *EHR* XV 499.

7 transition (to another stage or condition, also as state), passage, course, transformation.

nonne per ~um nostre mutabilitas in eo nature, per statum vero sue eternitas exprimitur? videtis ergo quod in ~u lune sue, et in statu solis sui, nostre hoc cecitatis tenebras tersit AD. SCOT *Serm.* 278B; impossibile est quod fiat talis ~us a contradictorio in contradictorium sine omni mutacione OCKHAM *Quodl.* 620; homo est primo non-albus et postea albus, et iste ~us non salvatur per motum localem nec per transitum temporis *Ib.* 707.

8 transition (from one idea or topic to another).

Pantheon .. brevi ~u pretereo GREG. *Mir. Rom.* 21; de mortuis .. ad vivos .. ~us fiat, stilus vertatur GIR. *Spec.* II 11.

9 (gram.) change of grammatical case or person.

restat ex demonstrativis unum, nempe sui, reciprocum a quibusdam dictum, quod ~um a tertia persona in ipsam rursus reflectit, qua ratione tertiae etiam personae merito est, quod solius ejus ~um remittit LINACRE *Emend. Lat.* f. 7v.

10 passing (away), ceasing to be (esp. w. ref. to death).

604 nisi emendaverit ante ejus ~um quod inique gessit *Ch. Roff.* 1; anxie enim sunt et moleste rerum transeuntium cure, et cupiditates: quippe cum earum et difficilis sit questus, et citus ~us, et inanis, ut non inhonestus dicam, fructus G. HOYLAND *Ascet.* 290A; **1331** significamus .. Johannem .. diem clausisse extremum, pro cujus ~u .. *Lit. Cant.* I 388; ut infirmi ante ~um suum oleo ungantur *Eul. Hist.* I 204.

11 passing, elapsing (of time).

per ~um temporis OCKHAM *Quodl.* 707 (v. 7 supra).

12 (*in ~u*) in passing, incidentally, temporarily.

hoc exemplo labor nobis quasi in ~u sit, quies vero religiosa quantum possibile est in jugitate ROB. BRIDL. *Dial.* 156; hec in ~u et ex incidenti commemorasse sufficiat, utinam non transitorie J. FORD *Serm.* 26. 7; qui .. tantum visitator fieret et non habitator; non incola .. sed tanquam hospes in ~u sive viator GIR. *JS* II p. 161; angustiam passionis quam iste in ~u tolerat, ille longo cruciatus tedio recompensat P. BLOIS *Serm.* 692C.

transjecticius v. trajecticius.

translanceare [CL trans+LL lanceare], to strike or pierce with a lance.

per corpus ~atus vix manus inimicorum evasit *Extr. Chr. Scot.* 174.

translancinare [CL trans+lancinare], (understood as) to pierce.

~are, transfigere, perforare OSB. GLOUC. *Deriv.* 593.

translare v. translatare.

translatare, ~lare [CL translatus *p. ppl. of* transferre+-are], to move (to another place), transfer.

s**1087** ~lavit [*Cart. Rams.* III 174: transtulit] episcopalem sedem de Elmham usque Norwicum *Chr. Rams.* 340; tibi .. magistro .. munusculum apporto et secreta nature et verba philosofica que audivi tecum volo alchimiare ~latare M. SCOT *Alch.* 152; **1240** omnis Judeus ubicumque fuerit manens die sancti Michaelis ibi maneat cum tota familia sua .. nec se amoveat vel inde ~latet *Leg. Ant. Lond.* 237; nolunt dare licenciam in anachoretum ut ~laretur de uno loco angusto in alium locum spaciosum GASCOIGNE *Loci* 11; **1482** ~labunt dictam missam .. ad illud altare *Scot. Grey Friars* II 131.

translate [LL], metaphorically, figuratively.

numerorum imperitia multa facit non intelligi ~e et mystice posita in scripturis [Aug. *Doctr. Chr.* II 25] BACON *Maj.* I 178.

translateralis [CL trans+lateralis], that lies across or alongside.

acciscunt colles Albani translaterales [*gl.*: Norwallia et Scotia] J. CORNW. *Merl.* 66 (94).

translaticie [CL], superficially, ordinarily.

illud [*sc.* heri], cum nullius quatuor saltem modorum vim ullam subindicet, omnibus illis astrui ~e potest LINACRE *Emend. Lat.* f. i v.

translaticius [CL]

1 (in gl.) that is moved from one place to another.

~ius, qui transmutetur [? l. transmittitur] de loco ad locum *GlC* T 270.

2 (rhet., as sb. f.) a proverb of similarities.

proverbiorum aliud est epiphonema, aliud ~ia, aliud entimema .. ~ia est sententia ab una materia in aliam per similitudinem translata GERV. MELKLEY *AV* 182, 183.

translatio [CL]

1 transfer (to another place). **b** (leg.) transfer (of case) to another (superior) court, evocation. **c** transfer (of the body or relics of a saint) to another place of burial or a shrine, translation; **d** (also w. *festum*, transf., w. ref. to feast day marking anniversary of such transfer); **e** (transf., of place to which relics are transferred).

801 quare non ~onem Abacuc prophetae [*Dan.* xiv 35] una die vel etiam hora concedis? ALCUIN *Ep.* 229; abbatissa dicte domus de W. cum majori parte sororum suarum .. de eodem loco de W. .. ad domum de D. se transtulit .. ad supplicationem ordinis .. dicta ~o facta fuit *Mon. Francisc.* II 281; **1471** pro .. ~one campanarum a collegio Sancti Georgii *Arch. Hist. Camb.* I 406n. **b** quandoque etiam, licet ab initio non veniant [placita] in curia [v. l. curiam] domini regis quedam placita de recto, veniunt tamen per ~onem, ubi curie diversorum dominorum probantur de recto defecisse GLANV. XII 1 (=*RegiamM* III 20). **c** post cujus ~onem corpusculi, tot languentes pristine sanitati .. sunt restituti in sacello quo quiescebant ossa LANTFR. *Swith. praef.* p. 258; ordo canonizationis ejus apud Romanam curiam facte et ~onis a vobis .. celebrate *Canon. G. Sempr.* f. 36; **1220** factum est ~o beati Thome martyris per Stephanum archiepiscopum .. fecit .. per totum diem ~onis vinum jugiter in canalibus per varia urbis loca distillare KNIGHTON I 210; translatus .. fuit sanctus Aldhelmus in prima ~one sua .. anno sepulture ejus xcij *Eul. Hist.* I 227. **d** s**1227** feria sexta post dominicam que fuit ~o sancti Benedicti *Chr. Clun.* 98; cujus pater moriebatur anno Christi mcccvij, in die ~onis sancti Thome *Pol. Poems* I 132; in ~one ejusdem [*sc.* sancti Swithuni] inveniet [prior] duos caseos qui possint sufficere predictis monachis *Cust. Swith.* 15; **1293** in vigilia et in die †transplacionis [? l. translacionis] sancti Augustini *PQW* 367b. **e** omnibus de veteri ecclesia sublatis et in paratiorem ~onem reconditis GOSC. *Aug. Maj.* 46C.

2 transfer (of bishop) to another see, translation (also transf. w. ref. to length of time in see since translation).

s**1333** eodem anno .. transtulit papa magistrum Adam de Oreltone de ecclesia Wygorniensi ad ecclesiam Wyntoniensem, ad preces regis Francie .. cujus ~onem dominus rex Anglie non habebat acceptam *Ann. Paul.* 360; datum apud manerium nostrum de Lambeheth .. anno Domini millesimo trecentesimo octogesimo quarto, et nostre ~onis anno quarto *Ziz.* 497; **1405** datum quinto die mensis Julii anno .. nostre ~onis .. nono *Lit. Cant.* III 91; in istis diebus emunt [episcopi] ita care suas ~ones et suos episcopatus dum vivunt quod non sunt digni transferri post mortem suam nec ut Deus operetur per eorum merita opera miraculosa GASCOIGNE *Loci* 22; **1559** ~onis nostrae ad regni primatialem sedem *Conc. Scot.* II 143.

3 transfer (of rights, possession, dominion, *etc.*). **b** (leg., *criminis ~o*) transfer of charge (from defendant to another person), countercharge.

dominium ejus quod excedit pondus non est translatum: error enim impedit dominii ~onem, cum erratum est in re ipsa VAC. *Lib. paup.* 56; ~onem principatus ad istum Herodem alienigenam .. refert Augustinus GROS. *Cess. Leg.* II 7 p. 103; nec aliter fratres ullo modo consentiunt in ~onem dominii pecunie commendate PECKHAM *Kilw.* 139; potest transferri imperium ut tamen remaneat Romanum imperium .. et hec ~o adhuc multipliciter potest intelligi. uno modo quod detur imperium alicui cujus progenies jure successionis possideat Romanum imperium OCKHAM *Dial.* 901 (*recte* 899). **b** ut .. orationis reliquum ad criminis circumflecteret ~onem T. MON. *Will.* II 14.

4 transfer (of idea or word) to another context, as in metaphor, metonymy, *etc.*

metafora est rerum verborumque ~o. haec fit modis quattuor: ab animali ad animale, ab inanimali ad inanimale, ab animali ad inanimale, ab inanimali ad animale BEDE *ST* 152; est quoque pulchra ~o per metonymiam, cum res per auctorem rei significatur, ut pro bello Martem et pro frugibus Cererem .. est et synechdochica ~o pulchra, cum ex parte totum aut ex toto partem significamus, ut pro tota domu tecta dicamus aut pro undis mare ALCUIN *Rhet.* 37; sunt nomina .. alia que proprie quidem de Deo dicuntur, per ~onem .. et appellationem etiam de sanctis hominibus dici inveniuntur *Eccl. & Synag.* 67; item 'videri ab aliquo' intelligi, 'videri alicui' non hoc sed existimari. rursum si huic ut ex positione, illi ut ex ~one, ut 'videri' id quod oculorum ex positione, id quod animi ex ~one BALSH. *AD* 52; ~o est quando aliqua dictio transfertur a propria significatione ad impropriam quadam similitudine VINSAUF *CR* 325.

5 (act or product of) transfer or rendering (of speech or text) into another language or form of expression, translation, version; **b** (of Scripture).

ecclesia primitiva non fuit sollicita de ~one scientiarum magnarum philosophie et ideo sancti doctores Latini copiam magnalium philosophicorum non habebant BACON *Maj.* III 32; per .. vivificacionem (secundum aliam ~onem, essentificationem) BRADW. *CD* 150B; **1395** solute .. pro ~one tractatus treugarum initarum inter Gallicos et Anglicos .. de Gallico in linguam nostram, xx s. *ExchScot* 376; secundum beatum Dionisium de ecclesiastica ierarchia capitulo sexto, quod capitulum intitulatur secundum unam ~onem 'de hiis ordinibus qui perficiuntur', secundum aliam ~onem quam exponit Lincolniensis intitulatur capitulum istud sextum 'de eorum qui perficiuntur ordinibus' UHTRED *Mon. V.* 379; p**1440** cuidam monacho [viz. John Lydgate] de Burgo S. Edmundi propter ~onem Vite S. Albani in nostrum vulgare, iij li. vj s. viij d. AMUND. II 256. **b** quando sextupla fecit [Origenes], i. sex ~ones in unum librum composuit *Comm. Cant. I* 5; 'complevit .. Deus die septimo opus suum quod fecerat.' in alia ~one dicitur quia 'consummavit Deus in die sexto opera sua quae fecit.' BEDE *Gen.* 33C; quem versiculum beatus papa Gregorius in omeliis evangelii juxta antiquam ~onem posuit: thesaurus desiderabilis requiescit in ore sapientis *Id. Prov.* 1000D; huic consonat ~o LXX, que sic habet .. GROS. *Cess. Leg.* II 6 p. 96; atque scitur manifeste quod Hieronymus humanum aliquid passus aliquando in ~one sua oberravit, sicut ipsemet pluries confitetur BACON *Maj.* III 83.

6 transfer (of the office of a liturgical day that coincides with another liturgical day) to another calendar day.

si .. festum sancti Nicholai in dominica contigerit, differatur usque ad quintam feriam proximam sequentem .. et ideo fiat ~o de hoc festo et de quibuscumque aliis transferendis per annum tali modo quod possint habere suum plenum servitium (*Brev. Heref.*) *HBS* XL 61.

7 transformation, alteration, renovation.

1527 eidem pro ~one et nov' factura unius *partlett* ad unam *frokke* de panno argento qui fuit enbrauderat' *KR Ac* 419/20 f. 21.

8 Transfiguration, or *f. l.*

1498 sexto die mensis Augusti in festo translationis [*sic* MS; ? l. transfigurationis] Jhesu et festo ejusdem nominis *BBExch* 667.

translative [CL translativus+-e]

1 by means of a transfer (in quot. of charge).

dum Judeo Christianum et morti mortem opposuit, totam in Judeos causam ~e retorsit T. MON. *Will.* II 10.

2 in a manner involving transfer in sense or context, metaphorically.

his .. omnibus modis solet sancta Scriptura de Deo loqui, sed aliter proprie, aliter ~e, aliter relative. .. situs vero et habitus et loca et tempora et pati non proprie sed ~e per similitudines dicuntur in Deo ALCUIN *Dogm.* 22D; gannio .. quod proprie agunt vulpes sed ~e refertur ad homines OSB. GLOUC. *Deriv.* 256; hoc verbum nasci conveniet omnibus illis ~e, sicut cum dicitur nascuntur flores in agris, in vite racemi, id est, incipiunt esse VINSAUF *AV* II 3. 10; concedunt naturam annorum quibus referuntur homines ante diluvium vixisse proprie et non figurate accipiendum; et Enoch non ~e sed vere translatum GROS. *Hexaem.* XI 5. 2; beatitudo essentialis vocatur ~e corona laurea HOLCOT *Wisd.* 142.

translativus [CL]

1 of or pertaining to the translation of a saint's body or relics.

hec et alia perplura .. Mildrethe certissime translationis indicia .. in ~o ipsius codicello uberius doceri poterit GOSC. *Lib. Mild.* 9; in ipso ejus ~o adventu tantus torrens imbrium inundavit *Id. Transl. Mild.* 17.

2 (leg., rhet.) of or pertaining to a transfer of charge or case to another person or court, or to a change of plea (*cf.* Cic. *Inv.* I 8. 10, Isid. *Etym.* II 5. 4), (*constitutio ~a*) question concerning the fitness of the facts at issue which may result in the case being transferred or commuted.

in quarta constitutione, quam ~am nominamus, quaeritur an facere rem debeat qui fecit, aut eo tempore vel eo modo vel in eo loco aut cum illis cum quibus fecit ALCUIN *Rhet.* 7; dicens omnem cause constitutionem vel conjecturalem vel definitivam vel generalem vel ~am ADEL. *ED* 21.

3 of or involving transfer in sense or context, metaphorical, figurative.

per quandam similitudinem et ~am locutionem vel aliquam figuram multa de Deo dicuntur que in ejus natura et proprietate aliter intelliguntur *Eccl. & Synag.* 80.

4 (in gl.) transitory, transient.

~us, qui cito transit OSB. GLOUC. *Deriv.* 594.

translator [CL]

1 one who transfers. **b** one who translates the body or relics of a saint to another church or shrine.

Chananaeus interpretatur negotiator sive ~or. omnes qui .. ecclesiae veritatem transferunt in mendacium Chananaei appellandi sunt *Comm. Cant.* III 150. **b** aliud corpus funditus ignotum .. invenitur quod pariter excipientes ~ores .. ad Gregorianam basilicam efferunt GOSC. *Lib. Mild.* 4.

2 translator (w. ref. to language); **b** (of translators of Scripture).

idem translator [Jerome] .. transtulit in Latinum peregrina volumina ALDH. *VirgV* 2148; hoc testatur translator optimus / malignantum mucro Jeronymus J. HOWD. *Ph.* 835; ~or non habuit in Latino nomina propria istis scientii, ideo accepit nomina scienciarum magicarum BACON V 12; ~ores non ponunt in textu aliud nisi quod inveniunt in textu alterius lingue a qua convertunt libros autenticos in Latinum *Id. Gram. Gk.* 57; per pravos compilatores, ~ores, transformatores nova nobis auctorum nomina imponuntur R. BURY *Phil.* 4. 68; **1380** de Philippo ffilpoke ~ore... de Stephano ~ore *DocCOx* 33–4. **b** de qua [sc. Judith] in LXX ~oribus [*gl.*: interpretibus, *wenderum*] scriptum est: induit se vestem jocunditatis suae ALDH. *VirgP* 57; unde quidam ~ores Latini non spiritum sed flatum transferre maluerunt, ut expresse intelligeretur anima secundum Ysaie [*Is.* lvii 16] GROS. *Hexaem.* X 7. 2; propter solum placitum ~orum vel interpretum *Ziz.* 31.

translatrix [cf. CL translator], one (f.) who transfers, removes, or transforms.

hinc eam alii sompniatricem, alii animorum ~icem .. appellabant *V. Chris. Marky.* 76.

translegere [CL], to read through.

diversarum textus historiarum percurrendo ~imus et .. de ipsius genealogie nobilitate .. compendiose discerpsimus R. COLD. *Osw. pref.* p. 329; quinque hujus novi operis quaternos tibi mitto ut ~as, non transcribas, ipsosque mihi per latorem presentium cum omni festinatione transmittas P. BLOIS *Ep.* 19. 71C.

translimitare [CL trans+limitare], to cross the boundaries of, to exceed the limits of.

in membris meis responsum mortis accepi. certus .. sum quod excursus misere hujus vite .. vix ~abit hunc annum P. BLOIS *Ep. Sup.* 7. 4.

translocare [CL trans+locare], to transfer or remove to another place, translocate.

s1209 ~atur scaccarium. festo .. sancti Michaelis amotum est scaccarium Westmonasterio usque Northamtonam M. PAR. *Min.* II 118 (*tit.*).

translucentia [CL translucens *pr. ppl. of* translucere+-ia], quality of allowing light to pass through, translucency.

per plurale notat extrinseca inter rem visibilem et videntem, sicut aera et aquam; et est sicut dicit Avice[nna] in aere preter id quod est aer et in aqua preter id quod est aqua communis quedam natura sed innominata, nisi velis eam ~iam vel transparentiam nominare GILB. III 126v. 1.

translucere [CL], to be translucent, (also) to be light or bright (with light passing through). **b** (pr. ppl. as adj.) translucent.

lapis selenites .. lunae continens imaginem fulgore candido .. ~et BEDE *TR* 28. **b** illud .. quo existente medio fit visus est pervium et ~ens .. paries autem non est pervius nec ~ens J. BLUND *An.* 116; dicitur .. lux in comparatione ad rem ~entem et color in comparatione ad rem coloratam. lux .. secundum

quod lux, est qualitas que ex essentia sua est perfectio ~entis *Ib.* 123; pervium, transparens, translucens et lucidum et luce transeunte BACON *MS* 96; mare translucens mergitur in obscuris J. HOWD. *Cant.* 100; iste humor diaphanus et ~ens est *Ps.*-RIC. *Anat.* 26.

translucidus [CL], translucent. **b** bright (in quot. fig.).

~us, perspicuus OSB. GLOUC. *Deriv.* 594; hujus civitatis discolores gemme ~e sunt HON. *Spec. Eccl.* 1011B; saphiris et aliis gemmis solidis et ~is assimilantur [angeli] BART. ANGL. II 5; bdellium .. arbor est aromatica ... habet .. gummi quod alii procon appellant, alii malachan ... est .. ~um subalbidum simile fere odoratum GROS. *Hexaem.* XI 17. **b** nobis exercitia transmitte micantes, / duces eximios ut frustra flammarum / .. translucidi duces sic nobis assistant J. HOWD. *Cant.* 261.

transmare v. trans.

transmarinus [CL]

1 of or pertaining to crossing the sea, (w. *iter*) to a place across the sea.

c**675** ~um iter .. carpere ALDH. *Ep.* 3.

2 situated on the other side of the sea, located overseas (also as sb. n. pl.). **b** (*Britannia* ~) Brittany. **c** (of act, event, or sim.) that takes place overseas.

alii ~as petebant regiones GILDAS *EB* 25; c**705** ~a .. rura ALDH. *Ep.* 12 p. 501; ut Saxonum gentem de ~is partibus .. vocarent BEDE *HE* I 14 p. 30; non solum in cismarinis set et .. extra regnum in ~is H. BOS. *Thom.* II 8; **1236** ordinacioni premissorum interesse non potuit dominus Robertus archidiaconus Middelsex' agens in ~is *E. Ch. S. Paul.* 64; cum Philippus filius ejus .. adhuc in ~is partibus moraretur .. de ~is [v. l. transmare] rediens .. *Meaux* I 364n; **1454** Johanni .. in ~is Pattavii moram trahenti *Lit. Cant.* III 215. **b** reliquias ex Britannia ~a emptas reposuit W. MALM. *GP* II 85. **c** ~is preliis imminuti W. MALM. *GR* II 121.

3 of or related to a land or country overseas, derived from or originating overseas; **b** (of person, also as sb.). **c** (w. *Brito*) inhabitant of Brittany.

per quae .. olim ~ae deliciae ratibus vehebantur GILDAS *EB* 3; non tam ex scriptis patriae scriptorumve monumentis .. quam ~a relatione *Ib.* 4; fama .. per extremos mundi cardines divulgata reges ~orum [vv. ll. transmaritanorum, transmaritimorum] regnorum nimius invadebat timor G. MON. IX 11 (ed. M. Reeve (Woodbridge, 2007) IX 154); vina ~a ratione commercii .. terram replent GIR. *TH* I 6; muneribus ~is (*Coemgenus* 29) *VSH* I 247. **b** ~is regibus et subjectis GILDAS *EB* 4; si quis Francigena vel Normannus vel denique ~us occidatur (*Leg. Hen.* 91. 1) *GAS* 607; ~orum hostium metus procul W. MALM. *GP* I 18; eadem sententia stat de servis ~is GIR. *TH* II 12. 24. **c** Britones ~os quos adolescens vicinos castellis Danfronto et sancti Michahelis habuerat W. MALM. *GR* V 402.

4 (w. name of colour or coloured cloth) ultramarine (of blue or green pigment obtained from lapis lazuli named w. ref. to its foreign origin).

1235 ad v robas de blud' transmar' *Chanc. Misc.* 3/3; **1253** unam robam de viridi ~o ad equitandum *Cl* 362.

transmaritanus [CL trans+maritanus], of or belonging to a country overseas.

infinita liberalitate Anglorum et ~orum fidelium ejus [Ricardi I] multam pecuniam ad redemtionem collegerunt R. NIGER *Chr.* I 103.

transmaritare [cf. transmaritanus], to cross the sea.

vidit tres naves paratas ~are (*Abbanus* 19) *VSH* I 15; navem .. ascendit et mira navigacione et recta Dei gubernacione cepit ~are (*Albeus* 4) *Ib.* I 48.

transmaritimus [CL trans+maritimus], situated on the other side of the sea, located overseas.

cepit dominatum terrarum ~arum GERV. CANT. *GR* 92.

transmeabilis [LL]

1 that can be crossed or passed over or through, passable.

eis omnia maria pedum gressibus ~ia *Lib. Monstr.* I 54; fluvius .. duobus tantum in locis .. ~is BEDE *HE* I 25 p. 45; rapidi fluminis alveum interpositum (qui vix erat homini vel equo ~is) transire distulerunt *V. II Off.* 3; rivulus .. non nisi certa per loca vadaque ~is GIR. *IK* I 6; in marisco .. vias prius invias pervias reddidit et ~es M. PAR. *Min.* I 15; s**1093** flumina .. ita spisso .. gelu constricta sunt, quod .. onustis bigis et plaustris facta sunt ~ia *Flor. Hist.* II 25.

2 that can cross or pass through.

gutta .. quedam ~is sensibiles corporis sui motus invaserat R. COLD. *Cuthb.* 96; applicuit [corpus Samsonis], velut navis ~is, prospera et incolumis in Iltuti ostio (*Iltutus* 15) *VSB* 216.

transmeare [CL]

1 to cross (over), to pass across or through (also w. internal acc. or absol.); **b** (in fig. context); **c** (in gl.).

transnavigare maria terrasque ~are GILDAS *EB* 67; nam si fluvium quem equo et navi transire possum propono me non nisi navi transiturum et idcirco differo ~are quia navis abest ANSELM (*CurD* I 9) II 63; certe diabolus potest per aera transvolare, mare ~are HON. *Spec. Eccl.* 953C; omnem ~andi copiam sibi negatam vidit. resedit ergo supra ripam fluminis [Tyne] *Hexham* I 208; ut .. propter scientiam salutis et vite jam te transalpinare non oporteat aut maria ~are P. BLOIS *Ep.* 140. 416D; quam cito medium maris Hibernici cursum ~averant GIR. *TH* I 29. **b** hanc .. tenuem nostri libelli segetem litterarum pedibus ~antes B. *V. Dunst.* I p. 4. **c** transire, ~are, demigrare OSB. GLOUC. *Deriv.* 172.

2 (of period of time) to pass.

s**837** transmeato anni unius circulo ÆTHELW. III 3.

transmeatio [CL transmeare+-tio], crossing, journey across. **b** passing through, penetration.

naulum, pretium quod datur pro ~one OSB. GLOUC. *Deriv.* 382; **1440** felici ~one in sinu portus .. applicuisset exercitus BEKYNTON I 193. **b** foraminis terebrata ~o R. COLD. *Cuthb.* 26 p. 58.

transmeatus [CL transmeare+-tus], crossing, journey across. **b** passing through, penetration.

interdicitur .. statim transmeatus marinus *Flor. Hist.* III 88. **b** foramen .. terebri unius ~u non amplius patuit R. COLD. *Cuthb.* 26 p. 58.

transmetiri [CL trans+metiri], ~**ire**, to traverse, cross.

me mare ~menso clemens hucusque juvabas *Mem. Dunst.* 375; ~menso maris spatio GIR. *EH* I 30; Burgundiam longis dietis ~metiens *Id. JS* III p. 240.

transmetuit v. transmutare.

transmigrare [CL]

1 (intr.) to move (to another place, esp. w. ref. to change of place of residence); **b** (fig., also w. ref. to the meaning of the name Galilee). **c** to pass (from life to death).

~o .. cum ad locum iter facio BEDE *Orth.* 54; incole illius in Bulgariam ~arent ORD. VIT. IX 10 p. 553; emigrare parat ac penitus a domo ~are, nisi alteruter migraverit illuc J. FORD *Serm.* 109. 10; ad castrum Haverfordie .. ~avit GIR. *EH* I 38; c**1212** Romam ~avimus *Id. Ep.* 5 p. 202. **b** pulcre Galilei vocantur, id est ~antes, id est qui a carnalibus legis observantiis ~abant ad spiritalia AILR. *Serm.* 13. 34. 289; quicumque .. potest ~are de vitiis ad virtutes .. jam terra ejus potest appellari Galilea, id est transmigratio *Ib.* 38. 14; sentiebam .. meum spiritum transfusum in omnibus et in me omnium ~asse affectum *Id. Spir. Amicit.* III 82. 691; de morte ~a ad vitam J. FORD *Serm.* 38. 4. **c** ab hac temporali luce per tenebras transitoriae mortis ad gaudia lucis et vitae ~at aeternae BEDE *Tab.* 441C; de vita hac, que rectius mors dicenda est, ad terram viventium feliciter ~avit AILR. *Serm.* 7. 3. 245; dicebat illas pro sua corporali discessione non debere contristare quoniam .. de miseriis ad gaudia ~abat R. SHREWSB. *S.* 30.

2 (trans.) to move (to another place), relocate, transfer; **b** (w. ref. to the Babylonian exile); **c** (fig., in quot. w. ref. to the meaning of the name Galilee).

~o dicitur cum additamento accusativi casus cum aliquem de loco ad locum transfero BEDE *Orth.* 54; dignis virtutibus auctos / .. precomptos transmigret lucis in horas ÆTHELWULF *Abb.* 87. **b** dolent .. in Babylonem, id est confusionem praesentis exilii, se fuisse ~atos BEDE *Ezra* 839F. **c** ~ati enim estis de seculari vita ad religionem .. de superfluitate ad parcitatem AILR. *Serm.* 38. 15.

transmigratio [LL], movement (to another place, esp. of residence, also w. ref. to expulsion or banishment); **b** (w. ref. to the Babylonian exile); **c** (as translation of the name Galilee). **d** passing (away), death.

expulsus est et abbas .. et apte, ut qui erat particeps iniquitatis fieret particeps ~onis BYRHT. *V. Osw.* 443; compertum .. regem per ipsam in Wasconiam ~onem consumpsisse in expensis .. M. PAR. *Abbr.* 336; **s1251** [annus] domino .. pape et curie Romane laboriosus, sumptuosus et propter ~onem periculosus *Id. Min.* III 117; rex .. quarto a ~onis sue anno .. apud Doveram applicuit in Angliam OXNEAD *Chr.* 273; **s1219** proinde statuerunt faciendam esse ~onem de loco veteri ad nove fabrice locum *Reg. S. Osm.* II 10. **b** tres pueri .. in ~one [*gl.*: *oferfærelde*] Babiloniae ad Chaldaeos abducti ALDH. *VirgP* 21; a David usque ad ~onem Babylonis BEDE *Temp.* 16 p. 303; quinta .. etas .. protenditur a ~one usque ad Johannem Baptistum GROS. *Hexaem.* VIII 30. 6; usque ad ~onem Babilonis regnaverunt FORTESCUE *NLN* II 11. **c** Galilaea .. ~o .. vel revelatio interpretatur BEDE *Hom.* I 17. 268; Dominus noster Jesus Christus precessit nos in Galileam, id est, in nove ecclesie ~onem GERV. CANT. *Combust.* 23; Nazareht .. interpretatur flos et Galilea ~o T. CHOBHAM *Serm.* 7 f. 32vb. **d** intellexere quod ipsa ei tempus suae ~onis proximum nuntiare venisset BEDE *HE* IV 9 p. 224; regem sollicitat de sancte Mildrethe ~one GOSC. *Transl. Mild.* 10; post doloris amaritudinem quam accepimus de domini regis .. ~one *Leg. Ant. Lond.* 158.

transmissibilis, transmissilis [CL transmittere+-bilis, -ilis], (in gl.).

~ilis vel ~ibilis OSB. GLOUC. *Deriv.* 593.

transmissilis v. transmissibilis.

transmissio [CL]

1 (act of) sending across or over, despatch. **b** (transf.) message.

746 vilium munusculorum ~o scedulam istam comitatur *Ep. Bonif.* 71; ex ~one vicecomitis facient [juratores] visum terre GLANV. XIII 7; Johannis Dublinensis episcopi in Hiberniam ~o GIR. *EH* II 25 *tit.* **b** **s1460** nil aliud nisi verba probrosa .. transmiserunt illis. de cujus inurbanitate ~onis proceres .. irritati ad iras *Reg. Whet.* I 373.

2 transference, transmission.

ad hoc diceret forte aliquis quod hoc est per ~onem spirituum vitalium. .. si sunt substantie, qualiter transmittuntur nisi vitam habeant et etiam locum obtineant. si non sunt substantie, ergo accidentia sunt, ergo transmitti non possunt quia accidentia non possunt permutare suum subjectum J. BLUND *An.* 307.

transmissive [CL transmittere+-ivus+-e], by way of transmission or transfer, transmissively.

quia quamquam .. jus succedendi non sit, nec esse poterit, in feminis, nichilominus, in generando ~e est virtus in illis cum viri adjuvamine transmittendi jus in filios racione cause *MS BL Cotton Vespasian E vii* f. 130v.

transmissor [LL], one who sends across or over.

magum quendam fratrem suum transmisit ad perimendum .. perniciosus ~or E. THRIP. *SS* III 10.

transmisum, ~us v. tremesius. **transmittare** v. transmittere.

transmittere [CL]

1 to send across or over; **b** (merchandise); **c** (letter or literary work). **d** (transf.) to put on the other side of one, to cross (river or sim.).

proculdubio autem plurimum his consuleres quos decipis, deceptos vero ac morte preventos in poenas aeternas ~ttis LANFR. *Corp. & Sang.* 407A; continuo eos ~ttit ad regnum .. celorum J. FORD *Serm.* 23. 4; placuit excellentie vestre .. me .. in Hiberniam .. a latere vestro ~ttere GIR. *TH pref.* p. 20; naves merci-moniales venali tritico refertas .. ad regiones longinquas .. ~ttit *Id. Invect.* I 10; **1404** talem gubernatorem nobis ~ttantes [l. ~ttentes], sicut multotiens promisistis *RL* I 140; **1409** per solucionem factam .. nuncio ~sso in Angliam pro conductu ambassatorum *ExchScot* 103. **b** ~ttitur a Cestra Hiberniam revehunturque civitati necessaria ut quod minus natura soli habet labor negotiantium apportet W. MALM. *GP* IV 172; Pictavia namque de plenitudine sua ei copiose vina ~it GIR. *TH* I 6 p. 28; lana de Anglia ad illas partes ~ssa mirifice operatur *Eul. Hist.* II 100. **c** litteris amicissima caritate per tot maris terrarumque spatia ~ssis BEDE *Pleg.* 13; **716** ut .. visiones de illo redivivo .. scribendo intimare et ~ttere curarem BONIF. *Ep.* 10; **1157** ex quo fidelem nuntium inveneritis, michi .. epistolas beati B[ernardi] ~ttite J. SAL. *Ep.* 31. **d** **s1142** premonstrato .. eximie profunditatis vado .. transito .. confestim natando potius quam vadando meatu . . . cum .. denique sui, flumine post eum ~sso, pariter emersissent .. *G. Steph.* 71.

2 (in phr.): **a** (*manus ~ttere in*) to lay hands on. **b** (*~ttere pro*) to send for (someone).

a regis ministros manus temerarias .. in bonis ecclesiasticis ~ttentes .. excommunicarunt *Eul. Hist.* III 95. **b** **1287** quandocumque .. sano vel egroto .. suum placebit condere testamentum, statuimus ut pro rectore, vicario vel capellano ecclesie parochialis confestim ~ttat, ut in ipsius presentia .. de omnibus bonis suis mobilibus .. disponat pro anime sue salute *Conc. Syn.* 1046.

3 to transfer, hand over. **b** to hand down or on (to heir or successor); **c** (to posterity). **d** (*venum ~ttere*) to sell (*cf. venum dare*).

petierunt ab eo ut ~tterentur ad satrapam qui super eos erat BEDE *HE* V 10 p. 299; postquam Francos superavit et quosdam in bello trucidavit, quamplures etiam in captivitatem ~sit ORD. VIT. IX 5 p. 492; **1266** de turbacione [in regno] se in nullo ~sit set fidei regis .. adhesit *Cl* 219. **b** datas ille terras tirannico fastu undecim annis proterens duodecimo vitam finivit, posteris quoque perfidie successionem ~ttens W. MALM. *GR* II 121; testamentum fratris mei .. profero; quo jussa se apostolice sedis incunctanter facturum promisisse .. vel .. heredi suo faciendum ~sisse cognoscitur *Id. GP* III 109. **c** vitas precedentium patrum posteris ad exemplum vivendi ~ttere *V. Gund.* 1; sicut ab anterioribus preterita gesta usque ad nos transmissa sunt, sic etiam presentia nunc a presentibus future posteritati litterarum notamine ~ttantur ORD. VIT. *prol.* p. 3; vox enim emittitur, et verba pertranseunt; scriptum vero semel editum et approbatum tenaci longevitate ~ttitur ad posteros GIR. *LS* 418. **d** illinc pennatis homines abducere telis / moverunt cumulum soliti transmittere venum *V. Merl.* 1356.

4 to cause or allow to pass through.

1552 contingit causas matrimoniales nimis leviter in judicio ~tti, cum tamen sint sua natura valde graves .. ac episcopis ipsis de jure reserventur *Conc. Scot.* II 130.

5 (pass., of time) to pass.

unius semper horae dodrante et semiuncia ~ssa BEDE *NR* 224.

6 to carry on (activity) to the end (*cf. transigere*).

parumper nocturnis orationibus ~ssis cum lumina levi somno dimitteret FELIX *Guthl.* 52.

transmobilis [CL trans+mobilis], (in gl.).

~is, transmeabilis OSB. GLOUC. *Deriv.* 593.

transmontanus [CL]

1 belonging to or living in the region beyond the mountains, on the far side of the mountains.

erat .. Columba primus doctor fidei Christianae transmontanis Pictis ad aquilonem BEDE *HE* V 9 p. 297; optinuit a Leone papa supplicacionibus usum sanguinis cismontanis monachis, impetrans eis oleum lardinum, quia non haberent laurinum ut ~i MAP *NC* I 24 f. 16v; **1240** non obstante precepto regis de mercatoribus ~is ejiciendis a regno *Cl* 239.

2 pertaining to the pole or pole-star (in quot. as sb. f.).

est lapis qui sua virtute trahit ferrum ad se ut calamita et ostendit locum tramontane septentrionalis. et est alius lapis generis calamite qui depellit ferrum a se et demonstrat partem tramontane austri M. SCOT *Part.* 295.

transmotare v. transmutare. **transmotatio** v. transmutatio.

transmovere [CL], to move (to another place), relocate.

edificia monasterii ad ampliandum ejus spacium mutata sunt, sed oratorium non nisi innumere multitudinis auxilio transferri potuit. .. crastina .. die octo tantum hominibus ~ere oratorium precepit (*Samthanna* 14) *VSH* II 257.

transmutabilis [CL transmutare+-bilis]

1 capable of change.

generacio non est in rebus ~ibus nisi quia forma quam habet materia est imperfecta et non potest perficere ejus appetitum BACON II 70; in quantum [accidens] est ~is et mobilis *Ib.* XIII 155; materia physica que est ~is KILWARDBY *OS* 205; desiderium naturale est inter materiam et formam et .. hec est causa in hoc quod res materiales sunt ~es SICCAV. *PN* 153; potencia passiva dupliciter potest accipi et dici naturalis: uno modo quia est actus ~is ad formam, alio modo quia est naturaliter inclinabilis ad formam W. ALNWICK *QD* 364; per artificium ~is in naturam metalli RIPLEY 379.

2 liable to change.

numquam .. formidat sapiens odibilem inconstantie notam, ubi superne veritati constanter inheretur, que secundum rerum ~ium varietates diversas, tamen eadem manens, precipit vicissitudines consiliorum AD. MARSH *Ep.* 174; tam artis quam sciencie mensurator Aristoteles .. in regione duntaxat ~i sublunari R. BURY *Phil.* 8. 127; quemadmodum .. homo facile ~is malus, et natura que indiget transmutacione BRADW. *CD* 142D; tempus nostrum est mundum durare in esse ~i WYCL. *Log.* III 161; mutabilis .. quamvis fuerim, ~isque sepius de una qualitate in alteram, semel tamen nexum non de facili solvo dileccionis vinculum *Reg. Whet.* II 398.

transmutabilitas [transmutabilis+-tas], ability to change.

quamvis uni sit naturalis hujus [materie] intransmutabilitas, alteri vero naturalis et necessaria ~as *Ps.*-GROS. *Summa* 315; nam secundum veritatem catholicam nihil aliud a Deo fuerat ante mundum, et per sextam partem Deus est immutabilis omnino, nihil ergo mutabile nec aliqua ~as fuit ante mundum BRADW. *CD* 69D.

transmutare [CL]

1 to make or transform (into another thing), change, convert. **b** (alch.) to change the substance of, transmute.

quando tribrachus in iambum ~atur ALDH. *PR* 115 p. 158; sanctos praedicatores, qui mentes insipientium labore verbi Dei exercent, eosque ab ea in qua nati sunt turpitudine ac deformitate ~are contendunt BEDE *Templ.* 742D; necessitatem in voluntatem ~averunt ORD. VIT. VIII 26 p. 439; vetulas quasdam .. se in leporinam ~are formam GIR. *TH* II 19 p. 106; Deus .. me captivam ad alas tue protectionis .. feliciter transmisit, ut meum infortunium in auspicium fortunatum ~etur *V. II Off.* 12; potestatem ~andi principatum aristocraticum in principatum similem principatui regali OCKHAM *Dial.* 806; **1376** campus in quem dicta via ~ata est continet in se unam acram terre *IMisc* 209/11. **b** facit quod Mars ~atur in lunam mutatione perfecta M. SCOT *Lumen* 252; ~andi metalla vilia in aurum et argentum BACON *Tert. sup.* 13; tum habes elixir ad convertendum Mercurium in pulverem fixum qui juxta qualitatem suam omnia corpora ~abit in aurum vel argentum RIPLEY 201; metalla invicem ~ari possunt quia naturalia sunt et eorum materia est eadem *Id. Axiom.* 119.

2 to put (into another condition), to transform, change the shape or appearance of (also fig.). **b** to translate (into another language). **c** (mus.) to transmute (in mensuration).

donec .. ipsi quoque homines in corporum .. immortalem immortalitatem ~arentur ANSELM (*CurD* I 18) II 80; omnes artus conquassati sunt et a sua forma ~ati TREVET *Troades* 77; manifesta contradictio est quod due quantitates non ~ate secundum locum, nec secundum augmentum vel detrimentum, .. sint primo equales et post non equales OCKHAM *Quodl.* 619; dracones .. in aquis fluvialibus sperma sua jactabant, unde aque amaritantur et in venenum ~antur

Eul. Hist. I 79; **1377** [luna] in quolibet mense lunari a cremento in decrementum, a conjunctione in plenilunium transmutatur (WYCL.) *Ziz.* 270; s**1428** captis . . ecclesiis monasterialibus . . ex his alteratis et ~atis fortalicia bastilliata facta sunt *Plusc.* X 29; xxx li. in adjutorium ad pistrinum et bracinum ~andum THORNE 1915. **b** psalmos . . more Romanorum juxta quintam editionem, memoraliter transmetuit [v. l. ~avit] EDDI 3; in Latinum ~atum *Lib. Eli.* III 120; cartas . . de Anglico in Latinum . . ~are *Chr. Rams.* 161; [Alfredus] composuit libros, ~ans eos in patriam linguam SILGRAVE 46; Ptolomeus Philadelphus . . divinas Scripturas per LXX interpretes de Hebrea in Grecam ~avit *Eul. Hist.* I 61. **c** tertius et quartus modus ~ari debent si more lascivo per vocem exprimantur HAUDLO 172.

3 to put (into another position or location), move, transfer, relocate. **b** to translate (bishop), transfer from one see to another.

res sua quisque aut ~avit aut ~are decrevit, pavidusque ne invenirentur abscondit ORD. VIT. VII 16 p. 250; belenum perniciosum natum in Persia ~atur et transplantatum in Aegyptum . . factum est comestibile ALF. ANGL. *Plant.* 23; si relinqueretur sue nature, ~etur a loco sursum usque ad locum deorsum J. BLUND *An.* 4. **b** s**1176** sic Perigenes in Petris ordinatus episcopus translatus est in Chorinthum. Dosideum Seleutie episcopum Alexander Antiochenus episcopus in Tarsum . . ~avit. Reverentius ab Archis Phenice in Tyrum ~atus est DICETO *YH* 413.

4 to transfer (to another's possession, ownership, or sim.), hand over.

811 addidi . . aratrum fratribus nostris concedendam [*sic*] quod a Reacolvensae ecclesiae [*sic*] prius transmotaveram *CS* 332; c**1160** nec ulli hominum . . liceat . . ecclesiam predictam in alterius religionis ordinem ~are *Lit. Cant.* III 372.

5 (her.) to counterchange (colours), to reverse or interchange (tinctures).

portat arma barrata ex transverso de albo et nigro cum uno fusulo ex eisdem coloribus ~atis UPTON 250; colores demum invertunt et ~ant et tanquam per buccellas disponunt SPELMAN *Asp.* 109.

transmutatio [CL]

1 change, alteration (of state of affairs, condition, *etc.*); **b** (of location). **c** (gram.) rearrangement (of linguistic units).

sub regibus diversis facte sunt he ~ones R. NIGER *Chr.* II 137. **b** delebitur iterum religio et ~o primarum sedium fiet G. MON. VII 3. **c** fit . . barbarismus addicione, immutacione, subtracione, ~e littere, sillabe et eorum accidencium *Ps.*-GROS. *Gram.* 68.

2 change of form or substance, transformation, transmutation (also alch.).

naturalis impossibilitas rerum ~onem mihi negabat. verum colorem inspicio, saporem examino, novam speciem indubitanter invenio W. CANT. *Mir. Thom.* VI 43; ~o in salis essentiam *Quaest. Salern.* Ba 108; in preparatione . . lapidis quo metallorum fit ~o non minus necessaria est horarum electio GROS. 6; de ~one panis in corpus Christi BACON *Tert.* 145; aliqua incantatione vel ~one lupinam formam induisse *Arthur & Gorlagon* 18; generatio est ~o totius in totum secundum substantiam SICCAV. *PN* 95; omnis ~o de contrario in contrarium T. SUTTON *Gen. & Corrupt.* 66; constat procreacionis tam perfectorum quam imperfectorum argentum vivum et sulphur esse materiam et sine his duobus nullam novam fieri posse ~onem RIPLEY *Axiom.* 120.

3 transfer (of possession, ownership, of sim.), exchange.

811 quattuor aratra . . terrae . . mihi . . tradiderunt ad transmotationis vicissitudinem illius terrae . . quam prediximus *CS* 332; a**1158** hec ~o facta est auctoritate G. abbatis Westmonasterii et R. prioris Mertonie et assensu utriusque capituli *Ch. Westm.* 268; nec . . inde fiat ~o, vendicio, vel alienacio nisi per sufficiens warantum domini vel senescalli cum laudabili testimonio fidedignorum *Fleta* 160; **1315** per viam ~onis, pariagii, vel alio modo *RGasc* IV 1486.

4 (her.) counterchanging (of colours), reversing or interchanging (of tinctures).

colorum in symbolis ~o aetatem Richardi secundi parum superat. unde et tecum nasci Galfride Chaucer

hec tua videatur gestatio; sed illustris interim te latore SPELMAN *Asp.* 109.

transmutativus [CL transmutatus *p. ppl. of* transmutare+-ivus], that can transmute something.

alicxir quod est medicina laxativa et ~a vel transmutandi metalla vilia in aurum et argentum BACON *Tert. sup.* 13; ~um esse, non convenit proprie active potencie stricte sumpte DUNS *Metaph.* IX 4 p. 551.

transmutatorius [CL transmutare+-torius], transmutatory, that can transmute.

Raymundus [sc. Lullus] in compendio artis ~ie ad regem Robertum RIPLEY 347.

transmutive v. transumptive.

transnare [CL], **tranare,** (trans., or intr. w. *per*) to swim or float through, across, or to the other side (of); **b** (applied to motion through air or sim.). **c** (transf.) to go or pass through or across.

humidus in fundo, tranat qua piscis, aquoso / saepe caput . . mergo ALDH. *Aen.* 56 (*Castor*) 5; insanos fluctus turbidi aequoris periculoso navigio ~are B. *V. Dunst.* 23; ~are, transnatare OSB. GLOUC. *Deriv.* 592; nauta fretum tranans odiumque marinum M. SCOT *Proph.* 149. **b** superis tranavit ab astris ALDH. *VirgV* 1723; summa dum exiguis non trano per aethera pennis ALDH. *Aen.* 42 (*Strutio*) 3; **789** (11c) saeculi labentis tempora velocius vento aerem ~ant *CS* 256; Dedalus . . / . . vastum solita tranet vola L. DURH. *Dial.* II 8; vidit tria feretra perpulcra . . cuncta terrena ~antia per aeris inania versus Orientem iter sulcantia J. FURNESS *Walth.* 99. **c** tranando jugiter Christi per saecla ministro BONIF. *Aen.* (*Misericordia*) 98; hinc vexatur acri per singula membra veterno, / nec quibat metas pedibus tranare cupitas. / fertur equo primum . . FRITH. 1233; ad Noe prima dies ab Adam telluris alumno / continue tranat more fluentis aque GARL. *Epith.* III 444.

transnatare [CL], to swim or float across or to the other side of (also absol.).

1147 a loco quo avirunatus ille ~are desierit *MonA* V 522b (v. avironatus); transnare, ~are OSB. GLOUC. *Deriv.* 592; in transversum . . marre [*sic*] . . equo sedens ~avit *Meaux* II 101; miliaris latitudinis pelagus ~abant *Ps.*-ELMH. *Hen.* V 59; statuerunt . . tante periclitacionis abyssum in pacifice tractatus tranatare navicula *Ib.* 82.

transnatatio [CL transnatare+-tio], (act of) swimming or floating across.

in transversum ipsius marre usque ad divisam de Setona et Suththorpia equo sedens transnatavit . . palos . . in signum . . dicte ~onis et juris nostri infigi feceramus *Meaux* II 101.

transnavigabilis [CL transnavigare+-bilis], suitable for sailing across.

mari Hibernico tantum uno contractiore ~i die interjacente GIR. *IK* II 1.

transnavigare [CL], to sail across.

~are maria . . non . . piget GILDAS *EB* 67; neque mare ~asse dicitur sed potius ad mare usque venisse BEDE *Mark* 203C; flumen . . ~antes BYRHT. *V. Ecgwini* 392 (*recte* 382); Egbirhtus ~ato mari Franciam venit W. MALM. *GR* II 106; brevi maris brachio ~ato GIR. *IK* II 7.

transnominatio [LL], metonymy. **b** change of name.

figura locutionis Scripturis sanctis usitatissima Graece a grammaticis metonymia, id est ~o, dicitur BEDE *Sam.* 647A; metonomia, ~o *GlC* M 169; methonomia idem est quod ~o. metha enim trans, onoma nomen GERV. MELKLEY *AV* 68. **b** mirabilem mutationem destructionem impia ~one appellat GARDINER *CC* 380.

transnumerare [CL], to complete the count of, to enumerate right through to the end.

1188 mala quoque que pertulimus nec nobis ~are promptum est, nec vobis forte audire vacuum *Ep. Cant.* 274.

transolaris [CL trans+solaris], that eclipses the sun.

Maria stella maris . . tu luna transolaris J. HOWD. *Viola* 8.

transorbere [CL trans+sorbere], to engulf, swallow completely.

ceta sic pisciculos transorbere petit GARL. *Epith.* VIII *Summa* 42.

transparentia [CL transparens *pr. ppl. of* transparere+-ia], quality of being transparent, transparency.

nisi velis eam . . ~iam nominare GILB. III 126v. 1; aer per suas [proprietates] sc. inspirabilitatem, exspirabilitatem, ~iam, et continenciam DOCKING 113; propter mediorum perspicuorum ~iam corpora interjacentia non percipiuntur BACON *Persp.* III 2. 4 p. 316.

transparere [CL trans+parere]

1 (trans.) to appear through, to be visible through.

cum . . albedo terre ~eat limpiditatem aque *Correct. Alch.* 14.

2 (intr.) to be transparent, (pr. ppl. as adj.) transparent, that can be seen through.

radii in aquis descendunt ad fundum, cum aqua sit corpus ~ens, sicut aer, cornu, glacies et vitrum GROS. 88; cum non potest mediante lapide videre rem que est retro nisi sit dyaphanus, arguit quod sit ~ens et perspicuus BACON *Persp.* I 10. 3; dyaphanum . . perspicuum, et pervium, ~ens, translucens, et lucidum . . hec omnia significant idem secundum rem *Id. MS* 96; non possunt dicere . . quomodo possit esse inspectio partium interiorum corporis ~entis T. SUTTON *Gen. & Corrupt.* 89.

transparitio [CL trans+parere+-tio], (in etym. gl.) appearance through something.

diaphanum dicitur corpus clarum pervium suscipiens lumen in superficie et profundo et dicitur diaphanum a dia, quod est trans, et phanos, quod est apparitio, quasi ~o in superficie et profundo *Comm. Sph.* 288.

transpassare [CL trans+passare], to pass right through.

magnam poterat regionem / transpassare brevi R. CANT. *Malch.* II 246.

transpenetrabilis [CL trans+penetrabilis], that can penetrate or pierce through.

passus . . clavos transpenetrabiles J. HOWD. *Cyth.* 17. 10.

transpenetrare [CL trans+penetrare], (also w. *ad* or *in*) to go right into or through. **b** to pierce or penetrate right into or through (with sharp instrument or weapon, also fig.); **c** (with the sight).

quanta . . virtute oceani secreta et occulta nature deposita ~averis [sc. Henricus II] GIR. *TH* III 48; girovagus . . noster . . penitimas Walliarum partes . . ~avit *Id. Symb.* I 3 p. 215; cum ad ulteriores . . terre partes . . jam pluries ~assent *Id. EH* I 5; sagitta per partem . . selle . . in ipsum equum ~ante *Id. IK* I 4; sunt et pisces quidam de tali genere quibus marina minime sufficit profunditas, nisi in fundum maris porcinis naribus ~are contendant *Id. GE* II 21 p. 272; nec frustra fit . . / flos talis . . / si floret qui penitima / terre venas et viscera / transpenetrare sedula / novisset *Ps.*-MAP 139. **b** hoc clavo divini sermonis et divini amoris volens Deus totum cor nostrum transfigere et ~are BALD. CANT. *Serm.* 9. 6. 419; ave, que secaris / et transpenetraris / ensis acie J. HOWD. *Sal.* 5. 2; [Christus] princeps prior principibus / crucis cruente cornibus / transpenetratur anxie *Id. Cyth.* 34. 12. **c** si quis . . juvenum . . seu juvencularum . . oculis tanquam linceis ad interiora ~aret GIR. *Spec.* II 28; oculorum acie per fenestram illam ad empireum usque ~ante *Id. EH* II 30.

transpervius [CL trans+pervius], that can be passed through or pierced.

ave jubar transpervium J. HOWD. *Cyth.* 82. 1.

transpetere [CL trans+petere], to make for by crossing.

in discrimine visum est . . dimissa patria . . Alpium ardua ~ere *V. Chris. Marky.* 72.

transpiratus [CL trans+spirare+-tus, cf. ME *transpiracioun*], evaporation.

cujus .. vessiculae exhalatione et ~u inficiuntur nonnunquam duodenum et jejunum, nonnumquam et pungi se sentiunt, si ~us major sit et bilis mordacior D. EDW. *Anat*. BIV.

transplacio v. translatio.

transplantare [LL], to move (plant) to another place, plant in another place, transplant; **b** (fig. or in fig. context). **c** (mon.) to transfer (to another monastery). **d** (eccl.) to translate (bishop to another see).

arbor .. in mare ~anda [cf. *Luc*. xvii 6] BEDE *Luke* 540C; belenum .. perniciosum natum in Persia transmutatur et ~atum in Aegyptum .. factum est comestibile ALF. ANGL. *Plant*. 23; tam salix illa quam alie .. circa cemiterium ~ate more pomerii .. poma producunt GIR. *TH* II 28; si una sterilis planta ~etur in alia terra fit fertilis BACON VIII 129. **b** non solus exivit, magnam partem cedrorum sue superbie emulam sueque consentaneam ambitioni radicitus exstirpatam in hunc caliginosum aerem ~avit J. FORD *Serm*. 36. 5; insistit utique hortulanus noster de paradisi sui ubertate .. quasi ~are lilia in hortulos suos, animas videlicet diligentium se *Ib*. 44. 11; he due olive [sc. T. de Cantilupo et R. de Winchelsey] quondam in ortulo nostro plantate deinde in paradiso Dei felicius ~ate R. BURY *Ep*. 59. **c** non a domo in qua Deo data est et .. perpetuo mansura radicem fixerat poterat ~ari GOSC. *Edith* 77; vitam claustralem in qua deberet usque in finem perseverare .. fastidit [asinus], querens omnibus modis qualiter ab ea evellatur et ~etur ubi nova cauda .. possit accrescere NIG. *Ep*. 17; per jam dictos choritas de Anglia in Walliam nec naturaliter nec adoptive .. set violenter ~atos GIR. *Ep*. 8 p. 268. **d** licet episcopus ad Anglicane copie superfluitates in ferventi etate ~atus [v. l. translatus] fuisset .. primorum vix etiam motuum sensit insultus GIR. *Rem*. 29 p. 77.

transplantatio [LL transplantare+-tio], transfer (of plant) to another place, replanting in another place, transplantation.

mystice .. arbor hec .. Christum designare potest .. qui de synagoga ad gentilitatem transferendus est, sicut arbor de terra eradicata et mirabiliter in mare transplantata [*Luc*. xvii 6]. ut hec ~o fieret, necesse erat fidem apostolorum augeri contra scandala BALD. CANT. *Commend. Fid*. 603; miraculose arbor illa in terra est transplantata atque firmiter radicata. .. magus .. nec voci angelice nec arboris ~oni .. ad credendum est motus [*Berachus* 21] *VSH* I 84; habito de generatione plante ex semine queritur de generatione plante per ~onem BACON XI 241; in tempore hyemali .. quando omnia sunt quasi semimortua, tunc prudens hortulanus transfert de loco ad locum plantas, evellens eas radicitus a terra in qua steterunt prius: ac per talem ~onem alique fiunt .. fructifere HOLCOT *Wisd* 181.

transponere [CL]

1 (freq. w. *in*) to move or carry across or over (to another place), to transfer, transport (to). **b** (w. double acc.) to carry over or across (to the other side of). **c** to put on the other side of, (in quot.) to cross (stretch of water).

c795 deprecamur .. ut jubeatis illum in suam ~nere patriam *Ep. Alcuin*. 87; irruentibus in Angliam barbaris, regina cum filiis in Normanniam ~nitur AILR. *Ed. Conf*. 742B; descenderunt .. ad mare et sine impedimento .. ~siti, applicuerunt juxta Dovoriam GERV. CANT. *Chr*. 224; patriam suam deserens in Galliarum se ~suit regiones *Canon. G. Sempr*. f. 38v; nostrum gladium talem in sua vagina suumque talem in nostra clam .. ~suit GIR. *SD* 96; presul ob has causas Ricardus transtulit urbem / et providit ei de meliore loco / .. quis transponende locus esset idoneus urbi / querere cura fuit longa, laborque brevis H. AVR. *Poems* 20. 143. **b** pater .. eam cenovectario quod ipse pre se manibus agebat, impositum [? l. impositam] mare ~suit W. CANT. *Mir. Thom*. III 11. **c** ad alteram ripam se poscit exponi ... ~sito amne persona recessit ignota OSB. CLAR. *V. Ed. Conf*. 10 p. 84.

2 to change the orientation of.

semibrevis est que formatur ad modum recte brevis, sed quatuor anguli ~siti ad differentiam recte brevis GARL. *Mus. Mens*. 2 p. 46; signa capitalia sunt aliquando ~sita BAD. AUR. 131.

3 to change.

terre occupantur, termini ~nuntur, fines invaduntur GIR. *IK* I 3 p. 43; potes verbum ~nere in nomen et nomen substantivum in adjectivum .. verbi gratia: iste vir .. jam senescit; senex efficitur .. ; etate senili extat .. *Dictamen* 339.

transpontanus v. transportaneus. **transpontum** v. trans.

transportaneus [LL], ? one who lives outside the city gates (in quot., applied to one who suffers from elephantiasis or form of leprosy).

cutis ejus ulcerosis vallibus exaratur, a qua †transpontanorum [l. transportaneorum; cf. Cassiod. *Var*. X 30] nefanda passio nomen accipit NECKAM *NR* II 143.

transportare [CL]

1 to move or carry across or over (to another place), transport; **b** (fig. or in fig. context).

Deus transtulit eum .. aut in insulas potuit ~are vel in montes quoslibet *Comm. Cant*. I 62; ipse quoque ~avit hallam et alias domos et pecuniam in alio manerio *DB* I 63rb; volumus hinc sanctum corpus [Nicholai] tollere nostramque ad patriam ~are ORD. VIT. VII 12 p. 208; quoniam naves ibi magne ad equos ~andum inveniri non solent GIR. *JS* IV p. 238; ventus .. vim flammeam ignis edacis in urbem illico interiorem ~avit *Id. PI* III 24. **b** c795 obsecro ut me in hujus vitae salo fluctuantem pietatis precibus ad portum perpetuae quietis .. ~are dignemini ALCUIN *Ep*. 90; quotiens orantem in quoddam ineffabile desiderium sui rapiebat, quotiens mentem tuam a terrenis subtractam ad celestes delicias et paradisiacas amenitates ~abat AILR. *Inst. Inclus*. 32.

2 to transfer, hand over.

omnes .. proventus spiritualium .. sicut et temporalium ad scaccarium .. ~antur GIR. *Invect*. I 5; 1448 noveritis me .. dedisse et concessisse ac per presentes ~asse .. officium et custodiam predicta *Cl* 298 m. 5d; filiis eorum auferre non licuit aliquid quod ipsi justo labore nacti sunt nec aliquo titulo alio quam ex juste possidentis dono potuit possessio hujusmodi per legem nature in alium ~ari FORTESCUE *NLN* II 13.

3 to transfer (feast-day) to another calendar day.

quia dignius est festum passionis, ideo ~atum est ad tempus natalis BELETH *RDO* 70. 77.

transportum [cf. CL transportare], transference (of property).

1428 ad servicia, auxilia, et deveria facienda et donanda que nobis secundum litteras donorum et ~orum suorum sive aliter .. facere *Cl* 279 m. 16d.

transposite [CL transpositus *p. ppl. of* transponere+-e], in a manner that involves change of position.

ex internexione cum, licet non verba, ea .. de quibus dicitur ~e et internexe sibi annecti licet BALSH. *AD* 102.

transpositio [LL]

1 change of position, rearrangement, transposition.

liber quo demonstrativa traditur disciplina ceteris longe turbatior est, et ~one sermonum, trajectione litterarum, desuetudine exemplorum .. depravatus est J. SAL. *Met*. 919D; horum utrumque interrogari accidit locutione eadem, hinc transpositive, inde sine ~one intellecta BALSH. *AD rec. 2* 146; sales .. sub equivocationis vel amphibolie nebula .. ~one verborum et trajectione subtiles .. emittunt GIR. *DK* I 14; in eadem magnitudine prius existente potentia ad aliquam ~onem, contingit quod sequatur actus qui est terminus ejus BACON VIII 165; de translatione phantasmatum in eodem, dicitur quod potest facere motum localem humorum et spirituum. ad quem motum sequitur ~o phantasmatum et ordinata immutatio 'intellectus possibilis' ab eis DUNS *Ord*. VIII 220; sicut autem quando in proposicione ponitur hoc verbum 'incipit' vel 'desinit' propositio non convertitur nulla facta variacione preter solam ~onem illius quod precedit et quod sequitur verbum, sic est in istis OCKHAM *Summa* II 20.

2 transfer.

quod uni prebende subtraxit, in aliam contulit. carnalis autem fuit hec ~o non judicialis, quia in odium unius et favorem alterius GIR. *Symb*. I 31 p. 317.

transpositive [CL transpositus *p. ppl. of* transponere+-vus+-e], in a manner that involves change of position.

horum utrumque interrogari accidit locutione eadem, hinc ~e, inde sine transpositione intellecta BALSH. *AD rec. 2* 146.

transpositor [CL transponere+-tor], one who carries or transports across.

venientes .. ad fluvium .. virum viantium ~orem interrogant an mulierem transposuerit W. CANT. *Mir. Thom*. IV 10.

transpungere [LL], to pierce right through.

pacifice loquens proximum in corde non sine risu gladio ~ebat H. HUNT. *CM* 10.

transquillitas v. tranquillitas.

transremigare [CL trans+remigare], to row across (water).

promptissima transfretacione, nulla Neptuni tumida comparente tirannide, regiones ~antur aquatice Ps.-ELMH. *Hen*. V 59 p. 161.

transrenanus v. transrhenanus.

transrhenanus [CL], situated, or belonging to the region, beyond or across the river Rhine.

Wilfridus .. ad Dagobertum regem ~orum Francorum venit W. MALM. *GP* III 100; filia Henrici transrenani imperatoris .. cum Normannis pacem fecit ORD. VIT. V 9 p. 363.

transscendere v. transcendere. **transscribere, ~iptum** v. transcribere. **transsire** v. transire. **transsitivus** v. transitivus. **transsitorius** v. transitorius. **transsitus** v. transitus. **transsuad-** v. transvad-. **transsubjectio** v. transubjectio. **transsubstantiare** v. transubstantiare. **transsubstantiatio** v. transubstantiatio. **transsubstantivare** v. transubstantiare. **transsultare** v. transultare. **transsumere** v. transumere. **transsumptivus** v. transumptivus. **transtavum, ~evum** v. trendstavum.

transtiberinus [CL], situated beyond or across the river Tiber, (*civitas* ~a) Trastevere.

populi Romani et ~e civitatis pacem .. servabo W. MALM. *GR* V 422.

transtillare [CL trans+stillare], to cause to drip, to produce in drips.

ad verbum ejus terra fontem eduxit et usque hodie in testimonium sanctitatis Brandani aquas vivas ~at (*Brendanus* 7) *VSH* I 101.

transtinanus [CL trans+AS *Tina*+-anus], situated beyond or across the river Tyne, north of the Tyne.

recolite quid in ~is partibus egerint, nec mitiora sperate si vicerint Scotti AILR. *Stand*. f. 197b.

transtollere [CL trans+tollere], to carry or move up and over or across (to).

ad infinita gaudia spiritus ~i [*gl*.: transferri] malit FELIX *Guthl*. 50 p. 158; s1402 comes de Douglas .. apud quendam locum eminenciorem Hammilton nomine se transtulebat *Plusc*. X 18 (cf. BOWER XV 14: comes de Douglas ascendit locum eminentiorem Homyldon vocatum).

transtornare [CL trans+tornare], **tresturnare** [AN *tresturner*]

1 to divert.

in viis publicis astopatis vel aquis trestornatis a recto cursu GLANV. IX 11; 1215 quod ~turnare possint viam que se extendit a K. versus H. per quandam partem bosci de B. *RChart* 204a; Almericus .. tresturnavit quandam aquam ad nocumentum liberi tenementi .. regis .. per quod aqua eis deficit in villa sua *PlCrGlouc* 50; viam illam tresturnaverunt usque ad alium locum qui non est conpetens *Ib*. 81; aqua trestornata fuit *BNB* II 538; 1275 ~turnavit regiam viam in Norhtudeham; set est ad commodum patrie *Hund*. I 499a; de viis diversis et aquis treturnatis *PQW* 1b; de aquis trestornatis vel obstructis *Fleta* 113.

2 to cause to flee.

1195 de catallis G. de Montibus trestornati *RScac Norm* I 141.

transtornatio [transtornare+-tio], **tresturna-tio,** diversion.

cursum aque .. ad meliorationem molendini nostri directe transtornavimus .. sed trestornatio illa .. ad nocumentum Johannis Blundel facta fuit *Reg. Winchcombe* I 63.

transtornia [cf. transtornare], **tresturneia** [AN *tresturnee*], diversion.

1199 debet j m. pro tresturneia aque in foresta *Pipe* 52.

transtornum [cf. transtornare], **tresturnum** [AN *trestur(n)*], diversion.

ideo vicecomes eat ibi cum xij militibus et aquam esse faciat sicut esse debet et solet post coronationem regis .. et ostendat justiciariis quid ibi fecerit ante tresturnum *PlCrGlouc* 51; **1227** antecessores sui et ipse quandam partem [terre] attraxerunt per transturnum cujusdam aque *CurR* XIII 108 (=*BNB* II 203).

transtrum [CL]

1 cross-beam; **b** (as part of a necklace or brooch).

s**1250** cives .. cum primas portarum custodias pertransissent .. catenas, repagula, et ~a per plateas pro obice .. opposuerunt transituris M. PAR. *Maj.* V 145; Dominus extensus fuit in duobus lignis ipsius crucis, scilicet in stipite et ~o EDMUND *Serm.* p. 287. **b** rex .. optulit majori altari [Sancti Albani] monile nobilissimum, habens duas lingulas et ~um et anulos nobiles M. PAR. *Maj.* V 617.

2 seat (for rower in boat).

~um, *saes GlC* T 289; **10.**. trastra, *þoftan WW*; ne vivi caperentur, e ~is se in mare precipitarunt W. MALM. *GR* IV 306; nam cito dispositi per dura sedilia naute / cerula dum verrunt in sua transtra cadunt L. DURH. *Dial.* III 112; ~um, sedes in navi OSB. GLOUC. *Deriv.* 593; habeat nauclerus ~um, quod est sedes nautarum, a transverso ductum NECKAM *Ut.* 115.

transtulere v. transtollere.   **transturnare** v. transtornare.   **transturnum** v. transtornum.

transtwedanus [CL trans+AS *Twide, Tweode*+-anus], situated beyond or across the river Tweed.

neglecta ~a regione, quam nos Scotiam dicimus P. VERG. II p. 101.

transubjectio [CL trans+subjectio], change to an inferior condition.

videtur .. quod oportet transubstanciatum mutari; cujus mutacionis terminum oportet esse substanciam, quia aliter foret transinferioracio vel transsubjeccio WYCL. *Euch.* 82.

transubstantialis [cf. transubstantiare], of or pertaining to change of substance or transubstantiation.

aliud item conversionis hujus ~is exemplum fundamus in natura mediante miraculosa transubstantiatione aque in vinum optimum NETTER *DAF* II f. 112rb A.

transubstantialiter [transubstantialis+-ter], by change of substance, transubstantially.

prima aqua conversa est in vinum et virga in serpentem ~er NETTER *DAF* II f. 119rb B.

transubstantiare [CL trans+substantia+-are], to change or convert (into another thing or substance). **b** (theol.) to transubstantiate (elements of Eucharist).

sciebat .. peregrinus quod quadrantem accepisset. sed cum aperta manu munusculum contemplaretur, advertit argentum subito multiplicatum. .. mulier .. miratur qua potentia modicum majus efficiatur. stupet acceptor muneris quod in clausura manus minus ~atur W. CANT. *Mir. Thom.* V 30; sed potius jam in celorum superioribus substantia carnis, non jam velut carne, sed potius velut admirabili quadam mutatione ~ata in celum H. Bos. *Thom.* VI 2; homine tunc quasi ~ato in Deum *Id. LM* 1394B; transmutantur elementa dum ipsorum supreme portiones nunc generationibus, nunc corruptionibus reciprocis in se mutuo ~antur NECKAM *SS* I 1. 24; mare languidum .. rostri ruentis impetu direptum, utraque parte carine ebullitum .. in spumam quam plurimam ~etur (*Brendanus* 32) *VSH* II 281; cum .. deficit digestiva in hominibus et re-

tentiva si tertia digestio bona fit et quod debeat ~ari et assimilari incipit dealbari GILB. VI 278. 2; virgam ~atam in colubrum .. aquam ~atam in vinum NETTER *DAF* II f. 112rb C (v. feminatio). **b** in carnem conversus est et forsitan transsubstantiatus est panis in corpus Christi BELETH *RDO* 44. 52; panis in corpus, et vinum in sanguinem Domini ~antur J. FURNESS *Walth.* 22; sacramentum Eucharistie est in figura corpus Christi et sanguis in que ~atur panis aut vinum WYCL. *Concl.* 105; an non plus musto madidos existimemus, si corpus Christi mysticum, in quod transsubstantivantur singuli Christiani per sumptionem baptismatis et sacre eucharistie, genus vel speciem dicerent sancti patres NETTER *DAF* I 184b A.

transubstantiatio [transubstantiare+-tio]

1 (act or process of) changing (into another substance).

~o videtur potius hic quam mutatio ulla vel transmutatio, homine tunc quasi transubstantiato in Deum et hominis natura quasi in unam deitatis naturam H. Bos. *LM* 1394B; aqua igitur ~one nunc in terram densatur, nunc rarescit in aera, nunc constricta transit in glaciem NECKAM *Eccles.* f. 78rb; quero .. utrum in ~one ignis in aerem maneat eadem, sc. forma substantialis *Id. SS* III 9. 3.

2 (theol.) transubstantiation.

11.. in hac autem consecratione nullius qualitatis fit transformatio set hujus substantia in illam, ut ita dicam, ~o vel transmutatio *MS Corpus Christi Coll. Ox. 32* f. 122vb; consecratum est quod in consecratione transsubstantiatur sanctificatum, quod per verborum sanctificationem efficitur sanctum sine transsubstantiatione, ut aqua benedicta BELETH *RDO* 99. 104; quidam aiunt utrumque verbum ad utriusque ~onem necessarium nec panem transsubstantiari in corpus nisi verbis his prolatis, 'hic est sanguis meus' .. GIR. *GE* I 8 p. 27; si queratur qualiter fit hec ~o, quidam dicunt sic substantiam in substantiam transire non posse nec ut hec fiat illa, nec tamen illa augetur *Ib.* I 8 p. 28; si .. post ~onem aranea vel musca in calicem ceciderit .. provocanda est musca vel aranea ut a sanguine se subtrahat *Cust. Cant.* 286; ~o, identificatio, et impanatio .. non sunt fundabiles in Scriptura WYCL. *Concl.* 105; Hugo de Sancto Victore fuit primus qui istum terminum ~o invenit *Eul. Hist.* III 350 (cf. *MS Peterhouse Camb. 255* f. 139ra: magister Robertus Pullus invenit primo hanc dictionem 'transubstantiatur' et bene dicebat cum non diceret transmutatur cum forma remaneat et substantia transeat); superest de transitione dicere quam alii mutationem, alii conversionem, alii transelementationem dicunt, sed simplicissime qui ~onem GARDINER *CC* 73.

transubstantiator [transubstantiare+-tor], adherent of the doctrine of transubstantiation.

aiunt ~ores corpus Christi esse non ubique, sed tantum ubi sacramentum habetur GARDINER *CC* 24.

transuere [CL trans+suere], (as deriv. of *suere*); **b** (in etym. gl.).

suo componitur consuo .. inde .. transsuo, -is, inde transsutus, -a, -um OSB. GLOUC. *Deriv.* 525. **b** a suo hic sulcus .. eo quod vomere ~itur OSB. GLOUC. *Deriv.* 525.

transulcare [CL trans+sulcare], to plough across (in quot., transf., in sailing).

1437 mox atque ampla oceani maris spacia ~anda pecierat, navis quedam piratica .. puppim insecuta est BEKYNTON I 220.

transultare [CL], to spring across (from one position to another, in quot. fig.).

hoc signum Deus non est significare, sicut non potest esse, intelligitur, quod signat uno certo modo ex parte signi, qui modus de facto est, sed quando transsultatur equivoce ad asserendum, quod sic non potest esse, signatur, quod absolute necessario oportet Deum esse, cum idem sit, non potest esse, quod Deus non est, et absolute necessarium est, Deum esse WYCL. *Ver.* II 126.

transumalis v. transversalis.   **transumbran-** v. Transhumbran-.

transumere [CL]

1 to take or move across or over (to another position).

mox transsumens annulum a digito suo, rogabat ecclesie Cantuariensi dignum pastorem provideri W. CANT. *V. Thom.* I 37.

2 to take across or over (to another situation or context), transfer. **b** to transfer the application of (word).

qua de re .. quantam assumpserim in animam meam compassionem, testis est mihi conscientia quia libenter ipsam totam ~erem in corpus meum passionem ANSELM (*Ep.* 9) III 112; c**1203** ut verba Scripture transsumam, cantabantur eorum turpitudines in triviis Geth et in compitis Ascalonis [*II Reg.* i 20] P. BLOIS *Ep. Sup.* 4. 2; tituli regis Henrici secundi de fine Topographie Hibernice huc ~pti.. ea .. que ad regis ejusdem titulos .. scripta reperiuntur et huc .. transferri debent GIR. *PI* II 21 *tit.*; non est contra Aristotelem, quia multa alia falsa continentur in capitulo de iride, et alibi in translationibus vulgatis, sicut manifestum est per totam philosophiam Latinorum, si quis diversas translationes inquirat et Grecum ipsum, a quo ~ptum est quod habent Latini BACON *Maj.* II 193. **b** pleraque nomina quibus de Deo loquimur a creaturis ad Creatorem ~pta sunt J. CORNW. *Eul.* 3 p. 265; licet .. tabula talis scaccarium dicatur, ~itur tamen hoc nomen ut ipsum usque curia .. scaccarium dicatur *Dial. Scac.* I 1A; instruit iste modus transsumere verba decenter. / .. verbo propriato dicitur aurum / fulvum, lac nitidum .. / dic igitur dentes nivei, labra flammea .. VINSAUF *PN* 765; res spirituales sunt insensibiles, et ideo convertimus sermonem vulgariter ~entes hoc nomen insensibile ad spirituale, ut omne quod non habet esse sensibile nobis dicatur habere esse intelligibile et spirituale BACON *MS* 192.

3 to transcribe, take or write out a copy of. **b** to write out as a copy. **c** (p. ppl. as sb. n.) transcript.

1344 ego .. publicus .. notarius .. prefatas litteras inspexi, examinavi, exemplavi, et ~psi ac ipsum exemplum sive transumptum scripsi et in hanc publicam formam redegi *DL Cart. Misc.* I 225; scripsit idem .. abbas .. quatenus .. placeret paternitati sue bullam .. ~ere G. S. *Alb.* III 161; quod eas [litteras] transcribi et transsumi faceremus *FormOx* 186; **1552** [librum] imprimendum, inque eundem edendum, ac in multa exemplaria transsumendum *Conc. Scot.* II 136. **b** c**1420** quod omnes examinaciones collacionum tam literarum regencium sub waranto regio quam ~ptarum (que inspeximus nuncupantur) cum eorum feodis ad preceptores spectabunt *Chanc. Orders* 7d. **c 1344** ~ptum scripsi *DL Cart. Misc.* I 225 (v. 3a supra); in omnibus credendum est copie sive transsumpto bulle Pape catholici OCKHAM *Dial.* 658; c**1359** nobis .. exhibuit tam in originalibus quam ~ptis .. episcopus *Reg. Aberd.* I 86; **1421** in duobus ~ptis trium cartarum originalium archiepiscoporum Ebor., vij s. x d. *Ac. Durh.* 618; **1423** presentes nostre litere obligatorie aut earum verum et auctenticum ~ptum *RScot* 243b.

transumpte v. transumptive.

transumptio [CL]

1 application of a word to something (esp. considered related or analogous) other than that to which it properly applies, transfer (esp. w. ref. to metaphor).

hac etiam ~onis ratione perspecta posset similiter dicere quod nec Verbum proprie dicitur Verbum nec Deus proprie dicitur Deus J. CORNW. *Eul.* 3 p. 265; ~o est translatio vocis a propria significatione ad alienam per similitudinem intransumptam. .. ~o dictionis methaphora dicitur a Donato GERV. MELKLEY *AV* 108; quandoque vocabulum per ~onem ad aliam transeat significationem NECKAM *SS* I 27. 3; ut .. rerum visibilium similitudinibus allegorice locutiones et mistici intellectus ~ones formentur et sic carnalibus et visibilibus spiritualia et invisibilia coaptentur BART. ANGL. *proem.*; omnis .. ~o notificat unum per aliud vel aliquam pertinentiam aut similitudinem inter illa BRADW. *CD* 565A; ut a sapientibus .. per quasdam interim ~ones lucide reveletur *Mem. Hen.* V 80.

2 (act or product of) transcription.

tales ~ones statutorum vel ostensiones transumptorum papalium debent esse suspecte OCKHAM *Dial.* 658; miraculis .. regis Henrici sexti ex lingua vernacula in Latinam .. transferendis .. tue ~onis scripta letissime perlegi *Mir. Hen. VI* I *prol.* p. 8; predictarum litterarum .. leccioni et inspeccioni, ~oni .. presens interfui G. S. *Alb.* III 164.

transumptive [CL transumptivus+-e], in a manner characterized by taking over or across (to another situation or context). **b** by application (of a word) to another thing (than that to which it properly applies, esp. one considered related or analogous), (esp.) metaphorically (freq. opp. to *proprie*).

assumo thema materie nostre congruum ex sanctis literis, quod scribitur originaliter Jeremie xxx primo, ~e autem per Matheum ewangelistam secundo capitulo sui ewangelii .. videlicet: vox in Rama audita est [*Jer.* xxxi 15, *Matth.* ii 18] *Cop. Pri. S. Andr.* 107. **b** potest dici quod proprie suggillare significat infamare et ponitur ~e pro reprehendere J. BATH 278; etas est spacium temporis dictum minus tamen quam seculum, si proprie accipitur, dicitur autem proprie et ~e GROS. *Comp.* 5; 'semper' vel 'hora' dupliciter accipiuntur, uno modo proprie et sic semper dicit totalitatem temporis .. vel ~e et sic 'semper' pro eternitate BACON VII 55; tunc sub tali intellectu concederetur ista 'genera et species sunt substantie', accipiendo predicatum personaliter; sed tunc non acciperetur proprie sed improprie et ~e OCKHAM *Summa* I 72 p. 222; universaliter quando aliqua dictio potest sumi metaphorice et ~e, potest causare fallaciam equivocationis *Ib.* III 4. 3; potest .. illa sumi proprie vel †transmutive [l. ~e] .. potest adhuc intelligi dupliciter BRADW. *CD* 304B; Deus .. potest dici charitas nostra multo convenientius .. et minus †transumpte [l. ~e], minusque metaphorice quam fides vel spes nostra *Ib.* 376E.

transumptivus [CL], of or pertaining to being taken across or over (to another place, situation, or context). **b** of, pertaining to, or characterized by application of a word to something (esp. considered related or analogous) other than that to which it properly applies (esp. w. ref. to metaphor).

flamma aliquando apparet alba quando materia aeris est subtilis in qua radiat vapor ignis. et talis albedo non est propria sed potius ~a UPTON 100. **b** non .. absque impositione reliqua duo aut separata aut conjuncta contingit inveniri, nisi forte alicujus nominis adeo obsolescat impositio ut jam nullam ejus positivam esse designationem dicendum sit manentibus ~is BALSH. *AD rec. 2* 43; permissio est unus modus ~us et improprius faciendi; sed non probant quod Deus tantum sic improprie et nullo modo proprie efficit actus liberos BRADW. *CD* 564B; iste modus ~us usitatur in omnibus idiomatibus, scilicet ut aliquid dicatur gratia sue partis OCKHAM *Phys.* 35; quarta occultacio consistit in ~a locucione *Pol. Poems* I 126.

transvadare [LL], to cross over, to pass through (water, also in fig. context).

~ato eo [flumine quod Uuir nominatur] *V. Cuthb.* I 6; qui cum ad quandam aquam nomine Riselam pervenisset, nec eam quia pons ibi nullus erat et aque intumuerant ~are potuisset .. ORD. VIT. VI 10 p. 121; aque profunde torrentis que non poterant ~ari H. Bos. *LM* 1343A; **1187** neque enim meliores sumus quam patres nostri, ut fluctus hujus seculi deliciando siccoque pede ~are debeamus *Ep. Cant.* 97; **s1114** Tamisia exsiccata est ut posset leviter ~ari Londoniis in refluxu M. PAR. *Min.* I 219; **s1114** ut innumera hominum et puerorum multitudo illud [flumen] pedibus transvaserint [v. l. ~arunt]; aqua ipsa illorum vix genua attingente W. GUISB. 26.

transvadere v. transvadare.

transvadibilis, ~dilis [CL trans+vadere+-bilis, -ilis], that can be crossed or passed over or through.

transsuadilis [MS: transvadilis], transsuadibilis [MS: transvadibilis] OSB. GLOUC. *Deriv.* 593.

transvectare [CL transvectus *p. ppl. of* transvehere+-are], to carry or transport across.

ut ipsum .. salve cum suis in Kambriam ~are potuisset GIR. *EH* I 25; rogans ut ipsum in Angliam ~aret *Eul. Hist.* II 378.

transvectio [CL], (act of) carrying or transporting across.

738 navis onuste ~onis censum, qui a theloneariis nostris tributaria exactione inpetitur *Ch. Minster-in-Thanet* 50; quibus .. naves delegaverat, ut euntes et redeuntes transferrent, nec aliquod ~onis sue pretium ab his qui transferendi fuerant unquam exigerent TURGOT *Marg.* 9 p. 247.

transvector [CL transvehere+-tor]

1 one who carries or transports across (esp. across water).

797 per harum ~ores litterarum, viz. Bryne presbiterum et Cildas, .. ministros vestros, recepimus apices *Ep. Alcuin.* 127; miserunt .. alias etiam litteras preposito et ~oribus naves habentibus .. ne episcopum illum in Angliam transveherent nec transfretare permitterent, W. FITZST. *Thom.* 101; solent .. universi Mariam ~ores sicut maris stellam attendere ut cursum dirigant AD. EYNS. *Hug.* V 15.

2 one who conducts or accompanies person being transferred to another place.

oneramus vos .. ut eum fratrem .. transmitti faciatis ad cellam .. de T. .. in sue tamen transmissionis itinere, suum volumus ~orem tanta regi constancia ut nec ad dextram declinet nec ad sinistram *Reg. Whet.* II 451.

transvectorius [CL transvehere+-torius], that carries or transports across, (of boat) ferry-.

s1198 qui .. naves ~as transituris promittant *Itin. Ric.* I 22 (=GIR. *PI* III 20); **s1264** pontem civitatis Wygornie fortissimum .. fregerunt, cimbis etiam ~iis dimersis in profundum *Ps.*-RISH. 536 (=*Flor. Hist.* II 504).

transvectu v. transvehere.

transvehere [CL], to carry or transport across, to convey (esp. across water, also transf. & fig.); **b** (to heaven).

venit ad Morianos, unde in Brittaniam proximus .. transitus est, et navibus .. praeparatis in Brittaniam ~hitur BEDE *HE* I 2 p. 13; **786** mitificavit cerula freta et ~xit nos ad portum salutis ac .. inlesos Anglorum appulit oris *Ep. Alcuin.* 3; non temere nec injuste .. in hanc terram ~ctus sum W. POIT. II 12; quoniam de stabilitate illius .. terre in hoc mare magnum .. cecideramus, conveniens erat ut lignum nobis quo ~heremur pararetur. nemo enim sine ligno transit mare, nec seculum istud sine cruce AILR. *Serm.* 36. 3; **c1160** sint quieti .. de summagio, sive aliquibus rebus ~hendis sive per terram sive per aquam *CalCh* II 368; Swithunus ad mare perveniens .. assumptus a marina bellua et miraculose ~ctus GIR. *David* 392; **s1264** ultra mare occulte transvectu [? l. ~cti] dominum regem Francie pecierunt *Ann. Lond.* 64. **b** angeli gaudentes secum ad celestia ~hunt GOSC. *Edith* 95; ut hec columba super baptizatos descendat, reduxque eos januam per apertam in alta ~hat PULL. *Sent.* 851D.

transvelificare [trans+velificare], **a** to sail across or through. **b** ? to sail by or past (another ship, in quot. w. ref. to cutting off from fleet).

a quatinus securi procellas maris ~ent J. GODARD *Ap.* 267. **b** **s1366** magna classis Danorum .. a nautis aliisque pugnatoribus .. dissipata, confusa repatriavit; una tamen robusta navis dicte classis ab Anglis ~ata periit J. READING f. 188.

transverberare [CL]

1 (of person or weapon) to strike so as to pierce through, transfix; **b** (transf., fig., or in fig. context).

quem .. sanguine rorantem rigido transverberat ense ALDH. *CE* 4. 6. 23; gladius ~abit .. regem GIR. *PI* III 9; imperatorem aggressus est impetu, ut nec clipeus obstiterit nec lorica quin valida impacta dextra lancea ei penetralia ~aret *Hist. Meriadoci* 396; Herodes .. innoxios / ferro transverberat pugnaci parvulos WALT. WIMB. *Carm.* 248; **s1381** [Walterus Tyler] gladiis diversis in locis corporis ~atur WALS. *HA* I 465. **b** ecclesia .. bis acuto testamentorum mucrone hominum vitaliter corda ~avit [*gl.*: castigans, transfigens, *þurhpynde*] hereditariam legitimate aeternitatis sobolem casto verbi fecundat semine ALDH. *VirgP* 5; quos sue dulcedinis nectare inebriaverat amorisque mucrone ~averat GOSC. *Lib. Confort.* 30; **c1160** homines ingeniosi .. qui splendore solis sunt ~ati, quoniam a Christo, sole justitie, fulgent illuminati OSB. CLAR. *Ep.* 41; si animam matris compatientis gladius pertransivit [cf. *Luc.* ii 35], quomodo non multo magis animam Filii patientis ~avit? J. FORD *Serm.* 10. 2.

2 to thrash, beat thoroughly or completely (also transf. or fig.).

imperator et tyrannus .. cum omnibus ducibus Romanicae gentis .. ~avit omnes regulos Brittanorum NEN. *HB* 165; rex Merce Centensem provinciam ~ans predatus est H. HUNT. *HA* IV 27.

transverberatio [LL], thrusting through.

ipsa solidi corporis ~o non immerito quaedam probatur dicta corruptio [cf. Cassiod. *Psalm.* 10. 15] BEDE *Acts* 1002B; super eos cum sagittarum ictibus, lancearum, gladiorumque ~onibus, a multis spiritum exhalare fecerunt *Ps.*-RISH. 553.

transversalis [CL transversus+-alis; cf. transversatilis]

1 that lies across from one side to another (esp. at right angles), transverse. **b** (her.) that crosses the escutcheon from one side to the opposite one.

erunt .. tunc diametri ~es in termino sue diminutionis et longitudinales in termino sue majorationis GROS. 3; in diametro minori et ~i BACON *Persp.* II 3 p. 188; figura .. hec que est ipsius thita potest resolvi in partem superiorem pro nota prosodie circumflexe, et in partem inferiorem pro nota brevitatis, et in literam ~em pro nota longitudinis *Id. CSPhil.* 511; secundo contexitur cor undique ex filis longitudinalibus, latitudinalibus, et ~ibus WYCL. *Mand. Div.* 177; de qualibet costa transversatili .. quot sunt puncta in costa, precise tot sunt latera ~ia *Id. Eccl.* 98; unum erat lignum quod stetit erectum, aliud ~e [ME: *þwertover*] *AncrR* 159. **b** fusuli sunt longiores et stricciores in angulis ~ibus quam mascule BAD. AUR. 200; mascule sunt latiores in dictis angulis ~ibus UPTON 250.

2 (in genealogy, w. *linea*) collateral.

descendere debet heredibus propinquioribus, masculis vel feminis, recta linea vel ~ali venientibus BRACTON f. 62b; **1530** item in linea †transumali [l. ~i] in primo gradu prohibetur consanguinitas et affinitas jure divino et naturali, nec papa potest dispensare *Foed.* XIV 391.

3 (as sb. n.) cross-piece, cross-beam.

pes .. crucis fuit a cedro, stipes de cypresso, ~e de palmis *Spec. Laic.* 22.

transversaliter [transversalis+-ter], in a transverse manner, across, crosswise. **b** (her.) in a manner that crosses the escutcheon from one side to the opposite one.

qui .. cruciat se cum carne et mundo, alligans pedes et manus interioris hominis ne evagentur, sed fingantur ~er in amore istorum, secundum gradum quo naturaliter sunt amanda WYCL. *Ver.* II 259; in ista .. precedente figura pro cursu cerve notatur viridis linea, huc atque illuc ~er intendendo ELMH. *Cant.* 207. **b** sequitur nunc videre de armis partitis ex transverso. .. primo .. fit in armis particio colorum ~iter et modo plano UPTON 228.

transversanus [CL transversus+-anus], that lies across, transverse.

c1250 dedi .. pasturam .. que jacet intra alnetum monachorum .. et fossam meam transversanam [*sic* MS] *MonA* V 58b.

transversare [CL]

1 to be or lie across or over from one side to another, to cross (also fig.).

in omnibus his [nervis] sunt longitudinales et latitudinales et texentes i. ~antes GILB. II 115v. 2; directe protenditur [canalis] campum ~ando et sepes *Mon. Francisc.* I 510; evangelicam sententiam totaliter ~ando *Dictamen* 359.

2 (leg.) to contradict formally, to deny at law. **b** (~are *officium*) to traverse, to deny the findings (or truth) of an inquest of office.

1293 non tenentur respondere per aliqua defalta nisi venissent per districtionem, licet acopati fuerunt et dampna estimata et etiam in defensione ~ata *CourtR Hales* 241. **b** **1405** ad que quidem officia .. se coram nobis in cancellaria nostra optulerunt ~anda .. si officia predicta ad prosecucionem predictorum Reginaldi etc. imposterum ~ari contingant *Cl* 254 m. 3d.

transversarius [CL], transverse, crosswise.

symbolis istis .. sua quaedam competit sectio, quae licet ~ae rationem imitetur, sub ea tamen specie non reponitur, utpote cum crux vel limbus uti per frusta distinguitur: non partitum dicimus e transverso; sed .. nos laciniatum SPELMAN *Asp.* 88.

transversatilis [cf. transversalis], that lies across from one side to another (esp. at right angles), transverse.

angelum albissima veste indutum habente novem protracciones rubissimas ~es BRADW. *AM* 245; de qualibet costa ~i .. quot sunt puncta in costa, precise tot sunt latera ~ia WYCL. *Eccl.* 98.

transversio [LL]

1 passage, crossing. **b** movement to another position, (in quot.) state of having been moved from proper position. **c** (log. & rhet.) construction or interpretation in another context or combination (as form of structural ambiguity).

si bona in dicta nave .. non solvant teoloneum, navis debet solvere si aliquod capit pro ~one vel pro servicio navis *EEC* 156. **b** exstitit leprosissima, adeo ut .. eam .. labiorum .. tumor ac palpebrarum et oculorum ~o .. transfigurassent W. CANT. *Mir. Thom.* IV 23. **c** ex ~one cum idem nunc hinc nunc inde; hoc modo 'quod concedi vere negatur non conceditur'; an vere concedi an vere negatur, dubium. .. BALSH. *AD* 94 (cf. ib. 89: ex ~one, ex conversione, ex perversione).

2 (rhet.) form of change of a word or its form (from that proper to the context to another that is formally similar in some way but not strictly proper to the context).

~o est exitus a verbo idemptitatis per vocalem aliquam commutationem. hec dividitur in inversionem et transmutationem GERV. MELKLEY *AV* 75; transmutatio est ~o vocis non efficiens sententiam dissimilem *Ib.* 76 (cf. ib. 75: inversio est vocalium ordinis perversio per similitudinem proximantem sententiam efficiens dissimilem).

transversorius [cf. CL transversus; cf. et. CL transversarius], that lies across, transverse, crosswise. **b** (as sb. n.) cross-piece, cross-beam.

1245 cape .. cum bendis ~iis *Invent. S. Paul.* 479; species .. villorum .. longitudinalium sc. atractivorum et latitudinalium expulsivorum et ~orum retentivorum *Ps.*-RIC. *Anat.* 22; ad cujus adjutorium composuit triplices villos longitudinales et latitudinales et ~os GILB. IV 186v. 1. **b** ~ium .. crucis habet vj pedes in longitudine *Ann. Paul.* 277.

transversum [CL], **1 transversus**

1 in a transverse direction, crosswise, across.

habebat ipse filius tres circulos rosseos dividentes corpus suum ~um in signum trium concepcionum (*Declanus* 1) *VSH* II 32.

2 ? at right angles to or on the other side of.

Willelmus Fenkote: .. et di. acra ~us Makeseygate juxta terram S. .. Willelmus Bretoun: .. et di. acra ~us Makeseygate juxta terram J. .. et triroda abuttat super Makeseygate *Carte Nativ.* 551.

2 transversus, traversus [CL, cf. et. ME, AN *travers*]

1 lying or positioned across, transverse, crosswise, or athwart. **b** (w. *lignum*) cross-beam, horizontal bar. **c** (as sb. n.) cross-piece, crossbar.

~us super equum sicut saccus ORD. VIT. XI 19 p. 223; ictibus itur / in me transversis, his et utrinque petor L. DURH. *Dial.* I 198; invenerunt arborem jacentem in via ~am, et non potuerunt currum ducere propter arborem illam (*Ruadanus* 20) *VSH* II 249; musculi obliqui duo descendentes versus imum ventrem his subjacent. .. infimi omnium sunt musculi ~i D. EDW. *Anat.* A3v. **b** scopuli oram loco adherenti ~um lignum xij pedum .. componere *V. Cuthb.* III 4; juxta ~um crucis lignum LUCIAN *Chester* 59. **c** baculi pastorales iij .. unus .. cum curvamine eburneo .. unus cum curvamine corneo .. unus cum transverso cristallino (*Cart. Reading*) *EHR* III 117.

2 (*ex ~o*, w. ref. to genealogy) collaterally.

de successione cognatorum veniencium ex ~o BOWER XI 8.

3 (*ex ~o*) across, from one side to the other, transversely, crosswise. **b** (w. prep. force, w. gen. or acc., also as one word and in form *extransversum*) across, from one side to the other of.

ligno in ore [taxi] ex ~o imposito GIR. *TH* I 25. **b** ut .. ita ex ~o valvarum coaptent scrinium ut nisi humiliato corpore nullus patentem invadat ingressum W. MALM. *GP* V 270; nullus .. signum aliquid extransversum refectorii de mensa ad mensam faciet; neque .. extransversum manifeste respiciet, sicut nec extransversum chori, sine justa causa *Cust. Westm.* 117; **1271** totam illam fabricam .. que sita est super cornerum [MS: cornetum] de Baggelone ex ~o hospitalis S. Johannis *Cart. Chester* 625a p. 349; **1271** W. S. percussit W. de H. in capite extraverso sumitatis capitis cum una hachia *SelCCoron* 17; **1271** J. percussit W. cum uno baculo .. extraverso lumbos *Ib.* 19; **1282** asportavit duas barras euntes ex ~o portam *Rec. Leic.* I 198; **1460** haia .. constructa extransverso .. aque de Lone .. usque solum .. abbatisse et conventus *Couch. Furness* II 220; **1527** parcellam terre .. situatam extraversum et circa Come Kenfyg *Cart. Glam.* IV 447.

4 (*de ~o*) across from the other side, transversely, crosswise.

c1176 via predicta vadit de Fores usque ad Elgin .. et abinde de ~o usque ad divisas terre de K. *Regesta Scot.* 159; eodem vinculo circumcingitur lignum rotundum de ~o in medio collocatum J. FORD *Serm.* 25. 6.

5 (*in ~o* or *in ~um*, each also as one word) in a transverse direction, crosswise. **b** (w. prep. force, w. gen.) across, from one side to the other of.

eos tamquam segetem in ~o gladiis secabant ORD. VIT. IX 17 p. 618; **s1194** octoginta due acre terre sc. a spina super Hoberham intransversum *del siic* subtus Maurebergha usque ad ductum versus Musegravam (*Ch.*) *Cumb & Westmor Antiq. Soc.* LXXIX 46; **12..** rivulus qui currit subtus boscum .. et †intransalum [MS: intransversum] ab essarto *Couch. Kirkstall* 87; terram .. que jacet inter ecclesiam .. et murum .. in longitudine et in ~um juxta regiam viam a cornu magni stabuli usque ad eandem ecclesiam *Feod. Durh.* 197n; tunicam et dalmaticam ex albo panno in ~o virgatas nobis contulit *Cart. Bath* B 808 p. 155; **1354** pro j barra ferri empta ad ponendum in traverso in hostio domus vocate le *Rundehus KR Ac* 471/6 m. 3. **b** **1289** construere .. aque meatum .. a terra sua .. juxta .. iter quo itur a portu .. ad nemus de C. in traverso itineris *RGasc* II 289a.

6 (*per ~um*) transversely, crosswise, across. **b** (w. prep. force, w. gen. or acc.) across, from one side to the other of. **c** (her.) in an inverted orientation (as a sign of dishonour).

s189 ipse [Severus] fossam extendit in insula prefata per ~o [*sic*] a mare usque ad mare ÆTHELW. I 1; biduo .. vivens [sanctus Andreas] in cruce positus per ~um, ut quidam dicunt, nichilominus predicavit populo BELETH *RDO* 165. 166. **b** ante missae introitum sternatur unum aut duo tapetia per ~um chori, ubi stare debeat cantor LANFR. *Const.* 129; **c1163** sic per ~um moram usque ad Raburne *Regesta Scot.* 235; **c1179** et ita per ~um prati transeuntes pervenerant ad vetus fossatum *Ch. Chester* 158; trabes erat per ~um ecclesie posita que crucem grandem sustentabat GERV. CANT. *Combust.* 10; Gallie interiora petentes, a Gennabensi urbe per ~um Lutetiam cuncta usque Parisius barbarica feritate consumunt M. PAR. *Maj.* I 424 (cf. *Flor. Hist.* I 466: pertransversum); **1430** tenent .. j tenementum prout jacet in longitudine a *le heddyke* episcopi ab austro per ~um vie regie *Feod. Durh.* 4. **c** quando portans arma debet dishonorari propter proditionem, fugam vel fidem ruptam, tunc arma sua sunt pingenda per traversum .. et causa est scribenda propter quam versa sunt arma BAD. AUR. 143.

7 (as sb. n., right to collect or duty to pay) toll for passing or crossing.

omnes malas exactiones in via que per Gallias Romam tendit, que vocantur tolonea vel ~a, data pecunia sua, diminui fecit [Canutus rex] usque ad medietatem H. HUNT. *HA* VI 17; **c1159** sint quieti a traverso per omnes portus meos *Act. Hen. II* I 313; **1159** sint .. immunes et exempti ab omnibus subsidiis .. peagio .. traversio et seculari consuetudine *Ib.* I 519; **1162** dedit eidem abbatie ~um carreriarum Salmuri de transverso Ligeris *Ib.* I 365; **1180** de lxxij s. de remanenti de traverso duarum quadrigarum *RScac Norm* I 74; **1275** homines de Ware solebant semper dare ~um ad pontem de Ware ballivis domini regis *Hund.* I 194a; **1281** levare fecit tolnagium quod vocatur ~um in villa de N. de carectis et summagiis ibidem transeuntibus in alta strata de N. *Cust. Rents* 145; W. nunc custos [castri] capit ~um et thelonium in predicta villa sancti Albani *G. S. Alb.* II 37; **1324** tolnetum fori et ~i infra burgum de Hertford cum tolneto nundinarum ibidem valet per annum xxx s. .. item ~um ad pontem de Ware .. valet per annum viij li. *IPM* 83 m. 21; **1345** absque solutione, exactione traversi, pedagii *Foed.* V 441.

8 (leg., as sb.) ? formal denial in pleading, traverse.

quod non omitteret propter aliquam libertatem .. quin capere J. S. de C in com' C. gent', utlagat' in L. tali die etc. ad sectam A. .. ut in aliis ~is quia dicit quod die brevis etc. fuit commorans et conversans apud M. *Entries* 299vb.

9 (passing into surname, *i. e.* Travers).

ea tempestate Willelmus cognomento Transversus qui honorem Fracti Pontis (sic enim quoddam oppidum nominatur) ex dono .. regis habuerat RIC. HEX. *Stand.* f. 37.

3 transversus [CL transvertere+-tus], (in quot. *a ~u*, w. gen.) across, at right angles to.

in strata illa que extenditur del West versus Est usque ad terram Godefridi de H. a ~u illius vie que venit de Wiggebruge versus Meldonam *Cart. Colch.* 623.

transvertere [CL]

1 to divert. **b** to misappropriate (money), 'siphon off'.

1276 attraxit de comuna apud Frampton circiter xx acras et pro hoc ~it communem viam *Hund.* I 175b; **1305** ~it quendam rivulum, qui vocatur Cleysich, ad nocumentum vicinorum *CourtR Hales* 507. **b** per tam sevas defraudationes aliis deputata sibi retinentes .. proventus ecclesie .. ~ere non formidant *Mon. Francisc.* I 473.

2 to reverse or invert, to change round the other way.

preposterare, ordinem ~ere OSB. GLOUC. *Deriv.* 475; juratus se tria monasteria constructurum, duos ordines ~it, personas de loco ad locum transferens .. Cenomannicas Anglis substituens R. NIGER *Chr. II* 168.

3 to turn or change (into).

descendet vulpes de montibus et sese in lupum mutabit .. exin ~et se in aprum G. MON. VII 4; obvertere, ~ere OSB. GLOUC. *Deriv.* 403.

transvolare [CL]

1 to fly or move (swiftly) across or over (also fig.); **b** (intr.); **c** (in spiritual context).

nongentos sol transvolat aureus annos WULF. *Swith. pref.* 551; eo quod illa fugiendo sepem excelsam saltu ~asset *V. Chris. Marky.* 12; frequens .. devotio quam citius locorum interstitia ~at R. COLD. *Cuthb.* 64; [accipiter] insulas et maria ~avit W. CANT. *Mir. Thom.* VI 66; ad infernum inferiorem, mare ~ans, migro (*Brendanus II* 45) *VSH* II 287. **b** honores .. hujus mundi nunquam certam viam tenent, sed incertis diverticulis de uno ad alium ~ant *Simil. Anselmi* 72; certe diabolus potest per aera ~are .. potest etiam mare transmeare HON. *Spec. Eccl.* 953C; est .. quedam digressio quando propinqua / transeo, quod procul est premittens ordine verso. / progressurus enim medium quandoque relinquo / et saltu quodam quasi transvolo VINSAUF *PN* 535 (*recte* 540). **c** c794 geminis caritatis scilicet et castitatis pennis ad alta caelorum regna ~et ALCUIN *Ep.* 36; sicut ergo avis sine duabus alis se non valet in aera sublevare, ita nullus potest sine duobus mandatis ad celestia ~are HON. *Spec. Eccl.* 873A; si regnum Dei intra nos habere cupimus, ad spiritale quoddam desertum ~emus, et sit cor nostrum terra deserta AILR. *Serm.* 14. 16. 293.

2 (intr.) to move over or across (in affiliation or sim.), to transfer (in quot. mon.).

1325 quibusdam .. fratribus multum placeret quod dictus Robertus ad hunc habitum et ordinem Fratrum perpetuo se transferret; .. petit .. quod possit ad .. [Fratrum Predicatorum] habitum et ordinem ~are *Lit. Cant.* I 161; ne quis ex temeritate .. pretextu majoris religionis ad alium ordinem ~aret OCKHAM *Dial.* 779.

3 (trans.) to pass from one point to another in reading or writing (omitting what intervenes).

transvolutis ab hoc obelo usque ad astericum foliis, et ~atis que minus delicatis .. ad pabulum reserventur GIR. *GE* I 24 p. 64.

transvolatio [CL transvolare+-tio], (act of) flying or moving (swiftly) across or over.

regis .. a Loegria in Normanniam ~o GIR. *EH* II 31.

transvolvere [CL trans+volvere], (trans.) to roll or move across or over. **b** to turn over (in quot., page).

ad felix Abrahe tempus lux altera currit, / tertia lux velox ad David inde volat; / transvolvit se quarta dies ad colla subacta / urbe Semiramia GARL. *Epith.* III 447. **b** ~volutis ab hoc obelo usque ad astericum foliis GIR. *GE* I 24.

transvorare [CL], to devour utterly.

antequam omnino a faucibus leonis rugientis, preparati ad escam, ~entur J. FURNESS *Kentig.* 30 p. 214.

trantator v. traventor. **tranxactio** v. transactio. **trapa** v. 1 trappa. **trapazeta** v. trapezita. **trapecula** v. trabecula.

1 trapeta [τράπεζα]

1 board or table used as money-changer's counter.

trapezete numerant super ~am [*gl.*: G. *plaunche*] unam monetam Parisiensem et sterlingos (GARL. *Dict.* 128) *Teaching Latin* II 132.

2 (perh. assoc. w. *trabs*) wooden beam, roof timber.

in aula mea hec architectari feci: ~as [*gl.*: G. *planches*], solivas, lacunaria, tigna (GARL. *Dict.* 137) *Teaching Latin* II 143.

2 trapeta v. trapetum.

trapetum [CL], **2 trapeta**

1 vessel or instrument for pressing or grinding, press, hand-mill, mortar.

~ae, molae *GlC* T 238; ~is, molis olivarum *Ib.* T 260; *andrece fæt* .. ~um ÆLF. *Gl.*; ~am, *mainmole*, A. *querne* (BALSH. *Ut.* 50) *Teaching Latin* II 57; trapetum, *mainmole, querne, trapel* (BALSH. *Ut.* 50) *Ib.* II 46; vas in quo conteruntur herbe et dicitur ~a quasi teripeta eo quod in eo assidue teratur OSB. GLOUC. *Deriv.* 578; ~a vas in quo aliquid teritur *Ib.* 591; sit tibi .. / cacabus, urceolus plumbumque, trapeta, patelle D. BEC. 2228; ~e, *a la mule* (GARL. *Unus*) *Teaching Latin* II 170; *queern*, mola manualis .. †grapeta [l. ~a], -e *PP.*

2 die or stamp (for coining).

~a, -e i. incus nummulariorum OSB. GLOUC. *Deriv.* 578.

trapezata, ~eta v. trapezita.

trapezita [CL < τραπεζίτης]

1 changer or lender of money, banker; **b** (w. allusion to *Matth.* xxi 12 or xxv 14–30).

collectarii, nummularii trapizetae Graece dicuntur *GlC* C 697; ~eta, *mynetere* ÆLF. *Gram.* 24; contra ~etas, quos vulgo monetarios vocant, precipuam sui diligentiam exhibuit W. MALM. *GR* V 399; vel ne tanquam ~ita subdolus summi regis cuneum [v. l. nummum] adulteraret H. BOS. *Thom.* III 17; s1180 persecutio gravissima facta est in ~etas Anglie qui monetam nimia corruperant falsitate GERV. CANT. *Chr.* 294; erant ibi plurimi probabiles trapezete qui librarent, examinarent, atque dijudicarent secum figuram, pondus, et metallum eorum que tractabat dominicorum talentorum AD. EYNS. *Hug.* IV 9; ~ete [*gl.*: *chaunjours de deners*] numerant super trapetam unam monetam Parisiensem et sterlingos (GARL. *Dict.* 128) *Teaching Latin* II 132. **b 672** quae ~itarum numerosis monetae oportuissent nummismatibus profligari ALDH. *Ep.* 5 p. 492; **801** ut trapazeta sapiens multiplica pecuniam Domini ALCUIN *Ep.* 225; exit lucis angelus ab Anglorum metis, / jura sanctuarii linquens tapezetis [l. trapezetis] *Poem S. Thom.* 75.

2 draper.

a draper, pannarius, ~ata CathA.

---

trapizeta v. trapezita.

1 trappa [ME *trappe* < AS *treppe*]

1 snare, trap.

1251 forestarii domini regis .. in parco .. invenerunt unam ~am tendatam *SelPlForest* 94; **1255** W. M. de L. est malefactor de venacione domini regis cum ~is *Ib.* 32; **1293** capientes venacionem domini regis cum arc' et sag' et cum ~is *TR Forest Proc.* 82 m. 3; ordinaverunt quod de virgulis et vigiminibus virentibus fierent sibi ~as pro .. bestiis capiendis *Eul. Hist. Annot.* II 217.

2 trap-door; **b** (in prison).

1241 [facias] quandam etiam novam porticum ante cameram regine cum quandam crappa [*sic*] fieri *Liberate* 15 m. 5 (cf. *Pipe* 177: **1241** et in .. quadam .. nova porticu ante cameram regine cum quadam ~a facienda); **1244** trapam .. decendentem in capella regis amoveri et in angulo aquilonari unum veicium fieri *Ib.* 20 m. 13; c**1284** treppa [*in the upper part of the Exchequer over the treasury, whereby the chief treasurer .. did enter without the knowledge .. of the chamberlain*] (*KR Ac*) *Cal. Ir.* II 555; s**1300** in j ~a facienda in summo aer' ejusdem turell' *MinAc* 863/8. **b 1301** pro factura unius trappi in camera ubi prisones imprisonabantur viij d. *Pipe Chesh app.* 211; **1305** pro .. v peciis ferri pro una magna barra ferrea pro ~a ejusdem prisone firmanda *KR Ac* 486/17 sched. 2.

2 trappa [ME *trap(pe)* < OF *drap*], garment worn with suit of armour. **b** ornamental or protective cloth spread over harness or saddle of a horse, trapping.

1277 quod .. Hugoni de O. in servicium regis eunti duas cooperturas ferreas et unam trepam, unam loricam, tres gambisones .. secum ducere permittant *Cl* 94 m. 11; **1289** idem reddit compotum de vj paribus ~arum, vj paribus platarum, viij aketonis, xviij bacinettis *MinAc W. Wales* 52; **1303** eidem [armurario] pro diversis mysis appositis .. circa facturam unius paris de trepp' pro principe, videlicet pro xiij unciis de serico .. pro punctura earundem *KR Ac* 363/18 f. 10d. **b** c**1468** [*to Tho. Morys for bringing the horse-cloth*] ~am equi *Arch. Cant.* XLVIII 63.

trappatura v. trappura. **trappum** v. 1 trappa.

trappura [cf. trappa], **trappatura,** ornamental or protective cloth spread over harness or saddle of a horse, trapping.

1416 unam ~am embroudatam cum armis .. comitis .. unam aliam ~am cum *bages Cl* 266 m. 23; **1421** de omnibus parcellis panni, .. ~e, vexillorum, cignorum de guerra et pace .. pro opere et emendacione duarum ~arum de armis et bageis regis *KR Ac* 407/5 m. 3; princeps .. equos etiam habens sequaces, ditissimis ~is modo regio decoratos Ps.-ELMH. *Hen. V* 26; in equo alio regis ditissime cum ~a de regiis armis superinduto W. SAY *Lib. Reg. Cap.* 113.

traqua v. dacra.

†trasa, *f. l.*

†trasa [? l. strata] sacerdotum si nulla focaria sternit / ad calicem veniant ecclesiamque regant GARL. *Hon. Vit.* 164.

trascendere v. transcendere. **trasfodere** v. transfodere. **trasiguli** v. terra. **traso** v. thraso. **Trasonianus** v. Thrasonianus. **trassa** v. trussa. **trassans** v. traceare. **trassia** v. trussa. **trassura** v. trasura. **trastrum** v. transtrum.

trasura [AN *trasour*]

1 chasing (on metal).

1238 duos tumbulos arg' de plano opere absque ~a et sine auro *Liberate* 12 m. 9.

2 (act or product of) tracing or drawing the templates for stonework.

1324 pro factura cujusdam ~e pro tabernaculis supertractandis cum ij trestellis ad eandem, xviij d. *KR Ac* 469/8 m. 2; **1331** magistro T. cementario venienti primo apud Westm' et ibidem super novam capellam S. Stephani incipienti et †intrasura [l. in ~a] super moldas operanti *Ib.* 469/12 m. 1; **1332** magistro cementario operanti et tractanti super ~am *Ib.* 469/11 m. 1.

3 drawing-office of the master mason, where the plans for stone-work were drawn or traced, tracing-house.

1324 pro j quarterio de *bechbord* pro fenestr' in dicta trassura faciend' .. pro j pari vertivell' pro hostio trassure pendendo *KR Ac* 469/8 m. 10; **1332** pro j clave empta ad seruram magne ~e, ij d. .. pro ij clikett' ad parvam ~am *Ib.* 469/13 m. 2; **1333** ij operariis crementibus et verberantibus plastrum pro magna ~a emendanda ..; plastrario operanti super dictam ~am et illam facienti et emendanti *Ib.* 469/12 m. 11; **1456** cum omnimodis domibus .. computatoriis, traceris, et vacuis placeis *Pat* 481 m. 13.

†trata, *f. l.*

1311 de qualibet [MS: quolibet] †trata [? l. tacra, *i. e.* dacra] boum, vaccorum, cervorum, vel servarum, ij d. *Reg. Gasc. A* 96 (cf. ib. 97: †trata [? l. tacra] coriorum bovis cum pilis, j d.).

traulizare [CL < τραυλίζειν], to lisp, stammer, stutter, or speak with other speech impediment.

ut nescio quid tibi balbutiam aut ~em J. GODARD *Ep.* 220.

traulizatio [traulizare+-tio], stammering, stuttering, speech impediment.

nimis humiditas .. que est causa ~onis BART. ANGL. V 21.

traulus [τραυλός], who lisps, stammers, stutters, or speaks with other speech impediment, lisping, stammering (also of tongue). **b** (as sb.) one who lisps, stammers, stutters, or speaks with other speech impediment.

hic est traulus Tullius WALT. WIMB. *Virgo* 82; facit linguam cespitare et blesam vel ~am GAD. 121. 1. **b** ~us i. balbutiens, qui non potest adplenum formare vocem, vel qui corrumpunt hanc litteram R quod fit propter grossitudinem lingue *Alph.* 182; *blaffard or wrawlere*, ~us, -i *PP*; *a rattyler*, ~us CathA.

traumaticus [LL], of or for a wound.

huic virtus est †terminancia [l. ~a] *Alph.* 170; †tamnatica [l. ~a], i. sanguis de vulnere *Ib.* 183.

1 trava v. threva.

2 trava [ME, AN *trave* < CL trabs], (pl.) trave, shackle or frame for restraining horse (while it is shod).

1278 de quatuor paribus de ~is *Law Merch.* I xlii; **1407** Johannes Smyth .. posuit unam par ~orum in alta via *Rec. Nott.* II 38; *trave for to scho horse jn*, ferratorium, ergasterium, ~e CathA.

traventare [cf. travetarius], to carry and sell (goods, esp. without licence, in contravention of regulations, or without paying custom duty), sell as a tranter.

1373 franciplegii .. presentant quod Robertus de Bradley travent' cervisiam contra [assisam]. ideo in misericordia *DL CourtR* 44/517 r. 5; **1480** Ric. Barefot .. dat domino de fine viij d. pro licencia tam traventrand' quam bras' *CourtR Lygh* I f. 14; **1498** Editha H. venit et dat domino de fine pro licencia traventrand' iiij d. *Ib.* II f. 8.

traventarius v. travetarius. **traventator** v. traventor.

traventor, traventator [traventare+-tor; cf. travetarius], one who carries goods for sale (esp. without licence, in contravention of regulations, or without paying custom duty), carrier, tranter.

1334 sunt consueti carbonarii de boscis domini regis in eadem foresta et traventatores bosci per ipsum in foresta *TR Forest Proc.* 258; **1447** T. W. est tranentor panis et cervisie. ideo ipse in misericordia *CourtR Carshalton* 65; **1557** sunt communes trantatores et non sunt burgenses (*CourtR Winchcombe*) *MS Glos RO D1494*.

traventrare v. traventare.

traventria [cf. traventare], (act or place of) tranter's sale of goods (esp. without licence, in contravention of regulations, or without paying custom duty). **b** custom duty on such sale.

1320 hernes' quando venerunt de ~a totum fuit ruptum *KR Ac* 99/38; **1448** vendunt servis[iam] in travent': ideo ipsi in misericordia *MS Warwick RO, Warwick Castle Muniments, Alcester 152*; **1485** tenent traventr': ideo ipsi omnes in misericordia *MS Warwick RO, Warwick Castle Muniments, Alcester 175*.

b 1301 et de ix s. iij d. de quadam consuet' que vocat' ~ia recept' de diversis transeuntibus per partes Cornub' cum equis ad emend' pisc' hoc anno *Pipe* 146 m. 31 (2); c**1312** de quadam consuetudine dicta ~ia ad predictos terminos *LTR Ac* 19 r. 36; **1337** tenent de domino duce traveteriam pertinentem ad dictum manerium quam cepereunt de dicto comite *Capt. Seis. Cornw* 1 f. 11.

traventrix [traventare+-trix; cf. traventor], one (f.) who carries goods for sale (esp. without licence, in contravention of regulations, or without paying custom duty), carrier, tranter.

1404 Christina Tubbynge est ~ix cervisie. ideo remanet in misericordia *CourtR Tooting Beck* 84.

traventura [traventare+-ura], (act or place of) tranter's sale of goods (esp. without licence, in contravention of regulations, or without paying custom duty).

1339 de v s. ij d. receptis de finibus mercatorum et ~arum per idem tempus et non plus quia nulli mercatores forinseci venerunt ibidem pro piscibus emendis nec batelli ausi fuerunt ire ad mare propter guerram (*Cornw*) *MinAc* 816/11 m. 14 (15); **1473** R. C. . . et W. G. tenent ~am et vendunt servisiam per ciphos et discos et non per mensuram sigillatam *DL CourtR* 1/6; **1505** pro tip[u]latoribus quia vendunt servis[iam] traventur' me[n]suris non sigillatis *MS Warwick RO, Warwick Castle Muniments, Alcester* 181.

traversia [ME, AN *travers*], (leg., act of) contesting the findings of an inquisition taken *ex officio*.

1425 pro ~ia inquisicionis de Hesilrigland . . pro irrotulacione et uno breve pro ~ia predicta *DCDurh.* Loc. XVIII 4.

traversina [OF *traversaine, traversin*, ME *traversein*], ~**um**

1 horizontal metal bar for a window.

1288 pro j ~o de ferro *KR Ac* 467/17; **1320** computat . . pecias de ferro . . pro ligaminibus et ~is et aliis necessariis dictarum fenestrarum inde faciendis. . . circa ligamina ferrea et ~as et alia necessaria pro fenestris camere regine *Ib.* 482/1 m. 4.

2 ? curtain, bed-hanging, or pillow extending across the bed, bolster.

1418 lego fratri T. L. *fethibede* cum ~o *Reg. Cant.* II 168.

traversium v. 2 transversus.

traversorium [cf. OF *travers*, cf. et. transversorius], cross-beam.

1275 in . . j ~io empto ad magnam grangiam, dicto ~io imponendo, grangia predicta recooperienda, lathis et clavis emptis ad eandem *Ac. Stratton* 62.

traversum, ~us v. 2 transversus.

travetarius, traventarius [cf. ME, AN *traventer*]

1 of or for transportation of goods for sale.

1302 de qualibet caretta ~ia cariante blandum, buscam seu carbonem *IMisc* 62/21.

2 (as sb. m.): **a** one who transports goods (in quot., at royal request), carrier. **b** one who carries goods for sale (esp. without licence, in contravention of regulations, or without paying custom duty), carrier, tranter.

a 1215 quod permittatis . . travetarios aut homines suos presencium latores emere salmones et alias merkandisas ad opus nostrum apud C. *Cl* 191b; **1228** tranetarius domini regis de curia sua et . . uxor ejus habent literas de protectione in eundo per totam terram . . regis ad victualia et alias res venales emendas et ducendas ad curiam *Pat* 175; **1282** travetarii et alii victualia et alia nobis et fidelibus nostris . . in partibus Wallie necessaria ducentes *WelshR* 3 m. 2d. **b 1309** est ibidem unus cotarius qui reddit per annum xij d. et est ibidem unus ~ius qui reddit per annum xij d. ad festum S. Michaelis *IPM* 10/8 m. 4; **1320** iij paria rotarum novarum et ferratarum de quibus T. de N. et J. de G. ij paria, quia fuerunt ~ii et tunc venerunt cum debilibus et antiquis rotis *KR Ac* 99/38; **1337** item est in eisdem portubus quoddam aliud proficuum proveniens de finibus quorundam ~iorum per annum

quod valet communiter vj s. viij. d. *Capt. Seis. Cornw* 137; **1360** in Johannem Prynne traventar' . . insultum fecit *Pat* 260 m. 21.

travis v. threva. **Trax** v. Thrax. **traxatio** v. tractatio. **traxcio** v. tractio. **tray-** v. trai-. **traya, trea** v. treia. **traycis, ~ius** v. trahicia. **traylbasto** v. trailbasto. **trayn-** v. train-. **traytura** v. traitura. **treaferdellarius** v. triferdellarius. **treas** v. treuga. **treasona** v. treisona. **treba** v. treuga. **trebidus** v. turbidus.

trebolla, sort of container (in quot., for wine).

1288 Loppo mercatori de Roncevallo pro xx paribus treboll' vas de Navarr' ad vinum cariandum que dicuntur per nos bulg' . . eidem . . pro expensis equi sui cariantis dicta vasa *TR Bk* 201 p. 17.

trebuchectum v. trebuchettum.

trebuchettarius [trebuchettum+-arius], one who builds or operates trebuchets.

1228 trubechetario regis xl s. *Cal. Liberate* I 110; **1280** liberate . . Jord' trubechett' v m. *Liberate* 9 m. 4.

trebuchettum, ~etum [AN *trebuchet*; cf. ME *trep(e)get, trebget*; cf. et. trebuculus]

1 trebuchet, military engine for hurling large missiles.

1224 meremium ad trubechetum nostrum faciendum *Cl* 622a; **1228** tribechet' regis *Cal. Liberate* I 94; **1244** quod iij ingenia regis, blidam scilicet, trebuchet', et multonem recipiat a magistro G. ingeniatore *Liberate* 20 m. 3; s**1217** Lodowicus . . obsedit castrum de Dowre cum tribuchetis et aliis machinis multis *Ann. Dunstable* 49; s**1224** rex castrum [Roscelle] obsedit cum tribuchettis et petrariis et magunellis *Ib.* 86; **1315** dicta springald' et trubuchett' *Pipe* 160 r. 55d.; **1325** in iiij petris ferri emptis pro ligaminibus ad . . duo ~etta facienda *MinAc* 1147/23 m. 3; **1374** et remanent in eadem garderoba c petre pro ingeniis et tribigettis *EHR* XXVI 694; c**1386** infra Turrim London' v machine et j tribegett' alias vocatum j parva machina *KR Ac* 473/2 m. 4d.; *trepgette for werere*, trevucetum *PP*.

2 sort of instrument of punishment, tumbrel, cucking-stool.

1206 de libertatibus francorum plegiorum et furcarum et trebuchecti *Kal. Samson* 135 (cf. ib. 136: habere trebuchectum et justiciam transgressorum assise panis et cervisie); c**1267** paciatur judicium corporis, sc. pistor collistrigium, et braciatrix ~ettum vel castigatorium *StRealm* I 201a; **1275** habent forum, furcas, pillor', ~ettum *Hund.* II 152b; **1278** in tribuchetto de novo carpentando iij d. (*Ac. Milton*) *DCCant.*; **1308** ad inquirendum de pilloria et ~eto *Growth Eng. Ind.* 584; **1380** asportavit . . unum tripeget' ad valorem vj s. viij d. *IMisc* 221/13 m. 2; de . . furchiis et trepugetis levandis *Reg. Pinchbeck* f. 205b; *cukstole* . . turbuscetum *PP*; *a thewe*, tripotheum *Cath A*; c**1500** terbichetum, *a cokestole OED* s. v. trebuchet 4.

3 trap, pitfall, device for catching birds or animals.

hoc tribucetum, *a pytfalle WW*.

trebuchetum v. trebuchettum.

trebuculus [cf. AN *trebuc, trebuchet*], trebuchet, military engine for hurling large missiles.

s**1097** locaverunt machinas in locis opportunis, petrarias scilicet, trubuculos, et mangonellos, ex quibus crebros lapides emittebant M. Par. *Maj.* II 68; s**1099** petrarias, tribunculos, et arietes, cum scrophis ad murum suffodiendum construxerunt *Ib.* 96 (cf. M. Par. *Min.* I 140: trebunculos); s**1218** viderunt eam [turrim Damiete] capi non posse . . nec insultu petrariarum aut trebuculorum ictibus *Ib.* III 36; s**1403** trabuculis et magonellis Bower XV 15.

trebunculus v. trebuculus. **trecenarius** v. tricenarius. **trecennalis** v. tricenalis.

trecentanus [CL trecenti+-anus], of three hundred.

monasterium . . in quod conventum ad ~um numerum feminarum recluserat Gir. *GE* II 17 p. 245.

trecentenarius [CL trecenteni+-arius; cf. tricenarius], of three hundred.

in ~io numero, hoc est Trinitatis sacramento Gildas *EB* 69.

trecentenus [CL *pl.*]

1 (pl.) three hundred (each).

numerus ipse pulsandus videndumque quia octo anni solares habent dies, exceptis bissextis, iimdcccxx (octies enim ~i sexageni et quini faciunt iimdcccxx); at lunares anni totidem vide quod habeant dies (octies ~i quinquageni et quaterni faciunt iimdcccxxxii) Bede *TR* 46; **798** fiunt dies duodecim signorum trecenti sexaginta et horae centum viginti sex. . . erunt totius anni ~i sexageni et quinque dies et sex horae Alcuin *Ep.* 148.

2 (in quot., as ordinal, in compound num.) three-hundredth.

anno milleno tricenteno quoque seno (*Vers.*) Bower XII 9 (cf. *Relationes* 3: hinc tricenteno [Bower XI 29: trecento] milleno terminus [l. ter minus] uno / annorum).

trecentesimus [CL]

1 three-hundredth (also in compound num.).

adeptus imperium divine Incarnationis ~o lxiv anno Gir. *PI* I 18 p. 89; c**1328** anno Domini millesimo tricentesimo vicesimo *Deeds Balliol* 316; multum debilitata est [secta Mahometi] anno Christi millesimo ~o Duns *Ord.* I 77; datum . . anno Domini millesimo ~o octogesimo quarto *Ziz.* 497.

2 (w. *pars* or as sb. f.) three-hundredth (part) (in quot. in compound num. as denominator of fraction).

est athomos ~a septuagesima sexta pars ostenti Bacon VI 48; una pars, sc. que erit quantitatis unius gradus celi stellati, habebit milliaria 1,141,162 et 251 ~as sexagesimas milliarii *Id. Maj.* I 227.

trecenti [CL]

1 three hundred.

~orum denariorum dictum est eo quod multo precio venundari potuit *Comm. Cant.* III 55; 'plus quam tricentis denariis' yperbolice dictum *Ib.* 80; prior [insula] . . nongentarum sexaginta familiarum mensuram . . secunda ~arum et ultra spatium tenet Bede *HE* II 9; **798** habes dies ~os et horas centum quinque Alcuin *Ep.* 148; qui catenas hostium / fregit in trecentis S. Langton *BVM* 1. 26; in trecentis libris . . monete *FormA* 366.

2 (~*um*, indecl.) group, set, or quantity of three hundred (also w. gen.).

1267 pro trescentum marcis argenti *Cl* 391; ~um annorum Bradw. *CD* 135E; trucidati sunt . . usque ad ~um animas *Chr. Ed. I & II* II 166; pulli ~um x, precio xxv s. *Reg. Whet.* II 333.

3 (in quot., as ordinal, in compound num.) three-hundredth, or *f. l.*

hinc †trecento [*Relationes* 3: tricenteno] milleno ter minus uno / annorum (*Vers.*) Bower XI 29.

trecenties [CL], three hundred times (also in compound num.).

luna per annum, id est menses xij suos qui sunt dies cccliiij, duodecim vicibus minus, hoc est ~es quadragies et bis, terrae ambit orbem Bede *TR* 29; multiplicentur xix minutie ~ies quadragesies sexies et fiunt 6574 Walcher *Drac.* 94.

trecentum, ~us v. trecenti. **trechea** v. trenchum. **trectare** v. tractare.

tredare [ME *treden*], to tread (in quot., clay).

c**1370** et solut' pro luto ~ando ad dictos vj furnos pro tegulis inde faciendis, vij s., pro furno xiiij d. *MinAc* 899/23; c**1371** solut' pro luto ~ando ad dictos iij furnos *Ib.* 900/1.

tredecim [CL], thirteen.

quidem non defuere qui ambos non amplius ~im annis praeesse dicerent Bede *Sam.* 546D; concilium non permisit celebrari in regno suo ex quo rex factus per jam ~im annos Anselm (*Ep.* 210) IV 106; de tam remotis partibus infra dies ~im venire Jerosolimam Beleth *RDO* 73. 79; s**1381** cognovi tresdecim Flandrenses violenter extractos fuisse de ecclesia Fratrum Augustiniensium Wals. *HA* I 462; **1430** pensione tresdecim marcarum *Lit. Cant.* III 152; **1465** pro trisdecim ulnis de *le chamlett* brunio *ExchScot* 363; **1475** per vendicionem tridecim bollarum brasii *Ib.* 320.

tredecimare [CL tredecim+-are, cf. decimare]

1 to tax to the amount of one thirteenth.

s**1207** ~ata est Anglia *Ann. Burton* I 209.

2 (math.) to put in the thirteenth place or column.

milies mille millenus undecimat, centies vero milies mille millenus ~at THURKILL *Abac.* f. 60v.

tredecimus [CL]

1 thirteenth.

ut .. asserit Augustinus in libro ~o de Trinitate GROS. *Cess. Leg.* I 4 p. 17; post quinarium sequatur terdecimus, qui est major BACON VI 130; linea tredecimum tenet una simulque secundum *Ib.* VI 258; duodecima ratio talis est .. ~a ratio talis est OCKHAM *Dial.* 540.

2 (as sb. f.) tax of one thirteenth.

1207 quod non retineatis mercatores de B. pro ~a *Cl* 81a.

3 (abl. sg. as adv.) in the thirteenth place, thirteenthly.

~o potest quis de pertinacia convinci, si .. quarto-decimo convincitur quis .. OCKHAM *Dial.* 465.

tredell- v. trendell-. **tredellus** v. trendellus.

tredenus [cf. CL tredecimus, denus], (pl.) thirteen (each).

Julius at Caesar tredenis testibus instat BYRHT. *Man.* 48.

tredingum v. trithingum. **treetum** v. truia. **trefa** v. trefah.

trefah [Heb.], food that does not conform to the Jewish dietary laws.

1288 Rogerus de L. vendidit carnes judaicas sc. trepha *Leet Norw.* 6; **1289** de Johanne le Pastemaker quia vendidit carnes quas Judei vocant trefa *Ib.* 28.

trega v. treuga. **treginta** v. triginta. **treguia** v. treuga. **trehengum, ~inga, ~ingus** v. trithingum.

treia [ME *trei, trai* < AS *treg*], shallow open vessel, rimmed tray (in quot., esp. applied to container for transporting mortar); **b** (as measure of capacity).

catinos [*gl.: gates* i. ~ie] BALSH. *Ut.* 51; **1317** Johanni le Disshere pro vj gach' et vj longis ~yis ab eo emptis ad inde serviend' cementari' .. fabro pro eisdem gachis et trahis cum ferro ligandis *KR Ac* 468/20 f. 13; **1324** pro iij bollis, iij ~iis, et iiij ladlis pro morterio intus portando *Ib.* 469/8 m. 2; **1325** pro vj ~iis pro dicto mortario intus portando, prec' ~ie ij d. *Ib.* 469/7 m. 10; **1333** pro vj ~yis pro morter' inde portando *Ib.* 469/12 m. 18. **b** c**1080** unaquaque ebdomada septem ~ias frumenti et decem ~ias braisis *MonA* I 478; **1198** dedit .. j ~iam de salis [*sic*] *Fines P. Norf* 20; duodecim quartaria farine .. que singula faciunt quinque ~ias Ramesie et unaqueque ~ia appreciatur duodecim denarios, ita ut pretium uniuscujusque quartarii sint quinque solidos. .. ad potum, viginti mitte de *grut*, quarum singulas faciunt una ~ia Ramesie et una ringa *Cart. Rams.* III 231; **1226** carcare in portu suo xx ~ias frumenti et decem ~ias farine *Cl* 139a; **1343** pro .. xx ~is carbonum marinorum *EEC* 177; **1357** supplicavit .. ut velimus sibi duccionem mille ~yarum frumenti in portu .. de Lenne extra regnum nostrum .. concedere *Pat* 253 m. 9; **1359** de traya salis quadrantem *Doc. Bev.* 3; **1364** licenciam dedimus .. quod c ~ias gaule in portu de Lenne carcare .. possit *Pat* 270 m. 39; **1393** de qualibet traia terre .. venali, unum obolum *Ib.* 337 m. 7; **1409** item solut' Ricardo W. .. pro xxvj ~yys de calce *Arch. J.* VI 63.

treilla, trailia [OF *treille*, AN *traille*; cf. ME *trail*], lattice, trellis (v. et. *trellicium*).

c**1165** lx summas avene et xxx summas pisarum de trallea (*KR Misc.*) *EHR* XXVIII 221; c**1300** in virgis emptis ad trayliam circa cameram comitis, v s *MinAc* 863/8.

treillare, trailiare [treilla, trailia+-are], to furnish with lattice-work, to trellis or wattle.

1297 in alea comitis infra magnum murum trailianda, iiij d. ob. *Ac. Cornw* 4; **1401** [custus molendini:] in ij hominibus locatis fac' stothis trailland' et dauband' *Pipe Wint.* 11M59/B1/150 r. 1.

treinga v. trithingum.

treisona [ME *treison*, AN *traisun, treysun*], betrayal, treachery, treason.

pro treasona versus corpus domini regis et quia carcerem domini regis fregit *Sanct. Bev.* 202.

trellicium [ME *trelis*, AN *treillis*; cf. CL trilix], trellis, lattice.

1240 facias quoddam ~ium ferreum in gradu nostro coram camera nostra versus herbarium nostrum *Liberate* 15 m. 23; **1257** meremium .. ad quoddam treylicium faciendum circa claustrum regis ibidem [sc. Windsor] *Cl* 39; **1303** in toto traillicio ferri novi operis *Fabr. Exon.* 29; viij grosse candele super tralicium ferreum *Ord. Exon.* II 543.

1 tremare [ME *trimmen = to exhort, strengthen, bind* < AS *trymman*+-are], to hold a view of frankpledge.

1240 dicit quod .. Rogerus nec antecessores sui nunquam solebant facere sectam ad .. hundredum de predicta terra .. nec baillivus hundredi debet in ea ~are *CurR* XVI 1210.

2 tremare v. tremĕre.

trembla [AN *tremble* < CL tremulus], aspen tree.

ad ~am et de ~a usque ad quercum super horam illius dene *Hist. Northumberland* III 383n.

tremea v. tremia.

tremebundus [CL]

1 (physically) trembling, quivering, vibrating, shaking.

titubant templi tremibundis marmora crustis ALDH. *VirgV* 1336; tremuit tellus magno tremibunda fragore *Ib.* 2043.

2 trembling (w. fear or sim.).

nec venenata draconum detrimenta tremibundus [*gl.: territus, pavidus*] extimuit nec horrida mortis discrimina pallidus expavit ALDH. *VirgP* 23; visu pavidus et ~us *V. Cuthb.* II 3; **948** sciat se .. ante tribunal judicis titubantem ~umque rationem redditurum *CS* 869; lupum precedentem .. presbyter sequitur ~us GIR. *TH* II 19.

3 that causes trembling, terrifying.

aequora ~o gurgite verrunt *Lib. Monstr.* II pref.; ita in suspiriis et gemitibus, tot gentibus et nationibus ~us, ipse timens et tremens martyris adiit sepulturam H. Bos. *LM* 1316A; redientes ad hujusmodi ~a judicia FAVENT 19.

tremefacere [CL]

1 to cause to tremble, quiver, vibrate, shake, or sim.

arbor onus ~facta [*gl.: asceacen*] .. pluit *GlP* 164.

2 to cause to tremble (from fear or sim.). **b** to disturb, to fill with fear. **c** (p. ppl. as adj.) terror-struck.

lingue deficiunt, ora subcumbunt, labia ~fiunt, et facundia subticet Tulliana *Fleta prol.* **b** plurimum consolatus et ~factus et ~factus in eo quod tam difficilia .. de mortis humane doloribus .. patefacere dignatus sit R. COLD. *Godr.* 39; mens mea ante faciem tanti exercitus ~facta est J. FORD *Serm.* 22. 10. **c** puero .. aestuanti atque .. super bellico hostium apparatu .. ~facto GILDAS *EB* 72; lux .. tanto .. eas stupore perculit ut etiam canticum quod canebant ~factae intermitterent BEDE *HE* IV 7; frater inmensa formidine ~factus FELIX *Guthl.* 50 p. 158; cum .. ~factus se hoc fecisse negaret, ille torvis intuens in eum luminibus ait .. WULF. *Æthelwold* 35; ~factus .. et pene ex timoris magnitudine .. per compages corporis dissolutus R. COLD. *Cuthb.* 49 p. 103.

tremeia v. tremia. **tremellum** v. 2 tramellum.

tremendus [CL], awe-inspiring, terrifying. **b** that is an object of fearful respect.

c**695** hoc .. ~um et terribile Dei .. judicium omnibus est nobis perhorrescendum *CS* 75; o tremende adorande et colende Deus *Nunnam.* 68; rex hostibus suis terribilis et ~issimus H. HUNT. *HA* VI 14 (ed. *OMT*); in die ~i examinis ab ira judicis .. protegi *Mir. Wulfst.* II *prol.* p. 147; abjecta .. reverentia et

timore ~i judicii, relaxantur ad omnes illecebras P. BLOIS *Ep.* 85. **b** indumenti honor moderatione actuum ~us erit W. MALM. *GP* I 39; nam tempore illo vir non habuit ~um dominium super mulierem FORTESCUE *NLN* II 60.

trementer [CL tremens *pr. ppl. of* tremere+ -ter]

1 with trembling.

mundi terminum cotidie ~enter expectemus HARCLAY *Adv.* 46.

2 ? *f. l.*

tot vires Meldenses tam aspero cedatas triumpho ut omnia vicina castra et opida †trementer [? *l.* tremerent] acceperant *Ps.*-ELMH. *Hen.* V 126.

tremĕre [CL], ~ēre

1 to tremble, quiver, vibrate, shake; **b** (of flow or sim.). **c** to move with a trembling or quivering motion.

~et terra et fundamenta maris fluctuantur de profundo GILDAS *EB* 60; tota tremens tellus ALCUIN *Carm.* 6. 28. **b** venti flant vel ~unt vel sibilant ALDH. *PR* 131; de pulsu caprizante, martellino .. et ~ente diffusius disputatur BART. ANGL. III 23. **c** quare quedam avis semper ~at circa caudam *Quaest. Salern.* B 183.

2 to quake, tremble, shiver: **a** (from cold, sickness, or sim.). **b** (from fear, dread, or other emotion, also w. *ad*). **c** (trans.) to tremble at, to dread, fear. **d** (w. inf.) to fear (to).

a eum [Cerberum] ~entem ab Orci regis inferni solio .. Alciden .. traxisse .. depromunt *Lib. Monstr.* II 14; inter aegra ~ens suspiria .. talia .. querebatur BEDE *HE* II 13; ita maledictionis sententia septem annis devinxerat ut non solum in eodem loco toto corpore ~endo, verum etiam de loco ad locum cursitando, instabili ferretur motu OSB. *Mir. Dunst.* 8; tabescens fame et frigore ~ens P. BLOIS *Ep.* 102; ut caro .. pre frigore nimio ~eret atque rigeret GIR. *GE* II 10 p. 214. **b** acies segnis ad pugnam .. ~entibus praecordiis inepta GILDAS *EB* 19; qui non ~it ad tantum tonitruum non dormit sed mortuus est ANSELM (*Medit.* 1) III 77; ad cujus rugitum .. dracones ~ebunt G. MON. VII 3; quare irascens ~it? *Quaest. Salern.* Ba 40; districti judicii diem ubi ~ebunt [ME: *cwakien*] angeli *AncrR* 35. **c** quos propensius morte .. ~ebunt GILDAS *EB* 23; ~ebunt illum [aprum] Arabes et Affricani G. MON. VII 3; labor ille ruit quem dirus Araxes / et stantem tremuit et cecidisse dolet W. MALM. *GR* IV 351; mors .. firma frangit, alta premit, / nulli paret, nullum tremet WALT. WIMB. *Van.* 136. **d** **1426** lolium pro tritico, falsum pro vero quis non ~eret permutare *Conc.* III 478a.

3 to cause to tremble.

canes .. / latrantes que [*sic*] suis vocibus arva tremunt GOWER *VC* I 380.

tremescere [CL], ~iscere

1 to tremble, shake.

si terra ~iscente tu contremiscis AILR. *Inst. Inclus.* 31; terra tremiscet et excelsa merebunt J. HOWD. *Cant.* 131.

2 to quake, tremble, shiver (from fear or sim.). **b** (trans.) to tremble at.

sanctum Johannem .. vidit quasi terribilem et iratum, sibique volam formidine ~iscentem ad ejus imperium porrigens vulnus letificum ex elevacione sublimi manus et ferule comminantem *V. Edm. Rich* C 599. **b** horrendum gehennae tartarum ~escens [*gl.: formidans*] et aeternae vitae desiderio flagrans, gratuita Christi gratia fretus ALDH. *VirgP* 10.

tremescibilis [CL tremescere+-bilis], agitated, terrifying.

in tempore pestifero et ~i *Dictamen* 368.

tremesis v. tremesius.

tremesius [AN *tremeis, trameis* < CL trime(n)-stris]

1 that is ready for harvest three months after sowing, that is sown in the spring.

1299 debet j precariam ad semen transmisum *RB Worc.* 65.

2 (as sb. n.): **a** crop that is ready for harvest three months after sowing, spring-sown crop. **b** spring sowing.

a **1174** preterea annonam dimidie acre, uno anno de hivernagio et altero anno de ~sio *Cart. Osney* IV 339; **1199** tenetur arare domino regi xvj acras terre, viij de hibernagio et viij de tramesio *CurR* I 77; **1219** amisit .. wannagium suum ut de tramasio et aliis bladis *Ib.* VIII 30; **1243** imbladatio ivernagii scribatur per se et imbladatio tramesyii scribatur per se *Cl* 125; **1257** dominus habuit de tremeysio de quolibet bove juncto ad carucam aruram j acre et dimidie *Crawley* 214; s**1234** eodem anno archiepiscopatus dominica, quorundam fraudibus sterilia et inculta, arata sunt et ~sio seminata *Ann. Dunstable* 136; s**1255** vendidimus Alexandro .. decimam garbarum trium annorum, excepto tramisio primi anni *Ib.* 197; **1276** j quar' trametii, prec. ij s. *RCoron* 4 m. 3; **1324** [*two bushels of spring wheat*] tramagii *CalCh* III 465; **1345** pro ferramentis .. caruce ad semen ~sis reparandis *Comp. Swith.* 148. **b** c**1182** debet semel in hyeme arare .. et similiter in trimesiis facere debent *RB Worc.* 352; **1223** in corredio j carucarii ad unam carucam equinam ad tromes' per vij ebdomadas *Pipe Wint.* 11M59/B1/11 m. 14; **1229** faciendo duas aruras cum j caruca ad hibernagium et ij ad tremeysium ad cibum ipsius Mathei *CurR* XIII 2097; **1234** debet arare in Quadragesima, sc. ad tremiscum, ij acras *Cust. Glast.* 126; **1242** arare debet per unum diem ad semen hiemale et per alium diem ad tramesium *CurR* XVI 1880; **1244** arat etiam unam acram ad hibernagium, unam ad tramesiam, et tertiam ad warrectum *Cart. Rams.* I 366; **1252** herciabit etiam ad hybernagium et ad ~sum duobus diebus pro *lovebone Ib.* I 324; **1254** de servitiis .. duas percarias carucarum, unam in yvernagio et aliam in termesio *MonA* III 359.

tremesum, ~eysium v. tremesius.

tremia, ~ua [OF *tremie, tremuie* < CL trimodia; cf. tramellum], hopper (of mill).

11.. post primam segetem que erit in trimoia *MS BL Add. Ch.* 24307; c**1197** (1400) ita quod bladum earum primo molatur in .. molendinis meis post bladum meum proprium vel post illud quod erit in ~ea (*Pat*) *Ch. Chester* 224; **1202** post bladum quod invenient in ~ua *Fines Northumb & Durh* 21; **1203** [*next after such corn as might happen to be in the hopper*] treumia *Antiq. Salop* VI 86; c**1208** dedi .. libertatem molendi bladum in omnibus molendinis meis primo post bladum quod invenitur in tremna [? l. ~ua] *Ib.* IX 81; **1210** (1326) quando ad molendinum nostrum venerit, prius molet post bladum inventum in ~eia *CalPat* 263; **1271** habeat libertatem molendi totum bladum ad sustentacionem familie ejusdem domus necessarium post illud bladum quod in ~io molendini invenerint *Cart. Chester* 423; libertatem molendini proximo post bladum quod erit in ~uto *Cart. Haughmond* 317.

tremibundus v. tremebundus. **tremilum** v. 2 tramellum. **tremis** v. tremissis. **tremiscere** v. tremescere. **tremiscum** v. tremesius.

tremissis [LL]

1 coin equivalent to a third part of a solidus. **b** groat.

quadrans duo minuta habet. duodecim minuta in uno ~e sunt. in uno solido tres ~es sunt *Comm. Cant. III* 5; duo ~es xxiiij minutas habent; tres ~es solidum faciunt *Comm. Cant. app.* p. 564; tremis, tertia pars solidi Osb. Glouc. *Deriv.* 590; ~is quod solidum complet *Ib.* **b** plexo .. majoris precii argenteo, quem nos sc. grossum dicimus vel ~em *Mir. Hen. VI* II 32.

2 unit of weight equivalent to one sixteenth of an ounce.

[uncia] dividitur in xvj et unaqueque dicitur ~is, scripulum habens et dimidium Thurkill *Abac.* f. 62.

tremitus [CL tremere+-tus], tremor, vibration.

vox .. a sono habundat quod ipsa generatur tantum per ~um quendam parcium quarundam in corpore animalis *Ps.*-Gros. *Gram.* 19.

tremium, tremna v. tremia. **tremodium** v. trimodia.

tremor [CL]

1 vibratory motion, quivering, quaking, tremor (also transf.).

hoc est in terra ~or Bede *NR* 232; terre ~or tam diu durat quousque retro aer ille redeat Bern. *Comm. Aen.* 8; cum sonus intonat delicacissimus / et ferit organum ictus dulcissimus, / dum tremor superest vel tenuissimus, / auris perambulat amfractus animus Walt. Wimb. *Carm.* 214; scintillatio .. est quidam ~or stelle et motus apparens Bacon *Persp.* II 3. 7.

2 (act or state of) trembling, shaking, shivering (from cold, fear, or sim.); **b** (w. ref. to Biblical phrase *cum timore et ~ore* or sim.).

gelido per ossa ~ore currente Gildas *EB* 6; sub divo frigore et ~ore contremiscebant Ord. Vit. XII 4 p. 327; ~orem gestans vel trementem quia accusando reos tremere facit eos Bern. *Comm. Aen.* 89; nec me tremor / suis quatit vicibus. / non est febris, / quod tam crebris me cremat ardoribus P. Blois *Carm.* 12. 8. 68; queritur quare fit ~or manuum. ~or quandoque contingit ex grossis humoribus, quandoque ex tenui habitudine .. qui ~or incurabilis est *Quaest. Salern.* B 303. **b** timore et ~ore anxius ad clementem Dominum suspiravit Ord. Vit. VI 10 p. 121; in timore et ~ore multo velut furtim irrepunt, metuentes sane ne forte verbum crucis audientibus stultitia fiat J. Ford *Serm.* 16. 7; muriceps .. cum timore et ~ore mortuam et semicommestam aviculam de guttere suo in terram projecit (*Moling* 22) *VSH* II 200.

3 (social) agitation, disturbance.

1373 [*quarrelsome persons cause disturbances*] ~ores [*in the ward*] *Pl. Mem. Lond.* II 157.

tremosus [cf. CL tremor, tremere], (in gl.).

drefulle .. tremosus *CathA*; *sary* .. trenosus, tremosus, trenis *Ib.*

tremua v. tremia. **tremuilum, ~ula** v. 2 tramellum.

tremulare [CL tremulus+-are], to tremble, quiver, totter.

vacillet, ~et *GlC* U 11.

tremulositas [CL tremulus+-osus+-tas], quivering, twitching, tremulousness.

palpebrarum .. adest rotunditas et oculorum instabilitas, ~as, constrictio et compressio narium Gilb. VII 340. 2.

tremulosus [LL], shaking, quivering: **a** (symptomatic of med. condition); **b** (of flow).

a blanca frigidos humores purgans valens .. paraliticis, ~is, oculorum doloribus Gilb. II 119. 2. **b** si sanguis exiens in flobotomia est spissus, viscosus, ~us Gad. 46. 2.

tremulta, ~ultura, ~ulum v. 2 tramellum.

tremulus [CL]

1 trembling, quivering, vibrating. **b** (of sound) tremulous, quavering.

~is membrorum pulsibus Gosc. *Transl. Mild.* 25; in arbore / frons tremula P. Blois *Carm.* 14. 2a. 22; si .. dicatur quod radii omnium stellarum et planetarum transeunt sic per medium ~um .. Bacon *Persp.* II 3. 7; illa species ut est in aere ~o, representat sonum, ut in aere illuminato, representat colorem Duns *Ord.* III 213. **b** quisquis canticum laudis ~a voce pronunciet Gir. *Invect.* V 15; pes quassus dictus quia voce ~a et multum mota formatur Odington 95.

2 trembling, quivering (from age, infirmity, fear, or sim., also transf.). **b** (as sb.) person affected with tremor.

~a expectatione formidamus Bede *Sam.* 704B; severitate regis audita nimis territi sunt ~ique in triduo ad regem accurrerunt Ord. Vit. XIII 37 p. 113; hunc hodie senex Symeon ~is ulnis portat Hon. *Spec. Eccl.* 851D; timidus et ~is passibus incessit Gir. *GE* II 17 p. 248; toto corpore incurvatus, tibiis pre nimia debilitate ~is *Mir. Fridesw.* 10. **b** motum etiam voluntarium sepius retardat vel penitus destruit, ut patet in ~is et paraliticis Bart. Angl. IV 5.

3 (as sb.) aspen tree.

~us, *æspe GlC* T 287; ~us, *esp WW Sup.* 282; scopa .. a multis dicitur *birch* et habet quinque folia levia sicut ~us Bart. Angl. XVII 159; ciphos .. reparant .. de acere et ~o [*gl.*: *tremblere, haspe*] Garl. *Dict.* 126; **1315** [*John committed waste .. in regard to 18 oaks, 4 ash trees .. and*] tremell' *CourtR Wakefield* III 83; corticis fraxini et arboris ~i Gad. 66. 2; hec ~us, *aspe WW.*

4 kind of bird, wagtail.

perdix, frigellus .. ~us [*gl.*: *wagsterk*] *Dieta* 56.

tremura [cf. tremare], view of frankpledge.

1234 ante libertates concessas habuit ipse circiter lx solidatas redditus pro sectis et redditum illum habuit et trenoras et [reddidit] domino regi c solidos *CurR* XV 1137; **1240** baillivus hundredi solebat facere trem' per minora intervalla quam ipse modo tenet *Ib.* XVI 1210; **1275** dicunt de thu[thin]ga de G. .. quod non respondet baillivo hundredi .. post festum S. Michaelis ad ~am prout consuevit *Hund.* I 66b; **1303** totum jus meum et clamium .. in hundredo de Ermyngton cum ~a manerii de Modbyry et aliorum maneriorum .. hundredi .. ac etiam sectis liberorum hominum .. et aliorum qui ad .. hundredum sectas debent *ChartR* 89 m. 2; **1385** de placitis et perquisitis xiij curiarum cum ~a de K. tent' ibidem hoc anno *MinAc* 827/34; **1437** decennarius .. dat de fine xviij d. pro secta sua .. relaxanda .. exceptis curiis ~e et legalibus *CourtR* 200/33 r. 2; **1437** ~a termini Hocked' tenta ibidem xv die post festum Pasche *Ib.* 200/33 r. 9; **1485** de x s. ix d. de perquisitis unius ~e ibidem tente .. et de lxxv s. de perquis' unius hundredi legal' ibidem tenti *MinAc* 974/6 r. 2d.

tremutum v. tremia. **tren-** v. et. thren-. **trencata, ~um, ~us** v. trenchata. **trencha** v. trenchum.

trenchans [AN *trenchant*], cutting edge (of blade).

1277 quod non potuit ad gorgiam suam ponere ~ntem illius ensis .. cum plata tinuit predictum H. ita fortiter per gulam quod [eum] oportebat occidere *IMisc* 35/52.

trenchata (trenc-) [AN *trenchee*, cf. et. trenchum], **~um, ~us**

1 path cut or cleared through a forest.

1219 de ~iata de longo in longum usque ad maram [cf. *Cart. Glast.* I 178: moram] que vocatur Linligh (*Perambulatio forestae de Menedep*) *Som Rec. Soc.* XLV 185.

2 trench, ditch, channel (esp. applied to mill-cut).

c**1155** cum omni trencato molendinorum *Danelaw* 119; c**1160** a fossato quod vadit a trencato grangie abbatie versus aquilonem usque ad publicam viam *Free Peasantry* 172; **1163** in molendinis, in trencatibus, in tacamentis, et in omnibus aliis assiamentis *Danelaw* 127; **1175** confirmasse in perpetuam elemosinam monachis Wirecestr' qui manent apud Calne in ~o Hereford' unam carrucatam terre *Cart. Worc.* 249; **1184** juxta trencatam per quam eorum navicula possit ire usque in Don *Rec. Templars* 256; **1199** concedimus eis truncatas a stagno usque ad flumen C. *RChart* 9a; **1226** ut faciant carragia sua per trencatam que facta est per medium maresci mei .. et maresci domini R. de B. *Ch. Chester* 290; **1232** totum glaioletum supra molendinos inter aquam et tranchetum, cum ipso trancheto facto inter campum et .. glaioletum *ChartR* 26 m. 5; **1239** habet in latitudine cum ~o .. ab exteriori latere fossati .. usque ad boscum .. octo perticas et decem pedes *E. Ch. S. Paul.* 271; **1240** fecit quandam trenchetam .. per quam naves veniunt usque Swaveton *CurR* XVI 2477; **1313** fecit .. pontem .. ultra aliud trenchetum ejusdem aque .. qui vocatur *Chanelesbrigge MonA* I 440b; **1337** diverterunt cursum aque .. per quoddam trenchetum *Gaol Del.* 1413 r. 6.

3 sharp, griping stomach pain, cramp.

tortiones ventris quas vulgo trencatas [*gl.*: *trenchées*] nominant Gerv. Tilb. II 4.

trenchea v. trenchum.

trencheator [cf. AN *trencher*], one who carves meat at table.

1439 fideli militi nostro Johanni Beauchamp uni ~eatorum nostrorum *Cl* 289 m. 18; **1486** capitalem ~iatorem *CalPat* 59; **1497** J. de C. scutifer, ~iator, marescallus hospitiorum ejusdem archiducis *Foed.* XII 655; **1553** damus Roberto Dudley militi .. privatae camerae nostrae, officium capitalis ~iatoris. .. ipsum .. capitalem ~eatorem nostrum facimus *Ib.* XV 327.

trencheia v. trenchum. **trenchera, ~um** v. trenchorum. **trencheta, ~um** v. trenchata. **trencheya, ~ia** v. trenchum. **trenchiata** v. trenchata. **trenchiator** v. trencheator. **trenchorium** v. trenchorius.

trenchorius [cf. trenchorum], of or serving as a trencher. **b** (as sb.) trencher, wooden board or slice of bread used for cutting on or as a plate.

c**1300** cum unicus panis ~erius soli subpriori .. deputabatur. .. preter preditum unum panem ~erium .. sex alii consimiles panes ~erii pro servicio tocius conventus *MonA* III 230a. **b** s**1318** ordinavit [prior] .. per conventum utilia multipliciter et honesta, sicut ~oria in refectorio .. et alia commendanda tam in mensa pro comestione quam post refeccionem *Chr. Angl. Peterb.* 161.

trenchorum [AN, ME *trenchour*]

1 trencher, wooden board or slice of bread used for cutting on or as a plate.

preter panem pro scinditoriis, id est ~uris *Cust. Cant.* I160; **1407** pro ferculis xxxvij panes, ~eris iiij *Househ. Ac.* 269.

2 (understood as): **a** path cut or cleared through forest. **b** trench, ditch, channel. *Cf. trenchum.*

a **1282** usque ad ~eram illam que est inter Bleytheswyke et boscum de Flexleye *TR Forest Proc.* 31 m. 12. **b** **1330** quieti de .. fossatorum et ~erarum *PQW* 583a.

trenchum, ~a [AN, ME *trench(e)*], **~ea, ~ia** [cf. et. trenchata, AN *trenchee*]

1 path cut through a forest, clearing.

1207 quod fieri faciatis ~eas in boscis *Cl* 85b; **1218** concessimus .. quod possit claudere quandam partem bosci .. et quod prosternat omnes quercus in duabus ~eis vicinis eidem bosco, ad divisas faciendas inter boscum et parcum *Pat* 135; **1231** habere faciat .. hominibus Salopie in haia regis .. in diversis locis per ~eias, palum et closturam .. ad hirucones circa villam S. faciendas ad ipsam villam claudendam *Cl* 508; **1272** abciderunt capud unius dami et posuerunt illud super pelum in medio cujusdam ~e que vocatur *Harleruding SelPlForest* 39; **1281** in bosco illo ~eyas facere possit *Cart. Glouc.* II 183; **1358** tot arbores quot pro factura quatuor logeorum in [Nova] foresta .. et quatuor ~arum in bosco nostro ibidem de novo .. faciend' sufficere poterunt *Cl* 196 m. 8.

2 trench, ditch, channel.

c**1137** concessi eis facere unam ~eam in mora de H. ad campos suos salvandos, qui nimia aqua sepe periclitabantur *Cart. Tutbury* 62; **1192** nec ladas nec ~eias ulterius facient ibi [in marisco illo] *Cart. Rams.* I 166; c**1200** ad mare per aquam de Itchyn per trancheam quam .. episcopus fieri fecit *MonA* I 213a; **1278** si aqua .. duceretur sub muro ville .. non erit ad dampnum ejusdem muri .. dum tamen .. fratres reficiant seu adimplent illam ~am (*IAQD*) *Mon. Francisc.* II *app.* 286; ?**1285** de operationibus castellorum et pontium et vivariorum et fossatorum et transcheiarum (*Lit. Regis*) *DuC* s. v. transcheia; fecit .. fieri ibi ~iam inter hagam et boscum de Gatesheved *Feod. Durh.* 300; quieti de .. operationibus .. vivariorum, fossatorum, trechearum *PQW* 55b; **1398** licet .. in eadem mora .. mineaverint et quandam ~eam ibidem .. foderint *Pat* 304 m. 29d; **1419** inter tenementum W. L. ex parte australi et communem ~am currentem subter pontem ibidem ex parte boreali *Reg. Cant.* II 139.

3 cut piece, length (of cloth).

c**1170** dedit mihi idem Bartholomeus unum pannum et xx s. et Henrico filio meo unam ~am de scarleta *E. Ch. S. Paul.* 134; ~ea panni, ob. *Chain Bk. Dublin* 128; **1338** [*rendering to him yearly*] unam ~eam [*of scarlet, price one mark*] *Cal. IPM* VIII 112; **1338** unam †treuch' [MS: trench'] de scarleto *CalPat* 149.

trenchurum v. trenchorum.

trenda [cf. ME *trenda* < AS *trinda*], round lump, ball (in quot. of wax).

1392 v ~e cere *IMisc* 251/5; **1393** una ~a cere [inventa] apud les Downes et .. octo ~e cere ibidem .. de bonis .. nuper in quadam navi .. maritima tempestate confracta contentis *Cl* 235 m. 24.

trendella v. trendellus.

trendellus, ~ella [ME *trendel*]

1 circular or cylindrical component of a mechanical device, wheel, roller, drum, pulley, or sim; **b** (in mill); **c** (in windlass or crane).

1346 in pol. pro predicta campana pendente et trendel' pro eisdem ponder' *Sacr. Ely* II 138; **1391** in tryndallo pro j porta infra cymiterium, iij d. *Mem. Ripon* III 106. **b** **1267** in ij trandlis ad molendinum emptis, v d. in dictis trandlis proprio ferro ligandis, iij d. (*Chilbolton*) *Ac. Man. Wint.*; **1273** in ij ~elis ad *cogwegel* (*Ac. Meopham*) *DCCant.*; **1287** in trandallis religandis cum circulis ligneis (*Ac. Meopham*) *Ib.*; **1287** in tredello ejusdem molendini faciendo cum transtevis emptis (*Ac. Cliffe*) *Ib.*; **1287** W. de H. .. cepit molendinum .. ad firmam ... allocatur eidem xij d. pro ~ell', *ronges, cogges CourtR Ramsey* 272; **1287** in ij ~ulis emptis ad molendinum *MinAc* 997/4; **1302** in j pari ~ellorum empto ad molendinum iiij velar', v d. *Ib.* 997/13; **1306** ad ~las molendini ligandas *Ib.* 935/19; **1314** in vinculis faciendis de ferro domini ad ~ellos duorum molendinorum vj d. *Rec. Elton* 231; **1316** in ij ~ellis de novo emptis ad molendinum *MinAc* 1132/13 B 6*d.*; **1341** custus molendini: et in j pari trandell' cum ferro ligat' empt' viij d. *Ib.* 1120/11 r. 5; **1343** in j pari de trindelis emp., ij *milnyrenes*, ij *spindels* .. pro molend' *Ac. Durh.* 543. **c** **1317** ij poleis ferreis cum ij ~ellis eneis emptis *Fabr. Exon.* 88; **1329** pro .. duobus cavillis ferreis .. emptis pro hauka ejusdem verne, super quibus cavillis verti seu girari habent ~elli *KR Ac* 467/7 (1); **1332** mandatum est .. nuper clerico operacionum regis in palacio .. et turri London' quod de ~ellis ereis qui in custodiam existunt in turri predicta liberari facere W. de W. nunc clerico .. unum par magnorum ~ellorum *LTR Mem* 105 m. 109; **1333** pro ij paribus ~ellorum eneorum emptis pro ij vernis, ponderantibus in toto lviij li. *KR Ac* 469/12 m. 18; **1385** pro ~ell' eneis factis pro crana predicta *Ib.* 473/2 m. 8; c**1400** in iiij poleis xvij ~ell' cum clavis ligneis emptis (*KR Ac*) *Sea Terms* II 12.

2 ? rounded bowl or platter.

1472 item lego .. unum *kywe* cum ij trendill' *Wills Dublin* 48.

trendelus, ~illus, ~la v. trendellus.

trendstavum [ME *trendel*+*staf*], bar, rod or spindle of trundle wheel.

1274 in coggis et ~is ad idem xiij d. (*Ac. Milton*) *DCCant.*; **1285** in calcaribus et trandstevis xij d. (*Ac. Adisham*) *Ib.*; **1288** in *kogges* et transtevis emptis ad dictum molendinum (*Ac. Cliffe*) *Ib.*; **1293** in coggis et transtavis emptis ad molendinum aquaticum (*Ac. Cliffe*) *Ib.*; **1294** in strenstavis ad molend' aquaticum emptis, j d. ob. *MinAc* 999/14; **1302** custus molend'. .. in ~is emptis, viij d. in iij ligaminibus ferreis emptis ad trendell' ligand', x d. *Ib.* 840/11.

trendulus v. trendellus. **trenetice** v. threnetice. **trenga** v. traga. **treniga, ~inga** v. trithingum. **trenis** v. threnis. **trenora** v. tremura. **trenosus** v. threnosus.

trenta, part of stone tracery.

1366 pro iiij formis et iiij ~is libere petre scapulandis .. pro ij ~is de hujusmodi petra scapulandis et preparandis ad ij fenestras pro gabul' ecclesie, dando pro pecia xij s. .. pro xxxij pedibus libere petre vocate jambe et ~e *KR Ac* 483/23 m. 5.

trentale [AN *trental* < CL triginta+-alis; cf. LL tricennalis], (also w. *missarum*) series of thirty (requiem) masses, trental, (also) payment for such masses; **b** (said throughout the year after a death).

1216 obventionibus .. de confessionibus, ~alibus, et annualibus *Reg. Linc.* I 138; **1329** ordinavit .. quod predictus sacerdos ~ale celebret diebus et temporibus statutis cum collectis ad hoc deputatis *Kelso* 485; **1406** quam summam [140 li.] remiserunt .. ita quod communitas .. celebrari faciat tria ~alia missarum pro animabus dominorum regum Scocie *ExchScot* 22; **1406** lego .. iv ~ella iv sacerdotibus *Reg. Exon.* I f. 309b; **1423** lego domino rectori ecclesie de Fyshede j ~alium *Reg. Cant.* II 262; **1429** item, lego fratribus minoribus de Kerdeff unum ~ale *EHR* XVIII 316; **1430** lego x s. .. ad celebrandum unum ~ale pro anima mea *Test. Ebor.* II 4; **1454** percipiunt partem distributionum anniversariorum et ~alium capellanis *Reg. Aberd.* I 268. **b** **1414** pro iij *Seintgregory* ~allibus celebraturis *Reg. Cant.* II 12; **1416** lego competens salarium pro uno ~ali celebrando pro anima mea vocato in vulgari *St. Gregoris trental Ib.* II 91; faciant celebrari quam cicius potuerint unum trinitale secundum constitutionem Sancti Gregorii pro anima predicti Johannis (*Catal. Librorum*) *Collect. Francisc.* I 129.

trentalium, ~alle, ~ellum v. trentale.

trentenarium [cf. OF *trentaine*], series of thirty (requiem) masses, trental, (also) payment for such masses. *V. et. trentale, tricenarius.*

c**1250** de fratribus defunctis et eorum ~io. .. de omnibus fratribus viam universe carnis ingredientibus, triginta diebus misse pro ejus anima cantentur *MonA* VI 792.

trenus v. threnus. **trepa** v. trappa.

trepanum [AN *trepan, trepanum* < τρύπανον], surgical borer or drill, trepan.

cutem .. a craneo separamus et cum subtili ~o perforamus et sagittam extrahimus Gilb. II 88v. 1; oportet cum ~o foramina facere in craneo .. et est operatio cum ~o sicut operantur illi qui lapides perforant cum quibus cooperitur domus Gad. 124v. 1.

treparium, ~erium v. triparium. **trepget** v. trebuchettum. **trepha** v. trefah.

†trepica, *f. l.*

†trepica [l. crepida], i. ocrea, *a boot WW.*

trepidanter [CL], in a frightened manner, fearfully, anxiously.

revertens in semet ipsum quod ex hominis persona ~er rennuerat ex Dei filii potestate confirmat, verum tamen non mea voluntas sed tua fiat [cf. Jer. *Matt.* 198B] Bede *Luke* 602D.

trepidare [CL]

1 to be fearful or anxious. **b** (trans.) to fear, to be apprehensive of. **c** (w. inf.) to fear or be nervous (to). **d** (w. *ne*) to fear (that).

trepidans .. turba Aldh. *CE* 4. 6. 11; sperantes minus animos militum ~are .. praesente duce .. eximio posse fugam meditari Bede *HE* III 18; confugiunt ~antia agmina Gosc. *Transl. Mild.* 5 p. 160; non .. ~andum vobis est ubi timor non est Gir. *TH* II 19; si propugnacula celestia superedificentur ei [sc. muro] .. a quo ~abimus? [*Psalm.* xxvi 1] J. Ford *Serm.* 113. 4; plurimum timendum est nobis ubi ~are videmus columnam fortissimam ecclesie [sc. Paulum] P. Blois *Ep. Sup.* 56. 7. **b** denique non trepidat fretus caelestibus armis / saevos beluarum rictus Aldh. *Virg V* 361. **c** quem quamvis monachi ~assent suscipere quod esset clericus, nichil tamen penitendum fecit W. Malm. *GP* II 73; nos certos faciunt quod veram esse fidem crederent .. pro qua mori non ~arent Bald. Cant. *Commend. Fid.* 619; ~ant illuc ire. tunc ille, 'ne timeant' *Canon. G. Sempr.* f. 108. **d** trepidat ne forsan mobilis aetas / praecipitem pravae retrahat per competa sectae Frith. 238; ~abant .. quasi pro judiciali probamento .. ne .. Gosc. *Lib. Mild.* 26; cum .. carnifices ~arent ne cives exciti preceptum regis impedirent Ord. Vit. IV 14 p. 267.

2 to be uncertain, waver.

nutaret, ~aret *GlC* N 201.

trepidatio [CL], fearfulness.

super se non solum rupes circumdatas sed etiam ipsam caeli machinam contremescunt, ~onique injectae vix sufficere pedum pernicitas credebatur Bede *HE* I 20; nec in vultu .. nec in gestu ullum parebat ~onis vestigium H. Bos. *Thom.* VI 1; pene gehennalis ~o Ad. Scot *TT* 771C; tertium .. quod me ab isto scribendi studio dubia ~one revocat .. est librorum astrologie .. onerosa multitudo Ashenden *AM* f. 2ra.

trepide [CL], in a frightened manner, fearfully, anxiously.

~e ad priorem .. ac spectabiliores seniores venit Gosc. *Lib. Mild.* 20; calamus .. tardius et ~ius figitur, eo quidem ~ius quo quis ab aliis non a se audita vel visa magis hesitans refert H. Bos. *Thom.* V 10; ad alteram statim ripe partem non ~e, non timide, sed audacter magis ac temerarie transpenetravit Gir. *EH* II 7.

trepiditas [CL trepidus+-tas], state of alarm, perturbation.

taliter intendatis quod propter ~atem vestram .. querela ad nos non perveniat iterata *MunAcOx* 785.

trepidus [CL], alarmed, fearful, frightened.

terreo cornipedum nunc velox agmen equorum / qui trepidi fugiunt ALDH. *Aen.* 99 (*Camellus*) 6; cum .. de supernis judiciis ~i aliqua confabulari coepissent BEDE *HE* V 19; sicut .. damula canes latrantes, venatores insequentes trepida fugit et pavida (AILR. *Serm.*) *CC cont. med.* IID 97; mentes .. ~as roborate P. BLOIS *Ep.* 69. 216B.

trepos v. tripes, tripus. **treppa** v. trappa. **trepud-** v. tripud-. **trepugetum** v. trebuchettum.

tres [CL], three.

ac si fortissimo penurii clustello tribus annis sexque mensibus obseratos GILDAS *EB* 71; alii dicunt tria sata esse tres modios *Comm. Cant. I* 108; de his qui tria capita habent *Lib. Monstr.* I 34; puer trium circiter non amplius annorum BEDE *HE* IV 8 p. 220; c**798** alii .. trinam volentes facere mersionem et in unaquaque mersione invocationem sanctae Trinitatis: ac per hoc totas tres personas ter nominare studentes ALCUIN *Ep.* 139; in tres annos, tres menses, tres septimanas, tres dies, tres horas W. NEWB. *HA* IV 29 p. 378; hoc genus in tris species a grammaticis diducitur LINACRE *Emend. Lat.* f. xlii.

tresantia [ME *tresaunce*], passage in or through building, covered walkway, tresance; **b** (as part of cloister); **c** (as part of fish-weir).

1141 recepit .. bonam hallam et cameram et j trisantam et j appendicium ad hallam *Dom. S. Paul.* 136; **1239** in .. hostiis tresencie camere regis et emendacione fenestrarum camere ejusdem *KR Mem* 18 m. 14; **1251** ~am inter aulam et thalamum .. lambruscari et desuper texari *RL* II 66; **1254** tresencia inter coquinam et aulam minatur ruinam *CalIMisc* 205; **1277** computat in coquina tegulanda cum una ~a intra coquinam et aulam de novo levanda et cooperienda, xxij s. ix d. *Banstead* 313; **1282** in factura j guttere inter cameram com' et tresanc' *MinAc* 935/9; **1311** cuidam cohoperienti super tresenciam, bover' et stabulum *Ib.* 875/7; **1360** una ~ia inter aulam et coquinam *IMisc* 182/12; *tresaunce in an hows*, tracessentia *PP.* **b** in australi trisancia claustri *Ord. Vit.* 90; tresencia quoque claustri, que vocatur 'Custodia' .. usque ad summitatem murorum est erecta; et non multo post tresencia magna, eodem cooperante, simili modo levata *G. S. Alb.* II 362; ut singuli guardiani in tresenciis suis debitam .. curam adhibeant circa ostiorum clausuras AMUND. I 109. **c 1261** avallatio anguillarum aque .. cum coopertorio trescente *Rent Surv. R* 730 r. 6(1).

trescellus v. trestellus. **trescenta** v. tresantia. **trescenti, ~um** v. trecenti. **trescoria** v. tressorium. **tresdecem, ~im** v. tredecim.

tresellus, sort of wine cask.

1237 pro xj tresell' et xx dupulariis vini Francie *Pipe* 81 r. 15; **1240** xl s. pro ij tresell' vini Gallici de prisa *Liberate* 14 m. 21.

tresencia, ~tia v. tresantia. **treserarius** v. tresorarius.

tresorarius [AN *tresorer*, ME *tresourer*], treasurer.

1283 treserario [*of St. Paul's*] *CatAncD* VI C 5882.

tresoria [AN *tresorie*, ME *tresourie*], treasury.

quidam liber in ~ia regis, qui vocatur Anglice *Domusday G. S. Alb.* II 158.

tresorium, (in gl., understood as) utensil for skimming (the surface of a liquid or sim.).

hoc ~ium, *scomure WW.*

trespassagium [cf. AN *trespas*], violation of the law, trespass.

1199 carta illa loquitur de legalitate et de ~io conventus *CurR* 85.

trespassum [AN *trespas*], violation of the law, trespass.

1322 est ibi curia baronis tenenda .. in qua quilibet ~us supra quam [*sic*] pax domini et baillivorum poterit infringi potest placitari ad sectum baillivorum domini et ad sectum partis (*Inq. Lanc.*) *EHR* XLI 33.

tressar' v. tressorium. **tressellus** v. trestellus.

tressis [CL]

1 sum of three asses; **b** (as trivial amount).

ut .. item ~is, quartis .. quasi tres asses, quattuor asses proferant BEDE *TR* 4. **b** ut tressis agaso /

possit ab ingrata pellere quemque domo J. SAL. *Enth. Pol.* 1703 (cf. Persius 5. 76).

2 a three halfpence. **b** a third of a halfpenny.

a ~is, -is, tres obolos valens OSB. GLOUC. *Deriv.* 580; *threhalpenys*, trissis *CathA.* **b** *the thryd parte of a halpeny*, trissis *CathA.*

tressorium, ~ia [AN, ME *tressour, tressure*]

1 tress, lock of hair.

eorum .. interest virgatam a meretricibus communibus protegere .. . si [*meretrices*] tercio invente fuerint, considerabitur quod amputentur eis ~oria et quod tondentur *Fleta* 69.

2 decorative head-band or hair net, head-dress.

1290 pro iiij trescoriis et iij capellis precii xxvij s.; et j trescoria et j capello precii x s. *Househ. Eleanor* 102; **1290** pro .. emendacione garl' et tressar' et una libra de serico tule empta ad opus ejusdem domine Margarete (*AcWardr*) *Chanc. Misc.* 4/5 f. 2; **1290** eidem [*aurifabro*] pro factura et opere unius tressor' chevet' facto de dicto auro cum amaraudis et perlis *Ib.* 4/5 f. 49v.

trestallus v. trestellus.

trestellus, ~um, ~a [AN, ME *trestel*], trestle (as support for table).

c**1160** una tabula cum trestlis *Dom. S. Paul.* 131; c**1224** vj tabulas cum tressell' *Chanc. Misc.* 10/13/2; **1244** posuit quandam tabellam super pectus ejus et cepit quandam trestregam et percussit super tabellam *JustIt* 201 m. 5; in hospitio probi hominis debent esse .. tripodes alti, ~i fortes GARL. *Dict.* 132; **1282** unam mensam cum tristell' *Cart. Osney* I 411; **1285** Walterum .. quodam ~o .. percussit *IMisc* 44/40; **1290** fecerunt purpresturam super regem in civitate Cantuar' ponendo scabella, formulas, et claias super ~os in solo regis *Cl* 66 m. 5; mensas et ~a providere *Fleta* 79; ij mense mobiles .. iij formule, tria paria ~orum, j bancarium *FormMan* 21; c**1300** in qua poterunt comedere cum mensis et trestulis *Reg. Aberbr.* I 276; **1322** in aula j mensam cum trescellis *Rec. Leic.* I 378; **1350** in aula: .. ij mense cum j pare trestillorum et iiij formella et j alia mensa *Rec. Elton* 386; **1374** in stipend' iiij carpentariorum .. faciencium ~os et superponencium tabulas in aula *DL MinAc* 507/8227 m. 1; **1377** tres tabule mensales cum duobus paribus trestallorum *IMisc* 212 (8); **1392** trium tabularum mensalium cum uno pari tristallorum *Pat* 334 m. 30; c**1417** [*2 pairs of trestles*] ~ularum *Reg. Exon.* VIII 318; **1449** cum j par' de trestill' *Ac. Obed. Abingd.* 126; *tristellus, a trestell WW; a tryste* [v. l. *tristylle*], tripos, tristula *CathA.*

trestillus, ~stlus v. trestellus. **trestorn-** v. transtorn-. **trestrega, ~stulus** v. trestellus.

trestum, tristum [ME *treste, triste*], trestle (as support for table).

c**1312** heres .. accipiet .. tabellam cum tristibus *Borough Cust.* II 141; **1374** j mensalis, j par de trestis formule sufficientibus *Pri. Cold.* lxxv; **1444** j tabulam cum tristis existentem in magna camera *Test. Ebor.* II 102; **1475** cum .. trestis et mensis pro apparatu aule *Reg. Aberbr.* II 174.

tresturn-, treturn- v. transtorn-. **trethengum, ~inga, ~ingium** v. trithingum. **treucha** v. trenchum.

treuga [Germ. *trewwa*, ON *trua*, AS *treowa*, ME *trewe(s)*]

1 (also pl.) truce. **b** (~*a Dei*) truce of God (applied to certain days of the year when the church forbade civil or communal violence among Christians). **c** (~*a regis*) king's peace (breach of which would lead to action on the king's behalf and a penalty).

treviis ubique datis serena pax Gallis dedit securitatis letitiam ORD. VIT. X 5 p. 26; c**1142** nec pacem nec trevias cum illis haberet *Mandeville* 381; s**1168** trigue [v. l. treguie] date TORIGNI *Chr.* 236; **1177** si forte aliquis vassallus horum regum infra istas tregas [v. l. has ~as] *G. Hen. II* I 142; **1219** super ~arum prorogacione *Pat* 206; **1237** cancellarius liberavit fratri G. litteras Lewlini de prorogatione trewgarum *Cl* 537; **1242** quod dominus ipse exspectaret finem ~arum inter eum et regem Francie initarum *SelCh* 360; **1297** nulli licebit .. habere .. trebas seu ~as cum Hybernicis ad guerram .. existentibus, nisi treba illa seu treuga

sit universalis *StatIr* I 204; preter ~arum inducias *G. Hen. V* 25; *truws, or truce of pece*, truge, -arum *PP*; *trewysse*, inducie, inficie, ~a *CathA*; ~a .. est securitas prestita personis et rebus ad tempus, discordia nondum finita UPTON 90. **b** statuit sinodus sancta ut trevia Dei firmiter custodiatur a dominica die ante caput jejunii usque ad secundam feriam .. post octabas Pentecostes ORD. VIT. IX 3 p. 470; treviam Dei sicut eam .. Urbanus papa in concilio Clarimontis tenendam constituit precipio *Ib.* XII 21 p. 381. **c** a festivitate S. Michaelis usque ad festum S. Andreae treuua [*gl.*: pax] regis erat in villa *DB* I 1ra.

2 tribute.

s**1245** procuratores regis .. allegaverunt .. pro rege quod nullam Pape solvere debuit ~am *Ann. Dunstable* 168.

treugare [treuga+-are], to negotiate a truce.

trevulgo, to shewe trewys or tretys WW; nobilitas regia .. allecta cum .. duce ~are, foedus inivit *Ps.*-ELMH. *Hen. V* 50.

treugarius [treuga+-arius], one who negotiates a truce. **b** one who pays tribute (as the price of peace).

trews taker, ~ius CathA. **b** ejus ~ius fuit Gulak [*i. e.* Guichtlacus] rex Danubie W. COVENTR. I 6 (cf. G. MON. III 4).

treumia v. tremia. **treutinare** v. trutinare. **treuua, trevia** v. treuga. **trevucetum** v. trebuchettum. **trevulgare** v. treugare. **trewga** v. treuga. **treya** v. treia. **treylicium** v. trellicium. **treynellum** v. trainellum. **treyta** v. traita.

triabilis [triare+-bilis], that is subject to judicial examination.

si nullam acquietanciam .. nec aliquod aliud .. in exoneracionem dictarum novem librarum .. forefactum seu ~e .. allegemus *FormA* 333; **1573** nisi causa illa ~is emerserit sive oriatur infra precinctum burgi sive ville predicte *Pat* 1095 m. 14.

triacum v. theriacus.

1 trialis [CL tres+-alis], who holds three benefices.

1577 Richard Arthur, ~is *HMC Delisle and Dudley* II 73.

2 trialis v. trisceles.

trialitas [trialis+-tas], condition of or dispensation for holding three benefices.

1511 exhibuit collationem sue prebende in hoc collegio de Wingham et ~atem *MS Lambeth Palace Reg. Warham* 1 f. 37v.

triallis v. thryallis.

trialogius, of the Trialogus (work by Wycliffe). **b** (as sb.) the Trialogus.

1396 opiniones hereticas .. scriptas in quibusdam libris sive libellis triologiis .. quos libros Johannes Wycliff .. compilavit *Conc.* III 229b. **b** set utinam vellent credere quod doctor evangelicus dicit in suo triologio, quod 'panis materialis est habitudinaliter corpus Christi' *Concl. Loll.* XII 4 p. 298.

trialogus, Trialogus (title of work by Wycliffe).

ut ostendit doctor Willemus Wudforth in libro contra ~um Wycliffe i. e. contra xviij conclusiones .. extractas a ~o .. dampnatas GASCOIGNE *Loci* 6.

triamita v. tritamita.

triangularis [CL], triangular, that has the shape of a triangle.

dum nos procuras provehi, / triangularis clipei / redigeris in scemate J. HOWD. *Cyth.* 79. 5; octo basium ~ium BACON *Tert.* 139; Plato dicit planities, i. e. superficies indivisibiles, sc. ~es, esse principia rerum T. SUTTON *Gen. & Corrupt.* 79; omnis nota preter simplam in predicta figura ~e puncto carens .. imperfecta est TORKESEY 58; Turci, quorum .. sagitte facte ~es ad modum spiculorum S. SIM. *Itin.* 53.

triangularitas [CL triangularis+-tas], quality of having three (in quot., equal) angles, triangularity.

ut ~as dicit triangulum habere tres angulos equales WYCL. *Trin.* 74.

triangulariter [CL triangularis+-ter], in the shape of a triangle.

si figuratur spherice, sphericam figuram inprimere non potest; similiter si figuraretur ~iter *Ps.*-Gros. *Gram.* 19.

triangulatim [CL triangulus+-atim], in the shape of a triangle.

si ipse tres corone ~im ponantur in scuto non est dubium quin sufficiat dicere isto modo Gallice .. Bad. Aur. 142.

triangulatio [cf. CL triangulus], triangular shape.

forme .. duobus modis dicuntur. alie .. solum corporis ostendunt terminum ut ~o vel rotunditas vel quelibet alia figura in lapide, que ad nichil aliud valent nisi quod ipsius corporis figuram efficiunt Petrus *Dial.* 22; ~o et omnis reliqua figuratio que superficiei et corpori assignantur Bacon *Maj.* I 102.

triangulatus [CL triangulus+-atus], triangular, that has the shape of a triangle.

angulus quoque componitur triangulus, unde ~us, ~a, ~um Osb. Glouc. *Deriv.* 16; contra sciaticam fiant tria cauteria supra sciam et ad nodum vel fiat cauterium ~um Gilb. VII 360v. 2 (cf. ib. VII 315v. 1: fiat cauterium tripunctale); **1315** annulus j parvus cum smaragdine ~o *Invent. Ch. Ch.* 71.

triangulum v. triangulus.

triangulus [CL]

1 triangular, that has the shape of a triangle. **b** (as sb.) triangle.

quomodo superficiem ~am equalium laterum super lineam rectam assignate quantitatis faciamus Adel. *Elem.* I 1; prima [sc. littera] triangula sit, tripedem prepone rotunde / et converte! scies quis sit mihi morbus et unde [i. e. 'amo'] Neckam *Poems* 127; crux salvatoris est clava triangula Garl. *Tri. Eccl.* 129; **1333** in circulo ~o *Reg. Aberbr.* II 13. **b** figurarum trilaterarum alia est ~us tria habens equalia latera, alia ~us duo habens equalia, alia est ~us trium inequalium laterum Adel. *Elem.* I *def.* 21; ~us .. habet tres angulos equales duobus rectis J. Blund *An.* 317; ysosceles et ysopleuros sunt una figura, non tamen sunt unus ~us Lutterell *Occam* 70; in figura ~i Torkesey 59; **1446** tenet unam parcellam terre ad modum ~i *Feod. Durh.* 178.

2 vestment chest.

1222 vj arche, preter ~um *Reg. S. Osm.* II 136; collector habeat custodiam ~i, ubi jocalia et vestimenta .. reponuntur Wych 277; **1396** in ~o in ecclesia. vestimentum unum principale album auro contextum *Meaux* III lxxx (cf. ib.: in armario in ecclesia. vestimentum unum ..)

triarcha [τρίαρχος], (in gl.).

triumvir .. i. ille qui habet potestatem super tres viros, quod etiam tritarcha dicitur Osb. Glouc. *Deriv.* 580.

triare [AN *trier*]

1 to separate out for or on the basis of assessment.

1357 nec aliquis alius manum ad piscem infra navem existentem pro pisce illa ~anda vel eligenda .. apponat *Pat* 252 m. 17*d.*; cum totum dictum *greene woad* per trabem .. regis .. ~atum aut aliter cognitum fuerit *Entries* 409vb.

2 to assess or examine the suitability of: **a** (person for mil. service); **b** (leg., member of jury); **c** (coinage).

a 1333 assignavimus ipsum custodem Marchie .. comitatus Cumbrie .. ad faciendum omnia .. que pro defensione dicte Marchie .. poterunt pertinere necnon ad ~andum et eligendum omnes homines defensabiles *RScot* 228b; **1334** et sagittarios ~aretis quos per certas personas de vobis predicti electores et triatores usque Rokesburgh duci ordinavimus *Ib.* 308a; **1338** injungentes quod centum homines Wallenses .. eligatis, ~etis, et arraietis *Foed.* V 7; **1342** ad cc homines Wallenses sagittarios .. de melioribus .. eligendum et traiandum *Ib.* V 308a; **1404** assignavimus vos ad arraiand' et triand' omnes .. homines ad arma ac homines armatos et sagittarios in comitatu predicto *RParl* III 527a. **b 1292** [xij] juratores ad hoc electi et ~ati *PQW* 387b; c**1300** nominibus lectis, J. pro-

posuit suas excepciones erga plures, que triebantur per residuos de duodecim *Year Bk.* 30 & 31 *Ed. I app.* 528; **1369** juratores ad hoc electi, ~ati, et jurati dicunt super sacramentum suum quod .. *SelCCoron* 121; **1452** xxiv juratores .. ad veritatem de premissis dicendam electi, ~ati, et jurati *Cart. Boarstall* 604; duodecim proborum virorum .. qui, ad veritatem inde dicendam electi, ~ati, et jurati *Reg. Whet.* I 209. **c 1248** serjantiam fundendi et ~andi monetam *Fees* 1418; **1250** ad recipiendum et narrandum et ad tricandum denarios domini regis *Ib.* 1194; cum illa [statera] ~avit xx s. in denariis antiquis ponderis maximi Thorne 2068.

3 (leg.) to try (case, issue, plea, person).

1330 nolumus .. quod libertates quas eadem mater nostra [Isabella regina] in terris .. habet ad communem legem calumpnientur seu ~entur *PQW* 609b; s**1344** quod super hoc justiciarii non habeant commissionem nec potestatem ad ~andum, per inquisicionem vel alio modo, bigamiam, sed mittatur curie Christiane Wals. *YN* 283; **1391** defendens in hoc casu ad duellum minime recipiatur, ymmo rei veritas per inquisicionem patrie ~etur *StatIr* I 496; **1421** si .. aliquis accusatus .. pro aliqua ffelonia infra libertates burgi nostri debet ~ari et terminari *Cart. Glam.* II 92; omnes isti [qui .. per recia nimis stricta in grossis rivis destruunt salmunculos] .. finem facient secundum discrecionem admiralli, nisi per patriam inde ~ari se obtulerint *BBAdm* I 225; **1583** ubi exitus .. ~ari non potest *Pat* 1236 m. 35.

triarius [CL], class of foot-soldier.

militia eorum constat ex equitibus, ~iis quos galeglasios appellant, qui securibus utuntur acutissimis Camd. *Br.* 791.

trias [CL < τριάς], the number three or a group of three (in quot. w. ref. to the Trinity).

fratrem bajolare volentes / ad triadis nova tecta suum Wulf. *Swith.* I 664.

triasandali [? CL trias sandali], sort of electuary made from (powder of) three types of sandalwood.

si videantur abundare humores acuti .. utatur diapedion, ~lis, zuccaro rosaceo vel violaceo *Quaest. Salern.* L 2; electuaria competentia in hac egritudine sunt .. dyapenidion, triasand', dyaprunis Gilb. I 17v. 2; **1265** ~li v lib. dim. .. prec. lib. x d. (*KR Ac*) *Nott. Med. Stud.* III 41; **1286** pro electuariis. .. pro factura xvij librarum de ~li de propria zukara regis, viij s. vj d. *Rec. Wardr.* 552; electuaria que hic valent sunt ~li cum rosata novella; set si colera sit intra, tunc plus debet dari de ~lis vel diarodon Gad. 15. 2.

triatericus v. trietericus.   **triateris** v. trieteris. **triaterius, ~therica, ~thericus** v. trietericus.

triatio [triare+-tio]

1 assessment of suitability: **a** (for mil. service); **b** (for jury service).

a 1334 homines ad arma .. quos ad triand' vos nuper assignavimus ... mittemus .. aliquos fideles nostros ad arraiacionem et ~onem hominum .. supervidend' *RScot* 283a. **b 1462** neque ullus eorum juretur seu oneretur super ~one arraiamenti alicujus assise sive panelli *ChartR* 193 m. 4.

2 (leg.) trial.

1330 libertates .. absque calumpnia seu ~one inde facienda plene allocari .. faciatis *PQW* 609b; **1437** potestatem .. acciones illas per juratas mercatorum .. triandi vel, hujus modi ~one non habita, per examinaciones .. ipsarum parcium .. adjudicandi *Law Merch.* III 119; eligant viam meliorem .. pro ~one in scaccario .. regis utrum inhabitatores de Bouthom solvere teneantur .. et pro hujusmodi ~one facienda promiserunt major et probi homines .. quod cives nostri Ebor' erunt contributorii pro expensis .. faciendis *Mem. York* II 73.

triator [triare+-tor]

1 assessor of suitability: **a** (for mil. service); **b** (of coinage).

a 1334 et sagittarios triaretis quos per certas personas de vobis predicti electores et ~es usque Rokesburgh duci ordinavimus *RScot* 308a; **1536** araiator seu ~or hominum ad arma *Pat* 668 m. 24. **b 1292** numeratoribus et ~oribus Turris London' de gracia thesaurarii .. dim. m. (*Exch. Jornalia*) MS PRO E *405/1/1* m. 2.

2 (leg.) trier, one who tries (case, issue, plea). **b** member of a presentment jury.

1387 calumpnia per ~ores jurate comperta est vera *Pub. Works* I 50. **b 1332** ~ores ejusdem insule presentant quod J. des Roches nuper custos insule .. per potestatem .. officii sui retinuit quosdam homines ad arma *JustIt* 1166 r. 14.

3 one appointed to deal with petitions submitted to parliament.

1425 assignati fuerunt quidam receptores et ~ores peticionum in eodem Parliamento exhibendarum *RParl* IV 261b.

triav- v. tritav-.   **tribata** v. tubrucus.

†**tribatum**, *f. l.*

a**1250** pistor .. habeat .. panem bultatum, †tribatum [l. cribratum], saclatum, sive temesatum (*Nominale*) *Neues Archiv* IV 341.

tribbulum v. 1 tribulum.   **tribechetum, ~begettum, ~bigettum** v. trebuchettum.   **tribolus** v. 2 tribulus.   **tribraca, ~cca** v. tubrucus.   **tribrachis, ~us** v. tribrachys.

tribrachys [CL], **~us** [LL], (metr.) tribrach.

hi sunt tribrachi, ex tribus brevibus Graece sic nuncupati Aldh. *PR* 117; tribrachys ex tribus brevibus, temporum trium, ut 'macula' Bede *AM* 108; ~im Bonif. *Met.* 109; cum .. in elevatione brevis et in depositione due breves fuerint, ~us dicitur Odington 90; primus sexti imperfectus sic .. sicut ~us *Ib.* 135.

tribrica v. tubrucus.

tribualiter [CL tribus+-alis+-ter], by reason of one's tribe, family, or lineage.

uxor .. ejus avara .. que de Bassatensibus .. originem duxerat et inde ~iter inflata M. Par. *Maj.* V 213; vane gloriantes et ~iter inflati *Ib.* V 367; idem .. abbas minus quam deceret .. discretus, ac ~iter inflatus .. accusatus est .. de consanguineorum suorum, quibus abundabat .. nimia ditatione *Id. Abbr.* III 310 (cf. Arist. *Soph. El.* 164a27).

1 tribuca, caper spurge (*Euphorbia lathyris*).

~a i. lacteride [*i. e.* lathyris] *Gl. Laud.* 1472.

2 tribuca v. tubrucus.

tribucetum, ~uchetta, ~uchettum v. trebuchettum. **tribuenus** v. tubicen.

tribuere [CL]

1 to grant, bestow (also absol.); **b** (w. double acc.); **c** (w. inf. or w. acc. & inf.); **d** (w. *ut* & subj.). **e** (math.) to add.

676 centum manentes .. ~ens ad construendum monasterium sanctarum virginum (*Bath*) *ASC* XIII no. 1; tertia pars ad ecclesiam ~atur vel pauperibus Theod. *Pen.* I 7. 2; tribuente Deo *Epigr. Milredi* 812; suasioni .. ~ens assensum Bede *HE* II 13 p. 112; salubre consilium michi queso ~ite Ord. Vit. VII 8 p. 190; miles multa donaria consueverat elargiri, cum jam quid ~eret non haberet *Latin Stories* 31. **b** estimo quod prolixitas scriptur' quosdam invidos non modicum ~eret tedium (*Dieul.* f. 142v) *JRL Bull.* XIV 131. **c** qui eum [Christum] sapientia .. et gratia proficere ~it, spiritalium vobis profectuum incrementa propitius largiatur Egb. *Pont.* 59; sua pietate ~at mihi vos videre Anselm (*Ep.* 156) IV 23; exoramus ut pia vos .. religione pollentes perhenni ~at letitia gratulari W. Malm. *GP* I 35; ut Deus .. pacis dulcedine perfrui ~at *Conc.* III 3b. **d** pro cujus rei remuneratione Juppiter ei ~it ut per dies matrem dii jurantes fallere non audeant Alb. Lond. *DG* 6. 3. **e** unde x res adjecte et x res diminute seu ablate, cum prius tantum ~at quantum posterius aufert, negligunt [*sic*] Rob. Angl. (I) *Alg.* 96.

2 to proffer, offer, present.

flebile tema de sua ruina piis historiographis ad dictandum ~it Ord. Vit. IV 1 p. 162; ~e modo capud tuum, ut benedicam illud (*Aiduus* 22) *VSH* II 301; panem de folio fecit et puero ~it (*Aiduus* 25) *Ib.* II 302.

3 to pay (sum) in tax or tribute. **b** (in quot., of land) to pay or contribute tax or tribute.

de feodo unius militis integro viginti solidi tantum ~antur et leventur Fleta 198. **b 1369** multe terre dicti vicecomitatus vaste, et ideo non ~erunt ista vice *ExchScot* 334.

4 to ascribe, attribute, assign.

qui ipsis eundem sonum in fine partium ~unt quem prime habere possunt Abbo *QG* 9 (21); set nil sibi tribuebat, / Deo totum ascribebat, / remota superbia (*Fechinus* 22) *VSH* II 85.

5 (in gl.).

sanciri, ~i *GlC* S 8; sortiunt, ~unt *Ib.* S 425.

tribulagium [CL tribulum+-agium], shovel-tax (paid by tin-worker bringing metal to smelter).

1297 perquisita stagnariorum. .. de vj s. viij d. de trublagio hoc anno *Ac. Cornw* 249; **1301** idem computat .. de vij s. de quadam consuetudine que vocatur trubilagium ibidem hoc anno, viz. de quolibet portante trubilam ibidem, obolum; .. de trubilagio ibidem nichill [*sic*], quia stagminatores non operantur ibidem *Rec. Stan.* 46; **1339** de xx s. receptis de quadam consuetudine vocata ~ium per annum, viz. de quolibet homine operanti cum tribula infra limites ejusdem stannarie, ob. *MinAc* 816/11 m. 12; **1362** respondet .. de xviij d. de ~io xxxvj hominum, viz. de quolibet homine operante cum tribulo obolum in hundredo de Pydr' *Rec. Stan.* 47; **1537** concedimus eidem .. ~ium nostrum sive consuetudinem vocatam *le tribulage* .. infra stannariam nostram .. in comitatu nostro Cornubiae .. de omnibus .. hominibus operantibus cum eorum tribulis .. viz. de quolibet tribulo ij d. *Foed.* XIV 581.

1 tribulare [CL], to oppress, afflict. **b** (pr. ppl. as adj.) oppressive, that causes suffering. **c** (pr. ppl. as sb.) oppressor. **d** (p. ppl. as sb.) one who is oppressed. **e** (as dep.) to suffer, labour (in quot. as pr. ppl.).

unusquisque proximum suum tribulatione ~avit Gildas *EB* 86; qualiter mater nostra, ecclesia Dei .. a malis principibus conculcatur, quomodo .. ad eorum aeternam damnationem ~atur Anselm (*Ep.* 262) IV 177; multis .. persecutionibus ~aberis *V. Edm. Rich P* 1812D; s**1265** tota Anglia ~ata est de malitia exulatorum *Eul. Hist.* III 133; [congregationem] Deus patitur in multis pressuris et angustiis corporalibus ~ari Ockham *Dial.* 480; super ~antes eos manus ejus posuit *Plusc.* VII 7. **b** ~antia persecutionum .. vexamina *Mon. Francisc.* I 467. **c** a facie ~antis fugerant G. Cold. *Durh.* 19. **d** permulcet celesti suavitate ~atam Gosc. *Edith* 295; oratione misericorditer compacienti ~atis animo .. subvenitur R. Cold. *Cuthb.* 1; **1237** eidem precipere velitis quatenus benigne lateri nostro adhereat existens .. hesitantis propulsio, ~ati consolatio Gros. *Ep.* 40; quod Deus potuit ipsos ~atos clamantes non incongrue exaudisse Bradw. *CD* 61B. **e** michi .. ex duricia divitum ~anti Lucian *Chester* 38.

2 tribulare [CL tribulum+-are], to dig, quarry.

1396 malleant et ~ent in dictis faliscis et calcem ardeant *AncD* C 5364.

tribularia v. tribularius.

tribularius [CL tribulum+-arius], **~ia,** one who works with a shovel, shoveller.

schovelare, werkere with a schovyl, ~ius, -ii, m., ~ia, -e, f. *PP.*

tribulatio [LL]

1 exaction, due.

749 cunctas ~ones quae nocere vel impedire possunt in domo Dei, omnibus principibus sub ejus potestate degentibus, demittere et auferre praecipit *CS* 178; †**835** (12c) de illa .. ~one que *witereden* nominatur sit libera *CS* 413.

2 affliction, oppression, (instance of) suffering, trouble; **b** (regarded as punishment for wickedness or as means of moral or spiritual improvement); **c** (of rigorous penance).

c**780** fateor quod ~o tua torquet animum meum, dum audio te in periculo esse statutum nec officii tui implere posse ministerium Alcuin *Ep.* 2; per ordeum [cf. *Ruth* i 22] ~o carnis intelligitur, quia ordeum tenacis palee est et aristam habet pungitivam. sic a vanitate mundi vix homo avellitur, sicut nec granum a palea, et multas punctiones hic patitur S. Langton *Ruth* 97; **1229** ~onibus et angustiis .. quas .. estis perpessi .. compatientes *Pat* 257; paulatim cepit sancte Mildrede monasterium, abstractis possessionibus, deficere .. et sic .. vexati sunt a ~one malorum et dolore Elmh. *Cant.* 220. **b** volente Deo purgare familiam suam et tanta malorum labe infectam auditu tantum ~onis emendare Gildas *EB* 22; tacta est repente gravissimo corporis morbo .. ut quicquid in ea vitii .. resedisset, totum hoc caminus diutinae ~onis excoqueret Bede *HE* IV 9 p. 222; ~o super ~onem incumbit quia peccatum super peccatum adcrescit Alcuin *Ep.* 2; expurgat justos tribulatio Garl. *Tri. Eccl.* 9; momentanee ~onis paciencia eterne glorie coronam sibi operabatur in celis *V. Edm. Rich B* 617. **c** qui dimiserit uxorem suam .. vij annos cum ~one [AS: *hearde faestene*] peniteat, vel xv levius Theod. *Pen.* I 14. 8.

1 tribulator [CL tribulare+-tor], bringer of affliction, oppressor.

c**748** adversantem inimicum prope ~orem et molestum difficulter patitur Bonif. *Ep.* 104; sint maeror et.. luctus infatigabiles ~ores juventutis .. meae Anselm (*Medit.* 2) III 82.

2 tribulator [CL tribulum+-tor], thresher.

threscher, flagellarius, ~or *CathA*.

tribulatus [CL tribulum+-atus], (act of) shovelling.

schovelynge, ~us, -us *PP.*

tribulis [CL], of or belonging to the same tribe or family.

~is, de eadem tribu Osb. Glouc. *Deriv.* 591; a vitii tribŭlis absit tua turba tribūlis [*gl.*: consanguinea] H. Avr. *CG* f. 7v. 14.

1 tribulum, ~a [CL], **1 tribulus**

1 instrument for threshing, threshing sledge or flail.

~a, *flael* Neckam *Ut.* 111 (*gl.*); **1286** vendidit unam scalam et duos thriplos *IMisc* 45 (18) m. 2; **1347** [*two irons for the threshing machines*] pro ~is [*and skeps*] *North Durh.* 90; trahe, tribule ac ligoni R. Bury *Phil.* 4. 73; *swengyl of a flayle* fferetorium, .. ~um *PP*; *a flayle*, flagellum, ~us, ~um, vel ~a secundum Hugonem, sed secundum alios differunt *CathA*; hoc ~um .. *a pestelle WW.*

2 shovel; **b** (as measure). **c** scoop. **d** paddle (of waterwheel).

1190 pro cyveriis et palis et trublis xxiiij s. et iiij d. *Pipe* 104; **1224** cum beschis, picosis, et trublis, et aliis utensilibus necessariis ad prosternendum castrum *Cl* 632b; ~um, *trubile* Neckam *Ut.* 111 (*gl.*); **1274** cepit in ecclesia de Opministre .. picoises et ~os ad prosternendum muros Lundon' *Hund.* I 148b; **1275** fecerunt capere vangas et trubulas ibidem operancium *Ib.* I 245b; **1287** j trobulus, j bescha, j furca *Law Merch.* I 30; **1287** in ij trublis et j bescha iij d. *Rec. Elton* 22; **1293** cum uno trubulo *CalIMisc* I 2331; **1301** de quadam consuetudine que vocatur trubilagium ibidem hoc anno, viz. de quolibet portante trubilam ibidem, ob. *Rec. Stan.* 46; **1312** in j pecia ferri empta pro duobus trobulis et iij furcis ad fimum ferrandis iiij d. *Rec. Elton* 170; **1331** vange ferree iiij, turbul' ferrat' j (*Invent. Ch. Ch.*) *Arch. J.* LIII 274; **1368** de ij tribul' ferr' vocat' *colshovelis KR Ac* 483/23 m. 2*d*.; **1436** de tribbulis vocatis *shovell'* et *scopettes Ib.* 53/5 f. 20v; a**1444** una vanga precii iij d., unus ~us precii iij d. *Paston Let.* 11; **1455** pro diversis instrumentis .. ad obsidionem castri de A., viz. c vangis et ~is *ExchScot* 92; vangas, ~os, et fossoria cum aliis ferreis instrumentis pro muris civitatum et spicubus subterraneis secretius subfodiendis Strecche *Hen. V* 150; *schovyl*, ~a, -e *PP*; hec vanga, *a spade*, hec stribula, *a schowle WW.* **b** **1455** tolnetum .. de quolibet quarterio molato j ~um de assisa farine plenum *MunCOx* 218. **c** triplia, *lebl* [*i. e. laefel*] *GlC* T 267; scisfus (i. manile vel triplia) Ælf. Bata 6 p. 100. **d** **1305** in bordis et ~is ad rotam exteriorem emptis (*Ac. Cliffe*) *DCCant.*

2 tribulum v. turibulum.

1 tribulus v. tribulum.

2 tribulus [CL]

1 spiky plant, thorn, bramble, or thistle; **b** (fig.).

vepres, *runces* .. ~os, *carduns* Neckam *Ut.* 111 *gl.*; pedibus nudis ~os et spinas non formidantibus Gir. *IK* II 4; **1293** de spinis et ~is quantum .. necesse fuerit ad placeam suam ibidem includendam *Cl* 110 m. 3; omnes sepes, ~os et vepres .. igni combusserunt Strecche *Hen. V* 167; *a brere*, carduus, ~us, vepres *CathA*; ~us marinus, i. *calketrappe, seathistel WW.* **b** ut spinas ac ~os peccatorum nostrorum portaret (*Lit. Ceolfridi*) Bede *HE* V 21 p. 343; spinas dolorum et tribulationum ~os germinavit nobis J. Ford *Serm.* 102. 3; spiritualis agri lolium tribulique fatigant / triticeas messes H. Avr. *Poems* 127. 177 p. 134; doctrina recidit / ramnos et tribulos, vivificatque rosas Garl. *Tri. Eccl.* 100; innascatur mihi lappa vane glorie, .. carduus superbie, ~us fastuositatis J. Godard *Ep.* 230; **1559** ~os haeresium, errorum, et schismatum *Conc. Scot.* II 141.

2 spiked arrowhead, bolt, bird-bolt.

1285 tenet .. per serjantiam inveniendi unum hominem cum uno arcu sine corda et uno ~o sine pennis in exercitu regis *Aids* II 1; **1285** tenent per servicium inveniendi unum hominem peditem predicto tempore guerre in Wallia .. cum .. arcu et tribus sagittis et uno terpolo *Ib.* IV 217; **1286** quidam fleccarius .. habuit meremium ad fleceas et trillabos bis de eodem parco *IMisc* 45 (18); hic trilobus, *bozun Gl. AN Glasg.* f. 20rb; hic tripulus, *bozun Gl. AN Ox.* 131; **1299** cum uno arcu, duabus sagittis, et uno trivolo *IPM* 92/16; **1300** j vetus *baunker* pro vij d. in quo extiterant xij sagitte cum j trillabo pro iij d. qu. *Rec. Leic.* I 369; *bolt*, petilio .. ~um *PP*; *trepgette* .. *instrumente to take byrdys or beestys* .. tripulum *PP*; **1367** item est unus tribol' de redditu *IPM* 196/8/18.

tribunal [CL], dais or platform on which Roman tribune, magistrate, or judge was seated. **b** judgement seat (also transf., of court, or fig.); **c** (w. ref. to God or the Last Judgement). **d** (*protribunali*, in quot. as one word) before the court. **e** (*pro ~ali sedere* or sim.) to sit in judgement. **f** (transf.) seat of power or authority, place where authority is exercised and decisions made.

ante ~al Pontii Pilati adstatur Theod. *Laterc.* 20; Marciano praeside in alto tribunalis culmine Aldh. *VirgP* 36; monstrabat ei quandam similem imperatrici non longe ab altari sedentem in ~ali *V. Chris. Marky.* 24; ~al, sedes tribuni Osb. Glouc. *Deriv.* 591; Jhesus ad judicis tribunal ducitur Walt. Wimb. *Carm.* 554. **b** ad ~al, *to domsetlum GlP* 319; conscende ~al mentis tue Ad. Scot *Serm.* 408D; **1289** in regio ~ali et etiam in vicecomitato [*sic*] vestro et alibi *Reg. Wint.* I 187; sub promisso quod .. staret judicio ecclesie, in custodia .. tentus usque ante ~al convocandi cleri sisti posset, rupit carceres *G. Hen. V* 1. **c** lucifluumque simul caeli regale tribunal / disponis moderans aeternis legibus illud Aldh. *Aen. praef.* 2; cum tuba novissima totum genus excitans ad ~al justi judicis advocaverit Bede *Hom.* II 7. 139; **704** sciat se ante ~al Christi tremibundum rationem redditurum *CS* 111; stantibus .. Judeo .. et gentili ad eterne ~al justitie J. Ford *Serm.* 66. 6; dixit se raptum esse ante ~al Christi P. Cornw. *Rev.* 195. **d** hoc tribunal .. quod componitur protribunali, i. ante tribunal vel in presentia tribunalis, et est adverbium, ut quidam volunt, vel nomen indeclinabile Osb. Glouc. *Deriv.* 579. **e** cum .. post aliquot horas .. princeps protribunali sederet Ord. Vit. X 24 p. 148; assunt .. domino rege pro ~ali residente *Chr. Battle* f. 86; pro ~ali sedentes Ockham *Pol.* III 67; **1414** protrinali [l. protribunali] sedentes .. de jurisperitorum consilio .. pronunciamus .. matrimonium .. esse .. irritum ... lecta .. fuit ista sentencia per reverendum patrem .. in camera principali manerii sui de Aukland ~ali sedentem *Reg. Durh.* II 49. **f** angelicus princeps et protus lucifer .. / .. suum dum sublimare tribunal / gestiit et domino similem se fraude spopondit Aldh. *VirgV* 2735; cum ex canonum decreto edictum esset ut sedes episcoporum ex villis ad urbes migrarent, ~al suum transtulit a Scireburna Salesberiam, quod est vice civitatis castellum W. Malm. *GP* II 83.

tribunalis [cf. CL tribunal], of or pertaining to a court of judgement (also as sb.).

caules, cancelli ~ales *GlC* C 173 (cf. ib. C 195: caulae, ubi sunt advocati); apud urbem .. moratus est prestolando quid ei mandaretur a ~alibus *Canon. G. Sempr.* f. 65.

tribunaliter [tribunalis+-ter], in a court of judgement.

judiciali cognicione ~er usus E. Thrip. *SS* II 19; nullus fratrum alium fratrem suum accuset, etiam si ~er .. probare possit *Cust. Westm.* 230.

tribunatus [CL], office of tribune, exercise of a tribune's power (in quot. w. gen., over).

tribunatus

satrapae et proceres flagitiosum sibi eorundem spirituum ~um [*gl.*: principatum, *ealdordom*] vindicantes ALDH. *VirgP* 13.

tribunculus v. trebuculus.

tribunicius [CL], of or pertaining to a tribune.

consul tribunica [? l. ~ia] potestate fretus ALDH. *VirgP* 42; quidam ~ie potestatis .. quendam viculum ecclesie Sancti Albani sub annuo censu a monachis accepit (*Albanus*) *NLA* I 36.

tribunicus v. tribunicius.

tribunus [CL], (Roman) tribune, high-ranking Roman (orig. mil.) official (also dist. as ~*us militum* or *plebis*); **b** (transf., in non-Roman contexts). **c** (in gl., understood as) sultan.

chiliarco, id est ~o [*gl.*: *ealdre*] militum ALDH. *Virg P* 29; haec tanta prodigia cernens Claudius ~us obstipuit *Ib.* 35; apud gentiles seculares erant hee persone: monarcha, scilicet imperator Romanus, patricii, qui et senatores dicebantur, .. prefecti, ~i plebis, ~i militum, pretores, centuriones, decuriones, quaterniones, triumviri, questores, ediles, aule janitores BELETH *RDO* 12. 26; chilarchus latine dicitur ~us qui preest tribui BACON *Gram. Gk.* 140. **b** nemo in ~is [AS: *ealdorman*], nemo in regibus plures eorum terras .. tributarias genti Anglorum .. fecit BEDE *HE* I 34; David .. omnes principes Israel convocavit, ~os etiam et centuriones *Holy Rood-Tree* 48; ~os cum omnibus turmis atque centuriones *V. Neot. A* 15; Eduardus Siwardi filius qui sub Eduardo rege ~us Merciorum fuit, princeps militie et consobrinus David regis exercitum aggregavit ORD. VIT. VIII 22 p. 404; Henricus [II] .. nactus autem regnum Anglorum, servos, spurios, caligatos, cubili, mense, regno, prefecit et ex iis questores, pretores, proconsules, ~os, municipes, forestarios super provincias constituit R. NIGER *Chr. II* 167; Turgesius .. expeditionis hujus ~us GIR. *TH* III 38; Offa .. omnibus consulibus, ~is, ducibus, et optimatibus populi sui ad se evocatis CIREN. I 289; quod ~orum officium esset, milites in castris continere et ad exercitationem producere *Mem. Hen. V* 28; *a cunstabylle*, constabularius, ~us *CathA*. **c** hic ~us, *a sawdyn WW*.

tribus [CL], tribe, internal grouping of people within territory, nation, society, or sim; **b** (w. ref. to twelve tribes of Israel); **c** (applied to Scottish clan). **d** group.

cujus gentis fuissent inquisivit. .. ~us .. nomen de qua erant proprie requisivit. et dixerunt "Deirae" *V. Greg.* p. 85; per mundum in diversis gentibus et ~ubus et populis et linguis BEDE *Tab.* 425B; ex appellatione illius ~us quam dicunt Guthlacingas FELIX *Guthl.* 10; a**988** singulis ~ubus Ieuuissorum singulos constituerunt episcopos *Conc. Syn.* 168; catholica ecclesia non elegit modo episcopos aut sacerdotes de una ~u sed de omni ~u generis ÆLF. *Ep.* 2. 102; et duo sint de cognatione vel ~u patris (*Quad.*) *GAS* 157; ad quas terras, ad quas tribus / est translata [veritas] WALT. WIMB. *Van.* 120. **b** terram .. repromissionis .. xij ~ubus sorte territorii diremptam .. incoluit ALDH. *VirgP* 12; juxta Tiberiadem et stagnum Genesareth in ~u Zabulon *Eul. Hist.* II 55; lex .. que .. summos .. pontifices et reges de quocumque [*sic*] ~u uxores ducere permisit FORTESCUE *NLN* II 4. **c** s**1430** recesserunt ab eo duo ~us, scilicet de Clankatan et Clancameron, et regis imperio se subdiderunt. et .. ~us de Clancatan occidit in quadam [ecclesia] quasi totam progeniem de Clancameron BOWER XVI 16. **d** ea que sunt ejusdem ~us T. SUTTON *Gen. & Corrupt.* 123.

tributalis [CL tributum+-alis], of or pertaining to the payment of tribute.

855 ab omnibus servitutibus et ~alibus rebus .. sint liberati *CS* 487.

tributarie [CL tributarius+-e], by payment of tribute or tax to higher authority.

papa tradidit Hiberniam .. regi .. ~ie tenendam de Romana ecclesia pro trecentis marcis annuatim *Meaux* I 155.

tributarius [CL]

1 subject to tribute, tax, rent, or other obligation to make payment (also as sb.); **b** (w. ref. to demesne land held by tenant farmer). **c** (as sb. n.) measure of land (held by tenant farmer).

eorum terras .. aut ~ias genti Anglorum aut habitabiles fecit BEDE *HE* I 34; ille .. injuriose tributa

exigit qui ab injuria ~os pro posse non defendit PULL. *Sent.* 922A; [Henricus II] ~ius exteris, in domesticos predo R. NIGER *Chr. II* 168; legitur quoque famosum illum Britonum regem Arturum Hibernie reges ~ios habuisse GIR. *EH* III 8; ~ia facta est Anglia M. PAR. *Maj.* V 191; domini papae ~ius *Ann. Lond.* 10; **1390** nonnullos .. qui languores quos paucissimis diebus possent repellere in longum tempus protraxerunt ut pacientes diu sibi ~ios haberent J. MIRFIELD *Brev.* 48; reges Cipri facti sunt homagiarii et ~ii regibus Anglie *Meaux* I 259; rex Thunicii regis Sicilie ~ius est effectus *Ib.* II 160. **b** c**1145** si quis fecerit e dominio terram ~iam, sive sit rusticus sive sit firmarius qui teneat eam, precipio ut reddat S. Werburge decimam suam *Cart. Chester* 20 p. 76. **c** c**700** (11c) terram xcvij manencium .. et in alio loco .. terram v ~iorum .. perdono GOSC. *Milb.* 202; dedit .. sancto Wilfritho .. terram decem ~iorum Aetstanforda et post paululum coenobium .. cum terra xxx mansionum .. concessit EDDI 8; presbitero laici juramenti sui adtestatione terram videlicet unius ~ii in jus transferre aecclesiae EGB. *Dial.* 404; **793** (12c) dedi .. illi xc ~ia terrae bipertita in duobus locis *CS* 265.

2 who collects tax or tribute.

1484 theoloneariis, ~iis, boletariis (*Lit. Imp.*) *Foed.* XII 210.

3 paid or offered as tribute.

1313 [Anglia] cui tributaria jam dabantur dona, / .. nunc cogitur nimis esse prona / filie (*Bannockburn* 6) *Pol. Songs* 262.

tributim [CL], by tribes, tribe by tribe.

~im, adv. i. e. de tribu in tribum OSB. GLOUC. *Deriv.* 579.

tributor [LL], one who gives, giver.

ex domini parte portans exennia, non sis / furtivus raptor illorum, sive tributor D. BEC. 2498.

tributorius [CL], (*actio ~ia* or as sb. f.) Roman legal process instituted by creditors against master of a slave who had used money from his master for a business venture.

cum quis habeat plures actiones concurrentes de eadem re, una debet experiri, ut .. de ~ia actione [cf. *Dig.* 14. 4. 9. 1] BRACTON f. 114.

tributum [CL], tribute, tax, or rent (typically paid to fellow ruler or to overlord in exchange for land, security, etc.). **b** (~*um naturae solvere*) to die. **c** offering or gift rendered as duty, acknowledgement of affection or esteem. **d** interest (on a loan).

thelus [τέλος] ~um dicitur *Comm. Cant. III* 4; ~um ecclesiae sit, sicut consuetudo provinciae THEOD. *Pen.* II 14. 9; diurna et nocturna horarum intervalla, quibus indesinenter, quasi quoddam reipublicae vectigal et fiscale ~um, orationum officia persolvimus ALDH. *Met.* 2 p. 71; Aethelwulfus rex decimam totius regni sui partem ab omni servitio et ~e liberavit ASSER *Alf.* 11; **987** ipse mihi subditus sit .. et semper possessor terrae illius reddat ~um ecclesiasticum quod *circ-sceat* dicitur *CD* 661; ~um est quod potestatibus regiones solvunt; vectigal quod datur quando per patrias vehuntur PULL. *Sent.* 942A; sunt .. tres exactores ~a exigentes: Cesar, diabolus, Deus (AILR. *Serm.*) *CC cont. med.* IID 133; cum .. a clero sancto ~um non modicum violenter extorsisset GIR. *TH* II 50; sicut dicit canon: decime tributa sunt egentium animarum, id est ad hoc dantur ecclesie, ut ecclesia eas distribuat egentibus animabus T. CHOBHAM *Praed.* 54. **b** viro .. solvente debitum nature ~um NECKAM *NR* II 173 p. 296. **c** quam modicum ~um exigit a nobis Deus, scilicet ut diligamus eum T. CHOBHAM *Commend. Virt.* 116; filialis et subjective commendacionis ~a *FormOx* 444. **d** cuilibet fideli prohibitum est pecuniam vel possessionem suam ad aliquod injustum ~um mutuo dare, hoc est, ut non offerat plus reddere quam antea mutuo acceperat (*Ps.*-EGB. *Pen.*) *Conc.* I 133b.

1 trica [CL *pl. = tangle of difficulties, complications; in sense* 1 ? *assoc. w.* θρίξ; *cf. et.* CL *intricare etc.*], **1 trix**

1 tress of hair, braid. **b** (transf.) comet.

trix est capilli vel pili *Gloss. Poems* 103; inventa fuit in eodem sepulchro ~a muliebris flava et formosa, miroque artificio conserta et contricata, uxoris scilicet Arthuris GIR. *Spec.* II 8; et hoc patet in ~is puellarum virginum antequam coeant que post multum coitus

perdunt capillos et colorem M. SCOT *Phys.* 2; s**1057** nuda equum ascendens, crines capitis et ~as dissolvens, corpus suum totum .. inde velavit M. PAR. *Maj.* I 527; tertia pars [sepulcri] .. ossa mulieris conclusit. ubi et ~a come mulieris flava cum integritate pristina et colore reperta est KNIGHTON I 150; *tresse of heere*, ~a PP. **b** sunt .. ~e quedam celestia corpora in temporibus diversis apparentia, que vulgus cometas vel crinitas appellat GROS. *Com.* 36.

2 (in gl.) hairband, ornamental headdress or hair arrangement.

an herebande, ~a, crinale, nexus *CathA*; *dorlot*, ~a, caliendrum *PP*.

3 (in gl.) root.

~a pro radice .. dicitur OSB. GLOUC. *Deriv.* 591; *a rute*, radix .. stirps, ~a *CathA*.

4 pleat (of fabric).

[acus] grossas ad birri ~as [*gl.*: *geruns*] polliendas NECKAM *Ut.* 101.

5 projection on plate inside lock, ward of lock.

a warde of a loke, ~a, tricatura *CathA*.

6 delay, slowness, or that which retards or impedes.

corporis incommoditas .. dicto citius curaretur et .. sine ~arum [*gl.*: moramur vel tarditatem] obstaculo sanaretur ALDH. *VirgP* 25; ~a .. pro quolibet impedimento dicitur OSB. GLOUC. *Deriv.* 591; *a tareyinge*, cunctacio, mora, tarditas, ~a *CathA*.

7 (in gl.) deception, falsehood.

a falsed, falsitas .. ~a *CathA*.

2 trica v. trix.

tricabilis [cf. trica, tricari], problematic, vexatious.

concessa fuit regi taxa insolita et incolis ~is et valde gravis WALS. *YN* 404.

tricameratus [LL], that has three chambers or storeys (also as sb.); **b** (of Noah's ark).

multa ibi [sc. in palatio] ~a cernentes et triclinia (*Mir. Ed. Conf.*) *Anal. Boll.* XLI 124; tristega, domus ~a OSB. GLOUC. *Deriv.* 594; sunt castrorum domuscule bicamerate vel ~e BART. ANGL. XVIII 28; rex Anglie .. consideravit elegantiam domorum .. in civitate Parisiaca, et mansiones ~as M. PAR. *Maj.* V 481. **b** bicameratam et ~am .. arcam ALDH. *Met.* 2 p. 63; unde antiqui interpretes pro hoc verbo [sc. tristega] ~a posuerunt BEDE *Gen.* 91A; arca .. bicamerata est et ~a, quasi per cenacula et tristega GERV. TILB. I 24.

tricare v. triare, tricari.

tricari [CL *not in sense* 1], ~**are**

1 (trans.) to braid. **b** to weave, make by braiding (in quot., fig.).

Polyhymnia tricat [crines] / et rotat in conum tricatos more Laconum R. CANT. *Malch.* IV 564. **b** explanato quinque ordinum tramite .. anomala, quae .. per eclipseos repagulum subtiliter analogiam tricant .. persequamur BONIF. *AG* 488.

2 (intr.) to create a tangle of difficulties, behave in an evasive manner, (also) to be slow (esp. to progress or arrive), delay; **b** (w. inf.).

c**717** mallui [*sic*] mori si sic Deo .. placuisset vel tarda mors non ~averit *Ep. Bonif.* 13; quin totos semper perfert jejunia soles, / sanctorum Domini veluti sollempnia tricent ÆTHELWULF *Abb.* 292; quid tricor dictis? dabitur nunc his quoque finis FRITH. 1331; dixit non esse legitimam [cartam] … ita illo [legato] ~ante W. MALM. *HN* 496. **b** quodcumque inveneris in vasculo, non ~are nobis adferre ALCUIN *Vedast.* 5.

3 (trans.) to delay, retard, impede, (also refl.) to be slow, delay.

licet planetarum retrogradis cursibus ~entur [orbes caelorum] ALDH. *Met.* 3; epistolarum vestrarum .. vicissitudo quasi quodam dilationis obstaculo ~abatur *Id. VirgP* 59; ac dura Parcarum quies et ferreus leti somnus palpebrarum convolatus non ~averit *Ib.* 60; ignavos oculos et linguam famine trico BONIF. *Aen.* (*Ebrietas*) 282; nullum natalis soli caritas ~et .. nullum patrimoniorum amplitudo remoretur W. MALM.

GR IV 347; cum monachi .. mediis noctibus eventu alicujus prodigii sese inopes quippe sompni ~arent, non latuit torpor eorum sancti oculum delonge intuentem *Id. GP* II 75 p. 168; ~are, impedire, illaqueare, involvere OSB. GLOUC. *Deriv.* 591.

tricatio [CL tricari+-tio], delay.

hac morosa ~one [*gl.*: dilatio] evenit ut pollicita codicelli rescriptio tanto temporis intervallo protelaretur ALDH. *VirgP* 59; per longas ~onum moras spiritalis inter eos orta est contentio WILLIB. *Bonif.* 5 p. 25.

tricator [CL tricari+-tor], one who creates a tangle of difficulties, deceiver, trickster.

tu semper proditor ... comprehendite, famuli, ~orem MAP *NC* V 6 f. 68v.

tricatorium [cf. trica], (in gl.) tress, braid of hair.

hoc ~ium, *trescur Gl. AN Glasg.* f. 21rb; hoc ~ium, A. *tressure WW.*

tricatura [cf. trica]

1 tress, braid of hair, (also) arrangement of hair.

de tricatura mulieribus est sua cura GARL. *Syn.* 1587C; ~a, *tresce Gl. AN Glasg.* f. 21rb; *a trissoure of a woman's hedde*, trica, ~a *CathA*; hec ~a, *a trussure WW*; hec ~a, *tresewyr WW.*

2 mesh, intertwining or interlacing: **a** (of chain mail); **b** (of plant stem); **c** (of cloth).

a sic lanceis prestat Venedotia adeo ut ictum hic lancea cominus datum ferrea lorice ~a minime sustineat GIR. *IK* II 5. **b** sub vitis .. ~a seminudum securus exponit MAP *NC* I 14 f. 12. **c** aurifrigii nexus et ~as NECKAM *Ut.* 101.

3 projection on plate inside lock, ward of a lock.

a quo [ictu] .. nec .. corpus ferrea lorice ~a tuetur GIR. *TH* III 10 p. 151; ~a, *warde of a lokke PP*; ~a. *a warde of a lok WW.*

tricenalis [CL triceni+-alis; cf. LL tricennalis]

1 of or pertaining to a trental or series of thirty (esp. daily requiem) masses (*cf. trentalis, tricenarius, tridenalis, tridenarius, trigintalis*). **b** (as sb. n. or m.) trental, series of thirty (esp. daily requiem) masses (also transf., of period during which such masses were celebrated). **c** (as sb. n.) fee for a trental.

in adjutorium anime tue plures ~ennales missas faciam celebrari WALS. *HA* II 9. **b** si sint infra tricentale alicujus fratris noviter defuncti *Ord. Ebor.* I 48; si compellis aliquem ad solucionem certe pecunie pro annuali vel ~ennali GROS. *Templ.* 12. 3; quo ordine fient ~ennalia et cetera que agenda sunt pro fratribus istius monasterii professis de medio sublatis *Cust. Cant.* 367; **1373** in contrib. facta domino regi pro trecennali *Ac. Durh.* 180; **1418** lego fratribus .. ij s. vj d. pro una ~ennali. .. fratribus minoribus v s. pro duobus ~ennalibus *Reg. Heref.* 57; ut quilibet frater celebrans infra ~ennale alicujus monachi haberet unam collectam in missa pro fratre defuncto, quamdiu ~ennale tale duraret *G. S. Alb.* III 470; *trental*, ~enale, -is, n. *PP.* **c** 1212 sacerdos .. in nullo defraudabit eam .. in decimis .. sponsalibus .. vel ~enalibus *Reg. S. Aug.* 381; c1240 habebunt .. potestatem .. recipiendi annalia sive trincennalia ex devocione fidelium *Ib.* 558; inhibemus .. ne aliquis rector ecclesie faciat hujusmodi pactum cum suo sacerdote viz. quod ipse sacerdos preter cetera stipendia poterit recipere annualia et ~ennalia GROS. *Ep.* 52*; ~ennale dividatur inter personam et capellanum *Conc. Scot.* II 44; **1432** lego priori domus Carmelitarum .. unum nobile et cuilibet fratri ejusdem domus unum ~ennale *Reg. Cant.* 487.

2 (w. *dies* or as sb.) day of the final mass of a trental, month's mind.

1425 disponit rectori ecclesie .. et cuilibet aliorum capellanorum .. exequias mortuorum dicencium .. a die obitus sui usque diem suum ~ennalem iiij s. *Reg. Cant.* II 326; **1427** volumus .. quod in die ~enalis nostri ordinentur .. iiij luminaria circa corpus nostrum in exequiis et missis pro anima nostra celebrandis .. ardencia dimittantur *Ib.* II 391; ita quod observent exequias et missam in die ~enalis mei *MunAcOx* 557.

tricenarius [CL *not in sense* 1]

1 consisting of thirty, (also w. *numerus* or as sb.) thirty, group or set of thirty. **b** (w. *officium* or as sb. n.) trental, series of thirty (esp. daily requiem) masses (*cf. trentalis, tricenalis, tridenalis, tridenarius, trigintalis*), (also) fee for a trental.

c798 medietas sexagenarii est ~ius, sicut ternarius senarii ALCUIN *Ep.* 133; prima .. area quinario .. sexta trigenario serviente ADEL. *Elk.* 37; veniebant ad Alduinum alter post unum .. et ita usque ad ~ium numerum W. MALM. *GP* IV 145; in hoc portiones congesserat sanctorum pignorum ad numerum usque tricennarium AD. EYNS. *Hug.* V 14. **b** cura numerandi ~ia et septenaria ad eum [sc. cantorem] pertinet LANFR. *Const.* 149; facit quoque cupiditas tot ~ia promitti, ne dicam venaliter exponi GIR. *GE* I 49 p. 131; **1229** sacerdotes injungunt parochianis .. in confessionibus de trecenariis ab ipsis faciendum *Conc.* I 624a; missa ~ii perpetui que continuabitur .. imperpetuum *FormA* 267; **1420** lego .. tantum interessentibus diebus ~io et anniversario *Reg. Cant.* II 195; funeralia et trecenari' et alia que integraliter fieri solent pro fratre mortuo STONE *Chr.* 9.

2 of thirty years (*cf. tricennium, tricennalis*).

adhuc .. degit anus fere octogenaria, jamque anachorita trigenaria GOSC. *Transl. Mild.* 30; Dominus .. decimo quinto anno Tyberii Cesaris fuit ~ius *Flor. Hist.* I 99; s1270 concorditer inter illos initum est quod .. Christiani .. redirent ad propria .. treugis ~iis inter gentiles .. et Christianos .. commissis WYKES 238; c1400 J. G. sexagenarius, J. S. quadragenarius, N. I. et J. C. trigintenarii *MS Lambeth Palace Library, Reg. Arundel 1* f. 127.

3 (every) thirtieth.

s1306 pro .. militia filii regis concessus est regi tricennarius denarius a populo et a clero. mercatores .. vicesimum concesserunt *Flor. Hist.* III 132.

triceni [CL; cf. tricenus], thirty (each or at a time).

mensem lunarem, qui caeteris annis ~os dies habere consueverat BEDE *TR* 42; intervenientibus ter ~arum [v. l. trigenarum] dierum circulis FELIX *Guthl.* 26; quolibet he numero ultra sint citrave trigena BYRHT. *Man.* 44; sive duodecim ~i sive tricies duodeni eandem conficiunt summam *Ib.* 50; quos observare precepit per ~os dies S. LANGTON *Chron.* 136.

1 tricennalis v. tricenalis.

2 tricennalis [LL], of thirty years.

potest .. ~is baptizati salvatoris aetas etiam nostri baptismatis misterium mysterium proper fidem scilicet sanctae Trinitatis et operationem decalogi legalis BEDE *Luke* 360A; regem .. quem jam ~is etas et sapientie maturitas commendabant W. MALM. *GR* II 133; s1214 datis undecim milibus marcarum argenti pro treugis ~alibus *Flor. Hist.* II 152 (cf. M. PAR. *Maj.* II 582: in quinque annos continuos et plenos).

tricennarius v. tricenarius.

1 tricennium [cf. LL tricennalis, CL triceni, annus], period of thirty years.

tuum .. propositum esse .. biennio respirare. utinam huic desiderio .. et defectui tuo vicennium aut ~ium prescripsisses! P. BLOIS *Ep.* 9. 24B.

2 tricennium v. tricinium.

tricent- v. trecent-. **tricentalis** v. tricenalis.

tricenus [cf. CL triceni]

1 thirtieth.

tricenus, tricesimus, trigenus OSB. GLOUC. *Deriv.* 592.

2 (understood as) three hundred.

~us .. vel ut alii volunt ter centum OSB. GLOUC. *Deriv.* 592.

triceps [CL], three-headed (also transf. or fig.).

Fulgentius .. per Cerberum eloquentiam figurat ... ~eps .. est quia habet tres principales disciplinas grammaticam, dialecticam, rethoricam BERN. *Comm. Aen.* 87; **1168** si ~ipitem canem tibi insidiari .. contigerit, eum .. studeas demulcere aut Herculea domare clava J. SAL. *Ep.* 234 (240); Cerberum ~ipitem, quem Plutonis subjiciunt pedibus ALB. LOND. *DG* 6. 22; ad inferos descendit et Cerberum ~ipitem

.. abstraxit *Deorum Imag.* 22; [ecclesiam] .. ~ipitem .. faciunt BEKINSAU 751.

Tricerberus [CL tri-+Cerberus], three-headed Cerberus.

1400 Sirenarum voces audivimus nec passi sumus naufragium; ydram extinximus; ~um oppressimus, et jam, quod omnibus deterius est .. *Lit. Cant.* III 74; *an helhound*, ~us LEVINS *Manip.* 221.

tricesies v. tricies.

tricesimalis [CL tricesimus+-alis], thirtieth.

triginta nomen indeclinabile unde .. ~is et hoc trigintale OSB. GLOUC. *Deriv.* 580.

tricesimus [CL]

1 thirtieth (also in compound numeral); **b** (of thirtieth day after death or day of celebration of the final mass of a trental, also as sb.).

vitae meae anno .. ~o .. gradum presbyteratus .. suscepi BEDE *HE* V 24; tricessimo .. et tertio aetatis suae anno ALCUIN *WillP* 5; in psalmo centesimo trigesimo primo HOLCOT *Wisd.* 10. **b** de missa defunctorum. .. prima et tertia et nona nec non et ~a die pro eis missa agatur THEOD. *Pen.* II 5. 2; tricessimo obitus sui die GOSC. *Edith* 98; in depositione alicujus monachi, ad celebrationem prime misse abbas ponetur in tabula pro ~a *Chr. Abingd.* II 353; **1424** volo quod executores mei non teneant septimam diem nec ~am diem neque anniversarium meum sed tantum diem sepulture mee *Reg. Cant.* II 284.

2 (as sb. f.) tax or subsidy of one thirtieth of rents or chattels.

s1237 indignantes responderunt se .. nunc vicesima, nunc ~a, nunc quinquagesima gravari M. PAR. *Maj.* III 381; **1283** subsidium ~e de omnibus bonis suis mobilibus *SelCh* 462; s1237 eodem anno rex cepit ~am KNIGHTON I 227.

3 thirty-fold (in quot. w. ref. to *Matth.* xiii 8).

dignare .. ut haec famula tua .. fructum ~um sortiatur EGB. *Pont.* 114; adjungens ~um sexagesimumque fructum BYRHT. *V. Ecgwini* 355; queritur primo quid sit fructus secundum quod accipitur communiter ad trigesimum, sexagesimum, vel centesimum HALES *Qu.* 1128.

tricessimus v. tricesimus. **trichelaus** v. trochelates.

trichiasis [τριχίασις], pilimiction, morbid presence of tiny hairs in the urine.

a quibus nominatur †tarquiasis [l. trichiasis], ab aliis epinasis, quod latine capillositas potest vocari furfurea GILB. I 67. 1.

trichila [CL], summer-house, bower.

sedens .. subter tricleia sua .. utebatur balista TREVET *Ann.* 128.

trichomanes [CL], maidenhair fern (*Asplenium trichomanes*).

politritcum agrestis dicitur andiantos, alii tricomanens *Gl. Laud.* 1165.

trichorum [CL < τρίχωρον], refectory (perh. originally room with three bays).

tricorum vel triclinium, *gereordhus* ÆLF. *Sup.*; Mathildis .. regina .. dedit centum libras Rodomensium ad agendum tricorum ORD. VIT. III 12 p. 129; eis .. datis sumptibus lapideum tricorium ubi una reficerent construi fecit [Mathildis regina] *Ib.* VI 5 p. 30.

tricies [CL], **tricesies**, thirty times (also in compound numeral).

fertur quia ~ies majorem pagani habuerint exercitum BEDE *HE* III 24; **798** haec partire per triginta. faciunt ~ies dimidium minutum quindecim minuta ALCUIN *Ep.* 148; ductus BG in DH trigies sicut superficies figure xx alkaidarum que continet triangulum circuli ABG ADEL. *Elem.* XIV 5; erat summa tenementi .. tricesies triginta acre terre BRAKELOND f. 150; secundum hoc tota terre superficies erit centies trigesies bis mille millia milliaria sexcenties mille milliaria BACON *Maj.* I 226; Vespasianus .. missus .. ad Britanniam tricesies et bis cum hostibus conflixit *Eul. Hist.* I 319; estimative erat tricesies plures quam omnes nostri *G. Hen.* V 12.

tricillis v. trisceles.

tricinium [LL], song sung by three singers, trio.

thre mennys songe, ~ium, -ii, n. *PP*; *a sange*, .. tricennium cantus trium *CathA*.

tricinus v. 2 ricinus.   **tricio** v. tritio.   **tricleia** v. trichila.

triclinium [CL]

1 an arrangement of three couches, (transf.) room or hall containing (three) couches, (esp.) dining room; **b** (fig.).

bombicinis indutum vestibus misit in ~ium [*gl.*: est cenaculum a tribus lectis discumbentium dictum] ubi pulcherrimae virgines .. sumptuosa ferculorum convivia praepararent ALDH. *VirgP* 35; ~ium Graece coenaculum .. a tribus lectulis discumbentium ita vocatum BEDE *Sam.* 559C; ~ium, in tribus lectulis recumbebatur *GlC* T 259; tricorum vel ~ium, *gereordhus* ÆLF. *Sup.*; ~ium, i. tres ordines sedilium *Gl. Bodl.* 38; collationi .. frequenter intererat, iensque cum ceteris in ecclesiam, facta confessione redditaque benedictione, in ~ium se recipiebat W. MALM. *GP* IV 140; ~ium quoque cenaculum est, id est refectorium monachorum BELETH *RDO* 121. 126; hoc ~ium est domus trina sessione facta *WW*. **b** .. virginis que tocius divinitatis meruit esse ~ium. .. quali dulcedine repleta est, in cujus utero ipse fons dulcedinis novem mensibus dignatus est habitari S. EASTON *Medit.* 398; Jhesu .. nonne cordis hospicium / fit nobile triclinium, / cum presens es hospicio J. HOWD. *Cyth.* 101. 8; visum est .. anime rationali .. nobile distinguere ~ium in quo habitaret, imperaret, quiesceret RIC. MED. *Anat.* 214.

2 couch, bed, (also) bedroom.

sed postquam nova nupta intravit ~ium pax rupta pontificis evanuit W. MALM. *GP* III 100 p. 219; s**1308** patrui regine cernentes quod rex plus exerceret Petri ~ium quam regine, cum indignacione ad Franciam remigarunt *Ann. Paul.* 262; triclinum, *a bed WW*.

triclinum v. triclinium.   **tricnosmanicos** v. strychnon.

tricoccum [CL], kind of bush (? *Crataegus azaarolus*).

tricoce, i. tubere *Gl. Laud.* 1459.

tricoce v. tricoccum.   **tricocinare** v. triconizare.

tricolor [CL tri-+color], of three colours.

sardonix constat tricolor FRITH. *Cives* 6. 1; color componitur .. bicolor .. et hic et hec ~or, -oris OSB. GLOUC. *Deriv.* 122; ~ore pulchritudine corona resplenduit, in cujus medio signum crucis intermicans apparuit *NLA* I 503.

tricoloratus [tricolor+-atus], of three colours.

color componitur .. tricolor .. unde ~us, -a, -um OSB. GLOUC. *Deriv.* 122.

tricolus [LL < τρίκωλος], three-membered, (in quot.) sort of gambling game or piece for such a game.

hinc thessara, calculus, tabula .. ~us J. SAL. *Pol.* 399C.

tricomanens v. trichomanes.   **triconisare** v. triconizare.

triconizare, tricocinare [cf. κοσκινίζω, perh. assoc. w. θρίξ], to sift, sieve, to put through a fine sieve.

algima, bolimus, agripnia: tricocinare *Gloss. Poems* 104; elleborus etc. .. terantur subtilissime et ~entur in saculo lineo GILB. II 97v. 1; pulverizetur papaver album et subtilissime tricocinetur *Ib.* IV 187v. 1; tricotrino, -as i. cribello, -as *Alph.* 187; triconiso, -as i. cribello, -as *SB* 42.

tricopler- v. Turcopler-.   **tricorium** v. trichorum.

tricornis [CL], three-horned (in quot. of cross).

nunc crucis arripe / tricornem baculum WALT. WIMB. *Carm.* 630.

tricorpor [CL], that has three bodies (in quot. of Geryon).

[Hercules] Geryonem ~orem devicerat *Natura Deorum* 35.

tricorum v. trichorum.   **tricotrinare** v. triconizare.

tricubitalis [CL tricubitus], of a length of three cubits.

magnitudo cubitalis augmentata, si ultra augetur, devenitur ad magnitudinem ~em DUNS *Metaph.* II 6 p. 254.

tricubitus [CL tri-+cubitus], three cubits long.

per consequens neque quantitatibus que demonstrantur numeris, ut sunt bicubitum, ~um, neque in figuris ut sunt triangulus et quadrangulus R. ORFORD *Reprob.* 175; continuum dicitur ~um non quia tunc divisum in tres partes cubitales .. DUNS *Metaph.* V 9 p. 546; termini positi in genere quantitatis non contrariantur, puta 'bicubitum', '~um' OCKHAM *Quodl.* 437.

triculator [cf. trica], (in gl., perh. by confus. of *tresour* and *tressour*, app. understood as) treasurer.

nomina artificiorum: .. hic ~or, *tresorre*; hic tesaurarius, idem est *WW*.

tricuspis [CL], that has three prongs.

~is, A. *treble pointe Teaching Latin* II 16.

triddingum v. trithingum.   **tridecim** v. tredecim.

tridenalis [trideni+-alis; cf. tricenalis]

1 (as sb. n. or m.) trental, series of thirty (esp. daily requiem) masses (also transf., of period during which such masses were celebrated; *cf.* *trentalis, tricenalis, tricenarius, tridenarius, trigintalis*).

elemosinarius .. septem de decima et tres ad mandatum et duos ad tritennales currentes percipiet *Chr. Evesham* 218.

2 (w. *dies* or as sb.) day of the final mass of a trental, month's mind.

1267 in die tritennali nullum pauperum deficit erogatione *Ch. Sal.* 343.

tridenarius [cf. trideni, CL tricenarius], consisting of thirty, (also w. *numerus* or as sb.) thirty, group or set of thirty. **b** (w. *officium* or as sb. n.) trental, series of thirty (esp. daily requiem) masses (*cf.* *trentalis, tricenalis, tricenarius, tridenalis, trigintalis*).

in nulla domo eorum [canonicorum] numerus tridenarius excedatur *Inst. Sempr.* *xlii.   **b** adhuc de morte tritennarium [CIREN. II 297: de more tricenarium] pro rege celebrabatur officium AILR. *Ed. Conf.* 777A.

trideni [cf. CL deni, triceni; cf. et. tredenus, ter deni], thirty.

elapsis .. annis postea ~is GIR. *David* 379; nec nisi ~is post hec annis elapsis nascituro *Ib.* 380.

tridens [CL]

1 that has three prongs (also transf. & fig.).

veniebat puer sacerdotis dum coquerentur carnes et habebat fuscinulam tridentem in manu sua [*I Reg.* ii 13] .. et habebant rapacem mundi cupiditatem in operibus suis, cujus ~entem morsum describens apostolus Johannes ait, 'quia omne quod in mundo est concupiscentia carnis et concupiscentia oculorum et superbia vite' [*I Joh.* ii 16] BEDE *Sam.* 513A.

2 (as sb. n.) three-pronged spear, trident. **b** (three-pronged) fork or meat hook. **c** pronged instrument used for digging, mattock.

vidit quoque demonem .. cum ~ente quem manu tenebat P. CORNW. *Rev.* 202; demones .. ira excandescentes ~entibus et uncis igneis COGGESH. *Visio* 21. **b** creagras, ~entes *GlC* C 878; componitur quoque dens hic ~ens, -entis quod aliter et fuscina et creagra dicitur OSB. GLOUC. *Deriv.* 162; de fuscinulis his et ~entibus legitur .. de filiis Heli qui fuscinulas et uncinos mittebant in lebetem [cf. *I Reg.* ii 13] GIR. *GE* II 32 p. 321; hec tridex, *a flechehoke WW*. **c** ~ens .. *meottoc GlC* T 286; s**1180** facies murorum [castelli] ligonibus, rastris et ~entibus .. solotenus complanatur M. PAR. *Min.* I 420; s**1250** utquid ligones, ~entes, trahas, vomeres, aratra, et alia culture necessaria .. apportasset *Id. Maj.* V 107.

tridental [CL tri-+dens+-al], (in gl.) sort of vessel with three projecting decorations.

~al, -is, i. quoddam vas OSB. GLOUC. *Deriv.* 580; ~al, vas cum tribus pinnis *Ib.* 591.

tridex v. tridens.

tridictionalitas [CL tri-+dictio+-alis+-tas], composition of three words.

bidictionalitas et ~as BACON XV 219.

1 tridie v. postridie.

2 tridie, ? three days previously, or *f. l.*

R. T. justiciarius .. convocari fecit duodenam quam tridie [*sic* MS; ? l. pridie] oneraverat ad indictandum .. malefactores WALS. *HA* II 35.

tridigitalis [CL tri-+digitus+-alis], three finger-breadths wide (in quot. of pig, w. ref. to thickness of fat).

si pasnagium capiatur de porcis, de ~i tertius, de duodigitali quartus (*Quad.*) *GAS* 111.

tridinga, ~ium, ~um v. trithingum.

tridualis [CL triduum+-alis], of three days, that lasts for three days.

s**1293** pecierunt Picardi inducias ~es W. GUISB. 244; s**1295** illi petitis et optentis ~ibus induciis miserunt Burdegalim ut auxilium mitterent *Ib.* 261 (=KNIGHTON I 361).

triduanus [CL], of three days, that lasts for three days; **b** (pred., of person). **c** (as sb. n. or f.) three-day fast.

ut raro ibi nix plus quam ~a remaneat BEDE *HE* I 1; tres .. dies sunt mansionis .. triduo manentes in Hierusalem .. post gaudium ~ae mansionis in Hierusalem *Id. Ezra* 871D; tercia hujus ~i agonis die GOSC. *Wulsin* 23; hec et hiis similia ~a excommunicanda sunt *Cust. Cant.* 253; inducias ~as *Meaux* I 267. **b** erat in custodia jam ~us DEVIZES f. 35v. **c** ~um aut iij superpositiones faciat GILDAS *Pen.* 20; primo anno quidam promiserunt quattuor ~as intervenienti una nocte. alii aiunt xij ~ae EGB. *Pen.* 15; duodecim ~e singule cum psalteriis tribus impletis .. excusant unius anni penitentiam BART. EXON. *Pen.* 135; jejunium quadraginta dierum per ~as (*Brendanus*) *NLA* I 140.

triduarius [CL triduum+-arius], of three days, or *f. l.*

persuadet ut triduario [? l. triduano] jejunio a se divinae indignationis iracundiam removeant ABBO *Edm.* 15.

tridumma v. trimodia.

triduum [CL], three-day period.

post ~um alter e duobus revertens *V. Cuthb.* III 5; precedens ~um .. absque ullis horarum dimensionibus .. aequali lance lumen tenebrasque pendebat BEDE *TR* 6; Jona .. in mare mersus in ventre ceti ~o latuit *Eccl. & Synag.* 105; jejunium .. non bidui aut ~i sit FELIX *Guthl.* 30; per ~um illud ante Pascha quod appellamus tenebras BELETH *RDO* 61. 67B; hominem in Deo clarificatum longius hoc ~o mortis esse captivum J. FORD *Serm.* 27. 4; ~i peracto spacio WALT. WIMB. *Carm.* 299; infra ~um post festum annunciacionis Dominice *Cart. Chester* 492 p. 284; **1520** ~o postquam hebraissare coeperam (E. LEE) *Ep. Erasm.* IV 1061.

tridyngum v. trithingum.

triellum [cf. CL duellum], (as nonce-word) fight involving three people.

.. Ricardum .. contra ipsum duo Turci .. ad pugnandum parabantur, ut illius non duelli sed potius ~i finalis eventus assertionis .. veritatem comprobaret M. PAR. *Min.* I 134.

triemalis v. triennalis.   **trien** v. triens.

triennalis [cf. CL triennis, triennium]

1 of three years (in length). **b** (of person) whose term of office or engagement is of three years. **c** three years old.

per ~e spatium GIR. *JS* VI p. 308; s**1231** statute sunt treuge .. ~es M. PAR. *Maj.* III 204; s**1240** legatus a domino papa .. revocatus .. cum jam moram in Anglia protraxisset ~em OXNEAD *Chr.* 168; induciis ~ibus *Meaux* I 270. **b** noluit electioni .. consentire, nisi securum eum facerent quod tribus annis .. staret in ipsius senatus potentia. .. senator ~is .. M. PAR. *Maj.* V 358; **1355** Agnes Pipe serviens ~is *JustIt* 312 r. 1. **c 1314** de iij pullis masculis ~ibus *Rec. Elton* 223; xvj boviculos ~es *Entries* 151rb.

2 that occurs or takes place every three years, three-yearly, triennial; **b** (w. ref. to payment of tithe or sim., also as sb. n.).

c**1378** ad ~e capitulum nostri ordinis *EHR* XLIII 77; episcopus .. agresti victu cibavit et non nisi ~i literaria informari permisit ne delicie aut litere monachos contra episcopum redderent elatos BROMPTON 979. **b 1308** item recipimus de quarta parte decime ~is de primo anno mmm ccc xxiij li. xv s. vij d. *EHR* XLI 355; decime ~is .. bonorum .. ecclesiasticorum .. regi concesse .. collector deputatus *Lit. Cant.* II 172; obtinuit a clero et populo decimam et quintamdecimam ~es *Meaux* II 383; vos vij libras et viij solidos in quibus idem R. nobis tenebatur de tertio anno x et xv †triemalium [l. triennalium] in comitatu Derb' nobis per clerum et communitatem regni nostri concess[orum] *Reg. Brev. Orig.* f. 143v.

3 (as sb. n., understood as) trental, series of thirty (esp. daily requiem) masses, (also) the payment made for them (*cf. trentalis, tricenalis, tricenarius, tridenalis, tridenarius, trigintalis*).

1232 capellanus faciet unum ~e pro anima decedentis *Reg. Heref.* 53; **1266** nec licebit .. capellano annuale vel ~e recipere *Reg. S. Aug.* 564; quod cum sacerdotibus non fiat pactio ut percipiant annualia vel ~ia *Conc. Scot.* II 52.

triennis [CL], **~ius, ~us**

1 three years old.

s**1160** filiam regis .. ~em *Flor. Hist.* II 75; de faciendo sacrificium ex vacca ~a GROS. *Cess. Leg.* I 7 p. 34; **1287** remanent ij bovetti ~es *Rec. Elton* 26; inter .. filium suum ~em et filiam .. comitis AD. MUR. *Chr.* 125; s**1200** primogenito suo .. adhuc parce etatis, triennio *Plusc.* VI 38; virgo .. quae cum triennis esset, pater ejus .. experiri volens an ad Deum an ad seculum declinatura esset .. BROMPTON 831.

2 that lasts for three years.

erat mulier .. sancto Baptiste Johanni nimis devota. hec .. dari sibi a Deo ~i oratione aliquid de membris ejus expetebat *Flor. Hist.* I 295.

triennium [CL], period of three years. **b** (abl.) for a period of three years.

x annos peniteat et post primum ~ium .. humanius circa eum episcopus potest facere THEOD. *Pen.* I 8. 12; ter in anno vel in ~io semel colebantur BERN. *Comm. Aen.* 104; frater G. tenetur eundem [librum] .. intra trigennium eidem conventui restituere *Collect. Francisc.* I 132; infra ~ium RIC. ANGL. *Summa* 41 p. 105. **b** ~io exulans BEDE *HE* III 7 p. 140; triennio .. antequam .. presulis exuvie e mauseleo essent sublatae LANTFR. *Swith.* 1.

triennius, ~nnus v. triennis.

triens [CL], third part (of spec. quantity, in quot. of *libra, as,* or *denarius*).

~ens sive treas iv unciae BEDE *TR* 4; ~ens, tertia pars denarii OSB. GLOUC. *Deriv.* 591; quincunx, ~ens vel trien, quadrans .. THURKILL *Abac.* f. 61v; [as] .. dividitur in iij, quarum unaqueque dicitur ~ens, iiij habens uncias *Ib.* f. 62; ~entem et duellam et emisesclam WALCHER *Drac.* 93; aut solidum assem usurpant sibi aut .. ~entem J. SAL. *Pol.* 580C.

triental [CL triens+-al, cf. CL trientalis], (in gl.) third part (of pound).

~al, tertia pars libre, i. quatuor uncie OSB. GLOUC. *Deriv.* 593.

triere v. triare.

trieris [CL < τριήρης], ship with three banks of oars, trireme.

~is, magna navis tribus [..] *GlC* T 253; ~em maximam onerariam eminus conspicatur W. NEWB. *HA* IV 20; s**1381** advecte sunt ~es Southamptoniam, quas caricas alii vocare solent, referte .. speciebus et vinis WALS. *HA* I 450.

tries [LL; cf. e. g. septais], (set of) thirty.

sume octavam lunam. multiplica per quattuor, fiunt triginta duo. partire per decem (ter deni tries et remanent duo). tribus ergo signis et duobus punctis

octava luna semper a sole dirimitur BEDE *TR* 17; ubi octava est vj Idus Januarias, multiplica viij per iiij, fiunt xxxij, partire per decem (ter deni tries et remanent duo puncti) *Ib.* 18.

trietericus [CL < τριετηρικός], triennial, (as sb. n.) triennial rites (esp. associated with Bacchus, orig., by inclusive reckoning, celebrated in alternate years). **b** (understood as) celebration occurring three times a year.

trietherica, post triennia *GlC* T 316; festum Bachi, orgium, triaterium, Dionisium OSB. GLOUC. *Deriv.* 79; triaterica, festa post triennium *Ib.* 594. **b** ab hoc nomine quod est tres, hec triateris .. vel hoc triatericum, -i, i. festum Bacchi ter in anno celebratum OSB. GLOUC. *Deriv.* 580.

trieteris [CL < τριετηρίς], period of three years, (also) triennial rites (esp. associated with Bacchus, orig., by inclusive reckoning, celebrated in alternate years).

ab hoc nomine quod est tres hec triateris, -is OSB. GLOUC. *Deriv.* 580; triateris vel triatericum, festum Bachi *Ib.* 591; etatis sue ~ide nona GIR. *TH* III 49.

trifa v. trufa, trypheros.

trifaciare [CL tri-+facies+-are], (liturg.) to provide (eucharistic prayer of mass) with three prefaces.

provenit quod .. unam [missam] vel ~ient vel etiam multifacient i. e. multarum facierum celebrent GIR. *GE* II 26.

trifariam [CL], in three ways, in three parts.

quibus [piscibus] ~iam divisis BEDE *HE* IV 13 p. 231; cum .. c litteram sequuntur in eadem syllaba e vel i, ~iam solet pronuntiari ABBO *QG* 10 (23); ~iam i. tribus partibus OSB. GLOUC. *Deriv.* 216; omnem substantiam suam ~iam divisit GIR. *GE* II 35; exercitum Scotus ~iam instruxit MAJOR V 3.

trifarie [CL], in three ways, in three parts.

ut .. omnem humanum ordinem ~ie paratum [ed. *OMT*: partitum] .. firmaret B. *V. Dunst.* 37; adjunctis sibi cleris et aliis .. tripharie distinctis .. in prima processionis fronte .. in secunda .. in tertia .. J. FURNESS *Kentig.* 39 p. 230; dividitur jus proprietatis in personas plures .. et quandoque bifarie, ~ie, quadrifarie per subdivisiones BRACTON f. 68; orbis .. ~ie est divisus, nam una pars Asia, alia Europa, alia Africa appellatur *Eul. Hist.* II 10.

1 trifarius [cf. CL trifarie, trifariam], that comprises three parts or kinds, threefold. **b** (pred., or acc. as adv.) in or into three parts.

sicut ~ia disparis vitae qualitate singillatim sequestrantur [virginitas, castitas, jugalitas], ita discretis meritorum ordinibus tripliciter dirimuntur ALDH. *Virg P* 19; aurosus .. color intus veritati divinitatis quae erat in Christo decenter aptatur maxime quia ~ius est quasi unam ac non discretam ejusdem sanctae Trinitatis gloriam figurans BEDE *Cant.* 1166B; sciendum est .. quod electio gratie ~ia est. eliguntur .. aliquando mali de malis ut fiant boni, aliquando boni de malis ut fiant magis boni, aliquando boni de bonis ut fiant optimi AILR. *Serm.* 28. 4; tripharia divisione .. trecentos .. alios trecentos .. reliquos .. trecentos J. FURNESS *Kentig.* 25 p. 204; hec [sc. Gallia] quondam fuit ~ia, scilicet Belga, Celtica, et Togata *Eul. Hist.* II 76; tripharias gentes Scotos .. Britones et Pictos FORDUN *Chr.* I 43. **b** terrarum orbem .. a majoribus tripharium distributum [cf. Orosius I 2] DICETO *Chr.* 28.

2 trifarius v. triforius.

trifaucis [CL], **trifax**, that has three throats.

~fax, Cerberus tres fauces habens OSB. GLOUC. *Deriv.* 591; si Cerberus ore trifauci / in scopulos dodona tuos achonita refudit J. EXON. *BT* I 283.

trifax v. trifaucis. **trifea, ~era** v. trypheros.

triferdellarius [CL tri-+ferdellarius], tenant of three fardels or three quarters of a virgate.

1330 vendicio operum ... et de iij treaferdellariis, quorum quilibet arabit .. ij aruras *MinAc* 1131/6 r. 7; **1485** de operibus v ~iorum et .. de operibus iij semiferdell' *Ib.* 974/6 r. 2.

triferon, ~feta v. trypheros. **trifforium** v. 2 triforium. **triffur-** v. trifolium, triforium. **triffurare** v. triforiatus.

trifidus [CL], split into three (esp. of Jupiter's thunderbolt).

tege trifidum jecor *Nunnam.* 94; Juppiter fulmen habet ~um *Natura Deorum* 15; habet .. Juppiter ~um fulmen, Neptunus tridentem, Pluto trium capitum canem ALB. LOND. *DG* 6. 22; fulmen ~um vel trisulcum legimus *Ib.* 10. 5; ~us, *fendu en treys Teaching Latin* II 162; ex obliquarum et erectae medietatibus areae ~ae producuntur SPELMAN *Asp.* 80.

trifilon v. trifolium.

trifolium [CL]

1 plant with trifoliate leaf, esp. kind of clover, trefoil.

trifilon i. ~ium *Gl. Laud.* 1452; bibat infirmus succum ~ii GAD. 123v. 1; saturion multi ~ium vocant eo quod tria folia habet *Alph.* 158; ~ii tria iiij genera ... ~ium quando simpliciter ponitur A. dicitur *cleure Ib.* 186; hic .. omnia animalia quadrupedia .. vivunt de ordeo .. et de quadam herba que dicitur ~um bestiale, Anglice vero *cowignays* S. SIM. *Itin.* 46; mellelotum, ~ium aquaticum *SB* 30; ~ium, i. *clavergrasse.* habens maculas in foliis *SB* 42; ~ium, i. *trifoile* .. *wite clovere WW.*

2 ornamental figure representing a plant with trifoliate leaf.

1245 alia [capa] de panno episcopi Rogeri, cum ~iis *Invent. S. Paul.* 480; panno argento enbrauder' cum ~iis *Ac. LChamb.* 77 f. 7v.

trifores v. triforium.

triforiatim [triforium+-atim], in the form or manner of pierced or open work.

1245 de viridi serico ~im intexto auro *Invent. S. Paul.* 488.

triforiatus [triforium+-atus], (of metal or fabric) decorated with pierced or open work. **b** (as sb. f.) ornamentation of pierced or open work.

1245 candelabra .. argentea .. pedibus draconibus insculptis ~foriatis *Invent. S. Paul.* 468; **1245** in circulo inferiori sunt quasi bisantii ~phuriati cum periodotis *Ib.* 473; **1245** tassellis ~furiatis *Ib.* 479; a**1250** [aurifaber] operatur siquando in auro, in argento, cupro, [in marg.: vel †trisurat; l. trifurat'] stagno (*Nominale*) *Neues Archiv* IV 341; **1295** morsus Alardi decani ~foriatus de auro puro, cum kamahutis et aliis lapidibus multis *Vis. S. Paul.* 310; **1295** brachium Sancti Melliti magnum ornatum platis et sexdecim cristallis et anterius continet circulum ~phoriatum et deauratum qui continet unum lapidem sculptum *Invent. S. Paul.* 461; **1388** quintum .. par serotecarum .. est ~ffuratum cum perillis ad modum crucis (*Invent. Westm.*) *Arch.* LII 222. **b 1388** [textus] magnus cum ymagine Trinitatis et duobus angelis argenteis .. et ymagine crucifixi .. habens ~ffuratas aureas cum lapidibus diversis (*Invent. Westm.*) *Arch.* LII 235; **1388** [alba] cum griffonibus, leonibus, crucibus, et aliis bestiis in ~ffuratis *Ib.* LII 247.

1 triforium [CL tri-+fores; cf. triforium]

1 an architectural feature with three doors or openings.

trifores, tres introitus qui et trivalves dicuntur OSB. GLOUC. *Deriv.* 594.

2 gallery or arcade in the wall over the arches at the sides of the nave and choir in a church (in quot. Canterbury cathedral).

hic murus chorum circuiens in circatione illa pilariorum in capite ecclesie in unum conveniebat. supra quem murum via erat que ~ium appellatur, et fenestre superiores GERV. CANT. *Combust.* 13; in quibus appositis clavibus et fornice facta, a turre majore usque ad pilaros predictos, id est, usque ad crucem, ~ium inferius multis intexuit columpnis marmoreis. super quod ~ium aliud quoque ex alia materia et fenestras superiores aptavit *Ib.* 20; ibi ~ium unum, hic duo in choro et in ala ecclesie tertium *Ib.* 27; illuminabuntur cerei per ~phorium superius et inferius *Cust. Norw.* 31.

2 triforium [AN *trifoire, trefoire, triffure* cf. transforare; cf. triforium], decoration (of metal or fabric) with pierced or open work.

1245 calix Grecus sine patena et de Greco ~furio *Invent. S. Paul.* 466; **1295** cresta ejusdem [morsus] argenta exterius deauratus cum exteriori ~phorio aurato *Vis. S. Paul.* 310; **1310** de ij cuppis de auro cum ~ffura *Ac. Exec. Ep. Exon.* 2; **1340** una cupa deaurata et signata de triffor' .. j cupa deaur' et aymell' in parte exteriori cum triffor' *AcWardr* p. 315; **1388** alba brudata .. cum leonibus, griffonibus, rosis, crucibus, et triffuris *Arch.* LII 247.

triforius [cf. triforium], of or pertaining to decoration with pierced or open work.

1245 opere ~fario mirabiliter in ipso panno contexto quasi in orbicularibus *Invent. S. Paul.* 478.

triformis [CL]

1 that has three shapes or forms (esp. of chimaera).

porro triforme ferum vel monstrum fingor inorme Hwætberht *Aen.* 52 (*Cymera*) 1; monstrum .. videre triforme *Altercatio* 113; ~e monstrum .. insignis venustetur facie leonis, olentis maculetur ventre capri, virulente armetur cauda vipere Map *NC* IV 3 f. 44v.

2 that has three parts or aspects, threefold.

tres sunt .. regulae sacris inditae litteris, quibus paschae celebrandi tempus nobis praefinitum .. / quam regulam ~em quisquis rite custodierit numquam in adnotatione festi paschalis errabit Bede *HE* V 21 p. 334; ~i acie *Id. Sam.* 675; ne .. cantatur [Agnus Dei] ut ejus corpus ~e intelligatur, illud scilicet quod in celo est glorificatum .. quod adhuc in terra ambulat et quod in sepulcris usque ad extremum judicii examen quiescit Beleth *RDO* 48. 55; cujuslibet .. soni, unde materiam cantilene contrahunt, ~em constat esse naturam. prima est harmonica .. secunda organica .. tertia rhythmica Gir. *TH* III 12 p. 158; ut satagat norme nectar sorbendo triforme *Sat. Poets* II 206; **1281** per ~em viam *Reg. Heref.* 289.

triformiter [CL triformis+-ter], in three forms, in a threefold manner. **b** in or into three parts.

haec [nomina qualitatis] ~er eveniunt, i. e. ab animo, ut 'sapiens', 'stultus', a corpore, 'candidus', 'formosus', extrinsecus, 'felix', 'dives' Tatwine *Ars* 1. 20. **b** quartum [librum] ~er distinguendo, premissis nonnullis miraculis T. Mon. *Will. prol.* p. 7.

triformus v. triformis. **trifuratus** v. triforiatus.

trifurcatus [cf. CL trifurcus], three-pronged.

furcatus .. quod componitur bifurcatus .. et ~us Osb. Glouc. *Deriv.* 219.

trifurcifer [CL]

1 one who carries three forks.

~er, -ri, i. portarius qui tres habet furcas ad honus gerendum Osb. Glouc. *Deriv.* 219.

2 thief, criminal.

etiam fur ~er Osb. Glouc. *Deriv.* 219.

trifurcus [CL], that has three prongs or branches, (in quot. as sb.) three-pronged fork.

1424 utensilia: .. de iij ~is ferreis pro fimo (*Chilbolton*) *Ac. Man. Wint.*

trifuri- v. trifori-.

triga [CL], team of three chariot-horses. **b** chariot or wagon pulled by three horses. **c** chariot of the sun.

bigae et ~ae et quadrigae pluraliter efferuntur Bede *Orth.* 13; ~e ubi iij equi sub curso sunt *GlC* T 272. **b** hec ~a, -e i. currus quem tres equi trahunt Osb. Glouc. *Deriv.* 280. **c** ~a currus Solis propter tres ejus potestates quia lucet calet siccat Osb. Glouc. *Deriv.* 65.

trigamia [cf. LL trigamus], (act or instance of) marrying three times or for the third time.

~iam inter contractus legitimos et pro tempore felicissimos computandam Francorum annalibus inserendum esse recensens, dum ad suscipiendam in ~ia sobolem masculinam, regum in solio collocandam, aspiraverit affectio conjugalis Diceto *YH* 438.

trigamus [LL], married three times (also as sb.).

~us et supra, id est, in quarto aut quinto vel plus, [peniteat] vij annos iiij feria et in vj Theod. *Pen.* I 14. 3; ~us, vir trium uxorum Osb. Glouc. *Deriv.* 591; **s1179** Ludovicus rex Francorum ~us ex tertio matrimonio filium procreavit Philippum Diceto *YH* 275

cap.; secunda uxor ipsius Aldermanni, ~us enim fuit, .. dedit ecclesie Ramesie villam de S. *Chr. Rams.* 191; ~us est Adam [Orleton], ductus cupidine quadam Ad. Mur. *Chr.* 173n.

trigarium [CL = *course for training chariot-horses*], team of three (in quot. understood as term for the three Graces).

hoc ~ium -ii, i. nomen trium Gratiarum, unde Martianus [Mart. Cap. IX 895], 'trigarium supplicantis germanitatis adveniet' Osb. Glouc. *Deriv.* 579.

trigenarius v. tricenarius. **trigeni** v. triceni. **trigennium** v. triennium. **trigent-** v. trigint-. **trigenus** v. tricenus. **trigesies** v. tricies. **trigesim-** v. tricesim-. **trigies** v. tricies.

triginta [CL], thirty.

ille ~a argenteis venalem habuit omnium salvatorem, vos vel uno obolo Gildas *EB* 107; c**798** decem .. et viginti et ~a, sexaginta sunt, sicut et tres et duo et unum, sex Alcuin *Ep.* 133; confirmo .. triginti tres acras prati *Croyl.* 9 (cf. *CS* 409: **833** triginta quatuor acras prati); tenebat .. treginta acras *DB* II 374b; ab hoc nomine quod est tres, ~a nomen indeclinabile Osb. Glouc. *Deriv.* 579; **1213** ad apparatum galiarum nostrarum trigentas ancoras quamlibet vij pedum *Cl* 156a; **1265** tringinta et quinque solidis *Cl* 21; sic Salvator noster plus quam ~a duobus annis pro eorum amore laboraverat *AncrR* 160; sicut patet de Saturno, qui cursum complet in ~a annis Holcot *Wisd.* 185.

trigintalis [CL triginta+-alis], of or pertaining to a trental or series of thirty (esp. daily requiem) masses (*cf.* trentalis, tricenalis, tricenarius, tridenalis, tridenarius). **b** (*dies* ~is or as sb.) day on which the final mass of a trental was held, month's mind. **c** (as sb. n.) trental, series of thirty (esp. daily requiem) masses (also transf., of fee or of period during which such masses were celebrated).

hii qui annuum servitium pro defunctis tenentur celebrare ad trigentale servitium dicendum pro alio se non obligent *Conc. Scot.* II 62; **1451** lego .. decem marcas pro celebratione .. exequiorum .. et aliorum suffragiorum, in primo die ~i et aliis secundum discretionem dicti Symonis *MunAcOx* 609. **b** **1425** volo .. quod omnes servientes mei usque ad diem ~em stent et expectent in serviciis vij *Reg. Cant.* II 351; lego cuilibet canonico Sarisburiensi in die ~is mei exequiis meis et misse interessenti iij s. iiij d. *Ib.* **c** ?**11..** abbates vero utriusque loci ~e ex integro [habeant] ut mos est (*MS BL Addit. 38816*) *EHR* LI 491; canonico .. defuncto statutum est triginta dierum in conventu obsequium fieri, et ~e separatim unumquemque celebrare presbyterorum *Reg. S. Osm.* I 20; donec .. defuncti ~e compleatur *Cust. Westm.* 253; nec licebit eisdem capellanis aliquod annuale vel ~e ullatenus recipere, sed omnes oblationes ad dicta altaria provenientes ad vicarium sancti Pauli spectabunt Thorne 1914; **1471** lego xxx s. pro iij trigentalibus pro anima mea celebrandis *Wills Dublin* 16; **1493** pro luminaribus die obitus mei .. et pro ~i .. vj marcas *Wills N. Country* I 63.

trigintenarius v. tricenarius. **triginti** v. triginta.

trigintuplus [cf. CL quadruplus], thirty times in amount or number, thirtyfold.

quadratum equale ~cuplo quadrati Adel. *Elem.* XIV 4; quapropter corpus terre erit ~tuplum et quarta fere respectu corporis Lune Bacon *Maj.* I 233.

trigla [LL < τρίγλη], kind of fish, red mullet.

a mullet, mullus, ~a Levins *Manip.* 87.

trigonalis [CL], that has three angles, triangular.

quomodo stellarum radiatio sive exagonalis sive tetragonalis sive ~is inveniatur Adel. *Elk.* 37 (*tit.*).

trigonalitas [CL trigonalis+-tas], (astr.) triplicity, combination of three of the twelve signs of the zodiac in which each sign is 120° distant from the other two (*v. et.* triplicitas).

inest item stellis vigor ex suorum effectuum locis, velud est domus, principatus, terminus, facies, et ~as (Rob. Angl. (I) *Jud.*) *MS BL Cotton app. vi* f. 162v (115v).

trigonaliter [CL trigonalis+-ter], in a triangular manner or form.

erit .. stellarum felicitas si benivola benivolam exagonaliter vel ~er vel tetragonaliter adinvicem respicient D. Morley 191.

trigonia v. trigonion, trygonus.

trigonicus [τριγωνικός], triangular.

ex tetrahedri sectione ~a Dee *Monas pref.* p. 184.

trigonion [LL], (bot.) vervain (*Verbena officinalis*).

trigonia, i. peristereon *Gl. Laud.* 1464.

trigonum v. trigonus, trygonus.

1 trigonus [CL]

1 that has three angles, triangular. **b** (math., of number) that can be represented as an arrangement of equally spaced points forming an equilateral triangle, triangular. **c** (as sb. m.) figure that has three angles, triangle (also w. ref. to triangular number). **d** (*in* ~*um*) so as to form the triangular number with that base. **e** (astr.).

s1279 facta est mutacio monete in Anglia, quadrante ~o in rotundum permutato Oxnead *Chr.* 255. **b** superficialis numerus est ita qui non solum in longitudine sed in latitudine continetur ut ~us Bart. Angl. XIX 123. **c** senarium, qui est primus numerus perfectus, in modum ~i formatum Gros. *Cess. Leg.* IV 1 p. 156; a gonia .. dicitur ~us, quod est triangulus Bacon *Gram. Gk.* 73; sicut sunt figure, ut ~us vel tetragonus T. Sutton *Quodl.* 581. **d** ipsa .. quindecim in ~um ducta, id est cum omnibus suis partibus adnumerata, centum viginti efficiunt Bede *Templ.* 754D; sicut senarius gradatim ex suis partibus surgit in ~um Gros. *Hexaem.* IX 1. 2. **e** respectuum ~us fortunatissimus; fortunam enim absque difficultate denotat, sextili reliquisque fortunatior velut oppositus, tetragono deterior (Rob. Angl. (I) *Jud.*) *MS BL Cotton App. vi* f. 164 (117).

2 the Trinity.

cujus pectus .. / .. ab hoste defensavit / increatus trigonus Walt. Wimb. *Virgo* 131.

2 trigonus v. trygonus.

trigua v. treuga. **trigulator** v. tegulator. **trihingum** v. trithingum. **trihumph-** v. triumph-.

trijugus [cf. CL quadrijugus], yoked three abreast.

~us on ðreo geeht *Catal. MSS AS* 442; hec quadriga .. ubi quatuor trahunt equi, et ab istis dicitur bijugus et ~us .. quibus nominibus ipsi equi vocantur Osb. Glouc. *Deriv.* 280.

trilaterus [CL], three-sided.

rectilineae figurae sunt quae rectis continentur lineis, quarum quedam ~ae tribus rectis lineis Adel. *Elem.* I *def.* 20; figurarum ~arum: alia [figura] est triangulus trium inequalium laterum *Ib.* I *def.* 21; si mundus esset alterius forme .. sc. ~e vel quadrilatere Sacrob. *Sph.* 80; aliud quoque [claustrum] ~um, a coquina usque ad ostium claustri regularis *G. S. Alb.* I 290.

trilex v. triplex.

trilibris [CL], a weight of three pounds.

hec bilibris .. duarum librarum pondus, sic et ~is et quadrilibris dicitur Osb. Glouc. *Deriv.* 310.

trilinga v. trithingum.

trilinguis [CL], triple-tongued, that speaks three languages.

Eusebius .. Cesariensis et ~is Ieronimus .. multa scripserunt de seculi excursibus Ord. Vit. I 22 p. 94; hic et hec elinguis .. i. mutus quasi extra linguam, et bilinguis, et ~is Osb. Glouc. *Deriv.* 306.

trilingum v. trithingum. **trilis** v. trilix.

trilitteralitas [CL tri-+litteralis+-tas], (w. ref. to syllable) composition from three letters.

racio .. secundum quod attenditur circa sillabam, bilitteralitas et trilitteralitas Bacon XV 219.

trilix [CL]

1 of triple thread. **b** (of chain-mail, armour, or sim.) of three-ply mesh or triple-layered. **c** (as sb.) hauberk, breastplate.

vestes .. differentes .. textura, ~ices, rallas, acupictas BALSH. *Ut.* 52. **b** fides necnon trilicibus / girat thoracis humeros (ÆTHELWALD) *Carm. Aldh.* 2. 27; dux cum suis agminibus centuriatus et ~icis toracis circumdatus BYRHT. *HR* 72; casside caput operiebatur, corpus reliquum ~ix lorica muniebat GOSC. *Mir. Iv.* lxxxiii; ~is, triplex OSB. GLOUC. *Deriv.* 591; gens .. / militat in campis, defensa trilicibus armis J. CORNW. *Merl.* 4 (33); clave conquassant galeas, resecantque trilices / loricas gladii GARL. *Tri. Eccl.* 86; clamides tunicasque trilices [*gl.: hauberc tré redublé*] *Id. Mor. Scol.* 76. **c** ~ex, *hauberc* GARL. *Mor. Scol.* 76 *gl.*

2 (of verse) that has triple internal rhyme.

versus ~ices super dextrum chorum R. CANT. *Poems* 30 *tit.* (cf. *ib.*: state chori, sensu memori cantuque sonori! / o juvenes, sanctique senes, voces date lenes!).

trillabus, ~lobus v. 2 tribulus.

trilustralis [CL tri-+lustrum+-alis], that has the duration of three *lustra*, fifteen-year-long.

fitque trilustralis causa sepulta diu NIG. *SS* 2214.

trimammis [CL tri-+mamma+-is], that has three breasts.

Alba nomine, que cognominabatur Trimammis eo quod ternas equato natorum numero habuerit mammas (*Winwaloeus*) *NLA* II 558.

trimaterterâ [τρίτος+matertera, cf. CL tritavus], great-great-great-great-aunt on the mother's side. **b** (~*a magna*) great-great-great-great-great-aunt on the mother's side.

de matre .. tritavunculus et ~a ROB. BRIDL. *Dial.* 160. **b** promatertera .. abmatertera magna .. atmatertera magna .. et trimatertera magna .. et eorum heredes in infinitum BRACTON f. 68b; triavunculus magnus et ~a magna ex parte matris in linea transversali *Fleta* 375.

trimatria [cf. CL atrium], building containing several halls.

~a, *hallys* WW.

trimatus [CL trimus+-atus], period of three years.

hic ~us, -ui, i. trium annorum spatium OSB. GLOUC. *Deriv.* 14; infans .. jam ~um implens W. CANT. *Mir. Thom.* II 42.

trimembrale [CL trimembris+-ale], (in gl.) tether.

soole, bestys tyying, ~e, -is .. muligo .. boia *PP.*

trimembris [CL]

1 that has three bodies.

Geryon .. rex fuit Hispanie, qui ideo ~is fingitur quia tribus prefuit insulis ALB. LOND. *DG* 13. 5.

2 that consists of three parts, threefold.

non facit nisi ~em divisionem secundum tres distinctiones cerebri GILB. IV 186. 1; qualiter hec [virtutum] divisio ~is et illa [vitiorum] septimembris est? HALES *Qu.* II 407; modi .. philosophie essentiales sunt tres: naturalis, mathematicus, et divinus ... hujus .. ~is divisionis acceptionem ibidem immediate ante .. ponit KILWARDBY *OS* 15; isti habent de fautoribus ponere distinctionem .. ~em: quia aliqui sunt fautores hereticorum tantummodo et non heretice pravitatis; aliqui heretice pravitatis et non hereticorum; aliqui vero sunt fautores hereticorum et heretice pravitatis OCKHAM *Dial.* 673; istam ~em blasphemiam WYCL. *Sim.* 40.

trimensis [CL tri-+mensis, cf. tremesius], that is ready for harvest three months after sowing, that is sown in the spring, (in quot. as sb.) crop that is ready for harvest three months after sowing or that is sown in the spring.

c1182 terere debet .. de ~i xl garbas *RB Worc.* 169.

trimenstr- v. trimestr-.   **trimesius** v. tremesius.

trimestris, ~nstris [CL], of three months, (also as sb.) period of three months.

alii quadripertitis temporibus [determinabant annum], sicut Arcades .. quorum anni ~nstres fuerunt BEDE *TR* 37; 1560 volumus magistrum choristarum illos discipulos schole grammatice diligenter instruere

---

et eundem magistrum a singulis eorum .. sex denarios singulis ~stribus a tutoribus percipere *Educ. Ch.* 512.

trimestruum, ~nstruum [cf. CL trimestris, trimenstris], period of three months.

si sic tua prodigas semel ut ~nstruo toto esuriens conviva impudens mensas circumeas alienas J. SAL. *Pol.* 726A.

trimeter, ~trus [LL < τρίμετρος], trimeter.

constat .. ex duplicibus ~ter ALDH. *Met.* 10 p. 82; monometrum, dimetrum, vel ~trum versum in iambicis, trochaicis, anapaesticis metris per pedes duplices computari BONIF. *Met.* 113; ~tron, trium pedum *GlC Interp. Nom.* 317; 'paterna rura bobus exarat suis': qui versus ~ter est iambicus totus solis iambis compositus ABBO *QG* 7 (22); invenimus quoque bimetrum et ~trum et iambimetrum sed raro OSB. GLOUC. *Deriv.* 351.

trimetricus [LL trimeter+-icus], of or comprising a trimeter.

a metior hoc metrum, -ri, unde metricus .. et componitur bimetricus, ~us OSB. GLOUC. *Deriv.* 351.

trimetron v. trimeter.   **trimium** v. trivium.

trimodia [CL, cf. tremia, tramellum], ~**ium**, a vessel with a capacity of three *modii*, (in quot.) funnel, (esp.) hopper (of mill).

c1150 annonam suam post illam que in termodio erit sine consuetudine consequenter molere facient *MonExon* 41; c1215 blada sua ad molendina mea molent statim post illud quod sint in tridumma (*Leek*) *BBC* 98; c1250 molendo bladum suum ad molendinum meum .. post proximum bladum inventum in ~io preter dominicum meum bladum sine multura *DL Cart. Misc.* III 174; c1300 post bladum inventum in tremodio *Dryburgh* 93.

trimodium v. trimodia.

trimodus [CL tri-+modus], threefold.

680 absque ~a [v. l. †trinoda] necessitate totius .. populi, id est arcis munitione, pontis emendatione, exerciti [l. exercitu] congestione *ASC* VI *app.* p. 100 (=*CS* 50); lectorem admonemus ~a ratione computum temporis esse discretum: aut enim natura, aut consuetudine, aut certe auctoritate decurrit BEDE *TR* 2; panes ~o jubentur cocturae genere praeparari [cf. *Lev.* ii 4–7], in clibano videlicet, in sartagine, et in craticula *Id. Sam.* 562; ~o errore estuans, si .. an .. aut .. (TORIGNI) W. JUM. II (4).

trimoia v. tremia.   **trimulum** v. 2 tramellum.

1 trimulus [CL], three years old (also as sb.).

trimus, -a. -um i. trium annorum .. et inde .. ~us .. diminutivum OSB. GLOUC. *Deriv.* 14; mors occat juvenes atque juvenculas, / bimos et bimulas, trimos et trimulas WALT. WIMB. *Sim.* 109.

2 trimulus v. trimus.

trimum v. et. trivium.

trimus [CL], three years old (also as sb.).

Edburga, vix dum ~a esset, spectabile future sanctitatis dedit periculum W. MALM. *GP* II 78; ~us, -a. -um i. trium annorum OSB. GLOUC. *Deriv.* 14; erat rudis, nescius lingue, quam non audierat, et tanquam bimus aut ~us prima rudimenta docendus infantie W. CANT. *Mir. Thom.* VI 116; mors occat juvenes atque juvenculas, / bimos et bimulas, trimos et trimulas WALT. WIMB. *Sim.* 109.

trinare [CL trinus+-are], to triple.

more canis cauda congaudet, dente caninat / subdolus, ac illi credenti subdola trinat D. BEC. 753.

trinarius [LL; cf. CL ternarius], that consists of three, (~*ius numerus* or as sb. m.) the number three, (also) set or group of three.

hec trinitas .. et ~ius, -a, -um OSB. GLOUC. *Deriv.* 579; de hoc scemate dicit Isidorus quod si ~ius numerus excedatur, non erit scema sed scemati contrarium GERV. MELKLEY *AV* 12; binario frequentius usus est, semel tamen ~io *Ib.*; ergo binarius erit ~ius DUNS *Metaph.* IV 2 p. 166; arismetricus .. ~ium ponit primum numerum perfectum resultantem ex omnibus suis partibus aliquotis WYCL. *Trin.* 69; relique figure omnes .. semper sunt imperfecte, quamvis perfecte esse possint, cum quolibet totum sit divisibile tam per binarium quam per ~ium HOTHBY *Cant. Fig. Ve* 40; *three,* tres et tria, .. ternus, ~ius, triplus *CathA.*

---

trincennalis v. tricenalis.   **trindelus** v. trendellus.   **trindinga** v. trithingum.

trinepos [CL], great-great-great-great-grandson.

~os, vel tetranepos, i. adnepotis filius OSB. GLOUC. *Deriv.* 377; s765 Ealdredus ~os Ide regis M. PAR. *Maj.* I 344; sic resolvendo a tritavo computato pro patre vel tritavia pro matre, fieri poterit descensus juris usque ad ~otem BRACTON f. 67; ex Albanacto, trinepote potentis Enee / dicitur Albania W. COVENTR. I 25; c1410 sui ~otis abnepotem (v. abnepos).

trinepta v. trineptis.

trineptis [CL], ~**ta**, great-great-great-great-granddaughter.

mater Edina ~ta Oslaci ducis G. *Herw.* f. 320b; trinepos et ~tis ROB. BRIDL. *Dial.* 159; descensus jure usque ad trinepotem et ~tem BRACTON f. 67.

tringinta v. triginta.   **trinitale** v. trentale.

trinitas [LL]

1 condition of being three in number or constituency, (also) group of three, threesome, (*numerus ~atis* or ~*as*) the number three.

deprehendi quamdam ~atem esse in me: essentiam videlicet, scientiam, et amorem AD. SCOT *TGC* 834A; dactalica quoque fuit, cum uno longo et alio brevi baculum brevem adhibuit, et paris numeri defectum numero ~as impare juvit *Mir. Cuthb. Farne* 7; forte aliquid †elucacie [l. efficacie] contulisset numerus ~atis. Goliath in tertio lapide prostratus est P. BLOIS *Ep.* 10. 32A; hunc [sc. ternarium] extrahimus a natura rerum, ut Aristoteles dicit primo Celi et Mundi, quia in omni ~as consistit .. tam in Creatore quam in creatura BACON *Maj.* II 197; cum omnis perfeccio in ~ate consistat [sc. tenens, petens, judex] *Fleta* 441; Augustinus .. dicit quod ille due portiones anime, superior et inferior, non distinguuntur nisi penes officia; et in utraque est ~as (in superiori autem imago Trinitatis) DUNS *Ord.* I 201; credere ~atem personarum cum unitate Divinitatis OCKHAM *Dial.* 446; nota .. potest facere de se perfectam ~atem. hoc est, potest continere in se tres duplices longas HAUBOYS 194.

2 (theol.) Trinity, God as Father, Son, and Holy Spirit; **b** (in title of book); **c** (in dedication of church or chapel). **d** (also *festum ~atis, Dominica de ~ate,* or sim.) Trinity Sunday. **e** (*Ordo S. ~atis* or sim.) Order of the Holy Trinity (founded in 1198 by John de Matha). **f** (transf.) three persons acting together.

quis victoribus solum et in tricenario numero, hoc est ~atis sacramento .. ut Melchisedech benedixit GILDAS *EB* 69; si quis baptizatur ab heretico qui recte ~atem non crediderit, iterum baptizetur THEOD. *Pen.* I 5. 6; alma Deus Trinitas, quae saecula cuncta gubernas (*Hymn.*) BEDE *HE* IV 18 p. 247; licet opera ~atis sit indivisa, puto tamen quod per quandam appropriationem 'dedit Pater omne judicium Filio' GROS. *Ep.* 52*; Moyses credidit .. ~atem fecisse celum et terram M. PAR. *Maj.* I 83; ab ipso [Baptista] .. baptizatus est claritatis Dominus mundum sustinens sua propria potestate, ubi ~as se ostendit ei, Pater in voce, Spiritus Sanctus in columbe specie, Filius in manibus ejus *AncrR* 52. **b** legat .. Augustini quartum de sancta ~ate libellum BEDE *TR* 39; Ricardus de Sancto Victore de ~ate *Meaux* III xc; Augustinum de civitate Dei et ~ate uno FERR. *Kinloss* 77. **c** c1245 ecclesia sancte ~atis de Berwyck *Conc. Scot.* I ccxcix; **1323** in reparacione cujusdam muri contra ~atem *Ac. Obed. Abingd.* 3; **1380** parochia Sancte ~atis *Mem. York* f. 59b; **1510** capella Sanctae ~atis *Invent. Ch. Ch.* 40. **d** **1167** canonicis de sancta ~ate Lund' *Pipe* 168; **1217** a die Mercurii proximo post festum Sancte ~atis *Pat* 65; **1219** a die sancte ~atis in tres septimanas *CurR* VIII xi; usque in Dominicam de ~ate *Cust. Westm.* 275; **1330** instanti Sabbato quo cantatur officium Sitientes, in festo quatuor temporum, vigilia ~atis *Lit. Cant.* III 113; set si inter festa Pasche et ~atis nos obire contigerit *Mem. Ripon* I 127. **e** **1252** suscepimus in protectionem et defensionem nostram fratres ordinis S. ~atis et Captivorum *Pat* 64 m. 4; per ovem albam [designantur] omnes qui utuntur vestimentis albis, ut Cistercienses, Premonstracenses, ordo S. ~atis O. CHERITON *Fab.* 52; **1413** prior et conventus fratrum domus Sancte ~atis de Houndeslowe *Pat* 390 m. 33; **1461** per solucionem factam Fratribus Sancte ~atis de Abirdene *ExchScot* 85. **f** horum .. trium, Thunor videlicet, Theuthbaldi, et Thurstani, nefandas personas damnationi perpetue coequandas, quasi ~atem nefariam, Trinitati gratie, fidei, spei, et caritatis, contrariam ELMH. *Cant.* 213; indivisa ~as trium dominorum appellancium, sc. ducis G. et comitum A. et W. FAVENT 21.

trinnire, (in list of words, *cf. trinsire*).

in quarta conjugatione .. ut hinnio, hinnis .. ~io, -is ALDH. *PR* 114 p. 156.

trinoctium [CL], period of three nights.

~ium, -ii i. spatium trium noctium OSB. GLOUC. *Deriv.* 370.

trinodis [CL], **~us,** that has three knots.

~em gestabat corrigiam OSB. GLOUC. *Deriv.* 2; funiculum tu complicas istum unum et trinodum [cf. *Eccles.* iv 12: funiculum triplex] H. READING (I) *Haeret.* III 1298C; scutica cedente trinodi NIG. *SS* 2071; in caput hoc malo clava trinodis eat *Babio* 8; infantibus .. / quorum sunt livida terga vibicibus, / male corrigiis cesa trinodibus (*Palpo*) *Ps.*-MAP 127.

trinodus v. trimodus, trinodis.

trinomen [CL tri-+nomen, cf. LL trinomius], threefold name or title.

nomen componitur binomen et~en OSB. GLOUC. *Deriv.* 375.

trinomius [LL], who has three names.

Petrus .. ~ius fuit, indicioque trium vocabulorum multiplex virtus ei celitus data claruit. Simon etenim oboediens, Petrus vero agnoscens, Cephas autem caput interpretatur ORD. VIT. II 2 p. 226; similiter et una persona plerumque seu res quevis binomia vel ~ia ex causis variis variis sic nominibus censita, cum tamen non nisi una persona sit H. BOS. *LM* 1364C; custos vero reliquiarum vel thesaurarius sive revestiarius, quod idem est ~ius *Cust. Cant.* 111; Italia .. a Grecis occupata .. Magna Grecia est appellata; post .. Saturnia est vocata; deinde .. Latium est appellatum et sic ~ius est locus ille *Eul. Hist.* II 69.

trinsire, (of goose) to honk or hiss (*cf. trinnire*).

anseres crinciunt vel trinsiunt ALDH. *PR* 131 p. 179.

trinthingum v. trithingum.

trinubus [cf. CL tri-, nubere], married three times.

Anna que dicitur ~a H. BOS. *Ep.* 1. 1417A (cf. ib. 1. 1418B: Anne ~e).

trinus [CL *usu pl.*; cf. et. ternus]

1 (pl.) three each or at a time, (of things regarded as a set or group) three (also in compound num.). **b** three (forming a set or group).

millia trina ciens ALCUIN *SS Ebor* 540; ~is oblatrant avidissimis terroribus .. qui norunt ex afflictis hiatus implere triplices MAP *NC* V 7 f. 72; **1435** ut patet per ~as literas suas sub sigillo suo de recepto ostensas *ExchScot* 661. **b** regi nato tria signifera / reges trini presentant munera J. HOWD. *Ph.* 36.

2 three(fold), triple; **b** (astr., *cf. trigonalitas, triplicitas*); **c** (w. ref. to God as Trinity).

concilium glomerant cum trino teste nefandum / .. e quorum numero .. unus / .. alter subsequitur .. / tertius ast testis profert e pectore questus ALDH. *VirgV* 923; pueri ingressi, ut Trinitatis reverentia ab omnibus legitime teneatur, ~a [*gl.: þrynenum .. gebede*] utantur oratione. finitis vero tribus orationibus a pueris, sonetur .. signum *RegulC* 17; retractans ~um .. tue sinceritatis obsequium, videlicet occursum, alloquium, et affectum LUCIAN *Chester* 39; Cerberus ibi canis triceps janitor. iste .. exire volentes ~a voce terribilis arguit MAP *NC* V 7 f. 72; ~o electorum, virginum scilicet, continentium, et conjugatorum ordine *Flor. Hist.* II 316; dum .. post ~am .. correpcionem sui custodis .. se corrigere non curaverit *Eng. Clergy* 266; **1340** mulier .. fatetur peccatum et injuncta est sibi †triva [l. ~a] fustigacio circa ecclesiam (*DCLinc*) *Rec. Soc. & Econ.* N. S. XXXII 106; condempnati fuerunt per nos ~a monicione premissa *FormOx* 121. **b** ~us aspectus est quando inter duos planetas sunt quatuor signa, que sunt tertia pars zodiaci ROB. ANGL. (II) 176. **c** trinus in arce Deus ALDH. *VirgV pref.* 3; credatur unitas ~a et trinitas una AD. SCOT *TGC* 811A; est .. Deus ~us et non triplex, est simplex et non simplus NECKAM *SS* I 20. 2; lego animam meam Deo Trino et Uno *MunAcOx* 706.

trio [CL triones], (threshing) ox. **b** (pl., also w. *septem*, astr.) stars of the constellation Ursa Major or Ursa Minor; **c** (etym.).

hic ~o, -nis i. bos OSB. GLOUC. *Deriv.* 577; hic ~o, *a neete WW.* **b** bos, terio, plaustrum ducunt septem teriones NECKAM *DS* I 355; teriones quo polum ambiunt J. HOWD. *Ph.* 872; polus teriones stupescit abire *Id. Cant.* 142; ut stellam cingant septem splendore triones, / sol novus in plaustro vult rutilare novo GARL. *Epith.* I 205. **c** terere, et hic trio .. i. bos, et dicitur ~o quasi terio, eo quod terram terat OSB. GLOUC. *Deriv.* 577; septentrionalis dicitur a septentrione, hoc est, a minore Ursa, que dicitur a septem et trion, quod est bos, quia septem stelle que sunt in Ursa tarde moventur cum sint propinque pole. vel dicuntur ille septem stelle septentriones, quasi septem teriones, eo quod terunt partes circa polum SACROB. *Sph.* 87.

triologius v. trialogius. **trion** v. trio. **trioptotus** v. triptotus.

1 tripa [AN, ME *tripe*], tripe.

1225 in ~is faciendis iiij d. *Househ. Ac.* 144; hec ~a, *a tripe WW.*

2 tripa [ME *tripe* < CL *tripes*], trivet, tripod.

pro emendacione unius ~e auri pro tabula regine (*KR Ac*) *JRL Bull.* XLII 122.

triparium [tripa+-arium], trivet, tripod.

1180 ad .. ij magnas caldarias emendas cum trepariis *Pipe* 137; **1205** computate vicecomitibus Lond' xxj s. pro iiij paellis et ij treperiis que liberaverunt Roberto Esculer *Cl* 30b; **1207** pro ij ollis ereis et ij tripariis et craticulis, xxiiij s. *Cl* 88a; **1326** [*a cup of silver .. with a trivet*] tripero [*with a weight of 108s. 4d.*] *CalPat* 339; **1340** una cupa deaur' cum triperio *AcWardr* 316; **1374** in coquina .. ij tripar' precii ij s. *IMisc* 205/1; **1390** de .. uno parvo *payele* stante super j triper' *Ac. Foreign* 25 G.

tripartire, ~iri [CL tri-+partire *or as back-formation from* CL tripartitus, tripertitus], **tripertire, tripertiri**

1 to divide up into three (parts or shares).

si terre sint ~ite tunc novies viginti acre faciunt carucatam, eo quod lx in hyeme, lx in quadragesima, et lx in estate pro warecto debent exarari *Fleta* 159; pisces .. qui dicuntur *haddoch* vel *gurnard* .. non debent frustratim ~iri *Cust. Westm.* 76; **1334** sunt ibi in dominico de terra arabili que non partitur in ceteras seisonas, tamen potest bene ~iri, ccxv acre .. *Surv. Denb.* 2; Witcleff sic solvit Jesum et ~ebatur eum, dicens Christum esse trium naturarum NETTER *DAF* I 128b B; **1423** residuum vero bonorum meorum .. volo ~iri. cujus residui primam partem trium parcium .. lego .. sororibus meis .. secundam vero partem dicti residui ~iti do .. . tertiam partem .. lego .. *Reg. Cant.* II 255; cuneos armiferos .. tripertivit *Ps.*-ELMH. *Hen. V* 85; to parte in thre, ~iri *CathA*; hanc .. partem [libri] .. ~itus sum BEKINSAU 735.

2 (p. ppl. as adj.) divided into or composed of three parts; **b** (in book title). **c** (of letter or document) made in three corresponding copies. **d** (pl.) threefold, that form three parts.

~ita .. praepositionum definitio ALDH. *PR* 140 p. 194; partitus componitur bipartitus, ~itus OSB. GLOUC. *Deriv.* 412; tria tempora opere librorum ~ito distinxi L. DURH. *Hypog.* 64; ~ita nobis .. familia fuerat, Normanni, Angli, nostri in Hibernia reperti GIR. *EH* II 37. **b** 12.. ~ita historia (*Catal. Libr. Croyl.*) *Festschr. J. Vorstius* (Leipzig, 1954) p. 295; **c1439** ~itum [Bar]tholomei *MunAcOx* 764. **c** c**1448** has litteras nostras indentatas et ~itas fieri fecimus patentes *StatOx* 276; **14..** noverint universi ad quos presentes litere ~ite pervenerint quod .. *Reg. S. Bees* 387. **d** doctrina summae scientiae, quae tripartis [l. ~itis] dividitur modis BYRHT. *V. Osw.* 400.

tripartitio [tripartire+-tio, cf. CL tripertitio], division into three parts.

de ~one regni Anglie, in diversitate legum, comitatuum, vel provinciarum (*Leg. Hen.* 6) *GAS* 552.

tripartitus, ~partus v. tripartire.

tripatruus [τρίτος+patruus, cf. tritamita, CL tritavus], great-great-great-great-uncle on the father's side. **b** (~*us magnus*) great-great-great-great-great-uncle on the father's side.

de patre .. ~uus et triamita ROB. BRIDL. *Dial.* 159. **b** vocantur ex parte patris frater et soror tritavi et tritavie, qui dicuntur ~uus magnus et triamita magna BRACTON f. 68b (=*Fleta* 375).

tripedalis [CL *not in sense* 1]

1 that has three feet. **b** (as sb. n.) tripod, trivet.

tripes unde ~is OSB. GLOUC. *Deriv.* 412. **b** ~e ferreum sc. *trevet Cant. Coll. Ox.* 70.

2 three feet long or high.

lignum trabale .. tribus pedibus inventum est brevius pariete cui superponeretur. .. ex hac tripodali [l. ~ali] particula detruncata .. GOSC. *Transl. Mild.* 34; homuncio, non nanus .. staturam habens vix ~em M. PAR. *Maj.* V 82; species est diversa supposita quantumlibet varie accidentata, ut hic est homo ~is, sanus .. ibi est homo septipedalis, infirmus WYCL. *Univ.* 106.

tripedium v. tripes. **tripegetum** v. trebuchettum.

triperia [OF *triperie*], tripe-market.

1289 in civitate Burdegale .. a dicta Rua ~ia usque ad domum ejus *RGasc* II 517b.

triperium v. triparium. **tripertire** v. tripartire.

tripertite [CL tripertitus+-e, cf. CL tripertito; cf. et. tripartire], in three parts, in a threefold manner.

est autem hujusmodi jus privatum ~e collectum, aut ex naturalibus preceptis aut gentium aut civilibus BRACTON f. 3b.

tripertitus v. tripartire. **triperum** v. triparium.

tripes [CL]

1 that has three feet or legs (in quot., of letter m); **b** (of person with walking stick). **c** (of injured horse) that has the use of three legs (only).

prima [littera] triangula sit, tripedem prepone rotunde / et converte! scies quis sit mihi morbus et unde [*i. e. 'amo'*] NECKAM *Poems* 127. **b** gemellis innitens bacillis .. ad sepulchrum virginis .. ~es sc. venit, qui bipes non poterat GOSC. *Transl. Mild.* 24 p. 191; ipse solus etiam pedes vel sustentante baculo ~es .. egredi vel ingredi non valebant R. COLD. *Godr.* 178. **c** ~es quarto inutili equus illi tribuitur G. CRISPIN *Herl.* 66.

2 (as sb.) tripod, trivet, trestle, or three-legged stool.

~es, *stool GlC* T 309; ~es, *brandisen* ÆLF. *Gl.*; c**1224** j ~ed' (*Chanc. Misc.*) *Cal. Ir.* I 187; hic ~es, *trestre et tripé Gl. AN Glasg.* f. 20va; una magna patella in qua disci lavantur cum tribus pedibus, ij tripedia cum tribus urciolis ereis *FormMan* 7; **1387** [*one long table*] cum pari ~edum *Cal. Pl. Mem. Lond.* III 128; **1388** j ~es et ij tubbes precii xiiij d. *KR Misc.* 5/30; **1449** ~es. et de j tripide *Ac. Obed. Abingd.* 126; ducem cum ~ede ferreo ignito in capite posito eum in derisum coronantes occiderunt *Plusc.* IX 44 (cf. BOWER XIV 19); hec ~es, A. *burndenthe* [*i. e. brandreth*] *WW.*

tripha- v. trifa-. **tripho** v. trufo. **triphor-, triphur-** v. trifor-. **tripid-** v. tripes. **tripidare** v. tripudiare.

triplabilis [LL triplare+-bilis], that can be divided into three, threefold.

masculina vel communia triptota utroque numero ut mirabilis .. effabilis .. spectabilis, ~is ALDH. *PR* 132.

triplare [LL]

1 to multiply by three, to triple; **b** (mus.).

si relationes iste haberent essentias preter essentias extremitatum, unico nato et unico addito numero rerum duplabitur et ~abitur vel forte multiplicabitur GROS. 192; c**1410** pro secunda vice eandem summam .. duplare; pro tercia ~are astringatur *StatOx* 206; *to trybylle,* ~are, triplicare *CathA*. **b** pausatio composita vel duplex dicitur, quando simplex duplatur vel ~atur vel quadruplatur GARL. *Mus. Mens.* 7; duplex pausatio est, quando simplex, sive fuerit longa vel brevis, duplatur vel ~atur vel quadruplatur *Mens. & Disc. (Anon. IV)* 58.

2 (leg.) to make reply to a defendant's re-joinder.

1487 ordinare .. procuratores .. ad .. contra et ex adverso producta [instrumenta] opponendum, respondendum, accipiendum, repliandum, duplandum, ~andum *Conc.* I 621b.

triplaris [CL triplus+-aris], that is in a ratio of 3 : 1 (in quot. mus., to another note).

si .. a basi trianguli .. oblique ascendamus, ~es facimus, id est, quelibet nota inferior tripla est respectu note superioris sibi proxime TORKESEY 59; a qualibet nota ad proximam superiorem recte ascendendo duplares, ad sinistram vero oblique ~es facimus notas WILL. 29.

triplarius [CL triplus+-arius], threefold.

serpens quidam callidus .. pomum .. ~ium, po-mum videlicet suavis refeccionis, quam ad stoma-chum, pomum eciam pecuniose recepcionis, quam ad cameram, pomum insuper libere conversacionis, quam ad recreacionem, fratri flexibili gustandum obtulit AMUND. I 89.

triplex [CL]

1 that has or consists of three parts, that constitutes a set or group of three. **b** (mus.) three-part, that has three voice-parts. **c** that has three sorts or kinds, that is so in three ways.

Chimaeram Graeci scribunt .. fuisse bestiam ~icis monstruosa corporis foeditate terribilem *Lib. Monstr.* II 11; trilex [l. ~ex], ðrili *GlC Interp. Nom.* 322; decem [genera delectationis male] .. sunt ~icia quia sepe terni et terni delectantur corporis sensus ... aliquando .. visus et auditus et olfactus, ut cum aliquis in horto reside, ut virides herbas aspiciat, fabulas audiat, flores olfaciat *Simil. Anselmi* 16; Tri-nitatem simplicem, / trinum Deum non triplicem *Miss. Ebor.* I 218; s**1404** novus papa .. ~ici corona aurea solempnier coronatus existit AD. USK 90. **b** fecit [Perotinus] etiam ~ices conductus ut 'Salvato-ris hodie' et duplices conductus sicut 'Dum sigillum summi patris' *Mens. & Disc. (Anon. IV)* 46. **c** ~ex virtus est in angelo, sc. cognoscendi, operandi, et persistendi BART. ANGL. II 2; pater noster Hermoge-nes .. ~ex est in philosophia [*gl.*: ~ex quia fecit .. naturalem, moralem, et methaphisicalem] BACON V 115; est .. verbum malum ~ex [ME: þreofald], viz. ociosum, turpe, venenosum *AncrR* 21; **1565** artium earum quas liberales dicimus, similiter et ~icis philo-sophie, nature scilicet et morum et ejus que supra naturam est, singuli lectores sunto *StatOx* 389.

2 (pl.) three together.

haec sententia ~ices continere regulas dinoscitur, quae tamen quadripertita figurarum ratione colliguntur ALDH. *PR* 140 p. 194; Lernaeum anguem .. fabulae fingunt .. nocivum veneno et linguis ~icibus terribilem *Lib. Monstr.* III 1.

3 triple (in quantity, extent, duration, *etc.*), threefold; **b** (mus.).

~icibus matutinis ipsa insistens de Trinitate, de Cruce, de sancta Maria W. MALM. *GR* IV 311. **b** unus [modus pausationum] est qui dicitur simplex, altera duplex vel ~ex *Mens. & Disc. (Anon. IV)* 57.

4 (mus., as sb.) third part (above the tenor and alto), triplum (*v. et. triplus* 3).

the trebbel part, ~ex, -icis LEVINS *Manip.* 126.

triplia v. 1 tribulum.

triplicare [CL]

1 to multiply by three, triple.

ductor meus ~avit super me filum W. MALM. *GR* II 111; cum trium denariorum oblatione .. beneficium ~asset GIR. *IK* I 1.

2 to copy in triplicate, to make a third copy of.

1203 burgenses Exon' r. c. de x li. pro carta sua ~anda *Pipe* 75; **1204** litere iste tripplicate sunt *Pat* 40b; s**1317** confirmacionem cartarum .. obtinuit et eas ~ari fecit *Chr. Rams. app.* 349; ista quietancia ~atur in omnibus unius forme, preterquam quod in una in loco istius vocabuli 'retenemento' scribitur 'retento' *Reg. Kilmainham* 51.

3 (math. & geom.) to cube.

numerorum .. cubicorum proportio unius ad alte-rum est proportio laterum ad latera ~ata ADEL. *Elem.*

VIII 11; proportio duarum spherarum adinvicem est proportio unius diametri ad diametrum alterius ~ata ODINGTON 45.

4 to perform or do three times.

angelus Domini trina visione hortatus est ut conve-nirent ... mane alterutrum sibi eandem ~atam appari-tionem .. referunt GOSC. *Wulfh.* 1; de sua in-columitate, de beate Mildrethe mirificatione, de ejus instante solennitate ~at tripudium *Id. Transl. Mild.* 36.

5 (leg.) to reply to a defendant's rejoinder.

1426 ordinavit suum .. procuratorem .. ad .. testes et alia quecumque probacionum genera producendum .. ex adverso data et producta impugnandum, re-plicandum, ~andum, et .. procedendum *Reg. Cant.* I 238; opponendum .. replicandum, duplicandum, ~an-dum, et, si necesse fuerit, quadruplicandum *Form. S. Andr.* II 342; **1522** potestatem generalem .. agendi et defendendi, excipiendi, replicandi, duplicandi, ~andi *HCA* 39/1/95.

6 (~are arma, her.) to marshal three coats of arms in one shield, (also) to create coat of arms by marshalling three coats in one shield.

quis potest duplicare vel ~are vel quadruplicare arma sua secundum quod sibi placuerit, ut si pater ejus portaverit arma patris sui una cum armis matris sue et filius ejus desiderans portare etiam matris sue potest .. portare arma illa duplicata que fuerunt patris sui una cum armis matris sue, et sic erunt ~ata BAD. AUR. 136.

7 (p. ppl. as adj.) that has three parts (esp. layers); **b** (her., in quot., of tressure, *v. et. triplus* 2a).

castella simplicia, duplicata, et ~ata ex muro .. erexerunt *Eul. Hist.* II 124; **1329** in vj c discis, perapsidis, et salsariis ~at' faciendis pro convivio de Gatelithe *MinAc* 965/10; **1415** volo quod domina H. uxor mea habeat omnia vasa et pecias argenti preter j peciam ~atam et curiosam cum leonibus desuper gravatis *Reg. Cant.* III 409. **b** habent istum tractum ~atum vel quadriplicatum BAD. AUR. 197; habent istum [tractum] ~atum UPTON 243.

triplicatio [CL]

1 tripling, multiplication by three (in quot., math.). **b** threefold or triple usage.

diametri .. singulorum orbium habentur per du-plum semidiametri; rotunditas cujuslibet habetur per ~onem diametri cum additione septime partis BACON *Maj.* I 228. **b** probarunt ex illo Gen. primo 'faciamus hominem ad ymaginem et similitudinem nostram' [*Gen.* i 26] trinitatem simplicissime essencie ex disparitate numeri terminorum et ex illa ~one Ysa. sexto cap. 'sanctus sanctus sanctus dominus' idem arguerant WYCL. *Ver.* II 70; potest quoque et per ~onem verbi fiendi notari, ut primo fiat res materiali-ter ex pure nichilo, deinde .. tercio vero ut fiat res secundum formationem in specie perfecta GROS. *Hexaem.* III 11 p. 111.

2 (leg.) reply to a defendant's rejoinder, surre-joinder, triply.

hec ~io locum habet in herede manumissoris et non in ipso manumissore BRACTON f. 194b; contra rep-plicationem datur tripplicacio reo. et iterum quadru-plicacio petenti *Fleta* 428; de qua ~one .. J. C. demandabat copiam et diem ad quadriplicandum *Sel PlAdm* I 11 (cf. *SelPlAdm* I 9: J. S. petebat copiam et diem ad replicandum .. quo .. die adveniente .. partes predicte vocate comparuerunt. et pars dicti J. S. tunc ibidem quandam ~onem .. curie porrexit).

triplicatorius [CL triplicare+-torius], (leg.) that replies to a defendant's rejoinder or re-plication.

1446 eandem materiam replicatoriam .. rejecerunt .. ac quandam materiam ~iam pretensam ineptam et inepte conceptam .. contra materiam replicatoriam de facto conceptam .. admiserunt *Pat* 463 m. 23.

triplicitas [LL]

1 condition or quality of being triple or threefold. **b** (math.) condition of being a multiple of three.

in Trinitate nec est solitudo nec singularitas neque ~as neque multiplicitas NECKAM *SS* I 20. 2. **b** multiplex [numerus] est qui continet aliud plus-

quam semel; multiplicate sunt sue species specialissi-me, duplicitas, ~as, et sic deinceps BACON XV 222.

2 triad, threesome.

ille [rex] nolentibus preest, hic [episcopus] volenti-bus. ille terrore subjicit, hic servituti dominatur. ille corpora custodit ad mortem, hic animas servat ad vitam. .. ecce fecunda ~as quare sacerdotium antecel-lit imperium NETTER *DAF* I 379a C.

3 (astr.) aspect of two heavenly bodies that are 120° apart in the sky, triplicity. **b** (spec.) combination of three of the twelve signs of the zodiac in which each sign is 120° distant from the other two (*v. et. trigonalitas*); **c** (assoc. w. a planet or w. a spec. element or its qualities).

motus septem circumstancium, in conjunccione et in opposicione et in recepcione et in ~ate et quadratu-ra et sextiplicitate BACON V 160. **b** ~as planete dicitur cum sit in signo in quo creatus est, vel in aliquo ejusdem nature cum signo in quo creatus est. unde sciendum est quod quatuor sunt ~ates signorum BACON *Maj.* I 260; in quibus stelle habent suas dig-nitates, que vocantur domus, exaltatio, ~as, facies, terminus *Id. Min.* 374. **c** ~as dicitur, cum sit in signo ejusdem nature cum signo in quo creatus est, ut cum sit Sol in Sagittario vel in Ariete, que sunt signa calida et sicca sicut Leo, in quo creatus est GROS. 43; ~as Martis habet tria signa, sc. Arietem et Leonem et Sagittarium BACON V 55n; qua pro-pinquius veniente, facta est una conjunccio maxima et incomparabiliter gloriosa Saturni et Jovis in principio Arietis, cum mutacione ~atis aquee ad igneam BRADW. *CD* 73C; ~as humida et aquatica, ut cancer, Scorpio et Piscis, tota prodest pocioni medicine solubilis N. LYNN *Kal.* 215.

tripliciter [CL]

1 triply, in a threefold manner, in three ways or respects. **b** as or in a group of three. **c** in three layers. **d** in triple quantity.

sicut trifaria disparis vitae qualitate singillatim se-questrantur, ita discretis meritorum ordinibus ~er dirimuntur .. ALDH. *VirgP* 19; **8** .. ~er, ðriofe[e]aldlice *WW*; horum verborum seriem ~er exponemus, ut primo congruat martiri cujus sollempnitas hodie agi-tur; secundo Dominice Nativitatis tempori; tercio etiam vestre religioni S. LANGTON *Serm.* 3. 1; tu debes te ipsum diligere ~er, secundum causam, speciem, et effectum GROS. *Templ.* 5. 2; ~er .. se habent aliqua ab esse: quedam .. sunt ex necessitate ..; quedam .. non sunt, et hoc ex necessitate. .. tertio modo sunt que-dam que possibile est esse et non esse T. SUTTON *Gen. & Corrupt.* 176; recta duplex longa fit ~er: ante largam, post largam, et inter largas HAUBOYS 212. **b** per discrimina vocum nunc solitarie et nunc ~er cum suis sociis more Girviorum [MS: †Giriniorum] cantavit G. *Herw.* f. 323b. **c** unde et ipsa acrius circa istam ylia cauteriata, et in ipsis exustionum cicatricibus, setis equinis ~er intortis et desuper impositis .. est afflicta R. COLD. *Cuthb.* 119 p. 264. **d** si horum aliquid accidat homini sixhindo, ~er exurgat emenda-tio super emendationem rustici (*Quad.*) *GAS* 73; si non audeat, solvat eam ~er, sicut adpretiabitur (*Quad.*) *Ib.* 127; diximus de blaseriis et murdritoribus, ut augeatur juramentum hujus abnegationis ~er, et majoretur judiciale ferrum (*Quad.*) *Ib.* 389.

2 (leg.) in reply to a defendant's rejoinder, or *f. l.*

dicere poterit [reus] quod non est obligatus ad districcionem senescalli et marescalli et, quo probato, nichil capiet querens nisi tripliciter [? l. triplicetur] sic *Fleta* 132.

tripliter [CL triplus+-ter], triply, in a threefold manner, in three ways or respects.

c**1205** ~er dicitur ferri crux domini (SAMUEL PRESB. *Div. Aud.*) *MS Bodley Bodl.* 860 f. 106v; charitas .. ~er potest accipi MIDDLETON *Sent.* II 463.

triplois [cf. diplois], object with three parts or layers.

1441 lego .. Margarete M. meam optimam zonam argenteam et Johanne M. filie sue unam ~idem, unam ollam eneam .. *Test. Ebor.* II 84.

triplus [CL]

1 triple (in size or number); **b** (of ordeal).

cum praedictis pedibus parem divisionis non servat regulam, sed ~um condicionis incrementum contra simplum temporis detrimentum repugnat, dum arsis continet unum et thesis tres ALDH. *PR* 121 p. 168; ~um . . est quando majus ter continet totum quod minus, ut unum et tria BONIF. *Met.* 109; symplum set dupplum et aliquando tripplum ÆLF. *BATA* 6 p. 101; quare BZ dupla ZA totaque BA ~a ad ZA et ZA tertia pars linee AB ADEL. *Elem.* VI 11; diameter terre erit in longitudine ~um diametri lune BACON *Maj.* I 232; multiplex est quando major numerus continet minorem multoties precise. . . duplum est quando major continet minorem bis; ~um quando continet ter *Mens. & Disc.* (*Anon. IV*) 65.   **b** in simplo unum pondus, in ~o [judicio] tria ferrum aequiperet pondera (*Jud. Dei*) *GAS* 406.

2 that consists of three parts: **a** (her., *v. et. triplex* 7b); **b** (mus., in quot. as sb.).

a crux ~a partita florida . . tunc rite discernitur, quia si dividatur vel secundum longum aut secundum latum semper una pars remanebit tripartita in modum crucis UPTON 220.   **b** magister Perotinus fecit quadrupla optima sicut 'Viderunt, sederunt' . . similiter et ~a plurima nobilissima sicut 'Alleluia posui adjutorium' *Mens. & Disc.* (*Anon. IV*) 46.

3 (mus., as sb.) third part (above the tenor and alto), triplum (*v. et. triplex* 4).

~um est cantus proportionatus aliquis . . concordans cum discantu. et sic est tertius cantus adjunctus duobus GARL. *Mus. Mens. app. P* 94; sic propositis duobus melis concordantibus addimus tertium melum sic, et vocatur ~um . . sicut secundus cantus duplum et tenor primum *Mens. & Disc.* (*Anon. IV*) 77.

4 (w. *in*) three times (over).   **b** (~*o, in* ~*o, in* ~*um*, w. compar.) three times (greater, more, etc.).

quando prosa vel psalmus . . in ~um cantatur . . quando canitur ymnus 'Eterna Christi munera' solemniter in ~um *Cust. Westm.* 33; fratres rogabit qui . . versum responsorii ad vesperas in ~is solemniter cantare solent *Ib.* 34.   **b** plures in duplo denarios aut etiam in ~o vel amplius, quam pro merce . . donaverant, ex arboribus . . venditis . . receperunt GIR. *Spec.* III 12; s1327 licet exercitus regis Anglie fuisset in ~o major . . Scoti tamen . . sine lesione fugerunt AD. MUR. *Chr.* 53; s1346 Scotos, licet Anglis in ~um potenciores, . . superabant J. READING f. 156b; s1391 noluit inire certamen cum tam magno exercitu ~o majori suo *Chr. Westm.* p. 203; sunt in ~o plures vobis *Reg. Whet.* I 9.

tripodalis v. tripedalis.   **tripodia** v. 1 tripodium.

1 tripodium [cf. CL tripos], tripod, trivet; **b** (w. ref. to tripod used by Pythian priestess at Delphi).

ij s. vj d. de duabus urceolis, una patella enea, uno ~io venditis *Ac. Exec. Ep. Lond.* 65.   **b** ~ia, mensa Apollonis *GlC* T 302.

2 tripodium v. tripondium.

tripolarius [cf. tripa], tripe-seller.

1333 quod carnifices . . visceralia super stallis suis . . non exponerent quodque bouellarii et tripollarii in alto vico de Est Chep . . ad laterales venellas transferentur [*sic*] *Cl* 153 m. 27.

tripollarius v. tripolarius.   **tripolus** v. tribulus.

tripondium [cf. CL dupondium], a triple weight or a weight of three pounds; **b** (w. ref. to ordeal).

emit idem episcopus . . cum c ~iis [v. l. tripodiis] auri *Lib. Eli.* II 10.   **b** in quibus . . causis triplicem ladam haberet, ferat judicium tripo[n]dii, id est lx s. (*Leg. Hen.* 64. 1h) *GAS* 584.

tripotheum v. trebuchettum.   **tripotum** v. tripus.
tripp- v. et. trip-.

trippare [AN *trep(p)er, trip(p)er*], to leap, dance.

1288 pro pomeriis et fossatis prostratis in placea ubi rex Aragon' et commilitones sui trippaverunt *AcWardr* 20.

trippl- v. tripl-.

triptotus [LL < τρίπτωτος], (gram.) that has three case-endings.

haec nomina tertiae declinationis in singulari numero secundum regulam casualis formae pentaptota esse noscuntur, in plurali ~a ALDH. *PR* 127; item masculina vel communia ~a utroque numero ut mirabilis,

laudabilis, affabilis *Ib.* 132; alia [nomina] ~a . . quae tres diversitates casuum habent, ut templum, templi, templo ALCUIN *Gram.* 869; *sume synd gecwedene* ~a, *þa habbad þry ungelice* casus ÆLF. *Gram.* 89; sic etiam dicimus trioptota vel ~a quod tres habet casus in singulari, ut opis, opem, ope OSB. GLOUC. *Deriv.* 169.

tripudere v. tripudiare.

tripudialis [CL tripudium+-alis]

1 of or characteristic of a dance.

concentibus corealiter ~ibus E. THRIP. *SS* VI 1.

2 joyous.

1237 Henricum, fonte baptismatis ~i solemnitate renatum *Foed.* I 374.

tripudialiter [tripudialis+-ter], with rejoicing, joyously.

955 in principio creavit Deus celum . . et terram terrestribus trutinavit ~er tribuendo ita dicens, 'celum mihi thronus est' *Ch. Burton* 13; s1272 reversus in Angliam congaudentibus . . turmis disparium conditionum, civitatem Londoniarum ~er introivit WYKES 254.

tripudianter [CL tripudians *pr. ppl. of* tripudiare+-ter], with rejoicing, joyously.

dux . . Robertus . . tam a clero quam a civibus ~er susceptus est ORD. VIT. VIII 5 p. 296; ovanter, gaudenter . . ~er OSB. GLOUC. *Deriv.* 401.

tripudiare [CL]

1 to dance (esp. as part of revelry or celebration).

debitum victorie triumphum percepturi in supernis sedibus . . feliciter tunc ~iabimus ALDH. *VirgP* 11; 671 natalis Domini sollemnitatem ibidem in consortio fratrum trepidans celebrare *Id. Ep.* 1; ~iare i. . . terram pedibus terere *GlSid* f. 145; xiij menestrallis ~ientibus et facientibus diversas menestralcias suas coram domina Alienora *Arch.* LXXVII 134; c1390 tripidabit super tass' feni (*Thaxted*) *MFG*; [dux] Robertus . . vidit puellam . . inter ceteras in chorea ~iantem HIGD. VII 122; ut ante regis aspectum juvenes ille muliercule sic denudate ~iarent BLAKMAN *Hen. VI* 8; s1415 obvium . . cum choris et tympanis . . triputando, cantantes occurrunt et virgines AD. USK 129.

2 to celebrate, rejoice; **b** (in triumph).   **c** (w. *in*) to rejoice or take delight in.

~iantium [*gl.*: letantium, gaudentium] turmarum exercitus [*sc.* apum] per patentes campos gregatim diffundunt ALDH. *VirgP* 4; praecordiis trepudiantibus *Ib.* 40; cum adjumentis amicorum in carcere ~iabat ORD. VIT. X 19 p. 109; gaudere, ~iare, exultare, letificare OSB. GLOUC. *Deriv.* 401; omnes . . de salute sua ~iarunt J. GLAST. 14.   **b** populus iste pullulet . . ut semper maneat ~ians in pace victoriosus EGB. *Pont.* 103; ~iare, vincere *GlC* T 265; Dei . . clementiam pro martyrii victoria mox ~iabit *Pass. Æthelb.* 3.   **c** in torquendis miseris more Siculi Falaris ~iabat ORD. VIT. VIII 24 p. 422.

tripudiatim [CL tripudium+-atim], joyously, in celebration.

~im . . sonat cum gravis cordarum attractio frequenti repercussione sincopando refellitur *Ep. ad amicum* 13.

tripudiator [CL tripudiare+-tor], dancer.

melatores et ~ores undique gaudium fecerunt (O. CHERITON *Cant.*) *AHDLMA* XXXI 54; s1262 postmodum veniens ad ~orem genitricis Dei *Chr. Melrose* 187; 1409 item ~oribus in dedicacione ecclesie Omnium Sanctorum iiij d. *REED Cambridge* 18; hic ~or, *a dawnser WW.*

tripudiatrix [CL tripudiare+-trix], dancer (f.).

vidi meretrices et ~ices [*gl.: trecheresses*] quas torquebant serpentes GARL. *Dict.* 137; hec ~ix, *a dawnser WW.*

tripudiosus [CL tripudium+-osus], joyful.

Anglici . . cherubicos concentus Marie personant atque ~os S. SIM. *Itin.* 4.

1 tripudium [CL], dance (esp. as part of revelry or celebration).   **b** joyous celebration (esp. as part of festival or special event).   **c** (expression

of) rejoicing, exultation.   **d** (transf., of *BVM*) source or cause of rejoicing or exultation.

~ium i. *tresche GlSid* f. 145; 1400 in dono lusoribus civitatis Wynton venientibus ad collegium cum suo ~io ex curialitate *Med. Stage* II 246.   **b** siquidem in vigiliis paschalibus, quando reciprocis annorum circulis anastasis Dominica solitae sollempnitatis ~io celebratur ALDH. *VirgP* 32; nunc dicamus de ~iis que in hoc festo fieri solent, quorum sunt tria genera BELETH *RDO* 137. 141; velut ad diem festum properantibus cum plausu ~ioque occurrere J. FORD *Serm.* 74. 5; 1262 Ricardus quondam episcopus Cicestrensis . . cum omni solemnitate, gaudio, et ~io . . canonizatus extitit reverenter *RL* II 205; 1306 cissorum Oxon' ~ium: in vigilia nativitatis S. Johannis Baptiste . . cissores . . et alii de villa . . vigilabant in shoppis suis per totam noctem cantantes et facientes solatia sua cum cytharis viellis et aliis . . instrumentis prout moris est . . propter solemnitatem illius festi *DocCOx* 165; 1338 oppressio per principes seculi . . propter quod omnes dies festi vivuntur in luctu et pro consueto ~io populus ubique suspirat et gemit RIC. ARMAGH *Serm.* 37; 1377 diem . . in ~iis, coreis, et solempnibus ministralciis pre gaudio solempnitatis illius continuarunt *Rec. Coronation* 149.   **c** ~ium, victoriae gaudium *GlC* T 257; summo cum ~io DOMINIC *V. Ecgwini* I 9; quis gemens, merens, anxius, morbidus, non hic mutavit dolorem ~io, infirmitatem remedio? GOSC. *Transl. Mild.* 1; ad aures vestras . . letitie nostre trepudia derivamus *Leg. Ant. Lond.* 26.   **d** salus egris, fessis pausa, / tristibus trepudium WALT. WIMB. *Virgo* 67.

2 tripudium v. tripus.

tripulus v. 2 tribulus.

tripunctalis [CL tri-+punctum+-alis], that has three points.

fiat cauterium ~e GILB. VII 315v. 1; figura ~is ad instar trinitatis habet tria puncta supposita quorum nullum excedit reliquum WYCL. *Eccl.* 100; subjectum primum est substancia ~is, cujus quelibet duo puncta constituunt lineam vel basem minimam possibilem et tercium punctum possibilem dispariter, tangendo utrumque priorum *Id. Log.* III 49.

tripunctum [CL tri-+punctum], (mus.) neume of three *puncta*.

bipunctum, ~um ODINGTON 93.

tripus [CL < τρίπους], ~**os**

1 three-legged stand, tripod, trivet; **b** (used by Pythian priestess at Delphi); **c** (transf., of stand w. four feet).

1294 trepos j (*Ac. Blean*) *DCCant.*; hic ~os, *treper Gl. AN Ox.* 200; 1388 habuit in coquina ibidem unum cacabum et ij patellas precii vj s., ij ~udia *IMisc* 332 m. 3; hec ~os, *a brandrythe WW*; pone totum in ulla terea . . et locetur ad ~odem et ponantur subtus carbones vivi RIPLEY 207.   **b** ~odas Delphicos in circo dedit ad spectaculum W. MALM. *GR* IV 355; ~os tamen vocatur et mensa Apollinis, Pythii serpentis corio tecta ALB. LOND. *DG* 8. 5.   **c** item tres ~odes, quolibet furnito quatuor pedibus, deservientes colubrinis, appreciata . . qualibet pecia xx s. *Collect. W. Worc.* 568.

2 trestle (for table).

1219 cum persona vel vicarius decesserit, omnia instrumenta sua immobilia remaneant suo successori: una mensa cum duobus ~odibus *Conc. Syn.* 54; hic ~os, *trestel Gl. AN Ox.* 200; 1445 pro factura j paris tripotum pro camera magistri R. *Cant. Coll. Ox.* 168; 1463 pro . . mensa, ~odibus, et scannis *ExchScot* 212; 1553 de . . duobus ~odibus, Anglice *two trestilles Pat* 852 m. 28.

3 (bot.) kind of laurel.

est etiam ~os, ut ait Remigius, species lauri, tres radices habens, in Claro insula juxta Apollinis templum abundans ALB. LOND. *DG* 8. 5; *a lorelle tre*, lavrus, ~os *CathA.*

triputare v. tripudiare.   **triquadrus** v. triquetrus.

triquetrus [CL], **triquadrus**, that has three parts, tripartite (in quot. of the world w. ref. to its three continents; *cf.* Orosius I 2); **b** (~*a*, as alternative name for Sicily).

per mundum divulgant scripta triquadrum ALDH. *CE* 4. 10. 4; licet luculentus limpidissimi solis splendor triquadram mundi rotam clarius illustrare credatur *Id. VirgP* 9; Domino triquadri orbis quadrifaria regna .. disponente (LULLUS) *Ep. Bonif.* 140; **948** per triquadrum mundum cotidie cernitur (*Peterb.*) *ASC* XIV no. 10; in triquadro mundi cardine *Lib. Eli.* II 77. **b** Sicilia .. et Triquadra [v. l. Tricadra] dicitur, quasi per tres quadras divisa GERV. TILB. II 12; Sicilia insula aliquando vocabatur Trinacria quasi triquadra, a tribus montibus in ea prominentibus sic dicta HIGD. I 30 p. 312.

triremis [CL], trireme, galley with three rows of oars.

per vastum pelagus non te vehit alta triremis, / verum parva celox *Altercatio* 58; hec .. ~is, -is i. navis trino ordine remigantium agitata OSB. GLOUC. *Deriv.* 494; ~es, *snages .. cogges* GARL. *Dict.* 137 *gl.*; obviaverunt tribus ~ibus, quas caracas vocamus OTTERB. 253; ~es nonnulle, quas Ytali galeas dicunt LIV. *Hen. V* f. 11a.

triroda [CL tri-+roda], an area of three roods.

a**1250** unam acram prati in W. unde ~a jacent [*sic*] apud Eyton *Carte Nativ.* 234; c**1285** concessi .. heredibus ejusdem Radulfi unam ~am terre arabilis cum pertinentiis *Ch. Norw. Cath.* II 507; a**1290** pro una ~a terre que jacet in campis de Paston' *Carte Nativ.* 138; **1305** una triroda jacet in Normangate *Ib.* 365.

tris v. tres.

†trisafice, *f. l.*

†trisafice [l. iris africe], i. gladiolus *Gl. Laud.* 1493.

trisagion [LL < τρισάγιον], **~ium**, the three-fold invocation of God as holy of *Is.* vi 3. **b** hymn beginning with a threefold invocation of God as holy (also understood w. ref. to the Trinity).

sedenti super solium / congratulans trishagium / seraphici clamoris PECKHAM *Poems* 1. 1. **b** Damascenus .. in epistola 'De ~io' ad archimandritam, in fine: Pater et Verbum et Spiritus Sanctus DUNS *Ord.* V 1; Sixtus papa .. infra actionem misse constituit cantari ~ium, id est 'sanctus, sanctus, sanctus' HIGD. IV 13; quid de Deo sentis, quomodo Trisagion aut Homousion tibi sonant? J. BURY *Glad. Sal.* 604.

trisagium v. trisagion. **trisago** v. trixago. **trisancia, ~nta** v. tresantia.

triscalamus [τρίς+κάλαμος], St. John's wort (*Hypericum perforatum*).

hiperico, i. triscalano *Gl. Laud.* 796; herba Sancti Johannis, ypericon .. ~us .. herba perforata .. A. *Seynt Jones uurt Alph.* 78.

triscalano v. triscalamus.

trisceles [τρισκελής], that has three legs, (as sb.) three-legged thing: **a** vessel with three legs, tripod. **b** three-legged stool.

a trisilis, *pryfotad fæt* ÆLF. *Gl.*; trisilis est quodlibet vas quod ex tribus sustentatur, ut dicit Ysidorus [Isid. *Etym.* XX 4. 14]. nam quod quatuor pedibus sistitur abusive ~is nuncupatur BART. ANGL. XIX 129. **b** mensoria: .. patellas .. acetabula, trisiles [*gl.:* trestel vel trepé] BALSH. *Ut.* 51; buffette, stole, scabellum .. trialia, -is *PP*; thre fotyd .. stolys .. tricillis *PP*.

trisdecim v. tredecim. **trishagium** v. trisagion. **trisia** v. bisia. **trisilis** v. trisceles. **trisillab-, trisillib-** v. trisyllab-.

trismegistus [τρισμέγιστος], (as title of the Egyptian Hermes).

~us .. qui tres sc. habet potestates vel qui ter est in potestate elevatus OSB. GLOUC. *Deriv.* 580; ~us. ter maximus vel ter sublimatus *Ib.* 591.

trisogus v. trixago.

trissare [? cf. trinnire, trinsire, CL trucilare], (of swallow) to twitter.

hirundines trutissant vel ~ant ALDH. *PR* 131 p. 180; ~are, proprietas hirundinum OSB. GLOUC. *Deriv.* 594.

trissilabus, ~llabus v. trisyllabus. **trissis** v. tressis. **trissyllabus** v. trisyllabus.

trista, tristra [AN *triste, tristre*]

1 assembly point for hunt.

1161 in foresto, in ~ris, in bosco *Regesta Scot.* 184; s**1100** arcubajulus regis .. cum staret ad ~am accubans cuidam arbori, tenens arcum extentum cum sagitta M. PAR. *Min.* III 178; **1244** inquiratur .. si aliqua antiqua ~ra domini regis villa vel domo, levatis vel clauso impediatur, per que deductus .. regis impediatur (*Inq.*) *Id. Maj.* VI 96; **1282** antiquum regardum foreste de Selwod' incipit a ~ro de Stokes .. usque ad ~am de Stokes ubi regardum predictum incipit *Cart. Glast.* I 177; **1357** levavit unum molendinum aquaticum super Insemerssh' in una tristera inter forestam de Mara et forestam de Wyrhale *Enr. Chester* 40 r. 3d.

2 form of obligatory service in deer hunt.

secundum legem venandi quam vulgus ~am vocat [FORDUN *Chr.* V 9: quam ~ram volgus vocat], singulis proceribus cum suis canibus singula loca delegat, ut obsessa undique bestia, ubicunque eligeret exitum inveniret exitium AILR. *Gen. Regum* 367; **1331** quieti .. de ~ris *PQW* 32b; **1336** sint quieti de bukstallis, ~is, carreis, et summagio (*DL Couch.*) *N. Riding Rec. Soc. NS* III 103; **1336** quoad hoc vocabulum quod dicitur ~is dicit quod ubi alii homines manentes in eadem foresta tempore quo dominus jaciaverit [*i. e.* caciaverit] venire debent in eadem ad tenendos leporarios certis locis eis assignatis pro feris ibidem expectandis et capiendis (*DL Couch.*) *Ib.* III 104; **1354** sint quieti .. de .. chevagio .. ~ris *MonA* VI 980.

tristabilis [LL tristari+-bilis], **tristibilis**, unpleasant, that causes sadness or distress; **b** (of outcome); **c** (of place).

bonum .. quod patimur et malum quod patimur delectabile et ~abile dicitur GROS. 233; melancolice dispositionis est, quando tales de ~abili gaudent et rident, de re .. exultabili plangunt atque dolent BART. ANGL. IV 11; videmus quod homines ad presentiam rerum delectabilium, ut ciborum et potuum .. mutant suas voluntates, et similiter per presentiam ~ibilium BACON *Tert. sup.* 4; patere videtur quod nullum delectabile ~abileve creatum potest necessitare voluntatem rationalem creatam BRADW. *CD* 464A; magis laudabilis [voluntas] quia plura mala vel passiones ~abiles vult pati pro Deo et magis culpabilis quia pauciora vult patiniter tolerare adversa OCKHAM *Qu.* 175. **b 1341** visum est omnibus prefate retardacionis eventum ~ibilem a .. culpa .. archiepiscopi .. accidisse W. GUISB. *Cont.* 383 (=*Foed.* V 227). **c** dicit Aristoteles quod loci ubi fit coitus non debent fieri pulcri nec valde ~ibiles, nec nimium delectabiles sed mediocres BACON VIII 135.

tristabilitas [tristabilis+-tas], quality of causing sadness or distress, unpleasantness.

alia .. [virtus] est que .. intentiones concipit utiliter et delectabiliter, itemque nocivitatis et ~atis, que est virtus estimativa *Ps.-Gros. Summa* 468.

tristabiliter [tristabilis+-ter], unpleasantly, causing sadness or distress.

aliquis habitus delectabiliter inclinat ad actum, puta habitus diligendi, et aliquis habitus inclinat ~er, puta habitus odiendi OCKHAM *Quodl.* 288.

tristallus v. trestellus.

1 tristare [trista+-are], to station for hunt.

1248 fugavit cum clamore canum et cornuum, viz. cum brachettis et leporariis ~atis et cum archariis fustatis *JustIt* 952 r. 27; cum arcubus et sagittis et cum leporariis ~atis *Ib.*

2 tristare v. tristari.

tristari [LL], **2 tristare**

1 to be sad, despondent (also transf.).

quantum nunc in recessu meo gaudebis, tantum iterum in adventu, dampnante te Deo, ~aberis B. *V. Dunst.* 22; tolerat patiens dum premia sperat. / dum non tristatur sed gaudet, talia fatur .. GREG. ELI. *Æthelthryth* I 179; quid lugemus gaudentem? quid ~amus super plaudentem? STEPH. HARD. *Serm.* 1376C; ~abuntur ergo aquilonares provincie G. MON. VII 4; si de tiranni .. apparenti quis prosperitate ~atur, nequaquam deturpatur invidie macula J. SAL. *Pol.* 702B; ~abatur quod sermonem .. non meruisset audire W. CANT. *Mir. Thom.* III 4; **1207** si qua .. vobis immineat adversitas propter ipsam, gaudendum est vobis potius quam ~andum *Conc.* I 523b; ~atus de eventu alicujus rei nocive DUNS *Ord.* V 9; ~atus est .. abbas .. non pro se sed pro miseris oppidanis Sancti Albani .. quibus scivit per adventum regium proventurum maximum detrimentum WALS. *HA* II 30.

2 to make sad.

raro aliquem ~avit [v. l. ~atus est], pro posse omnem hominem letificavit *Eul. Hist.* I 283; tristitia, que opponitur delectationi, est ab objecto et non a voluntate, quia nihil ~at seipsum OCKHAM *Sent.* I 414; *to make sary*, tristificare, ~are *CathA*.

tristata v. tristates.

tristates [τριστάτης], high-ranking court official.

convenere duces, necnon basileia pubes, / tristatae, comites, vulgi promiscua strages FRITH. 465; non reges, non tristatas, regumve clientes *Ib.* 1164; in Exodo legimus electos ascensores tristatus [*gl.: ridenda*] pro quibus Latina simplicitas ternos statores transtulit *Rit. Durh.* 193.

tristatus v. tristates. **tristegium** v. tristegus.

tristegus [LL < τρίστεγος]

1 that has three storeys.

habebat .. in ipsa navi, sicut de archa Noe legitur, diverticula et ~as cameras et conclavia, que specialiter propter ipsum artificialiter fuerunt composita M. PAR. *Maj.* IV 627.

2 (as sb. f. or n.) third floor, upper floor or room, loft, ship's cabin (esp. w. ref. to Noah's Ark, *Gen.* vi 16). **b** privy.

cenaculum et ~a, sive, ut altera continet translatio, bicameratam et tricameratam leguntur arcam gregatim ingressa ALDH. *Met.* 2 p. 63; ~a triplex tectum designat, stege etenim Grece tectum dicitur .. cenacula .. et ~a .. ad hoc facta sunt in arca BEDE *Gen.* 90D; tristega, domus tricamerata OSB. GLOUC. *Deriv.* 594; arca [ecclesie] .. bicamerata est et tricamerata, quasi per cenacula et ~a GERV. TILB. I 24; animalia, sc. jumenta, in sua ~a, que erat in uno latere arche M. PAR. *Maj.* III 358; s**1155** clam concepit ab Stephano .. in nave, sc. in quodam ~o navis pro thalamo preparato *Id. Min.* I 301; *a chaumbre*, camera, thalamus, ~um *CathA*; *a loft*, stristegum, tabulatum LEVINS *Manip.* 157. **b** est latrina locus idem, cacabunda, cloaca / signat idem; quasi triste †legens [ed. Kurz (1885): tegens] tristega vocatur GARL. *Syn.* 1583B; cum intrant cameram vidit unum ~um cum ymagine ad similitudinem unius sagittarii tenentis arcum in manu KNIGHTON I 12; *a pryway*, brisa .. ~ium *CathA*.

3 ? sort of pot or vessel.

de .. una mensali tabula cum ~is aureis, et aliis vasis argenteis et deauratis *Meaux* I 254; **1450** in j par' ~arum empt' vj d. (*Ac. Farne*) *DCDurh.*

tristellum v. trestellus. **tristera** v. trista.

tristichon [τρίστιχον], three-line stanza or unit (in quot. transf. of poem composed of such units).

tristicon Malchi: idem oratio ternis versibus R. CANT. *Malch.* VI *cap.* p. 136.

tristicon v. tristichon.

tristificare [LL], to make sad, sadden, distress.

798 quantum me ~at absentia illius, tantum vos laetificet praesentia ALCUIN *Ep.* 156; audientur fragores et voces in aere ~antes audientium corda G. *Hen. II* I 325; *to make sary*, calamitare .. ~are *CathA*.

tristificus [CL], that causes sadness or distress.

omnia tristifico mutantur gaudia luctu ALCUIN *Carm.* 11. 11; ~o [*gl.: gedrefendum*] .. tyranno *GlP* 234; tristis componitur .. ~us OSB. GLOUC. *Deriv.* 584.

1 tristis v. trestellus.

2 tristis v. trestum.

3 tristis [CL]

1 sad, despondent; **b** (of appearance, demeanour, or sim.).

ipse ~is et maerens .. Eurydicen lacrimabili deflevit carmine *Lib. Monstr.* II 7; dum .. rex .. laetitiam reciperet, coepit econtra episcopus ~is usque ad lacrimarum profusionem effici BEDE *HE* III 14 p. 157; c**790** quam laete ex muneribus mens hilarescit, tam ~is ex absentia vestrae beatitudinis ingemescit ALCUIN *Ep.* 59; sicque inimicorum sunt versi in tristia risus, / sic et amicorum sunt versi in gaudia fletus WULF.

Swith. II 395; ~is, *unrot GlP* 191; de Stigi odiosi, de Flegetonte iracundi, de Acheronte ~es BERN. *Comm. Aen.* 51. **b** suspirantes priusquam aliquid dicant, ~em vultum pretendunt [ME: *makeð drupi chere*] *AncrR* 24.

2 that brings or causes sadness or distress, unpleasant (also as sb. n.). **b** bitter to the taste.

quae a viris justis sibi inter angelos apparentibus laeta vel ~ia cognoverit BEDE *HE* III 19 p. 165; tristia se laetis inmiscent tempora nostris ALCUIN *Carm.* 48. 27; in tam ~i pallore tot calamitatum vitam consumpserit W. MALM. *GR* II 165; plura sub eo subita et ~ia acciderunt *Ib.* IV 321; Saturnus .. in suo dominabatur domicilio, qui est omnium planetarum ~issimus M. PAR. *Maj.* V 537. **b** vina .. ipsa bibentum ora ~i non torquent acredine W. MALM. *GP* IV 153.

tristisonus [CL tristis+sonus], that sounds sad or gloomy.

tristis .. unde .. ~us et tristificus OSB. GLOUC. *Deriv.* 584.

tristiter [CL], sadly, despondently.

prompte atque hilariter opus injunctum exequitur, et non ~er ac [cum] pigritia, quod obedientiae servilis indicium est *Conc.* III 684b.

tristitia [CL], sadness, grief (also pl., of instance or source). **b** (also w. *abundantior*) melancholy, depression. **c** ill humour. **d** (w. ref. to river of the underworld).

quorum priores .. cum lacrimis .. quae ex Dei caritate profluunt, alii .. cum ~ia, sed quae de indignatione et pusillanimitate deprehensae conscientiae extorquetur, illud excipient GILDAS *EB* 1; solutus est in lacrimas vir Dei, et ~iam cordis vultu indice prodebat BEDE *HE* IV 23 p.264; pro laetitia visionis vestrae ~iae cartula advenit ALCUIN *Ep.* 55; in saeculo .. futuro aut laetitia aut ~ia quisque replebitur summa. .. malus .. ~ia summa replebitur, quia omnes miseriae partes omnimodis patietur *Simil. Anselmi* 71; invenerunt in medio solitudinis aliquam mulierem .. semimortuam et filia ejus inventa est apud eam mortua. .. tunc illa mulier .. fecit magnam ~iam, ululans filiam suam (*Cainnicus* 19) *VSH* I 159; quatinus in leticiis dies suos ducant, ~ias ammoveant et postponant *FormOx* 238. **b** valde timeo ne abundantiori ~ia absorbeatur [episcopus], in qua cum nimio dolore cor ejus versatur ANSELM (*Ep.* 127) III 269; hec edaces ~ie stimulos spiritali quadam suavitate contemperans, sequacis acedie occurrit languori AILR. *Comp. Spec. Car.* 2. 622; ~ie morbum insinuans que omni spirituali gaudio mentem reddit effetam, in quoddam profundissimum chaos immergens animum et laqueis desperationis innectens *Id. Serm.* 54; primos .. ramos hujus plante sic distinguit, ut sit primus inanis gloria, secundus invidia, tertius ira, quartus ~ia, quintus avaritia, sextus ventris ingluvies, luxuria septimus J. SAL. *Pol.* 711D; qualiter Helena Barker, que abundanciori ~ia infatuata sese perniciosissime jugularat *Mir. Hen. VI* III 112 *tit.* **c** intellige quomodo debes pugnare contra diabolum. .. ille [pugnat] discordia, tu concordia pacis. ille ~ia, tu alacritate mentis et laetitia pugna contra eum ALCH. *Ep.* 299; annon pusillanimitas, ira rancor et ~ia, frigus istud important de quo caritas .. refrigescit J. FORD *Serm.* 90. 5; quare splene ridemus? quoniam ipse mundificat sanguinem a melancholica superfluitate cujus est inducere ~iam. inde .. nascitur contrarium, sc. jocunditas *Quaest. Salern.* B 285. **d** Stigem odium .. Acherontem ~iam BERN. *Comm. Aen.* 51; Styx ~ia interpretatur ALB. LOND. *DG* 6. 2.

tristropha [CL tri-+stropha], (mus.) neume consisting of three apostrophes.

apostropha, distropha, ~a ODINGTON 93.

tristrum v. trista. **tristula** v. trestellus. **tristum** v. trestum.

trisulcatus [CL tri-+sulcus+-atus; cf. CL trisulcus], three-pronged.

cum lancea ~a (*Sampsona*) *NLA* II 352.

trisulcus [CL], three-pronged.

corpora vulneribus sed mordeo dira trisulcis ALDH. *Aen.* 43 (*Sanguisuga*) 5; linguis ora vibrabant ~is *Lib. Monstr.* III 7; fulmen trifidum vel ~um legimus ALB. LOND. *DG* 10. 5.

trisurat' v. triforiatus.

trisyllabalitas [CL trisyllabus+-alis+-tas], composition of three syllables.

bisillabalitas et trisillabalitas BACON XV 219.

trisyllabicus [CL trisyllabus+-icus], that has three syllables, trisyllabic.

dictio ~a acuitur in antepenultima cum habet penultimam correptam longari BACON *Tert.* 236.

trisyllabus [CL], that has three syllables, trisyllabic, (also transf.) that has a trisyllabic name. **b** (as sb. f. or n.) trisyllable.

ut trisillabos pedes .. patefacias ALDH. *PR* 117; trissyllabae [accusativi praepositiones]: circiter, adversum, secundum ALCUIN *Gram.* 897D; trisillabus, i. trium sillabarum OSB. GLOUC. *Deriv.* 539; quod michi .. in civitate trisilliba contulisti LUCIAN *Chester* 38; in omni dictione trissyllaba vel plurium syllabarum VINSAUF *AV* II 3. 174. **b** [praepositiones] indifferenter sunt cum ~am faciunt, ut 'adicit' BEDE *AM* 95; unius genitivi ~i penultimam corripi in prosa sciatis, ut fides, fidei, quia non habet i ante e, sicut habent reliqua ~a genitivorum declinationis quinte ABBO *QG* 5 (13); ultima .. dictio versus pentametri semper sit dissilaba, quamvis contingat in auctoribus trissilabas vel tetrasillabas .. plenius invenire GERV. MELKLEY *AV* 207; in trisillabis et polisillabis *Ps.*-GROS. *Gram.* 34; sic est in omni ~a et polysyllaba BACON *Tert.* 236; a**1400** omnis clausula .. in trissillabam vel tetrasillabam terminatur (T. MERKE) *Salter Essays* 81.

trita v. tritula.

tritaeus [LL], (of fever) tertian.

dicitur .. emitriteus ab 'emi', quod est dimidium, et '~teus', quod est tertiana GILB. I 10. 2; tertiana dicitur ~teus GAD. 15. 2.

tritamita [τρίτος+amita, cf. CL tritavus], **triamita,** great-great-great-great-aunt on the father's side. **b** (*~a magna*) great-great-great-great-great-aunt on the father's side.

de patre .. tripatruus et triamita ROB. BRIDL. *Dial.* 159. **b** vocantur ex parte patris frater et soror tritavi et tritavie, qui dicuntur tripatruus magnus et triamita magna BRACTON f. 68b (=*Fleta* 375).

tritarcha v. triarcha. **tritatus** v. terere. **tritava** v. tritavia.

tritavia, triavia [CL], **tritava, triava**

1 great-great-great-great-grandmother.

tritavus et tritava, tritavi pater et tritave mater ROB. BRIDL. *Dial.* 159; tritavie BRACTON f. 68b (v. tritamita b).

2 (in gl.) great-grandmother.

hec triava, *the thyrd fro the modyre WW.*

tritavunculus, triavunculus [τρίτος+avunculus, cf. CL tritavus], great-great-great-great-uncle on the mother's side. **b** (*~us magnus*) great-great-great-great-great-uncle on the mother's side.

de matre .. tritavunculus et trimatertera ROB. BRIDL. *Dial.* 160. **b** triavunculus magnus .. ex parte matris BRACTON f. 68b (=*Fleta* 375).

tritavus, triavus [CL]

1 great-great-great-great-grandfather.

paternae generationis prosapia per atavos et tritavos futurae posteritatis nepotibus et pronepotibus legitimae hereditatis jure perpetuo possidendam dereliquit ALDH. *VirgP* 12; tritavus, atavi pater OSB. GLOUC. *Deriv.* 21; tritavus et tritava ROB. BRIDL. *Dial.* 159; tritavi BRACTON f. 68b (v. tritamita b); homines avos, atavos, et ~os, longamque stirpis sue retro seriem .. cognoscunt GIR. *TH* II 6; attavus, *fiftefeder*; tritavus, *sixtefeder WW Sup.* 507.

2 great-grandfather.

1279 Gilbertus, quem .. R. et W. de E. dicunt esse consanguineum suum, est ~us .. Willelmi et avus .. R. *AssizeR Northumb* 260; H. quondam rex Anglie proavus domini regis nunc .. confirmavit Hugoni filio R. triavo predicti Nicholai .. quod ipse et heredes sui .. habeant liberam warennam *PQW* 137a; abbas .. dedit viam .. cuidam Johanni Aignel, militi, triavo .. Johannis filii Johannis *G. S. Alb.* III 20; hic ~us, *the thyrde fadyre WW.*

trite [τρίτη], (mus.) third note (counted downwards) in the synemmenon and diezeugmenon tetrachords.

~e hyperboleon, id est tertia ab ultima excellentium ODINGTON 81; ~e diezeugmenon WILL. 18.

tritellus v. tortilla. **tritenn-** v. triden-. **trithinga** v. trithingum.

trithingarius [trithingum+-arius], chief officer of a riding or riding court.

1275 ~ii et ballivi sub ipsis fuerunt Willelmus de Thoresby etc. *Hund.* I 337a; **1275** magister Alanus de Carleton tithingarius cepit pro defectu pontis de Bayn dim. marcam sine emendacione *Ib.* I 375b.

trithingum [ME *riding, rithing, trithing* < AS *trehinga, þrihinga*, cf. ON *þriðjungr*], one of three administrative divisions (esp. in Yorkshire or Lincolnshire), riding (in some quot. identified w. or applied to hundred or group of three or more hundreds), or riding court. *Cf. tethinga.*

erant .. alie potestates super wapentagiis quas trehingas vocabant, sc. super terciam partem provinciae (*Leg. Ed. Conf.*) *GAS* 653; quid sit wapentagium et trihingum et hundredum *Ib.*; quod Anglice vocabantur tria vel quatuor vel plura hundreda, isti vocabant þrihinga *Ib.*; in quibusdam .. provinciis Anglice vocabantur *leð*, quod isti dicunt þrihinge. quod .. in threhingis diffiniri non poterat, ferebatur in sciram *Ib.* 654; in quinque centuriatibus et dimidio de Wichelawe et uno atque dimidio de Dyrham et in trilingo de Winestune *Lib. Eli.* II 54; in tridinga Lindissei *CurR* I 10; **1200** quieta de .. hundredis et trindingis et sciris *RChart* 56b; **1200** quieta ab .. sectis schirarum et hundredorum .. et trinthingorum *Ib.* 82a; **1201** quieti .. de sectis .. tridingorum *Pat* 3a; **1202** serviens tredingi et placitorum corone custodes (*Lincs*) *SelPl Crown* 11; **1204** quod tota terra et homines S. Cudberti sint quieti de sirris et hundr' et stridingis et wapetac' *RChart* 119a; **1204** quietos .. omnes liberos tenentes suos de manerio suo de Gedenai [Lincs] et de .. com' et hundredo et wapentac' et treheng' et sectis eorum *Ib.* 134b; **1215** omnes comitatus, hundredi, wapentakii, et trethingii sint ad antiquas firmas *Magna Carta* 25; **1218** de sectis comitatuum, hundredorum, wapentacorum, et thrithingorum *Pat* 145; **1222** mandatum est vicecomiti Linc' quod deferat R. de A. .. de sectis comitatuum et wapentachiorum et treingarum *Cl* 518b; **1223** imfra [*sic*] hundredum de Midford et dimidium et v hundreda de Wichelawe et trilingam de Wineston' *Cl* 539b; **1224** absenciam J. de E. ad proximum comitatum tuum et ad proximam trenig' de Estrenig' et ad proximum wapentakium de Dikering .. ei warantizamus *Cl* 627a; **1225** servientes nostros admittentes ad wapentak' et treninga et jura nostra conservanda *Cl* 79b; **1228** sint quieta de sectis comitatuum et treingorum et wapentaxiorum et de auxilio vicecomitis. et mandatum est vicecomiti Linc' quod sic esse permittat *Cl* 20; **1229** R. de G. attornatus est .. abbatisse ad sequendum comitatum Linc' et wapentaka et trethingas *Cl* 161; **1275** de walore hundredorum, wapp', triyngorum et civitatum .. que et wapp', hundr', triyng' sunt in manu regis *Hund.* I 354b; de firmis hundredorum et wapentakiorum, tritingorum, civitatum *Fleta* 25; tria vel quatuor vel plura hundreda solebant ~a vocari, et quod in ~is non potuit diffiniri in shiram et in comitatum deferebatur terminandum *Ib.* 134; modernis .. temporibus pro uno et eodem habentur apud homines hundreda, wapentakia, et tithringa [*sic*] *Ib.* 134; **1292** ne homines Sancte Marie eant ad comitatus vel shyras vel trehingos *PQW* 122a; ad proximum trythingum de West Trything post idem festum *Ib.* 192b; ipse tenet aliquam partem terrarum suarum in tridding' de Northtrid' et Estridding *Ib.* 196b; sint quieti de shir', hundr', tretheng', et wapent' *Ib.* 645b; **1295** pro sectis ad .. tritthingum nostrum de Windeyates faciendis *RGasc* III 338b; **1298** ad triyingiam de Northtrithing' *IPM* 84/8 m. 2; **1299** thrynding' *Cal. IPM* III 413; **1313** processum cujusdam placiti .. in rotulis ~i nostri de Luda [Lincs], ac si hujusmodi placitum .. in eodem ~o deductum fuisset, cum non fuerit, maliciose irrotulari fecerunt *Pat* 138 m. 1d.; **1323** nullas habuit advocaciones ecclesiarum in hoc thrythingo *IPM* 82/7 (17); **1328** sunt quieti .. de sectis curie comitatus hundredorum, wapentagiorum, tridingiorum *MonA* III 500; **1333** sunt ductores predicti .. ad arriandum homines ad arma wapentachii de Bukcros in Est trithyngo in com' predicto *RScot* 237b; **1353** per servicium faciendi sectam ad tridynga de Crakhowe et Yarlestre .. ad proximum tridyngum post festum S. Michaelis *IPM* 117 m. 8.

trithyngum v. trithingum. **triticare, ~ari** v. triturare.

triticarius [CL], of or pertaining to wheat, (in quot. assoc. w. *triturarius* and transf., understood as) of or pertaining to separation.

dicitur ~ia condictio ab inventore: vel ~ia est i. e. trituraria, quia sicut in tritura separatur granum a palea, ita per hanc condictionem separatur pecunia numerata ab aliis rebus VAC. *Lib. paup.* 119.

triticeus [CL], of or pertaining to wheat. **b** (of mill) used for wheat. **c** (of land) used for growing wheat.

coque inquit ~eam in lacte farinam BEDE *CuthbP* 2; mentes triticeo caelis indentur acervo, / quo fruges animae capientur mox locupletes FRITH. 832; triticeos ternos illi donantque maniplos WULF. *Swith.* II 529; zizania in messe ~ea importune oriuntur ORD. VIT. III 3 p. 42; o si nunc quadraginta panes ~eos cum butiro et caseo et lacte haberemus (*Samthanna* 6) *VSH* II 255; spiritualis agri lolium tribulique fatigant / triticeas messes H. AVR. *Poems* 127. 177; panis ~eus est cibus adultorum, non parvulorum G. *Roman.* 305. **b** cum duobus molendinis quorum unum est aquaticum et aliud est tritiscium (*Ch.*) UPTON *app.* 86. **c** in terra fertili ~eaque GIR. *Spec.* III 2 p. 145; silvam iliceam in terram ~eam, forestam .. in culturam arabilem .. redegit *Ib.* III 12 p. 206.

triticinus [LL], of or pertaining to wheat.

cantabrum, i. furfur, quando simpliciter ~um *SB* 14.

triticum [CL], wheat (as plant, crop, or grain, also in fig. context).

lugete, possessiones, pro ~o et hordeo, quia periit vindemia ex agro GILDAS *EB* 83; coquere farinam tritici, simul et lac *V. Cuthb.* I 4; ~um, frumentum OSB. GLOUC. *Deriv.* 591; curemus familie Domini, super quam nos constituit rectores, cibum dare, in tempore suo mensuram ~i, probatam scilicet doctrinam W. MALM. *GP* I 16; c1145 octo acre .. quatuor de ~o et quatuor de ordeo *Doc. Theob.* 59; illa seges crevit et maturavit et purum ~um fuit (*Molua* 26) *VSH* II 214; spiritalis tritici semen erogavit (*Tigernacus* 18) *Ib.* II 269; ~um convertitur in nigellam et lolium BACON XI 251; s1316 maxima .. inundacio ymbr[iu]m fuit ex qua pervenerit [*sic*] tanta bladi saristia quod quarterium ~i pro xl s. vendebatur *Doc. S. Paul.* 59; hoc ~um, *whete WW*.

tritilis [CL terere+-ilis], easy to crush or grind.

~i, quod teri potest *GlC* T 279; a tero hic et hec ~is et hoc ~e i. facile ad terendum OSB. GLOUC. *Deriv.* 578.

tritiliter [tritilis+-ter], (as adv. deriv. from *tritilis*).

tritilis .. facile ad terendum, unde ~er adv. OSB. GLOUC. *Deriv.* 578.

tritingum v. trithingum.

tritio [CL terere+-tio], (act of) wearing away, attrition.

contritio enim est quasi 'inter duo ~o', scilicet inter amorem et timorem HALES *Qu.* 1032; adulterium est illicitus coitus cum maritata et dicitur adulterium quasi alterius lecti ~o *Spec. Laic.* 4.

tritiscius v. triticeus.   **trititrochaicus** v. tritus.

tritonus [τρίτονος], (mus.) interval of three tones, tritone.

iste species dissonantie sunt septem, sc. semitonium, ~us, ditonus cum diapente .. GARL. *Mus. Mens.* 9 p. 72; discordantiarum prima dicitur ~us, quia magis dicitur perfecta discordantia, quia sumitur in majori superpartiente, sc. 217 partiens 512, sicut se habet 729 ad 512 *Ib.* 10 p. 73; ~us dicitur quasi continens tres tonos, quod non est in usu nisi raro inter organistas *Mens. & Disc. (Anon. IV)* 69.

tritor [CL], one who crushes, grinds, threshes, or bruises (also transf.).

tero, teris .. inde hic tritor, -oris OSB. GLOUC. *Deriv.* 577; efficitur .. marita maritus: / passa .. tritorem rursus terit area, ducit / femina, sulcus arat HANV. I 254; ~or, *a defoulere WW*.

tritorium [LL]

1 instrument for rubbing, grinding, or grating.

~ium, *a pystel WW*; *a grater*, ~ium LEVINS *Manip.* 74; *a rubber*, ~ium *Ib.* 75.

2 place where threshing is carried out, threshing floor.

a1250 hospitium *penkenyt* est ~ium *Leg. Wall.* A 113; septem annis in ~io monasterii .. serviens mansit. .. sic diligenter exercebat trituratoris officium ut in palerio ~ii non posset granum quod culmum faceret inveniri (*Endeus* 25) *VSH* II 72.

tritos v. 3 tritus.   **tritthingum** v. trithingum.

tritula [cf. CL trittilis], thrush.

trita [l. ~a], *ðrostle GlC* T 313.

tritulare [cf. CL trittilis], (of thrush) to twitter.

cum turdus [TREVISA: *þral*] tritulat, sturnus tunc pausitat ore HIGD. I 24.

tritura [CL]

1 (act of) wearing down or wearing away.

semitam .. ~a multiplici se ipsam manifestantem *Ps.*-ELMH. *Hen.* V 30 p. 340.

2 (act of) threshing.

ut in agricultura divine messis et in ~a Dominice aree pariter laboremus P. BLOIS *Ep.* 6. 17A; futurus vitula Ephraim docta diligere ~am, thesaurum et gloriam meam constituens in eo qui potens est *Ib.* 130. 385C (cf. *Os.* x 11); in ~a aree grana sub paleis premuntur HOLCOT *Wisd.* 180.

3 ? *f. l.*

tunc canduit intus linea palla miro nitore ac gemmantis planetae relucens †tritura GOSC. *Lib. Mild.* 19 p. 87.

triturare [LL], to thresh (also in fig. context). **b** to thrash, beat.

tantum mansit humilis .. ut ventilare cum eis et ~are, oves .. mulgere .. gauderet BEDE *HA* 8; sicut .. in area ~atur, ut granum a palea separetur, sic in ecclesia discussa sunt gesta sanctorum, ut excussa palea vanitatis .. grana sine paleis reservantes eorum adjuvemur .. explis S. LANGTON *Serm.* 4. 5; nec in horreo Domini reponitur granum, donec flagellis aut ~antium pedibus sit excussum P. BLOIS *Ep.* 12. 37A; 'non alligabis vel infrenabis os bovis ~antis' [*I Cor.* ix 9], predicatoris scilicet ecclesie, terram vomere predicationis excolentis, legem Dei ruminantis, in arca ecclesie separationem palearum a granis ~antis GIR. *GE* II 33 p. 328; ipse asportavit travam [de blada] illam et triticari [? l. ~ari] fecit illam *BNB* III 273; iij homines debent ~are .. dimidiam summam et dimidium bussellum de frumento *Cust. Battle* 27; 1346 de lvj operibus receptis de .. custumariis in opere pro frumento ad semen ~ando *Rec. Elton* 335; hi agricole seminantes, boves ~antes R. BURY *Phil.* 8. 136. **b** 1409 [*and .. not thrash*] ~et Anglice *thresshe* [*any hen or capon or any other bird in the streets*] *Cal. Pl. Mem. Lond.* III 292.

triturarius [cf. CL tritura], of or pertaining to threshing, (in quot. transf., understood as) of or pertaining to separation.

dicitur triticaria condictio ab inventore: vel triticaria est i. e. ~ia, quia sicut in tritura separatur granum a palea, ita per hanc condictionem separatur pecunia numerata ab aliis rebus VAC. *Lib. paup.* 119.

trituratio [LL]

1 (act of) crushing, bruising, grinding (also in fig. context).

post hujus vitae certamen, post ~onem afflictionum terrestrium BEDE *Prov.* 1040C; extrahes totum id de vase et teras illum diligenter ~one bona M. SCOT *Lumen* 259.

2 (act of) threshing.

c1230 exceptis ~onibus, messuris .. et fugacionibus *Doc. Bec* 38; 1234 debet triturare contra precariam domini ad hivernagium ij bussellos frumenti .. et hec ~o non allocabitur ei in aliquo alio opere *Cust. Glast.* 89; 1258 ~o. in xx quarteriis frumenti triturandis et ventilandis ad tascham *Crawley* 225; 1473 tritulacio et vendicio [bladi] *Pipe Wint.* 11M59/B1/202.

triturator [LL], thresher; **b** (passing into surname).

~ores .. per plateas messes cedebant, et ingentes acervi straminis et palee ut autumnus exigit sparsim ante domos jacebant ORD. VIT. XIII 38 p. 115; 1234 quisquis erit ~or .. debet triturare per tres dies septimane, qualibet vj bussellos frumenti sive ordei *Cust. Glast.* 114; s1226 isto anno fuerunt ~ores horreorum Romanorum in Anglia et bladorum venditores *Ann. Burton* 239; de seruris .. grangiarum et granarii, de ~oribus et ventricibus .. prudenter agere debet [cellerarius] *Obs. Barnwell* 180; 1355 assignavimus .. Johannem .. ad blada .. providend' et ad tot ~ores et molendinarios quot pro bladis illis triturandis et molendis necessarii fuerint .. capiend' *RScot* 784b; *a threscher*, flagellarius .. ~or *CathA*; hic ~or, *a tasker WW*. **b** 1309 de Galfrido ~or' *Gild Merch.* II 302; 1531 Thomae Brown ~ori xxj d. *Househ. Bk. Durh.* 46.

trituratorium [LL triturare+-torium, cf. LL trituratorius], place for threshing, threshing floor (also w. ref. to use for drying grain).

quo dicto, rusticus ille cum ~io suo successus exuritur (*Cadocus*) *NLA* I 168 (cf. ib.: preces .. fudit quatinus rusticus ille cum farre suo suorum pariter fomento titionum concremaretur); ad ~ium sive segetis excussorium, in quo manebat .. servus .. avenam siccans, perrexit (*Cadoc* 7) *VSB* 36.

trituratura [LL triturare+-ura], (act of) threshing.

c1230 quietus de solucione x d. et in ~is et messuris in autumpno cotidianis *Doc. Bec* 39.

1 tritus v. certus.

2 tritus v. terere.

3 tritus [CL < τρίτος], third (in quot. metr. and mus., in transliteration of Gk. phr.).

quae est caesura trititrochaici [l. ~i trochaici]? cum tertio loco pes dactilo terminatur ALDH. *Met.* 10 p. 96; titos [l. tritos] trocheos fit quotiens in tertia pars orationis finitur cum dactylo BONIF. *Met.* 110; ~us trochaeus syllaba post vii pedes remanens *GlC Interp. Nom.* 319; autentus tritus *Trop. Wint.* 63.

triumphabilis [CL triumphare+-bilis], triumphant, victorious.

de torrente incendio .. ~es [*gl.: sigefæste*] viri .. spectare circi caterva in publicum processere ALDH. *VirgP* 36.

triumphalis [CL], of or pertaining to triumph or victory. **b** (of person) victorious.

~em martyrii palmam GILDAS *EB* 11; ut .. apostolicae jubilationis tripudio carmen ~e gratulabundus decantet ALDH. *VirgV* 18; populo persuasit ut in compitis et triviis .. finium suorum opus in modum ~is arcus erigerent ALEX. CANT. *Mir.* 35 p. 229; salutifere Christi crucis signum ~e GOSC. *Edith* 88; morte trihumphali transit jam celica nactus NIG. *Laur.* 326; ecce dantur Anglicis triumphales vitte (*Dunbar* 130) *Pol. Songs* 170; Spiritus Sanctus declaravit quod continentia virginalis habebit in futuro ~em remunerationem HOLCOT *Wisd.* 143. **b** statuas .. ~ium virorum a Roma deductas W. MALM. *GR* IV 355.

triumphaliter [CL triumphalis+-ter], in triumph, victoriously.

valeas .. hostium jacula ~er defringere EGB. *Pont.* 96; cambutta in altum ~er sublata horrendum monstrum .. persequitur ADEL. BLANDIN. *Dunst.* 6; 1251 ipsius .. per quem solum ~er agitur in hostibus et cives sapienter gubernantur AD. MARSH *Ep.* 140 p. 268; castellum .. famose sibi et ~er redditum G. *Steph.* 109; Lucius Mallius .. cognomen Torquati et sibi et posteris ~er accepit *Flor. Hist.* I 49; 1350 bellicosos quondam Troianos qui .. insulam tunc Albion .. ~er occuparent *StatOx* 17.

triumphare [CL]

1 to triumph, win a victory. **b** (w. dat., or w. *de* or *super*) to triumph over.

672 ~ante victore ALDH. *Ep.* 5; miles Christi devicto hoste triumphat *Id. VirgV* 853; ~ant pontifices hostibus fusis sine sanguine, ~ant victoria fide obtenta non viribus BEDE *HE* I 20 p. 39; si victor fuero, regi ipsi ~abo *Enc. Emmae* II 6. **b** vinctus .. nos rex summus solvebat et ipse / tradendo cruci vitam de morte thriumphat ALCUIN *Carm.* 6. 9; 796 in cujus potentia et gratia .. de Avarorum gente ~atum est *Id. Ep.* 99; 1168 etiam qui in clero minimus est, de

adversariis ecclesie ~abit J. SAL. *Ep.* 260; de hostium multitudine nobiliter ~avit *Found. Waltham* 20; ~avi super retencionem concupiscentie mee BACON V 165; **1327** si .. rex possit suis hostibus in Scotia ~are *Lit. Cant.* I 224; super Wandalos ~avit *Eul. Hist.* I 351.

2 (*ecclesia ~ans*) Church triumphant, the Church in heaven considered as having triumphed over the powers of evil.

ecclesia militans in multis decipitur. ~ans vero non irridetur GIR. *TH* III 31; a numero sanctorum in ecclesia ~ante non creditur exclusus *Canon. G. Sempr.* f. 34v; civitas Dei, que est ecclesia militans vel ~ans T. CHOBHAM *Praed.* 284; [Jerusalem] allegorice significat ecclesiam militantem, anagogice ecclesiam ~antem BACON *Maj.* I 186; peccatum .. quod claudit nobis januam tam ecclesie militantis quo ad meritum et suscepcionem sacramenti eucharistie, quam ecclesie ~antis quo ad premium et degustacionem glorie CONWAY *Def. Mend.* 1417 (*recte* 1317).

3 to exult (in quot. w. acc. & inf.). **b** (w. *in* w. abl.) to exult in.

miles .. Henrico regnum juste obvenisse ~at J. HERD *Hist. IV Regum* 132. **b** ~at civitas in adventu regio, patrem patrie .. amplectendo GOSC. *Edith* 43; in nostra dissolucione trihumphat hostis publici consiliosa calliditas *Ep. Glasg.* 309.

4 (trans.) to be victorious in, to win (contest or sim.).

sicut illa [Virgo] sexu fragili virile nisa est certamen de hostibus ~are, ita vos .. valeatis .. antiquum hostem devincere EGB. *Pont.* 93.

5 to triumph over, conquer; **b** (p. ppl. *s. act.*).

~at hostem qui superat, triumphat nos Deus, cum superandi hostes auxilium tribuit BEDE *Orth.* 54; ritum ~ans [*gl.*: *oferwinnende, sigriende*] GlP 491; caro subdita menti / morte triumphata spiritualis erit J. SAL. *Enth. Phil.* 544; adoro te, Domine, infernum visitantem et in sanctis animabus inferos ~antem *Found. Waltham* 12; hostem arte magis quam marte ~at GIR. *TH* I 27; pingitur ingressus mundum sursumque regressus, / morte trihumphata vitaque suis reparata *Vers. Worc.* 100. **b** castellum .. Cary rex .. ~atus G. Steph. 32.

6 to grant triumph or victory to, to lead in triumph.

hunc .. / Pater excelsus qui sanctos jure triumphat / vexit in aethereas .. arces ALDH. *CE* 4. 4. 13; triumphat hostem qui superat, ~at nos Deus [*II Cor.* ii 14], cum superandi hostes auxilium tribuit BEDE *Orth.* 54.

triumphator [CL], one who triumphs, victor, conqueror (also w. obj. gen.); **b** (of God).

suspendit .. contra civitatem adversariam caput gigantis victi puer ~or [David] BEDE *Sam.* 623C; **801** de prosperitate .. principis ~oris magni et gloriosi imperatoris ALCUIN *Ep.* 218; Franci ~ores orbis et dominatores! Turci recesserunt! ORD. VIT. IX 8 p. 514; velut triumphatores [? l. ~ores] invicti coronam in patria possidebitis gloriosam datam *Collect. Ox.* I 47; demonum ~or *V. Edm. Rich C* 612; **1281** ~oris inclyti, domini Willielmi primi PECKHAM *Ep.* 199 p. 243; serenissime princeps ac invictissime ~or *FormOx* 190. **b** ~ori Deo, qui cuncta laudabiliter disponit, .. laudes .. reddiderunt ORD. VIT. IX 11 p. 570; **1166** hos ad unitatem .. ~or gentium .. revocabit Jesus J. SAL. *Ep.* 175 (176 p. 172); nos a morte revocat / triumphator fortis S. LANGTON *BVM* 1. 14.

triumphatrix [CL triumphare+-trix], that triumphs or conquers (f.) (also w. obj. gen.).

[arca Domini] mortis ~ix BEDE *Sam.* 540D; exempla majorum .. nullum .. erigerent .. nisi pia sollicitudo scriptorum et ~ix inertie diligentia eadem ad posteros transmisisset J. SAL. *Pol. prol.* 385A; expositores .. omnes artis hujus [logice] velut ~icis inter alias grandi preconio erexere vexillum *Id. Met.* 873C; India, tot regum nutrix, dehinc victa potenter / sub Bacho tanto principe tuta fuit; / tanta triumphatrix Bacho cessisse volebat, / a Bacho vinci gloria magna fuit NECKAM *Poems* 118; plebs .. triumphatrix regnat GARL. *Tri. Eccl.* 142.

triumphose [CL triumphus+-osus+-e], triumphantly, victoriously.

s**992** puppes totas armatas ~e ceperunt H. HUNT. *HA* V 29.

triumphum v. triumphus.

triumphus [CL]

1 victory procession or celebration, triumph.

domum cum ~o magno et gaudio repedante GILDAS *EB* 16; dum voti remeasset compos ad urbem / compta triumphorum sortitus labara princeps / inclita Romanis revehens ex hoste tropea ALDH. *VirgV* 2095; fasces i. honores, dignitates .. ~os GlH F 11; electos .. quosque juvenum quos decor corporis .. commendabat ad ~um dicit esse reservatos, reliquos .. vinctos ad opera Egypti per metalla destinatos J. SAL. *Pol.* 425B; imperatores magnificum et †memorabile [l. memorabilem] de Judeis agentes ~um Romam ingressi sunt (Hugo Floriac) GIR. *PI* I 18 p. 79; ~us est palma que datur ei qui hostes capit et est aurea corona BACON *Gram. Gk.* 138.

2 victory, triumph, conquest (also w. *de*); **b** (transf.).

multus in orbe viget per sobria corda triumphus (*Hymn.*) BEDE *HE* IV 18 p. 248; queritur a ducibus, quorum Vulfarius unus, / nobilibus pollens per Mercica regna triumphis FRITH. 414; cum Franci cum omnibus nationibus sibi subjectis mutua se cede prosternerent, ad ultimum Ludovicus et Karolus, Lothario fugato, ~um adepti sunt W. MALM. *GR* II 110; post .. de Goliath ~um, post .. de hostium strage victorias J. FORD *Serm.* 73. 7; maxime monstrorum domitor, qui laude suprema / dignus .. / .. licite potes Herculeos ridere trihumphos H. AVR. *Guthl. proem.* 7. **b** coramque beatis / qui tantum meruere viris spectare triumphum, / nubibus assumptus subit aurea sidera victor WULF. *Swith. pref.* 440; remansit illa ad Dominicam ascensionem .. advenerat .. dies Domini Jesu ~o sollemnis W. MALM. *GP* V 273; post resurrectionis ~um soli ipsi gloriari est J. FORD *Serm.* 37. 4.

3 (in gl.) military leader.

hic ~us, *constabulle* WW.

triumptator v. triumphator.

triumvir [CL], triumvir, member of a board of three (as title of dignitary, official, or leading personage).

triumv[i]r, dignitatis nomen GlC T 294; Archalis clamare, triumvir [i. e. Athelstan], nomine saxi *ASE* IX 72; ~vir, magister trium virorum OSB. GLOUC. *Deriv.* 591; apud gentiles seculares erant hee persone: monarcha, scilicet imperator Romanus, patricii, qui et senatores dicebantur .. prefecti, tribuni plebis, tribuni militum, pretores, centuriones, decuriones, quaterniones, ~viri, questores, ediles, aule janitores BELETH *RDO* 12. 26.

triumviratus [CL], rank or office of a triumvir.

flagitiosissimus non populi Romani sed virtutum publicus hostis ne edictum quod ~us tempore de sumptibus posuit legis .. habeat .. vigorem J. SAL. *Pol.* 732D.

triurica [? CL tri-+eruca], (bot.) periwinkle.

pervinca .. ~a idem Gall. et A. *pervenke Alph.* 144.

trivecta [CL tri-+vecta], animal that has lived through three winters.

10. †priveta [l. þriveta, *i. e.* thriveta], *þriwintre steor* WW.

trivere v. terere. **trivia** v. trivius.

trivialis [CL = *of or pertaining to cross-roads*], of or associated with the course of liberal arts known as the *trivium*.

ut geometriam, astrologiam, musicam, arithmeticam, ~es etiam et ethicas et phisicas et theologicas disciplinas GERV. MELKLEY *AV* 213; per logicam intelligitur tota scientia .. is dicta a 'logos', quod est sermo KILWARDBY *OS* 567; scientie .. que non perficiunt veris et bonis .. duplicem habent ordinacionem ad racionalem ~em Ps.-GROS. *Gram.* 12; in epigrammatibus .. utuntur vetere illo ~i dicacitate *MGL* II 6; item alie scientie ~es, arithmetica et geometria et astronomia, asserunt motum esse BRADW. *CD* 531A; scholis ~ibus expoliendum ROBERTSON *Rolloc* 5.

trivialiter [CL trivialis+-ter], in a public place, publicly.

hoc trivium, -ii, unde .. et ~er, adverbium OSB. GLOUC. *Deriv.* 580; punicionis deitatis .. maneries platealiter est publicata ~a E. THRIP. *SS* III 5; wlgare .. ~erque tritum *Ib.* XII 15.

triviatim [cf. CL trivium], everywhere, far and wide.

963 tocius Albionis ~im potitus tegimine *Ch. Burton* 2; a**984** ~im cum Domino regnans conscendere Macrobius confidebat (AETHELWOLD *Ch.*) *Conc. Syn.* 122; **993** altithroni moderatoris imperio ~im instruimur (*Ch. Regis*) *Ib.* 182; cujus non modo facta, verum etiam dicta per totum orbem ~im predicantur ADEL. *ED* 8; hoc trivium, -ii, unde ~im i. ubique, adverbium OSB. GLOUC. *Deriv.* 580.

trivirgis [CL tri-+virga+-is], (mus.) neume of three *virgae*.

bivirgis, ~is ODINGTON 93.

trivium [CL]

1 meeting of three roads (esp. as public place).

divinus .. sermo .. non solum in ecclesiis verum etiam per ~ia, per rura praedicatur BEDE *HE* I 17 p. 35; ~ium, divisio trium viarum OSB. GLOUC. *Deriv.* 591; quia ~ium dicitur ubi tres vie conveniunt, potest per ~ium appellari triplex modus peccandi, cogitationis, locutionis, operis (AILR. *Serm.*) *CC cont. med.* IID 222; in ~iis Geth et in compitis Ascalonis publice predicatur P. BLOIS *Ep.* 120. 352B.

2 set of three linguistically based subjects (typically grammar, rhetoric, and logic) forming the lower division of seven liberal arts; **b** (transf.).

1089 sicuti ~ii et quadruvii prorsus neglecto disciplinae studio (*Lit. Antipapae*) *EHR* XVI 331; tres .. status annorum .. Parisius in liberalibus disciplinis faciendo .. ~ium ibidem egregie docuit et precipuam in arte rhetorica laudem obtinuit GIR. *RG* I 2; multa .. subtilia et magna leguntur in aliis facultatibus, ut in phisica, ~io, et quadrivio, quibus non indigemus in sacra pagina T. CHOBHAM *Commend. Virt.* 98; domum .. non solum tribus sed etiam septem columnis divina edificaverat sapientia, per quam non solum +trimi [l. trivii] sed et †quadrimii [l. quadruvii] mira .. fuerat subtilitas revelata *V. Edm. Rich P* 1790A; respondentes septenario artium liberalium ~ii et quadrivii, possumus dicere quod iste tres quasi singulariter ~io pertinentes ad intrinsecus corporis, terrecultus, cibativa .. et medicina KILWARDBY *OS* 378. **b** ~ium .. theologicarum virtutum HIGD. I *prol.*

trivius [CL], of or belonging to a place where three roads meet, (in quot. as sb. f.) the Roman goddess Diana.

~a, -e, i. Diana OSB. GLOUC. *Deriv.* 580.

trivolus v. 2 tribulus. **trivus** v. trinus.

1 trix v. 1 trica.

2 trix [? *shortened from* CL meretrix; cf. CL tricari], **2 trica,** (in gl.) harlot.

trica quoque vel trix quando dicitur pro meretrice .. quasi pro mercede tricans i. hominem pro mercede impediens OSB. GLOUC. *Deriv.* 577; trica .. pro meretrice .. dicitur *Ib.* 591; *a common woman* .. trica *CathA.*

trixago [CL], (bot.) germander (*Teucrium chamaedrys*).

trisago major, camedrea *Gl. Laud.* 1460; trisogus, camedros .. vel germandria minor idem *Alph.* 86.

triyingia, tryingum v. trithingum. **troa** v. troia. **trobulus** v. 1 tribulum, 2 tribulus.

trocha [? OF *troche*], cluster (of precious stones).

j corona auri .. cum viij floronis .. in quolibet florono .. viij ~is de emeraldis (*AcWardr*) *TR Bk* 203 f. 161; **1352** j nouch' .. cum .. vj perulis in iij troch' cum ij deamant' in medio *Reg. Black Pr.* IV f. 43d.; **1453** cum x ~is perularum (*KR Ac*) *JRL Bull.* XLII 124.

trochaeus [CL], trochee, foot consisting of a heavy syllable followed by a light syllable; **b** (humorous transf.); **c** (in gl.).

nonne plerumque ultimus pes ~o terminatur? ALDH. *Met.* 10 p. 82; ~us ex longa et brevi temporum trium, ut 'versus' BEDE *AM* 108; dupla partimur hos: ~eum .. iambum .. molosum BONIF. *Met.* 109; cum .. elevatio habet longam et depositio brevem, dicitur ~us ODINGTON 90. **b** trocheus etenim erat, cum uno

trochaeus

pede longo et alio brevi constabat *Mir. Cuthb. Farne* 7. **c** rotatiles ~os [*gl.: swegas*] *GlP* 1062.

trochaicus [CL], trochaic.

cum tegulis ~is et dactilicis metrorum imbricibus firmissimum culmen .. imponam ALDH. *VirgP* 60; metrum ~um tetrametrum .. recipit trochaeum locis omnibus, spondeum omnibus praeter tertium BEDE *AM* 137.

trochelates [τροχηλάτης], charioteer.

925 egregius predicator et sapiens trichelaus [sc. Apostolus Paulus] *Ch. Burton* 2.

trochilus [CL < τροχίλος], Egyptian plover or wren.

†strofilos [l. trochilus] avis parvula est NECKAM *NR* I 57 p. 107.

trochiscatus [CL trochiscus+-atus], (as sb.) small disk, (med.) pill.

rubea trociscata valet tertianariis GILB. VII 314v. 2; idem facit rubea trociscata vel ros[a] novella cum modico tyriace GAD. 53v. 1.

trochiscus [CL < τροχίσκος]

1 small disk, (med.) pill.

incorporetur et ponatur ad solem, et cum desiccabitur formentur inde troci [? l. trocisci] et bene desiccati usui reserventur GILB. III 176. 1; de tempore .. sumendi et modo preparandi .. trociscos pro multis egritudinibus BACON V 105; trocicus triganus [*i. e.* trigonus] *Alph.* 71; accipiat .. unum trociscium camphoratum GAD. 23v. 1; conficiantur cum syropo mirtino et fiant trocissi J. MIRFIELD *Brev.* 88; trociscus, rotunda confectio *SB* 42.

2 (bot.) kind of camomile.

camomilla, i. trociscus *Gl. Laud.* 418; trociscum sebanicum, i. camomilla *Ib.* 1462.

trochlea [CL < τροχιλεία; cf. et. trokellus, troilia]

1 round or cylindrical component of mechanical (esp. winding) device, wheel, roller, (also) device for winding; **b** (in loom); **c** (in wine-press or sim.); **d** (in crossbow); **e** (fig.).

troc[h]leis, rotis modicis *GlC* T 266; trocleatim troclea dicitur *pulie* Romanice per quam facilius corda labitur *GlSid* f. 147ra; juxta transtrum [naucleri] assit troclea et dicitur instrumentum a trochos, quod est rotundum, vel a rota dictum instrumentum eo quod circumvolvitur troclea ut rudentes circumligati firmiores sint et ut funium secundum aure variationem nunc superioretur, nunc inferioretur NECKAM *Ut.* 115; omnes populi funes et trocleas miserunt et simulacrum evertere non potuerunt GIR. *GE* I 25 p. 71; 1369 in trocleis emptis .. pro uno *dreye Ac. Churchw. Bath* 9; *trendyl*, troclea, -e *PP*; s1465 extructa .. machina, immensam trabem totius operis sustentatricem, trocleis et funibus innexam, summis muris applicare contendunt *Croyl. Cont. B* 541; hec troclia, *a wynddas WW*. **b** trocleam [*gl.: wyndas*] habeat [textor] circumvolubilem, cui pannus evolvendus idonee possit maritari NECKAM *Ut.* 106; textrix involvit spolam in troclea et telam ductione filorum et globorum orditur GARL. *Dict.* 135; *a tryndelle of a webster* .. troclea *CathA*. **c** *a presse for wyne* .. troclea *CathA*. **d 1274** tenementum de Fayntre debet invenire unum hominem in exercitu domini regis .. cum arcu suo, iij sagittas cum uno trocleo *IPM* 4/14; **1293** iij sagittas cum truculo *Cal. IPM* III 61. **e** quam velit loculus tantum lis / et promat formulam argenti trocleam, / volamque judicis ungat ciragricam WALT. WIMB. *Sim.* 29.

2 (in gl., perh. assoc. or confus. w. *cochlea*) spiral staircase.

a turne grece, troclea *CathA*.

trochleatim [LL], by means of a winding device or pulley.

trocleatim *GlSid* f. 147ra (v. trochlea 1a).

trochleatus [CL trochlea+-atus], (of crossbow) furnished with a winding device.

balistas trocleatas [*gl.: a troil, areblat de troia*] GARL. *Dict.* 130.

trochos v. trochus.

trochus [CL < τροχός], hoop (esp. as child's plaything), (also) top. **b** (in gl.).

~us, genus roti [l. rotae] ad ludum *GlC* T 249; †troclinus [l. trochus], †sectae genus [l. rotae genus] *Ib.* T 276; pergamus .. jocare foris cum baculis nostris et pila nostra seu ~o nostro. .. et si tu vis mecum ludere ~o, ego dabo tibi unum flagellum ÆLF. BATA 4. 9; troclea .. dicitur instrumentum a '~os' [v. l. troclos], quod est rotundum NECKAM *Ut.* 115; [pusiones] qui trocos scutice jocoso verbere / solent inaniter in orbes cogere WALT. WIMB. *Palpo* 179; plures colores videntur unus ex distantia superflua; ut in troco habente colores diversos in partibus suis, velociter moto, apparet unus color compositus ex omnibus BACON *Tert. sup.* 31; conoides est forma que a lato incipit et tendit in acutum ad modum coni sive troci *Comm. Sph.* 338; de ludis: hic trocus, *topet Gl. AN Glasg.* f. 20rb; de ludis: hic trocus, *tupeth* vel *caboth Gl. AN Ox.* 144; ~us et torpillus, A. *a top WW*; *top, of chyldyrnys play*, trocus, -i *PP*. **b** theosos i. rotundum *Alph.* 184 (cf. ib. 119: trocos enim rotundus dicitur); trocus .. interpretatur rotundum *SB* 42.

troci- v. trochi-. **trociscum, ~iscus, ~issus** v. trochiscus. **trocle-** v. trochle-. **trocleteu** v. troglitis. **trocleus, troclia** v. trochlea. **troclinus, trocos** v. trochus. **troctare** v. trottare. **trocterius** v. trottarius. **troculus** v. trochlea. **trocus** v. trochiscus, trochus. **troditen** v. troglitis. **troga** v. 3 truga.

troglitis [τρωγλῖτις], kind of myrrh (in quot. assoc. w. τροχός).

oleo .. pulegino .. pectus ungat, vel mirre trocleteu [*sic*; ? l. trocleten] grana iij in ovo sepe accipiat GILB. IV 188. 1; mirra troditen [l. trocliten] ad laudem dicta est quod sit troditen [l. trocliten] i. rotunda, trocos enim rotundus dicitur *Alph.* 119.

troglodyta [CL < τρωγλοδύτης], cave-dweller.

magnes lapis est Indicus ... in India apud troglodytas invenitur, ferrum trahit BART. ANGL. XVI 63.

trogulus [? cf. τρώγειν = *to gnaw, nibble, eat*, CL stragulus], coarse cloth or garment, sackcloth.

jacens in cinere et in sterquilinio asperrimo ad carnem nudam indutus erat ~o DOMINIC V. *Ecgwini* I 16; cum a primevo juventutis flore semper usus fuerit cilicio, nunc in cinere jacens asperrimo ad carnem nudam indutus erat ~o (*Egwinus*) *NLA* I 376; s1253 mentitur in eis ~orum vilitas, dum sub habitu paupertatis .. spiritus habitat elationis M. PAR. *Maj.* V 406.

1 troia [cf. OF *Troyes*], standard system of weights based on twelve-ounce pound.

1438 onerat se de xiv li. viij s. vj d. de cona octodecima librarum et dimidia uncie de troya auri *ExchScot* 65; **1434** onerat se .. de xlv li. xv s. ix d. provenientibus de cona quinquies viginti quatuordecim librarum tres septem unciarum cum dimidio argenti *Ib.* 578; **1453** uno cipho argenti deaurati ponderanti xxv uncias troie .. pro una ymagine sancte Agnetis auri ponderanti ix marcas j quarteriam troie (*KR Ac*) *JRL Bull.* XLII 117.

2 Troia v. Troja.

troiampium, ~iapium v. trojambitum. **troila** v. troilia.

troilia [AN *troil* < CL trochlea], cylinder, wheel, roller (as component of winding machine); **b** (in wine-press or sim.); **c** (in crossbow).

hec troilia, *a trindylle WW*. **b** [*moiety of a press*] trolii seu pressorii *CalPat* 271. **c 1222** T. de M. dat unam balistam de troil' et unam carucatam boum *RL* II 185; c1224 una balissa [*sic*] ad troil' *Chanc. Misc.* 10/13/2; **1237** balista ad troill' *Cal. Liberate* 274; **1264** mandatum est .. quod de minoribus balistis regis de truill' que sunt in custodia sua apud Windes' faciat habere .. fratri regis unam balistam de cornu de truil' cum attilio et ducentis quarellis *Cl* 337; **1266** unam balistam de trullio et quatuor balistas ad duos pedes *Pat* 84 m. 6.

troilla v. troilia.

troina [OF *troine*], sort of wind instrument.

hic acutius modulantes concinunt tibicines, illic tympana concrepant, sive gravioribus harmoniis susurrant ~e *Itin. Ric.* III 2.

troinapium, troianopium v. trojambitum. **troita** v. tructa.

trojambitum [CL Troia+ambitus], mock battle as display, tournament.

cum .. prosiliunt ad Troianum agmen vel ad troinapium [vv. ll. troiampium, troiapium, trojanopium; gl. idem] vel ad tornamentum NECKAM *Ut.* 104.

Trojanus [CL], of or related to the city of Troy, Trojan; **b** (w. ref. to legend of British origins). **c** (~*um agmen, cf.* CL *lusus Troiae*) mock battle as display, tournament.

Iliacus, ~us *GlC* I 53; Aeneas post ~um bellum .. venit ad Italiam NEN. *HB* 149; mortuus est justus Trojanus GOWER *VC* VI 1273. **b** puduit Corineum Aequitaneos tam audacter resistere nec ~os cum triumpho insistere G. MON. I 12 (ed. Reeve (2007) I 18); Caer enim lingua ~a civitas interpretatur GERV. TILB. II 17; nonne Britannicus sanguis hoc uno Henrico nostram posteritatem jam subactura est? equidem si non melius nobis prospexerimus, ~us ille sanguis stirpi nostre finem imponet ANDRÉ *Hen.* VII 68. **c** cum .. prosiliunt ad ~um agmen [*gl.: à turneyment*] NECKAM *Ut.* 104 (v. trojambitum).

trokellus [ME *trokel* < CL trochlea], round or cylindrical component of mechanical device, wheel, roller.

1274 in ij paribus rotarum ad carett', j pari rotarum ad fimos extraendos .. omni custu carett' computat' .. cum trokelis reparandis *MinAc* 984/4 r. 4; **1289** in ferramentis caruce per vices, vj d.; in uno trokello empto, vj d. *Ib.* 1237/28.

trokelus v. trokellus. **trokkare** v. throccare. **trolius** v. troilia. **trolla** v. 1 trulla. **tromb-** v. thromb-. **tromesium** v. tremesius.

tromos [τρόμος], tremor, trembling.

steatema, tromtis, narcodia, pota *Gloss. Poems* 104.

trompator v. trumpator. **tromtis** v. tromos.

trona, ~um [AN, ME *tron(e)*], public weighing apparatus, tron.

1191 S. B. r. c. de c et xv s. de firma throsni et sextarii cum pertinentiis ab anno preterito *Pipe* 135; **1192** de firma trosni *Ib.* 302; **1195** de firma throni *Ib.* 114; **1246** prior .. et canonici .. creaverunt unum novum ~ium .. nolentes permittere quod aliquis ponderaret nisi cum ~io illo *ExchScot* 12; ballivi .. venire faciant .. sex homines .. quibus .. injungat .. coronator quod .. colligent .. ulnas, ~as, stateras, et pondera cujuslibet generis tam pro pane quam pro aliis rebus venalibus provisa *Fleta* 74; **1298** unam ~am pro lanis in villa de Lenne ponderandis fieri [injunximus] *MGL* II 106; **1352** super dictos tronos *Pipe* 197 London (v. tronettus); **1356** licenciam dedimus prefato T. quod ipse .. c saccos lane .. per ~um pro lanis ponderandis in portu ville Novi Castri deputatum .. per tronatorem nostrum .. ponderare .. possit *Foed.* V 875a; **1460** pro structura novi ~i, tabularum, duodecim petrarum plumbi, pro ponderibus fiendis ad dictum tronum *ExchScot* 586.

tronachium v. tronagium.

tronagium [trona+-agium], (right to collect) levy for weighing of goods on tron.

1230 rex .. concessit .. burgensibus .. quod capiant ~ium in villa de Noting' de mercandisis que consistunt in pondere *Cl* 303; **1269** ita tamen quod .. solvat civibus nostris Winton' pro pesagio et tranagio sibi debito in predictis nundinis decem marc' *Pat* 87 m. 5; **1275** clamat habere ~ium de plumbis et lanis .. item .. clamat habere tronachium de plumbis et lanis et omnibus aliis ponderibus apud S. Botolfum *Hund.* I 348b; **1290** mercatores .. conqueruntur quod per deceptionem ~ii et suptilitatem manuum ponderantium .. decipiuntur de catallis suis *RParl* I 47b; **1339** commisit .. Johanni Dade .. officium ~ii lanarum in villa .. Berewici habendum *RScot* 557b; collectione theolonii .. concessa .. necnon ~ii, sc. ponderacionis plumbi, cere, piperis, alum .. et aliorum hujusmodi mercimoniorum *MGL* I 171.

tronare [trona+-are], to weigh (goods) on tron.

neque perscrutantur naves pro lanis vel bonis non custumatis vel non ~atis vel etiam pro rebus male ~atis (*Iter Cam.* 13) *RegiamM* I f. 159v (*recte* 165v); averium quod ponderari debeat vel ~ari *Leg. Ant. Lond.* 104; **1333** x s. ij d. quos .. dicunt se solvisse duobus hominibus levantibus et ligantibus lanas mercatorum .. ibidem ad ponderandum et ~andum pro vadiis *LTR Mem* 105 m. 151*d*.; **1366** de lana ~ata .. xix s. viij d. *ExchScot* 233; **1414** per custumam xv lastarum .. lane, partim ~ate apud Dunbar et partim apud Haddingtoun *Ib.* 204.

tronarium [trona+-arium], public weighing apparatus, tron.

per stateram et ~ia nostra *Gild Merch.* II 20.

tronarius [trona+-arius], officer responsible for tron, weigh-master.

sit in quolibet loco ~ius qui percipiat de rege unum denarium de sacco [sc. lane] (*Stat. David II*) *Regiam M* II f. 55v; **1366** per solucionem factam ~io, pro servicio suo, de lana tronata .. xix s. viij d. *ExchScot* 233; **1366** xviij s. v d. soluti per dictum ~ium pro quibusdam necessariis ad reparacionem trone *Ib.* 237.

tronatio [tronare+-tio], (act or process of) weighing (goods) on tron.

1346 assignavimus .. Robertum .. et Willielmum .. ad supervidendum ~onem et carcacionem omnium lanarum quas extra portum .. educi continget *RScot* 668b.

tronator [tronare+-tor], officer responsible for tron, weigh-master.

~ores .. quod non custodiunt officium suum in tentando [v. l. tronando] lanas (*Iter Cam.* 15) *Regiam M* II f. 159b; **1333** xv s. ix d. quos dicit se solvisse .. ~ori lanarum mercatorum in portu predicto *LTR Mem* 105 m. 151*d*.; **1356** c saccos lane .. per tronum pro lanis ponderandis in portu ville Novi Castri deputatum per ~orem nostrum ponderare *Foed.* V 875; **1440** officium ~oris stanni et plumbi infra com' Devon' et Cornub' *Pat* 446 m. 26; **1460** ~ori pro feodo suo de summa lane ponderate, v. s. iij d. *Exch Scot* 28.

tronazatio v. thronizatio. **tronc-** v. trunc-.

tronettus [trona+-ettus], small tron.

1352 pro xij tronis novis factis ad serviendum regi pro custum' .. et eciam xij tronett' de novo factis .. et pro quodam signo faciendo super dictos tronos *Pipe* 197 London.

tronium v. trona.

1 tronizare v. thronizare.

2 tronizare [trona+-izare], to weigh (goods) on a tron.

averium quod ponderari debeat vel ~ari *Leg. Ant. Lond.* 118; **1411** solut' pro *freston* ~are apud Jernemutam (*Comp. Mettingham*) *Arch. J.* VI 63.

tronizatio v. thronizatio. **tronum** v. trona. **tronus** v. thronus, trona.

1 tropa v. 1 cropa.

2 tropa [CL < τροπή], (phil.) position.

hi .. videntur fuisse Democritus et .. Leucippus, qui posuerunt omnia fieri ex corporibus indivisibilibus, sed concurrentibus differenter secundum †risutos [l. rismos], diatigi [l. diatagi], et tropi; id est, secundum figuram, ordinem, et positionem BRADW. *CD* 261D.

3 tropa v. tropus.

tropaeum [CL < τρόπαιον], **trophaeum,** trophy, memorial or sign of victory (also fig.); **b** (of cross, used in signature). **c** (transf.) victory, triumph.

sic diversis cruciatibus torti sunt .. ut absque cunctamine gloriosi in egregiis Jerusalem veluti portis martyrii sui trophaea defigerent GILDAS *EB* 11; bellorum suorum tropaea .. ad posteritatis memoriam construxit *Lib. Monstr.* I 12; vocatur locus ille .. Hefenfelth .. significans .. quod ibidem caeleste [foret] erigendum tropaeum, caelestis inchoanda victoria BEDE *HE* II p. 129; attolluntur gemmis et auro radiantia Christi trophaea, cruces auree et fulgida vexilla GOSC. *Transl. Mild.* 16; navem aureis rostratam draconibus fastigio Sancte Sophie pro tropheo affixit W. MALM. *GR* V 410; martyrii tropheum sitiens collum protendit *Ib.* V 439; victoria, palma, tropheum, laurea OSB. GLOUC. *Deriv.* 75; filius suus .. cum capite ipsius triumphator abcedit. redit Raso cum suis letissima trophea referens MAP *NC* III 4 f. 42. **b** **842** almi trophei signaculum impressi *CS* 438; **931** ego Wlfhelm .. regis donationem cum thropheo agyae crucis confirmavi *Reg. Malm.* I 306; **933** ego Ƿulfhelm .. regis largitatem cum tropheo sancte crucis consignavi *CS* 694. **c** ut .. quantae valitudinis erat [*sic*] post obitum suum per plurima miraculorum trophea monstraretur FELIX *Guthl.* 53 p. 168; inde conferret vitam nobis unde demon mortem intulit, inde tropheum unde supplicium LANTFR. *Swith. pref.*; non .. contentus fuit predives Retributor ille bonorum militis sui insignissimi tropheum regis solummodo Anglie obsequiis adornari, nam et meritis ejus hic honos impar extitisset AD. EYNS. *Hug.* V 17; tetigisse feretrum palma suprema fuit. quibus id negabatur .. vel eminus adorasse et conspexisse non vile tropheum ducebatur *Ib.* V 19.

tropare [CL tropus+-are], to treat or interpret figuratively, or *f. l.*

scio .. quod adversarius posset infideliter ~are [? l. tropicare] totam historiam scripture, ut omnia gesta Christi posset intelligere tropice WYCL. *Euch.* 297.

troparius [CL tropus+-arius], (*liber ~ius* or as sb. m. or n.) troper, book containing tropes.

scribe mihi .. unum psalterium aut hymnarium .. vel unum tropiarium seu unum missale librum ÆLF. BATA 4. 26 p. 50; plures .. dulcisonos cantus in trophario et antiphonario edidit [Witmundus] ORD. VIT. III 7 p. 95; est trophonarius liber quidam in quo continentur quidam cantus qui dicuntur cum introitu misse a monachis maxime. et vocantur tropi et sequentie et kyrieleison et neume BELETH *RDO* 58. 65; gradale .. manuale .. ymnarium .. ~ium NECKAM *Ut.* 119; **1250** liber antiphonarius bonus .. liber ~ius notatus et convenienter sufficiens *Vis. S. Paul.* 6; **1295** unum troperium .. pulcherrimum .. in cujus initio notantur omnes sequentie *Ib.* 326; **1368** ij gradalia quorum alterum cum ~io; ~ius per se *Invent. Norw.* 10; j troperius cum placebo et ympnis et invitatoriis *Ib.* 11; libri ymnorum, iiij gradalia xxxij .. . †properia [l. troperia] xxxiij (*Catal. Librorum*) *Chr. Rams.* 367; *a sequencery*, troporium *CathA*; hic troporius, *a tropery WW*.

troperius, ~pharius v. troparius. **tropheum** v. strophium, tropaeum. **trophicus** v. tropicus. **trophium** v. strophium. **trophonarius** v. troparius. **tropi** v. 2 tropa. **tropiarius** v. troparius.

tropicare [CL tropicus+-are], to treat or interpret figuratively.

minus ~at nostra sentencia illud dictum quam sentencia contraria que intelligit quod accidencia panis erunt figura corporis Christi, quia illud infundabiliter ~at utrumque extremum WYCL. *Euch.* 296; audiat Witcleff cum luteo pane suo et vino ~ato .. adoret figuras, venerabilibus tropis genua flectat NETTER *DAF* II f. 107va B.

tropice [LL], figuratively.

sed et ~e accipit Symeon Christum veteranus infantem ut doceat nos exuere veterem hominem, qui corrumpitur cum actibus suis BEDE *Luke* 344D; quid .. proprie, quid etiam ~e dici .. debeat, prudens .. lector intelligat J. CORNW. *Eul.* 18; beatus Jeronimus in uno anno totam bibliotecam historice et allegorice et ~e perlegit T. CHOBHAM *Serm.* 8 f. 34vb; metrificet ~e [*gl.*: *conversablement*], i. conversive (GARL. *Dict.* 133) *Teaching Latin* I 201; **1382** in .. sacramento [altaris] non esse corpus Christi .. substantialiter .. sed figurative et ~e *Conc.* III 170a; sicut Baptista erat Elias, sc. ~e et non personaliter, ita ille panis in altari materialis est Christus ~e *Ziz.* 108.

1 tropicus [CL < τροπικός]

1 of or belonging to a solstice or equinox, (as sb.) tropic, celestial or terrestrial circle defined by reference to the position of the sun at solstices or equinoxes.

principium Jani sancit tropicus capricornus [Auson. *Ecl.* 9. 1] BEDE *TR* 16; sunt .. Aries, Cancer, Libra, Capricornus ~a [signa]. ~um signum dicitur illud, in quod cum sol intrat tempus in aliam qualitatem convertit D. MORLEY 178; sol existens in primo puncto Cancri .. describit quendam circulum qui ultimo descriptus est a sole ex parte poli artici, unde appellatur circulus solstitii estivalis .. vel ~us estivalis, a tropos, quod est conversio, quia tunc sol incipit convertere se ad inferius emisperium SACROB. *Sph.* 92; Hierusalem .. est in tertio climate sed ultra sub ~o Cancri incipit torrida zona et locus male habitationis BACON *Maj.* I 135; in medio mundi inter duo ~a *Ib.* I 293; erit equalitas noctis et diei, sole existente in medio inter duos ~os T. SUTTON *Gen. & Corrupt.* 198; nodos .. orbis noni existentes in ecliptica apud equatorem et ~os WALLINGF. *Rect.* 406.

2 that is or may be turned or changed.

cum placet aliud vel forsan aliter, / id idem tropicus laudabit arbiter. / placet principibus palpo vertibilis WALT. WIMB. *Palpo* 26; sic placent regibus per ora lubrica / et ad utrumlibet pro voto tropica *Ib.* 88; *turneabylle*, convertibilis, ~us *CathA*.

3 of, pertaining to, or characterized by the use of a figure of speech (esp. w. ref. to transferred or metaphorical usage), figurative, non-literal (also w. ref. to interpretation of Scripture in respect of moral meaning).

~o sensu GILDAS *EB* 69; evangelista, ~us [*gl.*: misticus, figurativus] florentis paradisi latex ALDH. *VirgP* 22; solet .. ~a locutio inveniri, quae fit translata dictione a propria significatione ad non propriam similitudinem BEDE *ST* 142; si dico sinecdochice dictum esse, id est a parte totum – quae quidem ~a loquutio .. Scripturis Sanctis usitatissima esse dinoscitur ALCUIN *Ep.* 143 p. 225; †propricon [l. tropicon *i. e.* τροπικῶν], moralium *GlC* P 653; mistice seu ~e adaptationis AD. DORE *Pictor* 142; cum beatus Gregorius vocat angelum animal rationale, ~a est locutio et ponitur animal pro viventi NECKAM *SS* III 89. 6.

2 tropicus [CL tropaeum+-icus], associated with a triumph, of victory.

889 trophico sancte crucis vexillo roborantes propriis manibus subscripserunt *CS* 461.

tropologia [LL]

1 figurative discourse, (form or level of) non-literal meaning or interpretation (esp. of Scripture, typically in respect of moral meaning).

quadriformis ecclesiasticae traditionis normulis secundum historiam, allegoriam, ~iam, anagogen digesta .. indagando ALDH. *VirgP* 4; ~ia, id est moralis locutio, ad institutionem et correctionem morum sive apertis seu figuratis prolata sermonibus respicit BEDE *Tab.* 410C; allegoria fidem, ~ia mores variis modis edificat J. SAL. *Pol.* 666B; dicitur .. ~ia a tropos, quod est conversio, et logos, quod est sermo; unde ~ia est sermo conversus ad nostram eruditionem S. LANGTON *Gl. Hist. Schol.* 43; secundum ~iam pseudoprophetas eos debemus accipere, qui aliter scripturarum verba accipiunt quam Spiritus Sanctus sonat WYCL. *Ver.* II 21.

2 defence, excuse.

tropus i. figura .. et per compositionem hec ~ia, -e i. excusatio quod aliter dicitur hec apologia OSB. GLOUC. *Deriv.* 588.

tropologice [LL], figuratively, non-literally (esp. w. ref. to meaning or interpretation of Scripture, typically in respect of moral meaning).

~e, id est juxta moralis intellegentiae regulas BEDE *Sam.* 564A; in mensa duodecim panes pono .. allegorice viros sanctos apostolica et doctrina imbutos et operatione insignes et ~e spirituales .. exprimunt virtutes AD. SCOT *TT* 697D; Jerusalem .. allegorice est ecclesia militans, anagogice ecclesia triumphans, ~e anima fidelis S. LANGTON *Gl. Hist. Schol.* 44; ~e anima fidelis tres habet .. partes, sc. sensualitatem .. rationem .. intelligentiam *Id. General prol.* 194; in exponendis scripturis divinis allegorice, ~e ex hujusmodi enigmatice revelatis eliciunt [sensus] OCKHAM *Dial.* 835.

tropologicus [LL], figurative, non-literal (esp. w. ref. to meaning or interpretation of Scripture, typically in respect of moral meaning).

mensa tabernaculi quattuor habet pedes quia verba caelestis oraculi vel historico intellectu vel allegorico vel ~o, id est morali, vel certe anagogico solent accipi BEDE *Tab.* 410B; sicut interius tabernaculum, juxta sensum anagogicum, secretum .. patrie celestis exprimit, sic quoque tabernaculum exterius, juxta ~um duntaxat intellectum, secretum potest innuere mentis AD. SCOT *TT* 760D; allegorica intelligentia de sex ydriis per sex etates seculi; ~a intelligentia de sex ydriis per sex gradus etatis humane AD. DORE *Pictor* 155; qualiter vox significet multa in figurativis locutionibus, quibus maxime sacer textus plenus est, cum preter sensum literalem potest vox significare tres alios sensus, sc. allegoricum et ~um et anagogicum BACON *CSTheol.* 83; prima expositio pertinet ad sensum historicum, secunda ad sensum allegoricum, tertia ad sensum ~um PECKHAM *Serm.* 274; quatuor sunt sensus scripture sacre, videlicet hystoricus, allegoricus, ~us, et anagogicus OCKHAM *Err. Papae* 957; cum ipsi inter predicacionem ~am vel figurativam, et predicacionem identicam sive in aliis verbis, inter actum exercitum et actum signatum nesciant distinguere *Ziz.* 197.

troporius v. troparius.

tropus [CL]

1 (in gl.) mode, manner, method.

modulum, ~um *GlC* M 274; ~us vel ~os †nodus [l. modus] *Alph.* 188.

2 (gram.) figure of speech, (esp.) use of a word or phrase in sense other than that proper to it.

climax ~us est ad principium et finem sententie pertinens *Comm. Cant.* III 140; ~us est dictio translata a propria significatione ad non propriam similitudinem ornatus necessitatisve causa. sunt autem ~i, qui Latine modi vel mores interpretari possunt, tridecim: metafora, catachresis, metalempsis, metonomia, antonomasia, epitheton, synecdoche, onomatopoeia, perifrasis, hyperbaton, hyperbole, allegoria, homoeosis BEDE *ST* 151; *sume sind gehatene* ~i ÆLF. *Gram.* 295; quodam loquendi ~o, quo continenti attribuitur quod contentorum est GIR. *GE* II 38 p. 360; primitiva erat etas tenera in regulis artis grammatice .. in solecismis, in ~is et schematibus P. BLOIS *Ep.* 101. 313B; Willelmi de Montibus .. Proverbia .. ~i ejusdem *Meaux* III lxxxv (cf. *Meaux* III xc: Proverbia .. W. de Montibus, in quo Tropae et Fallaciae ejusdem); genera figurarum iij sunt in sermone, methaplasmus, scema et ~us, et vicia .. hiis opposita, barbarismus, solecismus et rudis transumpcio *Ps.-Gros. Gram.* 68.

3 (mus.) mode. **b** musical and/or textual phrase used as embellishment to mass or office, trope.

disparibusque tropis dulce Camena sonat [Ven. Fortun. *Carm.* 2. 9. 58] WULF. *Swith. pref.* 240; figurarum simplicium prout in ~is accipiuntur, triplex est modus *Mens. & Disc. (Anon. IV)* 41; varii sunt modi qui et ~i vocantur ... secundum quod quamque gentem delectat modis suis nomina imposuerunt, ut Lydii, ut modum suum vocant lydium; Dorii, modum suum vocant dorium ODINGTON 87; cum de plana musica quidam philosophi sufficienter tractaverunt, ipsam quoque nobis tam theorice quam practice .. illucidaverunt, theorice .. Boetius, practice .. Guydo .. et maxime de ~is ecclesiasticis Gregorius HAUBOYS 180. **b** ~us de sancta cruce *Trop. Wint.* 149; dum cantatur introitus, intrat ad altare. .. quandoque intermiscentur ~i. dicitur .. ~us a tropos, quod est conversio, quoniam ibi quedam solent fieri conversiones BELETH *RDO* 35. 44; cantus .. vocantur ~i et sequentie et kyrieleison et neume. ~i dicuntur, quia prius canitur versus et postea eleison, et iterum versus, et eleison deinde *Ib.* 59. 65; *a sequence*, sequencia, ~us *CathA.*

trorsus v. trudere.

Tros [CL], Trojan.

erat ibi quidam Tros [ed. Griscom: Trous] nomine Turnus G. MON. I 15 (ed. Reeve (2007) I 20); prevaluerunt in initio Troes *Ib.*

trosca v. thrusca. **trosellus, ~setus** v. trussellus. **trosma** v. troxima. **trosnum** v. trona. **tross-** v. truss-.

1 trossula [cf. CL trossulus], (as term of contempt for a woman) trull, trollop.

a trul, ~a LEVINS *Manip.* 185.

2 trossula v. 1 trossulus.

1 trossulus [CL], rider, horseman, (as term of contempt for a man) dandy.

~ae, equites *GlC* T 252; subsellium, sedes. Persius 'per subsellia levis trosulus exultat' [Persius 1. 82] OSB. GLOUC. *Deriv.* 561; *a physbuttocke,* ~us LEVINS *Manip.* 159.

2 trossulus v. trussellus.

trottare [ME *trotten* < AN *troter*], (of horse) to trot (esp. pr. ppl. as adj. or sb.).

scandere trottantem prohibet quoque regula NIG. *SS* 2061; **1194** dedit domino suo j palefridum ad motum suum et dominus ejus dimisit ei runcinum ~antem *CurR RC* I 6; caveant .. ab equitatione post prandium super equo troctante GAD. 101V. 2; **1429** lego .. unum equum ~antem *Reg. Cant.* II 401; **1446** v eque, quarum iiij ambulantes et una ~ans *Feod.*

Durh. 188; **1473** pro duobus equis, viz. uno ambulante et altero ~ante *Ac. Durh.* 413.

trottarius [ME *trotter* < OF *trotier*]

1 (of horse) that trots (also as sb. m.).

1330 ad huceas quatuor dextrariorum, quinque cursorum, sex palefr', et duorum tortor' [AN: *deux trotters*] *KR Ac* 385/4; xix palefrid', hobyn', trocter', et somer' domini regis *Ib.*; **1349** pro huciis xlj palefrid', trottar', somer' (*KR Ac* 391/15) *Arch.* XXXI 86; **1352** j palefr' grisell' .. j trottar' empt' eodem die *Reg. Black Pr.* IV f. 43d.; **1423** pro uno equo *gray*, trottar'. .. pro uno equo *bay*, ambelar' *Test. Ebor.* III 80.

2 courier, messenger.

archidiaconus petit procurationem .. scutarii sotulares, ~ii camisiam vel pecuniam O. CHERITON *Fab.* 53.

Trous v. Tros.

trovura [AN *troveur*], object found, treasure-trove.

1281 liberavit .. duos anulos aureos .. de ~a in itinere predicti S. et sociorum suorum in Devonia *Hist. Exch.* 235 n. (e); **1313** quidam convictus fuit quod retinuit truveriam sc. iiij coclearia argentea *Eyre Kent* I 146.

trowa v. 3 truga. **trowella, trowlia** v. 1 trulla.

troxima [cf. τρώξιμα], chicory, endive (*Cichorium intybus*) or broad-leaved endive (*Cichorium endivia*).

~a, endiva idem, G. et. A. *endyve Alph.* 188; scariola, trosma idem *Ib.* 163.

troya v. troia. **troyta** v. tructa. **trua** v. truia. **trubechet-** v. trebuchet-. **trubidus** v. turbidus. **trubil-, trubl-** v. tribul-. **trublechettum, trubuchettum** v. trebuchettum. **trubuculus** v. trebuculus. **trubul-** v. 1 tribulum. **truca** v. tructa. **truccus** v. 2 truncus.

trucidare [CL], to slaughter, slay, butcher; **b** (of animal).

usque ad persecutionem Diocletiani .. in qua .. sacerdotes gregis Domini cum innocentibus ovibus ~ati GILDAS *EB* 9; passim sacerdotes inter altaria ~abantur BEDE *HE* I 15 p. 32; reos mucrone trucidat FRITH. 545; contiguos confodiunt pilis, ~ant bipennibus et gladiis GOSC. *Transl. Mild.* 5 p. 160; veluti pecudes cotidie ~abantur Britonum gladiis ORD. VIT. XIII 41 p. 122. **b** rectores .. relictos ad .. confirmanda Romani regni molimina leaena ~avit dolosa GILDAS *EB* 6; [draco] tantae inormitatis existat ut boves virulentis mandibularum dentibus ~ans [gl.: occidens] .. et non solum armenta .. sed agricolas absorbeat ALDH. *VirgP* 29.

trucidatio [CL], slaughter, savage killing, massacre.

diris rumoribus de ~one suorum auditis ORD. VIT. IV 12 p. 254; quemadmodum legimus beatum Stephanum in ipsa lapidantium ~one, orando persecutori .. veniam provenisse PULL. *Sent.* 707B.

trucilare [CL], to utter the call of a thrush.

turdorum ~are vel soccitare OSB. GLOUC. *Deriv.* 78.

trucim v. trussa. **trucin-** v. trutin-. **trucio** v. crucio, trucire.

†truciparca, *? f. l.*

unde †truciparca [v. l. truci parea] furibundus mente toparcha / finditur et sevit, rabies, furor iraque crevit R. CANT. *Malch.* V 220.

trucire [CL trux+-ire], to cause to be cruel or aggressive.

~io, *to make fel WW.*

trucius [AS *þrysce*], thrush.

truitius, *ðraesce GlC* T 314; **10..** trutius, *þrisce WW*; **10..** †strutio, *þryssce WW*; ~ius, *þruswe WW Sup.* 177.

tructa [LL], trout.

~a, *truht* ÆLF. *Gram.* 308; ~as [gl.: *sceotan*] *Id. Coll.* 94; nomina piscium .. turnus, *forn Id. Sup.*; ~am insolite magnitudinis cum alio quodam pisciculo cepit EADMER *V. Anselmi* I 17; fons .. in quo .. turtre quandoque .. sunt reperte GIR. *IK* I 2 p. 36 (cf. ib. I 2 p. 33: salmonibus et turturibus; HIGD. I 38 p. 422:

dat alter lacus perchios, / turtros [TREVISA: *trouȝtis*]); **1200** de troytis captis in defenso nostro aque de A. *RChart* 59a; **1295** de .. xj troit' et xlij mulet' de toto exitu piscarie *MinAc* 829/27 r. 1; **1334** in xiiij salmonibus et xij trutis empt' x s. x d. *Ac. Durh.* 23; insula dulcis aque flumine circumcincta, salmonum, trutarum, ceterorumque piscium generibus habundante J. YONGE *Vis. Purg. Pat.* 6; hec truca, *a tryoht WW*; flumina quae omnia salmonibus, truttis, rhombis, luciis .. abundant MAJOR I 6 p. 22; lxxx truti *Entries* 666ra.

truculente [CL], **~er**, ferociously, savagely, violently; **b** (transf.).

incautos quosque .. ~e [v. l. ~er; gl.: ferociter] ad Tartarum trudentia ALDH. *VirgP* 53; ~er nimis decertatum est et utrobique suspensa est victoria *V. II Off.* 3; quod bello et effusione multi cruoris ~er rapuistis ORD. VIT. IV 7 p. 228; trux, -cis .. unde ~e, ~ius, ~issime OSB. GLOUC. *Deriv.* 585; **1250** nihil arbitratur justum nisi .. rapinas, angarias ~ius exercere AD. MARSH *Ep.* 21; **s870** a ministris iniquitatis .. rex Eadmundus ab ecclesia ~er extrahitur M. PAR. *Maj.* I 398; **s1234** Hertfordie vicecomitem .. ~er abduxerunt et ad redemptionem gravem compulerunt *Ib.* III 289. **b** mordaciter loquens, ~er aspiciens AILR. *Spec. Car.* II 26. 575A.

truculenter v. truculente.

truculentia [CL], ferocity, savageness, cruelty.

is in virum ferocissimum adultus .. provinciae .. magna cum ~ia dominari coepit W. POIT. I 43; ~ia, feritas, feralitas OSB. GLOUC. *Deriv.* 562; ~ia .. merentibus ut non merentibus indifferenter tribuitur GROS. *Templ.* 11. 7; heu, quanto tempore tanta ferocitas et ~ia inquieta hec regna christianissima dilaceravit! *Regim. Princ.* 82.

truculentus [CL], ferocious, savage, cruel; **b** (of action).

importunus gastrimargiae draco .. ~us [gl.: atrox, saevus] superbiae natrix ALDH. *VirgP* 12; cruentus carnifex et ~us [gl.: furibundus] parricida *Ib.* 47; Irenses sanguine Magni regis .. gustato ~iores effecti sunt et .. ad interimendus Normannos conversi sunt ORD. VIT. XI 8 p. 194; si bestia immanis et ~a quempiam ad devorandum quereret ALEX. BATH *Mor.* I 32 p. 139; **s1252** transiit .. annus .. peste pecudum mortifera ~us M. PAR. *Maj.* V 357; eo ~ior juxta posse aut tirannior nemo fuit G. *Hen. V* 1. **b** ~os leonum fremitus ALDH. *VirgP* 28; exercuit ultionem ~am ORD. VIT. VI 10 p. 90; aliam .. tergiversationem ~am et .. execrabilem excogitavit *Ib.* VII 7 p. 182.

truda [cf. CL trudere], sledge.

fleccas lxc ~a [gl.: *sled*] trude quod dico veiclum / nam trudes nichil sed dic de trudere trudes (GARL. *Clavis compendii* MS *Gonville & Caius Coll. Camb.* 136/76 p. 192; rex duas rates ex aqua trahi jussit, arte ingeniosa, et per terram ultra montem juxta civitatem illas traxit super ~as, velis tensis, per duo miliaria STRECCHE *Hen. V* 171 (cf. *Ps.-Elmh. Hen. V* 64).

trudela, (in gl.).

trudela [*sic* MS], avis est, A. *a tele WW.*

trudere [CL]

1 to push, thrust, shove (into place, esp. confined space or place of punishment); **b** (transf.); **c** (in gl.).

in latebras truduntur carceris atras ALDH. *VirgV* 1398; **947** sciat se trusum sub undam stigei fluminis *CS* 820; tandem semoto patrem trusere locello FRITH. 817; pulsus in ignivomae preceps ruit ima Gehennae / .. trusus Averno WULF. *Swith. pref.* 539; in exilium trusus W. MALM. *GR* II 125; antequam in corpus ~eretur [anima] ALB. LOND. *DG* 6. 7; captivos .. in carceribus ~ere nolens *Eul. Hist.* II 345. **b** blandae sermocinationis incitamenta .. incautos .. ad Tartarum ~entia ALDH. *VirgP* 53; pellexi et populi insidiando milia multa, / e superis regnis trudens in Tartara nigra BONIF. *Aen. (Superbia)* 254. **c** tru[r]sus, clusus *GlC* T 236.

2 to force to move, drive; **b** (in gl.).

rota per girum quam trudit machina limphae ALDH. *Aen.* 48 (*Vertigo poli*) 8; trudit dum nubila ventus ALCUIN *SS Ebor* 1594; nuntius .. trusit per cerula puppim ÆTHELWULF *Abb.* 140. **b** trorsus [l. trusus], impulsus *GlC* T 250.

3 to force (into condition, action, or situation).

nobis potestas data est te ~ere in has poenas FELIX *Guthl.* 31 p. 106; quibuscunque potest modis in desperacionem ~it MAP *NC* III 5 f. 42v.

4 to drive on.

utique fallacia in fallaciam ~it [cf. Ter. *And.* 779] J. SAL. *Pol.* 467A.

5 (of plant) to push out (shoots).

dactilus ut dulcis frondenti vertice palmae / truditur et sicco praestabit stipite proles ALDH. *VirgV* 169; vinea bachiferas trudit de palmite gemmas ALCUIN *Carm.* 59. 3; tunc gemmas trudit, tunc flores explicat arbor GIR. *Symb.* II 1 p. 346; es vitis vite palmes: tibi vivat et ex se / conetur gemmas trudere rore tuo GARL. *Epith.* III 288.

trudipollinium [CL trudere+pollen+-ium, cf. pollentridium], fine cloth used to sift flour, flour-sifter.

hic pollis i. *flur* quod componitur ~ium i. *buletel WW Sup.* 8.

trudis [CL], boating pole, oar.

trudes, fustes ferratae *GlC* T 303; trudes .. *spreotas* ÆLF. *Gl.*; *an are*, remus .. trudes *CathA.*

truella v. 1 trulla.

trufa (truff-) [AN *truf(f)e, truf(f)le*, cf. ME *trufle, trifle*]

1 mendacious or misleading statement, deception, ruse.

per stropham mirabilem, ne et ~pham dicamus, episcopatum obtinuit GIR. *JS sup.* 145; excogitator talium trifarum et astuciarum *Id. Invect.* I 4 p. 96; **1280** per cavillaciones et ~ffas incessi *Reg. Heref.* 41; s**1199** mine sunt, episcope, et quasi ~fe quas loqueris W. GUISB. 142; **1435** ambassiatores partis adverse .. nulla media racionabilia immo ~pha et derisoria obtulerunt *RParl* IV 481a; s**1414** Galli turphis [l. ~phis] et irrisionibus tardabant nuncios CAPGR. *Hen.* 114.

2 idle tale, scurrilous or unedifying anecdote.

narratur exemplum seu ~ffa de tribus Wallensibus *Latin Stories* 128; quia tactum est in capitulo precedenti, relinquitur, cum aliis ~phis ibidem contentis in magnis Cronicis *Plusc.* X 11.

3 unimportant, worthless, or ridiculous thing, idle pursuit, trifle.

nullus ibi audeat de rumoribus seculi .. narrare, non de ~fis, non de frivolis *Cust. Cant.* 206; **1440** audivit abbatem dicere quod visitacio ordinaria non esset nisi ~fa, quia quod in ea ordinatum est in crastino vellet subvertere *Eng. Clergy* 181.

4 ornament or decorative detail (*cf. 2 triforium*).

1402 cape .. auripicte cum diversis ~ffis *Invent. S. Paul.* 504.

trufare (truff-) [trufa+-are]

1 to speak misleadingly or mendaciously to, to deceive. **b** to cheat.

quare nos tunc sic ~fastis de priore vestro talia deponendo? *Hist. Roff.* 356; Francigeni meditabantur per suas fallacias regem Anglorum ~ffare AVESB. f. 126b; magus dicitur quia per incantaciones suas multos seducit, sicut isti joculatores faciunt. talis ponit scutellam et nichil ponit intus, interim fabulatur et ~fat et ludificat circumstantes *G. Roman.* 321; si .. panis convertatur in carnem Christi, sicut ipse [Berengarius] ~ffabatur concilio NETTER *DAF* II f. 74va A; *japyn*, ~fo, -as .. illudo .. ludifico *PP.* **b** c**1270** uno [priore] deposito vel mortuo statim alter subrogatur et sic trussatum [? l. ~ffatum] est jus regium *Reg. Wint.* II 614.

2 to talk idly.

ceroferarii .. intrent chorum .. nec discurrant invicem vel cum aliis, illicite ~fando [et] confabulando *Vis. Ely* 13; *to trufylle*, nugari, neniari, ~fare *CathA.*

3 to provide with ornamentation or decorative detail.

1332 pro ij cultellis ad punctum cum manubriis et vagena de argento deaurato, amellato, et ivone cisso et trussat' *KR Ac* 386/7 f. 11v.

trufarius (truff-) [trufa+-arius], ornament or decorative detail (*cf. 2 triforium*).

1343 ad facturam unius lecti de sindone .. operat' cum leopardis .. et armis Hanon' et aliis minutis truffar' pro rege *KR Ac* 390/2 m. 4.

trufaticus [trufa+-aticus], misleading, foolish, idle.

~um est illud quod dicunt aliqui quod hominis quedam est definicio logicalis, quedam naturalis, quedam metaphysicalis OCKHAM *Summa* I 26 p. 85; ambulabunt impii in circuitu, ut saltem ~is glossulis suis asinum levent de puteo NETTER *DAF* I 486b A.

trufator (truff-) [trufare+-tor]

1 one who speaks misleadingly or mendaciously, deceiver, trickster; **b** (of imposter).

nomine Truffator nuncupor ipse mei. / .. / est et Truffa mihi foedere juncta tori NIG. *SS* 786; barbarolexis adest, quoniam trufator honorem / invenit, et rethor desipit arte sua GARL. *Tri. Eccl.* 116; truffatores in stercore aurum et argentum querentes *Correct. Alch.* 14 p. 399; si quis consuetudinarie amici[ci]am traxerit cum stultis, scilicet cum †trupliatoribus [MS: truphatoribus] actus [*sic*] et in cur[i]alitates exercentibus stulticias, et vanitates senilares super omnia diligentibus .. turpiloquia magis quam honesta loquentibus *Quadr. Reg. Spec.* 36. **b 1256** quia .. metuebat ne ipse dicendo talia pro mendace vel ~ore in curia domini regis forsitan haberetur, obtinuit .. de statu ejus et fide testimonium *RL* II 117; s**1284** in Alemannia quidam truphator .. Fredericum .. quondam Romanorum imperatorem .. se esse simulans B. COTTON *HA* 165 (cf. *Chr. Bury Cont. A* f. 172: ~or).

2 one who tells idle tales or anecdotes (in quot. as entertainer), trifler, jester; **b** (in gl.).

rex Francie .. omnes histriones, mimos, et joculatores de regno .. expulsit, affirmans quod melius esset pauperibus erogare quod talibus perditum erogatur. dant enim principes ~oribus vestes aureas .. pauperes autem .. fame perire permittunt *Plusc.* VI 32; quidam ~or ex nimio potu et ebrietate infirmatus est *Latin Stories* 125. **b** *tryfflare*, †turfator [l. trufator], nugax *PP.*

trufatorius (truff-) [trufare+-torius]

1 trifling, frivolous, fatuous, of little importance.

quandam compilacionem ~iam quam fatue composuerat legendo, horam diu prorogavit *G. S. Alb.* II 54; non in antiphonariis studere vel aliis libris truphatoriis vel libris .. decretalibus cum ad monachos non pertinent *Cust. Cant.* 157; multa alia truffatoria ponerentur hoc posito OCKHAM *Dub.* 607; quicquid tunc actum est truffatorium erat et inane *Ps.*-RISH. 539.

2 (as sb. n.) trifle, fool (sort of foodstuff).

ex malo regimine matris comedentis fructus et frigida ut lacticinia et truffatoria GAD. 32v. 1.

trufatus [trufa+-atus], foolish.

[archdyaconus] qui non est sacerdos .. quando synodus .. est in villa ubi ipse moratur, ipse non intrat in synodum sed ludit cum cane vel cum laicis ~is GASCOIGNE *Loci* 145.

truff- v. truf-.

trufo [AN *truf(f)e*], trickster.

Scoti triphones nos invenire tirones, / hi sunt dolones, et eramus corde leones *Pol. Poems* I 48.

trufulus (truff-) [cf. trufa], (in gl.) who speaks misleadingly, mendaciously, or idly.

truffulus, *felospric Gl. Leid.* 47. 18; trufulus, *feluspreci GlC* T 288.

trufura (truff-) [trufa+-ura], ornament or decorative detail (*cf. 2 triforium*).

1313 pro duabus capellis de Beivre cum cindone infralineatis et operatis cum diversis ~is cum laqueis de serico *KR Ac* 374/19 f. 3d.

1 truga v. treuga.

2 truga, (in gl.) kind of bird, wagtail.

~a, quedam avis, *a wewestrete WW.*

3 truga [ME *trug(g)e*], sort of shallow pan or tray (also as dry measure).

debent .. arrare ix seliones terre in quibus seminabunt proprio custu ix ~as frumenti *RB Heref.* 5; c**1250** duas trogas bladi *Cart. Beauchamp* 17; **1257** de xiiij s. j. d. de vij summis j trugga avene implute venditis, precium summe ij s. *MinAc* 1094/11; **1268** in ij trowis ad tascham, viij d. *Ib.* 991/16; x trugge frumenti et xx avene *Stat. Heref.* 55; recipiet de manerio .. xx truggos frumenti *Ib.* 70; **1326** duas summas et duas ~as frumenti *AncD* C 6660; **1420** unam ~am frumenti *Reg. Heref.* 89.

trugga, ~us v. 3 truga. **truhletta** v. trulletta.

truia [AN *truie*], sow.

a**1151** cum restauramento unius porcarie de x truis et uno verre *E. Ch. Yorks* XI 289 p. 359; **1181** tantum instauramentum potest esse in hoc tenementum: c oves .. et x ~e cum verro uno *Dom. S. Paul.* 144; **1195** cum stauro de .. xij vaccis, ij truis [*corr. to* suibus] *CurR PR* 146; **1315** [*xij d.* for giving up .. *a sow*] treetum [*by which he had distrained John de C.*] *Arch. Soc. Yorks* III 72.

truilla v. troilia. **truinhus** v. 2 truncus. **truitius** v. trucius.

1 trulla [CL], (mason's) trowel. **b** shovel. **c** (in gl.) ladle or pot.

~a .. *turl GlC* T 290; contigit .. dum monachi starent ad summum tectum templi cum cymentariis, ut caderet .. monacus .. qui .. surrexit .. et accipiens ~am fecit quod incoaverat ÆLF. *Æthelwold* 23; ~am cementarii ponit in terram AD. DORE *Pictor* 165; superficies .. muri ~e equalitatem .. representet NECKAM *Ut.* 104; ~am et perpendiculum et alias mensuras operariorum instrumenta usi sunt habere [angeli] BART. ANGL. II 4; **1295** item pro operacione iij peciarum ferri ad faciend' xij truell' ad cymentarios *KR Ac* 459/16 m. 3; **1344** in .. iiij trowellis .. xxx ladlis pro cemento fundendo *Pipe* 189; **1350** in iiij bollis et iiij trowliis empt' per vices *Sacr. Ely* II 143; *a trowelle*, bachio, trolla *CathA*; *a truell*, thrulla LEVINS *Manip.* 57. **b** ~a .. *scofl GlC* T 290; veniet dies quando vir quidam super ~am suam illud [sc. femor] de sterquilinio ovium suarum proiciet (*Ruadanus* 17) *VSH* II 248; *a colrake*, ~a, verriculum *CathA.* **c** ~a, cruce *GlC* T 290.

2 trulla [dub.], fart.

duo castra firmavit, que hostilis derisio turpibus vocabulis infamavit: .. aliud vocatur ~a leporis ORD. VIT. XII 11 p. 311; femina bombinans i. requiescens in bombis et ~is suis *Pol. Poems* I 189; ~a, *ffart PP*; *a farte*, bumbus .. ~a *CathA.*

trulletta [CL trulla+-etta], scoop or shovel.

1287 ij truhlettis ferri emptis ad [c]arbonem (*Ac Wardr*) *TR Bk* 201 p. 16.

trullissare [CL], to cover with plaster, render. **b** to make smooth or flat.

trullissant etenim muri dum futilis alta, / corruit in preceps .. frater FRITH. 586. **b** trullixare, planare, levigare OSB. GLOUC. *Deriv.* 593.

trullius v. troilia. **trullixare** v. trullissare. **trullus** v. tholus. **trumb-** v. thromb-.

trumpa [AN *trumpe, tromp*], trumpet.

videres .. tubarum intonationibus, quas ~as vulgo dicunt, audientium aures tinnire *Itin. Ric.* II 13; **1204** pro reparanda ~a Johannis Bataille *Pipe* 131; **1260** quod mittant aliquem batellum decentem cum vexillis ornatum et cum juvenibus et ~is munitum que in aqua Thamisie subtus Westmonasterium ludere possint *Cl* 211; **1290** trumpatori pro emendacione trump[arum] regis argent' in quibusdam locis ruptarum (*AcWardr*) *Chanc. Misc.* 4/5 f. 10.

trumparius [trumpa+-arius, AN *trumper, trumpeour*], trumpeter.

1275 Ricardo Fige quondam ~io domini H. regis, patris regis nunc *IssueR* 30; **1313** regi Druetto violar' et Johanni Perle trumpar', menestrallis domini comitis, facientibus menestralciam suam *KR Ac* 374/19 f. 8.

trumpator [trumpa+-tor], trumpeter; **b** (passing into surname).

1202 in passagio duorum ~orum regis Alemannie *Pipe* 210; **1215** mittimus ad vos .. filium nostrum Ricardum, mandantes quatinus .. necessaria ei inveniatis et Rogero magistro ejus et duobus trumpitoribus et lotrici ejus *Cl* 197b; **1292** in expensis trumppatorum et unius nunciatoris per ij dies .. xiiij s. iij d.

KR Ac 308/13 m. 4; **1303** ~ori principis .. ad unam trumpam sibi emendam de cupro per manus proprias *Ib.* 363/18 f. 22d.; **c1472** de ministrallis et trumpettoribus *BBHouseb* 77. **b 1260** pro Ranulfo ~ore *Cl* 272; **1292** in expensis Tossequyn trompatoris *KR Ac* 308/13 m. 4; **1295** Ranulphus ~or *PS* 1667/46 (21).

trumpettor v. trumpator.

trumpettus [ME *trumpet, trompet*], trumpet, (transf.) trumpeter.

1504 tam diversis ministrallis et trumpettis extraniis quam ministrallis domini *REED Glouc* 356.

trumpitor, ~ppator v. trumpator. **trunca** v. truncus.

truncagium [CL truncus+-agium]

1 right to collect, or service of transporting, logs or timber (in quot. w. ref. to Bamburgh castle).

1224 mandatum est ballivis de foresta Northumbrie quod permittant constabularium Bamburgi capere ~ium in foresta Northumbrie ad castrum Bamburgi muniendum *Cl* 610; **1236** ad castrum illud [sc. de Baumburg'] muniendum permittat etiam eidem constabulario habere ~ium regi debitum de eisdem dominicis et de drangagiis regis ibidem ad sustentationem ejusdem castri *Cl* 290; **1313** de ~io debito dicto castro [de Baumburgh'] .. idem reddit compotum .. de x l. xviij s. ix d. de quadam consuetudine que vocatur ~ium *MinAc* 950/2 m. 1; **1327** per servicium reddendi xvj s. pro trunccagio ad castrum de Baumburgh' *IPM* 4/6.

2 payment due or made in respect of fish-trap.

1285 cum rex .. concesserit Roberto Tibbotot totum ~ium quod ad regem pertinuit de lacu regis de Saham [Soham, Cambs] *Cl* 102 m. 8.

truncare [CL]

1 to mutilate by chopping or lopping (w. abl. of part removed), (esp. *capite ~are*) to behead. **b** (*pedes ~are*) to hamble (dog), to cut off balls of (dog's) feet to render them unfit for hunting. **c** to geld (horse). **d** to mutilate (text) by cutting or abbreviation. **e** (transf.) to deprive (of).

capite ~atus est BEDE *Luke* 312B; ~atus, decollatus *GlC* T 281; ut nullus episcopus vel abbas .. hominem ~andum membris vel occidendum judicet W. MALM. *GP* I 42; in urbe Winthonia capite ~atus J. FURNESS *Walth.* 1; etiamsi nare et auribus ~atus esset P. BLOIS *Ep.* 23. 84C; martyres Christi .. qui capite pro ipso ~ati .. melius quam vivi predicant GIR. *TH* I 21; Norwagienses ubique ~antur *Ib.* III 41; virtus gradiendi gressibili inest actione separata. hoc.. patet in pueris et ~atis et infirmis forte KILWARDBY *OS* 185. **b** pedes latrantium ~abuntur ORD. VIT. XII 47 p. 490 (=G. MON. VII 3); **1190** concedimus .. ut non ~entur pedes canum dominiorum suorum ubicunque sint in forestis *CalCh* IV 265. **c 1331** de Roberto de Trop' pro j equo ~ato, iij d. *KR Ac* 131/25 m. 4d.; **1337** de Jak Laundere pro ij equis trunc' captis ibidem, ix d. *Ib.* 131/27 m. 6d. **d** doctrinam Augustini pervertunt, ~atas ejus auctoritates ad proprium sensum non sine sancti injuria convertentes R. MARSTON *QD* 256; auctoritates .. hic plene non posui, sed ad loca ubi sunt vos remissi, ut non ~atas sed integras plenius videatis et ne nimis epistulam dilatarem LUTTERELL *Visio Beat.* f. 95; glossa, quam isti pervertunt et ~ant, dicit .. OCKHAM *Dial.* 766. **e** in Wlferium Pende filium paternam ultus injuriam, plurima illum parte regni ~avit W. MALM. *GR* I 19.

2 to shorten by cutting off the extremities, truncate, (also p. ppl. as adj.) truncated; **b** (her.).

bulbus est omnis ~atus vel tunicata *Alph.* 25; crux truncata dicitur qui fit de duobus arborum ramis ~atis UPTON 218. **b** solet hec crux aliquando ~ari .. et sic debet talis crux discerni. portat unam crucem ~atam BAD. AUR. 125; crux ~ata UPTON 218 (v. 2a supra).

3 to lop or chop down (tree), to chop (timber or log); **b** (transf., in lineage).

c1078 de materia mea ~ata *Regesta* 67; cedrus eximia [sc. Christus] mucrone truncatur J. HOWD. *Cant.* 340; arbusta ~avit THORNE 2036. **b** ~atus fuit stipes usque ad tempus regis Henrici secundi *Feudal Man.* 136.

4 to chop or cut off (esp. part of body).

~ata, *tocorfene GlP* 894; crucifixum mordicus apprehendit, brachia illi corrosit, crura illi pene trunculaverat [cf. W. MALM. *GR* IV 333: ~averit] R. NIGER *Chr. II* 163; quas Perseus devicit ~ato capite majoris *Natura Deorum* 4; linguam ejus forcipe extractam Tereus ~avit *Ib.* 82; ipsis dentibus ~ant testes [sc. castores] BART. ANGL. V 48.

5 (mus.) to break up (melody) with rests (w. ref. to hocket).

discantus alius .. prolatus, alius ~atus, qui hoketus dicitur, alius copulatus, qui copula dicitur HAUBOYS 184.

truncata v. trenchata.

truncate [CL truncatus *p. ppl. of* truncare+-e]

1 in mutilated form.

illa auctoritas ~e allegatur: quia verba illius capituli .. sunt hec: cum .. OCKHAM *Dial.* 545; allegant non integre, sed ~e verborum seriem libri Apocalypsis *Ib.* 767.

2 (mus.) in a manner broken up with rests (w. ref. to hocket).

truncatio est cantus rectis vocibusque omissis ~e prolatus .. et fit truncatio sive pausatio in omnibus modis TUNST. 296.

truncatio [LL]

1 (act of) chopping or felling (tree or trunk), or pruning.

1334 pro ~one unius quercus, precii vj d. *SelPl Forest* 68; **1399** in vadiis x operariorum .. operancium super ~one et emendacione viij truncarum pro canonis (*KR Ac*) *EHR* XXVI 702; **1453** pro ~one vinetorum *Arch. Hist. Camb.* III 582.

2 (act of shortening by) cutting off the extremities, lopping.

griseam .. detruncatis manicis supervestivit, et per ~onis aperturam exposuit brachia *Offic. R. Rolle* xxv.

3 (act of) cutting off (esp. part of body).

~ones membrorum H. Bos. *Ep.* 29. 1463B; **1250** reddant Abrahe Judeo .. judicium suum, prout meruerit super criminibus ei impositis, reservato regi judicio mortis et exilii et ~one membrorum *Cl* 360; nullum .. morte aut membri ~one punivit OCKHAM *Pol.* I 25; traxatione atque suspensione capitisque ~one OTTERB. 228; ~one manuum atque capitis WALS. *YN* 412.

4 mutilating abbreviation (of text or sim.).

propter perversitatem et ~onem et dubitationem [translationis] BACON *Tert.* 77.

5 (mus.) breaking up (of melody) with of rests, hocket.

~o est cantus rectis vocibusque omissis truncate prolatus .. et fit ~o sive pausatio in omnibus TUNST. 296.

1 truncatus v. truncare.

2 truncatus [truncus+-atus], (of gun) furnished with a stand.

1397 iiij canones troncate duppliciter *Tout Papers* II 273.

truncc-, trunch- v. trunc-. **trunccagium** v. truncagium. **trunculare** v. truncare.

trunculus [CL]

1 short trunk or stem. **b** short stump or shaft.

truncus .. inde hic ~us, -i OSB. GLOUC. *Deriv.* 588; mater in virginis plantatur trunculo WALT. WIMB. *Carm.* 65; ~us, *a lytyl waste WW.* **b** [lancea] confracta .. in terram decidit, tantum ~o quem manu claudebat ei remanente GIR. *IK* II 12 p. 143.

2 (mon.) stool (for chastisement or punishment of penitent).

quando aliquis fratrum sentencialiter ad ~um sive scabellum ponitur *Cust. Westm.* 200; vel in levi culpa seu super ~um vel in aliqua alia gravi et manifesta sententia non debent accipere disciplinam .. eodem modo ille qui sedet super ~um (*Cust. Bury St. E.*) *HBS* XCIX 86.

truncum v. truncus.

truncunus, ~um [AN *trunçun*], sausage.

1269 de ix d. de ~is et salcistris xiij porcorum; et de xxij d. de succiduo eorundem *MinAc* 840/1.

1 truncus [CL]

1 maimed or mutilated by having had part chopped off (also as sb.), (of tree or sim.) stripped of its branches.

~us, sine capite *GlC* T 305; aurum et argentum sub voti pretextu in ~os convertit, de xx solidis duos denarios extorquens R. NIGER *Chr. II* 168; natus est .. filius dextera carens auricula. .. jam vivus in utero plenaque formatus postmodum ~us apparuit MAP *NC* V 5 f. 64; artifex occisus est et decollatus .. et venit sancta Yta .. ubi erat corpus ~um .. artificis (*Ita* 18) *VSH* II 122; rosula ~a [*gl.*: truncata] GARL. *Mor. Scol.* 58.

2 chopped off.

crure ~o [*gl.*: *corfenum*] *GlP* 565; ~o pede J. CORNW. *Merl.* 27 (55).

2 truncus [CL]

1 trunk of (human) body, torso.

cum ~us in alio loco atque in alio caput fuerit sepultum BELETH *RDO* 147. 151; ~us, *the wast WW.*

2 trunk of tree or tree stump. **b** shaft of lance.

prima herbida emarcescit viriditas .. nec etiam foliorum ~is suis perdurat honestas ADEL. *QN* 74; ~us qui remanet post abscisionem arboris OSB. GLOUC. *Deriv.* 551; Erysichthon .. igitur adorem succidit .. nec propter sanguinis fluxum a ~o fluentem cessavit *Natura Deorum* 129; eadem .. tempestate .. litoribus .. sabulo nudatislongis operta retro seculis terre facies apparuit .. lignaque ~orum ebeno simillima GIR. *EH* I 36; magis a parte virge incise quam a parte ~i vel stipitis BACON XI 245. **b** claves urbis et castelli super ~um lancie genuflectendo dedit STRECCHE *Hen. V* 174.

3 a log (for burning). **b** block of wood (for chopping on, in quot. for use in beheading). **c** (as a type of stupidity) block(head). **d** (transf., of log-shaped object, in quot. of candle-end, *cf. trunso*).

a c1135 precor quatinus des mihi satis de ~is tuis ad meum rogum faciendum *Illust. Scot.* 13; **c1140** quatuor trunkos [cf. ib. 57: trunchos] ad ignem suum de bosco meo *Regesta Scot.* 34; **c1220** debet .. infirmarius habere .. duos porcos ad plancherum et unum ~um de celerario contra natale *MonA* 271; **1311** de singulis truinhis capiendis de arboribus vocatis pini ad ardendum *Reg. Gasc. A* 97; **1329** in c magnis ~is ad comburendum qui remanent non combusti, xxx s. *ExchScot* 125. **b** erexerant .. villani ~um .. in foro; cui .. alligaverant grandem securim; ut qui nollent consentire illorum molitionibus ibidem capite plecterentur *G. S. Alb.* II 157. **c** qui contendit sine pera / blas et bos est et chimera, / truncus, caper, asinus WALT. WIMB. *Van.* 25. **d** duo cerei .. super magnum altare ponantur; et ~i sacriste reddantur *Cust. Westm.* 271.

4 block of wood (as frame, support, or sim.), stock: **a** (for hanging bell); **b** (for detaining or punishing prisoner); **c** (for gun).

a 1348 in uno ~o empto pro campana pendenda *KR Ac* 462/16 f. 5; **1427** Rogero Arosmyth pro vyrollis ferreis factis pro ~o *Ac. Churchw. Bath* 38. **b** antistes .. furem pro multiplici reatu flagellis cesum mitti jussisset in cippum .. cruciandum. .. Aethelwoldus .. ait illi, "cur tanto tempore sic in ~o jaces extensus?" WULF. *Æthelwold* 46. **c 1385** in iij trunccis grossis de ligno factis et ligatis de ferro, pro iij canonibus grossis, precii pecia xviij s. iiij d. *Tout Papers* II 268; j canonum grossum vocatum gunnum cum duobus capitibus in uno ~o *Ib.* II 271; **1399** in meremio empto et expedito pro viij ~is reparandis et faciendis pro canonis (*KR Ac*) *EHR* XXVI 702; **1406** pro operacionibus armaturarum .. gunnarum nostrarum, ~orum et petrarum pro eisdem gunnis *Pat* 375 m. 23.

5 trunk, box (as container, esp. w. ref. to offertory box). **b** trough, vat, or sim. container used by tanner, fuller, or other craftsman (perh. also transf., of mallet in fulling mill). **c** fish-trap, perforated box for catching or storing fish.

1147 capellam .. in qua vero scrinnium [*sic*] ~um collocabitur ad collectam faciendam *Rec. Barts.* 491; collectam Jerosolimitanorum usibus destinandam ~us .. deputatus ecclesiis adacta sera conclusit DICETO *YH* 329; viri ~um quendam fecerunt, concavum et perforatum in medio vel in summo et obseratum sera ferrea, et erigi fecerunt in magna ecclesia .. ut ibi ponerent homines elemosinam suam BRAKELOND f. 123v; **1287** parochiani ipsi ~um .. affigunt .. pro fidelium elemosinis colligendis *Conc. Syn.* 1006; **1306** pro seruris cum clavibus ad .. ~os pro tribus bercariis *Crawley* 243; c**1334** item recept' de tronco situato ante ymaginem Annunciacionis beate Marie *DCCant.* MS D E 3 f. 1. **b** serdones student frunire coria .. in ~is concavis GARL. *Dict.* 131; nec debuerunt habere ~um fullericium in domibus suis ad fullandum aliquos viles pannos vel grossos *G. S. Alb.* I 418; **1313** A. de R. habet ~os fullonis et dubbat pannos *Leet Norw.* 5; **1363** cum Richardus Hogg follator .. ceperit pro quolibet ~o ad pannum fullandum xx d. ubi antea non solebat dari nisi iiij d. tantum *Pat* 267 m. 17; **1384** sub condicione quod dominus faciat rotam, axem et truccum *Doc. Leeds* 113; ferrarium est id quod invenimus in ~o in quo faber refrigerat forcipem *SB* 21. **c** per tempestatem submerserunt de quodam batello in mara .. et batellus ille unacum quodam batellulo qui vocatur ~us in quo circa x sol' pisc' fuit captus *PQW* 309b.

6 market-stall.

precepit .. cives .. omnes ~os et sterquilinia, lutum quoque et omnia offendicula a plateis festinanter amovere M. PAR. *Maj.* III 617; **1288** S. le Turnur habet trunkum apud Qwetemarkette valde nocentem equitantibus et itinerantibus vie dom' regis *Leet Norw.* 13; platee mundentur de impedimentis, fimis, ~is *MGL* I 584; nullus panis vendatur ad ~um in foro domini regis nisi per diem Mercurii et diem Sabbati *Ib.* II 104.

7 (in gl.) bar or enclosure.

clathrus, repagulum vel ~us OSB. GLOUC. *Deriv.* 142.

trunkus v. 2 truncus. **trunos** v. tarmes.

trunso [AN *truncon, trunsoun*, cf. CL truncus], stump (in quot. of candle).

refectorarius post festum Purificacionis retinebit penes se quatuor ~ones longiores propter illum qui sedet ad discum et propter minutos sanguine. ante purificacionem refectorarius nullum ~onem retinebit penes se, sed rotulam *Cust. Cant.* 370.

truph- v. truf-. **trupliator** v. trufator. **trursus** v. trudere. **trusa** v. trussa. **truscellus, ~cula** v. trussellus. **trusorium** v. tunsorium.

trussa [AN *trusse, trosse, truce*, ME *trusse*]

1 bundle, truss (also as measure). **b** package, parcel.

c**1165** solvendo .. sex ~as straminis *Rec. Templars* 166; **1212** debet invenire iij trusas feni ad cameram regis *Fees* 146; **1218** fecit falkare ibi unam ~am junci *Eyre Yorks* 83; **1219** per servicium unius ~e feni ei reddende *Cl* 393; **1237** in v ~is ad logam coperiendam, vij d. ob. (*Works*) *KR Ac* 501/18 m. 2; **1250** unum trossum feni *Fees* 1181; **1285** si .. archepiscopus jacuerit infra boscum in hieme, debent ad equos suos pascendos de qualibet virgata j ~am viz. medietatem feni et aliam medietatem litt[ere] (*Cust. Wadhurst*) *Sussex Rec. Soc.* LVII 3; provideat celerarius .. certas trassas litere mittendas ad stabularium projiciendo sub equis *Cart. Glouc.* III 107; item iij c xxiij trousse sagittarum, quelibet troussa de duabus duodenis, .. appretiata qualibet troussa, una per aliam, xij s. vj. d. *Collect. W. Worc.* 572; **1509** de navi predicta j trussum cum j pecia *satyne* continente xxij virgas *EEC* 579. **b** **1203** quod quietetis .. unam navatam vini de mala tolta in descendendo et in ascendendo unum trucim salis *Pat* 24b; **1283** ij d. in j trassia allei empta (*Worcs*) *MinAc* 1070/5 r. 2; **1289** ij d. quad. in j tracia allei empta (*Worcs*) *Ib.* 1070/8 r. 1; ~a mirre iij oz. vj d. *Invent. Med.* 16.

2 truss, tackle used to secure yard to ship's mast.

1337 in diversis cordis de *russhewale* cum schivis et ~is pro uno *rakke* inde faciendo (*KR Ac*) *Sea Terms* II 117.

trussabilis [trussare+-bilis, cf. trussatilis], **~ibilis,** suitable for trussing or packing: **a** (w. *coffra* or sim.) trussing chest; **b** (w. *lectus*).

a **1341** in uno pari coffr' ~abilium corio coopertorum et ferro ligatorum *KR Ac* 389/11 m. 1; **1349** ij parvas coffras ~abiles (*KR Ac*) *Arch.* XXXI 30; **1397** in .. iiij paribus coffr' ~abilium *LTR AcWardr* 5 r. 1d.; **1421** iiij paria *coffres* ~ibilium, j *coffre long*, xj *coffres standard KR Ac* 407/5 m. 2. **b** **1358** item [lego] alium lectum meum ~ibilem Johanni Peny *Test. Karl.* 18; c**1444** eidem domine regine ad habendum ij lectos ~ibiles *KR Ac* 409/12 f. 63v.

trussagium [trussa+-agium], (act of) trussing or packing.

1290 pro paneris, cordis, canabo, et trussag' dictarum D librarum (*AcWardr*) *Chanc. Misc.* 4/5 f. 4; **1326** in cariag', portag', et trussag' ejusdem *Sacr. Ely* II 53; **1342** pro factura et ~io eorundem [fardellorum] *KR Ac* 389/14 m. 8; **1343** pro ~io hujusmodi arcuum, sagittarum, et armaturarum *Ib.* 290/23 m. 1.

1 trussare v. trufare.

2 trussare [trussa+-are, AN *trusser, trosser, trousser*], to tie in a bundle, to pack or wrap up. **b** (p. ppl. as sb. f.) bundle, truss.

1220 pro quatuor ulnis de grisengo ad robas ~andas *Cl* 424b; **1238** pro uno sacco et una huscia et canevacio incerato et alio ad predicta ~ianda et imponenda *Liberate* 13 m. 23; a**1273** dedit .. quoddam runcinum sorum cum sella et freno et cum cappa sua trossata *Collect. Staffs* XVI 278; **1299** pro paneriis et cordis ad dictos denarios ~andos *Doc. Scot.* II 366; **1300** jocalia regis ~ata in coffris subscriptis ad cariandum versus Scociam *KR Ac* 357/10 r. 1; **1306** in canobio ad eorum aketounis et bacinis ~andis xiiij d. *Rec. Leic.* I 302; **1324** in poketis empt' de *canevaz* pro eisdem [speciebus] ~and', ij d. *Sacr. Ely* II 40; **1336** in cordis emp. pro providencia ligandi et ~andi ij s. ij d. *Ac. Durh.* 532; **1390** volumus etiam quod idem David armaturam sufficientem secum ~atam pro se ipso .. secum deferre .. valeat *RScot* 103a. **b** **1279** solebant reddere .. unam ~atam feni *Hund.* II 537b; **1284** de .. trosetis de draperio *Law Merch.* III 149.

trussatilis [trussatus *p. ppl. of* trussare+-ilis, cf. trussabilis], suitable for trussing or packing, (w. *coffra* or sim.) trussing chest.

1311 duo tapeta preti xx s., duo coffr' ~es veteres cum .. libris compotorum .. nullius valoris ad vendendum *KR Mem* 85 m. 66*d*.

trussatio v. trussio. **trussatus** v. trufare.

trussellus [AN *trussel(le), trossel(le)*], **trussula** [trussa+-ula]

1 bundle, pack; **b** (dist. acc. quantity).

mercator superveniens in civitatem et ~um deferens *DB* I 263ra; a**1178** pro pannis de Francis, viij denarios de singulis trosellis *Act. Hen. II* II 55; cito et expedito venientes nec enim sicut cardinales tot secum circumducentes impedimenta .. nec tot sarcinularum onerati trossulis H. Bos. *Thom.* IV 28; habenas, cingulas .. pulvillum, et trusulam [vv. ll. trusculam, trussulam; *gl.*: *trosele, trouse*] NECKAM *Ut.* 100; a**1204** de quolibet trousello pannorum, lane vel lini vel serici vel caniculorum .. obolum *Reg. Wint.* 1282–1304 II 742; **1226** quod permittant .. mercatores .. carcare decem truscellos suos in una navi ducendos usque in partes transmarinas *Cl* 137b; sellarii vendunt sellas .. et panellos, carentivillas, et trusulas [ed. Scheler: trussulas; *gl.*: *truses*] GARL. *Dict.* 123; **1241** unum ~um castanearum, ad opus A. regine *Liberate* 15 m. 16; **1289** mercator .. habens trossellum vel plures trossellos in .. nundinis *RGasc* II 354a; **1303** trossello cordellato *Doc. Scot.* II 461. **b** **1267** Willelmus de Berges de uno trossello ad quadrigam, iiij d. idem de uno trossello ad equum ij d. *MinAc* 1031/20 m. 3; **1267** Clays de Bruges de iij troussell' ad pond' equi, vj d. *Ib.* 1031/20 m. 5; c**1300** Willelmus T. de B. de j ~o ad equum ij d. *EEC* 178; de iij trossellis ad quadrigam *Ib.* 183; **1373** tres carratas truncorum .. triginta ~os equinos bruere *Pat* 289 m. 16.

2 upper coining iron, trussell.

1317 cum mandaverimus quod habere faceretis .. L. Dunolm' electo .. tres cuneos pro sterlingis monete nostre inde faciendis .. ac vos .. liberari feceritis eidem electo tres cuneos in sex peciis, videlicet tres ~os et tres pilos tantum, et idem electus nobis supplicaverit ut sibi tres alios ~os, videlicet ~os dupplicatos, concedere curaremus *Cl* 135 m. 24; **1320** tres cuneos in sex peciis, videlicet tres pilos et tres ~os *Cl* 138 m. 14; **1484** receptis .. tribus standardis et novem ~is ruptis .. tria standarda et novem ~os de novo fieri .. faciatis (*PS*) *MS PRO C 81/1531* no. 5767.

3 (in gl.).

a trusselle, trussula *CathA*; trussula, *a trussell WW*.

trusserellus [? cf. tresellus, trussellus, costrellus], sort of wine cask.

1209 debet j ostur' bonum pro j ~o vini *Pipe* 186; **1239** Willelmus de T. solvit .. quosdam trusserell' plenos rubei vini pro quodam molendino *KR Mem* 18 m. 11.

trussibilis v. trussabilis.

trussio, trussatio [trussare+-tio], (act of) packing, bundling.

1335 pro panier' et cordis emptis pro ~atione eorundem *IssueR* 279 m. 12; **1399** cum .. barellis sufficienter pro ~atione hernesie predictorum (*Ac Wardr*) *EHR* XXVI 701; **1535** pro emendacione campanarum et ~one earundem et pro *pipes* pro *le ropes* et clavis *Ac. Churchw. Bath* 112; **1574** opera .. tenencium .. videlicet pro .. tussione [*sic* MS; l. ~one] ac cariagione feni *Pat* 1118 m. 24.

trussula v. trussellus.

trussulare [trussula+-are], (in gl.).

de equis: .. hec zonica, hoc trossolare, *trosse Gl. AN Glasg.* f. 21va.

trussum v. trussa.

trussura [trussare+-ura], (act of or equipment for) packing.

1290 pro cotone et flassad', paneriis, et cordis et ~a et ligatura eorundem (*AcWardr*) *Chanc. Misc.* 4/5 f. 17; **1390** pro j casula .. pro ~a iiij garbarum sagittarum *Ac. H. Derby* 34; **1532** pro ferramentis occupatis ad ~am nove campane, cum manu j carpentarii operantis super deposicionem dicte campane *Ac. Churchw. Bath* 110.

trusta v. 1 tuber. **trusula** v. trussellus. **truta** v. tructa. **trutanicus** v. trutannicus.

trutannia [trutannus+-ia], mendicancy with feigned poverty.

irrisionis causam et subsannationis monachorum illorum aviditas tanta, multis quidem eorum ~ia detecta, creavit GIR. *Spec.* III 11.

trutannice [trutannicus+-e], by mendicancy with feigned poverty.

c**1211** per quinquennium .. ~e vixit GIR. *Ep.* 6 p. 220; ~e vivere et more trutannico per emendicata suffragia vitam producere *Id. JS* I 145; monachus quidam domus sue desertor .. curiam ~e sequens *Id. Spec.* III 6.

trutannicus [trutannus+-icus], of or characteristic of mendicancy by feigned poverty. **b** invented, false.

abbas .. in abbatiis tam Anglie quam Wallie per quas transibat et quas ob hoc precipue more ~o circuibat, fabricatos ab aliis sermones .. recitare consuevit GIR. *Spec.* III 7 p. 165; quatinus ~am vitam .. correptore carens et correctore, in desidiis ducat *Id. SD* 122; quod ex lege codicis condempnatos dicis, / supplendum trutanicis in vite mendicis PECKHAM *Def. Mend.* 502; ut ignari vecordes multa subterfugia trutanica simulando WYCL. *Conf.* 506; more ~o studium tuum jam detergis, discolorum consorcia necnon illecebra meretricum stimula turpiter frequentando *Dictamen* 371. **b** quoniam tam longinqua .. narratio .. multis trutanica potius quam historica esse videretur GIR. *DK* I 3; putans quod audiebat ~um et fictitium esse *Id. Hug.* II 4.

trutannitas [trutannus+-tas], (in gl.).

trowannes, ~as *CathA*.

trutannizare [trutannus+-izare], (in gl.).

to be trowan', ~are *CathA*.

trutannizatio [trutannizare+-tio], mendicancy by feigned poverty.

humilitas assimulatur prudentibus harlotis manifestantibus sua infirmiora que si sint horribilia ea pretendunt quasi horribiliora in conspectu divitum ut eorum misereantur ... humilitas feliciter Dominum decipit et adquirit de bonis ejus cum felici ~one [ME: *truandise*], bonum semper abscondit et paupertatem ostendit *AncrR* 126.

trutannus [AN *truand*, ME *truaunt*, cf. W. *truan*]

1 mendicant who feigns poverty, truant, vagabond; **b** (of one who leaves monastery); **c** (in sup. form); **d** (in gl.).

nempe illis credendum non censeo qui hujusmodi facta ~orum asscribunt fraudulentie. quicquid .. malitiosi girovagi victualis gratia questus agant, nos utique quod oculis nostris revera conspeximus, audacter protestamur T. Mon. *Will.* VI 9 p. 235; accidit peregrinos .. per villam transitum habere .. quos illa crudeliter intuens ringi coepit et ait .. "abite ~i" W. Cant. *Mir. Thom.* VI 107; permittuntur .. tam tyranni inthronizari quam ~i et hypocrite incathedrari Gir. *JS* I p. 135; ille [episcopus] vilis rusticus ~us de Anglia *Proc. A. Kyteler* 14; a**1350** scurre, vagi, et ~i *StatOx* 83. **b** in ultroneis domorum suarum desertoribus, quales dicti duo monachi ~i fuerunt Gir. *Spec.* III 9; si reperiatur quod trutanus sit aut ordinis sui desertor *Cust. Westm.* 86. **c** monachum Cisterciensis ordinis ~issimum .. paulo ante depositum Gir. *RG* III 4 p. 95. **d** *trowant*, ~us *PP*; *a trowan*, discolus, ~us *CathA*.

2 (bot., *herba ~orum*) thapsia (*Thapsia garganica*).

herba ~orum, tapsia *Alph.* 83; tapsia, i. herba ~orum de qua trutanni solent facies suas aspergere ut leprosis assimulentur *SB* 41.

trutanus v. trutannus.

trutina [CL < τρυτάνη], pair of scales (also in transf. or fig. context); **b** (w. ref. to the constellation Libra).

trutina: nos geminas olim genuit natura sorores, / quas jugiter rectae legis censura gubernat Aldh. *Aen.* 22 (*Trutina*) *tit.*; arsis et thesis aequa sillabarum ~a et aequiperante temporum exagio pariter ponderabuntur *Id. PR* 125; ~a, *heolor GlC* T 258; ~a, *wæga* Ælf. *Gl.*; illic divina aspirat gratia ubi [j]ustitiae probitatisque aequa libratur ~a *Enc. Emmae* II 17; consonantiam .. interne visionis et externe relationis equa pensans ~a Gosc. *Edith* 299; equa se inter Kambros et Anglos ~a librantes, fidem integram .. servaverant Gir. *IK* II 12; vacillantis trucine / libramine / mens suspensa fluctuat P. Blois *Carm.* 14. 1a. 1; ~a equa lance dependens affixa erat super murum inter apostolum et diabolum Coggesh. *Visio* 13; qui montes trutinat et celi culmina / libratur virginis ventrali trutina Walt. Wimb. *Carm.* 84; *tung of a balaunce or scolis* .. ~a *PP*. **b** Libra, que in ~e effigiem deformata est, equinoctialem mensis illius parilitatem i. e. Septembris .. designat Alb. Lond. *DG* 8. 13.

trutinalis [CL trutina+-alis], of or associated with weighing scales.

ut .. mensuras tritici quas bussellos dicimus, et ~ia pondera, diligenter considerarent M. Par. *Maj.* V 594.

trutinare [CL]

1 to weigh (with scales or sim.); **b** (transf. or in fig. context).

9.. ~abat, *heolrode awæg WW*; s**1248** pondus veteris monete pro pondere nove dabatur ~atum M. Par. *Maj.* V 18; *to wey*, pendere, librare .. ~are *CathA*. **b** trochaici pedes .. quibus temporum lancibus ~antur? Aldh. *PR* 116; trutinat electos sed justae lance libellae *Id. VirgV* 734; **930** alta media infima justa invictae fortitudinis lance treutinata gubernat *CS* 669; **955** in principio .. Deus .. terram terrestribus ~avit tripudialiter tribuendo ita dicens ".. tellus scabellum pedibus [est]" *Ch. Burton* 13; qui montes trutinat et celi culmina / libratur virginis ventrali trutina Walt. Wimb. *Carm.* 84; ventrali trucinatur / statera divinitas *Id. Virgo* 130; rex quia jus trutinat Garl. *Tri. Eccl.* 17.

2 to weigh up mentally, to ponder, examine, appraise.

825 ab omnibus illic in eodem synodo residentibus ~atum ac quaesitum fuerat quis cum justitia .. conservatus fuisset (*Clovesho*) *CS* 384; ecclesiasticos honores diu ante quam daret deliberabat, sive pro commodo sive pro ~ando merito W. Malm. *GR* IV 333; propositi longo trutinans examine metas Hanv. VIII 195; **1586** omnia limata et ~ata a vestra reverendissima paternitate velim antequam in lucem prodeant *Scot. Grey Friars* II 183.

trutinator [CL trutinare+-tor], (in gl.) one who weighs.

~or, *a weyere WW*.

trutinella [CL trutina+-ella], (in gl.) (small) balance, pair of scales.

a ballans, trutina, ~a *CathA*.

trutissare, (of swallow) to twitter.

hirundines ~ant vel trissant Aldh. *PR* 131.

trutta v. tructa.

†**trutum,** *f. l.*

hoc †trutum [? l. caecum], *a tharme WW*.

trutus v. tructa. **truveria** v. trovura.

trux [CL], fierce, savage, wild, cruel, harsh (also transf. or fig.); **b** (in appearance). **c** (of physical conditions or sim.) characterized by or causing great pain or suffering, harsh, cruel.

~cis belli pericula Gildas *EB* 1; ab unctoribus .. trucidabantur aliis electis ~cioribus *Ib.* 21; saltus nemorum densos .. / truxque rapaxque capaxque feroxque sub aethere spargo Aldh. *Aen.* 93 (*Scintilla*) 8; sed dolor et gemitus, stridor, pavor et timor horrens, / taedia, tristitiae, trux indignatio, languor Bede *Hymn.* 14. 115; **798** quatenus ~ces animorum motus aliqua musicae suavitatis melodia mulcerentur Alcuin *Ep.* 149; ~x, *unhior[d]e GlC* T 247; animalem .. tarditatem ~cibus virge plagis ad fidem excitat Gosc. *Transl. Mild.* 21 p. 183; quae sic in pace ~ces animos noverat placare *Id. Edith* (II) 68; eloquio clarior sed ingenio pessimo, truci, avaro, insidioso Gir. *PI* I 17; nunc insanit, nunc blanditur, / nunc trux, nunc propitia Walt. Wimb. *Van.* 5; numen Wallorum, trux dux, homicida piorum *Feudal Man.* 147; hic regem populos taxare necessitat hostis; / vastat opes, geurra spes truce prisca perit Elmh. *Metr. Hen. V* 218. **b** fronte torva, ~cibus oculis Felix *Guthl.* 31 p. 102; facies torva, ~ces oculi, mine terribiles P. Blois *Ep.* 15. 55A. **c** vinculis injecit, in ergastulo ~ci huc usque conhercuit Ord. Vit. XII 21 p. 377; omnes alios in Affricam .. relegaverunt, exilio .. ~ci pro Christianorum odio .. condempnaverunt *Ib.* XIII 6 p. 14.

trycnosmanicos v. strychnon.

trygonus [τρυγών]

1 (in gl.) turtle dove. **b** sound made by the turtle dove, cooing.

trigoni, turtur *Gl. Laud.* 1487; trigonus, i. trigonia, trigonum, turtur idem *Alph.* 186. **b** tygon [l. trygon], senum [l. sonum] gutturis [l. turturis] *Alph.* 186.

2 kind of flat fish (understood as turbot).

trigonus .. piscis est, A. *turbut Alph.* 186.

tryinkus [ME, AN *trink, treineke*], fixed fishing net used in river.

statuta .. de kydellis et ~is in Thamisia .. amovendis *MGL* I 497.

trymerus [AS *trymman*], sort of cornice or joist-supporting beam.

1389 item solutum j carpentario pro xiij *gargoyles* ligneis sub ~o nove domus .. sculpand' *Ac. Bridge Masters* 8 m. 11.

tryndellus v. trendellus.

trynga [τρύγγας], kind of water bird, moorhen.

τρύγγας, trynga, Anglice *a water hen or a mot hen* Turner *Av.* (1903) 170.

trypheros [τρυφερός]

1 delicate, soft-fleshed.

triferon interpretatur juvenile sive delicatum *Alph.* 187.

2 (med., as sb. f. or n.) sort of mild purgative.

[fumositas] purgetur cum .. trifera s[arracenica] *Quaest. Salern.* L 1; adde quod ictericis confert trifee sociatum [sc. ebur], / si tamen unda tepens associetur eis Neckam *DS* IX 487; composite materie ad hanc intentionem sunt trifera Sarracenica .. Gilb. I 17v. 1; bulliant in aqua in qua resolvatur ℥ una trifete sarraceni *Ib.* I 48. 2; trifera ferruginata *Ib.* V 231v. 2; trifera saracenica cum scoria ferri lota stringit sanguinem earum [sc. emorroydarum] Gad. 59v. 2; **1414** trifa sarazenica iij quartron', prec' xij d. *EschF* 1066/1; trifa sarazonica *Invent. Med.* 23; triferon .. inde trifera sara[ceni]ca et collyrium triferon ut in Alexandro; medicina est, [valet contra] calefactionem epatis *Alph.* 187.

trythingum v. trithingum.

tu [CL], you (sg.); **b** (w. *ipse*); **c** (in redupl. form; also w. *-met*); **d** (w. *-met* or *-metipsum*).

604 ideo .. tibi, sancte Andrea, tuaeque ecclesiae .. trado aliquantulum telluris meae *CS* 3; quod ipsum tu quoque .. deprehendens, historiam memoratam in notitiam tibi simul et eis quibus te regendis divina praefecit auctoritas .. desideras Bede *HE pref.* p. 5; tecum plango tuos casus, karissime frater Alcuin *Carm.* 1. 9. 191; [pronomina] sic declinantur: 'ego, tu, mei, tui' vel 'mis, tis' Bonif. *AG* 493; tu, *þu* Ælf. *Coll.* 90; tis memor advenio solamen ferre laborum *V. Neot. A* 13; dic tu ergo quare hoc dixerit Petrus *Dial.* 125; laudem tui quamquam exilem pretermittere nolui W. Malm. *GP* III 135; ne credas adulatoribus, qui te lactant P. Blois *Ep.* 3. 11A; ne te pannificus fraudet in arte dolus Gower *VC* V 782. **b** scio quod tu es tu, et tu ipse hoc nescis Map *NC* IV 16 f. 58v; ipse .. discrecionis causa cum aliis personis ponitur, ut ego ipse, tu ipse Gros. *Gram.* 44. **c** et tete .. rapuisti Gildas *EB* 34; sospitem tete sordibus / servet herus ab omnibus (Æthelwald) *Carm. Aldh.* 5. 67; tutumet rem fecisti *Mir. Hen. VI* I 8 p. 30. **d** nullum lupus audax / exillis rapuit lurcon temet faciente Godeman 22; qui fidelibus tuis per temetipsum dixisti *V. Chris. Marky.* 13; non tibimet lex sis sed legis jussa sequaris D. Bec. 24; disciplinam tuimet honor non retardet *Superst. Pharis.* 203; prepara temetipsum *Eul. Hist.* I 118.

tuaillis, tuale v. tualia.

tualia, toalia [AN *tuaille*, OF *toaille* < Frk. **thwahlja*; cf. et. ME *touail*], cloth used for wiping or drying, or table-cloth, towel (also transf.); **b** (in liturgical use).

1157 pro patellis et bacinis et tualliis ad opus regine, xiij s. *Pipe* 111; facitergium, i. togilla Osb. Glouc. *Deriv.* 204; **1219** per sergenteriam inveniendi j tualliam ad manus domini regis tergendas *Fees* 252; **1219** duas duodenas toalliorum *Cl* 319a; **1220** de j capa furrata et j supertunica et j toallia *SelPlCrown* 128; **1220** xxiiij twoaill' *Cl* 444a; **1236** [*4 dozens of towels*] toailliarum *Cal. Liberate* 247; **1242** reddidit .. unam mappam decentem de x ulnis et unam toallam decentem pro quadam terra sua *KR Mem* 20 m. 8; **1243** servicium unius mappe .. et unius tuellie de v virgis (*JustIt*) *Fees* 1383; togellas sive manutergia .. tam ad manus .. abbatis tergendas quam ad caseum deferendum et queque necessaria in refectorio agenda *Cust. Westm.* 101; Saraceni .. raro vel nunquam cinguntur nisi tualia, quam cum oratum vadunt coram se extendunt S. Sim. *Itin.* 35; **1325** twallium, prec' iiij d. *MinAc* 1126/5 r. 1; **1372** depredatus fuit ibidem prefatum W. de uno togali et uno arcu cum sagittis *Pat* 287 m. 16; **1416** lego .. j longum tuallium camere dicti prioris *Reg. Cant.* II 102; **1423** in twell' emptis pro refectorio *Ac. Obed. Abingd.* 92; **1433** in una mappa et iiij tuellis emptis pro alta mensa *Ac. Durh.* 273; hic towalus, *a hand-clothe WW*; **1533** pro ij touellis, pro locione ante prandium *Househ. Bk. Durh.* 157. **b** **1179** W. B. v s. ad quietandum tuellas et incensum et pelves et sellas sumariorum capelle regis *Pipe* 101; **1225** unam stolam, unum fanonem cum twallis *Cl* 71b; **1232** mandatum est W. de H. et W. scissori quod ad opus .. sororis regis dua tuallia ad altare .. emi faciant *Cl* 43; **1254** tria paria toallium [*RGasc* I 425b: †coaltarum] *Cl* 270; togellas sive pallas illius altaris, tersoria, calicem *Cust. Westm.* 55; tuallia una ad lectricum aquile *Reg. S. Osm.* II 131; quatuor tuillas sive linthiamenta altari apta *Ib.* II 132; **1295** j abstersorium tuallum *Vis. S. Paul.* 331; **1300** una tualla de serico ad patenam calicis *AcWardr* 347; calix, missale .. casula .. stola .. zona cum tribus towellis *Cart. Cockersand* 51; in ij paribus tualium pro altar' et ij manutergiis empt' in nund' Dunelm', v s. iv d. *Ac. Durh.* 518; **1332** pro consuicione tuelarum de capella *Arch.* LXXVII 125; c**1350** faciat fieri .. tres toballias pro altaribus magis indigentibus de honesto albo panno *MonExon* 271; unum tueale duplex vetus *Fabr. York* 278; una casula de baudekyn cum ij tualiis de panno de lak *Ib.* 295; **1384** duo vestimenta cum toto apparatu ad celebracionem missarum indigente, quatuor tualia benedicta, unum manutergium ad sacrarium *Cl* 227 m. 29*d.*; **1388** tres togellos quorum unus habet quoddam frontelettum ejusdem operis annexum (*Lit. regis*) *Arch.* LII 280; **1393** due tuailles lavatorie *Lit. Cant.* III 22; si aliquis de parochia tualliam [MS: tuatlliam], vestimenta vel quedam alia ad .. altare necessaria .. contulerit *Reg. Malm.* II 173; **1417** conferre .. mapas et tobalias altarium *Reg. Aberbr.* II 52; **1426** lego eidem ecclesie unum vestimentum integrum .. unam casulam cum .. ij towaillis cum toto ornamento pro altari *Reg. Cant.* II 358; tribus tuellis: duobus sc. ponendis super altare subtus corporale. tertium .. erit ad usum lavatorii pro manibus tergendis. .. secundum communem usum super duos tuellos duplicatur corporale LYNDW. 252l; **1521** ij frontiaria .. iiij tovalia *Fabr. York* 276; **1521** tria tobalia cum duabus fialis *Reg. Aberbr.* II 435.

tualium, ~lla, ~llia, ~llium, ~llum v. tualia.

tuare [CL tu+-are], to address (person) with *tu*, 'thou', etc. (*i. e.* familiarly).

c**1205** asserentes magnam esse injuriam prelatorum sic eos ~are quos vostrare deceret P. BLOIS *Ep. Sup.* 51. 2; *thowyn, or sey thow to a man*, tuo, -as *PP*; *thowtyn .. tuo*, -as *WW*.

tuathum [Ir. *túath*, cf. AS *þeod*], (Ir.) territory or district of a tribe.

1199 feuda v militum in thwedo de E. quod est in cantredo de F. *RChart* 19b; **1202** omnia ecclesiastica beneficia eorum teudorum *Reg. S. Thom. Dublin* 269; **1229** mandatum est ei quod si expedire viderit commodo .. regis quod Adam de Stanton' teneat de rege todum de Dunmegan' qui dicitur feodum v militum, per feodum j militis tunc todum illum ita ei liberet *Cl* 194; **1252** totum cantredum de Tradery .. cum omnibus thoytis ad cantredum illud pertinentibus *ChartR* 44 m. 20; **1283** terris vastis in theodo de Clongconewy *Pat* 102 m. 11; omnia beneficia totius tuedi de Magois possidebat *Reg. Tristernagh* 103; quod ego .. confirmavi .. omnes decimas et omnia ecclesiastica beneficia totius tudi de Okel *Reg. S. Thom. Dublin* 235; omnia ecclesiastica beneficia decem feudarum militum in twedo de Corketenny *Ib.* 405.

tuatim [CL], in your (own) way.

~im, tuo more OSB. GLOUC. *Deriv.* 594.

tuatio [tuare+-tio], (act of) addressing (person) with *tu*, 'thou', etc. (*i. e.* familiarly).

thowtyng, tuacio, -is, fem. *PP*.

tuatllia v. tualia.

tuatus [tuare+-tus], (act of) addressing (person) with *tu*, 'thou', etc. (*i. e.* familiarly).

thowtyng .. ~us, -us, m. *PP*.

tuba [CL]

1 metal wind instrument with penetrating tone (freq. used to give signal), trumpet or sim; **b** (w. ref. to Last Judgement); **c** (fig.).

moenia solis ~arum clangoribus jussu dei subruta GILDAS *EB* 1; quamvis aere cavo salpictae classica clangant / et citharae crepitent strepituque tubae modulentur ALDH. *Aen.* 13 (*Barbita*) 2; in aggrediendo prelia litua acutiora animos stimulant, et in remittendo ~a gravior eosdem residas facit ADEL. *ED* 26; signa militibus per ~as dantur HON. *GA* 615D; [musica] dat studiis enarmonicam variisque choreis, / aptam cromaticam ditonicamque †cubis [l. tubis] GARL. *Tri. Eccl.* 100; tibia fraxinea, tuba cuprea H. AVR. *Poems* 27. 165; **1338** de v s. pro quadam ~a empta pro navi predicta *KR Ac* 20/27 r. 1d.; ~a .. convocabantur ad concilium, commovebantur ad prelium, et vocabantur ad festum HOLCOT *Wisd.* 201. **b** sicut in apocalypsin intimatur in septima ~a seu in septima fiala irae Dei complebuntur sermones Dei THEOD. *Laterc.* 24; ut cum ~a novissima totum genus humanum excitans ad tribunal justi judicis advocaverit BEDE *Hom.* II 7. 139; in monte ipso .. in die judicii ~as canent quatuor angeli, quorum sonitu mortui suscitabantur *Itin. Mand.* 64. **c** audiamus .. quid prophetica ~a persultet GILDAS *EB* 50; c**795** vos estis .. ~a praedicationis, gladius contra hostes ALCUIN *Ep.* 64; insonuit preco veritatis evangelii ~am *V. Birini* 17; **1166** apostolica ~a comminationes intonuit, sed nec sic potuerunt fides et ratio excitari J. SAL. *Ep.* 151 (157 p. 64); erat [Thomas Cantuarensis] preco verbi divini, ~a Evangelii P. BLOIS *Ep.* 27. 94A; tuba veritatis / est exosa WALT. WIMB. *Van.* 116.

2 tube, pipe.

tubo, *þruh GlC* T 320; **9..** tubo, *þeote WW*; s**1327** tyranni .. ipsum [Edwardum] suffocatum .. cum ferro plumbarii intense ignito trans ~am ductilem ad egestionis partes secretas applicatam membra spiritalia post intestinas combusserunt MORE *Chr. Ed. II* 318.

tubalis [CL tuba+-alis], of a trumpet.

utrum vox ~is precedens judicium erit aliquo modo causa resurreccionis corporum HOLCOT *Wisd.* 202; laudant deum apostoli et evangeliste in resonancia ~i BRINTON *Serm.* 30 p. 125.

tubaliter [tubalis+-ter], by means of or in the manner of a trumpet.

clamat tubaliter hec mundi machina, / stant tamen Jherico salva munimina WALT. WIMB. *Sim.* 167.

tubare [LL], to blow the trumpet.

to trumpe, buccinare, ~are *CathA.*

tubarius [CL = *trumpet-maker*], trumpeter.

sicut ~ius facit tumultum et grandem sonum ad ostendendam suam vanam gloriam *AncrR* 75.

tubatio [LL tubare+-tio], sounding of trumpet (in quot. in fig. context).

muri Jericho clangore tubarum subruuntur ... Jesus Christus .. per ~onem apostolorum fecit muros et turres illius civitatis corruere WYCL. *Ver.* II 151.

tubator [LL tubare+-tor], trumpeter.

superbi sunt ~ores [ME: *bemere*] trahentes interius ventum vane laudis et iterum cum hyatu exsufflant [? l. exsufflantes] ... si bene cogitarent de ~oribus Dei, de tubis angelorum qui in quatuor partibus mundi ante terribile judicium sonabunt *AncrR* 75; cum .. concesserimus dilecto servitori nostro W. P. uni minstrallorum nostrorum ~orum *Cl* 302 m. 29.

tubba [ME *tub(be)*], wooden vessel, tub, vat.

1296 custus dayerie .. in j ~a facienda, j d. *MinAc* 997/11; **1304** in ij paylis emptis, viij d. in j tobba circulanda, j d *Ib.* 997/15; **1306** daieria. in j ~a et j buketto cum circulis emendandis et de carpenteria erigendis *Ib.* 991/28; boteleria. .. xviij d. ob. de j tulba et ij bokettis ferro ligatis *Ac. Exec. Ep. Exon.* 10; **1382** j *vat* et j ~a de remanent' de v *tubbes Pipe Wint.* 11M59/B1/134 r. 6; **1395** duo barelli cum aliis ~is *Test. Ebor.* III 7.

1 tuber [CL]

1 lump, protuberance, or swelling (on body).

~er, tumor, *asuollen GlC* T 326; ~er, *hofer Ib.* T 332; struma, gibbus, ~er OSB. GLOUC. *Deriv.* 564; quia pedes habebat deformes, instituit sibi fieri longos et in summitate acutissimos subtolares, ita ut operiret pedes et eorum celaret ~era, que vulgo vocantur uniones ORD. VIT. VIII 10 p. 323; cetus invenitur in fine piscium .. habens magnum ~er in dorso *Sculp. Lap.* 450; palpo .. / minutam scabiem appellat ulcera, / leprosi Naaman verrucas tubera WALT. WIMB. *Palpo* 90.

2 protuberance or lump (on or as part of object). **b** lump or knot of cloth or wool, burl.

quod planum sit in superficie sine omni ~ere R. NIGER *Mil.* I 54. **b** *a noppe of clothe*, ~erus, ~er, tumentum *CathA.*

3 fungus, mushroom, toadstool, or sim.

hoc ~er, -ris, i. quadam herba que aliter boletus dicitur OSB. GLOUC. *Deriv.* 573; unum significat boletus, tubera, fungi GARL. *Syn.* 1583A; ~er, *musserun, paddukmete* (GARL. *Unus*) *Teaching Latin* II 169; *a paddokstole*, boletus, fungus, ~er, trusta [v. l. tufra] *CathA*; tubera, *taddechese WW.*

4 (fig.) swelling with pride.

quia numquam fastuoso / tumuisti tubere WALT. WIMB. *Virgo* 105.

5 (in list of words).

quot litteris [neutra] finiuntur nomina? .. duodecim .. ut poema, mare, gummi, cornu, mel, regnum, numen, ~er, sidus, lac, caput, aliquid ALCUIN *Gram.* 862D; item in -er syllaba finita, ut cadaver, papaver, suber, laser, siler, iter, ~er, cicer BONIF. *AG* 485.

2 tuber [cf. CL tuber], decorated or fitted with small protuberances, (in quot. her.) nebuly.

~erum SPELMAN *Asp.* 105 (v. tuberculatus).

tubera v. 1 tuber.

tuberare [CL], to swell (in quot. fig., w. pride).

~o, -as i. superbire OSB. GLOUC. *Deriv.* 573; *to be prowde*, ampullari .. superbire .. ~are *CathA.*

tuberculatus [CL tuberculum+-atus, cf. CL tuberatus], decorated or fitted with small protuberances, (in quot. her.) nebuly.

stationariis accidunt variae laterum incisiones: .. verruculatum vel tuberum et ~um quod verruculis aut tuberculis consitum SPELMAN *Asp.* 105.

tuberculum [CL], small protuberance or tumour, abscess; **b** (her.).

pustule .. aliquando sunt parva sicut tubercula similia bullis aque sed duriora et vocatur morbus spidecia GILB. II 82v. 1; tuberniculi i. minuta apostemata *Alph.* 188; cartilagines duae .. duo sustinent ~a obtusa, non multum prominentia, digitali fere crassitudine CAIUS *Anim.* f. 28. **b** ~is consitum SPELMAN *Asp.* 105 (v. tuberculatus).

tubericulum, ~rniculus v. tuberculum.

†tubernium, *f. l.*

mulier .. a sacerdote quodam corrupta, in concubinatu et operis nefarii †tubernio [l. contubernio] persistens, cum eo moram fecerat *Mir. Fridesw.* 97.

tuberose [CL tuberosus+-e], proudly, conceitedly, arrogantly.

tuberosus .. inflatus et superbus, unde ~e, adv. OSB. GLOUC. *Deriv.* 573.

tuberositas [CL tuberosus+-tas]

1 swelling, protuberance, lump, bump; **b** (on surface of road, in quot. fig.).

tuberosus .. et hec ~as, -tis i. inflatio vel superbia OSB. GLOUC. *Deriv.* 573; sicut est videre in avibus quibusdam que ex arboribus procreantur, que vice fructuum tamquam quedam ~ates ex arbore nascuntur .. ille ~ates vivificantur et postea in quandam avium speciem transformantur BART. ANGL. IV 2; dicitur elephancia propter ~atem et grossiciem innaturalem GAD. 45. 2; ~as et pustule in facie et nodositas *Ib.* 46. 1; bedegar est quedam tubrositas crescens juxta radicem veperis qui vocatur *eglentier Alph.* 22. **b** etsi in confragosa vita ad plenum nequeat complanari, poterunt tamen ejus abrupta et ~ates, anfractus et fructeta diminui ut expeditius pateat ad currendum J. GODARD *Ep.* 221.

2 conceit, arrogance.

hec ~as .. superbia OSB. GLOUC. *Deriv.* 573 (v. 1a supra).

tuberosus [CL]

1 protuberant, swollen, or covered with protuberances, swellings, or lumps.

verricosus, ~us, gibbosus OSB. GLOUC. *Deriv.* 145; dum vultus turgidus ~umque caput deformem .. preferebat effigiem *Mir. Hen. VI* II 58; strumentum appellat, i. e. gibosum vel ~um J. WALEYS *Commun.* I 2. 2.

2 hump-backed: **a** (of person); **b** (of camel).

a deformitas ~a in se ipsa deficiens confluebat R. COLD. *Cuthb.* 48. **b** cephal aptatum tuberosi more cameli HWÆTBERHT *Aen.* 45 (*Cameleo*) 3.

3 (in gl.) swollen with pride, conceited, arrogant.

superbus, elatus, ~us OSB. GLOUC. *Deriv.* 472.

tuberus v. tuber.

tubex [CL tuba+-ex], one who plays a *tuba*, trumpeter.

~ex, tubicen, tubicinator OSB. GLOUC. *Deriv.* 590.

Tubi [LL < τυβί < Egyptian], fifth month of the Egyptian calendar.

hebraice vocatur tebeth, aegypt. tubi, .. lat. Jan. *Miss. R. Jum.* 9.

tubia v. tibia.

tubicen [CL], one who plays a *tuba*, trumpeter.

'en' syllaba terminata, ut .. ~en, cornicen, tibicen BONIF. *AG* 483; cereacas, ~ines *GlC* C 298; inter regios ~ines B. *V. Dunst.* 31; est et anime instrumentum, non quale est ~ini tuba vel carpentario ascia HON. *Eluc.* 1159B; cornicines et tibicines [v. l. ~ines] videas gloriam declarare [v. l. declamare] J. SAL. *Pol.* 391C; Misenus .. tibicen erat ... gerit tubam .. [et] ad bella incitat BERN. *Comm. Aen.* 60; ~ines et buccinatores .. buccinare ceperunt GIR. *IK* I 6; consuetudo fuit regis quod faceret buccinam ante domum illius qui debuit interfici; misit ergo †silicines [l. tibicines *i. e.* ~ines] ante domum fratris (O. CHERITON *Cant.*) *AHDLMA* XXXI 54; hic ~en, *a trumpe WW*; **1590** solutum pro xix virgatis et quarter [*sic*] panni lanei pro †tribuenis [? l. tubicenis] civitatis predicte vocatis *le waytmen* .. vij li. *REED Cheshire* 159.

tubicina [cf. CL tubicen, tibicina], one who plays the *tuba*, trumpeter (f.).

hec ~a, *a trumper WW*; *a trumpeter*, ~a LEVINS *Manip.* 80.

tubicinare [LL], to play the *tuba* (or sim. wind instrument).

sigillum taliter sculptum .. sc. militem super equum tibicinantem *Sculp. Lap.* 452; clamorem levabimus et hutesium cum cornibus tibicinando *Proc. A. Kyteler* 6; duellantes debent .. indui armaturis, ~antibus, et aliis instrumentis ministrallis ludentibus UPTON 76.

tubicinarius [CL tubicen+-arius], one who plays a *tuba*, trumpeter.

1397 circa vapulacionem diversorum vexillorum de armis domini regis pro ~iis *LTR AcWardr* 5 r. 7d.

tubicinator [LL tubicinare+-tor], one who plays a *tuba*, trumpeter.

tubex, tubicen, ~or OSB. GLOUC. *Deriv.* 590.

tubisonus [CL tuba+sonare+-us], trumpeter (*v. et. tubicen*).

1504 item in die purificacionis beatae Mariae tubisonis, ij s. .. item in die Epiphanie soluti aliis lusoribus in aula communi xx d. *REED Cambridge* 78.

tubo v. tuba.   **tubolo** v. tabula.   **tubroces** v. tubrucus.   **tubrositas** v. tuberositas.   **tubruces** v. tubrucus.

tubrucus [Goth. þiuhbruks], **tibracus** [LL]

1 (pl.) breeches, leggings.

tubroces vel brace, *strapulas* ÆLF. *Gl.*; tubruces que tibias tegunt sicut calige OSB. GLOUC. *Deriv.* 594; lumbaria, limos, et tumbraceos et tubracos [v. l. tibialia et tibiacos]. harum .. plereque exotice erant (BALSH. *Ut.*) *Teaching Latin* I 175; **1325** panni pro tribuc'. .. linea tela pro femoralibus *Ac. Durh.* 165; **1363** xvj uln. pro tribuc' et sokkis *Ib.* 178; *the strapils of breke*, tribraca [v. l. tribata], femoralia *CathA*; tribracca, *a breeynghgyrdyll WW*; hec tribrica, *the strapuls of a pare brek WW*.

2 ? boots.

semel calciatus tibracis quas pellicias habere solebat, sic menses perduraret integros BEDE *CuthbP* 18.

tubus [CL], tube, pipe.

quamvis .. perpes aquaeductuum decursus crebris ac celsis arcuum fornicibus in edito sublimatus ~o cataractisque vorantibus praestare videantur ALDH. *VirgP* 9; colymbo, ~o *GlP* 919n.

tuccetaria [CL tuccetum+-aria], maker of sausage or other meat pudding (f.).

a puddyngare .. ~ia *CathA*.

tuccetarius [CL tuccetum+-arius], maker of sausage or other meat pudding.

tucetarius, qui facit tuceta OSB. GLOUC. *Deriv.* 589; *an hagas maker .. puddyngare*, ~ius *CathA*.

tuccetrix [cf. CL tuccetum], maker of sausage or other meat pudding (f.).

1469 tucetrici per annum x s. *Arch. Cant.* LI 68.

tuccetum [CL], sausage, (meat) pudding, or sim. (*v. et. truncunus*).

de castro tuceta ferunt pinguemque ferinam L. DURH. *Dial.* II 487; tucetum, i. cibus qui fit ex carnium concissione sicut est anduilla OSB. GLOUC. *Deriv.* 571 (cf. ib. 589: cibus ex carnis contusione); tucetumque recens assetur, cum sale detur D. BEC. 2632; muniantur .. hyllis, salenciis, tucetis [vv. ll. tonsetis, tuscetis; *gl.*: *tripes, pudingis, bodeyns, agys*] vel trucetis NECKAM *Ut.* 104; truceta vel tunseta [v. l. tuseta; *gl.*: *pudding*] GARL. *Dict.* 127; truceta frixa GILB. VII 286v. 2 (cf. ib. VII 296. 2: dentur in

spissantia digerentia ut cibus de risi et cinamo et truceta de arietinis carnibus); de cibis: .. hoc t[r]ucetum, *boiel Gl. AN Glasg.* f. 20vb; mazakata, tucetum, hilla, vulgariter salsicia, i. *sausister SB* 29; *hakkis*, *puddyngys*, tucetum *PP*; **1480** item pro speciebus, pro tucetis et *le stued mets*, ij s. ij d. *Ac. Chamb. Cant.* 136; hoc tucetum, *hagas WW*; hoc tuncetum, *hagase WW*.

tucet- v. tuccet-.   **tuchia, tucia, tuciana** v. tutia.   **tudates** v. tudites.

tudatus [cf. CL tudis, tundere], (in gl.) hammer.

a tundo hic ~us, -i, i. malleus OSB. GLOUC. *Deriv.* 572; ~us, malleus *Ib.* 589.

tudicla v. tudicula.

tudicula [CL], (in gl.) instrument for pounding or beating.

tudicla, *thuaere* [*i. e.* þwære] *GlC* T 328.

tuditare [CL], (in gl.) to strike repeatedly with a hammer.

~are, cum malleo percutere OSB. GLOUC. *Deriv.* 589; ~o, -as, i. percutere cum malleo *Ib.* 572.

tuditatio [CL tuditare+-tio], (in gl., act of) striking or hammering repeatedly.

tudito .. i. percutere cum malleo, unde .. ~o OSB. GLOUC. *Deriv.* 572.

tuditator [CL tuditare+-tor], (in gl.) one who strikes or hammers repeatedly.

tudito .. i. percutere cum malleo, unde ~or OSB. GLOUC. *Deriv.* 572.

tudites [cf. CL tudes]

1 one who hammers, hammerer (in quot. as name or epithet of Charles Martel).

filius Pipini fuit Karolus Tudites, quem illi Martellum vocant, quod tirannos per totam Franciam emergentes contuderit W. MALM. *GR* I 68; quo [sc. Pipino] mortuo, filius ejus, †Cutides [l. Tudites] dictus a malleis, curam habuit palatii R. NIGER *Chr. I* 64; Pipinus genuit Carolum Tutidem seu Martellum nominatum, eo quod tirannos per Franciam emergentes contuderit HIGD. I 27 p. 280.

2 one who has a large head.

tudatus, malleus, unde et tudates vocamus qui habent grossa capita OSB. GLOUC. *Deriv.* 589.

tudum v. tuathum.   **tueale**, ~lia, ~llia v. tualia.   **tuedum** v. tuathum.   **tuela**, ~lla, ~llia v. tualia.   **tuellum** v. tualia, 2 tuellus.

1 tuellus v. tualia.

2 tuellus [AN *tuel(e)*], pipe, tube; **b** (of flue or chimney); **c** (of spout); **d** (for disposal of waste).

1290 pro uno magno cressetto cum xij ~is et ij lanternis, v s. ij d. *Doc. Scot.* I 140; [vulneris] labium oppositum accipe canella vel ~o concavo, in quo fit fenestra juxta extremitatem inferiorem GAD. 123. 2. **b 1238** [*to cause .. the flue*] ~um [*of the king's fireplace*] camini [*there to be raised*] exaltari *Cal. Liberate* 306; **1243** †cuella [l. ~a] chaminorum de Wulvesheya .. reparari .. faciatis *RGasc* I 239b; **1246** ~um et caminum (*Liberate*) *Building in Eng.* 100; **1259** de expensis factis .. circa caminum camere .. regis prosternendum et reficiendum et ~um ejusdem camini .. cum ferro ligandum (*KR Ac*) *Ac. Build. Hen. III* 378; **1364** pro ~is vulgariter vocatis *chymnes* (*KR Ac*) *Building in Eng.* 98; **1433** in construccione ~i camini lapidei super domum rastur', xxj s. *Ac. Durh.* **c 1328** j picherius cum longo ~o [*gl.*: canalis, tubus, *tuyau*], ponderis xlj s. *Reg. Exon.* 569. **d 1240** in camera ejusdem camere [in turri Lond'] versus orientem faciatis fieri unam magnam truellam rotundam versus Thamisiam, ita quod ~us ultime camere descendat in Thamisiam *Liberate* 14 m. 17; **1313** precepit quemdam murum petreum fieri pro orduris exeuntibus de tuell' garderobarum magne turris abscondentis [*i. e.* abscondendis] *KR Ac* 469/16 f. 3d.

tueri [CL]

1 to look at, observe. **b** to observe, notice (that).

gemini serpentes a Tenedo insula, omni populo tuente, fretum .. verberabant *Lib. Monstr.* III 10; item a tuor, tueor, -eris i. videre OSB. GLOUC. *Deriv.* 575.

b si fueris tutus quod te sint dampna secuta / per socium pictum vel amicum larveolatum D. BEC. 825.

2 to watch (esp. protectively) over, guard, defend, keep safe (also in transf. or fig. context); **b** (from spec. danger or sim.). **c** to provide protection for, protect (from source of harm, damage, or sim.).

qui gregis excubias ut pastor ovile tuetur ALDH. *VirgV* 991; tuere, Domine, populum tuum et ab omnibus peccatis clementer emunda *Rit. Durh.* 8; nocte dieque sacrum precibus tuebaris ovile WULF. *Poems* 10; Curceienses .. panes in furno armis tuebantur, eisque Belesmenses auferre nitebantur, et hac de causa multe strages crudeliter agebantur ORD. VIT. VIII 16 p. 364; est .. michi firma domus .. ubi .. sodales fidissimi .. michi circumjacentem patriam tuentur contra municipes Britolii *Ib.* XII 19 p. 365; dum .. due comitisse cum uxore militis qui turrim tueri debebat luderent *Ib.* XIII 43 p. 125; locus claustralium, quem ipsi defendere debent et contra hostes tueri, regularis est observantia AILR. *Serm.* 17. 5. 295; nos pro posse nostro tuebimur et consolidabimus omnes et singulos pares et nobiles *Ps.-ELMH. Hen. V* 91 p. 256. **b** illius obtentu ab omnibus adversis tueamini et bonis omnibus perfruamini EGB. *Pont.* 87. **c** quiddam super altare prominet, quo a feditate volucrum sacratum lapidem tueatur W. MALM. *GP* V 217; a quo [ictu] nec galea caput in conum erecta nec reliquum corpus ferrea lorice tricatura tuetur GIR. *TH* III 10; hic [Dungallos] statuit ut templa et strata, ipse quoque civitates et aratra colonorum, ad se fugientes tuerentur GERV. TILB. II 17 (cf. G. MON. II 17).

3 to protect the interests of, defend (person). **b** to defend, excuse (act).

latro nequaquam pro furto .. furem aliquem damnat, quem potius optat, tuetur, amat utpote sui sceleris consortem GILDAS *EB* 100; fures et predones ad exaggerandum nefas tuebatur ORD. VIT. XII 18 p. 363. **b 1167** nemo suum fraudulenta verborum excusacione tueatur errorem J. SAL. *Ep.* 189 (186); est stolidi stolida stolide sua facta tueri D. BEC. 1239.

4 to express support for, defend (cause, opinion, or sim.). **b** to maintain, uphold (judgement, position, or sim.).

suas partes cujusque ordinis viris summo studio tuentibus W. MALM. *GR* II 161; non est convicti famulantis causa tuenda D. BEC. 1240. **b** Paschalis papa sententiam antecessoris sui invicto robore tuebatur W. MALM. *GP* I 56.

5 to look after, to have oversight of.

metiebatur illum [fratrem Rotbertum] minus habilem ad gubernandum rem publicam pro lenitate ingenii quod videret Normaniam suam .. ab improbissimis grassatoribus vastari nec nosset tueri W. MALM. *GP* I 61; ad curam claustralis prioratus tuendam promovit ORD. VIT. III 2 p. 20.

6 to maintain, preserve unimpaired: **a** (condition); **b** (practice or sim.).

a quis, rogo, hominum maxime adolescentium, sine dolore maximo vel timore tueri pudicitiam, vel lascivientem refrenare valet affectum? AILR. *Spir. Amicit.* II 50. 676. **b** absit ab omni Christiano leges vel consuetudines tenere et tueri que Deo .. noscuntur esse contrarie W. MALM. *GP* I 50.

tufa [AS þuf], sort of military standard (*cf.* Veg. *Mil.* III 5).

illud genus vexilli quod Romani ~am, Angli appellant *thuuf*, ante eum ferri solebat BEDE *HE* II 16 p. 118 (=H. HUNT. *HA* II 30, CIREN. I 125).

tufallum [ME *tofal(l)e*, *tufal*], attached building, lean-to, shed.

altare .. in honorem sancti Niniani .. in parte boreali de *le north* ~o situatum. .. et post ostium boriale in dicto *le tuffal* quod altare eis capellanis .. assignamus *Reg. Aberbr.* I 268.

tuffi v. uffi tuffi.   **tufra** v. 1 tuber.   **tuftum** v. tofta.   **tufus** v. tofus.

tugga [ME *tug*, *teug*], metal pin or spike as part of cart or harness.

in carucis .. emendandis .. in jugis et ~is ad idem emptis ix d. *Ac. Beaulieu* 69; in ~is ferreis ad carrucas, vij d. in ~is et jugis emptis, xviij d. *Ib.* 140; **1274** in .. j rota ad caruc', ~is emptis *MinAc* 984/4 r. 3d.; **1350** caruce et herciatura . . . in xlviij ~is emptis . . vj d. *Surv. Durh. Hatf.* 238.

tuguriarius [CL tugurium+-arius], cottager.

ut . . abbas ei in Slepe terram unius ~ii [*Cart. Rams.* I 145: tugurriarii] et locum unius domus in foro daret *Chr. Rams.* 258.

tuguriolum [CL], small hut.

cujusdam ~um ignoti prospiciens subulci, apud illum divertit *V. Neot. A* 12; si navem suam extraxerit vel ~um congerat vel papilionem tendat (*Quad.*) *GAS* 222; cum hic . . ab suo veniret ~o [ed. *CC cont. med.*: de cellula sua] BELETH *RDO* 4. 17.

tugurium [CL], hut, shelter, small dwelling; **b** (w. ref. to place of Christ's birth); **c** (of hermit); **d** (fig.).

pastorum ~ia, quae aestate infirmiter posita, tunc jam deserta patebant BEDE *CuthbP* 5; tocoria, hospitia *GlC* T 200; ~ium, a tegendo, quasi tegorium *Ib.* T 322; ~ium, *hulc* ÆLF. *Sup.*; memor . . pauperis tugurrii quod edificare ceperat in loco silvestri quod nunc Waltham dicitur *Found. Waltham* 10; si nos sordidum et vile contingeret invenire ~ium P. BLOIS *Ep.* 14. 49C; piscatorum ~ia M. PAR. *Maj.* V 561; qui debent esse templum Dei per graciam, fiunt ~ium [MS: tigurium] diaboli per culpam BRINTON *Serm.* 31 p. 128; ut non de facili inter eas . . valeant preparari pugnatorum tugurria *Ps.*-ELMH. *Hen. V* 66; hoc tigurrium, *a cheperdhowse WW.* **b** o quantus est iste honor quod ille quem totus non capit orbis ad modicum tugurrium servi dignatur venire T. CHOBHAM *Serm.* 2 f. 9va; qui patri considet in regni solio / in vili considet matri tugurrio WALT. WIMB. *Carm.* 104. **c** in remoto delitescens ~io [*gl.*: casula quam faciunt sibi custodes vinearum ad tegimen sui; cella] ALDH. *VirgP* 29; sanctus vates . . ~ium obsoleti deserens tegetis, caelos petiit LANTFR. *Swith.* 1; magister et discipulus, hominum frequentiam devitantes, ad domum remotiorem, que ~ium vulgo solet appellari, se proripiunt W. S. ALB. *V. Alb. & Amphib.* 9; in valle repperit fontem juxta quem sibi fecit tugurrium et oratorium *Chr. Dale* 5; est . . ibi ~ium quoddam ab heremita pauperculo habitatum *Mir. Hen. VI* IV 148 p. 272. **d** o emulatio que in vilis et contemptibilis vite hominibus ~ium habens, regum solia . . petit H. Bos. *Thom.* III 29.

tuguriunculum [CL tugurium+-culum], small hut or dwelling.

fodiamus in medio ~i mei BEDE *CuthbP* 18; vir . . dei habitationem illam cum uno solo commilitone ingressus est, parvo tantum ~o, vilissimo opere facto, contentus ut habitatio vitae conveniret ALCUIN *Hag.* 689C.

tugurr- v. tugur-.

tugwithum [ME *tug+with(e)*], withy for fastening part of cart.

1346 in thistris, togwitthis, et rigwitthis emptis, vj d. *Rec. Elton* 321; **1360** in virgis pro togwythis emptis, vj d. *MinAc* 874/12.

tuhlub [Ar. *ṭuḥlub*], 'water-moss', perh. duckweed (*Lemna*; *cf.* Diosc. IV 88).

toulub, dicit Avicenna in [libro] quarto, est bonum, et ego scio per experimentum. et est toulub muscus lapidis in aqua faciens hominem cadere si sibi innitatur; accepi . . ipsum et posui super apostema calidum . . et statim cessavit tempestas GAD. 27v. 1; timbul est muscus lapidis in aqua de levi faciens hominem cadere *SB* 42.

tuilla v. tualia. **tuimet** v. tu. **tuisio** v. tuitio.

tuitio [CL], (act or source of) protection, defence, safekeeping: **a** (for person or animal); **b** (w. ref. to fence-month, *i. e.* close season for hunting of deer); **c** (for place or sim.); **d** (of right, privilege, or sim.); **e** (from imposition or sim., esp. granted as right or privilege); **f** (leg. or feud.).

a nos ammonet . . Judas superaedificare nosmet ipsos . . ut numquam de nostris viribus praesumamus sed in divinae ~onis adjutorium speremus BEDE *Ep. Cath.* 129C; ceteri . . principes . . se . . ~oni et praesidio ejus committunt OSB. CLAR. *V. Ed. Conf.* 3; s**868** cum . . pagani, ~one arcis muniti, bellum dare negarent FL. WORC. I 81; est . . Pyrene multorum et magnorum fluviorum nutrix, ferarum ~o *Eul. Hist.* II 89; invectis . . omnibus que ad ~onem suorum et inpugnationem hostium necessaria videbantur *G. Hen. V* 2. **b** **1294** peciit . . floturam pinguedinis omnium carnium in predicta coquina elixarum, excepto tempore tuisionis *Cart. Chester* 633. **c** relictus . . est ad ~onem monasterii, donec redirent *Hist. Abb. Jarrow* 10; ille ~onem prefate munitionis gratanter suscipit ORD. VIT. III 10 p. 113; tam ad avunculi subventionem quam terre sue . . ~onem GIR. *EH* II 20; **1264** quod . . ad ~onem et securitatem partium illarum custodes pacis nostre constituantur (*Pat*) *Foed.* I 792a; comes cum victoria . . rediit ad locum suum . . et humum suam ad placitum post hoc conservabat ~one militari STRECCHE *Hen. V* 164. **d** **1167** ad ~onem libertatis J. SAL. *Ep.* 203 (215); s**1376** cum cives de Bristollia pro ~one libertatum suarum, quas pene perdiderant, domino regi obtulissent . . decem millia librarum *Chr. Angl.* 78; pro utilitate rei publice et privilegiorum regni ~one *Plusc.* VI 19 (cf. BOWER VIII 4). **e** cenobia et fundos illis datos regalibus privilegiis et ~onibus ab injustis exactionibus liberavit ORD. VIT. IV 4 p. 177; **1291** privilegia aliqua penes nos . . non habemus que de ~onibus faciant mentionem PECKHAM *Ep.* 143 (cf. ib.: privilegia nobis et ecclesie nostre indulta). **f** tenuit hanc terram TRE sub Wigeto pro ~one *DB* II 50va; s**1188** pro cause hujus ~one et ecclesie Cantuariensis libertate . . nos ipsos . . impendimus *Ep. Cant.* 269; s**1255** cum magister . . diceret omnes ecclesias esse domini pape juxta quod dicitur omnia sunt principis, et addidit . . ~one non fruitione, ac si diceret defensione non dispersione OXNEAD *Chr.* 204; **1342** dc ~onibus . . curie Cantuar., per quas provocantes et appellantes ad sedem apostolicam, ne capiantur in rebus vel personis . . in statu quo tempore provocacionum . . extiterunt, protegi debeant *Conc.* II 683b.

tuitorie [tuitorius+-e], (by way of suing) for protection.

causa inducens priorem ad componendum erat quod contra visitacionem prioris archidiaconus appellaverat, et ~e ad curiam Eboracensem GRAYSTANES 42; p**1408** unde . . decanus et capitulum ad curiam Romanam directe et ~e Cantuariensem archiepiscopum appellarunt, qui post graves expensas hinc inde effusas pacem fecit inter partes *Hist. Wells* 66; ad quascumque appellaciones, sive directe sive ~e, ad ipsam curiam nostram interpositas AMUND. I 252; placitum habuit [abbas] cum quodam homine . . a sua curia ~e appellante *Reg. Whet.* I 460.

tuitorius [CL tuitor+-ius]

1 that involves seeking or suing for protection.

1293 ad prefati negocii prosecucionem ~iam et finalem, nostro et presentati nostri nomine, coram vobis aliqua proponantur *RGasc* III 73a; **1316** citare facientes . . partem appellatam quod compareat coram nobis . . in predicto ~ie appellacionis negocio *Reg. Carl.* II 129; **1342** in ~iis [negociis] non fit in ipsa curia condemnacio expensarum *Conc.* II 685a; **1408** in omnibus causis et negociis etiam ~iis in curia consistoriali . . movendis *Eng. Clergy* 192; **1435** procurator . . ~ie appellacionis negocium in prefata curia introduxit AMUND. II 16.

2 that offers protection.

~ium Petri navicule solamen *EpAcOx* 98.

tuitus [CL tueri+-tus], (act of) looking.

~us, *lokynge WW.*

tulba v. tubba. **tulchia** v. couchia.

tulere [cf. CL tuli *pf. of* ferre], to carry, transport.

1282 in servicio Johannis Ganet et Willelmi Totewys . . tulencium petras ad manus cubitorum *KR Ac* 460/27 A (2).

tuleus [ME *tuli, tueli* < AN *tule, tieule*], of the colour of a tile, of a deep red colour.

octava [capa] de samicto ~eo continens historias Sancti Dunstani . . . dedit et duas casulas . . unam de samicto ~eo brudetam cum ymaginibus et stellis J. GLAST. 137.

tulkesius v. turkesius.

Tulliane [CL Tullianus+-e], in the manner or style of M. Tullius Cicero.

[adverbia] derivativa . . ab aliis partibus orationis, ut a nomine Latinus, Latine; Tullius, ~e ALCUIN *Gram.* 886B; nunquid quae ab aliis derivantur primitivorum significationem vel qualitatem servant? servant utique, ut a Tullio, ~e; a corpore, corporaliter; ab alio, aliter; a graeco, graece; a viro, viriliter *Ib.* 888B.

Tullianus [CL], **Tullius**

1 of or characteristic of the orator M. Tullius Cicero or his style.

~ana eloquentia praeclarus GOSC. *Lib. Mild.* 23; non existimo eum prestantius consilium posse invenire quam istud . . . provide etenim providit nobis tua deliberatio ~ano Tulliano liquore lita G. MON. IX 17 (ed. Reeve (2007) IX 160); aures sanctitatis vestre . . flosculis verborum ~ane eloquentie onerare P. CORNW. *Disp.* 153; pregnans bursa, capax gremium, mens dedala, lingua / tullia . . placitant GARL. *Epith.* I 103; in stilo ~ano . . est observanda . . dictionum et sententiarum coloratio *Id. PP* 106; lingue deficiunt . . et facundia subticet ~ana *Fleta prol.*

2 (*carcer ~anus*) the execution cell in the prison at Rome (said to have been built by Servius Tullius).

1167 ac si ille coram rege constitutus ad includendam veritatem secum attulisset carcerem ~anum J. SAL. *Ep.* 229 (232).

tullius v. Tullianus. **tulta** v. tollere.

tum [CL]

1 at that time or moment (esp. in the past), then; **b** (coincident w. spec. event or circumstances). **c** (*tum temporis*) at the time.

tantum gaudii . . tum caelo terraeque tua ad bonam frugem conversio quantum nunc maeroris . . ministravit ad horribilem . . vomitum nefanda reversio GILDAS *EB* 34; anno Focatis, qui tum Romani regni apicem tenebat, primo BEDE *HE* I 34 p. 72; qui tum forte in remotiore ab ecclesia loco . . solitarius manebat *Ib.* IV 28 p. 276; Anglum tum gemina fulgebat lampade regnum FRITH. 529. **b** transitus ejus / rege Philippo; / tum Gilielmus / rex erat Anglus ORD. VIT. V 3 p. 311. **c** videntes legis doctores qui tum temporis erant longe a primorum perfectione BEDE *Sam.* 578B; Johannem papam, qui tum temporis Romani pontificatus arcem tenebat *Chr. Rams.* 48; **1542** Georgio . . theologie doctori atque tum temporis magistro collegii *Deeds Balliol* 320.

2 after that, then (also w. *vero*); **b** (in dialogue, at change of speaker); **c** (in enumeration).

tum omnes consiliarii una cum superbo tyranno caecantur GILDAS *EB* 23; tum vero quasi repugnatore cessante tempestas excitata convaluit, et jam navigium superfusis fluctibus mergebatur BEDE *HE* I 17 p. 34; tum subito supervenit exercitus malignorum . . spirituum *Ib.* V 14 p. 312; tum vero coram omnibus confessus est se domos archiepiscopi intra ecclesie illius septa eodem die spoliasse GIR. *TH* II 46. **b** tum respondit ovans sublimi e sede Palemon ALCUIN *Carm.* 58. 43; convincunt igitur, inquam, imperfectius amantem. tum ille suspirans: o, inquit, quam miserabiliter falluntur, quam sunt sue salutis proditores AILR. *Spec. Car.* II 20. 569B. **c** tum ille tertio . . inquit BEDE *HE* II 12 p. 109; tum quarto, quia superior causa est perfectior in causando, ex secunda differentia DUNS *Ord.* II 158.

3 at that time or moment or in those conditions (following or depending on some temporally or logically prior event or state of affairs), then; **b** (correl. to cl.); **c** (w. *maxime*). **d** (*quid tum?*) what then?

qua [pace] peracta in omni paene terra tum cessavere bella GILDAS *EB* 5; tum spei caelestis ac si saporem praegustans senties quam suavis est Dominus *Ib.* 29; tum precipue nisi fortiter resisterimus [*sic*], ad carnales voluptates applicabimur GIR. *GE* II 18 p. 250. **b** cum diphthongus a vocali alterius verbi excipitur, tum hanc per synalipham transiliendam esse dicebant BEDE *AM* 91; os syllaba, cum in disyllabis vel in trisyllabis venerit et media syllaba genetivi producta natura permanserit, tum longa erit, ut 'nepos nepotis' *Ib.* 101; si liber quem volo potissimum minime reddatur, tum, quod secundum est, vel pretium reddatur BONIF. *AG* 541; cum in omni sermone praecipua sit virtus brevitas, tum in eo qui ad alterum est efficacius operatur, acceptatur gratius J. SAL. *Met.* 913C; quando vero partes franguntur et mutant situm, tum secundum multitudinem partium est multitudo reflexionum BACON *MS* 134; quia etsi natura sanguinis reddebat eam caram, gratie tum illustracio faciebat cariorem (*Brendanus* 4) *VSH* I 100. **c** cum . . semper placeamus . . Deo quotiens ejus dispositionibus in nullo dissonamus, tum maxime placamus . . Dominum, si . . ANSELM (*Ep.* 9III 112). **d** quid tum interest inter numerorum nomina indeclinabilia et inter adverbia? ALCUIN *Gram.* 867A; Thais: quid tum postea? [Ter. *Eun.* 4. 7. 22] concedere videtur que non negat J. SAL. *Pol.* 717D.

4 **a** (*tum primum* or sim.) then for the first time. **b** (*tum denique* or *demum*) then finally, not till then.

a 676 cum nobis evangelica dogmata .. fuissent delata .. tum primitus .. *CS* 43; continue rebellabant, et tum primum inimicis, qui per multos annos praedas in terra agebant, strages dare coeperunt BEDE *HE* I 14 p. 29 (cf. GILDAS *EB* 20). **b 716** tum demum beati angeli precipiebant ei, qui haec omnia extra corpus suum raptus spiritali contemplatione vidit et audivit, ut sine mora ad proprium rediret corpus BONIF. *Ep.* 10 p. 14; hoc quidem satis esset eis quos amor spiritus a terra perfectius elevavit, sed mihi adhuc carnis vinculis ligato tum demum satis erit, cum te corpore et animo praesentem videbo *Ep. Anselm.* (373) V 317; tum demum fracta et contusa Punica feritas est J. SAL. *Pol.* 729D; hoc dum erimus in terris, erit illi celesti vite simile et, cum illuc ex hiis vinculis feremur, tum denique vivemus BACON *Mor. Phil.* 71.

5 (*cum .. tum ..*) not only .. but also .., both .. and ..; **b** (w. *maxime*); **c** (without *cum*).

quorum petitioni cum pro debito veritatis amore tum pro eorum caritate .. non audeo resistere ANSELM (*Proc. Sp.* 1) II 177; cum quia valde aptius .. fit, tum quia dominus hoc fecit *Ib.* (*Azym.* 2) II 225. **b** cum hereticos tum maxime percutit Judaeos .. BEDE *Ep. Cath.* 95D; in quo me opusculo, cum alii plurimi fidei catholicae scriptores, tum maxime juvit Arator *Id. Acts* 937C; quod cum universis fidelibus tum illis maxime probatur esse necessarium *Id. Cant.* 1164D; superbiam dico, que cum ubique et in omnibus, tum maxime in bonis operibus cavenda est AILR. *Serm.* 409D. **c** nonnulli propriorum sodalium et palatinorum, tum quam maxime vero consanguineorum suorum B. *V. Dunst.* 6.

6 (*tum .. tum ..*, also w. *etiam*, indicating varying circumstances or sim.) at one time .. at another, (also, without temporal value) both .. and; **b** (*tum .. tum .. tum*); **c** (w. *quia*, esp. in log. contexts).

vir .. tum sapientia tum moribus gravis ADEL. *ED* 4; tum verbis tum rebus immodicus W. MALM. *GR* IV 314; tum ex hiis tum ex aliis virtutibus *V. Chris. Marky.* 38; tum ex verbis quattuor evangelistarum, tum etiam ex verbis Apostoli BALD. CANT. *Sacr. Alt.* 649A; molli .. responsione tum verborum tum etiam beneficiorum .. triumphare contende J. FORD *Serm.* 22. 5. **b** tum hi qui paupertatem amant, tum hi qui tolerant, tum etiam hi qui consolantur eam BALD. CANT. *Serm.* 16. 5 485A; huic consentire affectui utilissimum est, tum pro ipsarum emulatione virtutum, que ipso affectu facilius excitatur, tum pro horrore vitiorum, que ex virtutum diligenti consideratione sordescunt AILR. *Comp. Spec. Car.* 30. 640D; qui tibi queat tum in somnis, tum in signis, tum coram, cum usus postulat, mala atruncare, bona prosperare, secunda regere, adversa corrigere BACON *Mor. Phil.* 20. **c** suspectus habebatur, tum quia .. castella .. reddere negligebat, tum quia mobilem .. animi naturam .. obsidibus vel fidejussoribus datis nequaquam firmarat *G. Steph.* 94; quod facillime factu .. erat, tum quia parentes virginis illius patrocinio se funditus subdiderant qui ad intercedendum introducebatur, tum quia divini nectaris plenitudo illorum etiam animos imbuerat R. SHREWSB. 1. 6; Endeus volebat quod Pubeus esset principalior, tum quia etate senior, tum etiam quia auctoritate dignior (*Endeus* 23) *VSH* II 70; tum quia secundum Philosophum omne quod movetur partim est in termino a quo, et partim in termino ad quem OCKHAM *Qu.* 31; probatio consequentie, tum quia sicut repugnat dimensio dimensioni, ita ..; tum quia sicut corpus aliud ab infinito faceret cum illo aliquid maius infinito, ita .. DUNS *Ord.* II 127.

7 in addition, besides, moreover.

tum regina gravis hujusce scismatis auctrix / presumpsit pretias sancto divellere capsas FRITH. 820; et tum ita rebelles sumus quod aut nihil aut parum proficimus infra triginta primos annos BACON *CSPhil.* 405.

tumallus v. thymallus.

tumare [cf. tumulare, humare], to bury, inter.

corpus patris eorum exanimem .. venuste volverunt et terra ~averunt HUGEB. *Will.* 3 p. 91.

tumba [LL], place of burial, tomb, grave. **b** (in place name, *mons ~a*) Mont Tombe (*i. e.* Mont St. Michel in Normandy).

~a .. sepulchrum *GlC* T 350; regis corpus .. indutum novis vestimentis posuerunt in theca vel ~a et impositis humeris feretro egregii milites deportaverunt eum ad locum quo eum .. sepelierunt BYRHT. *V. Osw.* 450; remoto in translatione ~ae operculo .. jacebat [metropolitanus], uti a primordio erat depositus, integra forma GOSC. *Transl. Aug.* 41C; in ~a Platonis aureis literis quedam scriptura inventa est super pectus ejus BACON *Mor. Phil.* 15; item ad unum tumbum [lego] vij marcas *FormMan* 16; hec ~a, *a grave, a tumb WW*; volumus circa corpus nostrum fabricari locum excelsum per ascensum graduum in uno latere ~e et per descensum graduum ex alio, supra quam tambam [l. ~am] nostram volumus dictas reliquias in loco congruo collocari (*Test. Hen. V*) *EHR* XCVI 90. **b** s**1291** sepultus est in capella beate Virginis Marie apud Burgum juxta patrem suum, die sancti Michaelis in Monte ~a *Chr. Peterb.* 149; rex concilium convocavit ad Westmonasterium .. in festo sancti Michaelis in monte tumba AD. MUR. *Chr.* 177.

tumbare [AN *tumber*], to perform acrobatics, tumble.

1287 cuidam domicelle ~anti coram eodem rege *TR Bk* 201 p. 56.

tumbarius [LL tumba+-arius], tomb-keeper.

quo oblato super tumbam eo ordine quo queque gesta fuerant, ~io et aliis circumstantibus enarravit [mulier]; ~io insuper dampno reperto fidem dictis adhibente *Mir. Wulfst.* II 14; omnes obedienciarios excepto sacrista et uno ex ~iis *Reg. Pri. Worc.* 137b; **1314** recepta forinseca. .. de ~io *Comp. Worc.* 36; forinsece liberaciones. .. ~io pro sertys regis Johannis liij s. iiij d. *Ib.* 41.

tumberalis [cf. AN *tumberel, tombrel*], of or associated with a tumbrel.

s**1229** de pena .. vendentium panem et cervisiam contra assisam, provisum est quod .. ad quartam [defaltam] .. subeat forisfaciens penam tumberalem vel tumpilloralem et nihilominus habeat prior panem et cervisiam *Ann. Dunstable* 120; penam pilloralem vel tumboralem [v. l. twymboralem] BRACTON f. 101b.

tumberella v. tumberellum.

tumberellum [AN *tumberel, tombrel*]

1 cart that tips to empty its load.

1279 non averabit nec cariabit, set inveniet j hominem ad extractionem fimorum ad ~um inplendum *Hund.* II 420b; **1283** pro xxij tumberell' cariant' fimum extra curiam *MinAc* 840/3; **1300** in ij tumerell' de novo faciendis *Ib.* 935/14 m. 2; **1311** in clavis emptis ad tumbrellum fimorum emendandum, j d. (*Pershore*) *Ac. Man. Westm.* 22097; **1312** unum tumberell' pro lymo cariando *MinAc* 843/3; **1326** in ij bordis pro j ~o faciendis pro fimis, iiij d. (*Wonston*) *Ac. Man. Wint.*

2 sort of instrument of punishment, tumbrel, perh. sort of cucking stool.

1200 G. de P. r. c. de iiij m. de misericordia pro femina injuste posita super ~um *Pipe* 77; pistor ponatur super collistrium, quod dicitur *pillorie*, brasiatrix super tumbrellum, quod dicitur castigatorium (*Leg. Burg.*) *RegiamM* I f. 134v; **1223** quia nulla fuit mencio in carta dom. regis de tali libertate, consideratum est quod ~us prosternatur et Radulfus in misericordia *BNB* III 505; **1234** rex misit ibidem quatuor justiciarios suos .. et ipsi fecerunt furnos frangi .. et prosterni fecerunt twimberellum *Ib.* II 636; **1247** pistor ad pilloriam vel brasiator ad tumbrellum debent condempnari *BBC* 221; dicant si habeat [dominus] judicalia, ut furcas, pillorium, et tomborale, per que execuciones judiciorum rite fieri poterunt *Fleta* 74; pistores .. non fuerunt positi in pillorio sicut antea solebant, sed pro voluntate .. justiciarii .. exaltati fuerunt in ~a *Leg. Ant. Lond.* 41; **1275** abbas habet assisam panis et cervisie et pilloriam et tomborellum in .. burgo *Hund.* I 81a; **1304** puniciones per ~um et pillorium faciende pro fraccione assise panis et cervisie *Gild Merch.* II 238.

3 counterpoise beam for raising well bucket, part of draw-well.

1325 in stipendio j carpentarii facientis tumberell' ad fontem tract[abilem] in exteriori ballia pro aqua inde haurienda .. cum iij d. pro factura j fusilli ferrei, j anuli et j *staple* de ferro fabri ad idem tumber' *MinAc* 1147/23 m. 4; **1392** M. tractavit aquam ad quamdam fontem .. trombrellum ejusdem fontis .. rumppebatur [*sic*], cujus quidem tumbrellum cecidit *RCoron* 192 m. 1.

4 (part of) siege machine.

1230 ingenia .. ad expugnandum castrum .. videlicet .. duos tumberellos et duos manganellos *Pat* 388; **1323** de ij tumbrell' pro balistis extendendis *MinAc* 854/7; de .. ij trumbell' pro balistis *Ib.* 854/8.

5 instrument for stamping coins.

ut de pondere cujuslibet denarii sciatur legitimum pondus, concessum est quod licebit cuilibet pecuniam recipere et liberare particulatim per pondus quinque solidorum ad hoc provisum et quod inferius per ~um per custodem cambii regis signatum *Fleta* 33.

tumberellus v. tumberellum.

tumblarius [cf. tumbare, ME *tumblen*], acrobat, tumbler.

1469 de xij d. datis uno tombilar' *REED Devon* 33.

tumboralis v. tumberalis. **tumbraceus** v. tubrucus. **tumbrellum** v. tumberellum.

tumbula [LL tumba+-ula], small tomb.

pausantes carne sepulta / saxea quadratis quos condit tumbula fossis ALDH. *VirgV* 890.

tumbus v. tumba. **tumedulus** v. tumidulus.

tumefacere [CL]

1 to cause to swell.

~cto et putrescente corpore GOSC. *Transl. Mild.* 32 p. 203; fedissimum ulcus fatiem ejus invasit et tumefecit W. MALM. *GP* I 68; quare .. semper usque versus meridiem ~ctam habebat faciem et oculos ~ctos, sed visum non amittebat? *Quaest. Salern.* P 96.

2 to cause to swell with pride.

oblataeque lupus laudis tumefactus amore ALCUIN *Carm.* 49. 19; elatus, ~tus OSB. GLOUC. *Deriv.* 589; nuncia Junonis [i. e. Iris] varios tumefacta colores / induit GOWER *VC* I 1637.

tumelatio v. tumulatio.

1 tumentum v. tomentum.

2 tumentum [CL tumere+-mentum], swelling, tumour.

~um, tumor OSB. GLOUC. *Deriv.* 590.

3 †tumentum, *f. l.*

nec sordescat, inquam, cum fuerit ab illo summo magistro super †tumenta [l. jumenta] terre edocta; nec inanescat cum super volucres celi erudita AD. SCOT *QEC* 831B.

tumere [CL]

1 to swell (up), to bulge or be distended; **b** (as result of disease or injury); **c** (transf.). **d** (of sea) to swell, run high (also in fig. context).

qui serpentes corsia nuncupantur .. et ab eis percussus cito moritur ~ens *Lib. Monstr.* III 6; ~entibus .. abbatisse multarumque uteribus MAP *NC* V 3 f. 60v; quum in convivio deorum concinuisset [Minerva], ejusque ~entes buccas dii omnes irrisissent ALB. LOND. *DG* 10. 7; equari vult rana bovi, ~et ergo WALT. ANGL. *Fab.* 39. 1. **b** genu ~ente, adstrictis nervis claudicans *V. Cuthb.* I 4. **c** tumulus et ~ens tellus et mons brevis et sepulcrum aeque vocatur BEDE *Orth.* 55. **d** ~entes oceani gurgites ALDH. *VirgP* 4; mystice .. mare turbida et ~entia saeculi hujus volumina significat BEDE *Hom.* II 2. 111A; egressus de navi cepit super ~entes fluctus quasi super solidum ire HON. *Spec. Eccl.* 970D; flatus ventorum .. maris undas ~entes AD. SCOT *TGC* 801C; aqua latitudine domus in litore ~ens planissimo .. non accessit ad eum set surgebat quasi paries (*Molua* 19) *VSH* II 211.

2 to swell with arrogance, presumption, passion, or sim; **b** (w. *de* or abl.). **c** (of passion, emotion, or sim.) to swell.

dum Mercica regna ~erent FRITH. 553; conscientiam alti sanguinis spirans, in maritum ~ebat W. MALM. *GR* II 165; dejectus animum .. in regem ~uit *Ib.* V403; diu productis inimicitiis cum uterque grossum ~eret *Ib.* V 405; videbat quomodo ~ebat et superbiebat [diabolus] quod reges hujus mundi adorabant eum AILR. *Serm.* 1. 23. 213D; nec est nunc tempore gracie corpus Christi, quod est ecclesia, ~ens de suarum virium presumpcione GROS. *Cess. Leg.* I 10. 18; *enorguiler*, superbire, ~ere *Gl. AN Ox.* f. 154v. **b** gloriam de qua ~et BEDE *Luke* 531B; cave ne de his quae tua non sunt .. ~eas ANSELM *Misc.* 301; nec ille pro numero militum, quo ~ebat, moram pugne fecit W. MALM. *GR* III 233. **c** si ~entis arrogantiae spiculo sauciatur ALDH. *VirgP* 16; **798** ~entem furorem mitigans .. desidem animum erigens ALCUIN *Ep.* 149.

3 (w. *altum* or sim., opp. to *humi repere*) to be grand or high.

is, adhuc laicus, ejusque condicionis ut nec humi reperet nec altum quid ~eret W. MALM. *Mir. Mariae* 170; mediocri parentela .. que nec humi reperet nec altum quid ~eret *Id. GR* III 262; in dictando ita stylum temperavi meum ut nec humi repat nec ~eat in altum J. FURNESS *Walth. prol.* 5 (cf. Hor. *Ep.* II 1. 251).

tumerellum v. tumberellum.

tumescere [CL]

1 to (begin to) swell, become distended or inflated; **b** (pr. ppl. as adj.); **c** (transf.). **d** (of sea) to swell, run high.

filium .. toto corpore ~entem et in ultimo spiritu anhelantem *V. Cuthb.* IV 6; follescit, ~it *GlC* F 270; ita ut a planta usque ad lumbos totum corpus ejus ~eret ORD. VIT. IV 15 p. 274; quidam .. post exitum anime a corpore ~unt, cum prius non fuerint tumidi *Quaest. Salern.* Ba 120; luna .. cum .. jam ~it et quasi ventrem facit GIR. *TH* II 3; venter etiam †tuscit [l. ~it], dolorem quandoque in renibus sentit M. SCOT *Phys.* 15. **b** gracilis sub cingulo / umbilicum preextendit / paululum ventriculo / tumescenciore P. BLOIS *Carm.* 8. 5. 50. **c** illa logices ventosa loquacitas qua ~is P. BLOIS *Ep.* 9. 26B. **d** legatos .. instruunt qui ~entis pelagi profunda rimentur OSB. CLAR. *V. Ed. Conf.* 5; invenit tunc fretum impletum inundacione magna, maris undis ~entibus (*Cainnicus* 4) *VSH* I 153.

2 to become swollen with pride or passion.

qui grassantur et tumescunt spiritu barbarico ORD. VIT. IX 15 p. 605; spiritus hominis tribus modis ~it et grandescit in se; .. ~it opinione vana, spe vana, cupiditate vana BALD. CANT. *Serm.* 16. 486D; tu nescius unde tumescis? / nec scis nec scire vis. ergo cur tumuisti / curque superbire contra me non timuisti M. CORNW. *Hen.* 156.

†tumetra, *f. l.*

marsupium, bursa, forulus loculusque, †tumetra [l. crumena] GARL. *Syn.* 1583B.

tumide [CL], in a conceited or arrogant manner.

de regni principatu ~e et minaciter contra se et patrem suum perstrepentes *V. II Off.* 2; ~e vetusta perversitate malebant desipere quam ab humilibus quibus Deus dat gratiam fideliter erudiri J. SAL. *Met.* 830B; nichil superbe vel ~e facit MAP *NC* V 6 f. 69; ~e nimis et superbe alta voce proclamastis quod .. GIR. *SD* 128.

tumiditas [LL], swollenness.

tumidus .. unde .. ~as, -tis OSB. GLOUC. *Deriv.* 576.

tumidulus [CL tumidus+-ulus], (in gl.).

bolnyd, tumidus, tumedulus *CathA*.

tumidus [CL]

1 swollen: **a** (of part of body); **b** (of sea, also fig.).

a turgidus venter, tumida facies et rubicunda, lingua procax J. SAL. *Pol.* 388A; que fumositas .. replens concavitatem .. circa oculos, eam distendendo ~am [facit] *Quaest. Salern.* B 113. **b** mare mergentem tumidis non sorbuit undis ALDH. *CE* 4.1. 14; gentilium namque superba et incredula diu corda merito tumidis amarisque fluctibus maris assimilantur BEDE *Mark* 166D; de ~o aestuantis saeculi gurgite FELIX *Guthl.* 27 p. 92; imperante tentationum ventis, et profunde atque tumide amaritudinis mari, tranquillitas magna fiat AD. SCOT *QEC* 845B.

2 (of container) distended by pressure of contents, full to bursting.

vas ~um infusa repellit GIR. *SD* 48.

3 (of person, attitude, conduct, or sim.) swollen with arrogance, pride, or sim., presumptuous.

~o [*gl.*: elato] elationis supercilio inflati de sola carnis integritate gloriantur ALDH. *VirgP* 10; nam sceptro tumidae regni moderantur habenae G. AMIENS *Hast.* 785; ~o gestu et pompatico incessu pre se ferens conscientiam litterarum W. MALM. *GP* II 77; ~um etenim iter ingressus pertinaciam sepius subrogabat constancie *V. Chris. Marky.* 55; superbia .. humilitatis et confessionis excludit remedium, reddens hominem audacem ad injuriam, ~um ad correctionem AILR. *Spir. Amicit.* III 24. 682A; jugum servitutis imposite a ~a cervice reicere molientes J. FORD *Serm.* 77. 2; clericus .. fastu innato ~us, sed ~issimus ex afflatu spiritus curialis AD. EYNS. *Hug.* V 7; cor inde ~um gerens, et sic grave supercilium inducens GIR. *Spec.* III 3 p. 148.

4 (w. ref. to style of language) high-flown, inflated, bombastic.

per vulnus quod habet hyatum, voluit intelligere ~am locutionem T. CHOBHAM *Praed.* 273; Hermagoras, rethor quidam grecus, ~am habuit eloquentiam GROS. *Hexaem. proem.* 109.

tumilatio v. tumulatio.

tumor [CL]

1 swelling (of, in, or on part of body, also fig.). **b** bubble (in or on boiling liquid). **c** swelling of sea or river. **d** protruberance (of land). **e** curvature of the earth.

modicus ~or in suis pedibus apparuit CUTHB. *Ob. Baedae* clxii; ~or ille .. provenit .. vel de humore vel de apostemate vel de carne superflua *Quaest. Salern.* B 86; brachia illorum in ~orem atrum versa sunt et .. nimio dolore oppressi sunt (*Colmanus* 27) *VSH* I 270; hec [superbia] cor tumoribus / distendens vacuat cunctis virtutibus WALT. WIMB. *Carm.* 319; apostema et ~or idem sunt secundum aliquos GAD. 24v. 1. **b** *a belle in the water*, bulla, ~or laticis *CathA*. **c** ~or .. Temesinus obtenderat undique Thornensem insulam SULCARD f. 12; similiter hoc patet quantum ad motum aque, quod luna habet ibi efficaciam, nam ~or aque – ad quem sequitur fluxus et refluxus maris – sequitur motum lune DUNS (*Lect.* II 14 q. 3) *Opera Omnia* XIX (1993) 125. **d** de ~ore collium descendit humor ad ima convallium GIR. *SD* 48. **e** quod terra habeat ~orem a septentrione in austrum et econverso sic patet SACROB. *Sph.* 82; oportet scire causam diversitatis [noctis et diei] .. et est ~or terre KILWARDBY *OS* 104.

2 inflated opinion of oneself, arrogance, presumptuousness.

lapidum .. quos cementarius explanare .. voluerit, regula superjacente .. ~ores excedunter, quia mentium nostrarum vitia regula justitiae trutinante .. evelluntur ANSELM *Misc.* 317; dux .. ad eum depredandum inflatiore spiritu animatus erat. sed .. cordis ~or, duci per nebulonum verba conceptus, eo viso resedit W. MALM. *GP* I 51; furor armabat linguas, ira ministrabat contumelias. .. hec visio litigatricum mansuefecit mentem, lenivit ~orem *Ib.* I 66; fraus, tumor, et livor, perjuria tunc latuere GREG. ELI. *Æthelwold* 1. 7; perspecta nature sue excellentia in ~orem elatus ac per hoc sede piorum indignus PULL. *CM* 203; insolentiam fratrum laicorum quos in elationis ~orem erexit spiritus hujus mundi *Canon. G. Sempr.* f. 97v; arrogantie ~ore GIR. *TH* I 22; iracundie ~or FORTESCUE *NLN* I 26.

tumorositas [LL tumorosus+-tas], swollen or distended condition.

facies plana carens ~ate significat litigiosum .. et immundum BACON V 169.

tumorosus [LL], (in list of morbid conditions).

turnosus [? l. ~us] .. *full off that ewelle WW*.

tumpilloralis [cf. tumberalis, pilloralis], of or associated with a tumbrel or pillory, or *f. l.*

s1229 de pena .. vendentium panem et cervisiam contra assisam, provisum est quod .. ad quartam [defaltam] .. subeat forisfaciens penam tumberalem vel tumpilloralem [? l. pilloralem] et nihilominus habeat prior panem et cervisiam *Ann. Dunstable* 120.

1 tumulare [CL], to bury (dead body), inter, entomb.

cujus corpori ~ando praeparaverant sarcofagum lapideum BEDE *HE* IV 11 p. 226; caro sex denos etiam tumulata per annos / incorrupta .. reperta est ALCUIN *SS Ebor* 765; s980 deportavit [corpus sancti Aeduuardi regis] .. Sceftoniam et ~avit illud ibi honorifice *AS Chr.*; ut cum sacris exequiis exanime corpus ad monasterium quo ~aturum erat perducerent B. *V. Dunst.* 18; in quo prefata ~ata est Cesara usque hodie Cesare tumulus nominatur GIR. *TH* III 1; c1230 ubicumque corpus meum ~atum fuerit *Cart. Chester* 392.

2 tumulare v. tumultuari.

tumularius [CL tumulus+-arius], of or relating to a burial mound or tomb.

multa .. per hunc sanctissimum .. Wlstanum .. postquam ~iam meruit sepulturam Christi clementia operata est miracula *Mir. Wulfst.* I 44.

tumulatim [cf. CL tumulus], (in list of words deriv. from *tumere*).

a tumeo hic tumulus .. unde .. tumulatus .. ~im adv. OSB. GLOUC. *Deriv.* 576.

tumulatio [CL tumulare+-tio]

1 burial (of dead body), interment, entombment.

patebat forma et quantitas corporis, pietas et qualitas antiquae obsecutionis, primaeque ~onis GOSC. *Transl. Aug.* 18B; ipso ~onis die dum plebs in exequiis dilecti regis adhuc maderet fletibus ORD. VIT. III 11 p. 118; de ~one ipsius in cimiterio monachorum T. MON. *Will.* p. 9 *cap.*; ad exequia properat, et visa ~one locoque notato, nocte proxima solus effodit tumulum MAP *NC* IV 12 f. 54; **1334** in expens. ejusdem, sacriste, etc. .. veniencium de tumilacione magistri J. de Insula *Ac. Durh.* 116; **1439** ordino quod xl s. distribuantur inter pauperes die tumelacionis mee *Reg. Cant.* II 595.

2 tomb.

scio quod ~io ejus cum imagine superposita in ecclesia abbathie de Waltham videre adhuc volentibus ostenditur ubi dicitur Haraldum humatum fuisse KNIGHTON I 57.

tumulator [CL tumulare+-tor], (in list of words deriv. from *tumulare*).

tumulo, -as, unde ~or OSB. GLOUC. *Deriv.* 576.

tumulatus [CL tumulus+-atus], burial (of dead body), interment, entombment.

s1423 hic Albaninus mitra, baculo, monachatu, / fit Phaethontinus ausu, casu, tumulatu AMUND. I 131; s1461 sors apud Albani villam protomartyris almi / et pugne campum cesis dedit, et tumulatum *Reg. Whet.* I 395.

tumullus [cf. CL tumulus], (in gl.).

~us, parvus tumulus OSB. GLOUC. *Deriv.* 590.

tumulosus [CL], that is full of hillocks, mounds, or tombs.

~us, -a, -um, id est tumulis plenus OSB. GLOUC. *Deriv.* 576.

tumultuari [CL], ~are

1 to make a disturbance or noisy movement, cause disruption (esp. in protest or anger); **b** (of the sea); **c** (in spiritual context). **d** to fight in a confused manner, to scrap.

inter tot tantosque saecularium rerum ~antes strepitus constitutum ALDH. *PR* 142; nono regni sui [Claudii] anno Judaeos ~antes Roma expulit BEDE *Chr.* 497; visum est sibi ~antis turbae audisse clamores FELIX *Guthl.* 34 p. 110; licet .. ~antis populi conflictibus nimium esset irritatus B. *V. Dunst.* 37; quantumcumque dii ~entur, ipse in sue humilitatis statu immobiliter manet ALEX. CANT. *Dicta* 101; ~antibus populis et reboantibus lituis exciti ORD. VIT. IX 9 p. 540; turbarum ~ancium cohabitacionem vitando STUDLEY 5 p. 370. **b** [mari] ~ante et fluctuante tinctus est [homo Dei] *V. Cuthb.* II 3; ventus insurgit, navis unda †tumulante [? l. ~ante] succurritur BROMPTON 755. **c** consumite urendo interiora mea, ~amini in praecordiis meis ANSELM (*Or.* 11) III 43; cujus spiritalibus osculis, quasi medicinalibus .. fomentis, languores ~antium curarum exsudes AILR. *Spec. Car.* III 39. 619A. **d** vociferabantur de me et convitia jaculantes .. inter se ~abantur ALEX. CANT. *Mir.* 52 (II) p. 266.

2 to rise up, revolt, rebel.

nec decenter usquam gessit .. sed ritu tyrannico et ~ante initiatum milite GILDAS *EB* 13; diabolus .. faciet quod ~abitur plebs contra nobiles, juvenes contra senes WYCL. *Blasph.* 83.

3 to make a noise, (of person) to shout; **b** (w. acc. & inf.).

9.. ~antem, *hlydende WW*; audiebantur nervi crepitare, sicut ~antur digitorum juncturae quando aliquis manus suas violentius conatur protendere W. MALM. *GP* V 269; strepitare .. ~are OSB. GLOUC. *Deriv.* 564. **b** clamor in ecclesia factus est magnus, ~ans adolescentem rectum toto corpore stare OSB. *Mir. Dunst.* 13.

tumultuarie [CL tumultuarius+-e], hurriedly, in improvised or makeshift fashion.

quapropter se in hoc Anglis suis consulere, ut nunc prelibarent ~ie quod postea, si forte pax rediret, Latino ediscerent sermone W. MALM. *GR* II 123; littere, quanvis ~ie libate, magna supellex ad regnandum scientie *Ib.* V 390.

tumultuarius [CL]

1 **a** (of troops) raised to deal with a sudden rising. **b** hasty, sudden.

a milites evocati, milites ~ii [*gl.*: *faisaunt noyse*], et milites sacramentales NECKAM *Ut.* 105. **b** **1276** terras nostras .. ~io mentis impulsu, contra jura .. sunt ingressi *Reg. Heref.* 131.

2 makeshift, improvised.

primo .. monachos ~iis et angustis, post elaboratis et magnificis edibus inclusit [Lanfrancus] W. MALM. *GP* I 43; rudera illa ~io cespite corporibus conjecta effodientes *Id. GR* II 209; clerici litteratura ~ia contenti vix sacramentorum verba balbutiebant *Ib.* III 245.

tumultuatio [CL], disturbance, uproar, commotion, turmoil.

carnali appetitu fervente .. fit non parva ~o intrinsecus, dum spiritus carnali appetitui reluctatur ALEX. CANT. *Dicta* 13 p. 157; navis cum in altum mare evecta fuisset, territi sunt naute quibusdam monstris ... hac ~one prospectantibus aliis, ille .. metum eorum reprehendebat G. CRISPIN *Herl.* 101; anima hominis de multiplici ~one respirans P. BLOIS *Ep.* 240. 545A; cum sedata fuisset ~o .. pro eorum delictis a rege veniam impetravit *Dieul.* f. 143; **1432** tales .. ~ones et pacis perturbaciones *StatOx* 244; in cujus regni principio suboritur grandis ~o inter communes et proceres pro taxis levatis inutiliter sepe de eisdem *V. Ric. II* 21; s**1381** de miseria que contigit Anglie in ~one rusticorum WALS. *HA* I 453.

1 †**tumultum**, *f. l.*

hoc †tumultum [l. simultum] est vermis in cornubus arietum *WW.*

2 **tumultum** v. tumultus.

tumultuose [CL], turbulently, in uproar, with noise and commotion.

faciat tranquillum vale, non discedat ~e LUCIAN *Chester* 40; egressa est ab Octaviano malitia, que totum orbem ~e concussit P. BLOIS *Ep.* 48. 145A; turba negotiorum mihi jugiter ~e incumbit *Ib.* 142. 425A; vesica est pompa secularis que .. incedit pompose et ~e se gerit S. LANGTON *Serm.* 2. 10.

tumultuositas [CL tumultuosus+-tas], uproar, turbulence.

798 nec audiendi qui solent dicere, "vox populi, vox Dei", cum ~as vulgi semper insaniae proxima sit ALCUIN *Ep.* 132.

tumultuosus [CL]

1 of or pertaining to noisy disturbance, tumult (esp. of protest or anger), turmoil, or sim., turbulent, tumultuous.

absconde te modicum a ~is cogitationibus tuis ANSELM (*Prosl.* 1) I 97; contra jus regularium sanctionum .. de pristina pulsus sede ~us nulli apparui W. MALM. *GP* III 100; compatriote mei sepe solent ingerere impetus hujuscemodi eorumque ~as infestationes .. bene novi ORD. VIT. X 20 p. 125; his ~us annus vere bissextilis fuit *Ib.* XIII 25 p. 66; ne rara nobilitas a grege †tumultiosiere [l. ~iore] turbetur R. NIGER *Chr. II pref.* 106; vos .. ~o strepitu, et clamore nautico de nugis assidue disputantes, inutiliter aera verberatis P. BLOIS *Ep.* 6. 18A.

2 (in gl.) of or pertaining to a crowd or assembly.

8.. ~a, *maðeli WW.*

tumultus [CL], noisy disturbance, tumult, turbulence, turmoil, uproar (also fig.). **b** crowd, mob. **c** discord, rebellion, revolution.

cum .. ~us inruentium turbarum non facile ferret .. ab ipsa .. insula patria discessit BEDE *HE* III 19 p. 167; fugit beata seculares ~us GOSC. *Edith* (II) 66; cum omnia formidinis et ceci ~us plena essent W. MALM. *GR* II 131; fervet et exundat regali regia luxu, / spumat ubique merum, fremit ingens aula tumultu *Ib.* II 133; non erat ibi ~us vanarum cogitationum AILR. *Serm.* 20. 8. 310D; ~us curarum mearum, sollicitudinum angores .. torquentes cor meum J. FORD *Serm.* 18. 1; ~us litigatorum, querelas exactorum *Ib.* 68. 4; Elias et Eliseus .. a mundanis ~ibus cessisse leguntur *Ib.* 78. 3; aer .. a tonitrui quiescit ~u *Hist. Arthuri* 90; erat ~us et sonitus magnus in mari, a beluis et ab aquis (*Declanus* 16) *VSH* II 43; est quoddam oratorium sancti viri, in quo ipse orabat, et a ~u hominum se sequestrabat (*Fechinus* 19) *Ib.* II 83. **b** est populi quia magnus ibi creberque tumultus WULF. *Swith.* II 733; presente ~u civitatis cum candelis accensis CIREN. II 137. **c** ~us, seditio *GlC* T 343; quanvis pro ~ibus Normannicis sepe .. regno suo deesset, ita timore suo rebelles frenabat ut nichil pacis in Anglia desiderares W. MALM. *GR* V 410; jacturam virtutis putare si forte in militari ~u alter eo prior arma corriperet *Ib.* IV 305; dum militaris et civilis ~us exoritur, .. tota civitas pessime confunditur et in sua viscera crudeliter debachatur ORD. VIT. VIII 15 p. 353; bellico cessante ~u, armis jam exutis .. resumi debet humanitas GIR. *EH* I 14.

tumulum v. tumulus.

tumulus [CL]

1 hillock, mound.

756 habens in proximo ~um qui habet nomen Reada Borg *CS* 181.

2 burial mound, grave, tomb.

credimus ut faustis glomeratos jure catervis / de gremio tumuli, cum tellus sponte dehiscit .. / suscitet ad requiem ALDH. *VirgV* 1248; erat .. ~us agrestibus glaebis coacervatus, quem olim avari solitudinis frequentatores lucri ergo illic adquirendi defodientes scindebant FELIX *Guthl.* 28 p. 92; quid quaeritis in ~o, qui locus est proprie mortuorum, eum qui ad vitam jam surrexit a mortuis? BEDE *Hom.* II 10. 152A; ~o .. quod sibi paraverat *Enc. Emmae* II 3; alii duo [ex fratribus], corpus de feretro accipientes, illis tribuant qui in ~um descenderant LANFR. *Const.* 189; vocatur .. locus iste diversis nominibus ut .. sepulcrum, mausoleum, dormitorium, ~us BELETH *RDO* 159. 156; **1465** duos lapidos [l. lapides] preciosos de †turnulo [l. ~o] S. Katerine eductos *REED York* 637; volo quod caro mea, corpus meum putridum sepeliatur in brachio boriali capelle S. Marie .. ubi feci ~um marmoreum *BBExch* 699 (*recte* 669); hic ~us, *a grave WW.*

tuna v. cuva, tunna. **tunarium** v. tonorium.

tunc [CL]

1 at that time or moment (esp. in the past), then; **b** (w. sb.). **c** (*tunc temporis*) at the time, for the moment, then.

tunc erant lvj .. et modo similiter *DB* I 16rb; nec in se recipit distinctiones locorum aut temporum, ut .. aut nunc vel tunc vel aliquando ANSELM (*Mon.* 22) I 41; profectus est .. ad S. Edmundum, cujus tunc dies festivitatis instabat *Itin. Ric.* II 6; contra eum per vim .. constituit, cum non erat eo tunc qui contra eum resistere audebat *Plusc.* VI 18 (cf. BOWER VIII 3: quia non erat qui ei resistere audebat). **b** **11..** Radulfo gramatico tunc senescallo (*Ch.*) *MonExon* 39a; equos .. abduxerunt .. usque ad civitatem Londonie ad hospicium tunc predicti Ade *State Tri. Ed. I* 90. **c** ad provinciam Pictorum, quae tunc temporis Anglorum erat imperio subjecta BEDE *HE* IV 12 p. 229; in hoc .. dominio numeratur terra Pagani, qui tunc temporis prepositus ibi erat *Regesta* I *app.* p. 132; s**1172** accedens Cantuariam, cui tunc temporis Menevensis ecclesia suberat, sicut et Wallia tota GIR. *RG* I 3; rex Anglie cum suis stetit tunc temporis apud Cressy AD. MUR. *Chr. app.* 246.

2 after that, then.

antea legi non credebant et tunc tamen praedicante illo crediderunt *Comm. Cant. II* 19; furatus consecrata iij annos peniteat sine pinguedine et tunc communicet THEOD. *Pen.* I 3. 5; ceroferarii .. intrent chorum et tunc redeant ad officium prestinum *Vis. Ely* 13.

3 at that time or moment or in those conditions (following or depending on some temporally or logically prior event or state of affairs), then; **b** (correl. to cl.). **c** (in question) then, in that case.

et tunc radix substantie major priore substantia erit ROB. ANGL. (I) *Alg.* 85; omnium animalium quidam habent labia ex quibus dicitur os, quidam non labia sed aliquid loco oris et tunc dicitur musum vel grugnum vel rostrum M. SCOT *Phys.* 21; 'coacta servicia Deo non placent.' nichilominus melius est tunc quam numquam *AncrR* 131. **b** quando vero niger apparebat color ejus, tunc praenotabat pestilentia mortalitatem futuram in populum *Comm. Cant. I* 295; postquam paludes dehiscebant adustae, tunc pestis .. agros .. peragravit *Lib. Monstr.* III 5; si u ante -tus habuerit idem preteritum, tunc ejusdem preteriti penultima fit brevis ABBO *QG* 4 (11); si vero calumniatus ibi fuerit .. tunc habet rex emendam *DB* I 30ra; **1270** si finis inde levatus fuerit .. tunc tenementum .. Johannis remaneat *Cl* 279; **1271** si ita est, tunc ab hujusmodi impedimento penitus desistas *Cl* 366; c**1283** venire debet ad tres precarias cum caruca sua .. et si habet integram carrucam tunc arrabit duas acras *Cust. Battle* 60. **c** quid tunc [*gl.*: *þænne*] mihi proficit labor meus? ÆLF. *Coll.* 97; "ne appropias huc, quia non sunt denarii tui quos hic posuisti". respondit rusticus "cujus tunc?" *Latin Stories* 27.

4 **a** (*tunc etiam*) even then, then too. **b** (*jam tunc*) already then. **c** (*tunc primum* or sim.) then for the first time. **d** (*tunc demum* or *denique*) then finally, not till then. **e** (*tunc tantum*) only then.

a illud quoque animadvertere par est, quante antiquitatis sit ecclesia que tunc etiam dicebatur vetusta W. MALM. *GR* I 28; **14..** postmodum factus est .. episcopus cardinalis, qui tunc eciam extitit ordinis nostri protector et corrector *Mon. Francisc.* I 534. **b** ex quo modo jam tunc disserere consuetum BALSH. *AD* 4; credebat .. Maria jam tunc resurrectionem, sed gloriam Jesu in equalitate Patris, per admirabilem ascensionem mundo propalandam, nondum credebat BALD. CANT. *Serm.* 2. 49. 438C. **c** Picti in extrema parte insulae tunc primum et deinceps quieverunt BEDE *HE* I 14 p. 29; tunc primum cepit aliis preesse qui diu didicerat aliis subesse; cepit jubere qui didicit obedire IS. STELLA *Serm.* 50. 9. 1859D; cum oritur luna in orizonte alicujus maris, tunc primo infundit radios luminares GROS. *Flux.* 461. **d** Jesus annorum triginta baptizatur et tunc demum incipit signa facere BEDE *Luke* 359D; cum amicus primum sit eligendus, deinde probandus, tunc demum admittendus, et sic postea ut decet tractandus AILR. *Spir. Amicit.* III 54. 686C; miraculum hoc solemniter populo predicandum .. tunc denique dignum duxerunt GIR. *Hug.* II 5. **e** cum g sicut et q tunc tantum pinguem sonum habeat, si ei u ante alteram vocalem adhereat ABBO *QG* 10 (24); si vero tunc tantum procedit cum mittitur vel datur, procedit a filio, a quo datur et mittitur ANSELM (*Proc. Sp.* 2) II 189.

5 (w. prep.) that time, then (*v. et. adtunc*, *extunc*).

s**1272** die S. Cecilie magnates regni nominarunt Edwardum .. in regem ..; et ex tunc cepit currere data sua et deinceps *Ann. Dunstable* 254; **1393** quicquid a tunc provenit usque ad inchoacionem hujus compoti *ExchScot* 337; s**1437** propter epidemie pestem que pro tunc regnabat in civitate Londoniarum AMUND. II 127; c**1475** sicut commissiones ante tunc custumabiliter fuerunt mittende pro levacione xv et x predictarum *Entries* 137; **1477** obvium habuit quendam W. M., in quem idem C. ad tunc et ibidem insultum fecit *Sanct. Durh.* 3.

6 (*et tunc*) besides, moreover.

et tunc longa consuetudine erroris .. ea que maxime valent contemnunt homines BACON *CSPhil.* 405.

tuncetum v. tuccetum. **tuncio** v. tunsio.

1 **tundere** v. tondera.

2 **tundere** v. tondere.

3 **tundere** [CL]

1 to strike, hit, beat; **b** (breast, in grief or contrition). **c** to buffet (in quot., in fig. context).

sonitus ~entium mallorum ÆLF. *Coll.* 100; cementariorum manus quae ~ente .. ferro .. deformitatem lapidum complanat ANSELM *Misc.* 313; faber ferrum quod ~it .. non odit ALEX. BATH *Mor.* III 36 p. 150; aqua .. inundans .. impetu proprio se ipsam consumit .. quia fluctus a fluctu ~itur et sic .. adnichilatur S. LANGTON *Serm.* 2. 3; *batre*, verberare .. flagellare, tondere *Gl. AN Ox.* f. 153v. **b** crinibus avulsis et pectore ~so MAP *NC* III 3; tunc lacrimas fundo, tunc pugno pectora tundo NECKAM *Poems* 453; rex .. finem presentis vite .. sortitus est .. . ad hanc narracionem .. comes una cum familiaribus tutiderunt pectora BOWER X 43. **c** hec sunt .. monstra de quibus me fluctus tue postulationis ~ebat *Lib. Monstr.* I 56; frequens est [ecclesiam] fluctibus ~i et flatibus adversitatum jactari *Canon. G. Sempr.* f. 63v.

2 to beat up, thrash, knock about violently.

qui viam vadit qua latronibus invenitur .. invaditur, ~itur, exspoliatur ALEX. CANT. *Dicta* 14 p. 161; te duce terrificum tutudit perimens inimicum R. CANT. *Poems* 289. 6; boni hic carceribus includuntur, verberibus ~untur, fame et siti .. affliguntur HON. *Eluc.* 1138B.

3 to pound, crush, pulverize, pulp.

~itur minutatim [aloa] et pulvis ejus miscetur cum mirra *Comm. Cant. III* 148; granum pilo ~itur ut folliculus exuatur S. LANGTON *Serm.* I 14.

†tundinus, *f. l.*

s1293 timentes .. Cistercinenses abbates .. ad propria sunt reversi .. . scolares, studentes Parisius, cum aliis †tundinis [? l. timidis] Anglicis ad natale solum .. sunt reversi *Flor. Hist.* III 86.

tunditare [CL tundere+-itare], to strike or beat repeatedly.

~antes, saepe tundentes *GlC* T 333.

tundredum v. tondera.

tundulum [CL tundere+-ulum], bell-clapper.

quare tua campanula, cum linguam seu ~um ferreum habeat, nichil sonatur? (*Cadocus* 27) *VSB* 86.

tunell- v. tonellus.

1 tunga [AS *tunge*], tongue of land.

c1200 [*meadow lying*] subtus ejus ~am *Free Peasantry* 166; c1210 super ~am duas acras *Cart. Osney* IV 176; **1262** unam acram .. et quinque dimidias selliones .. et duas ~as super Borayns in inferiori parte vie de S. .. et duas ~as super Karfurlong *Cart. Cockersand* 176.

2 tunga [W. *twng*, ME *tung, tunk*], food rcnt or payment in kind (in N. Wales).

quelibet istarum xj gavellarum reddit de tung' per annum xij d. et pro pastu familie principis per annum ij s. v d. q. *Surv. Denb.* 7 (cf. *IPM* 22/1 m. 23: **1311** predictus comes .. habuit lx s. tam de liberis quam de nativis pro quadam custuma que vocatur tung').

tungravius v. tungrevius.

tungrevius [AS *tungerefa*], reeve, steward, bailiff.

si portireva vel tungravio compellet aliquem .. quod teloneum supertenuerit (*Quad.*) *GAS* 234; sciat omnis presbiter et tungravius et decimales homines, ut haec elemosina .. proveniat, sicut in sanctis jurare poterunt (*Quad.*) *Ib.* 261; intersint .. episcopi, comites, vicedomini .. tungrevii, et ceteri terrarum domini (*Leg. Hen.* 7. 2) *Ib.* 553.

tunica [CL]

1 tunic (also in fig. context); **b** (transf.). **c** (*~a nocturnalis*) nightgown.

754 de nostro .. vili vestitu parva exseniola direximus .. : hoc est tonica lanea aliaque linea sicut mos est *Ep. Bonif.* 114; **795** contextam Christi ~am, quam milites .. scindere non ausi sunt ALCUIN *Ep.* 43 (cf. *Joh.* xix 23); hec .. omnia pertinent ad illam ~am quam oportet nos exuere si volumus illam ~am polymitam induere de qua statim subjunxit Apostolus: sed induimini Dominum Jesum Christum AILR. *Serm.* 9. 32. 257A; **1251** venit W. de D. .. cum arcu et sagittis in una ~a de viridi *hauye SelPlForest* 97; **1268** legamus .. capellano robam nostram meliorem sc. ~am et

supertunicale .. et mantellum (*Test. Ep. Heref.*) *Act. Ep. Heref.* p. 123; tinica, *coote WW*; **1526** pro factura unius ~ae curtae de corrio albo cum manicis *TR Bk* 224 p. 22. **b** quosve sponsos in hac mortali ~a habere desiderasset *Chr. Abingd.* I 18; ut .. carnis cerneretur deposuisse sarcinam et immortalitatis ~am induisse *V. Fridesw.* B 4; qui exueram veterem Ade ~am, quomodo reindui eam? P. BLOIS *Ep.* 102. 316B. **c** item Johanni miles pro ~a nocturnali Johannis Kebyl, vj s. *DCCant.* C 11 f. 137b.

2 (eccl., in monastic dress or as sort of liturgical vestment, in some quot. perh. w. ref. to the tunicle).

cultus gemini sexus [non solum sanctimonialium .. verum etiam ecclesiasticorum] .. constat subucula bissina, tonica coccinea sive jacintina .. ALDH. *VirgP* 58; rebus monasterii regularibus .. capitio assuto ~ae induatur LANFR. *Const.* 169; monasterium suum casulis, cappis .. dalmaticis, ~is .. adornavit *Chr. Battle* f. 104; sanctus .. Comgallus secularem habitum deseruit et habitum ecclesiasticum suscepit. .. orans et vigilans ~am involvit suam in ovium stercore (*Comgallus* 3) *VSH* II 3; fratres qui dicuntur Minores .. ~is griseis, talaribus et peciatis, insuto capucio utentes M. PAR. *Min.* II 109; **1362** in una casula, ~a, dalmatica, et capa empt' pro ecclesia Sancti Oswaldi *Ac. Durh.* 126; **1366** horas .. canonicas dicturi cum ~a talari ac superpelliciis mundis *Reg. Aberd.* II 62.

3 padded jacket or coat of mail (forming (part of) armour), (also) garment embroidered or otherwise decorated with armorial bearings worn to distinguish knight or sim. in battle or sim., coat of arms.

populus .. in ligno et ferreis ~is superveniet G. MON. VII 3; **1208** pro cendal' ad ~as armarias et banerias domini regis *Cl* 109a; **1212** pro j purpuncto .. et iij ~is armatoriis ad opus regis *Pipe* 44; **1224** hec sunt armature quas R. de L. recepit, unam loricam .. coifam et ~am armandam *CurR* XI 1913; **1268** Petrus fuit contra dominum regem .. et tulit ~am armatricem Willelmi le Marsal et eidem Willelmo adhesit *JustIt* 618 r. 4; s1298 indutus .. in sua ~a armorica *Plusc.* VIII 27 (cf. BOWER XI 30: in ~a armorum); **1384** ita quod .. arma prefati comitis .. gerant in omnibus vexillis, penonibus, ~is armorum, et in omnibus aliis armaturis suis que de pictura armorum solito competunt adornari *Pat* 317 m. 16; de pellibus albis .. heremitarum earumque caudis ad decorem consutis ~am armorum pro domino duce Britannie .. incole ordinarunt UPTON 167; **1466** pro .. stipendio pictoris depingentis ~am armorum et alia quatuor scuta *ExchScot* 422; **1551** de .. una ~a ferrea vocata *a jack of plate Pat* 840 m. 14.

4 slough (of snake).

geras, ~a serpentis *Gl. Laud.* 699; ~a colubri in vino cocta dolori dentium medetur *Alph.* 188; serpens .. veterem ~am exuendo *Regim. Princ.* 123.

5 (anat.) sheath or layer of tissue covering or lining an organ of the body (esp. the eye). **b** layer.

in uvea ~a *Quaest. Salern.* Ba 119; septem .. ~e sunt septem pellicule sive tele qui circumdant illos humores BART. ANGL. V 5; sunt .. vene omnes ex una ~a [TREVISA: *curtyll*] facte, non ex duabus sicut arterie *Ib.* V 61; oculum componunt septem ~e et tres humores; .. quarta vero ~a .. dicitur conjunctiva RIC. MED. *Anat.* 215; quia ~a epatis continens ipsum est corrupta GAD. 32v. 1; in ~as intestinorum et villos *Ib.* 93v. 2; ad compositionem oculi concurrunt septem ~e .. scliros .. secundina .. retina .. aranea .. uvea .. cornea .. conjunctiva *Ib.* 107. 2; nervosa ~a que thoracem intrinsecus vestit .. quam ~am Greci πλευράν .. nominant D. EDW. *Anat.* B3v. **b** unde etiam in suprema ~a aeris, ubi est aer maxime subtilis, minime generatur in eo calidum GROS. 84.

tunicare [CL], to clothe, dress, cover (with garment); **b** (transf.).

in tunica simili poteris tibi dissimilari, / gyrovagumque sacra monachum tunicare cuculla AMUND. I 98. **b** virgo per quam Deus datur / et humane tunicatur / nature diploide WALT. WIMB. *Virgo* 162; nix terre superficiem lucenti ~avit amictu *Ps.*-ELMH. *Hen. V* 53.

tunicatio [CL tunicare+-tio], (act of) putting on or wearing a tunic; **b** (transf.).

'cappatus' [et] 'tunicatus' .. significant rem existentem in subjecto, sc. cappationem [et] ~onem, que sunt in predicamento habitus BACON XV 206; sub

vestitu [sunt] hujusmodi [species] ~o, capacio, palliacio et hujusmodi *Ib.* XV 232. **b** veris grata temperies, que tam pratis quam pascuis .. pallia polymitarie ~onis adaptare solet *Reg. Whet.* I 216.

tunicatus [CL]

1 clothed in a tunic; **b** (w. ref. to monastic dress or ecclesiastical vestment); **c** (w. ref. to coat of mail or armour, also transf.).

intuens .. ad radicem quercus jacentem puerum ~um, calciatum .. puncturis aporiatum T. MON. *Will.* I 10; propter .. salsucias .. que popello conveniunt ~o [*gl.: pover*] GARL. *Dict.* 127; tunicatus populus multus et immanis / qui solet detrahere viris Anglicanis *Pol. Songs* 166. **b** relligio plorat, tunicatus inutilis orat J. CORNW. *Merl.* 87 (115); panno .. incerato corpus ~um et incucullatum obvolventes J. FURNESS *Walth.* 91; quid de ~is et pileatis referendum? M. PAR. *Maj.* V 244; cum vij .. diaconibus dalmaticis et subdiaconibus ~is *Miss. Ebor.* I 124. **c** si .. temptet laniare .. / scorpius exilis tunicatum .. crocodrillum *Altercatio* 4; dux .. humatum parentem querens et ~um et ocreatum in sepulcro .. reperiens *Ps.*-ELMH. *Hen. V* 93.

2 that is covered by or lined with a layer or sheath of tissue, coated with a membrane, skin, or sim.

hic cepa ~ior, densatis pellibus et epitogiis, chlamidi penulam superducit J. SAL. *Pol.* 760B; fabam ~am vix semicoctam J. GODARD *Ep.* 221.

tunicella [CL tunica+-ella; cf. CL tunicula]

1 (short) tunic or jacket; **b** (worn under armour).

a cote, tunica, ~a, tunicula *CathA*; tinicella, *kyrtylle WW*; ~a, *petycote* STANBR. *Vulg.* 8; **1524** cum iv ulnis de panno albo pro j ~a *Ac. Durh.* 257; **1583** unam ~am Anglice vocatam *a redde petticote Pat* 1234 m. 3. **b 1574** ~as vocatas *pryvie coates and coates of defence Pat* 1118 m. 8.

2 (eccl.) sort of liturgical vestment, tunicle.

c1300 deficit ibidem ~ella et capa de choro *Ch. Sal.* 370; **1423** tunicell' sive dalmatic' *Test. Ebor.* III 75; indumenta sacerdotalia: .. item .. ~am, dalmaticam, pluviale, mitram solemnem AMUND. II *app.* 362.

Tunicius, Tunisian.

innumeros populos ad regnum Tuniciorum duxerat WYKES *Vers.* 131.

tunicosus [CL tunica+-osus], (in gl.).

cincinnosus, pannosus, laciniosus, ~us OSB. GLOUC. *Deriv.* 142.

tunicula [CL; cf. et. tunicella]

1 (little) tunic: **a** (as part of monastic dress). **b** (as liturgical vestment) tunicle. **c** jacket or jerkin (worn with or as part of armour).

a sanctus .. Cainnicus ingrediens oravit et posuit ~am super mortuum, qui statim vivus surrexit (*Cainnicus* 32) *VSH* I 164; o felix tunicula que crucem figuras, / o miranda cordula que celum mensuras PECKHAM *Def. Mend.* 229. **b 1225** j ~am, j dalmaticam *Cl* 71a; **1267** ~am, dalmaticum, et casulam et omnes paruras vestimento sacerdotali pertinentes *Cl* 299; **1415** unum *chesible*, duas toniculas, et unam capam *Reg. Cant.* II 51; **1432** duas ~as pro diacono et subdiacono operatas de verniculis et stellis aureis *Ib.* II 467; aurifrigia .. ~arum pro diacono et subdiacono intexuntur margaritis AMUND. II 189; **1553** duos tinaculos de blodio velveto vocatos *tvvo tinacles of blue velvet Pat* 863 m. 38. **c 1277** quod Hugoni de O. in servicium regis eunti .. tres ~as secum ducere permittant *Cl* 94 m. 11; ~a, *iaket* STANBR. *Vulg.* 8.

2 (anat.) sheath or layer of tissue encasing or lining an organ of the body. **b** covering.

petit [fumositas] cerebrum et percutiens ejus miringas seu ~as graviter eas ledit BART. ANGL. IV 5. **b** palpo .. / oris accomodat statim forficulam / parans mendacio tropi tuniculam WALT. WIMB. *Palpo* 100.

tunicus v. tunica. **tunina** v. covata.

tunna [AS *tunne*,], **tonna** [AN, ME *tonne*; cf. tonellus]

1 barrel, cask, tun (also as measure).

cellaria .. / in qua sola parum vini vix tunna tenebat ALCUIN *WillV* 18. 6; quod soleant Romani .. totis infundere toxica tonnis W. MALM. *GR* IV 373; tonnas Falerni plenas aliaque vasa repostoria .. transtulerunt ORD. VIT. XIII 16 p. 38; c**1224** iiij tune fracte *Chanc. Misc.* 10/13/2; **1316** in vasa que tonne vocantur positum fuerit *RGasc* IV 1688; **1353** assisa maletote. .. de quolibet quintallo ferri vendito, quar. de xx tonnis ferri solvetur .. quar. de quolibet barello picis vendito ob. *Reg. Rough* 33; **1403** in .. navi duas lastas allecum .. ac .. habuit xviij conas allecum *Foed.* VIII 297a; c**1404** viij lastas et viij ~as terebinthi *Lit. Cant.* III 82.

2 chimney pot or shaft or cowl placed over chimney.

solutum uni lathamo pro factura nove ~e ad caminum in camera *Cant. Coll. Ox.* 222.

tunnare [tunna+-are], to put (in quot., beer) in barrel for use, to put on tap.

quod non sunt parati ad gustandum quotiescumque brasiatrix ~averit *Iter Cam.* 6; quod non faciunt gustari seu ~ari cervisiam antequam illam vendant *Ib.* 10.

tunnus v. thymum. **tunsetum** v. tuccetum.

tunsio [LL]

1 (act of) striking, beating, hitting; **b** (of breast, in grief or contrition); **c** (in transf. or fig. context); **d** (w. ref. to *I Petr.* ii 5–6).

ad januam ecclesie sedulus pulsat, nec auditur propter eris sonitum ... accedit sacrista, mirans tante ~onis frequentiam *Found. Waltham* 28; post tam duram, tam diram capitis ~onem sit in gloria Dei Patris H. Bos. *LM* 1300D; post .. capitis et membrorum ad pavimentum frequentem ~onem, tandem siluit *Canon. G. Sempr.* f. 168; digiti .. ~onibus quassabantur AD. EYNS. *Visio* 31. **b** ~one pectoris et genuflexione *Canon. G. Sempr.* f. 42; crux, aqua, confiteor, oratio, corpus in ara, / tunsio cum flexu, faciunt veniale remitti *AncrR* 124; fletus uberrimi ~ones pectorum et tortura manuum anxii .. verissima signa fuere *Ps.-ELMH. Hen.* V 128. **c** celestis artifex .. suum Walthenum .. crebris flagellis attriverat, ~onibus attrectaverat .. quem vas in honorem glorie sue formare .. disponebat J. FURNESS *Walth.* 81; varias fortune adversantis ~ones *Flor. Hist.* II 264. **d** inter incudem et malleum versabatur et tot in se percussiones excepit quot pro se percussos accepit. hinc ante martyrium martyr factus est, ante ~ones latomorum angulari lapidi conquadratus W. CANT. *V. Thom.* I 39; sic et vivi lapides, qui ponendi sunt in illa celesti Hierusalem, .. variis infortuniorum ~ibus prius poliuntur P. BLOIS *Ep.* 12. 37A; s**1202** velut lapis vivus in domo celesti reponendus, crebris ~onibus .. conquadratur *Croyl. Cont.* B 472.

2 (act of) pounding, crushing; **b** (in transf. or fig. context).

1165 aurum .. largum ad dilationem, nec igne nec ~onibus minutivum J. SAL. *Ep.* 167 (145); cogita .. quibus ~onibus terrenum in quo crevit linum colorem exuerit AILR. *Inst. Inclus.* 26; fructu fecundam generoso reddit olivam / tunsio; desidiam verbera sepe fugant NECKAM *DS* VIII 152; quoddam est ferrum bonum ad sustinendum .. ictus et malleationes, et ut ducatur in omnem figuram .. per ~ones validas et fortem ignem BACON *Min.* 382; **1514** pro tuncione calcis *Ac. Durh.* 161. **b** verbum fidei in pilo contradictionis tonditur [l. tunditur], quia a multis impugnatur, et in ipsa tonsione [l. tunsione] litterali sensu exuitur, sicut solet folliculis frumentum .. quod in mortario pilo teritur BALD. CANT. *Sacr. Alt.* 748D; in ~one et solucione magnarum questionum GASCOIGNE *Loci* 27.

tunsorium [CL tundere+-torium], pestle.

1316 mercatores et naute .. convivii gaudium in homicidii facinus converterunt. naute .. subarmati cum trusoriis, cultellis, et gladiis in ipsos ruerunt, crudeliter occidentes *Foed.* III 566b; j ingens lapideum mortireum: tum eciam j tonsorium *Cant. Coll. Ox.* 39; item j mortireum eneum cum tusorio ejusdem metalli *Ib.*; mortariolo lapideo cum ~io ligneo *Ib.* 70.

tunsura [CL tundere+-ura], (act of) beating, striking.

angularis tunsura lapidis, / prelo pressus princeps cum perfidis J. HOWD. *Ph.* 485.

---

tunura v. tenura. **tupa** v. toppa. **tupare** v. tuppare.

tupina [OF *tupineis, turpinoi*], joust, tournament.

1329 turneamenta, burdeicias, ~as aut justas facere *Cl* 148 m. 22d.; **1331** quod turneamenta, juste, burdeicia, ~e, ac alia facta armorum quecumque infra regnum nostrum nullatenus excerceantur *Cl* 151 m. 14d.

tuppare [tuppus+-are], to tamp, ram.

1365 terram et lutum cum stramine firmato cum tuppis et grossis malleis accubanc' et tupanc' *KR Ac* 501/11; **1374** in stipend' iij hominum fodiencium turbas et illas cum arena differencium usque dictum were et super eundem illas cubancium et ~ancium *DL MinAc* 507/8227 m. 19.

tuppus [ME *tup(pe)*], tamper, ram.

1365 cum ~is *KR Ac* 501/11 (v. tuppare).

†tupsa, *? f. l.*

1250 calix argenteus albus exterius cum †tupsa [*sic* MS; *? l.* capsa] deaurata interius cum cupa vacillante *Vis. S. Paul.* 17.

tura v. tus.

turagium [cf. CL obturare], ? (act of or charge for) putting stoppers in wine casks.

1290 eidem .. pro lodm', ~io, et religatione dolei et dimidii vini, per xviij septimanas, xlv s. *Doc. Scot.* I 141.

turailli-, turali- v. toraillum.

1 turba [CL]

1 (undifferentiated) mass, multitude, throng, crowd; **b** (pl., of people assembled as audience); **c** (of (abstract) things).

fertur Herculem hac ~a serpentium et sibilantibus circumstetisse capitibus *Lib. Monstr.* III 1; adstante episcopo .. et ~a hominum non modica BEDE *HE* IV 11 p. 227; piscatores de pelago retibus extrahunt ~am piscium ORD. VIT. II 2 p. 226; pars [insule] .. visibilibus cacodemonum ~is et pompis fere semper .. exposita GIR. *TH* II 5; Jacob .. quando ei Dominus faciem suam ostendit .. non fuit in ~a populi sed solus *AncrR* 50. **b** attendite verba Domini ad apostolos et ~as loquentis GILDAS *EB* 96; loquente Jesu ad ~as J. FORD *Serm.* 70. 3; Christus parabolas quas loquebatur ~is apostolos docebat OCKHAM *Dial.* 833. **c** 802 multis fatigatum occupationibus atque inanissimis cogitationum ~is ALCUIN *Ep.* 253; ~a negotiorum mihi jugiter tumultuose incumbit P. BLOIS *Ep.* 142. 425A; tota illa legum ~a que in imperatorum legibus diversis tot nominibus recitantur FORTESCUE *NLN* I 5.

2 (pl.) the masses.

943 ubi ~arum collatione jamdudum nomen illatum hoc adesse profertur *æt Miclan grafe* CS 780; nos per eam charitatem habemus ad ~as et honorem apud seniores FORTESCUE *NLN* I 44.

3 entourage, retinue.

regulus ipse cum ~a sua ad extirpandum sanctum Dei de terra sua properavit (*Lasrianus* 14) *VSH* II 134; rex .. proposuit cum omni ~a sua, que erat copiosa valde .. WALS. *HA* II 22.

4 company, group, band. **b** ? set, group. **c** (in gl.).

ut esset [murus] arcendis hostibus ~a instructus terrori et civibus tutamini GILDAS *EB* 15; alia ~a discipolorum THEOD. *Laterc.* 11; non de coetu quispiam apostolorum .. sed de ~a mulierum mulier quedam vocem extulerit J. FORD *Serm.* 70. 3; ~a latronum de alia regione venit (*Ciaranus de Saigir* 19) *VSH* I 225; ~a vulpium collegit se in silvis (*Molingus* 27) *Ib.* II 202. **b** c**1150** debes parare te ad surgendum ad primam campanam pulsantem, ita ut sis paratus ad tertiam ~am pergendi in ecclesiam *MonA* IV 44a; responsoria de prima et secunda ~a alternatim sumpta si plura festa unius martyris in septimana contigerit [v. l. contigerint], quia tertia ~a responsoriorum non dicetur in festo trium lectionum *Brev. Ebor.* II 27 (cf. ib. II 37: responsoria de prima ~a et secunda alternatim sumpta si plura festa plurimorum martyrum in septimana contigerint). **c** acie, ~a *GlC* A 101.

5 (~a *fidelis*) the faithful.

---

noverit heu vacuum simul hac quod turba fidelis / omnis cessabit cultus et omnis honor ORD. VIT. VII 12 p. 212; deo devotius illuc catervatim undique ~a fidelis populi accurrit R. SHREWSB. 6. 34; in mare ne sanctus mittatur, surripit illum / turba fidelis GARL. *Tri. Eccl.* 103.

2 turba, turva [AS *turf*], (piece of) turf. **b** (~a *tannita*) tan-turf, block of oak bark.

qui portant boscum, ~as, vel petas ad vendendum *RegiamM* I f. 137; **1159** moras ad fodiendum turvas *Regesta Scot.* 131 p. 193; c**1160** si burgensis ~as foderit ad proprium focum .. si forte ad trahendas ~as plures quadrigas conduxerit, quietus sit dando .. ij d. pro forestagio (*Gateshead*) *BBC* 53; **1199** fodiendi vj milia turvarum .. et siccandi et intassandi *CurR RC* II 22; **1221** inter bracinum et domum ~e *Ac. Build. Hen.* III 36; c**1250** pratum .. ad siccandum super illud ~am suam *Reg. S. Aug.* 413; **1281** exceptis busca, ~a, tanno, carbone *PQW* 401a; **1295** xxij d. in ~is fodiendis ad cooperiendum dictam domum *KR Ac* 5/8 m. 2; c**1310** fenum, avena et turbonum de dono rectoris .. fenum et turbonum de dono rectoris pro xlvj equis *Househ. Ac.* 176; **1312** in iiij^m ~arum ad focale emptis .. ij s. viij d. *Rec. Elton* 170. **b 1294** in .. ~is tannitis emptis ad inde faciendos cineres pro plumbo affinando *KR Ac* 260/4.

3 turba, turbo [cf. turbutus, AN *turbut*], turbot.

1303 pro cxviij soldatis ~arum et alleciis xvij d ob. q. *EEC* 269; ~onem meliorem pro vj d. *MGL* II 118; ~a, *a turbut* WW; hic ~o, -nis, *a turbott* WW.

turbagium [turba+-agium], payment in respect of (cutting) turf.

c**1230** ad festum S. Michaelis unum obolum dare debet de ~io (*Cust. Lessingham*) *Doc. Bec* 106; **1449** quieti sint imperpetuum de .. taillagio, cariagio, picagio, ~io *ChartR* 190 m. 41.

turbamen [CL turbare+-men], trouble, disturbance.

1252 tam varia occupationum turbamina AD. MARSH *Ep.* 26.

turbara v. turbaria.

1 turbare [CL]

1 to agitate, stir up, or disturb (substance), esp. causing turmoil or pollution (also in fig. context). **b** (~are *oculos* or sim.) to dim the brightness of, cloud (also fig.).

Judeus quidam .. imaginem sancte Virginis .. subripuit in cuniculum humanarum egestionum dejecit, ipseque assidens auras ~abat, disponens, super eam alvo purgata, fidem nostram infamare W. MALM. *Mir. Mariae* 230; nec jam si quis habet sed si quis habere putatur, / proximus est cause cur ita turbat aquam L. DURH. *Dial.* II 254; vestigia raptoris invenisset nisi sus fodiendo terram eam ~avisset *Natura Deorum* 54; aliquando ~atur spiritus ex qualitate fumi simul cum substantia *Quaest. Salern.* B 172. **b** ex morbo adhuc recenti .. contrahebantur palpebre, ~abatur oculus *V. Chris. Marky.* 48; **1284** de .. episcopo Assavensi nihil invenimus quod deceat vestre serenitatis oculos ~ari contra eum PECKHAM *Ep.* 562.

2 to disturb, disrupt (state of affairs, proceedings, or sim.). **b** to disrupt or upset the functioning of. **c** (p. ppl. as adj.) disturbed, affected or caused by disturbance or disruption.

ecce repentino turbantur gaudia casu FRITH. 905; ~atis etenim rebus ob mutationem regum *V. Gund.* 35; si quisquam violenta recti destitutione vel detentione in hundretis .. causam suam ita ~averit ut ad comitatus audientiam pertrahatur, perdat eam (*Leg. Hen.* 7. 6) *GAS* 553; [Anselmus] pueritiam egressus numquam vel lasciviori aspectu castimoniam ~avit W. MALM. *GP* I 45; primo, ad inquirendum qui ~ant potestatem regis ..; secundo, qua pena essent turbatores feriendi; tercium, ut ordinetur ne ita in futurum ~etur AD. USK 9; s**1423** singultus sermonem ~averunt AMUND. I 121. **b** nulla aeris turbulentia .. etiam delicati capitis cerebrum ~at GIR. *TH* I 33. **c** sicut et ipsa sunt tempora ~atissima GIR. *EH* II *pref.* p. 307; error .. eo .. operosius destruendus quo est periculosior et ~acior in clero WYCL. *Ver.* III 48.

3 to put into mental or emotional turmoil, to stir up or agitate mentally or emotionally, disturb, upset (also transf.). **b** (p. ppl. as adj.) in a state of turmoil, troubled, disturbed.

illa merito ~ata de tali presagio BEDE *HE* IV 23 p. 264; totis sensibus ~atus .. et huc illucque turbulentum animum convertens, quo solo sederet nesciebat FELIX *Guthl.* 29 p. 96; illa ira mala est quae mentem ~at ut rectum consilium perdat ALCUIN *Moral.* 631B; ne vos ~et quod 'irritus', 'irrita' .. penultima correpta dicimus ABBO *QG* 6 (14); noli, quaeso, nimium inde ~ari B. *V. Dunst.* 27; luget, trabatur [MS: ~atur], tali pena cruciatur GREG. ELI. *Æthelthryth* II 257; pacem sanctorum sic rumpere sepe virorum, / sic solet antiquus turbare bonos inimicus *Id. Æthelwold* 3. 2; hac sub tempestate Anglia diversisque modis ~ari G. *Steph.* 78; voluit Deus ad consolationem merita sua .. ostendere, ne forte pro aliquo .. crimine ~aretur P. CORNW. *Rev.* I 183; ~avit hujus sinistri casus infortunium Gallicos, Anglicos, et Normannos, amicos regis Anglorum *Ps.*-ELMH. *Hen. V* 114. **b** omni solatio destitutum et languore ~atum *V. Gund.* 5; rex inde factus ~atior M. PAR. *Maj.* V 715; per nostra facinora .. meruimus judicem invenire ~atum, per ipsius suffragia .. mereamur eundem reperire placatum R. BURY *Phil.* 20. 251.

4 ? *f. l.*

c959 (15c) quam [sc. donationem] si quis face demonis subpositus aliquibus maculis turbare [? l. turpare] satagerit (*Wells*) *ASC* XIII no. 30 (cf. *CS* 245: †785 (? 11c) hanc .. donationem si quis .. aliquibus maculis ~are, frangere, minuere, auferre satagerit).

2 turbare [turba+-are], to turf, cover with turf.

1168 pro celanda camera regis de Clarendona et ~ando clauso circa eandem cameram *Pipe* 157; 1252 magnum herbarium nostrum ibidem ~ari .. facias *Liberate* 28 m. 4; 1259 xv operariis cum duabus bigis diurnis per xv dies circa herbarium .. regis reparandum et ~andum xxij s. xj d. *Ac. Build. Hen. III* 372; 1289 de turbis fodiendis et pro .. gardina et praeria regis ~andis *KR Ac* 467/19 m. 3; 1301 in ij erbariis de novo faciendis et ~andis, vj d. ob. *MinAc* 991/25.

turbaria [turba+-aria], **~ium**

1 turbary, land where turf may be dug or right to dig turf there.

1157 in culturis, pratis, et ~iis *Papsturkunden in England* I 318; concessi .. pasturam de Middlemora cum turbera quantum ad nos pertinet *FormA* 275; c1180 cum .. ~iis et petariis sufficientibus *Regesta Scot.* 196; 1201 dissieirat [*sic*] eos de pastura sua .. turberia, sabloneria *CurR RC* I 385; c1200 H. habet .. pro excambio parci turveram juxta croftam suam (*Minchinhampton, Glos*) *Ch. & Cust. Caen* 77; 1227 totum jus et clameum quod habuit .. in turbara et pastura *Reg. S. Bees* 341; s1222 hec tempestas ~iam palustrem quandam, cum limo et gurgite .. ita exhausit et asportavit ut maximi laci fundus velut siccum .. pavimentum appareret M. PAR. *Min.* II 252; 1315 torbarie de Fynglas .. pro eo quod de predictis pratis et ~ia nichil alia anno falcari seu fodi potuit *Doc. Ir.* 370; 1361 in separalibus ~iis suis ibidem foderunt et turbas inde projectas .. asportaverunt *Pat* 263 m. 14d.; *turfe grafte*, ~ium *CathA*.

2 (piece of) turf. **b** block of tan-turf.

1234 quod possint capere in predicta foresta meremium ad edificandum et boscum et ~ium ad ardendum *Ch. Chester* 463; Thomas Heyne petiit ab abbate ~ias seu cespites fodiendas apud Barnet Wode (*Chr. S. Alb.* (1422–31)) AMUND. I 6. **b** 1395 tannarii .. obturant aquam communem .. cum .. pollis et ~iis in tempore lini et jacent coria sua in predicta aqua *Rec. Nott.* I 272.

3 building for storing turf.

~iam juxta pistrinum usque ad prope novum hospitium transferri et porcariam in .. antiquo loco ~ie fecerat stabiliri *Meaux* III 229.

turbarium v. turbaria.

1 turbarius [turba+-arius], turf-cutter.

a turfe graver, glebarius, ~ius *CathA*.

2 turbarius [? cf. CL turba], (Ir.) class of footsoldier, kern or gallowglass.

1535 exonerabunt villam de Ballylynchy .. ab omnibus imposicionibus et exaccionibus secularibus equiferorum equorum Scoticorum ~iorum et quorumcunque operum *Deeds Mon. & Ep. Ir.* 76; 1536 [*to join the king's forces .. with 12 horsemen and banners and 30 kerns*] ~iis *Anal. Hib.* VI 355; 1557 paratus .. ad serviendum dominis regi et regine .. cum xij eque-

stribus et xxiv ~iis bene armatis *ActPCIr* 34; 1557 solvet pro quolibet die .. et pro quolibet ~io pro simili defectu denarios viginti *Ib.* 35.

turbate [CL], in a disrupted or disturbed manner.

hac sub tempestate Anglia multis diversisque modis turbari; .. inde in Glaornensi comite ~issime tribulari G. *Steph.* 78; necesse .. erat ut tempori morem gerentia, singula queque ~e proveniant GIR. *EH* II *pref.* p. 307.

turbatim [CL turba+-atim; cf. turmatim], in a crowd or dense throng.

hec turba .. ~im, adverbium OSB. GLOUC. *Deriv.* 577; repentina eos invasit calamitas. namque irruentibus in eos ~im apparitorum cuneis .. Cantabrigiam perducti sunt ibique .. detrusi ergastulo *Mir. Hen. VI* II 40.

1 turbatio [CL]

1 agitation, turbulence.

molendinum quod omnes pene naves confringit per magnam ~onem maris *DB* I 11ra; visa hac terribili maris ~one (*Brendanus* 43) *VSH* I 123.

2 commotion, disturbance, turmoil, (also) state of troubled relations, unrest.

fit ingens in urbe vociferatio civium, horribilisque ~o, et concursus omnium ORD. VIT. X 20 p. 124; 1166 expectabamus pacem et ecce ecclesiam jam gravior infestat ~o J. SAL. *Ep.* 171 (183); s1233 ~o inter regem Anglie et suos, quia magis adhesit extraneis quam suis *Feudal Man.* 98; 1267 a principio ~onis dudum post parliamentum habitum apud Oxon .. suscitate *BBC* 36; ubicunque congregantur clerici, sicut Parisius et Oxonie, bellis et ~onibus et ceteris vitiis scandalizant .. populum laicorum BACON *CSPhil.* 399; quando voluerunt .. devote orare .. semper reperitur quod vitarunt ~onem [ME: *sturbinge*] et diverterunt soli *AncrR* 50.

3 mental or emotional turmoil or disturbance, perturbation, worry.

ita sensu excesserat ut quam miserabiliter cerebri ~one agitaretur vix possit explanari W. CANT. *Mir. Thom.* VI 3; ignorat laboriosam ~onem Marthe; gaudet .. super .. deliciosa sessione Marie AD. SCOT *QEC* 810B; causam meroris .. ac ~onis .. ex his traxisse videtur J. FORD *Serm.* 61. 2; nisi .. vitam .. maturius emendaveris .. talem ~onem inde recipies que tibi usque ad exitum vite non deficiet GIR. *EH* I 11 p. 291.

2 turbatio [turbare+-tio], (act of) turfing, covering with turf.

1291 pro · onc ejusdem herbarii et pro turbis et cariagio eorundem, xviij d. ob. *KR Ac* 486/7.

turbativus [CL turbatus *p. ppl. of* turbare+ -ivus], that causes disturbance or turmoil.

1273 cessabit solita molestia ~a [scholarium Oxon.] *Conc.* II 26b; 1283 parum cupimus .. vobiscum habere vel minimum scrupulum ~um *Ib.* II 99b; multum quoque bene stetisse ecclesiam retroactis temporibus sine ista novella doctrina tot hominum ~a BRADW. *CD* 735D; juxta illud Luc. quarto decimo: cum invitatus fueris, vade et recumbe in novissimo loco. quod dictum non debet intelligi carnaliter de nupciis corporalibus ... nec foret doctrina sua si sit generalis ad convivandum et convivarum carnalium ~a WYCL. *Ver.* II 47; quandoque ~o, quandoque dissimulativo .. quandoque instigativo J. BURGH *PO* VII 8 f. 114; 1425 doctrina .. rei publice spiritualis et ecclesiastice ~a *Reg. Cant.* III 127; s1415 recessum per .. papam .. factum fuisse .. vacacionis et unionis ipsius ecclesie ~um et impeditivum, schismatis .. nutritivum WALS. *YN* 454.

turbator [CL], one who disturbs or disrupts, one who causes turmoil or trouble.

Normannia .. diu seditiones intestinas probe tolerat et pace reddita in fecundiorem statum mature resurgit, ~ores suos .. in Franciam liberis anfractibus emittens W. MALM. *GR* V 397; s1141 ~ores vero pacis .. ad excommunicationem vocandos *Id. HN* 501; 1166 dicimus .. ~orem rerum quia ecclesiam sibi vendicat libertatem J. SAL. *Ep.* 178 (171); consilii dissipator .. ~or pacis .. salutis persecutor J. FORD *Serm.* 86. 5; ~oribus vestris in Romana curia murum se opponit P. BLOIS *Ep.* 5. 15B; fui valde iracundus et ~or fratrum (*Brendanus* 100) *VSH*

I 149; pestiferi in claustris, ~ores fratrum T. CHOBHAM *Serm.* 18 f. 66ra; monachum .. ~orem fratrum et eidem loco perniciosum ELMH. *Cant.* 374.

turbatorius [CL turbare+-torius], that disturbs, disrupts, or causes trouble.

ecce spei hujus et expectationis ~ias litteras rex .. archiepiscopo destinat EADMER *HN* p. 89.

turbatrix [CL], that causes trouble or disruption (f.).

immo quis e supera contendat pace creatam / turbatricem hominum J. EXON. *BT* I 313.

turbatus v. turbare. **turbela** v. turbella.

turbella [CL]

1 disturbance.

~a, turbatio OSB. GLOUC. *Deriv.* 590.

2 a small crowd or group.

a company, turba, ~a *CathA*.

turbentinus v. terebinthinus. **turbera, ~ia** v. turbaria. **turbia** v. turbith.

turbidare [CL turbidus+-are], to cause a disturbance.

~are, turbationem facere OSB. GLOUC. *Deriv.* 590.

turbide [CL], in a turbulent manner. **b** violently, roughly, severely.

monstra .. ~e .. ad hanc vastam gurgitis se voraginem vertunt *Lib. Monstr.* I *pref.* **b** noluit effrenata temeritas aurem placidam monenti commodare .. eademque impudentia .. Willelmi legatum nec bono vultu dignatus ~e abegit [Haroldus] W. MALM. *GR* III 240; rex Willelmus in subjectos leniter, ~e in rebelles agens *Ib.* III 258.

turbiditas [CL turbidus+-tas], disturbed or agitated state or condition, turmoil. **b** (of liquid) cloudiness.

ut .. animum ex ~ate in quietem .. constituat ADEL. *ED* 26. **b** ex tali ~ate et colore obscuro [urine] GILB. I 44v. 2.

turbido [LL], storm, whirlwind.

demon .. cum turbidine et fetore recedens disparuit *Latin Stories* 99; in ventorum turbidine ac procellis *Reg. Whet.* II 429; invaluit ventorum rabies .. dum incurvatum videret malum per impulsum turbidinis AMUND. I 127.

turbidulus [CL turbidus+-ulus], somewhat disturbed or troubled.

turbidus .. unde ~us, -a, -um OSB. GLOUC. *Deriv.* 577; affectus tepidus, sensus turbidulus WALT. WIMB. *Carm.* 8.

turbidus [CL]

1 that is in a state of turmoil, turbulent; **b** (of state of affairs or sim.).

flumina qui metuat modica sulcare carina / grandia, ne mergat turbidus auster eam ALCUIN *Carm.* 76. 2, 2; 963 Acherontis cujus ~us gurges caeno ac vasta voragine aestuare asseritur *CS* 1112 (cf. *CS* 1165: 965 Acherontis .. turpidus gurges); vultusque minaces / per tenebras animam terrebant agmine spisso / diversisque modis agitabant turbida flabra ÆTHELWULF *Abb.* 328; velut unde maris insulam ~is incursibus quatiebant ecclesiam GOSC. *Transl. Mild.* 3; s1287 mare tam ventorum vehementia quam trebida [l. ~a] violentia terminos solitos egrediens *Flor. Hist.* III 68. **b** de presentis evi volubilitate et rerum ~a variatione vaticinatus est ORD. VIT. XII 47 p. 489; s1237 annus ille procellosus et ~us in aere, hominibus flagitiosus et sanitati inimicus M. PAR. *Maj.* III 470; nox se micante turbida serenatur J. HOWD. *Cant.* 322.

2 (of liquid) cloudy, murky, turbid; **b** (of eye, in quot. in fig. context); **c** (of features or expression).

homines dum aquam ~am de torrente .. bibunt, vocis claritatem habere non possunt; porro angeli aquam limpidam .. hauriunt et ideo clare canunt W. NEWB. *Serm.* 848; Aluni fluvius, aqua ~a et fecunda GIR. *IK* II 1; in Ethiopia omnes aque ~e sunt et aliqualiter salse propter vehementiam caloris *Itin. Mand.* 84. **b** cecus et ~us est invidie oculus P. BLOIS *Ep.* 48. 144B. **c** curiales ~o, ut solebant, vultu .. inquiunt .. W. MALM. *GR* IV 318; de murmure, de ~o [ME: *grimme*] vultu *AncrR* 132.

3 agitated, disturbed, confused (in mind, emotion, or sim.).

~us, iratus *GlC* T 232; adventus ejus causa multorum mentes effecit ~as ORD. VIT. XII 30 p. 425; ~us comes .. constitit .. et confusus trepidusque diem expectavit *Ib.* XIII 38 p. 117; si habeas cor ~um, nichil tibi prodest *AncrR* 151.

turbifodina [turba+CL fodina], turbary, place where turf may be dug or right to dig there.

s**1303** fecit finem .. pro ~a in Inkelmora *Feudal Man.* 119.

turbina [cf. CL turbo], whirlwind.

~ae, rotae ventorum *GlC* T 337.

turbinaceus [CL turbo+-aceus], shaped like a cone or spinning top.

addunt aliud trifidae genus quod a forma ~eum dicimus. fit autem amissa ex utroque superiori angulo in ipsum cuspidem linea recta SPELMAN *Asp.* 80.

turbineus [CL], caused by or resembling a whirlwind, stormy.

ventus ~us et estus undosus navim .. fluctibus implebant W. CANT. *Mir. Thom.* IV 12; ventum .. ~um in facie hostium .. inflare fecit *Reg. Whet.* I 409.

turbinosus [CL turbo+-osus], disturbed, turbulent.

1442 his ~is temporibus BEKYNTON I 123.

turbiscum [LL], kind of plant, prob. flax-leaved daphne (*Daphne gnidium*).

cocognidiorum, i. ~i semen vel lauriole *Gl. Laud.* 299; camelea, i. coconidium, ~us *Ib.* 324.

turbit v. turbith.

turbitare [CL turbare+-itare], to cause a disturbance (repeatedly).

~are, turbationem facere OSB. GLOUC. *Deriv.* 590.

turbith [Ar. *turbid*], turpeth, cathartic drug made from root of jalap plant.

collyrium ad dolorem: .. turbie, gummi arab' etc. GILB. III 134. 2; magnes, turbia, balsamus *Ib.* III 134v. 1; ~ith radix alterius, herba similis est trifolio et est perforata *Alph.* 188; purgatio fiat cum catholicon .. ; tamen potest acui .. cum turbit et modico çinçibe GAD. 4v. 2; item cum catholicon bene facto curatur quotidiana [febris]; set cum ~ith acuitur vel cum agarico *Ib.* 5. 1; **1480** garbelatorem omnium specierum, viz. .. spicenardi, sene, ~ith', grana [*sic*] tintorum, zedoarii *Pat* 545 m. 8; **1534** storax callamite .. turbyt, ij is. *fyane Rec. Nott.* III 192.

1 turbo v. 3 turba.

2 turbo [CL], **turbus** [LL]

1 spinning top. **b** cone, cone-shaped mass.

parvulis balbucientibus / qui turbi lusitant in vertiginibus WALT. WIMB. *Palpo* 180; *a toppe*, trocus, turbus *CathA.* **b** cor .. princeps membrum, in ~inem fastigiatum viscus D. EDW. *Anat.* B4v; est pars media [areae trifidae] quasi pyramis aut †trabo [? l. turbo] inversus SPELMAN *Asp.* 80 (cf. Plin. *HN* II 47: figuram .. similem metae ac turbini inverso).

2 whirlwind, violent disturbance of the atmosphere, storm; **b** (in fig. context, transf., or fig.); **c** (~ines mundi). **d** wind in the digestive tract.

cum grandinum et aliarum ~inum fiunt tempestatumque motiones magnae *Comm. Cant.* I 295; furentibus foris per omnia ~inibus hiemalium pluviarum vel nivium BEDE *HE* II 13 p. 112; ~o, venti vorago *GlC* T 342; gravissima in eos tempestas irruit, ~ine ventorum et fluctuum navim .. concussit *V. Gund.* 6; ex insperato de mari quasi ~o vehemens in Galliam intravit ORD. VIT. III 1 p. 6; per eos qui in rota, ut Ixion, rotantur, negotiatores ostendit, qui semper tempestatibus ~inibusque volvuntur ALB. LOND. *DG* 6. 5. **b** bilustro supra dicti ~inis necdum ad integrum expleto GILDAS *EB* 12; qui passionis ~ine terrente trepidaverant, fulgente resurrectionis ejus triumpho confirmati sunt BEDE *Hom.* II 21. 231B; tunc .. fulmen et tonitruus transmarinorum exercituum patriam concusserat, sed sanctorum meritis hic ~o ..

inanescebat GOSC. *Lib. Mild.* 19; flammatio bibliothecam .. rapaci ~ine concremavit J. SAL. *Pol.* 792B; **1160** invalescente scismatis ~ine (*Lit. Archiep.*) *Ep. J. Sal.* 87 (132); nemo .. fatorum ultimum avertit turbinem WALT. WIMB. *Sim.* 99; turba .. mutuo verborum ~ine turbam turbabat J. FURNESS *Kentig.* 3 p. 167; telorum turbine WALT. WIMB. *Palpo* 153. **c** in omnibus hujus mundi ~inibus custos indeficiens OSB. *V. Dunst.* 19; sopitus a mundi ~inibus, clarius supernis invigilat contemplationibus GOSC. *Edith* 267; inter mundi ~ines procellosos ELMH. *Cant.* 128. **d** intestina tua si .. sint onerata / turbine, quere locum quo possint exonerari D. BEC. 1103.

3 (understood as) one who disturbs (*cf. turbator*).

talorum lusor, pacis turbo, joculator D. BEC. 48.

turbonum v. 2 turba.

turbor [cf. CL turbare], (in gl.).

~or, perturbatio *GlC* T 340.

turbottus, ~otus v. turbutus.

turbulente [CL], in a violently disruptive or disorderly manner.

non eos ~e repulit sed sanctissima circumvenit arte W. MALM. *GP* III 115; turbulentus .. unde ~e OSB. GLOUC. *Deriv.* 577.

turbulenter [CL], in a violently disruptive or disorderly manner.

dum se Anglenses ita ~er, ita et calamitose continerent G. *Steph.* 2; turbulentus .. ~er OSB. GLOUC. *Deriv.* 577; quam traxerit olim violenter ac ~er in carcerem J. FORD *Serm.* 77. 3.

turbulentia [CL]

1 disturbed or agitated state or conditions, turbulence.

est jam permutata in serenum ~ia .. domestica W. POIT. I 15; nulla aeris ~ia .. hilares hic contristat GIR. *TH* I 33; sol .. nocturnos timores et ~ias abigit GROS. *Ep.* 103; **1240** decimas .. per iram .. aut ~iam exigentes *Conc.* I 670b; sermo .. sepe facit et eloquencia cadere lites ~iasque jurgiorum E. THRIP. *SS* IV 21; melancolia est humor spissus et grossus. ex fece et ~ia sanguinis generatur BART. ANGL. IV 11.

2 trouble, exertion.

castralium remuneraciones laborum ~iarumve .. deessent E. THRIP. *SS* III 8.

turbulentus [CL]

1 violently disturbed, turbulent, that is in turmoil (also transf. or fig.). **b** (as sb. n.) turbulent or choppy water. **c** (of fluid) clouded, not clear.

tunc non erit hoc seculum vita mortalium ~um quod sepissime in scripturis maris nomine figuratur BEDE *Chr.* 541; ventorum ~issimo et durissimo *Id. Cant.* 1151A; ~a talium negotiorum procella vexatus W. MALM. *GP* I 65; in ~is hujus mundi fluctibus *Ib.* I 16; nescit .. Deus habitare in hospicio ~o quia 'in pace factus est locus ejus' [*Psalm.* lxxv 3] T. CHOBHAM *Serm.* 2 f. 9rb. **b** xj homines .. ingressi sunt mare piscandi gracia. .. cum .. in ~o centum pedum profunditatis fluctuarent, brachiis ori appositis ne gustacione aque perissent .. (*Edmundus*) *NLA* II 669. **c** **796** si .. ~us infidelitatis torrens profluit unde purissimus veritatis et fidei fons emanare solebat ALCUIN *Ep.* 101; ~us, obscurum *GlC* T 347; si ille [nauta] non potest videre lapidem .. cui adheret anchora propter aquam ~am et nebulosam, effundit oleum et tunc .. aqua perlucida redditur BELETH *RDO* 95. 96A; cum .. pisciculos .. latitantes per tantam aeris et aque ~am intercapedinem .. conspiciant GIR. *TH* I 16.

2 who raises discord, disorder, or trouble, (also) troubled.

~is, *of weamodum GlP* 503; talem .. decet esse sponsam Verbi quam .. neque temulentia garrulam .. neque negatus ejusdem celle aditus aut ~am reddat aut querulam J. FORD *Serm.* 46. 6; si quis .. temulentia ~us obtrectator temporum nostrorum fuerit GIR. *Rem.* 28 p. 63; videtur quod non sint plures impetus in animo ~i .. nisi impetus cupiditatis vel libidinis vel cibi .. et impetus animi irati qui fit per odium T. CHOBHAM *Praed.* 247.

turbulum v. tribulum.

†**turbundus**, *f. l.*

talibus offensa plebs †turbunda [v. l. turbinibus] luit [v. l. ruit] intus, / petras missilia in jaciendo [v. l. vi jacitando] foras ELMH. *Metr. Hen.* V 317.

turbus v. turbo. **turbuscetum** v. trebuchettum. **turbuttus** v. turbutus.

turbutus [AN *turbut*; cf. 3 turba], turbot.

1267 in j ~o viij d. ob. (*Ac. Roger Leyburn*) *EHR* LIV 213; **1248** una pars sit de salmonibus et alia pars de turbuttis *Cl* 54; **1334** in ij turbotis et j salmone .. vj s. ix d. *Ac. Durh.* 19; vocatur .. rhombus turbottus P. VERG. I p. 14.

turbyt v. turbith.

Turcanus, Turcinus [cf. AN *Turc*], Turkish. **b** of or pertaining to a Turk.

Herluinus, ~ane lingue peritus ORD. VIT. IX 10 p. 554; de ~ana conjuge .. nullam sobolem habuit *Ib.* IX 11 p. 570. **b** tunc etiam ~inas carnes quidam comederunt ORD. VIT. IX 13 p. 582.

Turcatus [cf. AN *Turc*], turquoise (semi-precious stone).

lapides ejus erant cristallus .. ametistus, tintachus [v. l. turcatus], atque granatus (*Visio Tundali*) *NLA* II 311.

Turce [Turcus+-e], in the Turkish language.

a suis interpretibus quid tunc ~e dicerent sollerter ediscebant ORD. VIT. IX 15 p. 605.

turchemannus v. druchemannus. **turchesius, ~chogis** v. turkesius. **Turchus** v. Turcus.

Turcia, Turkey.

Lycaonia vocatur nunc Turkia BACON *Maj.* I 355.

Turcipelerius v. Turcopolerius. **turcois** v. turkesius.

Turcomannus [Pers. *turkuman*], member of a Turkic people, Turcoman.

pre omnibus avari ~i et Beduini bona Christianorum cupientes .. campestria Saronis invaserunt *Expug. Terrae Sanctae* f. 9; **1188** nobiscum sunt Bedwini .. et Turkemanni, quos si effunderemus super inimicos nostros destruerent eos (*Lit. Saladini*) *Itin. Ric.* I 18; s**1251** Antiochia .. invalescente Turkorum et Turkamannorum robore .. ignominioso patuit discrimine M. PAR. *Maj.* V 228.

Turcoplarius, Turcoplerius v. Turcopolerius.

Turcopoleriatus [Turcopolerius+-atus], the office of Turcopolier.

1440 officium Tricopleriatus quod ad .. nacionem nostram Anglicanam pertinet BEKYNTON I 83; **1441** cogitare cepimus quisnam digne in officium Tricopleriatus .. subrogari meruerit *Ib.* I 211.

Turcopolerius [Turcopolus+-erius], Turcopolier, knight of the order of St. John of Jerusalem commanding the Turcopoles or light-armed soldiers.

1408 Turcoplarius de Rodes, prior hospitalis S. Johannis Jerusalem in terra nostra Hibernie *Foed.* VIII 525a; **1441** religiosus miles Thomas Launcelene, Tricoplerius Rodi cessisset in fata BEKYNTON I 211; **1444** venerabilem et religiosum virum, fratrem H. Medylton, Turcoplerium conventus Rodi *AncD* C 3613; **1480** domini Johannis Kendale in ordine militum Hospitalis S. Johannis Jerosolimitani Turcipelerii *Pat* 545 m. 29.

Turcopolus [τουρκόπουλος], class of light-armed soldier (said to be of mixed Turkish and Christian parentage).

s**1096** ad Turcos, Sarracenos, ~os, aliosque paganos debellandos FL. WORC. II 39; nostrates .. ~is .. qui Getice locutionis et ritus patrie viarumque gnari erant preeuntibus iter inierunt ORD. VIT. X 20 p. 126; s**1187** habebant exercitum copiosum .. Turcopulos innumerabiles *Expug. Terrae Sanctae* f. 4b; s**1187** pugnaverunt .. ~i in extrema parte exercitus *Ib.* f. 7; s**1191** armantur .. Hospitalarii et militia Templi, quamplures secum ducentes ~os validissimos *Itin. Ric.* IV 20.

Turcopulus v. Turcopolus.

Turcus [AN *Turc*], Turkish person, Turk.

venimus ad urbem .. que sancte Marie Mogronissi vocatur .. quam Christiani, jam [a] Turcis Alexandria expusi .. inhabitabant SÆWULF 60; Saraceni et Turchi deum creatorem colunt, Mahumet non deum sed dei prophetam estimantes W. MALM. *GR* II 189; s**1096** ad ~os, Sarracenos, Turcopolos et alios paganos debellandos .. hortatus est Christianos FL. WORC. II 39; Manuel .. ipsi regnum Parthis, id est Turchis, contiguum, .. tribuit MAP *NC* II 18 f. 29v; urbem Jopen, a ~is iterum occupatum GIR. *PI* III 8; s**622** Saraceni, qui et ~i dicuntur, Mahumet pseudo-propheta eis ducatum prebente, a suis sedibus exierunt M. PAR. *Maj.* I 269; s**1345** ad partes ultramarinas contra Thurcos AD. MUR. *Chr.* 187.

1 turdella, cowslip (*Primula veris*).

paralisis herba, passerella vel passerina, ~a .. G. *maierole*, A. *cousloppe Alph.* 134.

2 turdella v. turdula.

turdinus [CL turdus+-inus], thrush-like, (in quot. understood as) quail.

~us, *a quayle WW.*

turdo, turduh v. turdus.

turdula [CL turdus+-ula], little thrush.

turdella, *þrostle GlC* T 323; turdula prompta loqui HANV. IX 428.

turdus [CL]

1 kind of thrush. **b** (understood as) woodpecker.

~us, *scric GlC* T 324; capio .. hyrundines et turdones ÆLF. *BATA* 6 p. 85; **10.** . turduh [l. ~us], *stær WW*; hic canit omnis avis ..: / pica loquax, murule, turdi, turtur, philomele GREG. ELI. *Æthelwold* 6. 10; hic sturdus, *esturnel* i. *stere WW Sup.* 26; ~us nomen est equivocum ad volucrem et piscem NECKAM *NR* I 26; ~us avis est, G. *mauuys,* A. *throstle Alph.* 188; sunt bona gallina, capo, turdus [*gl.: feldfare*], sturnus, columba *Dieta* 56; hic sturdus, *a mawys WW.* **b** sturfus, *fina WW.*

2 kind of fish. **b** (in gl., identified w.) turbot.

turdum nobilitat joccundi gratia gustus / vix inter pisces gratior ullus adest NECKAM *DS* III 643. **b** *a turbut,* ~us *CathA.*

turebulum v. turibulum.

1 turella v. toraillum.

2 turella, ~us [AN *turele,* ME *tourel, turel*]

1 small tower, turret. **b** decorative pinnacle.

1162 in operatione j turrelle c s. *Pipe* 53; **1220** in operacione cujusdam ~e castri nostri de Kenillewurth, que corruit ad natale Domini *Cl* 422b; **1238** meremium .. ad quatuor ~os baillii castri .. reparandos *Cl* 39; **1260** in una torrella cum uno oriolo facienda ultra privatas cameras regine *LTR Mem* 35 m. 8d.; **1289** domum .. fundata per muros et ~as ville Burdegale *RGasc* II 460b; **1289** domus .. est fundata super muros et torellas *Ib.* II 480a; **1311** placeas illas cum aysiamentis murorum et turrellorum *MunCOx* 19; palacium .. delectabili murorum turrillarumque serie coronatum BEKYNTON *App.* 285 321. **b** c**1450** una crux .. situata super curello fracto *Reg. Aberd.* II 143; una crux de argento deaurato .. situata super curillo *Ib.* II 160.

2 ring, swivel.

1286 Hugoni clerico mutarum pro *boynes, gez* et ~is emptis ad girfalcones regis positos in mutis *Rec. Wardr.* 2220.

turellare [turella+-are], to provide with a tower or turret.

1329 muros .. de petra et calce de novo facere et kernellare et ~are .. palatium .. sic inclusum, kernellatum, et ~atum *Pat* 172 m. 15; **1422** licenciam dedimus .. quod ipse manerium suum .. muro de petra et calce firmare, kirnellare, batellare, et turrillare .. possit *MS PRO DURH 3/38* m. 13d.; **1442** licentiam dedimus quod .. manerium suum .. ~are et batellare possit *ChartR* 187 m. 3; **1460** turrim hujusmodi cum petris et calce includere, kernellare, batellare, ~are, et machecollare *Ib.* 190 m. 1.

turellum v. toraillum. **turellus** v. 2 turella.
Turenensis v. Turonensis. **turensis** v. turrensis.
turetteus v. turettus.

turettus [AN *turette*]

1 turret.

1275 quoddam hermitagium situm est in uno turrecto muri civitatis Lond' .. et edificatur quatuor pedes et amplius extra turrectim [? l. turrectum] *Hund.* I 413b.

2 small ring, terret (esp. for use with rope or chain). **b** small circle or wreath.

1235 ij paria jectorum ad austurcos de serico .. cum turett' semiaureis et semichalceis *Chanc. Misc.* 3/4; **1241** Willelmus Aurifaber reddidit .. j ~um argenti cum nuwell' pro j schopa *LTR Mem* 13 m. 5; **1269** caruc' .. in iij torrett' emptis ad cord', j d. *MinAc* 994/27; **1275** empciones circa mutas .. pro xxxv turett' ad ligand' falcones ad *blokes,* iij s. *KR Ac* 467/6/2 m. 11; **1286** in .. iij cordis et torett' ad eosdem [equos] ligandos emptis, v. s. vj d. *MinAc* 827/39 r. 1; **1287** in ij cordis .. emptis ad ligand' affr' in pastura sua ij d. in ij torrect' emptis ad idem, ob. *Pipe Wint.* 11M59/B1/46 r. 24; c**1323** [cathena continet] xxv *lenkes* cum ~o argenti *IPM* 87/25; **1377** in uno *lese* et uno pare de turetteis pro domino de H. *Ac. Durh.* 387. **b 1403** unam aulam rubeam .. cum albis ~is .. unum lectum .. cum ~is de rosis albis poudratum *Pat* 370 m. 29.

tureus [CL], of or pertaining to incense.

Apollo de corpore virgam ~am surgere fecit, de qua tus Apollini sacrificatur *Natura Deorum* 44; ave, virga terre / cujus odor turea / transcendebat omnia EDMUND *BVM* 3. 40.

turfator v. trufator.

turfmare [AS *turf+mære*], land where turf may be dug, turbary.

a**1200** in bosco et plano et prato et pastura et ~e ad fossandum sive arandum *Danelaw* 87.

turgere [CL]

1 to swell (also transf. or fig.). **b** (pr. ppl. as adj.) swelling, swollen.

~et, crescere incipit *GlC* T 338; carnalibus .. oblectamentis irretitus in Francia, instanti prosperitate ~ens ORD. VIT. VI 10 p. 109; feroces epibate qui jam in navi sedes nacti ~ebant *Ib.* XII 26 p. 412; sed si saccus satis turget / non est culpa quam non purget / absque penitencia WALT. WIMB. *Van.* 59. **b** Neptunus .. / qui regit imperium ponti turgentibus undis ALDH. *VirgV* 1339; puellam .. ~entibus mammis *Lib. Monstr.* I 13; ~entium vesicarum dolor omne corpus .. obtexit, ut elephantinum morbum se pati putaret B. *V. Dunst.* 7; turgentem mundat squamoso corpore lepram *Mir. Nin.* 252; gemina oportet pietate pinguescant ac ~entiora preferant ubera, ad que recurrere promptum habeant qui pascendi sunt J. FORD *Serm.* 50. 9; bursa turgens WALT. WIMB. *Van.* 128.

2 to swell with pride, boldness, arrogance, or sim.

primo contemptus procerum praecepta docentum, / dum mentis typhus ventoso pectore turget ALDH. *Virg V* 2713; ~enti spiritu scandalum proponunt OSB. *V. Dunst.* 36; [Franci] captis hominibus Normannos subsannantes immoderate ~ebant ORD. VIT. VII 14 p. 223; ~entium furor Normannorum in sua viscera excitatus est *Ib.* X 17 p. 98; *enorguiler,* superbire, tumere .. ~ere *Gl. AN Ox.* f. 154v.

turgescere [CL]

1 (to begin) to swell (also transf.); **b** (of plant producing growth). **c** (pr. ppl. as adj.) swelling, swollen.

quo dictu matri turgescunt viscera fetu ALDH. *CE* 2. 29; et salis undantes turgescunt aequore fluctus *Id. Aen.* 92 (*Farus editissima*) 2; inflatio tumore dimidia pars corporis .. a lumbis tenus plantam ~ebat FELIX *Guthl.* 45; Dunelmum est collis, ab una vallis planitie paulatim et molli clivo ~ens in cumulum W. MALM. *GP* III 130; cutis superficie .. pustulis frequentissimis ~ente AD. EYNS. *Visio* 45; Adam dum vult Deus esse / gloria turgescit GARL. *Epith.* I 416; cum .. ille .. pelagus ~escere vidit et undas .. ingurgitare *Ep. ad amicum* 126; aruerunt subito ubera sua et usum lactis per septem dies amisit. .. sensit ubera sua ~encia per lactis habundanciam *Canon. S. Osm.* 39. **b** flos lilii unde ~it cespite proprio F. MALM. *V. Aldh.* 65C;

lignum .. mane inventum reviruisse, pubescens floribus, ~ens fructu W. MALM. *GP* II 76; si planta nunquam ~it in florem P. BLOIS *Ep.* 81. 250. **c** tumor ~ens in digito apparebat J. FURNESS *Walth.* 46.

2 to swell with pride, boldness, arrogance, or sim.

clerus ex securitate affluencie temporalium ~it superbia, torpescit accidia WYCL. *Blasph.* 81.

3 (refl.) to swell, or *f. l.*

aqua .. turgessit [vv. ll. transgessit, transgredit] se et eructat propter vapores inclusos GROS. *Flux.* 464.

turgessere v. turgescere.

turgide [CL turgidus+-e]

1 proudly, arrogantly.

Castellum Gunterii .. ~e possidentes nimis irati sunt ORD. VIT. XI 3 p. 172.

2 in inflated style.

naribus pre furore vento repletis, ~e responderunt WALS. *HA* I 436.

turgiditas [CL turgidus+-tas]

1 condition of being swollen, swelling.

hic turgor .. et hec ~as, -tis, ambo in uno sensu OSB. GLOUC. *Deriv.* 587; nescio qua labe adeo inflatus ut cutis extensa exangue corpus .. vix complecti posset ... ait .. "contactu sacrate manus vestre exterior [homo] ab hoc ~atis dolore sanetur" GRIM *Pass.* 1741E.

2 pride, arrogance, boldness, self-importance.

distulit me ~as et superbia secularium LUCIAN *Chester* 38.

turgidulus [CL], slightly swollen, swelling somewhat.

turgidus .. unde ~us, -a, -um i. aliquantulum turgidus OSB. GLOUC. *Deriv.* 586; intacte virginis castus ventriculus / fit sine semine viri turgidulus WALT. WIMB. *Carm.* 52.

turgidus [CL]

1 swelling, swollen.

~a dum caerula trudunt *Lib. Monstr.* II *pref.*; turgida ventosis deponens carbasa malis ALDH. *VirgV* 2807; monachus .. morbo intercutis aque languebat. jam ~a pellis in altum creverat W. MALM. *GP* IV 181; o secularis pompa .. recte pluvialibus bullis equanda diceris, que in momento valde ~a erigeris, subitoque in nichilum redigeris ORD. VIT. VII 16 p. 249; ~us venter, tumida facies et rubicunda J. SAL. *Pol.* 388A; c**1220** o vos burse turgide, Romam veniatis *Pol. Songs* 17 (cf. GIR. *Spec.* IV 15 p. 293).

2 swollen with pride, boldness, arrogance, or sim; **b** (of conduct).

superbiae typus, turgidae et inflatae virginitatis grassator ALDH. *VirgP cap.* p. 226; tantarum virium augmento ~us .. Normannorum comitem castelli possessione vellicavit W. MALM. *GR* III 231; ut .. jugum excuterent a se Normannorum, quod fere xxx annis fortiter detriverat ~as cervices illorum ORD. VIT. VIII 11 p. 328; ~us propagande dominacionis libidine voluit fieri de magno major, de divite dicior, de subdito imperator G. *Hen. V* 1. **b** frontose intrans et videns hospitum equos et ministros, iratus est vehementer. et .. tam equos quam ministros cum minis ~is aufugavit M. PAR. *Maj.* V 345.

turgor [LL]

1 swelling.

ingens arsura replevit ejus volam ~ore adustam LANTFR. *Swith.* 25; turgeo .. unde .. hic ~or, -oris et hec turgiditas OSB. GLOUC. *Deriv.* 587.

2 pride, arrogance, boldness, self-importance.

obtinuit gentes vacuo turgore minaces FRITH. 552; illa [mulier] dextera in modestum ~orem elata, "huncne," inquit "impudica, venenis tuis michi eripere conaris .. ?" ADEL. *ED* 9.

turibularium [CL turibulum+-arium], **thuribularium,** censer, thurible.

s**1394** dedit .. duo magna thuribularia de argento deaurata, ponderosa valde *Chr. Pont. Ebor. C* 426; **1442** ij thuribularia argentea et deaurata *Reg. Cant.* II 621.

turibularius [CL turibulum+-arius], **thuribularius,** censer-bearer, thurifer (also in fig. context).

incensum adolet omni flagicio, / oris thurribulum dat omni vicio. / ve tali scelerum thurribulario WALT. WIMB. *Palpo* 87; **1264** concessisse .. xij pueris in ecclesia Linc' ministrantibus videlicet ceroferariis et ~iis *Reg. Ant. Linc.* II 405; **1294** ingrediantur capitulum, puero turribulario cum tabula preeunte *MonA* VI 610a; sequentibus eos duobus thuribulariis cum thuribulis *Cust. Cant.* 45; providendo quod duo ceroferarii et alii duo thuribulari intersint *Reg. Aberd.* II 49.

turibulum [CL], **thuribulum,** censer, thurible; **b** (fig. or in fig. context).

accendit thymiama, habens .. in manu turribulum *Hist. Abb. Jarrow* 25; c**803** sacerdotis minsterium est .. sanctarum ~o orationum inter vivos mortuosque discernere [cf. *Num.* xvi 48] ALCUIN *Ep.* 311; portantibus .. thuribulum igne et thure refertum LANFR. *Const.* 111; nonne .. Deo Aaron resistit, cum inter viventes ac mortuos turribilum sumpsit NECKAM *SS* II 51. 4; **1220** Eudoni Aurifabro iij s. quos posuit .. in reparacione thurribuli nostri de capella nostra *Cl* 443b; j *paxbred* argenteum, j terribulum ferreum *Pri. Cold. app.* p. lxv; unum turribilum argenteum deauratum cum cathenis deauratis *Sacr. Lichf.* 110; **1373** in uno ~o empt. pro ecclesia de Dalton *Ac. Durh.* 180; **1400** unum thuriblium argenteum *Meaux* III 163; **1423** pro j pare turebulorum alias *censours Test. Ebor.* III 74; **1453** pro terrubulo et olei vase *Ac. Churchw. Som* 95; **1461** pro tribulo et patella ferrea iiij d. .. ad ~um argenteum xvj s. pro capsulis ligneis pyxidis et turribuli vij d. *Ib.* 102; de .. j thurribilo cum j nave *Ac. Obed. Abingd.* 135; hoc tribulum, *sensours,* hoc tus, *cense* WW. **b** dirigas ~um deprecationum tuarum sicut incensum in conspectu divinitatis (EANGYTH) *Ep. Bonif.* 14 p. 25; in thuribulo suspiriosorum aromatum ignem caritatis divinae continuum .. enutrirent Gosc. *Edith* 57; ex thuribulo illo aureo sui purissimi cordis, vivis virtutum .. carbonibus repleto, sicut incensum .. odoriferum, oratio ejus .. celos penetrans J. FURNESS *Kentig.* 16 p 187.

turibulus [cf. CL turibulus], **thuribulus,** censer-bearer, thurifer.

thuribulus, *a castere of cense* WW.

turicidium v. terricidium.

turicremulum [CL turicremus+-ulum], censer, thurible.

turibulum, thymiaterium, ~um OSB. GLOUC. *Deriv.* 289.

turicremus [CL], **thuricremus,** that burns incense.

ave, templum summi regis / et latoris nove legis / altare thuricremum WALT. WIMB. *Virgo* 103.

turicula v. turricula.

turidus [CL tus+-idus], **thuridus,** fragrant like incense, sweet-smelling.

~us, fumosus OSB. GLOUC. *Deriv.* 589; fac sana tabida, que fetent turrida WALT. WIMB. *Carm.* 75; quod fetet thuridum per nummum facimus *Id. Sim.* 24.

turifer [CL], **thurifer**

1 that produces frankincense.

hec regio [Saba] est ~a et aromatibus plena BACON *Maj.* I 330.

2 that produces the smoke of incense or the smell of incense, fragrant.

narrabat etiam ipsos thuriferos lateres quibus incubuerat [Augustinus] sepultus sanitatum charismate redundare GOSC. *Transl. Aug.* 28A.

3 (as sb. m.) censer-bearer, thurifer.

conversus thurifer non induebatur *Cust. Westm.* 226; thurifer dicitur quia fert thura sive thimiamata *Ord. Ebor.* I 126.

turiferarius [CL turifer+-arius], **thuriferarius,** censer-bearer, thurifer.

thuriferario tradit thurribulum ad incensandum conventum *Obs. Barnwell* 116; ibi erunt thuriferarii duo cum turibulis in manibus eorum *Stat. Linc.* I 368; cuilibet patenario, thurifero, et choriste ejusdem ecclesie *Mem. Ripon* I 140; cum ceroferariis et thuriferariis reverenter ipsum precedentibus usque ad feretrum *Lib. Regal.* f. 27.

turifex [CL tus+-fex, cf. LL turificare], (in gl.).

~ex, sacerdos, antistes, presbyter OSB. GLOUC. *Deriv.* 589; *a preste,* .. sacerdos .. turifex *CathA.*

turificare [LL], **thurificare**

1 to burn (incense or sacrifice) as offering, to make a burnt offering of, to offer up; **b** (fig. or in fig. context, esp. prayers or sim.); **c** (the soul, in death). **d** (*se* ~*are* w. dat.) to sacrifice or dedicate oneself. **e** (intr.) to burn incense or sacrifice as offering, to make a burnt offering; **f** (w. indir. obj.).

timiama diis ut adoleret et holocausta ~aret ALDH. *VirgP* 47; sicut incensum in conspectu divinae majestatis ~atur *Ib.* 60. **b** in contritione cordis incendens precum thimiamata .. turrificans .. Domino pia suspiria Gosc. *Edith* 56; Deo et sancto .. preces cum lacrimis .. ~abat W. MALM. *Wulfst.* I 15; corpus .. locatur ante altare cum feretro ... orationum inferie, lacrimarum exequie Deo turrificantur *Ib.* III 23; qui semper in celum ~asset virtutum et orationum holocausta *Id. GP* V 255. **c** locus .. ubi beatam animam superno Patri ~avit, nec cessat odores hodietenus aromatizare Gosc. *Edith* 95; vix annis quatuor episcopatu functus animam celo ~avit CIREN. I 221. **d** precibus et elemosinis se Deo ~at, lacrimas et aromata flagrat *Lib. Eli.* I 4. **e** tunc procus .. / turificare jubet munusque litare Dianae ALDH. *VirgV* 2416; **1166** Chore ~ans divini ignis incendio vastatur J. SAL. *Ep.* 185 (184); Jovinianus .. millenarius maluit cingulum perdere quam ~are R. NIGER *Chr. II* 126. **f** nefandas simulacrorum effigies .. quibus pontifices .. ~abant ALDH. *VirgP* 36; Christum nescimus, patriis diis ~amus STEPH. ROUEN I 921; ~are Domino E. THRIP. *SS* II 16; nulli licitum est ~are ydolis GROS. *Cess. Leg.* IV 5 p. 173; **1445** Deo cotidie ~asse .. non ambigitur *Reg. Heref.* 267.

2 to produce by burning incense or sim. in a censer (in quot. in fig. context).

hic fumum criminis oris aromate / multo thurificat et verbi scemate WALT. WIMB. *Palpo* 85.

3 to cense, to direct the smoke or vapour from burning incense towards or at. **b** (intr. or absol.) to cense, (also) to wield censer.

sancti lecticam cum pio affectu ~at HERM. ARCH. 46; ad missam non debet thus offerri, id est non debet altare ~ari, sed corpus tantum BELETH *RDO* 161. 162; postquam .. ex thuribulo mundi cordis spirituali thymiamate pleno arcam .. aromatizando ~averat J. FURNESS *Walth.* 68; episcopus .. abbatem Abbendonie ~abit, aqua benedicta disperget *Obed. Abingd.* 336; afferunt .. secum incensum et alia odorifera ad thurificandum ydolum ac si esset corpus Domini *Itin. Mand.* 92; antistes .. corpus thurrificat incorruptum, inchoans antiphonam 'Iste sanctus' (*Edmundus*) *NLA* II 625; **1478** quod epitaphium cum thure in thuribulo .. †thurisitabunt [l. thurificabunt] *Scot. Grey Friars* II 126; **1483** aqua benedicta aspersus et ~atus .. dixit Pater Noster *Fabr. York* 211. **b** non solum indigne thuribula sumens et ~ans, sed etiam indignissime corpus Christi consumens GIR. *GE* I 51; deinde de servitoribus ecclesie et modus turrificandi *Cust. Cant.* 12; quando corpus collocatum fuit .. ipse solus ~avit, omnibus aliis episcopis sedentibus .. in stallis monachorum *Leg. Ant. Lond.* 117; **1427** calicem cum patena .. cum angelis ~antibus supra pedem ejusdem *Reg. Cant.* II 358.

4 to celebrate (festival) by burning incense or sacrifice.

ni .. Competalia celebrando vel Portunalia et Suovetaurilia ~ando seu Floralia .. litando .. deorum favorem repropitiarent ALDH. *VirgP* 50.

5 (in gl.).

~aturus, sacrificaturus *GlC* T 349; victimare, sacrificare, immolare, ~are OSB. GLOUC. *Deriv.* 628.

turificatio [LL], **thurificatio**

1 (act of) burning (incense) as offering (in quot. in fig. context).

quot ibi precum thurificatione celum incenderint .. nullus .. evolveret W. MALM. *GR* IV 369.

2 (act of) censing. **b** condition of having been censed or smell of incense imparted (in quot. to body) by censing.

adoratio que fit per ~onem et per manuum elevationem et per capitis inclinationem T. CHOBHAM *Praed.* 221; ad turrificacionem sacerdotis qui cantat inclinabunt *Cust. Cant.* 11; **1314** ~ones, aspersiones aque benedicte (*Rec. Eng. Dominic.*) *EHR* V 109. **b** Theodori remoto in translatione tumbe operculo, omnibus affatim satisfecit thurificatio, ita ut in claustrum fratrum etiam hec erumperet obelctatio Gosc. *Transl. Aug.* 41C; corporis sui fuit thurificatio redolens post quadringentorum annorum curricula, remoto tumbe ejus [Theodori] operculo ELMH. *Cant.* 286.

turificator [LL], **thurificator,** one who censes.

antequam thurificator altaris circumeat *Cust. Sal.* 115.

turificina [cf. turifex, LL turificare], (in gl.).

hec ~a .. locus ubi tus efficitur vel etiam ubi spargitur OSB. GLOUC. *Deriv.* 589.

turificium [turifex+-ium], (in gl.).

hoc ~ium -ii, i. sacerdotium OSB. GLOUC. *Deriv.* 572.

†turilus, *f. l.*

1295 vestimentum consutum de serico et scutis, †turilis [? l. sciurellis], et aviculis *Vis. S. Paul.* 321; **1295** duo offertoria de panno albo cum extremitatibus contextis de serico, bestiis, arboribus, †turilis [? l. sciurellis], et avibus *Ib.* 324.

turinge v. citrangula.

turio [CL], shoot of plant or recent growth of tree.

dabit tibi .. vitis solatium tam in agresta quam in ~onibus et propaginibus NECKAM *NR* II 167 p. 279; ~ones vitis sunt summitates vitis, que et capreoli dicuntur, G. *turiouns Alph.* 188; *sap off a tre,* ~o, -onis *PP.*

turiolum v. toraillum. **Turk-** v. et. Turc-. **Turkamannus** v. Turcomannus. **turkasius, ~eisius, ~eisus** v. turkesius. **Turkemannus** v. Turcomannus.

turkesium [ME *turkeis* < OF *turcoise, turqueise*], (pl.) pincers.

cum tenaculis vel torquesiis fabrorum apprehendatur telum et extrahatur GAD. 122v. 1.

turkesius [AN *turkeise, turcheise, turcoise*]

1 Turkish.

1212 fieri faciatis duas petrarias ~ias *Cl* 122a; c**1217** retinuit .. ij caligas de ferro et unam koyfam Turkasiam de ferro pro x s. (*AncC* I 52) *RL* I 9; **1220** asportavit duas loricas .. et j coifam Turkeisiam *CurR* IX 193; **1232** mandatus est Thome de M. quod habere faciat vicecomiti .. meremium in foresta de Carleol' ad iiij mangonellos ~os faciendos *Cl* 90; **1287** tenam turkosiam *TR Bk* 201 p. 60.

2 turquoise (semi-precious stone).

1204 nonum firmaculum cum una turk' in hardilione .. et tercium decimum firmaculum cum iiij smaragd' et iij saphir' et j tulk' [l. turk'] *RChart* 134a; **1205** firmaculum cum iiij smaragd' .. et j turkeiso in hardillone *Pat* 55a; c**1216** morsus unus ad capam .. bene operatus cum saphiris .. et perlis .. et turkesis *Process. Sal.* 170; **1245** crux .. lapidibus contrafactis ornata viz. thurcesiis et corneliniis (*Stat. S. Paul.*) *Arch.* L 471; turchogis sive turcois est lapis flavus in albidum colorem vergens dictus a regione Turchorum in qua nascitur BART. ANGL. XVI 97; **1275** annulus habet in se inclusum lapidem qui vocatur ~ius *Cart. Glouc.* I 171; turkeis aliisque lapidibus ornantur DOMERH. *Glast.* 317; si inveneris in turchesio tale signum .. tecum caste defer *Sculp. Lap.* 452.

turkesus v. turkesius.

turketus [dub.; ? cf. turkesius etc. *or* CL torquere], sort of astronomical instrument for measuring or calculating coordinates, 'turquet'.

ad rectificandum cursus et loca stellarum .. una cum ceteris que investigari poterunt per armillas, astrolabium, aut ~um WALLINGF. *Rect.* 406; de omnibus parcium instrumenti quod ~us dicitur (*Tract. Turk.*) OHS LXXVIII 370.

turkeus v. turkesius. **Turkia** v. Turcia. **turkosius** v. turkesius. **turlella** v. toraillum.

turma [CL], body of troops, squadron (esp. of cavalry); **b** (transf.).

~arum exercitus GILDAS *EB* 69; ~a, ordo *GlC* T 334; ~a, i. xxxij equites ALDR. *Margin.* 56; ~a, *þrittig ridwegena* ÆLF. *Gl.*; contigit .. plurimas sagittariorum ~as in vico .. moram facere GIR. *TH* II 54; s**1340** classis Francie se dividens in tres ~as .. movit se .. versus classem regis Anglie AD. MUR. *Chr.* 106; s**1380** cum .. armatos statuissent ordinate .. dispositos per ~as suas WALS. *HA* I 441. **b** atra bufonum ~a catervatim scatet atque garrulitas ranarum crepitans coaxat ALDH. *Ep.* 3 p. 479; cetera quod numquam modulatur turma piorum BONIF. *Aen.* (*Epil.*) 180; letus in aula poli turmis celestibus ille / junctus .. cernit Trinitatis honorem *Mir. Nin.* 275; cum foret angelicis praelatus in aethere turmis WULF. *Swith.* pref. 535; de monasterio .. Bancor tantus erat numerus ut in septem ~as distinctus in nulla portione minus trecentis hominibus haberetur [l. haberet] GOSC. *Aug. Maj.* 78C; ~a civium palacium cum silentio .. ingressa est ORD. VIT. IX 11 p. 568; **1471** signiculorum [i. e. cycniculorum] ~as infra aqua [*sic*] sive rivum Thamesii *Cl* 312 m. 13*d*.

turmalis [CL], of or related to a body of troops.

~is, ordinalis *GlC* T 344.

turmatim [CL], as a body or bodies of troops. **b** (transf.) in or as a group or groups.

Walenses .. e diversis ~im emergentes locis, nunc huc nunc illuc hostiliter discurrerunt *G. Steph.* 8; s**1383** maximus numerus peditum .. se versus partes illas ~im contraxit *V. Ric.* II 46; miserorum choros .. ~im collectos et gregatim AD. EYNS. *Visio* 15; s**1250** Christiani qui ~im exierant de civitate insidiis Sarracenorum .. trucidabantur M. PAR. *Maj.* V 164. **b** ad populos ~im confluentes GOSC. *Aug. Maj.* 66C; ~im huc adventabant scholastici cum cantibus .. famosi W. MALM. *GR* V 418; ad tumbam Patris Anselmi orandi causa ~im confluebant J. SAL. *Anselm* 1038C; sedeant in claustro non ~im .. loquentes *Ord. Ebor.* I 86; ego [assimilarer] sturno, quia socialis est et ~im volat *Latin Stories* 36.

turmella [CL turma+-ella], (small) body of troops (also transf.).

~a, parva turma OSB. GLOUC. *Deriv.* 590; *a company* .. turma equitum, ~a *CathA*.

turminosus [LL], (understood as) swollen, distended (*cf.* Isid. *Etym.* IV 6. 14).

~us, turgidus OSB. GLOUC. *Deriv.* 590.

turmosus [CL turma+-osus], of a body or bodies of troops (in quot. identified w. the common people).

glabrio .. significat .. imberbem, calvum, ~um .. per ~um designantur pauperes sive communitates populi qui destruentur in Francia per bella (J. BRIDL.) *Pol. Poems* I 174.

turmula [CL turma+-ula], (small) body of troops (also transf.).

turmella, parva turma, ~a OSB. GLOUC. *Deriv.* 590; sanctorum tumulis WALT. *Palpo* 156; virtutum presens tumula linquit humum GARL. *Epith.* II 476; parvula Christi / turmula tot reprobos .. domat *Id. Tri. Eccl.* 138; s**1304** exeuntes quandoque de castello, cedes et strages in ~is exercitu faciebant *Flor. Hist.* III 119.

turmus v. tornus. **turn-** v. torn-. **turna** v. tornus. **turnamentum** v. torneamentum. **turnaria** v. tornera. **turnarius** v. 2 tornarius. **turnatus** v. 1 tornatus. **turnbrochus** v. turnebrochus. **turneare** v. 1 torneare.

turnebedellus [ME *turnen*, bedellus], 'turn-beadle', one whose duty it is to summon men to court.

1189 Reginaldus thernebedellus tenet dimidiam virgatam terre et summonet homines ad comitatum et hundredum (*Inq. Glast.*) *Villainage in Eng.* 319.

turnebrochus [ME *turnebroche*], one who rotates food on a spit, turnspit.

1344 lotric' viij d.; furettar', iiij d. ob.; turnebroch', ij d. KR *Ac* 390/11 r. 15*d*.; **1344** vadia turnbr'i, iiij d. *Ib.* 390/11 r. 16; **1492** duobus turnbrochis in coquina curie, xl s. *ExchScot* 379.

turneiamentum v. torneamentum. **turneicius** v. tornicius. **turnera** v. tornera. **turnerus** v. 2 tornarius.

turnesolium [OF *tornesol*, ME *turnesole*], turnsole (*Chrozophora tinctoria*, a plant yielding a violet dye).

1377 computat in empcione de iij libris de sandrio, turnysollio et alkynet .. x s. *ExchScot* 547.

turnex v. tornicius. **turniamentum** v. torneamentum. **turniare** v. 1 torneare. **turnicius** v. tornicius. **turnosus** v. tumorosus. **turnulus** v. tumulus. **turnum** v. tornus. **turnus** v. terminus, tructa. **turnysollium** v. turnesolium. **turo** v. Turonensis.

Turonensis, of Tours. **b** (as sb.) coin of Tours, 'tournois'.

Martinus ~is episcopus in magnis virtutibus claruit NEN. *HB* 168; Gislebertus .. ~is episcopus, qui pro ecclesiasticis negociis Romam perrexerat, illic obiit ORD. VIT. XII 42 p. 466. **b** **1242** xv solidos Burdegalensium .. lx libras ~ium *RGasc* I 166a; portatoribus tres ~es *FormOx* 490; **1277** quadringentas libras ~ium nigrorum *RGasc* II 36b; **1311** trescentos ~es albos veteres *Ib.* IV 562; **1315** computatis pro qualibet libra sterlingorum duodecim libris ~ium parvorum *Ib.* IV 1469; apud quos currunt ~es parvi, e quibus xj valent unum venetum grossum S. SIM. *Itin.* 17; **1338** octoginta ~es argenti *Lit. Cant.* II 202; s**1295** viginti quinque millia Turenensium in pecunia numerata *Plusc.* VIII 19; multi numquam turonum a principibus vel eorum parentibus habuerunt MAJOR VI 18; si concedamus W. de C. quod ipse xl et unam solidatas reditus turronum .. dare possit *Reg. Brev. Orig.* f. 249v.

turpare [CL]

1 to render foul, dirty, or impure, to taint, corrupt (also in transf. or fig. context).

tunc regis precibus surrexit bella puella, / quam prius effigies turpabat torva senectae ALDH. *VirgV* 605; †**785** (?11c) hanc .. donationem si quis .. aliquibus maculis ~are, frangere, minuere, auferre satagerit *CS* 245 (cf. (*Wells*) *ASC* XIII no. 30: c**959** (15c) quam si quis .. aliquibus maculis turbare satagerit); si crinem turbatum et ~atum protrahit, si barbam vellit .. J. SAL. *Pol.* 592A; que [anima mea] est timore concussa, merore affecta, terrore pavida, omni decore privata, omni horrore ~ata AD. SCOT *TGC* 799A; annus .. quem hyemales continue ~averunt inundaciones MAP *NC* I 15 f. 12; mors sensus sepelit, os turpat rictibus WALT. WIMB. *Sim.* 83.

2 to sully or diminish the honour of, dishonour, disgrace, put to shame, (also) to render morally foul or tainted; **b** (in gl.).

Deus nota falsitatis ~atus non queat esse Deus PULL. *Sent.* 710C; quis ab eo continet unde ~atur, nisi dilexerit unde honestatur ROB. BRIDL. *Dial.* 64; ~atus cruce, multatus morte AD. SCOT *QEC* 837C. **b** 9. . ~abat, *orretteð* WW.

3 *f. l.*

idola colentes †turparunt [? l. torpebant] mortis in umbra, / quos ille ad Christum vertit pietate magistra *Mir. Nin.* 66 (cf. ALDH. *CE* 4. 8. 5: torpebant mortis in umbra).

turpedo, ~um v. torpedo.

turpescere [CL turpis+-escere], to become foul.

formula pulchra nimis ~it nunc muliebris (*Illtud* 5) *VSB* 200.

turpha v. trufa.

1 turpidus v. turbidus.

2 turpidus [cf. CL turpis], foul, or *f. l.*

ad hec pertinent .. adinvenciones perverse, ~a [ME: *ladliche* i. e. *lothli*; ? l. turpia] mendacia *AncrR* 70.

turpifare v. turpificare.

turpificare [cf. CL turpificatus], to defile, disfigure, disgrace (also fig.).

1201 ligaverunt virum suum et intesiliaverunt et turpifaverunt [? l. turpificaverunt] ita quod mahematus est *Pl. K. or J.* II 734; illud magnum matrimonii fedus .. uxorum .. multitudine .. fede ~abant P. VERG. *De rerum inventoribus* (ed. Copenhaver, 2002) I 4 p. 18; jus publici matrimonii sacerdotibus restitueretur, quod illi sine infamia sancte potius colerent quam se spurcissime ejuscemodi nature vitio ~arent *Ib.* (Basel, 1546) V 4 p. 323.

turpilocus v. turpiloquus.

turpiloquium [LL], (also pl.) foul or offensive speech.

sacerdos per ~ium .. coinquinatus EGB. *Pen.* 9. 2; non decet os sacerdotis perjurio pollui .. non mendacio .. non ~io, non vaniloquio BALD. CANT. *Serm.* 6. 4. 413D; **1166** impudicitiam mentis scurrilitate gestuum et oris ~io protestentur J. SAL. *Ep.* 148 (177); sicut non oculos intuentium aures offendant P. SCEPT. IV 21; sane omne ~ium inhonestum est in prelato P. BLOIS *Ep.* 40. 119D; **1336** statim incepit ipsos vilipendere de ~iis, maledicens eis verbis vilissimis *SelCKB* V 87; tam auribus instillans quam oculis representans voluptuosa et ~ia, curiosa et inutilia *Spec. Incl.* 1. 2 p. 70.

turpiloquus [CL turpis+loquus; cf. LL turpiloquium], who speaks foully or offensively, who says foul or offensive things (also as sb.).

colloquia fornicatorum contemnit, blandimenta despicit .. nec patitur etiam ut in sua domo aliquis ~us .. sedeat ALEX. CANT. *Dicta* 190; derogatores dicuntur ~i *GlSid* f. 149; gravioris .. culpe obnoxius est, si temulentus quisquis sit, si discors, si turpilocus *Cust. Cant.* 251; *a foule speker*, †spuridicus [l. spurcidicus], ~us *CathA*.

turpilucrum [LL], ill-gotten gains.

a foule wynnynge, ~um *CathA*.

turpis [CL]

1 offensive to the senses, foul (esp. in appearance or condition); **b** (of sound).

quamquam me turpem nascendi fecerit auctor, / .. / ecce tamen morti successit gloria formae ALDH. *Aen.* 96 (*Elefans*) 7; heu mihi infelici cum sim ~is et niger corpore (*Berachus* 19) *VSH* I 83 (cf. ib.: ante deformis ac niger erat; macro corpore figura fit torpior [v. l. ~ior] in aspectu M. SCOT *Phys.* 2; per Rachel, que fuit formosa, significatur vita contemplativa; per Lyam, que fuit lippa et ~is, significatur vita activa T. CHOBHAM *Praed.* 9; talia .. non sunt media sed extrema, ut summe pulchrum vel ~e, delectabile vel triste BRADW. *AM* 52; **1433** in reparacione viarum ~ium *Cl* 283 m. 15*d*. **b** ut .. ~em sonum generarent *Ps.-GROS. Gram.* 29.

2 (of act or conduct) morally or socially offensive, shameful, disgraceful (also transf.). **b** (~e lucrum, w. ref. to *Tit.* i 11) filthy lucre (*v. et.* turpilucrum).

~i mendacio *Lib. Monstr.* II 14; atque bibens nectar nudabat turpe veretrum ALDH. *VirgV* 2505; ~o ~e est .. monacho militiam spiritalem amittere ALCUIN *Ep.* 250; quod olim honorabiles viri ~issimum judicaverunt et omnino quasi stercus refutaverunt, hoc moderni dulce .. estimant ORD. VIT. VIII 10 p. 323; ~ibus cantilenis ac saltationibus HON. *GA* 644D; in toro ~e, in bello mori decus reputant GIR. *DK* I 8; nihil quod sit naturale ~e, illud [coitus] nisi naturale, ergo non ~e est, donum namque creationis est *Quaest. Salern.* B 15; Aeneam .. et Didonem a ~i liberat fama ALB. LOND. *DG* 3. 3; ~e est esse auditorem et numquam factorem T. CHOBHAM *Serm.* 19 f. 68v; in .. ~ibus ludis, in quibus denudantur corpora vel induuntur larve DOCKING 108; **1275** insultavit dictum Rogerum ~ibus verbis, vocando ipsum inhereteem et latronem *CourtR Wakefield* I 32; de ~ibus peccatis *AncrR* 11. **b** ecclesiae domus habentes, sed ~is lucri gratia eas adeuntes GILDAS *EB* 66; **786** ne quis ~is lucri gratia sed spe mercedis eternae gregem sibi commissum pascere querat *Ep. Alcuin.* 3 p. 21; non adulterantes verbum Dei per ~is lucri questum J. FORD *Serm.* 16. 7.

3 (of person) morally offensive, shameful, disgraceful in conduct, (esp.) guilty of such conduct.

laudantur .. bona valitudo, clarus sanguis .. sed nichil istorum ~em aut inhonestum hominem facit esse laudabilem J. SAL. *Pol.* 772D; ~issimorum hominum fautores AILR. *Spec. Car.* III 12. 589A; Catoni ebrietas objecta est: facilius efficiet, quisquis objecit, hoc crimen fieri honestum, quam ~em Catonem BACON *Mor. Phil.* 183; homo est ~is, igitur homo non est probus OCKHAM *Expos. Aurea* 409.

turpisculum [CL turpis+-culum], (in list of words).

item neutra ut .. corpusculum, ~um, spiraculum ALDH. *PR* 132; ~um, turpe diminutive *GlC* T 336.

turpiter [CL]

1 in a manner offensive to the senses, foully.

ilia Arii scismatici in abstrusum latrinae cuniculum ~er defluxerunt ALDH. *VirgP* 32; cum cuidam ~er exulcerato lavaret infirmo pedes, ad feditatem nauseans MAP *NC* I 23 f. 16; pavo stellatum caude curvamen concavans anteriora ornat, posteriora vero ~er nudat ALB. LOND. *DG* 4. 5; **1429** deos .. commestos emittunt per posteriora in sepibus ~er fetentibus *Heresy Tri. Norw.* 45; potius in campo mori voluit quam suos sineret sic ~er mutulari STRECCHE *Hen. V* 156.

2 in a morally offensive, shameful, or disgraceful manner (esp. w. ref. to unchaste behaviour).

prostibuli lupanar, ubi .. frontosa mecharum impudentia ~er stupratur ALDH. *VirgP* 45; sodomiticis .. spurciciis fedi catamite flammis urendi ~er abutebantur ORD. VIT. VIII 10 p. 324; ~er eas et incestuose cognoscunt GIR. *TH* III 19; in seculo male vivens, ~er in peccatis periit (*Fintanus* 14) *VSH* II 102; illi qui adherent ei [commentatori Aristotelis] ~er decipiuntur BACON *CSTheol.* 48; **1447** invenit eum ~er agendo cum uxore sua *Eng. Clergy* 217.

turpitudo [CL]

1 offensiveness in appearance, ugliness, deformity.

inferior pars corporis in onagrorum setosa ~ine describitur *Lib. Monstr.* I 10; partes miserie: ~o, ponderositas, etc. .. septem priores hujus miserie partes corporis *Simil. Anselmi* 48–9; vir qui habuit tabulatam faciem venit ad sanctum .. et orans vir sanctus pro illo, sanatus est ex illa hora a ~ine vultus sui (*Carthagus* 24) *VSH* I 179; quedam suam ~inem vel velare vel pulchritudinem augere studentes, fuco .. facies suas colorant ROLLE *IA* 266.

2 dirtiness, state of being dirty (also fig.). **b** filth, dirt.

sponsus spiritalis .. ita pulcher est, ita mundus .. ut non possit pati .. aliquam ~inem vel aliquam inquinationem vel feditatem AILR. *Serm.* 32. 3; vestimentorum ~inem *Conc. Scot.* II 36. **b** **1553** preceptum est omnibus qui .. scurabunt .. fossas suas .. quod jaceant solum sive ~inem de eisdem fossis provenientem super montes et illam abcariare extra vicum (*Stoke-by-Clare, Suff*) *DL CourtR* 117/1822 m. 1.

3 moral offensiveness, shamefulness, disgracefulness. **b** morally offensive, shameful, or disgraceful act or speech.

1165 queso formam .. que nec perfidie maculam nec ~inis irroget notam J. SAL. *Ep.* 141 (150); libidinum sordibus oblectari, ac instar immundissime suis in ceno ~inis volutari .. nihil turpius AILR. *Comp. Spec. Car.* 5. 624D; Priapo asinus [immolatur] quod ~inem ejus cum nympha .. coeuntis ruditu indicavit ALB. LOND. *DG* 6. 26; tertia pars est de virtutum honestate ut amentur et vitiorum ~ine ut vitentur BACON *Tert.* 50; nichil .. est in Euuangelio nisi honestum; nulla est ibi ~o T. CHOBHAM *Praed.* 123. **b** omnes .. ~ines ab ipso celant rege, ne corrigantur MAP *NC* V 7 f. 72v; ubi ~inem majorem et enormiorem excessum perpetravit, ibi dedecus .. majus GIR. *IK* II 2; turpe reputans a pueritia si quam ~inem relinqueret unquam aut preteriret intemptatam *Id. Invect.* I 12; nec libenter audiet nec libenter loquetur ~ines T. CHOBHAM *Praed.* 139.

4 (also *caro ~inis*, w. ref. to *Exod.* xxviii 42) nakedness, private parts.

feminalia .. linea ad operiendam carnem ~inis BEDE *Tab.* 466C; sacra lex prohibet cognationis ~inem revelare (*Lit. Papae*) *Id. HE* I 27 p. 50; non habuisti quo tegeres carnem ~inis tue J. FORD *Serm.* 102. 10; de illis qui libidinose obtrectant pudenda. si qui obtrectaverit puelle vel mulieris pectus vel ~inem .. si laicus tres dies peniteat ROB. FLAMB. *Pen.* 297.

turra v. turris.

turragium [CL turris+-agium]

1 prison-fee (paid by prisoner to gaoler).

1289 utrum homines .. ville, dum capi contingebat eosdem, de torragio seu prisonagio fuerint liberi *RGasc* II 323b; **1309** totum ~ium et omnes proventus tam de prisonibus quam incarceratis in eodem castro *Ib.* IV 212; **1315** arrestatus .. solvat iiij d. pro torragio vel prisonagio et non ultra *Ib.* IV 1626.

2 *s. dub.*

1417 vobis mandamus ut .. dominam de Muyssidano et de Blavia .. dicta officia gaugeti, turragii, et portagii .. cum proventibus .. eorumdem, habere, exercere, et occupare permittatis (*Gasc.*) *Foed.* IX 431b (cf. ib.: alia officia et redditus sibi assignat' viz. officium gaugeti et officium turragii et portagii castri regii Burdeg').

turralia, ~ellum v. toraillum. **turrectus** v. turettus. **turrella** v. 2 turella. **turrellare** v. turellare. **turrellum** v. torellum. **turrellus** v. toraillum, 2 turella.

turrensis [CL turris+-ensis], castellan or inhabitant of a castle or tower-keep.

c**1159** sciatis me .. confirmasse Baldrico .. totas serjenterias suas et ministeria sua .. et habet anno quoque unum scutum in redditu suctorum meorum Rothomag. per manus ~is mei *Act. Hen. II* I 350; cives duellum non judicant in civitate sed vicecomes mandet pro turensibus [MS: t^u^ensibus] vel militibus de comitatu ad judicandum duellum, si in civitate evenerit de forensibus vel de illis qui ad legem civitatis [non pertinent] (*Libertas Lond.*) *EHR* XVII 713.

turribilum, ~blium v. turibulum. **turribul-** v. turibul-.

turricula [CL], **~um, ~us,** small tower or turret. **b** object having the form of a turret.

ad locum ubi dominus noster .. in caelum ascendit. idem locus est ~o circundatus SÆWULF 70; **1180** in facienda ~a et domo super eam *RScacNorm* I 52; **1211** in iij ~is de novo faciendis, planchandis .. et aliis ij ~is cooperiendis et reparandis *Pipe Wint.* 171; **1275** pro ij fenestris in turicula domini regis viij s. *KR Ac* 467/6 (2) m. 3; insuper murales ascendebant basilice testudines .. ut per altas ~orum fenestras .. liberius personarum habitus respicerent *Mir. J. Bev. C* 328; s**1342** exceptis dumtaxat Edinburgh, Roxburgh etc. .. cum .. minutis ~is modice resistencie *Plusc.* IX 38 (cf. BOWER XIII 45: aliquantulis turrulis in eorum circuitu); s**1522** turres et ~as, villas diversas et oppida .. devastari jussit comes *Reg. Butley* 41. **b** c**1160** ornamenta alienata: .. tria feretra cum auro et argento. unam ~am magni ponderis, et unum parvum feretrum cum argento *Cart. Rams.* II 273; *werwande*, ~a, -e *PP.*

turriculum, ~lus v. turricula. **turridus** v. turidus. **turrific-** v. turific-.

turrifodina [CL turris+fodina], action of, or machine for, undermining a tower.

de ~is adhibendis: sin .. introiri non potest per .. propugnacula, suffodiatur murus eorum multa instantia R. NIGER *Mil.* III 69.

turriger [CL], that bears a tower; **b** (in list of words).

porticus hanc ternis ambit ter dena meandris / turri[gera] / trinaque cedrinis surgant cenacula tectis GOSC. *Edith* 89; non magis turriger barrus quam simia, / nec ferro Julius quam fusis Helia WALT. WIMB. *Sim.* 189. **b** armiger, ~er, naviger ALDH. *PR* 120.

turrillare v. turellare.

turriola [CL turris+-ola], **~um,** small tower, turret.

1260 planchiatura .. quatuor ~orum in summitate turris fere putrefacta est .. unus ~orum copertus plumbo per diversa loca discopertus est *CalIMisc* 252 p. 89; s**1523** turres et ~as, villas, vicos, oppida .. igne consumpserunt *Reg. Butley* 41.

turriolum v. toraillum.

turris [CL]

1 tower; **b** (fig. or in fig. context); **c** (transf., on ship).

~es per intervalla ad prospectum maris collocant GILDAS *EB* 18; fluctibus actos / arcibus ex celsis signans ad litora duco / flammiger imponens torres in turribus altis ALDH. *Aen.* 92 (*Farus editissima*) 9; Brittania .. civitatibus .. insignita, praeter castella innumera quae et ipsa muris, ~ibus, portis, ac seris erant instructa firmissimis BEDE *HE* 1 1 p. 10; caelestis luminis splendore domum repleri ~emque velut igneam a terra in celum erectam prospicit FELIX *Guthl.* 50 p. 158; **9..** ~is, *wighuses WW*; hodie obstructum est os loquentium iniqua, ~is Babel [cf. *Gen.* xi] concidit, labium constructorum ultrix dispersio confudit GOSC. *Lib. Mild.* 23; violentia fulminis apud Salesberiam tectum ~is ecclesie omnino disjecit W. MALM. *GR* IV 325; **1151** castri menia destruxi, ~em et universa edificia castri penitus eradicavi *Act. Hen. II* 24; piscatores .. ~es ecclesiasticas, que more patrie arcte sunt et alte necnon et rotunde, sub undis .. conspiciunt GIR. *TH* II 9; contigit aliquando .. apud Glouerniam in monasterio S. Petri .. ~em ecclesie amplam et altam, vitio fundamenti, subito ad terram ipsa confectionis hora corruisse *Id. Rem.* 64; **1307** est .. j turra debilis et ruinosa *IPM* 127 m. 132*d*. **b** o qualis murus paupertas, quomodo nos defendit contra superbiam mundi ..! qualis turris silentium, quod premit assaltus contentionis .. et detractionis! AILR. *Serm.* 3. 7. 221B; tu .. civitas es regis omnium Cristi, ~ibus virtutum et propugnaculis operum bonorum constructa *V. Fridesw. B* 16; desertum arenosum quod est etiam ~is fortitudinis eorum [sc. colonorum Egypti] S. SIM. *Itin.* 47; ave, turris refugii, / cum nobis hostis impii / furens minatur gladius J. HOWD. *Cyth.* 96. 1; s**1414** hoc anno cecidit eminentissima ~is ecclesie Anglicane, pugil invictus .. Thomas de Arundelia *Chr. S. Alb.* (*1406–20*) 81. **c** s**1340** lapides a ~ibus malorum projecti multos excerebrarunt BAKER f. 117b.

2 (*~is Londoniensis*) the Tower of London.

1257 mandatum est .. quod Henrico le Tyeys, attiliatori balistarum regis apud ~im London', unam robam .. faciant habere de dono regis *Cl* 24; **1316** ad capiendum cariagium pro tegul' etc. .. ad .. Turrym London' *KR Ac* 468/20 f. 7; s**1283** caput supra ~im Londoniensem, in aliorum exemplum, fixum exaltaverunt *Plusc.* VII 31.

3 a (mil.) tall wooden structure, typically movable, used in attacking a fortified place. **b** wooden structure designed to be carried on elephant's back, howdah.

a alterum [machinamentun] fuit pro lignorum penuria ~is non magna, in modum edifitiorum facta (*berfreid* appellant), quod fastigium murorum equaret W. MALM. *GR* IV 369; machinas utrimque facere incepimus .. suem, arietem, ~im ambulatoriam OSB. BAWDSEY clxvii; s**1139** rex Walingefordiam obsedit et nichil profecit. obsidionis .. labore pertesus, ~im ligneam ante castellum fieri precepit, quam militibus et armis .. munivit GERV. CANT. *Chr.* 111. **b** ~es ad bella cum interpositis jaculatoribus portant [elephanti] et hostes erectis promuscidibus caedunt *Lib. Monstr.* II 2.

4 object (in quot., sort of container) resembling a tower.

c**1218** ~is una cooperta argento nichil continens. item feretrum unum de esmali continens reliquias *Process. Sal.* 170; **1383** cilicium .. in una ~i eburnea *Ac. Durh.* 433.

5 (in gl.).

zodiacus .. quem nos more Grecorum dicimus, Arabice *felekelberug* i. e. circulus ~ium nominatur. .. ideo dictus est quod ipse xij signa contineat, que ab eis ~es dicuntur D. MORLEY 164; hic turrus, *a towre WW.*

turritus [CL], that has one or more towers or turrets, or that is in the form of a tower or turret (also transf. or fig.); **b** (on ship); **c** (of town). **d** (of elephant) that bears a 'castle' or howdah. **e** that resembles a tower or is decorated with representations of towers or turrets, (*~a corona*) mural crown (in quot., of Cybele's crown).

positus in antemurali ~am servabis speculam, unde universam .. tuearis .. patriam GOSC. *Aug. Min.* 748C; sunt ei mille edificia ~a patentia ADEL. *ED* 5; s**1139** Rogerius [episcopus Salesberiensis] .. ~as moles erexerat W. MALM. *HN* 468; omine turritus non invidus esto sodalis, / non in eos mittas latitantia spicula fellis D. BEC. 1136; urbes murate, castra ~a, ampla edificia AILR. *Spir. Amicit.* III 77. 690A; ?**1219** habetur quedam alta turris quod fracta fuit in duobus costis, unde una bene facta est de lapide .. et altera costa de bono *garoil* bene ~a et kernelata *RL* I 64. **b** ~as ascendunt puppes, eratis rostris duces .. discriminantes *Enc. Emmae* I 4 (cf. ib. II 7). **c** turritas urbes capitis certamine quasso / oppida murorum prosternens arcibus altis ALDH. *Aen.* 86 (*Aries*) 6; ab austro Londonia murata et ~a fuit W. FITZST. *Thom. prol.* 5. **d** elephas ~us corruens opprimit Eleazarum Abbaron AD. DORE *Pictor* 158. **e** cum ~a corona pingitur [Cybele] quod omnis potentie elevatio in capite sit ALB. LOND. *DG* 2. 2.

turrnus v. tornus. **turro** v. Turonensis. **turrus** v. turris.

tursia [cf. Fr. *turcie*], levee, embankment (in quot., found along the Loire).

p**1156** vidi .. dampna que Liguris in Valeia faciebat, propter hoc .. de exercitu et de equitatu quietavi eos qui super ~ias manserint .. consideratione ministorum meorum qui ~as custodierint, ad opus ~arum *Act. Hen. II* I 510.

tursus v. thyrsus. **turt-** v. et. tort-. **turtellus** v. tortilla. **turtica** v. tortex. **turtor** v. tutor. **turtra, ~turs** v. tructa.

turtur [cf. CL trygon, turbutus]

1 turtle-dove; **b** (w. ref. to its perceived moral virtues).

~ur .. et columba et ignis qui hoc combussit *Comm. Cant. I* 103; caput ejus [aspidis] sicut ~uris rostrum *Lib. Monstr.* III 22; ~ur, *turtle* ÆLF. *Gl.*; capio .. noctuas et ~ures ÆLF. BATA 6 p. 85; quare ~ur marito perdito nunquam adheret alii? *Quaest. Salern.* B 292. **b** rex .. cotidianum Deo in ~ure et columba offerens sacrificium, castitatis sc. et innocentie prebens imitantibus documentum OSB. CLAR. *V. Ed. Conf.* 14; ~ur dicitur esse quedam verecunda avis que non potest nisi unum habere maritum AILR. *Serm.* 5. 24. 238A; numquid .. non instar genarum ~uris genas [cf. *Cant.* i 9] sponsa per manus sponsi sui formavit J. FORD *Serm.* 20. 6; sicut per columbam mentis simplicitas, sic et per ~urem corporis castitas ALEX. BATH *Mor.* III 95 p. 147; quasi unum par ~urum sunt anima casta et hospes ejus, corpus loquor NECKAM *NR* I 59; audax est [homo] ut leo .. pius ut ~ur BACON V 143.

2 kind of fish (in some quot. identified as turbot or gurnard).

idem .. salsamentum omnibus piscibus non dicitur competere, quoniam sunt diversi: .. morus .. mulus .. ~ur [*gl.: turbut*] NECKAM *Ut.* 98; turbute, *fysh*, ~uris *PP*; a *turbut*, ~ur *CathA*; hoc ~ur, *turbote* *WW*; hic ~ur, *a gurnard WW*.

turtureus [CL turtur+-eus], of or characteristic of a turtle-dove.

planctus fluunt tamquam turturei J. HOWD. *Ph.* 716.

turturinus [CL turtur+-inus], of or characteristic of a turtle-dove.

erat pulcher aspectu .. oculis columbinis et genis ~is J. FURNESS *Kentig.* 18 p. 190; facies .. macilenta, sed candida et in genis ~is rubens color infusus *Id. Walth.* 47; cor, amoris conscriptum literis, / turturina corda transgrederis J. HOWD. *Ph.* 228; puritas ~a *Id. Viola* 76.

turtus v. 3 torta. **turulum** v. toraillum.

turundilla [CL turunda+-illa], bread-bin.

bredd huch, turridula [v. l. turrundula] *PP*.

turva v. 2 turba. **turvera** v. turbaria.

tus, thus [CL], frankincense or olibanum, the aromatic gum of trees of the genus *Boswellia* (esp. as burnt for incense); **b** (w. *liber*); **c** (in gl.). **d** (*tus masculum*) frankincense exuded in globular drops.

incenso ture fumum ascendunt in sancta sanctorum emittunt BEDE *Templ.* 758D; c**740** [munuscula] quae sunt tria, id est turis et piperis et cinnamomi permodia zenia *Ep. Bonif.* 49; lumina gestantes ac tura Sabea cremantes WULF. *Swith.* I 945; sicut thus ad olendum ignis cupit ardorem, ita ad hospitandum cupit Deus amoris calorem ALEX. CANT. *Dicta* 164; tus, incensum ex quatuor speciebus compositum, que sunt stacte, onix, galbane, et tus BACON *Gram. Gk.* 62; thus lacrimum est arboris que libanus Grece dicitur, quod autem de Arabia fertur candidum est *Alph.* 188. **b 1307** ecclesie parochiali de T. unam libram liberi

thuris precii iiij d. de annuali elemosina *IPM* 128 (19). **c** tus, incensum *GlC* T 331; **10..** tus, *inbœrnis WW*; tura, *rclsv* [i. e. *recelsu*] *GlS* 211; mannis, olibanum, thus minutum idem *Alph.* 110; thus album, i. olibanum, *franke ensens SB* 42; hoc tus, A. *cense WW*; hoc thus, -ris, hoc thimiama, hoc incensum, *encens WW*. **d** myrrhe terebintine thuris masculi calamenti GILB. III 174. 1; est optimum thus quod masculum dicitur *Alph.* 188; thuris masculi, i. grossioris *SB* 42.

tuscea v. tissuum. **tuscere** v. tumescere. **tuscetum** v. tuccetum.

tuschare [cf. ME *tusk*], ? to fit (plough) with a blade or pointed projection.

1326 in dicto vomere erigendo et tusschando, iij d. *Ac. Man. Westm. (Pershore)* 22117.

tuscire v. tussire.

tusculum [CL], (in gl.) a little frankincense.

~um .. i. parvum tus OSB. GLOUC. *Deriv.* 401.

tusetum v. tuccetum.

tusim [CL tusus *p. ppl. of* tundere+-im], (in gl.) in broken or crushed form.

~im i. minutim adverbium OSB. GLOUC. *Deriv.* 572; ~im, minutim, fractim *Ib.* 589.

tusorium v. tunsorium. **tussa** v. tassa. **tussasis** v. tissuum. **tusschare** v. tuschare. **tussi** v. uffi tuffi.

tussicula [CL], slight cough.

a tundo hec tussis quia tundit pectus, et inde hec ~a, et tussio -nis .. et hic tussitus -tui et tussito -as i. frequenter tussire OSB. GLOUC. *Deriv.* 572; ~a, G. *tuss*, A. *kouin* (GARL. *Unus*) *Teaching Latin* II 169.

tussimulus [? cf. CL tundere], (in gl.) door knocker.

~us, i. pulsatorium, *the rynge of a dore WW*.

tussio [CL tussire+-tio], (in gl.) cough.

tussis .. et ~io -nis OSB. GLOUC. *Deriv.* 572.

tussire [CL], to cough, have a fit of coughing, suffer from a cough.

bis cogeret eum angustiosius ~ire corpore ejus similiter eadem hora bis ~iente COGGESH. *Visio* 12; si semel ~iret fortiter .. statim in extasim decideret *Mir. Wulfst.* I 42; alius, habens patrem senem et ~ientem, ait: "rusticus iste, cum tussi et excreationibus suis, tedium nobis infert" O. CHERITON *Fab.* 73B; proprietates hominis senis, que sunt quod ipse est somnolentus et oscitans .. laudator temporis acti, raucus, tusciens DOCKING 111; prassium .. frutex est .. folia sicca et semen bibitum cum melle tisicis et ~ientibus et asmaticis prosunt ex frigida causa, ut in senibus *Alph.* 138.

tussis [CL], cough, coughing fit, infirm condition characterized by coughing.

10.. ~is, *hwosta WW*; sanguinis repente vomitus plus solito nimius, et velut in frusta pulmonis longa ~i diruti coactus *Chr. Battle* f. 50; ex ~i vehementiore ac precipiti, quod genus infirmitatis *kinkehost* vocant Angli, gravius laboravit R. COLD. *Godr.* 353; pectus, in quo flatus et ~is versantur, simulat aerem, in quo venti et tonitrua concitantur HON. *Eluc.* 1116B; sicut stomacus purgatur .. per vomitum, ita pulmo per ~im; et tussiunt plus mane quam post primum somnum GAD. 52v. 2; quod ille persenciens, ~im similavit, et expuens ferrum ipsum confestim evomuit *Mir. Hen. VI* I 20.

tussitare [CL tussire+-itare], (in gl.) to cough repeatedly.

~o -as i. frequenter tussire OSB. GLOUC. *Deriv.* 572.

tussitus [CL tussire+-tus], cough, coughing fit.

tussis et hic ~us -tui OSB. GLOUC. *Deriv.* 572.

tustatus [? cf. CL tostus *p. ppl. of* torrere, AN *tost*], ? black.

1449 Johannes carpentarius cum barba ~ta *Ac. Almon. Peterb.* 17.

tusus v. tundere.

tutabilis [CL tutari+-bilis], capable of being protected.

nihil ~e est quod Dominus non custodierit GOSC. *Mir. Iv.* lxii.

tutamen [CL], (means of) protection, safety.

expectantes a justo rectore .. sibi .. animarum ~ina GILDAS *EB* 11; virginem virgo virgini / commendabat tutamini [*gl.: defensamini, protectioni, defensioni, gesceldnysse*] ALDH. *VirgP* 7; c**975** fidei scuto subtili protegens ~ine *Conc. Syn.* 128; mapale conspiciunt ad porcorum ~en contra aeris intemperiem constructum *V. Fridesw.* B 12; quercu .. coronabantur quia auxilium et ~en suis erant sicut quercus quondam per glandes homines pascebat BERN. *Comm. Aen.* 123; pedi labencium appone tutamen / ut lubrici gressus in firmo sistantur J. HOWD. *Cant.* 13.

tutamentum [CL], (means of) protection, safety. **b** safe place (in quot., w. ref. to custody).

quosdam fratrum ex monasterio suo .. in ~um coepit observantiae regularis habere BEDE *HE* II 1 p. 75; Malcolmus omnes Anglorum perfugas libenter recipiebat, ~um singulis quantum poterat impendens W. MALM. *GR* III 248; defensaculum .. protectio, tutamen, ~um, tutela OSB. GLOUC. *Deriv.* 179; et ad majorem diligentiam ~i, Petrum apostolem [l. apostolum] assumpsit portarium paradisi LUCIAN *Chester* 50; benedictio sancti senis Colmani hoc illis ~um effecit (*Colmanus* 24) *VSH* I 268; rustici .. per omnia se munierant in fossatis, palis, et carriagio, preterquam isti fruebantur majori sylvarum et nemorum ~o WALS. *HA* II 18. **b** de quibus [militibus captis] Symonem juniorem ad castrum de Wyndelesore transmisit, ceteros ad alia ~a *Eul. Hist.* III 123.

Tutannicus v. Teutonicus.

tutari, ~are [CL]

1 to watch over, guard, protect, preserve or keep safe against harm; **b** (from attack, also fig.); **c** (from injury, damage, or sim.); **d** (eccl., w. ref. to rule, governance, or sim.). **e** to preserve unimpaired, maintain.

hoc illi suis invitatoribus offitii impenderant ut, occasionibus aucupatis, quos ~ari venerant .. in confragosa .. loca immitterent W. MALM. *GP* V 215; filium Michahelis .. abbati cenobii sancti Ciri ~andum tradidit ORD. VIT. VII 5 p. 168. **b** obsecrans ut vitam suam a tanti persecutoris insidiis ~ando servaret BEDE *HE* II 12 p. 107; quinque sunt libri Mosaice legis, quorum munimine sancta Ecclesia .. ab omni tentantium scelerum .. impulsione ~atur *Id. Tab.* 643B; sed rector, cui cura fuit defendere gentem / seque suosque simul Christi tutarier armis ALCUIN *SS Ebor* 531; equites qui urbem ~abantur W. MALM. *GR* IV 384; parati simus .. contra insidias inimicorum agmina nostra ~are ORD. VIT. XIII 10 p. 21. **c** casside namque lorica vel clipeo et ceteris hujusmodi nos a vulnere ~amur, hasta autem vel gladio etiam adversarium ferire solemus BEDE *Sam.* 612B; s**1176** episcopi Scotie .. miserunt legatos .. ad summum pontificem, postulantes ut eos .. ~aret a subjectione illa quam ecclesia Anglicana ab eis exigebat G. Hen. II I 112. **d** monasterium tametsi duobus in locis positum, uno semper abbati [v. l. abbate] gubernatum, eodem privilegii munimine ~atum *Hist. Abb. Jarrow* 16; de monasterio suo .. ad ~andam Rotomagensem ecclesiam adductus est ORD. VIT. V 4 p. 313. **e** virginitatis gloria .. ~etur [*gl.: confirmatur, tremed*] ALDH. *VirgP* 16; dicta vel acta sunt ad ~andam animae salutem BEDE *Sam.* 562B; in captive sue nuptias intendens nervos, cujus integritatem ~ari et captivitatis misereri deberet W. MALM. *GP* V 258; fuge presidio salutem suam ~avit ORD. VIT. XII 39 p. 458.

2 to protect as advocate or spokesman, defend (person, view, action, or sim.).

ad beatissimum virum preces sacerdotum omnium deferuntur, ut causam Dei, quam prius obtenuerat, ~aretur BEDE *HE* I 21; in ~andis .. Christianorum rationibus nomen quod modo Christianus habeo posui, in rationibus vero adversarii confutandis nomen quod ante baptismum habueram, id est Moysen PETRUS *Dial.* 2; s**1141** post recitata scripta excusatoria quibus absentiam suam quidam ~ati sunt W. MALM. *HN* 492; solus Lanfrancus partes ~abatur justitie *Id. Wulfst.* II 1.

tutatio [LL], protection.

neque quisquam ulla advocacione ~onis dignus sit, nisi habeat fidelem testem (*Cons. Cnuti*) *GAS* 327; *frithsokene*, id est ~o in jurisdictione. Gallice, *seureute en defens Lib. Hyda* 43; tutor -aris defendere, et inde tutator, tutatus, ~o, tutamen OSB. GLOUC. *Deriv.* 575; tales pro propugnatione iniquitatis et pro ~one justicie

Dei in ipsis, justicie premium .. habituros COLET *Eccl. Hier.* 255.

tutator [CL], protector, guardian.

[Oswald] vir virtute potens, patriae tutator, amator ALCUIN *SS Ebor* 267; ~or OSB. GLOUC. *Deriv.* 575 (v. tutatio); cui Martellus auxiliator et ~or fuit DICETO *Chr.* 185; in periculosis ~or, egenis opitulator BACON *Mor. Phil.* 20; sublatis .. familie ~oribus BOECE f. 92v.

tutatrix [LL], protectress.

†**811** (12c) [sancta crux] contra tumultum pravorum ~ix et defensatrix *CS* 338.

tutatus [CL tutari+-tus], protection.

tutor -aris .. et inde .. tutatus OSB. GLOUC. *Deriv.* 575.

tutbare v. titubare.

tute [CL], safely, securely.

tutius, securius *GlC* T 330; fugit beata seculares tumultus, ~iusque versatur cum beluis quam cum hominibus GOSC. *Edith* (II) 66; nam voveo tute: si transfers ad nova tu te, / transfero sic ego me, nova promo novellaque pro me M. CORNW. *Hen.* 106; **1328** *Conc.* II 551a (v. discludere 2b); **1388** libere et ~e annum possint .. ligei Anglie et subditi terre Prussie cum bonis et mercandisis suis ad propria redire et remeare *Mem. York* II 5.

tutela [CL]

1 guardianship, protection, custody, tutelage; **b** (of minor or one unable to manage his own affairs).

ossa .. ad ~am [*gl.*: ad defensionem, *to gescyldnysse*] regni Romanorum Constantinopolim translata leguntur ALDH. *VirgP* 24; omnes .. habuerunt amorem et ~am ac defensionem ab omni parte, qua rex seipsum cum suis omnibus defendere potuit ASSER *Alf.* 81; c**1160** noverit universitas vestra quod omnes possessiones .. sanctimonialium de M. .. in manu et ~a Dei et sancte ecclesie .. consistunt *Doc. Theob.* 174; que ad sue .. pertineant dignitatis honorem honorisque ~am J. FORD *Serm.* 60. 3; sponse Christi .. pacisque ecclesiastice suscipientes ~am defensores ejus .. se fore profitentur *Ib.* 67. 10; [Juno] pavonem in sua habet ~a ALB. LOND. *DG* 4. 5; mulier cui ~a luminum commissa fuerat .. fores ecclesie egressa est *Mir. Wulfst.* II 14. **b** cui [pontifici] soli ~am orphani .. rex obiens commiserat W. MALM. *GP* V 259 p. 413; defuncto Gualterio quattuor pupilli desolati remanserunt .. quos Henricus rex in sua ~a suscepit ORD. VIT. VI 8 p. 46; lex imperialis minorem viginti quinque annis ad ~e officium non admittit P. BLOIS *Ep.* 13. 41A; volumus .. quod .. frater noster Humfridus dux Gloucestr' habeat ~am et defensionem nostri .. filii (*Test. Hen. V*) *EHR* XCVI 99; **1444** [Edmundum filium meum] sub sana ~a providenter ponant *Paston Let.* 12 p. 23; lex nature, cujus sententiam etiam in ~e regimine ab ejus judicio discrepare denunciat ipsamet lex civilis FORTESCUE *NLN* II 51.

2 (means or source of) safety, defence, protection, preservation, safe-keeping.

'facies et tabulas stantes tabernaculi' i. ad nichilum aliud nisi ut ~am cortinarum, ne venti et pluviae laedere possint *Comm. Cant. I* 309; Deus in penetrabile tutella *Nunnam.* 92.

tutelamen [tutelare+-men], (means of) protection or defence.

tutelo .. unde .. hoc ~en -nis OSB. GLOUC. *Deriv.* 575.

1 tutelare v. titulare.

2 tutelare [CL tutela+-are], (in gl.) to protect, defend.

~o -as i. defendere OSB. GLOUC. *Deriv.* 575; ~are, defendere, tueri .. defensare *Ib.* 590; *to defende*, defendere .. tutare, tutillare, ~are, tutari *CathA.*

tutelaris [CL], guardian, patron, tutelary.

deos ~es non tam pio quam impio cultu omnibus subtrahebant, ut omnes in una urbe collecti in illius custodia iugiter vigilarent J. SAL. *Pol.* 734A; divum Andream pro numine habentes ~i BOECE f. 109.

tutelatio [tutelare+-tio], (in gl., act of) protecting, defending.

tutelo .. unde .. ~io OSB. GLOUC. *Deriv.* 575.

tutelator [tutelare+-tor], (in gl.) protector, defender.

~or, defensor OSB. GLOUC. *Deriv.* 590.

tutelatus [tutelare+-tus], (in gl., act of) protecting, defending.

tutelo .. unde .. hic ~us -tui OSB. GLOUC. *Deriv.* 575.

tutella v. tutela.

†**tutennale,** *f. l.*

unde consuetudo est in aliqua religione quod pro quolibet fratre defuncto recipit quilibet frater vivus unum †tutennale [? l. tricennale *or* tritennale] disciplinarum T. CHOBHAM *Praed.* 36.

tuthemannus v. tethingmannus. **tuthia** v. tutia. **tuthinga** v. tethinga. **tuthinmannus** v. tethingmannus.

tutia [ME *tutie*, AN *tuttie* < Ar. *tutiya*], tutty (zinc oxide).

si non erit bene coloratum funde iterum cum tuchia et arsenico rubeo M. SCOT *Alch.* 153; tingere oculos cum decoctione gallarum et tuthia nigra GILB. III 150. 2; sin eligeremus ex mediis mineralibus ut sunt omnia genera magnesiarum, marchasitarum, ~arum *Spec. Alch.* 380; **12..** tucia, i. *tutie WW*; melius .. fit per †tucianam [l. tuciam] citrinam .. tucia est quedam vena terre et habet plures modos .. quedam .. regiones ponunt tuciam in cupro ut habeant electrum BACON *Min.* 386; ~a est triplex s. alba, nigra, et rubea, alba cum aqua rosarum vel saltem cum aqua simplici distemperata, valet hiis qui habent oculos rubeos et fervidos *SB* 42.

tutib- v. titub-. **tutiderunt** v. 3 tundere. **tutides** v. tudites. **tutillare** v. 2 tutelare. **tutin-** v. tething-. **tutio** v. tuitio. **tuto** v. tutus.

tutor [CL], protector, guardian; **b** (of minor or one unable to manage his own affairs). **c** tutor. **d** warrantor, guarantor.

vocibus orantum nunc aures pande benignas / et tutor tremulis cum Petro porrige dextram ALDH. *CE* 1. 17; o Andreas sancte esto nunc adjutor atque gubernator ut sit mihi ~or rex caeli creator *Cerne* 162; probatum est .. caesis circum ~oribus regem hostili gladio fuisse prostratum BEDE *CuthbP* 27; sub te advocato, sub te ~ore ANSELM (*Or.* 17) III 68; rex .. Rogerium de Monte-Gomerici, quem ~orem Normannie dum ad bellum transmarinum proficisceretur cum sua conjuge dimiserat, secum minavit ORD. VIT. IV 4 p. 178; cum esset illius castelli et forestarum per comitatum Berkescire ubique consitarum primas et ~or *Chr. Abingd.* II 7; s**1096** ~or Normannie M. PAR. *Min.* I 76 (v. abbreviare 1b); nec debet evenire quod chorus aliqua vice, vel claustrum, cum in eo fuerit conventus, absque uno ad minus sit ordinis ~ore *Cust. Westm.* 20. **b** in bona pupilli tutor grassatur iniquus / nec tutore dato nequior hostis erit J. SAL. *Enth. Phil.* 1373; puer pedagogum et ~orem, scilicet vite dominum, habuit BERN. *Comm. Aen.* 123; si minores sint et eis ~or detur BRACTON f. 28b; c**1293** Rogerus de A. ~or seu curator Alicie et Juliane filiarum quondam Thome .. in minori etate constitutarum *SelCCant* 683; **1379** heredibus quondam W. S. .. ut patet per literas Ade Pyngle, ~oris dictorum heredum *ExchScot* 17; lex .. licet filio in vita matris officium ~oris tribuat ratione proximitatis sanguinis materni FORTESCUE *NLN* II 51. **c 1560** volumus .. magistrum [choristarum] a singulis eorum [discipulorum schole] .. sex denarios singulis trimestribus a ~oribus percipere *Educ. Ch.* 512; c**1565** scholares sparsim infra precinctum universitatis commorantes, et nullius collegii aut aule numero accensi .. aliquem habeant magistrum sive ~orem in aliquo collegio sive aula .. continue habitantem, cujus ductu et tutela libertatibus et privilegiis universitatis gaudeant *Stat Ox* 392. **d** inde vocat dominum suum ad ~orem *DB* II 18b; vocavit Ilbodonem ad ~orem, et pro ea non adduxit ~orem *DB* II 103; advocant regem †adturtorem [l. ad tutorem] quod condonavit illis x lib. *DB* II 107b.

tutorius [CL], of or pertaining to a protector or guardian.

1285 causa .. inter .. Rostandum, nomine ~io dictorum liberorum ex parte una, et n'A., relictam .. Willelmi, ex altera *RGasc* II 244b; **1517** nec non eciam suo gubernatorio et ~io nomine te verum Christi vicarium .. adorabit *Mon. Hib. & Scot.* 520a.

tutrix [LL], protectress, guardian (f.); **b** (of minor or one unable to manage his own affairs).

ni jugiter nutrix et tutrix omnibus adsim BONIF. *Aen.* (*Humilitas Cristiana*) 148; sed nox patrem liberat, tutrix interclusi *Poem S. Thom.* 74; nec est servitutis / talis sustinencia set tutrix virtutis *Carm. Lew.* 686; salve, tutrix castitatis PECKHAM *Poems* 8. 5; **1309** ecclesia Anglicana .. que etiam ~icis officio desolata .. facta est quasi vidua domina gentium *Ann. Lond.* 162; gratia divina domui sit huic pia nutrix / auctrix et tutrix, ut gaudeat absque ruina R. ESK 40. **b** poterit mater esse in seisina nomine proprio et nomine puerorum suorum sicut ~ix et curatrix, et sic poterit ipsa habere liberum tenementum nomine proprio, et curationem nomine liberorum in eodem tenemento BRACTON f. 28b; **1289** vicecomitisse F., matri et ~ici .. filiorum communium ipsius et Guillelmi A. *RGasc* II 361a; **1406** domine Agneti de Tulach, ~ici Alexandri Berclay de Garntuly, alterius heredis dicti quondam Ricardi *ExchScot* 31; **1522** fecit nominare sponsam ipsius defuncti in specialem ~icem testamentariam sui filii *Scot. Grey Friars* II 78; **1522** per .. Jonetam Carmichell relictam quondam Jacobi Bertrem ac ~icem dativam .. Sibbille Bertrem filie et heredis dicti quondam Jacobi *Offic. S. Andr.* 122.

tutulus [CL = *sort of topknot or headdress worn by women and priests in religious ritual*], (in gl.).

~us, vestis qua sacerdos utitur cum turificat OSB. GLOUC. *Deriv.* 594.

tutumet v. tu.

tutus [CL]

1 protected from danger or harm, safe, secure. **b** unharmed, secure, safe (during or after danger). **c** (in gl.).

933 ut sit [episcopatus] perpetualiter tutus atque munitus ab omnibus secularibus servitutibus *CS* 694; odio germani ~us et magno otio litteris imbutus W. MALM. *GR* I 52; tanto contra eorum infestationes ~iores, quanto ab eis amplius infestamur OSB. GLOUC. *Deriv.* 296; paravit cum ingenio artificum navem contra maris pericula satis ~am (*Brendanus* 71) *VSH* I 136; castellum .. ~um valde, in medio stagni profundissimi erat (*Mochoemog* 30) *Ib.* II 180. **b** consumta ergo domu flammis, posta .. ~a ab ignibus et intacta remansit BEDE *HE* III 10 p. 147; c**794** hunc nostrum negociatorem, Italiae mercimonia ferentem, his litteris tuae paternitatis commendo protectioni, ut per vias vestrae patriae ~us eat et redeat ALCUIN *Ep.* 77. **c** ~a, *orsorg GlC* T 325.

2 enjoying a sense of security, feeling safe.

fretus .. ~us et impavidus OSB. GLOUC. *Deriv.* 235; gigas ergo de venia gaudens .. ~us in ipsum insiliit MAP *NC* III 2 f. 38v; quia ejus presidio eis prospera in itinere contigerant, in omnibus accidentibus audatiores sunt et ~iores (*Brendanus* 42) *VSH* II 285; in clibano Spiritus Sancti castus, nihil sibi conscius, fortis, ~us, virtutibus indutus GIR. *Spec.* IV 25 p. 321.

3 in which one is protected or free from danger, safe, secure: **a** (of place); **b** (of conditions or sim.); **c** (comp. as sb. n. pl.). **d** (*in ~o*) in a safe place, situation, or condition, on a safe footing. **e** (*in ~um*) into a safe place, situation, or condition.

a ~um publicum conspicuumque refugium GILDAS *EB* 93; cum .. bellum acturus videret sacerdotes .. qui ad exorandum Deum pro milite bellum agente convenerant seorsum in ~iore loco consistere BEDE *HE* II 2 p. 84; monasterium .. ~issimo terrarum situ situm est ASSER *Alf.* 49; mare nunquam ~um certa soliditate quiescit, sed inquietudine jugi turbatum more suo defluit ORD. VIT. IV 12 p. 251; naves .. Christianorum ad quendam applicuerant portum satis ~um et castello vicinum *Ib.* IX 14 p. 591; sese in locis ~ioribus receperunt *V. II Off.* 10. **b** s**1139** noverce sue .. Henricus rex .. ~a .. custodia sororem .. delegavit W. MALM. *HN* 478; accidit .. civem quendam Lincolniensem a monachis domus cujusdam ordinis hujus, sibi vicinis, bacones plurimos de porcis impinguatis grandes et grossos comparasse, et penes monachos eosdem .. ipsos tanquam in salva ~aque custodia deposuisse GIR. *Spec.* III 16; fecit militem comprehendi, et ad castrum adduci in ~a custodia *Latin Stories* 119. **c** s**1139** comes .. sororem .. Bristou ad ~iora perduxit W. MALM. *HN* 478; quam [juvenculam] ad ~iora ducens, familiaribus generis sui commiserat alendam *V. II Off.* 6. **d** grana sua sic in ~o recondat ut frigore non herbam sed farinam habundanter habeat ORD. VIT. V 19 p. 440; diu tamen quesitum in ~o repperit, ubi puero non erat timendum MAP *NC* II 23 f. 31v; hi sunt triumphatores et amici Dei qui, in ~o jam positi, cum magna exsultatione proclamant: cantemus Domino AILR. *Serm.* 76. 4; in ~o nos collocaverint et assignaverint nos Deo et Patri nostro J. FORD *Serm.* 113. 6; qui omnes dies tanquam vitam ordinat, nec optat crastinum, nec timet fortunam; jam ut volet ordinet: vita jam in ~o est BACON *Mor. Phil.* 136. **e** quid ergo nunc de cetero fiet, quando in ~um introductus est, et quasi in thalamum per fidem? G. HOYLAND *Serm.* 66A; perierunt tempora vite, mors eat in ~um GIR. *GE* II 8 p. 202.

4 (of course of action or sim.) free from risk or danger, safe, (also) causing no harm; **b** (~*um est* or sim., w. inf.).

alii et habent et amant, alii nec habere nec amare se divitias saeculi gaudent, quorum ~ior status est cum apostolo dicentium: nobis mundus crucifixus est et nos mundo BEDE *Luke* 555A; redire domum .. cogitabant, et hoc esse ~ius communi consilio decernebant *Id. HE* I 23; c**750** mihi .. placuit hunc presentem portitorem litterarum istarum nomine Ethelhun .. quasi cautiore et ~iore cursu ad vos dirigere ac per eum haec salutaria caritati vestrae seu precatoria scripta porrigere (*Lit. Regis*) *Ep. Bonif.* 105; Galo videns hostem solito ferociorem et irreverenter in se precipitem manumque suam ~o cecam errore, manu prudenter et attente struit insidias, et ipsam inter agendum ictu prepeti surreptam amputavit MAP *NC* III 2 f. 38v. **b** ~ius [AS: *gebeorhtlicre*] est mihi ire ad amnem cum nave mea quam ire cum multis navibus in venationem ballene ÆLF. *Coll.* 95; ~ius est cordas remitti intensius quam protendi J. SAL. *Pol.* 530B; ~ius tamen est et perfectius utriusque generis peccata sacerdotibus pandere, et consilium medicine ab eis querere quibus concessa est potestas ligandi et solvendi GIR. *GE* I 15 p. 49; non videtur ~um esse asserere hoc tamquam verum certum tenendum DUNS *Ord.* VI 29.

5 that may safely be trusted or relied upon not to fail or be absent, safe, secure, reliable.

haec sunt .. firmissima ac ~a sanctae ecclesiae praesidia BEDE *Cant.* 1164D; mi advocate ~issime, miserere orphani derelicti ANSELM (*Or.* 2) III 81; in tota et ~a Trinitate salutem W. MALM. *GP* V 191; ad ~am regularis vite stationem ORD. VIT. VI 2 p. 5; nichil ~um est in quo totius populi vota suspirant J. SAL. *Pol.* 751A; hic quidem modus delendi tirannos utilissimus et ~issimus est *Ib.* 796D; tanto edificio ~a struentes fundamenta GIR. *DK pref.* p. 158; absque dubio caritatis ~issima custos humilitas est J. FORD *Serm.* 120. 7.

6 (abl. as adv.) without risk of harm, safely, securely, (also) without harm.

Balduinus ~o Edessam perveniens W. MALM. *GR* IV 374 p. 436; unusquisque sua rura ~o colebat ORD. VIT. IV 7 p. 215; de grege pontificum / vix est preter unicum / dignitate dignus / cui nil tuto creditum / cujus fides hospitum / solet esse pignus P. BLOIS *Carm.* 25. 1; in ventre istiusmodi et ~o congeruntur cibaria et potenter digeruntur et in omnium membrorum artuum sensuumque salutem utiliter diffunduntur J. FORD *Serm.* 71. 4; concupiunt interim ex illo fastigio suo, si ~o liceat, descendere BACON *Mor. Phil.* 135.

tuus [CL]

1 of or pertaining to you (sg.), your; **b** (equivalent to obj. gen. of *tu*); **c** (in honorific title, esp. in indir. address). **d** (pred.) yours (also w. ref. to responsibility or sim.). **e** (~*a interest*) it is of concern to you.

ne fiat fuga tua hieme vel sabbato GILDAS *EB* 31; hanc consolationem habeas, quod in diebus ~is haec plaga non superveniet BEDE *HE* IV 25 p. 265; tu autem .. si actus tuos curiosius discutere .. studueris *Ib.* V 12 p. 309; sit tua, te petimus, clementia, Christe, super nos WULF. *Swith.* I 1017; in Monologio tuo .. probas summam veritatem non habere principium vel finem ANSELM (*Ver.* 1) I 176; cuculla major est monachi tui Adelwoldi vita W. MALM. *GP* II 75 p. 166; miraculum .. tua sanctitate congruum *Ib.* III 135; domine .. comes succurre mihi queso, quia tuus homo sum et ingentem in te fiduciam habeo ORD. VIT. XI 22 p. 234; hodie anima tua peribit (*Cainiccus* 38) *VSH* I 166. **b** opera tua trahunt me ad auxilium tuum ANSELM (*Or.* 14) III 56; permanebit timor tuus et amor in corde suo et semper obediet tibi toto tempore vite sue BACON V 122. **c** c**793** nihil tuae reverentiae jussis denegare ratum habeo ALCUIN *Ep.* 74; **1086**

gratias ago benignae sollicitudini tuae et sollicitae benignitati tuae LANFR. *Ep.* 54 (56); sciat itaque prudentia tua, domine mi, quod aliter virum non agnovi G. MON. VI 18; **1520** quod inpresentiarum praestantiam tuam aggressi sumus, paucis sum dicturus .. rem omnem praestantie tue .. commisit *Reg. Merton* 494. **d** haec tua sunt proprie, tua sunt magnalia, Christe WULF. *Swith.* II 407; meum est qui dubito aperire quid me sollicitet, tuum vero est utriusque partis firmitatem et convenientiam ostendere ANSELM (*Gram.* 2) I 146; tui ergo sumus, bone Domine, tui sumus, quos tam sapienter fecisti et anima tua emisti *Ib.* (*Or.* 17) III 69; non accipiam ex omnibus que tua sunt ORD. VIT. VI 8 p. 48; tuum est quod vivo; tuum est quod audio, quod video, quod vigeo, quod valeo BALD. CANT. *Serm.* 3. 11. 520A; vivam tuus, vive mea, / nec properemus temere P. BLOIS *Carm.* 9. 5; non ~um est precedere, set Albei (*Albeus* 24) *VSH* I 55. **e** quorum tua interest providere saluti AILR. *Spir. Amicit.* III 46. 685C; tua interest ut qui ignorant et errant, tuis salutaribus monitis exeant ab errore, et qui ad celestes nuptias venire contemnunt, tuo ministerio compellantur intrare P. BLOIS *Ep.* 232. 532D.

2 (as sb. pl.): **a** (m.) your kinsmen or associates. **b** (n.) your property, goods, or sim.

a apostolorum princeps .. regni tibi tuisque .. pandat introitum (*Lit. Ceolfridi*) BEDE *HE* V 21 p. 345; non passus es .. sanctum tuorum desiderium prolongari W. MALM. *GP* III 135 p. 276; paratus esto cum tuis ad prelium ORD. VIT. VI 10 p. 95; revertere ad terram tuam; quia te tui desiderant videre (*Brendanus* 68) *VSH* I 135. **b** tua mea et mea tua sunt ANSELM (*Ep.* 34) III 141.

twalla, **~ium** v. tualia. **twedum** v. tuathum. **twelfhindus** v. twelfhyndus.

twelfhyndus [AS *twelfhynde*], of a class whose weregild is twelve hundred shillings.

si [femina] est twelfhinda [v. l. duodecimhinda; AS: *twelfhyndu, XIIhynde*] c viginti solid. emendetur marito (*Quad.*) GAS 61; in Westsexa, que capud regni est et legum, tpyhindi, id est villani, wera est iiij libr.; tpelfhindi, id est thaini, xxv libr. (*Leg. Hen.*) *Ib.* 587; liberi alii tpyhindi, alii syxhindi, alii tpelfhindi *Ib.* 593.

twella v. tualia. **twihindus** v. twihyndus.

twihyndus [AS *twihynde*], of a class whose weregild is two hundred shillings.

si quis hominem tpihindum [AS: *twyhynde man*] innocentem .. occidat (*Quad.*) GAS 65; de twyhindi hominis wera debent reddi secundum legem xxx solidi ad manbotam, id est hodie v mance; de tpelfhindo, id est thaino, cxx sol., qui faciunt xx manc. (*Leg. Hen.*) *Ib.* 587; tpyhindi, id est villani *Ib.*; liberi alii tpyhindi *Ib.* 593.

twillum v. twilum.

twilum [ME *twile*], sort of woven fabric, twill.

1346 pro custuma .. iij barell' tarr', j pis' canabi et iij twill', videlicet .. pro barell' tarr' j d. et pro twillo ob. et pro pis' canabi quad. (*Sandwich, Kent*) *MinAc* 894/25.

twimberellum v. tumberellum.

twista [ME *twist*], part of hinge attached to door or gate (to hang and turn on a hook or pintle fixed in the post), twist.

1265 in cerura, clavis, gunphis, thuistis, vertinellis ad dicta hostia *KR Ac* 497/13; **1294** iiij paria twystarum ad fenestras *Ib.* 491/18; **1316** twist', ringes, et lacches. in vij paribus ~arum emptis v s. vj d. *Ib.* 459/28 m. 3*d.*; c**1389** in hokis, twystis, et clavis xij d *Ac. Obed. Abingd.* 54; c**1438** in quatuor bordis .. pro hostio et fenestris .. in ij ~is et ij gumphis emptis ad idem opus viij d. *Comp. Swith.* 444.

twoailla v. tualia. **twyhindus** v. twihyndus. **twymboralis** v. tumberalis. **twysta** v. twista. **tya** v. 2 tia. **tyara** v. tiara.

tybi [Egyptian], fifth month in the Egyptian calendar (approximately coincident with January).

Aegyptii .. sumpto ab autumni tempore primordio tricenis hos [menses] produntur includere diebus, quorum .. quintus 'tibi' vj kal. januarium .. die sumit exordium BEDE *TR* 11.

tybia v. tibia. **tyda** v. tida. **tyddinga** v. tethinga. **tyeburus** v. geburus. **tyfus** v. typhus. **tygon** v.

trygonus. **tygul-** v. tegul-. **tyia, tyibus** v. 2 tia. **tylatare** v. 2 dilatare. **tylia** v. tilia. **tylino** v. telinum.

tylus [τύλος, cf. ME *til*], blemish on the skin, callus.

infirmitate que tylys vocatur *Mir. Montf.* 76; typus, tilo, thalamus BACON *CSPhil.* 443.

tylys v. tylus. **tymbra** v. thymbra, 2 timbra, 2 timbria, 2 tirum. **tymbrea** v. timbrea. **tymbria** v. timbrea, 2 timbria. **tymbrium** v. 2 timbria. **tymerium** v. 2 timbria. **tymiama** v. thymiama.

tympanarium [CL tympanum+-arium], (understood as) belfry, or *f. l.*

ut [villanus] haberet .. ecclesiam et coquinam, timpanarium [? l. campanarium *but cf.* (v. tympanum); AS: *bellhus*] et januam (*Quad.*) GAS 457 (cf. (*Inst. Cnuti*) ib.: ecclesiam propriam et clocarium et coquinam et portam).

tympanicus [CL < τυμπανικός], suffering from tympanites (form of dropsy that produces a curved distended abdomen).

caveat omnis ~us se a fabis et pisis et cervisia nova .. quia faciunt cito ventositatem GAD. 34v. 2.

tympanista v. tympanistes.

tympanistes [CL < τυμπανιστής], **tympanista**, one who plays the *tympanum*.

sapientia, id est subdiaconi vadunt in medio adolescentularum tympanistriarum, ut doceant quem ~e laudare debeant. ~e sunt cantores laudes resonantes HON. *GA* 545A; lepus .. tympanum anterioribus pedibus numero pulsare ~arum more .. in Anglia visus est CAIUS *Can.* f. 5 p. 8.

tympanistria [CL < τυμπανίστρια], one (f.) who plays the *tympanum*.

feminina: sica .. columella, ~ia ALDH. *PR* 133 p. 185; he sunt .. quattuor evangeliorum pedisseque quatuor virtutum alumpne, quattuor quadrifide crucis Domini timpanistrie, timpanizantes quaternis vocibus diatessaron celeste *Lib. Eli.* II 148; timpanistra -e que canit in timpano OSB. GLOUC. *Deriv.* 579; sapientia, id est subdiaconi vadunt in medio adolescentularum ~iarum HON. *GA* 545A (v. tympanistes); sic Dei ~ia ornata suis fuerat tympanis, ut cum illa veteri Maria tympanizans, decantare posset Domino frequenter canticis etiam devotis V. *Edm. Rich P* 1776A; Maria, soror Moysi, cum ceteris ~iis, percutiebat instrumenta musice BACON *Tert.* 233.

tympanites [LL < τυμπανίτης], form of dropsy that produces a curved distended abdomen, tympanites.

queritur quare timpanites et asclites sint incurabiles *Quaest. Salern.* B 327; quatuor .. secundum physicos sunt hydropisis species .. leucoflancia et hyposarcha .. curabiles; reliquie due, videlicet ~es et archites, insanabiles J. FURNESS *Walth.* 112; vocatur ~es a tympano eo quod venter percussus resonat ad modum tympani GILB. VI 248v. 1; timpanites est tertia species idropisis, non vera, quia est cum ventositate aliquali .. et dicitur timpanites quia venter percussus resonat quasi timpanum GAD. 30v. 1; ad timpanitem [recipe] cardamomum BACON IX 101.

tympaniticus [LL], (as sb.) sufferer from tympanites (form of dropsy that produces a curved distended abdomen).

in aschitis et timpaniticis GILB. VI 251v. 2; cum illo medicamine solo .. curavi timpaniticum GAD. 95v. 2.

tympanizare [CL < τυμπανίζειν], to play the *tympanum*, (also transf.) to make music; **b** (transf., of bird making its sound).

timpanistrie, timpanizantes quaternis vocibus diatessaron celeste *Lib. Eli.* II 148 (v. tympanistria); bene pulsat et quasi ~at, qui verbi et operis concordem movet symphoniam G. HOYLAND *Serm.* 222C; ne vagitus pueri [Jovis] audiretur a patre, adhibiti sunt Curetes ~antes et cum aliis instrumentis organicis strepitum facientes *Natura Deorum* 13; Augusto ~ante in cena a quodam militum probrose dictum est: videsne ut cinedus orbem digito temperet? J. SAL. *Pol.* 404B; quam poli agmina nivea jubilant tymphanizantes lirica modulamina *Miss. Westm.* II 956. **b** cignus citharizat, / scilla diem provocat, ibis tympanizat *Ps.*-MAP 238; timpanizat psitacus, et psitaco melodior philomena GERV. MELKLEY *AV* 97.

tympanizator [CL tympanizare+-tor], (in gl.) one who plays the *tympanum* or sim.

nomina jugulatorum .. hic timpanizator, *a taberner WW.*

tympanizatrix [CL tympanizare+-trix], (in gl.) one (f.) who plays the *tympanum* or sim.

nomina jugulatarum mulierum .. hec timpanizatrix, A. *a tymburnar WW.*

tympanotriba [CL < τύμπανον, τρίβω], one who beats a *tympanum.*

hec timpanotria -e que notat et canit in timpano OSB. GLOUC. *Deriv.* 579.

tympanum, typanum [CL < τύμπανον, τύπανον]

1 small drum or similar percussion instrument; **b** (in gl.). **c** (~*um auris*) eardrum.

~um .. est pellis in ligno extenta BEDE *Luke* 563B; legio igitur tota cepit labare, nec bucina nec timphanum nec lituus nec preco poterat eos revocare ORD. VIT. IX 10 p. 561; Hibernia .. tantum duobus utitur et delectatur instrumentis, cithara scilicet et ~o GIR. *TH* III 11; ~um est pellis extensa super duo ligna, et tympanum in alia significatione est mediolus rote per quem axis transit BACON *Gram. Gk.* 66. **b** ~um, *a taber, or a tymbre WW;* hoc ~um, A. *taburne WW.* **c** cum auris timpanum hoc sono tangitur / mens ardens obviam sono progreditur WALT. WIMB. *Carm.* 210.

2 revolving cylinder or drum, (esp.) hub or rim of wheel.

timpana, tecta vehiculorum *GlC* T 167; axis .. circumvolvetur in tinpano [*gl.: muel, nave*] sive in modiolo NECKAM *Ut.* 108; ~um .. est mediolus rote per quem axis transit BACON *Gram. Gk.* 66 (v. 1a supra); **14.**. est axis duplex, radii sunt, timpana [ME: *cartenave*] canti *WW; ffelwe of a whele,* timpanum, circumferencia *PP; nave of qwyl,* modius .. timpanum *PP.*

3 (solid) cylindrical object: **a** solid circular wheel, disc. **b** game or playing piece, counter. **c** (part of a plough).

a ~um, *tunnebotm* ÆLF. *Gl.* **b** *a tabylle man,* scaccus, calculus, timpanum *CathA.* **c** c1280 concitandum in timpanum *Antiq.* XXVII 167.

4 (in gl., understood as) bell, or *f. l.*

pastoris ovium rectum est, ut habeat .. i. *belflis* (id est timpani vellus) (*Quad.*) *GAS* 451.

tymphanizare v. tympanizare. **tympus** v. tempus. **tymum** v. thymum. **tyna** v. 2 tina. **tynctor** v. tentor, 2 tinctor. **tynda** v. tinda. **tyndare** v. tindare. **tynea** v. 2 tinea. **tynellus** v. tinellus. **tyneosus** v. tineosus. **tyngtus** v. tingere. **tyngua** v. tignum. **tyniosus** v. tineosus. **tynsellum** v. tinsellum. **tyolen, tyolon** v. ptyelon.

typarium [τυπάριον = *small figure, image*], image, imprint, seal.

s1177 privilegium .. bulla aurea nostro tipario impressa roboratum, nostro sigillo jussimus decorari GERV. CANT. *Chr.* 264 (=W. COVENTR. I 294); s1226 presens scriptum fieri fecimus et bulla aurea, nostro ~io impressa, jussimus insignari (*Lit. Papae*) *Reg. S. Osm.* I 195; **1296** nec uteretur .. sigillo cum tipario regie majestatis *Reg. Wint.* II 564.

Typhon [CL < τυφῶν]

1 Typhon, father of the Winds.

illos, illos omnipotens / trudat aeternis tenebris / ubi Typo teterrimus / tostos globorum gremiis / girat torquens gurgitibus / atri ignis ultricibus (ÆTHELWALD) *Carm. Aldh.* 3. 37.

2 (transf.) kind of whirlwind, cyclone, or sim.

hinc †phiponis ei nomen dat Grecia, longam / ignitam nubem, lampada sepe vocant NECKAM *DS* I 321.

3 (in gl.).

typhona, serpens aquaticus OSB. GLOUC. *Deriv.* 589.

typhona v. Typhon.

---

typhonicus [τυφωνικός], of or pertaining to a whirlwind or sim., tempestuous.

misit se contra ipsam ventus ~us. alia translatio Latine dicit: ventus tempestivus. typhus enim Graece, Latine inflatio dicitur BEDE *Acts* 991D; typho est tumeo, a quo ventus ~us, qui est periculosus et intumescens aquas BACON *Gram. Gk.* 66.

typhonius [Typhon+-ius], (as sb. f.) kind of whirlwind, cyclone, or sim.

northeste, euro, aquilo .. tiphonia *PP.*

typhus [LL < τῦφος]

1 swelling (also fig.).

672 turma supercilii tyfo turgens ALDH. *Ep.* 5 p. 493; ~us enim Graece, Latine inflatio dicitur BEDE *Acts* 991D (v. typhonicus); tipo, *draca* vel inflatio *GlC* T 182; c740 nec tam ex hoc ventosae temeritatis tiphum mihi subripere posse quam remedium salutis arbitror inveniri, dum et ipse me egrotum agnosco et medicum quaero (LULLUS) *Ep. Bonif.* 103 p. 227; quidam avaritia et typo superbie distentus DOMINIC *V. Ecgwini* II 65; quod .. matrona .. ~o superbie refutavit atque indignancia verba in sanctum retorsit CIREN. I 315.

2 vanity, conceit, pride.

9. . ~us, *wlanc WW;* is .. antecessorum facta parvipendens, tipo quodam et nausia sanctorum corporum ferebatur W. MALM. *GP* V 265; confusio Turcorum prius ~o turgentium, nunc autem fugientium *Itin. Ric.* IV 21; typus herba dicitur que se ab aqua inflat. unde eciam ambiciosorum et sibi placencium elacio vel tumor typus vocatur *Cust. Cant.* 132; *a pride,* arrogancia .. superbia, tipus *CathA;* quis non tumeret tipo tot virtutum insignibus adornatus? BOWER VI 55.

3 brook-tongue, water hemlock (*Cicuta virosa*).

tipus, i. *brocþung Gl. Laud.* 1448; typus herba dicitur que se ab aqua inflat *Cust. Cant.* 132 (v. 2 supra); nomina herbarum .. hic tipus, A. *homelok WW.*

typicalis [LL typicus+-alis], of or pertaining to symbolic, allegorical, or figurative text or act or its interpretation (esp. w. ref. to Scripture and its exegesis).

tipicalis, tipicus, figurativus OSB. GLOUC. *Deriv.* 593; ~ia dudum in Syna Moysi consignata *Miss. Westm.* I 367; opes iste temporales / non sunt nisi tipicales / et ymaginarie WALT. WIMB. *Van.* 6.

typicare [LL typicus+-are]

1 to serve as type or symbol, signify.

ex eo quod figurat in principio paroxis typus nominatur. ~at enim fe[bris], vel eo quod unum figurat, aliud autem simulat, frigus enim et tremor materiam febris frigidam ostendunt GILB. I 75. 1.

2 (trans.) to describe, explain as type or symbol, allegorize.

sic varium typicavit agrum pius ille sacerdos J. EXON. *Virg.* 127.

typice [LL, cf. τυπικῶς]

1 symbolically, figuratively, allegorically.

redemptoris tipice personam praefigurans ALDH. *VirgP* 54; sanguinem enim animarum ~e dicit ipsum vitale quo vegetantur, et sustentantur, et vivunt homines in carne per animam, sicut etiam manum bestiarum ~e vocat ipsum devorandi effectum, quo hominem occidunt BEDE *Gen.* 108B; Iob Dominus tipice Behemoth mostravit amico ORD. VIT. XI 1 p. 160; celum namque divina eloquentia ~e demonstrat, quia: 'celum plicabitur ut liber' G. STANFORD *Cant.* 225; quid autem septem missilia, nisi septem criminalia ~e indicant, quibus infelix exercitus erat in proximo periturus? *Itin. Ric.* I 5 p. 14; ecclesiam Dei .. que .. nullo certe communi symbolo, ut pro tempore legis circumcisione carnali, idque ~e, pro tempore vero gratie, baptismo, in unam certam .. rempublicam.. collecta .. fuit BEKINSAU 742.

2 (med., w. ref. to fever) according to a typical or regular pattern.

dyaciminum valens ad pectoris et stomachi frigiditatem .. et ~e febrientibus prodest GILB. IV 188v. 2.

typicus [LL, cf. τυπικός]

---

1 of or pertaining to (interpretation of) symbolic, allegorical, or figurative usage (esp. w. ref. to Scripture and its exegesis); **b** (transf., of writer).

allegoria verbi sive operis aliquando historicam rem, aliquando ~am, aliquando tropologicam, id est, moralem rationem, aliquando anagogen, hoc est, sensum ad superiora ducentem figurate denuntiat BEDE *ST* 166; **798** nec ~a interpretatio his discordare videtur rationibus ALCUIN *Ep.* 143; vates seriatim que futura erant insulis septemtrionibus predixit, tipicisque locutionibus memorie litterarum tradidit ORD. VIT. XII 47 p. 489; qui tangit tipicam archam occiditur [cf. *I Par.* xiii 9–10] / et Dei filius ad necem ceditur, / cesus illuditur, illusus spuitur, / pater id aspicit et non ulciscitur WALT. WIMB. *Carm.* 481; typus est exemplum, forma, figura, hinc venit ~us sermocinalis figuratus BACON *Gram. Gk.* 66; sub eloquio ~e ficcionis R. BURY *Phil.* 13. 178 (v. eloquium b); **1358** de Cantuaria fecit vineam, in qua monachorum catervam ordinis sancti Benedicti, tanquam vites tipicas, plantare decrevit *Lit. Cant.* II 373. **b** a patribus sanctis olim typicisque prophetis / hec predicta fuit WULF. *Brev.* 131.

2 representative, symbolic. **b** (gram., as sb. m.) gerund.

c1233 sicut filii Israel in esu agni ~i renes suos accingebant, ita et vos renes vestros accingatis *Ch. Sal.* 146; non tamen simul circumciduntur et baptizantur, nec simul offerunt agnum ~um et eucharistiam GROS. *Cess. Leg.* I 10 p. 66. **b** participialia, quae ab aliis 'gerendi' vel 'supina' vel '~i' dicuntur auctoribus, quae tres casus videntur habere, a participio instantis nascuntur temporis s littera in d conversa et addita i vel o vel m, ut laudans laudandi laudando laudandum BONIF. *AG* 502.

3 distinctive, characteristic, typical (of type, class, kind, or sim.).

denique septenas sol postquam vertit ymeras / septies, et typicum complevit in orbe recursum / paschalis festi WULF. *Swith. pref.* 447; s1440 regales torques et inaures induit anguis / ac chlamydem byssi typici species basilisci AMUND. II 221.

4 (of fever) that recurs at characteristic intervals.

tipice febre [*sic*] i. interpolate *SB* 42 (v. febris b); febrium sinthomata .. dicuntur tipi .. inde .. dicuntur febrice tipice, s. interpollate *Alph.* 185.

Typo v. Typhon.

typographia [τύπος+γραφία], (art or practice of) printing, typography.

ne ipsum quod ego .. peperi .. bene formatum corpus. ~ie negligentia vel mutilum vel deforme prodeat in lucem DEE *Monas* 191; a primis temporibus quibus ad legum ~iam accessimus *Reg. Brev. Orig. pref.*

typographicus [typographus+-icus], of or pertaining to printing, typographic.

1550 opus et ministerium ~um *Pat* 830 m. 38; te elegi, istius noviter nati operis parentem ~um DEE *Monas* 191.

typographus [τύπος+-γραφός], printer, typographer.

1516 libellus .. arte Theodorici Martini Alustensis, ~i alme Lovaniensium academie .. editus MORE *Ut.* LXV; **1520** si tantopere cupiebas Annotationum nostrarum editionem, quum scires cum hoc ~o iniisse me tractatum .. cur Paraphrasim obstrusisti et illi ~o quicum antea nulla tibi erat consuetudo (EDWARD LEE) *Ep. Erasm.* IV 1061 p. 161; et paulo citra cohabitant medici .. ~i [Eng.: *bokeprynters*], bibliopole, bibliographi WHITTINGTON *Vulg.* 67; quum hodie quicquid preclari in lucem emittitur privatis .. studiosorum virorum sumptibus et ~orum impensis edatur TURNER *Av.* (1903) 186; **1553** dom. Hieronymo Frobenio nobili Basiliensi ~o s. dat ASCHAM *Ep.* 252; **1563** Jacobus de Bra, aurifex. Gillius Godet, ~us .. Gautier Dare, ~us .. Hubertus Danvillier, *pondeur de lettres SP Dom. Eliz.* 290.

typsona, *var. sp. of* ptisana.

typsonas faciunt de hordeo; decorticant ipsa grana in pilo, id est in ligno cavato, deinde coquentur in quo volunt *GlC* T 357.

1 typus v. typhus.

2 typus, ~os [CL < τύπος]

1 pattern, type, prototype, model, symbol (freq. w. ref. to Scripture and esp. the Old Testament as prefiguring the new dispensation). **b** (*~um gerere* w. gen.) to stand for or as representative of, be or follow the pattern or model of.

quatuor flumina paradisi ad inrigandam universam terram in ~o Evangeliorum profluunt EGB. *Dial.* 411; tipum, forma, similitudo *GlC* T 165; sic puer Abrahe in adducenda Rebecca herili filio, sponse Christi ~o GOSC. *Edith* 44; omne contrarium mors est contrario / et in contrarium est omnis mocio, / ergo simulacrum, si bene sencio, / mortisque tipus est omnis transitio WALT. WIMB. *Sim.* 163; volebat .. sanctus episcopus semper cum illis in ~um Christi manducare (*Moling* 18) *VSH* II 197; ~us est exemplum, forma, figura BACON *Gram. Gk.* 66; archa, columba, Noe, vindex, aqua, corvus, oliva / sunt typus ecclesie, lavacri sunt flumina viva *Vers. Worc.* III b p. 101. **b** Barabbas .. potest Antichristi ~um gerere BEDE *Luke* 613C; significat illa exercitatio orationem, secundum illud quod Christus orabat in monte: ut etiam hinc Isaac ~um Domini gesserit ALCUIN *Exeg.* 547C; sedet .. summus sacerdos ~um gerens sacerdotis aeterni J. FORD *Serm.* 68. 11; sic sacerdotes hodie, tam majores scilicet episcopi qui ~um apostolorum gerunt, quam minores qui lxx discipulos representant, missi intelliguntur GIR. *Symb.* I 21 p.256; [Jesus Christus] cujus tipum et personam maxime gerit in jerarchia ecclesie dominus Papa *Flor. Hist.* II 388; c**1318** qui .. in agro scholastici exercicii desudantes, naturalis tipum corporis gerimus *FormOx* 29; quorum .. Christianorum principum ~um et figuram Nabuchodonosor gessit BEKINSAU 742.

2 (ideal) specimen or example that exhibits the characteristic qualities of its kind, class, or type.

798 quadragenarius .. per decadas quater ductus paenitentiae ~um tenere multis in locis constat ALCUIN *Ep.* 143 p. 226; **940** cuidam regalis progeniei meae tipo exorte matrone *CS* 759.

3 distinctive or characteristic appearance.

dominam sub ipsius [militis] abducere ~o MAP *NC* III 4 f. 42.

4 kind, class, or order as distinguished by a particular character.

inter quos nullatenus esse debet .. invidencie aut cujuscunque subjeccionis tipus *Cust. Westm.* 37.

5 (med.) characteristic (esp. periodic) form of a fever.

membris omnibus confectus febrium ~o, patitur agoniam HERM. ARCH. 36; quidam regalis custos palatii Gerinus nomine, qui ~o quartano per dies et menses supra modum fatigatus, frustra in medicos multa consumpserat AILR. *Ed. Conf.* 786D; hoc non debet fieri nisi ~o cessante et calore forte paroxismi et in statu egritudinis vel materia digesta GILB. I 18. 2; in principio paroxismi venit tipus frigiditatis, qui est quasi glacies et permanet quasi una hora GAD. 12. 1; est triplex tipus: rigor, horripilatio, frigus. et est idem tipus quod figura, significans quis morbus sequatur *Ib.* 17. 1; tipus est figura vel forma, unde illa quatuor febrium sinthomata, s. frigus, tremor, horripilacio, et rigor, dicuntur tipi .. quia sub specie frigoris celant caliditatem *Alph.* 185.

6 (piece of) printing type.

1520 [typographo] cui .. non satis faveras quod domini Jacobi Latomi Dialogum ~is suis emiserit (EDWARD LEE) *Ep. Erasm.* IV 1061 p. 162; non ~is, ut nunc, sed librariorum singulari opera .. divulgarentur GARDINER *CC* 457; **1563** fusor ~orum, *typefounder* (*SP Dom. Eliz.*) *Hug. Soc.* X 291; cogitavimus de registro isto ~is commendando *Reg. Brev. Orig. pref.*

tyralira v. tiralira. **tyrampnus** v. tyrannus.

tyrannia [LL < τυραννία], **~ium,** (act of) tyranny.

s**1378** satagis ipsum papatum ~io possidere, qui per ostium non intrasti WALS. *HA* I 384; hic quidam tirannias et insolencias quasque dampnavit, set tamen eo truculencior juxta posse aut tirannior nemo fuit *G. Hen. V* 1 p. 10; **1464** qui versus prefatum sanctissimum .. patrem in assistenciam sue sanctitatis versus crudelitatem et tiranniam sevissimi ad finalem destruccionem Christiani fidei .. agitantis .. divertere se proponit in regnum Anglie *RScot* II 414b; s**1458** qui maliciose solicitant se ad subdendam ~ie sue et ad devorandum nostros terras et subditos *Reg. Whet.* I 299.

tyrannice [CL], in the manner of a tyrant, oppressively, despotically, tyrannically.

tirannicus .. unde tirannice adverbium OSB. GLOUC. *Deriv.* 586; c**1211** quique in Christi sortem electos tam ~e desevire presumunt GIR. *Ep.* 6 p. 234; s**1345** de morte .. quorundam nobilium nobis adherencium captorum in Britannia, et .. morti contra formam .. treugarum ~e traditorum (*Lit. Regis*) AD. MUR. *Chr.* 166; bonus homo fuit in fama, et predictam verberacionem penitus ignoravit .. et tum ~e hec passus est, et sui filii plura mala passi sunt GASCOIGNE *Loci* 134; **1493** Elena Dalok .. scandilazavit quandam honestam mulierem viventem et quia non potuit vindicare in ea vivente modo theranice vellet vindicare in ipsam mortuam W. Hale, *Precedents and Proceedings in criminal causes* (London, 1847) p. 37.

tyrannicida [CL], one who kills a tyrant.

effecit .. ira ut tyrannus ~e manus accomodaret et presidia sua gladio suo cederet [cf. Sen. *Ira* II 23] BACON *Mor. Phil.* 88.

tyrannicus [CL < τυραννικός], of or characteristic of a tyrant or his government, tyrannical, despotic (also transf.).

inmundae leaenae Damnoniae ~us catulus Constantinus GILDAS *EB* 28; ~ae [*gl.*: tyrannus rex qui sine lege vivit, diabolice, *cynelicere*] potestatis imperium ALDH. *VirgP* 11; a**716** (11c) si quis .. ~a potestate inflatus .. minuere temptavit auctoritatem archiepiscopi .. *CS* 91; me ab eorum [hostis ministrorum] tirannica dominatione liberatam *Eccl. & Synag.* 65; s**1066** ut regnum Angliae .. de manu Haraldi, qui illud tirannica fraude invaserat, abstraheret *Chr. Battle* f. 22; arguuntur a Seneca, Catilina, et L. Sylla, quia pax eorum fuit bello deterior subjectumque sibi populum plus exactionibus ~is quam hostes preliis afflixerunt P. BLOIS *Ep.* 121. 355C; miserum .. clerum tirannicis exactionibus jugiter affligendo GIR. *Ep.* 7 p. 258; hic [Constantinus] a laico subito factus est presbiter, et ~us papatus invasor *Flor. Hist.* I 386; rex Willelmus ~ior factus est *Ib.* II 11; est uxor regenda mansuete, non cum ~a austeritate vel rigore HOLCOT *Wisd.* 161.

tyrannis [CL < τυραννίς]

1 position or regime of a tyrant, tyranny (also transf. or fig.).

Julianus, qui ~idem [*gl.*: insaniam, militiam, *sace*] et apostasiam pariter arripuit ALDH. *VirgP* 38; propter vaesanam Brettonici regis ~idem BEDE *HE* III 1; Alexandrum, qui in Thessalia ~idem occupaverat, Thebe uxor sua noctu occidit ALCUIN *Didasc.* 924B; preliabatur in amplitudine cordis bella Dominica, adversus ~idem vitiorum certamen legitimum concertabat *V. Birini* 3; vos .. constituit Dominus inter columnas regni .. ut .. ~idem vicecomitis de Staffort, qua in meos homines perniciose grassatur, juxta vestrae promissionis verbum potestate regia comprimatis P. BLOIS *Ep.* 108. 332B; [Pythagoras] sevos fugiens dominos odioque tirannidis exul sponte fuit GROS. *Hexaem. proem.* 10; sicut regimen illud [monarchie] sub bono principe optimum, ita sub malo, quod tirannidem ipse [sanctus Thomas] ibidem appellat, pessimum esse regimen arbitratus est FORTESCUE *NLN* I 26.

2 tyrannical or despotic act or behaviour.

Maximus vir .. strenuus et probus, atque Augusto dignus, nisi contra sacramenti fidem per ~idem emersisset BEDE *HE* I 9; ecce .. sevissimi morbi ~ides tanquam leo rugiens captivam suam invadit GOSC. *Transl. Mild.* 25; animabat eos ad tirannidem et insolentia sua ingentes eorum alebat spiritus Tostinus W. MALM. *Wulfst.* I 16; fecit .. inter alias suas ~ides duos fratres de ordine Predicatorum et tot de ordine Minorum incarcerari *Flor. Hist.* II 267; s**1345** semper multiplicantur contra nos tyrranides, conspiraciones, et alligancie AD. MUR. *Chr.* 167; Petrus .. in isto monasterio ob tirannidem adversariorum domini Thome comitis Lancastre monachus effectus est THORNE 2036; eum [Henricum] in regem .. nequiter et tirannide usurpando sublimavit *Plusc.* VI 24.

tyrannisare v. tyrannizare.

tyranniter [CL tyrannus+-ter], in the manner of a tyrant, despotically, tyrannically.

et [rogo, amor] admirare fortiter / te tractantem tiranniter / ipsum qui, cum sic teritur / et a te sic reicitur, / te supplicans amplectitur, / amans te singulariter J. HOWD. *Cyth.* 127. 5; **1399** Henricus maliciose et ~er sibi .. usurpavit regimen regni *Misc. Scrope* 302.

tyrannium v. tyrannia.

tyrannizare [LL], (intr.) to rule as a tyrant, to rule or act despotically (also transf.); **b** (trans.).

1012 omnibus ferme in nationibus ~antium vis crudescit raptorum *CD* 720; grassari, crudeliter agere, tirannizare OSB. GLOUC. *Deriv.* 261; ecce tyrannizat rex cum soli sibi regnat. / hic rex subjectos non regit, immo vorat WALT. ANGL. *Fab.* 19. 17; imperator sinodum congregat .. et de ymaginibus deponendis contra orthodoxos ~at DICETO *Chr.* 123; [Willelmus primus] Deo irato tirannizans, commilitonibus suis Normannis terras Anglorum .. distribuit M. PAR. *Min.* I 8; papa, si ~are non nititur super sibi subjectos, sed eos desiderat .. lenitate et justicia gubernare OCKHAM *Brev.* 7; injuste dominetur vel potius tiranniset, cum injuste extorquet et occupat aliena WYCL. *Civ. Dom.* I 5; ab illo tempore cepit rex tiranizare, populum apporiare, grandes summas pecunie mutuare OTTERB. 188; absit tunc sapere quod rex tyrannisans in subditos legittime agit, licet potestatem a Domino receperit qua possit in eos sic sevire FORTESCUE *NLN* I 27; cum Urbanus ~are disponeret WALS. *HA* II 197. **b** s**1227** rex tirannizans cives Londonienses causatus est gravi calumpnia *Ann. Lond.* 27.

tyrannulus [CL tyrannus+-ulus], (in gl.).

tirannus .. inde hic tirannulus -li OSB. GLOUC. *Deriv.* 586.

tyrannus [CL < τύραννος]

1 absolute ruler, monarch, tyrant; **b** (dist. as having cruel or oppressive manner of rule); **c** (transf. & fig.).

apud Brittannias Gratianus municeps ~us creatur et occiditur BEDE *HE* I 11; ~um, *cyning GlS* 211; quem [regem] pertimuerunt non solum insularum principes et ~i, sed etiam reges plurimarum gentium BYRHT. *V. Osw.* 425; imperat ~us circumfundi omnem turbam suorum interius solumque regem teneant, quem suis legibus rebellem jam cognoverat ABBO *Edm.* 10; ceteri .. eorundem regum ~i, et quique potentissimi duces et principes, legatis suis eum adeunt *V. Ed. Conf.* f. 40r; revivescet mater malleabit capud tyrampni M. SCOT *Proph.* 162. **b** reges habet Britannia, sed ~os; judices habet, sed impios; saepe praedantes et concutientes, sed innocentes; vindicantes et patrocinantes, sed reos et latrones GILDAS *EB* 27; differentia est distinctio duarum rerum cum interpretatione, ut: rex dicitur, quia modestus est; ~us, quia crudelis est ALCUIN *Gram.* 858C; ambitiosus et protervus, ecclesiasticarum legum tirannus .. invictus W. MALM. *GP* II 94 p. 200; ~us est rex perversus et crudelis BACON *Gram. Gk.* 66. **c** paulominus ad pristinam reditur experiendam veterum nequitiam ~orum J. FORD *Serm.* 67. 12; [mustela] gravis murium majorum ~us, et vestium corrosiva GIR. *TH* I 27; pede tyrannum conteris incurvatum J. HOWD. *Cant.* 174.

2 cruel and oppressive person.

adversus truculentam ~orum [*gl.*: fortium, militum] rabiem ALDH. *VirgP* 33; Brittanni .. cum essent ~i et tumidi, legationem Romanorum contempserunt NEN. *HB* 162; quidam ex regali genere .. qui est heros et ~us, qui semper occidit et rapit (*Abbanus* 26) *VSH* I 20; erat quidam homo crudelis et ~us, durus et malignus valde (*Comgallus* 21) *Ib.* II 10; ~us vel miles vendidit unam magnam silvam GASCOIGNE *Loci* 134.

3 (as adj.) of the nature or character of a tyrant.

cruentissimis a tyrannis parentaliter exortum ipsumque tyrannorum omnium ~issimum GIR. *PI* III 31; regis .. Johannis tempore, quo non surrexit inter natos mulierum ~ior .. in uno .. anno mille marcas ab eodem truculenter extorsit *G. S. Alb.* I 295.

4 (in name of animal): **a** (*dens ~us*, for ὀδοντοτύραννος) kind of large animal, perh. crocodile or rhinoceros, said to be found in the Indus or Ganges. **b** golden-crested wren (*Regulus cristatus, cf. et. shricus*).

a fuit .. in Indorum finibus bestia major .. elephanto, colore nigro, quam Indi dentem ~um vocaverunt; quae in medio torvae frontis tria cornua gessit et tantae animositatis erat ut sibi conspectis hominibus non tela neque ignes nec ulla vitaret pericula *Lib. Monstr.* II 16. **b** ~us, A. *a nyn murder*, Germanice *eyn neun mürder oder eyn gold hendlin.* vescitur et vermibus ~us, cui corpus non multo amplius quam locuste, crista rutila ex pluma elatiuscula, et cetera elegans, cantuque suavis hec avicula est TURNER *Av.* (1903) 168.

tyriacus v. theriacus.   **tyriasis** v. pityriasis.

Tyrius [CL], of or belonging to the city of Tyre. **b** purple or deep red.

atque auro ac Tyrio devotus vestiit ostro BEDE *HE* V 19 p. 330; cujus frater idem Tyrio nutritus in ostro ALCUIN *SS Ebor* 1272; ~ii, Afri *GlC* T 352; quid Tirias gazas numerosa classe relatas / trans maria? Gosc. *Edith* 89; rex .. indutus clamidem vel auro rigentem vel Tirios murices estuantem W. MALM. *GR* I 49 p. 52; Tirii et Sidonii et Acharonite *Ib.* IV 376 p. 440. **b** ~um, i. rubeis *Alph.* 186.

tyro v. tiro.   **tyrocinium** v. tirocinium.   **tyrrannis** v. tyrannis.   **tyrsus** v. thyrsus.   **tyrteynus** v. tiretanus.   **tyrunc-** v. tirunc-.

1 tyrus v. therus.

2 tyrus [τυρός], cheese.

hic tirus, A. *nyw schese WW.*

Tysiphoneus v. Tisiphoneus.

†**tysis**, *f. l.*

†tysis [v. l. timosis; ? l. cisis i. e. chemosis (χήμωσις) = '*swelling of the cornea*'] dicitur quando species [? l. superficies] oculi †qui mosis dicitur† [*omit as dittograph*] exit *Alph.* 186.

tystris v. 2 textus.   **tytarteus** v. tetartaeus.   **tythyngga** v. tethinga.   **tytirus** v. tityrus.   **tytulus** v. titulus.   **tytymallus, ~alos, ~alosca** v. tithymallus.   **tyxtor** v. textor.   **tziruph** v. ziruph.

U

U, U (letter of alphabet).

a supino 'artu', u littera mutata in o, fit 'arto' .. verbum activum Osb. Glouc. *Deriv.* 7; euuangelium Domini Jhesu, posito bis 'u' vocali, ab 'eu', quod est 'bonum' Map *NC* V 4 f. 62; dum tamen alia consonans post 'l' sequitur immediate, ipsa 'l' debet quasi 'u' pronunciari, verbi gracia, *altrement, malveis Orthog. Gall.* S11; 'u' littera sonat extra labia exspirando Harclay *Adv.* 56.

uba v. uva.

1 uber [CL]

1 woman's breast (esp. as source of milk); **b** (fig. or in fig. context). **c** (~*ra aquilonis*) 'breasts of the north' (two mountains in the Caucasus, believed to be made of crystal).

~ra .. quod mulieris est membrum corporis Bede *Cant.* 1085C; ~ra, *meolcebreost* Ælf. *Gl.*; pupilla .. inter ipsa materna ~ra a seculi illecebra exemta Gosc. *Edith* 47; infans qui, etiam dum lac educere non curat ab ~re, papillam tamen ~eris lambit J. Godard *Ep.* 223; adjurat .. per sue matris lacrimas, per ~ra [ME: *tittes*] que suxit, per lac quod eum nutrivit *AncrR* 126; aruerunt .. ~ra sua et [Agatha] usum lactis per septem dies amisit ita quod liquore cervisie puerum utcunque sustentavit *Canon. S. Osm.* 39. **b** c793 carissimo filiolo meo, quem et sero genui et cito dimisi, nec bene ablactatus raptus est ab ~ribus meis Alcuin *Ep.* 65; sancte Cantuariensis ecclesie, a cujus ~ribus coaluerat, archidiaconus J. Sal. *Thom.* 5; habet enim ~ra Jesus teste illa que viderat, que olfecerat, que suxerat, immo que potata fuerat ab ~ribus consolationis ejus J. Ford *Serm.* 17. 6 (cf. ib.: quia meliora sunt ~ra tua vino, fragrantia unguentis optimis); mansit .. ubi conversi morantur .. ut ipsos .. satiaret ab ~ribus consolationis sue Ad. Eyns. *Hug.* V 14 p. 166; quem nec verborum mollicies nec minarum asperitas ab hiis conceptuum sceleratissimorum ~ribus potuit ablactare *G. Hen.* V 1 p. 4. **c** contra ~ra Aquilonis, circa pontum Euxinum Bacon *Mor. Phil.* 16 (v. aquilo b).

2 udder (of animal).

~re de, *of stricele* [*gl.*: ~re de gemino: minora enim pecora duas tantum mammas habent] *GlP* 155; ministrabat ei cotidianum ex ~ribus potum cerva domestica W. Malm. *GP* IV 184; vaccae distentis ~ribus W. Fitzst. *Thom. prol.* 11; ad taurum accurrit, et genitalia ejus tanquam vacce comprimebat ~ra (*Fechinus* 9) *VSH* II 79; hoc uber, A. *a pap of a best WW.*

3 soil rich in nourishing quality, soil as source of nourishment or abundance.

interius ~re glebae satis admodum loeta Abbo *Edm.* 2; florentis in ubere / campi canora resident / nec invidet / Talia sororibus / nec sedibus / sororum P. Blois *Carm.* 1. 27.

4 nostril.

similiter est de instrumento olfactus; nam oritur ex medio anterioris cerebri, et extenditur inter duas summitates ~rum prope cerebrum, et propinquius quam nervus visualis, quia maxime necessarium est animali ut per odorem confortetur cerebrum Bacon *Persp.* I 5. 3; nervus enim a cerebro veniens illa duo ~ra nasi subintrat et eis animalem spiritum administrat Bart. Angl. V 13.

2 uber [CL]

1 abundant: **a** (of produce, growth, or sim., also in fig. context); **b** (of liquid); **c** (of gift or sim.); **d** (of information or sim.); **e** (of abst. thing); **f** (of action).

a negotiationis officiis ~rem fructum inpendens ei Bede *HE* II 8; ?733 pro impertito opere pietatis ~rior fructus secundum invisibile postmodum tribuetur *CS* 149; agri proventu ~ri respondebant cultoribus W. Malm. *GP* I 18 p. 27; vineam plantavit .. ut ~rem fructum ex eadem colligere possit Ord. Vit. I 5 p. 5. **b** ~rrimo sanguine Normannorum Ord. Vit. IV

7 p. 216; ~res lacrime cum ejulatu proruperunt *Ib.* IV 15 p. 267; rivus .. profluet in ~rrimum pelagus Osb. Glouc. *Deriv.* 405. **c** c775 pro impertito opere pietatis ~rior merces secundum invisibile postmodum tribuetur *CS* 260; pauperibus .. ~rem elemosinam .. largiri mos est Ord. Vit. VII 6 p. 176. **d** non me sollicitat dicendi materia ~rior sed affectus in sanctum .. propensior W. Malm. *GP* V prol. p. 330. **e** s625 Deo et beato Petro .. ~res merito gratias exsolvamus (*Lit. Papae*) Bede *HE* II 11 p. 106; pernoctans in vigiliis .. pura fide, ~rrimis orationibus, vidit visionem *V. Cuthb.* I 5; ne quando audiant vel percipiant terram mellifluam et ~rrimam mundi gloriam Bacon *Maj.* I 303; 1348 nos .. Willelmo graciam ~riorem facere volentes concessimus .. Willelmo singulis annis unam robam *Reg. Kilmainham* 129; 1595 de ~riori gracia nostra *Pat* 1431 m. 18. **f** militibus sanctis de talibus ubere fletu / ingeminans gemitum conpunctus apostolus inquit Wulf. *Brev.* 471; 1219 ut .. ad ~res gratiarum actiones vobis assurgere debeamus *Pat* 209; quod si qua dignus venia / foret te passo talia / fletum proferret uberem J. Howd. *Cyth.* 70. 12.

2 that produces or yields in abundance: **a** (of land, plant, or sim.); **b** (of source of liquid); **c** (of provision); **d** (of abstr., in quot. ability); **e** (of action, in quot. weeping). **f** (w. gen. or abl.) that abounds in.

a vineam in loco ~ri plantavit Bede *Apoc.* 176C; olivam ~rem, pulcram, fructiferam Gosc. *Edith* 59; deliciis plenus, locus uber, letus, amenus / uber ager gratis sat confert fertilitatis Greg. Eli. *Æthelwold* VI 3; terra illa ~rrima in frugibus, in fructibus, in lacte, in oleo, in melle fecundissima *Eul. Hist.* II 24; venimus ad portus, ubera terra, tuos Gower *VC* VII 1346. **b** cum ~rimo lacrimarum fonte Gir. *IK* II 5. **c** peregrini .. post inediam ~rem alimoniam ex institutione principali reperiebant Ord. Vit. VIII 8 p. 313; 1328 percipienti per annum decem marcas, quousque sibi de ~riori promocione fuerit provisum *ExchScot* 114. **d** ~rrimam [*gl.*: habundantem, þa genihtsumestan] .. verborum facundiam .. admirarer Aldh. *VirgP* 2. **e** ~rrima a plebe lacrimarum effusione *Found. Waltham* 6. **f** erupit unda bullis ~rrima fugacibus W. Malm. *GP* IV 181 p. 320; locus .. fluvio piscium ~rrimo qui Legia dicitur ornatus *Found. Waltham* 10.

3 that abounds in possibilities or opportunities, rich.

~rior dimicandi occasio Christianis succrevit Ord. Vit. IX 9 p. 540.

ubera v. 1 uber.

uberare [CL]

1 (in gl.) to abound, be abundant.

~are, habundare Osb. Glouc. *Deriv.* 628.

2 to make fruitful.

ex insperato dominatus uberat omen D. Bec. 525.

uberatio [CL uberare+-tio], abundance, swelling (in quot. of sea).

in secunda autem [lune etate] ossa plena sunt medullis et conche piscibus et ~io maris Gilb. II 110. 2.

uberculum [CL uber+-culum], woman's breast.

mater uberculum producit niveum, / liquorem exprimit nato nectareum Walt. Wimb. *Carm.* 39.

ubere [CL uber+-e, CL *as comp. and sup. only*; cf. CL ubertim]

1 abundantly, in abundance, (esp. w. ref. to producing great yield) fruitfully; **b** (w. ref. to provision, generosity, expense, or sim.). **c** in

great quantity, copiously (esp. w. ref. to drawing from source).

in putatione .. sarmenta sterilia reciduntur, ut ea quae praevalent ~rius fructum ferant Bede *Cant.* 1227A; c800 ut lux veritatis et scientiae per congregationes ecclesiarum Christi .. per vos, et a vobis multis mundi partibus ~rrime fulgeat Alcuin *Ep.* 280; abundante iniquitate in mundo, ~rius crescit fidelium in religione devotio, et multiplicata seges in agro surgit Dominico Ord. Vit. VIII 26 p. 434; salus tua per illam [prolem] crescat ~rrime *V. Kentig.* 8; 1229 taxent omnia bona .. non secundum taxationem factam in vicesima sed secundum quod melius et ~rius possunt taxari (*Lit. capellani Papae*) *Reg. S. Osm.* II 149. **b** qui solet uberius Christi celebrare triumphos, / cetera quam celebrent anni sollemnia festa Aldh. *Virg V* 905; eleemosynae circa domos ~rrime pauperibus dispertiebantur Alcuin *Vedast.* 423; 1213 ut in equivalenti beneficio vel ~rius vobis provideamus *Pat* 105b; elemosinarius .. mendicantes et leprosos ~rius debet prospicere *Obs. Barnwell* 172; dux .. gratias agit Deo .. deinde plebi, pro .. fide et gratitudine quam in eis invenit, regraciatur ~rrime Wals. *HA* II 405. **c** 801 de pectore ipsius Domini .. secretum divinitatis ejus ~rius et quodammodo familiarius biberet Alcuin *Ep.* 213; ut .. frequenter ~rius et profusius bibamus vinum quam illa regionum loca que gaudent proventibus vinearum Lucian *Chester* 46; in aqua turbida piscantur ~rius Map *NC* V 7 f. 72v.

2 (w. ref. to speaking or writing) copiously, at length or in detail.

quod textus libelli Eugeniae ~rius [*gl.*: copiosius] explanat Aldh. *VirgP* 44; de laude tanti viri loquamur ~rius *V. Greg.* p. 77; **798** postquam .. super hiis ~rius tractatum est, ita exorsi sumus .. (*Clovesho*) *CS* 291; quicquid videtur rarius predicatur ~rius W. Malm. *GR* I 49; historiographis ad scribendum ~rius tema dant presulum litigia Ord. Vit. V 1 p. 302.

3 extensively, greatly, well.

si descendamus interius magis ad has tres sectas, possumus ~rius videre que sit tenenda Bacon *Mor. Phil.* 219.

4 ? f. l.

exheredare / regem, ne tam †ubere [? l. libere] valeat regnare / sicut reges hactenus qui se precesserunt *Carm. Lew.* 520.

uberitas v. ubertas.

uberose [uberosus+-e], (in gl.) abundantly, copiously.

undanter, habundanter .. ubertim, ubertuose, ~e Osb. Glouc. *Deriv.* 626.

uberosus [CL uber+-osus], (in gl.) abundant, copious.

ubertuosus, uber, ~us, habundans, affluens Osb. Glouc. *Deriv.* 626.

ubertas [CL]

1 abundance (esp. of produce, growth, or sim.), abundant or copious amount or quantity. **b** conditions of abundance or plenty.

[insula] situ amplior et frugum proventu atque ~ate felicior Bede *HE* II 9; vir Deo deditus liquidas fontium lymphas exorcizans et sacrae benedictionis ~ate [*gl.*: habundantia, copia] fecundans Aldh. *VirgP* 32; vini ubertas Hugeb. *Wynn.* 7; **799** regni felicitas et populi sanitas et frugum ~as Alcuin *Ep.* 177; ~as, *genyhtsumnys* Ælf. *Sup.*; **1166** numquid non ab ea die fortuna ejus retrorsum cessit et successuum ~as emarcuit? J. Sal. *Ep.* 145 (168); cum lacrimarum ~ate *Found. Waltham* 5; tanta siquidem pluviarum hic jam inundat ~as, tanta nebularum et nubium incumbit impuritas Gir. *TH* I 33; quanta lactis hujus dulcedo, quantus candor, quanta ~as J. Ford *Serm.* 17. 6. **b** sunt enim tria passionis et martyrii genera; in juventute castitas, in paupertate largitas, in ~ate so-

brietas Gir. *GE* II 9; cum .. post pauca regia providencia consueta rediret ~as, penuriosa fames abiit et recessit *Ps.*-Elmh. *Hen. V* 70.

2 (abundant) productiveness, fruitfulness.

da ei de rore caeli benedictionem et depingue [? l. de pingui], Domine, terrae ~atem *Miss. Leofric* 9a; soli affinis maxima ~ate W. Malm. *GP* I *prol.* p. 3; campum tuum omni ~ate locupletasti fecunditatis, suavitatis, et decoris J. Ford *Serm.* 8. 4; solarius fomes .. rura .. ad ~atem reduxit *Leg. Ant. Lond.* 198.

ubertim [CL; cf. ubere], abundantly, in abundance, copiously.

quidam centesimi fructus manipulos evangelicis novalibus ~im [*gl.*: habundanter] pululantes Aldh. *VirgP* 19; praecordia .. roscidis .. imbribus .. ~im inrigabat Felix *Guthl.* 22; **1050** dono .. omnes possessiones ad locum pertinentes .. ut habeant jugiter subsidium hubertim corporis quo valeant Christo militare sine ulla molestia animi (*Lit. Regis*) *Conc. Syn.* 529; in pago Berrucscire .. continuis quindecim diebus fons sanguinem tam ~im manavit ut vicinum vadum inficeret W. Malm. *GR* IV 331; panem .. manum .. tendentibus alacriter et ~im distribuit Ord. Vit. VIII 25 p. 430; genibus flexis et ~im fusis lacrimis *Mir. Wulfst.* II 12; apes .. ~im michi mellificant J. Godard *Ep.* 233; o virgo nobilis, o virgo lepida / divinis ymbribus ubertim roscida Walt. Wimb. *Carm.* 77.

ubertuose [ubertuosus+-e], (in gl.) abundantly, copiously.

undanter, habundanter .. ubertim, ~e, uberose Osb. Glouc. *Deriv.* 626.

ubertuosus [CL ubertus+-osus], that produces or yields in abundance, fruitful. **b** (in gl.).

placuisset Isaac, ut iret in Egyptum ~am valde provinciam Osb. Glouc. *Deriv.* 617. **b** ~us Osb. Glouc. *Deriv.* 626 (v. uberosus); *fulle*, affluens .. uber, ~us *CathA*.

ubi [CL]

1 in what place? where?; **b** (in indir. qu.).

ubi [*gl.*: *hwær*] vendis pisces tuos? in civitate Ælf. *Coll.* 94; ubi .. sub hac tempestate litteratus? Osb. Glouc. *Deriv.* 3; ubi erit resurreccio mea? (*Carthagus* 42) *VSH* I 186. **b** interrogavit ubi esset Acca presbyter Bede *HE* V 19 p. 328; corpus .. sancti Judoci, quod tunc a cunctis mortalibus ubi esset ignorabatur Ord. Vit. III 13 p. 137; interrogavit ubi esset ignis (*Coemgenus* 5) *VSH* I 236.

2 to what place? to where? whither?; **b** (in indir. qu.).

'sed ubi evanuit, ubi migravit utraque gloria?' ubi 'quo' ponere deberet, 'ubi' adverbium ponens Gir. *GE* II 36. **b** c**1321** responderunt .. de nominibus homicidarum, et ubi devenerunt, et de appreciacione bonorum eorum *MGL* II 370; **1366** requisiti ubi devenit ille felo post illud factum dicunt quod incontinenti defugit set ubi nesciunt *SelCCoron* 53.

3 (correl., w. *ibi* or sim.) where, (in the place) in or at which.

ubi erat futurus ipse post mortem, ibi oculos mentis ante mortem .. misit Bede *HE* V 14; ubi enim pater justo judicio regnare debuerat, illic iniquus et pertinax filius regnabat Asser *Alf.* 12; sciebat probare .. quod ubi quatuor erant ibi octo Gir. *GE* II 37; ubi .. exercitum magnum angelorum .. vidisti .. ibi erit resurreccio tua (*Carthagus* 42) *VSH* I 186; s**1452** ubi .. senectus, ibi impotencia, ubique infirmitas, ibi indisposicio ad procedendum effectualiter in ulla operacione laudabili *Reg. Whet.* I 22.

4 (rel.) where, in which; **b** (transf.); **c** (introducing cl. giving name of place); **d** (w. antecedent supplied from context). **e** in which (situation or conditions).

fuit quoddam hominum genus in Sicilia, ubi Aetnae montis incendium legitur *Lib. Monstr.* I 11; **863** iiij carris transductionem in silba regis .. hubi alteri homines silbam cedunt hoc est in regis communione *CS* 507; c**1240** in terra de T. vibi molendinum situm fuit *Cart. Mont. S. Mich.* 64; fiat inunctio cum oleo communi ubi masticis ʒ j et .. thuris ʒ j bulliant Gilb. I 18v. 1. **b** scripsit .. missalem ubi missa in conventu cotidie canitur Ord. Vit. III 3 p. 48. **c** in eo loco ubi Kuncacester dicitur *V. Cuthb.* I 6; **812** terrae partiunculam .. duarum manentium in loco ubi Sueord Hlincas vocitantur *CS* 341; ?**853** unum aratrum ubi Ulaham vocatur *CS* 467. **d** ubi Harold dux Anglorum et sui milites equitant ad Bosham *Tap. Bayeux* 1. **e** non multo post bello Anglico ubi et ipse in genu vulneratus est peracto Ord. Vit. III 8 p. 105; de jurisdictione delegata, ubi quis ex se ipso nullam habet auctoritatem Bracton f. 108.

5 (without correl. or other antecedent) where, (in) the or a place in which. **b** to where.

?**676** ut ubi truculentus .. prius draco errorum deceptionibus serviebat, nunc .. ecclesiasticus ordo in clero conversantium .. tripudiet *CS* 43; si serpens irrepsit, mulierem fortem inveniet .. non inveniet in ea ubi dentem imprimat, ubi venenum illinat J. Ford *Serm.* 44. 6; vera translatio habet contrarios ubi nostra habet subcontrarios T. Sutton *Gen. & Corrupt.* 60. **b** dicit patrem suum se posse vertere ubi voluerit *DB* I 10rb; **1245** quod octo bertachias habeatis promtas et paratas ad cariandum et levandum quando et ubi preceperimus *Cl* 289.

6 (*ubi et ubi*) in or to any or every place, in or to this place or that, here or there, wherever (*cf. ubiubi*).

723 ubicumque, ubi et ubi ambulare videtur (*Lit. Regis*) *Ep. Bonif.* 22; [monachi] habent illis excisum in saxosa rupe montis parvas receptaculas ubi et ubi Hugeb. *Will.* 4 p. 99.

7 in the situation or conditions in which, where.

necesse est adesse divinum ubi humanum cessat auxilium Gildas *EB* 20; ea solum condicione [mulieres] dare consenserunt, ut ubi res veniret in dubium, magis de feminea regum prosapia quam de masculina regem sibi eligerent Bede *HE* I 1 p. 12; quod magis solet fieri ubi t profertur sono z in principio syllabe Abbo *QG* 10 (23); alia facit ut Turgis excepto quod dat tria ova ubi ille Turgis dat quinque *Cust. Waltham* f. 199v.

8 (as connecting adv.) in that situation.

quesivit .. utrum per seculares vel per monachos decencius esset hoc fieri. ubi varii diversimode responderunt *G. Durh.* 37.

9 at or after the time in or at which, when. **b** (w. *mox*, *primum*, *primo*) as soon as, the moment that.

ubi judex illum tormentis superari .. non posse persensit, capite eum plecti jussit Bede *HE* I 7; dies erant hiberni et Quadragesimales, sed in episcopiis et cenobiis ubi novus veniebat rex iniciabantur paschalia festa Ord. Vit. IV 2 p. 168; qui ubi infantiles annos .. excessit, puer factus .. ad sanctitatis opera semetipsum cepit informare Eadmer *V. Osw.* 1; mirum .. quod ubi semel accessit, tam tenaciter et tamquam inseparabiliter ordini sacro dicte macule nevus adhesit quod nullo nitro, nulla fullonis herba, hactenus ablui valuerit aut deleri Gir. *Spec.* II 34 p. 117. **b** Osvald, mox ubi regnum suscepit, .. misit .. Bede *HE* III 3; serpens .. valde labilis est, et ubi primo potest caput mittere, facile totus ingreditur Ailr. *Serm.* 17. 18. 297C.

10 (representing answer to a question introduced by *ubi*) place, location.

ut si lapis sursum tendat ad centrum, omne ubi intermedium appetitur per accidens, quoniam propter aliud J. Blund *An.* 11; nam 'ubi' est accidens rei locate .. et ideo unum 'ubi' debetur pluribus superficiebus secundum profundum Bacon *Tert.* 143; nec sunt naturaliter plura 'ubi' in eodem. ut autem supernaturaliter inducatur aliud 'ubi', sufficit correlativum multiplicari Duns *Metaph.* V 7 p. 243.

11 *f. l.*

1227 libertatibus .. eos uti permittas .. quibus †ubi [l. usi] sunt temporibus R. regis avunculi nostri *Cl* II 179a.

ubicare [cf. CL ubi; cf. et. quandocatus], to cause to have spatial position.

patet quod non dicimus quod 'substantia est quando' nec 'substantia est ubi'. si tamen fingas nomina, ut dicas quod 'substantia est ~ata' et 'substantia est quandalis' Ockham *Sent.* IV 403; exemplum de ~atis et quandocatis limitatis Duns *Ord.* II 362; sicut cum dicitur lapis est locatus fit denominacio extrinseca a loco circumscribente, licet cum dicitur lapis est ~atus fiat denominatio ab ubi inherente lapidi W. Alnwick *QD* 15; et sic sunt sex differencie loci vel posicionis mundi: scilicet, sursum et deorsum, que sunt termini longitudinis; dextrum et sinistrum, que sunt termini latitudinis; ante et retro, que sunt termini profunditatis. in mundo autem et quolibet animali perfecto sunt iste sex differencie quorsumcunque ~antur absolute fixe Wycl. *Log.* III 6.

ubicatio [ubicare+-tio], (condition or fact of having) spatial location.

sicut ergo talia puncta sunt immediata, sic ~ones vel situaciones eorum sunt immediate Wycl. *Log.* III 30; ideo notabiliter loquuntur illi qui cum Porfirio dicunt quod principia vel condiciones individuantes .. sunt 'hic' et 'nunc': id est, ~o et quandalitas *Id. Act.* 50; immensitas Dei et intencio sua locandi creaturas corporeas est principium ~onis *Id. Univ.* 236.

ubicumque [CL], **ubicunque**

1 in whatever place, wherever, in any or every place where. **b** (as adv.) in any or every place; **c** (*~mque locorum* or sim.).

quicunque presbiter .. in propria provincia aut in aliena vel ~nque inventus fuerit commendatum sibi infirmum baptizare nolle .. deponatur Theod. *Pen.* I 9. 7; ob crebrum morem orandi .. ~mque sedens supinas super genua sua manus habere solitus sit Bede *HE* III 12; ~mque conaretur cespitem meum depopulari, armis et bello calumniam paravi Ord. Vit. VII 15 p. 236; **11..** extitit .. ambitiosus captor terrarum fere ~mque potuit *Cart. Heming* I 257; qui illam paciebantur pestem absoluti sunt, non solum jam in urbe set ~mque in provinchia illa pestis fuerat (*Carthagus* 42) *VSH* I 186. **b** c**1150** ne furagium capiatur ~nque in comitatu Cantie ad equos sustendandos in castello Dover' *MonA* I 98a; ut .. certissimas haberet vices .. ~unque manendi vel movendi Map *NC* V 5 f. 63. **c** coenobia .. ~mque locorum [AS: *æighwar stowa*] decentissime restauravit *RegulC* 2; tales .. cum rex tum archiepiscopus promoverant ~mque locorum W. Malm. *GP* I 18 p. 27; decretum est omni anno eos [sc. Judeos] .. Christianum ~nque terrarum Deo litare altissimo T. Mon. *Will.* II 11; cives Londonie ~nque locorum pre omnibus aliis civibus .. spectabiles et noti habentur W. Fitzst. *Thom. prol.* 8; admisceatur cum pinguedine terre que ~mque terrarum invenitur et vocatur stella terre Gad. 49. 2.

2 to whatever place, wherever, to any or every place to which.

omnibus, ~mque perveniebat, clementiam pii Conditoris .. praedicabat Bede *HE* III 13; is [sc. caecus] dum haberet praevium ductorem, sicut oculis privati habere solent, qui eum vel ad ecclesiam duceret vel ~mque illi necesse foret Lantfr. *Swith.* 18; c**1168** illi vero qui terragia et decimas ferre solebant pro consuetudine ~nque domini eorum volebant, ad grangias dominorum suorum tantummodo et non ultra infra Valeiam in garbis aducant *Act. Hen. II* I 510; a**1214** poterit .. illa [duo masagia] dare vel assignare ~mque voluerit, sive in religionem sive extra religionem *Ch. Westm.* 421 p. 259; c**1283** debent .. portare faldam domini ad summonitionem .. ter in anno ~mque preceptum eis fuerit *Cust. Battle* 61.

3 in whatever situation or conditions, or on whatever occasion or at whatever point, wherever or whenever, on any or every occasion that.

Furseus .. cupiens pro Domino ~mque sibi oportunum inveniret peregrinam ducere vitam Bede *HE* III 19; ut cum hoc vasculum .. ad invitandos filios aecclesiae preparatum fuerit .. ubicumque sonuerit hoc tintinnabulum .. longe recedat virtus inimicorum Egb. *Pont.* 118; Robertus Spert xv acras pro iij s. ix d. et servicium secundum quantitatem terre sue et inveniat duos boves ~nque demandatur cariagium *Cust. Taunton* 17.

ubicunque v. ubicumque.

ubilibet [CL], in any or every place, or on any or every occasion.

lunam superfluam, quae juxta naturae rationem in fine anni debuerat intercalari, plerique ~t intercalant Bede *TR* 11; quod si hospitium non habere dicitur, incertum est ubi quaeratur, nisi forte ad praesens tunc ~t esse videatur Alex. Cant. *Dicta* 180; moderator rerum ordo ea nec ~t nec nusquam esse patietur, quibus interpositis alias jacens et vilis erigitur et illustratur oratio J. Sal. *Met.* 849A; s**1271** fuit forte gelu .. potuerunt viri ire super glacies ~t tam super ripam quam juxta desuper alias aquas profundissimas *Flor. Hist.* III 23; **1432** in convocacione seu congregacione magistrorum ~t celebratura *StatOx* 247; **1435**

ubilibet

vicariis ecclesiarum .. ~t constitutis *Lit. Cant.* III 168.

ubinam [CL], (also w. *gentium* or sim.) where ever? wherever? where?; **b** (in indir. qn.).

templum in quo [Eadburgis] recondita cum nepte scribitur, ~m gentium vel in quibus terrae finibus fuerit, quare tacetur? Gosc. *Lib. Mild.* 12 p. 80; o .. fratres mei, ~m illum dilectum Domini Ihesu vidistis? (*Mir. Ed. Conf.*) *Anal. Boll.* XLI 127. **b** rex .. aberravit et noctem integram ~m essent quos ductabat ignarus exegit Ord. Vit. IV 5 p. 198; quesivit ~m esset rex Map *NC* II 23 f. 32; percunctatur ~m posset nocte illa congruentius inter vicinos hospitari Coggesh. *Visio* 5; corpus .. ~m locorum occultatum fuerat, penitus ignoratur *V. II Off.* 24.

ubinamque, *? f. l.*

liceat .. Roberto .. ire et redire †ubinamque [? l. ubicumque] voluerint *Mem. Ripon* I 258.

ubiquam v. ubique.

ubiquaque [CL], in whatever place there is, anywhere or everywhere.

quodquod ~e per mundum potuit iniquum corrigens, nulli concedens W. Poit. II 3.

ubique [CL]

1 in every place, everywhere; **b** (w. *locorum*, *terrarum*, or sim.). **c** in every instance or circumstance, on every occasion.

Claudius imperator .. bellum ~e et victoriam undecumque quaesivit Bede *HE* I 3; quo in loco .. [paganorum rex] et quinque comites occisi occubuerunt, et multa millia paganae partis in eodem loco, et insuper per totam campestrem Æscesdun latitudinem ~e dispersa, longe lateque occisa corruerunt Asser *Alf.* 39; c1195 notum sit .. me dedisse .. unum liberum batellum in aqua de De .. ad piscandum .. ~e ubi aliquod aliorum liberorum batellorum piscatur *Ch. Chester* 244; 1221 medietatem .. virgate terre .. sicut illa medietas jacet ~e in campis versus occidentem *Fines Warw* 243/12/56; in lege .. nulla est falsitas aut iniquitas, set ~e in ea veritas et equitas Gros. *Cess. Leg.* I 2. 12; si tectum domus jugiter stillaret aquam, homo ~e in ea nullam haberet quietem Holcot *Wisd.* 135; *everywhere*, ubiquam Levins *Manip.* 84. **b** observetis vosmet eleganter ~e locorum [*gl.: on ælcere stowe*] Ælf. *Coll.* 103; quod sint illius cenobii professores ~e gentium pene dispersi W. Malm. *GP* II 74 p. 151; o admiranda ~e locorum discipline Latialis informatrix Osb. Glouc. *Deriv.* 182; Alberico .. salutem et .. debitam ~e terrarum tante persone reverentiam Osb. Clar. *V. Ed. Conf. ep.*; gloria .. elucescit ~e terrarum A. Tewk. *Prol. Thom.* 299. **c** si vero i ante -tus habuerit, ~e penultima corripitur, nisi veniat a verbis quarte conjugationis Abbo *QG* 4 (10); quisquis gubernaculum regni debet tenere .. mitis et asper prout ratio expetit sit ~e Ord. Vit. VIII 5 p. 292.

2 to every place; everywhere.

ex quo vivificus fulgor ubique fluit Bede *HE* V 7 p. 293; [reliquiae] quae semper eum ~e comitabantur Asser *Alf.* 104; Danis .. veritate piratica ~e discurrentibus W. Malm. *GR* II 165 p. 187; effrenis enim superbia ~e volitat, et omnia .. etiam stellas celi conculcat Ord. Vit. X 15 p. 85.

ubitas [CL ubi+-tas], place, location, 'whereness'.

igitur sint plura subjecta vel locata que sunt alicubi, ergo erit ibi multitudo ~atum; set locus multiplicatur ad multiplicationem ~atum; ergo, si sint hic due substantie incorporee habentes ~atem ibi Bacon XIII 206; possunt esse simul, et ~as erit una et locus unus *Ib.* XIV 125; Aristoteles .. supra octavam spheram locum esse posse non credidit, et tamen ibi esse locum spirituum .. asseruit. ibi namque ~atem locumque designat *Ps.-Gros. Summa* 452; de adverbiis fingunt nomina abstracta, sicut .. de 'ubi' hoc nomen '~as' Ockham *Summa* I 41 (=*Id. Quodl.* 565).

ubiubi, ubi ubi [CL], in whatever place, wherever. **b** (also w. *locorum*) in or to any or every place, in or to this place or that, wherever (*cf. ubi* 6).

tertio die in capella sua vel in choro, ~i missam celebraverit vel audierit, capitulum deponet *Obed. Abingd.* 345. **b** omnium apud Anglos, ubi ubi positorum, objectis respondere decrevi Abbo *QG* 1 (4); quicumque .. aliquem fratrum suorum a rec-

titudinis norma ~i exorbitasse cognoverit *Cust. Westm.* 266; quos expertissimos ~i locorum repperissent *Mir. Hen. VI* II 46.

ubivis [CL], (also w. *locorum* or sim.) anywhere you like, in or to this place or that, wherever.

homines .. ~s gentium pervagatos Gosc. *Edith* 286; ibi nequaquam hunc sanandum sed oportere illum progredi ad primum Angliae eruditorem Augustinum, illic demum alias ~s sanctorum inconcessam salutem adepturum *Id. Mir. Aug.* 2; nimirum ~s gentium, ~s locorum comedendi et bibendi temperantia decenter et apte observatur Pull. *Sent.* 915A; nihil indisreptum indistractumque ~s locorum reliquerant G. Steph. 78.

uchia v. huchia.

uchium [cf. ME *nouche*, nusca], clasp, buckle, brooch.

1436 in diversis jocalibus .. videlicet colerio aureo cum gemmis et perlis, monile vocato ~io cum diamante *ExchScot* 679.

ucusque v. hucusque. **udecoker** v. wodecokus.

udere [cf. CL udus; cf. et. LL udare], to be wet, moist.

udentes artus excutiendo exsiccare sategit R. Cold. *Cuthb.* 75 p. 157.

udimia [cf. ME *udimia*, LL oedema < οἴδημα], swelling, abscess filled with watery fluid.

apostema molle quod dicitur undimia Gad. 24v. 2.

uditas [CL udus+-tas], condition of being soaked or wet, (in quot., transf.) drunkenness.

nec sua sordeat in munere manus .. sibique semper sit in ~ate vilitatibus involutus E. Thrip. *SS* I 5.

udlagare v. utlagare.

udus [CL]

1 covered or permeated with water or other liquid, wet; **b** (w. abl.).

~is [*gl.: humectis, humidis, wætum*] et crudis nervorum nexibus Aldh. *VirgV* 35; numquam ipsa vestimenta ~a atque algida deponere curabat, donec ex suo corpore calefierent et siccarentur Bede *HE* V 12 p. 310; an requies sit eis quos quatit uda Thetis Ord. Vit. XII 26 p. 418; abyssus .. vallavit eum, nec ~um reddidit R. Cold. *Godr.* 99; udam fons hodie dulcis humum facit Garl. *Poems* I 6. **b** quis ejus oculos vidit fletibus ~os? *V. Gund.* 17; quorum sunt facies ude madoribus Walt. Wimb. *Palpo* 173.

2 (as sb. n..) moisture, liquid.

[lingua] lubrica saepe cadit, quoniam versatur in udo J. Sal. *Enth. Pol.* 229; lingua in ~o est et de facili labitur Vinsauf *AV* II 3. 167.

Uestsaexanaus v. Westsaxo.

uffi tuffi [Ar. *uff, tuff* = *dirt under the nails* (*also as exclamation of disgust*)], (alch., *s. dub.*).

ait .. Oziambe "quibus nominibus potest hec res .. appellari?" at ille dicit ".. †vulphi [*rec. I 24: uffi et †tussi* ..]" et postea fit ejus odor suavis Rob. Angl. (I) *Alch.* 515a.

ufima v. ursinus. **uhtlagus** v. utlaga. **Ulcanalia** v. Vulcanalia.

ulcerare [CL], to cause to fester, make ulcerous. **b** (p. ppl. as adj.) covered in or suffering from ulcers.

~are, *plaier* Gl. *AN Glasg.* f. 18ra; illius haud duros labor arduus ulcerat armos D. Bec. 327; si apostema melancolicum ~etur Gad. 28. 1. **b** dum egenum et ~atum ante januam divitis et deliciis affluentis posuit Bede *Luke* 534D; bona inunctio potest fieri in labiis ~atis Gad. 7v. 1.

ulceratio [CL], (process of) festering, ulceration.

dysenteria est passio intestinorum, causatio cum ~one, quia excluditur egestio sanguinolenta Bede *Retract.* 1032A; circa lingue et oris ~onem et pustulationem Gad. 7v. 1.

ulcerativus [CL ulceratus *p. ppl.* of ulcerare+ -ivus], characterized by ulcers, sores, or sim.

scabies excoriativa et ~a Gad. 42v. 1.

ulcerosus [CL], afflicted with or characterized by ulcers, sores, or sim., ulcerous.

~is, *wundihtum* GlP 569; ~is vestigiis quasi scabello Domini adjacere .. mavult Gosc. *Edith* 63; [mulier] erat .. toto inflata et ~a corpore T. Mon. *Will.* III 15; letalis hic fetor et amaritudo corrumpens et sanies ~a Map *NC* V 5 f. 66v; christianus populus .. ut Lazarus ulcerosus abjicitur Hon. *GA* 705B; de paupere quodam ~o in partibus transmarinis muscis afflicto *Spec. Laic.* 11.

ulcia, *var. sp. of* hussus.

arbores .. ibi crescunt buxus .. ilex .. ulcia [AS: *holen*] Ælf. Bata 6 p. 89.

ulcisci [CL]

1 to inflict retribution or take revenge on (person).

vulpeculas ut fingebant subdolas ~i festinaret Gildas *EB* 6; certe hostem publicum nemo ~itur J. Sal. *Pol.* 512D; in tempore quo malos ~etur Dominus et secundum nequitiam eorum illis retribuet Andr. S. Vict. *Sal.* 47; satagit illam ~i que 'causa malorum' extitit Map *NC* III 4 f. 42.

2 to exact retribution for, avenge (wrong); **b** (in true pass.). **c** to take vengeance on behalf of or in respect of, avenge (person).

hic plebem ecclesiae designat quae invalida dicitur .. quia .. suas injurias ~i ipsa non quaerit Bede *Prov.* 1026B; ad ~endum cruorem Christianorum Ord. Vit. IX 5 p. 492; 1166 pastoribus ecclesie prescribit ut omnem ~antur inobedientiam J. Sal. *Ep.* 193 (187) p. 234; at Edwardus .. divinis vacabat obsequiis, Dei justitiam tantam ducis ultum iri malitiam predicens Ailr. *Ed. Conf.* 766D; [Apollo] occiso Pythone matris ultus est injuriam Alb. Lond. *DG* 8. 3; non omni mox dicto credas, nec impetuosus / sis, aut ulciscens materias subito *Dietarium* 55. **b** ne in eis illa ~i videantur in quibus se per ignorantiam .. adstrinxerunt Bede *HE* I 27 p. 51; **793** quia omnis injustitia ~itur a Deo Alcuin *Ep.* 18. **c** sic Deus horrifera sanctos ulciscitur ira Aldh. *VirgV* 292; mortuos et ab aliis interemptos ~untur Gir. *TH* III 23; hii fugasse dicuntur habitatores Geth, quia ulti sunt fratres suos filios Effraym, quos gladio conciderunt S. Langton *Chron.* 106.

3 (refl., also w. *in*) to take one's revenge, avenge oneself.

sese .. ~entes burgum .. non multo post ei violenter abstulerunt Ord. Vit. III 2 p. 24; se ~endi occasionem accipiens Ad. Scot *QEC* 844D; quomodo in suo populo peculiari se ~ebatur [ME: *he wrec him*] rigide quociens peccaverunt *AncrR* 129.

4 (intr.) to take vengeance, exact or inflict retribution, obtain revenge; **b** (w. *in*, *de*, or *pro*).

si quae in ipsis culpae invenirentur .. nobis vel in miserendo vel in ~endo .. obnoxii tenerentur Lanfr. *Ep.* 27 (30); alio .. ~endi genere inimicos puniret Ord. Vit. X 10 p. 62; apud .. incolas fuit vitium cum brutis animalibus coeundi, pro quo vitio Deus voluit ~i *Eul. Hist.* II 128. **b** Heli .. in filios contemnentes Deum ultus fuerat Gildas *EB* 76; sic reus advenit Romanus consul ad urbem, / ut vindicta gravis noxam puniret inormem, / dum cruor insontis cum sontis sanguine fuso / ulciscebatur digne pro talibus ausis. Aldh. *VirgV* 1838; si quis ministrorum .. somnolentia victus matutinus non affuisset, acri ferulae ictu in illum ~i W. Malm. *GP* IV 141 p. 282; in ipsum ~i satagit episcopum, quod delicta non metuit et iurata reposcere Map *NC* IV 6 f. 50; in omnes Jerosolimitas injuriam hanc refundere nitebatur. sed ad preces populi in solos auctores ultus est M. Par. *Maj.* I 87; credunt .. opus esse magnanimitatis ~i de injuriis *Reg. Whet.* I 161; ut rex .. diceret se ultum fuisse .. de suo proditore *Meaux* I 192; in suos adversarios ~i disponebat *Ib.* II 340.

ulcus [CL < ἕλκος], sore, ulcer (on the body); **b** (fig. or in fig. context). **c** (in gl.).

oportebat .. feminae corpus ab ~eribus quae daemonis tactu contraxerat medicinali studio .. curasse Bede *Luke* 438B; **799** non solum veteris vitae multis debilitatus cicatricibus, sed .. pejores prioribus ~erum addens dolores Alcuin *Ep.* 186; primo apparent ~era in virga [leprosi] et postea alibi *Quaest. Salern.* B 33; Sathan percutit Job ~ere pessimo a planta pedis usque ad verticem Ad. Dore *Pictor* 161; sex aut certe quinque habentes ~era et vesicas *Mir. Hen. VI* I 5. **b 798** ad sananda putrida scelerum nostrorum ~era Alcuin *Ep.* 138; aurea pugna novo sic conterit ulcere leges / lesa quod ulterius jura salute carent GOWER *VC* VI 13; ut .. ejus venenate presumpcionis ~era intercideret *G. Hen. V* 1; ne sub illis operculis hulcus [Eng.: *galle or soore*] aliquod delitesceret MORE *Ut.* 226. **c** ~us, *a buyle or a boch WW*; hoc ~us, *a kylle WW*.

ulcusculum [CL], small sore or ulcer.

propter hoc regia fricat ulcuscula / expalpans pinguia per frictum fercula WALT. WIMB. *Palpo* 91.

uliare, *var. sp. of* oillare.

1329 in vino empto ad uliandum predicta dolea *IMisc* 111/1.

uliginosus [CL], waterlogged, wet.

adjacebant .. agris sationalibus arcifinii squalidi, uliginosi, juxta novalia BALSH. *Ut.* 46; inferiores pellis ~e planities plantarum R. COLD. *Godr.* 88; substantiam quandam ~am et humidam NECKAM *NR* I 6.

uligo [CL]

1 waterlogged ground, marsh, bog.

986 prosperitas .. ut ~o terrae evanescens adversitas inopinate superveniens miserrimos calcetenus dispergit *CD* 655; [Brittanniae] orientalis pars .. cingitur .. ab aquilone .. paludum ~ine ABBO *Edm.* 2; cenobium .. construxit, in palustri quadam ~ine situm W. MALM. *GP* IV 181; de puteis et ~inibus maledictis fecit hortum voluptatis *Croyl.* 78.

2 gelatinous substance found on waterlogged ground, nostoc, 'star-slime'.

†vulgago [l. ~o] est crassicies quedam que scatet a terra .. dicitur vulgo 'stella que cecidit' *Alph.* 192.

1 ulla, *var. sp. of* hilla.

hec ulla, A. *a sawsyrlyng WW*.

2 ulla v. 2 sella.

ullagare v. utlagare.

ullatenus [LL], to any extent, in any respect, at all.

ita ut ne ad os quidem adducere ipsum brachium ~s dolore arcente valeret BEDE *HE* III 2 p. 130; **c780** nec te bellantium armis ~s inmiscere consentias ALCUIN *Ep.* 2; **1081** nec .. ~s credimus eos .. in aeternum perire LANFR. *Ep.* 33 (49); nec quod voraverat ~s evomere quibat EADMER *V. Osw.* 28; **1200** nec quod ~s burgenses .. disturbentur (*Barnstaple*) *BBC* 165; nec de intellectuum humanorum pluralitate .. dubitasset ~s R. BURY *Phil.* 7. 111.

ullibi [CL ullus+-bi, cf. ibi, ubi; cf. et. ullicubi], anywhere.

1445 si quid injurie ~i fecerim BEKYNTON I 262.

ullicubi [CL ullus+ubi], anywhere.

numquam claustra sua nisi causa operis manualis exeunt, nec ~i nisi abbati vel priori colloquentes KNIGHTON II 108.

ullna v. ulna.

ullus [CL]

1 (in neg. or virtual neg. constr.) any. **b** (as sb., also w. partitive gen.) anyone or anything.

si quis a fide Dei discesserit sine ~a necessitate THEOD. *Pen.* I 5. 14; nec ~a vitaret pericula *Lib. Monstr.* II 16; non .. erat tunc ~us, excepto illo Uine, in tota Brittania canonice ordinatus episcopus BEDE *HE* III 28 p. 195; non ~am sui diminutionem sed augmentum potius accipit *Id. Tab.* 442D; moenia non ullo penitus quatientur ab hoste ALCUIN *Carm.* 114. 3. 3; non pertinet ~i manerio *DB* I 11ra; haud ~um inveniuntur habere peccatum PULL. *Sent.* 762B; turdum nobilitat joccundi gratia gustus; / vix inter pisces gratior ullus adest NECKAM *DS* III 643; rex .. ineffabiliter dolens et merens vix ~am admisit consolationem M. PAR. *Min.* II 427; **1295** absque ula reclamacione *Cart. Mont. S. Mich.* 90; **1391** promittens .. ipsi domino R... litem vel controversiam ~o nunquam [*sic*] tempore non inferre *Reg. Aberd.* I 189. **b** quod .. vivens ~i hominum indicare nolui, nunc tibi manifestabo FELIX *Guthl.* 50 p. 156; non enim erat in populo Judaeorum .. ~us virorum qui tam docte nosset errores refellere gentilium BEDE *Templ.* 740D; vix ullus evadit GIR. *EH* II 31 p. 379; cave .. ne hoc ~i dicas in vita mea (*Fintanus* 21) *VSH* II 106.

2 (in qn.) any.

nam quomodo ibi suavitas ~a, ubi tranquillitas nulla? AD. SCOT *QEC* 823D; **c1300** ~us ordinarius petit te ut clericum? *Year Bk.* 30 & 31 *Ed. III* 542.

3 (in conditional cl.) any. **b** (as sb.) anyone or anything.

si tamen ~o modo sanari possit aegro nequaquam medelam quaerente et ab hoc medico longius recedente GILDAS *EB* 108; **789** si spes ~a sit de Danorum conversione ALCUIN *Ep.* 6; affirmavit Anselmum omnia pedibus manibusque acturum, si modo ~ius spei honorem illum consequendi nancisceretur spiritum W. MALM. *GP* I 48 p. 80; si ibi ~a navigii esset commoditas (*Carthagus* 64) *VSH* I 196. **b** irascitur enim, si videt ~um ab ~o amari plus quam se ANSELM (*Ep.* 117) III 253.

4 (in comparison) any.

regna terrarum plus quam ~i majorum suorum .. consecutus est BEDE *HE* III 6; virtutes .. per illum factas ab ~o alio ante inauditas disputabant FELIX *Guthl.* 46; **c800** o nimium felix, cui nec felicior ullus ALCUIN *Ep.* 300; hunc Beda dicit offitium exercuisse magis insito sibi amore virtutum quam ~ius litterature doctrina preditum W. MALM. *GP* II 75 p. 159; pro vice solve vicem, tibi cum benefecerit ullus D. BEC. 1482.

5 (in other positive contexts) any.

mirum .. quod tantam frigoris asperitatem ~a ratione tolerare praevales BEDE *HE* V 12; **c802** illud amare bonum .. per quem quicquid boni est in ~a creatura, bonum est ALCUIN *Ep.* 309; at si nihil pretiosius cognoscitur Deus fecisse quam rationalem naturam ad gaudendum de se, valde alienum est ab eo ut ~am rationalem naturam penitus perire sinat ANSELM (*CurD* II 4) II 99.

6 nobody, none, or *f. l.*

1262 saisietur libertas in manus gildanorum, quod ullus [? l. nullus] eorum utatur dicta libertate quousque inseratur rei veritas *Gild Merch.* II 7.

ulmellus [CL ulmus+-ellus], (small) elm-tree, elm-wood, elm.

1220 in loco ubi furche prius erecte fuerunt videlicet ad ~os *Cl* I 419; non .. arcu utuntur corneo, non alburneo, non taxeo: solum ex ~is silvestribus arcus formant GIR. *IK* I 4; juxta hulmellos plantatos juxta locum illum ubi consuevit esse hastillaria *MS Wells Cath. Libr. Reg. I* f. 64v; **c1275** pro diversis urmellis emptis ad predicta ingenia *KR Ac* 467/7/3; **1278** W. carrectarius in misericordia quia retraxit se de omellis venditis proposito *CourtR A. Stratton* 42; **c1285** cindebat unum omellum in alta via cressentem *Hund. Highworth* 286.

ulmetum [CL ulmus+-etum], elm-grove; **b** (at Tyburn).

1213 cum ~o quod est sub eodem molendino *RChart* 196b. **b** captus igitur et vinctus ad caudam equinam, usque ad patibulum, quod est ad ~um, suspensus est M. PAR. *Min.* II 57.

ulmeus [CL], of or pertaining to elm, made of elm-wood.

carpebat iter, equi tergo insidens, dextram virga hulmea habens munitam *Hist. Arthuri* 84.

ulmus [CL], elm-tree; **b** (pl., w. ref. to The Elms at Tyburn, site of the king's gallows). **c** elm-wood, elm.

~us, *elm GlC* U 237; ramosa est ~us, id est habens membrorum eminentias BERN. *Comm. Aen.* 70; at tremulus motu foliorum concitat auram / ulmus NECKAM *DS* VIII 142; videamus .. plurima genera arborum, ut salices et ~os, nullum afferre fructum GROS. *Hexaem.* IV 26; **1284** pro cariagio v elmorum de Mordon' usque Turrim *KR Ac* 467/9 m. 8; *an almetre*, ulnus, ~us *CathA*. **b** **s1330** [Mortemer fuit] tractus a Turri ad ~os, et ibi contumeliose suspensus *Ann. Paul.* 352; tractus est ad caudas equorum, super communi pelle bovina, de turri Londoniarum usque ad ~os de Tybourne, et ibidem suspensus et sepultus AD. MUR. *Chr.* 62 n. 11. **c** **1241** comes de Derby reddidit ad scaccarium unum arcum de hulmo *KR Mem* 20 m. 5*d*.; **1315** cum uno arcu facto de hulmo *CoramR* 220 r. 105*d*.; **1333** pro ix peciis meremii de hulmo emptis pro dictis standard' et gistis *KR Ac* 469/12 m. 20; **1352** [*thirty-eight boards*] de olmo (*Windsor Castle*) *Building in Eng.* 250.

ulna [CL]

1 forearm (esp. as used in holding, cradling, or sim.); **b** (fig.); **c** (in gl.).

per Timotheum presbiterum, quem nefandis ~arum gremiis procax obuncabat ALDH. *VirgP* 32; **c720** spiritus eorum angelicis ~is evecti regnaturi cum Christo (EANGYTH) *Ep. Bonif.* 14; puer .. maternis ~is ad venerandi patris Aðelwoldi sepulchrum perductus WULF. *Æthelwold* 45; hostis .. duris ~arum internodiis corpus jejuniis attenuatum astringens W. MALM. *Wulfst.* I 4; Deo .. patri puerum presentavit, quem Simeon senex justus in ~is suscepit ORD. VIT. I 2 p. 8; lupus agnum accipit in ~is MAP *NC* III 3 f. 39v. **b** necesse est ut omnes fideles .. obviis sincerae pietatis ~is amplectamur BEDE *Tab.* 429C; **c1165** esset .. magni meriti .. in ~is misericordiae venientem excipere peregrinum J. SAL. *Ep.* 135 (141); felices qui .. in ~is gratie .. totum iter diei .. conficiunt J. FORD *Serm.* 3. 2; ipsos .. in nostre compassionis ~as admisimus mansuetas R. BURY *Phil.* 8. 132. **c** ~um, brachium *GlC* U 233; in ~am, *an elmbogan GlP* 571; **11..** ~a, *ealboga WW Sup.* 406; hec ~a, *a harmehole*. brachia dic ulnas, panni mensura sit ulna *WW*.

2 (as measure of length, varying in different countries and variously taken to represent the distance from the elbow or shoulder to the wrist or fingertip, or sim.) ell; **b** (dist. as *~a regia* or sim., *v. et. regius* 5c); **c** (dist. as *~a ferrea regis*, measured with ref. to standard iron ell); **d** (of space); **e** (of cloth). **f** (app. as measure of weight or volume).

ubi nives sub gelido septemtrionis arcto in vij ~as consurgunt *Lib. Monstr.* I 9; ~a, spatium unius brachii *GlC* U 227; ~a, *eln* vel *spanning betwux .. ðuman and scitefingre* ÆLF. *Gl.*; ~a debet habere in se triginta septem pollices mensuratos, cum pollicibus trium hominum (*Assisa David I*) *RegiamM* I f. 161; **1349** iiij tapeta nigra, continencia in toto xxxij ~as quadratas (*KR Ac* 391/15) *Arch.* XXXI 50; hec ~a est spatium inter manum et capud *WW*. **b** **c1195** terra continet in longitudine .. triginta et tres ulnas et tres quartarios de ~is regis Ricardi *Ch. Westm.* 378; **1329** de ~a regia *Reg. Ant. Linc.* I 275; **1347** in latitudine tres ~as regias tres quarterias et quatuor pollices unius ~e *Cart. Osney* II 305; **1430** [placea] continet in longitudine .. triginta unam ~as regias et unum pedem *Pat* 434 m. 13. **c** **c1203** que terra continet in longitudine ab oriente versus occidentem .. undecim ulnas et dimidium pedem de ~is ferreis Ricardi regis Anglorum et in longitudine ab austro versus aquilonem septem ulnas plena palma minus de eisdem ~is *E. Ch. S. Paul.* 99; **c1208** terra continet in fronte secus vicum reg[is] orientalem undecim ulnas et dimidiam de ~is ferreis regis Johannis Anglie, et in capite occidentali xj ulnas de eisdem ~is *Ch. Westm.* 366; **c1250** que .. domus continet in longitudine octo ~as ferreas domini regis cum pollicibus *Cart. Osney* II 118. **d** **1198** cujus [terre] latitudo versus vicum continet xxxj ~as et in medio continet xxxvij ~as *Ch. Westm.* 314; **c1225** celarium habet in longitudine tres ~as et quatuor pollices (id est xj pedes et vij pollices) *Cart. Eynsham* II 226; **1291** que continent in longitudine viginti ~as cum pollicibus a fine terre .. W. a parte aquilonari usque ad terram H. *Cart. Osney* I 416; perticata terre in baronia debet mensurari per sex ~as, que faciunt octodecim pedes mediocres (*Leg. Burgorum*) *RegiamM* I f. 147v; **1558** portionem terrarum .. continentem novemdecim ~as terrarum in latitudine et viginti octo ~as in longitudine *Scot. Grey Friars* II 110. **e** **a1128** x ~as de lineo panno *Chr. Peterb. app.* 159; **1221** emit ab eo unam tunicam et lintheamina et iv ~as de blancheto *PlCrGlouc* 18; sex ~as lineas et duo paria botarum *Cart. Osney* II 483; **1296** in vj ~is et dimidia canabi emptis .. precium ullne ij d. *Ac. Galley Newcastle* 175; **c1314** in ij ~is canobi emptis ad harnesium contra autumpnum v d. *Rec. Elton* 212; **1375** de .. xij alnis panni de russeto precii viij s. *SessPLincs* 82; **1396** de canvace pro mappis et linthiaminibus cxx ~i *Meaux* lxxviii. **f** alia vero averia, qui [? l. que] afferantur per libras, ut piper, gingiber, brasilium, grana, et hujus modi, solebant ponderari per ~as, stateras, pleicias hospitum, vel per baskettum suum *Leg. Ant. Lond.* 118.

3 rod for measuring by the ell (esp. w. ref. to one defining its length as a standard), ell-wand.

mercatorum falsam ~am castigavit, brachii sui mensura adhibita omnibusque per Angliam proposita W. MALM. *GR* V 411; pannarii .. defraudant emptores male ulnando cum ~a [*gl.: aune*] curta et cum pollice fallaci GARL. *Dict.* 128; **1275** episcopus Wygorn' .. liberare fecit mercatoribus venientibus ~as suo signo signatas *Hund.* II 286b; fecit .. fieri ~as ferreas, quas

ulna

diminuere de facili nemo possit TREVET *Ann.* 153; c**1356** standardus *bushell* et ~a sint sub custodia majoris et ballivorum et sex legalium de villa juratorum, coram quibus omnes mensure signentur *MunAc Ox* 184; c**1375** Ranulphus Webst' uln' nimis parv' *Ac. Durh.* 328; quod nullus vendat aliquas res nisi per mensuras et ~as sigillatas *MGL* I 587.

ulnagium [CL ulna+-agium], measurement by the ell (*v. ulna* 2), (spec.) official determination of whether cloth conforms to prescribed standards in dimensions and quality, and attestation of such conformity by the affixing of a seal, (also) fee paid for such measurement, alnage (*v. et. ulnatio*).

1304 quia intelleximus quod ~ium non consuevit esse in terra nostra Hibernie temporibus retroactis, volentes quod officium ~ii decetero sit ibidem sicut est in Anglia, vobis mandamus quod .. *Cl* 121 m. 6*d.*; **1338** ne sub colore ~ii seu forisfacture dictorum pannorum aliquid exigant .. ab ~io de pannis illis infra regnum nostrum faciendo sint quieti *Foed.* V 74b; c**1339** R. commisit .. J. . . officium ~ii pannorum in villa R. Berewici .. habend' *RScot* I 557b; littera pro ~io canevacii *MGL* I 615; de ~io pannorum venalium *Pat* 1299 m. 1.

ulnalis [CL ulna+-alis], (in gl.) of or pertaining to the forearm or the ell.

an arme, brachium .. ulna, ulnula; ~is, ulnarius *CathA*; *an elne*, ulna, ulnula; ~is, ulnarius *Ib.*

ulnare [CL ulna+-are], **~erare** [*infl. by* CL vulnerare], to measure by the ell (*v. ulna* 2). **b** (p. ppl. as sb.) ell.

filius burgensis tunc aetatem habere intelligitur cum denarios discrete sciverit numerare et pannos ~are BRACTON f. 86b; male ~ando [*gl.: en mesurant*] cum ulna curta GARL. *Dict.* 128 (v. ulna 3); c**1268** ex quo infans sciat ~are ulnam panni *JustIt* 618 r. 23*d.*; **1291** ulneatores juratos, qui fuerunt in eisdem nundinis ex parte regis ad ~eandum telam de canabo (*PlRExch*) *Law Merch.* II 52; **1294** nullus alius preterquam burgensis ~abit, secabit, aut scindet pannos lineos vel laneos (*Chesterfield*) *BBC* 288; c**1330** de pannis .. que non sunt ~erati per ulneratorem regis .. per mensuram contentam in eodem statuto *EHR* XXXIX 251; *to mete*, mensurare .. ~are cum ulna *CathA*. **b 1289** de quolibet solo de quatuor canis vel ~atis lato in amplitudine et duodecim in longitudine *RGasc* II 398b; quod continet octo ~atas et dimid' in latitudine versus stratam regiam *Reg. S. Osm.* I 331; c**1460** pro xiiij ~atis panni linei de Holond *Cant. Coll. Ox.* 181.

ulnarius [CL ulna+-arius]

1 of or pertaining to the forearm. **b** of or pertaining to the ell (*v. ulna* 2).

an arme, brachium .. ulna, ulnula; ulnalis, ~ius *CathA*. **b** habet in fronte novem virgas ~ias et dimidiam *Cart. Glouc.* I 179; in latitudine continet quinque virgas domini regis ~ias *Ib.* II 16; *an elne*, ulna, ulnula; alnalis, ~ius *CathA*.

2 (as sb.): **a** (m.) sworn officer appointed to examine and attest the measurement and quality of cloth (*cf. ulnagium*), alnager. **b** (f.) office of alnager.

a 1327 cum .. ~ius domini E. tunc regis Anglie .. extra shopam ipsius J. . . in nundinis .. quinque pannos suos de Gaunt stragulatos cepisset, asserens se de assisa non fuisse *KR Mem* 104 r. 99*d.* **b 1349** officium tam ulnagii canevacii, linee tele, naparie .. quam sigilli pro dicto officio ordinati et quicquid ad officium hujusmodi ~ie pertinet *Pat* 227 m. 12.

ulnatio [ulnare+-tio], measurement by the ell (*v. ulna* 2), (spec.) official determination of whether cloth conforms to prescribed standards in dimensions and quality, and attestation of such conformity by the affixing of a seal, alnage (*v. et. ulnagium*).

pro cariagio pannorum .. humidacione, ~one, et plicacione quorumdam *AcWardr* 354; **1307** in ~one et plicacione mm ulnarum tele, pro qualibet cent' j d *KR Ac* 368/30 m. 3; c**1320** ulnator pannorum capit pannos et argentum et permittit mercatores alienigenas ducere et vendere pannos sine visu et ~one .. et quando venient ad pannos illos ulnandos et invenient illos non esse recte assise, pro donis .. permittit eos vendere pannos illos magnatibus et aliis (*AssizeR*) *Lond. Ed. I*

& II II 157; **1587** si aliquis talis custos vel ulnator .. commissionem officii sui alicui persone hoc desiderante [*sic*] pro sigillatione sive ~one .. monstrare recuset *Pat* 1299 m. 1.

ulnator [ulnare+-tor], **ulnerator**, (m.) sworn officer appointed to examine and attest the measurement and quality of cloth (*cf. ulnagium*), alnager.

1287 ~ores canobi .. isti fecerunt sacramentum quod fideles domino ferie in eorum officio et in ulnando tam emptoribus quam venditoribus, et dant domino ne plures ~ores eis associentur hoc anno iiij s. *Law Merch.* I 14; **1291** ulneatores juratos (*PlRExch*) *Ib.* II 52, c**1330** per ulneratorem regis *EHR* XXXIX 251 (v. ulnare a); **1338** ~ores pannorum cismarinorum per nos in quibuscumque portubus vel aliis locis regni nostri assignati *Foed.* V 74; **1399** panni subscripti forisfacti fuerunt eo quod expositi fuerunt ad vendicionem sigillo dicti ~oris prius non sigillati *KR Ac* 345 (20); **1587** custos vel ~or *Pat* 1299 m. 1 (v. ulnatio).

ulnea-, ulnera- v. ulna-.

1 ulnetum, *var. sp. of* alnetum.

10. . ulnetum, *alorholt WW.*

2 ulnetum, ? sort of cloth.

1302 unum pannum de ~o precii iiij librarum .. asportaverunt *RParl* I 151a.

ulnula [CL ulna+-ula], (in gl.).

an arme, brachium .. ulna, ~a *CathA*; *an elne*, ulna, ~a *Ib.*

ulnum v. ulna.

1 ulnus, *var. sp. of* alnus.

hec ulnus, *a nellyrtre WW.*

2 ulnus v. ulmus.

3 ulnus v. ulna.

ulphus [? cf. CL ulva]

1 (in gl.) hassock.

hasard or hasardour, aleator ... *hassok, or assoke*, ulphus, -i *PP.*

2 ? *f. l.*

ulphus, i. aleator, A. *an hasardour WW.*

ultagium v. ultragium.

ultatus [cf. CL ulcisci], punished, or *f. l.*

~as [? *l.* multatus] damnatus *GlC* U 228.

ulterior [CL]

1 situated farther away, more distant; **b** (pred., w. ref. to the farther part of a territory). **c** (as sb. n. pl.) more distant parts or regions.

senis, ecce, plagis, latus qua panditur orbis, / ulterior multo tendor, mirabile fatu ALDH. *Aen.* 100 (*Creatura*) 61; habitabant [Romani] inter vallum .. ceterum ~res Brittaniae partes .. jure dominandi possidebant BEDE *HE* I 11; concessit .. ut ~or ripa Humbre fluminis esset principium sue diocesis W. MALM. *GP* I 42; Matheus .. in ~ori parte [corporis] percussus ulcere pessimo .. pes enim ejus dexter .. *Found. Waltham* 27; ~ora .. Bristolli littora .. revertens equor paulatim inserpit GIR. *TH* II 2. **b** ~orem Sithiam invasit sibique usurpavit W. JUM. I 2 (3); [Bruno canonicus] usque in Burgundiam ~orem .. transpenetrans, demum ad .. episcopum accessit GIR. *Spec.* III 20; est .. fons in Ultonia ~ore quo si quis abluitur non canescet amplius *Id. TH* II 7. **c** cum me .. paulatim in ~ora produceret BEDE *HE* V 12 p. 305; ego visendi ~ora studio transitum maturabam W. MALM. *GR* III 268; auctior numerus hostium ex ~oribus accederet, si biduana obsidio fieret ORD. VIT. IV 3 p. 174.

2 more distant (in kinship, affinity, succession, or sim.).

fratrum filii, sed ~ores et remociores in gradu *Plusc.* VIII 5.

3 more distant in time: **a** earlier, (in quot. gram.) anterior, historic. **b** later. **c** further down, later (in writing).

a 'laudatus eram', ~ori modo vel 'fueram' ... 'cum laudatus sim', ~ori modo 'fuerim' ... 'cum laudatus essem', ~ori modo 'fuissem' BONIF. *AG* 501. **b** nec etiam †adulteriores [*l.* ad ~ores] illos quibus tam corporis quam animi vires enervantur annos attingere virilis animi quispiam appetere deberet GIR. *GE* II 8 p. 205; dans fidem, ex quo tam docilis in hiis tam cito fuistis, vos multum in annis ~oribus, vita comite, profecturum *Id. SD* 74. **c** Thorneia ~or scripto et contractior spatio, sed prior laudum titulo W. MALM. *GP* IV 186.

4 that is beyond what has been mentioned or accounted for, additional, further.

nec in his hesit regie sanctitatis ostensio, sed in ~ora processit, sanato ibi furioso et ceco W. MALM. *GR* II 160; hic autem, priusquam ad ~ora procedamus, quid regi pro maritimam australis Kambrie de Hibernia revertenti contigit explicare nec superfluum nec inutile reputavimus GIR. *EH* I 40; **1248** in respectum usque ad proximam curiam sine ~ore dilacione *SelPlMan* 18; restat dubitacio ~or, utrum quecumque intelleccio actualis sit verbum DUNS *Ord.* VI 88; **1427** nomen meum in obitu hujusmodi inseratur absque ~ori sumptuum refusione in ea parte facienda *Reg. Cant.* II 373.

5 surpassing (others of its kind), greater in degree.

unde ad magistrum Adam .. familiaritatem contraxi ~orem J. SAL. *Met.* 868C; qualiter .. stare potest perfecta beatitudo ex sola tali satietate, etsi appetitus naturalis possit esse ad ~orem perfeccionem DUNS *Ord.* VII 159.

ulterius [CL]

1 in or to a more distant place, farther away, further.

cum Haran perveniens opportunam in ea sibi suisque .. sedem reperit, ~ius terram Chanaan ad peregrinandum invisere supersedit BEDE *Gen.* 135A; **1103** affirmaverunt siquidem quod nec Romam videre, si coeptum iter teneremus, nec ~ius prae nimia loci infirmitate et caloris angustia redire valerem ANSELM (*Ep.* 287) IV 206; Dirachio capto super Alexium imperatorem Constantinopolitanum ~ius progrediebatur W. MALM. *GR* III 262; Sathan ~ius fugiendi licentiam non habens stetit ORD. VIT. VI 9 p. 73.

2 at or to a further point in time, stage, degree, or extent, further, more. **b** (w. neg.) any more, any longer.

qui dare supersederant, ~ius nihil darent W. MALM. *GP* I 60; vacacionem minitans sanitatum si monachi ~ius a Dei laude putassent cessandum *Ib.* II 75 p. 168; quis ~ius in hoc mundo fidam sibi et utilem sociam reppperiet? ORD. VIT. V 10 p. 382; elige .. an .. hic vis ~ius vivere, an modo ad celum ire (*Brendanus* 89) *VSH* I 144; c**1290** ibi irrotulare fecit inter Johannes quod .. fuit liber homo et ex se ipso ~ius irrotulare fecit quod predictus Edricus fuit filius cujusdam Wolnerici qui fuit liber homo *State Tri. Ed. I* 62; **1341** premissa .. velit vestra nobilitas debite ponderare et ~ius facere quod debebit (*Lit. Regis*) AVESB. f. 98b; **1414** et ~ius, de uberiore gracia nostra concessimus *Mem. Ripon* I 124; **1476** et ~ius dicunt [juratores] super sacramentum suum quod idem Johannes in nullo est culpabilis *March. S. Wales* 98. **b** nequaquam ~us [AS: *leng*] praesumptuose usu teneatur temerario *RegulC* 8; sic vipereum peruntis lolii germen ab hac exstirpavit, ut ~ius dumosi ruris rudera in ea pullulare prohiberet B. *V. Dunst.* 2; **1104** nequaquam .. ~ius volo dare aut accipere inducias ANSELM (*Ep.* 330) V 263; fidum se amicum viro deinceps omni tempore futurum, nec ~ius cujusquam maledicis verbis de eo fore crediturum, pollicitus est EADMER *V. Dunst.* 10; prohibuerunt regiis nunciis ne quis eos ~ius de reddendo castello parlamentando sollicitaret M. PAR. *Maj.* II 86; s**1312** cum videret se ~ius vivere non posse TROKELOWE 74; cancellarius regni exul a regno clam fugit et ~ius in Anglia non est visus *Chr. Kirkstall* 127.

ultimare [LL = *to come to an end*]

1 to place or position at an end or extreme. **b** (p. ppl. as adj.) extreme, total, utter, ultimate.

set est questio de veneno quomodo ad cor tendat, an tractu cordis eo quod inter contraria sit actio et passio, et homo et hujusmodi animalia ~entur in natura sive complexione cui debetur vita, et patet quod saliva hominis jejuni est venenum serpenti sicut econverso GILB. VII 349. 2. **b** duo sunt extremi colores, albedo que sua claritate lumen dispergit, et nigredo ~ata que sua perturbatione visum obfuscat *Quaest. Salern.* B 278; aliquis est omnium finium ~atus qui propter se queritur, et aliter propter ipsum BRADW. *CD* 58C.

2 to put last, put at the end; **b** (w. ref. to worth, esteem, or sim.). **c** (p. ppl. as adj.) last, final.

in te primum ultimatur, / primitivum derivatur WALT. WIMB. *Virgo* 60. **b** permissi sunt sequi conventum, more claustrali; ~ati tamen fuerunt *G. S. Alb.* II 132; pro inobedientia .. a suis officiis sunt depositi et a stallis suis in choro .. degradati sunt et ~ati *Ib.* II 198. **c** inveteratis .. egritudinibus et conformatis rebus ~atis insistere oportet in recentibus debilibus GILB. III 136v. 2; **s1404** vulpes .. in foveam pro ~ato refugio intrans de cetero disparuit AD. USK 88; super pacto vendicionis .. manerii; ac .. super ~ata extremalique summa solucionis pro reversione ejusdem *Reg. Whet.* I 359.

3 (p. ppl. as adj.) finished, complete.

ut multa fierent exemplaria antequam unum haberetur ~atum BACON *Tert.* 57; quando aliquid est abstractum ~ata abstraccione, ita quod est abstractum ab omni quod est extra racionem ejus DUNS *Ord.* IV 22; errans contra fidem et suum errorem solenniter ~ata deliberacione diffiniens, hereticus est OCKHAM *Dial.* 668; **1482** ad .. decasum et ~atam destruccionem *Reg. Heref.* 83.

ultimate [ultimatus *p. ppl. of* ultimare+-e, cf. ultimatim], in the end, finally, ultimately, (also) putting an end, conclusively.

actu suo quietare ~e DUNS *Ord.* II 122; sperma non aduritur in prima mansione nec ~e infrigidatur GAD. 37v. 1; qui in aliqua assercione heresi se firmavit ~e pertinax et hereticus est censendus OCKHAM *Dial.* 466; mandatum suum .. pro die judicii ~e implebitur WYCL. *Ver.* III 228; **1458** deliberatum est per concilium regis et ~e discussum, quod .. *MunAcOx* 752; ~e vero et in fine *Plusc.* VI *prol.* p. 5.

ultimatim [CL ultimus+-atim, cf. ultimate], finally, extremely, completely.

cum .. flegma naturale sit substancie non ~im viscose nec carentis viscositate, ut calor sufficiat mediocriter resolvere et commiscere GILB. I 34. 1; *to þe uttermaste*, ~im *CathA*.

ultimatio [ultimare+-tio], (act of) bringing to an end, or *f. l.*

s1332 acervo .. divina ultimatione [*sic* MS; ? l. ultione] mirabiliter conglobato *G. Ed. III Bridl.* 106.

ultime [CL], in the last place, at the end. **b** at the latest time, most recently.

Jeddam, qui ~e in his positus, scribit Josephus temporibus Alexandri Magni fuisse principem sacerdotum BEDE *Ezra* 911D. **b** **1388** R. de M... exoneravit dictam pasturam cum bidentibus suis continue per quinque annos ~e elapsos per extorcionem et distruccionem tenencium *IMisc* 238/1E.

ultimitas [CL ultimus+-tas]

1 (state or condition of) being extreme, ultimate, or final, (also) the final point, the last stage, climax, extreme.

spiritus glorificati Christi est in ~ate sue potencie et virtutis FISHACRE *Quaest.* 44; apostema quandoque est in principio .. quandoque est in statu: et tunc manent [signa] in sui ~ate, quandoque in sui declinacione GILB. VI 267. 1; materia .. ultima .. a forma specifica essentialiter differt .. in rebus .. a Deo primitus subito factis, preparatio ~atis materie cum forme inductione absque prioritate et posteritate .. facta est *Ps.*-GROS. *Summa* 317; ista autem ~as non est de racione loci, sicut nec est de racione precise quantitatis, quia si posset indivisibile per se esse et nullius divisibilis ultimum, posset esse precisum continens DUNS *Ord.* VII 255; in quarta accessione .. est status et ~as accidencium GAD. 3v. 2.

2 (state or condition of being) last (in position or status).

1303 ipsum .. infra loca claustralia se continere absque exitu ad forensem curiam aliqualem, ac in choro, capitulo et refectorio ac locis aliis ~atem servare .. faciatis *Chr. Rams.* 386.

ultimogenitus v. ultimus.

ultimus [CL]

1 most distant, farthest (away). **b** (as sb. n.) farthest part, end, extremity.

de duabus ~is oceani insulis BEDE *HE* III 25 p. 184; corpus ejus in ~is est monasterii locis humatum *Ib.* V 14; monstrorum .. genera .. in ~orum montium latebris nutriri monstrantur *Lib. Monstr. prol.*; de occiduis et ~is Britanniae finibus ad Saxoniam adveni ASSER *Alf.* 79; ymago .. talum infirmantis putridum projecit ad ~um domus angulum *Found. Waltham* 27; procul et in ~is finibus Anglie .. cogeretur .. apparere *Canon. G. Sempr.* f. 67. **b** quibus videntibus ascensurus in caelum, praecepit eos suae dispensationis esse testes in Hierusalem et in omni Judea et Samaria et usque ad ~um terrae BEDE *TR* 64; ita .. ostia in aedibus contra invicem posita erant ut hi etiam qui in ~is consistebant templum possent intueri *Id. Kings* 729A; tactus est habentium positionem quorum ~a sunt simul que etiam agunt et patiuntur mutuo abinvicem T. SUTTON *Gen. & Corrupt.* 56.

2 that is in the last place or position, that is at the end (in some arrangement, distribution, pattern, or sim.), endmost; **b** (mus., of highest note in tetrachord).

in choro, si clericus est, ~us sit in ordine clericorum LANFR. *Const.* 169; rogans quatenus .. nomen meum ~um ubi vestra scripta sunt nomina subscribi faciatis ANSELM (*Ep.* 71) III 192; ~i [dentes] sunt molares (*Leg. Hen.* 93. 6) *GAS* 609; pedites loricatos in ordine secundo constituit, in ~o turmas equitum ORD. VIT. III 14 p. 147; in die Ascensionis Domini .. ultimo loco procedat draconis vexillum *Process. Sal.* 93. **b** nete synemmenon, id est ~a conjunctarum. .. nete diezeugmenon, id est ~a disjunctarum ODINGTON 81.

3 last (in time or period of time stated or implied in the context), final, ultimate (esp. w. ref. to lifetime); **b** (of act or sim., in quot. during lifetime, also as sb.); **c** (pred., w. ref. to the last part or end of period). **d** (as sb. n.) last or final period or moment, end, conclusion. **e** (*ad ~um*) at the latest. **f** (as sb. n., esp. pl.) the end, death. **g** (*in ~o*) on the point of death. **h** (abl. as adv.) finally, at the end, in the end.

vera .. conversio in ~o tempore potest esse, quia Dominus non solum temporis sed et cordis inspector est, sicut latro in hora ~a confessione unius momenti meruit esse in paradiso THEOD. *Pen.* I 8. 5; ipsa .. nocte, in cujus ~a parte, id est incipiente aurora BEDE *HE* III 8; infirmitate correptus diem clausit ~um *Ib.* III 19 p. 168; **793** breve est praesentis vitae tempus, et ~a dies unicuique incerta ALCUIN *Ep.* 19; prope est ~a dies nostra ANSELM (*Ep.* 258) IV 171; liquet .. anno ~o vite regis Cuthredi hoc factum W. MALM. *GP* V 233. **b** illa velut mortua ~um spiritum trahens jacebat *V. Cuthb.* IV 3; illud quod mihi velut ~um vale mandatum dedisti BEDE *Cant.* 1244A; **c803** hisque transactis inter nos consiliis, quod sine lacrimis non dico, ~um vale fiat inter Aquilam et Albinum ALCUIN *Ep.* 239; cum extremo verbo ~um efflavit W. MALM. *GP* IV 177 p. 315; **c1212** lacrime patris .. in verbis ~is nobis factis .. cum precibus effuse GIR. *Ep.* 5 p. 194; **1398** ut ipsi presens testamentum et ~am voluntatem meam fideliter exequantur *Deeds Balliol* 35. **c** successit .. Hildilid multisque annis, id est usque ad ~am senectutem, eidem monasterio .. prefuit BEDE *HE* IV 10; **798** 'regnavit mors ab Adam usque ad Moysen' et significat: usque ad ~a tempora legis quae per Moysen data est et decucurrit in Christi Dei nostri tempora ALCUIN *Ep.* 143; usque ad ipsius Bede ~am etatem W. MALM. *GP* I 29. **d** **801** quae a prima die usque ad ~um hujus vitae peregerit ALCUIN *Ep.* 215; Gischardeus .. in ~o senectutis sue Cluniaci assumpsit habitum MAP *NC* I 13 f. 11v. **e** **1243** illa mittere faciat .. ita quod sint ibi citra quindenam Omnium Sanctorum ad ~um *RGasc* I 256b; **1265** sit ad regem die lune proxima ante .. dominicam Palmarum ad ~um *Cl* 32; solverit infra terminum vel in fine termini predicti xl dierum ad ~um *Reg. S. Aug.* 147; **a1350** racionem universitati reddat annuatim, citra vacacionem temporis Pascalis, aut citra vacacionem Pentecostes ad ~um *StatOx* 73. **f** me .. gravis morbus nunc invasit, et ad ~a impatienter compellit ORD. VIT. III 3 p. 58; Hugo .. inclitus heros in Anglia in lectum decidit, senioque et infirmitate fractus ~is appropinquavit *Ib.* VIII 28 p. 453. **g** Siricius, qui penitentibus in ~o viaticum parari precepit R. NIGER *Chr. I* 47. **h** qui multa pro Christo perpessus ~o in pace vitam finivit BEDE *Mart.* 828A.

4 latter, last, (most) recent. **b** (leg., *~a praesentatio*) darrein presentment (*v. et. praesentatio* 2f). **c** (abl. as adv.) on the last or most recent previous occasion, last.

praeter iiij annos ~os *DB* II 177; **1288** de iij s. receptis de xviij ultimis agnis venditis *MinAc* 1238/53; **1323** de duobus ~is attachiamentis tentis in .. foresta *KR Ac* 131/22 r. 7; **1410** in honorem domini R. ~i Ebor' archiepiscopi *Fabr. York* 194; **c1524** 20 d. datis servo pro expensis suis in ~a guerra hoc anno *Ac. Durh.* 257. **b** super ~a presentatione GLANV. IV 1; de placito assise ~e presentacionis *CurR* I 30; **1215** de ~a presentatione non capiantur nisi in suis comitatibus *Magna Carta* 18; **1315** exceptis placitis ~e presentacionis *MGL* II 212. **c** episcopus qui nunc ~o decessit monachus fuerat ordinis Cluniacensis GIR. *RG* III 7; **1230** cum essemus ~o apud Dovor *Pat* 327; **1242** rex ei reddere tenetur solidos suos de toto tempore quo stetit in servicio suo postquam ~o solidos suos recepit *RGasc* I 93b; ante dicta collyria imponantur que ~o diximus GILB. III 135. 1; **1267** placita .. que emerserunt postquam justiciarii .. ~o itineraverunt in partibus illis *Cl* 493; **1295** receptis litteris vestris quas nobis ~o destinastis *MGL* II 76; **1375** cepit unum cotagium quondam in tenura Marjorie .. et unum aliud cotagium ~o in tenura Matild' *Hal. Durh.* 129; **1386** volo quod tota firma mea unius termini tunc ~o elapsi condonetur omnibus tenentibus meis *Wills Durh.* I 40; **1452** citra diem Pentecostes ~o transactum *MunAcOx* 633.

5 last, final (in stated or implied sequence, series, order, or sim.); **b** (of person taking action, esp. pred.); **c** (w. ref. to presentation or treatment, esp. in speech or writing); **d** (w. ref. to enumerated list). **e** (abl. as adv., *~o genitus*, also as one word) last-born.

hic primum [diem] quo haec Dominus promisit et ~um quo sua promissa complevit adjungit BEDE *Mark* 217A; de ~is syllabis verborum et adverbiorum *Id. AM* 104; nominativo primitivi aliquando ~a littera subtrahitur et additur -bris ABBO *QG* 3 (8); **s1177** Calixtus, qui etiam tertius et ~us hujus schismatis antipapa exstiterat *G. Hen. II* I 185; de differentia causarum efficientium inter primum efficiens et ~um effectum GROS. 123; omnis figura ligata cum proprietate posita et perfecta penultima dicitur esse brevis et ~a longa GARL. *Mus. Mens.* 3 p. 50; mane .. missas celebraverunt .. finita .. missa ~a, ecce belua illa movit se per mare (*Brendanus* 63) *VSH* I 133. **b** aderat ipse in primis, discedebat cum ~is W. MALM. *GP* V 271; ~us exiit de urbe ut omnibus provideret ORD. VIT. IX 10 p. 556; **c1168** nunquid rex Anglorum ~us penitentie fructus offeret Deo, qui eum pre ceteris principibus sublimavit J. SAL. *Ep.* 233 (239 p. 454). **c** primam .. et ~am Ezechielis prophetae partem .. quantum lucis intus habeant, demonstravit BEDE *HE* II 1 p. 76; contexe .. tu ipse quattuor ~as propositiones quas feci in duos syllogismos ANSELM (*Gram.* 3) I 147; sunt .. ~a quatuor principiorum genera similiter .. sophistica BALSH. *AD* 79. **d** presbyteri Cedd et Adda et Betti et Diuma, quorum ~us natione Scottus, ceteri fuere de Anglis BEDE *HE* III 21; Hadmundus, Ethelegus, Alsius, Asserus, Sighelmus. quorum ~i ambo sub rege Elfredo .. fuisse noscuntur W. MALM. *GP* II 80; hii quatuor numeri sic disponuntur ut eorum primus, qui est Almuzarar, ~o, qui est Althemen, opponatur ROB. ANGL. (I) *Alg.* 120. **e** **1255** filii ~ogeniti in dicta villa Leicestrie qui .. patribus .. tanquam heredes in hereditate successerunt *Rec. Leic.* I 50; successit eidem Henricus frater suus ~ogenitus WYKES 14; Karolus, ~o genitus Philippi pulchri, sine herede .. successit AD. MUR. *Chr.* 100.

6 last, final (of stated or implied set or group), that leaves none remaining.

1350 quousque .. comes ~um denarium de redempcione sua domino regi persolvisset *SelCKB* VI 70; **s1373** expendere omnia bona mea usque ad ~um denarium *Ghost Stories* 86.

7 that comes or happens at the end or as the last or ultimate stage, last, final, concluding. **b** that brings about the end. **c** conclusive, final, from or beyond which no development or change is possible.

reprobi .. in ~o examine in ignem cum diabolo mittentur aeternum BEDE *Tab.* 442A; ostendit .. adhuc angelis apostatis ~i judicii poenam deberi *Id. Ep. Cath.* 75B; **793** reveniente eodem magno judici in die ~ae discretionis rationem reddituri sunt ALCUIN *Ep.* 17; loquimur de illa ~a misericordia qua post hanc vitam beatum facit hominem ANSELM (*CurD* I 24) II 94; terrore ~i judicii *Ib.* (*Ep.* 10) III 113; dum ~us motus caloris agit in substantiam BART. ANGL. IV 1;

expectans ~am resurrectionem mortuorum (*Brendanus* 73) *VSH* I 137. **b** multis ruinis quassata ~a peste sub Willelmo rege concidit W. MALM. *GP* III 99; abstulit ultima sors et rapuit cita mors ORD. VIT. IV 18 p. 293. **c** quatinus duellari conflictu .. rescindantur ambigua, .. fluctuaciones decidant, et feritati guerrarum .. finis ~us preponatur *Ps.*-ELMH. *Hen. V* 40.

8 (*ad ~um* or *ad ~a*) to the end, to the last, fully, completely.

ad ~um multorum unanima intentione devictus BEDE *HE* V 6; ut velut exanimis jacuisset ad ultima stratus / omnibus et membris fieret quasi jam moriturus B. *V. Dunst.* 4; ad ~um audivit hund' *DB* II 177; cum .. famulus hec ad ~um audisset .. equum ascendit ORD. VIT. VI 10 p. 112; Turonorum .. adeunt civitatem, quam innocentum cedibus commaculantes ad ~um eam ignibus tradiderunt M. PAR. *Maj.* I 424; dum ultimus motus caloris agit in substantiam, eam ad ~um resolvit, resolvendo in fine destruit et consumit BART. ANGL. IV 1; Hannibal .. tot victorias de Romanis ducibus reportavit. ad ~um a Scipione victus .. Cretam exulatum abiit LIV. *Op.* 306.

9 extreme (in degree), ultimate. **b** (as sb. n.) extreme.

iste qui .. pecuniam suae devotionis non obtulit .. plaga ~ae animadversionis ferietur BEDE *Tab.* 495D; [Malgerius] cum nihilo reverentius se ageret, cogente ~a necessitate degradatus est W. MALM. *GR* III 267; tempestate emergente, quod ~us cumulus est malorum [*gl.*: *drenere cumbraunce de maul*] NECKAM *Ut.* 114; horridus et incultus .. ~a scilicet egestate MAP *NC* IV 11 f. 52; [crimina majora] dicuntur capitalia, eo quod ~um inducunt supplicium BRACTON f. 101b. **b** quare et ~a malorum accessit captivis tributaria functio W. MALM. *GP* V 215; **1408** ipsos .. ab ~o terribilium custodire *Foed.* VIII 539b.

10 least in worth, importance, status, or sim., lowest, meanest; **b** (of person).

crudelitas regis, omnem pene nobilitatem pervagata, in homine ~e sortis stetit W. MALM. *GR* I 41; dilige vicinos, vicinis esto benignus / vicinis placuisse suis non ultima laus est D. BEC. 473; cives Londonienses .. quasi servi ~e conditionis M. PAR. *Maj.* IV 95. **b** c**717** Egburg, ~a discipulorum seu discipularum tuarum (EGBURG) *Ep. Bonif.* 13; **796** ego ~us aecclesiae vernaculus ALCUIN *Ep.* 114; Asser, omnium servorum Dei ~us ASSER *Alf. dedic.* p. 1; cum inter ~os et ignavos multitudinis homines devenisset EADMER *Mir. Dunst.* 21; Johannes de Novilla, non ~us inter Anglie nobiles M. PAR. *Maj.* IV 563.

ultio [CL], (act of) taking vengeance, revenge, retribution, punishment; **b** (for spec. wrong or sim.).

800 timeo ne a paganis quandoque vindicetur si a Christianis ~o non erit tali impietate condigna ALCUIN *Ep.* 207; per 'diem ~onis' 'diem judicii' intelligitur *Eccl. & Synag.* 120; c**1157** quod si .. comes eos contra sententiam diffinitivam .. vexare presumpserit, ecclesiastica ~one eum .. coherceatis *Doc. Theob.* 118; benedictus Dominus Deus ulcionum / qui in celis eminus sedet super thronum *Carm. Lew.* 383; **1267** de vicinis et aliis per seipsos graves ~ones fecerint et graves districciones quosque redempcionem receperint ad voluntatem suam *StRealm* I 19; **14..** fornicatores canonice subjaceant ~oni *Conc. Scot.* II 69. **b** ad ~onem fornicationis sine dilatione GILDAS *EB* 70; si quis pro ~one propinqui hominem occiderit, peniteat sicut homicida THEOD. *Pen.* I 4. 1; pro ~one militum quos [serpens] primo devoravit *Lib. Monstr.* III 9.

ultionalis [CL ultio+-alis], of or pertaining to vengeance or revenge.

tam terribiles ~esque punicionum post penalitates E. THRIP. *SS* II 22.

ultionaliter [ultionalis+-ter], in vengeance or revenge (in quot. fig.).

fulminibus imbriumque fluoribus ~er inundantibus E. THRIP. *SS* III 16.

ultor [CL], one who exacts vengeance or retribution, avenger, punisher; **b** (for spec. wrong or sim.); **c** (transf., esp. in appos.).

adeo ut .. debita solummodo multa pecuniae regi ~ori daretur BEDE *HE* IV 19; [Maria] quae illum generalem et singularem justum ~orem et misericordem indultorem lactavit ANSELM (*Or.* 6) III 15; ~or itaque et successor fratris aliquot annis Alexander regnavit ORD. VIT. VIII 22 p. 400; perversis et pertinacibus .. gravis est ~or et punitor GIR. *EH* II 31. **b** rex potens alium non metuit ~orem peccati sui ALCUIN *Exeg.* 583D; violati juris severus ~or W. MALM. *GR* II 156; ultorem te criminibus / et fundatorem moribus / nobis conservet ille P. BLOIS *Carm.* 27. 25. 145; ruine sue ~or J. FORD *Serm.* 84. 4; vocantes se ipsi ~ores sanguinis Trojani et inimicos Xti GASCOIGNE *Loci* 16. **c** a verbo ignis ~oris ad verbum divinae laudationis BEDE *Ezra* 923B; c**802** gladio, ~ori scelerum ALCUIN *Ep.* 307; ~ore gladio impios puniam ORD. VIT. III 7 p. 178; ut contemptum suum et verecundiam illatam ~ore ferro vindicaret GERV. TILB. II 21.

ultra [CL]

1 (as adv.) on the far side, beyond, farther away. **b** to beyond, farther on (also in fig. context); **c** (transf.).

promittens .. se .. in intimis ~a Anglorum partibus .. sanctae fidei semina esse sparsurum BEDE *HE* III 7; facit me putare vitrum habere colorem rei quam ~a video, cum non habeat ANSELM (*Ver.* 6) I 183. **b** utilius esse ratus est ibi potius verbum praedicare quam ~a progrediens eos quibus praedicare deberet inquirere BEDE *HE* III 7; ad fontem recurro, ~a nequeo ANSELM (*Or.* 12) III 49; ~a progrediens regem .. imparatum offendit W. MALM. *GR* II 131; decurrere ad Renum, et inde brachiorum robore navem ~a impegere *Id. GP* I 6 p. 14. **c** sic a positivo vel infra si gradus esset, vel pocius de positivo ad superlativum vel ~a si fieri posset, alis ambiciosis transvolare GIR. *Invect.* I 2 p. 90.

2 farther on in time, on some further occasion or at some later time, subsequently, thereafter. **b** (w. neg.) on any further occasion or at any later time, any longer, any more.

si .. confitetur peccatum, xl jejunet, et si ~a in peccato persistat, ij xl [jejunet] GILDAS *Pen.* 17; a Latino rege .. vocati sunt Latini .. ~a vocati sunt Romani a Remo et Romulo *Eul. Hist.* II 71; usque ad mensem Octobris et ~a AD. MUR. *Chr.* 159. **b** nec idolis ~a servivit BEDE *HE* II 9 p. 100; ?c**803** unum .. legebatur in epistola .. quod noluissem ut scriberetur .. id est, quod vobis ~a non esset spes videre faciem meam ALCUIN *Ep.* 265; ut ~a peccare non possent ANSELM (*CurD* I 18) II 81; esto .. abbatissa nec ~a patiaris clericum equitem W. MALM. *GR* II 190; veluti pecora pereunt, et nomen eorum non memorabitur ~a GIR. *TH intr.* p. 5; descenderunt in profundum maris, nec ~a vise sunt (*Brendanus* 75) *VSH* I 138.

3 to a greater quantity, degree, or extent, further, more; **b** (w. compar. cl.). **c** (w. adj.) in a manner that exceeds (possibility, expectation, or sim.).

secunda [insula] trecentarum [familiarum] et ~a spatium tenet BEDE *HE* II 9; qui cum ~a non possit intonat minis ORD. VIT. IX 6 p. 496; nec ~a debet longa majorari HAUDLO 116; nullam vestem ~a ter vel quater induit *Eul. Hist.* I 318; ceciderunt .. usque tria millia hominum et ~a *Meaux* II xxxix; **1443** dicit quod habet quendam [*sic*] filiam etatis xliiij[or] annorum et ~a vel citra *Paston Let.* 871. **b** a quo ~a quam credendum est, vel minuitur loquendo aliquid, vel augetur ALCUIN *Exeg.* 1008A; ~a quam dictu credibile sit EADMER *V. Anselmi* I 34; fames .. Christianos ~a quam credi potest angebat ORD. VIT. IX 10 p. 551; ~a quam satis est *Babio* 351; ~a quam credi potest *G. Roman.* 387; **1374** irracionabiliter se regulant et dietant jejunando, vigilando, et laborando ~a quam possunt pati corpore suo BRINTON *Serm.* 33 p. 136; s**1455** dolorosus ultraquam credi potest *Plusc.* XI 7. **c** sex species ipsius maneriei, quarum tres dicuntur mensurabiles, tres vero ~a mensurabiles, id est ultra rectam mensuram se habentes GARL. *Mus. Mens.* 1 p. 36.

4 in addition, besides.

simplici .. cibo contenti nil ~a quaerebant BEDE *HE* III 26; c**1283** G. solvet totum antiquum redditum et duos denarios ~a *Cust. Battle* 73.

5 (as prep.) on the farther side of, beyond; **b** (in essoin *de ~a mare*); **c** (in place name). **d** to beyond, to the farther side of (also in fig. context).

eis populis qui ~a amnem Sabrinam ad occidentem habitant BEDE *HE* V 23; in civitate viij burgenses et iiij ~a aquam *DB* I 268v; quod video ~a vitrum, ejusdem esse coloris cujus est et vitrum ANSELM (*Ver.* 6) I 183; quos ~a fines nec terra subsistit, nec hominum vel ferarum habitatio est ulla GIR. *TH pref.* p. 20; **1267** justiciario foreste ~a Trentam *Cl* 312. **b** **1194** R. .. de ~a mare qui est in servicio domini regis *CurR RC* I 107; essonium .. de ~a mare Grecorum et de generali passagio BRACTON f. 338b; **1262** W. .. versus gildanos de quadam lege eis facienda per J. .. de ~a mare xl dies *Gild Merch.* II 5; **1269** primo de ~a mare Grecorum sic - A. quod est ~a mare Grecorum in generali passagio Cristianorum in Terram Sanctam versus B. *CBaron* 82. **c** c**1193** testibus .. Willelmo de ~a la haia *Cart. Osney* II 39. **d** **801** quare non volavit cartula ~a Alpinos colles per manus redeuntium Saxonum usque ad Trecasinae civitatis sacrum sacellum? ALCUIN *Ep.* 215; s**823** venientes pepulerunt .. regem ~a flumen Tamisiam *AS Chr.*; transit igitur ejus intellectus ~a Deum ANSELM (*Incarn. A* 10) I 289; ~a Niceam itinere iv dierum progressi sunt ORD. VIT. IX 4 p. 483; **1364** pons .. ~a quem equi et carecte transire debent *Pub. Works* I 98.

6 in or into a position over, above, upon (also transf.).

dicebat se non plus in purgatorio fuisse quam ~a corpus ejus abbas et conventus letaniam dicerent P. CORNW. *Rev.* 195; **1250** quod [A.] permittat [abbatem] habere chiminum suum ~a terram ipsius A. *CurR* XIX 1459; **1279** sustinebunt .. pontem ~a aquam de Terven *Cart. Chester* 308 p. 204; indutis omnibus ~a armaturam quasi lineis camiseis *Flor. Hist.* III 132; pannum sericum .. qui alias umbraculum nominatur .. ~a regem incedentem .. gestabunt *Lib. Regal.* f. 30; **1384** quedam domus ~a unum fontem *IMisc* 230/6; bene moveatur [emplastrum] ~a ignem donec incipiat inspissari J. MIRFIELD *Brev.* 90; **1399** pro uno *bawdkyn* facto de novo portando ~a feretrum *Fabr. York* 132; canopeum ~a corpus Christi *Ib.* 164.

7 at or to a time later than or beyond the end of, after.

quod [hordeum] .. ~a omne tempus serendi, ultra omnem spem fructificandi sereret BEDE *HE* IV 26; ~a [AS: *ofer*] etatem nostram protrahis sermonem ÆLF. *Coll.* 100; quod sit ante et ~a omnia .. aeterna ANSELM (*Prosl.* 20) I 115; c**1270** qui non venerit ad citationem sibi factam ~a noctem dabit duos solidos ad gildam *Gild Merch.* I 236.

8 to an extent or degree or in a manner exceeding or going beyond, beyond (in quot. esp. w. ref. to possibility, expectation, acceptability, or sim.). **b** (*~a modum*) exceedingly, extraordinarily. **c** beyond the responsibility of.

~a omnem spem fructificandi BEDE *HE* IV 26 (v. 7a supra); **793** quid quoque inmoderatus vestimentorum usus .. ~a antecessorum nostrorum consuetudinem? ALCUIN *Ep.* 16; haec perversa et detestabilis consuetudo in Saxonia, ~a morem omnium Theotiscorum ASSER *Alf.* 13; non solum pro posse velim fraternis necessitatibus succurrere sed etiam ~a vires velle ABBO *QG* 1 (3); sex species ipsius maneriei, quarum tres dicuntur mensurabiles, tres vero ultra mensurabiles, id est ~a rectam mensuram se habentes GARL. *Mus. Mens.* 1 p. 36; **1267** ad sectam vel ad aliud ~a formam sui feoffamenti non teneantur *StRealm* I 21; **1280** liberati per tegulas emptas ~a primam convencionem xiij s. j d. *Ac. Stratton* 232; si ~a defensionem carpentarii .. edificaverint, prisone mancipentur *MGL* I 320. **b** ~a modum indignans G. MON. II 5. **c** a**1188** donationem .. quietam ab omni .. servitio quod ad me .. pertinet, faciendo forinsecum servitium quod ~a me vel meos transit *Danelaw* 16.

9 beyond, more than, over, in excess of (quantity or sim.). **b** in addition to, besides. **c** (w. neg.) beyond, except for, other than.

habet, si non ~a, non citra numerum GILDAS *EB* 1; millenarius .. numerus, ~a quem nulla nostra computatio succrescit, plenitudinem rerum de quibus agitur indicare consuevit BEDE *Hom.* II 2. 113B (=ALCUIN *Exeg.* 822C); **1350** de assedendo hujusmodi operarios .. ad summas ~a id, quod quilibet eorum pro labore .. suo .. ceperunt *Foed.* V 694; noluerunt [Amazones] .. permittere virum .. morari secum ~a [Eng.: *over*] septem dies *Itin. Mand.* 82; theologus in Oxonia ~a xxiiij annos GASCOIGNE *Loci* 201; **1461** non expendat ~a duos denarios *MunAcOx* 684. **b** in vadiis I. P. ibidem commorantis in autumpno ~a messorem per vij septimanas vj s. j d. *FormMan* 35; c**1421** J. .. aurifabro Londonie pro auro .. ~a veterum aurum regine pro .. zona .. facienda (*KR Ac*) *JRL Bull.* XXVI 90; **1488** videant quot pulli ibidem depascati sunt ~a etatis unius anni (*Sutton Coldfield*) *DL Court R* 127/1901 A m. 2. **c** quibus responsum est: 'nihil amplius quam statutum est vobis faciatis'; aut juxta translationem aliam, 'nihil ~a prescriptum exigatis ' GIR. *JS* I p. 147.

10 over, in charge of.

1242 in stipendiis .. servientis qui fuit ~a messores *Pipe* 124; **1275** forestarius custodem ~a illum nidum apponere .. tenetur *CourtR Wakefield* I 74; **1308** in vadio G. P. existentis ~a trituracionem *Crawley* 263; **1358** honestum est .. quibus Deus ~a laicos in ornamentis intrinsecus tribuit prerogativam, eciam extrinsecus laicis in habitu sint difformes *StatOx* 158.

ultraaequinoctialis [CL ultra+aequinoctialis], who or that dwells or lies beyond or on the other side of the equinox.

quos illi vocant ultraequinoctialeis [v. l. ultra equinoctiales] MORE *Ut.* 112.

ultraequinoctialeis v. ultraaequinoctialis.

1 ultragium [AN *utrage, ultrage, outrage*, ME *outrage* < CL ultra+-agium], insult, excess, outrage.

s**1258** in arcto positi sunt abbas et monachi Croylande ... [Gaufridus] sex milites .. ad videndum et plenius cognoscendum illud incomparabile ultagium [*sic*] transmisit *Croyl. Cont. B* 454.

2 ultragium v. uthesium.

ultrahumbrensis [CL ultra+AS *Humbre*+-ensis], who dwells beyond the river Humber (in quot. as sb.).

Ecgfritho, ~ium rege, occiso EDDI 44; tam principum tam subditorum ~ium *Ib.* 65.

ultramarinus [cf. CL ultra, marinus] *al. div.*

1 of, pertaining to, or involving crossing the sea or going to a land or lands across the sea (esp. w. ref. to crusade).

Robertus inter illos qui per manum sanctissimi Urbani secundi ~am peregrinationem susceperunt primarius GERV. TILB. II 21; **1340** per .. guerram .. passagium ~um retardatur (*Lit. Regis*) W. GUISB. *Cont.* 362.

2 situated or located beyond the sea. **b** (of person) who is or dwells in a land beyond the sea (also as sb.).

ille in ~as Britanniae regiones ad expellendas ignorantiae tenebras lumen veritatis suo sparsit adventu ALCUIN *Hag.* 686A; capta Antiochia .. dux Robertus in regem ~e adquisitionis eligitur GERV. TILB. II 21; prospero cursu in partem portus ~i transfretatus est M. PAR. *Edm.* 33; misit .. ad omnia finitima regna ~a OXNEAD *Chr.* 133; **1295** persone .. de diversis linguis et partibus ~is *MGL* II 74; s**1388** de tractatibus habitis cum rege Francie de terris ~is reddendis *Eul. Hist. Cont.* 366; J. .. partes ultra marinas peciit *Plusc.* IX 28. **b** de ~o latrone LANTFR. *Swith.* 34; noverunt .. tam ~i quam Angli nostri T. MON. *Will.* I *prol.* p. 1; Gaufredo regis Fulconis ~i filio GERV. TILB. II 21; urgebant [regem] .. ~orum mandata M. PAR. *Maj.* IV 191; istud .. mandatum tam protectori ordinis quam etiam fratribus ~is .. placuit ECCLESTON *Adv. Min.* 89; grana nigra, quibus utuntur ~i in medicinis oculorum BACON IX 177; **1549** ordinati per ~os episcopos *Conc. Scot.* II 106.

3 of, pertaining to, or originating in or from a land or lands beyond the sea, overseas, foreign (also w. ref. to crusade); **b** (of person).

p**754** †sigmenta [*sic* MS; ? l. pigmenta] ~a quae in eis [libris de medicinalibus] scripta conperimus ignota nobis sunt et difficilia adipiscendum (CYNEHEARD) *Ep. Bonif.* 114; **799** credas velim .. quod non tanta suavitate fratrum vel sororum litterulas legere potui ~as, quanta tuae dilectionis transalpinas ALCUIN *Ep.* 186; in majori regia templi, ubi .. pendent clipei .. in quatuor parietibus, secundum consuetudinem ~am M. PAR. *Maj.* V 480; **1257** J. .. et socio suo faciant habere robas integras de bono grisio kamelino ~o *Cl* 27; **1470** vota .. ~a .. in alia pietatis opera commutare *Lit. Cant.* III 255; omnia jura sua ~a .. consecuturus WALS. *HA* I 78. **b** primitus Johannem .. Ealdsaxonum genere, abbatem constituit; deinde ~os presbyteros .. et diaconos ASSER *Alf.* 94; Ludovicus rex Francorum cognomento ~us ORD. VIT. VI 10 p. 86; Karolus Stultus, cui successit Ludovicus ~us GERV. TILB. II 20; adducuntur ~e puelle maritande nobilibus Anglie M. PAR. *Min.* III 17.

ultramontanus [cf. CL ultra, montanus], situated beyond the mountains (esp. the Alps), ultramontane. **b** (of person) of or originating from a land or lands beyond the mountains.

s**887** accepit .. Wido regnum Longabardorum et alias terras que sunt ~a *AS Chr.*; papa ~as ecclesias sue rationi subjecerat W. MALM. *GR* V 420; **1259** litteram quam me memini vestre prelationi [destinavisse] in partes ~as AD. MARSH *Ep.* 169; **1330** in expensis A. .. ducentis equicia domini regis de partibus ~is usque forestam *del* Selkirk *ExchScot* 340. **b** **1240** mandamus vobis quatinus omnibus mercatoribus ~is existentibus Lond' ex parte nostra firmiter inhibeatis ne ultra unum mensem .. in regno nostro morentur *Cl* 239; frater J. ~us ECCLESTON *Adv. Min.* 7; c**1280** tolneto tam de burgo et villa predictis quam de tolneto ~orum (*Brecon*) *BBC* 317; valuit tum ratio quid nobis cum barbaris ~is [Eng.: *ultramontans*] GARDINER *Si sedes* 44.

ultraneus v. ultroneus. **ultraquam** v. ultra.

ultratus [CL = *regarded as the furthest limit*], ultimate.

addit huic numero 10 annos, quia .. sacrificium non fuit statim ablatum post destruccionem factam per Titum et Vaspasianum, sed ~a destruccio fuit postea per Elieum Aduanum per 6 vel 10 annos post HARCLAY *Adv.* 18.

ultrix [CL], one (f.) that exacts vengeance or retribution, avenger, punisher (in quot. esp. transf., in appos.); **b** (for spec. wrong or sim.).

flammis inferni ~icibus GILDAS *EB* 67; insuper impletur flammis ultricibus aer, / ignis ubique suis ruptis regnabit habenis BEDE *Hymn.* 14. 72; obstructum est os loquentium iniqua, turris Babel concidit, labium constructorum ~ix dispersio confudit GOSC. *Lib. Mild.* 23; c**1168** quis persecutorum ecclesie ~icem dexteram Dei, qui potentes potentius punit, legitur evasisse? J. SAL. *Ep.* 233 (239); ~ix: increpationibus enim scelera ulciscitur BERN. *Comm. Aen.* 107; comes .. desuper ~ice lata sententia .. rebus humanis exemptus est GIR. *EH* II 23; Helisei .. derisores ~ices ursi devorarunt *Id. SD* 34; terra luxurie fedatur sordibus / et ultrix pluvia cadit ex nubibus WALT. WIMB. *Carm.* 512. **b** neque aliquis hactenus impune de frondibus illius .. distrahere poterat quin statim ~ice pena sue temeritatis merita non susceperat R. COLD. *Osw.* 17 p. 357; injuriarum ~ix manus non abfuit *Found. Waltham* 26; [mustela] injuriarum .. ~ix GIR. *TH* I 27.

ultro [CL]

1 to a point farther off, away, (~*o citroque* or sim.) back and forth, to and fro, hither and thither.

inter densa filorum stamina ~o citroque [*gl.*: hinc et inde, *hider 7 þyderes*] decurrant ALDH. *VirgP* 15; ~oque citroque, *hider ond hider* [? l. *ðider*] *GlC* U 229; **10..** ~o citro, *hider and þider WW*; numquam ibi desint hospites, ~o citroque commeantes W. MALM. *GP* IV 182; vectores hinc precum, inde donorum; qui ~o citro peticiones portant hinc, inde suffragia, ceu quidam utriusque interpretes BACON *Mor. Phil.* 19.

2 of one's own accord, on one's own initiative, spontaneously, (also) voluntarily, willingly.

poena ~o subeunda GILDAS *EB* 108; Albanus, qui se ~o persecutoribus fidei Christianum esse prodiderat BEDE *HE* I 7 p. 19; in universis sollemnitatibus Domini quae erant consecratae et in omnibus in quibus ~o offerebatur munus Deo *Id. Ezra* 830C; **9..** ~o, *be selfwille, hraþe WW*; ~o gladiis hostilibus cervices parabant GOSC. *Transl. Mild.* 3; se letus intulit, tam ~o, tam cito .. ut nemo sequi posset ad extrahendum MAP *NC* IV 6 f. 50v; tum cui ~o adhibetur assensus, preter hec etiam id pro quo exhibitio BALSH. *AD* 59; ~o, *de gré Teaching Latin* II 9.

ultrojacere [CL ultro+jacere], to cast off, away, or aside (in quot. fig.).

1317 matris ecclesie reverencia ~jecta (*Lit. Papae*) *Mon. Hib. & Scot.* 198.

ultronee [LL], of one's own accord, on one's own initiative, spontaneously, (also) voluntarily, willingly.

se illi et sua ~ee contradebant *G. Steph.* 57; **1179** tam preclaro habitui, quem ~ee suscepisti, per te scandalum et blasphemia generetur D. LOND. *Ep.* 12; **1282** nobis obtulit ~ee quod quamcito aderit opportunitas ecclesiarum proponit dispendia resarcire PECKHAM *Ep.* 360 p. 476; s**1460** quod abbas .. pactum de vendicione .. manerii .. ~ee relinqueret *Reg. Whet.* I 358.

ultroneus [CL], who acts of his own accord or on his own initiative, spontaneous, (also) voluntary, willing. **b** (of act) carried out or undergone by one acting of his own accord, spontaneous, voluntary, willing. **c** (of thing) used voluntarily or willingly.

praecipitur Moyses [ed. *PL*: Moysi] ab homine qui offert ~eus accipere primitias BEDE *Tab.* 399B; ~iam [*sic*], voluntariam *GlC* U 241; ad regis interpellationem celerem et ~eum accipit comitem GOSC. *Transl. Mild.* 9; equm ascendi desuetudine mei pinguem et magis ~eum MAP *NC* III 2 f. 36; quo venerant [vacce] volentes et ~ee NIG. *Ep.* 18; pauperibus .. modo rogatus, modo ~eus larga manu fuit munificus *Hist. Durh.* 3 p. 137. **b** dederunt .. in ~eam oblationem †aurem [ed. *PL*: aurum] argentum vestes sacerdotales BEDE *Ezra* 822C; principes .. voluntate ultranea a via veritatis .. deviabunt B. *V. Dunst.* 32; sibi ~eum jejunium episcopus indixisset R. NIGER *Chr. II* 183; asserens regi non expedire ut traderet milites suos ad mortem ~ea voluntate M. PAR. *Maj.* III 198; per ~eam apericionem janue gratie AMUND. I 307; mox suo se jugulando cultello, ~ee mortis incurrit supplicium *Mir. Hen. VI* III 112. **c** episcopus .. iter illud arduum, ~eis compedibus illaqueatus .. permensus est W. MALM. *GP* V 231; ferreis novem circulis sese astringens et ~eo ferri hoc oppressus pondere .. Romam venit DOMINIC *V. Ecgwini* I 18.

ultronius v. ultroneus.

ultropromittere [CL ultro+promittere], (in gl.) to promise spontaneously or willingly.

to beheste, destinare .. promittere, ~ere, repromittere. ultro promitto quid polliceorque roganti *CathA*.

ulula [CL], kind of owl, prob. tawny owl (*Strix aluco*). **b** (in gl.) seamew, sea gull (*Larus canus*).

noctua, ~a, *ule GlC* N 138; strix, vel cavanna, vel noctua, vel ~a, *ule* ÆLF. *Gl.*; ~e corvine dicuntur magnitudinis, protenso collo, resperse maculis, que rostro in palude defixo dire vocis vel stridoris sonum emittunt (AILR. *Serm.*) *CC cont. med.* IID 114; circa Natale .. corvi et ~e pullos habuere GIR. *TH* II 27; jurat quod facies carbonis emula / plus lacte candeat et nive candula; / sic cignus candidus fit de cornicula, / in Grecam Helenam sic transit ulula WALT. WIMB. *Palpo* 141. **b** hec ~a, A. *a semow WW*.

ululare [CL]

1 (of living thing) to make a howling sound, howl (esp. of animal making its characteristic sound); **b** (transf., of mus. instrument). **c** to howl battle-cries or sim. **d** to resound with howling or yelling.

lepores vagitant, lupi ~ant, litora murmurant ALDH. *PR* 131; rugit leo, ~at lupus GOSC. *Transl. Mild.* 37 p. 208; qui non puteratur loqui sed raucum ~are W. MALM. *Wulfst.* II 7; vulpis ~at [ME: *ȝelpeð*] *AncrR* 40. **b** multiplex sonus tubarum .. modo crepitando, modo ~ando .. resonent R. NIGER *Mil.* III 58. **c** Turchi jam gloriabundi ~abant W. MALM. *GR* IV 389 p. 460; ~antibus utrinque et vociferantibus Helias cum suis subito irruit ORD. VIT. XI 20. **d** luctu ~antia palatii moenia pater .. intrat ADEL. BLANDIN. *Dunst.* 5.

2 to howl or wail in grief, distress, anger, pain, or sim. (also transf.). **b** (trans.) to lament, bewail.

[anguis] per Stygiam paludem Tartara ~antium animarum .. cingit *Lib. Monstr.* III 13; pignora nunc pavidi referunt ululantia nautae, / tonsis dum trudunt classes et caerula findunt ALDH. *Aen.* 95 (*Scilla*) 7; discant .. ~are in penitentia qui noluerint ~are in pena (AILR. *Serm.*) *CC cont. med.* IID 77; [rex] nimis cruciabatur, et nec poterat ullo modo dormire, set semper ~are (*Cronanus* 24) *VSH* II 29; [avis] habebat .. muscam vivam et ~antem in rostro suo (*Moling* 22) *Ib.* II 200; clamans incessanter et ~ans, se .. totum intrinsecus igne comburi GIR. *IK* I 7; guttur arescens anxius ululabit J. HOWD. *Cant.* 139; **1286** ad vos .. tanquam ad singulare spei nostre refugium holulantes una voce clamare compellimur *Foed.* II 318. **b** mulier .. fecit magnam tristitiam ~ans filiam suam (*Cainnicus* 19) *VSH* I 159.

ululatio [CL], (in list of words deriv. from *ululare*) howling.

ululo .. ~io Osb. Glouc. *Deriv.* 621.

ululatus [CL]

1 (act or sound of) howling, howl (esp. of animal making its characteristic sound, also transf., fig., or in fig. context); **b** (transf., made by mus. instrument).

transmarinas petebant regiones, cum ~u magno ceu celeumatis vice hoc modo sub velorum sinibus cantantes Gildas *EB* 25; aper grunnitum, lupus ~um .. horrisonis vocibus stridebant Felix *Guthl.* 36; **10..** ~us, *wulfageþot WW*; [Turchi] hilari ~u vociferantes W. Malm. *GR* IV 384; cum exsolvisset eum, ille ~um teterrimum dire vocis emittens evolavit et nusquam comparuit Gir. *GE* I 25 p. 73; canis domesticus plausibus ~ibus mixtis .. omnes qui aderant in admirationem agebat Ad. Eyns. *Hug.* I 3; **1272** per strepitum Judeorum confluentium ad scolam suam .. et .. continuum ~um in eadem scola juxta ritum suum [fratres] impediuntur *Cl* 522; quidam nobilis .. tantum amavit leporarios suos quod eos et eorum ~us preferret clericis et canticis clericorum *Spec. Laic.* 30; accole .. venerunt velocius cum magno clangore et ~u vocum, ut scirent incognitam rem (*Carthagus* 32) *VSH* I 182; si audivistis .. ~um archilupi nostrorum temporum Netter *DAF* I 478b A. **b** tube .. quasi pari ~u terribiliter excitant ad pugnam audientes R. Niger *Mil.* III 59.

2 howling or wailing in grief, distress, anger, pain, or sim., (also transf., of feeling or emotion expressed).

levaverunt fletum et ~um magnum Bonif. *Ep.* 10 p. 13; versus est in gaudium luctus, in canticum ~us Gosc. *Edith* 269; ~us .. vehementem luctum qui cum clamore fit convenienter significat (Ailr. *Serm.*) *CC cont. med.* IID 73; tota .. regia ~ibus personuit et meroribus *V. II Off.* 9; parvulorum ~us miserrimi, feminarum planctus miserrimi .. aures penetrant *Ps.*-Elmh. *Hen. V* 68.

ulus v. ullus. **ulusculum** v. holusculum.

ulva [CL], (designating any of various grass-like or rush-like aquatic plants, sedges, *etc.*).

nam vertex tremula quem dudum foverat ulva / presulis auxilio rutilat cingente corona Frith. 988; ~a, *græde* Ælf. *Gl.*; ~a, herba palustris Osb. Glouc. *Deriv.* 622; ~a prodiens ex limo est viror vel humor morum et virtutum ex ea vita veniens Bern. *Comm. Aen.* 90; ulvosum: ~a dicitur herba quedam que recte vocatur *chenapie GlSid* f. 143v; ~a, *vreyc de mer, chrape Teaching Latin* II 10; ~a paludis, Gallice *canne, chenaupie Ib.* II 29.

ulvosus [LL], of or pertaining to sedge.

~um *GlSid* f. 143v (v. ulva).

umagium v. homagium. **umbelicus** v. umbilicus.

umbella [CL], **umbrella** [CL umbra+-ella], sun-shade, parasol. **b** (in gl. or list of words).

[Mercurius] galerum quoque seu ~am capite portabat *Deorum Imag.* 6. **b** tessella, ~a, lanterna Aldh. *PR* 124; unibrellas [l. umbrellas], *stalu to fuglum GlC* U 252; ~a, parva umbra Osb. Glouc. *Deriv.* 625; *a schadowe*, umbra, umbrella, umbrositas, umbraculum, umbrosus *CathA*.

umbellicus v. umbilicus.

Umber [CL], Umbrian, (as sb. m.) inhabitant or native of Umbria. **b** kind of dog used in hunting.

Romani a medio noctis in medium, Umbri et Athenienses a meridie computant ad meridiem Bede *TR* 2. **b** **10..** unfer [? l. umber], *grighund WW*; umbrus, A. *a maystyf, or a blodehunde WW*.

umbiculus, ~ilica, ~ilicum v. umbilicus.

umbilicus [CL]

1 navel. **b** umbilical cord.

fauni .. a capite usque ad ~um hominis speciem habent .. et inferior pars duorum pedum et femorum in caprarum forma depingitur *Lib. Monstr.* I 5; ~us, quod est fragillimum nostri corporis membrum, merito infirmitatem nostrae mortalitatis designat Bede *Cant.* 1189B; mulier .. inter cujus umbucili medium et pectoris .. gibbositas pergrandis exstiterat R. Cold. *Godr.* 497; tumentia inferius ab umbiculo membra cera circumdedit T. Mon. *Will.* V 8; **11..** ~us, *nauela WW Sup.* 456; **1322** percussit se ipsum sub umbellico *DocCOx* 174; osculantur [Templarii] eum [diabolum] .. in umbelico *Meaux* II 249; nudatis corporibus usque ~am [*sic* MS] flagellabant se Wals. *HA* II 243. **b** fetus in utero materno nervis, venis, arteriis per ~um monete conceptionis illigatus constat *Quaest. Salern.* B 297; dicimus quod infans exierit de ventre matris sue ac ceciderit deorsum levatusque fuerit de loco per obstetricem. aspiciendi sunt nodi illius umbellici qui irrogitur matrici M. Scot *Phys.* 19; venit .. ei [fetui] nutrimentum per ~um de sanguine menstruo .. et ita quamdam suscepit digestionem *Ps.*-Ric. *Anat.* 40.

2 **a** centre (of country, region, or sim.). **b** gnomon of a sundial. **c** hand of a clock. **d** (*~us marinus*) object found on sea-shore, perh. kind of pebble or shell, resembling navel or umbilical cord.

a [insula] secunda sita est in ~o maris inter Iberniam et Britanniam et vocatur nomen ejus Eubonia id est Manau Nen. *HB* 148; est Hortuna quasi ~us tetrapolis, in quattuor oppidis equalibus spaciis Gosc. *Wulfh.* 4; nunquid terra umbilicum habet? [cf. *Jud.* ix 37] Petrus *Dial.* 18; qui lapis et ~us Hibernie dicitur, quasi in medio et meditullio terre positus Gir. *TH* III 4; sunt et aliae voragines in oceano, quarum una in occidentali Britannie parte quod ~um maris dicitur *Eul. Hist.* II 4; Jerusalem est quasi ~us mundi Gros. *Cess. Leg.* III 3 p. 136. **b** ~i (quem gnomen appellant) umbra in Aegypto meridiano tempore, aequinoctii die paulo plus quam dimidiam gnominis mensuram efficit Bede *NR* 231; horologium .. solarium, in quo ~i solis, quem gnomonem vocant, umbra horas ostendit, Anaximenes .. invenit P. Verg. *De rerum inventoribus* ed. Copenhaver (Cambridge, MA, 2002) II 5. 2. **c** horologium quod nunc frequens cernitur, e metallis, rotis dentatis atque ponderibus, partim ~is horas indicantibus, partim testantibus tintinabulis P. Verg. *De rerum inventoribus* ed. Copenhaver (Cambridge, MA, 2002) II 5 p. 104. **d** ~i marini, lapilli sunt umbilico conformes *SB* 43 (cf. *Alph.* 22: belliculi marini quasi umbilici, circa lictora [l. littora] maris reperiuntur).

3 (also *~us Veneris*) navelwort, pennywort (*Umbilicus rupestris*). **b** (in gl., understood as) bearbine (a kind of *Convolvulus*).

herba cotiledon *þat ys* ~us Veneris *Leechdoms* I 22; pro memitha .. pone ~um ve' Gilb. II 85. 2; recipe .. partes .. ~i veneris, capilli ve' Gad. 22. 2; ~us veneris, cimbalaria idem, i. *penigresse SB* 43; ~us, A. *nauelworte WW*. **b** ~um, *berwinde WW*.

umbo [CL]

1 boss (of shield, also in fig. context); **b** (meton. for the whole shield).

nec tamen in medio clipei stat ferreus umbo Aldh. *Aen.* 70 (*Tortella*) 4; [hostis] desperationis sagittam .. jaculavit, quousque in Christi militis mentis ~one defixa pependit Felix *Guthl.* 29; ~o, media pars scuti[s] *GlC* U 245; umbro, *randbeah WW*; loquitur de clipeis, postea de ~onibus, postea de ensibus Gerv. Melkley *AV* 186; hec ~o, A. *a bosbokelere, a wose WW*. **b** loricam fidei inextricabilem pro ~onibus gestantes Byrht. *V. Ecgwini* 392 (*recte* 382); tanta fuit miserorum provintialium imbecillitas ut post primam pugnam numquam communi ~one ad libertatem temptarint assurgere W. Malm. *Wulfst.* II 1; [Cantuariensis archiepiscopus] qui esset os omnium, vexillifer previus, ~o publicus *Id. GP* I 47; dum equis ~onibus dives et mendicans se agerent, cunctos in commune precipitante fide *Ib.* IV 171; omnia genera machinarum quibus contra poetas solius nude veritatis amatores obiciunt duplici refelluntur ~one R. Bury *Phil.* 13. 178.

2 nave (of wheel).

ye naffe of a wheele, ~o, -onis, centrum Levins *Manip.* 9.

umbr' v. umbraculum.

umbra [CL]

1 shadow (cast on a surface by body intercepting the rays from source of light, esp. the sun); **b** (astr.). **c** (transf., of image falling on surface) reflection. **d** the side or direction in which shadows are cast, (spec.) the side or direction of shadows cast by the sun (*i. e.* the north in the northern hemisphere), (esp. *versus ~am* or sim.) to the north. **e** (her.) charge depicted in outline or silhouette, or in the manner of a shadow on its background, umbrated charge (*cf. umbrare* 2).

in ~a facienda tria simul concurrere necesse est: lucem, corpus, et obscuratum locum Bede *TR* 7; **c800** quicquid .. in hoc saeculo amatur vel visibile videtur, omnia enim recedunt et quasi ~e vel fumus evanescit [*sic*] Alcuin *Ep.* 297; est .. in ~a indigencia luminis, assistencia frigoris, et apparencia corporis .. ~e sunt longiores et frigidiores versus vesperam quam in meridie Holcot *Wisd.* 71; si horas de *clok* ante meridiem per alicujus ~am habere voluerit, operetur cum ~a secundum docetur operari cum altitudine solis post meridiem N. Lynn *Kal.* 191. **b** quantum de spatio aeris occupet umbra terrae, cum sol recedit a nobis diemque abducit, inferiora axis illuminans; et quemadmodum in regionem ~ae hujus incidens lunae globus eclipsim faciat Bede *TR* 7; primo quidem ~a arietis in praesenti regione notanda est, deinde per gradum in paginam differentiarum intrandum, ejusque adjunctum in ~am praedictam ducendum Adel. *Elk.* 26[a]; signum rotundum indicat causam rotundam, et ideo per rotunditatem ~e probatur rotunditas terre J. Blund *An.* 90. **c** super aquas sedere consuevit ut venturi raptum accipitris praevisa in aquis ~a declinet Bede *Hom.* I 12. 62C; in aquarum levi superficie, si simul obscuritate obumbrentur, eaedem repercussiones fiunt, quas philosophus ~as vocat Adel. *QN* 29; juvenis .. mille vaccas .. super ripam stagni .. statuat in ordine .. ut sint ~e singularum in aqua Map *NC* II 22 f. 31. **d** **1202** medietas ipsius dominii versus ~am *Fines Warw* 82; **1209** medietatem crofte .. versus ~am et medietatem crofte .. versus solem *Fines RC* I 246; **1222** terciam partem sicut jacet ubique in eadem cultura versus ~am *Reg. Ant. Linc.* III 33; **1235** concessit predictis A. et J. medietatem tocius predicte terre cum pertinenciis, sc. illam medietatem propinquiorem ~e *Fines* 1/180/3 (41); **c1300** divisio terrarum prioratus .. et vicarii .. prior versus solem, vicarius versus ~am terre et prati *MonA* III 597. **e** **1415** fiat tumba mea .. habens imaginem mei super .. tumbam, armatam in armis meis cum ~a leonis in le Bende prout vivens utor *Foed.* IX 272; aliud exemplum .. de umbratione cujusdam crucis .. et ista crux vocatur 'crux florida patens umbrata', set recte loquendo et proprie non est crux, sed ~a talis crucis: et ratio, quia corpus dicte ~e est ejusdem coloris cum campo, et sic color qui est in campo per totum corpus dicte ~e ostenditur Upton 220; sunt .. certi nobiles et generosi in Anglia qui portant diversas ~as in suis armis .. et credo quod tales qui portant tales ~as habuerunt suos progenitores portantes eadem non umbrata et integra, quorum quidem progenitorum patrimonia et possessiones ad alios descenderunt *Ib.* 247.

2 area sheltered or protected from direct light, shade, (also transf.) that which produces shadow or shade, (means of) protection from direct light, cover, shelter; **b** (transf. or fig., esp. w. ref. to protection); **c** (w. ref. to appearance or sim.).

genus .. hominum quos Graeci Sciapodas appellant eo quod se ab ardore solis pedum ~a jacentes resupini defendunt *Lib. Monstr.* I 17; sub ~a illius volucres caeli habitant Bede *Mark* 174A; Helias, qui projecit se subter ~am unius juniperi Bald. Cant. *Serm.* 17. 20. 504; sub ~a .. illius quem desideraveram sedi J. Ford *Serm.* 38. 7; non cancri calor exestuans compellit ad ~as Gir. *TH* I 33. **b** **c795** sub cujus ~a superna quiete populus requiescit Christianus Alcuin *Ep.* 41; qui .. corda et hora [v. l. ora] prophetarum implens per eorum verba in mundum venturus prenuntiabatur, oris eorum spiritus nominatur, in cujus ~a se vivere dicit, qui se ejus protectionem et imitationem habere vitam et salutem credit *Eccl. & Synag.* 121; eisdem [fidelibus] vestre protectionis ~am et vestrae consolationis fomentum deesse non expedit Steph. Hard. *Exord.* 1506C; hujus [Haroldi] sub ~a Emma securum triennium egit W. Malm. *GR* II 188; que nihil sibi tutum arbitrans in Normannia .. sub ~a deguit Baldewini comitis Flandrie Silgrave 66; ob cujus [vitis] ~am Bacchus equitabat, vitisque racemis erat plena *Deorum Imag.* 19. **c** succedent duo dracones quorum alter invidie spiculo suffocabitur, alter vero sub ~a nominis redibit G. Mon. VII 3.

3 (also pl.) dark conditions, darkness, absence of light (esp. of night, also fig.); **b** (*~a mortis*, w. mental, moral, or spiritual ref.).

ibi legebam clarius quae mihi forsitan antea obscura fuerant, cessante ~a ac veritate firmius inlucescente Gildas *EB* 1; dicunt bestias esse nocturnas, et non tam bestias quam dira prodigia, quod nequaquam in luce sed in ~is cernuntur nocturnis *Lib. Monstr.* II 20; noctis ~am Bede *TR* 7; **800** ut vix antiquae dilectionis quaelibet scintilla eluceat inter caliginosas terrenorum desideriorum ~as Alcuin *Ep.* 209; noctis et astriferas adtraxerat Hesperus umbras Wulf. *Swith.* I 923; sacra templa et monasteria augebit, que delubra dicuntur, quia in eis ~a delentur [? l. deletur] peccatorum per sacramenta baptismatis et confessionis (Ergome) *Pol. Poems* I 193.   **b** quia sanctis edocta litteris et animam esurientem satiare bonis et sedentibus in tenebris atque ~a mortis lucernam verbi subministrare didicit Bede *Tab.* 414C; qui in tenebris et ~a mortis positos ad lumen scientie perduxit (*Lit. Papae*) W. Malm. *GR* I 58; et cum sedentibus in tenebris et ~a mortis lucem superne gratie infudisset, et Nazareth sancta sua nobilitavit presentia Ailr. *Jes.* I 3; nos procul eramus a te, quoniam in regione longinqua valde a luce tua, in regione tenebrarum, in regione ~e mortis exulabamus J. Ford *Serm.* 7. 4.

4 shade (of dead person, esp. in the underworld or sim.), ghost.   **b** (pl.) the world of the dead, the underworld.

larba [l. larva], ~a exerrans *GlC* L 69; exagitabant illum ~e fraterne, diras exigentes inferias W. Malm. *GR* II 165; funus dicitur in domo, cadaver in tumulo, ~a apud inferos Osb. Glouc. *Deriv.* 232; [liberi] qui omnes pene in bello Trojano mortui sunt, unde eorum ~as, id est animas, dicit minores in comparacione ad ~am patris eorum Priami Trevet *Troades* 6. **b** Orpheus ut conjugem suam extraheret ad inferos descendit, ~arum dominos permulsit, uxorem .. recepit Bern. *Comm. Aen.* 54; Anglos quoscunque in plateis et domibus reperiebant .. crudeliter ad ~as transmiserunt Gir. *EH* II 3.

5 phantom, ghost.

constat custodes locis [*sic*] ~is fantasticis inquietatos, donec cadaver suffossum longe a monasterio paludi profundae immerserint W. Malm. *GP* V 258.

6 empty appearance, semblance, merely apparent state or conditions.

nec vos decipiat presentis ~a felicitatis Dominic V. *Ecgwini* I 17; felix si [Anglia] umquam in libertatem respirare poterit, cujus inanem jam dudum persequitur ~am W. Malm. *GR* II 207; statuto .. ad ~am regnandi filio .. senem in sua regredi non siverit *Id. GP* II 79; transivit pater sanctus de mundo ad Patrem, de fide ad faciem .. de ~a ad veritatem J. Furness *Walth.* 90; si vere vita sit tanta fugacitas / in nullo discrepat ab umbra veritas Walt. Wimb. *Sim.* 178; apostolus ista metaphorice tantum, quo non palam sed sub similitudinis quadam ~a ostendit Fortescue *NLN* II 57.

7 symbol, type, symbolic representation, adumbration (esp. w. ref. to foreshadowing).

recole sacerdotium Aaron ~am aeterni fuisse sacerdotii et promissionem aeternitatis intellege non ad umbram sed ad umbratam pertinere veritatem Bede *Sam.* 517A; **798** mandata legalia veteris testamenti, quae sunt ~a futurorum Alcuin *Ep.* 144; in Pascha Judeorum in veritate quidem immolatus est agnus, sed secundum figuram et ~am in ipso agno immolatus est Christus Ailr. *Serm.* 61. 4; hic est veritas promissionum Dei, veritas signorum, veritas sacrificiorum, veritas ~arum et figurarum Bald. Cant. *Serm.* 4. 17. 406.

8 kind of fish, perh. shadefish, meagre (*Argyrosomus regius* or sim.).

~a nomen traxit a locis umbrosis, que libenter inhabitat .. sapidus est piscis Neckam *NR* II 35; habent .. stagna terre istius tria piscium genera .. sunt enim quidam turtris .. thymallis, qui vulgariter ~e dicuntur, persimiles Gir. *TH* I 10; sanguis anguille et fel ejus, et salmonis et sagimen ~e et coturnicis Gilb. III 136v. 1.

umbraculum [CL]

1 (means or source of) protection (esp. from direct light of the sun), cover, shelter, shade (also transf. or fig.).   **b** canopy, tent, tabernacle. **c** visor (of helmet).

spiritus e caelo veniet sanctissimus in te: / virtus ecce tuo confert umbracula cordi Aldh. *VirgV* 1704; qui materiale tabernaculum quaesivit nubis accepit ~um ut discat in resurrectione non tegmine domorum sed spiritus sancti gloria sanctos esse protegendos Bede *Mark* 218D; **716** angelico quodam ~o contra impetum daemoniorum Bonif. *Ep.* 10 p. 14; ~um

paternae protectionis longe lateque expandit Wulf. *Æthelwold* 3; pro regali diademate fusco velatur flammeolo, obumbrata caput in die belli divino ~o Gosc. *Edith* 43; in hujusmodi cedrorum ramis et ~is tamquam subsidiis atque presidiis nidificare ceperunt .. quidam passeres Rob. Bridl. *Dial.* 4; alii sub ~o silentii ab ira et indignatione utiliter absconduntur (Ailr. *Serm.*) *CC cont. med.* IID 262; tua manifesta confusio dedit ~um lupe spurciciis Map *NC* IV 11 f. 52v; ave, sancta castitas / .. / cui virtus altissimi / super caput animi / conficit umbraculum Edmund *BVM* 3. 39; contra carnales estus ~a fundat Garl. *Epith.* I 335; sub cujus [regine] dominacionis ~is *Dictamen* 347.   **b** σκῆναι vero vel σκηνώματα quasi ~a sonant, quae sagis laneis vel lineis aut cilicinis sive ex arborum frondibus aut virgultis veteres componebant Bede *Acts* 981C; homo cadaver puelle exanime secum ad martyris ~um bajulavit ut sepeliretur V. *Wenefr.* 27; scenopegia Patri ascribitur, quia sicut illa festivitas in ~is et in obscuris fiebat, ita paterna majestas, ante incarnationem Filii, quasi sub umbra et obscuritate latebat Ailr. *Serm.* 81. 4; prefatio ciborii id est ~i altaris *HBS* XXXIX 133; barones .. pannum sericum quadratum ac purpureum qui alias ~um nominatur quatuor hastis deargentatis sustentatum .. ultra regem incedentem .. gestabunt *Lib. Regal.* f. 29v. **c** **1325** de vj bacinett' ferr' de visera, iij bacinett' cum umbr' *LTR Ac* 16 r. 38; timore telorum, quorum adversitas eos reptabat per latera et ~a cassidum *G. Hen.* V 13.

2 cover, guise, (also) empty appearance, semblance.

nostrorum incredulitas, que se cautele ~o exornat W. Malm. *GP* IV 149; quodam palliate pacis ~o suum velare propositum intendentes Diceto *YH* 108; mellifluis sub pietatis ~o figmentis *Plusc.* VIII 10.

3 shadow, darkness (also fig.).

furvo facessante veteris instrumenti ~o [*gl.*: ~ulum dicitur qui umbra tenet, *sceadewunge*] et clara coruscante evangelii gratia Aldh. *VirgP* 8; numquam male blandientia augescentium cotidie peccatorum ~a evadit Bede *Hom.* I 17. 94A; cum .. virorum lumina nocturnis caligarent ~is Ps.-Elmh. *Hen.* V 49 p. 152.

umbralis [LL], of or pertaining to shadow, (spec.) of or pertaining to the side or direction of shadows cast by the sun (*i. e.* the north in the northern hemisphere), northern (*cf. umbra* 1d).

1527 quartam partem ~em terrarum de Achmuthy *Reg. Aberbr.* II 471 (cf. *Reg. Aberbr.* II 475: tertiam partem terrarum .. viz. *ly schadow thryd*); **1534** vendidit Willelmo Lyoun .. binas partes ~es [Scot.: *the schaddow tua part*] .. ville de Jakkistoun *RMS Scot* 1390; **1585** de .. ~i dimidietate .. terrarum *Reg. Brechin* II 349.

umbraliter [LL], symbolically (*cf. umbra* 7).

'quia in ipso inhabitat omnis plenitudo divinitatis corporaliter' realiter non ~er Lanfr. *Comment. Paul.* 324.

umbramen [CL umbrare+-men]

1 shade, shadow.

rogus igneus .. ardenti ~ine et impetu valido per aera discurrens *Flor. Hist.* III 211.

2 shelter, protection.

thoracisque moras clipeique umbramina raptim / dissipat J. Exon. *BT* I 437.

3 shadow, darkness (in quot. fig.).

959 nos .. ab obtunsi cecitate ~inis ad supernorum alacrimoniam patrimoniorum advocans *Ch. Abingd.* 83 (=*Conc. Syn.* I 182).

umbrare [CL]

1 to cast a shadow over, shade, cover (in quot. in fig. context).   **b** to give a symbolic representation to, adumbrate.   **c** (in list of words).

[Aldredus archiepiscopus] Wlstanum elegit .. cujus simplicitate et sanctimonia rapinas ~aret suas W. Malm. *GP* IV 139.   **b** recole sacerdotium Aaron umbram aeterni fuisse sacerdotii et promissionem aeternitatis intellege non ad umbram sed ad ~atam pertinere veritatem Bede *Sam.* 517A.   **c** ~o, -as, unde ~atus Osb. Glouc. *Deriv.* 614.

2 (p. ppl. as adj., her., of charge) depicted in outline or silhouette, or in the manner of a

shadow on its background, umbrated (*cf. umbra* 1e).

portat unum leonem rapacem ~atum in campo aureo. portare arma ~ata designat eos quorum progenitorum patrimonia ad alios descenderunt, tamen sunt in spe recuperandi Bad. Aur. 196; ista crux vocatur 'crux florida patens ~ata' Upton 220, [nobiles] qui portant tales umbras habuerunt suos progenitores portantes eadem non ~ata et integra *Ib.* 247 (v. umbra 1e).

umbrarius [LL = *one who calls up the shade of a deceased person*]

1 (of helmet) fitted with a shade or visor (*v. et. umbratus*).

1322 de iij bacinett' de viser', quorum unum umbrar' [*sic*] *MinAc* 1145/21 m. 34.

2 (as sb. f.) l'Ombrière (district in Bordeaux, also w. ref. to the castle sited there).

1222 salva nobis ~a nostra quam volumus in manu nostra retinere *Pat* 354 (=*RL* I 196); **1254** tradidimus .. preposituram nostram ~e Burdegale *RGasc* I 303a; c**1291** prepositus noster ~e Burdegale *Ib.* III 39b; **1312** licet ipsi major et jurati [Burdegale] quoscumque malefactores .. coram ipsis .. condempnatos preposito nostro umbrerie Burdeg' presentare *Ib.* IV 614; **1405** prepositum humbrarie Burdegal' *Pat* 372 m. 5.

umbrasitas v. umbrositas.

umbratice [CL umbraticus+-e]

1 in a shadowy manner, surreptitiously, slyly, covertly.

priorem ad domini episcopi graciam totis viribus stimulabant, ut sic suam nequiciam ad tempus ~e palliarent *G. Durh.* 49; rex Edwardus contra commune votum duos foverat Dispensatores Hugonem patrem et Hugonem filium, Thomas comes Lancastrie et alii multi regios viros adeo attenuarunt ut ejus assensu saltem ~e adjecto predictos Dispensatores exlegarent Knighton I 423.

2 in a pretended or merely apparent manner, in a manner giving rise to a semblance or empty appearance.

illicita in eam que vel ~e sanctimonialis fuisset concupiscentia W. Malm. *GP* I 18 p. 27 (cf. *Eul. Hist.* III 18, Ciren. II 125); c**1230** qui porcionem substancie sue cum filio prodigo et cum meretricibus dispendentes scolas ~e frequentant *FormOx* 348.

3 as a symbol or type, by symbolic representation or adumbration (esp. w. ref. to foreshadowing).

praemonebat .. quod .. apparente rerum illarum quae tunc ~e signabantur veritate ac luce mox omnis illa umbratilis .. et imaginaria compositio typorum esset penitus auferenda Bede *Luke* 583C; scematizare, figurare, ~e loqui Osb. Glouc. *Deriv.* 567; hujus inmensi gaudii futuri celebrare festivitatem recolit nunc ecclesia ~e per Paschalis festi sollemnitatem Hon. *Spec. Eccl.* 939C; legis censura constringimur inimicum diligere, non ~e nec simulatorie, sed opere et veritate P. Blois *Opusc.* 937C; Deus loquens patribus in prophetis, obscure quidem et imbratice *Medit. Farne* f. 24r; non .. ~e, non figurative, sed substantive corpus Christi erat Netter *DAF* II f. 43vb B.

umbraticus [CL = *that lives in the shade*]

1 merely apparent, seeming, semblant, empty, unreal.

videte .. ubi [sit] ~a legis observatio quam toto ex animo sititis, in qua vestrorum manus actuum ab omni peccatorum sorde lavari potuisse jactastis Bede *Sam.* 693B; c**794** ~a est saeculi felicitas, vera tantummodo in futuro spectatur Alcuin *Ep.* 38; **1127** hec acquisitio ~e libertatis convertatur ecclesiae Christi in materiam servitutis P. Blois *Ep.* 27. 95B; pro ipsis ~is misteriis zelo divino efferati sunt W. Malm. *GR* II 202; postquam .. Christus veritas venit dare benedictionem, qui legem dederat, ~is hostiis finem imposuit, et singulare sacrificium, quod aufert peccata, seipsum offerens instituit Hon. *Eluc.* 1151B; ne in hiis ~is ymaginariis que sudando, quasi in nebulosa die, in invia aberrare defamemur Fortescue *NLN* II 51.

2 (in gl.): **a** shadowy, shady. **b** easily startled, skittish, inclined to shy.

a ~us, umbratilis, umbrosus, umbra plenus OSB. GLOUC. *Deriv.* 625. **b** *skey, as hors* ~us *PP.*

umbratilis [CL]

1 of or pertaining to shadow, shadowy.

lunare .. corpus ~e esse necesse est ADEL. *QN* 70; nonnulli sollicitantur unde ~is quedam macula in luna videatur NECKAM *NR* I 14; in tempore quidem ita sunt temporalia quasi sub umbra quadam velociter elabente. ~ia ista cum umbra transeunt *Id. SS* I 1. 26.

2 affording shade, shadowing.

[Domine] alas umbratiles benignus ostende J. HOWD. *Cant.* 172.

3 merely apparent, seeming, semblant, empty, unreal (also w. ref. to symbolic representation or foreshadowing).

BEDE *Luke* 583C (v. umbratice 3); c**798** partibus occiduis mundi lux luceat alma / per te catholicae, sancte pater, fidei, / ne corda excedat stultorum umbratilis error ALCUIN *ad Beatum* 322; ipse solatium hujus ~is vitae, ipse possessio illius beatae vitae ELMER CANT. *Record.* 711C; c**1167** vulgares amici .. qui fidem ~em (veram enim non habent) ponunt et deponunt ad arbitrium fortune J. SAL. *Ep.* 186 (192); delicie hujus seculi momentanee et ~es sunt: in quibus cito preterit quod delectat P. BLOIS *Serm.* 663A; hoc est mare amarum [quod] tribulationis tollit amaritudinem et ~es mundi delicias vobis reddit amaras ALEX. BATH *Mor.* I 18 p. 170; quoties .. aliqua volatilis vel ~is mundane vanitatis cogitatio cordi irrepsisset J. FURNESS *Walth.* 39.

4 (in gl.).

~is, umbrosus, umbra plenus OSB. GLOUC. *Deriv.* 625.

5 easily startled, skittish, inclined to shy.

ne sitis tanquam equus ~is [ME: *scheunchinde*], qui dum timet umbram de ponte cadit in foveam vel aquam *AncrR* 89.

umbratiliter [LL]

1 in a pretended or merely apparent manner, in a manner giving rise to a semblance or empty appearance.

qui dominum regem non ~er sed veraciter diligebant M. PAR. *Maj.* IV 650; c**1386** istis susurrantibus regem non in effectu fore regem sed ~er WALS. *HA* II 152.

2 as a symbol or type, by symbolic representation or adumbration.

[Hebrei] quasi ludentes pupis et fictis rebus, referant ~er quod homines aliquando verius essent facturi COLET *Cel. Hier.* 172.

umbratim [CL umbra+-atim], marked by a shadow.

horis ~im suas per lineas currentibus BEDE *TR* 6.

umbratio [LL]

1 (act of or conditions created by) casting of a shadow or shade, protection from direct light (also in transf. or fig. context).

878 (916) post opere et ~one conceptioneque Sancti Spiritus *Ch. Abingd.* 20; silva: in ~one amena amoris BERN. *Comm. Aen.* 95; senties per quam umbram et ~onem prorsus refrigeraberis J. GODARD *Ap.* 258.

2 (her.) depiction (of charge) in outline or silhouette, or in the manner of a shadow on its background (*cf. umbra* 1e, *umbrare* 2).

aliud exemplum .. de ~one cujusdam crucis UPTON 220 (v. umbra 1e).

umbratus [CL umbra+-atus], (of helmet) fitted with a shade or visor.

1317 loricam bonam cum bacinetto ~ato et aventilato *PIRCP* 285 r. 1.

umbrella v. umbella. **umbreria** v. umbrarius. **umbrex** v. imbrex.

umbrifer [CL], that provides shade or dark or shadowy conditions, shady.

arboris umbriferae maestus sub tegmine solus BEDE *Hymn.* 14. 3; umbriferis varias in noctibus intro

figuras HWÆTBERHT *Aen.* 11 (*Luna*) 3; umbriferas noctis auferre tenebras *Mir. Nin.* 54.

umbrina [cf. CL umbra], (in gl.) halibut (*Hippoglossus vulgaris*).

halybutte, fish, umbrina LEVINS *Manip.* 195.

umbro v. umbo.

umbrositas [CL umbrosus+-tas], (state or instance of) being shadowy, shadowiness, (also) shadowy conditions.

in tali reditu tam corporis levitas quam ejusdem densitas quandoque etiam ~as notanda est ADEL. *QN* 29 (ed. Burnett (1998) p. 152); non .. illis consentio qui illam ~atem ab inferioribus in luna apparere confirmant *Ib.* 70 (p. 212); non transit spiritus calor, ideo non impeditur propter ~atem GILB. II 109. 2; ab oculo invenitur ~as propter spissitudinem vaporum et nubis obumbrantis BACON *Maj.* II 190; *a mirknes,* ablucinacio .. obscuritas .. umbra, umbrasitas *CathA.*

umbrositer [CL umbrosus+-ter], as a symbol or type, by symbolic representation or adumbration (esp. w. ref. to foreshadowing).

apud Moysen eadem erant omnia ~er preter hec que sunt et nominantur episcopi, archiepiscopi, primates, officia, et administrationes COLET *Sacr. Eccl.* 48.

umbrosus [CL]

1 (of place or conditions) full of shadow or shade, shadowy, shady (also transf.). **b** (as sb. n. pl.) shadowy or shady places or conditions.

nascitur atra frutex ex ista radice frondens / et nemus umbrosum diro de semine surgit ALDH. *VirgV* 2710; exutis ~ae noctis caliginibus FELIX *Guthl.* 19; Henno .. speciosissimam in ~o nemore puellam invenit MAP *NC* IV 9 f. 51v; est .. umbra etiam in illa regione lucis eterne, cum sit ille mons ~us et condensus, sed est ad refrigerium mutue in Domino dilectionis J. FORD *Serm.* 34. 8; locus non ~us patet calori .. ~a autem materia et viscosa impedit transitum spiritus GILB. II 109. 2. **b** venatores .. qui de umbrosis et excelsis venentur erroneos J. SAL. *Pol.* 395C.

2 that provides protection from direct light, shady.

filius .. unicus qui nos sicut arbor ~a ab aestu mundi persequentis protegit BEDE *Cant.* 1103D; erat in cimiterio arbor nucea patulis frondibus ~a W. MALM. *Wulfst.* II 17.

3 merely apparent, seeming, semblant, empty, unreal.

fuerit in ~o legis et prophetarum oblectatus eloquio BEDE *Sam.* 659D.

umbrus v. Umber. **umbucilis** v. umbilicus.

umectare (hum-) [CL], to make wet, moisten (also absol.); **b** (in gl.).

roscidis oculorum fontibus et palpebris stillantibus maestam faciem ~are [*gl.*: rigare, *wætan, fyhtan, leccan*] jugiter non desinunt ALDH. *VirgP* 10; umida rorifluis umectant vellera guttis *Id. VirgV* 2044; terra .. quod cum fuerit ~ata, et temperiem solis acceperit, mox vapores exhalat largissimos BEDE *Gen.* 15B; [Gunzo presbiter] basilicam intravit, prostratus oravit, pavimentum lacrimis humectavit ORD. VIT. III 13 p. 139; caro .. porcina ex complexione humectet *Quaest. Salern.* B 68; cibo et potu assumpto humectantur nervi, ex qua humectatione calor naturalis suscitatur *Ib.* B 304; intingit rex manus suas in urina bovis .. et inde frontem suum et pectus humectat *Itin. Mand.* 88; s**1464** vix fuit aliqua notabilis pluvia humectans terram per tres menses et ultra HERRISON *Abbr. Chr.* 8. **b** humectare, sepe madere OSB. GLOUC. *Deriv.* 275; humectat, *amoutet Teaching Latin* II 7; humecto, A. *to moyste WW.*

umectatim (hum-) [CL umectus+-atim], in a wet manner.

humectim, humectatim, madenter OSB. GLOUC. *Deriv.* 275.

umectatio (hum-) [LL], wetting, moistening.

cibo et potu assumpto humectantur nervi, ex qua humectatione calor naturalis suscitatur *Quaest. Salern.* B 304; largis lacrimarum humectationibus facies suas irrigantes *Mir. Wulfst.* II 17; propter humectationem nutrimenti GILB. I 56v. 2; calefactio et siccatio est

naturalis, humectatio vero et infrigidatio est accidentalis BART. ANGL. XVII 184; **1423** tactus dolore cordis .. non sine oculorum humectacione que mente gerimus calamo reserare valemus *Reg. Heref.* 26; sicci montes Gelboe casum percipient roris et humectacionem pluvie *Reg. Whet.* II 397; **1465** pannus laneus .. post plenam humettacionem, extensionem, constriccionem vel tenturacionem ejusdem .. contineat in longitudine xxiiij virgas *FineR* 274 m. 14.

umectativus (hum-) [CL umectatus *p. ppl. of* umectare+-ivus], **umectivus (hum-),** that wets or moistens, moistening.

utendum est infrigidativis et humectativis tam in medicaminibus quam in nutrientibus GILB. I 23. 2; non fuerat pluvia notabiliter humectativa a principio Februarii usque ad medium Maii W. MERLE *Temp.* f. 3; [lingua est] per emissionem salive oris humectiva BART. ANGL. V 21; solent .. apponi mollificativa et materie indurate humectativa *Ib.* VII 48.

umectim (hum-) [CL umectus+-im], in a wet manner.

humectim, humectatim, madenter OSB. GLOUC. *Deriv.* 275.

umectus (hum-) [CL], wet, moist, damp. **b** (in gl., as sb.) phlegm.

pars illa sepulcri .. cenosa, lutulenta, ac aliquantulum humecta parebat R. COLD. *Cuthb.* 40 p. 85; humectus, madefactus OSB. GLOUC. *Deriv.* 275; offert osculum humecto labio WALT. WIMB. *Carm.* 223; tanta est autem aeris qui ibi est tenuitas quod homines illuc ascendentes ibidem durare non possent, nisi spongias humectas naribus applicarent, unde crassiorem et consuetum spiritum ducerent GROS. *Hexaem.* VI 1. **b** ~a, *gibrec GlC* U 246.

umefacere (hum-) [CL], to make wet, moisten.

spiritum .. distemperatum et mobilem temperate humectat et refrigerat, et mobilitatem ejus humefaciendo contemperat *Quaest. Salern.* B 161; [planete] habent virtutem, calefaciendi elementa .. et humectandi vel humefaciendi BACON V 19; humiditas .. ejus est, ut semper humefaciat humorem glacialem, et telam araneam, que valde tenuis est, unde ex nimia siccitate posset corrumpi *Id. Persp.* I 4. 1.

umefactio (hum-) [CL umefacere+-tio], (act of) wetting, moistening.

de tali corio fiant quod post humefactionem non duresca[n]t ADEL. *CA* 9.

umeralis (hum-) [CL *as sb. n.,* LL *as adj.*]

1 of or for the shoulders.

s**1162** fasciam pectoralem et humeralem suscipiendam W. FITZST. *Thom.* 25; a vena .. humerali, dum per cubitum transit, rami quidam subtiles separantur *Ps.-Ric. Anat.* 44; c**1410** pro extraccione armorum violenta vel impulsione humerali aut percussione cum pugno, iiij solidis *StatOx* 205; **1501** iiij manutergia humeralia .. j manutergium humerale de *dyaper Cant. Coll. Ox.* 32.

2 (as sb. n. or m.) item worn on or round the shoulders. **b** (spec., eccl.) vestment worn round the shoulders, humeral veil.

securim super humeralem quam gestabat levavit ut Georgium feriret *Mir. Wulfst.* II 16 p. 169; hoc humerale, *espauler Teaching Latin* II 55; humeralis, A. *a spanbelere* [l. *spaudelere*] WW. **b** superumerale strictum erat balteo ut in sequentibus ubi pontifex induebatur apertius indicatur, et desuper ~e BEDE *Tab.* 474A; **1245** casula .. est de rubeo sameto plano cum lato humerali ad modum crucis *Invent. S. Paul.* 482; jus humerale notat GARL. *Myst. Eccl.* 427; **1295** vestimentum .. habet .. ~e cum quatuor ymaginibus sine stola et manipulis *Vis. S. Paul.* 319; fert humerale decens GOWER *VC* III 1799.

umere (hum-) [CL], to be wet or moist.

in locis ~entibus BEDE *Luke* 478C; humeo verbum neutrum i. madefacere OSB. GLOUC. *Deriv.* 266; folia dispersa et adhuc ex coloribus nuper imposita humentia jacuerant R. COLD. *Godr.* 595; humet ab oceano zephirus, frigetque, sed auster / humentem calidum torrida zona facit NECKAM *DS* IV 128; non aliter quam cum tenebras aurora rubore / percutit humentes, sol rubet igne puer GARL. *Epith.* I 182; s**1422** hument [*Ps.-ELMH. Hen.* V 128: †hinnent] regales thalami lacrymis querulis ululatibus palacia resonant ELMH. *Hen. V Cont.* 160.

umerulus (hum-) [LL]

1 (small) shoulder.

qui in humerulis arietum vel quorumcumque ossibus animalium vaticinantur J. SAL. *Pol.* 461C.

2 small supporting frame.

porro ~i qui rotis antepositi ne ab axibus delabi possent obsistebant praeconia sunt prophetarum quibus evangelica et apostolica scriptura ne cui legentium in dubium forte veniat confirmatur BEDE *Templ.* 795C; ante rotas in angulis basium erant et iiij humeruli altrinsecus positi ex ipsis basibus fusiles ne rote de loco suo recedere possent ANDR. S. VICT. *Reg.* 96.

umerus (hum-) [CL], shoulder; **b** (in fig. contexts, esp. w. ref. to bearing burdens). **c** the bone of the upper arm, humerus.

624 indumentum ~is tuis bajulandum (*Lit. Papae*) BEDE *HE* II 8; [Epifugi] tota in pectore capitis officia gerunt, nisi quod oculos in humeris habere dicuntur *Lib. Monstr.* I 24; accepistis [oleum sanctum] .. in humero dextro .. quia vero in humeris constat vigor portandi oneris ANSELM *Misc.* 312; tantis auctoribus et tot innitentes, eorumque tanquam humeris insidentes GIR. *TH intr.* p. 5; **1349** [*R. .. for having sold to the prosecutor .. a shoulder*] humerum [*of cowhide for 3 s.*] *Cal. Pl. Mem. Lond.* I 230; fonti .. se humerotenus inmergebat (*Aldelmus*) *NLA* I 39; hic ~us, A. *a schuldere WW.* **b** ne dicant me gravia et importabilia in humeros hominum verborum onera velle imponere GILDAS *EB* 62; postquam virgo virginem sancto puerperio peperit cujus principatus super ~os esse perhibetur ALDH. *VirgP* 53; in ~is gestabat pontifex illud evangelicum onus BEDE *Tab.* 467A; **s1341** innumera grandiaque negocia nostris incumbant humeris (*Lit. Imperatoris*) AVESB. f. 97b; **1507** duos praeponimus humeros, i. e. duos decanos, eritque eorum officium .. *Stat. Coll. Ox.* I Balliol 11. **c 1166** hunc accipiam ac si .. humerus meus a junctura sua cadat [cf. *Job* xxxi 22] et brachium cum ossibus conteratur J. SAL. *Ep.* 146 (165).

umescere (hum-) [CL], to become wet or moist (also in fig. context).

humescere, madescere, madefacere OSB. GLOUC. *Deriv.* 275; humescit, frigescit hyems D. BEC. 2808; efficiamur et nos nubes, ut rore doctrine celestis humescamus AILR. *Serm.* 60. 29; qui nunquam fletuum humescunt fletibus WALT. WIMB. *Palpo* 199.

umidare (hum-) [CL umidus+-are]

1 to make wet or moist, wet, moisten.

descensus pluvie .. est .. a natura .. ut terra humitetur et sit in ea major fertilitas et ubertas BACON VII 116; [plante] humidantur T. SUTTON *Gen. & Corrupt.* 173.

2 (in gl.) to be wet or moist.

humidare, madere, scatere OSB. GLOUC. *Deriv.* 275.

umidatio (hum-) [umidare+-tio], (act of) wetting, moistening.

humido .. humidatio OSB. GLOUC. *Deriv.* 266; **1300** humidacione, ulnacione, et plicacione quorumdam [pannorum] *AcWardr* 354.

umide (hum-) [CL umidus+-e], (in list of adv. deriv. from *humidus*).

humidus .. unde humide, humidius, humidissime adverbia OSB. GLOUC. *Deriv.* 266.

umiditas (hum-) [CL]

1 (state or conditions of) being wet or moist, moistness, wetness.

ingenium .. per humiditatem viget, memoria vero per siccitatem ADEL. *QN* 17; balnea sint calida, sit in illis sessio parva, / corporis humiditas ne comminuatur in illis D. BEC. 2789; aeris Hibernici tanta cum humiditate ventositas GIR. *TH* I 6; humiditas est elementaris passiva qualitas .. est autem humiditas omnium corporum et precipue animatorum nutritiva, augmentativa, conservativa, deperditorum in corpore restaurativa BART. ANGL. IV 4; **c1245** caveat .. ne sancta eucharistia per .. diutinam conservationem contrahat humiditatem aut mucorem unde reddatur vel gustui abhominabilis vel turpis aspectu *Conc. Syn.* 425; ne ex fetore nimie humiditatis alterius junci in choro prostratis fratribus aeris corrupcio generatur *Cust. Westm.* 51; disma est species asmatis, sed disma fit ex siccitate, asma ex humiditate *SB* 18; **1472** timetur de consumpcione ejusdem [vestimenti] humiditate quia jacens per longum tempus subtus altare *Fabr. York* 252.

2 moisture, humidity, humour.

potest causari glaucitas propter humores, quoniam si fuerint humiditates clare, et fuerint posite prope extra, et fuerit crystallinus multe quantitatis, et albugineus sit modicus, erit oculus glaucus, nisi accidat contrarium a tunica BACON *Persp.* I 4. 1; iste tunice .. includunt in se tres humores vel tres humiditates GAD. 107. 2; sive illud unum subjectum sit humiditas sive sanguis sive aliquid aliud OCKHAM *Phys.* I 460.

umidus (hum-) [CL]

1 covered in or permeated with moisture, wet, moist. **b** (as sb. n.) wet ground.

humida fluctivagi sacrantem caerula ponti ALDH. *VirgV* 421; qualiter non infusis pedibus corporale pondus habentibus et materiale onus deambulabat in ~am et instabilem substantiam BEDE *Mark* 197C; humida contrito stillabant assere tecta FRITH. 400; et fletus uberes noli despicere / sed genas humidas festina tergere WALT. WIMB. *Carm.* 627; omnia corpora tangentia se in aere vel aqua habent superficies humidas BACON *Maj.* I 151; [circulus circa candelam] in vaporibus oculi humidi generatur distans a candela *Ib.* II 201; respice cum oculo humido tua pudenda peccata *AncrR* 104. **b** factus est finis ad terram, de humido ad solidum, de turbato ad firmum, de itinere ad finem ALCUIN *Exeg.* 826B; **c1209** in terris cultis et colendis, sartatis et sartandis, in sicco et humido *Couch. Furness* II 569; cum communibus asiamentis ville de Wryghtynton' pertinentibus in bosco, in plano, in sicco et humido *Cart. Burscough* 103; **1297** [*Trederf and Gounrytir*] in sicco et humido *AncD* I A 99.

2 (in analysis of substance or entity or of its nature) that contains moisture or wetness (also w. ref. to associated characteristics, influences, or sim.); **b** (in astr. context); **c** (transf. or fig.); **d** (as sb. n.); **e** (*~um radicale*).

aqua frigida et humida, aer humidus et calidus BEDE *TR* 35; sanguis qui in pueris pollet humidus et calidus est BYRHT. *Man.* 10; si aqua est sicca, et ignis est humidus; neutrum enim verum est ANSELM (*CurD* I 12) II 70; calidum et humidum sit epar ALF. ANGL. *Cor* 10 p. 42; [cataracta] humida dicitur cum humores non solidantur nec desiccantur in substantiam pelliculе *Quaest. Salern.* B 302; vapor humidus omnia creat et renovat T. CHOBHAM *Serm.* 24 f. 10rb; sapiens .. est qui .. novit .. quibus proportionibus fiunt elementorum et humidarum partium principalium spirituum et anime cm corpore concordie GROS. 5; jujube .. fructus est calidus et humidus in primo gradu *SB* 26. **b** dicimus lunam in ariete esse calidam et siccam, in geminis calidam et humidam, et in cancro frigidam et humidam: et quando conjungitur Saturno fit frigida et sicca, et quando Jovi calida et humida BACON *Maj.* I 130; planetas humidos .. considerabis GROS. 51. **c** pueritia humida et calida BYRHT. *Man.* 10; de paenitentia sicca et .. humida .. est, cum habet utrumque suumque luget peccatum magna cordis contritione *Simil. Anselmi* 145. **d** siccum .. et humidum omnium operationi subjecta materia ALF. ANGL. *Cor* 13 p. 64; loco .. ipsius [eris] potest poni sal acrum .. item et salsedo †muidorum [l. ~orum] M. SCOT *Lumen* 252; calidum et frigidum, humidum et siccum, sunt prime qualitates tangibiles T. SUTTON *Gen. & Corrupt.* 125. **e** humidum .. radicale est illud quod est in membris radicalibus imbibitum, quod est quasi instrumentum naturale, in quo virtutes anime in organis site vel in partibus subjecti quasi dissimilibus convertunt humidum nutribile attractum in complexionem membri vel partis nutriende *Ps.*-GROS. *Summa* 521; proporcio caloris naturalis cum humido radicali per humidum cibale nutrita quod vitam principat et conservat, cum vita nichil sit nisi ardor caloris naturalis in humido radicali per totum corpus expansus, qui propter humidi radicalis inopiam quandoque extinguitur KYMER 3.

3 (of weather, season, or sim.) wet, rainy.

umida nimbosis dum stillant aethera guttis ALDH. *CE* 4. 9. 3; hiems .. utpote longius sole remoto, frigidus est et humidus BEDE *TR* 35; ver humidum et calidum .. hiemps frigida et humida BYRHT. *Man.* 10.

umifer (hum-) [CL], laden with moisture, moisture-bearing.

†**956** (14c) his .. limitibus prefatum rus cum colle humifero undique circumgyrari videtur *CS* 920.

†**umnis,** *f. l.*

hic †umnis [*sic* MS], A. *a scheldrak WW.*

umor (hum-) [CL], moisture, wetness, liquid (esp. as kind of basic or characterizing constituent of substance or entity, also fig.); **b** (var. dist.); **c** (in plant). **d** (spec.) bodily humour.

qui suscipiens granum praedicationis et fovens sementem ~ore fidei facit in agro sui pectoris pullulare BEDE *Mark* 173A; jusserunt .. me .. incidere tumorem illum ut effluerет noxius ~or qui inerat *Id. HE* IV 17 p. 245; non in veste liquor, non soccis haeserat humor ALCUIN *SS Ebor* 1377; quod nisi humor de celo ad terram descenderet, nihil penitus crearetur ALB. LOND. *DG* 1. 7; ex calore et humore procreantur omnia J. BLUND *An.* 24; cum flegma sit valde evaporabile et consumptibile propter †fumorem [l. humorem] intus et extra GILB. I 59. 1; quidam vino et omni humore interdixere corporibus BACON *Mor. Phil.* 53; cor inflatum et [sicut] mons elevatum non retinet humorem [ME: *wete*] gracie *AncrR* 105; cernimus parva arborum semina terre humoribus commendari *Regim. Princ.* 98. **b 743** in podagrico humore (v. podagricus 1); sine humore salivali [TREVISA: *þe humour of spotel*] (v. salivalis); inter humores vero primus albugineus, secundus crystallinus, tercius vitreus BART. ANGL. V 5; materia .. infantis est humor seminalis *Ib.* VI 3; vocatur apud alios humor cristallinus vel glacialis vel grandinosus, quia est similis eis BACON *Persp.* I 2. 3. **c** portat in ramo ~orem vitii quem traxit ex radice BEDE *HE* I 27 p. 58; [arbores] quarum humor medullaris superundat in plenilunio BART. ANGL. V 58; virtus nunc est in lacte et in humore, nunc in semine, nunc in radice (v. esula). **d** colera, ~ores *GlC* C 619; meloncolia, ~or fellis *Ib.* M 133; corpus humanum ex quatuor humoribus constat, sibi a mundi hujus elementis appropriatis. colera .. ex igne suam sortitur proprietatem, sanguis ab aere, flegma ab aqua, melancolia a terra D. MORLEY 16; est .. humor .. substantia .. liquida ex conjunctione elementarium qualitatum per digestionem in animalis corpore generata, apta membra nutrire .. sunt autem iiii[or] humores, scilicet sanguis, fleuma, colera, et melancolia BART. ANGL. IV 6; hic sanguis, A. *blode*; hic humor, idem est *WW.*

umoralis (hum-) [CL umor+-alis], of or pertaining to moisture, wetness, or liquid (esp. bodily humour), humoral.

materia humoralis suscipit calefactionem GILB. I 4v. 1; in omni .. morbo est vicium humoris .. et est quilibet humoralis GAD. 20. 2; diarria est simplex fluxus ventris humoralis *SB* 17; vestra complexio fluens, humoralis, colerica existit, multum ad sanguinis naturam declinans KYMER 3 p. 554.

umorosare (hum-) [LL umorosus+-are], to fill or cover with moisture or liquid.

unde sui [aeris] cogitur quasi humorosari, unde pretendit quasi formam sudoris sicut videtur in lapidibus in humida temporis constitutione *Quaest. Salern.* B 165.

umorositas (hum-) [LL umorosus+-tas], (state of) containing moisture or liquid, moistness, wetness (also transf.).

fatentur se .. trahere .. a luna, cum sit mater humorum, humorositatis habundantiam D. MORLEY 182; tum .. ejus [humoris fleumatici] humiditate, tum humorositate, naturalium meatuum fit elargatio et ejus ad urinam libera admixtio *Quaest. Salern.* B 321; [aves] humorositatis sue multum ad nutrimentum plumarum mittunt NECKAM *NR* I 80; ante cristallinum positus est albugineus humor .. ut ex humorositate sua defendat cristallinum a rarefactione aeris exterioris *Ps.*-RIC. *Anat.* 26; [serpentes] capiantur in loco longinquo ab humorositate BACON V 106; lingua .. concava .. est ut sui concavitate humorositatem rei gustabilis resolutam in se suscipiat BART. ANGL. III 20.

umorosus (hum-) [LL], characterized by containing moisture or liquid, that contains or is covered in moisture or liquid, moist, wet.

humorosus .. i. humore plenus OSB. GLOUC. *Deriv.* 266; humorosus, humidus, succosus *Ib.* 275; glandes sunt longiores gallis eo quod eisdem sunt humorosiores *Quaest. Salern.* Ba 24; a superficie .. ligni exit quedam viscositas humorosa NECKAM *NR* I 48 p. 99; si oculi sunt humorosi GILB. III 135v. 1; habent .. arbores sexus distinctionem; et est masculus spissior,

durior, minus humorosus Gros. *Hexaem.* IV
30 p. 157; ex sola terrestri materia per meatus subterraneos ex maris abisso irrigata et humorosa *Ib.* X
1 p. 289; ut materia humorosa veniat aut vapor de
membro Gad. 30. 2; siccitas .. est qualitatis humorose
in se male terminabilis terminativa Bart. Angl. IV 3.

umquam, unquam [CL]

1 at any time, ever, (also w. reduced temporal
force) on any occasion or in any circumstances:
a (w. ref. to neg.); **b** (in qu.); **c** (w. ref. to
compar., sup., or sim.); **d** (w. ref. to condition).
e (in gl.).

a haec gestant geruli, quos umquam nemo videbat, / quamvis Aegipti lustrasset passibus arva Aldh.
VirgV 1594; neque ~am prorsus ex quo Brittaniam
petierunt Angli feliciora fuere tempora Bede *HE* IV 2;
in nullo .. loco vel tempore, id est nusquam et ~am
est Anselm (*Mon.* 21) I 38; si justitiam perseveranter
servasset, nec peccasset ~am nec miser esset *Ib.* (*Casus
Diab.* 4) I 240; nec facile ~am tempore Dunstani spem
provintialium messis egra decepit W. Malm. *GP* I 18;
neque ~am vobis deero *Ib.* IV 148; nullus enim ~am
constanti gloria claruit nisi ex suo vel scripto alieno J.
Sal. *Pol.* 385C; nec ~am amicitie ejus prodas secreta
Ailr. *Spir. Amicit.* III 44. 685. **b** ?803 vestra cogitet
.. beatitudo quis ~am sanctorum hoc saeculum sine
temptatione transigeret Alcuin *Ep.* 265; incepisti
umquam aliquid cum voluntate et potestate per-
ficiendi quod tamen voluntate ante finem rei mutata
non perfecisti? Anselm (*Casus Diab.* 3) I 237; rogo
que aures ~am tali sunt decorate ornamento? Ailr.
Serm. 60. 15; quis ~am pecuniam sine sordidatione
manuum tractavit diutius? J. Sal. *Pol.* 581C.
c consilium .. vitae melius atque utilius quam aliquis
de tuis parentibus aut cognatis ~am audivit Bede *HE*
II 12; protulit .. libellum .. in quo omnia quae ~am
bona feceram intuens scripta repperi *Ib.* V 13; se nunc
laetiorem quam ~am in vita sua fuisset affirmans
Anselm (*Ep.* 117) III 254; †1083 concessimus Willelmo Baynard quoddam berwicum .. ad .. tota vita sua
tenendum pro servicio unius militis .. ita bene et
quiete sicut umquam Wlfricus Taynus .. melius de
ecclesia illud tenuerat *Ch. Westm.* 236; abbatiam ..
teneat sicut unquam aliquis antecessorum suorum
melius .. tenuit Ord. Vit. XII 32 p. 436. **d** o si
~am merebor .. oleum precibus elicere Anselm (*Or.*
13) III 53; quae .. labori esset per multa volumina
scrutari et dubietati si ~am forte possent inveniri W.
Malm. *GP* I 28; hic si unquam respirare sibi et
recedere in se vacaverit, o quam sibi ipse verum tortus
a se fatebitur Bacon *Mor. Phil.* 148. **e** ~am,
aliquando *GlC* U 244.

2 (without temporal force) ever, at all.

s1240 doluit inconsolabiliter quod unquam eligeretur, ut pro ejus electione .. tot peritos contigit depe-
risse M. Par. *Min.* II 439.

una [CL], as or forming one company, set,
group, unit, or sim., together, (also) in one and
the same action; **b** (*una cum*, also as one word).

una, *somod GlS* 212; ut et qui parat locum aedificio
simul gaudeat et qui aedificat, id est propheta ventu-
rum praedicens et apostolus venientem praedicans
dominum una simul in illo mercede potiantur Bede
Templ. 748B; post refectionem nostram una eximivus
ad ecclesiam Ælf. Bata IV 6; nonnulli telo suo se
sociosque suos una labentes necarunt Ord. Vit. IV
3 p. 175; 1282 quando ille cui injuria fuisset illata
petere voluisset .. octo libras, eundem fecit detrudi in
carcerem una *Ep. Peckham* 351. **b** omnes consiliarii
una cum superbo tyranno caecantur Gildas *EB* 23;
una cum omnibus qui aderant Bede *HE* I 25; 1341
una vobiscum et aliis prelatis .. Anglie ac pro vobis
diversimodas .. obligaciones fecimus (*Lit. Archiep.*)
Birchington *Arch. Cant.* 30; comes Sabaudie .. una
cum domino Othone .. licenciam perpetuam de Anglia receperunt Ad. Mur. *Chr.* 10; c1389 omnia et
singula in dicto brevi contenta unacum dicto brevi
annexo et sigillo officii Admirallitatis sigillato transmitti *SelPlAdm* I 21; 1459 optulerunt se ad concordandum cum thesaurario Anglie pro custodia omnium
terrarum et tenementorum, una cum maritagio ejusdem heredis *Paston Let.* 886; 1484 prioratus prior
unacum venerabili patre episcopo Darensi *Dign. Dec.*
69.

unacorditer v. unicorditer. **unacum** v. una.
unanimis v. unanimus.

unanimitas [CL], **unianimitas**, unity in opinion or of purpose, unanimity.

c794 quorum cotidie canonicis horis pacificae ~atis
postulationes caelum penetrare credendum est Alcuin

Ep. 31; **838** pax et unianimitas ecclesiarum *CS* 421;
995 his idoneis testibus ~atem prebentibus *Ch. Roff.*
31; erat ~as in summa caritate ac societate spiritus sui
J. Ford *Serm.* 17. 9; illi .. tanquam apes in unum
congerunt omnes et congregant ~ate conspicui Gir.
IK I 3; s1237 Minores Fratres .. sic uniti in una
voluntate et ~ate M. Par. *Maj.* III 449.

unanimiter, unianimiter [LL], with unity in
opinion or of purpose, with one mind, unan-
imously.

c705 illam pactionis condicionem se observaturos
quam ego et eorum praesul pacifice et unianimiter
paciscebamur (Wealdhere *Ep.*) *ASC* X *app.* p. 222;
903 illi unianimiter omnes devota mente consenserunt
CS 603; concinite ~er [AS: *anmodlice*] Ælf. *Coll.* 103;
per totam Hibernienses ~er insurrexerunt Gir. *TH*
III 42; 1268 cum .. clerus et populus ad audiendum
verbum Domini ~er convenirent *MunAcOx* 36; omnes
.. reum mortis ~er acclamaverunt *Eul. Hist.* I 85;
1549 simul ~er egredientes *Conc. Scot.* II 85.

unanimus, ~is, unianimus, unianimis [CL]

1 united in opinion, purpose, or action, unan-
imous; **b** (of close friend, associate, or sim.).

[Deus] qui habitare facit unianimes in domu Patris
sui [cf. *Psalm.* lxvii 7: unius moris] Bede *HE* II 2; 793
estote unianimes in omni consilio pietatis Alcuin *Ep.*
17; plebs letatur ~is, adoratur Deus ab omnibus
Gosc. *Edith* 302; illi existentes in consiliis ~es G.
Cold. *Durh.* 12; quod prior et supprior sint in
omnibus ~es *Cust. Cant.* 80; 1460 caveant comes
Marchie et comes Warwicie ne .. sint inter eos con-
traversia sed sint omnino ~es et concordes *Paston Let.*
611. **b** apud ipsum [Deum] pro aliis quasi apud
~um amicum intercederet Bede *Gen.* 174A; 798 tu ..
~is frater, aeternos dies semper habeto in mente
Alcuin *Ep.* 156; [Lanfrancus] Anselmum ~em ..
amicum et fratrem secum haberet Eadmer *V. Anselmi*
I 30.

2 (of belief or act) that exhibits unity of
opinion or purpose, done by common consent.

Colman .. ~a catholicorum intentione superatus ad
suos reversus est Bede *HE* IV 1; omnium .. uniani-
mem in fide catholica repperit consensum *Ib.* IV 15;
c1205 ~i assensu et voluntate *Bury St. Edm.* 173;
1214 ~i consensu capituli sui *Pat* I 139b; 1440 sciatis
nos ~i assensu dedisse .. R. .. advocacionem ecclesie
parochialis sancte B. *Reg. Brev. Orig.* f. 290v; c1559
consilio ~ique concursu *Conc. Scot.* II 141.

unapotentia v. unipotentia.

unare [CL unus+-are; cf. unire], to bring or
gather together, unite. **b** to attach, join on.

uno, unas, unio, unis Alcuin *Gram.* 879B; tempore
brumali gallus nido boreali / pullos unabit [(Ergome)
ib. I 205: i. congregabit in unum] *Pol. Poems* I 204;
1388 homagium ibidem mete unabit et cariabit omnia
blada domini *IMisc* 332 m. 52. **b** 754 inploro ut
fraternam dilectionem quam inter nos communis pater
.. Bonifatius Christi annuente caritate sacris concila-
vit verbis, almis unavit oraculis, non transitoria, sed
fixa recordatione tua recondas in corde (Milret) *Ep.
Bonif.* 112.

unatim [cf. CL una], as or forming one company, set, group, unit, or sim., together.

in quibus [cellis] unatim populorum turba piorum /
laudibus invigilant Domino nocteque dieque Alcuin
WillV 21. 3; isti .. convenerunt ~im et collocati
fuerunt ~im (*Carantocus* 1) *VSB* 142.

unbertura [? cf. CL umbra], ? kind of fish.

c1311 de quolibet honere ~e et piscis gatarum j d.
ob. *Reg. Gasc. A* 96.

unbilicus v. umbilicus.

unbod' [ME *unboden*], unbidden, unasked (in
quot. of hundred court).

1548 unbod' hundr' tentum ibidem die Sabbati
proximum post festum S. Michaelis (*Reading*) *CourtR*
154/51 (cf. ib.: unbod' hundr' tentum ibidem die
Sabbati proximum post festum S. Hillar').

unbodmota [ME *unboden+mot*], unbidden
moot (in quot. of borough court).

1544 curia ~e tenta ibidem die Lune proxima post
festum S. Michaelis .. burg[enses] ibidem jur[ati]
present[ant] quod dominus J. M. [et alii] debent
sectam curie et fecerunt defaltam .. et W. S. electus

est ballivus burgi (*Newport Pagnell, Bucks*) *CourtR*
155/20.

unca v. 2 uncia.

1 uncare [CL; cf. CL oncare], (of bear making
its natural sound) to growl (*cf.* Suet. fr. 161 (p.
247 Re)).

ursi urgant vel saeviunt, vulpes ejulant Aldh. *PR*
131; ursorum [est] ~are vel sevire, aprorum frendere,
lincis ~are Osb. Glouc. *Deriv.* 78; *to cry* .. ursorum
vercare vel saevire, vulpium gannire *CathA*.

2 uncare [*back-formation from* LL uncatus; cf.
LL uncatio], to curve, bend.

~at, curbat *GlC* U 256; ~are, curvare, lunare Osb.
Glouc. *Deriv.* 623.

uncatio [LL], (as deriv. of *uncare*).

unco .. unde .. ~o Osb. Glouc. *Deriv.* 605.

uncatus [LL], hooked.

fecerant .. nostri instrumenta ferrea et ~a quibus
attraherent appropinquantes et in villam ejicerent, vel
certe pungendo repellerent, et in fossas cadere facerent
luto plenas Wals. *HA* II 101.

uncceo, ~io v. unctio. **unccum** v. unctum.
unccus v. 2 uncus.

1 uncea, 1 uncia [cf. ME *unce*, OF *once* (cf. CL
lynx < λύγξ)], (kind of) medium-sized wildcat,
lynx, ounce.

compluat imbre suo mus quod dedit uncia vulnus
Neckam *DS* IX 275; qui a bestia que ~ea dicitur
mordetur, que est lea notha M. Par. *Min.* I 37; 1290
qui custodierunt leonem et unc' in Turri London'
(*AcWardr*) *Chanc. Misc.* 4/5 f. 43v; ~ia fera est sevissima, canis villatici magnitudine, facie et aure leonina,
corpore, latere promisso, cauda, pede et ungue felis,
aspectu truci Caius *Anim.* f. 2.

2 uncea v. 2 uncia.

unceata v. unciata.

uncellus [CL uncus+-ellus], (small) hook (in
quot. applied to catch on doorframe).

hoc clitorium .. quod quiescit in ~o [*gl.: in la gache,
cheke*] Garl. *Comm.* 156.

uncerium [cf. CL uncus], ? hooked implement
(in quot. assoc. w. tanner).

a1178 sciatis me concessisse .. tanatoribus meis de
R. gildam suam, et tannum, et ~um suum *Act. Hen.
II* II 58.

unceus v. 2 uncia.

1 uncia v. 1 uncea.

2 uncia [CL]

1 twelfth part (esp. of a unit). **b** (small)
amount.

sive .. horam unam sive diem integrum, sive mensem, sive annum, seu certe aliud aliquod majus minusve temporis spatium in duodecim partiri vis, ipsa
duodecima pars ~a est; reliquas undecim deuncem
appellant Bede *TR* 4; 798 divisionem .. horarum per
~as vobis cognitam esse non ignoramus sicut in libro
de temporibus legistis .. hora vero integra duodecim
~as habere debet Alcuin *Ep.* 155; unaquaeque candela
duodecim ~as pollicis in se signatas in longitudine
haberet Asser *Alf.* 104; podum Junabui cum ~a agri
dedit Dubricio sancto .. in ecclesia Landavie *Lib.
Landav.* 73; ille [Tiresias] virum tres †tunicas [l. ~as]
amoris habere, novem vero feminam dixit Alb. Lond.
DG 4. 8. **b** nec per ipsum regem .. devastantem
patrias et plures in ore gladii perimentem, castigacio-
nis ~am receperunt Ps.-Elmh. *Hen.* V 4.

2 (as unit of weight, of different value in
different systems) ounce; **b** (spec. as one twelfth
of a *libra* or *as*); **c** (in troy measure); **d** (of cloth
or sim.).

x denarii idest ~a una. apud .. gentiles quarta pars
~e est. dracma .. pondus ~e est aliter. dracma denarii
tres. et est octava pars ~e .. quia ~a apud eos xxiiij
denarios habet *Comm. Cant. app.* p. 562; 745 cum
magna reverentia direximus cinnamomum ~ias iiij,
costum ~ias iiij, piper libras ij *Ep. Bonif.* 62; hoc
manerium reddit x libras modo de albis denariis et
unam ~am auri *DB* I 179va; harum [figurarum] ..

prima est as, secunda ~ia, tercia scripulus THURKILL
Abac. f. 61v; p**1153** de pondere ~e .. uncea continebat
in se tempore regis David xx d. sterlingorum. nunc
autem uncea debet continere in se xxj d. sterlingorum
quia nova moneta nunc in tantum minuitur (*Assisa de
Mensuris*) *APScot* I 673; pondus xx d. facit ~am et
quindecim ~e faciunt libram mercatoriam *Fleta* 73;
1221 x libras cimini et v unctias gariofili et tres
unctias de galengal' *Cl* I 446b; **1341** unam ounciam,
quindecim sterlingos cum dimidio, auri pro precio
viginti septem librarum *Foed.* V 259; **1517** duo *pottes
silver*, pond' lxj unce et di' unce *Fabr. York* 234.
b uncea .. duodecima pars librae est *Comm. Cant.
app.* p. 564; libra vel as sive assis xij ~ae BEDE *TR* 4;
xx d. faciunt ~am et xij ~e faciunt libram xx s. in
pondere et numero *Fleta* 73; c**1303** ~a debet ponderari
viginti denariis. et duodecim ~e faciunt libr' London', viz. xx solidos sterlingorum (*Assisa de ponderibus
et mensuris*) *StRealm* I 204. **c 1416** una longa
serpentina, per pondus *Troie* duas libras et undecim
~as ponderantia *Foed.* 356; **1434** duas pelves meas
argenteas deauratas pro altari ponderis v lb. v ~arum
et dimidie de *troy Reg. Cant.* II 592; **1448** de lucro
cone quatuor librarum quinque uncearum et dimidia
uncea auri de *troye* .. libra continente sexdecim unceas
troye ExchScot 303. **d 1338** iij ~e serici diversi
coloris *Ac. Durh.* 375; c**1365** in dimidio uncio veridis
cerici .. 10 d. *Ib.* 567; **1471** pro .. ij ~is de ribbanys
ExchScot 120; **1587** unum quarterium unius uncei
cordule argent' *Pat* 1300 m. 12 (v. unciata 1).

3 (as unit of length) inch.

vulnus ~am habens longitudinis (*Leg. Hen.* 93. 3a)
GAS 609; ex cera .. sex candelas equales fieri precepit, ita ut singule duodecim ~as longitudinis haberent WEND. I 353.

4 (understood as) nail (of thumb or finger, *cf.
unguis*).

vocem dicentem .. quod surgeret et ~am pollicis
dextri dicti Thome, quam ~am ipse testis habebat,
lavaret in vino (*Mir. Cantilupe*) *MS Vat. Lat. 4015* f.
110; Willelmus de Cantilupo, domicellus, filius fratris
dicti domini Thome, ipsam ~am habuit a teste predicto *Ib.* f. 111.

uncialis [CL = *being one-twelfth of a measure*],
(of script) uncial. **b** (in gl.).

1346 R. luminabit omnes psalmos de grossis literis
.. et omnes litere in incepcione nocturnorum erunt
grosse litere unciales *Fabr. York* 166. **b** ~ibus,
longos *GlC* U 254.

uncialiter [CL uncialis+-ter], in uncial letters.

[lapis] hoc nomine 'Johannes' ~er insculpitur
AMUND. II 332.

unciata [cf. CL uncia]

1 (as measure of cloth or sim.) ounce.

1587 octodecim unceat' et unum quarterium unius
uncei cordule argent' Anglice vocat' *eightene ounces
and one quarter of an ounce of silver lace Pat* 1300 m.
12.

2 measure of land (used in Orkney, Shetland,
Caithness, and western Scotland) consisting of
eighteen or twenty pennylands, on which duty
of one ounce of silver or one eighth of a mark
was paid to the overlord, 'ounceland' (*cf.* Gael.
tir-unga).

1495 concessit .. terras ~e de Baegastallis *RMS
Scot* 2287; **1505** confirmantes .. ~am terre Sancti
Columbe, que vocatur Here (*Ch.*) W. Ward, *The Isle
of Mann and the Diocese of Sodor and Mann* (London,
1837) p. 148.

unciatim [CL], (in gl.) by twelfths (of a *libra*).

~im adverbium i. de una uncia in aliam OSB.
GLOUC. *Deriv.* 616; ~im, minutim per uncias *Ib.* 625.

†unciatus, *f. l.*

quum .. fautor Christianorum cogitaret de bello,
nondum †unciatus [? l. iniciatus] signo crucis, crucem
in celo videre meruit R. NIGER *Chr. I* 33.

uncifer v. unguifer.

uncinatus [CL], furnished with hooks or barbs.

non cessant ~a nudorum tela, quibus miserrimi
cives de muris tracti solo allidebantur GILDAS *EB* 19;
non cessant ~a hostium tela BEDE *HE* I 12.

uncinulus [LL], tendril (of vine).

ca
preoli vel cincinni vel ~i, *wingearda hocas þe mid
bindað þæt him nehst bið* ÆLF. *Gl.*

uncinus [CL]

1 hook (also fig. or in fig. context).

duo erant ~i supra .. impositi et duo contra annuli
.. sursum, e quibus pendebant duae catenae aureae,
quae tempore induendi inserebantur ~is BEDE *Tab.*
472B; boni operis ~us *Ib.* 473A; †anconos, †urcenos
[? l. ancones, uncinos] *GlC* A 575; ~i, *hocas* ÆLF.
Sup.; evulsis .. cruribus violenter a corpore et in
canistro positis, ~is ferreis stomachum extrahebant
WALTH. *Ep.* 98; ~us, ferrum ad instar falcis curvatum
OSB. GLOUC. *Deriv.* 605; per fuscinulas, ~os, ostiola,
et mille alia fraudis commenta GIR. *GE* II 32 p. 321;
talium .. rationum ~is, a claustris silentii nostri ex-
trahitis nos AD. SCOT *OP* 581B; a**1250** fecit .. in
ecclesia coram altari tria ex argento baccilia cum
†unciis [l. ~is] suis argenteis .. dependi, in quibus
lumina .. lucerent G. COLD. *Durh.* 7; ~is pomorum ..
puerulos ad religionem attrahitis R. BURY *Phil.* 6. 93.

2 (in gl.): **a** curl or lock (of hair). **b** tendril (of
vine, *cf. uncinulus*).

a ~us, *locc* WW. **b** *vin* i. unconum *Gl. Laud.*
1512.

3 (in script) bracket.

nota quod numeri Romani ~is inclusi denotant
numeros formularum in Libro Kalendariorum De-
morganiano excusarum *Brev. Sal.* ccclxxxii.

uncio v. unctio.

unciola [CL], a (mere) twelfth, a (small) ounce.

~a, capella, maxilla ALCUIN *Gram.* 861D; usu defluant ~ae patrimonii J. SAL. *Pol.* 500C; uncia .. et
hec ~a -e diminutivum OSB. GLOUC. *Deriv.* 616.

uncius v. 2 uncia, uncinus. **unconum** v. uncinus.

uncostus [Scot., ME *uncost, oncost*; cf. et. cos-
tus], (pl., Sc.) additional costs or expenses,
oncosts, overheads.

1429 pro naulo et ~is quorundam bonorum domini
regis de Flandria in nave de Cupro *ExchScot* 498 (cf.
ib. 435: **1428** pro le *uncostis* predicte lane; ib. 537:
a**1431** pro le *oncostis* unius rondelle foderature domini
regis de Enverkethin ad Perth); **1453** pro diversis et
variis ~is, videlicet cariagiis, naulis, et quampluribus
minutis expensis *Ib.* 607; **1466** in certis ~is intratis in
libris domicilii *Ib.* 424.

uncosus [CL uncus+-osus], furnished with
hooks (in quot. fig.).

si tua natura fallax, infida, dolosa / actibus uncosis
utatur, falce recurva / conando studeas actus discindere pravos D. BEC. 117.

unctarius [CL unctum+-arius; cf. LL unctuar-
ius = *used for anointing*], dealer in grease, lard,
tallow, or sim. (*v. et. unctor* 2).

1271 inter Michaelem ~ium de Sancto Albano *Anc
D* A 1926; **1283** [*names of oynters*] ~ii [*holding selds in
Chepe*] *Cal. LBLond.* A 221 (cf. *MGL* I 736: quod
candelarii existentes in Chepe ammoveantur).

uncte [CL unctus *p. ppl. of* unguere+-e], in a
greasy state or manner.

ad ~ius etiam et deliciosius ipsam [murenam] con-
ficiendum .. ad piperem zincebremque gariaphilum-
que ceterasque species aromaticas dim. m. adjecit GIR.
Spec. II 14.

unctia v. 2 uncia.

unctio [CL]

1 (act or process of) application (of substance)
by smearing or sim. **b** (act or process of)
greasing, oiling, application of grease, oil, or
sim.

olivetum vocatur oleon et ipsa ~o olei fessis ac
dolentibus membris solet adferre levamen BEDE *Hom.*
I 25. 106B. **b** calciamentorum ~o [AS: *smyruncg*],
vestimentorum ablutio *RegulC* 64; **1377** circa ungcione
diversarum cartarum *DL Ac. Var.* 3/1 m. 7; c**1382**
Haumondo Pouchemaker et reparacione et ~one 2
barhidis longe carecte, 3s. 4d. *Ac. Durh.* 592; c**1453**
sol. pro araiacione et *le scowrynge* diversorum armorum .. cum ~one preservativa eorundem ad rubigi-
nem expellendam, 3s. 4d. *Ib.* 147; c**1467** pro ~one
ovium apud R. per xvij^cim dies cap. per diem 3 d., 4s.

3d. *Ib.* 91; c**1506** pro carrectarum ~one, ovium, et
rotarum *Ib.* 103.

2 anointing (esp. w. holy oil, performed as rite
or symbol, also in fig. context); **b** (at initiation,
esp. of king); **c** (transf., as honorific title or
epithet, in quot. of pope); **d** (administered to
sick in danger of death, esp. as considered as
sacrament, also w. *extrema*).

indutus .. sacris vestibus pontifex mox oleo ~onis
perfunditur ut per gratiam Spiritus Sancti consecratio
perficiatur BEDE *Tab.* 485B; cum baptismatis aquis
omnium criminum commissa delentibus haec olei
unccio vultus nostros jucundos efficiat ac serenos
EGB. *Pont.* 121; nascente Dei filio / nova successit
unccio / et altera cessavit P. BLOIS *Carm.* 18. 8; tue ..
pietatis erit, qui doces hominem scientiam, interiori
~one cor tangere J. FORD *Serm. prol.* 3; nec .. omne
oleum ad ~onem sanctificatum chrisma vocatur GIR.
GE I 4; spiritualis ~onis gratia divinique
muneris clementia non a solis monachis accipiebatur
.. sed in omne templum exivit sonus ejus CHAUNCY
Passio 72. **b** sacerdotes ac reges in lege a chrismate,
id est ~one olei sancti, appellabantur Christi BEDE
Hom. I 5. 34C; Elfredus .. qui ~onem regiam et
coronam a papa Leone olim Romae susceperat W.
MALM. *GR* II 121; c**1201** ad ~onem et coronationem
I. regine uxoris nostre *RNorm* 34; habuit David Saul
in reverentia et honore .. quia per ~onem factus fuit
rex OCKHAM *Pol.* I 161; **1360** reges Anglie .. ab
archiepiscopo ecclesie Cantuariensis .. ab antiquo
sacram ~onem et coronam regiam receperunt *Lit.
Cant.* II 398. **c 1339** compenset vestre lenitas ~onis
(*Lit. Regis*) AD. MUR. *Chr.* 99. **d** eant ad visitandum
infirmum .. consequente letania et orationibus ac
~one [AS: *smyrelse*] olei prima tantum die *RegulC* 65;
olei sacrati ~onem ad remissionem peccatorum et
expedicionem spiritualem susceperat Gosc. *Wulsin*
24; interim dicantur aliae collecte usque ad ~onem;
facta ~one, lavet sacerdos manus LANFR. *Const.* 181;
sacramentum est ipsa ~o exterior, res sacramenti ~o
interior que peccatorum remissionem et virtutum
ampliationem perficit GIR. *GE* I 4; c**1223** quintum
[sacramentum] est extrema ~o, sacramentum scilicet
exeuntium, quod vocationi Dei nos preparat *Ch. Sal.*
135; unctio suprema pietatis premia poscit GARL.
Myst. Eccl. 427; in abbatis est deliberacione de ~one
infirmorum ministrare *Obed. Abingd.* 409; **1431** septem sunt sacramenta ecclesie .. baptismus, ordo, confirmacio, matrimonium, eukaristia, uncceo extrema et
penitencia *Reg. Cant.* III 222; hec extremaunccio, *a
nentment WW.*

3 grease, oil, unguent, ointment.

manum ponens super capita singulorum, liniens
~one consecrata GlC V 5; myro, unxcio chrismalis *GlC* M 380; diacrisma, i. ~onem *Gl.
Laud.* 467; s**1277** ad quarum [ovium] scabiem ab-
olendam adinventa est quedam ~o confecta ex vivo
argento et uncto porcino *Ann. Wav.* 389; est ..
epithima de succis ~o pura *SB* 19; **1447** in aceto et
unccione ocrearum *DCCant.* RE/40.

unctitare [CL], to anoint habitually.

~o -as i. sepe ungere OSB. GLOUC. *Deriv.* 605.

unctor [CL]

1 one who applies grease, oil, or sim. **b** one
who anoints.

1294 in unctor' galee *KR Ac* 5/2 m. 2; **1296** in ollis
terre emptis ad calefaciendam picem et *ter*, cum uno
veteri rethe empto unde ~or galee operabatur ungendo
Ac. Galley Newcastle 167. **b** ungebantur reges .. et
paulo post ab ~oribus .. trucidabantur GILDAS *EB* 21
(=G. MON. XII 6).

2 dealer in grease, lard, tallow, or sim. (*v. et.
unctarius*).

c**1271** dedi .. Michaeli de Sancto Albano ~ori de
Londoniis *AncD* A 1902.

unctosus v. unctuosus.

unctualis [CL unctus+-alis], of the nature or
quality of grease, oil, or sim.

apostema epatis facit [pulsum] ~em, i. lubricum et
undosum et per consequens latum GAD. 26. 1.

unctum [CL], substance applied or suitable for
application by smearing, (esp. spec., somewhat
soft) rendered animal fat, grease (*cf. sebum*); **b** (in
spec. use). **c** (~*um porcinum* or sim.) lard.

alia [animalia] .. calidiora pinguedinem habent molliorem, utpote magis decoctam, quod communi usu ~um dicitur ADEL. *QN* 7; c**1199** decimacionem .. uncci et sepi *Cart. Lindores* 2 p. 4; **1308** in j potello albi ~i iiij d. *KR Ac* 99/6 m. 3; **1410** de qualibet peisa butiri, casii, cepi, sive ~i venalium, unum obolum *Foed.* VIII 634; ~um, *smyrenesse WW*; **15..** qui 'liber albus' erat nunc est contrarius albo; / factus et est unctis pollicibusque niger *MGL* I 1. **b** **1270** in cepo et huncto ad coll' boum hunguend' *MinAc* 768/5 m. 7; c**1276** cum clutis clavis sepo et unncto et aliis necessariis ad carectas *Ac. Stratton* 73; **1299** in molle ~o pro equis infirmis, ~o et sepo ad carectas *Ac. Durh.* 496; c**1308** in dimidia lagena ~i allecis empta ad harnesium reparandum vij d. ob. *Rec. Elton* 136; c**1357** pro .. ~o pro botis prioris *Ac. Durh.* 719; **1379** pro una barella uncis .. ad facturam batelle de B. *ExchScot* 595. **c** c**1257** reddunt compotum de ~o xiiij porcorum *Crawley* 221; **1294** pro ~o porcino, ollis, et bruario (*Ac. Galley Southampton*) *KR Ac* 5/2 m. 2; **1322** [*5 lbs of lard*] hunci porcini [*6d*] *Fabr. Exon.* 141.

unctuositas [unctuosus+-tas]

1 quality of being suitable for application by smearing, greasiness, oiliness, viscosity.

quando unda arenae illidetur, congregabit arena viscositatem [v. l. ~atem] spumae ALF. ANGL. *Plant.* II 1; ~as que est nutrimentum ignis *Quaest. Salern.* B 89; signa composicionis ethice cum putrida sunt ~as in urina et egestione GAD. 22. 1; ~as sanguinis per temperatam decoctionem coagulatur et dealbata in sepum et pinguedinem transmutatur BART. ANGL. IV 7; omnia sunt in ~ate corporis fermentabilia, commixta, et inseparabiliter illi unita per minimas sui partes RIPLEY 150.

2 application (of substance) by smearing, anointing.

quid dissonat post ~atem sancti chrismatis quod unctus alliget sibi peplum NETTER *DAF* II f. 191a B.

unctuosus [CL unctus+-osus], of the nature or quality of, or containing, a substance suitable for application by smearing, greasy, oily, viscous. **b** (as sb. f.) kind of plant considered to have healing properties, (esp.) selfheal (*Prunella vulgaris*).

vinum .. corruptum, turbidum, ~um, rancidum, piceatum, et vapidum P. BLOIS *Ep.* 15. 47C; sunt .. media mineralia .. que originem ex Mercurio non ducunt .. horum .. quedam sunt ~a, nec liquefiunt solo humore faciliter, ut auripigmentum, arsenicum, sulphur, et alia sulphurea *Correct. Alch.* 8; unctosus sapor et dulcis mel vendicat ignis NECKAM *DS* IV 830; sanguis in flebotomia est ~us et in tactu asper .. propter adustionem GAD. 46. 1; ista [signa] .. mortem signant .. si egestio est liquida et urina ~a J. MIRFIELD *Brev.* 54; succrevit .. scintilla litigii sed posterius alimenta ~a reperiens in flammas evasit AMUND. I 369. **b** ~a, *self hele SB* 43; ~a folia .. habet parum oblonga et parva .. A. *selhele* vel *smerwrt Alph.* 193; †mintuosa [l. ~a], A. *smerwort WW.*

unctura [CL]

1 (act or process of) application by smearing, greasing, oiling, anointing.

si .. in infirmaria aut quovis alio loco ~a, seu privata sanguinis minucio, vel aliud quodcumque secretum agatur *Cust. Westm.* 27; **1290** eodem die ibidem pro ~a currus regine *Househ. Eleanor* 74; c**1356** in ij barellis tarre emptis pro ~a bidentium x s. *Crawley* 272; c**1357** in j barello tarre de magn' bond' et vij lagenis et dimidia [pinguis] pro ~a bidentium x s. *Ib.* 281.

2 substance suitable for application by smearing, grease or sim.

c**1211** in .. karris axandis et reparandis, cordis ad idem cum ~a, 5 s. 11 d. *Pipe Wint.* 182; **1254** ~a et sagimen *DCCant.* H f. 178a.

uncturalis [CL unctura+-alis], ? suitable or appropriate for receiving application of ointment, unguent, or sim., or *f. l.*

quando .. accidit spasmus, confert lac cum butyro interius et tunc opus ungere membra ~ia et spinam dorsi cum unguentis mollitivis cali[ditatis] GILB. VII 352. 2.

unctus [CL], substance suitable for application by smearing, grease, unguent, ointment, or sim. (also fig.).

axungia .. ~us porci vel alterius rei OSB. GLOUC. *Deriv.* 16; Domine .. qui cor meum et tactu exsuscitas, et unctione letificas, et ~u instruis, et sibilo acuis J. FORD *Serm.* 95. 10.

uncula v. terruncula. **unculare** v. vinculare.

uncunguis [CL uncus+unguis], that has curved claws.

haliaetos .. genus aquile est .. pede ~i et coeruleo CAIUS *Anim.* f. 17b.

uncunque v. undecumque.

1 uncus [CL], curved round at its extremity, hooked (in shape or form).

[Harpyiae] cibum ~is pedibus de manu manducantium traxerunt *Lib. Monstr.* I 44; cruribus ~is FELIX *Guthl.* 31; ~is, incurvis *GlC* U 248; c**802** nostra legat felix animo commenta sereno / de gazis veterum quae tulit unca manus ALCUIN *Ep.* 251; introiit praesul testudine fultus opaca, / qui tellure cubans unca suffragine suda, / mille piis instillat aquis FRITH. 1143; vix ea cum geminos videt ipse venire leones / .. patentes / rictus ostendunt uncos ex ordine dentes NIG. *Paul.* f. 50v. 712.

2 uncus [CL], hook; **b** (in mus. notation). **c** anchor.

hamatum, ~is circumdatum *GlC* H 26; mille daemones veniunt cum ea [morte] ferentes secum libros grandes et ~os igneos et igneas catenas ANSELM *Misc.* 356; a populo Romano apud Gemonicas scalas minutissimis ictibus excarnificatus ~o tractus est in Tiberim J. SAL. *Pol.* 790C; a contuitu veri boni cupidine mala quasi inextricabili ~o retorquetur PULL. *Sent.* 770A; c**1174** pro unccis ad prosternandum palicium *Pipe* 50; quedam [herbe] .. habilius ~o [*gl.*: *de crok, faucille*] extirpantur quam ligone NECKAM *Ut.* 111; **1225** in j ~o ad coquinam iij ob. (*KR Ac*) *Househ. Ac.* 141; c**1300** in coquina .. unum cacabum cum huncco *FormMan* 21; **1338** j ~us ferreus magnus pro arboribus et lapidibus in altum trahendis *Ac. Durh.* 376; hic huncus, *a crok WW.* **b** pausa crome ponitur in medio spatio cum ~o supra et infra HOTHBY *Cant. Fig.* Ve 43. **c** ~us, ancora *GlC* U 250; nec mora, litus habent, portus patet, uncus harene / figitur *Brutus* 73; duo ex nautis .. stantes in prora attrahebant funem et non poterant ~um .. mordacem avellere W. CANT. *Mir. Thom.* III 44.

uncxio v. unctio. **uncxit** v. unguere.

unda [CL]

1 wave (on surface of sea or other body of water, esp. w. ref. to movement or action); **b** (fig. or in fig. context). **c** (in gl., sg. or pl. in collect. sense) surface movement on or of body of water, (also) state or conditions (of sea or other body of water).

erectis, ut aiunt, ad nebulas ~is GILDAS *EB* 17; dum procul navigantes ~arum fremore terrentur quas sorbente voragine conlidit aestus BEDE *NR* 233; locus accedente ac recedente reumate bis cotidie instar insulae maris circumluitur ~is *Id. HE* III 3; c**795** nec fluctivagi maris aestus procellosis ~is obruere valet ALCUIN *Ep.* 79; **800** te cum beato Petro tota nocte in ~is laborantem agnovimus *Ib.* 212; quae super extremam praedicti fluminis undam / ceu geminae ex ternis furium sedere sorores WULF. *Swith.* I 511; navim vacuam sine homine et velo de ~a ad ~am ad se venientem viderunt (*Declanus* 11) *VSH* II 39. **b** sensuum .. diversorum ~is in despecta ingenii nostri cymbula fluctuabimur GILDAS *EB* 106; ~a infidelitatis submergente ANSELM (*Casus diab.* 21) I 267; immoteque manent idee; constat in illis / quicquid ad occasum temporis unda rapit J. SAL. *Enth. Phil.* 1026. **c** estus, i. fluctus, accessus maris, ~a, inquietudo, vel recessus *GlH* E 360; **10..** flustra, i. ~ae, *sigend WW.*

2 flow of water, flowing or running water, stream (also fig. or in fig. context); **b** (*baptismatis* or sim.). **c** flow, stream (of other fluid). **d** advancing stream or mass.

fontibus lucidis crebris ~is niveas veluti glareas pellentibus GILDAS *EB* 3; accessit ad torrentem .. illico siccato alveo, vidit ~am suis cessisse ac viam dedisse vestigiis BEDE *HE* I 7 p. 20; ignem tum culpe tum pene extinguit ~a misericordie GIR. *GE* I 5. 18. **b** omnes baptismatis ~a [*gl.*: aqua, lavacro] regenerati ALDH. *VirgP* 35; omnes fide Christi institutos ~a baptismatis abluit BEDE *HE* IV 13 p. 232; natus .. beatus puer sacri baptismatis ~a perfunditur AILR. *Ed. Conf.* 742B; increduli, quos per ~am baptismi sacram ego benedixi (*Declanus* 19) *VSH* II 46; **1446** universis Christi fidelibus in ~a baptismatis renatis *MunAcOx* 554. **c** hic pater egregius meritis Bonifatius almis / cum sotiis pariter fundebat sanguinis undam, / inclyta martirii sumentes stemmata sacri ALCUIN *Carm.* 86. 1; piissimi sanguinis non guttam sed ~am per quinque vulnera sacratissimi sui corporis fundens AD. SCOT *QEC* 878A; benedicens benedixit adhuc ut novellas plantationes suas ~a lacrimarum tempore opportuno irrigaret J. FORD *Serm.* 18. 7; verbo potens omnia / duxit non ingratum, / ut per undam sanguinis / solveret reatum / quem a primis patribus / noverat innatum P. BLOIS *Carm.* 22. 5. 39. **d** Eufrates .. qui fluvius est Babyloniae, mundani regni potentiam et persecutorum indicat ~as BEDE *Apoc.* 159B; prorupit omnibus portis ~a salutantium W. MALM. *GR* III 245.

3 water. **b** (*~a benedicta, sacra*, or sim.) holy water.

furnus, furnile, cum farre farina, legumen, / unda, mole manibus et equis, cervisia, vinum D. BEC. 1871; in prima ~a accipiantur testudines et extrahantur medulle et carnes et decoquantur in secunda aqua et in illa aqua balneetur patiens J. MIRFIELD *Brev.* 86; hec aqua .. hec limpha, hec ~a, A. *water WW.* **b** qualiter uxori comitis, cui miserat undam / sacram, restituit depulsa peste salutem ALCUIN *SS Ebor* 714; hic benedictam / undam dispergit GARL. *Myst. Eccl.* 94.

undanter [CL], in waves or as a flow or stream; **b** (in gl.).

cruor .. putridus .. a vulnere brachii .. ~er erupit GIR. *Hug.* III 5. **b** ~er, i. affluenter adverbium OSB. GLOUC. *Deriv.* 617; undanter, habundanter, affatim *Ib.* 626.

undanus v. undenus.

undare [CL]

1 (of body of water or sim.) to rise or move in waves, surge; **b** (transf.).

sic maris undantes cumulos et caerula cludo ALDH. *Aen.* 48 (*Vertico poli*) 4; et salis undantes turgescunt aequore fluctus *Ib.* 92 (*Farus editissima*) 2; mare fluctibus ~ans *V. Cuthb.* III 4. **b** floribus prata vernare, segetes aura ~are cernentes miramur PULL. *Sent.* 708B.

2 (of fluid) to flow, stream. **b** (trans.) to flow or stream over.

tamen undantes vincunt incendia limphae, / ignibus aut atris siccantur flumina fontis ALDH. *Aen.* 54 (*Cocuma duplex*) 4; ~ante cruore W. MALM. *GR* II 161; cruor undat et inficit amnes J. CORNW. *Merl.* 122 (150); aque superjectus ~at in lacunari sed et ignem celestem in subposita traicit per berillum J. SAL. *Pol.* 542D. **b** his undatus omnibus vir virtutis tante / a ministro ceditur *Poem S. Thom.* 77; fecerat juramentum quod fluvium ipsum ad talem statum perduceret quod mulier ibi transire posset genibus non ~atis [ME: *not wetyn here kneis*] *Itin. Mand.* 32.

3 to have a wave-like form or appearance. **b** (trans.) to shape like a wave, give a wave-like form to, undulate. **c** (her.) to make wavy or undee, (also p. ppl. as adj.) wavy, undee.

'r' figuratur crispante lingua sive ~ante ad palatum *Ps.*-GROS. *Gram.* 23. **b** **1295** amictus ~atus ad modum vexilli *Vis. S. Paul.* 320. **c** **1295** cum caligis breudatis et frectatis, de armis palatis et ~atis *Vis. S. Paul.* 316; de armis palatis ~atis. ista .. arma palata sepius inveniuntur ~ata, sive undosa UPTON 230; arma palata aliquando ~antur .. ideo dicuntur ~ata quia fiunt de duobus coloribus sibi invicem obviantibus ad modum inundantis aque .. portat arma barrata ~ata de nigro et albo et Gallice sic, *il port barree undee de sable et d'argent Ib.* 231.

4 (in gl.).

~o, -as, i. multiplicare OSB. GLOUC. *Deriv.* 617.

undatim [CL], in waves or as a flow or stream (also transf. or fig.). **b** (in gl.).

sanguis ~im emicans W. MALM. *GR* II 160; ibi .. ~im multis confluentibus monasterium fecit *Ib.* V 440; rex Stephanus in omnibus que ~im ingruebant adversis inexsuperatus *G. Steph.* 42; ~im ruentibus ex oculis rivis lacrimarum AD. EYNS. *Hug.* V 3; per meatum virge virilis virus ~im cepit defluere J. FURNESS *Walth.* 115. **b** undose .. undositas et ~im adverbium OSB. GLOUC. *Deriv.* 617; undanter .. exuberanter, ~im, ubertim *Ib.* 626.

undatio [LL], surging of water as waves or stream (esp. over land), inundation.

hec tempore estatis et fructuum ~o pluviarum corrumpit magisterium DASTIN *Ros.* 18; c**1422** T. M. molendinario de S. pro molacione 10 quar. frumenti cause nimii [*sic*] ~onis aque de were *Ac. Durh.* 618; **1465** per tempestates, fluctus, et ~ones maris et aquarum *Cant. Coll. Ox.* III 208.

unde [CL]

1 (interr.) from what place? where .. from? whence?; **b** (in indir. qu.); **c** (in list of interr. words).

~e modo venistis? (*Ciaranus de Cluain* 13) *VSH* I 204. **b** investigantes ~e vel quis esset BEDE *HE* I 33; cum venissent rex interrogavit eos ~e essent (*Abbanus* 13) *VSH* I 11. **c** interrogativa loci sunt 4, ut ubi, ~e, qua, quo *Ps.*-GROS. *Gram.* 59.

2 from what origin, source, cause, *etc.*?; **b** (in indir. qu.).

bachius ~e appellatur? a Bacho ALDH. *PR* 123; ~e hoc possumus probare? BEDE *HE* II 2; ~e [AS: *hwanon*] aratori vomer aut culter, qui nec stimulum habet nisi ex arte mea? ÆLF. *Coll.* 99; ~e ergo, bone Deus, bone bonis et malis, ~e tibi salvare malos? ANSELM (*Prosl.* 9) I 107; sed ~e hoc illis? ~e offenderunt in eum? AILR. *Serm.* 26. 27. 344; ~e hoc tu scis? (*Fintanus* 2) *VSH* II 96. **b** quaerendum .. est ~e sit omnium reus si in uno offendat qui totam legem servaverit? BEDE *Ep. Cath.* 19D; ~e et cur passus sim novit Deus ANSELM (*CurD pref.*) II 42.

3 (rel.) whence, from which (place), from where (also transf. or fig.). **b** (without antecedent) in or to the place from which, whence.

venit ad insulam Hii, unde erat ad praedicandum verbum Anglorum genti destinatus BEDE *HE* IV 4; si facias fistulam bino ore ~e aqua intret, simplici ~e exeat *Id. Ep. Cath.* 29A; c**795** ut ibi judicetur ~e exivit ALCUIN *Ep.* 87; **801** unde caritas proficit, inde invidia labescit *Ib.* 214; fons ~e manat fluvius misericordiae tuae ANSELM (*Prosl.* 9) I 107; nunc ad rem ~e parumper digressus sum remeabo ORD. VIT. VII 10 p. 199; repedare illuc ~e venimus *Found. Waltham* 19. **b** ~e egressus est remeare coeperat FELIX *Guthl.* 26; c**795** fragilis caro ~e sumpta est revertetur ALCUIN *Ep.* 86; turbatus ergo celerrime repetiit iter ~e venerat WULF. *Æthelwold* 32; descendens .. Declanus cum suis in portum, navis illa ~e venit rediit (*Declanus* 11) *VSH* II 39.

4 from or of which (origin, source, resource, *etc.*). **b** (without antecedent, esp. w. *habere* or sim.) the wherewithal (means, resources, authority, *etc.*) from or with which (also absol.). **c** with or by (means of) which.

ut unum virtutis ejus ~e cetera intellegi possint testimonium referam BEDE *HE* II 7; emi illic ut aliquod lucrum mihi adquiram ~e [AS: *þanon*] me pascam et uxorem et filios ÆLF. *Coll.* 97; amator .. ~e amatorius OSB. GLOUC. *Deriv.* 6; **1166** si ergo securim accipit ~e securitatem sperabat, que de vobis erit in cunctorum ore narratio? G. FOLIOT *Ep.* 167; dum populus unus .. triplum panis absumeret et vini centuplum ad id ~e sustentabantur plures gentilium populi DEVIZES f. 41r; c**1197** de omnibus ~e sancta ecclesia decimas debet percipere sicut carta mea .. testatur *Regesta Scot.* 394; **1378** et sic idem comes officia illa eodem die coronacionis in omnibus adimplevit, ad pelves et manutergia ~e servivit *MGL* II 460. **b** c**795** ut habeas unde tuam potuisses memoriam recreare ALCUIN *Ep.* 80; **1220** dicit quod non potest terram illam ei warentizare, quia non habet ~e. non habet autem nisi sex acras terre; et ideo non potest warantiam ei facere *CurR* 224; **1226** distringantur plegii, quia debitor non habet ~e *KR Mem* 8 m. 6*d.*; c**1288** multa expendit et non habet ~e *Leet Norw.* 16; **1370** S. .. percipienti annuatim decem marcas de exitibus itineris justiciarie .. de Forfar, ex eo quod non fuit ~e de exitibus dicti itineris *ExchScot* 359. **c** cycladis, vestis ~e cingitur homo *GlC* C 979; qui .. falsabit, manum amittat ~e fecerit [*Inst. Cnuti*: careat manibus, cum quibus; *Cons. Cnuti*: manum, qua, AS: *þe*] (*Quad.*) *GAS* 315; hoc flabellum, -li, i. illud ~e muscas abigimus OSB. GLOUC. *Deriv.* 208; **1245** quia sigillum proprium in promptu non habui, mutuavi sigillum a domino P. .. ~e presens scriptum sigillavi *FormA* 356.

5 (out) of which (amount or quantity), whereof; **b** (*~e nichil habet*, as name of writ of dower).

ut memorato liquori ~e parum habebat divine sue benedictionis augmentum infundat EADMER *V. Dunst.* 8; **1220** ex mutuo quod .. frater G. .. fecit .. patri nostro .. tenemur .. solvere quingentas marcas .. ~e reddemus ei ad festum Sancti Michaelis .. centum marcas *Pat* 232; **1290** per finem trescentarum marcarum .. ~e solvet nobis centum marcas in quindena sancti Martini proxima futura *State Tri. Ed. I* 84; **1379** continetur in .. indenturis .. ~e una pars remanet versus .. priorem *FormA* 65; c**1423** vij ciphi, ~e j cum cooperculo deargentato et deaurato *Ac. Obed. Abingd.* 92. **b** **1260** in placito .. dotis quod dicitur '~e nichil habet' dentur decetero quatuor dies per annum ad minus et plures si comode fieri possit *Cl* 148; *briefs de dowere* ~e nichil habet *MGL* I 184.

6 of or pertaining to which. **b** (w. *saisire* or sim.) of which.

1180 gilda parariorum ~e Johannes Maurus est aldermannus debet j m. *Pipe* 154; **1323** cum quadam magna nave .. ~e idem J. patronus et dominus erat *Foed.* III 985; **1393** concessimus .. Swenoni Stalefote .. quod ipse tres grossas naves guerrinas .. [videlicet] navem ~e J. W. est magister, navem ~e J. F. est magister, et navem ~e A. O. est magister .. retinere .. valeat *Ib.* VII 744. **b** c**1160** volo .. quod .. ecclesia illam virgatam, cum alia virgata ~e ipsam ecclesiam saisitam inveni .. habeat et teneat *FormA* 244; facite abbatem .. resaisiri de dimidia hida .. ~e larderarius eum desaisivit *Chr. Rams.* 213.

7 in respect of or concerning which, about which.

nisi sit festivitas alicujus sancti, ~e commemoratio fiat LANFR. *Const.* 131; feci .. orationem unam ~e fueram postulatus *V. Gund.* 14; **1187** de tota terra quam .. G. tenuit .. de .. abbate et conventu ~e placitum fuit inter eos in curia mea (*Lit. Regis*) *Chr. Rams.* 300; diligenter oportet ut intueamur ~e loquamur, quando, quantum, qualiter, cum quo, et ubi. si querit aliquis ~e, utique de ipso labore AD. SCOT *OP* 603C; cancellarius Dovram, unum .. ex tribus ~e mentio facta est castris, proficiscitur DEVIZES f. 37v; **1252** burgenses .. non respondeant de aliquo extra predictam villam suam ~e prius alibi coram justiciis itinerantibus in eodem comitatu respondere consueverunt (*Shaftesbury*) *BBC* 165; **1272** de exitibus itineris justiciariorum .. quos ad quedam agenda nostra, ~e bene scitis, reservari fecimus hucusque *Cl* 494; **1264** captus et detentus in prisona .. pro morte Rogeri .. ~e rettatus est *Cl* 10; noveritis .. quod ista Babilon ~e jam loquor [ME: *that I speke of*] .. non est Babilonia magna ubi facta fuit confusio linguarum *Mandeville* 30.

8 from which (cause), as a result of which, wherefore, for which (reason); **b** (without antecedent). **c** ? for the reason that. **d** (as connecting rel.) hence, therefore, as a result, for that reason, on that basis.

1202 ipse .. levavit uthes et clamorem ~e vicini ejus .. venerunt *SelPlCrown* 10; c**1218** si .. W. umquam fecit illam [cartam] illam fecit in infirmitate sua ~e obiit *Eyre Yorks* 123; ladanum dicitur nasci de rore celi, ~e dicitur quod ladanum est jus coagulatum cadens super prunas *SB* 27; **1280** H. V. cartando quamdam carectam .. cum garbis et cecidit super quemdam pelvim predicte carecte ~e statim obiit *Just It* 759 m. 21. **b** est igitur ~e possit conici 'quo majus cogitare nequeat' ANSELM (*Resp. Ed.* 8) I 137. **c** **1231** etsi forte non ~e estis homines, tamen ~e estis religiosi homines et vite perfectionem habitu profitentes, omnium preces exaudire tenemini GROS. *Ep.* 4 p. 27; queritur utrum essentia ~e essentia sit indifferens ad esse et non esse *Quaest. Ox.* 335. **d** Brettones confitentur .. non se posse absque suorum consensu .. priscis abdicare moribus. ~e postulabant ut .. synodus .. fieret BEDE *HE* II 2; Augustinianum vestibulum .. semper manebat intactum. ~e et ubi, et sicut .. a die dormitionis est conditus, eodem loco et eodem modo immotissimus est inventus GOSC. *Transl. Aug.* 18B; Adam .. de pomo comededo uxori sue adquievit. ~e .. de paradiso ejecti .. in sudore vultus sui panem adquirunt M. PAR. *Maj.* I 2; cogitabat possessiones .. monachorum ampliare. ~e .. pasturam .. dedit monasterio *Meaux* I 85.

undecennis [CL undecim+annus+-is], **undennis** [cf. LL duodennis], **a** eleven years old. **b** that lasts for eleven years. **c** (in gl.).

a puella virgoque undennis GERV. TILB. III 103. **b** toto tempore sue undennis gubernacionis *Reg. Whet.* I 108. **c** decennis .. componitur etiam ~is OSB. GLOUC. *Deriv.* 14.

undecies [CL], eleven times.

~s trecenteni sexageni et quini fiunt iiiimxv BEDE *TR* 46; duo multiplica ~s et quot erunt? fiunt nempe xxij BYRHT. *Man.* 56; qui retinuit annonam reddet et ~s persolvet *DB* I 174ra; undecim .. ~s adverbium OSB. GLOUC. *Deriv.* 167; appensis ~s centum marcis argenti DICETO *YH* 406.

undecim [CL], eleven.

ipsa duodecima pars uncia est; reliquas ~m partes deuncem appellant BEDE *TR* 4; per ~im annos W. MALM. *GR* I 13; decem componitur ~im OSB. GLOUC. *Deriv.* 167; ~im fratres de monasterio occurrunt eis cum crucibus et ymnis (*Brendanus* 30) *VSH* I 116.

undecimare [CL undecimus+-are], to put in the eleventh place or column.

si decies milies mille millenus ~at THURKILL *Abac.* f. 58r.

undecimus [CL], eleventh. **b** (as sb. f.) eleventh part. **c** (abl. sg. as adv.) in eleventh place, eleventhly.

~um aquarii sidus BEDE *TR* 16; ~am hidam posuit in Honesdone *DB* I 138va; undecimum .. numerum smaragdus adimplet G. AMIENS *Hast.* 773; marcens etas reparatur in juvenem, constitutus in hora ~a [cf. *Matth.* xx 9] de sua conversionis novitate letatur *V. Birini* 19; tractatum ~e littere OSB. GLOUC. *Deriv.* 323; factum est in diebus Joachim filii regis Juda usque ad consummacionem ~i anni Sedechie filii Josie regis Juda GROS. *Cess. Leg.* II 3 p. 88. **b** **1295** liberaliter fecerunt ~am de omnibus suis mobilibus *SelCh* 482; **1296** ~am ipsos de bonis suis propriis, racione ~e a laicis regni .. concesse, contingentem *RGasc* III 346a; concessa est .. regi per laicos ~a bonorum suorum *Meaux* II 260. **c** decimo, ut .. ~o, ut .. duodecimo, ut W. MALM. *GP* I 5; ~o est quis de pertinacia convincendus OCKHAM *Dial.* 464.

undecumque, ~nque [CL], from whatever place, direction, source, origin, or sim., from all sides, directions, *etc.* **b** in whatever respect, in one respect or another. **c** of or concerning whatever, on whatever subject, on every subject.

multitudo pauperum ~mque adveniens BEDE *HE* III 6; ~mque, *huonanhuegu GlC* U 258; arma ~nque et equos conquisivit W. MALM. *GR* II 201; dicendum est de angelis, quotiens apparuerint in corporibus ~mque assumptis J. CORNW. *Eul.* 9; in tractatibus, quos ~mque sumens materiam .. in scriptum redigebat *Chr. Battle* f. 120; s**1322** cum 20 milibus de patria sua et aliis †uncunque [l. ~nque] collectis *Illust. Scot.* 7. **b** nec tantum in hac regione reperta [naturae opera], sed et alia quelibet, dum tamen his fuerint ~nque concordia GIR. *TH intr.* p. 7. **c** scripsit et alia nonnulla, utpote vir ~mque doctissimus BEDE *HE* V 18 (=W. MALM. *GP* V 195); ambo in regia cambra resideremus, ~nque .. colloquia habentes ASSER *Alf.* 88.

undecunque v. undecumque.

undelibet [CL], from anywhere or any point you like, from any place whatever.

sicut annus tempus ~t inceptum quo sol perlustrat zodiacum BALSH. *AD rec. 2* 176; utrum et alias ~t [ME: *afore*] sustineret penas AD. EYNS. *Visio* 48; sic sibi quasdam / undelibet morulas querit VINSAUF *PN* 1378.

undeLX v. undesexaginta.

undenarius [LL]

1 that consists of eleven, elevenfold. **b** (*numerus ~ius*) the number eleven.

omne enim peccatum ~ium est, quia dum perversa agit praecepta decalogi transit BEDE *Acts* 943D. **b** alii autem ad praevaricationem significandam in ~io numero positum dicunt Antichristum; undecim enim denariae perfectionis transgressionem designant BEDE *Apoc.* 184B; de ~io numero BYRHT. *Man.* 220; per numerum .. ~ium legis transgressio AD. SCOT *TT* 767A.

2 (as sb. m.) the number eleven.

convenienter .. ~io septies multiplicato ad numerum septuagesimum et septimum cuncta peccata perveniunt Bede *Luke* 365A; ~ius in scripturis divinis imperfectioris ordinis videtur quam denarius Byrht. *Man.* 220; investigatio philosophica, ~ii sobrietate contenta est J. Sal. *Met.* 895D; numerate pecunie summa conclusa est sub ~io Diceto *YH* 406.

undennis v. undecennis.

undenus [CL *only pl.*]

1 eleven in each instance, eleven at a time, in groups of eleven. **b** eleven.

tertia .. circuli linea continet epactas lunares, quae ad cursum solis annuatim ~is diebus accrescere solent Bede *TR* 50; contra praevalidos ferebantur fluminis ictus / milia et usque suos socios undena [ed. *PLAC*: †undana] natabant Alcuin *SS Ebor* 1060; per ~os annos R. Cold. *Cuthb.* 35; qui quater undenis Utici monachus fuit annis Ord. Vit. XIII 31 p. 87. **b** hinc Maius comites ~os [AS: *endlufon*] ordine querit Byrht. *Man.* 44.

2 eleventh.

luce sub undena Februi resoluto habena / carnis ad angelicam dirigitur patriam Ord. Vit. VIII 6 p. 304; ~e Kalende Lucian *Chester* 36.

3 (as deriv. of *undecim*).

undecim, unde ~us -a -um Osb. Glouc. *Deriv.* 167.

undequadraginta [CL], thirty-nine.

filius .. hospitis ejus, dum spaciaretur per mare cum ~a [ed. *PL*: triginta et novem] sociis, nave fracta omnes submersi sunt Beleth *RDO* 164.

undequandoque [CL unde+quando+-que], whenever or whenceforth.

1225 concedimus quod quicumque et ~e illuc domicilium .. elegerit .. defendatur *RGasc* I *sup.* 15b.

undequaque [CL unde+quaque; cf. usquequaque], from whatever place, direction, source, origin, or sim., from all sides, directions, *etc.* (*v. et. undecumque*). **b** in whatever respect, in every respect.

1153 flores .. ~e decerpens G. Foliot *Ep.* 108; ceperunt multi monachi ~e ad illum confluere (*Brendanus* 13) *VSH* I 105; predis ~e collectis M. Par. *Maj.* I 440; c**1320** in verbis ejusmodi sic conscriptis rasura apparuit ~e *DCCant.* 281; totam .. plateam ulterius repletam occisorum cadaveribus, hincinde et ~e ex omni sua parte *Reg. Whet.* I 168. **b** ordinacio Dei foret undiquaque melior Wycl. *Sim.* 87; s**1392** cepit febre .. invalescere, viribus corporis ~e destitui *Croyl. Cont. B* 491; non tenentur fideles credere quod indulgencie papales sunt vere ~e [ME: *on eche side*] vel sine errore *Concl. Loll. XXXVII* 746.

undequinquaginta [CL], forty-nine.

per hoc in summa temporis memorati non plus quam ~a dies inveniri Bede *TR* 11.

underclutum [ME *under-+clout*], part of plough (prob. sort of metal plate used to prevent excessive wear), 'under-clout' (*cf. et. hevedclutum, sideclutum*).

c**1315** in iiij brestclut', iiij underclut' et iiij clut' ponendis sub capitibus carucarum (*Suff*) *MinAc* 995/14.

undermannus [ME *underman*], subordinate, servant.

1276 ~i eorum qui debent sectam abbati ad ij laghedayas per annum pro tenementis de H. *Reg. S. Aug.* 279.

undersetis v. undersetla.

undersetla, ~is [AS *under+setla* > ME *undersetle*], one who rents property from a tenant (rather than from the lord of the manor), subtenant.

10.. sciendum quod unusquisque consuetudinarius et operarius qui dederit gallinam domino de annuo redditu habebit tria fassicula parva de subbosco .. exceptis omnibus de novo feoffatis .. et exceptis similiter omnibus ~is (*Suffolk*) *Cust. Rents* 26; a**1128** sunt etiam in eadem scira xv undersetes, qui nullum servicium faciunt nisi husbondis in quorum terra

sedent *Chr. Peterb. app.* 166; **1234** si famulus vel famula vel ~es venerint, quisque dabit ob. per diem *Cust. Glast.* 108.

undersetlis v. undersetla.

undescere [cf. CL undare], (of sea) to (come to) have waves.

quod non ~it mare in via per quam transivit dolium set serenitas semper ibi permanet (*Endeus* 17) *VSH* II 68.

undesexaginta [CL], fifty-nine.

conpleto undeLX [*sic*] annorum numero Bede *HE* III 24.

undetricenus [LL *pl.*], (pl.) twenty-nine in each instance.

menses, propter lunae circulum, qui xxviiij semis diebus constat, tricenis ~isque diebus alternantes, secundo demum vel tertio anno exacto mensem superfluum, qui ex annuis xj epactarum diebus confici solet, intercalant Bede *TR* 11; **797** erunt tres lunae pariter – Octobri scilicet, Novembri, et Decembri mensis – ~arum dierum Alcuin *Ep.* 126.

undetricesimus [CL], twenty-ninth.

797 haec luna Novembri mensis, quae per decem et octo annos tricesima conputabatur, in hoc anno praesenti praefati circuli nono decimo, ~a conputari debet Alcuin *Ep.* 126.

undetriginta [CL], twenty-nine.

si paschalis mensis xxx diebus computatus xvij sui cursus dies post Pascha retinuerit, secundum jam mensem non xxx sed ~a diebus debere concludi Bede *TR* 11; luna quae ~a dies habitura est ab l subnotato incipiens, secunda semper in m, tertia est in n simili figura notatis *Ib.* 23; **798** quomodo fieri possit ut altera luna semper habeat triginta dies, altera ~a? Alcuin *Ep.* 145.

undeunde, unde unde [CL], from whatever place, source, from wherever: **a** (rel.); **b** (adv.).

a abbas qui ad mense consistorium sederit, unde unde fuerit, placentam cum pane communi habebit *Obed. Abingd.* 348. **b** quocirca unum ex suis membris ei adversarium inmisit qui omnibus quae habuerat ~e sublatis ad impatientiam .. erumpere cogeret, ut desperans Deo in faciem bene diceret Abbo *Edm.* 5.

undevicesimus [CL], nineteenth.

numerus primacionis anni .. qui .. habetur in tabula .. in linea exteriori ejusdem tabule versus sinistram, corespondente ciclo decennovali pro ~is annis N. Lynn *Kal.* 205.

undeviginti [CL], nineteen.

multi philosophorum solem abesse a luna ~i partes, quantas lunam ipsam a terra prodiderunt Bede *TR* 26.

undimia v. udimia.

undiquam [CL unde+quam, cf. CL undique], from all sides or directions, everywhere, or *f. l.*

1432 excessuum enormitates singulis pene in provinciis desolatorie ~m subortos *EpAcOx* 73.

undiquaque v. undequaque.

undique [CL]

1 from everywhere, from every place, from all places (also w. *locorum*). **b** from every source.

audita fama sanctitatis ejus, longe lateque ~e convenerunt ad eum boni homines (*Ciaranus de Cluain* 25) *VSH* I 210; **1328** omnes .. ab ~e locorum .. convocare J. Mason *Ep.* 199. **b** commodo pecuniae monasterio profuturae, quam ~e colliges Anselm (*Ep.* 101) III 233.

2 from all sides or directions, from every or any side or direction (also fig.); **b** (*ab ~e*). **c** from every side outwards, *i. e.* in every direction. **d** on all sides, on every side, all round.

intransmeabili ~e circulo absque meridianae freto plagae Gildas *EB* 3; locus ~e mari circumdatus Bede *HE* IV 13 p. 323; c**750** festinatio .. ad te veniendi propter multiplicem tribulationem, quam jugiter Deo gratias sustinemus, mihi ~e denegata est (Lullus) *Ep. Bonif.* 92 p. 211; sic est via qua me ducis, ~e munita ratione Anselm (*CurD* II 9) II 106; c**1102** regnum

Anglorum bellorum contra se ~e consurgentium nuntio fere cotidiano commovetur *Ib.* (*Ep.* 263) IV 178; rupes aliqua in vadoso mari destituta, quam fluctus non desinunt ~e verberare Bacon *Mor. Phil.* 162; **1277** cum eisiamentis undique eundi et redeundi *MGL* III 450. **b** subeuntibus enim ab ~e illis porta patebat Felix *Guthl.* 31 p. 102. **c** sperem prudentiam vestram ~e sibi prospicere ne callidus hostis .. violare valeat bonae vitae propositum Anselm (*Ep.* 131) III 274; ~e exeunt linee in omnem partem ab agente tanquam a centro; sed linee ~e exeuntes ab uno loco non possunt terminari, nisi ad superficiem concavam sphere Bacon *Maj.* I 117; ducantur linee ~e ad superficiem aque a centro terre *Ib.* I 156. **d** obvolutus, ~e involutus Osb. Glouc. *Deriv.* 401; **1245** calix argenteus .. planus ~e *Invent. S. Paul.* 468; ipse est plenus gratia Spiritus Sancti, et exercitus angelorum comitatur eum ~e (*Aedus* 2) *VSH* I 35; s**1415** gradatum .. ascensum .. regni et ejus principum armis ~e affixum Ad. Usk 128.

3 from every point of view, angle, or perspective, in every respect.

qui .. literas has tam ~e terribiles videre voluerit, 'De Gestis Giraldi' librum requirat Gir. *JS* IV p. 212; **1281** litteram officialia .. et instrumenta consideretis et ponderetis ~e clausulatim *Reg. Heref.* 46; Christus .. in tempore oportuno consolacionem prebens suis ~e dilectis Cantlow *Orig. Cantab.* 278.

undiqueverso, undique verso [cf. CL undiqueversum], from every direction or angle.

terre globus .. ab aere undique verso teneri non potest Adel. *QN* 48.

undiqueversum, undique versum [CL], from every direction or angle.

invenimus nos ~m pari tempestate praeclusos Bede *HE* V 1; cum ~um hostibus et caecitate tenebrarum conclusus huc illucque oculos circumferrem *Ib.* V 12 p. 306; ut sit Christiana undique versum defecata religio Pull. *Sent.* 773A.

undisonus [CL], full of the sound of waves.

undisonis fragoribus / turgentis Tithis (Æthelwald) *Carm. Aldh.* 2. 49; undisoni inter promontoria ponti Alcuin *WillV* 34. 41; ~os fluctus salsi maris Byrht. *V. Osw.* 435; ~i maris abissus illas [insulas] removeat ab orbe Ord. Vit. IX 4 p. 479; sevientibus ~is fluctibus equor agitatur R. Cold. *Cuthb.* 75 p. 155; Israeliticis succurrunt marium / fluctus undissoni Walt. Wimb. *Carm.* 507.

undissonus v. undisonus.

undivagus [CL], who roams in or over the waves.

ambulat ergo freto solido, ceu tramite terrae, / donec ad undivagam pervenerat ipse carinam Alcuin *SS Ebor* 1375; Thetidis undivage glaucas jam suscipit undas *Altercatio* 60.

undivomus [cf. CL unda, vomere], characterized by spewing forth or gushing in waves.

fons ille, si quando pluvialibus pascitur aquis, torrentem Cedron auget, indeque ~o impetu in vallem Josaphat decurrit W. Malm. *GR* IV 369.

undoinga, ~um, ~us [ME, Scot. *undoing*], undoing.

1389 de causa de undvyngis imposita episcopo .. episcopus se purgavit *Reg. Moray* 198.

undose [LL], (as adv. deriv. from *undosus*) in waves.

undosus .. et ~e adverbium Osb. Glouc. *Deriv.* 617.

undositas [CL undosus+-tas], (state or conditions of) abounding in waves, (also) mass of waves. **b** (condition of) moving or flowing in waves.

unda .. undosus .. et hec ~as Osb. Glouc. *Deriv.* 617; marina ~as vehementissima cum fortissimo rigore contexit campestria, summersit cunctos habitatores et edificia (*Gundleius*) *VSB* 182; quanto remiges plus regebant remigium, tanto amplius ~as retrudebat per transversum (*Ib.*) *Ib.* 184. **b** pulsus vergit ad plenitudinem, ~atem et frequenciam et diversitatem Gad. 16. 2; convertit serenitatem ad ~atem magnam *Ib.* 26. 1.

undosus [CL], (w. ref. to sea or sim.) that abounds in waves (also w. abl.); **b** (transf.). **c** characterized by movement or flow in waves. **d** (her.) that has the shape or form of a wave, wavy, undee.

non tamen undosi contemno marmora ponti ALDH. *Aen.* 71 (*Piscis*) 6; et sol ipse die media subducitur ardens, / cum tonat undosus auster ab axe poli ALCUIN *Carm.* 9. 22; de patre oceano / .. / equoris undosus pater et rex imperiosus R. CANT. *Malch.* IV 224; Hibernicum .. mare, concurrentibus fluctibus ~issimum, fere semper est inquietum GIR. *TH* II 1; mundus est similis salo, nos piscibus / qui sali quatimur undosis fluctibus WALT. WIMB. *Sim.* 186. **b** stabat juxta crucem illa mater singularis, illum ~is obtutibus respiciens mundi confixum peccatis GOSC. *Lib. Confort.* 31. **c** tunc .. pulsus est ~us et cutis corporis apparet rorida ad tactum GAD. 8v. 1; membra humectata et levia faciunt ipsum [pulsum] ~um sicut cerebrum et pulmo ubi est mollities ~a sicut in undis aquarum *Ib.* 26. 1. **d** sunt .. alii qui portant arma ~a .. et portat arma ~a de rubeo et auro. et Gallice sic, *il port de goules et d'ore undiz*. et vocantur ~a arma quia fiunt ad similitudinem unde currentis BAD. AUR. 136; portat unam crucem planam ~am de argento in campo rubeo. et dicitur ~a crux, quia ad modum unde vento turbate pingitur *Ib.* 192; portantur .. arma partita secundum longum .. ~a quia duo colores in illis invehuntur ad modum unde vento turbate UPTON 228; arma palata sepius inveniuntur undata sive ~a *Ib.* 230.

undredum v. 2 hundredum.

undula [LL], little wave, wavelet.

cum ad salutaris lavacri sacratas ~as propinquasset FELIX *Guthl.* 10; [Jesus Christus] qui purissimi alvei ~is a bcato praccursorc Joanne baptizatus est ALCUIN *Dogm.* 271A; languida pulsu / undula posterior debiliore meat L. DURH. *Dial.* IV 136; amaros gurgites et salsas undulas / scimus dulcescere WALT. WIMB. *Carm.* 34; cruoris undula *Ib.* 304.

undulatio [cf. CL undulatus], undulation, (her.) wave-like shaping or decoration.

stationariis accidunt varie laterum incisiones: fluctuatio, ~o, dentatio .. ~o cum undam exprimat profluentem et refluentem SPELMAN *Asp.* 105.

undulatus [CL], that has a wave-like form or edge. **b** (her.) bordered by or consisting (as an edge) of a series of wave-like small convex lobes, invecked.

c1569 anteriorem septi ~i in conclavi partem .. quod quidem septum ~um (JOHN JOSSELIN *Hist. Coll. Corp. Christ. .. Cantab.*) *Camb. Antiq. Soc.* 8° S. XVII 18; alteram [casulam] candidam et ~am FERR. *Kinloss* 75. **b** afficiuntur .. partitiones et muta symbola plurimis inscicionibus .. flexuosa sive sinuosa, ~a SPELMAN *Asp.* 105; pilarum forma fontes gestantur, semper albi ~is lineolis transcripti *Ib.* 114.

undvynga v. undoinga.

†unemia, *f. l.*

foge, reuma, †unemia *CathA.*

unfrithmannus [AS *unfriþmann*], man who is outside the (king's) peace.

si pecuniam suam inter pecuniam ~orum [AS: *unfriðmanna*] (id est pacem non habentium) mittat in domo, perdat pecuniam suam (*Quad.*) *GAS* 222.

unga [*back-formation from* CL ungula], claw-shaped implement, hook (in quot. for use in siege).

unge, torqueole, clavorum copia, cratum D. BEC. 1873.

ungcio v. unctio.

ungebendeus [cf. AS *ungeboden*], unbidden.

homo qui .. summam infracturam aget de placito ~deo [v. l. ungebendro] .. jaceat in *ungildan ækere* (*Quad.*) *GAS* 234.

ungen v. unguen. **ungent-** v. unguent-. **ungere** v. unguere. **ungio** v. 2 ūnio. **ungriculus** v. unguiculus. **unguana** v. ungula. **unguare** v. unguere.

unguen [CL], substance applied or suitable for application by smearing, (esp. spec., somewhat soft) rendered animal fat, grease.

tandem ambo veniunt alacres adipemque suillam / secum digna ferunt vati dona, unguine cujus / calciamenta pius mollire valeret BEDE *CuthbV* 442; ~ina, vel unguenta, *smyrels* vel *sealf* ÆLF. *Sup.*; **10..** [regina] quae .. ab episcopo sacri ~inis oleo super verticem fundenda est *Rec. Coronation* 21; asseres .. pice et cera picata .. lineantur ut ungine [*gl.*: ~ine, *de gresse, unjment, de hont*] NECKAM *Ut.* 114; unus .. cum pice et aliis liquaminibus in sartagine ferventi torrens singula membra discerpta cum quodam instrumento respersit illo bullienti ~ine COGGESH. *Visio* 21; [myrrha] qua peccatorum animas ac si cadavera fetida .. velut celesti quodam ac vitali ~ine linit J. FORD *Serm.* 22. 6.

unguentarius [CL]

1 of or pertaining to unguents or ointments.

merepsica, ~ia *GlC* M 132; alabastrum .. i. vas ~ium OSB. GLOUC. *Deriv.* 10; miropola .. femina ~ia *Ib.* 432; ~ia pyxide medicorum J. SAL. *Met.* 851D; hec singula quasi ~ia confectio sapient palato cordis sui (*Serm.*) M. RIEVAULX 72.

2 (as sb. m. or f.) unguent- or ointment-supplier.

boni regis ~ia, Maria videlicet Magdalenae BEDE *Sam.* 552A; Seplasium vicus in Campania ubi sunt ~i *GlC* S 218; unguentum .. unde hic ~ius OSB. GLOUC. *Deriv.* 605; ipsa tabernaculi unguenta ab ipso ~io ex diversis speciebus commixta diligenter et pura *Ep. ad amicum* 207; aromatice Christi ungentarie *Lib. Eli.* II 148.

unguentarus v. unguentarius.

unguentum [CL], substance applied or suitable for application by smearing, grease, unguent, ointment; **b** (applied to electuary).

quid prodest vulnus manu tantum palpare ~ove ungere quod tumore jam vel fetore sibi horrescens cauterio et publico ignis medicamine eget GILDAS *EB* 108; arbores similitudinem habentes aliquam palmae vel abietis ~is apte conficiendis BEDE *Cant.* 1163A; unctus est .. Jesus non oleo visibili sed dono gratiae, quod visibili significatur ~o quo baptizatos ungit ecclesia *Id. Acts* 969D; merotetes, domus ungentorum *GlC* M 138; ~um, *smeoru Ib.* U 257; quesierunt Christum in monumento portantes ~a in sepulturam ejus *Descr. Constant.* 255; Herwardus .. occulte iter agit .. per ~a seipso transfigurato, mutataque flavente cesarie in nigredinem et barba juventutis in rubedinem *G. Herw.* f. 323; Britones .. martio certamine congressuri, facies suas vitreo quodam ~o liniebant GIR. *DK* I 11; Claricia monialis .. in infirmaria corpus ejus [Juliane] nudum ~is medicinalibus perungere consuevit *Canon. G. Sempr.* f. 148v; **c1280** in ungwento empto ad bidentes propter communem infirmitatem *Ac. Stratton* 111; inunctio debet fieri post balneum cum ~is BACON IX 96; **c1312** in ~o bydencium faciendo iij lagenas butyri *Rec. Elton* 182; **c1423** in .. ~o pro campanis *Ac. Durh.* 407; hoc ~um, A. *grese WW.* **b** ad vinum addunt ~a: id est electuaria ad jocunde bibendum et secundum hoc ~um pertinet tam ad gustum quam ad tactum. aliter exponitur de ~is ad unguendum ad corpora et facies ut magis resplendeant et suavius redoleant et mollius tangi possint: et sic pertinent ad delicias tam visus quam tactus HOLCOT *Wisd.* 76.

unguere, ungere [CL]

1 to smear with substance, esp. grease, oil, ointment, or sim; **b** (transf. or fig.).

vulnus .. unguento .. ~ere GILDAS *EB* 108; quam [axungiam] .. fratribus .. ad ~uendas caligas praebere solebat BEDE *CuthbP* 20; quia non opporteret vos nisi ~ere tantum ocreas vestras et possetis a patruo vestro quicquid velletis optinere GIR. *SD* 94; **1256** Robertus molendinarius, volens ~ere rotam cujusdam molendini, oppressus fuit sub eadem rota *AssizeR Northumb* 116; **1270** in cepo et huncto ad coll' boum hunguend' *MinAc* 768/5 m. 7; **1295** in stipendio unius ~uentis navem *KR Ac* 5/7 m. 1; **1319** in cepo et uncto emptis pro carectis ~end' *MinAc* 992/10 m. 2; **1383** quod teneant hirsillum cum bidentibus suis et quod ~uent eos tociens quociens indigent *Hal. Durh.* 179; **1408** in oleo empto pro *les belowes* ~uendo viij d. (*Comp.*) *EHR* XIV 519. **b** [dolus] in fine fit impius hostis, / mortificat, dampnat, lucri quos unguit odore D. BEC. 1512; et quos alta prius stimulabat vox reboantis, / postera blandicies unget in aure levis GOWER *VC* IV 758.

2 to anoint (esp. w. holy oil, in rite or as symbol, esp. at initiation, also in transf. or fig. context); **b** (the sick in danger of death, esp. as considered as sacrament); **c** (w. *in* & acc.). **d** (pr. ppl. as adj., in quot. fig.). **e** (p. ppl. as adj.) anointed, (also as sb.) anointed one.

secundum Romanam ecclesiam mos est monachos vel homines religiosos defunctos aecclesiam portare, et cum crisma ~uere pectora eorum THEOD. *Pen.* II 5. 1; unxit Jesum Deus Spiritu Sancto [*Act.* x 38] BEDE *Hom.* I 17. 95D; impleatur visio et prophetia, et ~uatur sanctus sanctorum [cf. *Dan.* ix 24] *Id. TR* 9; uncxit Spiritus Sanctus per suos flatus manus omnium sacerdotum .. ~uatur et consecratur caput tuum caelesti benedictione in ordine pontificali EGB. *Pont.* 3; oleum .. quo capita regum et pontificum ~untur GIR. *GE* I 4; postes domorum ~ebant ingredientes ALB. LOND. *DG* 4. 3; Christus Dei electus, Spiritu Sancto in omni plenitudine unctus J. FORD *Serm.* 18. 6; ~ere enim pueros et confirmare .. est opus facile GASCOIGNE *Loci* 41. **b** cum oleo infirmorum debetis ~ere infirmos ÆLF. *Ep.* 3. 9; confessione solutus, oleo unctus, divina communione refectus, fine urgente suppliciter orat astantes septem psalmos decantare penitentiales GOSC. *V. Iv.* 87B. **c** devotos Deo populos regentes super hanc hereditatem Domini oleo gratiae caelestis ~amur in principem BEDE *Sam.* 564C; unxit Samuel David in regem et prophetam EGB. *Pont.* 3; filius [Lotharii] confirmavit Sergium papam et unctus est ab eo in regem Longobardorum R. NIGER *Chr. I* 73; **s1274** Edwardus .. coronatus est et unctus in regem Anglie *Ann. Exon.* f. 14v; ~ebatur in pastorem et pontificem die illa *V. Edm. Rich P* 1825A. **d** nomen sancte Edithe ~entissimum hauserat GOSC. *Edith* 294. **e** **s1141** cum .. sit in medio vestrum dominus vester, unctus domini, cui fidem devovistis, votum Deo persolvite [R. HOWD. I 202: dominus vester, unctus domini, cui fidem devovistis] H. HUNT. *HA* VIII 17; [Christus] Messias Hebraice dicitur .. nam 'messias' dicitur 'unctus' BART. ANGL. I 21; Saul .. erat unctus Domini OCKHAM *Pol.* I 161.

3 (p. ppl. as cult name, title, or epithet of Juno), or *f. l.*

[Juno] dicitur Uncta [ALB. LOND. *DG* 4. 3: Unxia] ab ungendo WALS. *AD* 10.

4 (p. ppl. as adj.) covered in or saturated with fat, grease, or oil, oily, greasy (in quot. typifying rich food), unctuous.

numquam .. unctioribus cibis corpus curaverit, sed semper sagimini, semper carnibus preterquam piscium valefecerit W. MALM. *Wulfst.* III 2.

unguiculus [CL], nail (of finger or toe).

tumet de viribus quem potest coquere / dolor ungriculi [? l. unguiculi] WALT. WIMB. *Carm.* 325.

unguifer [LL], that bears nails or claws.

unciferi pedites hanc rapuere Stygi GARL. *Epith.* I 150.

unguilinus [cf. CL ungulus; cf. et. unguis], ring, bangle, or *f. l.*

[Prometheus] fuit primus inventor annulorum, et fecit annulum ferreum et vocavit eum ~um, nam in eam gemmam incluserat; quia sicut carne sic gemma metallo circumdatur [Comestor *Gen.* (*PL* CXCVIII) 1124D: annulum .. ungulum vocavit, quia sicut unguis carne, sic gemma metallo circumdatur] *Eul. Hist.* I 35.

unguis [CL]

1 nail (esp. of finger, also of toe, also in fig. context); **b** (as small part of body). **c** (transf. or fig., *ad ~em*) perfectly, completely. **d** a nail's width (as a short measure of distance).

homines .. nigri .. quorum nos quendam vidimus carbonea nigredine, dentibus et oculis tantummodo et ~ibus nitentem *Lib. Monstr.* I 30; **c798** multi solent desuper contextam Christi tunicam hereticis scindere ~ibus ALCUIN *Ep.* 139; quamdiu psalmi dicuntur nemo tondeatur, vel caput abluat, vel ~es incidat LANFR. *Const.* 158; tinctores .. pictos habent ~es [*gl.*: *les ungeles*], quorum .. quidam sunt nigri, quidam blodii, quidam rubei GARL. *Dict.* 131; hec ~is, A. *a nayle of a man WW.* **b** nascitur ergo puer forma speciosus, et alter / fit Samuel, Domino condignus ab ungue tenello FOLC. *Carm.* (ed. *PL* 147) 1179A. **c** unde sibi praeceptorem lucratus ad unguem / bis didicit bini pia dogmata docte fluenti / ritus paschales, varium lunaeque recursum FRITH. 152; qui nec nichil philosophie attigit nec in eadem ad ~em nutritus est ADEL. *QN* 2; **c1158** si mandatum domini pape ad ~em exequimini J. SAL. *Ep.* 26 (93); comes malens mori trucidatus quam fame contabescere equum ascendit preciosum armatus ad ~em M. PAR. *Maj.* IV 653; hoc capitulum regule .. facere omni die non possumus continue ad ~em *Ord. Ebor.* I 136; **1549** ut in his sacrorum canonum dispositio ad ~em servetur *Conc. Scot.* II 106. **d** usque sub extremum devoti codicis unguem / rebamur sanctam dicere progeniem *V. Ed. Conf.* f. 52v.

2 claw, talon (of bird or other animal). **b** claw-like or hook-shaped implement (also in fig. context).

grex catulorum .. terribiles infixit ~es GILDAS *EB* 23; ~es [*gl.*: i. ungulas] ritu falconum et accipitrum seu certe adinstar cavanorum acuuntur ALDH. *VirgP* 58; basis .. templi Domini eximia saevos leonis dentes atque ~es ostendere videbatur BEDE *Templ.* 793D; nec corvus cuculum dissecet ungue fero ALCUIN *Carm.* 57. 19; egreditur et quasi columba seducta non habens cor mox accipitris excipitur ~ibus AILR. *Sanct.* 792C; accipitres .. falcones, et nisos, quibus .. pedes ~ibus armatos .. natura dedit GIR. *TH* I 12; [leonis ymago] que hastile cum expanso vexillo regio dextris ~ibus tenuit elevatum *G. Hen. V* 15 p. 104. **b** terribiles inimicorum cervicibus infigunt mucronum ~es GILDAS *EB* 17; quantis exhortationis ~e exaratis triticeis seminibus insertis aliis quidem centenum aliis sexagenum aliis tricenum bone messis captavit fructum (RHYG. *David*) *VSB* 154.

3 hoof, (also) either of the parts of a cloven hoof.

nam gradior pedibus suffultus bis duodenis, / sed decies nouem sunt et sex corporis ungues ALDH. *Aen.* 84 (*Scrofa praegnans*) 4; taurus .. ~ibus terram defodiens FELIX *Guthl.* 36; fumositate .. per poros corporis [cervi] egrediente fiunt pili, capilli, et ~es, et etiam cornua *Quaest. Salern.* B 168.

4 (med.) patch of thickened conjunctiva extending over part of the cornea, a pterygium.

ex tela [fit] pannus, ex panno ~is, et generaliter quodlibet istorum .. vix vel numquam curari potest GILB. III 134. 1; ex panno condensato fit ~is, quando extendit se cornea ad conjunctivam GAD. 108v. 1.

5 (in gl., identified with ὄνυξ) ? kind of aromatic gum (*cf. ungula* 6).

onix, lapis, eo quod habet in se candorem ad instar ~is, quod dicitur onix Grece OSB. GLOUC. *Deriv.* 403.

ungula [CL]

1 nail (esp. of finger, also of toe, also in fig. context).

pastores .. invidiae rapacibus ~is, indiscreto boni malique judicio carpebantur GILDAS *EB* 21; arripuit dextram Bebbamque ferebat in urbem / .. / hactenus integram fore signo est ungula crescens / flexilis et nervus, viridis caro, forma venusta ALCUIN *SS Ebor* 308; si quis ~am [AS: *nægl*] pollicis absciderit, quinque sol. emend. (*Inst. Cnuti*) *GAS* 83; immundo vexatus spiritu .. quos contingere poterat, ~as ac dentibus crudeliter laniabat T. MON. *Will.* VI 4; **1269** in sinu talium retium debet mascula esse contexta ita larga quod ~a pollicis unius hominis per illam tota possit transire *Leg. Ant. Lond.* 115; hec unguis, hec ~a, *a nayle WW*.

2 claw or talon (of bird or other animal). **b** claw-like or hook-shaped implement (esp. as instrument of torture).

rapaci ~arum [gl. AS: *clawa, clifra*] arpagine ALDH. *VirgP* 58; dentem .. elephantis et ~am griphis .. exegit ORD. VIT. III 3 p. 60; avem .. quam pugno gestabat, penaliter sibi manum rostro et ~is [ME: *scharpe cleys*] lacerare querebatur AD. EYNS. *Visio* 33; numquid catus inferni suis ~is [ME: *cleaures*] capud cordis .. apprehendit? *AncrR* 30; **s1362** sotulares rostratas .. potius judicantur †~a [MS: ~e] demonum quam ornamenta hominum *Eul. Hist.* III 231; [griffo] habet .. ~as [ME: *naylis*] pedum sicut cornua bovina sed multo longiora *Itin. Mand.* 98; leonum ~e dentes et maxille FORTESCUE *NLN* II 8; hec ~a, A. *a claw of a best.* unguis non brutis datur, sed ungula brutis *WW*. **b** unguana [? l. ~a], *næglsperu GlC* U 260; tormenta, carcer, ~ae [gl.: *clifrunga*] *GlP* 689; nec ignis urens, nec aqua mergens, nec ~a scindens, pena sunt sed dolor quem ex his anima sentit AILR. *An.* III 15; ferreis ~is [TREVISA: *yren combes*] cortex ligni percutitur BART. ANGL. XVII 18.

3 hoof; **b** (as smallest amount of a beast, in quot. in fig. context; *cf. Exod.* x 26).

in lege cornuti tantum generis animalia munda esse et populo Dei comestibilia decernuntur, quae enim ruminant atque ~am findunt animalia BEDE *Tab.* 489A; [equo] cui per colla jubae volitant, tumet ardua cervix / pectore sublato, velox fodit ungula terram ALCUIN *SS Ebor* 181; ~a, *hof oððe clawu WW Sup.* 441; [Pegasus] Musis fontem ~a sua rupisse dicitur, unde et poete bibunt ALB. LOND. *DG* 14. 3; [homo] habebat .. totum corpus humanum preter extremitates, que bovine fuerant. a juncturis .. quibus et manus a brachiis, et pedes a tibiis porriguntur, ~as bovis expressas preferebat GIR. *TH* II 21. **b** ex eis que necessaria sunt in cultum Domini nec ~a remanebit (id est nec minimum nec ultimum); quid, Romane loquentes, dicere solemus: 'pes non remanebit' ANDR. S. VICT. *Hept.* 110; perfectius soli Deo intendere potestis, ut ad perfectionis tendentes desertum, ne ~am quidem in Egypto remanere permittatis ex omnibus que ad sacrificium divinum necessaria sunt AD. SCOT *QEC* 822B.

4 (med.) patch of thickened conjunctiva extending over part of the cornea, a pterygium.

~a, egilopa, cataracta, macula species sunt panni .. ~a est spissus pannus cooperiens totum lachrimalem angulum, unde dicitur ~a quasi angula vel ab ungue propter similitudinem et duriciem GILB. III 135. 1; ~a est cum aliquid simile panniculo ex palpebra que est ex parte naris oriri dicitur et album oculi cooperitur et pervenit usque ad nigredinem oculi GAD. 108v. 2.

5 (in name of plant): **a** (~a equina or ~a caballina, also dist. as terrestris or silvestris) kind of plant with medicinal properties, perh. Asarabacca (*Asarum europaeum*) or Coltsfoot (*Tussilago farfara*). **b** (~a caballina or ~a caballina campestris, identified w.) burdock (sc. greater, *Arctium lappa*, or lesser, *A. minus*) or sim. (*cf. lappa*). **c** (~a caballina aquatica) Water Dock (*Rumex hydrolapathum*) or Water-Lily (*Nymphaea*). **d** (~a Sarracenica, not identified).

a caballopodia, vel ~a caballi, *cologræig* [*i. e. coltgræig*] *Ælf. Gl.*; ~e cabaline. aquatice ro' .. lotione facta GILB. I 31v. 2; bardana farfara, ~a equina vel ~a caballina [idem], A. *feldhove Alph.* 21; ~a caballina .. †vestris [? l. terrestris] vel silvestris idem, radice utimur .. A. *colecreye vel feldhoue* GAD. 97. 2; ~a caballina campestris, i. *clote SB* 43. **b** lappa est herba habens folia lata et spissa circa terram .. cujus species duplex, acuta et rotunda, ad similitudinem pedis caballi disposita, unde et a multis vocatur ~a caballina, et utriusque folia .. horribilis sunt odoris BART. ANGL. XVII 93; in dolore renum ex lapide valet in balneo rapistrum et ~a caballina campestris, que vocatur Anglice *glete* GAD. 97. 2; ~a caballina campestris, i. *clote SB* 43. **c** recipe radices ~e caballine aquatice partem unam GAD. 22. 2; nenufar flos ~e caballine aquatice, vel est lilium quod crescit in aquis et habet folia lata supernatancia aque SB 43 (v. 5a supra). aquatica SB 43 (v. 5a supra). **d** potio fistulatis optima fit ex .. savina, ~a Sarac' GILB. VII 332. 2.

6 kind of aromatic gum.

quasi myrrha electa, quasi storax et galbanus, et ~a, quasi terebynthus [cf. *Eccles.* xxiv 21] P. BLOIS *Ep.* 97. 305B; **c1257** onicha, id est ~a coclea subtilioris facture caligines illuminans AD. MARSH *Ep.* (ed. *OMT*) 247. 12.

ungulare [CL ungula+-are]

1 (trans.) to use one's claws on, to claw (at).

dextra .. ad lupum demissa ei blandiendo caput et aures leniter palpabat et ~abatur *Arthur & Gorlagon* 12.

2 (intr.) to prance, trot.

s1300 venit filius regis, cum sua cohorte, et ipse coram vado ~abat perspiciens qualiter sagittarent mutuo alternatim *Ann. Ed. I* 441.

ungulatus [LL], that has claws or talons, clawed.

in oculis eorum flamme et in dentibus albedo. et in toto corpore apparet nigredo. manus ~ate et pedes ~ati H. LOS. *Serm.* 110.

ungulum v. ungula.

ungulus [CL], ring, bangle.

~us, *agymmed hringc Ælf. Gl.*

ungwentum v. unguentum.

unialis [CL unus+-alis], (in gl.).

monalis .. i. ~is OSB. GLOUC. *Deriv.* 354.

unialiter [unialis+-ter], (in gl.).

monaliter adverbium, i. ~iter OSB. GLOUC. *Deriv.* 355; monaliter, ~iter, uniformiter *Ib.* 365.

unianimis v. unanimus. **unianimit-** v. unanimit-.

unibilis [CL unire+-bilis], that can be united, unitable (also w. dat.).

an humana tantum natura sit ~is vel etiam angelica .. nota .. quod ~e dicitur hic habens quamdam idoneitatem ad uniendum HALES *Qu.* 200; quia in infinitum distant, non propter hoc non sunt ~ia FISHACRE *Sent. Prol.* 94; quomodo .. non ita ~is fuit humana natura divine nature in unitatem persone ante corrupcionem humane nature ut post? GROS. *Cess. Leg.* III 1 p. 120; intelligentia, sive angelus, et anima differunt secundum speciem penes ~e et non ~e, et ideo anima non componetur ex aliquo quod est actus corporis et ex aliquo quod non est tale BACON *Maj.* III 47; Deus non est componibilis nec componibilis alii nec aliud componibile sibi: quamvis aliud ~e sit ei quia natura humana Domini Jesu Christi persone filii Dei unita est MIDDLETON *Sent.* I 87b; alia est corpori ~is, ut anima racionalis, sensibilis, et vegetabilis BART. ANGL. pref.

unibilitas [unibilis+-tas], ability to be united, capacity for union, unitability (also w. *cum*).

quomodo posset essentie defectio .. esse causa tanti boni quantum est assumptibilitas a Dei verbo sive ~as cum Dei verbo? GROS. *Cess. Leg.* III 1 p. 121; juxta philosophos .. omnimoda alietas .. inter animam et hominem ponenda erit, etiam si ~as cum corpore eidem essentialis fuerit *Ps.*-GROS. *Summa* 470; anima appetit corpori uniri ex nobiliori quod est in ipsa, quia ejus differentia specifica est ~as ad materiam et non-unibilitas ad materiam DUNS *Ord.* VII 150.

unibrella v. umbella.

1 unica v. 2 uncia.

2 unica, *var. sp. of* hunica [AS *hunig-camb*], (in gl.) honeycomb.

an huny cambe brisca, favus, favillus, unica *CathA.*

unice [CL], to a singular degree, especially, particularly.

ut sabbatismi requie / nostrae fruantur animae / .. / praesta, Pater piissime / Patrique compar unice, / cum Spiritu Paraclito / nunc et per saecula BEDE *Hymn.* 1. 33. 3; ~e, prime, optime *GlC* U 249; Dunstanus .. [famulam Dei] quasi propriam matrem ~e custodivit B. *V. Dunst.* 11; eum librum Rotbertus miratus ~e, emulatus mirifice W. MALM. *GP* IV 164; divinam essentiam simpliciter unam et ~e simplicem adoramus H. READING (I) *Dial.* I 1143B; filius suus sicut unicus ~e patrem diligens MAP *NC* III 4 f. 42.

unicole [unicolus+-e], in worshipping one god only.

et sic ~e pastor et unus erit M. SCOT *Proph.* 164.

unicolor [CL], of one single colour, uniform in colour (also fig.).

~or, *anes bleos Ælf. Gl.*; hic et hec ~or, -ris, unde unicoloratus, -a, -um OSB. GLOUC. *Deriv.* 122; naturale est ut ex ~oribus ~or fetus nascatur ANDR. S. VICT. *Hept.* 78; sicut .. impossibile est ut Ethiops albus sit et pardus ~oris AILR. *Serm.* 43. 16; quid refert quales veniant in veste colores / si mens unicolor interiora regat NIG. *SS* 2286; non amor unicolor est set contrarius in se GOWER *VC* V 39.

unicoloratus [CL unus+color+-atus], (in gl.).

~us OSB. GLOUC. *Deriv.* 122 (v. unicolor).

unicoloris v. unicolor.

unicolus [CL unus+colere+-us; cf. LL unicultor], who or that worships one single god.

orta dehinc pestis geminum discludit in orbem / unicolam verae fidei sat morbide plebem FRITH. 245.

unicorditer [unicors+-ter], with one heart, harmoniously.

unicors .. unde ~er adverbium OSB. GLOUC. *Deriv.* 103; si quis .. diffinitionem hanc a me factam unacorditer, canonice et ecclesiastice a rege Ini necnon ab episcopo Daniele roboratam, irritam facere temptaverit *Chr. Abingd.* I 13; **1438** Henricum .. et .. Infantem .. ~er compromissum BEKYNTON I 202.

unicornis [CL], one-horned, single-horned. **b** (as sb. m.) animal that has one single horn, (also spec.) unicorn (*v. et. unicornuus*; *cf. et. monoceros, rhinoceros*); **c** (fig.).

[cornu] componitur .. bicornis et ~is OSB. GLOUC. *Deriv.* 115. **b** ~is, *anhyrne deor* ÆLF. *Gram.* 308; monoceros .. i. animal quod vocatur ~is eo quod unum cornu habeat in fronte OSB. GLOUC. *Deriv.* 103; ~is dicitur bestia uno tantum cornu ferocissima; ad quam capiendam virgo puella in campum ponitur, ad quam veniens, et se in gremio ejus reclinans, capitur HON. *Spec. Eccl.* 819A; rinoceros, id est ~is, capitur virginis amplexu *Quaest. Salern.* B 161; quidam ~is sequtus est quemdam hominem .. mistice: ~is est mors, cui nemo potest resistere O. CHERITON *Fab.* 45; ~is [ME: *unicorne*] ire qui fert cornu seu spinam super nasum et ledit quicquid attingit *AncrR* 70; **1390** de .. uno magno *gobelet de masere* .. aymellato in summitate cum j ~e deaurato *Ac. Foreign* 25 G; **1459** ut patet per suas literas sub signeto ~is *ExchScot* 489; **1479** multa munera preciosa .. unum cornu ~is longitudinis sex pedum W. WORC. *Itin.* 214. **c** **1171** erigat [Dominus] cornu illius ~is, episcopi illius unice summi et singulariter generalis, quatenus arripiat judicium manus ejus, ut cornu suo ventilet Syriam, intonet contra Edom, fulminet contra vitulos Bethel P. BLOIS *Ep.* 27. 95C; illi [Satanae] presertim ~i nostro omnis nec dubito penitentie excidit timor H. BOS. *Ep.* 39. 1470A; ut unicornis nexibus alligatur / et caritatis vinculo mansuescit J. HOWD. *Cant.* 7.

unicornus v. unicornuus.

unicornuus [LL], **unicornus,** animal that has one single horn, (also spec.) unicorn (*v. et. unicornis*; *cf. et. monoceros, rhinoceros*).

de monocero Graece, ~no Latine ALDH. *Met.* p. 60; libera me de ore leonis et a cornibus ~nuorum [ed. *PL*: unicornium] humilitatem meam [cf. *Psalm.* xxi 22] BEDE *Sam.* 648D; r[h]inoceres, ~nus *GlC* R 181; rhinoceros, ~nus BACON *CSPhil.* 443; **1431** lego H. .. unum os ~i hernisiatum cum una cathena argentea deaurata de *trefoill Reg. Cant.* II 450; de ~nu. ~nus est animal parvum secundum fortitudinem sui corporis. brevia sunt crura secundum suam magnitudinem .. huic color est buxius, unum cornu in medio frontis habet UPTON 171; hic ~nus, *a unicorne WW*; **c1510** unum cornu ~ni stans fixum in magno lapide (*Invent.*) *Hist. Church York* III 386.

unicors [CL unus+cor]

1 of one heart, one in heart (esp. w. ref. to sharing of view, feelings, or sim.).

doleo dilectissimum meum, ~dem meum mihi ereptum, gaudeo eum in eterna tabernacula assumptum AILR. *Spec. Car.* I 34. 542B; ~s -is, quasi unius cordis OSB. GLOUC. *Deriv.* 103; **1283** exoramus ut .. hoc dicere velitis domino .. regi nos vobis scripsisse ex parte omnium .. sicut ipsi Domino ~di *Conc.* II 94; **a1350** ut sicut vere sunt ~des, sint et in extimo habitu conformes *StatOx* 57.

2 (of action or sim.) characterized by common or general agreement, consent, or participation.

c1402 sicuti non paucorum sed tocius Universitatis ~i testimonio comprobatur *FormOx* 196.

unicuba [CL], who has had sexual relations with (only) one man.

~a, *anlegere wifman* ÆLF. *Sup.*; Ieronimus testis est †quod [? *omit*], antequam religio Christiana fulgeret in mundo, ~as semper habuisse inter matronas decus J. SAL. *Pol.* 755D.

uniculus [CL unicus+-ulus], (in gl.).

~us, unius uxoris vir OSB. GLOUC. *Deriv.* 622.

unicus [CL]

1 (one and) only, sole. **b** (as sb.) only child, (in quot. m.) only son.

~am filiam, quae propria voluptas intellegitur, imitans GILDAS *EB* 70; ~a [*gl.*: *anlic*] mundi redemptio et conservandae castitatis alma praefiguratio ALDH. *VirgP* 23; qui ascensurus ad caelos ~am se mundi lucem esse monstravit BEDE *Hom.* II 15. 179D; ~us aditus per solidum intromittit ORD. VIT. IV 5 p. 196; ~um bovem quem habebat iis apposuit manducandum ALB. LOND. *DG* 15. 8. **b** ~us ex Patre natus est et noluit remanere unus ALCUIN *Exeg.* 748A; primogenitus meus es tu et ~us mihi atque omnia dedi in manus tuas J. FORD *Serm.* 10. 3; ave, que turbaris, / quando contemplaris / corpus unici / quod pudica paris J. HOWD. *Sal.* 42. 3.

2 one (in number, occurrence, nature, kind, *etc.*), single, unitary. **b** that is, acts, or is treated as a single (whole) unit.

duo regna vel tria sub ~a monarchia potentissime conglutinare GIR. *PI* III 31 p. 328; ad tantam sublimitatem imperfectum meum viderunt oculi vestri, et non ~am imperfectionem sed duplicem FISHACRE *Sent. Prol.* 97; natura autem divina ~a est, omnino implurificabilis et innumerabilis DUNS *Ord.* IV app. p. 384; **1335** uno garniamento de ~a secta *RScot* 383b; **1393** quod .. possint .. se de ~a secta induere et vestire *Pat* 338 m. 24; enthymema est curtatus syllogismus habens ~am premissam et ~am conclusionem WYCL. *Log.* I 35; **1456** ~a aut bina appellacionis usitacio *StatOx* 278. **b** utinam auctorem tue remuneres integritatis, cujus manu sublatus est tuus hostis et ~us evulsus e terra MAP *NC* V 4 f. 62.

3 (who is, acts, *etc.*) by oneself, (one) alone, on one's own, without (the company or participation of) others. **b** (of action) done by oneself, alone, *etc.*

c1250 verendum .. est, ubi ~us autentica non presidet potestate, in rebus administrandis ordinis tranquillitatem fore turbandam AD. MARSH *Ep.* 33; miles ibidem ~us remanebat J. YONGE *Vis. Purg. Pat.* 6. **b** [armati ecclesiam] post se .. clauderent et ~um abbatis adventum in ea absconditi praestolarentur ASSER *Alf.* 96.

4 (as sb f.) soul (*cf. Psalm.* xxi 21).

noli .. ~am tuam perdere pro nihilo ALCH. *Ep.* 298; ferrum frangit carnem magnificam / et rex pius exhalat unicam J. HOWD. *Ph.* 555.

5 matchless, singular, unique.

Dominus ~a nos pietate .. diligit BEDE *Tab.* 402B; **c789** carissimo filio ~ae dilectionis in Christi benedictione salutem ALCUIN *Ep.* 55; inerat sancto viro morum humilitas, ut nichil ex illo ~o philosophie promptuario redoleret nisi humile W. MALM. *GP* II 77; [puer] quem enutrivi et quem ~o .. affectu dilexi MAP *NC* III 3 f. 140.

unificalis [unificus+-alis], of or pertaining to unification.

ille .. ~em viam arripit qui vitam voci consonam reddit J. SAL. *SS* 949B.

unificare [LL], to unify.

unus componitur .. ~o, -as OSB. GLOUC. *Deriv.* 611; ut .. rationalis creatura plene beata fiat, oportet eam ~ari virtute increate infinite, tribuendi ei beatitudinis infinitam plenitudinem GROS. *Cess. Leg.* I 4 p. 18.

unificatio [LL unificare+-tio], unification.

ex parte rerum diversificatur hec ordinacio secundum diversitatem ~onis unitorum *Ps.*-GROS. *Gram.* 57.

unificus [CL unus+-ficus], that unifies.

unus componitur .. ~us, -a, -um OSB. GLOUC. *Deriv.* 611; quid confert ~o, per graves et acutos concentus disparem sonum consonum reddere, et morum concordia carere? J. SAL. *SS* 949B; nec floreis luminum quid curo de sertis, ~isve coronis, nec Hymenei genitore de Genio E. THRIP. *SS* VI 5; est .. persona sui ipsius per se ipsam distinccio ~a, unde aut per se una aut per se nota dicitur *Ps.*-GROS. *Gram.* 45.

uniformis [CL]

1 of one form, character, or kind, consistent, uniform; **b** (*~is additio*, math., w. ref. to reckoning sums of terms taken from an arithmetical progression or series).

octava species hebdomadis ~is et sola sine circuitu revolutionis extans BEDE *TR* 10; regio Arin, in qua semper dies aequales, omni tempore eorum ortus ~is ADEL. *Elk.* 25; [embrio] quiescit .. et si quid caloris superflui circa cor nascitur, continua et ~i continentis temperie poris apertis exhalat ALF. ANGL. *Cor* 13; ejus .. constanciam ~em nichil quasi de contingentibus amittentem pontifices abbates .. mirabantur *V. Edm. Rich C* 604; nove legis auctoritas et sacrorum expositorum concors et ~is veritas GROS. *Cess. Leg.* I 11 p. 68; **1433** que quidem clausula in omnibus de litteratura clara et ~i ad tunc extitit et non viciosa neque in aliquo rasa aut suspecta *Cl* 274 m. 4*d.* **b** **1444** tabula ~is addicionis, .. tabula difformis addicionis KILLINGWORTH *Alg.* 716.

2 (of person) who conforms or agrees or is in conformity or agreement (also w. dat).

sed tu de Garlandia surge. quare dormis? / mihi quidem fueras dudum uniformis. / scinde nec legittimis exeas a normis. / scribe dum proposito salus est conformis *Qui majora cernitis* 150; **1282** quidam magnates .. non satis sunt domini regis beneplacitis ~es PECKHAM *Ep.* 373 p. 491; datis induciis inter regem et comites, ut ~es fierent *Flor. Hist.* III 296.

uniformitas [LL], unity in or of form, character, or kind, uniformity, consistency.

equivocationi vestre .. congratulor; nec reor hoc accidisse sine dispensatione divina, ut nobis esset ~as nominum, quos a pueritia fecerat uniformis identitas voluntatum P. BLOIS *Ep.* 78. 238A; notandum .. quod ~as et diversitas equis passibus ambulant. debent .. in ~ate diversitas et in diversitate ~as observari, adeo ut quelibet oratio polita dici possit vel ~as diversa vel diversitas uniformis GERV. MELKLEY *AV* 185; hec febris non permanet in ~ate ad solucionem GILB. I 14. 1; **c1304** supplicamus quatinus ad ~atem et pacem mutuam inter viros scolasticos nutriendam universitatem .. Oxoniensem consimili velitis privilegio decorare R. BURY *Ep.* 6; **1451** ad majorem .. ~atem inter nos conservandam ordinamus quod latitudo caputii habitus nostri non transeat a lateribus conum juncture humerorum *Mon. Francisc.* II 88.

uniformiter [LL], in a uniform or consistent manner, uniformly, consistently; **b** (w. ref. to agreement or conformity).

ut [jejunia] ~er caelebrentur per universas .. Anglorum ecclesias EGB. *Dial.* 411; Spiritus .. Sanctus uniformiter dicitur ad Patrem et Filium, quia Patris et Filii Spiritus est ALCUIN *Dogm.* 16C; in musico modulamine non ~er, ut alibi, sed multipliciter multisque modis et modulis cantilenas emittunt GIR. *DK* I 13; spiritum vite .. toti ~er corpori distribuit ALF. ANGL. *Cor* 4; quoniam naturaliter duo oculi situm habent consimilem respectu nervi communis, tunc se habebunt axes oculorum ~er ad omnem punctum super quem cadunt BACON *Persp.* II 2. 1; homotena .. semper ~er se habet usque ad finem GAD. 18v. 1. **b** **s1259** omnibus et singulis ~er consentientibus *Flor. Hist.* II 433; **1459** interrogati ~er deposuerunt *Conc. Scot.* II 79.

unigeneitas [unigeneus+-tas], quality of being (all) of one kind, homogeneity.

spiritus vivificatus .. sortitur quamdam ~atem cum spiritu vivificante ut ei uniatur, et fiat ex eis aliquod naturaliter unum KILWARDBY *SP* f. 36rb; anima sensitiva dicitur ubique tota per quandam sui ~atem, quia ubique est radix insensitive virium insensitivarum PECKHAM *QA* 10; est convenientia et ~as inter contentum et continens, que ~as non est convenientia in specie specialissima, sed habere aliquas consimiles qualitates OCKHAM *Phys.* II 111.

unigeneus [CL unus+genus+-eus], **~ius, ~us,** of one kind, homogeneous (also w. dat.).

si quis .. credat materiam intellectus esse spiritualem et materiam corporis esse corporalem .. ipse se decipit. resolvens enim utramque materiam usque ad simpliciter primam, inveniet eas simpliciter ~eas SICCAV. *PN* 117; principia proportionalia et ~ea sunt principiis BACON VII 24; principia et principiata sunt ~ia *Ib.* XIII 51; sicut se habent principia substantie ad substantiam, sic principia quantitatis ad quantitatem, quia principia sunt ~a principiatis *Ib.* XIII 258; de successione propter motum .. diceretur quod ubi causa et effectus possunt habere essentiam ~eam, vera est major illa DUNS *Ord.* VIII 90; calidum et frigidum congregant et disgregant ~ea et non heterogenea dissolvendo et coagulando DASTIN *Ros.* 2.

unigenitus [LL]

1 only-begotten, only (child, also as sb.); **b** (of Jesus Christ).

patris primogenita et matris hec erat ~a GOSC. *Edith* 42; 'luctum ~i fac tibi planctum amarum' [*Jer.* vi 26], videlicet, tanquam ~i coram matre subito extincti *AncrR* 118; revertenti .. Jepte in Masphat occurrit ei filia ejus ~a cum tympanis et choris *Eul. Hist.* I 43; qualem luctum facit mater pro ~o mortuo, talem fac luctum, quia Deum vivum et unicum offendisti GASCOIGNE *Loci* 82; nupcie inter Ludovicum secundum, regis Francie Philippi ~um, et Blancam *Plusc.* VI 38. **b** s**680** glorificantes Deum Patrem .. et Filium ejus ~um (*Conc. Hatfield*) BEDE *HE* IV 15 p. 240; **799** propria nomina sunt in Christo: ~us, primogenitus, Deus, Dei filius, et Dominus Jesus Christus ALCUIN *Ep.* 166; c**1075** ~us Patris ita in mundum venit ut tamen a paterno sinu numquam discederet LANFR. *Ep.* 50 (46 p. 148); glorietur Pater in Filio suo hunigenito *Trop. Wint.* 160; **1223** ~us Dei Filius Jesus Christus a tota Trinitate communiter incarnatus ex Maria semper virgine *Ch. Sal.* 131; **1504** ut [oblata] nobis ~i tui corpus et sanguis fiant *StatOx* 315.

2 (understood as) of one kind, homogeneous, or *f. l.*

constat .. secundum philosophorum sententiam quod mensura debet esse ~a [? l. unigenia] et similis mensurato BRADW. *CD* 826A.

unigenius, unigenus v. unigeneus.

unimammus [CL unus+mamma+-us], who has (only) one breast, one-breasted.

has [Amazones] ~as olim vocati sunt [v. l. vocaerunt] *Eul. Hist.* II 36; dicte sunt †urimamme [? l. ~e] vel Amazones, quasi sine mamma HIGD. I 18 p. 152.

unimanus [CL], one-handed.

~us, *anhende* ÆLF. *Gl.*

unimodus [CL], of a uniform nature.

unus componitur .. ~us OSB. GLOUC. *Deriv.* 611; c**1280** ordinamus .. quod .. sit ad recipiendum et eciam liberandum ~a et equalis, videlicet communis domini regis Edwardi bladi mensura *Cust. Cant.* 34.

uninomium [CL unus+nomen+ium; cf. LL plurinomium], (gram.) one name or word used to denote different things, homonym.

decimae [speciei] homonima, hoc est ~a, quae in uno nomine diversas significationes habent [Isid. *Etym.* I 7. 15] BONIF. *AG* 476.

1 ūnio [CL], large (single) pearl; **b** (in gl.).

unio de conca ut ponti sordente nitescens / nascitur et proprio matrem praecellit honore ALDH. *VirgV* 170; concharum preciosarum ~ones, quos sola India ab ortu solis et sola Anglorum Britannia ab occasu producit, auro instellantur GOSC. *Edith* 69; Britannia .. in aquilonali sui parte gemmas gignit candidas quas dicimus ~ones vel margaritas W. NEWB. *Serm.* 902; nascitur ex istis [conchis] unio, gemma nitens NECKAM *DS* III 510; argentum vocatur margarita, propter coloris candorem; et ~o dicitur, quia margarita et ~o idem sunt BACON *Tert. sup.* 84; **1565** laqueis .. cum ~onibus *Ac. LChamb.* 58 f. 22. **b** ~ones, margaritae *GlC* U 251; **9..** ~o, *searogemme WW*; ~o, -is i. lapis pretiosus dicitur quoque pro stella et pro cepe OSB. GLOUC. *Deriv.* 611; ~o (lapis pretiosus), Gallice *perle* *Teaching Latin* II 16.

2 ŭnio [CL]

1 (kind of) onion.

796 agricola ~ones eruit de †glarie [v. l. glarea] ALCUIN *Ep.* 99; unum ex eis obvium habuit, qui cepe, quas ~ones etiam appellamus, vendere soliti sunt PETRUS *Peripat.* 100; cepe in singulari, i. ~o OSB. GLOUC. *Deriv.* 133 (cf. ib. 611 (v. 1 unio b)); **10..** unnio, *ynneleac WW*; ungio, *yneleac WW*; hoc ~um, *vyneloun* [? l. *yneleac*] *WW*.

2 growth on foot, bunion or corn.

quia pedes habebat deformes, instituit sibi fieri longos et in summitate acutissimos subtolares ita ut .. eorum celaret tubera que vulgo vocantur ~ones ORD. VIT. VIII 10 p. 323; veritas siquidem ab eo longe facta est, nec eam facilius potest apprehendere quam ~onem expungere vel puncto curare carcineam qui caligantibus oculis in meridie palpat J. SAL. *Pol.* 433D.

3 ūnio [LL]

1 (act of) combination or uniting of elements to form a single whole, union; **b** (w. ref. to the hypostatic union, the union of body and soul, or sim.). **c** (act of) joining or coming together in agreement, action, enterprise, or sim.

masculum .. unum et feminam in primis creavit Deus unam .. ut per hoc humanum genus arctiore ad invicem copula charitatis constringeret quod se ex uno totum parente ortum esse meminisset. cujus causa ~onis .. BEDE *Gen.* 30C; **1265** ~o sanguinis inter .. filium nostrum et consortem vestram, sororem suam *Cl* 102; scribitur .. quod unum derelinquitur ex ~one forme cum materia BACON VII 58; mixtio est miscibilium alteratorum ~o T. SUTTON *Gen. & Corrupt.* 111; exemplum de lapidibus et lignis, que nec glutino aut cemento recipiunt ~onem FORTESCUE *NLN* II 30. **b** non dubitat sanguinem Dei dicere propter ~onem personae in duabus naturis ejusdem Jesu Christi BEDE *Acts* 986A; quem ante saecula credimus patri natum sine matre, / ipsum quoque in ejus fine matri natum sine patre. / qui nec unione est confusus nec distinctione geminatus, / idem semper homo Deus, ipse Deus homo verus [cf. Greg. *Mor.* 18. 52: nec naturarum copulatione confusus] ALCUIN *CR* 1. 16 p. 906; si, quod de similitudine vestis dicitur, advertunt, cur ab eo quod de personali ~one subditur faciem mentis avertunt? que est enim ista ineffabilis copulatio nisi Dei assumentis et hominis assumpti personalis ~o? J. CORNW. *Eul.* 2 p. 263; de anima Jesu .. que mediatrix fuit ac federatrix inenarrabilis illius ~onis, quia [? l. qua] caro humana Verbo Dei unita est J. FORD *Serm.* 8. 5; anima .. unitur cum carne .. et per talem ~onem [ME: *limung*] .. carnem diligit *AncrR* 44; ista ~o citra ypostaticam ~onem est maxima WYCL. *Conf.* 508. **c** s**1341** [principes] qui ligas, pacta, et ~ones nostras noverint (*Lit. Imperatoris*) AVESB. f. 97b (=WALS. *HA* I 248).

2 (esp. eccl.) merger (of institutions, property, or rights).

1215 [inquisicio] que vertitur inter J. Bath' et Glaston' episcopum et monachos Glaston' super ~one Bath' et Glaston' ecclesiarum *Pat* I 129b; **1230** de confirmatione perpetue ~onis .. de prebenda de Calna dignitati thesaurarie Sarum unita *Ch. Sal.* 203 *tit.*; **1309** H. rex postea fecit ~onem de abbaciis de Chireburgh' et Sancti Elerii *PQW* 838b; **1360** pecunia que ante ~onem duarum cistarum in nova cista universitatis fuerat *StatOx* 160; s**1402** indulgenciarum, ~onum, excepcionum, pluralitatum, et aliorum curiam defamancium .. revocantur .. excessus AD. USK 76; **1448** pro ~one, annexione, incorporacione .. et subjeccione prioratus monialium de H. .. collegio de G. in Cantabrigia *Eng. Clergy* 245; **1549** de ~onibus beneficiorum *Conc. Scot.* II 109.

3 (state of) oneness, unity, union; **b** (w. ref. to political or ecclesiastical harmony); **c** (w. ref. to the union of Christ and the Church).

prophetiae figuras evangelicae veritati fideique gratiae legis decreta diu desideratae pacis ~one sociavit BEDE *Sam.* 561A; si tibi sit carus, fidus, specialis amicus, / unio sit fidei, velut expedit inter amicos D. BEC. 807; per naturam ~onis et indivisionis, et privationis distantie et dimensionis BACON *Tert.* 143; **1336** nos pro .. capitis cum membris placabili ~one veraciter dicere possumus congaudentes, quia nostrum caput est sanum cetera membra gaudent *Lit. Cant.* II 138. **b** ita hodieque imperium Romanorum et regnum Francorum ab antiqua ~one scissum alterum imperatores, alterum reges habt W. MALM. *GR* II 112; lex donum Dei est .. norma justitie .. ~o et consolidatio populorum, regula officiorum J. SAL. *Pol.* 777D; jam societatis vinculum et communitatis ~o displicent MAP *NC* IV 16 f. 57v; c**1356** propter fomentum dilectionis et ~onis inter homines regnorum Anglie et Scotie que .. in caritate conjuncta forent contra adversancium impetus *RScot* 787b; c**1413** non attendens .. quam grave sit delictum studii honesti ~onem destruere *FormOx* 424; **1416** per .. procuratores ad .. generale concilium destinatos super diversis materiis negocium ~onis sancte matris Ecclesie a cunctis Christianis optate *Reg. Cant.* III 11. **c** **1253** ex amore ~onis in corpore Christi cum ea [sede Apostolica] GROS. *Ep.* 128 p. 436 (=M. PAR. *Min.* III 143); hic constituit mixtionem vini et aque in signum ~onis Christi et ecclesie *Eul. Hist.* I 173.

4 unit resulting from combination or union, combination, union.

o lux beata trinitas, / tres unum, trium unio, / imperialis unitas / in trium contubernio PECKHAM *Poems* 3. 1; 'ut et ipsi in nobis unum sint' videntur aggregari aliquo modo iste unitates sive ~ones GROS. *Hexaem.* I 1.

unipes [CL unus+pes], having one foot, one-footed.

'Sephi'. Jeronimus: id est '~s' S. LANGTON *Chron.* 74.

unipotentia [CL unus+potens+-ia], oneness in power, unity, or united or undivided power (in quot. of the Trinity).

qui .. in trinitate laudatur et unapotentia Deus ÆTHELW. IV *prol.* p. 34.

1 unire [CL]

1 (trans.) to unite (also w. dat.). **b** to attach, join on.

non est .. haec caro alicujus de vulgo hominis, non justi et sanctificati hominis, sed potius cui ipse unitus, id est, incarnatus est Dei et hominis LANFR. *Corp. & Sang.* 429A; cum divinitati nostra per carnem unitur natura OSB. CLAR. *Anna* f. 56v; o Cistercium .. linguarum apud te diversitates †innuit [l. univit] unius vite professio P. BLOIS *Ep.* 96. 303A; est enim vita corporis et anime unitorum actus primus ad vegetationem primum ALF. ANGL. *Cor* 16; qui naturam hominis / uniens divine / fit per mortis terminum / terminus ruine S. LANGTON *BVM* 2. 46; vis nutritiva in spoliatione forme nutrimenti dat ejus materie formam novam similem forme rei nutriende et unit illam rei nutriende J. BLUND *An.* 48; natura unit adhuc magis distantia, scilicet spiritum et limum FISHACRE *Sent. Prol.* 95; pulcrum in te fecit reuma, / cum univit verbo pneuma, / dupplicem substantiam WALT. WIMB. *Virgo* 31; mixtio est miscibilium unitorum alteratio T. SUTTON *Gen. & Corrupt.* 111. **b** indicat .. quia his qui de gentibus ad fidem venerant .. tunc per gratiam fidei populo sunt ejus uniti [ed. *PL*: adunati] BEDE *Ep. Cath.* 51C; Herculianus .. capite amputato martyrizatur; cujus caput post mortem ejus corpori unitum invenitur M. PAR. *Maj.* I 242 (=*Flor. Hist.* I 270); dupliciter potest dici pausatio: una que dicitur distincta a modis supradictis, et sic absolvitur ab eisdem; altera dicitur unita, que ab eisdem non absolvitur, et sic continuat modum ante ipsam et post ipsam *Mens. & Disc.* (*Anon. IV*) 58; aliquod corpus .. adheret centro mediante terra cui unitur sed mobiliter et non firmiter DUNS *Ord.* II 113; latomus lapides unire potest lapidibus cum cemento FORTESCUE *NLN* II 9.

2 (esp. eccl.) to merge (institutions, property, or rights).

episcopatuum .. quidam alias translati .. quidam alteris uniti W. MALM. *GP* I 7; **1226** quod bene placet ei quod .. uniantur ipse due ecclesie *Cl* II 146a; **1227** episcopatus Clochornensis, cujus episcopus in Armacanum archiepiscopum postulatur, eidem archiepiscopatui uniatur *Pat* 166; **1315** jura omniaque alia bona ordini hospitalis sancti Johannis Jerusalamie concessit applicanda et unienda *Year Bk.* XVII (*Selden Soc.* XLI) 77; universam terram et Anglie regionem .. suo imperio totaliter subjugando univit *Plusc.* VI 15; ecclesia fuisset appropriata et unita eidem monasterio *Croyl. Cont. C* 577.

3 to bring or gather together (people, group, or sim.), assemble.

c**1251** ibi uniti fuerunt septem homines pedites et unus homo eques et unus garcio *SelPlForest* 96; **1279** per quod unita fuit communitas .. que dicit communiter quod .. *Rec. Leic.* I 180.

4 to gather (up), collect.

c**1250** ter juvabit ad fenum uniendum et levandum *Cart. Rams.* I 469; **1260** invenire ij boves de die .. ad fenum et bladum domini uniendum quousque totum esset unitum *Cust. Glast.* 190; **1384** fenum inde levarunt et in tassis facere consueverunt; et cum fenum inde unitum fuisset .. *PlRCP* 495 r. 489; divicias multas univit et arcius illas / servabat, set nunc dissipat alter opes GOWER *VC* VII 801.

5 to bring together or unite in concord, friendship, or sim.

necesse est ut per caritatem semper uniti atque constricti, ut numquam interrupti per discordiam inveniamur BEDE *Cant.* 1233C; affectio tamen efficacior est eo quod ad naturam familiarius accedit, ipsique unitur anime quicquid affectionis federe copulatur J. SAL. *Pol.* 503C; **1202** si copula carnis efficit ut sint 'duo in carne una', quanto fortius duos unit amoris compago et unitas spiritus in vinculo pacis? P. BLOIS

Ep. 132. 391D; scripsit Papa Alexander Johanni presbytero .. epistolam eleganter ut unirentur, effecti per omnia concordes in fide catholica *Flor. Hist.* II 93.

6 (p. ppl. as adj.): **a** united. **b** single, or *f. l.*

a de quanto regnum temporale est unicius et in vero dominio seculari copiosius, de tanto est forcius WYCL. *Ver.* III 238. **b** per unitam [? l. unicam] .. cappam saphirei sive azurei coloris intelligi poterit unitas et stabilitas fidei Christiane. per duas cappas .. ELMH. *Cant.* 100.

7 (in gl.).

unio, -is i. congregare, adunare, colligere OSB. GLOUC. *Deriv.* 624; unuo, *asembler* (GARL. *Unus*) *Teaching Latin* II 170.

2 unire v. vivere.

unisonantia [CL unus+sonans *pr. ppl. of* sonare +-ia; cf. LL unisonus], (mus., as relationship between pitches of two notes) unison.

perfecta dicitur esse illa quando duo voces junguntur in eodem tempore ita quod secundum auditum una vox non percipitur ab alia propter concordantiam et ~a dicitur aut equisonantia, ut in unisono et diapason GARL. *Mus. Mens.* 9 p. 69; si terminaverit in eodem per ~am ut cC *Mens. & Disc.* (*Anon. IV*) 71; per unisonum vel per ~am .. iterato incipiendo per ~am et terminando per diapason *Ib.* 72.

unisone [LL unisonus+-e], in unison, sounding as one, with a single sound.

est .. multiplex sonus tubarum .. ut modo ~e, modo conscise, modo crepitando .. resonent R. NIGER *Mil.* II 58.

unisonus [LL = *monotonous*], (mus.) of the same pitch, unison. **b** (as sb. m., as relationship between pitches of two notes) unison.

G gravis tres habet notas tamen ~as ODINGTON 99; sonorum alii sunt ~i, alii non ~i. ~i sunt quorum sonus unus est vel in gravi vel in acuto. non ~i sunt quorum unus gravior est et alior [*sic*] acutior certa quantitate TUNST. 204. **b** concordantiarum prima dicitur ~us quia procedit ab equalitate et ideo meliorem modum habet concordantie GARL. *Mus. Mens.* 10; in cantu ecclesiastico utuntur tredecim proportionibus. quarum proportionum principium dicitur ~us *Mens. & Disc.* (*Anon. IV*) 63; que [proportio] apud musicos dicitur equalitas et quoad sonum ~us nuncupatur, sive fuerit in cordis sive in fistulis organorum sive in cimbalis benesonantibus *Ib.* 65; novem [species discantus] reperiuntur, videlicet ~us, tercia, quinta .. et quinta decima HOTHBY *Contrap.* Fa 101.

unitare [LL], to unite.

1317 si cancellarii et magistrorum .. volentium in hac parte respicere bonum pacis et concordia ~ari voluntas accesserit R. BURY *Ep.* 26; constat quod cum ista similitudine est quantalibet distancia dissimilitudinis ~atum WYCL. *Ver.* III 166.

unitas [CL]

1 quality of being one in number, oneness. **b** single entity, unit. **c** (math.) unit, one.

manet .. nomen singularis numeri quod significat in ~ate suppositi, pluralis .. quod sub ~ate forme supposita multiplicat *Ps.*-GROS. *Gram.* 40. **b** c**1218** efficacius et celerius adimplet universitas quod inutiliter interdum conatur ~as *Conc.* I 553a. **c** sciendum quod totius numeri fundamentum est ~as et denarius. omnis namque numeri multitudo ab ~ate procedit, et in denarium quodam modo desinit THURKILL *Abac.* f. 55r; inveni nihil aliud esse numerum, nisi quod ex ~atibus componitur. ~as ergo est qua unaqueque res dicitur una, et ~as in omni numero reperitur ROB. ANGL. (I) *Alg.* 66; ~as est qua dicitur omnis res una. numerus est multitudo ex ~atibus composita ADEL. *Elem.* VII *def.* 1–2 p. 196; ~as et binarius et ternarius senarium perficiunt NECKAM *NR* II 173 p. 295; quare linea vel aliud continuum non est ex punctis sicut numerus ex ~atibus SICCAV. *PN* 99; ~as est principium. numerus est multitudo ex ~ibus composita ODINGTON 47.

2 quality of being one in nature (*e. g.* lacking division or differentiation) or sim., oneness, unity; **b** (theol., of or w. ref. to the Trinity). **c** quality of sharing one common nature, character, or sim., oneness. **d** oneness of nature.

summa ~as simplicitasque commendatur communis naturae ANSELM (*Mon.* 44) I 60; ~as scientie est ab ~ate subjecti FISHACRE *Sent. Prol.* 94. **b** **679** confitemur .. Patrem et Filium et Spiritum Sanctum trinitatem in ~ate consubstantialem et ~atem in trinitate (*Conc. Hatfield*) BEDE *HE* IV 17; per eandem ~atem et trinitatem .. adjuro te ut dicas quem heredem habebit *V. Cuthb.* III 6; colentibus .. Deum, in ~ate trinum, in trinitate unum LANTFR. *Swith. pref.* p. 254; **1285** in nomine Sancte Trinitatis et individue ~atis Patris et Filii et Spiritus Sancti amen *Deeds Balliol* 10; que spectant ad mysterium trinitatis et ~atis divine OCKHAM *Dial.* 746. **c** innumeros sanctae ecclesiae populos ~as fidei contegit quos intus diversitas meritorum tenet BEDE *Cant.* 1232A; ~as in substantia est identitas; ~as in qualitate similitudo T. SUTTON *Quodl.* 37; licet ~as generis sit minor quam ~as speciei DUNS *Ord.* IV 191. **d** sciendum est quod ~as in partes dividi non potest: si dividitur, ~as non erit ALCUIN *Dogm.* 275A.

3 integrity, coherence, oneness (esp. w. ref. to consistency over time).

1180 ad testificandam .. perpetuam ~atem et firmitatem hujus compositionis .. in utraque parte cyrographi sua sigilla apposuerunt *Regesta Scot.* 236 p. 276; **1446** ad majorem hujus indenture evidentiam .. confratres, de consensu partium, hujus tenorem .. huic matricule ~atis seu libro fecerunt inseri *MunAcOx* 555.

4 quality or state of being united or unified (esp. as constituting wholeness or completeness), unity. **b** (*~as ecclesiae* or sim.) unity of the church, (also) the communion of the church, the church as a united body. **c** (monastic) community.

c**625** quomodo .. ~as vobis conjunctionis inesse dici poterit, si a vestrae fidei splendore .. ille remanserit alienus? (*Lit. Papae*) BEDE *HE* II 11; **1178** ut .. scissura schismatis consueretur ad ~atem P. BLOIS *Ep.* 48. 141B. **b** licentiam .. non habemus eis .. crismam vel eucharistiam dare nisi ante confessi fuerint velle nobiscum esse in ~ate aecclesiae THEOD. *Pen.* II 9. 3; misit .. Laurentius .. Brettonum sacerdotibus litteras .. quibus eos in ~ate catholica confirmare satagit BEDE *HE* II 4; Gregorius cum suis errantes Witbertinos ad ~atem ecclesie revocabat ORD. VIT. VII 4 p. 165; s**1179** Alemannorum ecclesia ad ~atem reversa, vicennali schismate jam cessante GIR. *EH* II 20 p. 349; **1216** mandamus vobis quod sine mora redeatis ad ~atem ecclesie, et fidem et servicium nostrum *Pat* 17; **1357** laici .. rubore suffusi se ad ~atem ecclesie converterunt *MunAcOx* 190; c**1559** sancta catholica Scoticana ecclesia .. in ~ate fidei Christiane .. remaneat *Conc. Scot.* II 141. **c** monasterium, ~as *GlC* M 248; c**1230** ~ati vestre reverende .. gratiarum actiones reddo GROS. *Ep.* 3; sanctus .. Mobai in ~atem fratrum mittebat (*Cronanus* 5) *VSH* II 23.

5 unity, concord, harmony.

vir ~atis ac pacis studiosissimus BEDE *HE* V 15; **802** felix qui ~atem pacis fraterno amore conservare studet ALCUIN *Ep.* 255; pacis et ~atis perturbator A. TEWK. *Add. Thom.* 337; **1213** nos .. ecclesiam nostram amplius studentes eadem ecclesia Sarum in ~ate caritatis confederare *Reg. S. Osm.* I 225; [Leo] qui pacem firmam inter eos reformavit et potentes .. ad ~atem reduxit M. PAR. *Maj.* I 475.

unitatorius [LL unitare+-torius], that unites or brings about unity.

quantum ad secundum, scilicet conversacionem virtuosam ~am Jesu Christi patet ex dictis quod gracia hujus constituitur hoc sacramentum WYCL. *Euch.* 164.

unite [LL], in a united manner.

quidquid est perfectionis in creaturis divisim est in Deo ~e R. MARSTON *QD* 73; unam perfectionem essentie divine, que omnes perfectiones creaturarum .. continet ~e et indistincte, nos non intelligimus ~e et indistincte sed multipliciter et distinctis conceptionibus T. SUTTON *Quodl.* 531; contentum in aliquo virtualiter continetur in eo sicut in quodam excessivo virtuali quod ~issime continet W. ALNWICK *QD* 453; honor debet tali capiti ~e attribui qui prius in multos ritus et sacramenta figuralia est dispersus WYCL. *Ver.* III 132.

unitim [CL unitus *p. ppl. of* unire+-im], together, in a united manner.

oves ille fugam omnes ~im aggregate ineunt R. COLD. *Cuthb.* 139 p. 289.

unitio [LL], (act of) bringing together, uniting, union.

utraque .. summae ~onis in contemperatione, Deo quidem inhumanato, homine autem deificato ALCUIN *Dogm.* 95A; anima .. quieta sempiterna nata, motu sensuque corporis ~one consternata ALF. ANGL. *Cor* 13; non .. est angeli cum assumpto corpore ~o GROS. *Ep.* 1 p. 13; in ~one nutrimenti cum nutrito est motus secundum omnem dimensionem J. BLUND *An.* 53; ad Deum .. conversio, sursum actio, communicatio, ~o nostrorum animorum .. consummatur (AD. MARSH) *Mon. Francisc.* I 417; in Christo humanitatis et divinitatis ~o ut homines cum Deo co-unirentur COLET *Rom. Enarr.* 179.

unitive [LL unitivus+-e], in a uniting or combining manner, so as to unite or combine.

superficies corporis continentis unus est terminus communis ad quem partes corporis vel locati et loci vel continentiscopulantur et hoc non ~e set diversa ratione et in quantum se tangunt BACON VIII 191; ideo .. fit talis unio in Deo, propter infinitatem essentie divinae, que in se ~e includit omnem perfectionem simpliciter et etiam omnem realitatem sibi compossibilem DUNS *Ord.* VI 27; discretive et non ~e W. ALNWICK *QD* 404 (v. discretive); res partibiles impartibiliter et indistanter cognoscere ipsos est necessarium et plurificata ~e BRADW. *CD* 183C; 5[to] confirmatur ex hoc quod accidencia maxime distancia potest Deus facere ~e concurrere in eodem, ut omnia novem genera accidencium sunt idem subjecto WYCL. *Incarn.* 191.

unitivus [LL], that unites; **b** (as characteristic of sphere).

horum tu virtus, caritas unitiva J. HOWD. *Cant.* 192; 'et copulata Christi glutino', id est ~a virtute GROS. *Hexaem. proem.* 6 p. 19; universalia .. illa sunt multa conveniencia in natura et nomine .. hoc tamen non improbabiliter ponitur si per universale intelligatur aliqua racio universalis seu virtus divina omnium talium ~a BRADW. *CD* 159C; ~a virtus, que est omnis caritas WYCL. *Civ. Dom.* I 360. **b** corpora celestia appetitu unitatis sortita sunt figuram spericam, que omnium figurarum est maxime ~a DOCKING 113; figura .. spherica super omnes alias maxime est ~a; unde et gutta pluvie fluida in sphericam figuram se colligit ex unitatis appetitu CHAUNDLER *Laud.* 121.

unitor [LL], one who unites.

~or mentium Patris et Filii, et Spiritus sancti unus idemque cum eis Deus AD. SCOT *Serm.* 93D.

unium v. 2 ŭnio.

universalis [CL]

1 that applies to all, in all cases, or in every respect, general, universal; **b** (med.); **c** (log., of proposition); **d** (phil.). **e** (as sb. n.) universal. **f** (*in ~i*) in general.

Jacobus, Petrus, Johannes, Judas septem epistolas ediderunt quas ecclesiastica consuetudo catholicas, id est ~es, cognominat BEDE *Ep. Cath.* 9A; [crux] in qua Dominus noster Jesus Christus pro ~i hominum salute pependit ASSER *Alf.* 71; ad cujus rei probationem non oportuit inferri particularem negationem .. sed ~em potius LANFR. *Corp. & Sang.* 417D; s**1239** propter ~e bonum quod ex unione inter ipsum et ecclesiam provenit M. PAR. *Maj.* III 562; de immortalitate anime in methaphisicis est tactum, sed hic moraliter et precipue de corporis resurectione est dicendum, de qua non potuit metaphisicus dare sententiam, nec ~em nec particularem BACON *Mor. Phil.* 22 (cf. ib.: Aristotiles et Avicenna dederunt nobis vias ~es ad immortalitatem animarum); superius .. dictum de ea [materia] prout est causa ~is generationis in communi T. SUTTON *Gen. & Corrupt.* 48; secuntur regule quinque alie ~es per duodecimam HOTHBY *Contrap.* Fl 66. **b** ~is morbus triplex est quia aut universaliter omnia membra affligit aut quia omnia genera morborum simul in eo reperiuntur .. aut duo tamen ut in solutione continuitatis GILB. I 1. 1; cephalica est dolor capitis ~is *SB* 15. **c** propositio dialectica aut demonstrativa, ~is, particularis, aut indefinita J. SAL. *Met.* 918A; contingit aliquid scire in universali et ignorare in particulari, secundum sententiam philosophi, quod non est aliud quam scire proposicionem ~em et ignorare aliquam ejus particularem OCKHAM *Dial.* 434 (*recte* 438). **d** quando conceptus ~is abstrahitur singulari, quanto est ~ior tanto difficilius potest intellectus diu sistere in tali conceptu DUNS *Ord.* III 118; Deus est causa ~issima et post eum res universales create secundum ordinem quo originantur a Deo WYCL. *Univ.* 15. **e** cum de ~ibus ageretur

ADEL. *ED* 12; secundum quod in singularibus ~ia intelliguntur et in hiis ~iora BALSH. *AD* 78; in anime comprehensionem cadunt ~ia et res incorporee J. BLUND *An.* 30; secundum ~e et particulare sumuntur qualitates, secundum potenciam et effectum genus, secundum unum et multa numerus *Ps.*-GROS. *Gram.* 36; dico quod ~e in creaturis dividitur in suis singularibus DUNS *Ord.* II 30; primum est ~e causacione .. secundum est ~e communicacione .. tertium est ~e representacione WYCL. *Univ.* 15; **14..** liber ~ium Porphyrii *EHR* XIV 251; **1501** libri logicales .. ~ia Milverley et Burleus super Purphirum et predicamenta *Cant. Coll. Ox.* 25. **f** ex quibus in ~i patet quod hec sciencia est nobilior omnibus partibus philosophie BACON *Mor. Phil.* 4; de motu .. in ~i determinat in libro physicorum, de motu vero magis in speciali, in libris sequentibus T. SUTTON *Gen. & Corrupt.* 47; illis .. exceptis quos excipi oportet pro regimine claustri, chori, bonorumque ecclesie in ~i *Reg. Whet.* I 399.

2 (of the church) catholic, universal (*v. et. ecclesia* 2c). **b** (of council or synod) ecumenical, general.

Machabeorum generosa germanitatis pignora .. septiformem ~is ecclesiae speciem praefigurasse noscuntur ALDH. *Met.* 2 p. 64; ~i, quae per orbem est, ecclesiae Christi BEDE *HE* III 25 p. 188; c**793** optans illi aeternae beatitudinis gloriam, quae nullatenus cuilibet sine ~is ecclesiae pace et concordia evenire valet ALCUIN *Ep.* 23; ~is ecclesie concordi more adducti W. MALM. *GP* V 215; inermes pacem ~i ecclesie procurabamus ORD. VIT. XII 21 p. 384; qui firmiter tenent omnia tradita in scriptura et ~i ecclesie doctrina esse vera et sana OCKHAM *Dial.* 434 (*recte* 436). **b** omnes sancti et ~es synodi BEDE *HE* IV 17 p. 239; **786** synodalia edicta ~ium sex conciliorum *Ep. Alcuin.* 3; quinta synodus ~is Constantinopolim celebratur M. PAR. *Maj.* I 244; canon dicitur id quod statuitur in ~i concilio LYNDW. 272n.

3 who has universal authority (in quot., of ecclesiastic).

~i papae apostolico ASSER *Alf.* 16; Petro totius ecclesie principatus committitur et tamen ~is episcopus non vocatur; et .. consacerdos meus Johannes Constantinopolitanus episcopus ~is episcopus vocari conatur DICETO *Chr.* 102; hic [papa] .. ~is nuncupatur quia universe ecclesie principatur GIR. *PI* I 19 p. 106; ordinarius principaliter habet locum de episcopo et aliis superioribus, qui soli sunt ~es in suis jurisdiccionibus LYNDW. 16l; **1549** [ordinarii] ~es quidem quater in anno, particulares vero toties quoties *Conc. Scot.* II 117.

4 communal, public, common.

caput ipsius amputaturus et in trivio ~is vie illud positurus ad signum *G. Herw.* f. 329.

5 all, total, complete.

s**1287** facta est eclipsis lune ~is OXNEAD *Chr.* 269; **1289** sibi et successoribus suis ~ibus et singularibus *RGasc* II 380a; quiescente in pacis quiete ~i Britannia CIREN. II 211.

6 (as name or epithet of Gilbert, bishop of London).

s**1128** iste, Gilebertus nomine, cognomine vero ~is J. WORC. 26; c**1130** domino Gilberto ~i Lundonie sancte ecclesie presule annuente *Ch. Westm.* 249; pro Gisleberto cognomento ~i Lundoniensi episcopo, qui nuper defunctus est ORD. VIT. XIII 28 p. 78.

universalitas [LL]

1 generality, universality; **b** (log. & phil.).

'hominis' nomen, praeter differentiam aliquam positum, ~atem hominum designat FRIDUG. 126; acerbae cervicositatis aporias, injectaeque deperationis angilogias intrito ~atis epithemate, et ambrosio dictionalitatis collemate indulcabo O. CANT. *Pref. Frith.* 44; ut necessarii mensura sit tempus secundum suam ~atem, sicut est contingentis secundum suam partem GROS. 146; per se .. importat necessario ~atem temporis et suppositorum BRADW. *CD* 527E. **b** ego etenim dum necessitatem nominavi non ~atem intendi set causalem hujus eventus efficatiam expressi ADEL. *QN* 66; ratio ~atem, sensus vero solam singularitatem capit BERN. *Comm. Aen.* 27; in his singularibus intellectus .. facit ~atem SICCAV. *PN* 87; anima nichil facit ad ~atem que est in rebus BACON II 102; ~as, que est propria condicio objecti in quantum objectum, precedit actum intellectus vel intelligendi DUNS *Ord.* III 210; quantitas proposicionis est ~as, particularitas, indefineitas, vel singularitas WYCL. *Log.* I 17.

2 universal authority, supremacy.

prima [ficticia] dicit quod papa ex ~ate sui supereminentis dominii potest capere de bonis ecclesie .. quomodocunque et quandocunque voluerit WYCL. *Sim.* 57.

universaliter [CL], in such a manner as to comprise, involve, or deal with all or the whole (esp. without exception, or as dist. from or without reference to some individual, part, subtype, or sim.). **b** (phil.) in the manner or by means of universals, 'universally'.

formula .. quam singillatim evolvere et ~er enudare taedet ALDH. *PR* 129; movetur .. terra particulariter quidem, non ~er ADEL. *QN* 50; ut .. communiter agam vel ~er, omnium que moventur quietem esse causam mea sententia est *Ib.* 60; tum ~er ut 'omnis affirmatio est enuntiatio', tum non ~er ut 'affirmatio est enuntiatio' BALSH. *AD* 79; [lacus] sanguineus aliquando .. repertus est; non ~er tamen sed quasi per venas quasdam et rivulos sanguinem manare compertus est GIR. *IK* I 2 p. 35; suspensis prius lectionibus et disputationibus ~er M. PAR. *Maj.* III 168; Innocentius papa .. reges et omnes alios .. ~er [cf. M. PAR. *Maj.* II 529: universos] a regis Johannis fidelitate absolvit *Flor. Hist.* II 140; de tactu qui requiritur ad facere et pati et mixtionem et ~er ad omnem motum T. SUTTON *Gen. & Corrupt.* 49; c**1320** omnes laici civitatis convenire debent et solent apud B., et inde ~er Turrim Londononiarum ingredi, decenter et honeste induti *MGL* I 53; **1325** in .. bulla sunt omnes ~er possessiones tam exempte quam non exempte a decimis *Reg. Newbattle* 224 p. 191; insulam .. victualibus ~er [BAKER f. 104b: naturaliter] abundantem MORE *Chr. Ed. II* 309; a**1350** hoc ~er passim et indistincte de omnibus cistis intelligatur *StatOx* 77; hoc videtur posse inevitabiliter confirmari ex hoc quod omne sacramentum et ~er omne signum .. aliud facit in noticiam venire *Ziz.* 192; s**1378** quid .. fit murmur in populo, non solum qui depredationibus vexabantur, sed qui rapere cogebantur, ~er *Chr. Angl.* 196; s**1395** germinancia tunc †valiter [MS: universaliter] virencia *Chr. Kirkstall* 129; cujus temporibus non erat schisma in ecclesia; qui et cognitus est ~er pro Papa Romano WALS. *HA* II 178; **1549** interdicatur .. ~er eorundem [libellorum] usus, mercatura, impressio, et lectura *Conc. Scot.* II 120. **b** sicut in umbra cujuslibet corporis frustra soliditatis substantia queritur, sic in his que intelligibilia sunt dumtaxat et ~er concipi nec tamen ~er esse queunt, solidioris existentie substantia nequaquam invenitur J. SAL. *Pol.* 664D; philosophus dicit quod in enuntiatione predicatur aliquando predicatum de universali ~er sumpto et aliquando non ~er sumpto OCKHAM *Expos. Aurea* 400.

†universare, *f. l.*

qui .. alieni juris illicitos invadunt amplexus, qui se lepidis affectationibus †universant [? l. immersant], qui dissolutos modulationibus inhiant (*Quad.*) *GAS* 530.

universe v. universus.

universiformiter [CL universus+formiter], (phil.) ? in like manner.

in regula illa summa essencia proposicionem subjecerat. subjectet igitur ~er proposicionem inferendam et nihil aliud concludetur nisi quod illa summa essencia non est creatura, homo, et asinus quilibet, et similia NETTER *DAF* I 17b B.

universitas [CL]

1 whole (taken together), entirety, totality, collectivity; **b** (w. ref. to people, institutions, *etc.*, of a region).

septenario saepe numero ~atem designare scriptura consuevit BEDE *TR* 64; 'membra vestra', id est, partes veteris hominis, qui ~as peccati intelligitur, vel membrorum nostrorum concupiscentias LANFR. *Comment. Paul.* 328A; sicut in corpore humano est regimentum, ita et in ~ate totius orbis est regimentum regens discordantia J. BLUND *An.* 351; probatio, tum quia ~as causatorum essentialiter ordinatorum est ab aliqua causa que non est aliquid ~atis, quia tunc esset causa sui. tota .. ~as dependentium dependet, et a nullo illius ~atis DUNS *Ord.* II 157; cum .. totam animarum ~atem exceptis paucissimis dum in corporibus viverent peccatis teneremus *Latin Stories* 101. **b** regionis ~as in eorum sententiam promta transierat BEDE *HE* I 17 p. 35; **1170** novit fere ~as orbis quod pre cunctis mortalibus precipue et singulariter pietatis gratia et spiritu mansuetudinis abundatis P. BLOIS *Ep.* 50. 149A; **1199** quietus de auxilio regis quod dominus rex petiit .. de ~ate Anglie *Pipe* 123; dedit ~as Anglie, tam clerici quam laici, dicto regi quintamdecimam partem omnium mobilium suorum *Leg. Ant. Lond.* 204.

2 (esp. corporate) body of persons, community, (also) society; **b** (*~as vestra*, as form of address). **c** (acad.) university.

hunc comitabatur ~as magnatum, pars pretio redempta, pars adulationibus depravata W. MALM. *Wulfst.* II 1; variis tenentur occupationibus cives et dum sic coluntur officia singulorum ut ~ati prospiciatur, dum justitia colitur, fines omnium mellea dulcedo perfundit J. SAL. *Pol.* 621C; de adventu venerabilium patrum nostrorum, ordinis Carthusiensis priorum ad annuum capitulum, magnus ordinis ejusdem ~ati provenit fructus AD. SCOT *QEC* 804D; **1221** mittimus vobis litteras majoris et commune Londonie patentes, communi sigillo ~atis civitatis Londonie sigillatas *Pat* 303; **1238** inveniat .. sectatores circa ~atem magistrorum et scholarium Oxonie commorantium *MunAcOx* 6; beneplacitum Dei est causa antecedens boni ~atis GROS. *Quaest. Theol.* 202; multi dubitabant, si papalis potestas, sede vacante, ad .. cardinalium ~atem divolveretur an non M. PAR. *Maj.* IV 250; fuit quod .. mala imminerent regno Bohemie .. ~as Pragensis scripsit Martino 5° pro remedio horum malorum GASCOIGNE *Loci* 5. **b** **1148** decano Sarum totique capitulo Sarum ecclesie salutem .. noverit ~as vestra *Ch. Sal.* 14; ~i vestre per apostolica scripta precipiendo mandamus (*Lit. Papae*) *Reg. Malm.* I 367; vestram ~atem exoramus quatinus .. litteras vestras velitis formare *Canon. G. Sempr.* f. 121v; **1217** omnibus presentes litteras inspecturis, salutem. noverit ~as vestra quod .. *Pat* 80. **c** **1231** consimiles literas habet ~as Oxonie directas vicecomiti Oxonie, majori et ballivis Oxonie .. ponitur 'ad mandatum cancellarii et magistrorum Oxonie' *Cl* 587; **1248** scripserunt nobis .. cancellarius et ~as Oxoniensis GROS. *Ep.* 129; s**1252** confiteri cogebantur quod Oxonialis ~as emula Parisienis censeri promeretur M. PAR. *Maj.* V 343; **1333** lx li. .. quos dicit se solvisse magistro J. de L. magistro scolarium de elemosina regis ad scolas ~is Cantebrigie *LTR Mem* 105 m. 165; te imploro ut .. michi edicas quare leges Anglie .. in ~atibus non docentur ut civiles .. et canonum leges FORTESCUE *LLA* 47; c**1520** in hac alma ~ate sua Sanctiandree *Conc. Scot.* I cclxxii.

3 (also *~as rerum*) the sum of things, the universe. **b** (*via ~atis*) the way of all things (*i. e.* death, *cf. Jos.* xxiii 14).

~atis [*gl.*: plenitudinis] creatori ALDH. *VirgP* 60; mundus est ~itas omnis, quae constat ex caelo et terra, quattuor elementis in speciem orbis absoluti globata BEDE *NR* 194; c**800** si .. dividitur .. in tres et quattuor, mirabile ~atis habet arcanum ALCUIN *Ep.* 243; Deum .. inhonorat, quoniam non se .. subdit illius dispositioni, et ~atis ordinem et pulchritudinem .. perturbat ANSELM (*CurD* I 15) I 21; hoc corpus humanum in quo est hec anima non est ita stabilis essentie sicut ~as mundana, quia facilius corrumpitur corpus hominis quam totus mundus J. BLUND *An.* 353; error Manicheorum .. asserentium duo esse principia ~atis rerum NECKAM *SS* I *prol.* 10 p. 5. **b** cogitans de suo ad ~atis viam transitu .. hereditariam .. scribi imperavit epistolam ASSER *Alf.* 16; **957** postquam ~atis viam adierit *CS* 994; presul sanctissimus viam ~atis adiit, transmittendo spiritum ad Deum, qui dedit illum S. DURH. *HR* 99.

4 (esp. phil.) universality, generality.

omnis enim regula, et ~as omnis, alicui generi accommodata est, cujus ambitum si lasciviendo excesserit, illico vitiatur J. SAL. *Met.* 898B; in sensum cadit singulare quod est lucidum secundum quod tale; postea predictus redditur universale gratia ~atis J. BLUND *An.* 87.

universus [CL]

1 the whole of, entire, all (of). **b** (pl.) all (without exception). **c** (as sb. n. pl.) the whole or entirety (of anything), everything, (also spec.) the sum of all things, the universe.

de summa .. caelorum arce tempora cuncta excedente ~o orbi praefulgidum sui coruscum ostendens GILDAS *EB* 8; faciunt velamina super omne caput ~ae aetatis ad subvertendas animas *Ib.* 90; gaudente rege, congaudente ~o populo BEDE *HE* II 9 p. 100; **1182** Josia rege mortuo, scriptum est quod ~us Juda et Jerusalem luxerunt eum P. BLOIS *Ep.* 2. 5a; evangelium in †universe [? l. universo] mundo eos [discipulos] predicare ut Dominus imperavit HON. *Spec.*

Eccl. 957C; quedam .. post partum passa est dolorem per ~um corpus *Quaest. Salern.* Ba 49; mundum ~um, mundique causas vel mente percurrere GIR. *TH intr.* p. 7; **1549** admittimus te ad interpretandam et profitendam ~am sacram scripturam, tam Veteris quam Novi Testamenti *StatOx* 356. **b** ~os quos in necem suam conspirasse didicerat aut occidit aut in deditionem recepit BEDE *HE* II 9 p. 100; terra .. fructus creat ~os ALB. LOND. *DG* 7. 3; ~i .. Christiani vocantur et plures articulos nostre fidei observant *Itin. Mand.* 66; **1269** A. de C. senescallus domini P. ~is ballivis per honorem de C. .. salutem *CBaron* 70; ~e note brevium et semibrevium que sub celo sunt HAUDLO 176. **c** Deum verum ac vivum, qui ~a creavit, adoro BEDE *HE* I 7 p. 19; dicitur creatrix essentia ~a fecisse de nihilo ANSELM (*Mon.* 8) I 23; uni Deo regi sanctorum, Dominoque ~orum ORD. VIT. VI 10 p. 135; s**1189** per ~a Anglie *Meaux* I 244; in principio creavit Deus celum et terram et mundum et ~a que in eis sunt J. FOXTON *Cosm.* 1. 1; non est qui possit tibi resistere, quia Dominus ~orum tu es BLAKMAN *Hen. VI* 2.

2 a (*per ~um*) as a whole, in one lot. **b** (*in ~um, in ~o*) in total, altogether. **c** (*in ~um*) wholly, entirely, altogether.

a **1299** de xxxix velleribus lane agnorum de exitu que venduntur per ~um ut infra (*Ac. Milton*) *DCCant.* **b** quatuor duntaxat in ~um existunt apostolorum jejunia BELETH *RDO* (ed. *PL*) 11. 23C; **1242** provideant regi de ccc militibus et d servientibus in ~o, cum illis quos prius ad regem mitti mandaverat *RGasc* I 18b; c**1253** lx pauperes in †vinverso [l. ~o] *Stat. Linc.* I 349; **1277** sunt ibi in pastura separabili que vocatur Kingesdon' cviij acre que valent per annum in ~o xxx s. *Ac. Stratton* 25; **1311** in emendatione domorum Christine de Botes cum schopis adjacentibus in ~o iijs. ijd. ob. *Comp. Swith.* 391; s**1355** in ~o dominus rex habuit plus quam tria millia hominum armorum AVESB. f. 125b. **c** est autem calumpniari crimina falsa intendere; prevaricari vera abscondere; at in ~um ab accusatione desistere tergiversari est J. SAL. *Pol.* 574C.

univocare [CL unus+vocare, cf. LL univocus, univocatio], to call (multiple things) by one single same name, identify; **b** (w. dat.).

species .. est unum commune quo ~antur multa individua *Ps.*-GROS. *Summa* 348; queritur utrum theologia sit una scientia .. hec .. non est unius generis subjecti: quia .. tractat de ente creato et increato, que in nullo ~antur nec in aliquo genere subjecto conveniunt; ergo non est una scientia MIDDLETON *Sent.* I 6a; divinitas et humanitas in nullo comuni ~antur WYCL. *Ver.* III 136. **b** omnis effectus ~atur suo efficienti .. domus enim architectori ~atur in hoc, quod architector speciem domus habet in anima GROS. 120.

univocatio [LL], oneness or identity of name or meaning, univocation.

videbitur .. et ex ~one in hujusmodi principiis sophisma inveniri. est .. ~o eadem ratione diversorum eadem appellatio BALSH. *AD* 46; vera ~o est in specie specialissima et per totam logicam habetur quod species predicatur univoce de individuis BACON II 107; omnis .. destruens communitatem et ~onem destruit scientiam *Ps.*-GROS. *Summa* 348; est .. propriissime dicta ~o in nomine speciei respectu suorum individuorum SICCAV. *PN* 76; ~onem completam dico quando est similitudo in forma et modo essendi forme; diminutam dico quando est similitudo in forma licet habeat alium modum essendi DUNS *Ord.* I 236; restat videre de ~one et equivocacione rerum in suis racionibus WYCL. *Ente Praed.* 2.

univoce [LL]

1 in one and the same sense, with one name, meaning, or signification, synonymously, univocally.

quecumque predicantur, aut equivoce aut ~e aut denominative suis applicantur subjectis. equivoce .. si non eodem sensu, ~e si eodem J. SAL. *Met.* 893A; utrum nomen persone ~e dicatur de Deo et creatura NECKAM *SS* II 7. 1; hoc ipsum 'animatum' predicatur ~e de corpore animato et de animali et de homine J. BLUND *An.* 35; cum Deus factus est homo, Deushomo communicavit in natura ~e cum racionali creatura GROS. *Hexaem.* IX 8 p. 276; [nomen] non ~e potest significare plura BACON *CSTheol.* 67; substancia et quantitates sunt ~e universalia, sed equivoce entia WYCL. *Ente Praed.* 16.

2 with one voice.

~e, concorditer, et pacifice *Reg. Whet.* I 7; respondetur .. loquendo ~e de potestate juris AMUND. I 343.

univocus [LL], that has one single name or meaning, univocal.

omonyma aequivoca, synonyma ~a, polyonyma plurivoca Latine dici possunt ALCUIN *Didasc.* 955A; pulchre .. ille huic ~a praerogativa hoc unanime dilectionis mittit exenium: 'dilectissimo fratri Honorio, Honorius' GOSC. *Transl. Aug.* 25C; docens quicquid in verbis decipere potest aut equivocum esse aut ~um ADEL. *ED* 21; ~orum quoque et denominativorum adeo necessaria est cognitio, ut haec tria, scilicet equivoca, ~a, et denominativa, asserat Isidorus categoriarum instrumenta J. SAL. *Met.* 893A; nomen non potest significare aliquid commune ~um enti et non enti, sive presenti, preterito, et futuro BACON *CSTheol.* 88; ~um conceptum dico, qui ita est unus quod ejus unitas sufficit ad contradictionem, affirmando et negando ipsum de eodem DUNS *Ord.* III 18.

unlaga [AS *unlagu*], violation of law, illegality, injustice.

si quis .. ~am (id est non legem) [AS: *unlage*] erigat (*Quad.*) *GAS* 319; si quis .. injustum judicet vel ~am constituat (*Leg. Hen.* 34) *Ib.* 565.

unlandiscus v. utlandiscus. **unnctum** v. unctum. **unnio** v. 2 unio.

unoculus [? CL unus+oculus, cf. culus; cf. et. monoculus], (anat.) rectum, anus.

quod Graeci τυφλὸν et μονόφθαλμον, Romani cecum intestinum et ~um vocant, colo accrescit D. EDW. *Anat.* A5.

unquam v. umquam. **uns** v. 2 unx. **unuo** v. unire.

unus [CL]

1 one (also in compound num.). **b** (pl., of things that come in sets) one set (esp. pair) of. **c** (w. neg., emph., as lowest positive number). **d** (*una sabbati*) day one from the sabbath.

dedit filiam suam Aelffledam, quae vixdum unius anni aetatem inpleverat, perpetua ei virginitate consecrandam BEDE *HE* III 24 p. 178; inter conjugatas uno tantum viro feminas EGB. *Pont.* 114; sicut earum essentiae non sunt plures sed una, ita et naturae non sunt plures sed una ANSELM (*Mon.* 4) I 17; cum annis uno de viginti regnaverat GIR. *PI* II 1; s**1296** E. rex cepit de Scotis xl unum milites *Ann. Exon.* f. 17v; contulit nobis .. pasturam xxiij vaccis et uno tauro *Meaux* I 100. **b** si unas quadrigas concordi quattuor equorum velocitate videas ad cursum paratas BEDE *Cant.* 1186B; Danorum gens, diuturna olim in Anglia commoratione, pene ad unas consuetudines confederata erat W. MALM. *Mir. Mariae* 157; c**1140** unam pelliciam et unas crepitas (*Reg. S. Ben. Holme*) *MonA* III 92; c**1155** unas caligas de scarlato ad Pascha *Form A* 178; **1190** per servicium unorum esposonorum deauratorum *DL* 10/43; c**1240** reddendo inde .. una paria calcarium precii sex denariorum *AncD* A 474; a**1222** duo paria botarum per annum, sc. ad festum sancti Michaelis unas botas feltratas et ad Pasca singulas de opere domus nostre *Cart. Osney* III 55. **c** ferrarius .. o lignarie, cur sic loqueris, cum nec saltem unum foramen sine arte mea vales facere ÆLF. *Coll.* 100; nec unas ad me litterulas potuit impetrare J. SAL. *Ep.* 168 (167 p. 100). **d** prima sabbati vel una sabbati sive sabbatorum, secunda sabbati .. septima sabbati BEDE *TR* 8; propter fidem .. dominicae resurrectionis, quam una sabbati factam, propterque spem nostrae resurrectionis, quam eadem una sabbati, quae nunc Dominica dies dicitur .. futuram .. credebat *Id. HE* III 17; diem .. Dominicam, quae apud antiquos una vel prima sabbati sive sabbatorum vocatur (*Lit. Ceolfridi*) *Ib.* V 21 p. 336; in evangelio quoque una sabbati pro prima sabbati dicitur ANDR. S. VICT. *Dan.* 78.

2 (in quot., w. gen. or w. *de* or *ex*) one (in, from, or of group). **b** singular, particular, one (as standing out).

exivit ipsa cum una sanctimonialium feminarum ad locum virorum BEDE *HE* III 11; **799** cupiens spiritali praesentia unus esse ex vobis ALCUIN *Ep.* 168; unum aliquem pastorum suorum antiquorum ad matrem ecclesiam revocare *Hexham* I 215; **1313** H.. .. unus de xij versus quem transgressio facta fuisse debuisset *Eyre Kent* I 76; **1517** Johanni D. militi uno de concilio domini regis *FormA* 366. **b** ipse unus erat egregius dispensator divini dogmatis de prioribus predicatoribus quos elegit Deus (*Abbanus* 9) *VSH* I 8.

3 one as a single (esp. united or unified) whole (also as sb.); **b** (w. *cum*). **c** (*in unum*) in or so as to form one single unit, mass, body, entity, or sim., together, in one. **d** (as characteristic, in quot. w. ref. to God) one, undivided.

grammaticus .. non significat hominem et grammaticam ut unum, sed grammaticam per se et hominem per aliud significat ANSELM (*Gram.*) I 157; cum nichil unum possit fieri ex affectu et conceptu BACON XV 95. **b** [anima] attracta Christo desiderabiliter per amorem adheret, adherens feliciter nubit ut unus cum ipso spiritus fiat J. FORD *Serm.* 97. 8. **c** fratres in unum habitantes [cf. *Psalm.* cxxxii 1] GILDAS *EB* 12; **838** omnes .. in unum consona mente *CS* 421; compilator, qui plurima in unum congerit OSB. GLOUC. *Deriv.* 152; eorum pia gesta prout potui .. de diversis codicibus collegi, et in unum mihi congessi ORD. VIT. II 17 p. 360; cogitationes suas dubie in diversa .. fluctuantes cito in unum recollegit P. CORNW. *Rev.* I 6 p. 24; ea que memoria digna videbantur non inutile duxi in unum congerere GIR. *TH pref.* p. 21; illi vero non habitant in unum qui a fratrum se solatio subtrahunt OCKHAM *Dial.* 542. **d** Deus .. ex unissima et simplicissima sed infinitissima sua virtute distinctissime cuncta videt BRADW. *CD* 784E.

4 (*ad unum* or sim.) without exception, all, 'every one'.

petulanti excussu ova omnia ad unum confringunt W. MALM. *GP* II 75 p. 161; villas reliquas episcopatus .. recuperavit ad unam *Ib.* IV 143.

5 one (w. ref. to one or more others), (esp. *unus .. unus, unus .. alius, unus .. alter*) one .. another or the other .. (also pl., of set or group). **b** (*unus et alter*) one and another, a few.

unam alarum ad Hispaniam, alteram ad Italiam extendens GILDAS *EB* 13; duo .. spiritus .. percusserunt me, unus in capite et alius in pede BEDE *HE* V 13 (cf. ib.: resederunt circa me, unus ad caput et unus ad pedes); duas domos .. unam foris aliam intra civitatem quidam monachus aecclesiae Cantuar' abstulit *DB* I 2ra; ex domini dextra vernas quos vovit adesse / unos post alios ducet serpens ad abesse D. BEC. 1933; **1211** xxiiij cerei accendantur; qui de uno in unum cum servicio extingui debent *Cust. Westm.* 276; **1211** venerunt illa A. cum suis et alius R., ut debuerunt venire, cum xxxvj; et ipsa A. atingit quod uni erunt homines sui et alii parentes *CurR* 118; sic .. de uno ad reliquum, usque ad completum numerum .. similem ritum quilibet observavit AVESB. f. 119b. **b** uno et altero delicto commisso nec vindicato W. MALM. *GP* III 134; panis ematur, holus, vini sextarius unus et alter et cetera humane [? sc. vite] usibus necessaria ANDR. S. VICT. *Sal.* 118; **1166** cum multos amicos habuerim in prosperis constitutus, vix unus et alter inventi sunt qui in adversis .. positum aut velint aut audeant salutare J. SAL. *Ep.* 161 (159); homo unus et alter furto, rapinis .. omnibus denique actibus .. sectantur PULL. *Sent.* 876B.

6 one same or common; **b** (w. *ipse, idem,* or sim.).

uno ac non diverso temporis ordine BEDE *HE* III 25 p. 184; **798** ideo forte errantes dicuntur, quia certum semper et unius modi cursum non habere noscuntur ALCUIN *Ep.* 149; ?**800** qui solus inter omnes filios Dei hoc habuit proprium ut una sit persona cum eo, quia aeternaliter ex Deo patre genitus est, non alter et alter, sed unus et unus *Ib.* 204; ipse de una nacione erat natus et sanctus Molua (*Molua* 39) *VSH* II 220. **b** una eademque sanguinis fundendi aviditate GILDAS *EB* 19; quatinus vicissim membranis discutientibus unum atque id ipsum sentiamus vinculis caritatis innexi EGB. *Dial.* 404; **1240** quia sunt aliqui [Judei] conquerentes quod pro uno et eodem debito in pluribus locis carcantur, mandamus vobis quod .. eos carcari faciatis in uno loco pro uno et eodem debito *Cl* 257; que duo officia, sc. officium clamatorie et hostiarie, solebant ad unum et idem pertinere *Mod. Ten. Parl.* 27; **1378** dicunt .. quod ille pons vocatus Stondebrugg' et ille pons voacatus Stonebrugge sunt unus et idem pons qui .. vocatur Nortonbrugg' (*CoramR*) *Pub. Works* I 140.

7 a, an.

in quo .. monasterio unum paganicae gentis edoctum in monachico habitu degentem .. vidimus ASSER *Alf.* 94; da mihi unum accipitrem.—dabo libenter, si dederis mihi unum velocem canem ÆLF. *Coll.* 95; s**755** [Sigebyrht] mansit de denso in condenso, usque dum interficitur ab uno subulco ÆTHELW. II 17; manerium .. donavit aecclesiae per unum textum positum super altare *DB* I 177vb; vir Dei ait uni militi eorum .. "fili, vocatus es ad Deum" (*Colmanus* 8) *VSH* I 262; **1300** pendulum auri cum saphiro magno ad pendendum circa collum unius hominis *AcWardr* 348; [clericus] qui unam imaginem de cera ad similitudinem meam in pariete fixit *G. Roman.* 429.

8 some (unspecified) one, (in quot. w. *dierum* or *noctium*) one day, one night.

s**1137** apud Windlesoram uno dierum stante populo ad celebrationem misse, lux quedam infulserat interioribus ecclesie J. WORC. 43; una noctium pruriginem sensit in .. digito P. CORNW. *Rev.* I 6 p. 24; dum una dierum contra hostes suos decertaret *Flor. Hist.* II 64.

9 (as sb.) someone, something.

obsecro .. ut dicas mihi unum de quo olim te interrogare non ausus diu sollicitabar FELIX *Guthl.* 50 p. 156.

10 (*uno verbo*, *ad unum*) in a word, briefly.

cum posset ~o verbo dicere quinque cenaculorum sive tectorum eam esse dispositam BEDE *Gen.* 91B; dic .. ~o verbo quid sit perseverare, quantum res exigit, in faciendo aliquid ANSELM (*Casus Diab.* 3) I 238; et quid plura? ut sit ad ~um dicere, horrendissime vastitates tormentorum infernalium omnibus inferuntur AD. MARSH *Ep.* 92 p. 214; **1403** breviter, ut ad ~um dicamus, nostram universitatem Oxon' de multis .. purgavit erroribus *FormOx* 199.

11 (in gl.).

hic unus, A. *a lodsman WW*.

unusquilibet [LL], any one you like.

~et de eodem .. veritati charitatique consentit Is. STELLA *Serm.* 16. 4. 1741C.

unusquispiam [CL unus+quispiam], someone.

~am de domo vicina .. proceres invitat ad potum CIREN. II 58.

unusquisque, unus quisque [CL], each one, each.

miserationem facite unusquisque ad fratrem suum GILDAS *EB* 88; unaquaque .. pars, eo transiente, .. proclamavit ad eum .. *V. Greg.* p. 85; Aegaeon .. monstrum .. qui habuit l capita .. et unoquoque ore ignem vomens .. eructabat flammas *Lib. Monstr.* I 48; **866** hunicuique anno unum roborem ad aedificium *CS* 513; in una quaque navi erant homines xx et unus *DB* I 1ra; **1270** †unicuncque [MS (87 m. 9): unicuique] jus in eisdem [terris] vendicanti *Cl* 176.

1 unx v. unctum.

2 unx [cf. e. g. CL deunx; cf. et. uncia], (in gl.).

uns uncis i. quedam mensura et inde hec uncia .. pro eadem mensura OSB. GLOUC. *Deriv.* 616.

unxia v. unguere. **upa** v. 2 hopa. **upapa, upipa** v. upupa.

uplanda [ME *uplond, up(p)elande, oplonde*], upland.

per aquam de ~a, id est, de superiori terra, scaphis deferri .. jussit *Croyl.* 4.

uplandensis [uplanda+-ensis], of or pertaining to the upland (in quot. perh. w. ref. to country more generally), (as sb. m.) uplander.

de calumpnia de furto per opelandensem [Scot.: *be ane uplandis man*]. si burgensis calumpnietur de opelandense de furto *Leg. IV Burg.* 26; si burgensis calumnietur pur rure-manentem, seu ~em de furto (*Leg. Burg.*) *RegiamM* II f. 135v.

uplandinus [uplanda+-inus], (as sb. n.) upland area or district, upland, (in quot. perh.) country area or district.

c**1170** terras .. quas de me tenetis in comitatibus .. in villis in oplondinis in mercatis (*Pembroke*) *BBC* 192 (=*CalPat* 107).

upteia, ~um [ME *uptei(e)*], (naut.) rope used for hoisting the yard and sail, halyard.

1226 in cablo ad navem .. et steia et ~a *Pipe Wint.* 11M59/B1/13 r. 5*d.*; **1234** pro aliis cordis ~is et aliis attiliis cordarum *Pipe* 78 m. 16*d.*; **1253** eadem villata habuit j ancoram .. et v uptesia [*Cal. Scot.* I 366: urtesia] et quandam costeram batelli *CurR* 152 r. 2;

1417 providencia certorum cablorum, haucerorum, upteorum, et al' rop' necessar' *AncD* C 1005.

uptesium, upteum v. upteia.

upupa [CL], hoopoe; **b** (in gl., esp. identified w. lapwing).

hupupa, strix, bubo tenebras, lucinia lucem / appetit NECKAM *DS* II 901; nos .. hupupe quodammodo, que nidificat in stercoribus suis, similes extitimus GIR. *SD* 6; **1284** pro putura et lumine xiiij gir' regis et hupe domine regine et unius lan' albi *KR Ac* 351/11 m. 5; ~a .. stercora humana comedat .. avis .. est spurcissima et immunda, cristis a capite exeuntibus galeata, semper in sepulcris commorans vel in fimo BART. ANGL. XII 37; ad modum galli silvestris vel huppupe dormientis capite sub axellis inflexo NETTER *DAF* I 230b A; literatores .. Britannici, ~am .. sua lingua *lapuuingam* vocant. verum istorum crassus error .. confutatur TURNER *Av.* (1903) 174.   **b** ~a, *lepwinkel* Teaching Latin I 23; *lapwhyng, or wype, bryd*, upapa *PP*; hec upipa, A. *a wype WW*; hec ipipa, A. *a wype WW*; *a plouer*, ~a LEVINS *Manip.* 76.

ura, *var. sp.* of oura [οὐρά], tail.

uros enim idem quod cauda NECKAM *Ut.* 112.

Urania [CL < Οὐρανία], the Muse of astronomy.

~a *Natura Deorum* 21; ~a celestis, que est intelligentia BERN. *Comm. Aen.* 35.

uranicus [LL uranus+-icus; cf. οὐράνιος], of or pertaining to heaven or the heavens, heavenly, celestial.

qui est supremus artifex / civitatis uranice FRITH. *Cives* 1; rex civitatis ~e BYRHT. *V. Osw.* 451; ipse nos intromittat in cellarium ~e (i. celestis) sophie ÆLF. *BATA* 5. 11; ad ~a regna migravit FL. WORC. I 32; blandire mihi in jocunditate amoris ~i, ut ignicoma inveniar in extremis ROLLE *IA* 278.

uranon v. uranus.

uranoscopus [CL < οὐρανοσκόπος], kind of fish that has permanently up-turned eyes, (in gl. identified as) ray.

diversi [pisces] .. mullus, uranosscopus [*gl.*: ~us, AN: *ray, raie*] NECKAM *Ut.* 98; *ray, fysch*, ~us *PP*; *thornbak*, ~us *PP*; nomina piscium .. hic uronoscopos, *a thornbake WW*; uranuscopus, A. *a raye WW*.

uranosscopus v. uranoscopus.

uranus [LL < οὐρανός]

1 (vault of) heaven.

'pater noster qui es in ~is', hoc est in celis S. LANGTON *Gl. Hist. Schol.* 41; ~on, i. †celest eunde [l. celeste unde] dicitur urania *Alph.* 192; ex ~o [*gl.*: id est celo] in aden [*gl.*: id est inferno] .. proficiscimur LIV. *Op.* 37.

2 roof of the mouth, the palate.

palatum, vel ~on, *goma* vel *hrof ðæs muðes* ÆLF. *Gl.*

3 (in gl.) ray, thornback (*v. et. uranoscopus*).

thornbak, uranoscopus .. ~us, -i. *PP*.

uranuscopus v. uranoscopus.   **urba** v. urla.

†urbambali, *f. l.*

fiant duo chori †in urbambali [*sic* MS] ad dedicationem civitatis [cf. *II Esdr.* xii 27: facerent dedicationem .. in cantico in cymbalis psalteriis et citharis] R. NIGER *Mil.* III 24.

urbane [CL], with refined politeness, suavely, urbanely.   **b** (w. ref. to language) with refinement or elegance of style or expression (esp. w. ref. to wit).   **c** (in gl.).

qui Romam simul pervenientes ~e suscepti sunt honore singulis congruo EADMER *HN* p. 13; si scis, urbane corrige doctus D. BEC. 160; **14..** ~e se conferunt, sub tapetis dormiunt *Feudal Man.* 152.   **b** quis valet urbane laudes sermone polito / fari sanctorum sub caeli culmine claras? ALDH. *VirgV* 1071; se gloriosiorem reputans quisquis ~ius de Christina falsidico nosset ore garrire *V. Chris. Marky.* 53; beatus Benedictus in capitulo de hospitibus frugalem humanitatem non modo religiose sed etiam comiter et ~e videtur exprimere J. SAL. *Pol.* 767B; a**1200** sicut satis ~e scribit quidam magister meus P. BLOIS *Ep.* 1. 1B.   **c** †eligantur [l. eleganter], pulchre, ~e *GlC* E 143; **9..**

urbene, *mid ðam getingelinc WW*; comiter .. ~e, lepide OSB. GLOUC. *Deriv.* 143.

urbanicus [CL urbanus+-icus; cf. CL urbanicius], (in gl.) of, belonging to, or connected with the city or its style.

facetus, urbanus, curialis, ~us OSB. GLOUC. *Deriv.* 239.

Urbanista [Urbanus+-ista], adherent of Pope Urban (VI).

c**1385** qui per capitulum Tornacensem antipape subiectum, tanquam verus Urbanista parti vestre .. adherens de ecclesia sancti Jacobi in Tornaco, unde ipse rector extitit, privatus fuit *Dip. Corr. Ric. II* 32.

urbanitas [CL]

1 refined politeness, courtesy, sophistication, urbanity.   **b** (w. ref. to language) refinement or elegance of style or expression (esp. w. ref. to wit).

lepor, ~as, facetia, curialitas OSB. GLOUC. *Deriv.* 324; hoc ab omni ~ate adeo procul est ut barbariei vitiis familiarius sit quam vite civili J. SAL. *Pol.* 726B; vir affabilis .. nulli prorsus hominum, quicquid intus palliaverit, ~ate secundus GIR. *EH* I 46 p. 303.   **b** uberrimamque verborum facundiam ac virginalem ~atis [*gl.*: i. facundie, eloquentie, loquele, *burhspæce, gleawnysse*] disertitudinem magnopere admirarer ALDH. *VirgP* 2; **798** quicquid ~atis sale conditum cognoscitur, vestris intellectualibus favorabile auribus et acutissimis oculis amabile esse probavimus ALCUIN *Ep.* 143; quam audacter suos incitavit princeps, quis ~ate fretus potest edicere? BYRHT. *V. Osw.* 456; comoediarum et tragoediarum actus, mimorum ~ates, et strophas et quidquid hujusmodi J. SAL. *Pol.* 724A; ?**1197** illa scribendi ~as que olim florebat in juvene nunc marcescit in sene P. BLOIS *Ep.* 141. 422D.

2 (~as *Angliae*, leg.) curtesy of England (right for husband who outlives his wife to hold for life estates of which she had died in seisin, whether in fee-simple or fee-tail, provided he had begotten a living child by her).

1398 qui desponsavit predictam E. et predicta mesuagia .. nunc tenet per ~atem Anglie *DL CourtR* 3/41 r. 9.

urbaniter [CL urbanus+-ter], with refined politeness, suavely, urbanely (*v. et. urbane*).

insignis ille protinus ~er exceptam solari conatus est inconsolabiliter ejulantem E. THRIP. *Collect. Stories* 208.

urbanus [CL]

1 of or pertaining to the city.   **b** (of person) who lives or pursues activities in the city, (as sb.) city-dweller; **c** (w. ref. to Rome, in gl.).

discurrere per cuncta ~a et rustica loca BEDE *HE* III 5; **845** [prata] in media ~orum pratorum *CS* 449; fora ~a Gallicis mercibus .. referta conspiceres ORD. VIT. IV 7 p. 215; **1245** omnes terras et predia ~a seu rustica que possedimus *Lit. Cant.* III 361.   **b** ~us, *burhsita* vel *burhman* ÆLF. *Gl.*; gens [Cantuarie] urbana et rustica, plusquam ceteri Angli conscientiam adhuc antique nobilitatis spirans W. MALM. *GP prol.*; divitibus .. et pauperibus, viris et mulieribus, monachis et clericis, ~is et rusticis ORD. VIT. IX 2 p. 468; ~is et suburbanis, colonis quoque vel rusticis J. SAL. *Pol.* 390B; obviantes sibi turbe ~e funebria carmina canentes (*Abbanus* 14) *VSH* I 12.   **c** urbana [*gl.*: ~i vocabantur qui Rome habitabant; qui in ceteris locis oppidani; nam sola urbs Roma, cetera oppida] ALDH. *VirgP* 20; plebs ~a, populus Romanus *GlC* P 448.

2 of or characterized by the style of the city, refined, polite, elegant, sophisticated, urbane. **b** (w. ref. to language) refined or elegant in style or expression (esp. w. ref. to wit).

mores urbanos adjuncta superbia ledit D. BEC. 115.   **b** ~a [*gl.* docta, *mid getincgere*] verborum facundia fretus ALDH. *VirgP* 20; ~ae sint conversationis ignari BEDE *Luke* 614A; nemo est tam ~a facundia facetus BYRHT. *V. Osw.* 406; cras in ollam candidi dimittentur lapilli. ~um sane proverbium quod in prosperis agendorum dicitur successibus *V. Chris. Marky.* 63; hec Morpheum fecisse scias, et me fratrem ejus, qui talibus et tam ~is frequenter usi lusibus non trahimus ad gehennam .. quempiam MAP *NC* IV 6 f. 49; sermo satis est urbanus / quem gemmata juvat manus / per decorem jaspidis Walt. Wimb. *Van.* 83; scribo .. exercicii causa ut hunc jejunum et rusticanum sermonem verbis corrigas ac ~um reddas Free *Ep.* 62.

urbecula [CL urbs+-cula], small city or town.

ad portum Dorovernensis ~e adpropinquarent Byrht. *V. Osw.* 419.

urbene v. urbane.

urbicus [CL], of or pertaining to the city, (as sb.) city-dweller.

mirantibus ~is W. Malm. *Wulfst.* II 3; de urbe [Roma] et ~is quicquid conarer dicere *Id. GR* IV 351.

urbs [CL]

1 city, large town; **b** (*~s ~ium*, w. ref. to Rome).

apud Aquileiam ~em Gildas *EB* 13; Capitolium quod est in medium †orbis [l. ~is] Romae Theod. *Laterc.* 8; monasterium .. constructum in castro .. quod lingua Anglorum Cnobheresburg, id est ~s Cnobheri, vocatur Bede *HE* III 19; **838** actum est hec donacio .. in Dorovernia metropolitana ~e *CS* 419; **901** sit ista terra libera excepto expeditione et pontis et ~is restauratione *Ch. Wint.* 4; **10..** ~s, *burh WW*; **1072** in .. Eboracensi ~e Lanfr. *Ep.* 3 (4); **s1199** ~em Constantinopolitanum [*sic*] de manibus infidelium .. eripiunt *Plusc.* VI 37; conventus .. Wigornie cum clero ~is et populo *Mir. Wulfst.* II 12; ipsa amputavit ejus capud et postmodum illud ostendit sacerdotibus ~is [ME: *burch*] *AncrR* 113; quatuor .. ab ~e regia, Londoniis scilicet, disjuncta miliariis *Mir. Hen. VI* II 40 p. 107. **b** quidam tanquam ad ~em ~ium apostrophando metricos hos versus emisit: 'servierant tibi, Roma, diu domini dominorum. / servi servorum nunc tibi sunt domini' Gir. *Spec.* IV 17.

2 (spec.) the city of Rome.

anno ab ~e condita sescentesimo nonagesimo tertio, ante .. incarnationis Dominicae tempus anno sexagesimo Bede *HE* I 2; lustrum dicebatur spatium quinque annorum, quo lustrabatur ~s et ab omnibus gentibus solvebatur tributum Abbo *QG* 20 (43); venientes .. ad ~em a domino papa Nicholao .. suscepti sunt Osb. Clar. *V. Ed. Conf.* 11 p. 88; [Brennus] quibus devictis [Romanis] ad ~em tendens ita eam cepit et usquam ad Capitolium destruxit Bern. *Comm. Aen.* 126; **1268** rex Sicilie .. alme ~is senator *Cl* 560.

3 the city of heaven.

res patet: etheream bona mors aperitur in urbem, / quo cum transierit quisque beatus erit L. Durh. *Dial.* IV 325; urbis panduntur porte, sociosque receptant / urbani proceres, ethereique duces. / nobilis urbs celi tenet ampla suburbia, partes / mundi Garl. *Tri. Eccl.* 142.

4 district, region.

s409 agilem audierunt esse piratico in opere gentem Saxonum in tota maritima a Rheno fluvio usque in Doniam ~em, quae nunc vulgo Danmarc nuncupatur Æthelw. I 2.

urbum v. urvum.

urcanus [cf. CL ursus, canis], kind of ferocious dog, understood as cross of dog and bear.

nec aliud genus .. praeter Lacaenam et ~um .. hunc ex urso et cane catenario Caius *Can.* f. 9b; ~us, saeva bestia, et intractabilis irae .. ceteros canes nostros omnes feroci crudelitate superans *Ib.* f. 10.

urcare [CL], (of lynx) to screech (*v. et. hircare*).

lincum [est] †aucare [l. hircare] vel †nutare [l. ~are] *CathA*.

urcelus v. urceolus. **urcenus** v. uncinus. **urceola, ~um** v. urceolus.

urceolus [CL], **~a, ~um** [LL], small pitcher or jug, ewer (also in fig. context). **b** (in liturgical use) cruet.

urciolum, *waetercruce GlC* U 283; ~us super aquam apparuit, et post ~um urceus exundans aqua W. Malm. *GR* II 154; sedile ligneum, calix, et urceolus fictilis probantur prius, et sic emuntur J. Sal. *Pol.* 750C; sint [in quoquina] .. carticula, ~i [*gl. posseney, poscenés*, urcioli, *possoneit, peti pot*] Neckam *Ut.* 97; **1276** domum suam spoliaverunt de quadam olla enea et de †orceblo [MS: orceolo] *Hund.* II 111b; **1288** item duo urciola argenti *KR Ac* 231/26 m. 12; **1312** urcelus j (*Ac. Bocking*) *DCCant.*; vita [gulosi est] in doleo, anima in ~o [ME: *crochʒe*] *AncrR* 77; **1373** vij olle, v urcieli, vij patelle *Pl. Mem. Lond.* CLA/024/01/02/019 m. 6 (=*Cal. Pl. Mem. Lond.* II 156); c**1379** lego Matilde .. filie mee .. unam ollam eneam et j urscellum *Test. Karl.* 127; **1388** in coquina ij olle eree et j ursiolum *IMisc* 332/12; **1440** unum ursiolum eneum *Pat* 446 m. 13; **1534** iiij[or] ~a stagnea *Cant. Coll. Ox.* 73; hic ursiolus, *a posnet WW.* **b** subdiaconus cum ordinatur .. de manu .. archidiaconi accipiat ~um cum aquamanili ac manutergium Egb. *Pont.* 14; c**1074** accipiat .. ~um cum aquamanili, ac manutergium .. ~us quid sit .. patet. est .. vas superius unde lavandis manibus aqua infunditur Lanfr. *Ep.* 13 (14); **1411** unus magnus calix pro summo altari, et due ~e [*Invent. Ch. Ch.* 107: urciole] argentee et deaurate *Lit. Cant.* III 114; legamus .. ecclesie .. unum par urseolorum (*Test. Hen. V*) *EHR* XCVI 92; **1432** lego .. unum calicem cum duobus ureolis et deosculatorio argenteis *Reg. Cant.* II 486.

urceus [CL], pitcher, jug, ewer. **b** (in liturgical use) cruet.

Marcus .. refert eos baptismata calicum et ~eorum lectorumque et aeramentorum observare solitos sed magis sub nomine vasorum ipsi mendacii et simulationis arguuntur Bede *Luke* 483B; ~eus .. *ceac* Ælf. *Gl.*; **10..** †usceus [l. ~eus], *ceac WW*; ~eus exundans aqua W. Malm. *GR* II 154 (v. urceolus a); ~eus, vas strictum superius, quod et orca et obba dicitur Osb. Glouc. *Deriv.* 625; humore impleatur ~eus habens fundum multis foraminibus distinctum et orificium superius Neckam *NR* I 19; urcheus, *picher* (Garl. *Unus*) *Teaching Latin* II 170; c**1420** pro deposicione unius ~i aurei cum preciosis labidibus ornati *Househ. Ac.* 640; nomina pertinencia coquine .. his ~ius, A. *a bras pot WW.* **b** ministerio .. altaris vasa necessaria .. turribula, ~eos, et pelves *Found. Waltham* 16; instrumenta ecclesiastica .. ~eus [*gl.*: *pot, cruet*], urceolus, pelves Neckam *Ut.* 119; duos .. ~eos argenteos, cum suis aspersoriis, de metallo consimili *G. S. Alb.* III 384; c**1445** expense capelle .. pro j pari urseorum empto *Cant. Coll. Ox.* 167; c**1519** aurifabro pro faccione de novo duorum ~eorum pro summo altari *Fabr. York* 99.

urcheus v. urceus. **urcielus** v. urceolus. **urcifer** v. ursifer. **urciola, ~um, ~us** v. urceolus.

1 urcius v. urceus.

2 †urcius, *f. l.*

10.. †urcius [l. ciro, cf. (v. surio)], *handwyrm WW.*

urcus v. hircus, urceus. **urdiri** v. ordiri.

urector [cf. CL urere], (in gl.).

~or [*sic* MS], A. *a brenner WW.*

uredo [CL]

1 burning or scorching conditions, effect, or sensation (esp. resulting from action or application of extreme temperature); **b** (w. ref. to intense cold); **c** (transf. or fig.).

ardens .. impetigo et fervens .. ~o interiora coli Andr. S. Vict. *Reg.* 30; si Deo partem suam rapiet, ipse ei novem auferet, nunc per tempestatem, nunc per siccitatem, nunc per grandinem, nunc per ~inem .. nunc per furum vel latronum direptionem Hon. *Spec. Eccl.* 866B; estatis ~ini vel frigoris horrori R. Cold. *Osw.* 15; intestinus viscerum dolor .. circa venarum connexiones asperimas sectionum ~ines procreaverat *Id. Cuthb.* 99 p. 221; algentis aque remedio ~inem ignis extinguens Gir. *GE* II 11 p. 221; **s1305** hoc anno fuit tanta ~o pariter et aurugo et siccitas in estate quod in maxima parte deficeret fenum terre *Flor. Hist.* III 127. **b** aqua pre frigoris ~ine vel intemperie congelata R. Cold. *Godr.* 74; si .. aqua pre frigoris ~ine .. congelata fuisset Gir. *GE* II 10; in quibus [signis stella Saturni] gravissimam .. nobis frigoris ~inem creat Alb. Lond. *DG* 1. 4; gelu repentinum matutinale cum choruscatione innaturali, quam ~inem naturales philosophi appellant M. Par. *Maj.* V 278; ager .. arundinum stipulis abundabat, que .. hiemali ~ine prorsus aruerant *Mir. Hen. VI* III 96. **c** [Olaff] omni tempore vite sue afflictus est ~ine famis et pestilentie R. Niger *Chr. I* 86; Amalechita ~ine concupiscentiarum noxiarum feculentiam rationis obnubilat *Id. Mil.* I 28; quedam .. incentiva malorum non extinguit aqua sapientie salutaris, quam tantum sedat ~o alicujus illate acredinis discipline artioris *Ib.* III 72; **1284** augentur .. ~inis angustie in immensum, cum prevalente malitia precluditur via remedio scandalorum Peckham *Ep.* 516 p. 676.

2 (in gl.) scorching wind.

urido, ventis uren[i]s *GlC* U 284; ~ine, vento urente Andr. S. Vict. *Hept.* 84.

ureolus v. urceolus.

urere [CL]

1 to damage or destroy by burning (with fire, flame, or sim.), burn; **b** (of fire, flame, or sim.); **c** (pr. ppl. as adj.). **d** to injure by burning (with fire, flame, or sim.), burn (also transf. w. ref. to scalding, *etc.*). **e** to expose to the action of fire, flame, or sim. **f** to cauterize.

si haec contempseris, scias te inextricabilibus tenebrosisque ignium torrentibus jamjamque inferni rotandum urendumque Gildas *EB* 29; c**800** ut plangam die ac nocte non Jerusalem Babilonio igne usturam sed animam Sodomitanis flammis arsuram Alcuin *Ep.* 294; martires .. flammis injecti .. orantes ut urerentur Ord. Vit. XIII 5 p. 8; Varro .. dicit, pyras cupresso circumdari propter gravem ustorum cadaverum odorem Alb. Lond. *DG* 6. 28; uritur panis tuus igne, fili (*Finanus* 88) *VSH* II 88. **b** nutricis suae habitacula ab urente flamma .. custodivit *V. Cuthb.* II 7; ignis duplicem habere vim soleat urendi scilicet et lucendi Bede *Tab.* 467D; **793** sempiternum .. ignem, qui urit inextinguibiliter cadentes in illum Alcuin *Ep.* 18; que [femoralia cilicina] ille [cubicularius] igni tradidit sed ea ignis allambens innoxie non urebat *V. Edm. Rich P* 1802C; **1327** ne hujusmodi fumigacio .. flammas ardentes et urentes producat .. *Lit. Cant.* I 226. **c** purgationis ignibus, quanquam non perennibus, gravissimis tamen et urentissimis Gir. *PI* I 20 p. 124. **d** ignibus usta feris virgo non cessit Agathe / Eulalia et perfert ignibus usta feris Bede *HE* IV 20; monachus .. aquam .. intrans, ibi morari nequaquam valuit, quia unda illa quasi ignis eum urebat (*Lasrianus* 12) *VSH* II 133; queritur quare aliquis stans in aqua calida minus uritur cum non movet eam aut se *Quaest. Salern.* B 213. **e** [spiritus] semper uritur nec comburitur, semper ad penas sumitur nec consumitur Gir. *GE* II 3. **f** cauterium, ferrum quo uruntur infirmi Osb. Glouc. *Deriv.* 145; hoc erit non molli via mederi, set urere ac secare Bacon *Mor. Phil.* 118.

2 (astr., of sun) to burn in (constellation).

urebat binis sol Egoceronta diebus G. Wint. *Epigr. Hist.* 4.

3 (of weather condition or sim.) to scorch, burn (also w. ref. to sim. effect of intense cold).

si non tanto brevior quanto ardentior Lybiam dies ureret, totam nimirum jam dudum absumeret Bede *TR* 7; Jacob .. in pascendis pecoribus aestu urebatur et gelu *Id. Luke* 335C; c**795** omnis decor .. urente percussa vento, flaccescit Alcuin *Ep.* 86; urido, ventis †urenis [l. urens] *GlC* U 284; pruina .. quia urit sicut ignis Osb. Glouc. *Deriv.* 428; ventus urens, calidus auster scilicet, qui levare solet locustas [*Exod.* x 3] Andr. S. Vict. *Hept.* 109; **s1292** ventus validus herbas urendo exaruit *Plusc.* VIII 17; marcescunt per venti urentis malignitatem Holcot *Wisd.* 146.

4 to cause a burning sensation in or on, to make burn.

ad hanc vocem acri dolores urere oculum regis intollerabiliter ceperunt (*Mochoemog* 19) *VSH* II 174.

5 to cause (person) to burn, inflame (with emotion): **a** (w. ref. to love, passion, desire, *etc.*); **b** (w. ref. to resentment, jealousy, grief, anxiety, *etc.*).

a quem crimina nimirum voluptatis urebant Bede *Cant.* 1069D; uror .. amore Ygerne. nec periculum corporis mei evadere existimo nisi ea potitus fuero G. Mon. VIII 19; si sancta electorum pectora zelus urebat Ailr. *Serm.* 50. 14; angele .. / qui .. / .. nos esse novos cupis et sine crimine justos / renes ure meos ardore libidinis ustos R. Cant. *Poems* 293. 18. **b** pro invidia qua clerici contra monachos urebantur Ord. Vit. XII 31 p. 431; c**1178** arguit .. meam et fortius urit conscientiam quod .. *Ch. Sal.* 41; miror cur stultis placet anceps pompula mundi, / quod curis multis cor torquet et urit habundi Walt. Wimb. *Scel.* 4.

6 (intr.) to undergo burning, burn (also transf.).

798 de natura lunae aliqua addidit interrogare: si frigidae esset naturae, quomodo ureret? Alcuin *Ep.* 149; cerne quot invidie, quot suspiciones, quot zelantis animi urentia flagra quietem mentis excludunt Ailr. *Comp. Spec. Car.* I 25. 528; urere quos cernis panes girare moraris / cum nimium gaudes hos manducare calentes M. PAR. *Maj.* I 411; [mulier] diutius accensa fervet, et ideo urit diutius GILB. VII 308. 2; **1336** Jacob, qui die noctuque gelu urebat et estu, pro amoris magnitudine serviens pro Rachele *Lit. Cant.* II 115.

urescere v. virescere.

†**ureus,** ? *f. l.*

a**1350** cum ceperit flores arbor parturire .. si obvius adversetur †ureus [*sic* MS; ? l. Eurus *or* urens] flatus, devirata languescit *FormOx* 448.

urgare v. 1 uncare.

urgenter [LL], pressingly, urgently.

coactim, ~er, violenter OSB. GLOUC. *Deriv.* 153; non ad focos capricorni rigor ~er invitat GIR. *TH* I 33; **1251** nequivi .. tenere spiritum quominus .. hoc .. ~ius exprimerem AD. MARSH *Ep.* 181; s**1254** venit dominus rex Francorum de Terra Sancta, vocantibus eum ~issime magnatibus sui regni M. PAR. *Abbr.* 337; nuntii festinantes .. imperatorem ~er revocabant *Id. Maj.* III 378; s**1257** hec omnia postulavit ~er exhiberi sibi ante festum sancti Michaelis OXNEAD *Chr.* 209.

urgentia [CL urgens *pr. ppl. of* urgere+-ia], **~uentia** [LL], pressure, urgency.

s**1184** cum .. res ista dilationem non admitteret, tum propter vestre jussionis ~entiam, tum propter publicam regni necessitatem DICETO *YH* 23; **1197** gratias .. ago Deo, qui adversus necessarie fatalitatis ~entias benigne pro afflictis excipiens suscitat .. de filiis prophetas P. BLOIS *Ep.* 127. 379B; a**1200** nunc propter ingruentium necessitatum ~entiam incultius .. me scribere oportebat *Ib.* 1. 2A; inter tot occupationum ~entias et tam discriminosa regiminis ecclesiastici negotia AD. MARSH *Ep.* 6.

urgere, ~uere [CL]

1 to put pressure on, press, push, squeeze.

ursus .. fortiter ~et quem apprehendit BAD. AUR. 164.

2 to press down, weigh down (also transf. or fig.).

tantis ante adventum Domini mundus sceleribus ~ebatur BEDE *Sam.* 554D; naturali pondere ad ima semper ~ente AILR. *Comp. Spec. Car.* 56. 570A; jugo Romane servitutis ~emur J. SAL. *Pol.* 424C.

3 (of pain, distress, or sim.) to bear hard on, be oppressive to.

praeter plagas quibus propter testamenta Dei humanum genus ~etur, etiam visus ipse justorum gravat injustos BEDE *Apoc.* 164A; si .. fuerit malus, vera .. sapientia privatus tantis ~ebitur doloribus ut non solum insipiens, verum omnino fiat et amens *Simil. Anselmi* 59; ~ebat eum amarior valitudo, penasque delictorum reposcere sperabatur W. MALM. *GP* I 48 p. 80; ~ebat eos non minus fames quam tempestas ORD. VIT. IV 5 p. 197; **1160** etsi .. privatis urgeamur angustiis, procellis tamen publicis magis affligimur J. SAL. *Ep.* 48 (122); cum dolor adhuc non cessabat ~ere eum .. cepit invocare .. sanctum Moedhog in auxilium (*Maedoc* 58) *VSH* II 162; tantis ~emur incommodis ut nulla nobis ulterius remanserit spes vivendi W. S. ALB. *V. Alb. & Amphib.* 21.

4 to act forcefully on or against, put military or political pressure on, assail, oppress, (also) to pursue. **b** to press hard with accusation, argument, or sim. **c** (intr., of argument or sim.) to have force, be pressing, compelling, or cogent; **d** (of need, cause, or sim.). **e** (pr. ppl. as adj.) pressing, urgent, cogent.

Suanus .. invasam Angliam rapinis et cedibus ~ebat W. MALM. *GR* II 179; justum esse ut, sicut Christiani non infestant Persidam, ita Turchi non ~eant Asiam *Ib.* IV 364; Rodbertus .. regios fautores bello ~uere conatus est ORD. VIT. XI 10 p. 202; jam fugitantem instantius urgeamus *G. Steph.* 105; hoste urgente in portam regredi compulsus est GIR. *EH* I 21. **b** Susanna casta femina fidelisque conjux duobus falsis testibus ~ebatur ALCUIN *Exeg.* 859A; querelam detulerit: modeste sane ut nec ab apostolica sede directum accusationibus ~eret nec .. innocentiam suam fluctuare permitteret W. MALM. *GP* I 1 p. 6; popularis insania laudabilem pontificem suspitionibus ~ebat *Ib.* V 219; vide quomodo pater adolescentis contra amicum excitabat invidiam, conviciis ~ens, terrens minis AILR. *Spir. Amicit.* III 93. 693. **c** ad racionem terciam, que magis ~ere videtur, dicunt quod .. OCKHAM *Dial.* 458. **d** **1071** necessitate ~ente expectare non potui quoadusque redirent quos ad vos transmisi priores legati nostri LANFR. *Ep.* 2 (2); cibo vacuus ad negotium discessit quod jam tardior hora ~eret causatus W. MALM. *GP* IV 137; **1423** ne [ministri] victualia .. per hec [claustralia] loca differant .. nisi cum ~et necessitas (*Ord. Abbatis*) AMUND. I 109. **e** quicquid temporis subtrahere poterat ~entioribus negotiis J. SAL. *Thom.* 11; **1185** pregrandis et ~entissima terre necessitas P. BLOIS *Ep.* 98. 308A; quia causis quibusdam ~entibus adesse non poteram GIR. *TH* II 19 p. 104; pro necessitate ~entissima et inevitabili *Cust. Cant.* 101; s**1392** circa ardua et ~encia regni negocia *Croyl. Cont. B* 488; rex .. peregit ~encia solempnia S. Georgii hucusque .. dilata *G. Hen. V* 18; **1566** nisi ex ~entissimis et legittimis causis *StatOx* 397.

5 to be pressing on, to be or come close (up) to. **b** (of danger, fate, or sim.) to threaten by proximity. **c** (absol.) to impend, be imminent.

cum jam proxime mortis januas ~eret .. exclamavit in cantum: "ecce, video celos apertos" W. MALM. *GP* II 81. **b** si mortis periculo ~uetur BEDE *HE* I 27 p. 54. **c** dux sine sanguine rem peragere volens .. ad alia quae magis ~ebant bella conversus est W. MALM. *GR* III 232; **1168** urgente tempestatis articulo aut nomina supprimenda sunt aut commenticiis utendum J. SAL. *Ep.* 273 (283); mundi finis ~et *Canon. G. Sempr.* f. 34v; c**1200** si forte, guerra ~ente, oporteat plures servientes apponi *Ch. Chester* 230.

6 to push, thrust, shove, drive, impel (in spec. direction, to new position, or into new state or form).

ubi videt .. rex .. urgueri se ad exitum *V. Ed. Conf.* f. 55; eum necessitas ad comitatum ~ebat W. MALM. *GP* IV 140; abbas .. constitutus, monachos ad votum inducere, famam in bonum ~ere *Ib.* V 200; horum abbatum gratiam .. alumnus eorum Beda in splendidiorem excellentiam ~et *Id. GR* I 54; nec est qui concives possit ~ere ad furorem nisi eos aliquatenus ipsa delectet insania J. SAL. *Pol.* 811A; o mater gratia, quam evidenti .. argumento te in his filiolis tuis ad omnem conscientiam commendas, quos ante omne meritum ~es ad regnum J. FORD *Serm.* 3. 2; s**1152** jam ad novum hanc ecclesiam statum ~ebat necessitas rerum, quem totiens creditur immutasse quotiens, descendente suo pontifice, in alterius regimen visa est successisse G. COLD. *Durh.* 2 p. 4; s**1346** nec ad continuacionem laborum hujusmodi, attenta debilitate nostri corporis ~entis in senium, sufficimus (*Lit. Regis*) AVESB. f. 132.

7 to press or urge on (to action); **b** (to characteristic or unspec. action, esp. to movement).

~uente [*gl.*: compellente] nefandi grassatoris imperio easdem sanctae ecclesiae sequipedas in latebras lautumiae diri tortores detrudunt ALDH. *VirgP* 50; c**800** ~uet .. me paternitatis affectus fari quod pennigero rumore narrante didici ALCUIN *Ep.* 294; Wigornensi civitati episcopum ~eretur consecrare W. MALM. *GP* IV 139; s**1191** convenerunt in capitulo S. Pauli Lundonie, pulsata campana que populum solet ad conveniendum urgere DICETO *YH* 99; caritate ~ente, id quod habuit .. coram eis, ut comederent, apponere curavit (*Brendanus* 94) *VSH* I 146; mortem .. prioris nostri .. scribere jam ~emur *Lit. Cant.* I 6; c**1374** pro summis debitis oportet quod pungentes et ~entes littere fiant, auctoritate Apostolica .. quod solvat pro se et sua diocesi, ista vice, summam taxandam ut supradicitur *Let. Ch. Ch.* 5. **b** jam occiduus sol vesperam ~eret W. MALM. *GR* IV 379; rapidum calcaribus ~e cornipedem ORD. VIT. IX 9 p. 527; ditia regna reliquistis, eademque .. revisere vultis, maxime cum vos ~eat dulcis amor conjugum et dilecte sobolis *Ib.* X 12 p. 73; **1153** ut pecus urgetur stimulo ut irrumpat et impingat quo vult ipse qui stimulat, sic peccatum quem pungit ~et et impingit indubitanter ad mortem G. FOLIOT *Ep.* 108 p. 148; nullo fatorum impulsu .. ~ebatur ad culpam, que indubitata parens pene hominem sponte lapsum impegit in mortem J. SAL. *Pol.* 444B; **1238** equorum .. sessores eosdem equos toto annisu sponte currentes nihilominus calcaribus ~ent GROS. *Ep.* 61; **1456** miles, qui cum ~enti fastu, flatu, et boatu ad villam accesserat, recessit inde silenciose *Reg. Whet.* I 216; taliter .. faciunt non veritatis causa sed solum ~entibus torturis artati FORTESCUE *LLA* 22.

8 to press on with, pursue (course of action or sim.) with vigour.

omnes qui venerant de captivitate in Hierusalem a majore usque ad minorem statuerunt Levitas qui ~uerent opus domini BEDE *Ezra* 836C; perseverantia, quae bonum inchoatum stabiliter ~et; patientia, quae utilitatis causa difficilia tolerat EADMER *Virt.* 582C; [Angli] in cibis ~entes crapulam, in potibus irritantes vomicam W. MALM. *GR* III 245; quod impii homines pauperum fortunis ingluviem suam ~ebant *Ib.* V 398; quod inceperat ~ebat, ut Anselmum in archiepiscopatu firmaret *Id. GP* I 49.

9 to advance forcefully, insist on, press (point).

quid .. acciderit ut Theodorus .. ordinaret episcopos, omittere magis quam ~ere, pro ejusdem viri reverentia, condecet W. MALM. *GP* I 1 p. 7.

urgescere [CL urgere+-escere], (as deriv. of *urgere*).

ab urgeo ~esco -is OSB. GLOUC. *Deriv.* 612.

†**urgium,** *f. l.*

1174 ne que .. in posterum †urgii [l. jurgii] vel controversie occasio oriri .. possit *Cart. Sallay* 575.

urguere v. urgere.

1 †**uria,** *f. l.*

a naffe, a birde, †uria [? l. iaia *i. e.* jaia] LEVINS *Manip.* 9.

2 uria v. 2 usia.

urica v. uruca. **urido** v. uredo.

†**urigenator,** *f. l.*

nomina artificium .. hic †urigenator [l. eruginator *i. e.* aeruginator], *a frobycher WW.*

urimammus v. unimammus.

urina [CL], urine; **b** (applied to semen).

stercus et ~a tot animantium BEDE *Gen.* 93A; consulti medici inspectione ~e certam mortem predixere W. MALM. *GR* III 280; si in hepate putrefactio esset, quod quandoque solet accidere, ~a rubea et tenuis minaretur adustionem et ad nigredinem pertineret P. BLOIS *Ep.* 43. 126D; queritur homines dormiendo in nocte quare sepius emittant sperma quam ~am, cum propinquior sit ~a ad exeundum *Quaest. Salern.* B 43; ~a est una superfluitas sanguinis que continetur in vesica *Ps.*-RIC. *Anat.* 36; accipe .. de sale indico 3 11. diligenter teratur et distemperatur cum ~a pueri virginis et sit ~a libra una M. SCOT *Lumen* 245; aliud [sal] sudore balneantium vel ~a fit puerorum *Ps.*-GROS. *Summa* 642; illum ignem [Grecum] non potest .. aliquid extinguere nisi ~a [ME: *migge*] et arena et acetum *AncrR* 159. **b** nec contulit / medicinam, / qui urinam, / non urine consulit, / cum humorem, / non amorem, / causam morbi protulit P. BLOIS *Carm.* 12. 7. 60.

urinal v. urinalis.

urinalis [LL], of or pertaining to urine, urinary. **b** (as sb. n.) pot for urine, chamber-pot.

eadem nocte ~ia receptacula quindecies et eo amplius exhausit W. CANT. *Mir. Thom.* II 31 p. 187; grossa superfluitas secunde digestionis, scilicet urina, per ~es emittitur meatus *Quaest. Salern.* Ba 106; calculo meatus ~es opturante *Flor. Hist.* II 314; cerebrum inficit, et ad ~es operationes perficiendas ineptum reddit GILB. I 30v. 1; per fluxum sanguinis .. per vias ~es GAD. 26v. 1; opilacione lapidis opilantur vie ~es [ME: *weies of pisse*] BART. ANGL. VII 54. **b** minsaterium, vas ad recipiendum urinam vel mictum, urinal OSB. GLOUC. *Deriv.* 363; **1210** pro j ~i j d. *Misae* 164; c**1286** pro uno forcerio novo .. ~i et aliis minutis emptis ad opus domine Margarete filie regis *Rec. Wardr.* 393; c**1290** pro ollis terreis, urinallis, et fiolis emptis ad cameram *Househ. Eleanor* 81; **1392** pro ij orynalibus per ipsum emptis .. ij s. *Ac. H. Derby* 281; nec habebit aut portabit aliquis palam ~e vel aliquid tale in dormitorio *Cust. Westm.* 148; vitriolum et calcina .. pone in ~i, affundendo illi tantum de lacte virgineo ut sit coopertum, et claude ~e cum panno lineo RIPLEY 393.

urinallis, ~um v. urinalis.

urinare [CL urina+-are], to urinate.

urinare licet domino domui dominanti; / urinet noctu post sompnum, si velit, hospes D. BEC. 1086; facit bene ~are BACON V 104; habentes lapides, concomitantur multa incommoda, sc. difficultas ~andi [ME: *difficulte of pissinge*], colica BART. ANGL. VII 54; tunc urina est rubea et ardor in ~ando GAD. 98v. 1; virginitatem .. prodit [lapis gagates] quia aqua ejus bibita, si bibens est virgo, non ~abit, si non est virgo statim urinam emittet UPTON 116; **s1508** cum .. plus octo diebus non ~asset ANDRÉ *Hen. VII* 117.

urinarius [CL urina+-arius], of or pertaining to urine, urinary. **b** (as sb. f. or n.) pot for urine, chamber-pot.

eis οὐρητῆρες adnectuntur, i. ~ii meatus, candidi fistulosi ac tensiles D. EDW. *Anat.* B3v. **b** urina .. unde hec ~ia, et hoc ~ium i. vas ad recipiendam urinam OSB. GLOUC. *Deriv.* 608; *a jordan* .. urinale, ~ia, ~ium CathA; *an urynalle* ~ia, ~ium, urinale *Ib.*

urinatrix [CL urinari+-trix], diver (f.), (in quot.) kind of diving bird, perh. grebe (*Podiceps minor*).

Aristoteles ~icis [sc. κολυμβίδος] unum tantum genus commemorat; ego tamen tria ~icum genera vidi TURNER *Av.* (1903) 176.

urinula [CL urina+-ula], (in gl.).

hec urina, A. *pysse.* hec ~a, idem est *WW.*

urio, (name of a game of dice).

hinc thessara, calculus, tabula, ~o vel Dardana pugna, tricolus .. quorum artem utilius est dediscere quam docere J. SAL. *Pol.* 399C.

uritis [cf. οὐρητήρ], (~*ides pori*, anat.) the ducts that convey urine from the kidneys to the bladder.

[urinam] per ~ides poros distillat in vesicam *Quaest. Salern.* B 226; transit .. ad renes aquositas et ibi separatur et formatur urina; a ꝛenibus .. vadit ad vesicam per poros ~ides et in vesicam colatur et ibidem colligitur RIC. MED. *Anat.* 226; ista [colla] que ad vesicam descendunt sunt euritides pori, et vocantur emunctoria GILB. VI 269v. 2; de crinodalibus cum urina per poros ~ides exeuntibus GAD. 57. 2; [urina] per poros ~ides in vesicam in ipsius concavitate adunatur BART. ANGL. V 45.

uritivus [CL urere+-ivus], that burns or scorches, burning or scorching (in nature).

ignis .. virtutem habet ~am et consumptivam NECKAM *NR* I 17 p. 59; tapsia venenosa est et inflativa et ~a GILB. II 97. 1; est urina sic dicta quia est ~a et mordicativa BART. ANGL. V 45.

urla [AN *urle, orle*], border (of a garment), revers, trimming, orle.

1157 pro pennis et ~is et pelliciis *Pipe* 113; ~a [*gl.: urle*] .. sit ex sabellino vel martrice vel bevere vel fibro vel vulpecula vel ex castore vel roserella NECKAM *Ut.* 99; [pelliparii] carius vendunt cisinum et ~as [*gl.: hourles*] de sabelino et lerone GARL. *Dict.* 125; **a1250** [pelliparius] habeat ~as de sablino matrice ex fibro (*Nominale*) *Neues Archiv* IV 342; †turba [l. ~a], *a reuers WW.*

urlare [urla+-are; cf. AN *urler*], to edge, trim.

1204 dalmaticam de .. samitto orlatam de auro frisco *RChart* 134a; **1205** coopertorium de samit' sabelin' urlat' de ermine *Cl* I 25a; **1215** ad supertunicam ~andam et pallium similiter *Cl* I 225a; **?1219** in lucro ad cappam domini ~andam xviij d. (*Chanc. Misc.*) *Househ. Ac.* 125; **c1286** pro xxiij libris de latuno emptis ad arma regis ~anda pro qualibet libra xij d. xxiij s. *Rec. Wardr.* 214; **1287** pro xxiij lib' de laton' emptis ad ferr' et arma regis urland' *KR Ac* 351/28 m. 3.

urlura [urlare+-ura; cf. urla], edging, border, trim (of garment); **b** (of park).

tunicam regalem de rubeo samito .. cum petris preciosis in ~is *Pat* I 173a; **1243** faciat habere E. .. quandam pellem lutrinam ad ~am contra natale, de dono regis *Cl* 143; **1286** pro vj saphiris et quatuor gernettis pro ~a circa spaulam S. Georgii *KR Ac* 372/11 m. 3. **b c1323** super ~am de novo parco *IMisc* 92 (8).

urma v. uruca. **urmellus** v. ulmellus.

urna [CL]

1 narrow-necked, wide-bodied vessel or container for holding liquids, *etc.*, urn, pitcher; **b** (as measure); **c** (used in drawing lots); **d** (used in voting, esp. in law-court); **e** (cinerary, also fig.); **f** (in gl.).

~a [*gl.: vas aureum, ceac*] aurea caelesti munere referta ALDH. *VirgP* 45; ipsa .. archa naturam humanitatis ejus, ~a [cf. *Hebr.* ix 4] mannae plenitudinem divinitatis, virga Aaron potentiam sacerdotii ejus inviolabilem [designat] BEDE *Hom.* II 25. 438C; qui ipsam probatissimam personam frustra quidem aquosae ~ae non tam imposuit quam inflixit GOSC. *Lib. Mild.* 20; Ganymedes .. dicitur .. gestare ~am in manu ALB. LOND. *DG* 15. 11; ~am .. lacte repletam veneno evomito ab ore suo infecit ut penas persolveret quicunque lac dictum gustaturus esset NECKAM *NR* II 123. **b 889** intro ~am et trutinam ad mensurandum in emendo sive vendendo *CS* 561. **c** 'ecce ~a sortitur' id est sortem dat, id est per ~am datur sors TREVET *Troades* 9. **d** decreta stat legibus urna TATWINE *Aen.* 16 (*Praepositio utriusque casus*) 4; hinc est quod albis et nigris lapillis in ~am projectis secundi dies et adversi notabantur, albis secundos nigris adversos dies notantibus ANDR. S. VICT. *Dan.* 62; in fuliginoso Ditis obscuri palacio Minos, Radamantus, et Eacus sortem mittunt in ~am, judicesque presunt censura miseris MAP *NC* V 7 f. 72. **e** [matrona] quam suprema sors gemina mortis multaverat ~a [*gl.: sepultura, sorte, deaðe, fetels, hlote*] ALDH. *VirgP* 23; [Hugo Magnus] quem mortuum Tarsensis civitatis ~a recepit W. MALM. *GR* IV 383; rex magnus parva jacet hac Guillelmus in urna ORD. VIT. VIII 1 p. 257; rupe sub hac vili tegitur vir summus, et urna / clauditur angusta DOMINIC *V. Ecgwini* I 17. **f** ~a, *amber GlC* U 285; hec ~a, hec olla, *pot Gl.* AN *Glasg.* f. 20va; nomina pertinencia botulare .. hec ~a, *a cowpe WW.*

2 (astr., as attribute of the constellation Aquarius, meton.) Aquarius.

pisces centaurum subdi sibi Jupiter, urnam / atque hircum subici scit sibi falce nocens (NECKAM *Suppletio Defectuum* 2) *CC cont. med.* CCXXI 146.

urnalus, *var. sp.* of ornelus [ME *ornel, urnal* < OF *ornel*], kind of stone used for building.

1352 pro m l ped' petr' de urnal' minut' .. pro c et j quar' de urnal' gros' *KR Ac* 371/6 m. 6.

urnarius [CL urna+-arius; cf. CL urnarium], (in gl.) urn-maker.

a potter, figulus, ollarius .. ~ius CathA.

urnula [CL], small urn or pitcher (also fig.).

tu Christi thalamus, tu legis arcula, / felix oraculum et felix urnula WALT. WIMB. *Carm.* 70; nomina pertinencia botulare .. hec ~a, *a not WW.*

uronoscopos v. uranoscopus. **uros** v. ura.

ursa [CL]

1 (female) bear; **b** (~*a alba*, w. ref. to polar bear).

potest ~ae nomine ipsa hostis antiqui malitia intellegi, cui fetus rapimus cum eos qui erant filii diaboli cathecizando et baptizando filiorum Dei societati adjungimus [cf. *Prov.* xvii 12] BEDE *Prov.* 990A; nomina ferarum .. ~a, *byrene* ÆLF. *Gl.*; non hic tonitrua terrent .. non ~a devorat, non tigris absumit GIR. *TH* I 38; de animalibus silvestribus .. hec ~a, *urse Gl.* AN *Glasg.* f. 21vb; nomina ferarum .. hic ursus, A. *bere.* hec ~a, uxor ejus *WW*; nomina animalium ferorum .. hic ursus, A. *a bere.* hec ~a, idem est *WW.* **b 1290** custodi ~e albe in turri London' *KR Ac* 352/20 m. 4.

2 (astr., in names of two constellations visible in the northern hemisphere) Bear, (also dist.; ~*a major*) the Great Bear, (~*a minor*) the Little Bear.

post haec decursa quae major vel minor ursa, / et quota stella rotis, quota sit temone Bootis, / singula rimatur, dijudicat, ariolatur R. CANT. *Malch.* V 33; ut tamen ursa suum deflectere ceperat axem / in zephyrum L. DURH. *Dial.* III 85; major ~a scilicet mater .. minor scilicet filius .. cum utrumque appellamus ~am, respicimus ad figuram, et collum ~e tribus stellis figuratur, reliquum corpus quattuor stellis *Natura Deorum* 28; arcturum solus novit septentrio plaustrum, / ursam majorem, parasidemve voces. / .. / quatuor ex stellis surgit quadrangula forma, / nec quadrata tamen, scilicet ursa minor NECKAM *DS* I 352; sunt .. in magnitudine secunda xlv stelle, ut sex stelle ~e majoris et due stelle ~e minoris, et unaqueque istarum est equalis terre nonagesies BACON *Maj.* I 236.

ursaceus [CL ursus+-aceus], ~**ius**, (in gl.) of or pertaining to bears. **b** (as sb. m.) bear-keeper.

ursus .. unde .. ursinus .. quod etiam ~ius dicitur OSB. GLOUC. *Deriv.* 612. **b** ~ius, ursarius, ursi custos OSB. GLOUC. *Deriv.* 625.

ursacius v. ursaceus.

†ursanus, *f. l.*

Frollo gygas strenuus, cujus mens †ursana [? l. vesana *or* insana] / hunc Arthurus perimit, credit fides sana *Pol. Songs* 58.

ursarius [CL], bear-keeper (also in fig. context).

~ius Domini Dei liberavit eum. ~ii Dei boni angeli sunt. sicut enim ~ii ursos, ita angeli malignos demones a saevitia sua coercent EADMER *V. Anselmi* I 10 p. 19; **1175** in liberatione ~ii et ursi regis, et pro reparanda cathena predicti ursi, xl s. et x d. *Pipe* 29; **1472** custus necessarii cum donis .. in datis ursurar' domini ducis Clarencie venienti ad collegium in mense Decembris viij d. *Ac. Coll. Wint.*; *a bereward*, ursiarius CathA; **1484** solut' ursenario domini regis pro honestate ville, vj s. *Med. Stage* II 251; **1517** in regardo dato ursinario domini Regis pro agitacione bestiarum suarum *Ib.*; **1542** cuidem ursuario de la Northewiche *Ib.* II 254.

urscellus v. urceolus.

ursellus [CL ursus+-ellus], bear-cub.

ursus .. unde ursulus .. vel ~us OSB. GLOUC. *Deriv.* 612.

ursenarius v. ursarius. **urseolus** v. urceolus. **urseus** v. urceus. **ursia** v. 2 usia. **ursiarius** v. ursarius.

ursiator [CL ursus+-ator; cf. CL ursarius], bear-keeper.

15.. ~ori prepotentis viri comitis Derby ad ij tempora, x s. ij d. *Med. Stage* II 254.

ursifer [CL ursus+-fer], bear-keeper.

c1526 soluto urcifero domini regis vocato *the kynges beryerd* ij s. *REED Devon* 126.

ursinarius v. ursarius.

ursinus [CL]

1 of or pertaining to bears.

puberes .. rabidis ~ae ferocitatis rictibus tradidit ALDH. *VirgP* 20; apparuit ei Dei et hominum inimicus, hispidus et horrens in ~a specie B. *V. Dunst.* 16; **10..** quinque alteris pallia, et septem stragulas, et duo tapeta, et tria coria ~a [AS: *iij bera scin*] *MonA* II 527b; assate, bene lardate, carnes et aprine, / ursine cum cervinis carnesque gruine D. BEC. 2637; alba se pelle contegentem ad modum pellis ~e *Mir. Fridesw.* 10; diabolus quasi ~am habet naturam [ME: *beorecunnes*] et asininam, fortis in posterioribus et debilis in capite *AncrR* 112; cum .. adipe caprino aut ~o fiat linimentum super locum depilatum GAD. 113v. 2.

2 (in name of plant): **a** ? wild garlic (*Allium ursinum*). **b** (*branca* ~*a*) bear's breeches (*Acanthus mollis; cf.* 2 branca a).

a †ufima [? l. ursina] a multis sapientibus probata Babylonie seu Constantinopolis ad dolorem ylii, angustiam, fastidium tollit, lapides in renibus et vesica valde rumpit et expellit GILB. VI 273v. 1. **b** branca ~a stipitem habet ut olus, folia magna et incisa, G. *branch*[*u*]*rsine*, A. *sedokke Alph.* 25; levem acanthum pederota et melamphillon eruditi nominant, officine brancam ~am, vulgus *brank ursyne* appellat; porro foede hallucinantur qui putant brancam ~am esse *bearefote*, quum illud potius sit helleborus niger TURNER *Herb.* (1965) 43.

ursiolum v. urceolum.

1 ursiolus v. urceolus.

2 ursiolus [CL ursus+-olus], bear-cub.

ursus .. unde ursulus .. vel ~us OSB. GLOUC. *Deriv.* 612.

ursuarius v. ursarius.

ursula [CL ursa+-ula], (female) bear-cub. **b** (as personal name).

c1335 in pane empt' pro ~a per vices *Sacr. Ely* II 69. **b** inter quas reliquiae de sacratissimo corpore eximiae virginis et martyris ~ae: quae in illo nominatissimo virginum undecim millium consortio principatum tenuit BEDE *Mart.* 938B.

ursulus [CL ursus+-ulus], bear-cub.

hic ursus .. unde ~us Osb. GLOUC. *Deriv.* 612.

ursurarius v. ursarius.

ursus [CL], bear (esp. the brown bear, *Ursus arctos*); **b** (dist. as ~*us albus*, esp. w. ref. to polar bear). **c** (as or in personal name).

monstra .. leones .. ~i, apri quoque ac lupi qui, cetero corpore in ferarum natura manente, hominum facies habuerunt *Lib. Monstr.* I 41; c**802** nec tibi sit ~orum saltantium cura sed clericorum spallentium ALCUIN *Ep.* 244; tota hec Willa reddebat TRE .. vj sextarios mellis, et j ~um et vj canes ad ~um *DB* II 117; rogavit sibi unum e feris aggredi licere aut saltem illum maximum ~um qui aderat, quem inclyti ~i Norweyae fuisse filium .. sensum humanum habentem *G. Herw.* f. 321; Gallia Cisalpina ~is et leonibus .. caret GIR. *TH* I 9; ~us [ME: *beore*] accidie habet hos catulos *AncrR* 71. **b** tradunt .. quod vir .. nobilis .. contra solitum ordinem humane propaginis, ex quodam albo ~o patre, muliere generosa matre, procreari, Ursus genuit Spratlingum, Spratlingus Ulsium, Ulsius Beorn, cognomento Beresune, hoc est 'filius ursi' *G. Walth.* 104; piscis iste et ~us albus, qui et mare inhabitat, sese persequuntur. ~us enim marinus piscibus vescitur NECKAM *NR* II 24; **1252** cuidam ~o albo quem mittimus usque turrim nostram Lond' *Liberate* 28 m. 4; **1252** custodi albi ~i nostri, qui nuper missus fuit nobis de Norvag' et est in turri nostra London *Ib.* 29 m. 15. **c** dominus ~us cogit me aliquam admonitionem tibi scribere ANSELM (*Ep.* 37) III 147; ~us erat vicecomes Wigornie in pago constitutus W. MALM. *GP* III 115 p. 253; Ricardus ~i filius ORD. VIT. XIII 43 p. 128; ~us genuit Spratlingum *G. Walth.* 104 (v. b supra).

ursutus v. hirsutus. **urtesium** v. upteia.

urtica [CL]

1 stinging nettle (also fig. or in fig. context). **b** (~*a Graeca*) annual nettle (*Urtica urens*). **c** (~*a iners, mortua,* or *archangelica*) deadnettle (*Lamium*).

~a: torqueo torquentes, sed nullum torqueo sponte ALDH. *Aen.* 46 (*Urtica*) *tit.*; ~a, netle ÆLF. *Gl.*; cepit cordetenus .. lolium et ~as extirpare BYRHT. *V. Osw.* 418; sine ulla libidinis ~a W. MALM. *GR* II 214; in ortis .. qui cultore carentes in solitudine redigebantur cardui et ~e cum aliis inutilibus herbis omnia replebant ORD. VIT. XI 10 p. 202; ~arum et veprium juxta densa succrescere fruteta conspiciens, exutus indumento quo indutus erat, nudum se in illis spinarum aculeis et ~arum incendiis projecit GIR. *GE* II 10; c**1275** de xiij d. de hurticis in gardino et circa vivarium *Ac. Stratton* 61; **12.** . ortica, i. ortie, i. nettle *WW*; achalaphe .. ~a pungens idem *Alph.* 1. **b** si possit pati, fricetur locus cum ~a Greca et cum hedera terrestri GAD. 66v. 1; ~a Greca menstrua provocat et lapidem frangit. A. *crekische netche Alph.* 193. **c** ~a mortua vel archangelica, que est specialis contra quartanam GAD. 17. 1; coriandrum [facit flores] .. purpureos et raros sicut ~a mortua *Alph.* 42; urticia .. similis est ~e maure sed minor. A. *dedenetole Ib.* 193; aronium dicitur lamium, ~a iners, ~a mortua et A. *archangell* aut *dede nettell* TURNER *Herb.* (1965) 44.

2 cloth made of nettle fibres, nettle-cloth.

1371 de j velamine serici ex legacione Edithe Bakeres et de j velamine ~e ex legacione Alicie atte Fenne *Arch. Bridgw.* 268.

urticare [CL urtica+-are], (of nettle) to sting (also transf. or fig.).

urtica .. unde ~o -as, et inde ~atus -a -um OsB. GLOUC. *Deriv.* 608; magnificos, inopes, pueros, juvenes, seniores, / . / urit et urticat excecat amara cupido D. BEC. 1602; ave, pulcra linceorum / . . / pulcra prole gravidata, / nullo tamen urticata / pruritu lascivie WALT. WIMB. *Virgo* 97; quod si .. degustaverimus voluptates carnalium, manebit affectus .. frustratus et ~atus, quia novissima voluptatis hujus amara sicut absintium WYCL. *Civ. Dom.* I 84; to nettyle, ~are *CathA*.

urticatus [CL urtica+-atus], that has stings (in quot. transf. w. ref. to thorns).

[est amor] florescens et yemps et ver sine floribus arens, / urticata rosa GOWER *VC* V 58.

urticetum [CL urtica+-etum], nettle-bed.

urticeta [*WW*: †verticeta], loca ubi urticae nascuntur .. *netlan GlC* U 289; nomina arborum arabilium et florum .. hoc ~um, *a netylbuske WW*; *a nettyle buske,* ~um *CathA*.

urticia v. urtica.

urtinercha, ? field, or *f. l.*

?c**1217** sex acras annuatim colendas, scilicet in una urtinercha, et sex in alia, cum prato ipsi terre adjacente *Ch. Sal.* 82.

uruca, urica [CL], caterpillar (*cf. eruca*).

ruca facit ovum in folliculo et ex illo nascitur vermis qui conversus in papilionem rumpit folliculum et volat M. SCOT *Phys.* 21; *a cale worme* .. uria, urica *CathA*; hec †turma [l. urica], *a egesworme WW*.

urunacius, *var. sp. of* erinaceus.

hic urunacius, A. *a urchen WW*.

urus [CL < οὖρος], long-horned wild ox.

uris, *urum GlC* U 286; ab uro urus, *wesend* ÆLF. *Gl.*; forbicides, boves gravide, que et uri dicuntur OsB. GLOUC. *Deriv.* 243; urus -ri i. bos agrestis *Ib.* 608; buris .. dicitur quasi bris uros - uros .. idem .. bos NECKAM *Ut.* 112; cum bonasi [costa] forsan esse possit, aut uri CAIUS *Anim.* f. 14.

†urusci, *f. l.*

ut sunt radices †urusci [? l. brusci] et ficus BACON *Min.* 386.

urvum, urbum [CL], (in gl.) the curved part of a plough.

urbs .. ab urbo sive urvuo id est aratro sive aratri curvatura dicitur quia antiqui locum edificiis condendis aratro designabant *Jus Feudale* 1.

urvuum v. urvum.

usagium [AN, ME *usage*], **usuagium**

1 custom, practice, usage (often w. legal force); **b** (religious or eccl.).

1217 ~ium fuit quod omnes ecclesie de dominicis domini regis vocabantur capelle *BNB* III 313; **1219** ipsi omnes veniunt et dicunt quod tenent terras suas in vilenagio de .. rege, nec possunt sine .. rege placitare, quia villa sua habet usuagium suum *CurR* 58; **1248** comes .. dixit quod bene ostendet .. quod ille habuit per judicium curie sue et secundum consuetudinem et ~ium patrie *Cart. Glam.* 548; **1285** si quas novitates indebitas .. tam in bastida quam in aliis libertatibus et ~iis suis [vicecomitis Bearnie] debitis fecistis *RGasc* II 248a; **1292** secundum ~ium et consuetudinem Marchie *RParl* I 73a; **1340** tenementum .. tenendum secundum ~ium manerii serviliter *Lit. Cant.* II 233; **1416** si contingat aliquem .. in aliquo articulo cartam, ~ium, consuetudinem libertatis civitatis .. contravenire *BB Wint.* 35. **b 1284** in litteris apostolicis .. continetur quod regni antique consuetudines approbate bonaque ~ia que sacris canonibus non repugnant illibata serventur *Foed.* II 264a.

2 customary, custumal.

1359 littera libertatis per biennium duratura secundum formam in ~o contentam *Reg. Rough* 150.

3 right or privilege of making use of another's property, use, (also) revenue or profit arising from doing so.

1157 ex dono B. .. commune ~ium marisci de Brunna, et ut ea quae de eodem marisco colegerint .. libere et quiete carient et abducant *MonA* V 490b; c**1160** sciatis me dedisse .. totum ~ium nemoris .. ad suos .. usus sicut opus eis fuerit *Melrose* 3; c**1230** cum usuagio terre infra dictam villam *Reg. Dunferm.* 202; **1248** cum pratis, terris, nemoribus, usuagis, et paschuis (*Lit. Papae*) *Reg. Malm.* I 412; **1260** cum terris, pratis, vineis, usuagiis, et pascuis (*Lit. Papae*) *Cart. Glam.* 633; **1280** quoddam ~ium in foresta nostra de C. *Pat* 100 m. 3.

usancia [OF *usance*, ME *usaunce*], (leg.) custom, usance, (spec.) period of time allowed by commercial custom or law for the payment of short-term foreign bills of exchange.

ad duplicem ~iam viz. ad finem duorum mensium *Entries* 338va.

†usatus, ? *f. l.*

ne aliquis emat .. pannum †usatum [? l. usuratum] sine plegiis (*Leg. Ed.*) *GAS* 668.

usbot- v. husbot-. **uscerium** v. uscerius.

uscerius, ~ium [Ar. *ushari,* cf. OF *vissier*], sort of cargo-ship.

1212 in custo posito ibidem in opere magne navis R. que vocatur Deulabeneie et ussere R. que vocatur Porteioie et ix novarum galiarum *Pipe* 75; naves tam magne quam parve que velis feruntur trecente lxi. item galee et vicerii [*sic* MS] centum lvii GIR. *Spec.* IV 9; **1336** ad conducendum et firmandum .. galeas et ~ia hominibus et armis .. munita .. dominis, patronis, et ductoribus dictarum galearum et ~iorum *Foed.* IV 710.

usclare v. ustulare. **usherpageus** v. usherpagius.

usherpagius [ME *usher+page*], usher's assistant, usher-page.

1358 ~eo (v. palefrepagius).

1 usia v. ousia.

2 usia, uria [dub.], (in gl.) worm, louse, or sim. that infests pigs (*cf.* Isid. *Etym.* XII 5. 16). **b** (understood as) cabbage worm, caterpillar, (*cf.* uruca).

usia, *suernit* [l. *suge hnitu*] *GlC* U 299; usia, *swineslus* ÆLF. *Gl.*; **10.** . ursie, *sweorhnitu* [l. *suge hnitu*] *WW*; usia, vermis porci que mordens urit OsB. GLOUC. *Deriv.* 276; nomina vermium .. hec uria, est pediculus porci *WW*. **b** *a cale worme* .. curculio .. uria, urica *CathA*.

usiarius v. usuarius. **usibilis** v. utibilis. **usiformis** v. versiformis. **usifuc** v. uzifur. **usion** v. ousia. **usiosis** v. ousiosis.

usitabilis [CL usitare+-bilis], usual.

transumptive potest adhuc intelligi dupliciter; primo sicut est ~ior modus loquendi .. BRADW. *CD* 304B.

2 usitare v. visitare.

usitari [CL], **1 usitare** [LL]

1 (w. abl.) to use commonly, frequently, or habitually (also trans.). **b** (p. ppl. as adj.) commonly used or practised, usual, familiar, everyday. **c** (p. ppl. abl. as adv.) in accordance with common or everyday usage, usually.

c**800** sermo inter nos habitus de paenitentie psalmis, qui essent vel qualiter intellegendi vel ~andi fuissent, inquirebat ALCUIN *Ep.* 243; s**874** quae nunc Anglorum scolae ~ant nomen ÆTHELW. IV 3; principum institutione et diuturna consuetudine ~atum est in Gallia ut rustici ruralia .. peragant opera ORD. VIT. VIII 26 p. 440; ~o -as i. frequenter uti OsB. GLOUC. *Deriv.* 603; p**1147** consuetudinibus .. hactenus ~atis et ex nunc ~andis *Kelso* 34; filias suas lanificio occupari fecit, colo ac fuso ~are, ne per otia torpescerent *Eul. Hist.* I 368; c**1340** abbas et conventus clamant habere .. liberas consuetudines ab antiquo ~atas *Bury St. Edm.* 188; **1401** quod homines marchie contra Wallen' sibi indebitatos vel eos ledentes .. represaliis possent ~are AD. USK (ed. *OMT*) 126 (cf. *Dip. Corr. Ric. II* 69; c**1389** contra eos reprisaliis uti .. non possumus). **b** nota numerum ternarium figuris mysticis esse ~atissimum BEDE *Ezra* 879A; haec est propria et ~atissima illius consuetudo die noctuque .. per se ipsum libros recitare ASSER *Alf.* 81; c**1075** si .. doctor contra ~atissimam aecclesiae fidem .. carnem Christi insensibilem et doloris expertem intelligi voluisset LANFR. *Ep.* 50 (46); Latine orationis copiam in dies minui querebaris et rerum ~atissimarum [*gl.: de usis, mout usysse*] nomina ignotissima esse vere dicebas BALSH. *Ut.* 45; c**1250** per viam ~atam ad bruariam eant *Cart. Chester* 544; **1396** multitudo artium non necessariarum usitarum [? l. ~atarum; cf. ed. *EHR*: multitudo artium non necessariarum homini, ME: *crafts nout nedful usid*] in nostro regno *Concl. Loll.* XII 12 p. 368. **c** in oratorio vici qui ~ato Gillingham nominari solet *Chr. Abingd.* I 362.

2 (w. *ad*) to make used or accustomed to, accustom.

[pisces] qui cum homines transierint gregatim natant cum euntibus et stant cum stantibus expectantes ut aliquid eis jaciant, quia forte ad hoc ~ati sunt *Eul. Hist.* I 9.

3 ? *f. l.*

Cantuarie archiepiscopus, decanatus de arcubus Londoniis, qui est jurisdiccionis sue exempte, personaliter †usitatus [? l. visitatus] *MGL* I 446.

usitate [CL], in accordance with common or everyday usage, usually (esp. w. ref. to terminology).

significantius sonos vocis humanae ~issime dicimus linguas BEDE *Mark* 291D; ecclesiam apostoli Pauli, quae ~e Paules-Berig appellatur, condidit GOSC. *Transl. Aug.* 43B; [planeta] que ~ius casula vocatur *Chr. Battle* f. 39; quo more presbyteri ~e et quotidie indifferenter circumstantibus confitentur PULL. *Sent.* 897A; a Gallia .. sola ~ius mare Gallicum nominatur GIR. *TH* I 2; hoc est quod ~e dicitur DUNS *Ord.* IV 7.

usitatim [LL], (in gl.) in accordance with common or everyday usage, usually.

usito .. inde .. ~im adverbium OSB. GLOUC. *Deriv.* 603; ~im, usitate, usualiter *Ib.* 623.

usitatio [LL], usage.

usito .. inde .. ~o OSB. GLOUC. *Deriv.* 603; ratio majoris ~onis istorum verborum est propriatio notitiae actualis ad Verbum DUNS *Ord.* VI 235; quod posset habere corporalem defensionem secundum ~onem Scocie KNIGHTON I 475; **1456** si unica aut bina appellacionis ~o juridice .. interponatur *StatOx* 278.

usitus v. usitari.

†usocus, *f. l.*

10.. †usocus [? l. focus, *i. e.* phocus], *seolh WW.*

usor [CL uti+-tor; cf. ME *usere*], user.

abusores [*gl.*: malc usores] NECKAM *Ut.* 105.

uspiam [CL], in any place, anywhere. **b** (in gl.).

participia dactilo congruentia ~m reperire nequiveram excepto praeterito tempore ut deditus, editus .. ALDH. *PR* 120; cur non ipse Jesus .. in prophetica lectione posset ~m repperiri? BEDE *Sam.* 643D; sanctitas illius vilescit, raroque, si forte ~m, labor ejus acceptatur ALEX. CANT. *Dicta* 154; sunt hodie ampliori quam ~m Anglie .. numero W. MALM. *GP* I 44; quod in illis [dominicis diebus] nihil ~m operis fiat nisi divinum officium GIR. *EH* I 40; siquidem eo tempore tantus defectus tantaque penuria vini in illis locis erat ut nullus in tanto et tam celebri monasterio ~m tali poculo potaretur *Chr. Witham* 499; non est philosophus inventus uspiam / qui fato stabili prodiret obviam WALT. WIMB. *Sim.* 102. **b** usquam, ad aliquem locum, quod etiam ~m dicitur OSB. GLOUC. *Deriv.* 634.

usquae v. usque.

usquam [CL], in or at any place, anywhere, (also w. ref. to motion) to any place, in any direction: **a** (w. ref. to neg.); **b** (in qu.); **c** (w. ref. to comparison); **d** (w. ref. to condition); **e** (w. *terrarum*). **f** (in gl.).

a quo utique nihil ei ~m perniciosius nihilque amarius factum est GILDAS *EB* 23; Apollonius .. gentilium turmas .. immobiles manere fecit nec ~m [*gl.*: i. uspiam, ad ullum locum, *awhyder, ahwær*] aut aliorsum ulterius progredi valentes ALDH. *VirgP* 38; bestia .. sacrum non audet carpere corpus / defensante Deo devotae membra puellae, / dum tenerae carni non usquam sponte pepercit *Id. VirgV* 2003; ne antiquus hostis qui quasi leo rugiens circuit ~m in ovile fidelium valeat inrumpere BEDE *Ezra* 902B; cujus in lege mentio nulla ~m repperitur (*Lit. Ceolfridi*) *Id. HE* V 21 p. 338; **10..** non ~m, *neowerno, nawern WW*; quia aliquid sine ea nec ~m nec umquam est ANSELM (*Mon.* 21) I 38; **c1125** quod abbas illius loci non placitet ~m contra aliquem .. vel de aliqua re extra curiam suam *Cart. Chester* 6 p. 49; in canone sacrarum scripturarum non me recolo ~m hoc nomen liberum arbitrium invenisse AILR. *An.* II 34; nec moribus usquam / invenit esse locum HANV. I 223; pigmeus .. canem .. presentat .. interdicens ne quis de toto comitatu suo descendat ~m donec ille canis a portatore suo prosiliat MAP *NC* I 11 f. 10v. **b** ~mne videtur aliquid consequentius quam ut hoc ipsum nomen nihil significet, id est non significet aliquid? ANSELM (*Casus Diab.* 11) I 248; quis mirabilior aut miserabilior ~m alicui casus? MAP *NC* III 2 f. 36v. **c 12..** quod idem canonici habeant terram ita libere et quiete sicut aliqua elemosina domui religionis ~m liberius, purius, melius, et honorabilius dari comprobatur *Reg. S. Thom. Dublin* 175. **d** heu quis victurus est .. quando ista a civibus perficiantur, si tamen ~m perfici possunt GILDAS *EB* 62; si quando ~m commeabat W. MALM. *GP* V 262. **e** [Agia Sophia] excellit omnia que ~m terrarum sunt edificia mirabili et augusta sui fabrica W. MALM. *Mir. Mariae* 198. **f 9..** ~m, *ohwær WW*; ~m, ad aliquem locum OSB. GLOUC. *Deriv.* 624.

usque [CL]

1 (w. expr. of limit in space, esp. w. *ad*) all the way, right (to *etc.*), as far as; **b** (w. acc. of place to which). **c** (as prep. w. acc.) (right up) to, as far as.

mulieres .. barbam ~e ad mammas prolixam habentes *Lib. Monstr.* I 22; Hibernia insula .. ~e contra Hispaniae septentrionalia quamvis magno aequore interjacente pervenit BEDE *HE* I 1; **c770** sunt .. termini a loco qui vocatur Hrofesbreta ~e in arborem qui vocatur Cutues ác *Ch. Roff.* 15; incipit pontifex de sinistro ab oriente, scribens per pavimentum .. ABCdarium ~e in dextro angelo occidentalis EGB. *Pont.* 33; faciebant servitium regis cum equis per aquam ~e ad Blidberiam *DB* I 56rb; dura .. ut inferus emulatio, que circa infernum non substitit sed ~e illuc persecuta est emulos suos J. FORD *Serm.* 106. 12; **1230** duxerunt .. Hugonem per mediam domum ~e ad in curiam *CurR* 1027; extenderetur .. fossatum .. ~e prope ledam de Swyna versus orientem *Meaux* I 412; duo .. domum ingredientes ad eum ~e festinando prorumpunt ELMH. *Cant.* 213; **1516** pro vectione .. petrarum a quarrura usquae ad Cawod *Fabr. York* 96. **b** a Syria ~e Romam GILDAS *EB* 74; cum turma peditum ~e Laodiciam pervenit ORD. VIT. III 4 p. 65; cum exercitu in Hispaniam ~e Cesaraugustam venit SILGRAVE 112. **c c802** fas sit ut paenitens et confitens scelera sua spolietur omnibus bonis ~e corrigiam calciamenti ALCUIN *Ep.* 246; profunditas illius [fontis] ~e genua NEN. *HB* 215; **1302** mittemus justicias nostras ~e burgum predictum (*Hull*) *BBC* 167; qui evasit ~e abathiam de Stratforde *MGL* I 406.

2 (w. expr. of limit in time, esp. w. *ad*) right (up or down to, or until); **b** (w. *dum*, also *usquedum*; *v. et. dum* 4). **c** (absol.) so far, ever. **d** (as prep. w. acc.) (right up or down) to, until. **e** (as conj.) till, until (*v. et. usquequo*). **f** ? for as long as, when, or *f. l.*

~e ad persecutionem Diocletiani tyranni novennem GILDAS *EB* 9; diem unum jejunet in ebdomada, id est, ~e ad vesperum THEOD. *Pen.* I 2. 20; ab incolis loci illius solent opera virtutum .. ~e hodie narrari BEDE *HE* III 8 p. 143; [mansurae] de quibus est saca et soca regis sed ~e nunc non habuit *DB* I 2ra; incipiebant dicere 'Laudate Dominum de celis' ~e in finem matutinorum *V. Gund.* 22; an dies sit tempus a mane ~e ad mane BALSH. *AD rec. 2* 176; **1216** tradidimus .. castrum nostrum de Pecco .. tenendo et habendo ~e in quartumdecimum annum etatis nostre completum *Pat* 1; **1242** cognoverunt in pleno comitatu coram eo quod concordati fuerunt; et adhuc ~e cognoscunt *CurR* XVI 1933; **1263** nos rogastis ut diem super hoc ad terminum certum ~e post Pascha prorogemus *Cl* 294; tertium dubium differo ~e alias OCKHAM *Quodl.* 111; bene sciunt per prophecias quod lex Machometi deficiet et lex Cristianorum durabit ~e in finem [ME: *euereremore*] *Itin. Mand.* 72. **b** curam .. suscepit ac tenuit ~e dum et ipse .. ad caelestia regna .. ascendit BEDE *HE* II 20; fidem et sacramenta Christi suscepit atque haec, ~edum ad ejus visionem pervenire meruit, intemerata servavit *Ib.* IV 23; sanctus pontifex .. versis navium rostris ad orientem, ~e dum in Freis prospere cum omnibus pervenit EDDI 26; nolunt accipere legem .. ~e dum diffiniatur per regem *DB* I 44vb; amem te .. et si non possum in hac vita ad plenum, vel proficiam in dies ~e dum veniat illud ad plenum ANSELM (*Prosl.* 26) I 121. **c 1480** erit exemplum pessimum quod ~e erat datum *Eng. Abbots to Cîteaux* 83. **d** a vigesimo aetatis suae anno ~e quadragesimum ASSER *Alf.* 74; **1237** ~e obitum alterius mulieris *CurR* XVI 102; **1249** a festo nativitatis beate Marie anno xxxij ~e sex annos inde completos *Ib.* XIX 613; **1290** ~e v diem Octobr' *KR Ac* 352/20 m. 3 (v. essaimare); **s536** eclipsis fuit solis circa horam terciam et duravit ~e nonam *Eul. Hist.* I 205; ~e festum sancte Margarete *MGL* I 17; **1443** ~e adventum .. Henrici Bathe ab Hibernia *MunAcOx* 535. **e** TRE et postea ~e Wido .. eam saisivit *DB* I 377va; **s1127** remaneat terra in manu abbatis ~e peracti sint tres alii anni *Chr. Rams.* 257; **1220** debetis tenere terras suas in manu vestra ~e heredes sui pervenerint ad annos discretionis *RL* I 95; episcopi .. debent interesse judiciis curie regis cum baronibus ~e perveniatur .. ad diminutionem membrorum vel ad mortem *Const. Clar.* 11; **1459** magistrum .. condemnavimus ad castrum Oxonie ~e solveret quatuor solidos *MunAcOx* 682. **f** requisitus quid dicat .. suam culpam confiteatur .. et humili voce ac spiritu respondeat †usque [? l. iis que] interrogatur *Cust. Cant. Abbr.* 266.

3 (w. expr. of limit in series, sequence, or other progression, in quot. w. *ad*) (right) up (to).

ordinem primum, secundum, tertium, et sic ~e ad decimum BALSH. *AD rec. 2* 131; per singulos gradus ~e ad sacerdotium .. ascendens ORD. VIT. III 5 p. 77; sequiplus et decuplus et sic de singulis numeris dicimus quotiens expedit ~e ad centuplum OSB. GLOUC. *Deriv.* 454.

4 (w. expr. of limit in quantity, esp. total or sim., in quot. w. *ad*) (right) up (to). **b** (as prep. w. acc.) up to, as much or as many as.

episcopus dispensat causas pauperum ~e ad l solidos, rex vero si plus est THEOD. *Pen.* II 2. 4; **1270** de quibus quingentis libratis terre sibi satisfecimus ~e ad ducentas .. libratas terre, quas sibi assignare tenemur *Liberate* 46 m. 3; **1375** dat pro grisumma 12 d. et condonatur ~e ad 3 d. *Hal. Durh.* 132; **1379** fratribus predicatoribus .. percipientibus firmam dicti burgi annuatim de elemosina regis ~e ad certam summam *ExchScot* 24. **b 800** ~e viginti milia conversi sunt inter episcopos sacerdotes monachos populum, viros et feminas ALCUIN *Ep.* 208.

5 (w. expr. of limit in degree or extent, in quot. w. *ad*) (right) up (to); **b** (w. *eo* or *adeo* correl. w. cl.).

ne ad internicionem ~e delerentur GILDAS *EB* 25; unanimo consensu auxilium caeleste precantes ne ~e ad internicionem usquequaque delerentur BEDE *HE* I 16; **1077** quatenus opera vestra ~e ad perfectionem et spem vestram ~e ad debitum robur excoqueret ANSELM (*Ep.* 78) III 201. **b** nunquam .. ~e eo interclusa sunt omnia ut nulli actioni locus honeste sit BACON *Mor. Phil.* 169; **c1320** illis causis dumtaxat exceptis que ad coronam regiam vel ad forum laicale ~e adeo pertinere dinoscuntur quod per nullam cancellarii vel universitatis jurisdiccionem licite valeant expediri *StatCantab* 325.

usquedum v. usque.

usquequam [cf. CL usque], (w. expr. of limit in space, in quot. w. *ad*) all the way, right (to), as far as.

Deus, qui tribulationum pondere pressos non ~am ad terram humiliat sed aliquatinus sinit celum videre GIR. *Symb.* I 17 p. 247.

usquequaque, usque quaque [CL]

1 in every direction or everywhere.

[mons] variis herbarum floribus depictus, immo ~e vestitus BEDE *HE* I 7; religionis normam, ~e in Anglia emortuam, adventu suo suscitarunt W. MALM. *GR* II 246; hec ergo juxta verbum angeli beate Virgini obumbravit, quam in summo virtutum vertice collocatam .. sacri pudoris velamine ~e contexit J. FORD *Serm.* 4. 5; quia [ventus] est de materia elementali recipit compositionem qua cum exit de locis apertis usque que [l. ~e] continuatur M. SCOT *Part.* 296; **s1384** in ecclesia Dei omnia luminaria fore extincta, quod dolendum est, quia permaxime tenebre obnubilant ejus superficiem ~e *Chr. Westm.* p. 144.

2 on every occasion or situation, (also) in every respect, altogether.

noverat .. hominem non ~e vitam duxisse felicem EADMER *V. Osw.* 24 *bis*; Asserus .. non ~e contempnende scientie fuit W. MALM. *GP* II 80; ne .. defuncto patre .. cujusquam cogeretur inire conubium et virginale ~e fedare propositum *V. Fridesw. B* 5; **1318** concordia inter dominum nostrum regem et dominum comitem Lanc' et alios regni magnates solidabitur †absquequaque [MS: ~e] *DCCant.* 220; de patria ~e multum dolorem patietur J. FOXTON *Cosm.* 68. 1. 1.

usquequo [CL usque+quo, cf. CL quousque], **usque quo**

1 (for) how long? until when?; **b** (in indir. qu.).

~o parvuli diligitis infantiam? ~o parvuli sensu veteris instrumenti caerimonias novo clarescente diligitis? BEDE *Prov.* 943A; ex quo .. haec tam simplex natura creatrix et vigor omnium fuit, vel ~o futura est? ANSELM (*Mon.* 18) I 32; ~o avertis faciem tuam, obliviscеris inopie nostre et tribulationis nostre? [cf. *Psalm.* xii 1] AILR. *Ed. Conf.* 743A; ~o sanctum das latrantibus et margaritas grunnientibus? W. NEWB. *Serm.* 829; ~o tu loqueris cum fatuo illo? J. FORD *Wulf.* 92. **b** insinuat .. iste sermo breviter ubi sit volatus avium et ~o et non ultra, utrumque possit pertingere GROS. *Hexaem.* VI 5.

2 until.

mox genuit verum lumen de lumine patris, / exueret mundum ut furva caligine Christus, / qua genus humanum tetro torpebat in orbe, / usquequo clarifici luxerunt lumina solis ALDH. *VirgV* 1689; pono ea [retia] in loco apto, et instigo canes meos ut feras persequantur, usque quo [AS: *oþ þæt hig*] perveniunt ad retia inprovise ÆLF. *Coll.* 92; ibi .. tamdiu prostratus jaceat ~o dicatur 'Qui tecum vivit' LANFR. *Const.* 163; ibi .. per annos clxv ~o Normanni Rotomagum devastarent jacuit ORD. VIT. III 1 p. 4; s**1234** ~o de ipsorum obitu vel reditu certissime cognoscatur, usurarum non incurrant incommoda (*Lit. Papae*) M. PAR. *Maj.* III 284; **1289** bajulus .. non debet recipere .. gagium ~o solvi fecerit rem judicatam parti que obtinuit *RGasc* II 400b.

ussarius [AN *ussier, usser,* ME *usher* < CL ostiarius], doorkeeper, usher.

1219 Helena .. tenet per serjanteriam ~i ostii domini regis *Fees* 261.

ussera v. uscerius.

usseria [AN *usserie*], door or window frame, doorway (*v. et. husseria, ostiaria*).

1286 pro cc petris de Mosin operatis ad tascham ad diversas ~as hostiorum et fenestrarum in castro et ad turres januarum *KR Ac* 485/28 m. 4; debet .. teneri [assisa] ubi ~am vel introitum aut exitum vel s[h]opam non auferat *EHR* XVII 507.

ussim [cf. CL ustus *p. ppl. of* urere], (in gl.) in a burning manner.

~im [? l. ustim] i. ardenter, A. *brennyngly WW.*

ussus v. hussus, 2 usus. **ustengum** v. hustingum.

ustibilis [CL ustus *p. ppl. of* urere+-bilis; cf. CL ustilis], suitable for burning, inflammable.

magis calefactibilis et ~lis GILB. I 39v. 1; ~la [*sic*] sunt que habent in poris humorem debilem qui non potest resistere calori ignis UPTON 100.

usticium [? cf. ustilementum, CL utensilis, etc.], ? tool, item of equipment, utensil.

1319 in diversis usticiis et ferramentis regis reparandis et acuendis cum ascero, videlicet mallis, *crowes*, pycosiis, martellis magnis, *wegges* grossis et minoribus, et aliis diversis pro quarreris regis fodiendis necessario factis (*Works*) *KR Ac* 486/28 m. 3.

ustilamen v. ustulamen. **ustilamentum** v. ustilementum. **ustilare** v. ustulare.

ustilementum [AN *ustilement*]

1 tool, (item of) equipment (in quot. w. ref. to weaver's loom).

c**1320** telarii per conspiracionem .. ordinaverunt .. quod idem operarius perderet ~amentum suum (*Eyre Lond.*) *Lond. Ed. I & II* II 167; **1321** ~iamentum suum quod operatur pro firma regis acquietanda consuevit remanere in gilda .. pro rata porcionis firme sue *PQW* 466b; dudum fuerunt in eorum [telariorum] gilda circiter trecenta ~ementa et amplius *MGL* II 421; si aliquis a retro fuisset de firma sua ad tempus, per ~amentum suum a tempore predicto consuevit distringi per ballivos suos gilde predicte *Ib.* II 422.

2 (pl.) equipment, furnishings.

c**1402** diversa staura et hostilamenta ejusdem escaete appreciata ad lxij s. reservantur ad opus domini *Growth Eng. Ind.* 597; **1411** vobis mandamus quod ipsum J. in regno nostro .. dictos lectos cum curtinis .. ac pecias virgas sellas grossos cum dictis .. lavacris hostellamentis .. emere .. et cariare permittatis *RScot* II 196a; **1420** lego .. omnia animalia mea, fenum, et grana ac omnia alia hostelamenta pertinencia housbandrie et domui mee *Reg. Cant.* II 211; **1426** omnia vasa mea argentea ac omnia alia hustelementa de meis propriis bonis et catallis *Ib.* II 365; **1435** omnia et singula hustilmenta, ornamenta, utensilia .. ad meum domicilium pertinencia *Ib.* II 519; a**1444** hec sunt blada et alia hostilmenta et utensilia domus, bona et catalla *Paston Let.* 11 p. 20; opulenti .. sunt in omnibus hustilimentis domus, necessariis culture, et omnibus que ad quietam et felicem vitam exiguntur FORTESCUE *LLA* 36; c**1445** hec ~menta infrascripta .. unam longam tabulam mensalem, cum duabus assidilis, tria mappalia, unam pelvim cum lavacro *MonA* VI 1427b; **1452** pro utensiliis hustelment' vocat' *household* quondam dicti Thome *Cl* 302 m. 23*d*.

ustiliamentum v. ustilementum. **ustilium** v. utensilis. **ustill-** v. ustul-. **ustilmentum** v. ustilementum.

ustio [CL], action or effect of fire, flame, or sim. (on object), burning, scorching (esp. as damaging or destructive, also in fig. context).

alioquin vermis tortionis tuae non morietur et ignis ~onis tuae non extinguetur GILDAS *EB* 31; in tribulatione carnis et per ~onem rubigo peccatorum exuritur ANSELM (*Ep.* 53) III 167; si navem attingeret, aut ictu seviente perforaret aut ignis ~one funditus consumeret (*Brendanus* 40) *VSH* II 285; ~o, *arsure* (GARL. *Unus*) *Teaching Latin* II 170; amorose adolescencie mee ~onem ROLLE *IA* 244; contigit .. candelam super bibliam cadere et ardere, set eo evigilante et suspirante nullam ~onem [KNIGHTON I 216: ustulam] apparere *Meaux* I 440.

ustivus [CL ustus *p. ppl. of* urere+-ivus], that burns or scorches, concerned with burning or scorching.

acuta .. materia facile accenditur et aduritur .. unde acquirit dispositionem ~am GILB. III 155. 1; etsi ignis vim ~am in inferiore sui parte non habeat .. summe tamen calidum eundem ibidem esse verum est *Ps.*-GROS. *Summa* 615; in febribus .. que sunt vehementis inflammationis, sc. ~e sicut causon GAD. 16v. 1.

ustorius [CL urere+-torius], that burns or scorches, (in quot. *speculum ~ium*) burning-glass.

albedo non incenditur speculo ~io qui radios disgregat SPELMAN *Asp.* 71.

ustrena v. ustrina.

ustrina, ~um [CL = *place for burning dead bodies*], place or structure for exposing things to fire, flame, or sim., oven, kiln, oast-house, bakehouse, *etc.*; **b** (in gl.).

1331 [placea] que se extendit .. a .. stabulo Willelmi .. et ustrena usque ad murum *Reg. Kilmainham* 25; c**1416** pro combustione unius ~e calcis, 16s *Ac. Durh.* 612; **1419** in *stoures* emptis pro emendacione ~e uxoris J. O., 12 d. *Fabr. York* 41; **1446** in ~o j *stepyngfat*, j novum cilicium pro torali *Pri. Cold.* lxxxiv; novam ~am maximo opere et labore .. constat esse factam BOWER VI 52; **1467** pro tectura et reparacione ~e de F. *ExchScot* 456; **1468** pro quodam panno cilicinio ad ~um de F. pro brasio conservando .. xxv s. *Ib.* 569; **1539** pro firmis ~i seu calcarie vulgariter *lymekyllis* de Bischophillis nuncupate *Rent. S. Andr.* 40. **b** ~a, ubi porcos tolluntur [l. porci ustulantur] *GlC* U 298; ~a, G. *torail* HALES *Exoticon* 320; *kylne, for malte dryyng*, ~a *PP*; ~a, A. *a bakhous WW*; hoc ~um, A. *a kylme WW*; hoc ~um, *a kylinhowse WW.*

ustrinare [CL ustrina+-are], (in gl.).

to make malte, ~are, brasiare *CathA.*

ustrinator [ustrinare+-tor], (in gl.).

a maltster, ~or, -trix, brasiator, -trix *CathA.*

ustrinatorium [ustrinare+-torium], (in gl.).

~um, A. *a kylle WW.*

ustrinatrix [ustrinare+-trix], (in gl.).

hec ~ix, *a kylme wyfe WW*; *a maltster*, ustrinator, -trix, brasiator, -trix *CathA.*

ustrinum v. ustrina. **ustula** v. ustura.

ustulamen [CL ustulare+-men], (in gl.).

~en, combustio OSB. GLOUC. *Deriv.* 624; ustilamen, *arsure* (GARL. *Unus*) *Teaching Latin* II 170; usturamen, *ars*, A. *brend* (*Ib.*) *Ib.*

ustulare, ustilare [CL], to damage or destroy (esp. partially) by burning (with fire, flame, or sim.), char, scorch (also transf.). **b** to cauterize. **c** to burn (lime). **d** (in gl.).

corpora quae pro domino ignibus ~ari a bestiis dilacerari flagris absumi BEDE *Hom.* I 10; combusta .. ecclesia sancte Marie, reclusa una ~ata, que speleum suum nec in tali necessitate deserendum putavit W. MALM. *GR* III 282; sacratam virgini Adeldride ~avit ecclesiam *G. Steph.* 77; in argumentum fidei caput depilatum et brachium manus pestifere contactu ~atum nudavit W. NEWB. *HA* V 9 p. 436; debet paterfamilias †usclare [l. ~are] et comburere capillos earum .. et sic domi remanebunt O. CHERITON *Fab.* 64; carucarius .. concrematus est usque ad mortem, unde corpus ejus miserabile inventum est in crastino ad modum porci ~ati et valde horribile ad inspiciendum *Lib. Mem. Bernewelle* 144. **b** compluribus peractis medicaminibus ustilatum est caput ejus duodecim adustionibus LANTFR. *Swith.* 28. **c** c**1449** in iiij quarteriis calcis ~ate *Crawley* 480. **d** ignicremus, igne crematus, quod et ~atus dicitur OSB. GLOUC. *Deriv.* 289; ~are, sepe urere *Ib.* 624; *parch pesyn*, ffrigo .. stillo [v. l. ustillo] *PP*; *rostolone* .. ~o *PP*; *to swythe* .. ustillare. *swythen*, ustillatus *CathA.*

ustulatio [LL], action or effect of fire, flame, or sim. (on object), burning, scorching (esp. as damaging or destructive).

arsura vel ~o, *bærnet* ÆLF. *Gram.* 302; omnia ab omni ~one inventa sunt illesa GOSC. *Edith* 72; ille potius ~one quam occisione vitam eligens finire flammas aliquamdiu sustulit S. DURH. *HR* 210 (=W. COVENTR. I 95); carbones vivos .. ad senem .. deferens .. de sinu projecit, sed nullum signum ~onis aut corruptionis in veste apparuit J. FURNESS *Kentig.* 25 p. 206; *roostyllynge*, ustillacio, -nis *PP* 378.

ustura [LL], action or effect of fire, flame, or sim., burning, scorching, scalding. **b** (in gl.).

aiebant .. quidam quod plusquam centum in corpore haberet ~as pro evaporanda corruptione humorum W. NEWB. *HA* IV 5 p. 306; plagis siccandis, usturis, atque tumori / sedando celerem ferre soletis opem NECKAM *DS* VII 331; valet ad ~as ex igne vel aqua calida GILB. VII 299. 2; contigit .. candelam super bibliam cadere et ardere, set eo evigilante et suspirante nullam ustulam [*Meaux* I 440: ustionem] apparere KNIGHTON I 216. **b** uro .. inde .. hec ~a, -e OSB. GLOUC. *Deriv.* 607; *a birnynge*, incendium, ~a, arsura *CathA.*

usturamen v. ustulamen. **usuagium** v. usagium.

usualis [LL]

1 of or pertaining to use, suitable for use. **b** characterized by or subjected to use, used.

equorum utrumque genus, ~es scilicet et indomiti *Dial. Scac.* II 14A. **b** [nummi] de novo facti, non ~es vel cursorii *Dial. Scac.* I 6K.

2 of, pertaining to, or done in accordance with long-continued, established, accepted, or generally recognized practice, customary, conventional, usual; **b** (of measure); **c** (of money); **d** (of period of time).

ut sanctis et veris amicis Dei ~e est BYRHT. *V. Osw.* 416; ipse .. psalmis ~ibus et orationibus semper erat intentus *Ib.* 467; cum medicinis compositis ~ibus coleram evacuantibus GILB. II 80. 1; c**1250** prior .. solvat .. ad opus celerarii per annum novem viginti et duas libras ad quatuor terminos ~es *Ord. Ely* 1; **1252** quod nullus mercandisam faciat infra liberam communiam .. burgensium sine rationabili tolneto et ~i (*Uttoxeter*) *BBC* 287; ad quinque claves sunt principales ~es, sc. due graves, due acute, una superacuta ODINGTON 98; a**1350** in eleccione serviencium idem modus scrutinii servetur qui in eleccionibus ~ibus cancellarii et procuratorum prenotatur *StatOx* 68; scriptura .. sacra .. est infinitum antiquior quam aliqua talis opinio, ideo ejus antiquitas confirmat omnem veritatem creatam, ut libros nostros ~es quos vocamus canonicos (WYCL.) *Ziz.* 455; **1452** solvat .. annuatim sex solidos et octo denarios ad quatuor anni terminos ~es per equales porciones *Deeds Balliol* 40. **b** libra ~is, que constat ex duabus marcis *Cust. Cant.* 33; **1370** pro qualibet roda cooperienda super dicta ecclesia .. continente viginti pedes mensurandas per ulnam ~em in longitudine et latitudine *Fabr. York* 183. **c** **1302** utrum in Anglia in sterlingis vel illis partibus in moneta illius patrie ~i *RGasc* III 411a; numisma argenteum .. quod valebat decem nummos ~es *Eul. Hist.* I 70; **1387** obligatum esse .. in cxiij pecunie fidelis et ~is auri vel argenti solvendis *MunC Ox* 169; una .. libra de Troys ponderat xxxvij solidos iiij denarios ~is monete *Meaux* III lxxviij; dedit pro structura domus nostre borealis xx libras monete ~is Scoticane *Mon. Francisc.* II 125. **d** dies naturalis viginti quatuor horis concluditur; dies autem ~is vel artificialis duodecim horis terminatur GERV. TILB. I 5;

Judei tres annos distinguunt; ~em, qui a Januario incipit ..; legitimum, quo utuntur in legitimis que agunt et distinguunt per lunationes, cujus est Aprilis lunatio prima; et annum emergentem, quem .. computant ab exitu de Egypto *Ib.* I 6; annorum alius solaris, alius lunaris, alius artificialis, alius naturalis, alius ~is BRACTON f. 359; ~is annus qui dicitur annus minor constat ex trescentis et sexaginta quinque diebus *Ib.* f. 359b.

3 commonly encountered, ordinary, normal, usual (esp. w. ref. to kind, sort, class, or sim.). **b** (esp. of plant, often as distinguishing from spec. kinds) 'common'.

[hominis generatio] ex mare .. et femina, quia ~is est GIR. *TH* I 15; preter ~ia que hic abundant incommoda, infestant .. panthere veloces .. cocodrilli *Ib.* I 36; ~i sermone quam proprio magis *Ib.* II *pref.* p. 75; artifex ~is BACON VIII 63 (cf. ib.: inferior artifex); verba .. veluti *flemansfleth* et *utflach*, que tunc temporis fuerunt satis ~ia *PQW* 72a; **1427** omnes toge mee ~es corpori meo spectantes .. exceptis togis meis stragulatis *Reg. Cant.* II 403; **1465** unum nobile aureum cum cochleari ~i *MunAcOx* 712. **b** yeraruffini ~is sine periculo curat .. impetiginosos GILB. VII 346v. 1; sal ~e, quod ex aqua marina vel salinativa factum fuerit, cibisque condiendis et a putredine conservandis aptissimum *Ps.-Gros. Summa* 642; cucumer, *gourde* ~is *SB* 17; ferula, hujus multe sunt species. diversarum ejus specierum sunt gumme: sagapinum, amoniacum, galbanum, oppopanacis, et asafetida, et preter istas est ~is ferula nullam faciens gummam *SB* 21; fulfel, i. piper ~e *SB* 22; ficus, alia agrestis, alia ~is *Alph.* 67.

usualiter [LL], ordinarily, normally, usually.

olim penitentes et capti ac peregrini ~er intonsi erant longasque barbas gestabant ORD. VIT. VIII 10 p. 325; regiam .. mansionem .. his adauget ut coetus fratrum illuc commanentium .. ex his ~er victitet HERM. ARCH. 17 p. 48; grande robur, quod ~er [*gl.*: *commuement*] trabem vel temonem dicimus NECKAM *Ut.* 112; tabula quandoque sonari, quandoque feriri, et quandoque tundi ~er debet *Cust. Westm.* 198; herba cujus radix ~er ponitur in oximelle *SB* 23; ubi cotidie ~er due misse celebrantur pro ecclesia et pro defunctis AMUND. I *app.* 445.

1 usuarius, usarius [CL]

1 (as sb. m.) one who has the right of use (of something owned by another).

c**1200** nec sit nisi in custodia parentum et amicorum suorum salvo sibi catallo suo nisi pater ejus fuerit ~ius (*Haverfordwest*) *BBC* 75; est .. effectus hujus dominice potestatis quod quidquid per servum juste adquiritur id domino adquiritur, vel quasi domino, sicut bone fidei possessori, vel ~io, vel fructuario BRACTON f. 6; Fratres Minores sine proprio vivere profitentes in rebus que usu consumuntur non sunt censendi simplices ~ii OCKHAM *Pol.* I 298; ille dicatur ~ius qui habet usum juris sicut ille dicitur proprietarius qui habet proprietatem rei *Ib.* I 303.

2 (as sb. f. or n.) right of use (of something owned by another).

1154 vallem .. cum molendino de Succi et ~io continui nemoris HADRIAN IV 13; **1157** in nemoribus, in planis, pratis, aquis, usaria quoque in universa Otta *Ib.* 129; **1199** concedimus .. eis ~iam per omnes forestas comitis W. ad omnia necessaria sua *RChart* 4a; ?c**1208** ita quod nullus .. nullum in ea habeat jus aut proprietatem, usum, vel usiarium *Ch. Str. Marc.* 52.

3 commonly encountered, ordinary, normal, usual (cf. *usualis*).

1433 lego ecclesie parochiali de Covington' calicem meum ~ium *Reg. Cant.* II 484.

2 usuarius v. usurarius.

usucapere [CL], (leg.) to acquire ownership of (thing) by virtue of uninterrupted possession.

filius .. ignoraret .. an valeret manumissio .. non nocebit ei sed ~iet licet se manumissum nesciret VAC. *Lib. paup.* 20; ignorasti jus quod res tua ~eretur adversus te et non fuisti ideo litem contestatus *Ib.* 21; ut res sit talis que ~i posset .. plerique putaverunt si heres sim et putem rem aliquam ex hereditate esse que non sit posse me ~ere RIC. ANGL. *Summa* 39 p. 98.

usucapio [CL], **usucaptio** [CL usucapere+ -tio], (leg.) acquisition of ownership by virtue of uninterrupted possession.

ut in penarum temporumque prefinitione, veluti cum triennio ~io finiatur, pena furti dupli sit VAC. *Lib. paup.* 14; ~io locum habet cum res a non domino emitur *Ib.* 20; ~io est adquisitio dominii per continuationem possessionis temporis lege diffiniti RIC. ANGL. *Summa* 39 p. 97; locus prescipcioni vel ~ioni non esse videtur GIR. *JS* I *prol.* p. 104; adquiritur res per traditionem, quia traditionibus et~ionibus etcetera BRACTON f. 41; **1309** preterea jure cavetur quod in usucapcionibus ubi est titulus et bona fides requiritur justa facti ignorancia excusat, ita ut ipsa usucapcio .. procedat *Reg. Cant.* 1126.

usucaptio v. usucapio.

usufructuare [cf. CL usufructuarius], (leg.) to enjoy both the use of and the profits from (property), hold in usufruct.

1546 tenendas, possidendas, et ~uandas *Dryburgh* 287.

usufructuarium [LL], (leg., right of) enjoyment of both the use of and the profits from property (owned by another), usufruct.

terras .. in vita sua .. tanquam ~ia possedit *Chr. Rams.* 63; **1088** ut ad praesens solvat nobis marcam auri pro nostra concessione et singulis deinceps annis sex libras denariorum pro ~io terrae *Cart. Rams.* I 121.

usufructuarius [CL], (leg.) one entitled to enjoy both the use of and the profits from property (owned by another), usufructuary.

quod meum est transferre potero sine prejudicio ~ii BRACTON f. 41; **1531** Jacobus archiepiscopus Sanctiandree ~ius monasterii de Dunfermelyn *Reg. Dunferm.* 516; c**1559** moneatis .. omnes .. commendatarios, ~ios, ministros *Conc. Scot.* II 144.

usufructus [cf. CL usufructuarius], **ususfructus**, (leg., right of) enjoyment of both the use of and the profits from property (owned by another), usufruct.

legimus tamen de usu et ~u legato, quod fructuario liceat maturitatem fructuum prevenire P. BLOIS *Ep.* 26. 91B; item retentio ususfructus et traditio instrumenti rei de firma et termino pro traditione accipitur BRACTON f. 41; **1313** cum pertinenciis .. cum theloneo et toto terrarum ~u *CartINorm.* 98; nemo habet liberum et purum justum dominium cui juste debet negari quilibet ususfructus WYCL. *Civ. Dom.* I 3; **1575** reservando .. sibi .. liberum tenementum et ~um ejusdem loci cum hortis, muro, et pertinentiis durante toto tempore vite sue *Scot. Grey Friars* II 249.

†usula, *? f. l.*

†usula [? l. alosa] piscis est Danubii qui per tela hostium musice petit mela, nec vulneratus absistit, sed vite prodigus et avarus organi sectatur anime sue mellitas illecebras usque ad mortem MAP *NC* V 1 f. 59v.

usura [CL]

1 (also pl.) sum due from borrower for the use of borrowed money, interest; **b** (transf.); **c** (in gl.).

786 ~as .. prohibuimus *Ep. Alcuin.* 3 p. 26; publicas .. et usitatas ~as dicimus quando, more Judeorum, in eadem specie ex conventione quis amplius percepturus est quam commodavit, sicut libram pro marca *Dial. Scac.* II 10I; ?a**1189** adquietabunt me .. monachi versus Belasez .. Judeam de Oxsenford de iiii⁰ʳ libris annuatim, pro ~a de xxxii^bus libris *Starrs* I 128; **1272** pro usuriis ac penis exortis de predictis sex libris tantum numeratis et ab eis receptis *Cl* 479; **1290** nos .. penas omnimodas et ~as et quodlibet genus earundem que actionibus racione Judaismi a Christianis .. exigi poterint .. totaliter dissipamus et anullamus *SelPlJews* xli; **1507** omnimodas ~as, contractus ~arum, barganias corruptas *Foed.* XIII 166. **b** peccati .. ~a est id agere quod in lege Domini prohibitum est ALEX. CANT. *Mir.* 50 (I) p. 263; debiti .. ~a .. excrevit in immensum J. FORD *Serm.* 109. 4; peccatum est quasi peccunia diaboli quam dat ad ~am [ME: *oker*] et fenus pene *AncrR* 125; in ipsos .. predando, vicem compensat cum ~is FORDUN *Chr.* II 31 (=BOWER II 36). **c** ac faenoris, ~ae, *hyre oþþe*

wæstmscettes GlP 94; **9..** fenus, i. lucrum, ~a, vel *borg*, vel *læn WW*.

2 lending of money at (esp. excessive) interest, usury.

damnatur ille evangelicus servus non quia domini sui pecuniam perdidisset sed quia eam ad usuriam non collocasset H. LOS. *Ep.* 14 p. 28; non te dulcis odor usure carpat amore / nummorum D. BEC. 1772; cum .. species .. ~e sit, minus proximo dare et plus ab eo accipere P. BLOIS *Ep.* 17. 63A; de rapina occulta vel manifesta .. ~a, furto, exactionibus GIR. *GE* II 30 p. 313.

usuraius v. usurarius.

usurare [CL usura+-are]

1 (of borrowed sum) to be subject to interest.

s**1188** debitum post susceptionem crucis, quamdiu debitor erit in peregrinatione, non ~et G. *Hen. II* II 32; **1215** si quis mutuo ceperit aliquid a Judeis .. et moriatur antequam debitum illud solvatur, debitum non ~et quamdiu heres fuerit infra etatem *Magna Carta* 10; debitum .. defuncti quod debetur Judeis non ~abit quamdiu heres infra etatem extiterit BRACTON f. 60b; **1253** ~ant dicte xx m., que sunt de lucro, ac si essent de sorte, quod est contra statuta Judaismi *SelPlJews* 21; **1267** dicta pecunia interim non ~et *Cl* 373.

2 (trans., of person) to charge (sum) in interest (on loan). **b** (intr. or absol.) to charge (esp. excessive) interest (on loan).

1419 ad intencionem ~andi super .. R. .. xl solidos pro accommodacione .. x librarum *MGL* I 397. **b** s**1275** Judeis interdicta fuit effrenata licentia ~andi *Flor. Hist.* II 45.

usurarie [CL usurarius+-e], by charging (excessive) interest, usuriously.

1342 Johannes falso et ~e predicte Beatrici tantum debitum imposuit *SelCKB* VI 19.

usurarius [CL], of or pertaining to lending of money at (esp. excessive) interest, usurious (also transf.). **b** (of borrowed sum) subject to (esp. excessive) interest. **c** (of person) who lends money at (esp. excessive) interest, (also as sb.) money-lender, usurer.

c**1167** ociari in talento Domini, et ~iam virtutum accessione negociatione sollicitudinis et laboris non exercere J. SAL. *Ep.* 217 (196) p. 280; qui tempus .. ~ia quadam accessione .. in vite dispendia prodigit *Id. Pol.* 389C; causis et negociis heretice et schismatice apostasie et ~ie pravitatis *Stat. Linc.* II 318; homo est obligatus ad computum et restitutionem, si fuit usurarius et de peccunia ~ia fuit ditatus et non vult restituere HOLCOT *Wisd.* 118. **b** ?**1170** ego diffusiores expensas faciens me debitis ~iis oneravi P. BLOIS *Ep.* 51. 155A; debitum erat ~ium; transierunt tres anni ex quo usuras non solvisti VAC. *Lib. paup.* 69. **c** si ~ius non est ordinandus .. est removendus juxta decreta conciliorum ALCUIN *Dub.* 1080C; non arcetur ab introitu ecclesie meretricula, non ~ius, non latro W. MALM. *GR* II 202; ~ios .. defendit rex Eadwardus ne esset aliquis in regno suo (*Leg. Ed.*) *GAS* 668; c**1224** nullus symoniacus, homicida, excommunicatus .. ~ius [*Conc.* I 596a: †furarius], incendiarius .. ad quoscunque ordines presumat accedere *Conc. Syn.* 147; s**1252** an aliqui clerici seu capellani sint frequentantes tabernas, negotiatores, ~ii, pugnatores, vel exercentes mercata in habitu penitus indecenti *Ann. Burton* 297; **1274** cupiditatis vicium †usuraiis [l. usurariis] annexum non formidans (*Chanc. Misc.*) *S. Jers.* II 47; **1275** M. .. fuit Christiana ~ia que mortua fuit *Hund.* I 447a; oportuit dominum regem .. resolvere .. mercatoribus usuariis [ed. OMT: ~iis] viginti millia librarum *Chr. Angl.* 78.

usuratio [usurare+-tio], lending of money at (esp. excessive) interest, usury (in quot. transf.).

cum fit ~o cum Deo in bonum, videtur quod omnis injustus committit cum Deo usuram culpabilem WYCL. *Mand. Div.* 378.

usurator [usurare+-tor], one who lends money at (esp. excessive) interest, money-lender, usurer.

1269 de ~oribus Cristianorum *CBaron* 87; hic ~or, *a usurer WW*; **1508** ~oribus ac contractoribus usurarum *Pat* 605 m. 29 (3).

usuratrix [usurare+-trix], one (f.) who lends money at (esp. excessive) interest, money-lender, usurer.

1397 Eva est communis ~ix, viz. recepit de G. .. xxxij s. ij d. pro xx s. (*Vis. Heref.*) *EHR* XLV 457.

usuria v. usura.

usurpare [CL]

1 to take (esp. wrongful) possession or control of, to assume (to oneself), to assume (also transf. or in fig. context); **b** (w. refl. dat.); **c** (intr. or absol.).

sedem Petri apostoli inmundis pedibus ~antes sed merito cupiditatis in Judae traditoris pestilentem cathedram decidentes GILDAS *EB* 66; sapientium ministerium et gradus ~astis ASSER *Alf.* 106; c**1102** in proprios usus ipsi ~averunt res ejus ANSELM (*Ep.* 262) IV 177; deletis regibus superfuerunt sacerdotes, quum ~are sacerdotium tutum non erat post exemplum Ozie, qui usurpationis merito lepram incurrit R. NIGER *Chr. I* 12; **1541** fructus ipsius vicarie indebite ~antium et imbursantium *Melrose* 601. **b** ut multiformes pedum regulas ex diversis orationum partibus propalare non abnuas, eorum praesertim quos grammatici sibi ~are noscuntur ALDH. *PR* 112; eidem anapesto aequa divisio competit, quia totidem tempora arsis sibi ~at quot in thesi continentur *Ib.* 116; nominativus primum sibi locum ~at, quia primum natura hunc protulit ALCUIN *Gram.* 869A; de sacerdotibus et levitis et subdiaconibus qui feminas sibi ~averunt ORD. VIT. IV 9 p. 240; qui regni dominium, coronam .. et sceptrum .. sibi ~are voluit GIR. *EH* II 21; quidam homines ~ant [*gl.*: *mespernent*] sibi officia mulierum, qui vendunt mappas et manutergia GARL. *Dict.* 129; **1290** amerciamenta inde provenientia sibi appropriat et ~at super dominum regem et ballivos suos *MunAcOx* 49; ille .. qui lucem odio habebat et tenebrarum sibi jam ~averat potestatem *Mir. Hen. VI* I 8 p. 28. **c** **1365** thesaurarius non permitteret quod quod ipsi camerarii sic ~arent super regem ad restringendum officium thesaurarii *Cl* 203 m. 25; c**1403** in manerium predictum intruserunt et super nos [sc. regem] ~arunt colligendo redditus et proficua *Cl* 251 m. 13.

2 to take on, assume, adopt, acquire (name, style, title, or sim., esp. wrongfully, also transf.).

Judeis non reges sed pontifices praefuerunt usque ad Aristobolum, qui cum dignitate pontificis etiam regale sibi coepit ~are vocabulum BEDE *TR* 66; etiam patre vivente nomen imperatoris ~ans W. MALM. *GR* II 110; s**1191** Cursac .. falso quoque nomen ~averat imperatoris *Itin. Ric.* II 29 p. 183; accusant eum de supernaturali usurpacione nature divine .. non nomen ~avit sed naturam divinam se habere per maxima miracula demonstravit HOLCOT *Wisd.* 93; c**1440** ~avit sibi nomen fortitudinis in jactando lapidem in civitate Romana ultra omnes naciones *MonA* VI 77.

3 to practise or carry out (esp. wrongfully). **b** (w. inf.) to take it upon oneself, dare or be so bold as (to). **c** (w. ind. statement) to (make so bold as to) assert (that).

[impudentia et insolentia] quae in utroque sexu non solum sanctimonialium .. verum etiam ecclesiasticorum .. contra canonum decreta et regularis vitae normam deprehenduntur ~atae [*gl.* vendicatae, *geagnede, geahnode*] ALDH. *VirgP* 58; **1170** ipse et Dunelmensis episcopus propter ~atam novi regis coronationem ab episcopali officio suspenduntur J. SAL. *Ep.* 300 (304 p. 718); **1442** si .. fraude .. clam aliquid .. attemptatum aut ~atum sit BEKYNTON I 128. **b** cecatis mentibus et malignis indignationibus agitata res aliorum tollere lacrimosa mortalium calamitas ~avit (*Quad.*) *GAS* 529; precepit vir Dei fratribus ne quicquid de suppellectili domus sibi tollere ~arent (*Brendanus* 18) *VSH* I 109; **1393** allec recens in grosso .. emerunt et partem inde salire et inbarellare et partem exsiccare .. ~arunt *Cl* 235 m. 32; **1488** capellani .. ~ant absolvere partes sive personas ab ordinariis .. excommunicatas *Conc.* III 625b. **c** o fratres conversatione ejus dignum me esse non ~o, quin immo nullius sermone explicari potest *V. Cuthb.* II 1; illum .. non minus tibi esse fratrem ~averis quam alterum *Ib.* III 6.

4 to make (esp. wrongful) use of, use, employ (also transf.).

suos episcopos et comites .. hortando, imperando .. ad suam voluntatem et ad communem totius regni utilitatem sapientissime ~abat et annectebat ASSER *Alf.* 91; nonnunquam septem [sc. orationes] ~amus, propter septem petitiones in Dominica oratione HON. *GA* 582B; Fauni di sunt invisibiles, Satyri nemorum, Panes agrorum, sed ~antur ab auctoribus pro istis et isti pro illis *Natura Deorum* 17; fercula et salsamenta .. alia cinereum fere colorem ~ant et vocantur celebrato nomine camelina J. GODARD *Ep.* 223.

5 to make use of (word, expression, *etc.*) in speech or writing.

quod genus syllabae inter longas vel omnino refugiendum vel parcissime ~andum est BEDE *AM* 91; **798** quod .. ~asti verba reginae Sabae ad Salomonem de beatitudine servorum qui nobis adsistunt (*Lit. Regis*) *Ep. Alcuin.* 144; quicquid hac in editione contra orthographie normam compositoris vitio ~atum repereris B. *V. Dunst.* 1; ubi scriptum sit et quo tendat, quod legitur et ~atur a plurimis, quia 'deiformiora sunt ea que non sunt, quam ea que sunt' J. SAL. *Ep.* 143 (209 p. 318).

usurpaticius [CL usurpatus *p. ppl. of* usurpare +-icius], of the nature of or characterized by usurpation, usurpative, or *f. l.*

consuetudine quadam usurpatitia [? l. usurpativa] potius et veluti praescriptione quam jure aliquo, salmonum piscationes in aquis aestuarii .. usurpabant FERR. *Kinloss* 66.

usurpatio [CL], (act of) taking possession or control (esp. wrongfully), usurpation. **b** adoption (of practice).

949 de perenni ~one hujus telluris quod sibi .. liberalitates .. certa terminacione condonavit Ulfcetele *Ch. Burton* 8; **951** quem perhenni hujus ruris *æt* Mærcham ~one .. beatizat *Ib.* 11; c**1080** aliis debita aliqua .. ~one nolumus denegare LANFR. *Ep.* 27 (30); s**1101** Romana et apostolica ecclesia per praedecessores nostros regiae ~oni et investiturae abominabili .. obviare curabit (*Lit. Papae*) EADMER *HN* p. 148; quamlibet rei aliene ~onem, quod vitium est rapacitatis, interdicit ANDR. S. VICT. *Hept.* 133; c**1155** qui .. monasterii possessiones vestra cessione vel propria ~one occupare presumpserint *Doc. Theob.* 109; **1331** quod predecessores .. abbatis tunc nullum habuerunt visum ibidem nisi tantum per ~onem per duos annos .. unde petit .. quod visus ille sic usurpatus capiatur in manum .. regis *PQW* 31b; quod cives Londoniarum habeant libertates suas .. quod impedimenta seu ~ones eis in hac parte facta revocentur et adnullentur *MGL* I 144. **b** Romani pontifices .. temerariam ~onem prohibuerunt ORD. VIT. XI 11 p. 208 (cf. ib.: medicamentum quod doctores ecclesie .. pro salute animarum .. constituerunt filii perditionis ad cumulum sue damnationis instigante Sathana usurpaverunt).

usurpatitius v. usurpaticius.

usurpative [LL], in a manner characterized by usurpation, wrongfully.

933 basilicas .. ab antiquo ritu vectigalium redimam quod sibi mei antecessores ~e decreverunt habere *CS* 694; de his qui solitariam vitam ~e .. intrant PULL. *Sent.* 667C; qui se imperatorem abusive et ~e fecit pre superbia sua nominari M. PAR. *Min.* II 21; **1261** prout .. ~e contra Deum et justitiam ac libertatem ecclesiasticam pluries est presumptum *Conc. Syn.* 671; τειτὰν .. quod vere convenit Christo, licet ~e hoc nomen attribuet sibi Antichristus BACON *CSPhil.* 437; potestatem quem ~e exercet [diabolus] in hoc mundo OCKHAM *Pol.* II 493.

usurpativus [LL], of the nature of or characterized by usurpation, usurpative.

c**1257** non .. Christi patrimonium .. aliquo modo transferri valet in dispensatorum dominium, nisi ~o non tam furti quam latrocinii sacrilegio AD. MARSH *Ep.* 247. 34.

usurpator [LL], usurper. **b** (in gl.).

libertatem suam sponsa Christi asseverat ne illam tirannus ambitioso ~ori prostituat W. MALM. *GR* II 202; castrum nobile quod Radulfi dicitur .. nequissimorum proditione improvisus ~or intravit W. NEWB. *HA* III 25; principes ecclesiasticarum possessionum ~ores GIR. *IK* I 2 p. 22; **1295** principatus Wallie illicitos ~ores seu invasores *Reg. Cant.* 4; pseudoarchiepiscopus et ~or intollerabilis *Flor. Hist.* III 170; consequeretur oporteri dicere sanctum Edwardum se solio regali injecisse, et tanquam regni intrusorem et ~orem injuste super Anglicos regnasse FORTESCUE *Tit. Edw.* 3. **b** sector, ~or *GlC* S 239.

usurpatrix [LL], usurper (f.), (in quot. attrib.) that usurps.

orant .. ne ~ici parti occasionem relinquat mentiendi in se GOSC. *Lib. Mild.* 26.

1 usus v. hussus.

2 usus [CL]

1 (act of) using, application, employment, use (also w. ref. to manner or method, esp. as purpose or function); **b** (of person, esp. in sexual context); **c** (of immaterial thing). **d** (pred. dat., *usui*) of use, useful.

numquid .. Deus hirsutas bidentum lanas .. non potuit .. naturaliter colorare, si hoc nostris usibus [*gl.*: necessitatibus] commodum et utilitati profuturum solerti praescientia providisset ALDH. *VirgP* 56; territoria ac possessiones in usum eorum qui erant cum episcopis adjecit BEDE *HE* II 3; quae sibi a divitibus donaria pecuniarum largiebantur .. in usus pauperum .. dispergebat *Ib.* III 5; vasa tabernaculi in omnes usus ejus et caerimonias praeparata *Id. Tab.* 462A; has retes humano husui [AS: *giwvnv*] aptas bestias ad capiendas *Rit. Durh.* 117; praeter communem usum escarum abstinentia ANSELM (*Ep.* 196) IV 86; vas etiam in quo [vestes] lavantur sicut et baptisterii nullis aliis usibus deputetur GIR. *GE* I 10; [labia] ad osculum et ad usum sermonis solent aperiri J. FORD *Serm.* 88. 8; de illa [ecclesia] de Tiringtona nichil in suos usus convertit *Canon. G. Sempr.* f. 42; assint .. dextrarii, palefridi usibus [*gl.*: *a le usage de chivaler*] militum apti NECKAM *Ut.* 104; villam .. tene ad ussum servorum Dei (*Abbanus* 23) *VSH* I 18; istas diligenter condite carnes sale, quia usus earum erit vobis pro tempore necessarius (*Brendanus* 46) *Ib.* I 124; c**1520** piis usibus *Conc. Scot.* I cclxxix. **b** uxorem, quam cubili aliquandiu submovisset, in proximo ad usum noctis revocaturum W. MALM. *GP* II 75; suis .. usibus puellam applicuit *Id. GR* II 157. **c** carmina .. quae quondam cognita longo usu vel neglegentia inveterare coeperant BEDE *HE* V 20; **959** cujus privilegii libertas deinceps usu [*Chr. Abingd.* I 362: uso] perpetuo a cunctis teneatur catholicis *Ch. Abingd.* 83; qui ex diversis usibus vocabulorum et protervior, qui ex argumentis celatior BALSH. *AD* 43; est .. verbum usu tritum, antiquitate venerandum W. MALM. *GR* I 47; totum cantum diatesseron et hoc propter offensionem semitonii in suis ususis [*sic*] ODINGTON 115. **d** genera metrorum .. quae magis usui haberi reperimus BEDE *AM* 132; nichil .. reliquum fatiens quod posset inimicis suis esui vel alicui usui esse W. MALM. *HN* 480.

2 (*in usu*) in (esp. current) use, (*in usum*) into use; **b** (w. ref. to linguistic element).

animalia coitu hominum pulluta [v. l. polluta] occiduntur, carnesque canibus proiciantur; sed quod generant sit in usu et coria adsumantur THEOD. *Pen.* II 11. 9; fulminis ignem vim habere majorem ad penetrandum, quia subtilioribus elementis factus est quam qui nobis in usu est BEDE *NR* 220; nos .. quid magis in usu sit debemus perspicere ABBO *QG* 13 (31); per antiquitatem ostendit nobis quia ipse in usu habet hujusmodi pugnam AILR. *Serm.* 17. 17. 297B; unde primum amicitia inter mortales orta est. natura an casu an necessitate aliqua, vel certe precepto aut lege humano generi imposita, in usum venerit; usus vero eam commendabilem fecerit *Id. Spir. Amicit.* I 50. 666D; ista species non est multum in usu, nisi in organis GARL. *Mus. Mens.* 9 p. 71. **b** c**798** 'spicio' multas in compositione recipit praepositiones et nullam in appositione, quia 'spicio' in usu non est ALCUIN *Ep.* 162; dicamus .. similiter, etiamsi non sit in usu, quod perseverare in voluntate sit 'pervelle' ANSELM (*Casus Diab.* 3) I 238; artuo -as quod non est in usu OSB. GLOUC. *Deriv.* 8.

3 (*non-usus*) non-use, lack of use, disuse, (also *in non-usum*) into disuse.

1367 ne .. statuta nostra .. per non-usum seu abusum effectu careant *Conc.* III 69b; **1428** alia [statuta] per ipsorum abusum et non observantiam in desuetudinem et non-usum transierunt *Ib.* III 504a.

4 use (of property) as right (perh. also transf. w. ref. to other forms of right or privilege); **b** (w. ref. to customary duty); **c** (of pallium, as right of archbishop). **d** (*usus fructuarius*, leg., right of) enjoyment of both the use of and the profits from property (owned by another), usufruct (*v. et. usufructuarium*).

1215 cum omnibus aliis libertatibus et liberis consuetudinibus et bonis usibus quos in burgo suo habere consueverunt (*Dunwich*) *BBC* 11; **1224** transtulit eos [fratres] de loco illo parvo .. ad locum habitum in parochia sancti Nicholai .. fratribus autem, secundum regule declarationem, usum simplicem per libitum dominorum .. designavit Johannes Iwyn *Mon. Francisc.* I 494; **1289** sciatis nos concessisse hominibus de Aspa quod pascuis, usibus, padoenciis suis utantur, sicut hactenus .. facere consueverunt cum animalibus suis *RGasc* II 432b; usus juris est quoddam jus positivum determinatum, institutum ex ordinacione humana, quo quis habet licitam potestatem et auctoritatem uti rebus alienis, salva rerum substantia Ockham *Pol.* I 301. **b** **1254** debemus quietare de omnibus pedagiis et usibus debitis et consuetis .. trescenta dolia vini, que .. emimus *RGasc* I 328b. **c** s**601** usum tibi pallii in ea ad sola missarum sollemnia agenda concedimus (*Lit. Papae*) Bede *HE* I 29; †c**693** cum sacro usu pallii ac venerabilis dalmatice illic demandatus est (*Lit. Papae*) W. Malm. *GP* I 35; omni libertate metropolitica preter usum pallii gaudebat Gir. *Invect.* IV 2. **d** villa .. quam pridem monachis dederat Glastoniensibus, usum fructuarium pactus W. Malm. *GP* V 228.

5 capacity for use (in quot., of part of body), use.

cui per siccitatem cruris usus vestigii negabantur Bede *HE* I 21; statim .. ut archidiaconus infirme manus digitos ad contingendas reliquias aptasset, dolor brachii diffugit, digitorum usus in solitum emicuit W. Malm. *GP* V 270.

6 method, skill, or habit of use, employment, or application.

nihil damnabilius est in milite quam otium, per quod usus armorum dediscitur P. Blois *Ep.* 94. 294D.

7 performance, practical application or action, (also) practical experience (of or in action, affairs, or sim.).

Brittania .. omnis bellici usus prorsus ignara Gildas *EB* 14; usu ac frequentia peccatorum inebriati *Ib.* 110; omnia .. quae ad usum vel jocunditatem humanae vitae pertinent tolluntur ab impiis Bede *Apoc.* 187C; tria .. quae sunt necessaria volenti effici bonus, videlicet scientia, voluntas, usus Alex. Cant. *Dicta* 118; ab illo .. die nunquam defuit illis quod poscit usus humane fragilitatis Ord. Vit. VI 9 p. 62; medicus probatissimus, non scientia sed usu, quippe fere litterarum expers W. Malm. *GP* II 90; adolescentes rerum usum et experientiam nondum haberunt Bern. *Comm. Aen.* 16; quilibet .. ad temporalia per usum et per cognitionem descendere potest, redire vero vix aliquis potest *Ib.* 56; ipsa .. se totam in libidinis usus pronam applicuit Gir. *GE* II 13 p. 229; liberiusque ac licentius dies et noctes in carnalis usum expenduntur illecebre J. Ford *Serm.* 41. 5.

8 mode or manner of action, way of doing things, practice (esp. as general, typical, ordinary, established, or sim.), usage, (also) custom. **b** (eccl.) distinctive ritual or custom (of particular community), 'use'. **c** (*in usu habere*) to have the habit or custom (of; *v. et. habere* 22f). **d** (*usus habet*) it is normal, it is the custom.

Romanorum .. semper ab antiquioribus usus fuit post ammixtionem propriae conjugis .. lavacri purificationem quaerere Bede *HE* I 27 p. 57; **796** velim te cotidiana consuetudine usum habere offerendi Deo munus ad altare Alcuin *Ep.* 102; **797** sit tibi venerabilis cotidianus usus in ecclesiasticis officiis *Ib.* 124; **948** in illo loco ubi ruricoli antiquo usu nomen inposuerunt Ætþicham *CS* 869; sanctorum sequi vestigia una fide, non tamen uno consuetudinis usu [AS: *þeawes gewunan*] *RegulC* 4; cum filius occisi nothus familiari usu supervenisset W. Malm. *GR* II 157; p**1163** que provide et rationabiliter fiunt, ad posterorum notitiam scripto committere et usus et ratio exigit *Reg. Paisley* 3; ecclesiam cepit .. edificare lapideam; quia ante illam in Hibernia non fuit usus construendi ex lapidibus ecclesias (*Mochua* 8) *VSH* II 187. **b** c**1220** quod canon misse secundum usum ecclesie Londoniensis emendetur et ordo Londoniensis ecclesie in officio nocturno et diurno observetur (*Const. Lond.*) *EHR* XXX 299; liber .. ille, quem librum usuum vocant, verius liber abusuum dici posset Gir. *Spec.* III 5 p. 155; **1282** quod usus Eboracensis in singulis parochialibus ecclesiis nostre dyocesis observaretur *Reg. Ebor.* 80; c**1300** manuale, sed non est de usu Sarum *Ch. Sal.* 370; **1420** volo quod tres capellani .. quolibet die dicant devote .. Placebo et Dirige juxta regulam usus Saresburiensis *Reg. Cant.* II 231; **1526** instituimus .. quod regulam divi patris Benedicti, liber usuum .. annuatim .. perlegantur *EHR* III 715. **c** si autem hoc quod dico in usu habueris, .. Anselm (*Ep.* 232) IV 139; in usu habebat .. pauperum pedes abluere Eadmer *V. Osw.* 33; non habetur in usu ut aliquem secum .. ducat socium *Cust. Westm.* 89. **d** cogitationem quoque dicimus veram, cum est quod aut ratione aut aliquo modo putamus esse; et falsam, cum non est.—ita habet usus Anselm (*Ver.* 3) I 180; usus habeat exanimata corpora in quosdam archanos naturae sinus defluere W. Malm. *GP* II 87.

9 (*usu venire*) to occur or happen.

nonnumquam usu veniebat ut frigus anni aestivis mensibus et contra calor hiemalibus proveniret Bede *TR* 12.

usufructus v. usufructus. **usuus** v. 2 usus.

ut, uti [CL]

1 (introducing equivalent, comparator, or sim. expr., esp. correl. w. *sic*, *talis*, or sim.) as, in the way or manner that or of (also in context of simile). **b** (w. ref. to statement of manner or sim.) in accordance or conformity with the way that.

infidelem non tam ferro, igne, machinis, ut alias gentes, quam solis minis vel judiciorum concussionibus .. subjugavit Gildas *EB* 5; sapiens .. permanet ut sol [cf. *Sirach* xxvii 12] Bede *Sam.* 501C; venerabilis Oda ut vernum floruit rosis Byrht. *V. Osw.* 403; **1088** dedi .. monachis omnes dignitates .. fossam et furcas cum aliis libertatibus uti tunc temporis tenebam de rege *Cart. Blyth* I 208; ut 'convenire' [equivoce dicitur] sic et 'conveniens' Balsh. *AD* 53; Rogerio per baculum pastoralem ut eo tempore moris erat cenobii curam .. commisit Ord. Vit. VIII 18 p. 381; **1205** per tale servicium ut Ricardus de W. illam tenuit *Ch. Chester* 296; optulerunt ducatum Aquitanie ut eum pater suus tenuit et quod spem dedit plura habendi Avesb. f. 106b; albaras est morfea alba ut lac *SB* 10. **b** fecit ut ille suaserat Bede *HE* V 12; cum .. Christiani murum, ut proposuerant, fregissent Asser *Alf.* 27.

2 (introducing instance) (such) as, (also) as for example, such as.

amphibracus, pars ex utraque parte brevis, ut 'ibi' et 'ubi' Osb. Glouc. *Deriv.* 60; in litteris inchoare possumus a comparatione, per quam dilucidatur narratio, ut si rex diceret ..: 'sicut in fornace flammarum apex inestuat, sic ire fervor .. flammescit in pectore nostro' Garl. *PP* 60; duo sunt [arguendi genera] ad intellectum, ut dyalecticum et demonstrativum Bacon *Tert. sup.* 75; potest reperiri causa precisa de planetis splendidis, ut [v. l. et] maxime de sole et luna, Venere, Mercurio, et Jove, quare non scintillant *Id. Persp.* II 3. 7.

3 (introducing pred. expr., esp. of status or capacity) as (being).

ut miser veni, et miserrimum me inveni Anselm (*Or.* 10) III 37; de rebus ecclesiasticis ut simplex ecclesie filius sincere fari dispono Ord. Vit. *prol.* p. 3; [Dei filius] in Bethleem .. in cunabulis inventus ac ut Deus adoratus est *Ib.* I 2 p. 8; accusabatur certis de causis, ut qui cives Theodfordenses plures occidi jussit M. Par. *Maj.* I 458 (cf. Fl. Worc. I 135).

4 (introducing cl. giving reason or sim.) inasmuch as, as.

monstra esse in paludibus .. credere profanum est, ut non illuc fluant gurgites quo inmane monstrum ingreditur *Lib. Monstr.* I 34; rem ut erat .. lacrimabilis omni familiae .. episcopo sancto revelavit *V. Cuthb.* IV 3; magistros et scriptores .. habebat, legere ut non poterat Asser *Alf.* 25; ille ut erat clemens, desolato adolescenti compatiens, robur exercitus Francorum excivit Ord. Vit. I 24 p. 182; divinitus preceptum accepit, ut se cum sua sobole circumcideret, non ut ipse Deus aliquid superfluum in homine creasset, quod postea juberet abscidi, sed ut inter alias gentes hoc corporis signo electi viri soboles nosceretur M. Par. *Maj.* I 7 (=*Flor. Hist.* I 9).

5 at the time that, as, when. **b** (w. *statim* or sim.) as soon as. **c** from the time that, since.

ut audivit .. extimuit multum Bede *HE* II 6; imperator Henricus, ut audivit .. suffusus .. lacrimis judicia Domini vera magnificavit Gosc. *Edith* 290; ut .. ulcus in corpore fratrum prospexit .. ad archiatrum properavit Ord. Vit. VI 9 p. 72; imperator ut veraci rumore comperit quod R. .. imperatorem superaverit .. valde timuit *Ib.* VII 5 p. 175; hec .. ut ad .. probabilium virorum notitiam attingissent .. furore succensi sunt G. Cold. *Durh.* 4; ut .. Merlinus ad regis presentiam perduceretur [M. Par. *Maj.* I 222: cum .. Merlinus ad regis presentiam perductus fuisset], exposuit ei de morte nobilium memoratorum *Flor. Hist.* I 245. **b** Æthelwulfus rex .. Britanniam .. adiit, statimque ut ingreditur .. dominio Burgredi subdit Asser *Alf.* 7; statim ut sonitus latrorum audivit, priusquam videret, insurgens .. in eos *Ib.* 97; mox .. ut diis suis sollempnitates debitas peregissent .. residuum diei in ludis componendis perficere satagebant M. Par. *Maj.* I 74. **c** sunt quadringenti deciesque quater simul octo / sunt anni, peperit ut pia virgo Deum, / fortes ad validos Angli venere Britannos Garl. *Tri. Eccl.* 17.

6 (introducing speaker's or writer's comment or sim., esp. parenth.) as.

ut puto Gildas *EB* 1; si quid nimirum, ut vereor, supra modulum meum facio Theod. *Pen. pref.* p. 177; miserabiliter, ut post patuit, daemonica fraude seductus Bede *HE* V 13; c**739** ut ait egregius apostolus (*Lit. Papae*) *Ep. Bonif.* 21; tota .. gens, ut dignum erat, in adventu senioris .. gavisa est Asser *Alf.* 13; venit ad eum miles .. petens, ut mos Christianis est, ejus benedictionis gratiam Byrht. *V. Osw.* 428; ut Lucas refert Ord. Vit. I 4 p. 12; ut mihi videtur Ailr. *Comp. Spec. Car.* 36. 644A.

7 (introducing consec. cl., esp. correl. w. *ita*, *sic*, *tam*, *talis*, *tantus*, or sim., also w. qualifying or limiting force) that (sts. w. indic.).

si non es .. talis audaciae ut inter veridicas rationalis secundae a nuntiis derivationis creaturas non pertimescas libertatis aureae decenti nota inuri Gildas *EB* 1; gigantes .. tam inormis alebat magnitudo ut eis omnia maria pedum gressibus transmeabilia fuisse perhibeatur *Lib. Monstr.* I 54; in tantum .. novi doloris molestia angebatur ut sedere aut stare vel jacere nequisset Felix *Guthl.* 45; campus .. tanta .. flagrantia vernantium flosculorum plenus ut omnem .. fetorem .. effugaret .. suavitas odoris Bede *HE* V 12; ita quippe immortalis factus est ille ut possit non mori si non peccaret; sin autem peccaret, moreretur *Id. Gen.* 32B; c**775** tibi .. terram .. concedo ita ut quicquid de ea agere volueris liberam per omnia in perpetuo potestatem teneas *Ch. Roff.* 15; in jejuniis et orationibus et vigiliis Deo serviens ita ut etiam miraculorum signis claruit Alcuin *WillP* 1; regi et optimatibus honorabilis effectus est in tantum ut ei .. possessiunculas .. contulerunt *Ib.*; sex candelas .. capellanos facere jussit ut unaquaeque candela duodecim uncias pollicis .. in longitudine haberet Asser *Alf.* 104; iste .. regem ad hoc maxime provocavit ut clericos a monasteriis expulit et ut nostris ordinibus contulit Byrht. *V. Osw.* 427; c**1073** tantum .. sanctae aecclesiae casum .. sentio ut tedeat me vitae meae Lanfr. *Ep.* 1 (1); fronti gentilis illisit, tam validis viribus ut osse penetrato cerebrum violaretur W. Malm. *GP* III 100; **1187** neque meliores sumus quam patres nostri ut fluctus hujus seculi deliciando siccoque pede transvadare debeamus *Ep. Cant.* 97; divina scriptura .. composita est sic: ut in quadam sui parte per verba significet hujus mundi creaturas Gros. *Cess. Leg.* I 9 p. 49; **1423** in tantum .. habemus vos .. recommissos ut quicquid a nobis .. petere decreveritis, concedere nos oportebit Amund. I 149.

8 a (w. vb. expr. causation, force, permission, or sim.) that. **b** (w. vb. expr. hindrance, prevention, or sim., in quot. *ut non*) that.

a Hadrianus .. ut episcopus ordinaretur obtinuit Bede *HE* IV 1; coegerat .. eos inminens hiems ut ubicumque potuissent quieti manerent *Ib.*; si mihi divina gratia .. donaverit ut .. vivere queam *Ib.* IV 26 p. 271; **1269** preceptum est quod distringeretur ut veniret facturus finem *CBaron* 72. **b** quid .. obstat ut non dicamus eum Gabrielem in visione .. vidisse Andr. S. Vict. *Dan.* 93.

9 (w. compar., *quam ut*) than that.

c**1075** majorem .. dilectionem puto quod a me nemo valet exigere quam ut velim eum tamquam me ipsum diligere Anselm (*Ep.* 44) III 157; notius est quam ut nostro indigeat illustrari relatu W. Malm. *GR* I 34; est majestatis illius essentia .. subtilior quam ut crasso possit corde comprehendi G. Hoyland *Ascet.* 274D; s**1164** dum vidit in ipso habitu [monachali] caputium minoris quantitatis quam ut toti congrueret A. Tewk. *Add. Thom.* 30.

10 (introducing event, happening, or circumstance, w. impers. vb.) that; **b** (*fore* or *futurum esse ut* or sim., as subst. for fut. pass. inf.).

absit ut vobis eveniat quod sequitur GILDAS *EB* 49; **673** placuit omnibus .. ut .. semel in anno congregemur *Conc. HS* III 120 (=BEDE *HE* IV 5 p. 216); unde factum est ut ipsa nocte reliquiae adlatae foris permanerent BEDE *HE* III 11; c**775** necesse est ut in presenti pietatis insistat operibus *Ch. Roff.* 15; quid justius quam ut ille cui datur pretium majus omni debito, si debito datur affectu, dimittat omne debitum? ANSELM (*CurD* II 20) II 132; barbarum .. morem regionis esse ut qui evaserant .. naufragium, in terra invenirent periculum W. MALM. *GR* II 228; decet utique ut sicut nove res mundo cotidie accidunt, sic ad laudem Dei assidue scripto tradantur ORD. VIT. *prol.* p. 2; accidit ut scientissimi plerique se nesciendo senescant GIR. *TH intr.* p. 5; non decet ut rutili plumbum miscebitur auro GOWER *VC* V 27; brevi factum est ut multis legibus .. in unum conscriptis hi viri nobiles ad regem suum non inexpectati redierunt FERR. *Kinloss* 14. **b** admonitus ergo in somnis est ut patrem patriae Dunstanum adeat, commissa mala deplangat, futurum esse ut amissum lumen per eum recipiat OSB. *Mir. Dunst.* 2; futurum ut hec rex Anglorum audiens tributum sancti Petri merito Nicholai subtraheret W. MALM. *GP* III 115.

11 (introducing proviso or sim., w. *ea condicione* or sim.) that.

susceperunt .. qui advenerant, donantibus Brittanis locum habitationis inter eos ea condicione ut hi pro patriae pace et salute contra adversarios militarent, illi militantibus debita stipendia conferrent BEDE *HE* I 15; Saxones cum .. paganis ea condicione ut ab eis discederent, pacem pepigerunt ASSER *Alf.* 43; c**1127** hac sc. disposicione et pactone constituta ut .. monachi .. sibi eligant personam *Regesta Scot.* 8; c**1168** cedere non vult ea condicione ut rex perpetuo concedat debitam ecclesiae libertatem J. SAL. *Ep.* 240 (238); s**1382** concessa fuit regi per clerum una decima .., condicionaliter tamen .. ut .. rex manus apponat defensioni ecclesie WALS. *YN* 336.

12 (introducing final cl., also correl. with *ita*, *idcirco*, or sim.) in order that, so that, whereby. **b** (*ut ita dicam* or sim.) if I may express it thus, so to speak.

nunc cives, nunc hostes vincebant ut in ista gente experiretur Dominus solito more praesentem Israelem, utrum diligat eum an non GILDAS *EB* 26; quibus [oraculis] .. opusculi nostri molimen, ita ut ne .. invidorum imbribus extet penetrabile .. contegatur *Ib.* 37; **686** (13c) ut ne aliquis in posterum sit adversitas propria manu signum sanctae crucis expressi *CS* 67; ob id solum, ut .. habitudo corporea .. peromnetur ALDH. *VirgP* 58 p. 317; volumus esse simplices sine hypochrisi et sapientes ut [AS: *þæt*] declinemus a malo et faciamus bona ÆLF. *Coll.* 101; Haroldus .. ut se magis commendaret, ultro .. post mortem Edwardi regnum Anglicum sacramento firmavit W. MALM. *GR* II 228; senectutis vicia .. vel omnino vitant vel, ut minime officere possint, levant ac mitigant GIR. *SD* 64; haec tamen idcirco diximus ut quis sit in silentio et solitudine cellae fructus spiritualis, ex parte aliqua vobis ostenderemus AD. SCOT *QEC* 820B. **b** ut nil in illo aliud quam splendor et gratia flosque ut ita dixerim varius bonorum operum videatur BEDE *Tab.* 476C; velocitatis et, ut ita dicam, anticipationis .. mensura nequaquam latet *Id. TR* 42; **1116** erat .. aliquantulum corpulentus, mediocris persone, et honestam, ut ita dicam, cheriem habebat (*Lit. Episc.*) ORD. VIT. VI 9 p. 126; delicatiora siquidem minus nutriunt, magis communia et alimenti, ut ita dixerim, pinguioris J. SAL. *Pol.* 659D; eos referunt, ut ita loquar, virgines et intactos P. BLOIS *Ep.* 94. 296A; cupitis .. tali, ut ita dicatur, celeumate laborem votivum consummari *V. Har. prol.* 1b; **1373** dedecori seu, ut ita loquamur, vilenie *Foed.* VII 20.

13 (introducing cl. expr. object or purpose of effort, caution, attention, or sim.) that.

cave ut, ubi lucem putaveris, ne a tenebris obcaeceris FELIX *Guthl. prol.*; videris mihi quasi non curare ut me doceas sed tantum ut rationes meas obstruas ANSELM (*Gram.* 11) I 155; luctabatur valide ut cogitationem alias averteret W. MALM. *GP* IV 137; **1170** officiales domini regis provida nimis cautela et perniciosa nobis circumspectione precaverant ut archiepiscopus et sui .. nichil .. invenirent preter domos vacuas J. SAL. *Ep.* 300 (304 p. 714); cum febris iracundie mentem accendit, vide ut ephemera sit NECKAM *NR* II 191; rex .. suspiciosissima zelotipia decoctus nichil aliud agebat quam ut [uxor] non tangeretur ab alio MAP *NC* II 22 f. 31.

14 (introducing indir. command) that.

qui sepe cum masculo aut cum pecude fornicat, x annos ut peniteret judicavit THEOD. *Pen.* I 2. 2; ammonebat .. illum sedulo ut confiteretur BEDE *HE* V 13; pro his qui fidem ex Hibernensibus receperunt .. postulavit [Patricius] .. ut ne a barbaris †consumentur [v. l. consumerentur] in aeternum NEN. *HB* 197; orantes .. Deum ut ne illusor omnis boni in hoc aedificio gaudium victoriae haberet EDDI 23; nos pueri rogamus te, magister, ut [AS: *þæt*] doceas nos loqui Latialiter recte ÆLF. *Coll.* 89; Frollo mandavit .. Arturo ut ipsi soli duellium inissent et cui victoria proveniret alterius regnum optineret G. MON. IX 11; c**1163** prohibeo ut non veniatis in terras ad .. auxilia colligenda *Regesta Scot.* 252; **1208** prohibeo .. ut nemo illos .. injuste detineat *Ib.* 481; implorare poterit ut sibi distrahere liceat RIC. ANGL. *Summa* 41 p. 111; c**1250** hoc decretum .. precipimus observari, ut ne quis choreas cum larvis .. in .. plateis ducat vel sertatus .. incedat *MunAcOx* 18; jussit Merlinum vatem .. quaerere, ut consilio ipsius quod desiderabat implere potuisset M. PAR. *Maj.* I 222.

15 (introducing expr. of intent, wish, or sim.) that.

qui non vult peccatoris mortem sed ut convertatur et vivat GILDAS *EB* 29; cupimus ut hostes ecclesiae sint nostri .. hostes *Ib.* 92; Dei .. voluntatis est ut ad Columbae monasteria .. pergat BEDE *HE* V 9; **836** confido ut .. Jhesus Christus meas iniquitates .. delere faciat *CS* 416; omnes accolae illius terrae conjuraverunt ut nullum unquam regem super se .. regnare permitterent ASSER *Alf.* 13; decreverant .. Christiani, ut Æthered rex .. contra duos paganos reges sumeret proelium *Ib.* 38; omnes totius Anglie optimates .. sacramento adegit et obstrinxit ut .. Matildam .. dominam susciperent W. MALM. *HN* 451; confirmative sive adjunctive [conjuncciones] .. 'quod' quidem magis presencium et preteritorum est, 'ut' futurorum, ut 'vide quod bene fecerit, precor ut bene faciat' *Ps.*-GROS. *Gram.* 57; deliberans .. apud se ut locum ubi tot nobiles jacebant memorabilem faceret M. PAR. *Maj.* I 222; s**1243** imperator .. comminabatur cardinalibus ut omnia .. solo tenus complanaret *Flor. Hist.* II 262.

16 (introducing expr. of fear or sim.) that.

nec verendum erat ut ad cenam alienam quispiam incitatus impudenter irrueret J. SAL. *Pol.* 731D; nec timet [murus] ut quis eum pedes aut equus [l. eques] aggrediatur L. DURH. *Dial.* I 329; veritus ut occasionem potiundi oppidi, si armis certaret, in presentia amitteret, dolo hostem deludit P. VERG. XIII p. 226.

17 (introducing indir. statement) that, (also w. impl. ref. to manner) how.

705 communi consensione condixerunt ut .. in loco qui dicitur Bregunt ford omnes advenissent reges WEALDHERE *Ep.* 22; c**802** de Constantino imperatore legimus, dum baptizatus fuerit, ut die quarta hujusmodi statuisset legem ALCUIN *Ep.* 245 p. 396; c**1198** vides ut folium / quod vento rapitur / in altum tollitur / et subito deprimitur (*Fall of W. Longchamp*) *EHR* V 317; nuncii .. revertentes tulerunt epistolam a Cesare ut Antipatrum in exilium daret vel, si mallet, morte dampnaret M. PAR. *Maj.* I 88 (=*Flor. Hist.* I 95); fecit proclamari ut .. paratus erat .. ad plenum persolvere *Croyl.* 31.

18 (w. subj. in main cl., introducing wish, prayer, or sim.) o that ..! would that ..!

ut tanta temporis nostri gloria transitorie non pertranseat GIR. *TH pref.* p. 21.

19 the first note or degree of Guido d'Arezzo's hexachords (originally the first syllable in the first line of the hymn to St. John the Baptist beginning *ut queant*).

UT queant laxis REsonare fibris / MIra gestorum FAmuli tuorum, / SOLve pollutos LAbii reatus, / Sancte Johannes BACON *Tert.* 301; ut queant laxis resonare fibris, viz. syllabam cujusque metri que sunt sex, sc. ut re mi fa sol la ODINGTON 96; sex voces sive sex nomina vocum a Guidone conceduntur, viz. ut re mi fa sol la, quibus tota musica conformatur TUNST. 219b; omne ut incipiens in c canitur per naturam cum suis sequentibus *Ib.* 222b.

ut pote v. utpote. **ut putu** v. utputa. **ut qui** v. utqui. **ut quid** v. utquid. **ut quod** v. utquod. **utansilis** v. utensilis. **utare** v. utterare.

utcumque, ~nque [CL]

1 in whatever way or manner, to whatever extent, how(so)ever.

verum haec ~mque acta vel computata fuerint, claret tamen Hebraeos ad lunae cursum suos menses observare consuesse BEDE *TR* 11; intellegere ~mque poteris quid sit amicitia AILR. *Spir. Amicit.* I 17. 663B.

2 in some or other way or manner, to some extent or other, somehow. **b** whatever the circumstances, in any event, at any rate.

quod .. ~mque ad cumulum doloris crescebat dum ita eosdem statu prospero viventes egregios luxerat ut .. GILDAS *EB* 1; propheticum illud sincera animi pietate servantes ~mque *Ib.* 36; recente adhuc memoria calamitatis .. inflictae servabant ~mque reges .. privati et optimates suum quique ordinem BEDE *HE* I 22; a**1100** xlvj cappe, octo quarum bene sunt parate aurifriso et gemmis, cetere sunt ~mque parate de aurifilo (*Invent.*) *Lib. Eli.* II 139; in ipso vero sunt ipsa prima essentia et prima existendi veritas, cui prout magis ~mque illa similia sunt, ita verius et praestantius existunt ANSELM (*Mon.* 34) I 54; innotescent .. inceptive ~mque ex dictis, plenius ex post dicendis BALSH. *AD rec. 2* 127; melius .. etsi non formose ~nque tamen vel deformiter formatus sit, forma .. citharedi imperitam peritiam indicante H. BOS. *LM* 1402D. **b** TRE valebat c sol', modo ~nque x sol' *DB* I 353ra; c**1158** ipse tamen, incitante se turba, continet manus suas et adventum vestrum ~mque expectat J. SAL. *Ep.* 99 (37).

utcunque v. utcumque.

†uteelaris, *f. l.*

hec †uteelaris [l. molaris], a wongtothe *WW* (cf. ib.: hic geminus, A. *wangtotht*, hic molaris, idem est).

utellus [cf. CL uter], (small) leather bag (for holding liquids).

pelles ad aquam capiendum / sumunt, nam pellis faciendis prestat utellis R. CANT. *Malch. app.* 717 p. 168.

utencilis, ~selis v. utensilis.

utensilis [CL], of which use can be made, usable, useful. **b** (as sb. n.) tool, utensil, (also in pl.) gear, equipment, accoutrements; **c** (spec. w. ref. to loom for weaving).

omnium rerum ~ium vigil inspector B. *V. Dunst.* 12. **b** ubi cuncta culinae suppellex et numerosa cocorum utensilia [*gl.*: *andluman*] servabantur ALDH. *VirgP* 50; **689** [terra] cum pratis et pomariis, cum domibus cunctisque ~ibus et omnibus ad eandem pertinentibus rebus *Ch. Minster-in-Thanet* 40; **836** cum campis et pratis et cum omnibus utenssilibus et cum putheis salis et fornacibus plumbis *CS* 416; **963** cum omnibus ~ibus [*MonA* VI 1176a: utensibus] pratis videlicet pascuis *CS* 1113; appresenta .. meam legulam et utansile meum ÆLF. BATA 5. 1; describamus ~ia quae .. cementariis ad cedendum lapides .. sunt necessaria ANSELM *Misc.* 316; ~ia dicuntur quecumque usui domus vel templi vel alicujus rei hujusmodi necessaria sunt ANDR. S. VICT. *Reg.* 94; **1166** licebit eis sine aliquo ferramento vel aliquo ustilio succibili intrare et ramalia que de *wyvede* remanserint, que Anglie *spren* dicuntur, colligere *MS Univ. Libr. Camb. Ee 5. 31* f. 1r; qui bene vult disponere familie sue et rebus suis, primo provideat sibi in ~ibus [*gl.*: *ustilement, grans ustilismens*] et in supellectilibus NECKAM *Ut.* 96; c**1257** in ~iis daerie emendis ij d. ob. *Crawley* 216; **1266** in reparacione domorum et utencilium apud Sconam, xvij s. xj d. *ExchScot* 3; **1269** salvis .. forestario de feodo .. mortuo et sicco bosco, qui potest colligi sola manu sine ~i ferreo in dominicis boscis *SelPlForest* 47; **1313** in .. ferro et acere empt' ad hustensilia operariorum *MinAc* 1128/4 m. 3; c**1340** omnia alia vasa minuta et utenselia domus mee *RR K's Lynn* I 139; hoc utensile, *howseho[ld]* *WW*. **c** c**1256** habent vj ~ia .. in quibus operantur cujusmodi pannos voluerint *IMisc* 10/7; p**1272** suburbanii qui operabantur burellos solebant reddere pro ~i suo v s. per annum (*Inq.*) *Arch. J.* VII 374; c**1400** quandocumque aliquis magister .. de novo inciperit ad levandum ~ium suum (videlicet vulgariter Anglice nominandum *a weblome*) *Mem. York* I 243.

utensilium, ~sis, ~ssilis, ~sulis v. utensilis.

utentia [CL utens *pr. ppl. of* uti+-ia], (act of) use.

non omnino quod talia inanimata sensitive cognoscunt peccata hominum sed quod tam justa Dei movencia quam improvida hominum utencia naturale sit eis cum datis paribus agere ad hominum nocumentum WYCL. *Ente* 297.

1 uter [CL], leather bag for holding liquid (esp. wine, also transf. or fig.). **b** (transf.) vessel (of glass, metal, or other material) for holding liquid, bottle.

gustum vini novi, hoc est doctrinae caelestis, invenimus quod non utres veteres, hoc est mentes adhuc terrenis desideriis inhaerentes, sed .. corda fidelium capere queunt BEDE *Tab.* 418A; [Picti] congregantes undique de utribus et folliculis aquilonis innumeras gentes EDDI 19; emo cutes et pelles .. et facio .. †coligas [l. caligas] et utres [AS: *butericas*], frenos et falera ÆLF. *Coll.* 97; summarii .. non lanceis, sed caseis, non ensibus, sed utribus .. onerantur P. BLOIS *Ep.* 94. 296A; Icarus primus plantator vinee utres plenos vino in curru tracto a bobus per diversa loca solebat deportare *Natura Deorum* 28; meliora sint eis ubera vino necesse est, quia vinum .. de uva semel exsugitur sed et de utre non nisi effunditur semel J. FORD *Serm.* 50. 9; **c1209** in corda et utre ad puteum emptis multociens propter nimiam siccitatem xx d. *Crawley* 190; tu vas mellis, lactis uter WALT. WIMB. *Virgo* 65; ex utre virginis, hoc est ex utero *Id. Carm.* 142; **1365** pro quatuor paribus utrium emptis ad opus regis, xviij s. vj d. *ExchScot* 209; **c1411** milites .. in ambassiatam missas .. cum iiij duodenis paribus utruum [*sic*], ij duodenis arcuum, jv duodenis cathapultarum, et iiij duodenis cornuum *Cl* 260 m. 16. **b 12..** debeant .. uteri sive ampulle ad conservandum vinum et aquam in eucharistiam Domini esse argentei vel stannei *Conc. Scot.* II 54; caput ipsius [Ciri] in utre vitreo sanguine repleto recondidit FORTESCUE *NLN* II 22; **1480** pro iiij^or utribus, de vitro et coopertis cum *le wyker*, quantitatis cujuslibet eorum unius lagene et ultra *Ac. Chamb. Cant.* 136.

2 uter [CL]

1 (as adj. or pron.) which (of two)?; **b** (in indir. qu.). **c** (in gl.).

quid si uxorem meliorem habeat quam tu habes, utram malis? ALCUIN *Rhet.* 30; utra fecundior ac fructuosior extiterit hesitas, opera Ieronimi, an opulentia Cresi? GIR. *IK pref.* p. 5. **b 1160** utrius .. electorum canonica aut sanior esset electio, facti quaestio simulabatur et juris J. SAL. *Ep.* 59 (124) p. 208; **1160** in medium prolata est norma fidei .. ut sic innotesceret universis utrius causae facies ei commodius posset aptari *Ib.* 64 (125); non reculit uter oculus magis fuerit infirmatus *Canon. G. Sempr.* f. 145; nec dictu facile est utra columnarum istarum pretiosior aut speciosior, robustiorve sit sive sublimior J. FORD *Serm.* 33. 8; altercatum est diu uter eorum ad alterum transire debuisset MAP *NC* II 23 f. 32. **c** uter, A. *whether WW.*

2 one (or the other, of two). **b** each (of two), both.

duae uxores David utram sanctae ecclesiae vitam .. activam .. et speculativam significent BEDE *Sam.* 705B; qui alium de iniquitate accusare voluerit, quod ipse utro [AS: *aðor*] aut censu aut commodo deterior sit .. sit ipse reus lingue (*Cons. Cnuti*) *GAS* 321. **b** necessario pro utrorum inluminatione ad predicandum .. fidei verbum .. Bonifatium .. apud eisdem partibus dirigere studuimus (*Lit. Papae*) *Ep. Bonif.* 17; alter [et] uter, alter et ambo *GlC* A 476; milvus vidit eos natantes et luctantes rapiensque eos utrum voravit WALT. ANGL. *FabP.* 3; regraciantes .. abbati dc B. ct magistro N. de illorum munificencie titulo, unde uter illorum cum unius nobilis auri collacione me penes scolas liberaliter comfortarunt *FormOx* 327.

uterare v. utterare.

utericius, (in gl.).

hic utericius, *a morcok WW.*

uterinus [CL uterus+-inus]

1 of the uterus, uterine.

virgineo contubernio .. monasterii mater preficeretur spiritualis, ubi nunc cum ~o pignore dormit in sompno pacis GOSC. *Edith* (II) 43; uterus .. unde ~us OSB. GLOUC. *Deriv.* 603.

2 born of the same womb (also as sb.).

ex diverso patrum genere efficiuntur Jacob et Heli ~i fratres BEDE *Luke* 361C; nos produxit genitrix uterinos TATWINE *Aen.* 19 (*De strabis oculis*) 2; omnes filios matris meae et primogenitos et post me genitos velut fratres ~os .. amo ANSELM (*Ep.* 205) IV 98; germanis et ~is .. longe nobilior est J. SAL. *Pol.* 773A; de Caleph [descendit] secundum matrem. et isti fratres erant ~i, non ex patre S. LANGTON *Chron.* 89; rex Ricardus sacramentum exegit a duobus fratribus suis, Johanne ~o et Gaufrido ex non legitima DEVIZES f. 28v; ex verbis Abraham intelligebat Pharao quod Sarra esset soror ejus ~a et non uxor GROS. *Cess. Leg.* IV 5; sponse nostre ecclesie spurius nequaquam ~us *Dictamen* 341; **c1528** carnaliter cognovit ejus sororem utrinam *Offic. S. Andr.* 36.

uterlibet [CL]

1 whichever (of two), either.

aliquod capitulum de utrolibet Testamento *Hist. Abb. Jarrow* 20; in humanitate nobis factum natura aequalem et in divinitate patri mansisse semper aequalem neque in utralibet natura se fecisse fingendo quod non erat BEDE *Hom.* I 23. 89B; **798** ex utralibet parte, Cantia scilicet et a Bedeforde (*Clovesho*) *CS* 291; **a1250** si .. par scribat pari, ut miles militi .. uterlibet potest preponi alii (*Nominale*) *Neues Archiv* IV 338; Deus .. erat .. indeterminatus ad contradictoria, ad quorum utrumlibet poterat ex libertate sua determinari DUNS *Ord.* IV 324.

2 (as sb. n., phil.) either (indifferently) of a pair of contradictories (esp. in phr. *contingens ad utrumlibet*). **b** (*ad utrumlibet*) indifferent(ly) towards either of a pair of contradictories, contingent.

palpo sentencie favet utrilibet / .. / contingens etenim est ad utrumlibet WALT. WIMB. *Palpo* 64; si voluntas mea esset modo determinata ad unam partem de scribendo cras .. non esset meum scribere cras contingens. nunc autem est contingens ad utrumlibet ex habitudine sui ad manum DUNS *Ord.* VIII 411; voluntas agit contingenter ad utrumlibet OCKHAM *Misc. Phil.* 736 (cf. ib. 737: nihil est in potestate voluntatis nisi illud quod potest agere et non agere indifferenter, igitur voluntas est agens contingens ad utrumlibet); ipsa voluntas .. aut est causa activa ad utrumlibet, ita quod potest agere et non agere .. aut est determinata ad agendum, et per consequens non habet in potestate sua facere illum actum vel non facere *Id. Phys.* I 320; licet necessarium sit summe determinatum quoad exclusionem indeterminacionis ad utrumlibet *Id. Sent.* III 334; proposicio contingens ad utrumlibet nec est necessaria nec impossibilis *Id. Summa* III 3. 13. **b** [mathematica falsa] ponit .. omnia de necessitate contingere, nihil ad utrumlibet, nihil a casu nec fortuna, nihil a consilio BACON *Maj.* I 240; contra eos [mathematicos] qui fingunt necessitatem imponi eis que sunt ad utrumlibet, et precipue eis que a libero arbitrio proficiscuntur *Ib.* I 247; illud quod est ad utrumlibet non magis determinatur ad unam partem quam ad aliam, hoc est, non magis determinatur ad esse quam ad non esse OCKHAM *Expos. Aurea* 415; negare omne agens equale sive ad utrumlibet destruit omnem laudem et vituperium et omne consilium et negociacionem et omnem libertatem voluntatis *Id. Phys.* I 321.

uterque [CL]

1 each (of two, considered individually); **b** (pl., w. ref. to sets or groups); **c** (w. ref. to individuals, esp. forming a natural pair).

urbis cives ceterosque utriusque sexus GILDAS *EB* 10; quia septenorum erant cubitorum medium parietis in utramque partem duobus cubitis excedebant BEDE *Tab.* 434B; **705** ecclesiastici .. in hanc ipsam dissensionem .. volentes nolentesque de utraque parte implicantur WEALDHERE *Ep.* 22; archiepiscopus calumniatur forisfacturam in viis extra civitatem ex utraque parte *DB* I 2ra; acceperat a Deo gravis morbi incommodum, quo parens uterque perterritus Deo filium voveret W. MALM. *GP* I 45; **1212** pro defectu servicii utriusque tenementi fecit ipse capi .. averia *SelPlCrown* 61. **b 705** in utrorumque [*sic*] partium conventibus pacem verbis firmabant foedusque ingerunt[*i. e.* inierunt] WEALDHERE *Ep.* 22; ex Wallia .. Anglia suscipere consuevit equorum .. et aliorum mercimoniorum communionem, utrisque incolis profuturam M. PAR. *Maj.* V 657. **c** quod .. intentus utrisque auribus audisset ASSER *Alf.* 88; Wire amnis utrasque ripas W. MALM. *GP* IV 186; bubalina cornua fulvo metallo circa extremitates utrasque decorata .. attollebat ORD. VIT. IV 2 p. 168.

2 each one (of two, considered individually); **b** (pl., w. ref. to sets or groups); **c** (w. ref. to individuals).

[Anna et Aedilberg] quae utraque cum esset peregrina, prae merito virtutum .. est abbatissa constituta BEDE *HE* III 8; necesse est ut pari amore uterque diligat se et alterum ANSELM (*Mon.* 51) I 65; quoniam eidem subjacent rationi, scilicet et mori et velle mori, utrumque videtur in illo necessitate fuisse *Ib.* (*CurD* II 16) II 121; utrumque [sc. oratio et unctio] alteri cooperatur ad conferendam alleviationem corporis et anime GIR. *GE* I 3; in utroque [Thomas Cantuariensis et Gilebertus Sempinghamensis] .. probamus quia, sive vivimus sive morimur, domini sumus *Canon. G. Sempr.* f. 33v; **1208** plegii Milonis .. sint in misericordia .. uterque de dimidia marca *SelPlCrown* 57; diu tergiversans neutrum et utrumque voluit MAP *NC* V 6 f. 70v; **1221** W. C. occidit S. de W. et idem S. repercussit eundem W. et uterque obiit *PlCrGlouc* 35. **b** atrociter hinc inde utrique pugnarent, pagani .. Christianorum impetum diutius non ferentes ASSER *Alf.* 39; cui dari debet donum? divitibus .. an pauperibus? .. utrisque debet dari (*Ita* 21) *VSH* II 123. **c** si utrique vestrum .. in hoc sine ulla controversia consentiunt BEDE *HE* III 25 p. 188.

3 one (or the other, of two), either.

1234 quelibet navis veniens ad portum cum marchandisa ancorabit ex utraque parte portus prout sibi necesse fuerit (*DL Misc. Bk.* 5) *Eng. Justice* 132.

4 (acc. as adv.) both.

786 in omni loco ubi hominum conversatio est plurimorum utrumque boni et mali inveniuntur ALCUIN *Ep.* 1; terram Aluuini presbyteri testantur fuisse abbatis. et utrunque fuisse terram presbyteri et prefecti *DB* I 208ra.

uterus, ~um [CL]

1 belly, abdomen.

scylla .. capite .. et pectore virginali .. sed luporum ~um et caudas delphinum habuit *Lib. Monstr.* I 14; aqua enim S. Yvonis .. si quandoque in quantitate magna avidius sumatur, sumenti nunquam malum inducit, nec bibentis ~us inflatur GOSC. *V. Iv.* 92B; quidam carduos parum coctos per abrasas fauces ~o demittebant W. MALM. *GR* IV 360.

2 womb, uterus (also fig.). **b** (transf., applied to internal cavity).

illum qui, priusquam formaretur in ~o, praescitus et priusquam exiret de vulva sanctificatus .. Jeremiam GILDAS *EB* 47; mulier que concepit et occidit infantem suum in ~o ante xl dies THEOD. *Pen.* I 14. 27; adoptivas regenerantis gratiae filias ex fecundo ecclesiasticae conceptionis ~o [*gl.*: alvo] spiritalis verbi semine progenitas ALDH. *VirgP* 2; matrix, ~us, *wifmannes innoð* vel *cildhama* ÆLF. *Gl.*; admixto .. in ~o semine sanguis menstruus descendens alimentum fit embrionis ALF. ANGL. *Cor* 12. 3; per gratiam ejus qui me segregavit ab ~o matris mee P. BLOIS *Ep.* 76. 234B; aperiatur ~us ille caritatis eterne et germinet nobis salvatore J. FORD *Serm.* 13. 5; fetus in ~o materno involvitur tribus pelliculis *Ps.*-RIC. *Anat.* 40. **b** ecclesia .. ad solum evertitur .. moxque in ipsa fronte arietata novae facies aulae erigitur, totumque illum veteris spatii uterum cum ampliori capacitate complectitur GOSC. *Transl. Aug.* 39D.

utervis [CL], whichever you please (of two), either.

fit ut numquam Pascha nostrum a septimana mensis primi tertia in utramvis partem declinet (*Lit. Ceolfridi*) BEDE *HE* V 21 p. 337; qui .. utramvis earum sciet, per illam ad alterius notitiam melius citiusque perveniet THURKILL *Abac.* f. 59v; sit .. ut de nihilo, sit ut de aliquo. utrumvis dono ADEL. *QN* 69; vitans .. juditia hominum, que in utramvis partem amore labuntur et odio W. MALM. *Wulfst.* III 18; numquam ab assidua eorum infestatione vacabat, numquam utriusvis [MS: utriusque vis] partis periculi immunis habebatur *G. Steph.* 87; utrumvis recte intellegi potest sive in universis sive in singulis J. FORD *Serm.* 5. 2.

utesium, uthagium, uthasia v. uthesium.

uthesium [ME *outhes, uthes*], call to stop criminal, outcry, uproar, hue (*v. et. hutesium*); **b** (w. *clamor*). **c** jurisdiction to determine whether hue and cry was properly raised.

1220 ~ius levatus [v. l. factus] fuit *CurR* 260; **1221** ipsum .. ceperunt cum ~io levato .. et villata de S. B.

venit ad ~ium *PlCrGlouc* 48; si quis .. episcopi edictum contempserit, levato primitus utesio super eo, tanquam latro et hostis publicus .. in pena capitis puniatur *G. Durh.* 28; **1322** ~ium erat super ipsum levatum *SelCCoron* 76; **1405** levavit outesium *CourtR Banstead*. **b** **1218** levavit clamorem et cornavit ~um *Eyre Yorks* 269; **1225** homines archiepiscopi .. cum clamore et †ultragio [ed. Prynne: uthagio] insurgunt in eos *RL* I 83; **1240** levaverunt uthasiam et clamorem super baillivos regis *Cl* 182; c**1320** nec ipsi levaverunt utesium vel clamorem *MGL* I 103. **c** **1230** concedo .. quod habeant liberam curiam .. et ~ium et *blodwit MonA* V 325.

uthesius v. uthesium. **uthlag-** v. utlag-.

uthundredum [AS *ut*, ME *oute, ute*+AS, ME *hundred*], outhundred (*cf. hundredum* 1e, *inhundredum*; *v. et. EHR* XLVII 359ff).

1180 de j m. de ~o de Bera *Pipe* 110; **1206** quod .. faciatis ei habere ~um de B. quod ei concessum fuerat *Cl* 74b; **1235** seisina manerii de Bradeport .. cum hundredo de La Redeham et ~o de Bemenistr' *ExcR Fin* I 294; **1238** concessit .. ~um de B., reddendo inde annuatim j m. argenti (*AssizeR* 174) *Fees* 1369.

1 uti v. ut.

2 uti [CL] Typically constr. w. abl., sts. w. acc.

1 to use, employ, make use of, put to use (also fig.); **b** (in act. form or as true pass.).

cum .. saga quibus in hospitale utebatur in mari lavasset Bede *HE* IV 29; gaudens nimirum uti officio pedum *Ib.* V 2; qui eisdem nobiscum scripturae sacrae pascuis utebantur *Id. Sam.* 683A; **796** infantes ratione non utentes Alcuin *Ep.* 110; dum solem non habemus, ad effugandas nocturnas tenebras laternis utimur *Id. Gram.* 865C; ut praeteritis participiis passivis utamur pro praesentibus, quae Latinitas non habet Anselm (*Ver.* 12) I 196; vasis .. pro armis usus W. Malm. *GP* V 275; **1178** rex in Gasconiam tendit, ego autem diplomate utens eum evestigio sequor P. Blois *Ep.* 52. 159B; sistrum .. quod utuntur tantum Egyptii Alb. Lond. *DG* 7. 4; linguarum omnium que sunt a mari Gallico usque ad Jordanem habens scienciam, Latina tantum utens et Gallica Map *NC* V 6 f. 68; **1342** dicunt quod R. prepositus semper utitur foris et tabernis et quod negligens est in omnibus operibus suis *CBaron* 103; confirmavit nobis .. tenementa .. cum viis et semitis quibus ipse, antecessores sui, vel heredes, usi sunt vel in posterum utendi sunt *Meaux* II 174. **b** parvum vini potum utere solebat Hugeb. *Wynn.* 6; a**1340** sola que cum corpore Christi ad mortuos defertur que utitur in exequiis mortuorum *Fabr. York* 164; **1567** sunt infra Estoverton .. qui utuntur ad usum inhabitancium ij communes fontes vocati *comon wells Surv. Pembr.* 262.

2 (spec.): **a** to take, consume (food or drink). **b** to wear (item of clothing or sim.).

a ad ipsum Dominum, qui utendo cum ceteris cibo et potu laetitiam regni figurabat Bede *Luke* 422B; quia inconditis .. eduliis intemperanter usi sunt .. pene omnes ventris fluxu egrotaverunt Ord. Vit. XIII 26 p. 73; cavete .. ne supra modum utamini hiis aquis, ne gravius corpora vestra vexentur (*Brendanus* 36) *VSH* I 120. **b** nunquam lineis sed solum laneis vestimentis uti voluerit Bede *HE* IV 17 p. 244; **801** prohibe eos auro vel siricis uti vestimentis in conspectu domni regis Alcuin *Ep.* 230; vilioribus utebatur vestibus, magis agninis quam alterius generis pellibus frigus depellens W. Malm. *GP* IV 141; preciosis quibus semper utebatur indutus vestibus Map *NC* II 17 f. 29.

3 to use the services of, employ, use (person); **b** (in sexual context).

utens cooperatore Juliano de Campania Bede *HE* I 10; **797** vestra excellentia [fidem] protectricem et doctricem prorsus utens Alcuin *Ep.* 127; non sum dignus .. ut ego velut alter Robertus utar eodem Anastasio, et ipse me fruatur quasi altero Roberto Anselm (*Ep.* 3) III 103. **b** siquis .. suam conjugem non cupidine voluptatis raptus sed solummodo creandorum liberorum gratia utitur Bede *HE* I 27 p. 58; **1541** prefatam Elizabethe .. carnaliter .. usus fuit et ut concubinam suam custodivit *AncIndict* 550/204.

4 to avail oneself of, make use of, take advantage of.

705 tu .. obtime pater utere prudenti consilio Wealdhere *Ep.* 23; quis vestrum non utitur [*gl.*: *notaþ*] arte mea? Ælf. *Coll.* 100; excepta salina comitis supradicta sua consuetudine utente *DB* I 268rb; tu .. sapienti utere consilio *V. Frideswe. B* 8; c**1235** quod utantur et uti permittantur libertatibus suis *Cart. Chester* 449.

5 to employ, practise, carry out, perform, observe, engage in (custom, office, course of action, or sim.); **b** (manner of thinking, argument, or sim.).

871 de quibus videtur impendiosam in hac brevitate protensionem nobis uti Æthelw. IV 2; solita fallacia utens, et obsides et juramentum atque fidem promissam non custodiens Asser *Alf.* 49; diversis uteretur [*gl.*: *bruce*] moribus *RegulC* 1; quod nullus cujuslibet sacri ordinis carnali commertio utatur W. Malm. *GR* IV 345; si .. episcopatum Eboracensem .. dimiseris, concedo ut offitio sacerdotali quod jam suscepisti utaris *Id. GP* III 119; religiosis .. Christiane legis utuntur ritibus Ord. Vit. X 6 p. 29; te oportet equitare, venatum ire, jam uti ludis militaribus (*Abbanus* 5) *VSH* I 5; **1306** fecit finem suum per j caponem ad Pascham dum utitur officio carnificis *Rec. Elton* 122; **1317** secundum communem legem que utitur in partibus illis *Foed.* III 682; **1384** Alicia utitur mores antiquos *Hal. Durh.* 181; **1519** usi sunt infra cimiterium ludi inhonesti prout pililudus pedalis et manualis, viz. *tutts & handball* ac *penyston Fabr. York* 2770. **b** vetere usus augurio Bede *HE* I 25; qui ambo, diabolus scilicet et homo, per rapinam se voluerunt facere similes Deo, cum propria sunt usi voluntate Anselm (*Incarn. B* 10) II 27; in diversis disputationum generibus diversis principiorum generibus utendum, que et quot disputationum genera praemonstrandum Balsh. *AD* 30; maxime .. a regulis differunt .. quia regule exemplis utuntur Haudlo 178.

6 (w. adv. or sim.) to put to (such-and-such a) use, to use (in spec. manner). **b** to treat, use (in a given manner).

divitiis quibus non bene utitur Bede *Luke* 511A; c**747** nihil .. adjuvant opes terrenae in die vindictae, si eis homo male utens praesentem finierit vitam, cum post mortem corporis in penam animae ceciderit aeternam Bonif. *Ep.* 73 p. 154; quod facit malus male utendo bonis Dei Alcuin *Exeg.* 840B; ita utentes seculo ut redderent quae sunt Cesaris Cesari et quae sunt Dei Deo W. Malm. *Wulfst.* I 1; rotundi subtolares ad formam pedum agebantur, eisque .. clerici et laici competenter utebantur Ord. Vit. VIII 10 p. 323. **b** ipsa .. eo tanquam suo .. licentius utens et osculis atque amplexibus vacans, se totam in libidinis usus pronam applicuit Gir. *GE* II 13 p. 229.

7 to have the benefit of, enjoy.

796 si cotidie tuae beatitudinis praesentia uterer, numquam tamen mellifluo ex ore tuo dulcedine satiarer Alcuin *Ep.* 99; tu tibi oneri es, interna illa qua tam feliciter uti solebas suavitas jam defecit tibi Ad. Scot *QEC* 841D.

8 (w. inf.) to be accustomed or used to.

1292 usi sunt capere et imparcare averia *PQW* 127a; **1309** semper usi fuerunt fugare cuniculos cum cane et baculo sine alio ingenio (*JustIt*) *S. Jers.* XVIII 22; **1361** allegat ipsos a toto tempore usi [*sic*] fuisse justiciare tam intrincecos quam forincecos *SelCKB* VI 128 (cf. ib.: dicunt quod .. usi sunt ..); **1376** quod silencium melius servetur et quod [claustrales] magis utantur loqui Latinum *Conc.* III 110; **1416** deski in choro .. ubi saltem capellanus parochialis et clericus parochialis sedere usi sunt, nimis deformes *Fabr. York* 248.

utibanna v. utibannum.

utibannum [AS *ut*+*ban*, ME *outeban*], form of feudal service (perh. equivalent to *servicium forinsecum*).

11.. quod in murdrum vel *denegeld* vel quodlibet aliud ~um super manerium de Wdeford evenerit *Reg. Plympton* 157; c**1150** donacionem .. quam R. .. fecit monasterio .. cum duabus acris terre .. et quietacionem ab omni exactione sive ~is *MonExon* 41a; c**1160** quiete sine omni alio servitio et exactione sicut eos umquam liberius tenuimus exceptis ~is regis *Cart. Glam.* III 99; concessi .. ecclesiam .. cum duabus acris terre solutis et quietis ab omni servicio et hutibanno *MonExon* 39b; c**1180** quietum ab omni querela preter regale ~um (*Ch. Tavistock*) *EHR* LXII 364; ?c**1205** terram .. habendam sibi libere et quiete pro omni servitio salvo regali ~o (*Ch. Tavistock*) *Ib.* LXII 375; **1279** manerium eciam de Bexinton cum terra de Notingdon et de Luca liberum et quietum ab ~a et scutag' *ChartR* 67 m. 1.

utibilis [CL], **usibilis** [CL uti+-bilis], that can be used, usable.

~e .. ad finem relatum, est principium definiendi 'uti' Hales *Sent.* I 12; talis .. respectus causatur in objecto ~i per actum usus, quando voluntas utitur aliquo Duns *Ord.* X 30; ymmo, cum diversis circumstanciis potest vicissim esse magis bonum vel minus bonum habere centum solidos, sicut patet de valore usibilium que sunt eo alicui valenciora quo utiliora Wycl. *Log.* II 123; nemo haberet usibile, cum nichil sit in usu hominum bono aut licito, unde non posset eciam pernicies irrogari *Id. Ver.* I 338.

uticella, (in gl.) hairif, cleavers or goose-grass (*Galium aparine*).

hec ~a, *haryffe WW.*

utilis [CL]

1 fit for (esp. good) use, serviceable, usable, suitable, useful (esp. for spec. purpose, also transf.). **b** valid, effective.

montes ipsos aut colles vel fluvios olim exitiabiles, nunc .. humanis usibus ~es Gildas *EB* 4; murum .. non tam lapidibus quam cespitibus construentes .. ad nihil ~em statuunt Bede *HE* I 12; c**1135** precor vos .. quatinus istam meam elemosinam .. custodiatis, nam ~limum erit mihi et vobis ante Deum *Ch. Chester* 19; Hiberniam .. celi solisque temperie magis ~em Gir. *TH* I 3; **12..** bos ~is ad carucas *Cart. Glouc.* III 215; volumus totum residuum librorum nostrorum, sive sint de meditacionibus aut ~es ad predicandum evangelium, distribui inter monasteria nostre fundacionis (*Test. Hen. V*) *EHR* XCVI 94. **b** 'h' vero tantum metro ~is semper absque ullo sono vocalibus preponitur Abbo *QG* 11 (25); potio medicinalis acuta et ~is Osb. Glouc. *Deriv.* 13; **13..** rex in parliamento .. cartas confirmavit .. et alia ~ia statuta ordinavit *Feudal Man.* 117.

2 advantageous, profitable, useful.

haec ~issima curatio cicatricum [sc. penitentia] Theod. *Pen. pref.*; **811** in talem .. usum qualem semet ipsi ~limum optimumve fore videretur *CS* 335; quid curamus quid loquamur, nisi recta locutio sit et ~is [*gl.*: *behefe*] Ælf. *Coll.* 89; intelligi potest quam ~e sit homini in bonis moribus ac justis operibus vitam suam exercere Eadmer *Beat.* 15; c**1155** pravas consuetudines ab ecclesia Dei penitus extirpare et ~es inducere *Doc. Theob.* 23.

3 (of person) useful, helpful.

cupiens ~em reipublicae ostentare principem Bede *HE* I 3; mercator: ego dico quod ~is [*gl.*: *behefe*] sum et regi .. et omni populo Ælf. *Coll.* 96; Philippus rex Francorum regi nostro nec ~is nec infestus fuit W. Malm. *GR* V 404; quis .. in hoc mundo fidam sibi et ~em sociam repperiet? Ord. Vit. V 10 p. 382.

4 (leg.): **a** (of period of time) available. **b** (of right or sim.) available.

a tunc primus dies petenti judicabitur ~is et illi in misericordia remanebunt Glanv. I 30 p. 19; annus ~ium dierum, in quo non computabuntur dies quibus causa rei publice abfuit vel necessitate propria vel valitudine inpeditus Vac. *Lib. paup.* 56; **1303** cum .. dictus annus ~is pocius quam continuus debeat judicari *Reg. Cant.* II 788. **b** dabitur .. priori .. ~is vindicatio secundum quosdam sed cessat rei vindicatio Bracton f. 9.

1 utilitas [CL]

1 fitness or suitability for (esp. good) use, utility, advantageousness, usefulness, (also) condition of being put to good use. **b** useful thing or act (also transf., w. ref. to circumstances or sim. calling for such).

quid ~atis habebat decor marmoris pretiosissimi lignorum tabulis obtectus? Bede *Templ.* 757C; **742** (8..) synodus congregatum fuerat .. de diversis ecclesiarum Dei et hutilitatibus [*sic*] (*Clovesho*) *CS* 162; c**794** horum .. praeceptorum flores sunt .. jejunii assiduitas, lingue ~as, et modestia totius corporis Alcuin *Ep.* 69; **9..** commoditas, i. ~as, *behefnes, nytweorþnes WW*; de ~ate elemosine disputatum est .. de ~ate psalmodie (*Clovesho*) W. Malm. *GP* I 5; utilitas lateat, quam libras posse juvamen / fere tibi D. Bec. 608; poetarum quidam scribunt causa ~atis ut satirici, quidam causa delectationis ut comedi, quidam causa utriusque ut historici Bern. *Comm. Aen.* 2; de ~ate ecclesie et statu ejus in meliorem formam perducendo .. concilium celebrarunt Gir. *EH* I 35;

scordam .. magna vis in eo est et ideo ex eo magna est ~as; omnibus quippe perniciosis homini malis .. resistit *Alph.* 176. **b** **1001** tribus .. exceptis communium laborum ~atibus, si contingat expeditionem promoveri, arcem pontemque construi (*Shaft.*) *ASC* V no. 29; servitium inveniendi .. saccum cum brochia pro aliqua necessitate vel ~ate exercitum suum contingente BRACTON f. 36; vulgus mathematicorum judicantium et operantium per stellas magnas non multum proficiunt aut aliquid utile faciunt; quamvis peritissimi, et artem sufficienter habentes, possent multas ~ates facere, tam per judicia quam per opera in temporibus electis BACON *NM* 527.

2 advantage, benefit.

hoc nostris usibus commodum et ~ati [*gl.*: *note*] profuturum ALDH. *VirgP* 56; templa et altaria, quae sine fructu ~atis sacravimus BEDE *HE* II 13; hoc .. bellum rex O. .. cum magna utriusque populi ~ate confecit *Ib.* III 24; pro ~ate .. animae suae ASSER *Alf.* 16; adscribatur .. hic codicillus tuae auctoritati, non ~ati nostrae despicabilis personae ÆLF. *CH I pref.* 3; homo .. queritur quando aliquo modo perdit quod pro sui commodo et ~ate adquisivit EADMER *Beat.* 15 p. 288; **a1218** considerata evidenti ~ate ecclesie nostre *Cart. York* 34; in hac patria adorant bovem pro deo .. propter ~atem [ME: *profit*] que provenit ex eo *Itin. Mand.* 88.

3 (right to) use, profit (from use).

749 libertatem .. in caeteris ~atibus fluminum .. habere donavit *CS* 178; **855** cum omnibus ~atibus rite et recte ad eandem terram pertinentibus *CS* 467; **c1180** quatinus eadem maneria .. in propria habeant dispositione, et in usus suos ad ~ates quicquid ex eis poterit provenire *Ch. Westm.* 299; **1288** habuit predictos denarios ad negotiandum ad communem ~atem ipsorum Walteri et Johannis .. et dicit quod predictus Johannes totam illam pecuniam ibidem expendidit et nullam ~atem inde fecit *Law Merch.* II 45; misit eum in Hiberniam et totam ~atem terre Hybernie assignavit eidem AD. MUR. *Chr.* 12.

2 utilitas v. vilitas.

utiliter [CL], to good use, usefully, advantageously, profitably.

tunc .. scripturis sanctis ~iter animum intendimus BEDE *Hom.* II 23. 237D; ?**c1168** si ei opem tuleris .. tibi et tuis ~iter providebis J. SAL. *Ep.* 259 (258); optabam si fieri posset mentes oculosque fidelium honestius et ~ius occupare AD. DORE *Pictor* 142; [aquas] mulieribus .. nec ad interiorem nec ad exteriorem usum ~iter accedentes GIR. *TH* II 7 p. 89; pro meis gravibus et arduis negociis ~iter expendendis *FormMan* 10; queritur .. utrum malus senex possit in articulo mortis ~er penitere HOLCOT *Wisd.* 174.

1 utinam [CL], (reinforcing wish or sim.) o that ..! would that ..!; **b** (in ellipt. context); **c** (w. *ut*).

tu te ~am non mutares GILDAS *EB* 75; ~am nobis praesentium rerum possessio non sit futurarum remuneratio! ALDH. *PR* 142; novi ipse fratrem, quem ~am non nossem! BEDE *HE* V 14; atque ~am, o Domine, non omnia quae non potuerimus prohibere faciamus *Id. Luke* 547B; ~am, ~am ita sit! ANSELM (*Medit.* 2) III 82; **1166** fiat ~am pax .. in diebus nostris J. SAL. *Ep.* 168 (167) p. 94; ~am fratres .. ista legere frequenter .. ac firmiter mente tenere velitis GIR. *GE* II *proem.* p. 168; bibam et utinam sitis non transeat, / sed potus pocius sitim adaugeat WALT. WIMB. *Carm.* 169; o ~am aliter fecissemus AMUND. I 144. **b** inter quos .. Gregorium .. adnumeramus, ~am et nos cum illo *V. Greg.* p. 79; **1070** quondam dulcissimus et ~am nunc saltem dulcis LANFR. *Ep.* 48 (61); **1440** consul tuus, ~am efficax, T. Bekynton BEKYNTON I 116; **a1459** recommendetis me .. domino meo rectori de Blofeld, ~am de Hadlé, etc. *Paston Let.* 581. **c** ~am ut tam effectu parere valeam quam voto EDDI *praef.* p. 2; **800** ~am ut citius superveniente aestate te mereamur videre ALCUIN *Ep.* 193.

2 utinam v. utrum.

utinare [CL utinam+-are], to use *utinam*, to express a wish, (also) to wish, desire.

c1435 perfeccionem sciencie nondum attigi .. in qua cor meum ferventissime ~at humectari *FormOx* 445; *wyschyn, gretly desyryn*, opto .. ~o, -as *PP*; reducatis ad memorias vestras quociens per predecessores vestros ita ~atum fuerat AMUND. I 144.

utinatio [utinare+-tio], use of *utinam*, expression of a wish, (also) wish.

utinam .. appenderentur in statera justitie .. peccata partis utriusque .. sed quia in presens talis probacio deficit, nec nostre ~oni res in prompto correspondeat .. *Reg. Whet.* II 393; 'o utinam sic vel sic fecissemus' .. 'o utinam aliter fecissemus.' nunc .. sufficienter de talibus ~onibus premuniti estis AMUND. I 144.

utinizare [CL utinam+izare; cf. utinare], to use *utinam*, to express a wish, (also) to wish, desire.

1493 Elena Dalok .. ~avit se fuisse in inferno quamdiu Deus erit in celo ut potuisset uncis infernalibus vindicare se de quodam Johanne G. mortuo (*Coram Commiss. Episc.*) W. Hale, *Precedents and Proceedings in criminal causes* (London, 1847) p. 37.

utique [CL]

1 without qualification or condition, whatever the case or circumstances, absolutely. **b** (correl. w. *si*) in that case, (also) even in that case, still, nevertheless.

~e non commedam que facta sunt de lardo (*Ciaranus de Saigir* 30) *VSH* I 230; ut in latitudine .. cordis .. non amaritudinem nutriret et, cum multis nocere posset, omnibus ~e benefaceret W. DAN. *Ailred* 2; sancti Scotticani sunt laudandi utique WILL. GLASG. *Sum.* 76; qui .. descendit in confusionem peccatorum usque in Babylonem, ~e sine luce est et absque pace R. NIGER *Mil.* III 87; **1389** super omnes ligeos nostros .. cor ~e compassivum habemus *Dip. Corr. Ric. II* 63. **b** **c802** si .. inter illos sex dies mors creata esse non invenitur, ~e creatura non est ALCUIN *Ep.* 307 p. 470; et tamen si nescimus hoc quod ipse est, scimus utique quia ipse est AD. SCOT *QEC* 856D; ego .. si die noctuque millenos sonos ferrea lingua contra naturam emitterem, nequirem ~e omnia beneficiosa virtutum suarum opera .. prompsisse B. *V. Dunst.* 29.

2 without doubt, for certain. **b** (emphasizing response to qu. or statement, esp. contrasting with that expected or invited) indeed.

Saxones .. in insulam .. intromitterentur. quo ~e nihil ei usquam perniciosius nihilque amarius factum est GILDAS *EB* 23; sciens ~e satellitem Sathane ad subversionem hominum in angelum lucis transfigurari J. SAL. *Pol.* 434C. **b** 'congruum nondum adest tempus' .. '~e .. jam hora prandendi transacta est' LANTFR. *Swith.* 29; 'mei hoc juris est.' non ~e (*Lit. Papae*) W. MALM. *GR* V 414; 'nonne vos .. clerici estis?' .. '~e sumus' *Hist. Llanthony* f. 51r; quis .. potest describere ecclesias .. que sunt in regali urbe sine numero? ~e nemo *Descr. Constant.* 263; 'potest hoc evitari?' .. '~e' M. SCOT *Proph.* 157; papa respondit nuncio .. 'nos habemus utramque potestatem.' et ille pro domino suo, '~e, domine; vestra tamen potestas verbalis est, nostra realis' *Flor. Hist.* III 110.

3 inevitably, necessarily.

si dilexissent justitiam, diligerent ~e fontem .. et originem totius justitiae Deum GILDAS *EB* 62; nec est qui concives possit urgere ad furorem nisi eos aliquatenus ipsa delectet insania. ~e necessitas confurendi aut nulla omnino aut ut multum imaginaria est J. SAL. *Pol.* 811A.

4 that is to say, namely.

qui .. palmo aliquid metitur summo ~e conamine dispansis digitis manum extendit ut possit mensuram quam quaerit bene et absque scrupulo dubietatis tenere BEDE *Tab.* 470C; si ita placuit Deo, ~e et homo cecidit et decor permansit PULL. *Sent.* 753B; **1321** utriusque temporis discursu, belli ~e et pacis *FormOx* 68.

5 ? as, in the manner of (being).

sanguis sanctorum .. intravit pannos ~e tinctos *V. Greg.* p. 96.

†utirum, *f. l.*

†utirum [l. vutirum *i. e.* butirum] valet ad scabiem *Alph.* 191.

utitare [CL uti+-itare], to use frequently or repeatedly.

~are, sepe uti OSB. GLOUC. *Deriv.* 623.

utlaare v. utlagare.

utlaga, ~us [AS *utlaga*, ME *outlaue, outlagh, utlag*], (leg.) person declared to be outside the law and deprived of its benefits and protection, outlaw.

masura .. quae fuit cujusdam exulis (i. ~e) *DB* I 1ra; qui opus ~ii [AS: *utlages*, cf. *Inst. Cnuti*: expulsi] fecerit, ejus revocatio sit in misericordia regis (*Quad.*) *GAS* 317; fur apud omnem populum ~a [AS: *utlah*] sit (*Quad.*) *Ib.* 335; **s1186** filius D. captus est qui uthlagus regis fuit *Chr. Holyrood* (ed. Edinburgh, 1938) p. 170; **c1219** ipse ~us fecit quandam cervisiam in domo sua et ideo inquiratur *Eyre Yorks* 311; de visione crucis facta uhtlago dormienti *Chr. Dale* 6; de huthlago: qui uthlagatus fuerit, qui postea illum recepit sine licentia, rex habet inde forfacturam *Dom. S. Aug.* 32.

utlagare [AS *utlagian*, ME *outlauen*], (leg.) to exclude, deprive (person) of the benefit and protection of law, to declare an outlaw, to outlaw. **b** (p. ppl. as sb.) outlaw. **c** (intr.) to be an outlaw.

in Kirketuna, j liber homo Godricus presbyter commendatus Edrici TRE antequam se ~avit et postquam se ~avit fuit homo Normanni *DB* II 342b; **c1177** ut caperet eum sicut hominem houtlagatum pro .. depredacione et combustione *E. Ch. Waltham* 284; **1215** A. .. ~hatus pro morte W. *Cl* 222b; rex E. .. et R. .. cum eorum fautoribus ~hiari fecit COGGESH. *Chr.* f. 110; **1269** Marta racione cujusdam mercatoris extranei in domo ipsius Marte interfecti fugitiva secundum consuetudinem civitatis predicte utlawyata fuit *IMisc* 24/15; **1274** outlagatus *Ib.* 33/15; omnes qui fuerunt quasi hutlagati de civitate pro pace domini regis infracta *Leg. Ant. Lond.* 91; **1275** feloniam pro qua ~iatus fuit *Hund.* I 79b; **1293** sectatores comitatus post consuetum numerum comitatuum hujusmodi appellatum utlegant *PQW* 222a; Willelmum le W., qui antea fuerat utlaatus B. COTTON *HA* 336; **s1318** centum hominibus .. pro diversis excessibus huthlagatis *Ann. Paul.* 284; multi de multis comitatibus houtlageati valentes *Hist. Roff.* f. 60; **s1341** nullus liber homo regni Anglie .. outhlagetur W. GUISB. *Cont.* 377. **b** uthlagati .. vel exleges fiunt quando .. *Dial. Scac.* II 10L; si .. servus, pro ~ato habeatur (*Ps.-Cnut*) *GAS* 642; de .. ~atis et catallis eorum *MGL* I 80; **1331** nullus ~atus in gildabili receptetur infra libertates *StatIr* I 326; ut omnes uthlagati pro foresta ad pacem redirent BROMPTON 1155. **c** in hac villa erat j liber homo .. et udlagavit *DB* II 24; unus illorum utllagavit *DB* II 49b; hic Stanuinus fuit commendatus .. antecessori Roberti postquam ullagisset *DB* II 313.

utlagaria [utlaga+-aria; cf. AS *utlagu*, ME *outlauerie, utlaurie*], (leg.) judgement or declaration of outlawry (against person), (also) condition of being an outlaw, banishment, outlawry.

mortuus fuit in Ebroica in ~a *DB* II 59; de omnibus ~e rebus [AS: *utlaga þingan*] rex instituit ut Anglicus se purget ad judicium (*Quad.*) *GAS* 484; pro murdro vel latrocinio vel receptione eorum, vel pro uthlagaria [*SelCh* 172: utlagia] *Assize Clar.* 17; **s1285** tibi precipimus quod ad hutlageriam in prisones pro morte W. .. in .. prisona detentos promulgandam non procedas citra quindenam Pasche proximo futuram *Chr. Peterb.* 107; placuit .. regi quod procederent ad .. utlageriam promulgandam *MGL* II 336; **1333** post outlagariam et forisfacturam H. *IPM* 36 (20); **1348** occasione cujusdam utlugarie *Reg. Heref.* 314; **s1381** donavimus eisdem ligeis .. utlegariam et utlegarias *G. S. Alb.* III 287 (=WALS. *HA* II 21); **c1419** habuit .. die ~e sue diversa bona infra civitatem *Mem. York* II 78; ~a, A. *utlawrye WW.*

utlagatio [utlagare+-tio], (leg.) judgement or declaration of outlawry (against person), (also) condition of being an outlaw, banishment, outlawry.

lupinum .. gerit caput a die ~onis sue (*Leg. Ed.*) *GAS* 631; **1221** mandatum est vicecomiti quod interrogacio et ~o ponatur in respectum quousque aliud mandatum habuerit *SelPlCrown* 85; **1213** interdictum .. vulgariter ~o nuncupatum, quod proponi fecimus contra personas ecclesiasticas, publice revocabimus .. per nostras patentes litteras (*Pat*) *Conc. Syn.* 16; **1231** dictum infortunium ei pro Deo perdonavimus, nolentes quod ea occasione in ipsum ~onem exequamini *Cl* 526; dicto die breve uttligacionis Johannis Paston placitatum fuit in banco regis W. WORC. *Itin.* 248; si .. utlegatus .. aliquam petitionem fecerit .. adversarii procurator .. exhibeat breve regium de utlegatione *Praxis* 299.

utlageria v. utlagaria. **utlaghare, ~iare** v. utlagare. **utlagia** v. utlagaria. **utlagiare** v. utlagare. **utlagius, ~us** v. utlaga.

utlandiscus [AS *utlendisc*], outlandish, foreign.

ubi unlandiscus [? l. ~us, AS: *utlendisc*] homo inlandiscum *derie* (id est extraneus indigenam noceat) (*Quad.*) *GAS* 379.

utlandum [AS *utland*], (leg.) portion of an estate not retained by the lord but granted to tenants, outlying land, outland.

1160 in toftis quas fecimus de ~is dedimus eis tres acras *E. Ch. Yorks* I 386.

utlawyare, utlegare v. utlagare.   **utleg-** v. utlag-.

utleipa [AS *uthleap*], fine to be paid for going from lord without leave.

si quis a domino suo sine licentia discedat, ~a emendetur et redire cogatur, ut rectum per omnia faciat (*Leg. Hen.* 43. 2) *GAS* 569.

utllagare v. utlagare.   **utlugaria** v. utlagaria.

utmultum [CL ut+multum], **ut multum**, in great part.

utique necessitas confurendi aut nulla omnino aut ut multum imaginaria est J. SAL. *Pol.* 811A; cujus . . temporibus ~um extincta est in regno Britannie fides catholica (*Helena*) *NLA* II 15.

Utopia [οὐ+τόπος+-ia], an imaginary island depicted by Sir Thomas More as enjoying a perfect social, legal, and political system, (transf.) any ideal, imaginary country.

ad te, mi Petre, transmisi ~am, ut legeres MORE *Ut.* 5; si in ~a fuisses mecum *Ib.* 110; dic mihi magister grammatices, / dic mihi magister in artibus in utopia create (HORMAN *Antibossicon*) *EETS* CLXXXVII xliii.

Utopianus [Utopia+-anus], of Utopia, Utopian. **b** (as sb. m.) inhabitant of Utopia.

libellum hunc de ~a re publica MORE *Ut.* 1 (cf. (*Budé*) ib. lxxxviij: ~ae legis capita); **1517** litteras a Moro nostro non tam Britanno nunc quam ~o accepi (R. PACE) *Ep. Erasm.* III 619.   **b** hos ~i populos . . appellant socios MORE *Ut.* 237; **1516** ita mihi assidue versatur ob oculos perpetuum destinari mihi principatum ab ~is meis (MORE) *Ep. Erasm.* II 499 p. 414.

Utopiensis [Utopia+-ensis], of Utopia, Utopian, (in quot. as sb. m.) inhabitant of Utopia.

sanctissima instituta ~ium MORE *Ut.* 105; ~ium alphabetum *Ib.* xciv b.

†utorica, *f. l.*

hec †utorica [l. ictericia], A. *the chawndyse WW*.

utplurimum [CL ut+plurimum], very often.

dissinteria est fluxus ventris humoralis . . et est ~um cum sanguine GAD. 56. 2.

utpote, ut pote [CL], as one might expect (esp. in the circumstances), as is natural or ordinary (for), (also introducing instance) as for instance, such as (*v. et. utputa*): **a** (w. adv. or sim.); **b** (w. adj., sb., or sim.).

a in quo . . monasterio nonnulla caelestis gratiae dona specialiter ostensa fuisse perhibentur, ~e ubi nuper expulsa diaboli tyrannide Christus jam regnare coeperat BEDE *HE* IV 14; utpute non oleum nec vinum Fresia fundit ALCUIN *Carm.* 4. 10; otiosa cogitatio est circa quam nec afficitur ut circa necessaria, nec oneratur ut circa exteriora, et tamen per eam prepeditur ad bona cogitanda: ~e cum cogitat equum currentem, avem volantem . . vel aliquid ejusmodi AD. SCOT *TT* 769D; **1252** nisi pro . . evidenti necessitate . . ~e si . . ecclesiam nostram . . contingit vastari destrui vel demoliri (*Weymouth*) *BBC* 117; audierat omnia Antigonus ~e cum inter dicentes et audientem pulla interesset BACON *Mor. Phil.* 95.   **b** fama ad eum Christianae religionis pervenerat, ~e qui et uxorem habebat Christianam BEDE *HE* I 25; vestes suas . . et vilia indumenta usque ad caligas, ~e liber monachus . . egenis scienter distribuit *V. Gund.* 44; Tosticus . . magnis undique premebatur angustiis, ~e qui nec Angliam . . invadere nec Normanniam . . poterat repetere ORD. VIT. III 11 p. 123; **†948** (11 . .) ut pote qui me nominis sui participem . . constituit *CS* 860; Gocelino, cui magis hec competerent scribere quam michi imperito, ~e viro in liberalibus artibus et sacris paginis apprime erudito G. FONT. *Inf. S. Edm. prol.* p. 34; hunc . . mestum . . describunt poete, ~e bello victum, et a regno violenter extrusum ALB. LOND. *DG* 1. 3; philosophie et theologie ignarus, ~e qui earum

nunquam discipulus fuisset OCKHAM *Pol.* II 596; p**1320** viros probatissimos ~e magistros, theologicos, et alios litteratos decedentibus rectoribus subrogavit R. BURY *Ep.* 59; aliquos status de ordinibus mendicantium approbavit, ~e Predicatores et Minores *Meaux* II 158; **1451** qui peregrinare non poterunt utpoti infirmi *Reg. Glasg.* 382.

utpoti v. utpote.

utputa [CL ut+puta 2 *sg. imp. of* putare], **a** (introducing instance) as for instance (*v. et. utpote*). **b** as (being). **c** (in gl.).

a [littere dimissorie] dicuntur quandoque licenciales, quando viz. licencia datur ad aliquid faciendum, ~a ordines ab alieno episcopo suscipiendos LYNDW. 47i.   **b** baculus pastoralis cum quo gregem ~a pastor minavit HON. *GA* 610A.   **c** ut putu [l. puta], quasi qui *GlC* U 302.

utpute v. utpote.

utqui, ut qui [CL ut+qui], for what reason? why?

1263 ut qui igitur . . regia potencia non consurgit . . usque quo exaltabitur contra nos Christiani nominis inimicus? *AncC* 55/2.

utquid, ut quid [CL ut+quid], for what reason? why?

ut quid in nequitiae tuae volveris vetusta faece? GILDAS *EB* 32; ~id [*gl.: to hwy*] . . saeculi pompulenta vanitas in catholica Christi basilica intromittitur? ALDH. *VirgP* 55; quocirca . . quamobrem, ~id, quomodo OSB. GLOUC. *Deriv.* 492; exclamavit Jesus . . "Deus, Deus, ut quid me dereliquisti?" [*Matth.* xxvii 46, *Marc.* xv 34] *Drama* I 136; ~id vexas pusillum gregem meum? CIREN. I 353.

utquod, ut quod [CL ut+quod], for what reason? why?

ut quod sustines quod crucem ipse [archiepiscopus Thomas] bajulat? W. FITZST. *Thom.* 47.

utralibet [CL], on either side.

tinguitque adpropinquantes ~et alieni meatus circulus [Plin. *NH* II 79] BEDE *NR* 207; unde si bene feceris, vult te salvari; si male feceris, vult te damnari; et hoc eodem actu volendi intrinseco quo potest velle esse opposita, non simul sed ~et oppositorum, quia ordinatur ad beneplacitum suum PECKHAM (*De Verbo Divino*) ed. Etzkorn (2002) 25.

†utricior, *f. l.*

c**1450** vel ut †utriciori [? l. triciori] vocabulo utar *Let. Ch. Ch.* 14.

utricularius [CL], player of bag-pipe or sim. musical instrument.

~os, ganiones, lenones, mimos, similesque sordidissimi generis homines BOECE f. 75.

utrimlibet [cf. CL utrimque], on or from both sides.

qui quidem cunei, mandata regia ~et [v. l. utrumlibet], non sine variis conflictibus laudabiliter perimplentes *Ps.-*ELMH. *Hen. V* 19; sic formidata discrimina ~et declinavit *Ib.* 67 p. 194.

utrimque [CL], **~nque**

1 on or from both sides (also in fig. context).

apostolicis manifestatur vocibus quod sola carnalis pudicitiae immunitas caelestis regni claustra reserare nequeat . . nisi ~mque [*gl.: et corpus et spiritum*] duplex sanctimonia concorditer candescat ALDH. *Virg P* 16; circumductis ~nque oculis nichil quod avide rapacitati satisfaceret preter scrinium sancti conspicantur W. MALM. *GP* V 256; utrobique, ~nque ex utraque parte OSB. GLOUC. *Deriv.* 626; ~nque vero utriusque terre promontoria . . prospici possunt GIR. *TH* I 1.

2 on both sides (in battle or war); **b** (in other contest or dispute).

prima congressione equa ~mque fortuna discessum, dum hi Hors fratrem Hengesti, illi Catigis alterum regis filium magno justitio desiderarent W. MALM. *GR* I 8; hic in artissimo discriminis articulo, jam animante tuba, firmatis ~mque galeis, hastis ad submittendum erectis MAP *NC* V 4 f. 62; pugna ~nque acerrima commissa est ORD. VIT. III 14 p. 143; ex utraque . . parte . . motis legionibus, mox . . magnus

~mque clamor exoritur *V. Neot. A* 16.   **b** **790** aliquid . . dissensionis . . nuper inter regem Karolum et regem Offan exortum est, ita ut ~mque navigatio interdicta negotiantibus cessat ALCUIN *Ep.* 7; cum jam nullum esset diffugium, ad sedem apostolicam ~nque est appellatum *Chr. Battle* f. 90; consilio ab omnibus ~mque diffinito decretum est ut ducenti milites . . Elmadam . . mitterentur OSB. BAWDSEY clxix.

3 on or with reference to both sides (of matter, esp. w. ref. to intermediate position).

ut . . inconfusa sit ad hec et in arte institutio et ex arte attentio, duplicem nunc ~mque considerationem adhibendam instituimus BALSH. *AD* 13; quamobrem nec ita claudenda sit res familiaris ut eam benignitas aperire non possit, nec ita reseranda ut omnibus pateat; sed ~mque modus adhibeatur isque referatur ad facultates J. SAL. *Pol.* 715D; virtus est medium viciorum ~mque redactum T. CHOBHAM *Commend. Virt.* 180.

utrinque v. utrimque.   **utrinus** v. uterinus.   **utrob-** v. utrubi.

utrubi [CL], **~obi,** in both places, on both sides.

qualiter vel quo pacto longae et breves sillabae vel etiam communes ~ubi competentes, quas Graeci dichronas dicunt, sagaciter discriminentur ALDH. *Met.* 8; juramenta . . et omnimode obligationes prestite, ut que erant ibidem ~obi salubriter provisa, firmiter forent imperpetuum observanda *Flor. Hist.* II 281.

utrubique, ~obique [CL]

1 in both places, on both sides.

vidimus . . circa prescriptum plateas monasterium adeo refertas ~obique turmis aegrotantium ut quispiam viator difficile repperiret iter gradiendi ad ipsum LANTFR. *Swith.* 4; quando recta linea supra rectam lineam steterit duoque anguli ~obique fuerint equales, eorum uterque rectus erit ADEL. *Elem.* I *def.* 10; si terra dehisceret, si celum patesceret, tuto mihi ~obique refugiendum non estimarem W. MALM. *GR* III 268; **12 . .** allocare et elongare gabulum boverie . . versus stratam et murum ~obique juxta portam *Form A* 313.

2 on both sides (of battle, war, contest, dispute, deal, *etc.*).

repente ex adverso pueri e castris prosilientes ~ubique se armis inpetunt WILLIB. *Bonif.* 8 p. 49; congregato . . ~obique copiosissimo et formidabili nimis exercitu *V. II Off.* 3; decertatum est hostiliter ~obique *Flor. Hist.* II 151; **1242** dies data de interceptionibus facta contra treugam inter vos et nos captam ad locum ad hoc deputatum ~obique emendandis *Cl* 498; **1266** ut pax, amor, et unanimitas inter nos perpetuo remaneant ~obique laboribus parcatur et expensis *BB Wint.* 114.

3 on or with reference to both sides (of matter), in both cases, instances, respects, *etc.*

qui et fidelis in Domino comis peregrinationis ejus erat et testis ~obique passionis et consolationis WILLIB. *Bonif.* 8 p. 45; ~obique conclusionem satis facete complecteris ADEL. *QN* 69 (ed. Burnett, 1998); ~obique . . compunctioni successit penitentia T. MON. *Will.* VII 18 p. 283; elige utrum mavis de equissimo jure Quiritum: rerum vel salutis ~obique dispendium imminet J. SAL. *Pol.* 396C; cum dicitur 'homo est dignissima res creaturarum', 'margarita est pulcherrimus lapidum', superlativum ~obique est adjectivum BACON XV 141.

utrum [CL]

1 (introducing dir. disjunctive qu.); **b** (w. *-ne*, in quot. without expressed alternative).

~um victoriosius oro an post gravem luctam . . tandem hostem superare an statim . . triumphare? GIR. *GE* II 8 p. 206.   **b** quod si illud insigne regium aliqua (ut fit) violentia concussum corruerit, suo regnatrix solio humi dejecto ~umne exsulabit? PULL. *Sent.* 691A.

2 (introducing indir. disjunctive qu.) if, whether (. . or); **b** (w. *-ne*); **c** (without expressed alternative).

ut . . experiretur Dominus solito more praesentem Israelem, ~um diligat eum an non GILDAS *EB* 26; interrogavit ~um idem insulani Christiani an pagani adhuc erroribus essent inplicati BEDE *HE* II 1; ~um per ignorantiam aut propter aliam . . malevolentiam

ASSER *Alf.* 106; nesciunt qua ratione eam habebant, ~um vi vel dono patrui sui *DB* I 375rb; **1279** ponunt se super patriam sub hec forma: scilicet †tutinam [l. ~um] .. Griffinus levavit .. feyrriam .. seu antecessores ipsius Griffini ipsam feyrriam .. levaverunt *Law Merch.* III 142; ~um .. illud jus sit proprio nomine nominatum vel sit innominatum, non est curandum ad praesens OCKHAM *Pol.* I 316. **b** age, inquit, quid si virum meliorem habeat quam tu habes, ~umne tuum virum malis an illius? ALCUIN *Rhet.* 30; dubitare ~umne corpus sancti Nicholai secum haberent an ipse ab eis ultra ferri vellet ceperunt ORD. VIT. VII 12 p. 213; virgo secum cepit revolvere ~umne mandatum expleat an desistat *V. Chris. Marky.* 56. **c** c802 dic, doctor prudentissime, ~umne mors sit substantia ALCUIN *Ep.* 307 p. 470; dum dicitur de quolibet: non est sanus, addubitat aliquis ~um insanum velit intelligi ABBO *QG* 21 (47); ~um vero aliqua contineantur, inquirere supersedeo ANSELM (*Mon.* 15) I 29; quandoque dubitabile fuit ~um venirent in causam redhibitionis P. BLOIS *Ep.* 101. 312C.

3 (leg., in name of writ for assize orig. to determine whether matter was for ecclesiastical or lay court, later spec. to determine whether land claimed by rector of church was church land alienated by his predecessor or lay land of its current holder).

de assisa de ~um .. per assisam .. istam recognoscitur utrum tenementum de quo agitur sit laycum feodum tenentis vel libera elemosina pertinens ad ecclesiam querentis *Fleta* 332; **1309** jurata de ~um, *ou le bref fut porté vers plusours par diverses precipes: ou le bref s'abatist vers un,* hoc non obstante *les autres resp[ondirent] pur ceo q'il avoit diverses precipe (PlRCP) Year Bk.* I (*Selden Soc.* XVII) 52; breve libertatum W. de E., liberandum justiciariis de banco pro placitis de ~um *MGL* II 112; omnia placita terre .. in hustengo placitantur exceptis brevi de dote, jurata de ~um *Ib.* II 369.

utrumnam [LL], (introducing dir. disjunctive qu.). **b** (introducing indir. disjunctive qu.) whether, if (also without expressed alternative).

~m [Adam] libera dignitate vel servili condicione creatus sit? ALCUIN *Dogm.* 201C. **b** ut experirentur ~m ore vatidico an sub opinionis ambiguo ista praelibasset OSB. *V. Elph.* 130; interrogavit me ~m ignis qui eruperat sopitus esset EADMER *V. Anselmi* II 48; cepit discutere ~m quis alium quam se in hiis dumtaxat que ad Dei pertinent amorem plus diligat *V. Chris. Marky.* 79.

utrunque v. uterque. **utrus** v. 1 uter.

utterare [ME *outren, uttren*]

1 to put (goods) on the market, expose for sale.

1418 quod adjuvet ~erare illud [opus manuum suarum] ad commodum magistri sui *Mem. York* I 196; **1447** meum deputatum .. attornatum .. ad dictos sexcentos saccos lane vendendum alienandum et ~erandum *Cl* 298 m. 28*d.*; **1453** quicumque .. ~errat correum suum ante sit plene tannatum perdat .. xl s. *Leet Coventry* I 277; **1490** nec aliquod opus ferreum vocatum *irenware* [portet] ad vendendum vel ad ~erandum nisi operata fuerint de bono ferro *Mem. York* I 202.

2 to put (money) into circulation.

1551 falsam monetam .. pro bona moneta felonice .. exposuit et ~eravit, ad grave dispendium corone nostre *Foed.* XV 292a; **1575** pecias falso deceptive et proditorie sic fabricatas .. exposuerunt et ~raverunt *Pat* 1129 m. 32; **1588** duas pecias monete .. contrafactas .. false et proditorie exposuerunt et ~raverunt *Ib.* 1320 m. 8.

3 to issue, give out.

1361 capellanus male †utavit [MS: uteravit] falsam comissionem sub sigillo domini regis attachiando domino N. vicarium .. virtute comissionis ficte *Proc. J. P.* 348.

utterrare v. utterare. **uttligatio** v. utlagatio.
uttrare v. utterare.

†utubi, *f. l.*

transmittentes .. priorem monasterii nostri, Londonias pro premissis. †utubi, cum prefatus prior .. rege .. premiabatur *Meaux* III 298.

utwara [ME *outware, utwara* < AS *utwaru*], military service away from home (owed to the crown), foreign service.

si tunc habebat tainum qui ministraret ei, qui ad ~am regis [*Inst. Cnuti:* ad expeditionem regis] quinque hidas haberet (*Quad.*) *GAS* 457; c1155 sex bovatas terre rusticorum in Roxby, que olim ~e subjacebant *E. Ch. Yorks* VI 77; c1157 terram .. in Neuhus cum rusticis et hominibus .. et terris de hutwara *Danelaw* 170.

uu- v. w-. **uualbas** v. valva.

†uudo, *f. l.*

hic †uudo [*corr. in MS* irudo], *saunsue Gl. AN Ox.* 480.

uuicharius v. 2 wicarius. **uuigena** v. wigio.
uuodspechta v. wodespechta.

uva [CL]

1 grape (as fruit of vine, also in fig. context); **b** (applied to fruit of other plant). **c** (*uva crispa*) gooseberry. **d** (*uva canina*) hound's berry, berry of black nightshade (*Solanum nigrum*) or deadly nightshade (*Atropa bella-donna*).

favos, uvas [*gl.:* dicte quod intrinsecus humoris plene sunt. i. racemum] et palatas ALDH. *VirgP* 38; **10.** . ~a, *winberge WW*; qui non bibit vinum de vinea Sodomorum nec comedit uvam fellis nec botrum amaritudinis AILR. *Serm.* 35. 13; uva fellis [cf. *Deut.* xxxii 32], fel draconum, venenum aspidum insanabile, tria hec quid sunt nisi impietas et diffidentia et odium inexorabile, vel quecumque vitia tam pessimis rebus similia? BALD. CANT. *Sacr. Alt.* 675D; vinitor uvam quam calcat non odit ALEX. BATH *Mor.* III 36 p. 150; in uva .. latet glarea, cum acino inclusa vinatio, que .. in liquorem deliciosissimum .. et cor hominis letificantem mutatur feliciter NECKAM *NR* II 167 p. 276; **1306** gardinum inde valet per annum vel in pomis, piris, et uvis vinearum cum acciderint iij s. *Ext. Hadleigh* 229; hec uva, *a grape WW*. **b** manibusque tenebat / id genus uvarum, *cyresan* quod nuncupat Anglus WULF. *Swith.* I 1053; tenebat ramum cujusdam arboris ignote habentem in summo botrum magnum .. et vue [*i. e.* uve] illius sicut poma (*Brendanus*) *NLA* I 147. **c** *a gooseberrie,* uva crispa LEVINS *Manip.* 104. **d** confice cum succo uve canine GILB. VII 320v. 2.

2 (*uva passa,* also as one word, *uva Corinthiana*) dried grape, raisin, currant.

uva passa, desiccata *GlC* U 312; acimum est id quod de uva relinquitur extracto musto, unde uve passe quandoque dicuntur acyma *Alph.* 2; *rasyns of coran,* uvapassa *CathA;* hec uvapassa, *a raysyn WW;* **1600** in summa quinquaginta et duarum librarum legalis monete Anglie pro uvis Corinthianis *SelPlAdm* II 197.

3 (in names of var. plants): **a** (*uva agrestis*) wild vine (perh. *Vitis labrusca*). **b** (*uva canina* or *lupina*) hound's berry, black nightshade (*Solanum nigrum*), or deadly nightshade (*Atropa bella-donna*). **c** (*uva major*) ? knotgrass (*Polygonum aviculare*).

a inantis .. flos vitis agrestis vel uve agrestis idem *Alph.* 86. **b** strumus vel ~a lupina, *nihtscada* ÆLF. *Gl.;* uva lupina, solatrum idem, morella idem. semine et foliis utimur *SB* 43; morella, solatrum ortolanum .. uva lupina idem, florem habet nigrum et fructum rubeum *Alph.* 119. **c** poligonia .. centumnodia .. uva major idem *Alph.* 147.

4 (transf.) thing resembling a grape, grape-like lump.

eo modo subsequetur germinatio nostri lapidis, / et statim postquam 30 dies transierint / uvas habebis carbunculi rubedine, / quod est nostrum adrop, uzifur atque plumbum rubeum RIPLEY 46 (cf. id. *Axiom.* 114).

5 (anat.) the uvula.

dentibus, linguae, ubae, ori, guttori *Nunnam.* 92; fleuma, ex quo frequenter nascitur hominibus catarrum, et distillatio uvae, et punctio laterum, caligo, et tinnitus aurium, et odorare nihil possunt BEDE *TR* 30; **11.** . uva, *recetunge WW Sup.* 444; uva est membrum in modum mamille duo habens foramina GILB. IV 176. 2; his superponitur uva in modum mamille spongiose, per quam aer naribus inspiratus exalat .. dicitur .. uva quia in modum uve pendet et est rubea

et rotunda et oblunga RIC. MED. *Anat.* 220; hec uva, A. *the knot of the nek WW.*

6 *f. l.*

hec cuva, †hec uva [? *erron. treatment of* hec cuva *as dittogr.*], *a fat WW.*

uvapassa v. uva.

uvaria, belly (of a bird), or *f. l.*

de aculeis quos patitur quando †uvariam [? l. ovaria *in same sense*] explumat ADEL. *CA* 12.

uveus [CL uva+-eus; cf. ME *uvea*], (*tunica ~ea,* also as sb. f., anat.) the middle layer of the eye, (also spec.) the outermost portion of this coating, iris.

quare melancolia purgatur per oculos .. modus commixtionis elementorum qui est in ~ea tunica accedit ad modum commixtionis elementorum que sunt in melancolia *Quaest. Salern.* Ba 119; anterior .. medietas dicitur ~ea perforata, quoniam in se habet foramen, et illud dicitur pupilla GILB. III 125. 2; de tunicis oculi .. illi qui dicunt tres esse totam primam tunicam vocant ~eam .. Alhazen dicit quod ~ea habeat duo foramina BACON *Persp.* I 2. 2; est iste humor positus in foramine ~ee tunice .. appellatur hec tunica ~ea quia perforata ad modum uve *Ps.-Ric. Anat.* 26; septem [oculorum] tunice .. sunt septem pellicule sive tele, quarum prima dicitur ~ea aranea, secunda .. ~ea .. BART. ANGL. V 4; [secundine] correspondet a parte anteriori ~ea tunica, que habet foramen ad modum uve GAD. 107. 2.

†uvidus, *f. l.*

Pyreneus rex Phocidos et Aulidos †inde uvidas [MS: †inde vovidas; cf. Ovid *Met.* V 268: Mnemonidas] Musas Parnasi culmina petentes, imminente pluvioso tempore, subdola mente invitavit in domo sua serenitatem exspectare *Natura Deorum* 51.

uvula [LL]

1 (in gl., small) grape.

†vulva [l. uvula] nomen est fructus et †morbi [l. membri] *Alph.* 192; *a grape,* apiana .. uva, ~a diminutivum *CathA;* hec uva, hec ~a, *a grape WW.*

2 (anat.) uvula.

uvula si tumeas, proderit ista tibi [urtica] NECKAM *DS* VII 46; fluit .. [catarrus] sepe etiam ad fauces .. et interdum ad ~am et ipsam elongat et facit in gula dependere GILB. III 151. 1; 'a' cum 'o' non bene consillabicatur propter interiorem clausionem ~e que est depressio ~e ad principium oris interius *Ps.-Gros. Gram.* 30; organa .. vocis sive instrumenta multa sunt .. pulmo, arterie, guttur, ~a, os, dentes, labia atque lingua BART. ANGL. V 23.

uvulatus [LL uvula+-atus], ? that resembles a grape (in quot. w. ref. to swelling).

apponenda sunt apocrustica nisi .. apostema sit ~um vel nisi sit creticum vel .. GILB. IV 178. 2.

uxor [CL], wife (also transf. or fig.).

propria ~re pulsa GILDAS *EB* 32; Eurydice ~r ipsius [Orphei] a serpente percussa mortua erat *Lib. Monstr.* I 5b; si ~r [AS: *pif*] aliqua desponsata sit, non est permissum ut aliquis alius homo eam spoliet (*Ps.-Egb. Pen.* II 12) *Conc.* I 130; tainus habens sacam et socam .. inter regem et comitem habent medietatem terrae ejus atque pecuniae et legalis ~r cum legitimis haeredibus .. habent aliam medietatem *DB* I 280va; Mercurius verbi, rationis Philologia / est nota, quae jungi Philosophia jubet. / si Genio verbi rationis / suppetat usus, / uxoris clarus dote maritus erit J. SAL. *Enth. Phil.* 216; **1217** ita quod .. filiam Eustacii .. ducat in ~rem *Pat* 49; **1221** ~r ejusdem S. fecit eum occidi *PlCrGlouc* 60; **1227** terre ille pertineant ad .. H. et W. .. ratione ~rarum [*sic*] suarum *Cl* II 165a; **1278** J. M. nativus domini manet apud A. ubi duxit ~rem *SelPlMan* 94; soli et lune, marito et ~ri RIPLEY *Axiom.* 113.

uxora v. uxor.

uxoralis [CL uxor+-alis], of or pertaining to a wife.

hic filiam Willelmi presbyteri de Fisseburne ~i confederacione dilexit et usualis exercitii sibi copula conjunxit R. COLD. *Godr.* 600; qui abstinuat et destituat ~ia conubia, exaltabitur ac collocabitur in sede perpetua (*Illtud* 4) *VSB* 200.

uxorare v. uxorari.

uxorari [LL], ~are

1 (intr.) to take a wife, marry. **b** (p. ppl. as adj., of man, also as sb.) who has taken a wife, married.

precipimus ut nemo in parentela sua intra sextam generationem ~etur [AS: *gewifige*] (*Quad.*) *GAS* 290; Cicero post repudium Terencie ~ari noluit, dicens se pariter uxori et philosophie operam dare non posse MAP *NC* IV 3 f. 46; post Lyam, ad libitum Jacob uxoratur *Poem S. Thom.* 72; dictus Simon non erat uxoritus, set concubuit cum sorore domini sui *Couch. Kirkstall* 404; **1279** viduarius .. si velit ~are *CourtR A. Stratton* 209/59 m. 4; **1284** si decedat uxor alicujus .. cessat medietas .. redditus, usque iterum ~etur *Reg. Wint.* II 671; non licet clerico ~ari WYCL. *Civ. Dom.* II 146. **b** ~atos presbiteros omnes uno convenit edicto, aut libidini aut aecclesiis renuntiandum pronuntians W. MALM. *Wulfst.* III 12; c**1205** convertatur infidelis ~atus ad fidem, uxor non convertitur, solviturque matrimonium propter contumeliam creatoris P. BLOIS *Ep. Sup.* 57. 20; **1233** si aliquis ~atus habuerit puerum in adulterio erit in misericordia .. regis de toto mobili suo *BNB* II 574; **1251** de quolibet .. ~ato habente .. unum averium .. colligit vicarius unum denarium ad opus sancti Petri *Cart. Rams.* I 282; [theologi] illiterati fuerint et ~ati BACON *Min.* 333; ita quod nullus ~atus aut mulierum cohabitacio [*sic* MSS; ? l. cohabitator] .. eam [mansionem] inhabitaret *Meaux* I 323.

2 (tr.) to take (woman) as wife.

1448 Agnes Barboure, ~ata, male vivit et vixit in corpore preter virum suum *MunAcOx* 580.

uxoratio [LL uxorari+-tio], (act of) taking a wife, marriage.

non licet clerico uxorari et secundum Apostolum sollicitudo mundi est causa ~onis illicite, multo magis non licet esse clericum sollicitum circa mundum WYCL. *Civ. Dom.* II 146.

uxoratus [LL uxorari+-atus], of or pertaining to a wife, (in quot.) born of a wife, legitimate.

1227 dicit quod legitimus est et ~us *CurR* XIII 77 (cf. *BNB* II 198: de legitimo matrimonio sicut de uxore desponsata).

uxoreus v. uxorius.

uxoricida [CL uxor+-cida], one who kills his wife, wife-murderer.

delicti enormitas impedit matrimonium, ut in ~a, non tamen in matricida, licet majus sit peccatum ROB. FLAMB. *Pen.* 59; ~arum penitentia talis est T. CHOBHAM *Conf.* 456; ~a prohibetur a matrimonio HOLCOT *Wisd.* 148; cum vir invenit uxorem suam in actu adulterii tunc etiam .. lex civilis ~am non punit morte J. BURGH *PO* VIII 11 f. 137.

uxoricidium [cf. uxoricida], act of killing one's wife, wife-murder.

quare ~ium gravius puniatur quam parricidium T. CHOBHAM *Conf.* 458; ad raptum, ad incestum, ad ~ium ROB. FLAMB. *Pen.* 238; propter vitandum ~ium permittatur eis dare libellum repudii R. ORFORD *Sciendum* 225; ~ium gravius punitur quam matricidium HOLCOT *Wisd.* 148.

uxorire v. uxorari.

uxorius [CL]

1 of or pertaining to a wife or to the taking or having of a wife.

rusticum se .. et ~eo vinculo conligatum fuisse respondit BEDE *HE* IV 20; id est si non aut virgo permanserit aut contracta ~eae conjunctionis foedera solverit *Id. Tab.* 484B; nec .. dubitavit propheta tuus sumere sibi mulierem fornicariam ut faceret filios fornicationis: quod .. non faceret, si ~io vinculo sibi eam copulasset AILR. *Spec. Car.* I 29. 533C; quamvis pares essent in nomine ~io (utraque enim uxor dicebatur), Anna tamen prior erat maritalis amoris privilegio ANDR. S. VICT. *Reg.* 7; ceteros adhortatus est ut jejunio et castitati vacantes .. ~ias delitias abicerent illis diebus W. MALM. *GP* II 75; in adventu non debent nuptie celebrari, nec in LXXa, quia tempora sunt orationi deputata, et potius a lecto uxorio debet tunc homo sequestrari quam eidem uniri BELETH *RDO* 65. 72D.

2 devoted to one's wife.

Procrin illectam Cephali laudat amoribus, ~iumque sapienter ei liberas fecisse licencias ait, et utrumque felicem, ipsam quod ipse ~ius, illum quod illa inde pudica MAP *NC* III 4 f. 41.

3 philandering, womanizing.

haud inscienter contra auctorem vir prevalde ~ius PULL. *Sent.* 748C; sane eum [David] affectus ille ~ius proditione et homicidio in adulterium impegit J. SAL. *Pol.* 520D; post uxoris obitum vir ~ius, et non unius tantum sed plurimarum libidini datus GIR. *EH* II 22.

4 (in gl., as sb. m.) married man.

~ius, *ceorl GlC* U 317.

uzifar v. uzifur.

uzifur [Ar.], cinnabar, mercuric sulphide.

~r, id est minium corticis nere GILB. VII 358. 1; estimavit .. G. quod argentum vivum non fit nisi ex ~r in vase linito luto, et accenditur ignis super ipsum et sublimatur BACON IX 157; †tusifuc .. potest elici sulphur vivum .. ~r vel uzifar, cinabrium *Alph.* 192; ~r, i. vermilon *SB* 43; hoc est nostrum adrop, ~r atque plumbum rubeum RIPLEY *Axiom.* 114.

V

V [CL]

1 V (letter of alphabet).

si a digamma verba incipiant, id est 'v' loco conso-nantis posita ALDH. *PR* 140; 'v' nonnumquam sibi ipsi praeponitur, ut 'vultus', sed et alterum consonan-tis locum tenet cum .. 'euangelium' Graece nomina-mus BEDE *AM* 84; 'verbex', id est ovis, ab 'v' littera incipiendum *Id. Orth.* 56; de v littera: quinta vocor princeps vocum; est mihi trina potestas; / nam nunc sola sonans loquor, aut nunc consono verbis HWÆTBERHT *Aen.* 19 *tit.*; ad hujus soni similitudinem v consonantem loco ejus nostri posuerunt, ut 'votum', 'virgo'; digamma enim oportuit poni, 'fotum' 'firgo' ALCUIN *Orth.* 2335.

2 (numeral, = 5).

quod si a praesenti post aliquot annos, verbi gratia post c, Pascha scire velis epactas tantum et concurren-tes solis dies invenire sufficit. partire autem centum per xix, et remanent v BEDE *Temp.* 14; spretis littera-rum ociis ad armorum laborem cucurrit et Willelmi ducis armiger v annis extitit ORD. VIT. III 2 p. 40; notat l quinquaginta, v quinque, x decem BACON *Gram. Gk.* 82.

va v. vah.   **vaca-** v. et. vaga-.   **vacaboundus** v. vagabundus.

vacanter [CL vacans *pr. ppl. of* vacare+-ter], at leisure, freely, with time.

nichil emolumenti provenit, si dampna pensentur, nichil dispensanter agimus, nichil ~ter; vana .. pro-peratione deferimur insani MAP *NC* IV 13 f. 54v.

vacantia [CL vacans *pr. ppl. of* vacare+-ia], vacancy.

1399 primas vel secundas ~ias [beneficiorum] *Conc.* III 241a.

vacare [CL]

1 (of space or place) to be empty, (also) to be uninhabited.

bene Matheus hanc domum ~antem scopis munda-tam atque ornatam dicit BEDE *Luke* 478D; pars ibi nulla vacat L. DURH. *Dial.* I 410.

2 to fall or be vacant, to be without a holder or incumbent (also pr. ppl. as adj.); **b** (w. abl. or w. *de* or *ab*).

secundus [pontifex] .. dereliquit [ecclesiam] va-cuam, tercius expletis ix mensibus et xx diebus fecit ~are desolatam OSB. CLAR. *V. Ed. Conf.* 11; ~antium ecclesiarum custodias et donationes exegit G. COLD. *Durh.* 12; **1229** custodie .. ecclesiarum .. cum ~ave-rint, nobis .. remanebunt *Feod. Durh.* 216; **1232** in defectu vij cotariorum vaccantium hoc anno *Crawley* 205; **1251** in exitibus ejusdem prioratus tempore quo ~ans fuit *Liberate* 27 m. 5; ante electionem sede ~ante vel in ipsa electione L. SOMERCOTE 28; nostro mona-sterio .. ~anti *Cust. Cant.* 26.   **b** praefecit sedi longum pastore vacanti FRITH. 434; **1239** idem V. presentavit W. ad predictam ecclesiam set .. tamquam custos .. prioratus quia .. ~abat prioratus .. a priore *CurR* XVI 681; **1502** quociescumque lectura .. de lectore .. per mortem .. ~averit *StatOx* 305.

3 to be without, to be devoid of or free from (w. abl. or *ab*).   **b** to be or act without knowledge of or attention to.

nec ~at a mysterio quod domus Domini quae septimo mense in aedificio altaris coepta est duodeci-mo est mense perfecta BEDE *Ezra* 852B; c**769** morte ~ans et fine carens *Ep. Bonif.* 122; nullus in tota urbe locus ~abat a cadaveribus, gressus quoque viantium graviter offendebantur ab extinctis .. corporibus ORD. VIT. IX 13 p. 581; nec sterilis vacat aede locus quem circinat alti / ambitus hic muri L. DURH. *Dial.* I 397; illa pars spermatis in qua fetus erat magis ~abat a nutrimento *Quaest. Salern.* Ba 88.   **b** quidam miser

.. cepit resistere, ~ans quid quisque loqueretur *V. Erkenwaldi* 400.

4 to be free from activity, not to be engaged in work, to be inactive or unemployed; **b** (w. *ab*). **c** (of thing) to be unused.   **d** (of duty or sim., in quot. of religious observance) to be suspended, not to be celebrated or observed.   **e** to be inoperative or void, not to be in effect.   **f** to be or come to be missing, lacking, or absent.   **g** to be meaningless or otiose, (also impers., in quot. neg. w. *quod*) it is meaningless or otiose (that).

~at pudicicia: libido occupatissima est BACON *Mor. Phil.* 55; **1348** tunc ~abant omnes cementarii usque diem Lune *KR Ac* 462/16 f. 2v (cf. ib. f. 3: tunc cessabant); **1409** utroque capiente in septimana ij s. vj d., deductis vj d. pro una die qua .. Johannes ~avit (*Ac.*) *EHR* XIV 517.   **b** quoties a labore .. ~abat, orare .. solebat BEDE *HE* IV 3 p. 207; confitens se intellexisse quia diabolus ab impedienda salute huma-na ne ad horam ~aret *Id. CuthbP* 13; anima velut in sabbato, quo jam non licebit aliquid ulterius operari ad meritum, nil nisi vacare valebit; ~are .. ab his que expediunt, non autem ab his que affligunt J. FORD *Serm.* 53. 7.   **c 1259** rex .. concessit utrique corum iiij d. ob. singulis diebus percipiendos ad scaccarium regis ad sustentationem suam quoad vixerint de dena-riis de elemosina regis quos ~are contigerit usque ad portione iiij d. et ob. quam R. .. tenet de elemosina regis *Cl* 8.   **d** per totam .. diocesim divina ~are offitia, januas ecclesiarum spinis obstrui precepit W. MALM. *GP* II 96; si sit dies annuntiationis in ramis palmarum vel in die resurrectionis, ~at dies annuntia-tionis, sed in sabbato precedente dominicam que dicitur in ramis palmarum fiet misterium annuntiatio-nis. ~at enim sabbatum BELETH *RDO* 57. 64. **e 1279** ~at, quia rex Francorum condonavit regi Anglie totam pecuniam in hac littera contentam *RGasc* III 553a; **1378** istud indictamentum ~at hic quia plenarie liberatum fuit .. justiciariis .. coram quibus idem Ricardus quietus fuit *SelCCoron* 87. **f** omnia gesta huic breviario inducere commodum opinor, quia nec ita nota et multa ex historia Bede ~ant W. MALM. *GP* III 99; cessent gemitus, ~ent fletus *Ib.* IV 148; **1257** quod faciant habere unam robam .. pro quadam roba sua quam rex nuper pro-jecit in aquam. .. ~at quia aliter in rotulo anni xlij *Cl* 83; **1362** celebrabit .. nisi aliquod festum novem leccionum advenerit, tunc enim missa 'de beato Tho-ma' poterit pretermitti; .. si a festo novem leccionum ~averit, unus 'de Trinitate', et alter 'de beata Maria Virgine' *Lit. Cant.* II 427; **1595** pauperum et pauperis sic ~ancium et ~antis .. tunc .. liceat .. archiepiscopo .. aliam personam idoneam .. nominare *Pat* 1431 m. 19.   **g** nec ~at onus filium Achitob .. in Silo fuisse memoratum BEDE *Sam.* 587C; nec ~at quod non in-tegro malo sed ejus comparantur fragmini *Id. Cant.* 1132C; nec ~are id estimo quod non ait hoc loco J. FORD *Serm.* 51. 5.

5 (of time or opportunity) to be free, (impers.) there is opportunity or time (also w. dat. or acc. & inf.).

qui .. differre tempus paenitentiae, dum ~at, time-rent BEDE *HE* V 13 p. 313; sepius ad regem solebat evocari nec ~abat eum semper gubernandis .. mona-sterii curis implicari *Hist. Abb. Jarrow* 12; quibus vix ~at inter tenebras solitarias in carcere familiarem culpam declinare SERLO GRAM. *Mon. Font.* 18; **1326** de ferro non ~at nunc computare nec de domibus infra interiorem clausuram *ExchScot* 58.

6 to have time free (for activity or sim.).   **b** to spend time on (also w. acc.).   **c** to give oneself over to.

cum illi intus lectioni ~abant, ipse foris .. operaba-tur BEDE IV 3 p. 208; **800** nolite deserere mona-steria vestra et ~are per seculi vanitates ALCUIN *Ep.* 205; totum .. antemeridianum datur ludo puerorum ~antium spectare in scholis suorum pugnas gallorum W. FITZST. *Thom. prol.* 13; quia in cismarinis partibus et transmarinis circa regia negocia occupatus talibus

~are non possum *Chr. Dale* 12; **1259** quia S. L. in proximo iturus est in Hiberniam .. pro quo custodie castrorum regis de C. et S. ~are non potest *Cl* 387; **1333** nec propter diversas occupaciones curie barones nondum ~are potuerunt ad deliberandum super ex-accione compoti *LTR Mem* 105 m. 79; **1338** ad deputandum sub vobis alios seu alium ad premissa omnia .. loco vestri quociens vos ad hoc ~are non poteritis faciend' *RScot* 532b.   **b** cum in oratorio suo orationibus ~ans perstaret FELIX *Guthl.* 50 p. 152; hymnis et psalmis ~antes et lectionis studio operam dantes BYRHT. *V. Osw.* 424; deinde lectioni ~ent [AS: geæmtigan] usque dum .. eant ad calciandum *RegulC* 40; Pandrasus .. nocte illa populum dilapsum re-sociare ~avit et .. obsidere oppidum cum resociato populo progressus est G. MON. I 6; illas colloquentes .. audivit quomodo ad debellandam insulam artem ~are deberent G. Herw. f. 333b (cf. G. Herw. f. 335: statuentes .. phitonissam mulierem in eminentiori loco .. ut satis undique munita libere sue arti ~aret); non est otiosum .. quia majores nostri in sancti expositione eloquii veritatis indagationi †vacuaverunt [l. vacave-runt], ejusdem investigationi in scripturarum ex-planatione nos minores invigilare ANDR. S. VICT. *Comm.* 275; fili, quid legis? que sunt quibus tam sedulo ~as?' *V. Edm. Rich B* 618; **1329** manuoperario ~anti una cum predictis coopertoribus circa idem opus *KR Ac* 467/7(1); sollicitus .. reparationem domorum episcopatus dirutarum ~avit diligenter *Hist. Roff.* f. 42; s**893** rex .. municipium obsidione vallavit, erectis-que in girum machinis illud subjugare ~avit CIREN. II 43.   **c** cum jam securus regnaret, Juppiter omnimode ~avit luxurie *Natura Deorum* 19; ipsa .. eo tanquam suo .. utens, et osculis atque amplexionibus ~ans GIR. *GE* II 13 p. 229; venditis decimis recedit longe a cura sua in curiam, in qua ~at lucro et deliciis GASCOIGNE *Loci* 3.

7 to allow time (for), to have time (for, in quot. transf. or fig.).

1279 homines regis Burdegale .. habeant terminum usque ad parleamentum sancti Michaelis morandi cum vinis suis, non obstante peticione Londoniensium quod non morentur ultra xij septimanas, quia rex ~are non potest peticioni sue de carta inde eis facienda *RParl Ined.* 4.

vacari v. vagari.   **vacaria** v. vaccaria.

vacate [CL vacatus *p. ppl. of* vacare+-e], with time, freely.

1422 ut ~ius attendat fratribus ad infirmitates forte dispositis (*AcR Chamb.*) *DCCant.* xiii 63.

vacatio [CL]

1 (state of) emptiness, (also) empty space.

[terra] subsedit, per ~onem in quibusdam locis S. LANGTON *Gl. Hist. Schol.* 47.

2 (state or period of) being or falling vacant, lacking holder or incumbent, vacancy.

1219 ecclesiam tantis tempore ~onis sue possessio-nibus et honoribus mutilatam *Pat* 210; **1226** habent licenciam eligendi sibi abbatem per .. monachos suos, qui tulerunt ad dominum regem literas sigillate de ~one *Ib.* 93; **1294** eandem ecclesiam .. a dispendiis sibi ea prolixiori ~one imminentibus preservare *Reg. Cant.* 7; s**1348** archiepiscopatus ita est destructus per tot ~ones et malam custodiam atque per soluciones factas curie Romane *Hist. Roff.* 376; Romanum impe-rium, depulso Frederico, per multa tempora cessavit. .. tempore hujus ~onis .. *Eul. Hist.* I 390; s**1271** transit annus iste .. Romanis adhuc, de ~one sedis Sancti Petri, molestus RISH. 71; **1464** de firmis epis-copatus .. tempore vacionis [l. ~onis] sedis ejusdem *ExchScot* 277; c**1545** in ~onibus diversorum tenemen-torum *Cart. Osney* III 288.

3 (state of) being free, freedom (from).

fit ibi intus ab omnibus noxiis absoluta ~o et in fraterne dilectionis dulcedine grata et jucunda pausatio AILR. *Comp. Spec. Car.* 12. 630C; s**1173** ad sumptus exercitui [Francorum] providendos .. non ordo, non dignitas a muneribus sordidis ~onem habebat DICETO *YH* 372; divus Augustus, cui Deus plura quam ulli prestitit, non desiit quietem sibi precari et ~onem a Romano populo BACON *Mor. Phil.* 135.

4 (state or period of) freedom from activity, work, or sim., inactivity, (also) respite from work, leisure (also w. ref. to leave). **b** (leg. or acad.) vacation. **c** (state or period of) being inoperative or ineffective. **d** (act or state of) being missing, lacking, or absent, deficiency, absence.

~onem minitans sanitatum si monachi ulterius a Dei laude putassent cessandum. cur .. in Dei dormitarent laude, cum ipse pro eorum vigilaret salute? W. MALM. *GP* II 76; in singulis requies, in singulis ~o, in singulis spiritalis quedam sabbatizatio AILR. *Comp. Spec. Car.* 13. 632B; **1166** non est qui trium dierum itineri ~onem impetret clero degenti sub Moyse J. SAL. *Ep.* 193 (187 p. 244); quatenus succedat diuturne jam ~oni actio fructuosa, cui postmodum ~onis ferie post laborem gratiores succedant J. FORD *Serm.* 89. 8; de exteriori virtutum exercitio potius quam de quieto ~onis otio laus soleat humana provenire *Ib.* 92. 1; ne corporalis ~o .. animo inferret feriato ignaviam aut torporem *V. Har.* 13 f. 17; censetur .. diligens in operibus supervisor qui sub vinculis tenet ocium et ~onis fugat terminos *Reg. Whet.* II 416; c**1556** commissarius .. cum lectore infirmo super ~one usque ad convalescentiam dispensabit *StatOx* 373. **b 1295** attornati recepti in Quadragesima tempore ~onis anno regni regis Edwardi .. vicesimo tercio *SelCKB* I xciii n; magister Henricus .. leget digestum vetus et ante ~onem terminabit W. BERNHAM *Ep.* 2; c**1316** statuimus eosdem magistros non teneri ~onis scolarum suarum tempore, nisi duntaxat si presentes ipsos in villa Warwici cum contigerit duplicibus festis in dictis ~onibus *Educ. Ch.* 276; **1412** universitas .. dispensavit quod in magna ~one mensem habebit ab onere liberum *StatOx* 219; **1549** quanquam literarius labor .. sit suavissimum, tamen et otium hoc suum habet negotium et intermissionem .. requirit. ergo .. lectionibus publicis fines terminosque ponamus. .. tertius terminus, qui idem ~onis dicitur, erit ab ultimo julii usque ad septimum septembris *Ib.* 343. **c 1285** pro expeditione, ~one, et impetratione cartarum *CalCh* II 306. **d 1365** quedam ~ones de hominibus ad arma, sagittar', hobelar', et hominibus de *kerne* peditibus inveniuntur, eidem W. vadia pro eisdem hominibus ad arma sagittar', hobelar', et peditibus de *kerne* .. allocari distulistis *Cl* 203 m. 29.

5 (act or state of) having time free (for activity or sim.) or spending time (on).

pacemque induit operosam et taciturnitatem laudisonam ~onemque contemplativam GOSC. *Wulsin* 5; post diutinam deliberandi ac disputandi ~onem, tandem in hoc convenerunt quod .. GIR. *Invect.* IV 11; finis interim datus est causis et ad transiendum .. et sententias formandum ~o grata *Id.* *JS* IV p. 266; studencium .. laboriosa ~o *FormOx* 270; sacre leccioni totaliter vacandum ut cognoscatur Dei omnipotentia .. . o ~o fructuosa, o visio consolatoria *Spec. Incl.* 3. 3 p. 121.

vacativus [CL vacatus *p. ppl. of* vacare+-ivus], free from activity or work.

intellectus .. operacio studio differre videtur speculativa existens, et preter ipsam nullum appetere finem, habereque delectacionem perfectam propriam, hec .. coauget operacionem, et per se sufficiens utique et ~um [Arist: σχολαστικόν] et illaboriosum (GROS. *Eth. Nic.*) *Aristoteles Latinus* VIII/5 1177b; operatio .. contemplativa per se sufficiens est et ~um et †laboriosum [? l. illaboriosum] R. ORFORD *Sciendum* 262.

vacatura [CL vacare+-ura]

1 (esp. eccl., state or period of) being or falling vacant, lacking holder or incumbent, vacancy, (also) provision for such situation.

primo ~am ibidem donationi nostre duximus reservandam *Reg. S. Osm.* II 82; ad levamen ecclesie nostre, que sub hac ~a in magno navigat periculo M. PAR. *Maj.* III 345; **1287** proximam ~am .. archidiacono Salopsire .. me conferre .. oportebit *Reg. Heref.* 153; **1294** papa B. revocavit omnes ~as factas tempore Celestini *Reg. Carl.* I 30; contulit ei tum papa primam ~am ad collationem prioris .. spectantem, etiamsi per seculares regi consueverat GRAYSTANES 37; dum .. clericus quidam privilegium papale ei attulisset, quod in omni cathedrali ecclesia regni sui primam ~am haberet cum fructibus medio tempore provenientibus

KNIGHTON I 134; **1417** expedita .. primeva vacacione, patroni prediciti in qualibet tercia ~a consimiliter teneantur personis .. providere de beneficiis .. expressatis *Reg. Cant.* III 42.

2 (state or period of) freedom from activity, work, or sim., inactivity, (in quot., of abstr.) abeyance.

s**1141** superveniens Quadragesima omnibus ~am bellorum indixit W. MALM. *HN* 515.

vacca [CL], cow.

Cacus .. iiij tauros furto et totidem ~as adduxit armentario *Lib. Monstr.* I 31; modo reddunt .. xx ~as et xx porcos *DB* I 162vb; ipse velut ~a lasciviens libidini pigricieque serviet ORD. VIT. V 10 p. 385; **1200** injuste intraverunt quandam vaccariam suam .. et abduxerunt xx vaccos [*sic*] *CurR* I 247; **1275** tenet .. j vaccariam cum triginta waccis *Hund.* I 296b; cum ~is [MS: faccis] iiij *FormMan* 41; per testiculos memorabitur quod sit taurus, non bos castratus nec ~a BRADW. *AM* 99.

vaccanalia v. bacchanal.   **vaccare** v. vacare.

vaccaria [CL vacca+-aria], pasture or farm on which cows are raised, dairy farm. **b** cow-shed. **c** herd of cows.

tenet Henricus de F. .. xij acras prati et unam vacariam de vj pensis caseorum *DB* I 57vb; dederat .. forestas .. molendinum de F. .. et vaccharias de S. *MonA* I 410; **1130** Rualdus Croc debet reddere compotum de vij ~iis de Nova Foresta, unaquaque de xx vaccis et j tauro. et quoquo anno debet reddere de unaquaque ~ia x peisas caseorum *Pipe* 39; c**1184** illam terram que vocatur vacheria de Belwode *Rec. Templars* 256; **1232** concedo .. in B. terram ad unam vakariam faciendam cum pastura ville *MonA* III 331; **1275** tenet .. j ~iam cum triginta waccis *Hund.* I 296b; **1381** pedes canum eorum non sint .. ad wacheriam de W. truncati (*Pat*) *MonA* VI 733a. **b** c**1175** ad edificandam unam ~iam centum vaccarum et unam faldam *Regesta Scot.* 175; **1205** mairemium ad faciendum ~iam *Cl* 49b; **1359** unam boveriam precii xx li., unam ~iam precii xx li. .. in manerio predicto extirpavit *PlRCP* 400 r. 31; **1376** in coopertura ~ie de Nethirdeyhous per R. J. , xij d. *Ac. Durh.* 583. **c** c**1100** dedi .. unam vachiviam de xl vaccis cum secta earum per tres annos *MonA* VI 1025; c**1160** unum vaccarium centum vaccarum *Melrose* 3.

vaccarium v. vaccaria.

vaccarius [CL vacca+-arius], cowherd; **b** (passing into surname).

ibi viij inter servos et ancillas et ~ius et daia *DB* I 180vb; j ~ius qui custodit xvij vaccas et ij tauros et iiij vitellos et vij animalia otiosa *Chr. Peterb. app.* 165; ~ius .. sit homo notus qui vaccas sciat bene custodire vitulosque .. producere et nutrire *Fleta* 172; ~ius coquinario erit subditus *Obed. Abingd.* 393; **1301** ~ius [in misericordia] pro vaccis propriis domini imparcatis de blado domini *CourtR Hales* 424; hic ~ius, *a cowherd* WW. **b 1167** Auricus ~ius reddit compotum de xxx s. de vaccaria de R. *Pipe* 128; **1259** Willelmum Vaquarii *Cl* 230.

vaccasterium [cf. CL vacca], farm on which cows are raised, dairy farm.

similiter autem alienabatur aliud ~ium *G. S. Alb.* I 54.

vaccatio [CL vacca+-tio], tending of cows.

si [vaccarius] male ministraverit de ~one, coquinario incumbit emendare *Obed. Abingd.* 393.

vaccharia v. vaccaria.

vaccilla [CL vacca+-illa], young cow.

a cowe, vacca, ~a *CathA*.

vaccineo v. vaccinus.

vacciniare [cf. CL vaccinium], to make dark, darken.

caput .. / alba ligustret hiemps, nigra quod vacciniet estas, / et face sol Maurum faciat, nive bruma Britannum HANV. I 348.

vaccinium [CL]

1 hyacinth or violet (also applied to var. other flowering plants, including cowslip and corn marigold).

crocis, ligustris, narcissis, vacciniis, / et cinnamomis thalamus vernet floridus GOSC. *Edith* 47; ~ium, *brunewyrt Gl. Laud.* 1505 (cf. ÆLF. *Gl.*: ~ium, *branwyrt*); confluit huc omnis civilis contio florum .. . / nec turpem celant vaccinia nigra colorem GARL. *Epith.* III 303; vitriola, vaccinum, viola idem, G. *violette*, A. *heselwrt Alph.* 190; *boyul or bothul*, vactina, manelete *PP*; *a cowslope*, ligustrum, ~ium *CathA*; ~ium, *a coweslyppe WW*; hec violeta, A. *a violet.* hoc vaxinium, A. idem est *WW*; **1510** ad colligendum ~ia et alios flores ibidem crescentes *AncIndict* 455 m. 23; ~ium, Graeci hyacinthum vocant, Galli vacietum TURNER *Herb.* (1965) 58.

2 whortleberry or bilberry (*Vaccinium myrtillus*).

baccinia, *beger GlC* B 19; **9.** . facinia, *hortan WW*; **10.** . bacinia, *berige WW*; **10.** . baccinia, *begir WW*.

vaccinum v. vaccinium.

vaccinus [CL], **~eus,** of or derived from a cow; **b** (w. ref. to leather).

carnes porcine cum vaccinis et ovinis D. BEC. 2563; quare lac ~um ejusdem nature .. cum pecorino majorem habet butirositatem *Quaest. Salern.* Ba 6; ubera ~ea sugendo *Eul. Hist.* II 127; potest dari .. cum sero caprino vel ~o clarificatis GAD. 48. 2. **b 1209** pro uno furrello ~eo ad tabularios regis *Misae* 123; **1213** in uno pari hosarum ~arum *Ib.* 236; pro sotularibus ~is *Manners* 75; **1298** de uno corio ~o tannato *Rec. Elton* 77.

vaccipotens [CL vacca+potens], (nonce-word) 'lord of cows'.

"vaccipotens praesul," properans tu dicito, "salve" ALCUIN *Carm.* 4. 7.

vaccula [CL], young cow, heifer.

~a, *heahfore* ÆLF. *Gl.*; hec vacula, *a cow WW*.

vaccus v. vacca.

vacedo, *var. sp. of* bacido.

10. . vacedo, *redisn WW*.

vacellare v. vacillare.   **vacellus** v. washellus.

vacerra [CL], post, stake, (in quot., her.) pile.

tres ~as acutas .. in clypeo argenteo UPTON *app.* 81; ~a furva, striataque, in scuto aureo est .. familiae Waterhouseorum *Ib.* 84.

vacheria, vachivia v. vaccaria.   **vacilla** v. washellus.

vacillanter [CL vacillans *pr. ppl. of* vacillare+-ter], with lack of firmness or consistency, hesitatingly, falteringly.

Alexander de E. .. requisitus de bosco predicto, de tempore Hugonis episcopi .. concordat cum Willelmo de H., de tempore Philippi de V. loquitur ~ter *Feod. Durh.* 247.

vacillare [CL]

1 to totter, stagger (also transf. or fig.). **b** to rock, sway.

dactilici exametri regulae legitima aequitatis lance carentes lubricis sillabarum gressibus ~arent ALDH. *Met.* 6; nutat, vacellat *GlC* N 197; gressu .. lapsanti quasi minus sapiens ~ando incedam B. *V. Dunst.* 1; merens quod in via Dei cotidie labor et a veritate ~o ORD. VIT. IV 7 p. 227; debiles etate vel morbo concutiunt .. et quasi heredipete ~antium cathedris insidiantur J. SAL. *Pol.* 681C; vacillant gressibus et toto corpore / virgo doloribus exhausto robore WALT. WIMB. *Carm.* 268. **b** vacillantis trucine / libramine P. BLOIS *Carm.* 14. 1a. 1; in ebriosis et infirmis et iracundis accidit recessus oculi a naturali complexione, unde ebriis et infirmis videtur unum duo et res visa ~are et moveri BACON *Persp.* II 1. 3; s**1381** ~abant in portubus ab aque motu KNIGHTON II 151.

2 to waver or falter, (also) to lack stability, firmness, or constancy, be in a precarious state or condition; **b** (w. indir. qu.); **c** (pr. ppl. as adj.).

qui propria meritorum qualitate et fidei fragilitate tremibundus ac nutabundus ~are videor ALDH. *VirgP* 60; ne .. status ecclesiae tam rudis .. ~are inciperet BEDE *HE* II 4 p. 86; quod si quis objecerit vel hujus vel praecedentis argumenti alicubi ordinem ~are, doceat ipse in hujusmodi quaestionibus indagandis veracius et compendiosius argumentum *Id.* *TR* 20; **754** Christiane religionis valide status ~at *Ep. Bonif.* 111;

precamur ut eandem agri partem .. habere firmiter valeamus ne .., quia plerumque justitie jura ~ant, fraudemur W. MALM. *GP* V 211; animum in tentationibus ~antem P. BLOIS *Ep.* 15. 55B; quatinus fides ~ans certis roboretur argumentis COGGESH. *Visio* 3; **1301** ne propter defectum testimonii valeat ipsius status in hoc apud aliquos ~are *Reg. Cant.* 424. **b** adhuc cognitio ~at qua causa patrie olim valefecerit W. MALM. *GP* V 260. **c** Petrus, hoc est firmus, stabilis, ac consolidatus pro sua persona dictus non est .. nam si Petri personam respexeris, quis Apostolorum omnium eo ~antior fuit? BEKINSAU 750.

vacillatio [CL], (act of) swaying or wavering.

si homo aspiciat rem aliquam secundum permutationem frequentem, scilicet nunc uno oculo nunc alio, vel uno oculo sepius interveniente clausione, dummodo continue aperiatur et claudatur, videtur res tanquam in diversis locis; et sic quasi in tremore et ~one de loco ad locum BACON *Persp.* II 3. 8.

vacillator [CL vacillare+-tor], one who stumbles or totters.

a stombyller, cespitator .. ~or *CathA.*

vacio v. vacatio.   **vactina** v. vaccinium.

1 vacuare v. vacare.

2 vacuare [CL]

1 to empty (container of its contents, or sim.), void, clear (also transf. or fig.). **b** to clear (surface or sim.).

nec sanctum aetherio vacuatur munere tectum, / quo sacer alta petens corpus exsangue reliquit BEDE *CuthbV* 891; condite gaza polo, saccos vacuate gazarum ALCUIN *Carm.* 119. 8; Parisius et Turonis et multas alias urbes .. civibus ~arunt W. MALM. *GR* II 121; hec .. sedes episcopalis fuerat set eam .. Oswaldus clericis irreligiosis ~averat *Id. Wulfst.* I 4 p. 10; non cibus utilis est donec stomachus vacuetur / a primis dapibus D. BEC. 2776; numquid non gravis persecutio hec, que fratres a fratribus dividit, que claustra et monasteria ~at J. FORD *Serm.* 86. 7; Cerberus .. quos in omni silencio mitis inducit, exire volentes .. terribilis arguit. janitor ille Ditis aulam avido ditat ingressu, recessu non ~at; retinet, non effundit MAP *NC* V 7 f. 72; **1295** vj d. in stipendiis iij hominum ~ancium galeam de aqua *KR Ac* 5/8 m. 11; in silvis se servabant vacuando viantum / ex nummis loculos *Pol. Poems* I 223; qui nimis inflatur peccato non vacuatur *Ib.* I 171. **b** autarium, cibus qui ~ate mense superadditur OSB. GLOUC. *Deriv.* 49; quantum preeminet [acervus lapideus] littore fluctibus ~ato, tantum prenatare videtur redeuntibus undis GIR. *TH* II 8; non minus, retrogradis et refluis fluctibus, ~ato prorsus litore continuatur [sonus] quam repleto *Id. IK* I 6.

2 to deprive (of).

hujuscemodi .. crebris direptionibus ~aretur omnis regio cibi baculo GILDAS *EB* 19; sidera obscurabuntur non suo lumine ~ata sed majoris vi luminis BEDE *TR* 70; **c1390** conqueruntur eo quod sui filii .. ex desperacione futuri adjutorii in predicto collegio erunt a studio Oxon' nimis in posterum ~ati *FormOx* 231.

3 to vacate, leave.

vacuant equites campum GARL. *Tri. Eccl.* 87; **1221** ideo abjuret regnum et ~et terram infra diem [datum], et elegit ire apud Dovoriam *SelPlCrown* 93.

4 to remove (contents from container, or sim.), empty, expel. **b** to remove, get rid of, expunge.

[hostis] longo nitens vacuare fideles / ultima jam majore squalit sub tempora pulsu BEDE *CuthbV* 727; pastores suos adit, ~atosque ovilibus, mobilia quibus inicere potest hamos abducit MAP *NC* IV 16 f. 59. **b** scelus hoc pacto vacuabitur omne FRITH. 736; tabernaculi vacillantis instabilitate ~ata fixum Domini templum Salomonica sapientia fabricatum intraremus BACON *Maj.* I 211; ad errores ~andos *Id. CSTheol.* 34.

5 a to bring to naught, frustrate. **b** to make void, annul, cancel.

a per mensem frustrate sint omnes insidie mee, conatusque ~ati MAP *NC* II 25 f. 32v. **b** conscriptum peccati lege chyrographum, quo in nobis .. per resurrectionem tui filii ~asti *Rit. Durh.* 33; ubi esset recautum, quo illa cautio ~ata fuerat, indicavit [Aug. *Cura mort. agend.*, *PL* XL 604] AILR.

An. III 19; ostia que reserat presul, vacuata figurant / plebis peccata GARL. *Myst. Eccl.* 129; istis .. ~atis calumniis et contrarietatibus plus apparentibus quam existentibus declaratis CONWAY *Def. Mend.* 1425 (*recte* 1325); preceptum regule sic est ~atum *Mon. Francisc.* I *app.* 594.

6 (p. ppl. as adj.): **a** at leisure (perh. conf. w. *vacare*). **b** empty, (in quot. transf.) empty-handed, unsuccessful, disappointed.

a otium, quies, securitas, ~us, otiosus, quietus *GlC* O 290. **b** redeuntibus quoque episcopis a negocio ~atis *Meaux* I 189.

vacuatio [LL]

1 (act of) emptying or clearing (container or sim.).

1226 ex ipsius fossati ~one et apertione *Cl* 120b; in ~one sterquilinii prope latrinam iij s. iiij d. *Cant. Coll. Ox.* 153.

2 (act of) removing (substance), evacuation (in quot., of waste from body). **b** device or apparatus for removing (in quot. of vent through which smoke is voided).

digestio, ~io OSB. GLOUC. *Deriv.* 251. **b 1252** novam coquinam cum rotunda ~one fumi *Liberate* 29 m. 13.

3 annulment.

1294 ratificationis, confirmationis .. ~onis, concessionis, suspensionis (*Bulla Papae*) B. COTTON *HA* 271.

vacuativus [CL vacuatus *p. ppl. of* vacuare+-ivus], that purges or empties, (in quot. as sb. n.) purgative medicine.

1324 sumptis .. ~is que .. ordinastis, ab omni scandalo interius mihi interposito me .. purgaverunt, et famam et famem pristinam mihi restituerunt *Lit. Cant.* I 121.

vacuefacere [CL], to leave (in quot., place) empty or vacant, vacate (also fig.).

ab eodem expulsus regnum ~fecit W. MALM. *GR* I 98; ut .. locis valedicerent, melioribus habitacula ~facientes *Id. GP* I 18; tum abbatissa, sopore ~facta, visionis seriem omnibus dominabus enuntiavit *Id. Mir. Mariae* 222.

vacuitas [LL]

1 (state of) being empty, emptiness.

cum .. lex sit umbra et quedam ~as veritatis, non veritatis soliditas GROS. *Gal.* 131; semicirculus denotat quod brevis valet duas semibreves et ~as denotat quod semibrevis valet duas minimas HOTHBY *Cant. Fig.* Fa 28.

2 empty space, void, cavity (also fig.). **b** (*lex ~atis* or sim.) law or principle of vacuum.

O si plenitudo illius satietatis replebit ~atem meae egestatis! ANSELM (*Or.* 14) III 57; placuit .. corpus .. archiepiscopi .. ante altare inferre, cranii vacuaeta cum lineo mundo W. FITZST. *Thom.* 149; adde quia nec diabolus in corpore humano est simul cum anima, sed in quibusdam ~atibus intra corpus esse potest NECKAM *SS* III 77. 1; in ventre terre sunt saxa sulphuris vivi et petre calidissime nature et in eisdem partibus sunt multe ~ates quas venas appellamus M. SCOT *Part.* 296; passionem ponebant esse perceptionem in ~atibus corporis patientis T. SUTTON *Gen. & Corrupt.* 72; chaos implens totam ~atem celi empyrei PECKHAM *QA* 8. **b** cum .. puer sugit lac ab mamilla, evacuatur mamilla ideoque lege ~atis attrahit ab epate sanguinem cum capillo *Quaest. Salern.* B 296; .. ratione ~atis. quia cum nihil sit vacuum in mundo, remoto aliquo de aliquo loco oportet quod aliud illuc trahatur *Ib.* Ba 112; ex natura multipliciter fit attractio, aut vi caloris, .. aut lege ~atis NECKAM *NR* II 98; ~atis lege cucurbita attrahit sanguinem *Ib.*

3 spare time, leisure.

c1316 quoniam tempore ~atis sapiencia scribitur, et qui eam percipiunt actibus timorantur, tunc .. studencium profectus crescit (R. BURY *Ep.*) *FormOx* 13; in tempore vacuitatis [*Sirach* xxxviii 25] R. BURY *Phil.* 16. 212.

vacuitudo [CL vacuus+-tudo], (state of) being empty, emptiness.

plenitudo circuli significat semibrevem valentem tres minimas, et ejus ~o significat sermibrevem valentem duas minimas HOTHBY *Cant. Mens.* Fl 21.

vacula v. vaccula.

vacuus [CL]

1 empty, that contains nothing. **b** (as sb. n.) empty space, void, (also spec.) vacuum.

si quando illud [molendinum] ~um invenerit .. arenam statim ibi proicit .. aut aliquid quod foedat *Simil. Anselmi* 41. **b** ~um non est quia si ~um esset, motus localis fieret in instanti, quia nec mora non inveniret sibi resistens J. BLUND *An.* 101; segnior in vacuo non esset spongia plumbo NECKAM *DS* IV 90; si non est ibi aliquod corpus replens spatium illus, erit ponere ~um, quod est impossibile in rerum natura *Comm. Sph.* 252; ponebant ens esse infinitum ne concederent ~um T. SUTTON *Gen. & Corrupt.* 73.

2 (of place or sim.) unoccupied, empty, deserted, uncultivated (also w. abl.).

tenet de episcopo j solin ~ae terrae extra divisionem suam *DB* I 11va; sunt ix mansurae ~ae *DB* II 116b; terram .. incultam et cultoribus ~am invenit ORD. VIT. III 12 p. 130; ut ea pestilencia [pulicum] locus ille fere desertus et habitatoribus ~us extitisset GIR. *TH* II 31; **1275** per quam subtractionem domus predicte hactenus sunt ~e et ruinose *SelPlMan* 147.

3 (of surface or sim.) bare, blank, plain.

799 misi .. quasdam species dictionum .. in cartula quam nobis ~am direxistis, ut vestita reveniret quae nuda nostro se offerebat aspectui ALCUIN *Ep.* 172; mensa ~a videtur esse ÆLF. *Coll.* 98; persuasit .. ut cedulas duas vel tres, ~as set signatas, secum ad cautelam portaret GIR. *SD* 82; arbores .. facte sunt ~e quasi mortue *Itin. Mand.* 48.

4 empty-handed, (also) destitute, poor. **b** unsuccessful, whose purpose remains unaccomplished.

c793 non a te ~us redeat miser cui benefacere valeas ALCUIN *Ep.* 65; Sanson nocte exiit et portas civitatis auferens suos custodes ~os et delusos reliquit [*Jud.* xvi 2–3] *Eccl. & Synag.* 105; ita in ~um sicut in pecuniosum furebatur W. MALM. *GR* II 201; motus .. urbanitate tali fur relictis pellibus ridens recessit et ~us E. THRIP. *Collect. Stories* 210; omnis homo vacuus transiens montana / spernitur *Ps.-MAP* 230. **b** proposito suo fraudatus .. ~us rediit AVESB. f. 113; **s1160** sed non audentes Resum adire, ~i domum redierunt *Ann. Cambr.* 48; **c1242** scribo ex perturbato animo, nuncio meo redeunte ~o in tanto .. necessitatis articulo GROS. *Ep.* 96; infecto negocio ~i cum dedecore remearunt *Chr. Hen. VI & Ed. IV* 177.

5 void, null, of no effect (esp. leg., also transf. or fig.). **b** (*in ~um*) in vain, to no purpose.

cece mulieris orbes ~os .. jubar serenum inplevit W. MALM. *GP* I 66; **1220** irritum esse decernimus et in ~um quantum in nobis est revocamus *Cl* 428a; consideratum est quod loquela sua ~a est *BNB* III 656; **1255** volumus quod si invente [carte] fuerint .. sint ~e et casse *RGasc* I *sup.* 5b; **1272** litteras nostras patentes quas .. ~as esse consideravimus et inanes *Cl* 500; **1321** instrumenta .. ~a sint et irrita *Lit. Cant.* I 56; Adolphus rex Alemannie, ~us amicus fiduciam in se habentibus *Flor. Hist.* III 104; quod .. concessiones et relaxaciones .. facte .. ~e forent et nullius effectus *Reg. Whet.* I 63. **b** ne forte accepto Christianitatis vocabulo in ~um currerent aut cucurrissent BEDE *HE* III 25 p. 182; animadvertit .. se non frustra vel in ~um laborasse AILR. *Nin.* 2; munera multa licet in ~um offerentes GIR. *Galf.* II 7.

6 devoid or deprived (of), lacking (w. abl., gen., *ab* or sim.). **b** (of horse) riderless.

angelum .. ensem ~um vagina habentem GILDAS *EB* 1; mentem ab interna gratia ~am BEDE *HE* II 1 p. 80; auditu vacui, concluso gutture muti WULF. *Swith.* II 221; cujus cura .. / nil vacuum sensu dicere vel facere W. MALM. *GR* III 284; marchisius, felicis spei ~us, Tyrum revertitur DEVIZES f. 36v; quomodo complebit tam ~us a fide ministerium regule Christiane WYCL. *Ver.* II 148. **b** de ~is .. equis qui sequuntur agmen unum apprehendam, confestim ascendam ORD. VIT. VIII 17 p. 372.

7 free from activity or work, who is at leisure. **b** redundant, otiose.

c1166 si vacas et licet .. de statu meo .. poteris certiorari. .. noveris .. quoniam mihi licet et ad hoc

~us sum .. ut tuis .. mandatis libenter obediam J. SAL. *Ep.* 153 (155). **b 1298** ne .. fabulis vacent ociosis vel ~is se implicent inhonestis *Reg. Cant.* 820.

8 (med., of pulse).

quinto judicatur [pulsus] secundum plenum, ~um, et medium. .. ~us .. est quando apparet inflatus, sed [cum] tangitur, quasi ~is digitis, perforatur BART. ANGL. III 23.

9 *f. l.*

hebetos, †vacuos [? l. fatuos] *GlC* H 60.

vada v. vadum.

vadabilis [LL vadare+-bilis], that can be waded in.

cum .. tibi .. ~is sit judiciorum ejus abyssus multa [cf. *Psalm.* xxxv 7] J. SAL. *Pol.* 456B; idibus Octobris magnus aque defectus per Angliam contigit, ita ut inter turrim Londonie et pontem Thamisie fuit aqua ~is hominibus et equis per diem naturalem KNIGHTON I 120.

1 vadare [LL]

1 to wade (also in fig. context).

non secus ingenuas mihi vado magister in artes, / obruor ipsarum, Petre, profunda petens L. DURH. *Dial.* IV 141; tantam .. futuram inquit civium stragem ut hostes ad genua eorundem fuso cruore ~arent GIR. *EH* II 17; c**1207** imperator Fredericus .. in modico aque, ubi puer septennis ~are poterat, est submersus (S. LANGTON *Ep.*) *Conc.* I 520b; *to wade,* ~are *CathA.*

2 to wash by wading in water.

'ad lavandos pedes camelorum', id est, ad ~andum ... sed quomodo ad ~andum pedes camelorum dedit aquam, cum ~ari non soleant nisi in currente aqua vel in tali que manu nec dari vel accipi potest? ANDR. S. VICT. *Hept.* 73.

2 vadare v. vadari.

3 vadare v. vadere.

vadari [CL; cf. vadiare]

1 to vouch for, stand surety for.

vadatur, fide datur *GlC* V 40; vadatur, sponte [l. spondet], promittit *Ib.* V 48; ~abantur veritatem narrationis lacrime W. MALM. *Wulfst.* I 8; si quis alicujus delicti insimularetur, statim ex centuria et decima exhiberet qui eum ~arentur *Id. GR* II 122 (cf. *Flor. Hist.* I 470: vaderentur [vv. ll. vaderentur, vadiarent]); ~abitur .. michi meam salutem conjugi et liberis impensus favor *Ib.* II 177.

2 (in gl.) to go to law.

vadatur, litigat *GlC* V 18; vadatur, ligatur [? l. litigat] *Ib.* V 34.

3 to engage, secure by a pledge.

quorum ipse virtutem pretio ~atus, tertiam partem pecunie pepigit de omnibus urbibus quas adquirere pariter possent W. MALM. *GR* IV 380.

4 to wager.

wagyn', or leyne a waiowre, ~or (*PP*) *Camd. Soc.* IX 513.

5 (gram.).

communia [verba] quae r littera terminata et agunt aliquid et patiuntur, ut 'amplector', 'vador': dicimus enim 'amplector te' et 'amplector a te', '~or te', '~or a te' BONIF. *AG* 498.

vadarium [CL vadere *or* LL vadare+-arium], ? causeway.

1269 in locacione cujusdam hominis colligentis ij carect' de bruera ad vadar' iiij d. .. et in emendacione et reparacione veteris vadar' ad tascham iiij s. ix d.. et in construccione unius novi vadar' ad tascham xiiij s. *MinAc* 915/3; **1269** in locacione j carpentarii reparantis coquinam et guttur' vadar' vij d. *Ib.*

1 vadatio [CL vadari+-tio], (act of) standing surety, providing sureties.

si quis autem reus vel ante ~ionem vel post transfugeret, omnes ex centuria et decima regis multam incurrerent W. MALM. *GR* II 122.

2 vadatio [LL vadare+-tio], (in gl., act) of wading.

wadying thurgh water, ~o *PP*.

vadator [CL vadari+-tor], (in gl.) one who stands surety, guarantor.

~or, fidejussor OSB. GLOUC. *Deriv.* 627.

vaddum v. woda. **vadeare** v. vadiare.

vademecum [CL vade *2sg imp. of* vadere+ mecum], all-purpose remedy.

item ~um est bonum in omni pustula et scabie .. recipe succi celidonie .. et fiat unguentum de succis predictis optimum pro se pro eisdem GAD. 44. 1.

vademon- v. vadimon-.

1 vadere v. vadari.

2 vadere [CL]

1 to advance, proceed, go (esp. in rapid or purposeful manner, also transf. or fig.); **b** (w. internal acc.). **c** (~*ere et venire*) to come and go, to go to and fro. **d** to go out or away, depart. **e** (~*ere viam* or sim.) to make one's way, travel.

ut populum Domini vadentem tramite recto / ferret ad aeterni ductor vestigia regni ALDH. *VirgV* 846; ~e cito ad ecclesiam BEDE *HE* IV 3; **798** ideo ~am, volente Deo, visitare fratres, et ordinare res illorum ALCUIN *Ep.* 156; c**1104** homines sancti Edmundi .. non ~ant ad schiras nec ad hundreda nisi sicut tunc fecerunt (*Cart. Regis*) *EHR* XXIV 426; mestus ergo trans mare ~it excusatum se ORD. VIT. IV 6 p.212; **1189** Petrus bovarius .. custodit boves domini et ~it ad aratrum (*Inq. Glast.*) *VCH Worcs* I 274 n. 9; in isto .. ludo rex ~it circumquaque directe J. WALEYS *Schak.* 464; ut in hoc anno ego ad celum ~am (*Colmanus* 35) *VSH* I 272; quando ~it dormitum GAD. 75v. 2; s**1453** ~at residuum pecunie .. integraliter .. ad manus suas *Reg. Whet.* I 117. **b** coeptum iter †tradere [v. l. vadere] coeperunt FELIX *Guthl.* 41; miles .. in capiendo duo puncta ~it directa et tertium obliquat J. WALEYS *Schak.* 464. **c 1251** subsidium dissipatur tam conculcabiliter in terra profanatum ut timeri possit quod ~ant et veniant super illud horribiles AD. MARSH *Ep.* 202; **1251** et adhuc ~it et venit et manet in comitatu Cantebr' apud Abbyngton' *SelPlForest* 100. **d ?794** quatinus cum securitate ~as et cum pace revertaris ALCUIN *Ep.* 25; tu tamen de ista arce ~e, quia eam aedificare non potes NEN. *HB* 186; ~e a me, mulier, quia homo peccator sum, indigens et ipse auxilii GIR. *GE* I 26 p. 88; ~e in pace (*Albeus* 1) *VSH* I 46; **1417** duodecim honesti viri predicti artificii ~ant annuatim in festo Corporis Christi cum pagina sua, secundum quod limitabuntur per quatuor magistros ejusdem artificii *Mem. York* I 189; nullus piscis non ~it neque intrat ad aquam de Meere W. WORC. *Itin.* 292. **e** nate, vias vade nunc, miserante Deo ALCUIN *Carm.* 44. 50; **1310** ~e viam tuam *Conc.* II 359b.

2 to extend in space, go (to); **b** (transf. or fig.).

flumina fluunt sexaginta in eo et non ~it ex eo ad mare nisi unum flumen NEN. *HB* 213; ubicunque ~ant viae vel per terram regis vel archiepiscopi vel comitis (*Yorks*) *DB* I 298va; c**1170** sicut magna strata ~it ad Cuiltedovenald *Regesta Scot.* 130; sed a plana superficie non possunt radii congregari in unum, quia unus ~it ad unum locum et alius ad alium BACON *Maj.* I 115; nervus qui venit a dextra parte ~it ad sinistrum oculum *Id. Persp.* I 2. 1; *to lede,* ducere, ad-, con-, in-, se-, e-, ductare, ductitare, ~are [*sic*], et cetera; ubi *to leyde CathA.* **b** desiderium anime rationalis transcendit omne bonum finitum et ~it in infinitum BACON *Mor. Phil.* 29.

3 (of argument or sim.) to run, proceed, (also) to go through.

contra istud bene ~it ratio illa que tacta est de divisione substantie et accidentis et substantie triplicis DUNS *Ord.* IX 230; sed hoc modo est minor falsa et ejus probacio non ~it ad hunc intellectum OCKHAM *Quodl.* 743; sed quia argumenta ~unt contra primum intellectum, ideo respondeo ad ea *Id. Sent.* II 203; ista responsio est tam generalis quod ad mentem meam nequaquam ~it *Id. Dial.* 736.

4 to proceed (from one state or condition to another, or sim.), pass, transition. **b** to change into.

c**795** bonus in vitam ~it sempiternam, impius tormentis traditur aeternis ALCUIN *Ep.* 37. **b** una species non ~it ad speciem alterius BACON XI 229.

vades v. 1 vas. **vadi** v. vadari. **vadia** v. vadium.

vadiamentum [vadiare+-mentum; cf. invadiamentum], (act of) pledging, offering of surety.

1200 si ipse Stephanus habuit aliud juris vel alium ingressum in terram illam quam per illud invadiamentum. jurati dicunt quod non habuit aliud jus vel alium ingressum quam per ~um illud factum ipsi Stephano *CurR RC* II 218; **1279** clamat .. omnia ~a sua et empciones terrarum et omnes terras juste datas et invadiatas sive racionabiliter empt' *PQW* 342.

vadiare [vadium+-are, cf. CL vadari], **gagiare** [AN *gager, gagier*]

1 to use as surety (guaranteeing meeting of obligation, repayment of debt, or sim.): **a** to offer or give as surety, pledge. **b** to demand, take, or receive as surety. **c** to take in distraint (to enforce provision of surety). **d** to take (forcibly) in reprisal.

a de hoc hundreto sunt adhuc retro de gildo regis lxx sol. et iij oboli .. et isti sunt ~iati in misericordia regis (*Som*) *Dom. Exon.* f. 77b; de peccunia .. que pro pace vel inimicitia ~iata est (*Leg. Hen.* 59. 4) *GAS* 578; c**1195** et si de sanguine et plaga convictus fuerit, triginta denarios ~iet et per gratiam meam vel ballivorum misericorditer reddat (*Lostwithiel*) *BBC* 154; p**1206** si .. burgenses in misericordia ceciderint, wagiabunt nobis xij d. (*Inistioge*) *Ib.* 156; s**1299** de omnibus .. factis in prejudicium civitatis predicte posuit se in graciam .. custodis et aldermannorum, et ~iavit communitati Londoniarum viginti libras sterlingorum *MGL* II 116; loricas .. lanceas, et alia armature genera pro victualibus ~iaverant WALS. *HA* I 435. **b 1313** constabularii .. Burdeg' .. vina predictorum Petri et Assalhide gagiari et arestari pro custimis [*sic*] et exaccionibus indebitis fecerunt *RGasc* IV 1017. **c 1210** ne quis .. bona prefati monasterii absque juris ordine occupare, ~iare, invadere, seu quolibet modo detinere presumat (*Commissio Papalis*) *Kelso* 465. **d 1293** cum propter discordias .. exortas aliquas literas marquandi seu gagiandi subditos dicti regis [Castelle] duxerimus concedendas (*Pat*) *Law & Cust. Sea* I 19; **1293** custodientes .. diligenter si qua gagiata seu marquata fuerint *Ib.*

2 (leg., in var. phr.) to use, pledge, offer (spec. process concerned with proof or sim., finding sureties to carry it through): **a** (~*iare duellum, ordalium, probationem*, or sim.); **b** (~*iare legem* or sim., esp. w. ref. to offering or receiving of oath of innocence or sim. supported by compurgators; *v. et. lex* 11). **c** (~*iare per inquisitionem*) ? to fail to secure a verdict in one's favour.

a de illis qui ordalium ~iant. si quis judicium ferri vel aque ~iaverit, accedat tribus noctibus ante ad presbiterum qui debet sanctificare eum (*Quad.*) *GAS* 163; qui bellum ~iaverit et per judicium defecerit, lx sol. emendet (*Leg. Hen.* 59. 15) *Ib.* 579; postquam duellum inde fuerit ~iatum oportebit eum qui tenet terram defendere per duellum GLANV. II 3; **1201** dominus rex mandavit justiciariis de banco quod duella ~iata coram eis .. coram ipso rege ponantur, quia ea vult videre *SelPlCrown* 40; ad comitatum accedat petens et ostendat ibi quod curia domini sui ei defecerit de recto, et secundum quosdam ~iata probatione defalte in manum servientis domini regis, vicecomes dicat servienti quod .. accedat ad curiam illius domini capitalis BRACTON f. 329b; ?c**1328** si .. duellum sit ei judicatum et ~iatum in misericordia xl solidorum erit (*Cust. Preston*) *EHR* XV 498. **b** postquam aliquis dissaisitus legem vel rectum domino suo ~iaverit et plegios si opus est addiderit (*Leg. Hen.* 53. 6) *GAS* 574; **1199** Ric. ~iat legem xij manu *CurR RC* I 200; **1201** N. purget se per aquam per assisam. vad' legem *SelPlCrown* 1; Ricardus ~iavit legem contra eum quod non detinuit ea [sc. averia] contra vadium *PlCrGlouc* 25; c**1238** si defendens vadeat legem suam potest facere eam cum sua sexta manu (*Curia de Pepoudres*) *Law Merch.* I xxxviii; ~iavit Willielmus Bream magnam legem, et complevit eam peroptime *Leg. Ant. Lond.* 10; ante legem ~iatam *RegiamM* III 1; ponit se super legem magnam, et eam justiciarius ~iavit. habeat ergo legem suam, et defendat se cum xxxvjt[a] manu *MGL* I 104; **1425** ~iarent inde legem suam se duodecima manu *CalPat* 282. **c 1401** Johanne Coche clerico quia vad' per inquisitionem versus Robertum Cage, junior, in placito debiti et preceptum est levare de eodem Johanne viij s.

ad opus predicti Roberti simul cum dampno taxato ad iiij d. per inquisitionem (*CourtR Sawston, Pyratts Manor*) *MS Cambs Archives R82/034* m. 3*d*.; **1401** Nicholao Webb quia vad' per inquisitionem versus Robertum Moysaunt in placito debiti et preceptum est levare de eodem Nicholao Webbe xxxix s. ad opus predicti Roberti per inquisitionem recuperat' simul cum dampno taxato ad xij d. (*CourtR Sawston, Pyratts Manor*) *Ib.* m. 2*d*.

3 to guarantee (meeting of obligation, repayment of debt, or sim.) by offering surety. **b** to find surety for (release of that which has been taken in distraint). **c** to vouch for, stand surety for. **d** (intr.) to offer sureties in guarantee.

si quis virginem vel viduam ducere velit .. tunc rectum est ut *brudgume* per Dei justiciam et seculi competens inprimis promittat et ~iet eis qui paranimphi sunt quod eo modo querat eam ut .. (*Quad.*) *GAS* 443; **1276** Hugo .. petiit pacem domini regis de Johanne E. dominus Johannes presens ~iavit pacem dicto Hugoni et invenit ei plegios de pace Andream .. et Hugonem *SelCCoron* 35; **1293** Willelmus G. ~it misericordiam pro defalta ultime curie; plegium non invenit qua nativus. misericordia iiij d. *CourtR Hales* 259. **b** **1292** dicit eciam quod predicta catalla non sunt ei deliberata, et petit quod predictus Walterus de Bello Campo ~iat ei deliberacionem .. *PlRCP* 92 m. 9*d*.; **1352** petit quod ~iant ei deliberacionem predictorum averiorum *Reg. S. Aug.* 331. **c** iste Alfredus hundredos et tetingas instituit; ut si quis alicujus delicti intitularetur, ad hundredum exhiberet, qui eum ~iarent Silgrave 46. **d** **1270** in plenis placitis coram nobis .. recognoverunt et sibi gagiaverunt et facere et reddere bona fide et sine fraude promiserunt *CartINorm.* 133.

4 to wager.

et lepus [dixit lupo]: certe, quantumcumque fueris me major et forcior, audeo tecum certare, et ~iabo quod vindicam [? l. vincam] te J. Sheppey *Fab.* 70; redde, miser, quod ~iasti, quoniam devici te *Ib.*; *to lay wageoure*, ~iare, con-, deponere *CathA*.

5 to hire or engage for payment, 'wage'.

1376 compotus Willelmi de S. et Willelmi H. .. quos rex .. assignavit .. ad arestandum et capiend' omnes naves .. a portu ville de L. usque ad aquam de H. existentes et eas venire faciend' ac tot marinarios quot sufficient pro eisdem navibus .. usque ad portum de Orewell ~iand' *Ac. Foreign* 10 C *d*.; predicti W. et W. .. oretenus onerati fuerunt ut asserunt quod ipsi naves tunc apud O. arestatas usque portum de S. de denariis regis ~iarent *Ib.* (cf. ib.: rex mandavit .. thesaurario et baronibus quod .. visis indenturis super solucione vadiorum marinariorum factis, id quod eisdem .. constiterit ipsos W. et W. pro vad' eorumdem marinariorum in navibus predictis .. solvisse eisdem W. et W. in compoto suo allocent).

6 to take a distress from (*cf. divadiare* 2).

1330 dicunt quod ipse .. clam' warennam in terris aliorum .. ~iando illos qui fugarunt et fugant in terris aliorum *PQW* 627.

7 (in gl.).

to custome or to make custome, guadiare, ritare, inguadiare *CathA*; *to ordande* [v. l. *ordane*]; accingere, apparare, aptare, scribere .. guadiare, limitare, moliri, ordinare *Ib.*; *to wytt gude*, legare, gadiare, disponere *Ib.*

vadiaria, gagieria, gageria [cf. vadium, vadiare; cf. et. AN *wageure*, ME *wajour*]

1 pledge, surety.

s**1260** sic se habet malitia temporis in istis partibus his diebus quod sub usuris vel gageriis propter .. pestilentiam .. mutuo pecunia haberi non potest (*Lit. Mag. Templi*) *Ann. Burton* 494; **1305** pro debitis in quibus pro .. patre suo tenebamur, eidem sibi gagieriam quam habemus in castro et castellania de G. .. in partem solucionis dicti debiti assignare vellemus *RGasc* III 447b; **1310** si ipsa gagieria non sufficeret ad solucionem debitorum predictorum *Ib.* IV 374.

2 wager.

1243 faciant habere Waltero de Lutone xx marcas quas rex amisit erga ipsum Walterum per gajuram *RGasc* I 243a; **1464** arbitratores .. pro quodam wagero sagittarie inter partes predictas assignati *Rec. Nott.* II 254.

vadiatio, gagiatio [vadiare+-tio]

1 (act of) using a pledge or surety (guaranteeing meeting of obligation, repayment of debt, or sim.): **a** (act of) offering or giving a pledge or surety (of). **b** (act of) demanding, taking, or receiving a pledge or surety (of).

a si aliquid eorum superhabeat que in scripto nostro stant et ~one [v. l. vadic'] nostra firmavimus (*Quad.*) *GAS* 180; **1200** protulit quoddam cirographum factum inter ipsum Rannulfum et Osbertum de ~one predicte terre et redditus *CurR* I 188; **1221** de ~one terrarum crucesignatorum *Pat* 320. **b** **1293** precipientes quatinus a marqua seu gagiatione hujusmodi totaliter desistatis (*Pat*) *Law & Cust. Sea* I 19.

2 (leg.): **a** (~*io duelli*) pledging oneself to stand trial by combat, wager of battle. **b** (~*io legis*) offer to make oath of innocence or sim., supported by compurgators, wager of law.

a post ~onem duelli poterit iterum se tribus vicibus rationabiliter essoniare Glanv. II 3; **1258** de quibus triginta marcis .. abbas .. mihi solveret in ~one dicti duelli decem marcas Upton *app.* 36; cum .. primus appellans post duelli ~onem antequam percutiatur moriatur Bracton f. 138b; ante positionem in magnam assisam vel duelli ~onem Hengham *Magna* 4; **1383** si in aliquo casu emergente in hac parte duellum aliquod offerri seu vadiari contigerit quod acceptacio, oblacio, seu ~o hujusmodi duelli ad nos .. in hac parte reservetur *RScot* 50b. **b** si ~o legis interveniat inter partes litigantes, detur vadianti alius dies *Fleta* 115; in quibus nullum essonium, proteccio seu legis ~o admitteretur *Entries* 208ra.

3 (act of) wagering.

waiing, or leying a waiowre, ~o *PP*.

vadiator [vadiare+-tor], ? one who works for wages.

1320 ~ores de primo anno: vad' sarratorum .. vad' carpentariorum *KR Ac* 482/2 r. 11; **1320** ~ores de secundo anno *Ib.* 482/2 r. 12.

vadictum v. vadium.

vadimoniare [CL vadimonium+-are], (in gl.) to bail.

to †hayle [l. *bayle*] vademoniare Levins *Manip.* 198.

vadimonium [CL], pledge, surety, security (guaranteeing meeting of obligation, repayment of debt, or sim.). **b** (in gl.).

~ium, *borg GlC* V 14a; **961** (12c) contigit .. patrem meum Sigelmum habere necessitatem xxx librarum quas a quodam principe nomine Goda mutuo accepit, et pro ~io eidem dedit terram quae nominatur Culinges *CS* 1065; **966** ut manuum nostrarum ~ium Christi cruce firmatum nequaquam violantes irritum faciant *Ch. Wint.* 23 p. 104; quaedam silva quam .. posuit extra manerium per quoddam ~ium xl solidorum (*Kent*) *DB* I 2va; c**1131** et terras suas et ~ia et debita civibus meis habere faciam infra civitatem et extra (*Cart.*) *GAS* 525; et justicia regis mittet eum per ~ium et per plegios .. usque dum Deo primitus et regi postea satisfaciat (*Leg. Ed.*) *Ib.* 631; pecuniam .. quam ei socer .. annumeraverat ut ejus commertio Normanniam exueret ~io .. dilapidavit W. Malm. *GR* IV 389; omnia de archipiscopatu sullata cum Angliam redisset redditurum dato ~io pollicitus est *Id. GP* I 60; **1130** ut rehabeat terram suam quam Willelmus de C. habebat in †vadun' [l. vadim'] *Pipe* 38; Guillelmus de Manlia in ~io pro xx libris eam [decimam] habebat Ord. Vit. V 19 p. 456; **1200** et de omnibus debitis suis que accommodata fuerunt apud Glouc', et vademoniis ibidem factis, placita apud Glouc' teneantur *RChart* 57a; non obstante tua pompa perdidisti tua ~ia Strecche *Hen. V* 166; *a bayle*, ~ium, -i Levins *Manip.* 198. **b** vadimonium, sponsio *GlC* V 2; vadimonia judicia sunt vel officium *Ib.* V 3; vadimonium, jurgium, lite[m] *Ib.* V 29.

vadimonizare [CL vadimonium+-izare], to give as surety or security (guaranteeing meeting of obligation, repayment of debt, or sim.), pledge.

nulli unquam debet illam terram vendere, vel ~are, vel in feudo dare *Chr. Abingd.* II 128; tandem .. ~avit et servitium et rectum abbati, et firmavit, et omnino concessit se et debere facere et de cetero facturum trium militum servitium *Ib.* II 129; hec omnia [l. his omnibus] in manu abbatis ~atis, concessit illis omnibus, ex parte sui totiusque conventus Abbendonie, beneficia ejusdem loci *Ib.* II 143.

vadit v. vadiare.

1 vaditio v. vadiatio.

2 vaditio [CL vadere+-tio], (act of) going, movement.

cum .. dico 'vado lectum' vel 'venio lectu' locus per se intenditur respectu ~onis et motus scilicet leccio per accidens, unde et recte supina sive inclinativa dicuntur *Ps.*-Gros. *Gram.* 50; illud enim quod recipit ab alio quod possit initiare ~onem materie ad hoc ut sit sub forma, est aliquid ipsius forme ad quam initiat motum de necessitate Siccav. *PN* 133.

vadiulum, gagiulum, gagulum [CL vadium +-lum], (in quots. pl.) small payment, small pledge.

1481 in gagulis mulierum iiij s. *Ac. King's Hall Cambridge* f. 33v; **1484** item pro gagulis mulierum iiij s. *Ib.* (cf. A. B. Cobban *The King's Hall Within the University of Cambridge in the Later Middle Ages* (1969) p. 229n).

1 vadium [cf. CL vas, Goth. *wadi*, AS *wedd*], **gagium** [AN *gage*]

1 pledge, surety, (object or land given by way of) security (guaranteeing meeting of obligation, payment of debt, or sim.); **b** (given in spec. circumstances or for spec. reason or purpose).

929 juramenta et ~ia et plegia *CS* 1340; Cola redemit terram de Willelmo comite. modo tenet eam Walterius in ~ium de filio Cole de Basinge (*Hants*) *DB* I 50ra; in isto manerio habent monachi .. xij lib' de ~io quas dimisit eis quidam homo (*Hants*) *DB* I 50rb; †**1083** (? 1086) quod nec terram prefatam vendet nec in ~ium ponet *Ch. Westm.* 236; si tunc in omni re concordent, adeat cognatio et despondeat eam .. et excipiat inde plegium qui jus habet in ~io (*Quad.*) *GAS* 443; **1154** posuit terram suam de Dovera in ~io Philippo, Baiocensi episcopo, pro xxx libris Andegavensis monete *Act. Hen. II* I 86; **1166** W. T. debet ij m. quia noluit dare vadum ministris regis *Pipe* 49; c**1180** si burgensis .. sit rogatus per wagia et plegios tunc placitabit in curia mea (*Swansea*) *BBC* 140; si idem dicat in curia rem petitam suam non esse, sed .. sibi locatam, vel in ~ium datam Glanv. III 1; **1196** ponat plegios primos per ~ium ut sint tunc ibi responsuri quare non habuerunt quem plegiaverunt *Cur R* I 18; **1203** cum invenissent Bernardum et alios appellatores dampnum facientes in foresta .. ceperunt ~ia sua, scil. j ensem et arcum et sagittas *SelPlCrown* 46; **1227** qui .. debito Aaronis Judei obligatus est et cujus terre ~ia fuerunt ipsius Aaronis *Cl* 7; **1242** de cc marcis quas dominus rex ei mandavit mutuo accipere ad opus regis super ~ia regis argentea que ei liberabit Johannes Maunsel *Cl* 533; **1289** in causarum et judiciorum ordinacione ac decisione penis eciam seu vagiis .. consuetudines bastide nostre Florencie observent *RGasc* II 451a; **1309** et pone per ~ium et salvos plegios predictum Johannem .. quod tunc sit ibi, audiendum illam recognitionem *Couch. Kirkstall* 323; **1315** per capcionem pignorum vel amocione porte domus satisfacere compellatur, alia pena et gagio cessante *RGasc* IV 1626; contra vadios et plegios *Meaux* II 203. **b** si .. accusatus ei ~ium recti dare nolit (*Quad.*) *GAS* 93; si quis de proprio placito regis inplacitetur a justicia ejus .. non debet justicie ~ium recti denegare (*Leg. Hen.* 52. 1) *Ib.* 573; **1195** Walt' de Grenvill' dedit wadium probandi *CurR PR* 97; **1220** consideratum est quod duellum sit inter eos et quod Thomas det ~ium defendendi se et Robertus probandi *SelPlCrown* 132; quam cirotecam, quasi duelli ~ium ostensam, comes recepit M. Par. *Maj.* IV 252; **1289** controversia .. inter .. Robertum .. et Petrum .. super gagio cujusdam duelli *RGasc* II 524b; de rebellione .. sua guagium dederunt electo Thorne 1827; si quis .. baronum vel hominum meorum penes me aliquod forisfactum commiserit .. nec per ~ium bellicum purgabitur, sicut solebant tempore patris mei et aliorum antecessorum meorum (*Cart. Regis*) *Plusc.* VII 13.

2 (*mortuum ~ium*) 'mortgage', surety for a loan from which the proceeds do not count towards repayment of the loan.

mortuum vadium dicitur illud cujus fructus vel redditus interim percepti in nullo se acquietant Glanv. X 6; **1245** non debet ei nisi c s. per annum de mortuo vadio pro predicto debito stallando *SelPl Jews* 13; invadiatur res quandoque in mortuo vadio, quandoque non; dicitur autem mortuum vadium illud cujus fructus vel redditus percepti interim in nullo se acquietant *RegiamM* III 2.

3 (usu. pl.) wages, stipend, (also) expenses, costs.

1168 et in liberationibus servientum et ~iis Walensium et donis marchisorum *Pipe* 199; **1265** pro gagiis equorum domini Thome de Estlega et equorum qui venerunt cum domino R. de Bruis et milite suo, viz. pro xxvij per ij noctes, et xxxj per ij noctes, cum literia, candelis, et forgia .. pro gagiis v armigerorum in villa *Manners* 12; **1272** de tempore quo primo positus fuit ad ~ia hospicii nostri *Liberate* 48 m. 5; **1283** promittimus .. eas [sc. libras] recipere in solutum stipendii vel gadgii hospitii nostri *Foed.* II 257; **1314** volumus .. quod de predicta summa .. solvantur stipendia seu gatgia constabulariis, thesaurariis, collectoribus, et ministris *RGasc* IV 1133; **1317** liberatos eiisdem pro eorum ~ia per octo septimanas *Rec. Leic.* I 302; **1326** in ~io et servicio Nigelli fabri *ExchScot* 57; concessio civitatis facta domino regi .. pro ~iis unius galeye pro gwerra *MGL* I 592; **1473** in plenam solucionem feodi sui domicilii, necnon pabuli equi sui et gagearum verleti sui *ExchScot* 152; **1474** et gagiarum verleti sui *Ib.* 213; solutione vadictorum eorum servien' *Entries* 205rb.

4 (in gl.).

a custome, consuetudo, gaudia, mos, ritus *CathA*.

2 vadium v. vadum.

vadius v. vadium. **vadlectus, ~letus** v. vaslettus.

vadosus [CL], (of body of water) full of or characterized by shallows, shallow.

Syrtes: harenosa in mari magno loca multum terribilia et metuenda, †ex [ed. *PL*: eo] quod ad se omnia diripere soleant et adpropinquanti ~o mari haereant BEDE *Nom. Act.* 1040; **800** minore ~um Ligeri flumen quam Tyrreni maris latitudo periculo navigatur *Ep. Alcuin.* 196; nichil huic utilitatis in ~o gurgite cessit OSB. CLAR. *V. Ed. Conf.* 10; in maris perturbati profunditate [navis] periculum evaserat, in ~a planitie incurrebat T. MON. *Will.* VII 17; tellusque occulta vadosas / in cumulum suspendit aquas mentita profundum J. EXON. *BT* I 172; tandem venerunt ad paludes ~as et herbosas, quarum magnitudo ignorabatur ab incolis BACON *Maj.* I 319; **1560** navis .. vi tempestatis adacta in ~um littus de Fidderthe, provincie .. Wexfordie *ActPCIr* 103.

vadulum [CL vadum+-ulum], (in gl.).

vadulum, parvum vadum OSB. GLOUC. *Deriv.* 623.

1 vadum v. vadium.

2 vadum, ~us [CL], **~a**

1 area of shallow water (esp. not too deep to wade in), shallow. **b** (spec.) ford. **c** (in place name, also passing into personal name).

quindecim diebus fons sanguinem tam ubertim manavit ut vicinum ~um inficeret W. MALM. *GR* IV 331; item, ut asserunt accole, aqua ista singulis mensibus ~a permutat GIR. *IK* II 11; benedixit ibi quoddam ~um, et de aqua ipsa sanata sunt peccora illius divitis (*Munnu* 8) *VSH* II 229. **b** ripam .. fluminis ac pene totum sub aqua ~um acutissimis sudibus praestruxerat BEDE *HE* I 2; juxta fluvium Alne, in loco qui dicitur Adtuifyrdi, quod significat 'ad duplex ~um' *Ib.* IV 26; **1044** (11c) cum sua petunt pontis titubantia muniri ~a *CD* 744; c**1200** ut faciant calcatam juxta curiam suam pro libitu suo et voluntate tam in ~io quam alibi *Ch. Gilb.* 64; **1316** incipiendo .. ad ~am que vocatur Achinacragoc *Reg. Aberd.* I 43; omnes equites et armati pontem pariter obsidebant, estimantes advenas ~e [? l. vada] fluminis ignorare *G. Ed. III Bridl.* 106; nomina aquarum .. hoc ~um, A. *a wadth WW.* **c** duo reges duellum propter leenam de ~o Baculi committent G. MON. VII 3; duos .. consules Bosonem de ~o Boum et Gerinum Carnotensem *Ib.* X 4; locus quem vocant incole Veterem ~um LUCIAN *Chester* 64; juxta vaticinium .. Merlini, viguit ad ~a Boum sapientia tempore suo NECKAM *NR* II 174; **1230** Petrus de ~is *Pipe* 86; ?**12..** illam [virgatam terre] quam Gilebertus ad ~um tenuit *Mon A* II 367.

2 (without ref. to depth) body of water, waters. **b** water.

quod mare fluviorum occursu non augetur, dicunt naturaliter salsis ~is †fluentem [l. fluentum] dulce consumi BEDE *NR* 225; vada salsa carinis / jam sulcare citis ALCUIN *SS Ebor* 57; per pelagi fluctus et per vada caeca gubernans *Ib.* 1649; quemadmodum naves in ~o fervente tempestate agitantur ALEX. CANT. *Dicta* 163; fontes, maria, et flumina hodie per tranquillitatem hylarescunt, †ad [l. ac] Deum benedicendo Christum in ~is suis mundi crimina lavisse innotescunt HON. *Spec. Eccl.* 929D. **b** illotus dat vada lotis GARL. *Mor. Scol.* 166.

3 (in gl.) track made by a cart-wheel, rut.

vadum, *a forthe or cart spore.* orbita, *a cart spore* (*Medulla*) *CathA* 55n.

vadun' v. vadimonium.

vadus [CL], shallow.

ostendit Hieronymus in expositione in Ezechielem libro XIV his verbis .. 'decima pars cori in speciebus liquidis vocatur batus, sive vadus' BALD. CANT. *Sacr. Alt.* 749D.

vae [CL]

1 (in exclamation of anguish, pity, or sim., also repeated) alas! woe!: **a** (w. dat.); **b** (alone); **c** (gram.).

a vae nobis miseris ad quos pharisaeorum vitia transierunt BEDE *Luke* 485A; **793** vae animae quae ardentes flammas semper sustinere cogitur ALCUIN *Ep.* 18; et non possum—vae mihi—videri sine eis ANSELM (*Or.* 5) III 14; "ve" inquiens "michi peccatori" *V. Gund.* 33; ve miseris genis meis, quas vel levitas indisciplinata nugacitate decolorat aut gravitas severa deponit J. FORD *Serm.* 20. 5. **b** **790** vae, vae, mors in olla, o homo Dei ALCUIN *Ep.* 8; sed vae! fugere te non potes ANSELM (*Or.* 8) III 27; ve quare non consuluistis aliquem hominem transmarinum EADMER *Ep. ad Glast.* 803B; punctionibus ac adustione horribiliter torte "ve, ve" vociferabantur ORD. VIT. VIII 17 p. 369; ve rationali creature, angelo scilicet et homini, avertenti se a te! AD. SCOT *TT* 812D; ve, ve, vas vacuum sed signatum GIR. *GE* I 29 p. 102; ve terre fructifere et mellifluc, quando ingruent tot serpentes et bestie in eam BACON *Maj.* I 303. **c** 'vae' dativus et accusativus sequi debent non alius, ut 'vae populo maurorum' et 'vae populum maurorum' BEDE *Orth.* 57.

2 use of the exclamation *vae* (also transf. w. ref. to circumstances arousing anguish, pity, or sim., appropriate to its use); **b** (w. play on *ave*).

o quam magnum vae facis mihi sic equitando! BEDE *HE* V 6; cui [sc. archiepiscopo] rex precepit ut privilegium componeret .. in quo carmen et vae impressit, carmen benedictionis servantibus, vae autem maledictionis non custodientibus quae in eo scripta sunt BYRHT. *V. Ecgwini* 380 (*recte* 370); nulla ibi vox, nisi 'vae, vae' resonat. vae habent, et vae clamant, tortores diabolici torquent pariter et torquentur ANSELM *Misc.* 357; **1166** nunc quidem dicit "ve illis" sed in brevi ve acerbissimum inferet, potentes .. potenter puniens BECKET *Ep.* 239; sed si non credis, et resurrectio futura sit, aderit tibi ve eternum NECKAM *NR* II 173 p. 297; scripta erant in libro qui Ezechieli datus est, carmen, lamentationes, et ve. carmen laudantium, lamentationes confitentium, ve illorum qui penitentiam respuunt, quos exspectat damnationis eterne supplicium [cf. *Ezech.* ii 9] P. BLOIS *Opusc.* 1081B; c**1312** ex nunc †omen [l. omne] cor letetur, quia ve preteriit *Pol. Songs* 260. **b** ave, ve nostrum finiens J. HOWD. *Cyth.* 94. 1; **1416** adjungas et ave, Deus ut me liberet a ve (*Epitaph.*) *Hist. Durh.* 5.

vaenator v. venator. **vaesan-** v. vesan-. **vaf** v. vav.

vafer [CL], artful, cunning, ingenious.

daemonum vafros abigat meandros / sive rapinas ALCUIN *Carm.* 121. 11. 3; portento simile paradigma gerit vafer atque / furcifer insipidus *Altercatio* 14; absint a puro susurrio sibilantes insidie, nequam oculus, ~er digitus, ventilator et cachinnator impurus GOSC. *Lib. Confort.* 26; tamen credidit et concessit quod ~er tirannus commentatus est ORD. VIT. III 11 p. 118; a subjectis .. multum amabatur, quia simplicitate magis quam ~ra calliditate armabatur *Ib.* V 19 p. 445; miles magnificus, miles vafer, et sua jactans / bella, cicatrices L. DURH. *Dial.* I 189; si collusor ~er protestetur se non ulterius ludo operam impensurum, dat ei miser aleator tesseras in antecessum NECKAM *NR* II 183; Henricus, vir .. ~er et circumspectus M. PAR. *Maj.* V 214.

vaffritia v. vafritia. **vafra** v. wafra.

vaframentum [CL], clever stratagem, cunning plan.

excogitato .. versute subtilitatis irrefragabili, ut putabat, vavframento AD. EYNS. *Hug.* V 7.

vafre [CL], artfully, cunningly, ingeniously.

si quis antiquorum vafre dicta vel facta strategemmata et strategemmatica quoque recenseat J. SAL. *Pol.* 771D.

vafrinus [CL vafer+-inus], artful, cunning, ingenious.

tandem vafrinos blandis suggestibus astus / increpitans, Italas suadebat credere cartas FRITH. 1075.

vafritia [CL], artfulness, cunning, ingenuity.

cum .. a malivolo [jus civile] tractatur habundante scientia et vaffritia contemporata malitie R. NIGER *MR* 250; tali vafricia vitat periculum WALT. WIMB. *Palpo* 81.

vafrities [LL], (instance of) artfulness, cunning, ingenuity.

quam ~iem, imo quam fraudem dolumque, si privatorum deprehenderent intervenisse contractui .. rem sacrilegam et furca dignam clamitarent MORE *Ut.* 240.

vaftagium v. waftagium. **vaga** v. 1 waga.

vagabilis [CL vagari+-bilis], (in gl.).

vagor, -aris, inde .. ~is OSB. GLOUC. *Deriv.* 620; vagabundus, vagus, ~is *Ib.* 626.

vagabundus [LL]

1 who goes about from place to place without direction, wandering, roaming, roving; **b** (of steps, course, or sim.); **c** (of spreading rumour, fame, or sim.). **d** (as sb.) wanderer, vagrant, vagabond; **e** (*~us de nocte* or sim.).

quo .. fugiam, qui per omnes Brittaniae provincias tot annorum temporumque curriculis ~us hostium vitabam insidias BEDE *HE* II 12; in tantum ut incultae solitudinis volucres et ~i coenosae paludis pisces ad vocem ipsius .. natantes volantesque subvenirent FELIX *Guthl.* 38; per equora ~us discrimina plura metuit ORD. VIT. III 11 p. 123; huc illucque ~a navis flatibus ferebatur *Chr. Evesham* 36; David, omni exercitu suo destitutus per incertas sedes ~us et errans OXNEAD *Chr.* 261; divulgatum fuit Romane Curie quod sanctimoniales Anglie ~e inutiliter discurrebant per patrias WALS. *HA* I 83; **1478** ne .. per civitates .. aut loca alia ~us et profugus vadat *Mon. Hib. & Scot.* 481a. **b** ferrea quem strictis nectebant vincla catenis, / bacchatur quoniam vagabundis passibus amens ALDH. *VirgV* 1482; **797** si ovicula, quae de mensa comedit pastoris, ~is errat gressibus ALCUIN *Ep.* 124; **798** stellarum in caelo errantium ~os exponere cursus *Ib.* 155; **802** sed non cordis ~os gressus constringere *Ib.* 253; consequens est ut non incongrua videatur primitiorum vagibunda ambulandi difficultas ADEL. *QN* 38. **c** secundam vero nobili stirpis prosapia oriundam in tantum ~a [*gl.*: errabunda, *wid, woriende*] rumorum praeconia extollebant ALDH. *VirgP* 49; erat ergo magna admirantium turba, in tantum ut illius miraculi ~us rumor .. Mediterraneorum Anglorum totos pene terminos inpleret FELIX *Guthl.* 9. **d** capitulo hortamur monachos .. ut .. non sint ~i neque girovagi O. CANT. *Const.* 6; **1285** nulla habuerunt catalla nec fuerunt in aliqua warda, quoniam extranei et ~i *DocCOx* 210; c**1325** de ejectis Oxonie et aliis ~is *StatCantab* 331 *tit.*; **1394** eadem Cristiana fuit vagrans ac ~a, non de mercatura vivens *Arch. Ox.* II 118; dicens quod homo suus non est, sed sicut ~us vel externus ad veniendum et ad recedendum nunc in Anglia nunc in Hibernia nunc in Norweya suam melius quesiturus victitacionem BOWER IX 62; **1476** Morganus ap Richart Lydur, de parochia Sancti Gunlei, vacaboundus *March. S. Wales* 87. **e** **1255** ad investigandum malefactores et perturbatores pacis nostre, et ~os de nocte, et receptatores latronum et malefactorum (*Cart. Oxon.*) *SelCh* 367 (=*BBC* 367); **1277** quia vagabund' de nocte ideo remittitur prisone *Gaol Del.* 85 m. 6; **1288** presentant .. quod H. de C. est fur .. et quod bene vestitur et nescitur unde et semper noctanter vacabundus est *Leet Norw.* 5.

2 that does not keep still, that wanders or roams; **b** (of mind or thought). **c** variable, inconstant, ever-changing or -moving.

est necessaria moderantia vultus et gestus, videlicet ut non habeat oculos inflammatos et manus ~as admodum pugnantium vel gesticulantium T. CHOBHAM *Praed.* 302; c**1300** doceatur novicius regulariter incedere, non citato gressu .. non ~is oculis *Cust. Eynsham* 24. **b** ~a mente sollicitus curas mortales intenta meditatione cogitaret FELIX *Guthl.* 18; omni mox necesse est instantia [cogitationes] mentis ~as recolligere BEDE *Sam.* 564B. **c** a**800** (11c) est ..

nobis necesse praemeditandum in ~is temporibus saeculi quomodo ad aeternam felicitatem pervenire valeamus *CS* 283.

3 who wanders astray, off, or away (from his proper place or course), who strays (in quot. in fig. context); **b** (fig., mentally or morally).

799 ut nullo errore decipiaris, nec ullus ad te pertinens ~us a veritatis via deviet ALCUIN *Ep.* 166. **b** civitas diaboli .. hoc est universa reproborum multitudo, per fluxam corruptionem vitae praesentis ~a oberrat BEDE *Gen.* 128C; otia dum vagabundus amabam: dulcia credens, / quae constant cunctis animabus noxia semper BONIF. *Carm.* 6. 13; tue quidem impetu voluntatis incepta sepius interrumpis et questionum ordinem ~us offendis (*Lit.*) H. READING (I) *Dial.* I 1141A.

vaganter [CL vagans *pr. ppl. of* vagari+-ter], in a wandering fashion, haphazardly.

non credamus .. deitatem componere vel dividere vel demonstratis impossibilibus ~er cogitare, sed solum cogitat veritatem WYCL. *Ver.* II 73.

vagare v. vagari.

vagari [CL], **vagare**

1 to go about from place to place without direction, wander, roam, rove (also in fig. context); **b** (outside or beyond permitted limits or sim.); **c** (of spreading rumour, fame, practice, or sim.). **d** to wander as a vagrant or sim., (also pr. ppl. as sb.) vagrant, vagabond. **e** (pr. ppl. as sb.) one who patrols (in quot., of official who patrols the coast watching for wreck). **f** (pr. ppl. as sb.) wandering star, planet. **g** (*extra ~ans*) that occurs here and there.

eo quod Scotti tempore aestatis .. relicto monasterio per nota sibi loca dispersi ~arentur BEDE *HE* IV 4; [septem sidera] nunc inferius, nunc superius, propter obliquitatem signiferi ~antia *Id. NR* 204; **c795** nec eum sinite otiosum ~are nec ebrietati servire ALCUIN *Ep.* 64; pluviae quacumque vagantur FRITH. 442; cur ergo per multa ~aris, homuncio, quaerendo bona animae tuae et corporis tui? ANSELM (*Prosl.* 25) I 118; cum navis .. ~atur et invehitur in quaelibet pericula *Ib.* (*Orig. Pecc.* 5) II 146; ante inventum a Cerere .. frumentum, passim homines sine lege ~abantur ALB. LOND. *DG* 7. 1; si .. quis eorum religionem intraverit seu aliunde ~ando se transtulerit *Stat. Mich. Cantab.* 642; **1402** de patria in patriam discurrunt et vacantur [*sic*] *Cl* 255 m. 2. **b** Caesar, ut agros vastaret igne ac praeda, equitatum suum effudit, quos latius ~ari Cassivellaunus prohibebat W. POIT. II 40; oceanus .. libere ~ari non permittitur GIR. *TH* II 3; et quidem quantum in ea [sc. cella] morari fructuosum, tantum extra eam longe vel diu ~ari periculosum AD. SCOT *QEC* 815D. **c** illo tempore tanti viri fama ubique notabunda ~avit [v. l. ~abatur; *gl.*: divulgata est] FELIX *Guthl.* 44; opinio certe incerta ~atur quod .. vim juveni venefica consciverit W. MALM. *GR* II 178; plura .. in hunc modum illicita, que antehac impune ~abantur, castigata *Id. GP* I 61. **d** **1307** juratores dicunt .. quod D. ~ans est de die et nocte ad tabernas *Gaol Del.* 39/2 m. 1d.; **1307** dicunt eciam quod predictus T. communiter ~at ad tabernas .. cum matre sua *Ib.* 39/2 m. 3; **1384** dicunt .. quod T. T. .. est communis ~ans in feriis, marcatis, et nundinis, et communis ductor malefactorum et eorum fautor et manutentor *Proc. J. P.* 391. **e** **1379** ~antes per mare per dies et noctes ad percipiendum proficuum de *wreck* maris (*Leiston Abbey*) *Studies Presented to Sir Hilary Jenkinson* (1957) p. 365; **1508** ~antes per costeram maris nocte dieque (*Leiston Abbey*) *Studies Presented to Sir Hilary Jenkinson* (1957) p. 365; **1514** ~antes per costeram maris jurati sunt ad informandum magistros supradictos (*Leiston Abbey*) *Studies Presented to Sir Hilary Jenkinson* (1957) p. 365. **f** quidam falsi astrologi de Occidente, nescientes virtutem celestium corporum, et effectum quinque ~antium duorumque luminum (*Lit.*) R. HOWD. II 297. **g** papa Bonifacius constituciones quasdam predecessorum suorum extra ~antes .. in unum volumen redigi fecit TREVET *Ann.* 364.

2 not to keep still, to wander, rove (also in fig. context). **b** (of the mind or sim.) to range freely or widely, roam, wander. **c** to wander with the eyes, mind, attention, or sim. **d** to vary or be variable, inconstant, or in flux.

queque vagabatur et pene reliquerat orbem, / inclusit sacro pectore justitiam (*Vers.*) W. MALM. *GR* III 284; et hoc palatum .. eo quod amplum sit et interius vaget lingua OSB. GLOUC. *Deriv.* 418; oculi flent qui per concupiscentias ~abantur PULL. *Sent.* 999B. **b** vestrum .. mentis ingenium per florulenta scripturarum arva late ~ans [*gl.*: errans, circumiens, *ernende*] bibula curiositate decurrit ALDH. *VirgP* 4; ore quidem orantes sed mentem foris ~antem omni orationis fructu privantes BEDE *Hom.* I 22. 105B; ut ~antes anime et superbe severiori regula distringantur PECKHAM *Puer. Obl.* 426; sum simplex vester, mea mors, mea vita vagantur, / in manibus vestris vivere queso queam W. PETERB. *Bell. Hisp.* 100. **c** [caro] dat consilium ut ~emus [v. l. ~emus oculis] huc et illuc, ut aliqua species occurrat nobis quam concupiscamus AILR. *Serm.* 37. 8. **d** xiiij lunas, qua veteres Pascha faciebant .. a duodecimo kal. Aprilium usque in xiiij kal. Maiarum vario discursu ~antes BEDE *Temp.* 13.

3 to wander astray, off, or away (from one's proper place or course), stray; **b** (fig., mentally or morally). **c** to wander (esp. from the point) in speech or writing.

ipsam equam et ~antem pullam ejus que sequebatur ORD. VIT. XIII 16 p. 40; **1266** puer .. invenit quendam leporarium ~antem *IMisc* 13/21; si quis .. libertatem weyvii habere clamans animal ~ans in feodo suo invenerit *Fleta* 62; **1293** per negligenciam Willelmi Wachel pastoris oves quamplures ~antes per patriam discurrebant huc et illuc *SelPlMan* 168; **1367** jumentum predictum .. a custodia sua exivit et ~ans fuit *SelCKB* VI 150; cum illa fera bestia ad querendum victum in silvis ~asset (*Albeus* 1) *VSH* I 46. **b** fasque nefasque simul equali pondere librans, / per licitum pariter illicitumque vagor J. SAL. *Memb.* 1005C; si forte eligis libera libidine ~ari, nulla lege refrenari, attende plagam GIR. *GE* II 9 p. 210; qui extra se ~antur, ambulantes in desideriis erroris BALD. CANT. *Serm.* 22. 13. 541B. **c** cujus hic verba .. subicerem, nisi quia ultra opinionem in laudibus principis ~atur W. MALM. *GR* II 132; ne philosophicus labor procedat in infinitum, et semper ~etur inquisitio, que semper tendit ad finem J. SAL. *Met.* 896D; coartatur respondens—amissa ~andi licentia—querentem familiarius certificare BALSH. *AD rec.* 2 103; ad Venerem .. ne nimis ~ari accusemur, abhinc revertamur ALB. LOND. *DG* 11. 17.

vagatio [CL]

1 (act of) going about from place to place without direction, wandering, roaming, roving; **b** (beyond or outside permitted limits or sim.). **c** (act of) wandering astray, off, or away (from proper place or course, also transf.).

c705 vanissimis .. oblectamentis hujus mundi nequaquam te nimium subicias sive in cotidianis potationibus .. sive in equitandi ~ione culpabili ALDH. *Ep.* 8 (11); **743** nec non et illas venationes et silvaticas ~iones cum canibus omnibus servis Dei interdiximus *Ep. Bonif.* 56; **c1152** post multam ~ionem ad nos rediens *Ep. G. Foliot* 98; quedam decreta proposuisset contra nigros monacos, loquens de ~ione eorum ad sanctum Thomam .. peregrinacionis optentu BRAKELOND f. 135v; fiebant adulterine confabulaciones, ~iones inordinate, et dissoluciones GRAYSTANES 30; sanctimoniales .. discurrebant per patrias; que ~io, etsi omnibus religiosis esset contraria, nimirum mulieribus esset tollenda WALS. *HA* I 83. **b** quedam de cella diximus, et quod ei qui eam inhabitat omnino non expedit ut nimis pueriliter de ea egrediatur; et egressus .. nimis temeraria ~ione extra eam demoretur AD. SCOT *QEC* 817D; **1439** de ~ione vicariorum extra chorum tempore divinorum *Stat. Linc.* II 194. **c** genii .. per quos aut ~ionem, id est ascensionem ad superna, aut reditum mereamur in corpora ALB. LOND. *DG* 6. 18; **1519** tales scolastici difficile inveniri possunt, vel si inventi fuerint difficile servantur a ~ione *Reg. Merton* 485.

2 (of time) passage.

930 (13c) tertia luna rotigerae ~ionis I *CS* 669; †**814** (11c) pro tam diversis temporum ~ionibus *CS* 307.

3 (of mind, thought, or sim., act of) wandering, roving (esp. morally, away from proper course or sim.).

~ionem cogitationum superfluarum inextinguibilem BEDE *Cant.* 1132A; **c799** antiquus hostis .. qui quaerit per ~ionem mentis mercedem minuere laborantis ALCUIN *Ep.* 187; o tota anima mea, jam omnes tuas depone ~iones ELMER CANT. *Quer.* 812B; de tristicia nascitur rancor, pusillanimitas, amaritudo, desperatio, torpor mentis, ~io, sepe etiam et presentis et eterne vite nulla delectatio BART. EXON. *Pen.* 38; ad reprimendam ~ionem cordis aliquam formam certam tibi describi .. deposcis S. EASTON *Psalm. prol.*; de tristicia vel accidia nascuntur .. ~io mentis erga illicita *Spec. Eccl.* 32.

vagativus [CL vagatus *p. ppl. of* vagari+-ivus], inclined to wander or to wandering.

dolor magis mansivus quam ~us GILB. V 226. 2; quedam est ~a, quedam quiescens et fixa *Ib.* VII 310. 1.

vagator [CL vagari+-tor, cf. CL vagatrix], wanderer, vagrant.

lustro, ~or OSB. GLOUC. *Deriv.* 327; **1486** sex ~ores *dined with servants Med. Stage* II 248.

vagatrix [CL], wanderer, vagrant (f.).

peragratrix, femina vaga, circuitrix, ~ix, orbiculatrix, perlustratrix OSB. GLOUC. *Deriv.* 483.

vagatus [LL], wandering.

1319 fragilitatis humane compago tantis discurrit vagitibus et varietatibus temporum quatitur, tot etiam anxietates multipharie interveniunt *Foed.* III 789.

vagax [CL vagari+-ax], (in gl.).

~ax, vagus, inutiliter loquens OSB. GLOUC. *Deriv.* 623.

vage [CL], without systematic or regular distribution or arrangement, haphazardly.

c1145 efficaci me ammonitione instruis .. ne velut rupta sagena piscis elapsus ~e peream G. FOLIOT *Ep.* 6; palanter .. i. ~e, erranter, et remisse OSB. GLOUC. *Deriv.* 418; dum [fulmina] .. ~e per aerem in ima feruntur GIR. *IK* I 12; per nundinas et curias curis et ambitionibus plenas ~e discurrunt *Id. Spec.* III 20; ut illudens aut false promittens ~e intendit multa et aliquid debet reddere WYCL. *Univ.* 171.

vagena v. vagina. **vagianter** v. vagrare. **vagibundus** v. vagabundus. **vagilare** v. vagillare.

vagillare [cf. CL vagire, LL vagitare], to bray.

onagri vagillant [v. l. vagilant] ALDH. *PR* 131.

vagina [CL]

1 protective cover for blade or sim., sheath, scabbard; **b** (transf., applied to seed-vessel of plant). **c** (fig.) home, lair, resting-place.

angelum caelestem ensem vacuum ~a habentem GILDAS *EB* 1; **c798** quapropter et hunc [sc. gladium] converti in ~am cordis praecipit, ut ibi .. unusquisque remittat fratri suo de corde suo ALCUIN *Ep.* 136; monetarius .. perdiderat cultellum ingentem .. cujus ~a aureo erat metallo predita moleque sculpta argenti nimia LANTFR. *Swith.* 2; monachus .. gladium .. mundatum in ~a recondidit (*Edmundus*) *NLA* II 676; **1332** pro ij cultellis ad punctum, cum manubriis et vagena de argento deaurato amellatis et ivone cisso et trussato (*KR Ac*) *Arch.* LXXVII 138; **1475** cutellos aut gestra .. de viginis [*Mem. York* I 136: vaginis] ad vendendum extrahentes *REED York* 64; nomina rerum pertinencium clerico .. hic artavus, *a penknyfe*, hec ~a, *a schethe WW*. **b** mellilotum .. facit .. ~as semine plenas, cujus semen dicitur corona regia *SB* 30. **c** ex quibus [populis] unus, cum suo rege Tanause de ~a sua egressus, ulteriorem Sithiam invasit sibique usurpavit W. JUM. I 2 (3); rex Scottie David in gravi multitudine equestrium et pedestrium de ~a finium regni sui .. egressus J. WORC. 51; exercitus magnus valde et fortis ab austro veniens, e ~a malitie progreditur *Ib.* 57; Brier .. filius Lotbroci regis Danorum .. ad depopulandas gentes de ~a sua egressus est ORD. VIT. III 1 p. 6.

2 ? sack or bag, perh. 'pocket' (in quot. as measure of wool by volume).

1460 tot et tant' *thrummes* ac petras *thrummes* necnon *pokes* et vagen' [*sic* MS] *thrummes* .. in .. navibus .. eskippare *Cl* 311 m. 13.

3 part of plough, 'sheath'.

1340 in ij chippis, ij ~is, ij sidrestes, ij scheldrestes, iiij bilettis .. emptis, xj d. (*Lydden*) *Ac. Man. Cant.*; **1344** in j vomere empto xj d. in j ~a iij d. (*Bunshill*) *MinAc* 860/11.

vaginare [CL vagina+-are], to place in a sheath, sheathe.

unde gladium sepius sub chlamide nudum ferebat quam ~atum H. HUNT. *CM* 10; **1312** idem Joh. Sumiland surrexit cum gladio suo ~ato *Rec. Leic.* I 374; **1462** habeat gladium cerico seu panno aureo ~atum ac argento deaurato ornatum et garnesiatum *ChartR* 193 m. 30; *to schethe*, ~are, *to drawe owte of schethe*, evaginare *CathA*.

vaginarius [CL vagina+-arius], maker of sheaths, scabbard-maker.

1249 Mic. de Luttirworth ~ius *Rec. Leic.* I 64; **1419** magistri tapiceriorum .. cultellariorum, ~iorum, carpentariorum .. jurati *MGL* I 654; *a schethere*, vaginator, ~ius *CathA*.

vaginator [cf. CL vagina], maker of sheaths, scabbard-maker; **b** (passing into surname).

ibi ~or, hic zonarius, ibi textor R. MAIDSTONE *Conc.* 285; *a schethere*, ~or, vaginarius *CathA*. **b** c**1250** Maths. ~or de Norwich *Doc. Ir.* 119; **1300** [*John the sheather*] ~or *CalCl* 398.

vaginella [CL vagina+-ella, cf. CL vaginula]

1 fruit of the wild or dog rose (*Rosa canina*), rose-hip.

14.. ~a, *le hoppys MS BL Sloane 3545* f. 11r; **14..** ~a, *heppes MS BL Harley 3388* f. 86v.

2 fruit of the carob tree (*Ceratonia siliqua*), carob.

exilo cataracta, i. fructus quasi lignum cornutum vel scriptum, qui etiam dicitur ~a vel siliqua *Alph.* 194.

vaginula [CL = *husk of corn*], small sheath.

a schethe, vagina, vaginula diminutivum *CathA*.

vaginus v. vagus.

vagipalans [CL vagus+palari], vagrant, vagabond.

si quis .. in hostem suum incidat, vel ~tem vel alium qui juste requisitus rectum per omnia denegaverit [cf. Sall. *Jug.* 18: vagi palantes] (*Leg. Hen.* 83. 1a) *GAS* 599.

vagire [CL], (of infant) to utter cries of distress, wail (also fig.). **b** to be of the age characterized by wailing, to be an infant, (esp. pr. ppl. as sb.) infant.

infantes ~iunt, leones fremunt .. lepores vagitant ALDH. *PR* 131; ut quem illi in praesepio videre ~ientem nos in patris solio mereamur videre regnantem BEDE *Hom.* I 7. 35D; parvulus qui adhuc ~iebat in cunis J. SAL. *Pol.* 615A; c**1200** aliquem .. qui hanc ecclesiam .. adhuc in infantie cunabulis ~ientem, a fundamento subvertit P. BLOIS *Ep. Sup.* 10. 2 (=P. BLOIS *Ep.* 211); tunc fregit archam, et invenit parvum puerum ~ientem et bufonem in archa *Latin Stories* 134. **b** a vertice ~ientis solare jubar subito in altum emicuerit GOSC. *Edith* 42; **1169** ~ientium cunas relegavit, a matrum seu nutricum sinibus avulsit parvulos lactentes et sugentes ubera BECKET *Ep.* 538; ~it, id est 'tenera est'. Architrenius: 'nascitur et puero vagit nova pagina versu' [cf. HANV. I 42] GERV. MELKLEY *AV* 121.

vagitare [LL], **a** (of infant) to utter cries of distress, wail. **b** (of hare, making its characteristic sound).

a adora Deum tuum regnantem in caelis, quem magus adoravit ~antem in cunabulis ALCUIN *Haer.* 13; [Willelmus Waleys] qui etiam infantes, in cunis ~antes, vel pendentes ad matrum ubera, evisceravit RISH. 226; *to wepe*, dolere, con-, ejulare .. lacrimas fundere, vagire infantum est, ~are *CathA*. **b** lepores ~ant ALDH. *PR* 131.

vagitas [CL vagus+-tas], instability, inconstancy.

luna significat mundum et stultitiam propter sui mutabilitatem et ~atem, defectionem et maculam GROS. *Dicta* 71.

1 vagitus v. vagatus.

2 vagitus [CL], **a** (of infant) cry (esp. of distress), wail, howl; **b** (applied to other inarticulate cries). **c** characteristic sound made by hare.

a pueri .. fletus vagitumque perhorrens BEDE *CuthbV* 853; senum et juvenum ejulatus, feminarum ululatus, ac parvulorum ~us ubique versatur GOSC. *Transl. Mild.* 5; dum .. natus est homo, ~um emittit BERN. *Comm. Aen.* 57; quid ~us et lacrime tenere illius etatis J. FORD *Serm.* 25. 7; mors nec vagitui parcit infancium WALT. WIMB. *Sim.* 190. **b** oblectabatur ergo .. jocis et vagitibus BEDE *CuthbP* 1; non vanas vulgi fabulas, non ruricolarum bardigiosos vagitus, non falsidicas parasitorum fribulas .. imitabatur FELIX *Guthl.* 12; [spiritus] ita .. inmensis ~ibus horrescere audiebantur ut totam paene a caelo in terram intercapedinem clangisonis boatibus inplerent *Ib.* 31. **c** leporem .. insequuntur falcones .. retinetur .. ~u dolorem contestans NECKAM *NR* I 30.

vagium v. vadium. **vagius** v. vatius. **vaglere** v. valere.

vagor [CL], crying, wailing (of infant).

vagor, vagitus puerorum OSB. GLOUC. *Deriv.* 622.

vagrare [AN *vagrer*], to go about from place to place, wander, roam, stray. **b** (pr. pp. as sb.) vagrant, vagabond.

1294 et dicunt quod una sus precii duorum solidorum et unus porcellus precii viij d. venerunt †vagianter [MS: vagrantes] *CourtR Ramsey* 207. **b 1384** J. T. .. et J. B. .. sunt male suspecionis eo quod .. apud B. fuerunt wacrarantes [MS: wac'rantes] vigillantes per noctes et dormientes per diem *SessPWarw* 164.

vagulus [CL = *inclined to wander*], (in gl.): **a** (as sb. m.). **b** (as sb. f.).

a ~us, anulus quia vagat in digito OSB. GLOUC. *Deriv.* 622. **b** ~a, bucula, juvenca quia vagat per campum OSB. GLOUC. *Deriv.* 627.

vagurrire [cf. CL vagus, vagari], to wander.

vagurrit, per odium [l. otium] vagat *GlC* V 25.

vagus [CL]

1 who goes about from place to place (esp. without direction), who has no enduring or fixed position or abode, wandering, roaming, roving (also transf.); **b** (w. ref. to nomadism or sim.); **c** (of heavenly body that appears to move in the sky); **d** (of steps, course, or sim.).

interea famis dira ac famosissima ~is ac nutabundis haeret GILDAS *EB* 20; vox mea terrificis vaga personat alta loquelis BONIF. *Aen.* (*Iracundia*) 384; sic per omnes sedes ecclesiarum nunquam stabilis, semper ~us et profugus versetur EGB. *Dial.* 405; Cain .. fratrem .. interfecit et ob hoc a Deo maledictus et ~us in terra vixit *Eccl. & Synag.* 103; pincernaeque vagi cellaria saepe frequentant / convivasque rogant ut bibere incipiant WULF. *Swith. pref.* 89; nec fert sepe vagum talis in urbe pedem L. DURH. *Dial.* I 504; sunt et alie aves quae ita ~e sunt et instabiles ut fere semper in motu sint (AILR. *Serm.*) *CC cont. med.* IID 258; elapsus erat dilecte sue super montes quasi hinnulus ~us et volitans G. HOYLAND *Serm.* 11B; unus .. crinis ex multis capillis colligitur .. ne capilli sine lege soluti et ~i et sparsi huc illucque defluant BALD. CANT. *Serm.* 12. 24. 483B; a**1313** dicuntur tales [histriones] scurre ~i *Med. Stage* II 262; [clerici] ~i, i. e. per patrias discurrentes sive instabiles .. qui non habent certum domicilium LYNDW. 95h. **b** Faran nunc oppidum trans Arabiam junctum Sarracenis qui in solitudine ~i errant BEDE *Nom. Loc.* 278; placuit omnibus Anglos et Saxones e Germania evocandos, armis validos, sedibus ~os W. MALM. *GR* I 4; nos .. Egipcii et ~i, qui pro Deo solo suscipimur MAP *NC* I 25 f. 20; tabernaculum tamen q[uia port]abile erat et ~um .. significabat ecclesie .. [mili]tantem GIR. *Spec.* I 3 p. 17; quia sepe temptantes agros alia deinde loca petiverant, semetipsos Numidas appellavere; id est, sine oppido ~os et errantes BACON *Maj.* I 316. **c** stellae .. cum mundo verti utpote uno loco fixae, et non stante mundo ~ae ferri dicuntur, exceptis his quae planetae, id est errantes, vocantur BEDE *NR* 201; ipsa est .. absolutio cursus stellarum quae planetae, id est ~ae, dicuntur *Id. TR* 6; septem terra vagis excentrica subjacet astris J. SAL. *Enth. Phil.* 1071; seque non stabilem ut stellam sed ~um potius veluti planetam apparituram GIR. *JS* II p. 162. **d 799** sive ipsius astri ~us in aethere cursus ALCUIN *Ep.* 170; si quis ministrum altaris peremerit, sit ille exlex .. nisi ipse non solum ~o exilio plene delictum correxerit, set et cognacioni satisfecerit (*Cons. Cnuti* 39) *GAS* 341; utrum .. res hominum ceca ~is volitans pennis fortuna regat an .. providentia potius et ratione gubernentur GIR. *Galf. intr. I* p. 357; ~is urbem totam circuiens passibus *Id. Hug.* II 4.

2 (of animal): **a** loose, that is grazing on unenclosed land, (also as sb. sg., collect.) animals grazing on unenclosed land. **b** waif or stray.

a 1277 de cx multonibus de rem' .. et de iij de redditu ante tons', et de j de vag' ante tons' *Ac. Stratton* 87 (cf. ib. 206: j *cumeling*); **1287** de iij porcis masculis ~is dicit quod remanent superannati *Rec. Elton* 27; **1297** et de x s. de j vacca provenienti de ~o cum vitulo vand' *Ac. Cornw* 2; c**1300** pavones: item reddit compotum de x receptis de remanenti quorum j mas, et de iij provenientibus de ~a et de x provenientibus de exitu, quorum omnes feminee *Form Man* 43; **1320** ~a ejusdem foreste: de uno wyntring' de ~o vendito, xij d. *KR Ac* 131/22 r. 4*d.*; **1327** de uno equo .. de ~o domini episcopi furato *DCDurh.* Loc. IV 13; **1394** pro pabulo unius eque venientis de ~o apud Clifton ij s. *Fabr. York* 130. **b 1275** abduxit unam juvencam vaginam [*sic*] existentem apud W. usque N. sine licencia ballivorum comitis *CourtR Wakefield* I 70; **1321** j juvenca venit ~a et remanet in manerio *Rec. Elton* 252; **1325** de xij d. receptis de Willelmo de W. pro custodia equi sui venientis ~i *Ib.* 270; c**1342** ideo consideratur quod si dicti boves non calumpniantur infra unum annum et unum diem quod dominus eos habeat pro ~o *CBaron* 100; **1379** Michael de B. captus cum jumento .. modo habet diem revencionis .. et non venit; ideo jumentum ut ~um et appreciatum in rotulo profectuum et ballivi inde onerati *Rec. Leic.* II 175; **1441** et de nihil de ~is et extrahuris ibidem accidentibus hoc anno *Ib.* II 275.

3 that does not keep still, (ever-)moving, shifting (also transf. or fig., esp. w. ref. to impermanence or unpredictability). **b** (of place) that lacks systematic, regular, or certain layout, distribution, or arrangement (*e. g.* of routes through), haphazard or sim. (also fig.).

dum Deus ad herebi vagas descenderit umbras ALDH. *VirgV* 455; presbyter undisoni quidam vaga caerula ponti / scandere jussus BEDE *CuthbV* 145; jam aspectas aquilam vaga flabra secantem? *Ib.* 300; cernis ut hoc pelagus late vaga regmina findant? *Ib.* 514; c**800** quo sine nil prodest cuiquam vaga gloria saecli ALCUIN *Ep.* 262; huc illucque vagos stans circumducit ocellos WULF. *Swith.* I 51; insula Vecta vago quia cingitur undique ponto *Ib.* I 1136; †**841** (11c) sic per longa ~a temporum spatium [l. spatia] diversis nationibus derimuntur *CS* 434; quinque filios et totidem filias peperit, quibus varia sors in mundane instabilitatis ~a fluctuatione incubuit ORD. VIT. VIII 28 p. 455; Augustinus: inpudicus oculus inpudici cordis est nuncius quia quod os pro pudore non potest, oculus ~us loquitur et est quasi nuncius cordis vagi *AncrR* 14. **b** forte vago gracilis dum gramine luderet aetas BEDE *CuthbV* 46; ipsa sui levitate perit patriasque sub umbras / pompa redit vanusque vagis dolus abditur antris *Ib.* 328; hoc palatium, -tii, i. ampla domus et ~a OSB. GLOUC. *Deriv.* 418; silvis paste vagis, cum fratre tuo, Reme, vagis SERLO WILT. 2. 128.

4 wandering (in thought or conduct), inconstant, mutable, (also w. ref. to straying from that which is proper, moral, true, or sim.) wayward.

huc atque illuc mente ~a raptamur BEDE *Ep. Cath.* 28A; nec .. animo aut elatus aut per lubricas voluptates ~us W. POIT. I 58; sepe commonebat ut ~e mentis ocia omnino devitarent ORD. VIT. III 3 p. 49; dat consilium ut numquam otiosi simus, numquam ~i, numquam instabiles, numquam dissoluti in verbis AILR. *Serm.* 37. 10; non vagam animo, non turpem faciam / thori participem, curarum sociam P. BLOIS *Carm.* 28. 1. 3; ~is et vanis studiis se occupabat H. BOS. *Thom.* II 1; multis .. timoribus contractus, doloribus afflictus, erroribus ~us AD. SCOT *QEC* 832D; vir ~us et vanus, preter inconstantie solius, nullius rei constantiam habens GIR. *EH* II 11; c**1203** hodie .. nulla precedente inquisitione de vita, de scientia illius qui ordinandus est .. sequuntur hodie homines .. magnatum favorem et ~e opinionis incertum P. BLOIS *Ep. Sup.* 5. 7.

5 (of language) vague, imprecise, rambling.

quo te ~us sermonis tui perduxit textus ALCUIN *Dogm.* 203B; **1146** in hoc .. discretissimo nostri seculi viro minime conformaris, quod tibi rumor ~us auctoritas est, et certam reputas ex opinione sola scientiam G. FOLIOT *Ep.* 57; ingenium Senece commendat Quintilianus, / sed tamen ejusdem verba stilumque notat: / res queritur magnas frangi sermone soluto, / dicendique genus arguit esse vagum J. SAL. *Enth. Phil.* 1269; si enim ita ~a et turbida et dispersa sit predicatio quod nullum membrum cohereat alii, nichil retinebunt auditores T. Chobham *Praed.* 296; **s1329** episcopus concedere consuevit rectoribus ecclesiarum sue diocesis literas ~as dispensacionis pro non residendo *Hist. Roff.* 369.

6 (phil.) indeterminate.

sed eorundem est plerumque minus finita cognitio et quodam modo conceptio ~a J. Sal. *Met.* 881A; omne universale connotat particulare ~um; et particulare ~um et signatum connotant speciem Bacon *CSTheol.* 66; conceptus ~us, formatus in intellectu angeli loquentis, est intelligibilis ab alio angelo virtute naturali Duns *Ord.* VIII 152; sed individuum ~um, ut 'aliquis homo', significat naturam communem cum aliquo modo determinato exsistendi qui competit singularibus Ockham *Sent.* IV 135.

vah [CL], (interj. expr. var. emotions): **a** (dismay, pain, or sim.); **b** (scorn, contempt); **c** (admiration, enthusiasm, excitement, also impatience).

a va, ve, heu Osb. Glouc. *Deriv.* 627. **b** tertia fuit inlusio quando transeuntes illi pendenti in cruce dicebant: "vah, qui destruis templum Dei" [cf. *Matth.* xxvii 40] Beleth *RDO* 98. 102B; nunc de Pilato ad Herodem ductus et ab eo contemptus irridetur, conspuitur, flagellatur, crucifigitur, et crucifixo improperatur: "vah! qui destruis templum Dei" P. Blois *Serm.* 617A; indignacio cum afficitur extollendo propriam excellenciam per alterius abjeccionem ut 'vah' *Ps.*-Gros. *Gram.* 60; **1460** vah [MS: vath] de tam supercilioso principe! *Reg. Whet.* I 378. **c** vah, Petre Alfunse, multum pertransivit temporis ex quo ad te venire, te videre, tecum loqui et commorari sollicitus fui Petrus *Dial.* 3; vau, admirando vel vitando Osb. Glouc. *Deriv.* 627; est enim 'vah' .. interjectio exultantis vel properationis [cf. *Job* xxxix 25] T. Chobham *Commend. Virt.* 51.

vahlectus v. vaslettus. **vahu** v. vav. **vaifiare** v. waiviare. **vainare** v. wainare. **vaisda** v. waida. **vaissella** v. vessellum. **vaivus** v. waivius. **vakaria** v. vaccaria.

valabilis [AN *valable, vaillable*], (leg.) valid.

1567 leges ac constitutiones pro observatione dicti hospitalis .. que adeo ~es tanteque efficacie erunt ac si eedem in hac presenti nostra infeodatione latius erunt expresse *Scot. Grey Friars* II 235.

valabiliter [valabilis+-ter], (leg.) efficaciously, with validity.

a1558 [perdonatio] allocata et accepta .. in omnibus .. clausis .. majus beneficialiter et valiabiliter omnibus .. suis subditis *Entries* 600rb.

valagium [*aphaeretic form of* avalagium], toll on goods going downstream.

1200 centum mercatas redditus in vallagio vinorum apud Burdegal' *RChart* 34b.

valariana v. valeriana.

valatorium, valatrum [? cf. CL vallus], (in gl.) churn.

~trum, A. *a cherne WW*; nomina mulierum cum suis instrumentis .. hoc ~torium, A. *a scharne*, hoc coagulatorium, *a scharnstafe WW.*

valba v. valva. **valcatio** v. falcatio.

valcatorium, ~ator [dub.], mill-pond, mill-dam.

1158 terram de Monteauro cum molendinis et †valeatoribus et vineis suis Hadrian IV 187; **1357** R. faciet unum molendinum fullaticum super stagnum manerii de Macclesfeld' et vastator' sufficiencia pro conservacione ejusdem stagni .. capiendo maeremium in boscis domini principis .. tam pro factura dictorum molendini et vastator' quam pro sustentacione eorundem *Enr. Chester* 39 r. 2.

valcensis [? cf. falco], ? sort of tile.

1219 iiij^{xx} xij crestis et ccccl valcens' empt' (*High Clere*) *Pipe Wint.* 11M59/B1/8.

valde [CL]

1 vigorously, powerfully.

illaqueat citius homines et valdius artat / formula vivendi quam gravis auctor amat J. Sal. *Enth. Phil.* 1457; et statim vox terribilis ~e secuta est in hunc modum: "woth, woth, Pater et Filius! woth, woth, Spiritus Sanctus!" Gir. *PI* III 16.

2 in or to a high degree, intensely, greatly; **b** (w. adj. or adv.).

qua visa virtute mirati sunt ~e Bede *HE* III 10; valde optans animo tibi prospera cuncta fideli Alcuin *Carm.* 51. 2. 3; effertur legionum valde favore Frith. 280; deamo, -as, i. ~e amo Osb. Glouc. *Deriv.* 7; atque ipse locus honoratur ab Hyberniensibus pro nomine sancti Ybari ~e (*Abbanus* 9) *VSH* I 8. **b** sed ne monimentum quidem in supra dictis propemodum ordinibus appareat, exceptis paucis et ~e paucis Gildas *EB* 26; tigres .. sunt ~e rapaces et mirae velocitatis *Lib. Monstr.* II 4; ista terrena ~e longe sunt a summa natura Anselm (*Incarn.* B 15) II 33; ibi .. ij piscariae de x sol. et tercia piscaria ~e bona (*Surrey*) *DB* I 30ra; ~e procul dubio intelligenda est diversa significatio Anselm (*Mon.* 26) I 44; quia satis ~e amarissimum habeo de isto proposito ad illud officium homines deduci Gir. *Spec.* II 30; **1467** de aliquibus denariorum summis per ipsum recepturis .. per supradictum tempus hujus compoti non reddit, eo quod est valde ruinosus (*TR Bk*) *JRL Bull.* L 226.

valdemonia v. baldemonia. **valdesius** v. Waldensis.

valdisterrium [dub.], ? carpet.

locus medius circa fontem cum predictis gradibus usque ad fontem substernendus est cum carpetis sive valdisterriis de serico W. Say *Lib. Reg. Cap.* 68.

valeator v. valcatorium. **valector** v. valitor. **valectus** v. vaslettus.

valedicere [CL], to say farewell (to), take one's leave (of); **b** (transf. or fig.). **c** (p. ppl. as sb. n.) farewell.

[Romani] ~dicunt tamquam ultra non reversuri Gildas *EB* 18 (=Bede *HE* I 12); ut Samuel, ~dicturus populo astabit hoc modo dicens *Ib.* 71; quibus et valedixit, et illinc / pergere festinat maturo tramite Vuentam Wulf. *Swith.* I 214; recessisti, consolator vitae meae, nec ~dixisti mihi Anselm (*Or.* 2) III 8; **s1312** ~dicentes se mutuo unus alterutri nunquam visurus digressi sunt ab alterutro *Flor. Hist.* III 151; tandem ~dicto hinc inde, rex se in castrum, imperator in hospicium principis receperunt *G. Hen. V* 23. **b** Christianismi gratiam hausit et incestis nuptiis ~dixit W. Malm. *GR* I 10; data optione ut aut amictum mutarent aut locis ~dicerent *Id. GP* I 18; quasi ~dicentes mundo et omnibus que mundi sunt Ailr. *Sanct.* 790C; mortem .. qua carnis unio huic vite ~dicendo dirumpitur J. Ford *Serm.* 106. 2. **c** datis manibus, vultu, verbis, et ~dicto mutuis *G. Hen. V* 25 p. 170; et sumptis inde speciebus, vultu, et ~dicto, [dux Burgundie] accessit ad regem in castrum *Ib.* 25 p. 172.

valefacere [CL], to say farewell (to), take one's leave (of); **b** (transf. or fig.). **c** (*vitae ~facere, saeculo ~facere*, or sim.) to say farewell to life, to die. **d** (*saeculo ~ere, rebus mundanis ~ere*, or sim.) to say farewell to or renounce the world (w. ref. to entering religious life).

ut .. tanta hominum multitudo .. hospites .. ad naves usque ~factura deduceret Bede *Luke* 464D; sicque ~faciens et dans pacem filiis suis inter verba orationis spiritum caelo reddidit Wulf. *Æthelwold* 41; Robertus ergo ~faciens sorori W. Malm. *HN* 519; cumque vale facerent et fletibus ora rigarent, / talis [? l. talia] prostrati vix valuere loqui Nig. *SS* 1867; [Paulus] ~faciens fratribus dixit, "iterum revertar ad vos, Deo volente" Gir. *IK* I 2. **b** quod soli monachi vivant sub alieno arbitrio, substernantur obedientie, ~fatiant voluntati proprie W. Malm. *GP* I 46; decrevitque jam .. ~facere ex integro Marthe, cum Maria sedere *V. Har.* 13 f. 17; ipse .. juvenem, carnalibus de cetero ~facturum illecebris, ad fidei calorem .. revocavit per Hugonem Ad. Eyns. *Hug.* IV 3; ista conatus est Anselmus corrigere sed auxilio suffraganeorum destitutus, Anglie ~fecit Knighton I 104. **c** jam .. vite presenti ~facturus .. precepit astantibus ut extra ecclesiam cadaver suum humarent W. Malm. *GP* II 75; stabat videns vite ducem / vite valefacere (*B. Virg.*) *Holy Rood-Tree* 77; valefacit dum vite saucius, / vitam veram dat abundantius J. Howd. *Ph.* 771; **c1325** tandem huic vite ~faciens .. diem clausit extremum *MonA* II 595n; **1443** pius ille pater Cantuariensis antistes seculo ~fecit Bekynton I 173. **d** ubi attonsus in monachum terrenis suo tempore ~fecit W. Malm. *GP* IV 180; ego, Serlo, ~faciens seculo, Fontes me contuli, sancte conversationis habitum susceptурus Serlo Gram. *Mon. Font.* 57; pater Reinaldus nomine .. qui de consensu conjugis seculo ~faciens, in monasterio de Eivesham .. consummavit feliciter cursum vite *V. Edm. Rich P* 1775B; dum crebro viri instillaret auribus ut mundanis rebus vel extremis annis ~facerent Ciren. I 222.

valefactio [CL valefacere+-tio], farewell.

cum tali ~one disparuit Dominic *V. Ecgwini* I 8.

valefatere v. valefacere.

valenter [CL], with strength, force, vigour, or power, forcefully.

terribilis furibus et latrunculis imminebat, pacemque serenam per subjectam regionem servari ~er cogebat Ord. Vit. VIII 9 p. 315; nempe illorum talis erit valentia ut si montes et omnem molem terre pede vertere vellent, ~er possent Hon. *Eluc.* 1171B; his septem columnis ecclesiam sanctam ~er exaltat H. Reading (I) *Mem.* 1321D; ~er, potenter, efficaciter, virtuose Osb. Glouc. *Deriv.* 627; caro debilis et infirma subjicitur, spiritus roboratus et promptus dominatur, id est spiritus facta carnis ~er mortificat Ad. Scot *Serm.* 214C; in laudem Dei Salvatoris Sanctique Richardi .. ~er erupit R. Bocking *Ric. Cic.* II 5.

1 valentia [CL]

1 power, might, strength.

nos cibo refecti ab exilitate atque langore in robur atque ~iam mutamur J. Cornw. *Eul.* 2; nempe illorum talis erit ~ia ut si montes et omnem molem terre pede vertere vellent, valenter possent Hon. *Eluc.* 1171B; et eam [sc. tumbam] gyro circuiens, suam pretentavit ~iam, diffidens adhuc viribus propter longam gradiendi insolentiam *Mir. J. Bev.* C 331.

2 worth, quality, value. **b** (financial) value (also leg.); **c** (in terms of weight). **d** valuable thing, asset.

in hujus potus crescenti ~ia recolite nuptias in Cana Galileae, nam ibi architriclinus vinum bonum esse reperit Folc. *V. J. Bev.* 9; ad communem hominum ~iam [Sibilla] se cohibet philosophia et intelligentia dum ea demonstrat que sensibus patent Bern. *Comm. Aen.* 43; musici .. duos artis sue posuerunt ordines; tertium deinde minoris ~ie adjecerunt: canticorum, citharizantium, et tibizantium Alb. Lond. *DG* 10. 7; deficientibus .. verbis in abundante probitatum ejus copia, sic ejus concludi a nobis potest ~ia Ciren. II 222. **b** querendum est .. in reddicione manerii .. a ceteris servientibus de officio suo, si plena singula habeantur et ejusdem ~ie (*Leg. Hen.* 56. 3) *GAS* 575; quid ita merces alienas depretiaretur, et attenuaret rerum non suarum ~iam? W. Malm. *GP* V 224; **a1189** dabimus eis excambium ad vallantiam terre vel prati in campis de Maringa *Danelaw* 136; ad walenciam dim. marc. *BNB* II 269; unde cepit commoda ad ~iam v s. ad minus Glanv. II 3; cape .. ad ~ia tercie partis .. quam E. clamat in dotem *Selden Soc.* LXXXVII 315; **1303** de bonis et catallis Nicholai de Vylers inventum fuit ad ~iam xiij s. xj d. ut in pannis et libris *DocCOx* 165; **1588** unum par calligarum .. ad ~iam duorum solidorum *Pat* 1320 m. 2. **c** **c1375** Willelmus Colson carnifex ost' po' [l. ostendit pondus] ad valenc' xiiij li. non si' [l. sigillatum] ideo for' *Ac. Durh.* 328. **d** in totis ~iis TRE et post valuit xx lib. (*Suss*) *DB* I 17va; in totis ~iis valet xxx lib. et quando recep' xij lib. (*Middx*) *DB* I 127ra.

3 (as place-name); **b** (*de ~ia*, passing into surname).

a Caesaraugusta civitate ~iam usque Bede *Mart.* 819A; in Galliis civitate ~ia natale sanctorum Felicis presbyteri, Fortunati et Achillei diaconorum *Ib.* 886B; pugnantes contra Amorgan regem ~ie per Sativam urbem convenerunt Ord. Vit. XIII 4 p. 6; ante Christi adventum Britannia habuit provincias numero quinque, Britanniam primam, Britanniam secundam, Flaviam, Maximiam, ~iam Gir. *JS* II p. 169; ~ia, ab imperatore Valente nuncupata, Albania scilicet, que nunc abusive Scotia dicitur *Ib.* II p. 170. **b** **1257** Willelmo de Valenc', fratri regis *Cl* 25; Willelmus frater domini regis uterinus, congnomento de ~ia M. Par. *Maj.* V 18; dominus Willelmus de Valontia *Op. Chr.* 4; Adomarus de ~ia comes Penebrochie Blaneford 133.

2 valentia [ME *valence*], piece of drapery attached lengthways to a bed canopy or sim., valance.

1553 de .. uno conapio cum duplici valenc' cum quatuor curtenis .. A. *one other testor with a doble valence with fower curteyns Pat* 852 m. 28.

valentulus [CL], (in gl.).

~us, -a, -um, i. aliquantulum valens Osb. Glouc. *Deriv.* 599; ~us, aliquantulum validus *Ib.* 622.

valere [CL]

1 to be physically powerful or strong, have strength (also w. abl.), (esp. pr. ppl. as adj.) powerful, strong; **b** (of act, also transf.).

hoc animal [sc. aries] precipue cornibus ~et Alb. Lond. *DG* 8. 11; qui quo viribus sunt valenciores, / eo cunctis casibus sunt securiores *Carm. Lew.* 299; illa apprehensa est in amore ejus; ipse enim pulcer erat et ~ens flore juventutis (*Coemgenus* 43) *VSH* I 254; quia in illo flumine submersi sunt plures viri ~entes et strenui diversis temporibus *Itin. Mand.* 32. **b** dum fervens equus quoddam itineris concavum ~entiore impetu transiliret Bede *HE* V 6; **1270** percussit dictum Willelmum in latus dextrum cum una sagitta ~enti *RCoron* 1 m. 7*d*.

2 to have one's strength or wellness, be in sound health, to be or fare well, (also) to do well, be well off, to have good fortune or prosperity (also w. abl.); **b** (*bene ~ere* or sim.); **c** (transf. or fig.). **d** (of structure) to be in sound condition.

751 in hac vita et in Domino te ~ere cognoscentes Bonif. *Ep.* 87; perpetuis valeas, Christo donante, triumphis Alcuin *Carm.* 25. 5; qui mox ut valuit, lecto consurgit Wulf. *Swith.* II 928; Guillelmum filium meum .. opto in spiritu Dei diu ~ere Ord. Vit. VII 15 p. 243; c**1175** ~eat vestra paternitas sancta in Domino et Virgine benedicta *Canon. G. Sempr.* f. 98; dominus L., qui .. corpore ~et et spiritu Ad. Marsh *Ep.* 141; ille frater adhuc infirmus corpore erat .. deinde ~ens perrexit cum sancto Declano (*Declanus* 37) *VSH* II 57. **b** alias sane ~ens, et domi aptus et militie W. Malm. *GR* II 205; **1153** si bene ~etis, sic est ut volumus G. Foliot *Ep.* 106; p**1208** utinam diu et bene ~ere possitis Gir. *Ep.* 1 p. 158. **c** **747** sanctis operibus florentem et probatis moribus proficientem fraternam dilectionem tuam atque bene ~entem sancta Trinitas aeternaliter custodiat Bonif. *Ep.* 74; [Salesberia] certis commeatibus utcumque ~ens, aque penuria laborans W. Malm. *GP* II 83; debet quippe amico veritatem; sine qua nomen amicitie ~ere non potest Ailr. *Spir. Amicit.* III 109. 696C. **d** **1429** precipitur computanti quod predicta pensio amplius non solvatur quousque capella beati Laurencii, que nunc non ~et, sit de novo constructa et reparata *ExchScot* 488.

3 (*vale, valeas*, or sim., as valediction) farewell; **b** (as greeting or salutation); **c** (*vale* as sb., w. ref. to act or word). **d** (in phr. *~e facere* or sim., also as one wd., esp. w. adj.) to bid farewell (*v. et. valefacere*).

finit hoc opus, ~e in Christo semper *V. Cuthb.* IV 18; terminum his imponere decrevi, maxime quia disputando perveni ad eum qui est initium et finis. ~ete Abbo *QG* 23 (50); vale igitur et opusculum hoc .. amplectere ... iterum et in eternum ~e Alf. Angl. *Cor prol.*; quatenus is quem Dominus exaltat humilietur, et inter divine gratie magnificentias se pulverem recognoscat. bene ~eatis P. Blois *Ep.* 94. 297D. **b** vale Christo virguncula, Christi nempe tiruncula, / mihi cara magnopere, atque gnara in opere Bonif. *Carm.* 4. 13; terra, polus, pelagus, homines, volucresque, feraeque / concordi clament voce: "valeto pater" Alcuin *Carm.* 75. 2. 8; si quis dicit "Roma, vale," / reor illum loqui male P. Blois *Carm.* 26. 1. 1. **c** me diligentius inquirente .. quod ultimum ~e fratribus relinqueret Bede *CuthbP* 39; **1423** ac quod omnia et singula debita seu debenda racione ultimi ~e mei ipsi ecclesie, in qua continget me hujusmodi ultimum habere ~e, integre persolvantur *Reg. Durh.* III 16. **d** c**803** ultimum ~e fiat inter Aquilam et Albinum Alcuin *Ep.* 239; faciat tranquillum ~e Lucian *Chester* 40; more ecclesiastico (divina consecutus sacramenta) seculo nequam ~efecit extremum *Hist. Arthuri* 88; cum omnia verba consumasset, vale omnibus fecit, ad terram sanctam perrexit *G. Roman.* 400.

4 (of abstr.) to have power or strength, be powerful or strong.

potest .. foeda rapacitas ~ere sub tua innocentia? Gosc. *Werb.* 104D; inutilis erit fides et quasi mortuum aliquid, nisi dilectione ~eat et vivat Anselm (*Mon.* 78) I 84; quin tu .. videas licebit quantum potentia mee artis ~eat? W. Malm. *GR* II 170; est autem ingenium ut Isidoro placet vis quedam animo naturaliter insita, per se ~ens J. Sal. *Met.* 838B; volens experiri quid in te ~eat secreta et privata correctio P. Blois *Ep.* 3. 8A; ad vestram, domine, grammaticam, quia plus ~et, vos teneatis Gir. *Invect.* I 5.

5 to have military, political, or social power, authority, influence, or sim. (also pr. ppl. as adj.).

vicini minus ~entis .. rem ullam usurpare nec potens audebat quisquam nec familiaris W. Poit. I 48; ~entissimus vir rex Pyrrhus *Ib.* II 32; Guenta urbs est nobilis atque ~ens *Ib.* II 36; hoc incredibile non judicabit qui cogitabit .. quam parum ~eant illi provintiales in prelio W. Malm. *GR* II 145; tantumque postremo ~uit ut totam terram .. subjugaret *Ib.* IV 389; inermes et pauci contra ~entiores se numero et telis bellando resistere nequibant Ord. Vit. X 24 p.149; **1358** quia plures ~entes me reportaverunt in determinacione predicta dixisse .. quod quicumque domini temporales .. possunt aliqua temporalia Deo et ecclesiis donata auferre ab eisdem *MunAcOx* 210; occurrerunt sibi plures domini et ~entes cum suis retinentiis Otterb. 203; ubi nobiles magnanimi et ~entes bellicosi de Fife penitus sunt extincti Bower XI 20.

6 to be (very) capable, to have strength or ability (in spec. field or respect).

homo est qui ingenio ~et, artibus pollet, inter bonum malumque discernit Alcuin *Didasc.* 967C; virago potentissima multum fratrem consiliis juvare, in urbibus extruendis non minus ~ere W. Malm. *GR* II 125; proceribus .. collocutus, tantum Graia facundia ~uit ut a singulis hominium et sacramentum exigeret quod illi nichil doli machinarentur *Ib.* IV 349; in senectute sua .. plus in dictando seu versificando quam sermocinando ~uit Ord. Vit. IV 7 p. 218; plures secum probitate ~entes huc adduxit *Ib.* VII 15 p. 234.

7 (w. inf.) to have the power, strength, or ability (to), to be able (to), to be in a position (to). **b** to have the right or ability (also leg.). **c** (*nihil ~ere*) to be able to do nothing, be unable to do anything.

ne opprimi aut mergi pressuris vel delectationibus saeculi ~eat, undique custodit Bede *Gen.* 96C; Colossus .. quem unda Thybridis vulneratum cooperire non ~uit, in quem se .. moriturum jactavit *Lib. Monstr.* I 3; quem [sc. Christum] nemo carne gravatus / jam super astra poli radiantem cernere valet *Mir. Nin.* 398; debilis in tantum membris languentibus, ut se / quo jacuit fulcro nulla ratione valeret / erigere Wulf. *Swith.* I 1205; fuerunt in angulis sanctae domus suae lapides pretiosi positi, qui eam ne cadere ~uisset sustentabant Byrht. *V. Osw.* 419; ne societas fidelium .. tanquam grex non habens pastorem .. periculo importabili .. ~eret exponi Ockham *Pol.* I 241; **1349** si idem dominus Johannes .. impediatur quominus ad aulam pransurus accedere ~eat *Reg. Kilmainham* 133; quod violenta virtute non ~uit, id sagaciori cautela ad effectum perducere studuit Bower XI 28. **b** quidam liber homo hanc terram tenens et quo vellet abire ~ens (*Surrey*) *DB* I 36ra (cf. *DB* I 35va: isti homines ita liberi fuer' quod poterant ire quo volebant); **1196** cum omnibus suis justis pertinentiis ad eandem terram juste spectantibus, seu quoquomodo spectare ~entibus in futurum *Regesta Scot.* 392; **1286** quod iidem libere tenentes .. licite ~eant ubi voluerint adire sine calumpnia (*Bakewell*) *BBC* 301; **1412** alii quicumque, ex dispensacione statuti, librariam intrare ~entes *Stat Ox* 218; **1457** ut .. redditus .. ad firmam avendere, locare, sive dimittere licite et libere ~eatis *FormA* 334. **c** miserare labores et conatus nostros ad te, qui nihil ~emus sine te Anselm (*Prosl.* 1) I 99.

8 (esp. w. dat.) to avail, be effective, to be beneficial or of use (to); **b** (for spec. purpose or sim.). **c** to count for something, to have weight or value (also w. internal acc.).

p**1181** precantes quatenus amore Dei et Sancti Wilfridi eos benigne suscipiatis et in tanto negocio eis ~eatis *Mem. Ripon* I 98; quid ~et unctio olei infirmis? Hon. *Eluc.* 1155B; **1220** carta .. facta fuit in tali statu quod non debet .. Gaufrido ~ere, quoniam facta fuit in egritudine qua obiit *CurR* VIII 388; item stercus cati masculo, cate femine, cum vino datum valet Gilb. II 113. 1; c**1290** abbas .. neque acquietanciam neque aliquid aliud habuit quod ei ~ere potuit quin predicta arreragia et redditum solvere debuit *State Tri. Ed. I* 92; licet nec illa affinitas .. Anglie ~uisset Ad. Mur. *Chr.* 56; quia curati plures sunt minus sufficientes ad illud officium et fratres multi sunt sufficientes, ideo videtur ~ere regimini populi Christiani quod fratres habeant cum curatis istud officium Ric. Armagh *Unusq.* 59; tutia .. alba cum aqua rosarum vel saltem cum aqua simplici distemperata ~et hiis qui habent oculos rubeos et fervidos *SB* 42; si pisces molles sunt, magno corpore tolles; / si fuerint duri, parvi sunt plus valituri *Dieta* 56. **b** sarmenta .. sunt dicta quaelibet exortationum quae ad accendendam caritatem ~entia integritate decerpta scripturarum quasi frondibus sunt excisa ramorum Bede *Acts* 993B; omnia pene quae de eadem insula sunt contra venenum ~ent *Id. HE* I 1; quidquid ~et ad astruendam unam partem, destruit alteram Anselm (*Gram.* 1) I 146; legem tempore suo obtemperanti ~uisse ad salutem Pull. *Sent.* 772D; dicendum est de copula, que multum ~et ad discantum Garl. *Mus. Mens.* 12. **c** **804** auguria quoque et avium cantus .. omnino vetanda sunt, quae nil ~ent nisi apud eos qui ea aliquid ~ere credunt Alcuin *Ep.* 267; dic tu, o bone Jesu .. sine quo nulla vox ~et auribus eorum Anselm (*Ep.* 120) III 259; dicitur [Mercurius] deorum nuptiis interesse, quod in nuptiis sermo plurimum ~et Alb. Lond. *DG* 9. 1; **1214** responderunt quod voluerunt intrare .. secundum quod deberent quia pax domini regis erat et dominus rex erat vivus. et ipse Baldewinus respondit quod hoc ei non ~eret, quia dominus rex fuit murdritus vel in tali loco inter inimicos suos quod non exiret *SelPlCrown* 71.

9 to have authority, be valid (esp. leg.). **b** (esp. phil., log.) to be valid, hold (good), to be consistent with the argument or the facts. **c** (of condition, state of affairs, or sim.) to hold, prevail, obtain.

803 cartan [v. l. cartam] a Romana sede misam .. de palleo et de archiepiscopatus sede in Liccedfeldensi monasterio .. praescribimus aliquid ~ere *CS* 310; **925** (14c) si quis post hoc illum antiquum librum vel aliud quodlibet contra hanc nostram diffinicionem in propatulo adduxerit ab omni Christianitate irritum fiat et ad nichilum ~eat *CS* 642; ita grammaticus non ~et sine grammatica Anselm (*Gram.* 8) I 153; si instrumenta munita fuerint sigillo authentico, ~ent etiam testibus mortuis Ric. Angl. *Summa* 31; c**1228** adjicit eciam quod Nicholaus de H. presentavit eundem S. eidem G., ex parte episcopi Dunelm., instituendum, et magister G. dixit ~eat quod ~ere potest *Feod. Durh.* 254; **1234** omnes carte que de dictis terris hereditarie possidendis fecerint mentionem penitus sint cassate et nulli hominum ~iture *Reg. Paisley* 166. **b** frequenter .. verbi finalis sillaba authenticis illustrium poetarum exemplis repperitur produci .. sed hoc auctoritate potius quam ratione ~et Aldh. *PR* 122; dubitatur de ista probatione, quia videtur non ~ere T. Sutton *Gen. & Corrupt.* 65; in talibus .. ~et probatio circularis, quia ibi non probatur idem per seipsum, nec petitur principium *Ib.* 66; quia non ~et ista ratio contra Democritum *Ib.* 85; dico quod consequentia non ~et, quia per 'tot' intelligo certum numerum Ockham *Quodl.* 155. **c** ~uit hec vicissitudo, modo illis modo istis vincentibus, quantum Haroldi vita moram fecit W. Malm. *GR* III 242; ubi intenderis ingenium ~et usque in hodiernum Gir. *Invect.* I 10 p. 115.

10 to have value, (w. internal acc.) to be equal or equivalent (to), to be worth; **b** (financially). **c** (pr. ppl. as adj.) of (high) value. **d** (pr. ppl. as sb.) something of value, (in quot.) ? sort of coin of low value (*cf.* Fr. *vaillent*). **e** (pr. ppl. or inf. as sb.) value.

si enim tanti apud Deum ~uit terreni regis imperium, quanti putas valere magistri spiritalis? Bede *Sam.* 589D; tantum verba valent, quantum mens sentiet illa Alcuin *Carm.* 62. 57; [librum] defloravit adeo splendide ut magis ~ere videatur defloratio quam ingentis illius voluminis diffusio W. Malm. *GP* IV 164; omnis figura cum plica et cum proprietate et perfecta ultima cum plica ~et longam Garl. *Mus. Mens.* 3; nam proculdubio in hoc nomine IHC prima est iota, que ~et j nostrum Bacon *Maj.* III 118; ideo illa longa cum ipsis ~ent unam longam *Mens. & Disc.* (*Anon. IV*) 37; ergo quod fit ex EF in seipsam ~et id quod fit ex CF in seipsam et duplum ejus quod fit ex CF in FD Wallingf. *Quad.* 26; quod fit ex PB sinu porcionis KB in seipsam ~et quod fit ex KP in lineam PD *Ib.* 28. **b** fieri possit ut majore pretio ~eat equus quam servus Bede *Luke* 406D; quod habet vicecomes ad suum opus ~et lx solidos (*Heref.*) *DB* I 179va; pro institutionibus solum x millia marcarum vel xv millia ~entia in animalibus et equis suscepit Gir. *Symb.* I 31 p. 330; **1292** nullus sociorum .. redditum pecuniarum, librum, seu aliud ~ens quatuor solidos sterlingorum alienet *MunAcOx* 57; xl millia florenorum de scuto, que tunc ~uerunt c [v. l. vij] millia librarum argenti Avesb. f. 122b; **1435** nobili tunc ~ente in Flandria octo solidos et quatuor grossos *ExchScot* 662. **c** frugi nomen indeclinabile, i. bonus et ~ens Osb. Glouc. *Deriv.* 210; hic et hec elegans, -tis, i. purus et ~ens *Ib.* 298. **d** ita sibi omnis Britannie devinxit incolas ut beatum se in primis astruat qui cenobium illius vel nummo vel ~enti illustrat W. MALM. *GR* II 213; per omne sanctum pejerabat non se habere nummum nec ~ens *Id. GP* I 23; judex .. in tantum excutiebat manus suas presertim a suspectis muneribus ut ab his quos causas habere nosset nec obolum nec etiam ~ens acciperet H. Bos. *Thom.* III 14.   **e** mittat omnis .. sic denarium sic obolum secundum societatis admonicionem, sic ut hoc ~ens colligi possit (*Quad.*) *GAS* 177; **1130** ut habeant terram .. aut escambium ad ~ens in comitatu *Pipe* 20; c**1142** si .. eveniret quod ipsi W. predictam tenuram warantizare non possem, escambium ei darem ad ~ens et ad warandum suum *Ch. Chester* 56; **1292** et jur' certificent devalere [l. de valere] etc. *PQW* 118b; si .. terram eis warentizare non poterimus, mutuum ad ~ens .. eis dabimus *FormA* 253.

11 to have meaning or signification, (w. internal acc. or sim.) to be equivalent in meaning or signification (to), to mean, signify.

te concedente quia esse grammatici non est esse hominis, idem ~et ac si diceretur: definitio grammatici non est definitio hominis ANSELM (*Gram.* 8) I 153; et similiter si naturaliter breves longe fiant posicione ut 'pix', 'nox', 'pax', adverbium grecum quod ~et tantummodo BACON *Gram. Gk.* 143; et greci το οστις [*gl.*: ~et ipsum qui] .. ponunt *Ib.* 157; sicut ista oracio brevis 'omnis mutacio est ab agente' ~et istam totam oracionem 'omne quod mutatur, ab aliquo agente mutatur' OCKHAM *Phys.* IV 426; crassula major, aurum ~et, A. *orpin SB* 17.

12 (pr. ppl. as name, in quot. of Roman emperor).

~ens regnavit annos xiij THEOD. *Laterc.* 25; ~entem hereticum, qui omnibus Romani imperii gentibus ut religiones suas ad libitum colerent concessit GIR. *PI* I 20.

13 (in gl.).

va[g]lebat, vigebat *GlC* V 37.

valeria v. valeriana.

valeriana [CL Valerianus = *belonging to Valerius*], valerian (*Valeriana officinalis*) or sim. plant.

valeria, i. amantilla *Gl. Laud.* 1511; da bibere jus aquileie, ~e, sanicle, rute GILB. II 113. 1; c**1250** ~e, i. *stichwurt WW*; amantilla, portentilla, marturella, fu, valariana [v. l. ~a] idem. G. et A. *valeriane Alph.* 8; ~a, amantilla, martura vel marturella, benedicta, feu idem. G. et A. *valeriane Ib.* 189; **14**.. ~a, *valerian, hertlyver* [l. *hertclyver*], *lovewort MS Univ. Libr. Camb. Dd.* 11. 45 f. 116ra; **14**.. ~a, *zedoare agreste*, A. *maiseles MS BL Sloane* 964 f. 80v.

valeriane v. valeriana.

valerianus [CL = *belonging to Valerius*], sow-thistle (*Sonchus oleraceus*).

14.. valerianus, *sowthistel MS BL Sloane* 962 f. 89v.

valescere [CL], to become strong, well.

qui tamen, extinctos anima redeunte per artus, / redditus est vitae, et sumpta virtute valescens ALCUIN *SS Ebor* 793; item a valeo valesco, -cis, quod componitur convalesco, et invalesco OSB. GLOUC. *Deriv.* 600.

valesium v. valisia.   **valesona** v. valiso.

valetare [cf. CL valere], (in gl.) to be in sound health, be well.

valetant, sani sunt *GlC* V 42.

valetrarius v. veltrarius.   **valettus** v. vaslettus.

valetudinarium [CL], place for treatment of the sick, infirmary.

nomina domorum et rerum ecclesiasticarum .. hoc valitudinarium, *a fermery WW*.

valetudinarius [CL], **valitudinarius** [CL valitudo+-arius]

1 incapacitated by illness or injury, invalid, infirm; **b** (as sb.); **c** (in gl.).

larvatos et comitiales ac ceteros valitudinarios pristinae sanitati restituit ALDH. *VirgP* 52; Norwicensis quoque Johannes, quamquam ~ius .. acriter et acute super eodem ipsum casu convenit GIR. *Galf.* II 2; ?**1197** video ~ios senes, quorum consumptis carnibus pellibus os adhesit P. BLOIS *Ep.* 141. 424B; quibus patebat verisimillimum esse nec ei sobolem nasci potuisse jam valitudinario et seni AD. EYNS. *Hug.* IV

5; rex .. Willelmus, jam valitudinarius et in senium deductus *Plusc.* VI 43; **1446** quia mulier est pauper et ~ia *Eng. Clergy* 220.   **b 1168** in urbe Senum, quam Brennius dux Senonum ad locandos ibi valitudinarios suos legitur construxisse J. SAL. *Ep.* 234 (240); potuisset .. dixisse, propter varios humores in plenilunio nimis enormiter excrescentes, ~iis hec accidere GIR. *TH* II 3; inviti testimonium dicere non cogantur senes, ~ii vel milites vel illi, qui cum magistratu rei publice causa absunt RIC. ANGL. *Summa* 30 p. 48; **1427** inveni per testes quamplures fidedignos, senes et valitudinarios omnium eximie majores *FormOx* 462; infra civitatem cccc milia virorum, feminarum, et parvulorum cum valitudinariis fuerant conunerata [l. connumerata] STRECCHE *Hen.* V 170.   **c** valitudinarius, qui frequenter egrotat *GlC* V 24; ~ius, qui frequenter egrotat OSB. GLOUC. *Deriv.* 622.

2 healthy, strong.

1439 dummodo valitudinarius existat et dictum officium in propria persona exerceat *DCDurh.* Reg. Parv. II f. 110v.

3 mighty, valiant.

quantos valitudinarios actus et bellicosos contra Anglorum gentes fecit inenarrabile esset *Plusc.* IX 32.

valetudo, valitudo [CL]

1 (state of) good health, soundness of body, fitness.   **b** (in neutral sense) state of health, fitness, condition; **c** (w. ref. to ill health, illness, or infirmity).   **d** (~*o regia*) leprosy.

per cujus intercessionem unius pedis meruit recipere valitudinem LANTFR. *Swith.* 13; abjecta segnitie et recepta valitudine BYRHT. *V. Ecgwini* 375 (*recte* 365); 'sine corpore' id est sine vigore. per corpus enim, quod est solidum, merito vigor et valitudo intelligitur BERN. *Comm. Aen.* 76; illa .. repleta fide cepit aridam movere; et ilico sanguine et valitudine manum solutam porrexit, et accepit malum de manu sancti (*Carthagus* 40) *VSH* I 185.   **b 801** ceterum si paternae ~inis effectum scire curam habetis, scitote cotidie infirmitates crescere et variis corpus debilitare doloribus ALCUIN *Ep.* 228; exterrentur qui consident secus regni principem, mirantes tam subitam mutate valitudinis novitatem OSB. CLAR. *V. Ed. Conf.* 21; omnia quidem elementa .. ibi .. et bonam ~inem exterminari et vitam terminant GIR. *TH* I 35; dominus Willelmus de London, capellanus .. adversa valitudine detentus *Mir. Montf.* 106; **1460** propter continuam infirmitatem et adversam valitudinem *DCDurh.* Reg. IV f. 122v.   **c** tu eris in magna valitudine in languore ventris tui [cf. *II Par.* xxi 15 tu autem aegrotabis pessimo languore uteri] GILDAS *EB* 41; ne forte exterius adhibita curatione carnis obstet quae latet intrinsecus valitudo mentis BEDE *Hom.* I 23. 87B; adversus omnes nequitias spiritales et universas valitudines infirmitatesque membrorum EGB. *Pont.* 116; s**1139** archiepiscopus Eboracensis Turstinus pro valitudine qua gravabatur, vix enim animi viribus corpus regebat W. MALM. *HN* 471; fecit .. mirabilia in vita sua .. diversas hominum valitudines curans AILR. *Ed. Conf.* 754A.   **d** extra urbem Cantuariam in aquilonali parte lapideas domos omnibus egenis, in occidentali parte regia ~ine fluentibus ligneas locavit W. MALM. *GP* I 44; regia valitudo totum corpus ejus purulentis ulceribus occupans *Ib.* II 73.

2 strength, power, might.

Pliadis vel Arcturi sidera, de quibus divina oracula per turbinem horrenda valitudine oppressum compellabant ita ALDH. *Met.* 3; quanti meriti vel quantae valitudinis erat post obitum suum per plurima miraculorum trophea monstraretur FELIX *Guthl.* 53; Samsonis ~o esset ibi invaletudo HON. *Eluc.* 1171B; per Tideum accipe illos qui ~inem membrorum ultra eorum quantitatem habent BERN. *Comm. Aen.* 97; in hoc miraculo monstrantur .. prophetia sancti Brendani et valitudo orationis sancti Ruadani (*Ruadanus* 13) *VSH* II 244; s**1359** rex fecit retencionem .. qualem pre ~ine non audivimus factam nostris ante actis temporibus KNIGHTON II 105; de cuncta armorum valitudine et bellica strenuitate *Plusc.* IX 1.

3 (financial) value.

?c**1180** si hoc contigerit quod non ei possim warantizare illam, dabo ei escambium alibi .. ad valitudinem illius .. terre *FormA* 182; **1192** si forte aliquis illorum aliquam terram de hiis terris prescriptis aut de redditibus amiserit aut vi aut placito, alter ei restaurabit ad medietatem valitudinis *CurR RC* I cvi; a**1200** dabimus eis escambias ad valitudinem in comitatu de Norhamtuna *Danelaw* 339; donec idem comes prefato

Petro changiam ad valitudinem terre sue conferret *Meaux* I 83.

4 (in gl.).

prestantia, valitudo OSB. GLOUC. *Deriv.* 468; hec valentia et hic valor et hec valitudo, omnia in eodem sensu *Ib.* 599.

valetus v. vaslettus.   **valgia** v. valgium.

valgiare, ~ire [cf. LL valgium], (of mouth) to curl up or push the lips outward (as sign of scorn or derision).   **b** (in gl.).

tedet me vestrarum morarum, et ~iantibus buccis vestre ignavie torporem et inertiam reprehendo H. LOS. *Ep.* 9.   **b** valgire, retorquere, sicut Petronius ait 'obtorto valgitur labello' [cf. Petron. fr. 10: 'obtorto valgiter labello'] OSB. GLOUC. *Deriv.* 627.

valgiator [valgiare+-tor], (in gl.).

moware, or makare of a mow, ~*or PP.*

valgium [LL, cf. CL valgiter = *with lips pushed outwards*], (act or state of) curling up or pushing the lips outward (as sign of scorn or derision).

etiam dicimus ~ia, i. labiorum obtorsiones, sicut facimus cum aliquem deridemus OSB. GLOUC. *Deriv.* 627; tu mihi responsionis loco contraccionem narium et distorte bucce reddis ~ium *Hist. Meriadoci* 372; **1263** sua jura contorto ~io subsannantes (*Expulsio fratrum*) *Mem. S. Edm.* II 263; *bleryng or mowyng with the mowth,* ~ia, -e *PP; mow, or scorne,* vangia, -ie, vel ~ia, -ie *PP.*

valgius [cf. CL valgus], knock-kneed.

~ius, qui genibus junctis ambulat per campum OSB. GLOUC. *Deriv.* 627.

valiabiliter v. valabiliter.

valibilis [CL valere+-bilis], (leg.) that can be valid.

p**1485** actus non extenderet .. neque ~is existeret, alicui persone .. pro aliquo murdro sive raptu *Entries* 665rb; **1566** volumus ut eedem [dispositiones] adeo ~es et sufficientes obtentoribus erunt ac si per nos aut per bullas in Romana curia ad eadem providerentur *Reg. Brechin* II 328.

Valicus v. Wallicus.

validare [LL]

1 to strengthen (also fig.).

1318 etiamsi .. pacciones et convenciones ipse juramento sint vel promissione ~ate (*Processus contra R. de Brus*) *Conc.* II 479b; cum petra seu lapidibus que fuerant castri quondam de Cabobisa, sicut alias fuit ~atum fossatis ut ibi dictum extitit *Reg. Gasc. A* 194.

2 to have the strength (to; *cf.* valere).

s**1403** ad occurrendum ne predicti Gallici pedem in Ytalia radicari ~arent (*Bulla papalis*) AD. USK 81.

valide [CL]

1 with exertion of physical strength or power, powerfully, strongly.   **b** strongly, stoutly, robustly, firmly, securely (also fig.).   **c** (transf.) with exertion of (other form of) effort.

ac si stridulo cavum lapsu aerem ~e secantem .. rapuisti .. columbam GILDAS *EB* 34; ductor meus .. protraxit me ~ius W. MALM. *GR* II 111; paternum .. honorem .. contra finitimos hostes .. ~issime defensavit ORD. VIT. V 13 p. 410; nunc cor leviter pulsat, nunc ~ius pulsat et ad incredulitatem inclinat BALD. CANT. *Commend. Fid.* 583B.   **b 1101** immo tunc ~ius, tunc robustius, tunc honorabilius regnabis, cum in regno tuo divina regnabit auctoritas (*Lit. Papae*) *Ep. Anselm.* (216) IV 118; funes .. per singulas columnas in terra ~e fixi AD. SCOT *TT* 680B; adjiciebant .. quod fortes ecclesie columne ad ecclesie fabricam diuturnius et ~ius supportandam interdum .. quasi a fragiles et tenues calamos transformentur pro tempore H. Bos. *Thom.* IV 11.   **c 1167** ut ejus presidio ~ius opitularetur ecclesie naufraganti J. SAL. *Ep.* 225 (225); vestri consilii et auxilii adjutus viribus, proposui fortius sustinere et ~ius torcularis pressuram H. Bos. *Thom.* IV 13; aut sub impositi mole oneris querule gementem erigere valeant aut ~e consolari J. FORD *Serm.* 68. 2.

2 to an intense degree, strongly, greatly.

c**732** matris meae memoriam commendo tibi, quae cognominatur Æbbe, quae .. adhuc laboriose vivit et diu ~e ab infirmitate obpressa est (LEOBGYDA) *Ep. Bonif.* 29; ictus paralisi tam ~e ut nichil artuum ei esset flexibile W. MALM. *GR* I 54; videntes .. hi qui obsidebant .. tam ~e regis animum furere ORD. VIT. VIII 2 p. 274; in nobis autem meritum fidei augetur, fiducia proficiendi ~ius confortatur, caritas ardentius inflammatur BALD. CANT. *Commend. Fid.* 597C; Deus .. capud corpori suo adhesit tam ~e quasi nunquam esset abscissum (*Ita* 18) *VSH* II 122.

3 in a state of good health.

monachus .. surrexit incolumis et cum sancto magistro suo ~e perrexit (*Carthagus* 56) *VSH* I 192; ad vocem sancti Molue surrexit ~e de lecto, perhibens se sanum esse (*Molua* 22) *Ib.* II 212.

validficare v. validificare.

validificare [CL validus+facere], to strengthen.

ad vocem validficandam *Leechdoms* I 376.

validitas [LL], (leg.) validity. **b** (in list of words deriv. from *validus*).

a**1546** de et super ~ate sue presentationis prefate *Form. S. Andr.* II 338. **b** validus .. unde .. hec ~as, -tis OSB. GLOUC. *Deriv.* 599.

validiusculus [CL validius *n. sg. comp. of* validus+-culus], somewhat stronger.

quod si eis [sc. nebulis] frigiditatis coherentia ventorumque arcticorum constrictio ~a incubuerit, bifaria coacte causa coguntur in glaciem ADEL. *QN* 64.

validus [CL]

1 physically powerful, strong; **b** (of natural force or conditions); **c** (of sound); **d** (of act, also transf.); **e** (of strength, force).

quique etiam aetate tenellus lacertis ~is frementium mandibulas leonum discerpsisse .. describitur ALDH. *VirgP* 53; hujus, quaeso, caput valido tu percute pugno ALCUIN *Carm.* 97. 13; validi septuaginta viri / brachia versantes, multo et sudore madentes WULF. *Swith. pref.* 146; in quibusdam avium generibus, in quibus femininus sexus semper major et ~ior est, masculinus vero minor et infirmior ANSELM (*Mon.* 42) I 58; aratrum sancte ecclesie, quod in Anglia duo boves ~i et pari fortitudine .. debeant trahere W. MALM. *GP* I 48. **b** manentes .. tribus diebus ~a tempestate *V. Cuthb.* II 4; dixit se vidisse ad preces magistri G. .. ventum ~um et tempestuosum subito mutatum *Canon. G. Sempr.* f. 116; contigit ut incautus laberetur in vastum illud ac ~um flumen Tamisie *Mir. Hen. VI* III 116. **c** clamore ~o ad invicem se cohortantur *Mir. Wulfst.* II 10; hec enim omnia, singula in genere suo, voce magna et clamore ~o responderunt AD. SCOT *TGC* 833B; versum 'in manus tuas, Domine ..' cum ~o clamore perferens, perfecte ac devotissime finivit *Ps.*-ELMH. *Hen. V* 127. **d** Jejunii validis pellax prosternitur armis ALDH. *Virg V* 2493; nec potuit validis penetrari pelta sagittis FRITH. 1087; ~oque ictu per medium quasi tenerum porrum obtruncavit ORD. VIT. IX 9 p. 531; venit quidam ignotus miles cum armorum vasis et lancea, ~oque et terribili impetu perfodit eum GIR. *GE* I 26 p. 95. **e** vix artus animaeque carerent tramite mortis, / ni forsan validis refrager viribus Orco ALDH. *Aen.* 70 (*Tortella*) 7; marmor .. insulae Pariae ~ae virtutis et candidi constat esse coloris BEDE *Gen.* 130A; sed quo se corpore sentiebat debiliorem, eo sibi ad serviendum eis ingessit vim ~iorem EADMER *V. Osw.* 33; funda lapidem intorquens fronti gentilis illisit, tam ~is viribus ut osse penetrato cerebrum violaretur W. MALM. *GP* III 100 p. 215; fortiter tempestatum et hiemum resistens injuriis robore ~o ANDR. S. VICT. *Dan.* 39.

2 sound in health, well, fit, strong.

illic ut validus summam conscendit in arcem (*Vers.*) B. *V. Dunst.* 4; satius profecto tibi est, uno membro debilitato .. in ceteris ~us ac sanus incedere, quam omnibus artubus arefactis, unius sanitati importunius inniti AILR. *Spec. Car.* II 16. 561D; ipse pater Cronanus, infirmus corpore, mente ~us (*Cronanus* 29) *VSH* II 31; benedicens vir sanctus illud monstruolum, surrexit inde musca ~a et circumvolabat sonans (*Moling* 22) *Ib.* II 200.

3 strong in character or purpose, forceful, valiant.

felix et validus, cautus, castusque refulsit, / ante Deum vel ante homines per tempora vitae B. *V. Dunst.* 9; o ~um, o confidentem et nobilem hujus viri animum! W. POIT. I 32; erat .. dux audax et ~us, militieque laude dignus ORD. VIT. VIII 1 p. 262; quod videns Guillelmus de Kahaines, miles ~issimus, irruit in regem H. HUNT. *HA* VIII 18; hujus [sc. musice] .. effectu tam vitiosis interdum voluptas quam virtuosis et ~is virtus accrescit GIR. *TH* III 12; ergo Petri navem rector non sorte sed arte / et vigil et validus protegit atque regit *Id. Invect.* I 9.

4 robust, stout, strong, tough (also fig. or in fig. context); **b** (of fortification, settlement, or sim.).

c**718** sed amor Christi .. omnibus vinculis fortior et ~ior est (EGBURG) *Ep. Bonif.* 13; caeco quia numine fratres / nituntur validis tabularia menda tueri / obicibus FRITH. 265; solum regalis prosapie superstitem, quem ~issimum suis utilitatibus metuebat obicem W. MALM. *GR* I 42; dum iniquitas ~a et manus infirma sepe frustraretur et sepe impeteret *Id. GP* V 240; ad selle clitellam ~o corili ramo admodum constrictus est ORD. VIT. V 11 p. 391; caritas tam casta ut nullis tentetur illecebris, tam lucida ut nullis interpelletur erroribus, tam ~a ut nullis omnino appetatur adversis AILR. *Spec. Car.* I 33. 538C; ligatus in ~is cathenis ferreis (*Moling* 26) *VSH* II 202. **b** regnum .. Judaeae quominus ~um fieret idem Augustus per tetrarchias discindere curavit BEDE *Luke* 351A; quippe inimicos impetus facile toleraverunt castelli munimenta et militum virtus aeque ~a W. POIT. I 27; intra menia Guente .. ~am arcem construxit ORD. VIT. IV 1 p. 166; Rodomensis civitas .. muris ac vallis et propugnaculis ~issima *Ib.* V 6 p. 324.

5 (of condition, state of affairs, event, or sim.) strong, powerful, intense; **b** (of emotion or sim.).

qui ~issimum adversus hominem Dei excitaverunt conflictum WILLIB. *Bonif.* 6 p. 33; ~ioris pugnae congressus iniit B. *V. Dunst.* 17; continuo dolor oculorum ~us secutus est ÆLF. *Æthelwold* 24; s**1124** hoc quoque anno fuit fames ~a *Flor. Hist.* II 51; abstulit ficones, et miscuit eos per omnia dolia in quibus erat liquor; et statim ~a dulcedo apparuit (*Molua* 42) *VSH* II 221. **b** in prima manifestatione ~issimo me horrore afficit AD. SCOT *Serm.* 387C; tanto enim victoria gloriosior existimatur quanto ~ior fuerit temptatio cui resistitur BALD. CANT. *Serm.* 3. 34. 524D; cum .. causas incommodi et infortunii .. plurimas assignasset, tandem et hanc quasi ~iorem aliis et urgentiorem assignavit GIR. *RG* II 11.

6 a militarily strong or powerful (also in fig. context). **b** politically or socially powerful, authoritative, influential, or sim.

a classem .. absque ~a manu non audebat deserere ABBO *Edm.* 6; post primam infelicis ominis pugnam Danemarkiam et Hiberniam profugerant et ~a congregata manu tertio anno redierant W. MALM. *GR* III 254; Rollo dux cum ~a Danorum juventute Neustriam ingressus est ORD. VIT. III 1 p. 7; cum ~a classe paganorum *Ib.* IV 6 p. 206; **1156** rex Henricus .. de cujus manibus vix cum summa difficultate in manu ~a .. jam dictam causam ad examen ecclesiasticum revocavimus *Ep. J. Sal.* 122 (16); habitatores regionis .. per manum ~am destruxerunt (*Declanus* 2) *VSH* II 35. **b** miles .. opibus .. et filiis ~isque parentibus et affinibus ampliatus pene omnibus vicinis suis eminebat ORD. VIT. III 12 p. 131; captivi .. abducti sunt ad nonaginta septem millia. nobiles et ~iores triumphali pompe reservati sunt P. BLOIS *Perf. Jud.* 853B; pugil hic egregius et propugnator, si ~us ei patronus esset et protector GIR. *JS* VI p. 315; **1436** licenciam dedimus eidem consanguineo nostro conferendi liberatas .. quinquaginta personis, dum tamen ipsi nobiles ac de prosapia ~a et sanguine existant *Foed.* X 655.

7 (very) capable, strong (in spec. field or respect).

quid faciet tardus canuto vertice Drances, / consilio validus, gelida est cui dextera bello? ALCUIN *Carm.* 26. 24; in Christianismo quidam in virtutibus sunt ~i, plures vero invalidi *Simil. Anselmi* 76; **1132** comes .. animo ferus, armis ~us H. READING (I) *Ep.* 9. 1132C; Fulcardum .. monachum multa eruditione ~um Torneie preposuit ORD. VIT. XI 33 p. 281.

8 effective, availing, beneficial, of use; **b** (of argument or sim., esp. w. ref. to validity).

qui sacris fuerat studiis imbutus ab annis / aetatis primae, valido sermone sophista ALCUIN *SS Ebor* 844; obsidionem .. ~am rex effrenis Rome applicuit ORD. VIT. VII 4 p. 165; non enim ~ior vel efficacior vel prestantior est vulneribus nostris in omnibus temporalibus medicina quam habere qui omni incommodo occurrat compatiens AILR. *Spir. Amicit.* II 12. 671B; devota confessio est tanquam potio ~a, scrutans corda et renes P. BLOIS *Opusc.* 1078C; ~a tam populum quam clerum predicatione confirmans GIR. *David* 403; in quibus victoriis strenuitas ducis, cum exhortacionibus ~is, multum eis valuit *Plusc.* IX 1. **b** si quis ~ioribus argumentis haec destruere et diversa valuerit astruere ANSELM (*Gram.* 21) I 168; **1157** istas et alias objectiones ejus, etsi michi ~e viderentur, quasi aranearum fila dissolvi J. SAL. *Ep.* 34 (39); ~issimum .. argumentum sumens GIR. *TH* III 32; et quod omnium istorum ~ius ignavie eorum argumentum est, quod Gildas .. in cunctis quas de gestis eorum scripsit historiis, nihil unquam egregium de ipsis posteritati reliquit *Id. DK* II 2.

9 (esp. leg.) valid, authoritative.

Pascha .. a quarta decima luna usque ad vicesimam celebramus, et celebrandum confirmamus, et ita fieri oportere ~e auctoritatis firmamento comprobamus EADMER *Wilf.* 10; firmum enim et ~um est bonum quod ab hoste perhibetur testimonium ANDR. S. VICT. *Dan.* 37; quarto, quod impugnaciones dictarum trium constitucionum .. ~e sunt censende OCKHAM *Pol.* I 294; **1344** eas [sc. ordinationes] et earum quamlibet valere volumus et ut ~as et ~am approbamus *Eng. Clergy* 280; **1433** quod dicta eleccio non fuisset ~a *StatOx* 255.

valimentum [CL valere+-mentum], (act of) confirming, validating.

recipiens .. solis radium per bussulum magnum in culo totum perforatum ad instar sachi discusiti in ymaginem quam faciebamus ad valimentum cujusdam rei future et optate diu M. SCOT *Intr.* 289.

valiosus [cf. CL valere], (in gl.) strong in character or purpose.

heros [*gl.*: ~us vir] GARL. *Mor. Scol.* 356.

Valis v. valles.

valisia, ~ium [dub.; cf. Fr. *valise*, ? cf. et. bala, OF *bale*], travelling-case, -bag, or -trunk.

1397 absque aperitione literarum, manticarum, balesiorum, aut hernesiorum suorum quorumcumque [transire] .. permittatis *Foed.* VIII 6; **1404** cum .. manticis, valesiis, cofris, fardellis, ac aliis rebus et harnesiis suis .. transire *Cl* 252 m. 7; **1413** quoddam parvum valesium .. continens duas pecias et dimidium hujusmodi tele *Cl* 263 m. 23; **1423** eundem abbatem cum .. ~iis sive malis, bogiis, litteris, rebusque et bonis aliis plena securitate .. gaudere cupientes *Mon. Hib. & Scot.* 371; s**1423** se transferendo versus suam terram cum comitiva sua .. suisque cariagiis, valesiis, bonis, rebus, et harnesiis quibuscunque AMUND. I 134; **1441** ambassatores .. cum familia comitiva, equis, armis, ~iis, arnesiis, oneribus, sarcinis, ac rebus et bonis ipsorum singulis (*Lit. Regis*) BEKYNTON II 103.

valiso, ~ona [AN *avaleisun*, cf. avalatio], (catching of eels during) migration downstream.

1318 concessi .. piscariam meam et totam piscacionem meam de Uscha, et ~onem anguillarum de vivariis meis de Novo Burgo *MonA* VI 453; **1330** onerat se de ix^{c} anguillis, per redditum assise dicti burgi, de ~ona anni hujus compoti *ExchScot* 308; **1330** piscaria de Ternewathlan: de †vasilon' anguillarum per predictum annum integrum vj s. viij d. *KR Ac* 131/24 m. 3; **1337** de valesona anguillarum piscarie de Ternwathelan de toto anno vj s. viij d. *Ib.* 131/28 m. 5.

valisona v. valiso.

valitas [cf. CL valere], well-being, benefit, advantage.

1242 mandamus .. quatinus .. abbates .. inducatis ad subsidium nobis contribuendum .. quod nobis ad ~atem et ipsis cedere debeat ad honorem *RGasc* I 69b; dicit quod juratores predictos per dona aut jocalia .. non procuravit pro commodo suo aut aliqua ~ate que ei inde accidere posset *State Tri. Ed. I* 39; c**1318** ad studencium pacem et tranquillitatem et tocius Anglicane ecclesie ~atem (R. BURY *Ep.*) *FormOx* 37.

valiter v. universaliter.

valitor [CL valere+-tor], supporter.

1226 inprisiis et ~oribus ipsius regis domini nostri et ipsius comitis *Pat* 78; **1242** contra regem Francorum et coadjutores et ~ores suos, et contra omnem viventem de mundo *RGasc* I 55b; **1295** contra regem Anglie, fautores, confederatos, tam Alemanie regem quam alios quoscumque ~ores ejus *Doc. Scot.* II 14; **1295** summam .. quam .. domino H. comiti Baren' fideli vestro, ac utriusque nostrum speciali et precipuo valectori, transmittebamus *Foed.* II 690b; **1296** rex .. ~oribus etiam et confederatis nostris ad quos presentes littere pervenerint, salutem *Reg. Carl.* I 67; **1313** pro se et suis subditis et terra ac ~oribus, familia, et officialibus suis *RGasc* IV 977; **s1317** terras alias ipsius Roberti [sc. de Bruys], aliorumque suorum quorumcunque fautorum, complicum, adjutorum, ~orum, consiliariorum, et sequacium, ac eidem quomodolibet adherencium in premissis *G. Ed. II Bridl.* 53.

valitudinarium v. valetudinarium. **valitudinarius** v. valetudinarius. **valitudo** v. valetudo.

valitura [CL valere+-ura], well-being.

idem benignissimus pater de uxoris et filiarum ~a familiariter perquisivit (*J. Bridl.*) *NLA* II 74; **1455** in hiis omnibus que preferre poterunt, seu promovere, honorem et prosperam ~am dicte vestre regie majestatis (*Lit. Ducis*) *Reg. Whet.* I 185; mittimus cum litteris hiis .. copiam .. nostre .. disposicionis erga dictam vestram excellenciam, et prosperam ~am regni vestri *Ib.*; **1478** et quod Johannes Sadler de Helston recommandat se sibi, ad mittendum sibi de sua ~a W. WORC. *Itin.* 102.

valla v. vallum, valva. **vallagium** v. valagium. **vallantia** v. 1 valentia.

vallare [CL]

1 to surround or enclose (with a palisade, fence, wall, ditch, or other barrier). **b** to build a wall for (structure), provide with a wall. **c** (intr.) to build a palisade, wall, *etc.* **d** (p. ppl. as sb. n.) surrounding barrier, palisade, fence, wall, ditch, earthwork.

municipii septeno murorum ambitu ~ati ALDH. *VirgP* 55; qui excubias gregis et caulas vallare bidentum / imbutus fuerat conscripto dogmate bibli / dirorum contra morsus rictusque luporum *Id. VirgV* 1036; altitudo aggeris quo mansio ejus erat ~ata BEDE *HE* IV 26; carceris ima petit vallans hinc inde ligatum WULF. *Swith.* II 549; **c1216** terram que est juxta Littleburd sicut Petrus gardinarius eam fossato ~avit *Cart. Blyth* 75; **s1234** comitatus, de mandato regis, dictam capellam ~avit palliciis et fossatis *Ann. Dunstable* 138; camera .. si ~ata est muro lapideo *Leg. Ant. Lond.* 208; ~avit insuper parvum gardinum *G. S. Alb.* III 444. **b 1525** insuperque omnes imponentes servitutes terras arandi, blada mettendi vel cariendi, domos tegendi aut valleandi *Reg. Clogher* 251. **c 1316** triturabit, fodiet, ~abit sicut *werkmen* faciunt *Terr. Fleet* 17; hoc vallum, A. *a parke palys.* ~o, -as, -i, vallum facere *WW.* **d** planicies in rotundum ~atis circumcluditur, unico ad instar portalis aditu patens ad ingressum GERV. TILB. III 59; **1284** pro ingressu base que est inter ~atum portus Viridarii, ex parte una, et ~atum magnum de Tarrida, ex altera, apud Baionam *RGasc* II 226b; **1289** alveum seu ~atum per quod currit et dirivatur .. aqua molendini *Ib.* II 523b.

2 to surround (esp. protectively), ring round (with guard or sim.); **b** (with friends, supporters, or sim.); **c** (with attacking force, siege, or sim.); **d** (with natural feature or barrier, or sim.); **e** (with conditions, circumstances, or sim.).

urbem ferriferis vallarent milibus amplam ALDH. *CE* 7. 22; ipse professionis suae non inmemor, dum opimo esset ~atus exercitu, nonnisi virgam tantum habere in manu voluit BEDE *HE* III 18; **s1295** caudis ipsorum [sc. equorum] distractus per civitatem Londonie, ~atus quatuor tortoribus larvatis *Flor. Hist.* III 282; qui ~atus multitudine latronum ac virorum male fame, cum ccc sagittariis de Northtindal' .. personaliter apud Dunelmum accessit *G. Durh.* 26; Edgarus .. Clito .. collectis undique ingentibus amicorum copiis, auxilioque Willelmi regis supradicti ~atus, adversus Donaldum profectus est FORDUN *Chr.* V 25. **b c705** rex earum [sc. apum] spissis sodalium agminibus ~atus ALDH. *Ep.* 12 p. 501; Maria .. abiit undique spiritibus ~ata celestibus ANSELM BURY *Mir. Virg.* 35 p. 60. **c** obsidione .. Constantinopolis aliquot diebus ~ata est ORD. VIT. VII 5 p. 167; est .. decretum .. urbem tam remotam, tam infinitis hostibus undique ~atam, inpresentiarum relinquendam GIR. *EH* II 14; Romanorum exercitus ~atus hostibus invocato Christi nomine pluviam obtinuit R. NIGER *Chr. II* 118; jussit igitur .. Regulam obsidione ~ari, ubi quamplurimi hostium suorum Guasconensium latitabant M. PAR. *Maj.* V 388; castrum .. cum maxime multitudine armatorum ~averat, et ad expugnationem ipsius multas machinas instaurarat *Leg. Ant. Lond.* 27. **d** alii montanis collibus minacibus praeruptis ~atis .. vitam suspecta semper mente credentes GILDAS *EB* 25; [Londonia] undique .. mari quodammodo non [in]pari ~atur flumine *Enc. Emmae* II 7; latet .. virtus in medio, tanquam nucleus vel medulla, vitiorum undique cortice ~ata venenoso GIR. *PI* I 11; que potenti celos palmo / concludentem brevis almo / vallo vallas uteri WALT. WIMB. *Virgo* 71. **e** placitum quoque forestarum multiplici satis est incommoditate ~atum (*Leg. Hen.* 17. 1) *GAS* 559.

3 to be or form a ring around, surround, enclose; **b** (of conditions, circumstances, or sim.).

namque canes crebro stipant latratibus aprum / undique vallantes densa cingente corona ALDH. *VirgV* 1650; huc laboriose adductus, ministris hinc inde suffulcientibus aut evehentibus simulque fratribus ~antibus, ad orationem deponitur supplicissimus GOSC. *Transl. Mild.* 36; Magontinus archiepiscopus cum vij presulibus .. quos quingentorum militum cohors secure ~avit ORD. VIT. XII 21 p. 373; e prora labitur, et statim abyssus ~avit eum, et pelagus cooperuit caput ejus AILR. *Ed. Conf.* 749C; ~avit illum fortuitu devota vicinorum caterva, qui .. elevatis sursum oculis, desuper auxilium queritabant *Mir. Hen. VI* I 16. **b** nox ruit et tetro mundum velamine vallat ALDH. *VirgV* 628; puer .. saepe in angustiis se ~antibus orans Dominum BEDE *CuthbP* 3; feretrum .. accensis luminaribus et hymnis caelestibus atque psalmorum concentibus hinc inde ~atum WULF. *Æthelwold* 41; quia me nimius stupor undique vallat *Id. Swith.* I 758; **?1230** miserie et infortunia terram vestram Vasconie ~antia *RL* I 367.

4 to protect, defend, safeguard, support. **b** (leg.) to strengthen, support, confirm.

tam feralibus ~atus audaciis GILDAS *EB* 13; **1093** quatenus .. sollicitudinis tuae custodia ~ati, boni pastoris tutamina se invenisse gaudeant ANSELM (*Ep.* 165) IV 39; munitissima civitas est ordo noster et ~ata undique bonis observantiis AILR. *Serm.* 3. 7. 221B; secundum principium Augustini non dimittitur peccatum, nisi restituatur ablatum, ut alias diffuse exposui et ~avi WYCL. *Sim.* 21; intellige quod duplex est experimentum, sc. experimentum ~atum racione et experimentum non ~atum racione. .. experimentum autem si non sit ~atum racione tunc timorosum est et fallax J. MIRFIELD *Brev.* 50. **b 1251** signo judicis et partium hinc inde confirmantur et ~antur *Reg. Malm.* II 219; **1289** et specialiter juri dicenti quod compromissum ~atum pena et juramento non valet *RGasc* II 444a; **c1300** ut facta nostra communi †valla [l. vallata] consensu solidius roborentur et difficilius impugnentur *Reg. Cant.* I 377; liberassent et recepissent securitates et conductus mutuos ~atos cartis, juramentis et aliis solempniis prius appunctuatis per utrumque consilium *G. Hen. V* 25; **1440** instrumentum exhibuit et ostendit muro inexpungnabili trium notariorum subscriptione munitum, ~atum, et circumcinctum *DCDurh.* Reg. III f. 248.

5 (in gl.) to make public, or ? *f. l.*

†vallabit, puplicetur *GlC* V 28 (cf. ib. V 31: vallavit, circumdabit).

vallatio [LL]

1 (act of) enclosure, surrounding with a barrier or sim. (in quot. ? w. ref. to embankment).

c1200 concedo .. a ~one .. vivariorum meorum et in anniversario avi mei facultatem piscandi in ipsis vivariis, per unam diem et noctem *MonA* III 332.

2 siege, blockade.

Eric .. dux .. turritis pupibus eam [sc. Londoniam] coangustare fecit et firmissima ~one tenuit *Enc. Emmae* II 7.

3 (in gl.) support, protection. **b** (leg.) strengthening, confirmation.

a defendynge .. proteccio, tuicio, tutamen, tutela, ~o *CathA.* **b 1439** o felix .. vinee [scientiarum] plantacio! o felicior ejusdem privilegiis et libertatibus ~o! *EpAcOx* 193; **1465** pro ~one, robore, et firmitate sponsalium et matrimonii hujusmodi promissiones, cauciones, satisdaciones, securitates, et obligaciones quascumque exigendi et recipiendi *RScot* 417a.

vallattus v. vaslettus.

1 vallatus [CL vallum+-atus], (of skin) wrinkled, furrowed.

cujus facies est aliquantulum ~ata et plus macra quam crassa significat hominem injuriosum, invidiosum, fallacem M. SCOT *Phys.* 76.

2 vallatus v. vaslettus.

valleare v. vallare.

vallectum [? cf. CL vallum], ? walled enclosure.

1379 in quodam bosco ibidem .. quoddam vallectum vocatum Conyngereshull diversis hominibus illius patrie vendidit viz. in grosso pro x m. sterlingorum [cf. *Cl* 218 m. 4: quendam boscum vocatum C.] *IMisc* 218 no. 13 (2).

vallectus v. vaslettus.

vallegia [dub.], (in gl.) ? band worn round the leg, puttee or sim.

fascia, *wyningc*, fascia, *nostle*, vallegias, *wyncgas* [? *wyncingas*] ÆLF. *Gl.*.

valleia, ~eium [AN *valee*, ME *valei*, cf. CL valles], valley.

1290 et sic descendendo illam viam usque Naughmarethorn; et inde per quandam ~eiam [*CalCh* II 349: ~eium] usque in Schirebrokesheved (*DCLichf.*) *MonA* VI 1253.

Vallensis v. Wallensis.

valles, ~is [CL]

1 valley, vale, (also) low-lying ground (also fig.); **b** (in place name, also in personal name). **c** (*~is Gehennon*) hell. **d** (*~is Tithica*) sea.

dicuntur et in India serpentes gigni in ~e quae vocatur Jordia *Lib. Monstr.* III 11; redemptor noster .. profundam superbiae ~em volens nobis obstruere et montem humilitatis commendare ALEX. CANT. *Dicta* 110; **s1066** occupato tumulo Normannos, calore successus acriter ad superiora nitentes, in ~em deiciunt W. MALM. *GR* III 242; Dunelmum est collis, ab una ~is planitie paulatim et molli clivo turgescens in cumulum *Id. GP* III 130; illa ~is amena et fructuosa, ~is viridis ac luminosa J. FORD *Serm.* 61. 8; **1276** Walterus de Merton' .. preocupavit circiter dimidiam acram terre .. et ipsam appropriavit domui sue de ~e scholarium Oxon' *Hund.* II 35b; invenit quadam die ~em quandam inter concava montium altissimorum possitam, irrigantemque pulcris aquis (*Coemgenus* 6) *VSH* I 236; hoc ~is, *a daylle WW.* **b** quam invasit Osmundus de Valle Badonis super regem *DB* I 133ra; sic profecto Valles et Ostilliacum consumpta sunt, aliaque quam plurima oppida .. penitus pessundata sunt ORD. VIT. X 10 p. 60; dicitur .. locus ubi ecclesia Menevensis sita est .. Vallis Rosina GIR. *IK* II 1; fundata est Biham, que mutatur [v. l. mutato] in melius nomine, nunc Vallis Dei vocatur SERLO GRAM. *Mon. Font.* 93; **c1249** Willelmus de Valibus *Cart. Osney* II 127; **c1345** de Walle Dublin (*Mem. Ir.*) *EHR* XVIII 501; **?1547** quoad vixerit titulo nomine et denominatione abbatis dicti monasterii Vallis Lucis *Form. S. Andr.* II 345. **c** Achaz .. qui filium suum trajecit per ignem in ~e Gehennon R. NIGER *Chr. I* 8. **d** emergunt .. de curucis quibus sunt trans Tithicam ~em evecti .. tetri Scottorum Pictorumque greges GILDAS *EB* 19.

2 (fig., w. ref. to this world as opp. to heaven) vale; **b** (*lacrimarum ~is* or sim.).

et ~em mundi deseris, et in montem Domini ascendis AD. SCOT *TGC* 825B; ~is est hic mundus, mons est celum HON. *Eluc.* 1165D; angeli sancti .. in hanc ~em nostram excurrere, nostrisque erumnis occurrere non pigritantur J. FORD *Serm.* 98. 8. **b** quo exemplum obedientiae mortalibus in ~e lacrimarum degentibus praebet ALDH. *VirgP* 6; **c795** in via divisionis iter agimus laboriosum et per ~em lacrimabilem ad incertum properamus finem ALCUIN *Ep.* 86; **934** fortuna .. foetentis filios ~e in lacrimarum carnis rictibus debacchando venenosis mordaciter dilacerat *CS* 702; in hac ~e lachrimarum .. quid aliud decet nisi merore presentium merorem precavere futurum? PULL. *CM* 199; descendit Altissimi Filius in hanc ~em plorationis P. BLOIS *Ep.* 88. 277A; humane condicionis instabilitas, que non habet in hac miserabili ~e manentem mansionem ROLLE *Mort.* 124.

vallestris [LL], of or pertaining to a valley or valleys.

~ia agrorum, sicut et campestria, dicuntur BEDE *Orth.* 56; ~is et vallosus, valle plenus OSB. GLOUC. *Deriv.* 625.

valletrius, ~ettus, ~etus v. vaslettus. **vallia** v. walla, Wallia.

1 vallicula [LL, cf. CL vallecula], little valley, depression, or hollow (in land); **b** (transf., in other surface).

†**904** (14c) deinde per longam antiquam illam ~am [*andlang þara ealdena dala*] *CS* 604. **b** carnem vero pro costa replevisse, ne ~a vel fossa corporis decorem deformatum opineris ANDR. S. VICT. *Hept.* 33; unaqueque tabula tabernaculi in utroque latere incastraturam [*Exod.* xxxvi 24], id est ~am et cavaturam quandam, habebat *Ib.* 147; senior .. eorum [sc. hominum] statim brachio uno tibiarum et genuum ~as constringens amplexabatur, altero .. medium ipsius corporis complectens illam altius elevasse .. videbatur R. COLD. *Cuthb.* 121; usque in presens, ~e concave et profunde in natibus ejus prominent, in quibus talorum ipsius extremitates insederant *Ib.* 140.

2 vallicula [CL vallus+-cula], barrier, barricade, fence.

archa in aliam exteriorem includitur .. tercia .. his adjecta superponitur, que denticulatis trabium ~is ad invicem de illa prodeuncium .. clavis ferreis productis consuitur et counitur R. COLD. *Cuthb.* 43; sepis ~a de asseribus spissioribus et grandiusculis tota aliquantulum in altum porrectis contexta undique exstitit *Ib.* 129.

valliculatus [LL vallicula+-atus], that has one or more small depressions or hollows.

mentum illius, quasi osse inferiori, bicipiti divisione ~atum erat videntibus R. COLD. *Cuthb.* 41; labiorum .. extrema, que frustris carneis prius fuerant ~ata, tota sunt plena atque rotunda *Id. Godr.* 585.

valliculosus [LL vallicula+-osus], of or pertaining to small depressions or hollows.

in speculis quibusdam valliculosis [ed. 1504: valde clivosis] facies apparent monstruose PECKHAM *Persp.* II 32; inter utrumque exercitum extitit quoddam ~um maresium BOWER XIII 27.

vallis v. vallum.

vallosus [vallis+-osus], of or pertaining to valleys.

vallestris et ~us, valle plenus OSB. GLOUC. *Deriv.* 625; terra montuosa fertilior est quam terra ~a sive humilis et depressa DOCKING 116.

vallottus v. vaslettus.

vallum [CL], palisaded earthwork or other sim. (esp. defensive) structure (such as wall, rampart, ditch, or some combination of these; also transf. or fig.); **b** (applied to other wall or barrier). **c** ditch (also fig.). **d** hollow or lump in human flesh.

Severus .. partem insulae .. non muro .. sed ~o distinguendam putavit. murus etenim de lapidibus, ~um vero, quo ad repellendam vim hostium castra muniuntur, fit de cespitibus, quibus circumcisis, e terra velut murus exstruitur altus supra terram, ita ut in ante sit fossa, de qua levati sunt cespites, supra quam sudes de lignis fortissimis praefiguntur BEDE *HE* I 5 (cf. Veg. *Mil.* I 24); Offa, qui ~um magnum inter Britanniam atque Merciam de mari usque ad mare fieri imperavit ASSER *Alf.* 14; Rodomensis civitas .. muris ac ~is et propugnaculis validissima ORD. VIT. V 6 p. 324; erit igitur hic acervus tritici non sepe circumseptus invidie, nec ~o circumdatus avaritie J. FORD *Serm.* 71. 5; super hanc [sc. molem muralem] erigatur sepes horrida, palis quadrangulatis et vepribus pungentibus bene sit armata. postmodum ~um [*gl.*: *bayl, ballie,* idem quod *betaile*, fossa circuens castellum] amplis gaudeat intersticiis. fundamentum muri venis terre maritetur NECKAM *Ut.* 103; natura .. grana frumenti †circa munitarum [l. contra minutarum] avium morsus munivit ~o aristarum T. CHOBHAM *Commend. Virt.* 93; lupus ~um transiliens sude suffossus est in pede (*Boecius 13*) *VSH* I 91. **b** at tu coenoso dum stringeris undique vallo FRITH. 840; de cimiterio ~o spinoso firmiter undique concluso, quod nemo transcendere vel penetrare potuit GIR. *Invect.* VI 17; **1208** si tota ~a illius marisci vel aliqua ejus pars per forinsecam ~am a mari defensa fuerit *CurR* V 203; **1227** faciat auxilium ad vallas [v. l. wallias] et fossata facit [l. faciendas] in predictis maneriis *BNB* II 217; hoc ~um, a. *a parke palys* *WW.* **c** ~um, fures timens atque hostes, domui mee circumdo, aquam in necessarium molendini usum, cavata terra, deduco PULL. *Sent.* 869C; in circuitu ~um fodiunt dum transacta mala ante oculos ejus ducentes eam in foveam desperationis ducunt HON. *Spec. Eccl.* 1049D; Soldanus interim per ~um antiquitus factum galeias et galiones, Nilo crescente, misit in flumine ad impediendum navigium nostrum M. PAR. *Maj.* III 69. **d** **11..** ~um, *necdel WW Sup.* 320; hec paciebatur febribus et ~a dura capitis et colli per tres annos *Mir. Montf.* 88.

vallus [CL], stake, post, piece of wood used to make a palisade; **b** (her.).

~os, palos *GlC* V 22; et ecce vallum aspicio, mole terre intrinsecus rejecta, circumluvio extrinsecus velut ad ripam allidente, ~os [gl. *haies, les peuz*] innumerabiles sudibus vi lentatis intertextos [v. l. intextos], intervallis angustis distantes, velut munitionem sustinentes BALSH. *Ut.* 47. **b** palus seu ~us .. trames est per centrum erectus SPELMAN *Asp.* 96.

valmaria, navelwort, wall pennywort, pennygrass (Cotyledon umbilicus, Umbilicus rupestris).

nomina arborum arabilium et florum .. hec valmaria, *penegrysse WW.*

valontia v. 1 valentia.

valor [LL]

1 physical strength.

Macedo secundus habebat de familia centum vel plures, quorum quisque torneamentum quodlibet .. corporis sui ~ore se vincere debere confidebat GIR. *PI* II 9.

2 (leg.) validity.

1428 predicta testamentum et codicillum coram nobis probata et per nos approbata et insinuata et pro ~ore eorumdem pronunciata .. publicavimus *Reg. Cant.* II 399.

3 value, worth; **b** (w. ref. to money); **c** (mus., w. ref. to duration); **d** (of person, w. ref. to power, wealth, status, or sim.).

valeo .. inde validus .. unde .. hec valentia, et hic ~or, et hec valitudo omnia in eodem sensu OSB. GLOUC. *Deriv.* 599; aurum et arma vitam hanc fulcire videntur, post mortem nil valitura; verum e diverso scripta parum in vita propter invidiam prosunt, perpetuum a morte sortita ~orem GIR. *IK pref. I* p. 5; omnes theologi alicujus ~oris BACON III 283; cathedra .. aurea quam vidisti est Kerani filii artificis, qui caritatis fervore et fulgenti colore tanquam aurum in colore et ~ore omnes precellit suos coetaneos (*Lasrianus* 32) *VSH* II 139; oratio meritoria et ~oris [ME: *preyere meritorie and of value*] deberet esse opus procedens ab alta caritate *Concl. Loll. XII* 7. **b** distribuat .. obolum vel ~orem ejus [AS: *ðær pyrþ*] pauperibus (*Ps.*-EGB. *Pen.*) *Conc.* I 116; nemo emat quicquam supra ~orem iiij denariorum (*Cons. Cnuti* 24) *GAS* 327; **1280** empti erant redditus ad ~orem octodecim marcarum vel circiter *MunAcOx* 781. **c** prima brevis valet unum tempus vel ~or, ultima brevis valet duo tempora HAUDLO 92; et hoc modo quinto computabuntur tres breves pro una perfectione, vel trium ~ores *Ib.* 176; [minima] perfici non potest, eo quod non potest continere ~orem trium vocum equalium minorum se *Fig.* 40; longa altera est illa que duas longas in se includit in ~ore HAUBOYS 232; istud capitulum demonstrans notarum pausarumque divisionem, quantitatem seu ~orem WILL. 18. **d** si aliquis ribaldus dispersonaverit aliquem virum vel mulierem de ~ore, imprisonetur per quadraginta dies *Chain Bk. Dublin* 235; raro vel nunquam pertranseunt nobiles nisi in equis, nec homines qui sunt alicujus ~oris nec mulieres nisi in asinis S. SIM. *Itin.* 48; s**1346** rex Anglie .. nec aliquos perdidit de ~ore computandos, preter duos milites et unum armigerum AD. MUR. *Chr. app.* 247; s**871** occisus est quidam rex Danorum nomine Rothenger et iv comites magni ~oris *Eul. Hist.* III 6.

valteria v. veltraria. **valtr-** v. veltr-. **valtum** v. volta.

valuare [Eng. *value* < ME *valuen*, AN *valuer*], to assess the value of (something).

a**1547** firma castri .. ~uat' in annis precedentibus per annum, nichil *RentSurv. P* 4/36; **1553** que omnia non ~uantur quia remanent in manibus domini *Surv. Pembr.* 502; **1567** que hic non ~uantur, quia nulla adhuc proveniunt proficua *Ib.* 174; **1574** ~uantur hic ad nichil per annum quia remanent in manu domini et in occupacione sua *Ib.* 516.

valucia v. veluetum.

valva [CL]

1 door (esp. one of a pair of double or folding doors; also applied to gates), (also collect. sg.) pair of double or folding doors; **b** (applied to door of artefact, in quot. of lantern). **c** (in gl.). **d** (*in ~is*) within (the doors of place), inside. **e** city gate. **f** portcullis. **g** flood-gate.

alma domus veneror divino munere plena, / valvas sed nullus reserat nec limina pandit ALDH. *Aen.* 55 (*Crismal*) 2; balvae, id est thyrae, per b incipiant BEDE *Orth.* 13; repperit an ~am manus haec quam clausit apertam? WULF. *Swith.* II 157; ex parte .. aquilonali ecclesie .. querens aditum, per vallas [l. valvas] interioris basilice strepitum faciens, ab secretario patefactum impetravit ingressum R. COLD. *Cuthb.* 79; sicut .. porte exterius ~e due, videlicet misericordia et veritas .. interius quoque due ~e, justitia et pax adinvicem osculantur R. NIGER *Mil.* III 17; **1260** quatuor .. walve duarum januarum interiorum omnino deficiunt *CalIMisc* I 89; de hiis que ad domum pertinent .. hec janua, *porte*; hec ~a, *duble porte Gl. AN Ox.* 160; **1343** serura .. pro ~a exterioris porte *KR Ac* 461/11; s**1355** corpus ejus in una vereda cum septem equis usque ad ~as cemeterii ferebatur *Hist. Durh.* 2 p. 134; cum ipse in suo curru per aliquam januam sue civitatis intrasset, ~a in capud ejus cecidit, et statim mortuus est (*Cainnicus* 40) *VSH* I 167; ~is parliamenti seratis *Plusc.* VII 17. **b** laterna .. exterius ut interius tam lucida ardebat, nullis ventorum flaminibus impedita, quia ~am ad ostium illius laternae ex cornibus idem fieri imperaverat ASSER *Alf.* 104. **c** hec porta, hec janua, hec bifores, -ium, hec fores, *a ʒatt*; hec ~a, *a wekyt WW*; hec ~e, -arum, *faldynʒates WW.* **d** **1452** acta fuerunt hec in dicta collegiata ecclesia de Dunbar et ~is ejusdem *Melrose* 552. **e** Ascalonite ut viderunt fugientes Agarenos urbem conglobatim intrare .. ~as clauserunt ORD. VIT. IX 17 p. 619; receperunt .. sese infra urbem et ~as quasi nichil timerent deseruerunt apertas G. MON. VIII 23. **f** hostes a tergo persequentes intra ~as vix plene suspensas certatim intrando susceperunt GIR. *EH* I 13. **g** **1292** in merem' sarrand' ad vulvas [l. valvas] stagni, x s. *Compotus of the Manor of Kettering* ed. C. Wise (1899) p. 42; cum oportuerit, elevande sunt ~e oris [ME: *muðes flod ʒeten*], sicut sit juxta molendinum *AncrR* 18; novam ~am inter terras nostras et suas ob defensionem terrarum suarum faciebant, ita saltem ut terra nostra sola totaliter destrueretur antequam ad ripam suam novam dicta aqua Humbrie suos impetus exhiberet *Meaux* III 103; flumen Humbrie .. alveum suum excedens et ex opposito dicte grangie ~as maritimas, vento impellente, reverberans *Ib.* III 183.

2 (in gl.): **a** (understood as) barrier protecting door or sim. **b** (perh. w. sense of 'door-bar').

a valbas, modicus murus ante portam [*II Esdr.* iii 1] *GlC* V 6. **b** svaldam, *durhere GlC* S 641; valba, *durheri Ib.* V 5; **9..** uualbas, *dureras WW.*

3 (anat.) vulva.

illa pars ejus [sc. matricis] vulva dicitur .. vel ~a, quia sicut valva clauditur et aperitur secundum magis et minus RIC. MED. *Anat.* 231; prope peritoneon in muliere ~a [v. l. prope peritoneon est ~a ventris in muliere; *gl.*: *wiket*], que dicitur vulva [*gl.*: *cune*], quam subsequitur matrix, in qua concipitur infans voluptate viri et mulieris GARL. *Dict.* 121.

valvaris [CL valva+-aris], of or pertaining to a door.

non feriat veniens valvas clausas opulenti; / clamet, dum veniat custos valvaris ad illas D. BEC. 2472.

valvarius [CL valva+-arius], doorkeeper, janitor, porter.

portitor, janitor, hostiarius, ~ius, inclusor OSB. GLOUC. *Deriv.* 474; **1376** et notandum quod tres lavendarii et ~ius .. custodient dictos fratres et ministrabunt eis per diem et noctem *DCCant.* MS D E 4.

valvasor, ~assor v. vavassor.

valvifragus [CL valva+frangere], (in quot. of harsh sumptuary laws) that breaks down doors.

leges ille valvipate seu ~e, licet Portuniani judicio optime fuerint, obstinatione tamen luxurie et vitiorum invicta concordia nullo abrogante irrite facte sunt J. SAL. *Pol.* 731D; ceterum nec ~am admittit legem nec letitiam excludit nec lautiorem refugit apparatum, gule tamen irritamenta non querit *Ib.* 740D.

valvipatus [CL valva+patere], (in quot. of harsh sumptuary laws) that throws open doors.

leges ille ~e J. SAL. *Pol.* 731D (v. valvifragus).

valvula [CL valva+-ula], small door.

qui accedens ad sacelli ~am .. inquit ad eam LANTFR. *Swith.* 20; portella, portula, ~a, ostiolum OSB. GLOUC. *Deriv.* 474.

valvulus [? cf. CL valva], (her.) field.

Swallowe, tres hirundines nigras, explicatisque ad volatum alis, circa institam ejusdem coloris, in ~o aureo UPTON *app.* 52; tria castella aurea, in muricato scuti ~o, sunt equestris familiae Castellorum *Ib.*

van, *? f. l.*

varicula quedam herba est. van grossum habet stipitem, folia multa et oblonga *Alph.* 189.

vana, *? f. l.*

minister minutorius procurabit ventosas, minister autem vanas *Obed. Abingd.* 409.

vanagloria [CL vanus+gloria, cf. AN *vaine glorie*], inordinate pride in one's qualities or achievements, tendency to exalt oneself unduly, vainglory.

cujus capilli sunt valde blundi significant hominem convenientem ad omnia, amantem honorem et vanagloriam habentem M. SCOT *Phys.* 60.

vanagloriosus [vanagloria+-osus], full of inordinate pride in one's qualities or achievements, vainglorious.

cilia artuata multum et que frequenti motu elevantur in altum significant hominem superbum, animosum, vanagloriosum M. SCOT *Phys.* 62; cujus nasus fuerit retortus et curvatus in sursum .. significat hominem audacem, superbum .. seductorem, vanagloriosum, infidelem, rixosum *Ib.* 65.

vanalla v. venella.   **vanaloqui** v. vaniloqui.
vanare v. vannare.   **vanator** v. vannator.

Vandalicus, of or pertaining to the Vandals.

tempore ~ae persecutionis sub Gensericho rege Ariano BEDE *Mart.* 869A.

Vandaliensis [cf. Vandalus], Andalusian, from Andalusia.

1362 si contingat dominum regem Castelle et Legionis .. hominibus ad arma, castellanis, sagittariis, guietibus [? l. ginetibus] vandaliensibus aut aliis indigere .. dominus noster rex et Edwardus filius suus .. juvabunt bona fide .. regem Castelle et Legionis .. de gentibus hujusmodi *Foed.* VI 370b.

Vandalus, member of a Germanic tribe which invaded Western Europe in the fourth and fifth centuries, Vandal.

Gothi Italiam, ~i atque Halani Gallias, adgrediuntur BEDE *Chr.* 513; Negue .. habuit tres filios, Vandalus, Saxo, Boguarus .. ortae sunt .. a Neguio .. quattuor [gentes], Boguarii, ~i, Saxones et Turingi NEN. *HB* 160; gens quippe Wandalorum et Alanorum et Gothorum omnia ferro, flammis arripuerant et destruxerant H. HUNT. *HA* I 46.

vandela v. wandala.   **vandor** v. viandor.

vane [CL]

1 in a deceitful or illusory manner.

nec in eo fortitudinis nomen assequitur, quod se pre ceteris fraudulenta opinio consequi gloriatur. utique fraudulenter et ~e, quia, ut ait ille: 'rebus in adversis facile est contempnere vitam; / fortius ille facit qui miser esse potest.' J. SAL. *Pol.* 584A.

2 in a presumptuous or boastful manner, vainly.

hoc dicit ne ~e videatur contra majores se extollere LANFR. *Comment. Paul.* 264B; victoriam .. dedit hostibus suis Dominus omnipotens abjectque suos, qui ~e offenderant eum H. HUNT. *HA* II 25; hominem auditis .. suis extollentem se meritis non superbe, non ad gloriam, non ~e, sed ut provocem palpones .. hec audientes MAP *NC* V 6 f. 70.

3 in vain, to no avail, to no purpose.

ne qui in imagine Dei ambulamus ~e conturbemur, thesaurizantes in incerto divitiarum BEDE *Gen.* 30B; monstras nullum umquam fuisse tempus, ex quo factus est homo, absque aliquo qui ad eam pertineret, sine qua ~e factus esset omnis homo, reconciliationem ANSELM (*CurD* II 16) II 119; ne quis forte ex verbis quibus utimur ~e perturbetur BALSH. *AD rec.* 2 136; nunc ~e timidi, nunc ~e securi, nunc pusillanimitate deficientes, nunc securitate presumentes BALD. CANT. *Commend. Fid.* 604D.

4 *? f. l.*

in via quippe hic ignis Deus noster suos multipliciter probat et examinat, quos ipse in patria †vane [? l. varie] quidem multisque modis glorificat et illuminat H. BOS. *LM* 1394D.

vanella v. venella.

vanellus [AN *vanele, vanel, vanelle*], lapwing.

1255 in .. ix fasianis, lvj perdicibus, lxviij wydecok', xxxix pluver', vj vanell', uno heyrone, mmm ovorum, emptis ad opus nostrum *Liberate* 31 m. 10; literatores plerique omnes Britannici upupam eam nominant avem quam barbari ab alarum strepitu vannellum nuncupant, et ipsi sua lingua lapwingam vocant TURNER *Av.* (1903) 174.

vanere [*back-formation from* CL vanescere], (in list of words).

~eo, -es, ~ui verbum neutrum et caret supinis, inde vanus .. unde vane .. et hec vanitas .. et vanesco ... ~eo componitur evaneo OSB. GLOUC. *Deriv.* 606.

vanescere [CL], to become insubstantial, pass away, vanish (also of immaterial thing).

~o OSB. GLOUC. *Deriv.* 606 (v. vanere); candoris gracia vanescit caumate / vapore vanior immo fantasmate WALT. WIMB. *Carm.* 337; gloria vanescit mundi GARL. *Tri. Eccl.* 113; qui legis historias gentiles, perlege mira / Christi, vanescant numina vana Jovis *Ib.* 125; vitam vanescentem pro vanis attende J. HOWD. *Cant.* 266.

vanga [LL]

1 spade.

~as, *spadan GlC* V 13; alii cum ~is et ligonibus suffossionem parietis machinantur ABBO *Edm.* 15; non .. erat ei securis, ascia, vel bipennis, nec utensilium aliquod quod ferrum gereret, nisi in wanga rusticani operis, seu in fossorii sui manubrio, vel ligonis R. COLD. *Godr.* 70; hec ~a, i. *besche WW Sup.* 113; **1300** ad tribul', †vaugas [l. ~as], et picos *AcWardr* 81; **1317** in vangiis, tribulis, et diversis utensilibus *Comp. Swith.* 402; **1330** j ~a ferrata, ij tribul', et j furca pro fymo, v d. *Ac. Durh.* 17; **1438** pro viginti ~is dictis wawis ferri Hispanie .. pro apparatu fabricando pro conservacione sepulcri domini nostri regis .. in circuitu ejusdem sepulcri *ExchScot* 34; **1448** pro una ~a ad secand' fenum vj d. *Ac. Durh.* 87; **1464** coquina .. item j ~a totaliter de ferro, j porr' de ferro *Ib.* 640.

2 right to dig peat (with a spade).

1325 dicunt quod burgenses .. nullum statum habent .. in petaria de Ardlogy .. sed in tempore domini Reginaldi le Chene dederunt denarium ~e et pro quolibet plaustratu petarum unum quadrantem *Reg. Aberbr.* I 312.

vangale [LL vanga+-ale], spade.

1454 pro ij ferreis vangalibus una cum uno ligno vangalis ad staurum ecclesie emptis (*Tintinhull*) *Ac. Churchw. Som* 186.

vangardia v. avantwarda.   **vangia** v. vanga.   **vani glorius** v. vaniglorius.

vanidicus [CL], (in gl.).

vanidicus, i. vana dicens OSB. GLOUC. *Deriv.* 623.

vanidus [CL vanescere+-idus, cf. CL evanidus], (in gl.).

vaneo .. inde vanus .. unde vane .. et vanidus, -a, -um, quod componitur evanidus, i. vanus OSB. GLOUC. *Deriv.* 606; vanidus, vanus, evanidus, effluus, nebulus *Ib.* 623.

vaniglorius, vani glorius [cf. vanagloria, LL glorius], full of inordinate pride in one's qualities or achievements, vainglorious.

repulsus est .. ab ingressu civitatis ~ius ille rex per fundibalarios et sagittarios et pedissequas civitatis GERV. CANT. *Chr.* 515; frater Albertus fuit Oxonie in

predicatione cujusdam juvenis fratris in capitulo; et cum audacter damnaret edificiorum superfluitatem et alimentorum abundantiam, corripuit eum quasi vani glorium ECCLESTON *Adv. Min.* 106; s**1417** circa presens tempus captus fuit ille ~ius .. lollardorum primicerius et princeps perfidorum, Johannes Oldcastill' *Chr. S. Alb.* (*1406–20*) 116 (=WALS. *YN* 484).

vaniloqui [cf. CL vaniloquus, LL vaniloquium], to speak or talk idly or in an empty or foolish manner.

to speke in wayn', cornicari, vanaloqui [v. l. vaniloqui], corniculari, effucitare, effutire *CathA.*

vaniloquium [LL], empty or idle speech, talk, or chatter (esp. of boastful or grandiose character).

stulti per ~ium humiles quos despiciunt affligunt BEDE *Prov.* 980D; c**795** psalmodia in ore, non ~ia in lingua ALCUIN *Ep.* 79; cessent igitur in vobis ~ia, extirpetur omnis detractio ANSELM (*Ep.* 332) V 268; **1176** labia consecrata ad ~ium non relaxans P. BLOIS *Ep.* 38. 117C; rex promisit .. se illis facturum .. quicquid peterent, tantum ne coronacio differatur. itaque in hoc ~io se comites ornaverunt preciosis et sericis indumentis *Ann. Paul.* 260; licet sepius clametur ad Dominum, sed tamen avertit nec exaudit quia vox coram eo fetet admixtione mundana et ~io [ME: *chafle*] inquinata *AncrR* 19; dies .. non in commessacionibus aut ebrietatibus, non in ~iis aut ceteris nocivis dictis aut loquelis .. expendit BLAKMAN *Hen. VI* 15.

vaniloquus [CL], who speaks or talks idly or in an empty or foolish manner, who chatters (esp. in a boastful or grandiose manner).

c**795** nullum gladium timentes quanto magis nec linguas ~as quae sibi cum divite purpurato flammas incendere probantur ALCUIN *Ep.* 89; scribimus non studio quemquam ledendi sed jura nostra defendendi et ~os obstruendi GOSC. *Lib. Mild. prol.*; si queris quid Pater et Filius et Spiritus Sanctus, respondet tibi catholicus Christianus non ut ~us, non ut philosophus qui, ne videatur inscius, verbosa loquacitate vagatur H. READING (I) *Mem.* 1301D; **1178** mendaces, ~i et superbi, non Christi discipuli, sed Neronis P. BLOIS *Ep.* 15. 55A; impetus eum non carnis et sanguinis, ut quidam ~i garriebant, sed revera Spiritus ageret AD. EYNS. *Hug.* V 13; **1285** opinionum .. diversitas apud philosophos non solvit amicitiam sed inter modernos ~os cordis transiit in affectum PECKHAM *Ep.* 645.

vanitare [LL *as pr. ppl.*], to speak or talk idly or in an empty or foolish manner, chatter.

auditores habere quos ~ando decipiant, quos verbis inanibus illiciant, quibus mel venenosum effundant P. BLOIS *Opusc.* 1028A.

vanitas [CL]

1 quality or instance of being without (true) substance or basis, emptiness, hollowness; **b** (of speech, idea, or sim.); **c** (w. ref. to pomp, splendour, or sim.).

in mundi .. ~ate omnis post idola proclive id temporis claudicare GILDAS *EB* 69; **801** quia ~as ~atum [cf. *Eccles.* i 2] est hujus saeculi deliciae et falsi amores ALCUIN *Ep.* 228; **847** hoc solum superesse homini .. in cunctis quae possidet diebus ~atis suae [cf. *Eccles.* vii 16] *CS* 451; ipse multotiens joculando et talia verba asserendo interludia fuisse ~atis *V. II Off.* 6; mundi volo vanitatem / et fortune levitatem / breviter describere WALT. WIMB. *Van.* 1; a**1332** tractatus de mundo et ~ate seculi *Libr. Cant. Dov.* 41. **b** et in ejusdem modi fictis cernebam ~atibus quod infantes ab his hominibus ac feris in mari progenitos lactis mulgendi gratia cum conchis natare per undas putabant *Lib. Monstr.* II 32; abjecta superstitione ~atis BEDE *HE* II 13; ab initio semper errores et ~ates dilexisti et coluisti *Eccl. & Synag.* 88; ut ~as (id est falsitas in mente) et mendacium in lingua longe fiant ab eo ANDR. S. VICT. *Sal.* 85; quid aliud est ~as quam falsitas et vanum esse quam falsum esse et non secundum veritatem ambulare? *Ib.* 95; quasi fabulose narrationes, nichil in se continent nisi falsitatem aut ~atem BALD. CANT. *Serm.* 18. 14. 454B. **c** utquid enim saeculi pompulenta ~as in catholica Christi basilica intromittitur? ALDH. *VirgP* 55; **793** dum a pompis feminas prohibere curavit, de pretiosis vestimentis, quanto magis viros non decet ~as vestimentorum ALCUIN *Ep.* 21; c**795** melius est servis Dei animam ecclesiasticis ornare moribus quam corpus laicorum consuetudine pompatica vestire ~ate *Ib.* 85;

de imperatoris et militis per palmam suam invisibilem unitate in patria tertium melum hunc .. formaturi, in primis et ante alia tres ~atum species seu unitates tres nobis sunt distinguende H. Bos. *LM* 1348A; unde et tres hic ~ates distinguimus, ut que sit illa imperatoris et militis nunc in patria unitas, quam prius inter ipsos in via tanta probavit conformitas, doceamus *Ib.*

2 (w. ref. to act or sim., state or instance of) vanity, futility, pointlessness.

esto stabilis, et relinque ~atem joci amare *V. Cuthb.* I 3; ne forte inveniatur frater accidiosus aut alicui ~ati [AS: *ydelnesse*] deditus *RegulC* 57; cetero comitatu variis prout libuit intendente ~atibus, sola virgo Christi jugiter in sanctis exercebatur meditacionibus *V. Chris. Marky.* 4; clericus vanus .. totum sibi usurpat, totum ad ~atem expendit, totum consecrat diabolo (O. CHERITON *Cant.*) *AHDLMA* XXXI 49; mundus [excitat] ad cupiditatem bonorum mundanorum, honorum et aliorum hujusmodi ~atum [ME: *giuegauen*] que decipiunt stultos ut diligant umbram *AncrR* 67; exclusis inutilibus nugacionibus ac eciam frustratoriis ~atibus ad rem non pertinentibus *Plusc. prol.*

3 lack of sense or judgement, foolishness. **b** foolish or empty pride, vanity.

ita ut Porphyrius rabidus orientalis adversus ecclesiam canis dementiae suae ac ~atis stilo hoc etaim adnecteret GILDAS *EB* 4; heretici .. negant Jesum esse Christum .. neque eum talem confitentur qualem divina veritas docet, sed qualem ipsorum ~as fingit BEDE *Ep. Cath.* 95C; propter quod, domini mei, obsecro, est ne aliquis qui ad tantam ~atem se a risu contineat? EADMER *Ep. ad Glast.* 805B; ~as (id est stultitia) est et culpabilis et reprehensibilis ANDR. S. VICT. *Sal.* 115; necesse erit .. sapientie .. emulatores ~ati hoc ac fatuitati ascribere J. FORD *Serm.* 23. 12. **b** c**800** quid vobis vestimentorum pompa? .. ~as est enim et superbia, et nihil aliud, et perditio vitae regularis ALCUIN *Ep.* 284; ~atis est si ancilla Christi intus in animo suo glorietur se nobilibus ortam natalibus AILR. *Inst. Inclus.* 24; humiliat per districti judicii severitatem, ne per ~atis inflationem superbiant AD. SCOT *TGC* 840C; ut elate palmarum omni nevo elationis careant, et ab omni sint suspicione ~atis immunes J. FORD *Serm.* 15. 9.

4 (*~as cerebri*, med.) ? light-headedness.

vena in fonte colli valet contra dolorem in spina .. contra ~atem cerebri J. FOXTON *Cosm.* 55. 3.

vaniter [CL vanus+-ter], to no purpose, to no avail, in vain (*v. et. vane*).

dicti nuncii et procuratores vacui et a desiderio suo frustrati, tota pecunia sua ~er consumpta, a curia .. cum erubescencia redierunt *G. Durh.* 46.

vannagium v. wainagium.

vannare [CL vannus+-are, cf. CL vannere], to winnow.

a**1100** recipiet x sextarios frumenti fannatos *MonA* I 606b; ?c**1230** unam celdram frumenti vanati percipiendam annuatim ad Pentecosten *Reg. Aberbr.* I 97; ipsius [sc. androchie] eciam interest ventare, ~are, vel ballare .. cum ad hec sane poterit vacare *Fleta* 173; **1312** in parte dictorum bladorum ~anda post Pascha xviij d. et residuum ante Pascha ~atum per ancillam (*Ac. Bocking*) *DCCant.*; **1324** in xij quart' mixtillonis ~andis iiij d *MinAc* 840/21.

vannarius [CL vannus+-ius], winnower.

1251 sedebat ad prandium suum .. et cum eo Willelmus filius ~ii et Willelmus Russel, custodes averiorum ville de Suburg' *SelPlForest* 97; ?a**1300** quando ~ius evenerit illuc, omnes venient ad curiam excutere bladum *Cart. Rams.* III 259.

vannatarius [cf. vannator, vannarius], winnower.

1234 isti recipiunt soldatam ad Pascham et ad Festum S. Michaelis .. gristarius, ~ius, vigilator, wudiarius aule .. hii omnes recipiunt ad placitum domini *Cust. Glast.* 1.

vannatio [vannare+-tio], (act of) winnowing.

1295 vannatio (*MinAc Feering*) *MFG* 38; c**1309** pro ~ione j quar' siliginis iij quar' ordei inventorum in grangia (*Ac. Templar.*) *LTR Ac* 18; **1336** pro tritura et wanna' ad grangiam domini *IPM* 48/2 m. 10.

vannator [vannare+-tor], winnower.

a**1128** in pistrino monachorum sunt ij pistores .. et unus ~or *Chr. Peterb. app.* 167; a**1189** vanator [habet] vij ambras et in Natali j arietem, vel iiij denarios *Chr. Abingd.* II 240; **1234** isti sunt qui recipiunt liberationes de frumento per annum .. gristarius j liberationem, lotrici aule j liberationem ad placitum, homines granatarii j liberationem, ~ores j liberationem ad placitum *Cust. Glast.* 1; **1251** quotiens ~or ibidem venerit ad quarteria sua facienda, erit prepositus particeps ejus in mensa *Cart. Rams.* I 320; **1297** pro ~ori [*sic*] per iiij septimanas, ultra trituratores, et ante et post *MinAc Wistow* 7; ?a**1300** in adventu ~oris, die Lune flagellat, et die Martis et die Mercurii, et die Sabati ducet ad molendinum *Cart. Rams.* III 247.

vannatorium [vannare+-torium], apparatus for winnowing, perh. fan or basket.

1388 nec respondet de .. uno ~io *LTR AcEsch* 10 m. 5.

vannellus v. vanellus.

vannosus [CL vannus+-osus], shaped like a winnowing fan or basket.

homines .. qui .. xv pedes altitudinis capiunt .. habent et ~as aures quibus se substernunt noctu et cooperiunt *Lib. Monstr.* I 43.

vannus [CL], **~a,** winnowing fan or basket (also fig. or in fig. context). **b** (in gl.) flail.

hippotamos .. qui oris latitudine ~o comparantur *Lib. Monstr.* II 17; hec igitur purgans probet, opto, mistica vannus / cum mansura quies jubeleus venerit annus NIG. *Paul.* f. 49v. 535; si vultis .. ~o ac ventilabro justitie a paleis separari et inter grana cum ventilabitur area reperiri GIR. *GE* II 2 p. 177; ~us ei [sc. Baccho] id est cribrum Cereale, dicata est; quia sicut ~is frumenta, sic ejus mysteriis homines purgantur ALB. LOND. *DG* 12. 1; Mistica ~us Domini judicio vero, justa ventilacione sibi segregat a zizania frumentum MAP *NC* I 1 f. 7; tritici namque grana contracta sunt hic et minuta, et vix alicujus ~i beneficio purganda GIR. *TH* I 5; **1299** in ij fannis empt' viij d. (*Ac. Blakenham*) *Doc. Bec* 179; **1311** in vino, thure, fanna pro hostiis .. in emendacione rote molendini de S. *Ac. Durh.* 510; c**1312** in .. j vann' virgarum magna pro ventilacione bladorum (*Ac. Templar.*) *LTR Ac* 19 r. 28; **1398** lego Roberto filio meo .. omnia vasa plumbia mobilia et immobilia cum uno querne et ij vanis et ij cistis *Deeds Balliol* 35; nomina domo pertinencia .. hic ~us, *a fanne WW.* **b** bainus, *þerscel GlH* B 25; **10..** bamus, *ðerscel WW.*

vantagium v. avantagium. **vantella** v. ventailla.

vanulus [CL vanus+-ulus], (in gl.).

~ae, *ydele GlP* 448.

1 vanus v. vannus.

2 vanus [CL]

1 that lacks solid content, insubstantial. **b** hollow, empty.

estne hoc solidum quod diximus aut ~um aliquid sicut nubes quod dixisti nobis infideles obicere ANSELM (*CurD* II 8) II 104; 'cassum' pro ~o ponitur et tractum a cassibus aranearum, scilicet telis et retibus, quibus nil ~ius inveniri potest ANDR. S. VICT. *Sal.* 108; livores in scapulis protuberantes testabantur nichil eum ~um vidisse, nichil molle sensisse W. MALM. *Wulfst.* I 8 p. 15; nebulo, -nis, i. ille qui ~us est ut nebula OSB. GLOUC. *Deriv.* 378; vapore vanior immo fantasmate WALT. WIMB. *Carm.* 337. **b** **1144** ne te siliqua ~a perterreat G. FOLIOT *Ep.* 26.

2 (of immaterial thing) that lacks (true) substance or basis, empty, hollow; **b** (of speech or sim.); **c** (of hope, fear, or sim.); **d** (*mathematica ~a*, comprising divination and astrology). **e** (*~a gloria*) vainglory (*v. et. vanagloria*).

de pastoribus imperitis, qui derelinquunt oves et pascunt ~a et non habent verba pastoris periti GILDAS *EB* 92; non tibi blanditiae saecli, non vana voluptas, / non timor aut terror cordis in antra cadat ALCUIN *Carm.* 48. 9; ne scientiam meam a soliditate fidei ~us error abducat AILR. *Spec. Car.* I 5. 510A; ~a bonorum species nec satiat nec letificat nec liberat nec exaltat J. SAL. *Pol.* 776D; a ~is mundi negociis liberatus *V. Edm. Rich B* 615; honor mundi transitivus / .. / est inanis et exilis, / brevis, levis, vanus, vilis, / mendax ac sophisticus WALT. WIMB. *Van.* 3. **b** ne forte secundum supra dictum Achab 'spiritus mendax loquens ~a in ore prophetarum vestrorum' seducat vos [cf. *III Reg.* xxii 22–3] GILDAS *EB* 40; non ~as vulgi fabulas .. imitabatur FELIX *Guthl.* 12; ut quid falsivomis pectoribus ~as minas depromitis? *Ib.* 31 p. 106; Ernaldus .. ~a ducis promissione percepta letatus est, sed frustra ut paulo post dilucidatum est ORD. VIT. III 9 p. 106; **1161** quoniam rumor ~us est J. SAL. *Ep.* 90 (133). **c** hanc [sc. fidem] enim qui habuerit ~os timores fugat BEDE *Apoc.* 197D; saecla priora quidem, lubrico fantasmate lusa, / excoluere suos vano terrore tirannos FRITH. 11; hec .. defunctum, si non ~a fides penitentie, super ethera tulerunt W. MALM. *GR* IV 339; non vos decipiant adulatores ~a securitate ORD. VIT. IV 7 p. 228; quos .. ~a spes diu delusit *G. Herw.* f. 320; **1166** utinam ~us sit timor meus! J. SAL. *Ep.* 184 (174). **d** magia igitur, generaliter .. accepta, quinque complectitur species: prestigia, sortilegia, maleficia, manticen et matematicam ~am ALB. LOND. *DG* 11. 12; mathematica ~a tres habet species, sc. aruspicinam, augurium vel auspicium, et horoscopicam KILWARDBY *OS* 665. **e** vana praesertim gloria fretus / haud metuit princeps, spe circumventus inani ALDH. *VirgV* 2694; **716** ego sum ~a gloria, qua te apud homines jactanter exaltasti BONIF. *Ep.* 10; superbia et ~a gloria AILR. *Serm.* 5. 28. 238D; equos .. multiplicare est plures quam ipsa necessitas exigat ~e glorie causa vel erroris alterius congregare J. SAL. *Pol.* 519B.

3 (of person) unreliable, untrustworthy.

799 ut nullus umquam pro veritate falsum velit audire eo modo ut ipsum verum putet quod falsum est; nisi nimium ipse ~us sit et ab omni veritate aversus ALCUIN *Ep.* 163; homo .. ~us dicitur homo mendax et falsus ANDR. S. VICT. *Sal.* 95; **1166** quod si clerus in privilegia tribus Levitice non succedit, et apostolus ~us est et fallaces omnes interpretes scripturarum J. SAL. *Ep.* 193 (187); clericus ~us non facit eleemosynam de substantia pauperis (quia res Ecclesie sunt res pauperum) sed totum sibi usurpat, totum ad vanitatem expendit, totum consecrat diabolo (O. CHERITON *Cant.*) *AHDLMA* XXXI 49.

4 (of act or sim.) that achieves or can achieve no solid result, vain, futile, pointless, ineffectual. **b** (leg.) void, that lacks legal force or validity. **c** (*in ~um, in ~o*) to no purpose, to no avail, in vain.

hic non effugiet manuum tormenta mearum, / vos licet effugeret volitantum more strepentes / aucarum, vanis implendo fragoribus auras WULF. *Swith.* I 553; heu, quam ~um est sine spe clamare, sine spe conari! ANSELM (*Or.* 10) III 35; quid tam ~um et stultum est quam usque ad sudorem laborare et omnia tali relinquere heredi? ANDR. S. VICT. *Sal.* 107; numina virtutum que fingit vanus adorat, / et quot sunt pestes, tot putat esse deos J. SAL. *Enth. Phil.* 1183; papa statuit / quod de vobis placuit. / vanus labor tenuit / vos huc venientes P. BLOIS *Carm.* 26. 6; fit ut antequam negocia eorum consequantur multi moriantur, aut ab ipso recedant tristes et ~i, fame cogente MAP *NC* V 6 f. 69; ~um dicitur illud quando agens agit aliquid propter aliquem finem et non consequitur illum finem intentum OCKHAM *Phys.* I 341. **b** **1223** instrumenta .. super dictis ecclesiis .. confecta, si ipsi contra hanc provisionem .. uti voluerint, cassa sint et ~a *Reg. Glasg.* 106; c**1302** super hiis si placet concedatis eisdem fratribus literam vestram patentem, que vestris ministris debitis super hiis diregatur, ne firmature seu judicia vestrorum judicum ~a fiant *RParl* I 154a. **c** nisi dominus aedificaverit domum, in ~o laborant qui aedificant eam BEDE *Luke* 382D; in omni venatoria arte industrius venator incessabiliter laborat non in ~um [cf. *Psalm.* cxxvi 1] ASSER *Alf.* 22; pronuntiavit .. tertium ad lubrica seculi revolvendum. eventus rei probavit veritatem dicti .. tertius abiit in ~um W. MALM. *GP* I 72; in ~um assumit nomen Dei qui vel mendaciter vel pro nihilo jurat ANDR. S. VICT. *Hept.* 132; **1265** ita quod non oporteat nos super hoc amplius sollicitari, et nos in hac parte invanum [*sic*] laborare *Cl* 34; secundum istos .. inquisitores in ~um errantes corrigunt, nisi probaverint ea patenter doctrine catholice adversari OCKHAM *Dial.* 459.

5 who lacks sense or judgement, foolish, silly (esp. w. ref. to foolish or empty pride; also transf.).

quid nisi ~us sunt populus, quid nisi in praecipitium suos mittunt auditores, quibus non salutaria quae corrigant sed quae illos delectent erronea praedicant? BEDE *Ep. Cath.* 79B; nisi forte ita se per orbem dividere ~issima ac superbissima mente cogitabant *Id. Gen.* 124C; antiquus vates cecinit quod carmine David, / in terris vanos homines me virgine dempta, / trans, ubi semper eram, fugiens nunc sidera scandam BONIF. *Aen.* (*Veritas*) 82; tunc oculos pulchris vanos illudit ideis, / aures et blandis demulget sepius arpis FRITH. 1347; **1166** garrulus utique potest esse et ~us, sed proculdubio non dialeticus, immo nec philosophus est J. SAL. *Ep.* 181 (182); etsi superbus esset et ~us *Id. Thom.* 3; vir vagus et ~us, preter inconstantie solius, nullius rei constantiam habens GIR. *EH* II 11; falsus .. proprie conscienties testis sueque virtutis ~us assertor contra veritatem, id est contra Jesum, tumidior processisset J. FORD *Serm.* 44. 2.

vapa v. vappa. **vapentagium** v. wapentacum.

vapide [CL], in an insipid fashion, or *f. l.*

†**970** (13c) ne nos pellacis circumveniendo ~e insidiatoris astucia imparatos .. surripiat *CS* 1265.

vapiditas [CL vapidus+-tas], (of wine or ale) state of being not fresh, flatness, staleness.

dollyd as wyne or ale, defunctus, vapidus; ~as, vappa, *dollyng CathA.*

vapidus [CL]

1 (of wine or ale) that has lost its freshness, stale, flat; **b** (in gl.).

apponitur clerico aut militi curiali .. vinum .. aut acore aut mucore corruptum, turbidum, unctuosum, rancidum, piceatum, et ~um P. BLOIS *Ep.* 14. 47C. **b** vappa .. i. vinum marcidum quod remanet de sero .. et inde vapidus, -a, -um, i. sine sapore OSB. GLOUC. *Deriv.* 614; *dollyd as wyne or ale*, defunctus, ~us *Cath A.*

2 (of person, demeanour, or sim.) bland, insipid, weak.

hec confestim et his similia mihi ethicorum dicta subveniant: .. 'astutam ~o portans sub pectore vulpem' [cf. Persius V 117] GIR. *Symb.* I 1 p. 212.

3 ? *f. l.*

1445 nec hiis †vapidi [? l. rabidi] illi canes furore suo satisfacere estimant *Stat. Linc.* II 527.

vapirum, *var. sp. of* papyrus.

vapirum, unde carta fit Alexandrina, utilis est, cineres autem ejus vulnera oris et totius corporis limpidant *Alph.* 189.

vapor [CL]

1 gaseous emanation (esp. from something heated), vapour; **b** (as forming cloud, mist, or sim.); **c** (fig. or in fig. context).

in ardentes thermarum ~ores [*gl.: œðmas*], quae supposita prunarum congerie torrebantur ALDH. *VirgP* 51; incenso in eo [sc. altare] thimiamate ~or fumi ascendens BEDE *Hom.* II 25. 438B; **943** vana cuncta .. dissipantur .. quasi ventus aeris flatus aut fumigantis ignis ~or ad nichilum evanescunt *CS* 780; simul .. et dulcimodis canoribus et nardifluis ~oribus ethera permulcentur GOSC. *Transl. Mild.* 16; Aristoteles .. in quarto Meteororum corpora metheorica in quatuor partitur, scilicet fumum, ~orem, halitum, spiritum ALF. ANGL. *Cor* 5; cum .. calidum et humidum sit epar, ab epsesi continua multum concipit ~orem, qui suo impetu sanguinem ad exteriora propellit *Ib.* 9; ex humano corpore ~or quidam tepidus et temperatus egreditur, qui partem aque [sc. calide] sibi accommodans contemperat *Quaest. Salern.* B 213; 'vaporabiles', id est tenues et subtiles, sicut ~or aque et vini, quasi fumus tenuis et rarus S. LANGTON *Gl. Hist. Schol.* 47; argentum vivum prepara mortificando ipsum cum ~ore stanni pro margarita, et cum ~ore plumbi pro Hibero lapide BACON *NM* 547. **b** hieme gelidus aer quicquid accipit ignei ~oris extinguit, ideoque ~ores raro tenuesque densentur in nubes, sine quibus non fulgurat BEDE *NR* 220; nives aquarum ~ore necdum densato in guttas sed gelu praeripiente formantur *Ib.* 222; hiems, habens nebulas et ~ores conglobatos et pluvias et nives et glacies, apta magis feriacioni quam labori GROS. *Hexaem.* V 12 p. 173; ascendunt .. ~ores calefacti, et cum condensantur in nubes, descendit pluvia; et iterum elevantur ~ores calefacti T. SUTTON *Gen. & Corrupt.* 195. **c** c**750** quid es .. hujus mundi fugitiva felicitas et caduca prosperitas nisi ~or et fumus? *Ep. Bonif.* 92; tametsi vilis vermiculus et ~or sim (*Ep.*) M. RIEVAULX 75.

2 heat, warming (esp. of sun).

Aethiopes .. a ~ore ardentissimorum siderum terrarum defenduntur latebris *Lib. Monstr.* I 9; ipsa est aequinoctialis [zona mundi] quam quia semper sol aut praesens aut hinc vel exinde vicinus illustrat, nimirum subjecta terrarum exusta flammis et cremata cominus ~ore torrentur BEDE *TR* 34.

vaporabilis [CL vaporare+-bilis], vaporous, that contains or consists of vapour.

rorem .. istum autumant descendere a nebula quadam ~i GERV. TILB. I 12; in hoc .. solo erat confusio, quod aque ~es erant usque ad sublimarem regionem tenues ad modum nebule S. LANGTON *Gl. Hist. Schol.* 40; albedo non est nisi ex aere ~i retento in membris, et quia albedo ex aere calido et ~i fit, ideo animalia sunt alba sub ventre BART. ANGL. XIX 10; si .. nondum erat aer in specie sua, sed aque ~es et tenues totum occupaverant spacium inter terram et celum .. tunc in verbo congregandi intelligitur vaporalium aquarum inspissacio et condensacio in aquas densas potabiles et navigabiles; quibus condensatis .. pars ~ium rarefacta est in aeris tenuitatem GROS. *Hexaem.* IV 2; quando .. est corpus calidum ~e, valent grossa cibaria, quoniam illud quod resolvitur et emittitur de tali corpore erit nutrimentum multe quantitatis et grosse substancie, propter nimium calorem et vaporem corporis BACON V 67; cum autem venit in animam forma desiderata, fit in commeatu spermatis calor ~is est movens ventum BRADW. *CD* 532D.

vaporabiliter [CL vaporabilis+-ter], as vapour.

quicquid .. aquarum, sive labiliter undosum sive ~er tenuatum, utrumque tamen humide nature deputatur ANDR. S. VICT. *Hept.* 17 (cf. Aug. *Gen. ad Lit.* III 3).

vaporalis [LL], vaporous, that contains or consists of vapour (also as sb.).

ipse .. potuit aquas super rotundam caeli spheram ne umquam delabantur, non ~i tenuitate, sed soliditate suspendere glaciali BEDE *Gen.* 18D (cf. Aug. *Gen. ad Lit.* II 5); mora .. temporali opus erat, ut terra inanis et vacua, ~i aquarum raritate obducta, ut appareret arida, detegeretur PULL. *Sent.* 717D; tercio .. die .. aque que erant sub firmamento congregate sunt, hoc est, condensate ex ~ibus in aquas spissas GROS. *Hexaem.* I 7.

vaporaliter [LL], as vapour.

quidam dicunt, dum aer in se ~er aquam de imis et ignem caumaliter de superioribus trahat, ipsis confligentibus horrisonos tonitruorum crepitus gigni BEDE *NR* 220; ?**1236** fervens calor etiam gelata que congit solvit, et ~er plerumque sursum trahit GROS. *Ep.* 31; solum aere .. sunt aque ~er suspense superiores, que plerumque glomerantur in nubes et aquas pluviales *Id. Hexaem.* III 2.

vaporamen [CL vaporare+-men], (in gl.).

vaporo .. unde vaporatus, vaporatio, et vaporabilis, et hoc ~en, -nis OSB. GLOUC. *Deriv.* 614.

vaporare [CL]

1 to emit, give off (vapour, gaseous discharge, or sim.). **b** to emit (substance) in (the form of) vapour (in quot., med.). **c** (intr.) to emit or give off vapour. **d** (of vapour or sim.) to discharge, emanate.

vaporat, *wapolode* GlP 753; ille vaporatis afflatus haustibus erga / auctorata volans altaria FRITH. 149; fumum [? l. fumumque] vaporat amarum / spumans sulphureum feda cloaca malum L. DURH. *Dial.* IV 187; virginalis candor expressus videatur Libani lignis. nam et bonum virginalis continentia ~at odorem, et ejus est perpetuus usus G. HOYLAND *Serm.* 89D. **b** vapor isopi, lilii, lauri, confert. similiter coloquintida aut ireos aut eleborus cocta in aceto ~ata valent GAD. 115v. 1. **c** venit .. ad locum thermarum, ubi calida lympha de abyssi latibulis guttatim ~ando ebullit B. *V. Dunst.* 34; sancta illa societas .. per gelida et aestuata, per diversa tormenta et stagna ~antia transibit illaesa ALEX. CANT. *Dicta* 131; o suavis amenitas! o amena suavitas! copiose, et ab imo ebulliens, et in superficie scaturiens, et undique ~ans AD. SCOT *OP* 563C. **d** extremus flatus in arto .. pectusculo ~at GOSC. *Transl. Mild.* 37 p. 209.

2 to heat or warm (also fig.). **b** (intr.) to be hot, burn.

donec ipse prius fato terrente recedat / aestibus aethereis sole vaporante fugatus AEN. LAUR. 4 (*Glacies*) 5; simonicus anguis .. ita venenato fetu mortiferi germinis ova ~averat ut totus orbis letali sibilo infectus ecclesiasticos honores corrumperet W. MALM. *GR* IV 344; de discipulo quem diligebat Jesus scriptum novimus quia quidquid loquitur, charitatis igne ~atur J. SAL. *Anselm* 1014A; de ipsius ore viva in aures ejus et ~antia verba sonuerint J. FORD *Serm.* 24. 1; hoc igne ~ati Cleophas et alius discipulus dicebant: "nonne cor nostrum ardens erat in nobis" GIR. *Symb.*

I 24 p. 279; velocissime consumitur et ~atur ex duplici calore et ex accessione intus et extra GILB. I 59. 2. **b** tractus .. ille terrarum majoribus quam citramontanus fervoribus ~at ORD. VIT. IX 14 p. 592; ~o, -as, i. tepere OSB. GLOUC. *Deriv.* 614; in nobis .. fides non fluctuat, spes non deviat, amoris scintilla ~ando coruscat R. COLD. *Osw. pref.* p. 327.

vaporatio [CL]

1 (med.) treatment with vapour.

ad dolorem [auris] ventosum .. fiat ~io cum milio aut bacc' lauri GAD. 116. 1.

2 (process of) evaporation (in quot. fig.).

cum .. dolentium gemitus nova sibi soleat ad meroris sui quantulamcumque ~ionem pro libitu suo verba dictare J. FORD *Serm.* 93. 3.

vaporativus [CL vaporatus *p. ppl. of* vaporare+ -ivus], that creates or produces vapour.

aer .. et aqua sunt medium et materia odoris, id est materia in qua, et hoc per siccum ~um quod commiscetur eis *Ps.*-GROS. *Summa* 491.

vaporatorium [CL vaporare+-torium], (med.) treatment with vapour, or substance administered by such treatment.

deinde dissolvatur diaglon in oleo de camomilla aut de aneto et fiant ~ia prius dicta GAD. 116. 2.

vaporose [CL vaporosus+-e], as vapour.

generatur .. albedo ex aiere ~e declinante ad humiditatem aqueam BAD. AUR. 154.

vaporosus [CL], vaporous, that contains or consists of vapour. **b** that emits or gives off vapour (in quot. med. w. ref. to bloating or flatulence).

sic de terrestri et grosso quod est in nutrimento illius .. vertitur in lignum, quod minus grossum et minus terrestre .. utitur in frondes, quod subtile est ibi et ~um in flores *Quaest. Salern.* Ba 25; ut per ipsam fiat respiratio ~arum substantiarum seu superfluitatum interiorum membrorum *Ps.*-RIC. *Anat.* 16; in colericis .. cum multa sit abundantia caloris ~i GILB. VII 285v. 1; pono exemplum in aere ~o et nebuloso in hieme, qui a longe videtur sed non de prope. et tamen aer ~us uniformis est in densitate et raritate BACON *Persp.* I 9. 1; oculus existens extra aerem ~um et nebulosum videt eum, et quando est in aere tali non videt nec percipit vapores et nebula [*sic*] *Ib.* II 2. 1; vitare debetis .. omne id quod lignificiendo, constringendo, ~os humores capitis in stillas dissolvit KYMER 3; ex cujus corpore elicitur sanguis artificialiter, et humor ~us, qui dicitur sanguis viridis leonis RIPLEY 190. **b** vitare debetis .. commestionem rerum †daporosarum [l. vaporosarum] sicut porrorum, ceparum, allii, stalangarum et vini fortis KYMER 3.

vaporus [CL vapor+-us], (in gl.).

vapor, -oris, unde ~us, -a, -um OSB. GLOUC. *Deriv.* 614; ~us, vapore plenus *Ib.* 625.

vappa [CL]

1 wine that has lost its freshness or gone flat or stale. **b** (in gl.).

respuo cum villo vappam, sed defruta linquo / regibus NECKAM *Poems* 120; miror quod veritas, qua nulla pulcrior / est morum gemmula .. / jam apud aulicos est vappa vilior WALT. WIMB. *Palpo* 122; aut omnia sunt unum continuum aut omnia sunt unum indivisibile aut omnia sunt unum definicione, sicut ~a et vinum sunt unum definicione OCKHAM *Phys.* I 63. **b** hec ~a, -e, i. vinum marcidum quod remanet de sero OSB. GLOUC. *Deriv.* 614; vappa est potus cujus due partes sunt vinum et tertia aqua GARL. *Mor. Scol.* 167 *gl.*; vapa est vinum vile vel debile per evaporacionem debilitatum *Alph.* 189; *dollyd as wyne or ale*, defunctus, vapidus; vapiditas, ~a, *dollyng CathA.*

2 wretched or worthless person. **b** (in gl., understood as) servant.

verbera post verba cunctis jungebat acerba / dansque furens alapas, vocat omnes nomine vappas R. CANT. *Malch.* V 77; p**1549** qui rythmos scripsit miseros de fune[re] .. / scurra fuit petulans, vappa malig[n ..] *Guildhall Miscellany* (1952) II 391. **b** dicitur quoque ~a pro garcifero Horatius [*Sat.* I 1. 104] 'non ego Davum cum veto te fieri, vappam jubeo' OSB. GLOUC. *Deriv.* 614; ~a, vinum marcidum, vel garcifer *Ib.* 625.

vappascere [CL vappa+-scere], (of wine) to lose freshness, go flat.

this wyne is palled or deed. hoc vinum ~it WHITTINGTON *Vulg.* 64.

vapulare [CL]

1 to receive a beating, to be beaten or thrashed. **b** to receive punishment, suffer.

quos imperator .. cruentis verberum ictibus ~are [*gl.*: *witnian*] praecepit ALDH. *VirgP* 33; conditionem servorum .. quos bene facientes et absque culpa ~antes a dominis crudelibus et improbis imitatores esse dominicae passionis adfirmat BEDE *Ep. Cath.* 54A; a**1075** cum .. placeamus omnipotenti Deo, quotiens ejus dispositionibus in nullo dissonamus, tum maxime placamus misericordem Dominum, si ~antes verberanti sponte consonamus ANSELM (*Ep.* 9) III 112; si .. altero pulsante alter tantummodo ~at, rixa non est juxta illum: 'si rixa est, illum tu pulsas, ego ~o tantum' ANDR. S. VICT. *Sal.* 44; servus .. sciens et non faciens ~abit multis [cf. *Luc.* xii 47] GIR. *GE* II 6 p. 190; si .. inventi fuerint ludentes, servientes tribus diebus nudi per exercitum ~abunt .. et alii ministri similiter G. *Ric.* I 131. **b** nam si iste ita ~avit [per decalvationem] .. quantam ultionem dissuasor magister commeruit? GOSC. *Transl. Mild.* 21 p. 184; scio .. certissime quia duriter ~abo si quicquam a veritatis tramite deviando hodie feci ALEX. CANT. *Mir.* 27 (II) p. 214; **1167** et profecto aut eum [sc. regem] Deo propitiante reducent ad viam aut de necessitate .. ~abunt J. SAL. *Ep.* 213 (198).

2 to give a beating to, beat, thrash.

pueri qui fornicantur inter se ipsos judicavit ut ~entur THEOD. *Pen.* I 2. 11; infantes quinis vapulantur morte kalendis [cf. *Matth.* ii 16–19] *Kal. M. A.* 362; quosdam ~ando, quosdam exhereditando, quosdam carceribus mancipando, quosdam .. gladio exterminando *Plusc.* IX 33.

3 to thresh.

1200 ne bladus predictus periret, fecit ~are *CurR* I 248; **1266** die hujus computi fuerunt .. xx celdre frumenti in garba, xx celdre ordei ~ati, et viginti celdre avene vapulate *ExchScot* 29; **1279** levavit fenum domini et ~abit xij garbas frumenti *Hund.* II 551.

4 to apply a design to (thing, esp. fabric).

1349 ad fac' vj penuncell' .. de syndon' ~atos de armis regis quartell' .. ad faciend' v penuncell' .. vapulat' cum auro (*KR Ac*) *Arch.* XXXI 36; **1349** tunice depicte cum stellis de auro et argento ~at' (*KR Ac*) *Ib.* XXXI 38; **1391** ij ridell' de auro ~ato *Ac. Foreign* 25 Gd.'; **1416** ad valanc', vexill', et *penons* ~ata de diversis armis *Foed.* IX 334a; c**1421** pro ij sellis ~atis de armis et bageis regis (*AcWardr*) *KR Ac* 407/5 m. 3; **1440** pro vapulacione vj vexillorum .. ~atorum de armis regis (*AcWardr*) *Ib.* 409/2 m. 19.

vapulatio [CL vapulare+-tio]

1 blows, (act of) beating, thrashing, flogging. **b** punishment.

p**1093** majoris meriti est una ~io monachi tolerata per oboedientiam quam innumerabiles acceptae per propriam sententiam ANSELM (*Ep.* 233) IV 141; de Eliensis episcopi apud Dovoriam in habitu muliebri captione, ~ione, et incarceratione GIR. *Galf.* II 12 *tit.*; utinam et tu, frater carissime, ad tribunal Christi cum Jeronymo raptus fueris, et usque ad similium adjurationem ~ione coarctatus *Id. Symb.* I 24 p. 285; c**1325** vapulatio Ihesu *Vers. Cant.* 24. **b** si .. servus ille, dum jacet in aegritudine ~ionis donec ipse transeat, corde et ore domino suo fidelitatem et correctionem vovet et solvit ANSELM (*Praesc.* III 9) II 277.

2 (act of) threshing.

1266 in cariagio lx celdrarum bladi de Sproustoun et xx celdrarum de Macuswell, cum ~ione et ventagio *ExchScot* 28.

3 (act of) applying a design to (thing, esp. fabric).

1397 circa ~ionem diversorum vexillorum de armis domini regis pro tubicinar' *LTR AcWardr* 5 r. 7d.; **1397** pro ~ione xx goun' long' de *tartaryn* rubeo cum cervis albis de argento *Ib.*; **1421** Rose uxori R. T. pictrici London' pro opere et ~ione x tunicarum vapulatarum de armis regis, ij tunicarum vapulatarum de armis regis Scotorum .. pro opere, pictura, et

---

~ione .. (*AcWardr*) *KR Ac* 407/ 5 m. 3; **1440** pro ~one vj vexillorum .. vapulatorum de armis regis (*AcWardr*) *Ib.* 409/2 m. 19.

vapulator [vapulare+-tor]

1 one who beats or thrashes.

s**1305** processit .. breve quod Anglice dicitur *traillebaston*, contra conducticios hominum ~ores, qui ab uno viro conduci volebant propter unam summam pecunie alium verberare, et iterum a verberato [v. l. vapulato] propter duplum censum vel amplius verberare [v. l. revapulare] nequius conductorem *Flor. Hist.* III 123.

2 thresher (of corn); **b** (passing into surname).

1235 Gerardus filius Roberti inventus fuit mortuus .. et Ailbrictus Tusard, quidam ~or qui tunc fuit ibi, attachiatus, non venit (*Eyre Surrey*) *Surrey Rec. Soc.* XXXII 412. **b** c**1225** dedi .. Waltero filio Hugonis Wapulatoris .. domum *Cart. Hosp. S. John* I 34.

vapulatura [CL vapulare+-ura], (act of) applying a design (to thing, esp. fabric).

1445 pro ~a vj vexillorum de *tartain* pro *trumpettes* regis vapulatorum de armis suis *KR Ac* 409/12 m. 37.

vaquarius v. vaccarius.

†vaquulus, *f. l.*

uncus, curvus, obuncus .. subuncus, †vaquulus [MS: aquilus], lunatus, camerus, cameratus OSB. GLOUC. *Deriv.* 623.

varandisare v. warantare. **varant-** v. warant-.

varcus, (in gl.) stammering.

stuttynge, varcus [v. l. barcus], baurus, blesus, balbus *CathA.*

varda, **~ia** v. warda. **varect-** v. warect-. **varegare** v. variegare. **varent-** v. warant-. **varex** v. varix.

vargariaton, kind of Egyptian tree the fruit of which grows from the root.

quarundam fructus suspensus est a stipite suo, et quarundam a radice, ut arbores Egypte que dicuntur vargariaton [ed. Poortman (1989): narganaricon] ALF. ANGL. *Plant.* 16.

vargus [LL; cf. AS *wearg*], outlaw.

si quis corpus in terra vel noffo .. effodere vel exspoliare presumpserit, wargus habeatur (*Leg. Hen.* 83. 5) *GAS* 600.

variabilis [LL]

1 capable of change, liable to change, mutable, variable.

796 nam sicut lux et tenebrae variantur vices suas, ita hujus vitae prosperitas et adversitas ~es sunt ALCUIN *Ep.* 106; ipse quippe manens, nil variabile gignens *Id. Carm.* 65. 4a. 3; quomodo est summe incommutabilis, si per accidentia potest non dicam esse, sed vel intelligi ~is? ANSELM (*Mon.* 25) I 43; marito edidit utriusque sexus optatam sobolem .. quibus in hac ~i vita sors diversa provenit ORD. VIT. IV 5 p. 189; non est mutabilis et ~is ut penitentia ductus quod proposuit vel dixit se facturum commutet ANDR. S. VICT. *Reg.* 56; ipse [Deus] non est ~is neque temporalis in dispositionibus et voluntatibus suis, immo ejus voluntas est constans et perpetua BRACTON f. 2b; dialecticus .. considerat suum medium tamquam probabile et possibile aliter se habere, et ideo non acquirit per ipsum nisi opinionem, que est cognitio ~is KILWARDBY *OS* 561; juris .. racio vix ~is temporaliterve perfunctoria E. THRIP. *SS* VI 3; **1295** sperantes .. vestre fidei constanciam non ~em mutacione rerum vel temporum *RGasc* III 312a.

2 capable of being differentiated or distinguished (into). **b** (leg.) divergent, at variance, contradictory, in disagreement.

quot modis ~is est [homo]? — sex .. esurie et saturitate, requie et labore, vigiliis et somno ALCUIN *Didasc.* 975D; ista dies reddit Domini variabile grama, / supra quod debet Pascha venire sacrum GARL. *Tri. Eccl.* 89; cum .. rerum diversitas sit tota circa substanciam, quia ipsa ~is est secundum ea que in ipsa sunt, et non sunt ipsa substancia *Ps.*-GROS. *Gram.* 34; forma secundum se invariabilis et simplex, tamen ipsa in quantum materie counitur dicitur esse composita et ~is BACON VIII 84; essentia generis secundum se est una radix ~is in diversas species *Id. CSTheol.* 137. **b** testimonium hominum legalium .. qui a

---

judice examinati, si concordes inveniantur, tunc poterit vadiare legem suam contra petentem ... et si secta ~is inveniatur, extunc non tenebitur legem vadiare contra sectam illam *Fleta* 138.

variabilitas [LL variabilis+-tas], possibility of change or being different.

quid repugnant quorundam quae accidentia dicuntur susceptibilitas et naturalis incommutabilitas, si ex eorum assumptione nulla substantiam consequatur ~as? ANSELM (*Mon.* 25) I 43; illa .. necessitas secundum quam dicimus quod Pater genuit Filium de necessitate nullo modo repugnat libertati sed ~ati MIDDLETON *Sent.* I 71b.

variabiliter [LL variabilis+-ter]

1 in a changeable or fickle fashion, mutably, unreliably.

centum et quindecim discipulos ad monachatum suscepit, quorum vitam mobilis fortuna ~er agitavit ORD. VIT. VIII 18 p. 382; eique [sc. duci Guillelmo] aliquando leta et plerumque tristis fortuna ~er insisteret *Ib.* XII 45 p. 477; s**1428** detis mihi in consiliis utrum consulcius expedienciusque fuerit cum tali viro, tam ~er .. condicionato, precipitanter bellum placiti litigiosi indicere AMUND. I 264.

2 variably, in different ways or to different degrees.

et ideo tanto tempore privative mensuratur quies, quanto tempore natus est motus mensurari si esset: sicut si esset vacuum, eadem quantitate mensuraretur qua plenum, – unde tantum est vacuum, quantum plenum est natum recipi in illo (est ~er privatio!) DUNS (*Lect.* II 2. 1) *Opera Omnia* XVIII (1982) 150.

variamen [CL variare+-men], diverse, various, or differing instance, vicissitude.

1259 satisfaciat vobis sempiterna retributio pro eo quod inter tot rationabilium detinentiarum ~ina .. ministrum Anglie ad meam parvitatem .. mittere voluistis AD. MARSH *Ep.* 169.

varianter [CL varians *pr. ppl. of* variare+-ter], (in gl.).

variatim, varie, ~er, diverse OSB. GLOUC. *Deriv.* 624.

variantia [CL], divergence, disagreement.

ad judicium de xij pro ~ia presentacionis *Eyre Kent* I 76.

variare [CL]

1 to colour in two or more colours, to variegate (also fig.). **b** (p. ppl. as adj., of horse) dappled, skewbald. **c** to cause to change or become varied in colour. **d** (fig.) to stain.

tabernaculum Domini fit ex cortinis diversa colorum specie ~iatis BEDE *Tab.* 425B; non indecens estimo si multicolori stilo ~ietur oratio W. MALM. *GR* II 173; minium acutissimum inde excerpitur et alii colores quibus pictura ~iatur ANDR. S. VICT. *Hept.* 116; zonas vel marsupia, diverso stamine vel subtegmine ~iata .. adolescentioribus monachis vel clericis mittunt AILR. *Inst. Inclus.* 7; **1383** in bursa ~iata de glauco de rubeo *Ac. Durh.* 431; a colorum vicissitudine ~iatam, proul te variegatam dixeris SPELMAN *Asp.* 87. **b** **1355** de duobus jumentis .. quorum j grisell' et j verrat' *MinAc* 802/11 r. 4. **c** alterum .. cum jam etas mihi ~iaret capillos, in summam amicitiam assumpsi AILR. *Spir. Amicit.* III 119. 698B. **d** consilio tali regnum magis in speciali / undique turbatur, quo regis honor variatur GOWER *Carm.* p. 363. 44.

2 to decorate, ornament.

716 vidit juxta se jacentem alterius novam colum sculptura ~iatam BONIF. *Ep.* 10; fulgeat hinc roseo vertex virtutis honore, / illic et sophiae clarescat lilia candens, / justitiae violis variet per tempora fulgor ALCUIN *Carm.* 14. 10; quatenus ille .. stolam sibi diversis formularum scematibus ipse praepingeret, quam postea posset auro gemmisque ~iando pompare B. *V. Dunst.* 12; sic constructa micat, sic et variata coruscat / machina, quae hanc matrem sustinet ecclesiam WULF. *Swith. pref.* 57; te nolim .. sequi gloriam .. in pannis avium vel bestiarum, aut diversorum florum imaginibus ~iatis AILR. *Inst. Inclus.* 24.

3 to give variety to, make diverse, diversify, vary (esp. speech or writing).

si per interrogationem et responsionem pauxillulum reciprocis vicibus stilus ~ietur ALDH. *Met.* 10; pro decore .. carminis ~iantur personae colloquentium BEDE *Cant.* 1172C; c**795** mellifluum turdus ~iat de gutture carmen ALCUIN *Ep.* 66; tam numerosam multitudinem, tam formose formatam, tam ordinate ~iatam, tam convenienter diversam ANSELM (*Mon.* 7) I 22; **1175** cum humane conditionis status motu multiplici ~ietur, nihil in temporalibus invenio preter unum quod vite celestis imaginem representet P. BLOIS *Ep.* 30. 101A; ~iatur .. pulsus propter multa BART. ANGL. III 24; c**1380** licet penes vestram reverenciam .. inscius deliquerim vicibus ~iatis *FormOx* 323.

4 (intr.) to vary, be diverse. **b** to exhibit diversity or differ in opinion or sim., to be at variance, to be in diagreement or dispute. **c** (acad.) to debate, dispute.

una eademque nostri salvatoris incarnati dispensatio figura ~iante repperitur BEDE *Sam.* 655C; pectora virtutum ~iantium germine gravida *Ib.* 668D. **b** quamvis Juvenalis auctoritas ~iaverit, ut supra retulimus ALDH. *PR* 136; in omnibus 'o' corripitur, ut 'amo', 'sedeo', 'cerno', 'nutrio', tametsi auctoritas ~iet BEDE *AM* 104; sapientia Dei et sapientia hujus mundi circa rerum estimationem judicia sua ~iant BALD. CANT. *Serm.* 17. 1. 500D; commune .. medicorum vitium est semper circa egritudines ~iare P. BLOIS *Ep.* 43. 126B; ?c**1200** quia ipse Rogerus inventus est seisitus de roberia illa et ~iavit in narracione sua et vocando warantos suos, consideratum est quod ipse suspendatur *SelPlCrown* 80; **1218** ~iat in narracione sua a brevi *BNB* II 4; **1458** quod extunc .. nullus supradictarum partium manuteneat, adjuvet, supportet, confortet, aut fortificet, aliquem illorum qui sic volunt placitare, ~iare, aut debatare *Reg. Whet.* I 306; **1505** cum quodam viro extraneo .. simul pro uno *lez dagar* ~iaverunt et perluctaverunt *Sanct. Durh.* 108. **c** **1457** hec gratia est concessa sub conditione quod semel ~iet in Parviso *MunAcOx* 744.

5 (trans.) to effect a change in, make different, alter, vary, differentiate. **b** to make changeable, cause to fluctuate.

cum corrumpuntur seu aliquo modo ~iantur ANSELM (*Mon.* 34) I 53; ~iare quandoque licet confessionem RIC. ANGL. *Summa* 34 p. 70; si .. forma ignis suscipiat majus et minus, ipsa ~iata secundum majus et minus speciem ~iabit, et ita non erit eadem forma secundum speciem, set alia, quod est inpossibile T. SUTTON *Gen. & Corrupt.* 103; aliquem unum habet qui est per se, sed modi posteriores possunt ~iari, qui conveniunt potentie in agendo ex ratione specialium objectorum DUNS *Ord.* II 87; vicia in virtutes omnino ~iare et sordes peccatorum lavare per cordis contricionem *G. Roman.* 304. **b** ultimo luna festi paschalis a xv usque in xxj propter diem dominicum ~iata BEDE *Temp.* 13; sed rogo, quid tristes, anima o tremebunda, loquelas / versas et stupido variaris in anxia quaestu? *Id. Hymn.* 16. 42; est locus undoso circumdatus undique ponto / .. / in quo bellipotens terreno in corpore miles / saepius aerias vincebat Balthere turmas, / quae sibi multimodis variabant bella figuris ALCUIN *SS Ebor* 1328; **802** ut diligenter examinetur quid cui conveniat personae, quid canonicis, quid monachis, quid tertio gradui qui inter hos duos ~iatur *Id. Ep.* 258; sed .. prout voluntas hominum ~iatur constitutio postea mutata est ORD. VIT. III 7 p. 101; videns .. humana ratio undique res ~iari, mutari et renovari et nullam corporalem naturam omnino stabilem esse KILWARDBY *OS* 18.

6 (intr.) to change, fluctuate.

lunae .. status idem eademque sit pro ~iante solis digressu conversio BEDE *TR* 25; tempora dum variant, animus sit semper honestus ALCUIN *Carm.* 62. 158; presentis vitae terminus ~iante diversae calamitatis erumna instare .. dinoscitur W. MALM. *GP* V 257.

7 to cause to appear or occur in rotation or alternation, alternate. **b** to alternate with.

lunaris globi rotunditas .. septenis figurarum speciebus ~iatur hoc est bicornea et sectili ac reliquis ALDH. *Met.* 3; domus exterius magnis minimisque per omne / porticibus spatium muri subfulta manebat / .. / inter quas modicae variantur in ordine cellae ÆTHELWULF *Abb.* 718; in alternatione lectionum, orationum, psalmorum quoque prout ea devotio ~iaverit AILR. *Inst. Inclus.* 9; diebus sibi succedentibus et quasi vices suas mane ac vespere ~iantibus *Id. Spec. Car.* I 19. 523A. **b** si tua jam, mundus, miscentur dulcia amaris, / adversis variant prospera cuncta cito ALCUIN *Carm.* 11. 10; timor variat spem, spesque timorem H. AVR. *Hugh* 649.

8 to cause to diverge. **b** to divert (possession of property). **c** (intr.) to diverge, stray.

longe a principio fine ~iato GIR. *Invect.* VI 2. **b** terra de Niddisdale quodammodo fuit ~iata per sinistrum modum a propriis heredibus *Plusc.* X 8. **c** miseri sunt qui ~iant a via veritatis *G. Roman.* 350.

variatim [LL], (in gl.).

item ab hoc nomine quod est varius .. ~im adverbium OSB. GLOUC. *Deriv.* 609; ~im, varie, varianter, diverse *Ib.* 624.

variatio [CL]

1 (act of) making or becoming or (state of) being varied in colour, variation or variety in colour.

si .. insortiatus non fuerit mortuus, set cutis ~ionem vel probabilem corporis contrahat egritudinem (*Leg. Hen.* 71. 2) *GAS* 590.

2 decoration, ornamentation, (in quot. mus.) alternative melodic shape within the *differentiae* of a psalm tone.

hec est regula generalis de unaquaque ~ione tocius tonalis, quod semper ille note que in fine rubricis sunt titulate sc. ad diversas figuras de gama coartatas, ille note tantum neque plures neque pauciores dicuntur ~io *Tonale Sal.* ii.

3 (act of) making varied, diverse, or different, variation, diversification, differentiation, (also, state or instance of) being varied, diverse, or different, variety, diversity, difference. **b** change, alteration, (also) fluctuation. **c** rotation, alternation (w. ref. to appearance, occurrence, or sim.).

predixit .. varium adeo seculum creandum ut varietas que in mentibus hominum latebat .. multimoda ~ione vestium et indumentorum designaretur H. HUNT. *HA* VI 1; est .. indistinctio, cum quod ipsa verbi ~ione distingui solet, in quibusdam non distingui contingit BALSH. *AD* 62; cum .. minor contra minorem petit, eodem modo sine aliqua ~ione procedet recognitio ut inter minorem et majorem procedere solet GLANV. XIII 12; cum .. exclamarent omnes qui priorem narrationem audierant manifestam in scripto ~ionem GIR. *JS* III p. 192; **1275** ipse R. narrat 'R. tenuit predictum mesuagium de eo per certum servicium ..'. et in brevi suo dicit quod .. tenuit .. per servicium militare, unde petunt judicium de ~ione sua *SelCKB* I 15; sicque quod Anglici vocant hundred', jam per ~ionem locorum et idiomatis wapentakia appellantur *Fleta* 134; tamen ~io est quando predicatum est singulare et quando non OCKHAM *Summa* II 17; in summo .. gradu simplicitatis est natura divina, excludens possibilitatem ad quamcunque composicionem ex partibus vel ~ionem in accidentibus WYCL. *Form.* 199; ut occupacionis ~io vitet ocium, expellat accidiam *Spec. Incl.* 2. 3. **b** omnium .. quae accidentia dicuntur, alia non nisi cum aliqua participantis ~ione adesse et abesse posse intelliguntur, ut omnes colores ANSELM (*Mon.* 25) I 43; sic de presentis evi volubilitate et rerum turbida ~ione vaticinatus est ORD. VIT. XII 47 p. 489; anima .. profectus et defectus capax est et ideo ~ioni subjecta est AD. SCOT *QEC* 849C; a virilitate .. usque ad senium .. virium corporis .. fit detrimentum atque ita motus de majori ad minus, ideoque Lachesis, id est ~io, dicitur BERN. *Comm. Aen.* 42; sic ergo ut recreet rerum variatio mentes, / tempora multiplici sunt variata modo GIR. *Symb.* II 1 p. 345; mortis simulacrum est alteracio / vicesque temporum et variacio WALT. WIMB. *Sim.* 161. **c** de ~ione psalmorum BELETH *RDO* 80 (*tit.*). 85C.

4 difference of opinion, (also) dispute, disagreement. **b** (acad.) debate. **c** (leg.) discrepancy.

1458 ratione ~ionum et discordiarum supradictarum *Reg. Whet.* I 306; **1475** item circa festum Nativitatis Beate Marie pro ~ione pauperum tenencium vocat. .. prope Norwich W. WORC. *Itin.* 252; **1485** diverse ~iones, lites et discordie .. fuerunt mote *Entries* 550vb; **1494** memorandum quod quedam magna altercacio, ~ionisque materia et discordie mote fuerunt .. inter pannatores .. et cissores *Doc. Bev.* 102. **b** **1453** due ~iones in Parviso sufficiant sibi ad effectum quod possit admitti ad lecturam alicujus libri facultatis artium *MunAcOx* 738. **c** c**1280** unde petit judicium de ~ione narracionis sue et brevis *EE Law Rep.* III 78.

1 variator [LL = *embroiderer*], one who changes, fluctuates, alters, or lacks constancy.

pravus adulator, mendax, lingua variator / regnat, laudatur, laudando magnificatur, / inter magnates magnus fertur fore vates D. BEC. 596.

2 variator v. verrator.

varica v. varix.

varicare [CL], **a** (in gl.). **b** (etym., understood as) to go about.

a ~at, *stridit GlC* V 12; varicat, deflectitur *Ib.* V 19; ~are [v. l. varificare], variare, diversificare, divaricare OSB. GLOUC. *Deriv.* 624. **b** ~ari a venis varicibus, quae in cruribus grandes, tumidae, et obtortae aliquibus sunt, dictum est: quarum curacio propterea quod periculosa est, medici eas transgredi et preterire solent. a quo fit ut ~ari transgredi significet COLET *Rom. Exp.* 222.

varicari v. varicare.

varicatio [CL varicare+-tio], straying, transgression.

late patuit defluxus excursusque, quando nullus erat obex legis: quisque arbitratus est sibi licere quod libuit. lege autem coertrice data, ~io cepit ad mortem COLET *Rom. Exp.* 267.

varicia [CL varicus+-ia], (in gl.).

a crukynge, camur grece, curvitas, curvatura, insinuacio, sinus, ~ia *CathA.*

varicosus [CL]

1 afflicted with varicose veins (also etym.).

~us dicitur, qui varicibus, id est tortuosis venarum anfractibus, in poplite et suris pulparum deformatur ALDH. *PR* 115; ~us, id est varicibus plenus *Ib.* 135; manus .. ~e et nodose in vole vulnera digitos inclinabant W. CANT. *Mir. Thom.* IV 21; hernia habet multas species: est enim .. quedam ~a GAD. 129. 2; varix est vena grossa que apparet in poplici, inde ~us *SB* 42; varix, hoc nomen competit duabus venis in duobus locis positis .. et inde dicitur ~us *Alph.* 189.

2 (in gl.).

hinc etiam dicitur varicosus, -a, -um, i. succiduus, i. cito cadens OSB. GLOUC. *Deriv.* 609; varicosus, labilis, reciduus *Ib.* 624.

varicula [CL = *small swelling of the veins*], kind of herb.

~a quedam herba est *Alph.* 189.

varida v. warda.

varie [CL], in various, diverse, or different ways, variously (also w. ref. to place).

[dactilus] semper in versu, exceptis aliis locis, quibus ~ie ponitur, quintam regionem proprie obtinet ALDH. *Met.* 10; ubi .. primum dominicus resurrectionis Christi dies fuerit, ~ie refertur BEDE *TR* 61; versicolor varie migrans per saecula lustro BONIF. *Aen.* (*Vana Gloria*) 333; 'dicere .. affirmationem esse enuntiationem' ~ie intelligitur BALSH. *AD* 78; quod filia Jepte duorum mensium inducias ad deplorandam virginitatem suam impetravit, ~ie interpretari potest BALD. CANT. *Serm.* 13. 36. 475A; ea que carptim et ~ie, prout ordo tractatus exegerat, dispersa per opus reperiuntur GIR. *EH* III *pref.*; plurima .. que vaticinalis ille spiritus .. ~ie deprompsit et disperse, sub certos redacta titulos *Ib.*; c**1211** super dicta ecclesia de Tynebeh tam ~ie est erga nos actum et tam contrarie post acta responsum *Id. Ep.* 6 p. 210; c**1228** Willelmus Buche .. ita ~ie et inconstanter locutus est, et ita sibi fuit contrarius, quod tanquam inconveniens contempnebatur testimonium ejus *Feod. Durh.* 297; non est illicitum ~ie opinari DUNS (*Lect.* I 2. 2) *Opera Omnia* XVI (1960) 167; variole dicuntur quasi ~ie ipsam cutem legentes, quia in cute diversas partes occupant apostemando et inficiendo GAD. 40v. 2; hi tres fratres vestes suas coccimas [l. coccinas *or* coccineas] pellitas diviserunt, et ~ie gestarunt SPELMAN *Asp.* 87.

variegare [CL], to colour in two or more colours, variegate (in quot. her., p. ppl. as adj.). **b** to decorate, ornament.

varegatam, variatam *GlC* V 27; a colorum vicissitudine variatam seu ~atam dixeris SPELMAN *Asp.* 87; nos clypeum ~atum dicimus ex auro et cyaneo *Ib.* **b** mitram, seu tiaram rectius, gemmis ac margaritis non indecenter ~atam distinctamque FERR. *Kinloss* 75; **1552** aram in divi Johannis Baptiste honorem omnifariam celamine vel toreumate ~ari fecit (*Lib. Obit. Aberdon.*) *Scot. Grey Friars* II 330.

varietas [CL]

1 diversity of colour, colouring in two or more colours, variegation. **b** diversity of decoration or ornament.

pardus est quoddam animal plenum ~ate AILR. *Serm.* 1. 33. 215D; ex arborum naturis quibus [nisi] innascuntur hanc contrahi ~atem nonnulli conjectant GIR. *TH* I 12. **b** **801** beatus qui pratorum ~ate non tenebitur in via quominus festinet ad patriae pulchritudinem ALCUIN *Ep.* 225; hec tibi oratorii tui ornamenta representent, non oculos tuos ineptis ~atibus pascant AILR. *Inst. Inclus.* 26; **1432** videbat ipsam dominam celestem sedentem assistricem in vestitu deaurato circumdatam ~ate (J. CARPENTER) *MGL* III 460; ut a dextris sponsi sponsa staret ecclesia in vestitu deaurato, ~ate circumamicta, expendisse legitur in cappis et casulis, in pelvibus, calice aureo et turibulis .. ac aliis variis ornamentis pro eadem ecclesia *Reg. Whet.* I 456.

2 state or instance of being composed of two or more different elements, variety, diversity (also w. ref. to its nature or basis). **b** diverse or conflicting range (of opinion or sim.). **c** difference of opinion, disagreement, dispute.

is .. sine ulla ~ate omnes in se spondeos habet, qui ob hoc spondiazon vocatur ALDH. *Met.* 10; **804** sicut diversitate ciborum fastidium manducanti tollitur, ita ~ate lectionis mens reficitur legentis ALCUIN *Ep.* 279; hi pretiosi lapides / carnales signant homines; / colorum est varietas / virtutum multiplicitas FRITH. *Cives* 14; nulli ~atem relationum displicituram opinor W. MALM. *GR* III 304; divisis pro ~ate sexuum habitaculis *Id. GP* I 44; ecce que ista, de quibus loquimur, ~as est multorum colorum, quam diversitas oblectat splendorum! AD. SCOT *TGC* 801A; ex nostrorum ~ate sensuum cotidie experimur quam difficile sit multorum servire moribus J. FORD *Serm.* 39. 1; ad primum principale, de Boethio, concedo quod ~as accidentium facit in substantia differentiam numeralem DUNS *Ord.* VII 453. **b** haec de translatione posuimus ne codicum ~ate stupefactus quid verius sit ignores BEDE *Acts* 975D. **c** **1416** cum magna et diutina ~as lisque et discordia mote et pendentes fuerint inter homines artificii tannatorum .. et homines artificii allutariorum *Mem. York* II 162; **1434** de et super omnimodis accionibus, ~atibus, materiis, querelis, debatis, et demandis inter partes predictas *Cl* 285 m. 13*d*.

3 (of instance within varied or diverse set or sim., esp. pl.) variety, (different) kind, sort, type, form, or sim.

panuculae purpureis, immo diversis colorum ~atibus fucatae ALDH. *VirgP* 15; congregati sunt .. multi juvenes .. joci ~atem et scurilitatem agere ceperunt *V. Cuthb.* I 3; bona terra .. omnibus tribus terrae nequam ~atibus contraria facit BEDE *Luke* 432A; hae .. tres loquendi ~ates singulae verbis sui generis constant ANSELM (*Mon.* 10) I 25; s**1139** Albericus .. de Ver, homo causarum ~atibus exercitatus W. MALM. *HN* 472; quo de pluribus scientiis disserebatur, eo plures disserendi ~ates paterent BALSH. *AD* 4; quis .. discernere queat jubilationum modos, voluptatum ~ates, deliciarum excessus? J. FORD *Serm.* 33. 3.

4 state or instance of being changeable, fluctuating, or inconstant (esp. w. ref. to fortune or circumstance), (also) instance of change or fluctuation, vicissitude; **b** (w. ref. to regular change, alternation, or sim.).

mutabilis saecularium temporum ~as in novissima tuba cessabit BEDE *Apoc.* 161C; pulchra rerum ~as; quibus plagas vulneris lavit per eos ipse plagas criminis amisit *Id. Acts* 979A; **799** multae sunt hujus saeculi occupationes, et diversae ~ates, et eventus miserabiles ALCUIN *Ep.* 173; scio quia vestra dilectio, quomodo se habeat status noster, desiderat cognoscere, qui Deo protegente secundum modum nostrum et secundum temporis hujus ~atem in cunctis bene est et prospere ANSELM (*Ep.* 142) III 288; Penda .. cum filio interemptus miserabile ~atis humane fecit exemplum W. MALM. *GR* I 48; fortuna, in sola ~ate non varia, tam Murchardiden quam Stephaniden pene favore destituerat GIR. *EH* I 3. **b** Paschalis .. lune ~as festum circumagens W. MALM. *GP* V 267; quia mens nostra, que in hac vita subdita est vanitati, nunquam in eodem statu permanet, otiositas exercitiorum ~ate fuganda est AILR. *Inst. Inclus.* 9; lucis et umbre tempora invariabili ~ate distincta GIR. *Galf.* I *prol.* 358; quadripartitis temporum ~atibus, veris .. et estatis, autumni et hiemis, anni circulum peragat ALB. LOND. *DG* 8. 6.

varificare [CL varius+facere], (in gl.).

varicare [v. l. varificare], variare, diversificare, divaricare OSB. GLOUC. *Deriv.* 624.

variola [LL], pock, pustule. **b** (esp. pl., as characteristic symptom) condition or disease characterized by the appearance of pocks or pustules, pox; **c** (dist. as *minuta* ~*a*); **d** (in gl., identified w. measles).

et omnes pustule calide sunt apostemata calida sicut ~e et morbilli et ignis persicus GAD. 25. 1; ~e dicuntur quasi varie ipsam cutem legentes, quia in cute diversas partes occupant apostemando et inficiendo, ex sanguinis corruptione causate, et per hoc differunt a morbillis et punctillis *Ib.* 40v. 2; morbilli et ~e sunt quedam apostemata sicut pustule parve supra totam cutim *SB* 30. **b** oportet .. quod quilibet homo natus tempestive aut tarde habeat quattuor passiones inevitabiles, s. ~as, scurolas, fersas, et scabiem humidam vel siccam M. SCOT *Phys.* 10; quidam interius consurgunt ut lepra et ~e et morbili et scabies qui totam corrumpunt habitudinem GILB. I 1. 1; ex negligentia .. ipsius [sc. flebotomie] .. accidunt egritudines multe, scilicet apoplexia, lepra, scabies, varioli, et morbilli BACON IX 124; adolescentum, juvenum, divitum, et pauperum corpora ~a et morbillus prostravit *Flor. Hist.* III 127; *pokke, seknesse*, porrigo .. variolus, -li .. contagium *PP.* **c** **10**.. *þid poccas* sanctus Nicasius habuit minutam ~am *Leechdoms* III 295. **d** *a meselle*, serpedo [v. l. ~a] *CathA*; *ye maysilles*, ~ae, -arum LEVINS *Manip.* 125.

variolare [LL variola+-are], to infect with pox.

contingit aliquando quod homo ~atur bis, quando prima vice non totaliter expellitur materia GAD. 40v. 2.

variolosus [LL variola+-osus], (as sb.) sufferer from pox.

capiatur scarletum rubeum et involvatur ~osus totaliter GAD. 41v. 1.

variolus v. variola.

variopus [CL varius+opus], variegated work, perh. embroidery.

1405 quedam navis .. habuit plurima bona magni valoris innavigata: sc. in cera, variopere, cupro, ferro *Lit. Cant.* III 92.

variose [CL varius+-osus+-e], in different ways, variously.

1456 ideo convenit verborum jaculo tuos garritus, ~e effrenes, veritate irrefrenabili refrenare (*Lit. Papae*) *Reg. Whet.* I 273.

varipliciter [CL varius+-plex+-ter], in different ways, variously.

1437 modis aliis ~er sequerentur BEKYNTON II 84.

varius [CL]

1 coloured in two or more colours, particoloured, variegated; **b** (w. *color*). **c** (of horse) dappled, skewbald. **d** (~*ia Capella*, as place name, for Britt. *Egglesbreth*, Gael. *An Eaglais Bhreac*, Old Sc. *Faukirk*) 'spotted church', Falkirk. **e** (in gl., as sb. m.) trout (*cf.* 2 *vero*).

~ius .. colorum decor quo eaedem sunt cortinae distinctae BEDE *Tab.* 425C; †arrius [l. varius], *faag GlC* A 732; farius, *faag Ib.* F 99; **9**.. barius, varius, *fah WW*; cornices nigre vel nulle sunt hic, vel rarissime; omnes fere ~ie GIR. *TH* I 22; unam vaccam veiram et unum circulum galinarum de sporla *Reg. Gasc. A* 315. **b** quorum [sc. elephantorum] Alexander Macedo innumerabiles albo nigro et rubicundo ~ioque colore se in India vidisse .. descripsit *Lib. Monstr.* II 2; in vestibus albis / inclita, sed vario comptim permixta colore ÆTHELWULF *Abb.* 203; stramenta lectorum sint ista .. tapetum unum tenue, non de stragulato colore aut ~io, sed tantum nigro vel quasi *Cust. Cant.* 401; **1453** in uno equo ~ii coloris *Ac. Durh.* 190; **1466** pro certis pannis laneis et lineis ~ii coloris *ExchScot* 423. **c** equos .. precipuis tresdecim coloribus, secundum Isidori distinctionem, spectabiles .. posterioris .. preter hos dignitatis, scilicet ~ios [*gl.*: *veyrous, veytrirus*] BALSH. *Ut.* 46; **1277** pro uno equo ~io qui mortuus fuit in servicio dicti domini W. *Ac. Exec. W. Merton* 125. **d** precipit in ~ia fratres sepelire capella *V. Merl.* 64; **1166** ecclesiam de Egglesbrec, que ~ia Capella dicitur *Illust. Scot.* 13; c**1245** ecclesia que vocatur ~ia Capella *Conc. Scot.* I ccxcix; s**1298** sequitur de bello ~ie Capelle, id est, Faukirk .. apud ~iam Capellam congressum habentes .. sic commisso bello gravi apud dictum ~ie Capelle locum *Plusc.* VIII 28. **e** *a troute, fish*, ~ius, -i LEVINS *Manip.* 228.

2 of or made from vair (fur from a squirrel's winter coat, with grey back and white belly). **b** (as sb. n.) vair, fur from a squirrel's winter coat; **c** (dist. as *grossum*, containing both grey and white fur, *minutum*, white belly fur with only small touches of grey, or *album varii* or sim., white belly fur only). **d** (her.) vair. **e** (transf.) grey (in quot. w. ref. to Cistercian monk's habit).

1138 prohibemus .. sanctimoniales ~iis seu grisiis .. pellibus .. uti *Conc. Syn.* 778; **1164** pro x uln' scarlate et ij sabel' et ij pen' ~iis *Pipe* 21; a**1189** dedit domui .. de Etona unum mantellum ~ium et unam cappam forratam *Danelaw* 247; **1210** pro una penula ~ia ad furrand' tunicam domini regis xx s. *Misae* 142; s**1237** [legatus] ingressus ecclesiam coram majori altari pontificalibus se induit, sc. superpellicio et desuper capa chorali, pellibus ~iis furrata, et mitra M. PAR. *Maj.* III 416. **b** sandaliis suis non aurum tantum appinxerat sed et ~ium et grisium insuerat W. CANT. *Mir. Thom.* VI 69; Norwegi, Russi, varium, grysium, sabelinas [mittunt] W. FITZST. *Thom. prol.* 12; quicquid ibi de ~io et grisio atque cuniculis inventum fuerit GIR. *RG* III 3; **1351** quidam [prelati] in capuciis vel almuciis furruras gestant de ~io vel de griso (*Const. Cap. Gen.*) *G. S. Alb.* II 451; **1382** aliud indumentum absque manicis foderatum cum bayro pro una tunica, foderata cum pellibus agnorum, unam furreram de bayro pro una supertunica *Foed.* VII 356b. **c** **1190** pro .. penul' de albo ~ii *Pipe* 17; **1205** fac habere domine regine .. j furruram de minuto ~io et j parvam ollam eneam et viij manutergia *Cl* I 10b; **1256** faciant habere .. scissori regis quantum opus fuerit de grosso ~io et scendallo ad .. pelicem inde faciendum *Cl* 1; **1280** unum supercoopertorium de scarleto, furratum de minuto verio *SelPlJews* 111; **1286** in .. furris minuti verri, ciij furris de grisii et grossi ~ii *Rec. Wardr.* 2348; c**1305** cum pellura de verreo minuto pro capucio .. Elene *G. S. Alb.* II 81; **1374** computat .. in empcione xxx[ta] grossi ~ii, minuti ~ii, de grece et pure, varii precii *ExchScot* 466; **1432** quod nullus studens .. utatur pellura de minutis ~iis seu de puro albo vel de puro griseo *StatOx* 239. **d** de area variegata, al. ~ia SPELMAN *Asp.* 87 *tit.* **e** secundus monachus colore varius TRYVYTLAM *Laus Ox.* 365.

3 composed of two or more different elements, varied, multifarious, diverse. **b** (of opinion, report, or sim.) diverse, conflicting.

quos [sc. onocentauros] sic diversorum generum ~ia naturaliter conjungit natura *Lib. Monstr.* I 10; iste liber vario sensus sermone patescit / diversos ALCUIN *Carm.* 76. 1; ~ia multitudine clericorum et laicorum W. MALM. *GR* V 427; tunice nostri Joseph pulcherrimam varietatem et ~iam unitatem AILR. *Serm.* 42. 1. **b** quondam Headda presul cum quibusdam clericis et laicis ad Guthlacum venit, inter quos de beato viro ~ia locutio obiter fuit ORD. VIT. IV 15 p. 275; **1167** ~ius .. rumor est, aliis asserentibus cardinales fideliter pro ecclesia Dei laboraturos, aliis dicentibus quod proposuerunt distrahere ecclesiae libertatem J. SAL. *Ep.* 223 (224); templi ejus [sc. Jani] aperiendi vel claudendi ratio juxta Servium ~ia est ALB. LOND. *DG* 4. 9.

4 (esp. w. pl. sb.) of different sorts or kinds, varied, divers, various. **b** (abl. sg. n. as adv.) in different ways, variously.

praesens et absens demoniacos sanavit et alios ~ios languores curavit *V. Cuthb.* III 1; eripit et miseras varia de peste catervas WULF. *Swith.* II 1165; [interrogabilia] multiplicia .. discernet ~ia .. simplicium coaptatio BALSH. *AD rec. 2* 166; **1156** quieti sint .. de murdredis et de ~iis ad murdredum pertinentibus *Ambrosden* I 157; ~iarumque gentium originalem a puncto lineam ducere GIR. *TH intr.* p. 7; per assentationes ~ias et versutias, blandisque verbis et deceptoriis .. cum effectu persuasit *Id. Spec.* III 2; **1327** in solucione facto Taskyno, mercatori de Brudgis .. pro ~io colore empto pro pictura camere domini regis *ExchScot* 77; **1437** assertionibus hujusmodi tam ~iis tamque contrariis .. Christi fidelium animos nutantes redditis et perplexos BEKYNTON II 40. **b** epistole .. ~io et disperso [v. l. diverso] per schedulas collecte A. TEWK. *Prol. Thom.* 300.

5 (esp. w. pl. sb.) different in each case, on each occasion, or sim., various (also repeated).

sunt mihi diverso varia sub tempore fata *Aen. Laur.* 1 (*Homo*) 1; et volucres varia Phoebum sub voce salutent ALCUIN *Carm.* 58. 51; in qua [sc. musica] sic utinam mihi commodus usque fuissem / quam gratus variis auribus ipse fui! L. DURH. *Dial.* IV 104; similiter et una persona plerumque seu res quevis binomia vel trinomia ex causis ~iis ~iis sic nominibus censita H. BOS. *LM* 1364; juxta situs ~ios ~ia vocabula sortiri solent GIR. *TH* I 6.

6 changeable, fluctuating (esp. w. ref. to fortune or circumstance). **b** (of person) changeable or (esp. unpredictably) diverse in behaviour, wavering, fickle.

qui et ipse ex eo tempore gentis ejusdem regno annis xx et ii[bus] ~ia sorte praefuit BEDE *HE* II 20; non vos conturbet .. inconstantia, fratres, / nec mundana quidem gurgitibus variis ALCUIN *Carm.* 9. 98; variis involvimur undis, / incerti qualem mereamur tangere portum *Id. SS Ebor* 1591; bis didicit bini pia dogmata docte fluenti, / ritus paschales, varium lunaeque recursum FRITH. 154; jam .. moribus Anglorum insueverat, qui ~ii admodum pro temporibus fuere W. MALM. *GR* III 245; ~ia .. vicissitudine temporum sed indefitientibus successionibus, congregatione monachorum splenduit locus *Id. GP* II 91. **b** aliquandiu ~ium se prestitit equali lance vitiorum atque virtutum W. MALM. *GR* IV 312; Ludovicus filius Philippi ~ium se prestitit, in neutra parte bene constans *Ib.* V 405; **c1211** nec mirum tamen, si is, qui multiplex et ~ius fuit in religione, nunc mente mutabilis existat et intencione GIR. *Ep.* 6 p. 216; rerum omnium simulator ~ius et dissimulator *Id. PI* II 11.

varix [CL], **~ica** [LL], (also w. *vena*) varicose vein (also anat., as name of vein in the leg, esp. that located behind the knee).

~ix (unde varicosus dicitur, qui ~icibus id est tortuosis venarum anfractibus in poplite et suris pulparum deformatur) ALDH. *PR* 115; varruces, varruce [facit] *GlC* V 26; ~ix, *omprae* in cruribus hominum *Gl. Leid.* 210; ~ix, *cwydele* vel *hwylca* ÆLF. *Gl.*; ~ex vel ~ica, vena in poplite OSB. GLOUC. *Deriv.* 624; in dolore scie et in podagra et in ~ice *Ps.*-RIC. *Anat.* 44; kilis .. superius circa frontem ramos habet ~ices et venam rectam in fronte RIC. MED. *Anat.* 227; quedam etiam vene salsotes dicuntur et sunt in poplitibus, alio nomine ~ices *Ib.* 228; ~ix, hoc nomen competit duabus venis in duobus locis positis, s. illeus [l. illius] vene que apparet in fronte media et illi [l. illius que] apparet in poplite *Alph.* 189; ~ices, que sunt vene grosse in cruribus GAD. 37v. 2; aliquando vene replentur sanguine melancolico, et fiunt ibi ~ices grosse ad grossiciem digiti *Ib.* 129v. 1; *a vayne*, fibra, sophena, ~ica, ~ix, vena, venula *CathA*; hec varex, -cis, est quedam vena tendens a vertice capitis usque ad plantam *WW*; varicari a venis ~icibus, quae in cruribus grandes, tumidae, et obtortae aliquibus sunt, dictum est COLET *Rom. Exp.* 222.

varletus v. vaslettus. **varnancia** v. vernantia. **varnestura** v. warnestura. **varra-** v. warecta-. **varratum, ~ita** v. warecta. **varren-** v. warenn-. **varruces** v. varix.

varus [CL]

1 bow-legged. **b** (in gl.).

palpo frontosior est meretricibus / qui sepe Sisiphum equat gigantibus, / varum et turpiter distortum cruribus / scaurum balbuciens labellis mollibus WALT. WIMB. *Palpo* 111. **b** varius, -a, -um, inde .. ~us, -a, -um, i. tortus, per sincopam, i. per subtractionem medie littere OSB. GLOUC. *Deriv.* 608; ~us, tortus *Ib.* 624.

2 (in gl., understood as) clever, cunning.

circumspectum, cautus, gnarus, astutus, catus, ~us, providus, cicur, prudens, callidus, senatus, cordatus, strenuus, industris OSB. GLOUC. *Deriv.* 155; vafer, cautus, callidus, astutus, ~us, catus *Ib.* 624; *wyse*, altus, argutus .. faber, ~us, gnarus, navus *CathA*.

1 vas [CL], person who stands as surety (guaranteeing meeting of obligation, payment of debt, or sim.). **b** (thing given as) surety.

vades, fidejussores *GlC* V 17; [rex] spondet in hoc fidem suam, et vades inter se et Deum facit episcopos suos EADMER *HN* p. 37; non posse se ad conventiculum factiosorum sine vadibus et obsidibus pergere W. MALM. *GR* II 199; virgo parensque Dei, quorum tu testis et obses / esque relicta vades, sis precor ipsa comes NIG. *Mir. BVM* 2040; **c1210** posuisti te vadem pro me, et dedisti animam et corpus tuum in causam soluti P. BLOIS *Ep. Sup.* 45. 14; vadem se offert pro juvene tota cognacio, et cavere judicio sisti MAP *NC* II 22 f. 31. **b** **s1119** hoc siquidem me servaturum promisi et fidem meam vadem posui EADMER *HN* p. 308; vadem .. hujus posterioris doni per manum sui capellani Gilleberti super altare imponendum transmisit *Chr. Abingd.* II 100.

2 vas [CL], **vasum, vasa**

1 container, vessel; **b** (as measure); **c** (fig., of human body or human being, esp. as receptacle); **d** (*vas electum* or sim., w. ref. to *Act.* ix 15).

surrex si ceciderit in liquorem tollatur inde .. si .. mortua, omnis liquor projiciatur foras, nec homini detur, et mundetur vas THEOD. *Pen.* I 7. 8; eadem nocte in eo ipso vasculo vinum crescere caepit et supereffundi vassis margine ALCUIN *WillP* 18; sacrum insigne [sc. pallium] in vase argenteo deferenti W. MALM. *GP* I 49 p. 90; dum corpus in sarcofagum mitteretur, et violenter quia vas per imprudentiam cementariorum breve et strictum erat complicaretur ORD. VIT. VII 16 p. 254; alvearia, -orum, scilicet vasa cavata in quibus apes delitescunt et mellificant, que Gallice rusce dicuntur OSB. GLOUC. *Deriv.* 34; **c1223** quod fuerit digitis in calice superfusum reservetur in vaso mundo *Ch. Sal.* 148; **s1322** ix Scotos .. ad monasterium secum duxit, qui victualia, scilicet panem, vinum, et cerevisiam, quam capere volebant in suis vasiis propriis secum suis ducibus detulerunt *G. Ed. II Bridl.* 80; **1371** vendidit vinum per vasas vocatas *ryvettes* que non continent mensuram legalem per estimacionem *SessPLincs* 161. **b** **1209** liber homo dabit ad molendini multuram sextum decimum vas vel vicesimum vel tricesimum secundum quod feodatum est *APScot* I 381; **a1250** si aliquod bladum de grangiis venerit et ad grangias redire debuerit, fiet ad molendinum pro vicesimo quarto vase *Deeds Newcastle* 43; **1281** faciendo mineram plumbi .. unde dominus rex solebat percipere *le lot mine*, id est tercium decimum vas etc. (*Derb*) *JustIt* 152 r. (B/1) 11; summa butiri eodem term. vij vasa et dim. precium xxv s. *Surv. Denb.* 223; **1587** quamlibet octavam bollam sive vasum stanni (*Cornw*) *Pat* 1301 m. 17. **c** ita ut vas Dei quondam in ministerio preparatum vertatur in zabuli organum GILDAS *EB* 34; plurimos eorum quos deceptos tenuerant praedicando eripiunt ac de vasis irae in vasa misericordiae [cf. *Rom.* ix 21–3] transferunt BEDE *Cant.* 1134B; **c801** esto .. vas sanctarum nobile scripturarum et caelestis cubile sapientiae ALCUIN *Ep.* 241; fremit .. hostis antiquus jure pristino nunc demum spoliandus; vasa iniquitatis sue in omnes et per omnes excitat OSB. BAWDSEY clxxvii; cur, cum migrat sponsus, hic maneo? / cur plus moror hoc vase luteo? J. HOWD. *Ph.* 463; homines .. vas illud maledictionis [sc. Pilati cadaver] a se removerunt *Flor. Hist.* I 113. **d** quis ex vobis .. ut vas electionis magisterque gentium electus capite plexus est? GILDAS *EB* 73; te [sc. papam] nostris temporibus tam glorificum electionis vas regimini totius aecclesiae praeficere dignata est HWÆTBERHT *Ep.*; haec loca sancta tenet praeclarus in orbe magister, / Paulus .. / vas sophiae electum ALCUIN *Carm.* 109. 17. 3; non ignari quid vas electionis insinuet W. MALM. *GP* I 35; eum segregavit de utero matris sue .. ut fieret vas electum in numero sanctorum *V. Edm. Rich B* 618.

2 (*vas apum* or sim.) beehive.

ij vasa apum (*Essex*) *DB* II 16v; xxvij vasa apum (*Norf*) *DB* II 136; **1153** omnia vasa apum que fratres eorum invenerunt per totam forestam meam *Regesta* 601.

3 (pl.) equipment, apparatus; **b** (for religious use).

vasa puerorum sancta omnia, id est arma, vestimenta, et ipsa quae ob immittendum forte viaticum gestabant vascula BEDE *Sam.* 651C; vasa castrorum, arma exercituum *GlC* V 51; inter pannos et vasa xx sol. (*Herts*) *DB* I 139rb; tentoria et manticas cum vasis et armis et multimoda suppellectili celeriter abeuntes reliquerunt ORD. VIT. IV 17 p.291; stant campis vacua tentoria, cornipedesque / discurrunt, prede purpura vasa patent GARL. *Tri. Eccl.* 81. **b** rex .. Antiochus .. confringens altare Domini aureum, mensam propositionis, et candelabrum luminis et cetera vasa templi aurea quae invenire potuit BEDE *Hom.* II 24. 248B; ut cum presens vasculum [sc. tintinnabulum] .. sicut reliqua altaris vasa sacro chrismate tangitur EGB. *Pont.* 119; necnon et vasa sancta, et luminaria, aliaque hujusmodi, que ad ornatum domus Dei pertinent, studiosissime paravit RIC. HEX. *Hist. Hex.* II 14; anclabris, -is i. mensa in divinis officiis aptata, cujus vasa etiam anclabria nuncupamus OSB. GLOUC. *Deriv.* 26; altaria .. erant de cristallo, et eorum vascula similiter; scilicet patene et calices, et urceoli, et cetera vassa que pertinebant ad cultum divinum (*Brendanus* 32) *VSH* I 117.

4 (*vas musicorum, cantici*, or sim.) musical instrument. **b** (*vas aeneum*) bell.

organum unius musici proprie nomen est, sed generaliter omnia musicorum vasa organa possunt dici BEDE *Orth.* 38; sicut .. David nostri simphonista vasa cantici habuit OSB. *V. Dunst.* 8; paupertatis nostre .. qui vasa cantici et orationum organa tenere videmur in manibus J. FORD *Serm.* 12. 2. **b** nec minus ex cipro sonitant ad gaudia fratrum / aenea vasa cavis crepitant quis pisula sistris ÆTHELWULF *Abb.* 454.

5 ship, boat, vessel.

vas quod 'Candida Navis' appellatur merito ORD. VIT. XII 26 p. 411; **1242** omnibus magistris bargiarum et aliorum vasorum de insula de Re *RGasc* I 79b; triginta de galeis et aliis vasis aquaticis [v. l. navibus] combusserunt *Flor. Hist.* III 284; **1379** de quolibet vase piscatrice .. de aliis navibus et vasis piscatricibus *RParl* III 391a (=*Pat* 304 m. 2); **s1383** hostes armaverunt quinque vasa bellica, que 'balingarie' appellantur WALS. *YN* 338.

6 (anat.) chamber or vessel of body (esp. applied to organ considered as container). **b** (*vas mulieris* or sim.) female reproductive tract.

si vasa humorum receptacula, verenda scilicet, exsecarentur W. MALM. *GP* II 73 p. 145; vas quod utrumque capit hermofrodita sapit J. BATH 279; si .. nullus livor in urina appareat, longam egritudinem propter defectum caloris in vasis ostendit GILB. I 30. 2; hec vene dicuntur vasa seminaria, inter que ego distinguo; nam sunt vasa seminaria prope testiculos, vene sc. et arterie, et sunt vasa seminaria, vene inter testiculos et virilem virgam que sperma ad exteriora deportant RIC. MED. *Anat.* 230; sunt .. membra similium partium media inter materialia corporis et formalia, quia inquantum recipiunt infusionem continuam humidi nutrimentalis, efficiuntur partes secundum materiam, et in quantum ex radicali humido composita efficiunt organa partes, secundum speciem efficiunt et formam .. et a medicis vasa dicuntur *Ps.*-GROS. *Summa* 522; plectora est replecio intra vasa .. et corpus plectoricum dicitur corpus repletum multis humoribus. cacochima autem dicitur replecio extra vasa *SB* 35. **b** ad formam pedis tu nosces vas mulieris M. SCOT *Phys.* 24; si vas muliebre fuerit ita parvum quod virile membrum non possit intrare T. CHOBHAM *Conf.* 183.

1 vasa v. 2 vas.

2 vasa [cf. OF *vase*, MDu. *wase*], mud-flat.

1277 pecunia nobis debita per quosdam cives Baione racione placearum eis concessarum nomine nostro in basa maris juxta magnam pontem Baione *RGasc* II 31b; **1280** placiam .. in Leyburna .. una cum ~a et kaya et omnibus aliis rebus ad eandem placiam pertinentibus *Ib.* II 105a; **1284** occasione sentencie olim per vos late super basis Baionensibus *AncC* 47/96; **1293** tradendi .. Guilhelmo de Saltu .. unam placeam in .. civitate [sc. Baione] supra wasam, ad eandem edificandam in loco competenti .. vobis .. tribuimus potestatem *RGasc* III 84a; **1305** forestas, nemora, bassas, et alias possessiones steriles vel quasi steriles *Ib.* III 439b; **1308** saltus et landas, paludes, nemora, basas, et alias possessiones steriles .. vel quasi steriles *Ib.* IV 28.

vasallus v. vassallus.

vasarius [CL]

1 (as sb. m.): **a** kitchen servant, scullion. **b** mercenary.

a ~ius in domo commedet; et iij ob. homini suo; et sumarium cum liberatione sua *Domus Reg.* 131. **b** vassarii qui pro mercede militabant *Jus Feudale* 57 (v. 2 infra).

2 (as sb. n.) baggage, equipment.

vassarii nomine Budaeus ait omne illud contineri quod magistratibus in provinciam ituris dabatur ut muli, equi, et reliqua quae magistratus instrumenta complerent; immo ipsa pecunia quae viatici nomine dabatur, vassarii nomine comprehendebatur, hinc vassarii qui pro mercede militabant, id est mercenarii *Jus Feudale* 56.

vasatus [cf. LL bene vasatus], (in gl.).

vas, -sis, unde ~us, -a, -um, i. amplus et expansus Osb. Glouc. *Deriv.* 606; ~us, amplus, expansus, dilatatus, pansus, sinuosus, latus, amplificatus, diffusus *Ib.* 623.

1 vascellum [CL], little vessel, container.

vascillum eligit aurum aureolum / alvique numinis favus alveolum Walt. Wimb. *Carm.* 60.

2 vascellum v. washellus.

vascellus v. washellus. **vascillum** v. 1 vascellum.

Vasco [CL], native of Gascony, Gascon; **b** (passing into name).

sub signis eorum militabant Gothi et Wascones et quicumque populus in Pireneum et Alpes diffunditur W. Malm. *GR* IV 349; Britannos et Guascones, et extremos hominum Gallicios fama .. animavit Ord. Vit. IX 4 p. 479; Hispana rediens aut Vasconis utere lingua, / sed tamen in verbo plus gravitatis habe J. Sal. *Enth. Pol.* 121; c**1240** cum placea sufficiente ad siccariam piscium .. faciendam .. salva siccaria Gasconiorum *Cart. Beaulieu* f. 138; cujus terre [sc. Vasconie] viri dicuntur ~ones, quasi Wacones Higd. I 28. **b** post levita humilis Vasco compleverat illud Alcuin *Carm.* 102. 7; **1217** rex dilecto sibi Bruno Wasconi, salutem *Pat* 43; **1259** Johannem ~onem *Cl* 230.

Vasconia [CL], Gascony.

de ~onia et Arvernia potentes ei transmittebant vel adducebant equos W. Poit. I 13; in cella quadam cenobii Floriacensis que in Wasconia posita hodieque Ad Regulam dicitur W. Malm. *GP* III 115; urbs Baonensis, quam hodie nostra continet Gasconia, Blasconie caput est, unde Hibernenses provenerant Gir. *EH* II 6; ?**1220** G. de Nevile, senescallus vester Pictavie et Guasconie *RL* I 127; **1224** misit senescallum de Pictavia et comitem de Marchia apud Gwasconiam *RL* I 237; ~onia est provincia sub Aquitania olim contenta, habens ab oriente Pyreneos montes, ad occasum oceanum occidentalem, ad eurum planitiem provincie Tholosane Higd. I 28.

Vasconicus [Vasconia+-icus], Gascon. **b** (as sb.) native of Gascony, Gascon.

non tulit id Guasconica ferocitas W. Malm. *GP* III 115; Pictavensium atque Guasconicorum procerum illectus crebris persuasionibus Coggesh. *Chr.* f. 104; **1288** alii milites ~i (*AcWardr*) *TR Bk* 201 p. 70; vini ~i tanta erat copia quod ferme gratis venundabatur Major IV 15. **b** s**1307** quidam Vasconitus genere, Petrus de Gaustone *Flor. Hist.* III 139; s**1317** castrum de Edenburgh per prodicionem Petri Libaut, ~i, custodis ejusdem, Scotti ceperunt *Illust. Scot.* 6; s**1351** Francigeni .. miserunt multa milia electorum .. ~is [v. l. Vasconibus] in occursum Avesb. f. 121.

Vasconiensis [Vasconia+-ensis], Gascon. **b** (as sb.) native of Gascony, Gascon.

1231 pro iiij libr. et xv sol. .. quos furtim .. subtraxit a quibusdam mercatoribus Wasconiensibus *BNB* II 454 (=*CurR* XIV 1721); **1241** pro m et dcc et xlij doliis vini Gallici, Wasconiensis, Andegaviensis, et oblinqui et de Sancto Johanne diversimode emptis *Pipe* 138; **1265** vinum pro militibus: quarta pars unius dolii Gasconiensis *Manners* 81; s**1324** collecto grandi exercitu de stipendiariis militibus, Hispanis, Arragonicis, et Gasconensibus Wals. *YN* 261. **b** s**1242** nec jam, ut antea, ipsum regem Anglie Wasconienses vel diligebant vel commendabant M. Par. *Maj.* IV 231; s**1251** Wasconensium sanguinem more sanguisugarum sitiebant, contra quos Wasconenses sese imperterriti munierunt *Ib.* V 210; **1278** de ~oniensibus fama laborat quod in suis convencionibus .. nimium cavillosi et instabiles existunt *Foed.* II 109a (cf. *CalCl* 493); exigere novas taxas a Wasconiensibus Wals. *YN* 313.

Vasconitus v. Vasconicus.

Vasconius [Vasconia+-ius], Gascon.

1400 dona et exennia .. cuidam viredario juxta Walleshend, xx d. item cuidam Gasconio iij s. iiij d. *Ac. Durh.* 603; **1460** pro j pipa vini Gasconii *ExchScot* 658.

vascularius [CL], (in gl.).

nomina artificium .. hic ~ius, *a turner WW.*

vasculum [CL]

1 small container, vessel; **b** (as measure, in quot., of corn); **c** (*~um trutinae*); **d** (fig., of human body or human being, esp. as receptacle).

p**675** ~a quoque et fialas aut harenosis sablonum glareis aut fulvis favillarum cineribus expianda purgandaque praecipiunt Aldh. *Ep.* 4; pro aculeis et pediculis tolle hederam et fasculum et lac infunde caprinum, et claude clausumque super cineres calidos bullire fac Adel. *CA* 12; non .. existimaverunt sanum ~um invenire quo beata membra recondita erant Byrht. *V. Ecgwini* 395 (*recte* 385); quos [sc. solidos] .. numerat et sic disponit eos in ~um ignitorum cinerum quod in fornace est *Dial. Scac.* I 6G; habet .. secum Joseph in sarcofago duo fassula alba et argentea, cruore prophete Jhesu et sudore perimpleta (*Joseph ab Armathia*) *NLA* II 82. **b** ibi molin' redd' xxiiij^{or} ~a frumenti (*Salop*) *DB* I 259va (cf. *DB* I 260ra: molin' redd' modium frumenti); **12..** predicti .. magister et fratres dabunt multuram ad vicesimum ~um quando et quamdiu ad molendinum meum molere voluerint (*Cart. Hosp.*) *Surtees Soc.* XCV 198; **1511** tenentes dictarum villarum non solvent nisi quadragesimum ~um *Reg. Aberd.* I 376. **c** mitti in unum ~um trutine libram ponderis, in alterum .. de denariis quod oportuerit *Dial. Scac.* I 6G. **d** c**800** mundandum est cor a conscientia totius mali, ut dignum habeatur sapientiae ~um Alcuin *Ep.* 293; annus .. tercius decimus ab obitu sacre virginis recondiderat terre illud aureum ~um divine habitationis Gosc. *Edith* 265; non sustinuit pietatis ~um diuturnum impiorum cruciatum *V. Fridesw. B* 10; juvent me pueri, quorum sunt cordula / beati numinis beata vascula Walt. Wimb. *Palpo* 165.

2 (*~um apum* or sim.) beehive.

ibi alii x bord' pauperes et molin' de vj solid' et custos apium xij ~orum (*Heref*) *DB* I 180vb; sportellas, retia, et apum ~a texere et mattas flectere Rob. Bridl. *Dial.* 154.

3 (pl.) equipment, apparatus; **b** (for religious use).

oratio super vasa in loco antiquo reperta. .. haec ~a, arte fabricata gentilium, sublimitatis tuae potentia ita emundare digneris ut .. sint tuis fidelibus .. utenda Egb. *Pont.* 125; **1164** ~a .. habebam pauca fere quinque marcarum, omnibus hospitii nostri sociis satis nota J. Sal. *Ep.* 134 (136). **b** cotidie sacrificium Deo victimae salutaris offerebant, habentes secum ~a sacra et tabulam altaris vice dedicatam Bede *HE* V 10; altaria .. erant de cristallo et eorum ~a similiter, scilicet patene et calices, et urceoli, et cetera vassa que pertinebant ad cultum divinum (*Brendanus* 32) *VSH* I 117.

4 bell.

ut cum hoc ~um .. ad invitandos filios aecclesiae preparatum fuerit .. ubicumque sonuerit hoc tintinnabulum .. longe recedat virtus inimicorum Egb. *Pont.* 118; **9..** dum hujus ~i sonitus transit per nubila (*Pont. Claudius*) *HBS* XCVII 58.

5 (anat.) chamber or vessel of body (esp. applied to organ considered as container).

attendat locuples qui vacat epulis, / qui ventris vasculum extendit vesculis Walt. Wimb. *Sim.* 93.

vascus [dub.], (in gl.).

vasto .. unde .. vastus, -a, -um, i. magnus vel inanis .. et hic ~us, -ci, i. inanis et nugatorius Osb. Glouc. *Deriv.* 616; ~us, inanis *Ib.* 623; ~us, nugax, nugatorius, nugigerulus, gerroneus, vaniloquus *Ib.* 625.

vaselium, ~ella v. vessellum. **vasilona** v. valiso.

vasis, *var. sp. of* 1 *basis.*

in vase [*sense 1*] quadam lubrica et instabili pedes fixit .. super vasim ubi pedes tenebat, vidit x aspidum capita inde prodeuncia O. Cheriton *Fab.* 78.

vasium v. 2 vas.

vaslettus [AN *vaslet, vadlet, vallet,* OF *varlet*, cf. vassallus]

1 servant or office-holder in household of nobleman; **b** (w. office or role specified). **c** young man (esp. of noble birth) serving a lord. **d** boy in king's ward.

1184 in custamento valettorum et avium regis qui moram fecerunt apud Theokesberiam *Pipe* 111; **1205** duobus vatletis custodibus suis *Cl* 34a; **1214** rex recepit per manum Mathei vadleti sui litteras suas patentes per quas castrum de T. ei reddidit *Pat* 120; **1229** rex concessit Willelmo May, valleto suo, terram quam Gilebertus de Montibus tenuit de rege .. ad se sustentandum in servicio regis quamdiu regi placuerit *Cl* 209; **1254** terram .. quam .. dedimus Alexandro, vatletto Edwardi, filii nostri, tenendam ad vitam suam *RGasc* I 500b; **1284** [J. de B.] manum .. walleti nostri .. in assultu premeditato .. amputavit *IMisc* 43 (34); **1293** in expensis vallatti senescalli euntis usque Elgyn in Morewe pro seisina terrarum de Abrondalyn capienda *Doc. Scot.* I 411; **1302** Thomas vallottus E. S. .. cognovit se .. furatum fuisse supertunicam domini sui *Gaol Del.* 38/3 m. 1d.; **1303** ad respondendum Coppo Cotenni, vahlecto Willelmi Coventrensis et Lichefeldensis episcopi .. de placito .. *Law Merch.* II 69; s**1377** pauci de verletis et garcionibus Scotorum de nocte ad exercitum Anglorum clanculo accedentes Bower XIV 38; s**1377** quidam astuti garciferi, varleti, ac juvenes patrie *Plusc.* X 2. **b** **1242** Radulfo de Heydon' vadletto de butelaria regis *Pipe* 248; **1243** Hugoni Frounceys, vadletto de dispensaria regis *RGasc* I 202b; **1260** Hugo de Radiing', vadletus coquine regis *Cl* 125; **1300** preequitatoribus vallettriis de currubus regine et domicellarum *AcWardr* 103; vallettis camere regine, panetrie, napperie, et aliis garcionibus de familia dicte regine non percipientibus robas *Ib.*; **1315** dilectus valettus noster ad arma Garsias Arnaud' de Bascle *RGasc* IV 1461; camerarius abbatis .. nocte et die presens esse debet; et, si exierit, dicere debet valeto camere ubi, si opus est, poterit inveniri *Cust. Cant.* 53; **1400** dona et exennia .. cuidam clerico domini regis et valect' de armis nove parrand' xl s. *Ac. Durh.* 602; **1419** Willelmo Crofton, vallato camere domine Johanne regine Anglie (*KR Ac*) *JRL Bull.* XXVI 86; c**1472** de valectis corone; de valectis camere regis *BBHouseh* 77; c**1472** de valectis capelle; de pueris capelle *Ib.* 78; equitavimus per villam Trewro pernoctando cum Otys Phylipp valecto corone regis W. Worc. *Itin.* 38; **1537** et sol' Roberto Whitehed, valecto cellarii vini domini prioris, Lionello Smyth, valecto usher, Roberto Thomson, valecto coco .. Nicholao Newsham, valecto parve domus .. Ricardo Todd, valecto stabuli domini prioris .. Nicholao Huchynson, valecto promptuarii, Johanni Capper, valecto refectorii *Ac. Durh.* 703. **c** **1217** idem Radulfus tenebit in servicio domini regis Geroldum et Radulfum, milites, filios suos .. et .. deliberetur a custodia domini regis Thomas filius .. Radulfi, ~us, qui .. morabitur in servicio domini regis cum predictis .. fratribus suis *Pat* 108; **1242** mandatum est Rogero de Ros quod provideat de robis et lecto ad opus Iteri, vadlecti Willielmi Archiepiscopi, quem dominus rex cingulo militari cinget *RGasc* I 9b; **1300** item in donis pro communitate familie domini Petri de Leycestria [justiciario] .. item vallectis predicti domini Petri .. item viij garcionibus ejusdem domini Petri .. item ij *pages* .. item iij clericulis et ij garcionibus *Rec. Leic.* I 234. **d** s**1198** de dominabus et de valectis et puellis que sunt .. in donatione domini regis R. Howd. IV 62; **1201** loquendum eciam de quadam puella cujus terra valet iiij marcas; est de donatione domini regis: et de j valetto cujus terra valet vj marcas, qui est de donatione regis *CurR* I 414; **1220** salvis .. suis custodiis et escetis de vadlettis et puellis que exciderunt in manus ipsius *Pat* 267; de puellis vel vallettis qui sunt vel esse debent in custodia regis, si sint maritati vel maritandi et cujus etatis fuerint *Fleta* 24; **1321** de vallectis integrum feodum militis tenentibus, et plene etatis existentibus, militibus faciendis *MGL* II 350.

2 servant of or assistant to craftsman or merchant, (also) journeyman.

1230 pauper valletus itinerans *CurR* 457; c**1243** cornua wadletorum valuerunt vij marcas per veritatem mercatorum *Law Merch.* II lxxxvii; in vj ulnis et dimidia canabi emptis de Henrico valleto Walteri de Cugate .. in tribus lagenis olei emptis de Henrico valleto Walteri de Cugate *Ac. Galley Newcastle* 175; **1303** si litteras non habeant, stetur in hac parte ipsorum mercatorum, si presentes fuerint, vel valettorum suorum, in eorundem mercatorum absentia, juramentis *MGL* II 210; **1419** annullacio de libertate valettorum de arte cissorum *Ib.* I 727.

3 vassal.

1205 scias quod dedimus Gaufr' de Kaleto valeto nostro terram que fuit Arnulfi de Maunua apud Edburgesbir' *Cl* 25b; **1232** sciatis quod reddidimus Griffino filio Wenunweni, vadletto nostro, terram que fuit ipsius Wenunweni in Aisford' *Cl* 70; **1237** rex concessit Henrico de Turri, ~o suo, custodiam xxvj solidatarum .. redditus .. quas Gregorius de Turri, avunculus ejus, tenuit de rege in capite, una cum custodia et maritagio heredis ipsius Gregorii *Cl* 481.

4 man of rank below gentry, yeoman.

1237 implacitaverunt quemdam valletum in Grimesby de eodem tenemento *BNB* III 217; fuerunt .. capti apud Dumbar tres comites .. barones et milites circa triginta sex, waleti circa c, qui omnes in Angliam captivi ducti sunt B. Cotton *HA* 312; Robertus Cnollis, ex vulgari valetto .. mox factus ductor militum Wals. *YN* 302; **1426** quod milites extunc eligendi milites notabiles .. seu saltem notabiles armigeri hominesve generosi de natu, et nullus homo de gradu valetti et gradu inferiori de essendo miles hujusmodi existant *Dign. Peer* IV 913; in ea [sc. Anglia] villula tam parva reperiri non poterit in qua non est miles, armiger vel .. *frankeleyn* .. necnon libere tenentes alii et valetti plurimi suis patrimoniis sufficientes ad faciendum juratam in forma prenotata. sunt namque valetti diversi in regione illa qui plusquam sexcenta scuta per annum expendere possunt Fortescue *LLA* 29; s**1485** duo .. valecti partium occiduarum regni, pater et filius sub Brecher vocabulo appellati .. laqueo suspensi sunt *Croyl. Cont. C* 575.

vaspa v. vespa. **vassa** v. 2 vas. **vassalamentum** v. vessellamentum. **vassalis** v. vassallus.

vassallagium [vassallus+-agium], (state of) being or (act of) becoming a vassal, vassalage.

s**1216** barones .. postquam cognoverunt quod dominum papam pro subjectione regni et ~io regis inclinati validum haberent persecutorem *Flor. Hist.* II 158; **1303** qui juramenta fidelitatis seu ~ii vel alia promiserunt *Reg. Wint.* II 555; **1313** homagia, vassallargia, fidelitatum juramenta *RGasc* IV 973 p. 262a; quod .. in Ytalia et alibi vocatur ~ium, in Francia et Anglia vocatur homagium Upton 43.

vassallargium v. vassallagium.

vassallulus [vassallus+-ulus], mere vassal.

s**1244** quis Christianorum ignorat, principem Wallie regis Anglie esse vassalulum? M. Par. *Maj.* IV 324.

vassallum v. vessellum.

vassallus [AN *vassal*, cf. vassus], one who holds lands from a superior on condition of homage and allegiance, vassal.

Ælfred .. cum paucis suis nobilibus et .. cum quibusdam militibus et fasellis .. in magna tribulatione inquietam vitam ducebat Asser *Alf.* 53; Ælfred .. de ipsa arce .. cum nobilibus fassellis Summurtunensis pagae contra paganos infatigabiliter rebellavit *Ib.* 55; s**924** recuperationem cujusdam hereditarii libri fasallo meo Tata Æthehumflo *Chr. Abingd.* I 57; **967** (11c) ego Eadgar rex Anglorum .. uni meo fideli vasallo nomine Ƿulfnoð Rumuncant aliqua [*sic*] terrae portionem .. concedo *CS* 1197; fasellus, i. .. *geneat GlH* F 26; non potest ~us dominum suum infestare salva fide homagii sui Glanv. IX 1; monachos .. tanto contemptui habere cepit quod non propriis nominibus nec monachos, sed caniculos, ~os, et ribaldos nominare consueverat *Chr. Evesham* 105; s**1216** papa Innocentius tertius semper in litteris suis vocavit predictum regem Anglie ~um suum *Leg. Ant. Lond.* 203; **1289** salvis .. nostris .. juribus .. et aliis deveriis que dominus habet et habere debet in suo feodo et vassello, secundum foros et consuetudines Burdegale *RGasc* II 492b; **1360** David Brown filius et heres quondam domini Johannis Brown militis, vassalus ecclesie nostre de terra de Corchrony *Reg. Aberd.* I 87; **1446** me, regis Scocie vassalem et fidelem *Pri. Cold.* 157.

vassal- v. vassall-. **vassarius** v. vasarius. **vassellum** v. vessellum. **vassellus** v. vassallus. **vassis** v. 2 vas. **vassulum** v. vessellum.

vassum, *var. sp. of* bassum.

1298 et in iiij collariis emptis pro equis carectatis, xvj d. et in sellis et vassis emptis, xviij d. *Ac. Lenton* 26.

1 vassus v. bassus.

2 vassus [cf. Gaulish *-vassus*], one who holds lands from a superior on conditions of homage and allegiance, vassal.

802 nec ullus ex ~is sancti Martini ibi fuit nisi unus, Amalgarius nomine Alcuin *Ep.* 249; quidam ~us Hilduini comitis nomine Guarembertus mala voluntate plenus erat Ord. Vit. III 13 p. 137.

vastabilis [CL vastare+-bilis], capable of laying waste or causing devastation.

vasto, -as, verbum activum, inde .. vastabilis Osb. Glouc. *Deriv.* 616; **1314** ne in collegio vestro .. alicujus succrescentis herbe ~is contagio fame vestre odorem reprimat *Reg. Durh.* I 631.

vastamen [CL vastare+-men], (in list of words deriv. from *vastare*).

vasto, -as, verbum activum, inde .. vastatio, vastabilis, hoc vastamen, -nis Osb. Glouc. *Deriv.* 616.

vastanter [CL vastans *pr. ppl. of* vastare+-ter], (in gl.).

depopulanter, i. vastanter Osb. Glouc. *Deriv.* 436.

vastare [CL]

1 to make (place or sim.) desolate, (in quot., p. ppl. as adj.) desolate, bare, waste, uninhabited, untenanted.

terra est j car' sed wastata est (*Bucks*) *DB* I 151va; cccxxviij mansiones ~ate sunt in burgo que TRE scottabant ad geltum regis (*Suff*) *DB* II 290r.

2 to ravage, lay waste to (place); **b** (of animal, natural force, or sim., also transf.). **c** (leg.) to damage, destroy, 'waste' (crops, property, or sim.).

vaticinabatur .. quod ter centum annis patriam .. insideret, centum vero quinquaginta .. saepius ~aret Gildas *EB* 23; Ecgfridus rex Pictorum regionem depopulans .. ~abat *V. Cuthb.* IV 8; quo tempore gravissima Sarracenorum lues Gallias misera caede ~abat Bede *HE* V 23; tunc primitus Normanni Britanniam et alias terras ~averunt Ord. Vit. V 9 p. 357; debachantur et vastantur orti, campi, aratra / dominatur et minatur mites manus barbara Will. Glasg. *Sum.* 9. **b** neque enim solam carnem meam putredo ~abat, sed ossa quoque ac medullas J. Ford *Serm.* 22. 6; **1255** terre et prata ~antur per feras domini regis, ita quod nullum inde habent proficuum nec habere possunt *SelPlForest* 25; **1403** prata .. per excessivas exaltacionem et structuram gurgitum molendinorum .. impediebantur, inundebantur, ~ebantur [*sic*], et destruebantur *Cl* 251 m. 22*d*. **c** si nemora sic excisa sint ut subsistens quis in vix extanti succise quercus vel alterius arboris stipite circumspiciens v succisas viderit, vastum reputant, hoc est ~atum, per sincopam sic dictum *Dial. Scac.* I 13; **1187** ipse Galfridus juravit .. quod non ~abit terram illam nec in virgultis, nec in edificiis, nec in aliis pertinentiis suis *Cart. Rams.* I 122; s**1201** Johannes rex .. homines regni .. ad redemptionem coegit, imponens eis quod per eos gwastata erat foresta W. Coventr. II 181; **1219** ita quod de bladis aut aliis catallis in terra illa inventis nichil amoveatur vel wastetur (*PlRJews*) *DocExch* 313; ?**1280** boscus Felicie de Radeford' .. vastatur de veteri, et iterum de novo per eandem .. boscus Willelmi de Bello Campo de Alencestere ~atur de veteri, et iterum omnino devastatur per eundem Walterum de novo .. et per Rogerum Careman et Willelmum Daybond, qui fuerunt wodewardi ejusdem bosci per eorum vendiciones et dona *SelPlForest* lxxxiii.

3 to ravage, slaughter, destroy (person or population). **b** to assail, harass. **c** to ravish, rape. **d** to ravage mentally or morally, corrupt. **e** to make destitute.

disponens Saul inruere super Philisthiim nocte et ~are eos usque ad internecionem consulit oraculum Domini [cf. *I Reg.* xiv 36] Bede *Sam.* 592A; morbo vastante Britannos Alcuin *SS Ebor* 722; si non ~averit aliam gentem discedens a sua regione in illam, vocansque eam in pugnam (*Ciaranus de Saigir* 35) *VSH* I 232; ~atis .. militibus ejus, octaginta de optimatibus suis alligati sunt (*Munnu* 22) *Ib.* II 234. **b** uxor a demonio vexabatur nimis. illa .. multum ~ata et usque ad exitum mortis coangustata *V. Cuthb.* II 8; auferat humanis Deus istam mentibus ydram, / tale homines ut non vastet per saecula monstrum Bonif. *Aen.* (*Ebrietas*) 292; ab his itaque tribus plagis humanum genus miserabiliter ~abatur Ailr. *Serm.* 28. 24. **c** si puella aliqua desponsata sit, et interea ~etur, vel aliquibus casibus pellatur, sit ejus cui disponsata erat (*Ps.*-Egb. *Pen.*) *Conc.* I 130a. **d** universa per eos [sc. spiritus immundos] .. humani cordis itinera, quae triplici divisione constant, misere ~anda produntur Bede *Sam.* 581A; pontifices multos temptans per devia duxi / candida ut meritis non scandant atria caeli, / presbiterosque simul vastans per lucra peremi Bonif. *Aen.* (*Cupiditas*) 210; quid prodest tam munita sublimitas, si que intus sunt, fames et fastidii ~at crudelis egestas? G. Hoyland *Serm.* 136D; propter quod nimis efficeris pusillanimis et tristis, turbatus et iratus; disceptationibus amaris, susurris, iniquis comminationibus, objectionibus, responsionibus, intrinsecus miserabiliter ~atus Ad. Scot *QEC* 844B; cogitatio illicita .. violenter se ingerens, vehementer te ~averit, in tantum ut mentis ab ea non possis oculum avertere *Ib.* 879D. **e** ad hoc manerium pertinet una virga in Wiche quae reddebat xxv sext' salis. Ursus vicecomes ita ~avit homines quod modo reddere non possunt sal (*Glos*) *DB* I 163vb; isti [sc. burgenses] fugientes et alii remanentes omnino sunt ~ati, partim propter forisfacturas R. comitis, partim propter arsuram, partim propter geltum regis, partim per Walerannum (*Norf*) *DB* II 117v.

4 to waste, squander. **b** (intr.) to go to waste, or *f. l.*

adolescens, Wlwinus vocabulo .. qui a consumptione tritici '~ans annonam' agnomen habuit [cf. W. Malm. *GR* II 224: Wlwinus quidam cognomento *Spillecorn*] Osb. Clar. *V. Ed. Conf.* 16; surgentes mane non vastant tempus inane Garl. *Mor. Scol.* 379; **1325** dictus Johannes retinet penes se forisfacturas et attachiamenta facta pro execucione curie domini et eis utitur et ~at et expendit in dampnum et prejudicium domini et vicinorum *CBaron* 141; vinum abbatis, intus vel foris, ~ari non permittat *Cust. Cant.* 52. **b** **1333** Waltero de Bury pro factura dicti ferri .. et ~abat in igne fere dimidia pars *KR Ac* 469/12 m. 12.

vastatio [CL], (act of) ravaging, laying waste. **b** (leg.) damage, destruction (of crops, property, or sim.), 'waste'.

de defensione itemque ~one, de secunda ultione tertiaque ~one Gildas *EB* 2; hujus plagae [sc. diluvii] audita ~one horribili paucorumque liberatione mirabili quisquis emendatius vivere coeperit Bede *Hom.* I 14. 71B; cessante ~one hostili *Id. HE* I 14; c**800** non est diabolo facilis ~o domicilii in quo est habitatio Christi Alcuin *Ep.* 300; ut illius crudelissime ~onis adhuc ostendantur monimenta Map *NC* IV 15 f. 56v; **1384** non plus de dictis firmis de Dromfres, quia villa fuit in manu regis per combustionem et ~onem Anglicorum non assedata *ExchScot* 125; **1464** et non plus .. propter guerram et invasiones Scottorum et propter ~onem factam per rebelles domini regis Edwardi regis Anglie *Feod. Durh.* 98. **b** **1091** nulli licuit in Normannia pro calumnia terre domum vel molendinum ardere vel aliquam ~onem facere vel predam capere *EHR* XXIII 507; ?a**1189** (1267) immoderata wastatione *CalCh* II 82; **1206** habebunt sibi necessaria in predictis boscis sine ~one et destructione foreste mee *Ch. Chester* 341; **1453** obfuimus sibi .. precipue in hiis tribus; in ~one boscorum, in manumissione nativorum, et in nimium diminuta granorum provisione *Reg. Whet.* I 117.

vastator [CL]

1 one who ravages or lays waste (also fig.).

sicut et Aegypti ~or angelus Bede *Sam.* 609B; hostis rex Pendan, fortis virtute doloque, / occisor fratris, regni et vastator acerbus Alcuin *SS Ebor* 519; ~or est spiritus fornicationis, ~or superbie demon, ~or incentor gule, ~ores avaritie estus, ire impetus, tristitie languor, invidie pestis, fastus ambitionis (Ailr. *Serm.*) *CC cont. med.* IID 262; pastores nostri .. non pastores sed ~ores Gir. *GE* II 34 p. 333; si Meleager aprum stravit Calydonie ~orem P. Blois *Ep.* 56. 170B; custodit populum populator, predia predo / et vastas vastator opes H. Avr. *Poems* 127. 183.

2 wastrel, spendthrift.

Gundulfus .. non adeo curam suis rebus impendere, sed habita frequenter ab re distribuere, in tantum ut non modo largus atque beneficus, verum etiam prodigus atque ~or a nonnullis estimaretur Eadmer *V. Anselmi* I 1.

vastatorie [LL vastatorius+-e], (in gl.).

dilapidatorie, sparsim, vastatorie Osb. Glouc. *Deriv.* 177.

vastatorium v. valcatorium.

vastatorius [LL], that ravages or lays waste.

'cum carbonibus desolatoriis' [*Psalm.* cxix 4], id est ~iis Alcuin *Exeg.* 620C; vasto, -as .. inde vastator, -oris, unde ~ius, -a, -um Osb. Glouc. *Deriv.* 616.

vastatrix [CL], one (f.) who ravages or lays waste (also as adj. f.).

de duabus gentibus ~icibus Gildas *EB* 2; a**705** haec miserrima patria lugubriter invidia ~ice deformatur *Ep. Aldh.* 2 (7) p. 495; atque ego 'virtutum vastatrix impia' dicor Bonif. *Aen.* (*Invidia*) 317; pestem sustinuit ~icem civitas Romana Osb. Clar. *V. Ed. Conf.* 18 p. 102; Diana irata quandam eis bestiam immisit agrorum ~icem *Natura Deorum* 117.

vaste [CL], to an immense degree, on a grand scale, prodigiously.

in aliis multis monachorum mansionibus quas ipse solers et sophyrus ~e per ruras rimando explorabat HUGEB. *Will.* 6; quoddam .. ex naturali telluris hiatu vel forsan ex procellarum concavatione precipitium ~e patens .., quod quidem barathrum .. Malfosse nuncupatur *Chr. Battle* f. 10v.

vastellarius v. washellus. **vastellus** v. 2 wastellus. **vastere** v. vastare.

vastina [CL vastus+-ina; cf. AN *gastine*], wasteland.

1160 ex dono Odonis de Bolthebi wastinam de Hestescheith, cum terris et pascuis adjacentium villarum *MonA* V 283b; c**1168** precipio quod .. omnia nemora et gwastina [v. l. gwastinia] sua sint sub defensione prioris et custodia necnon et monachorum de Collingaham *Regesta Scot.* 46; c**1175** chaciam meam cum tota wastina mea que ad illam pertinet *Ib.* 154; xiiij acre de †guastiva [l. guastina] sunt in dominio *RDomin* 65; **1274** dominus rex consuevit tenere in dominico in villa de Basingestok .. quandam wastinam cum terra arabili .. continentem circiter cclxvij acras terre *Hund.* II 220a.

vastitare [LL], (in gl.).

vastitare, sepe vastare OSB. GLOUC. *Deriv.* 625.

vastitas [CL]

1 (state of) being desolate, bare, waste, uninhabited, or untenanted, desolation, (also) desolate conditions, place of desolation.

squalentis heremi ~atem lustraturus ALDH. *VirgP* 29; calvities erat pro gramine, sterilitas pro germine, ~as pro ubertate GOSC. *Transl. Mild.* 17; Buamundus .. modico quod depredaretur invento, alia conscendit montana, sed in tantam terra jam redacta fuerat ~atem ut multi vacui remeaverint ORD. VIT. IX 9 p. 523; ad boreales et inexscrutabiles Connactici maris ~ates GIR. *TH* III 26; jus secandi vel falcandi in foresta vel bosco alicujus vel aliis ~atibus ad rationabile estoverium suum BRACTON f. 231; si .. turbaria vel brueria, herbagium, pascua, boscus vel ~as communis sit inter participes *Fleta* 266; Johannes pilis cameli utebatur, hominum conversationem fugiens, eremi ~ate contentus ALEX. CANT. *Dicta* 155; **1444** onerat se de iiij li. per firmas et exitus dicti burgi [Northberwic] .. et de nichilo plus propter ~atem dicti burgi *ExchScot* 157; **1460** eidem, pro ~ate terrarum de Bradwic, Blarebeg, et Dunbrach in eadem insula de Arane, eo quod dicte terre non poterant assedari de termino compoti, liij s. iiij d. *Ib.* 12.

2 conditions arising from undergoing ravaging, laying waste, or sim.

quiescente .. ~ate, tantis abundantiarum copiis insula affluebat ut nulla habere tales retro aetas meminisset GILDAS *EB* 21; ignis .. incipit .. inducere ~atem LUCIAN *Chester* 55; finis ejus est ~as [cf. *Dan.* ix 26] qua dispersi sunt Judei captivi per universas regiones GROS. *Cess. Leg.* II 9.

3 (state of) destitution.

cumque superhabundasset regalis largitas, penuriam fecit avaricie ~as GOSC. *Edith* 280.

4 vastness (of size or extent), immensity, (also) vast or awe-inspiring size or extent. **b** size, extent.

quae effari sublimiter / odes hujus inormiter / surgens nempe prolixitas / refragat atque vastitas (ÆTHELWALD) *Carm. Aldh.* 4. 74; **797** propter ~atem terrarum vestrarum et extensionem regni vestri ALCUIN *Ep.* 127; corpus [Pallantis] muro applicitum ~ate sui menium altitudinem vicit W. MALM. *GR* II 206; tanta .. velocitate deferuntur [falcones] ut fugitivam aviculam .. per tantam orbis aerei ~atem nec artificiosa nec longa fuga pertinaci ab hoste tueatur GIR. *TH* I 12 p. 38. **b** lacura crissiculum [l. thyrsiculum] habet oblongum ~ate digiti unius *Alph.* 93.

5 (in gl.).

prodiguus, -a, -um, i. consumens, unde hec prodiguitas, -is, i. vastitas OSB. GLOUC. *Deriv.* 460; prodiguitas, vastitas, effusio *Ib.* 479.

vastitudo [CL]

1 waste land, wilderness.

quicquid .. inter Tine vel Tesam flumina exstitit, sola heremi ~o tunc temporis fuit R. COLD. *Osw.* 1.

2 vastness (of size or extent), immensity.

Andronicus .. cum leoni objectus esset qui et ~ine corporis et impetu fervoris .. animos omnium oculosque in se converteret J. SAL. *Pol.* 584B.

vastracium v. batrachium.

†vastucium, *f. l.*

hoc †vastucium [l. nastucium i. e. nasturcium], *welcresse WW.*

vastura [CL vastus+-ura], wasteland.

tunc inquirendum est de boscis forinsecis ubi alii communicant et quantum dominus de istis boscis sibi possit appropriare et quot acre et pro quanto quelibet acra ~e communiter possit apreciari et quantum valeat per annum postquam boscus fuerit prostratus *Form Man* 26.

vastus [CL]

1 deserted, uninhabited, uncultivated, waste, desolate (also w. ref. to sparsity of features, great extent, or sim., also transf. or fig.). **b** (as sb. f. or n.) waste land, uninhabited or uncultivated land, (also) wilderness.

per deserta ~issima fugiunt *Lib. Monstr.* I 48; quattuor hinc decies per vasta silentia mundi / erravit sitiens plebs malefida Deo ALCUIN *Carm.* 69. 85; sedatis fluctibus marine tempestatis, ad id deveni exilii cum mira tranquillitate tam ~i equoris ABBO *QG* 1 (3); in burgo erat quedam ~a domus, hanc accepit Rannulfus filius Walteri de dono regis (*Norf*) *DB* II 117v; non potest pati majorem impletionem, si terra que wasta est non esset restaurata *Chr. Peterb. app.* 164; Alduuinus .. in ~issimo illo saltu quod Malvernum vocatur heremiticam vitam .. exercebat W. MALM. *GP* IV 145; cum .. intrepidis gressibus ~issima loca solitudinis peragrarent ORD. VIT. VI 9 p. 56; numquid in hoc loco horroris et ~e solitudinis vera delectatio? AILR. *Spec. Car.* I 5. 509C; c**1180** in terra gasta *Act. Hen. II* II 181; **1229** accedat ad terram illam .. quam J. rex cum ultimo fuisset in Hibernia dedit Roberto de Mandevill' ~am, incultam et inhabitatam *Cl* 158; **1266** debet fieri diligens inquisicio utrum predicte terre jacuerunt ~e per defectum vicecomitis *ExchScot* 31; **1402** habet licenciam edificandi .. porcheam super quamdam placeam terre ~e *Doc. Bev.* 42. **b** **1129** totum ~um quod est infra has quatuor aquas, videlicet Neth, Thavy, Cloeda, Poncanum *Cart. Glam.* I 75; a**1195** totam illam terram meam .. sicut meum guastum *Feod. Durh.* 106n; c**1226** totum ~um nostrum de Lambremor *Melrose* 227; **1293** concessit .. ut fugam [averiorum] habere posset per unam ~am clausi sui usque in pasturam *CourtR Hales* I 239; **1300** rex .. afforestavit omnes villas de hameletta subscripta cum boscis, ~is, et planis earumdem villarum et hamelettorum *SelPl Forest* 120; **1342** mariscus est ~um *Cart. Rams.* I 183; Paulus primus eremita, seviente persecutione in Christianos, ~am petiit et ibi per xl annos moratus est *Eul. Hist.* I 188; dux Henricus .. venationis causa in hoc ~o aderat *Ib.* I 380.

2 vast, awe-inspiring in size, extent, force, scale, *etc.*

Colossus, qui mole ~issima monstrorum ad instar maritimorum cunctos homines excrevit *Lib. Monstr.* I 3; vastus tunc vulgi clamor ferit aethera nimbi ALDH. *VirgV* 582; dum facinus vastum loculi gestator avarus / in dominum lucis strofa patraverat atra *Ib.* 2587; transiens ~as intercapedines terrarum W. MALM. *GR* II 166; ~o ore inhiantes *Id. GP* V 256; bello peracto et hoste devicto ~um nobis patebit imperium ORD. VIT. IX 14 p. 589; ~um pectus, turgidus venter J. SAL. *Pol.* 388A; memorie ~issimis gaudebat apothecis, ubi que didicisset nulla oblivione perdenda reconderet AD. EYNS. *Hug.* I 2; nec facile invenitur alter eo ~ior aut populosior episcopatus *Ib.* III 1.

3 (as sb. n.) expenditure, (esp. as excessive) waste, squandering.

1156 in wasto xx li. *Pipe* 5; **1159** in wasto domorum regis in Gernem' xx s. *Ib.* 8; **1224** noveritis quod ad nihilum reputo quicquid ibi egerunt [homines regis Francie], preter quod maximum ~um denariorum ibi fecerunt *RL* I 237; ne pistores seu alii servientes .. in combustibili ~um faciant *Obs. Barnwell* 184; domum hospitum cellerarius visitabit, ne sit ibi ~us [? l. ~um] vel defectus *Ib.*; **1430** volo quod expense mee funerales fiant cum omni mensura racionabili, absque ~o et pompa *Test. Ebor.* III 90; **1474** sol. pro ~o iij lib. cere in torticibus ecclesia Sancti Andree Cant. illuminatis et accensis in adventu domini regis in nocte *Ac. Chamb. Cant.* 143; **1506** et petit alloc. de ~is hujus compoti, viz. de Slawghtermanhows, quia pertinet ad officium suum *Ac. Durh.* 104; **1524** et sic rec. exced. expens. cxij li. iij s. vij d. ob. de quibus se exonerat de arrer. hujus compoti vij li. j d. et de iiij li. xviij s. de ~is hujus compoti. et de vj li. xij s. de decasibus hujus compoti *Ib.* 666.

4 (as sb., leg.) damage or destruction (of crops, property, or sim.), 'waste' (esp. as forest offence),; **b** (as subject of leg. process); **c** (as right of king or lord in respect of the tenements and lands of convicted felon).

c**1146** retineo in boscis illis aisiamenta maneriorum juxtapositorum, sine wasto et sine venditione *Ch. Chester* 82; **1198** Lokering' Templariorum debet x s. de veteri ~o et novo .. Radulfus de Belchamp reddit compotum de iiij li. de duobus ~is sicut supra annotatur *Pipe* 73; **1199** quod sint quieti de guastis et reguardis foreste .. per totam forestam nostram in Normannia *RChart* 3b; **1212** terra comitis predicti amerciata fuit pro wastu foreste *Cl* I 119b; **1214** terra illa et boscum quieta sint .. de regardo et gasto *Pat* 124a; **1221** ita .. quod ~um, exilium, vel destructionem .. non facient de terris, hominibus, vel boscis ejusdem manerii *Ib.* 291; **1228** non vexet vel vexari permittat abbatem Sancti Edmundi de regardo, ~o, visu forestariorum et regardatorum de boscis suis de Herlaue, Stepelford', et Werkeneton' *Cl* 41; ?**1280** de novis ~is boscorum *SelPlForest* lxxxiii; ?**1280** de Willelmo de Bello Campo comite War' pro veteri ~o bosci sui de Abbelynch' .. de sacrista de Evesham pro veteri ~o bosci de Attelench *Ib.* lxxxiv; **1291** queritur quod .. in manerio predicto ~um faciunt et destructionem, videlicet de boscis, parcis, et feris in eisdem *RParl* I 67b; **1455** allocate eidem pro ~a terrarum de Colbrandispeth *ExchScot* 60. **b** ~um .. et destruccio fere equipollent et convertibiliter se habent in domibus, boscis, et gardinis, set exilium dici poterit cum servi manumittantur et a tenementis suis injuriose eiciantur *Fleta* 9; **1309** acciones per breve de ~o *Reg. Cant.* 1018; **1409** nec aliquis eorum molestetur vel gravetur per actionem ~i pro aliquo ~o in predicto manerio *FormA* 204. **c** **1241** abbas de S. Eadmundo clamat .. murdrum, catalla fugitivorum, annum, diem et ~um infra octo hundreda et dim. *KR Mem* 20 r. 7; **1291** idem habuit terram unde annus et vast' domini reg' x s. *RParl* I 67b; **1387** abbas Sancti Albani .. clamat .. habere .. annuum ~um felonum *G. S. Alb.* III 75.

5 damage, destruction, or natural wastage (of goods or sim.).

15.. in dolio vini sunt ccl lagene, unde debet allocari pro tasto, ~o, lactagio, et fecibus, xxx lagene (*De ponderibus .. Anglie*) *Camd. Misc.* XV 5 p. 8.

vasum v. 2 vas.

vatellare, *var. sp. of* batillare.

c**1421** ad facturam .. muri vatellati [*sense 2*] *Arch. Hist. Camb.* I 78.

vaterarius v. veltrarius.

vates [CL]

1 prophet, seer, soothsayer (also transf.). **b** Christian saint.

respondeant .. pro nobis sancti ~es nunc ut ante, qui os quodam modo Dei organumque Spiritus Sancti .. extitere GILDAS *EB* 37; antiquas promulgans ore loquelas, / quas Enoch prisco descripsit tempore vates ALDH. *CE* 4. 12. 12; magi et arioli .. omnes gentilium ~es et idolatras mystice designant BEDE *Sam.* 699C; versibus intextis vatem nunc jure salutat, / litterulas summa capitum hortans jungere primas TATWINE *Aen. conc.* 1; hec eo tempore que peregrinus ~es predixit rerum exitus comprobavit ORD. VIT. XII 1 p. 313; tristis ploravit Merlinus. inquisitus ~es ab attonitis spectatoribus .. disseruit quod stagno .. figuraretur mundus *Ib.* XII 47 p. 489; in ~em invectus, verbum hoc indignanter emisit: "Merlino mendaci quis de cetero fidem habeat?" GIR. *EH* I 38; cum Sibilla, ~e Cumena, colloquium petiit atque de future vite casibus quesivit BERN. *Comm. Aen.* 30; in judicium ~is Calcantis transtulit negocium TREVET *Troades* 18; *a wyche*, fitonissa, maleficus .. prestigiatrix, †rates [? l. vates] *CathA*. **b** hac celebratur honor sacrae genetricis in aula, / quae verum genuit lumen de lumine patris; / quem clamant Titan almo spiramine vates ALDH. *CE* 11. 6; insimulare studet stuprorum crimine vatem *Id. VirgV* 1020; vatis et ipse suae praegustans gaudia palmae BEDE *CuthbV* 778; finibus et nostris vulgato nomine vatis / enituit clarus cunctis habitantibus istic *Mir. Nin.* 82; jacuit ad tumbam morbo depressus acerbo, / cum subito intrantem niveo jam tegmine vatem / conspicit *Ib.* 316; et precibus vatem postquam petierimus almum, / solvamus miserente pio jejunia Christo WULF. *Swith.* II 737.

2 poet (esp. as regarded as divinely inspired).

hanc Deus insontem, pius auxiliator egentum, / clementis dextrae clipeo protexit inermem, / ut cecinit dudum famosus carmine vates ALDH. *VirgV* 1912; unde reor psalmigrafum ~em cecinisse: 'Septies in die laudem dixi tibi' *Id. Met.* 2 p. 71; in hoc se studio sapientes esse putantes, / vatorum valeant si maculare melos ALCUIN *Carm.* 42. 16; jusserat Albinus vates haec tecta parare *Ib.* 108. 1. 5; vati veniam dignare canenti / jam tribuere pius ÆTHELWULF *Abb.* 27; laudis munera dat dictanti scansio lucens: / Virgilianus hic dicetur maxime vates OSW. *Vers.* 5; **1166** si .. ethicus et ethnicus laudabiliter ad litterarum commendationem dixit quia ~is avarus haud temere est animus [cf. Hor. *Ep.* II 1. 119–20] J. SAL. *Ep.* 185 (184); verumtamen verus est ~es, de talibus loquens et dicens: 'si latet ars prodest: affert deprensa pudorem' [Ov. *Ars* II 313] GIR. *SD* 137.

vath v. vah.

Vaticanus [CL, cf. CL faticanus]

1 Vatican hill in Rome (on the west bank of Tiber, burial place of St Peter and site of his church); **b** (as deriving its name from *vates*). **c** (as name of pagan god who presided over this hill).

Cornelius Romae episcopus .. corpora apostolorum de catacumbas levavit noctu et posuit .. Petri .. juxta locum ubi crucifixus est, inter corpora sanctorum episcoporum in templum Apollonis in monte aureo in ~o palatii Neroniani BEDE *Chr.* 505; Petrus .. crucifixus est, viaque Aurelia juxta palacium Neronis in ~o sepultus est ORD. VIT. II 3 p. 268; imperator Constantinus .. fecit ecclesiam beato Petro apostolorum principi, ante templum Apollinis in ~o et Neronis palatio GIR. *Spec.* IV 5. **b** ~us, locus ubi vates sedebant *GlC* V 47 (=OSB. GLOUC. *Deriv.* 627). **c** vaticinor .. unde .. vaticinium, et hic ~us, i. paganorum deus OSB. GLOUC. *Deriv.* 618; ~us, paganorum deus *Ib.* 626.

2 (in gl.) prophetic.

vates componitur ~us, et vatidicus OSB. GLOUC. *Deriv.* 618.

vaticinalis [CL vaticinium+-alis], of or pertaining to prophecy, prophetic; **b** (w. ref. to GIR. *EH* because of its incorporation of prophecy, also *~is Historia* as title).

plurima .. que ~is ille spiritus .. varie deprompsit GIR. *EH* III *praef.*; ~i veterique vado dudum obsoleto *Id. IK* I 6; **s1329** versus ~es: 'gentis Romane pastor erit alter inane / qui Petri plane solium capiet sibi mane' *G. Ed. III Bridl.* 101. **b** non incongruum videri debet si id [sc. vaticinium Merlini], unde auctoritatem et prescientiam, necnon et ~e nomen sortitur historia, id ipsi statim historie continuetur GIR. *EH* III *pref.*; ego, qui .. ~em Expugnationis Hybernice .. Historiam .. complevi *Id. DK pref. I*; **a1332** descripcio Hibernie facta a Geraldo Cambrensi .. ~is hystoria ejusdem *Libr. Cant. Dov.* 50.

vaticinari [CL], **~are**

1 to utter divinely inspired predictions or warnings, prophesy, (also pr. ppl. as sb) prophet; **b** (w. internal acc.); **c** (w. ind. statement).

mittitur interea mox vaticinare propheta [sc. Johannes Baptista] ALDH. *VirgV* 313; Heliae .. scelera populi crudelis lamentanti et lugubrem interfectionem ~antium conquerenti *Id. Met.* 2 p. 64; Zacharias .. in ordine ~antium undecimus *Ib.* 2 p. 66; **c745** secundum Esaie ~antis presagium (DAN. WINT.) *Ep. Bonif.* 64; **993** ~antibus .. prophetis *Ch. Abingd.* 124; aruspices, qui ~antur in ossibus animalium sine sanguine sive futura prenuntient sive presentia pronuntient vel preterita J. SAL. *Pol.* 407D; de utroque quod conjecturando sive ~ando predixit evenit J. FURNESS *Walth.* 12; fuit quidam Normannus qui de multis rebus ~abat, et inter cetera de rege Hibernie sexto hos versus metrice produxit *Eul. Hist.* I 420. **b** cum in lumbis fortasse cum hoc fuit ~atum adhuc patris sui Aelli fuit .. Eduinus *V. Greg.* p. 88; Zacharias et Simeon justi senes Christum confitentur, et de illo futura ~antur ORD. VIT. I 2 p. 9; eo cuncta ordine completa sunt quo a viro Dei ~ata sunt *Ib.* IV 15 p. 276; nec dee Cereris alumne in arbore clamanti et tristia fata ~anti pepercit *Natura Deorum* 129; quia .. ante adventum Achillis adhuc vigebat Troia, et, quamvis ~ata esset ejus eversio, tamen non erat certum per quem hoc fieret TREVET *Troades* 18; quia ~atus sum a famulis Domini, Dei miles, et non miles hujus seculi (*Abbanus* 5) *VSH* I 5. **c** omine auguriisque quibus ~abatur .. quod ter centum annis patriam .. insideret, centum vero quinquaginta .. saepius vastaret GILDAS *EB* 23; quasi quadam lingua virtutum ~abatur jam in ecclesia Dei sacerdotem .. se esse futurum *V. Birini* 3.

2 to foresee, expect.

1165 desidero .. de eo audire prospera, eo magis quo illi .. inter quos moror ei ~antur adversa J. SAL. *Ep.* 140 (152); **1168** quibus quod ~aris approbas argumentis? *Ib.* 281 (250); jamque mente ~abatur suspectum habens quod incontinenti contigit experiri *Chr. Battle* f. 112v.

vaticinatio [CL], (act or instance of) divinely inspired prediction or warning, prophecy.

profetica quadam ~one [*gl.*: *forewitegun, witedome*] inspiravit ALDH. *VirgP* 53; Eduinus, Aelli prefati filius, quem sub ~one alleluiatica laudationis divinae non inmerito meminimus *V. Greg.* p. 86; sinistri spiritus pervolantes totam insulam Germanum venire invitis ~onibus nuntiabant BEDE *HE* I 21; occiso .. mago pro ~one illa, natus est filius, et vocatus est Bruto H. HUNT. *HA* I 9; ut Cicero ait, omnis divinandi peritia in duas distributa est partes. nam aut furor est, ut in ~onibus, aut ars, ut in aruspicibus .. et similibus ALB. LOND. *DG* 11. 16.

vaticinator [CL], prophet, seer.

vaticinor, -aris, i. divinare, unde ~or OSB. GLOUC. *Deriv.* 618; rex mesta silentia solvens / vaticinatorem jussit adesse virum NIG. *Mir. BVM* 1444.

vaticinatrix [LL], prophetess, seer (f.).

in nemore Epirotico per columbas futura docuisse dicitur, quia lingua Thessala πελειάδες et columbe et ~ices vocantur ALB. LOND. *DG* 3. 9.

vaticinium [CL]

1 divinely inspired prediction or warning, prophecy (also transf. of prophetic sign, omen, or sim.). **b** forecast, prediction, expectation.

fidem .. inseducibilem in ~iis viri Dei defixit FELIX *Guthl.* 52; denique constat juxta prophetae ~ium quod ab aquilone venit omne malum ABBO *Edm.* 5; hoc .. quia fieri non potuit nisi per mortem Christi, ut multorum ~io promiserat tandem diu expectatus venit ALEX. CANT. *Dicta* 183; quod .. spiritus ~ii Paulino infuderit W. MALM. *GP* I 72; filius ex conjuge sublatus, qui, Willelmus dictus ~io nominis aviti, spem egregie probitatis aleret in posterum *Id. GR* IV 389; urbem .. Limericensem ab Anglorum gente bis deserendam, et tertio retinendam, sanctus ille [sc. Columba] testatur .. unde, juxta idem ~ium, urbs tertio petita erit retinenda GIR. *EH* II 17. **b** **s1126** quo facto, quodam ~io omnes predicabant ut post mortem ejus a sacramento desciscerent W. MALM. *HN* 452; sic vita .. [Robertus de Winchelsee] ceteros antecellens, quod communi ~io futurus archiepiscopus clamaretur BIRCHINGTON *Arch. Cant.* 12.

2 poetry (as inspired utterance).

quare poetae Latine vates olim et scripta eorum ~ia dicebantur? quod vi quadam et quasi vesania scribendo commoverentur BONIF. *Met.* 112.

vaticinus [CL], (in gl.).

a profett, propheta, prophetissa, vates; propheticus, ~us, vatidicus *CathA*.

vaticus [CL vates+-icus], of or pertaining to a prophet or seer, or to prophecy, prophetic.

pari pacto spineta vatice compositionis florentia prosunt ecclesie GARL. *Mor. Scol. prol.*; perstringunt elegi quedam philosophica mesti, / que veterum fudit vaticus ampla stilus *Id. Tri. Eccl.* 71; non sunt calcandi porcorum calce saphiri; / alliciant juvenes vatica dicta prius *Ib.* 78.

vatidice [vatidicus+-e], (in gl.).

vates componitur vaticanus, et vatidicus, unde ~e OSB. GLOUC. *Deriv.* 618.

vatidicus [cf. CL vates, fatidicus], who utters divinely inspired predictions or warnings, who speaks as a prophet or seer, prophetic, (also as sb.) prophet, seer; **b** (of words or sim.).

angelicas inter turmas sanctasque cohortes, / vatidicis junctos patriarchis atque prophetis BEDE *Hymn.* 14. 144; non me quoque supramemorati viri Guthlaci ~o [*gl.*: prophetico] pectore quoddam spiritale presagium narrare piget FELIX *Guthl.* 49; omnia vatidici complentur in ordine dicta, / et rerum eventus somnia vera probat ALCUIN *WillV* 34. 27; aderit sed calculus ignis, / forcipe vatidicum solitus purgare labellum FRITH. 4; certantibus .. omnibus ut .. per suum obsequium vel defensionem praeceptum ~ae virginis vinceretur GOSC. *Werb.* 106C. **b** quam vera sit haec assertio mea, quam certa virginis ~a promissa, satis .. comprobat haec aetas mea GOSC. *Transl. Mild.* 30; vatidicas transcurro minas, oracula signa *V. Ed. Conf. Metr.* I 457.

vatifer [cf. CL vates; cf. et. CL fatifer], bearer of prophecy, prophet.

vatiferum veterum celebrant quos carmine libri ALCUIN *Carm.* 104. 6. 3.

vatila v. vatillum. **vatilare** v. vatillare. **vatilla** v. vatillum.

vatillare [CL vatillum+-are], (in gl.).

ladyn, or say [v. l. *lay*] *water*, vatilo, -as *PP.*

vatillum [CL], **~a,** small shovel, bowl, pan, or tub; **b** (for holding burning coals or sim.); **c** (as measure). **d** (in gl., as dim. of *vas*).

~a, *isern scobl GlC* V 15; *scope, instrument*, vatila, -e .. alveolus *PP.* **b** ~a .. i. receptaculum ignis manubrium habens et ita portari potest plusque longum quam rotundum habensque coopertorium *Comm. Cant. I* 406; vatilla, *gloedscofl GlC* V 7; arula vel batilla, *fyrpanne* ÆLF. *Gl.*; *colerake*, rastellum, -li, batillum, -li *PP*; *a cressett*, batillus, crucibulum, lucrubrum *CathA*; *a skepe of coyle*, batulus *Ib.*; *a sensure*, batillus, thuribulum, cicendium *Ib.* **c** *a peke*, batillus, quarta *CathA.* **d** hoc vasculum .. et hoc ~um, -li i. parvum vas OSB. GLOUC. *Deriv.* 606; ~um, parvum vas *Ib.* 623.

vatinus [CL vates+-inus], (in gl.).

~us, poeticus, poetricus, divinus OSB. GLOUC. *Deriv.* 627.

vatis v. vates.

vatius [CL], (in gl.).

vagius, qui genibus junctis ambulat *GlC* V 32; *faytowre, he þat faynyth seknesse for trewentyse*, vagius, -ii *PP.*

vatlettus, vatletus v. vaslettus. **vatta** v. 2 fatum.

vatufila, ? shoot of blackberry bush (*Rubex fruticosus*).

vatufila, i. rubi cime *Gl. Laud.* 1519.

vatus v. 2 fatum, vates. **vau** v. vah, vav. **vauga** v. vanga, 1 waga. **vaunagium** v. wainagium. **vaundor** v. viandor. **vautr-** v. veltr-.

vav [Heb.], sixth letter of Hebrew alphabet, waw; **b** (applied to Greek digamma or Roman consonantal V).

nomen ejus sanctum et venerabile significat quod apud Hebraeos quattuor litteris vocalibus scribi solet, hoc est ioth he vav he BEDE *Tab.* 478C; octava est lamina aurea, in qua scriptum est nomen Domini quattuor hebraicis litteris ioth, he, vav, heth ANDR. S. VICT. *Hept.* 176; si .. secundam et tertiam simul ponas, id est he et vaf, habes alterum Dei nomen P. BLOIS *Perf. Jud.* 833B; **a1200** Esdras .. scriba legisque doctor .. invenit litteras quibus nunc utuntur Hebrei .. aleph, beth, gimel, deleth, he, vau, zai *Runica Manuscripta* 350; eadem figura quandoque representat apud eos beth et vahu [v. l. vau] NECKAM *NR* I 1 p. 8; cum vaf sonat u, potest esse signum trium punctorum .. vel potest poni unus punctus in ventre BACON *Maj.* III 91; igitur in nomine iot, he, vau, hecados, adonay, alpha et ω, quod est ubi, ebuy, rahot kodes, sequere me J. YONGE *Vis. Purg. Pat.* 10. **b** digamma i. vau vel f *GlH* D 486; sciat .. notarius vel librarius ubi scribere debet sylen, ubi diasyan .. ubi vau [*gl.*: i. u], ubi iota, ubi sima, ubi antisima NECKAM *Ut.* 117.

vavas- v. vavass-.

vavassarius [cf. vavassor], (as sb. f. or n.) land or fee held by a vavasour (*v. et. vavassorius* 2).

?**c1200** rex .. feoffavit eum de vavaseria de Canvill et de vavaseria de Wivill *MonA* V 346; **1212** Nicholaus Puinz tenet Suttun' cum pertinenciis de honore Glovernie, que pertinet vavvaserie sue *Fees* 95; **1220** retentis in manu sua ~iis spectantibus ad ipsam baroniam, que ~ie sunt de feodo comitis de Clar' *Cl* 432b; **1255** summum vavasarie lviij li. xiiij s. v d. ob. *IPM* 17/16 (2); feoffavit eum rex .. de wavasaria domini *MonA* VI 320a.

vavassor [AN *vavasur, vavasor* ? < vassi vassorum], (class of) feudal tenant whose holding is from a superior tenant and not directly from the crown, undertenant, vavasour.

ibi sunt ij ~ores reddentes xxxij solidos et vj denarios et unus villanus et v bordarii (*Bucks*) *DB* I 146va; terra vavasorum .. in Hamingestuna j liber homo .. in soca regis .. in Sacheduna iij liberi homines in soca regis (*Suff*) *DB* II 446; c**1110** si .. exurgat placitum de divisione terrarum vel de preocupatione, si est inter dominicos barones meos, tractetur placitum in curia mea. et si est inter vavasores alicujus baronis mei honoris, tractetur placitum in curia domini eorum. et si est inter vavasores duorum dominorum, tractetur in comitatu (*Ch. Lond.*) *GAS* 524; milites castellorum .. ~ores, rusticos, quicumque pecuniosi putabantur, intercipientes, suppliciorum magnitudine ad quodvis promittendum cogebant W. Malm. *HN* 483; statuit .. dominus rex quod nullus debet .. judicari a minori persona quam a suo pari, sc. comes per comitem, baro per baronem, ~or per ~orem, burgensis per burgensem (*Assize Regis David*) *APScot* I 318; **1201** faciatis nobis habere auxilium rationabile de omnibus hominibus insularum de Gerse, Gernere, et Alern' .. per visum iiij legalium militum vel ~orum de predictis insulis *Pat* 3a; **1203** facias habere Ph' de Riveriis duos wavassores cum tenementis suis apud Merre que fuerunt G. de Menill', qui est .. contra nos *RNorm* 78; in temporalibus, imperatores, reges, et principes in his que pertinent ad regnum, et sub eis duces, comites et barones, magnates sive vavasores, et milites, et etiam liberi et villani Bracton f. 5b; **1344** baronibus, militibus, vassallis, et valvassoribus *RParl* III 422b; primis etiam Normannorum temporibus valvasores et thani proximi a comitibus in dignitate censebantur, et valvasores majores .. iidem fuerunt qui nunc barones Camd. *Br.* 136 (cf. ib. 138: vavasores sive valvasores proximum post barones locum olim tenuerunt, quos a valvis juridici nostri deducunt).

vavassorius [vavassor+-ius]

1 (as sb. m., class of) feudal tenant whose holding is from a superior tenant and not directly from the crown, undertenant, vavasour.

ibi manet quidam ~ius habens ij vac' (*Hants*) *DB* I 53rb.

2 (as sb. f. or n.) land or fee held by a vavasour (*v. et. vavassarius*).

de vavasoriis (*Quad.*) *GAS* 544 *tit.*; c**1160** dedit apud Sanctam Crucem eidem sancto unum ~ium xx acrarum terre *Act. Hen. II* I 285; quod dicitur de baronia non est observandum in ~ia vel aliis minoribus feodis quam baronia Bracton f. 93b.

vavassura [vavassor+-ura], land or fee held by a vavasour.

1199 terre iste assingnate [*sic*] sibi fuerunt pro plenaria tercia parte trium ~arum, sc. pro ~a comitis de Salesberi et comitis de Vernon' et de ~a comitis Willelmi de Mohun *CurR* I 85.

vavframentum v. vaframentum. **vavus** v. waivius. **vavvaseria** v. vavassarius. **vaxinium** v. vaccinium. **vaysellum** v. vessellum. **vayvare** v. waiviare.

-ve [CL]

1 (attached to an item, other than the first, in a list of alternatives) or; **b** (in list, esp. indicative or illustrative, collectively conveying a broad, general, or vague idea, application, or sim.); **c** (esp. w. *alius*, attached to final generic item covering remaining possibilities); **d** (in list where selection between or among alternatives is dependent on some stated or implied factor, 'as the case may be'); **e** (*utrum .. -ve*); **f** (in series of dir. qu., also of indir. qu., esp. w. cumulative effect).

nec caelum tangens terramve profundam Aldh. *Aen.* 49 (*Lebes*) 2; curentque sedulo ne quid aliud agendum, sperandum, amandumve in scripturis omnibus quam quod in quattuor evangelii libris invenitur doceant Bede *Tab.* 411A; 'non ego', respondit, 'dignum me tanta subire / culmina iam fateor, domini sed dextera nullis / effugitur caeli terraeve marisve latebris' *Id. CuthbV* 529; ne nos in templo nummularios, ne venditores boum, ovium, columbarumve reperiens damnet Alcuin *Exeg.* 774B; ita .. cetere virtutes in caritatis plenitudinem sese refundent ut in illa felicitate nihil aliud temperantia, prudentia, fortitudove putetur, quam caritas Ailr. *Spec. Car.* I 33. 538B; cepi diligens scrutator eruere .. que nova, queve secreta, contra solitum sui cursum, in occiduis et extremis terrarum finibus natura reposuit Gir. *TH pref. II* p. 20. **b** tellus Siciliae .. fumum, vel vapores vel flammas eructat, vel etiam vento acrius incumbente, harenarum lapidumve moles egerit Bede *NR* 233; alternante per septenos octonosve dies successu *Id. TR* 29; maxime in ipsa domo orationis .. ne quid ineptum fiat, ne quid quod nostram fraternamve orationem impediat totis viribus agamus Alcuin *Exeg.* 776A; a**1079** nullo .. modo efficacius aut quantum ad vos honestius utiliusve fugietis ad mentis quietem Anselm (*Ep.* 63) III 179; venditiones quoque et locationes pluris minorisve factas lex ista rescindit J. Sal. *Pol.* 578C; claustralibus .. debet esse .. nulla cibi potusve providentia Ailr. *Inst. Inclus.* 28; non hec ulla ratione scientiave discernunt *Id. An.* I 22; sicubi .. mihi .. calamo properanti plus minusve cecidit atramenti J. Ford *Serm. prol.* 5; nondum ditavit mensas pinguisve ferina / vel Bachus mense gloria parva fuit Neckam *Poems* 115. **c** nec quadratum agmen neque dextrum cornu aliive belli apparatus in litore conseruntur Gildas *EB* 6; [capreae] rarius a nobis videri quam boves solent aut asini aliave hujusmodi animantia Bede *Cant.* 1108D; hinc caecus vel surdus, mutus vel claudus, cardiacus vel scabiosus, leprosus vel paraliticus, aliove morbo efficitur infirmus *Simil. Anselmi* 54; **1419** licebit .. monetas .. apportare ad .. villam Calesii .. absque aliqua contradictione aut scrutatione, aliove obstaculo aut impedimento *Foed.* IX 769. **d** quid in ea conditori placeat, quidve displiceat, sedula examinatione dirimamus Alcuin *Exeg.* 854B; ad beatitudinem aeternam miseriamve distribuantur Anselm (*Mon.* 31) I 49; capitula que subjecta sunt primo percurrite et eorum inspectione quid legendum quidve sit negligendum discernite Ailr. *Spec. Car. pref.* 503. **e** inspectus lapis iste potest suspendere mentes, / ambiguas utrum jaspis marmorve sit H. Avr. *Hugh* 880. **f** quid ageret, quove pedem verteret, nescius Bede *HE* II 12; cur me vis iterum thalamo jungi mulierum? / cur thalamum memoras? me nubere curve laboras? R. Cant. *Malch.* II 506; **1166** quos puer invenerit adjutores, quisve sit meus status, pro parte poterit indicare J. Sal. *Ep.* 144 (161); jam quid inde expectandum quidve sperandum attendas *Canon. G. Sempr.* f. 83.

2 ? *f. l.*

si quis vero sibi competentius melius †est ve† has utrasque regulas penes se tenere videantur, bene suis uti in Deum et nostris nec careant optamus Theod. *Pen. epil.*

veagium v. viagium. **vealtrarius** v. veltrarius. **vealtres** v. veltrus. **veauteria** v. veltraria. **veautr-** v. veltr-. **veautria** v. veltraria.

vebare, *var. sp. of* bebare.

porcorum [est] grunnire; verris quirritare; arietum lorectare; ovium balare; hircorum miccire; hedorum vebare Osb. Glouc. *Deriv.* 78; *to cry* .. caprarum †vehare .. hedorum vebare, hircorum mutire *CathA*.

vebris v. vepris. **vechemens** v. vehemens. **vechere** v. vehere. **vechoria** v. vecordia. **vechors** v. vecors. **vecia** v. 1 vicia.

vecordia [CL]

1 disordered state of mind, madness.

quod .. dictum est, 'et frequenter eum et in ignem et in aquas misit' [cf. *Marc.* ix 21], maxima humanae ~iae facinora designat Bede *Mark* 222B; Edulfus .. furorem .. male sane mentis in Wilfridum evomuit, quasi in ~iam Alfridi juratus esset W. Malm. *GP* III 109; mirum videri debet Vienensis oppidi presulem in tantam prorupisse ~iam ut patriarchatum Bituricensem velit habere subjectum J. Sal. *Hist. Pont.* 1; **1376** nostris est auribus intimatum J. de Wycclyff .. in istam detestabilem erupisse ~iam (*Lit. Papae*) *Ziz.* 242; vidit .. sex boves in aratro conversos in vechoria, properantes ad portam sue civitatis (*Maedoc* 30) *VSH* II 152.

2 fury, anger.

majora volebat .. dicere sed ad reverentiam .. archiepiscopi mentem recolligens et comprimens ~iam .. ait Devizes f. 33v.

3 folly, stupidity.

auctorem deseruimus, ad proditorem deviavimus, nec tamen nostram irritatus per ~iam misericors exacerbatur Pull. *Sent.* 745A; non .. frustra Redemptor accedebat, qui promptissimam in id perfidorum ~iam presciebat *Ib.* 821A; tanteque ~ie fuit ut devoratum se esse nesciret aut certe ignoraret causam propter quam devorantibus fuisset traditus (Andr. S. Vict. *Super duodecim prophetas*) *CC cont. med.* LIIIG 44.

4 lack of heart or spirit, weakness, timidity.

regio terrore suaque ~ia in barbaricos motus exagitati Eadmer *Wilf.* 36; **1178** hec sunt que carnis opera comitantur, appetitus anxietatis et ~ie, actus abominationis et immunditie, exitus penitudinis et verecundie P. Blois *Ep.* 15. 57B; quia dyaboli est primo deterrere milites Christi inducendo ~iam, ideo Christus Math. X animavit eos ex similitudine sui et augmento meriti ac ex pena servata servo inutili ad fiducialiter predicandum Wycl. *Apost.* 20; **1439** si abstitisset ~ia, tribus prope horulis, favente vento, pervasisses Bekynton I 103; propria .. ~ia tremefactus, aut fortasse .. pre nimia expectacione debilitatis viribus fatigatus .. rursus in profunda demergitur *Mir. Hen. VI* III 104 p. 184.

vecordialiter [vecordia+-alis+-ter], in a feeble fashion, with a lack of heart or spirit.

Deus hujus seculi sic cecavit eos .. quod in causa Dei ~er sunt ligati, sed in causa diaboli ad debellandum Christianos gracia questus et fastus currunt precipites Wycl. *Sim.* 14.

vecorditer [CL vecors+ -ter]

1 furiously, angrily.

~er, irascibiliter Osb. Glouc. *Deriv.* 627.

2 in a feeble fashion, with a lack of heart or spirit (esp. w. ref. to lack of courage).

s**1321** ipsi comites et barones ad partes suas ~er redierunt Ad. Mur. *Chr.* 34; **1334** nonnulli de comitatu tuo .. ~er se retrahunt et sic indigne sibi nomen apropriant hominum ad arma *RScot* 285a; cave .. ne ita in principio bone conversacionis cum mulieris pulchritudine colloquium habeas, quod inde sumpto venenose delectacionis morbo .. ~er ab inimicis devictus traheris Rolle *IA* 228; s**1347** plus quam xxx millia de Francigenis interempti fuerunt ibidem, quorum multi pre timore saltantes in mare seipsos ~er demerserunt Avesb. f. 89b; dicit .. de argumentis meis quod non sunt nisi contenciones pueriles, quibus ~er receditur ab ascensu ad nidum suum (Kyn.) *Ziz.* 54; symonia dico, quia apostolicam dignitatem vendunt pro lucro temporali abjecto pro quo ~er ita tacent Wycl. *Apost.* 20; s**1399** rex Ricardus .. quo audito undeque stupefactus .. ad Carmerthyn circa mediam noctem cum paucissimis ~er affugit Ad. Usk 27; c**1462** dum fugiunt, nemora petierunt sive frutecta; / in quibus, ut pueri virgam metuendo magistri, / se pudet id ferre, vecorditer occubuere (Whet.) *Pol. Poems* II 258.

3 (gram.).

'rs' litteris terminata duplici modo adverbia ex se faciunt in 'ter' decurrentia, quorum unus est qui 'i' litteram servat ante novissimam syllabam, ut vecors ~er Bonif. *AG* 529.

vecors [CL]

1 deranged, mad, disordered (in mind); **b** (of word, act, or sim.).

sed tamen insanum vexat dementia cordis, / dum rotat in giro vecors vertigine membra Aldh. *Aen.* 98 (*Elleborus*) 7; talis .. est tristitia Herodis qualis paenitentia Pharaonis et Judae, quorum quisque facinora sua postquam accusante conscientia invitus prodidit ~s aumentavit Bede *Hom.* II 23. 240C; vegros [l. vecors], demone [l. demens], insanus *GlC* V 101; tu vechors et semichors! Ælf. Bata 4. 27 p. 52; c**1090** si quis ~s aut invidus vi vel clam quandoque minuere seu temerare vel auferre ausus fuerit (*Ch.*) Ord. Vit. V 15 p. 426; insipientes aut ~des Alex. Cant. *Dicta* 173; decet .. ut sicut tumidos et ~des vicisti fortitudine, sic humiliatis et penitentibus parcas mansuetudine Ord. Vit. VIII 2 p. 275; obviare .. principiis aut rebus per se notis sive de his ambigere insensati est aut ~dis sive (quod deterius est) criminosi J. Sal. *Pol.* 650C. **b** canino dente apud plurimos aulicorum eorum praeconia praesumebat rodere, ~dique in calumnia ipsorum duci talia proferre Byrht. *HR* 3; s**1424** et quod ~dius fuit illa concio Lombardica .. que compulit sagittarios refugere numquam campum pecierunt nec de equis descenderunt Bower XV 35.

2 foolish, stupid.

in proverbiis mulier illa procax et pertinax .. ornatu meretricio et luxu lenocinante ~dem [*gl.*: stultum] juvenem pellexisse .. describitur ALDH. *VirgP* 57; verum doctrina heretica, quemcumque incautum repperit et ~dem, hunc decipere temptat BEDE *Prov.* 963A; suspecta est mihi talis platea, in qua mulier tam varia et versipellis blanditiarum suarum insidias ~di machinatur juveni [*cf. Prov.* vii 7] G. HOYLAND *Serm.* 33C; o ~des filii hominum, nondum vobis lux tante claritatis infulsit et ad vocem tanti tonitrui obdormitis adhuc? J. FORD *Serm.* 9. 4; placent ~dibus frivola de longinquo LUCIAN *Chester* 59.

3 who lacks heart or spirit, weak, timid (also as sb.).

tanquam princeps ~s ad bellandum profectus, videns hostium cuneos, mox exterritus, ut solum se salvet fugiat H. BOS. *Thom.* IV 17; **1429** falsi presbiteri qui dicunt quod idem Thomas [sc. Cantuariensis] paciencter sustinuit mortem suam coram altari menciuntur quia tanquam falsus ~s proditor, fugiendo, occisus fuit in ostio ecclesie *Heresy Tri. Norw.* 45; hic ~s, A. *cowharde* WW.

1 vecta [? *cf.* vehere], animal that has survived one winter, yearling (*cf. becta, trivecta*).

10.. vitulus, *cealf.* taurus, *fearr.* ~a, *enwintre* WW.

2 Vecta [CL Vectis], (esp. *insula* ~a) Isle of Wight.

Vespasianus .. etiam ~am insulam, Brittaniae proximam a meridie, Romanorum dicioni subjugavit BEDE *HE* I 3; **826** (12c) mansarum portionem quae in ~a insula habentur *CS* 392; sustulerat nox atra diem mulieribus omnem / in Vecta regione tribus WULF. *Swith.* I 1129; **s1006** cum .. hiemps appropinquarct, Dani petebant solitam sedem, ~am Insulam videlicet *AS Chr.* 265; apud insulam que ~a dicitur *Mir. Hen. VI* I 21.

vectare [CL]

1 to carry, transport, bear (esp. habitually).

in dominum, gesta cujus constant inhonesta, / cunctis infesta, cunctis pariter manifesta, / omnia funesta semper sua pectora vectant D. BEC. 1265; equoreas hec [*sic*, sc. delphin] mallet onus vectare per undas NECKAM *DS* I 379; veredarius quidam .. dum ad opus yconomi cujusdam meremium ~aret e nemore *Mir. Hen. VI* I 21.

2 (pass.) to ride, travel (on means of transport).

homo imbecillis aut inermis equo cantans qua libuit ~abatur, turmas militum cernens non exhorrescens W. POIT. II 2 (=*Ib.* II 45).

vectatio [CL *not in sense* 1]

1 (act of) carrying or conveying.

credere se quod pie sarcine ~o ad promerendam salutem magno accederet emolumento W. MALM. *GP* V 270; homines et animalia ita passim exagitabat ut ab eis regalibus ~onibus summagia fieri exigeret *Chr. Abingd.* II 10.

2 (act of) riding or travelling (on means of transport).

hunc solum [equum] sibi sufficere, quam diu vivebat, licet ad ~ionem sui plures suppeterent, arbitrabatur J. FURNESS *Walth.* 76; aliquando ~io iterque et mutata regio vigorem dabunt convictusque et liberalior potus BACON *Mor. Phil.* 183.

vectatorium [CL vectare+-torium], staff for carrying burdens, 'cowl-staff'.

cowle tre or soo tre, ffalanga .. ~ium, -ii *PP*.

vectebra v. vertebra. **vectes** v. vectis.

vecticellus [cf. CL vectis], (in gl.) bar.

obites [l. obices], ~us liminis OSB. GLOUC. *Deriv.* 404.

vecticularius [CL]

1 of or pertaining to (the use of) crow-bars (in quot. w. ref. to burglary).

~ius, -a, -um, sicut dicimus aliquem ~iam vitam agere qui furto et rapinis intendit OSB. GLOUC. *Deriv.* 614; ~ius, qui vivit ex furto et rapina *Ib.* 625.

2 (understood as) barrow-maker (*cf. vehiculum*).

a barrowemaker, ~ius [v. l. scenovectorarius] *CathA* (cf. (*Medulla*) ib. 22n: vecticulus, *a barwe.* ~ius, *a barwe maker*).

vecticulus [LL = *pole used for carrying*], (understood as) wheelbarrow (*cf. vehiculum*).

~us, *a barwe.* vecticularius, *a barwe maker* (*Medulla*) *CathA* 22n.

vectifer [CL vectis+-fer]

1 who holds or bears a staff, (as sb.) staff-bearer.

arduus .. ~er juxta eum stabat ORD. VIT. VIII 17 p. 368.

2 fitted with a bar.

dum Deus ad herebi vagas descenderit umbras / ferrea vectifere fracturus limina valve ALDH. *VirgV* 456.

vectigal [CL], tax, duty, tribute; **b** (demanded by foreign power); **c** (paid to individual); **d** (fig.).

indesinenter, quasi quoddam rei publicae ~al et fiscale tributum, orationum officia persolvimus ALDH. *Met.* 2; ministros .. ac sacerdotes illius a tributis et ~alibus praeter Domino soli liberos reddendo BEDE *Ezra* 873A; **c740** (11c) ut ab omni tributo ~alium operum onerumque saecularium sit libera in perpetuum *CS* 165; **748** (15c) tibi .. unius navis .. dimidium ~al atque tributum, quod meum erat .. aeterna donatione concedo *CS* 177; **933** basilicas .. prout potero ab antiquo ritu ~alium redimam quod sibi mei antecessores usurpative decreverunt habere *CS* 694; ut prediorum suorum ~alia lenito intercessionibus suis rege levigaret W. MALM. *GP* I 48; [Sarraceni] a civibus Psalernitanis tributum .. exigere ceperunt. duce .. cum satellitibus suis ~al a civibus colligente .. ORD. VIT. III 3 p. 54; **1486** eum .. sine solucione alicujus dacii, pedagii, passagii, ~alis, gabelle, bolectarum, fundinavis .. ire .. permittatis *Foed.* XII 283; ut tua praecluibus gliscens eupraepia sceptris, / ardua Romulei servet precepta vigoris, / quae statuere patres Petri vectigal alentes FRITH. 1031; **s1006** rex .. mandat hostibus se daturum illis ~alia et cibaria ne omnino destruant terram *AS Chr.* 265; in hanc respondit sententiam: non solitos reges Anglie Flandritis ~al pendere W. MALM. *GR* V 403; tributum est quod potestatibus regiones solvunt: ~al, quod datur quando per patrias vehuntur PULL. *Sent.* 942A; Julius cepit a Cassibellauno concordiam cum ~ali singulis annis reddendo G. MON. IV 10. **c** dux .. emendationem omnium humiliter spopondit, constitutum quoque sibi ~al trium milium librarum .. indulsit ORD. VIT. XI 2 p. 163; sic venerandis militibus .. nobilis heros annuum ~al .. erogavit *Ib.* XI 29 p. 423. **d** suo conditori jam justum ~al debitae servitutis tribuunt BEDE *Ezra* 842D; **1188** debitor nature est ut ei mortis ~al exsolvat P. BLOIS *Ep.* 20. 75A; sumus debitores nature: omnes ei ~al mortis tenemur exsolvere *Ib.* 232. 529D.

vectigalis [CL]

1 subject to taxation or tribute, due to pay tax or tribute (to).

nichil .. indignius, nichil sibi intolerabilius fore estimabat quam sponsam Regis eterni aut seipsum, illius pro tempore custodem, homini mortali censualem constituere et quodammodo ~em exhibere AD. EYNS. *Hug.* IV 7 p. 35; [Daci] Cantiam subactam sibi ~em fecerunt *Chr. Wallingf.* 61; **1291** quod si curaveritis facere .. fratres .. facietis vestris promovendis commodis plus quam adhuc appareat ~es PECKHAM *Ep.* 712; pactus est ut Britannia populo Romano ~is esset P. VERG. I p. 30.

2 that demands tax or tribute (in quot. fig.).

non enim, ut ait sanctus Ambrosius, vectigalis amicitia est, sed plena decoris, plena gratie AILR. *Spir. Amicit.* III 70. 688D.

vectigatio [cf. CL vehere, navigatio], travel.

set tamen publicas a conceptione preservant preterea exercitium anime et corporis ~iones, peregrinationes, largi somni, multa crapula GILB. VII 293. 1.

vectio [CL]

1 (act of) carrying, transporting; **b** (as form of motion, for ὄχησις (*cf.* Arist. *Phys.* 243. 17)).

[aqua benedicta] salsa erat et de ~one turbida J. FORD *Wulf.* 95; **1516** pro ~one earumdem petrarum a quarrura usquae [*sic*] ad Cawod, v li. *Fabr. York* 96; **1528** Matheo Garston pro xxx ponderibus equinis gipsi, cum ~one .. Thomae Kiddall de Fulfurth pro lxxx ponderibus, cum vectura *Ib.* 102. **b** a se ipso .. nihil moveri .. ab altero .. motus sunt quatuor: pulsio, tractio, ~o, vertigo ALF. ANGL. *Cor* 22; primum movens et motum ultimum simul sunt in motu tractus et in motu projectionis et pulsus, et per consequens in aliis, sc. in motu ~onis et vertiginis BACON XIII 345; ~o requirit aliquem trium motuum, scilicet vel pulsionem vel tractionem vel vertiginem, quod verum est quando vehens non movetur ex se sed ab aliquo extrinseco OCKHAM *Phys.* V 618.

2 means of transport, carriage or sim.

s1238 fiat de triennio in triennium .. capitulum abbatum .. hoc adhibito moderamine ut nullus eorum plusquam sex ~ones et octo personas adducat (*Stat. Benedict.*) M. PAR. *Maj.* III 508.

vectis [CL], wooden or metal bar or pole; **b** (used for carrying). **c** bar or fastening for door or window (also transf., applied to hinge or post of door or window). **d** bolt for chain or shackle.

quis ob testimonium verum Deo ferendum fullonis ~e cerebro percussus, ut Jacobus primus in novo dumtaxat episcopus testamento, corporaliter interiit? GILDAS *EB* 73; pro orientali pariete unde introitus fuit ~is erat unus qui per medias tabulas ab angulo usque ad angulum perveniret BEDE *Tab.* 424C; ~es quinque qui tabulas tabernaculi continent *Ib.* 443B; tunc praecepit eos remorum ~ibus in modum canum cerebris comminutis singulos extingui *Id. Mart.* 1009A; quidam enormis stature ferens ingentem maxucam .. super capud ejus levato ~e dixit, 'sta nec progrediaris ultra' ORD. VIT. VIII 17 p. 368; subito ramusculi ejus [sc. arboris] ab ipso stipite deciderunt; ipse vero medius ~is, planus et enodis, in gestantis ulnis permansit AD. EYNS. *Hug.* V 18; coci .. respondeant .. de omnibus vasis eneis, ollis .. parapsidibus, salsariis, verubus, ~ibus, mortariolis, et pistellis *Croyl.* 104. **b** portant .. botrum in ~e duo viri BEDE *Hom.* II 15. 174D; dum hidriam aquae plenam cum virgine Deo sacrata Lefleda subjectis humeris in ~e portaret Gosc. *Wulfh.* 7; extremam partem ~is quo beati Melliti feretrum portabatur *Id. Transl. Aug.* 23A; botrum preciderunt quem duo viri in ~e portaverunt HON. *Spec. Eccl.* 921A; nam et ~es quibus arca Domini deferebatur licet moveri et trahi in varias partes possent, extrahi tamen aut avelli omnino non poterant P. BLOIS *Ep.* 150. 441B. **c** valvae .. ad hoc in portis statuuntur ut .. cives intrandi vel exeundi facultatem habeant, serae et ~es ad hoc statuuntur ut oppilatis atque obseratis januis hostis intrare non possit BEDE *Ezra* 889B; 'cardines' .. he sunt que in Jona 'terre ~es' dicuntur. non est verisimile quod viri sapientes et a Deo edocti terram vel cardinibus vel ~ibus portari crediderint ANDR. S. VICT. *Sal.* 41; subvectis a ~ibus ostiis vel confractis M. PAR. *Maj.* V 350; hec sunt partes domus principales .. particule ejus sunt .. hec ~is: *barre*; hoc repagulum, *barre* Gl. *AN Glasg.* f. 20rb; in ostio bercarie reficiendo iij d. et in ~ibus et vertivellis ad idem iiij d. *FormMan* 33; **1342** in factura iiij ~ium pro fenestris vitreis in receptorio sacriste *Sacr. Ely* II 117; hic ~is, *a slott.* hec grapa, est foramen in quo quiescit ~is WW; partes domus .. hic obex, A. *a hoke* .. hec vectes, A. *a hoke* WW. **d** cum .. tertio ~is que boiis immittitur ex adverso altaris exsiliret W. CANT. *Mir. Thom.* III 18.

vectitare [CL], to carry, transport, bear (esp. habitually).

hos .. Henricus tributarios effecerat, ut omnibus sollemnitatibus quibus coronabatur reges eorum quattuor lebetem quo carnes condiebantur in humeris suis per anulos quattuor vectibus ad coquinam ~arent W. MALM. *GR* II 189; ~are, gestitare, portitare OSB. GLOUC. *Deriv.* 627; quos .. omnes equi spumantes pictisque tapetis instrati ~arunt FREE *Ep.* 53.

vector [CL]

1 one who carries or transports; **b** (of horse or sim.; also of Aries, as the ram on which Phrixus and Helle fled from their stepmother); **c** (of boat or ship).

vector, portator *GlC* V 55; multa talia dicit [Apuleius Madaurensis] sub hiis verbis: 'sunt quedam divine medie potestates .. per quas desideria nostra et merita ad eos comeant, ~ores hinc precum, inde donorum' BACON *Mor. Phil.* 19; cum .. Romam pervenissent, et in ecclesia Sancti Petri ad Vincula reliquias [Sancti Stephani] ferre proposuissent, ~ores subsistunt, nec ulterius procedere potuerunt *Eul. Hist.* I 209; nomina operariorum .. hic ~or, A. *a berer WW*; **1489** dominus custos misit per Baker ~orem a civitate duo candelebra deaurata *Reg. Merton* 126; **1540** in solutis Sawnders ~ori pro carriagio mantisse ad duas vices iij s. iij d. (*Ac. Bursarii*) *Ac. Coll. Wint.* **b** haec asino ~ore .. Saul mittit BEDE *Sam.* 608A; equi tres ceciderunt sub eo confossi. ter ille desiluit intrepidus, nec diu mors ~oris inulta remansit W. POIT. II 22 (=ORD. VIT. III 14 p. 149); viso comminus quod prae se fortuna pararat, retraxit habenas, ~orem quoque reflectere nisus OSB. *Ep.* 18; ver erat, et fulsit in Virgine gloria solis; / Helles Vectoris nescius iste fuit. (NECKAM *Suppletio defectuum* II 757) *CC cont. med.* CCXXI 140; Martis mense subit Vectorem; Taurus Aprili / se dedit, at Geminos Maius in auge videt (NECKAM *Suppletio defectuum* II 1125) *Ib.* CCXXI 160. **c** cum potiores ~ores non haberet ad manum, in fragili cymbula a duobus sacerdotibus transvectus est in Flandriam J. SAL. *Thom.* 18.

2 passenger (on boat or ship). **b** (in gl.).

stabat navis quia ~orem suum humiliter expectabat *V. Birini* 12; gubernator, id est proreta, qui ~ores timidos debuerat consolari (ANDR. S. VICT. *Super duodecim prophetas*) *CC cont. med.* LIIIG 171; **1164** premittite ante aut Philippum emptorem vestrum, qui et comitis auctoritate utatur, et cum nautis et ~oribus, prout expedierit, contrahat J. SAL. *Ep.* 134 (136); c**1166** navis Petri .. de Christo ~ore confidit *Ib.* 189 (186); vulgi cimba rapax .. / .. vix plena inviscerat alno / vectorem quemcumque ratis HANV. IX 255; in scapha qua vehebatur, ab iniquis Ostmannis, ~or a vehentibus .. interemptus occubuit GIR. *EH* II 3; exultant profecto ~ores predesiderati portus in inspectione sed multo magis consummata gaudent navis in applicatione E. THRIP. *Collect. Stories* 203. **b** ~ores, remiges, *repran GlP* 1024.

vectra v. vectura.

vectuarius [LL], of or pertaining to transport, (in quot. as sb.) vehicle.

s**1415** adversarie staciones .. nobis agrum sanguinis cum quadrigis et ~iis aliis multis refertis victualibus .. reliquerunt *G. Hen. V* 13.

vectura [CL]

1 (act of) carrying or transporting (goods or passenger); **b** (on horseback); **c** (as or w. ref. to quantity transported or delivered). **d** conveying (in quot. beer into barrel).

castores .. sui generis servis quasi pro rheda utentes, a silvis ad aquas lignea robora miro ~e modo contrahunt et conducunt GIR. *TH* I 26; **1198** in custamento ~e rerum regis quas A. T. liberavit vicecomiti usque ad nundinas Sancti Egidii, x s. et j d. *Pipe* 23; **1222** pro xvj doliis vini emptis .. cum ~a *DCCant. Chartae Antiquae* C. 165; **1442** Ricardo S. et Thome C. pro ~a sua versus Oxon. x s. *Ac. Durh.* 184; **1528** pro *les swayring* earumdem quarcuum et pro ~a earumdem ad aquam Usae *Fabr. York* 102; **1532** in allocacione pro ~a unius scolaris versus London vj s. viij d. ut estimo *Househ. Bk. Durh.* 102. **b** cum talium sonipedum cursus imminet, et aliorum forte qui similiter sunt in genere suo ad ~am validi, ad cursuram vegeti W. FITZST. *Thom. prol.* 11; omnibus exuviis amolitis et amotis equum ipsum nudum et solum corpus ejus et animum contemplamur, ut sit ad speciem honestus, ad cursuram vegetus, et ad ~am validus J. SAL. *Pol.* 633A. **c** **1522** pro una ~a tegularum iij s. iiij d. *Cant. Coll. Ox.* 258. **d** **1462** dicti brasiatores per se seu per dictos gardianos visitabunt collegia, aulas, et cetera loca tercia die post vetturam seu *entunnyng* cerevisie, ad probandum .. qualitatem et quantitatem cerevisie *MunAcOx* 695.

2 means of transport, conveyance.

qui potuerunt, pro vehiculis ad se vel sua subvehenda sibi boves adhibuerunt. nec multo post uberrimam ingressi sunt terram, victualibus et bonis omnibus refertam, excepto quod equinas sibi nequiverunt reparare ~as ORD. VIT. IX 8 p. 513; 'hinc non recedam nisi vehar a vobis aut queratis mihi ~am.' et quesierunt ei jumentum H. BOS. *Thom.* IV 3; sacre ~e duces a latebris exeuntes palla serica feretrum opertum ab omni imbrium madore indemne reperiunt et immune GIR. *IK* I 11; cum .. naviculam salmo injectus forte cauda fortiter percusserit, non absque periculo plerumque ~am pariter et vectorem evertit *Id. DK* I 17; cibis lautioribus, ~is, et vestibus, variisque carnis illecebris dediti et deliniti *Id. TH* I 12; s**1191** domine rex, vehementer infestamur .. quisque nostrum suam gratis amittit ~am, et quid ulterius sustinebimus? *Itin. Ric.* IV 19; pontifex plures socios habuit, inter quos quinque presbyteri, et non nisi tres tantum equos; et tamen ab aliquo petere ~am erubuit J. FURNESS *Walth.* 27; ?c**1230** omnes .. denarios qui cepi [*sic*] solebant de carectis et ~is portantibus bladum .. ad alia molendina *Rec. Leic.* I 39; **1293** omnia necessaria capiant ad reparationem plaustrorum, carectarum, et omnium aliarum ~arum *Couch. Furness* II 84; **1310** ad vos .. accedere non possumus .. ~a nostra in negociis autumnalibus una cum familia nostra per loca occupatur *Chr. Rams.* 396; ego sum mater tua, que, quia fueram sacerdotis fornicaria, facta sum demonis ~a *Latin Stories* 37.

3 baggage, luggage.

nocte parum ante diem absque omni ~a in scapha intravit mare H. BOS. *Thom.* IV 3; demum victualibus et ~is, spoliis quoque et armis onerati simul et honorati revertuntur GIR. *EH* I 24; ipsum .. ~is et sarcinis sub alis .. ecclesie et in cimeterio sacro constitutis, spoliari procuratum fuit et presumptum *Id. Invect.* V 9; quid .. vobis suppeteret consilii si .. in remota solitudine ~is et vestibus vos per istos contingeret spoliari? AD. EYNS. *Hug.* V 10 p. 135.

4 (in gl.).

a cariage, vectra, cariagium *CathA.*

vecula v. vetulus. **vedelicet** v. videlicet. **vedua** v. viduus.

veeria, ? *f. l.*

1221 liberate .. senescallo nostro Pict' et Wascon' c marcas pro quadam veeria empta ad opus nostrum in civitate Aquensi *Cl* 480a.

vefaba [CL ve-+faba], (in gl.).

antiqui dicebant Vejovi, i. parvo Jovi, et ~am, i. parvam fabam [v. l. ~a, parva faba] OSB. GLOUC. *Deriv.* 620.

veges [cf. CL vegetus]

1 vigorous, active, lively.

judex sensatissime circumspectus jurisdiccionis et in exercicio providissime pertinax et prudentissime ~es E. THRIP. *SS* II 19; contemplans .. sensu tam ~es homo tantam tamque specialem mundi machinam *Ib.* XI 5; invenciones .. commendabiles veras ~etesque veniant ad appreciaciones *Ib.* XI 12; **1283** generalis mortalitas ovium postea sequebatur .. oves tamen nostre in Ciltria et in Pecco sane et ~etes remanserunt *Ann. Dunstable* 306.

2 (*nitrum veges*) potash.

oleum nitri ~etis preparatum, jus radicis lilii preparatum, et succus radicum aliarum herbarum preparatus BACON IX 122; sed calidum consumunt, sicut est oleum nitri ~etis *Ib.* IX 125.

3 cask.

1445 cum quodam navigio quadraginta vegetum vino onerato *AncC* 43/189.

vegetabilis [LL = *vivifying, refreshing*]

1 of, pertaining to, or exhibiting the basic processes of life (growth, development, reproduction, esp. as characteristic of plant life). **b** (phil., *anima ~is*) soul that pertains to the basic processes of life, 'vegetable soul' (esp. as the only soul of plants, dist. from the animal or rational soul). **c** (alch. *lapis ~is, aqua -is*) sort of product of alchemy, substance with vegetable qualities.

lapideis saxis, terreeque moli .. arbores et herbe longe precellunt; quas vi quadam quasi vitali et vita ~i sensim sine sensu per se moveri, crescere constat, et augmentari GIR. *TH* I 13; virtutum .. ~ium is est ordo. prima harum et precipua est generativa; huic deservit augmentativa, illi vero nutritiva ALF. ANGL. *Cor* 13; **1225** pone corpus amici †examine [l. exanime]; numquid ejus diliges presentiam? sed nec etiam si solum vita ~i et sensibili esset animatum, ejus presentia diligeretur GROS. *Ep.* 2 p. 20; set nulla potentia est in planta nisi ~is, ergo operatio ista que est vivere egreditur a vegetabili BACON XI 183; ad faciendum aurum et argentum, .. que habent potenciam reducendi omnia corpora ad suam ~em naturam RIPLEY 376. **b** ~is anime duo sunt officia. facit .. rerum crementum, et corporibus ipsis nutrimentum prestat PETRUS *Dial.* 50; cum .. anima sit ~is, sensibilis, rationalis et pluribus nuncupetur nominibus ALEX. CANT. *Dicta* 175; Aristoteles, in tertio de anima, '~em' inquit, 'animam necesse est habere omne quod vivit a generatione usque ad corruptionem' ALF. ANGL. *Cor* 13; ergo cum in arboribus et plantis sit anima ~is, est ibi aliqua species anime ~is habundans ab anima ~i per aliquam differentiam substantialem J. BLUND *An.* 44; virtus .. informativa quando est obediens anime vegetabili, tunc informantur membra ad habilitatem actionum illarum in quibus maxime delectatur anima vegetabilis GILB. III 129v. 2; Dominus Pater ex tota mente racionali, et Deus Filius ex toto corde sensibili, et Deus Spiritus Sanctus ex tota anima vegetabili diligendus est GROS. *Templ.* 5. 4. **c** lapis mineralis, quia ex solis mineralibus fit, lapis ~is, quia nutritur et augetur, que sunt potentie anime vegetative, lapis animalis .. lapis rationalis M. SCOT *Sol* 719; accipe ergo lapidem animalem, ~em, et mineralem, qui non est lapis nec habet naturam lapidis BACON V 114; totum beneficium lapidis ~is adipiscimur per virtutem ignis nature RIPLEY 163; hec aqua ~is composita racione Mercurii dissolvit statim omne corpus *Ib.* 346.

2 (as sb.) plant, vegetable. **b** (*de ~ibus*, title of work by Aristotle).

in simpliciter .. ~ibus due tantum celebrantur digestiones, una .. in radicibus, altera in corpore et ramis ALF. ANGL. *Cor* 14; nulla .. aut rara est operatio que nature sit et nostra, utpote ~ium plantatio, mineralium transmutatio, egritudinum curatio, que possit ab astronomie officio excusari GROS. 5; quedam ~ia sunt per ramos, quedam per semina, quedam nascuntur sine semine et sine plantacione BACON V 120; cur pocius ita de hominibus quam de ~ibus, de aliis animalibus, aut de corporibus celestibus ordinaret? BRADW. *CD* 77C; **1452** cum .. partem libelli reliquam perspexeris, invenies quadrupedum et ferarum .. necnon piscium, deinceps ~ium pictas simul et scriptas naturas BEKYNTON I 274. **b** ut .. ait Aristoteles in libro de ~ibus ALF. ANGL. *Cor* 12; c**1400** libri philosophie .. textus tocius naturalis philosophie excepto libro de ~ibus *FormOx* 242.

vegetabilitas [LL vegetabilis+-tas], (state or quality of) exhibiting the basic processes of life (growth, development, reproduction, esp. as characteristic of plant life), (also) the basic processes of life. **b** (esp. alch.) ability to establish or impart the basic processes of life.

organum vite et ~atis idem fere proximum est in simpliciter vegetabili ALF. ANGL. *Cor* 1; videtur .. ~atem egritudo interrumpere, senectus corrumpere *Ib.*; illa [sc. anima] totius ~atis administratrix desit PULL. *Sent.* 691A; est corpus animatum et mobile voluntarie; ergo est animal. non enim movetur ab anima vegetabili, quoniam anima vegetabilis illud quod sua ~ate movet in diversas partes movet, sursum, deorsum et in latus, ut patet in plantis et in arboribus J. BLUND *An.* 9; cum operacio virtutis naturalis non intendit agere corpus nisi susceptivum ~atis .. generativa non efficit corpus particeps sensibilitatis vel racionis GILB. VI 243. 1; partes hominis habent proprias animas nutritivas, distinctas ab intellectiva, que est humanitas, ac sensitiva, que est animalitas, ac anima nutritiva, cum sit ~as, licet habeat particulares animas subordinatas WYCL. *Compos. Hom.* 75. **b** iste .. sal [sc. alkali] inter reliquos sales retinet naturam †vetetabilitatis [l. vegetabilitatis] et minere M. SCOT *Lumen* 242; hec aqua vegetabilis composita racione Mercurii .. racione ~atis sue revificat omne corpus RIPLEY 346; ad faciendum aurum et argentum, que non perdiderunt suam ~atem, sed que sunt viva, calida, et humida, et que habent potenciam reducendi omnia corpora ad suam vegetabilem naturam *Ib.* 376.

vegetabiliter [vegetabilis+-ter], in respect of the basic processes of life (growth, development, reproduction).

sic aer capit animum, sic celum, sic denique infernus, non tamen ab animo ~er moventur, quia animo personaliter non uniuntur PULL. *Sent.* 727A.

vegetalis [CL vegetus+-alis], vegetable, of or pertaining to plants.

unctuosum aerem, qui est causa inflammabilitatis, ponit in ~i quo ad illud effectum dominari .. aerem puriorem in sensibus, specialiter quo ad spiritus animales WYCL. *Log.* III 84.

vegetamen [LL], means of imparting vigour or life.

peniteat septem jejuno ventre diebus / .. alimenta nec ulla / sumeret, excepto facili vegetamine panis / exigui WULF. *Swith.* I 1403.

vegetare [CL]

1 to impart strength or vigour to. **b** (p. ppl. as adj.) strong, vigorous. **c** to strengthen the force of (document or sim.), confirm, validate (with sign, seal, or sim.).

aegrotos vegetat membrorum viribus augens ALDH. *VirgV* 861; quando aliquid vegitatus fuerat et de infirmitate melius habebatur HUGEB. *Will.* 4 p. 97; sic de fonte tuo, paradise, latentibus uno / derivas orbi signis in quattuor amnes / sufficienter aquas, vegetent ut viscera terrae *V. Ed. Conf.* f. 41; sic spirituale et invisibile corpus Christi animam digne sumentis alit et ~at LANFR. *Corp. & Sang.* 438D; ego tamen, quem in Dei obsequio alimonia corporali cotidie ~at OSB. CLAR. *V. Ed. Conf.* 30 p. 123; aufugerat .. internus agitator qui eam male ~averat, et illa remanserat sub manu sanantis medici salubriter debilis AD. EYNS. *Hug.* V 8. **b** statuit rex .. ut milites .. vires suas flexis in gyrum frenis experiantur .. ut .. ~atiores, agitatiores, exercitatiores reddantur ad prelium DICETO *YH* 120; quia voluntas mea major est nexus et ~acior ad eternitatis custodiam quam illi nexus vitales ex quibus est vita vestra coaugmentata atque composita GROS. *Cess. Leg.* I 2 p. 11; comes .. David, quamvis nec alacris animo nec corpore ~atus, ad regem Alexandrum .. quamcicius potuit venit FORDUN *GA* 30. **c** c**1002** ego Elfeod Cridiensis ecclesiae episcopus ~avi *MonA* II 37.

2 to impart life to, cause to live; **b** (w. ref. to basic processes of life). **c** to impart or cause (life).

fulcior haud volitans veloci praepetis ala / spiritus alterno vegitat nec corpora flatu ALDH. *Aen.* 71 (*Piscis*) 4; lapsus homo miserensve Deus .. / .. / sanguinis instar enim per singula membra refusi, / hoc vegetant corpus carminis omne mei L. DURH. *Hypog.* 68; quantoque mortificatur ad appetenda transitoria, tanto et ~etur ad concupiscenda eterna AD. SCOT *Serm.* 419B; ~ari .. inanimatum possibile non est ALF. ANGL. *Cor* 10; nam cum adhuc dudum ~abatur spiritu, ita grossitie vehementiori tumebat ut vix spirare potuisset AD. EYNS. *Hug.* V 2; [spirituum] quidam sine corporibus sunt, ita quod numquam corpora ~ant et immortales sunt NECKAM *SS* III 84. 1; si .. addatur res que in aere ~atur, et est anthos, et est flos roris marini, qui ineffabilem habet virtutem contra passionem senectutis BACON *Maj.* II 210. **b** sed aliud est corpus quod est ~atum, et aliud anima sensibilis, que est dans sensum; et anima vegetabilis que est ~ans est aliud J. BLUND *An.* 312; unaqueque pars plante ~atur et unaqueque pars animalis sentit GROS. 125. **c** ita post fidem, qua mors propellitur, succedit baptisma, ut vita ~etur PULL. *Sent.* 840D.

3 (intr.) to exhibit the basic processes of life (growth, development, reproduction, esp. as characteristic of plant life; also pr. ppl. as sb.). **b** (fig.) to live, grow.

animam .. in herbis et arboribus esse dicunt per solam potentiam ~andi, in brutis per potentiam ~andi et sentiendi, in hominibus per potentiam ~andi et sentiendi et discernendi NECKAM *SS* III 85. 1; elegit quatuor mulieres pulchriores etc. pro prima muliere dedit esse cum lapidibus, pro secunda ~are cum plantis, pro tercia sentire cum animalibus, pro quarta intelligere cum angelis *G. Roman.* 371; sic superiora queque inferiora gubernant .. sic racionabilia brutis imperant, senciencia utuntur ~antibus, et ab inanimatis ~ancia nutriuntur FORTESCUE *NLN* I 46; omne quod vegitat crescit et marcescit *Ib.* II 35. **b** et in habitaculis nostris pax ~et, quies permaneat EGB. *Pont.* 62; pena quidem baratri, dolor omnis quo vegetabit, / quo semper moritur, nec valet ipse mori GOWER *VC* VII 1033.

vegetatio [CL]

1 (act of) strengthening, invigoration. **b** means of strengthening or invigoration, nourishment.

Helias .. sublatus in caelum in quadam secreti climatis regione diuturna membrorum ~one [*gl.*: stabilitate vel confortatione, *hertingre, gestragunge,*] vitaliter degens hactenus generali mortis debito caruisse dinoscitur ALDH. *VirgP* 20; da .. nostris effectum jejuniis salutarem ut castigatio carnis assumpta ad nostrarum ~onem [*gl.*: *ymbwoendng*] transeat animarum *Rit. Durh.* 17; non ad temporalem corporum sustentationem sed spiritualem potius animarum ~onem GIR. *GE* II 39 p. 363; sed licet ad seminis humani procreationem et ad generationis complementum et fetus sufficiat pabulum, alia tamen membra quasi inanita propria et multa destituit vivificatione et naturalis confortationis ~one *Quaest. Salern.* B 17; ?**1239** quemadmodum .. sol .. ad tenebrarum purgationem et terre nascentium ~onem .. lunam et stellas illuminat .. ita dominus Papa .. ad illuminationem et ~onem ecclesie suam exhibet presentiam GROS. *Ep.* 127 p. 389. **b** Adonai, Opifex, Pastor, Susceptio nostra, / Principium rerum, Vegetatio, Finis earum H. HUNT. *HA prol.* p. 3; tantam et talem sumentes in hiis omnibus vite ~onem qua paulominus a satis corporis necessitas curetur W. DAN. *Ailred* 5.

2 (act of) imparting life; **b** (w. ref. to basic processes of life).

si anima statim effuso semini fomentum prestatura infunditur, aut personaliter unitur ei qui homo non est, aut adhuc altera manens persona, nullum prestat ~oni beneficium, quomodo mens nondum nati nihil facit mortue pregnanti PULL. *Sent.* 727A; ideo mortua, quia non viget in ea ~o actionis P. BLOIS *Opusc.* 1011C. **b** vivificatio .. animalium et motus ~oque eorum *Ps.*-GROS. *Summa* 376.

3 (state, quality, or act of) exhibiting the basic processes of life (growth, development, reproduction, esp. as characteristic of plant life), (also) the basic processes of life.

quatuor .. insunt potentie que totius ~onis sunt principia, suntque attractiva, retentiva, digestiva, expulsiva ALF. ANGL. *Cor* 13; in homine est una sola anima, a qua est ~o, sensus, et ratio J. BLUND *An.* 40; sed si ~onem humorum non placet concedere, dicendum est quod sanguis preter solitum venas egrediens facile potenciam emittit que deberet in membra transire GILB. VI 276. 1; viso quid sit anima mundi, vidende sunt ejus proprietates juxta corpora, que tales sunt, ~o, sensualitas, ratio J. FOXTON *Cosm.* 28. 1.

vegetative [vegetativus+-e], in respect of the basic processes of life (growth, development, reproduction).

utrum in anima hominis sit eadem substancia intellective, sensitive, ~e, an sint substancie diverse AD. BUCKF. *An.* 435.

vegetativus [CL vegetatus *p. ppl. of* vegetare+ -ivus]

1 vigorous, strong.

juniores .. ~os [v. l. vegetos] et ad opera exercenda idoneos reservabant captivos *Itin. Ric.* I 37.

2 of, pertaining to, or exhibiting the basic processes of life (growth, development, reproduction, esp. as characteristic of plant life). **b** (phil., *anima ~a*) soul that pertains to the basic processes of life, 'vegetable soul' (esp. as the only soul of plants, dist. from the animal or rational soul).

si est animatum, ergo est habens animam, et anima ~um, et illa anima iterum aliam animam, et sic in infinitum J. BLUND *An.* 331; communicat .. anima rationalis cum anima sensibili brutorum in potentia sensitiva, et cum anima vegetabili plantarum in potentia ~a. quapropter et homo communicat in natura cum omni creatura GROS. *Cess. Leg.* III 1 p. 131; **1284** ~a et sensitiva sunt simul in embrione, et nulla prior alia *Ann. Osney* 299; ponamus naturam per virtutem potentie ~e et regimine sensitive operatam esse in semine humano SICCAV. *PN* 128; mutabilium et generabilium multa sunt genera .. quedam animata in quibus est forma addita mixtionis, scilicet anime. et hec triplices sunt; quedam ~a solum ut planta, alia ~a et sensitiva ut animalia, reliqua sensitiva, intellectiva, ~a, ut homines BACON VII 5; sicut forme inperfectiores [continentur] in forma perfectiori, ut ~um in sensitivo et sensitivum in intellectivo T. SUTTON *Gen. & Corrupt.* 170. **b** lapis vegetabilis, quia nutritur et augetur, que sunt potentie anime ~e M. SCOT *Sol* 719; non erit talis motus ab anima ~a sed a sensibili motiva motu voluntario GROS. 7; est autem anima ~a substantia incorporea vegetabilium in quantum sunt vegetabilia perfectiva una in genere .. cujus partes principales sunt tres, id est potentia nutritiva, augmentativa, et generativa *Ps.*-GROS. *Summa* 516; calor cum anima ~a concurrit .. ad aliquem effectum producendum OCKHAM *Sent.* II 349.

vegetatrix [CL vegetare+-trix, cf. LL vegetator], life-giver (f.).

ancille dominam vegetatricem vegetate, / ductricem ducte supposuisse potes H. HUNT. *HA* XI p. 173.

vegete [CL vegetus+-e], vigorously, strongly.

viriliter hostes cedere seque deorum victorie ~ius adjungere E. THRIP. *SS* III 40; ~ius est agendum *Ib.* VI 1.

vegetus [CL], (esp. of living thing) vigorous, strong (also transf.).

virtutum quos redimita / cristatos cingit corona; / parta namque per fabricam / aethralis Heri vegetam (ÆTHELWALD) *Carm. Aldh.* 2. 26; ova viri et faeminae / calificata calore / parturire progenitum / foetum vellere vegetum *Ib.* 2. 140; veluti lumine / astra Olimpi ignito / ardui orbi vegeto / larem librant lucifluam *Ib.* 4. 18; a**705** cum memet ab ipsis tenerrimae cunabulis infantiae fovendo, amando pedetemptimque delicatioribus solertiae cibis recreando ad ~am usque pubertatem provexisti *Ep. Aldh.* 2 (7) p. 496; adulescentior .. sum aetate, et ~us corpore BEDE *HE* IV 23; incorrupta quidem tota cum veste reperta est. / corpus erat vegetum nervis et flexile totum ALCUIN *SS Ebor* 767; vertiges [? l. vegetes], fortes *GlC* V 100; adventasse virum virtute vigetum [v. l. serenum] FRITH. 212; reliqua que agenda essent armis animisque ~i prudenter agerent ORD. VIT. IX 9 p. 538; quidam pro libitu suo vivunt et semper sunt ~i. quidam a regulis Hippocratis non deviant et assidue sunt infirmi P. BLOIS *Ep.* 12. 38A; est tamen elocutio per 'quod' .. magis supina, per infinitum magis erecta et vegeta LINACRE *Emend. Lat.* f. xxxix v.

vegitare v. vegetare.

veha [? cf. CL vehere, vcia, vchis], sort of waggon, cart. **b** waggon-load, cart-load.

hec ~a, -e, i. quoddam genus carri OSB. GLOUC. *Deriv.* 613; ~a, vehiculum, quoddam genus carri *Ib.* 625; ave, veha nostri ducis WALT. WIMB. *Virgo* 83. **b** **1541** in magno horreo spatium sufficiens ad reponendum et recipiendum octoginta ~ias foeni et straminis *Foed.* XIV 720b.

vehagium v. viagium. **vehamenter** v. vehementer.

1 vehare v. vebare.

2 vehare [cf. CL vehere, vectare, viare, cf. et. LL vehatio], **a** (trans.) to cause to travel, journey, (in quot.) to sail (ship). **b** (intr.) to travel, journey, (in quot.) to sail.

a **1347** de navibus ~atis *EEC* 524 (v. b infra). **b** **1347** custuma recepta .. de navibus vehatis a portu predicto cum diversis mercimoniis ad partes exteras .. navis vocata Le Cogge Johan' Dexmutha ~avit a portu predicto ad partes exteras vj die Maii .. navis vocata Le Margarete de Seint Mathu ~avit ad partes exteras *EEC* 524.

vehemens [CL]

1 (physically) powerful or forceful in action or effect, violent: **a** (of natural phenomenon or sim.); **b** (of action, movement, or sim.).

a in vigilia sancti Laurentii martiris post nonam turbo ~ens exortus est ORD. VIT. XIII 16 p. 39; s**1259** dimersi sunt .. in illis aquis ~entibus homines nonnulli et pueri plurimi RISH. 3; sic semper igni ~enti et tamen non consumenti materiam prestitit (*Brendanus* 41) *VSH* II 285; s**1465** ~ens ventus .. inferens plurima nocumenta HERRISON *Abbr. Chr.* 9. **b** lapis permagnus ab alto aere irruit, et, parcente Domino, inter utraque capita ~enti lapsu in terram corruit B. *V. Dunst.* 8; venit ex improviso ultra antiquam aecclesiam quoddam missile saxum, ~enti volatu conans beati Patris caput collidere *Ib.* 18; divinitus turbo emissus .. valvas etiam ipsas, ~enti patefactas impetu, ad parietem impulit W. MALM. *GR* II 203; sic ~enti violentia proximos et longinquos pessundedit ORD. VIT. XIII 15 p. 37; Paulus ad Italias vergebat et tamen ~ens naufragium pertulit GIR. *Invect.* VI 24; priorem influentiam et ~entiorem habet causa prima super causatum quam causa secunda OCKHAM *Sent.* VII 154; ~ens ictus fulminis turrim .. ecclesie concussit KNIGHTON I 95.

2 intense, strong, powerful (esp. of things that can be perceived by the senses, also of abstr. things); **b** (of emotion or sim.); **c** (of state of affairs or sim.). **d** (of argument or sim.) strong. **e** (of physical thing) stout, strong.

tam ~enti sacrilegiorum caecitate et ineffabili ebrietate propheta conterritus Gildas *EB* 49; in obsidione interim sitis ~ens grassabatur Ord. Vit. IX 15 p. 602; quid quod areola hec aromatico fecunda est germine solam Jesu caritatem spirans, que ~enti sue virtute fragrantie etiam de sinu Patris potens sit trahere eum? J. Ford *Serm.* 44. 6; Herodes .. intestinorum .. dolore correptus et excruciatus, tanto et tam ~enti plexus annexitatis incommodo Gir. *PI* I 17 p. 59; quomodo ergo venit Spiritus Sanctus in sono ~enti et non in sibilo aure tenuis? T. Chobham *Serm.* 14 f. 52va; sed non posset tam ~ens color produci ita cito de potentia materie, et precipue aeris, quod est corpus simplex Bacon *MS* 54; manifestum est .. quod ex motu causetur calor ~ens T. Sutton *Gen. & Corrupt.* 133; accidit in ea [sc. quartana] multocies diastoles inequalis et sistoles ~entis velocitatis Gad. 16. 1; yliaca est passio intestinorum gracilium cum constipacione ventris et frequenti vomitu et dolore ~enti *SB* 25; sic digitum suum a ~enti ac duro dolore curaret (*Fechinus* 8) *VSH* II 78. **b** ~entissimo stupore perculsus Bede *Acts* 938C; erat .. ejus apud domesticos reverentia ~ens, apud exteros metus ingens W. Malm. *GR* II 196 (=Silgrave 68); ~enti merore tactus mox in lacrimas erupit Ord. Vit. XII 45 p. 482; quod .. audivimus, canonicos cum monialibus in una ecclesia commorari .. in ~entem nos ducit admirationem *Canon. G. Sempr.* f. 91; precipue cum ex intentione certa, desiderio magno, et ~enti confidentia profertur Bacon *Maj.* I 399. **c** exoritur in finibus Transhumbranis ~ens perturbatio Ord. Vit. IV 4 p. 184; in tanta, tam ~enti cunctorum perturbatione Gir. *EH* I 4; **1300** scandalum ~ens quod .. undique oriretur est .. evitandum *Reg. Cant.* 722. **d** si opinio tenuis, judicio vacillat incerto. si ~ens, transit in fidem, et ad judicium certum aspirat J. Sal. *Met.* 871D; quoniam, ut aiebat Abelardus, negatio ~entior est *Ib.* 892C; ob tantam .. et tam ~entem homicidii presumptionem .. judicatum est duello rei certitudinem experiri Gir. *IK* I 7; opera nostra .. quamquam ad plenam minime probationem, ad ~entem tamen sufficere debent presumptionem *Id. Symb.* I 1 p. 211; puta tentationem nimis fuisse ~entem Ad. Scot *QEC* 840A; in quibus sunt dubitationes ~entes et multiplices, atque opiniones et errores Bacon *Maj.* I 106; sed quando de adulterio precessit infamia vel signa evidentia apparent que ~entem possent facere suspicionem R. Orford *Sciendum* 239. **e** carpebant placida libratis aequora velis, / figitur et notis vehemens lautomia harenis Frith. 1127; ~ens .. aliquando .. dicitur pro forti, sicut dicimus aliquem ~entem habere carnem cum fortiorem habet Osb. Glouc. *Deriv.* 332; quod omnium adminiculorum suorum ~entissimum fuit Gir. *Invect.* V 10; †celebs ferrum est per decoctionem ~entem et artificium purificatum *Ps.*-Gros. *Summa* 634.

3 energetic in action, strenuous, strong (esp. in spec. respect). **b** (of action, effort, or sim.) energetic, strenuous. **c** (of punishment) severe.

ipsum .. senserant ~entissimum gratiae praedicatorem Bede *Acts* 987C; habebat duos filios, Odonem et Henricum; Odo major natu hebes, alter astutus et ~ens W. Malm. *GR* II 187; **s1135** hec igitur comestio [murenarum], pessimi humoris illatrix et consimilium ~ens excitatrix, senile corpus letaliter refrigidans, subitam et summam fecit perturbationem H. Hunt. *HA* VII 43; profundus est in sententiis .., orator ~ens, efficax demonstrator J. Sal. *Pol.* 672C; est .. gens hec cunctis fere in actibus immoderata, et in omnes affectus ~entissima Gir. *TH* III 27; fur argutissimus et ~entissimus in alienas irruptor opes Map *NC* II 23 f. 31v; cum ~ens odoratus non sit nececarius hominibus sicut brutis quibusdam que mediante odoratu nutrimentum adquirunt *Ps.*-Ric. *Anat.* 28. **b** religio est cultus ~ens et assiduus divine cerimonie tantum obnoxius W. Donc. *Aph. Phil.* 3. 61; ~enti pollens industria seculares questus multipliciter auxit Ord. Vit. XI 23 p. 238; 'queret', cum multa sollicitudine et assidua ~entique animi applicatione Andr. S. Vict. *Sal.* 59; ~entiori cogitatione mens ab his sensibus in seipsa recipitur Ailr. *An.* III 10; ad hoc ut hec difficultas attendatur vechementi applicatione intellectus diligentissime est notandum quod ipsius substantie eterne dulpex est actio Bacon VII 50. **c** in sacra scriptura ignis pro ~enti pena solet accipi, sicut ibi: 'de fornace ferrea Egypti' [cf. *Deut.* iv 20], hoc est de ~enti pena et gravi labore Andr. S. Vict. *Hept.* 217.

4 prone to violent extremes of conduct, unbalanced.

accusaverunt quod in actibus suis ~ens esset ac prodigus, et monasticos sumptus immoderate distraheret in causis inutilibus Ord. Vit. XII 30 p. 424; vehemens -tis, i. furiosus et dicitur ~ens quasi ve habens in mente Osb. Glouc. *Deriv.* 332; duce Johanne agnomine *þe Wode*, quod Latine sonat 'Insano' vel '~enti' Gir. *EH* I 21; insanus, vehemens, vecors, vesanus, et excors, / secors et demens, bachans, et stultus et amens Garl. *Syn.* 1585D.

5 (gram.).

alia proiciunt aspirationem: dicimus .. prehendo et prendo, vehemens et vemens Alcuin *Orth.* 2348.

vehementer [CL]

1 with great (physical) force or power, violently.

multiplicatae ac ~er inundantes aquae in superficie terrae arcam quidem elevaverint in sublime a terra Bede *Gen.* 86C; Eduinus et Morcarus .. rebellaverunt .. quorum motus Albionis regnum ~er turbaverunt Ord. Vit. IV 4 p. 182; rabie hostili novella christianitas in Gallia ~er afflicta est *Ib.* V 8 p. 332; virtutes celorum et species eorum et stellarum .. quibus ~er alteratis excitabitur homo fortiter ad actus de quibus non curavit prius Bacon *Maj.* I 249.

2 intensely, strongly. **b** strongly, stoutly. **c** to a very great degree, immensely, extremely (also w. adj.).

priorem carnificem .. in agnum ex lupo mutaret et .. triumphalem martyrii palmam sitire ~ius .. faceret Gildas *EB* 11; coepit ~ius egrotare in anhelitu Cuthb. *Ob. Baedae* clxii; accidit .. ut acerba fames universam Britanniae regionem ~er premeret Wulf. *Æthelwold* 29; subitum frigus totum caput illi, deinde cor et totum corpus ~er afficit Anselm (*Ep.* 39) II 150; quantum prius ardens ~ius exarsit desiderium meum de vobis *Ib.* (*Ep.* 120) III 258; jam Goduinus, quem ~er timebat, decesserat W. Malm. *GP* II 83; cum turma peditum usque Laodiciam pervenit, ibique ~er egrotans, sociis abeuntibus diu remansit Ord. Vit. III 4 p. 65; audita .. unice filie morte, eo quod filium non haberet, rex ~er expavit (*Geraldus* 5) *VSH* II 109. **b** quapropter ut eum vestris litteris ~er roboratum remittatis valde necessarium existimo Anselm (*Ep.* 126) III 268; castellum suum super Aucium flumen ~er munivit Ord. Vit. VIII 9 p. 319. **c** duabus .. gentibus transmarinis ~er saevis, Scotorum a circione, Pictorum ab aquilone Gildas *EB* 14; sed forsitan aliquis dicat: non ita omnes episcopi .. quod nec ~er et nos diffitemur *Ib.* 69; protulit .. libellum perpulchrum sed ~er modicum Bede *HE* V 13; pusillum gregem xx monachorum .. mundanisque vanitatibus ~er occupatum et in Dei cultu valde pigrum invenit Ord. Vit. III 5 p. 90; vehamenter super hoc stupentibus qui aderant Deoque gratias agentibus R. Merton f. 97; ~ius .. admirandam censeo tocius urbis inspectionem Greg. *Mir. Rom.* 1; ex quo sequitur quod ~er errant qui tres longas aliqua oratione, ut in tenoribus, adinvicem ligant Hauboys 326.

3 with great vigour or effort, strenuously, energetically.

peccatorem hoc ~er ad paenitentiam hortatur Gildas *EB* 36; precor .. et obsecro ~er Anselm (*Mon. prol.*) I 8; cum Turchi .. fuge se dedissent, nostrique palantes ~ius impeterent W. Malm. *GR* IV 389; in indagandis librorum abditis misteriis ~er laboravit Ord. Vit. V 18 p. 437; fortiter premens ubera butyrum, sed ~er (id est nimis fortiter) emulgens sanguinem elicit Andr. S. Vict. *Sal.* 88.

vehementia [CL]

1 violence of action or movement, (also) violent force or action (esp. of natural phenomenon or sim.).

cum .. navigium turbato mari ventorum ~ia celoque minaci periculosissime jactaretur J. Sal. *Pol.* 641C; ignis .. in modum turbinis cum ~ia spiritus excurrens, quicquid obviam offendit funditus exurit Gir. *TH* II 13; ex nimia preter solitum procelle ~ia, sabulosis australis Kambrie litoribus solo tenus sabulo nudatis *Id. EH* I 36; ipsa .. mentis devotio, iste est fluvius .. cum eam cohibere pre nimia ejus ~ia ipse quoque animus non sinitur Ad. Scot *QEC* 825D; scias .. talis ac tante tempestatis inter festivitatem beati Benedicti .. jam instantem, et Annunciationem sancte Dei genitricis Marie .. finibus istis affuturam ~iam J. Furness *Walth.* 109.

2 intensity, strength (esp. of things that can be perceived by the senses, also of abstr. things); **b** (of emotion or sim.). **c** strength, force (of argument or sim.).

congregata est .. multitudo, sciscitans quisnam ille clamor fuisset qui tanta eos ~ia dormientes terruisset Osb. *V. Dunst.* 14; primos homines vestiri non oportuit, quibus .. nec caloris aut frigoris ~ia nocitura erat Pull. *Sent.* 752B; tantus ab eo fetor exivit quantum et quam corruptum nunquam antea naribus sensit. ob cujus .. ~iam evigilavit Gir. *GE* II 11 p. 223; ut per vene exhalationem caloris reprimatur ~ia *Quaest. Salern.* B 243; turbatus est a furore persecutionis animus meus et a vehementia tribulationis atenuata memoria et debilitata Gir. *Invect.* I 10; lesionem in capite capitalem .. attendit, a cujus ipsum ~ia Deus eripuit *Ib.* VI 21; cura .. mendosa est cura que blandiendo sedat doloris ~iam Gad. 119. 1; in Ethiopia omnes aque turbide sunt et aliqualiter salse propter ~iam caloris *Itin. Mand.* 84. **b** considerans irae ejus intolerabilem ~iam Anselm (*Or.* 6) III 15; tantus ardor pii amoris, tanta dulcedo caritatis, tanta fruendi copia, tanta desiderii ~ia Ailr. *Inst. Inclus.* 33; si nos fatigat alicujus ~ia tentationis, si nos premit .. moles ponderosa alicujus furentis adversitatis Ad. Scot *QEC* 867A; vox dilecti est vehementer diligentis, ipsamque sue dilectionis ~iam aut †volentis [l. nolentis] aut non valentis dissimulare J. Ford *Serm.* 99. 1; **1251** ruptis quoad fieri poterit .. sepius intermissis perturbantium sollicitudinum ~iis Ad. Marsh *Ep.* 140. **c** si .. ejus [sc. opinionis] ~ia invalescat J. Sal. *Met.* 872A; est et [fides] media inter opinionem et scientiam, quoniam per ~iam certum asserit, ad cujus certitudinem per scientiam non accedit *Ib.* 924B.

3 energetic or enthusiastic character, keenness, strenuousness; **b** (of action).

dum prosper ventus .. subito spiravit, protinus ardens ~ia ducis omnes ad puppes convocavit Ord. Vit. III 14 p. 145; nec sic .. unius passionis exstinctioni tota ~ia insistendum est ut ad cetera comprimenda instrumentum corporale deficiat Ailr. *Spec. Car.* III 34. 607A; in etate tenerrima literarum studiis addictus, juxta mentis ~iam ad hoc applicatam .. multa complevit Gir. *Hug.* I 1; tanta .. studium ~ia postmodum est amplexatus ut coetaneos omnes .. longe transcenderet *Id. RG* I 2. **b** distensionem hic animi non corporis vocat, que est in ~ia investigationis et inquisitionis cause et rationis operum Dei Andr. S. Vict. *Sal.* 129; nota ~iam simul et multiplicitatem suspirii J. Ford *Serm.* 95. 6.

4 excessiveness, excess.

omnis .. ~ia salutis inimica est et excessus omnis in culpa J. Sal. *Pol.* 531D.

5 (in gl.).

~ia, -e, i. animi dementia Osb. Glouc. *Deriv.* 332.

Vehemoth, *var. sp. of* Behemoth.

horrida nam multans torsisti membra Vehemoth Aldh. *Aen. pref.* 4.

vehere [CL]

1 (of person or means of transport) to carry (to another place), convey (also fig.); **b** (of draught animal). **c** (without strong sense of motion) to carry, bear (also fig.).

salva sanctarum animarum reverentia, si tamen multae inventae sint quae arduis caeli id temporis a sanctis angelis ~erentur Gildas *EB* 24; en vehebant volumina / numerosa per agmina / multimodis et mysticis / elucubrata normulis (Æthelwald) *Carm. Aldh.* 2. 107; nunc ligno vehitur, quondam qui ligna vehebat Alcuin *Carm.* 92. 1. 5; per vastum pelagus non te vehit alta triremis / verum parva celox, fissuris undique fartis *Altercatio* 58; ut per aliquot miliaria sellam dorso ~ens pronum se cum sarcina ante pedes patris exponeret W. Malm. *GR* III 235; eternus dispositor rerum navem suam inter procellas seculi potenter ~it et sapienter gubernat Ord. Vit. V 12 p. 395. **b** [equi] mites jam ac domiti currum sancti Dei ~ebant (*Cainnicus* 8) *VSH* I 155; crastino .. die unus bos plaustrum ~ebat fortiter (*Munnu* 13) *Ib.* II 231; **1471** de xxxiij s. per vendicionem unius equi qui consuevit vehire currum cum lapidibus ad dictam fabricam *ExchScot* 134. **c** namque crucem Domini sincera mente virago / gratulabunda vehens Aldh. *VirgV* 1896; qui trino vehis alma sceptra / nomine solus Alcuin *Carm.* 121. 16. 3; gemmata vehitur archontum more curuli, / induit ormiscum Frith. 351; jam legit ingenua violas sibi compta puella / rustica, quas nullo terra serente vehit Gower *VC* I 56; velabatur .. turris superius canopeo celestini coloris .. et quatuor postes super quibus canopeum ~ebatur quatuor angeli non minoris artificii supportabant *G. Hen. V* 15.

2 to transport (also transf. or fig.). **b** to transfer (beer into barrel).

duorum ostiis nobilium fluminum Tamesis ac Sabrinae .. per quae eidem olim transmarinae deliciae ratibus ~ebantur GILDAS *EB* 3; fuit .. lapis in interiore parte insule, quem ~ere in vehiculo suo iiij fratribus .. in adjutorium edificii sui praecepit *V. Cuthb.* III 2; **796** petras .. nigras quas vestra flagitabat reverentia vobis diregi .. ubicumque inventi fuerint, dari et in ~endo adjuvari libenter mandabimus ALCUIN *Ep.* 100; quem mox a primis ratio pulcherrima cunis / corripuit rerum, summamque vehebat in arcem / doctrinae *Id. SS Ebor* 1412; de culmine vexum B. *V. Dunst.* 4; pueruli corpus levatum ~ebatur Wincelcumbam W. MALM. *GP* IV 156; illos .. qui, etsi supra hominem perfectionis desiderio non ~untur, non tamen in bestias feritate .. devolvuntur AILR. *Spec. Car.* III 38. 617C; cum dulce virginis nomen depromitur, / aer salubrior fit qui percutitur / et melle dulcior ad aures labitur, / cum sonus melleus per eum vehitur WALT. WIMB. *Carm.* 209; quedam puella infirma, que ad me de longinqua terra in grabato ~itur (*Finanus* 29) *VSH* II 95. **b** **1462** statuit .. quod non minus festine post brasiacionem ~erent cerevisiam, dum fuerit callida et plena bullitionibus ventosis *Mun AcOx* 695.

3 (pass.) to travel (by some means of conveyance).

neque vehiculis equisque ~untur GILDAS *Ep.* 2; per quandam picturam Graeci operis didicimus quod homines quos caerulei canes prima laceratione non devoraverunt in dorso supradicti generis beluarum vecti sine laesione fuissent *Lib. Monstr.* II 32; non equorum dorso, sed pedum incessu vectus BEDE *HE* III 5; feretrum ejus caballarium quo infirmus ~i solebat *Ib.* IV 6; dum veloci equo ~eretur et manus inimicorum effugere niteretur ORD. VIT. VIII 12 p. 334; tributum est quod potestatibus regiones solvunt: vectigal, quod datur quando per patrias ~untur PULL. *Sent.* 942A; una, qua cum viris tribus et quinquaginta mulieribus ~ebatur, nave superstite GIR. *TH* III 1; Sethna, pater beati Comgalli, et uxor ejus, nomine Brig, in uno curru vecti (*Comgallus* 5) *VSH* II 4; cum flante ad voluntatem earum vento vecherentur per mare, subito fimbria pallii quo vehebantur sub undis mersa est (*Endeus* 8) *Ib.* II 63.

vehia v. veha. **vehicula** v. vehiculum.

vehiculatorium [cf. CL vehiculum, CL vehicularis], wheelbarrow.

1440 pro reparacione duorum ~iorum Anglice *hweylbarwys* iiij d. *Cant. Coll. Ox.* 156.

vehiculum [CL]

1 vehicle (for conveying passengers or goods); **b** (dist. as *manuale*); **c** (applied to litter or sim.). **d** means of transport (also fig.).

illi qui carnem non edunt nec cibis saecularibus delectantur neque ~is equisque vehuntur et pro his quasi superiores ceteris se putantes GILDAS *Ep.* 2; †veniculum [l. ~um], *wægn GlC* V 143; esseda, ~o, *on cræte GlP* 376; c**1163** nulla .. persona .. aliquid ab hominibus et terris et possessionibus predicti monasterii exigat .. non veicula, non sumagia, non vectigalia, non navigia *Act. Hen. II* I 373; si Cantuariam .. non valet, eques vel pedes, dominus tuus accedere, saltem equestri ~o levius subvectus ad me vel Sanctum Cuthbertum posset facilius pervenire R. COLD. *Cuthb.* 114; coram oculis ejus in ~is ipsius et vecturis .. furta simul et furem asportavit GIR. *SD* 86; desiderat hujus ~i compositio limones, cum sepe vel crate ex virgis contexta, temones etiam cum gerulis NECKAM *NR* II 168; **1243** inveniatis expensas et ~am [*sic*] equorum in eundo et redeundo *Liberate* 19 m. 1; que latoris es fiscella / nove legis et cistella, / currus et vehiculum WALT. WIMB. *Virgo* 63. **b** **1445** pro j ~o manuali iij d. *Cant. Coll. Ox.* 168. **c** cum eger pedes parrochias lectica circuiret, ad oram rapacissimi amnis .. devenit .. essetque timor ne ~um aquarum violentia subsideret W. MALM. *GP* II 73; cum .. edocti essent Octa et Eosa adventum Britonum regemque feretro advectum, indignati sunt cum eo preliari, quia in ~o advenerat G. MON. VIII 23. **d** asinae .. nolentis se ~um fore tiarati magi devoturi populum Dei GILDAS *EB* 1; qui potuerunt pro ~is ad se vel sua subvehenda sibi boves adhibuerunt ORD. VIT. IX 8 p. 513; hec vir venerabilis Henricus domno abbati de Forda et mihi in via Cisterciensis capituli jocunde enarrans pro ~o interim fuit J. FORD *Wulf.* 50 p. 72; nonnulli .. sunt qui humanas animas, ab exordio mundi factas, et in compares stellas tamquam in ~a locatas dicunt, donec quotidie incorporandi studio descendant ALB. LOND. *DG* 6. 15; sanctus Abbanus cum turba multa discipulorum ad flumen Berbha venit, et non inventis ~is, steterunt super ripam fluminis (*Abbanus* 30) *VSH* I 21.

2 substance used to carry another substance mixed with or dissolved in it, medium or solvent.

mel multum prodest ptisicis .. et ideo est ~um omnium medicinarum que valent ad spiritualia J. MIRFIELD *Brev.* 80 (cf. *LC* 270: ~um est liquor, vel spiritus, in quo olea et arcana chymica ad gratiorem gustum vel faciliorem exhibitionem aegris praebentur).

3 means of transmission (of idea, information, or sim.).

eam [sc. musicam] quoddam ~um spiritus esse certissimum est J. SAL. *Pol.* 402A; non potest volucre vanumque verbulum / substantis fieri laudis vehiculum WALT. WIMB. *Carm.* 203; hoc medium, cum sit idee lucis ceterarumque formarum sensibilium ~um *Ps.*-GROS. *Summa* 498; spiritus .. quasi ventus ignitus existens ~um est virtutum et operacionum singulaque membra solida vivificat KYMER 3; solum .. medium et ~um ipsa [sc. mater] est per quod avitum regnum ad me est ex lege nature transvectum FORTESCUE *NLN* II 16.

vehire v. vehere.

vehitio [CL vehere+-tio, cf. CL vectio, LL vehatio], (act of) carrying, transporting.

hoc lignum, filii mei, impigra festinatione conscendite, hujus ligni ~one mundane infidelitatis naufragia superate H. LOS. *Ep.* 22; **1448** pro ~one tabularum a rypa Brydstoll usque portam de Radecleve *Ac. Churchw. Som* 88.

vehitura [CL vehere+-ura], (act of) carrying, transporting.

1233 de quibus [sc. salmonibus] rex cum ad eum venerint tam de pretio et apparatu eorum quam de ~a .. faciet responderi *Cl* 349.

veiagium v. viagium. **veicium** v. 2 vicia. **veicula** v. vehiculum. **veira, ~ium, ~um** v. verrum. **veirus** v. varius. **veisella, ~ssella** v. vessellum. **veivare** v. waiviare.

vel [CL]

1 (*vel* .. *vel*, introducing items in list of alternatives, not necessarily considered exhaustive or mutually exclusive, freq. w. indifference to which, if any, in fact applies) (either ..) or, (whether ..) or; **b** (w. other disjunctive); **c** (without disjunctive before first item in list); **d** (following negative).

alia perplura .. vel ibi discere vel inde accipere cupiebat BEDE *HE* V 11; vel quantam vero habuisset industriam evangelium Christi praedicare vel qualiter illum in opere praedicandi divina adjuvaret gratia, non necesse est nostro prosequere stilo ALCUIN *WillP* 24; quando rex ibat in expeditione vel terra vel mari (*Wilts*) *DB* I 64va; et omnis causa terminetur vel hundreto vel comitatu vel halimoto socam habentium vel dominorum curiis vel divisis parium vel certis agendorum locis adjacentibus (*Leg. Hen.* 9. 4) *GAS* 555; consona sunt fidei que vel mala vel bona dixi L. DURH. *Dial.* IV 365; **1221** finem fecerunt per xlv marcas cum domino suo vel plus vel minus *SelPl Crown* 95; ruptura .. venarum .. exterior fit vel ex vulneribus vel distensionibus GILB. IV 194v. 2. **b** in carminibus Vergilii vel Lucani seu Persi Flacci aut Terenti ALDH. *Met.* 10 p. 90; quicquid et a fabro didicit vel grande parumve / impiger adsistens ex ordine retulit illi WULF. *Swith.* I 157; **1238** girefalconem .. sive sanus sit vel infirmus .. domino legato mittat *Cl* 36; vel tedio seu cupidine ductus *Flor. Hist.* I 524. **c** spatio bilustri temporis vel eo amplius praetereuntis GILDAS *EB* 1; si .. in consuetudine non erit ei multum bibere vel manducare THEOD. *Pen.* I 1. 4; siquis fecerit sepem vel fossatum, pro quo strictior fiat publica via regis (*Kent*) *DB* I 1ra; liberate de thesauro meo illi vel illi hanc vel hanc summam *Dial. Scac.* I 6A; †**948** (12c) si quis .. cujuslibet sexus, ordinis, vel dignitatis .. hoc memoriale meum corrumpere temptaverit *CS* 860. **d** dolium .. nec pergrande fuit vel permodicum, sed exili tamen quantitate moderatum R. COLD. *Cuthb.* 107; nunquam magis vel malis aut histrionibus nisi post conversionem sacra misteria committantur GIR. *GE* I 9 p. 32; **1216** vobis mandamus quod eidem Johanni nullum faciatis vel fieri permittatis malum *Pat* 2; s**1324** pronunciavit eum nullum jus habere in imperio vel ad illud, et si quod habuit, privavit eundem AD. MUR. *Chr.* 42.

2 (*utrum* .. *vel* or sim.) (whether ..) or.

si quis absque consensu episcopi promittat, promissum sit in episcopi potestate, hoc est, utrum illud mutet vel non (*Ps.*-EGB. *Pen.*) *Conc.* I 122; **1224** donec inquisierimus utrum custodia .. ad ipsum Johannem .. pertineat .. vel non *Pat* 441; **1267** attingatur utrum hujusmodi feoffamentum bona fide factum sit vel in fraude *Leg. Ant. Lond. app.* 229; a**1350** ut infra biduum determinet an indigeat vel non indigeat advocato *StatOx* 89; utrum sit vera vel apocrypha, lectoris arbitrio relinquatur *Eul. Hist.* I 89; plerique censebant expectandum comitis adventum, quo cognosceretur utrum bellum vel pacem afferret P. VERG. XXIII p. 507.

3 (in series of dir. qu., also of indir. qu., esp. w. cumulative effect) or.

statimque inquirit ab illa, / quae esset, cur fugeret, faceret vel quae mala ALCUIN *SS Ebor* 1342; quis non posset ibi lacrimas impendere largas, / laetitia plenas? vel quem conpunctio cordis / ad bona non traheret? WULF. *Swith.* II 245.

4 (introducing consequence as alternative) or else (otherwise).

1224 ballivi debent de tallagio xxxv li. .. reddent in octabis Clausi Pasche vel vicecomes apponet manum *KR Mem* 6 m. 18; **1276** vult quod omnes sint presentes .. ubicumque fuerint .. vel ammerciabuntur *Hund.* I 8a; si quid .. bladi remanserit post seminacionem agrorum, id prudenter granario retornetur vel granatarius in compoto de facili poterit titubare *Fleta* 163; c**1300** solvit busagium .. vel jacent in falda a vigilia Trinitatis usque Purificacionem B. Marie (*Norf*) *RentSurv. R* 465.

5 (esp. w. *potius* or sim., introducing alternative interpretation, explanation, or sim.) or rather; **b** (introducing alternative expression, description, phrasing, or sim.).

artheticus .. ille qui quamlibet infirmitatem habet in artubus ex consueto vel, ut medici volunt, qui quandam nodositatem in membrorum patitur juncturis OSB. GLOUC. *Deriv.* 8; natura dictante vel potius Spiritu Dei sibi suggerente (*Geraldus* 6) *VSH* II 110. **b** externas veluti secretiori ministerio familiares indecenter levigantes vel potius, ut vera dicam .. humiliantes GILDAS *EB* 66; convocatis in unum civibus, communione vel, ut Latine minus, vulgariter magis loquamur, communa seu communia eis concessa et communiter jurata GIR. *Galf.* II 9.

6 (introducing suggested possibility) for instance (in quot. in specimen document). **b** (introducing possibility considered as unlikely or sim.) even, one might go so far as to say.

1490 vicario ecclesie parochialis de vel Northam salutem *DCDurh.* Reg. IV f. 239r. **b** transnavigare maria .. non tam piget quam delectat, ut omnino talis species .. vel venditis omnibus copiis comparetur GILDAS *EB* 67; tanta .. pace gaudebat .. ut plurimi astruerent eum suam cotidianam imprecacionem mensalem, videlicet, 'Deus det nobis pacem et vitam eternam, etiam ut ceteris, obtinuisse in terra,' vel subarrasse, mercedem libro Sapiencie etiam justis repromissam *G. S. Alb.* III 413.

7 (introducing instance, circumstance, or sim. considered as limited or minimal) at any rate, even, at least. **b** merely, only.

egenis eleemosynam esse dandam summis e labiis praedicantes sed ipsi vel obolum non dantes GILDAS *EB* 66; c**801** speravi .. vestrae adhuc vel semel beatitudinis faciem videre ALCUIN *Ep.* 238; credidit amissas se posse resumere vires, / duceret excubias saltim si nocte vel una, / illius ante salutiferum recubando sepulchrum WULF. *Swith.* I 1210; ecce .. qui conor vel tenuiter gustare salivam alienae felicitatis ANSELM (*Or.* 13) III 54. **b** ille triginta argenteis venalem habuit omnium salvatorem, vos vel uno obolo GILDAS *EB* 107; ista pro nostro modulo de Cestria finibus sive locis dicenda duximus, reponentes ei vel parva munuscula LUCIAN *Chester* 66.

velaber [cf. CL Velabrum], vendor, seller of sweets or other small items.

sellare of dows metys, ~er, -bri, masc. .. velabra, -bre, fem. *PP*; *upholdere that sellyth smale thyngis*, ~er, -bri .. velabra, -bre *PP*.

velabra [cf. CL Velabrum], vendor, seller (f.) of sweets or other small items.

~a, -bre, fem., ~a, -bre *PP* (v. velaber).

velabrum [CL = *area of Rome between Capitol and Palatine, where market was held*, cf. velum aureum, LL = *awning, roof*], (in gl. or list of words).

~brum, -bri, i. vas in quo oleum contunditur vel in quo frumentum purgatur, Plautus 'omnes rem gerunt quasi in ~o olei' [cf. Plaut. *Capt.* 489: omnes <de> compecto rem agunt, quasi in Velabro olearii] Osb. Glouc. *Deriv.* 615 (cf. ib. 625: ~brum, vas in quo frumentum purgatur vel in quo oleum contunditur); in pluribus a ante b breviatur .. excipiuntur .. candelabrum, dolabrum, ventilabrum, ~brum Bacon *Tert.* 258.

velamen [CL]

1 covering for head or other part of body (freq. in religious context; also fig.); **b** (w. ref. to veil of nun or sim., also *sacrum ~en*).

vae his qui concinnant cervicalia subtus omnem cubitum manus et faciunt ~ina super omne caput universae aetatis ad subvertendas animas [cf. *Ezech.* xiii 18–19] Gildas *EB* 90; in monachi .. ordinatione abbas debet missam agere .. et vij dies velat caput suum cuculla sua, et septima die abbas tollat ~en, sicut in baptismo presbiter solet velamen infantum auferre Theod. *Pen.* II 3. 3; Joseph, / qui dominam sprevit nectentem retia luxus / et stuprum fugiens pepli velamina linquit Aldh. *VirgV* 2557; sanctus velamine quisquam / corporis indutus fragili Wulf. *Swith. pref.* 582; demumque ex ordine cuncti / sacra sacerdotes sumunt velamina *Ib.* I 942; oculos illos, quorum nutu reguntur omnia, ~ini subdidit iniquorum Ailr. *Spec. Car.* III 5. 582B; paupertatem .. sectantes .. victum solum et ~en habentes Gir. *GE* II 21 p. 274; circa peccatum sunt sex circumstancie que illud velant .. de istis velaminibus [ME: *wriheles*] expolia tuum peccatum et fac illud nudum in confessione *AncrR* 123. **b** dicendum est quando virgines aut viduae sacrum ~en accipiunt Egb. *Pont.* 108 *tit.*; post necem .. regis .. sacro ~ine a beato Honorio archiepiscopo consecratam Gosc. *Lib. Mild.* 2; ad ultimum prope finem suum seculare scema reliquit, et .. sacrum ~en cum devotione accepit Ord. Vit. III 9 p. 109; **11..** det ei episcopus virginitatis vestimentum et tantum ~en apud se faciat retineri (*Pont. Magd.*) *HBS* XXXIX 84; **1415** lego Marione filie mee xl marcas auri si viro mundano sit copulata, et si facta susceptura eciam sacrum ~en ordinis sanctarum monialium, x li. et xx s. redditus annui *Reg. Cant.* II 53.

2 covering, curtain, canopy (esp. as part of church furnishings, also transf. or fig.).

aurea contortis flavescunt pallia filis, / quae sunt altaris sacri velamina pulchra Aldh. *CE* 3. 71; nec lanterna tibi vilescat vitrea, virgo, / tergore vel raso et lignis compacta salignis / seu membranarum tenui velamine facta *Id. VirgV* 211; en, genestarum aprica / frondosarum velamina / pelluntur parietibus / flabrorum arietibus (Aldh.) *Carm. Aldh.* 1. 172; argento, gemmis aras vestivit et auro, / serica parietibus tendens velamina sacris Alcuin *SS Ebor* 278; defecatus .. vitiis subibat in interiora ~inis, que intus exceperat animo foras efferens sermone castigato [cf. *Hebr.* vi 19] W. Malm. *GR* I 59; ~en quod ante crucifixum erat removeri debet et retro debet poni pallium Beleth *RDO* 115. 120B; dedit magno altari quinque ~ina de albo serico cum aurifragio ornata pro patenario in principalibus festis patenam deportandam [? l. deportanti] Whittlesey 169; servical, toral, pulvinar, lodexque, ~en, *celynge WW.*

3 sail: **a** (of ship); **b** (of windmill).

a naves erant velate, sed ~ina nequibant pro ventoso rigore [? l. vigore] ventis resistere (*Gundleius* 12) *VSB* 184; **1372** ballivi ~en dicte navis, quod in custodia post arestum navis illius per ipsos factum habuerunt, marinariis .. deliberarunt *Cl* 210 m. 29. **b** **1282** ad ~ina molendini (*Ac. Appledore*) *DCCant.*; **1308** et ~ina molendini .. asportaverunt *CourtR Ramsey* 86; **1376** unum molendinum ventric', unde ~ina cum axe defic' *IMisc* 208 (27).

4 (as type of cloth).

1303 de Ricardo Runcyn pro c lxi libratis x soldatis serici sandalli ~inis etc. *EEC* 271; **1464** solutum Ricardo Turnour mercero pro panno lineo .. volamine et canvaciis emptis ad usum domine *Househ. Ac.* 577; **14..** de qualibet duodena de omnimodis ~inibus ven' .. de qualibet duodena de *double worstede* ven' *EEC* 215.

5 outer layer, covering: **a** (of body); **b** (of fruit or nut).

a exfluente .. ex utroque foramine super ~en lamine sanie .. voces patulo auditu clare deprehendit *Canon. G. Sempr.* f. 163v; descendit .. posterior pars cerebri cum suis ~inibus in concavitate spine *Ps.*-Ric. *Anat.* 41; propter ulcera in ~inibus pectoris Gad. 52v. 2; si dolor sit in ~inibus cerebri, ejus adventus est usque ad radices oculorum *Ib.* 70. 2. **b** punica neu granis temnuntur mala rotundis, / quae circum simplo cortex velamine cingit Aldh. *VirgV* 236.

6 cover (also fig.).

latebrae / fatescente velamine / orto jubaris lumine (Aldh.) *Carm. Aldh.* 1. 159; **802** vestra .. epistola .. [Teodulfum] quasi reum defendens et episcopum accusans, et sub velamine quodam celati nominis continens: vel posset vel admitti ad accusationem deberet *Ep. Alcuin.* 247; rex .. Willelmus .. conceperat quod .. rex Anglie, sub velamine confidencie, eum decipere .. proponebat *Plusc.* VI 43.

velamentum [CL]

1 that which covers, covering (esp. for concealment or protection, also in fig. context). **b** outer layer, covering. **c** outward or external appearance. **d** (*sub ~o*) under cover (of).

feretrum incomparabili thesauro preciosum .. palliorum ~is ornatum Wulf. *Æthelwold* 41; **c1145** puellula ipsa injecta manu ~um quod capiti regine supererat apprehendit G. Foliot *Ep.* 26 p. 66; quid est pulcritudo carnis nisi ~um turpitudinis, nisi pretextus quidam latentis ignominie et confusionis? Bald. Cant. *Serm.* 1. 4. 563; ornatus chori consistit in dorsalibus et tapetis substratoriis, ornatus altaris in ~is, crucibus, capsis, textis, philacteriis Beleth *RDO* 85. 89D; quis me a malitia diei hujus abscondet, quis sub ~o alarum tuarum proteget, Domine Jesu? J. Ford *Serm.* 112. 7; sicut gestis ac gestibus, sic ~is ac vestibus, a viris secularibus aperte differrent et discreparent Gir. *Spec.* IV 30; oculi hominum caligine obfuscati et corda eorum ~o ignorantie oppilata M. Scot *Alch.* 151. **b** corpus arterie .. est .. ad vene spissitudinem tripla, cumque duplici ~o tegatur, sexupla Alf. Angl. *Cor* 13. **c** hoc est tolerare et odisse, quod non est virtus mansuetudinis, sed ~um furoris Osb. Bawdsey cxlix; species illa in altari tantummodo ut ~um est J. Cornw. *Eul.* 9. **d** Ambrosium .. sub taciturnitatis ~o [*gl.*: *under wæfelse*] delitescere non patiar Aldh. *VirgP* 26; ita convenit inter nos et eos, quod .. aliqui ex eis darent theloneum, set statim eisdem redderetur, ut sub tali ~o utrimque libertas servaretur Brakelond f. 142v; quidam comes Andegavensis diabolo, sub feminini generis ~o, desponsatus fuit *Plusc.* VII 1; **1503** sub colore aut ~o hujus nostri indulti seu privilegii *Pat* 592 m. 30.

2 act of veiling, covering, (in quot.) clothing of nun.

oratio post ~um (*Pont. Claudius*) *HBS* XCVII 69E.

3 sail (of ship).

ne diutius navim undis et ~is concedentes .. longum circumferamur inter tantas bellorum clades Asser *Alf.* 21; **1378** revertebantur pro dicte navis rescussu et adjutorio ejusdem quousque viderint ~um dicte navis prostratum *IMisc* 220 no. 7 m. 5.

velare [CL]

1 to cover (body or part of body), clothe; **b** (w. ref. to blindfolding); **c** (for ritual or ceremonial purposes). **d** to clothe (woman) as nun, (also p. ppl. as sb.) nun.

nudabat turpe veretrum / .. / quod probrum cupiunt fratres velare paternum / tertius et primus pepli sub veste tegentes Aldh. *VirgV* 2507; tantus .. timor universos invasit ut ~atam regis faciem nullus aggrederetur detegere Osb. Clar. *V. Ed. Conf.* 30; nunc .. pene universi populares .. caput ~ant vitta sive pilleo Ord. Vit. VIII 10 p. 325; inclusa etiam facie ~ata loqui debet cum viro et ejus cavere conspectum Ailr. *Inst. Inclus.* 7; eam [sc. Junonem] capite ~ato ponunt, quod omnes divitie plerumque sunt abscondite Alb. Lond. *DG* 4. 5. **b** ~averunt .. eum non ut eorum ille scelera non videat sed ut a se ipsi sicut quondam Moysi fecerunt faciem ejus abscondant Bede *Luke* 608A; ~ata est facies ejus et ab ipso colaphizatus [cf. *Marc.* xiv 65, *Luc.* xxii 64] Ailr. *Serm.* 40. 2; **s1311** quidam Templarius receptus in Anglia dicit quod osculatus est fratres oculis ~atis, nesciebat ubi *Ann. Lond.* 190; qui se facie ~ari [ME: *blindfeallede*] permisit ac etiam derideri *AncrR* 31. **c** cura faciendi hostias super eum est .. ~ato amictu capite hoc opus agat Lanfr. *Const.* 150; perstrepebat fama in vulgus mulierculam que religionem professa vestem mutaverat, caput ~averat, peperisse W. Malm. *GP* V 219; Plutoni, sicut aliis numinibus, capite veluto sacrificabatur Alb. Lond. *DG* 6. 30. **d** si quis postquam se voverit Deo secularem habitum acciperit, iterum ad aliquem gradum accedere omnino non debet. nec mulier meruit ~ari; multo magis ut non dominaretur in ecclesia Theod. *Pen.* I 9. 3; **742** votum vovit Deo castitatis et ~ata fuit et iterum abjecto velamine maritata Bonif. *Ep.* 50; perpetrato in virginem ~atam peccato Osb. *V. Dunst.* 35; interdicimus ne vidua ultra modum cito ~etur (*Inst. Cnuti*) *GAS* 361 (cf. (*Quad.*) *GAS* 361: et viduae numquam ~entur nimis cito); velatas, moniales, anachoritas D. Bec. 537; **1205** ipsa monialis est et ~ata apud H. *CurR* III 296 (cf. ib.: non credit ipsam esse ~atam); **1514** abbatesque et viduas benedici et ~ari ac perpetue castitatis votum ab eisdem recipi faciendum *Eng. Clergy* 197.

2 to cover (with cover or covering, esp. for protection or concealment); **b** (of cover or covering). **c** (p. ppl. as adj.) ? covered (in quot. of part of brain; *cf. velativus*).

mulieres non ~ant altare cum corporali nec oblationes super altare nec calicem ponant Theod. *Pen.* II 7. 1; vegetati diversarum varietate virtutum, earumque foliis veluti amoenae arboris adumbratione ~ati Bede *TR* 64; post hec vestiatur, et cooperiatur ipsum altare cum antifona .. item oratio post ~atum altare Egb. *Pont.* 46; adveniunt volucres gemine .. / .. / insuper atque alis sancti calvaria velant Æthelwulf *Abb.* 239; queritur cancer coquendo quare fit rubeus. color ille non aliunde advenit nisi a nigro vel a subcinericeo colore qui nonnisi a nigro vel subcinericeo colore superposito velabatur *Quaest. Salern.* B 90; post completorium protendat [MS: protendant] secretarius cortinam ante altare et sancte crucis vexillum ~etur *Cust. Norw.* 66; crucem ~atam assumant *Miss. Heref.* 93. **b** redeuntibus undis et grandiora queque ~antibus Gir. *TH* II 8. **c** cerebrum dividitur in tres substantias, sc. in ~atam, medullarem, et ventres plenos spiritu *Ps.*-Ric. *Anat.* 41.

3 to cover, veil, conceal (abstr. thing).

ante incarnationem Dominicam ~atae erant cogitationes multorum Bede *Hom.* I 18. 82A; sub obtuso grossioris chorde sonitu, gracilium tinnitus licentius ludunt, latentius delectant, lasciviusque demulcent, ut pars artis maxima videatur artem ~are Gir. *TH* III 11; ut tibi in lucem prodeant que verborum ~ata sunt dissimulatione Nig. *Ep.* 17; ad intelligenda enigmata scripturarum, que sub symbolis et figuris proprietatum rerum naturalium et artificialium a Spiritu Sancto sunt tradite et ~ate Bart. Angl. *pref.*; **1270** ipse parcarius exclammavit eos ad cautelam ut ~aret malefactum suum proprium *SelPlForest* 55.

4 a to put (ship) under sail. **b** to furnish (arms of windmill) with cloth.

a vastum per aequorum [v. l. aequor] citato celocis cursu, prosperis ventis, ~ata nave, tuti aridam viderunt terram Hugeb. *Will.* 3; naves erant ~ate, sed velamina nequibant pro ventoso rigore ventis resistere (*Gundleius* 12) *VSB* 184; juvenis .. videns .. ventorum prosperitatem et paratum navigium, intravit navem ~atam (*Cungarus*) *NLA* I 248. **b** **1287** virge male ~ate *CourtR Ramsey* 271; **1287** et est status molendini talis .. una virga satis ~ata alia virga non [l. omnino] nuda *Ib.* 272.

5 (intr., of ship) to set sail, (also) to sail. **b** (tr.) to sail over (body of water).

vidit navem ~antem et natantem longissime a terra (*Abbanus* 12) *VSH* I 10; **1335** ad proficiscendum sine dilatione quacumque supra mare ad obviandum navi predicte ~ando versus partes predictas seu exinde redeundo et eam .. capiend' *RScot* 341b; **1337** nonnullas naves regni nostri, tam ~antes supra mare quam ancoratas in litore *Foed.* IV 742a; **1378** predicti navis et flota de Ispannia simul et una hora ~averunt extra portum de Lescluse *IMisc* 220 no. 7 m. 5; regina Philippa fecit statutum quod .. solvet quelibet navis unum nobile auri regi Denmark pro tributo et salvo ~abit; aliter erit navis forisfactus regi W. Worc. *Itin.* 192; **1591** naufragia .. mercatorum cum navibus et aliis vasis .. per costeram predictam in hujusmodi tempestatibus ~ando et navigando *Pat* 1376 m. 5. **b** relicta Anglia, post ~ata maria prospere per Rhenum petitur Colonia *Croyl.* 38.

velarium [CL]

1 curtain, hanging.

peripetasma, cortina, anabatrum, auleum, velum, ~ium, conopeum Osb. Glouc. *Deriv.* 466; hoc ~ium, i. velum *Ib.* 615.

2 sail (of windmill).

1302 in postibus molendini vj velar' et iiij velar' suppodiend' et ligand' *MinAc* 997/13 (cf. ib.: in j circulo ligneo empto ad axem vj velar').

3 sailyard.

a *sayle ʒerde*, antempna, ~ium *CathA*.

velate [CL velatus *p. ppl. of* velare+-e, cf. LL velato], under cover, in a veiled or concealed manner.

aliquando .. palam, aliquando .. ~e, quasi sub persona alterius id facere curabat Bede *CuthbP* 7; Deum veraciter cognoverunt, licet forte tenuiter et ~e Bradw. *CD* 59D.

velatio [LL]

1 (act of) covering (part of body); **b** (w. ref. to blindfolding). **c** clothing (of nun).

1239 filii carnales parentibus suis rependunt amorem, timorem, honorem, obedientiam, sufferentiam, verendorum ~onem et defectionis in sensu veniam et relevationem Gros. *Ep.* 71. **b** hoc tempore .. velum ante oculos nostros oppanditur .. ut, cum fuerit bene intellecta ~o, desideretur attentius revelatio (Ailr. *Serm.*) *CC cont. med.* IIB 53; mundi rector voluit pro suis servis pati tales .. irrisiones, alapas, sputa faciei, ~onem [ME: *blindfeallunge*], spineam coronationem [cf. *Marc.* xiv 65, *Luc.* xxii 64] *AncrR* 64. **c 1249** faciant habere Roberto le Noreys unum dolium vini ad festum ~onis filie sue *Cl* 145; **s1285** transitus regis Edwardi in Franciam et ~o Alienore matris ejus in monialem *Flor. Hist.* III 64; **1302** de pitancia dominabus et servientibus vestris a velanda domina vel in ~one domine .. distribuenda *Reg. Wint.* I 125; **1314** quod .. abbatissa et conventus .. ad predictam admissionem, ~onem, et sustentacionem faciendam ad presentacionem .. meam .. decetero non teneantur *FormA* 386.

2 covering of roof or walls, ceiling.

1519 cancellus est defectivus in ~ione, viz. *celeryng Fabr. York* 269.

3 act of sailing.

1436 pro conduccione et ~one hujus balingere regis de Bruselden .. usque Suthampton *KR Ac* 53/5 f. 12v (=*KR Ac* 53/6 f. 12v).

4 (in gl.).

velo, -as, unde velatus, ~io et .. velamen Osb. Glouc. *Deriv.* 615.

velativus [CL velatus *p. ppl. of* velare+-ivus], of or pertaining to covering (in quot., of part of brain; cf. *velare* 2c).

[cerebrum] sensu interiori sentit, non sensu exteriori nisi ratione substantie ~e et panniculorum Gad. 69v. 1.

velator [CL = *carrier*], one who conceals.

si episcopi nostri non solum non protegunt, sed retardando impugnant, doctorem ewangelice veritatis, nedum sunt ~ores precipui sacerdotalis officii sed manifesti discipuli Anticristi Wycl. *Ver.* II 44.

velatrum v. 1 veratrum.

velatura [CL = *business of carrier*, LL = *nun's veil, religious life*], (act of) covering (part of body, in quot. w. ref. to blindfolding).

risus affigens, oculi velatura J. Howd. *Cant.* 704.

1 veles [CL], class of light armed foot-soldier.

item ab hoc nomine quod est velum .. pluraliter hi ~ites, -tum, i. milites scilicet levis armature Osb. Glouc. *Deriv.* 615; refert Isidorus Etymologiarum libro [IX 3. 43] quia ~ites dicebantur genus militum apud Romanos Gir. *PI* I 11.

2 veles v. velum.

velet v. velle.

veletus, (in list of words).

e ante t producitur, ut athleta, boletus. excipiuntur .. Massagete, veletus [? *i. e.* Veletus = '*Wiltzian, member of a Slavic tribe*'] Bacon *Tert.* 261 (cf. Ord. Vit. V 9 p. 357: Sclavorum qui 'Vulti' dicuntur).

velfedum v. veluetum. **velg-** v. felg-. **velia** v. felga. **velicula** v. vellicula.

velifer [CL]

1 that bears sails (also fig.).

inquisitus denuo speculator naves quatuor advenire, tertio tantas exclamat, ut arborum ~erarum uberrima densitas nemoris praestet similitudinem W. Poit. II 7; velum componitur ~er, et velivolus Osb. Glouc. *Deriv.* 616; veliferas sorbere rates balena minatur, / sed tamen evadet cerula nostra ratis Garl. *Epith.* X 339.

2 who wears the veil, veiled (of nun).

hic sunt velifere monache connubia, Christe, / que tibi spondebant nec tibi pacta tenent Garl. *Epith.* IX 113.

velificare [CL]

1 (of person or ship) to sail. **b** (trans.) to sail over (in quot. mountain).

quarta feria Pentecostes nobis inter Cayphas et Accaron ~antibus Sæwulf 75; sexta feria ante Ascensionem Domini ~are incepimus Osb. Bawdsey cxlv; quidam naute Cadumenses onerata nave ~antes impetierunt in scopulos W. Cant. *Mir. Thom.* VI 145; navis per mare ~at in forma crucis virga trans malum posita Ad. Dore *Pictor* 161; **s1270** relinquens in mari rectum iter versus Acon, vellificaverunt ad predictam insulam capiendam, et ipsam intraverunt *Leg. Ant. Lond.* 126; [Diana] navicula post cervos cum homine navigante et ~ante in mari erat figurata *Deorum Imag.* 7; **1404** cum navi et bonis innavigatis ~ari debetur in Secanam *Lit. Cant.* III 78; naves .. quas .. regalis industria per arva, humoris nescia, velis extensis trahi in loca superiora fluminis, novo ~andi more, pertrahi et adduci Ps.-Elmh. *Hen.* V 64 p. 182. **b** magnum Xersem illum .. qui montes ~avit et pontibus equora stravit Andr. S. Vict. *Dan.* 56; velificatur Athos, dubio mare ponte ligatur [cf. Juv. *Sat.* 10. 174: creditur olim / velificatus Athos] Hanv. I 1; nunquam forte inveniatur hoc participium 'velificatus', nisi in Juvenali. forsitan ipse invenit cum dixit: 'velificata Athos' Gerv. Melkley *AV* 91; tunc racemos dabit spina, / mons Carmelus sive Syna / tunc velificabitur Walt. Wimb. *Van.* 103.

2 (of wind) to fill sails (in quot. of Holy Spirit).

~ante Spiritu Sancto, in altum laxemus carbasa W. Malm. *Wulfst.* II 1.

3 to make sails.

velum ejus [sc. navis] est de bisso, id est de genere lini quod de terra oritur, quia credunt ~are et candore et nitore rerum terrenarum T. Chobham *Serm.* 19 f. 69ra.

4 to fit (ship) with sails.

buccas triplici velorum expansione ~atas Wend. I 192 (cf. M. Par. *Min.* II 21: buzas cum velis triplicibus; Diceto *YH* 93).

velificata v. velificatus.

velificatio [CL = *setting of sails*], (act of) sailing, (in quot. transf.) fleet.

transfretaturus .. sex aut plures naves in sua habebat ~ione nullumque qui transfretare vellet remanere sinebat W. Fitzst. *Thom.* 12.

velificatus [CL velificare+-tus], (act of) sailing.

dum ~u [v. l. velificata] veloci quasi tria miliaria maris ingressus fuisset, venerunt nuntii ab iniqua populatrice B. *V. Dunst.* 23 (ed. OMT 2012 p. 47).

velificius v. velificus.

velificus [CL], (of journey) made under sail.

ab aquilonari .. parte [Hibernie], trium dierum ~o cursu, borealium insularum maxima Yslandia jacet Gir. *TH* I 1; de regno .. Indie dicit Plinius ... conplures .. totam ejus longitudinem xl dierum noctiumque ~io [Plin. *HN* VI 57: velifico navium cursu] navium cursu determinavere Gros. *Hexaem. proem.* 30.

veliger [LL = *that bears sails*], (in quot. in list of words).

solet .. dactilus a nominibus figurae compositae provenire, quando a verborum significationibus gero et fero componuntur ut .. ~er, floriger, fumifer, somnifer Aldh. *PR* 120.

velipulum [? cf. CL velum], sort of hanging, or ? *f. l.*

1501 item j par' organorum. item j velipulum de armis ecclesie Christi Cant'. item j crux depicta de ligno *Cant. Coll. Ox.* 30.

velitare [CL velitari = *to skirmish; to fling abuse*], (in gl.).

velites, -tum, i. milites scilicet levis armature, unde et ~o, -as, i. certare, pugnare vel altercare Osb. Glouc. *Deriv.* 615; to bicker, ~are Levins *Manip.* 77.

velitatio [CL], skirmishing (also fig.).

velito, -as, i. certare, pugnare vel altercare, et inde .. ~o Osb. Glouc. *Deriv.* 615; oppidani .. a Foress .. salmonum piscationes in aquis aestuarii Finderne tunc temporis usurpabant. cum his [abbas] primam suam ~onem tanta dexteritate commisit ut quadriennio post, non contemnendam victoriam reportarit Ferr. *Kinloss* 66; hostem velitatione praetentent W. Bruce *De Tartaris* (Frankfurt, 1598) p. 8.

velitator [CL velitari+-tor], (as deriv. of *veles*).

velites, -tum, i. milites scilicet levis armature, unde et velito, -as, i. certare, pugnare vel altercare, et inde ~or Osb. Glouc. *Deriv.* 615.

velivolare [CL *as pr. ppl.*, cf. velivolus], to sail (also fig.).

manus piratarum .. ultra mare ~avit et .. Tanatum insulam .. elegit ad hiemandum W. Malm. *GR* II 117; me quidem his enarrandis imparem esse nescio, sed Spiritus Sancti ductu, qui jam carbasa non segniter implesse videtur, ultra hujus immensitatem pelagi securus ~abo *Id. GP* V *prol.*; ille turbido mari .. spe sancte Marie se committens .. ad Alexandriam ~avit *Id. Mir. Mariae* 198.

velivolus [CL]

1 (of ship or voyage) that speeds along under sail (also fig.).

procellosum mare intemptat intrepidus, subductisque in altum navibus, ~o cursu ad Anglos devehitur W. Jum. V 8; ~e naves portum Chevetot appulerunt Ord. Vit. IX 7 p. 504; attendat locuples qui vacat epulis, / .. / quod mors velivola momentis singulis / accedit minitans obesis jugulis Walt. Wimb. *Sim.* 93.

2 (of wind) that speeds ships along.

qui subductis in altum navibus ~o sulcantes equora vento ad litora Sare devolvuntur W. Jum. V 4.

3 (of sea) characterized by sailing, (also) on which ships speed along.

nos nunc velivoli pelagi spectamus in horis / quando Dei adveniat, quando serena dies Alcuin *Carm.* 50. 33; de mare velivolo consurgo *Aen. Laur.* 3 (*Aqua*) 1; ~um mare pro te sua pondera sustentans et transitum tuum prestolans laborat *Ep. Anselm. Bur.* 97; tunc [sc. in vere] mare velivolum, via pervia, mitior ensis, / nostrum dulce Petro transferet os in opus L. Durh. *Dial.* III 18.

velivox, (in list of words).

i ante v producitur, excipiuntur Ninive, semivir, et velivox [cf. Prisc. *De Accentibus* 3: 'ox' terminata breviantur, ut velox, atrox, celox, velivox, esox] Bacon *Tert.* 263.

vellatrum v. 1 veratrum.

velle [CL]

1 to want (thing), to wish or desire (for). **b** (p. ppl. as sb. n.) wish, desire, will.

veni ad eum qui non vult peccatoris mortem Gildas *EB* 29; quid vis modo? quid huc venisti? Bede *HE* V 13; nec tibi subripiat quorumdam prava voluntas, / qui sua forte volunt, nec tua, nec Domini Alcuin *Carm.* 45. 30; sit Deus omnipotens per secula cuncta beatis / servator mitis dum meliora velint Æthelwulf *Abb.* 805; elige, Eadburh, quem velis inter me et filium meum Asser *Alf.* 15; ut jam sit aptus ad habendum voluntatem sed nondum velit aliquid ANSELM (*Casus Diab.* 12) I 252; te volo, te spero, te quaero *Ib.* (*Or.* 2) III 9; quid amplius vis? [ME: *hwet wult tu mare?*] *AncrR* 163; non potest probari quod voluntas inclinatur ad volendum bonum infinitum, non plus quam quod inclinatur ad volendum impossibile OCKHAM *Quodl.* 208; voluit .. mulier subjeccionem quam in Paradiso ipsa habuit nondum peccatrix. et cum nichil sit volitum quod non dilectet, delectabilis tunc erat ei subjeccio ejus FORTESCUE *NLN* II 42. **b** **1304** in exsequendis ejus volitis et mandatis *RGasc* III clxxvi.

2 (w. inf.) to want, wish, desire (to). **b** to be willing or ready (to).

ne dicant me gravia et importabilia in humeros hominum verborum onera velle imponere GILDAS *EB* 62; scire volens quomodo vitam nocturnam transegeret *V. Cuthb.* II 3; quin etiam staurus prope stans ibi saxea tota / contremuit, quasi prona solo procumbere vellet WULF. *Swith.* I 702; benivolentia eorum .. me compellit ut non solum pro posse velim fraternis necessitatibus succurrere sed etiam ultra vires velle ABBO *QG* 1 (3); nec me velit queso prudens lector inconsiderate subsannare, si titulum incepti operis .. prosequor in narratione ORD. VIT. VIII 3 p. 283; visne beatus esse? J. SAL. *Pol.* 821B; si transire vēlis maris undas, utere vēlis SERLO WILT. 2. 121; **c1192** ipsos canonicos .. a jure suo nullo modo prolongare aut disturbare velitis *Ch. Chester* 243; **c1205** rogo .. vos socialiter et devote quatenus epistolas meas .. velitis michi liberaliter et amicabiliter transmittere P. BLOIS *Ep. Sup.* 23. 3; **1292** quesita si velet ei warrantizare *PQW* 127b; nomina duarum figurarum, scilicet minime et crochete, volo mutare HAUBOYS 188; dicitur .. quod ante assolucionem volebat stare ad hostia domus et fenestras et sub parietibus et muris quasi auscultans *Ghost Stories* 418. **b** si quis pro ultione propinqui hominem occiderit, peniteat sicut homicida .. si tamen reddere vult propinquis pecuniam aestimationis, levior erit penitentia THEOD. *Pen.* I 4. 1; alium transmisi ad eum indiculum qui .. si de illa infirmitate resipiscere possem, me velle implere quae promiseram renunciaret ASSER *Alf.* 79; **1166** rex Anglie .. miserit excusatores .. qui hanc causam absentie ejus prestito juramento volebant astruere J. SAL. *Ep.* 145 (168) p. 112; Dei clementiam obsecro ut miser ille maledicus officio lingue sit privatus .. quousque penitentiam de commissis vellit peragere (*Berachus* 21) *VSH* I 84; **1349** dicunt .. quod .. si ipse scriptum illud fecisse noluisset, idem Thomas ipsum interfecisse voluisset *SelCKB* VI 68.

3 to want, wish, desire (something to be the case, happen, or sim.): **a** (w. acc. and inf. or sim.); **b** (w. *ut*, *quod*, *quatenus*, or sim.); **c** (paratactic w. cl.).

a Deus volens omnes homines salvos fieri GILDAS *EB* 10; **c803** pro optima tuorum fama studiorum .. in quibus velim te semper proficere, et Deo placere ALCUIN *Ep.* 309; vos scire volo quia viij prius proposita conjugationis secunde regulam servant in prosa, reliqua .. conjugationis tertie ABBO *QG* 14 (32); pro quibus te velim mecum gaudere vel esse sollicitum ANSELM (*Ep.* 4) III 104; illud a vestra dignitate impetratum velim ut non michi vertatur vitio quod sepe per excessum alias quam in Anglia peregrinatur narratio W. MALM. *GR Ep.* 3 p. 12; lectorem premonitum volo quod hic quasi ancipitem viam narrationis video *Ib.* II 197; **1153** ego autem hanc conventionem firmam esse volens *Ch. Chester* 106; quartum Saturni filium Plutonem volunt ALB. LOND. *DG* 6. 1; terram hanc in qua vivimus inferos esse antiquorum maximi voluerunt *Ib.* 6. 2; **c1211** scire vos volumus ad aures nostras .. pervenisse quod nepotis nostri .. mores .. approbastis GIR. *Ep.* 2 p. 160; premi se vult sublimitas, / et tua non vult parvitas / se summitati subdere J. HOWD. *Cyth.* 68. 7. **b** **801** quem [sc. infantulum] velim ut citius remittas ad nos ALCUIN *Ep.* 224; ut sanctum, voluit, poliandrum fratribus esset *Id. Carm.* 109. 15. 9; **a1078** volo quatenus ut fiat .. satagas ANSELM (*Ep.* 64) III 181; vere vult Deus ut hoc velim, et placet illi talis voluntas (*Dicta Anselmi*) ALEX. CANT. *Mir. app.* (I) p. 269; **c1140** wolo [*sic* MS] et precipio quod teneant libere .. *Ch. Chester* 45 p. 60; **c1155** volo .. quatinus .. nullus .. eis injuriam .. inde conferat *Regesta Scot.* II 2; **c1205** vult Christus ut calix mortis cito transferatur ab eo P. BLOIS *Ep. Sup.* 30a. 5; sanctus Albeus .. ministravit eis gaudens in corde suo quia voluit ipse ut ministraret (*Albeus* 13) *VSH* I 51; nolo aliquid de tuis donis carnalibus; set volo vere ut carmen quod a sanctis Dei audivi discam (*Carthagus* 10) *Ib.* I 173; volo ut offerres te .. huic adolescenti, famulo Christi (*Carthagus* 13) *Ib.* I 174; scit Deus quod non pro malicia feci set volens ut sancte reliquie essent in cimiterio hujus ecclesie (*Mochoemog* 33) *Ib.* II 182. **c** tanto velim devotae mentis effectum ostendens enixius mireris et uberius venereris ALDH. *PR* 142; vis petamus bibere? BEDE *HE* V 3; quos tua sancta auctoritate, si alicubi reppereris, velim corrigas *Id. Egb.* 4; exemplo mihi volo ostendas quod dicis ANSELM (*Casus Diab.* 3) I 236; ita me volo perducas illuc *Ib.* (*CurD* I 25) II 96; noveris volo quoniam postquam hanc urbem intraveris, hic lanceam invenies que latus Domini Salvatoris in cruce perforavit ORD. VIT. IX 10 p. 548; cum civitate .. quam obsedistis agatis volumus de pace *Ib.* IX 14 p. 589; visne tacebo? / immo loquare precor L. DURH. *Dial.* I 533; vellem Idibus Martiis me ad cenam invitasses [Cic. *Ad Fam.* XII 4] J. SAL. *Pol.* 509B; sed mihi velim enuclees si forte quis incautius in eorum inciderit amicitias quos cavendos paulo ante dixisti AILR. *Spir. Amicit.* III 39. 684C.

4 (in ellipt. context or absol.) to want, wish, desire. **b** (*si vis, vultis*) if you like, if you wish, (w. request) if you please, 'please'. **c** (w. *nolle*, in phr. *volens nolens* or sim.) (whether) willing or not, 'like it or not', willy-nilly.

sed ante promissum, Deo volente, pauca de situ .. dicere conamur GILDAS *EB* 2; quem Deus, ut voluit, secreto examine mundat WULF. *Swith.* II 419; omnipotentia Divinae Majestatis .. me ab ineunti aetate, prout voluit, multifariam .. temptari permisit ABBO *QG* 1 (2); Aluret .. potuit se vertere quo voluit (*Kent*) *DB* I 6rb; D. .. deinde aut approba aut corrige. M. ut vis. ANSELM (*Gram.* 1) I 145; quia nisi in hac vita dum potestis feceritis, timeo cum velletis ne possitis *Id. Misc.* 327; puduit principem dicti, et rubore tinctus ora 'non ita' inquit 'volo' W. MALM. *GP* I 50; que mora, quisque labor vel quod discrimen amatis [l. amantis] / velle retardaret? vult amor idque facit R. PARTES 224; crucem ferre Simoni sciens nil prodesse, / de vi votum efficit, velle de necesse *Poem S. Thom.* 76; fac quod vis J. HOWD. *Cyth.* 107. 4. **b** facite, .. si vultis, ita tamen ut Herebald ab illo se certamine funditus abstineat BEDE *HE* V 6; credo fide plena te posse, vir inclite, si vis, / aurea siderei mihi reddere lumina caeli / per dominum, cuncto qui dat beneficia mundo WULF. *Swith.* I 1583; in tuis syllogismis hoc faciam; meos si vis per te discutito ANSELM (*Gram.* 4) I 148. **c** ecclesiastici etiam in hanc ipsam dissensionem qui sub ipsis regiminis gubernacula sortiuntur volentes nolentesque de utraque parte implicantur WEALDHERE *Ep.* 23; dic illi quia, velit nolit, debet ad monasteria Columbae venire BEDE *HE* V 9; **754** postquam a tua praesentia et a conspectu corporali sanctissimi praesulis et beatissimi patris Bonifatii nollens vellens tristis abscedebam *Ep. Bonif.* 112; conatur magis ac magis egredi .. set cassato conamine omni velit nolit non procedit W. DAN. *Ailred* 22; primi motus, ubi insurgunt in nobis velimus nolimus, hee sunt vulpecule de quibus in Canticis ALEX. BATH *Mor.* IV 53 p. 151; **c1205** asserunt quod nulla passio est meritoria vel demeritoria, quia velint nolint virgines et martyres patiuntur P. BLOIS *Ep. Sup.* 28. 7.

5 **a** (w. *bene*) to be of good will (also, w. dat., to). **b** (w. *male* or sim.) to be of ill will, wish ill (also, w. dat., to).

a Deus .. neque enim unquam aliquem bene velle instigaret ASSER *Alf.* 76; qui omnibus hominibus debet bene velle et salubriter consulere ANSELM (*Ep.* 134) III 276; prima .. virtus est bene per se velle, secunda cogi posse W. MALM. *GP* II 84. **b** permittit .. Deus aliquos male facere quod male volunt ANSELM (*Ver.* 8) I 186; **1202** ei voluit malum quia non potuit eum abastardare *SelPlCrown* 25.

6 (of thing, situation, or sim.) to want, need. **b** (w. *significare*, *dicere*, or sim.) to mean.

confusum scelerum chaos exigebat multorum dierum interstitium; veternus morbus volebat cauterium W. MALM. *GR* IV 347; **c1300** sequeretur per consequens quod tu caperes redempcionem ipsam salvando in causa ubi lex vult quod ferat judicium sanguinis *Year Bk.* 30 & 31 *Ed. I* 533 *app.*; **c1300** cum nescivistis quem exitum res deberet seu voluit habere *Ib.* 30 & 31 *Ed. I* 534 *app.*; pendēre vult justus, sed vult pendēre malignus *CathA* 186; **1449** ad sinodum celebrandum prout nostra volunt privilegia *DCDurh.* Reg. Parv. III f. 32v. **b** nam dum dicitur de quolibet: non est sanus, addubitat aliquis utrum insanum velit intelligi ABBO *QG* 21 (47); quaeramus primum quid velit hic dicere, 'duas res' ANSELM (*Incarn. A* 5) I 286; wlt dicere quod victoria fit ex duobus BACON V 152; quid significare velint, aliis discutienda relinquo WALS. *HA* II 187.

7 (also w. *sibi*) to mean.

sic callidus lepos Romanorum novit se ad oratorum convertere versutias, et que vult cassa suspendit ambage W. MALM. *GP* I 70; illud .. libenter predicarem, si veritatem exculpere possem, quid ille piramides sibi velint que .. cimiterium monachorum pretexunt *Id. GR* I 21; queso, quid ista volunt? L. DURH. *Dial.* IV 140; quid .. aliud sibi vult vermiculorum .. tam prodigiosa proprio ex pulvere procreatio? GIR. *TH* I 21; **c1210** Balthasar bibit iterum / de vasis templi Domini / .. / scribentem cerno digitum, / et literis implicitum / scriptis, 'mane, tecchel, phares'; / quid sibi velit ea res, / rei probabit exitus (*Planctus super Episcopis*) *Pol. Songs* 8; expectate paulisper ut videamus quid sibi hic vult (*Barrus* 2) *VSH* I 66.

8 (inf. as sb.) want, desire, wish, (also) will.

omnia qui cernit cordis secreta superno / lumine, quem nullum velle latere potest ALCUIN *Carm.* 85. 42; **956** tradidi cuidam comiti non solum mihi per omnia .. obtemperanti, verum etiam in omnibus meum velle subicienti *CS* 945; opibus pro velle paratis FRITH. 130; clarum .. est rationalem creaturam totum suum posse et velle ad memorandum et intelligendum et amandum summum bonum impendere debere ANSELM (*Mon.* 68) I 79; tu ipse ex velle tuo adice partes binas vel ternas, vel quantascumque volueris THURKILL *Abac.* f. 63v; [episcopus] debet .. operari cum seculi judicibus, qui rectum velle diligunt (*Quad.*) *GAS* 477; tener .. infans [sc. Jesus] .. vagiret pro humana quam patris velle susceperat miseria ORD. VIT. I 2 p. 8; sequitur ordo [jurandi] preposterus, non necessario, sed pro velle commutatus J. WORC. 27; ut pincerna pluribus dat per velle potum, / ita suis Dominus vires dat ad votum (*Dunbar* 29) *Pol. Songs* 163; rex Willelmus, postquam regnum omnibus ad velle dispositis optinuisset, in transmarinis partibus castrum Dol obsedit FORDUN *Chr.* V 17; noluit permittere leges sancti Edwardi teneri sicuti ante solebant sed omnia fecit in suo velle nec voluit legis formam observare KNIGHTON I 186.

velleitas [CL velle+-tas], conditional will, mere wish, velleity.

quando ~as et nolleitas, id est actus voluntatis condicionatus, est intensus DUNS *Ord.* IX 504; illud velle antecedens, quo vult omnes homines salvos fieri, non est velle simpliciter et absolute sed secundum quid. unde magis est ~as quam voluntas T. SUTTON *Quodl.* 129.

vellens v. velle.

vellere [CL]

1 to pull at or on (hair or sim.), (also) to remove by pulling, pull or pluck out.

plorant, ejulant, scindunt vestes, ~unt crines GOSC. *Edith* 274; si crinem turbatum et turpatum protrahit, si barbam ~it J. SAL. *Pol.* 591D; vim nimis audax infero; / hec ungue sevit aspero, / comas vellit, / vim repellit / strenua P. BLOIS *Carm.* 10. 4a; quidam .. admirans corporis integritatem, barbe .. temeraria presumptione tentare volens an pili firmis carni radicibus inhererent, ~ere manu fortiter cepit sed nec unum avellere potuit GIR. *Rem.* 10.

2 to remove by pulling, pull off or away (part of plant; in quot. w. ref. to *Matth.* xii 1, *Marc.* ii 23, *Luc.* vi 1). **b** to pull up, uproot (plant from the ground). **c** to remove plants from (ground or sim.) by pulling (also fig.).

mira sacramenti concordia quia et ibi mactari ac manducari jubentur animalia .. et hic spicas domino lustrante consecratas vulsisse discipuli atque juxta aliorum narrationem evangelistarum confricantes manibus manducasse perhibentur BEDE *Mark* 153B (cf. id. *Luke* 393B); si .. immaturas segetes inveniebant, spicas ~ebant, et fricantes masticabant et glutiebant ORD. VIT. IX 8 p. 512; discipuli, ipso presente, solvebant sabbatum quando ~ebant spicas et confricabant manibus in sabbato GROS. *Gal.* 66. **b** id est, penitus eum subverti, sicut arbor que radicitus ~itur (ANDR. S. VICT. *Super Duodecim Prophetas*) *CC cont. med.* LIIIG 120; runcare, herbas ~ere OSB. GLOUC. *Deriv.* 506; hec est radix amaritudinis .. inter manus ~entium pullulat rediviva plantatio G. HOYLAND *Ascet.* 277A; vellite pro nostris semina sparsa malis WALT. ANGL. *Fab.* 25. 4; **c1250** dedi .. eisdem licenciam et libertatem inperpetuum ~endi bruerium ubicumque voluerint *Kelso* 122. **c** quid, dum scribis, rogo pro munere? / cor hoc vellas in stili vomere J. HOWD. *Ph.* 728; ~o, A. *to wedy WW.*

3 to remove forcibly, tear up, destroy, eradicate.

num quid deficiet de petra agri nix Libani aut ~i [cf. *Jer.* xviii 14: evelli] possunt aquae erumpentes frigidae defluentes? GILDAS *EB* 50; et caput infandum funestos liquerat artus / quod vulsum ex umeris cives in limine cernunt ALDH. *VirgV* 1362; isque benignivolam firmans in presule curam / edixit priscum nullo frustramine foedus / vellere, apostolica donec remearet ab aula FRITH. 1112; hereses ~ens radiciter NECKAM *DS* V 483; paupertas vellit multos et ab ede repellit, / et male percellit et eos ab honore revellit GARL. *Mor. Scol.* 515.

vellerosus [CL vellus+-osus], (in gl. or list of words).

vello .. inde hoc vellus, -ris, et ~us, -a, -um, i. vellere plenus OSB. GLOUC. *Deriv.* 619; *a flese*, vellus, ~us *CathA.*

vellicamen [CL vellicare+-men], (in gl.) loose strip on surface of skin, peeling.

a pillynge,~en, -ans participium *CathA.*

vellicare [CL]

1 to pull at or on (hair or sim.), (also) to remove by pulling, pull or pluck out. **b** to remove by pulling, pull off or away (part of plant, also plant from ground). **c** (in gl.).

idem circa sepulchrum Domini fatiebant Siri, vi doloris barbas et capillos ~antes W. MALM. *GR* IV 379; [Romani] sectabantur .. luxurie effusiones .. vultum dealbare, genas punicare, barbam ~are, et cum his omnibus sevitiam intollerabilem exercere studebant M. PAR. *Maj.* I 111; veluti capillitio ~antes MORE *Ut.* 10. **b** pastor caprarius ~ans sycomoros [cf. *Am.* vii 14] GILDAS *EB* 53; ut pecus agrestes ex prato vellicat herbas ALDH. *VirgV* 2775; tetigit pastorem ~antem sicomores, et prophetam fecit H. LOS. *Serm.* 266; **1168** ceterum nichil prohibet exulem in deserto pastorum cum eis siccamina [v. l. siccamoros] ~are J. SAL. *Ep.* 281 (250); nihil apparatui huic et spicis illis quas discipuli ~antes et manibus confricantes edebant [cf. *Matth.* xii 1, *Marc.* ii 23, *Luc.* vi 1] H. BOS. *Thom.* III 15; adduxit validiorem rationem quia ipse erat Deus sabbati, et ideo poterat eis dare licentiam ~andi spicas in sabbato T. CHOBHAM *Praed.* 299. **c** lancinat, bellicat *GlC* L 58; villicat, *twiccað WW*; eruncare, evellere, ~are OSB. GLOUC. *Deriv.* 199; ~are, vellere, eradicare, extirpare, erruncare *Ib.* 626; *to pylle barke*, corticare, decorticare, excorticare. *to pille*, ~are. *to pille garleke*, ~are .. *pyllynge*, ~ans *CathA.*

2 to strip away (for oneself), take away, steal (esp. taking in part or a little at a time). **b** to strip away at, to take away or steal from (esp. taking in part or a little at a time), to rob (of). **c** to carp at, 'tear a strip off'.

predones abstulerunt omnia [predia] preter ista, licet et de his partem ~averint W. MALM. *GP* V 211; ne hic solus communem gloriam vel vendicet totam vel ~et partem *Ib.* V 251; cum quidam abutentes ejus absentia terras ipsius undique ~arent *Id. HN* 506; ut posteri sui plus ab ipsis villicarint quam adjecerint FORDUN *Chr.* V 28. **b** mater ecclesiarum in Cantuaria .. annuis et sepe etiam menstruis exactoribus [? l. exactionibus] ~abatur W. MALM. *GP* I 47; s**1137** rex .. coram pulchre jocundeque comitem appellans, retro maledicis verbis mordebat et quibus poterat possessionibus ~abat *Id. HN* 466; qui [sc. judex] et sumptus gloriosissime Agneti famulantium unius orti ~avit dispendio *Id. Mir. Mariae* 193. **c** illud te intelligere par est, neminem me de historicis ~asse, quorum omnis ad hoc laborat intentio ut sua insigniant scripta memoriali aliquo dicto vel facto W. MALM. *Polyh.* 37.

vellicatio [CL in sense 2]

1 (act of) plucking (hair from), pulling out (from). **b** (act of) stripping or taking away, stealing, theft, robbery.

vellico, -as, i. vellere .. inde vellicatus, ~o OSB. GLOUC. *Deriv.* 619; ~o .. et ipsa genarum [cf. *Is.* l 6] J. FORD *Serm.* 53. 1. **b** **1194** omnes libertates .. quas regia potestas conferre potest .. in agris et vineis, in censibus et venditionibus, in villicationibus sc. et in latrociniis et in raptu mulierum .. *CalCh* V 85.

2 excoriating criticism.

~onem verbis face, Mercuriumque sequere, tibi qui dux erit et comes. satis audivi tuas ineptias LIV. *Op.* 49.

vellicator [CL vellicare+-tor], one who takes away or steals. **b** (in gl.).

facile excusabitur nichil preter solitum fecisse quod ~orem potentie quoquomodo voluerit de medio subtrahere W. MALM. *GR* I 18. **b** *a pillarer* [v. l. *pyllare*], ~or *CathA.*

vellicula [cf. CL vellicare], ? loose strip on surface of skin, peeling.

signa nimii sanguinis .. in facie abundat rubedo, continue oris dulcedo sentitur ad saporem preter solitum, fiunt ~e in ore et in labiis M. SCOT *Phys.* 41.

vellicus, *var. sp. of* bellicus.

ex hiis potest elici quod non timuerunt / Deum viri vellici [l. bellici], unde nil fecerunt / quod suam constanciam vel fidelitatem / probet, set superbiam et crudelitatem *Carm. Lew.* 128.

1 vellificare v. velificare.

2 vellificare [CL vellus+-ficare, cf. CL vellicare], (in gl.).

pyllyn, or schalyn notys or garleke, ~o, -as, -avi, -re *PP*; *plukkyn, or pul frute*, ~o .. avello *PP.*

velliger [CL vellus+-ger], that bears a fleece, fleecy.

magnus Aþeluuoldus, vere gnarus bene Christi / agnos velligeros ab demonis arte maligna / conservare GODEMAN 4.

vellit v. velle. **velluetum** v. veluetum.

vellus [CL]

1 woolly coat (of sheep or sim.), fleece; **b** (as removed from animal, esp. considered as commodity); **c** (transf., applied to bundle or mass of other fibres, in quot. of silk); **d** (applied to 'fleecy' clouds); **e** (applied to foliage of plant).

oves innocentes sua ~era vestiendis hominibus praestant BEDE *Hom.* II 1. 116D; spissum et hirsutum est ~us earum [sc. ovium] *Quaest. Salern.* B 69; vellere vestitas nigro candore nitentes / fons quidam certo tempore reddit oves NECKAM *DS* III 189; aries .. qui 'radiante aureo villo', id est ~ere, 'tergo', scilicet suo TREVET *Troades* 73; tunc exilientes greges ovium conspiciunt albis ~eribus velatarum (*Brendanus* 15) *VSH* II 275. **b** **863** nec non xx statera casei *of mersce* ad Mersaham reddatur et xl agnos et xl ~era ovium *CS* 507; pluvia, quando de celo descendit, si super ~us cadit [cf. *Jud.* vi 36–40], nec sonitum nec ullam lesionem in ipso vellere efficit *Eccl. & Synag.* 82; agnos lij, ~era ovium ccxl *DB* I 69ra; **1248** idem reddit compotum de ccccxli ~eribus lane grosse .. item reddit compotum de clvij velleribus lane agnine *Rec. Crondal* 60; **1275** emit de eodem Adam v ~era lane pro tribus sol. et duobus den. *SelPlMan* 140; **1279** mercatores .. non possint pannos .. per ulnas vendere, nec lanam, nisi per magnum pondus et saccos et non per parvum pondus et per ~era, nisi sint de predicta gilda *Gild Merch.* II 180; bercator .. habebit unum ~us de ~eribus domini, quod dicitur *belwetheresflus Cust. Bleadon* 207. **c** gnari quaedam genimina / vermis feruntur minima / .. / ova viri et faeminae / calificata calore / parturire progenitum / foetum vellere vegetum (ÆTHELWALD) *Carm. Aldh.* 2. 140; pretiosa metallorum .. bombycini sericique ~eris, et gazarum omnium copia major GIR. *TH* I 37; qui tacuerunt et timuerunt dicere verum, / hi placuerunt, hii meruerunt vellera Serum WALT. WIMB. *Scel.* 125; **1460** pro quatuor ulnis cum quarta panni serici dicti '~us' purpurii coloris *ExchScot* 35; **1465** pro decem ulnis ~us sure ~us carmosy purpure, novemdecim ulnis cum dimidea ~us sure ~us gresii, sex ulnis cum dimidia damasci nigri *Ib.* 363. **d** nunc recte ad aethera vel ad summa nubium ~era luminum semidormitantes acies librant GILDAS *EB* 67; candidior nivibus, dum ningit vellera nimbus ALDH. *Aen.* 100 (*Creatura*) 54; umida rorifluis umectant vellera guttis / irrigat et terram tenebrosis imbribus aer *Id. VirgV* 2044; inde pedem referens conscendit passibus Alpes, / lactea qua tacito labuntur vellera celo, / aggeribus niveis cumulantur germina montis *Mir. Nin.* 36; quandocumque .. densato nubium ~ere, nimbus ruinam minatur W. MALM. *GP* V 217; aer nunc arridens letam pretendit faciem cum nubes abeunt in ~era NECKAM *NR* I 18. **e** in summo capitis densescit vertice vellus ALDH. *Aen.* 91 (*Palma*) 8.

2 coat of animal, fur (also transf. of human's hair).

e geminis nascor per ponti caerula concis / vellera setigero producens corpore fulva ALDH. *Aen.* 17 (*Perna*) 2; nil fruticantibus genarum vellere, / nil senioribus intendo cudere WALT. WIMB. *Palpo* 175; medici dicunt quod karopos est color qualis est in ~ere cameli BACON XIV 71; caropos est color flavus urine ~eribus camelorum similis *SB* 13.

3 (outer) garment, coat; **b** (fig.).

tres filios genuit, Richardum .. atque Rotbertum necnon Willelmum apud Fiscannum monachili ~ere in adolescentia functum W. JUM. V 13; calamistrati varia ~era vestibunt, et exterior habitus interiora signabit G. MON. VII 3 (ed. M. Reeve (Woodbridge, 2007) VII 113); luget in ecclesia chorus omnis; preda malignis / plebs et amica Dei, gemit albi velleris ordo (*Vers.*) M. RIEVAULX 23. 16. **b** ast athleta Dei contectus vellere pacis, / obsequium mitis odiis suffibat acerbis FRITH. 578; **1239** de nobis, quibus se jam quocunque fraudis ~ere occultare non potest, non immerito suspicatur (*Lit. Papae*) M. PAR. *Maj.* III 604.

vellut- v. veluet-.

velocificare [CL velox+-ficare], to cause to be fast or rapid, speed, (also) to make faster, increase the speed of, accelerate.

volatilis .. Mercurii dicitur esse virga, sed et ejus calciamentum fore perhibetur alatum, talaribusque petasinis eum fore ~atum E. THRIP. *SS* IV 20.

velocitare [CL velox+-itare], to cause to be fast or rapid, speed, (also) to make faster, increase the speed of, accelerate.

primum celum non potest ~ari nec tardari in movendo OCKHAM *Quodl.* 764; sit .. quod equus in principio ita velociter currat sicut potest et deinde remittat cursum suum, et tortuca, econtra, ~et motum suum KILVINGTON *Soph.* 32g; potest B punctus in infinitum ~are motum suum HEYTESBURY *Reg.* 241; quando supponitur motum in infinitum ~ari ex subtiliacione medii WYCL. *Log.* II 143; ut aqua descendit extrudendo aerem, non lapidem vel mixtum quod est a dominio terre, et ita cadit terra ~ata et omne corpus appetit suum ordinem *Id. Trin.* 58; c**1430** semper in mente tenentes quomodo propositum quod ex Deo est infortunatum nescit exitum et manus que movetur cum Domino, continue prope finem ~at suum motum *Reg. Whet.* II 417.

velocitas [CL]

1 rapidity, swiftness (in movement).

tigres .. sunt valde rapaces et mirae ~atis *Lib. Monstr.* II 4; hic luminis claritate ditatus, ille pedum ~ate laetatus ALCUIN *Vedast.* 421; ad templum Deo gratias acturus moderata ~ate currit OSB. *V. Dunst.* 7; cum .. [equus] dici videatur bonus per fortitudinem et bonus per ~atem, non tamen idem videtur esse fortitudo et ~as ANSELM (*Mon.* 1) I 14; apostolus .. satis innuit quam ~atem eadem corpora jam incorruptibilia sint habitura EADMER *Beat.* 2; accipitres et nisi .. promptiori quadam ~ate predas persequuntur GIR. *TH* I 12; telum missile, aut plumbum balia contortum, eam sullevatam ~ate superare non posset (*Brendanus* 40) *VSH* II 285.

2 quickness, high speed (in other action, process, or sim., esp. w. ref. to reaching end, or in progress or progression).

consideranda est mira divinae pietatis ~as BEDE *Hab.* 1239A; deturbatis veteribus fundamentis, suscitavit in ampliorem statum omnia, ignores majore pulchritudine an ~ate W. MALM. *GP* I 43; hujus epistole competentes particulas huic libello .. insui .. longas sententias ut videbatur abbrevians .. quia ad historie ordinem festinantibus ~ate dictionis consulendum erat *Id. GR* I 82; ingenium .. est ~as capiendi scibilia BERN. *Comm. Aen.* 48; inter crispatos modulos, organaque multipliciter intricata, tam suavi ~ate, tam dispari paritate, tam discordi concordia, consona redditur et completur melodia GIR. *TH* III 11; secundum hunc .. motum in pulsu ~as et tarditas, debilitas et fortitudo perpenduntur ALF. ANGL. *Cor* 11; volatilis .. Mercurii dicitur esse virga .. quo vel ejus sane subintelligas sideris celeritatem, sermonisve vel eloquencie ~atem E. THRIP. *SS* IV 20; possibile est quod sit medicina aliqua que prohibeat hominem a ~ate senectutis et frigore et siccitate membrorum, ut per illud elongetur vita hominis BACON *Maj.* II 207.

3 promptness, swiftness (to action).

famosus in illa provintia sanctus, et pro ~ate impigri ad preces occursus ab omnibus venerabiliter dilectus W. MALM. *GP* I 72; accidia (contra accidiam: ~as) GROS. *Templ.* 9. 4.

velociter [CL]

1 at (high) speed, fast, rapidly, swiftly, quickly (w. ref. to movement or other action or process).

curre ~iter et adduc presbiteros nostri monasterii ad me CUTHB. *Ob. Baedae* clxiii; orationes .. non sunt legendae in tumultu, sed in quiete, nec cursim et ~iter, sed paulatim cum intenta et morosa meditatione ANSELM (*Or. prol.*) III 3; dum vadum Epte fluminis equo ~iter fugiens ingressus est ORD. VIT. III 10 p. 114; non curant, utrum concordant vel non, sed equaliter pro posse et ~iter descendunt *Mens. & Disc.* (*Anon. IV*) 87; si ponatur quod Plato moveatur ~ius Socrate vel eque ~iter cum Socrate KILVINGTON *Soph.* 30g; mare fluctuans jacet inter *northwest* et *southest* ita ~iter quod nemo credit W. WORC. *Itin.* 136; rex H. cum omni festinacione possibili .. fratrem .. cum aliis multis ad mare misit in grandi classe, quibus jussit versus H. volociter [*sic*] navigare STRECCHE *Hen. V* 159.

2 promptly, before the passage of much time, quickly.

nec mora, Romuleam liquit velociter urbem / caecus, et Anglorum repetit per devia gentem WULF. *Swith.* I 1520; si michi subveneris cito .. ~iter liberatus ero de isto aque bullientis dolio W. MALM. *GR* II 111; vir .. Dei Kyaranus, dolens quod alumpna sua Bruineach de hac vita ~iter migravit (*Ciranus de Saigir* 9) *VSH* I 221.

velosus v. villosus.

velox [CL]

1 fast, rapid, swift, speedy (in movement). **b** (of movement or sim.) performed with high speed, fast, rapid, swift, (also, of route) travelled at high speed, or that allows destination to be reached rapidly.

terreo cornipedum nunc velox agmen equorum ALDH. *Aen.* 99 (*Camellus*) 5; plus pernix aquilis, Zephiri velocior alis *Ib.* 100 (*Creatura*) 35; **798** haec omnia per ~ocem nuntium mihi demandare curam obsecro habeas ALCUIN *Ep.* 150; limenque domus transcendito velox, / noster et esto comes, nostras audique loquelas WULF. *Swith.* II 926; verum si equus, quia est fortis aut ~ox, idcirco bonus est: quomodo fortis et ~ox latro malus est? ANSELM (*Mon.* 1) I 14; cursus canum ~ocium W. MALM. *GR* II 220; per aliquot dies manserunt, et letantes quieverunt, donec ad eos rex ~oces legatos direxit ORD. VIT. IX 16 p. 613; tertius fluvius dicitur Tigris .. iste fluvius est valde ~ox et rapidus et significat fortitudinem AILR. *Serm.* 39. 15; infestant et invident humane saluti panthere ~oces et varie, virgineoque capti amore rhinoceri, flatuque horribiles cocodrilli GIR. *TH* I 36; cum .. [cancer] tot pedes habeat ~ox esse deberet *Quaest. Salern.* B 90; ~ocissimus equus et tortuca KILVINGTON *Soph.* 32g; unum vas parvum volocissimum [*sic*] tamen .. cum l personis .. onustum STRECCHE *Hen. V* 158. **b** beatus adoliscens .. cum convenientia sui abbatis et fratrum in Hiberniam ~oci cursu contendit ALCUIN *WillP* 4; undique praecipites veloci tramite tendunt / ad tumulum sancti WULF. *Swith.* I 925; motus Socratis potest intendi quousque sit in duplo ~ocior motu Platonis KILVINGTON *Soph.* 30g; ex venti prosperitate cuncti letantur et dum prosper est in cursum ~ocem nituntur (*Brendanus* 24) *VSH* II 278.

2 quick, rapid (in other action, process, or sim.). **b** (of action, process, event, or sim.) performed with high speed, fast, rapid, swift (esp. w. ref. to reaching end, or in progress or progression).

virginis ingenium biblorum famine fultum: / nempe tenax scripti fuerat veloxque legendi ALDH. *VirgV* 1169; cum sit eorum oculus ~ocior quam animus ADEL. *QN* 25; tertia diversitas .. in principio habet punctum delectabilem .. tardo modo sumptum, et postmodum in secundo puncto modum ~ocem non ita tardum secundum aliquem modum discantus *Mens. & Disc.* (*Anon. IV*) 83; ?**1460** in alienis negociis ~ox nec vivax erit qui in propriis causis piger existit *Paston Let.* 610. **b** interemerunt Album .. Heuualdum ~oci occisione gladii, Nigellum autem longo suppliciorum cruciatu BEDE *HE* V 10; illi .. ~ox dederunt consilium ORD. VIT. XIII 33 p. 98; brumalis tropici, frigii, piscis fugitivos / velocesque dies frigida cernit hiemps (NECKAM *Suppletio Defectuum*) *CC cont. med.* CCXXI 159; [pulsus] ~ox dicitur, quia parvo temporis intervallo sepius movetur, et hoc convenit ex forti calore et virtute BART. ANGL. II 23; notarum alia est tarda, alia ~ox. tarda nota vocatur longa et omnes eo majores. ~ox nota vocatur brevis et omnes eo minores WILL. 23.

3 prompt, swift (to action or sim.), (also, of event) swift (to occurrence), that occurs before the passage of much time.

prope est .. dies Domini magnus, prope et ~ox valde [*Soph.* i 14] GILDAS *EB* 55; nil omnino retractantes quin ~oces divinae voluntatis jussa perficiant BEDE *Ezra* 866B; c**800** non sint ~oces ad humanum fundendum sanguinem ALCUIN *Ep.* 280; velox aderit fateor miseratio Christi FRITH. 373; ~ox .. sum ad deficiendum sed esto tu ~ocior ad subveniendum ANSELM (*Or.* 14) III 57; ~ocior .. fuit .. animus meus lacrimas exprimere *Ib.* (*Ep.* 22) III 129; vidit beati viri effigiem astantem .. ~ox minari exitium W. MALM. *GP* I 17; eo [sc. Arnosto] ~oci morte prerepto, Gundulfum .. induxit *Ib.* I 72; miles erat fortis et magnanimus, .. ad iram ~ox, et in militaribus exercitiis ferox ORD. VIT. III 12 p. 133.

velta v. veluetum. **veltarius** v. veltrarius.

veltraria [veltrarius+-a], office of keeper of hounds or fewterer.

1130 Henricus de Lamara reddit compotum de .. pro ministerio patris sui de ~a *Pipe* 4; **1212** dedit predictum manerium cuidam Hoppesiort per serjanteriam valterie *Fees* 66; **1219** quam rex Henricus dedit Hoppeschort per sergantiam de veautria *Ib.* 273; **1225** terra Roberti Enkerbaude se deffendit per veauteriam *CurR* XII 1477; **1313** Willelmo de Wigornia vautrario venienti .. ad deserviendum eisdem in officio vautrarie *KR Ac* 374/19 f. 8.

veltrarius [cf. veltrus, AN *veltrier*]

1 man in charge of pack of hounds, fewterer.

c**1098** F. veltrarius *Regesta* 425; ~ii, unusquisque iij d. in die; et ij d. hominibus suis; et unicuique leporario, obolum in die *Domus Reg.* 135; **1169** Suein valtrario xv s. et ij d. et ob. per breve regis *Pipe* 122; **1193** Suein waltrario xxx s. et v d. *Ib.* 264; **1207** veautrariis nostris *Cl* 80; **1211** in expensis Johannis vater' domini regis, iiij hominum suorum, xxiiij brachet', j *terreer*, vj leporariorum per xxvij dies *Pipe Wint.* 116; **1219** mittimus vobis .. venatores nostros cum .. duobus garcionibus suis et duos veutrarios cum viij leporariis nostris et duos berneriois cum xviij canibus ad currendum ad porcum in foresta nostra de Dene *Cl* 402a; **1250** serjantia Rogeri de L. in M., pro qua debuit esse vetrarius domini regis *Fees* 1238; **1299** H. le L., veltarius *CourtR Winchester*; **1300** †ventrarii [l. veutrarii] *AcWardr* 317; **1301** in vadiis .. venatoris et weutrereorum *MinAc* 991/25; **1313** Willelmo de Wigornia vautrario venienti .. ad deserviendum eisdem in officio vautrarie *KR Ac* 374/19 f. 8.

2 (also w. *canis*) hunting-dog, hound (perh. greyhound).

nunc hospitem sine dampno suscipimus, nunc ~iorum monstra, falconum circinnia .. non timemus (*Quad.*) *GAS* 534; c**1120** decimas coriorum cervorum et cervarum quos ~ii mei capient *Kelso* 1; **1200** inveniatis Alano W. et vaeltrariis suis et xxxij leporariis justas liberaciones suas *RNorm* 24; **1203** Alano W. cum x leporariis suis et iij vealtrariis et Willelmo Aucupi et canibus suis *Pipe* 254.

veltrator [cf. veltrus; cf. et. veltror, veltrarius], man in charge of pack of hounds, fewterer, or *f. l.*

1219 Willelmus de Burton' tenet Seten' .. per servicium quod debet esse veautrator ejusdem comitis *Fees* 270 (cf. ib. 1344: qui tenet Setene debet esse venator comitis).

veltrea, veltria [cf. veltrus], leash, lead of hounds.

leece or lees of hundys, laxa .. veltrea *PP*; hec veltria, *a lese of grehowndes WW*.

veltror [cf. veltrus; cf. et. veltrator, veltrarius], man in charge of pack of hounds, fewterer.

1277 tribus veutroribus regine pro calciamento suo *Chanc. Misc.* 4/1 f. 32.

veltrus, veltres [LL veltris, AN *veltre*, cf. CL vertragus, vertraha = *Gallic greyhound*], hunting-dog, hound (perh. greyhound).

1204 duobus garcionibus qui custodiunt vealtres regis *Pipe* 131; **1206** expensa xj leporar' ex trium vealtr' et sex canium de mota *Cl* 66b; **1213** in expensis xliij valtrariorum et viii[xx] et ix leporar' et xv valtrorum et xxxviij canum de Mota *Misae* 231; *gresehounde*, leporarius .. ~es, -tis *PP*; **1471** N. Keye, valetto ~um nostrorum *Pat* 527 m. 18.

velud v. velut. **veluellum** v. veluetum.

veluetare (velv-) [veluetum+-are], to give (cloth) a short, dense, piled surface.

1421 cum j *coupl' satyn* velutat' broch' cum auro continent' ij pec' et di. j *couple* velvett' velutat' *cremesyn* continent' ij pecias et di. *EEC* 511; **1438** una cum quinque capis ejusdem secte, viz. de panno de *tissu* de rubeo crimisino velluto vellutato AMUND. II 189; **1441** unum vestimentum .. cum capa ejusdem secte de rubeo satyn' velutato cum armis *Reg. Cant.* II 580.

veluetum (velv-), ~a [OF *veluete*, ME, AN *velvet*, cf. CL villus], sort of woven fabric that has a short, dense, and smooth piled surface, velvet.

1286 j coopertorii de velvetto (*Ac.*) *Arch.* LXX 38; una capa chori de nigro veluto *Ac. Exec. Ep. Lond.* 48; **1328** j tunicam de †solveto [? l. felveto] *RR K's Lynn* I 98; **1337** in *bukel* et veltis emptis xviij d. *Comp. Swith.* 249; rex .. superius habuit indutum unum mantellum de felveto preciosissimum AD. MUR. *Chr. app.* 231; **1383** cum uno signo de albo velweto *Ac. Durh.* 427; **1393** pro j panno de veluello [? l. veluetto] viridi *Ac. H. Derby* 282; frontale .. de viridi vellueto *G. S. Alb.* III 380; **1421** vj peciis velvette diversorum colorum *EEC* 511; **1433** pro uno vestimento de velfedo viridis coloris *Invent. Ch. Ch.* 119; capam de rubio wellveto (*Chr. S. Alb.* (*1422–31*)) AMUND. I 26; **1440** j fardell' continente iij pecias felvett' super felvett' *Port Bk. Southampt.* 74; **1449** pro nonnullis pannis aureis sericis et de velveto *ExchScot* 346; **1459** j vestimentum principale de rubeo felweto *Cant. Coll. Ox.* I 11; pro duabus ulnis et dim' de felucto [? l. felueto] viridis coloris STONE *Chr.* 5; **1493** mutatorium valucie blavii coloris (*Invent.*) *Found. Holyrood* 22; **1534** una alba de alba velveta cum floribus de luce .. alba rubea de velveto *Cant. Coll. Ox.* I 72.

veluetus (velv-) [cf. veluetum], of velvet.

1309 adduxit iij roellas panni vel' *EEC* 372; pro tribus capis, j casula, duobus tuniclis cum una alba, de sendali velveto, quinquaginta libras *Hist. Durh.* 2; **1438** de rubeo crimisino velluto vellutato AMUND. II 189.

velum [CL]

1 sail (of ship, also in fig. context); **b** (as ship's means of propulsion, esp. contrasted w. rowing); **c** (representing ship or act of sailing, esp. w. ref. to direction).

alii transmarinas petebant regiones cum ululatu magno ceu celeumatis vice hoc modo sub ~orum sinibus cantantes GILDAS *EB* 25; c**790** paupertas haec humilitatis gubernaculo regatur, et caritatis ~o, flante Sancto Spiritu in eum, ad aeternae beatitudinis portum perveniet ALCUIN *Ep.* 53; carpebant placita libratis aequora velis FRITH. 1126; adorato sancto sepulchro honore sancti, plenis ~is venimus ad insulam quae Xindacopo vocatur SÆWULF 61; pleno cum patre recedunt naute ~o MAP *NC* IV 9 f. 51v; **1378** precipuerunt ex parte dicti domini regis homines in dicta navi existentes ut ~um suum deponerent prout consuetudo maris est *IMisc* 220/7 m. 3; **1421** de Laurentio Scotyll' pro iij barellis tarre .. j parv' *cable*, c libris fili pro ~is *EEC* 505. **b** alis remorum remigumque brachiis ac ~is vento sinuatis vecti GILDAS *EB* 16; secundis ~is, omine auguriisque, quibus vaticinabatur, certo apud eum praesagio quod ter centum annis patriam cui proras librabat insideret *Ib.* 23; tanta ingruit tamque fera tempestatis hiems ut neque ~o neque remigio quicquam proficere .. valeremus BEDE *HE* V 1; dum properas portum velis hucusque secundis ALCUIN *SS Ebor* 1570; ~o pariter et remo BALD. CANT. *Sacr. Alt.* 730C; currens semper ad occasum velo, vento, remige (*Vers.*) *VSH* II 293; **1368** injunctum est Nicholao F. quod impignorari faciat .. omnes alios qui applicant cum ~is super solum Domini *Hal. Durh.* 75. **c** valedicentes .. arvis genitalibus .. fortune ~a committunt, placidoque ventorum favore tribus longis navibus .. Britanniam allabuntur W. MALM. *GR* I 5; ab Eduino et Morcardo .. de provintia pulsus versus Scottiam ~a convertit *Ib.* II 228; prima .. vigilia gelide noctis Austro ~a dedit, et mane portum oppositi littoris .. prosperrimo cursu arripuit ORD. VIT. IV 4 p. 178; Murchardi filius, ~is sulcantibus equor, ventoque ad vota spirante, ad Anglorum regem .. accessit GIR. *EH* I 1; aut si pietatis operibus juxta Reimundi sentenciam potius indulgere dignum duxerimus, reversis ~is plebi miserabili patriam et patrimonia relinquamus *Ib.* I 15.

2 sail (of windmill). **b** (transf.) part of a clock.

1211 in xxxiiij ulnis de kanebo ad ~a molendini *Pipe Wint.* 131; **1235** ballivi Norwici et communa ejusdem ville ceperant ~a cujusdam molendini sui ad ventum extra villam *SelCWW* 22; **1304** in meremio prosternando ad veles molendini (*Ac. Adisham*) *DCCant.*; **1319** in iij ligaminibus ferr' emptis pro j virga ~orum ejusdem molendini fracta ligand' *MinAc* 992/10 m. 2; **1322** in j virga de alno pro ~o molendini ventr' *Ib.* 1145/21 m. 2; s**1297** contigit ut molendino cuidam quod vento agebatur .. appropinquaret, ejus [v. l. cujus] equus strepitu ~orum citacius circumactorum a vento territus .. propugnacula transilivit TREVET *Ann.* 359. **b 1427** in denariis solutis Thome Clokmaker pro emendacione cujusdam ~i defracti orelogio predicto pertinentis, viij s. *KR Ac* 514/16.

3 banner, flag.

si petas quod ponatur in domo tua ~um regium vel scutum armis regiis depictum vel signum quodcumque regium, dico quod hoc est tibi concedendum UPTON 87.

4 curtain, piece of cloth used as screen (esp. for sacred place, object, or sim.); **b** (fig.). **c** (*~um hyalinum*) glass window.

unde et moriendo in cruce ~um templi discidit atque ea quae tecta fuerant archana sanctorum patefecit BEDE *Tab.* 422C; impositis sibi ~orum sive tentoriorum funibus sic ea levantes a terra suspenderent *Ib.* 462B; extenso ~o inter eos et populum EGB. *Pont.* 45; inque Dei domibus multa ornamenta paravit. / illas argento, gemmis vestivit et auro, / serica suspendens peregrinis vela figuris ALCUIN *SS Ebor* 1267; **833** (15c) offero .. in ecclesiae sanctissimae ornamentum ~um meum aureum quo inciditur excidium Trojae in meo anniversario si placuerit in parietibus suspendendum *CS* 409; pergant ad locum in quo balnea praeparantur, ibique exuentes vestimenta sua sic ordinate ut in dormitorio facere consueverunt, intrent unusquisque ubi ei fuit demonstratum et, deposito ~o quod ante eos pendet, sedeat cum silentio LANFR. *Const.* 92; sed secundum Hebreos extra ~um erat altare et vicissim ministrabant sacerdotes et incensum offerebant ANDR. S. VICT. *Hept.* 176; ut sciamus etiam quod in hoc exilio negatur nobis visio Dei, oppanditur ~um inter nos et sancta sanctorum AILR. *Inst. Inclus.* 11; **1222** item ~um unum de serico quadragesimale, item ~um unum de serico supra sepulchrum, item ~um unum de serico supra fontes *Reg. S. Osm.* II 131; c**1223** confessiones .. mulierum audiantur extra ~um et in propatulo quantum ad visum, non quantum ad auditum *Ch. Sal.* 141; a**1300** parochiani tenentur invenire .. honestum ~um quadragesimale *Reg. S. Aug.* 357. **b** sed videamus quid illo intra ~um coelestis altitudinis morante, quid discipuli in navicula patiebantur? ALCUIN *Exeg.* 825A. **c** nec minus approperant opicizi emblemata proni, / arcus incultos hialino claudere velo FRITH. 449.

5 garment worn to screen the body, esp. the head or face, veil; **b** (of nun, also transf., of state of being a nun). **c** shroud.

lodix, vestis linea, que velus dicitur OSB. GLOUC. *Deriv.* 328; Ethna quoque mons ignem eructavit .. tunc pagani ~um virginis contra ignem expanderunt, et flamme incendii statim cessaverunt HON. *Spec. Eccl.* 862B; **1287** sint supperpellicia duo et unum rochetum, velum quadragesimale, ~um nuptiale, palla mortuorum (*Stat. Exon.*) *Conc. Syn.* II 1005; **1342** ~um nuptiale et pallium mortuorum insufficiens (*Visit. Totnes*) *EHR* XXVI 110; **1342** ~um nupciale deficit, vas ad incensum deficit (*Visit. Totnes*) *Ib.* XXVI 112. **b** post modicum sacro gaudebat condita velo FRITH. 881; productis testibus qui eam jurarent sine professione causa procorum ~um gessisse W. MALM. *GR* V 418; fratres .. Ramesie concesserunt eidem Lefsio monachatum et matri pueri ~um in Ramesia *Chr. Rams.* 153; desperata est .. de curatione pedis .. et dixit pedem nigrum esses ad similitudinem ~i sui *Canon. G. Sempr.* f. 149v; licet .. habitum cum ~o non assumpserit mulier .. tamen .. sponso Christo indissolubiliter copulatur M. PAR. *Maj.* III 487; tibi .. committimus potestatem .. vocem, stallum, ~um, griseam tunicam obedientiamque .. reddendi *Form. S. Andr.* I 317. **c** c**1104** si certum mortis periculum .. senseritis imminere, prius vos Deo omnino reddatis quam de hac vita exeatis; et ad hoc ~um semper paratum secrete penes vos habeatis ANSELM (*Ep.* 325) V 257.

6 sort of cloth, perh. sail-cloth.

1331 Johannes Martyn vj ruellas ~i di. balam cordwane pr. iiij li. x s. *EEC* 412; **13..** debet .. wiscare duas clatas de falda prioris et colligare wiscas et culmina, et prior ~a et genestum *Cart. S. Denys Southampt.* II 213.

7 parchment, vellum (*cf.* AN *velim*).

manum quoque ad recte scribendum reddit idoneam, acuit et visum, ut ei paries litterae densioris, aut ~um multipliciter elaboratum obstare non possit J. SAL. *Met.* 852A.

8 (*~um Aureum*, as place name) Velabrum (district of Rome between the Capitol and the Palatine).

1258 rex P. Sancti Georgii ad ~um Aureum diacono cardinali salutem *Cl* 324.

velus v. velum. **velusus** v. villosus.

velut, ~uti [CL]

1 just as, (in the same way) as: **a** (w. cl., also correl. w. *sic* or sim.); **b** (w. other word or phrase).

a nam velut aequoreas Petrus calcaverat undas / sic huic evenit ALCUIN *SS Ebor* 1364; quin totos semper perfert jejunia soles, / sanctorum Domini veluti sollempnia tricent ÆTHELWULF *Abb.* 292; ~ut aureus sol surgente aurora splendescit, sic .. inter mortales alios effulsit DOMINIC *V. Ecgwini* I 1; c**1124** dedi eidem ecclesie meam dominicam curiam in Magna Paxtona sicut fossatum circuit .. deinde dedi eidem ecclesie de cremento quamdam croftam ex altera parte ecclesie ~uti quoddam fossatum circumcingit *Regesta Scot.* I 7; c**1200** qui velud ardebat rubus et non igne calebat / virgo Maria fuit que Dominum genuit *Vers. Worc.* 101. **b** si non te cunctorum perditorum infaustus pater, ~uti magnarum aquila alarum unguiumque daemon, infelici filiorum suorum agmini contra jus fasque rapuisset GILDAS *EB* 34; de his quorum oculi ~ut lucerna lucent *Lib. Monstr.* I 36; illic ~ut in nocte oculus nostri intellectus caligat BEDE *Tab.* 491C; enituitque poli veluti clarissima lampas *Mir. Nin.* 488; c**1105** illi ~ut mihi vos credite, illum sicut me suscipite ANSELM (*Ep.* 355) V 296; ut quisquis eorum in diocesi confinis sui ~ut in propria .. omne divinum opus exerceret ORD. VIT. III 5 p. 72; verbum .. regium, ~ud verbum divinum, debet esse firmum *Cop. Pri. S. Andr.* 7.

2 (introducing comparison w. something hypothetical, esp. w. ref. to appearance, pretence, or sim.) as if, as though (w. cl.); **b** (w. *si*); **c** (w. other word or phrase).

hirundines .. ~uti ad adsuetas sedes devenissent sese non haesitantes humeris viri Dei Guthlaci inposuerunt FELIX *Guthl.* 39. **b** ~ut si dicam ibi esse intellectum in anima ubi est rationalitas ANSELM (*Mon.* 23) I 41; quoniam quidquid reverendo domino ac patri nostro archiepiscopo Lanfranco oboeditis, sic illud accipit ~ut si sibi oboediretur *Ib.* (*Ep.* 73) III 195; intellectus .. quandoque rem simpliciter intuetur, ~ut si hominem per se intueatur aut lapidem, et ob hoc simplex est J. SAL. *Met.* 877C; ~ut si quemlibet ignarum mellis ad ejus velles appetitum accendere AILR. *Spec. Car.* II 19. 567D. **c** cum modo jacerem in oculis vestris ~ut mortua GOSC. *Transl. Mild.* 25; c**1105** ~uti de efficacia suae voluntatis exsultantes et eidem ecclesie insultantes ANSELM (*Ep.* 360) V 301; infiniti scolares .. impium dogma ~ut catholicum praedicant J. CORNW. *Eul.* p. 258.

3 (introducing instance or example) as (in the case of), as (for instance).

qui sunt exametri heroici? qui bella et heroum res gestas complectuntur, ~uti est Ilias Homeri vel Aeneidos Vergilii ALDH. *Met.* 10 p. 83; quotiens aliquid contingit operante spontanea voluntate, ~ut cum homo homini facit injuriam, unde ab illo occiditur ANSELM (*Praesc.* II 3) II 262; non est .. pretereundum quod fiunt interdum designationes ex quibus nugari accidit, ~ut idem replicando ut 'quidam homo bipes' vel 'qui est bipes currit' BALSH. *AD rec. 2* 119; si .. incorporeorum speculationes quis respiciat, veluti mathematica theoremata et theologiam .. in quibus maxime operatur intelligentia BERN. *Comm. Aen.* 43.

4 (identifying relevant status, characteristic, or sim., esp. in justification) as being.

cuncta hujus mundi ~ut aliena spernendo BEDE *HE* I 26; Osbernum ducis jussu substitutum abbatem ~ut invasorem alieni juris calumniaturus esset ORD. VIT. III 5 p. 84; unde animalis [sc. serpentis] lingua ~ut utilis et proficua reputatur inter thesauros regios preciosa, quamvis prius fuerit venenosa BART. ANGL. V 21.

5 (introducing comment on accompanying statement or sim., also in parenth. context) as.

illum objecta, ~ut putabat, purgantem GILDAS *EB* 38; s**1433** prior dictus placitans est et placitabilis in persona propria, veluti plane liquet ex processibus variis .. sub suo nomine prosecutis AMUND. I 331.

6 (without antecedent, introducing a strong or vivid term or sim. so that it not be taken literally) as it were, so to speak.

alioquin non dixisset apostolus ~ut paternum legatum suis successoribus derelinquens GILDAS *EB* 110; hujus industria regis Derorum et Berniciorum provinciae .. in unam sunt pacem, et ~ut unum compaginatae in populum BEDE *HE* III 6.

velutare v. veluetare. **velutum** v. veluetum. **velutus** v. velare, villutus. **velveta, ~vetta, ~vettum, ~wetum** v. veluetum. **vemens** v. vehemens.

vena [CL]

1 blood vessel, vein; **b** (dist. from *arteria*); **c** (dist. acc. kind or position, or in term for spec. vein); **d** (applied to other ducts in the body); **e** (fig. or in fig. context).

sanguis per ~as omnes ab ipso corde diffusus in nostro corpore plus ceteris humoribus principatur BEDE *Gen.* 108C; potissimum sudans et prefervidis ~is suspiriosus W. MALM. *GR* IV 373; omnis caro .. habet .. in se et aeris aliquid quod a pulmonibus continetur et a corde per ~as quas arterias vocant diffunditur AILR. *An.* I 19; cumque totum universaliter corpus nutrimento sibi ab epate directo nutriri habeat, totum corpus canalibus quibusdam irrigatur, quorum ortus ab epate, dicunturque ~e quasi nature vie sive nutrimenti vehicula ALF. ANGL. *Cor* 14; ~as [ME: *eþren*] capitales ex quibus ab ejus capite acutis spinis coronato sanguis effluxit *AncrR* 95; timor immoderatus ad eos accessit et ~as frigore mortificavit et nervos contraxit (*Brendanus* 32) *VSH* II 281. **b** quemadmodum in humano corpore sunt meatus humoris, id est ~e, per quas sanguis desfluit et inde facto vulnere exilit .. item quemadmodum in humano corpore sunt arterie per quas hanelitus per corpus meat BERN. *Comm. Aen.* 8; a cerebro .. nervi, a corde arterie, ab epate ~e oriuntur ALF. ANGL. *Cor* 16; similiter et arterie deserviunt cordi et ~e epati; nam spiritum suscipiunt arterie a corde et deferunt ad pulsum faciendum, et vene sanguinem ab epate ad corpus nutriendum BART. ANGL. V 1; sunt .. ~e omnes ex una tunica facte, non ex duabus sicut arterie *Ib.* V 61. **c** defert ei .. sanguinem vena ab epate progrediens dextrum cordis thalamum ingrediens, qui ibidem purgatus ad purum per ~am arteriatam ab eodem thalamo natam ad superiorum .. nutrimentum dirigitur ALF. ANGL. *Cor* 4; ~a arterialis vel arteria venalis, que sic appellatur quia media est inter venam et artariam *Ps.*-RIC. *Anat.* 41 p. 25; ut eam pertranseat ~a concava que est ab epate et dirigitur ad ipsum cor *Ib.* 41 p. 26; via est ei inepta duci per capillares ~as sed vie huic propinquiores sunt meseraice ~e GILB. VI 238v. 1; senes a 45 annis cephalicam ~am, a 70 mediam, post 75 basilicam, incidere desinant BACON IX 97; ~e fagitides dicuntur que sunt in carnositate faciei juxta extremitates oris, vel magis proprie ille que sunt sub lingua *Alph.* 62. **d** in lateribus ligamentorum lingue sunt quedam ~e que salivam lingue administrant .. unde ille vene vocantur a medicis salivales BART. ANGL. V 21. **e** non enim in viscerato medullitus fervore ~arum rivulos sugentes gustant divinitatis *V. Greg.* p. 79; **797** decoris vestri facies .. totas memoriae meae ~as cum magna jocunditate desiderabiliter implet ALCUIN *Ep.* 121; si in etatem ~e durioris evaserit, ad mollitiem ambulatorii gressus non poterit erudiri P. BLOIS *Ep.* 74. 228B (cf. ib. 101. 312A: de alterius [eruditione], cujus jam ex parte induruit ~a); ex Cereris Bacchique precipue superabundantia .. in ~is et medullis Veneris ardor et amor vehementer exuberat GIR. *Spec.* II 28 p. 88.

2 (bot.) duct in the tissue of a plant (for sap or sim.).

quia per cavernam profluat corticis saepius opobalsamum nominatur .. singularumque arborum largior ~a ter omnibus percutitur aestibus BEDE *Cant.* 1098B; ~a est de compositione corticis et similiter nodus, quare est pars etherogenea BACON XI 218; prima compositio est ex elementis, et sic componuntur humores, secunda ex elementis et humoribus, et hec est in nodis et venis, tertia est ex istis duobus et ex aliis, ut ex venis et nodis et cortice, et sic componuntur ille iiii[or], scilicet radix, stipes, ramus, et virga *Ib.* XI 222.

3 fissure, cavity (in ground, soil, rock, or sim.).

neque .. fiunt [sc. terrae motus] nisi caelo marique tranquillo et vento in ~as terrae condito BEDE *NR* 232; in ventre terre sunt .. multe vacuitates quas ~as appellamus et fistulas M. SCOT *Part.* 296.

4 channel or stream (of water), esp. one situated under the ground and flowing into another (larger) body of water (also in fig. context).

erat .. tellus durissima et saxosa, cui nulla omnino spes ~ae fontanae videretur inesse BEDE *HE* IV 26; illa ~a aque salientis in vitam eternam ad fontem vivum Deum pervenit TURGOT *Bede* 61B; quedam [flumina] ex terre penetralibus, irriguisque fontium ~is originaliter emersa, alia vero subito e stagnis erupta GIR. *TH* I 7; in terra sunt ~e quas cataractas vocant, per quas aqua deducitur et inde si fodiatur exilit BERN. *Comm. Aen.* 8; flumina .. gratiarum omnium in ipsarum impetu fluentium ad primam originis sue ~am, hoc est ad paterne glorie fontem J. FORD *Serm.* 9. 8.

5 extended mineral deposit, vein, seam (also applied to material extracted from it).

quae [sc. Britannia] etiam ~is metallorum, aeris, ferri, et plumbi et argenti, fecunda BEDE *HE* I 1; sumpserat hinc calicem vitrei de vena metalli ÆTHELWULF *Abb.* 783; saxa Dunelmia venas / innumeri varias eris habere solent L. DURH. *Dial.* II 109; antimonium est ~a terre similis plumbo *SB* 12a; **1377** de firma miner' carbonum marinorum .. dimiss' Johanni P. ad terminum xx annorum .. nondum respondetur nec oneratur, quia nondum invenit ~am (*Belper, Derb*) *DL MinAc* 6139 r. 1; **1475** tres .. minere .. quarum una continet in fodro plumbi xxvij libras argenti et ~a inde medio virge in latitudine existit *Pat* 533 m. 7*d*..

6 (fig.) source (of quality or other abstract thing), fount, vein, (also) channel, conduit.

qui thesauros sapientiae invenire desiderat .. nec quiescat ab agendo prius quam se ~am veritatis invenisse cognoverit BEDE *Prov.* 946B; hortus conclusus, vitae fons, vena salutis ALCUIN *Carm.* 90. 2. 3; e summis direxit splendide Flatum, / isque quater ternos ignita luce clientes / imbuit et dignis numerum successibus auxit. / hujus inexhaustae praedulcia pocula venae / sensit Vuilfridus fama super ardua notus FRITH. 21; cum communis nobilitatis ~a Britonibus et Romanis ab Aenea defluat G. MON. IV 2; hec .. pauca de multis excerpta de sincera ~a juris presenti opusculo curavi inserere J. SAL. *Pol.* 629A; ingenio fieret laudabile carmen an arte quesitum est: ego nec studium sine divite ~a [cf. Hor. *Ars* 409], nec rude quid possit video ingenium *Id. Met.* 836C; si Dei cognitione proficimus, si Scripturarum ~as aliquanto subtilius penetramus AILR. *Serm.* 21. 33. 358B; quasi furtive suscipiant aures eorum interni susurrii ~as AD. SCOT *Serm.* 210A; ex simili venalitatis ~a procedit quod in monasteriis Cluniacensium pauce monialium .. sine pretio suscipiuntur GIR. *GE* II 26 p. 289.

venabilis [CL venari+-bilis], capable of being captured by hunters (in quot. fig.).

et qui quidem vi et nolentes cum tristicia [operantur], qui autem propter bonum, et cum delectacione. ridiculum autem causari ea que exterius, set non ipsum bene ~em existentem, a talibus, et bonorum quidem se ipsum, turpium autem delectabilia GROS. *Eth. Nic.* 181.

venablum, ~bolum, ~bula v. 1 venabulum.

1 venabulum [CL]

1 hunting spear. **b** (in gl.) trap for game. **c** (also pl., transf.) hunting.

quam [bestiam] ferunt Alexandrum mortuis xxvj militibus tandem confixam occidisse ~is *Lib. Monstr.* II 16; spiritalis armaturae spiculis et ferratis virtutum ~is [*gl.*: *eofursperum, barsperum, þioxum*] naviter certandum ALDH. *VirgP* 11; venabula, *eoborspreot GlC* V 79; **964** (11c) sed et venationis sepem domini episcopi ultronei ad edificandum repperiantur suaque quandocumque domino episcopo libuerit ~a destinent venatum *CS* 1136; cervos .. cepi et vulpem illum in retibus, insequentibus canibus, et aprum audacter et naviter cum meo ~o jugulavi ÆLF. BATA 6 p. 81; c**1185** excepto servitio furbiandi venabula [MS: venabola] et alia arma mea *Act. Hen. II* II 345. **b** *trap to take with beestys, as borys or oder lyke*, cenabulum .. ~um *PP*; *trepgette, sly instrumente to take byrdys or beestys*, .. tendicule .. tendula .. ~um .. tripulum *PP.* **c** ibat .. rex .. altera die quo se una cum suis more solito jocundaretur ~o B. *V. Dunst.* 14; rege cum suis ad ~a egresso *G. Herw.* f. 334.

2 (applied to other weapon): **a** spear for use in battle. **b** (in gl.) sword.

a non secum habebant multitudines hominum qui manipulatim possent eos horrore exsuperare, nec ~is percutere ferratis, sed Davitico more contra hostis exierunt mente devota nequitiam BYRHT. *V. Ecgwini* 392 (*recte* 382); tum .. re divulgata tota in illum grassantur turbe ~a GOSC. *Transl. Mild.* 23. **b** tunc de armis convenientibus ad domum .. hoc ~um, *espee Gl. AN Glasg.* f. 20rb; de armis domus .. hic gladius, mucro, ensis, ~um, *espee Gl. AN Ox.* 130.

3 (orth.).

illa vero his similia que per sincopam perdunt unam litteram semper servant, teste Martiano, in eadem syllaba accentum quem prius habuerant, ut manipulus, maniplus, ~um, venablum ABBO *QG* 3 (7).

2 venabulum [cf. CL venalis], place where selling is conducted, market.

forum est venabulum curia Romana, / reis vendit veniam *Poem S. Thom.* 90.

venala v. venella.

venaliciarius [CL venalicius+-arius], (in gl.).

~ius, qui vendit *GlC* V 125; ~ius, venditor, mercator, mango, institor, negotiator, agilimanus OSB. GLOUC. *Deriv.* 627.

venalicius [CL]

1 (also as sb. n.) offered for sale (in quot., in gl.). **b** who offers for (in quot., corrupt or illicit) sale.

~ium, quicquid potest vendi *GlC* V 114; ~ius, venalis, venditicius OSB. GLOUC. *Deriv.* 627. **b** quis michi tribuat ut illum impium / non jam apostolum sed venalicium / Judam inveniam? WALT. WIMB. *Carm.* 453.

2 (as sb. n.) commerce, trade, buying and selling.

insolubilis in illa philosophantium scola tunc temporis questio habebatur an porcus qui ad ~ium agitur ab homine an a funiculo teneatur J. SAL. *Met.* 829A; ut ait Ulgerius venerabilis Andegavorum episcopus, in ~io disciplinarum gratiosum adinvicem debet esse verbi commercium *Ib.* 879A; non fuerat .. timendum imperatori ne materia commerciorum deficeret, cum etiam adhuc apud illos ~ium frequens sit qui pecuniam non noverunt *Id. Pol.* 522B; sed quid est quod apud curiales omnia queror esse venalia, cum ea etiam que non sunt, rerum scilicet privationes, ~io constet esse obnoxia? *Ib.* 564A.

1 venalis [CL]

1 offered for sale; **b** (corruptly or illicitly). **c** open to the influence of corruption, illicit payment, or sim., corruptible, venal.

quaerunt populi terrae nostrum profanare sabbatum ~ia nobis quaeque inferendo in die sanctificata BEDE *Ezra* 909C; viderat insignis legifer Domini Gregorius ~es Romae pueros, crine rutilo et forma eximia gratiosos GOSC. *Aug. Maj.* 52D; c**1170** licenciam deferendi .. mercaturas suas quas ~es habuerint in terram meam ad vendendum in burgis meis *Regesta Scot.* 87; periculosum .. est in laico sed perniciosum in clerico .. rerum ambitiosa venalitate se ipsum diabolo ~em exponere P. BLOIS *Ep.* 17. 63A; illic hujusmodi mercium negotiatio servatur, illic ~ia proponuntur, que cum vilissimo pretio nobis vendita fuerint J. FORD *Serm.* 107. 2; **1234** pedes cirographorum expositi fuerunt ~es *CurR* XV 1124; **1274** venit J. .. ad feriam de B., et habuit ibi quendam equum ~em, sc. quandam jumentam quam furatus fuerat *Lib. Mem. Bernewelle* 89; **1364** eidem senescallo, in pane ~i, misso usque Aberbroth *ExchScot* 156; eme nobis omnes pejores carnes quas in foro inveneris ~es *Latin Stories* 42. **b** si in mercato fidem invenires ~em ALCUIN *Moral.* 627D; ~es sententias que in mercedem a corruptis judicibus proferuntur RIC. ANGL. *Summa* 35. **c** nihil est avaro scelestius, qui animam suam habet ~em pro cupiditate divitiarum ALCUIN *Moral.* 628B; visum est .. Anselmo circa tam ~em hominem expectationem non perdere W. MALM. *GP* I 54; feda est confederatio hec ~is, et gratia hec mercalis Deo et hominibus est ingrata P. BLOIS *Ep.* 116. 346B; hec est enim alia / sanguissuge filia / quam venalis curia / duxit in uxorem *Id. Carm.* 24. 4.

2 of or pertaining to selling, (in quot. w. ref. to prepared appearance or sim., fig.) showy. **b** (of place) used for selling, commercial, market-. **c** (of coin) acceptable for use in a sale transaction, legal tender.

opus hoc .. non politi sermonis ~i lepore seu nitore sed inelimato stilo .. elaboravi W. JUM. *epist.* p. 4. **b** **786** (? 12c) vicum qui dicitur Curringtun in urbe qui dicitur Dorovernensi, in aquilone parte ~is loci *CS* 248; dedi .. libertatem eandem in omnibus foris meis ~ibus sive nundinis liberum habere introitum et exitum *FormMan* 4; **1428** penitenciam .. injunximus .. viz. tres fustigaciones .. ac totidem fustigaciones circa forum ~e civitatis nostre predicte tribus principalibus diebus mercati *Heresy Tri. Norw.* 35. **c** denarius .. bonus puro ex aere, recto pondere, monetaque legitima debet constare. si .. ex his unum defuerit, ~is esse non poterit. ut ergo ~is valeat esse, haec tria pariter debet habere *Simil. Anselmi* 90.

2 venalis [CL vena+-alis], of or pertaining to a vein or veins.

arterias ~es vocis humane modulatrices illi prescidit in gutture R. COLD. *Cuthb.* 60; ex artariis et venis in quibus deffertur sanguis ad nutrimentum fetus, ~is sanguis epati, arterialis cordi *Ps.*-RIC. *Anat.* 40; in ea [sc. cute interiori] est spiritus cujuscumque speciei et sanguis ~is et arterialis contemperantes se; et ideo est temperatissima GAD. 42. 2; fluxus propter cibum est duplex, quia est cibus stomacalis et cibus ~is; primus est cibus futurus, secundus est cibus in via *Ib.* 57. 1.

3 venalis v. venella.

4 venalis v. venialis.

venalitas [LL], sale (as act or practice, freq. corrupt or illicit in character).

jam enim ~as ex infernalibus umbris emerserat, ut nec illud gratis presbiteri preberent infantibus sacramentum, si non infarcirent parentes marsupium W. MALM. *Wulfst.* I 7; erat .. vir quidam Alfstanus, habens duas hidas .. quas necessitate aliqua compulsus ~ati exposuit *Chr. Rams.* 78; ?**1173** qui ad sedem illam non electione canonica sed giezitica ~ate intravit P. BLOIS *Ep.* 46. 135B; retractatur autem sententia .. si ~as intervenerit RIC. ANGL. *Summa* 36; inter universa damnabilior est eucharistie sacre ~as GIR. *GE* II 24 p. 281; c**1250** ~atem [*Conc.* I 689: †generalitatem] missarum inhibemus *Conc. Syn.* II 455; talem .. non prefert honestas sed cupiditas, non moralitas sed ~as, non sciencia sed pecunia *V. Ed. II* 253; **1423** quia .. vinum in monasterio venale expositum invenerimus .. ne ex hoc in officio cujusquam ~atis commercium insurgat .. ~atem vini hujusmodi .. ad extra fieri prohibemus *Reg. Cant.* III 519.

venaliter [CL venalis+-ter]

1 for sale, (also) by means of sale, on the basis of payment (freq. corruptly or illicitly).

"gloria Patri et Filio et Spiritui sancto" .. si expresse et sine titubantia dixerit, constabit .. non illum ~er sed legitime presulatu functum W. MALM. *GR* III 265; facit .. cupiditas tot tricenaria promitti, ne dicam ~er exponi GIR. *GE* I 49 p. 131; dum omnia ~er agunt filii avaritie, servi mammone, se diabolo venales exponunt P. BLOIS *Ep.* 25. 90B; legum .. scientia impudica est, quia meretricio more questuaria est et mercalis; et quidquid studendo congregavit ad nundinas vanitatis, vili contractu ~er et impudenter exponit *Ib.* 140. 417B; hortans ut peccata confiteretur et votum suum impleret, et de cetero officium pandocinandi ~er non exerceret (*Dudoceus*) *NLA* II 272.

2 in a manner befitting being for sale, (in quot. w. ref. to prepared appearance or sim., fig.) in a showy manner.

vidimus eum [sc. abbatem] .. pueros et vernaculos sibi ministrantes habere quamplurimos, vestibus et vultu venustos et ~er adornatos GIR. *Spec.* II 28.

venallum v. venella. **venanticus** v. venaticus. **venantus** v. venenatus.

venari [CL], **~are**

1 (intr.) to go (game) hunting, hunt (also fig.); **b** (w. *ad*).

augentes externas domesticis motibus clades, donec omnis regio totius cibi sustentaculo, excepto ~andi [GILDAS *EB* 19: venatoriae artis] solacio, vacuaretur BEDE *HE* I 12; **c738** ut liberemur a laqueo ~antis Satanae et ab inportunis et malis hominibus [cf. *Psalm.* xc 3] BONIF. *Ep.* 46; rex .. omnem ~andi artem agere .. non desinebat ASSER *Alf.* 76; ~antis, *huntigendre GlP* 435; jamque tertia lux advenerat, et rex cum suis ~atum ibat OSB. *V. Dunst.* 18; si vero clariore preda, cervo forte vel apro, ~antium labor effulserit .. exultant venatores J. SAL. *Pol.* 391C; ibi est domus defensabilis et silva magna ad venandum *DB* I 187ra; **1209** omnes illi de comitatu de Salopes' qui ~ati sunt vel bestias ceperunt in predicta Brewode *SelPlForest* 10; **1272** tenentes .. debent ~are cum domino ad custum proprium *Cl* 510; plus te oportet equitare, ~atum ire, jam uti ludis militaribus (*Abbanus* 5) *VSH* I 5. **b 1300** Willelmo de Foxhunte, venatori regis vulper' ~anti in diversis forestis et parcis ad vulpes *AcWardr* 308; quo die incipit seisona ad ~andum ad vulpes *Ib.*

2 (trans.) to hunt (spec. quarry; also transf. or fig.).

homines sua natura et ingenio mundos quasi cervos et capreas decipiendo ~atur ad mortem BEDE *Gen.* 118C; mittimus .. puellas .. quae similes similem de ecclesia allactarent ad iniquitatis nostri choream quam ~abamur praedam GOSC. *Edith* 287; volucres que aliarum avium predam per inane ~ari nossent W. MALM. *GR* II 134; si quas ~abatur feras, [leo] membra opimiora ad specum suggerebat J. SAL. *Pol.* 585A; quid hic ~aris, o miser, et in ferarum persecutione delectaris? si quam in corde scintillam animositatis haberes, solam illam bestiam ~ari deberes que regi fratri tuo .. tantum dedecus irrogavit GIR. *Galf.* II 4; **c1205** scio quia longe dulcius et fructuosius cogitare et scribere que operantur ad salutem anime quam ea quibus ~amur pompam mundi et gloriam secularem P. BLOIS *Ep. Sup.* 16. 18; deprendit eos rex ~antes vinum et non invenientes MAP *NC* V 5 f. 63v.

3 to hunt in, search (area).

facultatem accepimus .. ~andi quasi saltus quosdam delicatissimos, tum privatas, tum communes, tum regularium, tum secularium librarias R. BURY *Phil.* 8. 117.

venaria [cf. CL venari], hunt, hunting-ground, area within which game hunting is conducted, or game within such area. **b** (feudal service of) venery.

et abstineat omnis homo a ~iis meis, ubicumque pacem eis haberi volo, super plenam witam (*Quad.*) *GAS* 367; et omnis homo sit venationis sue dignus in nemore, in campo, in dominio suo. et abstineat omnis homo a ~iis regis, ubicunque pacem eis habere voluerit, super plenam wytam (*Leg. Ed.*) *Ib.* 657; **c1170** concessi illi et heredibus suis medietatem venerie mee in foresta de Mara *Ch. Chester* 163; fuit magister ~ie parci illius subtus prefatum J. *Entries* 75rb. **b 1212** Gilebertus de Achangr' tenet Achangr' per veneriam *Fees* 74.

venaticius [CL venatus *p. ppl. of* venari+ -icius], of or pertaining to hunting.

1253 nec habeant .. canes vel aves venatitias, nec scaccos, nec aleas vel taxillos (*Innovatio statutorum*) M. PAR. *Maj.* VI 243; **1282** qualiter .. Brutus, Diane presagiis, non sine diaboli prestigiis per idololatriam immolate cerve venatitie obtentis, insulam Brittannicam pervaserit, per famosas historias declaratur PECKHAM *Ep.* 360.

venaticus [CL], of or pertaining to hunting. **b** (*canis ~us*, also as sb. m.) hunting dog. **c** (*caro ~a*) game (meat). **d** (as sb. f.) hunting (as pursuit or skill).

boni et prudentes magistri vago quodam et quasi ~o genere dicendi utuntur G. HOYLAND *Serm.* 238D; mundus ille nichil aliud est quam quidam locus ~us in quo venatur diabolus T. CHOBHAM *Serm.* 9 f. 38rb; palpones principum arte venatica / venantur graciam, id est Gnatonica WALT. WIMB. *Palpo* 88; ibi sunt multe fere, tam bestie rapaces quam venetice *Eul. Hist.* II 107; non multum .. postea, dum solacia venetica prefati milites frequentarent *Wager* f. 40a. **b** cervi rugiunt, citharae sonant, canis ~a nictit, elefanti barriunt vel stridunt ALDH. *PR* 131; **c1334** canes venantici H. Finberg *Tavistock Abbey* (1951) p. 193; **c980** primum naturali domino suo regi .. duos accipitres et omnes canes suos ~os *Text. Roff.* f. 145v; equos, vestes, aves armatas, ~os canes .. totius hominis vires exhauriunt in adquirendis his aut tenendis J. SAL. *Pol.* 674A; ~us, a. *a brache*, vel *a rache, or a spaynel WW*; **1516** ~os canes seu aves praedales per se vel per alios intra septa monasterii nec teneant nec foveant *Cart. Glouc.* III 299; **1572** unum *le lyam* pro cane ~o vocato *le chaste hounde Pat* 1082 m. 27. **c** nihil .. saporis carnis ~e gustantibus sapuissent R. COLD. *Godr.* 21; **1349** cuidam garcioni portanti carnes ~os ad exen., ij s. *Ac. Durh.* 119. **d 1168** summo surgens diluculo curialium ~am exercuit in patrem et dominum innocentem J. SAL. *Ep.* 251 (246); ~a tam terrestris quam aeria quanto solidior tanto fructuosior est *Id. Pol.* 392C; siquando vacaret, nunc in avibus celi ludens aucupium, nunc bestiis terre dominans ~am exercebat H. BOS. *Thom.* II 11.

venatim [CL vena+-atim]

1 by means of a vein or veins.

pura .. substantia sanguinis .. omnibus membris ~im transmittitur RIC. MED. *Anat.* 227.

2 in veins or streaks.

carnes per salem induratas et exsiccatas, preter lardum bacconis, et preter ejus rubeam carnem lardo ~im immixtam GILB. VII 345v. 1.

venatio [CL]

1 (practice or act of) hunting (wild) animals; **b** (as right or privilege); **c** (as reserved right of king in respect of land granted to tenant). **d** (transf.) hunt, seeking out for capture, pursuit (of abstr. thing).

747 servis Dei ~ones et silvaticas vagationes cum canibus .. prohibuimus BONIF. *Ep.* 78; quaeramus utrum in ~one, ludis, spectaculis, verum commodum vel beatitudo vera consistit ALEX. CANT. *Dicta* 127; tunc Walensis ~onem saltuum, tunc Scottus familiaritatem pulicum .. reliquit W. MALM. *GR* IV 348; accidit .. vulpem quandam in ~one diutius vexatam .. domum militis intrare latitandi gratia; cameram .. subintrans, vidit multas pelles vulpium ibidem suspensas in ~one captarum NECKAM *NR* II 125; **1240** ita quod ~onem illam habeamus ibidem ad tardius die sabbati proxima ante festum Natalis Domini *Liberate* 15 m. 22; opus cati ut multum versatur in tenebris, scilicet ~o murium KILWARDBY *SP* f. 36rb. **b c1080** sciatis me velle ut abbas Vitalis et abbatia Sancti Petri habeant ~onem de silva quae pertinet ad Patriceseiam *Regesta* 20; volo etiam ut omnis homo habeat ~onem [AS: *huntnoð*] suam in silvis et in planis super sua (*Inst. Cnuti*) *GAS* 367; bonas .. leges et tributorum levamen liberasque ~ones pollicens W. MALM. *GR* IV 306; omnem ferarum ~onem tocius Anglie sibi peculiarem vendicavit ORD. VIT. XI 23 p. 238. **c †c1050** (c1150) cum omni libertate collata fuit villa de K. .. sine refectione pontis et sine exercitu et ~one *E. Ch. Scot.* 5; **1259** nullus forestarius vel .. alius ballivus regis .. in aliquo se intromittant de boscis predictis, nisi tantum de ~one regis .. forestarii et ministri predicti Rogeri de ~ione regis custodienda regi fidelitatem facere debent *Cl* 437; **a1272** bruilli predicti .. deafforestentur, et quieti sint .. de regardo, vasto, ~one, et de omnibus que ad forestam .. pertinent *MonA* VI 1170a. **d** neque inmerito Bethsaida, id est domo venatorum, oriundus asseritur, qui tantam Deo dilectae ~onis curam pariter et gratiam accepisse monstratur BEDE *Hom.* I 17. 91D; post aliquot annos ibi in pecunie ~onibus decursos natale solum adiit, patrem visurus et patriam *Mir. Wulfst.* II 16; multi modum habent sic peccata dicendi quod equipollet secrete jactancie, ~ioni [ME: *huntung*] laudis majoris sanctitatis *AncrR* 127.

2 hunting-ground.

c767 in loco qui dicitur Perhamstede cum campis, silvis, pascuis, ~onibus omnibusque necessariis ad eam pertinentibus rebus *CS* 199; **814** cum campis .. pascuis, pratis, piscationibus, ~ionibus, paludibus, aucupibus .. *CS* 348; **964** (11c) sed et ~onis sepem domini episcopi ultronei ad edificandum repperiantur suaque quandocumque domino episcopo libuerit venabula destinent venatum *CS* 1136; **1152** quando ego tertiam partem predicte Holmcoltrie prenominato Alano ad ~ones suas concessi *E. Ch. Scot.* 244; **1445** in .. viis, semitis, aquis, stagnis, aucupacionibus, ~onibus, piscacionibus, ac communi pastura *Inchaffray* 141.

3 (leg., *placita de ~one* or sim.) pleas of venison (concerning illegal hunting).

1209 placita ~onis placitata apud Ocham in Rotel' *SelPlForest* 6; **1217** nullus castellanus vel alius teneat placita de foresta sive de viridi sive de ~one, sed quilibet forestarius de feudo attachiet placita de foresta tam de viridi quam de ~one, et ea presentet viridariis provinciarum *Ib.* cxxxvii; **1230** J. debet habere feodum in bosco domini regis, viz. .. pannagium .. et indictationes, si que fuerint, viz. de viridi et ~one (*Cart. Boarstall* 560) *Ambrosden* I 295; **1453** relaxavimus prefato cardinali omnimoda escapa felonum, catalla felonum et fugitivorum .. transgressiones de viridi et ~ione *Foed.* XI 322b.

4 (*magister ~onum*) master of the hunt.

1434 Philippus Courtenay, miles, sit magister ~onum regis infra Cornubiam *ActPC* IV 284; **1499** concedimus eidem duci officia magistri deductus sive ~onum ferarum parcorum et forestarum nostrarum *FormA* 337.

5 (meat from) animals caught by hunting, game, 'venison'.

ibi silva .. nullam reddens consuetudinem nisi ~onem. villani TRE ibi manentes portabant ~onem ad Hereford (*Heref*) *DB* I 179va; **1130** in apparatu et conductu vini et ~one regis saliend' et aliis minutis rebus *Pipe* 13; **1191** decimacionem bladi et farine, butiri et casei, carnis et ~onis, cibi et potus *Regesta Scot.* 363; nemoribus etiam [Diana] preesse dicitur, quod omnis ~o noctu maxime pascatur, die vero dormiat ALB. LOND. *DG* 7. 2; **1220** sic apris alia ne desit queque ferina, / post vehitur pinguis venacio, sumpta recenter H. AVR. *Poems* 2. 215; **1252** quod nullus eorum de cetero occasionetur ab aliquo justiciario nostro foreste vel alio ballivo nostro pro ~one inventa infra muros ejusdem ville (*Bristol*) *BBC* 106.

venatitius v. venaticius.

venativus [CL venatus *p. ppl. of* venari+-ivus]

1 of or pertaining to hunting.

[segnicies] venativa more, vix inceptura, quod ipso / principio rumpit, hodiernos crastinat actus HANV. I 9.

2 (w. obj. gen.) that hunts, goes in pursuit (of), or seeks out for capture (in quot. abstr. thing).

ab epistola presenti et ~as adulationum blanditias et omne tedium prolixitatis abscindo P. BLOIS *Ep.* 39. 119C; quidquid in curiis agitur, fere peremptorium est salutis, ambitiosum, adulatorium .. et generaliter temporalis questus et inanis glorie ~um *Ib.* 139. 415C; non nunquam ypocrisis, suffragiorum popularis aure ~a, sua in conspectu hominum celebrat jejunia NECKAM *Eccles.* 88rb; fraus ~a lucri, cujus odor judicio vulgi bonus est *Id. NR* II 133; scientia .. laudis est humane ~a *Ib.* II 155 p. 248.

venator [CL]

1 one engaged in the pursuit of wild animals, hunter; **b** (professional); **c** (passing into surname). **d** (*~or communis*) the huntsman of the community (officer of the City of London). **e** (*~or communis*) poacher. **f** (*canis ~or*) hunter (dog).

quamvis venator frustra latrante moloso / garriat arcister contorquens spicula ferri, / nil vereor ALDH. *Aen.* 60 (*Monocerus*) 2; facilis .. patet intellectus de gigante quia robustus fuerit ~or brutorum animalium, quasi homo potens BEDE *Gen.* 117D; **742** episcopi, qui, licet dicant se fornicarios vel adulteros non esse, sed sunt ebriosi et incuriosi vel ~ores BONIF. *Ep.* 50; quasi ~ores suam venationem exercent, sic daemonum multitudo circumeundo quaerunt quem devorent [cf. *I Petr.* v 8] ALEX. CANT. *Dicta* 181; scriptum est .. in Genesi .. de Esau, filio Ysaac, quod factus est vir ~or; set raro vel sagittarios vel ~ores in bono scriptura sacra commemorat GIR. *SD* 140; hic ~or, *a hunter WW.* **b 855** (11c) liberam a pastu omnium accipitrum et falconum in Mercensium et omnium ~orum regis vel principis *CS* 488; ego do regi quicquid capio, quia sum ~or ejus [AS: *hunta hys*] ÆLF. *Coll.* 92; ibi presbiter et unus ~or (*Worcs*) *DB* I 174ra; **1234** dicunt .. quod .. pater ipsius Willelmi fuit seisitus .. de secta terre sex forestariorum et duorum ~orum ad lupos in

Wrimenhill' *CurR* XV 1020; **1251** Jacobus de Thurleberg', Thomas de Ispan' et Robertus de Wik', ~ores domini G. de Langel', justiciarii foreste *SelPlForest* 99; **1357** pro catenis, *chapes*, et *leshes*, et uno cornu pro ~ore domini prioris *Ac. Durh.* 558; **1290** Willelmo ~ori vulpium .. pro expensis unius equi portantis recia sua per dictum tempus (*AcWardr*) *Chanc. Misc.* 4/4 f. 58v; **1367** in expensis super vj ~ores domini regis vocatos *foxhuntes* venientes in partibus illis pro vulpibus occidendis per iiij dies ij s. (*Ac. Man.*) *EHR* XXVI 338. **c** Turbertus ~or habuit in Otreorde unam hidam *DB* I 51va; **a1100** Willelmus rex Angliae O. episcopo et W. Hosato, et C. ~ori, et A. falconario, salutem .. et Croco ~ori praecipio ut de lx sol. quos super homines suos placitaverat eum et suos clamet quietos *Reg. Malm.* I 330; prefatum oppidum Rogerio Corbati filio et Rodberto de Novavilla Ulgerioque ~ori commiserat Ord. Vit. XI 3 p. 173; **1166** et in dono per breve regis Alchero vaenatori xx s. in blado *Pipe* 128; Adam ~or tenet xv acras *Kal. Samson* f. 86v; **1230** Hamo ~or redd. comp. de xlvij s. pro habendo essarto *Pipe* 188. **d** **1419** concessio facta communi ~ori de feodo suo .. ordinatio de feodo et vestura communis ~oris .. concessio officii communis ~oris .. Johannes Courtenay electus in communem ~orem *MGL* I 564. **e** **1378** sunt communes ~ores et ceperunt lepores in campo de H. *Hal. Durh.* 147; **1427** ad respondendum nobis de eo quod idem Johannes tenuit leporarium .. et ipse est communis ~or *Pat* 422 m. 30. **f** aliquando triginta canes ~ores venerunt ad eum de errore lassi (*Moling* 21) *VSH* II 200.

2 (also w. obj. gen.) hunter, pursuer, seeker (esp. of abstr. thing).

1176 novi .. quosdam .. innocentiam domini mei detractionibus attentasse, ei notam avaritie inurentes quia bona pauperum et patrimonium crucifixi ~oribus non effundit P. Blois *Ep.* 38. 118B; quidam sermocinatores, nummorum ~ores, simplicitatem multorum eludunt, asserentes aliquem sanctum usum esse cingulo quod in medium proferunt Neckam *NR* I 17; palpo veneficus quem nullus abicit / .. / venator glorie, tanto plus proficit / quanto frontosius mentiri didicit Walt. Wimb. *Palpo* 18.

venatorius [CL], of or pertaining to hunting.

augebantur externae clades domesticis motibus, quod hujuscemodi tam crebris direptionibus vacuaretur omnis regio totius cibi baculo, excepto ~iae artis solacio Gildas *EB* 19; in omni ~ia arte industrius venator incessabiliter laborat non in vanum Asser *Alf.* 22; **904** (12c) scripta est in illa ~ia villa quae Saxonicae [*sic*] dicitur *Bicanleag CS* 611; villani captatorias sepes piscium et alias ~ias instaurare .. debebant *Cart. Heming* I 256; nullus intra contiguum cimiterium vel avem ~iam advexit vel quadrupedes induxit W. Malm. *GR* I 20; cum .. ecclesiam Sancti Avani .. intrasset et minus caute in eadem cum canibus ~iis .. pernoctasset Gir. *IK* I 1 p. 16.

venatrix [CL], (also attrib.) one (f.) engaged in the pursuit of wild animals, huntress (also transf. or fig.).

mulieres .. juxta montem Armeniae nascuntur .. quae sibi, dum ~ices sunt, tigres et leopardos et rapida ferarum genera pro canibus nutriunt *Lib. Monstr.* I 22; et vaga venatrix rimabor lustra ferarum Aldh. *Aen.* 65 (*Muriceps*) 6; Virgilius fingit in habitu virginis ~icis Venerem Enee occurrisse Alb. Lond. *DG* 11. 4; ostentatio vana, / fame venatrix Neckam *DS* VI 336; venatrixque virum molles, sua retia, cultus / tendit H. Avr. *Hugh* 161; qui predas aptat venatrici leene, / catuli cujus epulis adimplentur J. Howd. *Cant.* 124.

1 venatus [CL]

1 (practice or act of) hunting (wild) animals.

gentibus .. ~ui deditis inutili Bede *Luke* 377A; insula nec vinearum expers, piscium, volucrumque, sed et cervorum caprearumque ~u insignis *Id. HE* I 1 p. 13; quando rex ~ui instabat, de una quaque domo per consuetudinem ibat unus homo ad stabilitionem in silva *DB* I 179ra; stat viridis lucus, crebris ~ibus aptus Greg. Eli. *Æthelwold* 6. 6; per hoc quod sepulto patre venatum itur quid aliud designatur quam quod obliviscens creatoris sui ~u et ceteris occupationibus vanis implicatur? Bern. *Comm. Aen.* 24; ~us, *huntynge WW.*

2 hunting-ground, (also) hunting rights.

frondent luci et nemora, campestria et montana, glande et fructibus silvestribus plena, diversis ~ibus opulenta Gosc. *Aug. Maj.* 51C; **c1140** in parcis et ~ibus et moris et mariscis (*Tottenham, Middx*) *Regesta Scot.* 12; adjacet .. provincia montuosa, ferarum ~ibus et frugum generibus multimodis celeberrima Osb. Bawdsey cxlv; **1292** in boscis et planis, in pratis et pascuis, in moris et mariscis, in stagnis et aquis, in molendinis, in ~ibus et piscariis et omnibus aliis aisiamentis, libertatibus, et pertinentiis ad dictam terram pertinentibus *RScot* 11a.

2 venatus v. venenatus.

venda [AN *vente, vende = sale*]

1 (Norm., Gasc.) toll on goods for sale.

?**1156** sciatis quod H. de C. clamavit quietas sanctimoniales .. de omnibus consuetudinibus quas exigebat ab eis in furnis et molendinis, in ~is, in pedagiis, in viariis, in decimis, in viis terrarum et aquarum *Act. Hen. II* I 114; **1159** decimam totius castellarie Matefelonis, viz. de ~is, de pedagiis, de furnis, de molendinis, de omni via tam aque quam terre *Ib.* I 238; **1199** in ~a et in maustosta *RChart* 25b; ?**1220** dominus noster .. dedit domino Savarico de R. ~am, et pacagium, et ferias suas de Niorto *RL* I 127; **1254** item in tribus nundinis que fiunt ibidem [sc. Genciaco] .. singulis annis debent ~am et treytam secundum consuetum modum de hiis que in ipsis nundinis trahunt venalia *RGasc* I 546a; **1315** quilibet extraneus .. veniens ad mercatum et nundinas ad vendendum boves .. solvat pro leda sive ~a .. unum denarium *Ib.* IV 1626.

2 (Gasc.) form of feudal relief due on sale of lands *etc.*

1289 ita quod quilibet predictorum .. ad solvendum pro rata sporlani in mutatione domini, ex utraque parte, et etiam ~as seu acceptamenta, si contingat vendi aliquam medietatem de rebus predictis .. teneatur (*Dax*) *Foed.* II 425b; **1423** ~e et retrovende *Arch. Gironde* XVI 8 (v. retrovenda).

1 vendagium [AN, ME *vendage*, OF *vendange, vendenge*], **vindagium** [ME *vindage*], (also pl.) harvesting of grapes for wine, vintage (also w. ref. to time of year). **b** produce of grape harvest of vineyard or district (as fruit or wine) in a season or year.

1372 mercatorum .. qui ad partes vascon' pro vinis ibidem emendis et in regnum nostrum Anglie ducendis presenti tempore ~ii proficisci voluerint (*Pat*) *Law & Cust. Sea* I 93; **1386** inimici nostri se parant et ordinant supra mare cum maximo navigio .. celerrime proficisci ad mala que poterunt navigio regni nostri versus Burdegaliam contra proxima ~ia transituro inferendum *Foed.* VII 542; **1386** omnes .. qui naves illas ad partes Vasconie contra ~ia predicta mittere vel ducere intendunt *Ib.* VII 452; **1413** ne quis ligeorum nostrorum .. versus partes Aquitanie pro presenti ~io cum aliquibus vasis vel navibus .. sub forisfactura navium, vinorum, mercandisarum .. se transferat *Ib.* IX 47; **1483** concessimus eidem .. unum dolium vel duas pipas vini Vasconie .. de vinis nostris citra festum Natalis Domini aut aliquo tempore depost juxta quod vindagia se habent *Ib.* XII 208. **b** **1419** capitanei .. soldarii ac mercatores Anglici .. nonnulla vasa vacua pro vino .. colligunt ut .. maximam partem ~ii istius patrie pro hoc anno emerent et grossarent *Foed.* IX 795.

2 vendagium [venda+-agium], (Gasc.) ? form of feudal relief due on sale of lands *etc.*

1254 item milites et burgenses dicti loci [sc. Genciaci] debent habere ~ium pledurarum [MS: pleidu rarum] et domorum qui tenentur ab eis in burgo vel in ambaratis *RGasc* I 546b.

vendare v. vendere.

vendatio [cf. CL venditio], (act of) selling, sale.

1284 exitus ~one subbosci regis pannagii et cableicie per Angliam per annum (*KR Misc.* 1/23) *EHR* XL 234.

vendax [CL], inclined towards selling.

p**1549** mercator mendax, fenerator fid[ei vendax] (*Epitaph.*) *Guildhall Miscellany* II 390.

vendecio, ~entio v. venditio. **vendem-** v. vindem-.

vendere [CL]

1 to sell (property); **b** (right, customary service, or sim.); **c** (person as slave); **d** (fig.). **e** (intr.) to make a sale, sell.

qui in burgo ~it equum dat praeposito nummum, et qui emit alium (*Suss*) *DB* I 26ra; vidimus qui, magicis artibus imbuti, pingues ut videbatur porcos .. ex quacunque prejacente materia producentes, in nundinis ~ebant Gir. *TH* II 19; **1203** Willelmus P. in misericordia quia ~idit catalla ipsius Hugonis .. et quia ~idit ea pro minori precio quam valuerunt *SelPl Crown* 32; **1221** mercatores sui salsarii qui ~unt salem cum bussellis *Ib.* 89; **1273** iij [boves] .. ~untur super compotum *Ac. Stratton* 45; **1321** sint quieti de omnibus que ipsi emunt et vundunt in mercatis et nundinis et in omni transitu viarum et poncium de theolonio et passagio *PQW* 469a; **1378** quod bargea civitatis vocata *la Petir* erit ~ita ad solvendum debita civitatis *Mem. York* I 32; **1379** quod nullus alius extraneus .. emat vel ~at victualia seu mercandisas aliquas ad retallium, vel per parcellas, infra libertates civitatis (*Norw*) *Gild Merch.* II 189; Ricardo comiti Arundelli .. aliqua victualia, armorum genera, vel cetera necessaria vendare, dare, vel mutuare Favent 9. **b** **1306** reddunt compotum de j cultro de recognicione Roberti Coleman ut possit morari et servire extra libertatem et nihilominus sequi decennam suam et venire ad ij *laghedays* et ~ito superius *Crawley* 242; **1306** de iij s. ij d. de pastura ~ita in bosco in yeme. et de ij s. vj d. de pastura ~ita ad equos in estate in bosco *Ib.* 241; **1307** de xij d. de j cultro de annua recognitione ~ito *Ib.* 252; **1313** de xxxiiij s. x d. de operibus custumar' ~itis hoc anno (*Brill, Bucks*) *MinAc* 759/31; **1411** de v s. de pastura in Drakenorthe ~ita hoc anno *Crawley* 305; **1449** de v s. de pastura in Trendle et Holyngdane sic tenentibus hoc anno ~ita *Ib.* 477; **1449** et de cclv operibus precariis .. quorum j inveniet iiij operarios ad iij precaria per iij dies, j inveniet iij operarios .. in acquietanciis ix ferlingorum terre quorum opera ~ita ut supra liiij opera cuilibet vj opera *Ib.* 487. **c** insuper et centum venduntur milia passim, / quos rigidus ferri neglectos mucro reliquit / et famis exigua fugerunt funera stipe Aldh. *CE* 4. 7. 34; p**675** quia [Romani] .. eorum barones et hostes exercitu superato sub corona ~ere solebant *Id. Ep.* 4; ea .. quae sibi a divitibus donaria pecuniarum largiebantur, vel in usus pauperum .. dispergebat, vel ad redemtionem eorum qui injuste fuerant ~iti dispensabat Bede *HE* III 6; prohibemus ne aliquis extra ~atur (*Quad.*) *GAS* 261; inhibemus etiam ne quis Christianum in alienam patriam ~at, et maxime infidelibus (*Leis Will.*) *Ib.* 515; da illi unde vivere possit ne penuria pressus iterum in servum se ~ere cogatur Andr. S. Vict. *Hept.* 201. **d** a te enim ~eris, a Christo redimeris Alch. *Ep.* 298; monachi non esse ut per doctrinam nundinetur famam, ut cupiditate glorie ~at litteraturam W. Malm. *GP* I 46; anachorita emens quicquam ut .. ~at animam suam commercatori infernali [ME: *þe chepmon of Helle*] *AncrR* 169. **e** zelus Domini de templo ~entes et ementes ejecit P. Blois *Ep.* 76. 232A.

2 (of thing on sale, refl. or intr.) to sell (in quot., at certain price).

1244 in eadem landa crescit ganga quod ~ere solebat in anno aliquando pro vj d. (*Forest of Dean*) *KR Forest Proc.* 1/25 m. 3; **1309** dicunt .. quod .. quarterium melioris frumenti se ~ebatur pro octo solidis *Arch. Ox.* II 142; **1310** dicunt .. quod .. melius frumentum se ~ebatur pro x s. *Ib.* II 147; s**1315** in partibus Strugulle quarterium frumenti se ~idit pro xvj solidis sterlinguorum, et quarterium bladi servientium se ~idit pro xij solidis sterlinguorum, et quarterium avene se ~idit pro v solidis sterlinguorum *Flor. Hist.* III 340.

3 to hand over or dispose of for corrupt or illicit payment.

ille [sc. Judas] adiit Judaeos ut Deum ~eret, vos tyrannos et patrem vestrum diabolum ut Christum despiciatis Gildas *EB* 107; patet quod jus sive justicia ~i non poterit .. nullum tale est peccunia emibile Wycl. *Civ. Dom.* I 28.

4 (Sc., leg.) to take composition payment from (one who confesses to crime or sim.).

ordinaverunt .. clericis suis, pro quolibet homine amerciato vel ~ito, duos solidos .. ordinaverunt coronatoribus, pro feodis suis, de homine amerciato vel ~ito, unum *colpindach* vel triginta denarios (*Leg. Malcolmi II*) *RegiamM* I f. 2v.

vendibilis [CL], capable of being sold, salable (also as sb.).

desiccant pannos lotos contra solem in aere sereno, quos ipsi radunt cum carduis multis, ut sint ~iores Garl. *Dict.* 131; amor tuus .. aut est omnino largibilis aut ~is [ME: *hit is to sullen*] aut potest violenter rapi *AncrR* 157; **13..** exceptis .. carnibus et piscibus scissis, caseis, ovis, pullanis, et hujusmodi minutis ~ibus (*Carmarthen*) *Gild Merch.* I 46n; nec finget homo quod talis absolucio non est ~is WYCL. *Blasph.* 102.

vendic- v. vendit-, vindic-.

venditabilis [CL venditare+-bilis], capable of being sold, salable.

in carnibus, piscibus, et omnibus aliis rebus vendicabilibus [v. l. venalibus] *FormMan* 6.

venditare [CL]

1 to (seek to) sell (esp. repeatedly or habitually). **b** (in gl.).

videres .. utriusque sexus adolescentes, qui liberali forma, etate integra, barbaris miserationi essent, cotidie prostitui, cotidie ~ari W. MALM. *Wulfst.* II 20; in Gestis Regum dixi Egelredum regem animi libertatem Danis pretio ~asse *Id. GP* I 20; sacros honores ecclesiarum, hos sibi pecunia comparans, istos aliis lingua ~ans *Ib.* I 23; qui consueto more mancipia sua Hiberniam ~abant *Id. GR* III 269; coementes cibaria que reperiebant, in castra deferebant, et multo precio quod vili coemptum erat ~abant ORD. VIT. IX 9 p. 523; siccine, o negotiatores fatui, vasa tam pretiosa et caro emitis et pro nihilo ~atis? J. FORD *Serm.* 107. 2; vidimus .. notarios .. literas de simplici justitia .. pauperibus et egenis .. ~are nec verecundantes nec verentes GIR. *JS* VII p. 367. **b** ~are, sepe vendere OSB. GLOUC. *Deriv.* 626.

2 to advertise, proclaim.

expensas conferebat .. omni generi hominum, presertim advenarum, qui muneribus acceptis famam ejus longe per terras ~arent W. MALM. *GR* V 418; pannosi, obsiti, sordes vestium et affectatam ~ant vilitatem J. SAL. *Pol.* 692D.

venditatio [CL], sale.

cum facile comparata simili .. ~one prostituunt J. FORD *Serm.* 107. 4; *a sale*, ~o, exauctio LEVINS *Manip.* 17.

venditcio v. venditio.

venditicius [CL venditus *p. ppl. of* vendere+-icius], offered for sale.

venalicius, venalis, ~ius OSB. GLOUC. *Deriv.* 627; **c1180** si quis de pane vel cervisia vendicicia in forisfacturam ceciderit erga prepositum (*Wearmouth*) *BBC* 158.

venditio [CL]

1 (act of) selling, sale; **b** (of dead wood from forest); **c** (of right, customary service, or sim.); **d** (transacted at spec. price or rate); **e** (fig.). **f** (*~io particularis*) sale in separate or small quantities, retail sale.

comes .. emit illud de duobus hominibus qui eum tenebant de episcopo; et eo ignorante facta est haec ~o (*Kent*) *DB* I 5vb; **1157** rerum ecclesiarum ~ones, emptiones, donationes, commutaciones facte sine assensu et conscriptione cleri inutiles et nullius momenti sunt *Doc. Theob.* 103; **1223** (1252) quicquid ei potuerit in futuro pia donatione seu †vendentione [*RIA Proc.* XXXV C 33: ~one] fidelium .. provenire (*ChartR* 44 m. 6) *MonA* VI 1135a; **1324** H. amisit ~onem dicte lesch' *CBaron* 136; **1491** de iiij s. per vendecionem octo latarum sagittarum redditus assise de Drumlouchty. et de v s. per vendecionem unius libre piperis albefirme terre de Rait *ExchScot* 252. **b** **c1150** plenam decimam de .. venationibus et ~onibus, et araciis equorum et equarum (*Ch.*) *MonA* VI 1079a (cf. *Rec. Leic.* I 44: **1253** dictos denarios .. collegit tam de viridi bosco et ~one quam prius facere solebat de mortuo bosco; *MonA* VI 1096a: **a1283** (1421) de herbagio, de pasnagio, de ~one mortui bosci et vini, et de omnibus exitibus predictarum forestarum); **a1178** decimam .. de tota ~one et venacione, haracio et herbagio *Act. Hen. II* II 99. **c** ~o operum. item reddit compotum de xxx s. receptis de c et xx aruris in yeme venditis, precium cujuslibet iij d *FormMan* 30; **1410** ~o operum. et de iiij s. de Henrico Wodecote pro operibus j ferlingi terre sibi relaxatis dum domino placuerit *Crawley* 296; **1504** ~o operum. et de iiij s. de Johanne Mille pro operibus j ferlingi terre nuper Ricardi Chiddene quondam Henrici Wodecote sic sibi relaxatis dum domino placuerit *Ib.* 491. **d** fuit .. piscis inmense magnitudinis, quem, quia pluris apud se estimabat precii, plurima denariorum ~one distraxit OSB. CLAR. *V. Ed. Conf.* 10 p. 86; **13..** wastellus et alii panes debent ponderari secundum mediam ~onem frumenti et non mutatur assisa panis nisi per vj d. crescentes vel decrescentes de vendicione frumenti (*Assisa*) *EHR* XIV 504; **13..** assisa panis et cervicie secundum ~onem bladi nec melioris nec pejoris (*Assisa*) *Ib.* XIV 505; de venditcione lane quando petra venditur per pondus in se continens xiij libras (*Assisa, tit.*) *Ib.* (cf. ib.: quando libra lane venditur pro j d., petra venditur pro xiij d.); judicium pillorii pro blado afforato in communi foro ultra communem ~onem *MGL* I 601. **e** **c804** si .. propter nomen redemptionis .. vult ille sapiens necessariam esse in salute nostra ~onem atque emptionem cum morte, diceret ubi prior emptio esset, ut ex ea priore secunda reemptio .. juste dici valeat ALCUIN *Ep.* 307; profluet tibi de latere Jesu sanguis ille ~onis tue antique et redemptionis tue nove J. FORD *Serm.* 30. 5. **f** **1234** bladum suum vendendo particulari ~one *Cl* 552; **1271** cum .. concesserimus civibus Lincolnie quod de aliquibus mercandisis per mercatores transmarinos .. particulares fiant empciones aut ~ones (*Pat*) *Gild Merch.* II 378.

2 (Gasc.) form of feudal relief due on sale of lands *etc.* (*v. et. venda*).

1316 salvis nobis et heredibus nostri ~onibus et aliis deveriis debitis de eisdem *RGasc* IV 1579.

3 handing over or disposal for corrupt or illicit payment.

~o .. Joseph Christi Domini ~onem significavit *Eccl. & Synag.* 104.

venditor [CL], one who sells, seller, vendor. **b** one who hands over or disposes (of) for corrupt or illicit payment.

nummolarii ad hoc sedebant ad mensas ut inter emptores ~oresque hostiarum prompta esset pecuniae taxatio BEDE *Hom.* II 1. 115C; **a1123** Aluricus lignorum ~or *EHR* XIV 429; **1159** cartas habent donatorum vel vinditorum aut dominorum suorum *Act. Hen. II* I 344; credi potest sicut ~ores olim ita et emptores tam enormi delicto juga servitutis jam meruisse GIR. *EH* I 18; conveni cum eo de pretio, et eos apud ~orem dimittens, ei pretium numeravi P. BLOIS *Ep.* 71. 220A; gloriatur quod cum simplici nimis benevoloque ac locuplete ~ore res fuerit illi J. FORD *Serm.* 110. 7; iste mercator vel ~or est mundus, qui intendit vendere vesicam pro lanterna S. LANGTON *Serm.* 2. 11; **1269** parcus domini regis de R. et alii dominici bosci sui deteriorati sunt .. per P. de N. et per forestarios et ballivos et ~ores suos per dona sua et per capciones meremii .. et per vendiciones eorum *SelPlForest* 44; **c1302** ~or bonorum comitatus Eboraci de scaccario vendidit quedam averia sua capta post quintam capcionem statim *Year Bk.* 30 & 31 *Ed. I* 540. **b** **c800** quam terribiliter beatus Petrus .. ~ores gratiae in primo hujus heresis inventore percellit ALCUIN *Ep.* 298; usu et experientia quotidiana cognovimus spiritualium ~ores P. BLOIS *Ep.* 129. 383A; revixit venditor qui Jesum vendidit WALT. WIMB. *Sim.* 10.

venditrix [CL], one (f.) who sells, seller, vendor.

'purpurariam' [*Act.* xvi 14] dicit purpurae ~icem BEDE *Acts* 1025B; sciendum .. quod 'caupona' non solum pro taberna sed pro poculorum ~ice dicitur OSB. GLOUC. *Deriv.* 128; **1291** idem appellat Proude Kytte manentem apud Ware de receptamento ejusdem .. et de eo quod ipsa est ~ix et liberatrix latrociniorum suorum *SelCCoron* 128; **1405** nullus hospes, caupo vini, braciatrix, aut ~ix dicta *tipeler* nullos indigenas .. noctanter residere .. permittant in tabernis suis *Doc. Bev.* 15.

venditus [CL vendere+-tus], (Gasc.) form of feudal relief due on sale of lands *etc.* (*v. et. venda, venditio* 2), or *f. l.*

c1195 quieti .. de .. omnibus vendicibus [? l. venditibus *or* venditionibus], et de omnibus querelis, placitis etc. *Hist. Harcourt* III 184.

venea [? cf. venella], ? passage, passageway (*cf. via* 3a).

s1229 quidam .. per fugam evadentes, in ~eis et cavernis latitabant M. PAR. *Maj.* III 167; **c1370** compotus .. gardinarii .. item circa ~eas et alluras vij s. xj d. ob. *Ac. Obed. Abingd.* 17.

venearius v. vinearius.

venefex [LL], (in gl.) person who practises magical arts, sorcerer, witch.

venenum .. et componitur hic et hec ~ex, -cis, unde in psalmis 'et venefici incantatis sapienter' [*Psalm.* lvii 6] OSB. GLOUC. *Deriv.* 619; ~ex, mulier veneficiis intendens *Ib.* 626.

veneficare [CL venenum+-ficare], to make poisonous. **b** (in gl.).

linguaque veneficat ungues, / fastiditque moras et .. impetit hostem H. AVR. *Guthl.* f. 66r. 11. **b** et inde hoc veneficium, et ~o, -as, unde verbalia, et hec veneficina, -e, i. locus in quo veneficia exercentur OSB. GLOUC. *Deriv.* 619; *to make venome*, venificare *CathA*.

veneficina [CL veneficium+-ina], (in gl.).

hec ~a, -e, i. locus in quo veneficia exercentur OSB. GLOUC. *Deriv.* 619; ~a, locus ubi veneficia exercentur *Ib.* 626.

veneficium [CL]

1 practice of magical arts, witchcraft; **b** (applied to or assoc. w. use of poison).

vel latrociniis, vel perjuriis, vel fornicationibus, vel ~iis, aliisque hujusmodi sceleribus BEDE *Prov.* 1019D; paganissimus .. est, ut quis idola colat .. aut ~ium diligat seu homicidium furtivum efficiat ullo modo (*Cons. Cnuti*) *GAS* 313; plurimum substancie dissipavit in annosas vetulas, que ~iis et incantacionibus suis insanire facerent illam amore turpitudinis *V. Chris. Marky.* 23; Circen, quam veneficam fuisse inducunt, ab eo contemtam reor quia ~iis renuntiaverit ALB. LOND. *DG* 11. 11; si quis .. ~io interfecerit alterum, eo quod sine idolatria perficere scelus non potuit, nisi in fine impertiendam non esse illi communionem ROB. FLAMB. *Pen.* 267. **b** mulier Smirnensis adducta est confitens se maritum et filium datis clam venenis occidisse .. cum .. Dolobella rem in consilium deduxisset, non fuit qui in causa .. manifestum ~ium et parricidium auderet absolvere J. SAL. *Pol.* 535B; licet ~ium detestabile semper fuerit, venenum quo ille extinctus est orbis censuit esse vitale *Ib.* 789D; ne maculetur aliqua specie idololatrie vel per sortilegium vel per maleficium incantationum vel per ~ium herbarum et potionum T. CHOBHAM *Conf.* 44; propter malitiam Eadburge filie Offe .. que quum esset venefica, compertum est ejus ~ium in quodam adolescente regi dulcissimo, quem illa veneno sustulit SILGRAVE 41.

2 poison (also fig.).

omnes diabolicae malignitatis ministros, fures, sacrilegos, perjuros, fidei violatores, ~ii compositores .. diuturno aut perpetuo relegavit exsilio OSB. *V. Dunst.* 34; cultellum qui, ante ora comedentis infixus, sudore .. prodebat manubrii si quid tecto illatum esset veneficii W. MALM. *GR* IV 387; fugio .. urbem tantis obscenitatibus plenam; adulatorum ~io toxicatam suis adulatoribus derelinquo J. SAL. *Pol.* 487A; pictam hic .. invenies cum suis honestatem favoribus .. et cum suis turpitudinem odiosis flagiciis. hanc tibi vitandam proponimus pro ~iis, illam eligendam pro beneficiis MAP *NC* V 1 f. 59v.

veneficus [CL]

1 who practises magical arts, sorcerous, (esp. as sb.) person who practises magical arts, sorcerer, witch.

c738 divinos .. vel sortilegos, sacrificia mortuorum seu lucorum vel fontium auguria vel filacteria, et incantatores et ~os, id est maleficos, et observationes sacrilegas .. respuentes (*Lit. Papae*) *Ep. Bonif.* 43; **786** incantatores, divinos, ~os, sortilegos coherceat (*Lit. Episc.*) *Ep. Alcuin.* 3; quodam prestigio studuit .. incantare contra illum centesimum octavum psalmum .. a fine ad caput .. cum .. a fine ascendendo hunc versum ore volveret ~o .. continuo sibi utrique oculi .. decidere super .. paginam *V. Kenelmi* 16; sanctus Elias minas meretricis et ~e metuens .. pergit ad latibula deserti AD. SCOT *QEC* 813B; Circen, quam ~am fuisse inducunt, ab eo contemtam reor quia veneficiis renuntiaverit ALB. LOND. *DG* 11. 11; **1276** excommunicamus omnes incendiarios, ecclesiarum fractores, ~os et ~as, et magicis incantationibus utentes (*Stat. Dunelm.*) *Conc. Syn.* 820.

2 poisonous (also fig.). **b** (as sb.) poisoner (also fig.).

casnomia, musca ~a OSB. GLOUC. *Deriv.* 148; cum .. anima alicujus venenosa sit, fumus qui ab eo exit corruptus et ~us est *Quaest. Salern.* Ba 50; triplex .. legimus peccatum Ade: .. secundo quod ipse de pomo ~o comedit T. CHOBHAM *Serm.* 6. 30va; ~us auctor invidie .. indies multiplicatis laqueis sue malicie venenose, hominem in recia facit incidere que naturalis simplicitas non advertit *Regim. Princ.* 53; *venomous*, veniferus, toxicus, venenosus, venificus, virulentus *CathA*. **b** his .. verbis accensa fides in eo extinxit letiferum haustum quem bibebat, et maturius surrexit, abiens ad aulam satis hilaris, nil mali ~o reddens suo Ælf. *Æthelwold* 15; noverca ~os adhibuit magnorumque pollicitationibus premiorum sollicitavit et regiam sobolem veneno infecit Ord. Vit. XI 9 p. 196; propter malitiam Eadburge filie Offe .. que quum esset ~a, compertum est ejus veneficium in quodam adolescente regi dulcissimo, quem illa veneno sustulit Silgrave 41; **p1327** regis si sint judices undique veraces, / destruent veneficos suos et sequaces (*Bannockburn*) *Pol. Songs* 265; isti [sc. lucrativi munerum] non diligunt justiciam nisi sicut ~us venenum et Judas Christum ad vendendum Holcot *Wisd.* 11.

venefitium v. veneficium. **venela** v. venella. **venelia** v. venilia.

venella, ~um, ~us [AN *venele, venelle*, ME *venelle*, cf. CL vena], lane, alley. **b** (w. *communis*) common lane. **c** (in surname).

p1147 tenementa .. jacentia super le Nesse inter terram quondam Henrici de Strivelyn cum ~o ex parte australi et terram quondam Nicholai clerici ex parte aquilonali *Kelso* 31; **c1220** dimiserunt eidem .. terram .. juxta venalem *Deeds Newcastle* 37; **1255** transivit pontem de G. .. et intravit ~am versus domum .. fratris sui (*Northants*) *SelPlForest* 115; **c1260** fratres habebunt liberum introitum et exitum cum eorum familia per predictum venallum *Midlothian* 32; nullus per vicos vel ~as prope cenobium transire poterat *Leg. Ant. Lond.* 146; **a1287** confirmavi .. unam acram terre arabilis .. que se extendit super *la portelane* a parte occidentali ejusdem vanalle (*Christchurch priory cartulary*) *MS BL Cotton Tiberius D vi* f. 38a; vanelle *Ib.*; **1288** persona de Jakesham obstupavit quandam ~am *Leet Norw.* 16; omnes vicos et venellos in villa predicta .. de fimis .. mundari .. faciatis *Reg. Brev. Orig.* f. 267v; **1578** ad orientem vinellam dicte ecclesie cathedralis *Reg. Brechin* II 322; **1586** cum horto et pertinentiis jacentis ex boreali parte illius venellis .. vulgo *the Prenteiss wynd* vocatae, inter .. terras haeredum quondam Joannis Low ad boream et dictam venellim ad austrum *Ib.* II 220. **b** **c1260** quandam partem terre mee .. que jacet in communi ~o [inter] .. terram R. F. ex una parte et terram W. de C. ex altera *Midlothian* 32; **1318** Johannes Piscator posuit fimum suum in communi ~a et illam ita perforavit quod nemo fere ibidem potest meare *CBaron* 124; **1424** certi homines incluserunt et obstruxerunt quamdam ~am communem versus finem de Bouthum cum quadam porta *Mem. York* II 109. **c** **1253** totum, Joh. de Clipston iij s., totum, Baudwino in venela (Ric. prepositus pro eo) iij s., totum, Will. le Palmer v s. *Rec. Leic.* I 46; dimidiam acram .. inter terram quondam Reginaldi prepositi de Walton et terram Henrici ad capud venale *Carte Nativ.* 57.

venellis v. venella.

venellula [venella+-ula], little lane, alley.

c1205 que mesagia .. interjacent terre Johannis Copelose que est versus *suth* et ~e parve que est versus *north* per quam itur ad Sturam *Cart. S. Greg. Cant.* 54.

venellum, ~us v. venella. **venelo** v. vorus. **venenalus** v. venenatus.

venenare [CL], to poison (also fig.).

diabolus .. serpentem indutus, locutus est mulieri, et de muliere ~avit et virum Alcuin *Exeg.* 872C; sic .. cum amor peccati abigitur, fel etiam ~andi bona forte propulsatur Pull. *Sent.* 893B; ex patribus .. ~atis virus veneni transit in filios Hon. *Eluc.* 1133B; vino .. periit ~ato Gir. *PI* I 17 p. 59; fructu tuo [sc. crucis] fruentes liberas, / venenantes venenas viperas J. Howd. *Ph.* 231; cave, cave mortifera venena, non enim incipiunt homines de novo ~are Bacon V 59.

venenarius [cf. LL venenaria], poisoner.

unde Jeronimus super Jeremiam, 'homicidas et sacrilegos et ~ios punire, non est effusio sanguinis sed ministerium legis' [Jer. *Jer.* IV xxii 3] Gir. *PI* I 10.

venenator [LL], poisoner (also fig.). **b** poisonous creature.

regulis .. non est incantatio, quod in malitia genimina cetera ~orum exsuperent, et pre nimia nocendi efficacia regium sibi vendicent nomen J. Ford *Serm.* 41. 1; [sponsa] memor est nimirum acuminum illorum ~orum, quibus totiens hostis fidei adversus eam 'acuerunt' et armaverunt 'linguas suas sicut serpentes' *Ib.* 85. 3. **b** sciebam quod tyriaca de veneno ~orum confecta mortiferum nonnunquam pellit venenum Conway *Def. Mend.* 1410 (*recte* 1310).

venenatus [CL]

1 venomous, poisonous; **b** (fig.).

cumque venenatus glescit de corpore stipes, / lurcones rabidi quem carpunt rictibus oris, / occido mandentum mox plura cadavera leto Aldh. *Aen.* 69 (*Taxus*) 6; ydri .. venati *Mir. Nin.* 29; sed omnia ~a et ad huc ferociora repentia et animalia noxia tenebrantur *Nunnam.* 90; unum animal ~um quot mortalium posset inficere? Ailr. *An.* II 19; taxus, arbor ~a Osb. Glouc. *Deriv.* 592; hoc sigillum si tecum feras omnia †venenala animatia [l. venenata animalia] sive reptilia tractare poteris *Sculp. Lap.* 453. **b** nefandi Nicolaitae .. quorum secta quam perniciosis errorum radicibus pululaverit et quam ~is hereticae pravitatis frondibus succreverit Aldh. *Met.* 2 p. 71; **c798** antiquus serpens de dumis Hispanici ruris, et de speluncis ~ae perfidiae contritum .. caput relevare conatur Alcuin *Ep.* 139; simonicus anguis ita lubricum caput erexerat, ita ~o fotu mortiferi germinis ova vaporaverat, ut .. ecclesiasticos honores corrumperet W. Malm. *GR* IV 344; avaricia .. ~am filiam discordie generavit, que plurimos usque ad mortem retoxicavit *V. Ric. II* 23.

2 coated, mixed, imbued, or filled with poison, poisoned; **b** (fig.).

surculamen incredulitatis et insipientiae plantaverat, quod vulgatis domesticisque impietatibus velut quibusdam ~is imbribus irrigatum .. parricidii sacrilegiique crimen produxit in medium Gildas *EB* 28; sic teneros pullos prolemque nutrire suesco / carne venenata tetroque cruore draconum Aldh. *Aen.* 31 (*Ciconia*) 7; **c800** recordare .. vermium ~os dentes Alcuin *Ep.* 295; dicunt alii ~o Falerno infectum W. Malm. *GR* IV 373; miscet Venus venenata / felle felici pocula P. Blois *Carm.* 9. 3; adulatio venenum est melle litum, vel mel ~um Neckam *NR* II 180; ozimum .. herba est .. cum vino bibita morsus †venantus [l. venenatos] compescit *Alph.* 133b. **b** contra omnes aemulorum catapultas et ~a garrulorum jacula Aldh. *PR* 142; **c798** ~as Judaeorum maledictiones in Christum significat, ubi dicit: 'qui exacuerunt ut gladium linguas suas' Alcuin *Ep.* 136; **1169** ~atos .. animos, aut potius venenosos, non oportuerat amplius toxicari Becket *Ep.* 497; **1171** familiare est omnibus iniquis .. maledictis eos quibus invident inurere et ~is verborum jaculis figere innocentes (*Lit. Archiep.*) *Ep. J. Sal.* 307 (306); et si modis omnibus contendat abuti vocabulis et intendat entia convenire in essentia generis et differentie penes differentias specificas, debet vitare sermonem ~um et dicere entia esse eadem in essentia generis Siccav. *PN* 85.

veneni fuga v. venenifuga.

venenifer [CL]

1 venomous, poisonous.

1004 postquam malesuada ~eri serpentis suggestio primum generis humani parentem invida fraude vetiti seduxit edulio pomi *Ch. Burton* 28; per serpentem, ~erum animal, malicia; per scorpionem vero, qui cauda percutit, accipitur peccatorum vindicta Hon. *Spec. Eccl.* 952A; in quibus omnibus cum saliva ante cibaria assumpta venenum fuerint inferentia, assumpto cibo obtunditur et reprimitur ipsius ~era malitia bonitate cibariorum ne possit inficere *Quaest. Salern.* B 57; in hac [sc. Hibernia] insula est quodam maris sinu facta .. in qua ~era animalia non vivunt; de cujus etiam terre pulvere quovis asperso ~era serpentum bufonumque genera perimuntur Gerv. Tilb. II 10.

2 coated, mixed, imbued, or filled with poison, poisoned.

haec inpudens virago .. eodem Jezabelis flatu ~ero perfusa B. *V. Dunst.* 22; in hujus modi homine Christus habitat, et ille gladium ~erum [MS: veniferum] diaboli nullo modo pertimescit, qui taliter vivit in Christianitate sua Ælf. Bata 4. 32 p. 65; solaque pro muri cutis est insaucia vallo, / parma veneniferi jaculis impervia dentis Hanv. I 311; vibrans .. ipse lanceam suam ~eram [v. l. veniferam] contra illos fixit eam in pectore Cheallay filii regis (*Declanus* 1) *VSH* II 34.

3 poison-bearing, that contains poison.

de vase ~ero signo crucis confracto Gir. *GE* I 29 *tit.* p. 9.

venenifluus [CL venenum+fluere+-us], that flows with poison.

antiquus hostis .. veluti ab extenso arcu ~uam desperationis sagittam totis viribus jaculavit Felix *Guthl.* 29; possumus .. per expressum simile satis aptam dictionem invenire .. verbi gratia, habemus hanc in usu: mellifluus. a simili possumus dicere mirrifluus, balsamifluus, ~uus Gerv. Melkley *AV* 90.

venenifuga [CL venenum+fugere+-a], cockspur grass (*Echinochloa crus-galli*).

nomina herbarum .. ~a, *atterlaþe* Ælf. *Gl.*; fenifuga, *attorlathe Gl. Durh.* 302; veneni fuga i. morella, vel atterlada *Gl. Laud.* 1507.

venenose [LL], venomously, in a poisonous manner (also fig.).

s937 fortuna .. fetentis filios valle in lacrimarum carnis rictibus debachando ~e mordaciter dilacerat *Reg. Malm.* I 307 (=*CS* 716); effontire, ~e loqui, vel foras emittere Osb. Glouc. *Deriv.* 198; in eo vivam et moriar .. quidquid ~e confingant nequissimi detractores P. Blois *Ep.* 130. 385D; melius fuit ranis eligere truncum in regem .. quam serpentem qui ~e sibilaret et post sibillum subjectas devoraret Brakelond f. 124; surrexit .. quidam borealis, dictus magister Johannes Wyclef .. conclusiones .. tenens .. contra monachos et alios religiosos possessionatos ~e sonantes Wals. *HA* I 324.

venenositas [LL venenosus+-tas], venomousness, poisonousness (also fig.). **b** poisoned condition.

bufo .. salvia libenter vescitur, cujus radicem nonnunquam ~ate sua inficit Neckam *NR* II 121; non .. mirum si ~ate sua virulenta belua talis unam abbatiam in Wallia vel duas infecit .. cujus ~as .. duo regna corrumpere et intoxicare prevaluit Gir. *Spec.* III 7; cinoroceros .. tante .. ~atis est et perniciei quod nullus eum recte in facie videre possit quin statim sine remedio expiret *Eul. Hist.* II 28. **b** ex sanguine impuro grosso qui propter ejus inconvertibilitatem et ~atem meretur expelli Gilb. VII 304v. 1; si [variole] emittunt saniem virulentam, male sunt, quia signum est ~atis et corrupcionis materie Gad. 41. 2.

venenosus [LL]

1 venomous, poisonous (also fig.). **b** (of disease) noxious, harmful.

de bestia ~a *Lib. Monstr.* II 23; conticeant reprobi perverso corde maligni, / igne venenosus quos livor adurit edaci Wulf. *Swith.* I 1107; hostis .. quadam nocte oranti virgini cum accensa lucerna immittit horrenda ~orum reptilium monstra Gosc. *Transl. Mild.* 37; ~as et amaras, quibus silvescit insula, fugerent examina [sc. apium] taxos [cf. Verg. *Buc.* IX 30] Gir. *TH* I 6; cujus capilli sunt rubei significant hominem invidum, ~um, fallacem, superbum, et maliloquum M. Scot *Phys.* 60; ego vero non hominem hunc, sed feram omnium ~issimam judico Liv. *Op.* 300. **b** eodem tempore dira pestis venit in Mumenia set ~osior erat in civitate Caissell quam in ceteris locis (*Declanus* 23) *VSH* II 48.

2 coated, mixed, imbued, or filled with poison, poisoned (also fig.); **b** (as result of infection or sim.).

mulier conterit caput serpentis cum ecclesia sancta insidias diaboli et suasiones ~as in ipso mox initio deprehensas abigit, et quasi conculcans ad nihilum deducit Bede *Gen.* 58B; Alanno .. per fraudem Normannorum letaliter corrupto ~a potione Ord. Vit. VII 14 p. 225; puto .. quia si subtilius indagemus quidquid nobis laboris oboritur, vel a carnis concupiscentia, vel a concupiscentia oculorum .. quasi quibusdam ~is fontibus derivari, manifestissime cognoscemus Ailr. *Spec. Car.* II 4. 549A; **1203** dilationibus maliciosis et ~is *Pat* 34a; **1429** ut obtrectatorum malitia ~os invidie sue stimulos .. exerceat in majores Bekynton I 255. **b** ~a tabide cutis inflatione vexabatur Gosc. *Mir. Iv.* lxxi.

venenum [CL]

1 potent preparation used for medical or magical purposes (esp. potion or sim., also applied to spell or incantation).

magnus, agnus, manus, magus, mus, anus .. quartaque tollatur, miscet mala verba venenis Alcuin *Carm.* 63. 4. 4; aquam dum ~o rimante interiora nimis angeretur clam a cubiculario sitiens poposcit, medicoque ignorante ante purgationem bibit Ord. Vit. III 5 p. 79; magi sunt .. qui Domino permittente elementa concutiunt, rebus adimunt species suas, ventura plerumque prenuntiant, turbant mentes hominum, .. quod et Lucanum nostrum non latuit. ait enim: 'mens hausti nulla sanie polluta veneni / incantata perit' [Lucan *Bell. Civ.* VI 457] J. SAL. *Pol.* 407B; de illo monte introspexit monasterium sancti Coemgeni, ut puerum Felanum ~is et incantacionibus interficeret diabolicis (*Coemgenus* 33) *VSH* I 251; sumentes .. taurum a mago regis cum ~o assatum, sancto viro cum suis ad intoxicandum eos pro elemosina ferebant (*Lasrianus* 15) *Ib.* II 134.

2 venom, poison.

de bestia venenosa .. tantam vim ejus ~um habere arbitrantur ut eo licet ferri acies intincta liquescat *Lib. Monstr.* II 23; omnia pene quae de eadem insula [sc. Hibernia] sunt contra ~um valent BEDE *HE* I 1; ex invidia clericorum datum est episcopo ~um bibere in sua aula ÆLF. *Æthelwold* 15; ad primam missam .. cecidit exanimatus, calice, si dignum est credere, ~o infecto W. MALM. *GR* III 266; disseminabat in populos quod traditor ille rex Anglie .. ducem Burgundie ~o perdiderat DEVIZES f. 42v; aliquando idem est cibus uni et ~um alteri GAD. 105. 2.

3 (morally) harmful or malicious speech, influence, or sim; **b** (in title of work).

Rotbertus .. ad comitem Glaocestrensem divertit, penes illum ad tempus in doli ~o moraturus J. WORC. 61; propter Pelagianam heresim, cujus ~um ipsos [sc. Britones] multis diebus affecerat G. MON. VI 13; rixantes et ~um verborum effundentes BERN. *Comm. Aen.* 25; in cupiditate .. que est ~um caritatis, contingit considerare vel ipsum habitum vel actum substratum R. MARSTON *QD* 314. **b** **13..** explicit tractatus qui dicitur ~um Malachie editus a fratre Malachia de ordine minorum et provincia Ybernie (*MS BL Cotton Vitellius C xiv* f. 65a) *EHR* XXXIII 365 (cf. ib. XXXIII 359: **1518** libellus, septem peccatorum mortalium ~a eorumque remedia describens: qui dicitur ~um Malachiae).

4 (in gl.).

nomina bladorum et arborum .. hoc venenum, A. *a wede WW.*

venerabilis [CL]

1 worthy of respect, venerable (on account of sanctity, age, learning, status, or sim.; also passing into title).

ut eos .. ~is mater ecclesia in suo sinu recumbentes non videat, quos solos veros filios habet GILDAS *EB* 26; **675** (15c) cum consilio ~is archiepiscopi Theodori atque consensu primorum meorum *Ch. S. Aug.* 6; ~is Benedicti virtute, industria ac religione, rex Ecgfridus non minimum delectatus BEDE *HA* 7; **796** binas vestrae paternitati paulo ante direxi cartulas, unam per sanctum episcopum Histriensem, aliam per virum ~em Hericum ducem ALCUIN *Ep.* 99; haec domus alma Dei, Christi et venerabilis aula *Id. Carm.* 66. 2. 1; impiorum turpia facta inter ~ia justorum, sicut zizania et lolium in tritici segetibus, interseminantur ASSER *Alf.* 95; cui suae sententiae dicit ~is memoriae domnum Lanfrancum Cantuariensem archiepiscopum concessisse ANSELM (*Incarn. A* 2) I 282; ~is Beda, doctor Anglorum, pauca super hoc tabernaculo .. pandens J. KELSO *Ep.* 625D; quidam apud alios ~es sibi apud se vilescunt P. BLOIS *Ep.* 12. 37C; Francho, doctor noster ~is in hac arte liberali HAUBOYS 186; senectus enim ~is HOLCOT *Wisd.* 175.

2 worthy of religious veneration.

~is genetrix Dei BEDE *Hom.* I 4. 19C; Columba .. fundator monasterii, quod in Hii insula multis diu Scottorum Pictorumque populis ~e mansit *Id. HE* V 9; hoc altare tuis quoniam est venerabile votis ALCUIN *Carm.* 88. 2. 3; jungitur huic Gabriel socius venerabilis arae, / qui virtute pia fulget in arce poli *Ib.* 90. 14. 5; igitur ~limas beati confessoris Christi Wilfridi reliquias .. reverenter excepi O. CANT. *Pref. Frith.* 26; tu .. domina admirabilis singulari virginitate, amabilis salutari foecunditate, ~is inaestimabili sanctitate ANSELM (*Or.* 7) III 20; O Nicholae pater toto ~is orbe ORD. VIT. VII 12 p. 212; his .. signis .. crux ubique veneranda se ~em hic exhibuit GIR. *TH* II 46; ut valde ~e sepulcrum illius ostendatur AD. SCOT *QEC* 813C; ossa ~is martyris Sebastiani GIR. *PI* I 18 p. 101.

venerabilitas [LL]

1 worthiness of respect, venerability. **b** (as honorific title) 'reverence'.

in admiracionem .. perfeccionis septenarii, cujus perfeccionem eciam vocabulum ejus attestatur. dicitur .. grece 'eptas', et primo dicebatur 'septas', quod sonat latine '~as' GROS. *Hexaem.* IX 11. **b** c**745** vel si segetem vestrae ~ati commissam sterile lolium interserendo suffocare conentur *Ep. Bonif.* 64; hodie casu divertentes a sociis, ut verum fateamur ~ati tue, ubinam loci simus .. ignoramus AILR. *Ed. Conf.* 770A.

2 reverence, respect.

obvians .. nobis cum decente ~ate et debitam adorationem tribuens GIR. *GE* I 26 p. 81.

venerabiliter [CL]

1 in a manner worthy of respect or veneration; **b** (in chiastic honorific).

~er .. sub regulari disciplina regebat monasterium WILLIB. *Bonif.* 2; **1065** ob reverentiam Sancti Aldhelmi .. cujus corpus gloriosum in eadem ecclesia ~er requiescit *Reg. Malm.* I 322; ita per Spiritum Sanctum ex Maria virgine portio illa que in hominem formanda erat personaliter separata est; procul dubio ~er, quia absque libidine PULL. *Sent.* 781B; sinceriter optantes aliquem benivolum super alumpno loco majora simul et meliora dicere, et in laudem nominis Dei Cestriam ~er eminere LUCIAN *Chester* 66. **b** c**675** domino ~er diligendo et delectabiliter venerando Wihtfrido Aldhelmus bernaculus supplex in Christo perennem salutem ALDH. *Ep.* 3; vir ~er amabilis et amabiliter venerabilis ANSELM (*Ep.* 3) III 102.

2 with reverence or respect, reverently.

ad .. Franchorum principem venit et ~er ab eo susceptus litteras .. Romani pontificis .. detulit WILLIB. *Bonif.* 6; corpus ad H. est perlatum et ~er a fratribus ipsius coenobii sepultum BYRHT. *HR* 58; abbas .. primo ad eversionem altaris et tumbae patris Adriani exportandi ~er accedit GOSC. *Transl. Aug.* 36C; s**1235** eam .. imperatori destinavit, quam quidem ~er acceptam desponsavit die Pentecostes *Flor. Hist.* II 216; **14..** tandem in curia Romana mortuus est et ~er sepultus (*Prima fundatio fratrum minorum Londonie*) *Mon. Francisc.* I 541.

venerabillimus v. venerabilis.

veneralis [cf. CL venire, vendere], concerned with sale.

†**848** (12c) pro eorum ~i pecunio quod mihi impendebant in uno vaso praetiosa potatoria *CS* 454.

veneramen [CL venerari+-men], reverence, respect.

protulit ambages, sicut fecere priores, / nolens directis veneramen ferre loquelis FRITH. 1274.

veneranter [LL]

1 with religious awe or veneration.

sternitur ad terram Dominum virtutis adorans, / cordis et affectu sanctum veneranter honorans WULF. *Swith.* II 677; reliqua pars corporis ejus .. a Gallis celebri devotione ~er excolitur ORD. VIT. VIII 24 p. 419; item corpus Christi, viz. ecclesiam de gentibus exprimimus, que Christi quinquepartitam passionem ~er excepit, et eam imitando patienter diversa tormenta pertulit HON. *GA* 560B; quod colimus sprevit; quod non veneramur honorat; / quem detestamur, Christum veneranter adorat NIG. *Laur.* 1714; s**329** sanctus papa Silvester constituit ut sanctum crisma non a presbyteris, sed ab ipsis episcopis, ~er consecraretur *Flor. Hist.* I 183.

2 with respect or honour, respectfully.

799 quas [sc. litteras] lumine scientiae et veritatis indagatione plenas ~er accepi ALCUIN *Ep.* 171; pauperes amavit, omnesque Dei cultores ~er honoravit ORD. VIT. IV 17 p. 291; prefatum virum .. vehementer diligebat et ~er honorabat *Ib.* VI 10 p. 122; clericus aut miles ad te si venerit hospes / .. / turma domus tota veneranter ei famuletur D. BEC. 2347; s**1243** in domo fratrum Predicatorum, quibus vivens multa bona contulerat et corpus ~er intumulandum delegaverat M. PAR. *Min.* II 477.

venerantia [CL venerans *pr. ppl. of* venerari+-ia], reverence, veneration.

[aeterna Deitas] virum Guthlac .. non solum praesentis saeculi famosa ~ia beavit sed in gaudio perennis gloriae aeterna beatitudine constituit FELIX *Guthl.* 27; cum maxima regum principumque ~ia *Ib.* 35; frater .. cum magna admiratione grates Deo persolvens, ~iam validae fidei de eo quod contigit venerabili viro Dei Guthlaco conferens *Ib.* 37; sacratum corpus cum divinarum laudum ~ia in sindone .. revolvit *Ib.* 51.

venerari, ~are [CL]

1 to venerate, to treat or regard as holy, sacred, or sim; **b** (by spec. means, act, or sim.). **c** (gdv. as adj.) venerable.

reliquiae sanctorum ~andae sunt THEOD. *Pen.* II 1. 7; ut non immerito a limpidissimis solis et lunae luminaribus ac residuis stellarum sideribus .. adorari ~arique videretur ALDH. *VirgP* 53; est monasterium nobile .. quod eadem regina .. multum diligebat, ~abatur, excolebat BEDE *HE* III 11; atque Deum caeli credens venerabor ubique, / qui mihi concessit vitam regnique coronam ALCUIN *SS Ebor* 153; quem Getam jamdudum pagani pro deo ~abantur ASSER *Alf.* 1; **956** (14c) venerabilium sanctorum quorum reliquiae ibidem ~antur *CS* 970; [Augustinus] rite ab omnibus ~atur GOSC. *Transl. Aug.* 19D; turpes .. actus hominum, ut luxuriam et venerem, inter deos ~antes ALB. LOND. *DG* 5. 2. **b** coepit annuatim ejusdem regis ac militis Christi natalicius dies missarum celebratione ~ari BEDE *HE* IV 14; cerea flammigeris venerans altaria donis / porticibus cunctis ardebant lumina clara ÆTHELWULF *Abb.* 763; c**1170** de decimis et de omnibus aliis rectitudinibus quibus vestram matrem ecclesiam more Christianorum ~ari debetis *Regesta Scot.* 124; sanctus .. Munnu super lapidem genitus [est], qui magno honore ~atur ab hominibus regionis illius propter gratiam sancti infantis qui natus est super eum (*Munnu* 1) *VSH* II 226. **c** martira cum roseis rubuit veneranda coronis, / candida virgineis florebat femina sertis ALDH. *VirgV* 1877; rex Deus eternus, patris veneranda potestas *Mir. Nin.* 1; te quoque sancta, potens, virtutibus inclyta multis, / crux veneranda canam ALCUIN *SS Ebor* 428; qua passio Christi / sculpta beata nitet, simul et surrectio, necne / ejus ad astriferos veneranda ascensio caelos WULF. *Swith.* II 14; ~andas reliquias Senonis in ecclesia Petri cum magna veneracione collocavit *Eul. Hist.* I 245.

2 to treat or regard with respect, awe, or sim., to honour, revere (also w. dat.). **b** (gdv. as adj.) worthy of respect (esp. on account of age, learning, holiness, status, or sim.), venerable, august (also transf.); **c** (in honorific title).

sacerdotes .. sceleratos divites absque ullo verecundiae respectu sicut caelestes angelos ~antes GILDAS *EB* 66; non proceres veneratus erat, non denique Christum, / ut decuit, coluit ÆTHELWULF *Abb.* 44; quatenus .. et ego illum ~er amicum alterum Robertum, et ille possideat servum eundem Anselmum ANSELM (*Ep.* 3) III 103; regem et ducem diligo. ambo .. sunt filii regis domini mei, et ambos appeto ~ari, sed uni hominium faciam, eique ut domino legaliter serviam ORD. VIT. XI 10 p. 201; perveniens .. ad episcopum, solito more in omni sanctitate et mansuetudine juxta eum conversabatur, et ideo a cunctis pio affectu, magno amore, summo studio amplectebatur, fovebatur, ~abatur EADMER *V. Osw.* 10; primo panis benedictus / detur in ecclesia persone nobiliori; / his primo cleri semper debent venerari D. BEC. 181; primo est bona senectus in sanctis senibus ~anda sicut medicamen incontinentie HOLCOT *Wisd.* 175. **b** Theodorus .. vir .. aetate ~andus, id est annos habens aetatis lx et vj BEDE *HE* IV 1; ruit ante pedes venerandi antistitis ALCUIN *SS Ebor* 151; praefuit ecclesiae venerandus Bosa sacerdos *Ib.* 846; c**748** domino gloriosissimo et cum omni honoris affectu ~antissimo [*sic*] Bonifatio archiepiscopo Aelbuualdus Aestanglorum Deo donante regia potestate fretus *Ep. Bonif.* 81; cum sciret quanta olim virtute ~andus pater Dunstanus in palatio fulsisset OSB. *V. Dunst.* 18; ~andus Eboracensis antistes Oswaldus, ante secula a Deo electus EADMER *V. Osw. prol.*; Joannes .. natione Anglicus, moribus et eruditione ~andus ORD. VIT. III 15 p. 159; qui licet canicie ~anda canderet *Ib.* VI 9 p. 78; beatus pater et episcopus Eata ~andus RIC. HEX. *Hist. Hex.* I 9; **1343** presentibus ~andis in Christo patribus dominis Hugone archiepiscopo Bisuntino, Johanne Belvacensi .. AD. MUR. *Chr.* 134; o ~andum artificium singulariter pre cunctis praxibus que hominis manu fiunt .. cui digitus Dei applicatur vice calami functus R. BURY *Phil.* 16. 208. **c** ~andam celsitudinem vestram affabiliter alloquens ALDH. *Met.* 5; **797** vestra .. ~anda sanctitas varios saeculi eventus saepius consideret ALCUIN *Ep.* 124; ~andam paternitatem vestram Deus omnipotens Pater, per dilectum Filium suum, in sancto utriusque Spiritu ab omni malo custodiat AD. SCOT *QEC* 802C; ?c**1460** sciat vestra ~anda discrecio quod episcopus hujus diocesis est Thome Danyell et suis fautoribus maxime benevolus *Paston Let.* 605.

veneratio [CL]

1 (religious) veneration, treatment or consideration as holy, sacred, or sim; **b** (applied to offering).

sidereo genitor residens in vertice caeli / nominis oramus veneratio sanctificetur / in nobis *Cerne* 83; in magna ~one habetur locus ille ubi venturus ad hanc pugnam Oswald signum sanctae crucis erexit BEDE *HE* III 2; dies passionis vel inventionis eorum congrua .. ~one celebratus *Ib.* V 10; **933** (10c) pro .. beatae Dei genetricis Mariae ~one *CS* 694; ne temeraria praesumptione divinae dispositioni contraire et sanctorum excellentiae vel ~oni derogare viderentur GOSC. *V. Iv.* 90B; ex laboribus Enee tolerantie exemplum habemus .. ex ~one quam diis exibebat et ex oraculis que poscebat, ex sacrificiis que offerebat, ex votis et precibus quas fundebat quodammodo ad religionem invitamur BERN. *Comm. Aen.* 2; ut ex hiis [epistolis] liqueat quam ordinate, quam veraciter et discrete gloria ejus [beati Gileberti] et ~o in sancta ecclesia decreta est celebranda *Canon. G. Sempr.* f. 114v; **1549** ut populum Christianum inducant ad sacramenti altaris condignam ~onem *Conc. Scot.* II 104. **b** **s1228** episcopus Lincolnie .. excommunicavit .. omnes illos qui de cetero .. aliquid subtraherent ecclesie de oblationibus debitis, vel consuetudinibus, vel ~onibus *Ann. Dunstable* 111.

2 treatment or consideration with respect or reverence.

~o nequitiae pro benignitate GILDAS *EB* 21; **796** hortamenta salutis non minore debemus ~one curare quam praesentis conloquii ammonitionem ALCUIN *Ep.* 102; magno .. gaudio et prone ~onis assentatione susceptus W. MALM. *GP* V 222; 'honora patrem tuum et matrem tuam', debitam ~onem exhibendo et necessaria ministrando ANDR. S. VICT. *Hept.* 132; primam hominis generationem ex limo sine mare et femina, secundamque ex mare sine femina, ob legis ~onem diffiteri non audes GIR. *TH* I 15; reges remotioris Hispanie Sarraceni per nuntios suos .. visitatione simul et ~one dignum duxere et cum eo fedus inire *Id. PI* III 25 p. 291; lex .. naturalis exigit ut benefactori de bonis que gratis dederit gratis rependatur honor et ~o GROS. *Cess. Leg.* I 7.

3 (in honorific title) 'reverence'.

796 etsi [carta] non sit digna tuae ~onis cingulo suspendi, tamen ejus ammonitio digna sit in corde tuae sapientiae recondi ALCUIN *Ep.* 119; ?**c1230** valeat semper in Domino vestra ~o GROS. *Ep.* 3.

venerator [CL]

1 one who venerates.

ipsa hujus orationis et via et meta ~ores suos semper adjuvet GOSC. *Edith* 299; tali modo apud fidelem ~orem conquerente beatissima virgine *Id. Lib. Mild.* 25; ad hec ipsa .. ut presens testis et fautrix in medio ~orum suorum, tale reddidit judicium *Id. Transl. Mild.* 22 p. 187; ecce ego, Domine, tue majestatis adorator .. tue mortis ~or AILR. *Inst. Inclus.* 31 p. 671; Achaz, rex pessimus et superbissimus, divine legis contemptor et idolorum ~or, diabolum significat (AILR. *Serm.*) *CC cont. med.* IID 178.

2 one who treats or regards with respect, awe, or sim.

cujus hodie ~or, cras ejusdem vel spoliator vel delator GIR. *EH* II 16; Lodovicum Francorum regem, qui et religionis ~or exstiterat et pecunie tamen amator *Id. PI* III 11.

veneratrix [CL venerari+-trix, cf. CL venerator]

1 one (f.) who venerates.

Aurelianis ave, devota crucis veneratrix, / que confertur ei tam specialis honor NECKAM *DS* V 603; videtis periculum hujus qualiscumque olim ~icis mee AD. EYNS. *Visio* 18.

2 one (f.) who treats or regards with respect, awe, or sim.

Edua, Romulee veneratrix sedula gentis NECKAM *DS* V 509.

veneria v. venaria.

venerinus [CL Venus+-inus], of or pertaining to sexual love or pleasure, (in quot.) born out of wedlock, illegitimate, bastard.

Henricum bini firmant fratres venerini [*gl.*: i. adulterini], / plures vicini de patria domini W. PETERB. *Bell. Hisp.* 102.

veneripeta [CL Venus+petere+-a], (in gl.).

item a peto .. hic ~a, -te per compositionem, i. luxuriosus quasi Venerem petens OSB. GLOUC. *Deriv.* 419; *a lechour*, amasio, amasius .. mechus, scortator, ~a *CathA.*

venerius, ~eus [CL]

1 of or pertaining to the goddess Venus or to the planet Venus (also w. play on sense 2).

'mirthea', ~ia BERN. *Comm. Aen.* 94; totus est Venerius, / nec cursum alterius / sequitur planete. / totus est libidinis, / hic tota lex hominis / pendet et prophete P. BLOIS *Carm.* 25. 10; **s1307** eodem anno .. Edwardus filius Edwardi, mortuo patre suo, culmen regni sui suscepit, de quo Merlinus sic vaticinavit: 'succedit hircus ~ei castri' [cf. G. MON. VII 3] *Ann. Lond.* 151.

2 of or pertaining to sexual love or pleasure, erotic; **b** (as sb. n. pl.). **c** (of person) given to sexual pleasure. **d** (*opus ~ium* or sim.) sexual intercourse. **e** (in gl., *aetas ~ia*) sexual maturity.

qui [sc. Johannes Baptista] ergo ~iae motus concupiscentiae funditus edomuit lumbos utique zona pellicia cinxit BEDE *Hom.* I 1. 24B; qui dulcibus ~iis et voluptatum miseriis torquentur illecebris (*Quad.*) *GAS* 530; sue luxurie miscet aconita, ~eisque munimentis formose indusiata, non cessat illi propinare quod miscuit inepte (*Bernachius* 4) *VSB* 4; que [mulier libidinosa] libidini tandem aliquando renuntians, otia ~ia in operum transfert exercitationem ALB. LOND. *DG* 11. 8; animalis spiritus ad ~ia membra deportatur *Quaest. Salern.* Ba 96; dum venerio / Flora reficit / me colloquio P. BLOIS *Carm.* 3. 2; si .. Jupiter complectatur .. Veneri, significare dicitur super legem Saracenorum, que est tota voluptuosa et ~ea BACON *Maj.* I 256. **b** unde videmus homines hujus complexionis magis circa ~ea posse exerceri absque lesione quam alios alterius complexionis *Quaest. Salern.* B 8; mollique molles memorat mollis eciam sermone mulieres feminasve ~iis vir deditus vel luxuriosus E. THRIP. *SS* I 1; majorem difficultatem in abstinendo a ~eis sustinent vidue quam virgines HOLCOT *Wisd.* 141; abhorret a ~eis atque bacchanalibus LIV. *Op.* 39. **c** Agamenon parvipendere volens Achillem improperat quod occisus est a Paride, qui ~eus erat, non militaris TREVET *Troades* 28; **s1394** obiit .. ducissa Eborum .. domina carnalis et delicata mundialis, ut fertur, et ~ea OTTERB. 184. **d** si ~eum opus in loco eodem vel prope fieri contigerit .. statim lapis guttis magnis desudabit GIR. *IK* II 7; quod .. delectatio in usu ~eo naturaliter insita est tanta duabus ex causis factum esse perpendas *Id. GE* II 2 p. 177; [turtur] est avis felle carens et nihil vel permodicum habens colere .. unde ad ~ias actiones tardissima est *Quaest. Salern.* B 292; nervosum prorsus spirituque distentum virile est organum, ut ad operis ~ei officium animal [quo]que disponi habile esset ALF. ANGL. *Cor* 15. 11; vestri .. renes et genitalia operis ~ei inmoderata frequencia aliquantulum debilitantur, quod liquiditas et paucitas vestri seminis denunciant KYMER 3. **e** inde affrodicia, i. etas ~ia *Alph.* 3.

3 (as sb. f., as plant-name): **a** smearwort (*Aristolochia rotunda* or *Iris pseudacorus*). **b** beewort (*Acorus calamus*). **c** valerian (*Valeriana officinalis*). **d** madder (*Rubia tinctorum*).

a ~ia, *smeoruwyrt GlC* V 98; ~ia, i. *edre* vel *smerewurt Gl. Laud.* 1499. **b** *her bið* [l. herba] ~ia, *þæt ys beo pyrt Leechdoms* I 10. **c** fu, valeriana, amantilla, ~ia, portentilla vel marturella, benedicta idem *Alph.* 69. **d** 13.. ~ia, *maddir MS BL Sloane 420* f. 121r.

Venesia v. Venetia.

venesonus [AN *veneson, venisoun, veneisun*, ME *venesoun, veneson, vennison* < CL venatio], of animals caught by hunting, game. **b** (as sb. f.) game, 'venison'.

1268 sal .. in lard' veneson' saliand', j quar' *MinAc* 991/16; caveant .. a pinguibus, sicut est ve'sona caro vel ferina GAD. 98. 1. **b** **1357** in expensis domini Lionis filii regis, consortis et familie sue tam apud Pont' quam apud Cowik per v dies pro fugacione venisone *DL MinAc* 507/8226 m. 7d.

venetalitas [CL venetus+-alis+-tas], quality of being sea-blue.

~as .. erit in terris vehementer calidis .. videbiturque inter albedinem et nigredinem in colore ALF. ANGL. *Plant.* 42.

venetare [AN *veneter = to sell*], to show, offer (something, with a view to its sale).

1279 dixit cuidam burgensi qui ~avit ei quandam loricam ad vendendum quod in brevi haberet predictam loricam pro parvo precio vel pro nichilo *Sel CKB* I 51.

Venetia [CL], (also pl.) Venice (city and its territories in northern Italy on the Adriatic).

in parte Italiae quae ~a appellatur, hisdem horis umbra gnomini par fit BEDE *NR* 231; missis .. legatis in Italiam ducem ~arum cum ingenti classe accersierunt ORD. VIT. XI 27 p. 261; ~a Venetorum ab antiquo dicebatur provincia BART. ANGL. XV 169; et jacet super mare Adriaticum, quod est mare ~arum. in cujus extremitate occidentali sunt ~e BACON *Maj.* I 375; venimus vigilia apostolorum Petri et Pauli civitatem ~arum inclitam et famosam S. SIM. *Itin.* 14; in primis pro auro j pond. de Venesia STONE *Chr.* 5.

1 veneticus v. venaticus.

2 Veneticus [CL Venetia+-icus], of or pertaining to Venice, Venetian, (also as sb.) person from Venice.

archiepiscopi qui .. interfuerunt hi sunt: Johannes patriarcha ~us, Semies Capuanus, Landulfus Beneventanus W. MALM. *GR* V 429; erant .. de Barensibus quidam ~is noti et amici qui ceperunt de corpore sancto alternatim confabulari. ~i .. quod dudum conceperant animis non dubitarunt edere verbis ORD. VIT. VII 12 p. 207; pars eorum profecta est ad portum propiorem Marsilie, pars ad ~os, pars ad Genuenses *Itin. Ric.* II 10.

venetius [cf. CL Venetus], (w. *color*) sea-blue.

inter azurum .. et nigrum adhuc est color qui est in ebano .. qui .. est color ~ius BACON XIV 77; colores .. poterunt hoc modo ordinari: .. rubicundus, purpureus, viridis, ~ius .. fuscus, niger *Ib.*

Venetus [CL]

1 (as sb. pl.) Veneti (a people in Roman times living in northern Italy at the head of the Adriatic), (also spec. the later people of Venice and its territories) Venetians.

~i, gens mari assueta, Guiscardum .. aggressi W. MALM. *GR* III 262; Venetia ~orum ab antiquo dicebatur provincia, que a litore maris Adriatici .. usque ad Padum fluvium .. extendebatur BART. ANGL. XV 169; cum de gentis ~orum virtute et potentia, circumspectione et providentia, unitate et civium concordia, amore totius justitie cum clementia omnibus fere nationibus jam sit notum *Ib.*; illud famosum palacium ducis ~orum S. SIM. *Itin.* 14; navigavimus Jataram .. que distat a Veneciis per ccc miliaria, et est in provincia Dalmathie, in qua eciam ~i dominantur *Ib.* 15.

2 (as adj.) Venetian.

s1188 tu .. intelliges quid possint nostre victrices aquile, quid cohortes diversarum nationum, quid furor Teutonicus .. quid ~us proretha [v. l. pirotaus] (*Lit. Imperat.*) G. Hen. *II* II 63 (=DICETO *YH* 57, R. HOWD. II 358, *Itin. Ric.* I 18).

3 (w. *color*) sea-blue. **b** (in gl., understood as) yellow.

9.. benetum vel *scirbasu WW*; ~us color fit ex albo et nigro, et ita ex aquosis et terrestribus predominantibus. et in istis coloribus scilicet ~o et viridi, quia medii sunt, multum delectantur sensus humani NECKAM *NR* I 40; color indicus sive ~us est color blavius lividitatem excedens in pulchritudine et virore, plus habens aqueitatis et aereitatis admixtum cum partibus terrestribus BART. ANGL. XIX 21; possunt tunc esse diversi '~us' color et 'venetius' BACON XIV 77; ideo fiunt fenestralia viridia et coloris ~i vel celestis vel nigri coloris et visum congregant GAD. 111v. 1; Perciorum insignia quini fusi scutarii aureique in ~i coloris alveolo UPTON *app.* 43. **b** ~um, *geolu GlC* V 87.

veni v. venia.

venia [CL]

1 favour, kindness, indulgence (esp. as shown to wrong-doer).

prosternens se ante pedes hominis Dei, flebili voce ~am indulgentiae deprecavit *V. Cuthb.* II 3; servus .. Christi, intellegens penitentiam eorum, ~iam revertendi dedit *Ib.* III 5; magnum .. et divinum munus est .. quod ab illo et vitae ~a et mortis potestas indulta est *Tract. Ebor.* 685; si ecclesiam incurrat, sit secundum ~am ipsius ecclesiae [AS: *sie ðonne be ðære cirican are*] (*Quad.*) *GAS* 77; dum relatori, si forte secundum dictores suos mentiatur, difficilis sit regressus ad ~am W. MALM. *GR* III 248; Beda .. dicit eam [sc. Hiberniam] vinearum expertem non esse. Solinus vero, et Ysidorus apibus eam carere asserunt. sed, salva ipsorum ~a, circumspectius e diverso scripsissent: vineis ipsam carere, et apium expertem non esse GIR. *TH* I 6; locum ~e apud te queso mereatur fiducie ausus istius J. FORD *Serm. prol.* 2.

2 forgiveness, pardon; **b** (w. gen. of offence). **c** (leg.) mercy, pardon.

mihi quaeso .. ab his ~am impertiri, quorum vitam non solum laudo, verum etiam cunctis mundi opibus praefero GILDAS *EB* 65; misero mihi et indigno ~a BEDE *HE* III 13; haec est aula Dei, veniae domus, aula salutis ALCUIN *Carm.* 88. 3. 1; accedens propius, Christi properabis ad aulam, / ut veniam culpis promereare tuis J. SAL. *Pol.* 382D; de malo quod fecimus ipsa [Sancta Maria] sine dubio ~am impetrabit AILR. *Serm.* 23. 5. 322D; per penitentie virtutem non solum maculis donare ~am sed etiam virtutibus palmam J. FORD *Serm.* 45. 9; omnes .. ad pedes monachi et mulieris inclamati ~am postulaverunt *Latin Stories* 46; si .. aliter quam deberem rexerim .. ~am supplex deposco *Ps.*-ELMH. *Hen. V* 127. **b** ~am .. facinoris mei imploret THEOD. *Pen. praef.*; ut scelerum veniam donet ubique mihi ALCUIN *Carm.* 51. 5. 6; Deum .. provide ad peccaminum ~am [AS: *forgyfenyssa*] invitent *RegulC* 8; erroris et inoboedientiae ~am petit ANSELM (*Or.* 9) III 30; simplicis joci ~am precatus W. MALM. *GR* II 156; si quis in monasterio sancti Fechini Domino servire eligeret, ~am peccatorum consequi .. dubitare non deberet (*Fechinus* 15) *VSH* II 82. **c** si rectum grave nimis est, postea querat inde ~am [AS: *lihtinge*] apud regem (*Quad.*) *GAS* 201.

3 gesture or act of penitence or contrition (esp. applied to prostration, kneeling, bowing, or sim., also transf.).

qui prosternitur, ad omnes ~as 'mea culpa' dicat LANFR. *Const.* 174; subprior vero, priore absente .. ~as sumet et de venialibus confessiones audiet *Inst. Sempr.* xxxviii*; centum psalmi cum ~is per noctem BART. EXON. *Pen.* 135; et statim accipiant magnam ~am et faceant [*sic*] ibi dum cantantur psalmi *Cust. Abingd.* 318; provolvetur ad pedes abbatis atque ad pedes prioris et omnium seniorum .. longam sumendo ~am *Cust. Westm.* 208; hujusmodi .. sordes sicut faciliter veniunt, sic faciliter recedunt per ~as [ME: *wið venies*], confiteor, et alia bona opera *AncrR* 108; prior ignoranter, vir simplex et trepidus, cum eisdem ad aream processit et ~am cum aliis sumpsit *Cust. Cant.* 228; genufleccionem .. que curta sive pocius minor ~a dicitur .. genuflexionem, que longa vel major ~a dicitur *Ib.* 403; **1351** judicamus ut omni tempore quo letania in conventu ad primam recitatur .. curta ab omnibus super formas ~a capiatur *G. S. Alb.* II 423; c**1401** mos .. ecclesie fuerat ut electus .. supra gradus, ante summum altare, in parva vel longa ~a se prosterneret *Ib.* III 464.

4 (understood as) property.

si quis excommunicatum vel utlagam habeat et manuteneat, dispereat idem et omnis ejus ~a [AS: *plihte him sylfum and ealre his are*] (*Quad.*) *GAS* 353; si quis excommunicatum habeat vel utlagam et teneat, dispereat ipse et omnis ~a ejus (*Leg. Hen.* 11. 14a) *Ib.* 557.

veniabilis [LL], pardonable, forgivable, venial.

c**801** credat homo totum quod peccat ~e esse si in confessione praeveniet faciem Dei ALCUIN *Ep.* 241; cognovitque nefas grave se patrare, sibique / non fore apud Dominum scelus hoc veniabile summum WULF. *Swith.* I 153; si .. [peccatum] esset grandiusculum, elemosinis ex suo redimeret quicquid ~is culpa obfuscaret W. MALM. *Wulfst.* I 6.

veniad v. 2 venire.

venialis [LL]

1 (w. ref. to character, esp. severity, of wrongdoing) pardonable, forgivable, venial, (also of punishment) that allows of mercy or remission. **b** (~*e peccatum*, also as sb. n., esp. pl.) venial sin.

c**797** crede mihi, totum ~e erit quod peccasti, si confiteri non erubesces et per paenitentiam purgare curaberis ALCUIN *Ep.* 131; ~e sit, quia ignoranter factum est ANSELM (*CurD* II 15) II 115; si penalem commisisset culpam, non habuisset ~em vindictam W. MALM. *GP* V 259; ~ius esset omnino Dominica sacramenta sine casula consecrare quam sine caritate AILR. *Serm.* 28. 23; errores forte .. ipsa locorum distantia reddat ~es GIR. *TH* I 6; occasio alicujus negligentie ~is R. BURY *Phil.* 20. 245. **b** subprior vero, priore absente .. de ~ibus confessiones audiet *Inst. Sempr.* *xxxviii; omnia criminalia semel saltem oportet in confessione exprimi .. ~ia .. quia innumerabilia sunt, sufficit generaliter confiteri, nisi aliqua sint frequenter iterata GIR. *GE* I 37 p. 111; doctores .. ecclesie nec a se nec inter se dissentiunt cum illicita prohibent, necessaria jubent, summa suadent, venalia indulgent DICETO *Chr.* 32; novam et inauditam tam ~ium quam criminalium indulsit relaxationem GERV. CANT. *Chr.* 38; venalia .. omnia sub tali penitentia condonent ut unusquisque .. ter in die vel in nocte 'pater noster' dicat *MGL* II 653; omne opus bonum, omne verbum bonum lavant ~ia peccata [ME: *smeale sunnen*] *AncrR* 124; qui .. in charitate cum ~ibus decesserunt, reconciliacionem quam ad Deum habuerunt in hac vita minime perdiderunt OCKHAM *Dial.* 763.

2 that brings pardon or forgiveness. **b** (*dies ~is*) ? day of penitence.

c**792** non est haec tribulatio poenalis sed propitiatio ~is ALCUIN *Ep.* 14; vivificum numen, oriens de lumine lumen, / pleno sorde, malis, tua laus mihi sit venialis R. CANT. *Malch.* VI 150. **b** c**1250** ecclesia dedicata est in honore Sancti Andree die translationis Sancti Benedicti. eodem die xxx dies ~es *Vis. S. Paul.* 11.

venialitas [LL venialis+-tas], quality of being pardonable.

cum ~as et excusabilitas a dampnacione, sicut et eorum opposita, correspondent WYCL. *Civ. Dom.* I 71; quantum ad ~atem, patet quod omnis ociositas in verbis tracta in consuetudinem non purgata nedum indisponit continue sed finaliter fit mortale *Id. Mand. Div.* 428.

venialiter [LL], (w. ref. to character, esp. severity, of wrong-doing) in a manner capable of being pardoned or forgiven, venially.

constat virum justum saltem ~er delinquere PULL. *Sent.* 853D; de gemino genere piscinarum, una que est in Jerusalem ad abluendos ~er delinquentes, et de piscinis que in Hesebon esse memorantur ad lavandos criminosos J. FORD *Serm.* 75 *tit.*; cum sancti sint parentes, non peccant nisi ~er in coitu NECKAM *SS* III 89. 4; ex hoc quod semiplenam habet diligenciam peccat ~er *Cust. Westm.* 216; potest .. quis irasci multum et interesse contra alium zelo justicie et intencione bona absque peccato mortali, et quandoque ~er solum OCKHAM *Dial.* 666; nec dubium quin ~er peccaverunt cum Petrus et Barnabas, culpe sue conscii, tacuerunt WYCL. *Ver.* III 184.

veniare v. waiviare. **veniculum** v. vehiculum. **veniferus** v. venenifer. **venific-** v. venefic-. **venigrum** v. vinegra.

venilia [CL, *name of a nymph*], wave, tide.

hec ~a, -e, i. maris exestuatio que ad litus venit, unde Varro '~a est, inquit, unda que ad litus venit, salacia que ad mare redit' [Varro *Gram.* 141, Aug. *Civ. Dei* VII 22] OSB. GLOUC. *Deriv.* 604; fortuna discolor, discors et varia / .. / nunc fluit veniens in habundancia, / nunc redit sicuti freti venilia WALT. WIMB. *Carm.* 345; *flowyng of þe water*, fluxus, -us .. venelia, -e *PP*; *waw of the see or oþir water*, flustrum, -tri .. fluctus, -tus .. unda, -e .. ~a, -ie *PP*; ~a, *flowynge of the see WW*.

veniliare [CL venilia+-are], (in gl.).

flowyn, as þe se, fluo, -is, -xi, -re .. ~o, -as, -avi, -are *PP*.

veniola [CL venia+-ola], (in list of words deriv. from *venia*).

item a venio hec venia, -e, unde veniola, -e diminutivum, et venialis, unde venialiter OSB. GLOUC. *Deriv.* 604.

1 vēnire [CL], (intr., of thing on sale) to sell, be sold; **b** (gram.).

dipondius quo quinque passeres ~eunt, id est venduntur, genus est ponderis levissimi ex duobus assibus compositi BEDE *Luke* 488C; veniunt qui vendunt; ~eunt qui venduntur *Id. Orth.* 57; ~eo, venundabor *GlC* V 103; ~is, venderis; ~it, venditur; ~iit, venditus est *Ib.* V 111–13; ni stipe venires, quovis mage grata venires SERLO WILT. 2. 125; veneunt altaria, / venit eucharistia, / cum sit nugatoria / gracia venalis P. BLOIS *Carm.* 24. 2; a quo [episcopo], nisi veneat, / gracia non venit *Ib.* 25. 15. **b** sunt verba sopina quae speciem activam habent sed intellectu passiva sunt, ut pendeo ardeo vapulo ~eo BONIF. *AG* 519; quidam grammatice artis ignarus in hoc loco '~erat' pro 'venditum erat' exponit. sed '~eo, ~is' preteritum suum plus quam perfectum non '~erat', sed '~ierat' vel '~iverat' facit ANDR. S. VICT. *Hept.* 135; ~eo, -is, ~ivi, ~itum, -tu, et habet litteraturam activi et sensum passivi OSB. GLOUC. *Deriv.* 620.

2 vĕnire [CL]

1 to approach, arrive, and be present, come (w. ref. to movement to the location of the speaker or narrative, also as indicating new location of narrative). **b** (p. ppl. *s. act.*) having come, present. **c** (without ref. to arrival) to be coming (esp. closer, w. ref. to approaching, also w. ref. to following). **d** (inf. as sb.) coming.

cujus [sc. regis Hyglaci] ossa .. de longinquo ~ientibus pro miraculo ostenduntur *Lib. Monstr.* I 2; ~it quaerere si forte corpus ejus invenire posset BEDE *HE* IV 20; **795** rex cum exercitu Saxoniam ~it vastandam ALCUIN *Ep.* 43; c**795** ecce ~it, ecce ~it, paternae pietatis pagina, quam diu desiderabam *Ib.* 86; properans exercitus, ecce / venerat undosi vectus trans aequora ponti *Id. SS Ebor* 62; sepe meas tua fama, lupe praefortis, ad aures / venit *Id. Carm.* 49. 14; ~tum .. est ad aulae Dei januam ADEL. BLANDIN. *Dunst.* 2; ex ipso Francorum sinu ad eum causa doctrine ~iebatur W. MALM. *GP* V 191; a Monte Pessulano navigio ~ientes negotiatum *Id. GR* IV 388; quomodo ad eam [virginem] ~iet nesciens *G. Herw.* f. 325; **1204** cum .. applicuisset apud Portismuth ~it et mutuo accepit de .. hospite suo x solidos ad adquietandum frettum suum *CurR* III 107; **1215** compotum suum reddat .. vel veniad coram nobis inde responsurus *Cl* 186a; decanus .. postquam eos salutaverat, ait ita: "bene ~eritis, et male ~eritis" *V. Edm. Rich P* 1803A; **1255** inquisicio facta fuit .. de dictis leporariis cujus essent et unde ~issent *SelPlForest* 13; **1258** R. de W. ~it infra aulam .. et postea se subtraxit et pro se misit essoniatorem *SelPlMan* 66; **1288** R. S. traxit noctanter sanguinem de R. R. quando ~it circa horam mediam noctis cum blado *Leet Norw.* 18; **1314** ~erunt noctanter ad molendinam de H. *Eyre Kent* I 135; ~i et sequere me, ut ostendam tibi locum resurreccionis tue (*Albeus* 29) *VSH* I 57. **b** ~tus [*gl.*: *cumen*] sum modo ÆLF. BATA 4. 11; **1215** si milites mei de Anglia summoniti fuerint, qui mihi wardam apud Cestriam debent, et ~ti sint ad wardam suam faciendam *Ch. Chester* 394; principem navium ad se adduci precepit; ipso ~to, rex petivit ab eo unde esset et quo tenderet *Eul. Hist.* II 243. **c** ~erunt statim post vestigia ejus duo pusilla animalia maritima *V. Cuthb.* II 3; **1313** intellexerimus .. quod Scoti .. sint in ~iendo, ad aggrediendum .. regnum nostrum *Conc.* II 426a; **1340** fuit in ~iendo versus eandem placeam *SelCKB* V 121; viderunt navem .. de occeano ad se ~ientem (*Albeus* 46) *VSH* I 63; miror multum .. vissionem quam Dei concessione modo vidi in via qua ~iebam (*Mochoemog* 9) *Ib.* II 167. **d** **1199** sciatis nos concessisse G. de M. .. salvum ire et salvum ~ire per totam terram nostram cum .. omnibus rebus suis *RChart* 16b; **1215** omnes mercatores habeant salvum et securum exire de Anglia, et ~ire in Angliam, et morari et ire per Angliam *Magna Carta* 41; c**1432** quantis .. gaudiis et solaciis ~ire suum .. celebratum fuerat *MGL* III 464.

2 (spec., also w. *ad placitum* or sim.) to come to court, to appear in court; **b** (of case, document, or sim.). **c** (~*ire facere*) to ensure the appearance in court of, to produce (esp. *~ire facias* or sim., initial words of writ).

fuerunt furati equi inventi in domo istius B., ita quod abbas cujus fuit soca et casa et R. qui habet commendationem super istum ~erunt de hoc furto ad placitum *DB* II 401b; s**1175** nisi voluerit ~ire ad rectum in curia regis Scotie *G. Hen. II* I 97; **1201** Alwardus et alii ~erunt et defenderunt feloniam et roberiam et pacem regis infractam *SelPlCrown* 2; **1225** consideratum est quod ipse defendat se duodecima manu et ~iat die Sabbati cum lege *Ib.* 115; **1249** Willelmus Blakeberd' in misericordia quia non ~it cum lege sua sicut debuit *SelPlMan* 19; c**1260** Ricardus le C. atturnatus Rogeri de S. ~it super Ricardum P. eo quod non satisfecit ei de crafto suo *Rec. Leic.* I 119; **1266** item ad comitatum Bed' die Lune prox' post Purificacionem Beate Marie Ricardus ~it et sequitur et dictus Willelmus primo interrogatus non ~it *SelCCoron* 3; **1325** contra .. archiepiscopum Cantuariensem, et personam pro ipso ~ientem legitime *Lit. Cant.* I 156. **b** **1228** super hoc exhibuit ipsum breve, quod ~it signatum in curiam prioris Dunelm' clausum *Feod. Durh.* 272; c**1296** Philippus requisitus qua de causa ~ire fecit hic predictum recordum *JustIt* 1308 m. 10; **1312** et ~it breve domini regis .. in hec verba .. *SelCCoron* 65. **c** a**1166** precipio tibi quod facias ~ire bene et in pace .. ad ecclesiam S. Margarete .. parochianos suos sicut solebant *Reg. S. Ben. Holme* I 23 (=*Royal Writs* 422); **1259** tunc mandetur vicecomiti quod eos ad diem illum ~ire faciat *SelCh* 391; **1334** non intendit quod dominus rex ad hujusmodi breve de ~ire faciendo eum etc. .. velit aut debeat responderi *SelCKB* V 78; **1343** *la ou le viscont fait son retourne al brief de* ~ire facias *.xxiiij. de visn' de tiel lieu q'il n'y ad nul tiel lieu en sa vaillie RParl* II 141a; **1366** ~ire faciatis coram vobis vel duobus vestrum .. tot et tales tam milites quam alios probos et legales homines de balliva sua, per quos rei veritas in premissis melius sciri poterit et inquiri *Ib.* II 291b; **1376** *et le brief de* ~ire facias *tut outrement servy solonc ce qe l'issu demande Ib.* II 350a; **1531** *wherapon they have pursued severall* ~ire facias *SelPlStarCh* II 189.

3 to come (to a position or sim., also transf. or fig.). **b** (*~ire ad manum* or sim.) to come into the hands or possession (of). **c** (*~ire ad mentem* or sim.) to come to (one's) mind *etc.*

non ~iet super nos malum [*Jer.* xxiii 17] GILDAS *EB* 82; Domini nutu dispositum esse constat ut ~iret contra improbos malum BEDE *HE* I 14; jam .. vinum novum in utres novos ~erat, cum apostoli non in vetustate litterae sed in novitate spiritus Dei magnalia resonarent *Id. Apoc.* 948A; **1107** omnes illae benedictiones quas mihi oratis in litteris vestris ~iant etiam super caput vestrum ANSELM (*Ep.* 407) V 353; sub lingua sunt illa que non adhuc ~erunt ad linguam. ideo dicit 'sub lingua tua' quasi diceret 'in cogitationibus tuis' AILR. *Serm.* 23. 20. 325D; **1365** finis inter H. R. .. et J. H. .. de uno messuagio. .. sed nota quod hic fiebat per viam morgagii, ideo non ~it in filacione quia quieta *Reg. Rough* 172. **b** c**770** ceterum libros cosmografiorum necdum nobis ad manum ~erunt nec alia apud nos exemplaria nisi picturis et litteris permolesta (*Lit. Archiep.*) *Ep. Bonif.* 124; cum ~erit in manus aliquorum qui magis sunt intenti reprehendere quod audiunt quam intelligere ANSELM (*Ep.* 83) III 207; in eminus positos spumas jacere, quicquid ad manum ~isset vice tormenti rotare W. MALM. *GP* V 261; **1378** habent diem ad ostend' que bona et catalla pred' Joh' ~erunt ad manus Johannis Tours coronatoris, et ad cujus manus residuum devenerit *Hal. Durh.* 149. **c** haec paucula quae ad memoriam ~erant carptim et cursim congessimus ALDH. *VirgP* 22; si ad vestram jam ~it (sicuti est aut ~turum est) notitiam per alium nescio ANSELM (*Ep.* 126) III 267; ut si ~it in memoriam, aut statim aut suo tempore illud velit *Ib.* (*Praesc.* 11) II 279; sic est affectum ad volendum somnum .. ut cum ~it in mentem velit illum suo tempore *Ib.*; tunc ei ~it in mentem, quod olim sancte Agneti quendam hortum abstulerat ALEX. CANT. *Mir.* 46 (I) p. 250; miratur dominus meus cur tibi vel in mentem ~erit ut Anselmum juberes resaisiri W. MALM. *GP* I 54; c**1200** ad universitatis vestre volo ~ire noticiam me concessisse .. *Ch. Chester* 319.

4 (of route or sim.) to come, run, lead.

1212 ab orientali parte semite que ~it de L. et vadit per transversum bosci usque ad boscum Rogeri de D. *Cart. S. Nich. Exon.* f. 48v; vena .. ad cor cum ~it in rectitudine diafragmatis transmittit ramos ad ipsum nutriendum *Ps.*-RIC. *Anat.* 44 p. 33; quidam .. vir .. habebat villam prope monasterium sancti Moedhog, cujus ager ~iebat ad rivum fontis sancti (*Maedoc* 27) *VSH* II 151.

5 to come (from origin, source, or sim.). **b** (gram.) to derive (from).

prius hoc obtulit Melchisedech quam illud Abram vel qui ex eo de stirpe Levi ~ere pontifices BEDE *Gen.* 152B; lanuinum [pirum], eo quod ~iant spisse sicut lanugo OSB. GLOUC. *Deriv.* 197; hic subsolanus .. i. ventus ab oriente ~iens *Ib.* 528. **b** accusativus, si '-as' fuerit terminatus et a genetivo singulari ~erit '-os' finito, corripitur, ut 'arcados arcadas' BEDE *AM* 104; si vero 'i' ante '-tus' habuerit, ubique penultima corripitur, nisi ~iat a verbis quarte conjugationis ABBO *QG* 4 (10); si a nominativo in '-on' terminante ~irent *Ib.* 16 (34); componitur quoque curro percurro .. et precurro .. et circumcurro .. a quibus nihil ~it OSB. GLOUC. *Deriv.* 92; talus .. quod aliquando dicitur pro extrema parte pedis, et tunc inde ~it hic et hec talaris et hoc talare *Ib.* 584.

6 to appear on the scene, come along, arise; **b** (w. ref. to consequence, in quot., of event). **c** (of state of affairs or sim.) to come about.

1094 nec si alius rex me vivente ~erit, concedet mihi nisi quod tenentem inveniet ANSELM (*Ep.* 176) IV 59; c**1155** Willelmus comes Northumb' .. omnibus hominibus suis .. qui sunt et qui ~turi sunt, salutem *Regesta Scot.* II 3; omnes homines quos nobiscum adduximus aut post nos ~erint (*Leg. Will.* 3) *GAS* 490; vento prospero ~iente abierunt (*Brendanus* 34) *VSH* II 282. **b** id, quamquam fatuis risum imperasset, monachis tamen in immanem dolorem ~it W. MALM. *GP* V 275. **c** impleat ipse Dei qui vult sua vota venire ALCUIN *Carm.* 62. 6; neve repente tibi veniat praefortis egestas *Ib.* 97. 20; Christus et se ostendit et Patrem ostendit, et de Judaeis quid esset ~turum *Id. Exeg.* 856C; per eas .. temporum vicissitudines hominum et animalium ~ture previdentur infirmitates PETRUS *Peripat.* 99; quoniam non debemus facere mala ut ~iant bona ANSELM (*Ep.* 311) V 237; quam libere arguat vitia jam in gente Anglorum inolevisse que Alcwinus timebat ~tura esse W. MALM. *GR* I 79; ut intelligeret et sciret que in novissimis diebus populo suo essent ~tura ANDR. S. VICT. *Dan.* 110; pauperies, si leta venit, tutissima res est WALT. ANGL. *Fab.* 12. 31; s**979** predixit ei beatus Dunstanus .. ea que de ipso ~tura erant M. PAR. *Maj.* I 471.

7 (of time) to come, arrive. **b** (fut. ppl. as sb. n., esp. pl.) the future.

ecce dies Domini ~iet crudelis et indignationis plenus [*Is.* xiii 9] GILDAS *EB* 44; cum .. ~iret hora ipsius ut transiret ex hoc mundo ad Dominum BEDE *HE* IV 3; o inclite juvenis ~turique evi inscius BURGINDA 10; sanctique Suuithuni / optantes toto sollempnia corde venire WULF. *Swith.* I 895; quia ~turum est tempus tenebrosum et dies in quibus arguantur preterita vanitatis ANDR. S. VICT. *Sal.* 135; **1166** nescitis quid pariat ~tura dies J. SAL. *Ep.* 185 (184); a festo Omnium Sanctorum proxime ~turo usque ad annum GIR. *JS* III p. 190. **b** quis .. profetarum ~tura vaticinantium ALDH. *VirgP* 21; intelligendum est eum .. non predixisse ~tura sed verba jactantie protulisse (AILR. *Serm.*) *CC cont. med.* IID 151; vel mysteria loquens, vel occulta patefaciens, vel ~tura prenuntians AD. SCOT *QEC* 832A; heu mens hominum ~turi nescia! GIR. *PI* III 21.

8 to come (to stage or thing in progression).

798 et ut ad rem ~iam ac ignorantiae fomentis caput percussi medicari incipiam ALCUIN *Ep.* 145; pars magna domus Heli ad virilem aetatem ~iens mortua est BEDE *Sam.* 517D; ne ad mortem ~iens tanto adfectus dolore aliquid indignum suae personae vel ore proferret *Id. HE* IV 11; perque dies multos valido crescente dolore / venit ad extremum confecto corpore finem ALCUIN *SS Ebor* 616; ~iam ad hoc quod me non parum contristat, si verum est ANSELM (*Ep.* 159) IV 27; sane quid ejus tempore de primatu duorum metropolitanorum .. sit vel justitie surreptum vel violentia presumptum, dicam cum ad ordinem ~ero W. MALM. *GR* V 445; cum ad istos qui modo dissident ordine ~ero, non habebo necesse ostendere que pars veritate nitatur *Id. GP* I 28; archiepiscopus .. Remensis Robertum comitem tenerrime diligit, et liberos ejus; unde timeo ne amicos hujusmodi, cum ad id ~tum fuerit, facile fortuna excutiat J. SAL. *Ep.* 138 (144); et sic mutando descensionem vel ascensionem nunc cum uno nunc cum reliquo, donec ~iat ad finem GARL. *Mus. Mens.* 16.

9 to have recourse (to), come (to the use of).

~itur ergo ad virtutem miraculi ut de nocte in qua erant eruerentur *V. Birini* 10; tandem animati ad manus ~iunt, congressuque superiores Cedwallam in terga vertunt W. MALM. *GR* I 14; nichil tunc de solita magnanimitate ausus, antequam in manus ~iretur terga ostendit *Ib.* III 231; Malcolmus, antequam ad manus ~iretur, se dedidit *Ib.* III 249.

10 to come (into, w. ref. to possession or status).

postquam ipse comes ad hunc honorem ~it *DB* I 138va; ipse Nigellus inde saisitus fuit postquam ad honorem ~it *DB* I 214ra; †**1093** (11..) que omnia confirmavit Nigellus de B. ~iens in hereditatem *Ch. Chester* 3 p. 5; c**1201** R. C. quesitus quomodo ipse ~it ad quoddam pallium et j napam que W. le B. dicit sibi furto fuisse sublata *SelPlCrown* 79; **1232** talliagium quod oporteret quod facerent quolibet anno si vellent ad firmam illam ~ire *KR Mem* 11 m. 7.

11 to come (into condition, situation, or sim.). **b** to come (under or into process or sim.). **c** (w. pred.) to become.

ubi res ~iret in dubium BEDE *HE* I 1; nam si cognoverit me scire, absque dubietate in immensam tristitiam et fortassis debilitatem ~iet ob verecundiam mei ALEX. CANT. *Mir.* 30 (II) p. 218; dum idem ad virile robur ~isset ORD. VIT. III 2 p. 19; **1230** qui ~erunt ad fidelitates domini regis *Pat* 405; **1276** noluit ~ire ad pacem domini regis *SelCCoron* 37; **1308** [si] misericordia praedicta versus ipsum abbatem vel successores suos ~erit in demanda, et pro eadem distringantur *FormA* 360; **1486** dicte grangie non ~erunt ad utilitatem consuetam sicut alias ~erunt *ExchScot* 431. **b** s**1175** quicquid ministri regis .. a preteritis tribus annis .. esculenti vel poculenti causa receperant, ~it in ratiocinium DICETO *YH* 404; **1549** quum pensionarii non residentes per ordinarios ~iant privandi *Conc. Scot.* II 108. **c** se ipsum famulum Christi ~turum fore, si in crastinum vitam servasset, devovit FELIX *Guthl.* 18.

12 to come (as possession, responsibility, obligation, or sim.).

689 (13c) de terra juris mei quae mihi ex propinquitate parentum meorum ~it *CS* 73; de supradictis hagis habet Rannulfus clericus iij hagas .. et inde habet .. Rann' sacam et socam nisi commune geldum in villa ~erit unde nullus evadat *DB* I 30ra; aut eum occides, aut omnia peccata mundi ~ient super te? ANSELM (*CurD* II 14) II 114; c**1102** notum vobis sit quod .. hae terrae Saltvude et Hetha ~erunt mihi in dominium *Ib.* (*Ep.* 475) V 423; **1228** liberavit omnes obvenciones ~ientes ad dictam ecclesiam .. Elye servienti de Heingtone per talliam *Feod. Durh.* 261.

13 (*~ire contra*) to contravene.

s**673** quisquis .. contra hanc sententiam .. quoquo modo ~ire, eamque infringere temtaverit BEDE *HE* IV 5; **679** quisquis contra hanc donationem ~ire temptaverit sit ab omni Christianitate separatus *CS* 45; contra sacramentum coram nobis antea prestitum, tam sic jurando quam appellando, manifeste ~erunt GIR. *SD* 134; nisi vellet ~ire contra regni antiquas consuetudines M. PAR. *Maj.* III 105; **1313** promittens contra predictum assecuramentum non facere vel ~ire *RGasc* IV 977; quod magna carta et carta de foresta .. servarentur ad unguem, et quod ~ientes contra, etiam si essent officiarii regis, punirentur AD. MUR. *Chr.* 119.

veniresia [? cf. ME *venerie, veniri*, AN *venerie*], ? hunting lodge or ground.

1419 Johanni Janyn, vallato comitisse Kancie presenti domine regine cum uno *panyer* fructuum de ~ia vocata Petyes apud Rederhithe (*KR Ac*) *JRL Bull.* XXVI 87.

venisonus v. venesonus.

venitarius [CL venite *pl. imp. of* venire *as opening word of* Psalm. xciv +-arius], (*liber ~ius*, also as sb. n.) music book containing invitatories.

1287 sit in qualibet .. ecclesia .. psalterium, ordinale, ~ium, ympnarium, collectarium (*Stat. Exon.*) *Conc. Syn.* 1006; **1298** item unum ~ium cum legenda S. Fidis et ympnarium, cujus principium est 'incipit passio S. Fidis' *Hist. S. Paul.* 336; **1342** domus rectorie .. et cetera ad rectorem loci pertinencia .. sunt competentes, excepto uno libro qui vocatur capitularium, collectarium, et ~ium, qui est insufficiens (*Visit. Totnes*) *EHR* XXVI 113; **1342** legenda insufficiens, ~ium, ympnarium, collectarium, capitularium insufficiens (*Visit. Totnes*) *Ib.* XXVI 115; c**1350** ponat [candelam] super gradum chori cum libro ~io, ita quod ante incepcionem invitatorii lumen sit ibi *Mon Exon* 273 (cf. (*Invent. St Mary's Scarborough*) *Arch.* LI 66: **1434** unum librum vocatum Venite *boke*).

†**venivivus,** ? *f. l.*

ave, caste nacta prolem, / supergressa sola solem / †veniviva [v. l. feminina] specie WALT. WIMB. *Virgo* 87.

venna [OF *vanne* = *sluice-gate*], fish-trap closed by a weir.

1155 duas masuras terre in villa de Duno .. et preterea quicquid eis rationabiliter datum est, scilicet: ex dono regis Willelmi secundi duas bennas apud Boscum Rohardi, solutas et quietas ab omni exactione *Act. Hen. II* I 99.

venosa v. vinosus.

venosus [CL], full of veins.

est .. epar quedam substantia .. plurimum ~a, et tamen arterias paucas .. continet Ric. Med. *Anat.* 225.

vensica [cf. CL vesica], (in gl.).

~a, vesica quia non est sine vento Osb. Glouc. *Deriv.* 627.

1 Venta [CL Venta Belgarum], Winchester (Hants).

huic in civitate ~a, quae a gente Saxonum Vintancæstir appellatur, sedem episcopatus tribuit Bede *HE* III 7; explicit ad cunctos generalis epistola fratres, / qui domino Vuenta famulantur in urbe venusta Wulf. *Swith. pref.* 394; illam .. in Wentam civitatem suscepit *G. Steph.* 58; Wyntoniam urbem constituit rex Rudhudibras predictus, quam vocavit Caerguent, que postmodum ab Anglis dicta est Wenta [ME: *Englisch men cleped hit Went*] sive Wynecestria Higd. I 47.

2 venta [AN *vente*], sale.

1195 de ~a caabli ejusdem foreste *RScacNorm* I 153; **1211** in saccis et ~a *Pipe Wint.* 75.

3 venta [? ME *vaunt* = *boast*, cf. AN *vanter*], joke, jest, or *f. l.*

subjunxit etiam ~am [*sic* MS] qua [MS: †quam] circumstantes ad risum commovit, quod sicut laici et populi Wallie fures et raptores erant rerum aliarum, sic et episcopi Walenses ecclesiarum Gir. *RG* I 7.

†ventaclio, *f. l.*

?**1466** quelibet precaria de xiiij carucis et quelibet caruca cum ij hominibus capientibus cibum sufficientem et non ad assisam cum †ventaclione [MS: jentaculo] in campis *MinAc Wistow* 94 (=*Ib.* 96).

ventaculum v. ventailla.

ventagium [AN *ventage* = *gust of wind*], (act of) winnowing (corn).

1266 in carriagio lx celdrarum bladi de Sproustoun et xx celdrarum de Macuswell, cum vapulatione et ~io *ExchScot* 28.

ventailla [AN *ventaille*, ME *ventail*, cf. CL ventus], **~ellum, ~aculum**

1 ventail (part of helmet or its fittings).

armatus affuit, competencie sue caballum insidens; oculi sui super lorice ~acula accensarum similes lampadarum Map *NC* III 2 f. 36v; **1380** duodecim bacineti cum ~alibus et aliis, precium xviij li. *Exch Scot* 654 *n.*; **1387** in uno *basinet* cum ~ale et coopertorio pro eadem *Ac. Durh.* 134; **1414** lego Semanno C. unum *basnet* optimum cum uno ~ello *Reg. Cant.* II 14.

2 ? louvre, opening for ventilation.

1223 in una coquina et una ~ailla faciendis apud Wudestok' *Cl* 576a.

3 fan (*cf. et. vannus, ventilare*). **b** winnowing fan.

fabrica .. in j molare empto iij s. ix d. in vantella empta ix d. in corio ad folles emendandas xiij d. *Ac. Beaulieu* 265. **b** cellarium cum bracino .. in ij ulnis canabi ad vantellas vj d. ob. .. in sportis et vannis emendandis vj d. *Ac. Beaulieu* 234; **1306** in ij novis cribris .. ij ~ell' et iiij novis saccis *MinAc* 1079/17 r. 10*d.*; **1306** in ij novis ~ell' de stramine *Ib.* 1079/17 r. 11*d.*

ventale v. ventailla.

ventalis [CL ventus+-alis, cf. ventilis], **~ualis,** of or pertaining to wind, (in quot., *molendinum ~e*) windmill.

1268 in paella mol[endini] ~ual' removend' et inponend', vj opera *MinAc* 991/16; **1303** molendinum ~ale quod valet per annum xx s. *IPM* 109 m. 2.

ventare [CL ventus+-are], to winnow (*v. et. ventilare*).

uxores eorum [sc. bovariorum] ~ant bladum curie per totum annum *Chr. Peterb. app.* 163; **1222** debent .. flagellare semen de frumento et ~are ad horreum domini *Dom. S. Paul.* 47; **1270** in xlvij quarteriis frumenti triturandis et ~andis ccxxx opera *Ac. Stratton* 37; **1276** in xxiiij quar. iij bus. avene triturandis et ~andis xxiij d. *Cuxham* 165; ipsius [sc. androchie] etiam interest ~are, vannare, vel ballare *Fleta* 173.

ventaticus [cf. ventare, CL ventus], ? of or pertaining to wind (in quot. in name of plant).

capillana similis est stringno ~o in foliis *Alph.* 29; morelle species quedam dicitur solatrum mortale, cujus flos est niger et fructus rubeus. est et aliud solatrum ~um *SB* 30.

ventator [ventare+-tor], winnower.

tabula quantitatis mercedis mercenariorum: in hieme .. minatores carucarum, ~ores, subcarectarii, quilibet eorum recipit xvj d. *Ac. Beaulieu* 318.

ventatorium [ventare+-torium], ? place or apparatus for winnowing (*v. et. ventilabrum* 1, *ventilarium*, but ? *cf. et. ventifuga*).

12.. quilibet prepositus ad ~ium fideli mensura faciat mensurari [bladum] eodem bussello probato quo venditur bladum ad mercatum vel ad alium locum transfertur, et ad ~ium fiat tallia inter prepositum et illum qui ad talliandum contra eum deputatur, et sit ibi unum ~ium de bordo sufficientis amplitudinis *Cart. Glouc.* III 216; **1306** in xviij ulnis grosse tele empt' ad unum ventator' *MinAc* 1079/17 r. 3*d.*; **1306** in .. iij vangis et iij furcis .. de merem' domini fac' cum bord' ad j ventator' et clav' ad idem emp' et eodem ~io emendando *Ib.* 1079/17 r. 4.

ventella, ~um v. ventailla.

venter [CL]

1 belly, abdomen; **b** (anat.); **c** (as containing the stomach and digestive and excretory systems, also fig.); **d** (as containing the womb); **e** (as var. dist. in application from *alvus* and *uterus*); **f** (as seat of feeling, emotion, or sim.).

[homo in Asia natus] pedibus et ~re fuit genitori compar sed tamen duo pectora, quattuor manus, et bina capita habuit *Lib. Monstr.* I 8; precepit episcopus urbis / ferreus ut ventrem constringeret acriter omnem / circulus Wulf. *Swith.* II 269; ~er ejus .. nec altitudine intumuit .. nec .. tamen emarcuit, sed magis artubus ceteris complanabilis exstitit R. Cold. *Godr.* 201; s**1189** abductus est, pedibus ipsius sub ~re jumenti camo colligatis Gerv. Cant. *Chr.* 473; [martinete] albo .. ~re, nigroque dorso hic degenerant .. in aliis regionibus ~re rubicundo Gir. *TH* I 18; serpit supra ~rem Bacon V 134; **1309** in recepcione fratrum [sc. Templariorum] .. recipiens .. et receptus aliquando deosculabantur se in ore, in umbilico, seu ventre nudo, et in ano, seu spina dorsi *Conc.* II 331b. **b** sunt duo ~res sibi conjuncti a natura preparati, superior et inferior, quos separat diafragma *Ps.*-Ric. *Anat.* 24; si stomacus est ~er superior, nisi extendendo nomen ad omnem concavitatem, quia tunc ~er superior est vacuitas pectoris et stomacus ~er medius et circa umbilicum ~er inferior Gad. 30. 2. **c** qui serviunt non solum ~ri, sed diabolo potius quam Christo Gildas *EB* 26; tristis abit senior jejuno ventre poeta Alcuin *Carm.* 40. 5; ~er meus infirmus est nimis et stomacho meo insanabile est plus gustare quam poterit portare Ælf. Bata 4. 10; nichil .. ita obruit animum ut plenus ~er .. in ructus vel in crepitus ventorum efflatione respirans J. Sal. *Pol.* 728A; sacrista graviter .. constipatus, dum nature ~er non responderet, graves ~ris sustinebat tortiones T. Mon. *Will.* IV 9; nam aures ejus conclusse sunt sine auditu et .. ~er ejus conclussus est sine effusione urine (*Comgallus* 56) *VSH* II 20; qui Jonam prophetam in aridam de ~re belue marine vivum projecit (*Fechinus* 12) *Ib.* II 80; fluentem stringit ~rem *Alph.* 136. **d** desiderabilis beato ~ri qui portavit Bede *Cant.* 1171D; jurante Domino David veritatem de fructu ~ris ejus sedere super sedem ejus *Id. Chr.* 475; hic electus erat matris de ventre tonantis Alcuin *Carm.* 90. 15. 3; ~rem nulla corrumpi juste putredine, qui nulla umquam aculeatus sit libidine W. Malm. *GP* II 87; quarundam [equarum] ~res fetibus protument, alias editi fetus obeunt .. sequela inseparabilis W. Fitzst. *Thom. prol.* 11; cum ~er ejus ad partum ingemuerit catuli .. corrosis ejus lateribus erumpunt *Best. Ashmole* f. 79; si .. petat se mitti in possessionem bonorum nomine ~ris Bracton f. 68b; **1273** oportet narrare .. de masculo de primo ~re usque ad eos de proximo ~re *EE Law Rep.* I 16; a**1350** dum puelle venter intumuit *Vers. Cant.* 13. **e** alvus virorum recte dicitur; uterus mulierum; ~er in utroque sexu Bede *Orth.* 12; notandum quod alvus et ~er et uterus non eundem sensum habent licet pro eodem accipiantur; alvus .. dicitur receptaculum illud in quo sordes sunt .. ~er .. est pars ejus interior .. uterus .. proprie ad sexum refertur femineum Osb. Glouc. *Deriv.* 34; *a wambe*, aqualiculus, cilia, ~er viri est, uterus femine pregnantis, alvus de utroque dicitur, et alvus virginis est, alviolus, ventricolus *CathA*. **f** sanctus Augustinus, e cujus in orbem flumina ~re fluent aquae vivae [*Joh.* vii 38] *V. Greg.* p. 101; turbata est .. virtus prophetae, et contremuerunt ossa, expavit ~er Bede *Hab.* 1250C; ~rem suum more prophetis consueto animum suum dicit, quia sicut ventre recipiuntur cibi, quibus virtus ac vita corporis reficiatur, ita cogitationes piae sancto recipiuntur in animo *Ib.* 1249D; nihil mali ei faciatis, quia per animam ~ris mei magis sum letus de ista dorsata quam mihi dedit quam si mihi magnam pecuniam dedisset *BR Will. I* 2.

2 belly of fur.

1235 dedit .. j furr' de var' et xxviij ventr' *Chanc. Misc.* 3/3; **1327** forura de menivero de octo tiris haberet centum et viginti ~res .. forura de bisso de septem tiris, sexaginta bestias *CalPat* 34; **1346** ~ribus de *meniver CalCl* 20; **1406** ad unum gounum .. furrur' cum *minever* pur' .. xxxij tymbres xxvj ~res *minever* pur' (*KR Ac*) *Arch.* LXVII 174; **1416** ij furruras, utraque de ccc ~ribus menevr' pur' *Foed.* IX 335a.

3 (anat.) ventricle, chamber.

in ipso [sc. corde] sunt duo ~res .. et duo sunt ei ~res ut sint receptacula duo nutrimenti duplicis *Ps.*-Ric. *Anat.* 23; cerebrum dividitur in tres substantias, sc. in velatam, medullarem, et ~res plenos spiritu *Ib.* 41 p. 27.

4 central part (of thing, esp. applied to inner recess or sim.), belly.

micans de bisso culmina tumbae / vestis contexit, cujus quae nescio sancti / membra dicata sui tenuit sub viscere ventris Æthelwulf *Abb.* 741; ampulla modo demisso ~re, modo obliquato sinu totiens vacuata .. inventa est plena plus medio W. Malm. *GP* I 66; in ~re terre sunt saxa sulphuris vivi M. Scot *Part.* 296; et tunc pro mille scribunt alpha cum titella in ~re .. sic α- Bacon *Gram. Gk.* 80; **1306** j balista de *viz* de ifo cum ~re de *baleyne KR Ac* 3/23; **1389** habeant unam pulcram candelam cere .. ardentem coram alta cruce in ~re matricis ecclesie Lincoln' *Guild Cert.* 41/160.

5 recto, front side (of parchment).

1264 et est comitissa dotata in forma qua continetur in ~re istius rotuli *Cl* 408 *sched. dorse*; **1580** plus in ~re rotuli pendentis sequentis *KR Mem* 378.

6 (*~er apis*) milfoil, yarrow (*Achillea millefolium*).

c**1300** ~er apis, G. *milfoyle*, A. *yarow MS BL Addit. 15236* f. 8v; c**1300** ~er apis, *millefoyl, yarou Ib.* f. 186v; millefolium majus, supercilium Veneris, centifolium, ~er apis idem, ut supra *Alph.* 118; ~er apis, millefolium, centifolium, supercilium Veneris idem, A. *nosebledles Ib.* 190; supercilium Veneris, ~er apis, mille folium, *yarws MS Univ. Libr. Camb. Dd 10. 44* f. 111va.

venterarius v. venturarius.

venteria [cf. ventare], winnowing.

quotiens trituraverit pro dayua, habebit paleam que exit a ~a dayue sue *Cust. Bleadon* 205.

ventericius v. ventricius.

venterinus [CL venter+-inus], **~trinus,** of or pertaining to the belly.

hec ~terina, -e, i. bestia que fert onus circa ventrem Osb. Glouc. *Deriv.* 604; ~terina, bestia que fert onus supra ventrem *Ib.* 623; usibus diligenter insistunt ~trinis, perquirunt mulieres, ut eorum liberi accuratius sedeant vel stent in plateis Hon. *Eluc.* 1132A.

venticius [ventus+-icius], **~us,** of or pertaining to wind, (in quot. *molendinum ~ium*, also as sb. n.) windmill.

1196 de duobus molendinis ~iis .. extra villam de Novo Castello *Fines P. Ric. I* 1; **1279** de quo tenemento .. tenet in dominico j molendinum ~um *Hund.* II 334a; **1300** de dicta cruce usque ad molendinum ~ium extra villam de Dewyswelle *Reg. Heref.* 374; **1384** ipsi sex messuagia, unum molendinum ~um, sexaginta et duodecim acras .. dederunt *Ib.* 49; **13..** non fuit in patria .. molendinum ~ium sive aquaticum alicujus valoris (*Pipewell*) *MonA* V 435a; molendinum insuper ~um de Waghna fecit reparari *Meaux* III 273n; *a wynde mylne*, molendinum ventiticum *CathA*; ventitricum, A. *a wyndmylle WW*.

venticus v. venticius. **ventifica** v. ventifuga.

ventifuga [CL ventus+fugere+-a], (in gl., *v. et. ventilabrum* 3, *ventilagius* 2, *ventilamen*).

screne, scrinium .. ~a, -e fem. *PP*; *spere, or screne*, scrineum .. ~a *PP*; partes domus .. hec ventifica, *a screne WW*.

ventigina [? cf. CL venter], (in gl.).

sound of a fysh, ventigina, -e fem. *PP*.

ventilabrum [CL]

1 apparatus, esp. fan or basket, for winnowing (also fig.).

ubi operantes invenit fratres, solebat eis confestim in opere conjungi, vel aratri gressum stiba regendo .. vel ~um manu concutiendo Bede *HA* 8; at pia ventilabro Christi sententia justo / efflavit paleas [cf. e. g. *Matth.* iii 12] Frith. 1119; asserens non id leviter aut subito fieri debere, sed et discretionis prius ~o sollicite discutiendum, et callido omnium consilio utrum fieri deberet sapientissime investigandum *G. Steph.* 4; **1169** jam .. securis ad radicem eorum posita est et ~um habet angelus in manu sua ut grana discernat a paleis J. Sal. *Ep.* 288 (290); **1211** in iij ventila[b]ris j corbella xvj d. *Crawley* 198; **1326** expensa minuta .. in j ~o empto xx d. (*Comp. Michelmersh*) *Ac. Man. Wint.*; **1392** R. W. .. non detinet ei j ~um *CourtR Ottery St. M.* m. 65; **1449** utensilia. et de iij carucis .. j ~o precium xij d. ij saccis precium inter se xiiij d. *Crawley* 485; nomina rerum pertinencium uxori .. hoc ~um, *a wyndyllynge WW*; hoc ~um, *a scotylle WW*.

2 fan (for circulating air, also in fig. context).

1169 quo modo ergo cum Abraham potero abigere easdem muscas contaminare volentes illibatum Domini sacrificium, nisi facto ~o de autenticis scripturis quo vel feriantur vel saltem effugentur? Becket *Ep.* 473; mulieribus solum, et his non oris flatu, sed follibus tantum et ~is, ignem licet exsufflare Gir. *TH* II 36; fidei fervor qui jam refrixerat ut igne caritatis reflamascat, signis recrebrescentibus et prodigiis, tanquam follibus quibusdam et ~is, exagitetur *Id. Invect.* 198.

3 ? screen (*cf. ventifuga*).

1391 marescalcia. pro emendacione duorum ~orum pro thorali, x d. *Ac. Durh.* 597.

ventilagius [cf. CL ventilare]

1 of or pertaining to wind, (in quot. *molendinum ~ium*) windmill.

1279 idem dominus Johannes habet j molendinum ventilag' *Hund.* II 666b.

2 ? screen (*cf. ventifuga*).

1331 canubium .. pro fenestralibus camere regine, xx ulnas .. et pro ~io camere regine, iiij ulnas *Exch Scot* 390.

ventilamen [CL ventilare+-men], ? screen (*cf. ventifuga, ventilabrum* 3, *ventilagius* 2).

1433 expensa minuta .. in ix ulnis de canabo emptis pro ~ine inde habendo, iij s. ix d. (*Comp. Chilbolton*) *Ac. Man. Wint.* (cf. ib.: **1406** ventulamen).

ventilare [CL]

1 to blow or fan a draught or current of air on (also fig.). **b** to blow or fan (air) to create a draught or current. **c** to spread, disperse, or dispel by blowing (also fig.). **d** (in gl.).

hoc .. significat dicendo ut generosum ejus ignem gratia Sancti Spiritus incipiat ~are Bede *Cant.* 1069A; vide .. ne qualibet occasione timor Dei quem concepisti tepescat; sed semper quasi indeficienti studio ~atus in dies fervescat Anselm (*Ep.* 2) III 100; estrum insidebat collo vel manui sue, quod cum ille diutius manicis cuculle sue ~ando conaretur effugare .. nec prevaleret casu .. illud interemit J. Furness *Walth.* 40; cum corporalibus que manibus gestabat oculos cece illius ~abat, et ex calice quoque stillas infundens, ait ei, "surge" Gir. *Hug.* III 3. **b** cum .. motum caloris esse causam indubitabile sit, cur ad frigiditatem faciendam aer flabellando ~etur, ~ando moveatur, ratione nutante dubitabile fit Adel. *QN* 34. **c** ingens spiritus suavissimorum aromatum velut a pectore et ore dormientis Augustini exsiliit, longeque ~atus, omnes .. dulcedine replevit. Gosc. *Transl. Aug.* 18A; gaudeo .. quod a memoria vestra me non ~avit oblivio, sed me vestro reservatis in pectore D. Lond. *Ep.* 2; in his denique velut in cornu aut tuba bellica ~ent [l. ~ant] et exsufflant omnes inimicos suos J. Ford *Serm.* 55. 8; paupercula olim a spiritu furoris Domini [in] omnem est ~ata regionem, sed sicut scriptum est: 'qui dispersit Israel, ipse et congregabit eum' *Ib.* 62. 4; etiam in sacris omnibus tres iste compurgationes sunt. nam aut teda purgantur vel sulphure, aut in aqua abluuntur, aut in aere ~antur; quod in sacris Liberi patris fieri consuevit Alb. Lond. *DG* 6. 18. **d** ventus .. unde ventosus .. et ~o, -as, i. dispergere Osb. Glouc. *Deriv.* 604; ~are, dispergere, dilapidare *Ib.* 623.

2 (intr., of moving air) to blow.

hic canit omnis avis, dum ventilat aura suavis Greg. Eli. *Æthelwold* 6. 9; pro Borea Zephyrus, pro vento ventilat aura Gir. *Symb.* II 1 p. 347.

3 to winnow.

tantum mansit humilis, fratrumque simillimus aliorum, ut ~are cum eis et triturare .. gauderet Bede *HA* 8; omnes .. tunc volabunt cum area dominica coeperit ~ari in die judicii *Id. Ep. Cath.* 94C; ?**1219** in vij ulnis de *kanevaz* ad ~andum bladum xiiij d. (*Chanc. Misc.*) *Househ. Ac.* 120; 'in hac nocte', id est in presenti, ~atur area ordei, quando granum, id est spiritualis intellectus, a palea littere elicitur S. Langton *Ruth* 110; **1279** in substraccione granarie eo quod triturabant in yeme et iterum ventulabant ij quarteria vij busselli *Ac. Stratton* 223.

4 to toss in the air (also fig.).

antiqui hostis certamina obtundere et superare debemus dicentes cum propheta domino, 'in te inimicos nostros ~abimus cornu' [cf. *Psalm.* xliii 6] Bede *Tab.* 488D; si potero intelligere, gratias agam; si non potero, non immittam cornua ad ~andum sed submittam caput ad venerandum Anselm (*Incarn. A* 4) I 283; ipse cervus emissarius .. cervinis quibusdam cornibus Ananiam et Saphiram ob avaritiam impetens .. his cornibus Simonem Magum ab oriente in occidentem ~ans (Ailr. *Serm.*) *CC cont. med.* IIB 225; de puero quem taurus cornibus ~avit W. Cant. *Mir. Thom.* III 37 *tit.*; Christi, .. cornibus crucis ~ans inimicum P. Blois *Serm.* 574B.

5 (intr.) to blow in the wind.

diabolus in effigie hominis antiquissimi peregrini, barba prolixa varietate crinium ventilante, appropinquans J. Yonge *Vis. Purg. Pat.* 8.

6 to cause to waver, to blow this way and that.

751 quod promiserunt tardantes non impleverunt; et adhuc differtur et ~atur Bonif. *Ep.* 86; rex .. malorum malo ductus et seductus consilio, fideles suos, quos sanguis nativus flecti non permitteret, pro aliis ~atis postponit M. Par. *Maj.* III 252; Aristoteles dicit Physicorum septimo quod anima non fit prudens et sapiens, nisi sedentur ejus perturbationes. sed iracundus continuis perturbationibus ~atur Bacon *CSPhil.* 409.

7 to expose to public notice, air, broadcast. **b** (*per cornu ~are*, Sc.) to proclaim (person) an outlaw, 'put to the horn'.

vel dicta spiritalia carnaliter interpretando perverse intellegunt vel easdem litteras divinas quasi communes et nulla superna auctoritate suffultas prout volunt ~ant Bede *Sam.* 712D; multi philosophorum qui suam sapientiam buccis crepantibus ~abant Alcuin *Exeg.* 883C; quoniam justitiam Dei ignorabat et ad humanos oculos sub quadam hypocrisis negotiatione omnia sua ventitabat [? l. ventilabat] J. Ford *Serm.* 77. 2; Arture, stulticiam ~as; sapientem te actenus reputabam *Arthur & Gorlagon* 3; s**1295** qui tergiversantes, in patria sua adeptos se fuisse claves castri Dovorie falsiloqui ~arunt *Flor. Hist.* III 95; vulpes ~at ejus avos W. Peterb. *Bell. Hisp.* 99; fama .. Willelmi Wales ubique ~ata tandem ad aures regis Anglie proclamante dampno suis illato pervenit Bower XI 29. **b** c**1519** exules de regno reiciendos fore publice per quemdam officiarium dictum cursorem per cornu ~ari et ut tales denuntiari fecisti *Form. S. Andr.* I 228.

8 to discuss, air, debate (matter, also transf.); **b** (in writing, in one's mind, or sim.).

ubi causa ejus ~ata est .. episcopatu esse dignus inventus est Bede *HE* V 19; **800** nam istum libellum in disputatione quae in vestra veneranda praesentia cum Felice ~ata est praesentem habui Alcuin *Ep.* 202; de quo haec quaestio ~atur Lanfr. *Corp. & Sang.* 423A; afferebat ille tria, ut vel regno secundum conditiones descenderet, vel sub eo regnaturus teneret, vel certe spectante utroque exercitu gladio rem ~arent W. Malm. *GR* III 240; a**1360** quia .. nulla briga .. secundum viam istam ~aretur ad regentes et non regentes nisi forsan ex utraque parte sic brigancium foret paritas vocum *StatOx* 127; vel spectante utroque exercitu rem inter se gladio ~arent Higd. VII 240; **1510** in quadam causa .. coram nobis judicialiter ventulata *Reg. Brechin* II 162. **b** absurdum nempe arbitror si te pertaesum sit affabiliter investigando et ~ando percurrere quod me pertaesum non fuit difficulter commentando et coacervando digerere Aldh. *PR* 142; c**760** Augustinus .. cum sententiam eandem Salvatoris diuturna tractatione ~asset *Ep. Bonif.* 134; nunc regnum Westsaxonum stilus ~abit W. Malm. *GR* I 15; verum Henricus majori pondere rem ~ans, ut nec indebite adunaret pecunias nec nisi debite dilapidaret habitas *Ib.* V 403.

9 (in hunting) to scent or wind (quarry), to perceive by scent carried in the air.

1287 pro putura xx canum de *moat* .. et.. vj leporariorum, qui quidem canes ~arunt cervos et bissas de Suff' in foresta Essex' in festo S. Martini *KR Ac* 351/24 m. 2; s**1312** predam quam diu ~avimus non sine gravi sudore jam cepimus; ridiculosum foret nobis iterum foras querere, cujus gaudemus corporali possessione Trokelowe 77.

ventilarium [CL ventilare+-ium], apparatus, perh. fan or basket, for winnowing (*v. et. ventilabrum, ventatorium* 1).

1155 hec .. sunt instauramenta que recepit cum manerio .. carra iij. ~ia lignea ij *Dom. S. Paul.* 134; **1211** in iij ~iis, j corbellia, xvi d. *Pipe Wint.* 18.

ventilatio [CL]

1 (act of) blowing air (on) or causing or allowing air to blow (on). **b** (act of) breathing, breath.

qua tamen ejus ~one quid in generoso animi sapientis igne agi credat intuere Bede *Cant.* 1069B; quamquam vera dilectio semel accensa semper flagret sine ~onis instantia Anselm (*Ep.* 50) III 163; **1387** [*for washing the mast .. for airing*] ~one [*the sail of the barge, 12 d.*] *Rec. Norw.* II 49; **1563** pro un' carect' de carbon' expend' in vent' rob' et apparat' domine regine intra Turr' *Ac. LChamb.* 56 f. 31. **b** cum eum [sc. aer] ad frigiditatis usum producere volueris, inter labia illisum in frigiditatem ipsa sibili ~one convertas Adel. *QN* 33; quam grave sit, in extrema ~one Deum videre et perdere, a memoria non recessit (*Willelmus*) *NLA* II 455.

2 winnowing.

cum tempus ~onis advenerit, unusquisque ad populum suum convertetur, palea ad paleam, granum ad granum, bonus ad bonum, et ad pessimum pessimus (Ailr. *Serm.*) *CC cont. med.* IID 98; maxima erat festivitas in tonsione ovium et ~one aree S. Langton *Ruth* 110; **1242** in trituratione et ~one bladi vij li. xiiij s. iiij d. ob. *Pipe* 120; **1277** in ventulacione ccclxiij quarteriorum pro v quarteriis j d. vj s. ob. *Ac. Stratton* 205; vides quod simul sunt sub flagello granum et palea, sed in ~one palea eicitur et grana diligenter ad usum hominum colliguntur Rolle *IA* 165; **1360** cuidam mulieri pro ~one xxxij quar. bras. *Ac. Durh.* 563.

3 discussion, airing, debate (of matter).

tandem controversie sue et itineris causa coram ipso Christianitatis summo judice recitata, discussa, et omnimoda ~one ad votum definita Dominic *V. Ecgwini* I 7; s**1095** ferme totius regni nobilitas quinto idus Martii pro ~one istius cause in unum apud Rochingeham coit Eadmer *HN* p. 62; procedit et hec monstruosa .. figmentorum speculatio usque ad ~onem singularium J. Sal. *Met.* 886C; **1214** ~oni cause que vertitur inter nos et .. H .. interesse non possumus *Pat* 124b; ~ionibus causarum seu placitis interesse noluit *V. Edm. Rich P* 1795E.

ventilator [CL]

1 winnower (also fig.).

tu, ~or [*astyrigend*] urbis *GlP* 333; immiscuit eis Dominus spiritum vertiginis, eisque rotam malorum rex sapiens impiorum ~or immittit [cf. *Prov.* (LXX) xx 26] P. Blois *Ep.* 14. 46C; obtinuimus divitias, quas veritas in evangelio damnat, cum quibus ~or impiorum rex sapiens mihi rotam malorum immisit *Ib.* 102. 317B; c**1380** quatuor trituratores et ~or vel ventilatrix venient quolibet anno ad Natale Domini .. apud Whiteley (*Tynemouth*) *MonA* III 319a.

2 one who tosses in the air (in quot. fig.).

nec Aristotiles, quem solum nugidici ~ores isti dignantur agnoscere, fideliter auditur J. SAL. *Met.* 864D; **1166** ipsi philosophie .. curaverimus diligentius inservire, ut simus scilicet potius mandatorum executores quam inanium ~ores verborum *Id. Ep.* 199 (185).

3 one who airs, discusses, or debates (matter).

descendunt ad judicium ecclesiae causarum ~ores; cum episcopis archipraesules; non desunt abbates, vel docti causis forensibus comites HERM. ARCH. 29; legum et canonum potentissimi ~ores presto habent in quamcumque voluerint sententiam declinare judicium J. FORD *Serm.* 77. 4.

ventilatrix [CL ventilare+-trix]

1 female winnower.

1291 in liberacione j porcarii et j ~icis *Ac. Wellingb.* 54; **1351** ordeum .. in vendicione ~icibus ut infra ij ring' ij bu' di' *MinAc Wistow* 64; c**1380** quatuor trituratores et ventilator vel ~ix venient quolibet anno ad Natale Domini .. apud Whiteley (*Tynemouth*) *Mon A* III 319a; **1456** octo servitoribus grangiarum de Sannak et de le Spottis dictis *hynys*, flagellatoribus, ~icibus *ExchScot* 206.

2 one (f.) who airs, discusses, or debates (matter).

non tantum sensuum qui percipiuntur ex verbis sed verborum quoque, ut sensibus catholicis digne congruant ipsosque decenter et congrue vestiant, sollicita observatrix et studiosa ~ix est J. FORD *Serm.* 85. 2.

ventilis [CL ventus+-ilis, cf. ventalis], of or pertaining to wind, (in quot. *molendinum* ~*e*) windmill (*v. et. ventalis*).

1202 unum molendinum ~e quod situm est in illa acra terre *Fines P. Norf & Suff* 330; **1514** molendinum ~e debet edificari *Reg. Merton* 447.

ventilogium [cf. CL ventus, horologium], weathercock, weather vane.

cheruca tamen proprie dicitur ~ium [*gl.: wedirkoc*], quod in Gallico dicitur *cochet* NECKAM *Ut.* 115; s**1261** tecto turris ex fulmine desursum in summitate incenso, comburitur per decensum longitudine circiter xxx pedum, sive, ut quidam asserunt, l. computato ~io *Flor. Hist.* II 473; **1285** j virga ferrea ad ~ium *Fabr. Exon.* 6; **1346** in j pelve empta pro ventilog' emend' .. in factura ejusdem *Sacr. Ely* II 136; **1369** ~ium .. ad cognoscendum ubi demonstrat ventus (*KR Ac*) *Building in Eng.* 235; **1378** ~io dicte navis prostrato quasi inimici manifesti per spacium trium leucarum predictis ligeis malitiose .. *IMisc* 220 no. 7 m. 4; nomina ecclesie nessessaria .. hoc ~ium, *a wedercok WW.*

ventiloquus [CL ventus+loquor+-us; cf. LL ventriloquus], excessive or grandiloquent talker, 'windbag'.

non .. hoc fecisse dicuntur ypocrite, sed Cistercienses aut Cluniacenses aut alii quorum hi ~i et ventriloqui habitum induunt et vitam mentiuntur J. SAL. *Pol.* 695D.

1 ventinula [? cf. CL ventilabrum], basket.

tunc adsumens quandam ~am posuit in ea festucam; quod cum alites prospicerent, velut notato signo inbuti, illic nidificare coeperunt FELIX *Guthl.* 39; festucam in ~a posuit, et sic avibus nidum in sua cella designavit ORD. VIT. IV 15 p. 272.

2 ventinula, (in gl.).

~a, musca OSB. GLOUC. *Deriv.* 627.

1 ventitare v. ventilare.

2 ventitare [CL], to come repeatedly or frequently.

at Osuualdus, multis annis utrique suffitiens episcopatui, magis ad Wigorniam ~abat W. MALM. *GP* III 115; publico clamore pontifex sceleris arguebatur quod ad illum femina ~are et secretius colloqui solita diceretur *Ib.* V 219.

ventiticus, ~titricum, ~tritricum v. venticius.

ventorius [cf. CL ventus]

1 of or pertaining to wind, (in quot.) windpowered, (*molendinum* ~*ium*) windmill. **b** (as sb. f.) wind-power, power by wind, or *f. l.*

a**1285** in bosco et plano, pratis et pascuis .. et molendinis tam aquariis quam ~iis *Melrose* 322; a**1285** aquis, stagnis, et molendinis tam aquariis quam ~iis *Ib.* 323; ?**12.**. ad solutionem decimarum de propriis molendinis tam aquariis quam ~iis (*Bulla Papalis*) *Couch. Furness* I 588. **b 1240** omnes querele mote inter abbatem .. et W. G. tam de molendino ~ie [? l. ~io] quam .. aliis disseisinis [cf. ib.: levare molendinum aquarum] *Cart. Sallay* 465.

2 (as sb. n.) apparatus, esp. fan or basket, for winnowing.

11.. in aula fuerunt .. una scala alta, et due vanni, et due corbille, et unum ~ium, et xx scutelle *Dom. S. Paul.* 137; **1237** ~io facto de merremio episcopi xiiij d. *Pipe Wint.* 11M59/B1/17 r. 9; expensa necessaria .. in panno ad saccas et ~ia empto iiij s. vj d. *Ac. Beaulieu* 115; **1276** computat .. in uno ~io cum ij saccis emptis ij s. iij d. *Banstead* 307; **1279** in j ~io xx d. *Ac. Stratton* 230; **1341** de .. j ~io lign', ij sportis, ij cribris *MinAc* 1120/10 r. 9d.

ventosa [LL], cupping-glass. **b** use of cupping-glass, cupping.

?a**1200** qui .. de ~is vel garsis minui voluerit[*sic*], ante cenam minuuntur *EHR* LII 277; hinc est .. quod ~a seu situla, in qua reponitur arida stirparum materia, igne accensa sanguinem allicit NECKAM *NR* I 19; fiant scarificationes in tibiis et ~e inter spatulas ponantur vel supra renes GILB. I 56v. 1; si quis augistro, quod ab augendo dicitur, et alio nomine ~a a suspirio vocatur, minui voluerit, infirmario indicabit *Obed. Abingd.* 408; ponatur ~a magna super umbilicum per quatuor horas et stringit GAD. 6v. 1; *a ventosynge boxe*, guma, gumis, ~a *CathA.* **b** hora minuendi est in estate et hyeme post offerendam majoris misse .. in Quadragesima post vesperas, sicut de privatis minucionibus, scilicet ut scarificacionibus, ~is, et hujusmodi *Cust. Cant.* 305; *bledyng,* sanguinacio .. fleobotomia .. ~a *PP.*

ventosare [LL ventosa+-are], to treat by cupping.

c**1220** qui .. ~atus fuerit, tantum ea die habebit unam justam de cellario (*Cust. Evesham*) *MonA* II 31; **1240** cuilibet fratri ~ato *Reg. Pri. Worc.* 125b; ~ati singuli singulas sumant cervisias *Cust. Cant. Abbr.* 256; eodem die ~entur nates vel renes GILB. V 232. 2; qui ventusari necesse habent vel garsari *Obs. Barnwell* 202.

ventosarius [LL ventosa+-arius], one responsible for cupping.

c**1048** testes .. de familia monachorum: Rainaldus quocus .. Benedictus ~ius de Marolio castro, Ebrulfus cellararius *CartINorm.* 383.

ventosatio [ventosare+-tio], treatment by cupping.

fiat ~o in proximo fonte GILB. IV 205v. 2; conferunt etiam ~ones super crura et super calcanea ex parte domestica, sc. interiori, que si non conferant vel sufficiant fiant ~ones super cervicem et super spatulas cum scarificacione tenui GAD. 8v. 2.

ventose [CL]

1 by means of wind or air.

inflatas .. buccas dii risisse dicuntur, quia tibia ~e in musicis sonet, et artificiose flexibilitatis vocum proprietate amissa, rem potius sibilet quam musice moduletur ALB. LOND. *DG* 10. 7.

2 in an inflated, exaggerated, or verbose manner.

michi hec placet provintia, ut mala quantum queo sine veritatis dispendio extenuem, bona non nimis ~e collaudem W. MALM. *GR* III *pref.*

ventosia [LL ventosa+-ia], treatment by cupping.

minuciones fieri per fleobothomiam vel ~iam, nullo aliquo alio impedimento existente, perutile est N. LYNN *Kal.* 207.

ventositas [LL *not in sense* 1]

1 windiness (also in fig. context).

1166 fulmina eorum in tonitrua convertentur, et turbo ~atis hujus facile solvetur imbre BECKET *Ep.* 249; apes .. in majori .. copia scaturirent .. si non aeris Hibernici tanta cum humiditate ~as minuta corpuscula tam dispergeret quam corrumperet GIR.

TH I 6; crastina die, hora captata, nullum in aere ~atis signum percipiens, putabat se errasse et mendacium dixisse *Plusc.* VII 34.

2 inflated state, quality of being full of air or other gas. **b** excess build-up of air or other gas in part of body, flatulence (also as released) wind.

sed ecce quam acu modica hujus exploditur tumida vesice ~as! GIR. *Symb.* I 31 p. 321. **b** vir quidam .. qui ~ate intercutanea membrorum omnium officium prepediente vexatus fuerat *Mir. Fridesw.* 57; urina est alba vel quasi egestio i. sepe abundat ~ate M. SCOT *Phys.* 35; omnia legumina sunt nociva, quia sunt ~atis generativa GILB. II 104v. 1; timpanites .. vocatur abusive idropisis .. quia non est nisi pauca vel nulla humiditas, sed ~as GAD. 30v. 1; **1349** quendam de familiaribus dicti episcopi .. subtus imaginem crucifixi ~ates per posteriora dorsi cum fedo strepitu more ribaldorum emittere fecerunt pluries ac turpiter et sonore *Reg. North.* 398; ocitacio fit ex fumo et ~ate musculos gule replente *SB* 32.

3 boastfulness, conceit, inflated or puffed-up self-opinion.

sensu quoque sanior redditus, desinit a ~ate priori GOSC. *Aug. Maj.* 86C; ille de laudis ipsorum ~ate nihil curans EADMER *V. Osw.* 5; pares despiciebat, et superioribus optemperare vana ~ate turgidus indignum autumabat ORD. VIT. VIII 23 p. 406; quanto enim [vera eloquencia] videtur humilior, tanto est alcior; ut non ~ate set soliditate transcendit BACON *Mor. Phil.* 260; capitaneus sume arrogancie ~ate inflatus *Plusc.* X 29.

4 treatment by cupping.

in minutionibus .. et in misericordiis regularibus duo et duo unam justam de cellario, tam ad prandium quam ad cenam; in ~ate vero unam *Chr. Evesham* 220.

ventosus [CL], **~uosus** [LL]

1 (of thing or place) windy, full of wind (also as sb. n.); **b** (of weather conditions, season, or sim.); **c** (transf., w. ref. to other movements of air).

turgida ventosis deponens carbasa malis ALDH. *Virg V* 2807; non alii caeli sunt igne perituri quam qui aqua perditi, hoc est inania haec ~osa ~osi aeris spatia BEDE *Luke* 590D; sunt et alie aves .. per ~osa hujus aeris nunc volitantes, nunc pendentes, non aliunde quam ex ipso inani viventes (AILR. *Serm.*) *CC cont. med.* IID 258; quid philosophis illis superbius qui .. in ~oso hoc aere inter celum et terram socii demonum pependerunt? (AILR. *Serm.*) *Ib.* IID 264; conflages, loca ~osa ubi multi venti conflant OSB. GLOUC. *Deriv.* 151. **b** sol .. si concavus videtur, ita ut in medio fulgens radios ad austrum et aquilonem emittat, tempestatem humidam et ~uosam [*praesagit*] BEDE *NR* 223; **799** domi manentibus nostros oculos nebulosa aquarum exalatio vel Belgici pulveris iter agentibus ~uosa aspersio caliginare facit ALCUIN *Ep.* 170; 4 dies sicci et ~osi, ventoque continue aucto W. MERLE *Temp.* f. 4; quis in hac die ~osa et periculosa potest navigare? (*Cainnicus* 23) *VSH* I 161. **c** jamjamque volvente mensis septimi circulo horrisonae ~osis flatibus clangebantur buccinae ALDH. *Met.* 2 p. 67.

2 of or pertaining to wind.

algida ventosis crepitabant carbasa flabris, / donec barca rudi pulsabat litora rostro ALDH. *CE* 3. 22; dicat autem utique quis aerii spiritus ~osam cognominationem [ἀνεμαίαν ἐπωνυμίαν] et deiforme celestium intellectuum manifestare GROS. *Ps.-Dion.* 1015; nullum vestigium in nubibus vel signis ~osis celi auspicantes BOWER X 43.

3 wind-powered.

1307 et de ij li. de firma molendini ~osi per annum *Doc. Bec* 146; **1443** nonnulle augee ~ose, suspirales fistule, pipe, et alie machine per quas tota aqua veniens et descendens a capitibus et fontibus predictis recipitur et currit *Foed.* XI 29b.

4 full of air or other gas. **b** who has excess build-up of air or other gas in part of body, bloated, flatulent.

concepi .. dolositatem lascivie mee, et ut uter ~osus veni illum quasi sycophantam videre, aut seminiverbium audire GOSC. *Aug. Maj.* 89A; creditam .. tibi vesicam tolle ~osam qui ignotis corporibus sanctorum nomina sine indicio figmenti credis *Id. Lib. Mild.* 12

p. 81; nescio quid arduum et ignotum omnibus sapientibus tumenti ~osi pulmonis folle concepit J. Sal. *Met.* 828C; malos generat humores, rugitum facit et inflationem in intestinis, mustum enim novum valde ~osum et spumosum est propter resolutionem partium vi caloris Bart. Angl. XVII 186; si fuerit hernia ~osa, tunc est quidam rugitus, et movetur ventositas ab una parte ad aliam Gad. 129v. 1; **1462** statuit .. quod non minus [l. nimis] festine post brasiacionem veherent cerevisiam, dum fuerit callida et plena bullicionibus ~osis *MunAcOx* 695. **b** si [conjux] sit gibbosa, noctu ventosa cubili, / vel quocumque modo morbi sordisve gravata / illa sit infelix vir eam servare tenetur D. Bec. 2023; da diaciminum ventosis dulceque vinum Garl. *Mor. Scol.* 597.

5 puffed up, inflated, boastful, conceited, (also) verbose; **b** (transf., of speech, conduct, etc.).

hoc avet et bombis pompare poema superbis / gestit et hinc vanam ventosus tollere famam *Altercatio* 38; quo statim ritu ventosae quesquiliarum / fructibus et vacuae truduntur ab agmine regis *Ib.* 49; sed qualem animam? non utique gehennali timore contractam, non mundana cupiditate distentam, non seculari vanitate ~osam G. Stanford *Cant.* 227; ?**1166** quem agnoscis ex signis perspicuis in urbe garrula et ~osa .. non tam inutilium argumentorum locos inquirere quam virtutum J. Sal. *Ep.* 181 (182); sic glorie venatrix elatio, popularis aure captans gratiam, suffragia ~ose plebis [cf. Hor. *Ep.* I 19. 37] ostentationibus suis venatur laudis avara Neckam *NR* I 39. **b** conglobat in coetum disertos arte sophistas, / gymnica qui jactant ventoso dogmata fatu Aldh. *VirgV* 620; c**740** nec tam ex hoc ~osae temeritatis tiphum mihi subripere posse quam remedium salutis arbitror inveniri *Ep. Bonif.* 103; illa logices ~osa loquacitas qua tumescis sicut visio nocturna et sicut somnium avolabit P. Blois *Ep.* 9. 26B; **1284** claustrales qui spreta sanctorum sapientia philosophorum ~osis traditionibus quas in seculo non didicerant curiosius immorantur Peckham *Ep.* 608.

6 (as sb. n.) apparatus, perh. fan or basket, for winnowing, or *f. l.*

1308 j ~osum ligneum ad ventandum j quarterium ordei *MS Glos RO* D340.

ventralis [CL *not in sense* 1]

1 of or pertaining to the belly (also as sb. n.). **b** of or pertaining to the womb.

pulmentum molle mollit, ventralia solvit D. Bec. 2703; circa partes ~es et renes *Ps.-Ric. Anat.* 42 p. 29. **b** Marie dolium dolens aspicio, / hiulcans aridas fauces aperio / .. / odorem dolii ventralis sencio Walt. Wimb. *Carm.* 139; is qui celos fabricavit / tuum sibi dedicavit / ventrale palacium *Id. Virgo* 124.

2 (as sb. n.) item of clothing worn over or around the belly.

dicitur .. a vento hic venter .. et hoc ~e, -is, i. zona circa ventrem Osb. Glouc. *Deriv.* 604; preter hec .. instita matronalis, lumbare sive lunbatorium, renale sive ~e [*gl.: wardecors*] Neckam *Ut.* 101; nomina vestimentorum .. hoc ~e, *a corsete WW;* **1573** tria ~ia vocata *wemens aprons Pat* 1105 m. 4.

ventrarius v. veltrarius.

ventreria [AN *ventrere*], midwife.

obstetrices sunt, quas, ut ita dicam, '~ias' dicimus Andr. S. Vict. *Hept.* 97.

ventricalis [ventricus+-alis], of or pertaining to wind, (in quot. *molendinum ~e*) windmill.

1330 ad faciendum molendinum ~e (*Ac. Ruckinge*) *Ac. Man. Cant.*

ventriceus v. ventricius.

ventricius [cf. AN *venter, ventre,* cf. et. venticius], **~riceus, ~ricus** [cf. et. venticus], **~riticus** [cf. et. triticum]

1 of or pertaining to wind, (w. *molendinum,* also as sb. n.) windmill.

1252 item molendinum ~ricium bonum esset levare *Cart. Boarstall* 608 p. 201; c**1260** unum aliud molendinum ~ericium *Cart. Rams.* II 229; **1275** usque molendinum ~riticum *CourtR A. Stratton* 112; unum novum molendinum juxta W. ~ricum, stans prope aquam, cujus agger perficitur ex petra veluta ad modum parietis Whittlesey 165; a**1324** usque ad

viam que ducit versus molendinum ~riceum *Reg. Malm.* II 347; **1324** quoddam molendinum ~ricium ita ruinosum quod molere non potest antequam reparetur *IPM* 83 m. 17; **1369** molendinum ~riticum de Fery et molendinum aquaticum de F. *Hal. Durh.* 78; unius molendini †ventrifici [? l. ~ritici] *Entries* 235b.

2 (w. *pannus*) winnowing cloth.

1345 j tribula, j vanga, iiij cribra, j pannus ventr' *Ac. Durh.* 206; **1346** in xxiiij ulnis panni emptis pro j panno ~ricio iij s. j d. *Rec. Elton* 325.

ventricola [CL venter+-cola], glutton, gourmand.

c**1102** gulosos ~as appellat apostolus: quare et libidinum sectatores libidinicolas non diceremus? H. Los. *Ep.* 6 p. 12; inter ventricolas versatur questio, pisce / quis colitur meliore lacus Hanv. II 184; hunc [hircum] quidam vir ~a de Omeith furto surripuit, sublatum mactavit et manducavit J. Furness *Pat.* 15.

ventricolus v. ventriculus.

ventricosus [cf. CL ventriosus], large-bellied, (perh. also) gluttonous.

~us, -a, -um, i. grossus, quod etiam ventruosus dicitur Osb. Glouc. *Deriv.* 604; conferre curavit .. ~e de Landu belue .. prebendam Menevie Gir. *JS* VII p. 346.

ventricularis [CL ventriculus+-aris], of or pertaining to a ventricle.

flegma in cerebro existens dissolutum ad posteriorem cellulam habuit recursum, unde opilata porta †vermiculari [l. ventriculari] que est inter eam et rationalem, amisit memoriam *Quaest. Salern.* P 94.

ventriculosus [CL ventriculus+-osus], (in gl.).

bafer, grossus, turgidus, ~us Osb. Glouc. *Deriv.* 75.

ventriculum v. ventriculus.

ventriculus [CL]

1 belly, paunch; **b** (as containing the stomach and digestive system); **c** (as containing the womb).

ventriculum, venter, nomen diminutivum *GlC* V 81; inde venit hic aqualiculus .. i. ~us Osb. Glouc. *Deriv.* 11; quietus resedit et omni se illo sui ventris inflammacionis vent[r]iculo carere sensit, et cutem, que circa ventrem et lumbos diffusiori ruga fluitabat, tanquam pellem excussit *Mir. Cuthb. Farne* 5; gracili sub cingulo / umbilicum preextendit / paululum ventriculo / tumescenciore P. Blois *Carm.* 8. 5. 49; notandum est quod dicit non venter, set ~us pars debet esse sacerdotis. ~us enim diminutivum est ventris. predicator enim non debet habere ventrem preambulum .. set debet habere ~um maceratum per abstinentiam T. Chobham *Commend. Virt.* 71. **b 790** vinum deficit in sitarchiis nostris et celia acerba furit in ~is nostris Alcuin *Ep.* 8; armum .. et pectusculum et linguam et ~um et ea que in Levitico describuntur accipiebant ex hostiis sacerdotes (Andr. S. Vict. *Super duodecim prophetas*) *CC cont. med.* LIIIG 333; chelidonius [v. l. collidonius] in ~is hirundinum invenitur Neckam *NR* II 87; statim avicula evomuit muscam, quasi fimi particulam, de ~o suo (*Moling* 22) *VSH* II 200. **c** apala .. dicuntur ova, quasi sine pelle .. proprie tamen dicuntur apala que in ~is gallinarum sunt, et sine testa reperiuntur Neckam *NR* II 158 p. 261; nam gemini fratres seriem generis reparantes / intra ventriculum sponte latere volunt *Id. DS* III 388; cum matrix constet ex septem cellulis sive crispaturis, ut patet in ~is ovium et porcarum .. mulier potest septem filios concipere M. Scot *Phys.* 1; inpregnat virginis verbum ventriculum Walt. Wimb. *Carm.* 55; *a wambe* .. et alvus virginis est, alviolus, ventricolus *CathA.*

2 (anat.) ventricle, chamber: **a** (in the brain); **b** (in the heart).

a in cerebro .. sunt tres cellule quas alii ~os vocant Bern. *Comm. Aen.* 47; in medio ~o cerebri Gilb. II 102v. 2; spiritus animalis in anteriori ~o cerebri generatus Bart. Angl. III 22; propter opilacionem factam in ~is cerebri non principalibus Gad. 60. 2; sensus communis viget in prima parte primi ~i cerebri, sicut ymaginativa in secunda, et correspondenter estimativa et fantastica in medio ~o, et in postremo ~o memorativa Wycl. *Log.* II 178; in capite hominis sunt tres ~i, in prora unus, in puppe alius, in medio tertius J. Foxton *Cosm.* 19. 2. **b** a sinistro cordis ~o oriuntur due artarie *Ps.-Ric. Anat.* 25; quedam arteria

a sinistro cordis ~o exiens in suo motu mox in duos dividitur ramos Bart. Angl. III 22.

3 rounded part, bulge (in quot., of pad of finger).

si tangatur regio splenis cum ~is digitorum et resistat tactui nec in aliquo cedat incurabilis est Gilb. VI 263. 1.

4 (in gl.).

ventriculum, venter .. ventriculus, *ceosol GlC* V 82.

ventricus, ~ificus v. ventricius.

ventriloquus [LL cf. ἐγγαστρίμυθος], from within whose body a god or spirit speaks, ventriloquist. **b** (w. ref. to gluttony or sim.) whose belly speaks.

pithonissa, quam quidam ~quam appellant, in Aendor .. habitasse narratur ut et ipse locus mansionis ejus perditae jam sinagogae testimonium reddat, quae serpentino decepta colloquio lumen ac poculum sapientiae suis auditoribus se dare mentitur Bede *Sam.* 700B; sed nec apostolus in Actis Apostolorum immundo spiritui pepercit quia in muliere ~qua apostolis et predicationi eorum testimonium perhibuit veritatis [cf. *Act.* xvi 16–17] J. Sal. *Pol.* 474A. **b** per Amalec spiritus exprimuntur gastrimargie a lingendo nomen assumentes, quod ~orum proprium est (Ailr. *Serm.*) *CC cont. med.* IIB 69; non .. hoc fecisse dicuntur ypocrite sed Cistercienses .. aut alii quorum hi ventiloqui aut ~i habitum induunt et vitam mentiuntur J. Sal. *Pol.* 695D; non utique ~os et vaniloquos vir sanctus ascivit, sed eos qui Dei, quem colebat, imaginem preferebant *Ib.* 766A.

ventrimola [AN *venter, ventre,* CL mola], windmill.

1557 facere quendam cursum aque ad inferiorem finem venelle ~e *DL CourtR* 11/1823 m. 9.

ventrinus v. venterinus.

ventriosus [CL], large-bellied.

ventricosus, -a, -um, i. grossus, quod etiam ~truosus dicitur. Plautus in Amphitrione 'macilentis malis ruffulis, et aliquantulum ~truosis'; item in Asinaria 'ruffulus est' inquit 'aliquantulum ~truosus' [cf. Plaut. *Asin.* 400: macilentis malis, rufulus, aliquantum ventriosus] Osb. Glouc. *Deriv.* 604.

ventripotens [CL venter+potens], large-bellied, (also) gluttonous. **b** (in gl.).

en Croceum video! preit Entolus, huncque sequuntur / ventripotens Gulius et Bavo vasa vorans *Babio* 120; leto cuncti convivia plausu / concelebrant, populoque suo certamina prima / ventripotens ponit genius, cenare decorum / et mensas variare juvat J. Exon. *BT* II 81. **b** *a dregbaly,* aqualiculus, porci est ~ens *CathA.*

ventriticus, ~tritius v. ventricius.

ventrix [cf. AN *venter, ventre*], winnower (f.; *v. et. ventilatrix*).

insidientur .. trituratores et ~ices ne quicquam bladi furentur *Fleta* 170; de seruris .. granarium et granarii, de trituratoribus et ~icibus, de exitu grangie mensure cumulate vel rase .. [cellerarius] .. prudenter agere debet *Obs. Barnwell* 180; **1297** reddit compotum .. de xij s. ix d. de iij ring' venditis task' et de v. bu' venditis ~icibus *MinAc Wistow* 2.

ventrosus [LL], large-bellied (also transf.), (also) gluttonous.

sed ~i parietes prohibentur exstare P. Blois *Ep.* 85. 260A; elatus, livens, irascens, segnis, avarus, / ventrosus, petulans, in sua damna ruunt Garl. *Tri. Eccl.* 10; qui ventrosam bursam gerit / quicquid agat, semper erit / insons coram judice Walt. Wimb. *Van.* 13; meretur etenim bulga ventrosior / decreto judicis esse victricior *Id. Sim.* 28; stupens intueor ventrem Cristifere, / tenella crustula minutim tremere / et suras Parias dulci sub pondere, / ventrosam feminam et sine Venere *Id. Carm.* 32.

ventruosus v. ventriosus. **ventualis** v. ventalis. **ventul-** v. et. ventil-.

ventulus [CL], light wind, breeze.

~us, parvus ventus. Terentius: 'cape flabellum et ~um facito' [cf. Ter. *Eun.* 595] Osb. Glouc. *Deriv.* 623; salutat quemlibet cheruca ventulum / omnesque suscipit flatus ad osculum Walt. Wimb. *Palpo* 81.

ventuosus v. ventosus.

ventura [ME *venture*], (in quot. pl.) fortune, luck, chance.

1532 dixerunt sibi pro eo quod ipse fuit homo abjuratus ideo omnes illi pejus expedirent si ipsum ulterius in consortium eorum in naviculam predictam arriperent, et preceperunt eidem Henrico querere suas ~as *CoramR* 1084 m. 7.

venturarius [Eng. *venturer, adventurer*], (of merchant) who undertakes or shares in a commercial venture, esp. of sending ships overseas.

c1550 qui modo sunt de societate mercatorum ~iorum in partibus Brabantie in partibus transmarinis *Gild Merch.* I 152; **1550** J. de C. .. mercatori ventereario *CalPat* 178.

ventus [CL]

1 wind; **b** (dist. acc. direction or name); **c** (as representing direction); **d** (transf., fig., or in fig. context, esp. w. ref. to lack of substance or constancy, or as carrying along or away).

de eodem climate flante maximo ~o ignis excitatus est *V. Cuthb.* II 7; si .. repente flatus ~i major adsurgeret BEDE *HE* IV 3; me circum validus ventus, nix, undique nimbus ALCUIN *Carm.* 39. 4; candela in eam [laternam] missa exterius ut interius tam lucida ardebat, nullis ~orum flaminibus impedita ASSER *Alf.* 104; maxima pars ejus [silvae] ~o corruit *DB* I 44vb; terra .. ex omni latere ~is exposita GIR. *TH* I 6; o quot et quanta mala ~us hic vehemens fecit navigantibus in Tharsis J. FORD *Serm.* 12. 4; pluvia et ~o et alia intemperie *GlSid* f. 144ra; secundis flantibus ~is, per octo dies ferebantur per mare (*Brendanus* 56) *VSH* I 129; **c1440** post singulos .. ~os validos et magnas pluvias faciant scrutari campanilia *Stat. Linc.* II 356. **b** ubi navem ascenderitis, tempestas vobis et ~us contrarius superveniet BEDE *HE* III 15; **c798** frigidissimus aquilo ~us alio de latere solidum ecclesiae inpellens parietem ALCUIN *Ep.* 139; Boreas ~us gloria est BERN. *Comm. Aen.* 75; ~us meridialis, A. *southwynde WW.* **c** portas [aulae] .. per quattuor mundi partes in eo constituens, quarum singulae ad unumquemque ~um quattuor angulis attendebant BEDE *Templ.* 775A (cf. ANDR. S. VICT. *Dan.* 73: 'per quattuor ventos celi': per quattuor partes mundi unde flant iiij venti principales); **c1168** oculos in omnem ~um providentia circumducit ut beneficentia dignos eligat J. SAL. *Ep.* 260 (260); pater G. filios Dei a iiii[or] ~is collegit et in unam fabricam domus Dei in quatuor parietibus compegit *Canon. G. Sempr.* f. 54v. **d** videmus aestatis fervore terras absumpto humore flaccentes et mox in pulverem quem proicit ~us esse conversas BEDE *Ep. Cath.* 80C; cum sim 'pulvis et cinis', mirum non est si ~o temptationis aliquando impulsus corrui ALEX. CANT. *Dicta* 135; verba sua ~is diffundere W. MALM. *GP* I 40; quid sunt verba hominum, nisi ~us formatus? (AILR. *Serm.*) *CC cont. med.* IIB 79; non transeunt in ~um peccata nostra, non traduntur oblivioni (AILR. *Serm.*) *Ib.* IID 83; pars illorum .. concupiscentie carnalis ardore consumitur, pars .. ire invidieque et odiorum gladio detruncatur, pars .. in ambitionis ~um penitus evanescit J. FORD *Serm.* 49. 7; set in ~um omnis cedit opera ubi hominis artificio celestis opifex molitur adversa *V. Har.* 2 f. 4b; si .. de personali perfectione loqueris, in ~um verba proicis cum hic sit sermo de statuum differentia PECKHAM *Kilw.* 142; **1325** auribus meis dolenter insonuit ~us urens, quod omnium Conditor vos subtraxerat ab hac luce *Lit. Cant.* I 162.

2 flow of air or other gas; **b** (transf., as filling container).

organa hidraulica ubi mirum in modum per aque calefacte violentiam ~us emergens implet concavitatem barbiti W. MALM. *GR* II 168; superfluitas digestionis quedam abit in fumum et ructuationem .. quedam .. per secessum et ~um emittitur per anum RIC. MED. *Anat.* 224; attonitus .. Edwardus exivit continuo ut ~um reciperet ad refocillandam animam ejus W. GUISB. 211; pocius dicerentur pastores ~i ventris vel alterius temporalis pro quo se magis solicitant quam pastores animarum fidelium subditorum WYCL. *Ver.* III 168. **b** vensica, vesica quia non est sine ~o OSB. GLOUC. *Deriv.* 627; sicut plena ~o vesicula detumescit si acu modica perforetur, sic uno verbulo de follibus imperiti gutturis ventum loquacitatis excutiam P. BLOIS *Ep.* 92. 290D.

3 (bot., *herba ~i*, as name of various kinds of plant, also w. *herba* understood): **a** greater knapweed (*Centaurea scabiosa*) or lesser knapweed (*Centaurea nigra*). **b** (*~i major*) comfrey (*Symphytum officinale*). **c** (*~i media*) common bugle (*Ajuga reptans*). **d** (*~i minor*) daisy (*Bellis perennis*).

a herba ~i, i. scabiosa secundum quosdam *SB* 24; **13..** herba ~i, jacea nigra, *matefelon'* et *codwede* idem *Herb. Harl. 3388* f. 80v; **13..** jacia nigra, *madefelon*, herba ~i idem *Ib.* f. 81. **b** ~i major, anagalla, vel anagallum, simphitum, consolida major idem. G. et A. *counfirie Alph.* 189. **c** ~i media. bugla idem. G. et A. *bugle Alph.* 190; **13..** ~i meda [l. media], *bugle MS BL Sloane 420* f. 121r. **d** consolida minor, vicetaxicon, herba ~i idem *Alph.* 47; herba ~i, vicetoxicon, consolida minor idem *Ib.* 79; ~i minor, consolida minor idem. A. *bonwrt, a dayesegh Ib.* 190; ~i minor, i. consolida minor *SB* 43.

ventusare v. ventosare.

venula [CL]

1 (anat.) small vein.

hec vena .. unde hec venula, -e, et venosus, -a, -um OSB. GLOUC. *Deriv.* 604; [epar] retro .. in gibbo habet ~as subtilissimas, que dicuntur capillares quasi graciles ad modum pilorum RIC. MED. *Anat.* 225; ut per ~as parvas dividatur sanguis et facilius accipiat alteracionem et conversionem in membra *Ps.*-RIC. *Anat.* 7; postquam est sanguinis beata venula / beato rivulo facta feracula WALT. WIMB. *Carm.* 305; sanguis exiens in flobotomia habet terreum colorem .. et in lavatura quedam ~e apparent quasi rami nervorum GAD. 46v. 1; hunc .. usum praestant numerosae hae ~ae ut optimum nutrimenti succum .. interaneis exugant D. EDW. *Anat.* B2.

2 small channel or fissure.

virgo mirabilis, virgo venuscula, / vite fons, scatebra, canalis, venula WALT. WIMB. *Carm.* 53.

3 (understood as) lane, alley, vennel (*v. et. venella*).

a1200 terra .. inter terram ejusdem D. et ~am que est inter eandem terram et ecclesiam S. Marie de Staningelan' *AncD* A 2124; **1242** Laurentius tresor, xij d. pro quadam ~a [(*Chanc.*): venella] habenda in civitate Winton' *Pipe* 261.

venumdare, ~undare v. 2 venus.

venundatio [CL venundare+-tio], (in gl.).

venundo, -as, i. vendere, unde .. ~o OSB. GLOUC. *Deriv.* 620.

venundator [CL venundare+-tor], (in gl.).

venundo, -as, i. vendere, unde ~or OSB. GLOUC. *Deriv.* 620.

venundipirus [cf. CL venundare, pirum], (in gl.).

pirum componitur hic ~us, -ri, i. ille qui vendit pira OSB. GLOUC. *Deriv.* 428.

venura [? cf. AN *venue*], (*~a ad curiam*) suit of court.

1303 tenentur de venerabili patre Dunelmensi episcopo in puram et perpetuam elemosinam, et pro una ~a ad curiam ipsius episcopi apud Lincoln' ad festum sancti Michaelis per annum *MonA* VI 994.

1 Venus [CL]

1 Venus (Roman goddess of love, identified with the Greek Aphrodite).

nec Venus aut Veneris prodest spurcissima proles ALDH. *VirgV* 1330; ego sum ~us, cujus digito apposuisti anulum W. MALM. *GR* II 205; Affrodita, ~us, quasi spumea quia de affros, i. de spuma, nata est OSB. GLOUC. *Deriv.* 52; ubi .. invenies ~erem uxorem Vulcani matrem Joci et Cupidinis, intellige carnis voluptatem BERN. *Comm. Aen.* 10; legitur .. tres deas, Junonem, Palladem, ~erem, Paridem adiisse *Ib.* 46; **s1387** hii .. milites plures erant ~eris quam Bellone, plus valentes in thalamo quam in campo WALS. *HA* II 156.

2 (in names of or applied to var. things assoc. w. Venus): **a** (also *stella ~eris*) the planet Venus. **b** (*avis ~eris*) dove. **c** (*dies ~eris*) Friday. **d** (alch.) bronze or copper.

a ~us luminis venustate quam ex solis vicinitate percipit suo cernentes allicit aspectu BEDE *TR* 8; pro ~ere .. et Mercurio ADEL. *Elk.* 17; tu summa Venus que certo limite labens / infra zodiacum solem comitaris euntem *V. Merl.* 436; in constellatione ~eris BERN. *Comm. Aen.* 5; ex quo patet quod loquitur de stella ~eris PECKHAM (*Stell.*) ed. Etzkorn (2002) 196; Sol exaltatur in Ariete, Luna in Tauro, .. ~us in Piscibus BACON *Maj.* I 260. **b** dicuntur aves ~eris quia sunt luxuriose: unde dicuntur columbe quasi colentes lumbos BERN. *Comm. Aen.* 64. **c** illae viij[to] predictae salinae regis et comitis in ipsa ebdomada qua bulliebant .. in die ~eris reddeb' xvj bulliones *DB* I 268rb (cf. BEDE *TR* 8: gentiles cum observationem a populo Israhel hebdomadis ediscerent, mox hanc in laudem suorum deflexere deorum; primam .. diem soli, secundam lunae .. sextam ~eri .. dicantes); obiit die ~eris ante Ascensionem *RDomin* 38; Gaufridus cepit in manum habendi eum die ~eris *PlCrGlouc* 43; **1267** die ~eris proxima post diem Cinerum *Dryburgh* 52; **1431** capellano .. missam de requiem singulis diebus Lune et ~eris celebraturo *Wills N. Country* I 40. **d** ~us est frigida et humida in quarto gradu, id est es M. SCOT *Alch.* 152 (cf. M. SCOT *Lumen* 240: quodlibet metallum habet suum planetam. dixerunt .. philosophi quod aurum est filius solis,.. es filius ~eris); qualiter ~us in Solem mutatur et quomodo et qualiter fit artificialiter *Ib.* 153; nam plumbum dicitur Saturnus; stannum, Jubiter; ferrum, Mars; aurum, Sol; cuprum, ~us; vivum argentum, Mercurius; argentum, Luna BACON *Tert. sup.* 83; elixir cujus una pars 100 partes ~eris mutabit in Lunam RIPLEY 196.

3 (bot., in the name of various kinds of plant): **a** (*bona herba ~eris*) vervain (*Verbena officinalis*). **b** (*cacabus ~eris*) water lily (*Nymphaea*). **c** (*capillus ~eris*) maidenhair fern (*Adiantum capillus-veneris*). **d** (*labrum ~eris*) sow thistle (*Sonchus oleraceus*). **e** (*pecten ~eris*) shepherd's needle (*Scandix pecten-veneris*). **f** (*supercilium ~eris*) milfoil, yarrow (*Achillea millefolium*). **g** (*umbilicus ~eris*) navelwort, pennywort (*Umbilicus rupestris*).

a columbaria, peristereon, verbena idem. G. *verveyne*, A. *fleguurt*, bona herba ~eris *Alph.* 43. **b** cacabus ~eris, respice in nimphea *Alph.* 29; nimphea sive ut alii cacabus ~eris, i. papaver †plaustre [l. palustre] sive ut Latini gallam †plaustrem [l. palustrem] vocant *Ib.* 125. **c** optima .. ei esset decoctio cassie fistule myrobalanorum citrinorum cum capillis ~eris et seminibus citroli, et cucurbite, et melonis P. BLOIS *Ep.* 43. 127B; in urna grandi si capillos ~eris, epaticam, ceterach et polictricum .. superstraveris GERV. TILB. I 13; capillus ~eris subtiliorem habet stipitem et ramos subtiliores, politrico grossiores. G. *filet*, A. *maydenher Alph.* 29. **d** faenucardo, labrum ~eris, [*we*]*vepystille Herb. Harl. 3388* f. 79v; labrum ~eris, cardo idem, folia habet lata et maculas albas in foliis, valet contra opilacionem splenis et epatis, semine utimur, anglice *sough thistil Alph.* 89. **e** pecten ~eris, sive scandix,*shepheards needle, or Venus combe* (GERARD *Herball*) *OED* s. v. *Venus* C2b. **f** millefolium dicitur supercilium ~eris *SB* 30; miriofillos sive ut Latini millifolium majus, i. supercilium ~eris dicunt, nascitur in locis palustribus, tirsum habet ex una radice mollem, folia similia feniculo, A. *noseblede Alph.* 118. **g** herba cotiledon *þat ys* umbilicus ~eris *Leechdoms* I 22; recipe .. partes .. umbilici ~eris, capilli ve' GAD. 22. 2; umbilicus ~eris, colitidone [l. cotilidone] .. [scat]imcella, cimbalaria idem. A. *penewert Alph.* 192.

4 quality of being pleasing, charm.

dicitur autem ~us quandoque pro venustate, Horatius in epistulis 'decorat Suadela Venusque' [Hor. *Epist.* I 6. 38] OSB. GLOUC. *Deriv.* 603.

5 sexual activity.

utere cibis dulcibus, vino indulge, ~eri parce, jejunia minime exsequere BEDE *TR* 30; alienigene qui suam ~erem corrigere neggligunt, a patria cum sua substantia et peccato discedant (*Cons. Cnuti*) *GAS* 349; molles flammisque cremandos turpiter fedabat ~us sodomestica ORD. VIT. VIII 4 p. 290; cameli .. cum ~erem requirunt, oderunt equinum genus NECKAM *NR* II 142; dic que causa fuit; serve conceptio, lectus / illicitus, fracta lex, Abraheque venus GARL. *Tri. Eccl.* 109; nonne castracio, camphora, agnus castus, stercus muris, et similia extingunt ~eris appetitum? BRADW. *CD* 119B; vir satis pius, nisi carnis voluptatibus et ~eri succubuisset FERR. *Kinloss* 35.

6 (understood as) game (*cf. venari*, AN *veneisun*).

quatuor ex mediocribus hominibus .. qui curam et onus tum viridis tum ~eris suscipiant (*Ps.-Cnut*) *GAS*

620; nam crimen ~eris ab antiquo inter majora et non immerito numerabatur, viridis vero .. ita pusillum et exiguum est quod vix ea respicit nostra constitutio (*Ps.-Cnut*) *Ib.* 623; vulpes et lupi nec foreste nec ~eris habentur, et proinde eorum interfectio nulli emendationi subjacet .. aper vero, quanquam foreste sit, nullatenus tamen animal ~eris haberi est assuetus (*Ib.*) *Ib.* 625.

2 venus [CL *acc. and dat. sg. only*], (*~um dare*, also as one word *~undare*) to put up for sale, to sell. **b** (*~um* or *~o*, w. other verb) up for sale, on sale. **c** (in gl.).

694 (13c) [terram] teneas, possideas, dones, commutes, ~undes vel quicquid exinde facere volueris liberam habeas potestatem *Ch. S. Aug.* 44; dat ~um, vendit *GlC* D 14; **993** quo praefata Christi sanctaeque ejus genitricis hereditas iniqua servitute est ~undata (*Ch. Regis*) *Conc. Syn.* 185; terra Ulf de Ormesbi .. fuit ~undata in S. Maria de Stou .. et in illa jacuit *DB* I 376ra; infelix ego homo carnalis, et ~undatus sub peccato P. Blois *Ep.* 102. 315C; **1301** burgensis, de quocunque emerit vel ~umdaverit in feodo predicti domini, liber erit a tolneto (*Manchester*) *BBC* 263. **b** hospitem .. vel equum vel suem vel quodlibet aliud videri fatiebant et mercatoribus ~um proponebant W. Malm. *GR* II 171; hoc auctore sacri ecclesiarum honores mortuis pastoribus ~um locati *Ib.* IV 314; in curia omnia ~um agebantur *Ib.* IV 340; quorum alii perempti sunt, alii .. in Antiochiam servitum vel ~um deducti sunt Ord. Vit. IX 13 p. 581; moverunt cumulum soliti transmittere venum *V. Merl.* 1356; hypocrita .. totus venalis est, seipsum ~o exponit Neckam *NR* II 185. **c** veneo .. habet litteraturam activi et sensum passivi, unde hoc ~um, -ni i. venditio Osb. Glouc. *Deriv.* 620.

Venuscula [CL Venus+-cula], little Venus (in quot., transf.).

virgo mirabilis, virgo ~a Walt. Wimb. *Carm.* 53.

venustare [LL], to make pleasing or attractive (in appearance or character). **b** (intr.) to be pleasing or attractive.

ut .. corpus et animum spiritalium virtutum habitu ~et Bede *Tab.* 480D; eas [sc. Wilfridi reliquias] .. novo opere pretium duxi carmine ~are O. Cant. *Pref. Frith.* 38; videns clericum juvenem juvenilem etatem morum senectute ~antem *V. Gund.* 3; tegmine .. ecclesiam mirifice supra memoratam Mariolam ~avit abbas Willelmus *G. S. Alb.* I 287; s**1306** princeps .. factus miles perrexit in ecclesiam Westmonasterii ut socios suos militari gloria pariter ~aret *Flor. Hist.* III 132; **1504** eritque sacriste officium .. ecclesiam ab omnibus immunditiis .. purgare ac graminibus et floribus ~are *Reg. Glasg.* 510. **b** cesaries .. in juventute .. a flavo declinans in nigredinem, senectute in cygneam versa canitiem ~abat Rish. 76 (=Wals. *HA* I 9).

venustas [CL]

1 pleasingness or attractiveness in appearance, beauty, fine appearance.

non sic egregium virtutis perdere palmam / forma venustatis valuit compellere Joseph Aldh. *VirgV* 2555; neque marmoris candidi ~as detrimentum decoris patitur *Id. VirgP* 9; neque aliquos hominum tanti decoris ac ~atis esse posse credebam Bede *HE* IV 14; adeo tot temporum et bellorum injurie ~atem edifitiis non tulere W. Malm. *GP* III 117; murus exterior non tante est celsitudinis sed tamen admirande ~atis Ord. Vit. IX 12 p. 577; ecce Rogerius .. consobrinus meus est me junior etate, excellens ~ate, par nobilitate, divitiis, et potestate *Ib.* X 24 p. 158; soror utraque vultus ~atem, decorem barbe, maturitatem habitus, nec sine pondere verba mirantes *V. Chris. Marky.* 80; tuarum .. ~as genarum me diligendo, me suspirando, meque imitando, mearum jam induit genarum pulchritudinem J. Ford *Serm.* 52. 2; erat .. ibi abbatia quedam cui nulla sub trono Dei ~ate et bonitate comparari poterat (*Brendanus* 25) *VSH* II 278.

2 pleasingness or attractiveness in character or nature (in quot. of abstr.); **b** (of expression, style, or sim.). **c** instance of pleasing or attractive expression.

diximus de cedro quod insuperabilem virtutum ~atem signaret Bede *Templ.* 759D; hujus [viri] .. cognita fidelitate et morum ~ate *Found. Waltham* 1; magistrum Adam .. noverit .. fuisse statura mediocrem .. satis corpulentum, facie hilarem, capite calvum, et tam pro ~ate morum quam etate et canicie valde reverendum *Chr. Witham* 505; non contenta est sacra historia virum hunc justum [sc. Melchisedech] solo regis nomine honorare, sed ad majorem sue eminentie ~atem et gloriam eum etiam pandit sacerdotalis culminis dignitate fulgere sacerdotem eundem Altissimi nominando Fortescue *NLN* I 6. **b** vasa .. significant .. argentea illos qui dicendi ~ate nitidi eloquentius ea quae norunt exponere sciunt Bede *Ezra* 817B; c**798** eloquentiae ~ate jocundissimum Alcuin *Ep.* 139; ab invidentibus loquax dici timeo, si neglecta ~ate dictaminis historiam scripturus multiplici narratione usus fuero *Enc. Emmae prol.*; nugas .. suas salsa quadam ~ate condiens ad facetias revocabat W. Malm. *GR* V 439; multa in admiratione sermo beati viri Ecgwini habebatur, tum ratione veritatis, tum ~ate orationis Dominic *V. Ecgwini* I 4; dictamen est litteralis edicio ~ate sermonum et egregia sentencia coloribus ornata *Dictamen* 334. **c** alioquin nec arte muniri, nec vitia declinare, nec ~ates auctorum facile poterit imitari J. Sal. *Met.* 848C; mathematica quadruvii sui rotis vehitur, aliarumque vestigiis insistens, colores et ~ates suas multiplici varietate contexit *Ib.* 854B.

venustatio [LL venustare+-tio, cf. Venus], (act of) making pleasing or attractive (in quot., transf., alch.).

Mercurium sublimatum figi posse per inceracionem cum oleo Solis et Lune et per illum modum cuprum converti in argentum; tamen ad istius ~onem dabimus optimam subsequentem Mercurii sublimacionem Ripley 206 (cf. ib. 209: ad ejus capituli venustatem aque Mercurialis compendium dabimus egregium).

venuste [CL], in a pleasing or attractive manner (w. ref. to appearance, character, or expression).

naris eminencia / producitur venuste / quadam temperantia P. Blois *Carm.* 4. 4a. 54; dicit .. virum advenire maximum .. sericis ~issime redimitum vestibus Map *NC* II 17 f. 29; Ovidius pro hac: 'a Theseo credatur reddita virgo', quanto ~ius et efficatius ait: 'a juvene et cupido credatur reddita virgo' Gerv. Melkley *AV* 60; frater ante visionem .. erat valde simplex .. sed post subtilis effectus est et eloquens, ita ut in promptu haberet rhythmos componere rhetorice et ~e J. Furness *Walth.* 105; altare quoddam vidit .. quod ex marmore ~e factum erat (*Brendanus* 37) *VSH* II 283.

venustulus [CL], (in gl.).

venustus .. unde venuste .. et hec venustas .. et ~us, -a, -um, i. aliquantulum venustus Osb. Glouc. *Deriv.* 604; ~us, aliquantulum venustus. Plautus 'oratione ~a' [Plaut. *Asin.* 223: 'oratione vinnula, venustula'] *Ib.* 623.

venustus [CL], pleasing or attractive in appearance or character.

dum altercaretur crudus cum voce tyrannus / a Christo sponsam nitens auferre venustam Aldh. *Virg V* 1817; tinctura coccinei coloris .. cujus rubor .. quo vetustior, eo solet esse ~ior Bede *HE* I 1; notus in orbe procul, meritorum laude venustus Alcuin *Carm.* 15. 7; disce, precor, juvenis, motus moresque venustos *Ib.* 80. 1. 13; aequevos habitu studuit superare venusto Frith. 52; explicit ad cunctos generalis epistola fratres, / qui domino Vuenta famulantur in urbe venusta Wulf. *Swith. pref.* 394; o probi pueri et ~i [AS: *pynsume*] mathites Ælf. *Coll.* 103; videbatur mihi sanctus Jacobus juvenis et ~i aspectus, macilentus, hilaris Alex. Cant. *Mir.* 22 (II) p. 205; testimonium ~e facundie W. Malm. *GR* IV 351; Lanfrancus dilucido edidit ~oque stilo libellum Ord. Vit. IV 6 p. 211; virginem singularis forme et regii apparatus sed decore ~issimam *V. II Off.* 6; diligenciam artiorem etate nubilibus facieque ~is sororibus adhiberi decebat *V. Edm. Rich C* 596.

veper v. vepris.

veprecula [CL], little thorn-bush.

matertera, matercula, majuscula, cervicula, vulpecula, ~a, nubecula, mercedula, ficedula Aldh. *PR* 132; ~e [*gl.*: *petit runces*] oblitantes cirmata planete Balsh. *Ut.* 46; tumet de viribus quem potest coquere / dolor ungriculi, quem potest ledere / una vepricula, quem interficere / potest aranea vix noto vulnere Walt. Wimb. *Carm.* 325; hec vepres, hec ~a, *a brere WW.*

vepres v. vepris.

vepricosus [vepris+-icus+-osus], (in gl.).

fruticosus, spinosus, senticosus, ~us Osb. Glouc. *Deriv.* 240.

vepricula v. veprecula.

vepris [CL], (usu. pl.) spiky plant, thorn-bush, bramble; **b** (fig.). **c** branch, stem, or thorn of thorn-bush.

plerumque etenim aves quas ad volandum penna sublevat in ~ibus resident Bede *Prov.* 1027A; asportantes illum per paludis asperrima loca inter densissima ~ium vimina .. trahebant Felix *Guthl.* 31; Dei famulus .. arbores cedebat, ~es truncabat, tribulos secabat Hugeb. *Wynn.* 7; quidam puer inberbis qui secus viam inter vebres absconditus erat sagittam emisit Ord. Vit. VII 10 p. 197; bedegar est quedam tubrositas crescens juxta radicem veperis [v. l. vepris] qui vocatur *eglentier Alph.* 22; die quadam sanctus Kyaranus expandit syndonem mundum super ~em moros multos habentem (*Ciaranus de Saigir* 16) *VSH* I 224; nomina arborum .. hec tribulus, A. *brame*, hec ~es, idem *WW.* **b** c**800** noli diutius per ~es vitiorum velut ovis perdita oberrare Alcuin *Ep.* 295; mox .. ut vir Dei inter insciae nationis ~es sulcum saluberrimae doctrinae vomeremque Dei visitationis infixit B. *V. Dunst.* 2; vitiorum ~ibus succrescentibus W. Malm. *GP* I 64; **1515** precisis radicitus dissidiorum ~ibus et litigiorum anfractibus omnino subductis (*Bulla papalis*) *Dign. Dec.* 53; **1519** destinare legatos qui .. errata corrigant .. ~es viciorum extirpent, plantaria virtutum †viserant [l. inserant] *Reg. Butley* 36; **1558** quae ~es, spinas, et tribulos haeresium, errorum, et schismatum extirpat *Conc. Scot.* II 141. **c** recedat Stephanus a regum domibus, / qui semper utitur pro verbis vepribus Walt. Wimb. *Palpo* 41; lege crucis volumine; / lege sculptura lateris, / recentis libro vulneris, / et veprium acumine J. Howd. *Cyth.* 31. 6; nec disciplinam accipiatis cum .. ~ibus [ME: *breres*] *AncrR* 170; nomina arborum et earum fructuum .. hec vepres, hec veprecula, *a brere* .. hec viprex, -icis, *a schyd WW.*

veprosus [CL vepris+-osus], full of thorn-bushes.

tanquam de salebri nimis silva et ~a sic nitebatur pro viribus, quicquid asperum .. foret, totum de populo suo delere et exturbare H. Bos. *Thom.* III 31.

1 ver [CL], (season of year) spring; **b** (transf. or fig.). **c** (*primula veris*) primrose.

ver, illo [sc. sole] super terras redeunte, humidum [est] et calidum Bede *TR* 35; quattuor anni temporibus, quorum onomata sunt ver [AS: *lengtentima*], aestas, autumnus, hiemps Byrht. *Man.* 200; redeunte vere in Gallias transfretavit G. Mon. IV 10; hujus cancellarii industria et consilio .. illud regnum Angliae, tanquam ver novum, renovatur W. Fitzst. *Thom.* 10; quod ver gignit et parturit, estas nutrit et provehit Gir. *TH* I 6; hec ver, -ris, *the tyme gruyng WW.* **b** ecce ego ver, ad instar pueri, in anni infantia pullulo: ego estas, instar juvenis, flores teneo .. rursus ego ver juvenesco Ad. Scot *TGC* 804D; ver puer est, estas puber, fructusque senectus / fertilis, in senio frigida sevit hiems Gir. *Symb.* 347. **c** primula veris abest, vaccinia nigra, ligustra / alba, papaver, olus respuit ille locus (Neckam *Suppletio defectuum*) *CC cont. med.* CCXXI 127; lavendule, primule veris, nasturcii ortolani Gilb. II 118v. 1; *a prymerose*, primarosa, primula veris *CathA.*

2 ver v. verres.

veracitas [CL verax+-tas], quality of (esp. habitually) conveying the truth, veracity.

insinuat quoque sue doctrine veritatem, per ejusdem unitatem et sue persone ~atem Gros. *Gal.* 47; adhereo huic .. firmiter per fidem acquisitam ex auditu aliorum quorum ~ati credo firmiter; nec dubito .. quia non dubito de ~ate narrancium mihi talia et asserentium hec vera esse Duns (*Lect.*) *Opera Omnia* XXI (2004) 103; nunquam de aliquo pagano .. constat quod habuerit veram virtutem, que est veritas seu ~as: quia nulla est virtus sine sana fide Ockham *Dial.* 589; qui .. ex habitu veritatem loquitur propter Deum, habet veritatem seu ~atem *Ib.* 590.

veraciter [LL]

1 in accordance with the truth or the actual facts, truly, correctly, accurately. **b** for or as true, for or as truth or fact.

recte ac ~iter dici potest quia 'corpora ipsorum in pace sepulta sunt et nomen eorum vivet in generationes et generationes' Bede *HE* V 8; c**1075** lator praesentium, qui vidit et interfuit, qualiter gestum sit vobis ~iter enarrabit Lanfr. *Ep.* 16 (15); satis est advertere quanta hujus viri pectus gratia Dei regebat, qui invisibilem hostem tam facile deprehendere et ejus vestigia tam ~iter posset denudare Osb. *V. Dunst.* 21; 'est' et 'non est' de nulla re ~iter predicari posse

PETRUS *Dial.* 20; ibi sanctissime exposuit, ~issime comprobavit, panem et vinum .. post consecrationem esse veram carnem et verum sanguinem Domini ORD. VIT. IV 6 p. 211; dum tamen illa retraccio ~iter fuerit irrotulata *Fleta* 118; inventum est et ~iter computatum quod iste papa presens, viz. Innocentius IV plus ecclesiam universalem depauperaverat quam omnes ejus predecessores OXNEAD *Chr.* 192; **1474** in vos jurisdictionem metropoliticam habere minus ~iter asserit (*Lit. Papae*) *Mon. Hib. & Scot.* 473b. **b** quia sine ancipiti ambiguitatis scrupulo ~iter credendum est quod .. ALDH. *VirgP* 11; intellexerat .. ~iter Osuiu, quamvis educatus a Scottis, quia Romana esset catholica et apostolica ecclesia BEDE *HE* III 29; a**1200** ego tandem per vicinos amicos meos .. ~iter intelligens et pro certo sciens me nullum jus in predictis terris .. habuisse *Reg. Newbattle* 12; **1261** cum pars dicti G. Columbi, sicut nuper Parisius ~iter scivimus, cum prefato G. de Solio .. pacem inire conata fuerit *RGasc* I *sup.* ciii n; **1267** cum .. per viros fidedignos .. ~iter acceperimus quod .. *Cl* 320.

2 in truth, in fact, indeed.

percunctatur venerandum praesulem, utrum filii sui ~iter essent ALDH. *VirgP* 33; episcopus ~iter servum Dei esse .. intellexit EDDI 4; demones .. sicut nec creare, ita nec naturas ~iter mutare posse .. sentimus GIR. *TH* II 19; hereses .. que non contradicunt aperte scripture divine .. licet ~iter adversentur OCKHAM *Pol.* II 849.

3 honestly, faithfully, sincerely.

quando, si quid boni agimus, totum hoc divinae gratiae tribuimus ~iter et intimo ex corde profitentes BEDE *Tab.* 399A; **795** tu .. fideliter et ~iter in illius permanens caritate ALCUIN *Ep.* 45; **1231** ecce coram Deo quia in litera vobis directa nil erat a me mendaciter confictum .. sed totum ex corde simplici ~iter dictum GROS. *Ep.* 4; **1262** de ducentis libris quas .. subvicecomes .. ~iter promiserat thesaurario regis .. mittendas ad scaccarium *Cl* 192; credo, clementissime custos hominum, quod non claudes totaliter sinum gracie contra misericordiam ~iter postulantem *Spec. Incl.* 3. 1; **1466** predictus T. quosdam talos ~iter titulatos eidem A. tradidit ad jactandum .. idem T. quosdam alios talos falsos .. fraudulenter projecit *Reg. Brev. Orig.* f. 290; diligenter et ~iter absque favore, affectione, fraude, .. vel corruptione *Entries* 505v.

veractum v. warecta.

veragium [cf. AN *ver, vair,* varius], privilege (of marshal) of receiving all pied or mottled animals captured.

1268 plura animalia .. de quibus .. marescallus exercitus verragium quod ad ipsum pertinebat habuit *JustIt* 618 r. 8*d*.; ejus [sc. marescalli forinseci] .. sunt .. de omni preda bestiarum totum habere ~ium, viz. omnes bestias maculatas vel diversi coloris existentes, eciam pro minima stella *Fleta* 69; ?c**1275** H. de L. .. debet habere .. marescalciam Cestrie cum ~io predarum quocienscumque contigerit exercitum Cestrie aliquam lucrari .. et de ~io ita est intelligendum quod .. [*illegible*] .. vel caudam habeat albam vel corpori dissimilem nisi verrum fuerit *IMisc* 21/7; ?**13..** dedit .. constabulario .. totum ~ium quod vulgariter vocatur in una lingua *verund fey,* in alia *skwod* vel *fleched* *Couch. Kirkstall* 335.

verantizare v. warantare. **verarius** v. verrarius.

†**verata,** *f. l.*

hoc tempore iconia Salvatoris in †Bencho [? l. Beryto] †vel verata [? l. vulnerata] sanguinem fudit R. NIGER *Chr. II* 144; copula fine fide federibus †verata [l. federibusve rata] / cum Jove Junonem, claudum cum Cipride fabrum / federat E. THRIP. *SS* I *prol.*

veratia v. verax.

1 veratrum [CL], (name of var. kinds of plant with medicinal or poisonous qualities, esp. white false hellebore, *Veratrum album*, and black hellebore, *Helleborus*).

velatrum, i. elleborum. cujus grana sunt duo, album et nigrum. album facit vomitum, nigrum deducit ventrem *Gl. Laud.* 1524; elleborus albus, yeratrum, adorasta idem, folia habet similia arnoglosse aut bete agresti sed breviora et modicum obrufa *Alph.* 52; vellatrum, elleborus albus idem. A. *clofthounk Ib.* 189; **14..** vetrum, *lungwort, elebre MS Univ. Libr. Camb. Dd. 11. 45* f. 116ra; veratrum *is called in Greke* helleborus, .. *It maye be called in Englishe nesewurte. There are two kyndes of* helleborus, *the one is called* veratrum album *and it is called* .. *in Englishe nesewurt or whyte nesewurt* .. *the other kynde is called* veratrum nigrum TURNER *Herb Names* (1965) 134.

2 veratrum v. veretrum.

verax [CL]

1 who speaks or tells the truth, truthful, accurate, honest (also transf.), (also) true to one's word, faithful; **b** (of words).

populum verborum Dei praevaricatorem sexcentorum milium duobus exceptis ~acibus [cf. *Num.* xxvi] GILDAS *EB* 1; loquatur .. pro nobis .. qui solus ~ax est, Spiritus scilicet Sanctus *Ib.* 62; sicut mihi referebat quidam ~acissimus et venerandae canitiei presbyter BEDE *HE* III 27; **799** providus in responsis, ~ax in judiciis, sollicitus discernere quid cui conveniat ALCUIN *Ep.* 179; a**1081** alioquin Veritas non esset ~ax quae dicit 'qui crediderit et baptizatus fuerit, salvus erit' LANFR. *Ep.* 33 (49); ad omnem secundum te actum et cogitatum puram, sobriam, devotam, ~acem mentem et efficacem ANSELM (*Or.* 1) III 5; sic scriptura ~ax testatur te positis genibus clamasse voce magna .. *Ib.* (*Or.* 13) III 52; totam ex ordine vitam stilo ~aci decrevimus prosequi *V. Gund.* 2; rex .. Henricus .. erat .. mente constans, animo audax, in sermone ~ax, in promissis efficax RIC. HEX. *Stand.* f. 37; deinde ostendit eum potentem efficere quicquid pollicetur et in promissis solvendis ~acem ANDR. S. VICT. *Dan.* 88; post descripta .. vite et morum ejus insignia .. superest ut que apparuerunt veratia cum suis significationibus referantur somnia *Canon. G. Sempr.* f. 106v; sunt .. nonnulli .. in diversis periculis constituti, dum ~acissimi cultoris Dei nomen .. invocaverint a malis omnibus liberati *V. Edm. Rich B* 624; **1288** de patria de G. quatuor et de convicinio patrie antedicte quinque legales homines et ~aces *Reg. Heref.* 206. **b** crebro ~acium volatu volitent conviciorum cautes GILDAS *EB* 65; prout a predecessoribus nostris et aliis qui ea bene noverunt que dicturus sum ~aci relacione cognovi *Chr. Dale* 1; dum hujusmodi rei veritas regie nobilitatis .. ~aci relatu insonaret auribus ELMH. *Hen. V Cont.* 110.

2 true, correct, accurate, that is in accordance with the actual facts. **b** true, actual, genuine, (also) that is or may be truly, correctly, or accurately called so.

aperte et lucide monstravit .. minorem annorum numerum esse ~acem BEDE *Pleg.* 8. **b** rex etenim dictus, Ligurum ferrugine tinctus, / distendit variis veratia stamina pullis / alternando vices FRITH. 1050; ambe .. fuge fuere in principio quasi fomentum ignominie, sed in fine ~ax alimentum glorie W. MALM. *GR* IV 385; ~ax eventus rerum emulatus est antistitis dictum *Id. GP* III 100; **1442** rei ~aci fundamento longe aliter se habente *EpAcOx* 154.

verbabiliter [CL verbum+-are+-bilis+-ter, cf. LL verbaliter], in words, in a manner that can be put into words, or *f. l.*

verbis predictis pluries sententialiter et ~iter [? l. verbaliter] replicatur OCKHAM *Dial.* 742.

verbaculum v. verbiculum.

1 verbalis [LL]

1 of, pertaining to, or expressed in words (esp. as dist. from deeds, reality, or sim.), verbal, nominal; **b** (as spoken orally); **c** (w. ref. to words of spec. text).

s**1264** accepimus nos esse diffidatos a vobis, quamvis hujusmodi ~is diffidatio satis fuerit in nos realiter ante vestra hostili .. persecutione probata *Eul. Hist.* III 126; s**1301** vestra [potestas] est ~is, nostra autem realis RISH. 198; s**1339** solum .. de gestis hominum realis accio non ~is concepcio ponderetur *G. Ed. III Bridl.* 145; **1348** nos volentes dictos nuncios .. ab injuriis, violenciis, et gravaminibus actualibus et ~ibus quatenus poterimus preservare *RScot* 714b; non esset verum, si nulla esset realis distinccio inter regem Romanorum et imperatorem .. sed ~is tantummodo OCKHAM *Pol.* I 123; intrat Burdegale portum peritus generale, / nil nisi verbale tinnuit 'ave', 'vale' W. PETERB. *Bell. Hisp.* 104. **b** licet prebendarii vicarie .. et vicarius vocentur et subdecanus voce ~ali, curam tamen nullam habent .. in ecclesia predicta *Reg. Brechin* I 19; suppono quod .. contractus ~is sicut cartalis in materia civili eque cadit sub civili judicio WYCL. *Civ. Dom.* III 303; contra omnes temptaciones .. sunt medicine .. jejunia, vigilie, corporales labores, consolaciones ~es aliorum *AncrR* 88; parabat / rex novus optata sua parliamenta novata: / curia verbalis fuit et non judicialis GOWER *CT* III 310; c**1430** de ~ibus fiendorum promissis *Reg. Whet.* II *app.* 439; ut fiat ~is executio, est procedendum ut in caeteris causis quando sententiae sunt verbaliter executioni demandatae *Praxis* 366. **c** sacerdotes Christi debent humiliter ministrare ecclesie in sacramentis et sacramentalibus, et specialiter in doctrina reali et ~i evangelii pacis *Ziz.* 482; confirmavit .. sensum ~em hujus scripture ex modo vivendi Christi et suorum apostolorum conformiter ad hunc sensum: vita .. sacerdotum est optimus interpres sue verbalis sententie *Ib.* 483.

2 of or pertaining to the Word (Christ).

ave, virgo, vas verbale WALT. WIMB. *Virgo* 27; quid patrat graciam verbalis fluminis? / si nescis, referam— taberna virginis *Id. Carm.* 148.

3 of, pertaining to, or derived from a verb or verbs, verbal.

sunt itidem nomina ~ia in -trix desinentia feminina, sicut masculina in -tor terminantur ALDH. *PR* 126; alia [nomina] verbialia, quae et dirivativa sunt: veniunt enim a verbis, ut 'lector', 'dictor' TATWINE *Ars* 1. 15; in quarta [conjugatione] .. corripiuntur duo, 'queo' simul et 'eo', et que ex is componuntur, ut 'eo, itus, exeo, exitus', ex quibus ~ia non legi ABBO *QG* 4 (10); amicor, amicaris verbum deponens, unde ~ia amicator, amicatus, amicabilis, et amicabiliter adverbium OSB. GLOUC. *Deriv.* 6; ~e dicitur a verbo, ut egenus ab egeo BACON *Gram. Gk.* 155; multe determinaciones conveniunt corpori Christi, nominales, ~es, et adverbiales *Ziz.* 173.

2 verbalis, (*~is major*) agrimony (*Agrimonia eupatoria*).

14.. ~is major, *egrimony, coseclite MS Univ. Libr. Camb. Dd. 11. 45* f. 116ra.

verbalitas [LL verbalis+-tas], verbal dexterity.

de solius hominis anime vel spiritus inmortalitate vanum diducere cogitatum vel ad diducciones venire ~atum E. THRIP. *SS* VIII 8; hee .. tam speciales ~atis et in luculencia tam commendabiles argucie *Ib.* XI 12; experto salubri tam confusivo subsidiatus in casu satis et eleganti ~atis in amenitate suffragio *Ib.* XII 4.

verbaliter [LL]

1 by means of words, (also) in words (esp. as dist. from deeds, reality, or sim.), verbally, nominally; **b** (as spoken orally).

unde indignatus est populus universus, duos reges in uno regno, istum ~iter, istum realiter conregnare *Ann. Paul.* 259; et in assertionem hujus rei vexillum regis erectum ubilibet in castris, locis, et terris ponentes, omnia in manibus regis ~iter capientes ad ejus utilitatem (ut dicebant) occupata detinebant *Hist. Roff.* f. 35; clericus .. declinando ad seculum peccat gravius quam .. Judeus ~iter negans Cristum WYCL. *Ver.* II 106; qualiter timore mortis sibi illate occisioni sue consenserat ~iter et non corde *Eul. Hist. Annot.* II 217; meditacio .. non velociter nec solum ~iter transcurrenda, sed sensim et mentaliter ex animo est legenda UHTRED *Medit.* 195. **b** omnia quaequae in scriptis vel anterioribus vel modernis partes detulerunt vel hic inveniri potuerunt vel a partibus verbaliter dicta sunt EDDI 54; p**754** haec omnia .. per gerulos istarum litterarum plenius et ~iter [v. l. verbialiter] tibi indicare curavi *Ep. Bonif.* 112; **1283** nichil .. inseritur in littera aliqua .. set tamen ~iter fuerunt .. salaria .. promissa *Reg. Heref.* 13; s**1296** super aliquibus vobis ex parte nostra ~iter referendis *MGL* II 73; patri ~iter supplicabat quatinus illud .. observaret *G. Durh.* 5; **1454** de mandato domini regis dato ~iter computantibus *ExchScot* 610.

2 as or in the manner of a verb, verbally.

predicatur .. divina essentia substantialiter .. ut cum dicitur 'Pater est Deus' .. eadem predicatur ~iter .. ut cum dicitur 'Pater diligit Filium' NECKAM *SS* I 14. 4; nullum verbum ~iter positum consignificat numerum *Ib.* I 30. 1; sive illud denominativum significetur nominaliter sive ~iter DUNS *Ord.* VI 229; ideo addendo 'notum' vel 'cognitum', sive nominaliter sive ~iter, majori et conclusioni, ita tamen quod referatur ad totam proposicionem, est fallacia accidentis OCKHAM *Elench.* 240.

†**verbare,** ? *f. l.*

omnes homines territorii dum episcopus fuerit [ibi] servire in curia debent cotidie in quocumque eis jussum fuerit, et bovarii operari omni die Lune, et in qualibet †verbare [? l. vehere] fimum boum post prandium *RB Worc.* 148.

verbasculum [CL verbascum+-ulum], (as name of various kinds of plant) primrose (*Primula vulgaris*), cowslip (*Primula veris*), or sim.

there are iii ~a *called in greke* phlomides. *The fyrste is called in barbarus latin* arthritica, *and in englishe a primerose. The seconde is called in barbarus latin* paralysis, *and in englishe a cowslip, or a cowslap, or a pagle. The third is called* thryallis, *and rosecampi in englishe* TURNER *Herb Names* (1965) 133; *pigil,* ~um LEVINS *Manip.* 129.

verbascum [CL]

1 mullein (*Verbascum thapsus*).

flomos, Graece nomen herbe ~um *GlH* F 507; herba ~us, *þat is feld þyrt Leechdoms* I 30; barbastus, respice in flosmos *Alph.* 20; flosmus, filtrum, tapsus barbatus major, herba luminaria, pantifilagos idem, A. *feltwort* vel *cattestayl* .. flosmos quam Latini barbastum dicunt, duo sunt genera, masculina et femina *Ib.* 68; cauda equi, i. tapsus barbastus *SB* 14; *moleyn, herbe,* dapsus .. barbascus *PP* 292; ~um, a Graecis phlomos, ab officinis taxus barbatus, a vulgo *mullen* aut *longwort* appellatur TURNER *Herb.* (1965) 58; *longwort,* ~um, -i LEVINS *Manip.* 173.

2 primrose (*Primula vulgaris*).

a primrose, ~um, -i LEVINS *Manip.* 222.

3 oxeye (*Asteraceae*).

berbescum, *gescadvyrt Gl. Durh.* 300.

verbascus v. verbascum. **verbatenus** v. verbum.

verbatim [CL verbum+-atim], word by word, or word for word.

legite distincte et aperte atque ~im, sed et syllabatim ac sensatim ÆLF. BATA 5. 4; reprobat illud capitulum ~im (PURVEY) *Ziz.* 387; *tout le record* ~im *Entries* 78.

verbatio [cf. CL verbum], (nonce-word) condition of being the Word, 'Wordship'.

idem per se significant concretum et abstractum .. sicut 'filius' et 'filiatio' .. ita ergo idem significant verbum et abstractum ejus: ejus autem abstractum, si esset nominatum, esset '~io' DUNS *Ord.* VI 98.

verbeculum v. verbiculum.

verbena [CL = *branch of var. aromatic trees or shrubs*]

1 vervain (*Verbena officinalis*).

vervina, lancea OSB. GLOUC. *Deriv.* 627; vervena, i. hierobotamum *Gl. Laud.* 1509; at verbena febri, cui lux dat tertia nomen, / confert NECKAM *DS* VII 263; **c1250** vervena, i.*verveine*, i. *irenharde WW*; columbaria, peristereon, ~a idem. G. *verveyne*, A. *fleguurt*, bona herba veneris *Alph.* 43; ysopi, bethonice, lactuce, origani, lupuli, scolopendrie, berbene, calamenti GAD. 13. 1; hec verveta, *a verveyn WW*; hec vervene, A. *vermyne WW*; ~a et verbenaca, graece peristereon dicitur. ejus duo sunt genera, ~a recta scilicet, que vulgo dicitur *vervyne*, et verbena supina, que a vulgo vocatur oculus Christi TURNER *Herb.* (1965) 58.

2 knapweed (*Centaurea nigra* or sim.).

c1400 †nervene [*sic* MS], *knapwort MS BL Arundel 42* f. 96rb.

3 (*~a supina*) kind of plant, perh. clary sage (*Salvia verbenaca*).

~a supina TURNER *Herb.* (1965) 58 (v. 1 supra) (cf. id. *Herb Names* G vij: ~a supina *is harde to fynde in Englande ... It is lyke bugle, but the leaves are deaplyer endented & grener then bugle leaves be. It may be called in english geagged bugle. It groweth in shadowye places about tree rootes*).

verbenaca [CL], vervain (*Verbena officinalis*).

~a, sura magna *GlC* V 97; herba vermenaca, *þat is æscþrotu Leechdoms* I 8; berbenaces, *eascvyrt Gl. Durh.* 300; verbena et verbenaca, graece peristereon dicitur TURNER *Herb.* (1965) 58 (v. verbena 1) (cf. id. *Herb Names* G vij: ~a recta *is called in greeke* peristereon yphos, *in english vervine .. in frenche vervayne. Thys herbe groweth in many places of England*).

†verbenatus, *f. l.*

ora patrem †verbenatum [MS: jube natum] ut peticiones mee .. non abeant incassum set meas sumat per te preces qui pro nobis tulit esse tuus *Mir. Wulfst.* II 16 p. 173.

1 verber [CL]

1 instrument used for flogging. **b** rod used for measuring (in quot. in gl.).

quos imperator .. cum verborum argumentis fallere nequiret, cruentis ~erum ictibus vapulare praecepit ALDH. *VirgP* 33; post haec Rufina cum durissimis ~erum ictibus caesa et caerula flagrorum vibice cruentata .. vapularet *Ib.* 51. **b** *a yeard mesure,* verber LEVINS *Manip.* 210.

2 (esp. pl.) blow, lash, violent hit or strike (esp. administered punitively in flogging); **b** (transf. or fig.); **c** (administered to drive or control animal). **d** (in gl.).

horrendas vincunt praecordia virgas, / quamvis sanguineos fudissent verbera rivos / crudaque per teneras rorarent vulnera pulpas ALDH. *VirgV* 1063; beati Petri flagellis simul et exhortationibus animatus .. venit ad regem et retecto vestimento quantis esset ~eribus laceratus ostendit BEDE *HE* II 6; tantum promoverat ut Quirites .. Wibertinos cum verbis tum ~eribus lacesserent W. MALM. *GR* IV 350; draconem maximum serpentem scriptura docet, qui flatu, veneno, caude ~ere nocet HON. *Spec. Eccl.* 915D; **1146** dejectum equo gravissimis afflixit ~eribus G. FOLIOT *Ep.* 52; livorem ~erum in cute, vulnerum cicatrices expergefactus ostendit in corpore J. SAL. *Pol.* 435D; quibusdam suorum interemptis, alii ~eribus, alii .. vulneribus graviter afflicti, in carceres et vincula contruduntur GIR. *EH* I 25; ludibria et ~era variaque tormenta et ipsam postremo mortem .. patienter sustinuit J. FORD *Serm.* 106. 7; **c1298** verbera cum venient, tunc cessabunt verba (*Song on the Scottish Wars* 159) *Pol. Songs* 172. **b** sic Deus horrifera sanctos ulciscitur ira / et merito plectit peccantes verbere saevo ALDH. *VirgV* 297; sic Deus omnipotens sanctos per saeva probavit / verbera, post reddens premia laeta polo ALCUIN *SS Ebor* 96; te, pater, omnitenens servet per secula mitis, / inferni vinclis verberibus [? l. verberibusque] privans [v. l. pravans] ÆTHELWULF *Abb.* 819; me .. propriis verborum ~eribus, tuis provolutus genibus, exonerans affligo B. *V. Dunst.* 1; ~ere paterno corripi, gravique infirmitate oppressus viribus corporis in dies magis magisque destitui cepit *V. Gund.* 39; preclare innocens prolapsio temporali castigata est ~ere W. MALM. *GP* V 259. **c** asinae .. quae in angusto maceriae vinearum resolutum ejus attrivit pedem, ob id licet ~era hostiliter senserit GILDAS *EB* 1; et tamen infantum fugiens mox verbera vito ALDH. *Aen.* 10 (*Molosus*) 4; nec minis necque ~eribus potuerunt exercitus minare animalia de loco in quo stetit vir sanctus contra eos (*Moling* 16) *VSH* II 197. **d** grandine, ~eribus, *hagele GlP* 347; *a betynge,* ~er *CathA.*

3 (without impl. of violence) hit, strike (of thing made to come into contact w. another).

est enim longa naturaliter in illo Paulini: 'ut citharis modulans unius verbere plectri' BEDE *AM* 120; paralysi percussus est .. et factum est ut minus elimate ~era labiorum verba proferrent W. CANT. *Mir. Thom.* IV 40.

2 verber v. vervex.

verberabilis [CL], (in gl.).

hic et hec ~is et hoc ~e, qui aptus est ad verberandum. Plautus ponens superlativum ait '~issime etiam rogas, non fur sed trifurcifer' [cf. Plaut. *Aul.* 633] OSB. GLOUC. *Deriv.* 611.

verberamen [CL verberare+-men], flogging, beating, thrashing. **b** (without impl. of violence) hit, strike (of thing made to come into contact w. another).

verbero, -as verbum activum, inde .. hoc ~en, -nis OSB. GLOUC. *Deriv.* 611; **1429** idem defendens .. verberavit j suem, per quod ~en perdidit septem porcellos *DL CourtR* 126/1872 m. 6; *a betynge,* verber, verberacio, verberamen, verberans *CathA.* **b** vitalis .. spiritus nec ex spiramine vel afflatus ~ine vel sensibili perceptione sive etiam pulvinaria mollitie, quam sepius adhibita, aliquomodo dinosci potuerat R. COLD. *Cuthb.* 63.

verberare [CL]

1 to flog, lash, beat, to hit or strike violently (esp. as form of punishment, also in assault); **b** (transf. or fig.); **c** (*aerem ~are*, as vain or useless, also fig.). **d** (intr., *~are ad ostium*) to knock violently.

cum beluis Indorum quoddam genus duplicibus fertur fuisse caudis: quae duplicitas .. cum binis patebat unguibus, quibus homines ~avit pungens *Lib. Monstr.* II 34; requiem nostro ~antium more qui virgam vel scuticam dorso vapulantis creberrime ad punctum sublevando tollimus BEDE *Sam.* 622A; suscepturus judicium aut sola grossiori virga super staminiam ~etur et prostratus jaceat, aut pluribus gracilioribus virgis et nudus sedeat LANFR. *Const.* 174; ut per aliqua signa morbi genus medicus idem cognoscat: fere semper quasi ~antur ei tempora, frons semper ponderosa ANSELM (*Ep.* 39) III 150; **c1156** in istum violentas manus non insederit nec eum in atrio ecclesie ~averit *Doc. Theob.* 136; si vero sciverit eum esse servum et ~averit, dominum contingit injuria servo illata VAC. *Lib. paup.* 97; nequiter .. ~erunt eum et fregerunt dentes suos *PlCrGlouc* 95; **1221** nequiter et in felonia et in assultu premeditato eum assultavit et ~avit et turpiter tractavit *SelPlCrown* 107; usque ad sanguinis effusionem novis viminibus ~ando *V. Edm. Rich C* 599; virgam sibi tradidit et ab eodem ~ari petivit STRATFORD *Serm.* 28 p. 89; **1376** ~avit eam cum cultello extracto contra pacem *Leet Norw.* 62; hinc inde occisis multis de caraca, non sine aliquibus de nostris, et pluribus utrimque graviter ~atis *G. Hen. V* 24. **b** incassum ergo tumet superbus et indocta eloquentia ~at aures BEDE *Prov.* 981A; mens .. a cura sollicitudinis dormiens ~atur et non dolet *Ib.* 1008A; inque modum tonitrus vox ferrea verberat aures / preter ut hunc solum nil capiant sonitum WULF. *Swith. pref.* 163; a**1076** maxime placamus misericordem Dominum, si vapulantes ~anti sponte consonamus ANSELM (*Ep.* 9) III 112; benignus .. Dominus qui erroneos ~at ORD. VIT. VI 10 p. 99; matrem dulci quadam increpatione filium ~antem AILR. *Inst. Inclus.* 31; Deus te per illum ~at [ME: *beteð*] et castigat, sicut pater carum filium suum per virgam *AncrR* 62; rex noster cum suis canellis et machinis .. ~avit dictum fortalicium ac muros et turres undequaque *G. Hen. V* 6. **c** videres .. Galwensem .. ceca quadam amentia proruentem nunc hostem cedere, nunc inanem aerem cassis ictibus ~are AILR. *Stand.* f. 200b; **c1155** vos .. tumultuoso strepitu et clamore nautico de nugis assidue disputantes inutiliter aera ~atis P. BLOIS *Ep.* 6. 18A; sic pugna, non quasi aerem ~ans BALD. CANT. *Serm.* 11. 16. 514C; ego .. genibus terram, gemitibus celum, pectus pugnis, genas lacrimis rigavi, tutudi, pulsavi, cecidi. set hec omnia .. quasi aera ~ans feci, quousque et tu .. manum apposuisti AD. EYNS. *Hug.* I 9. **d** **1467** citamus omnes et singulos qui ad ostium Magne Aule Nigre ~averunt, ac valvam fregerunt, in nocte diei Martis ultimo preterito *MunAcOx* 725.

2 (without impl. of violence) to hit, strike, touch, contact (also transf. or fig.).

continuo insonuit percussis cudo metallis / malleus et vacuas volitans cum verberat auras / jam coenam fratrum peditans culdarios ornat ÆTHELWULF *Abb.* 304; **930** ut ille eam [tellurem] .. quamdiu ~anti ocellorum convolatu auraque spirabili potiatur habeat *CS* 669; producens rusticum aereum cum aereo malleo, quo ille undas ~ans ita obnubilavit aera ut diem celumque subtexeret W. MALM. *GR* II 170; S .. ut scribit Martianus 'tenuem facit sibilum, dentibus paululum ~atis' [cf. Mart. Cap. III 261] OSB. GLOUC. *Deriv.* 510; continuo avicule cuncte, quelibet in suo genere, alis expansis aquam ~ando, canere una et proclamare ceperunt GIR. *IK* I 2; nichil prodest verba dare, / palmam palma verberare / cum ingenti strepitu WALT. WIMB. *Van.* 34; prebeo me non aliter quam rupes aliqua in vadoso mari destituta, quam fluctus non desinunt undique ~are BACON *Mor. Phil.* 162; grifo .. alis suis creberrime percutientibus aera tam fortiter ~avit ut navem fere cogeret periclitare (*Brendanus* 35) *VSH* II 283.

3 to process (material) by beating, to thresh, beat, or sim., (also) to obtain (product) by beating or sim; **b** (fig.).

quisquis plenus villanus debet .. ~are semen in grangiam domini et illud seminare *Chr. Peterb. app.* 161; **1222** quelibet hida debet ~are semen ad seminandas iiij acras *Dom. S. Paul.* 43; **c1300** et debent ~are in autumpno grist' *DCCant.* Reg. J p. 41; **1305** in stipendio duorum hominum existencium per iiii^or^ dies ad ~andum [et] reparandum canabum pro diversis neccessariis agendis *MinAc W. Wales* 408. **b** **c1450** causam .. exponentis hincinde suo altissimo ~ans et ventilans concilio *Reg. Whet.* I 151.

4 to stamp, emboss, imprint (w. design or sim., also transf.).

1243 fieri faciat unum vexillum masclatum de armis regis et armis comitis Provincie cum auro ~ato *RGasc* I 199a (=*Cl* 42); **1303** pro factura quatuor penecellorum auro ~orum de armis principis pro trumpator’ ejusdem *KR Ac* 363/18 f. 11; **1415** ij capas de blodio *tartaryn* ~atas cum rosis, pro pueris *Arch.* LXX 93.

verberatio [CL]

1 (act or instance of) flogging, beating (esp. as form of punishment, also transf. or fig.). **b** (leg., considered as assault) beating.

743 si .. clericus vel monachus in hoc peccatum ceciderit, post tertiam ~onem in carcerem missus vertentem annum ibi penitentiam agat *Ep. Bonif.* 56; si quis servum suum .. graviter verberet .. post hanc ~onem .. detruserus eum in horrendum carcerem ANSELM (*Praesc.* III 9) II 277; sic nostra ~o [ME: *beatunge*] super eum cecidit, quia seipsum inter patrem et nos interposuit .. sicut mater propicia se interponit inter suum filium et patrem iratum volentem filium verberare *AncrR* 142; secundum leges licet eum instrui, et si deficiat, licet eum per ~onem ad legem reducere HOLCOT *Wisd.* 82. **b 1201** insultaverunt eum, et eum verberaverunt, et graviter vulneraverunt, ita quod iij ossa ex capite ejus per illam ~onem extracta fuerunt *SelPlCrown* 2; **1202** appellaverat ipsum Johannem de pratis suis pastis et de ~one hominum suorum *Ib.* 14; **1249** de placito ~onis [*PlRCP* 136: verberature], roberie et pace [l. pacis] domini regis infracta [l. infracte] *CurR* XIX 547; **1265** post ~onem illam vixit in domo sua per sex septimanas et amplius et .. non obiit ex illa verberatura *ICrim* 6/7.

2 (act of) processing (in quot., metal) by beating.

1331 computat in ~one quadraginta octo petrarum plumbi, vj s. viij d. *ExchScot* 359.

3 baiting (of bear or bull).

1292 non fuerat ~o ursi loco illo *SelCCant* 553; **1487** custodibus macelle in ~one tauri viij d. *REED Devon* 107.

4 beating (of forest to disturb game).

1207 de Henrico filio Willelmi et de hominibus suis .. tres marcas pro ~one forestar’ .. de Rogero de Dirhill’ decem marcas pro verberacione forestar’ *Pat* 70b.

verberator [LL], one who beats (esp. w. ref. to criminal assault).

verberones, ~ores OSB. GLOUC. *Deriv.* 624; de ~oribus, vulneratoribus, contumeliosibus, et paci rebellis *Fleta* 24; **1306** T. de A. .. verb’ et maletract’ R. de N. et est communis verb’ etc. *JustIt* 809 m. 12 (cf. *Collect. Staffs* VII 167); **1340** A. S. .. captus ad respondendum domino regi quare in W. le S. insultum fecit .. et ipsum .. verberavit, vulneravit, et male tractavit .. unde coram prefatis justiciariis indictatus est, et quod est communis ~or et perturbator pacis *SessPCambs* 15; **1377** hujusmodi clericorum .. captores, detentores, carceri mancipatores, compulsores, ~ores, vulneratores, occisores (*Lit. Papae*) *Mon. Hib. & Scot.* 359a; *a beter*, verbero, ~or, gladiator, baculator *CathA*.

verberatorium [CL verberare+-torium], (in gl.).

verberator[i]um, *corthr* *GlC* V 93.

verberatrum [CL verberare+-trum], (in gl.).

verberatrum, *flete* *GlC* V 94.

verberatura [CL verberare+-ura]

1 beating, (esp. leg.) assault.

1247 appellant .. Henricum .. quod ipse simul cum duobus hominibus extraneis verberaverunt eos .. et H. venit et deffendit ~am et quicquid est contra pacem *JustIt* 455 r. 1d.; **1250** de placito ~e, roberie, et pace [*sic* MS] domini regis infracte *CurR* XIX 1939; **1255** Sweteman textor ejusdem ville inplacitat homines de Waddon coram jud’ ordenar’ pro ~a *Hund.* I 27b; **1280** culpabiles sunt de ~a et non de roberia *JustIt* 669 r. 4; **1285** Simon P. .. appellavit in comitatu predicto Ricardum de V. de mahemio et ~a et de pace domini regis fracta *DocCOx* 198; super transgressionibus ~e, vulnere, maheimii, et inprisonamenti *State Tri. Ed.* I 12.

2 (act of) processing by beating, (in quot.) crushing, pulverizing (of spices).

1286 speciaria .. eidem pro ~a diversorum pulverum de pred. speciebus iiij s. vj d. *Arch.* LXX 44.

verberitare [CL], (in gl.).

verbero, -as verbum activum, inde .. ~o, -as i. sepe verberare OSB. GLOUC. *Deriv.* 611; verberitare [v. l. verbitare], sepe verberare *Ib.* 624.

verbero [CL = *one who deserves flogging*], (in gl.).

hic ~o, -nis, i. ille qui alium verberat. Plautus in Amphitrione ‘~o, aut muttito, aut ego te ledam hoc scipione’ [cf. Plaut. *Am.* 519] OSB. GLOUC. *Deriv.* 611; ~ones, verberatores *Ib.* 624; *a beter*, ~o, verberator, gladiator, baculator *CathA*.

verbescari [cf. CL verbum], (in gl.).

~or, A. *to chyde* WW.

verbex v. vervex.   **verbial-** v. verbal-.   **verbica** v. vervica.

verbicrepus [CL verbum+crepare+-us], (in gl.).

linguatus, in lingua potens, loquax .. dicax, multiloquus, ~us, procax OSB. GLOUC. *Deriv.* 325.

verbiculum [CL verbum+-culum], little word, mere word.

1201 inter me et vos nihil contrarietatis incidit preter ~ecula quedam ire *RChart* 102b; s**1301** quare non postulastis coronam, ut unusquisque vestrum eam portet, et ego solo nomine ~aculi rex debeam appellari? RISH. 460; *a worde*, diccio, dictum .. verbum, verbulum, ~iculum, vocabulum *CathA*.

verbifer [CL verbum+-fer], who carries the word (in quot. of the apostle Paul).

o Paule, celestis verbifer aule R. CANT. *Malch.* VI 268.

verbigena [LL], ~us, (of Christ) begotten of the Word. **b** (understood as) bearer of the Word.

manifestans in se ~ae magnalia, qui rudenti asellae humana compegit verba, ut increparet prophetae insipientiam ABBO *Edm.* 12; **1004** unicus aeterni Patris ~a *Ch. Burton* 28; ipso die et sequenti, quae erat .. nativitatis matri altissimi ~ae GOSC. *Transl. Aug.* 20A; annis inventis octo cum mille ducentis / verbigeni pueri .. / .. / organa suspensa siluerunt et sacra mensa *Ann. Worc.* 397; mcccc deca-tertius astra movebat / annus verbigene, tuus xx sexque patebat *Vers. Hen. V* 60; **14..** hic sacre fidei qui verbis mente obedit / coram verbigena judice salvus erit *Anal. Hymn.* XLIII 51. **b** ~a, *wordcennend GlP* 115; virgo verbigena, felix nutricula, / mater ancillula, nata, sororcula WALT. WIMB. *Carm.* 81.

verbigenus v. verbigena.   **verbigratia** v. verbum.

verbiolum [CL verbum+-olum], little word, mere word.

1432 brevibus sub imprecenciarum litterarum ~is duxi exorare vestram fraternitatem *Cant. Coll. Ox.* III 89.

verbipotens [CL verbum+potens], powerful in speech.

Lucia vive Dei felix, clarissima virgo, / semper in aeternum, Lucia virgo, vale! / et mea per versus valeat Mathematica dulces, / femina verbipotens, tu sine fine vale! ALCUIN *Carm.* 12. 6.

verbitare v. verberitare.   **verbius** v. virbius.

verbocinare [cf. CL verbum, sermocinari], to speak, argue, debate.

1275 venerunt et defenderunt injuriam .. et omnimodas vires et totum quod eis inposuit .. et dictus Willelmus dicit quod .. ~are inceperunt et non perverbocinaverunt specificando omnimodas vires et non specificando dampna vel perdiciones *CourtR Wakefield* I 57; **1275** consideratum est quod dictus Elias et Michael, eo quod non ~averunt sicut debuerunt, sint in misericordia *Ib.* I 61.

verbocinium [cf. CL verbum, -cinium, cf. et. verbocinare], conversation, discussion, talk.

quidam abbas, ut adsolebat, ad ~ium [v. l. colloquium] praefati viri devenire proposuit FELIX *Guthl.* 43; cum .. praefati fratres ~io venerabilis viri potiti uterentur *Ib.* 44.

verbosare v. verbosari.

verbosari, ~are [LL], to talk at length, to talk idly or excessively.

cessa ~are Luitsinda *Mir. Furs.* 313; ~or, -ris, i. verbose loqui OSB. GLOUC. *Deriv.* 611; ~ari, verbose loqui *Ib.* 624; **11..** ab his, spurcissime demon, cohibe linguam verbis et amplius noli ~ari (*Passio S. Margaritae*) *PMLA* XLII 101; *to chatir as a man*, garrulari, ~ari *CathA*.

verbosator [LL verbosari+-tor], (in gl.).

bucca, -e i. os vel oris folliculus .. inde .. hic bucco, -nis, i. ~or OSB. GLOUC. *Deriv.* 72.

verbose [CL], in a verbose manner, using many words.

quatenus vestra prudentia minus fastidiose perciperet quod scriptum sibi minus ~e perspiceret ANSELM (*Ep.* 44) III 156; fratrum officinas circumeunt et cellas, otiose, curiose, ~e G. HOYLAND *Serm.* 241D; verbosari, ~e loqui OSB. GLOUC. *Deriv.* 624 (cf. ib. 611: verbum .. unde verbosus .. et ~e adverbium).

verbositare [LL verbosare+-itare], to talk at length, to talk idly or excessively.

quam .. fratres.. viderant saepissime, verborum locutione carentem omnino, modo vero martyris miraculo ~antem balbutiendo HERM. ARCH. 19; perculsi terrore ~ant inter se, dicentes .. Deum et sanctum erga se commotos esse *Ib.* 39; s**1191** venimus .. falsitatem refellere, veritatem potius legendo quam ~ando enodare GERV. CANT. *Chr.* 68.

verbositas [LL], extensive use of words, verbosity, prolixity, longwindedness.

melius exemplis quam nuda ~ate informor ALDH. *Met.* 10 p. 92; nullus doctorum bonorum potest domare linguam eorum qui se ipsos a stulta ~ate cohibere neglegunt BEDE *Ep. Cath.* 28C; inter litterarum profanos is saepissime magis consulitur qui majori quadam ~ate prae ceteris facundus videtur ADEL. *ED* 20; vincit pompam fame rerum veritas, licet fatiget audientes referentium ~as W. MALM. *GP* II 98; Saphadinus .. tanta regem .. circumvenit astutia et composita fefellit ~ate ut tanquam mutuam viderentur contraxisse familiaritatem *Itin. Ric.* IV 31; ad cetera que nimis multiplicas et inani ~ate texis .. indignum juste reor cuiquam sensato .. viro amplius tecum responsis contendere BEKYNTON II 174.

verbosus [CL]

1 wordy, verbose, prolix: **a** (of speech or writing); **b** (of person).

a ~a [*gl.: wordig*] garrulitas aut garrula verbositas firmo scripturarum fulcimento carens ALDH. *VirgP* 19; **793** tua responsio sale sit sapientiae condita, non temeraria sed honesta, non ~a sed modesta ALCUIN *Ep.* 17; sufficiebat .. ad victoriam ~us clamor J. SAL. *Met.* 829B; pretermissis laicorum legibus et ~is atque clamosis absque medulla constitutionibus GIR. *Spec. proem.* p. 9; per consonantias ineptas verborum et clausularum .. in quibus est sola vanitas ~a, omni carens ornatu rhetorico et virtute persuadendi BACON *Tert.* 304. **b** tunc procus advenit densa comitante caterva / garrula verbosis contorquens spicula labris / quod sua dispiceret castis conubia votis ALDH. *VirgV* 1958; contra verbosos noli contendere verbis ALCUIN *Carm.* 62. 99; valde ~us es et multiloquax ÆLF. BATA 4. 16 p. 39; cum difficillimum sit sub dilucida brevitate procedere, mallem ~us intelligi, quamvis autentica faciat volumina difficultas GERV. MELKLEY *AV* 1; [bajulus] non sit ~us vel emittens multos risus, quia temperancia multum placet hominibus BACON V 142; cum .. recesserit is qui venit, dicit, ‘iste’ vel ‘ista ~us est’ seu ‘~a’ [ME: *of muche speche, of long tale*] *AncrR* 16.

2 of or pertaining to words, ? expressed in words.

adest verbosae fulgidum / sophiae stemma lucidum (ÆTHELWALD) *Carm. Aldh.* 5. 43.

verbotenus v. verbum.

verbulum [CL verbum+-ulum], (little or mere) word.

legite sollerter atque aequanimiter Dei ~a vobis credita usque ad metam ÆLF. BATA 5. 4; quicquid loquacitatis in follibus imperiti gutturis resonabat interdum uno sapientis ~o conquievit J. SAL. *Pol.* 665D; cum etas exigebat ut ~a effari deberet, nequaquam valuit verbum aliquod promereri *Mir. J. Bev.* A

301; cum perfecto silentio, et absque semicorrosis ~is, et digitorum superfluis notis AD. SCOT *TT* 613B; fas non erat pauca fari: / fuere pro verbulis / quas heu vidi dirivari / lacrimas ex oculis P. BLOIS *Carm.* 7. 43; verbum in virgine jam factum verbulum / novellum inchoat in ventre ludulum WALT. WIMB. *Carm.* 55; **1443** disseminantur hic ~a quedam contumeliam parientia, viz. quod vos non recepissetis instrucciones adhuc regias integras BEKYNTON I 185.

verbum [CL]

1 word (isolated as unit of linguistic system, esp. as conveying meaning).

"dicito" inquiens "aliquod ~um; dicito *gae*" quod est lingua Anglorum ~um adfirmandi et consentiendi BEDE *HE* V 2; cumque singula litterarum nomina dicente episcopo responderet, addidit et syllabas ac ~a dicenda illi proponere *Ib.*; **799** ~a .. quibus loquimur nihil aliud sunt nisi signa rerum earum quas mente concepimus et [quibus] ad cognitionem aliorum venire volumus ALCUIN *Ep.* 163; Latinitatem perosus Grecitatem amat, Grecula ~a frequentat W. MALM. *GP* I 15; sciendum, quod 'organum' ~um equivocum est *Mens. & Disc.* (*Anon. IV*) 70; nam 'mandavit nubibus et januas celi aperuit, et pluit nobis manna vite eterne', quando volumus proferre verba quinque BACON *Mor. Phil.* 230; nec unum ~um proferre valuit *Flor. Hist.* II 377.

2 (gram., spec.) verb.

si 'liquor' ~um fuerit tertiae conjugationis vel tertii ordinis ALDH. *PR* 113; 'quod' et 'quia' .. aliquando indicativum ~um trahunt, aliquando conjunctivum BEDE *Orth.* 45; praeteriti temporis ~o usus est ALCUIN *Exeg.* 963D; partes orationis sunt octo .. nomen, pronomen, ~um, adverbium, participium, conjunctio, praepositio, interjectio ÆLF. *Gram.* 8; ~um hoc quod est 'facere' solet poni pro omni ~o cujuslibet significationis finito vel infinito, etiam pro 'non facere' ANSELM *Misc.* 337; qualecumque sit ~um, sive transitivum sive absolutum VINSAUF *AV* II 2. 47; qui vovet per ~a de futuro promittit quod dabit Deo continentiam suam T. CHOBHAM *Conf.* 156; ~um est pars oracionis significativa agendi et paciendi, modis et temporibus determinata *Ps.*-GROS. *Gram.* 45; hoc autem ~um 'est' manet personale semper BACON XV 176.

3 (*~a dare*) to deceive, cheat, impose on (in quot. w. dat.).

1164 nos humiles, inopes, immuniti, nunquid poterimus verba dare Romanis? J. SAL. *Ep.* 134 (136); **1168** Romanos amicis ~a dare jam nemo miratur *Ib.* 237 (278).

4 word (as used, esp. in meaningful combination); **b** (w. ref. to what is expressed); **c** (*per ~a de praesenti* or *per ~a de futuro*, w. ref. to contracting of marriage). **d** (*uno ~o*) in a word, briefly. **e** use or employment of words (esp. of utterance aloud). **f** (mere) words (contrasted w. substance or reality).

auscultastis quidem secundae lectionis apostoli Pauli ~orum sonum GILDAS *EB* 108; saepe .. in utrorumque [*sic*] partium conventibus pacem ~is firmabant foedusque ingerunt [*i. e.* inierunt] WEALDHERE *Ep.* 22; ne aliqui qui cum caeteris in capitulo sedere debeant ociosis ~is aut alicui vanitati intendant LANFR. *Const.* 144; verum .. ~a exponendo in eo diutius immoremur BERN. *Comm. Aen.* 28; quocienscumque videt .. fratrem suum .. delinquentem, debet eum .. ~o aut signo leniter .. corripere *Cust. Westm.* 164. **b** c**1307** insultum fecit .. ~is contumeliosis, vocando ipsum falsum, perversum, et illegalem traditorem *CBaron* 83; Gallici .. ~a fellis eructantes STRECCHE *Hen. V* 150; multa opprobriosa ~a ab amicis et regni incolis pacienter sustinebat *Plusc.* VI 20. **c** s**1200** rex .. Johannes .. duxit sibi in uxorem Isabel .. quam .. Hugo comes cepit per ~a de presenti et ipsa .. eum *Ann. Burton* 202; si vir et mulier dederint sibi fidem mutuo per ~a de futuro de contrahendo inter eos matrimonium T. CHOBHAM *Conf.* 370; **1259** probatum extitit coram ipso evidenter quod idem H. prius cum predicta muliere contraxerat matrimonium per ~a de presenti *Cl* 19; **1282** placet nobis quod .. sponsi per se vel per nuncium vel per epistolam, quatenus jura permittunt, matrimonium contrahunt per ~a de presenti *RGasc* II 159a; **1397** H. B. .. contraxit matrimonium per ~a de futuro cum quadam J. (*Vis. Heref.*) *EHR* XLV 455. **d** dic .. uno ~o quid sit perseverare, quantum res exigit, in faciendo aliquid ANSELM (*Casus Diab.* 3) I 238. **e** si tibi praesentis fuerit data copia verbi, / fusa solo supplex plantas tu lambe sacratas ALCUIN *Carm.* 4. 30; dixit, et cum ~o pene spiritum emisit W. MALM. *GR* III 268; videat .. gehennam .. ubi ignis erit inexstinguibilis, vermis immortalis: ubi etiam (ut innumera ~o brevissimo concludamus) nihil aderit boni, nihil deerit mali AD. SCOT *QEC* 835B; Jesus .. qui per ~um suum mortuos traxit a me sine precibus .. qui Lazarum .. mortuum vivum reddidit solo ~o imperii sui *Eul. Hist.* I 120; ad ~um ejus terra fontem eduxit (*Brendanus* 7) *VSH* I 101. **f** ne .. nomen .. Romanorum, quod ~is tantum apud eos auribus resultabat, vel exterarum gentium opprobrio obrosum vilesceret GILDAS *EB* 17; cum demum eorum assertiones perpendisset esse ~a nec ad expectatum exitum prodire negotium *Itin. Ric.* IV 31; **1460** ostendit .. pluviam .. sanguineam .. in evidentem conjecturacionem sapientibus quod Dominus in proximo effusurus esset sanguinem .. et quemadmodum prius in ~o auspicatum fuerat, ita cito posterius in facto contingebat *Reg. Whet.* I 386.

5 talk, discussion, parley. **b** (*~um habere cum*) to speak with. **c** (*~um facere*) to give an address, preach. **d** (leg., *~a habere*) to have right of address or speech (in quot. in manorial court). **e** (also pl.) (mere) words, talk (contrasted w. action).

ibi Girardus Engolismensis, Hato Viuariensis, Goisfredus Carnotensis, et Guillelmus Catalaunensis duces ~i pre ceteris intonuerunt ORD. VIT. XII 21 p. 390; **1167** placeat vestre dignationi rescribere quatenus cum domino rege processeritis in ~o pacis J. SAL. *Ep.* 202 (212). **b** nec debet aliquis .. ante primam extra claustrum ire, vel locutorium ingredi, uti minimum ~um habeat cum aliquo *Cust. Westm.* 158. **c** quia vellet ipsum Paulinum diligentius audire de Deo .. ~um facientem BEDE *HE* II 13; toto exercitu circumstante, locum editiorem ascendens, ~a fecit ad populum W. MALM. *GP* I 55; quum .. Ambrosius ~um in ecclesia faceret, vidit quidam .. angelum ad aurem stantis episcopi, indicantem ei quod populo nuntiare deberet R. NIGER *Chr. I* 42; Christiani veteres .. apud imperatores et principes ~a fecerunt JEWEL *Apol.* A5. **d** **1541** memorandum quod senescallus domini regis habet ~a hoc anno, et senescallus domini ducis Norf' habebit ~a anno proxime sequenti, et senescallus episcopi Eliensis habebit ~a in anno extunc proxime sequenti, et senescallus Galfridi Colvyle armigeri habebit ~a in anno proxime sequenti (*Court Leet Walsoken, Norf*) *MS PRO LR 3/ 48/2.* **e** qui ~is tantum subjectos et non condigna ultione emendant GILDAS *EB* 76; **716** quandocumque ~o vel facto peccaverint BONIF. *Ep.* 10 p. 13; actibus aut verbis nolito adsuescere pravis ALCUIN *Carm.* 62. 68; nunquam ex velle vel posse, ~o vel opere quicquam facere (*Quad.*) *GAS* 397; hic .. totus mortalis est quia facta manent et ~a transeunt BERN. *Comm. Aen.* 88.

6 word (as actually used by particular person, on particular occasion, or sim.), wording. **b** (*~orum observantiis* or sim.) according to the strict form of words. **c** (*~o, ad ~um, ~um ex ~o, de ~o ad ~um*, or sim.) word for word, literally. **d** (*~o in ~um, de ~o ad ~um* or sim.) comprehensively, categorically.

ut magistri gentium ~is loquar, irreprehensibiles legitime et absque magno sacrilegii crimine suscipiunt GILDAS *EB* 66; mortem vidit, immo, ut ~is Domini loquar, 'de morte transivit ad vitam' [*Joh.* v 24] BEDE *HE* IV 21; **1231** mandatum .. pape in hec ~a suscepimus: 'Gregorius episcopus, servus servorum Dei .. ' *Reg. Malm.* I 386; **1289** nos perspicaciter attendentes quod, juxta ~um juris, ferro abscindenda sunt vulnera que fomentorum non sentiunt disciplinam *FormOx* 357. **b** si Anglicus non audeat eum probare per bellum, defendat se Francigena plano juramento (non in ~orum observantiis) *GAS* 484; in Hamtesira qui ~orum jurat observantiis semel juret (*Leg. Hen.* 64. 1c) *Ib.* 583. **c** neque .. possunt carmina .. ex alia in aliam linguam ad ~um sine detrimento .. transferri BEDE *HE* IV 22 p. 260; nec ubique transtulimus ~um ex ~o, sed sensum ex sensu, cavendo .. diligentissime deceptivos errores ÆLF. *CH I pref.* 1; in hac eadem carta ponuntur eadem verba Anglico sermone ~o ad ~um *GAS* 485; omnem hanc ambitionem privilegiorum et consecrationis ~o de scriptis prefati David transtuli W. MALM. *GR* V 426; **1325** que .. scriptura de ~o ad ~um concordat cum illa littera *Lit. Cant.* I 148; quorum .. articulorum de ~o in ~um tenor sequitur in hunc modum *Ps.*-ELMH. *Hen. V* 91. **d** **1196** defendit totum de ~o in ~um sicut curia consideraverit *CurR* I 20; **1196** defendit vim et roberiam et vulnus ~o in ~um sentencialiter *Ib.* VII 330; **1219** defendit vim et injuriam .. de ~o in ~um (*PlRJews*) *DocExch* 309; **1219** venit et defendit .. feloniam et totum de ~o in ~um sicut curia consideraverit *Eyre Yorks* 196; **1277** totum dedicit de ~o ad ~um *SelPlJews* 95; **1290** Johannes venit et ~o ad ~um negat et bene defendit quod .. *SelPlMan* 37.

7 phrase, formula, expression. **b** motto. **c** (*~um vigile*) watchword.

in ipsa missarum celebratione tria ~a .. superadjecit BEDE *HE* II 1; decem ~a legis, que precepit Dominus custodiri (*Quad.*) *GAS* 539; libertas animi ejus in uno ~o enituit preclare, quod Anglice apponam, quia Latina verba non sicut Anglica concinnitati respondent W. MALM. *GP* III 115; sicut ergo Ciceronis est ~um: 'plurimus mihi sermo est cum libris meis' GIR. *SD* 138. **b** c**1549** item stola egregia pro pontifice .. cum armis et ~o ejusdem *Reg. Aberd.* II 192. **c** Franci .. inter Anglicos, sperantes ipsos esse suos Francigenas, inciderunt et ~um suum vigile vociferantes .. preoccupati fuerunt et omnes pariter interfecti *Meaux* III 59.

8 a (expression conveying) opinion or decision. **b** account, report, word. **c** (*Verba Dierum*) Book(s) of Chronicles.

a quisquis hoc supersederit et facere noluerit, sicut omnium nostrum ~um est [*Inst. Cnuti*: sicut nos omnes simul condiximus] det regi cxx solid. (*Quad.*) *GAS* 337; **1167** est .. ~um hujusmodi ut concedatis pro amore Dei et domini pape archiepiscopum redire in Angliam *Ep. Becket* 340; una vocum .. dissonabat; episcoporum .. unus, qui audiens ob hanc unam omnium vocem regem magis exacerbatum, archipresule et coepiscopis inconsultis, mutavit ~um H. BOS. *Thom.* III 24. **b** fama .. tanti crebrescente miraculi, cecidit timor super omnes qui audierunt ~um AILR. *Ed. Conf.* 749D; tanquam illo prophete versu et ~o in vobis manifeste completo: 'tu vero odisti disciplinam' [*Psalm.* xlix 17] GIR. *SD* 34; sustinens corrosivum ~um heretici et sermonem ejus [Wycclyff] .. mordacem *Ziz. intr.* 3; venerat regi ~um verissimum quod adversa navalis potencia .. conclusisset januam portus de Portesmouth' *G. Hen. V* 20. **c** in libros Regum et ~a Dierum BEDE *HE* V 24; ut ~a Dierum manifesta probant *Id. Ezra* 823D.

9 (leg.): **a** plea, case, matter. **b** (*~a curiae*) formal allegations needing formal denial.

a **1127** volo .. quod omnes illi qui tenent terras illas quas episcopus Elyensis clamat .. et unde ~um ostensum est coram justicia mea, recognoscant de episcopo (*Ch.*) J. Bentham, *History of the Church of Ely* (1771) App. *18; ad hunc [sc. thalamum secretorum] accedunt barones cum proponitur eis ~um ambiguum ad scaccarium de quo malunt seorsum tractare quam in auribus omnium *Dial. Scac.* I 7E; c**1180** nos et memoratus abbas convenientes de ~o illo, mediantibus hominibus nostris qui aderant *Chr. Rams.* 311. **b** **1275** dictus Willelmus presens fuit, non defendit ~a curie, quare dictus Thomas petit judicium de eo tanquam de indefenso *SelPlMan* 138; **1294** predictus Henricus venit et non defendit ~a curie prout deceret *Ib.* 113; **1307** B. sic inculpatus venit et defendit ~a curie, et bene cognovit amputacionem illius bladi sicut de illo quod crevit super terram suam propriam *CBaron* 86; **1307** B. venit et defendit ~a curie et totum de verbo ad verbum contra dictum A. et ejus sectam *Ib.* 87; **1408** venit predicta Margareta et defendit ~a curie *Rec. Nott.* II 64.

10 word given or treated as (solemn) promise, guarantee, oath, or sim. (esp. w. ref. to circumstances of giving or to guarantor), word (of honour).

c**1180** prior .. de Savingni et plures ejusdem loci fratres in ~o veritatis promiserunt se pactum hoc fideliter servaturos *Act. Hen. II* II 131; a**1206** nos .. in ~o Dei promisimus .. quod ei .. predictas terras contra quemlibet calumpniatorem warantizabimus *Reg. Malm.* I 457; ?c**1206** in ~o veritatis fideliter promissum est quod hac pensione .. contenti erunt *FormA* 26; **1226** notum facimus nos .. in ~o Dei firmiter promisisse quod .. *Pat* 153; **1230** concessimus eidem in ~o regis quod conventiones istas inviolabiliter servabimus *Ib.* 387; **1236** in ~o Dei fideliter juravit quod sibi in possessionibus suis dampnum nullum procuraret *CurR* XV 1580; **1261** super quibus credetur eidem archidiacono .. per simplex ~um suum sine aliqua probacione *Cl* 463; **1271** pecuniam in usus .. ecclesie .. in ~o veritatis et sacerdotii protestamur et confitemur esse conversam *Cl* 410; **1276** quam pecunie summam promittimus in ~o veritatis .. reddere *Reg. Malm.* I 427; **1291** circa expensas factas stetur ~o simplici ministri Anglie prelibati *Mon. Francisc.* II 40; ~um .. regium, velud verbum divinum, debet esse firmum *Cop. Pri. S. Andr.* 7; **1450** *the wyche laude* *feythfully to be kepyd the said Maystyr William and Sir Wyllyam hath made feyth in the hand of the seid pryour*, in ~o sacerdocii *Lit. Cant.* III 210.

11 (*~um Dei* or sim.) word of God.

populum ~orum Dei praevaricatorem GILDAS *EB* 1; siquis sacerdotum .. deveniret .. vicani ~um vitae ab illo expetere curabant BEDE *HE* III 26 p. 191; **801** absque ullo scribendi adminiculo ~um Dei praedicabat ALCUIN *Ep.* 213.

12 the Word of God, Logos, Christ.

c**1096** ita Graeci dicunt quia ~um, id est filius Dei, alia substantia est a patre, et non alia ab homine assumpto ANSELM (*Ep.* 204) IV 97; ~um Dei Christus est PETRUS *Dial.* 42; anno .. incarnati ~i quadringentesimo vicesimo quinto Franci primum regem habuerunt Faramundum W. MALM. *GR* I 68; in assumpcione hominis a ~o Deo, completus est circulus generacionis humane GROS. *Cess. Leg.* III 1 p. 131; cum ~um sit Dei Filius naturalis WYCL. *Incarn.* 225; **1460** Pater, ~um, et Spiritus Sanctus *Reg. Whet.* I 386.

13 (*~i gratia*, also as one word): **a** for example. **b** namely. **c** (in gl.).

a sicut albus et justus et grammaticus cum dicuntur de quodam homine, ~i gratia de Paulo, non faciunt ut sint plures Pauli ANSELM (*Incarn. A* 4) I 283; ~i gratia ut in libro Marciani per Jovem modo accipis ignem superiorem, modo stellam, modo et ipsum creatorem BERN. *Comm. Aen.* 9; ~igratia sol dat ei lucem M. SCOT *Phys.* 23; ~i gratia: recipe primum ordinem primi modi, ut patet in 'latus' *Mens. & Disc.* (*Anon. IV*) 58; ~i gratia, prius naturaliter est homo quam iste homo T. SUTTON *Gen. & Corrupt.* 65. **b** **811** archiepiscopus cum coepiscopis illius duobus ~i gratia Denebehrt Huuicciorum episcopus, Aeðeluulf episcopus australium Saxonum *CS* 335. **c** ~i gratia, *uuordes intinga GlC* V 149.

14 (*verbo tenus*, also as one word) to the extent of words, as far as words are concerned (esp. contrasted w. substance, reality, or action). **b** to the extent of one (single) word. **c** (to put the matter) in words, namely. **d** word for word, in full. **e** to the extent of spoken words, as far as speech is concerned, orally.

sunt qui ~o tenus Deum diligunt BEDE *Ep. Cath.* 112B; **800** non sunt nisi ~otenus amici, factis vero inimici ALCUIN *Ep.* 209; quarta erit malorum Christianorum qui ~otenus confitentur et non opere T. CHOBHAM *Conf.* 579. **b** verumptamen nullo modo potuit ab ea saltem verbotenus extorqueri consensus *V. Chris. Marky.* 7; Altissimus honorificabit te in conspectu mundi, qui in tam arcto propter mundum honorem Altissimi nec etiam verbotenus suppressisti, sed tam fortiter, tam constanter es confessus H. Bos. *Thom.* IV 26 p. 430. **c** [physici] sanitatis, egritudinis, et neutralitatis censores sunt. dant sanitatem ~o tenus et conservant J. SAL. *Pol.* 476A; **1302** quem .. satis pronum .. ad omnem viam veritatis et pacis subeundum .. invenimus verbotenus de omnibus controversiis exaccionibusque indebitis inter vos jam subortis *Chr. Rams.* 375. **d** post cujus finem dicat sacerdos versum .. ~otenus [AS: *beworde*] *RegulC* 52. **e** tangens eum ~otenus interrogat quae causa maeroris sic eum afficiat HERM. ARCH. 32; ea que ~otenus vel eciam scedulis exarata ab antecessoribus ad subsequencium utilitatem memorie digna discere potuimus *Chr. Battle* f. 8; a Britannicis .. bardis .. ~otenus penes plurimos, scripto .. penes paucissimos, vaticiniorum ejusdem memoria retenta fuerat GIR. *EH* III *praef.*; episcopus .. convincitur contra papam conspirasse. unde papa ipsum degradavit ~otenus, [et] in simplici habitu clericali .. perpetuo carceri mancipandus .. judicavit *Meaux* II 319; **1475** Gilberto B. ~atenus et per tallias suas ostensas super compotum fatente receptum *ExchScot* 283.

vercardonum [cf. cardo, CL cardus], kind of plant, perh. sowthistle (*Sonchus oleraceus*) or holy thistle (*Cnicus benedictus*).

14.. ~um, *thowthistill MS Univ. Libr. Camb. Dd. 11. 45* f. 116ra.

vercare v. 1 uncare. **vercinella** v. vertivella. **verda** v. warda. **verdcressis, ~degrecum, ~degricum** v. viridis.

verdettum [cf. OF *verdet*], bluish-green rust of copper or brass, verdigris.

1313 pro .. ~o, lana, et brasilio pro medicinalibus inde faciendis *KR Ac* 375/8 f. 8.

verdictum v. veredictum. **verdigrecum** v. viridis.

vere [CL]

1 (expr. confirmation) really, truly, indeed; **b** (in contrast to alternative claim or sim.).

oportebat vos imitari illum .. qui totius bonitatis et humilitatis ~e invictum exemplar est GILDAS *EB* 74; dixit rex: '~ene, Colmane, haec illi Petro dicta sunt a Domino?' qui ait: '~e, rex.' BEDE *HE* III 25; vivo equidem, vere surrexi a morte remissus ALCUIN *SS Ebor* 896; nil manet aeternum, nihil immutabile ~e est *Id. Carm.* 23. 25; si potest et non reddit, ~e injustus est ANSELM (*CurD* I 24) II 92; quanto evidentius beatum apostolum invictissimi imperatoris militem ~issime vivere probaverunt ALEX. CANT. *Mir.* 23 (I) p. 209; vas .. ita subtili celatoris arte sculptum ut ~e fluctuare segetes, ~e gemmare vites, ~e moveri hominum imagines viderentur W. MALM. *GR* II 135; indubitanter scio quod ~e misera erit regio que subjecta fuerit ejus dominio ORD. VIT. VII 15 p. 242; ~e auctor extiterat Anglorum rex Henricus secundus GIR. *IK* I 4; hec species est una omnium substantiarum, non sicut forma universalis, sed ~issime una GROS. *Quaest. Theol.* 195. **b** socam quam clamat episcopus .. de v car' terre et ij bovatis dicunt ~e jacuisse in Welletone *DB* I 373rb; Spiritum Sanctum .. asserimus non quasi de duobus fontibus sed ~e de uno fonte procedere ANSELM (*Proc. Sp.* 9) II 204.

2 in accordance with the truth, correctly, accurately. **b** (expr. appropriateness of expression or sim.) properly, correctly, accurately.

~e enim dictum est 'quia si momorderit serpens in silentio, non est habundantia incantatori' BEDE *Pleg.* 17; ego .. tibi ~issime quod certum didici profiteor *Id. HE* II 13; c**795** et ut ~e fateor, multum gavisus sum ALCUIN *Ep.* 67; bene intellegis et ~c *Id. Rhet.* 46; ibidem .. sepultus asseveratur, quanvis Wintonienses eum apud se haberi contendant nec ejus mausoleum vel ~e vel suspitiose ostendere prevaleant W. MALM. *GP* II 75; deinde longa disputatione in ipsos invectus acriter et ~e *Ib.* III 104; qui ~e ut opinor bonus abbas et maturus senior est ORD. VIT. X 15 p. 87; si queritur quid sit illa natura, quid ~ius respondetur quam justitia? DUNS *Ord.* IV 263; ~e dico: propter hoc quod ego petii, nullus demon ad iter nostrum appropinquare audebit (*Ita* 13) *VSH* II 120; Johannes de Garlandia aliter de semibrevibus indicat et ~issime HAUBOYS 262. **b** a**705** casu ita obtingente vel, ut ~ius dicam, supernae dispensationis nutu moderante ALDH. *Ep.* 7; ~ius, o filii, dicere potestis, rationes esse angelorum cibum, animarum decorem, quam epulas deorum ALCUIN *Gram.* 853B; illud [sc. scrinium] solum fortune vel, ut ~ius dicam, tutele sancti exposuerat W. MALM. *GP* V 256; privilegium illud, quod non est privilegium sed ~e debet dici pravilegium *Id. GR* V 428; quia meritis suis, que permodica vel ut ~ius dicam nulla esse credebat, hoc se impetrare diffidebat ORD. VIT. VI 10 p. 128; securius .. et ~ius additur punctus inter duas et duas HAUBOYS 258.

vereccum, ~ecum v. wreccum.

verecundabilis [CL verecundari+-bilis], capable of being put to shame.

senem .. nullus .. laudabit quoniam ~is [est]. nichil enim existimamus oportere ipsum operari in quibus est verecundia GROS. *Eth. Nic.* 224.

verecundari [CL], **~are**

1 (intr.) to show modest restraint (also in spec. regard). **b** (w. inf.) to restrain oneself modestly, refrain through modest restraint (from).

epulis in susceptionem Domini praeparatis, nihilominus ipsa [sc. Sara] se domi ~ata retinuit BEDE *Gen.* 172B; sancta anima habet genas, id est verecundiam, sicut turturis, quia ad omnes alios amores ~tur nisi ad amorem Dei AILR. *Serm.* 5. 24. 238A. **b** hominis continentiam describere pene ~aretur oratio, nisi esset in facto gloriose victorie occasio W. MALM. *GP* V 212.

2 to be ashamed; **b** (in spec. regard). **c** (trans., in quot. gdv.) to be ashamed of. **d** (w. inf.) to be ashamed (to).

quod cor, lingua, manus, tenebrosis gessit in antris / et quod nunc aliquem verecundans scire verebar, / omnibus in patulo pariter tunc scire licebit BEDE *Hymn.* 14. 70; tunc contradictores imperialium diffinitionum inani poenitentia pene exinaniti ~abantur ASSER *Alf.* 91; verecundia .. coram hominibus tantum est, cum, quia agnoscimur quales non esse debemus, ~amur, nostraque delicta .. detegere .. erubescimus *Simil. Anselmi* 139; ~ari possumus cum Deo, quod ingrati sumus ei qui tot beneficia nobis contulit T. CHOBHAM *Praed.* 216; cum .. exisset ille ~atus et stupidus, nullus audebat ad eum ingredi de hac materia loquuturus *V. Edm. Rich P* 1803C; unde comes Glovernie et comes Legrecestrie, non mediocriter ~ati, erubuerunt M. PAR. *Maj.* V 677; dicit Alkoranus quod cum Maria peperisset sub arbore palmarum, satis ~abatur et plorabat dicens se velle mori *Itin. Mand.* 70. **b** Elisabeth .. licet de ablato gaudeat opprobrio sterilitatis de partu tamen anilis ~atur aetatis BEDE *Luke* 314D; omnis ordo intrinsecus pungebatur ejus veridicis allegationibus .. et uterque sexus rubore infectus ~abatur ad improperia illius ORD. VIT. VIII 27 p. 450; quia superbuit et ~ari noluit de culpa, ~ari oportuit eum de pena S. LANGTON *Chron.* 185. **c** Britannorum multi super non ~andis erubescunt MAJOR I 2. **d** quod non ~or fateri me scilicet ex magna parte illum sic suscipiendo intendisse ANSELM (*Ep.* 32) III 140; fidei et sacramenti religionem .. quotidie violare nec ~antur nec verentur GIR. *TH* III 20; c**1211** plus .. Giezi quam Symonem .. expresse representare nec ~antur nec verentur *Id. Ep.* 6 p. 234; non est homo ita iracundus qui si videret diligenter libros tres Senece quin ~aretur irasci BACON *Tert.* 51; nec ~antur homines diabolici .. damnare omne genus sapientie eis incognitum *Id. CSPhil.* 417.

3 (trans.) to put to shame.

Stephanus .. Blesensis palatinus comes .. indesinenter ~abatur eo quod de obsidione Antiochena turpiter aufugerit ORD. VIT. X 20 p. 118; illi .. tam invidia inflammati quam paterna exprobratione ~ati G. FONT. *Inf. S. Edm.* 42; ita rugientis leonis versutia agni devicta pietate in perpetuum ~ata delitesceret *Quaest. Salern.* B 1; **1231** hec rescripsi .. non ut vos ~arem sed ut velut dominos carissimos sincero affectu commonerem GROS. *Ep.* 4 p. 31; ipsius extrema sub morte confessio suos debuit cultores ~asse *Meaux* I 283; episcopus Pecok, qui ita vilipendit scripta sanctorum doctorum .. merito fuit a milibus hominum in sua presencia existentibus ~atus GASCOIGNE *Loci* 217.

verecunde [CL]

1 in a manner that shows restraint by humility, delicacy, moral scruple, sense of propriety, discretion, or sim., modestly.

dux vero contra relegiose suassit quod vir Dei ~e negavit ALCUIN *WillP* 6; cum .. et libenter et ~e plenius concessissem quod prius quoque faciebam ANSELM (*Ep.* 21) III 128; istud verbum a Domino factum est ad me .. ~e autem 'ad Osee' dicit et non 'ad me' (ANDR. S. VICT. *Super duodecim prophetas*) *CC cont. med.* LIIIG 7; omnia .. hec virgo prudentissima .. ~e tacuit AILR. *Jes.* I 9; humiliter, ~e, timide, suaviter, cum ratio postulaverit (AILR. *Serm.*) *CC cont. med.* IIB 73.

2 a in a manner that brings shame, shamefully. **b** in a manner that shows shame, with embarrassment, shamefacedly.

a ~ius .. tunc mentiebantur quam postea GIR. *Invect.* IV 3. **b** revelat ~e quem impudenter commiserat excessum *Mir. Fridesw.* 46; Chnutus .. audiente corona dixit: "Edmunde, stricte nimis anhelas". ille rubore suffusus ~e tacuit MAP *NC* V 4 f. 61v.

verecundia [CL]

1 restraint by humility, respect for others, moral scruple, discretion, or sim., modesty. **b** (w. gen.) respect (for), deference (to).

quam .. libenter hoc in loco .. si non tantos .. erigi adversus Deum vidissem montes .. ~a interveniente quiescerem GILDAS *EB* 65; idem Levi qui Matheus est, sed Lucas Marcusque propter ~am et honorem evangelistae noluerunt nomen ponere vulgatum BEDE *Luke* 389A; cum nil sufficiam praeter pilos caprinos rusticitatis, aut pellem ~ae rubricatam, gemmam offerre conor pretiosam GOSC. *Edith* 36; adolescens .. in medio doctorum hinc inde sedentium .. humili .. interrogatione sapientiam celans, et ~am profitens J. FORD *Serm.* 42. 3; licet aliquamdiu prohibuisset imperitia sermonis et ~a minoris etatis, ad nutum tamen venerabilis patris nostri Rogeri .. manum apposui ad scribendum *Canon. G. Sempr.* f. 35v; sed vicit tandem apud me votum consodalium ~am meam GREG. *Mir. Rom. prol.* **b** episcopus ultro mare transivit, quem rex ~a preterite amicitie indempnem passus est effugere W. MALM. *GR* IV 306; **1167** non tam lateat anathema quasi aliquam Dei reverentiam et hominum ~iam habens quam insaniat et seviat adversus Deum et ecclesie unitatem J. SAL. *Ep.* 189 (186).

2 lack of forwardness (assoc. w. delicacy, timidity, diffidence, or sim.).

747 ille namque in fortitudine clamat quem nec metus nec ~a predicare verbum vitae impedit Bonif. *Ep.* 78; humili contritione superbam ~am conculcando semetipsos judicantes Anselm (*Ep.* 65) III 184; vincat ~am amor, timorem depellat affectus Ailr. *Inst. Inclus.* 29; ego dilecto adhereo, et dilectus meus adheret mihi; sed continuit ausum ~a, et amoris impetum moderatus est timor J. Ford *Serm.* 46. 7.

3 sense of shame (consequent on wrongful conduct or sim.).

melius est ut quisque .. donec vivit, plangat et peniteat et pro peccatis ad tempus ~am vel confusionem sustineat Ælf. *EC* 37; ~a .. coram Deo .. cum quia sumus quales non esse decet erubescimus *Simil. Anselmi* 139; si cognoverit me scire, absque dubietate in immensam tristitiam et fortassis debilitatem veniet ob ~am mei Alex. Cant. *Mir.* 30 (II) p. 219.

4 sense of shame (w. respect to that which is indecent or disgraceful).

nullus erat motus in corpore cui ~a deberetur; nihil putabant velandum quia nihil senserant refrenandum Bede *Gen.* 53A; fremere omnes facti ~am et inter se mussitare W. Malm. *GR* II 147; quoniam historie severitas nec veritati parcere novit nec ~e, circumcisis labiis res inhonesta poterit venusta verborum vernulitate depromi Gir. *TH* III 25; antiqui sapientes ad discernendum pulsum arterias brachii elegerunt .. quia nec egro nec medico aliquam ~am generant Bart. Angl. III 23.

5 (state of) being ashamed or humiliated, humiliation, shame (esp. in the eyes of others).

Cham ~am patris deridens et ob hoc maledictus Bede *Gen.* 121C; illa, non refutans impudentiam dum modo vitaret ~am, levat tergo amasium et extra curiam effert W. Malm. *GR* II 190; nec pudebat .. scolares ad disputationum pugnam committere .. dum et victor scientie premium et victus acciperet ~e solatium *Id. GP* I 43; quamquam non propter Judicis terrorem cuncta cernentis .. tamen ob ~am et insultationes hominum ac subsannationes Gir. *JS* VII p. 363; **1460** si pecunia legata in ultima voluntate suis servientibus non fuerit in larga habundancia distributa, erit ad magnum dedecus et ~am persone mee *Paston Let.* 612.

6 source of shame or humiliation.

magnum dampnum et ~a [AS: *sceamu*] est homini nolle esse quod est et quod esse debet Ælf. *Coll.* 100.

7 act of shaming or humiliating, insult, injury.

c**1100** praeter tres forisfacturas, id est, murdrum, et furtum .. et praeter si verecundium ipse sive heredes sui fecerint monachis ecclesiae vel servientibus eorum *Gavelkind* 174; **1111** de ~ia que facta fuit Osberto monacho .. ab eodem Roberto facite abbati plenum rectum *Royal Writs* 416; s**1063** Haroldus .. regem Walanorum Griffinum, propter .. ~as quas domino suo regi Eaduuardo sepe faciebat, occideret Fl. Worc. I 221; monachus .. sompniando vidit regem .. ymaginem crucifixi dentibus suis quasi amens mordere; quam ~am crucifixus benigne patiebatur Brompton 997.

verecundium v. verecundia.

verecundose [CL verecundus+-osus+-e], in a manner that brings shame, shamefully.

fugiens .. quasi imbellis ~e persecutionem Sueinonis regis fortissimi Danorum *Chr. Evesham* 81.

verecundus [CL]

1 restrained by humility, delicacy, moral scruple, sense of propriety, discretion, or sim., modest; **b** (of creature that mates for life). **c** (of demeanour, conduct, or expression) characterized or brought about by humility *etc.*

humilis quilibet ac ~us in sua qua contentus est usque ad vitae terminum mediocritate perseverat Bede *Luke* 513A; clericis egentibus .. immensum quantum nummorum cumulabat, plerumque ~iores ad rogandum invitans W. Malm. *GP* I 43; erat .. Mauricius vir venerabilis et ~us Gir. *EH* I 43. **b** turtur .. videtur esse quedam ~a avis que non potest nisi unum tantum habere maritum, pro quadam, ut puto, naturali verecundia Ailr. *Serm.* 5. 24. 238A; quedam [animalia sunt] ~a, ut anser et homo M. Scot *Phys.* 21. **c** justitiae violis variet per tempora fulgor, / et croceo rutilet verecunda modestia vultu Alcuin *Carm.* 14. 11; verbum .. ~um supplici ac submissa voce dicendum rogo J. Sal. *Pol.* 564D; domum conscientie sue .. per ~am confessionem egrediens J. Ford *Serm.* 31. 4; proemium preferens ~um: "utinam", inquit, "sustineretis modicum quid insipientie mee, sed et supportate me" *Ib.* 38. 3; c**1211** tandem cum fugere non amplius posset, dixit et quasi vultu ~o respondit .. Gir. *Ep.* 6 p. 212.

2 that produces a feeling of shame, shameful. **b** (as sb. n. pl., also comp.) pudenda, genitalia.

c**1160** turpe .. dictu et auditu etiam ~um, quod Deo dicata libertas filiorum servilia hujusmodi facere debeat *Doc. Theob.* 30; suggestum est .. regi juniori ab hiis qui eum affectuosius diligere videbantur, ~um .. esse sic eum contemptui subjacere Gerv. Cant. *Chr.* 304; ve cordi quod ad similitudinem joculatoris vagos et ~os morcellos extra domum suam transglutit P. Blois *Opusc.* 997C; indecens .. esset et ~um occulta membra corporis denudare Bart. Angl. III 23; **1264** cum ~um esset nobis prefatam neptem nostram pro defectu sustentacionis mendicare *Cl* 354; **1325** nostris fratribus dissuetum et ~um videtur ecclesiam nostram matricem .. sine culpa nostra supponere ecclesiastico interdicto *Lit. Cant.* I 144. **b** bene .. dicitur de duobus illis quod faciebus aversis ~a patris velaverint, velut quibus factum sceleratae vineae displicuerit Bede *Gen.* 112B; **1167** Francorum proverbio in ipsum luditur, quia male corporis operimenta coaptat cui ~a et nates patent J. Sal. *Ep.* 231 (233); videns .. Cham ~a patris sui R. Niger *Chr. I* 3; videas plerosque hodie .. patrum ~iora nudare J. Ford *Serm.* 90. 5; **1236** si Cham maledictus est in filio suo Chanaan, eo quod derisit ~a patris Gros. *Ep.* 24.

3 that arises from a feeling of shame.

dum utriusque ~o actionis metu injuriam patientis reformidant adventum *Quaest. Salern.* B 46.

vereda v. veredus, warda.

veredarius [CL]

1 **a** (also w. *equus*) horse used to draw a cart or other vehicle. **b** (in gl.).

a veredus ~ium [*gl.*: *cheval de carette*] ducturus cucullam habeat Neckam *Ut.* 107; lecticam illi preparant .. quam cum ascendisset .. huc et illuc oscillatus et confractus, maxime cum equos non haberet ~ios M. Par. *Min.* II 191; centum equos .. quorum alii erant manni, alii .. runcini, alii summarii, alii ~ii *G. S. Alb.* I 259. **b** ~ius, equus cursor Osb. Glouc. *Deriv.* 622.

2 one who drives a horse and cart or other vehicle.

~ius, *chareter* (H. Avr. *CG*) *Teaching Latin* I 123; Saraceni repente irrunt in ~ios et bigas onustas et homines .. peremerunt et equos *Itin. Ric.* IV 10; s**1254** ~ii ejus incaute vehiculum suum regentes super quendam pontem .. cadere permiserunt evolutum M. Par. *Maj.* V 431; **1537** in j equo empto .. pro T. Y. veridario xvij s. in j equo empto .. pro N. P. viridario *Ac. Durh.* 691 (cf. ib. 696: N. P. et T. Y. bigariis pro expensis suis .. pro cariag').

3 courier, messenger, envoy.

~ium mittit ad Christi monachum Æthelwulf *Abb. tit.* p. 11; direxit pater .. post eum ~ios cum immensis muneribus .. qui .. flagitabant presulem .. ut filium ad patrem dirigerent Byrht. *V. Osw.* 419; ~iis .. Christi semina pacis serentibus Ord. Vit. IV 12 p. 257; Petrus Cluniacensis abbas ~ios et epistolas per omnes cellas suas tunc direxit *Ib.* XIII 13 p. 29; s**1012** missis .. cum litteris ad exteras regiones ~iis M. Par. *Maj.* I 488; **1274** idem Robertus sustinuit .. satellites qui ex ~iis et aliis itinerantibus in medio vico .. pecuniam extorquent *Hund.* II 89a; **1400** cuidam viredario juxta Walleshend xx d. *Ac. Durh.* 602.

†**veredatio**, ? *f. l.*

c**1290** clamant quod ipsi .. capere possunt de boscis suis .. sine visu et liberatione forestariorum et viridariorum omnia estoveria sua pro se et heredibus suis sine †veredatione *Cart. York* 19.

veredemium v. veredictum. **veredera** v. viridiarium. **veredic-** v. et. veridic-. **veredictio** v. veredictum.

veredictum, verumdictum (verum dictum), veredictio [AN *veirdit*, ME *verdit*], (esp. leg.) verdict, decision, presentment.

1168 vicecomes .. reddit compotum de xxvij li. etc. .. in baillia sua per verumdictum vicecomitis *Pipe* 40; **1180** reddit comp. de xx m. quia in verodicto suo celavit quod postea cognovit *Ib.* 28; **1198** offert domino regi xx s. pro habendo vero dicto patrie *CurR* I 39; secundum eorum ~um judicabitur uni vel alii saisina Glanv. XIII 11; c**1200** sciatis nos .. reddidisse .. W. advocationem capelle .. que ad eum pertinere dinoscitur secundum verdictum legalium hominum vicinie *FormA* 370; **1211** de xx s. de toto hundredo pro relaxatione †veredemii [l. veredicti] *Pipe Wint.* 108; **1211** pro veridicto hundredi habendo *Ib.* 122; de hoc ponere me volo in verumdictum duorum comitatuum Brakelond f. 134v; **1232** posuit se super ~um visneti sui *Pat* 523; c**1268** ~um xij juratorum apud Oxoniam de hundredo Dorgecestrie *Val. Norw.* 545; inclinavit .. cicius vorediccioni claustralium quam officialium *Flor. Hist.* III 60; unaquaque warda per se suam veredictionem majori et aldermannis sub sigillo tradidit *Ann. Lond.* 92; presentacio seu ~um juratorum de .. falsitatibus per falsum coronatorem .. perpetratis *G. S. Alb.* II 235 *tit.*; requisitus quis secundum ejus ~um esset honorabilior *Plusc.* IX 24; in testimonium veridicti sui, jurati dicte inquisicioni sigilla sua apposuerunt *Meaux* III 131; juratorum dictum per leges Anglie ~um nuncupatur; et tunc secundum hujusmodi ~i qualitatem justiciarii reddent .. judicium suum Fortescue *LLA* 26.

veredictus, ~dicus v. veridicus. **veredis** v. veredus, viridis. **veredium** v. 2 viridium. **veredum** v. veredus.

veredus [CL], **~a, ~um**

1 horse used to pull cart or other vehicle.

~us, *crætehors* Ælf. *Gl.*; hic ~us, *cheval careter Gl. AN Glasg.* f. 21; dum .. inter anteriorem equum regulandi gracia voluisset adire .. inter ~um scilicet et anteveredum transitum fecit *Mir. Hen. VI* I 24; hic viredus, *a thyllhors WW*; hic viridus, A. *a thylhors WW*; hic ~us, *a cartthors WW*; idem compotans onerat se de .. avenarum deliberatione ad verudas [*sic*] per .. averarium domini Myln *Dunkeld app.* 85.

2 cart, horse-drawn vehicle or sim.

~us, *charete* (H. Avr. *CG*) *Teaching Latin* I 123; corpus ejus in una ~a .. ferebatur *Hist. Durh.* 2; rogantes quatenus .. possent ~am, Anglice *chariot*, .. simul cum corpore [episcopi] in ecclesiam introducere *Ib.* 3 p. 142; **1439** pro j equo portante ~am .. [defuncti] episcopi *Ac. Durh.* 408.

3 one who drives a horse and cart or other vehicle.

~us [*gl.*: *caretter*] veredarium ducturus cucullam habeat Neckam *Ut.* 107; est rector currus, auriga, vereda vocatus, / de veho de reda dictum reor esse vereda Garl. *Syn.* 1579A; rede vectores nos dicimus inde veredes [v. l. veredos] *Ib.* 1585A; hic auriga, hic ~a, hic carectarius, *a cartar WW.*

verella v. virola. **verendallis** v. ferthendella.

verenter [LL], reverently, devoutly, with devotion (*cf. et. reverenter*).

ipse superna verenter / munera conlaudat Bede *CuthbV* 860; Euboricae ad portum commercia jure reduxi, / utpote que proprium sibi me nutrivit alumnum / imbuit et primis utcunque verenter ab annis Alcuin *SS Ebor* 1652; Daviticis assuetus cantibus odas / chordarum resonare decem, sanctoque verenter / stare choro Asser *Alf.* 1 p. 3; servent ut pariter Wilfridi dogma verenter Frith. 1291.

vereri [CL]

1 to regard with awe, reverence, or respect, to have or show respect for, be in awe of; **b** (gdv. as adj.).

s**1136** Robertus comes Gloecestre, cujus prudentiam rex .. maxime ~ebatur W. Malm. *HN* 463; ~ens et amans Deum medullitus Ord. Vit. IV 6 p. 200. **b** urbem Romuleam vidit, templumque verendum / aspexit Petri Bede *HE* V 7; longa tortione et ~a morte consumptus est W. Malm. *GR* I 80; non gravis hospes eris potuque ciboque verendus J. Sal. *Enth. Pol.* 77; quamvis vitiosus prepediente malitia amicus esse non possit, etsi non venerabilis, ~us .. erit qui conscientia secretorum conscio terrorem potest incutere *Id. Pol.* 501A.

2 to view with apprehension, fear, dread. **b** (w. inf.) to fear, be afraid (to).

701 (12c) verens penas inferni perpetuas *CS* 103; ~ebatur [ed. *OMT*: ~ebat] .. me vehementer servus quasi essem austerus homo BYRHT. *V. Ecgwini* 364; verebatur aleam incisionis W. CANT. *Mir. Thom.* VI 54. **b** a rege .. quecumque semel collibuisset petere non ~ebantur W. MALM. *HN* 467; tumultibus humanis concutiendam sedem conscendere ~ebatur *V. Edm. Rich C* 609; qui .. non est ~itus sublimitatem regiam versutis verborum insidiis .. attentare G. HEN. *V* 1.

3 to fear (possible situation or eventuality); **b** (intr. or absol.).

si quid nimirum, ut ~eor, supra modulum meum facio THEOD. *Pen. pref.* p. 177; quia .. philargyria me tentans abripere possit ~eor BEDE *CuthbP* 8; veriti ne ulterius quicquam proficerent W. JUM. I 11; ~bantur .. quod beati viri reliquie .. essent comminute DOMINIC *V. Ecgwini* I 20; quare ~endum est ne .. minor videatur cujus gesta multa pretereo W. MALM. *GR* V *prol.*; ipsi .. si discederent, infidi proditores .. palam censeri ~ebantur ORD. VIT. IV 4 p. 186; nec ~endum erat ut ad cenam alienam quispiam incitatus impudenter irrueret J. SAL. *Pol.* 731D; **1168** ~endum fuerat ne jus amittatis antiquum *Id. Ep.* 241 (244); **1170** nec .. veremur quin impleat quod promisit, nisi eum prepediant consiliarii BECKET *Ep.* 684; linguam .. cohibui, ~itus ne, si loquerer, ejus .. irritaretur iracundia P. BLOIS *Ep.* 75. 230A; ~eor quod de vobis dici possit quod sitis potentes ad bibendum vinum S. LANGTON *Serm.* 2. 8 p. 41; ~eor ne quandoque nimis procedam in meis stolidis cogitacionibus *AncrR* 133; ~ebantur ne non, si Ludovicus rerum potiretur, Anglia perpetuo in Francorum ditionem veniret P. VERG. XVI p. 288. **b** per eos super quos jam casurus imminet lapis .. qui inaniter semper ~entur ALB. LOND. *DG* 6. 5.

4 to regard with moral fear, scruple, shame, or embarrassment, (in quot. w. inf.) to be ashamed or embarrassed (to). **b** (gdv. w. *membrum* or sim., also as sb. n. pl.) private parts.

vicinorum matrimonia sollicitare et corrumpere non ~etur J. SAL. *Pol.* 752A; fidei .. religionem .. quotidie violare nec verecundantur nec verentur GIR. *TH* III 20. **b** [Bocardum] sedentem ad requisita nature extinxit, ferro per ~a immisso W. MALM. *GR* IV 373; quid sibi vult speciosus forma pre filiis hominum ~as dilecte sue partes verecundis ingerere auribus ..? J. FORD *Serm.* 68. 1; de femoralibus .. ideo tacuit quia ad ~a nostra lex manum non misit, quia nos ipsi interiora nostra confessione .. digna .. velare debemus T. CHOBHAM *Vir. Virt.* 80; unde membra illa ~a necnon et pudibunda merito nuncupantur BACON *CSPhil.* 411; Adam nuda ~a sua foliis tegentem BRADW. *AM* 160.

veresimilis v. verisimilis.

veretrum [CL], penis.

bibens nectar nudabat [sc. Noah] turpe veretrum ALDH. *VirgV* 2501; ~um, *wæpengecynd* ÆLF. *Gl.*; [Sarraceni] culum, ~um, manus, pedes .. decentissime ad ultimum pedes lavant PETRUS *Dial.* 62; virulus, priapus, ~um OSB. GLOUC. *Deriv.* 628; flos vitis agrestis ~i vulnera ad sanitatem reducit *Alph.* 57; *a pyntelle,* ~um *CathA;* veratrum, *a pyntyl WW.*

veretum v. wreccum. **verg-** v. et. verjutum, virg-.

vergablum [ME *verge+gable*], verge-board, barge-board, narrow board attached to gable of house.

1335 ~um versus venellam erit sufficiens et competens de *estrigbord Building in Eng.* 431.

vergefer v. virgifer. **vergenta** v. verjutum.

vergenter [CL *vergens pr. ppl. of* vergere+-ter], (as adv. deriv. from *vergere*).

vergo .. i. declinare, inde ~er adverbium OSB. GLOUC. *Deriv.* 618.

vergere [CL], ~i

1 to move gradually downwards, sink (esp. of celestial body appearing to descend towards the horizon, also fig.). **b** (trans.) to cause to move downwards (also in fig. context). **c** to pour (fluid).

septenis caelorum orbibus .. per praeceps ~entibus ALDH. *Met.* 3 p. 72; cum sol occiduis finibus ~eretur FELIX *Guthl.* 28 p. 94; ab ea .. parte qua sol ~itur in occasum ABBO *Edm.* 2; **1008** quamdiu hujus volubilis orbis ~itur rota Ch. *Burton* 31; sic ~ente volubili rota fortune de solio regni rex precipitatus est ORD. VIT.

XIII 43 p. 128; allegationibus partium fecit finem sol ~ens in vesperum DEVIZES f. 37v; scansile tenuit .. sella ne ~eret *Map NC* II 23 f. 32. **b** sum gravior plumbo, scopulorum pondera vergo ALDH. *Aen.* 100 (*Creatura*) 40; quos [pedes] nunc arsis, nunc thesis discordante temporum trutina ~unt et inclinant *Id. PR* 112 p. 151. **c** ipsa aqua in baptisterio debet ~i EGB. *Pont.* 15; hic ~et oleum cum cornu super caput ipsius *Rec. Coronation* 5.

2 (also refl.) to slope or be arranged or spread out downwards, (also) to extend or to have an aspect, face, look, point (in spec. direction). **b** (trans.) to cause to slope or angle downwards.

latus meridianum tabernaculi quod vergebat ad austrum BEDE *Tab.* 440B; trabalem molem incuria artificum deorsum ~entem .. loco restituit suo W. MALM. *GP* I 19; mons ~ens ad austrum J. FORD *Serm.* 35. 4; c**1210** dedi .. illam acram .. que ~it se ad viam que ducit ad molendinum *Cart. Osney* IV 282. **b** nescius ex utero compressis currere plantis, / nam geminas retro vergebant vulnera plantas *Mir. Nin.* 290.

3 to sink or descend (towards, close to, or into condition, state, or sim.); **b** (transf., in quot. of colour). **c** (of time) to tend (towards).

impiorum corda .. perpetuam ~ebant in mortem BEDE *Sam.* 524B; cunctabundus ne res male ~eret W. MALM. *GP* I 43; jam Theodorus in mortem ~ebat *Ib.* III 103; cum .. pater in senium ~isset orta est contentio inter eos quis eorum in regno succederet G. MON. II 16 (=*Eul. Hist.* II 233) (cf. GIR. *TH* I 33: mundo .. tanquam in decrepite etatis senium jam ~ente); merita virtutum ejus tamquam incredibilia .. ad antiquitatis fabulas ~erent J. SAL. *Pol.* 647B; c**1157** non modo emulatio sed jam rixa est; jam fere ~it in pugnam *Ep. J. Sal.* 43 (105); omnis quippe creatura de nihilo facta, naturaliter labilis et instabilis, fluens et defluens et ad nihilum ~ens AILR. *Serm.* 68; languore .. ingravescente, incommodo de die in diem in deterius ~ente *Mir. Fridesw.* 9; tempore semper in deterius ~ente et mundi vespera quasi in crepusculum declinante GIR. *GE* II 6 p. 187; ad tanti pondus regiminis ~entis etatis causabatur inportunitatem *Canon. G. Sempr.* f. 51; ea que .. provide fieri creduntur, in contrarium ~ere plerumque videntur GIR. *RG* III 4; tractatu vite sue .. a letis inchoante sed ad tristia demum et mesta ~ente *Id. JS* VII p. 344; **1549** bonis causis .. in .. ecclesiarum utilitatem ~entibus *Conc. Scot.* II 94. **b** inopos est color urine ~ens in nigredinem ut vinum nigrum *SB* 25. **c** die ad vesperam ~ente ibidem pernoctare statuens GIR. *Æthelb.* 5; tempus jam ad hiemem ~ens ALB. LOND. *DG* 4. 8.

4 to move (towards or to, esp. destination regarded as distant, also in fig. context). **b** to turn for help.

verum quidem dixit, verumtamen quo ejus verbum ~eret ignoravit LANFR. *Corp. & Sang.* 421B; que [naves] hac et illac ~endo et vacillando .. discurrunt R. COLD. *Cuthb.* 33; hec .. fumositas ~ens circa arterias, nervos lingue motivos sic impedivit *Quaest. Salern.* Ba 47; quis .. nesciat quam prosperum fuit quod Paulus ad Italias ~ebat GIR. *Invect.* VI 24; mare Sabrinum jamjam prope in Hiberniam vergens *Id. IK* I 12 p. 92. **b** nec mentem Deo dicatam nec minarum ferocitas reflectit nec blandimentorum levitas demulcet ut a catholice fidei perpendiculo ad tortas simulacrorum caeremonias ~eretur [*gl.*: converteretur, inclinaretur] ALDH. *VirgP* 33; quo se ~at .. penitus ignorat *Chr. Rams.* 331; quicumque .. primo perceperit aliquem in ecclesia defectum, continuo se ~ere debet .. ad illum defectum supplendum *Cust. Cant.* 108.

5 to redound (to), to tend to lead (to consequence).

mors indita .. ad ignominiam nobis ~eret et confusionem GIR. *EH* I 14 p. 251; bona confiscabilia ad destruccionem manifestam regnorum ~encia WYCL. *Ver.* III 90; quantum viderit hoc prodesse ecclesie et ad honorem Dei ~ere *Id. Apost.* 238.

6 (of person) to incline, be inclined or minded (towards or to conduct, opinion, or sim.).

unde videmus in hac quaestione nonnullos sic in unam partem ~entes ut alteram omnino deserant ANSELM (*Casus Diab.* 21) I 267; spectato .. regis ingenio, quocumque ille ~endum putasset, et ipse vergere W. MALM. *GP* III 133; diu .. fluctuavit Anselmi sententia quo ~eret *Ib.* I 57.

vergerium [AN, ME *verger,* cf. et. virgarium], enclosed plantation of shrubs or small trees, orchard or coppice (*v. et. viridiarium*).

1305 gardina, ~ia, et boscos sciderunt *Mem. Parl.* 105.

verges v. verjutum. **vergi-** v. et. virgi-.

vergibilis [CL vergere+-bilis], liable to downwards movement (in quot. fig., of fortune or sim.).

facultas liberi arbitrii .. ~is in deteriorem partem BEDE *Prov.* 1059A; fortuna seu rota ~is est ORD. VIT. XII 19 p. 364; ~i fortuna mortalibus in terris suppeditante valde .. inopinata *Ib.* III 14 p. 151.

Vergiliae [CL], constellation of the Pleiads, Pleiades; **b** (sg., in gl.).

quid referam Atlantidas .. quas Graecorum traditio a pluralitate pliadas, Latina a verno tempore ~as .. nuncupaverat ALDH. *Met.* 3 p. 72; hiemis et aestatis initia vespertino vel matutino ~arum ortu occasuque signantes BEDE *TR* 35; Vergilias etiam taurus sibi vendicat iste; / Vergilio nomen nonne dedere suum? NECKAM *DS* I 397; Solinus refert quod apud insulanos Taphne sol dexter oritur occidetque [l. occiditque] sinister, nunquamque septentriones seu etiam †nagilie [l. ~e] apparent *Ps.-Gros. Summa* 566. **b** hec ~a, -e i. stella que paulo ante lucem occidit OSB. GLOUC. *Deriv.* 618.

vergitare [CL vergere+-itare], (in gl.).

~o, -as i. sepe vergere OSB. GLOUC. *Deriv.* 618.

vergus, ~utum v. verjutum. **veri similitudo** v. verisimilitudo. **veriagium** v. feriagium.

†veriare, *f. l.*

tabi dat tabo de quo non plus †veriabo [? l. variabo] *CathA.*

vericacio, vericatio v. verificatio.

vericulum [CL], (in gl.).

broche off threde, ~um *PP.*

vericum v. wreccum.

1 †vericus, *? f. l.*

cum nichil eorum que predixerat .. contigisset, [sc. Petrum prophetam] ridiculum tenebant et frivolum. quidam .. aliter .. id interpretantes †vericum [? l. veridicum *or* veracem] esse vatem asserebant G. COLD. *Durh.* 20.

2 vericus v. verjutum.

veridarius v. veredarius, viridarius.

veridicare [CL veridicus+-are], to speak truly.

~antis pro confessione Christi GILDAS *EB* 73; unde commentator .. dicit quod ens ~ans non habet causam nisi animam W. ALNWICK *QD* 43.

veridice [LL], truly.

ut de eo ~e quasi de Enoch diceretur, 'ambulavit Enoch cum Deo' GILDAS *EB* 69; ex quo sequitur satis ~e quod in prima septimana et in tertia utendum est evacuationibus exterioribus, ut est phlebotomia BACON *Maj.* I 384.

veridicti, ~dictum v. veredictum.

veridicus [CL], who speaks or tells the truth, truthful, accurate, honest (also transf.); **b** (as sb. m.).

Samuel.. ~us propheta GILDAS *EB* 37; **801** veredico ore ALCUIN *Ep.* 211; ~e et adhuc .. superstitis femine .. sententiam GOSC. *Transl. Mild.*; gentem hec [Yslandia] breviloquam et ~am habet GIR. *TH* II 13; juxta ~am sentenciam sapientis R. BURY *Ep.* 76; dixit mendax .. venit alius ~us *Latin Stories* 56; ut nobis insinuacione veridicta asseritur *Dictamen* 341. **b** **1199** quod .. dictum ~orum de predictis convencionibus in respectum positum fuerit *RChart* 31b; s**1346** secundum jus .. dictum ~orum, ibi periit flos militie Gallicane AD. MUR. *Chr. app.* 247.

veridis v. viridis.

verificabilis [verificare+-bilis], verifiable.

hec .. 'quantitas est accidens' vera est, si 'quantitas' supponat simpliciter, et etiam si supponat personaliter, quia indefinita est ~is pro una singulari OCKHAM *Sacr.*

Alt. 406; cognicio eterne antiquitatis respectu cujuscunque ~is excludit omnem suspicionem falsi *Ziz.* 44.

verificare [CL verus+-ficare], to establish as true, verify, prove. **b** (leg.) to aver, prove by jury or record.

predicatum necessarium potest ~ari de subjecto aliquo ente et de aliquo non ente BACON *CSTheol.* 58; s**1321** hec .. prava consilia .. per examinacionem prelatorum .. ~ata sunt et notorie demonstrata *G. Ed. II Bridl.* 69; quando illud quod additur distrahit a principali .. ita quod de eo non ~atur, tunc est semper fallacia OCKHAM *Elench.* 55; primus nidus est in parte logicus, quo noscimus universalia ex parte rei; de quibus Scriptura ~at frequenter sensum suum *Ziz.* 14; ~abitur illud quod Apocalypsis nono capitulo legitur ELMH. *Cant.* 214. **b** hoc parata est ~are BRACTON f. 306b; **1285** quod tale sit jus suum offert ~are secundum consuetudinem manerii *CBaron* 121; dixerunt quod nullam defaltam potuit facere eo quod .. abbas mortuus fuit, quod parati fuerunt ~are *State Tri. Ed. I* 2; **1290** hoc paratus est ~are per recordum rotulorum seu xij juratos ejusdem curie *SelPlMan* 35; si offerat ~are quod vicecomes de majoribus exitibus respondisse potuisset *Fleta* 152; **1389** hoc offert ~are per patriam *SelCCoron* 123; **1440** premissa parati erimus ~are, coram competentibus judicibus *Pri. Cold.* 112.

verificatio [verificare+-tio], verification, proof. **b** (leg., *~o patriae*) averment, proof by jury.

juxta proprietatem Hebree distinctionis et ~onis BACON *CSPhil.* 481; si offerat verificare quod vicecomes de majoribus exitibus respondisse potuisset, admittatur ~o *Fleta* 152; ad hoc quod oppositum consequentis stet cum antecedente, sufficit ~o pro uno singulari OCKHAM *Quodl.* 126; omnis veritas affirmativa de preterito ad quam sive ad cujus ~onem non requiritur aliter esse vel fore quam prius fuit, est necessaria *Ziz.* 98; litteram officialis archidiaconi directam episcopo Linc' .. vocatam †vericacionem [? l. ~onem] *Cuxham* 595; nonnullis .. juribus et munimentis pro probacione et ~one eorundem .. exhibitis AMUND. II 76. **b** non respondet ad premissa, set semper tenet se ad ~onem patrie *State Tri. Ed. I* 23; ad aliquem ~onem patrie admitti non debet *Year Bk.* XVII (*Selden Soc.* XLI) 133; ex quo .. prior non allegat ipsas libertates sibi .. in cur' regis fuisse allocatas preter judicium si ad ~onem patrie quam super hoc superius pretendit admitti debeat *PQW* 20a.

verificus [CL verus+-ficus], accurate.

in horum divisione proporcionalium circulorum ~a et subtili plurimum consistit hujus bonitas instrumenti WALLINGF. *Alb.* 259.

verigroppa v. wardegropa.

veriloquium [CL = *argument from the true meaning of a word*], truthful speech, truth, veracity.

nec quis carnes comedit, nisi per infirmarium in ~io affirmantem quod sic oportuit licenciatus *G. S. Alb.* I 211.

veriloquus [CL], who speaks or tells the truth, truthful, accurate, honest (also transf.; also as sb. m.).

famine ~o THEOD. *Pen. pref.*; nec mora, veriloqui complentur in ordine dicta BEDE *CuthbV* 536; sic .. ait beatus et ~us Beda BYRHT. *HR* 27; post .. paucos dies, prout ~us vates praedixerat, e saeculo migravit OSB. *V. Dunst.* 38; notum est secundum ~os WYCL. *Dom. Div.* 161; assercione ~a testabantur *Ps.*-ELMH. *Hen. V* 39.

1 verina [AN *verine, verrine*, cf. vitrina], pane of glass, (also) glass window.

1275 magistro R. le Verer pro ij ~is in recepta xij s. *KR Ac* 467/6 (2) m. 3; **1284** in factura cujusdam verrini in capella domini regis per A. clericum, iij s. viij d. *Ib.* 467/9.

2 verina v. verna.

3 verina v. verrina.

verinum v. verrina. **verio** v. verjutum. **veriscum** v. wreccum.

verisimilatio [cf. CL verisimilis], probability.

1297 cum etiam ~one terreamur ne cursores .. competenti tempore valeant rediisse *Reg. Cant.* 176.

verisimilis, veri similis [CL], consistent with the facts, plausible, (also) probable, likely. **b** (as sb. n.) verisimilitude, reality, consistency with the facts. **c** (*ex* or *de ~i* or sim.) probably. *V. et.* 2 *similis 2b*, *verus* 6d.

tandem, ut ~e videtur, didicit in spiritu BEDE *HE* II 12 p. 107; unde ~e est populum Israhel hoc loco .. debere intellegi *Id. Ezra* 819A; argumentum .. equivoce dicitur, tum ratio qua aliquid probatur, tum narratio ficta et ~is BALSH. *AD* 58; nuntii .. vel veris vel veri similibus argumentis prestricti W. MALM. *GR* III 238; de eo quod quidam dicunt eum in archiepiscopatu .. monachos proturbatis clericis posuisse, veri simile non videtur *Id. GP* I 20; **1164** hoc .. Deo possibile est, sed longe ~ius quod multorum futura sit causa malorum J. SAL. *Ep.* 134 (136); historia .. potius vera quam ~ia sectatur GIR. *TH* II *pref.*; ~e esse videtur quod .. phebei fervoris sit longe malitia minor *Ib.* I 40; dicit quod ~e est eum non ignorare *Feod. Durh.* 296; si non possit discernere verum a falso vel a verisimili, potest dubitare se falli DUNS *Ord.* III 129. **b** s**1138** audito rex de castello quod contra illum obfirmabatur Herefordie, illo .. castrametatus est; quo perveniens fame audite repperit ~e FL. WORC. II 106. **c** scientes se regis potencie ex ~i non valere resistere *Ps.*-ELMH. *Hen. V* 21; **1432** forsan et de ~i *StatOx* 238; grandis summa pecunie .. subtracta .. et reposita ad partem, ita quod de ~i nunquam haberet ad manus nostras .. devenire *Reg. Whet.* I 108; **1546** muri lapidei .. de ~i cadent in terram nisi .. oportunum .. remedium provideatur *Mem. Ripon* I 305.

verisimiliter [CL], consistently with the facts, plausibly, (also) with probability, probably; **b** (applied to whole clause).

~er .. dici potest tempore Bede nonnullas forsitan in insula vineas fuisse GIR. *TH* I 6; verisimillime presumi posset quod circumvencio subesset vel fallacia E. THRIP. *SS* X 5; **1299** ut ~er conjecturamus *Lit. Cant.* I 27. **b** **1347** gentes ejusdem archiepiscopi te ceperant ac ~er interfecissent .. nisi per .. justiciarium .. fuisses ereptus *Mon. Hib. & Scot.* 286b; **1338** neque possent [monachi studentes et seculares scholares] pre timore mortis verosimiliter commorari *Conc.* II 616b; intrepidus et magnanimus princeps, qui ~er agebatur spiritu Dei, noluit averti a priori proposito *G. Hen. V* 3; **1428** quorum malicia .. ~er cresceret, si non provideretur in hac parte de remedio oportuno *Reg. Cant.* III 191.

verisimilitudo, veri similitudo [CL], verisimilitude, likeness to truth, plausibility, probability.

argumentatio subdola ~ine palliata PULL. *Sent.* 713B; non multum referre arbitrantur vera an falsa sint argumenta eorum, dum modo veri similitudinem teneant J. SAL. *Met.* 860A; quis hanc discredere ~inem possit? MAP *NC* III 3 f. 40; cum vult decipere per scoriam, id est per falsitatem, apponit argentum, id est per aliquam eloquentiam circumponit veri similitudinem T. CHOBHAM *Commend. Virt.* 139; quedam .. sunt credibilia propter ipsarum rerum ~inem, quedam .. propter dicentis auctoritatem GROS. *Hexaem.* I 2.

verisonus [CL verus+sonus], true-sounding, that conveys the truth.

voci verisone Merlini spem prope pone BOWER XV 30.

veritabiliter [veritare+-bilis+-ter], truly.

una est Beata Maria .. una singulariter Deo grata, specialiter amata, ~er honorata W. RAMSEY *Cant.* f. 190vb.

veritare [CL verus+-itare], to prove true.

que ratio efficaciam habet per hunc modum. .. item ~atur per hunc modum PECKHAM *QA* 20.

veritari [CL vereri+-itari], to fear, hesitate (in quot. w. inf.).

1436 quod apud Malachiam extat, in decimis Deum ipsum configere non ~ans *Reg. Cant.* III 136.

veritas [CL]

1 quality of being real or actual.

corpus nostrum illa immortalitatis gloria sublimatum subtile quidem sit per effectum spiritalis potentiae, sed palpabile per ~atem naturae BEDE *HE* II 1 p. 76.

2 that which is real or actual, reality, actuality.

quod .. corpus Domini .. sumere videbatur apparitio revera, et non veritas fuit GIR. *GE* II 13; secundum autem veritatem essentialem frons est .. os semicirculare BART. ANGL. V 10.

3 (*in ~ate*) in fact, actually.

s**1187** fratrum nostrorum, ut in ~ate credimus, eodem die ducentis et triginta decollatis DICETO *YH* 50; **1289** quantumcumque .. Orlandinus se in dicto instrumento confiteatur .. pecuniam a nobis recepisse, tamen in ~ate nichil .. recepit *RGasc* II 300b; hoc .. miraculum .. in ~ate verum esse comperi *Flor. Hist.* I 341; **1349** discordia .. inter australes et boriales, qui omnes in ~ate unius et ejusdem nacionis sunt *StatOx* 151.

4 accordance or conformity with the facts, truth. **b** accuracy, correctness.

nec mirum .. si a tramite ~atis .. deviaverint, cum nihil oculata fide, nihil nisi per indicem .. agnoverint GIR. *TH* I 6; ~as est coequatio rerum et intellectuum GROS. *Quaest. Theol.* 203; ~as .. est adequacio rei et intellectus, que adequacio non potest esse nisi in intellectu cognoscente T. SUTTON *Quodl.* 290. **b** si non est talis [sc. scriba regis] corrumpet honorem et ~atem et voluntatem tuorum factorum et dictorum BACON V 147; **1549** nisi prius receptis juramentis ab executoribus de fidelitate et ~ate inventariorum *Conc. Scot.* II 111.

5 that which is in accordance or conformity with the facts, truth.

odium ~atis cum assertoribus amorque mendacii cum suis fabricatoribus GILDAS *EB* 21; omnia quae tetigerat in aurum vertebat, quod nemo, nisi ~atem spernens, credit *Lib. Monstr.* I 37; siqua in his .. aliter quam se ~as habet posita reppererit, non hoc nobis inputet BEDE *HE pref.* p. 8; ille [pugnat] mendacio, tu ~ate ALCH. *Ep.* 299; licet testis ~atem debeat dicere totam RIC. ANGL. *Summa* 30 p. 42; **1290** priusquam ~as de vita vel de morte vulnerati poterit sciri *MunAc Ox* 55; accersita .. a regina ~ate super statu suo et premissis gravaminibus *Flor. Hist.* II 411; **1266** legalium hominum per quos rei ~as melius sciri poterit *Cl* 209; **1294** dicit se nunquam .. Willelmum defamasse, immo ~atem dixisse et ~as non est defamacio *SelPl Man* 82; qui.. loquitur ~atem vel ut honoretur vel ditetur vel ut infamiam .. evitet .. non ideo verax et virtuosus est OCKHAM *Pol.* III 14; librum .. de ~atibus collectis ex sacra scriptura et ex scriptis sanctorum et doctorum GASCOIGNE *Loci* 129.

6 a truth in matters of the divine (esp. as coming from God and revealed in Scripture, doctrine, or sim.). **b** the Truth, Christ (esp. w. ref. to *Joh.* xiv 6).

a primum Hebraicam ~atem Hebreis verbis et litteris *Comm. Cant. I* 5; juvante se gratia catholicae ~atis BEDE *HE* II 1 p. 75; in gaudio perennis gloriae aeterna beatitudine constituit, sicut apostolica ~as depromsit, 'quos praedestinavit, hos et vocavit' [*Rom.* viii 30] FELIX *Guthl.* 27; Pictorum .. natio .. catholice pacis et ~atis cum universali ecclesia particeps existere gaudet *Chr. Melrose* 2; **802** juxta Hebraicam ~atem ALCUIN *Ep.* 259; huic sententie hebraica ~as consonare videtur ANDR. S. VICT. *Comm.* 284; a**1350** in ~atis catholice professione *StatOx* 17; unus gradu bachalariatus veritatis theologice .. decoratus *FormOx* 214. **b** c**752** et ipsa ~as dixit 'in hoc cognoscent omnes qui mei estis discipuli' [*Joh.* xiii 35] BONIF. *Ep.* 106; Herodem ~as ipsa vocat vulpem NECKAM *NR* II 125; si ~as dicat, 'de omni verbo ocioso quod loquti fuerint homines reddent racionem' [*Matth.* xii 36] *Obs. Barnwell* 136; dixerit ~as summa, 'Maria optimam partem elegit' FORTESCUE *NLN* II 64.

7 truthfulness.

sequitur ex ipsa [ratione] quod nunquam de aliquo pagano .. constat quod habuerit veram virtutem, que est ~as seu veracitas OCKHAM *Dial.* 589; qui enim loquitur veritatem .. ut honoretur .. non ideo verax et virtuosus est. quemadmodum ambitiosi .. veritatem dicunt et actus bonos aliquos operantur, non autem habent ~atem, que est virtus vera *Ib.* 590.

8 honesty, trueness, integrity, fairness. **b** loyalty, faithfulness. **c** strict adherence to a rule, exactitude.

habens severitatem erga injustos et ~atem erga pios BYRHT. *V. Osw.* 402. **b** fidei ~as et vite sinceritas *Canon. G. Sempr.* f. 33; **1327** electis Dei in ~ate ambulantibus *Lit. Cant.* I 230. **c** misericordia .. obvians ~ati sententiam quam illa dictaverat sua lenitate temperavit CIREN. II 309.

verius v. varius.

verjutum [AN *verjous*, OF *vergus*, ME *verjous*], verjuice, juice of sour apples or grapes; **b** (made from ginger and lemon juice).

1303 dim' lag' vini acri, j lag' verg' *KR Ac* 365/12 m. 3 (cf. *IMisc* 27/24: **1265** ij dol' de *vergus*); **1303** vergus, ij d. *Cal. Scot.* II 360; **1443** pro vino acri, vericus [? l. *verjous*], et oleo *Comp. Dom. Buck.* 20; **1458** pro naulo .. sex barilium aceti, .. dim' barilis verguti *ExchScot* 384; **1467** pro v bus. garbatorum [*sic* MS; ? l. arbutorum] empt' pro verione *Ib.* 97; **1481** j barell' cum ~o, ij barelli vacui pro verjuto *Ib.* 97; **1521** in vino agro et virgeto, ij d. *REED York* 225; de vino subacido, quod ~um vocant MAJOR I 3. **b 1380** duas magnas ollas zinziberis viridis, unam vergentam [? l. vergeutam] zinziberis facti cum aqua limonis *Foed.* VII 233.

verletus v. vaslettus.

vermeillio [ME *vermiloun*, AN *vermeilloun*, ME, AN *vermeil(le)*, *vermail*]

1 cinnabar, minium, vermilion (*cf. et. vermiculum*).

1290 in iij lib. ~ilonis xvviij d. *Doc. W. Abb. Westm.* 184; **1314** cum ~ilone et turbentino pro rubea cera facienda (*MinAc*) *EHR* XLII 198; **1346** Robertus .. omnes grossas literas de ympnario et collectario luminabit de auro et ~ilione *Fabr. York* 166; **1358** in iiij mill' de *vernisshe*; v lb. de ~eillone *Pipe* 203; **1418** mercurio, pulvere carbonum .. ~elion' *CoramR* 629 rex r. 18*d*.; sit .. massa ~eillionis in olla terrea bene vitreata .. et lutetur bene RIPLEY 217.

2 (as colour) vermilion, bright red.

1205 mantellum de samitto ~eillo frettatum cum saphiris *Pat* 54*b*; **1254** fecit consuere unum pannum ~ilionem debilem .. ad alium ~ilionem bonum *Rec. Leic.* I 68; **1259** habuit apud Lennam duos pannos ~ilones *Ib.* I 86; **1292** in j pecia dimidia de panno ~ili pro teuda galee *KR Ac* 308/13 m. 5.

vermeillo, ~eillus v. vermeillio. **vermeinum** v. verminum. **vermelio** v. vermeillio. **vermenaca** v. verbena, verbenaca. **vermenium** v. verminum.

vermescere [LL], to become infested with worms, maggots, or sim.

intus ~entium sunt cadaverum plena [sc. monumenta] fetore BEDE *Luke* 485B; caro recens conditur ut exsiccato humore sanguineo ~ere nequeat *Id. Mark* 227C; quam fetida quasi ~ens putrida fiet [caro] in brevi lethali labe consumpta GIR. *Spec.* II 28; hiis gradibus corpus ~it et incineratur *CathA.*

vermesona v. fermiso.

vermicatus [CL vermis+-atus], (in gl.).

worme eaten, ~us LEVINS *Manip.* 62.

vermicium v. vernix.

vermicomus [CL vermis+comus], that has hair like worms (in quot. transf., of foliage).

ave .. / vitis ferax et frondosa / palmaque vermicoma WALT. WIMB. *Virgo* 46.

vermicosus [CL vermes+-osus, cf. LL vermiculosus; cf. et. CL verminosus], (in gl.).

wormye, ~us LEVINS *Manip.* 101.

vermiculare [CL = *to infest*; cf. CL vermiculatus *p. ppl. as adj.* = *arranged to give effect of wavy lines*], to pattern or decorate so as to give the effect of wavy lines (esp. by use of colours or precious metals; in some quot. perh. also spec. w. ref. to use of red colour, *cf. vermiculatus*; also transf.); **b** (her.).

'murenulas aureas faciemus tibi ~atas argento' [*Cant.* i 10].. murenulae .. sunt ornamenta colli virginalis catenulae videlicet auri contextae virgulis et interdum etiam additis argenti virgulis variatae BEDE *Cant.* 1095B; dilectissimo fratri .. murenulis obrizi auri materia et omnimodorum generum varietate ~atis perspicue micanti Sigebertho BONIF. *AG pref.* (ed. *CCSL* p. 9); habentes non solum cornua argento et auro ~ata varietate redimita, verum etiam alia vasorum genera BYRHT. *V. Osw.* 465; omnibus .. ad pretorie puppis ~atum velum convolantibus W. MALM. *GR* III 238; vexillo .. Boamundi quod ~atum erat, ventis in fastigio turris exposito *Ib.* IV 363; c**1140** quum .. he virtutes trifarie sint morum nitore velut

argento ~ate (*Lit. Abbatis*) *Chr. Evesham* 112n; hac .. ratione murenule auree a sodalibus sponsi sponse promisse sunt sed ~ate argento J. FORD *Serm.* 12. 8; a**1250** habeat [sellarius] cingulas et sellas †verniculatas [l. ~atas], albas vel auro vel cinoplo coloratas (*Nominale*) *Neues Archiv* IV 342; in eadem ecclesia .. est capella beate virginis .. biblicis historiis ~ata S. SIM. *Itin.* 4; eo tempore .. testudo ejusdem cripte pingenda fuit. .. pictor .. januam serravit ut ipsam arcuatam testudinem coloribus ~aret *V. Erkenwaldi* 398; **1468** uno cipho stante .. de argento deaurato ac rubio colore ~ato, Anglice *enamyled*; .. sex ciphis de argento deaurato ac quodam coopertorio argenti deaurati pomell' unde rubio colore virmiculat' ad eosdem ciphos *Pat* 522. **b** cum .. subdividentes lineae a subdividentibus transigantur non in sectionum classe sed interpunctorum reponuntur, quod aream tanquam per puncta et periodos distribuunt, tessellas, maculas, cuneos, rhombulos et hujusmodi ~ato opere exprimentes SPELMAN *Asp.* 84.

1 vermicularis v. ventricularis.

2 vermicularis [CL vermiculus+-aris], **~ia**, (bot.) kind of creeping plant, sedum, stonecrop (also dist. as *major* or *minor*).

succo .. crassule etiam et ~is .. tempora mulceantur P. BLOIS *Ep.* 43. 127B; videmus etiam in montibus siccissimis herbas .. humidas procreari, sicut dicitur herba que dicitur crassula, cimbalaria, ~ia .. BART. ANGL. IV 3; extrahatur succus ~is et sempervive GILB. I 27. 2; succus ~is mixtus cum aceto forti .. valet .. contra malum mortuum GAD. 127V. 1; ~is major, tetroselion idem, .. A. *andrede* vel *musedode*. ~is minor similis est ei, crassula minor idem *Alph.* 190; crassula minor, ~is, A. *stancroppe SB* 17; hec ~is, *stoncroppe WW.*

1 vermiculatus v. vermiculare.

2 vermiculatus [CL vermiculus+-atus], of or derived from kermes (insect used for red dye).

nulla vestis linea colorem ~atum recipit GERV. TILB. III 55.

3 vermiculatus [vermiculare+-tus], (her.) form of decoration (*cf. vermiculare b*).

de areis interpunctis seu ~u albo SPELMAN *Asp.* 84.

vermiculosus [LL]

1 full of worms, maggots, or sim.

ipsius lingue instrumentum quedam erugo ~a comederat R. COLD. *Cuthb.* 70; esuriens, mendicus, vermiculosus D. BEC. 656; palliat ypocritam foris aurum: putridus intus / occultum virus vermiculosus habet GARL. *Epith.* III 416.

2 (med., of pulse) like a worm, maggot, or sim.

ibi [in vij libro Pantegni Constantini, cap. iij] de pulsu caprizante, martellino, serrino, ~o, formicante BART. ANGL. III 23; fluxus cum pulsu ~o sicut formicante GAD. 57V. 2.

vermiculum [cf. CL vermiculus; cf. et. vermeillo], vermilion, red dye (esp. as prepared from kermes, perh. also applied to cinnabar, minium; *cf. vermeillo*), (also) red colour.

~um i. ideo dum radices croci fiunt similes vermium *Comm. Cant.* I 331; admisceantur .. rubor ~i, rubor rose, rubor sanguinis, et rubor carbunculi J. FORD *Serm.* 4. 2; locellum ligneum .. interius undique depictum, medietas cum ~o, altera medietas cum azorio DOMERH. *Glast.* 336; quidquid .. faciendum est ante electionem .. ~o scripsi L. SOMERCOTE 28; ~um, -i, i. *warance*, i. *wrotte WW*; ~um, *vermyloun WW*.

vermiculus [CL]

1 tiny worm, maggot, or sim. (also dist. acc. kind).

quasi .. de artissimis foraminum caverniculis fusci ~orum cunei GILDAS *EB* 19; **803** animo spiritaliter Deus inspiciendus est, non oculis carnalibus, quos communes habemus cum ~is ALCUIN *Ep.* 239; illa fortior in fide Dei effecta .. hostem tam in leone quam in ~o contemnit GOSC. *Transl. Mild.* 37; ~orum qui sericum evomunt tam prodigiosa proprio ex pulvere procreatio GIR. *TH* I 21; tametsi .. vilis ~us et vapor sim, .. nonnullam .. inveni gratiam apud H. (*Ep.*) M. RIEVAULX 75; a maximis elephantis usque ad minimos ~os GROS. *Hexaem.* VII 8; repens .. ~us, celse volans

avis FORTESCUE *NLN* II 59; *a rynge worme*, ~us circularis *CathA.*

2 kermes (insect used for red dye), (also) red dye prepared from kermes.

curtinae .. ex .. purpura, bis tincto cocco sive ~o [*gl.*: tinctura] cum bisso retorto dispari murice fulsisse describuntur ALDH. *VirgP* 15; ~us hic est quo unguntur [v. l. tinguntur] preciosissimi regum panni sive serici .. sive lanei .. ~us .. ex arbore ad modum ilicis .. prodit GERV. TILB. III 55.

vermifer v. vinifer. **vermilio, ~ilis, ~ilo** v. vermeillio. **vermina** v. verminum.

verminare [CL], to be full of worms.

sucorum sumunt saporem, / si verminant per vaporem (ÆTHELWALD) *Carm. Aldh.* 4. 50.

verminum, ~a [AN *vermine* < CL vermis], vermin (*v. et. vermis 2*).

1322 tenetur de domino rege in capite per serjaunciam ad destruendum vermeinum in forestis regis *IPM* 77 (2) m. 3; **1322** per servicium inveniendi canes currend' ad destruend' lupos, wlpes, murelagos, et alia ~a .. tam infra parkos quam extra *Ib.* 77 (2) m. 4; **1324** quod ipse infra forestas nostras .. ~a vulpes, lepores, catos, et tessonem et ad aliam ~am foreste fugare .. possit *Pat* 162 m. 39; **1341** capere possint .. lepores, cuniculos, perdices, phasianos, vulpes, catos, tessones, et omnimoda alia vermenia silvestria infra forestam *ChartR* 128 m. 2; **1358** per serjanciam, videlicet capiendi vulpes et aliud ~um domini regis *IPM* 139 (25) m. 9.

vermis [CL]

1 worm, maggot, grub, or sim; **b** (applied to flying insect); **c** (transf. or fig.); **d** (of Satan); **e** (applied to Christ, w. ref. to *Jon.* iv 7). **f** (~*is lucens*) glow-worm.

cadavera .. horrida ~ium [*gl.*: ~is est animal quod plerumque de carne vel de ligno vel de quacumque re terrena sine ullo concubitu gignitur] examina ebulliebant ALDH. *VirgP* 36; nec crocea Seres texunt lanugine vermes *Id. Aen.* 33 (*Lorica*) 4; ~is vivus ab aure ejus egressus .. pervium iter auditui quod obstruxerat patefecit *Canon. G. Sempr.* f. 157v; inter omnia ~ium genera, solis non nocivis Hibernia gaudet GIR. *TH* I 28; si .. fit [tinnitus aurium] ex debilitate †verni [? l. vermium] GILB. III 147v. 1; **1279** impediunt homines .. collegere ~es super costeram maris in retractu aque ad hamos suos pascendos *AssizeR Northumb* 339; ~is qui rotundatur quando tangitur cum vino curat ictericiam GAD. 7. 2; lumbrici, ~es longi terrestres *SB* 28. **b 798** velut ~es fenestris involant aestivis, sic auribus meis insident quaestiunculae ALCUIN *Ep.* 143. **c** alioquin ~is tortionis tuae non morietur GILDAS *EB* 31; s**1190** alie civitates .. pari devotione suos sanguisugos cum sanguine transmiserunt ad inferos. .. sola .. suis ~ibus pepercit Wintonia DEVIZES f. 25v; non sicut prius male conscientie ~e cruciata sed non ab impietatis colligatione soluta *Mir. Fridesw.* 46; **1328** [*H. de C. was the worst worm*] pessimus ~is [*who had come to the city of London for 20 years*] *Cal. Pl. Mem. Lond.* I 69. **d** astutum vermem pendens cruce reddit inermem GARL. *Tri. Eccl.* 113. **e** Jesus Christus .. vocatur leo, agnus, ~is, lignum LANFR. *Corp. & Sang.* 438D; Christus .. vermis dicitur tribus modis BALD. CANT. *Sacr. Alt.* 752B; Jhesus incipit predicare ... vermis ascensu diluculi arefacti hederam super caput Jone AD. DORE *Pictor* 155; ave, cujus uterus / vermem procreavit / qui submordens hederam / Jone desiccavit S. LANGTON *BVM* I. 21. **f** bibat flores salicis ~em lucentem de nocte que facit hominem eunuchum GILB. VII 287. 2; ~is lucens de nocte non comedatur a te GAD. 74v. 2.

2 vermin (*v. et. verminum*).

benedic, Domine, hanc creaturam aque ut fugiant ~es et volucres et omnia nociva a nostris retibus vel silvis *Rit. Durh.* 118; apud Waterfordiam .. herbosis in pascuis rana reperta .. is venenosa non est GIR. *TH* I 32; ~es dicuntur bruci vel locuste T. CHOBHAM *Conf.* 34; **1334** habeant chaceam suam per totam ballivam foreste .. ad lepores, wulpes, murilegos, tessones, et ad omnimodas hujusmodi ~es *RParl* II 79a.

vermiso v. fermiso.

vermivorus [CL vermis+-vorus], that eats worms.

rubetra .. inter aviculas ~as numeratur TURNER *Av.* (1903) 158.

†vermula, *? f. l.*

floris principio prata virentia / dant risum genito flore recentia, / gaudet mater humus, gaudet et incola / concepta sibi †vermula GARL. *Poems* 1. 3.

vermultura [AN *vermoture*], woodworm dust, frass.

pulverem in aqua combusti et putredinem corili, quam vermult[ur]am dicunt, equali pondere per lineam cribra ADEL. *CA* 13; ~am corili subtilissimam cum melle mixtam adde *Ib.* 14.

†vermulus, *? f. l.*

†vermulus [? l. vernulus] quippe divitiarum est superbia et comes individuus GIR. *Spec.* II 28.

1 verna v. 1 berna.

2 verna [CL], servant (esp. one born into household); **b** (spec. female servant).

705 professionis devotionem decentissimam et ~arum Domini postulationem sacrae crucis signaculo confirmavi (*Malm.*) *ASC* XI no. 11; hos [patres] precibus verna crebris et pectore pulso ALDH. *CE* 4. 13. 3; ~a, in domo natus *GlC* V 138; ferre non poterat quatenus ~a illius se coram capitalem subiret sententiam LANTFR. *Swith.* 25; ~a vel vernaculus, *imberdling* vel *fostorling* ÆLF. *Sup.*; si tibi sit verna, tecum sit verna viator, / arma gerens D. BEC. 496; lautam Anglicane mense copiam, venustissimum quoque ~arum obsequium plurimum admirantes GIR. *EH* I 33; runcini .. sive succursorii ~is et vespilionibus apti et scoterellis NECKAM *Ut.* 104. **b** qui cum ~a sua fornicatus fuerit .. si ipsa infantem habuerit (*Ps.-EGB. Pen.*) *Conc.* I 118a; hic Christi vernae corpus sub marmore jacet / .. / quam famulam prisci vocant de nomine Buggae *Epigr. Milredi* 815; **9.**: bernis, *þeowenna*, .. bernam, *þeowne WW*; ~ae, ignobiles, *wylna GlP* 367.

3 verna, ~um [ME *vern(e), fern*, ? cf. AN *verne*], windlass.

1223 habere facias .. carpentario lx fusta in bosco nostro de H. .. tum ad scalas, tum ad unam ~am, tum ad alia facienda ad operationem aule castri nostri *Cl* 529a; **1286** duabus bokettis .. ad aquam hauriend, duabus ~is [*CallMisc* 1394: †verinis] *IMisc* 46/3 (2); **1311** in axibus magne ~e et poleis proprio ferro et armand' *Fabr. Exon.* 56; **1313** pro cariando ferni de cinobis usque ad crucem ... item hominibus levantibus predictum fernum ... item ij carpentariis pro reparacione ferni *Rec. Leic.* I 284; **1333** pro j quarter' de *talwode* empto pro scalis magni ~i .. pro j pecia meremii de quercu empta pro scala parve ~e *KR Ac* 469/12 m. 17; **1372** idem petit allocacionem .. de iiijs viij d. de empcione standardi ~e .. et de xij d. de expensis circa dictam ~am portandam in dictam turrim *MinAc* 1156/18 *sched.*

vernacius [dub.], (*uva ~ia*) kind of grape.

item sunt [uve] verticiarie vel ~ie sic dicte a magnitudine, sicut dactyli a longitudine BART. ANGL. XVII 181.

vernaculum, ~iculum [AN *vernicle*, ME *vernicle, vernacle, veronicle* cf. LL veronica], vernicle, representation of Christ's face.

1432 duas tuniculas pro diacono et subdiacono operatas de ~iculis et stellis aureis *Reg. Cant.* II 467; **1436** pandoxatorii de prope suum hospitium quod in signum habet ~aculum AMUND. II 115; **1444** unum vestimentum integrum de blodio *welwat* cum ~aculis aureis similiter contextum pro festis principalibus *Deeds Newcastle* 51; c**1500** calix argenteus .. habens .. in patena ~aculum deauratum *Invent. Ch. Ch.* 128; **1527** sacrum Christi ~aculum eo loco repositum .. deripuit *PP* 195.

vernaculus [CL]

1 specific, particular, peculiar, proper (to spec. individual).

~a quadam scripturae consuetudine commune esse dicitur quod immundum est, sicut et ad Petrum vox de caelo dicit, 'quod Deus mundavit tu commune ne dixeris' BEDE *Mark* 241A; lex alia naturalis, que apud omnes eadem est, alia constitutionis, in qua habet unaquaque patria suum aliquid proprium vivendique ~um (*Quad.*) *GAS* 543; magna .. vis pretiosi metalli .. cubiculo pontificis illata est. habebat .. per singulas portiones ~um possessoris et nomen et signum W. MALM. *Mir. Mariae* 133; ~um Hebree lingue est 'et' conjuncionem superhabundare S. LANGTON *Chron.* 89.

2 local: **a** (in quot. w. *lingua* or sim., or as sb.) of or pertaining to the local, native language, vernacular. **b** (mil., as sb. m.) locally levied foot-soldier.

a non quod alia lingua Galilei atque alia loquerentur Hierosolimite, qui utrique fuerant Hebrei, sed quod unaquaeque provincia et regio suas habendo proprietates ~um loquendi sonum vitare non possit BEDE *Luke* 607B (cf. *Jer. Matt.* 203B); ex lingua ~a in latinam *Mir. Hen.* VI I prol. p. 7; **1507** emunctoriis ferreis, que ~a lingua *lygrattis* appellantur *Cant. Coll. Ox.* 249; **1546** conventiones fuerunt a duobus sinceris notariis in nostram ~am excepte *Mon. Hib. & Scot.* 620a. **b** cum maxima ~orum et militum armata cohorte G. *Steph.* 33; cccxviij, non dicam expeditos ~os, sed milites probatissimos, et a Flandrensium multitudine selectos DICETO *YH* 381.

3 (as sb.) servant (esp. one born into the household); **b** (applied to religious follower or devotee). **c** (in gl.).

~a, *menen GlC* V 123; ~us, *inbyrdling* ÆLF. *Gl.*; ~i sunt homines qui in domo ejus nutriti sunt ANDR. S. VICT. *Hept.* 61; fit heres vernaculus, et castrum ruina PECKHAM *Def. Mend.* 281; vir .. genere spectabilis et honore .. cujus ~us Johannes W., adolescens annorum decem circiter et septem *Mir. Hen.* VI I 28. **b** Aldhelmus segnis Christi crucicola et supplex ecclesiae bernaculus ALDH. *VirgP* I *tit.*; catholicas Christi bernaculas *Ib.* 2; novum .. sacellum / Bugge construxit, supplex vernacula Christi *Id. CE* 3. 39; Felix catholice congregationis ~us [*gl.*: *servus*] FELIX *Guthl. prol.* p. 60; regno inter Christi semper vernacula vernas [v. l. vernans] BONIF. *Aen.* (*Pax vera Christiana*) 116; **800** ego .. ~us sanctae Dei ecclesiae ALCUIN *Ep.* 193. **c** ~us, *frioleta GlC* V 120.

vernagium [AN *vernage*; cf. Italian *vernaccia*], sort of strong sweet white wine produced in Italy.

1336 in v lagenis et iij quart' vini de ~io emptis contra festum S. Cuthberti *Ac. Durh.* 527; c**1350** vini vernag' *Rec. Leic.* II 75; *vernage, wyne, ~ium PP.*

vernalis [CL], of or pertaining to spring (the season), (also) of the nature of spring (also fig.).

viij ergo kal. Aprilis id est aequinoctium ~em [*sic*] THEOD. *Laterc.* 2; per aequinoctium ~e (*Lit. Ceolfridi*) BEDE *HE* V 21 p. 338; ad habitacula ~ia et aestualia *V. Cuthb.* I 6; **801** cuculum, ~em avem, vestre direxi sanctitati ALCUIN *Ep.* 226; redeunte ~i tam tempore quam temperie GIR. *TH* I 21; esto vernalis subjectis, non hyemalis D. BEC. 1839; **1242** in precariis .. ~ibus carrucarum *Pipe* 141; ~i calore BART. ANGL. IV 1; solem jubet hibernum currere / et vernalem ad alta surgere J. HOWD. *Ph.* 871; omnis honor temporalis / cito tanquam flos vernalis / disparere cernitur WALT. WIMB. *Van.* 2.

vernaliter [CL verna+-alis+-ter, cf. CL verniliter], in the manner of a servant, with ready compliance.

satis est ad remuneracionem vernaliter ancillancium quod eis ingredi facultas sui concedatur dominatoris in gaudium E. THRIP. *SS* III 4; firma vernaliter ancillantis fidelitas *Ib.* XI 15.

vernanter [CL vernans *pr. ppl.* of vernare+ -ter], in a manner appropriate to spring (w. impl. of freshness and fragrance).

expertus pridie vigor caelestium odoramentorum ~issime hunc repercussit GOSC. *Transl. Aug.* 26D.

vernantia [CL vernans *pr. ppl.* of vernare+-ia], spring growth, vigour (also transf. or fig.).

tanta .. virtutum ~ia purpuratus, decem et septem annis officium prioratus floride gubernavit (*J. Bridl.*) *NLA* II 77; algor torporis et ignavie a virtutis ~ia suffocat et vigore J. GODARD *Ep.* 220; *jolyte, varnancia PP.*

1 vernare [CL]

1 to produce or put forth new growth as in springtime, to spring up, to bloom or blossom, (also) to come forth or emerge as new growth; **b** (transf. or fig.); **c** (pr. ppl. as adj.). **d** (in gl.).

sponte mea nascor fecundo cespite vernans ALDH. *Aen.* 51 (*Eliotropus*) 1; sterilis surculus ~at in palmitem, marcens etas reparatur in juvenem *V. Birini* 19; per ipsum radiabit luna solis claritate; per ipsum ~abit

terra paradysi amenitate HON. *Spec. Eccl.* 960A; sic floribus prata ~are .. cernentes miramur PULL. *Sent.* 708B; flos in bruma plus vernavit GARL. *Poems* 5. 2b. **b** a**796** ad irriganda corda arida ut virtutum floribus ~ent ALCUIN *Ep.* 81; Christi floribus .. ~ans Egypti desertum monachorum multitudine per cellulas .. religione florente H. BOS. *Thom.* III 21; cum .. in ejus facie pubescentis adoloescentie lanugo ~aret P. BLOIS *Ep.* 126. 377B; innumeris .. virtutum floribus in beato viro secundum nominis etymologiam ~antibus, quod interpretatur felix mundus *V. Edm. Rich B* 620; antiquus .. inimicus .. videns Christi tironem diversis virtutum floribus ~are, cepit ei .. invidere *Chr. Dale* 5. **c** campus .. flagrantia ~antium flosculorum plenus BEDE *HE* V 12 p. 307; nardiflua pignora mira suavitate ~antia GOSC. *Transl. Aug.* 16A; ~ans etas pueritia exclusa adolescentiam induxerat W. MALM. *Wulfst.* I 1 p. 5; ~ans tempus etatis meditabatur in robur juventutis serpere *Id. GP* I 45; construxerat episcopus .. in loco amenissimo ~antissimum florida compositione castellum H. HUNT. *HA* VIII 11; liliis candentior, rosis ~antior [virgo] (*Egwinus*) *NLA* I 373; in virore ~antis etatis carnis jucunditas et si exterius viruit, interius viluit J. FURNESS *Kentig.* 6 p. 173; in .. hortum viridissimum, ~antem, odoriferum *Id. Walth.* 101; vitam virtutibus ~antem, miraculis gloriosam *Ib. prol.* 3; vernante natus utero J. HOWD. *Cyth.* 135. 11. **d** ~ans, laetans *GlC* V 128; *gettyn*, ~o, -as *PP.*

2 to be bright, radiant, to shine out (also fig.). **b** outstanding.

s**1135** regis .. corpus, cujus cervix diadematizata auro .. quasi Dei splendore ~averat, cujus utraque manus sceptris preradiaverat, cujus reliqua superficies auro textili .. rutilaverat H. HUNT. *HA* VIII 2; prune ~antes ardoribus R. COLD. *Cuthb.* 39; Statius in serie vernat, Lucanus .. / .. physica multa canit GARL. *Tri. Eccl.* 125; basilica .. Dei genitricis singulari ~at honore *Mir. Hen.* VI II 50. **b** ejus certe verba vernantia / omni cordi sunt luminaria J. HOWD. *Ph.* 693; castrum illud ~issimum Windeshore *Flor. Hist.* II 481.

3 (trans.) to cause to blossom, flourish, or be radiant.

femina vestitu vario vernata superbit D. BEC. 2240.

2 vernare [cf. vernicare], (of bird) to make its sound.

aves minuriunt vel ~ant vel vernicant ALDH. *PR* 131.

3 vernare [cf. verniciare], to varnish.

1301 pro verniculo .. pro dictis balistis ~andis *Lancs & Chesh Rec. Soc.* XCII 209.

4 vernare v. vernicare.

vernatio [vernare+-tio], **~itio** [cf. verniciare, vernix], (act of) varnishing.

1276 Stephano le Joignur .. pro ~itione ij coffrorum, viij d. *KR Ac* 467/6 (2) m. 9; **1358** pro dealbacione, ocriacione, et ~icione camere *Building in Eng.* 159; **1397** pro pictura, emeriacione, et ~acione diversorum pavys' *LTR AcWardr* 5 r. 7 d.

vernecinus v. vervecinus.

vernellum [cf. vernix], varnish.

[*the painter had size, .. and oils and varnishes*] †vervellum [l. vernellum] *Arch. Soc. Birmingham* XLVIII 80.

verni v. vermis. **vernica** v. vernix.

vernicare [cf. vernare], to twitter.

aves minuriunt vel vernant vel ~ant ALDH. *PR* 131.

verniciare, ~isare [cf. OF *verniciė*, cf. et. AN *vernis*, vernix], to varnish.

1291 in quibusdam balistis de cornu emendandis et ~izandis *KR Ac* 479/15 r. 2; cera .. sigilli .. alba ~izata *Canon. S. Osm.* 49; habet magnum sigillum albe cere ~isate *Deeds Newcastle* 45; *vernyschyn*, ~icio, -as *PP.*

vernicium v. vernix. **verniculatus** v. vermiculare.

1 verniculum v. 1 vernaculum.

2 verniculum [cf. vernix], resin of juniper, varnish.

1301 pro ~o .. pro dictis balistis vernandis *Lancs & Chesh Rec. Soc.* XCII 209.

vernifer [CL vernus+-fer], that brings spring.

verniferum quinis tempus procedit ab antris *Kal. M. A.* 62.

vernifluus [CL vernus+-fluus], (in quot.) spring-like, joyful.

magister Johannes dixit '~us' ad similitudinem veris, scilicet hilaris et pulcher GERV. MELKLEY *AV* 91.

vernisa v. vernix. **vernisare** v. verniciare.

vernix, ~ica, ~icium [AN *vernis, vernice*], resin of juniper, varnish.

scandaraca i. lacca aut ~ice *Gl. Laud.* 1308; [pictores] addunt .. ~icem propter majorem glutinositatem *Quaest. Salern.* B 164; **1291** in albo plumbo, rubeo, azuro, ~icio viridi et aliis coloribus ad iiij ewangelistas in viridi camera *Pipe* 136 r. 29*d.*; **1296** in xviij li. de ~ice emptis .. precium li. ix d. *Ac. Galley Newcastle* 179; **1298** in predictis costis vernandis, iiij li. ~ice et remanent iij li. ~ice *Doc. Scot.* II 322; **1309** custus colorum et olei ad claves volture primendas .. [*three and a half pounds of varnish*] ~ise *Fabr. Exon.* 48; ~icium, glassi, gummi juniperi idem *Alph.* 173; est karabe idem quod ~ix; sed kacabe idem quod *lambre* Anglice GAD. 23v. 2; bernix i. gummi juniperi, classa idem .. etiam dicitur quiddam quod conficitur de oleo seminis lini et classa et inde illuminantur et solidantur colores picturarum *SB* 12; cacabre i. †vermicium [*sic* MS; ? l. vernicium] *SB* 14; bernix, *vernysh WW*; viridium .. i. locus viriditate plenus, vel A. *vernysh.* virificium .. A. *vernysh* et hoc viridium idem est *MS Trin. Coll. Camb. O. 5.* 4 f. 271r.

vernizare v. verniciare.

vernula [CL]

1 (domestic) servant, slave; **b** (applied to religious follower or devotee).

mercator .. / .. cui vernula quidam / servili dicione fuit subjectus WULF. *Swith.* II 302; vernula quisque suum formidet herum famulando D. BEC. 1234. **b** ejusdem patris [Benedicti] ~a Abbo ABBO *QG* 1; peracto .. quicquid religioso Dei ~e competit .. ad Dominum cui diu servierat migravit ORD. VIT. IV 2 p. 169; pedisequus et ~a ipsius [S. Johannis] Hugo, peculiari flagrans amore sui patroni AD. EYNS. *Hug.* V 14; o sancti parvuli, quorum sum vernula, / quibus deservio WALT. WIMB. *Palpo* 192.

2 (in gl.).

~a, *fostorling* ÆLF. *Gl.*

vernulitas [CL vernula+-tas], status as a servant, service (also fig.).

quando debitas ~atis suae horas .. Christo .. solvere censuisset B. V. *Dunst.* 37; quoniam historie severitas nec veritati parcere novit nec verecundie, circumcisis labiis, res inhonesta poterit venusta verborum ~ate depromi GIR. *TH* III 25 (cf. GIR. *SD* 168).

vernulus [CL], of spring (the season), spring-like (in quot. fig.).

vernula quam facies [sc. regis] fulvis redimita capillis / .. fulget R. MAIDSTONE *Conc.* 285.

1 vernum v. 3 verna.

2 vernum, sort of dish or platter.

a**1250** omnia vasa lactis preter unum *baijol* mulieris sunt; et omnes disci preter unum ~um, id est *kycdyschil*, viri sunt *Leg. Wall.* A 143; **1390** unam sertaginem, duo ~a de ferro, unam craticulam *PlRCP* 519 r. 499; **1405** quinque patellas, tres cacabas eneas, quatuor pelves .. unam creacram, duo ~a ferrea, unum par de *rakkes*, unam craticulam *Foed.* VIII 384; **1442** lego .. unum ciphum argenti .. et duo ~a *Test. Ebor.* II 87.

vernus [CL], of or pertaining to the season of spring, (also) of the nature of spring (also fig.). **b** (as sb.) spring. **c** (in gl.).

quando primum ortus est sol in inchoationem diei ~um tenens aequinoctium BEDE *TR* 50 p. 269; **10**.. tempus ~um, *lententid WW*; [calor] ~us flores producit, estivus fructus maturat BALSH. *AD rec. 2* 158; vernus et in glacie dedicat esse fui, / fervidus ad Musas in frigore L. DURH. *Dial.* I 30; ~o in tempore GIR. *TH* III 49. **b** ~us dies xcj (*Cal. Willibr.* Feb. 22) *HBS* LV 4; venerabilis Oda ut ~um floruit rosis BYRHT. *V. Osw.* 403; cum tempus ~i pertransiret et aestas adveniret *Ib.* 430; Berecynthiam .. Greci ..

---

quasi ~i κύνθος ALB. LOND. *DG* 2. 3. **c** *joly*, ~us .. lascivus .. gaudiosus *PP.*

1 vero [CL], (introducing further point, instance, *etc.*, esp. as second word): **a** (w. confirmatory, emphasizing, or clarificatory expr.) moreover, indeed. **b** (w. more or less strongly contrastive expr.) however, on the other hand; **c** (~o .. ~o).

a quis .. ? .. quis eorum .. ? .. quis ~o eorum .. Jesum Nave imitatus est? GILDAS *EB* 70; fuit .. iste vir .. in omni opere Dei strenuus. .. cujus ~o patientiae esset ex antedictis ejus gestis ostenditur; vel quantum ~o [v. l. om.] habuisset industriam .. non necesse est nostro prosequere stilo ALCUIN *WillP* 24; utinam tam immunis ipse ab omni crimine, precipue vero a crimine incendiarii et homicidii .. sicut et ego a crimine falsarii GIR. *Invect.* I 2 p. 89. **b** si monachus pro ebrietate vomitum facit, xxx dies peniteat. .. si ~o pro infirmitate, .. nihil nocet THEOD. *Pen.* I 1. 4; murus etenim de lapidibus, vallum ~o .. fit de cespitibus BEDE *HE* I 5 p. 16; qui cum .. relicto monasterio .. dispersi vagarentur at vero hieme succedente redirent *Ib.* IV 4 p. 213; si a sit in presenti, semper prima syllaba preteriti in e desinit, secunda ~o modo in e productam, modo in i correptam ABBO *QG* 13 (31); **1275** et ipse tenuit per totam vitam suam .. ; mortuo ~o ipso Nicholao, successit ei .. filius *Hund.* I 72a; testati sunt se vidisse eum ascendentem in celum. sed ~o plus admirandum est quia .. multos alios .. suscitavit *Eul. Hist.* I 114; ~o tenemus hic numeros per notas numerales rubros etiam majusculos consignatos FERR. *Kinloss* 19. **c** s**1314** Angli ~o summe elati .. Scotti ~o contriti *Meaux* II 331.

2 vero [cf. Fr. *vairon*, AN *vair* < CL *varius*], kind of small river fish, minnow.

sed desunt .. pisces: lucii videlicet, .. desunt et minute, lochie scilicet, capitones et ~ones GIR. *TH* I 9; a**1250** piscator .. habeat .. minusas .. verrones (*Nominale*) *Neues Archiv* IV 340.

veroba v. verola. **verodicto** v. veredictum.

verola [AN *verole* < LL *variola*], (esp. pl.) pox (of sheep or swine).

1257 in morina xiij [porcelli] de verol!' *Crawley* 220; **1297** precii nimis modici propter infirmitatem †verobarum [l. verolarum] quam habebant oves matrices *Ac. Cornw* 56; **1306** reddit compotum de cccxxxij caseis .. de exitu dayerie hoc anno; et ideo minus quia magna pars fuit in ~ibus hoc anno *MinAc* 1079/17 r. 15*d.*; **1323** in sustentacione porcorum .. in tempore estatis quia fuerunt infirmi de †veronicis [l. verolis] *Ac. Wellingb.* 131.

verolis v. verola.

†verolismus, *f. l.*

ex nimia apertione ejus [splenis] et transmissione melancolie superflue accidit †verolismus sive bollismicus, id est appetitus [ed. 1549 p. 149b: accidit bulimus sive caninus appetitus] *Ps.*-RIC. *Anat.* 37.

verolium [AN *veroil* < CL *vericulum*], bolt.

hic vectis et hoc verrolium, *veroyl* GARL. *Comm.* 131.

verolla v. verola.

1 veronica v. verola.

2 veronica

1 vernicle, representation of Christ's face on cloth (also transf.).

s**1191** ostendit regi Francie .. ~am, id est, pannum quendam linteum quem Jesus Christus vultui suo impressit .. et dicitur ~a quia mulier cujus pannus erat dicebatur Veronica G. *Ric.* I 228; est .. ~a pictura, Domini veram secundum carnem presentans effigiem a pectore superius, in basilica S. Petri .. recondita GERV. TILB. III 25; alia .. imago Rome habetur que dicitur ~a a Veronica matrona .. ipse [Dominus] peplum ejus accipiens impressit vultu suo, et reliquit in eo expressam imaginem suam GIR. *Spec.* IV 6; **1295** ~a cum ymaginibus Virginis et Johannis depictis *Vis. S. Paul.* 330; **1388** in una patena continetur ymago divine majestatis et in altera ymago ~e (*Invent. Westm.*) *Arch.* LII 232; **1396** ~a una coloris aerei auro inclusa, que dicitur pectorale *Meaux* III *app.* p. lxxix; **1465** pro ~a pro domino Roberto R. *Pri. Cold.* 193; *vernakylle*, ~a *CathA.*

---

2 (bot.): **a** ? plant of the genus *Veronica*, speedwell, or *f. l.* **b** kind of aromatic plant, alexanders, or *f. l.*

a deronica vel veronica [? l. vetonica, doronica] radix est parva utroque capite gracilis, in media vero latior *Alph.* 49 (v. deronica). **b** beronica [? l. betonica i. e. vettonica], respice in smirtus *Alph.* 22 (cf. ib. 173: smircus, vel smirinis, benotica; *SB* 40: smirtus est betonica).

verose [verosus+-e], (in gl.).

~e, vere OSB. GLOUC. *Deriv.* 622.

verosimil- v. verisimil-. **verosimiliter** v. verisimiliter.

verosus [CL verus+-osus], (in gl.).

~us, verus OSB. GLOUC. *Deriv.* 622.

verpus [CL]

1 one who has the foreskin retracted, (in quot.) circumcised.

pagina sacra viros verpos denominat GARL. *Tri. Eccl.* 113.

2 the middle finger.

tres digiti manus dextre, pollex, index medius et verpus, id est medicus ROB. FLAMB. *Pen.* 176; ubertates ostendit, statuas .. ~o demonstrabat directo vix numerabiles .. ex auro fusas E. THRIP. *SS* III 39; hic pollex, *poucer*, hic index, *l'autre dey*, hic ~us vel medius, *l'autre dey*, hic medicus, *l'autre dey*, hic auricularis, *le petit dey Gl. AN Ox.* 85; *a lang fynger,* medius, ~us; versus: qui monstrat verpum, verpus non diligit ipsum *CathA.*

verra v. werra. **verragium** v. veragium.

verrare [CL verres+-are], to put (sow) to a boar.

1296 due vacce taurande, due sues ~ande (*Ac.*) *Hist. Agric.* II 577.

verraria [verrum+-aria; cf. verrarius], pane of glass (*v. et. verrura*).

1252 facias etiam verreras albas in capella regine *Liberate* 28 m. 15; **1421** l peciis vitri, cv virreriis vitri *EEC* 514.

verrarius [verrum+-arius], glazier (*v. et. vitrearius*); **b** (passing into surname).

1349 habita deliberacione .. magistrorum carpentariorum .. plumbariorum, ~iorum *IMisc* 163/4. **b** **1198** Nicolaus verarius *Pipe* 208; c**1208** terram Thome ~ii *Cart. Osney* I 165 (cf. ib. 200: Thomas Vitrearius).

verratio [cf. CL verrere], (act of) brushing (clean), sweeping (*v. et. verritio*).

1549 pro ~one cubiculi supra conclave theatriorum et promptuarii inferius iiij d. *REED Cambridge* 158.

verrator [verrum+-ator], glazier (*v. et. vitreator*).

1299 expensa forinseca .. in expensis verrorum assidentium fenestras vitreas in capella xv d. (*Comp. Chilbolton*) *Ac. Man. Wint.*; **1318** ~ori ij s. *Fabr. Exon.* 96; **1496** positores, variatores *CalPat* 88.

verratus v. variare. **verrera** v. verraria.

1 verrere [CL]

1 to remove with a broom or brush, sweep away (in quot. fig.).

hanc .. paginam Cato despiciat / et stili vicia qui callet feriat, / aut verrat omnia vel veru fodiat WALT. WIMB. *Palpo* 183.

2 to sweep along, carry along with force. **b** (in gl.).

horum archon, atrociter / fumam [v. l. fumum] verrens, ferociter / furibundus cum flamine / veniebat (ALDH.) *Carm. Aldh.* 1. 34; Africus et violens spumosas verrit harenas *Altercatio* 61; aquarum furor .. fundo ab imo ~ens harenas et conglobans in cumulum, cum impetu venit W. MALM. *GP* IV 153. **b** ~ere, trahere OSB. GLOUC. *Deriv.* 617.

3 to brush, sweep (surface): **a** (with thing trailed or dragged across it); **b** (of trailed or dragged thing). **c** to pass or sweep over (esp. surface) with force or speed (also transf. or fig.).

a proflua vestis regine .. dum lutosum pavimentum ~endo sordidatur Gosc. *Transl. Mild.* 21; humum .. pulverulentam .. palliorum .. sirmate ~unt Ord. Vit. VIII 10 p. 324; his [genibus] squalentes pulvere semitas ~ebat .. his lutosum solum evadebat W. Malm. *GP* V 262; quid est hoc, Theodora, unde ~is terram? *V. Chris. Marky.* 33. **b** caudatas in longum tunicas pulverem trahentes et terram ~entes Gir. *GE* II 22. **c** qui [S. Johannes] prius algosis verrebat caerula remis / piscibus insidias nectens sub gurgite ponti Aldh. *CE* 4. 5. 5; aequora tremebundo gurgite ~unt [beluae marinae] *Lib. Monstr.* II *pref.*; quasi formicarum greges .. de tumulis ~entes, aggerem contra domum cadentem muniebant Eddi 19; grandine ac frigore nivium omnia perflante atque ~ente Bede *HE* V 12 p. 305; ~entibus undique fluctibus navem in qua dormiebat [Christus] *Id. Mark* 175B (cf. ib. 196C: inter undas procellasque temptationum ~entium); tamquam spumosi maris vortices ~unt *Ep. Bonif.* 14 p. 22; nam properans patuli dum verreret aequora campi Frith. 783; flatus violentia terga maris ~ebat W. Malm. *GR* IV 320; naute / cerula dum verrunt in sua transtra cadunt L. Durh. *Dial.* III 112.

2 verrere [cf. CL verres], (of pig or sim., also transf.) to grub up, to root (also trans.). **b** (pr. ppl. understood as sb., act of) rooting, grubbing in the earth.

si porci ~ant pratum alienum, dominus illorum tenetur omnes verrificationes implere frumento (*Stat. Willelmi* 24) *RegiamM* II p. 12; **1404** per eversionem vesture terre per porcos domesticos in eadem foresta continue ~entes et terram evertentes *Enr. Chester* 77 г. 2d.; nobiles ligneis obumbrati machinis que, quia ~ere videbantur in antra, 'sues' appellari non videtur inconsonum *Ps.-Elmh. Hen.* V 59; to wroote, ~ere *Cath A.* **b** a wrotynge, ~ens *CathA.*

verrerus v. varius.

1 verres [CL], ~**us,** boar.

apri frendunt .. ~es quiritant Aldh. *PR* 131; berrus, *baar GlC* B 70; ~is, porcus bellicosus Osb. Glouc. *Deriv.* 617; **1189** liberum pasnagium et pasturagium in foresta ad lx porcos et duos ~os *Act. Hen. II* II 332; **1252** possunt esse ibi xl vacce .. et unus taurus liber. possunt etiam esse .. tot porci quot dominus voluerit cum ~e libero *Cart. Rams.* I 295; **1270** porci: .. remanent xlix quorum duo ~es et v sues *Ac. Stratton* 36; cum habere debeat in villa de W. unum ver' et unum taurum ad eundum libere per campos *BNB* II 681; aper .. a Latinis .. vocatur ~es quia grandes habet vires Bad. Aur. 114.

2 verres [cf. CL verrere], (in gl.).

a brushe, ~es, -is, haec Levins *Manip.* 193.

3 verres [CL Verres (*name of a governor of Sicily charged with extortion*)], (in gl.).

a thefe .. fur .. ~es .. raptor *CathA.*

verricosus v. verrucosus.

1 verriculum [LL = *drag-net*]

1 broom, brush, rake (also fig.).

materiam Romanae ~o eloquentiae planare Nen. *HB pref.* p. 127; †verticulum [l. ~um], *besme Teaching Latin* I 142; a besum, scopa, ~um *CathA*; a colrake, trulla, ~um *Ib.*; **1555** de .. uno ~o crineo, A. *one brusshe of here Pat* 852 m. 29.

2 (in gl.).

hoc ~um quoddam genus navis piscatoris Osb. Glouc. *Deriv.* 617; ~um .. genus navis *CathA.*

2 verriculum [cf. verrere], (in gl., act of) rooting, grubbing in the earth.

a wrotynge, ~um *CathA.*

verrificatio [cf. CL verres, verrere; cf. et. verificatio], (act of) rooting (of pig or sim.), (in quot.) hole made by rooting animal.

si porci verrant pratum alienum, dominus illorum tenetur omnes ~ones implere frumento (*Stat. Willelmi* 24) *RegiamM* II p. 12.

verrina [AN *verine*, cf. AN *veire, verre* < CL *vitrum*], pane of glass (*v. et. vitrinus* b).

1236 visores operis .. verinorum capelle *KR Mem* 14 m. 12d.; **1236** unam verinam rotundam ponendam

---

in rotunda fenestra regis juxta lectum regis *Cl* 270; **1238** quadam verina alba *Cal. Liberate* I 336; **1243** aulam .. cum fenestris et verinis ad modum aule Cantuariensis *RGasc* I 184b; **1244** unum altare .. super voltam in nova capella .. et ~is convenientes ad idem altare *Cl* 208; ipse lucis et honestatis amator clarificavit ecclesiam fenestras triginta et eo amplius verinis; antea .. erant fenestre virgis et stramine obstruse Swafham 107.

verrinum v. 1 verina.

verrinus [CL], (in gl.).

a swyne .. sus .. verres .. porcinus, .. suillinus, verrinus *CathA.*

verris v. 1 verres.

verritare [CL verrere+-itare], (in gl.).

verro .. inde .. ~o, -as i. frequenter trahere Osb. Glouc. *Deriv.* 617.

verritio [CL verrere+-tio], (act of) brushing (*v. et. verratio*).

1547 pro ~one vestimentorum lusorum et mimorum *REED Cambridge* 145.

verro v. 2 vero. **verrolium** v. verolium.

verronus [AN *vairon, veiron,* ME *varond, verroun*], (of horse) dappled, skewbald (*cf. varius* 1c). **b** (of dog) brindled.

c**1275** [si] .. vel caudam habeat albam vel corpori dissimilem nisi verrum fuerit *CallMisc* 505; **1290** garcioni abbatis .. ducenti ad regem unum pa[lefridum] veyronem de dono domini sui (*AcWardr*) *Chanc. Misc.* 4/5 f. 44; **1300** equus veyronus *AcWardr* 80; **1317** pro restauro unius equi sui veyron' *RGasc* IV 1767; **1340** pro restauro .. j equi verron' *TR Bk* 203 p. 256. **b 1242** vidit duos canes currentes ad unam damam tesatam ad mortem; unum nigrum, unum verrum *SelPlForest* 74.

verror v. verrator.

verruca [CL]

1 wart, boil, excrescence.

berruca, *wearte GlC* B 71; ~a, *wearte* Ælf. *Gl.*; si quis pulcherrimorum corporum nevos aut ~as derideat quem fera scabies depascitur [Sen. *Dial.* 7 (*Vita beata*) 27. 4] Bacon *Mor. Phil.* 162; anabulla .. cujus lac .. aufert verucas manibus frequenter intinctis *Alph.* 88; veruca proprie est caro dura inspissata per totum corpus nata, maxime tamen in pedibus et manibus Gad. 29. 2; condolomata dicuntur veruce et glandule precipue juxta anum *SB* 17; hec veruka, *a warte WW.*

2 (in gl.): **a** jagged rock formation. **b** (understood as) sort of vehicle (? cf. *carruca, verriculum*).

a ~e, inequales crepidines montium Osb. Glouc. *Deriv.* 627. **b** hec ~a .. dicitur quandoque pro quodam vehiculo Osb. Glouc. *Deriv.* 617.

verrucarius [CL], of or or pertaining to warts, (in quot. as sb. f.): **a** a kind of spurge (*Euphorbia*), wartwort. **b** heliotrope.

a ~ia, anabulla, titimallus idem, G. *veroyne, a wertewert Alph.* 190; idem faciunt [sc. verrucas auferunt] folia populi et raffanus, verucaria et scrofularia Gad. 29. 2. **b** eleutropia i. solsequia .. vel ~ia *Gl. Laud.* 526; verucaria, i. solsequium *SB* 43.

verrucosus [CL], (in gl.).

verricosus, tuberosus .. gibbosus Osb. Glouc. *Deriv.* 145; ~us, inequalis, tuberosus *Ib.* 626.

verrucula [CL], small wart or protuberance (in quot., her.).

verruculatum vel .. tuberculatum quod ~is aut tuberculis consitum Spelman *Asp.* 105.

verruculatio [cf. verruculatus], decoration with small protuberances, (in quot. her.) nebuly indentation.

stationariis accidunt variae laterum incisiones: fluctuatio, undulatio, dentatio .. ~o Spelman *Asp.* 104.

verruculatus [CL verrucula+-atus], (her.) decorated or fitted with small protuberances, (in quot. her.) nebuly.

~um vel tuberum et tuberculatum quod verruculis aut tuberculis consitum Spelman *Asp.* 105.

1 verrum v. verronus.

2 verrum, veirum [AN *verre, veire* < CL *vitrum*], pane of glass (*v. et. vitrum*).

1243 summitatem veirii de camera Rosamunde plumbo cooperiri .. faciatis *RGasc* I 255a; **1279** in ij veyris ad fenestram magne camere ij s. in ferro et opere ad easdem affirmandas ob. *Ac. Stratton* 222 (cf. ib. 102: ij veiris); **1306** portantibus ~um de Thame duabus vicibus, xij d. (*Subwarden's Roll*) *MS Merton Coll. Ox. MCR 3964E.*

verrura [verrum+-ura], pane of glass.

1240 duas .. veruras similiter facias in gabulo aule nostre *Liberate* 25 m. 23; **1352** capellam .. in parietibus, fenestris, ~is, hostiis .. ejusdem faciant suis sumptibus .. sustentari *Fabr. York* 170; **1355** pro iiij ponderibus vitri azuri colores [*sic*] empt' pro ~a fenestre dicte capelle *KR Ac* 471/6 m. 15; altare .. S. Benedicti verura vitrea, imaginibus et tabulis .. decoravit *Meaux* III 223.

verruratus [verrura+-atus], glazed.

1384 capellam .. cum ij fenestris in latere .. qualibet fenestra de duabus daiis et una fenestra in .. superiori parte vel capite cum iij daiis, dictis fenestris veruratis *Cl* 227 m. 29d.

verrus v. varius, 1 verres, verronus.

versabilis [CL versare+-bilis], capable of turning or changing direction.

scito .. omnem condicionem ~em esse et quicquid in quemlibet incurrit posse in te quoque incurrere Bacon *Mor. Phil.* 177.

versare [CL]

1 (trans.) to turn, rotate, revolve (also transf. or fig.); **b** (refl.). **c** to present by turning.

calicem vidit ~atum et sanguinem Christi super altare effusum Osb. *Mir. Dunst.* 19 p. 149; ad introitus .. ponuntur lapides in quibus appensa ~antur ostia Anselm *Misc.* 315; ita ~atur humanarum rerum alea .. non solito lenocinio Fortuna regem adulata in ipso conatu destituit W. Malm. *GR* II 107; cotidie mundi rota ~atur titubantis Ord. Vit. VII 5 p. 168; ~are, vertere Osb. Glouc. *Deriv.* 622; varias ~at fortuna vices Gir. *Galf.* I 8; verua .. ~ent Caius *Can.* f. 9b (v. versator 1). **b** tonitrua dicunt ex fragore nubium generari, cum et spiritus ventorum earum sinu concepti, sese ibidem ~ando pererrantes .. magno concrepant murmure Bede *NR* 219; qui, non aliter quam quibus difficilis sompnus est, ~ant se et hoc atque illo modo componunt, donec quietem lassitudine inveniant Bacon *Mor. Phil.* 165. **c** dorsum versant et non faciem Gildas *EB* 62; vultum suum .. ad custodem suum ~atum habebit atque eodem modo, vultu ad eundem ~ato, ad 'Gloriam Patri' inclinare tenetur *Cust. Westm.* 201.

2 to turn over and over or round and about, to keep turning this way and that (as in stirring, handling for inspection, exercise, *etc.*).

non .. justum quod aliqua laica uxor impura .. tractet .. sanctuarium, quod consecrati homines manu ~ari debent (*Ps.-Egb. Pen.*) *Conc.* I 134a; validi septuaginta viri / brachia versantes, multo et sudore madentes Wulf. *Swith. pref.* 146; ille, ignarus licet literarum, sepe manu ~are solebat et inspicere Turgot *Marg.* 6; cum senectus ingruit, corpus enervat, sensuum retundit acumina, et precedentes comprimit voluptates, sola hec [sc. logica] in ore volutur, ~atur in manibus, et aliis omnibus studiis preripit locum J. Sal. *Met.* 864B; **1211** in cervisia empta ad sucinium, iv s. in ij hominibus qui ~averunt carnem, ij d. *Pipe Wint.* 115; assa carnis suille .. ~are super craticulam Neckam *Ut.* 102; corpus exercitatiunculis ~are, *exercyse the body with labour* Whittington *Vulg.* 43.

3 to drive or toss this way and that or in all directions (also transf. or fig.), (pass. or as dep.) to be or go about, exist (in spec., esp. adverse or uncertain, conditions or state).

exinde tribus annis provincia in errore ~ata est Bede *HE* II 15 p. 116; non .. possumus cruciatus dignamque poenam jam nunc mente comprehendere quae reposita est his qui ~antur in terra infidelitatis, Judaeis scilicet et haereticis Alcuin *Exeg.* 712D; adhuc lates .. animam meam in luce .. et idcirco ~atur illa .. in tenebris et miseria sua ANSELM (*Prosl.* 17) I 113; timeo ne abundantiori tristitia absorbeatur, in qua cum nimio dolore cor ejus ~atur *Ib.* (*Ep.* 127) III 269; Fulco .. adhuc in rebus humanis ~atur W. MALM. *GR* III 235; **1159** pes, qui in ceno ~atur, nequaquam aspirat ad capitis dignitatem J. SAL. *Ep.* 81 (111); **1167** [ignis] semper in motu ~atur et inpatiens est quietis *Ib.* 228 (236 p. 438); multa, Philippe, mihi meditatio viscera versat; / hoc proponit. age. res vetat. hoc vel age L. DURH. *Dial.* III 1; elationis ventum et tu ipse, cum adhuc in seculo inter filios superbie ~areris, seminasti [cf. *Os.* viii 7] H. BOS. *Thom.* IV 13; s**1392** Londonienses .. veluti ~ati inter cudem et malleum WALS. *HA* II 208.

4 to turn, direct (one's mind or attention). **b** to direct the mind or attention of, (dep.) to ponder, consider.

s**1141** animum partes ~abat in omnes W. MALM. *HN* 487. **b** ~ari coepit ut ad sodalium suorum colloquium veniret FELIX *Guthl.* 26; convertentes adinvicem ~ari [v. l. scrutari; *gl.*: investigare] coeperunt quidnam esset hoc novum quod scrupulum multis excitavit *Ib.* 8; in hoc adhuc ~amur qualiter mors illa rationabilis et necessaria monstrari possit ANSELM (*CurD* I 10) II 66.

5 to turn over in the mind, ponder, consider, (also) to discuss. **b** to carry on, conduct (discussion, dispute, debate, or sim., *cf. et.* 6 *infra*). **c** (dep., of oral or written discussion) to relate (to), deal (with), be (about).

antiquus hostis prolis humanae .. novas artes novo pectore ~at FELIX *Guthl.* 29; ~at, volutat, *geþohte GlP* 520; quam quaestionem solent .. fideles multi in corde ~are ANSELM (*CurD* I 1) II 48; tenellus puer .. insignes ausus angusto corpusculo ~ans W. MALM. *GP* I 45; eas quas auditus induxerat in corde ~at imagines AILR. *Inst. Inclus.* 2; quod ardenter amatur, jugi meditatione in corde ~atur BALD. CANT. *Sacr. Alt.* 734C; hii .. bini et bini incedentes, invicemque audita ~antes (*Brendanus* 3) *VSH* II 271. **b** **786** dum inter vos litigium ~atur *Ep. Alcuin.* 3; **1072** recitatae eorundem de quibus quaestio ~abatur episcoporum .. electiones LANFR. *Ep.* 3 (4); nec adhuc controversia inter duos metropolitanos conquievit sed in magno etiam nunc ~atur litigio W. MALM. *GP* I 28; lis inextricabilis inter Cantuarienses et Eboracenses ~atur *Ib.* III 111; c**1185** controversia que ~abatur inter ecclesiam S. Werburge de Cestria et ecclesiam de Benedicto Loco *Cart. Chester* 305 p. 195; seditionem quam inter R. .. et W. .. obortam et ~atam .. comprobavimus *Feod. Durh.* lxii; **1213** negocium quod inter ecclesiam Anglicanam et ipsum regem ~atum est *Lit. Cant.* I 21. **c** in habentibus .. intelligibilem aetatem monstrandum est quod investigamus, quia de illis solis ~atur haec questio ANSELM (*Praesc.* III 2) II 264; tres reliqui [libri] in gestis trium regum ~abuntur W. MALM. *GR* I 1 *prol.*; dum .. sermo in terrenis tantum et inferioribus ~atur, merito mortalis perhibetur ALB. LOND. *DG* 9. 2; vir .. iste de quo nobis nunc sermo ~atur GIR. *Spec.* II 24 p. 71; qui .. audit historias ~antes circa Jordanem .. montem Oliveti .. Jerusalem et non habet imaginationem locorum istorum .. sensum literalem ignorabit BACON *Maj.* I 185.

6 to make or keep (esp. constantly) present, put into or keep in use, operation, or effect, (dep.) to take place, carry on, go on, operate, to be present. **b** (dep.) to conduct oneself or behave (in spec. manner). **c** (dep.) to be concerned, deal, relate, pertain, (also) to consist.

suspiria sanctorum propter te corporaliter ~antium GILDAS *EB* 32; ars rhetorica in tribus versatur generibus, id est demonstrativo, deliberativo, et judiciali ALCUIN *Rhet.* 5; ubique cedes, ubique ignes ~abantur W. MALM. *GR* III 230; dum pre oculis mortis nostre misera ~atur imago J. FORD *Serm.* 108. 9; quoad Deum supremum .. cujus ante oculos cuncta ~antur GIR. *Spec.* III 15. **b** inter curas quasi sine cura ~ari [v. l. ~are] te oportet H. BOS. *Thom.* IV 13; hosti non servanti fidem non est fides servanda, cum etiam ei non sit fides servanda qui contra fidem ~atur OCKHAM *Pol.* I 173. **c** ornatus altaris ~atur in velamentis, crucibus .. BELETH *RDO* 85. 89; modus communis est qui ~atur circa omnem longitudinem et brevitatem omnium sonorum GARL. *Mus. Mens. app. P* 92; tripliciter .. sunt res circa quas ~atur fides FISHACRE *Sent. Prol.* 98; intencio ~abatur circa restitucionem ecclesiarum clerimonie CANTLOW *Orig. Cantab.* 271.

7 (dep.) to busy or concern oneself (also transf.).

retracta ubi et quae sit virtus tuae salvationis, ~are in meditatione ejus, delectare in contemplatione ejus ANSELM (*Medit.* 3) III 84; hic Saulus id est temptatio hebraice dictus est, eo quod in temptatione .. ecclesie prius ~atus est ORD. VIT. II 3 p. 237; mollibus utentes, terrena sapiunt et in illis ~antur GIR. *TH* I 12; discere .. quasi semper victurus, vivere quasi cras moriturus. in istis precipue fervor illius .. ~abatur *V. Edm. Rich C* 597; **1507** cuidam lathomo ~anti circa defensorium summitatis caminorum *Cant. Coll. Ox.* 249.

versarius [CL versus+-arius], of or pertaining to a verse, (in quot. as sb.) collection of (Biblical) verses (used in liturgy).

hoc argumentum forsorii Oeðelwald episcopus decerpsit *Cerne* 174; ~ium tam Novi quam Veteris Testamenti DOMERH. *Glast.* 441; psalterium glosatum, .. unus ~ius *Catal. Durh.* 8.

versatibilis [CL versare+-bilis], versatile.

fuit illa Greca natio, illis argutiis ~is humani ingenii, semper prompta ad arguendum et redarguendum COLET *In 1 Cor.* 177.

versatilis [CL]

1 capable of turning or being turned (also transf. or fig.); **b** (w. ref. to *Gen.* iii 24). **c** (*pons ~is*) drawbridge or swingbridge.

~is, quod facile versatur OSB. GLOUC. *Deriv.* 622; molinorum ~es rote W. FITZST. *Thom. prol.* 6; omnes fortune adverse sprevit insultus et rote ~is volubilitatem .. calcavit GIR. *JS* IV p. 225; versatilis orbium girus abibit J. HOWD. *Cant.* 144. **b** rumphea ~i [*gl.*: mobili] et flammifera ALDH. *VirgP* 16; ut paradisi nobis limina panderet [Dominus] gladium illum qui obsistebat flammeum atque ~em sanguine et aqua quem de latere suo produceret extinguere dignatus est BEDE *Sam.* 657A; quis erat gladius ille ~is? AILR. *Serm.* 14. 12. 292. **c** portam cum ponte ~i *Cl* 141 m. 39.

2 changeable, variable.

sic fuit atque fiet secli versatilis ordo, / laetitiae numquam sit cui certa fides ALCUIN *Carm.* 9. 99; hec ~is fortune injuria tuis usibus militat J. SAL. *Ep.* 96; non est laus virginis in verbo mobili / .. neque versatili / confecta lingula .. / .. sed figitur in verbo stabili WALT. WIMB. *Carm.* 205.

3 versatile.

habebat .. gladium super femur quia discretione ~i omnes mundane occupationis premebat affectus *V. Birini* 3.

versator [CL]

1 one who turns; **b** (in gl.).

quod in officio culinario .. inserviant et rota minore gradiendo verua circumagant pondereque suo .. versent, .. quos hinc canes ~ores seu veruversatores nostrum vulgus nominat CAIUS *Can.* f. 9b. **b** tergiversator, dorsi ~or *GlC* T 51.

2 contriver.

non est quo doli ~or evadat, qui dum .. Mildrethae hamum intentat, se ipsum illaqueat GOSC. *Lib. Mild.* 14.

versibilitas [LL], ability to change.

homo in Deum transivit non ~ate naturae sed Dei dignatione ALCUIN *Dogm.* 44A; c**795** fides amicitiae corde constare debet, non linguae ~ate *Id. Ep.* 82; non .. fiebat [Christus] caro .. ~ate nature verum conjunctione. non enim divinitas versa est in humanitatem PULL. *Sent.* 784A; nec ex mutabilitate rerum nec ex temporis fuga aut ~ate potest aliquid absconditum esse ab oculis ejus J. SAL. *Pol.* 450B; **1169** longum erat referre .. quam varia sibique repugnantia responsa dederit [rex], qui ~ate merito videbatur ipsum Prothea superare *Id. Ep.* 285 (288) p. 646; **1169** rex modo ait, modo negat, et ~ate Prothea vincit BECKET *Ep.* 584.

versicolor [CL], of varied colours or hues, multicoloured.

versicolor fugiens caelum terramque relinquo ALDH. *Aen.* 3 (*Nubes*) 1; quamquam versicolor flavescat penna pavonis *Id. VirgV* 227; versicolor varie migrans per saecula lustro BONIF. *Aen.* (*Vana Gloria*) 333; versicolor cernor nunc, nunc mihi forma nitescit TATWINE *Aen.* 9 (*Crux Christi*) 1; monens ut .. non adduceret clericos vel monachos ~oribus et pompaticis vestibus indutos W. MALM. *GR* I 82; pallium .. ~oribus figuris pavonum .. intextum *Ib.* II 184.

versiculare [CL versiculus+-are]

1 to sing or say the versicle.

1442 volo quod hujusmodi capellanus .. intersit omnibus .. horis canonicis et missis .. cantando, legendo, psalmodisando, ~ando, orando, et deprecando *Reg. Cant.* II 616.

2 (in gl.).

to versifye, versificare, ~are *CathA*.

versicularius [CL versiculus+-arius], (liturg.) of or relating to the versicle: **a** (as sb. m.) one who sings or says the versicle. **b** (perh. w. ellips. of *liber*) book containing versicles.

a a ij juvenibus, sc. a ~io et contraversiculario .. incepta letania *Ord. Ebor.* I 13; breve responsum cantatur a ~io post lectionem lectam *Ib.* II 342. **b** sunt in ecclesia .. sex processionalia et novem ~ii et septem alii nigri *Vis. S. Paul.* 325.

versiculatio [versiculare+-tio], (liturg., act of) singing or saying the versicle.

1409 sacrista et .. magister scolarum .. habeant .. locum superiorem juxta canonicos .. nisi forte propter paucitatem sive plenitudinem vicariorum in choro aut propter honorem sanctorum eos in cantu ~onem oporteat intendere *Educ. Ch.* 392.

versiculus [CL]

1 (little) line of poetry, verse.

sequentes ~i [exametcr ac pentameter], etsi his sunt subjuncti, sibimet sunt tamen invicem conjuncti BEDE *AM* 111; habens in capite scriptos hujusmodi ~os: 'corpus ad eximii merito venerabile Petri, / dedicat ecclesie quem caput alta fides' *Hist. Abb. Jarrow* 37; c**732** istos .. subter scriptos ~os conponere nitebar secundum poetice traditionis disciplinam (LEOBGYDA) *Ep. Bonif.* 29; hoc in brevi ~o nobis declarat Horacius .. ita dicens, 'aut prodesse volunt aut delectare poete' R. BURY *Phil.* 13. 181.

2 verse of Biblical text (esp. of psalm).

positus in presepio .. propter illum ~um quod David .. Deus promiserat dicens, 'de fructu ventris tui ponam super sedem tuam' [*Psalm.* cxxxi 11] THEOD. *Laterc.* 14; **796** quae duo psalmista uno brevissimo ~o ostendit dicens, 'deverte a malo et fac bonum' [*Psalm.* xxxiii 15] ALCUIN *Ep.* 111; c**798** a procuratore vineae celebretur ~us iste per turres Aurelianas, 'comedite amici mei, bibite et inebriamini' [*Cant.* v 1] *Ib.* 192.

3 (liturg.) short verse (typically Biblical) sung or said antiphonally, versicle.

feria quinta .. antiphonae omnes et ~i absque finis melodia LANFR. *Const.* 105; psalmodiam tam infatigabiliter vidimus eum .. tenere ut vix unus ~us ab aliis in choro suo psalleretur ipso tacente ORD. VIT. III 9 p. 111; tota .. mente concipit ~um hore none, speciale sc. singularis illius festi gaudium, 'hodie scietis quia veniet Dominus' *V. Chris. Marky.* 80; psalmis, antiphonis, ~is, et responsoriis *Cust. Westm.* 143; fratres de monasterio .. dicentes, 'surgite, sancti, de mansionibus vestris ..'. finito .. ~o, osculati sunt mutuo (*Brendanus* 30) *VSH* I 116; **1398** prior et capitulum .. duos pauperes clericos .. competenter legere et ~um cursorium cantare scientes .. admittent *Lit. Cant.* III 68; c**1369** conventus sequatur cantando .. antiphonam cum versu 'dicant nunc' et ~o 'dicite in nationibus' *Drama* I 166; ympnus 'veni Creator' .. cum ~o et collecta *Reg. Whet.* II 30; **1516** pro emendacione unius libri ~orum pro choristis *Fabr. York* 97.

versidicus [LL], versifier.

ut ~us ait, 'digna fiat fante Glingio: gurgo fugax fambulo!' ALDH. *Ep.* 5 p. 493.

versificare [CL], **~ari**

1 (intr.) to compose verse.

799 qui .. Homerum .. ~antem conticescere facit ALCUIN *Ep.* 164; ex facio quoque neutro, ~or, ~aris, et gratificor, gratificaris, deponentia nascuntur *Id. Gram.* 878C; tunc fundo lacrimas, tunc versificor quasi Primas NECKAM *Poems* 453.

2 (trans.) to put into verse (in quot., p. ppl.).

bibliam ~atam BACON *Tert.* 54; **13. .** compotus ~atus et biblioteca ~ata et liber Thobie ~atus (*Catal. Librorum*) *Chr. Rams. app.* 360.

3 (liturg.) to say or sing by verses (*i. e.* antiphonally).

scola . . ~et totum psalmum cum ipsa antifona ante ostium [ecclesiae] EGB. *Pont.* 31; **1292** psalterium totum . . dicant et versilient [*sic*] pro ipsius anima *ChartR* 78 m. 2.

versificarius v. versificatorius.

versificatio [CL], versification, composition of verse.

hac tripertita discretionis normula omnis heroici exameti ~o vel caesurarum scansio principaliter constat ALDH. *Met.* 9; si praedicta conjugationum verba sine contextu partium orationis et absque metrorum ~one proferuntur *Id. PR* 113; districta, ubi verba cum pedibus terminantur, ut: haec tua sunt, bona sunt, quia tu bonus omnia condis, quam versificationis speciem rarissime invenies BEDE *AM* 116; **798** dulcem ~onis melodiam inter horribiles armorum strepitus . . ammonuit miscere, quatenus truces animorum motus aliqua musicae suavitatis melodia mulcerentur ALCUIN *Ep.* 149.

versificator [CL], composer of verse, versifier, poet.

moderni ~ores BEDE *AM* 92; si quis hec lectione dignabitur, ~oris in primis egregii leporem animadvertet W. MALM. *GP* II 88; recordatus sum illius egregii ~oris qui ait, 'justicia est ubi semper egens et semper honesta' J. GODARD *Ep.* 222; de cujus virtutibus quidam ~or solitus regum laudes et gesta describere, eleganter ait, 'Albertus juvenis fuerat rex, fortis ad arma' *V. II Off.* 23; **1258** faciat habere magistro Henrico de A., ~ori, unum dolium vini de dono regis *Cl* 347; **13. .** prose magistri Henrici ~oris *Chr. Rams. app.* 365.

versificatorius [CL versificare+-torius], of or pertaining to verse composition.

qui a vobis ~ie atque litteratorie artis primitias habuerat P. BLOIS *Ep.* 66. 198B; unam in arte ~ia parvulus erudirer *Ib.* 101. 314A; cum vestre mihi petitionis auctoritas precepisset ut ~ie vobis artis industriam explicarem (GERV. MELKLEY) GERV. CANT. *Chr.* I xxxviii n (cf. GERV. MELKLEY *AV* 1: versificarie).

versifice [LL versificus+-e], in verse.

c**1100** vita sancti Felicis ~e (*Catal. Librorum*) MS *Bodl.* 163 ff. 250–1; Guido Ambianorum presul, qui jam certamen Heraldi et Guillelmi ~e ediderat ORD. VIT. IV 4 p. 181; docebunt hi forte quod poeta ~e nihil dicet, nisi cognominet versum J. SAL. *Met.* 830A; **1501** biblus ~e *Cant. Coll. Ox.* 21.

versificus [LL]

1 who composes or produces verse (also transf. or fig.), (also as sb. m.) poet.

Simfosius poeta, ~i ac metricae artis peritia praeditus ALDH. *Met.* 6; plurima versifico cecinit . . carmina plectro ALCUIN *SS Ebor* 1311; versifico paulo plus pergere gressu / Euboricae mecum libeat tibi, quaeso, juventus *Ib.* 1407; laudibus ornet / versificus, poterit qui digne hec dicere doctus ÆTHELWULF *Abb.* 648; ~us exclamat . . W. MALM. *GR* II 133 (cf. *Chr. Rams.* 14: cujus laudem ~us quidam metrico commendans carmine . . ait, 'magnus Aethelstanus patriae decus, orbita recti . .'); jam versifico ponatur meta labori R. PARTES 232; s**1303** de quo [Papa] quidam ~us . . scripsit: 'ingreditur vulpes, regnat leo, sed canis exit' *Flor. Hist.* III 314; s**638** de quo, loco epitaphii, quidam ~us . . scripsit ELMH. *Cant.* 174.

2 composed in verse.

nam mihi versificum poterit Deus addere carmen ALDH. *Aen. prol.* p. 98; Oswaldo, ut liber ejus ~us testis est, erudito GOSC. *V. Iv.* 86C; ejusdem materie versibus heroicis fecit alterum, cui adjunxit tertium . . ~um de pugna octo principalium vitiorum W. MALM. *GP* V 196; habetur hodie . . in archivis nostris liber ejus [Oswoldi] ~us *Chr. Rams.* 160.

versiformis [LL], that changes its shape.

palpo par Protheo vel †usiformior [l. versiformior] WALT. WIMB. *Palpo* 89.

versilire v. versificare.

versilis [LL], (in gl.).

turneabylle, convertibilis, . . ~is *CathA*.

versiliter [LL versilis+-ter], (as adv. deriv. from *versilis*).

verto, -is . . inde . . hic et hec versilis et . . ~ter adverbium OSB. GLOUC. *Deriv.* 600.

versio [CL vertere+-tio]

1 (act of) turning. **b** whirling motion.

quando dicit quod 'columna vertitur ad sinistrum', non accipit ~onem pro transmutatione aliqua locali, ita quod mutet locum, sed pro esse sinistrum quod prius erat dextrum OCKHAM *Phys.* II 354; septenos fratres sanctos dormire videbam / . . sed ecce repente / a dextro latere vertunt latus usque sinistrum. / versio presagit dirum mortalibus omen *V. Ed. Conf. Metr.* I 402; sunt . . quedam excercitia milicie necessaria, ut cursitationes et ~ones dextrariorum UPTON 27. **b** sed quidem neque ~one quidem et grave et leve determinatum est, sed prius existentibus gravibus et levibus, hec quidem ad medium vadunt, hec autem supernatant propter motum (GROS. *De Caelo*) *Aristoteles Latinus* VIII/I 295a.

2 change.

creatio et ~o opponuntur, quia creatio incipit a non-esse sicut ~o terminatur in non-esse. item ~o respicit futurum sicut creatio respicit preteritum PECKHAM *Aetern.* 78; item omne quod a ~one incipit, in ~onem tendit secundum Damascenum. sed . . Deus sic creaturas administrat ut eas proprio motus [l. motu] agere sinat *Id. QA* 17; ~o non est de nihilo, quia nihil verti non potest MIDDLETON *Sent.* II 5a; large et improprie dicitur aliquid mutari quod habet esse post non esse vel e converso, et ista mutacio vocatur a Damasceno '~o' OCKHAM *Sent.* III 259.

3 version, translation.

notandum . . quod vulgata ~o pro parabolis, quae hebraice masloth vocantur, parhoemias, id est proverbia, dicit BEDE *Prov.* 937C; **1580** de Latina ~one quorundam statutorum *StatOx* 419.

versipellis [CL]

1 that changes its skin, shape, or appearance (in order to deceive, esp. of the devil), (also) deceitful.

profert mendacia diabolus, qui recte appellatur ~is quia mala quae facienda suggerit bona esse pronuntiat et gaudia promittit aeterna eis quos ad inferni tormenta praeparat BEDE *Sam.* 982D; num canem illum, ~em illum antiquum, foris vidisti, vel quis fuerit nosti? R. COLD. *Godr.* 230; demon in specie juvenis abuti consueverat quadam infelici muliercula in sua diocesi constituta. . . venit . . in nota effigie demon ~is AD. EYNS. *Hug.* V 8; jam prenoverat ille ~is quod faciles habet motus femina ex sui sexus fragilitate J. GODARD *Ep.* 227.

2 cunning (also w. ref. to deceit).

959 (12c) [Adam] larvarica . . seductus cavillatione versipellis suasibilisque tergiversatione viraginis [sc. Evae] pellectus *CS* 1046 p. 253; vultis esse ~es [*gl.: prættige*] aut milleformes in mendaciis, astuti in loquelis . . ? ÆLF. *Coll.* 101; ~is ille versute cogitabat quatinus . . provinciam . . dolo deciperet G. *Steph.* 51; gens varia, gens . . ~is et versuta; gens sola instabilitate stabilis, sola infidelitate fidelis GIR. *TH* III 21; ~is et versuta malitia *Id. Spec.* III 7; magister discipulum . . nequam et versutum et . . scelerosissimum vocitare solebat, tanquam . . provocans ~em ejus naturam et perversam recalcitrandi voluntatem *Id. SD* 84; vix . . inveniri posset vel parva scripture particula in qua non posset fabricare calumpniam astucia ~is et impia GROS. *Cess. Leg.* I 3 p. 15; ~is et dolosus ut vulpis BACON V 143; [natio Hibernica] animo seva . . versupellis moribus *Paston Let.* 610.

versista [CL versus+-ista], (in gl.).

a versifier, ~a, versificator, . . metrista *CathA*.

versitare [CL versare+-itare], (as vb. deriv. from *versare*).

verso, -as unde . . et ~o, -as verbum frequentativum OSB. GLOUC. *Deriv.* 600.

verso v. undiqueverso.

versor [CL vertere+-tor], (in gl.).

hic ~or, *a tornere WW*.

versorium [CL vertere+-torium], sconce that pivots.

1516 vj cussine, j ~ium ferreum (*Status elemos.*) *Ac. Durh.* 253 (cf. ib. 246: **1472** vj qwesshyns . . j candelabrum ferreum fixum in pariete).

versum v. undiqueversum. **versupellis** v. versipellis.

versura [CL], turning.

non propter ~am erecti fibri sed flexuram indirecti cornu vocatur strepsiceros CAIUS *Anim.* f. 7b.

1 versus [CL]

1 circular movement.

hinc . . volucres in summis malis venientes austros suis signantes ~ibus *Enc. Emmae* I 4.

2 cycle, sequence (also as run through in order).

primo decemnovenalis circuli ~u temporum ordo praefigitur BEDE *TR* 47; rune . . in iv ~us vel ordines dividuntur. primus ordo continet litteras viij etc. *Runica Manuscripta* 118.

3 line of verse. **b** set of verses, verse, poem.

a**705** octenis syllabis in uno quolibet vorsu compositis *Ep. Aldh.* 2 (7) p. 497; haec metro ac ~ibus constat esse composita BEDE *HE* IV 18 p. 247; caesurae ~uum sunt quattuor, id est pentimimeres, heptimimeres, titos trocheos, tetarte bucolicon BONIF. *Met.* 110; incipiat conservator ymnum Veni Creator et ad quemlibet ~um incensetur altare ab episcopis *Conc. Scot.* II 4; iste ~us subscripte sunt . . apud oralogium: 'Isaias ait Jesse virga verbum dabit esse atque vitam populo . .' *Reg. Whet.* II 298. **b** illa videns eum venientem ~um sequentem Scotica lingua dixit: 'Easpoc Ibhair dom chabhair' etc. (*Abbanus* 3) *VSH* I 4.

4 verse of the Bible, (also liturg.) short verse (typically Biblical) sung or said antiphonally, versicle.

per sex similitudines sex translationes composuit contra se invicem quomodo quisque unumquemque ~um diceret, ubi discreparent *Comm. Cant.* I 5; cum ~ibus cantici 'nunc dimittis' LANFR. *Const.* 96; priore eorum incipiente ~um 'Deus in adjutorium meum intende' ter dicant *Ib.* 159; Zacharias propheta ad commendandum suae prophetiae auctoritatem . . per singulos ~us repetit: 'haec dicit Dominus' ANSELM (*Ep.* 57) III 171; cum psalmista unius ad Dominum hunc ~um orando proponere: 'custodi me . .' [*Psalm.* cxl 9] GIR. *SD* 6; hec . . sunt que . . reddi et cantari cordetenus sufficere credimus in conventu; . . ~us omnium responsoriorum et processionum responsoria . . *Cust. Cant.* 38; in adventu ejus illi hunc ~um psalmi decantantes dixerunt, 'ecce quam bonum, et quam jocundum habitare fratres in unum' [*Psalm.* cxxxii 1] (*Brendanus* 50) *VSH* I 126; patet per glossam . . super illo ~u 'in sanguine testamenti eterni' [*Hebr.* xiii 20] *Ziz.* 18.

2 versus, ~um [CL]

1 (w. adv.) in direction (*v. et. quaquaversum, quoquoversum, undiqueversum*).

ab hoc Anglorum cronica sursum ~us usque ad Adam lineam generationis regum texunt W. MALM. *GR* II 115; tene [crucem] semper recta linea sursum ~us *V. Chris. Marky.* 41; adversarios ~us deorsum gladiis . . jugularunt G. *Hen.* V 13.

2 (w. acc.) towards, to. **b** bound or destined for, on the way to. **c** (w. ref. to communication) to, destined for.

Britannia insula in extremo ferme orbis limite circium occidentemque ~us GILDAS *EB* 3; aqua Trentae et fossa et via ~us Eboracum custodiuntur DB I 280ra; **1217** habet litteras de conductu . . in eundo ~us partes suas *Pat* 46; **1235** ascenderunt ~us unum solium et hostium solii fregerunt *CurR* XV 1438; **1411** predictum manerium de nobis tenetur in capite per servicium portandi . . quoddam vexillum album ~us Scociam in guerra *FineR* 216 m. 8. **b 1235** liberate . . domicelle Margarete Biset xl s. ad expensas suas ~us partes suas *Liberate* (*Exch.*) 1203 m. 1; **1283** R. messor in misericordia quia paciebatur averia pascere in B. ~us nundinas de F. *CourtR* 209/54 m. 2; **1303** lasta allecii ~us Tamisiam [dabit] x d. item ~us Franciam iiij d. *EEC* 161; **1328** Johanni de M., pro roba sua ~us Angliam, xxviij s. viij d. *ExchScot* 118; s**1189** multi alii Christiani ~us Terram Sanctam cruce signati sunt *Eul. Hist.* I 387; **1414** in elemosina data

Ysaac presbitero et alteri pauperi ~us curiam Romanam .. ij s. *Ac. Durh.* 139; **1469** deliberatum .. Reginaldo G. gardiano Oxon' pro expensis suis versus Romam pro indulgencia adquirenda, xl li. *Cant. Coll. Ox.* III 109. **c 1291** et interim partes sequantur ~us regem quod faciat *PlRCP* 91 m. 206*d*.; **1439** in ij brevibus originalibus ~us W. P. et J. G. ac R. S. *Ac. Durh.* 73; **1469** item solutum scriptori pro duabus cedulis continentibus supplicacionem prioris .. ~us sanctissimum papam, vij s. vj d. *Cant. Coll. Ox.* III 109.

3 facing, against, adjoining. **b** in the control of.

Hibernia .. sicut ~us aquilonem brevior est [sc. Britannia] ita ~us meridiem trans illius fines protenditur Diceto *Chr.* 10; **1236** feofati assiderent domos suas ~us villam *CurR* XV 1768; **1243** castrum .. situm ~us partes Marche *RGasc* I 213a; **1430** acre que jacent juxta pratum de Brumptofte ~us occidentem *Feod. Durh.* 26; **1444** parcella more .. jacente sive abuttante ~us orientem *Ac. Durh.* 144. **b 1321** rotuli vicecomitum demorarunt ~us justiciarios illo die *MGL* II 296; rotulus .. ~us eundem [sc. auditorem] remanebit *Reg. Rough* 213.

4 (w. ref. to feeling, intent, or sim.) toward, at.

1292 pro affectione quam habuit ~us eam tamquam sororem *PlRCP* 95 m. 146; populum Israel, qui dure cervicis populus fuit ~us Deum Ockham *Dial.* 849; **1412** regis .. ~us universitatem .. graviter accensa indignacio *StatOx* 210.

5 (w. ref. to act) towards, at, (esp. hostile) against. **b** (leg.) against, as against (opposing side in case).

1276 accessit ad .. ballivum .. et tantum fecit ~us ipsum quod idem ballivus permisit ei seisinam ejusdem manerii *EE Law Rep.* III 122; **1287** recognovit se .. concelasse bona Reginaldi .. ~us ballivum *Law Merch.* I 31; **1442** propter retraccionem gladii ~us Johannem *MunAcOx* 530. **b c1180** nunquam movebimus clamum vel calumpniam ~us predictos monachos *Couch. Kirkstall* 277; **1203** burgenses Ebor' debent xx m. pro habendo respectu de placitis que sunt ~us eos de pluribus querelis *Pipe* 214; **1217** si aliquis ~us eum loqui voluerit, stabit recto in curia nostra *Pat* 64; **1219** Ricardus .. petit ~us Reginaldum .. septem libratas terre *CurR* VIII p. x; dies datus est .. de audiendo judicio suo de dampnis que petunt ~us .. justiciarios *State Tri. Ed. I* 35; **1297** persequebatur appellum suum ~us eos usque ad quatuor comitatus *Eyre Kent* I 110; **1372** repertum est in curia quod W. A. recuperet ~us tenentes ville unam garbam sigittarum [*sic*] *Hal. Durh.* 113; **1516** manerium .. recuperavi ~us .. Willelmum .. per breve domini regis de ingressu super disseisinam *FormA* 414.

6 with respect to, towards.

1290 est in gravi forisfactura ~us dominum regem *State Tri. Ed. I* 41; **1297** ac dominus rex pejoris condicionis .. esse non debet, immo condicionis melioris ~us omnes de populo suo propter ejus prerogativam *PlRCP* 119 m. 148.

7 for the benefit, purpose, or use of, for.

juravit .. quod tenementum predictum non includet ~us se nec difforciabit *E. Ch. S. Paul.* 253; **1420** volo quod domina mea .. habeat x marcas ad orandum pro anima mea et ut prebeat bonum auxilium .. executoribus meis ~us magistrum meum Georgium *Reg. Cant.* II 185; **1583** quod habeant maeremium .. ad et ~us reparaciones domorum *Pat* 1234 m. 16.

8 in preparation for, against (need, time, event, or sim.).

1496 et sol. pro expensis R. J. .. pro signis, .. et anguillis ac salmonibus recent. ~us festa Natalis Domini et S. Cuthberti in Marcio, ix s. *Ac. Durh.* 653.

versute [CL], cunningly.

letiferas vero scrobibus versute latentes / decipulas sensit Vuinfridus presul, eisdem / perditus insidiis Frith. 654; antiquis baronibus .. ~e pepercit pro amore patris sui Ord. Vit. VIII 2 p. 279; tanquam Protheus alter, tam varie ~eque se transferre et transformare curavit Gir. *Galf.* II 19 p. 422; ~e multum filius ille jam declaravit titulum suum, dum se dixerit per medium matris, sed non ut heredem ejus, postulare regnum avi sui Fortescue *NLN* II 31.

versutia [CL], cunning, subtlety, craftiness. **b** cunning act or conduct, stratagem, ruse, trick.

cum heretici saporem mundanae philosophiae, cum suavitatem rhetoricae, cum ~am dialecticae artis instituunt Bede *Ezra* 843A; tenax ille temptator in famulum Dei nefandis ~ae suae fraudibus insanivit B. *V. Dunst.* 16; dolositas, ~a, fraudulentia Osb. Glouc. *Deriv.* 469; ~a, prudentia *Ib.* 623; vultus sui serenitate animique ~am mentitus specie tenus illum amantissime suscepit *V. II Off.* 7; nec .. prudentia est ista sed ~a, quia non virtus sed vicium deceptioni accommodum Gir. *Invect.* I 5 p. 104. **b** dolosas hereticorum ~as quibus fructiferas fidelium mentes corrumpere nituntur Bede *Ezra* 897A; **10..** ~as, †*gesweorpotnessa* [l. *gesweorpornessa*] *WW*; dux et acerrimus bellator ~as metuebat et excubitores .. disposuerat Ord. Vit. IX 6 p. 493; illa [gens] viribus nititur, hec ~is Gir. *EH* II 20; talis .. mulier profunda est fovea, tum propter ~as deceptionum, tum propter profunditatem fetoris T. Chobham *Commend. Virt.* 185.

versutus [CL], cunning (esp. w. ref. to use of deceit), crafty, wily.

reprehensibilis .. est homo impatiens, sed multo .. odiosior Deo est ~us, tametsi apud homines melior aestimetur; ille enim palam omnibus suam ostendit stultitiam, iste autem cum sit corde perversus saepe simplicitatem simulat Bede *Prov.* 982C; **9..** homo versutus, †*leti* [l. *lytig*] *mon WW*; ibi conquiesceret omnis ~a tergiversatio Lanfr. *Corp. & Sang.* 408B; ~us Hamo .. arma Britannica cepit et quasi Britannus contra suos pugnabat G. Mon. IV 13; cum deberem disponere sermones meos in judicio ad observantiam equitatis, sermo meus ~i viri prestigio subornatus erat in calumniam et subversionem justitie P. Blois *Serm.* 562D; hostis antiqui ~a malitia quos in .. humili .. statu positos pervertere non prevalet Gir. *TH* I 22; hi nempe qui fallere parati sunt .. nunc arguti dicuntur, nunc astuti, interdum vocantur et ~i, eo quod circa mala et illicita eorum versantur ingenia *Id. PI* I 11 p. 40; hic erat serpens ipse ~us ambicionis veneno educatus Fortescue *NLN* II 70.

vertagus [CL vertragus, *also* vertagus *as* v. l.], kind of hunting dog (*cf.* Mart. XIV 200), 'tumbler'.

[genus canum] quod dolo agit, ~um nostri dicunt, quod se dum predatur vertat et circumacto corpore impetu quodam .. feram .. intercipit Caius *Can.* f. 3b; postremus inter venaticos ~us est, quem *tumbler* vocitamus; quod *tumble* apud nos vertere est Latinis *Ib.* f. 11.

vertax v. vortex. **vertebellum** v. vertebra.

vertebra [CL], **~ebrum, ~ebellum, ~ibra, ~ibulum**

1 (anat.): **a** vertebra. **b** ball or round head of bone (turning in the socket of another bone), whirl-bone, (perh. spec.) head of the femur at the hip-joint. **c** (in gl.) knee-bone, perh. the patella. **d** (in gl.).

a cerebellum, a quo et medulla spine in ~ebras descendit D. Edw. *Anat.* C iv. **b** nonne corporibus mederi poteris, nisi scias quid ~ebrum, quid scia, quid ancha? Neckam *NR* II 174 p. 311; ~ebrum i. os rotundum anche, dictum a vertendo et vertitur in osse concavo *Alph.* 190 (=*SB* 43); in ancha sunt tria: sc. superior pars ossis coxe et vocatur ~ebrum a vertendo, in pixide et est in extremitate anche Gad. 35. 1; hec ~ebra, *the wherlbone WW*; *a qwhirlbone*, †intermedium [l. internodium], ~ebra, ~ibulum *CathA*; *a whorlebone*, internodium [v. l. giraculum], ~ibra *Ib.* **c** hoc ~ebrum, *a knebone WW.* **d 10..** [de membris hominum:] vertuba, *hweorfa WW*; **11..** ~ellum, *weoruelban WW Sup.* 470.

2 spindle, reel, (also transf.) whorl of a spindle.

7.. vertil, *huerb WW*; **10..** [de textrinalibus:] vertelum, *hweorfa WW*; **11..** ~ellum, *worfa WW Sup.* 220; instrumenta mulieris convenientia: .. theca et fusus, ~ebrum [*gl.*: *vertel*, illud quod pendet in fuso] et colus (Garl. *Dict.*) *Teaching Latin* I 201; ~ebrum, *a wherve, or a reele WW*; ~ebrum, *warbe WW*; ~ebrum, *a aworowylle WW*; *a qwherel of a spyndylle*, giraculum, neopellum, ~ebrum *CathA*; *a wharle*, giraculum, neopellum, ~ibulum *Ib.*; *a whorle*, ~icillum, splendilus Levins *Manip.* 171.

3 (in gl.) wheel.

hoc vertubrum, *a whelle*, hec rota, idem est *WW.*

4 (in gl.) (band of) hinge, (also) hinged fastening, hasp (*cf. et. vertigo* 3, *vertivella* 1).

1291 in stipendiis unius carpentarii componentis vertibilem pontem ad tascam, xiiij d., item in vertell' fac' ad dictum pontem, iiij d. *KR Ac* 479/15 m. 2; hec ~ibra, *a har of a dore WW*; *a bande of a dure*, ~ebra [MS: vectebra] *CathA* (cf. (*Medulla*) ib. n. 4: ~ebra, *a dorre barre*); *an haspe*, ~ibulum Levins *Manip.* 35; *a latche*, ~ibulum *Ib.* 38.

5 fire rake.

hec vertybra, *a cobrak WW*; *a frugon*, ~ibulum, pala, furca ferrea *CathA* (cf. ib. 144 n. 4: ~ulum, *a thresshold or a ffurgone*); **1517** item j ~ibulum cum tribula de ferro *Ac. Durh.* 293.

6 (in gl.) ? andiron, support placed on either side of hearth as support for burning wood or spit.

[nomina pertinencia ad pistrinum] hec ~ebra, *cobarde WW.*

7 (medical) forceps.

†dianicalabon [? l. iatricolabon], i. ~ellum [v. l. vertebellum], ut in Alexandro de †auro [v. l. aure] *Alph.* 50; †yatrolabro, i.~ibula, i. forceps medicinalis, yatron enim medicinale interpretatur, labros forceps *Ib.* 194; *a slice*, vertinella est forceps medici, spatula *CathA*; *a thyvelle*, spatula, vertimella *Ib.*

8 (in gl.).

vertebellum instrumentum est carpentariorum i. terebellum, et simili instrumento in quibusdam operibus utuntur cyrurgici *SB* 43.

vertebrum v. vertebra. **vertefles** v. vertivella. **vertegrecium, ~cum** v. viridis. **vertell'** v. vertebra. **vertellum, ~elum** v. vertebra.

vertenarium [? cf. CL vertere], form of toll or custom.

1505 dedimus .. terras .. cum piscariis, braciniis, consuetudinibus, ancoragiis, et ~iis *MonA* V 256.

vertenela, ~lla v. vertivella.

vertere [CL]

1 (trans., also refl. or pass. in intr. sense) to turn, revolve, rotate (also fig.). **b** (pr. ppl., intr., of period of time) coming round. **c** (*pons ~ens*) swingbridge.

mola est que dum multas curas congerit humanas mentes quasi per gyrum ~it Bede *Luke* 549B; stellae lumen a sole mutuantes cum mundo ~i .. dicuntur *Id. NR* 201; per cardinem .. hostium ~itur (Andr. S. Vict. *Amos*) *CC cont. med.* LXXXIIIG 156; cum se ter in girum ~isset ut ab omnibus undique videri posset Gir. *GE* II 17 p. 248; cardinales .. dicuntur a cardine, quia, sicut ostium ~itur circa cardinem, sic circa cardinales totum ~itur curiae consilium *Id. PI* I 19 p. 108. **b** annorum ~entium complectitur dies Bede *TR* 53; anni ~ente quoque die Eddi 3; redeunte anni ~entis termino R. Cold. *Osw.* 15. **c 1238** Waltero Pictori pro ponte ~enti extra portam subfullendo et plancando *KR Ac* 476/3; c**1250** pontem vero ~entem *de le dunjun* totum novum reparavit *AncC* 3/153.

2 to turn over or the other way up, invert (esp. soil by ploughing, hay or sim. for drying). **b** to overturn.

arva ~endo sulcos seminibus praeparare Bede *Sam.* 572B; jam bobus junctis vertit arator humum Nig. *SS* 1424; ad tritici trituram terras ~endo laborant Gir. *DK* I 8; debent falcare, spargere, ~ere, cumulare, et cariare .. et levare ibidem super tassum xxviij acras prati *Cust. Battle* 88; **1311** alio die pratum suum ~et et levabit *Cart. Boarstall* 545; **1365** ~et, colliget, et tassabit fenum domini *Pipe Cloyne* 30; c**1418** in una acra prati .. falcanda, ~enda, et levanda *Ac. Obed. Abingd.* 87. **b** ut si montes et omnem molem terrae pede ~ere vellent Hon. *Eluc.* 1171B.

3 to give a curved or rounded form to, bend.

labium ejus versum erat exterius sicut labium calicis ~itur Andr. S. Vict. *Reg.* 96.

4 (also dep., or pass. w. acc. of respect) to turn (thing) to face (towards or in spec., esp. new, direction), to present by turning; **b** (w. *terga*, *dorsum*, or sim., in flight; *v. et. tergiversari*); **c** (transf., of land). **d** (intr.) to face (*cf. et. vergere* 2). **e** (trans.) to face, have an aspect towards.

versis capitibus contra naturam deorsum ad terram .. pedes .. sursum prominebant *V. Cuthb.* I 3; o populi .. / en meus hic genitor, vultum huc vertite cuncti *Mir. Nin.* 175; hinc oculos vertens partem qua dextera monstrat ÆTHELWULF *Abb.* 732; prostratus super pavimentum, versus faciem ad terram *V. Chris. Marky.* 24; ~ens se ad archidiaconum Giraldum .. inquit .. GIR. *RG* I 20; omnis species titimalli ~it comas ad solem *Alph.* 185. **b** ad primum hostium adventum .. terga ~ens BEDE *HE* II 2 p. 84; si .. exercitus .. direxerit faciem contra undam .. si autem exercitus terga versus fuerit contra eam NEN. *HB* 214; dorsum ~ere velociter fugiens festinat AD. SCOT *QEC* 865B. **c** duas acras terre .. que ~unt fines suos super predictam terram *FormA* 136. **d** **11..** vj acras terre que tendunt contra Fardune, et ~unt super terram monachorum *FormA* 50; **12..** una acra ~it super eandem divisam *Reg. Malm.* II 257; columbina .. habet .. flores ad modum columbe ad stipitem ~entes *Alph.* 42. **e** **12..** tres acre .. quarum .. una acra ~it divisam campi .. et una acra vertit super eandem divisam et jacet proximo terre ecclesie *Reg. Malm.* II 257.

5 to turn or move this way and that or in all directions (also transf. or fig.), (pass., or dep. intr.) to be or go about, exist (in spec., esp. adverse or uncertain, conditions or state). **b** (*~i in dubium*) to be in doubt. **c** (pass., or dep. intr.) to revolve (critically around), to hinge or depend (on). **d** to be at issue, to be at stake.

videlicet huc illucque volatu dubio ~ebatur modo abire incipiens, modo ad arcam velut intraturus rediens BEDE *Gen.* 100D; **1166** ecclesie in deteriori calculo ~ebantur J. SAL. *Ep.* 145 (168 p. 10); permittit .. archam semper ~i et vergi sed non mergi GIR. *PI* I 17 p. 70. **b** ne opus caritatis quod apud vos in dubium ~itur .. in funem longissimum valeat dubitacionis extendi GIR. *Invect.* VI 26; **1414** ~eretur in dubium quid ad ipsum thesaurarium .. pertinere deberet *Cart. York* 31. **c** in hoc totius rei publice salus ~itur, ut .. J. SAL. *Pol.* 597A; in talibus .. Achademicorum probabilium disceptatio ~ebatur *Ib.* 650C. **d** tuum enim periculum ~itur! pugna est de anima tua, de salute tua BALD. CANT. *Serm.* 11. 16. 514C; quandoque jura aptantur ad ea que raro contingunt, et maxime ubi periculum spirituale .. ~itur OCKHAM *Dial.* 953 (*recte* 941).

6 to set the (new) course or direction of movement of (esp. w. ref. to diversion or complete reversal of direction), to direct (also absol. or intr.), (also pass., or dep. intr.) to set course, go (also transf. or fig.); **b** (refl.); **c** (into flight). **d** (esp. w. ref. to hostile action or sim.) to set the (new) target of (also transf.). **e** to address (words to audience or sim.).

quid ageret quove pedem ~eret nescius BEDE *HE* II 12 p. 108; chelydri / qui sacra perversus conamina vertere nitens / gaudet vel modica turbari nube fideles *Id. CuthbV* 317; leves in auras iter ~entes FELIX *Guthl.* 31 p. 104; cunctis mirantibus illum / vivere post mortem; mortis sed versus ab oris / vivere jam Christo sensu prediscit acuto ÆTHELWULF *Abb.* 385; s**891** alter [sc. frater] domi ~itur ÆTHELW. IV 3; assequantur pedites / .. / neque verti retro queant (*Vers. Wint.*) *Hist. Chess* 515; male vertit fatalis alea, / quod ad reges de patris / palea me transtulit P. BLOIS *Carm. CC* 1. 9. 2b; nunc ad majores .. stilum ~emus GIR. *GE* II 28 p. 293; **1276** ~ebat cursum aque *Hund. Highworth* 26; precedens .. in adventu suo cum luce multa candelarum, alias eas ~it ut incautus irrueret [sc. in foramen] MAP *NC* V 4 f. 62; adversarum impetus rerum viri fortis non ~it animum BACON *Mor. Phil.* 104; lora igitur ~imus per littus fluminis *G. Hen. V* 10. **b** a totius gyri ambitu .. ad hanc vastam .. se voraginem ~unt *Lib. Monstr.* I *pref.*; quocumque se ~ant, hanc [sc. securim] prevectant GIR. *TH* III 21; in vertice .. capilli in diversa se ~unt .. alii ad frontem descendunt, alii ad occiduam capitis partem BALD. CANT. *Serm.* XII 24. 483A. **c** victos Britannos in fugam ~it BEDE *HE* I 2 p. 14; **1255** malefactores tunc versi fuerunt in fugam *SelPlForest* 28. **d** ~atur .. manus tua contra me et contra domum patris mei GILDAS *EB* 50; ut calumniam in ipsum ~eremus auctorem BEDE *Cant.* 1069D; in socios arma ~ere incipiunt *Id. HE* I 15 p. 32; belli impetum ~i contra Hirusalem ANDR. S. VICT. *Reg.* 129; parati erant pro domino porrigere cervicem et periculum imminens in caput suum ~ere J. SAL. *Pol.* 757D; ubi adversarium fortuna subduxit, in se ipsa morsus suos vertit BACON *Mor. Phil.* 91; et ~atur quam citius in indomitas et cruentas facies paganorum *G. Hen. V* 25 p. 180. **e** ad vos, o fratres, vertam, mea cura, camenas ALCUIN *Carm.* 9. 137; ad domesticam ecclesiam nostram verba ~amus J. FORD *Serm.* 41. 6; ad vos verba ~amus GIR. *SD* 150.

7 (refl.) to turn for help or protection (to).

quid faciam? quo me ~am? AILR. *Spec. Car.* I 24. 543C; c**1180** inter angustias constitutus, nescio quo me ~am P. BLOIS *Ep.* 53. 169A.

8 to turn or apply (to purpose or use); **b** (refl. or intr.).

maxima Dei munera non ad fructum pietatis sed ad incrementum ~ere luxuriae BEDE *Gen.* 143B; hoc tantum sacramentum .. in artem magicam ~erunt GIR. *GE* I 49 p. 137. **b** ad equitatis discende studium totis viribus se ~ere nitebantur ASSER *Alf.* 106; omnis sexus et aetas ad lamentum profusius se ~ebat R. SHREWSB. 5. 32; in omnes se versucias ~ens omnesque sue malignitatis artes exercens GIR. *Invect.* I 7; si aliqui incipiant ~ere in questionem an Christus sit verus Deus OCKHAM *Dial.* 615.

9 to turn, direct (one's mind or attention). **b** to direct the mind or attention of.

animadvertet, id est animum ~et ANDR. S. VICT. *Sal.* 12. **b** nos possumus ~ere nos ad Dominum nostrum et cum magno gaudio dicere .. AILR. *Serm.* 1. 29. 215A.

10 to turn over in the mind, ponder, consider. **b** to carry on, conduct (discussion, dispute, debate, lawsuit, or sim.).

c**1473** premissa considerantes, ~entes etiam quam equum sit .. meritis tantis .. patris .. aliquo retributionis titulo .. coequare *Lit. Cant.* III 263. **b** hec cum ante virum venerabilem ipsius monasterii abbatem .. disputatio ~eretur AILR. *Ed. Conf.* 782A; c**1178** causam quae ~ebatur inter .. W. abbatem .. et G. presbiterum *Chr. Rams.* 309; **1197** nos a lite que ~ebatur inter nos et sanctimoniales .. recessisse (*Cart. Godstow* 14) *Ch. Westm.* 223; c**1219** controversias et causas que ~i debent inter nos et .. regem Scottorum coram vobis *Pat* 197; **1269** R. venit contra N. et fecit legem super querelam que ~atur inter eos *CBaron* 76; **1279** super questionibus et controversiis que inter Johannem .. et Amaneum .. ~ebantur *RGasc* II 77a; c**1442** in dicta pretensa causa, que pretenditur ~i coram vobis *FormOx* 468.

11 (of action, event, or sim., pass., or dep. intr.) to turn, lead, or progress (towards or to spec. end or conclusion).

compungi poenitentia solemus quando contra votum nostra opera ~i videmus BEDE *Hom.* I 12. 61A; si .. senseritis quod in aegritudinem vobis ~atur ANSELM (*Ep.* 446) V 393; nocturna caligo succedit, ~untur in fastidium omnia (AILR. *Serm.*) *CC cont. med.* IID 243; ~atur in periculum capitis mei quicquid agas, quicquid judices MAP *NC* IV 3 f. 44v.

12 to transfer (property or sim.), (also refl., of property) to pass, transfer.

non licet abbati neque episcopo terram aecclesiae ~ere ad aliam, quamvis ambae in potestate ejus sint THEOD. *Pen.* II 6. 6; totum manerium .. *lestan* tenuit de rege E. et post mortem ejus ~it se ad *alnod cilt* et modo est in calumpnia (*Kent*) *DB* I 6ra.

13 to make a change to, alter. **b** (w. *in*, esp. pass., or dep. intr.) to convert, turn, transform (into). **c** to digest, process (food). **d** to translate.

nunc juvat ymnidicam paulatim vertere musam. / nunc veneremur eos simplo modulamine sanctos WULF. *Brev.* 318; ~it nomen ejus Ioachim ANDR. S. VICT. *Reg.* 133; Godwinus hoc breve mutari jubet et .. regale ~it imperium MAP *NC* V 4 f. 62v. **b** vasa .. pedibus conculcata in terram ~erentur BEDE *HE* III 22 p. 172; necessitatem in consuetudinem ~erat *Ib.* IV 23 p. 263; Protheus .. in omnium rerum formas se ~ere potuisse describitur *Lib. Monstr.* I 35; omnia que tetigerat in aurum ~ebat *Ib.* I 38; in escis carnalibus quedam sunt que digeruntur utiliter, quedam ~untur in crudos humores J. SAL. *Pol.* 659C; totus in contrarium ~itur AILR. *Spec. Car.* II 26. 575A; nubilum in serenum ~at AD. SCOT *QEC* 820A; ex qua re magnus marescallus in indignationem versus .. exercitum .. congregavit M. PAR. *Maj.* III 33; ecclesie sue gaudium ~ebat in luctu *Flor. Hist.* II 149 *tit.*; c**1289** quinquaginta sadones terre .. debet extrahere, laborare, et in garegio ~ere *RGasc* II 472b. **c** alia [animalia] .. dum cibos alios ~ere ex defectu caloris nequeunt, ad dentes eos revocant ADEL. *QN* 7. **d** c**798** Malchus in latinam linguam ~itur rex vel regnaturus ALCUIN *Ep.* 136 p. 208; grammaticam artem ad anglicam linguam ~endo ÆLF. *Gram.* 1; tentabimus .. aliqua .. e greco in latinum ~ere FREE *Ep.* 54.

14 (dep., intr., of coinage) to change.

quando moneta ~ebantur, quisque monetarius dabat xx s. ad Lundoniam pro cuneis monetae accipiendis (*Worcs*) *DB* I 172ra; monetarii .. dabant regi xx s. unusquisque, et hoc fiebat moneta ~ente (*Salop*) *DB* I 252ra; TRE erant in civitate vij monetarij qui dabant vij libras regi et comiti extra firmam quando moneta ~ebatur (*Chesh*) *DB* I 262vb.

15 (*vice versa* or sim.) conversely.

676 ubi .. prior draco errorum .. serviebat, nunc versa vice ecclesiasticus ordo .. gaudiens tripudiet *CS* 43; letum leta dedit, dat male versa vicem L. DURH. *Dial.* I 108; **1166** jure optimo .. puniendum .. ut eo potissimum puniatur auctore quem .. Deo .. preferebat eique sit vice versa in penam quem habebat .. sue perversitatis auctorem J. SAL. *Ep.* 145 (168 p. 106).

vertevella, ~vellus, ~wella v. vertivella.

1 vertex [CL]

1 highest part or point, crown, top, summit (also transf.); **b** (fig.); **c** (in gl.).

beluae .. quae in suis ~icibus ossa serrata velut gladios gestant *Lib. Monstr.* II 12; cum tanto sudore ~ices montium subeamus BEDE *Hom.* II 21. 229A; debetis signare eos in ~ice cum oleo crismatis ÆLF. *Ep.* 3. 6; aperto ~ice gladiis occurrens GIR. *EH* I 20; nummus muris montes ambit / quorum vertex astra lambit WALT. WIMB. *Van.* 98; **1283** in j *drofbeam* imponendo in molendino in ~ice ejusdem cum ferro platando (*Ac. Monkton*) *DCCant.*; ponfolix .. in ~icibus tectorum invenitur *Alph.* 149; c**1507** lathomis versantibus circa facturam ~icis et dolii camini camere .. diruti impetu venti *Cant. Coll. Ox.* 249. **b** versa vertice josum scandens perlege susum OSW. *Vers.* 21; propius quoque agnoscitur de ~ice et claritudine generis GOSC. *Wulfh. prol.*; ave vertex honestatis, / ave monstrum sanctitatis WALT. WIMB. *Virgo* 19; beatum Petrum apostolorum ~icem, caput, atque principem dicunt BEKINSAU 753. **c** ~ex, *noll WW Sup.* 319; hec ~ex, *hatrelle* .. *natrelle WW*; ~ex, *top WW.*

2 extremity of the terrestrial or celestial sphere, pole.

monstra .. quae .. poli ~ice sub arduo .. ad hanc .. voraginem vertunt *Lib. Monstr.* I *pref.*; sub ipso septentrionali ~ice mundi jacet BEDE *HE* I 1 p. 10.

2 vertex v. vervex.

3 vertex v. vortex.

vertgrisium v. viridis.

verthingalum, *var. sp. of* farthingalum [Eng. *farthyngall* < Fr. *vertugalle* < Sp. *verdugado*], hooped petticoat, farthingale.

1591 verthingalorum concinnatori *KR Ac* 432/10.

vertibales v. vertivella.

vertibilis [LL]

1 capable of turning, rotating, or revolving, (in quot. *pons ~is*) swingbridge.

1291 in stipendiis unius carpentarii componentis ~em pontem ad tascam, xiiij d., item in vertell' fac' ad dictum pontem, iiij d. *KR Ac* 479/15 m. 2; **1322** et in ponte ~i manerii ibidem emendando cum vj bordis et c clavis emptis ad eundem *MinAc* 1145/21 m. 15*d.*; a**1389** de .. j par' potentgarnett' cum iiij bolt' et ij coler' nuper fact' pro quodam ponte ~i *KR Ac* 423/2 m. 4*d.*

2 (fig.) capable of turning, changing, or being turned or changed, changeable, inconstant.

c**1239** quorsumcumque vertantur ~ia, vestra sincera caritas .. manebit fixa GROS. *Ep.* 69; placet principibus palpo vertibilis / in dolo stabilis, in verbo mobilis WALT. WIMB. *Palpo* 27; rei pondus vertibilis universe / pater in prole bajulat ex se nata J. HOWD. *Cant.* 595; omnes .. creature ~es sunt, hoc est annihilari possibiles si sue nature relinquerentur MIDDLETON *Sent.* I 86b; pondus rei vertibilis / verbo virtutis bajulans PECKHAM *Poems* 3. 2; omnes creature dicuntur ~es et mutabiles, in quantum ex nihilo *Id. QA* 13; naturam humanam, que ~is est ad nichilum LUTTERELL *Occam*

4; numquid scriptorum ac promissorum veritas dependet ex voluntate pape ~i, ut sibi assistatur continue per aliquem caput ecclesie oleo retribucionis ac adulacionis continue lenientem? Wycl. *Civ. Dom.* I 388; **1437** in voluntatibus hominum de levi ~ibus *Stat. Linc.* II 370.

vertibilitas [LL], capacity for turning, changing, or being turned or changed, changeableness, inconstancy.

intelligencia angelica, cujus ~as arbitrii liberi in perpetuum mansuri est volubile sicut firmamentum Gros. *Hexaem.* I 3; non videtur ipsa flexibilitas vel ~as voluntatis ad utrumque esse de quiditate liberi arbitrii Gros. 222; immortalitas dicitur tribus modis: .. alio modo sumitur large, secundum quod excedit versionem, non ~em, non etiam accidentalem mutationem vel naturalem substantialem Peckham *QA* 24; cum certitudine predestinationis divine stat contingentia in effectu, sicut cum necesse esse creatoris stat ~as creature Netter *DAF* II f. 177rb C.

vertibra, vertibulum v. vertebra.

verticarius [CL vertex+-arius], (*uva ~ia*) kind of grape.

item sunt [uve] ~iarie vel vernacie sic dicte a magnitudine, sicut dactyli a longitudine Bart. Angl. XVII 181.

verticatio [CL vertex+-are+-tio]

1 (*~o capitis*) zenith.

si per computationem .. lune distantia a ~one capitis equatur, invenietur minor distantia lune a ~one capitis per considerationem instrumenti quam per computatione Bacon *MS* 124; cum ergo stella est in ~one capitis et in circulo majori, qui secundum veritatem est circulus ejus, tunc species radiosa non frangitur, quia perpendicularis non frangitur *Ib.* 126.

2 (vertical) direction, trajectory (in quot., of light, for Ar. *samt*).

colores filorum veniunt secundum suas lineas et ~ones proprias ad alia puncta quam species colorum partium postpositi corporis Bacon *Persp.* II 3. 2; species multiplicat se secundum vias rectas in eodem medio, nec recedit a ~one recta propter motum medii .. verum est speciem tenere semper eandem ~em in eodem medio *Ib.* II 3. 8.

verticetum v. urticetum.   **verticiarius** v. verticarius.   **verticillum** v. vertebra.

verticosus [CL], full of whirlpools.

c[h]arubdis, mare ~um [Sall. *Hist.* IV 28] *GlC* C 7.

verticudium [cf. CL vertex, cudere], sort of weapon, perh. cosh or poleaxe.

1440 in posteriori parte capitis sui cum uno ~o felonice percussit *Pat* 446 m. 13.

verticula [CL = *joint*], (tether) ring (*cf. vertivella* 2).

1325 in .. ij teris de pilo et ij ~is ferr' pro affris in pastura ligandis emptis xvij d. *LTR Ac* 15 r. 4.

verticulum v. 1 verriculum.   **vertiges** v. vegetus.

vertiginosus [CL vertigo+-osus]

1 full of whirlpools (*v. et. voraginosus*).

s**1406** nam illic dicitur esse mare ~um quod occultis gurgitibus naves sorbet Wals. *YN* 420 (=*Chr. S. Alb. (1406–20)* 9).

2 full of giddiness (also fig.).

non decet .. te adeo damnabiliter secularibus involvere, montemque Seir ~o spiritu circuire P. Blois *Ep.* 42. 123B; dolor circumvolutivus ~us Gad. 114v. 1.

vertigo [CL]

1 whirling or spinning movement, (also transf.) rotating or revolving movement.   **b** (in gl.).

671 de zodiaco, xij signorum circulo, quae ~ine caeli rotantur Aldh. *VirgV* 1464; totius creaturae tereti vertigine molam *Id. VirgV* 1464; totius creaturae quam volubilis et agilis polorum ~o et bina cingunt emisperia *Id. Met.* 2 p. 63; latex adhuc tam uberi .. rivo influit ut molendinorum ~ines impetu suo rotet W. Malm. *GR* IV 377; Strophades .. insule sic dicte

sunt quia aquas in ~em rotant Bern. *Comm. Aen.* 20; quosdam gladio interemit, quosdam ~ine rotarum confregit, quosdam flammis injecit Hon. *Spec. Eccl.* 1031A; motus sunt quatuor, pulsio, tractio, vectio, ~o Alf. Angl. *Cor* 11; ad rotam damnatus dicitur, quod rote ~o que superiora sunt statim dejicit Alb. Lond. *DG* 4. 6; temere cano .. / .. parvulis balbucientibus / qui turbi lusitant in vertiginibus Walt. Wimb. *Palpo* 180; ~o componitur ex tractione et pulsione, quia quando aliquid vertitur, ex una parte trahitur et ex alia parte pellitur Ockham *Phys.* II 619.   **b** ~o, G. *turnure* (Garl. *Unus*) *Teaching Latin* II 170.

2 spinning sensation, giddiness (also fig.).

ebriositas quando .. lingua balbuttit et oculi turbentur et ~o erit Egb. *Pen.* 11. 10; ~ine laboraveras et .. affixus lecto decubueras W. Cant. *Mir. Thom.* VI 120; spiritus elationis, spiritus cupiditatis et jactantie, spiritus ~inis et erroris P. Blois *Ep.* 140. 419B; ab illa furiali ~ine qua corda hominum dementata raptantur *Id. Ep. Sup.* 78. 5; accidit aliquando resolutio vaporum ad oculum quibus visus movetur in scotomia et ~ine Bacon *Persp.* II 1. 3; vertigo capitis viribus ejus eget Neckam *DS* VII 108; ~o est obvolutio visibilis speciei ante oculos *SB* 43; ~o est passio sensus communis que facit hominem credere omnia moveri in girum Gad. 132v. 1.

3 (in gl.) (band of) hinge (*cf. et. vertebra* 4, *vertivella* 1).

hec ~o, *ver[t]evele Gl. AN Glasg.* f. 20ra; hic ~o, *vertevele Gl. AN Ox.* 110; the door barre, cardo, ~o Levins *Manip.* 29.

vertil v. vertebra.

vertilis [CL vertere+-ilis; cf. LL vertibilis]

1 capable of turning, rotating, or revolving. **b** (fig.) capable of turning, changing, or being turned or changed, changeable, inconstant.

apium emeroydarum, ut quidam volunt, habet radicem rotundam sed compressam ad modum ~is et ex medio partis inferioris exit unica radix *SB* 11.   **b** est igitur ex natura sua ~is per adnihilationem, non autem mortalis per resolutionem, sed naturaliter immortalis Peckham *QA* 24.

2 (w. ref. to linear arrangement) winding.

angelus militem introduxit per gradus circulares et ~es J. Yonge *Vis. Purg. Pat.* 10.

vertimella v. vertebra.   **vertinella** v. vertebra, vertivella.   **vertinellus, ~nolla, ~sela** v. vertivella.

vertitio [CL vertere+-tio], (act of) turning.

1505 denar' molend[ini] alias *treth molen* videlicet pro non virticione aque ad molendina nostra *Pat* 597 m. 19; **1506** *treth melyn* vocat' opera molendini pro ~icione aque *Ib.* 599 m. 5.

vertitor [CL vertere+-tor; cf. versor], (in gl.).

~or, *a tornour WW*.

vertivella [AN *vertevele*, OF *vertevelle*; cf. CL vertere]

1 (band of) hinge (hanging and turning on iron peg or hook fixed to post; *cf. vertebra* 4, *vertigo* 3; *cf. et.* 1 *gumphus*).

1223 pro vertevell', gunfis, stapell' ad portam circa pomerium, vj d. *Pipe Wint.* 11M59/B1/11 m. 1; pro vertewell', gunfis, haspis, stapell' ad duo hostia bovarie *Ib.*; hec vertevella, -e, *vertevele Garl. Comm.* 131; **1263** portas .. gundas et vertenelas de ferro fregerunt cum hachiis *Rec. Norw.* I 204; **1264** gunos et vertefles *Building in Eng.* 296; **1298** vertiwell' *Ib.*; **1306** in bordis ad fenestras .. in gunfis et vertenellis, xiiij d. *Rec. Leic.* I 246; c**1308** in iij paribus vercinellarum cum gunnis *Crawley* 262; **1313** fabro operanti .. circa grop', virol', gujones, vertivell', ligamenta et alios diversos apparatus ferreos ad predictos springaldos *KR Ac* 469/13 f. 3; **1323** in gumfis et vertiselis [? l. vertifelis] *Ac. Wellingb.* 125; **1329** de .. duobus paribus vertevellorum pro duobus hostiis *KR Ac* 467/6 (1); **1329** in j gumpho et ~o *MinAc* 856/20 m. 2; **1334** in gumfis et vertinollis factis de ferro .. pro fenestris *Sacr. Ely* II 67; vertinellus, *a twyste WW*; hengyl, gemeuu, vertinella *PP*; **1452** vertibales et hengles *Building in Eng.* 296; hec victinella, A. *stapulle WW*.

2 (falc.) metal ring attached to end of hawk's jess connecting it with the leash, varvel.

1346 proclamari .. quod omnes illi qui falcones, austurcos, ~as, et gescias .. ceperunt .. eosdem falcones .. ad te deferant *Cl* 179 m. 24*d.*; **1347** [*falcons and hawks wearing hooks*] vertevellas *CalCl* 409.

vertivellus, vertiwella v. vertivella.   **vertuba, ~tybra, ~tubrum** v. vertebra.

veru [CL]

1 spit, pointed instrument for roasting meat. **b** spear-head, point. **c** (transf.) mark or symbol in the shape of a spit.

feribus, *snasum GlH* F 230; carnes ejus, aut elixas in lebetibus aut assas in ~ubus, essent comesuri Lanfr. *Corp. & Sang.* 422B; summarii eorum [militum] .. non hastis sed ~ubus onerantur P. Blois *Ep.* 94. 296A; in veribus vertit membra veruta foco Garl. *Tri. Eccl.* 111; 'totum sola comedisti, non restat nisi ~u' id est *spite* .. et verberavit eam egregie ipse ~u *spice Spec. Laic.* 35) c**1340** item ij olle nove enee et j minor et j ~u *Ac. Durh.* 203; ~u, *broche .. spytt* .. indeclinabile, *a spete WW*; cecidit super ~u ferreum acutum ex igne calidum *Canon. S. Osm.* 59; **1454** ij ~ua ferrea cum j parvo ~u pro anguillis assandis *Test. Ebor.* II 194.   **b 1219** per serganteriam faciendi ~ua ad hastas dignarii domini regis *Fees* 253.   **c** est enim obelus ~u vel sagitta R. Melun *Sent.* I 190; et virgulis, id est obelo in modum ~u formato designans que ex superfluo videbantur apposita S. Langton *Chron.* 65.

2 kind of comet (*cf. Matuta* 2).

stelle cum caudis sunt novem: ~u prima Gros. 37n; ~u est horribilis aspectu et vadit prope solem .. . signat .. ~u vero corruptionem fructuum vel minutionem et insuper mortalitatem regum et divitum Ps.-Gros. *Summa* 586.

veruca v. verruca.   **verucarius** v. verrucarius. **verucum** v. verutum.   **veruda** v. veredus. **verudare** v. verutare.

verugirus [CL veru+girus], (in gl.).

~u, *a turnebroche WW*.

veruka v. verruca.   **verulus** v. gerulfus.

verum [CL]

1 but. **b** (*non solum .. ~um etiam* or sim.) not only .. but also.

tabernaculum non triginta cubitos longum et denos cubitos altum et latum factum est .. ~um sesquiplicato hoc numero Bede *Gen.* 92B; necdum quidem adtonsus, ~um eis quae tonsura majores sunt virtutibus, humilitatis et oboedientiae, non mediocriter insignitus *Id. HE* V 19 p. 324; **798** questi sunt de injuria .. apud Cenulfum .. et apud Offam ... tandem Cenulfus rex sera ductus penitentia .. remisit. .. ~um rex Offa .. cenobium .. detinuit (*Clovesho*) *CS* 291; praedicatio est gratia .. auditus est gratia, et intellectus ex auditu gratia ... ~um .. praedicatio, auditus, intellectus nihil sunt nisi velit voluntas quod mens intelligit Anselm (*Praesc.* III 6) II 271; Ernaldus .. omnino cibum et potum in quo lethum inesse metuebat repudiavit. ~um Gislebertus .. doli nescius .. scifum accepit Ord. Vit. III 9 p. 106; quem vero mulierem seu pecuniam contemplari delectat, huc luxuria, illuc tractus avaricia, non ut utrumlibet habeat, ~um quia cernere juvat Pull. *CM* 202; **1166** sorti vestre congratulor, audito quod inter hostes ecclesie, auctore Domino, gratiam invenistis ... ~um quod plurimi facio, illud est, quod odistis ecclesiam malignantum J. Sal. *Ep.* 197 (158).   **b** non solum dilucidare sensus, verum sententias quoque stringere (*Lit.*) Bede *Apoc.* 134A; non solum fratrum cum quibus .. deservire gestio, verum etiam quibusque .. desidero prodesse Abbo *QG* 1 (3); opus quod fit secundum aliquam artem, non solum quando fit ~um et antequam fiat Anselm (*Mon.* 34) I 53; spe sua non tantum frustratus, ~um etiam .. confusus V. *Edm. Rich P* 1803 C; non solum cenobite .. verumetiam fideles .. Dominum sequebantur Uhtred *Inst.* xx.

2 (w. diminished adversative force, in breaking off subject and introducing new point, or sim.).

ad cujus videlicet sinus partem septentrionalem Scotti .. advenientes sibi locum patriae fecerunt. ~um eadem Britannia Romanis usque ad Gaium Julium Caesarem inaccessa atque incognita fuit Bede *HE* I 2 p. 13; filium nomine Rotbertum, qui nunc Henrico .. militat, procreavit. ~um post multas mirandasque probitates .. castrum Sancti Serenici .. tenuit Ord. Vit. III 2 p. 28; c**1164** itaque animo consolatus ..

gratias ago ei qui solus potens est et .. regnum voluit illustrare. ~um quia nunc a partibus nostris receditis, precor attentius ut .. J. SAL. *Ep.* 162 (137).

3 (in gl.).

~um similiter adverbium quod aliquando dicitur pro certe OSB. GLOUC. *Deriv.* 722.

verumdictum v. veredictum.   **verumetiam** v. verum.

verumlibet [CL verum+libet], certainly, indeed.

c**1300** grata affeccionis responsio .. promeretur ut .. opem et operam impendamus. ~umlibet oblacio vestra nobis grata extat. non tamen ad preterita tantummodo sed ad ea que in futuro vobis fieri poterunt beneficia .. oculum revertentes .. *Chr. Rams.* 390.

verumptamen v. verumtamen.

verumtamen [CL]

1 but even so, nevertheless, however.

non tanta erat ei .. regni potestas .. ~en ipse .. divinis se studuit mancipare praeceptis BEDE *HE* II 6 p. 93; ~en, ut de indefinitis .. levissima eruamus, ne omnino in his .. incompetentis silentii arguamur ALB. LOND. *DG* 6. 8; nec adhuc opus est, omnia bene se habent. .. veruntamen.. munio te, ut .. M. PAR. *Maj.* III 414; et ideo .. plures regulas .. nullus erit finis. ~en, kare mi, id modicum volumen cerne HAUDLO 178; in dormitorio .. die noctuque summum silencium jugiter esse debet; .. verumptamen, audito tabule sonitu .. debent fratres celeriter excitari si tunc fuerint in dormitorio sompnolenti *Cust. Cant.* I 186; tollendusne est an introferrendus tu videris, prudencia; verumptamen interroga quid velit CHAUNDLER *Apol.* f. 32.

2 but in fact.

ut in occupationibus terrarum non tyrannica invasione, ~en certa mensura uterentur ADEL. *ED* 28.

†**veruncus**, *f. l.*

set mecum maneas ut quos tibi surripiebat / vis †verunca [? l. virosa] dies iterum reparare labores / obsequio Domini *V. Merl.* 1449.

veruntamen v. verumtamen.

†**veruosius**, *f. l.*

quis enim invenire poterat argutius, quis colligere †veruosius [? l. nervosius, verbosius], quis explicare venustius? ROBYNS *Com.* 54.

verura v. verrura.   **veruratus** v. verruratus.

1 verus v. veredictum.

2 verus [CL]

1 real, genuine, authentic.   **b** (of tradition, doctrine, or sim.) not perverted, pure, genuine. **c** sincere, not feigned or simulated.

probandi si sint ~a an instructa mendacio nullus patet accessus ea quae fama .. dispergebat *Lib. Monstr. prol.*; c**1077** litteras .. in quibus, si ~e fuerint, sumopere me rogastis quatinus .. LANFR. *Ep.* 17 (41); cognoscere denarios ~os a falsis .. ad monetarios .. pertinere dinoscitur OCKHAM *Dial.* 404; **1501** R. G. et T. C. meos ~os et legitimos attornatos *Cl* 362 m. 1 *d.* **b** quod ~a lex historiae est, simpliciter ea quae collegimus .. litteris mandare studuimus BEDE *HE* pref. p. 8; inquirendum .. quae esset ~ior traditio et hanc .. sequendam *Ib.* III 25 p. 183; ~am et catholicam fidem confessus est *Ib.* V 19 p. 327. **c 1345** non est contricio nisi pretereat restitucio aut saltem ~a voluntas restituendi RIC. ARMAGH *Serm.* 40; ~is ac infucatis gaudiis exultavit *Ps.*-ELMH. *Hen. V* 89.

2 real, actual, that has existence in reality. **b** (*re* ~*a*) in reality (*v. et. revera*, 1 *res* 4*b*).

aries iste qui pro Isaac immolatus est .. non putativus sed ~us esse credendus est ALCUIN *Exeg.* 545C; c**1240** non ~a sed momentanea et fantastica quietatio GROS. *Ep.* 93; nec extenuatio radii supradicta ~a est, sed tantum imaginativa *Ps.*-GROS. *Summa* 508; sicut cum attribuitur hic nomen homo homini ~o et homini picto SICCAV. *PN* 76; quicquid contingeretur in aurum flavesceret; non quod ita pro ~o esset, sed ut ita videretur, quousque aqua dilueretur *Eul. Hist.* I 397. **b** quasi pro patria pugnatura, re autem vera hanc expugnatura suscepit BEDE *HE* I 15 p. 31.

3 that is actually and throuhly what is expressed by the term used, true. **b** properly so called, true. **c** (of prophet or sim.) genuine.

796 resurrexit ~a carnis resurrectione *CS* 276; pura fides, pax, verus amor tunc emicuere GREG. ELI. *Æthelwold* 1. 6; ille est ~issimus modus tactus, quia tactus nomine suo inportat mutuam habitudinem duorum se tangentium T. SUTTON *Gen. & Corrupt.* 56; **1310** frater B. [de ordine Templi] dogmatizabat eum quod Jesus Christus non erat ~us Deus et ~us homo *Conc.* II 383b. **b** sicut enim ~i galline pulli eam e vestigio subsequuntur et propius accedunt, sic falsi et adulterini .. procul ad paludes semper abcedunt GIR. *SD* 34. **c** verum si ~us est vates, 'non habet eventus sordida preda bonos' [Ovid. *Am.* I 10.48] GIR. *SD* 86; ~us propheta .. est de medio fidelium tantummodo suscitandus OCKHAM *Dial.* 574 *bis* (ed. *Auct. Brit.*).

4 (of person) honest, truthful, sincere.

799 fidelis in promissis, ~us in perficiendo promissa ALCUIN *Ep.* 177; utinam .. fuerint .. tam ~i quam severi, .. tam existentes quam apparentes GIR. *TH* III 27.

5 consistent with the facts or reality, true.

796 et festinant ~a esse quae sepius audisti a nostro praedici magistro ALCUIN *Ep.* 116; [argumenta probabilia] alia ~a in opinione, alia in similitudine *Id. Rhet.* 29; ~us namque rumor insperato venit, Anglicam terram rege Edwardo orbatam esse W. POIT. II 1; si haec priorum relatu ~a non crederent F. MALM. *V. Aldh.* 65A; est hoc quidem ~um, non tamen id inde arbitrari ~um. item quod non est ~um vel falsum est ~um vel falsum BALSH. *AD* 29; opinio eciam retractans non videtur ~a esse DUNS *Ord.* III 274; s**1382** crediderunt ~a fuisse que a pseudodoctoribus audiebant KNIGHTON II 181; **1415** et sic ~o Dei judicio ibi probati sunt hospites ubi se incolas reputabant *G. Hen. V* 8.

6 (as sb. n.) the truth. **b** (*ad* ~*um* or *per* ~*um*) truly. **c** (*manum in* ~*um mittere*) to put one's hand into another's as indication of good faith (*cf. mittere* 8*d*). **d** (~*o similis*) apparently consistent with fact, having the appearance of truth, plausible, (also) probable (*v. et. verisimilis*, 2 *similis* 2*b*).

~um .. dicis BEDE *HE* IV 23 p. 265; quod quam frivolum constet omnibus ~a sapientibus liquet ABBO *QG* 10 (23); anima aliquando sine aliquo impedimento .. ~um considerat, licet non absque omni fuscatione BERN. *Comm. Aen.* 128; **1220** trescentas marcas .. quas dicebat .. advinculum nostrum ab eo .. accepisse, nos autem, non credentes ipsum per omnia dicere ~um *Pat* 260; qui falsum pingunt sub fraudeque vera refingunt GOWER *Carm.* p. 363. 4. **b** si quis prepositus hoc non fecerit .. det regi centum viginti solidos, si per ~um recitetur super eum (*Quad.*) *GAS* 172; ut ad ~um dicam, nullus ex parte regis .. evasit quin fuerit captus GERV. CANT. *GR cont.* 237. **c** si advocatus .. dicat quod nunquam hoc ei vendidit .. tunc licebit advocanti ipsam manum in ~um mittere [AS: *tymð*] quod nullum aliud vendidit ei quam id ipsum (*Quad.*) *GAS* 123. **d** ~o simile est non statim esse verum et quod falsum videtur non semper falsum esse J. SAL. *Pol.* 663A.

7 (acc. as adv.) truly (*cf. verum*).

cum essent in carcere et jam mortis articulum immineret ~umque penitentes ecclesiastica peterent sacramenta, non poterant assequi votum suum *Flor. Hist.* III 164.

verutare [CL verutus+-are], (in gl.).

to broche, ~udare *CathA*; to spytte flesche, ~utare *Ib.*

verutes v. verutum.

verutum [CL], a spit, broach.   **b** (in gl.).

a 11.. hoc ~um, i. broche *WW Sup.* 105; **1451** lego .. filio meo .. unum ~um optimum *MunAcOx* 622; c**1459** item viij ~a quadrata, it. iiij parva ~a pro anguillis *Ac. Durh.* 89; **1473** unum ~um tripodem vocatum le *bronde yron HMC Rep.* I 44; **1480** item vertenti †veruca [l. veruta] et aliis servientibus .. pro uno juvene vertente ~um *Ac. Chamb. Cant.* 135; **1521** iiij ~es, ex quibus unum est longum ac latum, alia duo rotunda, et quartum est rotundum et parvum pro avibus assandis *Cant. Coll. Ox.* 64. **b** hoc assum et hoc ~um, *haste Gl. AN Glasg.* f. 20vc.

verutus [CL = *pointed like a spit or armed with a spear*], skewered on a spit. **b** (in gl. as sb. n.).

in veribus vertit membra veruta foco GARL. *Tri. Eccl.* 111; ad ignem / vertisset nudi membra veruta viri *Ib.* 116. **b** ~um, *a spit with mete WW*; *a spette of flesche,* ~um, versus: est sine carne veru, sed dic cum carne verutum *CathA*.

veruversator [CL veru+versator], one who turns a spit, turnspit.

quod in officio culinario .. inserviant et rota minore gradiendo verua circumagant pondereque suo equabiliter versent .. quos hinc canes versatores seu ~ores nostrum vulgus nominat CAIUS *Can.* f. 9b.

veruvertor [CL veru+vertere+-tor], (in gl.) one who turns a spit, turnspit.

hic ~or, *a speteturnere WW*.

vervecinus [LL], of or pertaining to a wether, (in quot. *caro* ~*a*) mutton.

c**1130** quicunque carnes vendere voluerit, vendat bovinas .. porcinas et ~as (*Leg. Burg.*) *RegiamM* II f. 141v; cum sarreto vel serpillo cocta recens sit / vervecina caro D. BEC. 2634; agnine vervecine carnes et ovine / ventrem procurant *Ib.* 2730; carnem porcinam vel †vernecinam *Reg. Pri. Worc.* 107a; *muton'* .. carnes vervicine [v. l. vervine] *CathA*.

verveculus [CL vervex+-ulus], (small) wether.

ubi quotidie oves tot, tot boves .. tot vituli, tot ~i mactabantur H. BOS. *Thom.* III 13 p. 214.

vervellum v. vernellum.   **vervena, ~ene, ~eta** v. verbena.

vervex [CL]

1 (castrated) male sheep, wether, ram (*cf. berbex*).

verbex [v. l. ~ex] id est ovis, ab v littera incipiendum BEDE *Orth.* 56; verber, verbicis *GlC* V 104; si cornutus veniat ad fercula vervex ALCUIN *Carm.* 8. 22; aries et ~ex et agnus ÆLF. BATA 6 p. 81; Ceres .. ingenia vestrarum acuit ut Franciam nostram ~ecum patriam credas et Francos esse ~eces J. SAL. *Ep.* 283 (270); non tamen Ysaac sed †vertex [l. ~ex] ceditur WALT. WIMB. *Carm.* 636; de iiij ~icibus receptis .. et de hurtadis *FormMan* 41; **1307** unius †vernetis [l. vervecis] *CourtR Wakefield* II 129; ~ex, *wether WW*.

2 battering ram.

edificat moles, vervecis cornua ferro / fabricat, et talpas, urbis ad excidium G. AMIENS *Hast.* 673.

vervica [CL vervex+-a], (in gl.) ewe (*cf. berbica*).

hec verbica, *a hew WW*.

vervicinus v. vervecinus.   **vervina** v. verbena.

†**vesagium**, *f. l.*

955 (14c) apostolicis imbuti †vesagiis [? l. presagiis] quos quondam .. mererentur [? l. mereremur] trudire [? l. audire] munia vocis precelsa conditoris reminiscimur *CS* 910.

vesania [CL], madness, frenzy (also fig.); **b** (w. ref. to rabies). **c** frenzied rage, fury.

crebra mentis vaesania et spiritus inmundi invasione prebebatur BEDE *HE* II 5 p. 91; quare .. vaticinia dicebantur? quod vi quadam et quasi ~a scribendo commoverentur BONIF. *Met.* 112; qua ~a in conspectu solis et oculorum omnium a veritatis luce obtenebrescitis? GOSC. *Lib. Mild.* 10; ad tantam .. quidam pervenere ~am ut ex diversis stellarum positionibus dicant imaginem ab homine posse formari J. SAL. *Pol.* 442D; Petrus virtute celica / .. / pulsa tanta vesania / facta docet prophetica LEDREDE *Carm.* 46. 27; patres .. ad Arianam ~am extirpandam .. Constantini .. fervor ex omnibus Christiani orbis plagiis coegit BEKINSAU 747. **b** quidam juvenculus rabidis molosi rictibus in ~am versus ALDH. *VirgP* 37; una .. ex vaccis .. vesania capta .. efferata est EADMER *Mir. Dunst.* 24 (cf. *Mem. Dunst.* 145n: vacca arrepta rabie .. insanivit). **c** debellat humilitas, nec Romanorum potentia praevaluit nec cesariana ~a *V. Birini* 7; in constellatione Martis, iracundie vicium et ~e et temeritatis BERN. *Comm. Aen.* 5; **13..** nequam gens Judaica / quam dira frendet vesania / .. / o ira nefanda! *Med. Stage* II 315.

vesanire [CL], to be in a frenzy or made, rage (also fig.).

petamus eum, non ut illi ~iendo, quo usque animam nostram tollis? Bede *Hom.* II 24. 909B; sub velamine pietatis .. ~it .. ceca ambitio, insignis avaritia, impurus et impudens questus J. Sal. *Ep.* 94; adhuc .. ~ientibus eis et nequaquam divina longanimitate correptis *Id. Pol.* 802D.

1 vesanus v. phasianus.

2 vesanus [CL], frenzied, mad. **b** associated with, or charactererized or caused by frenzy or madness, furious, insane, outrageous (also transf.).

vestitum resumere est virtutum studia quae ~i perdiderant jam sana mente recipere Bede *Mark* 178C; fundite vesanos faciunt quos idola vanos *V. Neot. A* 16; triginta argenteos circulos in templo Domini suspensos ~i acceperunt Judei *Judas Story* 69; o Philisthea! o ebria! o potionata! o ~a! Ailr. *Serm.* 21. 446C; David .. / quem Achis furere vesanus [? l. vesanum] censuit Walt. Wimb. *Carm.* 226; expellendum populum .. vexanum *Pol. Songs* 57; *wode*, arepticius .. lunaticus, rapidus, vesanus *CathA.* **b** crinem .. quo caerulei angues per ~am discordiam scatebant *Lib. Monstr.* I 45; propter vaesanam Brettonici regis tyrannidem Bede *HE* III 2 p. 128; Menephron ~a correptus .. libidine .. more ferarum accubiturus erat cum matre *Natura Deorum* 100; mulier virilem, immo vilem et ~um, assumens animum Gir. *GE* II 11 p. 224; miror .. quod homo intellegens ex tam parva causa voluit incidere in tam ~am sententiam Harclay *Adv.* 70.

vesca v. 1 vicia. **vescada** v. bascauda. **vescellum** v. vessellum.

vescentia [CL vescens *pr. ppl. of* vesci+-ia], (act of) eating.

si autem sine tali ~a homo biberit de corpore et sanguine Christi fructuosam memoriam (Wycl. *Conf.*) *Speculum* VIII 509.

veschia v. 1 vicia.

vesci [CL], **~ere** [LL]

1 (in gl.) to use.

fungere, uti, frui, ~i Osb. Glouc. *Deriv.* 244.

2 to eat, take food, feed (also fig.): **a** (w. abl.); **b** (w. *de*); **c** (w. acc.); **d** (absol.).

a cyclopes .. humano sanguine ~ebantur *Lib. Monstr.* I 11; flatibus alternis vescor cum fratre gemello Aldh. *Aen.* 11 (*Poalum*) 1; appulsus .. ab uberibus solidiore pane ~itur R. Niger *Mil.* IV 47; s1239 mulieres puerorum suorum carnibus ~entur *Ann. Exon.* f. 12v; non enim ~untur [ME: *etyn*] pane *Itin. Mand.* 44. **b** quem cum .. medicus .. de pisce quem morium dicunt ~i permisisset W. Cant. *Mir. Thom.* II 31 p. 185; de fructu ligni de quo homo edere prohibitus est ~ebatur Fortescue *NLN* II 25. **c** fames ipsa sibi cocus, / ne gula suavesceret; / odiosus fuit jocus, qui boni quid vesceret *Offic. R. Rolle* xxiii. **d** cur piscatori .. partem [piscis] ad ~endum non dedisti? *V. Cuthb.* II 5; in conviviis tuis pauperes ~antur et Christus in illis Alcuin *Moral.* 626B; permissus lambere .. cum ~entium abjectas uti catellus esuriens miculas B. *Ep.* 386; immo / vescere, sicque sciens potes esse bonique malique Vinsauf *PN* 1477; in exteriori apparencia, in vesciendo, in ~endo, in conversando, seipsum suis fratribus canonicis adequavit *Chr. Kirkstall* 123.

vescia v. 1 vicia.

vescibilis [CL vesci+-bilis], comestible (in quot. as sb. n. pl.).

ut quando in ~ibus et ornamentis et domibus sumptuosis terunt irreligiose magnam pauperum Christi substanciam Wycl. *Apost.* 32; quomodo .. diceretur possessor ~ium qui quotquot ~ium habens facultatem liberam, ex parcitate avara fingit se mori famelicum *Id. Blasph.* 191; unde non sequitur irracionabilia ex usu ~ium habere dominium super illa *Id. Dom. Div.* 4.

vescis v. 1 vicia.

vescosus [vesca+-osus], (of wheat) mixed with vetch.

1360 frumentum vescosum (*Lease, Farley*) *Hist. Agric.* I 25.

vesculentia [vesculentus+-ia; cf. LL esculentia], delicate or luxurious food, delicacy.

attendat locuples in esculenciis / morari solitus et vesculentiis Walt. Wimb. *Sim.* 95.

vesculentus [CL vesculus+-entus; cf. LL esculentus], (in gl.).

~us, -a, -um, i. deliciis plenus vel aptus ad vescendum Osb. Glouc. *Deriv.* 620.

vesculus [CL]

1 (in gl.).

~us dicitur homo gracilis et deliciosus Osb. Glouc. *Deriv.* 620.

2 (as sb. n.) delicate or luxurious food, delicacy.

attendat locuples qui vacat epulis / qui ventris vasculum extendit vesculis Walt. Wimb. *Sim.* 93.

vescus [CL], (of food) delicate, luxurious. **b** (in gl.).

surgentes tempore vere / dant propriis vescas [cf. gl.: i. e. virides] herbe cultoribus escas R. Cant. *Malch.* V 525; ~us, -a, um, deliciosus Osb. Glouc. *Deriv.* 620. **b** ~us dicitur quasi parum comedens Osb. Glouc. *Deriv.* 620.

vesella v. vessellum. **vesellamentum** v. vessellamentum. **vesellum** v. vessellum. **vesia** v. 1 vicia.

vesica [CL]

1 (anat.) urinary bladder.

est .. umor subcutaneus de vitio ~ae natus Bede *Luke* 510D; tege vissicam (Laidcenn Mac Baíth *Lorica*) *Cerne* 87; **11..** ~a, *bledde WW Sup.* 460; habebat .. lapidem in ~a nulloque nisi per incisionem curari potuit medicine beneficio *Mir. Fridesw.* 110; licet membra in emittendo urinam laborent, tam diu conantur quam diu eam emittant ad ~am .. ~a autem quoniam concava est retinet ipsam in sui concavitate et conservat *Quaest. Salern.* B 43; ~a .. naturalis de die in diem amplius .. intumuit R. Cold. *Cuthb.* 103 p. 230; cum urina .. intret ~um Gilb. II 118. 2; ~a, *bladdure WW*.

2 animal's bladder inflated as a balloon (also transf., fig., or in fig. context); **b** (~am pro lanterna, proverbial).

de propriis meritorum emolumentis ut inflata ~a intumuerit Aldh. *VirgP* 11; ~ae, quae licet parva, magnum tamen sonitum displosa emittit Bede *NR* 219; quasi acu ~am hanc perforando J. Sal. *Pol.* 665D; divites superbientes similes sunt pueris qui sufflant in ~am et in ea lapillum .. imponunt, ~am rotant et sonum faciunt S. Langton *Serm.* II 10; hec ~a [sc. abbas] tumescens per acum modicam satis et exilem explosa crepabit Gir. *SD* 30; dives non potestatis terrene / .. / similis est vesice vento plene Ledrede *Carm.* 30. 11; **1576** cupiens nare .. nexit duas ~as .. circa corpus suum *AncIndict* 643/311. **b** compertum habeo non posse tibi ~am pro laterna restitui Adel. *QN* 34 p. 40; audistis quod dicitur in proverbio cum emptori displicet res emenda: "vos venditis mihi ~am pro lanterna" S. Langton *Serm.* II 11.

3 swelling, blister, tumor, pustule.

cinis .. devorat .. vulnera vissicarum *Comm. Cant.* I 240; **716** oculi fisicis pleni frequenter sanguine stillaverunt Bonif. *Ep.* 10; ~arum dolor intolerabilis omne corpus ipsius obtexit et elephantinum morbum se pati putaret B. *V. Dunst.* 7; sexta plaga est ~arum turgentium multitudo S. Langton *Serm.* I 7; **1319** accidit sibi .. infirmitas .. ad modum parvarum ~arum rubearum (*Mir. Rob. arch. Cant.*) *Conc.* II 490; pabula, i. ~a *Alph.* 134; persone .. habentes ulcera et ~as *Mir. Hen. VI* I 5.

4 (~a gutturis) crop (of bird, v. et. vesicula 3).

qui vult habere [falconem] expeditum in aucupando, faciat ei bonam ~am gutturis et in loco tenebroso eum includat cum modico lumine et alternis diebus aucupet Upton 191.

5 (med.) bladder-like vessel (app. used for producing vapour for therapeutic purpose or in distillation).

summe anodinum remedium est ~a enea cum hoc apozimate imposita Gilb. V 227v. 1; c1384 due ~e eree pro infirmis *Ac. Durh.* 264; **1472** unam ~am cum pulvere zinzeperi et sinamomi in eadem ~a existente, unam aliam ~am cum pulvere de dregge in eadem ~a existente *Pat* 529 m. 19.

6 (~a campi) ? Bladder Campion (*Silene vulgaris*).

~a campi, *feld bleddyr MS Trin. Coll. Camb. O. 8. 2* f. 10va.

vesicago [cf. CL vesica], (bot.) dropwort or sim.

anisi, viscaginis, mirtelle Gilb. II 112v. 2; filipendula, phisalidos, patrision, viscago idem *Alph.* 66; viscago, philippendula idem, folia habet similia carui, valet contra lapidem *Ib.* 191.

vesicare [CL vesica+-are], to swell or blister.

cantarides vel cicade posite in pasta modica .. ~ant et per consequens rumpunt [apostema] Gad. 28. 2; carbo et ignis Persicus, hec duo nomina fortasse absoluta sunt super omnem pustulam corrosivam ~antem *Ib.* 29v. 1; ~abitur cum pruritu non currens Gilb. VII 319v. 1.

vesicarius [CL], of the bladder, (in quot., *solanum ~um*) bladder cherry (*Physalis alkekengi*).

halicacabus a Latinis solanum ~ium, ab officinis alkakengi, et vulgo dicitur *alcakenge* Turner *Herb.* (1965) 50.

vesicatio [vesicare+-tio], swelling, blistering.

ampullatio et ~o cuti vicina Gilb. VI 250. 1; de semine sinapis .. et sale potest fieri ~o et tunc vesice aperiantur Gad. 40. 2.

vesicula [CL]

1 (small) bladder-like formation in body, (membranous) sac (in quot. in embryon). **b** (~a cordis) chamber of heart. **c** (~a fellis) gall-bladder.

subintrante generali ventositate in profundum .. nascitur quaedam ~a .: ex prima ~a formatur ipsum cor, ex secunda ~a superius posita formatur cerebrum, ex tercia ~a formatur epar *Ps.-Ric. Anat.* 40 p. 23. **b** superfluus sanguis corporalis venas et ~as cordis corrumpit P. Blois *Opusc.* 992D. **c** vessicula fellis .. qua sanguis a bile defecatur et purus evadit D. Edw. *Anat.* B1.

2 animal's bladder inflated as small balloon.

sicut plena vento ~a detumescit si acu modica perforetur P. Blois *Ep.* 92. 290D.

3 crop (of bird), craw.

in Levitico .. de sacrificio avium precipitur ut plume et ~a pulmonis deponantur in pulvere [cf. Lev. i 16] P. Blois *Ep.* 94. 297C (cf. ib. 21. 77A); vesica .. vocatur autem ~a, per diminucionem a vesica dicta, quedam pellicula pendens in gutture avis sicut bursa in qua volucrum primo recipiuntur cibaria Bart. Angl. V 44; nutriantur bono pane et volatilium visculis Gilb. V 208. 2; ~a .. item dicitur illa tenuis pellicula in gutture avis in qua cibaria congregantur, *a croppe*, or *a case WW*; *a crawe of a fowle*, ~a *CathA*; hec vicecolla, *a gragge WW*.

vesiculatio [CL vesicula+-are+-tio], (in gl.).

†fesiculatio [l. ~o], *fisting GlH* F 252; pedatio, *feorting*; ~o, *fisting Ælf. Gl.*

vesicum v. vesica.

vespa [CL], wasp. **b** (in gl., ~a major) hornet.

quia ~ae favos quidem facere cum possint, non tamen in his mella sed potius venena thesaurizent Bede *Egb.* 12; **7..** fespa, *waefs WW*; **10..** fepa, *wæps WW*; mihi .. ad jocum glutinatis virgulis .. capio ~as et bruchos ac scabrones Ælf. *Bata* 6. p. 85; hic wespes, *wespes Gl. AN Ox.* 475; ventilat hinc vespas, alias dispergit oestros Nig. *SS* 541; nascuntur .. ~e de asinis P. Cornw. *Disp.* 150; bombizant vaspe, sonus est horrendus eorum Gower *VC* I 811; hec vaspa, *a waspe WW*. **b** ~a major .. *an hernet WW*.

vespellio, **~llo** v. 2 vispilio.

vesper, **~era** [CL], **~erum**, **~erus** [LL], **~erium**

1 evening; **b** (fig.). **c** (as adj.) of the evening.

diem unum jejunet in ebdomada, id est usque ad ~erum Theod. *Pen.* I 2. 20; a ~era usque ad galli cantum corpore exutus (*V. Fursei*) Bede *HE* III 19 p. 164; ~e superveniente dubio visu caligamus *Id. Tab.* 491; "mihi videtur quod vespertina hora prope sit modo" "sic et nobis, sed non est ~a tamen adhuc" ÆLF. BATA 4. 9; nullam volebat fieri questionem quid in meridie foret pransurus, aut quid in ~ere cenaturus *V. Edm. Rich C* 603; *the even tyde*, crepusculum, ~ium *CathA*. **b** **1195** ego in ~era vite mee sum P. BLOIS *Ep.* 370A; in hac mundi ~era, ~ereque ipsius jam pene crepusculo, tepefacto plurimum fidei fervore GIR. *Spec.* IV 37; salvum tuum fac Gauterum / cum instabit tempus serum / id est mundi vespera WALT. WIMB. *Virgo* 155. **c** item, Marcus super illud 'circumspectis omnibus cum jam ~a esset hora, exivit in Bethaniam' [*Marc.* xi 11] PECKHAM (*Perf. ev.*) ed. Etzkorn (2002) 272.

2 (*~ere*) in the evening.

pergens itinere suo pervenit ad vicum quendam ~ere BEDE *HE* III 10 p. 147; erat quasi ~e [ME: *eventid*] quando operariis sua merces redditur *AncrR* 160; ubi .. habemus '~ere' habet alia translatio 'sero'. est ergo synecdochica locutio sub hoc sensu NECKAM *SS* III 12. 2; a**1440** non mane set ~ere jam librum deferens ad vos accedit noster nuncius *Reg. Whet.* II 447.

3 evening star (the planet Venus appearing after sunset).

Venus tertius planeta est .. vocatur Lucifer et aliquando ~er J. FOXTON *Cosm.* 79. 1; *the evenstern* ~erus, ~er .. et idem planeta dicitur Venus *CathA*.

4 (usu. pl., esp. f.) office of Vespers; **b** (dist. as *primae*, on the eve of a festivity, or *secundae*, on the day of the festivity). **c** (transf.) hour of Vespers. **d** (*~er Siculus*) Sicilian Vespers.

in illa die ante natale Domini hora nona .. manducant Romani, Greci vero dicto ~era et missa cenant THEOD. *Pen.* II 8. 5; quando vultis cantare ~erum [AS: *æfen .. sange*] aut completorium? ÆLF. *Coll.* 102; ad ~eras hymnus Dei genetricis .. decantatur GOSC. *Transl. Aug.* 45D; ~erae .. et matutinae .. ab octavis Paschae una canantur antiphona usque octavas Pentecosten *RegulC* 56; **1204** eum tenuit in prisona .. usque ad horam ~erarum *CurR* III 94; **1336** post ~eras iterum congregantur usque ad noctem GRAYSTANES 11; a**1380** commonacho .. chorum intrante pro ~eris psallendis *Pri. Cold.* 54; a**1440** horam .. attingentem pene usque ad declive tempus ~erorum *Reg. Whet.* I 23. **b** **1236** habeantur candele ardentes .. ad utrasque ~eras *Ann. Wav.* 317; inveniet unum cereum decentem ad festum Aldhelmi qui ardeat .. a primis ~eris usque post completorium diei sequentis *Reg. Malm.* II 20; **1393** capellanus .. ~eras, tam primas quam secundas, matutinas ac magnam missam omni die dominico, omnibus .. festis .. cantare coadjuvabit *Lit. Cant.* III 22; **1463** a primis ~eris usque ad secundas ~eras .. ecclesiam, capellam aut hospitale, corde contriti .. visitaverint *Ch. Edinburgh* 116. **c** vespera jam sonuit, laus vespertina resultat WULF. *Swith.* I 915; refecturus hora nona, si fratres sexta, vel ad ~eram, si fratres hora nona LANFR. *Const.* 163; post cenam et usque ad ~eram nec non et cubandi horam GIR. *SD* 138; **1221** mercatum de hora nona usque ad ~eras *SelPlCrown* 114; **1248** contigit die Palmarum .. ad ~eras quod .. forestarii .. obviaverunt octo malefactoribus *SelPlForest* 75; **1250** venit predictus Willelmus circa horam ~eram *CurR* 143 m. 5; **1262** die S. Trinitatis circa horam ~eram *SelPlMan* 180; c**1283** habebunt cibum bis per diem, scilicet ad nonam panem, cervisiam, et caseum, et in ~eris panem *Cust. Battle* 66; **1419** mercata non teneantur post ~eras pulsatas *MGL* I 718; hoc ~erum, *a hewynsongtyde* *WW*. **d** unde adagium ~er Siculus, quod hodie circumfertur cum significatur subitam cedem esse factam P. VERG. XVII p. 325.

vesperae v. vesper. **vesperare** v. vesperascere.

vesperascere [CL], **~are**

1 to grow towards evening. **b** (p. ppl. as sb. f.) evening.

~ascente .. die, .. in quadam insula .. noctem duxerunt FELIX *Guthl.* 41 p. 130; **798** ipso ~ascente die, gaudium sanctae resurrectionis a fidelibus honorifice celebratur *Ep. Alcuin.* 144; ~ascere, prope vesperam esse OSB. GLOUC. *Deriv.* 625; *to wax even*, ~are *CathA*. **b** s**1194** civitatem autem Engolismi et burgum in una ~ata cepimus R. HOWD. III 257 (=W. COVENTR. II 66).

2 to darken, eclipse.

sol alius Saturnus erit. splendore planetas / vesperat. obscuro brumescit Falcifer igne HANV. V 446.

vespere, vesperi v. vesper.

vesperia [CL vesper+-ia], (pl., acad.) public disputation preceding inception (*cf. inceptio* 2), 'vespers'.

c**1264** de modo tenendi ~as in quacumque facultate, et juramento repondencium in ~iis. consuetudo est quod nullus duobus diebus teneat ~as unius incepcionis nisi ex speciali gratia *StatOx* 35; a**1290** questio in ~iis *Quaest. Ox.* 134; **1311** cum aliquis debet in sacra theologia doctorari .. magister ipsius tenetur facere .. publicam et sollempnem disputacionem que ~e nuncupantur *Collect. Ox.* II 222; in .. commendacione que solet ante principium post disputacionem, que ~e appellantur, de bachilariis fieri magistrandis TREVET *Ann.* 306; **1379** statutum est quod ~e medicorum in scolis propriis teneantur et quod doctores arguant in eisdem *StatOx* 177; **1379** responsionibus in ~is et in incepcionibus theologie in ordinarias computatis *Ib.* 179; **1432** supplicant .. magistri .. quatinus ~e illorum habite in jure canonico possint illis stare pro ~is in jure civili. ista gracia fuit concessa .. sub istis condicionibus quod .. tantum solvat universitati pro ~is quantum solvissent doctoribus *EpAcOx* 72.

vesperium [CL vespa+-erium], **~etum** [CL vespa+-etum], (in gl.).

a waspenest, ~erium, ~etum *CathA*.

vesperna [CL], (in gl.).

~a, cena in vespere OSB. GLOUC. *Deriv.* 625.

Vesperta [cf. CL vesper], (in gl.).

~a dea noctis *CathA*.

vespertilio [CL]

1 bat; **b** (applied to night-watchman).

7.. ~o, *hraeðemuus* *WW*; ~ones et noctuae non nisi in nocte caelum videntes ANSELM (*Incarn. A* 4) I 284; visus est ~o .. easdem importune auras et maxime circa solium regis circinans DEVIZES f. 25v; quod ~onibus sunt [sc. domus tue] pervie P. BLOIS *Ep.* 85. 262B; hic verspertilio, *cauve suriz* *Gl. AN Glasg.* f. 21vc; unum speciale quod vocatur oleum ~onum GAD. 39v. 2; **1349** ad faciend' ludos regis .. ij capita hominum cum alis ~onum *KR Ac* 391/15; intellectum nostrum se habere ad perfectissima nature sicut se habet ad solem oculus ~onis BUTLER 404; *to cry* .. ~onum [est] blaterare *CathA*. **b** ~ones! .. hunc rapite atque adducite in tenebras exteriores. .. [Vespertiliones:] curabimus LIV. *Op.* 23.

2 butterfly (*cf. papilio*).

1339 dorsale parvum .. cum ~onibus (*Invent. Ch. Ch.*) *Arch. J.* LIII 280; **1339** dorsale .. crocei coloris cum vispilionibus *Ib.* LIII 283.

vespertinalis [CL vespertinus+-alis], of or pertaining to the evening, (eccl. & mon.) of (the hour or office of) Vespers.

a primo pulsu ~is synaxis silentium teneatur *Regul C* 56; contigit ergo his impedientibus curis ipsum horis ~ibus abesse B. *V. Dunst.* 11; dum laudes ~es psallendo persolvent *Ib.* 23; ~i tempore imminente, devotus heros ~em synaxim auditurus ÆLNOTH *Cnut* 51; ab hora tertia usque ad ~e officium *Found. Waltham* 33; Ramesiensis abbas .. ad horam ~em .. expiravit M. PAR. *Maj.* I 517 (=*Flor. Hist.* I 517).

vespertinus [CL]

1 of or pertaining to the evening, vespertine (also fig.). **b** (pred.) in the evening.

aestus oceani nunc ~us post xv dies fit matutinus BEDE *TR* 29; c**795** lupi me ~i [cf. *Soph.* iii 3] invenerunt, rapuerunt, laceraverunt ALCUIN *Ep.* 86; ad cenam ~am accedens, hilaris et sospes BYRHT. *V. Osw.* 471; ab illo qui mane venerat ~us operator premia anticipat [cf. *Matth.* xx 6] GOSC. *Lib. Confort.* 103; clibanus fumans apparet Abrahe in horrore ~e visionis [cf. *Gen.* xv 17] AD. DORE *Pictor* 166; magis proficit ~a comestio quam meridiana BACON V 74; in fine dierum suorum offerre se Deo et penitenciam et sacrificium ~um HOLCOT *Wisd.* 169. **b** mox ut domum ~us rediit et talia audivit, imkpransus adhuc eo die R. COLD. *Cuthb.* 67.

2 (eccl. & mon.) of (the hour or office of) Vespers.

ut hymnus ipsius .. cum psalmodia ~ae laudis ab omnibus canatur BEDE *Hom.* I 4. 22A; c**803** 'septies in die laudem dicam tibi.' hoc est prima hora, secunda .. ~a et duodecima ALCUIN *Ep.* 304; mihi videtur quod ~a hora prope sit modo ÆLF. BATA 4. 9; post primam ~am collectam, collecta de dominica agatur LANFR. *Const.* 132; s**1247** cecidit flabellum de turri S. Swithuni quando classicum ~um pulsabatur *Ann. Wint.* 91; ita ut nonnumquam .. nec matutinas preces nec ~as .. sed nec ceteras horas nostras (quas vocant canonicas) debito possemus persolvere more CHAUNCY *Passio* 110.

vesperugo [CL], evening star.

~o, stella vesperi *GlC* V 131; *the evenstern* .. ~o *CathA*.

vesperula [cf. CL vespa], (in gl.).

a waspe, ~a *CathA*.

vespetum v. vesperium. **vespilio** v. 2 vispilio. **vespis** v. vespa.

vespula [CL], (in gl.).

vespa, .. unde hec ~a, -e, diminutivum OSB. GLOUC. *Deriv.* 607.

vessa v. 1 vicia.

vessada [dub.], sort of fishing implement, or *f. l.*

1287 reperimus usurpata seu surprisa .. viz. .. vessadam [? l. vesiculam] pertinentem ad nassam vicecom' *Arch. Gironde* XVI 133.

vessalamentum, ~elamentum, ~elementum v. vessellamentum. **vessella** v. vessellum.

vessellamentum [vessellum+-mentum]

1 vessel (esp. for use with food or drink, freq. made from precious metal), (also) item of equipment (esp. pl.); **b** (as measure, in quot. of corn).

1205 mandamus tibi quod liberes Theodorico Theutonico vadleto nostro omnia vessellamenta nostra que sunt in custodia tua apud Marleberg' preterquam illa que sunt de auro *Cl* 32a; **1302** salsaria: .. Ade be B. pro diversis ~elementis factis pro officio salsar' *Lond. Ed. I & II* II 270; **1303** pro quibusdam coffris jocalium, ~ellamentorum et alio hernes' .. portando .. ij s. *KR Ac* 363/18 f. 11; s**1329** ipsum abbatem [de Sancto Edmundo] .. depredavit de equis, jocalibus, ~elamento argenteo, et denariis *Ann. Lond.* 243; **1338** recepimus de abbate de Rameseia, ex causa mutui facti domino regi pro passagio suo versus partes transmarinas .. diversa vassalamenta et alia subscripta, viz.: unum calicem aureum .. unum ciphum argenteum deauratum .. unam capam chori *Cart. Rams.* I 21; **1390** de .. uno alio ~ellamento de berill' rotundo pro eucaristia incluso arg' deaur' *Ac. Foreign* 25 Gd.; **1400** residuum omnium ~alamentorum meorum *Reg. Linc.* f. 32v; **1415** lego eidem J. filie mee partem racionabilem omnium necessariorum et ~ellamentorum et instrumentorum hospicii *Reg. Cant.* II 84; **1419** Johanni Bostone de Dertforde, hospicii domine Johanne regine Anglie, ac familie sue ibidem pro deterioracione domorum suorum ac ~elamentorum (*KR Ac*) *JRL Bull.* XXVI 86; asserend' ipsum J. quandam navem vocatam Le Trinitie Lond', cum omnibus et singulis armamentis et vestillament' ejusdem navis atque necessariis .. super altum mare cepisse *Entries* 23b. **b** c**1300** debet triturare in grangia domini abbatis quamdiu habeant ad triturandum ad tale ~ellamentum quod triturant ad curiam de Langeport in autumpno. et in autumpno debet triturare ad decimum ~ellamentum quamdiu autumpnus durabit *Reg. S. Aug.* 123.

2 ship, vessel.

1427 pro omnibus navibus, carracis, bargeis, balingeris, batellis, et aliis ~ellamentis dicti nuper regis *Ac. Foreign* 61 E.

vessellum, ~a [ME *vessel*, AN *vessel, vaiselle* < CL vascellum; cf. et. vascillum, vasculum], vessel (esp. for use with food or drink); **b** (as measure, in quot. of corn). **c** (collect. sg.) vessels, 'vessel', (in quot. freq. made from precious metal) 'plate'.

?c**1280** Dekes *le turnur* pro ~is *KR Ac* 370/18 m. 1; **1300** pacatum panetario, pro feodo suo de tuallis, corbellis, et aliis ~is, v s. *Rec. Leic.* I 236; **1486** iij *skeppez* iij d., j *reyng syff* iij d, ij vassulis xij d, iij *stowpez* vj d. ob. *Ac. Durh.* 649. **b** debet sequi molendinum prioris, ipse et homines sui, et molere ad tercium decimum fossellum *CurR* XIII 25. **c** **1130** et in thesauro Normannie .. d m. arg' in denariis et c m. arg' in vaissella *Pipe* 63; **1160** in vassella filie regis vij li. xvi s. iiij d. *Ib.* 47; **1205** inveni carriagium ad ducend' vasellam nostram de Hanleg' usque Oxon' *Cl*

I 60a; **1206** in cariagio veselle nostre de Divisis usque Lond' *Cl* I 71b; **1206** Thomas de S. reddidit nobis .. totam veisellam argenti quam ei commisimus custodiendam preter j cuppam planam deauratam *Pat* 61a; **1214** mittimus ad vos unam cupam aur' .. et j justam aur' .. et j par bacinorum aur' .. mandantes vobis quatinus vaysellum illud cum alio vaysello nostro de auro ponatis *Cl* I 174a; **1214** mandamus vobis quod liberetis W. com' de Ferrar' et Regin' de Pont' .. totam veissellam nostram tam auream quam argenteam *Pat* 112a; **1232** rex recepit .. ~am nostram et alia jocalia nostra que deposuimus in domo Novi Templi Londonie *Ib.* 490; **1296** de jocalibus inventis in abbathia de Coupre in Scotia .. una pecia argenti .. liberata Ade aurifabro regis apud Westmonasterium .. ad frangendum per preceptum regis pro novis vescellis inde faciendis pro domina Elizabet, filia regis *Doc. Scot.* II 145; **1325** ij portoribus pro portagio vesellorum arg' de castro usque garderobam (*Househ. Ac. Edw. of Windsor*) *EHR* XLVIII 436; **1382** cum toto vesello meo enneo *Reg. Linc.* f. 257v; **1417** lego E. uxori mee medietatem tocius vassalli mei argentii cujuscumque speciei fuerit *Reg. Cant.* II 136; cum suis rebus et bonis universis, equis, vaseliis, jocalibus, auro, et argento et aliis clenodiis quibuscumque J. Yonge *Vis. Purg. Pat.* 3.

vessica v. vesica. **vessicula** v. vesicula. **vessis** v. 1 vicia.

1 Vesta [CL], the Roman goddess of the domestic hearth. **b** (transf.) hearth, fire.

Daria, quae dudum servabat numina Vestae Aldh. *VirgV* 1172; focus ~e virginibus consecratus J. Sal. *Pol.* 542A. **b** Asbestus lapis est qui Vesta judice nescit / extingui Neckam *DS* VI 271; Vesta stupet, queritur Lemnius, Ethna gemit (Neckam) *CC cont. med.* CCXXI 22; sic oleaster erit generose fetus olive, / Vesta parit fumum (Neckam) *Ib.* CCXXI 123.

2 †vesta, *f. l.*

unam stalam, unam tribulam, unam †vestam [l. restam], unum mattok', quinque alveos, et duos fornaces *Hist. Roff.* f. 22v.

3 vesta v. vestis.

4 vesta v. vestura.

Vestalis [CL]

1 of or belonging to Vesta or her cult, Vestal. **b** (*virgo ~is*) Vestal Virgin.

Commodus .. in domo †vestiliani [l. vestali, vestalium] strangulatus est J. Sal. *Pol.* 792C; porro Commodus .. in domo ~i strangulatus interiit Oxnead *Chr. Min.* 421. **b** erat filia Numitoris fratris regis Amulii virgo ~is, sed constuprata Bede *Chr.* 479; quatenus Daria virgo ~is .. gemmis auroque radians ad Chrisantum procaciter ingrederetur ut militem Christi .. ad thalami copulam inclinarent Aldh. *VirgP* 35 p. 278.

2 (*monacha ~is* or as sb. f.) nun.

utinam ab ineunte aetate ~em te legissem monacam Liv. *Op.* 77; de ~ibus sive monachabus *Ib.* 291; dotavit redditibus ~ium .. monasteria duo Ferr. *Kinloss* 15; Galfridus Chaucer .. scripsit .. vesthalis narrationem Bale *Index* 76; Gisla et Richtruda, Anglicae vesthales atque mulieres erudite, scripserunt .. *Ib.* 95.

vestamentum v. vestimentum. **vestarium** v. vestiarius.

1 †vestatus, *f. l.*

1269 totam decimam veterum casetallagiorum †vestatorum [? l. vastatorum] *Reg. Exon.* I 52.

2 vestatus v. vestitus.

vesteplicia v. vestiplicus.

vester [CL]

1 of or pertaining to you (pl.), your.

vae vobis, viri impii: .. si mortui fueritis, in maledictionem erit pars ~tra Gildas *EB* 47; quae victui sunt ~tro necessaria ministrare curamus Bede *HE* I 25 p. 46; ille Columba ~er, immo et noster *Ib.* III 25 p. 188; pergite ad lectulos ~tros Ælf. Bata 4. 12; altera res nostram musam parit, altera vostram / vitis Francigenam docet, Anglica discit avenam R. Cant. *Poems* 1. 18; o Moyses, dic, inquam, debet quisquam hujusmodi credere doctoribus? .. ~ri .. doctores non cognoverunt, ut oportuit, Deum Petrus *Dial.* 18; **1206** civitas ~tra Lond' multum deterioratur *Cl* 64; ecce inimici ~tri super vos! *Mir. Montf.* 68; **c1380** adversarius ~ter .. de satisfaccione .. vobis .. refundenda in ~trum decretum .. se submittet *FormOx* 388; regis in occursum vestri vos este parati R. Maidstone *Conc.* 283.

2 (w. ref. to single individual addressed honorifically) of or pertaining to you, your; **b** (in honorific title, esp. in indir. address). **c** (pred.) yours (also w. ref. to responsibility or sim.); **d** (w. *mihi*).

713 sanctae atque .. honorabili Adolanae abbatissae .. salutem in Domino. .. orantem pro nobis sanctitatem ~tram divina Trinitas .. tuere dignetur (Ælfeld) *Ep. Bonif.* 8; **c789** cartula .. ~tram denuntians .. infirmitatem, propemodum te in limine hujus vitae suspirare Alcuin *Ep.* 55; gaudeo .. quod a memoria ~tra me non ventilavit oblivio, sed me ~tro reservatis in pectore: factus estis mihi consolacio D. Lond. *Ep.* 2; ~tri regni W. Cant. *Mir. Thom.* I 1 (v. 2b infra); **s1456** dignetur .. ~tra celsitudo .. in supportacionem .. ~tri honoris regii .. reassumere .. revenciones *Reg. Whet.* I 251. **b 601** incolumem excellentiam ~tram gratia superna custodiat (*Lit. Papae*) Bede *HE* I 32 p. 70; **c1077** meminisse debet beatitudo ~tra Lanfr. *Ep.* 17 (41) (cf. ib.: litteras quas .. amanda paternitas ~tra transmisit); tale aliquid ~trae excellentiae [viz. Lanfranco] narrare valeo Osb. *Mir. Dunst.* 22; ad noticiam ~tre serenitatis, maxime rex Henrice, referre censuimus que per loca varia vestri regni martyr Thomas operatus est W. Cant. *Mir. Thom.* I 1; **1365** ~tra .. reverencia magistralis *FormOx* 365. **c 1166** [magistro Girardo:] qui ~ter fui recedentis, ubicumque sim et ubicumque locorum vos degatis, auctore Domino, ~ter ero J. Sal. *Ep.* 199 (185); charissimo domino et Patri .. ~ter cum eram vobiscum, nunc autem ~trior, ~trissimus cum redibo P. Blois *Ep.* 218; erit .. ~trum .. absque more dispendio et paci mentium consulere Ad. Marsh *Ep.* 197 p. 355; si pater accipitis vestrior esse volo W. Peterb. *Bell. Hisp.* 100. **d c1260** velle vestrum et beneplacitum michi ~tro immo, ut ita dicam, ~trissimo .. significare dignemini *Ann. Durh.* 106; **1271** si quis penes me vobis placuerit, michi ~tro .. demandetis *Cl* 407; **c1295** suppleat oculus cordis vestri michi ~tro qui .. ad vos .. venire propono *RGasc* III xci n.

3 (as sb.): **a** (m. pl.) your people. **b** (n. sg. or pl.) what is yours.

a hoc errore, si †prensius [? l. pensius *or* perpensius] rem intueamini, etiam ~tri laborant Vac. *Assumpt.* 36; eciam ~tri descripcionem veritate fuisse subnixam .. nunc manifeste declarant Gir. *SD* 70. **b c692** ~tra vobis reddimus, non nostra largimur *CS* 81; **1170** non enim nunc a vobis ~tra queruntur sed ut vos doceatis esse Dei cultores J. Sal. *Ep.* 296 (300 p. 706); acceptamus, ait, tam vos quam reddere vestrum R. Maidstone *Conc.* 287.

vesthalis v. Vestalis. **vestiare** v. vestire.

vestiarius [CL]

1 of or pertaining to clothes.

paulo inferius habitant sutores ~ii [Eng.: *taylers*], calcearii, caligarii Whittington *Vulg.* 65; **1549** gardianos scissorum vestiar' ac linee armature armatores *CalPat* III 87; **1550** sutor ~ius *Ib.* 380.

2 (as sb. f.) department of household responsible for fabric and clothes.

quantum .. receperit .. de minori camera, lardaria, custode salis, custode operis, sutoria, ~ia .. pistrino *Ac. Beaulieu* 51; in panno de ~ia .. in sotularibus de sutrino *Ib.* 132; de ~ia. pannum novum ad novas sellas cooperiendas *Ib.* 259.

3 (as sb. m.) officer responsible for fabric and clothes. **b** (eccl.) one who has charge of vestments, 'vesturer'. **c** (in gl.).

Rotbertus rex Francorum .. ipsa vestimenta pauperibus distribueret, nisi ex industria ~ii egenos importune petentes arceret W. Malm. *GR* II 187; **c1220** in abbatia, ubi plures fratres ejusdem officii sub uno magistro deserviunt, magister eorum a ~io requirat vestes illis necessarias (*Cap. Ord. Arrouac.*) *EHR* LII 276; **1299** sicut †pascuum [l. pascimini] ab uno cellario, sic indui debetis et calciari a communi ~io *Reg. Cant.* 850; cressectarius capell', ~ius, duo servientes ejusdem, cementarius, plumbarius, duo steyrarii *Reg. Pinchbeck* f. 165a. **b 12..** frater autem operarius, sacrista, et ~ius .. in eodem cartulario teneantur receptas et expensas .. conscribere (*Const.*) *EHR* IX 125; **1322** feretrario, ~io, socio sacriste, thesorario in eodem sinodo *Sacr. Ely* II 31. **c** hic †bestiarus [l. ~ius], *pescryere*, hic solenciarius [l. silenciarius], idem est *WW.*

4 (as sb. n.) item of furniture, room, or building for storing clothes, wardrobe, store for clothing, (also transf.) store or stock of clothes. **b** (eccl.) vestry (also as place for putting vestments on or off); **c** (fig.).

~ium, *hrægelhus* Ælf. *Sup.*; **11..** ~ium, *ræilhus* *WW*; **1371** in operacione iij *buketts* in astillar' et in ~io *Fabr. York* 12; ~ium, *a wardrop* Stanbr. *Vulg.* 9; **1529** victum tantum et vestitum de communi salario et ~io .. percipiant *Form. S. Andr.* I 309; **1553** de .. quatuor conjunctis vestiar' quorum unum est de *waynscott*, Anglice *fower joyned prestes wherof one of waynscott* *Pat* 852 m. 29. **b** cappas in choro induant et cum percantaverint venientes in ~ium eas ibi deponent Lanfr. *Const.* 131; deducto in consessorio quod tunc erat in sacri monasterii ~io Herm. Arch. 26; Thomas archiepiscopus .. discessit, ~ium introivit, et se pontificalibus exuit H. Cantor f. 2v; magister ~ii Brakelond f. 152; unus ex nostris fratribus .. cum servientibus de ~o *Ib.* f. 155; **s1272** omnia .. pretiosa, tam in thesaurio, ~io, refectuario quam in ceteris ecclesie illius officinis Oxnead *Chr.* 241; **c1287** tegula in vestario *Fabr. Exon.* 7; **1329** de .. uno pare organorum jacent' in superiore ~io nove capelle *KR Ac* 467/6 (1); **s1380** cenavit .. in ~io cum laicis de villa et cum quadam muliere calefurina (*Collect. Aston*) *Mem. S. Edm.* III 120; omittant suas staciones, garrulaciones, ac clamores in ostiis ~ii Amund. I 103; nomina pertinencia ecclesie .. hoc ~ium, A. *rewystre* .. *vestri* *WW.* **c** videtur itaque mihi claustralis vita quoddam esse ~ium animarum, ubi anime seculo renunciantes vestiuntur et ornantur Gerv. Cant. II *app.* p. liii.

5 (as sb. n.) vestments, vesture, liturgical dress.

obtulit super majus altare vestimenta precipua de velvet albo .. alias duas capas pretiosas rubei coloris .. . notandum quod in predicto festo .. chorus divina incepit agere in novo ~io *Chr. Pont. Ebor. C* 426.

vestibilum v. vestibulum.

vestibularium [CL vestibulum+-arium], vestibule.

1432 in quadam cista .. ad hec per dictos executores posita et ordinata in quadam domo sive thesauraria juxta ~arium dicti collegii *Pat* 432 m. 8.

vestibulum [CL]

1 (partially) enclosed space at entrance of building, vestibule or porch. **b** (transf.) entrance or access (to space, place, region). **c** beginning, outset.

eadem porticus templi etiam ~um templi vocabatur et .. inter ~um et altare orabant sacerdotes Bede *Templ.* 780B; Guthlac .. velut prophetiae spiritu inflatus, cum domi sedisset et nihil aliud excepto domus ~o prospicere potuisset Felix *Guthl.* 40 p. 124; ~um est quasi quedam porticus, ubi solent .. judices .. judicare inter illos quos nolunt introducere interius in domum (Ailr. *Serm.*) *CC cont. med.* IIA 261; corpus aule ~o muniatur, juxta quod porticus honeste sit disposita Neckam *Ut.* 109; quis admittatur ad ~um et quis in aulam vel thalamum T. Chobham *Serm.* 8 f. 34ra; ad domum pertinent .. hoc ~um, *porche* *Gl. AN Glasg.* f. 20rc; velut in ~o veniunt lupanaliterve velut prostituta E. Thrip. *SS* IV 9; *poorch* .. ~um *PP.* **b** dicunt quoque Tisiphonem apud inferos .. urbis servare ~um *Lib. Monstr.* III 24; **c705** omnis protinus exercitus [sc. apum] consueta ~a perrumpens prisca cellarum claustra gratulabundus ingreditur Aldh. *Ep.* 12 p. 502; mira Dei protectione Augustinianum ~um [sc. sepulcri], ut arca Noe, semper manebat intactum Gosc. *Transl. Aug.* 18A; ~um [cf. Verg. *Aen.* VI 273], superficies terre Bern. *Comm. Aen.* 69. **c** Ausoniae coeunt Graiae mox atque soritae / vestibulo cursim priscorum scita revolvunt Frith. 1158; similibus similia nutriri ipso ~o libelli nostri edocuimus Adel. *QN* 39; **s1137** in ipso ~o Natalis rediit rex in Angliam H. Hunt. *HA* VIII 5; sub tali genere cause in exordii ~is compendiosa quadam insinuatione utendum fore adjudicavit T. Mon. *Will.* II 14 p. 103; eum .. quem abiens sub ipso mortis ~o dereliquit *Ib.* V 19.

2 (eccl.) vestry (also as department). **b** department of household responsible for fabric and clothes.

neque revestiarius famulum .. alicubi mittere poterit .. nisi fuerit pro aliquibus negocii ~i .. exequendis

Cust. Westm. 58; ~i officium .. clerici de ~o *Stat. Ebor.* 97; fures .. fregerunt unam fenestram dicte ecclesie et intrantes in ~um ejusdem crucem unam .. jocalia, pannos sericos, et quosdam alios de velvetto abstulerunt *Chr. Westm.* p. 208; **1409** infra ~um silencium debitum et morosum non observatur ut deberet a ministris ecclesie *Fabr. York* 245; **1440** donaverunt antiquum chorum et ~um cum omnibus libris, calicibus, vestimentis, cistis .. *Reg. Dunferm.* 414; ipso [sc. Johanne de Cumyn] relicto, et in ~um [*in marg.*: alii sacristiam] retro altari per conventum ejusdem ecclesie retracto *Plusc.* IX 6; c**1447** in factura .. cujusdam domus .. in orientali parte chancel' veteris ecclesie .. et pro vestibulo ejusdem cancelle (*Ac. Eton*) *Arch. Hist. Camb.* I 395n; c**1455** pro reparacione sere vestibili .. et .. vitrie fenestre vestibili et alterius in capella *Cant. Coll. Ox.* 175; hoc ~um, A. *a vestrye WW.* **b** a**1158** de serjantiis ~i et pincernarie *Ch. Westm.* 254 *rub.* (cf. ib.: tenementa et ministeria cum corrediis et consuetudinibus); **1462** serviens ~i regis *Cl* 314 m. 2*d.*

vesticeps [CL], (in gl.).

vesticeps, juvenis qui barba vestitur Osb. Glouc. *Deriv.* 624.

vesticula [CL], (short) garment.

solent succincti ~a tetrica, pede nudo incedere Lanfr. *Comment. Paul.* 198A.

vesticulus v. fasciculus.

vestigabilis [CL vestigare+-bilis], able to track down, (*canis ~is*) sleuth hound.

si quis cum cane fugace vel ~i vestigium latronis aut animalis prosequatur *RegiamM* IV 33.

1 vestigare [CL], to track, seek (also in fig. context). **b** to seek to find out, know, or understand, investigate.

malens utique suas margaritas a filiis clausas fructuoso sudore ~ari quam profusas a porcis fastidiosa despectione calcari Bede *TR* 9; liceat scienti ad metas prescriptas semitas etiam non prescriptas interdum ~are Balsh. *AD rec. 2* 124; illic quoque per cancellos, ut valet, et rimulas dilectum suum sponsa rimatur nardique sue odore ~at J. Ford *Serm.* 48. 9; odorandi quippe sponsi sui sagacitate prepollens, quocumque ierit ille, ~are eum .. non moratur *Ib.* 77. 6. **b** omnia quae in sacris litteris ~antur Lanfr. *Corp. & Sang.* 417B; a**1087** quales ipsi .. in sui ordinis scientia sint pastorali auctoritate ~are debemus *Id. Ep.* 27 (30); ilen .. / .. / quam dum vestigat ratio, quasi somnia sentit J. Sal. *Enth. Phil.* 947; duce Spiritu Sancto ~are curemus quid .. sorori sue angeli sancti edificare intendant J. Ford *Serm.* 113. 1; morborum medicus causam vestiget Garl. *Epith.* II 491.

2 vestigare v. vestigiare.

vestigatio [CL]

1 (act of) tracking, seeking.

ne intermittatur aliquod vestigium [v. l. ali[qu]a ~o] .. priusquam omnis homo unam equitationem equitaverit (*Quad.*) *GAS* 176; dictum est de ~one et quesitione pecoris furati (*Quad.*) *Ib.* 191.

2 (intellectual) search, investigation.

adhibenda est opera ~onis ne quid lateat admistum per quod offuscetur merces strenuae operationis Bede *Prov.* 1063D; sic circumspecta ~one contemperandus est ut et sibi numquam dissonet et honestati per omnia concordet Pull. *Sent.* 698D; ipsa .. futura preveniens presentia comitatur, transactas quoque res prosecutura omnia simul perspicaci ~one complectens *Ib.* 714D; illuc utique unde perendie visitatum me reminiscor redeuntem Jesum quibus possim ~onibus prosequor J. Ford *Serm.* 43. 7; Bellerophon .. Antie non consentit, quia qui in sapientie laborat ~one, libidinem omnem a se nititur elongare Alb. Lond. *DG* 14. 4.

3 (act of) dressing, or *f. l.*

sub †inductione [? l. induitione] sunt hujusmodi species, armatio, vestigatio [? l. vestio] sive vestitus Bacon XV 232.

vestigator [CL], one who tracks, hunter.

numerum venatorum generaliter quadripartitum .. ~ores [*gl.*: *tracurs, chasurs*], indagatores, salatores, pressores Balsh. *Ut.* 46; hic ~or, *a trufer WW.*

vestigialis [CL vestigium+-alis]

1 of or pertaining to footprints, (in quot.) who follows in the (very) footprints.

hujus .. miraculi gratificatio hunc Christi ~em imitatorem conformiter manifestat (*V. J. Bridl.*) *NLA* II 75.

2 of the nature of an imprint, vestigial.

in anima intellectiva .. ponitur perfectior ratio repraesentandi quam ratio ~is Duns (*Lect.* I 3) *Opera Omnia* XVI (1960) 311; declarando primo quid est esse vestigium; secundo que est ratio representandi ~is; tertio quomodo creatura est vestigium trinitatis personarum; quarto quid est vestigium et respectus ~is creature ad Deum et in quo fundatur iste respectus *Ib.* (*Lect.* I 3) *Opera Omnia* XVI (1960) 312; dicitur quod respectus ~is in creatura non fundatur in ratitudine rei sed in aliquitate tantum et est formaliter ratitudo ejus *Id. Ord.* III 185.

vestigialiter [vestigialis+-ter], by steps.

et ordinavit sex gradus hujus throni ~er ad ascensum *Regim. Princ.* 56.

vestigiare [CL vestigium+-are], to be an imprint of, (pass.) to leave its imprint.

quidam fulgor emicuit, qui cum stellarem haberet forme similitudinem, longeque a loco tractu vestigante se transtulisset Adel. *QN* 73; vestigium .. est .. fundamentum relationis secundum quod investigatur ~atum Duns (*Lect.* II 25) *Opera Omnia* XVI (1960) 315; vestigium est similitudo ~ati, ex quo cognito cognoscitur illud *Id. Ord.* III 180; vestigium convenit cum ~ato quantum ad aliqua accidencia et non quantum ad omnia Ockham *Sent.* II 549; in creatura ~ante Trinitatem increatam, ex materia emanat forma per efficaciam extrinseci Wycl. *Form.* 173.

vestigiatim [CL vestigium+-atim], in the (very) footprints.

is sequutor Jesu ~im edificat supra firmam petram Colet *Rom. Exp.* 248.

vestigiosus [CL vestigium+-osus], of the nature of a track to be followed.

quatinus inter pressuras quas paciuntur, exemplacione ~osa christianissimi Regis nostri, lacerata domus domini ac multiplicius attrita in vestris manibus persenciat consolacionem *Regim. Princ.* 150.

1 vestigium v. vestigatio.

2 vestigium [CL]

1 footprint (also transf. of other mark or trace left by moving thing). **b** (transf.) amount of ground covered by (single) footprint. **c** (*e ~io*) in the (very) footprints, closely behind, (also transf., of time) shortly after, forthwith. **d** (esp. pl.) track as indicating line of travel, path, trail. **e** (fig., w. ref. to behaviour or sim. as pattern or example for following or imitation).

plantae retro curvatae officia capitis contraria videntur: quorum hoc ignorantes ~ia fallunt *Lib. Monstr.* I 29; candida virgo suas lacrimas dum seminat atras, / tetra per albentes linquit vestigia campos *Aen. Laur.* 9 (*Penna*) 1; **793** impium est Christi amittere obsequia et vulpium sequi ~ia Alcuin *Ep.* 19; querere sis doctus apri vestigia, cervi D. Bec. 1766; [leo] cum ambulat operit cauda ~ia sua T. Chobham *Praed.* 280; ~ium pedis in nive significat illud cujus est Bacon *CSTheol.* 9; adhuc apparent ~ia [ME: *steppis*] asine in tribus locis graduum *Itin. Mand.* 56. **b** occisus est etiam beatus Reinaldus, princeps Antiochie, protestans se non redditurum Sarracenis ~ium unius pedis Sancte Terre pro redemptione vite sue R. Niger *Chr. I* 94. **c** evestigio, statim *GlC* E 345; **10..** e ~io, *an laste, oððe on luste WW*; s**1100** sagitta in corde percussus .. inconfessus e ~io mortuus est Eadmer *HN* p. 132; huic visioni pueri mors e ~io subsecuta W. Malm. *GR* II 208; a longe tamen et tanquam e ~io sequens Gir. *SD* 16; Rufinus e ~io precurrentem [sc. cervum] sequebatur Whittlesey *app.* f. 5 p. 147; comprehendant .. inter alios dominum Hastynge, atque e ~io jugulent P. Verg. *Camd.* 205. **d** totus solaris lunarisque recursus ordo in se sua per ~ia revolvitur [cf. Verg. *G.* II 402] Bede *TR* 47 p. 265; secundus ordo circuli decemnovenalis complectitur indictiones xv annorum circuitu in sua semper ~ia reduces *Ib.* 48; annus .. in se per sua ~ia redit Alb. Lond. *DG* 1. 6; ego regia via rectoque ~io sine ductore procedo *NLA* II 660. **e** ipse passus est pro nobis, relinquens nobis exemplum, ut sequamur ~ia ejus Bede *Mark* 286B; Epicureorum satis supersticiose ~ia complens *Ep. ad amicum* 121; **1160** sancte ecclesie fundatorum .. ~ia sequens, quecumque dona .. concesserunt ego .. confirmo *Regesta Scot.* 174; sed nos ~ia patrum sequentes, credere oportet quod .. Gros. *Cess. Leg.* III 1. 30; s**1094** a ~iis beati Petri videantur Romani pontifices .. exorbitare M. Par. *Min.* I 50; id modicum volumen cerne et ~ia ejus serva Haudlo 178; patris ~ia non sequente, verum paternis delictis nullatenus puniendus *Feudal Man.* 145.

2 (also *pedum ~ia*) under-surface of the foot, sole (also transf.).

quique algida blando / palmarum acclinis mulcet vestigia fotu Bede *CuthbV* 188; ab umbilico usque ad pedum ~ia misere percussa R. Howd. I 173; pedum vestigia sanguine tincta et rubricata *V. Rob. Knaresb.* 14; cuspis vestigia limata confodit, / que vite viam posteris ediderunt J. Howd. *Cant.* 68; tunc omnibus ~iis ipsius pervolutis, sue mortis reatum indulsit (*Cadocus*) *VSB* 114; primo super ~ia, deinde super crura saltus dedit (*Bartholomeus*) *NLA* I 103; illum [sc. Pilatum] vivum ad vestra ~ia perduxi *Eul. Hist.* I 137; **1438** prehabita recommendacione devota ad pedum ~ia beatorum, pater sanctissime Bekynton I 3.

3 placing or contact of the foot on the ground in walking or sim., step.

siccato alveo, vidit undam suis cessisse ac viam dedisse ~iis Bede *HE* I 7 p. 20; firmis ~iis super aquas incedebat Pull. *Sent.* 795C; c**1198** vestigia / nutans dum pertrabit / ad equora (*Pol. Poems*) *EHR* V 319; *a step*, ~ium .. impedatura .. gressus *CathA.*

4 indentation, impression, imprint. **b** mark, part, or sim. (left behind) that indicates earlier action or presence, trace, vestige; **c** (regarded as minimal). **d** (transf. or fig.).

dicitur quod ~ium est impressio, derelicta ex transitu alicujus super vacuum vel plenum, ipsum imperfecte representans Duns *Ord.* III 175; cum singulos lectos singulis templariis frequenter preparasset, in crastino in uno lecto ~ia duorum sepissime invenit *Ann. Lond.* 192; sic me complectitur .. ut ~ia [Eng.: *the prynt of her*] diu post natibus inhereant Whittington *Vulg.* 88. **b** deinde .. extimplo nec saltim ~ia fumi .. videntes *V. Cuthb.* II 6; quarum ~ia sudium ibidem usque hodie visuntur Bede *HE* I 2 p. 14; cicatrices, plagae ~ia *Psalt. B* 255; relictis in dorso ejus verberum ~iis *V. Chris. Marky.* 23; ab aliis macule corporis recedunt, nullo deinceps ~io remanente *V. Edm. Rich B* 623; adhuc cernitur ~ium ejus [sc. Loth] in aqua claro tempore, videlicet pars murorum ejus *Itin. Mand.* 62. **c** vidit per somnium quasi subito sublatum eum quaesierit .. nullumque ejus uspiam ~ium apparuerit Bede *HE* IV 21 p. 256; nullum putredinis .. ~ium Osb. Clar. *V. Ed. Conf.* 30; aliquo .. vite ~io adhuc manente licet occulto Gir. *TH* I 21; nullum ~ium corrupcionis humane apparuit in beato Eadmundo quum natus fuit *V. Edm. Rich C* 590. **d** memoria non potest intueri oblivionem, cum non inveniat ymaginem que sit signum et ~ium oblivionis J. Blund *An.* 277; earum rerum quas intuendo animus cogitet de rebus quarum ille ymagines sunt signa et ~ia *Ib.* 280; creatura habet ad Deum triplicem relationem .. ad primum modum .. in quantum creatura est exemplata .. ad secundum modum, scilicet potentie .. ad tertium modum, scilicet mensure ... isti ergo tres respectus integrant rationem ~ii Duns *Ord.* III 176; imago est representativus tocius, et in hoc differt a ~io quod est representativum partis *Ib.* III 340.

5 (act of) tracking (*cf. vestigatio* 1).

ne intermittatur aliquod ~ium .. priusquam omnis homo unam equitationem equitaverit (*Quad.*) *GAS* 176; si ~ium furati pecoris minetur de loco in locum, tunc committatur ipsum ~ium landhominibus (*Quad.*) *Ib.* 375.

vestilianis v. Vestalis. **vestillamentum** v. vessellamentum.

vestimen [CL vestire+-men]

1 article of clothing, garment, robe.

non laneo, nec lineo ~ine .. usus est, sed in pelliciis vestibus omnes dies .. exigebat Felix *Guthl.* 28.

2 (liturgical) vestment.

preter predicta vestimina mystica quedam / presul habere solet Garl. *Myst. Eccl.* p. 148.

vestimentaliter [CL vestimentum+-alis+-ter], with regard to clothing, (in quot. fig.) outwardly.

est itaque Deus homo non modo ~er sed essentialiter J. CORNW. *Eul.* 2.

vestimentarius [CL vestimentum+-arius]

1 (as sb. m.) maker or keeper of robes.

s**1422** vestimentum .. ad trecentas fere marcas per ~ios et frigiones .. extitit appreciatum *Croyl. Cont. B* 515.

2 (as sb. n., eccl.) vestry.

c**1423** habet Aula Regine .. x li. pro reparacione ~ii alias vestibuli *Test. Ebor.* III 67 (=*Reg. Cant.* II 238).

vestimentum [CL]

1 article of clothing, garment, robe, (also collect. sg.) clothing; **b** (transf. or fig.).

~is utebatur communibus BEDE *CuthbP* 16; quod necessario victui et ~o superest date pauperibus *Id. Luke* 483D; sumptis .. ~is virilibus .. vestita cappa talari exivit foras *V. Chris. Marky.* 33; multi infirmi sanati sunt per hoc quod tetigerunt fimbriam ~i ejus AILR. *Serm.* 13. 286A; prospiciens in illum [sc. puteum], supernatare vidit oram ~i filii sui *Mir. Wulfst.* II 12; omnia sua ~a vetusta pauperibus erogabit *Obed. Abingd.* 405; **1460** rogo detis michi licenciam recedendi ad conventum Norwici ad mutandum ~a mea propter sudores *Paston Let.* 612 p. 215; **1588** unum ~um muliebre vocat' *a kyrtell'*, pretii iv s. *Pat* 1320 m. 2. **b 799** forte pueris palatinis contra frigus inperitiae aliquod ~i genus texi poterit ALCUIN *Ep.* 171 p. 282; **799** non horruisti ~um sumere carnis *Ep. Alcuin.* 182; dicciones sunt corpus, scriptura vero sermonis ~um BACON V 146.

2 (eccl.) (set of) clothing worn for liturgy, vestment (also applied to individual garment, esp. tunicle, dalmatic, or chasuble).

~um suum et cappam, utraque bene plicata, deferat secretario LANFR. *Const.* 129; a**1100** ~a sacerdotalia: albe v, superhumeralia iij, viij casule, kappa j, pallia v (*Invent.*) *EHR* XXXII 389; una casula festivalis cum ~o suo .. una dalmatica cum ~ento suo STEPH. ROUEN *addit.* 759; sepultus est .. in ipso .. in quo ordinatus fuit ~o, alba, que Grece 'poderis' dicitur, superhumerali simplici, chrismatica, mitra, stola, mappula W. FITZST. *Thom.* 151; **13..** legavit .. ij vestamenta cum stolis et manipulis *Cart. Bath* B 808 p. 156; ~um integrum cum iij capis de panno de auro fundo nigro cum stellis albis *Invent. Norw.* 20; iij paria ~orum, unum festivale, dominicale, et feriale *Ib.* 137; **1368** j ~um competens pro presbitero, sc. casulam cum alba .. stola et manipulo (*Test. Episc.*) *Reg. Exon.* 1555; **1378** unum ~um cum apparatu, viz. unam casulam cum una alba et amicta et parruris, stola, et manipula *Test. Karl.* 120; **1414** volo quod de toga mea de *motle* fiat unum †vestum [l. ~um] .. et tunc detur ecclesie s. Petri .. pro anima mea *Reg. Cant.* III 411; **1415** lego .. optimum ~um meum videlicet unum *chesible*, duas tuniculas, et unam capam cum suis pertinenciis *Ib.* II 51; **1425** lego ecclesie .. ~um quadragesimale cum toto apparatu *Ib.* II 320.

3 covering cloth; **b** (liturg.).

quid significant ista ~a quibus discipuli tegunt hec animalia in quibus sedet Dei Filius? AILR. *Serm.* 2. 26. 269A; **1452** do et lego .. omnia mea ~a lectualia *MunAcOx* 638. **b** vasa .. sacra et ~a altarium BEDE *HE* I 29 p. 63; c**1295** lego .. ad magnum altare .. novum ~um meum pontificale (*Test. Episc.*) *EHR* XV 524; **1415** unum ~um parvum de serico cum tablementis, frontellis, et duabus towellis *Foed.* IX 278; **1461** item pro portacione ~i supra tabernaculum in ffesto corporis Xpi' iiij d. (*King's Lynn*) *Malone Soc. Collect.* XI 51.

4 formal pledge to action.

possessionum quedam nuda pedum possessio .. dicitur nuda, eo quod non vallatur aliquo ~o et minimum habet possessionis et omnino nihil juris BRACTON f. 160; possessio nuda donec ex tempore et seisina pacifica adquiratur ~um *Ib.*; ex nudo pacto non nascitur accio. oportet igitur ut habeat ~a . . . contrahitur enim obligacio ex sex ~is, que omnia dicuntur ~a pactorum sicuti donacionum *Fleta* 120.

vestiplicium [CL vestiplicus+-ium], (in gl.).

~ium, *presse WW*; *a presse for clathe* [v. l. *clothis*], lucunar, panniplicium, ~ium *CathA*.

vestiplicus [CL], **~a,** (in gl.).

vesteplicia, femina quae vestes plicatur *GlC* U 141; ~a, mulier que vestes plicat OSB. GLOUC. *Deriv.* 624.

1 vestire [CL]

1 to clothe, dress (in quot. also spec. w. ref. to admission to religious order), (pass.) to get dressed, dress; **b** (refl.). **c** (eccl.) to vest, to put vestments on. **d** (pass.) to be clothed, dressed, (also p. ppl. as adj.) clothed, dressed. **e** (fig. or in fig. context). **f** (intr.) to get dressed, dress, (also) to get dressed up, dress up.

c**800** pauperes ~ire .. valeas ALCUIN *Ep.* 209; dehinc ducatur ad radendum et ~iendum LANFR. *Const.* 173; **1145** de hereditate mea dedi .. ad ~iendum predictos monachos *Act. Hen. II* I 17; angeli vestiunt mortuos resurgentes *Vers. Cant.* 20; c**1360** predictus monachus omnes regentes artium .. ~ivit robis *MunAcOx* 223. **b 1200** dabit .. Roberto .. dim. m. ad se ~iendum *CurR RC* II 174; parcissime se ~iunt et viliter exhibent MAP *NC* I 25 f. 20. **c** sacerdos ~ietur in revestiario *Ord. Ebor.* I 43. **d** caracalla qua ~iebatur BEDE *HE* I 7 p. 18; s**870** Hubba .. omnes sancte religionis schemate ~itos manu sua interfecit *Chr. Angl. Peterb.* 19; sindone vestitus R. CANT. *Poems* 7. 13; **1212** invenit eam jacentem mortuam et ~am super lectum suum *SelPl Crown* 64; delicatissime ~itus, muliebriter emollitus, faciem lavat E. THRIP. *Collect. Stories* 232; **1321** concessimus .. unam robam .. de panno quo ~ientur fratres et clerici nostri *Reg. Kilmainham* 2; **1461** major Oxon' cum sex burgensibus ~itis in una secta *MunC Ox* 221. **e** c**795** istae sunt deliciae quibus illos desideravi ~iri ALCUIN *Ep.* 34; fallacias tuas et tegis nominibus et ~is exemplis ADEL. *ED* 9; materiam veniat verbis vestire poesis VINSAUF *PN* 61; factor hominis / hominis hodie / se facie vestivit P. BLOIS *Carm.* 20. 16. 17; s**1204** imago prefata [sc. Dei genetricis], admirantibus cunctis, cepit paulatim mamillas carnis emittere, et mirabiliter carne ~iri M. PAR. *Maj.* II 487; ave mater et virago, / que vestisti carnis sago / vestientem lilia WALT. WIMB. *Virgo* 104; sapiencia regis virtutibus prudencie ~iti *Quadr. Reg. Spec.* 35. **f** actus bibendi et ~iendi .. possunt vocari usus OCKHAM *Pol.* I 301; si quando meus excederet e medio pater .. potarem, amarem, ~irem, scortarer LIV. *Op.* 45.

2 to put on, don, wear. **b** (transf.) to take on, assume.

calamistrati varia vellera ~ibunt, et exterior habitus interiora signabit G. MON. VII 3 (ed. M. Reeve (Woodbridge, 2007) VII 113); fratris ego, tu servi ~ies vestis LIV. *Op.* 117. **b** sepe columbinum vultum vestit leo dirus WALT. WIMB. *Scel.* 150.

3 to cover (thing) or bedeck with cloth or cloths, dress (also transf. or fig.).

subdiaconum .. oportet .. ~ire et honestare altaria EGB. *Pont.* 10; ingruente festo virginis, gregoriana basilica contra augustinianam Mildretham obstinate ~itur GOSC. *Lib. Mild.* 1; fratres siquidem in refectorio prandentes non conjunctim ad mensas sedebunt .. sed divisim ac spaciatim ordinate, ut tabule honorifice ~iantur *Cust. Cant.* I 161; c**1384** de oblacione ad altare sancte crucis ~ite *Ac. Durh.* 390.

4 (w. ref. to natural covering or sim., in quot. pass.) to have a covering (of), be clothed or covered (with): **a** (body with hair or sim.); **b** (land with vegetation, esp. crops, also leg.).

a caput horribili .. scabrigine tectum / et pro crine cutis maculis vestita ALCUIN *SS Ebor* 1101; mulierem barbatam, quae et cristam habuit .. crine ~itam GIR. *TH* II 20; **1251** duo homines .. venerunt .. cum duobus leporariis quorum unus fuit niger *coueire* et alter *fauf* ~itus *SelPlForest* 96; saguina animal est parvum .. facie cephi seu satyri pene .. ~ita pilo intus nigro, foris candido CAIUS *Anim.* f. 15. **b** [mons] floribus depictus, immo usquequaque ~itus BEDE *HE* I 7 p. 20; TRE erat dominium regis in civitate totum hospitatum, vel ~itum. quando comes W. ad firmam recepit, similiter ~itum fuit *DB* I 162ra; **1088** [terra] post decessum vitae ejus recedet in manum abbatis .. tam bene ~ita ut fuerit in die qua .. *Chr. Rams.* 233; qui habet x hidas, debet reddere vj hidas ~itas (*Quad.*) *GAS* 119; cernas tramites publicos ~itos pomiferis arboribus W. MALM. *GP* IV 153; abunde satis .. campi ~iuntur GIR. *TH* I 5; c**1219** inquirendum .. de cujusmodi vestitura ~ita fuerunt singula essarta et non inbladata *Pat* 211; **1222** ista nemora mediocriter sunt ~ita preter Tichenho, quod nullam habet magnum [*sic*] arborem *Dom. S. Paul.* 13.

5 to fit a covering (esp. of boards or plates) to.

1275 in ij carpentariis conductis per xij dies pro molendino .. ~endo (*Ac. Adisham*) *DCCant.*; **1285** in j veteri caruca de novo ~ianda et emendanda, ij d. (*Moundesmere*) *Ac. Man. Wint.*; armarium .. intrinsecus ligno ~itum esse debet ne humor parietum libros humectet *Obs. Barnwell* 64; **1297** in una rota forinseca et alia intrinseca ad molendinum boriale ~iendis *MinAc* 829/27 r. 3; **1314** in j carpentario per j diem ~iante plaustr', ij d. (*Pershore*) *Ac. Man. Westm.* 22101; **1322** in servicio unius carpentarii .. rotam exteriorem [molendini] vestiend' cum cc spykingis *MinAc* 1145/21 m. 22; **1451** in carucis shroudendis, chippandis, et ~iendis per annum, xij d. (*Ac. John Houbard*) *Ac. Coll. Wint.*

6 (leg.) to invest (with land, office, or stipend).

ii hidas .. quas Toret dederat ibi cum duabus filiabus suis, et ex eis semper fuerunt ~itae *DB* I 68rb; **1198** terram .. unde ~itus fuit et saisitus *CurR* I 45; ipsis terris .. saisitus obiit et ~itus *Chr. Bury Cont. A* f. 171; non prius .. quam per manus imperatoris de regalibus sint ~iti CAPGR. *Hen.* 40; **1480** fecerunt .. David .. in .. possessione prefate domus .. ~iri *Reg. Aberbr.* II 181; reputarentur, ~irentur, et adjudicarentur fore in actuali et reali possessione *Entries* 645rb.

7 (leg., *pactum ~itum*) enforceable agreement involving pledge to action.

pacta conventa, que nuda sunt aliquando et aliquando ~ita *Fleta* 120.

8 ? *f. l.*

mentis inops caveas varias †vestire tabernas D. BEC. 1387.

2 vestire v. wiscare.

vestis [CL]

1 article of clothing, garment.

corpus novis ~ibus intulerunt in ecclesiam BEDE *HE* IV 17 p. 246; ~a, *gyrlgyden GlP* 670; "tolle aurifrigium .. et pone illud in casula mea" . . . aurifrigium .. nec majus nec minus inventum est quam ~is ipsius mensura petebat EADMER *Mir. Dunst.* 24; sacris indutus ~ibus ad altare missam celebraturus accessit AILR. *Ed. Conf.* 786C; **1270** vidit ~es mulieris levatas usque ad zonam, et braccas viri depositas *SelCCant* 101; comodaverat .. cuidam mulieri quandam ~em suam [ME: *on of hire weaden*] *AncrR* 120; vidit quemdam militem Anglicum .. nova ~e togatum . . . habebat eciam in manica falconem subtili brodatura intextum . . . Scotus .. novam ~em et consimilem sibi fieri fecit in qua depingebatur pica BOWER XV 6; ut [clericus] non deferat ~es incisas aut ligulatas J. BURGH *PO* VII 10 f. 119v.

2 apparel, dress, clothing; **b** (mon.); **c** (transf., of natural bodily covering); **d** (fig.).

lupinum sub ~e gerant ovina BEDE *Cant.* 1194A; habitum, vestum *GlC* H 17; satius est ~em non mutare OSB. *V. Elph.* 124; foris ~e splendebat, intus castitate fulgebat HON. *GA* 616A; asperitas vestis, solide constancia mentis GERV. CIC. *Vers.* xlvii; sepe tibi vestis novitas sit perspeciosa D. BEC. 2818; nuditas nil est nisi absentia ~is S. LANGTON *Gl. Hist. Schol.* 40; talis sermo qualis vestis WALT. WIMB. *Van.* 82; pincernam vario totidem amicti ~e ministrando sequuntur *Eul. Hist.* II 328 (cf. G. MON. IX 13). **b** prima feminarum fertur in provincia Nordanhymbrorum propositum ~emque sanctimonialis habitus .. suscepisse BEDE *HE* IV 21 p. 253; te monachi texit vestis, te regula rexit *V. Gund.* 49. **c** pullos plumigera teneros sub veste recondit NECKAM *DS* II 501. **d 1125** abbas .. nec faciat milites nisi in sacra ~e Christi *Cart. Reading* 1; sine caritate, que vestis est nuptialis, ad convivium summi regis intrare AILR. *Serm.* 28. 23; juvenis .. exuit pristine vesanie notam, et humane rationis diu perditam ~em resumit *Mir. Fridesw.* 25; caro consolidata recrevit, / obduxitque cutis vulnera veste nova NIG. *SS* 1287; sunt gramina vestis / publica, sunt flores vestis sollennis H. AVR. *Hugh* 24.

3 covering, cloth: **a** bed cloth, sheet. **b** altar cloth.

a si item potest homo pugnare sine forisfacto, si alii obviet cum sponsa sua, clausis hostiis vel sub una ~e (*Quad.*) *GAS* 77; cum lectus .. mundis et pretiosis ~ibus componeretur GRIM *Thom.* 66. **b 1452** pro exhibicione ac usu ~ium altaris .. concordabunt executores mei .. cum sacerdote *MunAcOx* 645.

4 fabric, material, cloth.

nulla ~is linea colorem vermiculatum recipit sed sola ~is que ex vivo animanteque vel quovis animato decerpitur GERV. TILB. III 55; **1415** lego abbatie de Louthpart ij capas de rubea ~e de auro (*Test.*) *Foed.* IX 274; **1498** unam sectam vestimentorum de ~e deaurata *Test. Ebor.* IV 142.

vestispicus [CL], (in gl.).

~us, *a wardrope keper* STANBR. *Vulg.* 9.

vestitura [CL vestire+-ura; cf. vestura]

1 article of clothing, garment.

capis .. manicatis ceterisque .. ~is .. irreverenter abutuntur GIR. *Spec.* IV 31.

2 apparel, dress, clothing; **b** (transf., of natural bodily covering). **c** (provision of) clothes, (allowance of) clothing.

[Dani] habeba[n]t etiam ex consuetudine patrie unoquoque die comam pectere et sabbatis balneare, sepe etiam ~am mutare et formam corporis multis talibus frivolis adjuvare *Chr. Wallingf.* 60. **b** cismius obrepsit et vestitura potentis / marturis et spolio non leviore bever (BERN.) GERV. TILB. III 45; bernace .. firmam plumarum ~am indute GIR. *TH* I 15 p. 47. **c** **1130** in ~a et solidat' vineatoris lij s. *Pipe* 135; **c1137** corredium et ~a abbatis .. de S. Edmundo et monachorum suorum *Regesta* 754; **a1158** reddendo inde per annum ij s. et viij d. libere pro omni servicio ad ~am conventus *Ch. Westm.* 258; **1180** in conredio Alani Fabri regis et ~a ejus *RScacNorm* I 52; dedi et concessi .. unam hydam terre .. ad ~am monachorum *Reg. Malm.* I 433.

3 (leg.) what grows upon or covers the land, vesture, crop.

1180 pro licentia concordandi .. de ~a j prati *Pipe* 100; **c1188** totam ~am dictarum bovatarum .. libere et quiete capient *Couch. Furness* II 478; **c1219** inquirendum .. de cujusmodi ~a vestita fuerunt singula essarta et non inbladata *Pat* 211; **1235** rex concessit .. quod .. de minera illa ferrum fieri faciat de ~a quadraginta acrarum bosci, quas prius ei rex concesserat essartandas in bosco suo .. quamdiu ~a illa duraverit *Cl* 86; **1256** totam ~am seminatam ex orientali parte ville *DL Cart. Misc.* II 2; **1268** permiserunt quod dictus Johannes ~am ejusdem culture que remansit .. hoc tantum anno colligere possit *Cart. Osney* IV 230.

4 formal pledge or agreement.

coronam regiam, terram .. offerebat, dicens: 'haec omnia in signum ~e tibi dono' BOWER XIV 12; **c1400** et fratri Johanni de C. .. pro feodo suo ultimi anni, et pro ~a sua trium annorum a recto existentium, ut asseruit per juramentum suum coram executoribus prestitum *Test. Ebor.* III 16; **s1355** coronam regiam .. tibi tribuam in signum possessionis et †restiture [l. vestiture] *Plusc.* IX 43.

vestitus [CL]

1 article of clothing, garment.

802 misi unam pallam storacem et unum ~um ALCUIN *Ep.* 255; **c804** misi .. unum .. vestitum caprinum *Ib.* 311.

2 apparel, dress, clothing (also fig.); **b** (mon.). **c** (provision of) clothes, clothing. **d** (*~us monachorum*) provision of clothing for monastic community, (also) land from which profits are assigned for such provision (*cf. scrudlanda, victus*). **e** (transf.) covering.

regina .. in ~u deaurato radians ALDH. *VirgP* 15; **796** erudi .. gentem .. in omni modestia vitae et ~us ALCUIN *Ep.* 108; aptasti vestem congruam tibi vestiens temetipsum multicoloribus, ornatus quidem vestibus tuis sed incomparabiliter exornans eas ~u tuo J. FORD *Serm.* 20. 3; pueri innumerosi, quasi archangelica et angelica multitudo, celesti nitore decori, ~u candido, pennis lucentibus *G. Hen. V* 15 p. 110. **b** **c970** ~um [AS: *scrud*], jeunium, abstinentiam, et cetera .. quae .. beati Benedicti traditione .. suscepimus .. totis viribus custodientes *RegulC* 12; militares viri mores paternos in ~u et capillorum tonsura derelinquerunt ORD. VIT. VIII 22 p. 394. **c** **754** de nostro .. vili ~u .. direximus tuo cultui .. orarium et coculam et gunnam (CYNEHEARD) *Ep. Bonif.* 114; **1160** concedo .. tres marcas .. ad ~um canonicorum *Regesta Scot.* 174; quamplurimos .. quotidiano victu ~uque sustentans J. SAL. *Thom.* 11 p. 307; **1201** inveniet pro Willelmo victum et vestatum et equos *Cart. Haughmond* 1273; **c1250** dabunt michi .. ad ~um meum quolibet anno unam tunicam vel pallium unum *Cart. Beauchamp* 17; donavit michi .. in membris corporis convenienciam et eleganciam, victus et ~us sufficientiam UHTRED *Medit.* 198. **d** hoc burgum tenet archiepiscopus; et est de ~u monachorum *DB* I 3ra; de his habent monachi .. iiij l. ad ~um suum *DB* I 4rb; Waleorde TRE fuit de ~u monachorum *DB* I 31ra; hec villa est pro xx l. et est ad ~um monachorum *Chr. Peterb. app.* 164; **c1157** precipio quod totus victus et ~us monachorum .. sint quieta de thelonio et passagio *Act. Hen. II* I 188. **e** tabulas superposuit, ac .. his .. auri ~um superaddidit BEDE *Templ.* 757B.

3 act of clothing, dressing.

747 nec †imitantur [l. imitentur] saeculares in ~u crurum per fasciolas (*Clovesho*) *Conc. HS* 374; sub ~u .. tunicacio, capacio, pallicacio BACON XV 232.

4 (leg.) what grows upon or covers the land, vesture.

1199 concessit .. terram illam cum ~u *CurR* I 405.

vestor' v. 1 vicia.

vestras [LL], of your country, race, circle, or sim., (also as sb.) person of your country, race, or circle, your people. **b** your, of you.

pronomina .. derivativa .. meus, tuus, suus, noster, vester, nostras, ~as ALCUIN *Gram.* 873; cum aliquando cuidam fratrum ~ati proferenti .. assensum prebuissem ABBO *QG* 15 (34); **c1167** indulgeamus .. prelatis ecclesiarum, non ~atibus, sed nostratibus dico J. SAL. *Ep.* 169 (194); **1167** vobis notius est .. quantum ad ~ates causa nostra versetur *Ib.* 224 (222); **1333** nonnulli ~ates .. dileccionis solite semitis elongati *RScot* 233b; **p1396** ~atis gratanter ad nostrum dominium .. accessuris favorem consimilem .. facturi *Dip. Corr. Ric. II* 171; legum ~atium peritus MORE *Ut.* 43. **b** mox patefacta fiunt vestratis lumina frontis ALDH. *VirgV* 2685.

vestrum v. vos.

vestualis [CL vestis+-alis; cf. lectualis, CL victualis, etc.], of or pertaining to clothing, (in quot., as sb. n. pl.) clothes, clothing.

s1387 currus .. onustos cum pretiosis vasis .. aliisque ~ibus, lectualibus, mensalibus KNIGHTON II 254.

vestum v. vestimentum, vestis.

vestura [OF, ME *vesture*; cf. vestitura]

1 article of clothing, garment.

s1314 excepto comite de Penbroke, qui nudus fugit sine †ventura [l. vestura] et armis *Meaux* II xxxviii; **1399** venerabilem patrem .. cum suis .. equis, ~is, literis cambitoriis, ac aliis bonis *Foed.* VIII 68; at majore Londoniarum et civibus quamplurimis, rubeis capuciis et ~is viridibus reverenter ornatis (*Chr. S. Alb.* (1422–31)) AMUND. I 26; **1472** cum .. liberatis ~arum, furrurarum, et linurarum de Tartron' *Pat* 529 m. 12; **1515** Johanni F. custodi vestu[r]arum sive apparat[u]um omnium singulorum jocorum larvatorum vocatorum *maskes, revelles, and disguysings Eng. Dramatic Poetry* I (1879) 79 (cf. *Med. Stage* I 402); **1551** [*controller*] jocorum revelorum masculorum nostrorum omnimod' vestur' revelorum predictorum [vocatorum] *revelles, maskes, and maskying garments CalPat* 49.

2 apparel, dress, clothing, (also) (provision of) clothes, clothing; **b** (as allowance in money or in kind); **c** (w. ref. to livery or sim.). **d** dressing of furniture or room with covering cloths or sim., drapery; **e** (w. ref. to sails of windmill).

1329 in ~a duorum fratrum, xl s. *ExchScot* 140; **1329** pro ~a domine regine j peciam *Ib.* 255; **c1420** in iij pannis .. pro ~a capellanorum, clericorum, et generosorum *Ac. Durh.* 617; recipiat quilibet eorundem cantorum .. pro ~a sua de panno finiato ingranato quattuor virgas W. SAY *Lib. Reg. Cap.* 65. **b** **c1145** reddendo inde x s. per annum ad ~am nostram in cathedra S. Pauli *Ch. Westm.* 255; **1295** recepimus septendecim marcas ad ~am conventus *Ann. Dunstable* 401; **1322** item lego ad expensas meas funerales in cervisia et ~a pauperum *FormA* 430; **1431** pro ~a hustrionum [*sic*] civitatis hoc anno xxvj s. viij d. *MS Devon R. O. Exeter Receiver's Ac.* m. 1d.; ad ~am et furruram conventus .. fratribus distribuendam FLETE *Westm.* 133; **1456** omnimode concessiones sive relaxiones .. de aliquo herbagio, seu pannagio, .. vino, ~a, furruris, annuitatibus *Reg. Whet.* I 253. **c** recipiebat [prior] .. unam marcam .. ad ~am ipsius famuli *Cust. Westm.* 129; **1329** in ~a .. viginti palfridariis, sumptariis, dextrariis domini comitis et comitisse *ExchScot* 143; **1380** henxstman domini regis pro ~a et apparat' suis *KR Ac* 400/4 r. 23; **c1420** Johanni .. portanti ~am hiemalem pro ij armigeris domini prioris. .. *blonket* et *lyght grene* pro ~a legard' et garcionum domini erga Natale *Ac. Durh.* 617. **d** **1329** et pro lecto domini regis, j peciam [panni]. et pro ~a ejusdem, j peciam, ij ulnas, et j quarterium *ExchScot* 255; **c1400** dum capella tegitur nobili vestura *Pol. Poems* I 280. **e** ?**c1419** et in 108 uln' de *canvace* empt' tam pro ligatura de *lez condetz* .. quam pro ~a de *lez saylyerdez* molendini ventritici *Ac. Durh.* 616.

3 (protective) covering (of boards or plates, applied to cart, plough, or sim.).

1362 in ~a unius caruce viij d., et in chipping' ij d. (*Vernham Dean*) *Ac. Man. Wint.*; **1391** solut' fabro pro ferramento et ascero cultris vomeribus, strak', cum tota ~a ij carucarum faciend' *MinAc* 931/26.

4 (leg.) what grows upon or covers the land, vesture; **b** (w. ref. to produce of woodland).

s1189 prata depasta sunt et asportaverunt †vestam [l. vesturam] *Eng. Justice* 156; **1219** R. dedit .. omnem ~am de uno anno duarum virgatarum terre *Cart. Beauchamp* 217 p. 126; **1275** ille qui seminaverit terram alterius recuperet ~am illam quam seminavit *CourtR Wakefield* I 72; **1301** dictam terram .. semine ejusdem capellani seminarent et ~am inde exeuntem eidem traderent *SelPlMan* 126; **1323** restituet .. totum .. manerium .. cum ~a novem acrarum .. de frumento puro, novem .. ordei palmalis, trium .. fabarum, sexaginta .. avene bene seisonat' (*Ch. Cant.*) *Arch. J.* XV 148; ad quod in ipsa domo plenarie faciendum, molle fenum secunde ~e de pratis camerarii est specialiter assignatum, ac insuper de molliori feno prime ~e eorundem *Cust. Cant.* 219; **1366** seminavit tam ~am yhemalem quam vernalem *Hal. Durh.* 57; **1428** prati predicti ~am .. cariare consueverunt annuatim cum carrectis *Rec. Leic.* II 235. **b** **s1244** inquirendum est quantum ~a singulorum boscorum et refletorum predicto modo assartatorum valuit M. PAR. *Maj.* VI 94; **1395** habebunt .. pro suis focalibus .. comburendis superficiem sive ~am silve seu bosci, sc. arbores et silvam ceduam, subboscum et arbusta *Pat* 342 m. 24.

5 (right of) investiture, formal installation (*cf. investitura* 1).

s1102 schisma oritur inter regem Henricum et Anselmum archiepiscopum propter ~as ecclesiarum OXNEAD *Chr.* 42; **1329** de dubio utrum comes M. ~am suam .. pro se habuit vel ex liberacione Willelmi de A., effectualiter est protestatus *ExchScot* 236; **1480** Nicolaus Boston ex dacione, prefixione, et ~a .. intitulatus in prioratu de Tynemutha predicto *Reg. Whet.* II 215.

vetare [CL]

1 to forbid, prohibit (activity, event, or sim., also w. acc., or sts. dat., of person); **b** (w. inf.); **c** (w. *ne* or *quod non*). **d** to forbid the use of, (p. ppl.) forbidden (also as sb.). **e** (p. ppl., of time or season) close. **f** (p. ppl. as sb.) prohibition.

nisi .. castra vestra removeritis .. nos .. vobis mercatum promissum ~abimus ORD. VIT. IX 14 p. 585; mechiam commisisti / quam jus vetat et lex Christi WALT. WIMB. *Van.* 86; **1258** conqueritur .. quod [Johannes] ~uit illi *lot* de pisce *Rec. Leic.* I 78; quod ~atis virgines, id quoque tentare cupiunt LIV. *Op.* 114. **b** conversos quosque ad se Christus peccatis vivere ~at BEDE *Sam.* 697C; non ~at bibere vinum ad necessitatem *Id. Prov.* 1007D; quidam abscidendum esse docebant, alii hoc fieri metu majoris periculi ~abant *Id. HE* IV 30 p. 279; ~uit .. sancta custos olei conscientiae bonae hoc factum publicare GOSC. *Wulfh.* 5; jugis cura, perpes angor / me salutis avidum / vetant esse validum P. BLOIS *Carm.* 11. 3. 17; polluti .. funere, sacrificare ~abantur ALB. LOND. *DG* 6. 28; **1378** ~uit eum succidere merutas suas *CourtR Ottery St. M.* m. 7. **c** sed pius antistes vetuit specialiter unum / ex sociis, ludo ne se misceret inani ALCUIN *SS Ebor* 1182; ne .. velit sapiens esse poeta vetat J. SAL. *Enth. Phil.* 750; nardi vetet commixtio / ne putrescat in tumulo / caro beata *Med. Stage* II 316 (=*Drama* I 348); **1313** ~uit coronatorem et .. xij de inquisicione .. quod non potuerunt intrare *Eyre Kent* I 97. **d** petit vetitas alacrior arces FRITH. 711; **993** anathematis alogia ambro pomum momordit ~itum [cf. *Gen.* ii 16–17, iii] *Ch. Abingd.* 124; serpens .. suggessit Eve quod si comederent de ligno ~ito statim forent sicut dii *Eul. Hist.* I 19. **e** **1238** porcos agistari fecerunt in ipsis boscis infra mensem regis ~itum *Cl* 108; **1290** tam in mense ~ito quam extra

BBC 75; **1333** per omnes seisonas anni, tam tempore ~ito et in defenso posito quam aliis temporibus *Cl* 153 m. 22. **f** coeptis institi vetitis BEDE *HE* V 6 p. 290; ille tamen contra vetitum petulanter habenas / solvit ALCUIN *SS Ebor* 1184; rex .. ultra ~itum episcopi duxerat H. HUNT. *HA* V 14.

2 to prevent, be an ostacle to, hinder (also w. inf.).

hunc ulterius progredi .. mors obvia ~uit GOSC. *Transl. Aug.* 46C; lumen porto quod nubilus aer / irrutilare vetat H. AVR. *Poems* 6. 110; se manifestant filios diaboli, qui occidendo .. vetando generacionem filiorum Dei multiplicant alienos WYCL. *Ver.* II 147.

3 (leg.) to refuse: **a** (to allow taking of gage or sim.); **b** (to accept offer of gage or sim., esp. *namium ~itum,* 'vee de naam',*cf. namium* 2c).

a 1281 ~uit vadium suum ballivo domini *SelPl Man* 31. **b 1238** de namiis captis et ~itis contra vadium et plagium *Cl* 74; placitum namii †vetidi [l. ~iti] et catalla *Reg. Tristernagh* 53; **1252** de namio ~ito *CalPat* 143; **1275** episcopus placitat placitum de weti-to namio *Hund.* I 69a.

4 *f. l.*

si ergo ex illis beneficiis .. uti volueris [v. l. nolueritis], aut superbie tue †vetaberis [v. l. necaberis], quia donata repudias, aut invidie quia a meliore prestantur *Eul. Hist.* I 431.

vetatio [LL], prohibition.

ita quod, vel propter impotenciam illorum, vel propter carenciam vel indisposicionem materie, vel propter ~onem virtutis regitive universi non sufficerent ulterius WYCL. *Log.* II 174.

vetella v. 1 viella.   **vetellus** v. 3 vitellus.

veteramentarius [CL], dealer in old clothes.

1561 Andreas de Beyser, ~ius, prolem habet unam hic natam (*SP Dom. Eliz.*) *Hug. Soc.* X 273 (cf. ib. X 278: Andries de Beyser *outcleder vercoper*).

veteranus [CL]

1 (of soldier or sim.) who has experienced action, veteran (also as sb.); **b** (fig. or transf.).

emeritus, i. ~us miles *GlH* E 229; ~us .. Cesarem rogavit in publico ut adesset J. SAL. *Pol.* 509D; ut miles ~us non tam hoste foris quam intus foro vexaretur GIR. *EH* II 35 p. 392; **s1392** olim regni nobiles filios suos .. tradiderunt militibus vel armigeris WALS. *HA* II 406. **b** o inimici Dei et non sacerdotes, ~i malorum et non pontifices GILDAS *EB* 108; o male nate puer, centum ~e dierum *Altercatio* 57.

2 aged, old (also as sb.); **b** (assoc. w. wear or deterioration). **c** (of food or drink) matured.

de ~is parentibus et sterili diu matre natus est BEDE *Hom.* II 19. 205B; unde mihi cano tormenta tot et veterano? R. CANT. *Malch.* I 222; et fidelis exclamat ~us: 'nunc dimittis .. ' [*Luc.* ii 29] H. LOS. *Serm.* 76; quidam minister, ~us etate R. COLD. *Cuthb.* 53; queritur de ~is quare si semel coeunt vix postea possunt abstinere *Quaest. Salern.* B 45; **s1189** juvenem feci comitem de episcopo ~o M. PAR. *Maj.* II 352; anser sumatur ~us GAD. 39v. 1. **b** in ~is laminis et erugine obductis crucifixi *Found. Waltham* 33. **c** ejus sit potus cervisia vel veterana D. BEC. 2679.

3 that has existed a long time, long-standing.

hanc ~am civitatem [Bizantium] .. in juvenculam suscitabis ALDH. *VirgP* 25; ~is eum odiis etiam mortuum insequebantur BEDE *HE* III 11 p. 148; cum .. eum ~o insequantur odio GERV. CANT. *Imag.* 30.

4 of the (distant) past, of long ago, ancient.

Lucanus, poeta ~us BEDE *AM* 115; ollita, ~a *GlC* O 143 (cf. ib. U 99: vetusta, ollita); crimina sepe solent veterana novare pudores D. BEC. 535; ut de regibus Anglie ~um et tutum habeamus exordium SILGRAVE 9; qui veteres recolis veteranaque gesta revolvis *Pol. Poems* II 266.

veterare [LL]

1 (in gl.) to make old, antiquate.

to make alde, antiquare, ~are, vetustare *CathA*.

2 *f. l.*

eo gravius nova documenta .. addiscere .. poterat quo familiarius .. †veterandis [? l. veteranis *or* venerandis] consuetudinibus diutius inherendo adoleverat R. COLD. *Cuthb.* 76 p. 158.

veterascentia [CL veterascens *pr. ppl. of* veterascere+-ia], (process of) growing old, aging.

antiquitas .. aliquando accipitur pro senio, vetustate, vel ~a rerum encium *Ziz.* 454.

veterascere, ~escere [CL]

1 to grow old, age. **b** (transf., of feeling) to come to have existed for a long time, become long-standing.

sic novus ut mustum tecum veterascat amicus ALCUIN *Carm.* 21. 13; asinus .. quanto magis ~ascit, tanto est turpior T. CHOBHAM *Serm.* 11 f. 46ra. **b** in semetipsa ~ascens humana superbia Dei in se corrupit imaginem AILR. *Spec. Car.* I 8. 512B; **a1237** quando [ira] ~ascit et durat, efficitur odium *Conc. Syn.* 217.

2 to undergo or come to show the effects of growing old, age (esp. w. ref. to deterioration).

murorum .. cacumina .. / nunc prostrata solo veterescunt ALDH. *VirgV* 638; **772** caritas, quae desinere nescit, numquam ~escit *Ep. Bonif.* 123; memoriam apud me nunquam ~ascere ANSELM (*Ep.* 180) IV 64; nunquam sordidantur vestimenta ejus nec ~ascunt GIR. *GE* I 25 p. 69; homo .. in ipsa agnicione creatus est antequam delicto ~asceret GROS. *Hexaem.* VIII 29 p. 253; sint tibi divitie in thesauris qui non ~ascunt RIPLEY 194.

veterator [CL], experienced practitioner, 'old hand' (in quot. derog.).

convocatis Colonensibus et Flandrensibus constabularii nostri una cum senioribus castra regis adeunt, auditum quid veteratores illi sibi deliberassent OSB. BAWDSEY clxxvi.

veteratus [CL]

1 (grown) old, aged; **b** (of thing, assoc. w. wear or deterioration). **c** (of food or drink) matured.

quod juvenis pullus discit memorat veteratus D. BEC. 87; non veterata nove clamidi sit penna locata *Ib.* 1197; cum .. juxta viros ~os, securitas maxima sit pars gaudii sanctorum qui sunt in celis *Reg. Whet.* I 166. **b** nostris aptans usibus / saccum veteratum / propter nostra vulnera / gratis vulneratum S. LANGTON *BVM* I. 29; **c1511** due cortine .. ~a [*sic*] sive lacerata [*sic*] *Invent. Ch. Ch.* 150. **c** ante cibum sompnus, studium, vinum veteratum D. BEC. 2718; est juvenis salsus laudabilis et veteratus. / sunt nutritive nimium carnes vituline. / desiccant salse carnes nimium veterate *Ib.* 2733 (cf. ib. 2747: caseus .. salsus veteratus).

2 of the (distant) past, of long ago, ancient, (also) that has existed for a long time, long-standing.

mors pro peccato ruet in terram veterato [*gl.*: quod anglici ex antiquo continuabat] *Pol. Poems* I 206.

veterescere v. veterascere.

veteritas [CL vetus+-tas], great or old age.

c1470 dicunt .. quod Willelmus Locke *myller* habet j *fyrstpece* cotagii sui .. dilaceratum sed non in ejus defectu sed propter debilitatem et ~atem *CourtR* 194/108 m. 1.

veternosus [CL]

1 afflicted by lassitude, torpor, lethargy, or sim., (also *gutta ~a*) condition characterized by paralysis of part of the body (*cf. gutta* 6).

gutta .. vertenosa [? l. veternosa] exstitit, quia in medullis nervorum et ossuum ita immobiliter manus illius inhesit ac si naturaliter ei concreta et inossata fuisse consueverit R. COLD. *Cuthb.* 19 p. 279; veternum, -i, infirmitas quelibet quam habent veteres ex consueto sicut est oblivio, gravitas, guttositas .. inde ~us, illa infirmitate plenus OSB. GLOUC. *Deriv.* 602; ~us, senex vel infirmus *Ib.* 623.

2 old, aged (also as sb.); **b** (assoc. w. wear or deterioration). **c** of the (distant) past, of long ago, ancient, (also) that has existed for a long time, long-standing.

attestatio cujusdam ~i, qui hactenus durans asserit avum suum .. vidisse GOSC. *Aug. Min.* 762D; anno-

sus, ~us, senior, senex OSB. GLOUC. *Deriv.* 45. **b** tanquam stipitibus ~is is sterilibusque rejecti P. BLOIS *Ep.* 126. 376B; **c1202** explantare studeas dissolutionum propagines ~as quas insolentie mater longa impunitas radicare permisit *Ib.* 132. 392D; viroris .. gratia raro solet procedere de stipite ~o cujus radix exaruit *Ib.* 236. 538D; domus amplissima et fuliginosa, muris ~is circumdata COGGESH. *Visio* 19. **c** tabifico ~i serpentis veneno S. FOUGÈRES *Vitalis* 357; iste fuit ~us error Manicheorum NETTER *DAF* I 62b A.

veternus [CL]

1 (morbid) condition of lassitude, torpor, lethargy (also transf. or fig.). **b** (in gl.) jaundice, 'yellow sought'.

a sordibus et ~o scelerum exsurgere BEDE *Mark* 183B; ~o infirmitatis discusso *Id. HE* V 5 p. 288; hinc vexatur acri per singula membra veterno, / nec quibat metas pedibus tranare cupitas FRITH. 1233; pene omnia annorum ~o .. obsoleverant W. MALM. *GP* II *prol.* **b** ~um, G. *gaunis .. jauniz,* A. *yelu sout, yeleu sot, gaunis* Teaching Latin II 31.

2 (transf., of plant) dormancy, fruitlessness.

vidimus vitem annosam longoque ~o effetam tali arte in fructus renasci GOSC. *Lib. Confort.* 79.

3 (understood as adj.) old (*cf. vetus*). **b** ancient.

canitiemque sui cera veterna dolet (*Vers.*) *V. Ed. Conf.* f. 38r. **b** illud propheticum, quod ~o illi populo denuntiatum est GILDAS *EB* 21; serpente veterno / ludificante WULF. *Swith.* I 1331; cum .. ~us invisor mente sagaci comperiret quod .. B. *V. Dunst.* 16; in ~is regum libellis *Ib.* 22.

4 ? *f. l.*

veterno [v. l. vetorno; ? l. veternosus], *fœcnum GlC* V 146.

veterus v. vetus.   **vetetabilitas** v. vegetabilitas. **vethelarius** v. fidularius.   **vethirus** v. wethirus. **vetidus** v. vetare.

vetitare [CL vetare+-itare], to forbid, prohibit.

te ingressum in eadem [sc. ecclesia] habere vi ~averunt *Reg. Brev. Orig.* f. 59v.

vetonica, ~on v. vettonica.   **vetrarius** v. veltrarius. **vetrum** v. 1 veratrum.

vettonica [CL], **betonica** [LL; cf. et. AS *betonice,* ME *betonica*]

1 (also *herba ~a*) betony, bishop's wort (*Stachys betonica*).

10.. betonica *seo læsse bisceopwyrt WW*; herba ~a a jejuno bibita aut etiam comesta, aciem oculorum reddit meliorem NECKAM *NR* II 61; bethonice virtus auris capitisque dolori, / fracture capitis, ydropicis dat opem (*Id.*) *CC cont. med.* CCXXI 30; dyaborraginum optimum in causis .. melancholie exhibeatur .. de radice enule, lupatorio .. majorana, bethonica, et athanasia GILB. II 100. 2; betonica, vel betonia aut vetonica, cestros vel cestrum idem, G. *betoine,* A. *betonike Alph.* 21; si tamen sit dolor in causa frigida .. tunc betonica, lavendula, et camomilla GAD. 6. 1; aqua rosacea vel betonica NETTER *DAF* I 465b C; betonia, *betony WW*; betana, A. *betany WW*.

2 (applied to other plants): **a** (*~a aquatica*) water betony, water figwort (*Scrophularia auriculata*). **b** (*~a altilis, ~a coronaria*) gillyflower, clove-pink (*Dianthus caryophyllus*). **c** (*~a altilis minor*) garden pink (*Dianthus plumarius*) or ragged robin (*Lychnis flos-cuculi*). **d** (*~a Pauli*) Paul's betony, speedwell (*Veronica officinalis*). **e** (*~a major*).

a saponaria, que est betonica aquatica .. aufert verrucas GAD. 29. 2. **b** betonica altilis sive coronaria, que a quibusdam vocatur cariophilatum, est herba quam vernacula lingua vocamus *a gelofer* aut *a clowgelofer* aut *an incarnacyon* TURNER *Herb.* (1965) 45. **c** *the jagged Pinkes,* vetonica altilis minor .. *Dodon* (J. BARET *Aluearie*) *OED* s. v. *jarred* 3b. **d** betonica Pauli aiegente .. *may be called in englishe Paules betony or wodde Peny ryal* TURNER *Herb Names* (1965) 92; *wodpenie,* betonica Pauli LEVINS *Manip.* 102. **e** ~a major, i. *selfhele SB* 13.

3 (understood as) kind of aromatic plant, alexanders (*cf. smyrnium*), or *f. l.*

smircus, vel smirinis, †benotica [? l. beronica], veronica *Alph.* 173 (cf. ib. 22: beronica, respice in smirtus); smirtus est †betonica [*sic* MS; ? l. beronica] *SB* 40.

4 kind of plant, or *f. l.*

vetonicon folia habet similia edere sex vel amplius, sed paulo majora, †sponsa [l. spansa] super terram, et desuper alba angulosa et viridia, cum virgis duarum palmarum. flos est illi viridis et in vere maxime nascitur. hasta ejus viridis est ut vix videri possit. nascitur locis aquosis. folia ejus, melle addito, ignem sacrum extingunt et tumoribus omnibus medentur *Alph.* 189.

vettura v. vectura.

vetulana [CL vetula+-ana], (in gl.).

~a, *an old quene or an old wymman WW.*

vetulari [CL vetulus+-ari], to grow old or to undergo or show the effects of growing old, age.

non marcente cuti vetulatur fixa juvente / floriditas HANV. VIII 302.

vetularis [CL vetulus+-aris], of or pertaining to an old person (in quot., w. ref. to woman).

due etates a tali immundicia sunt immunes, scilicet senectus ~is et juventus puellaris BART. ANGL. IV 8.

1 vetulus [CL]

1 old, aged; **b** (in gl.).

sic in castitate florens usque cicneam ~ae senectutis canitiem feliciter permansit ALDH. *VirgP* 23; **c720** praeter unam tantum sororem ejus et matrem valde ~am *Ep. Bonif.* 14; nunc ove ~a cum tauro indomito jugata W. MALM. *GP* I 48; **s981** erat tunc ipsa [possessiuncula] ~a, sterilis, et nimis egena *Hist. Glouc.* 87; **1434** de una honesta muliere ~a bone conversacionis *Reg. Durh.* 28. **b 9..** decrepita, i. ~a, *forweren*, valde senex *WW*; ~us, aliquantulum vetus OSB. GLOUC. *Deriv.* 623.

2 (as sb m.) old man.

erat quidam veteranus qui asserebat avum suum per sanctum Augustinum baptizatum fuisse .. prefatus ~us ab avo suo patri audita et a patre sibi narrata representabat audientibus GOSC. *Aug. Maj.* 89C.

3 (as sb. f.) old woman; **b** (as practitioner of witchcraft).

si adhuc aliquos cognoscitur illa sordidissima turpitudinem de vecula [*sic* MSS; cf. Caesarius: de annicula] vel cervolo [exercere] (*Serm.*) W. Levison, *England and the Continent in the Eighth Century* (Oxford 1946) p. 309; **10..** anula vel ~a, *eald wif WW*; ecce .. ~a quaedam cum filia OSB. *Mir. Dunst.* 12; quod quidem supplicium idiotarum et ~arum est commune solatium *Found. Waltham* 27; coluber predicto modo preparatus et exhibitus ~as decorticat et rejuvenescere facit GILB. VII 343v. 1; tunc est mundus quasi ~a gravida etate decrepita, indumento nuda, morti propinqua BACON V 80; ~a [ME: *quene*] .. dixit que cum stramine omnes parietes accendit quod multum procedit ex modico *AncrR* 112; effugias vetulas [ME: *lede þi lijf in chastite*] *Dietarium* 55. **b** quod verbo aliquis fascinetur patet in ~is incantantibus ex odio vel invidia *Quaest. Salern.* Ba 50; ipse ~e ubicunque faciunt characteres et carmina et conjurationes, ac ipsi magici utuntur invocationibus demonum BACON *Maj.* I 395; sic est stulta consideracio et magica et ~arum et extra consideracionem sapientum *Id. Tert.* 98.

2 vetulus v. vitulus.

vetus [CL], **~er** [LL]

1 old, aged (also assoc. w. wear or deterioration). **b** (of food or drink) matured, aged. **c** (as sb.) old person. **d** (as sb. m.) Sheikh, (in quot., *~us de Monte* for Ar. *Shaykh al-jabal*) Old Man of the Mountain (title applied to the head of the Assassins, esp. to Rashid ad-Din Sinan).

1194 ut quelibet illarum habeat unam ~erem pelliceam *G. S. Alb.* I 203; pictaciarii viles .. consuunt sotulares ~eres renovando pictacia GARL. *Dict.* 125; **1253** j ~us tina et due ~eres corbelles *SelPlForest* 107; **1280** boscus .. vastatur de ~eri. postea .. boscus bene revenit *Ib.* lxxxiv (cf. ib.: pro veteri vasto bosci; *Forest Bk. Sherwood* 155: boscus .. vastatur de ~eri et emendatur de novo); **1286** pro .. emendacione quatuor cellarum ~erum (*KR Ac*) *Arch.* LXX 54; **1297** preceptum est quod vendantur .. ~eres arbores in bosco *Ac. Cornw* 253; **1313** in feno empto ad sustentacionem xv jumentorum ~erum *KR Ac* 99/22; **1338** j gallus et viij galline ~eres *Ac. Durh.* 199; **1364** falsum latronem et rusticum ~erem et defractum *Cal. Pl. Mem. Lond.* II 15; **1503** j seue vecter' et xij tracchis nullius valoris *Crawley* 498. **b** non vino ~eri .. sed musto sunt .. impleti BEDE *Acts* 948A; **1335** j perna baconis ~eris *Househ. Ac.* 184; **1335** de x doliis vini ~eris valde debilis *KR Ac* 19/3 m. 3. **c** luna vetus veteres, juvenes nova luna requirit (*Vers.*) GAD. 80 2. **d 1195** litteras quas ~us de Monte misit duci Andriae de morte marchisii (*Lit. Episc.*) DICETO *YH* 127; **1238** de nuncio ~eris de †Mussa [? l. monte] in Angliam veniendo *Foed.* I 382 (cf. M. PAR. *Maj.* III 488: **s1237** missi sunt Saracenorum legati solennes .. principaliter ex parte ~eris de Monte); rex Ricardus misit .. legationem ad ~erem de Monte BROMPTON 1252.

2 that has existed a long time, long-standing. **b** long known about (in quot. *Digestum ~us*, of part of Justinian's Digest, dist. fr. more recently recovered parts).

est et altera ~us quoque relatio viri Dei *V. Greg.* p. 94; caverat ne in aliquam domum ad se introirent, ~ere usus augurio ne .. deciperent BEDE *HE* I 25 p. 45; **801** habes quoque et ~eris consuetudinis sufficienter sacramentaria majora ALCUIN *Ep.* 226; **s1139** ex ~eri odio in Alanum W. MALM. *HN* 473 p. 31; parietem ~eris inimicitie inter Deum et hominem .. destruxit OSB. CLAR. *Anna* f. 47. **b** Digestum ~us, tres partes cum Digesto Novo SWAFHAM 99.

3 (w. proper name) senior, the old, the elder.

cedulam vacuam .. puella quedam de camera .. sigillo ~eris Willelmi de Oildebof signavit GIR. *SD* 90 (cf. ib. xxxvi n. 84: *for W. de Weldeboef* juvenis).

4 of the past, (esp.) of the distant past, of long ago, ancient. **b** (as sb. pl.) the Ancients (esp. w. ref. to Classical times). **c** ancestors. **d** (contrasted w. more recent instance or sim., esp. opp. to *novus*) old, earlier, previous. **e** (*de ~eri*) of the early (harvest).

fauni de ~eribus pastoribus fuerunt in principio mundi *Lib. Monstr.* I 4; apud ~eres Judaeos poena fuerit ut in profundum ligato saxo demergerentur BEDE *Mark* 226B; **1170** cum .. me tanto exilii tempore ~eres amici prorsus omiserint J. SAL. *Ep.* 294 (299); paulominus ad pristinam reditur experiendam ~erum nequitiam tyrannorum J. FORD *Serm.* 67. 12; quis jam non dixerit B. Petrum ad artem suam ~erem, viz. piscatoriam, reversum *Chr. Evesham* 33; **1300** ~erorum [*sic* MS; ? veternorum] rubigine viciorum *Reg. Cant.* 717; fit exuitio plenaria a vinculo ~eris debiti NETTER *DAF* II f. 115rb. **b p675** tiara apud ~eres in capite sacerdotum constituebatur ALDH. *Ep.* 4 p. 483; [elocutio] facunda erit .. si auctoritate ~erum fulcitur ALCUIN *Rhet.* 37; etiam nominativum 'saluber' protulisse ~eres ostenditur ABBO *QG* 3 (8); disciplinale .. apud ~eres .. percunctatio .. appellabatur BALSH. *AD rec. 2* 127. **c** agnita .. ~erum prosapia G. MON. I 3. **d** omnibus de ~eri ecclesia sublatis GOSC. *Aug. Maj.* 46C; ~eri .. jure statutum est et novo non est abolitum J. SAL. *Pol.* 607B; **1198** de ~eri cremento firme ejusdem burgi. ..de novo cremento ejusdem burgi *Pipe* 2; **1262** collectores debitorum weteris gilde mercatorie *Gild Merch.* II 6; **1282** viiij d. et ob. sterlingorum ~erum .. v d. sterlingorum novorum (*Decimae Papales*) *EHR* XXXII 52; **1331** vocabulum de *flemenesrenth* .. quod est ~us anglicum *PQW* 25a; **1349** unam shoppam .. in ~era draperia *Cart. Osney* II 70. **e 1252** de frumento de ~eri liiij sum. *DCCant.* Reg. H f. 173b; **c1259** exitus hastiberi, sc. de ~eri blado, iiij quar. *Estates Crowland* 191; **1280** remanserunt x marcate dumtaxat de ~eri blado *Reg. Heref.* 258; **1336** vj bus. brasei de ~eri *Househ. Ac.* 180; **1337** in cervisia braciata ij qr. brasci .. unde medietas de ~eri precium xxij s. *Ib.* 216.

vetuscus v. vetustus. **vetussare** v. tetrissitare.

vetustare [LL], to make old, antiquate.

ecclesiae .. adulescentulae .. non ~atae per culpam sed novellae per gratiam BEDE *Cant.* 1236A; *to make alde*, antiquare, veterare, ~are *CathA*.

vetustas [CL]

1 state of being old or having existed a long time (also assoc. w. wear or deterioration). **b** long tradition.

omne sacrificium sordida ~ate corruptum igni conburendum est THEOD. *Pen.* I 12. 6; purae virginitatis munus illibatum usque nonagenariam decrepitae ~atis senectam liquet servavisse ALDH. *VirgP* 29; templi aedificia prae nimia ~ate dissolvi coeperunt BEDE *Ezra* 808C; decorem maceriarum ~as .. obduxerat W. MALM. *GP* III 100; sterilitas .. naturalis que fit propter novitatem generationis vel propter ejus ~atem *Quaest. Salern.* B 174; sapientia .. nullum senium nullamque sentit ~atem ALB. LOND. *DG* 10. 1; **1235** communa siccorum ramorum per flatum venti vel ~atem ad terram prostratorum *Cart. Blyth* 255; **1416** unum antiphonarium et unum manuale ~ate maxima consumpta (*Vis.*) *Fabr. York* 248. **b** pro resuscitatione geminorum quam ibidem factam ~as memorat ORD. VIT. VI 9 p. 53.

2 duration of existence (esp. as long or great), age.

~as Dei, sive senectus, sive longevitas, non est aliud quam ejus eternitas AILR. *Serm.* 9. 26. 256A; de palma .. dici creditur quod longa sui ~ate longanimitatis sive eternitatis quandam speciem gerat J. FORD *Serm.* 82. 3.

3 state of being of the past. **b** people, things, matters, *etc.* of the distant past, antiquity. **c** old, earlier, or previous condition (contrasted w. more recent one, esp. w. ref. to state of sin or sim., opp. to *novitas*, *cf. e. g. Col.* iii 9). **d** old attitude. **e** the Old covenant.

Judae epistola .. auctoritate .. et ~ate et usu meruit ut inter sanctas scripturas computetur BEDE *Ep. Cath.* 129A; in antiquis .. sanctis quos ipsa ~as vel hominum incuria seu inscitia diu occultaverat *Canon. G. Sempr.* f. 110. **b** sunt sane quedam ~atis inditia cronico more et patrio sermone per annos Domini ordinata W. MALM. *GR* I *prol.*; nichil invenit quod non ex ~ate prodeat .. redit tamen ad vetusta mens .. memor igitur Herculis et Deianire MAP *NC* III 3 f. 39v; postera etas paulo negligentior ad ~atis memoriam retinendam FERR. *Kinloss* 13. **c** milibus hominum expurgata paganica ~ate baptizatis WILLIB. *Bonif.* 6; ut .. humanam naturam ~ate expoliens innovaris *Nunnam.* 64; non tantum secundum ~atem pereunt, verum et in novitatem transeunt PULL. *Sent.* 982C; **c1144** maris transitus est virtute baptismatis a ~ate peccati in novitatem gratie respirare G. FOLIOT *Ep.* 6; in baptismo ~as peccatorum exuitur, et novitas que in Christo est supervestitur H. READING (I) *Dial.* VI 1217C; in fide Christi ~as transiit, novitas accessit BALD. CANT. *Commend. Fid.* 592; ut novum induens hominem omnem vite prioris exuas ~atem P. BLOIS *Ep.* 15. 52A. **d** ipse Vetus Castrum, cum sua ~ate et novitate traditus Sathane, exinde in antris et latibulis latitavit et latitat a conspectu hominum *G. Hen. V* 1 p. 8 (cf. ib. 1 p. 3: resumens fere omnes errores et hereses quos .. sub novorum terminorum texturis ab antiquo paganismo revocaverat). **e c9..** †flaminis [l. flamen dans] vetustati / lactis ubera / †qua freti [quo feti] presentemur / absque macula (*Arbor eterna*) *Conc. HS* I 623.

†vetustiosus, *? f. l.*

1275 ex dono regis Henrici vetustiosissimi [? l. vetustissimo] *Hund.* I 70.

vetustus [CL]

1 old, aged (also assoc. w. wear or deterioration). **b** (of food or drink) mature, aged. **c** stale, old.

namque senescenti spoliabor pelle vetustus / atque nova rursus fretus remanebo juventa ALDH. *Aen.* 88 (*Basiliscus*) 6; exueras, misericors domine, ~is pannis originalis peccati et indueras me veste innocentiae ANSELM (*Or.* 8) III 270; mappa vetusta / et contrita VINSAUF *PN* 1771; tucius cum catulo luditur quam cum cane ~o GIR. *SD* 134; **c1400** liber qui in hoc monasterio conservatur ~issimus, qui 'Septem Signacula' vocatur *Reg. Whet.* I *app.* 449. **b** vinum fortissimum .. quanto plus fuerit †vetuscum [l. ~um] tanto plus redditur .. odoriferum *Itin. Mand.* 20. **c** pro panibus tuis ~is parati sunt tibi novi, constitues eos in refectionem cordium spiritualium BEDE *Tab.* 413A; debet .. sacerdos Dei sollicite curare ut oblatio ejus munda sit et non ~a ÆLF. *Ep.* 3. 32.

2 that has existed or been so or in use a long time, long-standing. **b** (*~us dierum*, of God) the Ancient of Days (w. ref. to *Dan.* vii 13). **c** (*~us hostis*) the Devil.

nam curant multi morbo contracti vetusto *Mir. Nin.* 94; in sancti Petri coenobio quod nuncupatur ~issimum LANTFR. *Swith. Ep.*; **†854** (12c) per flumen dirigitur usque ~um ac terminalem fossatum *CS* 476;

denique ab eis morem ~issimum sustulit qui sic animis eorum occalluerat W. MALM. *Wulfst.* II 20; rex erebi ~issimus ille Pyragmon DEVIZES f. 28v; juxta ~issimum illud templum Londoniarum *Mir. Hen. VI* V 152; incisiones .. ~iores sunt imbricate SPELMAN *Asp.* 108. **b** hic est ille ~us dierum de quo ait Daniel (AILR. *Serm.*) *CC cont. med.* IIB 134; quando sedebit ~us dierum tenens ventilabrum BELETH *RDO* 55. 61D. **c** abjectis ~i hostis atque primi facinoris incentoris insidiis EGB. *Pont.* 115.

3 of the past, (esp.) of the distant past, of long ago, ancient. **b** (contrasted w. more recent instance or sim., esp. opp. to *novus*) old, earlier, previous.

tacens ~os immanium tyrannorum annos GILDAS *EB* 4; nunquid aliquid ~um aut obsoletum? J. SAL. *Met.* 829D; inter ~issimos et novellos intermedios [auctores] reperimus R. BURY *Phil.* 10. 161; ostensis e monumentis ~iorum principum sceptris, coronis, foliis SPELMAN *Asp.* 37. **b** ita ut tres pandectes novae translationis, ad unum ~ae translationis quem de Roma adtulerat ipse super adjungeret BEDE *HA* 15; ex nova infusione caritatis et ex reliquiis ~e cupiditatis AILR. *Spec. Car.* I 9. 513A.

veua [OF *veue*], (record of formal) inspection.

1289 prout hec in ~a seu monstra facta in causa Ffronciaci et in judicato Ffrancie expressa[ta fuerunt] *RGasc* II 361b.

veutr- v. veltr-.

vexamen [CL], harassment, oppression.

1257 ecclesiam sanctam semper exercent tribulantia persecutionum affligentium ~ina AD. MARSH *Ep.* 247. 28; si majus certamen / apud mundum video, est annexa tamen / voluptas et ideo diligis vexamen PECKHAM *Def. Mend.* 427; solverat Anglia .. / .. tributum .. / .. / sanctus rex igitur .. / Anglos absolvit tali vexamine pressos *V. Ed. Conf. Metr.* I 309; *a travelle*, labor vel -bos, sudor, ~en .. angor, laboramen *CathA.*

vexanus v. vesanus.

vexare [CL]

1 to apply constant violent blows to, beat. **b** to inflict (physical) suffering, torment (also fig.).

ideo navis ista periit, quia .. unda ~ante confringitur BEDE *Acts* 993A; princeps canique sequaces / frigida convulsis vexabant pectora pugnis FRITH. 285; ardescunt veteres crebris pulsatibus ignes, / ecclesiae puppis vexatur dire procellis *Ib.* 1045; ad quam [sc. arborem] religatus flagris dirissimis diutissime ~atur ABBO *Edm.* 10; *to bete* .. flagellare, fustigare .. verberare .. ~are *CathA.* **b** eculei tormento vexatos et gabuli patibulo suspensos ALDH. *VirgP* 34; utique ~at me dilatio tua, utique torquet me exspectatio tui longitudine sua ANSELM (*Ep.* 76) III 198; in aliqua sui corporis parte arctius constringatur, et .. clamabit: sine, ledis me, ~as me EADMER *Beat.* 5; ancillam suam .. cruciatibus ~ari permisit *Mir. Fridesw.* 18.

2 to attack constantly.

Romani .. denuntiantes nequaquam se tam laboriosis expeditionibus posse frequentius ~ari GILDAS *EB* 18; per singulos fere annos .. regressi crebro impetu ~abant gregem Domini GOSC. *Transl. Mild.* 3; terram turbant, aedes concremant, orbem ~ant ORD. VIT. IV 7 p. 230; educti sunt canes ad ~andum taurum W. CANT. *Mir. Thom.* III 37; in margine ducatus Normannie aliquos .. ~averunt, Normannis sibi talionem reddentibus TORIGNI *Chr.* 203.

3 to afflict, to cause trouble, annoyance, or nuisance to; **b** (of illness, plague, or sim.); **c** (w. financial demands or sim.). **d** (of evil spirit or sim.) to possess, haunt, torment. **e** (transf.) to harass, inveigh against.

inferiora ejus [sc. arce Noe] loca stercoribus et spurcitiis esse deputata, ne animalia et praecipue homines fimi fetore ~arentur ALCUIN *Exeg.* 528A; importunare, inquietare, ~are OSB. GLOUC. *Deriv.* 294; sic aciem mentis vexant et in extera spargunt J. SAL. *Enth. Phil.* 785; dum mustela labore multo incassum ~ata esset, sui impatiens effecta, ad artem consuetam furibunda confugit NECKAM *NR* II 123 p. 202; **s1213** ex longa expeditione ~ati non facile possent tantum opus exhaustis aggredi cistarchiis W. COVENTR. II 212; novi virum graviter mentaliter ~atum horrore et timore GASCOIGNE *Loci* 139. **b** puerulus .. longo febrium incommodo .. ~atus BEDE *HE* III 12 p. 150; sic capitis perturbatione ~atur ANSELM (*Ep.* 39) III 151; si quis .. tempore jejunii infirmatur vel quomodolibet ~atur .. licet ei comedere M. PAR. *Maj.* III 355; non ~abitur [ME: *travayled*] morbo caduco *Itin. Mand.* 48. **c** **s1095** Uticenses monachi .. lx li. Cenomannensium de censu pagensium Redberto dederunt ne monasterium .. ulterius ~are[t] ORD. VIT. VIII 24 p. 424; **p1201** ne quis in regno meo [burgenses de Aberdon] .. ~are presumpmat in exigendo ab eis de propriis catallis eorum tolneium *Regesta Scot.* 429; **s1095** Willelmus rex Rufus .. subjectos omnes continuis geldis et taliagiis ~abat OXNEAD *Chr.* 39; **s1312** [nuntii papae] prelatos et clerum procuracionibus .. et aliis plurimis gravaminibus ~averunt AD. MUR. *Chr.* 16. **d** homo ~atus est a diabulo THEOD. *Pen.* II 10. 1; uxor a demonio ~abatur .. frendens dentibus gemitum .. emittebat *V. Cuthb.* II 8; quod non ~ati a demone, quod non percussi a bestiis AILR. *Inst. Inclus.* 32; hic †erecticius, qui ~atur multis demonibus *WW.* **e** desine grandevos jam jam vexare poetas *Altercatio* 56.

4 to trouble or harass (also w. legal action, esp. w. ref. to disturbance of possession of tenement); **b** (in name of writ).

c1157 si .. comes eos contra sentenciam diffinitivam qua illam ecclesiam adepti sunt et a nobis inde investiti ~are presumpserit *Doc. Theob.* 118; **c1158** precipio ne quis inde ecclesiam illam ~et nec placitando nec alio modo ullo *Ch. Chester* 129 (=*CalCh* II 317, *Cart. Chester* p. 78 n. 22); **1217** precipimus tibi quod .. non vexses dilectum et fidelem nostrum J. M. super forestam de M. *Cl* I 330a; **1231** comes Marchie et uxor sua et heredes sui durantibus treugis non implacitabuntur nec ~abuntur in foro ecclesiastico .. de aliqua re de qua essent tenentes *Ch. Chester* 436; **1234** finalis concordia .. inter majorem et burgenses de Len querentes et Thomam Norwic' episcopum ~antem *BBC* 362; **1253** si .. voluerint .. dictos monachos super aliqua particula dicte terre de K. ~are vel impetere vel questionem aliquam movere *Reg. Aberbr.* I 227; **1275** incopando ipsos quod ipsi communitatem .. falsa suggestione in instantibus nundinis ~averunt *SelPlMan* 155; **1313** de R. de C. et uxore ejus quia ~averunt R. S. in curia Christianitatis .. super hiis que non tangunt testamentum neque matrimonium *Leet Norw.* 58; **1355** si aliquis .. eos in aliquo ~are vel in placitum ponere voluerit *MonA* VI 981; **c1230** (1400) cum sanctimoniales .. injuste erant ~ate super advocacione capelle sue de B. *Ch. Chester* 226 (cf. *CalPat* 1399–1401 303). **b** de recto ne injuste ~es *Selden Soc.* LXXXVII 114.

5 a to put to trouble. **b** (w. inf.) to take trouble, labour, toil (to).

a insipiens frustra vexatur et ocia perdit (*Vers.*) ORD. VIT. XI *prol.* p. 160. **b** structuram lapidum in vanum deponere ~ant *Flor. Hist.* I 246 (cf. M. PAR. *Maj.* I 223: structuram .. deponere laborabant).

6 ? (intr.) to travel (*cf. laborare* 8, ME *travailen* but *cf. et. vectare* 2).

1357 item solut' R. C. ~anti versus London pro perquisicione brevium *MunCOx* 269.

vexatio [CL]

1 infliction of (physical) suffering, torment.

nec fuit in poena simplex vexatio carnis ALDH. *VirgV* 1756; castimoniam nec membrorum crudelis dilaceratio compescere nec lictorum atrox ~o praepedire .. valuerunt *Id. VirgP* 41; ut indiscretas abstinentias et ~ones corporis tui .. temperares ANSELM (*Ep.* 196) IV 86; **1166** spes est quod hec ipsa que videtur esse ~o .. vere salutis est paritura profectum J. SAL. *Ep.* 209 (190); pregnantes .. intolerabili statim ~one torquentur et usque ad ipsas fere mortis angustias, donec emittantur, dolore premuntur GIR. *TH* II 4; lilium .. folia cocta .. ~ones serpentium curant *Alph.* 98.

2 (infliction of) trouble, annoyance, or nuisance, harassment; **b** (w. financial demands or sim.); **c** (by evil spirit or sim., esp. w. ref. to possession). **d** (leg.) harassment with legal action (esp. w. ref. to disturbance of possession of tenement).

de injusta ~one Willelmi episcopi primi per Willelmum regem filium Willelmi magni regis *Vex. Will. tit.*; ad ejus noticiam jam venerat predecessoribus suis abbatibus ab episcopis .. frequens et multiplex illata ~o *Chr. Battle* f. 119; **1164** calamitas Anglorum ecclesiarumque ~o .. fuerat divulgata J. SAL. *Ep.* 134 (136 p. 4); **a1350** propter fatigaciones et ~ones frequentes in vocacione non regencium evitandas *StatOx* 18; crudelem et indesinentem populi ~onem BOWER XII 5; **1437** placita pro ~onibus per decanum factis capitulo *Stat. Linc.* II 385. **b** **611** possideat .. omnem utilitatem loci .. et sic remota ~one et cuncto gravamine divinum servitium peragant (*Bulla Papae*) *CS* 11; **c1178** quietantiam a theloneis, a prisonibus capiendis et custodiendis .. et ab omnibus hujusmodi consuetudinibus et ~onibus *Ch. Chester* 192; **1290** habeant licenciam .. piscandi .. in polis et extra polos sine ~one (*Ch.*) *MonA* VI 1146b; quantis talliarum ~onibus depressa fuerit *Chr. Angl.* 73. **c** neque aliquid .. ~onis ab antiquo hoste pertulit BEDE *HE* III 11 p. 150; torquere solebant demones / .. / cui .. data est .. pars pulveris almi / ac post talis ei fuerat vexatio nunquam ALCUIN *SS Ebor* 426; illum .. propulsantes et aquam benedictam super illum spargentes, vix .. a ~one demoniaca eruere quiverunt ORD. VIT. III 3 p. 42; quid adversus terribiles ~ones sevorum demonum homini .. valeret *V. Edm. Rich C* 608. **d** **c1150** volo ut firmiter et quiete sine alicujus ~one et violentia omnes possessiones suas .. teneant *Ch. Chester* 95; **1231** superius dictum est de ~one sive implacitatione comitis Marchie vel uxoris sue [sc. in foro ecclesiastico sive laicali] *Ib.* 436; **1198** (1253) sit hec sancta ecclesia .. libera .. de ~onibus vel impedimentis forestariorum si de suo bosco aliquid ceperint *Cart. Colch.* 45; vicarius ipsum episcopum post longam ~onem in curia .. requirebat episcopum .. ipsum absolvere a sentencia excommunicacionis GASCOIGNE *Loci* 32.

vexator [CL], one who inflicts torment or trouble.

si in Anglia cum rege contenderem .. multitudo ~orum ad culpam meam erumnas suas me exsecrando converteret ANSELM (*Ep.* 311) V 236; equaliter .. rursus eloquiorum cantus et lectiones imperfectos quidem educunt ad vitam ferentem filiorum adoptionem, conversionem autem sacram faciunt immunde ~orum GROS. *Ps.-Dion.* 1277.

vexatrix [CL vexare+-trix], one (f.) who inflicts torment or trouble.

1261 lites sunt protege sumptuum, quietis avare, ~ices corporum et mencium distractrices *Stat. Linc.* I 311.

vexilifer v. vexillifer.

vexillare [CL vexillum+-are]

1 to equip with banners (in quot. p. ppl. as adj.).

occurrit ei cum legionibus ~atis apud Bereford H. HUNT. *HA* IV 19; **s1291** lanceas ~atas gestantes in manibus *Flor. Hist.* III 73.

2 to add the mark of the cross (as attestation; *cf. vexillum* 3c).

c930 (12c) haec dona ~ando conscripsi *Chr. Abingd.* I 63 (=*CS* 667); **940** (14c) crux .. hujus singraphe inicium, medium, et finem / vexillando faveto *CS* 751.

vexillaris [CL vexillum+-aris]

1 held as a banner or standard.

crux eadem ~is imperatoris in carne mortem indicat triumphalem H. BOS. *LM* 1325C; adeo ut natio .. Gualensium .. in inimicos suos .. sevissima, etiam inimicis ~is vasis hujus gestatoribus deferat *Ib.* 1335D.

2 (as sb. m.) standard-bearer.

c1267 robam .. sicut uni de ~aribus regis *Cl* 412.

3 (in gl.).

hic †texillaris [? l. vexillaris], *a spy in batylle WW.*

vexillarius [CL]

1 standard-bearer.

draconarius, i. ~ius, signifer, *segnbora GlH* D 814; **c1283** ~io regis pro ij lanceis per ipsum emptis ad desuper *KR Ac* 351/9 m. 2; **s1346** ~ius .. regis [sc. Francie] .. vita privatus, vexillum suum in campo dimisit AD. MUR. *Chr. app.* 247.

2 (as title or rank). **b** (knight) banneret.

1325 rex nobili viro, domino Johanni .. tutori illustris regis Castelle et regnorum suorum custodi ejusque ~io et preposito *Cl* 176 m. 18*d*. **b** **s1264** cum filiis et aliis .. videlicet viginti et quinque ~iis *Chr. Peterb.* 144; **s1265** peremptis multis de communi populo ceperunt circa xv ~ios electos W. GUISB. 199;

in guerra Scotie habuit de familia xxvj ~ios GRAYSTANES 18; baneretti, qui aliis baronetti .. a baronibus secundi erant, quibus inditum nomen a vexillo; concessum enim erat illis militaris virtutis ergo quadrato vexillo perinde ac barones uti, unde et equites ~ii a nonnullis vocantur CAMD. *Br.* 138.

3 of or pertaining to the cross (*cf. vexillum* 3a).

ave [Jhesu] quem vexillarius / flexit amor profundius / quam unquam flexit alium J. HOWD. *Cyth.* 67. 1.

vexillatim [CL vexillum+-atim], on or by means of a banner.

1432 regnorum Anglie et Francie arma ~im fulgentia patule supportabant *MGL* I 459.

vexillatio [CL], (act of) banner-bearing (in quot., fig.).

cum caterva castae ~onis [*gl.*: *fanbyrde*] victricia vexilla vehenti per portas caelestis Hierusolimae gregatim gradituri ALDH. *VirgP* 22.

vexillator [vexillare+-tor], standard-bearer (also as title or rank).

†a**1069** Gilbertus Tison, domini regis summus ~or *MonA* III 500; in ipsa obviatione precedentium ~orum, horror nimius Dacos invasit et in fugam versi sunt H. HUNT. *HA* VI 13; **1391** Thome Kempstone militi et ~ori domini per totum reysum *Ac. H. Derby* 106; **1441** Nicholaus Sarnesfeld nuper ~or suus [sc. regis] *Pat* 450 m. 24; **1583** unum locum tenens sive vice capitaneum et unum ~orem vulgo appellatum *a gwydon Ib.* 1235 m. 28.

vexillefer v. vexillifer.

vexillifer [LL]

1 standard-bearer; **b** (transf. or fig.).

ensibus jactatis ludens .. dum in eum omnes stuperent, quemdam ~erum Anglorum interfecit H. HUNT. *HA* VI 30; signifer aut signarius rem signat eandem, / his primiferus, vexillifer associetur GARL. *Syn.* 1589B; in signo magistri eorum agnus ~er figurabatur M. PAR. *Maj.* V 248; *a banerer*, ~er .. draconarius, antesignarius *CathA*. **b** omnem inimici potestatem ~era Domini proterebat GOSC. *Edith* 75; venit .. audire advenas dominicae crucis ~eros et praecones *Id. Aug. Maj.* 46C; assiduus Veneris vexillifer .. / virtutis nunquam signifer esse potest G. WINT. *Epigr.* 216; Cantuariensem archiepiscopum viderent qui esset os omnium, ~er previus W. MALM. *GP* I 47; incentor et ~er factionis erat Willelmus Dunelmensis episcopus *Ib.* I 49.

2 (as rank or official title): **a** (knight) banneret. **b** (*regni ~er*) staller, steward, or sim. **c** gonfalonier.

a quinquaginta .. ~eros milites in bello preelectos habuit in comitatu suo M. PAR. *Maj.* V 93; **1261** domino W. B. se altero ~ero *Cl* 496; Petrus de Monteforti et alii nobiles ~eri CAPGR. *Hen.* 96; in talibus fieri solitum magnis funeribus ~erorum ANDRÉ *Hen. VII* 119. **b** Esegarus regie procurator aule, qui et Anglice dictus *stallere*, id est regni ~er *Found. Waltham* 16; **1245** dominus de Monteforti, qui regni ~er erat et antesignatus (*Lit. Imp.*) M. PAR. *Maj.* IV 301. **c** **1347** [*to the .. gonfalonier*] vexilifero [*of justice .. of Florence*] *CalCl* 407; prioribus arcium, vexilleferis, magistris civium .. scultetis, scabinis J. YONGE *Vis. Purg. Pat.* 3; capitaneus populi, ~erque justitie civitatis Senorum, nec non ~eri, magistri, et sex cives officiales AMUND. I 140; **1438** nobilibus et preclaris viris prioribus arcium et ~ero justicie populi et communis Florencie (*Lit. Regis*) BEKYNTON I 250.

3 that bears (the symbolic mark of) the cross (w. ref. to attestation; *cf. vexillum* 3).

†**974** (12c) ego E. rex ~ero signo throphei proprium datum corroboravi *CS* 1301; sobrietas ~era munitione venerande extitit crucis munita BYRHT. *V. Osw.* 411.

vexilliger [CL vexillum+-ger], standard-bearer.

solus ille cum suis et ~o totius victorie causa fuit FORDUN *Chr.* V 7.

vexillulum [CL vexillum+-ulum], little banner.

singuli singulis turmis cum stantibus ~is et intersigniis preessent BOWER XV 31.

vexillum [CL]

1 military or naval standard, banner, ensign (also fig. or in fig. context); **b** (*~um explicare* or sim., w. ref. to intention of engaging in battle); **c** (pertaining to banneret, knight entitled to personal standard, also transf. w. ref. to such status). **d** (transf.) detachment of troops.

ut .. in pugna ante illum ~a gestarentur BEDE *HE* II 16 p. 118; s**878** acceperunt spolia non minima .. etiam .. illud ~um quod *Reafan* nominant *Chr. S. Neoti* 138; ut ~i Boamundi lingulas in ora Turcorum volitare faceret ORD. VIT. IX 9. 527; c**1170** per ignem transivit et aquam, ~um fidei et justitie ante reges presides reluctantes et contradicentes erigere .. nec erubuit J. SAL. *Ep.* 290 (294); quando navium intrantium ~a non incognita in proris eminentia conspexere GIR. *EH* II 3 p. 312; s**1251** signa que vulgariter ~a vel banere dicuntur M. PAR. *Min.* III 112; laici .. confederati in magna potentia villam Oxonie nigro ~o levato hostiliter sunt ingressi AVESB. f. 124; **1457** per servicium warde et relevii ac ferendi ~um de Brekbenach in exercitu regis *Reg. Aberbr.* II 92. **b** reges expandunt vexilla GARL. *Tri. Eccl.* 36; **1268** tempus guerre incepit .. quando ~is explicatis exivit [rex] cum exercitu suo *JustIt* 1050 m. 8*d*.; s**1356** princeps .. displicavit ~a sua *Eul. Hist.* III 216 (cf. ib. 312: rex .. ~a displicavit super Franciam). **c** **1331** tempore quo constituit ipsum justiciarium Hibernie et eo pretextu disposuit ad ~um, ut officium illud decencius posset gubernare *Pat* 176 m. 27; occubuerunt .. comites quinque, barones, et ~a levantes ultra nonaginta *G. Hen. V* 14; si .. captus fuerit in una parte exercitus et potestatem habuerit displicandi ~um suum auctoritate regis sui .. tunc captus ille .. erit prisonarius capitanei .. nisi capiens talem prisonarium equalis fuerit ipsi capto .. miles notabilis qui ante positus fuerit ad ~um UPTON 142. **d** rex Ricardus in quosdam barones sibi rebelles Pictavie formidabile ~um direxit *Flor. Hist.* II 120; in .. comitem .. ~um formidabile direxit *Ib.* III 181.

2 standard or banner used in procession or for other decoration or display.

ast alii rutilo condunt vexilla metallo / quae veneranda pii promunt miracula Christi ÆTHELWULF *Abb.* 633; vidit .. quoddam sublime ~um cujus summitas caelum tangere videbatur ÆLF. *Æthelwold* 2; draco .. ante crucem et ~a BELETH *RDO* 123. 130A; **1236** ne ad processiones .. aliqua parochia decertet cum ~is suis alii parochie antecedere *Conc. Syn.* 205 (=GROS. *Ep.* 22); c**1315** ~um sancti Thome de panno albo *Invent. Ch. Ch.* 76; viderunt ~a mortua ante corpus defuncti illius *RegiamM* I 19; in principio processionis deferatur Draco, secundo Leo, tercio ~a cetera *Miss. Sarum* 150; **1401** ij haste pro ~o S. Cuthberti deputande in processionibus *Ac. Durh.* 454; **1417** ordinatum erat .. quod ~a ludi Corporis Christi .. libarentur annuatim in vigilia Corporis Christi *Mem. York* II 64; pergat excellencior sacerdos ad ostium ecclesie .. precedente ~o cilicino *Process. Sal.* 68; nomina ecclesie nessessaria .. hoc vixillum, A. *a banyre WW.*

3 (*~um crucis* or sim.) the cross of Christ as standard or banner: **a** artefact representing the cross. **b** symbolic mark representing the cross (esp. as used in attestation). **c** sign of the cross (as gesture of devotion or benediction).

a c**740** haec veneranda crucis Christi vexilla sacratae / coeperat antistes venerandus nomine Walhstod / argenti atque auri fabricare monilibus amplis *Epigr. Milredi* 812; sublime crucis vexillum erexit ad aram / .. / omnia magna satis pulchro molimine structa ALCUIN *SS Ebor* 1496; est ibi vexillum quoniam de rupe vetusto / erectum sublime crucis, sub onomate veri / regis WULF. *Swith.* II 716; ut .. ubi aliquantisper deguerat triumphale ~um sancte crucis erigeret J. FURNESS *Kentig.* 41 p. 233; **1299** precedente nos sancte crucis ~o erecto *Lit. Cant.* I 26. **b** c**799** portate in frontibus ~um crucis, et in cordibus caritatis munimenta et catholicae fidei firmamentum ALCUIN *Ep.* 187; ?**859** hanc meam donationem cum bexillo sancte crucis rovoravo et subscribo *CS* 497; **951** Eadred rex Albionis alma jam manu .. hanc munificentiam .. triumphali videlicet ~o [i. e. crucis] stabiliter roboravit *Ch. Burton* 11; **952** (12c) ego Eadred rex hoc regale eulogium triumphali ~o stabilivi *CS* 895; his optabiliter explicitis et pontificalibus firmatis ~is BYRHT. *V. Ecgwini* 381 (*recte* 371). **c** ut etiam quadripertita sanguinis distinctio quadrifidum dominicae passionis ~um quo nos signati liberamur exprimeret BEDE *Hom.* II 7. 138; et signavit ~o gloriose crucis et benedixit filios suos BYRHT. *V. Ecgwini* 386 (*recte* 376); crucis super eam ~um depingit CIREN. I 370.

vexir v. elixir.

vexitare [CL vexare+-itare], to torment.

s**1348** corpora sua ludibriis et scurrilosis lasciviis ~abant KNIGHTON II 58.

vexsare v. vexare.

vexura [CL vexare+-ura], trouble, annoyance, nuisance.

etiam inter tot negotiorum ~as, satisfacere voluit consueta benignitas AD. MARSH *Ep.* 208.

1 vexus v. vehere.

2 vexus [? cf. CL vexare], (in gl.), or *f. l.*

vexus [? l. nexus], *a trussell WW.*

veya v. 1 waga. **veyronis, ~us** v. verronus. **veyrum** v. verrum.

via [CL]

1 road, pathway. **b** (*quattuor viae*) cross-roads.

semen quod secus viam cecidit duplici laesura disperiit BEDE *Luke* 430A; quis autem nescit semitam angustiorem esse quam viam? ALCUIN *Exeg.* 565A; pro quo strictior fiat publica via *DB* I 1rb; et unaqueque civitas tot magistras vias quot magistras portas habet ad theloneum et consuetudines (*Leg. Hen.* 80. 3b) *GAS* 596; si quis homo archiepiscopi effodit illam regalem viam quae vadit de civitate ad civitatem *Text. Roff.* f. 170; caput ipsius .. in trivio universalis vie illud positurus ad signum *G. Herw.* f. 329; **1230** secus viam bigarum *CurR* XIV 1046; **1243** una via in foresta domini episcopi est estupata per hominem sagriste Dunelmensis *AssizeR Durh* 46; c**1250** abuttant uno capite super viridem viam inter Carton' et Estfeld' *Carte Nativ.* 3 (cf. ib. 90: **1293** abuttant .. super le Greneweye); **1255** dicunt quod .. alta via et generalis inter Brehull' et Pidinton' .. omnino esset astopata (*Inq.*) *Ambrosden* I 353; **1263** tres alias vias profitabiles ad burgum de Adgareslep (*Pat*) *EHR* XVI 333; **1305** predictum S. extra domum suam traxerunt [et] in vica regia ipsum verberaverunt *JustIt* 1015 m. 10; **1368** pro injusta via facta ultra ceparale domini *Hal. Durh.* 72; **1378** communis via .. est ruinosa pro defectu obscuracionis fossatorum (*CoramR*) *Pub. Works* I 132; **1402** ita quod non sint communes latrones nec derobatores viarum *Pat* 367 m. 16; invenimus vias mirabiliter tritas per Gallicanum exercitum *G. Hen. V* 11; ?**1482** via pedestris regis .. defecta est *CourtR Carshalton* 77. **b** **12..** octo vacce capellani cum equo secundum ordinem pascantur per quatuor vias *Conc. Scot.* II 45.

2 (*lactea via*) Milky Way.

agmine stellarum multo varioque refulget / celestis via que lactea nomen habet NECKAM *Poems* 114.

3 path, way, (esp. inside) passage(way). **b** channel, duct; **c** (anat.).

fundavit .. domum [sc. ecclesiae] columnis variis .. suffultam .. variis anfractibus viarum aliquando sursum aliquando deorsum per cocleas circumductam EDDI 22; de omnibus consuetudinibus quas exigebat de eis in furnis et molendinis .. in viis terrarum et aquarum *Act. Hen. II* I 114; s**1330** per quandam viam subterraneam, clausis janúis dicti castri, infra illud sunt ingressi AVESB. f. 78b; **1333** pro xxiiij crat' emptis pro viis super dicta scaffota faciendis *KR Ac* 469/12 m. 10. **b** **1162** in reparatione cujusdam vie de camera xxx s. *Pipe* 67; c**1228** dicit quod, decem annis elapsis, non fluxit ille aque ductus, modo vellent ducere per aliam viam *Feod. Durh.* 252. **c** sperma .. per urinales vias et nucham ad virgam descendit GILB. VII 283. 2; ysofagus est via cibi in gutture *SB* 26; trache arteria est via hanelitus *SB* 42.

4 course, line of travel. **b** (*recta via*) by a direct route, straight.

repente ductor substitit .. gressum retorquens ipsa me qua venimus via reduxit BEDE *HE* V 12; videnda est via per quam discurrunt [sol et luna], que est in zodiaco circulo WALCHER *Drac.* 87; alius .. Saturnus fuit extra vias solis, id est zodiaci BERN. *Comm. Aen.* 124; unde te intromittis? vade vias tuas *Latin Stories* 35; ut per illam viam peregrini transire cessarent, preeligentes longiorem in circuitu peregrinacionem suscipere *V. Ric. II* 72. **b** recta se via .. ad hospicium dirigit matris *Enc. Emmae* III 10; s**1009** venit .. exercitus paganorum ad Sanduuic et recta via perrexerunt Cantuareberi *AS Chr.*; ibis cum tuis recta via ad cellam tuam (*Ita* 24) *VSH* II 125.

5 journey, way; **b** (fig., of earthly life, esp. opp. to *patria*); **c** (in var. euphem. expr. for death, *via universitatis, via patrum*, or sim.; *cf. Jos.* xxiii 14). **d** (*per viam*) along the way, en route. **e** (*media via*) half-way. **f** (*in via*, w. gen.) on the way.

de monachis in viam directis hunc morem coenobia illa tenent LANFR. *Const.* 162; **1156** omnes peregrini et quicunque ad orationem vel mercatum .. venerint .. in tota via .. sint securi *Act. Hen. II* I 120; **1407** viam arripuit in portum cui nomen Sandeford imponitur *Lit. Cant.* III 100. **b** in via, ubi tanta varietas, tanta diversitas et adversitas, tanta distractio .. est H. Bos. *LM* 1348A; qui sanctis suis virtutem prestat in via, et premia largitur in patria GRIM *Thom. app.* 452; **1301** queritur utrum ultima perfeccio anime humane sit causata effective ab anima, sive in via sive in patria *Quaest. Ox.* 351; sed habebunt visionem certissimam in clarissimo Dei verbo sicut et Christus habuit hic in via BRADW. *CD* 777D. **c** in viam patrum exiit exspectans diem Domini in judicio venturo EDDI 15; eodem anno beatae memoriae Marinus papa universitatis viam migravit ASSER *Alf.* 71; sic eodem momento viam universae nationis Domino ducente incedam B. *V. Dunst.* 11; **s1161** Theobaldus .. plenus dierum decretam universe carnis ingreditur viam H. Bos. *Thom.* III 1. **d** leo .. per viam eis obvians familiaris et obsequiosus die nocte eis fuit usque in Egyptum *Eul. Hist.* I 74; **1392** pro herburgagio per viam .. per x dies, eundo, morando, et redeundo *Ac. H. Derby* 175. **e 1238** ad locum qui vocatur F., sc. media via inter H. et S. *CurR* XVI 148M. **f** in predicta prisona .. remanent, sunt in via gravis desperacionis et perdicionis vite eorum *BBAdm* I 253; circa perquisicionem possessionis .. dicti jocalis, cum sepius fuerat, propter deposicionis incuria, in via deperdicionis *Reg. Whet.* I 468.

6 opportunity or possibility of going, passage, access, way, (esp. *libera via*) right of way or passage.

eos in carcere mittebat. .. et ille rex respondit .. 'da eis viam et sine illos abire' HUGEB. *Will.* 4 p. 95; **c1202** liberam viam eundi et redeundi pacifice ab abbacia usque ad aquam de B. *Ch. Chester* 330; **c1220** cum libera via antiqua et consueta versus molendinum predictum *Reg. Ant. Linc.* IV 78; **1230** preterea concessi eisdem liberam viam ultra pasturam meam *Ambrosden* I 294; **1420** et hospitali S. Leonardi pro licentia vie ad pistrinam in Usegate in Ebor' ij s. *Ac. Durh.* 407 (cf. ib. 709: **1428** elemosinario pro *waylefe*, vj s. viij d.); **1436** tenetur episcopus dare eis unam viam que dicitur Lonynge per quam possent ire ad magnam moram *Reg. Brechin* I 84.

7 (fig. or in fig. context) path, way, route (esp. w. ref. to spec. end); **b** (*via veritatis, pacis, justitiae*, or sim., w. ref. to conduct or way of life of spec. character).

difficulter posse sublimitatem animi regalis ad humilitatem viae salutaris .. inclinari BEDE *HE* II 12 p. 107; **c798** per apostolicae doctrinae publicam pergite stratam, nec per diverticula cujuslibet novitatis .. a via regia declinate ALCUIN *Ep.* 137 p. 211; fertur tunicam induisse .. arctam et arduam viam que ducit ad vitam ita agressa est *V. Frideswe. B* 4; Hugo et illius antecessores .. artam vite viam tenuerunt et per eandem .. discipulos ad Christum perducere moliti sunt ORD. VIT. XIII 13 p. 30; **c1165** genus hominum .. quibus vestra discretio omnem salutis viam querebatur esse preclusam J. SAL. *Ep.* 166 (140 p. 24); quesierat iste Paulinus an esset via in scripturarum intelligenciam GROS. *Hexaem. proem.* 1; Abraham .. primus omnium manifeste in veram theosophiam viam invenit *Ps.*-GROS. *Summa* 275. **b** Brettones confitentur .. intellexisse se veram esse viam justitiae quam praedicaret Augustinus BEDE *HE* II 2 p. 82; multos .. praedicando ad viam veritatis perduxit *Ib.* V 11 p. 302; anima .. puram veritatem respuat et falsitatis viam intendat J. BLUND *An.* 323; **c1236** fratrum minorum conversatio est populi cum quo habitant .. ad currendum .. in viam pacis .. stimulatio et propulsio GROS. *Ep.* 34; **1264** si qua eciam via pacis alia brevior nobis et regno nostro magis idonea possit inveniri, nos et barones nostri .. illam proponimus imitari *Cl* 386; **c1323** in aliquam viam pacis concordabunt *Lit. Cant.* I 109; **1377** ne .. via concordie .. diucius deferatur *FormOx* 381; **s1459** ubi cito transgressio remittitur .. ne proniores .. sint isti .. ad recidivum, servet princeps planam viam justicie *Reg. Whet.* I 347.

8 (of Christ) the Way (*Joh.* xiv 6).

1504 ad te qui via, veritas, et vita es *StatOx* 313.

9 method, way (of doing something, proceeding, or sim.), (also) opportunity. **b** (*via facti*) 'voie de fait', violence. **c** (*via, per viam*, or sim., w. gen. or adj.) by way (of), by means (of). **d** (*viis et modis*) by (all) ways and means (also leg. as sb., w. ref. to kind of summons). **e** (*omnibus viis, omni via*) by every means, in every way.

solet aliquotiens in scripturis ordo verborum causa decoris aliter quam vulgaris via dicendi habet figuratus inveniri BEDE *ST* 142; omnis tibi via negandi precluditur, et confiteri necesse est P. BLOIS *Serm.* 770B; opponantur lux et tenebra .. non secundum viam contrariorum J. BLUND *An.* 128; **1280** si aliquis cum .. muliere contractus fuerit et .. mulier jus .. et seisinam .. in manus domini reddiderit et ille qui cum ea contractus est illud jus et seisinam de manu domini receperit, precluditur via in perpetuum quibuscunque heredibus .. mulieris *SelPlMan* 29; **1289** supplicavi regi ut, circumspecta via appellacionis .. filio meo .. dignaretur .. subvenire *RGasc* II 294a; **1293** exceptis duobus fratribus tantum .. quibus via scrutinii videbatur magis expedire *DCCant.* Reg. Q f. 15b; innata est nobis via cognicionis procedendo a communioribus ad minus communia T. SUTTON *Gen. & Corrupt.* 50; consequens falsum, sicut probabo quinque vel sex viis .. prima via est talis .. DUNS *Ord.* VII 395; non apparet via ad probandum distinccionem specificam inter actus credendi, opinandi, et sciendi OCKHAM *Quodl.* 483; sit consiliarius assidue inquisitivus et interrogativus viarum et modorum quibus est contra papam hereticum procedendum *Id. Dial.* 738; questio: .. respondeo: prima via questionis abolenda est HAUBOYS 248; **1446** omnia bona .. adipiscenda quacunque via ac titulo, viz. hereditario, adventicio, provecticio (*Indent.*) *MunAcOx* 554; excogitare .. vias, modos, et media quibus posset eum depellere *Reg. Whet.* I 148; **1484** via compromissi est bona et brevis *Reg. Aberbr.* II 209. **b 1521** omnia facta guerre, inimicitie et vie facti cessabunt *Foed.* XIII 746. **c** theologus habet inquirere qua via contingat animam mereri J. BLUND *An.* 22; per viam districcionis .. precedere provocamur *Leg. Ant. Lond.* 138; propter calorem qui generatur via rarefactionis. sed .. alia infinita non generantur per rarefactionem BACON *Tert.* 163; quicquid enim mali cuicumque a Deo acciderit est ad sui bonum vel commodum per viam purgacionis, per viam meriti augmentacionis, per viam magis mali precavicionis aut per viam pulchre punicionis WYCL. *Mand. Div.* 393; **1479** soluta pro quodam regaldo dato uni ministrallo .. via elemosinaria causa ejus paupertatis et etatis *Med. Stage* II 251. **d 1334** volentes viis et modis quibus poterimus .. remedium opponere oportunum *RScot* 295b; rex .. omnia mandata apostolica viis et modis renuens *Eul. Hist.* III 93; **1583** citationem quam vocant 'viis et modis' sigillo vicecancellarii obsignatam *StatOx* 428. **e** notifico .. ad remissionem peccatorum meorum .. ut pascatis omni via [AS: *ealle wega*] pauperem unum Anglicum indigentem, si sit ibi, vel alium inveniatis (*Quad.*) *GAS* 148; viis omnibus oportuit tam dominum regem quam ceteros in loco eodem pernoctare AD. MUR. *Chr.* 167; omnibus viis ac modis sibi possibilibus ELMH. *Cant.* 207.

10 (pl.) way of life, manners, habits, ways.

miseram animam exalavit, viarum suarum fructus recepturus *Flor. Hist.* II 266; utinam cito gentes ille Francorum .. ab injusticiis et viis suis pessimis .. resileant *G. Hen. V* 14.

viabilis [LL], that can be passed or crossed, passable.

aqua prebet se ~em insidentibus plantis H. LOS. *Serm.* 154.

viageum, ~gia v. viagium.

viagium [ME, AN *viage, veage, veiage, voiage* < CL viaticum]

1 journey (by land or sea), voyage. **b** military or naval expedition (also fig.); **c** (w. ref. to crusade).

1327 naves illas .. tam diu sub aresto detinuerunt quod tam nos quam prefatus mercator noster vehagium navium predictarum pro seisona illa amiserunt *Pat* 168 m. 16*d.*; **1335** in lodemonagio .. xiiij marinariorum lodemannorum .. pro toto veiagio predicto ultra vadia sua diuturna *KR Ac* 19/16 m. 5; **1421** pro militibus, scutiferis, valectis, baronibus, pagettis .. erga ~ium regine versus partes Ffrancie *Ib.* 407/5 m. 3; **s1237** soror regis .. in dicta ~ia [v. l. dicto ~io] vitam terminavit *Plusc.* VII 11; fui cum episcopo .. apud Waltham maner et perdidi ~ium meum in defectu Thome Danvers W. WORC. *Itin.* 254. **b 1223** clamavit quod burgenses .. non cogantur exire metas ville predicte in excercitum ~ium *Lib. Kilken.* 79; **1300** pro veagio quod rex proposuerat fecisse usque Strivelyn ad removendum obsidionem castri *AcWardr* 50; **1305** pro restauro .. dextrarii .. et .. palefridi .. in eodem voiagio perditorum *RGasc* III cxcvi; **1339** in j equo .. qui perditus erat in eodem voyagio *Ac. Trin. Dublin* 17; **1378** pro bono servicio quod .. nobis impendet .. in isto proximo ~io ad facendum guerre super mare *Pat* 302 m. 7; **1382** ut hujusmodi sancto ~io in destruccionem et exterminium hereticorum modernorum manus apponant adjutrices WALS. *HA* II 79; **1411** quod vos habeatis .. arestaciones navium in magnis flotis pro magnis ~iis nostris et regni nostri *BBAdm* I 375; **1417** homines qui in ~iis nostris .. arma ac tunicas armorum vocatas *cotearmures* in se sumpserunt (*Cl*) *Foed.* IX 457a. **c s1285** ~ium sive passagium Sancte Terre hac vice impeditum fuit *Plusc.* VII 32; **1289** in partem solutionis .. librarum Turon' nobis dudum mutuatarum in ~io et pro ~io nostro ad Terram Sanctam (*RGasc*) *Foed.* II 420.

2 (right of or duty paid for) passage (of people or goods).

1279 tota villata de Chem' dat domino J. Exon' xij d. pro ~io *Hund.* II 705 (=*Cust. Rents* 145 n); **1377** volumus .. quod aliqua proteccio nostra .. facta seu facienda aliquibus personis .. infra civitatem illam pro victualibus ibidem super viageo seu servicio unde hujusmodi protecciones mencionem faciunt pleniorem .. de cetero non allocentur .. *Rec. Norw.* I 28.

viala v. fiola, phiala, viella. **vialator** v. fiolator, viellator.

vialis [CL], of or pertaining to the road or a journey.

more iter agentium gentaculo viali [*gl.*: *fet en weye*] et merenda [v. l. mali et merenda, malimerenda] simplici ciborum appetitum .. represseram BALSH. *Ut.* 48.

vian' v. viandor.

viandarius [ME, AN *viande* < OF *vïande*+CL -arius; cf. ME, AN *viaundour*, OF *vïandier*], provider of food or hospitality (in quot., passing into surname).

1155 et Willelmo ~o, iij s. *Pipe* 37.

viandor [ME, AN *viaundour*, OF *viandier*], provider of hospitality, 'viander'.

1461 consideracione boni servicii quod dilectus serviens noster Ricardus Lannargh vian' nobis .. impendit .. concessimus ei officium ballivi itinerantis in com' Cornub' *Pat* 493 m. 19; **1588** inter Henricum S. et Willelmum S. vandores et ballivos ibidem et ceteros burgenses burgei predicti [de Newporte] *MS PRO C 219/31* pt. 1 no. 34 (cf. ib.: H. S., W. S., vaundor[es]).

Vianensis v. Viennensis.

viaram [dub.], form of omen (*cf. harrenan*).

viaram est †aurium [l. augurium] quando homo vel avis suo itinere vel volatu ante te transit veniens †ad [l. a] dextra parte tui et tendens in sinistram evanescit. .. est .. bonum signum super negocio M. SCOT *Phys.* 57.

viare [CL via+-are; cf. CL vians], to journey, travel, make one's way; **b** (fig., esp. w. ref. to earthly life). **c** (pr. ppl. as sb.) traveller, wayfarer (also fig. or in fig. context).

obtinuit quatinus ei cum benedictione .. viandi licentiam darent *Hist. Abb. Jarrow* 24; subsecutus a quibusdam viantibus militibus HERM. ARCH. 6; flecte genu, submitte caput, benedictus abito. / sepe viaturis profuit ista manus J. SAL. *Enth. Phil.* 1838; inter viandum mutuo se invicem objurgantes H. Bos. *Thom.* V 3; audivit Iason quod per mare .. et per toxicate serpentis vigilias sibi viandum esset MAP *NC* IV 4 f. 47; **1232** ballivi sui faciunt districciones in Bedministr' viando versus civitatem Bastolk' *Hund.* II 132; **1322** R. filius W ... et J. filius R. .. viando .. invenerunt J. qui eos elegit, ita quod lis mota est inter eos *SelCCoron* 75. **b** ut vianti animo et discurrenti oculo facilius occurrant *Dial. Scac.* II 11; talis noticia est ecclesie vianti sufficiens WYCL. *Ver.* II 112; capit .. papa .. regulam ad regendum totam ecclesiam militantem, cum nunc supponunt quod vita sua .. . sit regula cunctis fidelibus ad viandum *Id. Chr. & An-*

tichr. 676. **c** ut .. ob refrigerium viantium .. aereos caucos suspendi juberet BEDE *HE* II 16 p. 118; semen .. a viantibus .. conculcatum *Id. Luke* 430A; ut .. armillas aureas juberet suspendi que viantum aviditatem riderent W. MALM. *GR* II 122; predo .. viantem / predat GOWER *VC* VI 207; inanis est periculum in fide prima quo viantes de via cito variantur WYCL. *Apost.* 222; deest fides vianti secundum defectus trium virtutum theologicarum *Id. Civ. Dom.* II 62; suppono quod Romanus pontifex .. sit ad illam legem evangelii inter viantes maxime obligatus *Ziz.* 341; **1423** taliter miserentur tam sancti in celis quam fideliter hic viantes *Reg. Cant.* III 163 (cf. ib. III 164: tam beatorum quam viancium).

viaria v. 1 vicarius, vigeria.

viaticus [CL]

1 of or pertaining to the road, a journey, or travelling. **b** ? (as sb. n.) journey.

†**934** (11c) excepto pontis vel arcis reedificatione et ~a expeditione contra hostes *CS* 701; a**900** (12c) exceptis tribus, expeditione populari, restauratione ~i pontis, constructione regalis arcis *CS* 581; **1054** exceptis trium rerum obsequiis, expeditione sc. populari, ~i fundatione pontis, arcisve conditione regalis *CD* 800; **1401** altaria ~a sive portatilia que superaltaria vulgariter appellamus *Som Rec. Soc.* XIII 17; †**851** (16c) si .. absque abbatis litera ~a loci vestri talis fugitivus repertus fuerit .. (*Croyl.*) *CS* 461. **b** in greco viatico se flectit Grecismus *Qui majora cernitis* 5.

2 (as sb. n.) provision (of food, money, *etc.*) for a journey, travelling allowance; **b** (fig. or in fig. context). **c** Eucharist administered to dying person, viaticum.

ne sportulam quidem quae ei dari potuerit secum ad portandum ~um acceperint quae ex palmarum .. foliis .. contexta .. posset .. pro munere solet tribui BEDE *Sam.* 555C; miror quod pro prebenda v marcarum me urgetis ad residentiam faciendam, scientes quod pro ~o usque Saresberiam tota mihi prebenda non sufficeret, que si insufficiens est ad viam, multo magis ad residentiam P. BLOIS *Ep.* 133. 395; **1291** requisitus an aliquid receperit muneris .. pro testificando in hac parte preter ~a *SelCCant* 357; sacculus itinerancium in quo solent deferre panem et reponere ea que ad ~um necessaria sunt in via BART. ANGL. XIX 129; ~um, *espense ien chimin Teaching Latin* II 54. **b** c**800** expende in pauperum solacia quod in tanti iteneris [*sic*] ~um tibi praeparasti ALCUIN *Ep.* 300; quid spes, nisi ~um nostrum, quo in hujus vite miseriis sustentamur? AILR. *Spec. Car.* I 31. 535C; literarum eruditione senectuti ~um preparatur GIR. *TH* III 48; cur emarcet manna magnificum? | cur marcescit vite viaticum? J. HOWD. *Ph.* 781. **c** percepto ~o sacrosanctae communionis .. de morte transivit ad vitam BEDE *HE* IV 21 p. 256; convocatis .. fratribus, hortatur eos impendere sibi ministerium sacrae inunctionis cum ~o Dominici corporis, quod .. debetur Christianis de hac vita transituris EADMER *V. Osw.* 34 p. 36; aperte videtur injuriosum reconciliatrici hostie quod ~o munitus et moriens projiciatur in fossatam P. BLOIS *Ep. Sup.* 24. 8; si reservari oportet, vel pro Parasceve vel pro ~o, cum magna diligentia reserventur GIR. *GE* I 9 p.31; hec hostia, est corpus Christi, hoc ~um, idem est *WW*.

3 ? guide-book, itinerary, compendium (perh. also transf.).

od[o]eporicon, viaticum, iterarium *GlC* E 320; et alia plurima fuerint a pluribus, quorum hoc ~um [AS: *myngung*] sit et quod supra diximus (*Quad.*) *GAS* 453.

4 (as title of a medical handbook, Zad Al Mussāfir, written by Ibn al-Jazzār, translated into Latin by Constantine the African, also transf.).

ad virilem virgam, que, sicut dicitur in ~o, vento et spiritu inflatur et erigitur RIC. MED. *Anat.* 233; ~um est ipsa generalis doctrina prout continetur in libro viaticorum GARL. *SM* 132 *gl.*; in ~o vocatur diaquilon BACON IX 177; memitha, i. volubilis minor secundum Gerardum super ~um, capitulo de idropici *Alph.* 114; a**1332** ~us Constantini monachi, libri vij *Libr. Cant. Dov.* 56.

viatim [CL via+-atim], on the road, by the way.

ferocitatis complicibus ~im multiplicatis, seditiosa legio .. concite properat ÆLNOTH *Cnut* 129.

viatio [viare+-tio], journey (in quot., fig.); **b** (spec., of earthly life).

ex memoria passionis et ~onis Christi a corpore suo mistico WYCL. *Apost.* 251; Deus non potest continuare eternaliter ~onem sponse sue *Ziz.* 246; egra ab origine humane ~onis progressio nequaquam in sue stadio peregrinationis perfectum valet cursum perficere AMUND. I 129. **b** sacerdotes scribe et pharizei erant tempore ~onis Cristi pessimi WYCL. *Blasph.* 87; c**1415** Christus .. religiones privatas .. ab ecclesia sua pro sue ~onis tempore eradicavit *Conc.* III 374; Deus .. post transcursum hujus ~onis stadium .. perducat animam ad gloriam *Reg. Whet.* II 396.

viator [CL]

1 traveller, wayfarer (also transf. or fig.); **b** (fig., also w. *homo* or sim., w. ref. to earthly life); **c** (as on way to salvation, opp. to *comprehensor*).

cibus caelestis panis, potus novus ex rupe ~or [cf. *Exod.* xvii] GILDAS *EB* 1; egestas .. 'quasi ~or veniet', quia improvisa et subitanea BEDE *Prov.* 960D; **796** si ductor per devia orbitat, quomodo sequens ~or viam incedit regiam? ALCUIN *Ep.* 117; crebro struit qui viatoribus [AS: *wegferendum*] parat *Prov. Durh.* 32; illuc peregrini et ~ores securi veniebant, et ibidem post laborem tutam repausationem sumebant ORD. VIT. VIII 8 p. 313; **1242** ~oribus per boscum transeuntibus *RGasc* I 15a; **1278** nulla braciatrix vendat cervisiam .. nisi infirmis et ~oribus *Rec. Coventry* 31; *a wayfaryng man*, hostiator, ~or *CathA*. **b** haec porta [sc. ecclesie] est caeli eternae et haec janua vitae, / ista viatorem ducit ad astra suum ALCUIN *Carm.* 88. 7. 2; **801** quid est hujus saeculi honor nisi grave pondus ~oris *Id. Ep.* 226; repatriantem .. retardare contendunt. gula et luxuria diluvium, ira et invidia incendium ~ori minitantur PULL. *CM* 202; scinderesis in nullo ~ore extinguitur, nec eciam in Cain. si ergo semper vivit in ~ore, nonne semper movet hominem ad bonum? NECKAM *SS* IV 13. 1; **1301** utrum karitas ~oris posset equari karitati patrie *Quaest. Ox.* 305; dyabolus .. multis cautelis calidis superat ~ores WYCL. *Versut.* 98; in intellectu ~orum *Ziz.* 91; predicaverunt .. quod dicta sanctorum .. non sunt credenda nisi sicut dicta vel scripta aliorum hominum ~orum GASCOIGNE *Loci* 49. **c** melior est ~or quam comprehensor GIR. *GE* II 8 p. 207, DUNS *Ord.* II 20, OCKHAM *Dial.* 470, BRADW. *CD* 726B (v. comprehensor d).

2 messenger (also as class of officer).

inter hec Lucius Antenorus legatus ~orem Romam mittit qui Hadriano Cesari adversam pugnam in Britannia nunciaret BOECE f. 78; **1549** precones aut ~ores academie, vicecancellarii jussu, congregationem .. vocabunt *StatOx* 350; **1549** tres erunt praecones seu ~ores armigeri, pari loco ac munere, et unus inferioris loci bedellus *Ib.* 351.

3 ? itinerant worker.

1345 in cibis et potibus messoris de Craphelle, qui est ~or ibidem, ij ~orum de Tonne et Plumptone et iij carect' et iij furcar' (*Wye, Kent*) *MinAc* 899/6.

4 one who guides or opens the way, guide.

arrepta piscatoria scafula per invia lustra inter atrae paludis margines Christo ~ore ad predictum locum usque pervenit FELIX *Guthl.* 25.

viatrix [LL]

1 (f.) traveller, wayfarer (also fig.); **b** (fig., also w. *persona* or sim., w. ref. to earthly life).

dat vinea vires / et silices balista vomens, testudo viatrix / subdola fossoremque aries suspensus in ictum J. EXON. *BT* VI 560; illuc inserpere ruga / non presumit anus, subito circumvaga passu / et fecitare longo pede signatura viatrix HANV. I 444. **b** portio superior fuerit perfecte conjuncta Deo secundum actum beatificum, fuit tamen eadem voluntas passibilis secundum portionem inferiorem, quia .. fuit ~ix; et ita per consequens potuit mereri DUNS (*Lect.*) *Opera Omnia* XXI (2004) 8; nulla persona ~ix salvatur, nisi sit de illa ecclesia militante que errare non potest OCKHAM *Dial.* 503.

2 one (f.) who shows or opens the way, guide (in quot., fig.).

hec ut mentis nubilo / pulso sit viatrix, / attulit huc logica / me sermocinatrix GARL. *Poems* 6. 20.

vibere v. vivere.

vibex [CL], **~ix**

1 weal (also fig.). **b** lash, flogging, whipping.

carnifex .. lividas palmarum ~ices exhibuit ALDH. *VirgP* 47; Rufina .. caerula flagrorum ~ice cruentata *Ib.* 51; levius ferenda est livida devoti ~ex amici quam adulatio fallax inimici *Ib.* 58; rami .. asperi .. significant spineam coronam, qua coronatus est Christus, aut flagella amara, et ictuum ~ices BELETH *RDO* 104. 109D; ~ix, *a wale WW*; hec ~ex, *a strype WW*. **b** ancillula .. crucianda diris verberibus ac nonnullis ~icibus LANTFR. *Swith.* 6 (cf. ib. 38: eam compluribus cecidit ~icibus); vibicibus multis crudelibus atque flagellis / .. torquenda WULF. *Swith.* I 1176; percussus .. cum multa et diuturna ~ice plecteretur W. CANT. *Mir. Thom.* VI 19.

2 (in gl.).

~ex, anglice *berke Plant Names* 261.

vibi v. ubi.

vibicosus [CL vibex+-osus], (in gl.).

a ȝeddyr, livor, vibex, ~us *CathA*.

vibix v. vibex.

vibra [cf. CL vibrare; ? cf. et. CL fibra], (in gl.).

hec ~a vel vimen, *osier Gl. AN Ox.* 578; **12..** libra, inde hec vibrella quodam pondus vel ~a, G. *tumbrel Teaching Latin* II 18 (cf. ib.: ~a, *tumbrel* vel *bray*, A. *brake*); **12..** ~a, G. *brake*, inde vibrilla, *petite peise Ib.* II 22; cuperus cum suis instrumentis .. hec ~a, *a brake WW*; pistor cum suis instrumentis .. hec ~a, *a brake WW*; *a brake*, pinsella, ~a, rastellum *CathA*.

vibraculum [CL vibrare+-culum], brilliance, radiance. **b** (in gl.).

Spiritus Sancti inspirans Favonius quasi quodam solis meridiani ~o caliginose nubis intemperiem reverberans OSB. BAWDSEY clxxvii. **b** spiculum, telum, missile, ~um OSB. GLOUC. *Deriv.* 564.

vibramen [CL]

1 brandishing of weapons.

hostes exterius feriunt vibramine guerre *Pol. Poems* I 228.

2 glittering appearance or effect.

plus licet ex centro Titan vibramina fundat ALDH. *VirgV* 216; firmamento fixa vibramina / et septena que subsunt lumina J. HOWD. *Ph.* 924; qui nosti qualiter illa vibramina / de nube prodeunt que vocas fulmina WALT. WIMB. *Carm.* 386; ave lampas celi suda / .. / cujus vultus vibramen dat *Id. Virgo* 86; ardet .. tua lux vibramine puro ELMH. *Cant.* 183.

vibranum v. viburnum.

vibrare [CL]

1 to brandish, wave about (weapon or sim., also fig. or in fig. context). **b** to move to and fro.

ensem in te ~abit in brevi suum rex ille GILDAS *EB* 30; jam gladium ~abit, arcu tenso sagittas parabit *Pass. Æthelb.* 6; non videtis / quod mors vibrat frameam WALT. WIMB. *Van.* 126; [gladius quem] vera .. vibrat caritas J. HOWD. *Cyth.* 35. 12; censiens .. justi mucronis ~are potenciam *G. Hen. V* 2. **b** illum tam horrende fremere .. ac lumina distorta ~are videbant R. COLD. *Cuthb.* 44.

2 to dart or shoot out (weapon or sim., also fig.). **b** to emit (light, in quot. fig.).

omnes .. bestiae ferae mortiferum cujuslibet haereseos virus .. ~antes GILDAS *EB* 12; serpentes .. scintillantibus veneno linguis ora ~abant *Lib. Monstr.* III 7; papa .. sententiam excommunicationis ~avit W. MALM. *GP* I 54 p. 103; vibrant in absconditis / tentationum jacula P. BLOIS *Carm. CC* 1. 1. 50; sagitte amoris acute .. tanta virtute ~antur J. FORD *Serm.* 1. 4. **b** **1167** justitie sol radios ~at J. SAL. *Ep.* 252 (220).

3 (intr.) to dart, flash, shake, vibrate (also fig.).

†fibrans [l. vibrans], *risende GlC* F 178 (cf. *GlH* F 318: †fibrans [l. vibrans], *hrysiende*); belvae vibrantibus / rabidi rostri rictibus / oberrantes (ÆTHELWALD) *Carm. Aldh.* 2. 61; dracones igneis jactibus per aera ~antes .. videbantur S. DURH. *Durh.* II 5 p. 51; infrenduit Anglia tota, velut arundinetum Zephyro ~ante collisum M. PAR. *Maj.* I 481.

4 to glitter, sparkle, flicker.

flammam ~antem BEDE *Hom.* I 12. 60 (v. intercludere 1a); minuta quae in sole videmus ~are *Comm. Cant. I* 7; sedibus e summis, radianti lumine

vibrare

vibrans / .. / femina corripiens despexit facta mariti ÆTHELWULF *Abb.* 361; vascula .. / .. ex auro variato lumine vibrant *Ib.* 778; lumine vibranti rutilum conscendit Olimpum WULF. *Swith.* I 1386; velut stellam magnam ~antem *Canon. G. Sempr.* f. 111.

5 (trans.) to throw away, shake off.

Dominus .. ~at ab eo [sc. peccatore] gladium iniquitatis *G. Roman.* 286 (cf. ib.: projice a te gladium iniquitatis).

6 (in gl.).

to *whette*, acuere, ~are LEVINS *Manip.* 85.

vibratio [LL]

1 brandishing.

levium ~o lancearum non tam agiles reddit ad dimicandum DICETO *YH* 121; Mars .. gradivus dicitur .. ἀπὸ τοῦ γραδεῖν id est a ~one haste ALB. LOND. *DG* 11. 10.

2 glittering, scintillation.

quia continue moventur corpora celestia variatur continue angulus incidentie, et per consequens reflexionis sensibilis variatio facit quandam ~onis apparentiam PECKHAM *Persp.* II 56.

vibrator [LL], one who brandishes (also fig.).

haste vibratorem te nonne deridet / sub quo solares radii prosternuntur? J. HOWD. *Cant.* 167; ceteri .. jactantie ~ores .. aufugerunt *Flor. Hist.* III 159; **1523** Jacobum Scotorum regem .. gladii in hoc regno principalem ~orem et justitie zelatorem *Form. S. Andr.* I 89.

vibratus [LL], glitter, sparkle, brilliance (also fig.).

cum cluit loculus lune vibratibus WALT. WIMB. *Sim.* 56; illi me rideant qui primi climatis / fines irradiant vibratu dogmatis *Id. Palpo* 177.

vibrella v. vibrilla.

vibrellarius [vibrellum+-arius], gunner, bombardier.

1490 quandam expedicionem contra Gallos instruere decrevimus, volentes proinde de certo numero navium ac ~iorum et balistariorum nobis .. provideri .. ~ios et balistarios usque ad numerum trescentorum (*TreatyR*) *Foed.* XII 464.

vibrellator [vibrellum+-are+-tor], gunner, bombardier, cannoneer.

1485 [officium] capitalis cannonis sive ~oris *CalPat* 48; **1486** vj d. .. pro quolibet xij gunnatorum sive ~orum *Pat* 563 m. 5 (23); **1496** Willelmo Warrewik ~ore pro ij chargeours pro faulcon', viij d. *L. & P. Ric. III–Hen. VII* II 308; **1547** ~ores sive bombardiatores (*Pat*) *Foed.* XV 161 (v. bombardiator); **1583** officium .. unius ~orum nostrorum infra Turrim nostram London' *Pat* 1233 m. 29 (cf. ib. 1303 m. 18: **1587** officium magistri ~orum).

vibrellinus [vibrellum+-inus], of or pertaining to guns, (*pulvis ~us*) gunpowder.

1495 pro cariagio ordinacionis ac pulveris ~i de cellario (*Ac. Subthes. Ir.*) *L. & P. Ric. III–Hen. VII* II 309.

vibrellium v. vibrellum.

vibrellum [cf. CL vibrare], gun, cannon, firearm (*cf. librilla*).

1496 vibrellatori .. pro scituacione unius magni ~i domini regis sub coopertorio infra castrum Dublin' (*Ac. Subthes. Ir.*) *L. & P. Ric. III–Hen. VII* II 308; **1496** de precio xj petrarum j quarter' plumbi .. empto' ad petras sagittabiles pro provisione vibrell' (*Ac. Subthes. Ir.*) *Ib.* II 309; **1554** tormentis sive ~is vulgariter vocatis *canons Pat* 865 m. 14; **1587** officium factoris ~iorum nostrorum vulgariter nuncupatorum *curriers, harquebuttes, handgonnes, et dagges Ib.* 1300 m. 42.

vibrilla, ~ella [cf. vibra], (in gl.).

12.. libra, inde hec ~ella quodam pondus vel vibra, G. *tumbrel Teaching Latin* II 18; **12**.. vibra, G. *brake*, inde ~illa, *petite peise Ib.* II 22; ~illa, *a penywygtle WW*.

vibrissa [CL v. l.], (pl., in gl.).

~ae, *nosterla hær* ÆLF. *Gl.*

---

viburius, ~urna, ~urnium v. viburnum.

viburnum [CL; cf. vibra], ~ium, (in gl. or list of words).

~a, *uuduuuinde GlC* V 187; faciunt balistas et arcus de acere, viburno [? l. alburno, laburno], et taxo [*comment. gl.*: viburnus est arbor, sc. *auburn*, unde fit nardus] GARL. *Dict.* 124; vibranum, *aburne* (GARL. *comment. gl*) *Teaching Latin* II 149; alburne, ~um *CathA*; hic †viburius [l. viburnus], A. *osere WW*; hic ~ium, *a brome WW*.

viburnus v. viburnum. **vica** v. via.

vicanus [CL], ~eus, villager. **b** man of one's country.

pervenit ad vicum .. intravitque in domum in qua ~i caenantes epulabantur BEDE *HE* III 10; siquis sacerdotum .. deveniret .. ~i verbum vitae ab illo expetere curabant *Ib.* III 26 p. 191; occidit ~os illos omnes vicumque incendio consumsit *Ib.* V 10 p. 300; hac in die ~i nostri omnes sicut et ceteri in circuitu nostrum ruricole beati Yvonis .. suffragia .. requirere solent GOSC. *Mir. Iv.* lxx; populum .. Christianum cum uxoribus et filiis inscribi praecepit et tamquam ~eos tributa persolvere J. SAL. *Pol.* 801C. **b** rex .. ~is suis mansuetus et mitis exteras debellabat gentes MAP *NC* V 2 f. 59v.

vicapervica v. vinca.

vicaragium [ME, AN *vicarage*]

1 (eccl.) office or benefice of a vicar, vicarage.

1251 conditiones J. extranei capellani ministrantis apud T. habuit ~ium ad firmam *DCLichf.* 150.

2 house or residence of a vicar.

1452 compotus vicarii ecclesie de Dunham de exitibus unius gardini vocati Stedgarth jacentis juxta ~ium predictum *Ac. Foreign* 86 D.

vicariatim [CL vicarius+-atim], as a deputy, vicariously.

vult .. Christus pontificem .. sacerdotium suum secundum dies carnis ~im gustare in terris NETTER *DAF* I 305b C.

vicariatus [CL vicarius+-atus]

1 office of deputy or vicar, vicariate; **b** (w. ref. to the title given in 1338 to Edward III by Louis IV as Holy Roman Emperor); **c** (w. ref. to papacy). **d** (~*us generalis*, also ellipt.) office of vicar general, vicariate general.

1462 etiam si legacionis aut ~us sedis apostolice fungantur officio *Mon. Hib. & Scot.* 437b. **b** hoc anno rex noster [sc. Edwardus] suscepit ~um imperii a Lodowyco Bavaro AD. MUR. *Chr.* 88; s**1341** revocatio .. ~us facta fuerat premature cum .. non debuisset fieri quousque regnum Francie .. pacifice fuissemus adepti (*Lit. Ed. III*) AVESB. f. 98b. **c** cum .. papa sit vicarius solummodo Christi .. et vicarius alicujus ratione ~us non sit potestatis equalis .. OCKHAM *Pol.* I 241; beatus Gregorius in ~u constitutus in omnibus se laudabiliter habebat *G. Roman.* 407; s**1374** papa .. scribit quod cum ipse sit dominus generalis omnium temporalium ex Christi ~u .. *Eul. Hist. Cont.* 337. **d** vicarius generalis .. ordinis Cistercii .. litteras suas .. sigillo .. ~us sui sigillatas .. transmisit *Meaux* III 266; **1419** J. H. .. et T. L. .. ~ii conjunctim et divisim in spiritualibus generales ... data sub sigillo ~us nostri apud Dunelmum *Pri. Cold.* 93; **1451** nos vicarius provincialis Francie in hac generali congregacione, vacante generalis ~us officio (*Abbr. Statutorum*) *Mon. Franc.* II 82; **1541** que ad ~us generalis officium de jure vel regni consuetudine approbata noscitur quomodolibet pertinere *Form. S. Andr.* II 129; **1558** G. C. .. vicarius generalis .. sede illius episcopali vacante ... ratione nostri ~us generalis *Reg. Brechin* II 281.

2 (Franciscan) district under the charge of a vicar, vicariate.

in puram et perpetuam elimosinam fratribus minoribus de observantia sub ~u familie cismontane *Scot. Grey Friars* II 211.

vicaricus v. 1 vicarius.

vicarie [LL = *in turn*], as a deputy, vicariously.

1377 nullus .. Christi vicarius habet .. potestatem, nisi ~ie, in nomine Dei, notificare ecclesie quem Deus habilitat (WYCL.) *Ziz.* 249; per consequens papa, ~ie faciente illud quod est citra fidem sperabile a contrito papa, esset tunc de tanto conformis capiti ecclesie

---

triumphantis (WYCL. *De clavibus ecclesiae*) *Speculum* III 251.

1 vicarius [CL]

1 who stands in place of another, substitute, (also) of, pertaining to, or arising from standing in place of another or substitution.

799 apostolica sublimitas, quae beati Petri principis apostolorum sedem ~io munere regere solet ALCUIN *Ep.* 174; c**800** hanc altissimam ~iamque apostolici honoris dignitatem *Ib.* 311; duo sunt judicia: unum quod hic per judices Christi †vivarios [l. ~ios] exercetur; aliud quod in novissimis per Christum .. exhibetur HON. *Spec. Eccl.* 1067B; in pecudibus .. insipientibus hominis vice oblatis, et quasi morte ~ia pro homine mactatis BALD. CANT. *Sacr. Alt.* 648A; **1166** alias per se ipsos, alias per ministros ~ios ecclesie decidant sacerdotes J. SAL. *Ep.* 193 (187); ~ia frigoris et caloris mutatione *Canon. G. Sempr.* f. 158; misit illuc quasi vice ~ia capellanum dona eximia .. deferentem *Flor. Hist.* II 91; quod virulencia non potest propria / student vicaria complere furia WALT. WIMB. *Carm.* 553; vicarii Cristi qui remurmurant contra ministratoriam et ~iam potestatem WYCL. *Ver.* I 105.

2 mutual, reciprocal. **b** done or said in response.

~iam intra se continens caritatem *V. Neot. A* 2; puella .. stabat in summitate muri .. lapillos dejiciens jactibusque ~iis pueris subtus ludentibus colludens W. CANT. *Mir. Thom.* VI 32; hic similibus sese ~ia consolationis gratia confovebant et .. sese mutuo consolari .. intendebant R. COLD. *Godr.* 30; ~ia instructione salutaris doctrine .. semetipsos excitabant J. FURNESS *Kentig.* 23 p. 200; quantum .. sparserit ex ~ia collatione virorum sanctorum dulcedinis spiritualis, nemo .. expectet litteris explicari AD. EYNS. *Hug.* V 14 p. 165. **b** dum rem istam Lanfrancus archiepiscopus cuidam prepotenti viro narrasset, ille ~ia relatione .. inquit .. OSB. *Mir. Dunst.* 22; [mures] nulli tamen noxam ~iam referebant W. MALM. *GR* III 290.

3 (as sb. m.) one who stands in place of another, substitute, deputy (esp. w. ref. to exercise of authority, also fig.); **b** (as title given in 1338 to Edward III by Louis IV as Holy Roman Emperor); **c** (~*ius Christi, Dei, Petri* or sim., also ellipt., w. ref. to ecclesiastical authority, esp. the Pope). **d** (spec.) sheriff. **e** (as sb. f.) office or position of substitute (in quot. ~*ia S. Petri* w. ref. to papacy).

723 ducibus, comitibus, ~iis, domesticis, vel omnibus agentibus BONIF. *Ep.* 22; patri spirituali vel ejus, si absens fuerit, ~io *RegulC* 22; [ursus] bovi perdito quasi ~ius ad trahendum .. successit GIR. *TH* II 28; matris misericordie ope post celebratam .. in honore ipsius missam, famulus ejus et ~ius devotissimus .. levamen non modicum percepit AD. EYNS. *Hug.* V 15; sequantur quemlibet preceptorem x ~ii, et sequantur quemlibet ~ium ductores x BACON V 150; s**1266** Octobonus legatus venit in Anglia[m] et misit dominum A. ~ium suum in Hiberniam *Ann. Exon.* f. 13v; **1281** eo tempore fuit Thadeus de Monte [Folge] ~ius civitatis predicte [sc. Florencie] *Law Merch.* II 35; **1313** [Bartholomeus] domino quod vicem sui Phariseus, / hinc Jude vicarius morte fiet reus (*Bannockburn* 26) *Pol. Songs* 263; **1440** ~io cellerarii in ecclesia .. x s. *Ac. Durh.* 78; sufficit .. regi actus hujusmodi per sufficientes ~ios FORTESCUE *NLN* II 15. **b** fecerat tunc imperator regem Anglie suum ~ium in imperio *Hist. Roff.* f. 82v. **c 722** promitto ego Bonifatius .. beato Petro apostolorum principi ~ioque tuo beato papae Gregorio BONIF. *Ep.* 16; [sacerdotes] qui debuerant esse ~ii apostolorum .. facti sunt socii Jude P. BLOIS *Ep.* 123. 360C; ~io Christi, Petro, dicitur a Domino .. GERV. TILB. *pref.* p. 6; episcopi .. speciales sunt ~ii Christi GIR. *Spec.* IV 20; querite hominem Dei et illum in ~ium constituite, nomine Gregorium *G. Roman.* 407; **1412** nullus Christianus debet obedire tali ~io [sc. pape] .. nisi obediencia resistiva *Conc.* III 344b; dedit .. pape, ~o Sancti Petri .. ELMH. *Cant.* 333. **d 1096** Hugo de Port, ~ius Wintoniae *Hist. Glouc.* 93 (=*Regesta* 379); **1384** domino episcopo Dunkeldensi, recipienti pro debito regio, ex parte ~ii de Strathardil *ExchScot* 674; **1416** ~ius de Muskilburgh, vocatus dominus Bertholomeus, asportavit quatuor saccos lane *Ib.* 251. **e** ex jure successoris ~ie Sancti Petri (WYCL.) *Ziz.* 259.

4 (eccl.): **a** (Carthusian) sub-prior. **b** (~*ius provincialis*, Franciscan) provincial vicar. **c** (~*ius generalis* or sim.) vicar general;

d (transf., as title given in 1535 to Thomas Cromwell as king's representative in ecclesiastical affairs). **e** (~*ius generalis*, mon.) head of religious order, minister-general. **f** (~*ius choralis* or sim., also ellipt.) vicar choral. **g** (as sb. f.) district of (Franciscan) vicar general, vicariate. **h** (adj.) of or pertaining to a vicar, vicarial.

a hic .. domus nostre constitutus erat ~ius qui paulo ante fuerat procurator CHAUNCY *Passio* 100. **b** provincialibus ~iis (*Abbr. Stat.*) *Mon. Francisc.* II 81 (v. 4e infra). **c** **1307** archiepiscopi .. agentis in remotis ~ius generalis *Lit. Cant.* III 352; ~ium generalem episcopi GRAYSTANES 29; **1370** episcopo Norwycensi vel ejus ~io in generalibus seu locum tenenti *Lit. Cant.* II 500; **1408** vos .. facimus, constituimus, creamus, et solemniter ordinamus nostrum in spiritualibus ~ium generalem (*Reg. Ebor.*) *Eng. Clergy* 189; **1449** ~ios generales et speciales *Reg. Heref.* 1 (v. econtrariari); ~ius in spiritualibus generalis .. archiepiscopi *Praxis* 3. **d** **1535** Thomas Crumwell .. ~ius generalis *Mem. Ripon* I 106; judicaverunt .. ~ium prius regis, nomine Thomam Crumwellum, conveniendum CHAUNCY *Passio* 74. **e** **1412** fratre F. de Albania ~io generali dicti ordinis [sc. fratrum predicatorum] *ExchScot* 152; **1428** [fratribus minoribus de D.] ut patet per literas ~ii dictorum fratrum de recepto *Ib.* 462; ut fratres .. sub una provisione et generali ~io [v. l. ministro] quoad omnes, ac provincialibus vicariis quoad singulas cismontanarum partium provincias vicarias .. permanerent (*Abbr. Stat.*) *Mon. Francisc.* II 81; **1451** in eleccione ~ii generalis (*Abbr. Stat.*) *Ib.* II 107. **f** in choro .. in medio .. stant canonici .. deinde ~ii, presbyteri, et pauci admodum diaconi *Consuet. Sal.* 13; a**1230** (15c) omnes ~ii chorales *Ch. Sal.* 212; J. B. ~ium de choro *Stat. Linc.* II c; ad regendum chorum duos canonicos et duos vicaricos *Ord. Exon.* I 15; s**1381** [archiepiscopus] compulit sex ~ios chorales ecclesie cathedralis Eboracensis adire Beverlacum ibidem officium chori subituros loco tot ~iorum abinde per eum expulsorum *Chr. Pont. Ebor.* C 423; **1516** in choro ejusdem ecclesie erunt viginti ~ii *Reg. Aberd.* II 93; **1587** collegium ~iorum choralium *Pat* 1301 m. 37; **1598** [G. T. et T. I., vicarii chorales] conquesti sunt quod Thomas Lugge ~ius laicus movet lites et discordias inter vicarios presbiteres et laicos *MS DCExon. 7155/1* f. 149r. **g** **1346** vicario generalis ministri ac fratribus ordinis minorum in ~ia Scocie *Scot. Grey Friars* II 149; **14..** hi duo [fratres] fuerunt martyrizati in ~ia ab hereticis *Mon. Francisc.* I 528. **h** provincias ~ias (*Abbr. Stat.*) *Mon. Francisc.* II 81 (v. 4e supra).

5 (as sb. m.) class of (parish) priest, one who exercises cure of souls in place of (absent) rector, vicar. **b** (as sb. f.) office or position of vicar, vicarship, (also) benefice or living of vicar.

a**1183** rectoribus .. discedentibus, ~os idoneos scilicet sacerdotes .. instituant monachi qui episcopo respondeant de spiritualibus, assignata eis honesta sustentatione *Cart. Glam.* I 21; ~ii officium *Chr. Battle* f. 122 (v. perpetuitas 2); c**1216** volo .. ut dicti canonici et eorum pensionarii ~ii .. habeant memorata beneficia *Reg. S. Thom. Dublin* 78; a**1293** redditum .. concessi .. ~io .. capelle *BBC* 322; **1318** ~ius secularis qui in ecclesia .. ministrabit *Dryburgh* 244; rex .. prebendas clericorum ~iis .. contulit CIREN. II 111; **1435** item decanus, precentor, archidiaconus, wicarius *Reg. Brechin* I 67; in inferioribus clericis est urbanitas, quos dicunt ~ios BEKYNTON *App. 285* 322; s**1523** R. P. ~ius Croydonensis atque divi Pauli canonicus P. VERG. *Camd.* 306. **b** opponens ecclesiam de M. sui juris esse et Withgarum nomine ~ie eam de se tenere *Chr. Battle* f. 96v; **1184** decanus et canonici .. teneantur .. ad easdem ecclesias perpetuos vicarios presentare et eis secundum quod facultates earundem ecclesiarum suppetunt idoneas ~ias assignare *E. Ch. S. Paul.* 230; **1194** decani est .. ~ias vacantes ad presentationes canonicorum .. de clericis idoneis ordinare *Conc.* I 497b; nec .. pinguem ecclesie de L. ~iam amplius optineret GIR. *SD* 114; c**1214** consistit .. ~ia in tota [l. toto] altalagio illius ecclesie *Reg. Linc.* I 63; **1229** ordinatis .. ~iis in quibus seculares clerici debent deservire *Dryburgh* 223; **1249** super taxatione ~iarum *Reg. Aberbr.* I 169; ~ia non contentus .. in rectorem institutus est THORNE 1881; **1267** anno seguenti taxatio †icarie [l. vicarie] de Tentwarden *Ib.* 1915; **1317** ~ias seu capellanias *Reg. Carl.* II 159 (v. capellania); prioratibus, prebendis, rectoriis, ~iis *Flor. Hist.* III 131; permutacio ~ie de R. cum ~ia sancti Petri ut vicarius sancti Petri liberius evacuaret indignacionem parochianorum suorum (*Chr. S. Alb.* (*1422–31*)) AMUND. I 46.

6 (as sb. f.) rights of vicar, (esp.) vicarial tithe or other sim. due, or right to levy it (*cf. et. vigeria*).

concesserunt sancto Ebrulfo vicecomitiam id est viariam, quantam habebant in Villariis Vastatis ORD. VIT. V 20 p. 470; ?**1156** de omnibus consuetudinibus quas exigebat .. in vendis, in pedagiis, in viariis, in decimis *Act. Hen. II* I 114; c**1157** concedo eis [sc. monachis] ~iam in predicta villa Cadupellis que de porcis et ovibus exigitur *Ib.* I 132; c**1165** sciatis me concessisse .. quoddam furnillum de viariis datum eis in perpetuam elemosinam a Johanne .. cognomento consule, et homines in eo stacionarios *Ib.* I 491; c**1190** decimam universam de omnibus averiis et ~iis meis que in predictis villis posita sunt *Regesta Scot.* 187.

2 vicarius v. 2 wicarius.

1 vicatim [CL], village by village, community by community.

incommoda, ~im et oppidatim accepta W. MALM. *GR* I 14 (=ELMH. *Cant.* 252); populus Londonianus .. ~im vel plateatim [*gl.: strete by strete*] eosdem salutatum confluxere WHITTINGTON *Vulg.* 69.

2 vicatim [CL vicis+-atim], by turn.

praedictis litterarum caracteribus ~im et alternatim positis ALDH. *Met.* 10 p. 82; **1587** ipsos .. ad hujusmodi vicarias .. separatim, ~im, et per se nominamus et presentamus *Pat* 1301 m. 34.

viccuarius v. victuarius. **vice capitaneus** v. vicecapitaneus. **vice monitor** v. vicemonitor. **vice-** v. vicis. **vicea** v. 2 vicia. **viceadmiralius** v. viceadmirallus.

viceadmirallus [vice-+admirallus], **~alius**, vice-admiral.

1337 constituimus ipsum Nicholaum ~allum flote nostre galearum et omnium aliarum navium ducatus nostri [Aquitanie] *Foed.* (*ed. RC*) II 957; **1496** ad admirallum et ~allum *Pat* 578 m. 11; **1519** Thome comiti Surrie regni nostri admirallo ac .. Cristoforo Middelton dicti .. Thome .. ~allo seu ejus vicemregenti *Foed.* XIII 700; **1542** emanavit decretum ad advocandum causam pendentem coram .. deputato .. ~alli *HCA Warrant Bk.* I f. 35; **1587** omnium et singulorum ~allorum, capitaneorum *Pat* 1320 m. 7*d.*; numerantur admiralius Angliae .. ~alii Angliae CAMD. *Br.* 143.

vicearchidiaconus [vice-+archidiaconus], (eccl.) archdeacon's deputy.

a**1137** hiis testibus .. Willelmo archidiacono, Angoto ~o *E. Ch. Yorks* II 380; **1180** ~um meum .. in mei nominis contumeliam suspendistis P. BLOIS *Ep.* 58. 173D; a**1182** A. Lincolniensis ecclesie canonicus et ~us *Danelaw* 8; Nicholaus ~us Oxenefordie *FormA* 27.

viceauditor [vice-+auditor], *auditor*'s deputy.

1328 camerarii auditor seu ~or et eorum vel alterius eorum locumtenens (*RScot*) *SHR* XXIX 47; **1357** curia dominorum auditoris ~oris loca tenentium *Regesta Scot.* 148; **1542** camere apostolice generalis auditoris ipsiusque ~oris locumtenentis et commissarii *Form. S. Andr.* II 245.

vicebaillivus [vice-+baillivus], *baillivus*'s deputy.

1501 Hugonem Tauneley viceballivum de Gnysnes *Cl* 361 m. 10*d.*

viceballivus v. vicebaillivus.

vicebaro [vice-+baro], deputy of a baron, or *f. l.*

Stephanus rex .. justiciariis, vicebaronibus [? l. vicecomitibus, baronibus], ministris, et omnibus fidelibus suis (*Cart. Steph.*) ELMH. *Cant.* 367 (cf. (*Cart. Hen.*) ib. 363: comitibus, vicecomitibus, baronibus).

vicecamerarius [vice-+camerarius], deputy chamberlain.

pro agenda summa primorum fructuum supra debitum, nititur .. ~ius eum in vestre sanctitatis consistorio infestare (*Lit.*) *Reg. Whet.* II 370; **1435** coram nobis vel camerario nostro aut ~io nostro (*Lit. papae*) *Mon. Hib. & Scot.* 373a; **1523** in Romana curia coram .. papa ejusve camerario, ~io, camereque apostolice presidentibus clericis *Form. S. Andr.* I 37; **1573** ~ius hospicii [regine] *Pat* m. 16*d.*

vicecancellariatus [vicecancellarius+-atus], vice-chancellorship (in quot. acad.).

1439 magister J. .. tempore sui ~us exsequebatur justicie complementum *EpAcOx* 194; **1584** vicecancellarius reddat suum compotum .. post mensem a die resignationis dicti officii ~us *StatOx* 434.

vicecancellarius [vice-+cancellarius], vice-chancellor.

s**1177** dominus rex misit .. Valterium .. archidiaconum ~ium suum *G. Hen. II* I 168; **1189** (1227) per manum J. de A. archidiaconi Lescoviensis ~ii *CalCh* I 48; **1220** domino R. de N. ~io domini regis *RL* I 112; s**1305** papa .. ~ium constituit abbatem S. Crucis *Flor. Hist.* III 126; **1343** sancte romane ecclesie ~ius (*Lit. Card.*) AD. MUR. *Chr.* 129; habet archiepiscopus Cant' in collegio episcoporum episcopos .. Winton' cancellarium Lincoln' ~ium LYNDW. 317e; ~ius et prefectus urbis .. coirent ASCHAM *Ep.* 317; c**1549** viatores academie, ~ii jussu, congregationem .. vocabunt *Stat Ox* 350.

vicecapitaneus [vice-+capitaneus], deputy captain (of ship).

1382 galeas quarum sub patroni nobiles viri H. L. ~eus ipsarum et A. C. *Foed.* VII 354; **1409** scribanus major gallie ~ius .. scaccarius major gallie ~ius (*London Commissary Court Will*) *MS Lond. Metrop. Arch.*; **1511** constituimus te capitaneum .. tam omnium et singularum navium quam omnimodorum magistrorum, ~eorum, marinariorum (*Pat*) *Law & Cust. Sea* I 148; **1513** ~eis .. magistris, marinariis, hominibus ad arma (*Pat*) *Foed.* XIII 349b; **1583** unum locum tenentem sive vice capitaneum *Pat* 1235 m. 28; **1587** capitaneos, colonellos, ~eos, locumtenentes, et alios officiarios (*Pat*) *Foed.* XVI 14a.

vicecapitanius v. vicecapitaneus. **vicecelerarius** v. vicecellararius.

vicecellararius [vice-+cellararius], deputy cellarer.

celerarius vel vicecelerarius dicere debet matutinas ad librum (*Cust. Bury St. E.*) *HBS* XCIX 25.

vicecolla v. vesicula.

vicecollector [vice-+collector], deputy of collector (in quot., of Peter's pence).

1513 fuit .. Polydorus Vergilius .. in hoc nostro regno ~or *Mon. Hib. & Scot.* 510a.

vicecomes [vice-+comes; cf. OF *vicomte*]

1 vicomte (as continental title).

1061 nullus rex, dux, marchio, comes, ~es, aut alia magna parvaque cujuscumque dignitatis vel ordinis persona (*Lit. Papae*) *Conc. Syn.* 549; c**1070** signum Roberti comitis .. signum Matildis comitisse .. signum Tursteni vicicomitis *Cart. Mont. S. Mich.* 2; a**1123** Anselm' ~es de Rothomago (*Regesta* 1676) *EHR* XIV 424; cur de regiis redditibus ad vicecomitatum Argentomi et Oximorum Falesieque pertinentibus ut regis ~es et officialis rationem non reddiderit ORD. VIT. XI 44 p. 306; s**1190** ~es Turonie .. ~es de Castello Heraud DICETO *YH* 80; **1242** significatum est ~iti de Frunzak *RGasc* I 19a; **1258** super facto ~itum Vasconie *Cl* 314; s**1293** ~item sancti Florentii *Flor. Hist.* III 271; **1295** [*appointment of Garzia Arnaldi*] ~iti maritime *CalPat* 142; s**1346** interfecti fuerunt .. in bello .. rex Bohemie .. barones, barinetti et ~ites lxxx *Meaux* III 59; venit ex parte Gallicorum archiepiscopus Remensis et in sua comitiva ~es de Bretteville *G. Hen. V* 23.

2 (in post-Conquest England and Wales) chief financial and executive officer of the Crown in a shire, sheriff (*v. et. auxilium* 4d, *palefredus* 2); **b** (~*es capitalis*). **c** (transf., applied in retrospective use w. ref. to pre-Conquest office) sheriff (*scírgeréfa*). **d** reeve, alderman.

a**1083** interdico ne ullus ~es aut prepositus seu minister regis .. de legibus que ad episcopum pertinent se intromittat (*Regesta* 93) *Conc. Syn.* 623; a**1083** Willelmus rex Anglorum Odoni fratri suo episcopo Baiocensi et comiti de Cantia et Hamoni ~iti et omnibus fidelibus suis in comitatu Cantie *Regesta app.* p. 124; ut nullus ~es ullam ibi habere possit querelam *DB* I 172va; omnis .. socna .. est .. in custodia .. trina principaliter distincta: sub prepositis maneriorum .. sub prelatis hundretorum .. sub ~itibus (*Leg. Hen.* 20. 1a) *GAS* 560; **1130** ~es reddit compotum .. de veteri debito patri sui et pro terra et ministerio patris sui *Pipe* 77; ~es dicitur eo quod vicem comitis suppleat in placitis illis quibus comes ex sua dignitatis ratione participat *Dial. Scac.* I 17A; **1231** mandatum est eidem wicecomiti quod .. comitissam ad morandum in predicto manerio .. admittat *Cl* 492; isti fuerunt primi ~ites Londoniarum, facti .. anno gratie MCLXXXVIII *Leg. Ant. Lond.* 1; **1275** ante turnum ~itis *Hund.* II 205b; **c1370** (v. subvicecomes); **c1416** dixit J. L. uni ~itum *Mem. York* II 55; officiarius quidam unus regis ~es appellatus FORTESCUE *LLA* 24; P. VERG. XV p. 274 (v. scirevus); singulis .. annis, nobilis aliquis ex incolis praeficitur his comitatibus quem ~em, quasi vicarium comitis, et nostra lingua *Shiriffe* i. comitatus praepositum vocamus, qui etiam comitatus vel provinciae quaestor recte dici potest CAMD. *Br.* 131. **b** **1238** Willelmus de Bello Campo fuit capitalis ~es noster et alius Willelmus [de Stopel'] serviens suus *LTR Mem* 12 m. 11; **1243** ductus fuit apud Yvelcestr' et traditus ballivis Herberti .. qui tunc fuit ~es capitalis (*Som*) *JustIt* 756 r. 14*d*. **c** TRE non reddebat ~iti nisi averas et inguardos *DB* I 190ra; divisiones hundredorum .. comitibus [et] ~itibus (*Leg. Ed.*) *GAS* 640; ~ites provinciarum et comitatuum elegi debent (*Ib.*) *Ib.* 656; †**962** (11c) ego Uva *the Hwede* ~es Warwichie *CS* 1092; **s1027** precipio .. omnibus ~itibus et prepositis universi regni mei .. ut nulli homini .. vim injustam inferant (*Lit. Regis*) W. MALM. *GR* II 183 (=*Conc. Syn.* 511); **s874** prefectos .. provinciarum, qui antea vicedomini, in duo officia divisit, id est in judices .. et ~ites, qui adhuc nomen retinent *Croyl.* 28; **833** (15c) donum .. ~itis *CS* 409 (v. cotagium b). **d** si .. tale quid factum fuerit ante ~item aut ante capellanum regis (*Inst. Cnuti*) *GAS* 315; si ~es, id est prepositus civitatis aut ville calumniatus fuerit quod .. (*Ib.*) *Ib.*

3 (in other jurisdictions) sheriff: **a** (Sc., also as law officer); **b** (Islands).

a **c1136** David rex Scotie ~iti de Berwic, prepositis et omnibus probis hominibus suis vicecomitatus de Berwich *Ch. David I* no. 51; **c1139** ~iti de Strivelin *Ib.* no. 67; leges Scocie in burgis et villis ~itibus infra terras regis Scocie usitentur secundum antiquas consuetudines sicut usitate fuerant tempore regis Alexandri KNIGHTON II 474; **1543** notarius publicus ac ~es delegatus *Form. S. Andr.* II 253. **b** **s1164** propter dolum cujusdam ~itis Mannenses in fugam conversi sunt *Chr. Man* 74; **s1223** ~es de Ski vir strenuus et potens *Ib.* 86.

4 private sheriff.

c1100 [*I William count of Mortain .. confirm .. certain land .. with all its appurtenances which Rannulf my sheriff*] ~es [*gave them*] *Cart. Lewes* I p. 119; **11..** W. comes de Warenna, W. filio R. ~iti suo et omnibus ~itibus futuris de Wachefeld *MonA* VI 99; **1166** Conanus dux Britannie et comes Richemundie .. omnibus baronibus et ~itibus et prepositis atque omnibus fidelibus hominibus suis .. totius Anglie *E. Ch. Yorks* IV 69; **1260** compotus Remigii de Poclington vic[ecomitis] Holdenessie .. anno comi[tiss]e primo *MinAc* 1078/7.

5 (as title pertaining to the fourth order of the English peerage, ranking between earl and baron) viscount.

1440 in presenti parliamento nostro .. Johanni duc' de Beaumont .. ac heredibus masculis de corpore suo exeuntibus nomen vic' de Beaumont imponimus, ac ipsum insigniis vic' de Beaumont realiter investimus, locumque in parliamentis, consiliis, et aliis congregacionibus nostris super omnes barones regni nostri assignavimus *Pat* 446 m. 21; **1445** confirmavimus .. J. Carpenter electo Wigorn' ecclesie, Johanni ~iti Beaumont, W. domino de Hungerford *RParl* V 70b; **1459** Henricus comes Northumbr', Jacobus comes Wiltes', Johannes ~es Beaumont, Leo Dominus de Welles *Ib.* V 355b; post comites ~es ordine sequuntur, *vicounts* nos vocamus. haec vetus officii sed nova dignitatis appellatio, et Henrici VI tempore apud nos primum audita CAMD. *Br.* 136.

vicecomitalis [vicecomes+-alis]

1 of or pertaining to a vicomte.

1307 nassa ~is quam rex habet ibidem, nichil, quia destructa est propter inundacionem aquarum *Reg. Gasc. A* 85.

2 of or pertaining to a sheriff.

a1327 quod major sibi non attrahat, nec coram ipso teneat, placitum ~e *MGL* I 142; omnia brevia de nocumento ~ia nuncupata *Reg. Brev. Orig.* f. 199.

vicecomitas [vicecomes+-tas]

1 office or dignity of sheriff, shrievalty.

concessit .. eis ad habendum de se ipsis duos vicecomites qui tenerent ~atem civitatis et Midelsexie ad firmam sicut ante solebant *Leg. Ant. Lond.* 124.

2 (Sc.) sheriff.

1364 David .. rex Scottorum dilecto et fideli nostro M. F. vicecomiti [MS: vicecomitati] *Regesta Scot.* 333 (cf. ib. *rub.*: littera inibicionis regis .. ad vicecomitatem de Dubertan).

3 (Sc.) sheriff's district, sheriffdom.

1424 cum pertinenciis intra baroniam nostram de Tybaris intra ~atem de Dumfries (*Ch. Dunbar*) *N. & Q.* 4th S. VI 91; **1468** de dicto comitatu infra ~atem *ExchScot* 540.

vicecomitatus [vicecomes+-atus]

1 district or territory of *vicecomes*: **a** (of vicomte); **b** (of sheriff, in post-Conquest England and Wales); **c** (transf., applied in retrospective use to pre-Conquest administrative district, *cf.* *shira*); **d** (Sc., of sheriff).

a Falesie vero ~um .. impetravit ORD. VIT. XI 22 p. 236; **c1160** in meo redditu ~us mei Rothomagensis *Act. Hen. II* I 349; **1195** de firma ~us Rothomagi *RScacNorm* I 153; **1230** ei reddemus de ~u Lemovicensi per integrum jura sua *Pat* 393; **1427** Houtoft in Normannia in ~u Dauge *Reg. Cant.* II 398. **b** **c1070** in ~u Lincolniae (*Ch. regis*) *MonA* III 499; contigit .. in ~u Æstsexsse HERM. ARCH. 7; **1080** Willelmus .. rex .. omnibus vicecomitibus in quorum ~ibus abbatia de Ely terras habet *Pl. Anglo-Norm.* 24; **1141** ego Matildis .. Anglorum domina do et concedo Gaufrido de M. .. ut sit comes de Essex' et habeat tertium denarium ~us de placitis sicut comes habere debet in comitatu suo in omnibus rebus *Mandeville* 89; **s1191** resaisina ~us Lincolnie fiet Girardo de Carnvilla R. HOWD. III 137; ad quatuor milites qui tunc .. ~um Suthsexie regebant *Chr. Battle* f. 87v. **c** TRE ~us de Waruuic cum burgo et cum regalibus maneriis reddebat lxv li. *DB* I 238ra. **d** **c1168** prohibeo firmiter ne servientes mei ~us de Berewic alias habeant consuetudines .. quam servientes mei aliorum ~um meorum habent *Regesta Scot.* 67; **c1185** intra ~um de Perth *BBC* 217; **1325** nos dedisse .. H. de Rosse .. totum ~um et burgum de Crumbachy (*Ch. regis*) *EHR* XXVI 329; **1418** ~um de Drumfrees *Melrose* 512 p. 499; **1469** pro vi j rynmartis ~us de Fores *ExchScot* 640; **1539** infra ~um de Beruik *Kelso* I *Pref.* p. lv.

2 office or dignity of *vicecomes*: **a** (of vicomte); **b** (of sheriff, in post-Conquest England and Wales); **c** (Sc., of sheriff).

a **1199** qui .. ~um sibi apud Lexovium hereditario jure competere asserebat *RChart* 19a; **1289** avoavit se tenere .. a .. rege .. ~um *RGasc* II 313a; **1313** de pertinenciis ~us *Ib.* IV 1018. **b** acras prati et unam vacariam .. quae sicut scira testatur remanserunt in firma regis quando G. ~um perdidit *DB* I 57vb; quidam .. Leofstanus nuncupatus pollens honore ~us HERM. ARCH. 7; **1199** [concessimus] ~um .. habendum et tenendum eis et heredibus suis (*London*) *BBC* 220; **1236** non solum .. ecclesiasticis personis illicitum est secularis justiciarie officium exercere sed et .. officium ~us et quodlibet officium consimile GROS. *Ep.* 72* p. 213; ipse habet per cartas domini regis quicquid pertinet ad ~um *Chr. Peterb.* 11; cum cives Londoniarum onerati fuissent per ~um Londoniarum et Meddelsexie ad scaccarium domini regis de cccc libris *MGL* I 145. **c** **1335** sciatis quod commisimus .. Johanni de Strivelyn officium ~us de Edeneburgh *RScot* 382b.

3 shire court (*cf.* *comitatus* 5); **b** (transf., applied in retrospective use to a pre-Conquest shire-moot).

dicit se hanc terram deplacitasse coram regina Mathilde in presentia iiij ~uum *DB* I 238rb; dicit ~us quod de una quaqua hida terrae .. *DB* I 174ra; **1289** in regio tribunali et etiam in ~o [*sic*] vestro et alibi *Reg. Wint.* I 187. **b** **a1275** beatus Aethelwoldus .. Leofsium in jus protraxit .. convenerunt iterum ad Northanmtune et congregata ibi tota provincia sive ~u coram cunctis iterum causam supradictam patefecerunt *Lib. Eli.* II 11.

vicecomitia [vicecomes+-ia], right or tithe of a *vicecomes* (*cf.* *vicecomes*; *cf. et.* *vicaria* 3, *vigeria*).

concesserunt sancto Ebrulfo ~iam, id est viariam, quantam habebant in Villariis Vastatis et ob hoc a monachis quondam x susceperunt solidos et unum cervi corium et alio tempore xx solidos. .. post aliquot temporis .. filii ejus .. monachis ~iam auferre moliti sunt ORD. VIT. V 20 p. 470.

vicecomitissa [vicecomes+LL -issa]

1 wife of *vicecomes*: **a** (of vicomte); **b** (of sheriff).

a W. comes Pictavorum .. legitima .. uxore depulsa, vicecomitis cujusdam conjugem surripuit .. unde .. excommunicatus .. "antea" inquit "crispabis .. capillum quam ego ~e indicam repudium" W. MALM. *GR* V 439; **1180** per plegium ~e Roth[omagi] *RScac Norm* I 44; **1203** Lucia ~a Belli Montis *Pat* 24; **1242** vicecomitem [de Frunzak] et ~am matrem suam *RGasc* I 82b; **1254** ~a de Thoarcensi, soror regis, faciet novum militem *Ib.* I 417a; **1289** ~e F., matri et tutrici .. filiorum communium ipsius et Guillelmi A. *Ib.* II 361a. **b** **11..** hanc donationem .. tenendam .. manu propria affidavi in manu ~e viz. Berthe uxoris vicecomitis Rannulfi de Glanvilla *Cart. Rievaulx* 62; his testibus Ranulfo vicecomite .. Bertha ~a, Matilde filia ejus *Ib.*

2 female sheriff (holding the office when hereditary, usu. as being widow of sheriff).

1125 Adeliza ~a mater Walter de Gloucestria .. dedit ecclesie S. Petri .. domos, redditus omnes quos habebat in Gloucestria *Hist. Glouc.* 81; **p1154** precipio quod permittas ecclesiam et canonicos de Plimpton tenere elemosinas omnes quas Atheliza ~a filia Baldwini eis dedit *MS Bodley Tanner 342* f. 177v; **1157** Ricardus de R. reddit compotum de xxij li. et ij s. et iiij d. bl' de veteri firma. ~e liberavit per breve regis *Pipe* 157; **1167** Hantona. .. de tribus annis preteritis .. ~a dimisit firmam cccc li. et vij s. et vij d. blanci *Ib.* 194; **c1171** hiis testibus .. Johanna ~a Gloec' *Ch. Heref.* 11; **a1199** totum manerium de Thornecumba cum omnibus pertinentiis suis sicut Aeliz ~a, que illud manerium eis in elemosinam dedit, unquam illud melius et liberius tenuit *MonA* V 382b.

vicecommissarius [vice-+commissarius], (acad.) deputy commissary.

1556 nihil deliberetur .. nisi cum commissario vel, eo absente, ~io *StatOx* 365.

viceconstabularius [vice-+constabularius], vice-constable.

1196 compotus .. de ministerio Chamberlengarie de Lond' .. xxxs .. requirendi sunt a Philippo f. Roberti qui eos recepit sicut Walterus ~ius ejus recognovit coram baronibus *Pipe* 18.

viceconsul [vice-+consul], deputy consul. **b** (understood as) sheriff.

comitatus .. olim apud Britones temporibus Romanorum .. vocabatur consulatus. .. et qui modo vocantur vicecomites, tunc temporis ~ules vocabantur. ille vero dicebatur ~ul quia, consul absente, ipsius vices supplebat in jure et in foro *GAS* 639. **b** B. ~ul habet unum manerium quod vocatur Chetellescoma *Dom. Exon.* f. 312b.

vicecustos [vice-+custos], (acad.) vice-warden.

in ea [sc. domu de Merton] senior seu ~os nominatur KILWARDBY *Injunc.* 11; **c1449** in materia litis .. exposita per me .. custode .. collegii absente .. ~odi et sociis collegii [de Merton] *Let. Ch. Ch.* 15; **1486** compotus fratris R. C. ~odis collegii Cant' .. de xiij li. x s. receptis de .. priore per manus .. ~odis maneriorum *Cant. Coll. Ox.* II 213; **1513** ~os ex mandato .. custodis *Reg. Merton* 435; ~os dicti collegii [Animarum Omnium Fidelium Defunctorum], qui quidem ~os mutatur et de novo eligitur quolibet biennio, recipit singulis annis pro stipendio *Val. Eccl.* II 237.

vicedecanus [vice-+decanus], (eccl.) deputy dean.

1257 universi decani et ~i in suis capitulis .. cappis clausis .. utantur *Conc.* I 375; **1541** per decanum aut, eo absente, ~um et capitulum *Educ. Ch.* 454.

vicedomina [cf. vicedominus], wife of deputy.

ibique [apud Carnotum] in domo Helisendis ~e hospitatus ORD. VIT. XIII 11 p. 26.

vicedominatus [vicedominus+-atus; cf. OF *visdamé*], office of deputy (to person of authority).

post modicum per alium episcopum quem eo recusante sibi ecclesia prefecerat a ~us honore et officio

.. amotus .. doluit *Chr. Battle* f. 115r; c**1218** si .. vicedomini alicujus ecclesiae rectorem .. occidere presumpserint .. ~um usque ad quartam generationem amittant *Conc. Syn.* 95 (=*Conc.* I 600, *Ch. Sal.* 162).

vicedominus [vice-+dominus; cf. OF *visdame*], deputy (to person of authority); **b** (applied to sheriff). **c** (spec. eccl., to bishop, esp. in temporal matters) vidame.

751 Benedictus episcopus et vicedomnus sedis sanctae apostolicae *Ep. Bonif.* 90; ille [Odo] totius Anglie ~us sub rege fuit W. MALM. *GR* III 277; Philippus ~us, potestas, milites, et populus Parmensis, salutem M. PAR. *Maj.* VI 146; **1270** mandatum est .. quod faciant habere ~o de Pisis, quem rex decoraturus est cingulo milicie *Cl* 309; sicut ~us vicem domini gerit sic subprior sub priore ministrabit *Obed. Abingd.* 358; s**874** prefectos .. provinciarum, qui antea ~i, in duo officia divisit, id est in judices .. et vicecomites *Croyl.* 28. **b** Leofstanus .. pollens honore vicecomitatis .. interea loci ~us infamis post suos descenderat cursores in atrium martyris HERM. ARCH. 2 p. 32; s**1265** seditio fit in populo per comitatus Anglie pro novorum vicecomitum institutione ... comitatuum conprovinciales .. novos repulere viriliter ~os *Flor. Hist.* II 473. **c** Uuilfridus, heres patri dignissimus almo, / qui prius Euboricae fuerat vicedomnus et abbas, / postea .. / pontificis summi condignus sumpsit honorem ALCUIN *SS Ebor* 1217; [Theophilus] gesserat in clero factus vicedomnus et ipse / ecclesie curas pontificisque vices NIG. *Mir. BVM* 53; priorem loci hoc insigni extulerit ut in toto episcopatu decanus et ~us esset W. MALM. *GP* III 133; everterunt domos militum faventium archiepiscopo, ~i scilicet sui et alterius J. SAL. *Ep.* 222 (223); ~us in rebus temporalibus spectantibus ad mensam episcopi preest, quasi seneschallus .. et potest .. ~us .. laicus esse GIR. *PI* I 19 p. 110; *a stewarde*, economus .. satellarius, ~us episcoporum est socellarius *CathA*.

vicedomnus v. vicedominus.

viceepiscopus [vice-+LL episcopus], deputy of bishop.

totus conventus solemniter cantat, in primis episcopus sive ~us *Obed. Abingd.* 337.

vicegardianatus v. vicewardianatus. **vicegardianus** v. vicewardianus.

vicegerens [vice-+CL gerens *pr. ppl. of* gerere], deputy, lieutenant, vicegerent.

c**1350** cancellario vel ejus ~enti *StatOx* 80; **1407** ~ens magistri generalis ordinis beate Marie hospitalis Jherosolimitani *Lit. Cant.* III 101; auditor et ~ens dicti archiepiscopi *Entries* 139ra.

vicehebdomadarius v. vicis.

vicemagister [vice-+CL magister], vice-master (in quot., of Hospitallers).

s**1250** vicemagister Hospitalis .. occubuit cum drapario Hospitalis in conflictu ultimo M. PAR. *Maj.* VI 197.

vicemgerens v. vicis.

vicemonitor [vice-+CL monitor], **vice monitor,** deputy or assistant teacher.

1301 item pro dica ~oris (*Ac. Coll. Merton*) *Educ. Ch.* 218; **1306** salarium .. in duas partes equales dividatur, cujus medietas una magistro arcium, et altera vice monitori equaliter applicetur *StatOx* 22; c**1309** si scholaris socium suum .. leniter percusserit .. caputium suum per hostiarium capietur; et ~ori presentetur et ab eo castigetur *Reg. Whet.* II 311 (=*Educ. Ch.* 242); **1322** in scolis gramaticalibus, sede propria vice monitoris excepta *StatOx* 121; ~or, *a submaystere* WW.

vicenarius [CL]

1 that consists of twenty or pertains to the number twenty, (*~ius numerus* or as sb.) twenty (also in compound num.).

numerus ~ius utriusque testamenti conjunctionem significat, legis videlicet, quae quinque libris scripta est, et evangelii, quod quattuor BEDE *Tab.* 495B; c**798** est tertia pars [sexagenarii] ~ius, sicut binarius in senario ALCUIN *Ep.* 133; vigenarius dupplicatus fit quadragenarius BYRHT. *Man.* 230; **1219** provisum est de vecturis ut nullus numerum excedat ~ium *Doc. Eng. Black Monks* I 9; vii^{us} autem est quarta pars ~ii octonarii S. LANGTON *Gl. Hist. Schol.* 51; **1498** ange-

licum ~ium supplebit numerum (*Lit. Abb.*) *Camd. 4th S.* 213.

2 (as sb. m.) person in charge of twenty (*cf. wikenarius*).

1274 scholares .. sub custode et aliis prepositis, ~iis videlicet et decanis .. mensam communem habeant *Stat. Coll. Ox.* I Merton 26; **1295** quilibet peditum .. capiet per diem ij d. et ~ius et decenarius per diem iij d. (*Chanc. Misc.*) *RGasc* III cl.

vicennalis [CL], of twenty years.

cum .. diuturnitate guerre fere ~is ita turbata essent omnia ut .. W. FITZST. *Thom.* 18; s**1177** ~i schismate jam cessante GIR. *EH* II 20; propter schisma ~e *Id. PI* III 8 p. 281; ~em etiam vel ampliorem continentiam servaverat *Id. GE* II 17 p. 248.

vicennis [CL], of twenty years, (in quot.) twenty years old.

ad hanc contionem vigennes et natu minores accedunt LIV. *Op.* 349.

vicennium [CL], period of twenty years.

1160 non modo elapsis decem legum diebus sed toto ~io J. SAL. *Ep.* 89 (131 p. 234); non decennium aut ~ium sed totam consumpserunt etatem *Id. Met.* 864B; utinam huic desiderio .. ~ium aut tricennium prescripsisses! P. BLOIS *Ep.* 9. 24B; transacto ~io cruce signatus GIR. *SD* 66.

vicenus [CL usu. pl.]

1 twenty in each instance, twenty at a time, in groups of twenty (also in comp. numeral). **b** twenty (esp. w. *milia*). **c** (as sb. f.) group or set of twenty, score (*cf. vintena*).

duodecies .. ~i et bini cclxiiij faciunt BEDE *Temp.* 5; septies vigeni cxl BYRHT. *Man.* 30; inibi milites ejus ~os et duodenos decenosque singula duxit per hospicia *Enc. Emmae* III 4; in quibusdam cenobiis ~i vel triceni .. pedes in claustro ante mandatum abluunt LANFR. *Const.* 86; s**1188** denos et duodenos et ~os GERV. CANT. *Chr.* 401. **b** rite vicenis cum quadragie s octiës una / quaeque sororum formatur de more mearum / nempe momentis HWÆTBERHT *Aen.* 29 (*Aetas et saltus*) 1; ~is .. millibus passuum GERV. TILB. II 6 (v. diaeta 2b); millia vicena per sectam concomitantur ELMH. *Metr. Hen. V* 597. **c** **1174** x li. et vj s. et viij d. ad faciend' libat' predictis militibus et servientibus de j vigena *Pipe* 29; **1174** Willelmo filio Petri et iiij militibus cum eo residentibus .. cuique in die viiij d. per j unam ~am *Ib.* 139; **1335** xvj vyntenariis cum plenis ~is suis *IssueR* 279 m. 6; **1372** eos in millenis, centenis, et ~is poni faciatis, ita quod prompti sint .. ad proficiscendum .. contra .. inimicos *Conc.* III 92.

2 that contains or is identified by the number twenty.

si clavis fuerit vicena minorve sequenti / huic pro clave monos addito bisque novem. / undenas tollas si sit vicena secunda GROS. *Comp.* 262.

3 twentieth.

ortus vigeno sexto regni duodeno AD. MUR. *Chr.* 83.

viceplebanus [vice-+plebanus], deputy of a rector or rural dean.

1413 pape capellanus .. plebanis, ~is .. salutem *Cart. Glam.* 1470; pape debitorum collector generalis .. plebanis, ~is, presbyteris *Cop. Pri. S. Andr.* 34; s**1435** parochialium .. ecclesiarum rectoribus .. plebanis, ~is, capellanis, curatis et non curatis, vicariis perpetuis .. AMUND. I 381; **1537** canonicus .. Glasguensis .. rectoribus .. plebanis, ~is .. salutem *Form. S. Andr.* II 60.

vicepraepositus [vice-+CL praepositus *p. ppl. of* praeponere], (acad.) vice-provost.

scholares dicti regalis collegii .. vivit magister J. H. tunc ~us BEKYNTON II 165.

vicepraeses [vice-+CL praeses], (acad.) vice-president.

1516 ~es Magdalenensis [sc. collegii apud Oxoniam] *Conc.* III 659.

vicepraesidens [vice-+CL praesidens *pr. ppl. of* praesidere], (acad.) vice-president.

item solut' magistro A. S. vicepresid' [sc. collegii beate Marie Magdalene] .. supervidenti omnes socios et scolares quantum ad mores et disciplinas .. xxvj s. viiij d. *Val. Eccl.* II 287.

viceprior [vice-+CL prior], (mon.) deputy prior.

1254 dilecto filio .. ~ori provinciali predicto in Ibernia litteris nostris injunximus ut .. (*Lit. papae*) *Mon. Hib. & Scot.* 62a.

viceprovincialis [vice-+CL provincialis], (mon.) deputy provincial.

1256 fratre Carolo ~i fratrum predicatorum Hybernie et fratribus minoribus *RL* II 117; **1275** ~i fratrum predicatorum (*Lit. papae*) *Mon. Hib. & Scot.* 108a.

vicerefectorarius [vice-+refectorarius], deputy refectorer.

~ius eis honeste et sufficienter ministret et benigne (*Cust. Bury St. E.*) *HBS* XCIX 20.

vicerius v. uscerius.

vicesalmarius [vice-+salmarius], (in quot., of cart) used substitutionally for carrying burdens.

illa .. caretta pro defectu summariorum fuit inventa, unde sicut sacrista non debetur invenire summarios in curia abbatis sic nec istam carettam de jure. unde fit quod carettarius vindicat illam inveteratam .. . si ergo sacrista facit de ista secunda [sc. caretta] que major est et longior et vicesummaria, voluntas est et gratia sive timor vel violencia, non debitum (*Cust. Bury St. E.*) *HBS* XCIX 35.

vicesgerens v. vicis. **vicesimonus** v. vicesimus.

vicesimus [CL]

1 twentieth (also in comp. numeral, sts. as one word).

p**675** a quinta decima luna usque ad vigesimam primam ALDH. *Ep.* 4 p. 483; c**1100** ~a pars uncie *Eng. Weights* 5; anno Dominice incarnationis nongentesimo ~o quarto W. MALM. *GR* II 131; de ~a littera inchoare tractatum OSB. GLOUC. *Deriv.* 595; c**1303** anno regni regis Edwardi vigesimoquarto *Year Bk.* 30 & 31 *Ed. I* 538; **1533** vicesimono [*sic* MS; ? l. vicesimo nono] die .. Augusti *AncIndict* 525 m. 85 (cf. ib.: vicesimo nono die Augusti); **1534** anno .. visecimo quinto *Ib.* 527 m. 129.

2 (*~a pars* or as sb. f.) tax or aid of one twentieth. **b** (*~a quinta*) tax or aid of one twenty-fifth.

1220 concessit nobis mutuo mm et vij marcas et dimidiam de denariis ~e, quas ei .. de redditibus et debitis undecumque nobis venientibus solvere .. tenemur *Pat* 253; **1220** domino legato de ~a nostra clxxiiij li. x s. iiij d., preter ~am de elemosinario, sc. viij li. xij s. viij d., preter ~am de corona, sc. iiij li. xvij s., et sunt retro de tota ~a xij li. (*Ac. Thesaur.*) *DCCant.* I f. 64b; **1229** secundum taxationem factam in ~a (*Lit. cap. Papae*) *Reg. S. Osm.* II 149; **1270** sicut ~a alibi taxatur et colligitur in regno nostro *RL* II 337; s**1269** liberi homines de regno Anglie .. dederunt domino regi ~am partem .. bonorum suorum mobilium ad expensas suas faciendas in itinere versus terram Jerosolimitanam *Leg. Ant. Lond.* 122; s**1283** concessa est .. ~a omnium provenientium ecclesiasticorum per duos annos B. COTTON *HA* 165; **1300** decimam vel ~am seu centesimam RISH. 463; s**1245** papa .. ~am postulavit *Flor. Hist.* II 304. **b 1310** mandamus vobis firmiter injungentes quod de denariis de eadem ~aquinta in dicto comitatu *RScot* 82a.

3 (*~us numerus*) the number twenty.

venimus ad vigessimum numerum BYRHT. *Man.* 230.

vicesium v. hutesium.

vicessis [CL], coin worth twenty *asses*.

item quae ex asse componuntur: assis, .. vigessis, trigessis (*Ps.*-BEDE) *PL* XC 644A.

vicesummarius v. vicesalmarius. **vicetaxicon** v. vincetoxicum.

vicetenens [vice-+CL tenens *pr. ppl. of* tenere], (royal) vicegerent.

s**1423** dominus Humfridus dux Glovernie et ~ens Anglie cum sua uxore domina ducissa Holondie (*Chr. S. Alb. 1422–31*) AMUND. I 4; s**1429** dux Bedfordie

~ens Normanie nominatus est (*Chr. S. Alb. 1422–31*) *Ib.* I 42.

vicethesaurarius [vice-+CL thesaurarius], deputy treasurer.

1530 Willelmo Stewart .. thesaurario seu ~io nostro *Mon. Hib. & Scot.* 594a; officiarii: camerarii duo, ~ius, clericus talliarum .. CAMD. *Br.* 142.

vicetoxicon, ~um, ~us v. vincetoxicum.

vicetula, *var. sp. of* ficedula.

cicada, vicetula, *hegesugge* ÆLF. *Gl.*

viceum v. 2 vicia. **viceversa** v. vicis.

viceversim [cf. CL vice versa, vicissim], in turn, in return, conversely.

1425 conatur filia .. filios parere virtuosos .. sicut et ipsa ~im pro filiis benemeritis in omnibus illorum concernentibus honorem semper parata consistit *EpAc Ox* 17.

vicewardianatus [vicewardianus+-atus], office of vice-warden, vice-wardenship.

1491 omnia .. que ad officium hujusmodi subcustodie et ~gardianatus pertinent *RScot* 501b.

vicewardianus [vice-+wardianus], deputy warden, vice-warden.

1491 confidentes ipsum subcustodem et ~gardianum *RScot* 501a; **1529** J. B., ordinis minorum Oxon' ~gardianus ejusdem ordinis .. nomine gardiani ejusdem domus *Grey Friars Ox.* 318.

1 vicia [CL], **vesca** [AN *vesse, vesce*], vetch.

1208 de picis et vesciis et aliis bladis *Cl* 108a; **1248** ij bus' de toto exitu viscorum, quia equi comederunt j acram in herba *Rec. Crondal* 58; **c1258** vischie. idem reddunt compotum .. de ij bussellis veschiarum *Crawley* 224; **1275** cepit .. unam copam †vestor' [l. vescar'] pretii x d. *Hund.* I 209b; **c1283** ij bussellos et dimidium, scilicet de frumento, fabarum, et veciarum *Cust. Battle* 55; **1299** in vessis pro palefridis x d. *Househ. Ac.* 168; debent facere tassum de vicia *Reg. S. Aug.* 27; **c1310** tria plaustra vesiarum vel vj carcata *Ib.* 198; **c1310** portabit tassum visearum et tassabit si opus fuerit visearum *Ib.* 201; vesces, i. *fecches* vel *mous pese*, orobus idem *SB* 43; **1359** ij bus. vescarum *Cuxham* 599; hec viscia, A. *a feche WW*; de iiij acris terre frumento et xix acris terre †vostis [l. vescis] seminatis *Reg. Brev. Jud.* f. 18v.

2 vicia [AN, ME *vice*, OF *vis*], **~ium**

1 winch (for crossbow), (*ballista de ~ia, ad ~iam*, or sim.) winch-drawn crossbow.

c1282 una ballista ad viz' *TR Forest Proc.* 30 m. 36; **1284** pro vycis emptis pro balistis tendendis *KR Ac* 351/9 m. 15; **c1292** ij balistis de cornu ad ~eam cum telariis et cordis *Pipe Chesh* 170; **1298** pro ballistis de ~e tendendis *Pipe* 143 r. 23; **1300** pro ij magnis balistis de ~io, xviij balistis ad unum pedem *AcWardr* 143; **1300** magnas balistas de viscio *Ib.* 144; **1301** liberavit .. ij ~eas pro balistis extendendis *Exc. Hist.* 23; **1309** vij minute baliste .. tres vic' ad easdem tendendas *MinAc* 997/18.

2 spiral staircase.

1244 cujus camere gradus amoveatur et fiat unum veicium in illo angulo ad ascendendum in predictum oriolum *Liberate* 20 m. 13; **1252** duas fenestras in ~io camere nostre in decendendo et quandam fenestram ad pedes ~ii ejusdem camere vitreari .. facias *Ib.* 28 m. 6; **1291** eadem particula .. continet in turri .. unam prisonam cum uno hostio inferius et unum ~eum cum alio hostio a superficie terre inferius descendente .. et .. unum ~eum cum pluribus archeis de lapidibus cementatis *KR Ac* 486/7; **1320** pro illo penticio .. quod est ultra ~eam inter novam capellam S. Stephani et parvam aulam *Ib.* 469/1.

vicicitudo v. vicissitudo. **vicicomes** v. vicecomes.

vicies [CL], **~esies,** twenty times (also in comp. numeral).

viginti .. cubiti et ~ies semis cubiti triginta cubitorum summam complebunt BEDE *Tab.* 439B; bis senis temporum lustris id est ~ies terna annorum ALDH. *VirgP* 28; vigies mille milia THURKILL *Abac.* f. 56r; Cicero .. a Silla, qui tunc reus erat, mutuo sextertium ~ies tacite accepit J. SAL. *Pol.* 577A; vigesies et septies centum milia librarum OXNEAD *Chr.* 198; plusquam ~esies ejecti et fluctibus expositi, totiens .. mortis periculum evaserunt *NLA* II 670; **a1396** ut .. ~esies fere tantum de valore annuo .. allocarent *Meaux* III 219.

vicilinus v. vicinus.

vicinagium [ME, OF *vicenage*; cf. CL vicinus], fact of being or living close by, nearness, vicinage (in quot. leg.).

usi fuerunt intercommunicare causa ~ii *Entries* 625b.

vicinalis [CL]

1 of or pertaining to a neighbour.

1330 cum dileccione ~i et filiali *Cart. Osney* II 164.

2 (as sb.) neighbourhood, vicinage, visne.

1315 altum justiciatum in castro de Usar, pertinenciis, et ~i ipsius *RGasc* IV 1328; **1330** omnimodam justiciam .. in castro, vico, ac tota ~i de Usar *Ib.* IV 1330.

vicinaliter [CL vicinalis+-ter], in the vicinity, nearby, (also) as neighbours.

defensor aut dominus de furto pulsatorum, si .. respectaverit erga vicinum diem ~er et absque justitie majoris auctoritate condictum, curiam suam perdet (*Leg. Hen.* 26. 1) *GAS* 562; nec in vita sibi conviventibus a viris, sibive ~er convivantibus a coinquilinis, homo commendabilis .. erit examinandus E. THRIP. *SS* XII 3.

vicinari [LL], **~are**

1 (intr.) to be or live near, close, or in close proximity (to). **b** to be close (in nature, condition, or sim., to).

1157 qui ei ~amur omnes compatimur J. SAL. *Ep.* 14 (40); arborem .. Gisortio ~antem DICETO *YH* 55; radii [solis] .. magis ~antur BACON *Maj.* I 123; provincias .. que Francorum liminibus vel Britannico [sc. oceano] ~antur OXNEAD *Chr.* 67; princeps festinat, dorso ducis agmina minat, / semper vicinat ne procul esse sinat W. PETERB. *Bell. Hisp.* 113; pratellum pauperis prato .. divitis ~atur UPTON 168. **b** hic motus, si non providentia est, aut providentiam parit aut ei .. ~atur J. SAL. *Pol.* 449D; qui vicinatur vitiis ab eis vitiatur D. BEC. 54; morti ~antibus GILB. II 106v. 2; sub 'planta' .. sunt species subalterne ut .. herba, olus .. set olus magis ~atur herbe BACON XV 218; **1432** scolarem .. artem aliquam addiscentem .. sciencie ordinarium exercere debere cui ars ipsa quam addiscit maxime ~atur *StatOx* 240; **1472** officium quod irregularitati ~at *Melrose* 577.

2 (trans.) to set or place near (to).

etsi alia mansio fuerit ~ata non erit villa, quia villa est ex pluribus mansionibus ~ata et collecta BRACTON f. 434 (v. mansio 6).

vicine [LL], closely, nearly, in close proximity (also fig.).

gloriam Dei .. caeli cives .. quo hanc ~ius vident eo certius valent eloqui BEDE *Hom.* II 16. 186A; tunc demissus ex humeris bajulantium se aegrotus, ut ad memoriam sancti ~ius applicari deberet OSB. *Mir. Dunst.* 5; formatius quod sibi subicitur ~ius GROS. *Hexaem.* VIII 5 p. 225; partes partibus ~ius coadherent BART. ANGL. IV 2; intimius [v. l. ~ius] DUNS *Ord.* III 316 (v. intime); **1431** in decem partes .. equales, aut in quantum ~ius potest fieri, separent *StatOx* 235; **s1474** cum dietim ~ius ac ~ius hostium limitibus appropinquant *Croyl. Cont. C* 558.

vicinetum [CL vicinus+-etum], **visnetum** [AN, OF *visnet*], area or district around or nearby, vicinity, neighbourhood, (esp. leg., as area for summoning of jury) visne, (also transf.) visne jury (as body, also as distinguishing form of legal process).

c1164 xij legales homines de ~o *Reg. Glasg.* 593; **c1184** nullus Galwidiensis debet habere visnetum nisi refutaverit leges Galwidie et visnetum postulaverit *APScot* I 378; mittas liberos et legales homines de visneto [v. l. vidneto] de illa villa GLANV. II 2; si .. hoc fuerit per visnetum declaratum *Ib.* II 3; per quatuor legales milites de comitatu et de visneto elegantur duodecim legales de eodem visneto *Ib.* II 10; vicecomes .. faciet jurare duodecim legales homines de visneto seu de villa coram episcopo H. BOS. *Hom.* 1414B; **1196** ponit se super vincneto *CurR* I 18; per septem legales homines de vineto (*Stat.*) W. NEWB. *HA* III 23; **1201** legali inquisicione ~i *SelPl Crown* 43; **a1215** super predictam terram et in visneto ejus (*Cart. S. Greg. Cant.*) *Royal Writs* 81; **c1235** hominum de proximiori visineto de Berdesey *Couch. Kirkstall* 326; **1238** homines de vilneto *Ann. Tewk.* 109; **1242** de visnieto de R. *RGasc* I 29b; ad visnetum ubi mater obiit BRACTON f. 216b; **1266** si in dictis placitis de furto vel aliis criminibus visnetum capere voluerint .. ballivi .. faciant .. homines .. ad eadem placita venire ad curiam roborandam et ad visnetum faciendum cum hominibus .. abbatis *Melrose* 325 (cf. ib.: liceat ballivis visnetum capere per baronias quas voluerint); si mors .. per aldermannum et visnetum testificata fuerit *Leg. Ant. Lond.* 9; **12..** arbitrio legalium hominum de vinneto *FormA* 305; **1314** per sacramentum proborum et legalium hominum de visneto de Chesterton *Ambrosden* I 525; **1338** homines de balliva .. de visneto prioratus sancte Frideswyde Oxonie *MunCOx* 97; per assisam de vicineto [v. l. voisineto] *RegiamM* I 1; **1343** juratores de viseneto *Couch. Kirkstall* 399; **c1350** per fideles de visneta *Reg. S. Aug.* 128; summoneat .. xxiiij legales milites de visneto Londoniarum *MGL* I 437.

vicinia [CL], **~ium**

1 area around or nearby, vicinity; **b** (transf.). **c** community of neighbours, neighbourhood. **d** (leg.) visne (as area for summoning of jury), (also transf.) jury of neighbours (*v. et. vicinetum*).

ne aliqua nos temptatio a ~ia montis Dei retrahat BEDE *Tab.* 396C; in ~ia freti quod Anglorum terras Pictorumque disterminat *Id. HE* IV 24 p. 267; erat .. in civitatis praefatae ~io praedives quidam HERM. ARCH. 30; subcelerarius .. adventantibus mulierum turbis de ~ia .. cum quadam illarum inter septa monasterii fornicationem incurrit GIR. *IK* I 2 p. 25; cives facti animosiores extulerunt caput et per ~ia discurrentes castra imperialia obsederunt M. PAR. *Maj.* III 622; **1319** restionibus eligendis in ~ia ville de Bridport *RScot* 195b; in ~ia carace fuerat *G. Hen. V* 24; sic igitur obsidio per omnes partes terreas securis ~iis stabilitur *Ps.*-ELMH. *Hen. V* 96; **1520** sunt in nostra ~ia fusores .. et paulo inferius habitant .. WHITTINGTON *Vulg.* 65. **b** in ~ia .. fortium socia dilectione manentes BEDE *Sam.* 642A; **1416** cum jam dicta opinio de ducis adventu erat in ~ia veritatis *G. Hen. V* 25. **c** qui fuerint mores hominis vicinia novit D. BEC. 587; sanctitatem vite ipsius et virtutes signorum fama ~ie plenius attestatur *Canon. G. Sempr.* f. 132; **1223** ita quod ~ia conservetur indempnis *LTR Mem* 6 m. 12*d.*; cornuum mugitu ~iam in fugitivum concitavit *Mir. Wulfst.* II 16 p. 170; sequela clamoris ~ie sequatur eum *RegiamM* IV 15. **d** si quis in servum transeat, sicut possessor erit, in halimoto vel hundreto vel ~io [v. l. vicino] coram testibus agatur (*Leg. Hen.* 78. 2) *GAS* 594; **1282** facias xij liberos et legales homines de visinio *Reg. Wint.* II 391; **1341** preceptum est vicecomiti Ebor' quod venire faciat coram rege ad diem predictum viginti et quattuor probos et legales homines de visinia de Ripon' *Mem. Ripon* I 214.

2 nearness, closeness, proximity; **b** (in time); **c** (in nature, form, or sim.).

nunquam recte nocet mali ~ia, nisi cum sui lue inficit vicina PULL. *Sent.* 725C; ne quisquam posset de sua remotione dolere nec de ~ia gloriari MAP *NC* III 2 f. 35v; ~ia partium in toto BACON *MS* 156. **b** propter ~iam Paschae BEDE *TR* 63; **1427** festum Pasche .. propter ~iam participat cum estate *StatOx* 233. **c** propter nimiam ~iam et affinitatem que est virtutum ad Deum T. CHOBHAM *Praed.* 188.

vicinitas [CL]

1 nearness, closeness, proximity; **b** (in time); **c** (in nature, form, or sim.). **d** fact or condition of being neighbour(s), (also) neighbourliness.

monasterium silvarum et maris ~ate amoenum BEDE *HE* III 19 p. 164; Lucifer oritur ex quo ~as solis noscitur HON. *Spec. Eccl.* 965D; **1163** vestram corporis et mentis ~atem assiduam .. desiderans *Ep. G. Foliot* 143; ~as .. juncturarum sese invicem fricantium *Ps.*-RIC. *Anat.* 2. **b** quasi proxima ~ate mortis afflictum invenit *V. Gund.* 5. **c** nec mirum cum inter has et illas [sc. litteras] tanta sit ~as ABBO *QG* 9 (22); proxima per ~atem similitudinis .. Dominus tecum BALD. CANT. *Serm.* 13. 23. 472D; confunduntur clausiones propter ~atem et consimilitudinem clausionum *Ps.*-GROS. *Gram.* 25; habet ~atem et similitudinem cum natura rationali KNAPWELL *Quare* 206; plaga .. ~atem habens ad lepram *Mir. Hen. VI* V 154. **d** **1251** promittente bonam ~atem hominibus *Reg. Aberbr.* I 162; **1262** regem Scocie rogabimus .. quod si per ipsum .. injuria vobis vel vestris fuerit illata vobis .. amicitia et ~ate faciat emendari *Cl* 165; s**1335** J. de I. .. cum Anglis faventibus multam ~atem habebat, contra quem J. comes M. multos tractatus ac dissenciones *Plusc.* IX 33; **1365** causa boni ~atis et amoris *Hal. Durh.* 44.

2 area around or nearby, vicinity. **b** (leg.) vicinage (w. ref. to certain rights of common). **c** community of neighbours, neighbourhood.

c**1104** hoc facite proclamari in vestre ~atis circumjacentibus impuriis H. Los. *Ep.* 7; Cenomannica regio ~asque circumjacens .. profligata est Ord. Vit. VIII 24 p. 424. **b** **1198** (1332) nullum hominum extorquat ab eis [monachis] ~atem aut partem de pasturis, silvis, aut molendinis *ChartR* 119 m. 21; **1366** terra non manuoperatur nec fimatur debite nec aliqua ~as inde fit vicinis *Hal. Durh.* 56; **1375** compertum est .. quod terra capelle de Heworth ten' domini W. C. tenebit ~atem cum averiis suis et fac' pro eisdem pro[ut] tenentes domini prioris faciunt et dicunt quod omnes capellani .. fecerunt ~atem cum tenentibus predictis *Ib.* 131; **1378** tenebit ~atem cum sociis *Ib.* 151. **c** **1277** patria et tota ~as cum hutasio venerat *JustIt* 262 m. 2; **1368** unde tota ~as monebatur de fine suo *Hal. Durh.* 69.

vicinus [CL]

1 who is or lives nearby (also w. dat.), (also as sb.) person who is or lives nearby; **b** (leg., esp. w. ref. to jury of neighbours); **c** (transf., applied to fellow member of guild).

homines Nilo Brixontique fluminibus ~i *Lib. Monstr.* I 20; humani generis sunt rapaces si quos a somno excitati sibi ~os persenserint *Ib.* II 25; melior tibi est ~us aliquis Bede *Prov.* 1018C; animadvertentes ~i .. sanctum fuisse virum qui ibi esset sepultus *Id. HE* I 33 p. 71; ad ecclesiam .. jacent xxx acrae quas ~i dederunt in elemosina *DB* II 24b; **1202** ipse .. levavit uthes et clamorem, unde ~i ejus .. venerunt *SelPlCrown* 10; mulieres agnosco, ~as [v. l. manas] nostras que .. Gerv. Tilb. III 93; hic Humfridus .. ~us [v. l. inquilinus; *MED* s. v. *gome* 2: vicilinus] fuerat Gomme de la Dale *Chr. Dale* 5; c**1268** J. de M. primus ~us invenit plegios G. le C. et R. B. *SelCCoron* 12; c**1340** ex persequcione malivola per viscinos in nos insurgentes *FormOx* 303. **b** a**1162** recognitum est per legitimos ~os et juratores (*Cart. Southwick*) *Royal Writs* 75; **1236** per sacramentum .. octo legalium hominum ~orum *AncD* A 3431; vir ille habeat testimonium duorum legalium virorum vel mulierum ~arum *Leg. IV Burg.* 41; **1290** R. S. convictus est per vj legales ~os suos *SelPlMan* II 38. **c** c**1275** de confratre calumpniato quomodo ~i cum eo laborabunt *Gild Merch.* I 230; de ~o nolente laborare cum ~o *Ib.*; **1314** ex consideracione tocius Gildanorum capiatur libertas J. de P. .. pro eo quod dictus J. implacitat visinos suos .. contra ordinacionem Gildanorum et contra sacramentum suum proprium *Ib.* II 308.

2 situated in proximity, close, near (also w. dat.); **b** (in time); **c** (to event or sim.).

caesis de ~a silva ramusculis Bede *CuthbP* 32; domus civitatis plurimae vel ~ae erant vel junctae *Id. Ezra* 893B; c**1155** confirmo eis in Rogesburgh toftum illum quod ~um est muro porte occidentalis *Regesta Scot.* 129; c**1209** in terra sua que jacet ~a terre Philippi de O. *Ch. Chester* 231. **b** testatur Hegesippus ~us apostolorum temporum historicus Bede *Luke* 399B; neque ~um citiusque adventurum eundem diem domini neque rursum tardius hunc adventare suspicemur *Id. Ep. Cath.* 80B; debuerant Pascha ~o parare victimas *Id. Mark* 267C; ~o senio ammonitus .. ibi diem clausit W. Malm. *GP* II 91; **1308** solempnitatis tempus .. ~um existit *Lit. Cant.* III 386; beati Anacleti, qui fuit ~us temporibus Apostolorum Ockham *Dial.* 485. **c** suorum erat meritorum stipendiis jam ~us Ailr. *Ed. Conf.* 752D; major et ad ascensum episcopalem .. ~ior G. Cold. *Durh.* 2; si sit pregnans, si sit gravis / et vicina partui Walt. Wimb. *Van.* 76; ipse est somnolentus .. morti ~us et morbidus Docking 111.

3 close in nature, condition, or sim.

in virtute viribus Herculis vicinus *Poem S. Thom.* 76; susurrio imo silentio est quam clamori ~ius G. Hoyland *Ascet.* 274C; practica rhetorice naturali industrie ~issima occurit spontanea Gerv. Melkley *AV* 4; episcopi sub Deo et .. papa regi Anglie in temporalibus sunt subjecti: unde curiis comitum seu baronum in nullo modo tenentur respondere, cum in spiritualibus superiores et majores, et in temporalibus sunt ~i *Proc. A. Kyteler* 7; in casu summe utilitatis vel ~e, aut extreme necessitatis vel propinque Ockham *Pol.* I 244.

4 (as sb. n. or f.) area or district around or nearby, vicinity, neighbourhood, (also leg., as area for summoning of jury) visne, (also transf.) visne jury (*v. et. vicinia, vicinetum*).

Sidon et Tyrus urbes fuere .. Libanum montem habentes in ~o Bede *Ezra* 833C; ipse [Euphrates] in ~o profluens terrae repromissionis *Id. Gen.* 46C; invicina [l. in vicina] hujus ecclesie Ailr. *SS Hex* 3; villa vero ex pluribus mansionibus est vicinata et villeta ex pluribus ~is *Fleta* 442; **1334** xviij tales liberos et legales homines de visinu de S. Yvone *Gaol Del. Cambs* 73 (cf. ib. 34, 63, 82).

viciola [CL vicia+-ola], (in gl.).

~a, A. *tintara Alph.* 189.

1 vicis v. 2 vicia.

2 vicis [CL *not nom.*]

1 recurring occasion, turn, (also transf.) recurring instance; **b** (appointed in defined rotation, succession, or sim.). **c** rota (of persons appointed to serve in turn, in quot. w. ref. to *Luc.* i 5). **d** (usu. pl.) turns, (regular) succession, progression. **e** turn of fortune, lot.

inter se ~ibus coeundo .. alternis generare *Lib. Monstr.* I 19; [Styx] novem ~icibus .. per Stygiam paludem Tartare .. atris ingens orbibus .. cingit *Ib.* III 13; porticus templi, in quarum januis per ~es observabant Levitae Bede *Ezra* 855D; corona, tribus ~icibus facta *Id. Tab.* 481C; ut in anno solari Arcturus .. caeteraque militia caeli una ~e plus terrae orbem quam sol ipse circumeat *Id. TR* 34; ut plures essent, et per annos singulos ~ibus ministrarent Alcuin *Exeg.* 904A; dispensatores botellarie, qui per ~em serviunt *Domus Reg.* 132; aviculam alternatis hinc illinc ~ibus .. nitentem Gir. *TH* I 12; inter ~es detur tyriaca aut mitridatum Gilb. II 105v. 1; **1322** quamvis ~ibus exhibicio operum gratuita in vobis ambiguitatem cujuslibet ficcionis excuset, in eo tamen quod .. *FormOx* 77; supra ipsum astare jussit sacerdotes qui .. evangelia .. legerent ad ~es *Meaux* III 51. **b** janitores templi per ~es suas die noctuque solebant excubare Bede *Ezra* 851D; **796** lux et tenebrae variantur ~es suas Alcuin *Ep.* 106; Auster ~es suas non peragit, dum a flatu suo aquilo non conquiescit Bald. Cant. *Serm.* 16. 15. 486D; fere .. ~es non trasgrediuntur positas sibi Map *NC* I 15 f. 13. **c** Zacharias in ordine ~is suae sacerdotio functus asseveratur Bede *Luke* 310D; fuit .. quidam sacerdos de ~e Abiah nomine Zacharias R. Niger *Chr. I* 19. **d** tempora sunt ~es mutationum Bede *Temp.* 8; scientia Dei .. alterationis ~es ignorat J. Sal. *Pol.* 445C; **1169** alternat fortuna rerum ~es mortaliumque conditionem nunc deicit, nunc extollit *Id. Ep.* 285 (288); terque vices senas et tres ea transiget etas J. Cornw. *Merl.* 37; rector emserit aut regendus qui ~es rerum ac temporum et causarum aleas ausus fuerit experiri Gir. *Invect.* V 2. **e** doleo ~em tui et tuam et doleo tibi Bede *Orth.* 22; **754** nos nostram dolemus ~em in valle lacrimarum et in hac vita .. manentes *Ep. Bonif.* 112; fortuna variante ~es et semper letis tristia miscente Gir. *Galf.* I 1.

2 (without impl. of recurring occurrence, also pl.) occasion, time (freq. w. numeral or sim.); **b** (math.); **c** (w. ref. to payment, service, or sim. made by instalments or sim.; *cf.* 6 *infra*). **d** (*per* or *ad ~es*, or sim.) on (different) occasions, at (different) times.

si vero neglexerit, xl dies peniteat prima ~e Theod. *Pen.* I 5. 4; **838** iterato ~e *CS* 421 (v. 1 iterare 4); multa dona praedicto regi illa ~e transmisit Asser *Alf.* 71; hac sola ~e, antequam lavent, pectunt capita sua Lanfr. *Const.* 93; audierunt istum .. una ~e *DB* II 177; contigit ~e quadam venisse Rhipum Eadmer *V. Osw.* 25; iterata innumeris ~ibus confessione Ad. Eyns. *Hug.* IV 10; rex Eadmundus ~e tertia exercitu congregato M. Par. *Maj.* I 496; sue strenuitatis ense tot ~ibus superbiam secuit Anglorum *Flor. Hist.* III 215; cribratur .. cribro sphere ~e post ~em Dastin *Ros.* 9 (cf. ib. 14: imbibe .. ipsum septies ~es post ~em); rogavit .. filium quod .. Christianos omni ~e diligeret *Eul. Hist.* III 78; **13..** trinis ~ibus moniti sunt *Conc. Scot.* II 65; **1407** de quo .. dudum et iteratis ~ibus scripseritis *Lit. Cant.* III 103; bina ~e operariis turpiter fugatis *Plusc.* VI 39. **b** numerus pariter impar est cujus parium eum numerantium ~es impares Adel. *Elem.* VII *def.* 6. **c** **1196** solvendi hoc ~e xx s. et aliis ~ibus sicut finire pot[erunt] *CurR* I 16; **1271** liberavit .. Johanni .. per ~es xxx s. et viij d. *Cl* 440; per cervisia empta .. ad opus puerorum .. per diversas ~es, iij d. *Househ. Henry* 407; debet averare ad Bellum per ij ~es .. utraque ~e dimidiam summam frumenti *Cust. Battle* 21; **1367** si dictus J. per dietas vel ~es in opere predicto laboraverit .. *Fabr. York* 179; **1415** in cariagio de plastro combusto versus reddit' infra villam per ~es iij s. j d. *Ib.* 35; **1443** de dciiij^{xx}vj li. xij s. iiij. d. receptis de domino pro expens' hospicii .. ad lviij ~es, viz. prima ~e .. secunda ~e .. tercia ~e .. *Comp. Dom. Buck.* 5. **d** mox in maledictionis verba prosiluit .. me falsarium clamans, atque per ~es haereticum, per ~es subversorem, nec non et persecutorem Christianorum reputans Alcuin *Dogm.* 232B; **798** equus quattuor habens pedes saepe cadit; quanto magis homo, unam habens linguam, per ~es cadit in verbo? *Id. Ep.* 149; locis quibus per ~es insistere solebat .. sua Deus protectione .. intendebat Eadmer *V. Osw.* 28; quarterium frumenti se vendidit pro xvj solidis sterlingorum .. et per ~es multo melius *Flor. Hist.* III 340.

3 function, duty, role, place; **b** (as taken by successor, substitute, or sim.). **c** (*~em* or *~es agere, gerere, tenere, supplere,* or sim.) to take the place (of another), be substitute, deputy, or successor (also pr. ppl. as sb., sts. as one word; *v. et. vicegerens, vicetenens*). **d** (abl. or *in ~e*, w. gen. or adj.) in (the) stead or place (of). **e** (*~e, ad ~em*) in the manner (of). Also *vice-* as prefix denoting deputy or substitute, *v. viceadmirallus etc.*.

non ad ~es Levitarum sed ad opera Dei pertinet Bede *Ezra* 855D; ut omnes amicicie ~es implerem, epistolam ei scripsi Map *NC* IV 2 f. 44v; mediatoris ~es assumens .. ad nutum episcopi rem componebat Gir. *JS* I p. 139. **b** habente secum .. tabulam altaris ~e dedicatam Bede *HE* V 10 p. 300; frenis utuntur tam chami quam freni ~e fungentibus Gir. *TH* III 10; **1223** sciatis nos [sc. rex] ~es nostras commisisse venerabili patri H. Dublinensi archiepiscopo *Pat* 368; **1317** electi per mortem Johannis Blunde ad ~es ipsius Johannis *Gild Merch.* II 45; **1333** a .. W. episcopo petitum fuit ex parte nostra, et communicatis ~ibus .. supplicatum, quatenus .. *Conc.* II 566; cui etiam episcopus ~es suas commisit seminare semen sanctum *NLA* II 158. **c** presbiter .. ~em episcopi in aecclesia facit Egb. *Pont.* 11; c**1083** omnia jura et ~es archidiaconi .. libere semper exerceant *Feod. Durh.* xlvii; c**1157** domini pape .. ~es gerimus *Doc. Theob.* 174; nos .. beati Petri .. ~em tenentes (*Lit. Papae*) W. Malm. *GP* I 33; ~es agens antipape .. dominum Papam cum tota sua Romana ecclesia .. excommunicavit M. Par. *Maj.* III 519; **1274** de consilio locorum ordinarii, aut ejus vicesgerentis, si diocesanus ipse absens fuerit (*Ep. Greg.*) *Mon. Hib. & Scot.* 104a; **1276** I. de Strodes canonicus Salopie .. in Wigorniensi civitate et diocesi vicesgerens *Val. Norw.* 620; **1448** ad suplendum ~es *StatOx* 270 (v. supplere 4b); **1519** viceadmirallo seu ejus vicemgerenti *Foed.* XIII 700. **d** loquatur .. ~e mea discipulus meus Bede *HE* III 25 p. 184; diaconus .. oportet .. baptizare et communicare in ~e presbiteri Egb. *Pont.* 10; **786** in ~e nostra in manu nostra confirmaverunt Alcuin *Ep.* 3 p. 27; quicquid namque [Cuminus] jubet stat vice juris ibi L. Durh. *Dial.* II 48; c**1200** ego .. ~e gloriose Virginis et nomine ipsius altaris custodis *Ch. Westm.* 346; quocies ~e abbatis ministraverit hebdomadarius, sine prece nec monitu prioris, vice-hebdomadarius identidem ministrabit *Obed. Abingd.* 358; **1334** deputamus ipsum ad recipiendum ~e et nomine nostris .. plenam seisinam *RScot* 271a; s**1377** ~e plebis Ricardus Liounes *Chr. Angl.* 130; dux Normannorum regnat vice progenitorum *Pol. Poems* I 35. **e** indumentis .. quibus .. se ipsas ad ~em sponsarum .. adornent Bede *HE* IV 23 p. 265; Egelsinus .. mitra et sandaliis sacerdotalibus .. uti pontificali ~e jubetur Gosc. *Transl. Aug.* 33D; nec vice Democriti vulnera ludo tui L. Durh. *Dial.* I 158; logica .. per totum textum scripturarum colligitur nervorum ~e Bacon *Maj.* III 41; quam ~e uxoris [ME: *in the maner of his wife*] aliquamdiu tenens, Willelmum conquestorem ex ea generaverit Higd. VII 122 (=Knighton I 16).

4 (esp. reciprocal or alternating) taking of turns (*v. et. invicem, abinvicem*).

ducitur .. ad aulam / ut vice verborum strabo cum rege loquatur Aldh. *VirgV* 1049; inter has sermocinandi ~es sponsi advenientis odorata presentiam J. Ford *Serm.* 45. 2.

5 (*~e versa* or sim.) in the opposite way or order, contrariwise, conversely (*v. et. vertere* 6b). **b** (also *mutuata ~e* or sim.) in turn, in return.

804 sciens tibi loqui Deum .. et versa ~e te loqui Deo ALCUIN *Ep.* 270; si ~e perversa maluerint archidiaconatus dimittere quam ordinari .. *Ep. Anselm.* (255) IV 167; Arthgallo .. sese ab incepta nequitia correxit; ~e etenim versa cepit ignobiles deponere G. MON. III 17; versa .. ~e et perverso ordine, voluntas spiritus concupiscentie carnis consentiendo subicitur BALD. CANT. *Serm.* 3. 47. 527; oves .. versa ~e nature vultus acerrimos adversus lupos frementes retorsere R. COLD. *Cuthb.* 139; Pape nuntius .. qui sicut antea omnes ad proficiscendum .. stimulavit .. sic ~e versa omnes ne iter arriperent persuasit M. PAR. *Maj.* II 615. **b** a**797** litterulas .. vestras .. mutua ~e accipere deprecor ALCUIN *Ep.* 53; a**797** et ecce mutuata ~e .. cartula advenit *Ib.* 55; **798** noluisse te excedere modum cartulae .. ita et nos versa ~e paucis pauca rescripsimus *Ep. Alcuin.* 144; **1228** civibus vestris et justiciam exhibeatis et ab eisdem ~e versa recipiatis *Pat* 192; **1437** prout viceversa, parte ex nostra .. puritas .. mansura est BEKYNTON I 221.

6 payment in return, repayment, requital; **b** (w. *reddere* or sim., also fig.).

1289 cum .. Guillelmus .. supplicavit .. ut .. placeret nobis in recompensacionem et ~em alte et basse justitie .. sex libras .. redditus .. recipere ab eodem .. in ~em dictarum sex librarum .. justiciam .. in eundem .. duximus transferendum *RGasc* II 407a. **b** hanc mihi suae remunerationis ~em rependant BEDE *HE pref.* p. 8; non possum tibi ~em dilectionis non reddere ANSELM (*Ep.* 245) IV 155; Christus .. a morte eterna nos redemit. quas ~es tanti honoris illi recompensamus? *V. Gund.* 23; dies .. qua ipsis ~em reddere potero qui sic .. paupertatem meam diffugierunt G. MON. II 12; rogo, quam tantis / talibusque donariis / vicem condigne / possumus rependere *Anal. Hymn.* LI 215; in ipsos .. predando, ~em compensat cum usuris FORDUN *Chr.* II 31 (=BOWER II 36).

viciscitud- v. vicissitud-.

vicissim [CL]

1 in turn (marking next, esp. reversed or reciprocal, direction, action, or viewpoint).

doctores suos ~im auditores sui faciebat BEDE *HE* IV 22; ad haec humili subjunxit voce vicissim WULF. *Swith.* I 297; ~im, versa vice, *emb stemm, þærgemang GlP* 54; **1170** exigebat .. ut ei faciat .. quod .. debetur, et ipse ~im illi J. SAL. *Ep.* 293 (298 p. 694); spissum .. sanguinem .. et ~im liquidum W. CANT. *Mir. Thom.* II 18; donec [Christus] se exhibeat mihi, meque ~im per gratiam suam representet sibi J. FORD *Serm.* 27. 7; c**1379** construendo significaciones diccionum docere in Anglico et ~im in Gallico *StatOx* 171.

2 by turns, (esp.) alternately. **b** one after another, one after the other. **c** on occasion, intermittently.

cessabat .. in diversum latus ~im sese volvere BEDE *HE* III 10 p. 146; animabus hominum .. quae ~im huc inde videbantur .. jactari *Ib.* V 12 p. 305; ~im excubabant noctibus ORD. VIT. IX 14 p. 59; idem ~im odit et amat .. probat et dampnat .. curat et negligit BALD. CANT. *Serm.* 20. 2. 516; de expensis .. dictorum capellanorum et scolarium .. per magistrum deputandum ~im ac alternatim, singulis septimanis ministretur *Stat. Mich. Cantab.* 642. **b** simul, non ~im GROS. 203 (v. mixtim 3); tam ~im quam simultanee WYCL. *Log.* II 29 (v. simultanee); **1431** unus post alium, ~im secundum senioritatem *StatOx* 237. **c** noctem ..pervigil ducebat, nisi ~im sompnus permodicus impediret M. PAR. *Maj.* I 335; ab exteriore ~im vexatione GIR. *TH intr.* p. 8 (v. sapiens 3); **1290** cum .. per viginti annos .. quodam morbo ~im gravatus et detentus et mentis inmemor extiterit *State Tri. Ed. I* 71; **1340** in Junio .. fuit pluvia ~im W. MERLE *Temp.* f. 5.

3 reciprocally, mutually, (in respect of) one another; **b** (leg., w. ref. to application of seals; *cf. alternatim* d).

~im membranis discurrentibus EGB. *Dial.* 404 (v. membrana 3b); numeri .. minimi continuati erunt duo extremi ad se ~im primi ADEL. *Elem.* VIII 3 (cf. ib.: uterque ad alterum primi); ambo consules .. sese ~im admodum diligebant, mutuaque honoratione .. tripudiabant ORD. VIT. VII 14 p. 224; ~im improperans W. CANT. *V. Thom.* I 31 (v. garcio 1). **b** ?c**1250** tam nos quam predicti W. et M. sigilla nostra ~im apponi fecimus *AncD* A 4645.

vicissitudinaliter [CL vicissitudo+-alis+-ter], in turn, by turns.

verborum .. conferenciis corrixative ~erque variatis E. THRIP. *SS* V 1; mote sunt spere circulariter in suis partibus, et planetis super elementa .. et vicisctitudinaliter super ea et facta sunt nox et dies BACON V 129; illum nolo pro Deo meo habere quem peccator impello ad malum necessario volendum .., quem ego miser peccator necessito ~er, sicut malitie placuerit, ad volendum permittendumve malum BRADW. *CD* 739A.

vicissitudinarius [CL vicissitudo+-arius]

1 occurring by turns, alternating.

cum .. debilitas continua cum ~ia egritudine spem ei vite diuturnioris adimeret *Chr. Rams.* 23; utrique .. ovili ~ie visitationis impendens solatia *Ib.* 42; difficile est .. elucidare .. propter eorum diversas etates .. ~ias occupationes, alternatim attemptantes diversis temporibus OXNEAD *Chr.* 2; in hac militia Christiana necesse est, pro natura belli, ~ia sit victoria COLET *Sacr. Eccl.* 87.

2 occurring successively, successive.

deificat .. ab ordine in ordinem vicitudinario ministerio COLET *Cel. Hier.* 175; a qua vicitudinaria receptione fuit vocata Cabala *Id. Eccl. Hier.* 238.

3 mutual, reciprocal.

declaramus nos amare .. si proximum amemus .. in hac ~ia charitate est ordo COLET *Eccl. Hier.* 199; mutuis excursionibus .. cum damnis vicitudinariis dimicant .. exercitus Dei et diaboli *Ib.* 249.

vicissitudo [CL]

1 (instance of) change, reversal, turn, vicissitude. **b** process of (esp. regular) change, succession, (esp.) alternation.

Christi famulus trium dierum ~inibus quo se verteret nesciebat FELIX *Guthl.* 29; ne tenorem propositi / mutet in te fortuiti / casus vicissitudo P. BLOIS *Carm.* 27. 15. 89; ~ines lectorum sunt successiones legatorum HON. *GA* 618B; non est transmutatio nec ~inis obumbratio ANDR. S. VICT. *Dan.* 61; [veritas] secundum rerum transmutabilium varietates diversas, tamen eadem manens, precipit ~ines consiliorum AD. MARSH *Ep.* 174; per ~inem et reiterationem BACON VII 30. **b** anniversaria temporum ~o ALDH. *Met.* 2; cum hac infelici ~ine [sc. fervoris et rigoris] longe lateque .. innumerabilis .. multitudo torqueretur BEDE *HE* V 12 p. 305; valuit hec ~o, modo illis modo istis vincentibus, quantum Haroldi vita moram fecit W. MALM. *GR* III 242; varia .. ~ine temporum sed indefitientibus successionibus *Id. GP* II 91; mihi est ~o febrilis, caloris et frigoris P. BLOIS *Ep.* 31. 107C; variam conditionis humane ~inem retractans querule *Chr. Rams.* 3; c**1205** nonne tunc spirabit, et sic attrahet spiritum et emittet, ergo erit ibi ~o? P. BLOIS *Ep. Sup.* 29. 16; a colorum ~ine variatam, seu variegatam dixeris SPELMAN *Asp.* 87.

2 mutual action (and reaction), interaction, exchange (esp. of words), reciprocation. **b** exchange, interchange (of property).

epistolarum .. ~o .. tricabatur ALDH. *VirgP* 59; **804** quid dulcius est quam hac ~ine frui cum Deo ALCUIN *Ep.* 270; certemus ergo mutua ~ine W. MALM. *GP* II 42; in mutua ~ine villam .. dederunt ORD. VIT. III 2 p. 17; vestram paternitatem sub mutue vicicitudinis obtentu .. rogamus *Dictamen* 352. **b** **811** quattuor aratra .. terrae .. mihi .. tradiderunt ad transmotationis ~inem illius terrae .. quam prediximus *CS* 332; **824** (9c) placuit .. aliquam ~inem terrarum inter se habere .. si quis .. hanc nostram ~inem nisus fuerit servandi, servetur ei aeterna beatitudo *CS* 381; **845** haec ~o agellorum .. peracta est *CS* 448; **858** in bicissitudinem alterius terre hoc est *CS* 496.

3 payment in return, repayment, requital (also fig.).

pro ~ine castitatis repensanda ALDH. *VirgP* 21 p. 251; ~inem post haec ipse regi fide studiosissima reddidit W. POIT. I 11; Sagienses .. amicabilem sibi ~inem .. repetierunt ORD. VIT. VIII 6 p. 305; abbates et monachi, pro ~ine impense sibi liberalitatis, in commune beneficium et fraternitatem ecclesiarum suarum eos receperunt *Chr. Rams.* 97; **1254** suis laboribus et inpensis .. gratam rependere .. viciscitudinem *RGasc* I 305b; que lingua vel quis sermo ~ines ejus vel dona explicabit qualibus et quantis erga muneratores sive officiarios suos usa fuerit? CIREN. II 222; a .. Deo ~em optineat felicitatis eterne *Ib.* II 291; sic ~inem Anglicis reddidit *Plusc.* X 1.

vicitudinarius v. vicissitudinarius. **Viclef-** v. Wyclef-.

victare [cf. CL victitare], (in gl.).

beggyn bodly fode, as mete or drink, ~o, -as *PP.*

victicare, ~ilare v. victitare. **victillarius** v. victualarius.

victima [CL], (living) creature offered in sacrifice, victim (also transf.); **b** (of or w. ref. to Christ, also w. ref. to the Eucharist).

[Agnes] .. virginitatis ~am Christo offerens martirizavit ALDH. *VirgP* 45; cultri quibus utebantur ad incidendos .. artus ~arum BEDE *Ezra* 816D; ut .. in .. altare haberet ad sacrificium Christi et arulam ad ~as daemoniorum *Id. HE* II 15; per oboedientiam, que melior est ~is [cf. *I Reg.* xv 22] ABBO *QG* 1 (3); victor quia ~a .. se satellitibus ultroneus optulit W. NEWB. *Serm.* 887; corde sepius sanctum visitabat, quem corpore non valebat, ~as offerens lacrimarum *Mir. Wulfst.* I 28; ovis ad victimam deportata J. HOWD. *Cant.* 70; immolando Polixenen .. ~am Achilli TREVET *Troades* 24. **b** cotidie sacrificium Deo ~ae salutaris offerebant, habentes secum .. tabulam altaris vice dedicatam BEDE *HE* V 10; Christus .. ~a transitus nostri .. viam nobis transeundi aperuit BALD. CANT. *Sacr. Alt.* 740B; Christus .. seipsum offerens ~am suo sanguine nos redemit GROS. *Gal.* 141; tunc hee tres cantant idem, id est 'victime paschali' *Digby Plays* 223.

victimalis [CL victima+-alis], of or pertaining to a (sacrificial) victim.

tam sacerdos ~i cruore oram altaris perfundebat P. VERG. *De rerum inventoribus* (Basel, 1546) V 7 p. 335.

victimare [CL]

1 to offer (victim) in sacrifice (to), sacrifice.

ecce portatrix arcae Dominicae ~anda vacca prophetatur BEDE *Sam.* 535C; libare, sacrificare, immolare, ~are OSB. GLOUC. *Deriv.* 326; tanquam si filium ~et in conspectu patris [cf. *Sirach* xxxiv 24] GIR. *IK* I 3 p. 44; super unum montium / in quo victimatur / vepre tentus aries S. LANGTON *BVM* I 10.

2 to make to suffer, or *f. l.* **b** to mortify (the flesh).

audiens .. archiepiscopus .. perdicionis filios factum tam horribile perpetrasse [in] ipsius patris contumeliam, sed eciam personam suam propriam subtraccionem victualium et famem nimiam victimare BIRCHINGTON *Arch. Cant.* 15. **b** non precepit Dominus ut ita ~es carnem tuam. ergo magis debes obedire precepto Dei quam victimationi tue T. CHOBHAM *Commend. Virt.* 158.

victimatio [CL victimare+-tio]

1 act of offering in sacrifice, sacrificing (also fig.).

agnus de toto grege electus certum suae ~onis diem expectabat BEDE *Mark* 244A; Dominus eadem hora .. ubi legalis Paschae decreta complevit egressus est cum eis statim ad locum orationis, ubi comprehensus a judaeis .. jam sacramenta beatae suae ~onis inchoaret *Ib.* 244B; animalia .. nunc evangelistas, nunc totam significant ecclesiam, cujus fortitudo in leone, ~o in vitulo *Id. Apoc.* 144B.

2 mortification (of the flesh).

tertia mors ejus fuit ~o proprie carnis. ad Colossenses: 'mortificate membra vestra' [*Col.* iii 5] J. ST. GILES *Serm.* 283; ~oni tue T. CHOBHAM *Commend. Virt.* 158 (v. victimare 2b).

victinella v. vertivella.

†victissimus, *f. l.*

cum .. illi †victissime [? l. justissime] racioni assentire nollent BROMPTON 735.

victitanto v. victitare.

victitare [CL], to live (on, esp. w. ref. to obtaining sustenance and other basic necessities of life), to make one's living, subsist; **b** (on kind of food, as characteristic diet or source of nourishment). **c** (in general) to live (one's) life (esp. in spec. manner or conditions).

centurias .. donat .. ut coetus fratrum illuc commanentium .. ex his usualiter ~et HERM. ARCH. 17; ?**1099** in nostro †victituum [MS: victiturus] claustro H. LOS. *Ep.* 51; cum de mensa ipsius corporali et modo ~andi ageremus H. BOS. *Thom.* IV 14; puerulum pauperculum .. arte pelliparia .. ~antem T.

Mon. *Will.* II 8 p. 85; dicenti sibi vix sua ad ~andum posse sufficere R. Bocking *Ric. Cic.* I 34; **1279** per annum totum oportebit me de mutuo ~are Peckham *Ep.* 45; Christus .. vixit vitam pauperrimam .. ex libere collatis simpliciter .. victitanto [*sic*] Wycl. *Compl.* 92; **1553** juxta racionem reddere quibus modis victilent vel victilet et quam ob causam ita vagantur vel vagatur *Pat* 863 m. 13. **b** locustis victicet ille silvicola Walt. Wimb. *Palpo* 43; una .. ex aviculis quae carduorum semine ~ant Turner *Av.* (1903) 40. **c** ~ent, *lybben* GIP 1058; pro fortuna mediocriter ~abat W. Malm. *Wulfst.* II 13; uxorem suam .. Wigorniam mittit ut ibi interim ~et secura *Mir. Wulfst.* II 15 p. 164; unde fratres ipsorum .. monasterialiter ~ent Netter *DAF* I 573b; s**1440** brutaliter pocius quam racionabiliter ~aret Amund. II 220.

victitatio [CL victitare+-tio], means of living, sustenance.

nunc in Anglia nunc in Hibernia nunc in Norweya suam melius quesiturus ~onem Bower IX 62.

victiturus v. victitare.

1 victor [CL], one who has gained victory, victor (also fig.); **b** (in legal action).

animum irae et avaritiae ~orem Bede *HE* III 17 p. 161; una .. victitur ~or est *V. Birini* 17; devicto .. Sathana .. ~or .. tercio die resurrexit Ord. Vit. II 1 p. 193; ~oribus victricibusque *V. Fridesw. B* 21; postquam ~orem gloriose devicit Romanos .. redemit Bern. *Comm. Aen.* 127; falco generosus, regie ~or avis Neckam *NR* I 27 p. 80; ~or sum et tu victus et vinctus miserabiliter Map *NC* IV 6 f. 49; tandem cane ~ore victus homicida succubuit Gir. *IK* I 7; [Trojam] ~or eciam jam victam mirabatur Trevet *Troades* 6. **b** talis sic convictus solvet ~ori decem l. *Lib. Kilken.* 93.

2 victor, (in gl.), or *f. l.*

~or [? l. victrica], *a cummer* WW.

victorala v. victoriola.

victoria [CL], victory (also fig.).

inito .. certamine cum hostibus .. ~am sumsere Saxones Bede *HE* I 15 p. 31; c**795** quatenus cum gloriosa ~ae palma aeterni regis civitatem intrare mereamini Alcuin *Ep.* 90; Deus, qui .. in sexu fragili ~iam martyrii contulisti *Rit. Durh.* 51; s**1098** soldani .. plenam ~am habuerunt Fl. Worc. II 42; ~am .. dedit hostibus suis Dominus omnipotens H. Hunt. *HA* II 25; aquila dum pugnabatur supervolans ~am dicitur contulisse J. Sal. *Pol.* 411A; a virtutibus per ~am corpora domantur Bern. *Comm. Aen.* 80; tanto .. ~a gloriosior existimatur quanto validior fuerit temptatio cui resistitur Bald. Cant. *Serm.* 3. 34. 524D; ut .. patroni causarum pro lucro clientibus suis promittant ~am R. Niger *MR* 251; s**1261** adepta de hastiludio ~a *Flor. Hist.* II 466; Hannibal .. tot ~as de Romanis ducibus reportavit Liv. *Op.* 306.

victoriale [cf. CL victoriola, LL victorialis], (in gl.): **a** (sort of ornament). **b** kneeholm, butcher's broom (*Ruscus aculeatus*).

a ~e, -is .. dicit sic niciteria sunt felecteria ~ia muliebria ornamenta *PP*. **b 10..** ~e, *cneowholen* WW.

victorialiter [LL victorialis+-ter], victoriously.

patet quod propter istam sentenciam Christianus speraret in nomine Christi, potens ~er insurgere ad pugnandum viriliter pro corona Wycl. *Civ. Dom.* I 68.

victoriola [CL = *small figure representing the goddess of victory*, LL = *spurge-laurel*]

1 petty victory.

intra fines suos cum aliqua saltem ~a sese recepit Diceto *YH* 116.

2 (bot.): **a** (in quot. w. *herba*) kneeholm, butcher's broom (*Ruscus aculeatus*). **b** (var. ident.).

a herba ~a, *that is cneopholen þiþ ðone dropan and þæs magan sare Leechdoms* I 26. **b** ~a, *smeringwyrt* Ælf. *Gl.*; victorala, *bonwort MS BL Sloane 420 f. 121r*.

victoriose [CL victoriosus+-e], in a victorious manner, victoriously. **b** in or by means of victory.

plurima insigniter et ~e peregit G. *Steph.* 44; vicit que ~ius diligere novit. ~ius novit diligere que causarum omnium effectum a Deo studuit impetrare *V. Chris. Marky.* 72; cuique divinitus datum est ~issime de hostibus triumphare H. Bos. *Ep.* 16. 1442D; ~issime quadraginta et uno annis regnavit M. Par. *Maj.* I 328; ~e progrediens versus Circecestriam Wals. *HA* I 162. **b** Stephanus .. nonnullos ~e captos .. vita privavit G. *Steph.* 3; cum hanc urbem post Antiochiam ~e cepissent *Itin. Ric.* I 9; nisi eam [navem] ~e recuperare valerent Wals. *HA* II 64.

victoriositas [CL victoriosus+-tas], state of being victorious, victoriousness.

ex hoc patet hominis per obedientiam triumphalis ~as quia per obedientiam vincit homo seipsum J. Waleys *Commun.* VI 4. 3.

victoriosus [CL], triumphant, victorious (also fig.). **b** of, pertaining to, or characterized by victory or triumph.

mysterium ~issimae passionis consummavit Bede *Hom.* II 7. 133D; in triumpho ~orum martyrum gloriatur *Id. Mark* 285D; populus .. semper maneat tripudians in pace ~us Egb. *Pont.* 103; c**801** imperator atque Augusto ~issimo Alcuin *Ep.* 249; ~iores effici meo consultu possetis Enc. *Emmae* II 12; s**1147** cives .. ~i H. Hunt. *HA* VIII 25; Christianos disertos et feroces morte ~a debellavit Grim *Pass.* 1745D; sicut generalis stadii luctator et maxime ~us corone M. Par. *Maj.* III 454; Kenulfus .. domi erat religiosus, in bello ~us Silgrave 25; **1437** ~issimum et summe catholicum omnium regem Bekynton I 246; ~issimis et invincibilibus Scotorum gentibus *Plusc. pref.* p. 3. **b** pro certamine ~o letantur H. Reading (I) *Haeret.* III 1288D; copia scriptorum, qui ~orum memoriam titulorum perpetuarent Trevet *Ann.* 2.

victri- v. et. vitri-.

victriagius [cf. CL victoria, hagius], ? holy in victory, or *f. l.*

986 (17c) prefatum regis donum victriagiae crucis triumpho stabilivi E. *Ch. S. Paul.* 1.

victricius v. victrix.

victrix [CL]

1 (esp. pred.) one (f.) who has gained victory, victor (also fig.); **b** (as adj., in quot. m. or n., transf.).

quae prius .. ~ix extiterat, nunc .. cedendo succumbit Aldh. *PR* 139; c**794** virgo .. sui ipsius ~ix Alcuin *Ep.* 36 (v. succumbere 3); erat oriunda ex ~ici gente Enc. *Emmae* II 16; provincia victoriosa, potens in armis ~ix *VSB* 194; Sathane .. victoribus ~icibusque a castris tuis ad te redeuntibus occursare .. assolet *V. Fridesw. B* 21; mens .. labente corpore ~ix evaderet W. Malm. *Wulfst.* II 14; percipiendo .. gloriam ~icis et redemptricis hostie P. Blois *Ep. Sup.* 2. 24; tot certaminum ~ix .. gloriam sit assecuta J. Ford *Serm.* 81. 3; virtutum curia victrix / regnat Garl. *Epith.* I 23; Christi victrices aquile, que sunt crucis ale *Id. Tri. Eccl.* 1. **b 886** temporalis regni sceptra semper ~icia (*Lit. Archiep.*) Conc. *Syn.* 7; belliger iste Dei victricia bella peregit Wulf. *Poems* 11; meretur etenim bulga ventrosior / decreto judicis esse victricior Walt. Wimb. *Sim.* 28; victrici loculo litabis hostiam *Ib.* 49.

2 of or pertaining to victory, victorious; **b** (as adj.).

palma coronis est apta ~icibus G. Hoyland *Ascet.* 275B. **b** ~icia signa Gildas *EB* 12 (v. propalare 1); auctor .. / mi dedit in mundo tam victrix nomen habendum Aldh. *Aen.* 91 (*Palma*) 2.

victuabilis [cf. CL victualis], that provides bodily nourishment or sustenance, (in quot. as sb. n. pl.) sustenance, (provision of) food (and drink), victuals.

derelictis tentoriis cum ~ibus plurimis Eul. *Hist.* III 212.

victualamentum [victualare+-mentum], vitellamentum [cf. AN *vitaillement*], provisioning, victualling.

1404 ad providenda et emenda grana, vina et brasia pro vitellamento ville nostre predicte [de Caernavan] Enr. *Chester* 77 r. 5d.

victualare [CL victualis+-are], **vitellare** [cf. AN *vitaill(i)er*], to provide with victuals, provision.

1402 quamplures naves ville Novi Castri super Tynam bene vitellate et super mare armate .. expensis hominum ejusdem ville sustentate fuerunt (*Pat*) RParl III 669a.

victualaria [cf. victualarius], **vitellaria**, provider (f.) of victuals, victualler.

1355 Cristina Tabours de S. [et] Margeriam Sylle de W. vitellarias (*AncIndict*) Enf. *Stat. Lab.* 235* (cf. ib. 238*).

victualarium [CL victualis+-arium], **vitellarium**, (pl.) provisions, victuals.

1385 (1427) quod nullus teneat seldam apertam de aliquibus mercandisis nec tabernam nec corficinam nec aliquam cissuram artificii seu vitallariorum faciat (*Ch. Newport*) Arch. XLVIII 442 (=*Gild Merch.* II 189).

victualarius [CL victualis+-arius], **vitellarius** [cf. AN, OF *vitaill(i)er*], provider of victuals, victualler; **b** (naut.); **c** (mon.); **d** (officer of Calais).

c**1383** tibi precipimus .. proclamari .. quod omnes et singuli vitellarii .. cum frumento brasio .. cervisia .. et aliis victualibus .. versus Marcheas .. se divertant RScot 60a; **1386** declaramus .. quod candele et focalia .. sub nomine .. victualium debeant decetero comprehendi .. et quod candelarii et hostellarii .. vitellarii decetero reputentur *Pat* 321 m. 20; c**1389** quod nullus pultarius seu vitelarius intrinsecus .. neque intret in foro predicto ad emendum aliqua victualia *Mem. York* I 46; **1421** retallio .. victualium infra civitatem predictam retrahitur in deterioracionem vitulariorum et civitatis predicte hospiciorum *BB Wint.* 26; **1425** quod nullus vitalarius nec artifices de cetero teneant shoppas seu fenestras apertas *Mem. York* II 158; **1428** extorciones a communibus ~iis sive a vendentibus victualia *EpAcOx* 42; victillarius, *a hukster* WW. **b 1441** quatroni .. balingeri vocati le Fflour unde Henry Ff. fuit possessor et vitellarius quatle poulis *Pat* 450 m. 33d.; **1444** vitellarius trium parcium predictarum balingarum *Ib.* 458 m. 17d.; **1460** possessores, magistri, contromagistri, et vitellarii karvelarum *Ib.* 489 m. 2d.; **1474** quedam navis unde .. P. M. .. vitellarius *Ib.* 534 m. 13d. **c 1456** pro reparacione de le *panyers* in officio vitularii, iiij d. (*Ac. Cellarar.*) DCCant. ix 5; cameram .. in qua .. vitularii .. monasterii equos suos custodire consueverunt *Reg. Whet.* II 226; **1485** solut' Johanni Dene pro medicinis equi vitularii (*Ac. Cellarar.*) DCCant. ix 8. **d 1420** Ricardo Bokelond, vitelario Cales' *Pat* 403 m. 26; **1436** Willelmum C., vutillarius Cales' *KR Ac* 53/5 f. 26.

victualatio [victualare+-tio], **vitellatio,** (act of) providing with victuals, provisioning, victualling.

1387 unum barellum candelarum .. xx ulnas panni stragulati et xx quarteria brasei pro vitellacione et garnistura castri nostri predicti *Cl* 227 m. 4; **1387** centum celdras brasei .. pro vitelacione castri sui de Dunbarre RScot II 91a (cf. ib. 93a, 184b, 225b); **1415** volentes proinde pro vitellacione dominorum et aliorum in comitiva nostra .. providere, tibi precipimus .. quod .. bovicolos et vaccas .. pro vitellacione et sustentacione dominorum .. duci facias Foed. IX 251; **1434** de festina vitellacione castri ActPC IV 204; **1492** in eodem obsequio circa provisionem victualium et †victualionem [*TreatyR* 175 m. 7: victulacionem] exercitus armateque Regis Foed. XII 476; **1575** statuta et ordinaciones .. pro vitulacione commune predicte ville *Pat* 1123 m. 8; **1587** victulacio burgi *Ib.* 1298 m. 5.

victualator [victualare+-tor], **vitellator,** provider of victuals, victualler (in quot., naut., *v. et. victualarius*).

1450 F. J. patronus cujusdam galee .. ac D. J. et L. S. .. receperunt .. de N. C., T. P. .. vitualatoribus, J. C. magistro J. G. .. marinariis cum ceteris aliis marinariis cujusdam bargie .. diversa bona *Cl* 300 m. 21 d.

victualatorium [victualare+torium], **vitellatorium**, victualling-place.

1378 placea de Lutegarshale que dicitur aliegena est pertinens ad manerium de Farlee in comitatu Bed' et que pertinent ad hospitalitatem de Sandyngfeld juxta Calesiam et est vitelator[ium] ejusdem ville Calesie ut patet per castrum domini regis et quod non est domus alienigena *IMisc* 214/9 m. 2.

victualio v. victualatio.

victualis [CL], **vitella** [cf. AN *vitaille*]

1 of or pertaining to bodily nourishment or sustenance. **b** edible.

†**c1075** precipio quod .. monachi Westmonasterii ad subsidium ~e habeant terram que Cealchithe vocatur *Regesta app.* p. 121; nisi ~ia subsidia ligurriant Gosc. *Edith* 284; quicquid .. malitiosi girovagi ~is gratia questus agant T. Mon. *Will.* VI 9; **1250** penuria ~is subsidii *Mon. Francisc.* I 341; **c1320** panem nec aliud quodcumque ~e petet nec recipiet *Cant. Cath. Pri.* 217. **b 1448** pullorum, columbarum .. et aliorum volatilium ~ium, cuniculorum (*Ch. Regis*) *Reg. Whet.* I 43.

2 that provides bodily nourishment or sustenance, (esp. as sb. n., usu. pl.) sustenance, (provision of) food (and drink), victuals (*v. et. vitalis* 2b).

proficiscentibus .. peregrinis .. impendatur ~ium solatium *RegulC* 63; sed etiam ~ium gauderent copia W. Malm. *GP* I 44; aves .. ~ia queritantes (Ailr. *Serm.*) *CC cont. med.* IID 257; ~is, vitam sustentans Osb. Glouc. *Deriv.* 622; **1216** naves .. carcate ~i tantum *Cl* 256a; **1275** debet conducere vittaliam domini regis ad proximam festam *Hund.* I 35a; **13..** vendentes panem, caseum, poletriam .. et alia minuta ~ia *MGL* I 249; **s1322** ~ia, scilicet panem, vinum et cerevisiam *G. Ed. II Bridl.* 80; **1364** quia canis suus comedit victual' autumpnal' ipsius Ade *Hal. Durh.* 33; **1381** arrestavere diversos ~es .. ad valenciam xiij solidorum *Peasants' Rising* 3; hoc ~e, *lyfefode WW*; **1465** pro vitualibus coquine *FormA* 106.

victualitas [CL victualis+-tas], means of sustenance (in quot. applied to land providing for sustenance of monastic community).

universos qui ullo modo predicte terre extractum a ~ate monachorum Abbendonie degentium ab illo tempore satagerent a communitate Christianitatis exclusit *Chr. Abingd.* I 475.

victualiter [CL victualis+-ter], by way of sustenance.

Beodrici villam nuncupatam .. suisque servitoribus a praedictis regibus concedendo ~er delegatam Herm. Arch. 3.

victuarius [LL], of or pertaining to (provision of) sustenance. **b** (as sb. m.) victualler (*v. et. victualarius*), or *f. l.*

omnis classis ~ia cum eis aufugit H. Hunt. *HA* VII 13. **b c1220** nullus clericus .. viccuariis [*Conc. Syn.*: ructuariis; ? l. arcuariis] vel balestariis aut hujusmodi viris sanguinis preponatur (*Const. Lond.*) *EHR* XXX 297 (cf. ib. XXX 298: viccualia [i. e. victualia]).

victulatio v. victualatio. **victumare** v. victimare.

victus [CL]

1 means of sustaining life, sustenance, (esp.) food and drink, victuals, (also) living; **b** (*quaerere ~um* or sim.).

pauperem ~um habet Gildas *Pen.* 22 (v. 2 pendere 3d); confide fili, Dominus providebit ~um sperantibus in se *V. Cuthb.* II 5; ~um, *andlifon GlS* 214; ~um cum pondere, mensura, et numero .. cetera quoque .. custodientes *RegulC* 12; ~us .. anime est amor Dei et proximi Alex. Cant. *Dicta* 145; ~us exilis Map *NC* IV 6 f. 47v; **1290** ~o et medicamine pro eisdem equis *Doc. Scot.* I 134; panem .. ad ~um *Fleta* 51; **c1306** cum .. magister milicie templi .. concesserit Willelmo de W. .. perpetuum ~um suum in domo D. ad mensam fratrum (*Corr. Pet. Dom. Templ.*) *DocExch* 143; nec habere nisi tantum ~um [ME: *mete and drink*] simplicem *Itin. Mand.* 114; in solis stipendiis operariorum preter ~um *Meaux* III 183; **1450** habita consideracione ad annuum valorem ~us tui .. vulgariter nuncupati *livelode Cl* 301 m. 26*d*. **b** piscando ~um quaerere Bede *HE* IV 13 p. 231; arte piscandi ~um transigebat W. Malm. *GP* V 266; ex officio molendini ~um queritabat Ord. Vit. III 13 p. 136; omni die laborando ~um sibi tenuem acquirebat *Latin Stories* 63.

2 (eccl.) provision or allowance of food for ecclesiastic or monastic community, (also) property, esp. land, providing (for) such allowance (*cf. et. alimonia, vestitus* 4); **b** (w. *dominicus*).

851 (11c) terram .. ad ~us fratrum in illo monasterio Deo servientium perpetualiter possidendam concedo *CS* 462; **1085** quam terram predictus episcopus in proprio dominio ad ~um ecclesie et sui tenebat (*Episc. Land. Grant*) *EHR* XLIV 372; **1085** predictus Rogerus tenet adhuc aliam terram de ~u proprio episcopi .. tali conditione *Ib.*; reddebat .. xl milia de allecibus ad ~um monachorum *DB* I 3ra; abbas tenuit ad ~um monachorum c et xviij homines *DB* II 372; taxato ~u monachorum Eadmer *HN* p. 31; **1148** de ~u et vestitu canonicorum, monialium, fratrum, et sororum *Inst. Sempr.* xx*; **1168** vicecomes reddit compotum de xvj li. de abbatia de M. de denariis quos habuit propter ~um monachorum *Pipe* 24. **b** de hac terra .. vij hidae et est in dominico ~u monachorum *DB* I 59ra; Wellesdone tenent canonici S. Pauli .. hoc manerium fuit de dominico ~u TRE *DB* I 127vb; de quibus [hidis] episcopus .. habet omnes redditiones socharum et omnes consuetudines ibi pertinentes ad dominicum ~um *DB* I 172va; **a1087** de dominico ~u *Regesta* 276.

3 (way of) life.

Normanni .. terram subdentes sibi, victis ~um et legis libertatem .. concesserunt B. Cotton *HA* 14.

viculus [CL]

1 small settlement, hamlet, village (also transf., of settlement as being unimportant). **b** (spec., as Anglo-Saxon territorial unit) tithing (esp. w. ref. to or as including land surrounding settlement).

Nazareth, ~us in Galilaea Bede *Nom. Act.* 1038 p. 174; habebat .. domum in occidentali parte ~i. .. in orientali plaga ejusdem vici .. domus .. coepit ardere *Id. CuthbP* 14; discissis .. ~is quos in vicinia urbis invenit, advexit illo plurimam congeriem trabium, tignorum, parietum *Id. HE* III 16; solebat .. praedicare in ~is *Ib.* IV 25 p. 270; Scibenburna est ~us nec habitantium frequentia nec positionis gratia suavis W. Malm. *GP* II 79 p. 175; Rofecestria et Cicestria ~i sunt et cur civitates dici debeant .. nichil obtendunt Devizes f. 39v; quomodo sequitur 'lx civitates' quia si fuerint ~i non fuerunt civitates? solutio: .. legunt ergo sic, '~os ejus' sc. civitates 'lx' S. Langton *Chron.* 80; quendam ~um ecclesie Sancti Albani sub annuo censu a monachis accepit (*Albanus*) *NLA* I 36. **b 765** (12c) trado terram intra castelli moenia .. Hrofiscestri unum ~um cum duobus jugeribus adjacentem plateae *CS* 196; **777** subregulo meo .. aliquam terrae portionem .. attribuo, id est ~us qui nuncupatur ad Segcesbaruue, iiij mansiones *CS* 223; **790** (?11c) terram juris mei, id est xx agera et unum ~um dimidium civitatis Hrobi et unum mariscum quae [v. l. q'] ad illum pertinet *CS* 502; **839** x jugera cum ~is praedictis et in aquilone predictae civitatis *CS* 426; **842** trado terram .. et unum viculum ab oriente civitatis Hrobi *CS* 439 (cf. ib.: predicta terra et ~us).

2 (as unit within larger settlement) (small) district or locale, (esp.) small street (as collection of buildings), (also transf.) lane, alley.

c1214 ad cornerium ~i qui vocatur Ysmongereslane *AncD* A 1988; **1252** ~um regium *CalCh* I 407; **c1300** in illo ~o qui se ducit versus .. portam de W. *Reg. Malm.* I 117; a Turri Londonie per ~os et plateas distractus ut proditor *Flor. Hist.* III 134; **14..** juxta ~um qui quandoque vocabatur Styngkynglane *Mon. Francisc.* I 500 (cf. ib. 501: in vico qui [dicitur] Styngkynglane); ~os .. et venellas operuerunt hujusmodi luto, terra et fimo *G. Hen. V* 6; de eminenti periculo ad tuciora viicula fugiendo se transtulit *Plusc.* VIII 28.

vicus [CL; cf. et. AS, ME *wic*]

1 settlement (as unit, applied to variously sized collections of dwellings, sts. understood to include surrounding territory), village, township, borough, manor, *etc.*

venit .. ad villam in qua habitabat .. tunc ardente domu .. in extrema parte ~i ad orientem posita *V. Cuthb.* II 7; in ~o regis inlustri qui vocatur Ad Murum Bede *HE* III 21 p. 170; in ~o regio qui dicitur Rendlaesham, id est mansio Rendili *Ib.* III 22 p. 174; cum adversantium sibi urbes et villas, ~os et castella, igne ferroque vastaret Felix *Guthl.* 17; **734** hoc etiam confirmatum est .. in ~o regali Werburgewic *Text. Roff.* f. 121v; **c790** exemplum Christi .. qui per civitates .. ~os, villas evangelizando iter agebat Alcuin *Ep.* 28; **812** actum est .. in ~o regis Lundon' *CS* 340; nascitur .. in regio ~o [v. l. regia mansione] nuncupato Kymesinthia Gosc. *Edith* 41; in pago .. Wiltoniensis, in ~o qui Caninges apellatur *Ib.* 300; prope civitatem Lugdunensem erat ~us in quo .. Alex. Cant. *Mir.* 22 (II) p. 200; regium ~um qui proximus involavere, villicum suppetias ferentem leto dedentes W. Malm. *GR* I 43; sedem episcopalem .. ad insignem mercimoniis .. ~um transtulit nomine Norwic *Ib.* IV 339; ad Warran veniens .. succenso et depredato ~o statim etiam castello potitus est R. Niger *Chr. II* 187; est in Connactia ~us quidam quem S. Nannani illustrat ecclesia Gir. *TH* II 31.

2 (as unit within larger settlement) district or locale, quarter, ward, (esp.) street (as collection of buildings), (also transf.) road; **b** (w. particular identification, designation, name, or sim.).

957 per longum pertranseundo ~um [AS: *strete*] illum recte super Tamisiam *CS* 988; in civitate .. in arce .. ponunt philosophos, in secundo ~o milites, in tercio cupidinarios, in suburbio agricolas Bern. *Comm. Aen.* 109; per ~os et plateas H. Bos. *Thom.* III 37 p. 310; **1269** quolibet burgi ~o erit unus custos ad minus ad quem hutesium levatum possit presentari *CBaron* 80; separemus nos ab invicem per sex ~os, ita ut nullus nostrum sit cum alio *Latin Stories* 30; **1332** in hospicio ejusdem prioris in London in warda de Crepelgate in quod[am] ~o vocato Silverstrete *LTR Mem* 105 m. 21; **1344** latrinas fecerunt pendentes ultra ~um ejusdem venelle *MGL* II 449. **b** terra S. Marie in qua T. manet in magno ~o non dedit *DB* I 335rb; **c1190** in ~o Judeorum Oxenefordie *Cart. Osney* II 553; **a1200** partem que est .. juxta magistralem ~um *Deeds Newcastle* 40; **c1230** cum solario quod se extendit versus ~um de draperia *Cart. Osney* II 56; **12..** que jacet in ~o navium *Reg. Aberd.* II 278; **1320** unam domum .. in medio summi ~i existentem *AncD* D 7990; **1321** unum mesuagium .. in ~o sancti Thome in suburbio Dublinie in parochia sancti Jacobi *Reg. Kilmainham* 3; **1334** in ~o de Segate *RScot* I 274a; **1440** in villa Bristollie in alto ~o in rangia cocorum *Cl* 290 m. 11*d*.; **1493** ~um regium de Wodestrete .. London *FormA* 439; **1548** altum communem ~um *CalPat* 373; **1559** jacentem .. S. Andree in ~o forali *Scot. Grey Friars* II 203.

videla v. fidula, viella. **videlator** v. fidulator, viellator.

videlicet [CL]

1 (esp. introducing explanation) as it may be seen, evidently, apparently.

Matheus donatus dicitur ~et quia magno domini munere de teloneario publicano in apostoli est et evangelistae delegatus officium Bede *Luke* 398D; ut mortem quoque, quae paene cunctis poena est, ~et ut ingressum vitae et laboris sui praemium amaret *Id. HE* II 1 p. 75; quid dicit factum esse? ~et quod Anna post circulum dierum .. concepit. vel potius idioma est Hebree locutionis Andr. S. Vict. *Reg.* 11; jure eam sacrificium laudis appellari diximus, propterea ~et quod sola .. Deum laudare et honorificare novit Bald. Cant. *Serm.* 7. 31.

2 that is to say, namely, videlicet.

quam et alter .. vir habebat uxorem, princeps ~et .. Gyruiorum Bede *HE* IV 17 p. 243; **955** (12c) abavo meo rege, ~et Aelfredo *CS* 906; †**933** munitus ab omnibus secularibus servitutibus .. atque expeditionalibus ~et taxationibus *CS* 694; **975** (12c) tribus exceptis, rata vedelicet expeditione pontis arcisve restauratione *CS* 1316; **1125** facta fuit hec conventio .. ~et quod .. *Ch. Westm.* 247; viveret in illis vita (~et temporali) longiori Gros. *Gal.* 86; 'planctum amarum', ~et, tanquam unigeniti coram matre .. extincti *AncrR* 118; **1339** in vj cignis campestr' vidz. *ewes* empt' *Ac. Durh.* 536; cotidianam imprecacionem mensalem, ~et, 'Deus det nobis pacem .. ' *G. S. Alb.* III 413; **1441** vj cocliaria argenti cum quodam signo, viz. *hawethornleves Test. Ebor.* II 81.

3 (resumptively, esp. w. connecting rel. and word repeated from previous sentence) (and) in fact, indeed.

altor et dogmatista beatus Alexander, Alexandriae pontifex ... qui ~et Alexander, postquam .. Aldh. *VirgP* 32; per religiosum Lundoniensis ecclesiae presbyterum Nothelmum. .. qui ~et Nothelmus .. Bede *HE pref.* p. 7; est .. sinus maris permaximus qui antiquitus gentem Brettonum a Pictis secernebat .. ; ad cujus ~et sinus .. *Ib.* I 1 p. 13; necesse est ut .. timendo gaudeas ... gaudeas ~et, quia Anglorum animae .. ad interiorem gratiam pertrahuntur *Ib.* I 31 p. 66; non ad Agni prandium, sed ad coenam vocantur. quae ~et coena hoc ultimo convivio exprimitur, cui septem discipuli adesse memorantur ALCUIN *Exeg.* 998D; **798** his dictis prolate sunt inscriptiones monasterii .. terrarumque sibi adjacentium. quod ~et monasterium .. rex .. aecclesiae .. dedit *Land-ch.* 66; quem tractatum .. 'De casu diaboli' titulavi ... qui ~et tractatus .. ANSELM (*Ver. pref.*) I 174.

videmia v. vindemia. **viderborda** v. fetherborda.

videre [CL]

1 to perceive through sight, see, look on (also transf. or in fig. context, also w. internal acc. or ellipt.). **b** to have sight of, (also) to set eyes on, catch sight of; **c** (as form of contact or experience). **d** (absol.) to have the faculty of sight.

cujus obturatus est oculus i. carnalis, sed spiritualiter .. ~eo visiones Dei *Comm. Cant. I* 441; ~eant oculi ejus occisionem suam GILDAS *EB* 59; parietes hactenus stare ~entur BEDE *HE* II 16 p. 117; **955** constipulatorum nomina inferius notata ~entur *CS* 903; ecce, mirabile visu, .. spiritus .. conquievit GOSC. *Edith* 279; quod ~eo ultra vitrum, ejusdem esse coloris cujus est et vitrum ANSELM (*Ver.* 6) I 183; leprosus, visu horridus W. MALM. *Wulfst.* II 7; sepeque mens oculo, sepius aure, videt L. DURH. *Dial.* I 264; cuidam virgini contigit ~isse visionem T. MON. *Will.* II 5; **1208** ipse ~it eundem W. per medium unius fenestre *SelPlCrown* 47; homo .. saliendo ~et procul M. SCOT *Phys.* 33 (cf. ib.: oculi longe ~ent); Deus potest ~eri intuitive et beatifice OCKHAM *Quodl.* 605; ut .. alienigene .. hoc ~ere possint, ponunt pedes super pedes incolarum et sic ~ere poterunt quod incole ~ent HIGD. II 42. **b** Tritonem .. qui in .. Carpathio mari et circa oras Italiae visus fuisse describitur *Lib. Monstr.* I 52; nunquam audierunt nec ~erunt brevem ex parte regis *DB* I 32rb; c**1150** notum sit omnibus hanc cartam ~entibus et audientibus me dedisse .. *Ch. Chester* 95; c**1200** ecclesie filiis hoc scriptum visuris vel audituris salutem *MonA* VI 76a; supposito quod tu ~eas Socratem a remotis et nescias quod sit Socrates KILVINGTON *Soph.* 45a. **c** nullum ibi reptile ~eri soleat BEDE *HE* I 1 p. 12; heu! quod unquam ~i te! ecce filius mortis sum ego! *Latin Stories* 118. **d** tuum est quod audio, quod ~eo, quod vigeo, quod valeo BALD. CANT. *Serm.* 3. 11. 520A; Deus facit omnem hominem cecum vel ~entem OCKHAM *Quodl.* 135.

2 to inspect, examine (also transf.); **b** (document); **c** (*~imus*, introducing attestation of inspection of document or attested copy).

a**1166** coronator .. vel vicecomes .. interfecti ~ebunt plagas (*Leg. Malc.*) *RegiamM* I f. 6v; sumone .. liberos et legales homines .. . et interim terram illam ~eant GLANV. XIII 3; juratores dicunt quod C. visa fuit a quatuor feminabus que dixerunt quod violata fuit *PlCrGlouc* 112; **1238** mandatum est baronibus de scaccario quod assumptis justiciariis de banco, ~eant demandam quam faciunt *Cl* 69; quod omnes armature .. per vos ~antur *Leg. Ant. Lond.* 130; **1276** coronator cepit duos solidos .. antequam voluit ~ere unum hominem nostrum *Hund.* I 2b; **1458** deputare .. duos .. quibus .. committatur potestas ~endi privilegia concernentia servientes universitatis *MunAc Ox* 754; cc ma' trav' avenae, visae per J. G. *Househ. Bk. Durh.* 168. **b** s**1192** litteras .. revocatorias .. non ~imus .. nec earum transcriptum sigillis appositis et authenticis consignatum *G. Ric. I* 242. **c** **1428** in literis nostris patentibus .. tenorem et ~imus literarum patencium ducis Britannie .. continentibus *Cl* 278 m. 13*d*.; **1444** est necesse transmittere ad has partes le ~imus (et transcriptum sive copiam) .. litterarum .. factum per manus notarii *Lit. Cant.* III 190; **1557** *avecq troys* vidymus *de saufconduict SelPl Adm* II 62.

3 to see, notice, observe (condition, process, or sim., also w. ref. to intentionally directing sight); **b** (result or other posterior or future condition, *etc.*, also transf.).

~ete fratres quomodo iste .. per providentiam Dei electus ostenditur *V. Cuthb.* I 3; ~it undam suis cessisse ac viam dedisse vestigiis BEDE *HE* I 7 p. 20; c**1198** vides ut folium / quod vento rapitur / in altum tollitur / et subito deprimitur (*Fall of W. Longchamp*) *EHR* V 317; ego hanc quam ostenditis puellam ~eo nihil in se pecudis habentem ALB. LOND. *DG* 4. 7; ac si diceret '.. ~e [ME: *loke*] filia, quomodo punietur' et ibi ~ebitis [ME: *schule seon*] eum verberari *AncrR* 63; aspice spinosum caput meum, ~e corpus meum sanguine ubique detinctum *Spec. Laic.* 20. **b** vestri laboris fructum in aeterna me patria ~ere concedat BEDE *HE* I 23; quae res quem sit habitura finem, posterior aetas ~ebit *Ib.* V 23 p. 351.

4 (of seer, visionary, or sim.) to see (also pr. ppl. as adj. and sb.).

hoc est onus Babylonis quod ~it Isaias filius Amos [*Is.* xiii 1]. quomodo ~it? eia, fratres, qui nunc prophete appellantur olim ~entes dici solebant (AILR. *Serm.*) *CC cont. med.* IID 30; o propheticum, o ~ens et videntis oculatum animal! H. BOS. *Thom.* III 3; qui nunc dicitur propheta olim dicebatur ~ens .. ideo simplex propheta vel ~ens vocatur, id est, Scivias HARCLAY *Adv.* 66; ille ~entissimus Esaias BRADW. *CD* 73B.

5 to note with understanding, appreciate, perceive (state of affairs, fact, or sim.), (also) to recognize, realize; **b** (w. acc. & inf.); **c** (w. indir. qu., esp. w. ref. to finding out). **d** (*viso* w. cl.) in view of (the fact that or sim.). **e** to suppose, consider, deem, to have or take (view).

1355 visa impossibilitate recuperacionum suarum *SelCKB* VI 104. **b** ~ens spretam suam doctrinam sectamque esse dispectam BEDE *HE* III 26 p. 189; artificiosa .. ad contraria diduci posse ~ebit expertus BALSH. *AD* 66; ~ens .. se nihil in hunc modum proficere posse GIR. *EH* I 7; ~emus multos tam novos quam antiquos in artibus suis .. multa bona dicere HAUBOYS 180. **c** scies et ~ebis .. quam malum .. est reliquisse te dominum GILDAS *EB* 33; mane surgite ad vineas, ~ete si floruit vinea AD. SCOT *QEC* 826B; lege philosophum, vide si mencior WALT. WIMB. *Carm.* 328; o mirabiles Judei, attendite et videte / si est dolor sicut [MS: similis] dolor meus *Non-Cycle Plays* 6. 718. **d** **1304** facta proclamacione et viso quis pro dicta custuma .. plus dare voluerit .. *RGasc* III 424a; **1438** viso quod aliud non poterit obtineri responsum a clero .. *Conc.* III 527a. **e** **1225** que collecta fuerint .. assignentur viris fidelibus .. quos hujusmodi cure ~eritis deputandos *Pat* 585.

6 to pay regard to, look at, consider, attend to (matter, course of action, or sim., also intr.). **b** (w. *melius expedire* and dat.) to consider to be expedient (for), 'to see fit' (*cf.* 10 *infra*).

~eamus, inquam, quid salvator mundi factorque dicat GILDAS *EB* 92; qualiter esse debeat procurator breviter ~eamus RIC. ANGL. *Summa* 19; quid de captivis nostris statuendum ~eamus GIR. *EH* I 14; postquam ~imus de credentibus .. hereticorum erroribus, consideremus de credentibus ipsis OCKHAM *Dial.* 644; nunc ~endum est que sunt ille veritates quas .. *Id. Pol.* III 49; cum .. visum sit prius quod omnes medie brevientur .. HAUBOYS 328. **b** secundum quod ei ~erit melius expedire BRACTON f. 302b; **1346** disponet pro anima mea prout sibi ~erit melius expedire *Test. Ebor.* VI 33.

7 to keep watch, look out, (also) to take care. **b** (w. *ut*, *quod*, *ne* or sim.) to take care, mind (out), or see to it (that).

'~ete,' inquit Dominus, 'vigilate et orate.' Dunstanus igitur videns ~it qui .. oculis apertis laqueos inimici .. declinavit ADEL. BLANDIN. *Dunst.* 9; si tibi non videas, illico captus eris GOWER *VC* V 418. **b** noli .. ita loqui, vide ut sanum sapias BEDE *HE* V 13 p. 311; et ~eat [AS: *wite*] alius, ut quod forisfecit emendet sic sicut lex edocebit (*Quad.*) *GAS* 363; c**1163** ~ete ne ullo modo inde disturbentur *Ch. Chester* 149; cum febris iracundie mentem accendit, ~e ut ephemera sit NECKAM *NR* II 191.

8 (pass.) to be seen, appear.

extemplo divinum prodigium .. circumadstantibus .. turbis ~ebatur FELIX *Guthl.* 5; adveniens .. somnus .. / candidus en subito videbatur ductor adesse ÆTHELWULF *Abb.* 695; ~ebatur nobis in sompno quod .. GIR. *SD* 8.

9 (pass.) to seem, appear.

c**692** quotiens .. aliquid offerre ~emur vestra vobis reddimus *Land-ch.* 13; de his quae memoria digna ~ebantur BEDE *HE pref.* p. 6; ~etur mihi .. quia durior justo fuisti *Ib.* III 5 p. 137; regi coelorum gratias reddant, si se [*sic*] sapere alta ~entur ÆTHELW. II *prol.*; **1166** in te .. plane ~ebor injurius, si cuiquam a peregrinatione mea scripsero J. SAL. *Ep.* 179 (172); majori cura ~eri virtuosus quam esse cupiebat GIR. *EH* I 4 p. 235; visum fuit illi plenam convalescentiam recepisse *Canon. G. Sempr.* f. 154v; ita enim cito [anguis] movet eam [sc. linguam] ut triplicem ~eatur habere linguam BART. ANGL. XVIII 8 p. 1003; non .. pro parte, ut vissum est, set pro principio BACON VII 22.

10 to seem good or appropriate.

te .. eas [sententias] edisserente ego, sicubi michi ~ebitur, obviabo ADEL. *QN intr.* (ed. Burnett (1998) p. 90); Deo aliter visum W. MALM. *Wulfst.* II 16.

11 (inf. act. or pass. as sb.) view, opinion.

ex mandato .. ad dicendum secundum ~ere nostrum veritatem WYCL. *Eccl.* 142; **1406** quod .. per suas .. literas .. omnibus .. communitatibus Christianitatis, secundum ~ere .. dominorum de collegio premissa omnia indicabit *Conc.* III 287; c**1430** haec juxta ~ere nostrum creditur esse scriptura conveniens *Reg. Whet.* II 441; **1440** exoro quatenus ~eri vestrum super premissis, quando placuerit, mihi remittere velitis *Pri. Cold.* 115.

vidimus v. videre. **vidnetum** v. vicinetum. **vidua** v. viduus.

vidualis [LL], of or pertaining to a widow (also fig.).

ut in infimo habitet pudicitia conjugalis, supra ~is, atque hac superior virginalis BEDE *Gen.* 91C; post amissum virum vitam ducere ~em .. desiderans B. *V. Dunst.* 10; lux lunaris propter sui difformitatem significat statum ~em PECKHAM *QA* 160; s**1251** Cecilia .. votum fecit .. de ~i continentia observanda M. PAR. *Maj.* V 235; **1327** per mortem .. archiepiscopi .. ecclesia Cantuar' .. ~es deplorans angustias .. pallium decoris exuit *Conc.* II 541; hanc suam causam ~em et orphanam in manus vestre graciose tuicionis suscipere AMUND. I 310.

vidualitas [LL vidualis+-tas], widowhood.

1267 sciatis me in proba mea ~ate dedisse .. (*AncD*) *EE County Court* 174.

vidualiter [LL vidualis+-ter], as a widow.

nullus potest ex se sine dono Dei virginaliter, ~er, aut conjugaliter continere BRADW. *CD* 484D; vita ~er continencium est gradus alcior intensive NETTER *DAF* I 439b C.

viduare [CL]

1 to deprive (of).

semper habens virides frondenti in corpore crines / tempore non ullo viduabor tegmine spisso ALDH. *Aen.* 69 (*Taxus*) 2; o carus dominus viduatus lumine claro *Mir. Nin.* 128; quae [Anglia] ~ata rege unius anni progressione demum post annum suscipit .. sceptrigeratum HERM. ARCH. 17; jampridem exacto tempore ~atum foret celum stellarum lumine ADEL. *QN* 73; sanguineos qui dedecorant, sint dedecorati; / testiculis, oculis, pedibus fiant viduati D. BEC. 419; s**1239** ut .. desineret ecclesiam suis possessionibus ~are M. PAR. *Maj.* III 532; inter grossa .. intestina, primum vocatur orbum .. id est quasi ~atum ab altero orificio BART. ANGL. V 42; a**1270** pannus primum circumcisus, / viduatus et divisus / a sua pellicula, / jam expertus Judaismum (*In Scissores*) *Pol. Songs* 55.

2 to deprive or bereave (of spouse, also transf. or fig.). **b** (intr.) to be a widow (in quot. pr. ppl.).

quod ecclesiae castitati congruenter aptatur, quae etsi Domini sponsi sui morte ~ata est .. BEDE *Cant.* 1094B; nonne viro suo Anna ~atur cum anima fidelis .. destituitur AD. SCOT *Serm.* 362C; si portulace vires experta fuisset / Judith, sol fervens non viduasset eam NECKAM *DS* VII 137; sic fera dissociat mors quos Deus associavit, / et moriente morans viduatur conjuge conjux H. AVR. *Hugh* 60; Amazonibus, que habitant catervatim ~ate viris quia non habent viros in societate sua TREVET *Troades* 5; s**1459** ecclesia que dudum erat gentium et omnium princeps provinciarum .. stat modo quasi altera vidua, ~ata hiis omnibus ac eciam deprivata *Reg. Whet.* I 333. **b** S. Cuthbertus cuidam vetule ~anti apparuit R. COLD. *Cuthb.* 104 p. 233.

3 (eccl.) to deprive (of occupant or holder), to cause to be vacant, (also p. ppl.) vacant. **b** (intr.) to be deprived, (in quot. pr. ppl.) deprived.

ut ecclesiam ~atam sua dignaretur presentia visitare EADMER *Wilf.* 15; ~ate consensistis dictam ecclesiam dicto vicario AD. MARSH *Ep.* 136; **1261** monasterio ~ato providere *Cart. Bath* II 38; s**1316** rex Anglie .. omnibus ecclesiis cathedralibus et collegiatis .. pastorum regimine ~atis clericos suos .. preficere studuit *Flor. Hist.* III 176; c**1530** placuit nobis .. per viam compromissi nostre ~ate ecclesie providere *Form. S. Andr.* I 343. **b 1285** brevia . . de ecclesiis ~antibus *Reg. Malm.* I 83.

viduarius [CL viduus+-arius], widower.

c**1257** in defectu terre A. carucarii quia ~ius est *Crawley* 220; **1279** si quis sit ~ius et fuerit filius natus in astro, dum est ~ius habeat totum tenementum et, si velit uxorare . . filius de astro habeat partem terre ad vivendum *CourtR A. Stratton* 168; c**1280** wydyarius nec vidua non dabunt nisi dim. churichet' et faciet [*sic*] sectam *Crawley* 236; **1353** si ~ius seu tenens in bondagio pueros habeat, junior masculus dictorum puerorum post decessum dicti ~ii patris sui vel dicte vidue matris sue possidebit tenementum dicti decedentis *Cust. Taunton* 85.

viduat v. vivere. **viduatas** v. viduitas.

viduatio [CL viduare+-tio]

1 widowhood (in quot., fig.).

s**1459** ecclesia . . stat modo quasi altera vidua viduata hiis omnibus . . propterea sedeat . . plorans ac deplorans . . quod non sit ullus . . qui velit in tanta ~one . . prebere suffragia consolacionis *Reg. Whet.* I 333.

2 (eccl.) loss or lack of occupant or holder, vacancy.

ne prolixior ecclesie . . ~o dampnum irreparabile pariat animabus AD. MARSH *Ep.* 5; electus desperans de exitu negotii sui, diutina ecclesie ~one anxius GRAYSTANES 43; abbathia de Bury . . expendit octingentas marcas, tanquam non suffecissent eis pastoris ~o . . damna . . profusiones WALS. *HA* II 96.

†viducia, *f. l.*

octo dierum poposcit †viducias [l. inducias] . . ut oportunum tempus effugii . . inveniret *Brev. Hyda* f. 404.

viduetas, viduitare v. viduitas.

viduitas [CL]

1 widowhood (also fig.); **b** (of consecrated widow); **c** (w. *libera* or sim., leg.). **d** (app.) period or condition of not being married.

Judith . . post obitum Manasse sumpto ~atis theristro ALDH. *VirgP* 57; turturi illi lugenti ~atem suam suique solitudinis merenti desolationem J. FORD *Serm.* 52. 2; **1303** J. de M. . . constitutum ad ecclesiam . . per nobilem mulierem . . dominam Y. de L. . . in sua †viduitare [l. viduitate] *Reg. Carl.* I 189; c**1305** de ij s. de J. filio J. Nichole nativo domini pro Alicia que fuit uxor W. le C. quoniam tenuit ad viduetatem habenda *Crawley* 242. **b** perpetuam Deo ~atis castimoniam promittentem GILDAS *EB* 32; benedictio vestium virginis vel viduae ad consecrationem virginis et viduae. . . inclina . . Domine oculos . . ad benedicendam hanc ~atis vestem . . post haec imponis viduae pallium EGB. *Pont.* 114; **1217** Amabilia in viduatate constituta dimisit . . dictis priori et conventui . . dotalicium suum *Feod. Durh.* 158n.; **1338** in pura ~ate mea *Reg. Newbattle app.* 292; **1456** proba mulier . . in sua pura et integra ~ate *Melrose* 559; c**1531** per partem honeste mulieris M. . . nobis est . . supplicatum . . cum ipsa propter . . ~atis ordinem strictiorem, ad Dei honorem devotius ac celebrius servandum votum continentie emittere . . nec non in signum ~atis sue . . servando velum sive peplum cum habitu hujusmodi viduis continentiam perpetuam . . consuetam . . sibi sumere . . devote intendat *Antiq. Warw.* 895. **c** c**1212** in propria et libera ~ate *Cart. Cockersand* 138; **1220** in libera potestate sua et in ~ate sua *CurR* VIII 376; **1258** Innocenta in libera ~ate . . concessit . . liberum bancum suum sive dotem *AncD* A 210; **1232** in legittima ~ate sua *BNB* II 523; **1285** Isabella . . in ligia ~ate sua remisit quietum clameum ipsi Henrico *DocCOx* 224 (v. ligius 6b). **d 1220** cartam . . fecit . . in ~ate sua, priusquam desponsata esset . . Gaufrido *CurR* VIII 376.

2 (eccl.) loss or lack of occupant or holder, vacancy.

vacavit archiepiscopatus pleno quinquennio . . cum rex ammoneretur ut matris suae ecclesie ~ati consuleret . . W. MALM. *GP* I 67; regi . . suadetur quatinus communem totius regni matrem [i. e. ecclesiam Cantuariensem] instituendo illi pastorem solvat a pristina ~ate EADMER *HN* p. 37; Lanfrancus archiepiscopus mortuus est . . . et vos loco mortui . . me . . conjungere vultis? . . proficieris ut ecclesiam quam relevare a ~ate tantopere satagitis, relabi in ~atem etiam vivente pastore suo . . cernatis *Ib.* p. 43.

vidula v. fidula, 1 viella. **vidulare** v. fidulare.
vidularius v. fidularius. **vidulator** v. fidulator.
vidulista v. fidulista. **vidulum** v. biduvium.

†vidus, *f. l.*

1351 cepit unam chartam †vidam [MS: nudam] *SessPEssex* 178.

viduus [CL]

1 deprived or bereaved of spouse (esp. by death); **b** (in fig. context). **c** (as sb.) widow(er); **d** (passing into title). **e** (eccl.) consecrated widow (*cf. et. Act.* ix 39–41, *I Tim.* v).

idus vocari placuit diem qui dividit mensem, iduare enim Etrusca lingua dividere est; unde vidua quasi valde idua, id est valde divisa; aut ~a, id est a viro divisa [*cf.* Macrob. *Sat.* I 15. 17] BEDE *TR* 13 p. 209; habuerunt x marcas ab una muliere ~a pro licencia habenda ut posset vovere castitatem coram quocunque episcopo vel abbate GASCOIGNE *Loci* 10. **b** miseremini orphanis et ~ae ecclesiae, quibus pro patre ingeritur privignus ANSELM (*Ep.* 269) IV 184. **c** et ~ae tuae multiplicatae sunt in medio tui [*cf. Ezech.* xxii 25] GILDAS *EB* 90; si quis acceperit ~am aut dimissam mulierem aut qui bis duxerit uxorem, numquam fiat diaconus ÆLF. *Ep.* 2. 113; quod sanctus . . ~e cecitatem depelleret, qui tota vita . . elemosinas ~is conferre solitus fuisset W. MALM. *GP* V 228; non a te vidua ducatur; garrula queque / comprobat acta viri defuncti quando tumescit D. BEC. 2131; vindicabit hec omnia pater orphanorum, et judex ~arum [*cf. Psalm.* lxvii 6] P. BLOIS *Ep.* 102. 319B; **1211** de ij s. de Albredo ~o pro filia maritanda *Pipe Wint.* 140; c**1300** matrimonium contraxistis cum ~a *Year Bk.* 30 & 31 *Ed. I app.* 530; comes . . ~am ejus relictam disponsavit *Plusc.* VII 27; hec vedua, A. *a wedow* WW. **d 1211** de v s. de ~a Ketier pro viro capiendo *Pipe Wint.* 140; **1588** duo cotagia . . in tenura J. Treware et ~e Lock *Pat* 1319 m. 21. **e** Greci simul benedicunt ~am et virginem et utramque abbatissam eligunt. Romani autem non velant ~am cum virgine THEOD. *Pen.* II 3. 7; accersitus est a sanctimoniali ~a matreque omnium in Christo Æbba *V. Cuthb.* II 3; consecratio ~ae EGB. *Pont.* 111; c**1219** virginibus vero viduas postponit et ordo / et meritum; viduabus enim rupisse pudoris / claustra licet liceat, melius tamen est cohibere / carnem . . / . . / hec tamen est virtus viduarum maxima quod pudor / fata maritorum . . / et nupsisse viris piget et violasse pudorem H. AVR. *Poems* 43. 88; pro revelacionibus celestis ostensis beate Brigitte, ~e et sponse Christi GASCOIGNE *Loci* 53; c**1531** ~is continentiam . . consuetam *Antiq. Warw.* 895.

2 (*faciens ~as*, bot., in gl.) the plant spurge.

faciens ~as . . A. *spurge Alph.* 112.

3 deprived (of), bereft (of).

crebris punctionibus orbes luce ~i cepere movere W. MALM. *GP* V 278.

vidymus v. videre. **viela-** v. viella-.

1 viella [ME, AN *viele*, OF *vïelle*], (mus.) sort of (bowed) stringed instrument, fiddle or sim. (*v. et. fidula*, 1 *fiola*).

cum . . vidisset . . citharas, ~as, et alia instrumenta delectabilia O. CHERITON *Par.* 75; melius resonant ~e GILB. III 144v. 2; pleno plena viella gaudio J. HOWD. *Ph.* 359; lingua Gregorii / . . / et viella dulcis Ambrosii / his accedunt testes eximii *Ib.* 836; **1306** cum cytharis ~is et aliis . . instrumentis *DocCOx* 165; tympano . . pro musica gaudent [sc. Hiberni]. Scotia vero lyra . . raro viala. Wallia tibicina *Eul. Hist.* II 126; hec vetella, *a rybybe* WW; zambuca, cithare, situleque, tubeque, vielle R. MAIDSTONE *Conc.* 293; *a fidylle*, vidula, videla, ~a *CathA*.

2 viella [? *cf.* OF *vielle*], ? old woman.

1220 de forinseco hundredo de Awilton vij solidos pro viella mortua (*Hants*) *KR Mem* 3 m. 12d..

viellare [viella+-are; *cf.* AN, OF *vieler*], to play the fiddle or sim. (*v. et. fidulare*).

ingessit se asinus, dicens quod optime sciret cantare et ~are O. CHERITON *Fab.* 68; emisit cantum ~ando dicens . . *Latin Stories* 83; *to fidylle*, vidulare, ~are *CathA*.

viellarius [viella+-arius], player of fiddle or sim., fiddler (*v. et. fidularius*).

1153 do . . unam carucatam . . cum villanis et franchilano, nomine Hamone vielario (*Carl. Antiq.*)

MonA IV 112a; **1329** cuidam ~io, de dono comitisse, xx s. *ExchScot* 141.

viellator [viellare+-tor; *cf.* ME, AN *vielur*, OF *vïelëor*], player of fiddle or sim., fiddler (*v. et. fidulator, fiolator*).

1130 in liberatione Gaufridi vielatoris xxx s. et v d. numero *Pipe* 152; c**1170** in . . perpetuam elemosinam que . . pater meus prius dederat Warino vielatori pro servicio suo *Ch. Mowbray* 309; **1230** mandatum est Jakelino vielatori quod . . reddat abbati de A. redditum . . de quodam messuagio quod rex eidem Jakelino concessit *Cl* 292; c**1241** Jakelinus vielator reddit compotum . . de firma mesuagii *Pipe* 330; **1256** quidam ~or victum querens et servitium offerens *Lanercost* 64; c**1268** Vielet vielator submersus fuit in Tesia *AssizeR Durh* 81; cithariste et ~ores et alii utentes instrumentis musicis DOCKING 108.

†vienagia, *f. l.*

[*in the vill of Coueham land which was of Odo . . with the appurtenances which is their*] †vienagia [? l. villenagia *or* menagia i. e. managia] [*and 5 acres beyond the water and one messuage*] *Cart. Chertsey* II 932.

Viennensis, of the city of Vienne (Isère), (*denarius ~is* or as sb.) coin of Vienne.

circiter vij li. ~ium sibi reservavit O. CHERITON *Par.* 48; s**1247** quinquaginta milia librarum denariorum Vianensium, quorum quilibet denarius valet tres obolos esterlingorum M. PAR. *Maj.* IV 624; **1285** duo milia librarum Turonensium, et quadrigentas libras ~ium *RGasc* II 245b.

viere [CL], to plait, weave.

quare poetae Latine vates olim et scripta eorum vaticinia dicebantur? quod vi quadam et quasi vesania scribendo commoverentur, viere antiquis pro vincire ponentibus [*cf.* Varro *LL* VII 36] BONIF. *Met.* 112.

vies [LL; *cf.* e. g. tries], (set of) twenty.

partire per decem (bis deni vies) BEDE *TR* 17; multiplica per quattuor (quater quini vies); partire per quinque (quinquies quaterni vies) *Ib.* 24.

vietus [CL], (in gl.). **b** contracted, shrivelled, wizened (in quot., transf.), or *f. l.*

~um, *wronge* WW. **b** benedictio super infirmum: . . sana Domine . . febrium et ~orum [? l. variorum] languorum cruciatus egritudinemque EGB. *Pont.* 97.

vigecuplus [*cf.* CL viginti, LL decuplus], twentyfold.

inter semibreves vero et maximas est proportio ~a septupla HOTHBY *Cant. Mens.* L 53.

vigelia v. vigilia.

vigellum [? *cf.* CL vigere], (bot.) corn cockle (*Agrostemma githago*) or darnel (*Lolium temulentum*).

c**1300** ~um, *pobel MS BL Addit. 15236* f. 186v; ~um, *pebel MS BL Sloane 347* f. 97r.

vigena v. vicenus. **vigenarius** v. vicenarius.
vigennis v. vicennis.

vigenter [CL vigens *pr. ppl.* of vigere+-ter], with vigour or energy, vigorously, actively.

1252 regi . . ~er et strenue servierant AD. MARSH *Ep.* 30; tanto ~ius, tanto prospectius, tanto diligentius *Ib.* 52.

vigenti v. viginti.

vigentia [CL vigens *pr. ppl.* of vigere+-ia; *cf.* LL vigentia = *milfoil*], vigour, vitality, strength.

in nocumentum ipsorum fidelium commissariorum in quorum manu ~ia regni pro tunc residebat dictum regem duxerunt FAVENT 4; *a thryfte*, ~ia *CathA*.

vigenus v. vicenus.

vigere [CL]

1 to have vigour, strength, power, or force, be strong or active, flourish (also transf. or fig.); **b** (in spec. respect). **c** (pr. ppl. as adj.) vigorous, strong.

6 . . debiles facit vigere / caecos luce illuminat *Anal. Hymn.* LI 214; multus in orbe viget per sobria corda triumphus, / sobrietatis amor multus in orbe viget BEDE *HE* IV 18 p. 248; **838** pax nostra . . ~ere, florere,

crescereque .. valeat *CS* 421; si .. in hujus itineris effecto .. salutem corporis tui .. ~ere cognoscerem *Doc. Bury Sup.* 815; cum gentilitas torpebat in idololatria, in cultu Dei ~ebat Judea PULL. *Sent.* 977B; parat .. filiam reducere, persuadens ubique equaliter omnipotentis †iugere [l. vigere] virtutem *Mir. Frideswo.* 31; anime .. nostre ~ent et alacres sunt ALB. LOND. *DG* 6. 7; Parisius .. / hic florent artes, celestis pagina regnat, / stant leges, lucet jus, medicina viget NECKAM *DS* V 569; tuum est quod audio, quod video, quod ~eo BALD. CANT. *Serm.* 3. 11. 520A; ideo mortua [fides], quia non ~et in ea vegetatio actionis P. BLOIS *Opusc.* 1011C; ante adventum Achillis adhuc ~ebat Troia TREVET *Troades* 18; in veteri testamento viguit rigor juris WYCL. *Ver.* III 70. **b** multiplica gratiam tuam in me miserator ut voluntate ~eam *Cerne* 129; **1071** dum virili robore atque juventa ~uit LANFR. *Ep.* 2 (2); qui humidum habent cerebrum ingenio .. pollent sed memoria fatiscunt; qui vero siccum habent, hi memoria ~entes ingenio privati sunt ADEL. *QN* 17; in tantam floruit ac ~uit strenuitatem ut .. *V. II Off.* 11; mellea ~uit eloquentia W. MALM. *GR* V 440; venenis vincere solet quam viribus et arte magis quam Marte ~ere GIR. *TH* I 37; illa spiritualis universitas que in Oxonia continuanter ~et successibus *Dictamen* 350; quanta nobilitate ~ebat in armis .. probarat ELMH. *Hen. V Cont.* 113; **1515** consuetudo .. de Hibernicis nacione moribus et sanguine non admittendis in ecclesia cathedrali Sancti Patricii .. concordatum est quod ~eat, valeat et invalescat *Dign. Dec.* 53. **c** ala vigens L. DURH. *Dial.* II 161; sol tenet Cancrum, ex vicinitate plus ~entes radii ejus nimias aquas attrahunt BERN. *Comm. Aen.* 67; c**1246** virtus ~entior, et circumspectior industria, et zelus ferventior AD. MARSH *Ep.* 86; **1250** militia triumphalis .. ~enti exercitio roborata *Ib.* 143 p. 273.

2 ? *f. l.*

vigebat [? l. urgebat] .. necessitas ut meritis sancti martyris .. fecundaretur ecclesia *Found. Waltham* 24.

vigeria [OF *vigerie* = *district of a viguier*], (Norm. & Gasc.) rights of a 'viguier' (*cf. vicarius* 6, *vicecomitia*).

1202 faciatis habere .. Theobaldo .. ~am turris de Vovent quam ei reddidimus pro bono servicio suo *RNorm* 64; **1289** super parvis custumis Burdegale .. ~e, prepositure, mercati .. *RGasc* II 299b; **1315** homagium quod .. facit nobis pro ~a de Burdegala *Ib.* IV 1327.

vigerius [OF *viguier*; cf. vicarius], deputy, (in quot., as officer) 'viguier'.

1242 loquelam .. inter Aquensem episcopum et probos homines nostros civitatis Aquensis, volumus .. coram ~io ejusdem civitatis .. deduci *RGasc* I 79b; **1243** mandatum est ~io Aquensi quod clamari et summoneri faciat omnes illos de civitate Aquensi qui servicium regi debent .. et idem ~ius similiter, et servicium suum domino regi faciendum *Cl* 56.

vigesies v. vicies. **vigesimus, ~ssimus** v. vicesimus. **vigessis** v. vicessis. **vigetus** v. vegetus. **vigies** v. vicies.

vigil [CL]

1 sentry, watchman, (esp.) nightwatchman (also transf. or fig.).

flamma .. illam / qua vigil e speculis pernox servaverat horam BEDE *CuthbV* 794; fomitibus, lucernis ~ilis *GlH* F 610; in secunda noctis hora .. occurrunt undique ~iles qui abdita locorum explorabant G. MON. I 8; ~ilis lituum non preveniret R. BOCKING *Ric. Cic.* I 68; **1261** mandatum est .. quod preter ~iles commorantes in municione predicti castri .. provideri de tribus ~ilibus .. faciat *Cl* 440; **1290** J. ~ili .. portanti alaudas domino regi de captione sua (*Ac. Wardr.*) *Chanc. Misc.* 4/5 f. 52; de ~ili ecclesie. .. ille astrictus est vigilare per totam noctem quia ratione hujus officii vocatur ~il *Stat. Linc.* I 386; viros .. de nocte vigilis [*sic*] dormientibus .. transmiserunt *Plusc.* IX 30 p. 273; **1460** duobus ~ilibus in dicto castro *ExchScot* 12.

2 evening or day before (festival or event), eve.

c**1218** R. quesitus quando filia sua desponsata fuit .. dicit quod desponsata fuit ~ili inventionis sancte crucis et obiit die sancti Martini *Eyre Yorks* 7; dies Domini datur hec, quartaque sequente / in vigili portum sumpta Maria dedit ELMH. *Metr. Hen. V* 244; in vigili ventus sumpte flat vela Marie *Ib.* 881.

3 (as adj.) awake, wakeful (also fig.). **b** characterized by wakefulness. **c** alert, vigilant, watchful.

cum .. ~il inintermissis orationibus cujusdam noctis .. perstaret FELIX *Guthl.* 31 p. 100; virga vigil dormire nesciat J. HOWD. *Ph.* 620; anachorita .. debet .. esse ~il [ME: *waker*] *AncrR* 46. **b** discite, pastores, vigili tutamine mandris / insidias noctis furvosque cavere leones BEDE *CuthbV* 136; jamque soporata torpebant omnia nocte, / excubiis vigiles premeret dum Farne tenebras *Ib.* 776; **801** dum .. necesse est ~ili cura se praeparare ad occursum Domini Dei sui .. suas sollicita cura lampades ornare [*Matth.* xxv 7] ALCUIN *Ep.* 236. **c** ingenium excellens, exercita, casta, vigil mens WULF. *Brev.* 287; omnium rerum utensilium ~il inspector B. *V. Dunst.* 12; ergo Petri navem rector non sorte sed arte, / et vigil et validus protegit atque regit GIR. *Invect.* I 9; quod ~ili scrutatori traditionis peripateticorum patebit esse sue doctrine adversum SICCAV. *PN* 113; a**1350** ut heresis .. memoria non existat quam in sui ortu non occiderit catholicorum doctorum solercia et .. ~ilis cura *StatOx* 17; quatinus in exoneracionem oneris mei et officii .. oculum ~ilem volueritis accommodare *Dictamen* 367.

4 (*verbum ~ile*) watchword.

Franci .. inter Anglicos, sperantes ipsos esse suos Francigenas, inciderunt et verbum suum ~ile vociferantes .. preoccupati fuerunt et omnes pariter interfecti *Meaux* III 59.

vigila v. vigilia. **vigilans** v. vigilare.

vigilanter [CL], in a vigilant manner, with alertness (also fig.). **b** (in gl.).

contra omnia vitia strenue ~erque dimicemus BEDE *Ep. Cath.* 89B; nequaquam tam ~er eum ad intellegendum ammonere voluisset *Eccl. & Synag.* 91; vineam domini ~er et circumspecte custodias P. BLOIS *Ep.* 157. 451A; ~er .. oportet intelligi quod .. NECKAM *NR* II 156 p. 250; s**1243** comes .. Britannie .. predis et rapinis super mare cum suis galeis ~er intendebat M. PAR. *Maj.* IV 243; contra crimen heresis pape est ~issime occurrendum OCKHAM *Dial.* 625. **b** pernoctanter, adverbium, i. ~er OSB. GLOUC. *Deriv.* 371; nictanter, i. ~er adverbium *Ib.* 372.

vigilantia [CL]

1 state, condition, or period of being or staying awake, wakefulness.

lucubraciuncula, unius noctis ~a *Gl. Leid.* 21. 2; an tua providentior est somnolentia quam mea ~a? GOSC. *Transl. Mild.* 19; pervigilium, ~a OSB. GLOUC. *Deriv.* 472; **1527** ob inordinate potacionis et ~e post completorium *Cart. Cockersand* 1145.

2 watchfulness, alertness, vigilance.

curemus omni ~a ne .. BEDE *Hom.* II 11. 162D; noctua .... diligentis hominis ~am signat J. SAL. *Pol.* 411C; hortaris ut circa eum tempestivius ~a magistralis appareat P. BLOIS *Ep.* 101. 312A; **1282** Judaica perfidia super synagogicis multiplicationibus restringendis de vestra ~a .. conqueratur *Conc.* II 89a; ad alia tenementa redimenda tota ~a indulgebat *Croyl.* 39.

vigilare [CL]

1 to be or stay awake, not to sleep, keep vigil.

Argus .. quibusdam oculis semper ~avit *Lib. Monstr.* I 39; non ait, ~ate et orate ne temptemini, sed ne intretis in temptationem [cf. *Marc.* xiv 38, *Matth.* xxvi 41] BEDE *Luke* 602B; tota nocte ~averunt ut homicidium facerent *Id. Mark* 283C; aut somno torpent inerti aut ad peccata ~ant *Id. HE* IV 23 p. 265; **801** si [Dominus] ~antem inveniat famulum suum [cf. e. g. *Marc.* xiii 33–7] .. ALCUIN *Ep.* 228; ~emus, *utan awæcnian GlP* 64; non jam somnianti sed aperte ~anti et manifeste aspicienti GOSC. *Transl. Mild.* 30 p. 199; jejunare, eleemosinas dare, in orationibus ~are *Simil. Anselmi* 96; 'utrum nunc ~emus an dormiamus' .. est certitudo de '~are' DUNS *Ord.* III 144.

2 **a** to cause to stay awake. **b** to cause to wake up.

a **1396** ipsum ibidem cum cornubus et canticis ~avit *Pat* 343 m. 19. **b** [marescallus forinsecus] singulis noctibus in crepusculo insidias assedebit et in aurora eas levabit, et exercitu ~ato .. exibit in proteccionem *Fleta* 69.

3 to keep watch or vigil (esp. at night); **b** (w. internal acc. or sim.). **c** (leg.) to watch and ward. **d** (trans.) to keep watch or vigil over.

quando rex jacebat .. servabant eum ~antes xij homines de melioribus civitatis *DB* I 252ra; de ~antibus de nocte secundum statutum curie J. OXFORD 71; **1283** messor .. ~abit noctu circa blada domini in autumpno *Cust. Battle* 67; **1358** cuilibet vidue pro anima mea deprecanti et circa corpus meum ~anti *Feod. Durh.* 6; nocte ac die ~abant super eum *Eul. Hist. Cont.* 380; vigila ergo super curam animarum, quia angeli Dei Christi incarnati mysteria annunciaverunt pastoribus ~antibus super gregem suum GASCOIGNE *Loci* 64. **b** tribus ~atis noctibus totidemque jejunatis diebus W. MALM. *GP* V 275; magis ~anda mihi hec nox erit J. FORD *Serm.* 38. 6; **1371** est rebellis contra constabularius et recusat ~are in estate le *tounewache SessPLincs* 166. **c** **1221** nec .. volunt ~are sicut alii ad villam custodiendam *SelPl Crown* 97; **1278** T. de B. calumpniatur quod non deberet juste ~asse cum *werstaf* et ipse negat et dicit quod bene ~avit forma debita *Hund. Highworth* 98; **1312** Gilbertus T. non vult ~are tempore estatis cum vicinis suis *Rec. Elton* 199. **d** **1266** quatuor hominibus ~antibus naves domini regis per xxiij septimanas *ExchScot* 5; **1278** T. de M. .. quia non bene ~avit *werstaf Hund. Highworth* 98; miles .. ~avit [ME: *wok*] nisum *Itin. Mand.* 80; **1473** ~antibus et custodientibus animalia tempore nocturno *Ac. Durh.* 644.

4 to be on the watch for.

pastores, vigilate lupas, servetur ovile GOWER *VC* IV 459.

5 to be watchful, alert, or vigilant, to watch out; **b** (w. inf.). **c** (pr. ppl. as adj.) watchful, alert, vigilant (also of action or sim.).

c**795** debet studiose ~are pro singulis animabus ALCUIN *Ep.* 79; a**805** talia sunt plurima in quibus necesse est vestram ~are sollicitudinem: ut mala tollatur consuetudo et bona inferatur *Ib.* 290. **b** si quis vicinus vicinis seva propinet / .... / mox cum vicinis vigiles subvertere pravas / sevitias D. BEC. 446. **c** ~antiore mente BEDE *HA* 6; interpres in eo concilio ~antissimus utriusque partis extitit *Id. HE* III 25 p. 183; hec vir sanctus ~anti cura peragit DOMINIC *V. Ecgwini* I 6; ~anti verbo respondit W. CANT. *V. Thom.* I 33; antigrapharius .. ~antissimus CHAUNCY *Passio* 136 (v. antigrapharius).

6 (p. ppl. as adj.) carefully or vigilantly made or done.

epistole quas ille .. compatriotarum amoris intuitu ~atis sensibus emittebat W. MALM. *GR* I 83 (=CIREN. I 235); prodeat in lucem multis vigilatus ab annis / detque fidem certam cum novitate labor (NECKAM *Suppletio defectuum* II 567) *CC cont. med.* CCXXI 132.

†vigilate, ? *f. l.*

c**1581** solutum musicis tempore spectaculi et pro †vigilate [? l. vigilante *or* vigilatione] 13 s. 4 d. (*Ac.*) *Malone Soc. Collections* V 60.

vigilatio [LL]

1 (act or fact of) being or staying awake, wakefulness (also fig.).

apud eundem [Aristotelem] motus de animali, ~o de bipede astruitur predicari J. SAL. *Met.* 893D; corpore si dormis surgat vigilatio mentis GARL. *GS* 278; **1426** in conversacione vel potacione, in ~one vel pausacione AMUND. I 207.

2 (act of keeping) watch (esp. at night).

pater bone et pulchre, pater ~onis atque inluminationis nostrae EGB. *Pont.* 111; **1288** portitori garderobe .. pro ~one sua circa carectas garderobe per xxxj noctes (*Ac. Wardr.*) *TR Bk* 201 p. 12; **1326** in ~one ejusdem navis apud W. per quindecim dies *ExchScot* 57; **1419** supervisores leprosorum sint exonerati de .. ~onibus *MGL* I 591; pro .. cariacione .. siccacione .. et ~one [mxlvj *dogdrave*] per xxj noctes *Househ. Bk. Durh.* 209.

vigilativus [CL vigilatus *p. ppl. of* vigilare+-ivus], marked by wakefulness.

dolor .. cum alienacione vel somnietate nimia sine dormicione ~a GAD. 70. 2.

vigilator [CL vigilare+-tor]

1 watchman, guard; **b** (passing into surname). **c** (*~or ad ripam*) tide-waiter.

1212 rex Henricus pater dedit Ricardo Robbe Sterta, quod fuit escheta ~orum de Monte Acuto reddendo inde j gruem *Fees* 79; **1234** recipiunt soldatam .. ~or, wudiarius aule *Cust. Glast.* 1; **1288** Nicholaus T. in misericordia quia inpedivit ~orem [MS: viglitar'] *CourtR A. Stratton* 161; **1293** ~or .. episcopi cornavit .. socios suos *RParl* I 111b; **1300** malefactores .. in ~ores custodientes vigilias apud quadrivium Oxon secundum formam statuti Wynton insultum fecerunt et .. quendam clericum .. per .. ~ores prius attachiatum .. a manibus .. ~orum cum gladiis .. rescusserunt *DocCOx* 175; **1312** non habuit unum ~orem in curia sua per unam noctem *Law Merch.* I 92; **1340** insultum fecerunt in .. servientem .. et vigilator pacis nocti [*sic*] *SessPCambs* 17; **1375** insultum fecit .. uno ~orum domini regis ville predicte *SessPLincs* 37. **b** **1278** Joh'i ~ori versus Scociam *Ac. Durh.* 486. **c** **1552** *the under officers named* ~ores ad ripam *commonly called waiters .. watch and look .. by water and by land .. that no goods wares and merchandizes be taken up* (*Royal Comm.*) *EEC* 99 n. 6.

2 one who stays awake at night, night-walker, night-reveller.

1371 dicunt quod T. B. .. est communis hospitator, oxionator et .. ~or *SessPLincs* 158; luxurie nimis deditus, ~or maximus, ita ut aliquando mediam noctem, nonnumquam usque mane totam noctem in potacionibus et aliis non dicendis insompnem duceret *V. Ric. II* 169; **1408** O. .. est comunis ~or per noctem et perturbator pacis *CourtR Ottery St. M.* m. 94.

vigilia [CL]

1 (usu. pl., act of keeping) watch or guard (esp. at night); **b** (as duty). **c** (*~ia maris* or sim.) coast guard. **d** (*~as custodire* or sim.) to keep watch.

stationes et ~ae militares in terna horarum spatia dividuntur Bede *Mark* 196D; ut ~e, custodie sunt nocturne ita excubie custodie sunt diurne Andr. S. Vict. *Hept.* 181; qualiter ~e diurne et nocturne propter irrupciones et insidias hostium melius et caucius ordinari valerent *G. Hen. V* 5. **b** c**1155** libere et quiete ab omni servicio burgi, excepta ~a infra burgum *Regesta Scot.* 121; **1298** ~e [*Cal. IPM*: vigile] non observate in dicto hundredo *IPM* 81 m. 17; **1458** ab .. taxacionibus, ~is, et aliis imposicionibus .. exemptos *Mon. Hib. & Scot.* 410b. **c** **977** libere ab omni regali censu excepta expeditione arcis .. et ~is marinis *Land-ch.* 295; **1294** de ~a maris assignetur eidem iiij s. viiij d. *Cl* 111 m. 4*d.*; c**1338** ~e †merimite [l. maritime] super costeram maris *Text. Roff.* f. 232v; **1338** pro ~a maris *Cl* 161 m. 10. **d** pastores .. custodiebant ~as noctis supra gregem suum [cf. *Luc.* ii 8] *Flor. Hist.* I 88; **1300** vigilatores custodientes ~as *DocCOx* 175; **1375** renuit facere ~as cum aliis vicinis *SessPLincs* 79.

2 temporal division (esp. one quarter) of the night, 'watch'.

quasi quarta vigilia / suscitarent sonantibus / somniculosos cantibus (Aldh.) *Carm. Aldh.* 1. 126; qui vigilare in secunda ~a noluit tertiae ~ae remedia non amittat Bede *Luke* 496C; ~a matutina, quarta scilicet et ultima ~a noctis et ea adventante Andr. S. Vict. *Hept.* 117; in ~a matutina periclitari ceperunt et versus castra fugere *Ib.* 119; prima noctis ~a .. apparuit quem invocaverat Ben. Pet. *Mir. Thom.* IV 2 p. 178; prima .. ~a gelide noctis Austro vela dedit, et mane portum .. arripuit Ord. Vit. IV 4 p. 178.

3 state, condition, or period of being or staying awake (esp. at night), wakefulness; **b** (w. ref. to work).

in ~is corporis meminit in ingluviem cecidisse Bede *HE* I 27 p. 60; patiuntur illos defectus humanos famis .. ~arum, lassitudinis, sitis *Natura Deorum* 5; haec avis .. si forte sopor irrepserit, iterum ad ~as statim redeat experrecta Gir. *TH* I 14; haec est aliquando causa vigilarum [l. vigiliarum] Gilb. II 4. 2; circa somnum et ~as *Ib.* II 104. 1. **b** ego .. animum erexi ad vetera judicia justorum, perscrutando, non sine ~iis et labore, facta ipsorum Bracton f. 1.

4 devotional watching, vigil.

orationibus continuis ac ~is die noctuque studere Bede *HE* I 7; victum .. abstinentiam, ~am, taciturnitatem .. custodientes *RegulC* 12; inter sacras ~as perdurans ad sancte curatricis sacrarium usque ad missas Gosc. *Transl. Mild.* 24 p. 191; imitatur passiones Christi in laboribus, in ~is, in jejuniis Ailr. *Serm.* 26. 43. 347; mos .. antiquitus erat apud gentiles, in utroque solstitio ~as noctis facere, ob venerationem solis *Flor. Hist.* I 88.

5 (*~ae mortuorum* or sim., also ellipt.) watch kept (at night) over or for dead person, lyke-wake, vigils of the dead (esp. as liturgy or office comprising readings, prayers, or sim.). **b** dues for the vigils of the dead.

ad cujus ~as sacrae mortis innumerabilis confluxerat exercitus Byrht. *V. Osw.* 473; ~a .. pro defunctis more solito .. facienda est Ælf. *Regul. Mon.* 177; s**1153** omnes canonicas horas, etiam ~as defunctorum audire non pretermittens *Hexham* I 169; post ultimam leccionem ~e mortuorum *Cust. Westm.* 26; **1284** (1389) si .. voluerit .. defuncti vel defuncte nocturnis ~is interesse .. (*Guild Cert.*) *Eng. Gilds* 194n; in .. sollempnibus ~is mortuorum ad ipsum [sc. prelatum] pertinet officium cum missa *Obs. Barnwell* 44; **1347** lego .. in ~is meis vj d., in cera circa corpus meum ardenda xv d. *Mem. Beverley* II 134; **1393** cum ejus obitum sciverit, dicat pro anima ejus ~as mortuorum *Lit. Cant.* III 25; **1425** volo quod ~e mortuorum communi modo immediate post mortem meam fiant, cessantibus pomposis exequiis et arraiatibus *Reg. Cant.* II 312; psalmos penitenciales cum letania et ~a mortuorum cantet *Plusc.* VII 18; **1451** pro omnibus fratribus in nostro ordine decedentibus .. fratres clerici dicant ~am ix leccionum *Mon. Francisc.* II 116; **1504** mortuorum in vigelia *Reg. Glasg.* 513. **b** sponsalia, ~ias et denarium pro quolibet presenti defuncto *Meaux* II 230; **14..** gravatos .. occasione .. non solucionum ~iarum mortuorum decedencium apud L. dicte matrici ecclesie *Reg. S. Bees* 389.

6 (eccl., *~ae nocturnae, matutinae*, or sim., also ellipt.) night office, nocturns, matins.

799 gallo .. qui excitare solet fratres ad ~as matutinas Alcuin *Ep.* 181; in crastino ante nocturnas ~as pulsentur signa Lanfr. *Const.* 131; matutinales ~as anticipans Gosc. *Transl. Mild.* 21 p. 183; paulo antequam fratres ad ~as surgerent, expergefactus a somno, audivit in choro quasi conventum fratrum nocturnas ~as festivo modo incipientem, et dicto psalmo .. Eadmer *Wilf. Brev.* 235; in estivali tempore adhuc celebrat ecclesia nocturnum officium in tempore prime nocturne, quod nos ~as vocamus, licet quandoque tempestivius Beleth *RDO* 20. 32A; fratribus in choro ad ~as matutinarias .. sufficientem de candelis melioribus liberacionem faciet *Cust. Cant.* 102.

7 (esp. eccl.) observance kept on the eve of a holy day, vigil. **b** evening or day before a holy day or sim., eve.

in illa die ante natale Domini, hora nona, expleta missa id est ~a Domini Theod. *Pen.* II 8. 5; a vespera diei tertiae decimae ~as sanctae noctis celebrare incipiunt (*Lit. Ceolfridi*) Bede *HE* V 21 p. 337; instabat hora qua ob sollemnem omnium sanctorum ~am processurus ad ecclesiam rex .. manus ablueret Ailr. *Ed. Conf.* 762D; si festum habens ~am contigerit in secunda feria celebretur officium Beleth *RDO* 66. 74A; princeps Wallie .. cum precelsis tironibus fecit ~as suas in ecclesia Westmonasterii. .. die .. crastina cinxit rex filium suum baltheo militari *Flor. Hist.* III 131. **b** ~a Thomae .. radantur fratres Lanfr. *Const.* 91; omne indictum jejunium sive quadragesimale sive legitimum sive ~arum (*Cons. Cnuti*) *GAS* 297; solebant .. majores nostri illa nocte que proxime festum precedebat vigilare, unde et ~as appellabant dies festa proxime precedentes, ad quas conveniebant .. cantores et lusores .. precipue in festis patronorum ecclesiarum Beleth *RDO* (ed. PL) 11. 23A; debent etiam ~a domini de unaquaque virgata terre ij d. vel iiij gallinas *Rec. Templars* 361; in ~a Pasche statim reddita Romanis R. Niger *Chr. I* 97; c**1200** in qualibet wigilia natalis Domini *FormA* 301; **1221** burgenses queruntur quod abbas .. injuste deforciat eis ~am sancti Petri ad vincula scil. mercatum de hora nona usque ad vesperas *SelPlCrown* 114; **1223** die Mercurii viz. in ~a Sancte Margarete anno regni nostri vij *Pat* 378; ad matutinas de ~a ~e Natalis Domini *Cust. Cant.* 94; diei coronacionis advenit ~a Elmh. *Hen. V Cont.* 147; c**1520** omni ~a synodi *Conc. Scot.* I cclxxv.

8 festival, fair, 'wake' (esp. on the occasion of a church festival).

1212 dicit quod ibi nullam habet feriam. set dicit quod ibi habetur quedam congregacio que dicitur ~a, que fuit ibi a conquestu Anglie et unde abbacia de Abbendon' semper fuit seisita .. sine teloneo (*Abbr. Plac.*) *CurR* VI 296; **1246** quedam ~a que teneri consuevit apud manerium abbatis de Abbendon' de W. in festo apostolorum Petri et Pauli levata est ad nocumentum ferie regis quam rex teneri precepit in eodem festo apud M. *Cl* 400; **1324** est ibi quedam ~a in vigilia et festo s. Yacobi apostoli ubi .. vendunt cervisiam *IPM* 83 m. 9.

9 revel, party (esp. at night).

1242 quidam extraneus venit ad domum Alani cissoris et quedam ~a fuit in domo predicti Alani; ludens cum aliis cecidit per ebritatem de quadam domo ita quod obiit *AssizeR Durh* 55; domina .. dampnata fuerat pro eo quod comodaverat ad quandam ~am [ME: *wake*] cuidam mulieri quandam vestem suam *AncrR* 120; si ad tabernas ~asque qui officiis suis omissis noctanter ierint *Fleta* 159; nec sustineat quod aliquis .. de nocte vel de die ferias, mercatos .. ~as, luctas adeat vel tabernas *Ib.* 171.

10 watchfulness, alertness, vigilance.

~a mentis circumspectio est, ut semper quasi in specula stans ventura mala prospiciat (Ailr. *Serm.*) *CC cont. med.* IIB 54.

vigilifer [?cf. CL vigil, ferre], (It.) gonfalonier, or *f. l.*

~o [? l. vexillifero] justicie, consilio, et communi civitatis Florencie *Pat* 127 m. 35.

vigilius [cf. CL vigil], guard, guardian (in quot., of angel).

ipse .. scale meminerit .. ~iorum divinorum *V. Greg.* p. 103.

vigimen v. vimen. **vigina** v. vagina.

vigincuplus [cf. CL viginti, quadruplus, decuplus], twentyfold, (also as sb. m. or n.) twentyfold magnitude.

d h in b g trigies equalis ~o trianguli b g a Adel. *Elem.* XIV 5; proportio .. duodecupli linee g s ad ~um .. duodecupli a b k l g ad ~um trianguli a t z *Ib.* XIV 9; ad ~um trianguli habentis xij alkaidas *Ib.* XIV 11.

viginti [CL], twenty (also in comp. numeral; *v. et. quattuorviginti*). **b** (in vigesimal counting scheme, esp. as group or set) score (*v. et. sex* f).

~i .. cubiti et vicies semis cubiti triginta cubitorum summam complebunt Bede *Tab.* 439B; c**798** nam octogenarii quadragenarius medietas et ~i quarta pars et denarius octava Alcuin *Ep.* 133; **847** territoria .. ista sunt orum ~orum cassatorum qui .. *CS* 451; post viginti annos de reliquo vobiscum permansura regrediar Gosc. *Wulfh.* 9; **1227** laici dicant ~i quatuor Pater noster pro matutinis M. Par. *Maj.* III 138; **1255** in vinginti libris burdegalensium *RGasc* I *sup.* 36b; **1290** per ~os [*sic*] annos *State Tri. Ed. I* 71; ~i tria millia idolatrancium *Ziz.* 491; **1490** extendencium ad vigenti libras *ExchScot* 130. **b** **1105** xij xx^{ti} [i. e. duodecies viginti] acris terra disterminata *Chr. Abingd.* II 56; sexies ~i ex eis interfecit M. Par. *Maj.* I 434; novies ~i multones *Tri. W. Langton* 307; **1573** pro sexies ~i ovibus *Pat* 1107 m. 47.

vigitas [cf. CL vigere], force, vigour.

994 regularis disciplinae normula .. indisrupta ~ate exerceatur (*Ch.*) *MonA* II 326a.

viglitar' v. vigilator. **vignagium** v. vinagium. **vigneterrus** v. vinetarius.

vigor [CL]

1 vigour, force, strength, power. **b** (? assoc. w. *rigor*) strictness, severity.

ut soni dulcioris auditu .. molliat Christianum ~orem Bede *Ep. Cath.* 66C; ~ore correptionis mansuetudo et ~or praedicationis mansuetudine non deerat Willib. *Bonif.* 3; 'sine corpore' id est sine ~ore. per corpus enim, quod est solidum, merito ~or et valitudo intelligitur Bern. *Comm. Aen.* 76; inest item stellis ~or ex suorum effectuum locis (Rob. Angl. (I) *Jud.*) *MS BL Cotton app. VI* f. 162v (115v); hec est .. virtus, hic ~or eloquentie Gir. *TH intr.* p. 6; **1250** sudoris vestri ~or invictus .. vitia superabit Ad. Marsh *Ep.* 143; de herbis .. que .. capiunt a terra ~orem humoris Wycl. *Blasph.* 189; **1415** si non sint potestatis seu ~oris .. terras emere .. *Reg. Cant.* II 108. **b** s**1136** quamdiu ille libertatem ecclesie et ~orem discipline conservaret W. Malm. *HN* 464; nihil tamen de ~ore ordinis remittebat J. Sal. *Anselm* 1016A.

2 authority, power.

Beda commemorat primum omnium antistitum Cantuarie ~orem pontificalem in tota Britannia exercuisse W. Malm. *GP* I 1; si videritis eum [Anselmum] velle desistere itinere, tunc ~orem curialis juditii experiatur *Ib.* I 50 p. 92; ~orem pontificalem in eum egessit *Eul. Hist.* III 18; **1299** ~orem contempnere non formidabant ecclesiastice discipline *Reg. Cant.* II 886.

3 (esp. leg.) force, validity.

rescripta principum legis habent ~orem Ric. Angl. *Summa* 32 p. 53; ne edictum .. legis nomen habeat aut ~orem J. Sal. *Pol.* 732D; **1168** liberum est archiepiscopo procedere de ~ore litterarum *Id. Ep.* 261 (280); **1458** quod .. recognicio .. perdat suum ~orem (*Lit. Regis*) *Reg. Whet.* I 304; c**1470** ordinacio .. nullum .. ~orem habitura *StatOx* 286; **1549** de examinis ~ore *Conc. Scot.* II 105.

4 (~*ore* w. gen.) on the strength or basis (of), by virtue (of).

1373 ~ore dictarum litterarum (*Lit. Papae*) *EHR* XV 530; **1393** ~ore tituli nostri regii de regalia et jure corone nostre *Dip. Corr. Ric. II* 137; c**1395** ~ore dicti brevis regii *G. S. Alb.* III 124; ~ore hujusmodi successionis vel ipsius conquestus Ad. Usk 33; **1454** omnia .. que nos .. apostolicarum literarum ~ore faceremus *Mem. Ripon* I 303; ~ore bulle papalis de emigracione *Reg. Whet.* I 146; **1484** ~ore seu colore .. burgensie *CalCh* VI 263; **1539** ~ore unius indenture *Rent. S. Andr.* 66.

vigorabilis [LL vigorare+-bilis], vigorous, strong.

cum .. strenua mente .. ac ~i tui potentatus lance largissima regnorum .. sinuamina prudentissimo aequitatis disponantur libramine .. Byrht. *HR* 3 p. 6.

vigorare [LL], to make vigorous or strong, invigorate, strengthen, fortify. **b** (intr.) to be or become strong or vigorous (in quot. fig.).

post diuturnam debilitatem .. ~atus astitit Gosc. *Transl. Mild.* 24; contrarium in presentia sui contrarii ~atur *Comm. Sph.* 275; post accessionem .. digestio ~atur Gilb. I 51. 1; fortificatur operatio nature per privationem et ~atur in suo opere Bacon VIII 43; intellectus noster convalescit .. et magis ac magis ~atur *Id. Tert.* 63; nunquam potest .. tam intense illuminari vel ~ari sicut illuminabitur et ~abitur in visione Veritatis prime R. Marston *QD* 311; inter eos .. augetur inimicicia, ~atur discordia Milemete *Nob.* 46; de pocione ~ante Gad. 123v. 1. **b** in tempore pestifero et tremescibili, quod ~are dinoscitur his diebus *Dictamen* 368.

vigoratio [LL vigorare+-tio], (act of) strengthening, invigoration. **b** (leg.) afforcement.

alia ratio de ~one non habet locum .. nisi ubi unum contrariorum multum excellenter predominatur alteri .. sicut patet cum faber parum spargit de aqua super ignem, fortificatur ignis in fabrica *Comm. Sph.* 275; per ~onem miscibilium, quando unum vigoratur super alia Bacon XI 189; hoc .. continuo profectui intellectus in ~one obstare non potest R. Marston *QD* 306. **b 1315** tenebuntur .. ad curiam venire pro ~one curie sue *Reg. Aberbr.* I 295.

vigorose [vigorosus+-e], vigorously, strongly.

ipse, mirabile visu, per se ~e surrexit, diu in pedibus astitit Gosc. *Transl. Mild.* 36; afflictiones abstinentie .. prorogatas ~e patiente leta joculatione illido J. Godard *Ep.* 222; humani sanguinis, cujus effusioni ~e compatitur *Chr. S. Alb.* (*1406–20*) 25; quidam vivaciter ~eque et satis peculiariter Deo summo valent deservire J. Bury *Glad. Sal.* 596; confirmatio ejusdem Cesaree majestatis tanquam tutoris .. insimul ~e juncta *Spons. Mariae* 12.

vigorosus [CL vigor+-osus], vigorous, strong.

1212 habere facias .. cc homines probos et fortes et ~os cum securibus *Cl* 131a; ad dextram omnes virtutes influunt: unde est fortior et ~ior Gilb. IV 202v. 1; Willelmus Wallace .. erat .. brachiis et cruribus ~us Bower XI 28; *strangg* .. ~us *CathA*; donec ~ior aliquando et lucipotens oculus in ipsam veritatem sine umbris intendere poterit Colet *Eccl. Hier.* 233.

†vigunare, *f. l.*

missarum celebracio in quibus pro salute vivorum .. Deo patri Deus filius †vigunatur [? l. victimatur; *MonA* VI 1199: immolatur] *Mem. Ripon* I 168.

viiculum, ~us v. viculus. **vikettum** v. wikettum. **vilanagium** v. villanagium. **vilata** v. villata.

†vilea, *f. l.*

de frigidis herbis .. hec †vilea [l. rubea], *warance* *Gl. AN Ox.* 646.

vilenagarius v. villanagiarius. **vilenagium** v. villanagium. **vilenia** v. villania.

vilere, ~escere [LL], to become or be base, worthless, or of no value (also w. ref. to reputation, authority, or sim.); **b** (w. dat.). **c** (trans.) to cause to become base, worthless, or of no value, to debase, vilify.

ne .. nomen .. Romanorum .. exterarum gentium opprobrio obrosum ~eret Gildas *EB* 17 (=Bede *HE* I 12); **801** ne thesaurum memoriae longa oblivionis rubigine ~escat Alcuin *Ep.* 225; argentum ~escit Wulf. *Swith.* I 968; ~escebat hominibus angelica margarita Gosc. *Transl. Mild.* 7; quorum progressu temporis non viguit Anglia sed ~uit Herm. Arch. 17; vilescit physica, quevis / litera sordescit, logica sola placet J. Sal. *Enth. Phil.* 113; **1167** cardinalium nomen ~uit apud Francos *Id. Ep.* 231 (233); [leprosus] notis .. suis ~escebat .. sed dum preces ad martyrem convertit, excrementa feditatis evertit W. Cant. *Mir. Thom.* VI 55; gens .. degenerans que quanto illustrior exstiterit, tanto ~escit insignius Gir. *PI* III 19; magnus eram [sc. canis], dum magna dedi; nunc marcidus annis / vileo; de veteri mentio nulla bono Walt. Angl. *Fab.* 27. 13; in curia .. ~uerunt Anglici plus quam alii etiam ultimarum nationum *Flor. Hist.* II 307; modo boni mores vilent / modo sacre leges silent / et succumbit equitas Walt. Wimb. *Van.* 11; [moneta] que apud incolas ~uerat Wals. *HA* I 120; cuncta manu saxonica scripta erant .. manus .. saxonica .. desuetudine ~uerat *Croyl.* 85. **b** c**791** aut peregrinatio mea ~uit oculis tuis? Alcuin *Ep.* 13; dona Dei usitata assiduitate ipsa ~escunt hominibus W. Malm. *GR* IV 379; non debet pauperes tibi vilescere Walt. Wimb. *Carm.* 370. **c** nec ibi pronunciant aliquas oraciones vocales .. ne verba Dei sancta ~escantur *Cust. Cant.* 186.

vileria v. villaria. **vilescere** v. vilere.

vilicare (vill-), ~ari [CL], (in gl.).

govern a town, ~o, -as, -avi, .. ~or, -aris, -atus *PP.*

vilicatio (vill-) [CL], office of (farm) superintendent, steward, or manager, stewardship, management (esp. w. ref. to *Luc.* xvi 1–8, also fig. or in fig. context); **b** (eccl., applied to the office of parish priest, abbot, or sim.).

si juxta hujus servi exemplum sedulo finiendae ~onis ac rationis reddendae tempus praeciderint .. Bede *Luke* 529D; ablata quippe ~one, fodere non valemus *Ib.*; [parturienti apparet beata virgo] mulier .. miserationis divine visitationem prestolans .. ad exhibendum beate virgini debitum villicationis munus .. preceptricis sue monitis obtemperavit *Mir. Fridesw.* 41; officiali episcopi Carnotensis .. proposui te .. adhortari ut .. ministerium damnatissime villicationis omittas P. Blois *Ep.* 25. 88C; **1219** justitiario Hibernie .. dedimus .. ut ad presentiam regis .. de redditibus .. que de bonis ejus perceperat redderet rationem .. igitur .. villicacionis sue reddat debitam rationem *Mon. Hib. & Scot.* 9b; memorare vite tue .. ~onis tue .. finis tue Ad. Usk 40. **b** moleste ferens inquieta onera cure pastoralis portare, villicacioni abrenuncians .. in claustro maluit consedere W. Dan. *Ailred* 25; commissa est tibi [abbati Launomari] villicatio gravis. villicationis hujus rationem exactissime requiret terribilis in judiciis suis Deus P. Blois *Ep.* 132. 392C; prepositus .. ruralis .. episcopo .. est vilior; cum isto ei est .. rara consultatio super reddenda ratione villicationis sue super regimine animarum Gir. *GE* II 32; abbas .. curam .. villicationis sibi commisse interius exteriusque vigili strenuitate agens *Chr. Battle* f. 52v; c**1281** in examine districti judicii, in quo villicacionis nostre racionem reddituri sumus *Reg. Ebor.* 154; papa graviter accusatus .. veniam super hoc deprecans villicationis sue mercedem sortitus est finalem *Flor. Hist.* II 404; **1498** computavit W. D. pro villicacione rectorie de Elham pro duobus annis *Reg. Merton* 219.

vilicatura (vill-) [CL vilicare+-ura], (in gl.).

a baylywick, villicatura, -rae Levins *Manip.* 121.

vilicatus (vill-) [LL], office of (farm) superintendent, steward, or manager, stewardship, management.

in vilico hoc quem dominus eiciebat de ~u et laudavit eum quod in futurum sibi prospexerit [cf. *Luc.* xvi 1–8], non omnia debemus ad imitandum sumere Bede *Luke* 529B; **1570** *a baylyrick*, villicatus, -us Levins *Manip.* 121.

vilicus (vill-) [CL]

1 (farm) superintendent, steward, manager, reeve, bailiff.

in hujus monasterio abbatissae .. frater quidam .. veniens .. ad ~um [AS: *túngerefan*] qui sibi praeerat, quid doni percepisset indicavit, atque ad abbatissam perductus jussus est .. indicare somnium Bede *HE* IV 22 p. 260; villicus ipse Saulus hebreus qui sui Creatoris villae custos fuerat factus H. Los. *Serm.* 298; regium vicum qui proximus involavere, villicum suppetias ferentem leto dedentes W. Malm. *GR* I 43; agello qui colebatur per unum villicum J. Sal. *Pol.* 557B; hoc nomen *reve* Saxonice sonat villicum vel ballivum qui sepius in ore populi nominatur *MGL* I 14; hic villicus, hic prepositus *a grafe WW*; contigit .. villicum quendam monialium onustam fimo redam ad impinguandos agros illac deducere *Mir. Hen. VI* III 111 p. 200; *a bailife, reve*, villicus Levins *Manip.* 117.

2 who dwells in a vill or town, (also as sb.) villager, townsman.

advolat monachus praepositus villae cum fabro villico Gosc. *V. Iv.* 84C; rusticanus, rusticus .. ruricola, villicus Osb. Glouc. *Deriv.* 506; mors .. / non parcit villico, non parcit aulico, / non parcit laico, non parcit clerico Walt. Wimb. *Carm.* 373; mus agrestis villicum murem perducebat / ad domum .. / mus urbanus propriam domum requirebat *Latin Stories* 142; hic villicus, *a townman WW*; *a villager*, villicus Levins *Manip.* 117.

3 ? of a villein.

1334 secunda gavella fuit de vilioribus et de pluribus servitutibus .. quapropter vocabatur *kaythe* Wallice quasi gavella villica Latine *Surv. Denb.* 53.

vilificare [LL], to make or treat as base, worthless, or of no value, debase, vilify. **b** to disparage, revile, insult.

~atus es sicut aqua de vase effusa Andr. S. Vict. *Hept.* 186; c**1250** pastorum officia prepediuntur, clericorum honestas ~atur, et animarum salus contemnitur Ad. Marsh *Ep.* 92; Haroldus .. pro sorore ejus, quam ~averat, regnum Anglie .. invaserat W. Coventr. I 16; ~atur hec positio per eos .. extollitur autem per consensum antiquorum sapientium Bacon *Tert.* 187; istud ~at naturam quod ipsa non possit consequi perfectionem suam ex naturalibus Duns *Ord.* I 45; per scienciam vilium non vilescunt. .. Deus autem teste sexta parte ~ari non potest Bradw. *CD* 7A; quidam nomen suum scandalose ~ant in detestacionem, et quidam nomen suum virtuose significant ad edificacionem Holcot *Wisd.* 66. **b** pereram si in presentia mea etiam minimum de capitulo sic ad caudam canis comparando ~aret Gir. *Symb.* I 31 p. 320; **1269** Willelmus .. vilibus verbis et grossis ~avit Alexandrum *Rec. Leic.* I 108; **1327** contencio erexit inter W. H. .. et W. filium J. .. et quilibet eorum alterum ~avit *Ib.* II 2; **1337** illos posuerunt in seppis et ibidem ~arunt despectuose *Lit. Cant.* II xxxvii.

vilificatio [LL vilificare+-tio], (act of) making or treating as base, worthless, or of no value, debasement, vilification.

in faciem spuere repudii et ~ationis signum est Andr. S. Vict. *Hept.* 186; infinita puerilis stultitia et ~atio sermonum Dei Bacon *Tert.* 309.

†viligens, *f. l.*

alii quamplures †viligenti [l. diligenti] festinancia coadunati sunt *Chr. Kirkstall* 126.

vilinagium v. villanagium.

vilipendere [CL vilis+pendere]

1 to hold as of little account or value or in slight esteem, contemn, despise.

deos suos ~unt, jam vituperant *V. Birini* 13; pastor ejus [ovis], ne ~as iam renatam et tam diligenter tibi commendatam Anselm (*Or.* 9) III 31; fornicatus es cum muliere et in tantum nefas illud ~isti quod nec etiam confessionem modo facere voluisti Alex. Cant. *Mir.* 22 (I) p. 201; s**1128** a seductis in invio sepius ~itur cucullatus J. Worc. 27; ~ere, floccipendere Osb. Glouc. *Deriv.* 244; Norregani regem suum O. propter ejus .. religiositatem nimis ~erent Fl. Worc. I 184; constristari fugite, stupefieri ~ite Osb. Bawdsey clxxiii; ~is et rides Map *NC* V 1 f. 59; vivere ~it *Ib.* II 17 f. 29v; ipsius minas parvipendentes immo ~entes

V. II Off. 2; **1292** nullus socius alium socium ~at, sed .. in omnibus istis casibus qui primo parvipenderit duplabit reparvipendentem *MunAcOx* 59; **1331** vilipensis et rejectis rationibus GRAYSTANES 17; preclarissimos proceres contemnimus et ~imus BEKYNTON I 293.

2 to reduce the value of, devalue, depreciate, debase (money).

1311 cum .. fecerimus pubblice proclamari quod nos monetam illam mutare seu cambire non intendebamus et quod eadem moneta non ~eretur *Cl* 128 m. 12*d*.

vilipendiosus [vilipendium+-osus], full of contempt or disparagement.

a**1564** quandam .. billam cum .. verbis ~is, scandalosis, et defamatoriis .. scribi fecit ac .. super ostium .. ecclesie S. Pauli .. infigi fecit *Entries* 13rb.

vilipendium [vilipendere+-ium]

1 (act or condition of) consideration or treatment as being of little account or value, contempt.

quicunque Anglicana lingua loqui nesciret in multo ~io et despectu haberetur a populo *Ann. Lond.* 59; multa .. opprobria et ~ia passus est *Plusc.* VIII 18; in sui ~ium in parte australi ecclesie remocius a regibus ipsum Richardus sepeliri fecerat AD. USK 40; **1446** eundem nuncium literas memoratas in ecclesiastice libertatis ~ium comedere *Eng. Clergy* 208; **1519** in contemptum et ~ium sancte Romane ecclesie *Form. S. Andr.* I 221.

2 (act of) causing to be of little account or value, lowering in esteem, debasement.

ad artes mechanicas .. ad ecclesie dispendium et totius cleri ~ium revertuntur R. BURY *Phil. prol.* 7; **1445** ecclesia .. patitur cotidie detrimenta .. in .. animarum periculum, pontificalis dignitatis ~ium, et exemplum detestabile *Reg. Brechin* I 101.

vilipensio [vilipendere+-tio], (act or condition of) consideration or treatment as being of little account or value, contempt.

1253 unum peccaminum [v. l. peccatum] est ipsius deitatis .. ~o GROS. *Ep.* 128; mali illationem, que etiam exaggeratur per boni ~onem PECKHAM *Exp. Thren.* I 24; per vestram dispersionem, subjeccionem, et ~onem miserabilem BRADW. *CD* 47E; quot reges .. in ecclesiasticorum ~onem irrumpere fecistis GASCOIGNE *Loci* 98; omnes injurias, ~ones, opprobria sibi .. illata .. exposuit *Plusc.* VIII 18; propter superbiam et elacionem Francorum et parvipensionem [v. l. ~onem] inimicorum *Ib.* IX 43 p. 300; ~o gradus scholastici propter viles condiciones graduatorum *MunAcOx* 536.

vilipensor [vilipendere+-tor], one who despises, despiser.

Lollardorum fautor semper et imaginum ~or, contemptor canonum, sacramentorumque derisor WALS. *HA* II 244 (=*Id. YN* 390).

vilis [CL]

1 of low price, cheap, (also of price) low.

multos stateres queque ~ia valebant ORD. VIT. IX 10 p. 551; pretium impretiabile hodie sub ~is oboli taxatione venditur P. BLOIS *Serm.* 737A; reliquos .. in servitutem vendidit ~i precio [ME: *for a peny*] *Itin. Mand.* 58.

2 of low or little value or worth, base, mean (also as assoc. w. poor condition).

~ibus .. meritis GILDAS *EB* 1; in quo monasteriolum habebatur antiquitus sed erat tunc destitutum .. ~ibus edificiis consistens ÆLF. *Æthelwold* 7; caprini pellibus usi / vilibus induti seclique in rebus egeni WULF. *Brev.* 478; Dominus .. se .. exposuit .. tam fragili, tam corruptibili, tam ~i materie GIR. *TH* I 13 p. 44; ad fullandum aliquos ~es pannos vel grossos *G. S. Alb.* I 418; honor mundi transitivus / .. / est inanis et exilis / brevis levis vanus vilis WALT. WIMB. *Van.* 3; transmutandi metalla ~ia in aurum et argentum BACON *Tert. sup.* 13; Averroys .. ~e sophisma facit *Id. CSTheol.* 51; non carum facit Deum sed ~em [ME: *unwurð*] nimis qui .. aliquid de ejus dilectione diminuit *AncrR* 162; **1423** [lego] reparacioni et emendacioni viarum ~ium ubi magis necesse fuerit *Reg. Cant.* II 242.

3 of low rank, status, importance, or esteem (also w. ref. to contempt); **b** (w. dat.).

ut nos .. / abducat fallax vilis quasi servulus hostis BEDE *CuthbV* 319; de villanis et ~i plebe *DB* I 44vb; utitur solummodo quarundam ~ium testimoniis personarum HERM. ARCH. 25 p. 60; rex celorum .. non .. equo superbo, sed ~is aselli dorso est invectus HON. *Spec. Eccl.* 1005B; tametsi ~is vermiculus et vapor sim (*Ep.*) M. RIEVAULX 75; hec etenim Anglorum opinio .. quod ~is et abjectus in Anglia validus et acceptus in Wallia GIR. *JS* I p. 121; opifices ~es MAJOR I 8. **b** ferre apud Normannos pigebat ~em se cunctis, odiosum esse multis W. POIT. I 9; fides, sacramentum, et salus obsidum ~ia fuerunt iratis pro .. occisis parentibus ORD. VIT. IV 5 p. 187; paupertas Christi et humilitas ejus mundo ~is est BALD. CANT. *Serm.* 1. 38. 569.

4 unpleasant, repulsive, foul, vile; **b** (of language); **c** (morally).

persona quedam ~is et feda MAP *NC* V 6 f. 67; ~is discordancia sive tediosa .. et refutabilis ab omnibus in majori parte *Mens. & Disc.* (*Anon. IV*) 80; adjudicati fuerunt prisone, in qua ferris erant mancipati et in loco ~i positi *State Tri. Ed. I* 32. **b** **1269** vilificavit ~ibus verbis majorem et ballivos *Rec. Leic.* I 109. **c** trapezeta, et nummularius .. qui nummis fenerantur et ~is [*sic*] negotiis *Gl. Leid.* 29. 42; Theodorus .. nulli .. unquam permisit .. se inducere .. ~ium hypocritarum BRADW. *CD* 15A; Judei .. falsaverant monetam per ~em retonsionem RISH. 418; **1321** lupanar ~ium mulierum (*Pat*) *Foed.* III 880a; absit regem delectari vel assuesci viciosis et ~ibus operibus disconvenientibus sue dignitati MILEMETE *Nob.* 87.

vilitas [CL]

1 lowness of price or value, (also) low value. **b** meanness, frugality (in quot., of or w. ref. to clothing).

quantum .. ~ate metalli ignobilius fuit BEDE *Templ.* 801A; s**1299** dabantur ex eis [pollardis etc.] pro j sterlingo v vel vj, nec curabant ex eis homines propter ~atem monete W. GUISB. 333. **b** ad externam exercitationem referimus ~atem, asperitatem, parcitatem; ~atem in habitu, asperitatem in cilicii usu, parcitatem in victu AD. SCOT *QEC* 807A; s**1253** mentitur in eis trogolorum ~as, dum sub habitu paupertatis .. spiritus habitat elationis M. PAR. *Maj.* V 406; semper in vestimentis reluceat asperitas, ~as, et paupertas *Mon. Francisc.* II 88; vestimentorum ~atem intellige, non pretiositatem PECKHAM *Paup.* 12 p. 59.

2 lowness in rank, status, importance, or esteem.

edulium vivi panis a communium escarum ~ate .. secernens BEDE *Tab.* 498B; **796** habeto me .. filium .. quamvis minore dignitate vigentem nec .. de longiquitate vel ~ate faciei meae contristeris ALCUIN *Ep.* 106; ~atem sui, caritatem proximi, contemptum mundi, amorem Dei J. SAL. *Pol.* 480B; pauper factus .. domum .. pauperculam et presepii ~atem elegit AILR. *Inst. Inclus.* 24; quantum honor gratus est, tantum ~as est onerosa *Id. Serm.* 5. 3. 381C; quid .. honesto et commendabili viro sui ~atem generis exprobrasti? P. BLOIS *Ep.* 3. 8A; dum Dei caritas et mundi ~as inerat MAP *NC* I 19 f. 14v; ut inter humiles educati condicione servili statusque ~ate sanguinis altitudo veletur MAP *NC* IV 15 f. 57; ~atem crucis abhorrebant nimis T. CHOBHAM *Serm.* 3 f. 13vb.

3 (esp. moral) baseness, foulness, vileness.

si cui .. ~as forte et abjectio dictaminis sorduerit, veritas .. lacinioso tecta schemate non vilescat *V. Thom. A* 2; sapientia .. omnem terrene fecis supergraditur ~atem ALB. LOND. *DG* 10. 2; conservat mulierem inmunem a tali infamia et a tali ~ate T. CHOBHAM *Praed.* 293; **1409** sacriste .. non castigant furiosos canes et alios facientes turpitudines et †utilitates [l. vilitates] in ecclesia *Fabr. York* 244.

viliter [CL]

1 at low price, cheaply.

sapientia .. quam omnes et in hac vita non ~er amant EADMER *Beat.* 8; quis equanimiter / ferat quod venditur ille tam viliter / qui celis presidet sempiternaliter WALT. WIMB. *Carm.* 471.

2 in a base manner, foully, vilely (also w. ref. to morals).

ecce quanta superbia quam vilissime .. deperiit H. HUNT. *HA* VII 34; humatim, ~er, inornate OSB. GLOUC. *Deriv.* 275; parcissime se vestiunt et ~er exhibent MAP *NC* I 25 f. 20; inspecta .. victus exilis et ~er conquisiti feda tenuitate *Ib.* IV 6 f. 47v; vident qualiter / .. / screant in faciem verendam viliter? WALT. WIMB. *Carm.* 101; nec ~er deses efficiaris in adversis qui te tam ~er promptificabas in prosperis E. THRIP. *Collect. Stories* 204; **1322** acclamaverunt in ipsum regem vilissime et contemptibiliter .. in maximum contemptum ipsius domini regis *Foed.* III 938; **1338** irreverenter .. lutum .. in posteriora sua nudata ~er projecerunt *Lit. Cant.* II 180; famuli comitis cum lecto plumali super ducem posito ipsum ~er suffocabant *Eul. Hist. Cont.* 373.

vilitudo [CL vilis+-tudo], baseness.

heredes .. paterni artificii ~inem dedignantes NETTER *DAF* I 513a A.

1 villa [CL; cf. OF *vile*]

1 (rural) dwelling, (country) estate, farm. **b** (~*a regis* or sim.) royal estate.

836 monasterium .. cum campis et pratis .. cum putheis .. et fornacibus .. et ~is *Land-ch.* 112; **839** aliquam partem terrae juris mei, hoc est unam ~am intra civitate Doroverniae *CS* 426; **855** (12c) dabo unam ~am quod nos Saxonice *an haga* dicimus in meridie castelli Hrobi *CS* 486; villicus ipse Saulus hebreus qui sui Creatoris villae custos fuerat factus H. LOS. *Serm.* XI p. 298. **b** juxta amnem Deruventionem .. ubi tunc erat ~a regalis BEDE *HE* II 9 p. 99; in Campodono, ubi tunc ~a regia erat, fecit basilicam quam .. pagani .. cum tota eadem ~a succenderunt; pro qua reges posteriores fecere sibi ~am in regione quae vocatur Loidis *Ib.* II 14 p. 115; Wilborham dominica ~a regis est, ibi ij idae *DB* I 189va; talia gerebantur in ~a regali quae vulgari dicitur Easterige pronuntiatione BYRHT. *HR* 6.

2 settlement (applied to variously sized territorial units consisting of a number of buildings with their adjacent land), village, vill, manor, borough, town(ship); **b** (in place name); **c** (fig.).

inter montana baptizans .. in ~a quadam *V. Cuthb.* II 6; venit et ad quandam lassescens vespere villam. / plebs epulare casam villae tunc venit in unam ALCUIN *SS Ebor* 343; concessum est .. sinodali auctoritate episcopis de ~is transire ad civitates, Herimanno de Siraburna ad Serisberiam W. MALM. *GP* I 42; c**1050** maledictus sit in via et in ~a .. in silva et in mercato *GAS* 436; **1175** in ~a de Oxonia (*Oxford*) *BBC* 208; ?**1178** ecclesiam ejusdem uuille *Regesta Scot.* 197; dicta ~a fuit in manu domini regis .. et homines reddiderunt firmam Radulfo de H. *RDomin* 3; **1201** si non poterit habere defensionem et libertatem ~e offert defendere se per corpus suum *SelPlCrown* 39; **1266** ludus erat in willa *IMisc* 13/22; omnes liberi homines de regno Anglie, quam de ~is tam de civitatibus et burgis et alibi *Leg. Ant. Lond.* 122; **1300** rex .. afforestavit omnes ~as et hameletta subscripta cum boscis, vastis, et planis earundem ~arum et hamelettorum *SelPlForest* 120; **1335** quamplures scolares universitatis predicte et alii ad ~am Oxon' colore studendi ibidem accedentes *Collect. Ox.* I 14; c**1363** in tribus paribus botarum empt' in †coilla [? l. villa] *Ac. Durh.* 566; major erat ville [sc. Londoniarum] GOWER *CT* I 154; in ~a de Paris prope ecclesiam albe religionis *Plusc.* X 22; **1545** civitates, terras, burgos, oppida, castra, ~as, suburbia .. parrochias *Conc. Scot.* I cclxv. **b** **1316** de ~a Franca et de Bello Monte *RGasc* IV 1622. **c** adhuc hodie multos impediunt et ~a vanitatis, et jugum quinarie curiositatis, et uxor voluptatis AD. SCOT *QEC* 806B.

3 (~*a terrae*, Ir.) division of land, townland, or *f. l.*

1277 nos .. dedisse .. unam villam [? l. villatam] terre que vocatur Balyban .. cum omnibus libertatibus et liberis consuetudinibus ad eandem terram spectantibus *Pipe Cloyne* 37.

2 villa v. villus.

villagium [OF *vilage*; cf. CL villa, villaticus]

1 village.

1289 quicquid juris, proprietatis, et possessionis habemus .. in ~io, seu territorio, vel affario .. que sunt in parrocchia de L. *RGasc* II 439b; **1370** nativus noster in villa sive ~io nostro de Homptone *Reg. Heref.* 6; Christus non sumpsit proprium / .. / nec quovis domicilium / nec castrum nec villagium *Pol. Poems* I 244; ad ~ia vicina pro dictis victualibus et pabulo equino sit mittendum UPTON 135; **1457** civitas, burgus, villa, villata, ~ium, hameletta *Lit. Cant.*

III 227; **1504** decimas gerbales omnes ~ii de Glaffurde *Reg. Glasg.* 508; **1519** et alias villas, oppida, et ~ia et ecclesias tuas *Form. S. Andr.* I 246.

2 villein land.

totam terram meam quam habui .. cum pertinenciis cum dominico manso meo in eadem villa et quicquid habui tam in liberis quam in ~iis et in omnibus aliis serviciis *Ch. Gilb.* 8.

villanagiarius [villanagium+-arius], **~enagiarius,** villein.

1196 si Adam de Wenliburg sit consuetudinarius et vilenagarius abbatis de Croilonde *CurR* VII 336.

villanagium [villanus+-agium; cf. AN *vil(l)-a(i)nage*], **~enagium** [AN *vil(l)e(i)nage*]

1 state or condition of a villein, serfdom, villeinage.

quando aliquis trahit alium a libertate in ~enagium vel in servitutem, vel quando aliquis in ~enagio vel servitute positus petit libertatem Glanv. V 1; pluribus .. modis perduci potest ad libertatem aliquis in vilenagio positus *Ib.* V 5; **1443** liberavimus S. H. .. ab omni jugo et vinculo servitutis, nevitatis, et ~enagii *Reg. Cant.* I 320; **1465** ab omni jugo servitutis, ~enagii, seu bondagii liberos *Reg. Whet.* II 47; **1511** ab omni servitutis jugo, villinagio, et condicione servili liberum *FormA* 420; **1588** cum .. credimus .. penes Deum meritorium certos in ~enagio nobis subditos [a] servitute liberos penitus facere *Pat* 1320 m. 26.

2 tenure by which villein holds land, villeinage, (also) service rendered in respect of such tenure.

1198 debet dim' m. quia traxit liberum tenementum suum ad vilanagium *Pipe* 131; **1214** dicit quod ipse terram illam tenet in vilenagio de domino Londoniensi episcopo per consuetudines serviles et in vilenagio, ita quod dominus episcopus terram illam capere potest in manum suam quando ei placuerit; set tamen corpus suum liberum est *CurR* VII 108; **1219** ipse villanus fuit et fecit omnimoda vilenagia *BNB* II 56; **1227** eas [bovatas] terre assideri fecit in vilenagio *Cl* II 170a; **1230** cum .. tallagiis, ~anagiis, et serviciis liberorum hominum *FormA* xxiii; **1313** nativus domini .. veniet ad servicium domini vel ad terram vilinagii recipiendum (*CourtR Chatham Hall*) *EHR* XXX 482 (cf. ib. XXX 480: **1320** terras et tenementum .. habendum et tenendum per vilinagium); **1333** prima duarum bovatarum .. quas idem .. prius tenuit .. in ~enagium *LTR Mem* 105 m. 180; de omnibus tenementis que ipsi .. tenuerunt in villenaginam .. in eadem villa *Croyl. Cont. B* 479.

3 tenement held by villeinage tenure.

1176 retinui .. totum vilanagium et omnes firmarios ejusdem ville .. et omnia servitia que homines .. solebant mihi facere *MonA* V 662b; c**1183** totam villam in dominio et vilenagio et libero feodo *Ib.* VI 252b; a**1184** omnia dominia archiepiscopi et monachorum et ~anagia *CalCh* IV 347; **1193** dedimus totam terram nostram .. cum omnibus pertinentiis suis scil. dominium nostrum cum vilnagio *Ambrosden* I 210; **1205** duas virgatas terre de villencagio de H. *RChart* 146a; **1234** G. .. tenet dimidiam virgatam terre que fuit wilenagium aliquo tempore, nunc autem libera *Cust. Glast.* 134; **1278** dim' virgatam terre de ~enagio .. abbatis *SelPlMan* 94; tenet dimidiam virgatam .. ad terminum vite et post reverti debet in vilinagium domini *Cust. Battle* 87; ~enagium .. quod traditur villanis ad excolendum *Fleta* 289; **1342** totum predictum manerium cum .. villanis, cum eorum ~enagiis (*Pat*) *MonA* VI 1550a.

villanagius [cf. villanagium], **~enagius,** of or pertaining to a villein or villeinage.

1243 manerium valet per annum, in dominicis iiij l., in redditibus ix l. .. de redditu gallinarum .. de operibus ~enagiis xlviij s. ij d. et ob. *RGasc* I 212a; **13..** habeant et teneant omnes terras villingias in villa de T. *Med. Bor. Snowd.* 293; quamcito revenerit nativus in nidum suum dominus suus illum potest capere et inceppare, si contradixerit opera ~enagia et advocabit dominus hujusmodi imprisonamentum *Ars notaria* 443.

villanatio [cf. villanus, villanagium], **~enatio,** state or condition of a villein, villeinage.

?**12..** cum toto claimo servitutis et ~enacionis quod .. in eis .. habuimus .. ita tamen quod nec ego A. nec heredes mei .. aliquid clamii servitutis vel ~enacionis in memoratis A. et S. .. de cetero vindicare nec exigere poterimus *FormA* 419.

villanatus [cf. villanus, villanagium], tenement held by villeinage tenure.

c**1140** me dedisse .. pro concessu cimiterii habendi in eadem villa de Q. scilicet unam virgatam de ~anatu *Reg. Ant. Linc.* II 10.

villania [CL villanus+-ia; cf. AN, OF *vile(i)nie, vilanie*], boorishness, discourtesy.

querebat leo quid libencius commederet .. [murilegus] ait: rattos et mures. cogitavit leo nisi omnes haberent de hoc ferculo, esset ~a O. Cheriton *Fab.* 35 (=*Latin Stories* 56); **1373** dampnis et injuriis, dedecori seu, ut ita loquamur, vilenie, que sciverint .. alteri parti aliquotiens iminere *Foed.* VII 20.

villanus [CL villa+-anus]

1 of a vill, town, or city. **b** coarse, villain.

c**795** melius est sacrae matris ecclesiae .. calcare limina quam lutulentas ~ae foeditatis semitas frequentare Alcuin *Ep.* 42; ville sancti Mathei gens ~a, visa tanta multitudine, rapientes que sua fuerant, fugerunt *Flor. Hist.* III 284. **b** 'homines vero illi Arabes, ~i, inculti, qui nunquam prophetam viderant, eidem crediderunt' [J. Vitry *Hist. Hier.*] M. Par. *Maj.* III 345.

2 (as sb.) inhabitant of a vill, village, or town, villager, townsman.

in qua [sc. villa que Aspera dicitur] .. visum patri est decentius inter monachos qui in eadem villa cohabitabant quam inter ~os nocte illa nos conversari Eadmer *HN* p. 107bis; rex Anglie, Brugiam veniens, assensum ~orum .. petivit Trevet *Ann.* 363; mons dissiliit .. in valle .. omnes ~as [*sic*] arena et lapidibus inhabitantes obruebat *Eul. Hist.* I 389; regis filius ad castrum Bristollie venit, ubi inter ~os et suos milites suborta discordia, avertitur ab eo villa *Ib.* III 122; c**1410** nullus ~us aliquem .. scolarem in domum suam ad inhabitandum .. recipiat *StatOx* 208; **1434** ne ~orum .. ville Oxonie maliciosis excogitatis insidiis succumbamus *EpAcOx* 108.

3 (*homo ~us* or sim., or as sb.) (unfree) peasant occupier subject to a lord, villein, bondsman; **b** (dist. as *plenus, dimidius,* or sim.; *v. et. semivillanus*).

1042 quandam telluris particulam .. cum vij ~is et septem bord' .. donando donavi *CD* 1335; Alvricus tenuit de episcopo quasi ~us *DB* I 41rb; postquam comes terram acceperat reddidit geldum injuste sicut terra ~orum *DB* I 121rb; **1086** quot ~i? quot cotarii? quot servi? quot liberi homines? quot sochemani? *SelCh* 101; de ~e femine violento concubitu (*Quad.*) *GAS* 19; si ~us [AS: *ceorl*] excrevisset ut haberet plenarie v hidas terre sue proprie .. erat taini lege dignus (*Quad.*) *Ib.* 457; de cyrlisci vel ~i wera fieri (*Leg. Hen.* 76. 6) *Ib.* 593; c**1120** isti qui tenent terram et sicut ~i et sicut censarii debent facere omnes consuetudines et ~orum et censariorum *Cart. Burton* 30; rex fecit describi .. quot ~os .. quisque possidebat S. Durh. *HR* 168; **1198** abbas .. petit R. H. sicut ~um suum, qui debet ei opera servilia et consuetudines serviles *CurR* I 45; **1242** predicta Editha non obiit seisita .. quia ipsa fuit ~a et predictum messuagium .. tenuit in villenagium *Ib.* XVII 698; tres solum sunt homines: scilicet, rex, optimas, ~us, et eorum menbra *Leg. Wall.* B 207; competit libero homini qui copulatus fuerit ~e Bracton f. 166; **1283** isti subscripti sunt similiter willani et tenent de assarto per certum redditum *Cust. Battle* 63; **1583** nativos, nativas, ac villan' cum eorum sequellis *Pat* 1235 m. 9. **b** in dominio est una car[uca] et iiij ~i integri et vj dimidii *DB* I 252rb; de hac terra xx pleni ~i et xxix semivillani tenent xxxiiij virgas et dimidiam *Chr. Peterb. app.* 160; pleni ~i operantur ij diebus in ebdomada .. dimidii ~i j die in ebdomada *Ib.* 164.

4 of, pertaining to, or associated with a villein or villeinage tenure.

de unaquaque hida terrae libera vel ~a quae ad aecclesiam de W. pertinet *DB* I 174ra; **1225** dixit quod villanus fuit et quod subtraxit ei †villasias [l. villanas] consuetudines *BNB* III 72; **1228** fuit .. idem T. villanus suus et debuit ~as consuetudines sicut .. arruras et messuras *CurR* XIII 508; **1241** exigit ab eis tallagium merchettum redemptiones filiarum et alia ~a servicia *Ib.* 1822; qui tenent villenagia et per ~a servitia et incerta .. qui .. ~as faciunt consuetudines .. Bracton f. 7; est aliud genus socagii quod dicitur socagium ~um, ubi nullum omnino competit homagium, sed fidelitatis sacramentum, sicut de villanis *Ib.* f. 77b; c**1285** si tota [terra] fuerit ~a junior; si major pars fuerit *mollond* primogenitus; si major pars fuerit ~a junior eam optinebit (*Reg. Eye*) *EHR* I 736; a magno tempore extra astrum suum ~um ad loca remotiora se transtulerunt et liberum tenementum perquisierint *Fleta* 217; c**1310** et faciendo merchetam de corpore suo, et filiis et filiabus suis, et omnes consuetudines ~as *G. S. Alb.* I 461; **1326** Johannes F. petit quod possit dare gildam suam ~am Johanni *Gild Merch.* II 317.

5 (in gl.).

uplondyschman, ~us *PP.*

villaria [CL villa+-aria], village, (small) town. **b** (in place name).

unam virgatam terre que fuit Henrici P. in eadem ~ia *Chr. Evesham* 290. **b** concesserunt Deo et sancto Ebrulfo ecclesiam de Villariis Vastatis Ord. Vit. V 20 p. 468; Vilerias scilicet Vastatas et medietatem decime de M. concessit *Ib.* V 20 p. 469.

villasius v. villanus.

villata, ~um, ~us [CL villa+-atus]

1 territorial unit consisting of a number of buildings or settlements with their adjacent land, village, vill, borough, town(ship), 'villate'; **b** (as population or community).

c**1130** volo ut burgenses mei de B. habeant suam *hans-hus* .. ut ibi sua statuta pertractent .. ad totius ~us emendationem *BBC* 202; **11..** volo ut statuta illius domus sint ad profecuum tocius ~us et ad honorem Dei *Gild Merch.* II 22; **1242** in singulis ~is aliis *Cl* 483; **1274** quod dicta ~a est quoddam ameletum quod vocatur Stopesfeld *Hund.* I 146b; **1275** liberorum hominum tam de equitabius quam de burgis et v[ill]atis marcatoriis *EHR* XXV 239 (cf. ib.: nomina burgorum et ~orum mercatorum); villa vero ex pluribus mansionibus est vicinata, et †collecta [ed. Selden: villetta; MS: villecta] ex pluribus vicinis *Fleta* 442; **1332** contencio mota fuit inter familiam hospicii dom' regis et communitatem ~e .. in manerio abbatis *SelCCoron* 85; c**1452** feodifirma ville Derb', feodifirma vilate de Kyngesthorp (*DL Ac. Var.*) *JRL Bull.* XL 393; **1457** civitas, burgus, villa, ~ata, villagium, hameletta *Lit. Cant.* III 227; vix .. in ~a una regionum aliarum reperiri poterit vir unus patrimonio sufficiens ut in juratis ipse ponatur Fortescue *LLA* 29; ridinga .. wapentagia, ville, ~e, tithinga *Entries* 599vb. **b** **1166** willata de Billigleia debet xl s. *Pipe* 47; **1182** in pleno placido domini regis coram ~a ejusdem ville *Cart. Osney* II 6; **1195** ~a de E. secuta fuit eum donec nox eum abstulit *CurR PR* 106; **1202** levavit uthes et clamorem, unde vicini ejus et ~a de W. venerunt *SelPlCrown* 10; **1228** ~a de Glocester' debent [*sic*] c m. de tallagio *KR Mem* 9 m. 13; **1253** per quatuor ~as propinquiores .. que plenarie venerunt et dixerunt .. *SelPlForest* 111; **1253** si aliquis .. deferens pecuniam .. aliquid amiserit pro defectu conductus .. de ~a burgi vel civitatis illius ei restituatur *Cl* 493; **1325** faciunt finem pro tota ~a pro licencia habendi viam cum carettis suis super terram domini *CBaron* 142; archiepiscopum, burgensesque et villatas quoscunque [*sic*] Beverlacenses contra nos .. commovere satagebat *Meaux* III 180.

2 (*~a terrae*, esp. Ir.) division of land, townland.

a**1246** dedi .. quatuor ~as terre cum pertinenciis in C. scilicet duas villas de M. et duas villas de C. *RB Kildare* 29; **1276** Johannes tenuit ij ~as terre in Hemmyngford abbatis de domino rege per serjantiam *Hund.* I 198a; **1290** ubi ~a terre dimissa fuit ad vij marcas, iterum fecit extendere ad x marcas .. et eschaetor bene cognoscit quod fecit reextendere manerium predictum *DocExch* 66; nomina ~arum terre in Tyrmany in Connact' mensurate et extendite *IAQD* 37/20 m. 3; **1333** de .. duabus partibus j ~e terre in Kenney, quas diversi tenentes tenent ibidem libere *AncExt* 52 m. 9 (cf. ib.: ~e terre quas .. betagii tenent).

3 villein.

c**1434** ligeis nostris, feudatoribus, affeuatis .. censuariis .. ~is et questalibus *Arch. Gironde* XVI 334.

villatia [cf. villata, villaticus, villagium], villein land.

c**1150** duas partes decimacionis feudi mei de Buchetuna quod tenet de me jure hereditario regni tam de dominio quam de ~a in omnibus que decimari possunt *Ch. Westm.* 478.

villaticus [cf. CL villa, villata]

1 of or pertaining to a farm or vill, (in quot., *canis ~us* or sim., also ellipt.) kind of watchdog.

uncia fera est sevissima, canis ~i magnitudine CAIUS *Anim.* f. 2; ~um vastum genus est et robustum, corpore quidem grave et parum velox, sed aspectu truculentum, voce terrificum .. quod villis fideliter custodiendis destinamus, cum metus est a furibus, ~um appellamus *Id. Can.* f. 6b; custos quoque (Graecis οἰκουρός) a custodiendis non solum villis sed et mercatorum aedibus .. canis iste nominatur *Ib.* f. 8.

2 (as sb. f.) community or population of a farm, manor, vill(age), or town.

affuit et Stephanus cum hominibus suis in eadem villa manentibus .. Stefano hoc precipiente juraverunt .. sacerdos et tota ~a Stephani *Lib. Eli.* III 115.

villatim [CL villa+-atim], from village to village, from town to town.

quem [puerum] cum pater domum veniens non invenisset, ubique et villitim quesitum reperit aqua submersum W. CANT. *Mir. Thom.* II 40; sic .. terrentur layci, quod mors sit quidam invidus vadens ~im cum lancea, cujus jectus nullus potest aufugere WYCL. *Apost.* 172.

villecta v. villata.   **villenagina, ~ncagium** v. villanagium.   **villetta** v. villata.

villicanus [cf. villanus; cf. et. CL vilicus], villein.

dedit .. annonam .. et agnos .. et pullos .. et unum villicanum cum quinque acris terre *Text. Roff.* f. 184 (=*MonA* I 168b); fecit rex omnes homines regni sui .. comites, barones, milites, francos tenentes et etiam ~os .. jurare .. quod verum dicerent, scilicet quid et quantum vicecomites et ballivi eorum de eis ceperint *G. Hen. II* I 5 (=W. COVENTR. I 188).

villicare v. vellicare, vilicare.   **villicatio** v. vellicatio, vilicatio.   **villicatura** v. vilicatura.   **villicatus** v. vilicatus.

villicula [CL villa+-cula], village, (small) vill.

captis primitus fortaliciis et ~is circumsitis et municionibus *Plusc.* X 30; ~am illam que Hamursmyth appellata infra parochiam de Fulham situatur *Mir. Hen.* VI II 40; inquilinus quidam ~e quam Barkyng vulgus appellat *Ib.* III 98.

villificare [? cf. CL villa], (in gl.).

villifico, *to walle or to bylle WW.*

villinagium v. villanagium.   **villinagius** v. villanagius.   **villitim** v. villatim.

villose [CL villosus+-e], in a shaggy or woolly manner.

nubes .. ~e suspense et irregulariter non habent in se impressionem regularem PECKHAM *Persp.* III 19.

villositas [CL villosus+-tas], hairiness, shagginess.

vultus [cervi] superficie quasi senio maturus, et ex hirsuta genarum ~ate rugosus R. COLD. *Cuthb.* 86; macis [*gl.*: villositas nucis muscate] sumatur, gariophilus accipiatur GARL. *Mor. Scol.* 589; peperit masculinum, hispidum et pilosum. .. mater .. infantem baptizari fecit statimque post trinam mersionem in sacro fonte cecidit omnis ~as ab eo, et lenis ac pulcherrimus apparuit *Flor. Hist.* III 108; quo baptizato cecidit statim tota ~as RISH. 190 (=WALS. *HA* I 77).

villosus [CL]

1 hairy, shaggy.   **b** villous.

loco capitis spissitudo pilorum quasi ~a pellis ALEX. CANT. *Mir.* 51 p. 265; si sit villosa, resecetur barba pilosa D. BEC. 1181; niger ille canis, et ~us maliciarum setis R. COLD. *Cuthb.* 17 p. 36; loco puelle formose firmam quamdam ~am, hispidam, et hirsutam .. invenit GIR. *IK* I 5; oves non ~as .. sed crispas potius et electas *Id. GE* II 34; caprum .. hirsutum mirabiliter et ~um BRADW. *AM* 115; pirolus .. caudam .. ~am prope ad sui magnitudinem habens UPTON 168.   **b** inferior pars [stomachi] carnosa et ~a et aspera propter ciborum retencionem RIC. MED. *Anat.* 223; matrix ~a est intus ut melius semen retineat *Quaest. Salern.* B 12.

---

2 (of cloth or item made of cloth) of hair, or shaggy, that has a piled surface (also as sb. f.; *cf. et. velum* 6, *veluetum, villutus* 1).

lanea villosi sprevit velamina pepli ALDH. *CE* 7. 11; **735** munuscula .. id est corporalae pallium albis stigmatibus variatum et ~am ad tergendos pedes servorum Dei BONIF. *Ep.* 32; **742** munuscula parva .. i. e. uuillosam unam et argenti et auri tantillum *Ib.* 50; **7.** . ~a, *rye WW*; c**775** gratanter accepi .. munera, hoc est ~am et sindonem *Ep. Bonif.* 127; pallam ~am quam sclavinam nominant MAP *NC* V 6 f. 70; **1212** tenet .. de domino rege per j brachet' et j velusam et ij linthea et j auriculam *Fees* 223; **1212** Willelmus filius W. j carucatam in Waresbore per j brachetum et j velosam et ij lintheamina et j auricularium *Ib.* 228.

3 (of stone) that has a grain (*cf.* 1 *liber* 14; *v. et. villutus* 2).

1314 sculpantes et cubantes petram liberam et velosam (*MinAc*) *Building in Eng.* 138; **1314** in stipend' cementariorum sculpancium et cubencium petram liberam et velosam cum vadiis magistri cementarii per annum *DL MinAc* 1/3 m. 15.

4 filamentous, fibrous.

materie prime permixte dominio siccitatis in nervosam et ab interiori ~am essentiam transeunt ALF. ANGL. *Cor* 14. 5.

villula [CL]

1 small farm, country-house, or estate.

civitates quas vacuas cum agris ac ~is ingressi reppererant BEDE *Ezra* 824B; dum parrochiam suam circuiens monita salutis omnibus ruris casis et viculis largiretur .. devenit ad ~am cujusdam comitis *Id. CuthbP* 29; ait matremfamilias in ~a ipsa .. visus oculorum amisisse R. COLD. *Cuthb.* 53.

2 (small) town, village, hamlet, vill.

Bethania est ~a sive civitas in latere montis Oliveti BEDE *Mark* 239D; **855** decem jugera a meridiano [*sic*] plaga ~i illius adjacentia *Ch. Roff.* 23; **859** communi via per unam portam perfruendum intra ~am et extra ~am *CS* 497; a**902** unam quinque mansorum ~am nomine Æppelford *CS* 581; miles unus in his partibus, Slepensi ~ae mansione satis convicaneus GOSC. *Mir. Iv.* lxxxii; tota villata de H. cum ceteris ~is adjacentibus *Mir. Montf.* 89; s**1294** in civitatibus muratis et ~is nundinariis *Flor. Hist.* III 275; declinavit .. ad ~am .. ubi habuimus domos, sed paucissimas, ortosque *G. Hen.* V 12 p. 80; in ea [sc. Anglia] ~a tam parva reperiri non poterit in qua non est miles FORTESCUE *LLA* 29; fuerat .. ~e [v. l. villicule] cujusdam vocate Wodmaston colonus *Mir. Hen.* VI I 9.

villulus v. villula.

villum [CL], small quantity of wine, or wine that is weak.

aliquo in angulum abeam, hoc ~um obdormiscam [cf. Ter. *Ad.* 786: edormiscam hoc ~i] OSB. GLOUC. *Deriv.* 610; eger sorbillo, sumpto pro tempore villo [*gl.*: debili vino] GARL. *Mor. Scol.* 185; *smal wyn*, ~um *PP*; hoc ~um, A. *febylle wyne WW*; *ille wyn*, ~um CathA.

villus [CL]

1 shaggy hair or fur.

animalia .. / .. sternuntur harena / hinc gelidas villo [v. l. villu] flatuque foventia plantas BEDE *CuthbV* 229; ut belvae gelidum villo flatuque fovebant ALCUIN *SS Ebor* 695 (*recte* 696); non tibi sit vilis pullus villis oneratus D. BEC. 526.

2 (in gl.) flock, tuft (of wool or sim.).   **b** (rough) layer of (projecting) tufts or threads on surface of cloth, nap, pile.   **c** shaggy or coarse cloth.

~us idem est quod floculus [*in marg. ad* GARL. *Epith.* IV 372] *MS Bodl. Digby* 65 f. 125; floccus, ~us OSB. GLOUC. *Deriv.* 244; ~us flosum, *de laine, flockes* (GARL. *Mor. Scol.*) *Teaching Latin* I 151; ~us, -li gallice *focheym* scilicet pars velleris *Ib.* II 10; hic ~us, *a lok of wolle .. flok WW.*   **b 7.** . villus, *uuloh WW*; ~us est vestimenti, villa possessio ALCUIN *Orth.* 2350; lodex .. ~os de filo lineo ad mensuram digiti unius longos ex altera regione habuit R. COLD. *Cuthb.* 42; ardoris flamma pannos .. devorare non potuit nec etiam exteriores filorum ~os exustulavit *Ib.* 66; *nope of a cloth*, ~us *PP.*   **c 7.** . villa [? l. villosa], *lininryee WW*; in membris capit ille caput dominumque pusil-

---

lo / pauperis in villis gaudet habere stolam GARL. *Epith.* IV 372.

3 (esp. anat.) hair-like or thread-like filament or structure.

vis attractiva attrahit per ~os longitudinales et retentiva retinet per ~os latitudinales et expulsiva expellit per ~os transversales; et hos ~os potest quilibet visu discernere in fissionibus arborum et eciam in coctis carnibus animalium GROS. *Hexaem.* IV 30 p. 155; lenificantur .. ~i transversorii et asperantur latitudinales et fiunt rigidi ex nimia siccitate GILB. V 218v. 1; major iterum videtur esse in delectatione mulieris concupiscentia ex molli fricatione nervorum et ~orum matricis et irroratione puri et summe delectabilis *Ib.* VII 289 (*recte* 284). 2; est matrix membrum organicum .. ~os .. carnosos et folliculos habens in fundo RIC. MED. *Anat.* 231; prostitute .. ex frequentia coitus matrices habent oblimatas, ~osque in quibus semen retinere debent coopertos *Quaest. Salern.* B 12; est illud os interius vestitum ~is nervi audibilis venientis a cerebro GAD. 114. 2.

villutum v. villutus.

villutus [cf. CL villus; cf. et. OF *velu*]

1 (of cloth) shaggy, that has a piled surface, velvet (*cf. et. veluetum*).

tertium [genus panni ex puro serico] ~um, id est villosum, quod ex altera parte villos habet P. VERG. *De rerum inventoribus* ed. Copenhaver (Cambridge, MA, 2002) III 6. 18.

2 (of stone) that has a grain (*cf.* 1 *liber* 14; *v. et. villosus* 2).

1258 france petre et velute (*KR Ac*) *Building in Eng.* 138; **1285** velute petre (*KR Ac*) *Ib.*; cum empcione et cariagio liberarum petrarum .. in velutis petris fodiendis, tractandis, et cariandis ad idem *Ac. Cornw* 64.

vilnagium v. villanagium.   **vilnetum** v. vicinetum. **vilosus** v. biliosus.

vimen [CL]

1 (flexible) branch of tree or plant, twig. **b** (esp. of willow or sim., used for wickerwork, thatching, or sim.) withe, osier, wicker, (also) wickerwork. **c** (fig.).

facinorum frutecta velut spissa virgultorum ~ina lentis frondibus succrescunt ALDH. *VirgP* 13; sceptrinum vimen dextra gestabat in alma *Id. VirgV* 2370; transcendent vimina sentes J. CORNW. *Merl.* 48 (76); monstrum .. de cruentis ~inibus legatur subsecutum ALB. LOND. *DG* 6. 35; usque ad sanguinis effusionem novis ~inibus verberando *V. Edm. Rich C* 599; ~en, *twygge WW.*   **b** scapha .. est navicula levis, ex ~ine facta BEDE *Acts* 992B; ipsamet in nendo fert bracchia fila trahendo, / qualo vel calathis gracili de vimine stratis R. CANT. *Malch.* III 555; ~inibus textum sarcellum sit tibi *paner* tectum (NECKAM *Corrog. gl.*) *Teaching Latin* I 248; ergo techam modicam subtili vimine textam / preparat NIG. *Mir. BVM* 2010; cunabulo .. ex ~ine contorto .. puerum imposuerunt (*Kyned*) *NLA* II 105; ordinaverunt quod de virgulis et vigiminibus virentibus fierent sibi trappas pro .. bestiis capiendis *Eul. Hist. Annot.* II 217; **1516** civitatem sitam inter sylvas casarum ex palea et ~inibus fere duodecim *Mon. Hib. & Scot.* 518b.   **c** unde .. verborum vimina patulis defusa ramusculis succreverunt ALDH. *Met.* 4 p. 74; libellum quem .. conponi praecepisti simplici verborum ~ine textum .. institui FELIX *Guthl. prol.* p. 60; non de carnali semine / sed spiritali vimine / emisit [sc. Augustinum] WULF. *Poems* 164; Cophinus de gracili ~ine contexitur, et ordo apostolicus de humili stirpe eligitur HON. *Spec. Eccl.* 896B.

2 (transf.) osier, withy, willow.

?**12.** . semitam unam per transversum culture mee inter Espricheford et ~ina Johannis de Kestern *Cart. Newm.* 160; per terram meam scil. a ~inibus J. de K. ex australi parte de C. usque ad H. *Ib.*; **14.** . ~en, *oseer MS BL Sloane* 962 f. 258v.

vimenarius v. 2 vintenarius.

vimicillum [cf. CL vimen, viminaceus], wicker hurdle.

educti de carcere, statim dejecti erant super ~um, vulgariter *a hyrdle* dictum, et resupini huic alligati fuerunt toto corpore extenso in longum CHAUNCY *Historia aliquot martyrum Anglorum maxime octodecim*

Cartusianorum (London, 1888) p. 102 (cf. Chauncy *Passio* 88: statim ut ex ergastulo producuntur, in vimineas crates . . magno cum impetu precipitantur).

viminaceus [CL vimen+-aceus], (in gl.).

a flasket, lintearium ~eum Levins *Manip.* 86.

viminarium [CL vimen+-arium; cf. CL viminarius]

1 osier bed.

1315 de omnibus vineis, . . ~iis et albaredis . . in civitate Burdeg' *Cl* 132 m. 6*d.*

2 (in gl.).

a lyme pott or brusche, viscarium, ~ium *CathA.*

viminarius v. vintenarius.

viminetum [CL], (in gl.).

hoc vimen, -nis, *qwykyr*, hoc †vimitum [l. viminetum], locus ubi crescunt *WW.*

vimineus [CL], of the flexible branches of trees, made of twigs or wickerwork (also fig. or in fig. context).

9. . canistrum vas †vinetum [? l. vimineum] vel *tænel WW*; vimineo condens corpus kiriale canistro Frith. 1356; ~eam componit cistulam, ferreis laminis et bitumine colligatam W. Malm. *Mir. Mariae* 199; furcas ascendens [uxor] desecto torque ~eo suspensum detrusit W. Cant. *Mir. Thom.* V 1 p. 371; quasi solitarii silvis inherent, in quarum . . margine . . tecta ~ea . . connectere mos sit Gir. *DK* I 17; sunt . . navicule ad piscandum ~ee *Ib.*; intellectus . . ab aquis humane fluiditatis sensuum assumitur de fiscella ~ea morum et motuum animi R. Niger *Mil.* II 1; mattas ~eas sub pedibus conventus *Ord. Ebor.* II 196; aperitur foramen quoddam in tinae fundo, circumvallatum clathro colatorio, seu secerniculo ~eo Caius *De ephemera Britannica* ed. Roberts (Cambridge, 1912) 156.

vimitum v. viminetum. **vina** v. vinea, vinna.

vinaceus, ~ius [CL *not in sense* 1]

1 of or pertaining to wine, (in quot., of vessel) used for wine.

unum cornu ~ium argenteum c solidis computatum *V. Har.* 3 f. 6.

2 (as sb. n., esp. pl.) matter (flesh, skins, pips, *etc.*) remaining after the pressing of grapes, marc (also fig. or in fig. context). **b** skin of grape. **c** (also *acinus ~ius*) grape-stone.

cum diligantur a Domino, ad deos alienos ydolaque respiciunt, et diligunt ~ia uvarum, que vinum non habent [cf. *Os.* iii 1] (Andr. S. Vict. *Os.*) *CC cont. med.* LIIIG 23; reponentur grana in apothecam, ventilatis paleis; reponetur vinum, ejectis vinatiis *Found. Waltham* 13; oportebit . . modicum vini illius gustum non purum quidem sed cum ~iis sumere. ~ia quippe sunt tegumenta verborum, figurarum involucra, similitudinum enigmata J. Ford *Serm.* 81. 6; ~ium porcis relinquitur conculcandum S. Langton *Serm.* III 3; idem est drasca in cervisia quod ~ia in vino O. Cheriton *Fab.* 30A; ~ia dicuntur pellicule et acini que remanent expresso vino Bart. Angl. XVII 189. **b** folliculi dicuntur ~ia sive thece in quibus glarea continetur Bart. Angl. XVII 180; c**1300** vinacinum [? l. vinaicum], *la pel dehors Teaching Latin* I 49. **c** in uva . . latet glarea cum acino inclusa vinatio que . . in liquorem deliciosissimum . . mutatur feliciter Neckam *NR* II 167; ~ia trita cum sale et imposita tumores et duricias mamillarum solvunt *Alph.* 191.

3 (poor quality) wine produced from the last pressing of grapes, 'after-wine'.

hoc ~ium . . i. posterius vinum, quod et ~eum dicitur et est quasi fex totius vini Osb. Glouc. *Deriv.* 610; ~ium et vinarium dicuntur posterius vinum quod compressis uvis ultimo eliquatur et est quasi fex totius vini Bart. Angl. XVII 189.

4 (in gl.).

wyne lees, tartarum, ~ium *CathA.*

vinaci- v. vinaceus. **vinacinum** v. vinaceus.

vinacrum [CL vinum+acer; cf. vinegra], vinegar (*v. et.* 1 *acer* 2*b*, *vinum*).

c**1532** pro portacione 1 *barrell* olei, 1 *barrell* allecum sororum, 1 *barrell* ~i *Househ. Bk. Durh.* 62; c**1533** 1 *barell* ~i empta de homine Francano ad salinas de Yarrow *Ib.* 164.

vinagerium [AN *vinager*, ME *vinagere*], vessel for wine (in quot. for altar-wine), 'vinager' (*cf.* 4 *vinagium b, vinarium* 5).

ornamenta, videlicet . . iiij phiole, unum vinegerium *Invent. Norw.* 116 (cf. ib. 23: j vinagium [? l. vinagerium]).

1 vinagium v. guidagium.

2 vinagium v. homagium.

3 vinagium [CL vinum+-agium; cf. OF *vinage*, ME *winage*], custom on wine, wine-making, or vineyards.

1138 concedo . . ut . . possideant ~ia omnium vinearum . . hac conditione sc. quod pro unoquoque arpento vinee . . iiij s. . . recipiam de vineis dico que ~ia debent *Act. Hen. II* I 4; homines . . capitales, vineas, vinatica, census et terragia, et quidquid habetis in castro Brane Hadrian IV 12; **1180** de . . x sol. de veteri vinag' baill' de Danfront *RScacNorm* I 28; c**1183** quieti . . ab equitatu, servitio, fouagio, passagio, vignagio *Act. Hen. II* II 236; a**1185** inmunes ab omnibus consuetudinibus . . ut de ~io et aliis, ita etiam quod de vino de predictis vineis collecto non reddat capellanus benagium neque aliam consuetudinem *Ib.* II 255; **1245** ~io, fossagio, exercitu *CalCh* I 287; item est ibi portagium. item est ibi vinata [? l. vinat' i. e. vinaticum]. pro istis faciunt . . mediam cartalem avene et viij caternos vini *Reg. Gasc. A* 79; **1400** quod . . dux . . faceret et haberet assaiam et assisam panis, ~i, et cervisie *Rec. Leic.* II 215.

4 vinagium [? CL vinum+LL hagius; cf. vinagium], consecrated wine. **b** (transf.) vessel for altar-wine, 'vinager' (*cf. et. vinagerium, vinarium* 5), or *f. l.*

c**1248** mulier ab inflammatione nimia sanatur sumto ~io (*Mir. Edm.*) *Thes. Nov. Anecd.* III 1893; L. de C. ceca illuminatur, oculis ad portam monasterii ~io lotis *Ib.* **b** **1368** ornamenta ecclesie s. Martini, viz. . . j vinagium [? l. vinagerium] *Invent. Norw.* 23 (cf. ib. 116: j vinegerium).

vinago [cf. CL vinum], kind of bird, stockdove, rock-dove, or sim.

οἰνάς, quae Latine ~o dicitur, mihi nunquam hactenus visa est . . vidi tamen Venetiis columbos iis nostratibus sesquialtera portione majores: sed hos non ~ines fuisse credo Turner *Av.* (1903) 62; frugibus victitantes, palumbes, columbus, turtur, et ~o *Ib.*

vinalis [CL *pl. as sb.*; LL], ~**ius**

1 of or pertaining to wine.

considerabimus herbas oleares et herbas semina facientes et plantas ~es Alf. Angl. *Plant.* 25.

2 (as sb.) Roman festival associated with wineproduction.

hoc ~ium, i. festum vini, Macrobius de Saturnalibus '~iorum dies Jovi sacratus est' [Macrob. *Sat.* I 4. 6] Osb. Glouc. *Deriv.* 610.

vinaliter [LL vinalis+-ter], in a manner pertaining to (intoxication by) wine, vinously, drunkenly.

nec lippos latet . . ulcionis ~er divine modus vel forma E. Thrip. *SS* III 5.

vinarium v. vivarium.

vinarius [CL]

1 of or pertaining to wine (esp. w. ref. to storage, sale, or consumption): **a** (of vessel); **b** (of place); **c** (of person).

a cupa ~ia Aldh. *Aen.* 78 *tit.*; ejus [secretarii] sollicitudinis est ampullas ~ias et aquarias bis in ebdomada . . lavare Lanfr. *Const.* 150; future felicitatis erit, vasa illa ~ia eructantia ex hoc in illud ad omnem voluptatem probare J. Ford *Serm.* 81. 6; inter dolia ~ia sive potaria Gir. *Spec.* III 16; letus intueor utrem †vivarium [l. vinarium] / et vinum plurimum sed parvum modum Walt. Wimb. *Carm.* 172; **1532** unius thece ~ie argentee vulgariter *ane silver flaket* nuncupate *Form. S. Andr.* II 20. **b** **798** curremus . . donec introducat nos rex in cellam ~iam ordinans in nobis suae caritatis suavitatem [cf. *Cant.* ii 2] Alcuin *Ep.* 158; s**1138** monasterii cellam ~iam J. Worc. 46;

s**1176** in horreis, vel in cellis ~iis, vel in promptuariis Diceto *YH* 407; magistrum suum ad tabernam ~iam secum conduxit R. Cold. *Cuthb.* 112; siquidem tot invenientur areole aromatum, tot cellule ~ie pigmentariorum ut comedant amici, inebrientur karissimi P. Cornw. *Panth. prol.* 39; probum non decet studentem tabernas cervisiarias et ~ias frequentare Whittington *Vulg.* 63. **c** civitas opulenta . . mercatoribus ~iis optime communita M. Par. *Maj.* V 426; hic deest tabula et compotus cellarii ~ii, quia cellas vinarias non habemus *Ac. Beaulieu* 163; mercatores piscatorii, . . ~ii, cervisiarii Whittington *Vulg.* 66.

2 (as sb. m.) one who serves or dispenses wine, cup-bearer. **b** wine-seller, wine merchant, vintner (*v. et. vinetarius*).

Nehemias . . princeps ~ius erat, regi poculum praebebat Bede *Ezra* 885A. **b** **1185** Eluinus ~ius et isti . . dabunt denarium. si vero tabernam super horum masagium non fecerint nullum dabunt denarium *Rec. Templars* 20.

3 (as sb. f. or n.) place for storage of wine, wine-cellar.

~ia . . dicitur cellarium vel locus ubi vinum occultatur et reponitur Bart. Angl. XVII 190; hoc ~ium, est locus ubi vinum reponitur *WW.*

4 (as sb. f. or n.) place where wine is sold or consumed, tavern, inn.

meraria, taberna . . pandochium, ~ia, potatorium Osb. Glouc. *Deriv.* 365; fuimus in foro, in templis, in tabernis, argentariis, ~iis Liv. *Op.* 95.

5 (as sb. n.) vessel for wine (*cf. et. vinagerium*).

si apud Nasidienum convive conveniant, sordidus displicet apparatus . . ut, cum Aliphanis ~ia tota inverterint [cf. Hor. *Serm.* II 8. 39], submurmurent invicem J. Sal. *Pol.* 736C; **13**. . viniaria et aquaria argentea et deaurata . . dedit *Cart. Bath B* 808 p. 153; *vynagere*, ~ium *PP.*

6 (as sb. n.) (poor quality) wine produced from the last pressing of grapes, 'after-wine' (*cf. vinaceus* 3).

vinacium et ~ium dicuntur posterius vinum quod compressis uvis ultimo eliquatur et est quasi fex totius vini Bart. Angl. XVII 189.

7 (as sb. m., also w. *magister*) one who cultivates or supervises vineyard, 'viner' (*v. et. vineator*).

1333 operarius vinee apud Caldecote . . pro solidatis suis recipiat de ~io domini prioris . . viij s. *DCCant. MS D E 3* f. 45b; **1463** officium magistri ~ii vinee nostre juxta castrum nostrum de Wyndesore *Cl* 315 m. 10; **1463** sex denarii per diem ~io ibidem pro vadiis suis . . allocati fuerunt *Cl* 315 m. 10.

8 (as sb. n.) vineyard (*cf. vinearius*).

1284 concessum est . . quod habeat tota [vita sua] ~ium ad domum S. Johannis pro xij denariis solvendis fratribus . . dicte domus *Gild Merch.* II 293; **1463** officium ac custodiam ~ii nostri juxta castrum nostrum de Wyndesore *Cl* 315 m. 10.

vinata v. 3 vinagium. **vinaterus** v. vinetarius. **vinaticum** v. 3 vinagium. **vinatius** v. vinaceus. **vinator** v. vineator.

vinatus [CL vinum+-atus]

1 mixed with wine.

utrum [sacramentum] de musto . . vel aceto . . in clareto . . vel aqua ~a confici valeat, questio est Gir. *GE* I 8 p. 26.

2 intoxicated (esp. habitually) with wine, drunken.

a**1519** hae leges erant plane a ~is et corruptis hominibus corruptelae Colet *Ep.* 258.

vinca [LL], (bot.) periwinkle (*Vinca*).

ibi crescit . . quinquefolium, ~a [AS: *perpince*], apium, manubium Ælf. Bata 6 p. 99; herba priapisci *þat is* vicap[e]rvica *Leechdoms* I 66; **11**. . ~a, *pervenke WW.*

vincdicta v. 1 vindicta. **vincella** v. viticella.

vinceps [? CL vim *acc. of* vis+-ceps], ? powerful, or *f. l.*

14.. quamvis .. / .. / Angligenis vinceps tum Scotus rex habeatur, / est falsus princeps, quia principi falsificatur *Pol. Poems* II 150.

1 vincere [CL]

1 to defeat, conquer, overcome, beat, prevail over (opponent in battle, physical contest, or sim., also fig. or in fig. context); **b** (in contest, competition, dispute, *etc.*); **c** (leg.).

basiliscus .. a mustelis ~itur *GlC* R 32; Caesar .. Britannias bello pulsavit et vicit BEDE *HE* V 24 p. 352; ut ~endo temptatorem nobis quoque ~endi peritiam virtutemque tribueret *Id. Hom.* I 7. 38B; dum trucido grandes et virgine vincor inermi ALDH. *Aen.* 60 (*Monocerus*) 7; vincitur en mea vis; quos vici, vincor ab illis D. BEC. 1660; Herculem .. omnia monstra illa vicisse dicatur ALB. LOND. *DG* 13. 4; **1276** L. filius J., defensor, qui vicit T. de D., probatorem, per duellum *Gaol Del.* 35/2 r. 56; s**1066** W. Bastard dux Normannie vicit Haraldum regem apud Hasting *Ann. Exon.* f. 8; tot hostium millia vicisti BEKINSAU 747. **b** ubi certatur calicibus epotandis, et qui poterit socium ~ere laudem meretur ex crimine ROB. BRIDL. *Dial.* 59; celeres vincimus currendo cursores, / set et aquilarum eundo volatus J. HOWD. *Cant.* 150; philosophos te, Paule, Christus dat ~ere sua voce (*Commem. S. Pauli*) *Miss. Westm.* II 854; Alexander papa .. vicit .. quatuor schismaticos antipapas successive *Meaux* I 179. **c** **1130** idem W. reddit compotum de v s. et ix d. de pecunia cujusdam victi hominis *Pipe* 17; quicumque coram primarios homines .. in falso testimonio steterit et victus fuerit (*Ps.-Cnut*) *GAS* 623; W. S. victus est et susp[ensus] et A. et J. dimittuntur per plegios *SelPlCrown* 123.

2 to gain victory in, win, prevail in, be victorious in (battle, contest, competition, dispute, *etc.*); **b** (leg.).

martiribus necnon, dum vincunt proelia mundi, / edita caelestis prensant et praemia vitae ALDH. *Aen.* 91 (*Palma*) 5; sublimitas mentis eorum qui carnis .. luctamen ~unt BEDE *Cant.* 1136A; non .. virium sed virtutum copia bella ~untur GIR. *EH* I 8; quorum quisque torneamentum quodlibet .. corporis sui valore se ~ere debere confidebat *Id. PI* II 9; prelia ~ere, castra .. debellare MILEMETE *Nob.* 26. **b** si [litem] non exequatur, aut exequens non ~at causam RIC. ANGL. *Summa* 12.

3 (intr.) to gain victory, win, prevail, be victorious (in battle, contest, competition, dispute, *etc.*, also fig. or in fig. context); **b** (leg.).

ex eo tempore nunc cives, nunc hostes, ~ebant GILDAS *EB* 26; cum [Moyses] elevaret manus, ~ebant filii Israel; si quando ipse deponebat manus, ~ebat Amalec [cf. *Exod.* xvii 11] AILR. *Serm.* 13. 27. 288B; versa rerum facie, qui vicerant victi et victi fuere victores W. MALM. *GR* IV 376; est .. inquisitivum [sc. genus disputationum] quod ad sciendum, contentiosum quod ad ~endum BALSH. *AD* 30; cum .. ad disputandum .. convenissemus, convenit .. ut non contentiose .. nec animo ~endi sed .. desiderio veritatem inquirendi simul tractaremus P. CORNW. *Disp.* 155; **1235** 'Christus ~it' .. cantaverunt *Liberate* (*Exch.*) 1203 m. 1; fugavit eos et .. dimicavit cum Saxonibus et super eos vicit M. PAR. *Maj.* I 198; est et aliud ludus .. ille .. qui prior abstulerit homines suos .. ~et *Ludus Angl.* 163; s**1459** docta exercitataque paucitas solet plerumque de .. inhermi .. multitudine ~ere *Reg. Whet.* I 338; jam scholastici ~unt: pedaria valent LIV. *Op.* 154. **b** vincit in litibus pecuniosior, / triumphat partui bursa vicinior WALT. WIMB. *Sim.* 28.

4 to persuade, prevail on.

tandem eorum precibus victus assensum dedit BEDE *HE* IV 27 p. 275; subdolus ille .. qui suis precibus et quorundam familiarium meorum .. me vicit et .. me decepit D. LOND. *Ep.* 1 (cf. ib. 7: ea qua me vobis vincuistis [*sic*] dilectio nec ociosa nec sterilis invenietur in vobis).

5 (of condition, emotion, or sim.) to overcome, overwhelm.

me .. fratres .. germana vincti [v. l. victi] caritate secuti sunt *V. Greg.* p. 76; Justina .. quam .. magica maleficorum necromantia ullatenus ~ere valuerunt ALDH. *VirgP* 43; nix neque me tegit, aut grando premit, aut gelu vincit HWÆTBERHT *Aen.* 23 (*Aequor*) 4; somno victa recumbebat *V. Frideswi. B* 4; dum laudes promere Marie studeo / penso materie pondus et paveo / .. / vincor et, fateor, me vinci gaudeo WALT. WIMB. *Carm.* 189.

6 to overcome, prevail over or against (condition, force, or other abstr.); **b** (intr. w. *super*, also absol.).

cum medicinalem vincit dolor improbus artem GREG. ELI. *Æthelthryth* II 164; vere rex victor .. iram modestia ~ens GIR. *TH* III 48; ~ebat naturam gratia, dum bona indoles accipiebat gratiam pro gratia AD. EYNS. *Hug.* I 2 p. 10; 'vicimus eos matrum dolos', id est .. percepimus dolos matrum et evicimus eos TREVET *Troades* 42; s**1393** abbas .. vim vicit aquarum *Meaux* III 183. **b** non .. videtur .. quod flegma salsificetur nisi ex causa convertente ipsum ad suam naturam vel ~ente super flegma GILB. I 39v. 1; spiritus glorificati Christi .. ~et super corpus nec impedietur ab eo FISHACRE *Quaest.* 44; lux ~it super magnum colorem propter sui puritatem BACON XIV 58.

7 to be superior to or greater than, surpass, outdo, exceed; **b** (in size, quantity, or sim.). **c** (absol. or ellipt.) to be excellent or of excellent quality.

nec enumerans patriae portenta ipsa diabolica paene numero Aegyptiaca ~entia GILDAS *EB* 4; atque carens manibus fabrorum vinco metalla ALDH. *Aen.* 20 (*Apis*) 5; insulam oceani omnes terras sua fertilitate ~entem ANSELM (*Prosl.* 3) I 133; Herodes rabie vincens demonia / proles diaboli sed major furia WALT. WIMB. *Carm.* 249; a**1300** cum in aliis operibus omnes alios vicerit, in hoc opere mirifico vicit se ipsum *Mem. S. Edm.* II 291. **b** statura minimos supergrediens, a maximis ~ebatur W. MALM. *GR* V 412; corpus muro applicitum muri altitudinem vicit R. NIGER *Chr. II* 159; magis ~itur subtriplum a triplo quam subduplum a duplo NECKAM *NR* II 173. **c** territoria .. nulli postponenda .. ~it olea, nihil in ea otiosum vel sterile OSB. BAWDSEY cliv.

8 (intr.) to prevail, predominate (in quot. pr. ppl.).

~ens in plantis est aquea natura, et in mineralibus lapidibus est terrea natura BACON V 119.

9 (in gl.).

dereigner, diracionare, vincere, et con- *Gl. AN Ox.* f. 154v.

10 ? *f. l.*

c**1312** ballivos de .. meretricibus rescutere voluit et illas rescuere †vincebatur [? l. nitebatur] in contemptum ballivorum *Leet Norw.* 59.

2 vincere v. vincire.

vincetoxicum [CL vincere, toxicum], (bot.) daisy (*Bellis perennis*), or other kind of plant.

origani, peucedani .. levistici, vicetoxici GILB. IV 189. 1; vicetoxicum .. multum valet in balneo *Ib.* VII 317. 2; consolida minor, vicetaxicon, herba venti idem *Alph.* 47; vicetoxicus folia habet integra parum oblonga, et .. valet contra toxicum, dicitur autem toxicum quodlibet forte venenum *Ib.* 190; vicetoxicon herba est que valet contra toxicum *SB* 43; herba sancti Joannis vel ipericon vel herba sanguinaria ~um GAD. 106v. 1.

vincibilis [CL]

1 capable of being overcome or conquered, vincible.

ut cogitaret [imperator] se ~em et subjugabilem sicut victorem GOSC. *Lib. Confort.* 95; ymaginem Palladis, qua sublata facta est Troia ~is TREVET *Troades* 55; illa ignorancia aut esset ~is aut invincibilis; si secundo modo, non est tunc ignorancia culpabilis; si ~is, tunc necessario vincit et amovet impedimentum OCKHAM *Qu.* 354; omnis volicio Dei .. non est .. fragilis, impotens, ~is WYCL. *Dom. Div.* 149.

2 (of case or sim.) that can be won.

1520 ita causa non dubito quin longe sim superior, quantumvis suam Brixius asserat bonam, facilem, ~em [cf. Ter. *Ph.* 226] (MORE) *Ep. Erasm.* IV 1096.

†vincimentum, ? *f. l.*

ut .. ecclesia .. suo pastorali durans commissa regimini spiritualibus †vincimentis [*Conc.* II 614a: incrementis] .. congauderet *Hist. Durh.* 3.

vincire [CL]

1 to fasten, bind, tie up, hold fast with bonds, chains, ties, or sim., to fetter; **b** (transf. or fig.). **c** to imprison. **d** (p. ppl. as sb.) captive, prisoner.

inermes vinculis ~iendas nullo modo .. protenderet manus GILDAS *EB* 18; tunc milites .. refragantem udis et crudis nervorum nexibus .. ~iunt ALDH. *VirgP* 35 p. 279; maxima pars eorum ultro protendebat manus suas muliebriter ~iendas [v. l. vincendas] G. MON. X 12; interea ~tus ille, catena qua ~iebatur soluta, a[u]fugit (*Samthanna* 22) *VSH* II 259; dulce corpus ~xerunt [ME: *ibunden*] nudum ad duram columpnam *AncrR* 64; s**1394** ~ientes eum manus ac pedes *Croyl. Cont. B* 493; mutito, ni .. ~iri te nunc mavoles LIV. *Op.* 23. **b** et veloces vincire pedestres / possum HWÆTBERHT *Aen.* 55 (*Turpedus piscis*) 6; in his .. versari est artioris gratie funibus ~ire divitem, licet versibilitate ingenii lubricum Prothea ~at J. SAL. *Pol.* 500C; **1170** recepto .. juramento quod domini pape, qui eos ~xerat, mandatis obedirent .. cum dominum papam .. sollicitassent ut eos absolveret a vinculo anathematis *Id. Ep.* 300 (304 p. 720); alium honores, alium opes vinciunt [Sen. *Dial.* 9. 10. 3] BACON *Mor. Phil.* 174. **c** **1168** liberi, inquit .. lex, parentes alant aut ~iantur J. SAL. *Ep.* 247 (247). **d** consuetudo est per dies azymorum ut dimittam vobis unum ~tum [cf. *Matth.* xxvii 15] *Eul. Hist.* I 101.

2 to bind, tie, fasten, or join together (also w. internal acc. or sim.); **b** (transf. or fig.).

cum hic satiando fauces delectet, illa crines ~iendo constringat BEDE *Cant.* 1142C; vi quadam et quasi vesania scribendo commoverentur, viere antiquis pro ~ire ponentibus BONIF. *Met.* 112; habena, capistrum, quod et coria dicitur eo quod circa ora ligatur, et auria, eo quod circa aures ~itur OSB. GLOUC. *Deriv.* 275; musculi .. orificia sinistri et medii thalami cordis claudentes eisdem nervis ~iuntur ALF. ANGL. *Cor* 6. 1; corpus .. et animam .. medium aliquid ~ire oportuit *Ib.* 10. 1; decime vinte in grangia cujusdem rectoris .. in sanctuario fuerunt *Eyre Kent* I 108; **1399** tam post blada ~ta quam tempore warrectacionis omni anno *Ambrosden* II 198. **b** ut filius blandis conubii nexibus nodaretur et illecebroso matrimonii lenocinio ~iretur ALDH. *VirgP* 35; arrepto spiritualis zeli mucrone secuit nodum necessitatis antique qua ~iri videbatur eatenus GRIM *Thom.* 19; per numeros elementa sibi contraria nectens / vincit et eterna pace vigere facit J. SAL. *Enth. Phil.* 958; ut vere fidei federe constringamur, et vere dilectionis vinculo ~iamur GIR. *Symb.* I 13 p. 239.

vinclum v. vinculum. **vincnetum** v. vicinetum.

vinctio [CL], (act of) binding or joining together.

post .. prati falcationem et feni ejusdem ~onem *Reg. Malm.* II 347.

vinctus, vincui, vincuire v. 1 vincere.

vinculare [LL], to bind in chains or sim., chain, fetter, (also) to take captive, imprison (also fig. or in fig. context). **b** (p. ppl. as sb. m.) one who is in chains, (also) captive, prisoner.

non modo ~atum sed etiam capite caesum BEDE *Luke* 357D; illis vulneratis et istis occisis, omnibus autem reliquis .. ~atis *G. Steph.* 43; apicire, ligare .. †unculare [v. l. vinculare], nodare OSB. GLOUC. *Deriv.* 52; ecce migrat qui gelu vinculat / quo sol vernus nubes diffibulat J. HOWD. *Ph.* 875; et ita et ipsi turpiter ~ati per diversa loca incarcerati sunt W. COVENTR. II 249; Aristotelem .. scelerosis manibus ~atum, ferramentis infamibus compeditum R. BURY *Phil.* 7. 103; chatenis peccati undique ~atum UHTRED *Medit.* 196; s**1138** post reaccepcionem .. dictorum castrorum .. episcopum .. ~avit *Meaux* I 120; vidit quemdam Johannem B. furiosum, suis manibus vinculis et cathenis ferreis ~atum *Canon. S. Osm.* 57; Robertus .. quem idem Henricus ~averat et .. obcecaverat CAPGR. *Hen.* 65. **b** devotio .. apostolici pectoris .. ipsas .. ~atorum catenas resolverit BEDE *Acts* 978D; orans ~atus ad tumbam sancti Yvonis .. rumpuntur ferrea ligamina GOSC. *Mir. Iv.* lxvij; viduatis ecclesiis pastores sufficeret, exules restitueret, ~atos expediret W. MALM. *GP* I 48; s**1312** cum ~ato suo Petro recessit *Chr. Ed. I & II* II 177.

vinculatim [CL vinculum+-atim], by means of chains, fetters, or bonds.

tam arctas et artitas, tam nodosas et ~im colligatas .. notare poteris intricaturas [sc. libri quatuor evangeliorum miraculose conscripti] GIR. *TH* II 38.

vinculatio [LL], (act of) chaining, fettering, shackling (also transf.).

~onem vel captivacionem pape heretici OCKHAM *Dial.* 628; ex ~one et luti illaqueacione WYCL. *Ver.* III 129.

vinculum, vinclum [CL]

1 (esp. pl.) chain, fetter, shackle, binding, restraint; **b** (transf. or fig.); **c** (*~a sancti Petri* or sim., w. ref. to *Act.* xii 1–11, esp. eccl., in phr. *festum sancti Petri ad ~a* or sim., celebrated on 1st August (Lammas); *v. et. Advincula*).

dissolve secundum prophetam [*Is.* lii 2] ~a colli tui GILDAS *EB* 29; mox ut abiere qui vinxerant, eadem ejus sunt ~a soluta BEDE *HE* IV 20 p. 250; rogavit .. fabrum sibi ~a ferrea facere, que claudi clave potuissent, sicuti liguntur [*sic*] pedes equorum BYRHT. *V. Ecgwini* 358; rumpuntur arta ~a, aperta sunt ergastula GOSC. *Transl. Mild.* 23; Juppiter Titanas .. omnes catenis adamantinis ligavit preter Egeona, quem in mari centum ~is incatenavit *Natura Deorum* 17; **1201** nativum suum quem habuit in ~is eo quod voluit fugere *SelPlCrown* 2; campana .. que nisi .. ~o quolibet vel fragili ligetur mane .. in ecclesia S. Phinnani unde venerat reperitur GIR. *TH* II 33; ligatum corpus et bracchia amplis et spissis vinclis [ME: *bondes*] ferreis *AncrR* 150; rex .. Stigandum in ~is apud Wyntoniam conjecit quoad vixit KNIGHTON I 60; vidit quemdam Johannem B. furiosum, suis manibus ~is et cathenis ferreis vinculatum *Canon. S. Osm.* 57. **b** electi, carnis adhuc ~o retenti BEDE *Gen.* 142A; ebrius initiat vobis neu vincula Bachus ALCUIN *Carm.* 59. 22; **749** (12c) ut eam [animam] .. liberam efficerem ab omnibus ~is piaculorum *CS* 178; solvite vincla mee sancti rogo tarda loquele WULF. *Brev.* 19; a**1155** ~o anathematis innodandum *Doc. Theob.* 4; te absolvimus ab omni excommunicacionis ~o quo tenebaris astrictus *Heresy Tri. Norw.* 89; fit exuicio plenaria a ~o veteris debiti NETTER *DAF* II f. 115rb C; **1443** liberavimus S. H. .. ab omni jugo et ~o servitutis, nevitatis, et villenagii *Reg. Cant.* I 320. **c** ante festivitatem que dicitur ad ~a (*Leg. Ed.*) *GAS* 634; quia hodie ~a beati Petri solutoris peccatorum veneramur HON. *Spec. Eccl.* 986D (cf. BEDE *Ep. Cath.* 89C: pro Petro orabat ecclesia cum esset in ~is Petrus); **1342** festum quod dicitur ad ~um S. Petri *Conc.* II 711; postmodum circa ad ~a sancti Petri commissum est bellum apud Ewesham KNIGHTON I 222; rex cervum grandem dedit huc ad vincula Petri *Vers. Hen. V* 224; c**1545** in festis Inventionis sancte crucis, sancti Petri ad ~a *Conc. Scot.* I ccxci.

2 bond, binding, tie, fastening, clasp (used to join or hold together); **b** (? defining bundle of certain size as measure, in quot. of oats). **c** (abstr.) bond, tie; **d** (leg.).

12.. unam garbam rosci tam grossam sicut potest ligare cum ~o non duplicato *Cust. Bleadon* 203; **12..** barcha jugum jungas, hic demum vincula [ME: *bonde*] retorta *WW* (cf. *Antiq.* XXVII 167: ~um, *the ox-bow or bonde*); **1304** in j pecia ferri empta .. pro ~is ad medium molendinum faciendis iij d. *Rec. Elton* 111; **1314** carecte: .. in ij peciis ferri emptis pro ~is faciendis ad veteres rotas *Ib.* 212; **1316** in ligacione .. trendell' cum ~is ligneis et cum clavis ferr' *MinAc* 1132/13 B 6*d.*; **1456** in precio .. *nailes* et aliorum clavorum cum ~is ferreis, *crokes* pro ostiis *Fabr. York* 67; **1575** *cullen riben* de serici hispanic' pro ~is pro clavibus *Ac. LChamb.* 66 f. 25 (cf. *Misc. LChamb.* 34 p. 310: *spanish silke for keybandes*); **1581** uno vinclo pro jocale *edged* cum auro *Ib.* 72 f. 19v (cf. *Misc. LChamb.* 35 p. 238: *a juell stringe wth. gold*). **b** septem *dereva* unius ~i de avena *Leg. Wall.* A 135; vij *dreva* manipulorum unius ~i de avena *Ib.* D 381. **c** nos .. spiritali sodalitatis ~o devotae caritatis contubernia copulasse ALDH. *Met.* 1; uxoreo ~o conligatum BEDE *HE* IV 20 p. 250; **838** quomodo pax et unianimitas ecclesiarum .. dilectionis ~o servari potuisset (*Conc. Kingston*) *CS* 421; illi .. qui .. sacramenti ~o arctantur *Stat. Wells* 64; omnia .. ~a necessitudinum humanarum seu parentum ad liberos .. seu quod his fortius et arctius est sponsi ad sponsam J. FORD *Serm.* 14. 5; contra jugale ~um adulterinis amplexibus militem quemdam adamavit GIR. *IK* I 2; c**1337** universitatem .. nitebantur, pacis soluta macerie et unitatis ~o dissipato, totaliter demoliri *FormOx* 98; duo reges Anglie et Francie pacis et amoris ~um innodabant *Meaux* I 206. **d** pactum ~um naturale est, stipulatio vero civilis est obligatio P. BLOIS *Ep.* 70. 218B; obligatio est juris ~um quo necessitate astringimur ad aliquid dandum vel faciendum BRACTON f. 99 (v. contraligare); est .. attachiamentum quoddam ~um legitimum per quod pars defendens invita astringitur ad standum juri et respondendum parti de se querenti juridice *Quon. Attach.* 1; **1399** homines meos quoscunque .. a juramento fidelitatis et homagii .. omnique ~o ligeantie .. absolvo (*Abdic. Ric. II*) *Ann. Ric. II* 255.

3 ? crease or friction ridge (of skin of palm or sole; ? *cf. et.* AS *gewrinclod*), or *f. l.*

plante pedum continent signa †cavallium [? l. convallium, canalium] velut manus ~is quibus facile potest cognosci tota fortuna animalis M. SCOT *Phys.* 97.

4 ? bound, boundary.

1334 sicut mete et vincula inter eos dividant (*Cranfield, Beds*) *MS Bedford RO WN/121.*

vincus v. viscum. **vincxi** v. vincire. **vindagium** v. vendagium. **vindecativus** v. vindicativus. **vindellus** v. windellus.

vindemia [CL]

1 harvesting of grapes for wine, vintage (also in fig. context); **b** (transf. w. ref. to other product).

unum est .. judicium et uno tempore fiet, sed in messe et ~ia initium et finem ostendit ejusdem pressurae BEDE *Apoc.* 177A; cum fuerit finita ~ia .. rarus in vinea reperitur racemus (AILR. *Serm.*) *CC cont. med.* IID 286; sciebat quod sequeretur ~ia post trituram, post afflictionem laetitia P. BLOIS *Ep.* 31. 106B; **1254** vina .. capta .. ad opus nostrum tempore vendemiarum *RGasc* I 344a; **1317** de proxima seisona ~iarum *Ib.* IV 1699; **1442** dolium vini annuum .. tam de prima vindinea quam secunda vindinea .. recipientes *Cl* 293 m. 16; †vindemix [l. vindemia], *vendage WW.* **b** secunda ~ia [sc. turis] vere eadem hieme corticibus incisis; rufum hoc exit [cf. Plin. *HN* XII 60] BEDE *Cant.* 1144A.

2 crop or produce of vineyard or grape-growing district in a season or year (in form of grapes of wine); **b** (dist. from *reccus*); **c** (transf.); **d** (fig.).

factus sum sicut qui colligit stipulam in messe et sicut racemus in ~ia cum non sit botrus ad manducandum primitiva GILDAS *EB* 86; vitibus et gravidis confert sua munera Bachus, / et spumat plenis vindemia sordida labris WULF. *Swith.* II 519; terre .. sterilitas inhorruit et ~ia pene tota deperiit ORD. VIT. XI 38 p. 296; **1138** de furtiva vinee vel ~ie rapina *Act. Hen. II* I 5; **1289** de .. tribus cartallis de ffrumento et de tribus portaderis de ~ia *RGasc* II 424a; **1310** habet sex salmatas ~ie in eodem loco et festo *Reg. Gasc. A* 31. **b** **1312** duo dolia vini, unum viz. de ~ia et aliud de recco *Cl* 130 m. 25. **c** lugete, possessiones, pro tritico et hordeo, quia periit ~ia ex agro GILDAS *EB* 83. **d** area dulcoris mulier, vindemia fellis GARL. *Epith.* I 367; est calix sanguinis et vini vel sanguinis invinati alicujus nove ~ie NETTER *DAF* II f. 111ra A.

vindemiare [CL]

1 (intr.) to harvest grapes for making wine (also fig.).

satagebat .. electas animarum plantationes, ~ante Domino, celo suscipere GOSC. *Transl. Mild.* 2; **1188** in custamento ~iandi et pro tonellis *Pipe* 15; c**1235** in .. sepo et sapone ad torculam .. et aliis custis ~iandi *Arch. Cant.* XLVI 141; in vere arantes et seminantes sequitur, in estate et autumpno ~iantes comitatur DOCKING 111.

2 to harvest (vine or vineyard, also fig.); **b** (grape). **c** to produce a harvest of (wine). **d** (fig.).

1253 non habent locum ubi possint vendemiare vineas suas *RGasc* I 362a; perrexit .. rusticus ut ~iaret vineam suam *Latin Stories* 91. **b** non ergo de spinis colligunt ficus neque de rubo ~iant uvam [*Luc.* vi 44] BEDE *Hom.* II 25. 435C; si quis obicere voluerit .. quod et Moyses de rubo vindimiarit uvam .. *Id. Luke* 411B. **c** **1186** in custamento ~iandi vinum ejusdem vinee et ducendi idem vinum London' *Pipe* 129; **1236** vina florata et rosata que .. specialiter ad opus regis faciant ~iari *Cl* 271; suavius omni vino .. est illud quod .. non ~iatur donec egressa fuerit fortitudo BACON V 92. **d** videte, domine, et considerate quem ~iaverunt ita DICETO *YH* 347; s**1247** ad pecuniam argumentose ~iandam M. PAR. *Maj.* IV 602; qui [sc. Satan] ~iat hanc [vitem] cum legione sua GARL. *Tri. Eccl.* 79; sic scripturarum mustum vindemiat Hugo H. AVR. *Hugh* 92.

3 (in gl.).

~io, *sarcler* (GARL. *Unus*) *Teaching Latin* I 171.

vindemiatio [CL vindemiare+-tio], (act of) harvesting grapes for wine, vintage.

1163 in vindemiat' vinee, v s. *Pipe* 53; **1169** in costamento ~onis et vinee c s. et iiij d. *Ib.* 165; priscorum genus hominum .. rationes et potentias ad usum vivendi .. pro diis colebant, ut agriculturam, ~onem, et id genus plurima ALB. LOND. *DG* 5. 2.

vindemiator [CL], grape-picker; **b** (applied to vine-dresser or other person who tends or oversees vines or vineyard); **c** (fig. or in fig. context).

uti raro .. videretur quasi post tergum ~orum aut messorum racemus vel spica GILDAS *EB* 24; ubi succisa .. fuerit vinea, rarus ~or apparet AILR. *Serm.* 30. 490D; **1277** in liberacione .. j vaccarii, j vindimiatoris, et j daye *MinAc* 997/3; s**1411** tantum .. pestis invaluit .. quod ~ores et uvarum calcatores in patria defecerunt *Chr. S. Alb.* (*1406–20*) 59; c**1430** cum .. vinea ~ores habeat omnes qui pretergrediuntur viam .. *Reg. Whet.* II *app.* 400. **b** c**1182** ~or tenet dim' virgatam et annuatim debet habere .. in tempore vindemie de singulis saccis singulos denarios et corredium .. dum vindemiavit *RB Worc.* 170; **1187** et ~ori pro custodia vinee de P., iiij s. et viiij d. *Pipe* 16. **c** si Christus visus est in nube candida messor, quis est ~or, nisi idem propter geminum ecclesiae fructum eleganter repetitus? BEDE *Apoc.* 176C; donec ~or Dominus totam [familiam] celo reciperet GOSC. *Transl. Mild. cap.*; hoc ergo vinum novum utribus proinde novis prudens ille in celestibus ~or infudit J. FORD *Serm.* 88. 3.

vindemiatorius [CL], of or used by a grape-picker.

qui habet falcem messoriam, ipse habet et ~am BEDE *Apoc.* 177A.

vindemix v. vindemia.

vindex [CL]

1 defender, champion.

c**9..** agamus ergo gratias / nostrae salutis vindici *Anal. Hymn.* LI 87; quoniam ~ice dignus nodus hic incidit [cf. Hor. *AP* 191–2] GIR. *TH* I 13; ne patrie quidem bonus tutor ac ~ex erit nec amicorum propugnator, si ad voluptates vergit BACON *Mor. Phil.* 155.

2 one who exacts vengeance or inflicts punishment (in retribution), avenger, punisher (also fig.); **b** (attrib.). **c** (as adj.) vengeful, vindictive.

quod .. Domino ~ice poenas sui reatus luerent BEDE *HE* IV 24 p. 266; romfea nam caelestium / vindex erit voluminum *GlP* 740; tante illius malitie ~ex et retributor Deus *G. Steph.* 111; ira est ~ex lese concupiscentie PECKHAM *QA* 79; c**1381** hanc tibi [sc. Cantie] dat penam vindex ingratuitatis (*Mors Simonis*) *Pol. Poems* I 230; sanguinis insontis vindex perterritat illum J. HERD *Hist. IV Regum* 158. **b** simul exhausta veterum virtute deorum / .. / diruit in cinerem vindex censura Tonantis ALDH. *VirgV* 1389; tante temeritatis presumptionem ferro ~e ulcisci spiravit *Chr. Rams.* 50; archa, columba, Noe, vindex aqua, corvus, oliva / sunt typus ecclesie *Vers. Worc.* III b p. 101. **c** hec bestiola [sc. mustela] .. ~icis est iracundie GIR. *TH* I 27; sicut nationis istius homines .. impatientes et precipites sunt ad vindictam, sic .. pre aliarum regionum sanctis animi ~icis esse videntur *Ib.* II 55; ira ~ice deferventes *Id. IK* I 4 p. 50.

vindicabilis [CL vindicare+-bilis], **vendicabilis**

1 vengeful, vindictive, (in quot.) destructive, dreadful.

1429 anno domini MCCCLXI fuit secunda pestilencia, que non fuit ita ~is sicut et prima (*Epit. Hist. Brit.*) W. G. Rees, *Lives of the Cambro British Saints*, London (1853), p. 285.

2 deserving of or liable for vengeance or punishment, punishable.

objectum adequatum irascibili est ~e DUNS *Ord.* X 22; contingit placere politico quod tyrannus cruciatur, et tamen displicere sibi quod quis amicus injuste cruciat illum, cum primum sit justum non ~e, et secundum sit injustum punibile WYCL. *Ente Praed.* 100.

3 liable to be exacted or claimed, claimable.

solum ille [MSS: illud] non est juste vendicabile ex promissione quod promittitur WYCL. *Log.* II 61.

vindicamentum [CL vindicare+-mentum], vengeance, revenge, punishment in retribution, vindictive action.

1313 de hiis qui ~a fecerunt de hiis qui escas vel hospicium negarent. et similiter de hiis qui ~a fecerunt de hiis qui super hujusmodi gravaminibus in curia domini regis conquesti fuerint *Eyre Kent* I 41.

vindicare [CL], **vendicare** [LL]

1 to defend, protect. **b** to set free, rescue (from). **c** to free from blame.

ut viriliter dimicando terram .. conjuges liberos .. ~aret GILDAS *EB* 18; Britannia .. judices habet .. ~antes et patrocinantes, sed reos et latrones *Ib.* 27; viri ecclesiastici .. cum habeant potestatem vendicandi et defendendi in judicio res ecclesie .. relinquitur quod habent aliquo modo dominium OCKHAM *Pol.* I 308. **b** habeant successores ejus laudem, si libertatem ecclesie tutati fuerint: ipse proculdubio eam a servitute ~avit W. MALM. *HN* 482. **c** rege exinde in nullo placato, aut de iracundia mitigato, tanquam membrum ecclesie consecratum totus clerus dictum episcopum vendicavit BLANEFORD 141.

2 to exact vengeance or inflict punishment in retribution for or on account of, avenge, punish (also fig. or in fig. context). **b** (*iram ~are*) to take one's anger out (on).

800 omne homicidium legibus ~atur ALCUIN *Ep.* 207; timens .. ne Scotti mortem suorum .. in se ~arent *Obsess. Durh.* 6; et emendetur sedulo .. vel illud factum profunde nimis ~et qui rex sit in populo (*Quad.*) *GAS* 135; uno et altero delicto commisso nec ~ato W. MALM. *GP* III 134; nec in illos clades quas olim nostratibus ingesserunt viriliter ~emus G. MON. IX 161; inopinata sanitas febris protelatam injuriam ~avit W. DAN. *Ailred* 21; sanctorum suorum injuriam ~are dignatur GIR. *TH* II 54; o mulier expugnatore urbium validior .. que proprios ut ~aret excessus sibimetipsi bellum intulit *V. Edm. Rich P* 1776A. **b** Tonantis iram .. Neptunus in undis ~avit GIR. *TH* II 54; s**1345** comes Hanonie .. duxit secum exercitum copiosam iram suam in Frisenses ~aturus AD. MUR. *Chr. app.* p. 244; iram suam non potens .. ~are in partibus Francie *Plusc.* VI 39.

3 to take vengeance on behalf of, avenge (one who has been wronged); **b** (refl.); **c** (w. *de, ab, super,* or sim.); **d** (w. *in* & abl.).

Britannia .. legatos Romam .. mittit, militarem manum ad se ~andam .. poscens GILDAS *EB* 15; caelitus se ~ari continuis diu imprecationibus postulabant BEDE *HE* IV 24 p. 266; cur venti nubium tonitrualibus / Christum non vindicant percussionibus? WALT. WIMB. *Carm.* 494; ~abit patrem et populum suum interficiendo filios earum TREVET *Troades* 54. **b** si tamen percussus ~are se non debet ANSELM (*CurD* I 7) II 57; quia se ~are non vult, desiderat oblivisci injuriam ALEX. CANT. *Dicta* 157. **c** ne quis se ~et de suo homine sine lege (*Leg. Hen.* 86) *GAS* 601; ut Jasonem ~aret de Pelia patruo suo *Natura Deorum* 87; hinc valde offensus cepit cogitare quomodo se posset ab impio monacho ~are *Latin Stories* 40; ~avit fratres super Arthabanum, quos dolo occiderat *Eul. Hist.* I 59; captus et cecatus est .. inde conquestus est Karolo .. qui de inimicis suis ipsum ~avit *Ib.* I 238. **d** si *twelfhynde man* ~ari deberet, plene ~aretur in vj ceorlis et ejus weregildum est vj ceorlorum weregildum *GAS* 465.

4 to exact vengeance or inflict punishment in retribution on, punish, take revenge on; **b** (transf.).

ut .. ~arent maxime dictos ducem G. .. et comitem W. pro eo quod ad eorum proposita infringenda ceteris commissariis propensius insteterunt FAVENT 4; **1419** nullus pauper nec forinsecus non habens cognitionem legis sit vendicatus pro defectu *MGL* I 253. **b** spinis urticisque sue vindictus abegit / carnis pruritum GARL. *Tri. Eccl.* 10.

5 (intr., also w. *in*) to exact vengeance or inflict punishment in retribution, take revenge.

793 ecclesia .. sponsa est Christi; et qui eam violare nititur .. ~at in eum Deus Christus ALCUIN *Ep.* 18; seu ~ando seu divinam potentiam declarando GIR. *TH* II 19; **1360** dictam robam non subtraxit animo ~andi aut ex malitia *MunAcOx* 224.

6 (esp. w. sp. *vend-*) to claim (for oneself, as one's own, also w. internal acc.); **b** (leg.); **c** (w. *ut* or inf.).

proceres flagitiosum .. tribunatum ~antes ALDH. *VirgP* 13; Britanniam advecti, australes sibi partes illius ~arunt BEDE *HE* I 1 p. 11; est quoque hic dimeter iambicus, cujus secundum locum semper sibi vendicat iambus ABBO *QG* 6 (16); totam insulam, nemine rebellante, sibi ~averunt GIR. *TH* III 6 p. 146; laboris sui eterna stipendia vendicant J. FORD *Serm.* 16. 6; licet eum Juppiter juverit, Apollo tamen suum ~at officium ALB. LOND. *DG* 9. 13; **1287** statuimus ut nullus decetero sedile quasi proprium in ecclesia valeat vendicare *Conc. Syn.* II 1007; ter adiit regem Francie Parisius in nuncio regis Anglie ad vendicandum regnum Francie *Hist. Durh.* 1; omnia illis communia reputantes, non aliquid proprium vendicantes *Eul. Hist.* II 203; **1381** nec doctoratum vendicat, / nisi quum judex applicat, / et prebet normam thematis *Pol. Poems* I 234. **b** a**1191** hac condicione quod nec ego .. nec aliquis pro me in predicto mesuagio aliquid juris preter predictum hostolagium .. possimus interrogare vel †venditare [l. vendicare] *Bury St. Edm.* 171; c**1240** nec ego .. in predictis feodis .. aliquod jus et clamium exigere poterimus decetero aut vendicare *Cart. Beauchamp* 142; **1259** super jurisdiccione quam .. episcopus vendicat in libera capella regis *Cl* 405; **1275** W. le M. ~at sibi warennam in manerio de G. *Hund.* I 103b; **13..** probavit .. quod duo boviculi qui vendicabantur erant suum proprium catallum *CBaron* 88; **13..** veniet coram majore et juratis et ut proximior ille vendicabit illam convencionem *Borough Cust.* II 71; **1370** et J. T. .. pro annua pensione quam vendicat pro resignacione hospitalis de M. *ExchScot* 359. **c** **1198** et ita .. ~atum fuit ut predictus R. esset quietus *Pipe* 125; quid adhuc me et patre meo superstite contra leges et jura vobis vendicatis regni judicium enormiter contrectare *V. II Off.* 2; vendicabant baculum pastoralem Roffensis ecclesie, mortuo pastore, debere deferri ad ecclesiam Cantuariensem ante confirmationem Roffensis electi *Flor. Hist.* II 190.

7 to challenge.

duellum .. aliquando evenit propter suspicionem adulterii .. ubi .. miles maritus vendicat alium super crimine adulterii commisso cum sua uxore ad pugnam .. super qua re ambo conjurant ad duellum UPTON 76.

vindicatinus v. vindicativus.

vindicatio [CL], **vendicatio**

1 (act of) vengeance, (vindictive) requital.

tria signa .. signant intellectui celerem ~onem veteris testamenti: quoad ignem conturbinosam contrariacionem ex avaricia et peccatis lubricis sacerdotum .. WYCL. *Mand. Div.* 57.

2 (act of) claiming (possession).

dabitur .. priori domino utilis ~o secundum quosdam, sed cessat rei ~o quia alterius facta est crusta BRACTON f. 9; actionum civilium et in rem, sicut rei ~o, alia confessoria alia negatoria *Ib.* f. 103; **1362** concedentes eisdem .. potestatem .. [et] super omnibus et singulis questionibus, debatis, peticionibus, vendicacionibus, et accionibus *RScot* 864a.

vindicativus [CL vindicatus *p. ppl. of* vindicare +-ivus], who exacts or is inclined to vengeance or revenge, vengeful, vindictive (also of act).

neque .. scribentes neque dicentes de talibus videntur, quamvis melius erat forte quam sermones ~os et concionativos GROS. *Eth. Nic.* 368; ~i rancorum et impatientie pretendunt se esse amatores justicie HOLCOT *Wisd.* 11; oportet a ~o actu extrinseco continere WYCL. *Civ. Dom.* I 107; impossibile est ut ~a justitia domini sit exhausta *Id. Ver.* III 59; papa .. dicitur esse homo superbissimus et ~us *Id. Chr. & Antichr.* 681; nec precepta legalia potuerunt Christum capere vel ejus †vindicatinam [l. vindicativam] potestatem mitigare BRINTON *Serm.* 38 p. 166; duri sunt cordis et ~i pocius quam clementes *Ib.* 52 p. 234; crudelitas Scotorum nequissima .. est vindecativa *Plusc.* VIII 16; si ipsi atroces et ~i in vita eorum qui tam crudelem vindictam post mortem operantur *Ib.* X 27.

vindicator [LL], **vendicator**

1 champion, defender.

c**1256** coram tam pavendo tribunali tam tremendi judicis .. apud tantum animarum redemptarum ~orem AD. MARSH *Ep.* 247. 19.

2 claimant.

si quis vendicare voluerit .. ille in cujus custodia fuerit [*weyf*] .. expensas .. recuperabit et tunc vendicatori indilate deliberabitur *Cust. Fordwich* 12 (=*Reg. S. Aug.* 149).

3 challenger.

1494 intrabant .. dominus E. et dominus R. .. splendido procinctu et precioso insigniti, qui erant vendicatores dicti hastiludii, erga quos dominus E. .. et magister B. aggressi sunt *Reg. Merton* 185.

vindicatrix [CL vindicare+-trix; cf. LL vindictrix], (as f. adj.) avenging.

1256 placeat .. vestre excellentie talem medelam apponere ad castigationem dicti ballivi quod non oporteat nos ad ejus transgressiones manum apponere ~icem *Foed.* I 591.

vindicium [LL = *defence*], vengeance, revenge, punishment in retribution, vindictive action.

venerunt quater viginti juvenes .. ad vindicium faciendum cum plenis armis BRAKELOND 136; quando pepercit Achaz hosti vindicia Saulis / offendisse pium dicitur ipse Deum GARL. *Tri. Eccl.* 5.

vindicosus [cf. CL vindex, -osus], vindictive, vengeful.

omnibus fuit equus, non cupidus, non ~us, non injuriosus *Eul. Hist.* I 327.

1 vindicta [CL], **vendicta,** retribution, punitive or vindictive action, vengeance, revenge; **b** (in leg. context or sim.).

quis .. ad Deum repedantibus .. ~am non potuissent inducere GILDAS *EB* 50; qui occiderit hominem pro ~a fratris, tribus annis peniteat THEOD. *Pen.* I 4. 2; non quo ipse qui occiderit Cain septem ultionibus subjiciendus sit, sed quo septem ~as, quae in Cain toto tempore cucurrerunt, solvat in interfecto BEDE *Gen.* 68B; ecce coruscabilis Dei vendicta! H. HUNT. *HA* VII 32; judicia, non solum ad ~am malorum sed ad eruditionem bonorum facta OSB. BAWDSEY clxxxii; dormire dicitur [Deus] et oblivisci propter injurie dissimilationem et ~e retardationem BART. ANGL. I 20; c**1298** rex noster Edwardus / velox est ad veniam, ad vindictam tardus (*Dunbar* 34) *Pol. Songs* 163; **1324** de hiis qui ~am fecerint quibuscunque eo quod escas vel hospitium sibi negaverint *MGL* II 358; **1426** ad omnem crudelitatis et ~e jacturam bestialiter inclinatur *Conc.* III 475a. **b** de omni homicidio .. nemo ~am [v. l. vincdictam] vel emendationem exigit *GAS* 224; alia est wera vel ~a thaini, alia villani (*Leg. Hen.* 88. 11b) *Ib.* 603; s**1140** cilicio ad carnem indutus .. a corporali ~a sibi non pepercit J. HEX. *HR Cont.* 304; **1253** super ~am corporum et omnium bonorum suorum forisfacturam *SelPlJews* 28; **1282** justiciarios .. qui .. judicare presumpserunt homines dicti L. †vinetam [? l. vindictam] ponendo super illos contra leges Wallie PECKHAM *Ep.* 343; quidam regis miles ~am incurrit fracto collo equi sui et propria facie retorta KNIGHTON I 60.

2 vindicta [LL], kind of plant.

epimedium sive †injecta [l. vindicta, vine(c)ta; cf. *TLL* s. v. epimedion] †hasta [v. l. hastam] habet .. edere similem *Alph.* 57.

vindictus v. vindicare. **vindim-** v. vindem-. **vindinea** v. vindemia. **vinditor** v. venditor.

vinea [CL]

1 vineyard (also fig. or in fig. context). **b** vine.

pauperes potentium ~eas sine mercede et cibo operati sunt GILDAS *EB* 59; dominicae gnarus cultor ~eae .. rubicundos sarmentorum racemos evangelica falce succidens ALDH. *VirgP* 30; pro cujus ~eae tuitione ne .. in ea .. fragilis et infimae .. suavitatis holus nasceretur BEDE *Luke* 576B; c**1140** decimam ~ee mee de H. *Regesta Scot.* 33; c**1182** iste debet talleare ~eam et alia que opus fuerit in ~eam facere *RB Worc.* 171; **1259** custodi ~ee regis habere faciat virgas et perticas ad reparacionem vine regis ibidem *Cl* 366; **1270** in expensis N. le Wynur .. ad wyneam plantandam et aturnandam *MinAc* 768/5 m. 3; ~ea .. est locus ubi plantantur vites BART. ANGL. XVII 180; **1325** de xix d. de *fichsilver* et iij s. de argento ~ee *Rec. Elton* 266; **1358** de Cantuaria fecit ~eam, in qua monachorum catervam ordinis sancti Benedicti tanquam vites tipicas plantare decrevit *Lit. Cant.* II 373; **1442** numerosi doctores .. et scolares in ~ea et agro dominicis .. laborantes BEKYNTON I 123. **b** nobiliores caeteris

~eae nascuntur utpote de quibus liquor non vini sed opobalsami defluit Bede *Cant.* 1097C; insula .. ~eas etiam quibusdam in locis germinans *Id. HE* I 1 p. 10; rubicundos sarmentorum [*gl.*: i. ~earum, viminum, *wi, sprancena*] racemos Aldh. *VirgP* 30.

2 sort of movable shelter used in siege warfare, penthouse, mantlet, vinea.

~eas agere, turres extruere, arietibus murum ferire Osb. *V. Elph.* 135; machinamentum quod nostri suem, veteres ~eam vocant W. Malm. *GR* IV 369 p. 426; dat vinea vires / et silices balista vomens, testudo viatrix / subdola fossoremque aries suspensus in ictum J. Exon. *BT* VI 559; assint et arietes, ~ee [*gl.*: *berfroi*], vites, crates, baleare et cetere machine Neckam *Ut.* 104; exclusos omnis tutatur machina parma / vinea trux aries Garl. *Tri. Eccl.* 86; ligneos pontes in ~earum pene morem rotis artificioque summo .. muris adducit Liv. *Hen. V* f. 20a.

vinealis [CL], of or pertaining to vines.

1245 casula .. in cujus interhumerali breudatur flos ~is, appositis lapidibus jacinctinis *Invent. S. Paul.* 482; 1245 interhumerali breudato quadam arbore frondibus quasi ~ibus circumflexis *Ib.* 483.

vinealiter [CL vinealis+-ter], in the manner of vines.

1245 casula .. cujus interhumerale crescit in arborem breudatam ramis ~er circumflexis *Invent. S. Paul.* 483; 1245 in interhumerali breudatur arbor ramis ~er reflexis cum pampinis latis *Ib.*

vinearius [CL], of or pertaining to vine-growing, (in quot. as sb. n. or f.) vineyard (*v. et. vinarius* 8).

instat operarius fortissimus in ea ~ia Christi .. laborans .. ad quaeque inutiliter succrescentia falce caeli resecanda Folc. *V. Bot.* 9; 1245 in iiij hominibus locandis ad venearium faciendum et muris dictarum domorum reparandis *Pipe Wint.* 11M59/B1/18 r. 3*d.*; 1419 pro putacione ~ii *Arch. Hist. Camb.* III 582.

vineator [CL vinea+-tor], one who works in, cultivates, or supervises vineyard, vineyard worker, vine-dresser (*v. et. vinitor*).

1130 in vestitura et solidat' ~oris lij s. *Pipe* 135; 1155 in liberatione ~oris .. et in operatione vinee *Ib.* 51; 1165 et viniatori xxx s. et v d. *Ib.* 77; a1186 his test[ibus] .. Goc[elino] vinator[e], Rad[ulfo] vinator[e] *Ch. Mowbray* 268; si .. vinatorem qui vinum vendat ad brocam contra hanc assisam invenerint, corpus ejus capiat vicecomes R. Howd. IV 99; 1274 Lamberto secundario ~oris hoc anno .. vj s. viij d. (*RentR*) *Arch. Cant.* XLVI 144 n. 1; 1316 in vadiis Rogeri ~oris *MinAc* 1132/13 B1; 1369 officium magistri ~oris vinee nostre juxta castrum nostrum de W. *Pat* 279 m. 13; 1407 in vadiis iiij ~orum .. laborancium in vineto regis .. circa scissionem, compostacionem, fodicionem, supposicionem, et purgacionem vinearum ibidem (*Windsor*) *KR Ac* 754/29 m. 8.

vineatus [CL vinea+-atus], ornamented with decoration in the form of vine-leaves.

1245 phiale .. quarum una habet circulum deauratum in medio ~um *Invent. S. Paul.* 466; 1295 casula Radulfi de Diceto de rubeo sameto cum dorsali puri aurifrigei ~a *Vis. S. Paul.* 322; 1295 casula .. cum .. humerali ~o de fino auro breudato *Ib.*

vinegerium v. vinagerium.

vinegra, ~um [AN, ME *vinegre*], vinegar.

c1420 de eodem pro ij pipis ~e, j barello iij jarris olei (*Petty Custom*) *EEC* 508; 1448 in candelis, lyter' pro equis, et venigro DCCant. RE/40; c1466 item pro iij pipis ~e val. xl s. (*Custom and Subsidy*) *EEC* 612.

vinella v. venella.

vineola [CL], small vineyard.

vinea .. unde hec ~a Osb. Glouc. *Deriv.* 610; sic lac per lacteam fusum areolam / lacte mortalium rigat vineolam Walt. Wimb. *Carm.* 36.

vinera [cf. ME *viner*, OF *vinier*; cf. et. vinearia], vineyard, or *f. l.*

1260 prout ducit via de Pontelabro ad Balenzac ex parte vinerarum feodi nostri *Reg. Gasc. A* 444.

vinerator [vinera+-tor], one who works in, cultivates, or supervises vineyard, vineyard worker, vine-dresser (*cf. vineator*).

1278 in locacione unius vineratoris ultra vinum faciendum et pressandum *MinAc* 843/2 (cf. ib.: in locacione unius vineratoris ad vineam cindendam).

vinerettus [cf. CL vinum], ? of or for wine, (in quot. *dolium ~um*) wine-cask, wine-tun.

1241 iij s. quos posuit in uno dolio ~o pleno porpesii cariando ad nos *Liberate* 15 m. 6; 1241 et in uno dolio ~o pleno porpesii cariando usque ad Salopesbr' iij s. per breve r. *Pipe Chesh* 67.

vinescere [CL vinum+-escere], to become wine.

dum vinescit lymphalis hydria J. Howd. *Ph.* 55; aque vinescit ydria / dans viti testimonia *Id. Gaudia* 11. 4.

vineta v. 1 vindicta, 2 vintenarius.

vinetaria [cf. vinetarius], **vinitaria,** female wine-merchant, vintneress.

1275 Edelive vinetar[ie] pro j doleo vacuo *KR Ac* 467/6 (2) m. 11 (cf. ib.: Edelive la *vinetere*).

vinetarius, ~itarius [ME, AN *vineter, viniter*; cf. CL vinitor], **~tenarius** [ME *vintner*], **~tarius** [ME *vinter*], one who handles or sells wine, wine-merchant, vintner (also passing into surname; *v. et. vinarius, vinitor* 2).

1179 per visum Willelmi Steppewrong et Almarici ~itarii *Pipe* 176; c1190 testibus .. Radulfo vinat[er]o .. Seulfo vinat[er]o *Cart. Osney* I 336; c1200 testibus .. Malgero ~itero *Ib.* I 397 (cf. ib. II 333: Malgero vinitore); 1228 pro Ivone ~etario xx s. *Pat* 176; 1235 quod nullus ~itarius .. vendere presumat sextertium vini carius quam pro xij d. (*Cl*) *RL* I 483; 1242 villata de G., exceptis draperiis, ~itariis, et placitis apertis, reddit comp' *Pipe* 80; a1250 ~etarius vinum habeat Andegavense .. ~itarius vendat vinum per modios .. ~itarius habeat in cellario suo utres (*Nominale*) *Neues Archiv* IV 339; s1256 ~etarii qui transgressi sunt assisam *Leg. Ant. Lond.* 25; s1315 fuerunt vicecomites Londoniarum H. G. *mercer* et W. de B. ~tarius *Ann. Lond.* 236; 1380 de Johanne G. vigneterro et aldermanno DocCOx 12; 1386 in comitivis ductorum exercitus .. sunt pistor .. civis et cissor Londonii .. civis et ~eterius Londonii *RScot* II 83b; 1420 omnes mercatores ~etarii de ducatu *Foed.* IX 868a; 1573 dilecto nobis Roberto W., civi et vintenario civitatis London *Pat* 1107 m. 34.

vineterius v. vinetarius. **vinetor** v. vinitor.

vinetria [OF, ME *vinet(e)rie*], place where wine is sold or stored, vintry. **b** the Vintry of London (also w. ref. to its neighbourhood).

1260 celarium in ~ia per Adam F. *Cart. Osney* III 108; vinitria, *vyntrye* WW; c1488 in variis reparacionibus infra villam Sancti Albani factis ut .. in edificacione sex tenementorum in vintria *Reg. Whet.* I 457. **b** 1221 apud coquinas ~ie Lon' *CatAncD* I A 1647; c1262 ecclesia sancti Jacobi in ~ia *Val. Norw.* 332; c1262 ecclesia sancti Martini in ~ia *Ib.* 333; c1303 per .. Johannem de ~ia *MGL* I 122; 1303 de patronatu abbatis et conventus .. s. Martini in ~ia *Ib.* II 238.

vinetrix v. vinitrix.

1 vinetum v. vicinetum.

2 vinetum v. vimineus.

3 vinetum [CL], vineyard.

novelettum, ubi sunt vites novellae quomodo finetum *GlC* N 155; 790 adhuc novam capellam inter ~a videamus in te Alcuin *Ep.* 8; ~a .. quoque .. Gallicis et Italicis .. arvis respondent uberrimis Gosc. *Aug. Maj.* 51C; circa monasterium fecit ~a et oliveta plantari Ord. Vit. VI 3 p. 10; qui vineta colunt ortos et vomere campos M. Scot *Proph.* 141; ~um vocamus locum ubi consita est multitudo vitium Bart. Angl. XVII 180; 1407 in ~o regis (*Windsor*) *KR Ac* 754/29 m. 8; in puteis ~orum lustralibus latitabant *Ps.*-Elmh. *Hen. V* 79 p. 229; 1453 pro truncacione ~orum *Arch. Hist. Camb.* III 582.

vinetus v. vimineus.

vineus [CL], (in gl.).

~eus .. vino imbutus Osb. Glouc. *Deriv.* 610.

vinfacileon v. omphacelaeon. **vinginti** v. viginti. **vingintinarius** v. 2 vintenarius. **viniarius** v. vinarius. **viniator** v. vineator.

vinicium [dub.], (in gl.).

13.. vinicium, *foleslek MS BL Sloane* 420 f. 121r.

vinifer [LL], **~erus,** that yields wine, wine-producing. **b** (as sb. n., in gl.).

puer .. currat et uterum / mucrone lingule lambat viniferum Walt. Wimb. *Carm.* 152; ampeleos ynipheros, i. vitis †vermifera [l. vinifera] *Alph.* 6; lachryma vitis ~ere Gad. 29. 2; est vallis opulenta, frugifera, ~era, nemorosa *Eul. Hist.* I 307; *wyne* .. vineus, ~erus vinolentus .. participia CathA. **b** ~erum, *a wynpot* WW.

vinificus v. vivificus. **vinitarius** v. vinetarius.

vinitas [CL vinum+-tas], property of being wine, 'wine-ness'.

nec dubium quin panitas et ~as sunt forme substanciales Wycl. *Apost.* 134.

viniterus v. vinetarius.

vinitor [CL]

1 one who works in, cultivates, or supervises vineyard, vineyard worker, vine-dresser (also fig. or in fig. context; *v. et. vineator*); **b** (w. ref. to wine-making).

vinitor et spoliat frondentes falcibus antes Aldh. *VirgV* 179; denarium diurnum bonis ~oribus dandum Bede *Sam.* 569C; hortulanus Mariae, ~or virginis filiae Judae et plasmator amoenitatis paradysiacae Gosc. *Edith* (II) 48; 1156 in liberatione ~oris .. et in operatione vinee *Pipe* 93; c1161 vineam cum domo ~oris *Act. Hen. II* I 271; letum celeuma decantant ~ores Neckam *NR* II 167; vestes .. / sumere quas debet divini vinitor agri Garl. *Myst. Eccl.* 424; celeuma est cantus quem decantant vin[i]tores cum ad extremos antes pervenerint Odington 90; s1423 diem .. qua rupta ecclesie maceria .. fiet .. ubilibet in Christianismo ~or unus et vinea una Amund. I 149. **b** en plures debrians impendo pocula Bacchi / vinitor expressit quae flavescentibus uvis Aldh. *Aen.* 78 (*Cupa vinaria*) 2; ~or uvam quam calcat non odit Alex. Bath *Mor.* III 36 p. 150; hic ~or, *a wynemaker* WW.

2 one who handles or sells wine, wine-merchant, vintner (also passing into surname; *v. et. vinetarius*).

~or .. qui custodit vinum Osb. Glouc. *Deriv.* 610; de ~ore navigante W. Cant. *Mir. Thom.* II 30; 1188 Berengarius ~or debet dim. m. pro vino vendito contra assisam *Pat* 72; 1229 rex concessit ~oribus .. quod sextercium vini vendatur in villa *Cl* 192; 1242 civitas Roffe reddit compotum .. de fine ante judicium cum draperiis et ~oribus *Pipe* 158; c1250 carus .. Warnerius, ~or municipialis Oxonie Ad. Marsh *Ep.* 132; *a vyntner*, ~or, merothecarius CathA; mercatores .. Angli, et maxime vinetores, qui quotannis .. Burdegalam pergunt André *Hen. VII* 99.

vinitria v. vinetria.

vinitrix [cf. CL vinitor], female wine-merchant, vintneress.

1235 habere faciat Matildi de S., vinetrici Guldeford', unum dolium vini Wasconie pro uno dolio vini Wasconie quod rex ab eadem Matilde mutuo cepit *Cl* 85.

vinna [cf. MDu. *vinne*, ME *finne*], fin (of fish).

ballivus habeat caldonem cum cauda et vinis [v. l. vinnis] *MGL* I 375.

vinnetum v. vicinetum. **vinnol-** v. vinnul-.

vinnulentus [cf. CL vinnulus, vinolentus], soft, tender, or *f. l.*

vinnolenta [? l. vinnola] vox est mollis et vox flexibilis atque levis Bart. Angl. XIX 128 (cf. Isid. *Etym.* III 20. 3: vinnola est vox mollis atque flexibilis).

vinnulus [CL], (of voice or speech) soft, tender; **b** (understood as assoc. w. *vinum*).

auribus aecclesiae resonet vox vinula longe Alcuin *Carm.* 69. 187; alia [vox] vinnola, que est mollis et flexibilis Odington 71 (cf. Isid. *Etym.* III 20. 12: vinnola est vox mollis atque flexibilis. int vinnola dicta a vinno hoc est cincinno molliter flexo). **b** vineus .. vino imbutus, quod etiam vinulus dicitur, unde Plautus 'oratione vinula venustula' [Plaut. *Asin.* 223: vinnula] Osb. Glouc. *Deriv.* 610.

vinnus [LL], (in gl.).

9.. hic cicinnus, i. ~us, *loc WW* (cf. Isid. *Etym.* III 20. 12).

vinolentia [CL], intoxication with wine, inebriation, (also) immoderate drinking of wine (esp. to point of inebriation, as act or habit).

in desideriis, ~iis, comesationibus, potationibus, et inlicitis idolorum cultibus vitam ducunt BEDE *Sam.* 586B; inpulsio est, quae sine cogitatione per quandam affectionem animi facere aliquid hortatur, ut amor, iracundia, aegritudo, ~ia ALCUIN *Rhet.* 17; ~ia .. ebrietas OSB. GLOUC. *Deriv.* 610; Mero .. nutritor ~e dicitur ALB. LOND. *DG* 12. 3; si .. modum nature .. immoderata voracitate excedis, et ~ia te ingurgites .. GIR. *GE* II 19 p. 259; Machometus .. cum ~iam tanquam spurciciam abhorreret .. corruit ipse in platea vinolentus ubi .. a porcis .. corrosus est HIGD. V 14 p. 38.

vinolentus [CL], intoxicated with wine, inebriated, (also) immoderate in drinking wine (esp. to point of inebriation, w. ref. to act or habit).

ornatum, 'non ~um, non percussorem, sed modestum' [*I Tim.* iii 3] GILDAS *EB* 108; **s1012** fuerunt .. eodem die nimis ~i *AS Chr.*; violentos principes, ~os presules ADEL. *QN intr.*; ~us .. vino plenus OSB. GLOUC. *Deriv.* 610; a ~o et saturo leviter optinet quod quesierat MAP *NC* IV 11 f. 53; erat .. ~us et luxuriosus *Chr. Evesham* 104; cum .. ~i adolescentes mulieris pudice fores frangere molirentur .. BACON *Tert.* 299.

vinosus [CL]

1 intoxicated with wine, inebriated, (also) immoderate in drinking wine (esp. to point of inebriation, w. ref. to act or habit).

'laudibus arguitur vini vinosus Homerus' [Hor. *Ep.* I 19. 6] et Plato ab eisdem vinosus convincitur extitisse J. SAL. *Pol.* 747B; ~us .. vino plenus OSB. GLOUC. *Deriv.* 610; Christum .. quem Judaica superstitio nunc fabri filium, nunc ~um, nunc voratorem carnium .. vocans .. P. BLOIS *Ep.* 100. 311C; vini †lanta [l. tanta] virtus est ut vix quilibet ~us sextarium in mense totum bibat ALB. LOND. *DG* 12. 3; tu nos vinosos reprobas et desidiosos H. AVR. *Poems* 93. 28.

2 that has the nature or quality of wine, (in quot.) of the colour of wine, wine-coloured.

hec .. tunica [uvea] ad modum spongie est quodammodo porosa et ~a BART. ANGL. V 4; color ~us yridis, qui et purpureus dicitur BACON XIV 74; materia .. minus spissa, videtur viridis esse; et si minus, videtur ~a, et rubea *Id. Maj.* II 193.

3 (as sb. f., in gl.).

de vite et materiis ipsius .. hec vinea, est locus ubique usitatus .. hec venosa idem est *WW.*

vintarius v. vinetarius.

vintena [OF, AN *vinte(i)ne*], group or set of twenty, score. **b** (mil.) company of twenty, 'vintaine'. **c** ? period of twenty days.

1315 pro lx milibus de *stocfissh* et xij vintonis de *moru Cl* 133 m. 25. **b 1319** millenarios, centenarios, et vintenarios pro predicto numero quatuor milium .. peditum in millenis, centenis, et ~is *RScot* 200a; **1322** in ~is et centenis et constabulariis *Cl* 139 m. 3; **1324** arraientur, equites in constabulariis, pedites in centenis et ~is (*RGasc*) *Foed.* IV 78; **1404** in arraiacione, ut in millenis, centenis, et ~is *RParl* III 527a; **1434** omnes homines ad arma armatos .. muniri et in millenis, centenis, et ~is poni *ActPC* IV 275. **c 1206** quod .. facias eis habere liberationes suas de una ~a et nobis scire facias quando illa ~a finiatur *Cl* 63a.

vintenaria [cf. vintenarius, vintena], (mil.) company of twenty.

1322 R. le L. vintenarius recepit pro se et ~a sua .. pro xiiij diebus cii s. viiij d. quia quatuor fuerunt equites. W. le T. vintenarius recepit pro se et ~a sua per idem tempus iiij li. xv s. viiij d. *Rec. Leic.* I 332.

1 vintenarius v. vinetarius.

2 vintenarius [vintena+-arius], (esp. mil.) person in charge of (company of) twenty.

1277 xxxij ~ii quolibet prec. ut supra pro vadiis suis *KR Ac* 3/11 m. 1; **1278** item liberat' Waltero le B. vingintinario *Ib.* 485/22 m. 6; **1284** David de W., vintenar' fossat' .. pro stipendiis suis *Ib.* 351/9 m. 10; **1286** iiij .. clericis et vij ~ii quorum quilibet de iiij perc' per sept' xxj d. et quilibet de vij xij d. pro stipend' suis per predictas iij sept' *Ib.* 485/26 m. 3 (cf. *Building in Eng.* 54); **c1287** liber' pro vadiis iiij ~iorum dictorum satellitum *Ib.* 231/4 (cf. ib.: satellitum ~iorum); **1291** cum vadiis constabulariorum et †vinetarum [*Pipe* 136 m. 33: vintenar'] eisdem intendencium in guerra predicta (*Pipe* (*Chanc.*)) OXNEAD *Chr. app.* 334; **1294** fuerunt de vintenar' in servicio .. regis ad transfretacionem .. usque Vasconiam et .. recesserunt de servicio *Gaol Del.* 92 r. 10; **1295** †vimenarius [MS: vintenarius] iij d. et decenarius similiter (*Chanc. Misc.* 2/12) *RGasc* III cl; **1319** millenarios, centenarios, et ~ios *RScot* 200a; **1340** pro vadiis .. ij proclamatorum, xvj standardar', et xxx vintenar', quolibet ad iiij d. *TR Bk* 203 p. 287; **1355** cc pedites sine vyntenariis *Illust. Scot.* 60.

vintona v. vintena. **vintor** v. vinitor. **vintria** v. vinetria. **vintus** v. vincire.

vinulum [LL], (small quantity of) wine.

si negat indigo caupona vinulum, / si negas misero, Maria, poculum WALT. WIMB. *Carm.* 135; necdum [vulgus] dejecerat hesternum vinulum / et ecce sanguinis jam sitit poculum *Ib.* 556.

vinulus v. vinnulus.

vinum [CL]

1 (grape) wine (also fig. or in fig. context); **b** (dist. acc. origin or appellation).

veluti madidus ~o de sodomitana vite expresso GILDAS *EB* 33; **c710** ut .. praepararent omnes ecclesiae .. panem et ~um in mysterium carnis et sanguinis agni immaculati (*Lit. Ceolfridi*) BEDE *HE* V 21 p. 336; **751** sub regula .. Benedicti viventes .. absque carne et ~o, absque sicera et servis BONIF. *Ep.* 86 p. 193; reddit xx modios ~i (*Essex*) *DB* II 43v; **1187** pro ij doliis albi ~i et ij rubei ~i *Pipe* 203; ipsi calicem ~i myrrhati in passione sua propinati lego J. FORD *Serm.* 22. 8; in vinum convertit aquas prece matris aquarum / conditor [cf. *Joh.* ii 1–11], at nunquam cervisiavit eas P. BLOIS *Cervisia* 1155D; **1236** ~um .. deformat .. in homine Dei imaginem, usum rationis auferendo .. vitam abbreviat GROS. *Ep.* 22 p. 73; **1242** exploratori ~orum venientium ad portum de Sandwic' *Pipe* 139; **1343** pro conduccione unius domus pro †vivis [l. vinis] domini regis *ExchScot* 528; **1349** omnia ~a de *portages* que inter alia ~a .. in quadam navi .. arestatis *Cl* 185 m. 23; potus sit ~um bonum subtile aromaticum delectabile subrubeum aut album mediocre non aquosum GAD. 123v. 2; duriciam Gallicorum, quam nec lac caprinum demulcens nec ~um ultionis devorans .. poterunt emollire *G. Hen. V* 25. **b** qui mutavit aquam in ~a Falerna nunc quoque nostra benedicat pocula *Miss. Leofric* 8; **1175** pro iiij tonellis de ~o Franc' *Pipe* 16; **1184** pro xx tonellis ~i Anglici emptis ad opus regis *Ib.* 113; **c1241** pro m et dcc et xlij doliis ~i Gallici, Wasconiensis, Andegaviensis et Oblinqui et de Sancto Johanne diversimode emptis *Ib.* 138; **1383** pro ~is Vasconie, de Rupella, Oseye et de Ispania ac ~is de Rino *Foed.* VII 378; **1458** pro una pipa ~i Belnensis, viz. Beane *ExchScot* 384; **c1532** pro ~o reniseto *Househ. Bk. Durh.* 148.

2 (*~um acre, acerbum*, or sim.) vinegar or vinegary wine (*v. et. vinacrum, vinegra*); **b** (dist. from *acetum*).

utrum de .. aceto, quod ~um acre dicitur .. [sanguis Domini] confici valeat, questio est GIR. *GE* I 8; **1289** summa credencie cervisie amigdalarum et ~i aceti, xxiij s. iij d. *Doc. W. Abb. Westm.* 171; **c1304** pro xxx soldatis ~i acerbi (*Ac. Sandwich*) *EEC* 316; **1415** pro .. ~o agro *Analog. Cant. Pilg.* 15; **1453** liberasse [vinum] in dictum officium scutellarii pro ~o acro inde fiendo *Ac. H. Buckingham* 36; **1439** in precio .. viij lagenarum ~i acri albi *KR Ac* 503/7 m. 1. **b 1302** vinum acr' et acetum. idem respondet de xxiiij lagenis ~i acr' receptis .. et de xxviij lagenis acet' receptis *MinAc* 997/13; **1303** de stauro regis .. iij lag' aceti, dim. lag' vini acri *KR Ac* 365/12 m. 3; sapa est acetum parum dulce, vel ~um acidum parum dulce *SB* 37.

3 wine-like drink (esp. applied to drinks containing alcohol and made from fermented juice of fruit), 'wine' (dist. acc. ingredient).

~um piretum [*gl.*: de piris] NECKAM *Ut.* 98; sicera est ~um de pomis *SB* 39; ad oris custodiam .. oportet sugere granata .. et gargarizare ~um eorum GAD. 41v. 2.

†**vinutis**, *f. l.*

1211 in alliis et scalonibus emptis ad plantandum xvj d., in ij libris oinunnett' vj d., in †vinutis [? l. v inulis] xv d., in porettis ij d. ob. *Pipe Wint.* 154.

1 viola v. 1 fiola.

2 viola v. phiala.

3 viola [CL], (also w. *herba*) violet or sim. plant or flower (also fig. or in fig. context). **b** (*~a alba*) stock (*Matthiola incana*), wallflower (*Cheiranthus cheiri*), or ? dame's violet (*Hesperis matronalis*). **c** (*~a purpurea* or *nigra*) sweet violet (*Viola odorata*). **d** (*~a lutea* or *aurosa*) wallflower (*Cheiranthus cheiri*) or sim. plant. **e** (*~a canina sylvestris*) dog violet (*Viola riviniana*). **f** (*~a minor*) ? heath violet (*Viola canina*). **g** (*~a assurgens tricolor*) heartsease (*Viola tricolor*). **h** (*~a flammea*) French marigold (*Tagetes patula*). **i** (*~a bulbosa*) snowdrop (*Galanthus nivalis*). **j** wild rue (*Peganum harmala*).

illic et sophiae clarescat lilia candens, / justitiae violis variet per tempora fulgor ALCUIN *Carm.* 14. 10; herba ~a, *þæt is ban pirt Leechdoms* I 62 (cf. *WW* (v. d infra): **10..**); et rosis et liliis et ~is noster Salomon .. cooperitur GOSC. *Lib. Confort.* 55; violarum livor ethereus J. HOWD. *Ph.* 1073; flos ~e est purpureus .. et ista ~a frigidior est *Quaest. Salern.* B 237; **12..** ~a, i. *viole* i. *appelleaf WW*; fiat embrocacio post ex ordeo et ~is et camomilla decoctis in aqua calida GAD. 50v. 2; hec ~a, *a vyolytte WW.* **b** iu, ~a alba idem, et est alia rubea *Alph.* 86; leucis, i. ~a alba, projectorie est virtutis et extenuatorie sed flos plus *Ib.* 98; **13..** ~a alba, G. *raycele MS BL Sloane 5* f. 12va; **14..** ~a alba, A. *racyl MS BL Sloane 347* f. 97r; ~a alba *is called in greeke Leucoion. There are diverse sortes of Leucoio. One is called in English .. wal Geleflоure* TURNER *Herb Names* (1965) 134. **c** ~a nigra sive purpurea *is called in greeke Ion melan, in englishe a violet* TURNER *Herb Names* (1965) 134; **1578** *the sweete Violet is called .. in Latine* ~a nigra, ~a purpurea (LYTE *Niewe Herball*) *OED* s. v. *violet.* **d 9..** filia aurisa [v. l. viola aurosa], *banwyrt WW*; **10..** ~a aurosa et ~a purpurea, *banwyrt WW*; ~a martia lutea, *yellow violets* (GERARD *Herball*) *OED* s. v. *violet.* **e** ~a canina sylvestris, *dogs violets, or wilde violets* (GERARD *Herball*) *OED* s. v. *violet.* **f 14..** ~a minor, A. *þe lasse violet, ungulwort or maylewort MS BL Sloane 3545* f. 10v. **g** *the upright pancie is called ..* ~a assurgens .. tricolor *that is to say straight, or upright violet three coloured* (GERARD *Herball*) *OED* s. v. *violet.* **h** ~a flammea .. *otherwyse called Phlox or Phlogion .. and in English velvet floure or French marigoulde* TURNER *Herb Names* (1965) 134. **i** ~a bulbosa *or bulbed violet .. in English we may call it the bulbose violet* (GERARD *Herball*) *OED* s. v. *violet.* **j** ruta, bissara, herba ~a idem *Alph.* 157 (cf. ib. 26: brissaca, ~a idem).

violabiliter [CL violabilis+-ter], impiously, profanely.

per binariam conjugacionem extitit tam ~er maculatus fere in bigamo articulo quod illi vix dispensacionis antitodum [*sic*] potuimus impertiri, ut .. *Dictamen* 343.

violaceus [CL], **~ius**

1 (also w. *color*) of the colour of violets, violet. **b** (as sb. n.) violet-coloured cloth.

amethystus purpureus est, permixto violatio [ed. *PL*: violaceo] colore et quasi rosae nitore BEDE *Apoc.* 202B; ametistus precipuus, / decore violaceus, / flammas emittit aureas / nitelasque purpureas FRITH. *Cives* 13; tunicam epistolariam ~iam similem casule principali *Flor. Hist.* II 45; **1368** casulam, tunicam, et dalmaticam, cum capa de velveto ~io (*Test. Episc.*) *Reg. Exon.* 1550; **1368** cum capa .. ~ii coloris (*Test. Episc.*) *Ib.* **b** sex casulas, unam viz. de ~io et alteram similiter de ~io cum crucifixo in tergo *Chr. Evesham* 288; unam casulam cum duabus tunicis ex ~io *Ib.* 292.

2 of or made from violets, (esp.) flavoured or scented with violet petals.

oleum .. ~eum super cor et hepar, ac fronti ejus apposui P. BLOIS *Ep.* 43. 127A; auribus infusus, succus violaceus aufert / suspectum medico murmur in aure sonans NECKAM *DS* VII 339; syrupus ~eus valens pleuresi GILB. IV 193v. 2; pro ij libris zuchare ~ee ij s. *Househ. Henry* 413; in hyeme debet fieri inunctio cum oleis calidis .. et in estate cum frigidis, sicut oleum ~eum BACON IX 85; oleum ~ium, i. oleum ex floribus violarum *Alph.* 128.

violar- v. 1 violarius.

violare [CL]

1 to violate (the sanctity of), profane, pollute, defile (also transf.).

naturae humanae integritatem ~ando BEDE *Luke* 469A; c**957** quominus posteritas ~are audeat hoc donum Deo .. oblatum omni regali sarcina solutum *CS* 936; ita si homo templum Dei, sc. seipsum, mortali crimine ~averit, atque per penitentiam denuo non remundaverit, demonium habitatio erit HON. *GA* 596D; c**1135** si quis .. elemosinam nostram ~are vel auferre a predicta ecclesia presumpserit *Ch. Westm.* 250; septimanam Pentecostes .. ~avit nefariis actibus ORD. VIT. XIII 23 p. 60; si quis vero salvitatem Silve Majoris aliqua temeritate ~averit *Act. Hen. II* I 120; fidei .. religionem .. quotidie ~are nec verecundantur nec verentur GIR. *TH* III 20; eos .. specialiter redarguit quicunque sunt illi qui castitatem ~ant conjugalem HOLCOT *Wisd.* 147; **1443** in Oxonia .. multiplicantur perjuria .. ista sunt magna .. mala .. que a diu Oxoniam ~arunt *MunAcOx* 536.

2 to violate the physical purity of, spoil, mar, foul, contaminate. **b** to damage.

si quis aliquid vendat quod canis vel mus vel mustela ~avit vel cdere incepit .. *Conc.* I 139; prospicere, ne callidus hostis .. ~are valeat bonae vitae propositum ANSELM (*Ep.* 131) III 274; ubi est cristallus ~ata? ubi imminuta? ubi adaucta? ubi est fracta? ubi rejuncta? *Id. Misc.* 303; sol lucet per medium vitri nec ~at substantiam AD. DORE *Pictor* 151; **1275** preceptum quod homines de S. non braciant quia per brac' adnichilantur et ~antur blada *CourtR A. Stratton* 28; Thomam Grey, militem famosum et nobilem si non eum hec proditionis macula ~asset *G. Hen. V* 2. **b** s**1247** inventa est novi cunei impressio, sc. talis ut .. crucis brachia duplicia extenderentur; in cujus denarii rotunditate si quid de cruce illa fuisset ~atum, pro retonso haberetur M. PAR. *Min.* III 27–8; [rescriptum non valet] si aliqua pars sigilli vel bulle vel carte fuerit ~ata RIC. ANGL. *Summa* 32 p. 55.

3 to violate the physical integrity of, break into, pierce.

fronti gentilis illisit .. ut osse penetrato cerebrum ~aretur W. MALM. *GP* III 100 p. 215; s**1170** cum magno impetu gladium suum in testam sancti martyris profundius incussit, et cerebrum ~avit GERV. CANT. *Chr.* 227.

4 to violate sexually (w. ref. to rape, adultery, incest, *etc.*).

stuprum dicitur si quis virginem ~averit antea intactam *Comm. Cant.* I 185; a**747** qui uxorem domini sui adulterio ~averit BONIF. *Ep.* 73; commatres vel filiolas violare refutes D. BEC. 540; Dedalum .. legimus Pasiphe regine vaccam fecisse in qua inclusa a tauro ~ata est BERN. *Comm. Aen.* 37; manente virginitate cartilago pirule nasi sentitur indivisibilis sed si est ~ata sentitur partibilis M. SCOT *Phys.* 24 f. 16rb; **1301** W. de W. *tynkeler* felonice rapuit A. uxorem J. M. .. et ipsam ~avit invitam *SelCCoron* 114.

5 to break or fail to observe, transgress (against), infringe. **b** to disturb (peace).

legitimos terminos Paschae aperta transgressione ~ant (*Lit. Ceolfridi*) BEDE *HE* V 21 p. 338; ~ati juris severus ultor W. MALM. *GR* II 156; lex Dei passim ~atur et ecclesiasticus rigor pene ab omnibus dissolvitur ORD. VIT. IV 5 p. 194; eo quod sue jura ecclesie ~asset *V. Edm. Rich P* 1822C; ut omnis per quem hec statucio ~aretur privaretur ab ipso regno celesti *Cart. Glast.* I 127; s**1324** quod sero pepigerat mane ~abatur *Flor. Hist.* III 228. **b** c**1160** ne aliquis ita sit temerius [*Kelso* 21: temerarius] ut pacem predicte ecclesie et meam .. audeat ~are *Regesta Scot.* 219.

6 to treat with violence, violate, outrage.

1027 (**1242**) si aliquis adversariorum assurexerit, si salvitatos ~averit, mille libras auri .. fratribus componat *RGasc* I 150b.

violaria [cf. CL violaris, violarius], (bot.) wallflower (*Cheiranthus cheiri*) or sim. plant or flower (also w. *herba*).

~a sanat, plantago calorem cohercet et curat GILB. I 86. 1; comfortativa qualia sunt succus herbe ~e .. *Ib.* III 134. 1; ~a habet florem aurosum, A. *walfair Alph.* 191; keiri, i. ~a. crescit super muros cum floribus

croceis in Aprili *SB* 26; viola flos est herbe que dicitur ~a *SB* 43.

violarium v. phialarium.

1 violarius, *var. sp. of* fiolarius [fiola+-arius], player of viol or sim., fiddler (*v. et.* viellarius, fidularius).

1313 regi Druetto violar' et Johanni Perle trumpar', menestrallis domini comitis, facientibus menestralciam suam *KR Ac* 374/19 f. 8.

2 violarius [CL], one who dyes garments violet.

'flaminarii violarii carinarii' [Plaut. *Aul.* 510] OSB. GLOUC. *Deriv.* 176.

violata v. 1 violetta.

violaticus [cf. violetticus, violaceus], violet-coloured.

duas stolas cum manipulis, unam de serico ~o *Chr. Evesham* 282.

violatio [CL]

1 profanation, desecration, violation, pollution, defilement (also transf.).

de ~one caritatis, quam qui semen Dei .. in se habet committere non potest BEDE *Ep. Cath.* 102A; sacramenta confessionis violat .. ab unitate ecclesiae, quae est corpus Christi, per tanti ~onem sacramenti se praescindit LANFR. *Cel. Conf.* 628C; pro ~one domus Dei et captione sacerdotis Christi et effusione sanguinis Christianorum excommunicavit ORD. VIT. X 1 p. 7; si appellatur quis de ~one ecclesie vel camere (*Leis Will.*) *GAS* 503; nullam integritatis sue ~onem, nullam boni status sui minorationem ANDR. S. VICT. *Dan.* 65; ex corruptione matris nostre et ex ~one genetricis nostre nos misera progenies ejus .. infecti sumus J. FORD *Serm.* 101. 7; adulterium dicitur alterius thori ~o LYNDW. 58f.

2 infringement, transgression, trespass. **b** disturbance (of peace).

magis est debitor servare veritatem in prima et libera promissione quam in ejusdem primae promissionis ~one ANSELM (*Ep.* 113) III 247; habet rex has [consuetudines]: ~onem monete [*Quad.*: forisfacturam expeditionis] quod Angli vocant *feohpite* (*Inst. Cnuti*) *GAS* 319; manus vestras .. non extendatis inviolationem [l. in violationem] date et consuete .. gratie nostre *Reg. Paisley* 67; **1330** pro invasione et ~one jurium et libertatum ecclesie *Lit. Cant.* I 313; **1463** de tali attemptacione seu ~one *RScot* 409b; **1473** ad dictarum treugarum ~onem et in parte rupturam *Ib.* 436a; a**1533** in .. regularis observantie ~onem (*Vis. Leicester*) *EHR* IV 305. **b** c**1442** propter retraccionem gladii versus Johannem .. in ~onem pacis *MunAcOx* 530.

violatius v. violaceus.

1 violator v. fiolator.

2 violator [CL]

1 one who profanes or defiles, violator.

s**1140** legatus .. omnes effractores cimiteriorum et ~ores ecclesiarum .. excommunicavit W. MALM. *HN* 483; sacrilegos sacrarum ~ores rerum ORD. VIT. VI 5 p. 28; **1264** in nos tanquam in ecclesie ~ores .. excommunicacionis sentencias .. subanathematizare (*Lit. Regis*) *EHR* XVI 501; omnes hujusmodi ~ores et pollutores *Conc. Scot.* I cclxxix.

2 one who violates sexually.

~or virginis .. vas oblatum Deo .. dementi temeritate polluisti ROB. FLAMB. *Pen.* 278.

3 one who breaks or fails to observe, transgressor. **b** disturber (of peace).

1072 prisce consuetudinis ~or causa erat istius scandali LANFR. *Ep.* 3 (4); omnes .. sacrilegos, perjuros, fidei ~ores OSB. *V. Dunst.* 34; curabat Dominus languentes et ~or Sabbati dicebatur P. BLOIS *Ep.* 45. 131B; s**1237** fecit in publico innovare sententiam .. in omnes ejusdem carte contradictores et ~ores M. PAR. *Maj.* III 382; **1368** punicio .. ~orum assise mensurarum et ponderum *RScot* 919a; **1451** tanquam effractores et ~ores treugarum *Ib.* 354a; c**1559** vocentur .. ~ores sequestri, et puniantur *Conc. Scot.* II 158. **b** ecclesie expugnatores dominice pacis ~ores GOSC. *Transl. Mild.* 23.

4 murderer.

ad Gaium Cassium ~orem dictatoris mordacius scripsit [Cicero] J. SAL. *Pol.* 509B.

5 (in gl.).

hic natrix, -cis, ~or aquarum [cf. Lucan *Bell. Civ.* IX 720] *WW*.

violatrix [LL], one (f.) who breaks or fails to observe, transgressor.

hujus decreti [sc. de sanctimonialibus] que inventa fuerit ~ix, anathemati subjaceat *Conc. Syn.* 778 (=GERV. CANT. *Chr.* 108).

1 violatus [CL viola+-atus; cf. AN, ME *violat(e)*, violettus], of or made from violets, (esp.) flavoured or scented with violet petals (*cf.* violaceus).

1226 mittatis .. j libram de zukaro ~o *Cl* 92b; unguentum .. cum oleo ~o supponatur GILB. I 27. 2; fiat inunctio cum frigidis ut oleo ~o rosato *Ib.* I 56v. 1; pro ij libris zuchare rosacee et ij libris zuchare ~e *Househ. Henry* 411; **1285** in .. iij^cj libris dimidia zucarie ~e *Rec. Wardr.* 2349.

2 violatus [CL violare+-tus], profanation, violation.

et judices a ~u templi Domini liberi fierent PULL. *Sent.* 904C.

violens [CL]

1 aggressive, violent.

ultor / luxus avaricie, violens exactor honesti HANV. VII 58; nec impetuosus / sis .. / pauperibus umquam non monstres te violentem *Dietarium* 55.

2 (very) strong, forceful, or powerful (in action), violent (esp. w. ref. to harmful or destructive action).

710 dicebat .. se per ~entis aegritudinis dolorem corporis gravidine subito exutum fuisse BONIF. *Ep.* 10; Africus et violens spumosas verrit harenas *Altercatio* 61; ut tam ~enti volutione exhalescat ether in flammam ADEL. *QN* 73; malleo ~enti repelli R. COLD. *Cuthb.* 46; venenum ~entes et laxativas habet qualitates *Quaest. Salern.* Ba 11.

violentare [CL violentus+-are], to compel by force or violence, force (also w. *ad*).

posset probari .. quod gracia confirmacionis ~aret voluntatem confirmati ad non peccandum et ad beatificum actum suum BRADW. *CD* 370B; nunc .. licet forma contra quam inclinatur receptivum non inducatur nisi per agens ~ans passum DUNS *Ord.* I 36; si non esset potentia omnino ad aliquid non posset ~ari *Id. Metaph.* IX 12 p. 577; ista natura humana .. non est in potentia secundum se magis determinatur ad non dependendum sic et tunc dependendo a Verbo ~atur OCKHAM *Quodl.* 332; voluntas beati etsi necessitatur, quia tamen non ~atur, ideo non dicitur proprie ista necessitas coactio RIC. ARMAGH *Sent.* 417; non impellens vel ~ans ad aliquid WYCL. *Dom. Div.* 121; partes ejus [sc. corporis] non ~ant se reciproce .. aliter foret terra ~ata *Id. Trin.* 58.

violenter [CL]

1 with or by (physical) force or violence, forcibly; **b** (as opp. to naturally); **c** (transf., w. ref. to intellectual action).

nec episcopus debet ~er retinere abbatem in loco suo THEOD. *Pen.* II 6. 2; nulli episcoporum liceat ea [monasteria] in aliquo inquietare nec quicquam de eorum rebus ~er abstrahere BEDE *HE* IV 5 p. 216; siquis alicujus curiam vel domum ~er effregerit .. *DB* I 154vb; quam traxerit olim ~er ac turbolenter in carcerem J. FORD *Serm.* 77. 3; amor tuus .. est .. vendibilis aut potest ~er [ME: *wið strengðe*] rapi *Ancr R* 157; ipsum hurtando et propulsando cum violencia huc et illuc et ~er trahendo per vestes *FormMan* 2; s**1381** cognovi tresdecim Flandrenses ~er extractos fuisse de ecclesia Fratrum Augustiniensium WALS. *HA* I 462; **1448** Walteri de O. .. venientis ad scaccarium regis ~er et contra ejus voluntatem *ExchScot* 326. **b** virtus .. detinet aquas ~er superius FISHACRE *Quaest.* 47; si sol eternaliter esset sursum ~er, motus contrarius esset ei possibilis *Ib.* 51; materia .. prima .. non ~er sed naturaliter quiescit DUNS *Ord.* II 16. **c** verba Innocentii III .. nisi ~er et contra intellectum quem prima facie sonant exponantur, sapiunt heresim manifestam OCKHAM *Pol.* I 39.

2 with great strength, intensity, or powerful effect, vehemently, violently.

tumultuantur digitorum juncturae quando aliquis manus suas ~ius conatur protendere W. MALM. *GP* V 269; cogitatio illicita .. ~er se ingerens, vehementer te vastaverit AD. SCOT *QEC* 879D; inpegit .. super eum ~issime ventus superbie GROS. *Dicta* 44.

violentia [CL]

1 harmful exercise of physical force, (act of) violence (also fig. or in fig. context); **b** (w. ref. to rape).

leo .. et ursus .. hic fraudulentiam, ~am ille, uterque nequitiam daemoniorum figuraliter exprimit BEDE *Sam.* 617C; quanto se attentius ad .. repellendas irruentium tentationum ~as accingunt, tanto ampliorem subditis Domino serviendi libertatem tribuunt *Id. Tab.* 430B; impossibilitas portat secum impotentiam, et necessitas ~am ANSELM *Misc.* 342; cum multis ~is et peccatis non posset de regno Francorum summa illa pecunie extorqueri P. BLOIS *Ep.* 47. 140C; in his avibus .. quibus .. precipue ad vivendum viribus opus est et ~a GIR. *TH* I 12; magi .. ~a carminis interimunt WALT. WIMB. *Elem.* 323; ~a fieret scripture si diceretur quod .. OCKHAM *Pol.* I 345. **b** hidae quietae .. a forisfactura sanguinis et feminae ~a *DB* I 269vb; ~a virgini vel vidue facta (*Leg. Hen.* 13. 6) *GAS* 558; ipsam supinam .. ~a tota violare paravi MAP *NC* III 2 f. 36v.

2 (violent) offence, outrage, violation (also leg.).

c1150 volo ut firmiter et quiete sine alicujus vexatione et ~a omnes possessiones suas .. teneant *Ch. Chester* 95; **s1234** tunc consiliarii sepedicti, ~a proditiosa, subrepto sigillo regio .. illis omnia .. concesserunt M. PAR. *Maj.* III 266; ipsi diripuissent bona mercatorum. episcopus misit istum .. ad capiendum quosdam homines .. qui dicebantur fecisse ~am illam *Feod. Durh.* 246; **1422** ad inferendum nobis .. graves et dampnosas injurias .. et ~as hostiles .. infra territorium *Melrose* 544.

3 act of forcing, force.

si .. ab illo ubi exeat sol, non exibit ab eo per sui naturam sed per ~am J. BLUND *An.* 4; donec factus fuerit motus proportionatus ~e moventis DUNS *Metaph.* IX 15 p. 617.

4 exertion or action of great force or power (esp. as harmful or destructive), violence (also transf.).

si sepe post ~am cogitationis semen fuderit, peniteat xx dies THEOD. *Pen.* I 8. 7 (cf. ib. I 8. 3: si per cogitationem semen fuderit ..); pelliculam vituli .. clavis affixam ~is procellarum opposuit BEDE *CuthbP* 46; aiunt .. quod nuper creatarum rerum teneritudo ~am estivi caloris minime pateretur BERN. *Comm. Aen.* 77; libenter refringebant impetum propter ~am denariorum W. MALM. *GP* I 68; flatus ~a terga maris verrebat *Id. GR* IV 320; in primis .. mensibus suam obtinebat [sc. sanguis] ~am *Quaest. Salern.* B 294; [navis] rapitur et attrahitur fluctuum ~a GIR. *TH* II 14.

violentus [CL]

1 characterized by, disposed to, or acting with harmful exercise of physical force, violent (esp. of conduct, also transf.).

tibi ex voto ~i regni fantasia cessit GILDAS *EB* 34; ~us, *wælgrim GlP* 849; hec sunt jura que rex Anglie solus .. habet .. ~us concubitus, raptus (*Leg. Hen.* 10. 1) *GAS* 556; rex .. vi negantem [mulierculam] aggreditur et quadam nocte in nichil tale metuentis amplexus subit ~us W. MALM. *GP* V 259 p. 413; falcones .. ictu [sc. predas] concutiunt ~o GIR. *TH* I 12; tam ~um, tam impudentem rerum ecclesiasticarum invasorem M. PAR. *Maj.* V 344; **s1263** majores urbium .. ~is ausibus opprimebant WYKES 138; **s1296** necnon insultus et invasiones ~as W. GUISB. 276; **c1410** pro extraccione armorum ~a *StatOx* 205; **1446** manus ~as in dominum J. M. .. injecerunt *Eng. Clergy* 206.

2 (esp. phil.) caused or effected by force, forcible, forced, constrained (as opp. to natural or spontaneous).

ut potioris sit meriti munus quod libero spontaneae voluntatis arbitrio offertur quam quod ~i rigido praecepti imperio complendum jubetur ALDH. *VirgP* 18; ~um .. dicimus cujus exterius est principium ALF. ANGL. *Cor* 9. 6; ille motus est ~us et non naturalis J. BLUND *An.* 4; ~um per se, sicut et naturale, sumitur ex parte passi DUNS *Metaph.* IX 12 p. 576; nonne et secundum philosophos nullum innaturale aut ~um eternum? BRADW. *CD* 142E; Edwardi interitus aut naturalis aut ~us indifferenter complaceret MORE *Chr. Ed. II* 317; certissimum est nullum ~um perpetuum; et juxta Aristotelis regulam, omne ~um .. ad suam redire naturam CHAUNDLER *Laud.* 116.

3 (very) strong, forceful, or powerful (in action), violent (esp. w. ref. to harmful or destructive action); **b** (of medicine, procedure, or sim.).

quid te tam ~i peccatorum gurgites .. non satiant GILDAS *EB* 31; si ~ior aura insisteret .. obnixius orationi incumberet BEDE *HE* IV 3 p. 210; **1166** verum nulla doloris causa valentior aut ~ior est quam hec J. SAL. *Ep.* 161 (159); his omnibus ~ior est amor Christi: profundior, interior, acutior .. cujus vim omnis amoris comparatio nec excedere potest BALD. CANT. *Serm.* 12. 4. 479A; aeris inclusi et per fenestras occultas sensim exhalantis, subita .. et ~a .. eruptio GIR. *IK* I 2; ~a quedam maris attractio *Id. TH* II 3; cum igne ~issimo distilla RIPLEY 201. **b** laxativas quasdam et ~as medicinas accipere D. LOND. *Ep.* 4; facta purgatione quam monuimus non esse multam nec ~am sed paulatinam GILB. I 48v. 1; utraque [hernia] fit a .. levatione ~a nixutoria vel nixu noxio ludi *Ib.* VII 289v. 1; est .. herba .. ~a .. et recipienda medicinaliter cum cautela BART. ANGL. XVII 55.

4 (of argument, suspicion, or sim.) powerful, overwhelming, (very) strong.

~issimas [Aldhelmi] assertiones exornat color rethoricus W. MALM. *GP* V 196; **1237** sacerdos deprehensus .. in incontinentia vel in suspicione ~a *Conc.* I 641; si .. ~a presumptio se faciat .. ut ecce maritus probatur propter aliquam infirmitatem .. non concubuisse cum uxore .. BRACTON f. 63b; **1325** deponunt quod vehementem et ~am presumpcionem et suspicionem habent quod .. *Lit. Cant.* I 147; nisi apparerent presumpciones ~e quod papa vellet .. Christianitatem destruere OCKHAM *Dial.* 569; **1428** ~am suspicionem heresis et erroris .. incurrendo *Reg. Cant.* III 200.

violeta v. 1 violetta. **violeticus** v. violetticus.

1 violetta [OF, AN, ME *viole(t)t(e)*], plant or flower of the genus *viola*, violet.

pro oleo amigdalorum et oleo ~ete emptis ad opus domini Alianore *Househ. Henry* 413; **a1413** j casula de nigro sicladone pulverizato cum crescentibus, rosis et ~ettis AMUND. II *app.* 340; conserva violate [? l. violata, violete i. e. violette] *Invent. Med.* 26; hec ~eta, *a violet WW*.

2 violetta v. violettus.

violetticus [violetta+-icus], (w. *color*) of the colour of violets, violet.

dedit .. stolam principalem colore ~etico SWAFHAM 101; **1415** lego R. H. unam togam ~etici coloris *embraudit Reg. Cant.* II 89.

violettum v. violettus.

violettus [AN, ME *violet*; cf. violatus]

1 (also w. *color*) of the colour of violets, violet. **b** (as sb.) violet-coloured cloth.

c1325 de .. j panno launeo integro de ~o colore *LTR Ac* 14 r. 6d.; **1349** iij uln' panni longi ~i in grano (*KR Ac*) *Arch.* XXXI 11. **b** **1188** pro iij cappis de violeto .. ad opus filie regis Francie *Pipe* 21; **1194** pro vij ulnis ~e et j penula de bissis *Ib.* 175; **a1250** habeat [pannarius] .. burnetam nigram vel sanguineam, burnetam coloratam, violetam (*Nominale*) *Neues Archiv* IV 340.

2 of or made from violets, (esp.) flavoured or scented with violet petals.

1274 pro iij libris zuchare rosete et violete .. iij s. *Househ. Henry* 413; **1301** pro iiij^xx^j lib. dim. zuker' rosat' et violet' moll' et in tabula *KR Ac* 359/18 m. 6.

violetus v. violettus.

vipa [cf. ipa], (in gl.).

hec ~a, *a wynsope WW*; *a soppe in wyne*, vipa. versus: in cratere vipa, in cipha dicitur offa, / in limpha proprie dicitur ipa fore *CathA*.

vipera [CL], (kind of) venomous snake, viper (also fig. or in fig. context).

in paradisi hortos quondam dum vipera repsit BONIF. *Aen.* (*Invidia*) 313; varie bestie .. morantur in silvis. .. draco, ~a, i. anguis, sive serpens, coluber ÆLF. BATA 6 p. 81; si vis parere, vis perire, partus enim in modum ~e maternos artus onerat et disrumpit P. BLOIS *Ep.* 55. 167C; **c1200** hi sunt ~e iniquitatis officiales, omnem malitiam aspidis .. transcendentes *Id. Ep. Sup.* 8. 2; omnes serpentes .. ejiciunt ova .. excepto tyro et ~a BART. ANGL. XVIII 8; proponit vipera duos ut vipere / vitam vel viperam possint eligere / petuntque Barraban WALT. WIMB. *Carm.* 575; ave, que sub plantis / caput indignantis / tenes vipere J. HOWD. *Sal.* 27. 1; tu es genimen ~e [ME: *neddre cundel*; cf. *Luc.* iii 7] *AncrR* 37; in sinu matrio calescens vipera / spumat *Planct. Univ. Ox.* 45; ~a, *wateraddure WW*; hec vispera, *a berard WW*.

viperealis [CL vipereus+-alis; cf. LL viperalis], of or pertaining to a viper (in quot. fig.).

blanditiis fruitur presens, absensque venenat / fellitus, felle linitus vipereali D. BEC. 741.

viperee [CL vipereus+-e], in the manner of a viper.

1170 epistolare eloquium .. contra nos operose sed ~ee nimis conceptum (H. BOS.) *Ep. Becket* 653.

vipereus [CL], **~ius,** of or pertaining to a viper. **b** made of vipers, snaky. **c** of the manner or nature of a viper, viperous, venomous, malignant.

si quem os ejusdem pupugit serpentis, pro tactu ~eo tumet *Lib. Monstr.* III 22; mala / .. / †vipero [l. vipereo] ut dudum saeve perlita veneno BONIF. *Aen. prol.* 15; sic ~eum pereuntis lolii germen ab hac exstirpavit B. *V. Dunst.* 2; coluber .. .. ejus intestina spirulis circumsepsit ~eis GOSC. *Mir. Iv.* lxxix; genimini .. viperio [cf. *Luc.* iii 7] WALT. WIMB. *Carm.* 521; ingravescente egritudinis morsu ~eo (*V. J. Bridl*) *NLA* II 76. **b** Eumenides .. quae ~eum crinem habuerunt *Lib. Monstr.* I 45; ita ~eo muro Styx ipsa et palus .. animas .. in aeternis fletibus cludunt *Ib.* III 13. **c** si tua viperea nequeat conjux superari / famine mellito, fustari verbere vites D. BEC. 1997; mulier, novercali odio ~eum dolum ruminans W. MALM. *GR* II 162; ille, conjugis .. sibilis preincantatus ~eis AD. EYNS. *Hug.* IV 5; **1346** Francia, feminea .. / lynxea, viperea, vulpina, lupina, Medea *Pol. Poems* I 26; mulierum / mens est viperia, facies pulcherima rerum *Reg. Whet.* II 297.

viperinus [CL]

1 of or pertaining to a viper. **b** of the manner or nature of a viper, viperous, venomous, malignant.

ex quo paradisi terrestris primicola ~a minus praesensit eludia O. CANT. *Pref. Frith.* 10. **b** ~a invidia et vitricali barbarie devotus tuus coactus est longius peregrinari GOSC. *Lib. Confort.* 29; quomodo .. in plumis lasciviens securus erit a morsu ~e Dalile? T. CHOBHAM *Serm.* 8 f. 33vb; **c1340** ~a quadam mordacitate linguam suam docentes loqui mendacia detractiva *FormOx* 169.

2 (as sb. f., bot.) dragon arum (*Dragunculus vulgaris*) or adderwort (*Polygonum bistorta*).

~a, platofillum *GlC* U 183; herba ~a *þæt is nædre pyrt. piþ nædran slite Leechdoms* I 10; draguncea, asclepias, ~a, pentaria, serpentilla .. G. et A. *dragaunce Alph.* 48.

viperius, ~rus v. vipereus. **viprex** v. vepris.

vir [CL]

1 adult male person, man; **b** (of spec. affiliation, character, occupation, status, *etc.*).

pretium ~i vel ancillae pro anno THEOD. *Pen.* I 7. 5; quendam hominem .. utriusque sexus .. qui .. vir a nescientibus putabatur *Lib. Monstr.* I 1; [voluptas] molliores et corruptiores facit esse ~os quam feminas J. SAL. *Pol.* 397D; vir semel effectus sponsus vir desinit esse D. BEC. 1949; "attolite .. animos, †virie legantes [H. HUNT. *HA* VIII 8: ~i elegantes], et adversus hostem .. exsurgite" W. COVENTR. I 161; **s1417** erant .. ~i expediti ad arma xvj millia cccc ELMH. *Hen. V Cont.* 109. **b** vir Dei igne divinae caritatis .. ardebat BEDE *HE* II 7; **1159** prefatus vir impietatis (*Lit. Papae*) *Conc.* I 433b; **s1207** martyr .. offenditur .. cum corpus et locus ipsius a ~is sanguinum obsideatur (*Chr. Cant.*) GERV. CANT. II *pref.* lxv; **12..** facient ea adeo bona sicut capiunt ea per visum legalium ~orum *Deeds Newcastle* 43; **1231** hoc ..

vitium a ~is religiosis maxime debet esse longe alienum GROS. *Ep.* 4 p. 26; s**1346** quadringentis ~is armorum de Francigenis interemptis AD. MUR. *Chr. Cont. A* 176; erat .. vir scelerum CIREN. II 193; s**1460** quatinus, cum sint ipsi ~i pacis, posset .. fieri pax *Reg. Whet.* I 372.

2 man as married to a woman, husband. **b** (alch.) sulphur as complement of mercury, 'the red man'.

mulier que tenuit nupsit intra annum post mortem ~i *DB* II 199; vir sui corporis potestatem non habet, sed mulier *V. Chris. Marky.* 15; uxor .. suspectam habens ~i moram GIR. *Æthelb.* 17; **1300** Ysolda ponit loco suo Radulfum H. ~um suum *Rec. Elton* 88; [Juliana] ossa ~i sui .. peciit ut secum ea deferret *Eul. Hist.* I 208. **b** tres partes femine et unam ~i debes accipere RIPLEY *Axiom.* 117 (cf. ib.: ubi mas rubens et conjux alba fient unum desponsati spiritu vite).

3 playing piece used in board game, 'man'.

videamus .. quomodo isti hanc aleam possident ~i *Alea Evang.* 175; unus quisque quatuor in suo proprio angulo ~os possident *Ib.* 177.

virago [CL]

1 woman who has a masculine temperament, virago.

femora .. / abstulit immiscens crudelis verba virago [sc. Circe] ALDH. *Aen.* 95 (*Scilla*) 6; Edildrid famosa virago / addita conjugio vixit castissima virgo FRITH. 542; haec inpudens ~o .. eodem Jezabelis flatu venenifero perfusa .. Dunstanum .. persequi non quievit B. *V. Dunst.* 22; eadem ~o [sc. imperatrix] in Angliam venit jus suum contra S. assertura W. MALM. *HN* 467; si .. plus de muliebri spermate in dextra parte collocetur, femina ~o generatur *Quaest. Salern.* B 193 (cf. ib.: si plus in sinistram .. vir effeminatus nascitur); illa non ut virgo vel ~o sed ut vir .. [eum] sprernit MAP *NC* III 5 f. 42v.

2 woman (orig. w. ref. to *Gen.* ii 23).

blandius inliciens stultis sum cara virago BONIF. *Aen.* (*Ebrietas*) 280; **968** (12c) vocavit [Deus] nomen ejus '~o' quoniam sumpta est de viro suo *Ch. Abingd.* 107; coeperunt eum ~ines flagitare .. ut eas ad W. duceret urbem LANTFR. *Swith.* 5; Malchus ad hec: "quid ago? miserum luditne virago?" R. CANT. *Malch.* III 452; **1205** versus Herbertum de S. Q. et Sire Agnetem ~inem suam *CurR* 323.

virarium v. vivarium.

viratus [LL], manly (esp. w. ref. to strength or bravery), (also understood as) married to a husband.

~us .. i. virilis et fortis vel viro honoratus OSB. GLOUC. *Deriv.* 599; ~us, fortis et animosus vel uxoratus *Ib.* 622; habetur 'mulieres ~as' [*Sirach* xxviii 19] secundum Grecum et secundum veritatem BACON *CSPhil.* 479; *strangg* .. virit' [v. l. ~us] *CathA.*

virbius [CL Virbius], (in gl., by spurious etym., variously understood) 'one who gets to be a man twice over'.

hic ~ius .. i. bis vir existens, qui scilicet binas habuit uxores, vel qui etiam bis fecit facta viro digna OSB. GLOUC. *Deriv.* 599; ~ius, bis existens maritus, vel prius hominibus natus *Ib.* 622; *wyduare,* ~ius *PP*; hic verbius, qui est beatus vel qui habet uxorem *WW.*

virectum [CL], (usu. pl.) area of greenery, greensward.

omnipotens genitor .. / .. / pallida purpureo pingis qui flore virecta ALDH. *VirgV* 4; [equus] ~a herbarum avidius carpere coepit BEDE *HE* III 9; tunc vireta floribus et volatilia cantibus .. resultant GOSC. *V. Iv.* 86D; per prata vel campestria vireta .. omni .. herbarum ac florum .. varietate vernantia *Id. Aug. Maj.* 87C; passerem .. vidit .. per herbarum amena ~a .. volitare R. COLD. *Cuthb.* 72; ~um, locus viriditatis, quod et 'viretum' dicitur OSB. GLOUC. *Deriv.* 622.

viredarius v. viridiarius. **viredetum** v. viridetum.

viredo [CL virere+-edo], greenness characteristic of fresh vegetation, verdure.

triumphali vernat viredine J. HOWD. *Ph.* 767; inter ~inem .. et nigredinem est color qui est in azuro BACON XIV 77.

viredus v. veredus. **virella** v. virola.

vireo [*for* χλωρίων; cf. CL virere], kind of medium-sized green bird, female golden oriole (*Oriolus oriolus*) or green woodpecker (*Picus viridis*), 'woodwall'.

χλωρίον, ~eo, A. *a witwol* TURNER *Av.* (1903) 172; ~eo docilis et ad vitae munia ingeniosus notatur, sed male volat [Arist. *HA* 616b11] *Ib.* 172; ~eo totus viridis ex obscuro est, hyeme hic non videtur .. magnitudine turturis est [Arist. *HA* 617a28] *Ib.* (cf. Plin. *HN* X 87: chlorion .. qui totus est luteus); *an hewhall,* ~io, -onis LEVINS *Manip.* 13 (cf. *OED* s. v. *hickwall*); *a gale-bird,* ~io, -onis *Ib.* 17; *a whale-bird,* ~io, -onis *Ib.*

virere [CL]

1 (of plant or its parts) to show green growth, be green. **b** (pr. ppl. as sb. n.) green vegetable or herb, green. **c** (of place) to be green with foliage or herbage, be verdant.

ut folia .. arborum que ~ent in estate, in hieme arescunt AILR. *Serm.* 2. 32. 270A; frondes hedere ejus [sc. Dionysi] sacris interesse meruerunt .. quod semper juveni deo semper ~entia conveniant ALB. LOND. *DG* 12. 4; s**1395** plurima .. germinancia tunc †valiter [MS: universaliter] ~encia .. combusta sunt *Chr. Kirkstall* 129. **b** dum .. quondam .. / sederat ad mensam, tum forte virentia desunt *Mir. Nin.* 190; hodie sulcis plantata virentia fixi / nec ea producunt .. rura / roscida *Ib.* 196; **1498** eo quod [herbagium] reservatur .. pro salvatione germinis et ~encie in eodem crescent hoc anno (*Ac. Forest*) *MS Durh. Univ. CCB B/83/6.* **c** illa ~ens patria .. quae .. floribus vernat BEDE *Tab.* 415B; ut prata ~entia florens GREG. ELI. *Æthelthryth prol.* 28; terre ~ere et flores .. producere incipiant ALB. LOND. *DG* 8. 9.

2 to be in a vigorous condition, thrive, flourish.

~entem mundi prosperitatem .. evademus R. COLD. *Godr.* 333; anime .. nostre .. alacres sunt .. a pueritia usque ad ~entem senectutem ALB. LOND. *DG* 6. 7; patientia duris / gaudet .. / conculcata viret NECKAM *DS* V 95; Virgilii miranda viret sententia GARL. *Tri. Eccl.* 125.

3 to have the colour of fresh foliage or herbage, be green.

rubent aliae [margaritae], aliae ~ent GOSC. *Aug. Maj.* 51D; rubet in origano stipes, viret in calamento *SB* 32.

virescentia [CL virescens *pr. ppl. of* virescere+ -ia], condition of vigorous growth, flourishing.

hiemalis ariditas, que estivalis ~ie est noverca, arbores frondibus et foliis spoliare convidetur *Dictamen* 335.

virescere [CL]

1 to begin to bear green growth, turn green or verdant.

fecunda virescit oliva WULF. *Brev.* 124; sicut estivo, sic et hiemali tempore herbosa ~unt pascua GIR. *TH* I 33; alphita .. succus ordei quando adhuc †urescunt [l. ~unt *or* ~it] *Alph.* 7 (cf. ib. *app.* 203: alfita, i. e. farina hordei immaturi).

2 to begin to grow or flourish, burgeon.

multi morbo contracti .. / .. / .. membris sancti virtute virescunt *Mir. Nin.* 96; talibus aucta bonis monachorum corda virescunt ÆTHELWULF *Abb.* 189; multi dumescunt mento qui mente virescunt / grandes etate, pueri morum levitate WALT. WIMB. *App.* 2. 4; de supernis celi gaudiis, que numquam marcescunt sed semper ~unt *AncrR* 41.

viretis v. viridis. **viretum** v. virectum.

virga [CL]

1 shoot, twig, or branch of tree or shrub; **b** (pl., as material, *e. g.* for use in construction, also as collect. sg.).

~a inserta debet converti in naturam stipitis BACON XI 246; prassium .. frutex est ex una radice multas ~as habens .. quadras [Diosc. III 105: πολύκλαδος .. τετράγωνος τοῖς ῥαβδίοις] *Alph.* 138; corpore columpnari †possibili [MS: pedali] uniformis grossiciei ut †virgulto correspondentali [MS: ~a coruli] WYCL. *Log.* III 91. **b** culmen domus quod erat ~is contextum BEDE *HE* III 10; c**1104** ut omnia ligna et †virgus [l. ~as] .. possint .. conducere .. quocunque voluerint *Chr. Abingd.* II 78; **1218** iiij plaustra bosci .. sc. j plaustrum ~e et j plaustrum ramorum et ij plaustra busce *Eyre Yorks* 106; c**1233** dedi .. quaslibet ~as que inveniri poterunt in predicto nemore ad coperiendum domos suas, preter ~as de corilo *Cart. Mont. S. Mich.* 87; **1235** mandatum est .. justiciario foreste quod habere faciat Huberto H. .. xj carectatas ~e ad watluram inde faciendam *Cl* 219; c**1260** (c1375) debet .. cooperire unam grangiam .. de stipulis, ~is, et harcis domini *DCChich. Liber P* f. 84v; **1293** pro m ~is tortis ad scaff' (*Works*) *KR Ac* 468/6 r. 42 (39); **1261** inveniet ~as .. ad carucas domini et ad boves domini ligandos in bovaria (*Cust. Swith.*) *DCWint.* DC/A4.

2 stick or bundle of twigs used for punishment or discipline, rod. **b** stick or switch used for urging on a horse, riding crop.

quem non corrigit ~a corrigat interdum erubescencia GIR. *SD* 42; s**1252** ferens in manu ~am quam vulgariter *baleis* appellamus .. disciplinas .. suscepit M. PAR. *Maj.* V 324; frater .. judicium suscepturus aut sola grossiori ~a .. verberetur .. aut .. pluribus gracilioribus ~is *Cust. Westm.* 191; **1301** J. de N. ivit .. ad querendum ~as pro pueris .. castigandis et ascendit super quandam salicem ad scindendum virgas *DocCOx* 162; hi sunt magistri qui nos instruunt sine ~is R. BURY *Phil.* 1. 26; s**1459** ut illos .. in ~a ferrea corrigerent [cf. *Psalm.* ii 9] *Reg. Whet.* I 337. **b** certant sessores .. equis admissis subdere calcaria et .. urgere eos ~is W. FITZST. *Thom. prol.* 11; [Hibernienses] ~a tantum .. in superiori parte camerata tam equos excitant quam ad cursus invitant GIR. *TH* III 10 p. 150.

3 slender, rounded, and portable length of wood, staff or sim. **b** (bot., *~a pastoris*) shepherd's rod, teasel (*Dipsacus sylvestris*).

contra naturam est quod ~a multis arida diebus floruit in tabernaculo [cf. *Num.* xvii 8] ALCUIN *Dogm.* 134C; secretario praeferente cereum in hasta vel ~a LANFR. *Const.* 118; **1220** de j capa .. et j supertunica .. que extracta fuerunt .. per fenestram cum j longa ~a habente croco [*sic*] ad capud *SelPlCrown* 128; **1237** quod .. se possit cum scuto et ~a .. ad duellum faciendum habilitare *Cl* 524. **b** c**1265** ~a pastoris, i. *wilde tesel WW.*

4 staff carried as symbol of authority, office, or sim; **b** (used ceremonially to symbolize transfer of tenure or sim.). **c** (*~e bajulus*) official who carries a rod or staff, wand-bearer, verger (*v. et. virgebajulus*). **d** (*sub ~a*) under or subject to the jurisdiction or authority (of superior, esp. w. ref. to husband's authority over wife). **e** (*~a regia* or sim., also absol.) area of special jurisdiction extending for 12 leagues around royal household, verge (in quot. in phr. *infra ~am*).

[episcopus] tetigit regem jacentem ~a quam tenebat manu BEDE *HE* III 22; in plena synodo ~am ab eo conabatur extorquere pastoralem OSB. CLAR. *V. Ed. Conf.* 29 p. 117; affidato in manibus vel super ~am clamatoris HENGHAM *Magna* 6; **1276** ad opus ij liberorum hominum xv hosebondorum existencium cum ~is suis ultra metentes (*Teddington, Middx*) *MinAc* 918/1; **1280** cum ballivi archiepiscopi .. consueverint portare quandam ~am in signum ballive sue et officii sui *RParl Ined.* 9; tradatur ei ~a in manu sinistra, que quidem ~a aurea est habens in summitate columbam auream *Lib. Regal.* f. 18; marescallus hospitii .. coram toto exercitu ~am sui officii fregit *V. Ric. II* 150. **b** c**1120** adversitatem .. dimisit atque abbati per quandam ~am in manu [ecclesiam] tradidit *Regesta Scot.* 5; **1275** seneschallus habens unam ~am in manu sua cum uno capite nigro et alio albo .. cum albo capite dedit seysinam dicto R. .. et cum alio capite nigro dedit seysinam dicto T. *CourtR Wakefield* I 41; nec tenent per cartas set per ~am in curia *Reg. Pinchbeck* f. 189a; **1375** messuagia .. tenuit per ~am, faciendo cunta servicia *Pat* 293 m. 7; **1378** (1392) quando aliquis tenens .. terram suam alicui alienare voluerit, veniet in curiam coram .. abbate vel ejus senescallo et per ~am sursum reddet in manus domini terram sic alienandam *Reg. Stoneleigh* 48. **c** **1423** volo .. quod .. ~e bajulus [habeat] xx d. *Reg. Cant.* II 270. **d** si quis sponse vel puero vel puelle .. aliquam .. traditionem fecerit, non opus est eos .. respondere super hiis .. quamdiu sub ~a sunt (*Leg. Hen.* 45. 3) *GAS* 570; votum .. quod [Haroldus] .. sub regis ~a constitutus .. de toto regno .. impegerit [v. l. pepigerat] W. MALM. *GR* III 238; **1220** eam [cartam] fecit in lecto mortali .. dum fuit sub ~a R. viri sui *CurR* VIII 190; R. suspensus fuit .. sed uxor sua liberata, sive conscia sceleris sive non, quia fuit sub ~a viri sui BRACTON f. 414; s**1264** ipse [rex] non fuit in plena potestate sua .. sed sub ~a et potestate comitis Leicestrie *Leg. Ant. Lond.* 76; omnes transgressiones facte sub ~a [ME: *under the wand*] marescalli et constabularii domini regis, viz. infra xij leucas, debent determinari in curia domini regis coram predictis marescallo et constabulario (*Leg. Malc. II* 6) *APScot* I 710. **e** **1280** quidam malefactores .. tempore quo rex fuit in partibus L., infra ~am regiam usque R. accedentes, Rogerum de B. .. ejecerunt *Pat* 99 m. 8*d*.; **1289** vi et armis .. et infra ~am domini regis .. in .. villa de Kesewyk venerunt et .. calcetam .. fregerunt *Ch. Norw. Cath.* II 240; **1299** distrinctioni et cohercioni .. virge senescalli et marescalli .. domini regis sive infra ~am sive extra *Reg. Wint.* II 542; **1346** quod .. transgressiones [perpetrate] infra ~am hospitii .. custodis [Anglie], viz. per xij leucas in circuitu ejusdem hospitii, [audiantur] .. ac si .. infra ~am hospitii nostri, si nos presentes essemus, facte fuissent *Foed.* V 523a; **1403** de .. terris .. quas habeo in parochia de Kyngeston vel infra ~am ejusdem *Cl* 251 m. 26*d*..

5 thin cylinder, rod, bar. **b** spar to which sail is attached, yard. **c** straight or columnar part, arm, shank, shaft. **d** (also *~a virilis*) penis.

reddebat civitas de G. .. c ~as ferreas ductiles ad clavos navium regis *DB* I 162ra; [textor] ~is in capucio debitis insignitis intersticiis stamen deducat NECKAM *Ut.* 106; ut .. ex ~is ferreis domuncula ejus [sc. psittaci] contexatur *Id. NR* I 36; argentum vivum destruit omne metallum ut patet in .. stagno, cujus ~am rumpit tangendo M. SCOT *Part.* 295; **1383** in ~is ferr' factis pro lectis *Ac. Durh.* 132; ?**c1398** ista ~a, xiij loco, carta quarta *Cart. Harrold* 150 (cf. ib. 154: [incipit] ~a b .. [*in this first place*] pendet [*a charter of R. H.*]). **b** ~a mali 'carchesium' dicitur .. et eadem verga 'cheruca' vocatur NECKAM *Ut.* 115; **1238** habere .. j postem et ij ~as ad .. molendinum suum ad ventum *Cl* 29; **s1292** alios super ~am mali navis .. suspenderunt *Flor. Hist.* III 85; **1295** ad fabricand' circulos †ferreis [*sic*] cum cranp' ad ~as dicti molendini tenendas (*Works*) *KR Ac* 462/14 m. 1; erigi fecit veli ~am in medium mali ut .. suam promptitudinem velandi ostenderet *G. Hen. V* 3. **c** **1245** iiij ~as quas magister G. artifex eligi faciat .. ad blidam regis et magenellos suos *Liberate* 21 m. 2; in lance utraque quarum ~a sit ex parte utraque equalis in longitudine et in pondere BACON *Maj.* I 170; **1291** magistro W. de H. cementario .. pro factura ~e, capitis, anuli, et imaginum crucis Norhamtone *Manners* 129; manui adheserat forfex ita ut manu clausa .. altera ~arum .. teneretur, altera .. exterius tenderetur, arcu .. super indicem existente *V. Erkenwaldi* 405; **1452** ~a ejusdem ancore continet in circuitu ex parte anteriori ij pedes et ij pollices et in fine posteriori j pedem ac dim. *Ac. Foreign* 86 G. **d** cistis est vesica in qua humor colligitur et per ~am egeritur *Gloss. Poems* 103; cum superfluitas potus .. per ~am effluat ADEL. *QN* 10; si .. [mulieres] viri sepe ~e coeant vel ~a sirici ut quedam vidue et moniales .. fiunt macre M. SCOT *Phys.* 6; **1309** in recepcione fratrum .. recipiens .. et receptus .. deosculabantur se .. aliquando in ~a virili (*Acta Contra Templarios*) *Conc.* II 331b; **1407** cuidam valecto .. differenti domino unum instrumentum de argento pro ~a virili .. precepto domini, iij s. iiij d. *Househ. Ac.* 420; habuerunt membra sua per luxuriam corrupta ita quod cogebantur .. caput ~e abscindere GASCOIGNE *Loci* 136.

6 measuring-rod. **b** measure of length equal to 3 feet, yard. **c** measure of distance eventually standardized at 16½ feet (*~a ferrea* or *regis*), rod, pole, perch. **d** measure of land equal to a square rod, pole, or perch.

c1025 ut non sit aliqua mensuralis ~a [AS: *metegyrd*] longior quam alia, sed per *scryftes* mensuram omnes institute sint (*Episc.*) *GAS* 479; **1300** presentaverunt tres ~as ferreas .. de [justa] longitudine et latitudine groporum ad rotas carettarum *MGL* II 85; **1321** assaiata est ~a ferri .. regis per ~am ferri civitatis et sunt unius mensure *Ib.* II 383; **1329** [*which wall contains 18½ perches*] per ~am xx pedum de ulna regia *CalPat* 454; **1427** recepit .. cancellarius ab universitate .. unam ~am de orichalco deauratam ad mensurandos pannos *MunAcOx* 284; **1479** per mensuram meam cum ~a trium pedum longitudinis W. WORC. *Itin.* 236. **b** **762** (13c) que in aquiloniali parte civitatis muro adjacet ~as habens xxxiiij *Ch. S. Aug.* 12; **1225** cum iiij duodenis theldorum et cc ~is tele ad reficiendum velum ejusdem navis *Cl* 50b; **13..** iij pedes faciunt ~am ... quinque ~e et dim. .. faciunt j perticam (*De Figuris Verborum*) *MS BL Harl. 5394* f. 61v; **1371** W. K. de E. .. textor panni lanei .. cepit .. pro qualibet ~a iij d. ubi debet capere nisi ij d. *SessPLincs* 158; **1421** pro j pipa cum iij pannis vj vergis curtis sine grano (*KR AcCust*) *EEC* 455; **1434** (1439) quandam peciam terre .. continentem in longitudine c ~as cissoris et in latitudine ij pedes (*Inq.*) *Arch. Hist. Camb.* II 678; **1475** vena minere illius ~am et quar. in latitudine tenet *Pat* 533 m. 7*d*.; **1478** longitudo capelle B. M. 13 ~e j pes et dim. W. WORC. *Itin.* 52. **c** **804** vj jugera .. quorum termini sic cingere videntur: .. a statu ecclesiae [terra] protenditur in aquilonem emissione ~arum .. xv *CS* 317; **c1202** quelibet ~a unde quarantane mensurabuntur erit xx pedum (*Grosmont, Yorks*) *MonA* VI 1025a; **1295** tenementum .. continet in longitudine versus ecclesiam S. F. xxiiij ~as ferreas domini regis cum dim. *Cart. Osney* I 370; **1321** que .. shopha continet in longitudine xij ~as et dim. regis Anglie *RR K's Lynn* I 51; unam placetam terre .. cujus latitudo .. continet .. xvj ~as ferreas preter j quar. (*Cart. Leominster*) T. Blount, *Nomolexicon* (London, 1670) s. v. virga ferrea. **d** **s1314** ecclesia continet .. iij acras terre et dim., j rodam et dim., et vj ~as constructas *Ann. Paul.* 277; **1460** de J. W. .. pro j acra et dim. et iij ~is terre arabilis (*Rent.*) *Ac. Bridge House* CLA/007/FN/02 f. 4r.

7 unit of land tenure usu. equal to a quarter of a hide, yardland, virgate.

965 aliquam partem terrae i. e. iij ~as .. concedo *CS* 1165; de terra hujus m[anerii] ten' H. dim. *solin* et iij ~as (*Kent*) *DB* I 10ra; ibi est j jugum terrae et j ~a (*Kent*) *DB* I 10vb; **c1128** de istis x hidis tenent xl villani xl ~as terre *Chr. Peterb. app.* 157; hoc [manerium] .. iij hidarum et iij ~arum divisione dimensum est *Chr. Battle* f. 28v; **12..** iiij sunt ~e bovariorum (*Cart. Evesham*) *VCH Worcs* I 274n; **12..** per totum annum ~a debet invenire ij homines ad carucam domini (*Cart. Evesham*) *Ib.*

8 (mus., in notation) vertical stroke, virga.

condiatesseries quattuor est punctorum ex utraque parte ~e ODINGTON 94; morosa 'longa' vocatur que prius '~a' dicitur, nota sc. quadrata cum tractu a parte dextera *Ib.* 127.

9 *f. l.*

illa [stella cum cauda] que dicitur †Virga [l. Nigra] est ex natura Saturni et ejus colore magis cerulea quam nigra GROS. 38n.

virgarium [CL virga+-arium; cf. vergerium], enclosed plantation of shrubs or small trees, orchard or coppice.

c1222 vobis insinuatum fuerat .. quod vineas suas et ~ia extirpaveramus (*La Rochelle*) *RL* I 186.

virgarius [LL *not in sense* 1]

1 class of construction-worker (*cf. virga* 1b).

1283 in stipendiis hottariorum, falconariorum, et ~iorum et eorum conductorum (*Ac. Builth Castle*) *Pipe* 127 m. 2*d*.

2 official who carries a rod or staff, wand-bearer, verger.

12.. si .. citatus non venerit .. precipietur ~io ut illum iterum citet .. deveniendum ad proximum capitulum (*Cust. Curiarum*) *SelCWW* cxcv; **1401** officium ~ii comitive de Garter *War. Issue* 17/357; **1437** ~ii non faciunt silencium tempore predicacionis (*Vis.*) *Stat. Linc.* II 386; **1439** cum unus solus virgiarius super custodia hostii capitularis .. invigiliaret *Ib.* II 191; **1457** Johanni Clampard, ~io castri et ville nostrorum Sandewici *FineR* 264 m. 5; **1483** concessimus eisdem W. et E. officium virgibajuli, alias dictum ~ii, ad portandum virgam coram nobis .. ad festum S. Georgii *Foed.* XII 183a.

3 tenant of a yardland, virgater.

c1283 quilibet ~ius qui tenet j virgatam debet invenire .. ad metendum ij homines (*Apeldreham, Suss*) *Cust. Battle* 54; **c1283** isti subscripti vocantur 'majores *erdlinges*', sc. ~ii (*Bromeham, Wilts*) *Ib.* 74; **1327** de .. custumariis ~iis .. quorum quilibet debet j precariam [amoris] (*Glouc.*) *KR Ext. & Inq.* 10/1/9; **1393** modo de ~iis et semivirgariis (*MinAc Essex*) *MS Essex RO D/DHU* m. 58.

virgata [CL virga+-ata]

1 measure of length equal to around 3 feet, yard. **b** measure of distance equal to around 16½ feet, rod, pole, perch.

s1400 me in c s. et xij ~is scarleti remunerando AD. USK 46; **1425** in v ~is de *waddemole* emptis pro coleris equinis *Ambrosden* II 253; cuilibet .. fratri ij ~as burneti largi FLETE *Westm.* 133; de l ~is de *velvet Entries* 18ra. **b** **11..** tertia pera [pontis] pertinet .. ad episcopum .. [qui debeat] duas ~as et dim. [AS: *þridde healf gyrd*] plancas ponere *Text. Roff.* f. 164v (=*CS* 1321); **c1283** debet claudere v ~as haie que vocantur *gavelmerke* (*Merle, Suss*) *Cust. Battle* 6.

2 **a** measure of land equal to a square rod, pole, or perch. **b** quarter of an acre, rood (*cf. EHR* II 331).

a **1457** reddendo nobis .. firmas burgales, viz. vj d. .. pro qualibet ~a seu perticata terre *Cart. Lindores* 152. **b** **c1283** quodlibet jugum [arabit] j acram et dim., et virgata Throstle j ~am et dim. (*Wye, Kent*) *Cust. Battle* 123; **c1283** excepto jugo Willielmi de P., quod tantum arrabit j acram et j ~am et dim. ~am, et ibi deficit dim. ~a de acra et dim. (*Wye, Kent*) *Ib.*; **1331** nota quod xl perticate faciunt ~am et iiij ~e acrum *Ext. Guern.* 58.

3 unit of land tenure usu. equal to a quarter of a hide, yardland, virgate; **b** (var. defined). **c** quarter of a yoke.

in O. habet idem W. terciam partem j hidae et dim. ~am *DB* I 225vb; **c1114** moris est ut .. dentur ei .. vij acre seminate in sua ~a terre [AS: *gyrde landes*] (*Quad.*) *GAS* 447; **1234** R. de S. B. [tenet] j vergatam per sargentariam hundredi (*Berrow, Som*) *Cust. Glast.* 48; **12..** [inquirendum] quot acre faciunt ~am secundum diversa loca *Reg. Pri. Worc.* 25b; **12..** sunt ibi iiij bovate terre, sc. ij ~e *Ib.* 66a; **1310** illi homines de bondagii tenura qui tenuerunt integram ~am terre vel plus solebant esse officiarii regis (*Cust. Sutton*) *Antiq. Warw.* 639a; **1573** totam illam ~am terre nostram continentem per estimacionem xv acras terre *Pat* 1103 m. 4; **1599** R. P. qui .. tenuit .. j messuagium et dim. ~am terre native (*MS Hants RO 11M59/C2/22*) *Crawley* 509. **b** viij .. ~e j hidam faciunt, wista vero iiij ~is constat *Chr. Battle* f. 15; **1234** summa terre colende .. ccxl acre que faciunt xx ~as terre (*Grittleton, Wilts*) *Cust. Glast.* 68; **1244** nesciunt quot acre faciunt ~am, quia aliquando xlviij acre faciunt ~am et aliquando pauciores (*Cranfield, Beds*) *Cart. Rams.* I 438; **c1250** x et viij acre ad plus, et xv acre ad minus, faciunt ~am (*Hemingford, Hunts*) *Ib.* I 380; **1279** quelibet hyda continet iiij ~as terre et quelibet ~a continet xxx acras (*Yaxley, Hunts*) *Hund.* II 640a; **1279** quelibet hyda continet .. vj ~as terre et quelibet ~a continet xx acras (*Walton, Hunts*) *Ib.* II 661b; **c1497** x acre faciunt ferdellum, iiij fardella faciunt ~am unam [ed. Hearne p. 284: iiij ~e faciunt hidam unam] (*MS Princeton UL G 153* f. 158) J. GLAST. p. xv. **c** **c1283** in D. sunt juga x .. et preter hec ~a T., que est quarta pars unius jugi (*Wye, Kent*) *Cust. Battle* 122; **c1283** ~a Throstle *Ib.* 123 (v. 2b supra).

4 (leg.) area of special jurisdiction extending for 12 leagues around royal household, verge (*cf. virga* 4d).

infra metas hospicii continentes xij leucas in circuitu regis ubicumque fuerit in Anglia, quod .. spacium dicitur '~a regis', infra quod potestas marescalli virgam portantis [extenditur] *Fleta* 66.

1 virgatarius [virgata+-arius], tenant of a yardland, virgater.

1234 R. B. tenet j virgatam terre .. A. J. tenet j virgatam terre .. et sciendum quod omnes predicti ~ii solebant operari et arare aruras consuetudinarias *Cust. Glast.* 149; **1244** averabit cum .. participe suo .. sicut dimidii ~ii qui debent averagium *Cart. Rams.* I 442; **1300** sunt ibi ij ~ii, xxiij dimidii ~ii, x ferlingatarii, et xx cotarii tenentes in villenagio (*Wilts*) *IPM* 95/7; **1449** de j custumario tenente ij virgatas terre, xj ~iis, et xiij semivirgatariis (*Pipe Wint.*) *Crawley* 485.

2 virgatarius [cf. virgator], official who carries a rod or staff, wand-bearer, verger (*cf. virgator* 2).

1375 in denariis distributis pauperibus, una cum .. rewardo facto .. virgatar' *DCWestm.* 23702.

virgatio [CL virga+-are+-tio *as nonce-word*], transformation into a rod.

virgam transubstanciatam in colubrum, feminam transubstanciatam in statuam ... istas substanciarum conversiones scripture .. largiuntur ad oculum, [sed] nusquam ~ionem serpentis [vel] feminacionem lapidis .. colligimus NETTER *DAF* II f. 112rb C.

virgator [CL virga+-are+-tor]

1 ? class of builder or construction-worker (*cf. virga* 1b).

1253 ~ores: Roberto de T. v s. iiij d., Richero de C., Hamoni iij s. ix d. *Ac. Build. Hen. III* 244; **1253**

virgator

Ricardo O. pro ij duodenis craticul' et virgis, vij s. Hamoni ~ori pro carbon', xx d. *Ib.* 262 (cf. ib. 272: Hamoni pro ij caretatis carbonis); **1253** cum ~oribus et clericis *Ib.* 278.

2 official who carries a rod or staff, wand-bearer, verger (*v. et.* **2** *virgatarius*).

s**1249** dum regii ~ores populum .. propter rei novitatem congregatum .. retroire cogerent M. Par. *Maj.* V 59; in .. curia [regis] sunt ~ores populum gravantes gravia feoda petentes *Fleta* 87; ~ores, servientes clamatores de feodo, et alii justiciariorum marescalli *Ib.*; **1373** in denariis distributis pauperibus, una cum .. rewardo facto .. ~or[ibus] *DCWestm.* 23700.

virgatus [CL], that has bars or bands of colour, streaked, striped.

12.. [clerici] rubeis pannis sive viridibus seu ~is non utantur *Conc. Scot.* II 12 (=*Reg. Aberd.* II 8); **13..** [episcopus] tunicam et dalmaticam ex albo panno in transverso ~as nobis contulit *Cart. Bath* B 808.

virgea v. virgeia.

virgebajulans [cf. virgebajulus], official who carries a rod or staff, wand-bearer, verger.

1527 concedimus eidem N. L. .. officium ~antis .. necnon officium organa perstrependi in dicta capella (*Middx*) *AncD* A 13426.

virgebajulus [CL virgae *gen. sg. of* virga+bajulus], official who carries a rod or staff, wand-bearer, verger (*v. et.* *virga* 4c).

1458 J. B. ~us capelle regie S. Stephani *Cl* 308 m. 21*d.*; **1471** officium ~i, alias dict' virgarii, ad portandam virgam coram nobis .. ad festum S. Georgii *Pat* 527 m. 16; **1483** officium virgibajuli *Foed.* XII 183a.

virgeia [cf. virgata, AN *vergé*], unit of land tenure, virgate.

c**1150** W. de W. dedit abbatie S. Salvatoris .. unam ~eiam de feodo suo *CartINorm.* 291; c**1165** P. de F. dedit abbatie S. Salvatoris .. unam vergeiam terre *Ib.* 288; **1185** Guda vidua pro quarta parte ~ee [*sic* MS] xvij d. *Rec. Templars* 38; **1185** Edith vidua pro quarta parte ~ee [*sic* MS] xiij d. et ob. *Ib.* 39.

virgetum v. verjutum.

virgeus [CL]

1 that is made of twigs or branches, wattled, wicker.

advexit .. congeriem .. parietum ~eorum et tecti fenei Bede *HE* III 16; dum in capella ~ea matutinos cantabat Ord. Vit. III 12 p. 130 (cf. ib.: construxit oratorium de virgultis); in assultum ~eas crates ictibus missilium .. opposuerunt *Ib.* X 10 p. 258; **1258** in v civeris ~eis emptis, iiij d. *Ac. Build. Hen.* III 158; **1417** pro ij scutellis ~eis pro cova *Ac. Durh.* 225.

2 that has bars or bands of colour, streaked, striped.

leporarius .. ~ea varietate discoloratus Gir. *IK* I 7 p. 69.

virgiarius v. virgarius. **virgibajulus** v. virgebajulus.

virgifer [CL virga+-fer], official who carries a rod or staff, wand-bearer, verger.

1463 ad ostium .. domus capitularis apertum per R. R. ~erum *Reg. Heref.* 76; **1529** comparuit .. in domo capitulari R. P. vergefer ac nuncius dicti capituli juratus *Ib.* 216; **1544** ut .. duo .. viri .. deligantur qui '~eri' appellentur, quorum officium erit virgam ante crucem portare et ante episcopum .. aut .. ante decanum templum adeuntem et ab eodem abeuntem (*Stat. Wint.*) *Hants Rec. Soc.* I 132.

virgiferarius [virgifer+-arius], verger.

1506 proponatur tabula a ~iis in medio choro et super eam ponantur capae Colet *Stat. Cantar.* 165.

virgildum v. 2 virgultum.

Virgiliacus [CL Virgilius+-acus], of or belonging to the poet Virgil, Virgilian.

799 magis nobis adtendendum .. evangelicis praeceptis quam ~is versibus Alcuin *Ep.* 178.

Virgiliocento [CL Virgilius+cento], **~centrum,** patchwork composition from the works of Virgil.

~centones dicuntur quedam exceptiones facte .. de libris Virgilii, que .. in unum corpus conjuncte contexunt hystoriam de Jesu Christo Gros. *Hexaem. proem.* 63; hee excepciones a quibusdam dicuntur .. '~centra' *Ib.* (v. Homerocento).

Virgiliocentrum v. Virgiliocento. **virgillus** v. girgillus.

virginal [CL = *kind of sea-creature*], hymen or inner genitals of a virgin, maidenhead.

[intactum ab omni crimine] ~al, *mægebblædd* [gl.: membrum ubi conceptio fit] *GlP* 920; cum ceteri .. cupiditates suas cohiberent, unus .. puelle ~al expugnare ausus, abductam .. domum loco juste conjugis habuit W. Malm. *GR* II 175; hoc ~al .. i. secreta illa pars uteri ubi fit conceptio Osb. Glouc. *Deriv.* 599; nec ullam virginal [Marie] sentit injuriam Walt. Wimb. *Carm.* 31.

virginalis [CL], of or pertaining to a virgin or virgins, virginal.

sirenae .. a capite usque ad umbilicum sunt corpore ~i et humano generi simillimae *Lib. Monstr.* I 6; dedit .. rex .. Vulfildae .. ~e monasterium Berkingum Gosc. *Wulfh.* 4; 'Maydenebure' .. Latine '~is thalamus' interpretatur G. Font. *Inf. S. Edm.* 5; peplum, *a bende or a fyllet*, i. e. mitra ~is (*Ortus Vocabulorum*) *CathA* 27n.

virginare [CL virgo+-are], to be a virgin, celibate. **b** (pr. ppl. as adj.) virgin (also transf. or fig.).

~are, caste vivere Osb. Glouc. *Deriv.* 622; vir cum virginibus electus, virgo Johannes / virginat: hic custos virginis esse solet Garl. *Epith.* VII 490 f. 44v. **b** virginantem matrem si videris J. Howd. *Ph.* 40; quem pia portas utero virginans Id. *Cant.* 656; nubes que terram celitus irrigavit / .. / nuxque quam virga virginans exalavit *Ib.* 693.

virgineus [CL]

1 of or pertaining to a virgin or virgins, virginal. **b** (bot., *caryophyllus ~eus*) maiden pink (*Dianthus deltoides*).

ut .. ~eo contubernio ejusdem monasterii mater preficeretur spiritualis Gosc. *Edith* 43; cum nec ~ei corporis [S. Edwardi] virtus .. cum ipso potuerit corpore sepeliri Ailr. *Ed. Conf.* 775C; hic .. infestant .. ~eo .. capti amore rhinoceri Gir. *TH* I 36; ventris proles virginei J. Howd. *Cyth.* 24. 7; virtus mirifica .. que castitatem ~eam singulari fecunditate perornavit *Regim. Princ.* 57. **b** caryophyllus ~eus, *maidenly pinkes* (Gerard *Herball*) *OED* s. v. maidenly.

2 that has not been used, fresh.

930 (10c) hujus .. voluntatis scedula .. ~eo aterrimi lacrimas liquoris forcipe .. destillante perscripta est *CS* 1343 (cf. *CS* 663; **928** (12c) lacrimosa ~ei forcipis destillatione); rex .. dedit eis ~ea dona, i. e. nova et inaudita que nunquam fuerunt ab aliquo rege prius data M. Par. *Maj.* I 208 (cf. G. Mon. VII 3: ~ea munera .. donabit).

virginitas [CL], state of being a virgin, virginity; **b** (w. ref. to the integrity of the hymen); **c** (w. ref. to spec. committed abstinence from sexual intercourse).

~as non solum in feminis sed etiam in castis viris habetur Ælf. *Ep.* 2. 10; vir non est debitor ducere uxorem, quia licet ei servare ~atem Anselm *Misc.* 348; puella .. nata ad naufragium pudoris .. manum [Wlstani] prensitare .. et cetera que sunt moriture ~itatis inditia .. facere solebat W. Malm. *Wulfst.* I 1; [flos] etsi parturiat, sibi verginitatis honorem / servat Garl. *Epith.* III 309; c**1243** ego S. filia Radulfi P. .. dedi .. in propria ~ate mea et ligea potestate et manutenencia mea .. *Cart. Cockersand* 223; in utroque sexu per solam voluntariam experienciam voluptatis fit corrupcio ~atis que est virtus Holcot *Wisd.* 138. **b** uno modo vocatur integritas carnis, et sic omnis mulier nascitur virgo, unde ista ~as non est virtus Holcot *Wisd.* 138; quedam obstetrix ~atem cujusdam explorans .. fregit et perdidit ejus ~atem [Aug. *Civ. Dei* I 18] *Ib.* **c** si quis maritus aut mulier votum habens ~atis jungitur matrimonio, non demittat illud sed peniteat iij annos Theod. *Pen.* I 14. 5; vovit .. quia .. filiam suam Domino sacra ~ate dicandam offerret Bede *HE* III 24; ut [Dunstanus] quid in vita ..

virgo [CL]

1 young (unmarried) woman, maiden.

si quis fornicaverit cum ~ine, j anno peniteat. si cum marita, iiij annos .. peniteat Theod. *Pen.* I 2. 1; rex Aeeta .. pater Medeae ~inis *Lib. Monstr.* III 16; placuit .. regi verbum ~inis, et .. ~ini placuit voluntas regis, et sic .. Emma .. fit conjunx .. Cnutonis *Enc. Emmae* II 16; ~o pulcherrima .. ad fenestram veniens pedem ostendit nudum Map *NC* IV 12 f. 53v.

2 one who has never had sexual intercourse, virgin; **b** (attrib.); **c** (w. ref. to spec. committed abstinence from sexual intercourse); **d** (transf. or fig.). **e** (*lac ~inis*, alch. & med.) milk-like preparation, 'virgin's milk'.

741 ad ecclesiam beatissimi [*sic*] birginis Mariae *CS* 160; nomen *alma* ibi positum [*Is.* vii 14] non pro puerpera vel juvencula sed pro ~ine accipere debes *Eccl. & Synag.* 82; virginis †assumpta [l. assumpte] festivo tempore sumptus Garl. *Myst. Eccl.* 650; Nestoriana nequitia que .. debacchari presumpsit in ~inem R. Bury *Phil.* 10. 164. **b** in virtute .. beate gloriose Dei genitricis semper ~inis Marie (*Excomm.*) *GAS* 440; distemperatur cum urina pueri ~inis M. Scot *Lumen* 245; virgo vir ad celum †virtutem [l. virtutum] premia sumpsit Garl. *Myst. Eccl.* 651; nefrendem, i. e. adolescentem et ~inem suem Map *NC* V 3 f. 60. **c** corpus sacrae ~inis ac sponsae Christi .. incorruptum inventum est Bede *HE* IV 17 p. 245; **801** huic [sc. S. Johanni] matrem suam .. commendavit Deus ut ~o servaret Alcuin *Ep.* 213 p. 356; **964** (12c) monasteria tam monachorum quam ~inum .. neglecta .. erant *CS* 1135; c**1000** sacrarum ~inum chori quae mundi vana .. contempserunt (*Excomm.*) *GAS* 439; [abbas] a nativitate sua ~o fuerat a plerisque reputatus Gir. *Spec.* III 4; [Joseph] accipiens sponsam suam cum Virgine ~o permansit M. Par. *Maj.* I 80; rex sacer Edwardus virgo permansit Garl. *Hon. Vit.* 256. **d** c**798** Adam .. ex ~ine terra creatus est [cf. *Gen.* ii 5] Alcuin *Ep.* 133; clypeos .. referunt, ut ita loquar, ~ines et intactos P. Blois *Ep.* 94. 296A; bursa virgo non amatur Walt. Wimb. *Van.* 63. **e** contra infecciones in facie et in corpore .. valet lac ~inis artificiale quod faciunt archimiste et alii Gad. 131. 1; quia facta est mencio de lacte ~inis artificiali, ideo pono hic receptam communem *Ib.* 131. 2; [aqua vite] vocatur etiam 'lac ~inis', nam quamdiu non conjungitur cum sole et luna .. tamdiu 'virgo' vocari potest Ripley 108.

3 (astr.) sixth sign of the zodiac, Virgo.

sextum ~inis [signum incipit oriri] ab ea [parte caeli] qua [sol circumagitur] in medio Augusti Bede *TR* 16; illa [summitas linee] .. primum punctum primi gradus ~inis percutiet Petrus *Dial.* 10; comitantur .. arietem pisces atque libra cum ~ine Adel. *Elk.* 25; potestate Mercurii essentiales et principales sunt omnes in ~ine Bacon *Maj.* I 261.

virgosus [LL], that has many twigs or branches, brushy.

spartus, ~us frutex, asper et sine foliis Osb. Glouc. *Deriv.* 567.

virgula [CL]

1 small shoot, twig, or branch of tree or shrub; **b** (transf., w. ref. to descendant).

brachia [infantis] .. dependebant hinc inde tanquam ~e due de medio stipite W. Cant. *Mir. Thom.* II 43; s**1247** cecidit sanguinis magna quantitas .. ita quod ~e parietis unius grangie .. fuerunt infecte *Ann. Cestr.* 66; oliva, pacis virgula Garl. *Poems* 3. 7; contra morem dedit arida virgula florem *Vers. Cant.* 13; ut flos ex alvo virgule propagatur J. Howd. *Cant.* 7; **1362** in vj fessis ~arum emptis pro instrumentis carucarum faciendis .. vj d. (*Sheppey, Kent*) *MinAc* 894/15. **b** inmarcescens flosculus [sc. Christus] / Jesse prodit virgula [cf. *Is.* xi 1] P. Blois *Carm.* 19. 1; florida, gravida / Jesse virgula / peperit et floruit / virgo puerpera Ledrede *Carm.* 13. 4.

2 small rod or staff, stick.

accensam summitati ~e candelam imposuimus T. Mon. *Will.* V 17; [pater] solvi jussit ~as et unumquemque [filium] suam frangere Map *NC* IV 11 f.

53v (cf. ib.: eis virgas .. ligatas vinculo dedit); ferulam / e manu projicit et trucem virgulam WALT. WIMB. *Carm.* 38; **1353** interfecit Robertum .. casu fortuito per unum ictum cujusdam ~e *Pat* 239 m. 7.

3 small thin cylinder or column, bar. **b** columnar part, stem, shank. **c** (*~a virilis*) penis.

catenula ex plurimis auri ~is .. contexitur BEDE *Tab.* 473B; [sponsa Christi] ibi '~a fumi' dicitur [*Cant.* iii 6] propter rectitudinem .. mentis in celum erecte J. FORD *Serm.* 77. 7; cathene .. auri .. ~is argenteis intermixte *NLA* II 310; *a tempylle of a wefere*, ~a *CathA*. **b** medica .. habet .. ~am [Diosc. II 147: καυλούς] similem trifolio *Alph.* 113; ~arum altera procul ab altera reducta cecidit forfex a manu ejus *V. Erkenwaldi* 405. **c** per illud ~e virilis membrum .. [sacrista] coagulatum emingebat sanguinem T. MON. *Will.* III 13.

4 small linear mark, stroke. **b** (her.) narrow band, strip.

limniscus, ~a inter duos punctos OSB. GLOUC. *Deriv.* 327; sciat [notarius vel librarius] .. ubi ~a representans diptongum [subscribi debeat] NECKAM *Ut.* 117; ~is (i. e. obelo in modum veru formato) designans que ex superfluo videbantur apposita [Jer. *Pref. in Par.* 1325A] S. LANGTON *Chron.* 65; coma est punctus cum ~a sursum ducta *Dictamen* 337; ligatura cum proprietate descendens habet primam figuram altiorem secunda cum ~a in parte sinistra descendente HOTHBY *Cant. Fig.* Ve 41. **b** fratrem primogenitum lemniscis seu ~a lemniscata donant SPELMAN *Asp.* 140; H. le S. .. clypeum fratris sui .. aurea diagonali ~a trajecit *Ib.* 142.

virgulare [CL virgula+-are; cf. CL virgulatus]

1 to furnish with interlaced twigs or branches, wattle.

1487 J. firmarius .. domos manerii .. stramine coopertas ut in cooperturis necnon muros terreos earundem .. reparabit, ~abit, et sustentabit (*Pipe Wint.*) *Crawley* 467; **1507** laborario conducto ad daubandum et ~andum *Ac. Chamb. Winchester.*

2 (p. ppl. as adj.) that has bars or bands of colour, streaked, striped.

[urina] in prima parte tenuior videtur et clarior quam altera, quasi quibusdam virgulis extensis, quam alii 'fenestratam' dicunt, nonnulli 'perforatam', alii '~atam' appellant GILB. VI 239. 1; antrax est apostema .. ex sanguine, colera, et melancolia adustis generatum, unde ~atam habet formam GAD. 127. 1; faciet .. pannum ~atum sive burellum prosterni sub pedibus regis *Lib. Regal.* f. 4b.

virgulariter v. burgulariter.

virgulata [cf. virgata, CL virgula], unit of land tenure.

1085 molendinum unum cum ~a terrae adjacentis (*Duntisbourne*) *Cart. Glouc.* I 258 (cf. *MonA* I 551b: **1138** *Doc. Theob.* 111: **1139**); c**1159** unam virgultam terre in manerio de C. quam R. L. tenuit (*Quarr, IoW*) *MonA* V 317a.

virgulta v. virgulata, 2 virgultum.

virgultarius [CL virgultum+-arius], one in charge of orchard, orchard-keeper.

coquinarius .. habebit poma de ~io quotquot fuerint necesse *Obed. Abingd.* 416; licet ~io pro fructus repositione ad opus hospitum .. arcam habere in refectorio. .. edes, sepes, muros circumquaque, virgulta, et omnia alia virgulto assignata custodiet *Ib.*

1 virgultum v. virga.

2 virgultum [CL]

1 shrub or small tree. **b** (pl.) thicket (also fig.).

cum .. dictum esset creasse Deum herbas et ~a [*Gen.* ii 5] BEDE *Gen.* 42B; de .. vitiorum radicibus unde .. facinorum frutecta velut spissa ~orum vimina lentis frondibus succrescunt ALDH. *VirgP* 13; cucurbita vel edera genus est ~i vel arbuscule (ANDR. S. VICT. *Jon.*) *CC cont. med.* LIIIG 180; illius nemoris viridia virgulta de quo ipse supradicta lignicula deportaverat *Offic. Kentig. A* 6; **14..** soluti Johanni B. colligenti cc spinas nigras pro ~is predictis dicti fossati .. iij d (*MS East Yorks RO DDHE/35/6/1*) J. R. Boyle, *Early History of .. Hedon* (Hull, 1895) *app.* p. lv (cf. ib.: in stipendiis .. Johannis B. et Roberti B. .. facientium j fossatum .. et illam [*sic*] plantantium cum ~is in duobus cursibus). **b** tyrannorum ~is crescentibus et in .. silvam .. erumpentibus GILDAS *EB* 13; renascentibus ~is Pelagianae pestis BEDE *HE* I 21 *tit.*; ipse cum suis ne aliqua fraus lateret retro secedens nocte illa sub olivarum virgultis requievit W. MALM. *GR* IV 376.

2 (enclosed) plantation of shrubs or small trees, orchard or coppice.

ibi sunt ij bord' et ~um *DB* I 84ra; c**1135** homines mei .. clauserunt virgutum [*sic*] meum de Bolinbroc (*DL Misc. Bk.*) *Danelaw* 364; c**1152** dedisse .. x acras de foresta mea .. ad ~um faciendum *Act. Hen. II* I 44; c**1160** totam decimam de dominio de O. in agris, in ~is, in vineis, in nemoribus *Doc. Theob.* 2; invenimus .. 'postmurium' .. pro ~o pomorum .. eo quod ~a solent esse post muros OSB. GLOUC. *Deriv.* 458; c**1215** prior et conventus non poterunt ~um predictum impignorare alicui *E. Ch. S. Paul.* 200 (cf. ib.: solvent annuatim .. ij s. .. pro decimis ipsius gardini); dum rex .. ~um .. intrasset .. [uxor] ipsum regressum .. interrogat cur .. ortum adisset *Arthur & Gorlagon* 7; **1528** pro .. reparacione sepium circa clausura [*sic*] unius ~i vocati le Oldespryng infra parcum de W. .. xiij s. iiij d. (*MinAc Ep. Durh.*) *MS Univ. Libr. Durh. CCB B/32A/220224* f. 215v; **1573** ~us et *lez springes* eorundem boscorum et subboscorum *Pat* 1105 m. 19.

3 twig or branch (also as material, *e. g.* for construction).

agricolae ~a earum [sc. arborum balsami] acutis lapidibus .. solent incidere BEDE *Cant.* 1098B; ecclesiola ~is informibus constructa R. COLD. *Cuthb.* 68; [silvarum animalia] tenues .. corticum medullantium virgultas [? l. tenuia .. ~a] ungulis simul et dentibus corrodentia dissipabant *Id. Godr.* 85; **1237** quesitus quid petit in dominicis boscis [forestarius] dicit quod .. placita de leporibus et retibus et de virgildis et blectronibus *CurR* 134.

virgultura [CL virgultum+-ura], (enclosed) plantation of shrubs or small trees, orchard or coppice.

1567 unam ~am vocatam *the Grove* (*South Brent, Som*) *Surv. Pembr.* 479.

virgultus v. 2 virgultum.

virguncula [CL], young girl. **b** young virgin. **c** (attrib.) virgin (in quot. transf.).

~a quedam .. etate quidem satis juvencula T. MON. *Will.* II 5; ~a [vulnerata] vix biennium impleverat W. CANT. *Mir. Thom.* VI 114; quis .. non obstupesceret quinquennem ~am .. psalmos Daviticos .. didicisse? *V. Fridesw. B* 3; s**1398** rex Richardus .. desponsavit Isabellam ~am decennem BOWER XV 7. **b** ~a statuit integritatem suam Deo servare *V. Chris. Marky.* 3; fuerunt .. in monasterio .. due tenere .. etatis virguncule AD. EYNS. *Visio* 45; dum dubitat / solvere virguncula / repagula pudoris P. BLOIS *Carm.* 10. 2b; cum aliqua ~a .. in aliquo loco ponatur in cujus loci presentia hujusmodi animal [sc. rinoceros] sit positum .. animal multum condelectatur *Quaest. Salern.* B 161. **c** [virum] viribus uti / seminis .. / religio .. jubet, ne degener alnum / induat .. semper virguncula laurus HANV. IX 247.

virgungula v. virguncula. **virgus** v. virga. **virgutum** v. 2 virgultum. **virida** v. viridis.

viridare [CL], **~ere** [cf. LL viridescere]

1 to be replete with green growth, (pr. ppl.) verdant (also fig.). **b** to have the colour of fresh foliage or herbage, (pr. ppl.) green.

rediit ~antibus arvis annus .. frugifer BEDE *HE* IV 13; cum [Penwalh] juvenilis aevi ~ante vigore florebat FELIX *Guthl.* 3. **b** est lapis prasinus ~antis aspectus BEDE *Gen.* 46C; **1245** casula .. de sameto croceo ~enti *Invent. S. Paul.* 482; aspicias illic ad speciem poma ~antia .. ut edendi gignant spectantibus cupiditatem BACON *Maj.* I 339.

2 to cover with green growth (in quot., with turf). **b** to colour green.

1297 in novo foss' maris .. in summitate emend' et versus aquam per loca ~end' .. vj d. (*Yorks*) *MinAc* 1079/15 r. 4; **1306** in xx cord' foss' mar' ~end' versus aquam Humbr' a fundo usque ad summitatem (*Yorks*) *Ib.* 1079/17 r. 3*d.*; **1307** in ccccx perticatis fossati .. per loca super Humbr' mundand', ~and', et spissand' (*Yorks*) *Ib.* 1079/18 m. 7. **b** si .. provocetur febris, viritabitur humor GILB. I 4. 1; **1289** in albo plumbo, vernicio, viridi oleo .. et aliis minutis emptis ad ~and' novam cameram de petra et ad emendaciones picture mangne camere (*Works*) *KR Ac* 467/19 m. 3.

viridarius v. veredarius. **viridegretum, virideramen** v. viridis. **viridere** v. viridare.

viridescere [LL], to become green with fresh growth, grow green (also fig.).

frumentum cum in semine mittitur perit .. sed unde putrescit in pulvere, inde ~it in renovatione BEDE *Luke* 452D; terra a sua specie hiemali ariditate deficit [et] vernali umore ~it *Ib.* 591A; prestans [arbori] .. vitam ut ~at, ut crescat AILR. *An.* I 15; crescat .. tue virtutis ~ens virilitas J. GODARD *Ep.* 245; [ficus] quando decorticatur nec fert postea fructum nec ~it, sed arescunt frondes et albescunt *AncrR* 48; semper erit taurus viridescens utpote laurus *Pol. Poems* I 137.

viridetum [CL viridis+-etum], grassy piece of land, green.

1461 venellam ducentem usque viredetum vocatum Chirchehillgrene *Cl* 313 m. 17*d*.

viridiaria, ~daria [cf. CL viridiarius], office of verderer, verderership.

1218 mandamus quod ipsum de ~daria foreste de W. deponatis et alium loco ipsius constituatis *Cl* 366b; **1220** mandatum est predictis I. et G. quod ~darie domini regis de foresta sua inter U. et D. intendant *Pat* 237; **1263** xij viridarii foreste de E. minus idonei sunt ad ea facienda que ad officium ~darie pertinent *Cl* 326.

viridiarium, ~darium [CL]

1 garden or orchard, 'verger' (*v. et. vergerium, virgarium*); **b** (in surname).

in ~dario domus, in atrio pro viriditate herbarum *Gl. Leid.* 42. 20; monachum .. qui .. ~darium et hortum ceterorum fratrum custodiebat ALEX. CANT. *Mir.* 32 (I) p. 221; c**1118** terrarum et domorum ecclesie et ~diariorum que .. possederat *Chr. Abingd.* II 136; c**1230** tam in virgultis et ~dariis quam in terra arabili *Cart. Beaulieu* f. 72v; **1233** testatum est quod [M. le A.] inclusa est ita quod exire non potest, sed dicitur quod exit aliquando in ~darium suum *CurR* 466; **1316** donum .. de omni via versus mare et mariscum et in veredaris quantum pertinet ad dim. bovat' terre in D. *ChartR* 103 m. 28; **1329** in stipendiis ij hominum cubancium murum viridar' ad ostium aule per j diem dim., iij d. (*Minchinhampton, Glos*) *MinAc* 856/20 m. 2; **1461** ortolano .. pro factura ~ii prope cameram domine regine .. xlij s. *ExchScot* 75. **b** H. filius Rogeri ~ii .. W. de ~io *Terr. Fleet* 15 (cf. ib. 42: H. filius Rogeri *at Grene* .. W. *attegrene*).

2 (item of) tapestry ornamented with representations of trees, 'verder', 'verdure'.

1527 lectorum coopertoria tentoria ~ia et Atrabata opera *arrais verkis* vulgariter nuncupata .. abstulerunt *Form. S. Andr.* I 202.

viridiarius, ~darius [CL *as adj.* = *concerned with shrubs or vegetables*]

1 forest officer, verderer (*cf. veredarius*); **b** (? passing into surname).

c**1187** ita quod gloarii vel forestarii vel riparii vel ~darii comitis .. hanc consuetudinem nullo modo .. possint .. impedire (*Forêt de Brotonne*) *Act. Hen. II* II 294; **1198** rex .. concedit .. quod capiant de boscis suis quod necesse eis fuerit .. per visum forestarii sui et ~dariorum suorum (*Assize Forest*) R. HOWD. IV 63 (cf. *Chr. Hen. II & Ric. I* II clxii: **1184** per visum forestarii regis); si tertio fuerit inventus cum viridi, debet presentari coram ~dario in capitali custodia foreste (*Leg. Forest*) *RegiamM* II f. 19v; **1203** vicecomes tunc sit ostensurus quare aposuit milites qui sunt ~darii *CurR* 83; **1255** ~darii non debent .. inrotulare in rotulis suis nisi presentacionem forestariorum *SelPl Forest* 22; *a forster*, forestarius, lucarius, veridarius *CathA*; solent estivo tempore ~darii .. ob tuendos damularum novellos fetus .. silvarum solitudines perlustrare *Mir. Hen. VI* I 4. **b** **1230** Osmundus viredarius debet xviij s. .. quia fuit convictus *Pipe* 166.

2 (in gl., for AN *vereder*) robin.

ruddok, red brest, ~darius *PP* (cf. W. de Bibbesworth, *Le Tretiz* (London, 1990) 755: c**1250** *car il y ad vereder e verder* [*gl.*: *roddocke*] / *l'un oysel, l'autre forester*); hic virudiarius, *a ruddoke WW*.

viridicira v. 1 cera. **viridigresium** v. viridis.

viridis [CL], **~us**

1 covered or abounding in green growth, verdant. **b** (as sb.) grassy piece of land, green.

vidit unius loci spatium cetero campo ~ius ac venustius BEDE *HE* III 10; stat viridis lucus, crebris venatibus aptus GREG. ELI. *Æthelwold* 6. 6; **1285** juxta ~am viam que ducit versus A. *Couch. Furness* II 202; aves celi .. volant sursum et sedent super ramos ~es *AncrR* 41; **1338** juxta quendam .. puteum .. in quadam ~a placea in W. C. *SelCCoron* 41; **14..** occurrit sulcus unus ~ius [*sic*] .. terram dividens Johannis de D. .. et terram .. Thome de B. *Mon. Francisc.* I 510. **b 1272** W. A. de R. cepit quandam particulam terre super ~i juxta marler' *CourtR Hales* I 38; **1339** [*between his messuage on the north, the*] commune ~e [*of Wybesnad on the south*] (*Beds*) *Cat AncD* VI C 5598; s**1378** ~um claustri .. ad pilam ludencium exercitacione .. deplanatum *Hist. Glouc.* 53; homo [in exercicio] .. gaudet in videndo .. celum et maria atque ~ia J. MIRFIELD *Flor.* 140; **1588** quandam ~am vocatam Shardlowe Greene *Pat* 1319 m. 23.

2 (as sb. n.) green vegetation, (esp. protected by forest law as providing cover for game) vert; **b** (w. ref. to transgression against the vert).

?c**1185** hii [villani] nocturnam curam et veneris et ~is .. subibunt (*Ps.-Cnut*) *GAS* 621; **1198** hundredum de C. debet j m. pro prostratione ~is *Pipe* 73; c**1213** concessi eis in foresto meo .. meremium sufficiens de ~i ad necessaria edificia *Reg. Paisley* 17; **1220** precipimus .. quod boscum .. de E. .. faciatis habere R. quondam abbati .. salvis nobis ~i et venacione *Cl* 426a; **1288** de Galfrido fabro .. pro filio suo capto cum ~o, vj. d. *CourtR Ramsey* 201; **1445** metere et asportare .. tantum de ~e ibidem crescente quantum sufficere velit ad ecclesiam .. et domos suas .. sternendas *Cart. Boarstall* 119. **b** ?c**1185** [primarii] quater .. in anno .. foreste demonstrationes et ~is et veneris forisfactiones .. teneant (*Ps.-Cnut*) *GAS* 622; **1199** villata de L. debet j m. pro transgressione ~is *Pipe* 175; p**1212** dominus J. .. concessit quod nullus burgensis .. pro ~i devadietur (*Corbridge, Northumb*) *BBC* 57; **1269** placita de spinis, corulis, et de hujusmodi minuto ~i *SelPlForest* 47; si aliquis contra hoc veniret, per .. forestarios attachiaretur et in curia comitatus compelleretur respondere tam de ~i quam de venacione DOMERH. *Glast.* 572; s**1340** remisit dominus rex .. omnia delicta de ~i, de venacione, vasta, et quecunque alia .. infra forestas facta W. GUISB. *Cont.* 355.

3 (of produce) new, young (as not having matured). **b** that still has or retains its natural moisture or condition, fresh; **c** (of wood); **d** (as sb.). **e** that has not been treated for preservation or sim., fresh, raw.

?**1288** communiter in Francia nisi [vina] sint fortia et ~iora putrescioni sunt propinqua (*DCCant.*) *HMC* Var. Coll. I 277. **b 1106** volo ut F. .. reddat .. pecuniam suam .. in annona sicca ... de domibus vero et annonis ~is .. fiat rectitudo .. judicio comitatus *Pl. Anglo-Norm.* 93 (=*Chr. Abingd.* II 93); **1308** de vj bus. vescarum rec' de exitu grangie .. et non plures quia equi comederunt j acram ~um vescarum (*Ac. Combe*) *Doc. Bec* 166; foliis [thapsi] utimur, et ~a †combinari [l. comburari] possunt *Alph.* 182; **1329** quod nullus .. petat in campis fabas nec pisas ~as (*CourtR Hatton*) *EHR* XLV 212; **1407** in ij bus. pisarum ~arum emptis, xx d. *Househ. Ac.* 339. **c** c**1157** concessisse .. in predicta foresta .. mortuum boscum ad ardendum et ~e ad .. edificia .. facienda *Act. Hen. II* I 131; **1169** H. de B. reddit compotum de dim. m. pro ~i quercu quam asportavit de foresta *Pipe* 39; **1279** R. de H. .. vendidit ~as fagos *PQW* 752b; **1281** in misericordia pro ~i bosco *SelPlMan* 30; si aer sit frigidus et siccus, tunc debet fieri ignis de lignis humidis, sicut de fago ~i GAD. 10. 1. **d 1299** marchalcia lxxij equis: .. in prebenda iiij quar. vj bus. et dim., xvj s. ob. in ~i pro aula, j d. *Househ. Ac.* 166. **e** c**1215** nemo nisi sit de burgo corium ~e emat (*Okehampton, Devon*) *BBC* 213; **1288** duo miliaria allecis ~is *Rec. Norw.* II 9; **1294** nullus .. coreas vel pelles ~es, crudas, recentes, aut †salicas [l. salitas] emat (*Chesterfield, Derb*) *BBC* 228 (=*Gild Merch.* II 46); **1425** in iij copulis ~is piscis cum j ~i *lynge* (*Comp. Bicester*) *Ambrosden* II 255.

4 (transf. or fig.) youthful, green, blooming: **a** (as full of vigour or vitality); **b** (as not having matured).

a ~us, fortissimus *GlC* T 220; in juventute, cum .. ~is etas .. [eum] ad laborem vocaret W. MALM. *Wulfst.* II 14; tacta terra [Anteus] ~ior et validior exsurgebat ALB. LOND. *DG* 13. 2; **1515** quod [illa consuetudo] vigeat, valeat, et invalescat ~i observatione semper valitura *Dign. Dec.* 53 p. 63. **b** s**1138** multi .. quos .. ~ioris etatis audacia ad illicita precipitabat W. MALM. *HN* 467; puerulis .. / quos etas viridis vix armat dentibus WALT. WIMB. *Palpo* 191.

5 of the colour of fresh foliage or herbage, green. **b** (*~e salsum* or sim.) sauce made with green herbs, 'vert-sauce'. **c** (as sb.) green cloth. **d** (*~e aeris*, *~e Graecum*, or sim.) bluish-green rust of copper or brass, verdigris (*cf.* AN *verdegrece, vert de Grece*).

si quantitatem respicis, dici potest istud [pallium] illa [smaragdo] ~ius ADEL. *QN* 2 (ed. Burnett (1998) p. 94); ~is color delectabilior est visui aliis coloribus *Quaest. Salern.* B 92; **1289** in albo plumbo, vernicio, ~i oleo .. et aliis minutis emptis .. ad emendaciones picture mangne camere (*Works*) *KR Ac* 467/19 m. 3; **1462** j ulna .. panni veredis Cortrik *ExchScot* 149; **1496** pro .. panno veridi *Ib.* 614; **1537** J. T. emit casulam viretis byssi FERR. *Kinloss* 32. **b 1290** in mostard' et virid' sals', x d. *Ac. Swinfield* 64; **1305** in dim. lagena de ~i salso (*Househ. Ac.*) *HMC Middleton MSS* 325; de mentha, petrosilio, salvia, dipthamo, piretro Anglicano potest fieri salsa ~is optima GAD. 24. 1; *vertesawce* .. ~e salsamentum *PP.* **c 1175** pro xx ulnis ~is subtilis ad opus regis .. lx s. *Pipe* 144; **1190** pro v ulnis et dim. de optimo ~i *Ib.* 223; **1219** ad opus militum nostrorum xvij robas de ~i *encre Cl* 409a (cf. *AND* s. v. *encre vert*); **1220** viderunt [eum] .. in laico habitu, sc. in una capa de blu et in tunica de ~i *CurR* 389; **1252** quod invenient singulis annis predictis H. et E. vij ulnas ~i vel burneti *Couch. Furness* II 442; **1295** R. in eisdem nundinis fuit districtus .. per j peciam de ~i apreciatam ad iiij s. (*CourtR S. Ives*) *Law Merch.* I 69. **d** metallorum aqua, ut ferri, arsenici .. et †virideramini [? l.virid' eraminis], corodit .. calibem M. SCOT *Part.* 295; de laminis cupreis .. quod abraseris erit ~e eris GILB. VII 351. 2; **1281** cum verdegreco et unguento ad bidentes *Ac. Wellingb.* 22; **1287** in ~i grecio, vivo argento, et sagine ad bidentes, xij d. *Rec. Elton* 14; **1290** in verdegricio, vivo argento, uncto cuperose ad bidentes unguendas *Pipe* 136 r. 30*d.*; in .. verdigricio *Ib.*; vertegricio *Ib.*; **1300** pro .. ~i Grec' ad ceram viridem faciendam *AcWardr* 359; c**1300** in viridigresio [? l. ~i gresio] et vivo argento, ij s. et vj d. *FormMan* 33; c**1301** viridegret' [? l. ~e grec'] et vivum argentum pretii xij d. (*Taxatio Colch.*) *RParl* I *app.* 263a; **1306** in iiij li. viridigrati emptis, xxiij d. (*Minchinhampton, Glouc*) *MinAc* 856/15 m. 2; in .. li. viridigrani *Ib.*; **1328** pro vertgrisio, oleo olive, pro pictura camere regis .. x s. *ExchScot* 118; **1332** de qualibet centena de .. vertegreco venali, j ob. *Pat* 178 m. 20; **1456** pro cera, roseto, serio, verdcresse, pro sagittis ornandis, fabricandis, et reficiendis *ExchScot* 117.

6 (med., of complexion, for χλωρός) pale and sickly-looking, pallid, 'green'.

[signorum malorum] sunt hec: .. color lividus aut ~is [Hippoc. *Prognost.* 2: χλωρόν] aut niger J. MIRFIELD *Brev.* 54.

7 (*~is succus*) sour juice of crab-apples or unripe grapes, verjuice.

auca .. aliatam fortem desiderat .. ~i succo [*gl.*: verjus] racemorum sive pomorum silvestrium distemperatam NECKAM *Ut.* 102; **1290** viij [doleis] de ~i succo de vinea de L. de tempore vindemiarum proximo preteritarum *Ac. Swinfield* 59; **1297** de cxxiiij lagenis ~i succi de remanenti anno preterito *Ac. Cornw* 48; **1407** in vadiis iiij vineatorum .. circa facturam vini et ~is succi (*Windsor Park*) *MinAc* 754/29 m. 8; †viridissiccus, A. †*verinys* [l. *verjuys*] *WW.*

8 (as surname).

1275 [redditus tenencium:] de Willelmo ~i pro j burgagio, xj d. ob. *Ac. Stratton* 15.

viridissiccus v. viridis.

viriditas [CL]

1 state of being covered or abounding in green growth, verdancy. **b** green foliage or herbage, verdure.

causa insolitae illo in loco ~atis BEDE *HE* III 10 (cf. ib.: unius loci spatium cetero campo viridius ac venustius); perpetue ~atis ager *Ep. ad amicum* 7. **b** studeamus attentius ne .. minus pinguedini et fructui, plus autem foliis et ~ati operam dedisse inveniamur J. FORD *Serm.* 45. 7.

2 newness, freshness: **a** unripeness, immaturity. **b** vitality, vigour.

a 1241 remanserunt blada in campo post festum S. Mikelis non metita propter ~atem *CurR* 1524. **b** per lauri .. virorem accipitur in fide ~as HON. *Spec. Eccl.* 956B; ille .. virgule, continuatam habentes ~atem, in unam simul concreverunt arborem *Judas Story* 68; ~atem eterne vite, que lapide prassino propter virorem significatur GROS. *Hexaem.* XI 24; **1428** arbores crescentes in silvis sunt majoris ~atis et virtutis .. quam .. lignum mortuum sculptum ad similitudinem hominis *Heresy Tri. Norw.* 95.

3 green colour, greenness.

est .. pallii ~as ad quantitatem major, smaragdi vero ad efficaciam ADEL. *QN* 2; oculorum substantia .. in ~atem quodammodo tendit *Quaest. Salern.* B 278; adustio in ea [cholera vitellina] facit nigritudinem ex qua cum citrinitate mixta ~as introducitur BART. ANGL. IV 10; quinque .. sunt colores principales, ut albedo, glaucitas, rubedo, ~as, et nigredo BACON *Maj.* II 197.

1 viridium v. vernix.

2 viridium [cf. CL viridis, viridarium], orchard or greensward.

hoc viretum .. i. locus viriditate plenus, quod etiam hoc ~ium .. dicitur OSB. GLOUC. *Deriv.* 598; ~ium, virgultum *Ib.* 622; **1411** in quodam ~io sive herbario infra pomerium *Reg. Durh.* II 160; **1500** viij s. annui redditus conquestos a G. H. de tenemento ejus jacente prope veredium *Reg. Glasg.* 502.

viridius v. viridis.

viridosus [CL viridis+-osus], green, verdant.

s**1292** arbor que vocatur laurus viridosa [propter] continuam viriditatem .. arida mirantibus nonnullis apparuit OXNEAD *Chr.* 284 (cf. *Ps.*-MAP 80: laurus viridis cum pleno folio / viret in hyeme sicut in Junio).

viridum v. viridis. **viridus** v. veredus, viridis. **virie** v. vir. **virificium** v. vernix.

virilis [CL]

1 of or pertaining to an adult male person. **b** (as sb. n. pl.) external male sexual organs.

quoddam genus utriusque sexus .. quod dexteram mammam ~em .. et .. sinistram habet muliebrem *Lib. Monstr.* I 19; ut .. fossam ad mensuram staturae ~is altam reddiderit BEDE *HE* III 9; credimus .. eam [sc. Mariam] sine ~i copula concepisse PETRUS *Dial.* 80 (cf. ib.: eam sine viri copula peperisse); s**1149** Eustachius .. filius regis Stephani .. eodem anno ~ia sumpserat arma H. HUNT. *HA* VIII 29; sumptis .. clanculo vestimentis ~ibus *V. Chris. Marky.* 33; vene inter testiculos et ~em virgam que sperma ad exteriora deportant RIC. MED. *Anat.* 230; s**1396** regis Aragonie filia .. ~ibus amplexibus idonea AD. USK 9. **b** non potest mingere quasi lapis obdurat ~ia *Gl. Leid.* 39. 48; "si .. a delicto emundari desideras, ~ia quibus peccasti .. amputa" ALEX. CANT. *Mir.* 22 (II) p. 202; feminam fere virum cui nichil virile defuit preter ~ia DEVIZES f. 27v; habent .. fabule .. [Saturnum] castratum fuisse, et de ipsius .. ~ibus in mare missis Venerem provenisse ALB. LOND. *DG* 1. 7; cui [simulacro Priapi] si .. suspexeris, mire magnitudinis ~ia videbis GREG. *Mir. Rom.* 7; per 'pectinem' intelligimus illum locum qui est inter ~ia et ventrem *SB* 33; cardinalis G. .. currebat demens in viis Rome et ostendebat anum suum et ~a sua viris et mulieribus .. clamans sepissime "O magister Thoma!" GASCOIGNE *Loci* 171.

2 male. **b** manly (esp. w. ref. to strength, bravery, or sim.).

quendam hominem .. utriusque sexus .. qui tamen .. facie plus et pectore ~is quam muliebris apparuit *Lib. Monstr.* I 1; muliebrem sexum in omni malitia .. ~i fortiorem GIR. *TH* I 12 p. 36. **b** [Dunstanus] bellum ~e gessit cum zabulo BYRHT. *V. Osw.* 457; vir revera ~is animi GIR. *SD* 10.

3 (of share or sim.) due or proper to each person (orig. each man), one's own; **b** (in phr. *pro ~i*).

ipsius .. laudabili cepto pro ~i portione non defui W. MALM. *GP* V 271; [Moyses] quinque filiabus Saphaat paternam hereditatem pro ~i portione distribuit DICETO *Chr.* 239; **1344** quilibet habebit in dicto festo partem ~em de ij quar. frumenti puri et mundi (*Const. Hosp. S. Julian.*) G. S. *Alb.* II *app.* 490; **1599** ad solvendum ~em seu quartam partem pecuniarum predictarum *SelPlAdm* II 195. **b 1439** pro .. opere isto .. apud Deum .. vobis merces est .. nos quoque, pro ~i nostra, gratias Beatitudini vestre agimus BEKYNTON I 51; **1558** quin eos .. pro ~i et posse suo quantum in illo fuerit apprehendere conabitur *ActP-CIr* 54.

virilitas [CL]

1 condition of being an adult male person, manhood.

a ~ate .. usque ad senium .. virium corporis et potentiarum animi fit detrimentum BERN. *Comm. Aen.* 42.

2 manliness.

preceptum fuit ut [agnus] masculus eligeretur ut ejus [sc. Christi] operationum ~as .. signaretur *Eccl. & Synag.* 107; [mulieres] effeminatos .. viros debita ~ate .. depredantur GIR. *TH* I 12 p. 36; ~as, i. e. viri qualitas, est constantia BERN. *Comm. Aen.* 16 (cf. ib.: neque enim puer neque juvenis neque senex .. constantiam habet naturalem).

3 *f. l.*

praeter caeteras divinas animi tui †virilitas [MS: virtutes] FREE *Ep.* 54.

viriliter [CL], in a manly way (esp. w. ref. to strength, bravery, or sim.), manfully.

respondit .. illud .. imperium usque ad septimam generationem ~iter durare (*BR Will. I*) *Camd. Misc.* XXXIV (*Camd. 5th S.* X) 43; abjecta pusillanimitate [Christina] ~iter super equum saliens *V. Chris. Marky.* 34 (cf. ib.: virilem animum indue, et more viri in equum ascende); Henricus .. strenue adversarios et ~issime impugnavit G. *Steph.* 37; in his avibus .. degenerante masculorum privilegio ~ius et robustius feminei sexus efferuntur GIR. *TH* I 12 p. 36; c**1300** ut .. possint nos licite .. quoad plenariam satisfaccionem .. sine strepitu judiciali .. ~iter compellere *FormMan* 11; ~iter et intrepide ascenderunt ad illos G. *Hen. V* 16 p. 120.

virio v. vireo.

virissare [? cf. CL vir, vis], (in gl.).

~at, viriliter facit [*Corp. Gloss. Lat.* V 519: fortiter vel viriliter sapit] *GlC* V 200; ~are, viriliter facere OSB. GLOUC. *Deriv.* 628.

viritare v. viridare.

viritim [CL]

1 one person at a time, one by one (also transf.); **b** (w. ref. to spread through population or sim.). **c** (in gl.).

[presbiter] qui potuit notis ornare libellos / atque apicum speciem viritim .. reddit amoenam ÆTHELWULF *Abb.* 211; omnibus ~im osculatis .. altum petit mare *Enc. Emmae* III 12; supra modum foret si ~im omnium condicionum .. personas quos ibi novi recenserem AD. EYNS. *Visio* 37. **b** opinionis illius odor .. ~im et publice .. cepit emanare ad auditum totius Romani conventus *V. Birini* 4; propagata ~im admiracio, quo privacius dicitur, eo multiplicius pupplicatur MAP *NC* I 12 f. 11. **c** ~im, i. de viro in virum OSB. GLOUC. *Deriv.* 599.

2 as individuals, separately, individually.

luna .. et stellae, quae non proprio .. lumine fulgent, ipsum ecclesiae corpus et quosque ~im sanctos insinuant BEDE *TR* 6; caementum .. de lapidibus .. in cinerem versis conficitur, quibus ex igne agitur ut qui prius singuli ~im firmi ac fortes exstiterunt, postmodum .. melius connecti .. possint *Id. Gen.* 129C; ambicio ~im singulos occupat BACON *Mor. Phil.* 91.

3 (in gl.).

[recenset .. singulos, scribens] ~im, *caflice* [nomina] *GlP* 573.

viritus v. viratus.

virlupus [CL vir+lupus], werewolf.

ne .. ille dementer avidus ~us [AS: *wodfreca were-wulf*] supra modum a divina custodia dirripiat (*Cons. Cnuti*) *GAS* 307.

virmiculare v. vermiculare.

1 viro, ~onus [*aphaeretic form of* aviro], oar.

1286 Rogero Gardinario pro vj ~onis ab eodem emptis .. iij s. xj d. ob. (*Works*) *KR Ac* 485/28 m. 3 (cf. ib.: Rogero Gardinario pro vij remis); **1337** J. de F. .. [reddit] ad passagium de Esse ad festum S. Michelis xxij d. et iiij ~ones ad batellum *Capt. Seis. Cornw* 122; **1339** de iiij ~onibus receptis ad [*sic*] redditu debito ad dictum passagium (*Cornw*) *MinAc* 816/11 m. 5.

2 viro v. virro.

virola, ~olus [OF *virol(e)*; cf. CL viriola], **~ella** [AN, ME *virel*], ring or band of metal, ferrule.

1242 pro argento ad novem ~ell' ad tres baculos ad cruces deferendas *Liberate* 16 m. 6; **1290** [aurifabro] pro factura iiij ~olorum ad manicas cultellorum regine *Househ. Eleanor* 81; **1290** pro j ~olo ad j persorium ejusdem [domine A.] (*AcWardr*) *Chanc. Misc.* 4/5 f. 8; **1300** unum par cultellorum magnorum de ibano et eburn' cum ~ollis argenti aimellat' *AcWardr* 344; **1313** fabro operanti .. circa grop', ~ol', gujones, vertivell', ligamenta, et alios .. apparatus ferreos ad .. springald' (*Works*) *KR Ac* 468/20 f. 4; *a verelle of a knygge*, spirula vel virula secundum quosdam *PP*; **1519** pro clavis et verellis *Ac. Churchw. Bath* 104.

virolla v. virola. **vironus** v. viro.

viror [CL]

1 green growth, foliage, or herbage, (also) state of being covered or abounding in green growth, verdancy; **b** (in fig. context).

terrae arborumque siccitas vel ~or ALCUIN *Exeg.* 682B; miro .. modo [bos] quod vesperi detonsum erat, recrescente ~ore mane habundantius inveniebat *V. Kenelmi* 9; opus erat ut terra .. vacua .. ~ore vestita animantibus ornaretur PULL. *Sent.* 717D; prevalente maleficio artis magice .. ~or omnis interiit [cf. *Is.* xv 6] W. S. ALB. *V. Alb. & Amphib.* 2. 15; herba sub vestigiis .. transeuntium non .. attrita terebatur sed nativum ~orem .. conservabat COGGESH. *Visio* 11; hinc ~orem pratorum .. illinc amenitatem .. despectans nemorum *Hist. Meriadoci* 384; s**1255** incarcerabatur in castro illo, loco tristi et solitario, salubri ere et ~ore .. destituto M. PAR. *Maj.* V 505; rosa .. habet odoris jocunditatem, decoris speciositatem, et ~oris brevitatem HOLCOT *Wisd.* 78. **b** sicut in radice humilitatis ab humore caritatis jam intus exaruit, sic ab exterioris obedientie ~ore cito emarcuit Is. STELLA *Serm.* 26. 15. 1777A; c**1435** paupertas radices michi evertens deponit ~orem, florem, et fructum *FormOx* 448.

2 newness, freshness: **a** youngness, unripeness, immaturity. **b** vitality, vigour.

a rex Hardecnut .. in medio pubertatis tenere ~ore mortem gustavit immaturam *Chr. Rams.* 154. **b** per jaspidem .. fidei ~or immarcescibilis indicatur BEDE *Apoc.* 197C; palloris macies totius in corpore ruboris ~orem exhauserat R. COLD. *Cuthb.* 91 p. 200; *a strenght* .. valor, vigor, ~or, vires *CathA*.

3 verdant colour of fresh foliage or herbage, greenness.

byssus quae .. longo artificum exercitio .. exuit ~orem atque ad albantem deducitur speciem BEDE *Templ.* 771C; jacinctus est ceruleus / virore medioximus FRITH. *Cives* 12. 2; intenso corpus [psittaci] ornat natura virore. / luminibus color hic gratior esse solet NECKAM *DS* II 239; forsitan [colera] a .. herbis viridibus et crudis in colore contrahit ~orem BART. ANGL. IV 10.

1 virosus [CL = *man-craving*; cf. et. CL viriosus, viror], full of vigour, vitality, or power (also transf.).

suscepit vacuas Eodwlf virosus habenas FRITH. 1281; tu .. cum fueris recens et ~us, primum gravia .. adis pondera, deinde fatigatus cum fueris leviora ADEL. *QN* 9; animalia alia in primitiis nativitatis sue molli quadam et ~a materia educantur, lacte dico *Ib.* 10; non obstat militum virosa legio WALT. WIMB. *Sim.* 185; s**1312** irruerunt undique ~i tirones, captioni Petri .. viriliter insistentes, et .. impetum facientes ipsum ceperunt *Flor. Hist.* III 152; *strangg* .. validus, vigorosus, ~us *CathA*.

2 virosus [CL]

1 injurious to health, noxious, poisonous.

virosa .. jaciens .. tela FRITH. 604; ~us, veneno plenus OSB. GLOUC. *Deriv.* 622; credidit .. illum [equum] .. vermem aliquem ~um cum herba comedisse *Mir. Wulfst.* II 6; fabro .. qui fabricaverat / virosam dolabram WALT. WIMB. *Carm.* 538; palpo virosior et pejor aspide *Id. Palpo* 32; s**1257** annus iste .. extitit Saracenis ~us, Anglie probrosus OXNEAD *Chr.* 215.

2 pernicious, malignant.

tam superbie ~e et pestifere quam humilitatis melliflue et salutifere W. DONC. *Aph. Phil.* 5. 21; stetit hec inter eos amicitia .. quoad ~a consilia in sinibus quorundam confota eruperunt in publicum W. MALM. *GP* III 104; semina virosus vir spargit amara doloris D. BEC. 761; c**1250** stupenda est belluine voracitatis ~a malignitas AD. MARSH *Ep.* 13.

†virota, *f. l.*

de granis maturis de †virotis [*sic* MS; ? *l.* mirtis] in suo tempore, ij uncie BACON V 100 (cf. ib. 213: *2 ounces of the seeds of myrtle* [Ar.: *hubbulas*] *in a ripe state*).

virreria v. verraria.

virro [cf. baro], tenant by military service, thegn or baron.

cujuscumque homo ipse sit .. sive regis, sive ~onis [*Inst. Cnuti*: liberalis hominis quem Angli þegen vocant] (*Cons. Cnuti*) *GAS* 293; vironis [*Quad.*: taini] .. regis, qui est promixus ei, [exercitualia]: iiij equi .. ij gladii .. et l mance auri (*Cons. Cnuti*) *Ib.* 359; minoris .. ~onis [exercitualia]: equus et apparatus ejus .. et armatura ejus (*Cons. Cnuti*) *Ib.*; quesivit sibi patronos, sc. O. et G. et Æ. et alios quamplures ~ones *Lib. Eli.* II 32; ?c**1270** hii converti respuunt virtute sermonum / neque curam capiunt de vita vironum [MS: virronum] (*Vulneratur Karitas*) *Pol. Songs* 136.

virtitio v. vertitio. **virto** v. viscum.

virtualis [CL virtus+-alis]

1 of or pertaining to (a) power or potency.

descensio .. ~em minorationem innuere videtur [cf. *Jac.* i 17] G. HOYLAND *Ascet.* 271B; totum integrum in eas partes resolvendum est .. [totum] universale in subjecta, et in potentias [totum] ~e J. SAL. *Met.* 862D; si dicatur cujusmodi partes [animae] sunt, dicendum quod ~es, ut dicit Boecius, et ita potenciales .. partes ~es id est spirituales BACON III 295 (cf. Boeth. *De divisione* 888a); in tribus assimilatur mundus et homo, in dimensione diametrali, in dispositione naturali, in operatione ~i *Eul. Hist.* I 14; omnis actio est per contactum vel corporalem ut in corporalibus, vel virtualem ut in spiritualibus PECKHAM *QD* (*An.*) ed. Etzkorn (2002) 507; '~em' [noticiam] voco quando aliquid intelligitur in aliquo ut pars intellecti primi .. sicut cum intelligitur homo, intelligitur animal in homine ut pars intellecti DUNS *Ord.* III 60; magister recitavit inter cetera tres opiniones de multiplicacione corporis, viz. dimensionalem, diffinitivam, et ~em *Ziz.* 107.

2 that has the power to produce an effect, potent.

nec dico lucem †magnam [*l.* multam] per subjectum magnum diffusam, sed sicut de luce ~i dicitur quod in puncto colligitur lux multa BART. ANGL. XIX 7 (cf. GROS. 78); universalissime .. activum necessario erit universalissime ~e *Ps.*-GROS. *Summa* 378.

3 (morally) virtuous.

de ~i conversatione cum adversariis. .. oportet quia virtuose vivat cum adversariis J. WALEYS *Commun.* II 9 1 f. 73rb; videndum est de fortitudine .. non ea que est corporalis sed que ~is et mentalis *Id. Brev. Virt.* IV 1 f. 212ra; ut [anima] memorando gesta Christi per ejus [sc. sacramenti] efficaciorem influenciam acquirat copiosius actus et habitus ~es WYCL. *Euch.* 179; laudant Deum martires gloriosi de sua constancia ~i eo quod speciales servi Dei .. virtualiter imitati dira tormenta cum cordis leticia devicerunt BRINTON *Serm.* 30 p. 125; in Scripturis quadruplex tantum reperitur militia, viz. ~is, spiritualis, votivalis, et humanalis. ad primam .. miliciam hortatur apostolus omnes ecclesiarum prelatos contra hostes fidei, heresium et errorum adinventores viriliter .. militare UPTON 22.

virtualitas [virtualis+-tas], condition of pertaining to a power or potency.

angelicus .. intellectus cum sit deiformis, ut docet Dionysius, est instantaneus et ideo sine collectione unius ad aliud subito intelligit et in ~ate sue substantie, in instanti omnia agenda agit Bart. Angl. II 18; si [Deus] aliquam habet primitatem adequationis, hoc erit propter ~atem, quia scilicet continet virtualiter in se omnia per se intelligibilia Duns *Ord.* III 79; quod si ens ponatur equivocum creato et increato, substantie et accidenti, cum omnia ista sint per se intelligibilia a nobis, nullum videtur posse poni primum objectum intellectus nostri, nec propter ~atem nec propter communitatem *Ib.* III 80.

virtualiter [virtualis+-ter]

1 in respect of (a) power or potency, 'virtually'.

uni secundum formam, id est habitui de primo principio agibili omnes virtutes inerunt non formaliter, sed ~ter, scilicet inclinatione naturali, in qua sunt omnes virtutes ~ter (sicut in una prudentia omnes prudentie) Duns (*Lect.* III 36 q. 1) *Opera Omnia* XXI (2004) 340; dicitur aliquid esse in alio ~ter, quia est in eo secundum quamdam eminentiam, sicut effectus in sua causa: et sic non est paternitas ~ter in essentia. alio modo potest intelligi aliquid esse in alio ~ter per identitatem, ita tamen quod formalis ratio unius sit extra formalem rationem alterius: et sic paternitas ~ter est in essentia *Ib.* (*Lect.* I 2 q. 4) *Opera Omnia* XVI (1960) 215; esse calidum virtualiter in actu et in potentia formaliter *Id. Ord.* III 305; dicitur communiter quod herba est ~ter calida, cum tamen sit formaliter frigida, et vinum ~ter calidum Ockham *Sent.* V 414; concedo quod Deus continet ~ter et simul infinitos effectus successive producibiles, quia hoc non est aliud quam posse producere infinitos effectus successive *Id. Quodl.* 203; illa continencia virtualis qua aliquid includens essencialiter racionem entis includit essencialiter vel ~ter differenciam vel passionem *Id. Sent.* II 532.

2 (morally) virtuously.

laudant Deum martires gloriosi de sua constancia virtuali eo quod speciales servi Dei .. ~ter imitati dira tormenta cum cordis leticia devicerunt Brinton *Serm.* 30 p. 125.

virtum v. viscum.

virtuose [LL virtuosus+-e]

1 virtuously.

eos ponens sub tutela virtuosorum .. sacerdotum, tum ad erudiendum, tum ad ~e vivendum, et conversandum, ne scilicet indomite adolescentulaciones succrescerent si omnino suppressore carerent Blakman *Hen. VI* 9.

2 with strength, energy, or power, powerfully, forcefully, effectively.

castella .. ardenter et ~e destruere *G. Steph.* 75; Reso .. ad deditionem dolose magis quam ~e compulso Gir. *IK* I 10; testiculorum complexio si fuerit calida .. virga ~e erigitur .. si testiculi fuerint frigide complexionis .. virga rare erigitur M. Scot *Phys.* 38; unde ipsa assimilatur .. actualitatis .. universalitate potentissime seu ~issime *Ps.*-Gros. *Summa* 322; s**1293** classis .. navium Normannicarum .. que coadunata ut Anglos ~ius invaderet et invadentes fortius propulsaret Rish. 137; nisi forte .. habeat a Deo ampliora karismata ad ~ius prodessendum ecclesie Wycl. *Sim.* 53.

virtuositas [LL virtuosus+-tas], power, strength, efficacy, effectiveness.

totius .. animalis ~as potissime in fronte lucet Bart. Angl. V 10; debet esse in predicante operum perfectibilitas et exemplorum ~as J. Waleys *Commun.* IV 4. 5 f. 110ra; angeli .. in cognoscendo creaturas in proprio genere regulant se per cognitionem in Deo, cum eadem cognitione Deum cognoscant et creaturas in eo. preterea ad hoc potissime operatur ~as intellectus eorum, quam habent per habitum glorie Middleton *Sent.* II 74a; et hinc quodam naturali instinctu, sed in facto, plus appreciatur generacionis nobilitas quam propria ~as; plus naturalis solercia quam sciencia laboriose quesita Wycl. *Civ. Dom.* I 233.

virtuosus [LL]

1 full of virtue, virtuous, excellent.

s**971** calamitas .. non provenit per potationem. adhuc enim Angli ~i sunt ad hoc vitium *Ann. Wint.* 13; laudis amator et glorie .. majori cura videri ~us quam esse cupiebat Gir. *EH* I 4; Osmundus .. fuit in vita sua vir sanctus, perfectus, et multum ~us, prout ex factis et operibus suis .. apparuit *Canon. S. Osm.* 56; et est militia ~a sive ecclesiastica qua militant prelati ecclesie et predicatores illius et contra heresim J. Waleys *Commun.* I 9. 8 f. 53rb; modus relinquendi qui competebat Apostolis ex doctrina Christi fuit .. laudabilis atque ~us Ockham *Pol.* II 429; ostendit .. quomodo Deus per ~as cogitaciones placatur, secundo quomodo per viciosas ab homine separatur Holcot *Wisd.* 14; vita .. ~a Liv. *Op.* 41; ~os diligere et fovere, viciosos excludere *Plusc.* VII 20; ad procedendum effectualiter in ulla operacione laudabili sive ~a *Reg. Whet.* I 22.

2 strong, powerful.

si patiens sit ~us juvenis fortis .. detur de aqua frigida ad saturitatem .. in extenuatis autem et debilibus id sumere prohibeatur Gilb. I 18. 2.

3 that has or can have an effect, effective, efficacious (esp. w. ref. to strong or positive effect).

fero .. munus [sc. caput Æthelberti] sane ~um, quo amisso lumine celitus redonatus sum *Pass. Æthelb.* 243; Caliburnus dextra tam ~i regis vibratus *G. Mon.* X 11; ut tanquam .. mens studiosa precipuos eligere flosculos, tam salutiferos quam odoriferos, queat; et quasi marinas inter arenas .. ~as valeat gemmas excerpere Gir. *LS* 413; crux quedam ~issima vultum preferens Crucifixi. .. pluribus audientibus sacrum os in verba resolvit *Id. GE* I 52 p. 155; cujus semen non est bene ~um in concipiendum M. Scot *Phys.* 89; dices quod nec actus bonus neque ~us acquiritur nisi post completam passionem et tunc cessat potentia Siccav. *PN* 150; de .. cocis .. semicocta vel non ~a cibaria calefacientibus et insana pro sanis ad vitarum hominum periculum *Fleta* 75; vinum purius est .. atque ~ius dum in primitivo vase tenetur Bacon *CSPhil.* 466.

4 (in gl.).

ares i. virtus, inde aretica i. ~a *Alph.* 14.

virtus [CL]

1 valour, bravery, courage.

in eviratum transfertur, hoc est virili actione mente et ~ute privatum Bede *Sam.* 695C; adeo ~utes provintialium in preliis occaluerant ut, si audirent inimicos adventantes .. in certamen ruerent W. Malm. *GR* II 125; aliter .. ~utem experiatur, nec pugnet violentia elementorum sed ~ute militum *Ib.* IV 310.

2 vigour, vital strength.

[puella infirma crismate uncta] ab illa hora cito ~ute proficiens .. sanitati pristinae reddita est *V. Cuthb.* IV 4; dum virtute fero silvarum robora mille Aldh. *Aen.* 29 (*Aqua*) 2; operacio ~utis naturalis cum medicina utili .. pene destruitur .. nam ~us est que curat infirmitates; medicus .. minister est ~utis J. Mirfield *Flor.* 124.

3 applied physical strength, force. **b** military force.

callida .. arte potius quam ~ute finitimos quosque pagos vel provincias .. facinoroso regno adnectens [Maximus] Gildas *EB* 13; concussis duabus ~ute brachiorum columnis *Ib.* 71; sanctus .. pedem vulnerati cruris arripuit et cum ~ute ad se traxit *Mem. Anselm* 235; novit qua virtute vincula rumpat [Samson] (Ailr. *Serm.*) *CC cont. med.* IIB 157. **b** ni episcopus Eliensis, castello demum reddito, regiam ~utem intus susciperet *G. Steph.* 35; donec congregasset ~utem sufficientem ad excipiendum R. et comitivam suam *Chr. Ed. I & II* II 272.

4 power to produce some effect, potency; **b** (med., w. ref. to bodily functions); **c** (phil. & theol., *cf.* δύναμις). **d** (transf.) power, authority.

et bina alarum fulci gestamine cernor / quis sed abest penitus virtus jam tota volandi Tatwine *Aen.* 10 (*Recitabulum*) 5; frons .. sedes est verecundie et honor et hoc quidem est propter vicinitatem imaginative ~utis Bart. Angl. V 10; vino .. optimo species perfundetur .. donec ~us specierum vino incorporetur *Ib.* XIX 56; solvitur .. species vini per corruptionem et transmutantur in totam aquam, nulla ~ute vini remanente T. Sutton *Gen. & Corrupt.* 108; melanteria .. projectoriam et strictoriam habet ~utem *Alph.* 114; iste allegaciones .. videntur fortes, quarum ~utes magis advertam si recitaveris quomodo respondetur ad illas Ockham *Dial.* 522; decoquuntur alique herbe .. in aqua ita quod ~us herbe aque mandetur et sic ~us medecine per os recipiatur *SB* 11. **b** sunt secundum Galienum quatuor principalia membra: cerebrum, cor, epar et testiculi que .. deserviunt principalibus ~utibus, animali, naturali, spirituali et generative Ric. Med. *Anat.* 212; in corpore hominis sunt quatuor ~utes naturales, viz. attractiva, retentiva, digestiva, et expulsiva N. Lynn *Kal.* 209; ~us regitiva *Quaest. Salern.* B 303; ydropsis est defectus ~utis digestive in epate *SB* 24. **c** omnis vero vis sive ~us sive potentia alicujus operationis proprie est effectiva Alf. Angl. *Cor* 2. 2; est .. ~us principium motus unius in aliud *Ib.* 16. 10; due .. sunt [anime rationalis] vires, sc. ~us agendi et ~us sciendi J. Blund *An.* 335; ~us activa est .. limitata T. Sutton *Gen. & Corrupt.* 94; non minoris efficacie est potencia Dei absoluta super quamcumque creaturam quam ~us activa creata respectu sui effectus Ockham *Quodl.* 597. **d** elementis mundi aereisque potestatibus in ~ute omnipotentis imperantes Ord. Vit. VI 1 p. 2; **1188** ad experiendam belli fortunam .. in ~ute mirifice crucis et in nomine veri Joseph (*Lit. Imperatoris*) Diceto *YH* 57; si in girum inopinatis casibus divertatur [rota fortune] descidet corona capitis vestri et fatiscens deficiet ~us vestra *Dictamen* 357.

5 (pl., also w. *celestes* or sim.) powers of heaven (esp. w. ref. to spec. rank, class, or order of angels).

thronos, †viventes [l. virtutes], archangelos (Laidcenn Mac Baíth *Lorica*) *Cerne* 85 (cf. *Nunnam.* 91); per .. principatus et potestates sanctasque ~utes et dominationes (*Jud. Dei*) *GAS* 414; ex auctoritate Dei .. atque omnium celestium ~utum, angelorum archangelorum etc. *Ib.* 439; quomodo .. visa sit inter choros supernarum ~utum descendere in Augustinianum templum Gosc. *Lib. Mild. cap.* p. 69; in secunda [hierarchia] primo dominationes, secundo ~utes, tertio potestates *Mon. Francisc.* I 416; omnium angelorum .. et omnium patriarcharum .. et omnium celestium ~utum *Conc. Scot.* II 5; septimus ordo [angelorum] appellatur ~utes, qui prevalent in miraculis faciendis J. Foxton *Cosm.* 89. 3.

6 effect, result. **b** significance, meaning, import, purport.

cum .. postea intellexerat quod fuerat finis in curia et cujusmodi ~utis, fecit quemdam .. finem calumpniare *State Tri. Ed. I* 24. **b** facto sacramento tunc legat prenotarius ~utem brevis ad instructionem juratorum *Fleta* 230; **1285** verbum illud 'placitet' per justicias .. ex ~ute illius verbi et voluntate concedentis active interpretetur et passive *BBC* 154; hi qui ~utum nominum sunt ignari sepe paralogizantur .. atque magna pars errorum circa orationes et argumenta oritur ex malo intellectu terminorum Bacon *CSTheol.* 37.

7 manifested divine power, miracle.

in quo loco .. curatio infirmorum et frequentium operatio virtutum celebrari non desinit Bede *HE* I 7 p. 21; alii .. de ~utibus et miraculis .. Guthlaci mirari coeperunt, alii .. ~utes .. per illum factas ab ullo alio ante inauditas disputabant Felix *Guthl.* 46; apparuit .. de magnitudine ~utum que secute sunt ad ejus sepulchrum *V. Thom.* B 53; ita cepit in Dei timore perfectus esse ut etiam ~utes per eum faceret Dominus Gir. *GE* I 24 p. 67; in cujus loco orationis innumere ~utes sanitatum .. noscuntur esse patrate Ciren. I 144.

8 special or peculiar property, characteristic.

spuma argenti. est .. ei ~us rufa ac splendens *Alph.* 180.

9 excellence, perfection.

secundum ~utem concordantiarum Garl. *Mus. Mens.* 13; tractus .. aliquam creat perfectionem. ergo ejus totaliter remotio a figura tollit ~utem Hauboys 272.

10 excellence of character, moral virtue. **b** (spec.) cardinal or theological virtue.

quicquid in ea vitii sordidantis inter ~utes per ignorantiam vel incuriam resedisset Bede *HE* IV 9 p. 222; vir ~utum Ælfegus Osb. *V. Dunst.* 46; sanctitas magistri ex discipuli ~ute potest conici W. Malm. *GP* I 6; in uno eodemque homine modo ~utibus se vitia palliabant, modo ~utes vitiis succedebant *Id. GR* I 86; a vi .. activa est ~utum inchoatio sed a vi contemplativa est ejus perfectio J. Blund *An.* 336. **b** quia .. interior sensus ex quatuor continetur ~utibus, prudenita, temperantia, fortitudine atque justitia Egb. *Dial.* 411; septem .. ~utes que carnem vexant sunt hee: abstinentia, moderantia .. Bern. *Comm. Aen.* 39; in omnibus ~utibus theologicis sc. fide, spe et caritate, et cardinalibus, fortitudine, justicia, prudencia, temperancia pollebat *V. Edm. Rich B* 620; quadras virtutes ordo notat ille quaternus Garl.

Myst. Eccl. 327; forma vivendi, probitatis incentivum, theologicarum ~utum norma *Eul. Hist.* I 1 *proem.*

11 (*de necessitate ~utem facere*) to make a virtue of necessity.

1244 de necessitate ~utem vos facere faciemus *Cl* 259; [regi] necesse erat de necessitate facere ~utem *Ps.*-RISH. 539.

12 (*in ~ute* or sim.) by virtue (of).

precipientes ei in ~ute obedientie quatinus .. DICETO *YH* 327; in vi tamen et ~ute obedientie interdixit monachis ne in eo canerent G. COLD. *Durh.* 16 p. 23; **1299** vobis in ~ute obedientie qua nobis tenemini .. inhibemus ne .. *Lit. Cant.* I 27; **1300** officialis notario suo injuncxit in ~ute prestiti sacramenti quatinus sub sigillo publicum conficeret instrumentum *G. Durh.* 3; colore seu ~ute alicujus concessionis *MGL* I 170; interrogatus in ~ute juramenti sui .. dicit quod non *Eng. Clergy* 223; cum .. de ~ute solis nubes .. propter illius caliditatem .. debeat esse tenuis et alba J. FOXTON *Cosm.* 9 p. 1; papa .. reges vicinos ut in eum insurgerent in ~ute obediencie et peccatorum suorum remissione hortabatur *Meaux* I 390.

viruculentia v. virulentia. **virudiarius** v. viridiarius. **virula** v. virola.

virulenter [CL virulentus+-ter], in a poisonous manner.

quam ~er sepe vicinus accedens .. invidet menibus civium LUCIAN *Chester* 52.

virulentia [LL]

1 poison, noxious substance.

omne apostema quod ante septimam diem emittit saniem vel ~iam .. est mortale GAD. 26v. 1.

2 quality of being poisonous or extremely bitter (also fig.).

lingua pravorum bestiis ferocitate .. serpentibus ~ia praecellat BEDE *Ep. Cath.* 28B; exsilio relegati astutam tergiversantis ~iam ad nihilum Deo auctore deducimus PULL. *Sent.* 748A; **1284** articulorum nos merito detestantes viruculenciam [v. l. ~iam] redivivam *Reg. Wint.* I 305; nos illorum ~ie et maledictis obnoxios faciemus WALS. *HA* I 2; non potui .. unius, in quem .. non pauca contulerim beneficia, effugere ~iam FERR. *Kinloss* 51.

virulentus [CL], poisonous, venomous, noxious (also in fig. context).

radix amaritudinis, ~a plantatio nostris condigna meritis, in nostro cespite .. pullulat GILDAS *EB* 23; Christi milites interdum ~o [*gl.*: mortifero, venenifero] castitatis vulnere et letali toxa prosternunt ALDH. *VirgP* 13; rigida conviciorum flagra ~as [*gl.*: venenatas] asperae invectionis mastigias ab aemulis truciter illatas experiamur *Ib.* 58; subito oculorum atque faciei ~a inflatione visum .. amiserat GOSC. *Mir. Iv.* lxiii; circa ~am suppressorum et falsariorum astuciam *Hist. Llanthony* f. 31v; ~e .. cauda vipere MAP *NC* IV 3 f. 44v; ~a heresium seges que in multorum perniciem coalescit P. BLOIS *Ep. Sup.* 28. 2; vir ~us GIR. *SD* 78; s**1241** annus .. regno Anglie pestifer .. ecclesie Romane ~us et hostilis *Flor. Hist.* II 250; ~o haustu involuti sunt *Ib.* II 418; verba .. erronea et ~a (OCKHAM *Err. Papae*) *Auct. Brit.* XIV 19.

virulus [CL vir+-ulus, cf. CL virilis], (in gl.).

~us, priapus, veretrum OSB. GLOUC. *Deriv.* 628.

virus [CL]

1 poison, venom (also transf. or fig.).

mortiferum cujuslibet haereseos ~us horrido ore vibrantes GILDAS *EB* 12; Arriana heresis .. exitiabile perfidiae suae ~us .. ecclesiis aspersit BEDE *HE* I 8 p. 22; ~us, violentia veneni *GlC* U 152; quoniam habet tela mortifero suco ebria, in homine quem percutit non virtus sed ~us mortem facit W. MALM. *GR* IV 347; ocia velut letale ~us totis nisibus devitate ORD. VIT. III 3 p. 50; facite confessiones, conceptum malicie ~us effundite de cordibus vestris H. LOS. *Serm.* p. 422.

2 morbid or noxious bodily discharge, pus or sim.

ne virus serpat, possum succurrere, leprae ALDH. *Aen.* 94 (*Ebulus*) 8; vulnus .. quod jam putruit et in se horridum ~us ex putredine sui coadunavit quousque .. putridus humor exprimatur EADMER *Beat.* 15 p. 289; Thomas hic noster, qui etsi per virtutum ~us, inanem gloriam, sicut juvenis adhuc minus cautus videretur infectus H. BOS. *Thom.* II 2; infirmus .. evomuit ~us nigerrimum *Mir. Wulfst.* I 17; cum putrescit sanguis in aliquo membro nisi reducatur arte vel natura efficitur ex eo ~us et in saniem commutatur BART. ANGL. IV 7.

3 semen.

genitalia .. reputantur inhonesta, inter que unum dicitur veretrum vel quia viri est tantum .. vel etiam ex quo ~us emittitur BART. ANGL. V 48.

4 (in gl.).

9.. fex, ~us vel *drosna* *WW.*

5 *f. l.*

laetamen, †virus [l. fimus] *GlC* L 120.

vis [CL]

1 (also pl.) application of physical strength, force (also w. ref. to unlawful use); **b** (*vi et armis*). **c** (*vim facere*) to use force (on). **d** (leg., *vis recens*, perh. w. ref. to writ of 'fresh force', *cf. fortia*).

in captivitatem per vim ducta THEOD. *Pen.* II 12. 20; ad repellendam vim hostium BEDE *HE* I 5 p. 16; nec dentibus austera virtus / est mihi, sed mea vim violentem cauda tenebit HWÆTBERHT *Aen.* 42 (*Draco*) 9; Heraldus vi construxit eam [piscariam] *DB* I 31ra; summa vi certatur ab utrisque ORD. VIT. III 14 p. 147; muros penatesque suos magna vi defensare *Ib.* IX 7 p. 501; arma non sumunt .. sed pacem moribus non viribus confirmant GROS. *Hexaem. proem.* 33; **1266** fecerunt ipsum vi ducere eos ad domum R. *SelCCoron* 8; **1275** vi et violencia abstulit a manibus S. mercatoris .. j pellem lanicam *SelPlMan* 143; preceptum fuit .. Gilberto et aliis quod deponerent vim illam et quod se reddidissent ad pacem .. regis *State Tri. Ed. I* 54. **b** **1250** Johannes .. attachiatus fuit ad respondendum Andree .. de placito quare vi et armis piscatus fuit in libera piscaria ipsius A. *CurR* XX 1853; plures vi et armis quam sanguine successerunt OTTERB. 8. **c** **739** nec vim ei faciatis sculptilia adorare (*Lit. Papae*) *Ep. Bonif.* 21; **1159** remanent in respectu pro vi facta *Pipe* 10; nolo cuiquam vestrum mecum morandi vim facere DEVIZES f. 30. **d** **1260** optulit se versus .. Henricum forestarium per breve de vi recenti de libera communa sua in bosco suo *PlR Chester* 1 m. 3.

2 vital strength, vigour (of mind or body).

coeperunt et illi paulatim vires animosque resumere BEDE *HE* I 16 p. 33; in excellenti vi animorum et crudo robore brachiorum W. MALM. *GR* IV 374; vires dico interiores quibus contra tentationum bella exercitatione cotidiana confligat; vires exteriores quibus corporalium laborum onera infatigabili longanimitate toleret AILR. *Spec. Car.* III 24. 607D; propter sensum non Catoni, / propter vires non Sampsoni / .. parcitur WALT. WIMB. *Van.* 146; sicut volo deambulare propter sanitatem, ad quam .. deambulationem sequitur fatigatio si excedat vires animales R. MARSTON *QD* 405; quantumcumque moveatur Socrates ex se aliquo modo applicat vires suas, et non potest sine medio non applicare vires suas KILVINGTON *Soph.* 29n.

3 powerful action, force (of natural phenomenon); **b** (of disease); **c** (of sensation or emotion).

Circius et Boreas quamvis et flamina Cauri / viribus horrendis studeant deglobere frontem ALDH. *Aen.* 69 (*Taxus*) 4; non venit ad montem sed repulsum vi ventorum BERN. *Comm. Aen.* 85; quod .. canelle .. efflarent lapides vi pulverum ignitorum *G. Hen. V* 6; vi ventorum a sociis segregata [navis] .. in Calesiam portum propellitur *Ib.* 24. **b** mox vim morbi gravem persensit W. MALM. *GP* I 48. **c** vi doloris pressus W. MALM. *GR* I 61; Turchi extremam vim furoris .. effuderunt *Ib.* IV 384.

4 body or force, large number. **b** body of persons (in quot. as party in dispute); **c** (assoc. w. principal, esp. *in vi*, *in vi et auxilio*, or sim., w. ref. to aiding and abetting).

piscatores .. magnam vim .. piscium corbibus evehentes W. MALM. *GR* II 121; tanta fuit peditum, tam barbara vis equitantum *Ib.* II 135. **b** **1203** abbas Ebor' debet l m. et j palefridum pro removenda laica vi de ecclesia *Hist. Exch.* 338; **1264** tibi precipimus quod omnem vim laicam que se tenet in ecclesia .. amoveri facias *Cl* 388. **c** **1202** ipse cum vi sua portavit eum in domum .. et postquam ita demembratus fuit *SelPlCrown* 15; **1218** Robertus .. appellat R. Ruffum quod ipse fuit in vi cum Ricardo S. .. quando ipse .. vulneravit eum *Eyre Yorks* 345; **1222** mandamus vobis quod cum tota vi vestra ad pacem nostram secure veniatis *Pat* 367; **1271** eadem A. appellat N. de B. .. de vi et auxilio eo quod idem N. .. tenuit filium suum .. dum interfectus fuit et quod non interfectus esset nisi ipsum tenuisset *SelCCoron* 19; J. C. junior fuit ibidem in vi et auxilio cum .. Thoma ad interficiendum .. J. L. *Ib.* 97; **1297** similiter appellavit .. R. de precepto, vi, et auxilio *Eyre Kent* I 110.

5 power to produce some effect, potency. **b** (phil.) power, potentiality, faculty. **c** (*pro viribus* or sim.) to the best of one's ability. **d** (*ultra vires*) beyond one's abilities or strength, (also) excessively. **e** (transf.) amount, capacity (w. ref. to resources), (also) resources, assets.

tantam vim ejus venenum habere arbitrantur ut eo licet ferri acies intincta liquescat *Lib. Monstr.* II 23; omnes intendens eloquentie vires, causam regis perorabat W. MALM. *GP* I 58; flaura .. habet vim dissolvendi *Alph.* 63; smirinion .. vires habet acres et sudorem provocat *Ib.* 174. **b** quae est haec vis? vis tentationis. haec vis non eam avertit a rectitudine, si ipsa non vult quod suggerit tentatio ANSELM (*Lib. Arb.* 6) I 217; cum .. percipimus nos videre, nos tangere, hoc est per aliquam aliam vim quam sit aliqua vis sensuum exteriorum J. BLUND *An.* 238; recolendum est .. quod in tertia parte hujus operis tactum est, quod essentia, substantia, natura, potestas, potentia, virtus, vis, significant eandem rem, sed differunt sola comparatione BACON *MS* 3; opinio est quod solus pater habet rationem activi, et mater rationem passivi, ita quod ipsa tantum ministrat materiam prolis, et in solo semine patris est vis activa et formativa prolis DUNS *Ord.* IX 201. **c** hec ego dum recolo pro viribus otia vito L. DURH. *Hypog.* 67; s**1412** parati sunt .. terras .. tradere in manu sua [sc. regis] quas possunt et residuas pro viribus conquestant [? l. conquerunt] WALS. *YN* 436. **d** vide .. ne in ea plus sapere appetas quam oportet sapere, ne dum summa intelligere ultra vires quaeris, etiam quae bene intellexeris amittas BEDE *Sam.* 1031D; me compellit ut non solum pro posse velim fraternis necessitatibus succurrere sed etiam ultra vires velle ABBO *QG* 1 (3); ultra natales nostros et vires superbos nisus suscepimus ORD. VIT. XI 24 p. 241; humiliter se excusat, indignum se tanta legatione et imparem tanto negotio, quod ultra vires suas esse cernebat, judicans ANDR. S. VICT. *Hept.* 99; ultra vires tuas est negotium, non poteris solus sustinere GIR. *GE* II 31 p. 318. **e** **1242** ad inquisicionem faciendam de viribus nostris que in .. episcopatu nobis sunt alienate *RGasc* I 92a; **1281** illud .. quod debebat solvere, dupplicetur et .. regis viribus applicatur *Ib.* II 121a; **1420** quod .. omnia .. juxta vires et possibilitatem bonorum meorum post mortem meam remanencium impleantur *Reg. Cant.* II 233.

6 (*vis divina*) divine power, the power of God.

1167 quod littere ipse exprimunt, quoniam vis divina, usa ai (aita ai), hoc est, cum sit semper, usia dicitur, unius littere mutato ordine propter sonum et competentiam decoremque sermonis J. SAL. *Ep.* 169 (194); meritis sancti istius locum illum vis divina mundavit GIR. *TH* II 31; quoniam, ut ait Boethius, nature descriptionem satis eleganter emittens, 'natura est vis divina creatoris a creatore insita, similia ex similibus procreans' *Id. Spec.* II 7 p. 166.

7 significance, power, authority, force. **b** meaning, import, purport.

vis argumenti BALSH. *AD* 42; benedictionis virtus provenire solet ex vi verborum, ut in sacramento altaris, vel ex vi ordinis vel ex merito benedicti P. BLOIS *Ep. Sup.* 58. 7; carta .. vel aliquid aliud instrumentum .. quod nullas vires habeat nec alicujus valoris sit *Feod. Durh.* 204*n.* **b** dixit Mahomet, laus Deo .. qui homini contulit scientiam inveniendi vim numerorum ROB. ANGL. (I) *Alg.* 66; vis enim verbi sensus est J. SAL. *Met.* 860D; hec est vis carte .. Roberti le Porter per inspectionem Willelmi Burdon .. sed non de verbo ad verbum *Cart. Blyth* A 38; **1468** contra vim, formam, et tenorem concessionum earumdem libertatum *Mem. York* II 125.

8 (*in vi* or sim., *cf. virtus* 12): **a** by virtue (of). **b** despite.

a dominus .. papa .. in vi obedientie hec nobis injunxit *Feod. Durh.* lxxv; **1425** promisit in vim juramenti sui .. eam [recantationem] .. publice perlegere *Reg. Cant.* III 128; **1438** in vim compromissi hujusmodi BEKYNTON I 199.   **b s1402** unionum .. revocantur .. excessus. in vim dicte unionis revocacionum, presencium compilatori archidiaconatum B. cum ecclesiis de K., T. et D. .. papa sibi contulit AD. USK 76.

9 *f. l.*

si comedantur absque †vire [l. jure] malaxata cum cocleari BELETH *RDO* 11. 25C.

visagium [AN *visage*], face, (in quot. w. *falsum*) mask.

1330 ad ij lud' regis faciend' . . . x duodenas de fals' visag' cum barb' et crin' tam pro militibus quam pro scutiferis *KR Ac* 385/4.

visaria v. visera.   **visc-** v. et. fisc-.

visca, *var. sp. of* fisca [cf. CL fiscella, fiscus; cf. et. CL viscare], fish-trap.

1380 tenet duas fiscas ad nocumentum vicinorum. .. preceptum est illas amovere *CourtR Winchester;* **1381** tenet unam viscam contra proclamacionem *Ib.*

viscago v. vesicago.

1 viscare [CL], to catch or hold fast in birdlime.   **b** to catch in a trap.

~are, implicare, quod etiam inviscare dicitur OSB. GLOUC. *Deriv.* 626; viscum viscet aves D. BEC. 1764; ~o, G. *gluer* (GARL. *Unus*) *Teaching Latin* II 151.   **b** absorbuit ibidem terra desperantem inimicum [sc. ursum]. hoc [unum] .. ex ejus ~atis virgo reportavit *V. Chris. Marky.* 44.

2 viscare v. wiscare.

viscarium [CL viscum+-arium], (in gl.).

a *lyme pott or brusche,* ~ium *CathA;* hoc viscerium, *lymepott WW.*

viscatus [CL], smeared with birdlime.

1470 qui .. cignos .. cum .. filis ~is vocatis *lymestryngez* .. ceperunt *Pat* 526 m. 4d.

†viscellum, *f. l.*

†viscellum [l. juscellum], *broht GlC* U 208; dieta eorum sit frigida et humida et precipue †viscella, colatura furfuris cum lacte ovino .. GILB. IV 183v. 2.

viscer- v. et. viscus.

viscerabiliter [cf. LL visceraliter], in or from the depths of the heart, sincerely.

1307 ob specialem affectionem quam ad .. genitorem nostrum et suos ~iter habuistis (*Lit. Regis*) *Foed.* III 12a; **1330** avide acuimus cor nostrum et effundimus ~iter vota nostra *MonA* VI 1332a.

viscerago v. viscum.

visceralis [LL]

1 of or pertaining to the innermost parts of the body.   **b** (as sb. n.) entrails, viscera, (in quot.) offal (esp. as meat).

754 episcopus Uuentanae civitatis ex intima ~ium medullarum affectione aeternaliter in Christo salutem *Ep. Bonif.* 114.   **b 1333** quod carnifices .. ~ia super stallis suis .. non exponerent *Cl* 153 m. 27; ~ia vel alia sordida carnificum *MGL* I 713.

2 heartfelt, sincere.

748 dilectissimo .. Andhuno ~em salutem *Ep. Bonif.* 79; **1254** effuso ~ium affectionum profluvio AD. MARSH *Ep.* 166; **1312** ob quod vobis preces fundimus ~es quatinus .. nos habere velitis excusatos *Reg. Carl.* II 76; c**1377** gratiarum acciones referimus ~es *Pri. Cold.* 53; p**1386** benignitati vestre grates referimus ~es *Dip. Corr. Ric.* II 38.

3 deeply loved.

c**705** vos ~es contribulos .. exposco ALDH. *Ep.* 9 (12).

visceraliter [LL], from the depths of the heart, sincerely.

713 fateor .. nos vestrum ~er juxta preceptum dominicum ex intimo pectore amorem cepisse *Ep. Bonif.* 8; **1281** quod conventum suum ~er diligat *Reg. Ebor.* 146; **1310** in prosperitate subditorum .. letamur, et in eorum lesione .. visceraliter contristamur *Reg. Exon.* II 298; **1433** prostratus coram rege ipsum visceraliter imploravit *MonA* III 113; **1470** nullatenus

.. prodesse vobis poterimus, quemadmodum ~er peroptamus *Reg. Whet.* I 22.

visceratim [CL= *piecemeal*], in the innermost parts of the body (in quot. w. ref. to the bowels).

hujus .. motus causam .. dico .. continentis affectum. continentem .. aerem voco qui, cum terram undique versus claudat, ei se etiam intrinsecus ~tim informat ADEL. *QN* 50; hujus .. motus causa est aer inclusus qui cum terram undique secus claudat, ei se etiam ~im informat D. MORLEY 86.

visceratus [CL viscus+-atus], of or pertaining to the innermost parts of the body.   **b** heartfelt, sincere.

in ~o medullitus fervore venarum *V. Greg.* p. 79.   **b 752** sanctitatis vestrae clementiam intimis ac ~is obnixe flagito precibus BONIF. *Ep.* 108.

viscereus [LL], of or pertaining to the innermost parts of the body, (in quot. transf.) heartfelt, sincere.

ad ipsos adversarios charitatem ~eam GOSC. *Aug. Maj.* 63A.

viscerium v. viscarium.

viscerose [CL viscus+-osus-e], from the depths of the heart, sincerely.

vobis efflagito ~e me habere penitus excusatum *Dictamen* 368; supplico ~e quatinus .. *FormOx* 444; eo .. ~ius petimus .. exaudiri preces nostras *Reg. Whet.* II 468; **1440** rogatam ~e exoratamque volumus quatinus .. BEKYNTON I 16; dicat visitator, "~issime dilecti domini et confratres, vobis plane constat quod .." *Cap. Aug.* 188.

viscerosus [CL viscus+-osus], heartfelt, sincere, (also transf. w. ref. to person's character) who acts from the heart, kindly, loving.

1282 ne nos a caritatis vestre ~o complexu velitis excludere PECKHAM *Ep.* 223; **1301** ex pastorali officio ac ~a compassione teneamur depressionibus succurrere *Reg. Carl.* I 286; Deum totius cordis, totius et anime ~is viribus amplexatus (*J. Bridl.*) *NLA* II 65; deprecor .. affectibus ~is quatinus .. *FormOx* 384; nacio Gallicana fuit .. erga exules et oppressos misericors et ~a BRINTON *Serm.* 16 p. 61; **1391** imploramus precibus ~is *Pri. Cold.* 68; **1417** paternitatis vestre ~a clementia pro promocione .. filiorum .. graduatorum .. insudavit *Reg. Cant.* III 48; **1423** nec miremini .. de nostra .. viscerosa requesta .. pro honore materno zelare. .. ~os affectus .. geritis *Reg. Heref.* 28; hic .. humilis .. et benignus, fratribus .. compaciens et ~us BOWER VI 55.

vischia, viscia v. vicia.   **visciare** v. vitiare.

viscidus [LL]

1 sticky, adhesive (in quot. fig.).

erant juncti bitumine / germanitatis viscide (ÆTHELWALD) *Carm. Aldh.* 2. 76.

2 pungent, powerful.

†colidion [l. crocodilion] .. radicem habet longam .. odore ~am [Diosc. III 10: ὀσμὴν δριμεῖαν] sicut cardomum *Alph.* 43; semen .. gustu ~um *Ib.* 50.

viscinus v. vicinus.   **viscium** v. 2 vicia, vitium.

viscose [viscosus+-e], in a sticky or glutinous manner.

sunt .. amare dulcia, ~e dulcia, cum quadam viscositate cum acumine dulcia *Quaest. Salern.* B 315.

viscositas [viscosus+-tas]

1 quality of being sticky, stickiness, (also) thickness, viscosity.

ut cohereat necesse est tingentem in se habere aliquam ~atem sive glutinositatem, scilicet humiditatem glutinosam *Quaest. Salern.* B 164; sicut .. sapor non est una de primis proprietatibus, similiter nec est asperitas, nec levitas, vel ~as J. BLUND *An.* 211; ~as ex humiditate, ariditas ex siccitate *Ib.* 222; aqua .. illa propter grossiciem suarum partium et ~atem non patitur divisionem GROS. *Flux.* 464; inveniuntur etiam lapides porosi valde, sicut sunt et pumices in monte Etna, quos planum est a nimia caliditate loci et ~ate modo causatos *Ps.-Gros. Summa* 632; acetum incidit et dividit pinguedinem et ~atem [carnis porcine] GAD. 10v. 1.

2 sticky substance.

in generatione animalium multa humiditas abundat circa cerebrum que viscosa et tenax redditur .. impedit .. hec ~as motus oculorum *Quaest. Salern.* B 59; a superficie ligni exit humorosa NECKAM *NR* I 48 p. 99; ~as est viscosus humor oculi cum palpebre coherent oculo GILB. III 142v. 2; *glett,* ~as *CathA.*

viscosus [CL viscum+-osus], sticky, glutinous, viscous (also fig.).

in illo fetu ~ior et glutinosior redditur [humiditas] *Quaest. Salern.* B 58; neque exhalat spiritus propter ~am cerebri substantiam ALF. ANGL. *Cor* 13. 10; viscosus teneros oculos conglutinat humor NECKAM *DS* IX 171; sperma ~um M. SCOT *Phys.* 7; ~a sive lubrica simul injuncta .. aliis humidis in vase faciunt solum ampliorem .. tumorem T. SUTTON *Gen. & Corrupt.* 109; vitet .. ~a digitis adherencia sic tanguntur GAD. 7v. 2; non modo decenti nec ornato sed ~o et conglobato *Eul. Hist.* I 2.

viscula v. vesicula.

visculentus [CL viscum+-ulentus], (in gl.).

~us, visco implicatus OSB. GLOUC. *Deriv.* 626.

viscum, 1 viscus [CL]

1 mistletoe (also w. ref. to kind of tree on which it is found).

~us, *mistel GlC* U 185; viscerago, *mistiltan ÆLF. Gl.;* ~i quercini GILB. VI 281. 2; loco ~i quercini potest poni ~us alterius arboris; et est quoddam viride inter ramos arboris .. et habet baccas grana sicut solatrum et folia talia qualia crassula major GAD. 39v. 2; lignum crucis, i. ~us quercinus *SB* 27; ~us, hujus multa sunt genera. .. quando simpliciter, quercinus intelligitur *SB* 43.

2 birdlime.   **b** (transf. or fig.) snare;   **c** (~us diaboli, in quot. w. ref. to contact with women).

~um, compositio quo aves capiuntur *GlC* U 159; **10.. †vincus** [l. viscus], *mistellam WW;* viscum viscet aves D. BEC. 1764; a**1250** auceps .. capit volucres in ~o vel tendiculis vel laqueis vel reti stante vel pendente (*Nominale*) *Neues Archiv* IV 341; s**1266** quod non capit filum capit ~us WYKES 187; alius ~us quo capiuntur aves *SB* 43; hoc ~um, *birdlyme WW;* hic ~us, *birdlyme WW.*   **b** dulcis adulator mense regalis amator / per lingue viscum scit regum prendere discum WALT. WIMB. *Scel.* 139; per blandimenta et simulaciones dictas artes in ~um ipsorum induxerunt FAVENT 5.   **c** vos modo oculis corporalibus inspexistis, quare olim tam crebro feminas ab omni limite ecclesie mee separandas didicistis. nam numquam ~us diaboli .. perniciosius suscipitur quam in domo Domini *Cuthb. Hib.* 29; quoniam ~us sit diaboli muliebre consortium R. NIGER *Mil.* IV 59.

3 sticky substance, (esp.) glue (also fig.).

isdem concatenatae dilectionis ~us .. septiformi misteriorum numero glutinosius lentescit ALDH. *Met.* 5; ~um, quasi dixit gummi BERN. *Comm. Aen.* 65; **1230** et W. C. pro ~o et furfure ad quarellos regis inpennandos *Pipe* 185; **1298** de ij coriis bovinis friscis pro †virto [l. ~o] pro ope attillatoris *Doc. Scot.* II 319 (cf. *Bulletin of the Board of Celtic Studies* XVI 131; c**1304** in duobus coriis bovinis recentibus emptis pro ~o inde faciendo pro attillaria); **1371** in ~o empto pro tabulis firmandis *Fabr. York* 12; **1384** in opere ostii locutorii xx s. .. in ~o et clavis pro eodem ix d. *Ac. Obed. Abingd.* 10.

1 viscus v. 1 vicia.

2 viscus v. viscum.

3 viscus [CL]

1 internal organ of body (esp. within the abdomen, usu. pl., also transf. or fig.).   **b** (as removed from body) entrails, viscera, (esp.) offal (as meat).

famis .. evangelici cibi, culina ipsa vestrae animae ~era excomedens grassatur in vobis GILDAS *EB* 85; annua dum redeunt texendi tempora telas, / lurida setigeris redundant viscera filis ALDH. *Aen.* 12 (*Bombix*) 2; crebris ~erum doloribus cruciabatur BEDE *HE* I 1 p. 77; ~us, *innoð,* ~era ÆLF. *Gram.* 298; ponderositas .. que hernia dicitur, quando ex ruptura descendunt ~era in pelliculam genitalium T. CHOBHAM *Conf.* 72; ~era .. proprie intestina membris vitalibus subdita BART. ANGL. V 42; **1271** ipsum vulneraverunt in ventre cum j cutello ita quod vicera sua exierunt

SelCCoron 24; hoc ~us, *a bowelle WW*; cor .. in turbinem fastigiatum ~us D. Edw. *Anat.* B 4v. **b** ~era tosta, *gebreded flæsc GlC* U 204; **1209** ~era .. cervi inventa fuerunt subtus molendinum *SelPlForest* 6; **1289** pro quodam fimario posito in via regali in quo sepellivit ~era animalium, per quod aer pessime corrumpitur *Leet Norw.* 23; de vj viceribus boum venditis *FormMan* 30.

2 innermost part (of thing or place), 'bowel'.

nam silici, densas quae fudit viscere flammas, / durior Aldh. *Aen.* 100 (*Creatura*) 42; sacer pande captabat viscera cymbe *Mir. Nin.* 31; **c1053** lapiscedinarum loca multa, in quorum rimandis ~eribus operose latomorum vires .. exeruntur *Chr. Rams.* 166; vastissima .. stagna subito ex terre ~eribus eructantia Gir. *TH* III 2; terrae ~era ipsorum [saxivomorum] impulsibus agitantur ut .. ecclesia .. quateretur *Ps.*-Elmh. *Hen. V* 42; pomi ~era Chaundler *Apol.* f. 16.

3 innermost parts as seat of emotion, feeling, or thought. **b** (transf.) deep-seated feeling, emotion, or thought (esp. of spec. character); **c** (w. ref. to divine mercy or love).

cujus .. sancti ~era tali .. historia non statim in fletus .. prorumpant? Gildas *EB* 35; dilecto .. et intimis ~eribus amplectendo venerabili patri Ailr. *Ed. Conf.* 739B; igne caritatis accensa ~era ferreos olim .. animos domant Gir. *TH* I 14; ~era materna, viso filio, ineffabili repleta sunt letitia (*Tigernacus* 12) *VSH* II 266; vestram piorum ~erum anxietatem Ad. Marsh *Ep.* 52; contemplacione .. abbatis, cui afficiebatur ex ~eribus *Reg. Whet.* I 94; vestram rogamus .. scienciam ut quod amittimus in scripturis subintelligere dignetur in ~eribus cordis *Ib.* II 450. **b** **1143** nec ~eribus pietatis, nec humane compassionis affectu super .. tantis miseriis frangebatur *G. Steph.* 78; vir Dei continuit ~era sua in omnibus his, ut miser homo .. nullatenus esset ei immiserabilis J. Ford *Wulf.* 59; **1237** ad pedes .. vestre paternitatis pronus .. totis ~eribus affectionis rogo Gros. *Ep.* 44 p. 136; justis .. Dominus premia eterna retribuit, quotiens uni ex minimis suis per temporalia subsidia ~era extenderint *Lit. Cant.* I 13; **1314** per benignitatem et compassionis ~era *Ib.* I 36; vivis et defunctis .. extendit ~era caritatis *Eng. Clergy* 254; **1421** gracie januam nostris nunciis apperiat cum ~eribus compassivis *EpAcOx* 1; postpositis pietatis ~eribus, in attritum hominem exacerbastis *Reg. Whet.* II 433. **c** sed et illud apostolicum: cupimus unumquemque vestrum in ~eribus Christi esse [cf. *Phil.* i 8] Gildas *EB* 64; fratri dilectissimo et in Christi ~eribus honorando Pleguinae Bede *Pleg.* 1 p. 307; ~era divine misericordie se sciebat respicere cum nondum tali frustraretur solamine *Enc. Emmae* III 10; vos .. ad perpetuum nostre fraternitatis consortium, in sinceris Christi visseribus .. amplexamur *Lit. Cant.* I 12; vobis participacionem .. spiritualium bonorum .. concedimus in ~eribus Salvatoris *Reg. Whet.* II 6.

4 that which is held deepest in one's affection.

valete, cordis mei ~era *Enc. Emmae* III 3; [monachos] quos et ~era nostra in Christo esse censemus *Feod. Durh.* xlvii.

visea v. 1 vicia. **visecimus** v. vicesimus. **visenetum** v. vicinetum.

visera, ~ia [ME, AN *viser*]

1 visor (of helmet).

de ~ia. de galea .. brevius descendit operculum, quod nares operit et vultum protegit et obumbrat oculos R. Niger *Mil.* I 8; unus arcus et j gladius et j ~a inventi fuerunt in domo *Eyre Yorks* 376; **1303** pro .. capellis ferreis et j bacinetto cum ~a et j casside principis *KR Ac* 363/18 f. 10d.; **1316** bacinettos ferreos cum visariis *CalCl* 295; **1322** de iij bacinett' de viser', quorum unum umbrar' *MinAc* 1145/21 m. 34; **1325** de vj bacinett' ferr' de ~a, iij bacinett' cum umbr' *LTR Ac* 16 r. 38; **1343** de .. bacinet' cum visura *KR Ac* 23/32 m. 1; **1378** ad xx ~ia ordinata et facta pro rege *Ib.* 400/4 m. 10.

2 item worn to cover the face (*e. g.* for concealment or protection), mask or sim.

1239 vidit septem homines, quinque cum arcubus et sagittis, et duos cum quatuor leporariis, quorum tres habuerunt ~ia *SelPlForest* 70; **1251** alius habuit unam ~iam super capud, unde suspeccionem habuerunt quod ille fuit W. de D. *Ib.* 102; **1440** vi et armis, videlicet cum gladiis et cum visoris super facies eorum ac eorum togis eversis *Pat* 446 m. 3.

visere [CL]

1 to look at or upon, view (also in ellip. context). **b** (pass.) to be on view, to be seen.

ego ~endi ulteriora studio transitum [fluminis Jordanis] maturabam W. Malm. *GR* III 268; ferebantur .. tigna cum trabibus per inane, spectaculo a longe ~entibus, timore prope stantibus *Ib.* IV 324; cenobium .. tanto auri et argenti spectaculo .. miraculo porro magno ~entium oculis *Ib.* IV 341; Salustius Scyllam dixit saxum simile forme celebrate procul ~entibus Alb. Lond. *DG* 11. 9; prospiciet noctem nostram lux optima .. / cedrus de Libano viset ramale Garl. *Epith.* II 201. **b** quorum vultus non catulorum leonis in acie magnopere dispares ~ebantur Gildas *EB* 33; vestigia sudium ibidem usque hodie ~untur Bede *HE* I 2 p. 14; in atrio aecclesiae Dominici Sepulchri loca ~untur sanctissima Sæwulf 65; parva ibi admodum basilica paucis ante hoc tempus annis ~ebatur W. Malm. *GP* V 197; multe preclare mansiones in illa magna domo ~ebantur, in quibus mansitabant justorum anime Coggesh. *Visio* 32.

2 to visit.

solebat .. ea maxime loca peragrare, illis praedicare in viculis qui in arduis asperisque montibus procul positi aliis horrori erant ad ~endum Bede *HE* IV 25 p. 270; Cluniacum ut fratres et amicos viseret adivit Ord. Vit. XII 30 p. 425; hoc [palacium Diocleciani] .. tam spaciose magnitudinis est quod illud in majori parte diei .. per totum ~ere non potui Greg. *Mir. Rom.* 15; desiderio ~ende patrie plurimum accensus Gir. *EH* I 2; revertens / Annam vise, Deum dilige, jussa tene Garl. *Epith.* V 76.

3 to attend to, take care of.

precor .. ne despiciendo meam fatuitatem contemnatis ~ere nostram caritatem Anselm (*Ep.* 85) III 210; maxime ~endus est medius cantus ut per se sit decorus Odington 143.

4 (pass.) to seem, appear.

amasiam suam in veste virili semper tegebat; sexum muliebrem .. celando, visebatur omnibus virum fuisse *Eul. Hist.* I 243.

viseria, ~ium v. visera.

visibilis [CL]

1 visible, capable of being seen (also as sb. n.).

insulae .. soli ~i non proximae .. radios suos primum indulget, id est sua praecepta, Christus Gildas *EB* 8; signum incendii .. ~e cunctis in humero .. portavit Bede *HE* III 19 p. 167; **796** tria sunt in baptismatis sacramento ~ia et tria invisibilia. ~ia sunt sacerdos, corpus, et aqua Alcuin *Ep.* 113 p. 165; ~em se atque palpabilem praebebat Osb. *Mir. Dunst.* 19 p. 149; certa ~iaque, ut ait apostolus, sint temporalia, invisibilia vero sint perpetua W. Malm. *GP* V 252; ut miraculum non sicut opinabile dubites sed sicut ~e quodammodo palpes *Id. GR* IV 376; cum ceperit corpus in manum .. regis, quod est ~e et tangibile Bracton f. 366; quidam est videns et intelligens quod aliquid patitur a ~i et intelligibili Bacon VII 89; Deus .. est factor omnium ~ium et invisibilium Ockham *Dial.* 424.

2 of or pertaining to sight.

spiritus ~is debilis [Trevisa: *feble spyryte of syghte*] Bart. Angl. V 6; ratio ~is radicaliter .. est in luce quia ista sublata rei colorate qualitas visui non apparet Upton 98.

visibilitas [LL], visibility, capacity to be seen.

ut Deus, qui sui natura .. est invisibilis, agnosci .. posset a visibilibus, opus fecit quod sui ~ate suum demonstraret opificem E. Thrip. *SS* XI 5; Deus est natura invisibilis, secundum quod 'invisibile' privat ~atem corporalem Peckham *QD* (*Aetern.*) ed. Etzkorn (2002) 550; visus .. conatur plus et minus secundum distantiam visibilis .. et secundum quod visibile habet parum de ~ate Bacon *Persp.* II 3. 7; plus habet ipsa [visio mea] de ratione visionis secundum proportionem ad ~atem candele quam visio aquile habeat respectu ~atis solis Duns *Ord.* III 62; hec est vera secundo modo dicendi per se 'color est visibilis', non quia ~as dicat aliquod accidens inherens visibili Ockham *Sent.* VI 144.

visibiliter [LL], visibly, in such a manner as to be seen. **b** manifestly, clearly.

c798 quod invisibiliter spiritus operatur in anima, hoc ~ter sacerdos imitetur in aqua Alcuin *Ep.* 137; plagas in dorso suo palpans sensit, ac si ~ter virgis corporalibus cesus fuisset Gosc. *Mir. Iv.* lxvi; geometrica figura hoc michi monstari ~ter cupio Petrus *Dial.* 12; missus est .. angelus Gabriel a Deo ~ter, locutus est sonabiliter Ailr. *Serm.* 38. 9; spiritus immundos cum hominibus non ~ter sed sensibiliter conversatos Gir. *IK* I 12 p. 93; sepe caterve demonum vissibiliter contra sanctum .. pugnabant (*Comgallus* 55) *VSH* II 20; quidam asseruere mundum nichil aliud esse quam Deum ipsum manifestantem se ~ter Neckam *SS* III 4. 2. **b** et multi [seculares domini] in casu quo .. non excecati per hereticos, destruerent ~er hunc errorem [sc. symoniam] Wycl. *Sim.* 6.

visinetum v. vicinetum. **visinia, ~ium** v. vicinia. **visinus** v. vicinus.

visio [CL]

1 sight, act of seeing; **b** (*~o Dei*, *~o beatifica*, or sim., w. ref. to heaven). **c** (*mutua ~o*) meeting face to face, interview. **d** view, inspection.

c798 litterae .. corporali ~one leguntur Alcuin *Ep.* 135; quod .. ~o non sit aliud quam assimilatio visus ad visibile T. Sutton *Quodl.* 89; experior ~onem lapidis sed ~onem illius ~onis non experior Ockham *Quodl.* 81; scriptor si oculos suos avertit a libro, turpem literam faciet; quia bona scriptura diligentissimam ~onem requirit Holcot *Wisd.* 97. **b** egredientes e corpore spiritus eorum .. beata invicem ~one conjuncti sunt atque .. ad regnum caeleste translati Bede *HE* IV 27 p. 275; **799** felix anima quae Deum diligit, soluta ab hujus saeculi nexibus, ut .. perveniat ad beatitudinis divinae visionem Alcuin *Ep.* 185; aerumnosi, unde sumus expulsi, quo sumus impulsi! .. a patria in exsilium, a ~one Dei in caecitatem nostram Anselm (*Prosl.* 1) I 99; magna .. gloria animarum ante resurrectionem in ~one Dei clara et aperta Lutterell *Visio Beat.* f. 92; immediatum objectum fruicionis non est Deus ipse sed ~o beatifica ipsius essencie divine Ockham *Sent.* I 439. **c** post tam diutinos mutue ~onis intermissionum decursus Ad. Marsh *Ep.* 97; **1310** rogamus .. quatinus .. processum de usurpatis .. hinc inde factis .. usque ad mutuam ~onem nostram .. velitis differre *RGasc* IV 435; **1325** super mutua ~one regum *Treaty R* 649 p. 254. **d** **1223** extensionem .. factam per vissionem domini regis in baronia de Eton *Cart. S. Neots* f. 82v; **s1225** de ~one que foreste deaforestari debeantur M. Par. *Maj.* III 94; **1285** ~onem et seisinam [feodi] .. ~o seu garda *RGasc* III xlv; **1286** leugata .. quieta de ~onibus forestiariorum et assartis et omnibus aliis querelis *PQW* 305a; **1404** post .. litterarum .. ~onem *Melrose* 503.

2 power of sight, ability to see, vision.

Argus multos habuisse oculos numerose ~onis describitur *Lib. Monstr.* I 39; aperti sunt oculi ejus et ~onem recepit Hugeb. *Will.* 4 p. 99; cum aliqui ex clero credere non possent quod patentibus oculis acumen ~onis inesset ... tunc deprehensum est puellam patentibus oculis posse videre Osb. *Mir. Dunst.* 6.

3 a vision, appearance of mystical, prophetic, or supernatural nature; **b** (*~o pacis*, w. ref. to Jerusalem).

apparuit ~o miranda cuidam de sororibus Bede *HE* IV 9 p. 221; ipse Ezechiel in ~onibus Dei adductus in terram Israhel, vidit renovationem civitatis *Id. Chr.* 481; **716** rogabas .. ut admirandas ~ones de illo redivivo qui nuper in monasterio Milburge abbatisse mortuus est et revixit, quae ei ostensae sunt, scribendo intimare .. curarem Bonif. *Ep.* 10; **9..** *fantasma*, ~o *WW*; si non est fantastica illusio sed verax ~io W. Malm. *GR* II 226; hec somnii ~o non futuri peccati sed gloriosi meriti fuit prefiguratio *Canon. G. Sempr.* f. 40v; in libro suo expositorio ~onis seu somnii Bradw. *CD* 34B. **b** Sion .. specula sive speculator, Hierusalem dicitur ~o pacis Bede *Cant.* 1127A; filia Hierusalem, hec est et visio pacis Wulf. *Brev.* 106; Jerusalem .. quondam pacis ~o et terra veteribus patribus repromissa Diceto *YH* 133.

4 dramatic spectacle.

1483 [rex] intravit in civitatem honorifice per diversas ~ones et ornamenta civitatis usque ad ecclesiam *Fabr. York* 211.

5 outward appearance, look.

quidam pulchre ~onis .. apparens *V. Greg.* p. 90; codicem horrendae ~onis Bede *HE* V 13 p. 312; **716** igneum piceumque flumen bulliens et ardens mirae formidinis et teterrimae ~onis cernebat Bonif. *Ep.* 10.

visitare [CL]

1 to go to see, visit (usu. for further stated or implied purpose, also transf. or fig.); **b** (of divine grace).

eam matrem appellavit et sepe ~ans eam venit quadam die ad villam in qua habitabat *V. Cuthb.* II 7; dum passus [Christus] mundo dempsit spineta malorum, / atque suos vitam fecit visitare beatos ÆTHELWULF *Abb.* 70; si .. ipsemet ad perquirendum et ~andum [egros et debiles] perrexerit LANFR. *Const.* 89; c**1150** omnibus qui in exaltatione sancte crucis Bathoniensem ecclesiam fideli devotione ~averint peccatorum de quibus .. confessi sunt viginti dierum indulgentiam facimus *Doc. Theob.* 9; **1281** de ~ando omnes et singulos cardinales *Reg. Heref.* 274; intellexerunt se mirabilem hospitem habere, et ipse vissitacione angelorum stans in ecclesia vissitari (*Mochoemog* 12) *VSH* II 169; misit ipse ad episcopum petens ut dignaretur episcopus eum in loco carceris personaliter ~are *Proc. A. Kyteler* 33; **1343** fratribus de claustro ~antibus amicos *Ac. Durh.* 170; **1412** mercatores, de societate de Hansa, dictas partes de Berne ~antes *Foed.* VIII 724b; **1475** limina apostolorum Petri et Pauli .. personaliter ~are proponit *Reg. Whet.* II 118; *to vysett*, ~are .. visitat infirmum, sed amicus visit amicum *CathA.* **b** gratias ago Deo .. et omnibus sanctis, quorum gratia .. me ~avit et exhilaravit DICETO *YH* 400.

2 to make a visitation of, to visit officially for the purpose of inspection or sim. **b** to inspect.

[archiepiscopus] ~ans Waltamensem ecclesiam .. ejusdem loci decanum .. ab officio .. suspendit DICETO *YH* 395; c**1214** ut clericorum casas ~ent episcopi, ecclesias autem archidiaconi GIR. *Ep.* 8 p. 272; **1239** decanus .. ipsum capitulum ~are non potest GROS. *Ep.* 127 p. 376; s**1250** archiepiscopus vendicabat sibi jus ~andi .. canonicos [Sancti Pauli Londonie] WYKES 102; **1276** coronator .. cepit de villa de Fernham pro quodam mortuo ~ando ij s. *Hund.* I 46b; archiepiscopus suam diocesim ~are inchoavit THORNE 1966; c**1390** cum .. episcopus Cantuariensis ibidem [in aula Merton'] .. ~averit *FormOx* 231; datum Ricardo E. ex regardo ~ando evidencias .. iv d. W. WORC. *Itin.* 262; **1542** nos .. collegium .. ~antes nonnulla in eodem reformacione digna comperimus *Deeds Balliol* 321. **b** eadem .. forma observetur de talliis ad minus infra quindenam semel ~andis et concordandis *Cart. Glouc.* III 216.

3 to deal with, treat, visit (person or conduct, esp. with misfortune, punishment, or sim.).

~abit Dominus iniquitatem plebis suae AILR. *Ed. Conf.* 768B; ~atus morte filii .. et de agritudine [l. egritudine] uxoris sue R. NIGER *Chr. I* 43; clericorum plurimos in pungnis [*sic*] et fustibus dure ~averunt MAP *NC* V 5 f. 65; ille homo tam famose sanctitatis .. ita ~atus est, et ego sic evasi ECCLESTON *Adv. Min.* 50.

4 (usu. w. *de* or *in*) to present (recipient with something).

unde G. archiepiscopus apostolicis litteris ~atus rescripsit hoc modo (*Quad.*) *GAS* 545; **1202** nos ~abit .. in tali munere quando ad nos veniet quod ei grates sciemus *Pat* 18a; **1204** super donis .. et ludicris in quibus vestra nos ~avit gratia *RChart* 133b; **1214** [rex Norwegie] nos de jocalibus suis copiose ~avit *Cl* 168a; **1250** si contingat vos more diutioris extra regnum Anglie tractus agere, erit bonum .. regem .. reginam .. litteris benevolentie conciliaturis ~are AD. MARSH *Ep.* 49; ~avimus dominum papam in valentia centum librarum *Chr. Evesham* 146; Haraldo .. super Danos triumphante, nullis partibus prede dignatus commilitones suos ~are *Eul. Hist.* III 34; ~avit summum pontificem de quadringentis marcis *G. S. Alb.* II 18; extunc potuit abbas sana consciencia cardinales, amicos suos, in exenniis ~are *Ib.* II 180.

visitatio [CL]

1 (act of) making a visit or visits; **b** (w. ref. to Visitation of *BVM*); **c** (of divine grace, angel, or sim., in order to aid, test or punish person); **d** (in epistolary address).

cum .. veniret ad eum .. gratia ~onis de Brittania vir sanctissimus BEDE *HE* IV 3 p. 211; s**800** Karolus .. Romuleam ingressus urbem, loca sancta frequenti ~one percurrit *Flor. Hist.* I 406; de custodia Euukaristie [*sic*] et ~one infirmorum *Conc. Scot.* II 34. **b** priori domus ~onis B. Marie Virginis, ordinis Cartusiensis *FormA* 106; **1490** in festis ~onis beate Marie et deposicionis sancti Osmundi *StatOx* 295. **c** **795** melius est ut angelica nos ~o .. inveniat cum fratribus orantes ALCUIN *Ep.* 43; me de pavore imminentis mortis conterritam ~onis suae gratia consolari dignatus est OSB. *V. Dunst.* 16; vir Dei inter insciae nationis vepres sulcum saluberrimae doctrinae vomeremque Dei ~onis infixit B. *V. Dunst.* 2; intellexerunt se mirabilem hospitem habere, et ipse vissitacione angelorum stans in ecclesia vissitari (*Mochoemog* 12) *VSH* II 169; s**1370** David rex .. Terram Sanctam visitare proposuit .. sed tandem ~one Altissimi infirmatur, ex qua obiit *Extr. Chr. Scot.* 190. **d** gloriosissimo .. fratri Dunstano .. ~onem omnimodam, salutem mellifluam et benedictionem apostolicam (*Ep.*) *Mem. Dunst.* 370; Nicolaus episcopus, servus servorum Dei .. Edwardo, Anglorum regi, ~onem omnimodam, salutem mellifluam, et benedictionem apostolicam AILR. *Ed. Conf.* 758D.

2 (esp. eccl.) visitation (of institution or place), official visit for inspection, (also) right to make such a visitation. **b** examination, scrutiny.

1168 nec .. est .. quod mihi imputari debeat ~ones Anglie, que decessorum vestrorum tempore solebant fieri, vobis esse subtractas BECKET *Ep.* 643; s**1191** episcopus .. faciens visitiones [*sic*] suas per domos virorum religiosorum diocesis sue *G. Ric. I* 231; quod non nisi favente fundi domino vel presente debeat cujusquam provincie [fieri] ~o DEVIZES f. 38; **1225** abbas de F. .. habet licenciam veniendi in terram Anglie .. et ibi moretur ad ~onem ordinis sui .. faciendam *Pat* 553; **1239** cum ad pastoris pertineat officium oves suas cognoscere .. nec possit ista cognitio melius adquiri .. quam ~onis et inquisitionis officio GROS. *Ep.* 77 p. 248; s**1221** Londoniensis episcopus petiit ab abbate .. Westmonasteriensi processionem, procurationem, ~onem et omnimodam jurisdictionem M. PAR. *Maj.* III 67; s**1327** quia nos loquimur de taxa que debetur pro ~one, nomine vacacionis, quam invenimus in registro nostro, 720 marcarum *G. S. Alb.* II 190; s**1389** a ~one prioris et nigrorum monachorum Oxonie studencium dicebat se .. nullo modo posse desistere WALS. *HA* II; s**1411** universitas Oxoniensis .. manu forti metropolitice resistere ~oni AD. USK 120; **1549** decretis nostris, in hac ~one [regis] propositis *StatOx* 353. **b** frustra de muneris quantitate presumitur, nisi animam cupiditatis igne succensam crebre ~onis refrigerio temperes, et avaritie jugem esuriem frequenti beneficiorum interpolatione demulceas J. SAL. *Pol.* 488A; ~one nemorum, quam reguardam vulgo dicunt *Dial. Scac.* I 11E; **1299** de P. B. quia vendidit totum cepum suum hoc anno sine ~one trone dom. regis *Leet Norw.* 52; **1549** ante admissionem alicujus gradus, antiquus ~onis et scrutinii mos retineatur *StatOx* 356.

3 correspondence, sending (of letters or sim., as form of contact).

cur .. eum dolentem de mea absentia aliqua per litteras ~one non sim consolatus ANSELM (*Ep.* 174) IV 56; grates habeo tibi pro ~one litterarum tuarum plena suavi dulcedine .. dilectionis *Ib.* (*Ep.* 334) V 270; **1283** de amicabili ~one litterarum vestrarum quas gratanter recepimus *TreatyR* I 149; quanta pia ~one vestra in me miserum peregrinum atque Rome infirmum dilectionis exenia tribuistis; et nunc .. munus possibilitatis mee vobis decrevi mittendum CAPGR. *Hen. app.* 221.

visitativus [CL visitatus *p. ppl. of* visitare+-ivus], (eccl.) of or pertaining to visitation.

fratribus / accedit visitatio; / profertur coram omnibus / visitativa lectio *Ps.*-MAP 185.

visitator [CL]

1 one who visits, visitor; **b** (in spiritual context, w. ref. to divine grace or sim.).

800 ut sis .. praedicator veritatis omnibus sanctorum ~oribus locorum ALCUIN *Ep.* 210; s**1196** evanuerunt illico miracula ac ~or omnis abcessit GERV. CANT. *Chr.* 534; s**1305** episcopus in grabatis et tuguriis decubancium .. humilis ~or *Flor. Hist.* III 129. **b** s**1377** Deus, humilium ~or, .. pretende super famulum tuum .. misericordiam tuam, ut per eum tuum in nobis adesse sentiamus adventum WALS. *HA* I 332.

2 (esp. eccl. or acad.) one who makes a visitation or official inspection, official visitor.

ad inspiciendam domum suam reverti et hance orationibus .. superno inspectore ac ~ore dignam reddere BEDE *Templ.* 742C; **1200** spectat .. ad ~oris officium .. ut unaqueque ecclesia habeat calicem argenteum et vestimenta sacerdotalia sufficientia .. *Conc. Syn.* 1063; Cistercienses .. ordinem ipsum interius .. tam per annua capitula generalia quam per ~ores rigidos .. ad .. ordinis domos mittendos .. absque macula prorsus .. custodire nituntur GIR. *Spec.* II 34; s**1232** papa Gregorius constituit ~ores super religiosos, per universum orbem constitutos M. PAR. *Maj.* III 234; **1352** scolarum gramaticalium ~oribus *StatOx* 154; **1381** in exp. .. ~onis monasteriorum nostri ordinis cum fuerit .. prior ~or constitutus in generali capitulo .. xxxiv s. ob. *Ac. Durh.* 591; **1542** Lincolniensis episcopus ~or collegii Ballioli .. auctoritate regia limitatus *Deeds Balliol* 320.

visitatorius [CL visitare+-torius], of or pertaining to a visitation.

inquisicionem nostram ~iam humiliter subituri *Pri. Cold.* 17.

visitatrix [CL visitare+-trix], one who visits, visitor (f.).

angelus .. ~ices .. sepulchri piissimas .. refovet BEDE *Hom.* II 7. 136D.

visitio v. visitatio. **visius** v. vivus.

visivus [LL]

1 of or pertaining to sight; **b** (w. *virtus* or sim.).

cognitio confusa est cognitio imperfecta; visio illius essentie non potest esse imperfecta; ergo cognitio ~a ejus non potest esse confusa DUNS *Ord.* II 23; magis .. pulcherrimum visum delectat appetitum ~um quam minus pulchrum *Ib.* II 89; spiritus ipse unde lucidus est inde diffunditur per oculos, et inde est instrumentum ~um KILWARDBY *SP* f. 32ra. **b** eadem vi ~a videtur res a longe et de prope GROS. 263; virtus visiva tibi deficit amodo, necnon / vis memorativa M. CORNW. *Hen.* 255; potentia ~a que de se respicit suum objectum KNAPWELL *Not.* 186; lumen .. naturale necessarium est oculo ad alterandas species visibiles et efficiendum proportionatas virtuti ~e PECKHAM *Persp.* I 46; linx est animal omnia animalia precellens in virtute ~a UPTON 165; *a syghte*, acies, .. visio; visivus ut virtus ~a *CathA.*

2 (w. acc.) who views or looks at, or *f. l.*

ducitur esse [? l. ecce] locum juvenis visivus [? l. visurus] amenum, / quem varii flores reddunt dulcedine plenum NIG. *Paul.* f. 45v. 45.

visneta, ~um, visnietum v. vicinetum.

visor [LL]

1 one who sees.

edoctus offensorum vindictam numinum, quomodo subitis eorum ~oribus subitas inferant penas MAP *NC* II 12 f. 27.

2 (leg.) inspector, examiner; **b** (w. *infirmitatis* or sim., w. ref. to essoin *de malo lecti*).

quod nefandi genus placiti adeo fuerit execrabile quod si ~ores alicujus silvam quem esse pecuniosum sciebant a longe conspicerent, statim vastum in ea perhiberent M. PAR. *Maj.* I 163 (cf. H. HUNT. *HA* VIII 3); **1185** vicecomes redd. comp. de ij m. de ~oribus foreste quia minus fecerunt de rewardo foreste quam debuerant *Pipe* 59; **1205** quatinus broillos illos bene custodias nec opus est ~oribus ad illos videndos cum eos receperis in custodiam *Cl* 50b; **1230** pone per vadium .. ~ores quatervigniti acrarum terre cum pertinenciis .. quas nos clamamus .. quod sint coram [baronibus] .. ad testificandum visum suum *LTR Mem* 11 m. 9; missis .. ~oribus necesse est quod discrete fiat visus. .. videre debent juratores utrum terra sit vel redditus et utrum res sacra vel privata *Fleta* 224. **b** **1194** W. .. quidam ~or de essonio de malo lecti versus curiam *CurR RC* I 105; **1200** dies datus est .. ~oribus infirmitatis Ydonee uxoris Ricardi *CurR* I 289; **1207** ~ores infirmitatis *Cal. Scot.* I 67; qualiter procedendum est post essonium de malo lecti si tenens non venerit, notandum quod semper ~ores infirmitatis distringi debent ad veniendum ad curiam ad testificandum visum suum HENGHAM *Judic. Esson.* 116.

3 one who oversees, supervisor, overseer. **b** (*~or ecclesie*) churchwarden.

1225 ut distringat tam ~ores operum quam ballivos .. ad respondendum de hiis *KR Mem* 7 r. 12*d.*; **1237** rex constituit R. .. ~orem operationum castri regis de Rockingh' *Cl* 530; **1259** in boscis .. faciat habere ~oribus operacionum regis castri Wintone meremium prout necesse fuerit ad reparacionem .. domorum *Cl*

440; **1313** ~ores hujusmodi operacionum *Eyre Kent* I 38. **b** **1359** ~ores ecclesie S. Nicholai (*Guildford*) *Loseley MSS* 335/3/4.

visora v. visera. **vispello** v. vispilio. **vispera** v. vipera.

1 vispilio v. vespertilio.

2 vispilio [CL]

1 one who transports or buries corpses.

vespellones, id est fossarios qui corpora humant, unde Orosius 'per vespellones .. in Tiberim tractum est' ALDH. *PR* 126; vespell[i]ones, fossarias qui corpora humant *GlC* U 88; **10..** per vispellones, *þurh byrgeras WW*; pollinctores .. et vispilliones ac vehiculum mercede .. conduxit, cadaver regis .. devexit ORD. VIT. VII 16 p. 250; s**98** [Domitiani] cadaver populari sandapila per ~ones exportatum atque ignominiose pollutum est M. PAR. *Maj.* I 117.

2 (nocturnal) robber, brigand, vandal, looter.

vispillonum .. more pluribus pedetentim invia perlustrantibus ABBO *Edm.* 12; Conanus .. ~o duxque latronum, militem .. habundantem spoliare cupiens, egressus est solus nemus MAP *NC* II 24 f. 32v; per .. provincias collegas sibi colligunt sine lege ~ones. die dormiunt, nocte vero, scelerum amica, furtorum fautrice, per invia furtim errant *Ib.* IV 6 f. 49; s**1237** de captione insule .. Majorice, que fuit piratis et ~onibus referta, mercatoribus et peregrinis M. PAR. *Maj.* III 384; **1312** pro ~onibus, murtrariis, ac itinerum raptoribus quibus terra ducatus erat diffamata puniendis *RGasc* IV *app* p. 553b; s**1297** unus ~o Scottus, de rusticitate extractus, copiosum exercitum collegit *Eul. Hist.* III 166; vespiliones, sc. fures nocturnos et occultos, qui vespere spoliant homines *Pol. Poems* I 196; **1389** non ultra 500 lanceas secum duxit contra tot millia vispillorum [*sic*] OTTERB. 178.

3 (in gl. or sim.).

quidam dicunt esse differentiam inter vispiliones i. latrones qui vi spoliant et vispillones qui mortuos ad tumulandum deportant, sed unum trahitur ab alio, i. romanice *ribauz GlSid* f. 145; ~o, -onis i. e. sepulcrorum violator OSB. GLOUC. *Deriv.* 607.

3 vispilio [AN *vispilun*, ME *wisp*; cf. MLG *wispel*, Swed. *visp*], ? sort of sprinkler; **b** (eccl., for holy water).

prodest etiam boves de die bis stergere cum ~one, eo quod affectius se lambebunt *Fleta* 166. **b** **1255** unum calefactorium, unam pelvem, et unam wispilionem ad opus monachorum Westm' *Liberate* 31 m. 10; **1288** item unum vas de argento ad imponendam aquam benedictam cum ~one de argento *KR Ac* 231/26 m. 12.

vispillio, ~llo, ~llus v. 2 vispilio. **viss-** v. et. vis-. **vissera** v. 3 viscus. **vissibiliter** v. visibiliter. **vissica** v. vesica. **vissio** v. visio. **vissitare** v. visitare. **vissitatio** v. visitatio. **vissum** v. videre.

1 vista v. 2 justa.

2 vista [cf. Sp. *vista*], meeting, conference (in quot. w. a Spanish king).

1279 est .. ~a imprisa inter ipsos duos reges in media quadragesima vel circa apud Belli Quadrum *Foed.* II 1073a; **1280** regi Castelle .. Edwardus .. plurimum affectatis ~am inter nos et vos fieri in quindena Paschi *TreatyR* I 182; **1280** rex .. speciales nuncios destinavit .. de facienda ~a seu colloquio de nobis et eodem rege super pace perpetua *Foed.* II 152a; **1286** terminum ~e inter nos et vos ad invicem faciende exposuimus eisdem secreto *Ib.* II 330b.

†vistilia, *f. l.*

†vistilia [*sic* MSS, ? l. visceralia; MS Heref. Cath. P. V. 5 *adds* vel vitalia], non tantum intestina sunt, sed etiam quicquid est sub corio OSB. GLOUC. *Deriv.* 627.

†vistrina, *f. l.*

10.. de suibus. †vistrina [? l. suistrina '*pigsty*'], *stigo WW.*

vistula, ? *f. l.*

~a, *suge sweard GlC* U 222.

visu v. videre.

visualis [LL], of or pertaining to (the faculty of) sight or visual perception. **b** (*radius ~is*) visual ray (proceeding from the eye to the object seen).

perspectiva est scientia que erigitur super figuras ~es, et hec subalternat sibi scientiam que erigitur super figuras quas continent linee et superficies radiose GROS. 72; ea que in celestibus sunt considerantur per instrumenta ~ia BACON *Persp.* I 1. 1; ostendentes quomodo a pelliculis cerebri et cute cranii descendunt nervi ~es *Ib.* I 1. 2; de specie .. visus .. coartata in pyramide ~i cujus conus nititur in centrum visus *Id. MS* 176. **b** nota quod mira est virtus radiorum ~ium struthionis, qui visu solo .. fovet ova sua . . . in hac quidem renotatur [? l. denotatur, revocatur] hypocrita, cujus omnia opera visui et inani glorie sunt obnoxia NECKAM *NR* I 50 p. 101; radius ~is .. pervenit ad rem visam non secundum rectum incessum sed secundum viam plurium linearum rectarum angulariter conjunctarum DOCKING 115; de visu et visibili et radio ~i KILWARDBY *OS* 117; omnes radii ~es talis speculationis in eodem puncto concurrunt cum catheto PECKHAM *Persp.* II 44; fumus et pulvis .. radiorum ~ium aciem hebetarunt R. BURY *Phil.* 4. 63; triplex .. est visio corporalis, sc. directa, refracta, et reflexa: directa, quando radius ~is et radius visibilis sine reflexione aut refraccione ad obstaculum medium commiscentur, ut videndo lucem directe objectam; que quidem visio intuicio solet dici WYCL. *Dom. Div.* 187.

visualitas [LL], quality of pertaining to (the faculty of) sight.

de linea visuali multa ostenduntur in perspectiva que per solam rationem linee non inessent, alias esset pure geometria. similter multa que per solam rationem ~atis non insunt, alias esset pure naturalis DUNS *Metaph.* VI 2 p. 324b; ~as, que .. non tantum entis sed etiam alicujus subjecti inferioris, ut coloris vel lucis, est per se *Ib.* I 9 p. 87a.

visualiter [LL], visually, by or in respect of sight.

c**717** aspectu corporali ~iter defraudata (BUGGA) *Ep. Bonif.* 13.

visura v. visera.

visus [CL]

1 (act, faculty, or sense of) sight, vision. **b** (*~utenus*) to the extent one can see. **c** (*de* or *ex ~u*) from personal observation.

animae ~us, ferventi exoratione ad Deum facta, ita ut intueri potuerit auxiliarium caelestis exercitus .. patefecit GILDAS *EB* 72; Medusa .. quae suo ~u homines convertebat in lapides *Lib. Monstr.* I 38; deprecans ut ~um caeco .. restitueret BEDE *HE* II 2 p. 82; cum ~us suos forte foras devertisset, volantem alitem .. prospicit FELIX *Guthl.* 37; honorabile templum .. construxit .. quod ~u melius quam sermone ostenditur ÆLF. *Æthelwold* 9; falcones .. portitoris ad manum, quantum aut ~us aut .. auditus extenditur, longe redire promptiores GIR. *TH* I 12; cujus splendore tenebrescunt ~ui sol et luna R. BURY *Phil.* 1. 14; luxuria polluit corpus .. , facit eciam hominem debilem in oculis et debilem in ~u GASCOIGNE *Loci* 138. **b** locus .. herba ~utenus formosus FORDUN *GA* 43. **c** **1201** non locutus fuit de ~u et auditu nec aliquam racionem dixit unde appellum debuit fieri *SelPlCrown* 54; villate propinquiores hoc idem testantur, preterquam de ~u; et .. uxor .. appellat eum de morte .. ut de ~u suo *PlCrGlouc* 92; residuum .. ex ~u et auditu mei temporis .. ipse scripsi AD. MUR. *Chr.* 4.

2 (leg.) inspection, examination, supervision, overview.

1173 in operacione castelli Carleol lxvij s. per breve regis et per ~um Ade et .. Radulphi clerici et Wulfrici ingeniatoris *Pipe* 113; **1215** liceat vicecomiti .. attachiare .. catalla defuncti inventa in laico feodo, ad valentiam illius debiti, per ~um legalium hominum *Magna Carta* 26; **1229** reparaverunt kayum domini regis sine ~u proborum et legalium hominum *LTR Mem* 11 m. 30; **1255** cepit sex quercus sine ~u et liberata, xx s. *SelPlForest* lx; c**1306** nativi non possunt .. prostare meremium crescens in tenementis que tenent sine licencia et ~u *Cust. Battle* 21; a**1350** per ~um virorum fidedignorum faciat principalis de pensione domum reparari *StatOx* 80; **1407** per ~um et consilium executorum meorum *Test. Ebor.* VI 350; **1419** breve de ~u habendo ubi vina extrahuntur *MGL* I 707; **1458** deputare .. duos .. quibus .. committatur potestas videndi privilegia .. ut per .. eorum ~um seu discrecionem ponatur in certo .. qui et quales hujusmodi privilegiis gaudere debeant *MunAcOx* 755.

3 (leg.) formal inspection (of property) for purpose of assessment, survey, or precise identification. **b** (*~us forestariorum* or sim.) regard, inspection of forest.

petente versus tenentem tenementum petitum clamante, poterit tenens petere ~um terre GLANV. II 1; **1195** Wido venit et petit ~um illius masagii; et dicit quod habet plura masagia in Saftisbur' *CurR PR* 50; **1219** petunt versus abbatem .. terciam partem dimidie virgate terre .. et ipsi veniunt et petunt inde ~um *CurR* VIII xiv; **1229** habere facias Johanni le Viscunte ~um quaterviginti acrarum terre cum pertinenciis .. quas non clamamus versus ipsum .. et dic quatuor militibus ex illis qui ~ui illi interfuerint quod sint coram baronibus .. ad ~um illum testificandum *LTR Mem* 11 m. 7; abbas fuit essoniatus [et] ad quem diem petiit ~um .. tenementorum *State Tri. Ed. I* 1. **b** **1203** pro habendis xlviij acris de nono essarto .. quietas de assarto et reguardo et ~u forestariorum *Pipe* 135; c**1225** per ~um forestariorum *Reg. Paisley* 20.

4 (*~us corporis*, as part of coroner's inquest) view of the corpse, ocular inspection.

1184 sepelivit hominem summersum in puteo sine ~u servientis *Pipe* 107; **1212** inquisicio de A. de femina mortua quam R. S. fecit sepelire sine ~u coronatorum et vicecomitis *SelPlCrown* 63; **1328** coram .. coronatore per inquisicionem indictati fuerunt in ~u corporis *SelCKB* V 27; **1429** coronatori episcopi pro ~u corporis J. N. mortui per infortuniam, vj s. viij d. *Ac. Durh.* 621.

5 (esp. *~us franci plegii* or sim.) view of frankpledge (as exercised by court-leet). **b** (*certus ~us*) cert-money, fixed payment at view of frankpledge.

1202 si ecclesia S. Eadmundi saisita fuerit .. de sectis et de ~u franci plegii .. de tenentibus S. Atheldrede infra viij hundreda et dim. abbatis *CurR* II 136; **1217** ~us de franco plegio tunc fiat ad illum terminum Sancti Michaelis sine occasione *SelCh* 343; **1218** ad ostendendum .. vicecomiti ~um franci plegii *Pat* 141; **1269** sciat quod tantum bis in anno tenetur curia ~us franciplegii et quod omnes masculi laici habentes etatem xij annorum .. debent esse in franciplegiagio vel thewinga, quod idem est *CBaron* 68; **1276** omnes tam liberi quam alii venient ad ~um franci plegii abbatis [de Ramese] et singulus eorum de etate xij annorum dabit capitagium pro capite suo more consueto *Hund.* II 631b; **1279** ad quem ~um prenominatum dictus J. solvet per annum .. abbati de capitagio pro illis qui non sunt indefens' ne omnes veniant ij s. *Ib.* II 656b; **1287** privata persona non habens potestatem aliquem feoffandi de libertate ~us franci plegii *Cust. Rents* 262; **1315** decenarius cum decenna sua residentes infra precinctum ~us predicti venire debent jurare *Year Bk.* XVII (*Selden Soc.* XLI) 77. **b** **1289** certus ~us valet per annum ij s. *Cart. Boarstall* 543; **1297** de certis ~ibus hundredi hoc anno *MinAc* 981/19 r. 1; **1349** dicunt quod certus ~us de Feireford', Estlech' etc. valet per annum lvj s. j d. *IPM* 105 m. 29.

6 (*~us compoti*) view of account (preliminary reckoning of amount owed).

in termino Pasche a vicecomitibus non compoti sed quidam ~us compotorum fiunt, unde nichil eorum que tunc geruntur scripture commendatur, set totum reservatur alii termino *Dial. Scac.* II 2A; **1272** omnia superius scripta .. habentur pro ~u compoti et non pro compoto, quia .. ~us predictus scribitur .. anno primo regis Edwardi .. sine brevi suo vel aliquo alio waranto (*Pipe*) *Hist. Exch.* 647; **1332** facto ~u compoti Thome de B. vicecomitis de ultimo dimidio anno sexto *LTR Mem* 105 m. 147; **1478** ~us compoti .. custodis collegii Cant' .. a festo Sancti Michaelis .. usque festum Pasche *Cant. Coll. Ox.* 200.

7 that which is seen, sight, (in quot.) vision, (nocturnal or supernatural) appearance. **b** outlook, aspect, view (in quot. seen through window).

dicens quia et ea nocte sibi .. Boisil per ~um apparuerit BEDE *HE* V 9 p. 297; per ~um .. commonitus, ad tumbam S. Cuthberti gemens pernoctavi .. dum sompnum surripui, in ~u michi .. Cuthbertus astitit *Feod. Durh.* lxxvi; s**1264** ipsa [ducissa Polonie] procuratori suo in curia pape existenti .. per ~um apparuit ac .. rei expeditionem .. certificavit *Eul. Hist.* I 280. **b** **1189** si aliquis habuerit fenestras versus terram vicini sui .. potest vicinus suus ~um illarum fenestrarum opturare, edificando ex opposito illarum fenestrarum *Leg. Ant. Lond.* 208.

8 (in phr. passing into surname).

Ralf ~us Lupi [*i. e. Visdelou*] (*Norf*) *DB* II 118.

1 vita v. 2 beta.

2 †vita, *f. l.*

de speciebus liguminis .. hec †vita [l. juta], hoc sepulatum, *sew WW.*

3 vita [CL]

1 state or condition of being alive, life, (also transf.) life as that which animates or vivifies; **b** (as able to be given away or taken away); **c** (dist. as *animalis, vegetabilis,* or sim.). **d** (*~a comite* or sim.) while alive (*cf. Gen.* xviii 10).

qui tamen, extinctos anima redeunte per artus, / redditus est vitae Alcuin *SS Ebor* 793; quoniam propriam unde sustentent ~am non habent Asser *Alf.* 91; mei spiritalis alumpni .. praesentia .. quae aliquando perfruenti erat ipsa ~a dulcior Abbo *QG* 1 (2); [Domine] certe ~a es, sapientia es, veritas es Anselm (*Prosl.* 18) I 114; spirabat adhuc ~am rex ille W. Malm. *GP* I 21; hec myrrha de labiis Jesu ubertim fluens ad morbos depellendos ~amque ac sanitatem donandas J. Ford *Serm.* 23. 2; primus et continuus anime actus ~a est. hec cordis motu efficitur Alf. Angl. *Cor* 8. 1; cum hanc ~am carnalem proles a parentibus trahat Gros. *DM* IV 11 p. 42. **b** pro quis conservandis atque firmandis .. et poena ultro subeunda et ~a ponenda erat Gildas *EB* 108; obsecrans ut ~am suam a tanti persecutoris insidiis tutando servaret Bede *HE* II 12; ita aut ~a aut potestate per insidias privare Asser *Alf.* 14; Edricus .. citra biennium regno et ~a spoliatus W. Malm. *GR* I 14; **1217** nullus de cetero amittat ~am vel menbra pro venacione nostra (*Carta Foreste*) *SelPlForest* cxxxvi; tam de ~a quam de membro .. sint forisfacti Ad. Mur. *Chr.* 85n. **c** arbores et herbe .. quas .. ~a vegetabili sensim sine sensu per se moveri, crescere constat, et augmentari Gir. *TH* I 13; ducit .. in actum naturales anima proprietates, ut his mediis primum animalis ~e organum generet Alf. Angl. *Cor* 16. 3; pone corpus amici examine [l. exanime]; numquid ejus diliges presentiam? sed nec etiam si solum ~a vegetabili et sensibili esset animatum, ejus presentia diligeretur Gros. *Ep.* 2 p. 20; **1257** agitur .. ~a sensus in susceptione specierum sensibilium, ~a spiritus in effigiatione figurarum imaginabilium, ~a intellectus in apprehensione formarum intelligibilium Ad. Marsh *Ep.* 247. 14. **d** **671** fateor .. me dudum decrevisse .. ~a comite vestrae caritatis affabili praesentia frui Aldh. *Ep.* 1; promisi me iterum ad eum post sex menses, sospite ~a, reversurum Asser *Alf.* 79; **969** ~a comite, hoc est quamdiu vitalis spiritus in hac erumnosa vita fragile corpus aluerit *CS* 1231; **1252** ~a comite .. exilitatis mee presentiam in congregatione pontificum .. exhibere curabo Ad. Marsh *Ep.* 3.

2 (theol.) life (esp. w. ref. to or dist. acc. world and conditions in or under which it is lived). **b** (spec.) eternal life in heaven or the world to come. **c** (*haec ~a*) life in this world.

ut per emendationem morum thesaurizes tibi fundamentum bonum in futurum et habeas veram ~am, perennem profecto, non deciduam Gildas *EB* 32; c**800** quare dimisisti patrem, qui te .. perpetuae ~ae praeceptis munivit? Alcuin *Ep.* 295; libera me ab omni malo et perduc me ad ~am aeternam Anselm (*Or.* 1) III 6; per mare ~am temporalem intelligimus Bern. *Comm. Aen.* 50; si .. illam visionem prius haberent [i. ante judicium] non tunc irent in ~am eternam, que est visio Dei perfecta Lutterell *Visio Beat.* f. 92. **b** sin autem lavacrum ~ae contemnitis, nullatenus valetis panem ~ae percipere Bede *HE* II 5; Dei nostri gratia, que infatigabiliter operatur suisque quos ad ~am predestinavit efficaciter suffragatur Ord. Vit. II 14 p. 353; nondum patefacta ~e via Gir. *TH intr.* p. 3; †**681** (12c) si quis .. hanc donationem augere at amplificare voluerit, augeat Deus partem ejus in libro ~ae *CS* 58; et pro vita scriptoris / Deum intente ora Haudlo 178; Paulus .. cum fratribus verba ~e tractavit *Eul. Hist.* I 165; sciatis pro firmo, si credentes baptizati fueritis in ea fide, ~a vivetis, salvique eritis sine fine *Reg. Whet.* II 395. **c** in hac ~a non crebro evenit Gildas *EB* 97; rapti sunt de hac ~a, et Eburaci in ecclesia sepulti Bede *HE* II 14; haec est vita viro justo temptatio tota Alcuin *Carm.* 9. 91; in omni tribulatione quam usque nunc patior vel in hac ~a me passurum arbitror J. Ford *Serm.* 84. 10; Mauritius, querente angelo utrum mallet delicta sua in hac ~a expiare an in alia, elegit in ista R. Niger *Chr. II* 141.

3 period or duration of (an individual's) life, lifetime (esp. as period of time relative to which events are located chronologically); **b** (in grant).

qui semen in os miserit, vij annos peniteat .. alias ab eo judicatum est ut ambo usque in finem ~ae peniteant Theod. *Pen.* I 2. 15; est .. aliud genus hominum qui angustissimam metam terminandi ~am habere dicuntur *Lib. Monstr.* I 27; omnes accolae .. conjuraverunt ut nullum unquam regem super se in ~a sua regnare permitterent qui reginam in regali solio .. sedere imperare vellet Asser *Alf.* 13; si [delectat] longa et salubris ~a: ibi est sana aeternitas et aeterna sanitas Anselm (*Prosl.* 25) I 118; eorum preclara fuisse videtur intentio quibus .. fuit .. cure egregium .. mundo memoriale relinquere .. et momentaneam istam saltem memoria vivere posse post ~am Gir. *TH intr.* p. 3; **1313** promisit .. dictus comes solvere .. matri sue quolibet anno quamdiu ipsa vixerit sexcentas libras Turonensium parvorum .. post ~am tamen ipsius domine *Foed.* III 421a; s**1333** rex Anglie .. fecit dominum Edwardum le Bailolf regem Scocie tempore ~e sue, recepto prius ab eodem homagio et fidelitatis juramento ad reddendum regi Anglie regnum Scocie post ~am suam *Ann. Exon.* f. 21v. **b** **956** aliquam partem terre .. ut habeat et possideat ~ae suae *CS* 978; emit ut tantummodo in ~a sua teneret *DB* I 43ra; hanc [terram] emit quidam Godricus .. ~a trium haeredum *DB* I 175rb; **1265** ballivam .. quam .. Thomas prius habuit ad ~am suam, quod habeat eam sibi et heredibus suis imperpetuum *Cl* 128; carta de donacione [? l. donacione facta] ad ~am donantis *FormMan* 2; **1475** Lyoune regi armorum de firmis terrarum de W., N., A., et U., sibi in feodo suo ad ~am concessis *ExchScot* 278.

4 life as lived (enabling or consisting of conduct, experience, circumstances, *etc.*, esp. of spec. character), way or style of life, (also) the course of an individual's life; **b** (dist. acc. form); **c** (w. *mutare* or sim., w. ref. to entering religious life).

quorum ~am non solum laudo, verum etiam cunctis mundi opibus praefero Gildas *EB* 65; [Christum] non minus morte quam ~a honoraturus *Ib.* 73; clerico .. qui incipiebat occulte de longinquo obsequi eum .. scire volens quomodo ~am nocturnam transegeret *V. Cuthb.* II 3; correptus infirmitate, sicut libellus de ~a ejus conscriptus sufficienter edocet, raptus est e corpore Bede *HE* III 19; postque dies ternas vitam finivit amaram Alcuin *WillV* 14. 9; vita Dei famuli multis exempla salutis / praebuit *Ib.* 34. 61; testimonium ~ae et sapientiae ejus longe lateque diffusum illum ab hoc crimine expurgat Anselm (*Incarn. A* 3) I 282; frater Anselmus, ~a peccator, habitu monachus *Ib.* (*Incarn. B. prol.*) II 3; **1094** diligenter .. ~ae vestrae cursum discutite, non solum in operibus, sed etiam in verbis *Ib.* (*Ep.* 183) IV 68; verum inter hec miranda et insigni preconio prosequenda ~a regis interior W. Malm. *GR* II 122; honestam ~am Bern. *Comm. Aen.* 19; una ~a secundum Stoicos est libertas anime in virtutibus et scientiis manens, que ab eisdem Stoicis philosophia dicitur. altera est secundum Epicureos corporearum voluptatum servitus, quam solam isti ~am arbitrantur. est .. illa ~a anime, hec carnis *Ib.* 79. **b** theoricam anachoreseos exercuit ~am Aldh. *VirgP* 37; episcopus Uilfrid fundavit ibi monasterium ac regulari ~a instituit Bede *HE* IV 14; contemplativae seseque per omnia vitae / dans Alcuin *SS Ebor* 1240; sic diu exercitatus in activa, incipit requiescere in ~a speculativa Ord. Vit. VI 3 p. 11; videbatur .. abbas activam ~am magis diligere quam contemplativam Brakelond f. 131v; **1228** ut ibi ~am duceret heremiticam *Feod. Durh.* 240; **1288** abbas .. perspiciens se .. inpotentem ad executionem ~e pastoralis *Cart. Osney* I xiii; nulla communitas simul viventium ~a politica est optime ordinata, nisi sit civiliter una Ockham *Dial.* 953; rex Henricus .. canonicos seculares de Waltham ad conventualem redegit ~am Higd. VII 23 p. 58; magnus pater Philo hoc dicit esse mendacium, in libro suo predicto de ~a theorica Netter *DAF* I 429b C. **c** c**1120** quandocunque ~am voluerit mutare suam, vel ad monachicum habitum vel ad heremiticam vitam .. *Cart. Rams.* I 130; c**1180** reddendo .. mihi annuatim duos solidos pro omni servitio et seculari exactione quamdiu vixero, nisi ~am mutavero; post vero decessum meum vel ~e mee mutationem, quieti erunt de me et de heredibus meis de prescriptis duobus solidis *Danelaw* 72.

5 account (esp. in writing) of a life (in quot. of saint).

c**931** unam sancti Cuthberti ~am metrice et prosaice scriptam *CS* 685; dum post evangelium unus fratrum ~am et salutifera opera clementissime adjutricis populo dissereret Gosc. *Transl. Mild.* 27; in ~a beati Silvestri legimus quod habebat nomina viduarum et orphanorum in matricula sua scripta Osb. Glouc. *Deriv.* 356; pro dignitate .. ac libertate patet evidenter .. ex charta et ~a sancti Dunstani Cantuariensis archiepiscopi aliorumque pontificum Anglie Flete *Westm.* 34.

4 vita v. vitta.

vitabilis [CL], avoidable.

vitabundus, -a, -um, i. ~is Osb. Glouc. *Deriv.* 597; casus .. ~es per humanam industriam declinare Gir. *PI* I 12.

vitabiliter [CL vitabilis+-ter], (in list of words derived from *vita*).

item a vivo hec vita .. unde .. vitalis .. unde vitabiliter [v. l. vitaliter] adverbium Osb. Glouc. *Deriv.* 597.

vitabundus [CL]

1 that takes evasive action.

quem [sc. cespitem] posti affixum sinuosis anfractibus ignis ~us effugit W. Malm. *GR* I 49.

2 (in gl.).

~us, -a, -um, i. vitabilis Osb. Glouc. *Deriv.* 597.

1 vitalarius v. victualarius.

2 vitalarius [CL vitalis+-arius], victualler (*v. et. victualarius*).

1419 item, quod vitallarii extranei libere veniant ad civitatem Londoniarum, et recedant ab eadem sine impedimento *MGL* I 455.

vitalis [CL]

1 of or pertaining to life. **b** that (truly) has the nature or character of life.

si cuilibet substantiae quae et vivit et sensibilis et rationalis est cogitatione auferatur quod rationalis est, deinde quod sensibilis et postea quod ~is, postremo ipsum nudum esse quod remanet Anselm (*Mon.* 31) I 49; hic .. creatori meo serviam, nec inde quamdiu ~is calor in me fuerit recedam Ord. Vit. VI 10 p. 98; sic jacebat attonita ut .. vix aliquod vite superstitis relinqueret vestigium, nisi quod rubor quidam ~is in summitate nasi videbatur *Canon. G. Sempr.* f. 158v; utinam a terra viventium sicut et morientium, a terra ~i sicut et penali sive letali .. expelli non meruissent Gir. *PI* III 30 p. 321; filii tales et nepotes .. sic parentes aut patruos .. ~ibus ante diem horis et auris toto desiderio privare nituntur *Id. SD* 126; effectus non excedit causam in perfectione .. ergo operatio ~is non potest esse nisi a principio agendi ~i vel vivo Duns *Ord.* III 249. **b** felix anima quae terreno resoluta carcere libera coelum petit .. o vita ~is, dulcis, et amabilis, ubi non est hostis impugnans Alcuin *Dub.* 1043D; hanc .. vitam vere ~em plus per opera bona et bene meritoria quam per opuscula laboriosa sibi mens provida comparare nitatur Gir. *Spec.* I *proem.*; per arctiorem vitam, que ducit ad vitam [? l. viam] ~em perennem *Ib.* II 33.

2 alive, living. **b** (as sb.) one who is alive, living being.

1251 plus agere animam quam anima vivere convincitur qui de amici ~i presentia non letatur Ad. Marsh *Ep.* 28; ad argumentum principale dico quod forma ~is potest produci a non-vivo partialiter sed non totaliter Ockham *Misc. Phil.* 786. **b** Mare Mortuum dicitur quia nullum gignit ~e, nec quicquam nutrit de genere viventium *Eul. Hist.* II 40; pluvie .. quas .. hominum mortalitas .. sequebatur, vix relinquens ~es mortuorum corpora honeste sepelire J. Reading f. 159; mundus erit talis, fuerit vivens homo qualis; / obstet vitalis quilibet ergo malis Gower *VC* VII 1478.

3 that gives or sustains life. **b** (as sb. n. pl.) parts of the body that sustain life, vital organs, vitals. **c** (as sb. n., usu. pl.) the means of life, sustenance, victuals (*v. et. victualis* 2).

'sanguinem' .. 'animarum' typice dicit ipsum ~e quo vegetantur et sustentantur et vivunt homines in carne per animam Bede *Gen.* 108B; ubi vitalis morientes liquerat artus / spiritus *Mir. Nin.* 269; ita .. vitis est in palmitibus ut ~e alimentum subministret eis, non sumat ab eis ALCUIN *Exeg.* 942B; secunda anathomicorum intencio consideracionis circa spiritualia aut ~ia membra consistit, quorum primum et principale est cor RIC. MED. *Anat.* 219; diligentius intuentes viderunt mortuo similem, aurasque ~es nullis moventem alitibus *V. Edm. Rich C* 590; nautis .. mandavit ut in parte freti ~e hostibus subsidium denegarent M. PAR. *Maj.* I 410. **b** heremita .. exhausta membrorum ~ia et marcida praecordiorum ilia quinque caricibus .. sustentasse et aluisse describitur ALDH. *PR* 114; subito miserente Deo disrumpitur ille, / qui secuit ventris vitalia, ferreus orbis WULF. *Swith.* II 287; nuper se stimulis carnis aculeatum [in] immensum excanduisse; nunc superno rore irrigatum et ventre et totis ~ibus algere W. MALM. *Wulfst.* I 1; in homicidio gladius ~ia penetrat, caput amputat, non tamen ipse, sed homo peccat PULL. *Sent.* 738C; '~ia', viscera in quibus vita conservatur ANDR. S. VICT. *Hept.* 172; enteria, intestina, exta, viscera, ~ia OSB. GLOUC. *Deriv.* 194. **c** scilicet ut queram baculos, vitalia, peram, / et geminos utres neque discissos neque putres R. CANT. *Malch.* IV 160; **1194** nichil in via capiet in itinere sine licentia nec de cibariis nec de aliquibus ~ibus nec de aliis, set omnia necessaria sua emat per rationabile forum DICETO II *pref.* lxxxi; invenient ad dictum cariagium .. Johannes Schureue pro ~i et Willielmus Brond pro Mellelond' j hominem et ij boves *Cust. Battle* 15; **s1321** de omnibus ~ibus ac necessariis satisfaccionem fecerunt racionabiliter *Ann. Paul.* 300; in vadiis garcionis S. C. per iij dies cum vitalliis per viam *Ac. Ep. Bath.* 154; in xiij panibus .. pro equis apud F. querentibus vitallia *Ib.* 156.

4 of or pertaining to eternal life, (esp.) that imparts eternal life, salvific. **b** life-giving (in spiritual sense), spiritually sustaining.

~i .. unda perfusus sum BEDE *HE* V 6; in caelo et in terra tua fiat clara voluntas / vitalisque hodie sancti substantia panis / proveniat nobis, tua mox largitio solvat *Cerne* 83; ad ejus ~em tumulum GOSC. *Transl. Mild.* 17; crucis ~e signum et venerandum misterium LUCIAN *Chester* 53; ingravescente morbo sumptis ~ibus sacramentis .. egritudinis molestia spiritum jam urgebat ad exitum P. CORNW. *Rev.* 198; in scripturis ~ibus degustare gloriam magnificentie suavitatis ejus P. BLOIS *Ep.* 76. 233B. **b** venerabilis comes Hugo vocavit, ~is Anselmus archiepiscopus affuit LUCIAN *Chester* 41; abbatis vocabulum altum et celebre, serenum et suave, venerabile et ~e *Ib.* 70.

5 of (a person's) lifetime, that lasts for term of life.

1560 inter terras .. Jacobo pertinentes in ~i redditu *Scot. Grey Friars* II 161 (cf. *Jus Feudale* 20: feuda coeperunt esse ~ia, idest a domino clienti concedebantur pro tempore vitae).

6 (*verruca* ~*is*) kind of wart.

dicuntur a quibusdam veruce ~es; sed lupine sunt tales molles, et sunt communiter in palpebris GAD. 29. 2.

7 (passing into name).

eodem die sanctorum martyrum ~is, Feliculae et Zenonis BEDE *Mart.* 841A; Wighebergam tenet Vital' de Hamone *DB* II 55v; mandate mihi praenomen ejus et nomina uxoris et filiorum ejus. solum enim nomen ejus teneo, quia ~is vocatur ANSELM (*Ep.* 121) III 260; nomen .. ~is pro anglico vocamine quod Normannis absonum censebatur michi impositum est ORD. VIT. XIII 45 p. 135.

vitaliter [CL *not in sense* 1]

1 alive, in life.

Helias .. sublatus in caelum in quadam secreti climatis regione diuturna membrorum vegetatione ~iter degens ALDH. *VirgP* 20; nonnulli .. eundem non generali morte defunctum, sed speciali somno soporatum in sarcofago ~iter quiescere contendunt *Ib.* 23; ut, sicut hic nunquam voluerunt finire culpam, sic et ibi semper mortaliter vivi, et ~iter mortui, nunquam finiant penam AD. SCOT *TGC* 816B.

2 so as to impart life.

ecclesia .. bis acuto testamentorum mucrone hominum ~iter corda transverberans ALDH. *VirgP* 5; homo qui vult ~iter mori Dei timore et preceptis omnia membra sua a malis actibus cohibeat ac refrenet AILR. *Serm.* 36. 14; sic nasci oportuit per quem renasceremur, sic pasci decuit a quo ~iter pasceremur W. NEWB. *Serm.* 827; vere favi mellis gutturi meo sunt, suaviterque ac ~iter ex ipsis reficior J. FORD *Serm.* 83. 6; vides enim quod vulneror vitaliter specie preclara ROLLE *IA* 245.

vitalium [cf. CL vitalis, victualis], (in gl.) charlet.

hoc vitalium, A. *charlett WW.*

vitallarium v. victualarium. **vitallarius** v. vitalarius. **vitallium** v. vitalis.

vitamen [CL vitare+-men], (in list of words derived from *vitare*).

vito, -as, unde .. vitabundus .. et hic vitatus, -ui .. et hoc vitamen, -nis OSB. GLOUC. *Deriv.* 597.

vitanter [CL vitans *pr. ppl. of* vitare+-ter], in such a manner as to avoid.

exhortari te .. ne domino regi circa cultum capitis et vultus tam propinquus assistas; paulo temperancius et ~ius age MAP *NC* III 3 f. 40; Remelinus, qui licet Alani juratus esset et ejus homo, insolenter tamen se habebat et ~er ad ipsum *Ib.* IV 15 f. 55v.

vitare [CL]

1 to move out of the way of, dodge (esp. weapon or sim.).

ac si .. saevos .. rapidi harpagones accipitris sinuosis flexibus ~antem GILDAS *EB* 34; tantae animositatis erat ut sibi conspectis hominibus non tela neque ignes nec ulla ~aret pericula *Lib. Monstr.* II 16; hastile ferreum .. sed ab illo [Edrico] previsum et ~atum in militem prope stantem peccavit W. MALM. *GR* II 180. 4; quamdiu non consentit, potest ~are facile vincula diaboli (AILR. *Serm.* 72) *CC cont. med.* IIB 233.

2 to keep oneself out of the way of, avoid exposure to (adverse physical conditions); **b** (action, influence, or sim., regarded as adverse or hostile).

ignibus in mediis ingentia frigora ~at ÆTHELWULF *Abb.* 196; ut in villa sua, Sclavia nomine, estum estatis ~aret W. MALM. *GP* I 52; vestimenta nostra sunt ipsa justitie opera, quibus nuditas nostra tegitur et frigus eterne damnationis ~atur AILR. *Serm.* 21. 35. 358C. **b** regis sibi infesti insidias ~avit BEDE *HE* II 12 p. 110; **800** cur plangimus quod ~are non possumus? ALCUIN *Ep.* 197; tum volucres module inmiscunt se nubibus altis, / aspectusque hominum per tota tempora vitant ÆTHELWULF *Abb.* 266; vel mercari volens dominorum gratiam, vel ~are volens austeram legum sententiam W. MALM. *GP* I 18; ejus [sc. apostoli Andree] .. precipue fruebatur solatio, vel ~are adversa vel moderari secunda *Ib.* I 19; pro ~anda necessitate abundantia semper queritur BALD. CANT. *Serm.* 20. 5. 517C; ait .. vulturem jecur immortale tondentem prave conscientie sese jugiter damnantis significare tormenta lege hac qua 'se judice nemo nocens absolvitur' [Juv. *Sat.* 13. 2], nec de se suam potest ~are sententiam ALB. LOND. *DG* 6. 6.

3 to avoid, keep away from, shun.

debent quasi suspectos ~are nec tamen ut reos veros excommunicare et mensa vel pace arcere GILDAS *Ep.* 7; vitantes inimicae gentis alumnos WULF. *Swith. pref.* 494; ut .. hujusmodi impedimenta pretereundo vitare noverit artis facultatem investigans BALSH. *AD rec. 2* 128; vitemus .. tanquam pestem superflua, subtrahamus etiam interdum necessaria GIR. *GE* II 19 p. 261; Willielmus Flemingus .. omnes translationes factas promisit immutare et novas cudere varias. sed eas vidimus et scimus esse omnino erroneas et ~andas BACON *CSPhil.* 472.

4 to avoid going to, steer clear of (place).

qualiter insidias adversariorum, tam Parmam ~ando quam Bononiam subito transpenetrando, premunitus evasit GIR. *JS* IV p. 240; celestis placeat paradysus deliciarum, / vitandum ducas carceris esse locum (NECKAM *Suppletio Defectuum* 1661) *CC cont. med.* CCXXI 186; dum Scyllam ~are nititur incidit in Charybdim BACON *CSPhil.* 441.

5 to avoid (course of action or sim.).

moribus et castis vivunt concorditer ambo, / ut spurcum penitus vitarent pectore naevum ALDH. *Virg V* 1177; gratulabatur ille quod eatenus in carne servatus est donec illum in Pascha diem suos auditores, quem semper antea ~abant, suscipere ac secum agere videret BEDE *HE* V 22; idcirco 'invisam' vocitat me Grecia prudens, / tetrica quod numquam vitans peccamina curo BONIF. *Aen.* (*Ignorantia*) 332; dicendum est quod ~ando cavenda est collisio que solet inter duas partes fieri vel pronuntiatione vel scripto, ut 'veni trex' pro .. 'venit rex' ABBO *QG* 12 (28); gloriam .. inanem et studiose ~abat, et minus studiose eam se ~are timebat *V. Gund.* 33; non incestus ~ant GIR. *TH* III 19; mihi videtur quod bonum perfectionis est propria via ~andi veniale quantum ~ari potest in hac vita, et preter illud non est aliud GROS. *Quaest. Theol.* 204.

6 to avoid (outcome, consequence, or sim.).

Paulus Timotheum circumcidit .. ad nihil videlicet utile, nisi ad scandalum ~andum Judaeorum BEDE *HE* III 25; **c1192** ita .. ut ad ~andum gravamen hominum meorum de Edenham non nisi per tres aut quatuor dies idem monachi insimul molant *Regesta Scot.* 317; vidi cornices appendere datis terre seminibus, quatinus alie videntes appensas timeant et ~ent ut ille fieri MAP *NC* I 10 f. 8v; diversitas temporis non ~at argumentum de duobus agentibus totalibus in uno et eodem tempore OCKHAM *Phys.* VI 474.

vitatio [CL], (act of) avoidance.

qui omnes loci similiter in incommodi quoque ~one tractabuntur ALCUIN *Rhet.* 18; cum .. due sint precipue matrimonii cause, susceptio prolis et ~o fornicationis PULL. *Sent.* 957B; vel effectus illius zeli fuit ~o contemptus quem incurrissent R. MELUN *Paul.* 135; propter cognitionem apparentis syllogismi manifestam et ejus ~onem a dialectico et demonstratore KILWARDBY *OS* 554; quia prohibetur sub ~one pene eterne HOLCOT *Wisd.* 79; in remissionem peccatorum, ~ones periculorum, curaciones infirmitatum *Medit. Farne* f. 57r.

vitatus [CL vitare+-tus], (understood as derivative of *vitare*).

vito, -as, unde .. hic vitatus, -ui, unde Horatius in sermonibus 'sapiens vitatu quidque petitu sit melius causas reddit' [Hor. *Sat.* I 4. 115–16] OSB. GLOUC. *Deriv.* 597.

vitela-, vitella- v. victuala-. **vitella** v. viticella. **vitelli** v. 3 vitellus. **vitellicium** v. vitellium.

vitellinosus [vitellinus+-osus], that resembles the yolk of an egg.

quasi involuto albumine ipso .. in ipso ~o liquore DEE *Monas* 200.

vitellinus [CL vitellus+-inus], that resembles the yolk of an egg (in quot. applied to bile).

ex colera citrina vel ~a GILB. I 7v. 1; egritudo de melancolia vel de flegmate vel in qua interponit partes suas ut in salso flegmate colera titrina vel ~a tarde determinabiles sunt RIC. MED. *Signa* 37; de speciebus colere .. estque vitellina, vitreum quam fleuma vel acre / inducit GARL. *Epith.* V 175; commixto cum cholera rubea phlegmate aquoso, generatur cholera citrina .. si vero fuerit phlegma grossioris essentie et spissioris, inde cholera ~a BART. ANGL. IV 10; est [colera] nota per admixtionem flegmatis grossi et illa colera est ~a GAD. 3. 2.

vitellium, ~icium [cf. CL vitellus], (in gl.).

caudel, ~ium, ofasium, caudelarium, caldellum *PP*; ~icium, A. *cavdell WW.*

1 vitellus [CL], little calf.

ix vacce et v vituli .. et ix vacce cum vij ~is *Chr. Peterb. app.* 160; edillus .. unde Plautus in Asinaria 'agnellum me tuum dic esse edillum vel ~um' [Plaut. *Asin.* 667] OSB. GLOUC. *Deriv.* 183.

2 vitellus [CL], yolk (of egg).

~us, moiellus ovi, quod et meditullium dicitur OSB. GLOUC. *Deriv.* 622; albumen durum, pressum palmis, spoliatum / a conchis primo non cenes deinde vitellum D. BEC. 2628; hic ~us, *moel de oef*, hoc albumen, *blanc de oef Gl. AN Ox.* 287; hic ~us, A. *a ȝelke*. tres partes ovi, albumen, testa, ~us *WW.*

3 vitellus, vetellus, (in gl.).

vetellus, *sueor GlC* V 133; vitelli, *sueoras Ib.* V 177.

vitera, valerian (*Valeriana officinalis*).

~a, valeriana, amantilla idem *Alph.* 189.

viterare v. vitreare. **viterarius** v. vitrearius.

viteus [CL], of or pertaining to a vine, covered in vines.

~a, *wintreowige GlP* 147; qui Bacus dicitur ~am stipitem gerit in manu, qui vero Salomon appellatur sceptrum tenet in manu GREG. *Mir. Rom.* 13.

vitherum [? ME *feðer, fiðer*], part of a plough, ? plate with a feathered edge (*cf. fetherborda*).

1285 faber .. faciet ferramenta ij carucarum .. et habebit pro quolibet ~o ob., et .. non capiet argentum pro novo vomere equando ad cheppum (*Slyndon*) *Cust. Suss* II 4.

vitiabilis [CL], liable to damage.

si .. quodam demonstranti digitulo corrigentis indicetur qua parte locorum inserta ~is campi vituperia provocatus incidam B. *V. Dunst.* 1.

vitiamen [CL vitiare+-men], fault, defect.

norunt si qua meo vitiamine rupta vicissim / objectare queunt, vestro lustrabor ab ore FRITH. 1173.

vitiare [CL]

1 to cause faults or defects in, spoil, impair, (also p. ppl. as adj.) faulty, defective, impaired; **b** (document, *e. g.* by defective writing, also w. ref. to text contained therein). **c** to be harmful.

si poenitentiam publicam non gessit nec ulla corporis parte ~atus apparet EGB. *Dial.* 410; nec minus interea viciato corpore toto / vir volat ad tumulum *Mir. Nin.* 325; ne sanctorum traditio patrum et ab illis tradita nobis regula quasi incognita per aliquid ~etur in nobis W. MALM. *GR* I 88; lunares radii carnes fructusque perurunt / et vitiant, radius solis utrisque facit J. SAL. *Enth. Phil.* 998; tot cecos natos, tot claudos, tot corpore ~atos .. in alia non vidimus natione GIR. *TH* III 35. **b** **1151** noverit universitas vestra nos cartam bone memorie Theobaldi Cantuariensis archiepiscopi .. in nulla sui parte ~atam inspexisse in hec verba *Doc. Theob.* 245; quod Beda de Bertino scripsit, fuerit de Birino receptum, nomine scriptorum negligentia ~ato (*Birinus*) *NLA* I 122; **1389** literas .. pape .. non abrasas nec ~atas, non cancellatas, non abolitas nec in aliqua parte sui suspectas *Cart. Burscough* 186; **1427** si .. litteras .. reperiremus sanas et integras non cancellatas nec abrasas, non abolitas, non ~atas *Reg. Cant.* III 147. **c** juxta illam non liceret precari pro quantumcunque habili ut promoveatur ad beneficium ecclesiasticum, et per consequens superflueret ymmo ~aret secularem patronatum acquirere vel habere, quod non liceret sibi aliquem presentare eo quod tunc homo posset mereri procurando quod presentetur WYCL. *Sim.* 19.

2 to contaminate, infect. **b** to corrupt morally.

quod in radice ~atum germinavit vitiosius multo dilatari coepit in propagine ramorum BEDE *Hom.* II 6. 234B; defuncti corpus exinteratum, ne tetris nidoribus ~aret aerem W. MALM. *GP* IV 177; ex qua quasi vitato [l. vitiato] ex semine ~atus exsurgit fructus PULL. *Sent.* 756A; 'mare rubrum' .. vicinis littoribus ~atur gurges atque inficitur ANDR. S. VICT. *Hept.* 116; totum humanum genus quasi lignum aridum, lignum infructuosum, lignum in ipsa radice ~atum AILR. *Spec. Car.* I 15. 518B. **b** nolunt credere Pelagiani quod in uno homine tota est generis humani massa ~ata et tota damnata BEDE *Ep. Cath.* 64B; bona est enim hominis natura, sed ~ata erat per malam voluntatem ALCUIN *Exeg.* 872A; muscipulas nostis quas obicit aemulus hostis, / illicibus quaerens animos vitiare figuris FRITH. 1345; sed naturam spirituum tantum ~atam arbitror debilitari quantum confirmatam augeri PULL. *Sent.* 891A; tota natura nostra, quadam corruptione ~ata (AILR. *Serm.* 57) *CC cont. med.* IIB 100; qui vicinatur vitiis ab eis vitiatur D. BEC. 54.

3 to violate (woman) sexually.

ferunt .. Jovem in cignum transformatum Ledam .. constuprasse atque inde natam Helenam .. item eandem mutatum in stellam ~asse BEDE *Acts* 994A; Amymone .. quam cum satyrus ~are vellet, Neptunus ei opem tulit et in fontem sui nominis mutavit, ne a satyro comprimeretur *Natura Deorum* 190; post ~atam .. Latonam, quum ejus etiam sororem Asterien ~are vellet Juppiter ALB. LOND. *DG* 8. 3.

4 to impair or invalidate (legal proceedings, by technical fault).

appellantem .. et ~atam causam appellacionis remedio sublevantem non debet afflictio vel detentionis injuriari custodia (*Leg. Hen.* 5. 24a) *GAS* 551; perflatis lucri odore curie naribus, forma commissionis in causa status .. a priori conceptione per Tinemudi instantiam sic variata est et ~ata GIR. *JS* V p. 277; si causa .. fuerit ~ata, quia .. judex .. non vult facere justicie complementum OCKHAM *Dial.* 955.

5 (in gl.).

si comedes visciam [l. viciam] non est viscium [l. vitium] tibi magnum; / a viscio [l. vitio], -as horum discendet utrumque *WW.*

vitiatio [CL], corruption, impairment.

cur melioracio non admitteretur, / cui viciacio nulla commiscetur? *Carm. Lew.* 608.

viticella, vitella [cf. CL vitis], name given to various kinds of vine or climbing plant, including white bryony (*Bryonia dioica*) and honeysuckle (*Lonicera*).

de rubefactione faciei .. accipiatur radix ciclaminis, brionie, vitiscelle GILB. III 167v. 1; confice in modum unguenti cum succo jari, cedrie solute, ~e, brionie viridis *Ib.* VII 130v. 2; subtiliatur cutis cum abstersione levi .. sicut .. succus radicum aliarum herbarum preparatus, sicut dragea, dragantia, ~a .. BACON IX 122; ~a, briona, t[c]ana idem; radice utimur, A. *wildenep Alph.* 190; ~a, A. *smernepe SB* 43; *wood-byynd*, caprifolium .. capriolus .. viticella .. volubilis .. vitella .. voluba *PP*; viticolla, *wodebind MS BL Sloane 420* f. 121r.

viticolla v. viticella.

1 vitifer [CL], that bears, supports or produces vines (also fig.).

hic valuit lacrimosus Adam, Noe vitifer, Abraham / primula lux fidei psalmographusque David GARL. *Epith.* IV 9; gigas abies, pacis oliva parens, / ulmus vitifera, superatrix palma *Ib.* IV 141.

2 vitifer [CL vita+-fer], life-bearing, life-giving.

spiritus regis ita revixit ut mox omnem cum sudore ~ero reciperet sospitatem DEVIZES f. 42v (*in marg.*).

vitigenus [CL], produced from the vine (in quot. of hybrid half-vine, half-olive tree).

querendum est ab Empedocle utrum in principio mundi fuerunt vel potuerunt esse ~e vel olivigene, hoc est alique arbores quarum superiora fuerint vitis et inferiora olive, sicut fuerunt aliqua animalia quorum superiora fuerunt hominis et inferiora vacce OCKHAM *Phys.* IV 384.

1 vitiligo [CL], kind of skin disease, understood as leprosy or sim.

bitiligo, *blaec thrustfel GlC* B 103; ~o, *blectha Ib.* V 180; **9..** biuligo, niger *WW*; ~o, macula alba in corpore OSB. GLOUC. *Deriv.* 622.

2 vitiligo [cf. CL vitilis], flexible twig (esp. used for wickerwork), withy.

vitis .. inde hec ~o, -is, i. vimen cum quo vitis ligatur, unde Martianus 'scabros dentes ~inesque linguarum' [Mart. Cap. III 226] OSB. GLOUC. *Deriv.* 609; vituligines, parve virge unde vites ligantur *Ib.* 624; *a wicker*, ~o, vimen, vitulamen, et cetera ubi *twygge CathA.*

vitilinus v. vitulinus.

vitilitigator [CL], carping critic.

nihil te deterrent a scribendo .. tot undique in te surgentes ~ores tui (MORE) *Ep. Erasm.* X 2658.

vitiose [CL], with faults or defects, faultily, defectively. **b** with moral fault, wrongly, wickedly.

ne per librariorum ut solet antiquitatem vel negligentiam confuse ~e lex illa duraret THEOD. *Pen. pref.*; Tharsis Josephus Cilicas arbitratur, 'thar' aspirationis litteram ~c a posteris in 'tar' dicens fuisse corruptam BEDE *Gen.* 115D; Virgilius sic ait in X: 'irritatque virum telis et voce lacessit', licet quidam ~e scriptum legant 'irritat atque virum telis' [Verg. *Aen.* X 644] ABBO *QG* 6 (14); reperta sunt .. quaedam in veteribus libris ~e descripta FOLC. *V. Bot. Pref.* 374; Merleburgam, ubi fons est quem si quis .. gustaverit, Gallice barbarizat, unde cum ~e quis illa lingua loquitur, dicimus eum loqui Gallicum Merleburge MAP *NC* V 6 f. 70v; **1259** si contigerit .. librum viciose in aliqua parte esse deterioratum *Ann. Durh.* 92; nam ~e ponitur quia contradicit regulas magistri Franchonis HAUBOYS 286; ordinans ergo male seu ~e aliquem in officium ecclesie seu alterius rei est causa omnium malorum GASCOIGNE *Loci* 55. **b** suggerebatur .. tamquam homini ut signo aliquo exploraret ipse .. quam multum apud Deum posset. quod ~e fit cum fit BEDE *Luke* 369C; ex hoc non sequitur propositum, quia circa multa contingit errare et ~e agere, tantum circa unum perfecte circumstantionatum contingit recte agere DUNS *Ord.* X 214; omnis talis actus potest elici virtuose et ~e OCKHAM *Sent.* IV 517.

vitiositas [CL]

1 state of being faulty or defective.

cujus defectus est duplex: aut ex parvitate pulmonis aut ex ~ate toracis M. SCOT *Phys.* 71; sicque infirmate ~atem nature sola superna gracia reformavit *Mir. Hen. VI* III 125.

2 quality of being morally corrupt.

contingit ut .. nisi firmo virtus gradu nitatur, ~atis interdum nevo denigretur GIR. *PI* I 11; vicium .. est ipsa ociositas: non facere namque bonum cum possis imminucio est bonitatis, que omnino expers esse non potest ~atis GROS. *Cess. Leg.* I 4. 7.

vitiosus [CL]

1 faulty, defective, flawed, imperfect; **b** (of action, method, process, or sim.). **c** contaminated, infected.

unde a quibusdam ~us versus putatur qui trocheum admittit ALDH. *Met.* 10 p. 82; barbarismus, ~a locutio in grammatica OSB. GLOUC. *Deriv.* 77; audivi .. discretum virum dicentem ~um esse illum librum [sc. Architrenium] eo solo quod nullum versum contineat ~um GERV. MELKLEY *AV* 8; 'et Sarmatica' .. 'farmatica', habent quidam libri ~i, a 'farmatia' quod sonat 'purgatio' S. LANGTON *Chron.* 67; plures longe .. nec adhuc in tali loco sunt ~e si non ligentur, eo quod longa nunquam alibi cum longa ligabilis invenitur HAUBOYS 326. **b** sic .. initium possidendi Cantuariensi ecclesie ~um quia violentum ex parte purgari posset GIR. *Invect.* II 4; ~um est facere divisiones in predicatione multorum membrorum T. CHOBHAM *Praed.* 286; denique ~um est notas ligabiles non ligare, ligareque nonligabiles HAUDLO 140; si in fine ligature, obliquitas ascendens utitur plica; aliter ~um esset eam imponere *Ib.* 152. **c** qui virtutum facere vult plantarium, quo in loco sui plantet eas sibi est praevidendum. si .. locus fuerit ~us, et ipsae virtutes in vitia rediguntur *Simil. Anselmi* 97; totus .. fructus carnalis commixtionis predampnatus est, utpote de mala arbore natus, et de ~a radice corruptus BALD. CANT. *Serm.* 13. 39. 475D; huic originali malo .. remediari oportuit per originale bonum de statu prime conditionis, post primam prevaricationem et ~am nascendi legem, in nascentibus adhuc reservatam [v. l. reservatum] *Ib.* 13. 40. 476A; nascentibus invehit ~a propagatio, et tamen aliquam incorruptionis integritatem in nascentibus retinet primitiva conditio *Ib.*

2 morally faulty or defective, corrupt, wrong, wicked.

si .. postea inventus fuerit aut superbus, aut inoboediens, vel ~us .. deponatur THEOD. *Pen.* II 6. 13; inest .. animo .. ~os mores corrigere BEDE *HE* III 13; mistice .. per hoc intelligitur ~us qui tribus generibus viciorum urgetur, latenti, manifesto, consueto BERN. *Comm. Aen.* 75; fuit in terra illa .. gens ab antiquis temporibus ~issima GIR. *TH* II 9; mundat leprosum genus humanum vitiosum *Vers. Cant.* 17; **1460** [lator] vobis suam indigenciam fideliter explanabit et dicti nepotis ~a demerita certissime declarabit *Paston Let.* 608.

vitis [CL]

1 grape vine; **b** (applied to Christ, w. ref. to *Joh.* xv 5). **c** (*~is agrestis, silvestris*) wild vine (*Vitis silvestris*).

~is arefacta est, ficus diminutae sunt GILDAS *EB* 83; fodere quam vites melius est scribere libros, / ille suo ventri serviet, iste animae ALCUIN *Carm.* 94. 13; vas .. ita subtili celatoris arte sculptum ut vere fluctuare segetes, vere gemmare ~es [*Eul. Hist.* III 12: †cutos] .. viderentur W. MALM. *GR* II 135; sicut .. ulmus quamvis sterilis ~em tamen fructuosam sustinet BERN. *Comm. Aen.* 69; quotidie aqua pluvie per ~es vertitur in vinum GIR. *EH intr.* p. 211; ampeleos ynipheros [v. l. yniferos], i. vitis vermifera [v. l. vinifera] *Alph.* 6; hec ~is, *a vyne WW.* **b** sicut .. ovis, agnus, leo, petra, lapis angularis per similitudinem dicitur Christus, ita et ~is per similitudinem dictus est ALCUIN *Exeg.* 941C; ego autem palmes, ille [salvator] ~is BYRHT. *V. Ecgwini* 362; merito .. censentur celi senatores, et ecclesie gloriosi principes, quia vere ~i Christo inheserunt fructuosi palmites ORD. VIT. I 20 p. 92; ~is item Christus, cujus palmites fideles NECKAM *NR* II 167. **c** labrusca, ~is silvestris OSB. GLOUC. *Deriv.* 328; ampelion vel anapelion vel crampeleon, ~is agrestis, que lambrusca dicitur alio nomine *Alph.* 6.

2 a (~*is alba*) white bryony (*Bryonia dioica*). **b** (~*is nigra*) black bryony (*Dioscorea communis*).

a agaricum, radix ~is albe OSB. GLOUC. *Deriv.* 50 *in marg.*; succum .. quatuor summitatum ~is albe et tepefacte GAD. 33. 1; alphesora, amphelion prassion, ~is alba, brionia idem. G. *navet*, A. *wildnep Alph.* 5; [vitis] communis folia et caprioli in cathaplasmis imposita [dolorem] mitigat capitis .. ~is communis vel usualis, ~is alba *Ib.* 191; alfefur, i. radix ~is albe *SB* 9; fessura vel fessera, fessire, ~is alba, i. brionia *SB* 20. **b** radix ~is al[be] et nigre silvestris est ex summa medicinarum abstergentium sordem auris GILB. III 146v. 2; ampeleon melanis vel melas, i. ~is nigra *Alph.* 6.

3 sort of siege engine (in CL a mobile shelter used by besiegers).

assint et arietes, vinee, ~es [*gl.*: *garyz, garrites, tribuchés*], crates, baleare et cetere machine NECKAM *Ut.* 104.

vitiscella v. viticella.

vitium [CL]

1 fault, defect, flaw. **b** defect, disorder (of body).

Josephus sentire videtur aquas istas amaritudinis ~ium ex eo contraxisse quod immobiles uno in loco perseverabant ANDR. S. VICT. *Hept.* 123; hujusmodi .. omnia si patens habeant ~ium non dubitabilia, sed reprehensibilia sunt; si .. latens, pro dubitabilibus haberi poterunt BALSH. *AD rec.* 2 119; igma, ~ium vasorum fictilium OSB. GLOUC. *Deriv.* 292; quid inter animal irrationale hominemque distat animalem .. nisi quia quod illi natura est, hoc isti depravate nature est ~ium J. FORD *Serm.* 77. 5. **b** est .. umor subcutaneus de ~io vesicae natus BEDE *Luke* 510D; decessit post paucos annos ~io podagre W. MALM. *GP* IV 168; luscitio, oculorum ~ium OSB. GLOUC. *Deriv.* 325; mulier quedam de Abbendonia, Remildis nomine, que per tres annos continuos ~io matricis laboraverat *Mir. Fridesw.* 14; sicut nuper accidit quendam nobilem ad tantam desipientiam melancholie ~io devenisse quod .. murilegum se putabat BART. ANGL. IV 11; ciliaca passio dicitur fluxus ventris factus ~io stomachi, dicta a cilia, quod est venter *SB* 16.

2 fault in performance or execution, error, mistake (in quot. w. ref. to language).

credo primitus 'insigne Castorum' esse positum, sed ~io librariorum 'r' litteram adjectam BEDE *Acts* 993C; c**798** possunt .. quaedam ex his exemplis ~io scriptoris esse corrupta ALCUIN *Ep.* 162; *sume sind gecwedene* ~ia, *þæt synd leahtras on ledensprǣce on manegum wisum miswrittene oððe miscwedene* ÆLF. *Gram.* 294; ~io scriptorum, qui sepe de duobus nominibus unam faciunt ANDR. S. VICT. *Hept.* 86; ~ia, figure et colores quadam similitudine vestiuntur et sunt in multis ex equo sibi respondentia, in multis excedentia pariter et excessa GERV. MELKLEY *AV* 7; est ~ium aliquod translationis BACON *Tert.* 125; ~ia .. cartarum sunt v que falsas reddunt cartas, pariter contenciosas *FormMan* 1; a**1332** tractatus de barbarismo et ceteris ~iis artis gramatice *Libr. Cant. Dov.* 27.

3 moral fault or failing, shortcoming, vice.

sacerdotes habet Britannia .. populos docentes, sed praebendo pessima exempla, ~ia malosque mores GILDAS *EB* 66; si quis episcopus aut aliquis ordinatus in consuetudine ~ium habuerit ebrietatis, aut desinat aut deponatur THEOD. *Pen.* I 1. 1; grave quidem ~ium stultitie sed non levius est verbositatis BEDE *Prov.* 1022B; nam qui in ~io potens est, is utique vitiosus et impotens est PULL. *Sent.* 807B; commune .. medicorum ~ium est semper circa egritudines variare P. BLOIS *Ep.* 43. 126B; propter ~ium sodomiticum commissum cum famulo suo in coquina *Meaux* II 321.

4 (*in* ~*io*) in a faulty or defective state.

virtutes discretionem quaerunt, et nimietas omnis in ~io est BEDE *Prov.* 956C; quidquid modum excedit in ~io est ALCUIN *Rhet.* 43; res itaque non sunt in ~io sed usus J. SAL. *Pol.* 587A.

5 (in gl.).

hoc viscium, A. *a wyse WW.*

vitragi v. vitrago.

vitragium [CL vitrum+-agium; cf. AN *vitriage*], ? glazing.

1416 pro j clave empta pro cista magne carte civitatis Cantuar'. pro ~io magne carte civitatis xxvi s. viij d. *Ac. Chamb. Cant.* 138.

vitrago [LL], pellitory-of-the-wall (*Parietaria officinalis*).

elixione, i. nigrane vel perditia vel nigragine vel ~ine vel perdicalis seu peritraria vel paritaria *Gl. Laud.* 611; elchine, i. paritaria sive vitragi *Ib.* 619; nidrago, nitrago, vel nidragolon, vel ~o, paritaria. G. et A. *perytorie Alph.* 125; paritaria, perniciades, vitreola, †nitrago [? l. vitrago], herba muralis idem. G. et A. *paritarie.* respice in vitrearea *Ib.* 134.

vitrare v. vitreare.

vitraria [LL], pellitory-of-the-wall (*Parietaria officinalis*).

vitrearea *Alph.* 134 (v. vitrago); vitrearia, paritaria idem. G. et A. *paritarie Ib.* 191.

vitrarius v. vitrearius. **vitratio** v. vitreatio. **vitrator** v. vitreator. **vitratorius** v. vitreatorius.

vitreabilis [vitreare+-bilis], (in gl.).

vitreabilis [v. l. vitrealis], fragilis corde [v. l. corpore] et mobilis animo OSB. GLOUC. *Deriv.* 628.

vitrealis [CL vitreus+-lis], (in gl.). **b** (as sb.) window.

vitreabilis [v. l. vitrealis] OSB. GLOUC. *Deriv.* 628 (v. vitreabilis). **b** diversa picturarum genera que vel in vestibus vel in parietibus vel in ~ibus depinguntur BELETH *RDO* 89.

vitreare [CL vitreus+-are], ~**iare**, ~**are** [CL vitrum+-are]

1 to fit with a pane or panes of glass, glaze.

1241 unam novam fenestram astantivam et ~atam coram hostio capelle regine *Liberate* 15 m. 7; **1251** in garderoba thalami regine nostre alta fenestra ~eetur *RL* II 67; a**1413** R. P. rector de Hemmyngburgh, iste viteravit fenestram rotundam *Liber Vitae Durh.* f. 72v; s**1425** fenit [domus] terrata, dealbata, ~iata *Mon. Francisc.* I 519; quilibet fenestra finis cujuslibet ele continet 3 panellas glasitas ~eatas W. WORC. *Itin.* 54; orientalis fenestra continet 7 luminaria ~eata cum ymaginibus et armis *Ib.* 226; ~o, *to glase WW.*

2 to cover with vitreous substance fixed by fusion, glaze.

ponatur totum in vase ~eato M. SCOT *Lumen* 257; cum solutione istius .. figit mercurium sublimatum, si multoties deguttetur super ipsum positum in crucibulo ~eato super lentum ignem in fornace cinerum RIPLEY 198.

vitrearea, ~ia v. vitraria.

vitrearius, ~iarius [CL], ~**arius** [LL = *maker of glassware*]

1 of or pertaining to glass-making or glazing.

1371 custus plumbarii et ~iarii *Fabr. York* 7; Benedictus Biscop .. artem .. ~iariam primus ad partes suas attulit ELMH. *Cant.* 185; **1417** pro opere lapideo nove fenestre .. pro opere ~eario ejusdem fenestre *Ac. Durh.* 406.

2 (as sb. m.) glass-maker, glazier (also passing into surname).

c**1130** hujus rei testes fuerunt .. Robertus et Ricardus cementarii, Osbernus ~arius, Ædnothus de Byri *Chr. Rams.* 262; **1170** Jacobo ~eario j m. per breve regis *Pipe* 151; **1173** Hugoni vitrerio [v. l. vitrario] j m. pro custodia vitrearum ecclesie *Ib.* 30; **1242** mandatum est .. custodibus operacionum de Windles' quod recipiant compotum Edwardi ~earii [*alias* E. le Verer] *Cl* 412; **1257** magistro Odoni, carpentario, Edwardo, vitrerario .. operariis regis Windles' *Cl* 54; cui [abbati] successit Daniel monachus Sancti Benedicti et ~arius, qui ante conversionem suam uxorem habuit et filium OXNEAD *S. Ben. Holme* 295; si plumbatorem, vel ~earium, vel cementarium, vel carpentarium, ad opus ecclesie perficiendum conducat *Obs. Barnwell* 72; c**1385** in vadiis unius magistri ~iarii *KR Ac* 473/2 m. 3; ~arius, *a glasyare WW*; lathomis, carpentariis, cupariis, ~ariis, arcuariis, tectoribus, et domorum vallatoribus ac eis adherentibus *Form. S. Andr.* I 6.

3 (as sb. n.) glazier's workshop.

1399 remanencia in ~iario. mvciij quartron .. vitri albi empti pro magnis fenestris novi chori *Fabr. York* 18.

vitreatio, ~iatio, ~atio [vitreare+-tio], (act of) fitting with glass, glazing. **b** glasswork, expanse of glass, glass window.

1354 vitr' operanti super vitriac' predictarum fenestrarum *KR Ac* 471/6 m. 4; **1366** in parte soluc' x li. pro ~iacione dictarum fenestrarum lx s. *Ac. Durh.* 127; solvit pro ~eacione duarum parcium claustri, preter antiquum vitrum de capella quondam pictorie .. decem marcas *G. S. Alb.* 385; s**1423** circa ~acionem fenestre ad ostium barbarie et duarum supra eandem *Mon. Francisc.* I 520; circa nudam facturam domus istius expendisse fertur, deducta ~iacione, crestacione, posicioneque descorum, ultra summam centum quinquaginta librarum *Reg. Whet.* I 424; **1443** in muris lapideis, fenestris, columpnis, fenestrarum ~acionibus, fabricis ligneis, tecturis, et cooperturis dicti chori *Reg. Brechin* I 92; **1453** pro vitro et ~iaccione unius fenestre (*DL Ac. Var.*) *JRL Bull.* XL 423. **b 1440** ad edificacionem, sustentacionem, et reparacionem perpetuas chori et vestibuli ecclesie parochialis de Perth, viz. in parietibus, januis, fenestris, pavimento, ~iacione, tectura *Reg. Dunferm.* 414; **s**abbas .. procuravit hinc inde solemnes in ecclesia fieri de novo ~iationes; ad quarum facturam .. ipse ultra summam decem librarum legitur contulisse AMUND. II 198; c**1496** unum calicem auratum .. dedit, ~iacionemque [et] picturacionem diversisque in hujus ecclesie locis fieri curavit *Reg. Whet.* I app. 476.

vitreator, ~iator, ~ator [vitreare+-tor], glass-maker, glazier (also passing into surname).

1187 Fulcho ~eator debet dim. m. pro canibus (*Wilts.*) *Pipe* 3; **1307** venire faciat .. Bartholomeum le Verreur .. et Radulfum filium Ricardi de S. Augustino, ~iatores, pro fenestris regis apud Westmonasterium vitriandis *KR Mem* 81 r. 79; **1386** de vitro et ~iatoribus pro reparacione fenestrarum et aliorum locorum ejusdem capelle multipliciter indigeat *Foed.* VII 527a; **1445** in mercede Willelmi Cartmell ~iatoris operantis per unam [*sic*] mensem et iij sept' xxj s. *Fabr. York* 60; **1509** solut' Henrico ~atori pro emendacione fenestrarum in aula hospitali iij s. *Ac. Durh.* 159; **1511** ~iatori pro emendacione fenestrarum xiiij s. iij d. *Midlothian* 165; **1533** pro xij lb. soulderio emptis pro ~iatore *Comp. Swith.* 216.

vitreatorius, ~iatorius, ~atorius [vitreare+-torius], of or pertaining to glazing. **b** (as sb. m.) glazier. **c** (as sb. f.) glazier's workshop.

1446 custus ~iatorii. in mercede Willelmi Cattmell vitriatoris per ix sept. xxix s. vj d. *Fabr. York* 61. **b 1515** ~atorio pro scrvicio suo in dicta ecclesia *Midlothian* 177. **c 1444** serviens ~iatrie nostre .. habens officium ~iatrie operacionum .. cum quodam *shade* vocato *glasiers logge* .. infra palacium nostrum Westm' situato *Pat* 458 m. 5; **1445** officium servientis ~iatrie operacionum nostrarum *Cl* 295 m. 27.

vitreatura, ~iatura [vitreare+-ura], glazing.

1319 vitriario operanti circa aliquod defectus existentes in ~iatura in fenestris magni Scaccarii *KR Ac* 468/20 f. 19d.

1 vitreola [cf. LL vitrago, vitraria]

1 pellitory-of-the-wall (*Parietaria officinalis*).

ex decoctione malve, ~e i. paritarie GILB. VII 299v. 1; paritaria, perniciades, ~a *Alph.* 134 (v. vitrago); ~a herba est. s. paritaria *SB* 43.

2 violet (*Viola*).

vitriola, vaccinium, viola idem. G. *violette*, A. *heselwrt Alph.* 190.

2 vitreola [CL vitreus+-ola], pane of glass, glass window.

1240 antiquas .. ~as conservabunt et que lavande fuerint et purgande lavabunt et mundabunt .. quotiens .. ~as a toto vel a parte reparaverint, tenebuntur, si eis a custode operis injunctum fuerit .. et si ~am novam fecerint .. recipient pro ea et pro sumptibus suis xij sol. *DCChich.* 193.

vitreolum, ~iolum [CL vitreus+-olum], one of certain glassy mineral salts of sulphuric acid used esp. in alchemy or medicine, vitriol; **b** (dist. acc. kind).

queritur ~eolum cum sit viride quare incaustum nigrum reddat *Quaest. Salern.* B 92; fiat hoc unguentum. recipe .. aurip[igmentum], ~eoli, aluminis GILB. II 84. 1; in quibus aqueitas et terrestritas magis dominatur, sicut aurum, argentum .. corallus, ~eolum, alumen et hujusmodi similia BACON V 129; attramentum, calcantum idem, quedam terra est .. vilior species est attramentum [et] nobilior species est ~iolum, et dicitur a claritate vitria que in electioribus venis invenitur *Alph.* 17; **1418** operabatur tam in arte ignis quam in aliis diversis rebus et pulveribus, viz. mercurio .. vitriall', arsenyk' et aliis diversis rebus et pulveribus *CoramR* 629 *rex* r. 18*d*.; *coperose*, ~iola, -e *PP.* **b** ~iolum nigrum apportatur de Francia et idcirco dicitur terra francigena M. SCOT *Lumen* 262; accipe sanguinem hominis ruffi et sanguinem bubonis ruffi comburentem croceum ~iolum romanum *Id. Alch.* 153; accipe .. alumen, sal gemme, ~eolum ustum, modicum aurip[igmenti] GILB. III 172. 2; ~eolum viride, i. coperosa, calcantum idem .. ~eolum romanum, i. coperosa *SB* 43.

vitrerius v. vitrearius.

vitreus, ~ius [CL]

1 made of glass, (also) fitted with glass, glazed. **b** (as sb. f.) pane of glass as window. **c** (as sb. f.) glass vessel. **d** (as sb. n.) glass.

haec domus interius resplendet luce serena, / quam sol per vitreas illustret forte fenestras / limpida quadrato diffundens lumina templo ALDH. *CE* 3. 67; vadant ad locum .. ferentes ~eas phialas LANFR. *Const.* 112; ut nichil tale possit in Anglia videri in ~earum fenestrarum luce W. MALM. *GP* I 72; in pulcritudine ciphus est vitreus, / in fortitudine tamen est ferreus WALT. WIMB. *Carm.* 156; **1422** pro emundacione et emendacione fenestrarum ~iarum in ecclesia *Fabr. York* 43; caput ipsius in utre ~eo sanguine repleto recondidit FORTESCUE *NLN* II 22. **b** ~eas dormitorii facit, et reficit cum opus est LANFR. *Const.* 151. **c** vidi scriptam et etiam pictam .. ubi ad celum empireum in quadam ~ea, bajulis nubibus, fertur Christus, et istud saphirium est, et angelis repletum, supra quem est sperula quedam admodum rubicunda S. LANGTON *Gl. Hist. Schol.* 41. **d** nec calix debet fieri de ligno, ~eo, ere, vel auricalco *Obs. Barnwell* 70; **1296** in ~eo empto vj d. *KR Ac* 497/21.

2 made of reflective material. **b** (as sb. n.) mirror.

gorgones .. quarum unam Perseus, scuto ~eo defensus, interfecit *Lib. Monstr.* I 38. **b** **1553** de .. uno ~eo stileo, A. *a stele glasse*; uno ~eo stante cum pedo, A. *one standynge glasse with a fote Pat* 852 m. 29.

3 that resembles or has the characteristics of glass (in colour, fragility, translucency, or reflectivity); **b** (of bodily humor).

tum sequor, in vitreis recondens lumina campis ALDH. *Aen.* 58 (*Vesper Sidus*) 5; **796** sacro ~ei fontis lavacro abluere ALCUIN *Ep.* 113; ~eis, perspicuis, *hluttrum GlP* 268; caput .. Oswaldi .. ~ei coloris, rutilo undique splendore croceantis R. COLD. *Osw.* 51; refert .. Julius quod Britones temporibus illis, martio certamine congressuri, facies suas ~eo .. unguento liniebant [Caes. *Gal* V 14: omnes vero se Britanni vitro inficiunt, quod caeruleum efficit colorem] GIR. *DK* I 11; fortuna vitrea cum splendet frangitur WALT. WIMB. *Carm.* 353. **b** bilis .. i. sedes fellis et ire, unde Persius 'turgescit ~ea bilis' [Persius III 8] OSB. GLOUC. *Deriv.* 65; post cristalinum humorem interius versus cerebrum positus est ~eus humor, qui sic appellatur quia vitro liquefacto assimilatur *Ps.*-RIC. *Anat.* 26; [phlegma innaturale est] ~eum sic dictum propter coloris vitri assimilationem BART. ANGL. IV 9; et est quedam de flegmate ~eo grosso, sicut vitrum liquefactum GAD. 11v. 2.

vitriaccio v. vitreatio. **vitriall'** v. vitreolum. **vitriare** v. vitreare. **vitriarius** v. vitrearius.

vitriartifex [CL vitrum+artifex], glazier.

c**1440** pars .. mansure Eadrici vitriartificis (*Cust. Bury St. E.*) *HBS* XCIX 98.

vitriatio v. vitreatio. **vitriator** v. vitreator. **vitriatorius, ~trius** v. vitreatorius. **vitriatura** v. vitreatura.

vitrica [cf. CL vitricus], **~ix,** stepmother.

ad matrem remeat proles vitrice relicta NECKAM *DS* II 415; hic victricus, A. *stepfadyre*, hec victrica, A. *stepmodyre WW.*

vitricalis [CL vitricus+-alis], of or pertaining to a stepfather or stepfathers.

surgente rege qui ignorabat Joseph, viperina invidia et ~i barbarie devotus tuus coactus est longius peregrinari GOSC. *Lib. Confort.* 29.

vitricare [vitricus+-are], to take the role of a stepfather.

quin .. satisfactionis nostre causam in victricantis arbitrio sepius poneremus M. PAR. *Maj.* III 578.

vitricus [CL], stepfather; **b** (as typically cruel or oppressive).

Caesarem non putemus Augustum sed Tiberium significari, privignum ejus, qui in loco successerat ~i BEDE *Luke* 579C; inter .. Hugonem et Radulfum comitem Medantensium Philippi regis Francorum ~um gravis seditio exorta est ORD. VIT. III 10 p. 114; victricus, *steffeder*, noverca, *stopmoder WW Sup.* 511; **1206** victricus suus malefactor fuit et fugit a patria *SelPlCrown* 52; rex .. se illi non ~um sed patrem exhibens J. FURNESS *Walth.* 15; ipsi tamen ~o tanquam patri obtemperans, quicquid ei fuerat imperatum agebat *Mir. Hen. VI* IV 150. **b** hinc et adultus herus, jam vitricus urbis amate, / hanc premit L. DURH. *Dial.* I 257; illa dies tua nox fuit et Venus illa venenum. / illa dedit vulnus; sed pessimus ille dierum, / primus ab undecimo, qui, vite vitricus, ipsam / clausit VINSAUF *PN* 379; orphana rore rosa moritur, radice noverca, / dum pater in prolem victricus esse studet GARL. *Epith.* I 88; notus enim subitus est vite victricus, hostis / nature, virtus quo regitiva stupet *Id. Tri. Eccl.* 31; sicque vilium ~orum nobis nolentibus affiguntur vocabula et verorum patrum nomina filiis subducuntur R. BURY *Phil.* 4. 68.

vitrifaber [CL vitrum+faber], glass-maker, glazier.

1517 obitus fratris Johannis Strang, sacerdotis et ~bri fidelissimi in suo artificio (*Aberdeen Obituary*) *Scot. Grey Friars* II 293.

vitrifacio v. vitrifactio.

vitrifactio [CL vitrum+factio], (act of) making or fitting glass, glazing.

pro vitrifacione nove scole vj d. *Arch. Hist. Camb.* III 14n.

vitrifactor [CL vitrum+factor], glass-maker, glazier.

nunc architectos ecclesiae fabricandae nunc ~ores ad fenestras ejusdem ornandas pariter ac muniendas .. adduxit BEDE *Hom.* I 13. 228A (cf. BEDE *HA* 5: misit legatarios Galliam, qui vitri factores .. ad cancellandas aecclesiae porticumque et caenaculorum ejus fenestras adducerent).

vitrifex [CL vitrum+-fex], glass-maker, glazier.

s**1228** alios .. latomos, alios carpentarios, alios ~ices, atque alios plumbarios, et cetera hujusmodi ordinabat *Meaux* I 432.

vitrificare [CL vitrum+-ficare], to convert into glass or a glass-like substance, to vitrify.

unam crystallinam aquam, que habet ponderositatem constrictivam, et postea ~a eam, vel interfice super corpus fixum RIPLEY 346.

vitrificatio [vitrificare+-tio], conversion into glass or a glass-like substance.

a violento calore ac subito frigore defende vitrum tuum, moderatoque adeo utere igne, et cave a ~ione RIPLEY *Axiom.* 114 (cf. *LC* 270: ~io est combustio calces et cineres in transparens vitrum convertens).

vitrigena [CL vitricus+-gena], (in gl.).

stepsyster, victrigena *PP.*

vitrigenus [CL vitricus+-genus], (in gl.).

stepbroder of the fadyrs syde, victrigenus *PP.*

vitrinus [CL vitrum+-inus], made of glass. **b** (as sb. f.) pane of glass.

1395 tres botelli de correo et unus ~us *Test. Ebor.* III 7. **b** viderunt .. lumen .. immensum per ~am prope tumulum .. intrare *Canon. G. Sempr.* f. 111; **1252** deest ~a ubi sedent ad psallendum *Vis. S. Paul.* 21; **1260** duas magnas ~as ad duas fenestras in camera nostra .. unam ~am in parva garderoba regine *Liberate* 36 m. 8*d*.

vitriola v. 1 vitreola, vitreolum. **vitriolum** v. vitreolum. **vitrius** v. vitreus. **vitrix** v. vitrica.

vitrosus [CL vitrum+-osus], (in gl.).

~us, vitreus OSB. GLOUC. *Deriv.* 628.

1 vitrum [CL], glass. **b** pane of glass, glass window. **c** glass vessel.

sicut in vitreo vasculo lux intus absconditur, et foras per ~um refulget ALCUIN *Dogm.* 296A; albo ~o, quod quia rarum et lucidum est, penetrari a tali spiritu potest ADEL. *QN* 29; ex favilla vili fiat materia quae sit solida ac visu penetrabilis visuique jocunda, utpote ~um ALEX. CANT. *Dicta* 124; inter inanimata .. quid fragilius est ~o? BERN. *Comm. Aen.* 29; **1240** duas fenestras de albo ~o .. facias *Liberate* 15 m. 23; sicut lux pertransiens ~um coloratum colorat parietem objectum, et immediatius splendet in pariete quam color ~i GROS. *Quaest. Theol.* 205; **1291** appellat R. C. .. de quadam roberia .. ut de denariis, ciphis argenti et de vuitro et aliis jocalibus et equis *SelCCoron* 127; vas istud adeo fragile est ut ~um [ME: *gles*] *AncrR* 54; **1388** vitriario pro viij pedibus ~i flor' et partim depict' emptis pro defectibus diversarum fenestrarum in camera et capella regis ibidem emendandis *KR Ac* 473/2 m. 5. **b** **1274** una camera magna cum aluris et ~is *IPM* 2/7 m. 7; mare apparuit eis quasi ~um unum valde clarum, ita ut viderent profunda maris (*Brendanus* 56) *VSH* I 128. **c** spiritus ergo viri Michael repetente beati, / vimineo condens corpus kiriale canistro, / exhausit vitro vitalem digne cruorem FRITH. 1357; '~o', vase vitreo ANDR. S. VICT. *Sal.* 72; mors ridet medicum qui vitro medio / morbum in morbidi venatur locio WALT. WIMB. *Sim.* 197; caveas in omni sublimacione a fractione ~i aut tui vasis DASTIN *Ros.* 9; **1418** quandam materiam nigram confecit .. existentem arsam et congellatam in quodam ~o rotundo *CoramR* 629 *rex* r. 18*d*.; in uno ~o debent omnia fieri, ovo simili in forma et bene clauso RIPLEY *Axiom.* 112.

2 vitrum [CL], woad (*Isatis tinctoria*) or the blue dye derived from its leaves.

1296 de R. C. quia vendit ~um mixtum cum *vertegrez* et arguel mixtum cum fecibus vini *Leet Norw.* 47; **1398** in uno panno serico cum duabus peciis de *bucram* .. et duobus duodenis de zonis xlj s. iiij d. item in centum libris ~i Anglicani empt', xxx s. *Ac. Durh.* 393.

vitrus [cf. CL vitrum], made of glass. **b** (as sb.) glass window.

1348 in ij fenestris ~is in cancello ecclesie *KR Ac* 462/16 f. 8. **b** **1447** ~i historiales *Building in Eng.* 177.

vitta [CL]

1 woman's hairband, headband, or headdress. **b** nun's headdress.

pulla capitis velamina candidis et coloratis mafortibus cedunt, quae ~arum [*gl.*: *snoda*] nexibus assutae talo tenus prolixius dependunt ALDH. *VirgP* 58; Eumenides .. quasdam mulieres vana historia depromit quae vipereum crinem habuerunt sanguineis ~is innexum *Lib. Monstr.* I 45; c**980** (12c) dedit .. unam torquem auream de xl mancis auri, et unum cupam argenteam, et dimidiam ~am capitis auream [AS: *healfne bænd gyldenne*] *Ch. Roff.* 35b; crinis solutus humeris involitabat, quem ~a aurea superne constrinxerat W. MALM. *GR* II 205; qua visa fugit Thisbe et, dum fugeret, ~a sibi decidit *Natura Deorum* 42; peplum est nomen equivocum ad ~as mulierum, G. *guynpel*, et ad quoddam genus cardonis in cujus summitate nascuntur fila quasi folia subtilissima que qualibet levi impulsu volant per aera *Alph.* 142; vita, A. *a fylet WW.* **b** alicui sororum de ~a sacrati capitis porciunculam paranti abscidere testantur illud vitale caput se contra erexisse ac presumtricem minaci indignatione absterruisse GOSC. *Edith* 271.

2 ribbon, headband, or other headdress worn or used in ancient Roman religious ritual.

hec ~a, -e i. infula unde ligatur caput sacerdotis OSB. GLOUC. *Deriv.* 610; laneis ~is, simul ad limen mariti venissent, postes, antequam ingrederentur, ornabant ALB. LOND. *DG* 4. 4; ~is etiam victime coronabantur *Ib.* 6. 32; sane infula, qua sacerdotes in sacris ornatos legimus, fascia erat in modum diadematis, a qua ~e ab utraque parte dependebant *Ib.* 6. 34.

3 ribbon worn as part of Jewish ritual clothing (*cf. Exod.* xxviii 28, *Num.* xv 38).

filii .. Israhel in palliorum angulis fimbrias et ~as habent hyacinthinas cum electi quique et qui Deum videre desiderant BEDE *Tab.* 428D; anuli .. illi .. habebant contra se et in utroque latere superumeralis aeque anulos alios, quibus ipsi ~is ligantibus jungerentur *Ib.* 472C; qualiter .. tiara .. fuerit facta Josephus docet dicens: 'super caput autem gestat pilleum .. habens ~as quae convolutae saepius conectuntur, nec facile delabatur' *Ib.* 481C; hoc [sc. rationale] super palliolum lineum commune omnium sacerdotum in pontifice additur, ut in fronte hyacinthina ~a constringatur, totamque pontificis pulchritudinem nomen Dei coronet et protegat ANDR. S. VICT. *Hept.* 176.

4 band, cord, tape.

~a coccinea doctrina veritatis intelligitur [cf. *Cant.* iv 3] ALCUIN *Exeg.* 651C; recursus .. ~ae aureae animam significat, quae illuc recurrit unde descenderat [cf. *Eccles.* xii 6] *Ib.* 717D; **796** forte adpropinquat dies metuendus quo conteratur hydria super fontem et recurrat ~a aurea *Id. Ep.* 114; videtur nobis quod unaqueque cortina in utraque parte secundum longitudinem suam et in summitatibus (id est in angulis) laterum quinquaginta ansulas habuerit, et quod vel ~is vel quibusdam aliis ligaturis per ansulas firmiter sibi connexe fuerint ANDR. S. VICT. *Hept.* 146; ex sanguine ejus fiant sicut ~a coccinea labia tua, et eloquium tuum dulce AILR. *Inst. Inclus.* 31 p. 671; a parte posteriori [corone] pendebant albe due tanquam ~e instar episcopalis mitre, descendentes usque ad renes ejus *V. Chris. Marky.* 52.

vittalia v. victualis.

vittatus [CL], adorned with a ribbon, hairband, headband, or headdress.

tibia nunc variis libeat vittata coronis / haec tibi, rex felix, picto renovata colore, / quae te Pieriis decantat versibus auctor ALCUIN *Carm.* 7. 10; ~us, *gehufud GlP* 674; hec vitta, -e i. infula unde ligatur caput sacerdotis, unde ~us, -um OSB. GLOUC. *Deriv.* 610.

vitualia v. victualis.

†vitubila, *f. l.*

hec †vitubila [? l. avicipula], *a pyttfalle WW.*

1 vitula, *var. sp. of* fidula.

vitula, A. *a fythele WW*; nomina ludorum .. hec vitula, *a rybybe WW.*

2 vitula [CL], female calf.

tantum mansit humilis .. ut .. oves ~asque mulgere .. in cunctis monasterii operibus jocundus et obediens gauderet exerceri BEDE *HA* 8; sermone Scottico Inisboufinde, id est insula ~ae albae, nuncupatur *Id. HE* IV 4; non curo teneram etate primula: / non arat sapiens in tali vitula P. BLOIS *Carm.* 28. 2; hec juvenca, *a qwye*, hic vitulus, *a calfe*, hec ~a, *qwye calffe WW*; de cibis generalibus .. hec carnes ~e, *veylle WW.*

3 Vitula [CL], ancient Roman goddess of joy or exultation, (transf.) joy, celebration.

item a vivo .. hec ~a, -e, que aliquando dicitur pro Victoria, que dicitur esse dea letitie et ponitur sepe vel pro letitia vel pro festo ejusdem dee OSB. GLOUC. *Deriv.* 597; ~a, victoria, vel festum dee victorie, vel letitie. Virgilius 'cum faciam vitulam pro frugibus' i. festum victorie [Verg. *Buc.* III 77] *Ib.* 622.

4 vitula [CL vitis+-ula], (in gl.).

hec vitis, *a vyne*, hec ~a, idem est *WW.*

1 vitulamen [LL], offshoot of plant, scion (also fig.); **b** (spec. of vine). **c** pliant twig woven in wickerwork.

radices altas vitulamina spuria non dant [*Sap.* iv 3], / et fundamentum non statuunt stabile H. CANTOR *Vers.* 224; habeat .. bisacutam ad eradicandum vepres .. et ~ina spuria [*gl.*: *verges bastarz, branches baustars, greffes bastards*] NECKAM *Ut.* 111; **1196** vitiorum propagines .. succide maturius, ne ~ina, que nunquam fructificant, surculis incisionis sua prepediant incrementa P. BLOIS *Ep.* 134. 399C; **1227** quod non dant radices altas spuria vitullamina (*Lit. Papae*) *Mon. Hib. & Scot.* 27a; **1328** cupientes .. radicem que talia germinat †vitulannam [l. vitulamina] .. a segete nostri regiminis extirpare *Reg. Exon.* I 344; non ut spuria vitulamina, sed velut cedrus alta, per eas [sc. undecim millia virginum] elevatur Anglia *Miss. Ebor.* II 118; *syun of a tre*, ~en .. surcule *PP.* **b** ~en a vite dicitur illa planta bastarda sive spuria et infructuosa que nascitur a radice vitis sive alias BART. ANGL. XVII 179; hoc ~en est planta vite inf.. *WW.* **c** *a wicker*, vitiligo, vimen, ~en *CathA.*

2 vitulamen [CL vitulari+-men], celebration (in quot. w. play on 2 *vitula*).

debitas ei ferians exequias et sacra ~ina faciens, non omentis pinguibus, sed justis bone voluntatis affectibus illustrata (*Quad.*) *GAS* 546.

vitulare [CL vitulus+-are]

1 to give birth to (calf).

c**1230** pro quolibet vitulo ~ato ante festum sancti Johannis Baptiste (*Cust. Quarley*) *Doc. Bec* 58; si habeat aliquem bovic[u]lum sibi ~atum, poterit eum vendere .. antequam eum jungat *Cust. Glast.* 83; **12..** item, quod non permittatur quod aliquis vendat equum masculum vel bovem sibi ~atum sine licentia *Cart. Glouc.* III 218; cum vitulus taurinus ~etur, primo mense non ablectetur *Fleta* 166; **1315** nec possunt equum masculinum vel bovem qui eis pululatus vel ~atus fuerit vendere sine licencia prioris *Year Bk.* XVII (*Selden Soc.* XLI) 162; **1368** de firma viij vaccarum ~ancium hoc anno nichil quia vacce remisse sunt in mariscum .. statim post vitulacionem *MinAc Wistow* 76.

2 to deliver (cow) of calf, (in quot. p. ppl. as adj.) that has calved.

1275 bedellus .. cepit vaccam .. de novo ~atam et eam fugavit ubi voluit *Hund.* II 307a; **1291** pro decima vacce ~ate solvant duos denarios et obolum; pro non ~ata, lac tunc faciente, unum denarium et obolum *Conc.* II 178; et vitulis aduct' [l. adjunctis] vaccis ~atis talis anni *FormMan* 15.

vitulari [CL], (in gl.).

Vitula .. hinc etiam ~or, -aris dicitur i. letari, unde Titius ~ari inquit dicimus, i. voce letari [Macrob. *Sat.* III 2, 11] OSB. GLOUC. *Deriv.* 597; ~ari, letari, exultare, tripudiare, hilarescere, ovare, gratulari *Ib.* 622.

1 vitularius v. victualarius.

2 vitularius [CL vitulus+-arius], (in gl.).

~ius, vitulorum custos OSB. GLOUC. *Deriv.* 627.

1 vitulatio v. victualatio.

2 vitulatio [CL], (in gl.).

~io, exultatio OSB. GLOUC. *Deriv.* 622.

3 vitulatio [vitulare+-tio], calving, delivery of calf.

1270 de una vacca ante ~ionem *Ac. Stratton* 32; **1299** de vij vaccis de remanenti. et de j de empt' post ~ionem (*Milton*) *Ac. Man. Cant.*; vacce .. inde computat .. in expensis domini ij ante ~ionem *FormMan* 41; **1306** reddunt compotum de xiij vaccis remanentibus .. et de j proventa de herietto Alani Le Knyght post ~ionem *Crawley* 246; **1346** vacce .. de quibus in morina iij ante ~ionem, in vendicione j ante ~ionem *Rec. Elton* 330.

vitulator v. victualator. **vituligo** v. 2 vitiligo.

vitulinium [cf. CL vitulinus], calfskin, vellum.

s**1322** in primis decreta mea in ~io scripta in asseribus nigro coreo coopertis. item decretales in ~io in corio ligatas (*Test.*) THORNE 2037.

vitulinus [CL], of or pertaining to a calf or calves. **b** (*caro ~a*) calf's flesh, veal. **c** (*corium ~um, pergamenum ~um*, or sim., also as sb. n. pl.) calfskin, vellum.

item a vivo hic vitulus .. eo quod sit vita dignus, et inde ~us OSB. GLOUC. *Deriv.* 597; oratio lingua ~a est ablingens herbam campi; id est, vitia vite carnalis adnihilans GIR. *GE* I 5 p. 18; sicque factum est ut Dei virtute feritas lupina in ~am converteretur mansuetudinem (*Berachus* 8) *VSH* I 78. **b** sunt nutritive nimium carnes vituline D. BEC. 2734; **1393** clerico coquine per manus diversorum pro carne bovina, mutulina, ~a per ipsos emptis ibidem ij duc. l s. *Ac. H. Derby* 237; caro porcina, *swyneflesche*, caro ~a, *calfflesche WW.* **c** exitus coriorum ~orum .. in j duodena v pellium percameni ~i primi *Ac. Beaulieu* 196; exitus percameni ~i .. exitus percameni multolini *Ib.* 197; **1391** dictus Thomas vendit corea equina et ~a pro coreo bovium in decepcionem populi *Leet Norw.* 71; illum librum .. feci scribi Oxonie in ~is Oxonie GASCOIGNE *Loci* 169; **1457** volo et opto quod scriptum meum seu opus meum .. scribatur in vitulinis [MS: vitilinis] vel in pergameno expensis ejusdem monasterii (*Test. Gascoigne*) *MunAcOx* 671.

vitullamen, vitullana v. 1 vitulamen.

vitulus [CL]

1 offspring of cow, calf (male where distinguished); **b** (w. play on 3 *Vitula*); **c** (passing into surname).

revertenti sibi laetus occidere consuevit ~um filio saginatum GILDAS *EB* 29; induit Hieroboam Samariae stemmata pravus, / qui regum primus excoluit vitulos ALCUIN *Carm.* 69. 122; tunc vij animalia, modo j ~us *DB* II 68; si pater sit liber et mater ancilla, pro libero reddatur occisus .. aliquando autem erit sicut dominus ejus voluerit: '~us autem matris est, cujuscunque taurus alluserit' (*Leg. Hen.* 77. 2) *GAS* 594; audivit mulierem puelle cuidam dicentem: 'tolle tecum ~os nostros et mina eos usque Depedale et festinanter revertere' *Chr. Dale* 3; rusticus .. cum duceret vaccam et ~um ad montem Sancti Michaelis *Latin Stories* 71. **b** a**1227** fratres speciali prerogativa dilectionis et gratie amplexamur utpote qui jugiter offerentes Domino suorum vitulos labiorum, non solum nobis sed etiam universali ecclesie piis intercessionibus incomparabiliter suffragantur (*Bulla Papae*) *Couch. Furness* I 580. **c** **1169** Robertus ~us redd' comp' de ij m. pro falso jud' *Pipe* 165; **1212** de navi Stephani ~i de Gernesie xvj tonellos vini (*KR Ac*) *EHR* XLI 558; **1430** hiis testibus .. Symone ~o, Symone de Hauthorn *Feod. Durh.* 19n.

2 (*~us marinus*) seal.

capiuntur autem saepissime et ~i marini et delphines necnon et balenae BEDE *HE* I 1; Selæseu, quod dicitur Latine insula ~i marini *Ib.* IV 13; diversa ac magna natatilia capiuntur passim, delphini et ~i marini, atque insuper montuosae balenae GOSC. *Aug. Maj.* 51D.

3 offspring of animal, young (animal), (in quot. of deer) fawn.

1307 in lacte empto pro ~o cervino *Ac. Durh.* 505; **1341** quendam cervum et ~um unius cervi *Pat* 205 m. 8; **1354** cum .. sexdecim bissas, quindecim ~os cervorum, xxj damos et damas et xvij founos tempore yemali ceperit *Ib.* 242 m. 18; **1355** Edwardus de Balliolo, rex Scocie .. decem et novem cervos, quatuordecim bissas, decem et septem ~os, duos damos, quatuor sourellos, tresdecim damas, unum pickettum et duos faunos ceperit *Foed.* V 828a; **1494** interficit unam bissam cum ~o (*DL Forest Proc.*) *N. Riding Rec. Soc.* I 147.

4 (*pes ~i*) kind of plant, perh. cuckoo-pint (*Arum maculatum*) or purslane (*Portulaca oleracea*).

pes ~i similis est jaro in foliis, nisi quod jarus habet cornuta folia et pes vituli varia; alio nomine dicitur interficiens patrem, A. *stondenegousse Alph.* 140; *wolvesfote, arone*, pes vetuli *MS BL Addit 17866* f. 42va; jarus, barba Aaron, pes ~i, idem; cornuta habet folia, i. *ȝekesterse SB* 24.

vituperabilis [CL], worthy or deserving of censure, reprehensible.

deprecans ut si quid in eo tu ~e deprehenderis statim mihi corrigendum insinues BEDE *TR pref.*; c**1040** ut malum nomen ~emque famam post se quis derelinquat *CD* 769; discerne mihi bene, quid ibi monstret naturam laudabilem et quid faciat personam ~em ANSELM (*Casus Diab.* 16) I 260; cum ex vita laudabili non possit doctrina ~is oriri *Canon. G. Sempr.* f. 46v; si ergo concupiscentia est in nobis ab origine, est in nobis a natura, et ita non erit in nobis ~is et per consequens nec culpabilis R. MARSTON *QD* 153; quia plures et majores delectaciones fugit est magis laudabilis, et magis ~is quia pauciores et parvas non fugit sed adquiescit OCKHAM *Quodl.* 175.

vituperabiliter [LL], in a manner worthy or deserving of censure, reprehensibly.

in paupertate et miseria leto tenus ~er vitam duxit ASSER *Alf.* 15; sicut illi quoniam ~er non perseveravit scientia sua est ad contumeliam, ita isti quoniam laudabiliter perseveravit scientia sua est ad gloriam ANSELM (*Casus Diab.* 25) I 272; **1250** ne .. quod absit, parta laudabiliter ~er collabantur AD. MARSH *Ep.* 143; cui vix ~erque viventi E. THRIP. *SS* XI 11; s**1293** seisinas nostras in multis locis ~er infringendo (*Lit. Regis Franc.*) GERV. CANT. *GR cont.* 304; homo potest laudabiliter et ~er operari, et per consequens potest mereri et demereri OCKHAM *Quodl.* 275.

vituperamen [CL vituperare+-men], blame, censure.

sciendum .. quod .. generat infelicitas latrocinium, latrocinium ~en, ex quo nascitur captivitas, que ducit ad detrimentum legis *Quadr. Reg. Spec.* 33.

vituperare [CL]

1 to find fault with, criticize, reprove, censure: **a** (person); **b** (action, attitude, or sim.).

a ad semet ipsos missum Dei consilium stulti et ingrati ~antur noluisse recipere BEDE *Luke* 421D; cur me ~atis, caeci legis lectores, quod in forma hominis sabbato salutem unius hominis operatus sim? ALCUIN *Exeg.* 808B; a**1085** non probo quod papam Gregorium ~as, quod Hildebrandum eum vocas, quod legatos ejus spinosulos nominas LANFR. *Ep.* 59 (52); hunc .. Angli moderni ~ant delatorem Goduini et filiorum ejus, hunc discordie seminatorem, hunc archiepiscopii emptorem W. MALM. *GR* II 197; c**1298** laus est discretis a pravis vituperari (*Dunbar*) *Pol. Songs* 162; lauda eos, ~a eos [ME: *laste him*] *AncrR* 136. **b** pagani qui fidem Christianorum ~abant BEDE *Ep. Cath.* 52B; per totam scripturam impiorum turpia facta inter venerabilia justorum .. interseminantur: bona .. ut laudentur, sequantur, aequiparentur .. mala vero [ut] ~entur, execrentur et ut omnino effugiantur ASSER *Alf.* 95; obscenitatem libidinis non ut laicus vulgari verbositate ~abat, sed ut doctor ecclesiasticus argutis allegationibus palam condemnabat ORD. VIT. V 19 p. 447; devotionem .. talium .. non ~o, nisi propter scandalum GIR. *GE* I 49 p. 137; ~at eam [sc. opinionem] propter magnam ejus absurditatem T. SUTTON *Gen. & Corrupt.* 73; **1324** compertum est .. quod J. C. et J. G. ~averunt lesch' H. B. in marisco, per quod dictus H. amisit, vendicionem dicte lesch' *CBaron* 136.

2 to find (thing) to be faulty, defective, or in disrepair.

c**1220** si pro defectu guterie murus predictus ~etur vel minam paciatur .. debent illum murum emendare *Cart. Osney* II 122.

vituperatio [CL]

1 criticism, censure, reproof.

in Christo obsecramus lectorem .. ne ~onis suae dente nostrae adrodet opus diligentiae *V. Greg.* p. 106; c**794** idcirco ad te maxime pertinet harum laus vel ~o litterarum ALCUIN *Ep.* 74; **801** dum venerit rex Christus .. et libri aperientur meritorum in laudes vel ~ones uniuscujusque personae *Ib.* 234; quaeris ut video definitionem justitiae cui laus debetur; sicut contrario ejus, scilicet injustitiae, debetur ~o ANSELM (*Ver.* 12) I 192; ~onem .. aut laudem contrahunt pro arbitrio judicantis J. SAL. *Pol.* 713D; non .. affectans laudes hominum nec nichilominus ~ones expavescens sed Deo placere cupiens J. MIRFIELD *Flor.* 118.

2 (leg.) fault, blemish (in document, as potential cause of invalidity).

apparere .. debet carta in prima sui figura absque omni ~one, rasura, vel cancellatura, quia calumniosam scripturam inde in judicio obtinere non convenit BRACTON f. 398b.

vituperium [LL]

1 criticism, censure, reproof.

ne impar ac varius unius regulae ac unius patriae usus probrose ~ium [AS: *tale*] sanctae conversationi irrogaret *RegulC* 4; si .. quodam demonstranti digitulo corrigentis indicetur qua parte locorum inserta vitiabilis campi ~ia provocatus incidam B. *V. Dunst.* 1; non ad laudem sunt quam ad ~ium proniora J. SAL. *Pol.* 713C; nunquid si vestra [ecclesia] in laudis convalescat augmentum, nostra ideo cadere compellitur in ~ium? T. MON. *Will.* VI 10; verba nimirum emissa, quia statim evolant et evanescunt, nec laudis eorum memoria nec ~ii diuturna GIR. *EH intr.*; similiter potest mereri ~ium male operandi M. SCOT *Phys.* 9.

2 contempt, insult, affront.

s**1289** in ~ium .. et contemptum nominis Jesu Christi per civitatem destructam ad caudas equorum sanctorum imagines jussit trahi *Flor. Hist.* III 70; s**1307** qui recipitur Jesum negat et in crucem sibi ostensam spuit in ~ium crucifixi (*Bulla Papalis contra Templarios*) W. GUISB. 388; in quem .. senescallus multis obprobriis et ~iis irreverenter statim irruens .. cum magno ~io et clamore et infinito populi scandalo episcopum cum corpore Christi a sua presencia turpiter ejecit *Proc. A. Kyteler* 14; s**1308** hic tyrannus [sc. Robertus de Bruys], inter multas blasphemias quas evomuit in ~ium regis Anglie, dicebat seipsum plus timere ossa regis mortui quam regem vivum *Ann. Paul.* 265; s**1332** rex .. Anglie, considerans multa ~ia sibi et antecessoribus suis per Scotos illata AD. MUR. *Chr.* 67; **1549** ut unusquisque ordinarius intra suam diocesim perquirat qui apud se detinent aliquos libros rithmorum .. scandalosa ecclesiasticorum et hominum vel constitutionum ~ia et probra .. aut quamcumque heresim in se continentia *Conc. Scot.* II 120.

3 disgrace, dishonour, shame; **b** (leg., esp. in phrase *damnum et vituperium* or sim.).

1204 ne .. archiepiscopus, in ~ium ministerii nostri, defectum in temporalibus paciatur *Pat* 37b; se per omnia delapsam in ~ium senciens et abjeccionem .. bibit .. rancorem animi MAP *NC* IV 11 f. 53; quoniam inter tales reputabitur ~ium si unus ascendit nimis cum altero de quocumque genere *Mens. & Disc.* (*Anon. IV*) 81; s**1328** cum maximo ~io caput ejus abscissum est KNIGHTON I 449; ~ium perpetuum eis imponentes, extra consorcium aliorum eos exulabunt *Plusc.* VII 17; **1484** excommunicatos publice nuncietis .. pulsatis campanis et candelis accensis et extinctis et in eorum ~ium in terram projectis *Dign. Dec.* 69. **b** ?**1269** sex predas de terris nostris .. ceperunt, et .. partem .. vendiderunt .. aliamque partem interfecerunt et consumpserunt, non sine nostro nostrorumque damno non modico et ~io *RL* II 328; **1275** idem Willelmus .. manucepit .. defendere statum predicti Simonis ne de suo corpore haberet ~ium et periculum *SelPlMan* 156; quia infinitum est istud damnum et ~ium sapientie Dei, ideo probavi hoc diligenter et dedi radices hujus probationis, de falsitate textus, in hoc loco Operis Majoris BACON *Tert.* 93; **1287** defamavit ipsum J. versus quosdam mercatores, per quam defamacionem idem J. perdidit in mercandisis suis faciendis ad valenciam duodecim denariorum ad dampnum et ~ium suum dimidie marce *Law Merch.* I 13; **1335** in nostri ac mandatorum nostrorum predictorum contemptum et ~ium et ejusdem regni ac populi nostri periculum manifestum *RScot* 377b; s**1381** ea in nostri maximum ~ium et corone prejudicium et totius regni nostri damnum et turbacionem redundare sentimus (*Breve regis*) WALS. *HA* II 17.

†viula, *f. l.*

sic planctus vertitur in plausus †viulam [? l. ululam; cf. (v. ululare 1b)], / meror in canticum, nox in dieculam WALT. WIMB. *Carm.* 38.

vivacitas [CL]

1 capacity for going on living, (also) longevity. **b** vital power, life-force.

accepit .. Hermannus Scireburnensem episcopatum .. Eduardo rege dante, ~ateque sua datoris annos transcendens ad Willelmi tempora duravit W. MALM. *GP* II 83; quatenus de mortua filia filium vivum tua mirabili potencia efficias, et per ministerium nostrum eum ~ati sensus et motus condones (*Geraldus* 5) *VSH* II 109. **b** cotidiani sumptus alimoniam et corporeae sustentationis edulium in quibus mortalium ~as vescitur ALDH. *PR* 142; sicut radix ~atem suam a fundamento sortitur J. BURY *Glad. Sal.* 586.

2 vitality, force, vigour, spirit; **b** (transf. or fig.).

obsistebat .. semper erumnis consiliariorum regis ~as W. MALM. *GR* II 108; quicquid per ~atem studiumque sollertis eri et fautorum ejus actum est ORD. VIT. VIII 4 p. 291; que in juniori etate fervor et ~as, in maturiori levitas arbitratur AILR. *Spec. Car.* III 19. 594B; talis .. nature vir erat, tanteque animositatis pariter et ~atis GIR. *Invect.* VI 2. **b** nonnumquam rationabilis creatura irrationabilium gestu .. utitur et e diverso irrationabilis sensusque ~ate carens intellectualium gestu et voce fungitur ALDH. *Met.* 7; voluit eum [sc. Petrum] prius aliud vocari ut ex ipsa commutatione nominis sacramenti ~as commendaretur BEDE *Mark* 159D; c**798** tria sunt genera visionum: unum corporale, aliud spiritale, tertium intellectuale .. intellectuale est quod sola mentis ~ate consideramus ALCUIN *Ep.* 135; quorum tortilibus sophismatibus cum ~ate rationum obsisti nequiret W. MALM. *GR* V 406; quare potius sensibiliusque occidentalis oceanus quam medius et mediterraneus hujuscemodi fluxus et refluxus ordinata quadam et indeficiente ~ate sibi appropriaverit GIR. *TH* II 3; tota se olfactus sui ~ate ac subtilitate prebebit J. FORD *Serm.* 77. 6; homines .. primi temporis habuerunt multam memorie ~atem GROS. *Cess. Leg.* I 7. 2; quia ungues ex cordis fumositatibus generantur, cordis ipsius ~as vel mortificacio in eis apertissime pronosticatur J. MIRFIELD *Brev.* 60.

vivaciter [LL]

1 in a lively or spirited manner, vigorously (also transf.).

virga Aaron .. quae postquam ad tempus per mortem visa est esse succisa illucescente mane resurrectionis ~ius refloruisse inventa est BEDE *Tab.* 404B; revelatione sancti Johannis apostoli, quam isdem Tychonius et ~iter intellexit et veridice satisque catholice disseruit *Id. Apoc.* 132D; se regat, atque suae carnis vivaciter actus, / ut regina potens, legibus aethereis ALCUIN *Carm.* 85. 25; Theophilus .. quo designatur omnis studiosus et intelligens .. ad quem sermo Dei jure dirigitur et a quo idem ~iter percipitur ORD. VIT. II 1 p. 194; ad destruendam vocem amici versipellis et malitiosi nihil .. ~ius poterit opponi quam omnimoda perfectio illa sanctitatis .. Salvatoris tui AD. SCOT *QEC* 841B; ipsum a manibus improborum opprimentium ~iter eripuit *Itin. Ric.* VI 22 p. 418; ~ius erudit vox viva ingrediens per auditum quam mortua subintrans per visum GROS. *Hexaem. proem.* 2; igitur, pater ac frater, per amiciciam vigilate et ~iter procurate ne somnio vecordie intretis in tentacionem AMUND. I 79.

2 in a manner belonging to or resembling life.

sed membra plena ~iter in articulis motabilia requiescebant *V. Cuthb.* IV 14; caritatem .. in morte sua ~iter tenuit, qui fratrem et conlatronem .. et de iniquitate sua arguit, et ei vitam quam cognoverat praedicavit BEDE *Luke* 618D; sanguis et aqua testimonium illi dederunt quod de latere mortui ~iter effluxerunt, quod erat contra naturam corporum *Id. Ep. Cath.* 114C; mundana locutio, mundana visio et quelibet res mundana me reperit mortuum sed quod ad Christum pertinet video et audio ac operor ~iter [ME: *ine cwicnesse*] *AncrR* 136.

vivagium v. fiantia.

vivalis [CL vivus+-alis], of or relating to life, or *f. l.*

omni .. ~i [v. l. vitali] vigore velut exanimis evanuit FELIX *Guthl.* 50 p. 160.

vivare [CL vivus+-are], to bring to life, animate, or *f. l.*

vel si aliquam [sc. potentiam] habebit sine medio, cum illa non sit, apparet quod illa non ~at [v. l. vivet; ? l. juvet] Socratem ad movendum super A spacium KILVINGTON *Soph.* 29e; eadem potencia non sufficeret ad movendum super A spacium nisi ulterius intendatur vel ~etur [v. l. vivaretur; ? l. juvetur] *Ib.* 29i.

vivaria v. vivarium.

vivarium [CL], **~ia**, **~ius**, place where living creatures are kept: **a** enclosure for game, park. **b** fish-pond, stew. **c** (fig.) breeding-place.

a a**1195** x acris infra parcam, et iij acris infra fossatum veteris ~ii *Feod. Durh.* 177n; c**1227** in excambium pratorum suorum de W. per ~ium meum de D. occupatorum *Ch. Chester* 407; **1260** dama illa .. extracta fuit a ~io regis de Wodestok' *Cl* 319; **1392** in quodam ~io ipsius Drogonis felonice interfecit et murdravit predictum Drogonem magistrum suum cum uno baculo *SelCCoron* 48; qui per ~ia regia illi [sc. hippelapho] praeficiebatur, singulis annis serra dissecabat cornua CAIUS *Anim.* f. 11. **b** bifarius, piscina *GlC* B 112; **10..** bisarius, *fiscwelle WW*; unus parcus ibi est bestiarum silvaticarum et unum ~ium piscium *DB* I 135va; **1192** in piscariis et ~iis *Regesta Scot.* 302; **1230** in bayis †vinarii [l. vivarii] de Kenilwurth reparandis v m. et dim. *Pipe* 203; **1272** rex mittit piscatores suos ad ~ios manerii de C. ad capiendos pisces in eisdem ~iis ad opus regis *Cl* 524; c**1393** quod ipsi petram, meremium, et alia necessaria ultra caput stagni ~ie nostre predicte per batellum vel alio modo cariare possint pro opere supradicto *Mem. York* I 145; hic [*sic*] †virarium [l. vivarium], *a vever WW*. **c** Tersite similes producit curia multos / .. / quos Venus in thalamis, castraque Martis habent, / quos etiam mittunt vivaria rupta virorum, / cum Venus impellit, cumve Laverna trahit J. SAL. *Enth. Phil.* 1751.

1 vivarius v. 1 vicarius.

2 vivarius v. vinarius.

3 vivarius v. vivarium.

4 vivarius [CL vivus+-arius, cf. CL vivarium], (in gl.) warrener.

warreyner, vivarius, -i LEVINS *Manip.* 80.

vivax [CL]

1 tenacious of life, (also) long-lived.

tandem .. pessime senex, ~acem animam effudisti W. MALM. *GP* I 17; ante diluvium solis fructibus terre vescebantur homines et fortiores et majores et ~aciores erant quam modo sunt cum carnibus vescantur ANDR. S. VICT. *Hept.* 52; perpetuam sui memoriam et quasi ~acem quandam presentiam sunt inde sortiti GIR. *TH* III 2; si fetus in eo [sc. septimo] mense educatur, salubre est quia per naturalem fortitudinem atque matricis confortationem emittitur, unde ~ax est et salubre *Quaest. Salern.* B 118.

2 living, alive (also in transf. context). **b** (as sb.) living thing.

sanguinem de mortua carne ~aci rivo profluere, quia contra naturam nostrorum est corporum, signi loco factum credere restat BEDE *Apoc.* 948D; sal .. ~acibus licet glebis immixtum non fetare semina frugum sed extinguere solet *Id. Luke* 519B; flumina doctrinae fundens e pectore puro, / e quibus intente vivacia prata rigavit ALCUIN *SS Ebor* 1088; spiritus est anima, in membris jam totus ubique / quippe suis vivax, factus amare Deum *Id. Carm.* 85. 34; siquidem in somno illo sicut placidissimo, sic ~acissimo ac vigilantissimo mors quidem illa est culpe J. FORD *Serm.* 105. 5; [Christus] probrose mortis extivus / subit ut sim vivacior J. HOWD. *Cyth.* 27. 12. **b** hi sunt qui .. phisicos et genelliacos de fatis presidentium consulunt, librant humores et quasi in statera appendunt elementa ~acium J. SAL. *Pol.* 681C.

3 lively, vigorous, spirited (also transf.).

porro Caeciliae vivacem condere laudem / quae valeat digne metrorum pagina versu? ALDH. *VirgV* 1710; cum .. adulescens animi ~acis diligenter his quae inspiciebat discendis operam daret BEDE *HE* V 19 p. 323; longus [accipiter] namque caput vivaci lumine vernat L. DURH. *Dial.* II 157; item a scio scitus .. i. ~ax vel sapiens OSB. GLOUC. *Deriv.* 528; Johannes Oldecastel et quidam alii cum armata manu et architenentibus ~acibus et expertis *Chr. S. Alb. (1406–20)* 60; ?**1460** in alienis negociis velox nec ~ax erit qui in propriis causis piger existit *Paston Let.* 610.

4 that brings life or vivifies.

cujus merita ~acia testatur etiam mortua caro, quae post xvj annos sepulturae cum veste qua involuta est incorrupta repperitur BEDE *Chr.* 529; meritis .. ~acibus et orationibus pro me ad Dominum pie oblatis ORD. VIT. II 5 p. 299.

vive [CL], vigorously, energetically.

adversus regem ~e et constantissime rebellavit *G. Steph.* 42; dum .. rex cum suis tam ~e tam valide in capiendo castello desudaret *Ib.* 89; vivo, -is .. inde vivus, -a, -um, unde ~e adverbium OSB. GLOUC. *Deriv.* 596.

vivens v. et. virtus.

†viventorum, *f. l.*

excludo etiam in his omnem motum violentum qui sonum facere debeat, ut tonitruum, quod fit †viventorum [l. vi ventorum] ODINGTON 46.

vivere [CL]

1 to be alive, live, have life (also transf. or fig.); **b** (w. internal acc. or sim.); **c** (~*e*, ~*at*, in acclamation or sim.). **d** (pr. ppl. as sb.) living being. **e** (inf. as sb.) life.

surrex si ceciderit in liquorem tollatur inde .. et sumatur si ~ens sit; si vero mortua, omnis liquor projiciatur foras THEOD. *Pen.* I 7. 8; scio .. quia non multo tempore victurus est rex BEDE *HE* III 14; miserere Christe, ut anima mea vivat in te ALCUIN *Carm.* 85. 3. 6; septenas vixi decadas novus hospes in orbe *Ib.* 113. 21; et foveat semper quos ~ens semper amavit BONIF. *Carm.* 7. 35; abba jussit deponi frustum, et nemini hoc indicare viventi WULF. *Æthelwold* 14; fuit liberatum Rogero ~ente eo *DB* II 173b; sicut videmus istos dies in quibus ~imus ANSELM (*CurD* I 18) II 77; reddant Deo decimas utriusque in ~ente captali et in ornotinis frugibus terre (*Quad.*) *GAS* 147; ea prorsus excluditur vita qua arbores ~unt et pecora AILR. *An.* I 11; quia malo mori castus quam ~ere adulter GIR. *GE* II 11 p. 217 (=GIR. *PI* I 20 p. 132); **1202** testatum fuit .. quod vixit fere per unum annum postquam vulnerata fuit *SelPlCrown* 12; nam dum amori moritur / vite predulci vivitur J. HOWD. *Cyth.* 11. 8; **1314** licet †viduat [l. vivat] per xv dies post vulneracionem *Eyre Kent* I 140; 'serva e duobus' scilicet illum 'quem Danai', id est Greci, 'timent': iste autem est Hector vivens in filio TREVET *Troades* 49; **1444** lego Johanni Brompton .. xl marcas si vixerit ad etatem xvj annorum *Test. Ebor.* II 103. **b** quicquid ~o, sentio, discerno, gratulanter impendo BEDE *Luke* 321C; fratres dulcissimi, totum quod sum, totum quod ~o, totum quod scio et sentio, vestris profectibus offero, vestre devoveo utilitati (AILR. *Serm.*) *CC cont. med.* IID 131; denique totum quod ~o temptatio michi est BALD. CANT. *Serm.* 17. 16. 503C. **c** c**748** ~ete felicibus finem clausuri calcibus *Ep. Bonif.* 81; **796** ~e et vale feliciter in aeternum ALCUIN *Ep.* 98; dicque 'valeto, pater Samuhel', dic 'vive sacerdos' *Id. Carm.* 4. 32; ~at, clamitant, episcopus annis innumeris! OSB. *V. Elph.* 127; rex in eternum ~e ANDR. S. VICT. *Dan.* 21. **d** primus viventum perdebam foedera juris ALDH. *Aen.* 63 (*Corbus*) 4; **1346** benedicere debemus Deum celi et coram omnibus ~entibus merito confiteri quia fecit nobiscum misericordiam suam (*Lit. regis*) AVESB. f. 106. **e** **1044** in suo ~ere .. semper istum exenium obtineat, et post se .. cui voluerit tradat *CD* 770; quando [herbe] .. ab ea [sc. terra] avelluntur, tum virorem, tum incrementum, ipsumque etiam ~ere amittunt ADEL. *QN* 3; sicut es [Christe] nostrum vivere, / sic sis nostrum diligere / summumque desiderium J. HOWD. *Cyth.* 143. 1.

2 (theol.) to live, have life (esp. w. ref. to or dist. acc. world, conditions, or sim.). **b** (*terra ~entium* or sim.) the land of the living (*cf. e. g. Psalm.* xxvi 13). **c** (*liber ~entium*) the Book of Life (*cf. Apoc.* xx 12). **d** (*~ens Deus*, also *~ens* as sb.) the Living God (*cf. e. g. Matth.* xvi 16).

veni ad eum qui non vult peccatoris mortem, sed ut convertatur et ~at [cf. *Ezech.* xxxiii 11] GILDAS *EB* 29; qui temporaliter in carne ~ens paucos Judaeorum docuit BEDE *Mark* 143B; qui meritis caeli vivit in arce suis BONIF. *Carm.* 7. 8; vivere cum Christo perpes in arce poli ALCUIN *Carm.* 69. 20; de variis signis et de virtutibus illis / quae sacer hic precibus vivens in corpore gessit WULF. *Swith. pref.* 373; qui trinus et unus / vivit in aeternum, super omnia regna polorum *Ib.* I 657; spiritualiter .. in eterna requie ~ant cum Christo in quo mortui sunt ORD. VIT. X 20 p. 128; sanctus .. Brandanus interrogavit patrem abbatem de silentio et conversatione fratrum; quomodo .. in humana carne ~endo tam arctam vitam tenerent (*Brendanus* 33) *VSH* I 118; contra eundem Rogerum dum vixerat in humanis *Plusc.* IX 20. **b** **799** ut amplificetur tibi regnum in terra ~entium et non habeas spem in hac terra morientium, sed ubi vita est aeterna ALCUIN *Ep.* 185; **867** minuatur pars ejus de terra vibentium *CS* 516; in regione ~entium non videat bona Domini ORD. VIT. V 15 p. 426; hominis radices eminentissimam partem tenent, quia propositum hominis figi debet et stabiliri in terra ~entium NECKAM *NR* II 152; accusabo te apud dominum meum et insidiabitor tibi, donec tu deleris de terra ~entium *Latin Stories* 3. **c** gaudent .. justi, quia nomina eorum scripta sunt in caelo, delentur vero impii de libro ~entium BEDE *Apoc.* 175D; nomen meum meritis legencium conscribi faciat Altissimus in libro ~encium *Chr. Dale* 1; †**948** (13c) deleatur memoria ejus de libro ~encium *CS* 860; **1460** nunc in promptuario propter Jesum Christum deleantur de libro vertuose et unanimiter ~encium et amodo cum justis nequaquam conscribantur *Paston Let.* 610. **d** filii Dei ~entis [cf. *Os.* i 10] ALCUIN *WillP* 13; quod non est aliud quam summe ens, summe ~ens, et alia similiter ANSELM (*Mon.* 16) I 31; horrendum est incidere in manus Dei ~entis [cf. *Hebr.* x 31] W. MALM. *GR* I 61; **1251** sed numquid putabimus hominem .. amicorum carere solatio quem conciliat cum ~entis Dei Filio individuum vite consortium? AD. MARSH *Ep.* 28; **12..** extinguantur lucerne eorum ante ~entem in secula seculorum (*Forma Excommunicationis*) *Conc. Scot.* II 6.

3 (of non-material thing) to exist, be in existence, (also esp.) to be active or operative.

nomen eorum ~et in generationes et generationes BEDE *HE* V 8; **801** vivida caritatis virtus ~it in pectore ALCUIN *Ep.* 218; corpora sanctorum sunt hic in pace sepulta, / et vivunt eorum nomina in aeternum WULF. *Swith. pref.* 310; nec .. tacita in ejus pectore sine miraculis ~ebat religio, sed non paucis signis Deus viri gratiam exhibebat W. MALM. *GP* I 46; habentur hic .. Edburge ossa, celebranturque instanti reverentia, quod ibi frequentiori quam alias miraculorum ~it gloria *Ib.* IV 162; quamdiu ~unt in te vitia (AILR. *Serm.*) *CC cont. med.* IID 188; vivit enim ratio, que per se nota patescit, / aut per se notis semper adesse solet J. SAL. *Enth. Phil.* 1145.

4 to sustain one's life (by spec. means), live (on); **b** (w. ref. to making a living).

nullis eos cibis vesci sed per nares halitu tantummodo ~ere testantur *Lib. Monstr.* I 21; incole lac et butirum delitias habent; qui ditiores sunt carnibus ~unt, panem ordeitium et siligineum pro magno amplectuntur W. MALM. *GP* IV 172; c**1228** requisitus unde ~eret dum ibi ministravit, dicit quod aliquando de obvencionibus per visum Elie, aliquando de blado grangie episcopi *Feod. Durh.* 261; **1279** forestarii .. vixerunt et adhuc ~unt super patriam, et colligunt blada et garbas et alia; et faciunt tabernas contra cartam de libertatibus foreste *SelPlForest* cxxxix; quedam animalia ~unt de puris elementis, ut salamandra de solo igne et allec de sola aqua T. SUTTON *Gen. & Corrupt.* 174; **1326** quod .. in prisona regis ~eret in pane et aqua ad custagium ipsius Andree *Law Merch.* III 53; sancti ~ebant de lacte ejus [cervae] (*Ruadanus* 24) *VSH* II 250. **b** sub regula et abbate canonico in magna continentia et sinceritate proprio labore manuum ~ant BEDE *HE* IV 4; juvenis .. qui arte pelletaria instructus labore manuum suarum ~ebat ALEX. CANT. *Mir.* 22 (II) p. 200; Danorum .. gens, assueta ~ere rapto W. MALM. *GP* V 256; **1306** ~unt per naves et mercandisas suas in villa predicta *RParl* I 193b.

5 to spend or pass one's life (in a place or sim.).

ignibus in mediis vivens non sentio flammas ALDH. *Aen.* 15 (*Salamandra*) 1; c**720** sive in patrio solo ~ere vel in peregrinatione exulare *Ep. Bonif.* 14; qui Sutrie vivens maledictus papa fuisti ORD. VIT. X 1 p. 3; ~ebat .. inter monachos suos in sua peregrinacione in suo monasterio Raithin (*Carthagus* 20) *VSH* I 178.

6 to spend, pass, or conduct one's life, live (in spec. condition or manner); **b** (w. spec. purpose or sim.). **c** (w. internal acc.) to live (spec. form of life or sim.).

dum ita eosdem statu prospero ~entes egregios luxerat GILDAS *EB* 1; vovit .. votum quia adeo peregrinus ~ere vellet ut numquam in insulam in qua natus est .. rediret BEDE *HE* III 27; a primaevis rudimenti sui diebus in puellari verecundia ~ere studebat FELIX *Guthl.* 3; **1075** in memoria vestra semper tenete qualiter gloriosus pater vester vixit LANFR. *Ep.* 39 (31); dum virgo ~eret R. SHREWSB. 2. 9; inclusit ancillas Christi solitarie victuras *Canon. G. Sempr.* f. 47; **1448** dicunt .. jurati quod Johanna Begister *of Bocardo* .. fovit male ~entes in domo sua *MunAcOx* 581; **1454** necessaria utiliter duximus statuenda ut .. canonici residentes, charitatis vinculo colligati, sub omni quiete †uniant [l. vivant] et ipsius ecclesie honor et status quotidie augmentetur *Conc.* III 571. **b** non ut corporaliter interficiantur, sed mortui vitiis ~ant Deo GILDAS *EB* 65; non sibi quis vivat, Christo sed vivat ubique ALCUIN *Carm.* 62. 41; dum Christo ~ant, quem confessi sunt! ORD. VIT. XI 26 p. 258; illa [sc. jumenta] .. ad quod creata sunt ~unt et jura nature non pervertunt AILR. *Serm.* 28. 29; ~ere .. Deo, et habere Deum in se GROS. *Gal.* 67. **c** c**801** angelicam vitam ~it in terris qui pacifica caritate et sancta dilectione vivere inter homines studet ALCUIN *Ep.* 219; vir Deo voluntarie deditus inter regni negotia ~ebat angelum W. MALM. *GR* II 220; barbari, qui adhuc veri Dei nescii bachanalia ~ebant *Id. GP* III 100 p. 215; sic tamen hic [homo] in carne gemens .. / in mundo positus, vivit ubique Deum. / vivit eum quem semper habet, quem semper amandum / prudens elegit L. DURH. *Dial.* IV 284; Thomas .. deposito cancellario, antistitem ~ens in Spiritus .. vehementia H. BOS. *Thom.* III 6; Christus cum suis apostolis vixit vitam pauperrimam WYCL. *Compl.* 92.

7 (pr. ppl. as adj.): **a** (of water) freshly or constantly flowing, (in quot. understood as) life-giving. **b** (*sabulum ~ens* or sim.) quicksand.

a aquae .. ~entes solent appellari quae de vena fontana aeternaliter manant, ad distinctionem nimirum illarum quae .. copia pluviarum in cisternis colliguntur aut stagnis BEDE *Cant.* 1149A; aditum .. in se aquis ~entibus, id est donis caelestibus, per venas occultae inspirationis sedula sui permundatione faciant *Ib.* 1150A; anima Deum per pium desiderium querens properansque in siti sua ad venam aquarum ~entium J. FORD *Serm.* 65. 4. **b** sabuli ~entis voragines illaqueatus incurrit R. COLD. *Godr.* 340.

viverra [CL], ferret.

p**1549** scribere cur cess[am miseri de funere Gressham?] / qui longe in terra viv[ebat quasi viverra] (*Epitaph.*) *Guildhall Miscellany* II 390; quem [sc. cuniculum] tamen non venamur nisi casse et ~a CAIUS *Can.* f. 2; sunt .. quos terrarios vocamus, quod subeant terrae cuniculos, more ~arum in venatu cuniculorum, et ita terrent mordentque vulpem atque taxum *Ib.*

vivevocis v. vox.

vivibilis [CL viver+-bilis], capable of living.

anima est in corpore .. si totaliter forinsecus, non esset ~is vel vegetabilis intra J. BLUND *An.* 301.

vivicare v. vivificare. **vivicus** v. vivificus.

vividus [CL]

1 of or pertaining to life. **b** alive, living, (esp.) full of life. **c** that brings life or vivifies, life-giving.

sunt .. in India beluae quas aeternas ob ~am virtutem vocant *Lib. Monstr.* I 12; quamlibet vitalem ac ~um spiritum trahant J. FORD *Serm.* 21. 7. **b** ecclesiam gemino qui postquam sedulus anno / pontificis de jure regit verbique fluentis / vivida prata rigat BEDE *CuthbV* 682; fac tetra florea, que marcent vivida WALT. WIMB. *Carm.* 74. **c** vivida quique mei projecit foedera juris, / mentis ejus non ingredior habitacula demum BONIF. *Aen.* (*Virginitas*) 176; vi mortis tue vivide, / summe Deus clemencie, / calcato Tartaro pede, / hostem vicisti strenue LEDREDE *Carm.* 43. 21.

2 vigorous, lively, spirited (in nature or action); **b** (transf.).

801 corpore .. propemodum emortuo, ~a caritatis virtus vivit in pectore ALCUIN *Ep.* 218; Yvo gloriosus soporato astitit, statura procera, facie candida, specie ~a GOSC. *V. Iv.* 85A; sonipedem insiliens, omnesque circumstantes ~o perstringens oculo, 'quis,' inquit, 'me dejecit?' W. MALM. *GR* IV 309; ~e tonitruum vocis edis capacitas et turbe multiplicitas ingeminant: '.. Anselme .. ubi es?' *Id. GP* I 53; sic ~e rationis confectio artificiosa proficiat ut nulla religio quod miscet abhominari audeat, nisi qui rationis expers est J. SAL. *Pol.* 672C; pastor ~us ac validus GIR. *Invect.* II 4; scribo puerulis, quorum sunt vivide / etate facies sed luctu livide WALT. WIMB. *Palpo* 174. **b** illa [sc. dogmata philosophorum] cum creverint nihil mordax nihil ~um nihil vitale demonstrant BEDE *Mark* 173B; rex, diligentius inspecto quid ~a epistolarum ratio, quid divinorum munerum .. ammoneret largitio, investituram anuli et baculi indulsit in perpetuum W. MALM. *GR* V 417; plane totius conversationis nostre pagina muta erit et indecora .. nisi ~o pudoris hujus fuerit animata colore J. FORD *Serm.* 4. 4; quo de gutture suo dignas ipso laudationes depromat, jucunditate fervidas et intelligentia ~as *Ib.* 88. 8; donec de imagine principali ac vera vera nihilominus et ~a egrediatur imago *Ib.* 103. 8; [mors] non timet menia, non horret opidum, / nec multas litteras nec sensum vividum WALT. WIMB. *Sim.* 115; felix qui verba vivida conservabit / ut a maculosis his corde recedat J. HOWD. *Cant.* 25.

3 alight, burning.

Franci .. faces oleagino suco ~as in turrim .. jecerunt W. MALM. *GR* IV 369.

vivificare [LL]

1 to give life to, bring to life (also transf. or fig.); **b** (alch.). **c** to allow to live.

praecepto obediens, per ter depotavi eum, quem sine mora .. ~atum atque antiquae sanitati redditum aspexi *V. Cuthb.* IV 7; sol in medio planetarum positus totum mundum spiritus instar calefacere et quasi ~are videtur BEDE *TR* 8; **747** [Christus] cuncta Patris imperio ac pariter Sancti Spiritus gratia ~ante disponit *CS* 174; cum .. quedam corpora sint que numquam ab anima ~antur ADEL. *QN* 43; si Rodbertus filius meus mortuus esset .. meoque sanguine ~ari posset, cruorem meum pro illo effunderem ORD. VIT. V 10 p. 382; Prometheus hominem de limo terre formavit, cui ignem a rota solis raptum inspirando ~avit *Natura Deorum* 5; tertio mense .. collum et caput completur, quarto cor et epar, et cum formantur, anima corpus ingreditur illud, et ~atur, et naturaliter movetur *Quaest. Salern.* B 194; sperabam quod refloruisset crux Christi et quasi sanguine ejus iterum irrigata et ~ata fructum salutis et gratie faceret tempestivum P. BLOIS *Opusc.* 1064B; non .. nego quin per diversum casum lucis ad diversos angulos nunc manifestentur magis colores illi, nunc magis occultentur, nunc clarificentur et ~entur, nunc obscurentur et debilitentur BACON *Persp.* III 1. 5; et in Spiritum Sanctum, dominum †vivicantem [l. vivificantem], qui ex Patre Filioque procedit RISH. 81; teste Ptolemaeo in prologo Almagesti: non fuit, inquit, mortuus qui scientiam ~avit R. BURY *Phil.* 1. 21; aliquando causant mortificacionem membri .. et ideo post apponantur calida ~ancia, sicut folia ebuli cocta in vino GAD. 38. 1; cum justicia fidei vi vivificatur ELMH. *Metr. Hen. V* 41. **b** seipsum mortificat, seipsum ~at, seipsum denigrat, seipsum dealbat *Spec. Alch.* 383. **c** obstetrices sunt quas .. 'ventrerias' dicimus. quarum duabus .. Pharao injunxit ut interemptis Hebreorum masculis feminas ~arent ANDR. S. VICT. *Hept.* 97.

2 (leg.) to revive.

[homagium] relevatur et ~at in persona alterius domini superioris BRACTON f. 80b.

vivificatio [LL], (act of) imparting life, bringing to life (also transf. or fig.).

de hac mortificatione carnis et ~one spiritus quam habent hi qui pro domino per patientiam laborant BEDE *Ep. Cath.* 58A; Filius quos vult vivificat, et Pater quos vult vivificat .. ac per hoc eadem Patris et Filii .. vita et ~o mortuorum ALCUIN *Exeg.* 810D; non .. istud levius accipiendum est, suprascripta mortuorum ~one ORD. VIT. VI 9 p. 82; ad hujus frigiditatis repressionem et humoris per calorem dissoluti ~onem, spermatis calidissimi infusio est necessaria *Quaest. Salern.* B 12; reliquum [sanguinis] .. a sinistro thalamo ejusdem duce arteria ad totius corporis ~onem emittitur ALF. ANGL. *Cor* 5. 4; immo ab una sola anima est ~o totius corporis J. BLUND *An.* 358; istud diluvium est moriencium / vivificacio sive remedium WALT. WIMB. *Carm.* 176; in eodem .. loco describitur tempus ~onis et completionis sexus muliebris BART. ANGL. VI 3; ~o sapientie, que mortua jam a multis temporibus jacuit, me valde instigabat BACON *Tert.* 17; ad ~onem virtutis et ad subtilitatem materie grosse et ad ejus digestionem et consumpcionem aliqualem GAD. 13v. 1.

vivificativus [LL vivificatus *p. ppl. of* vivificare +-ivus], that gives life (to), brings to life, or makes alive, life-giving.

item [caliditas] accidentaliter est ~a, quia per caliditatem prestantem motum cordi in spiritibus fit spirituum in corpore restauracio et nutrimenti membrorum fit competens administracio et sic per consequens corpus regitur et vivificatur BART. ANGL. IV 1; calor .. ejus [sc. vini] ~us est caloris naturalis et humiditatis acceptabilis in digestione utilis GILB. II 104v. 1; ubi et Theophilus in Glossa similiter allegatus gratiam Spiritus Sancti dixit aquam vivam, id est ~am, refrigerativam, et motivam BRADW. *CD* 388D; tria genera peccatorum clamant ad Deum: primum injustum homicidium .. primum peccatum contradicit potencie ~e WYCL. *Trin.* 49; hoc .. dico non auferens corporis naturam, sed ~um [v. l. vivificum] hoc et divinum ostendere volens (TYSS.) *Ziz.* 141; ut corpus vitae quasi quoddam semen ~um inveniatur in nobis GARDINER *CC* 503.

vivificator [LL], one who imparts life, life-giver.

qui de peccatorum suorum languore turbati salvatoris ac ~oris magisterium jam sequi coeperunt BEDE *Hom.* I 21. 253D; investigari .. nullatenus potest quomodo corporatur Verbum, quomodo summus et ~or Spiritus intra uterum matris animatur *Id. Mark* 137C; per mortem sui ~oris ecclesia facta est (*Lit. Ceolfridi*) *Id. HE* V 21 p. 343; a sepulcro mulier viris annuntiavit vitam, et dicta sui ~oris narrat, quae mortiferi serpentis verba narraverat ALCUIN *Exeg.* 992A; sic, sic, Domine Deus, plasmator et ~or meus, per diversos gradus michi dona tua gratuito dedisti ORD. VIT. XIII 45 p. 136; ?**1243** in tradenda animarum cura toti timore concutimur ne forte pro ~oribus eas occisoribus exponamus GROS. *Ep.* 87; **1257** numquid licet in eventum quemcunque aliquatenus intrudere pro pastore devoratorem, pro dispensatore dissipatorem, pro ~ore mortificatorem, pro sanctificatore profanatorem? AD. MARSH *Ep.* 247. 17.

vivificatrix [LL], one (f.) who imparts life, life-giver.

mare aeneum cujus unda ~ice cuncti ecclesiam intraturi baptizentur BEDE *Luke* 584D; coagulationem carnis in utero matris conjunctam ~ice potentia, ut vivum nasceretur animal rationale atque mortale ALCUIN *Dogm.* 248B; tu mea salvatrix, tu spes, tu vivificatrix R. CANT. *Malch.* III 470; nisi adsit gratia, illustratrix, creatrix, ~ixque virtutum J. SAL. *Pol.* 657D; ponentes ipsam solam ~icem carnem Verbo unitam NETTER *DAF* II f. 111rb A; Ephesinum concilium .. in quo confessio de carne Christi edita est, etiam vere ~icem esse GARDINER *CC* 501.

vivifice [LL], in a life-giving way.

angeli dicuntur quidam vitales spiritus quia Deo ~e serviunt J. FOXTON *Cosm.* 89. 3.

vivificus [LL], that gives life, brings to life, or makes alive, life-giving (also transf. or fig.).

mysterium ~ae crucis BEDE *HE* II 12; diversis modis leguntur †vivica [l. vivifica] sanctorum pignora GOSC. *Wulsin* 9; remansit cum infirma ~us et sanitatis largitor spiritus W. MALM. *GP* V 273; ~us est cum de sepulcro mortuum vocat et dicit: 'Lazare, veni foras' BALD. CANT. *Serm.* 18. 6. 452D; cordis .. calore ~o totum animari corpus et sensus edocet ALF. ANGL. *Cor* 16. 6; secundus Adam, pro generis humani salute, ~a morte sopitus M. PAR. *Maj.* I 2; in terrestribus vero sit anima plus regens corpus et plus assumpserit ~e virtutis GROS. *Hexaem.* VI 9; statim ossa illa arida carnem et pellem induunt, ac spiritum ~um assumunt (*Mochua* 10) *VSH* II 188; **1429** processiones in quibus ipsum †vinificum [l. vivificum] sacramentum .. deferetur *Reg. Brechin* I 44.

†vivitas, *f. l.*

ad †vivitatem [l. civitatem] Parisiensem S. SIM. *Itin.* 48.

1 vivus v. vinum.

2 vivus [CL]

1 alive, living (also fig. or in fig. context). **b** (as sb.) living person or thing, (pl.) the living. **c** (*terra ~orum* or *regio ~orum*) the land of the living (*cf. e. g. Psalm.* xxvi 13).

animalia quae a lupis seu canibus lacerantur non sunt comedenda .. nisi forte ab homine adhuc ~a occidentur prius THEOD. *Pen.* II 11. 1; gorgones .. quarum unam Perseus .. interfecit, quae, absciso capite, suos oculos ita vertisse fertur ut ~a *Lib. Monstr.* I 38; pereunte populi Babylonis affluentia, in quo nihil ~um nihil viride quod igni aptum non sit remanebit BEDE *Apoc.* 180D; **736** ita ut quamdiu vixerit potestatem habeat tenendi ac possidendi cuicumque voluerit vel eo ~o vel certe post obitum suum relinquendi *CS* 154; die quo rex E. fuit ~us et mortuus *DB* I 45rb; dici potest ~a fides credere in id in quod credi debet, mortua vero fides credere tantum id quod credi debet ANSELM (*Mon.* 78) I 85; desicut ~us est et in plena sanitate *PlCrGlouc* 10; **1279** pro uno columbello †visio [l. vivo] *Hund.* II 719a; predictus abbas, quem monachi de Rupe asserebant mortuum fuisse .. ~us fuit *State Tri. Ed. I* 4; **1301** ad ducendum ipsum Johannem ad curiam domini Radulphi Porthors ~um vel mortuum *SelCCoron* 58. **b** pestifera .. lues .. tantam .. multitudinem .. sternit, quantam ne possint ~i humare GILDAS *EB* 22; ut ne sepeliendis quidem mortuis ~i sufficerent BEDE *HE* I 14; vj capellas cum omni consuetudine ~orum et mortuorum *DB* I 42r; nullus inde fetor ~orum naribus effundi moleste poterat ORD. VIT. III 5 p. 74; si omne ~um omni non ~o lege nature preponitur *Ps.*-GROS. *Summa* 365; quia non ~um non est perfectius ~o secundum eum OCKHAM *Sent.* V 89. **c** ac si undis quassati unam veluti post naufragium, in qua ad ~orum terram evadatis, paenitentiae tabulam toto animi nisu exquirite GILDAS *EB* 110; **901** (12c) augeat Deus bona sua in regione ~orum *CS* 595; fructum .. illum uberrimum quem vinea germinat caritatis in regno Dei in regione ~orum J. FORD *Serm.* 37. 7.

2 (*Deus ~us*) the Living God (*cf. e. g. Matth.* xvi 16).

populum Dei .. admonuit orare .. ut Christus filius Dei ~i dignaretur ostendere an verum corpus ejus esset .. sacrosanctum sacrificium *V. Greg.* p. 93; te, pater alme, meum cor, te caro quaerit ubique, / tuque Deus vivus gaudia magna mihi ALCUIN *Carm.* 99. 7. 4; similes vos estis Golie superbo, qui imperavit Deo ~o adversus sanctum David *Eul. Hist.* I 106; ut benediceret in nomine Dei ~i illum fluvium (*Albeus* 36) *VSH* I 60.

3 (of part of body) living, (in quot. as sb. n.) the quick.

ego bonum non ita ad ~um reseco ut quidam qui neminem volunt esse bonum, nisi eum cui ad perfectionem nihil desit AILR. *Spir. Amicit.* II 43. 675B; sarculus noster acutior nimis usque ad ~um secet J. FORD *Serm.* 117. 5; medicus, calibata .. manu putrida separans et ad ~um resecans GIR. *SD* 24.

4 (of rock or other natural substance) that is in its native situation or condition (esp. as bare, exposed, or untreated); **b** (of sulphur found in a sufficiently pure form not to require refining before use).

humus nimia esset in loco muri congesta quae prius esset exportanda ut sic fundamenta muri in ~a terra possent imponi BEDE *Ezra* 897C; murus .. de foris altior longitudine stantis hominis. nam intrinsecus ~am cedendo rupem, multo illum fecit altiorem *Id. CuthbP* 17; in meridionali .. Britannie parte .. sunt fontes plurimi ~is e saxis erumpentes GIR. *TH* II 7; venimus civitatem .. Parysiensem .. bene murata lapidibus ~is et sectis, turribus altis ac bellicis decentiis egregie munita S. SIM. *Itin.* 7. **b** est etiam sulphur aliud ~um, sicut accipitur de terra, aliud non vivum, aliud citrinum, aliud rubeum, aliud etiam nigrum *Ps.*-GROS. *Summa* 639; sulfur, aliud ~um, aliud extinctum *SB* 41.

5 (of expression) spoken aloud, delivered live (esp. w. emph. on speaker as present in person), (esp. in phr. *~a vox* or sim.) oral statement, word of mouth (*v. et. vox* 1d).

in provincia Lindissi quae sint gesta .. vel litteris reverentissimi antistitis Cynibercti vel aliorum fidelium virorum ~a voce didicimus BEDE *HE pref.*; licet .. domino pape de jure ecclesie Sancti Martini de Bello .. satis constiterit, tum ex clerici cujusdam .. ~a assertione, tum ex domini Cantuariensis archiepiscopi .. testimonio .. scripto *Chr. Battle* f. 90v; **1200** producit sectam ~arum vocum et, si hoc non ei sufficit, ponit se in magnam assisam *CurR* I 188; vox ~a magnam habet virtutem; non quia habeat illam potestatem quam magici fingunt .. sed .. secundum quod natura ordinavit BACON *NM* 531; **1450** de mandato regis oraculo ~e vocis dato *ExchScot* 370.

6 (of right, tenure, or sim.) live, operative.

p1250 communitas .. implorat .. quod laboratores, quibus milicie jure hereditario succedunt, cum non possunt ipsas tenere ~as, quod possint illas possidere cum aliis rectis que vobis reddunt, similiter et milites .. terre et casalia laboratoria, quibus talia jure hereditario succedunt, possint eis uti non ~is, cum consuetis rectis que vobis reddunt, et vocamus in wlgari nostro casalia non ~a et milicias non ~as in *lauces*, ubi non habeant focum vivum *V. Montf. app.* 304.

7 (of representation) true to life or reality, lifelike (also transf.).

nam et pictura Graece ζωγραφία, id est, ~a scriptura, vocatur BEDE *Templ.* 791A; pro ~a magne industrie spetie W. MALM. *GR* V 433; servatur ibi .. baculus ejus et quedam alia pontificis insignia, mediocritatis et humilitatis ejus ~um .. simulacrum preferentia *Id. GP* II 81; ubi ad hanc diem situm, [altare] ~um, ut ita dicam, sanctitatis Aldelmi prebet inditium *Ib.* V 222; Cato, virtutum ~a ymago BACON *Mor. Phil.* 180; non est ita ~us color sicut apparet *Id. MS* 54.

8 live with fire or flame, alight, burning.

altare illud sacrosanctum .. ~is carbonibus internae caritatis plenissimum BEDE *Tab.* 456A; ut caritas nihilominus ~a sit flammea et aromatica et supernis digna altaribus J. FORD *Serm.* 12. 1; **p1250** non habeant focum ~um *V. Montf. app.* 305; totus ignis in eadem domo fuit extinctus, adeo ut nec scintilla ejus ~a remaneret (*Boecius* 19) *VSH* I 93; pone totum in olla terrea .. et ponantur subtus carbones ~i, et semper agitetur materia .. quousque pulvis omni humiditate privetur RIPLEY 207.

9 (of water or source of water) constantly or freshly flowing.

lacubus frigidum aquae torrentem ~ae exundantibus GILDAS *EB* 3; vos fontes vivi, paradisi et flumina sacra ALCUIN *Carm.* 10. 6; ortus conclusus, semper conclusus et ortus, / vivarum puteus, fons et signatus aquarum WULF. *Brev.* 121; ne pereat ad fontem ~am anima siccitate ANSELM (*Or.* 12) III 49; invenietis ibi fontem aque ~e et herbas multas (*Brendanus* 45) *VSH* I 123.

10 vigorous, lively, spirited (in nature or action, also fig. or in fig. context).

propter tarditatem .. sensus et madidam piscium memoriam, ne cui videretur illam eorum animam nihil penitus ~um habere, 'anime', inquit, 'reptilia viventis' [cf. *Gen.* i 20] ANDR. S. VICT. *Hept.* 18; omnia videt oculus tuus ~us et efficax, et pertingens usque ad divisionem anime et spiritus AILR. *OP* 5; ipse est gladius de quo dicit apostolus: '~us est sermo Dei et efficax et penetrabilior omni gladio ancipiti' [cf. *Hebr.* iv 12] *Id. Serm.* 35. 11; quotiens impigrum ~i ingenii acumen ad commune nobis commodum aliquid utilitatis enodare desudat OSB. GLOUC. *Deriv.* 247; ~us est ergo hic sermo in corde Patris; ~us in ore predicantis; ~us in corde credentis et amantis BALD. CANT. *Serm.* 18. 6. 453A.

11 a (*calx ~a*) quicklime. **b** (*argentum ~um*) quicksilver. **c** (*sabulum ~um*) quicksand.

a 'si laveris te nitro ..' crepitat autem in aqua quo modo calx ~a BEDE *Prov.* 1014C; calcem ~am ferunt occultum continere ignem, etsi tactu sit frigida NECKAM *NR* II 51. **b** **10..** argentum ~um, *cwicseolfor WW*; **1159** pro ~o argento iiij s. *Pipe* 2; baculi .. velut argentum ~um montem interpositum perforantes (*Fechinus* 14) *VSH* II 81. **c** dum .. nuper ab Hibernia navigarem, navis mea in sabulum incidit ~um BEN. PET. *Mir. Thom.* IV 42; **s1216** multi .. submersi sunt in aquis marinis et in ~o sabulone ibidem absorpti COGGESH. *Chr.* f. 116b.

vix [CL]

1 with difficulty.

s871 extendentes reges gladios vix sedaverunt populum bellicantem S. DURH. *HR* 73; angustiatus Judeus ex his vix obtinuit ut .. pecunie .. sibi medietas laxaretur EADMER *HN* p. 115; tanta cum levitate excitabatur ut vix crederes sonitum ab alio posse deprehendi *V. Chris. Marky.* 75.

2 hardly at all, scarcely, barely, only just; **b** (w. adj., adv., or sb.). **c** (*vix tandem*) eventually, after a long time. **d** hardly ever, rarely, seldom (in quot. in phr. *vix aut numquam* or sim.). **e** (*vix est ut*) it is hardly the case that, it rarely happens that.

repentina .. molestia tactus est, ita ut corruens in terram et aliquandiu pronus jacens vix tandem resurgeret BEDE *HE* IV 29; publicani .. vocantur qui vel publice sceleribus foedantur vel publicis inplicantur negotiis quae sine peccato aut †nix [l. vix] aut nullatenus valent administrari *Id. Hom.* I 21. 252C; nervi vix ossibus haerent ALCUIN *WillV* 31. 2; voce carens, membrisque stupens, in pectore tantum / frigida vix tenui duxit suspiria flatu *Id. SS Ebor* 620; vivere me terris vix vix sinit improba febris *Id. Carm.* 74. 1; ille solus videbitur simpliciter et perfecte et absolute esse, alia vero omnia fere non esse et vix esse ANSELM (*Mon.* 28) I 46; defunctis .. optimis regibus .. Franci et Angli diu luxerunt funus eorum, quia post illos vix adepti sunt dominos illis consimiles virtutibus et nectare morum ORD. VIT. IV 1 p. 162; beatus vir Ecgwinus, cujus actibus digne scribendis ipse vix sufficeret, si adesset, Homerus DOMINIC *V. Ecgwini* I *prol.* p. 78. **b** hic inter numeror sacras vix sola sorores BONIF. *Aen.* (*Humilitas Cristiana*) 132; ut tandem vix quinque sacrae in penetralibus aulae, / si praesens stares, aegros remanere videres WULF. *Swith.* I 1102; in factis vero non esse simplicem absolutamque essentiam, sed verae illius essentiae vix aliquam imitationem ANSELM (*Mon.* 31) I 50; propter quod .. disciplinam de eis tradere intemptatum et vix possibile BALSH. *AD rec. 2* 130; omnis etas, sexus, condicio cucurrit, vix anicula sub tecto remansit LUCIAN *Chester* 61. **c** qui aliquamdiu detenti vix tandem uno equo retento relaxati sunt ANSELM (*Ep.* 55) III 169; satellites a latere suo misit qui anulum extorquerent a Venere; illa, multum tergiversata, vix tandem reddidit W. MALM. *GR* II 205; talia .. mihi dudum proponenti .. vix tandem angulus unus, quasi ab aliis relictus, terrarum scilicet finis Hibernicus orbis occurrit GIR. *TH intr.* p. 6. **d** ?**1106** verum .. est quia, si monachus novitius in suo proposito fuerit tepidus, aut vix aut numquam in religione monachica erit fervidus ANSELM (*Ep.* 375) V 319; duces si quando ad concilium convenissent .. vix aut numquam in bonam sententiam convenire W. MALM. *GR* II 165; raro .. aut vix quem reciperet absque quolibet munusculo a se recedere permittebat ORD. VIT. VI 9 p. 78; qualis linea quali linee vix aut nunquam commensuratur BALSH. *AD rec. 2* 158; si .. aliquis ex pura malicia sine causa peccaverit et postea desperacionem inciderit, vix aut numquam ei remittetur *G. Roman.* 389. **e** quoniam vix est ut virtus clausa celari, ut animositatis ardor extingui, ut probitatis scintilla comprimi valeat GIR. *EH* I 13.

3 scarcely, only just (w. ref. to time).

vix obdormivit, et ecce / coeperunt nervi subito medicamine tendi WULF. *Swith.* I 383; vix affatur eum; sancti mox ante sepulchrum / rumpitur alter ei subito medicamine compes *Ib.* I 1466; vix pedem terre apposuerat .. cum ecce satelles comitis advenit W. MALM. *GP* II 82; Edburgam, que, vix dum trima esset, spectabile future sanctitatis dedit periculum *Id. GR* II 217; vix vero illis prodeuntibus et omni ornatu bellico preparato, tam appropinquabat alterutrum, ut lancee eorum ante se mixte essent invicem (*Abbanus* 41) *VSH* I 26; vix vir Dei hec verba compleverat, quando venit longa turba virorum (*Colmanus* 4) *Ib.* I 260.

vixdum [CL], **vix dum,** scarcely, only just (w. ref. to time).

Aelffledam, quae vixdum unius anni aetatem impleverat BEDE *HE* III 24; temporis adverbia sunt infinitiva, ut olim, aliquando, quondam, nuper .. donec, vix, vixdum, simulatque, simul BONIF. *AG* 531; oblationes accedentium vix dum apposite de manibus abripiebantur W. MALM. *GR* II 201; lectionibus vixdum mane perlectis, abbas .. ignotus scolas ingressus est *V. Edm. Rich C* 601.

†vixenatorum, *f. l.*

?**842** (13c) terra .. predicta secura et inmunis omnium rerum permaneat regalium et principalium tributum et †vixenatorum [l. vi exactorum] operum simul et omni poculari [l. populari] gravedine *Ch. Abingd.* 13.

vixillum v. vexillum. **viz** v. videlicet. **viz'** v. 2 vicia.

†vizagia, *? f. l.*

in vico transmarino cui nomen Sanctus Florus mulier †vizagia Reimunda decedens W. CANT. *Mir. Thom.* V 39.

vltur v. vultur. **vobiscum** v. vos.

vocabilis [CL], that can be called (by a name).

talis quantitas .. posset transmutari, ut moveri localiter .. igitur posset per se substare accidentibus, et per consequens esse substancia. tale enim supponitur a philosophis esse substancia de virtute ~is WYCL. *Act.* 118.

vocabulare [CL vocabulum+-are], to call (by a name or designation), name.

Britannicorum natio .. illa a Romanis affertur Cornugallie ~ata *V. Neot. A* 5.

vocabularius [CL vocabulum+-arius], of or pertaining to words (in quot. in title of book). **b** (as sb. m.) compiler of list of words, vocabulary. **c** (as sb. n.) list of words, vocabulary.

Thomas Eliota .. scripsit .. Bibliotecham ~iam BALE *Index* 438. **b** videtis nunc quam pulch[r]e vobis procedat vester ~ius MORE *Op.* 120a. **c** **1508** item Cornucopia ~ius *Cant. Coll. Ox.* I 86; ubi est ~ium vestrum? .. inspicite ~ium sacrificii veteris, inspicite ~ium sacrificii novi. nunquid in utroque ~io legitis idem vocabulum? MORE *Op.* 119b.

vocabulum [CL]

1 name, designation. **b** (*~o*) by name.

Aristobolum, qui cum dignitate pontificis etiam regale sibi coepit usurpare ~um BEDE *TR* 66; ne forte accepto Christianitatis ~o in vacuum currerent *Id. HE* III 25 p. 182; qui prius Simon dicebatur pro fortitudine .. fidei .. ~um Petrum meruit *Id. Hom.* II 21. 230A; abbas monasterii cujus ~um est Icheanog GOSC. *Milb.* 202; orgia .. triatherica alio ~o dicuntur BERN. *Comm. Aen.* 104; **c1160** ex quibus propriis hec duximus exprimenda ~is, viz. terram .. *Doc. Theob.* 139; castra .. turpibus ~is infamavit: .. aliud vocatur trulla leporis ORD. VIT. XII 11 p. 311; juxta situs varios varia ~a sortiri solent GIR. *TH* I 6; imago Trinitatis .. sub cujus ~o dicta gilda fundata erat *Mem. York* II 72; **1331** ~um de *flemenesrenth* .. quod est vetus Anglicum *PQW* 25a; angelorum ~um nomen officii non nature J. FOXTON *Cosm.* 89. 5. **b** duae germanae ~o Rufina et Secunda ALDH. *VirgP* 57; quidam rutariorum princeps, ~o Marchadeus AD. EYNS. *Hug.* V 7.

2 word, term.

utitur sincopato ~o, quod observant monachi dicentes domnus abbas, non dominus abbas BELETH *RDO* 25. 37; masculina ~a sunt personalia, neutra .. sunt essentialia NECKAM *SS* I 31. 11; miror .. quare in interlineari scolastica exponenti locum illum .. habeatur super hoc ~um 'ire', 'prescite' *Ib.* II 51. 5; videtur .. quod estimativa sit sensitiva, restricto ~o sensitive, prout pertinet ad sensum quinquepertitum *Ib.* III 95. 2; in loco istius ~i 'retenemento' scribitur 'retento' *Reg. Kilmainham* 51.

vocalis [CL]

1 of or pertaining to the voice. **b** endowed with voice or productive of vocal sound (also fig.). **c** uttered or expressed by means of the voice, vocal. **d** conveyed by word of mouth, oral.

tunc puer argutus vocali mole solutus / dat sonitum facilem more suo gracilem / de specula R. CANT. *Poems* 16. 46; precepit papa Reingero Lucensi episcopo ut ~i sonoritate cuncta enuntiaret in vulgus W. MALM. *GP* I 54; vir, ~is offitii expers, eodem anno .. ad festum venit *Ib.* V 277; due arterie magne .. et dicuntur a Grecis neumatice quasi ~es RIC. MED. *Anat.* 222; due vene magne in collo ex utraque parte gutturis et epigloti .. que sunt ~es vel organice GAD. 47. 2. **b** sicubi vocem audieris, ibi aliquid ~e esse intelligas quamvis minime videas PETRUS *Dial.* 20; si bursa sit vocalis / erit culpa venialis / et festuca levior WALT. WIMB. *Van.* 21. **c** felix pectus quod tot ~es melodias emiserit W. MALM. *GR* IV 342; ~ia .. vel mentalia cantata est hic cantilena que proculdubio discantabitur GIR. *JS* VI p. 322; hec dictio divina non sono ~i facta est .. quia frustra fieret sonus audibilis cum nondum erat auris corporalis GROS. *Hexaem.* II 1; aliquociens devocionem magis excitat oracio ~is, aliquociens oracio mentalis *Spec. Incl.* 2. 1 p. 86; **1428** idem J. W. fatebantur .. se audivisse ex .. doctrinis hereticorum .. confessionem ~em nulli presbitero fore faciendam nisi soli Deo *Heresy Tri. Norw.* 33; per ~issimum in exercitu testatus se ne unum quidem .. in exercitu superesse passurum. Picticus miles ea voce territus .. stupore defixus constitit BOECE 196. **d** si iste sicut eidem suasi a sue presentationis ~i jure recedat AD. MARSH *Ep.* 14; **1444** per informacionem vestram ~em nobis factam *Lit. Cant.* III 188.

2 of or pertaining to a vowel or vowels, vocalic, (also as sb.) vowel.

saepissime a poetis per sincopam ~is U exploditur ALDH. *PR* 125; sonus ei ~is adponitur cujus temperamento ejus levigetur asperitas BEDE *AM* 125; nomen ejus sanctum .. apud Hebraeos quattuor litteris ~ibus scribi solet, hoc est ioth he vav he *Id. Tab.* 478C; musica vocales licet in systemata ducat / que pueros alit ars has elementa vocat NECKAM *DS* X 125; vulgus .. convertit se ad .. curiositatem, sc. .. per consonantias ineptas verborum et clausularum et per concordantias ~es, in quibus est sola vanitas verbosa BACON *Tert.* 304; omnis sillaba media vel finalis incipiens a ~i precedentem in ~em terminari exigit *Id. Gram. Gk.* 8; non solum punctant ~es .. set consonantes *Id. Gram. Heb.* 205; ecce omnis sillaba est ~is vel ex ~i et consonante resultans BRADW. *AM* 158.

3 of or pertaining to a word or words, verbal. **b** who or that is so in name only, nominal, so-called (esp. as dist. fr. *realis*).

residue difficultates sunt ~es propter equivocacionem hujus vocabuli 'creari' OCKHAM *Quodl.* 147; labor major est circa .. concordancias ~es textuum quam circa declaracionem rerum utilium GASCOIGNE *Loci* 24. **b** propter tales etiam fictos et falsos ac fraudulentos et ~es amicos GIR. *SD* 116; in tam frequenti ~i benevolentia .. experiebatur perraram realem amicitiam AD. MARSH *Ep.* 30 p. 124; **1278** eidem J. cito post Pasca tradita fuit [sc. ecclesie] custodia, que realem sapiebat institucionem et si non ~em *Reg. Heref.* 158; ~em principem .. ad partes easdem redire permisit; successores suos principatus nomine sententialiter semper privans *Flor. Hist.* III 49 (cf. ib. III 91: Madok, ~is princeps [Wallensium]); c**1333** recognicio recepcionis [sc. pecunie] fuit ~is sed non realis *Lit. Cant.* II 7.

4 ? expressive of a call or summons.

ille .. obdormivit et ecce ~e signum matutinorum intonuit GOSC. *Transl. Aug.* 35B; imperium ~e Christi, quo precipiet mortuis resurgere HOLCOT *Wisd.* 203.

vocalitas [CL = *euphony*], quality of being able or inclined to give voice or express vocally.

etsi dissimulare vellet .. modesta taciturnitas, silere tamen nescit veritatis pedissequa, plana testificacionis ~as *Reg. Whet.* II 453.

vocaliter [CL]

1 by use of the voice, vocally.

non est diffinitum utrum ~er vel mentaliter laudabimus Deum post judicium T. CHOBHAM *Praed.* 114; fit inposicio nominum .. sub forma inponendi ~er expressa ut communiter inponuntur nomina infantibus BACON *CSTheol.* 62; quesierunt a me utrum esset de necessitate salutis ut quis confiteatur ~er WYCHE *Ep.* 533; oraciones .. ~er reddat *Spec. Incl.* 2. 1; abusus absolucionis in foro anime ~er facte a sacerdote GASCOIGNE *Loci* 53.

2 by articulate use of the voice, in words or sim.

hec [mulier malefica] cum quadam die convivaretur, cornicula quam in deliciis habebat ~ius solito nescio quid cornicata est W. MALM. *GR* II 204.

3 by or in (actual or specific) expression, explicitly, 'in so many words'.

licet in proposicione [hereticus est qui etc.] .. primo ponatur ~er 'hereticus' ante copulam et ex hoc posset quis opinari quod 'hereticus' sit subjectum .. OCKHAM *Dial.* 445; tres destituciones scripsit, quas constituciones ~er appellavit (OCKHAM *Err. Papae*) *Auct. Brit.* XIV 17; sicut in prima auctoritate .. et in quarta .. non solum sentencialiter sed eciam ~er affirmatur OCKHAM *Pol.* I 242; non solum sentencialiter sed eciam ~er loquens de potestate papali veritatem *Id. Brev.* 41; proferens ~er pronomen demonstrativum intendit diversimode demonstrare unum vel aliud *Id. Quodl.* 193.

4 in name or word (only), nominally.

non nomine solum sed et omine, non ~er tantum sed essentialiter et quasi substantialiter primatie sedes Cantuaria foret GIR. *JS* I *prol.* p. 113; debent principes .. cogitare quod non sunt domini rerum veraciter sed ~er J. WALEYS *Commun.* I 2. 2; papa ~er ista non concessit, et scio quod realiter concedere non potest GASCOIGNE *Loci* 33.

vocamen [CL], name, designation.

672 ut .. praeceptoris ~ine .. fungaris ALDH. *Ep.* 5 p. 490; me defendunt Philippi vocamina / boni beati Bartholomei benigna *Cerne* 163; gero certum Cudbri[g]ht de luce vocamen *Epigr. Milredi* 812; **956** in sanctae et individuae Trinitatis ~ine *CS* 961; **957** meo fideli ministro quem vocitant nonnulli noto ~ine Lyfing *CS* 994; quidam monacus .. Eadwuuinus ~ine ÆLF. *Æthelwold* 22; yena .. assiduo auditu addiscit ~en quo exprimere possit imtationem vocis humane *Best. Ashmole* f. 17v; littera sacri vocaminis / pastu me recreat mire dulcedinis WALT. WIMB. *Carm.* 208.

vocare [CL], **vouchare** [OF *voucher* < CL vocare]

1 to call out to (also transf.).

c**740** paterne dilectionis voce ad se invitans filiam ~avit dicendo per prophetam: 'audi, filia' BONIF. *Ep.* 94; **801** duae virtutes .. una activa, altera contemplativa .. illa qua laboratur ut cor mundetur ad videndum Deum, ista qua ~atur et videtur Deus ALCUIN *Ep.* 213; ~at enim nos Sapientia et dicit: 'transite ad me' AILR. *Serm.* 22. 1. 316A; ~at me, Domine Deus meus, spiritus meus, et dicit ad me magna voce AD. SCOT *TGC* 809C; **1245** qui Deum diligit .. ~atus, ejus vocationem non obaudit GROS. *Ep.* 118; 'o Virgili' id est '~o te Virgili'; habet adverbium ~andi in se casum quem requirit ipsa vocatio BACON XV 108.

2 to summon or call to attend. **b** to convoke, convene (assembly or sim.). **c** (leg.) to summon to court, summons.

qui de tenebris vos ~avit in illud tam admirabile lumen suum GILDAS *EB* 107; quo Deus et quo dura vocat Fortuna sequamur! ALDH. *Aen.* 7 (*Fatum*) 2; ut Saxonum gentem de transmarinis partibus in auxilium ~arent BEDE *HE* I 14 p. 30; Ciprianus .. per artes magicas ~avit demonem, et demon veniens dicit: 'quid me ~asti?' GIR. *GE* I 27 p. 96; Philippus ~at sub ficu Nathanaelem [cf. *Joh.* i 48] AD. DORE *Pictor* 155; **1269** statim ~avit N. filium suum et servos suos, qui statim exierunt ut caperent *CBaron* 75; c**1337** in classicis pro mortuis .. fieri solent quedam tintinaciones signorum quasi ad adjutorium ~andum *Ord. Exon.* II 538; ~ato coram rege predicto Bertramo *Feudal Man.* 93. **b** synodus est diccio generalis, significans tam concilium generale quod convocat papa quam eciam concilium provinciale quod ~at archiepiscopus LYNDW. 19k. **c** **1487** J. W. .. fregit cum instrumentis ferreis terras .. pro quibus injuriis ~andus est (*Rental*) *Exch Scot* 652; **1499** domus tecta tegulis distructa per Laurencium Bertrahme, pro qua ~andus est (*Rental*) *Ib.* 407.

3 to call (to act, condition, occupation, or sim.).

ad majora me ~as, si respondere incepero ANSELM *Misc.* 342; ecce furit rabies, vocat et trahit ad scelus omnes (*Vers.*) ORD. VIT. XIII 19 p. 54; pontifex .. suos episcopos ~at ut sibi assideant H. BOS. *Thom.* III 14; si quis mei similis putatur, faciat que ego facio; ~et ea que non sunt ut sint, sicut et ego ~o BALD. CANT. *Commend. Fid.* 624D; motus abbas ad clamorem pauperis, ~at fratrem qui panibus preerat ut petenti tribuat benedictionem SERLO GRAM. *Mon. Font.* 50; ~antur ad pacem qui bellum attulerant MAP *NC* II 17 f. 29v; [gallus] leni susurrio suas ~at ad esum NECKAM *NR* I 75; **1410** ad incipiendum in jure canonico .. vos ~avit et ~at ex nomine per presentes *FormOx* 195; nullus presbyter ad .. defuncti solennia celebranda ~atus, se inebriare ullatenus audeat P. VERG. *De rerum inventoribus* (Basel, 1546) p. 410; unumquemque, in qua vocacione ~atus est, in ea per Christi leges permanere voluit BEKINSAU 738.

4 to call (by a name or designation), to name or term; **b** (w. internal obj.). **c** (leg.) to declare, pronounce (as or to be). **d** to specify by name.

nec inter se fratres ~ari .. possunt THEOD. *Pen.* II 4. 2; responsum est quod Angli ~arentur BEDE *HE* II 1 p. 80; natus est filius, et ~atus est Bruto H. HUNT. *HA* I 9; 'Cuthbertus' ait '~or, Lindisfarnensis quondam episcopus' AILR. *Gen. Regum* 354; a**1197** predictus R. Clericus non officio ita ~atus sed cognomine *Ch. Westm.* 406; s**1191** rex .. apud Cyprum applicuit, loco qui ~atur Limezun. Cursac autem dominus terre, qui se ~abat imperatorem .. occurrit DICETO *YH* 91; vidi fratres .. comedere panem quem 'tortam' ~ant vulgariter ECCLESTON *Adv. Min.* 11; ~atur ista concordantia semiditonus cum diapason GARL. *Mus. Mens.* 9; **1302** insultavit ipsam turpibus verbis ~ando ipsam meretricem .. et alia enormia (*CourtR St. Ives*) *Law Merch.* I 85; **1457** ego .. Thomas .. ~atus sacerdos et doctor theologie *MunAcOx* 671; in oleum quod ~atur oleum philosophorum .. et multis aliis nominibus RIPLEY 119. **b** recte ~atur nomen ejus Jacob, id est subplantator ALCUIN *Rhet.* 25; ~atur nomen ejus Eubonia id est Manay W. WORC. *Itin.* 44. **c** **1266** noverit universitas vestra me recepisse xl saccos lane .. de quibus ~o solutum et integre pacatum, et dictos Judeos .. quietos clamavi *SelPlJews* 34; c**1290** de qua pecunie summa .. Petrus seipsum ~at pacatum *Deeds Balliol* 230; de quaquidem summa .. dictus dominus S. .. se bene contentum ~avit *Form. S. Andr.* II 244. **d** asportantes mortuum boscum .. et ~at mortuum boscum .. alnum, salicem, et nigram spinam *Feod. Durh.* 239.

5 (leg.) to cite (person or document), appeal to, call for (as warrantor, evidence, proof, *etc.*), vouch (also w. *ad*). **b** (*~are warantum* or *~are ad warantum*) to summon or call for (person or document) as warrant(or) or to give warranty (esp. in respect of a claim), to vouch to warranty. **c** (inf. as sb.) vouching, voucher (to warranty).

inde ~at dominum suum ad tutorem *DB* II 18b; istam mansionem tenet Walscinus de regina, et inde ~at regem advocatum *Dom. Exon.* f. 346; si ad illum hominem pecunia ~etur qui prius abjuraverat .. perneget secundum modum wite et pretium pecunie (*Quad.*) *GAS* 105; **1198** nullam produxit sectam nec ~avit de fine illo quem fecerat ut discit *CurR* I 34; inde ~ant comitatum qui hoc eis warentizat *SelPl Crown* 76; **1290** quod .. Radulfus sic fecit .. Willelmus ~at rotulos predicti Radulfi de termino Pasche *State Tri. Ed. I* 46; **1321** dicit quod .. tenet dictam piscariam .. et inde ~at recordum terrar' *CBaron* 133; **1298** dicunt quod de x marcis computarunt coram T. C. .. unde ~ant compotum *MGL* II 96; **1308** petens dicit quod ~atus mortuus est et petit quod tenens revocet *Year Bk.* I (*Selden Soc.* XVII) 23; quo die apparente vocatore, ille ~atus facit defaltam HENGHAM *Magna* 13 p. 44. **b** si non tot nec tales testes habuerit .. et ipse warantem voluerit ~are, non ei valeat .. (*Inst. Cnuti*) *GAS* 327; si viventem warantum ~et et si in alia scira quem ~at terminum habeat (*Quad.*) *Ib.* 224; **1166** comes Patricius [debet] c m. quia vuchavit regem warantum et non potuit habere *Pipe* 74; si .. clamium petentis minime warantizaverit, tunc is qui eum inde in curia ad warantum ~averat in misericordia domini regis remanebit GLANV. III 8; warentizare nihil aliud est quam defendere et acquietare tenentem qui warantum ~avit in seisina sua BRACTON f. 380b; **1269** si tenens forte ~averit ad warrantum tunc si exigens .. essoniari voluerit hoc erit versus tenentem in dominico set non versus ~atum in warrantum antequam warrantizaverit *CBaron* 81; **1278** Elias venit et dicit .. quod .. sit ~atus ad warrantizandum irrotulamentum cancellarii domini regis *PQW* 185; **1278** vouchavit warentum de dicta carta domini regis *RParl* I 4a; iterum predictam cartam .. vouchiavit ad warentiam *Ib.*; **1279** predicti J. et M. ~ant recordum regis ad warantum quod .. *RParl Ined.* 6; **1293** propter warantiam .. quam Nicholaus de K. vochiavit .. Edmundum comitem Cornubie *Fees* 1319; **1302** inde ~at rotulum curie ad warantum et dat pro rotulo scrutato vj d. *CourtR Hales* 459. **c** **1308** ideo predictum ~are ad warantiam stet in suo robore *Year Bk.* I (*Selden Soc.* XVII) 53; **1315** dicunt quod ~are suum non est in casu illius statuti *Ib.* XVII (*Selden Soc.* XLI) 89; **1341** in lege ad repellendum tenentem de ~are suo *SelCKB* VI 9; **1428** ista warantia non .. capiat effectum ad obligandum me nec heredes meos .. ad intrandum in aliquam waraniam per aliquod ~are ad warantiam *Cl* 279 m. 14*d*.

vocatim [CL vocatus *p. ppl. of* vocare+-im], (in list of words).

voco, -as .. vocativus, -a, -um, i. ad vocandum aptus, ~im adverbium, et hic et hec vocalis OSB. GLOUC. *Deriv.* 616.

vocatio [CL]

1 (act of) calling (to, esp. by name). **b** invocation.

cum canes quos secum ad venatum adduxerat nec ~one nec adulatione .. ad se introducere posset GIR. *IK* I 11; cujus vox in ~one alterius sonat mollis significat hominem debilem M. SCOT *Phys.* 72; 'o Virgili' id est 'voco te Virgili'; habet adverbium vocandi in se casum quem requirit ipsa ~o BACON XV 108. **b** c**1520** maneant .. infra cancellas chori .. taciti et attenti ac in ~onibus in terra prostrati *Conc. Scot.* I cclxx.

2 (act of) calling or summoning to attend. **b** (leg.) summons citation. **c** invitation. **d** (spec. w. ref. to death) calling away from life or to heaven (by God). **e** (leg., esp. in phr. *~o ad warantum* or sim.) vouching (to warranty).

obiit .. in pace .. apud Seusiam, dum iret ad apostolicae ~onis concilium *Ep. Anselm.* (409) V 354; de ~one archipresulis apud Clarendune H. BOS. *Thom.* III *cap.*; licet vendere cuique possessionem suam cui vult sine ~one alicujus propinqui S. LANGTON *Ruth* 120; **1325** arciste, ad ~onem procuratorum, .. videant quid senciant faciendum *StatOx* 128; **1459** apparitori pro excitacione et ~one curatorum *Ac. Durh.* 477; non liceat archiepiscopo .. exire de regno et venire ad ~onem pape nisi de licencia regis *Extr. Chr. Scot.* 73. **b** ille autem qui vocatus ad justitiam episcopi venire noluerit pro unaquaque ~one legem episcopalem emendabit *GAS* 485; c**1200** de ~one Alani a precone facta *SelCCant* 40; nullum .. prejudicium generaret hec ~o *Plusc.* VIII 2. **c** si abbas domi fuerit, secundum numerum hospitum ~onem fratrum ad mensam abbatis temperet *Cust. Cant.* 53; Christus loquitur [sc.*Luc.* xiv 8–9] de ~one, de locatione, et de cenacione spirituali, non corporali WYCL. *Blasph.* 6. **d** usque ad diem suae ~onis corpus senile inter cotidiana jejunia domabat BEDE *HE* V 12 p. 310; hora .. Osberne, mee ~onis imminet; .. hic est .. vocante Deo .. locus requietionis mee J. FORD *Wulf.* 100; de transitu illius .. quo celestia regna petiit aliquid breviter dicere sufficiat. imminente ergo sue ~onis die .. M. PAR. *Maj.* I 281; **1363** cum dies ~onis sue nobis innotuerit .. sacerdos .. cantabit pro eo .. missam specialem *Lit. Cant.* II 456. **e** versus vocatum ad warantum et non versus vocatorem, qui vocator .. post ~onem suam essonium habuit HENGHAM *Magna* 13 p. 44; **1285** de termino inter terminum adjornent assisas, si per ~onem waranti, per essonium .. captio eorum differatur *Reg. Malm.* I 96; **1290** judicium istius loquele retardari non potest nec debet racione ~onis recordi predicti domini regis *PQW* 699b; nonne quam utiles sunt ~ones ad warrantum? FORTESCUE *LLA* 53.

3 calling (to office, position, or sim.), appointment, (in quot., eccl.) vocation (*v. et.* 5b *infra*).

advertens .. rex .. horum reprobationem melioris esse ~onem OSB. *V. Dunst.* 32 p. 108; nec minus otiosa videbatur .. ad monasteriorum regimen ~o dum per dioceses minus essent pontifices *Chr. Battle* f. 109v; **1232** per ~onem ad ecclesiasticam dignitatem vel honorem secularem laicalem (*Pat*) *RL* I 518.

4 (spec.) calling (by God or Christ, to be His follower or sim.; *cf. e. g. Matth.* iv 18–22, *Act.* x 45). **b** calling (by God to religious life, spiritual function, task, or sim.), vocation (also transf. of such life *etc.*).

certa est ~o cunctorum qui ad fidem veniunt; qui vero fidei sacramentis .. bona .. opera .. adjungunt, isti suam cum ~one etiam electionem certam intuentibus faciunt, sicut e contra qui post ~onem ad crimina revertuntur .. BEDE *Ep. Cath.* 71C; **796** qui te .. caelestia ordinavit mysteria populis ministrare .. ut verus apostolicae ~onis auditor efficiaris, dicente Christo .. 'venite post me, et faciam vos fieri piscatores hominum' ALCUIN *Ep.* 113; ob gentium ~onem et nostram repulsionem AILR. *Jes.* II 18 (v. repulsio 5); reptilia et immunda mactare .. ad ~onem gentium proprie referatur J. SAL. *Pol.* 660B; de bina apostolorum ~one M. PAR. *Maj.* I 94; Pauli sectantes vestigia, qui ~one novissimus .. evangelium Christi sparsit R. BURY *Phil.* 8. 37; triplex fuit apostolorum ~o, sc. ad familiariatum, ad discipulatum, et ad apostolatum WYCL. *Civ. Dom.* III 132. **b** terribilis est ecclesia ut castrorum acies ordinata cum quisque fidelis in ea ~one qua vocatus est permanet BEDE *Cant.* 1176B; cum rex pater ad tantam ~onem per patriarcham .. factam .. profectus fuisse .. debuisset GIR. *EH* II 36; ~o sororum laicarum *Canon. G. Sempr.* f. 47v; **1237** propter Petri clavigeri dignitatem .. necnon et cathedralem dignitatem cum prioratu ~onis *Conc. Syn.* 242; si in ~one qua vocavit eos dominus permaneant et regulariter vivant .. *Obs. Barnwell* 32; quia .. non fecisti, ut decuit ~onem tuam, dignos fructus penitentie ECCLESTON *Adv. Min.* 18; **1340** Johanni .. monacho, suus ejusdem ordinis et ~onis frater N. .. salutem *FormOx* 283; materiam .. unusquisque in ~one sua a Deo oblatam accipiamus GARDINER *VO* 138.

5 gathering, assembly, convocation.

s**1204** non intellexerunt .. quante expense sint necessarie ad sequendum conventicola et ~ones episcoporum *Chr. Evesham* 139; ad ~ones et synoda episcopi sancti Andreae GRAYSTANES 27; certum diem .. prefiximus .. ut ad solempnem ~onem multis ibi promiscui sexus convenientibus .. procederemus *Canon. S. Osm.* 35.

6 (act of) emitting or producing voice, voicing.

si .. tam sonus quam vox sit aliquid, sicut sciencie iste docent, sonacio et ~o est aliquid, sonare et vocare est aliquid BRADW. *CD* 529C.

7 (act of) calling (by a name or designation), (also transf.) form of address, name, title. **b** specification by name or in terms.

'vocabis', inquit, 'nomen ejus Jesum'. Jesus Hebraice, Latine Salutaris sive Salvator dicitur, cujus ~onem nominis prophetis liquet esse certissimam .. maxime illud: 'Deus in nomine tuo salvum me fac' [*Psalm.* liii 3] BEDE *Hom.* I 5. 34B; convocacio paternalis est realiter audienda cum reverencia ... ecce ~o paternalis Domini timoris informative, quod erat primum BRINTON *Serm.* 14 p. 56; mundana honorificencia et nomen ~onis patris sanctissimi non inter eos apostolos relucebat WYCL. *Chr. & Antichr.* 668. **b** c**1080** hec feodi ~o. Edrici ceci terra cum xiv liberis hominibus .. Thurketel d. cum uxore sua et terra .. *EHR* XLII 247.

8 ? *f. l.*

cotidie .. vigilias debemus Deo, id est aliquam †vocacionem [? l. vacacionem] diei vel noctis quam in laudibus Dei expendimus T. CHOBHAM *Serm.* 3 f. 14ra.

vocative [CL], in the function of calling or addressing, (in quot. gram.) vocatively.

adverbia .. impleant aliquando adfirmandi vicem; similitudinis .. personative ut mecum tecum, .. ~e: 'heu quid est' BONIF. *AG* 528.

vocativus [CL]

1 (gram.) vocative, (as sb. m.) vocative case.

nominativus, accusativus, et ~us pluralis in masculino et feminino genere producuntur BEDE *AM* 102; tum ~us, qui et salutativus vocatur ALCUIN *Gram.* 869; *syx* casus: nominativum, .. accussativum, ~um ÆLF. *Gram.* 10; ~us casus intransitivam habet construccionem cum verbo BACON XV 110; quasi .. nos generativi casus fuerimus in excessibus ulterius adjungit ~um *Reg. Whet.* II 394.

2 (of verb) used to express calling or naming.

ut in verbis substantivis et ~is .. verba ~a habundant a substantivis in vocatione et sunt v, vocor, dicor, nominor, nuncupor, appellor *Ps.*-GROS. *Gram.* 62.

3 (apt to be) called or summoned (in quot. w. play on sense 1 *supra*).

1370 quidam ballivus, armis jam nominativus, / voce vocativus tauri [*gl.*: quia taurus eum forte vocavit contra Scotiam, vel quia voce tauri seu ejus nomine vocatus, scilicet Edwardus] tauroque dativus (J. BRIDL.) *Pol. Poems* I 141; **15..** vocativos oculos, ablativos loculos amant mulieres (*Versus adventicii*) *Reg. Whet.* II 297.

vocator [CL], one who calls, invites, or summons. **b** one who calls into being or evokes. **c** (leg.) one who vouches (to warrant), 'vouchor'.

quid moror et longum decanto celeuma viator / cum prope sit meta, data porrigat ipse vocator? NIG. *Paul.* f. 49v l. 538. **b** verba quoque Baruc expresse manifestant Deum hominem, ubi de .. emissore et ~ore luminis et stellarum subjungit GROS. *Cess. Leg.* II 2 p. 81. **c** liquet dico quod warantus non potest intrare in warantum sine ~ore suo HENGHAM *Magna* 13 p. 44; versus vocatum ad warantum et non versus ~orem, qui ~or .. post vocacionem suam essonium habuit *Ib.*

vochiare v. vocare.

vociferari [CL], **~are**

1 to shout, yell, scream; **b** (of animal); **c** (of mus. instrument). **d** (trans.) to call out loudly to, shout at.

~abor ad te, ut quid mihi dedisti labores et dolores inspicere miseriam et impietatem? [cf. *Hab.* i 2] GILDAS *EB* 51; **716** multa quoque quae ad peccatum pertinere omnino ignorabat contra eum cuncta terribiliter ~abant *Ep. Bonif.* 10; [Turchi] hilari ululatu ~antes W. MALM. *GR* IV 384; illi .. Rogerium pro vita sua ~antem et multa pollicentem .. jugulaverunt ORD. VIT. XIII 36 p. 105; curro post tergum Jesu vocans atque ~ans J. FORD *Serm.* 24. 6; nullus ibi strepitus aut sonitus .. fiet .. si qui dormientes sonorarent aut ~ent .. *Cust. Westm.* 141. **b** aurea quadrupes .. bombosae vocis mugitum reboasse [*gl.*: ~asse] describitur ALDH. *VirgP* 20; galli .. tertiam et extremam noctis partem a duabus primis .. ~ando distinguunt GIR. *TH* II 25; pelle coitus difficilis est: ~atur enim, et sanguinem ex oculis, ut aiunt, emittit cum coit TURNER *Av.* (1903) 38. **c** **1167** spes est .. ut ~antibus tubis sacerdotalibus in proximo corruat et Jherico J. SAL. *Ep.* 218 (242 p. 472). **d** exclamant socii, ~antur abbatem, sed ille .. orationi .. intentus nihil omnino respondit ALEX. CANT. *Mir.* 34 p. 226.

2 (w. reported speech or sim.) to cry or shout out, (also) to announce loudly. **b** to express with the voice, utter, say.

Hengistus vociferatus est: '*nimet oure saxes*'. .. audito vero signo, .. Saxones .. invaserunt G. MON. VI 15; s**1164** requiritur .. archipresulis sigillum ad confirmationem. .. unde ~atur quia nulla promissione tenetur ut verba .. confirmet W. CANT. *V. Thom.* I 17 p. 23; ~anti quippe nomen martyris, immo, nomini martyris, lapides pepercerunt *Id. Mir. Thom.* VI 49; his .. gestis, egrediuntur milites .. ~antes 'regales! regales!' *V. Thom. A* 78 (*recte* 75) p. 141; idiomate Saraceno ~ans se esse Melech, quod Latine dicitur rex *Itin. Ric.* IV 28; de alio spiritu sequente Willelmum de B. et ~ante 'how how how' .. per tres vices *Ghost Stories* 419; ~antes in amaritudine spiritus ut etiam adhuc recordaretur nostri deus et corone Anglie *G. Hen. V* 13. **b** ~at apostolus, sic dicens: .. J. GODARD *Ep.* 224; significat cordis contritione, ~at oris confessione CONWAY *Def. Mend.* 1416 (*recte* 1316).

vociferatio [CL], shout(ing), clamour, (up)roar, (also) loud noise or sound; **b** (of joy); **c** (of hue and cry).

inrationabilis populi et superborum principum unanimem .. consensum et rabidam ~onem *Eccl. & Synag.* 114; talia dum crebra ~one perstreperet, regina horrebat .. ad redivivum mortuum accedere GOSC. *Edith* 282; fit ingens in urbe ~o civium, horribilisque turbatio, et concursus omnium ORD. VIT. X 20 p. 124; cum magna suorum .. lamentatione miserabilique sub barbara quadam ~one utriusque sexus hominum .. clamore GIR. *IK* II 6; c**1250** vereor quod .. insipienter .. piis auribus .. importunas ingeram ~ones AD. MARSH *Ep.* 39; s**1263** cum clangore tubarum et ~one clochbulgiarum, tinnitu pelvium, sonitu cimbalorum *Extr. Chr. Scot.* 105. **b** David .. cujus tanta ~o tanta jubilatio tantaque modulatio auditur in psalmis J. FORD *Serm.* 9. 8; hostiam ~onis optulerunt domino [cf. *Psalm.* xxvi 6] *Mir. Wulfst.* II 12. **c** si quis furi obviabit et gratis eum sine ~one dimiserit .. (*Quad.*) *GAS* 331 (cf. (*Inst. Cnuti*) ib.: sine clamore; (*Cons. Cnuti*) ib.: sine exclamatione).

vocificatio [CL vocificare+-tio]

1 (loud) cry, shout.

sicut emissio longe vocis, que nececaria in sermonibus [est] et ~onibus et cantibus est *Ps.*-RIC. *Anat.* 25.

2 (act or capacity of) uttering (loud) noises.

universale vas organorum locutionis in homine, †vociscitationis in brutis *Ps.*-Ric. *Anat.* 29.

vociscitatio v. vocificatio.

vocitamen [LL], name, designation.

conjugis ereptae vocitamen dicitur Aebbae; / post modicum sacro gaudebat condita velo Frith. 880; **974** nos tres uniformi proprio Ælstani appellativo ~ine episcopi consignavimus *Reg. Malm.* I 318 (=*CS* 1301); **982** (12c) ego . . ruris quandam . . portionem . . cuipiam michi pistica devotione subnixo ~ine Leofrico . . concedo *CD* 633; patriae . . / quam Bedeford- Angli censent vocitamine -scire Wulf. *Swith.* I 1227; **1048** mihi fideli comiti Touig ~ine *Cart. Burton* 38.

vocitare [CL]

1 to call (by a name or designation), to name or term.

astrorum quoque situs, quae lingua Argivorum hyadae dicuntur . . et quas Romulea latinitatis antiquitas Suculas ~avit Aldh. *Met.* 3; c**770** in viam publicam usque sambucin [v. l. sambucum] quam ~ant Ellentrow *CS* 200; nomine, tuque piger, recto vocitaris 'Iorvet' / pervertens 'iornum' falso sintagmate verum *Altercatio* 55; **938** (11c) dabo . . sex perticas ubi incolis vocit[at]ur Hrocastoc *CS* 723; **11. .** juxta Origenis suspicationem opinari illam . . 'Salome' proprio nomine ~ari H. Bos. *Ep.* 1. 1417B; magister discipulum . . nequam et versutum et . . scelerosissimum ~are solebat Gir. *SD* 84; in villa ~ata Daunne Herrison *Abbr. Chr.* 12.

2 to call, invoke (insistently).

virgo illa quam moriens vocabat . . ipso quo ~ata est die de hac luce subtracta . . est Bede *HE* IV 8 p. 221; ast pueri genibus flexis pietate vicissim / ad veniam Patris Procerem vocitare parabant Æthelwulf *Abb.* 347; sancti medii pavimenta sacelli / servantes colitant per tempora cuncta maniplis / innumeris; ningent vocitati ad vota piorum *Ib.* 443.

3 to shout, yell, cry (out).

si . . vulgus conspiceret nostri habitus virum, quasi intueret lupum inter oves, sic vociferatus [MS: vocitatus] est Byrht. *V. Osw.* 444; tantus doloris impetus cor ejus . . invasit quod . . stridulis vocibus altissimis ~are ac dire clamare consuevit . . illum tam horrende fremere, stridere . . videbant R. Cold. *Cuthb.* 44 p. 90.

4 ? to proclaim.

sancta salutavit crux Christi pontificantem. / per vatem dantem tibi carmina te vocitavit Garl. *Mor. Scol.* 304.

vocitatio [LL = *address*]

1 name, designation.

unam quoque mansam solita Anglorum ~one æt Lytlanbroce celebriter appellatam *Text. Roff.* f. 153.

2 (act of) summoning, summons, citation.

debet . . excommunicationis sententia . . discreta . . proferri, post plurimas viz. in primis commonitiones et postmodum comminationes ac legitimas deinde ~ones Gir. *GE* I 53 p. 159.

vocula [CL]

1 (little, weak, or soft) voice.

illi qui ~is capiuntur (licet aurium sensus purissimus et defecatissimus sit) serviunt quidem J. Sal. *Pol.* 758A; cum aures percutit sacra prolacio / . . / . . cum tripudio / occurrit vocule leta processio Walt. Wimb. *Carm.* 213; omnes patulis / intendunt auribus sirene modulis; / . . / excicialibus illecti voculis *Id. Palpo* 118.

2 word, (in quot. log., *quinque ~ae*) the five predicables (of Aristotle).

indignum est . . si in quinque ~is addiscendis quis vitam terat, ut ei desit spatium procedendi ad illa quorum gratia debuerant hec predoceri J. Sal. *Met.* 873D.

vocum v. votum. **voerndellus** v. ferthendella.

voga, vouga [OF *vouge, vëoge*], **volga,** sort of knife or hatchet (esp. used for pruning), twibill.

c**1160** ibi est . . una besca et ij secures et j uuogium et j tarambium *Dom. S. Paul.* 132; **1208** in securibus, volgis, beschis, et trublis emptis, xiij d. *Pipe Wint.* 47; **1248** in j foga facienda (*Whitchurch*) *Ac. Man. Wint.*;

1248 in una besca empta . . in j voge emendand', ob. *Rec. Crondal* 77; **1267** custus domorum . . in j vogo empto j d. ob. *Pipe Wint.* 11M59/B1/46 r. 13; **1270** in vogeis et sarpis emendandis (*Michelmersh*) *Ac. Man. Wint.*; **1274** S. M. qui tulit unam hachiam . . et Ricardus . . H. qui tulit unam vougiam in manu sua . . interfecerunt W. S. *RCoron* 3 m. 5; c**1320** debet sequi carectam domini cum voga sua ad scindendam clausturam in bosco domini (*Cust. Chilbolton*) *Ac. Man. Wint.*

voge, vogea v. voga.

voglare [cf. Fr. *voglaire*], sort of cannon, perh. 'fowler'.

1435 magna artilleria principis . . in castro de Roon inventa: . . unum magnum ~e, nuncupatum Here Johan, munitum tribus piscidis, infustatum et ferratum, portans lapidem de undecim pollicibus . . item, unum aliud ~e, nuncupatum Mauns, munitum quatuor cameris . . *Collect. W. Worc.* 566; **1435** j . . ~e cupreum . . ascensum supra quendam chariotum iiij rotarum *Ib.* 567 (cf. ib. 572: unum grossum *volglart* nuncupatum le Graunt Vigneroir).

vogum v. voga. **voiagium** v. viagium. **voisinetum** v. vicinetum.

1 vola v. nola.

2 vola [CL]

1 (hollow of) palm (of the hand) or sole (of the foot), (also) hand. **b** (*~a plena*) handful.

672 ineffabiles altithrono grates pansis in edito utrimque ~is tripudiantes obtulimus Aldh. *Ep.* 5 p. 489; extensis ad aethera ~is Asser *Alf.* 88; digitorum figura nulla, sed radices quaedam de palma prominentes introrsum curvabantur, quae in ~a confixae unguibus eam perforabant Osb. *Mir. Dunst.* 12; cum . . ~a manus calorem frigoremque ceterasque . . passiones habeat temperatas Adel. *QN* 31; peccant in causa saccus macer et vola clausa Walt. Wimb. *Scel.* 42; fauces tument ex nimia inplecione et usque ad volam saginantur digiti pinguedine cibi Mirk *Man.* f. 55a; hec manus, A. *hande*, bola . . idem sunt *WW*; hec ~a, A. *the holle of the fothe WW*; hec ~a, *the lowest parte of the fote. est vola pars palme, pars ale, pars pedis ima WW*. **b** de curru pauperibus acclamantibus ~am plenam minutis extra sparsit Graystanes 10.

2 hollow of the wing, wing. **b** flight.

hec ~a, pars quedam ale *WW*; *a wenge*, ala, ~a *CathA*. **b** ~am, *fliht GlP* 591; Dedalus ille suis utinam secet aera pennis / et vastum solita tranet inane vola L. Durh. *Dial.* III 8.

3 (in gl.) hollow of the arm-pit.

hec ~a, *a parte of the harmehole WW*.

volabilis [CL], able to fly.

aer . . non est immobilior parte anteriori animalis talis gressibilis, sicut se habet respectu ~is, cui aer est quasi terra nobis Duns *Metaph.* IX 14 p. 590.

volacrus v. volucris. **volamen** v. velamen.

volare [CL]

1 (of winged creature or sim.) to move through the air, fly (also fig.); **b** (of projectile, thing borne by the wind, or sim.); **c** (of fame, rumour, or sim.). **d** (pr. ppl. as adj.) able to fly, flying. **e** (falc., esp. w. *ad*) to hunt by flying, fly (at), (also p. ppl. as sb. m.) quarry.

monstrum quoddam nocturnum . . per umbram cacli et terrae ~abat *Lib. Monstr.* I 42; vidit . . daemones per ignem ~antes Bede *HE* III 19 p. 166; machino pro machinor proclamant sophiste / qui volando decidunt veluti locuste *Qui majora cernitis* 184; pennas manibus et pedibus . . innexuerat, ut Dedali more ~aret W. Malm. *GR* II 225; ordo sanctus Cisterciensium . . jam ~antium super pennas ventorum [cf. *Psalm.* xvii 11] Gir. *GE* II 24 p. 284; nullus . . neget quod Deus non posset muscam facere non ~are R. Marston *QD* 446; aves celi . . ~ant sursum et sedent super ramos virides *AncrR* 41; vireo docilis . . sed male ~at Turner *Av.* (1903) 172. **b** nubes ~antes Gosc. *Aug. Min.* 750C; fragmentum illud, repercusso a terra impetu, in oculum percussoris ~avit W. Malm. *GP* IV 183; fedus in ede sacra fumus ubique volat L. Durh. *Dial.* II 496; volant tela Cytherei P. Blois *Carm.* 9. 1; **1214** sagitta . . ~avit juxta manum illius qui portaverat candelam *SelPlCrown* 115; folia sub-

tilissima que qualibet levi impulsu ~ant per aera *Alph.* 142. **c** rumor ubique volans aegros facit undique sanctum / visere Wulf. *Swith.* I 1470; fama ~avit et ~abit Gir. *SD* 18; superbia . . cum aliquando ~are videtur, ad terram cito relabitur Neckam *NR* I 39. **d 1357** omnes illos cignos . . ~antes vel non ~antes quos signo ipsius principis inveniri contigerit esse signatos *Pat* 252 m. 3*d*. **e 1219** quod ~are faciat Refuse falconem . . regis . . cum Blakemanno falcone . . regis *Cl* 401b; **1290** ad faciendum girfalcones suos ~are ad grues *KR Ac* 352/20 m. 2; **1291** cum uno girfalcone regis qui prius ~avit ad heyrones et modo ~abit ad grues *Ib.* 352/26 m. 1.

2 (her., pr. ppl. as adj.) soaring, rising.

aquilae situs triplex, procidens, ~ans, erectus vel expansus. . . ~ans qui a remigio alarum pendet in aere Spelman *Asp.* 127.

3 (of substance) to evaporate, vaporize.

convertet Martem in Lunam et constringet omnes spiritus ~antes M. Scot *Lumen* 242; de spiritibus ~antibus: sunt . . quidam spiritus qui recedunt ab igne et in fumum convertuntur *Ib.* 263.

4 to move swiftly or rapidly, speed along, fly.

secundis flatibus navis tuta ~abat Bede *HE* I 17 p. 34; **798** venit viator ~ando, quaestionariam auctoritatis vestrae habens in manu cartam Alcuin *Ep.* 155; s**892** ibique construunt classem, primnas dant ventis, ~ant rostra ad Anglicas partes Æthelw. IV 3 p. 48; flumen obest precepsque volans in valle profunda / obstat L. Durh. *Dial.* I 291; volantis apri vestigia nare sagaci / promptus ad ista canis certat ubique sequi *Ib.* II 63; rex . . ~at in ejus occursum Devizes f. 29; s**1286** rex . . equitando ~avit . . in litore maris ex parte occidentali *Plusc.* VII 32.

volaria [CL vola+-aria], sort of rod (for beating the palm of the hand).

ferula, palmatoria, ~ia Osb. Glouc. *Deriv.* 240; scolaris . . ferat palmatoriam sive ~iam vel ferulam qua manus puerilis leniter feriatur ob minores excessus Neckam *Sac.* 372.

volatibilis [cf. CL volatilis, volabilis], able to fly, or *f. l.*

passerem modice volatibilem [? l. volitabilem] de tecto ecclesie vidit per inferiora descendere et . . ascellis alternando palpitantibus volitare R. Cold. *Cuthb.* 72.

volaticus [CL]

1 that moves through the air, flying. **b** (of powder) fine, light (so as to be readily carried by or through the air).

corpora daemoniorum . . quando . . volabant vel pugnabant, nullam corporis formam nisi horribilem et ~am umbram videre poterat *V. Furs.* 302; ille qui ~o fantasmate se derideri putaret W. Malm. *GP* I 17; obsessionis die septimo, fortunam scalis erectis temptarunt, in resistentes ~as moliti sagittas *Id. GR* IV 369; Perseum . . regem Asie . . ~um dictum quia navi multas regiones transierit Alb. Lond. *DG* 14. 1. **b** de herbis succi trahantur farine ~e, ossium dactylorum, croci orientalis Gilb. II 85v. 1.

2 fleeting, transient, inconstant.

videtur magis opinioni quadrare ~e quam veritati historice W. Malm. *GP* V 188; plena Spiritu Sancto . . et prolis amor suavis et dulcis, amor non ~us sed eternus Eadmer *Virt.* 585B; bona transitoria et levia et illicita desideria per coturnices, sive volatilia pennata, quia ~a sunt et cito pertranseunt, significari possunt Bald. Cant. *Sacr. Alt.* 747A; magis videtur blandiri opinioni ~e quam stabilitati historice convenire Elmh. *Cant.* 267.

volatilia [CL volatilis+-ia], area or enclosure in which birds are snared or kept, 'cockshoot', fowl-glade (*v. et. volatus* 3, *volatilis* 5).

1220 dicit . . quod ipsa capere fecit cordas suas de quadam ~ia et prostravit eam *CurR* IX 130.

volatilis [CL]

1 able to fly, flying, (also) equipped to fly; **b** (fig., esp. of fame or rumour). **c** (transf., w. ref. to position in layout) 'floating', 'flying'. **d** (of powder) fine, light (so as to be readily carried by or through the air). **e** (*catum ~e*) ? sort of fine linen. **f** (of substance) that is in the form of vapour, (also) that tends or is liable to disperse, vaporize, or evaporate, volatile.

fumus .. locustas effert, quae ..~es et curribus dicuntur similes esse bellantibus BEDE *Apoc.* 158D; inventos omnes passeres albos coadunavit ~es, velut campestres oves *Lib. Landav.* 7; ~es pingi meruerunt [Sirenes] ALB. LOND. *DG* 11. 9; Mercurius .. ~em Virtuti virgam permiserit, ut .. ethereos irrumpere parili posset celeritate E. THRIP. *SS* IV 20; genera animalium sunt .. ~e, et aquaticum, et gressibile BACON V 134; **1383** sex parvos arcus, unam garbam sagittarum largarum .. et unam garbam parvorum petilionum ~ium *Foed.* VII 415. **b** praedicatores .. mittam qui pennis virtutum ~es acumine dicendi penetrabiles arcu .. fidei verbo feriant BEDE *Sam.* 642A; fama .. ~is .. resperserat per Angliam Danos et Noricos in exterminium .. Normannorum conjurasse J. FURNESS *Walth.* 8; fama ~is jam ubique percrebruit R. BURY *Phil.* 8. 119. **c** quicquid .. in margine positum instar ~is glose repererit infra .. DICETO *Chr.* 20. **d** misce cum farina ~i molendini GAD. 6v. 2. **e** coopertorium de viridi sagio .. muniatur, si forte desit purpura vel catum ~e [*gl.*: *curtine*] NECKAM *Ut.* 100. **f** propterea vocavit eam [sc. theriacam] Hermes suum ventum, ob suum a sole et luna proclivem volatum, faciens mox cum eo lapidem nostrum ~em RIPLEY 34; quo minor pars spiritualis, hoc facilior erit dissolucio .. pars altera spiritualis est et ~is *Id. Axiom.* 112; congelatio est .. confixacio .. spirituum ~ium *Ib.* 114.

2 (as sb. n. or m.) animal that flies, (spec.) bird, (also collect.) fowl, poultry.

~ia coeli cognominat scriptura quae volare constat in aere BEDE *Gen.* 25D; **751** de ~ibus .. quae omnino cavendae sunt ab esu Christianorum (*Lit. Papae*) *Ep. Bonif.* 87; c**1175** in carnibus, in piscibus, in ~ibus, et in omnibus aliis rebus que ad cibum pertinent *Act. Hen. II* II 77; ?**1219** die lune .. in cervisia v d., in ~i iiij d., in ferura j d. (*Chanc. Misc.*) *Househ. Ac.* 121; c**1258** item in ~e empto et misso domi contra dominum R. de T. iiij s. iiij d. *Estates Crowland* 204; tam volatilia quam natatilia, / que secant aliis immeabilia, / hec pennis aerem, hec pinnis maria WALT. WIMB. *Sim.* 157; magna coquina in qua ~ia debent assari igne *Leg. Ant. Lond.* 173; c**1336** in volatil' empt' pro presento inde faciendo domino episcopo *Ac. Durh.* 531; c**1424** in j pietancia .. in .. ~ibus feris et domesticis *Ib.* 272.

3 that moves swiftly or speeds along, flying.

s**1430** eodem anno incepit pestilencia ~is in Edenburgh BOWER XV 16.

4 fleeting, transient, inconstant; **b** (med., of morbid condition).

quoties .. aliqua ~is vel umbratilis mundane vanitatis cogitatio cordi irrepsisset J. FURNESS *Walth.* 39; hec vita tantum est ymaginaria / vana, volatilis et perfunctoria WALT. WIMB. *Sim.* 121; laus que volatili sermone texitur / .. / tam cito desinit quam cito nascitur *Id. Carm.* 202; tempus .. ~e est J. WALEYS *V. Relig.* 1 f. 218vb; cogitaciones ~es [ME: *fleonninde*] .. animam .. maculis fedant *AncrR* 108. **b** matrona .. a gutta ~i atque per omnia membra erratica .. est liberata R. COLD. *Godr.* 421.

5 (as sb. n.) area or enclosure in which birds are snared or kept, aviary, 'cockshoot', fowl-glade.

tunc vireta floribus et ~ia cantibus .. resultant GOSC. *V. Iv.* 86D; **1168** piscarias suas et stagnum et paludes et ~ia sue infra ambitum ville *Act. Hen. II* I 368; **1209** habeant .. piscarias suas .. et ~ia sua infra ambulum ville *RChart* 184a; **1263** item ~e galli palustris valet per annum ij s. *IPM* 25 m. 6; c**1310** cultura .. super la *knolle* juxta ~e woodcoccorum *MonExon* 232n.

volatilitas [CL volatilis+-tas], ability or aptness to fly.

ad hec aggarires virge [sc. Mercurii] perperam ~atem calciamentoque non minus inconvenientem alatilitatem E. THRIP. *SS* IV 20.

volatio [LL]

1 (act of) flying, flight.

non intendit Philosophus negare quin ambulacio et ~o sint diverse species OCKHAM *Phys.* II 680; sed ambulacio et ~o continentur sub eadem per se specie hujus generis motus *Ib.* II 681.

2 area or enclosure in which birds are snared or kept, fowl-glade.

1567 escaeta, piscaciones, ~ones, boscos, subboscos *Surv. Pembr.* 142.

volativus [CL volatus *p. ppl. of* volare+-ivus], (of substance) that is in the form of vapour, (also) that tends or is liable to disperse, vaporize, or evaporate, volatile.

quorum [spirituum] quedam sunt subtilia et quedam ~a M. SCOT *Lumen* 240.

volator [LL], one who catches birds, fowler.

1380 G. M., R. W. .. sunt communes ~ores volatilium et injunct' est eisdem quod non vendant aliqua volatilia antequam dominus ea refutaverit *Hal. Durh.* 165.

volatorium [CL volare+-torium], (in gl.) sort of net or cage (for snaring birds).

hoc ~ium, *a schafnet WW.*

volatrix [CL volare+-trix], one (f.) that is able to fly, flier.

quanto plus avis est ~ix et eadem majoris volatus in altum, tanto plus est acre [*sic*] nature M. SCOT *Phys.* 21.

volatus [CL], **~um, ~a, voleta**

1 movement through the air, flight; **b** (fig. or in fig. context); **c** (*~um sumere* or *capere*).

pennigeras volucrum turmas praepeti ~o nimborum obstacula penetrantes ALDH. *VirgP* 21; locusta propter brevem ~um mobilem Judaice gentis animum .. insinuat BEDE *Hom.* I 1. 24C; angelico subvectus in aethra volatu WULF. *Swith.* I 83; venit .. quoddam missile saxum, vehementi ~u conans beati patris caput collidere B. *V. Dunst.* 18; Sanctum .. Spiritum columbina spetie .. ~u sedisse W. MALM. *GP* I 19; navim pennigero ~u super equora .. discurrere faciebat R. COLD. *Cuthb.* 23; de sinu .. glomum fili extraxit et extra .. fenestram projecit, capite fili in manibus retento ..; mox .. glomum agili ~u .. subsecuta est COGGESH. *Chr.* 123; auguria .. ut sternutatio ossitantis obviatio ~us avium M. SCOT *Phys.* 57 f. 18va; **1272** pro capcione unius anatis in primo ~u austurci nostri *Liberate* 48 m. 9; non est major vis contra coactionem libere voluntatis a prescientia quam circa ~um musce R. MARSTON *QD* 446; propterea vocavit eam [sc. theriacam] Hermes suum ventum, ob suum a sole et luna proclivem ~um RIPLEY 34. **b** crebro contemplationis ~u celestia petere BEDE *Gen.* 105B; in vestrum paternitatis alvearium .. praepeti ~u revehere et condere curabo B. *Ep.* 387; fiebat ad nos .. ~us multifarius voluminum optimorum R. BURY *Phil.* 8. 144. **c** **1333** cum .. idem falco ~um suum ultra ripariam .. eirando cepisset *CoramR* 294 r. 62; tunc rex elatum sumpsit quasi falco volatum GOWER *CT* II 51.

2 swift or rapid movement, rush.

antemne gravidus stipes roburque volatus / sustinet *V. Ed. Conf.* f. 40v; deinde reducta citum rescindit habena volatum, / quodviscunque tuus velle videtur equus L. DURH. *Dial.* II 209.

3 area or enclosure in which birds are snared or kept, 'cockshoot', fowl-glade (*v. et. volatilis* 5, *gallivolatus*).

a**1163** et unam croftam et ~am quam H. presbiter solebat habere *Cart. Osney* IV 30; **1205** brutias que sunt inter voletam de L. et altum chiminum *Pipe* 34; **12..** unam partem bosci .. sicut per certas divisas separatur per viam inter boscum nostrum .. et ~um Ricardi *FormA* 378; **12..** unum piscarium in Merse cum uno volet' in bosco de T. *AncD* A 11977; **1255** de ~is idem Johannes in dominicis boscis facit suum placitum *Hund.* I 22a; **1263** item ~a ad *wyndecokes* capiendos valet per annum ij s. *IPM* 25 m. 4; **1266** de S. le S. .. pro una acre terre, iiij d. ob., de R. B. pro una particula prati, iiij d. de T. le B. pro uno ~u, j d. *IMisc* 13 m. 12; c**1282** in bosco plano, in acquis pascuis et pasturis, in viis servitiis, voleis, et piscariis (*Ch.*) *MS John Rylands Library GB 133 RYCH/1385*; ?c**1282** pro quibusdam terris, una piscaria, et uno ~u *Cart. Chester* 692; **1300** item sunt in parco predicto quedam ~e que dicuntur *cokshetes* et valent per annum xij d. (*IPM*) *Arch. J.* V 118; **1347** de ~u nihil quia null' in parco *Ib.*

4 (in measurement of cannon) ? length of barrel.

1435 unum aliud voglare cupreum octo pedum de longo de voleta, munitum una camera *Collect. W. Worc.* 567; **1435** unum aliud voglare cupreum munitum duabus cameris, septem pedum de voleta *Ib.*

volea v. volatus. **volemis** v. volemum.

volemum [CL], **~us,** kind of large pear, warden.

crustumie vel volemis vel insana vel melimendrum, *healfreade peran* ÆLF. *Gl.*; hoc ~um, *parmain WW Sup.* 34; est et †volenium [l. volemum] pirum OSB. GLOUC. *Deriv.* 196; tempore autumnali, ~a cum mespilis, cidonia cum malogranatis, variique fructus arborum generosarum visum confortabant NECKAM *Eccles.* 80vb; volema volemi / si fuerint lento cocta calore placent *Id. DS* VIII 139; non turgent turgidis volemis carices, / nec cautes cerasis nec fragis frutices WALT. WIMB. *Sim.* 177; hec volemus *a warduntre*, hoc ~um fructus ejus *WW*; *a wardon'*, ~um, crustunum *CathA*; **1508** item pro volenis q. di. v d. (*Ac. W. Ingram*) *DCCant.* MS C 11 f. 118a; Lambyth rectoria .. in decima pomorum, pirorum, et ~orum per annum, ij s. *Val. Eccl.* II 64.

volemus [cf. CL volemum], kind of pear tree, warden tree.

ecce volema duo peperit tibi nostra volemus / cetera si gratum fuerit peperisse volemus. hec volemus pro arbore, hoc volemum pro fructu J. BATH 281; que vola vix claudit oblonga volema volemi / si fuerint lento cocta calore placent NECKAM *DS* VIII 139; hec ~us, *peremainer Gl. AN Ox.* 550; hec ~us, *a warduntre* .. *perwarduntre* .. *permayntre WW*; salix volemus [ME: *wardentre*] tremulus castania quercus *WW*; *a wardon' tree*, ~us *CathA*; quoad unum ~um et ij prunos de arboribus predict' dicit quod .. eadem ~us et pruni tempore succis' earundem aride fuerunt et mortue *Entries* 692ra.

volenium v. volemum.

volentia [CL], (act of) willing, volition, will.

sciat nos hoc opusculum non tam ~ae [*gl.*: i. e. voluntatis] quam oboedientiae gratia incepisse FELIX *Guthl. prol.*; non .. sine licita ~a viri Dei locum nidificandi sibi eligere presumebant *Ib.* 39; generalis Dei ~a sive volucio BRADW. *CD* 669A; quod eos recipiat ad suam bonam ~am et sibi reddant totum quicquid captum fuit *Tract. Ed. II* 18; s**1048** non vestra ~a sed mortis violentia patrem vestrum nuper perdidistis *Croyl.* 63.

volenum v. volemum.

voleynum [cf. CL volatus], area, enclosure, cage, or net in which birds or fowl are snared or kept, 'cockshoot', fowl-glade (*v. et. volatus* 3, *volatilis* 5).

c**1275** unum voleyn' in bosco de Tranemul *MS John Rylands Library GB 133 RYCH/1400.*

volga v. voga.

volgius [dub.], *sens. dub.*

c**1180** invenient unum hominem cum volgio ad ducendum sumarium ejus et ad logiam suam faciendam *Cart. Shrews.* II 253 (cf. *Antiq. J.* LVII 134).

volgonium [cf. voga, volga], sort of knife or hatchet, twibill.

posita est .. juxta ligatum sarcinula pellium, lene, lintei, toge, cum ferramento quod volgonium vulgus appellat W. CANT. *Mir. Thom.* II 3 (cf. BEN. PET. *Mir. Thom.* IV 2 p. 175: terebro, bisacuta, reti, vestibusque nonnullis .. colligatis).

volibilis [CL velle+-bilis], **2 volubilis,** that can be willed or desired.

Deus .. sicut .. non esset omnisciens nisi sciret omne scibile, nec omnipotens nisi posset omne possibile, ita non debet dici omnivolens quod non vult omne ~e MIDDLETON *Sent.* I 400a; quodcumque bonum ~e potest voluntas habere objectum DUNS *Ord.* II 50; non .. oportet quod voluntas servet illum ordinem in actibus suis qualem ~ia nata sunt habere ex natura sua *Ib.* II 98; omne siquidem per se volubile et amabile a bono et sapiente est aliquo modo bonum BRADW. *CD* 251A; hoc nunc non esse est volubile ab homine, et aliquando fuit volubile a Deo, quia non est simpliciter et per se non volubile seu involubile ab eo, et nunc non est volubile a Deo, sed non volubile seu involubile *Ib.* 751A; sufficiencia cum respectu cujuscunque ~is sive habibilis WYCL. *Mand. Div.* 20; Deus est maximum intelligibile atque ~e *Id. Ver.* II 117.

volibilitas [volibilis+-tas], capacity for being willed or desired.

tunc oportet ponere non ~atem ex parte objecti sicut incompossibilitatem DUNS *Ord.* VII 67; ratio inferior possit ostendere cum circumstantia illa ~atis, quia alias ratio inferior practica non posset dirigi per principia sumpta a fine nobiliore *Ib.* IX 531.

volificare [CL velle+-ficare], to cause (will) to be wanted.

lignum non calefaciet se nisi alio presente 'sine quo non', sicut per te voluntas non ~at se nisi presente objecto per cognitionem DUNS *Ord.* III 312; vel forte numquam calefaciet aliud, sicut nec voluntas ~at aliam voluntatem *Ib.*; presentibus diversis lignis igni, similiter dispositis, omnia calefiunt, presente eodem objecto diversis voluntatibus non omnes similiter ~antur *Ib.* III 313.

volitare [CL]

1 (of winged creature) to fly (about), flit, flutter; **b** (of projectile, thing borne by or streaming in the wind, or sim.); **c** (fig. or in fig. context, esp. of fame or report).

vos licet effugeret volitantum more strepentes / aucarum WULF. *Swith.* I 552; aquila .. pullos suos ad volandum provocat, super eos ~ans HON. *Spec. Eccl.* 958A; brucus .. cum ceperit ~are, vocatur athelebus J. SAL. *Pol.* 590C; passerem .. vidit .. per herbarum amena virecta .. ~are R. COLD. *Cuthb.* 72; mira res est volitante / equo, hasta sanguinante GARL. *SM* 440; s**1346** alites, sc. corvi, cornices .. supra Francorum exercitum ~arent WALS. *HA* I 268. **b** cum mihi caesaries volitent de vertice crispae ALDH. *Aen.* 100 (*Creatura*) 46; [equo] cui per colla jubae volitant, tumet ardua cervix ALCUIN *SS Ebor* 180; continuo insonuit percussis cudo metallis / malleus et vacuas volitans cum verberat auras / jam coenam fratrum peditans culdarios ornat ÆTHELWULF *Abb.* 304; toxica loetiferae volitant quo tela pharetrae FRITH. 1082; ut vexilli Boamundi lingulas in ora Turcorum ~are faceret ORD. VIT. IX 9 p. 527; in fluctuatione nubium ~antium et descensu aquarum ANDR. S. VICT. *Hept.* 222; forte de ignitis hinc inde discurrentibus jaculis aliqua in cor meum scintillula ~abit amoris J. FORD *Serm.* 53. 1; tunc volitant palee vento frondesque caduce GARL. *Tri. Eccl.* 31; c**1370** Galli terga dabunt catapulte dum volitabunt (J. BRIDL.) *Pol. Poems* I 198, 200. **c** septena alarum me circumstantia cingit / vecta per alma poli quis nunc volitare solesco TATWINE *Aen.* 1 (*Philosophia*) 2; **1164** omnia que per ora populi ~abant studiosissime dissimulabam J. SAL. *Ep.* 134 (136); fama bonitatis sue .. per ora provincialium crebius [*sic*] ~abatur *Chr. Witham* 498; utrum .. res hominum ceca vagis ~ans pennis fortuna regat GIR. *Galf. intr. I* p. 357; ille debet penitere / cujus bursa caret ere, / cujus bursa volitat WALT. WIMB. *Van.* 60.

2 to move about or go swiftly or rapidly, rush around (also transf.).

dixerat, et properis volitabat gressibus inde / nuncius *Mir. Nin.* 121; huc et eo volitans [canis] et duce nare sequens L. DURH. *Dial.* II 68; incentiva libidinis illum adduxerant et mentem illius titillabant, ad quam explendam totus effrenis et preceps ~abat R. SHREWSB. 2; supplicans .. majestati regie, sub cujus umbra vivo et ~o AD. USK 86; c**1250** fax .. vagante manu et inconsiderata sub ~antibus oculis aut conniventibus portabatur J. GODARD *Ep.* 227.

volitas [cf. CL volare, volitare], (act or practice of) flying, flight.

terrigenas [internas] Deum celeres volitatis heroes *Trop. Wint.* 115.

volitatio [LL], (act of) flying (about), flight.

motus .. diversimode figuratur spatium .. sicut patet in saltatione et ~ione et ambulatione BACON XIII 306.

volitellus, *var. sp. of* buletellus.

pollen volitello excutitur; postea farinam aqua conspersam pinsit pistor et malaxat NECKAM *NR* II 170; volitello subtiliatur farina *Id. Eccles.* f. 90b.

volitio [CL velle+-tio], **2 volutio,** act, fact, or faculty of willing, will, volition.

notitiam .. que extenditur ad ~onem ultimi finis tantum DUNS *Ord.* I 189; notitiam conformem ~oni recte priorem naturaliter ipsa ~one *Ib.* I 211; illa ~o non est voluntaria .. licet sit a voluntate quia non est imperata a voluntate sed tantum elicita T. SUTTON *Quodl.* 369; cognicio dicit propter quid respectu ~onis *Quaest. Ox.* 349; puta de intelleccione, volucione, memoria .. et similibus BRADW. *CD* 78B; intelleccio nostra et cogitacio et ~o possunt sufficienter approximari intellectui angelico OCKHAM *Quodl.* 342; Deus potest facere .. ~onem sine voluntate et ~onem sine intelleccione *Id. Dub.* 123; quelibet volucio est accio propria voluntatis RIC. ARMAGH *Sent.* 413; intelleccio, volucio, et nolucio vocantur actus potenciarum non organicarum WYCL. *Act.* 19; cum ~one et consensu suo ac collegii WALS. *HA* I 359.

volitivus [CL volitus *p. ppl. of* velle+-ivus], **volutivus,** (phil.) of, pertaining to, or capable of the exercise of will, volitional, volitive (*v. et. voluntivus, voluntativus*). **b** (w. inf.) willing (to).

virtus .. ~a, que est voluntas *Ps.*-GROS. *Summa* 381; ipsa voluntas semetipsa cum semetipsam [*sic*] realiter applicat ad volendum; velle enim est finis potencie ~e MIDDLETON *Sent.* I 18b; potencia volutiva seu appetitiva proporcionatur potencie cognitive seu apprehensive a qua movetur BRADW. *CD* 522C; caritas vel est simpliciter potencia ~a circa illud objectum, vel pars potencie ~e DUNS *Ord.* II 96; Deus est .. unum optimum positivum, ordinativum, intellectivum, volutivum WYCL. *Act.* 90; si sit natura racionalis tunc est ~a *Id. Dom. Div.* 8; habet .. anima tres potencias, viz. intellectivam, ~am, et memorativam, que secundum omnem suum appetitum in celesti gaudio saciabuntur *Spec. Incl.* 4. 3 p. 136; illuminacio passiva viancium de ordine inferiori dependere debet complete a ~a viancium in ordine superiori BUTLER 407. **b** aliter .. non esset dare quam productivus esset Deus hominum, cum non sit precise tam causativus hominum sicut est conservativus hominum, nec tam conservativus individuorum alicujus speciei quam ~us est conservare eadem WYCL. *Log.* II 84.

volk' v. welkus. **volnerare** v. vulnerare. **volneribus** v. volucris.

volo [CL = *volunteer*], (understood as) hanger-on.

divitibus cunctis videas adstare volones / ut modo nec Gnatho possit habere locum. / si doleat dives cupidus spoliante volone, / quis doleat? J. SAL. *Enth. Phil.* 1687; infelix [sc. domus] equidem nimis est et preda volonum / que reicit veteres, non fruitura novis *Ib.* 1715; **1169** et ad singula ~es suos, in assertionis suae testimonium, clericos et laicos producebat *Id. Ep.* 285 (288).

velociter v. velociter. **volontas** v. voluntas.

voloptare [cf. ME *walopen*], (in gl.) to gallop.

walloppyn, as an hors, volopto *PP.*

voloptatio [voloptare+-tio], (in gl.) act of galloping.

waloppyng, of hors, voloptacio *PP.*

volsella [CL], sort of (small) pincers or forceps, tweezers.

delicatissime vestitus .. erectus ad sistrum pilos luxuriantes volsella [MS: volsello] castigat. capud pectine planat E. THRIP. *Collect. Stories* 232.

volsura, vousura [AN *vousure*, ME *vousour*; cf. CL volvere], (arch.) arch, vault. **b** ? wedge-shaped stone used in building arch, voussoir.

fecit dealbare ~as in retro choro SWAFHAM 107; frontem ecclesie a fundamento usque ad ~am construxit M. PAR. *Maj.* VI 90; **1278** pro clij navatis crete ad calcem ardendam et pendantes ad vosuras fac' (*KR Ac*) *Building in Eng.* 115; **1284** pro iiij navibus crete empt' ad voussuram Turrell' versus S. Katerinam *KR Ac* 467/9 f. 8; magnetes lapides arcus in ~a circumquaque habebantur GREG. *Mir. Rom.* 9; **1291** una vousura inter predictas portas de longitudine xxviij pedum de tribus boutellis .. ex lapidibus cementatis *KR Ac* 486/7; **1330** [*timber ready prepared for the upper*] †vensura [l. veusura] J. T. Smith, *Antiquities of Westminster* (1807) p. 207; c**1346** [*upper*] vesura [*of the same chapel*] J. T. Smith, *Antiquities of Westminster* (1807) p. 208; **1347** indentura .. *mason* de fousura capelle S. Stephani Westm' *CalExch* I 164; **1348** in .. bordis emptis pro *cyntres* pro gradibus et vausuram infra magnam portam *KR Ac* 462/16 f. 7d.; **1381** vousura lapidea chori monasterii .. confracta est et ruinosa *CalIMisc* IV 139. **b** **1253** de .. folsuris chanferitis .. folsuris rotundis .. folsuris cum filo (*KR Ac*) *Building in Eng.* 115; **1253** pro viij pedibus de folsuris rotundis pretium pedis iij d. item pro xij pedibus de rotundis folsuris cum *filet* pretium pedis iij d ob. *Ac. Build. Hen. III* 254.

volsuratus, vousuratus [volsura+-atus], covered or roofed by vault(s), vaulted.

1270 placeam .. que nondum vousurata est set asseribus cooperta *Liberate* 46 m. 1.

volta, vouta [AN, ME *volt(e), vout(e)*; cf. CL volvere]

1 (arch.) arch or arched structure covering space in building, vaulted roof-structure or ceiling, vault(ing); **b** (transf., in pattern in cloth).

ecclesiam .. igne consumptam .. reparando .. lapideis .. ~is primus involvit GIR. *Rem.* 7; in quadam camera que fuit sub vouto et in claustro *Flor. Hist.* III 26; **1392** vj s. viij d. pro vaut' chori reperand' et dealband' *Invent. Ch. Ch.* 113; tectum cum electo meremio et ~a arcuata *G. S. Alb.* II 115; **1403** volo .. quod executores mei corpus sive medium ecclesie supradicte .. in muris, fenestris, et valto .. secundum .. formam .. novi operis .. nunc incepti .. refici faciant (*Test.*) R. Lowth, *The Life of William of Wykeham* (1758) p. 386; deambulans incaute supra valtas ecclesie in novo opere campanilis .. cecidit in pavimentum ante porticum STONE *Chr.* 12; **1483** ad magnam collegii portam devenerunt .. divisis ex utraque parte sub ~a sociis *Reg. Merton* 10; c**1513** pro .. reparac' .. ~e latrinarum de le *gesthous Ac. Durh.* 161; **1533** pro reparatione vaulte ultra scrinium sancti Swithuni *Comp. Swith.* 217 (cf. ib. 219: pro reparatione dicti valti). **b** **1317** unam mitram de perlys cum ~is deauratis et amalatis plenis lapidibus preciosis *Reg. Heref.* 41.

2 area, space, or part of building covered by vaulted roof-structure or ceiling, vault (esp. applied to lower or underground storey, used as storeroom, burial chamber, place of safe keeping, or sim.). **b** covered conduit or sewer.

in ecclesiam .. illati sunt et in aquilonali parte super voltum singuli sub singulis ligneis locellis .. positi sunt EADMER *Breg.* 833C; **1212** xliij mil' marc' de thesauro nostro .. que sunt in vouta nostra forinseca apud Bristollum *Cl* 123b; **1228** xiij cofras .. que sunt in custodia vestra super votam ejusdem capelle *Pat* 189; **1233** diligentiam ad Hubertum de B. custodiendum in vouta in qua prius erat *Cl* 326; c**1250** item omnes vulte sub dormitorio in disposicione conventus remaneant *Ord. Ely* 2; **1251** bassa garderoba .. lambriscetur et in ea fiat una vouta lapidea in qua possint ciste et reliquie nostre deponi *RL* II 66; sub hac camera ~a fortis erigitur ubi nunc est cellarium vini *Chr. Evesham* 287; celebravit missam in uno fornace sive ~a *MonA* VI 1148a (v. 2 fornix 2); **1290** de ix sol. annui redditus de una wolta in Suthampton *Reg. Wint.* II 701; duo equos .. in eorum dormitorio quod est in ~a salvaverunt OXNEAD *Chr.* 270; c**1419** pro factura unius fenestre in ~a australi *Ac. Durh.* 406; de primo tenemento cum ~a ad finem occidentalem capelle .. super pontem *Ib.* 967; **1492** domus .. distruitur in superiore parte, viz. lignis et tegulis, et domus inferior, viz. ~a, occupatur cum rebus regis *ExchScot* 331; **1560** ecclesiam nostram .. unacum omnibus capellis, granariis, vautis sive locis subterraneis *Pat* 958 m. 15. **b** ?c**1460** pro mundacione claustri .. et pro escuracione vawte, xx d. (*Audit. R. Eton*) *Arch. Hist. Camb.* I 405n; c**1471** pro excuracione ~e subteranee et purgacione latrine puerorum (*Audit. R. Eton*) *Ib.* I 414n.

voltare [volta+-are], to construct vaulted roof or ceiling over, to vault.

1244 unam cameram privatam pulcram et bene ~atam tam in superiori stagio quam in inferiori *Liberate* 20 m. 13; stabula pro equis imperatoris bene ~ata et columpnis marmoreis decorata *Itin. Mand.* 10; capella .. solemniter ~ata contigue ad partem australem chori BOWER XV 13; claustrum .. semivoltatum ~avit in integrum *Reg. Whet.* I *app.* 452; tres claustri archuati et ~ati sunt prope ecclesiam scite W. WORC. *Itin.* 288; coquina .. ~ata *Ib.*; aulam cum lardnaria et granariis ~atis *Extr. Chr. Scot.* 204.

volticium [volta+-icium]

1 arched roof or ceiling.

1276 [*at Rockingham castle .. 8 l. of tin bought for joining and mending the gutters over the vaulting*] ~ium (*KR Ac*) *Building in Eng.* 267.

2 area or space covered by vaulted roof or ceiling.

ponatur .. cereus accensus .. super ~ium ante ipsius beati Michaelis altare *Cust. Cant. Abbr.* 268.

volticula [volta+-cula], little vault.

eum reclusum in quadam parva ~a in dicta turre conservantes usque ad finem vite *Plusc.* X 17.

voltum v. volta.

voltura [volta+-ura], vaulted structure, vault (-ing).

1302 in ij clavis taillandis ad ~am ad tascam *Fabr. Exon.* 18; **c1328** pro ij *cheynes* ij ped' long' fac' de ferro B. Petri pro ~a ad novam fontem (*Fabr. Exon.*) P. Freeman, *Architectural history of Exeter Cathedral* (Exeter 1873) p. 134 (cf. *Fabr. Exon.* 215).

volturnalis [CL], east, eastern.

quarta via dicitur Rikenildstreat, tendens ab Africa in Boream ~em OTTERB. 6.

Volturnus [CL], **Vulturnus,** south-east wind. **b** south-east. **c** (in gl.).

a dextris Vulturnus, qui et Calcias, cuncta desiccans; a sinistris Eurus, nubes generans BEDE *NR* 218; responsum est ei boream .. fore prosperum. at ille asseruit credere se Vulturnum ceteris destinato cursui esse gratiorem *Canon. G. Sempr.* f. 81; secundus cardinalis Subsolanus habet ventum a dextris Vulturnum nomine J. FOXTON *Cosm.* 16. 1. **b** ecclesia .. bis quaternas portas .. habet, e quibus quattuor ad vulturnum et quattuor ad eurum spectant BEDE *HE* V 16 p. 100; **833** Asmictoft, qui est angulus et meta dictae insulae contra vulturnum *CS* 409 (=*Croyl.* 9). **c** Wlturnus, *the north wynde* [*sic*] *WW.*

1 volubilis v. volibilis.

2 volubilis [CL]

1 capable of or engaged in circular motion, turning, revolving, rotating, rolling, or sim; **b** (fig. or in fig. context). **c** (of fabric item) that can be folded or turned inside out, reversible.

totius creaturae quam ~is et agilis polorum vertigo et bina cingunt emisperia ALDH. *Met.* 2 p. 63; **9..** cilindrus, lapis ~is vel rotundus *GlH* C 1000; sunt [equis] oculi grandes, coma densa, volubile collum L. DURH. *Dial.* II 199; si celum ~e est, num cum ipso circumeunt habitatores? .. quomodo autem inerunt ~i nisi simul voluti? PULL. *Sent.* 719B; volvitur orbis / raptibus eternis, totusque volubilis axem / circuit immotum *Ib.* VIII 336; testatur volubilis / Ixionis rota NECKAM *Poems* 117; cujus caput est valde ~e hinc et illinc significat hominem fatuum M. SCOT *Phys.* 78; **1456** ad cujus quidem alte vie introitum quedam porta ~is .. extitit *Pat* 482 m. 9*d*. **b** sic vergente ~i rota fortune de solio regni rex precipitatus est ORD. VIT. XIII 43 p. 128; videas eam [fortunam] ibi rotam versare ~em J. SAL. *Pol.* 545D; qui primo das motum mobile / cujus motu sphere volubili / revolvuntur raptu meabili / te puelle committis humili J. HOWD. *Ph.* 14; tu domina fortuna que gratanter respicis ad tuos .. in alto positos, sicque permittis eos .. cum ~i impetu devolvi ab alto *V. Ric. II* 168. **c** dalmatica .. ~is ac replicabilis at tamen pro spissitudine sua .. ad rigorem pristinum per se reductibilis R. COLD. *Cuthb.* 42.

2 (of plant) that twists, twining. **b** (as sb., also w. var. adj., *e. g. major, minor*) climbing, twining plant, e.g. bindweed (*Convolvulus*), honeysuckle (*Lonicera*), or woodbine. **c** (*~a minor*, understood as) celandine (*Chelidonium* or *Glaucium*). **d** (as sb., esp. w. *major*) honeysuckle (*Lonicera*), woodbine, or sim. plant.

byynd or wodebinde .. vitella vel edera ~is *PP.* **b** corigiola, respice in ~is et in pepe spermate et in proserpinata *Alph.* 44; ~is, corrigiola idem, arbores parvas et herbas ligat .., A. *berebinde Ib.* 192; corrigiola, ~is minor *SB* 17; ligustrum est quasi agreste lilium, i. flos minoris ~is ascendens sepes *SB* 28; **13..** ~is major, minor, media, *wodebynde MS BL Sloane 2479* f. 106v; ~is agrestis, *wylde lylye MS Bodley Ashmole 1447* p. 216; **14..** ~is major, *wythwynde*, ~is minor, *wodebynde MS BL Sloane 3545* f. 11r; **14..** ~is media .. *honisouke MS BL Addit. 18752* f. 115r. **c** memitha, i. ~is minor secundum Gerardum *Alph.* 114. **d** recipe foliorum viol' .. branceur' paritarie ~is majoris .. GILB. II 85. 1; caprifolium, oculus lucii, pericleion, mater silvana, ~is major idem *Alph.* 29; ponantur super ipsum [dentem] folia ~is majoris que optima sunt GAD. 120. 2; oculus licii i. ~e majus, i. caprifolium *SB* 32; ~is, caprifolium, mater silvarum, oculus licii, idem sunt *SB* 43.

3 liable to (swift) change, unstable, mutable. **b** (of person) unstable, inconstant, unsteadfast.

984 cum .. Dei providente gratia de hoc ~i mundo migraverit *Ch. Burton* 24; Eormenredus .. absque imperii dominio in hujus caducalis permansit ~i stadio BYRHT. *HR* 2; discurrentes instabilem ~is seculi rotatum .. varium subierunt eventum ORD. VIT. V 19 p. 445; volubilis annus, / triste gelu removens, ver cito lene dabit L. DURH. *Dial.* III 15; fortuna volubilis errat, / et manet in nullo cotidiana loco GOWER *VC* II 164. **b** ~is quidquid vidit totum desiderat *GlC* V 274; dispersi fuerunt per loca deserta et .. sine omni defensore ~es usquequaque et instabiles vagabantur *Flor. Hist.* I 463; S. de M., cum suis flexibilibus Pictavensibus et G. de S. cum suis ~ibus Flandrensibus *Ib.* II 155.

4 (of tongue, speech, or sim.) voluble, flowing, chattering.

inportuna lingue ~is dicacitate arguentem eam .. reddebat AD. EYNS. *Hug.* V 8; o quanta cecitas est in divitibus / qui linguis lubricis et volubilibus / laudari gestiunt WALT. WIMB. *Palpo* 49.

volubilitas [CL]

1 capacity for or engagement in circular motion, turning, revolving, rotating, rolling, or sim; **b** (transf., fig., or in fig. context).

planetarum dispar ~as ALDH. *Met.* 3; evangeliorum libri .. rotis comparantur quia sicut ~as rotae .. currit ita sermo evangelicus .. universas .. plagas implevit BEDE *Templ.* 794C; turrim .. compaginatam rotarum ~ate muro pene conjunxere W. MALM. *GR* IV 369; sciens sane quadrigarum ~atem, quia volubiles eas ab ipso filio hominis lego non immerito nuncupatas J. FORD *Serm.* 60. 13; quia rotundus non habet angulos in quibus possit impediri, ~ate sua mobilius redditur BART. ANGL. IV 3; ad hoc .. sunt necessaria viscerum rotunditas, gibbositas, et ~as *Ib.* V 42; qui accidunt in hoc mundo ex corporum superiorum ~ate ASHENDEN *AM* f. 1ra. **b** **979** (12c) rotunda seculorum ~as tabescendo evanescit *CD* 622; hoc omni ebdomada si dies vacat, hoc cum se ad ejus obitum anni ~as versat W. MALM. *Wulfst.* III 24; quia ibi temporis ~as, que diebus dies succedere facit, unde appellatur cotidie, nulla erit ROB. BRIDL. *Dial.* 85; omnes fortune adverse sprevit insultus et rote versatilis ~atem .. calcavit GIR. *JS* IV p. 225; **s1234** ~atem rote fortunalis M. PAR. *Min.* II 365.

2 changeability, instability, mutability.

si aestimetur quod [Deus] rebus a se factis ipse non dominetur .. sed sola casuum inordinata ~ate regantur ANSELM (*Mon.* 80) I 87; sic de presentis evi ~ate et rerum turbida variatione vaticinatus est ORD. VIT. XII 47 p. 489; de cujus virtute mentiri erubesceret fame ~as W. MALM. *GP* II 83 p. 184; **s1239** quanta ~ate fortuna aulicos exagitat et ocillat M. PAR. *Min.* II 423; a ~ate [ME: *turpelnesse*] mundi ire sepe debemus ad confessionem *AncrR* 124.

3 flexibility, versatility (in quot. of syntax).

Jerarchiam Dionisii Ariopagite in Latinum de Greco verbum e verbo transtulit. quo fit ut vix intelligatur Latina littera, que ~ate magis Greca quam positione construitur nostra (*V. Aldh.*) W. MALM. *GP* V 240.

4 (of tongue, speech, or sim.) fluency, volubility.

propheta .. partem quodammodo caecam et inmundam linguae blandientis ~ate contegit BEDE *Apoc.* 160A; prelocutor regis .. homo lingue ~ate facetus EADMER *HN* p. 68; potens in seculo et oris ~ate promptus esset W. MALM. *GP* III 133; non solum dicendi celebritate, sed Latine locutionis ~ate nitescere posse materiam P. BLOIS *Serm.* 750D; sin .. tanti eloquii torrens et lingue ~as in verbo offenderit GIR. *GE* I 51.

volubiliter [CL = *fluently*], (in list of words).

volubile, unde ~er adverbium, et hec volubilitas OSB. GLOUC. *Deriv.* 615.

volucer [CL]

1 that is able to fly, that flies or moves through the air, flying (also fig.).

volare dicitur quia fama ~cris est ALB. LOND. *DG* 14. 3; Partha sagittatrix volucres post terga sagittas / delegare choros prefugitiva docet GARL. *Epith.* IX 57.

2 swift, rapid.

quo discunt meritis pia pectora justis / haudquaquam volucri sub tempore quaerere laudem BEDE *CuthbV* 702; volucres rotas [*gl.*: *fleogende hweowlu*] *GlP* 262; ruptis frenis et de manu porro rejectis ~cri cursu sessorem regem equus asportat OSB. *V. Dunst.* 18; ~cri cimba in tractum sagitte a terra abrepta GOSC. *Transl. Mild.* 15; emergens .. ~cri celeritate a fossa *Ib.* 23; ignis .. ~cres flammas effusius dilatabat R. COLD. *Cuthb.* 45; celeri et ~cri divina cogitacione perlustrat BACON *Mor. Phil.* 124.

3 transient, fleeting, inconstant.

non potest volucre vanumque verbulum / substantis fieri laudis vehiculum WALT. WIMB. *Carm.* 203.

volucricium [cf. CL volucris], (in gl.) birdcage, or *f. l.*

a cage, catasta volucricium [? l. volucrum] *CathA.*

volucris [CL], **~cer,** living thing that can fly, insect, bird, or sim.

nulla esset omnimodis praeter .. bestiarum ~crumque ventres in medio sepultura GILDAS *EB* 24; infandus volucer sum, et nomen habebo Pelasgum HWÆTBERHT *Aen.* 57 (*Strutio*) 1; rumor ille ocior qualibet ~cre totam urbem Lundonie pervolans ORD. VIT. VI 10 p. 131; Pierie volucris J. EXON. *BT* IV 236; de ccc volacrubus qui vocantur *poffonys* debitis ad eandem portam pro manerio *Capt. Seis. Cornw* 10; curia jam volucrum frondosa palatia plausu / concelebrat GARL. *Epith.* VI 7; **1381** pro pictura unius ~cris S. Cuthberti pro exemplare pro *le rerdos*, xij d. *Ac. Durh.* 591; **1419** Johanni J. pro j cage de ipso empta pro †voluere [l. volucre] regine vocata Jay, ij s. (*KR Ac*) *JRL Bull.* XXVI 92; **1430** unum vestimentum sacerdotale de panno rubeo powderato cum ~cribus aureis *Reg. Cant.* 478; **1460** [*a gold herse cloth with*] †volneribus [l. volucribus] et rotis [? l. ratis] (*Prerog. Court Cant.*) *EHR* XXV 720.

volucritare [CL volucris+-itare], to fly (about), flutter.

missum .. in igne sudarium veloci raptu aufugiens evolat et in summo aere diutissime quasi ludendo ~ans, ad ultimum .. se leviter in cujusdam de Christianis sinu deposuit (BEDE *De locis sanctis* 4) *CCSL* CLXXV 260.

volucrosus [CL volucris+-osus], abundant or rich in birds.

altera regia Phebi / Parisius .. / .. / plena feris, piscosa lacu, volucrosa fluentis HANV. II 490.

1 volucrum [LL], (*~um majus*) woodbine, honeysuckle (*Lonicera*).

periclimenon, Romani ~um majus, herbariorum vulgus caprifolium et matrisylvam nominant, Angli vocant *wodbynde* TURNER *Herb.* (1965) 55.

2 †volucrum, *f. l.*

corrugata fronte, compressis labiis .. totus colligebatur in †volucrum [l. in involucrum]; nunc membratim circumquaque distensus .. W. CANT. *Mir. Thom.* VI 9.

voluere v. volucris.

volumen [CL]

1 roll, book, volume; **b** (of spec. format or dimension); **c** (w. ref. to text, content, or sim.); **d** (fig. or in fig. context). **e** part or subdivision of text, volume, book. **f** charter, deed.

septena sigillati ~inis signacula transactae praefigurationis misterium continentia [cf. *Apoc.* v 5] ALDH. *Met.* 2 p. 65; multa .. infortunia, que si .. scriberentur omnia, ingentia replerent ~ina ORD. VIT. IV 19 p. 298; **1287** simplices .. qui neutrius juris girarunt ~ina *Conc. Syn.* 1045; circa claudenda et aperienda ~ina sit matura modestia R. BURY *Phil.* 17. 217; **c1377** liber diversorum memorandorum civitatem Ebor' tangencium et in hoc ~ine irrotulatorum *Mem. York* I 1; **1495** lxx ~ina in asseribus bene ligata (*Necrol.*) *Mon. Francisc.* II 139. **b** si virtutes ejus percurrere velim, in magni ~inis librum hec una excrescet materia J. SAL. *Met.* 946A; psalteria aliosque libros parvi ~inis *Cust. Westm.* 150; **1432** iij gradalia magni ~inis *Reg. Glasg.* 335. **c** ea quae .. vel in hoc ~ine vel in libello gestorum ipsius conscripsi BEDE *HE pref.* p. 7; **787** ex sacrorum ~inum testimoniis certum tenemus *CS* 251; enumeratis triginta sex ~ibus que in septuaginta octo libris edidit W. MALM. *GR* I 56; ~en mortuorum super altare dissolutum palam expanditur ORD. VIT. III 7 p. 100; Moyses recitat populo ~en legis in exodo AD. DORE *Pictor* 156; multiplex numerus modorum ~inum .. est quoddam ~en continens quadrupla ut 'viderunt' et 'sederunt' que composuit Perotinus Magnus *Mens. & Disc.* (*Anon. IV*) 82. **d** carnis [sc. Christi] expande generose volumen / versans videbis undique rubricari J. HOWD. *Cant.* 339; ut nos ascribat vitae volumine Christus *Mir. Hen. VI* I *prol.* **e** Machabaeorum liber, qui in duo ~ina scinditur J. SAL. *Ep.* 143 (209 p. 322); opus .. pro magnitudine sui in quatuor partes sive ~ina .. distinximus P. CORNW. *Panth. prol.* 41; **1385** unum portiforium stabile in duobus ~inibus *Ac. Durh.* 264; est ille liber bonus in tribus ~inibus GASCOIGNE *Loci* 165. **f 944** quisquis .. nostrum hoc ~en immutare temptaverit .. trudatur in flammas *Chr. Abingd.* I 117; **955** ecce testes hoc ~en munientes *CS* 911.

2 circular form (esp. resulting from circular movement), coil, twist, convolution (also fig.). **b** (of water, fire, smoke, or sim.) whirl, eddy, spiral.

serpentes .. qui .. inmensa corporis ~ina torquent *Lib. Monstr.* III 2; serpens qui lubrico laterum sinuamine labens septena ~ina globoso corpore traxit *Ib.* III 8; tot habet facies et tot volumina / vultus volubiles quot Argus lumina WALT. WIMB. *Palpo* 82. **b** victis adversitatibus .. sedatisque fluctuum ~inibus BEDE *Mark* 196D; ignis sulphureus .. caliginosa ~ina, quam terrifico rugitu video vos rotari ANSELM (*Medit.* 2) III 82; sulphurea ~ina de flammivomo ore evomuit HON. *Spec. Eccl.* 897D; in camino .. astitit, flammeas minas et fumea ~ina peplo suo summovens W. MALM. *GR* III 286; me terrent sulphurei vorticis ~ina ubi .. amici tui rotabitur anima *Id. Mir. Mariae* 190; rubum innoxie flamme volumina / lambunt WALT. WIMB. *Carm.* 88; freti volumina succensa manabunt J. HOWD. *Cant.* 133.

3 circular motion, revolution, rotation, turning (esp. transf. of passage of time or sim., esp. pl.).

nos ante bis bina lustrorum ~ina inextricabile conglutinati foederis pignus pepigisse ALDH. *Met.* 1; mystice .. mare turbida et tumentia saeculi hujus ~ina significat BEDE *Hom.* II 2. 111A; decursis bis quaternis dierum ~inibus FELIX *Guthl.* 10; priusquam sol bis senis ~inibus annilem circumvolverit orbem *Ib.* 52; ministros .. qui per succidua seculorum ~ina Deo supplicarent W. MALM. *GR* II 181; dum velocia mortalitatis humane transigeret ~ina AD. MARSH *Ep.* 247. 26; servo tuo da quieta / frui vita post expleta / temporum volumina WALT. WIMB. *Virgo* 156; sub ejusdem temporis ~inibus, mense viz. octobris M. PAR. *Maj.* V 175.

volumptas v. voluntas, voluptas.

voluntabilis [CL voluntas+-bilis], that can be willed or desired.

~e movet voluntatem, et appetibile appetitum BRADW. *CD* 228E.

voluntabilitas [voluntabilis+-tas], capacity for being willed or desired.

dicentes A non posse fuisse .. propter defectum .. ~atis, seu factibilitatis illius a Deo BRADW. *CD* 857D.

voluntando v. volutare.

voluntarie [CL]

1 by exercise of free will, voluntarily, freely, willingly.

eo quod sacrificium ~ie seipsum optulit Patri pro nobis THEOD. *Laterc.* 21; se gladiis haud sponte opponentes sed gladiorum aculeis ~ius alios urgentes *Enc. Emmae* II 10; a**1158** W. de C. .. eam [sc. terram] pro .. monachorum victus defectu ecclesie ~ie reddidit *Ch. Westm.* 269; gratus .. nullus fit de necessitate sed ~ie consentiens gratie GROS. *Quaest. Theol.* 198; non tam amantissimo fratri ~ie compatiens quam invite consentiens anxioribus ejus instantiis AD. MARSH *Ep.* 205 p. 366; si .. necessitationem illam ignoret, et faciat hoc ~ie et libere, quantum in eo est meretur BRADW. *CD* 644B; exordium religionis monastice ~ie penitendo *Eul. Hist.* I 436; **1442** jus .. pure, sponte, libere, et ~ie resignavit *MunAcOx* 791.

2 of one's own accord, arbitrarily, at one's whim, caprice, or pleasure. **b** in a self-willed manner, wilfully.

fallaces poetarum fabulae sibi plurima quae non fiunt ~ie fingunt *Lib. Monstr.* III 23; de forestis procerum suorum .. ~ie et non judicialiter multos supplantavit M. PAR. *Min.* I 255; **1314** eundem D. de eisdem terris et tenementis absque cause cognicione disseisivit ~ie et injuste *RGasc* IV 1172; **1339** sine causa et ~ie fecit ipsum prisone mancipari *SelCKB* V 111; justiciarii tam rigide et ~ie processerunt quod nullus impunitus evasit, sive bene gesserit regis negotia sive male AD. MUR. *Chr.* 118; s**1340** in agendis regni non precipitanter et ~ie procedere disponimus, sed libitum refrenantes sub licito .. deliberato consilio .. moderabimur AVESB. f. 88b. **b 1198** monachis .. hec ~ie magis quam juste recusantibus (*Lit. Episc.*) GERV. CANT. *Chr.* 569.

3 deliberately, intentionally.

Corpus Domini .. consecratum sepe pedibus conculcaverunt, et Sanguinem Domini ~ie effuderunt DICETO *Chr.* 208; aliquis ~ie ponit pannos super equum OCKHAM *Quodl.* 92; primum peccatum potest intelligi malum illecebrose et ~ie cogitare BRADW. *CD* 22D; **1391** ~ie posuit animalia sua super Grovalgrene ad pasturandum ibidem *Doc. Bev.* 28; s**1415** nec unquam .. Anglos magis audacter, intrepide, seu ~ie aggredi hostes suos *G. Hen. V* 13 p. 88; **1466** voluntaria pollucio [sc. carnis] .. studiose et ~ie procurata *Conc.* III 600a.

voluntariter [CL voluntarius+-ter], of one's own accord or free will, voluntarily.

in prosperitate vite sue ~er dimisit abbaciam suam octo postea feliciter vivens annos H. ALBUS 65.

voluntarius [CL]

1 of or pertaining to the exercise of (free) will, volitional. **b** endowed with (free) will.

queritur si in singulis viribus est propria voluntas sive proprius appetitus, aut si est una potentia ~ia sive appetitiva diffusa per totum GROS. 265; ens sub racione qua unum movet .. vim intellectivam; et sub racione qua verum movet .. vim noscivam; et tercio, sub racione qua bonum, movet vim ~iam WYCL. *Ente* 99. **b** sumus .. rationales .. proni ad appetendum .. et ~ii, quod angelorum et animalium irrationabilium est ALEX. CANT. *Dicta* 17 p. 174.

2 who exercises (free) will, acting voluntarily or willingly, willing (esp.. pred.); **b** (w. *ad*).

ut incipiens annorum xxx baptismum ~ius a Johanne peteret in Jordanne THEOD. *Laterc.* 16; ubi se non invitum sed ~ium tota vita mansurum ANSELM (*Ep.* 37) III 146; spontanei populi, ~iorum sc. pauperum Christi *Canon. G. Sempr.* f. 54v; psalmista .. semetipsum redditorem ~ium .. recognoscit R. BURY *Phil. prol.* 2; agens ~ium quod non agit secundum ultimum potentie sue sed libere, cujusmodi est Deus OCKHAM *Quodl.* 778; nullus evangelice paupertatis professor ~ius habitualiter est mendicus R. MAIDSTONE *PP* f. 166. **b** ad cujus [Christi] impetum ~ius et invitus, sed voluntarie reddor invitus et invite ~ius J. GODARD *Ep.* 220; **1415** si non sint potestatis seu vigoris predictas terras emere seu ad illud non sint ~ii *Reg. Cant.* II 108.

3 (of act, condition, or sim.) undertaken of one's own free will, voluntary. **b** freely given, voluntary. **c** deliberate, intentional, wilful.

didicerat .. servitium Christi ~ium, non coacticium esse debere BEDE *HE* I 26; **802** ut ~ia subjectione ad vos veniant ALCUIN *Ep.* 257; da mihi ~iam paupertatem *Nunnam.* 59; vos, fratres carissimi .. exules spontanei, qui pauperiem ~iam suscepistis OSB. BAWDSEY clxxiii; ~ium hoc sacrificium est, oblatio spontanea, ad quam non lex impellit .. non urget praeceptum AILR. *Inst. Inclus.* 14; cuncta opera religionis debent esse ~ia GIR. *GE* I 49 p. 134; **1289** tenementum .. ad questam ~iam .. teneri consuevit *RGasc* II 528a; coitus est viri ac mulieris commixtio ex utriusque naturali ac ~ia conjunctionis actione *Quaest. Salern.* B 15; cum quis extra metum mortis aliquid dicit et facit, magis de ~io habet quam quando dicit aut facit aliquid metu mortis inductus OCKHAM *Dial.* 448; non solum fides, sed ~ia confessio, meror, et recompensatio est necessaria COLET *Sacr. Eccl.* 89. **b** nec munuscula prebeant vel regi vel principibus nisi ~ia W. MALM. *GR* I 84. **c** demonstramus .. ~io maleficio vel inconsueto veniam non debere dari .. ALCUIN *Rhet.* 33; horror mirabilis, quam perversa voluntas! miraculum horribile, quam ~ia perversitas! ANSELM (*Medit.* 2) III 81.

4 that proceeds or originates from (free) will, (also) subject to (free) will, voluntary. **b** (of bodily action) controlled by will.

tres sunt cursus rerum, scilicet mirabilis, naturalis, ~ius .. propagatio viri de sola virgine ita non est naturalis aut ~ia sed mirabilis ANSELM (*Orig. Pecc.* 11) II 154; tres ordines humane conversationis occurrunt, primus naturalis, secundus necessarius, tertius ~ius AILR. *Spec. Car.* III 32. 605; quia gramatica est scientia positiva maxime et ~ia BACON XV 128; philosophi .. omnia que contingunt .. ascribunt celestibus, sc. vel causaliter et effective ut in omnibus naturalibus, vel occasionaliter et inductive ut in ~iis *Id. Tert. sup.* 4; una est in rebus ~iis, sc. fortuna, et alia in rebus naturalibus, sc. casus SICCAV. *PN* 199; hic accipitur 'singulare' .. pro re que est una numero et non est signum naturale vel ~ium sive ad placitum commune multis OCKHAM *Quodl.* 72; fiat .. ~ium quod est necessarium futurum HOLCOT *Wisd.* 173. **b** quod superest de spiritu mandatur in pupi cerebri ad virtutem motus ~ii GILB. II 103v. 2; proprium anime racionalis organum ipsius [sc. corporis] operacionibus tam naturalibus quam ~iis deputatum BART. ANGL. IV 1; spasmus, i. nervorum contraccio ~ium motum impediens *SB* 40; si lachryme alique essent ~ie, tunc possemus lachrymare quando vellemus, quod falsum est GAD. 109v. 1.

5 arbitrary, capricious; **b** (transf., mus.).

haec .. est illa quam dixi ~ia justitia ANSELM (*Ep.* 176) IV 59; legem .. Dei et canonicas et apostolicas auctoritates ~iis consuetudinibus obrui videbam *Ib.* (*Ep.* 206) IV 100; **12..** jurabit quod violenciam ~iam in dicto sanctuario non faciet nec alicui illicite fieri videbit [? l. jubebit] *Ch. Westm.* 349; in suis actibus providus et discretus sed aliquantulum ~ius OXNEAD *S. Ben. Holme* 299; **1315** per hujusmodi diutinium [*sic*] et ~ium corporis sui imprisonamentum *Law Merch.* III 38; omnia ista sunt ignorancium grammaticam sine fructu altercaciones †bombarie [MS: voluntarie] WYCL. *Log.* II 27; videtur eidem consilio nostro excusacionem vestram in hac parte ~iam et minus sufficientem fore (WALS.) *G. S. Alb.* III 133; s**1452** de ~iis baronum opinionibus bene in se rememorans, deliberavit de viis variis .. quibus posset ipsos de ~iis benevolos efficere *Reg. Whet.* I 26; s**1454** abbas .. fratres in suis dictis ~ios pocius quam racionabiles esse intelligens, replicabat .. dicens : ' .. nulla in vobis ~ia disposicio sive condicio fore permittat' *Ib.* I 140. **b** de modis irregularibus, qui modi dicuntur ~ii et sunt multiplices *Mens. & Disc.* (*Anon. IV*) 84; juxta septem dona Spiritus Sancti est septimus modus .. magis ~ius et placens *Ib.* 85.

6 (as sb. n.) will, wish, (object of) desire.

post dormitionem beati Wulfrici, sedente .. presbytero in ecclesia, adfuit .. quidam in habitu peregrini .. qui cum ~ia oris sui obtulisset coram domino, conversus ad presbyterum ait .. J. FORD *Wulf.* 103; altercacio .. insurrexit priusquam ad mutua eorum cordium ~ia declaranda alternatim confabularentur FAVENT 12.

voluntas [CL]

1 condition or act of wanting, willing, or choosing, volition, will; **b** (w. inf. or gd.); **c** (dist. from assoc. action). **d** (abl. as adv., esp. w. *spontanea*, *propria*, or sim.) voluntarily, freely, of one's own (free) will. **e** (*~atis* or *~ati esse* or *existere*) to be one's will (that).

597 licita amixtio conjugis sine ~ate carnis fieri non potest (*Lit. Papae*) BEDE *HE* I 27 p. 57; **604** aliquid de portione terre nostre in subsidiis servorum Dei devotissima ~ate debeamus offerre *CS* 3; hi tenent absque ~ate presbiteri *DB* I 52rb; hec ~as, que dicitur affectio, est ad tempus quasi sopita *Simil. Anselmi* 1; omnia .. ad nutum et ~atem ejus affluebant ANDR. S. VICT. *Dan.* 39; animum .. magis applicavi .. deliciis quam duritiis, Veneri quam virtuti, voluptati quam ~ati GIR. *TH* III 12; velle est a vi concupiscibili. sed illud quod est a vi concupiscibili est in vi concupiscibili; ergo ~as est in vi concupiscibili J. BLUND *An.* 77; **1267** nec ego .. nec heredes mei .. sine consenu [*sic*] et mera ~ate .. Willelmi .. aliquid juris .. poterimus exigere *Cl* 368; s**1307** idem E. filius E. regis dedit domino Petro de Gaviston' comitatum Cornubie contra ~atem regni Anglie *Ann. Exon.* f. 19v; cui rex: 'ipse resignavit cum bona ~ate'. et magister: 'non resignasset si fuisset liber' *Eul. Hist. Cont.* 391; s**1341** absque nostro scitu, ~ate, et assensu (*Lit. Imp.*) AVESB. f. 97b. **b** si habet scientiam sed ~atem operandi non habuerit .. ALEX. CANT. *Dicta* 3 p. 118; **1168** utinam necessitatem faciendi ~as antecedat, et cohercionem mera liberalitas preveniat G. FOLIOT *Ep.*

188; ex hiis .. viris quibus est ignita voluntas / .. Veneris celebrare furorem D. BEC. 1987; nausea est ~as evomendi sine effectu *SB* 31. **c 948** bona ~as in die examinationis pro bono opere reputabitur *CS* 869; quantum distat inter volentem et facientem seu inter ~atem et opus H. BOS. *Thom.* III 17 p. 244. **d** qui ~ate obsceno liquore maculatus fuerit dormiendo .. GILDAS *Pen.* 22; qui semetipsum occiderit propria ~ate .. THEOD. *Pen.* II 10. 3; **749** ut munuscula ab aecclesiis .. a subditis minime exigantur, nisi amore et ~ate praeberentur *CS* 178; **1197** spontanea ~ate concessisse *Ch. Westm.* 481; donum illud liberaliter et bona ~ate sine aliqua coactione concessit BRACTON f. 321b. **e 838** heredes quicunque Dei ~atis fuerit quod illi sint *CS* 423; **1262** vestre non exstitit ~atis exercitum ducere in regnum Scocie *Cl* 165; **1313** nostre ~atis existit quod summa .. tradatur .. Antonio *RGasc* IV 1130; **1313** dicimus nostre esse intencionis et ~atis quod .. *Ib.* IV 1131; **1360** mee ~ati non fuit nec etiam conscientie quod .. Henricus inciperet *Mun AcOx* 222.

2 that which one wants or desires (to happen, be done, *etc.*), will, wish (also as expressed or made explicit). **b** (*~as ultima, suprema*, or sim., also pl.) testament, last will (also transf. of documentary record). **c** (*facere suam ~atem* or sim., w. *de* or *in*) to have one's way. **d** (*in ~ate esse*, w. poss.) to share (one's) will, agree (with).

utrumque fieri liceat, prout fuerit poete ~as ABBO *QG* 2 (6); Lanfrancus .. regis et suam ~atem omnibus pandit *V. Gund.* 16; illi qui Dei ~atem faciunt .. corpus Christi efficiuntur ALEX. CANT. *Dicta* 20 p. 191; **1201** dicit quod comitatus ~atem suam dicit de predicto recordo *Pl. K. or J.* II 424. **b** suprema ~as dicitur stilus si scripta sit, si non scripta dicitur arbitrium VAC. *Lib. paup.* 5; **1218** sicut diligunt quod ~ates eorum ultime adimpleantur *Conc. Syn.* 91; **1398** ut ipsi presens testamentum et ultimam ~atem meam fideliter exequantur *Deeds Balliol* 35; testamentum suum .. et alios codicillos sue ~atis ultime testativos eis ostendit *Ps.*-ELMH. *Hen. V* 127; **1460** si pecunia legata in ultima ~ate suis servientibus non fuerit in larga habundancia distributa .. *Paston Let.* 612. **c 716** crudelitatis eorum ~atem in eo exercere BONIF. *Ep.* 10 p. 14; **1105** ut abbas .. de terra sua quam tenes suam ~atem faciat *Regesta* 697; **1218** dominus rex ~atem suam faciat de residuo terrarum *Pat* I 174; **1336** ipsam ibidem rapuerunt .. et ~atem suam de ea fecerunt *SelCKB* V 91. **d** rex .. et alii qui mecum conventionem fecerunt .. in ~ate mea sunt et extra conventionem filiorum meorum DICETO *YH* 394.

3 (*ad ~em*) according to (one's) wish or desire, (also) at (one's) pleasure, command, or disposal; **b** (leg., *tenere ad ~atem*).

tenuit Alricus de dominico victu monachorum et inde faciebat servitium ad ~atem eorum *DB* I 173vb; **1224** divorcium factum fuit .. ad perquisitionem et ~atem .. Alicie *BNB* III 63; **1268** concesserunt quod corpora et .. bona .. sua sint ad ~atem domini regis *Cl* 543; **1279** Ricardus de G. .. custumarius .. debet gersumare filiam suam et fieri prepositum ad volontatem domini *Hund.* II 515a; mittit ei Deus pisces maris ad ~atem suam *Itin. Mand.* 136. **b** in terris tenencium ad terminum annorum vel ad ~atem *Meaux* III 33; **1564** tenentes ad ~atem *Pat* 999 m. 25; **1576** tenentes ad ~atem alias *gale tenauntes* (*Surv. Haverford*) *MS PRO LR 2/238* f. 23.

4 disposition (towards person or thing), (*bona ~as*) goodwill, (*mala ~as*) ill will.

quia bona ~as et sincera devotio in vobis erga me non frigescit ANSELM (*Ep.* 337) V 274; quidam vassus .. mala ~ate plenus erat cupiens de rebus sancti .. auferre ORD. VIT. III 13 p. 137; **1219** murmuraverunt amici .. Roberti et habuerunt malam ~atem versus .. regem et abbatem pro terra illa *CurR* VIII 44; s**1317** incepit mala ~as inter parcennarios et dispensarios *Flor. Hist.* III 342.

5 arbitrary exercise of will, whim, caprice (also transf. of act).

1219 per ~atem suam, non per judicium nec per narrationem vel responsum dare, reddidit ei seisinam *CurR* VIII 24; **1220** disseisitus fuit per ~atem et non per judicium *BNB* III 394; **1221** idem J. per ~atem suam fecit capere duos denarios ubi non cepit cervisiam *PlCrGlouc* 108; **1232** de ~ate sua carcavit eos .. de xl li. de panagio .. unde non debent nisi xix li. *KR Mem* 12 m. 12d.; **1290** videtur eidem Johanni .. quod quedam ~as facta fuit ei .. et non lex *State Tri. Ed. I* 60; s**1399** cum .. puer regnat, ~as sola regnat, ratio recessit, constancia fugata est *V. Ric. II* 211.

6 faculty of or capacity for willing, will. **b** (*~atis* or *in ~ate esse*, or sim.) to be minded, have in mind, wish, desire (to or that).

munus quod libero spontaneae [*gl.*: voluntarie] ~atis arbitrio offertur ALDH. *VirgP* 18; inest .. animo .. ad imperium divinae ~atis totam ex integro mentem vitamque transferre BEDE *HE* III 13 p. 153; contra eos maxime qui unam in Christo operationem et ~atem praedicabant *Ib.* IV 16 p. 242; anima tres in se habet naturas, viz. .. rationem, ~atem, appetitum .. nam recta .. que volumus secundum ~atem volumus ALEX. CANT. *Dicta* 17 p. 174; que ~as nostra potest velle et non velle libere vult, quia est domina illorum actuum T. SUTTON *Quodl.* 369; triplex est potentia, quedam activa. et hec est duplex, quedam est naturalis .. alia est que est volumptas BACON VII 30; aliter .. ~as mea diligeret Deum infinite. tamen ~as libera conformatur rationi recte et naturali, non .. semper ~ati naturali OCKHAM *Quodl.* 7. **b 1220** habuit in ~ate iter arripiendi in peregrinatione sua versus terram Jerosolim' *CurR* IX 359; **1243** fuimus in ~ate quod P. C. promoveretur ad episcopatum *RGasc* 211a; sperans se longo tempore vivere, sicut longe ~atis fuit a peregrinatione civitatis Jerusalem *Eul. Hist.* I 256; **1365** [operarii] fuerant in ~ate recedendi *Cl* 203 m. 24; hic .. cum ad presbiterum accerssisset et in ~ate confitendi positum cognovisset .. inquit .. *V. Ric. II* 83; **1447** quas quidem litteras predictus Jacobus in ~ate existit nobis restituendi cancellandas *Pat* 464 m. 11; **1492** cum .. major et communitas .. ad omnes .. lites .. sedandas in ~ate existant *Lit. Cant.* III 320.

voluntatio [CL voluntas+-tio], act or fact of wanting or willing.

Socrates vult proicere merces in mari .. in talibus casibus ~ones non sunt simpliciter voluntarie vel simpliciter involuntarie KILVINGTON *Soph.* 48oo.

voluntativus [LL], (phil.) of, pertaining to, or capable of the exercise of will, volitional, volitive (*v. et. volitivus, voluntivus*).

sicut .. ligatur potentia intellectiva, ita et potentia ~a, et dominatur totaliter appetitus et concupiscientia sensitiva BRADW. *CD* 465C; maximum .. fundamentum .. est de actu volicionis divine .. . ideo cum modicus error in principio, sc., in questione quid est hujusmodi ~um, facit variacionem maximam in opinione de passionibus .. WYCL. *Dom. Div.* 137.

voluntio [cf. CL voluntas], act or fact of willing, or *f. l.*

voluntas est activa respectu cujuscumque volunciois [? l. volutionis] sue, quia quelibet volucio est accio propria voluntatis, et ita videtur mihi quod immediate agens istam est voluntas RIC. ARMAGH *Sent.* 413.

voluntivus [CL velle+-ivus], (phil.) of, pertaining to, or capable of the exercise of will, volitional, volitive (*v. et. volitivus, voluntativus*).

an in angelo preter intellectivam potenciam et ~am sit ponere terciam *Quaest. Ox.* 333; illuminacio passiva viancium de ordine inferiori dependere debet complete a volitiva viancium in ordine superiori. sed constat quod legere scripturam vulgariter translatam .. non elicitur .. a ~a persone inferioris ordinis BUTLER 407.

volupare [AN *voluper*], to wrap or wind up (in quot., wool) into a roll or bundle, roll up.

1271 in lana ad forpices ~anda (*Yorks*) *MinAc* 1078/13 r. 2; **1299** W. W. acculpatus .. quod ~avit lanam apud M. et R. contra statutum gilde *Rec. Leic.* I 226; **1299** in stipendis diversorum dictam lanam ~ancium .. et in liiij pellibus lanutis lavandis, depilandis, et in velleribus ~andis (*Yorks*) *MinAc* 1079/16 r. 2; **1300** [vellera lane] attachiata fuerunt .. eo quod mala lana fuit ~ata deinter *Rec. Leic.* I 229; **1306** in .. multonibus .. ovibus matricibus .. hoggastris, et .. jerciis lavandis et tondendis .. cum eadem lana ~anda cum auxilio bercariorum (*Yorks*) *MinAc* 1079/17 r. 3d.

volupator [volupare+-tor], **volupor,** one who rolls up (in quot. wool), roller.

1281 mulieres ~pores lane capient .. et in estate et in yeme pro opere suo per diem j d. et cibum *Rec. Leic.* I 186; **1300** ~atores lane in Leycestria ad festum S. Michelis *Ib.* I 230.

volupe [LL *as adj. n.*; cf. CL volup], with pleasure.

bibe gratanter et ~e et oblectanter quicquid tibi proferimus ÆLF. BATA 5. 12; ~e adverbium, i. secundum voluptatem OSB. GLOUC. *Deriv.* 603; ~e, i. voluptuose *GlSid* f. 144v.

volupedalis [dub.], (in gl.).

volupe, i. voluptuose vel ~es cicade *GlSid* f. 144v (cf. NECKAM *NR* II 125: secundum Isidorum dicitur vulpis quasi 'volupis', est enim volubilis pedibus .. nunquam rectis itineribus .. incedens [Isid. *Etym.* XII 2. 29]; UPTON 171: dicitur vulpes quasi 'volupes', quia volubilibus pedibus et amfractuosis cursibus incedit).

voluperium [cf. AN *volupeure* = *bandage*], sort of headcloth or headdress, 'voluper'.

1340 pro talliatura et consutura unius *coverchef* curt' de tela de Reyns .. et vj ~iorum de tela consimili cum laqueis de serico pro eodem domino rege, sc. pro quolibet ~io v d. (*AcWardr*) *KR Ac* 389/4 m. 1; **1345** v ~iorum pro capite regis faciend', quorum ij operat' de perl' et cum nigr' rubant' [? l. rubanis] serici (*KR Ac*) *Arch.* XXXI 6; **1349** ad faciend' iiij auricular', xiij ~ia ligata cum rubant' [? l. rubanis] de serico (*KR Ac*) *Ib.* XXXI 21.

voluppor v. volupator.

voluptari [CL voluptas+-ari], to take one's pleasure.

princeps .. assentire debet divine electioni .. non ex libidine acquirendi predia .. nec ex libidine ~andi et lasciviendi J. WALEYS *Commun.* I 3. 1 f. 15va; quia in luxuria et adulterio et cum sanctimonialibus ~aris (*Bonifacius*) *NLA* I 127.

voluptarius [CL], **~uarius,** of or pertaining to pleasure. **b** expended on pleasure, luxurious (esp. contrasted w. necessary expenditure).

habebat .. animum .. non .. ~aria illecebrose suggestionis ex ambitione promulgatum *Ep. ad amicum* 139; congrediendum .. cum ~iis rebus .. ut adversus eos non fuga nec absentia simus tuti, sed vigore animi J. SAL. *Pol.* 747D; **1298** respectus ad solam infirmorum indigenciam, non autem ad appetitum ~uarium, habeatur *Reg. Cant.* 819. **b** ~uarie expense quas .. gloria .. consumit .. in edificiorum superfluo apparatu NECKAM *NR* II 172.

voluptas [CL]

1 agreeable feeling, delight, pleasure.

cum .. [homines] ad id pervenerint quod ~atem putant, non nisi laborando eodem perfrui valent *Simil. Anselmi* 55; ~atem .. quam alio nomine corporeorum sensuum delectationem appellamus EADMER *Beat.* 6; aut ~ate aut amaricatione incitati .. pravitati acquiescimus PULL. *Sent.* 856A; an ~as sit summum bonum, ut ait Epicurus BALSH. *AD rec. 2* 176; ut pauca possit consurgere ventositas que ~atis precipue est motiva *Quaest. Salern.* B 52; voluntatibus in mente et ~atibus in corpore FISHACRE *Sent. Prol.* 91; quesivi volumptatem [ME: *delit*] quo modo maxime potui satisfacere fervori delectacionis *AncrR* 122; quando defuit sibi omnis dominandi ~as [et] omnis regnandi cupiditas FORTESCUE *Tit. Edw.* 10.

2 activity or thing which brings pleasure; **b** (spec. w. ref. to sexual intercourse). **c** personal inclination, fancy, liking.

proclivis est cursus ad ~ates GIR. *TH* II 19 p. 103; ~as prima est de illicitis cogitare, secunda approbare, tertia perpetrare, quarta consuescere BERN. *Comm. Aen.* 84; **1532** ad capiend' et distruend' lepores et alias generosorum ~ates *KR Mem* 311 Trin. rec. r. 47. **b** inveterata generationis inferius natura collocavit .. ut a .. intellectu .. semota ~as spiritus precipuos .. incorruptos .. relinqueret ALF. ANGL. *Cor* 15. 11. **c** disponant ipsi [pingenda] prout 'trahit sua quemque ~as' [Verg. *Buc.* II 65] AD. DORE *Pictor* 142.

voluptatula [CL voluptas+-ula], trifling pleasure.

1590 esse in omni peccato escam et laqueum ... escam, aliquod lucellum iniquitatis aut ~am peccati (*Pro Gradu Doctoris*) L. ANDREWES *Opera Quaedam Posthuma* (London, 1629) 16.

voluptialis, ~ualis [CL voluptas+-alis], devoted to pleasure, luxurious, hedonistic.

1248 vocatio quam nec ambitio caduci honoris .. nec affectatio ~ualis [*OMT*: ~ialis] lascivie .. conciliat AD. MARSH *Ep.* 100.

voluptuose [LL]

1 with pleasure, gladly, happily.

volupe, i. ~e *GlSid* f. 144v; ducem reperiens in venatuum ludis se ~ius exercentem DICETO *Abbr. Norm.* 253; inter hec [volumina] .. magis ~e consedimus quam .. medicus .. inter aromatum apothecas R. BURY *Phil.* 8. 121; quis vellet .. hereditatem destrui pro defectu thesauri quem ab ea ~e extraheret? (WYCL.) *Ziz.* 265.

2 for pleasure, hedonistically, luxuriously.

utrum [religiosi pauperes] ~e vivant novit ille qui [eorum] laborem et dolorem considerat PECKHAM *Paup.* 16 p. 85 (cf. ib. 16 p. 66: petunt non solum ad necessitatem sed ad voluptatem); aliqui tenent publice quod melius est bene mori quam vivere prave et ~e .. et tamen .. in corde tenent contrarium OCKHAM *Elench.* 125; **1461** rectores .. ecclesie de B. .. existentes .. non bone conversacionis et vite honeste ymmo ~e viventes (*Reg. Ebor.*) *Eng. Clergy* 114.

voluptuositas [CL voluptuosus+-tas], devotion to pleasure, hedonism.

1287 quia omnis ~as, per quam ad dissolutionis materiam devenitur, est in clericis .. detestanda, precipimus quod clerici .. joculatoribus non intendant *Conc. Syn.* 1013; putride carnis ~as est restinguenda J. YONGE *Vis. Purg. Pat.* 9.

voluptuosus [CL]

1 that produces pleasure, delectable, pleasurable.

ex Eden .. ~o et ameno loco egrediebatur fluvius ANDR. S. VICT. *Hept.* 31; c**1174** electus ille .. adeo impudens ut libidinem, nisi quam publicaverit, ~am esse non reputet J. SAL. *Ep.* 310 (322 p. 792); facta est ~a digressio GIR. *TH* III 12 p. 159; cogitatu mentali ~o ad excitandam imaginacionem cordis HOLCOT *Wisd.* 141.

2 devoted to pleasure, hedonistic. **b** expended on pleasure, luxurious (esp. contrasted w. necessary expenditure).

nihil .. potius ~os a carnalibus refrenat desideriis quam cum audiunt .. quod dominus .. pro eis .. pati dignatus est BEDE *Cant.* 1131D; columba est avis ~a, unde .. quamvis masculus senex non possit coire, tamen osculari non cessat UPTON 177; laici ~i et in adulterio viventes GASCOIGNE *Loci* 34. **b 1306** ita quod de eis .. suspicio felonie .. per eorum ~as expensas .. habetur (*Lit. Regis*) *MGL* II 152; **1415** quod priorissa .. nullas .. faciat circa reparacionem .. hospitalis .. expensas ~as, nec eciam utiles vel necessarias *Lit. Cant.* III 136; **1452** expensas funerales .. relinquo discretioni executorum meorum .. dummodo non fiant nimis .. pompose aut ~e (*Test.*) *MunAcOx* 644.

voluta [CL], (arch.) spiral or floral ornament characteristic of Ionic capital, volute.

draperye worcke, or cylerye, a kynde of carvynge or payntynge so called, ~a R. HULOET *Abcedarium* (London, 1552); *drapery,* ~a LEVINS *Manip.* 104.

volutabilis [LL], rotatory.

similiter est .. de volutacione, que est motus ~is OCKHAM *Phys.* 456.

volutabilitas [LL volutabilis+-tas], capacity for being rolled or rotated, rotatability, or ? *f. l.*

de lecto .. ad prelationem assumi vix est aliquis idoneus nisi prius ~ate [? l. volubilitate] mole fuerit rotatus PULL. *Sent.* 938B.

volutabrum [CL], slough or mire in which pigs roll around, wallow; **b** (fig. or in fig. context).

sus caenosis volutabri sordibus apta ALDH. *VirgV* 2777; invenerunt .. ipsum [regem] .. inter utrasque [mulieres] velut in vili suillorum ~o .. volutantem B. *V. Dunst.* 21; quando fratres sui loquebantur de temporalibus, porcos nigros in ~o volutantes vidit O. CHERITON *Par.* 86; *clay* .. versus: junge luto cenum, quibus adde volutibra [GARL. *Syn.* 1586B: ~a] *CathA.* **b** nolentes .. ad apostasiae ~um [*gl.*: *fylþe*] reverti ALDH. *VirgP* 34; si ad pristinum vomitum et ad ~um luti .. perjurus .. non redisses [cf. *II Petr.* ii 22] LANFR. *Corp. & Sang.* 415C; ne .. fedarent corpus in voluptatum ~o W. MALM. *Wulfst.* III 8; c**1206** [anima mea] suarum .. sordium sentinam et ~um immunditie sue pretulit .. innocentie Christi P. BLOIS *Ep. Sup.* 45. 3.

1 volutare v. tolutare.

2 volutare [CL]

1 to cause to rotate. **b** to cause to roll around.

etsi .. [rota molendini] ~ata non foret .. tamen .. aque .. jacentem in imo puerum .. violencia cadendi oppresserant *Mir. Hen. VI* I 1. **b** ~abant eum in diversum .. dolores, sicut anguis varios se torquet in orbes W. MALM. *Wulfst.* II 12; verba volutat eques, vox multa per atria currit L. DURH. *Dial.* II 465.

2 (refl. or intr., also pass. in mid. sense) to roll around; **b** (in sexual context). **c** to wallow (in something pleasurable).

duo pusilla animalia maritima .. lambentes pedes ejus ~antes [v. l. ~antia] tergebant pellibus suis *V. Cuthb.* II 3; ipsum [socium semimortuum] .. in sanguine suo ~atum .. derelinquunt ALEX. CANT. *Mir.* 22 (II) p. 203; nudum se in illis spinarum aculeis et urticarum incendiis projecit, ibique diu ~atus .. exiit GIR. *GE* II 10 p. 213; sensit quoddam nebulosum et densum inter se et uxorem ~ari R. NIGER *Chr. II* 158; quod tantis intestinorum doloribus torqueretur ut .. jacere non valeret sed pre angustia ~are compelleretur J. FURNESS *Walth.* 130; puer quidam .. loquebatur aliena et clamabat et ~abat se sicut furiosus *Canon. S. Osm.* 45; cui .. adhuc inter ubera ~anti et nondum coronato .. E. comes .. ligeum fecit homagium FORTESCUE *Def. Lanc.* 5. **b** invenerunt .. ipsum [regem] .. inter utrasque [mulieres] .. creberrime ~antem B. *V. Dunst.* 21; [diaconus] quadam nocte cum meretricula ~atus R. NIGER *Chr. II* 159. **c** in cunctis extraordinariis voluptatibus se ~ant P. BLOIS *Ep.* 85.

3 to turn over in the mind, ponder.

versat i. ~at, *geþohte GlP* 520; consilia longis ambagibus ~ata [Anselmus] uno contudit responso W. MALM. *GP* I 49; s**1141** ~abatur .. per omnium mentes et ora quid foret agendum *Id. HN* 492; pristina si memores, si mente moderna volutes *Babio* 219.

4 to modulate the voice in singing, trill, warble.

nuncius Aurore modulans volutabat [v. l. volitabat] alauda GOWER *VC* I 95.

5 (of horse) to walk with a rolling gait, pace, amble, or *f. l.*

M. .. equo descendit, faleras deposuit, se in .. herba .. refrigerare et spaciari equum †voluntando [? l. ~ando] permisit *Hist. Meriadoci* 361.

volutarius v. tolutarius.

volutatio [CL]

1 (act of) rolling around.

cum .. calor succederet .. non vestium exuicio, non in terra subvenire potuit ~o *Mir. Cuthb. Farne* 4; post multam ~onem et capitis ac menbrorum ad pavimentum frequentem tunsionem, tandem [mulier] siluit *Canon. G. Sempr.* f. 168.

2 (act of) considering over and over.

ad hoc omnis cogitatio, omnis ~o cordis retorqueatur .. ut .. memor sis Dei ELMER CANT. *Record.* 710C; cor dissipant peregrine et indisciplinate mentis ~ones G. HOYLAND *Serm.* 156D.

volutibrum v. volutabrum.

1 volutio v. volitio.

2 volutio [LL], rolling or revolving motion.

cum .. tanta corpora [sc. stellae] tali ferantur velocitate, consequens est ut tam violenti ~one exhalescat ether in flammam ADEL. *QN* 73; minoribus ~onibus freta montuosa ferebantur W. CANT. *Mir. Thom.* IV 12.

volutor [CL volvere+-tor], one who rolls (in quot., wool), roller (v. et. *volupator*).

1336 preceptum est attachiare omnes *pakeres* et ~ores lanarum *Rec. Leic.* II 18; **1336** ~ores lane, viz. Alicia le N., Matilda le G., Margareta A. .. aculpate fuerunt quod involverunt lanam *Ib.*

volux [dub.], (in list of words).

'u' ante 'c' producitur ut 'Pollux, Pollucis' .. sed '~ux', 'tradux', 'redux' corripiunt obliquos BACON *Tert.* 264.

volvere [CL]

1 to cause to move in a circle or cycle, wheel, revolve (also pass. in middle sense); **b** (fig., w. ref. to passage of time).

violentia naturalis conditionis cogit caelum ~i ANSELM (*CurD* II 17) II 125; non intrat aliquis in paradisum nisi .. per igneas Elye rotas .. que ~untur [ME: *overturneð*] et cito transeunt *AncrR* 138. **b** cum .. Guthlac inter dubios ~entis temporis eventus .. jactaretur FELIX *Guthl.* 18.

2 to rotate so as to alter the direction or aspect of, turn. **b** to turn over in the mind, ponder.

ut cum aliquis deambulans in nundinis .. merces contrectans ~it et revolvit *Simil. Anselmi* 35; oculus unus verti non potest quo non vertatur et alius, sed in eandem partem semper ~untur *Ib.* 63; per eos qui in rota .. rotantur, negotiatores ostendit, qui semper tempestatibus turbinibusque ~untur ALB. LOND. *DG* 6. 5; oculum ~erem et revolverem, si quo modo videre possem distincte [utrum esset bos vel asinus] LUTTERELL *Visio Beat.* f. 93v; nec digitus sagimine delibutus aut folia .. ~at aut signacula libri solvat R. BURY *Phil.* 17. 224. **b** haec pensate die, mente haec quoque volvite nocte WULF. *Brev.* 679; quicunque .. aliquem .. diligit .. ~at et revolvat hunc suum affectum apud se EADMER *Excell. B. M.* 565B; cum per annos plurimos mecum secrecius ~erem quid .. stili memoria perpetuarem *Cuthb. Hib. pref.*; talia .. mihi .. diu .. in animo anxie ~enti GIR. *TH intr.* p. 6.

3 to impel forward in a rotary motion, roll. **b** to gather up (flexible material) by rolling, roll up. **c** to envelop in flexible material, wrap up.

per eos qui saxum ~unt, ut Sisyphus, ambitum vult et repulsam significari ALB. LOND. *DG* 6. 5; **1279** venella .. deberet esse ita larga quod unum doleum vini .. extransverso posset ~i (*HundR*) *Lond. Ed. I & II* II 144. **b** abbatissa .. ad .. Guthlacum sarcofagum .. linteumque in eo volutum transmisit FELIX *Guthl.* 48; s**1387** tulerunt .. vexillum regis et ipsum ~entes plicabant *Eul. Hist. Cont.* 365. **c** haec munera .. ad ~endum corpus meum reservare curavi FELIX *Guthl.* 50 p. 156; corpus .. / .. mundo velamine volvunt WULF. *Swith.* I 977.

4 to unroll (roll or scroll), (transf.) to turn the pages of (codex). **b** (fig.) to explicate.

librorum neglector .. manus aquosas et scatentes sudore ~endis voluminibus applicabit R. BURY *Phil.* 17. 221; da clero volvere libros LEDREDE *Carm.* 9. 22. **b** quatuor sunt regule divine scripture quibus .. quasi quibusdam rotis .. divina pagina ~itur S. LANGTON *General prol.* 191.

5 (pass., of event) to come or happen in turn.

tanta perfectionis gratia coepit conversari .. ut rebus omnibus quae ~untur emineret BEDE *HE* II 1 p. 74.

6 to cause to move with a swaying or undulating motion, roll (in quot. refl.); **b** (w. ref. to speech, esp. with fluent or sonorous delivery).

consueto more equorum [jumentum] quasi post lassitudinem in diversum latus vicissim sese ~ere .. coepit BEDE *HE* III 9. **b** cum [sicarius] simulatam legationem ore astuto ~eret BEDE *HE* II 9; adhuc sermo ~evatur [i. e. ~ebatur] in ore W. MALM. *Mir. Mariae* 207.

7 to cause to fall forward, (pass.) to prostrate oneself (cf. *provolvere*).

anachorita volutis genibus ante pedes [v. l. prostratus pedibus] ejus .. ait "adjuro te .." *V. Cuthb.* IV 9; aeger adest vati, supplex genibusque volutus / .. poscit .. BEDE *CuthbV* 238.

8 to cause to pass down by inheritance or succession, devolve (cf. *devolvere*).

Johannes .. Arthurum occidere conabatur ut terre quas idem A. possederat ad eum hereditarie .. ~erentur *Meaux* I 340.

9 (arch.) to form or construct (arched or vaulted structure), turn.

s**1178** cum machinas ad fornicem magnam ~endam .. preparasset GERV. CANT. *Chr.* 20; s**1179** ciborium quod desuper magnum altare est ~it *Ib.* 21.

volvus [dub.], (in gl.) corner of the eye, 'twist'; **b** (understood as eyelash).

~os dicimus angulos oculorum ÆLF. *Gl.* (cf. Isid. *Etym.* XI 1. 39 v. l: volvos quidam appellant ipsos vertices oculorum a similitudine volvorum). **b** hic ~us, *poil del cil Gl. AN Glasg.* f. 19va.

vomax, ~ex [LL], who is given to vomiting.

bibax, bibens multum. Sidonius: 'due anus, quibus nil umquam litigiosius, bibacius, ~acius erit' OSB. GLOUC. *Deriv.* 81; *a spewynge .. vomita, vomitus, ~ex, vomens participium CathA.*

vomellus [dub.; ? cf. pomellus], (in gl.).

a chape of a knyfe, vomellus *CathA;* **14.**. †voniellus, *a chap of a scheyth* T. Ross & E. Brooks, *English Glosses from BL Add. MS* 37075 (1984) p. 95 (cf. *PP: chape of a schethe,* spirula; *CathA: a verelle of a knyffe,* spirula vel virula secundum quosdam).

vomer, ~is [CL], main cutting blade of plough, ploughshare; **b** (transf. or fig.).

in insula habet rex unum frustrum terrae unde exeunt vj ~eres (*IoW, Hants*) *DB* I 39va; glebas .. vomis, ideo nomen tibi 'vomis' SERLO WILT. 2. 129; coloni .. ad pabulum equorum regis .. solebant reddere .. de unaquaque caruca, i. e. ad cultrum et ~erem, iiij travas de suis frugibus *Mir. J. Bev. A* 298; ~er ille aratorius quo Samgar sexcentos Philisteos occidit [cf. *Jud.* iii 31] P. BLOIS *Ep.* 10; [aratro] supponatur .. dentale cui ~er vel ~is [*gl.: soc*] infigatur NECKAM *Ut.* 112; c1244 si frangit .. erit in misericordia .. de uno ~ere vel vj d. *Cust. Glast.* 65; s1290 H. .. tenet unum mesuagium .. de abbate .. reddendo inde eidem per annum .. medietatem unius ~eris ad gulam Augusti *Chr. Peterb.* 147; **1291** in ij ~eribus estivalibus emptis, xiiij d. (*Lopham, Norf*) *MinAc* 938/7; **1316** cognovit se esse latronem et furasse .. quemdam ~erem in campis de I. (*Oundle, Northants*) *SelCCoron* 66; **1326** confirmasse Petro le Charpenter unam placeam in villa de K. .. reddendo inde annuatim domui nostre de K. unum ~erem competentem *Reg. Kilmainham* 10. **b** predicatoris .. terram ~ere predicationis excolentis GIR. *GE* II 33 p. 328; ales qui vomere / rostri solet sauciantis / sanguinem elicere J. HOWD. *Sal.* 27. 9; amplexantur se, figunt basia, ac Veneris ~ere terra colitur hirsuta umbrosumque nemus *Latin Stories* 78.

vomere [CL]

1 (intr.) to vomit.

illi qui habent stomacum calidum et colericum facilius ~unt cum [aqua] frigida *Quaest. Salern.* B 102; quare quidam .. continue tremit et interpolate ~it *Ib.* B 313.

2 (trans.) to throw up (matter from the stomach), vomit (also fig.). **b** (transf.) to discharge as if by vomiting, spew forth.

~ebam .. sanguinem eo quod .. interanea essent .. convulsa BEDE *HE* V 6; quare .. veneni mortiferas limphas non ~is [v. l. evomis]? FELIX *Guthl.* 35; a .. ebrietate .. caveamus, si qui enim ~uerit [sacramentum] .. acriter punietur GIR. *GE* I 9; post peccatum .. melius est statim ~ere [ME: *speowen*], hoc est in confessione sacerdoti expuere, quia si intra maneat, mortem generabit *AncrR* 88. **b** monstrum .. unoquoque ore ignem ~ens .. eructabat flammas *Lib. Monstr.* I 48; glebas unce [*Teaching Latin* I 131: rure] vomis, ideo nomen tibi 'vomis' SERLO WILT. 2. 129; frustra rethor .. / .. in ventum verba vomit / sine burse vomitu WALT. WIMB. *Van.* 34.

vomerulus [CL vomer+-ulus], small ploughshare. **b** ploughshare-shaped head of jousting lance, 'socket'.

1384 P. N. .. furatus fuit ij cathenas ferri, j ~um, et j culter, precii xl d. (*AssizeR Glouc*) *Arch. Soc. Bristol & Glos* LXII 104. **b** s1252 ferrum [lancee] .. excisum [de vulnere] .. inventum est in mucrone acutissimum instar pugionis .. quod esse debuit .. hebes et brevem formam habens vomeris, unde vulgariter '~us' appellatur, Gallice vero *soket* M. PAR. *Maj.* V 319.

vomex v. vomax.

vomica [CL = *abscess or boil*], (act or bout of) vomiting, emesis.

Angli .. in cibis urgentes crapulam, in potibus irritantes ~am W. MALM. *GR* III 245; ecclesiarum in Anglia clerici .. cibo intenti ad gulam, potui ad ~am *Id. Dunst.* II 9; **1160** aliquantulum interdum quievit ~a et sponte naturali purgatio reparatur J. SAL. *Ep.* 59 (124 p. 215); *a spewynge .. †vomita* [l. ~a], vomitus *CathA.*

vomicus [CL vomere; cf. CL vomica], (med.) that causes vomiting, emetic; **b** (as sb. n.).

medicina ~a GILB. II 97. 1; nux Indeyca, nux ~a, castaneola idem *Alph.* 126; medicina secessiva tunc non est danda, set ~a N. LYNN *Kal.* 217. **b** non est opus alio ~o GILB. II 97. 1.

vomificus [LL], (med.) that causes vomiting, emetic.

narciscus, sive bulbus ematicus sive, ut latini dicunt, bulbus ~us *Alph.* 123.

vomis v. vomer. **vomita** v. vomica. **vomitinus** v. vomitivus.

vomitio [CL], (act or bout of) vomiting, emesis.

vomo .. inde .. hec ~o, -onis OSB. GLOUC. *Deriv.* 619.

vomitium [cf. CL vomere], (in gl., act or bout of) vomiting, emesis.

vomo .. inde .. hoc ~ium, -ii, i. vomica OSB. GLOUC. *Deriv.* 620; vomica, nausia, orexis, ocetum, ~ium *Ib.* 626.

vomitivus [CL vomitus *p. ppl. of* vomere+ -ivus], (med.) that causes vomiting, emetic.

si [helleborum album] die una .. stet in vino, virtus ejus ~a resolvitur tota in vino BACON IX 130; luna existente in Leone non est bonum dare medicinam †vomitinam [l. ~am] eo quod .. tunc .. facit vomere sanguinem N. LYNN *Kal.* 215.

vomitum v. vomitus.

vomitus [CL]

1 (act or bout of) vomiting, emesis; **b** (fig.).

si monachus pro ebrietate ~um facit, xxx dies peniteat THEOD. *Pen.* I 1. 2; territus e dicto, potuque ciboque relicto / surgit et in vomitu gurgitat ore cibos *Ep. ad amicum* 121; tremor nil ad ~um operatur, tremor enim est continuus et ~us interpolatus *Quaest. Salern.* B 313; sic medicina exhibit per ~um .. vel stabit .. et .. exibit per secessum N. LYNN *Kal.* 215; nullus ~us naturalis propter quem fit alleviacio debet restringi, nisi excederet J. MIRFIELD *Brev.* 60; occupabit ut medicus .. per .. potiones, purgationes, et medicinas ~a provocantes *Entries* 463vb. **b** frustra rethor .. / .. in ventum verba vomit / sine burse vomitu WALT. WIMB. *Van.* 34.

2 vomited matter, vomit (also fig. or in fig. context).

[rex] occasionem dedit ad priorem ~um revertendi [cf. *Prov.* xxvi 11] his qui .. fidei et castimoniae jura susceperant BEDE *HE* II 5; si ad pristinum ~um et ad volutabrum luti .. perjurus .. non redisses [cf. *II Petr.* ii 22] LANFR. *Corp. & Sang.* 415C; ut [monachus] ad saeculum .. repetito ~u sordium rediret OSB. *Mir. Dunst.* 23; [si corpori dominetur cholera corrupta, erit] abominatio cum ~u cholerico BART. ANGL. IV 10; cum .. apparet in principio morbi ~us niger, mortem .. signat J. MIRFIELD *Brev.* 60.

3 (med.) substance or preparation that causes vomiting, 'vomit', emetic.

idem facit ~us Scarpelle ad interpollatas febras GILB. V 212. 1; potes .. dare .. ~um Nicolai qui datur delicatis, vel Scarpelli qui datur rusticis et fortibus .. vel patriarche qui datur mediocribus. iterum ~us Andree vel Bartholomei *Ib.* V 212. 2.

voniellus v. vomellus.

vopiscus [CL = *sole twin to survive birth*], (in gl., by misunderstanding of Isid. *Etym.* IX 5. 21) man with noble mother.

hic ~us, -ci, i. vir nobiliter natus OSB. GLOUC. *Deriv.* 603; ~us, vir nobiliter natus ex matre, cui contrarium est spurius, i. nobilis ex patre *Ib.* 623.

vorabilis [CL vorare+-bilis], (in list of words derived from *vorare*).

voro .. inde .. ~is OSB. GLOUC. *Deriv.* 611.

vorabiliter [vorabilis+-ter], (in list of words derived from *vorare*).

voro .. inde .. ~er adverbium OSB. GLOUC. *Deriv.* 611.

voracitas [CL], greediness in consumption of or appetite for food or drink, gluttony, voracity (also in fig. context); **b** (transf.).

si per ebrietatem vel ~atem evomerit eucharistiam, xl dies peniteat clericus EGB. *Pen.* 11. 7; vescor .. cibis .. cum sobrietate .. non cum ~ate, quia non sum gluto ÆLF. *Coll.* 102; mens nimia ~ate pressa puras ad Deum .. preces emittere non sinitur ROB. BRIDL. *Dial.* 120; hunc .. ~ate quadam lupina .. gregis .. potius .. voratorem quam pastorem .. presumendum H. Bos. *Thom.* III 2; ventris implora auxilium, cujus ingluvies .. sua ~ate mortificat animam P. BLOIS *Ep.* 85; **1249** cum .. fraudes vulpium et luporum ~ates .. grassari conspiciantur AD. MARSH *Ep.* 56. **b** si .. navem hac .. transire contigerit, tanta .. attrahitur fluctuum violentia ut eam .. vis ~atis absorbeat GIR. *TH* II 14; hii .. terribili oris rictu .. turmas miserorum ~ate inexplebili lacerabant AD. EYNS. *Visio* 24; adeo .. flamma crevit quod, cum multi aquas projicerent, ejus ~as magis famelica videretur foveri *Mir. Cuthb. Farne* 12.

voraciter [LL], voraciously.

[draco] tantae inormitatis .. ut boves .. gulosa ventris ingluvie ~iter gluttire soleat ALDH. *VirgP* 29; vorax .. unde ~iter, ~ius, ~issime adverbia OSB. GLOUC. *Deriv.* 611; Cistercienses .. in occulto .. ~iter utrisque [sc. saginatis et carnibus] vescuntur GIR. *Spec.* III 13 p. 208.

voraginosus [CL]

1 full of or characterized by abysses.

via .. in qua sunt montes ardui et valles profundissime .. et ~a vallium ima ORD. VIT. IV 5 p. 198; si [puer] cum flumine deductus fuisset, in aliud ~um profundum raptus fuisset W. CANT. *Mir. Thom.* VI 106.

2 (understood as) voracious, excessive.

[monachi] tot ~os sumptus .. deputant caritati ut videlicet .. pauperes copiosius .. sustententur J. GODARD *Ep.* 224.

vorago [CL]

1 a chasm, abyss, gulf. **b** whirlpool, eddy; **c** (fig. or in fig. context). **d** (of fire) consuming mass.

a restitit equus .. in ultimo precipitii cespite, ubi pedes priores .. pene fuerant in ima ~inis ruituri B. V. *Dunst.* 14; c1188 per cavum pullum quod descendit .. in magnum pullum .. et ita .. usque in ~inem de Loon *Cart. Cockersand* 757. **b** naufragia Scyllae fugientes in Charybdi ~inem submergendi (*Lit. Ceolfridi*) BEDE *HE* V 21 p. 338; pendula prora subitam minatur ~inem GOSC. *Transl. Mild.* 11; maris quedam miranda ~o ad quam .. undique marini fluctus .. confluunt GIR. *TH* II 14; qui Jonam .. sinibus ceti gustatum inter marinas ~ines illesum servavit J. FURNESS *Kentig.* 3; modicum fretum [i. e. *the Firth of Forth*] sed propter marinas ~ines periculosum GERV. TILB. II 10 (ed. *OMT* p. 306); incipiens ~o navem ad se trahere (*Ciaranus de Cluain* 33) *VSH* I 216. **c** c794 noxias corporis delectationes .. quae .. suos sequaces in aeternae perditionis ~inem demerserunt ALCUIN *Ep.* 34; rex .. ex ~ine hujus coenulentis [*sic*] vitae eripitur BYRHT. *HR* 48; ~inem tanti mali viriliter evasisti EADMER *Beat.* 8; grandescit ut mare vorago doloris J. HOWD. *Cant.* 105; hec [sc. mors] est tua ~o dentata .. omnium consumptiva gaudiorum S. SIM. *Itin.* 74. **d** ?1173 sevientis flamme procellosa ~o .. incolas [Etne] aut expulit aut combussit P. BLOIS *Ep.* 46; si quis .. de rote vertigine caderet, in ignis ~ine demergeretur J. FURNESS *Walth.* 102; **1313** monasterii .. per repentini incendii ~inem .. consumpti *Reg. Durh.* 1220; Jeronimus de Praga .. relapsus fuit in hereses .. et ideo .. ignis ~ini deputatus fuit per .. concilium [Constanciense] GASCOIGNE *Loci* 115.

2 drain or sink, 'swallow'.

1314 in .. expensis factis circa ~ines garderobe, infirmarie et coquine .. xij li. xviij s. iiij d. *Ac. Durh.* 513; c1386 pro factura unius putei cum mur' lapid' ad modum ~inis juxta coquinam (*Works*) *KR Ac* 473/2 m. 7; **1397** in reparacione unius ~inis jacentis post aulam [infirmar'] *Ac. Durh.* 267; **1419** de xij d. solutis ij latomis pro emendacione ~inis ad portam occidentalem *MunCOx* 281.

vorare [CL], to swallow or eat up (esp. voraciously), devour. **b** (of abyss or other cavity) to swallow, engulf. **c** (of fire or other inanimate agent) to consume, devour (also pr. ppl. as adj.). **d** (pr. ppl. as adj.) voracious.

Jonas propheta naufragus cetoque sorbente ~atus BEDE *Luke* 480D; humanas ~are carnes, id inhumanum est PULL. *Sent.* 875B; exemplum de cancro, qui volens ~are carnes ostrie .. aperit testam suam *Spec. Laic.* 11; cauda draconis, quam draco ipse .. ~at RIPLEY 341. **b** ad quam [voraginem] .. marini fluctus .. concurrunt, qui in secreta nature penetralia se ibi transfundentes quasi in abyssum ~antur GIR. *TH* II 14. **c** sola illa destina .. ab ignibus circum cuncta ~antibus absumi non potuit BEDE *HE* III 17; gloria ejus [sc. mundi] non est gloria sed ignis ~ans ANSELM (*Ep.* 81) III 206; ab igne illo .. ~ata fuerat et consumpta corporis omnis substancia *Mir. Hen. VI* I 16 p. 46. **d** testa .. capitis .. fuit gladio ~ante decisa R. COLD. *Osw.* 51 p. 380.

voratio [CL vorare+-tio], (voracious) consumption.

quis .. ita ~oni et deliciis indulgebit ut ego? ANDR. S. VICT. *Sal.* 108; voro .. inde .. ~o OSB. GLOUC. *Deriv.* 611; plerique [monachi] .. indulgent .. plus potioni quam devotioni, plus ventri quam menti, plus ~oni quam orationi GIR. *Symb.* I 28 p. 302.

vorator [LL], one who swallows or eats voraciously, devourer (also in fig. context).

1176 Judaica superstitio .. [Christum] nunc vinosum, nunc ~orem carnium .. vocans P. BLOIS *Ep.* 100; hunc .. voracitate quadam lupina .. gregis .. potius .. ~orem quam pastorem .. presumendum H. BOS. *Thom.* III 2; [Saturnum] filiorum suorum ~orem .. inducunt ALB. LOND. *DG* I. 1; quam vilis hec oblatio .. ut videat ~or adhuc crudum quod coctum debeat incorporare J. GODARD *Ep.* 223; ut [Christus] reos absolvat .. / voratores faucibus J. HOWD. *Sal.* 28. 9; multum .. edax dicitur gluto, ~or, quod monachum et maxime cellerarium non decet *Cust. Cant.* 126.

voratrix [CL vorare+-trix], one (f.) who swallows or eats voraciously, devourer (also fig.).

profunda petit tranans inimica voratrix *V. Ed. Conf.* f. 41r; bellica sus .. humi .. voratrix / machina sulcatrix GARL. *Epith.* IX 183; inter .. / .. voratrices viperas J. HOWD. *Cyth.* 60. 5.

voratrum [CL vorare+-trum], chasm, abyss, gulf (in quot., of water).

s1247 omnia quasi in pelagi ~um vel potius baratrum irrecuperabiliter sunt projecta M. PAR. *Abbr.* 299.

voratus [LL], act or habit of devouring, voracity.

postquam .. mors peravida .. archipraesulem .. ex Adamitica conditione consumptum insatiabili ~u finierat B. *V. Dunst.* 26.

vorax [CL], greedy in consumption of or appetite for food or drink, gluttonous, voracious. **b** (of fire) that consumes.

mihi videtur quod sis .. multus edax lupus et ~ax ÆLF. BATA 4. 11; mira Dei virtus quod .. nec natura ~ax nec venator instigans .. impios .. transvehunt ad rapinam GIR. *TH* II 40; vulpis est animal ~ax [ME: *a frech beast & freotewil*] *AncrR* 40. **b** civitatem ~ax flamma comburit HON. *Spec. Eccl.* 838A; hostes .. universa ~aci flamme tradunt *Ib.* 1052A.

†vordalium, ? f. l.

†vordalium [? l. fordalium *or* sandalium], *laesti GlC* V 281; c**1000** †vordalium [? l. fordalium *or* sandalium], *læste WW.*

vorith, *var. sp. of* borith.

vorith erba est. de ipsa panes faciunt quos 'erbaticas' appellant et siccant illos, habentque pro †sapore [l. sapone] *Gl. Leid.* 14. 3.

vorrus v. vorus. **vorseticus** v. worstedicus. **vorsetum** v. worsteda.

1 vorsus v. 1 versus.

2 vorsus [CL], (w. acc.) towards, or f. l.

dum [episcopus] .. in menianis consistens .. orientem versus [MSS: orsus] intenderet, vidit .. virum praefulgidum ALCUIN *Vedast. app.* p. 426.

vortex [CL], whirling mass, eddy, vortex (of water, wind, or smoke). **b** (in gl.) gnarl.

[hippopotami] ccc homines .. in rapaces gurgitum ~ices traxisse .. narrantur *Lib. Monstr.* II 9; non solum .. ignivomos gurgites .. turgescere cernere, immo etiam sulphurei .. ~ices [*gl.*: i. e. voragines aquae] .. sidera paene tangentes videbantur FELIX *Guthl.* 31; fortex, *edwelle GlC* F 300. **b** *a werre of a tree,* vertex [v. l. ~ex] *CathA*; *warre or knobb of a tre,* vertax *PP.*

vorus [cf. CL vorare], (in gl.).

vorri, †elones [? l. edones *or* helluones], edaces *GlC* V 276; †vovelones [vv. ll. verielones, venelones], edaces, voratores OSB. GLOUC. *Deriv.* 627.

vos [CL]

1 you (pl.); **b** (refl. w. emph. *-met,* esp. also w. *ipse*).

si [Augustinus ille] vobis adpropinquantibus adsurrexerit .. obtemperanter illum audite BEDE *HE* II 2 p. 83; ut eruentes de tumulo tollentesque vobiscum mea ossa recedatis ab his locis *Id. CuthbP* 39; si quis vestrum mihi [hoc] nuntiavit FELIX *Guthl.* 47; ?c**794** ut .. vobiscum, fratres carissimi, vitae januas ingredi merear ALCUIN *Ep.* 31; c**1073** quia .. vos [sc. fratres L. et W.] dilexistis in seculo, rogo ut rogetis Deum quatinus .. vos diligatis in [monasterio] LANFR. *Ep.* 47 (19); **1087** precipio ut nullus vestrum de illis terris .. se .. intromittat *Regesta* p. 130. **b** qua .. ratione aliquid .. ligabitis .. praeter vosmetipsos [sc. sacerdotes inhonestos]? GILDAS *EB* 109; semper amate Deum, fratres et vosmet amate: / diligit ille Deum, verus qui est fratris amator ALCUIN *Carm.* 99. 10. 9; intelligitis, fratres, que dico, qui hec intra vosmetipsos cotidiano legitis experimento J. FORD *Serm.* 18. 7.

2 (honorifically to single individual as mark of respect or deference) you (also w. sg. agreement).

a**713** vobis [sc. abbatissae] reddere nostra humilitas minime pigebit *Ep. Bonif.* 8; c**800** dictum est mihi quod vestri juniores .. consuetudinem .. misissent super ecclesias .. immo et de vobismetipsis dixerunt ALCUIN *Ep.* 298; oro vobiscum [sc. Gisleberto] ut aliquando nos invicem videntes .. osculo ad osculum .. non oblitum amorem recolamus ANSELM (*Ep.* 130) III 273; ?**1127** vestram supplicamus paternitatem [sc. papam] ut iter ejus ad vos .. nullo modo fieri permittatis *Regesta* 207; c**1214** generale tallagium per episcopatum faciens, decanatui de E. v li. vobis reddendas .. inposuistis GIR. *Ep.* 8 p. 270; **1216** rex Briano de Insula, salutem. .. vobis mandamus precipientes quod .. *Pat* 1; quod vos estis in sublimitate papali decoratus BACON *Tert.* 62; **1350** vos, cui sufficienter de meritis negotii electionis .. innotuit .. confirmare .. recusastis *MunAcOx* 169; talem etiam vos .. cupio .. qui .. gradum digne precipuum obtinetis *Croyl. Cont. A* 108; domine mi rex .. fateor vos esse meum regem *Croyl. Cont. B* 491; **1439** prout .. nuncius .. vos satis instructum reddere novit BEKYNTON I 99.

vosare [CL vos+-are; cf. MF *vosoier, vousoyer*], **vostrare,** to address (person) with the pronoun *vos* (honorifically as mark of respect or deference).

c**1206** [quidam] me presumptionis arguunt, asserentes magnam esse injuriam prelatorum .. eos tuare quos vostrare deceret, ita quod eis pluraliter scriberemus .. inferioribus autem vel nostris equalibus singulari numero uteremur P. BLOIS *Ep. Sup.* 51. 2; *to* ʒe, ~are in plurali numero vos, vestrum, vel tibi *CathA.*

vosatio [vosare+-tio], (in gl.).

ʒetyng, *with worshyp seyng* ʒe *not* þu, ~o, -is *PP.*

vosmet, **~metipsos** v. vos. **vosta** v. 1 vicia. **voster** v. vester. **vostrare** v. vosare. **vota** v. votum.

votaliter [CL votum+-alis+-ter], in expressing a vow or petitionary prayer, votively.

candela .. paternis delata manibus ad sepulcrum sancti martiris ~er offertur T. MON. *Will.* III 9; alteri offerri sanctus martir noluerit quod sibi ~er promissum fuit *Ib.* VII 7.

votare [LL], to vow (cf. *vovere*).

voveo .. inde votus .. et ~o, -as, i. vovere OSB. GLOUC. *Deriv.* 619; ~are, vovere *Ib.* 626.

†votennarius, ? f. l.

c**1280** Robertus at Mere tenet dim. virgatam terre. .. debet esse prepositus, berebrutus, wodwardus, cu-

---

stos casei, et †votennarius [*sic* MS; ? l. vintennarius] (*Consuet. Man. Wint.*) *Crawley* 232.

votifragium [CL votum+frangere+-ium], breaking of a vow, 'vow-breach'.

eum .. mihi vovere volo se nullam .. alteram .. susceptūrum medicinam, quod si .. ~angium incurrerit .. ipse sibi consulat T. MON. *Will.* IV 9; conicimus beatum martirem ~agii reatum .. voluisse piari pena *Ib.* VII 6.

votifragus [CL votum+frangere+-us], one who breaks a vow, vow-breaker.

1590 cum sacrilegis et ~is quos designat hic versus [sc. *Prov.* xx 25] (*Pro Gradu Doctoris*) L. ANDREWES *Opera Quaedam Posthuma* (London, 1629) 4.

votifrangium v. votifragium.

votio [CL vovere+-tio], (in list of words derived from *vovere*).

voveo .. inde .. ~o, -onis OSB. GLOUC. *Deriv.* 619.

votitare [CL vovere+-itare], (in gl.).

voveo .. inde .. ~o, -as, i. sepe vovere OSB. GLOUC. *Deriv.* 619; ~are, sepe vovere *Ib.* 626.

votivalis [CL votivus+-alis], of or pertaining to a vow or vows, (in quot.) who has taken a vow, devoted.

in scripturis quadruplex .. reperitur milicia, viz. virtualis, spiritualis, ~is, et humanalis UPTON 22; tercia milicia est ~is. in hac .. hortatur S. Bernardus milites fideles qui .. fidei devocione devovent et seipsos exponunt contra hostes fidei .. militare, ut milites Templi vel ordinis S. Johannis *Ib.*

votive [CL votivus+-e]

1 in expressing a vow or wish, (also transf.) solemnly, earnestly.

1314 ut .. apud altissimum ~ius insisteremus (*Lit. Cant.*) *Conc.* II 439a; **1335** vestram discrecionem .. ~e requirimus et rogamus quatinus .. decimam .. reddere .. velitis nostro procuratori *Lit. Cant.* II 97; **1345** sicut te ~e appetere audivimus (*Lit. Papae*) AD. MUR. *Chr.* 188; s**1367** [Deus] angelum .. premisit ut victores postea ~ius ei famulari .. deberent J. READING f. 192b.

2 ? in respect of a vow or wish.

1300 precamur quatinus talem graciam .. Roberto facere velitis in hac parte hujus rogaminis nostri interventu ut una cum rogatu regio illud sibi senciat ~e profuisse (*Lit. Reginae*) *Chr. Rams. app.* p. 371.

votivus [CL]

1 of, constituting, or pertaining to a vow, petitionary prayer, or sim. **b** performed or given in consequence or fulfilment of a vow or petitionary prayer, votive. **c** who has taken a vow or acts or gives in consequence of a vow or petitionary prayer. **d** (transf., of act or conduct) dedicated, devoted.

†**745** (12c) exemplar hujus largitionis .. quod .. ~e .. devotione altario sacro commendavit (*Ch. Malm.*) *ASC* XI no. 12; c**1318** pro .. nostro socio .. precibus ~is instare ut ejus provideatur honori (R. BURY *Ep.*) *FormOx* 31; [comes Arundelli] et sui .. vix plebeiam communitatem continere poterant quin ~is desideriis cum eis surrexissent FAVENT 8. **b** ~a Paschae nostri festa celebramus ut indicemus nos .. venerari .. redemtionem totius mundi (*Lit. Ceolfridi*) BEDE *HE* V 21 p. 341; omnium offerencium ad tabernaculum Domini tuum est ~a libamina suscipere GOSC. *Edith* 34; [mulier moribunda] loca sanctorum reverenciis dedicata ~is muneribus honorare devoverat .. frustra *Mir. Hen. VI* III 123. **c** audiens .. rex .. mirabilia .. non credidit, sed ~os homines sanctum martyrem poscentes .. prohibuit *Becket Mat.* IV 160; est alia milicia ~a, qua militat homo contra hostes fidei, quales sunt milites Templi et alii cruciferi J. WALEYS *Commun.* I ix 8 f. 54; c**1305** Stephanus .. domino J. pro corditer supplicanti intime ~us existit (R. BURY *Ep.*) *FormOx* 9. **d** plicate .. denarium ad S. Wlstanum .. et collo ejus in pignus ~e subjectionis suspendite *Mir. Wulfst.* I 17; **1305** ad offerendum .. domino pape ex parte domini regis .. ~a servicia, prout decuit, et honores (*KR Ac* 160/6 m. 4) *RGasc* III *app.* p. cxcvii; **1331** domino priori .. suus .. clericus T. de B. ~a semper obsequia cum reverentia tam debita quam devota *Lit. Cant.* I 373.

2 earnestly desired, or wished for; **b** (in epistolary salutation).

illuxit votiva dies mortalibus, in qua / fit concessa reis optata remissio legis WULF. *Swith. pref.* 450; votive .. rei dulcis imago J. SAL. *Enth. Phil.* 1126; **c1195** si .. videtis quod vestri conatus ~os effectus non habeant P. BLOIS *Ep.* 148; **s1301** transit annus iste Christianis omnibus letus et ~us .. propter victoriam .. in terra sancta WALS. *HA* I 84; causam canonizacionis .. censuimus .. fore prosequendam ipsiusque ~am expedicionem .. feliciter obtinendam *Canon. S. Osm.* 8. **b** **c1309** domino .. episcopo .. cancellarius .. cetusque .. cum salute ~a (R. BURY *Ep.*) *FormOx* 10; **1331** in ~a prosperitate semper valeatis *Lit. Cant.* I 372; **1529** domino H. .. omnem felicitatem ~am *FormA* 353.

votmellum v. fotmellum.

votum [CL]

1 solemn promise (esp. as made in petitionary prayer), vow; **b** (w. specifying gen. or cl.). **c** (*ex ~o*) in fulfilment of a vow.

cum sacrificium Deo .. offerret .. lacrimis Domino sua ~a commendabat BEDE *HE* IV 26; morte jam ut creditur instante, ad ~a confugitur *V. Gund.* 6; in signum ~i lichno se metiens *Mir. Frideszv.* 53; sacerdotes .. propter ~i emissionem conjugati esse non possunt GIR. *Symb.* I 21 p. 256; pastor .. moniales suas .. †vocis [l. ~is] .. magis quam vocibus, magis devotione quam modulatione, contentas esse constitit *Id. Spec.* III 11 p. 185; **s1243** [Beguine] continentiam et vite simplicitatem privato ~o profitentes M. PAR. *Maj.* IV 278; **1260** cum redempciones ~orum cruce signatorum et indistincte legata nobis a sede apostolica .. fuerint concessa *Cl* 269; **s1454** egredi poterit quis .. licite, transgredi vero nullatenus absque .. ~i transgressione *Reg. Whet.* I 141; rex Johannes .. ~a magna regem .. Scocie comminando emittens *Plusc.* VI 40 (cf. BOWER VIII 70: regem Anglie .. minas .. contra reges Scocie .. intonantem). **b** si ~um voveris numquam te esse .. [hoc] narraturum *V. Cuthb.* II 3; qui .. inebriatur .. si ~um sanctitatis habuerit, vij dies in pane et aqua .. peniteat THEOD. *Pen.* I 1. 6; ~um continentie quod emisit citra .. licentiam viri sui eam obligare non potuit P. BLOIS *Ep.* 19; ut denarium plicatum in ~um deditionis B. Wlstano collo suspenderet *Mir. Wulfst.* I 18; religionem habentem ~um abdicacionis proprietatis rerum temporalium OCKHAM *Pol.* I 299. **c** Gundulfus et archidiaconus ex ~o monachatum cunctis mundi delitiis praeferunt *V. Gund.* 6; redde, B. Thoma, jumentum quod querimus. .. cereus ex ~o tibi figetur equus in loco quo requiescis, memoriale .. quod beneficium testetur W. CANT. *Mir. Thom.* III 24.

2 petitionary prayer, (also transf.) earnest desire, wish. **b** (*ad ~um* or *pro ~o*) according to (one's) wish.

s1130 prior .. obiit .. in quem pro .. elegantia [et] honestate tam clericorum quam laicorum confluxerant ~a J. HEX. *HR Cont.* 284; omnino, seu prece seu vi, ~o suo pociatur *V. Chris. Marky.* 10; juxta .. pontificis opinionem et ~um, rex .. [Thomam] fidum experitur in consiliis H. BOS. *Thom.* II 10; sicut nos duo sumus conformes in ~is, sic et decet ut identitas sit in nostris operibus P. BLOIS *Ep.* 43; [rex] animum sic instituerat ut nihil .. cuiquam denegaret .. neminem nisi ~i compotem a se discedere dignum ducens GIR. *TH* III 49; si donatarius ad alia ~a convolverit et non satisfaciat condicioni [donacionis] *Fleta* 218. **b** quibus ad ~um abbatis impletis FOLC. *V. J. Bev.* 10; Gualterus .. Francie fructus pro ~o messuit MAP *NC* V 5 f. 64; **s1239** propositum suum [sc. regis] ad ~um non processerat de electione Willelmi M. PAR. *Maj.* III 525; **s1243** Wasconibus ab ipso rege, quem ad ~um tenebant, cotidianas expensas .. extorquentibus *Flor. Hist.* II 260; tunc .. non dormies nisi pro ~a tua [? l. ~o tuo], et scis quod tibi placet facies cum puella *Latin Stories* 117; cum quilibet posset fingere equivocaciones tales ad ~um WYCL. *Ver.* I 28.

3 (formal) indication of choice or preference, vote. **b** collective choice or decision, verdict.

ex literis capituli nostri .. patet quia [canonici] non contulerant ~a eligendi in archiepiscopum GIR. *Invect.* IV 3 p. 170; **1245** ecclesia Elfinensi pastoris solatio destituta et ~is canonicorum ejus in diversa divisis *Mon. Hib. & Scot.* 44a; ingressus solus papa cellam quandam, vocavit ministros et custodes ad electionem, et priusquam scriberentur ~a singulorum audivit ECCLESTON *Adv. Min.* 85; veniente die electionis .. assumantur .. tres canonici .. qui .. ~a cunctorum .. exquirant et in scriptis redigant L. SOMERCOTE 41; laici .. invitati in eleccione episcoporum ~um [v. l. vocem] habere possunt OCKHAM *Dial.* 928; **a1350** scrutentur .. ~a singulorum duo seniores arciste [*sic*] .. qui .. ~um cujuslibet scribent se vidente *StatOx* 65; **s1467** tunc primus fuit inter seniores patres .. J. T., qui in seligendo abbate .. prima ~a fecit FERR. *Kinloss* 31. **b** **1291** finali ~o [arbitrorum] .. omnino se submiserunt (*PlRExch*) *Law Merch.* II 60.

vovelo v. vorus.

vovere [CL]

1 to make a solemn promise of, vow (esp. in return for something desired, also w. ref. to vows of religious order); **b** (w. inf. or cl.). **c** (*votum ~ere*) to take a vow, make a solemn promise. **d** (intr. or absol.) to take a vow.

s883 rex Æ. misit elemosinam quam ~erat .. in Indiam ad S. Thomam *AS Chr.*; constat Laomedontem supradictis diis certam ~isse pecuniam ad sacra facienda ALB. LOND. *DG* 5. 7; ad lilia virginitatis quam Deo firmiter ~erat .. preservanda *V. Edm. Rich C* 602; **1274** cum ipsa ordinem anacoriste ~erit *AncC* 7/45; credentibus illis qui abdicacionem omnis dominii .. nequaquam ~erant OCKHAM *Pol.* II 773; religiosus assumptus ad papatum .. tenetur obedire regule quam ~it *Ib.* I 33. **b** mulier quae ~it ut post mortem viri ejus non accipiat alterum THEOD. *Pen.* II 12. 13; ~it .. quia, si victor existeret, filiam suam Domino sacra virginitate dicandam offerret BEDE *HE* III 24 p. 177; ~it .. se elimosynas pauperibus daturum, dummodo ille [episcopus] dignaretur .. domum suam ingrediens jejunium solvere *Ib.* V 4; ~erat [Eadwardus] .. ire Romam si regna paterna eum adipisci contingeret *Flor. Hist.* I 566; apostoli ~erant omnibus possessionibus .. carere OCKHAM *Pol.* I 352; **c1430** vos qui .. ~istis .. ab his abstinere cibariis que pruritum carnis provocant *Reg. Whet.* II *app.* 388; **14..** Stephanus .. ~it clero .. quod eleccioni prelatorum †statum [l. statim] consentiret *Feudal Man.* 140. **c** si votum ~eris numquam te esse .. [hoc] narraturum *V. Cuthb.* II 3; **742** viduam .. quae .. votum ~it Deo castitatis et velata fuit BONIF. *Ep.* 50 p. 84. **d** **800** melius est non ~ere quam vota non implere ALCUIN *Ep.* 205; vovistis, fratres, vovistis: vestra .. / vivite solliciti reddere vota Deo NECKAM *VM* 175; **c1249** moneantur conjugate ne ~eant nisi de consensu virorum [suorum] (*Stat. Chich.*) *Conc. Syn.* 457 (cf. (*Stat. Sal.*) ib. 89: **c1218** ne faciant vota).

2 (esp. refl.) to give in consequence or fulfilment of a vow or petitionary prayer, to dedicate or devote (to).

si quis postquam se ~erit Deo secularem habitum acciperit THEOD. *Pen.* I 9. 2; ~ete puerum [mortuum] S. Wlstano; forsitan visitabit eum Dominus et reddet nobis *Mir. Wulfst.* I 38; cum te huic institutioni ~eres AILR. *Inst. Inclus.* 2.

vovettus v. bovettus.

vox [CL]

1 voice, production of sound by the vocal organs in speaking, singing, *etc.*; **b** (of spec. quality); **c** (transf., of mus. intrument). **d** (*viva vox*) oral expression or delivery (esp. w. emph. on speaker as present in person), (also *viva voce*) by word of mouth, in speech, orally.

c763 audient vocem aeterni judicis .. dicentis ad impios "discedite .." *Ch. Roff.* 8; quum [cithara] in multis vivam vocem equiparare videatur, aliqua tamen non implet que viva vox potest ALB. LOND. *DG* 10. 7; vocem turturis .. audierunt in terra sua J. FORD *Serm.* 52. 2; Joseph voce premonitus angelica .. fugit in Egyptum M. PAR. *Maj.* I 85; vox [ME: *stevene*] dixit bono Arsenio "Arseni, fuge .." et iterum venit vox et dixit "Arseni, fuge .." *AncrR* 53. **b** [corvus Cuðberhto] humili voce veniam indulgentie deposcens crocitare cepit *V. Cuthb.* III 5; fertur quia .. elata in altum voce cuncto exercitui proclamaverit "flectamus omnes genua" BEDE *HE* III 2; abbas .. humili voce dicat "adjutorium nostrum .." et eadem voce conventus respondeat "qui fecit .." LANFR. *Const.* 113; episcopus .. introitum [misse] incepit .. voce rotunda GIR. *Hug.* I 6; non ponimus quatuor [notas] pro brevi in voce humana, sed in instrumentis sepius bene fit *Mens. & Disc.* (*Anon. IV*) 39; quod .. in humana voce potest reduci ad effectum quoad plures homines, non quoad omnes *Ib.* 86; breves et semibreves in voce proferuntur .. more longo, [more] mediocri, et more lascivo HAUDLO 104; tertius et quartus modus transmutari debent si more lascivo per vocem exprimantur *Ib.* 172; gentiles .. eunuchos fecerunt pueros .. ut .. in eis vox puerilis permaneret HOLCOT *Wisd.* 140. **c** de uno ordine [navium] ad alterum vox tube .. audiri potuit DEVIZES f. 33r. **d** in provincia Lindissi quae sint gesta .. vel litteris reverentissimi antistitis Cyniberci vel aliorum fidelium virorum viva voce didicimus BEDE *HE pref.*; **799** dum habetis .. pium patrem .. qui vos viva voce melius ammonere poterit ALCUIN *Ep.* 168; **c1166** tibi perpaucis scripsi quia statum meum .. ex viva voce latoris agnosces J. SAL. *Ep.* 156 (169); si .. ipse [vicecomes] viva voce .. pro se designaverit presidenti *Dial. Scac.* II 4B; si .. testes inserti aliud dicant quam instrumentum, potius vive voci credatur RIC. ANGL. *Summa* 31 p. 50; retulerunt nobis .. causam canonizacionis .. vivevocis [? l. vive vocis] oraculo fore commissam *Canon. S. Osm.* 2; **c1430** ipsum .. vocibus vivis et rogatibus .. deprecatus ut oculo benevolo respiceret me (*Ep.*) *Reg. Whet.* II *app.* 473.

2 voice as conveying opinion or desire (of individual or group). **b** (*vox publica*) open proclamation. **c** (*vox simplex* or *sola*, leg.) unsupported claim.

ut .. consentiam voci deprecantium WEALDHERE *Ep.* 23; **798** omnium voce decretum est justum esse ut .. ecclesia .. perciperet quo .. spoliata fuerat (*Clovesho*) *CS* 291; **s1141** Lundonienses, semper .. intra se frementes, tunc in aperti odii vocem eruperunt W. MALM. *HN* 497; cum .. laborasset vulgus in ambiguo quis preficeretur .. quibusdam preferentibus voce et velle unum, quibusdam alium *G. Hen. V* 23; super miraculo de hujusmodi peregrino .. laboravit et laborat publica vox et fama *Canon. S. Osm.* 69. **b** **1239** clamantibus .. incendiis .. et stragibus occisorum, que ipsum .. de fide mentita .. publicis vocibus arguebant (*Lit. Imp.*) M. PAR. *Maj.* III 582; **s1325** dux Aquitanium [? l. Aquitaniorum] filius regis Anglorum publicis vocibus acclamatus est *Flor. Hist.* III 231; preconizatum est voce publica quod E. cum peregrinis suis partem torniamenti tenerent KNIGHTON I 265. **c** **1217** nullus ballivus ponat .. aliquam ad legem .. simplici voce [*SelCh* 342: loquela] sua sine testibus fidelibus (*Magna Carta*) *Reg. Malm.* I 35; simplici voci sue non erit credendum nisi sufficientem habeat probationem BRACTON f. 325b; **c1307** ad solam vocem sine secta non debet quis audiri *CBaron* 84.

3 sound produced by the vocal organs (esp. w. ref. to linguistic significance). **b** articulated sound, utterance. **c** vowel (*cf. vocalis*). **d** quality, nature, or effect of a vocal sound.

hippocentauri .. possunt incipere loqui, sed insueta labia humanae locutioni nullam vocem in verba distinguunt *Lib. Monstr.* I 7; ex quo .. [homo] nascitur, prima vox ejus indicat quid [v. l. quod] patiatur *Simil. Anselmi* 54; sonus alius vox, alius non vox: .. vox, ut quod fit ab ore animalis .. non vox, ut strepitus pedum SHIRWOOD *Log.* 223; tussis est sonus tantum et non vox, locucio vero est vox que litteris articulatur BACON *Gram. Gk.* 29; gallina cum docet pullos cavere a milvo profert aliam vocem quam quando invitat eos ad escam *Id. CSTheol.* 40; vox litterata ordinabilis ad intellectum, quam philosophi 'articulatam' vocant, est .. subjectum hujus sciencie *Ps.*-GROS. *Gram.* 17. **b** aliter .. cogitatur res cum vox eam significans cogitatur, aliter cum id ipsum quod res est intelligitur ANSELM (*Prosl.* 4) I 103; fuerunt .. qui voces ipsas genera dicerent esse et species, sed eorum .. sententia .. cum auctore suo evanuit J. SAL. *Pol.* 665A (cf. id. *Met.* 874C); cum .. finis grammatice sit congrue sermocinari, hoc est, sermocinando proporcionare vocem ad intellectum *Ps.*-GROS. *Gram.* 16. **c** quinta vocor princeps vocum HWÆTBERHT *Aen.* 19 (*V littera*) 1. **d** accentus est .. vox syllabae quae in sermone plus sonat de ceteris syllabis BONIF. *Met.* 109; ipsarum [litterarum] mediarum voces .. exprimimus sono levium dum in finibus partium sunt ABBO *QG* 9 (21).

4 (mus.) note (esp. as sung).

cum .. musici cantores paucis caracteribus multas acutarum et gravium differentias indicent vocum J. SAL. *Met.* 850D; [unum] tempus habet fieri .. aliquando .. per rectam vocem, aliquando per vocem cassam, aliquando per vocem amissam GARL. *Mus. Mens.* 1. 23; perfecta dicitur esse illa [concordantia] quando due voces junguntur .. ita quod .. una vox non percipitur ab alia *Ib.* 9. 6; istis septem litteris [sc. a, b, c, d, e, f, g] sex voces sive sex nomina vocum a Guidone conceduntur, viz. ut, re, mi, fa, sol, la TUNST. 219b; tempus est mensura tam vocis prolate quam .. vocis omisse que 'pausa' .. appellatur HAUBOYS 182; figura est representatio vocis sive soni in aliquo modorum ordinate *Ib.* 184; notas vel voces que possunt fieri per octavam HOTHBY *Contrap.* Fl 64.

5 (spec.) something said by particular person, on particular occasion, or sim., utterance.

ut gentem .. juxta vocem apostoli uni vero sponso virginem castam exhiberet Christo [cf. *II Cor.* xi 2] BEDE *HE* II 9; **1182** ut voce apostoli utar, nolite contristari de dormiente [cf. *I Thess.* iv 12] P. BLOIS *Ep.* 2; unde .. hec vox ejus: "nemo venit ad Patrem nisi per me" [*Joh.* xiv 6] AD. SCOT *QEC* 807B; ad hanc vocem beate virginis cum astantes respondissent "amen" *V. Frideswb. B* 10; "quocumque perrexeris pergam" [*Ruth* i 16]: hoc debet esse vox Christiani S. LANGTON *Ruth* 95.

6 formal expression of opinion, vote (also w. ref. to the right formally to express opinion or vote). **b** (*vox passiva*) the right to be voted for or elected (esp. to position as elector). **c** (*vox appellandi*, leg.) ? right to be heard as an appellant.

†**1082** (12c) primam vocem in episcopi electione ipse [prior] et capitulum ejusdem ecclesie habeat *Ch. Durh.* 3a; antequam aliquem tractatum habent, dicat decanus vel aliquis alius qui habet primam vocem in capitulo .. "videtur mihi quod N. .. merito sit .. eligendus" L. SOMERCOTE 31; ?c**1258** inclusis .. in uno conclavi omnibus qui ad hoc voces .. habuere .. tres ab eisdem .. ut vota .. exquirerent .. sunt assumpti (*Const. Fratrum de Sacco*) *EHR* IX 123; s**1312** rex Francie .. [petivit] quod ipse .. et successores sui vocem trium cardinalium haberent in omni electione pape AD. MUR. *Chr.* 17; a**1350** si duo in scrutinio habeant equales voces, preferatur senior *Stat Ox* 66; **1452** voluit prior .. quod voces talium .. nulli prestarent suffragium, nec alicui inferrent nocumentum *Reg. Whet.* I 14. **b** **1334** nullus procuratorum qui proximo ante ipsam eleccionem officio .. cedit .. habeat in ipsa eleccione vocem passivam, viz. quod non sit unus ex primis duobus nominandis ad eligendum sex electores, nec unus ex illis sex, nec tercius nec septimus ad concordandum predictos duos vel sex *StatOx* 134; **1451** (1482) si qui inventi fuerint notabiliter viciosi vel ociosi .. voce activa et passiva priventur (*Stat. Observ.*) *Mon. Francisc.* II 94. **c** **1221** quia ipsa habet virum .. qui nullum facit appellum, ipsa non habet vocem appellandi, et ideo inquiratur veritas per patriam (*Eyre Warw*) *SelPlCrown* 99; **1221** ipsa nunc habet virum .. et vir suus non offert probare, desicut ipsa non habet vocem appellandi etc. et ideo sine die (*Eyre Warw*) *Ib.* 101.

7 form or mode of speech or expression; **b** (w. ref. to language).

David utitur quandoque voce imprecatoria non imprecatorie, et Glosa dicit quod hoc dicitur predictive, sc. quod predictio est non imprecatio, sed tantum forma S. LANGTON *Quaest.* f. 208va; [David] utitur voce orationis non oratione *Ib.* **b** Anglicanam, prout ipse conscripsit, linguam eloquio †litterarum [MS: litteratorum] Latino immiscere volui .. nec .. materna, qua usus est, voce studui respondere J. BURY *Glad. Sal.* 573.

8 (gram.) voice (as inflectional category of verb).

verbum inpersonale passive vocis .. poterit .. construi cum acusativo BACON XV 76.

9 *f. l.*

1275 debet invenire .. milites .. ad servicium domini regis quando †vocē [l. necesse] habeat *Hund.* I 63a (v. necesse 4).

voyagium v. viagium. **vrydere** v. frithere. **vuanessere** v. evanescere. **vuenta** v. 1 Venta. **Vuiclevicus** v. Wyclefisticus. **Vuitclevista** v. Wyclefista. **Vuitclevisticus** v. Wyclefisticus. **vuitrum** v. 1 vitrum.

Vulcanalia [CL], festival of Vulcan, Vulcanalia.

Floralia .. Ulcanalia, festivitates vel sacra paganorum *Gl. Leid.* 43. 29.

Vulcanus [CL], Roman god of fire, Vulcan. **b** fire, flames.

Jonan [i. e. Juno], filia [*sic*] ~i *Gl. Leid.* 28. 13; Venerem uxorem ~i BERN. *Comm. Aen.* 10. **b** orior candenti corpore .. / .. Vulcani torre rigescens ALDH. *Aen.* 70 (*Tortella*) 2; bachantes .. / Vulcanum tecto, quo transiit ille, adhibebant FRITH. 1372; aliis intenta negotiis, dum panes ~o requirit .. ardere conspicit *V. Neot. A* 12.

1 vulgago v. uligo.

2 vulgago [LL], hazelwort, asarabacca (*Asarum europaeum*).

quis asaram bacharam, que ~o dicitur .. educere per superius orificium cibaria .. non intelligit? NECKAM *NR* II 166; subsidium prebet jecoris vulgago dolori, / confert hydropicis, ictericosque juvat *Id. DS* VII 231; asarabaccara, ~o, gariofilata agrestis, †milgago .. idem *Alph.* 15; †milvago [*sic* MS; ? l. ~o] .. asara baccara *SB* 30; asarum, perpensa, ~o, sanguis martis, rustica nardus, et vulgo *azarabaccara* dicitur. eram eo loco ubi vocaretur *folfot* TURNER *Herb.* (1965) 45.

vulgaliter [LL vulgalis+-ter], in common or everyday speech; **b** (parenthetically).

ecclesia 'Lanteliau bechan' ~r vocata *Lib. Landav.* 116; **1292** curiam .. de Clyderhou, que ~r appellatur 'wapentach' de Blakeburnesyre' *PQW* 382a; **1313** prioratus qui 'prioratus S. Clementis' ~r nuncupatur *CartINorm.* 98. **b** **1276** quidam H. le W. .. inebriatus et wlgaliter gulosus .. habuit morbum caducum et cecidit supra lapid' *RCoron* 4 m. 4.

1 vulgare [CL]

1 to put into general circulation, spread widely, promulgate.

sicut ~ata per orbem asserit opinio GIR. *TH* I 29; textus est .. corruptus horribiliter in exemplari ~ato, hoc est Parisiensi BACON *Min.* 330; quoniam .. Septuaginta non inveniuntur .. apud Latinos, oportet quod hec [translatio] que ~atur apud Latinos sit Hieronymi *Ib.* 336; [editio] dicitur '~ata' que vulgo et publice .. legebatur et fuit in usu vulgi et totius ecclesie .. et hec fuit sola translatio Septuaginta *Ib.* 340; dicunt quod aliqua fuit compilatio .. †vulgatum et diffusum [l. ~ata et diffusa] nunc ubique, et non translatio Hieronymi *Ib.* 342.

2 to make publicly or commonly known, to spread word of (also w. cl.).

~atis domesticisque impietatibus GILDAS *EB* 28; quae [scripsimus] .. non ab illis qui viderunt .. didicimus, ~ata tantum habemus *V. Greg.* p. 107; abbatis quem singularis vitae .. virum .. fama circumquaque ~averat *Hist. Abb. Jarrow* 4; puella .. exsurgit eisdemque ne miraculum ~arent indicitur BEDE *Luke* 445C; ea quae fama ~ante collegimus .. litteris mandare studuimus *Id. HE pref.* p. 8; ~atum est .. quod .. inter verba orationis vitam finierit *Ib.* III 12; cognitis ubique fama ~ante S. Oswaldi virtutibus R. COLD. *Osw.* 56; subitos vulgavit fama tumultus / Argolicos venisse duces J. EXON. *BT* VI 921.

3 (p. ppl. as adj.) well-known, famous.

Severus .. celebrem illam et ~atissimam fossam de mari ad mare duxit W. MALM. *GR* I *prol.*; tale est .. ~atum illud 'homines habent duos pedes tantum' BALSH. *AD rec.* 2 47; vulgus philosophantium nescit causam experientie ~ate in hac parte [sc. cum magnete] BACON *Min.* 384; una [dubitatio] est quod ea que dico .. sunt contra exemplata .. consueta et ~ata *Id. Tert.* 25.

2 vulgare v. vulgaris.

vulgaricus [CL vulgaris+-icus], of or belonging to the common people, common.

papam beatae memoriae Gregorium, a primo secundum et novissimo priorem .. qui et ~a Romanorum lingua dicitur 'junior' WILLIB. *Bonif.* 5.

vulgaris [CL]

1 of or pertaining to the common people. **b** that is in (widespread) circulation among the common people, common.

~is [v. l. popularis; AS: *folciscne*] presbyter .. qui non regulariter vivit (*Inst. Cnuti*) *GAS* 287 (cf. (*Quad.*) ib. 286: plebeius sacerdos); isto modo utimur in rondellis et cantilenis ~ibus GARL. *Mus. Mens. app. P* 95; aras barbaricas, i. e. ~es vel ~ibus diis sacratas TREVET *Troades* 56; tam ecclesiastica quam ~ia edificia ELMH. *Cant.* 220; **1549** qui apud se detinent aliquos libros rithmorum seu cantilenarum ~ium *Conc. Scot.* II 120. **b** sicut proverbium asserit ~e ORD. VIT. XI 22 p. 235; nullam [opinionem] pro certa asserendam censens, ad ~iora recurro ALB. LOND. *DG* 6. 30; nimis est [hoc] dictum ~e, et de paupere vena manare creditum *Ib.* 13. 8.

2 (of person) who has no special rank, ordinary, common. **b** (as sb. pl.) common people.

s**1382** predicacionibus in ~i plebe inexecrabiliter declamatis WALS. *HA* II 51. **b** **968** in illo loco ubi ~i nomen inposuerunt Stantun *Ch. Burton* 23 (cf. *CS* 820: **947** ubi .. solicole illius regionis nomen inposuerunt; *CS* 869: **948** ubi ruricoli .. nomen inposuerunt); studium sanctitatis .. prefatos antistites illuminavit .. multisque ~ibus et litteratis profuit ORD. VIT. IV 6 p. 205; **1382** sator litis .. nuper in hoc regno .. inter proceres et ~es procuravit dissidium (*Ep.*) *Ziz.* 292; s**1381** ~es in furorem versi juraverunt se .. archiepiscopum .. quesituros WALS. *HA* I 456.

3 (of linguistic expression) that is in everyday use, common, ordinary. **b** (as sb. n.) common or everyday phrase or sentence (in quot. pl., used as exercise in school).

fit .. hujus nominis transumptio secundum usum ~em qua 'pes montis' .. dicitur BALSH. *AD rec.* 2 44; stilo ~i .. utens GANV. *prol.*; aliter accipitur 'simplex' in ~i locucione OCKHAM *Pol.* II 595; **1417** necessariam .. subvencionem .. faciendam .. diserte in ~i eloquio declaravit *Reg. Cant.* III 40; s**1458** miles .. Johannes Cheyne eloquio ~i nominatus *Reg. Whet.* I 308; **1549** procurator .. a ~i sermone quantum fieri possit in judicio abstineat *Conc. Scot.* II 123. **b** ~ia quedam cum suis vernaculis compilata STANBR. *Vulg.* 13; omnia ne tibi .. scripta sunt ~ia [Eng.: *vulgares*] que .. nobis hodierno mane fuerunt tradita? WHITTINGTON *Vulg.* 87; **1560** ~ia exhibita a singulis scribantur eodem mane, quae subsequente die .. memoriter recitent (*Westm.*) *Educ. Ch.* 508.

4 that is in the common or everyday language (esp. as opp. to Latin), vernacular. **b** (as sb. f. or n.) vernacular.

1418 scripsit regi litteram ~em .. que translata est in Latinam *Foed.* IX 610a; **1549** concilium decrevit .. hoc ~e quod sequitur hic inserendum *Conc. Syn.* II 121. **b** que compendiose sufficiunt scribere novicio in eadem arte .. juxta ~em in gramatica compillavi M. SCOT *Part.* 291; **1308** eorum .. confessiones .. legere fecimus coram ipsis ac in suo ~i cuilibet eorum exponi (*Bulla Papae*) W. GUISB. 389; **1320** G. .. treugas ipsas .. in ~i Scotorum sonora voce .. publicavit (*Lit. Papae*) *Mon. Hib. & Scot.* 205a; nomen .. suum in ~i est Roger HOLCOT *Sermo* 222; multa de scriptura in ~i nostro translata .. ducerent simplices in errorem PALMER 422; **1428** penam .. reverendus pater declaravit eidem M. in ~i fore penam mortis *Heresy Tri. Norw.* 43.

5 that has no special quality, ordinary.

sunt .. proposita certaminis praemia non ~ia quidem FREE *Ep.* 53.

vulgaritas [LL = *commonness*], common or everyday speech.

stilo vulgari et verbis curialibus utens .. ad eorum noticiam comparandam eis qui in hujusmodi ~ate minus sunt exercitati GLANV. *prol.* (cf. *Fleta prol.*).

vulgariter [CL]

1 among the common people, commonly, widely. **b** as a common or everyday circumstance, commonly.

ad que planius internoscenda, habeantur vulgarius noscibilia exempla hec: .. BALSH. *AD rec.* 2 18. **b** ecclesie .. non debent appropriari .. religiosis divitibus, ut ~er [ME: *comounli*] fit hiis diebus per mendacia *Concl. Loll. XXXVII* 6.

2 in common or everyday language (also as opp. to Latin).

957 (15c) in illo loco ubi prisca relatione ~er nomen insitum rite cognoscitur *æt Stottanpille Ch. Wint.* 20; murium majorum qui ~er 'rati' dicuntur GIR. *IK* II 2; communione vel, ut Latine minus ~er magis loquamur, communa *Id. Galf.* II 9; vidi fratres .. comedere panem quem 'tortam' vocant ~er [v. l. vulgus vocat] ECCLESTON *Adv. Min.* 11; mulierum .. quas 'Biguinas' ~er vocamus *Flor. Hist.* II 267; **1283** literas .. vestre beatitudinis mihi missas coram ipso [rege] et magnatibus suis .. exposui ~er et aperte PECKHAM *Ep.* 495 p. 637; **1331** caput stanni, quod wlgariter *escluse* nuncupatur (*JustIt*) *S. Jers.* I 8; s**1346** comes H. .. literas quasdam inventas in Cadamo .. sibi tradidit ~er exponendas AVESB. f. 107; pro instrumento illo bellico sive diabolico quod ~er dicitur *gunne* J. MIRFIELD *Brev.* 90; grassities quedam .. que ~er dicitur 'stella que cecidit' *SB* 43.

1 vulgarus v. vulgaris.

2 Vulgarus, *var. sp. of* Bulgarus.

Vulgari, Huni *Gl. Leid.* 39. 25.

vulgatio [LL], (act of) putting into general circulation, promulgation or publication.

c**1218** post ~onem [*Conc. Syn.* 94: promulgationem] statutorum concilii (*Stat. Sal.*) *Conc.* I 600b; *a proclamation,* ~o LEVINS *Manip.* 165.

vulgo [CL], by or among the common people, popularly, commonly.

ut ~o fertur BEDE *HE* II 5; qui locus .. ~o vocatur 'ad candidam casam' *Ib.* III 4; s**1136** sicut ~o dici audivimus, super proditores revera corruit bissextus ORD. VIT. XII 40 p. 464; secundum illum loquendi modum quo ~o dicitur 'id de uno dici quod de alio' BALSH. *AD rec.* 2 48; an omnia moveantur ut ait Heraclitus, an nichil ut Zeno, an nec omnia nec nulla ut ~o videtur *Ib.* 133; R. de C. .. officium villici seu ballivi, ut ~o dicitur, in B. Ricardi gerebat obsequio R. BOCKING *Ric. Cic.* I 86.

vulgosus [CL vulgus+-osus], (in gl.).

~us, -a, -um, i. vulgo habundans OSB. GLOUC. *Deriv.* 617; ~us, vulgo plenus, populosus *Ib.* 626.

vulgus [CL], the common people, general public; **b** (w. pl. concord). **c** (w. gen. pl.) the undistinguished, general, or ordinary class or multitude. **d** (*filius ~i* or sim.) bastard, illegitimate child.

animadverterunt .. ex vultu et habitu et sermonibus ejus quia non erat de paupere ~o .. sed de nobilibus BEDE *HE* IV 20; ~us in medio expositum preda erat potentioribus W. MALM. *GR* III 245; ~us dicit quod S. Declanus .. Romam visitavit (*Declanus* 15) *VSH* II 41; s**1326** communitas ~i civitatis Londoniarum mandavit regine caput .. W. E. episcopi AD. MUR. *Chr.* 48; regni incole et wlgus popularis *Hist. Roff.* f. 39v; vocabantur enim 'magi' propter illorum sapienciam, quod apud Chaldeos [MS: Caldeos] ~um [MS: wlgum] nomen est *Eul. Hist.* I 76; s**1381** imputandum .. communis ~i facinoribus WALS. *HA* II 12; quasdam .. exacciones que ~o solebant imponi .. regalis gracia .. relaxabat *Ps.*-ELMH. *Hen.* V 47; olim .. commune dictum fuit in ~o, et est adhuc inter plures de ~o, quod .. papa cotidie loquitur cum Deo GASCOIGNE *Loci* 132. **b** s**1379** instrumentis .. que ~us 'gunnas' vocant WALS. *HA* I 405. **c** quorum spermata .. animari non posse medicorum etiam ~us intelligit ALF. ANGL. *Cor* 12. 7; ut quod ~us studentium capere non potest cupidi sapientie se gaudeant obtinere BACON *Maj.* III 34. **d 1285** Margeria quesita si predictus Ricardus fuit filius .. Ricardi dicit quod non, immo filius wlgi .. dixit quod idem Ricardus est filius de wlgo conceptus *JustIt* 246 m. 36d.

vulnerabilis [CL], capable of being wounded, vulnerable.

ut [Achilles] percuteretur in loco ~i TREVET *Troades* 29.

vulnerare [CL], to inflict a wound on, wound (also fig. or in fig. context).

[rex] ~atus .. est in pugna .. et inter medendum defunctus BEDE *HE* IV 24; **801** ~asti siquidem cor meum [cf. *Cant.* iv 9] ALCUIN *Ep.* 237; **1177** tibias .. percussione calcitrantium equorum .. ~atas et trisulcas P. BLOIS *Ep.* 66. 197C; vulnerate .. per incuriam dilectioni .. cicatricem obducit affectio GIR. *EH* I 12; sagitte amoris .. tanta virtute vibrantur ut .. sponsus cor suum a sponsa ~atum esse confiteatur J. FORD *Serm.* I. 4; **1221** consuetudo .. quod murdrum debet capi ubicunque ~atus moritur *PlCrGlouc* 37; **1255** Petrus de F. stet per quinque annos extra villam .. quia wolneravit Raymundum de L. *RGasc* I *sup.* 37b; **1277** R. .. fregit portas suas et volneravit eum (*JustIt*) *EHR* XL 415; eadem mulier, viro dormiente, in quinque vicis ~avit virgam ejusdem .. cum cultello GASCOIGNE *Loci* 137.

vulneratio [CL], infliction of a wound, wounding (also fig.).

c**1094** sine quadam magna sui [sc. anime] ~one de .. filiorum suorum .. separatione ANSELM (*Ep.* 166) IV 40; de frequenti oculorum nostrorum ~one docemur pacisci fedus .. ut nihil vel cogitemus obscenum J. FORD *Serm.* 51. 2; post combustionem, ~onem, et percussionem manet dolor OCKHAM *Quodl.* 269; ~o acutissima omnium membrorum UHTRED *Medit.* 197.

vulnerator [LL], one who wounds, wounder.

s**1199** precepit rex ut .. omnes suspenderentur excepto suo ~ore [TREVISA: *hym þat hym had i-wounded*] HIGD. VII 31 p. 166; de verberatoribus, ~oribus, contumeliosibus, et paci rebellis *Fleta* 24; **1377** quatenus vos .. clericorum .. ~ores .. excommunicatos publice nuncietis (*Lit. Papae*) *Mon. Hib. & Scot.* 359a.

vulneratrix [CL vulnerare+-trix], one (f.) who wounds.

non est sui criminis / plagula vulneratrix *Anal. Hymn.* XXXI 164. ·

vulneratura [CL vulnerare+-ura], infliction of a wound, wounding.

c**1291** super transgressionibus verberature, ~e, maheimii, et inprisonamenti *State Tri. Ed. I* 12.

vulnereus [CL vulnus+-eus], of or pertaining to a wound.

plaga .. / non est .. fotum oleo; / .. / nil tumori valet vulnereo J. HOWD. *Ph.* 798.

vulneritia [CL vulnus+-itia], wound.

tenditur ventris cuticula / et vulnericiam non sensit clausula WALT. WIMB. *Carm.* 80.

vulnerosus [LL], full of wounds, wound-ridden.

~us, vulneribus plenus OSB. GLOUC. *Deriv.* 626; scabies est ~a et grossa in superficie GILB. VII 334. 1; *a wounde* .. vulnus .. ~us, vulnusculum *CathA*.

vulnifer [LL], who or that causes a wound or wounds, wounding.

illud caput .. quod impii .. coronaverunt ~is spinis GOSC. *Lib. Confort.* 101.

vulnificus [CL], who or that causes a wound or wounds, wounding.

Mars vulnificus, qui belli semina spargit ALDH. *VirgV* 1327; [Christum] stipite ~o pendentem *Trop. Wint.* 110; quidam .. proprie .. malicie ~o missili puniebantur ORD. VIT. III 5 p. 78; vocatur .. ad opus .. omne instrumentorum genus ~um *Ps.*-ELMH. *Hen.* V 97.

vulnus [CL], wound (also transf. or fig.).

ut si ferri ~us minus ad mortem regis sufficeret, peste juvaretur veneni BEDE *HE* II 9; quidam .. intra pectora [*OMT*: pectus] ~us alebant invidie W. MALM. *HN* 468; [securis] parum elevata letale ~us infligit GIR. *TH* III 21; **1201** eum verberavit et in capite ei iiij ~era fecit .. set nullum ~us ostendit *SelPlCrown* 6; s**1222** quidam .. habens .. in latere, manibus, et pedibus quinque ~era crucifixionis M. PAR. *Maj.* III 71; peccata dicuntur '~era' quando ab alio inferuntur GROS. *Templ.* 5. 6; est infirmitas .. anime medicina ~erum *AncrR* 61; si labia ~eris sint multum dependencia, opus [est] quod suantur GAD. 9v. 2; sputum sanguinis aliquando venit a ~ere pectoris, aliquando a ~ere pulmonis *Ib.* 52v. 2.

vulnusculum [CL], slight wound.

ambiguum convertit .. cicatrix / discipulo palpante .. vulnuscula ferri ALDH. *CE* 6. 10; post minutionem .. circa ~um .. sanguis .. in pessimum apostema duruerat AILR. *Ed. Conf.* 788C; sagitta in capite percussus est, quo ~o .. quamvis illud primo derideret, post aliquot dies assumptus [est] W. NEWB. *HA* I 11; Walterus .. in uno pedum saucius vix per viij dies ipso ~o claudicavit M. PAR. *Min.* II 71.

vulpa v. vulpes.   **vulpancer** v. vulpanser.

vulpanser [CL vulpes+anser, *for* χηναλώπηξ], ruddy shelduck (*Tadorna ferruginea*).

chenalopex ab ansere et vulpe nomen habet, et Latine a Gaza '~er' dicitur. nostrates hodie 'bergandrum' nominant TURNER *Av.* (1903) 24; anate longior et grandior ~er est, pectore ruffescente, in aquis degit et in cuniculorum foveis *Ib.*; *a bargander,* vulpancer LEVINS *Manip.* 79.

vulpecula [CL], **~us,** little fox (also fig. or in fig. context). **b** fox fur.

[inimicus Dei] sese mutavit in turpem ~am ut .. cauda quatienti varioque discursu [Dunstanum] ab intentione Dei .. averteret B. *V. Dunst.* 16; tu vulpicule omnium vulpi[cul]orum! ÆLF. *BATA* 4. 27 p. 52; accidit .. ~am avium istarum unam rapuisse GIR. *TH* II 29; ut vulpecula damme / insidians VINSAUF *PN* 1288 (*recte* 1293); regina in thalamo ficta infirmitate

decubans quasi ~a latitabat *V. II Off.* 25; qui .. nobis sua retia reliquerunt ut parvulas caperemus ~as que non cessant florentes vineas demoliri [cf. *Cant.* ii 15] R. BURY *Phil.* 5. 77; **1410** quidam ~us nomine W. S. .. agnos cure nostre commissos .. blasphemiis nititur jugulare *Conc.* III 332a. **b** penula mantelli sit .. ex cuniculis .. cujus urla sit ex .. ~a [*gl.*: *gupil*] NECKAM *Ut.* 99.

vulpecularis [CL vulpecula+-aris]

1 of or pertaining to foxes, (in quot., *canis ~is* or as sb. m.) dog used for hunting foxes.

1214 R. de E. debet vj canes wulperettos et baldos et vj alios canes wulpeculares *Pipe* 165 (cf. *Pipe* 20: **1218** R. de E. debet vj canes ~es et baldos et vj alios canes ~es); **1228** Vitalis Engaine debet iiij ~es *Ib.* 72 r. 9 (1) *d.*; **1230** Stephanus Haringot debet .. j canem wlpiclarem *LTR Mem* 11 m. 12 (2); **1233** Vitalis Engaine debet iij canes wlpicular' *KR Mem* 12 m. 7d.; **1271** dedimus .. Willelmo de S. E. .. xlviij li. et quendam canem ~em *Cl* 319.

2 (of cunning or sim.) typical or expected of a fox, fox-like.

Hinguarus .. ~i astutia verbisque delinitis inducias .. impetravit H. HUNT. *HA* V 5; Edwardus .. a .. custodibus suis dextrarii velocitate recessit .. cautela quadam ~i fretus *Ps.*-RISH. 539; s**1295** sciens .. imaginationes †vulpeculas [l. ~es] .. proditoris *Eul. Hist.* III 164.

vulpeculariter [vulpecularis+-ter], (w. ref. to cunning) in a fox-like manner.

s**1263** episcopo mediante et Edwardi astutia ~er operante *Ps.*-RISH. 513 (cf. *Flor. Hist.* II 487: episcopo intercedente et Edwardi astutia vulpeculari interveniente); c**1433** vulpecula ~er hoc dictum dissimulet (*Ep.*) *Reg. Whet.* II *app.* 380.

vulpeculus v. vulpecula, vulpecularis.

vulpentinus [cf. CL vulpinus], of or pertaining to a fox (in quot., of fur).

1292 in j furrura wolpentina x s. iiij d. (*KR Ac* 308/13 m. 2) *Atti della Società Ligure di Storia Patria* XIII 593; **1292** in j furrura wolpentina empta in galea pro domino (*KR Ac* 308/13 m. 3) *Ib.* XIII 595.

vulpericeus v. vulpericius.

vulpericius [cf. CL vulpes+-icius], **~ettus,** of or pertaining to foxes, (in quot., *canis ~icius* or as sb. m.) dog used for hunting foxes.

1213 mittimus .. W. M. venatorem nostrum cum xl brachettis wlpericiis et vj leporariis .. ad currend' in foresta .. ad wulpem *Cl* 156a; **1214** R. de E. debet vj canes wulperettos et baldos et vj alios canes wulpeculares *Pipe* 165; **1234** quod cum canibus suis ~iceys accedat ad warennam de C. ad capiendum vulpes .. qui eam destruunt *Cl* 6; **1287** custodi ~iciorum regis eunti .. ad venandum .. in Nova Foresta ad vulpes (*AcWardr*) *KR Ac* 351/24 m. 2; **1295** W. venatori vulpium .. super vadiis suis .. et [putura] xij canum regis vulperic' *Prests* 193; **1300** Willelmo de Foxhunte venatori regis vulper' venanti in diversis forestis et parcis ad vulpes *AcWardr* 308.

vulperinus [cf. CL vulpinus], of or pertaining to foxes, (in quot., *canis ~us*) dog used for hunting foxes.

1286 Willelmo [le Foxhunte] pro putura xxx canum ~orum quolibet percipienti per diem ob. *Rec. Wardr.* 2044; **1290** Ade de B. ducenti iij canes ~os ad Willelmum le Voxhunter (*AcWardr*) *Chanc. Misc.* 4/4 f. 48v; **1290** Willelmo le Foxhunte .. super expensis canum suorum ~orum (*AcWardr*) *Ib.* 4/4 f. 54.

vulpes, ~is [CL]

1 fox; **b** (fig. or in fig. context, w. ref. to cunning). **c** fox fur.

c**1094** habeant canes suos ad capiendos lepores et wlpes (*Cart. Chertsey*) *Regesta* 79; **1300** primo die Septembr' .. incipit seisona ad venandum ad ~es *AcWardr* 308; **1380** omnibus .. in predicto statu contentis, exceptis .. iij anatibus per wlpem devoratis *Ac. Wearmouth* 173; **1428** de custuma xxxviij dacrarum et iiij corriorum wlpium et otricium *ExchScot* 452; **1526** Norfolciae dux .. post prandium cum diversis generosis .. ~es apud silvam vocatam S. W. venans *Reg. Butley* 50. **b 793** vineam electam ~es depredarunt [cf. *Cant.* ii 15] ALCUIN *Ep.* 16; hec ~a, hec femina .. a facie Sarraceni captivi .. capta .. facta est .. adultera Map *NC* III 4 f. 42; merces .. ~ium istarum foveas sibi .. fodientium .. [est] ut fiant partes ~ium, socii viz. Jude .. ejusque similium J. Ford *Serm.* 110. 3. **c** ?c**1150** de tymbria wlpium .. martinorum .. vel similium, de unaquaque timbria ad exitum iiij d. (*Cust.*) *APScot* I 667; **1323** de j tymbrio wlpium, iiij d. (*KR AcCust*) *EEC* 209; **1452** lego R. W. .. servitori meo .. j togam longam meam de blodio foderatam furratura ~ium de Iseland (*Test.*) *MunAc Ox* 646.

2 (bot., *chirotheca ~is*) 'fox's glove', foxglove (*Digitalis*) or sim.

cerotecaria, ceroteca ~is idem, i. *foxglove SB* 15.

3 'fox', (piece used in) game of dice.

alea .. non sub una tantum specie migravit ad Grecos: hinc thessara, calculus, tabula .. ~es, quorum artem utilius est dediscere quam docere J. Sal. *Pol.* 399C.

vulpeus [CL vulpes+-eus], of or pertaining to a fox, (in quot. as sb.) fox fur.

1365 lego R. servo meo .. curtam gunam furrure cum vulpeo (*Test.*) *RR K's Lynn* I 253.

vulphi v. uffi tuffi. **vulpic-** v. vulpec-.

vulpicinus [cf. CL vulpinus], (w. ref. to cunning or sim.) typical or expected of a fox, fox-like.

Saxones amicialiter locuti in mente interim ~o [v. l. vulpiculo] more Nen. *HB* 190.

vulpiculus v. vulpecula.

vulpinus [CL]

1 of or pertaining to a fox. **b** (*oleum ~um*, med.) decoction of the carcass of a fox. **c** (as sb.) fox (in quot. w. ref. to fur).

793 ne vinea .. ~is detur dentibus ad derodendum [cf. *Cant.* ii 15] Alcuin *Ep.* 19 p. 54; cur agninas pelles haberet qui sabelinas vel castorinas vel ~as habere posset W. Malm. *Wulfst.* III 1; **1228** de pellibus wulpinis *Cl* 89; **1282** dum in uno loco inveniri creditur, jam ad alia loca latenter declinans sub ~a pellicie se abscondit Peckham *Ep.* 250; **1290** in pellibus wlpinis correandis ad coopertor' et consuendis, viij d. *Ac. Swinfield* 180. **b** oleum ~um est medicamen .. ad arteticam .. quod ita fit: accipe vulpem integram, interioribus abjectis, pone in vase et funde desuper .. aque maris .. li. viij, coque .. usque ad consumpcionem aque Gad. 39v. 2. **c** nulli .. licitum est habere .. peluram coopertorii nisi agninam aut de cuniculis, cattis, seu ~is [? l. vulpibus] *Cust. Cant.* 193 (cf. ib.: nec habere poterit aliquis .. pelliciam nisi agninam vel .. de cattis aut vulpibus vel cuniculis).

2 (of or w. ref. to cunning or sim.) typical or expected of a fox, fox-like.

c**1191** ob .. pecunias promittit vobis .. ~e reconciliationis osculum P. Blois *Ep.* 116; vir ~us et longe plus quam ~a dolositate repletus Gir. *SD* 106 (cf. ib.: se .. predam .. reducturum .. pollicitus, a nobis vir ~us .. recessit); s**1257** latuit .. ipsos ~a electio regis Hispanie, qui se postea asseruit prius fuisse electum M. Par. *Maj.* V 622; s**1298** Flandrenses .. leoninam superciliositatem in wlpinam convertentes astuciam *Chr. S. Edm.* 69; sicut canis per odorem narium vulpem .. investigat, sic sacerdos in odore confessionis ~as calliditates .. investigat *G. Roman.* 290.

vulter v. vultur.

vultivolus [CL vultus+velle+-us], one who practises invultuation (*cf. invultuatio*).

~i sunt qui ad affectus hominum immutandos in .. cera .. vel limo eorum quos pervertere nituntur effigies exprimunt J. Sal. *Pol.* 408A.

vultorius v. vulturius.

vultuaria [CL vultus+-aria], one (f.) who practises invultuation (*cf. invultuatio*).

phitonisse, ~ie, noctivage, magi Devizes f. 39r.

vultuose [CL vultuosus+-e], with grave, stern, or grim countenance.

ridiculum est in prelato .. pompatice et ~e incedere et integre testimonium consciencie non habere P. Blois *Ep.* 18.

vultuositas [CL vultuosus+-tas], graveness, sternness, or grimness of countenance, (also) grave, stern, or grim countenance.

ecquem .. illa ~atis ejusdem simulata simplicitas .. non deciperet? Gir. *Symb.* I 31 p. 322; oculorum distortio, ~as, tonitrusque minarum P. Blois *Ep.* 18; pastor .. penitentem blande suscipiat, nec .. gravi et tyrannica ~ate confundat *Id. Opusc.* (*Pen.*) 1096B; tempus vultus sui [cf. *Psalm.* xx 10] est tempus ~atis, i. e. tempus extremi judicii S. Easton *Psalm.* 9.

vultuosus [CL = *marked by a grimace*]

1 who has a grave, stern, or grim countenance (esp. w. ref. to disapproval or displeasure). **b** expressed with or accompanied by a grave, stern, or grim countenance.

nuntius miserarum .. percunctatus quid ita ~us adventaret "affero" inquit "tibi .. filii obitum" W. Malm. *GR* II 204; ~us, tristis Osb. Glouc. *Deriv.* 623; rex ei se ~um ostendit et .. in verba prorupit contumelie dicens "nunc patet te proditorem esse" W. Fitzst. *Thom.* 102; exiens ~us vidit quendam civem .. cui .. dixit "nunquid et tu venisti ad inimicum regis?" *Ib.* 121; nec regem honorare responso dignati sunt .. hoc solum ~i repetentes quod nusquam ulterius cum ipso procederent *Itin. Ric.* VI 14. **b 1176** efficacior est .. lenitas columbina quam severitas exterior et indignatio ~a P. Blois *Ep.* 100; nec .. interest utrum voce .. vel quodam ~o contemptu .. secreta [confitentium] .. vulgentur *Id. Opusc.* (*Pen.*) 1092D; monachus vester .. librum [meum] .. se .. in ignem .. missurum .. verbis non minus ~is quam tumultuosis .. affirmavit Gir. *Ad S. Langton* 405.

2 (as sb.) one who practises invultuation (*cf. invultuatio*).

sunt .. alii .. dicti .. ~i, et tales .. in cera .. componunt effigies hominum ad interficiendum eos (*Fasciculus Morum*) *Hist. Francisc. Eng.* 229.

3 (in gl.).

fare, pulcher .. politus, ornatus, ~us *CathA.*

vultur [CL]

1 vulture; **b** (alch., as emblem of volatile mercury).

tradunt .. quod cujusdam jecur ibi ~ur exedat quod jam consumptum iterum recrudescat Hon. *Spec. Eccl.* 1057D; tercius ~ur modicus et niger dejecit [~ures] albos .. obtinuitque cadaver Map *NC* IV 15 f. 55v; quedam animalia in virginitate permanentia concipiunt et pariunt, ut ~ures Bacon *Mor. Phil.* 15; ~ur .. probat an totam predam possit secum portare et cum ea volare *G. Roman.* 332; ibis, ardea, vulter [*gl.*: grype] *WW*; hic vltur, A. grype *WW*. **b** ~ur .. sine alis volans supra montem clamat "ego sum albus nigri, rubeus albi, et citrinus rubei filius veridicus .. me igitur matri et suo pectori junge, quia suam substantiam facio continere" Dastin *Ros.* 10.

2 (astr., *~ur cadens*, for Ar. *al-nasr al-wāqi'*) 'the falling vulture', Vega.

in prima .. magnitudine sunt xv stelle fixe, ut sunt canis et ~ur cadens et cor leonis Bacon *Maj.* I 236.

3 ? *f. l.*

1327 [*the king's huntsmen, whom the king is sending to that county to take*] †vulturibus [*sic* MS; ? l. lutribus] [*in the king's stews and ponds*] *CalCl* 2 (cf. *Chanc. Misc.* (*AcWardr*) 4/4 f. 52: **1290** Johanni le Oterhunte .. eunti usque Wodestok' ad capiend' ibidem lutor').

vulturinus [CL], of or pertaining to a vulture or vultures.

ut passerinus, ~us, anserinus, et cetera dirivativa Aldh. *PR* 128.

vulturius [CL], throw (of poor value) in dicing.

basilicus, jactus in tabula qui fortunatis provenit. Plautus: "jacto basilicum; jacit vultorios quatuor" [Plaut. *Curc.* 357] Osb. Glouc. *Deriv.* 80.

vulturn- v. volturn-.

vultus [CL]

1 countenance (as expressive of emotion or character), facial expression. **b** (cheerful) demeanour, 'cheer'. **c** (transf.) greeting.

equali .. ad cuncta ferebatur examine, nam eodem ~u, eodem animo perseverabat *V. Cuthb.* III 7; vir Dei .. tristitiam cordis ~u indice prodebat Bede *HE* IV 23 p. 264; c**800** [Christus] clementi ~u mulieri peccatrici .. ait .. "multa dimittuntur .. peccata" Alcuin *Ep.* 210; a**1214** si ~us exterior .. spem simulet interdum et hilaritatem .. tamen .. interna voluntas .. amaris tristicie motibus .. angustatur Gir. *Ep.* 4 p. 182; virgo immaculata, corpore decora, wltu honesta Bacon I 9; filia ejus .. illum .. hortatur seu vero ~u seu ex composito .. ut juramentum illud praestare non gravaretur T. Stapleton *Tres Thomae* (Douai, 1588) p. 292. **b 1395** consideracione hilaris ~us quem .. abbas fecit .. ligeis nostris *Pat* 342 m. 34; precepit ut ea nocte suis hominibus bonum ~um faceret et vino cum eisdem non parceret Bower XII 6. **c** [urbs] pro ejus recepcione tam de comitiva dominorum .. pro ~u faciendo quam ceteris humanitatibus .. dicebatur .. preparari *G. Hen. V* 23; dux B. cepit .. prosilire .. versus ducem nostrum, et .. dux noster .. progreditur versus eum .. et .. datis manibus, ~u, verbis, et valedicto mutuis .. *Ib.* 25 p. 170; imperator .. a stacione prosiliens .. per brachia [ducem B.] sustulit .. et sumptis inde speciebus, ~u, et valedicto .. *Ib.* 25 p. 172.

2 the front part of the head, face. **b** (*~us sanctus de Luca* or sim.) the Holy Face of Lucca, a venerated wooden image of Christ.

quia hunc Deum esse didicerant, dimissis in terram ~ibus adorant Bede *Hom.* II 8. 145C; factus .. est .. juvenis limpidus ~u .. qui ante fuerat deformis pauper *Id. HE* V 2; vis est pars qua persona cognoscitur Bern. *Comm. Aen.* 43; sicut unus ~us in pluribus speculis vel in uno speculo ~us plures apparent Alb. Lond. *DG* 6. 14; stent in medio choro versis ~ibus apud chorum utrimque *Cust. Norw.* 94; non ita splendebat ~us ejus sicut dum vixit Trevet *Troades* 35; papa .. ~um in terram projiciens ut Dominum pro peccatis suis exoraret *Eul. Hist.* I 230; pueri representantes ierarchiam angelicam .. ~ibus rutilantibus auro *G. Hen. V* 15 p. 104. **b** s**1093** [rex] respondit .. "per sanctum ~um de Luca nunquam me Deus bonum habebit" Eadmer *HN* p. 45; rex placidus .. "per ~um" ait "de Luca" (sic enim jurabat) "meus amodo eris" W. Malm. *GR* IV 309; pendentis [ed. *OMT*: pendens] de cruce apparuit tocius corporis effigies in lintheo expressa, ad cujus similitudinem .. Nicodemus ~um Lucanum effigiavit Gerv. Tilb. III 24.

3 outward appearance, form. **b** (*ad ~um*) in the image (of).

Ptolemeus .. docet quod ~us hujus seculi sunt subjecti ~ibus celestibus [Ps.-Ptol. *Centiloquium* 9] Bacon *Maj.* I 394. **b** si contingit temporibus electis eas [imagines] sculpere ad ~us celorum .. nociva repelli possunt Bacon *Maj.* I 394; characteres .. sunt facti ad ~us stellarum in temporibus electis *Id. NM* 526.

4 ? *f. l.*

pravi judices .. non finiunt causam donec †vultus [v. l. voluntas; AS: *seod*, i. e. *money-bag*] eorum impleatur (*Quad.*) *GAS* 475.

1 vulva v. uvula, valva.

2 vulva [CL], (anat.) the external orifice of the female reproductive tract, vulva (*cf. valva* 3): **b** (in fig. context).

Hieremias .. et Johannes .. a ~a matris sanctificati leguntur *V. Cuthb.* I 3 (cf. *Jer.* i 5: priusquam te formarem in utero, novi te, et antequam exires de vulva, sanctificavi te); matrix .. in orificio quod '~am' appellant multum est sensibilis Ric. Med. *Anat.* 231; illa pars [matricis] .. '~a' dicitur a †volvendo [l. volendo] quia vult et multum concupiscit, vel vulva quia sicut valva clauditur et aperitur *Ib.*; dum .. per virgam in ~am semen emittitur .. immoderata comitatur delectatio *Quaest. Salern.* B 16; hec ~a, A. *a cunt WW*. **b** Toronici .. pontificis, quem antequam regenerantis gratia ~a [*gl.*: i. valva] parturiret et .. baptismatis rudimenta cognosceret .. Aldh. *VirgP* 26.

vutilarius v. victualarius. **Vuyclefianus** v. Wyclefianus. **vuydagium** v. guidagium. **vuytyngus** v. whitingus. **vyca** v. 2 vicia. **vyntenarius** v. 2 vintenarius.

†vyratus, ? *f. l.*

1294 Lucia, districta per filum †vyratum [? l. vyscatum], non venit *CourtR Hales* 267.

vyscare v. wiscare.

W

w- v. et. v-, vu-.   **wab-** v. wap-.   **wabetacum,**
~itaculum v. wapentacum.

waca, waccha [ME *wake, wacche* < AS *wacu,*
wæcce]

1 guard duty, look-out, watch (in quot. in phr.
warda et ~a; v. et. vigilia 1b).

c**1206** faciendo et wardam et waccham in villa S.
Eadmundi sicut alii liberi homines faciunt *Bury St.*
Edm. 174.

2 watch kept (at night) over or for dead person
(*v. et. vigilia* 5).

1086 H. decanus retulit denarios quos acceperat de
sepulturis, de wacis, de signis sonatis, et de toto quod
accipitur pro mortuo *Regesta* 32.

wacc- v. et. vacc-.   **wacellus** v. washellus.
wacheria v. vaccaria.

wachetus [AN *wachet*], light blue, watchet,
(also) light blue cloth.

1206 facias habere Petro balistario j robam de viridi
cum cuniculis et homini suo robam de russeto vel
wascheto cum agnis *Cl* 61a; a**1250** pannarius .. habeat
.. burnetam coloratam violetam .. persum, bluetam,
wagetam (*Nominale*) *Neues Archiv* IV 340.

wacrarare v. vagrare.   **wacressa** v. wagessum.
wactlere v. watelare.   **wada, wadda** v. woda.

wadiscapum [cf. AS *wæterscipe*], body of
water, pool, pond.

c**920** (**1422**) mansum .. cum .. vinea .. et †una
discapo [l. ~o] (*Rouen*) *Foed.* X 236b.

wadium v. vadium, woda.   **wadla** v. watelura.
wadlare v. watelare.   **wadle** v. walla.   **wadletus**
v. vaslettus.   **waeria, ~ium, ~um** v. waiura.
wafela v. wafra.   **wafelarius, waferarius, waffar-**
ius v. wafrarius.

waffella (g-) [cf. wafra], ? thin crisp cake baked
between irons, wafer.

bolismus curatur cum pane infuso in sirupo porrorum gaffellis et cum galliculis et perdicibus GAD. 90.
1.

wafferia v. wafraria.   **waffrarius** v. wafrarius.
waffria v. wafraria.

wafra (g-) [AN *wafre, gafre* < MLG *wâfel*],
thin crisp cake baked between irons, wafer.

oblatas, fructus, species, galfras nebulasque / mappula contineat D. BEC. 2572; precones nebularum et
gafrarum pronunciant de nocte gafras [*gl.: wafurs*] et
nebulas et artocreas vendendae GARL. *Dict.* 126; **1236**
G. de L. tenet in L. et G. per serjantiam faciendi ~as
ad coronacionem domini regis (*Liston, Essex*) *Fees* 590
(cf. ib. 274: **1219** faciendi *wafres* domino regi); a**1250**
†wafelarius [MS: wafrarius] habeat †wafelas [MS:
~as] vel lagana in ferris vel in furnis decoctas (*Nomi-*
nale) *Neues Archiv* IV 341; **1295** lego ad infirmitorium
[abbathie] .. tria paria ferrea ad ~as, neulas, et galettas
faciendas (*Test. Ep. Sal.*) *EHR* XV 524; **1303** per
servicium faciendi gwafras ad opus .. regis die coronationis sue (*Liston, Essex*) *IPM* 107/22; hec vafra, A.
wayfyre WW.

wafraria (g-) [wafra+-aria; cf. ME *wafferi*],
(household) department responsible for making
wafers, wafery.

1453 Ricardo B., pagetto wafferie (*DL Ac. Var.*)
JRL Bull. XL 411; **1458** pro j ceruro cum clave pro
ostio galfabiarum ad finem claustri ibidem (*AcWardr*)
KR Ac 410/14 f. 29v (cf. ib.: pro ostio de le larder');
c**1472** de officio waffrie *BBHouseh* 78.

wafrarius (g-) [wafra+-arius], one responsible
for making wafers, waferer.

1210 Waltero ~io domini Othonis imperatoris de
dono j m. per regem *Misae* 152; a**1250** †wafelarius
[MS: ~ius] habeat †wafelas [MS: wafras] vel lagana in
ferris vel in furnis decoctas (*Nominale*) *Neues Archiv*
IV 341; **1290** dati waffario Oxon' .. vij d. *Doc. W. Abb.*
Westm. 178; **1303** Reginaldo ~io pro j pari ferrorum
officii sui .. empt' pro wafris inde faciendis pro dicto
principe (*AcWardr*) *KR Ac* 363/18 f. 5; **1310** magistro
coco, marescallo aule, candelario, †wajiario [? l. ~io],
paneterio, butilero, et janitori *Rec. Leic.* I 265; **1313**
Willelmo P. waffrario regis et E. consorti sue, menestrallis servientibus de waffr' suis ad mensas dominorum (*AcWardr*) *KR Ac* 374/19 f. 8d.; **1340** Petro Sifre
et J. Sautour gafrariis proferentibus domino regi de
gafris suis ad prandium suum *AcWardr* 242; c**1447**
dat' waferario domini archiepiscopi iij s. viij d. *Arch.*
Cant. LIII 15.

waftagium [Eng. *waftage*], action of convoying
a vessel or vessels, waftage.

1572 salvam conduccionem sive ~ium pro conduccione et secura trajeccione rerum, mercium, et mercandisarum *Pat* 1090 m. 23 (19); **1572** salvam et
securam conduccionem sive vaftagium *Ib.*

waftor [ME *wafter, waughter* < MDu. *wachter*
= *watchman*], one who convoys a vessel or
vessels, 'wafter'.

1482 sub conductu et salva gardia .. Edmundi Y. ..
et Willelmi F., quos custodes, conductores, et ~ores
pro securitate .. piscatorum versus inimicos nostros
supra mare existentes .. ordinaverimus *Pat* 549 m. 2;
1485 pro securitate .. piscatorum .. quosdam custodes, conductores, et ~ores cum armata potencia ..
ordinaverimus *Ib.* 561 m. 8 (29) *d.*; **1491** conductorem
et ~orem *Ib.* 572 m. 4 (33) *d.*

1 waga [AS *wæg*], **weia** [ME *wei*]

1 unit of weight (varying by commodity), wey.

a**1153** vaga [Scot.: *vaw*] debet continere xij petras,
cujus pondus continet viij li. (*Assisa Mens. & Pond.*)
APScot I 673; **1228** pro iiij waghis sepi, xxviij s. *Cl*
23; **1241** arestari fecit .. in domo Willelmi le C. xx
wayas salis grossi *CurR* 1734; **1275** de qualibet waysa
casei, butiri, et cepi *Pat* 94 m. 17; due waye lane
faciunt unum saccum *Fleta* 73; **1297** in vendicione
v^xx x [casei] facientes v veyas ij petras *Ac. Wellingb.* 66;
1301 pro iiij weyis et iiij petris seepi fundat' *Sacr. Ely*
II 19; **1303** wayza sepi debet obolum *Doc. Scot.* II
459; **1321** ij vagis cepi .. et j aga [*sic* MS] sepi *Cl* 139
m. 31; **1329** waga [plumbi] continente xxvj li. (*Works*)
KR Ac 467/6-1; **1351** ad quale precium .. vaugam
casei emere proponunt *SessPEssex* 136; **1473** x li. xx
wediis ferri *ExchScot* 173; **1487** de x li. xx weddyis
ferri *Ib.* 493; **1492** pro cariagio ix weiarum iij quar.
frumenti et ordei (*Comp. S. Aug. Bristol*) *Bristol Rec.*
Soc. IX 122; **1530** pro duobus wagis salis et dim., le
waye ij d., v d. (*KR Ac* 518/45) *EEC* 195; **1550** waia
salis *Ib.* 625.

2 weighing apparatus, 'weigh'.

13.. officium tronatoris et wagatoris et custodiam
trone et wage *RMS Scot* 95.

2 waga [AN *guage, wage*; cf. ME *waue, waghe*],
wave (of water).

1309 R. H. erat piscando super ripam maris, et de
~is [*lacuna in MS*] et sic fuit submersus (*JustIt*) *S.*
Jers. XVIII 273.

wagator [waga+-tor], officer responsible for
weighing, weigher.

13.. rex concessit Symoni de S. clerico pro termino
vite sue officium tronatoris et ~oris et custodiam trone
et wage *RMS Scot* 95.

wagerum v. vadiaria.

wagessum [cf. ME *wose, woise* < AS *wase*],
(Essex) stretch of muddy land, mudflat, 'ooze'
(*v. et. wosa*).

1390 in .. †wacress' vocata Tepiswose (*Prittlewell,*
Essex) *Cl* 232 m. 35*d.*; **1390** terra voc' Howeslande et
wagess' vocat' Tepyswose (*Prittlewell, Essex*) *Cl* 232
m. 36*d.*; **1402** cum .. placeis ~orum .. vocatis le Ree
et Chapmansond, cum .. piscaria et proficiis de
eisdem .. provenientibus, que .. placee ~orum in
quodam brachio maris existunt *Pat* 368 m. 26; **1409**
quoddam morum sive ~um (*Essex*) *Ib.* 382 m. 14;
1568 quatuor acras ~i [*in mg.: Sweets Ouze*] (*CourtR*
Chalkwell) P. Benton, *History of Rochford Hundred*
(Rochford, 1888) p. 485.

wagetus v. wachetus.   **wagha** v. 1 waga.   **wagi-** v.
vadi-.   **wagnagium** v. wainagium.   **wagum** v.
1 waga.

wahadine [Ar. *wa-ḥāddaini*], ? (geom., of angle) acute.

angulique [DZU et DBH] wahadine punctis acceptis [*MS illegible*] ADEL. *Elem.* XV 2.

waia v. 1 waga.

waida, weida [ME *waide* < AN *weide*; cf.
woda], blue dyestuff prepared from the leaves
of *Isatis tinctoria*, woad.   *V. et. welda, woda.*

1176 de weida [v. l. waido] Flandrensium qui
fugitivi sunt (*Leic.*) *Pipe* 184 (cf. ib. 29: **1177** weisda);
1196 de mercatoribus pro licentia ducendi wasdiam in
Angliam et vendendi eam *Pipe* (*Chanc.*) 17; **1197** pro
catallis .. sc. .. iiij fraellis waisde *Pipe* 166 (cf. ib. 171:
1198 waisdie); **1199** W. de C. debet x m. pro deliberatione vaisde *Ib.* 144; **1200** non licet tinctoribus pannos
suos proprios tingere nisi tantum in waido (*Linc.*)
CurR RC I 260; **1204** sint quieti de quindecim danda
de omnibus mercandisis suis excepta tantum wayda
Pat 44a; a**1216** wesdarii debent ponere wesdam suam
super kaiam (*Mun. Lond.*) *EHR* XVII 725 (cf. *MGL*
II 68); **1216** ad veniendum in Angliam cum uno
frahello weidie *Ib.* 11; s**1257** mercatorum de Normannia qui ducunt wisedam in civitate *Leg. Ant. Lond.* 30;
1267 quare .. arrestari fecisset .. x dolea weyde (*Cur*
R) *Law Merch.* II 10; ?**1277** si wisdarius tradiderit
alicui wysdam ad assaium faciendum (*LBLond.* A 136)
MGL I 723; **1300** de quolibet quarterio wayde [? l.
waide] venali, ij d. *Reg. Carl.* I 116; **1303** mensurarii
wisde [*Cal. LBLond.:* wysde] et abrocarii inde jurati
(*LBLond.* C 83) *Ib.* I 588; **1303** adduxit vij dolia
weysde *EEC* 361; **1306** F. M. querelatus .. quod ipse
detinuit waydia sua [*sic*] .. ad vendendum .. post xl
dies *Rec. Leic.* I 250; †gardo [l. gaida *or* gaisda] ..
herba tinctoris est *Alph.* 71; **1392** cclxxx balas waide
de Lumbardia .. ad ccxxxvij li. iij s. et v d. ..
appreciatas (*Cl*) *Foed.* VII 727b.

waidarius [waida+-arius; cf. ME *waider*], one
who dyes with or sells woad; **b** (passing into
surname).

1221 waydarii solebant vendere waydam per quar.
cumulatum et nunc vendunt per quar. rasum *PlCr*
Glouc 115; ?**1277** si wisdarius tradiderit alicui wysdam
ad assaium faciendum, ille qui assaium fecit non solvet
pro quar. .. [plus] quam .. pretium per assaiatores
ordinandum (*LBLond.* A 136) *MGL* I 723; a**1216**
wesdarii debent ponere wesdam suam super kaiam et
includere eam, si voluerint, cum claiis et hechis, nec in
domibus vel celariis possunt illud ponere (*Mun.*
Lond.) *EHR* XVII 725 (cf. *MGL* II 68); c**1300** [nec]
waydarius nec aliquis extraneus coria frisca de carnificibus emat *Chain Bk. Dublin* 234; **1324** quod westdarii
nec alii non veniant alicubi nisi Londonias *MGL* II
68. **b** ?**11..** terram quam Walterus wasderius tenuit
(*DC S. Paul.*) *HMC Rep.* IX app. 67a.

waidum v. waida.   **waiffa** v. waivius.   **waign-** v.
wain-.   **waignim** v. wainum.

wainabilis (g-) [wainare+-bilis; cf. AN *gain-*
able], (of land) that may be productively or
profitably cultivated.

a**1181** vj acras de terra gwainnabili (*Eden*) *Feod.*
Durh. 134n; **1187** amplius quam inclusum est [ad
pratum falcandum] .. R. .. poterit includere .. nisi
antea fuerit terra guainabilis *E. Ch. Yorks* I 499;

?a**1200** duos seillones terre wainiabilis *Augm. Bk.* 32 no. 80; c**1200** mariscum et terram wanibilem (*Blackborough, Norf*) *MonA* IV 206b; **1215** possint essartare boscum suum .. et facere inde terram waignabilem *Cl* 221a; **1215** (1335) usque ad terram waynabilem que fuit Ricardi de S., et de terra illa usque ad pontum B. sicut campus wainabilis extendit (*Worc.*) *CalCh* IV 338; c**1250** in tercia parte terre wanabilia [*sic*] .. que jacet in campo de T. *Cart. Sallay* 577; **1290** viij bovatas in terra gaingabili [*CalCh* II 381: †gavingabili] *ChartR* 77 m. 16; **1293** terra waynnabilis *IPM* 65/13 m. 2; ?**12..** totam coturam meam de B. wannabilem *FormA* 184.

wainagium (g-) [wainare+-agium; cf. AN *gainage*], (productive) cultivation (of land), tillage (as act or process, also as condition of land). **b** area under cultivation. **c** produce or crop (from cultivation of land).

1179 liceat eis arare et seminare et waynagia facere *Regesta Scot.* 215; ?**1179** nullus in ea [terra] wannagium faciat aut pasturam habeat nisi per .. licentiam *Ib.* 213 (=*BBC* 236); **1220** defendit .. captionem averiorum et impedimentum wannagii [*BNB* III 399: †vaunagii] sui et firmarii sui *CurR* IX 164; **1222** wainnagium potest fieri cum ij carucis viij capitum *Dom. S. Paul.* 1; **1248** [*after*] †waunagium [l. wannagium] (*DCWells*) *HMC Rep.* XII 83; c**1250** in fine .. dictorum v annorum .. restituet .. abbas .. terram predictam .. in tali statu wainagii quo eam recepit (*Rams.*) *FormA* 134; **1276** [senescallo:] non sitis ita solliciti .. circa curias tenendas .. quin ad gaynagium terrarum et exitus grangiarum .. habeatis cor directum *Reg. Heref.* 110; **1284** debent arrare et herciare tempore gannagii *IPM* 39/9 m. 4; **12..** possit colere et appruare x acras .. sive in baticio sive in alio wannagio (*Cart. Torre*) *MonExon* 180. **b** **1179** infra sepem que facta fuit circa eorum wainagia die qua hec carta facta fuit *Regesta Scot.* 215; **1185** de catallis Michaelis de A. cepit W. B. .. bladum waignagii unius carruce *RDomin* 3; **1198** R. de B. tenet .. waignagium tercie partis j caruce *Fees* 8; s**1198** dicerent quot carucarum wannagia fuerint in singulis villis R. Howd. IV 46; s**1198** statuerunt .. ad uniuscujusque caruce wanagium c acras terre *Ib.* IV 47; p**1206** si .. nemus .. extirpare voluerint .. tenentur illud vertere in gaaignagium *Cart. Boarstall* 26; **1214** terram suam .. claudere possit fossato et haia .. sicut alii probi homines .. claudunt gwaynagia sua *Pat* 124 (cf. *Pat* 352: **1222** †guanuagia [l. guannagia]); **1222** in dominico, tam de ~io veteri quam de novo essarto, dc et lxxvj acre terre arabilis *Dom. S. Paul.* 28; **1232** de .. equis carettariis deputatis ad wainiagia in maneriis *Cl* 155; **1314** valor prioratus de V. .. item, vannagium vj li. item, campus Rou l s. *CartINorm.* 222. **c** c**1161** dedi eisdem .. de tota annona mea, sc. guannagii mei, .. decimum quarterium (*Dureford, Suss*) *MonA* VI 937b; c**1174** clamavi quietum fratribus de G. forragium de proprio †granagio suo *Act. Hen. II* II 34; c**1185** tercia garba gaaingagii terre de dominico suo *Ib.* II 365; c**1200** de guagnagio suo proprio multurabunt ad molendinum meum (*Ulverston*) *BBC* II *app.* 382; c**1208** omnes .. qui braciaverint de wagnagio suo quieti erint de tholneto *Cart. Ciren.* 267; **1215** liber homo .. amercietur .. salvo contenemento suo, et mercator .. salva mercandisa sua, et villanus .. salvo wainnagio suo *Magna Carta* 20; **1226** tradiderunt .. terram suam .. ad wanniandum pro medietate wanniagii .. singulis annis .. percipienda *Cart. Osney* IV 391; **1226** quod nichil inde amovebitur .. salvo guanagio terre predicte et rationabili estoverio servient[ium] *Cl* 160b; **1227** quod nihil inde amoveatur .. salvo gaignagio terre predicte *Cl* 2; **1300** sic respondet de waynagio et stauro (*Ac. Maldon*) *Surrey Rec. Soc.* XV 66.

wainare (g-) [AN *gainer, wainer*]

1 to cultivate (land). **b** to obtain by cultivation.

1181 una caruca potest vainiare dominium cum consuetudinibus villate *Dom. S. Paul.* 144; ad wainandas terras super omnia excolendas sollicitus et ad boscos custodiendos vigilans Brakelond f. 129v; **1226** tradiderunt .. terram suam .. ad wanniandum *Cart. Osney* IV 391; **1243** et easdem duas carucatas terre gainavit propriis carucis suis *CurR* 125 m. 3; **12..** ad tot averia cum quot terras suas arabiles convenienter excolere et wayniare poterunt *ChartR* 135 m. 3; ipse nullum proficuum in tenementis illis capere potuit nec terram suam gaigniare potuit *Entries* 82ra. **b** **1431** talium generum granorum qualia per carucam illam quamlibet fuerunt culta et gainata *Cl* 282 m. 17*d*.

2 to obtain, acquire.

1385 que bona et catalla .. W. et R. ut socii simul wainaverunt in via guerre in terra Flaundr' .. que idem W. .. liberavit .. Ricardo .. ad cariandum in Angliam *Rec. Nott.* I 230.

wainaris [? cf. wainare], ? profitable.

1284 de quolibet dolio cinerum waynarium venalium, j d. *Pat* 103 m. 7.

wainclutum [ME *wainclout*], wainclout, metal plate fixed to axle-tree to prevent wear.

1348 in cvij cartclutis et wenclutis emptis v s. j. d quad. (*Wye, Kent*) *MinAc* 899/7 m. 1.

waineria (g-) [AN *gainerie*], cultivation of land, (also) area of land cultivation.

1177 et waigneriis et instauramentis terrarum in Westmarieland *Pipe* 123; **1199** in pratis et pascuis et waineriis *RChart* xl b; **1202** concessit .. croppum waignerie predicte dotis de hoc anno presenti *Fines Yorks* 20; **1214** wanneriam de terra sua impedivit *CurR* VII 187; **1222** ad custodiendum et procurandum gaineriam nostram de M. et L. *Cl* 485a; **1222** servienti nostro, quem ad wainerias nostras de Merleberg .. constituimus custodiendas *Pat* 323; usque ad rivum dividentem duas waynerias *Cart. Wardon* f. 35; **1348** nihil ex nunc remanet in manu .. prioris in sustentacionem sui .. nisi tantum gaymaria [l. gaynaria] manerii predicti, cum proficuis prenominatis *MonA* VI 1029b; **1386** ita quod .. omnes domos pro gayneria necessarias et non alias .. repararet *Pat* 321 m. 7; predia eciam ejusdem, in gayneria maxime consistencia per frequentes hominum epidemias .. sunt diminuta *G. S. Alb.* III 415; possessiones abbatis in gaynaria et aliis .. proficuis casualibus .. precipue consisterent *Ib.* III 461; **1572** [*parcels of the rents of gainery*] ganerii [*of Wallingford Castle*] *CalPat* 356.

wainiabilis v. wainabilis. **wainiagium, ~nnagium** v. wainagium.

wainscotbordum [ME *wainscotbord*], wooden board (for panelling or sim.).

1352 in iij^{m} .. de estrichebordis, righoltis, waynscotbordis *Windsor Castle* I 170.

wainscotum [ME *wainscot*], sort of wood used as construction material (used in panelling), wainscot.

1375 eisdem ij carpentariis emendantibus et cooperientibus capellam et coquinam regis .. cum ~is *KR Ac* 483/2.

wainum [ME *wain* < AS *wægn*], cart, wagon, wain. **b** (as measurement of quantity) cart-load.

1264 reddit compotum de uno affro et tribus jumentis et de uno affro de wayno *MinAc* 1078/8 r. 5; spoliaverunt totam villam .. cariando cum bigis et waynis ad naves suas *Chr. Hen. VI & Ed. IV* 153. **b** **1275** mensura bladi a tempore Walteri archiepiscopi excedit mensuram domini regis in quarterio per unum waynon' *Hund.* I 105a; emunt per magnam mensuram que major est debita mensura per unum waignim [? l. waignum] et vendunt per aliam *Ib.* I 115b.

waisda, ~ia v. waida. **waisis, ~um** v. waivius.

waita [ME *wait(e)*], watchman, wait. **b** watchman's fee or service. **c** (w. *maris*) coastguard service (*cf. awaita*).

1208 in liberatione ~e .. per xx ebdomadas, x s. *Pipe Wint.* 68; c**1268** ~a commedet in aula, mercedem accipiet de camera abbatis v s. *MonA* II 549a; **1271** in stipend' unius geyte per annum v s. *MinAc* 1087/6 r. 4. **b** **1184** per idem servicium quod W. mihi inde solebat facere, sc. per viij s. per annum de reditu et v d. de ~a et per alia servicia que liberi homines mei mihi faciunt *Eng. Feudalism* 276; **1204** G. filius Bernardi r. c. de c s. pro habenda terra duarum waitar' de Lancaveton cum pertinentiis *Pipe* 40; **12..** [*by the service of being watchman*] weyta *CalIMisc* I 434. **c** **1203** debet awaitam maris. .. et preterea debet ~am maris et teloneum sicut ceteri *CurR* II 274.

waitagium [waita+-agium], fee for the service of a watchman, guard, or escort.

1199 quieti de .. pontagio, vinagio, waitagio, et omni summagio et cariagio *RChart* 13a (cf. *RChart* 15b: **1199** quieti de .. weitagio); **1265** in cariag' v trussellorum versus Wynton' .. cum carcag', portag', filo et conduccione et waytag' vj caretarum cum gard' per idem .. vj s. x d. *KR Ac* 350/4; **1300** pro .. gwyndagio, tawagio, rumagio et weytagio, lodmannagio, et celeragio eorundem vinorum *AcWardr* 356.

waitfeodum [waita+feodum], 'wait-fee', watchman's fee, or grant made for payment of watchman.

1272 in waytefeod' per annum ij s. viij d. (*Norf*) *MinAc* 935/23 (cf. *MinAc* 935/26: solut' pro *waytefe*); **1275** cum .. ipsum Willelmum de cviij s. de waytfeodis que ad idem castrum pertinent oneraveritis contra commissionem nostram *Cl* 92 m. 17; **1278** pro waytisfeod' xxxij d. *MinAc* 935/27.

waitiatorius [cf. waita], of or pertaining to a watchman (in quot., of land, perh. held subject to wait-fee).

1201 assisa de morte antecessoris .. remanet, quia idem David [tenens] cognovit quod terra illa waitiator' est et est in manu regis *Pl. K. or J.* II 416.

waitinga [? ON *veiting*, cf. ME *waiting*], (esp. Sc.) payment or service due to lord from vassal, perh. in respect of provision of hospitality.

c**1175** quieti sint .. de illo annuo redditu qui in singulis annis de eadem terra solvebatur ad ~am meam faciendam *Regesta Scot.* 154; **1201** fuit seisitus de servicio Liulfi .. sc. de xxx solidis et iiij weinting' *CurR* I 422; **1264** de ~a unius noctis de Fetherkern *ExchScot* 12 (cf. ib.: per incrementum ~e de Fetherhern de illo anno, xj m.); **1266** de waytingis de Forfar et de Glammes. .. expense in servicio regis xlviij vacce *Ib.* 6 (cf. ib. 21: computum .. de wattingis de Forfar); **1290** de fine pro quodam waytingo quondam .. Patricio debito, lxvj s. et viij d. *Doc. Scot.* I 117.

waiura, waiera [ME, AN *waiour, waier*; cf. CL vadum], watering-place, horse-pond.

1265 in quatuor wayer' mundand' *MinAc* 1078/8 r. 3; **1268** [w]ayhuram *Arch. Bridgw.* 14; **1270** in wayur' hauriend', ij s. *MinAc* 1078/12 r. 1; **1277** presentat .. quod persona de Wurth' distrinxit waerum de viij pedibus ad dampnum et quod fecit cursum aque ejusdem *CourtR A. Stratton* 118; **1282** in wayoura haurienda .. in j wayura facienda ad pullanos comitisse *MinAc* 1078/21 r. 3; **1291** quod iter ducit .. usque quandam wayeram que dicitur le Swylye et sic ducit a dicta wayera usque ad quoddam fossatum *ChartR* 77 m. 12; fit etiam disseisina de .. bercaria, vaccaria, wayeria *Fleta* 215; statutum est .. quod occasione molendini ventricii, bercarie, waerie, vaccarie .. nullus gravetur per assisam nove disseysine de communa pasture *Ib.* 256; c**1300** cum piscaria et weyera aque cum chemino pertinenti *DCCant.* Reg. J p. 79; **1303** juxta parvam stratam que ducit ad waerium .. ville *Arch. Bridgw.* 54; fecit .. unum novum wayarium inter molendinum et mariscum Whittlesey 164; **1348** item piscaria in quadam wayria ad capud aquilonale viride plac' *IPM* 93/2/3.

waivare v. waiviare.

waiviagium [waivius+-agium], impounding of stray animals.

reddit compotum de ij equis receptis de remanenti et de ij receptis de ~io et de ij provenientibus de herietto *FormMan* 39; de [j tauro] proveniente de waviagio *Ib.* 40.

waiviare [AN *waiver*, OF *g(u)aiver, waifer*, ME *weiven, waiven*]

1 to abandon (goods or property illegally acquired), (esp.) to give up, forfeit.

1284 injuste ceperunt unum equum suum .. et abduxerunt ubi voluerunt .. ab hora prima usque ad vesperam quod illum equum wayfaverunt *CourtR Ramsey* 168; **1341** terra weyvata (*Fingreth*) *MinAc Essex*; **1365** dicit quod ipse est dominus manerii et habet ibidem libertatem habendi *weyves* et *streyves*. .. jumentum .. fuit .. furatum per quendam latronem et postea .. per dictum latronem wayviatum *SelCKB* VI 150; **1381** furata .. relict' .. ut catall' vaifiat' *CourtR Ottery St. M.* m. 17; **1396** presentat j cathenam ferream weiviatam prec' vj s. viij d. que remanet .. et postea dictam cathenam dominus dedit elemosinario de Merton' *CourtR Tooting Beck* 22; **1398** vj galline tanquam catalla weyfata ad manus T. G. devenerunt *DL CourtR* 3/41 r. 8; **1404** predictus equus non fuit weyfyatum *CourtR Banstead*; **1451** amerciamentis, catallis weyveatis ac catallis felonum *Cl* 301 m. 21*d*.; **1452** de .. extrahuris et catallis wayviatis *Cart. Boarstall* 604; **1467** W. B. custos cignorum .. pretendens habere .. et extrahuras et veivatos [sc. cignos] .. et possessione annua talium cignorum .. non signatorum, veivatorum, et extrahurarum *MonA* II 123b; inquiratur de hiis qui aliquas naves .. wayveatis [l. wayveatas] super mare dirivantes [? l. deviantes] invenerint .. et non reddunt .. admirallo partem suam *BBAdm* I 241; **1543** tolneta bona et catalla waviata extrahuras *Cart. Glam.* IV 490; **1557** wayfiata (id est bona furto in vestrum dominium translata) *DocCantab* II 292.

2 to relinquish, give up, renounce, waive (right, benefit, *etc.*).

feoffatus bene poterit wayviare feodum suum, cum hoc sit ad commodum sui feoffatoris, et ad proprium incommodum suum BRACTON f. 23b; **1278** wayviavit omnino in perpetuum geldam et omnes libertates gilde *Rec. Leic.* I 171; brevia .. weviata sunt eo quod stare predictis episcopis procurantibus non poterat. dicentibus quod brevia a tam longinquo tempore currere non debebant DOMERH. *Glast.* 514; **1320** queritur si dominus curiam suam possit wayvare et loquelam ne illam teneat et postea eam rehabere *MGL* I 66.

3 (leg.) to deprive (woman) of the protection of the law (as punitive measure broadly equivalent to but properly distinct from outlawing of man), 'waive'. **b** (transf., in quot. in Wales and Ireland) to outlaw (man).

1203 mater ipsius A. appellavit uxorem .. R. et quia fugit sequatur in comitatum donec waivetur *Pl. K. or J.* III 687; Alicia le N. .. rettata fuit de morte illa et fugit et malecreditur et ideo interrogetur et wayvetur *PlCrGlouc* 88; quod waviata fuit in comitatu Wigornie pro morte Walteri et abjuravit regnum Anglie *BNB* III 276; femina que utlagari non potest, quia ipse non est sub lege i. e. *inlaughe* Anglice scilicet in franco plegio sive decenna .. wayviari tamen bene potest et pro derelicta haberi cum pro felonia aliqua fugam fecerit BRACTON f. 125b; **1279** Cristiana .. uxor .. Thome .. malecreditur de morte predicta, ideo exigatur et vayvetur *AssizeR Northumb* 314; **1284** si ad quartum comitatum non veniunt .. utlagentur et femine wayvientur (*Stat. Rhuddlan*) *Rec. Caern.* 120; **1355** secundum legem et consuetudinem regni Anglie utlagati et weyfiate *Enf. Stat. Lab.* 238; **1483** de vj s. viij d. de Editha H. de fine pro eo quod waivyata fuit *Ac. Chamb. Winchester*; cum W. et B. [uxor ejus] .. positi fuissent in hustengo nostro Londoniensi videlicet .. w. ad utlagandum et eadem B. ad waiviandum *Reg. Brev. Orig.* f. 276v. **b 1245** adjudicavit comitatus dictum R. Syward esse wayviatum de comitatu *Cart. Glam.* I 92; **1264** weyviatus erat pro furto facto *Doc. Ir.* 147; **1264** catalla waviatorum, sive propter homicidium sive propter furtum statim remanserunt penes archiepiscopos *Ib.* 149; **1276** Johannes Brekedent pro homicidia [*sic*] et furto †veniatus [l. veivatus] in curia domini .. captus fuit .. et .. suspensus per judicium curie sue *Ib.* 164 (cf. ib.: ad †veniatos capiendum).

waiviaria [waiviare+-aria; cf. AN *weiverie*], (leg.) deprival (of woman) of the protection of the law (as punitive measure broadly equivalent to but properly distinct from outlawing of man), 'waiving'.

1359 Baldewinus ea occasione postmodum utlagatus et predicta Beatrix .. wayviata, sicut per tenorem recordi et processus utlagarie et wayviarie .. constat *Pat* 256 m. 11; **1376** perdonavimus Alicie Perriers .. omnimodas felonias .. ac eciam ~as, si que in ipsam hiis occasionibus fuerint promulgate *Ib.* 295 m. 20; wayveria cujusdam mulieris *MGL* I 624; in promulgacionibus utlagarie in I. F. et ~ie in Margaretam uxorem ejus *Reg. Brev. Orig.* f. 132v; utlagatus et .. waviata [uxor ejus] fuerunt et occasione utlagarie et waviarie .. se prisone nostre de Flete reddiderunt *Entries* 458ra.

waivius [AN *waif*]

1 (of person) vagrant, outcast, (perh. also spec.) outlaw.

1166 prohibet dominus rex ne aliquis vaivus, id est vagus vel ignotus, hospitetur alicubi nisi in burgo et ibi non hospitetur nisi una nocte *Assize Clar.* 15; **1168** T. de N. r. c. de j m. quia hospitatus est wavios homines super assisam *Pipe* 86.

2 (as sb.) goods or property (usu. straying livestock) found with no known owner and whose ownership goes unclaimed, item of such property, (also) right to claim such property (or revenue therefrom). *V. et. estraia.*

1230 et quod ipsi abbas et monachi .. imperpetuum habeant totum wayvum quod infra .. hundredum suum venerit *Cl* 333; **1251** Reginaldus .. numquam fuit in seisina libertatis habende de wayvis inventis in manerio suo *Cl* 407; **1251** rex respectum dedit decano .. de demanda quam facit .. de catallis fugitivorum et waviis *Cl* 439; dicuntur etiam res in nullius bonis esse que habite sunt pro derelicto .. item de hiis que pro wayvio habentur, sicut de averiis ubi non apparet dominus BRACTON f. 8; **1273** de coreis unius bovis et unius pullani de wayvo ij s. iij d. *Ac. Stratton* 40; **1274** de wayvo: j pava *Ib.* 56; **1274** de herbagio gardini vendito iij s. ideo minus quia una juvenca venient' [*sic*] de wayvo pavit herbam gardini hoc anno *MinAc* 984/3 r. 1d.; **1275** preceptum est distringere totam villatam .. pro quodam boviculo de wayvo qui inter eos in dicata villa erat .. et eum concelaverunt *CourtR Wakefield* I 47; **1275** comes habet wayfum per totam terram suam infra predictum wappen' *Hund.* I 282b; **1275** abbas de Croylaunde habet wevias et furcas et assisam panis et cervisie *Ib.* I 394b; **1279** vacca venit wayf' [*Rec. Elton* 4: wayfrum] et est in curia abbatis *SelPlMan* 93; **1279** tenent manerium .. et .. utuntur .. furcis, veyfia, et pluribus aliis libertatibus *Hund.* II 761b; weyvium quod est pecus vagans quod nullus petit sequitur vel advocat *Fleta* 61; **1312** concessionem .. de toto manerio .. una cum maneriis [v. l. mineriis], weyvis, tolloniis, et stallagiis *MonA* VI 205a; **1399** una cum .. escaetis, forisfacturis, †waisis [l. waifis], streyfis, curiis baronum, etc. *Foed.* VIII 95a; habuerunt omnimod' waiff' et strayas *Entries* 682vb.

3 deodand.

1276 de equis, batellis, carettis per que aliquis sit interfectus, que proprie dicuntur vavi, aprecientur et tradentur villatis *StRealm* I 41; **c1300** factura betelli ..: .. item in ij *brondes*, ij *stamlokes* et iiij peciis meremii pro ~is inde faciendis, xv s. iiij d. *KR Ac* 501/23 m. 2.

waivyare v. waiviare. **wajiarius** v. wafrarius.

wakagium [ME *wake*+-agium; cf. waca], (payment for) watching, guarding, maintaining surveillance over.

1337 in cariagio dictarum lanarum usque London' cum wakag' et beverag' *KR Ac* 457/7.

1 wala [ME *wale*], gunwale of ship.

1277 [*wishing to enter a boat lying there, he placed his foot upon the gunwale*] ~am .. [*and by accident he fell into the water*] *Cal. LBLond.* B 267; **c1300** factura batelli .. item in ij *brondes*, ij *stamlokes* et iiij peciis meremii pro ~is inde faciendis, xv s. iiij d. *KR Ac* 501/23 m.2.

2 wala v. walla.

walco v. 2 falco. **walcum** v. walkum.

1 walda [ME *wold, wald, weld* < AS *weald, wald*], wooded region, wood, forest, (also spec.) forested area in South East England, the Weald.

1167 walda episcopi reddit compotum de dim. m. *Pipe* 186; **1176** Passefeld, et ad illud pertinentem ~am *MGL* II 658; **1255** accedatis ad boscos nostros de castanariis in comitatu Kanc' et de ~is in comitatu predicto *Pat* 69 m. 11d.; **c1268** ad pacem vestram servandam .. in partibus ~e, Huntingdonie, Essexie *RL* II 335; **1285** tenentes de ~is habent communam cum omnibus bestiis suis ubique excepto uno bosco domini incluso (*Slyndon*) *Cust. Suss* II 5; **1300** fabri de ~is .. deferentes ferruras rotarum ad carettas ad civitatem Londoniarum *MGL* II 85 (=*Cal. LBLond.* C 88); **s1264** rex cum exercitu suo versus Rouecestre iter arripuit et per Waldias transiens regius exercitus fere ccc viros occidit *Ann. Worc.* 450; **s1364** debent pro qualibet swollinga xiv d. per annum pro schippeshere, timberlade, et bordlade, vel cariare extra waldam per mare vel terram ad manerium predictum THORNE 2140; waldum, *wode WW*; **1535** tenentes terrarum denne de Hokrige .. in Wilda Kancie *Rutland MSS MinAc* 24–7 *Hen. VIII* p. 98.

2 walda v. walla.

3 walda v. welda.

waldana [cf. Italian *gualdana*], rabble, band of (armed) men.

1297 cum non modico exercitu procerum bellatorum et innumerosa waldana plebeiorum *Reg. Cant.* 529 (cf. *Conc.* II 233: gwaldana).

waldare v. watelare. **waldatura** v. watelura.

waldelvum [ME *wal+delf*], ditch beside embankment.

c1220 cum wallis, ~is, fossatis et forlandis *Doc. Robertsbr.* 74; **1234** cum waliis et ~is et forlandis intra et extra ad faciendas et conservandas wallias plenarie sufficientibus *Ib.* 90.

Waldensis [Waldo+-ensis], of or pertaining to the Christian sect following Peter Waldo, Waldensian.

vidimus .. Valdesios homines idiotas, illiteratos, a primate ipsorum Valde dictos, qui fuerat civis Lugduni MAP *NC* I 31 f. 23; impia Uualdensis secte doctrina latenter / Tholose repsit, pollueratque fidem GARL. *Tri. Eccl.* 72.

waldia v. walda. **waldum** v. walda, walla. **waldura** v. 1 wallura, watelura. **waldurare** v. watelare.

walebrunum [AN *walebroun*, OF *galebrun*], coarse dark-coloured cloth.

1198 de tela linea et ~o emptis ad faciendum inde commodum regis *Pipe* 182.

Walecheria, Walechria v. Walescheria. **walencia** v. valentia. **Walensice** v. Wallensice. **Walensicus** v. Wallensicus. **Walensis** v. Wallensis. **Walescaria** v. Walescheria.

Walescheria (G-) [AN *walescherie, galecherie*], Welshry: **a** area under Welsh law or tenantry. **b** (person or group of people of) Welsh status or nationality. *Cf. Anglescheria.*

a 1250 [quos] W. tenuit in ~ia in Saunneles, Frudesweiuth, Clunerodin, et Pennard *ChartR* 42 m. 2; **1272** omnes consuetudines et servicia .. tenencium de Waleschiria similiter cum tenentibus predicte Isabelle de .. eadem ~ia *Cl* 510 (cf. ib. 509 *tit.*: Waleschyria de Blancmustir); **1275** multitudo Walensium tenentium de domino de Kermerthin per Walescariam *IMisc* 33/31; **1279** dicit quod .. licencia est unicuique domino habenti villam in ~ia levare mercatum et feyrriam in terra sua .. et hoc paratus est verificare secundum legem Wallie (*JustIt*) *Law Merch.* III 140 (cf. ib. III 141: in Gwalescheria); **1290** racione .. quercuum quas dominus habuit in Walecheria ab eodem *Ac. Swinfield* 153; **1292** dominus rex .. intendit predictas villas de jurisdiccione .. Petri extitere in Englecheriam quas .. Petrus subtraxit in Walechriam *PQW* 681b; **1293** bosci de L. et B. fuerunt in Galecheria tempore regis Ricardi *Ib.* 719a; **1304** sunt apud Norton juxta Knyghton in ~ia de redditu assiso quorundam Walensium tenencium dominicas ibidem *IPM* 114/8 m. 13; **1370** comitatus Walsshrie *Cal. IPM* XII 326 p. 311. **b 1284** quatuor villate propinquiores loco ubi casus homicidii vel infortunii contigerit veniant ad proximum comitatum una cum inventore et ~ia, id est parentela hominis interfecti *StRealm* I 56.

Waleschiria, Waleschyria v. Walescheria. **Walescus** v. Waliscus. **waletotus** v. walstottus. **walettus** v. vaslettus.

Waliscus, Wiliscus [AS *wælisc, wilisc*], (opp. to *Anglicus* or sim.) of the (Celtic) people of the former Roman Britain, 'British', 'Welsh', (also spec.) of Wales, Welsh.

ibi vj hidae; una ex his habet ~am consuetudinem et alia Anglicam (*Heref*) *DB* I 181ra; v hidae Anglicanae .. et iij hidae ~ae (*Heref*) *DB* I 181vb; j hidam Walescam (*Heref*) *DB* I 182va; xij ambre cervisie Wylisce [*Wilisc ealað*] (*Quad.*) *GAS* 118; si servus Waliscus [AS: *þeowwealh*] Anglicum hominem occidat debet ille cujus est .. lx s. dare pro vita sua (*Quad.*) *Ib.* 121; duodecim *lahmen* id est legis homines debent rectum discernere Walis et Anglis: sex ~i et sex Anglici (*Quad.*) *Ib.* 377; qui leges apostabit, si fuerit Anglicus vel Dacus vel ~us vel Albanicus aut insulicola (*Leg. Ed.*) *Ib.* 657; habebatur sub alis machine, inter ipsam et murum, tugurium vimineum, quod vulgo cattus ~us dicitur, in quo vij .. commanebant juvenes OSB. BAWDSEY clxxv; **1246** wlneraverunt M. forestarium .. cum duabus sagittis ~is *SelPlForest* 80.

walkum [ME *walk, walc*], perambulation, official walk round territory to determine its boundaries.

1552 [*the office of the walk*] perambulacionis sive walci [*within Waltham Forest commonly called le Chappell Henold*] *CalPat* IV 260; **1553** custodiam et gubernacionem illorum duorum officiorum perambulacionum sive walcorum nostrorum infra foristam nostram de Waltham *Pat* 852 m. 1.

walla [ME *wal, walle* < AS *weall*, cf. CL *vallum*], earthwork or other structure or natural feature used for defence or (esp.) to hold back or direct sea or other body of water, wall, embankment, dyke (also transf.). **b** area enclosed by a wall or embankment.

1199 moniales .. quietas de .. operationibus castellorum, domorum, wallorum, parcorum *MonA* II 336b; **1204** sine judicio levavit quasdam ~as inter Seford' et Lewes ad nocumentum domini Cantuariensis *CurR* II 104; **c1205** totam terram .. a wala [v. l. walda] usque in walam .. set et walam manutenebunt quantum terra eorum durat *Cart. Glam.* III 218 (cf. *Cart. Glam.* I 212: a ~a usque in ~am etc.); **1237** concessit .. totam partem suam de marisco que est extra wadlam de Polre ex parte *east* et *north east* et etiam totam suam partem illius wadle ... defendent et manu tenebunt predictam partem predicte ~e ad custum suum *Cart. Bilsington* 88; **1246** significatum est Bertramo de C. quod ubi necesse fuerit reparari faciat wallias circa villas de Rye et de Wincheles' et quod provideat de custode ad easdem villas custodiendas *Cl* 436; **1247** (1267) ubi quedam guttera est que vadit per mediam waullum *ChartR* 39 m. 6; **1252** ad reparandum ~as et watergangas contra maris impetum *Cl* 153; **1283** nullus de eadem communitate in ~is contra mare inter Stonore et Clyvesende petram colligat .. nec asportet nec lastagia navium capiat THORNE 1934; quando fossat contra mare ex parte forinseca waldi contra mare quod dicitur solye tunc habebit unam perticatam pro dayua; et quando debet extollere waldum contra mare .. tunc habebit unam perticatam et dimidiam pro dayua *Cust. Bleadon* 202; **c1320** an .. muri sive ~e in mariscis contra mare et alia flumina .. debite reparentur *Dom. S. Paul.* 158*; ecclesia Omnium Sanctorum super ~am Londoniarum *MGL* II 409; **1351** priorissa .. habet quandam valliam vocatam Prioriswal quam reparare tenetur et est nimis ruinosa et periculosa .. et habet .. pasturam .. pro predicta ~a custodienda in villa .. et oportet quod emendetur aut ipsa dictam walliam .. reparare non sufficiet *Pub. Works* I 59; pro emendacione ~e juxta Thamisiam fracte *MGL* I 683; **c1459** facturam .. wallearum, gurgitum, sewerarum, clusarum, fossatarum, etc. *Eng. Clergy* 113. **b 1285** totum pratum in quo continetur quedam ~a vocata ~a seu chacea celerarii ecclesie Cristi Cantuarie, que continet xx perticatas in longitudine et xx pedes in latitudine .. quod wallea seu chacea .. remaneret communis *Reg. S. Aug.* 513.

wallagium [walla+-agium], tax levied for the erection, maintenance, or repair of wall, embankment, or sim.

1352 redditibus, serviciis, scottis, lottis, tallagiis, wallagiis et .. aliis oneribus ad .. tenementa .. accidentibus *Reg. Rough* 245.

wallanda [ME *wal*+*land*], land charged with maintenance of (city) wall.

c1165 hec terra est de ~a ad muros civitatis faciendos *Cart. Osney* I 14.

Wallanus [cf. Wallia], Welsh.

s1094 primitus North-Walani, deinceps West-Walani, et Suth-Walani .. libertatem sibi vindicare laborabant .. post hec rex Willelmus .. ut Walanos debellaret mox exercitum in Waloniam duxit FL. WORC. II 35; **s1136** Walani multum de terra Stephani regis Anglie devastaverunt RIC. HEX. *Stand.* f. 39; ex ultimis etiam Walanorum finibus, de monasterio sancti David M. PAR. *Maj.* I 407; **s1121** cum pervenisset [rex Henricus] juxta Snawedune, rex Walanorum, missis nunciis, placavit eum muneribus W. GUISB. 30; subactis Danis, ~is, et Scotis regibus HIGD. I 51 p. 108.

1 wallare [walla+-are], to construct a wall, embankment, or sim. (esp. to hold back sea or other body of water). **b** (p. ppl. as sb. n.) wall, embankment.

1181 debent sequi curiam nostram et ~are secundum quantitatem terre sue sicut alii *FormA* 298; nisi quod debet ~are secundum quantitatem illius terre intus et extra, tam contra salsam quam contra frescam *Gavelkind* 182; **a1220** reddendo .. ad wallendum sumptibus suis quantum pertinet ad l acras terre [in marisco de Fliete] *Cart. S. Greg. Cant.* 103; **1338** triturabit, fodiet, ~abit sicut *werkmen* faciunt *Cl* 161 m. 12 (cf. *Terr. Fleet* 17). **b 1279** in .. claudenda ~a contra mare et aquam Tamesis *Arch. Cant.* XLVI 145.

2 wallare v. watelare.

wallatio [wallare+-tio], construction of wall, embankment, or sim.

1338 pro quolibet genere operis quodcumque sit, sive cariag' sive averag', sive trituracio sive wallacio sive fodiacio sive tassacio *Cl* 161 m. 11.

wallator [wallare+-tor], one who constructs walls, embankments, or sim., waller.

c1352 iiij ~oribus operantibus super emendacionem ejusdem muri *KR Ac* 471/6 m. 16; **c1386** in vadiis .. ~oris operantis super emendacione defectuum cujusdam muri facti circa gardinum *Ib.* 473/2 m. 7.

1 wallatura [wallare+-ura], construction, maintenance, or repair of wall, embankment, or sim. (*v. et. wallura*).

c1300 tenentes sustinebunt septimam partem ~e maris *DCCant.* Reg. J p. 29.

2 wallatura v. watelura.

wallea v. walla. **Wallencis** v. Wallensis.

Wallensice [Wallensicus+-e], in Welsh.

dicitur sanguis ille Walensice *dogyn gwayth* quando a capite usque ad terram manaverit *Leg. Wall.* A 122.

Wallensicus [Wallensis+-icus], Welsh, (also as sb. m. pl.) Welsh people.

ecclesia nostra Menevensis, immo et ecclesia Walensica tota GIR. *Invect.* I 5; citharis Walensicis ad barbaros utcumque modulos eliciendum manus et digitos adaptare *Id. SD* 138; facile Walensicis qui majorem capituli partem tenent ad Walensem eligendum consenserunt *Id. JS sup.* 148; omnes Walensice conditionis existentes (*JustIt*) J. Conway Davies, *The Welsh Assize Roll 1277–1284* (Board of Celtic Studies, 1940) p. 335; **1284** secundum consuetudinem ~am *Rec. Caern.* 120.

Wallensis [cf. Wallia], of the (Celtic) people of the former Roman Britain, 'British', 'Welsh', (also spec.) of Wales, Welsh (also passing into surname), (as sb. m.) Welsh person.

quod si Walensis Walensem occiderit, congregantur parentes occisi et praedantur eum qui occidit ejusque propinquos *DB* I 179rb; iij ~es lege ~i viventes *DB* I 185va; ad meridiem habens [sc. Hibernia] Angliam, ad ortum .. Scotos nec non et Brittos, quos quidam Galenses vocant *Visio Tnugdali* ed. A. Wagner (1882) 6; Britones omnes quos nos Walenses dicimus W. MALM. *GR* I 125; barbarie etiam irrepente jam non vocabantur Britones sed Gualenses G. MON. XII 19; **1164** Malcolm' rex Scotorum, .. probis hominibus .. Francis et Anglis, Scottis et Walensibus tocius terre sue *Regesta Scot.* 240; usque in hodiernum, barbara nuncupatione, et homines Walenses et terra Wallia vocitatur GIR. *DK* I 7; clerus ille omnino indisciplinatus erat sicut ~es et Scoti P. BLOIS *Ep. Sup.* 4. 2; **1219** Johannem de Brewes vel Johannem Walensem *CurR* VIII 2; **s1257** ~es .. confederati sunt .. ipsi de Northwallia cum ipsis de Suwallia, quod antea non [est] visum M. PAR. *Maj.* V 645; de caballo cecidit. serviens illius .. more Walencium, clamavit, "Ob! Ob!" *Mir. Montf.* 90; in guerra mota inter patrem ejus Henricum Lancastrie et eosdem Vallenses *Plusc.* X 24; Wallienses .. constanter opinari solebant quod quedam pars Wallie foret principem paritura qui regnum Anglie .. erat pacifice possessurus *Ps.-ELMH. Hen. V* 1.

wallere v. 1 wallare. **wallerus** v. watelarius.
walletus v. vaslettus.

1 wallia v. walla.

2 Wallia [Wallus+-ia, cf. AS *Wealas*], (also pl.) the territory of the (Celtic) people of the former Roman Britain, 'Wales', (esp. spec.) Wales.

Radulfo Cantuariensis ecclesie archiepiscopo .. Criphinus et universus clerus totius Gualie .. salutem EADMER *HN* p. 309; stagnum in partibus Gualiarum prope Sabrinam .. quod pagenses Linligwan appellant G. MON. IX 7; venerat de partibus ~iarum vir quidam *Mir. Fridesw.* 10; ~ia .. non a Walone duce, vel Wendoloena regina, sicut fabulosa Galfridi Arthuri mentitur historia GIR. *DK* I 7; **s1269** servientes comitis Glouc' in marchia Gallie .. interfecit *Ann. Lond.* 54; Giraldus Cambrensis, qui descripsit Topographiam Hibernie, Itinerarium ~ie, etc. HIGD. I 2; cepit .. Ina uxorem suam .. Walam nomine; propter quam vocata est '~ia' que quondam vocabatur Cam-

bria *MGL* II 638; sunt quatuor regna principalia et de illis regna minora dependencia, sicut Brytannia, Aquitania, Anglia, ~ia J. FOXTON *Cosm.* 85. 10; **s1405** cum .. rex in propria persona .. Valliam hostiliter intrasset et plurima dampna inibi perpetrasset BOWER XV 26.

Wallicanus [Wallicus+-anus; cf. et. CL Gallicanus], of the (Celtic) people of the former Roman Britain, 'British', 'Welsh', (in quot. spec.) of Wales, Welsh.

c1294 in partibus ~is *Conc.* II 202a; **s1401** plebei de Cardikan .. lingua Walicana uti permissi .. licet ejus destruccio per Anglos decreta fuisset AD. USK 71; **1505** tenementa .. que sunt in tenura de Gavelkynde aut de tenura ~a et inter heredes masculos divisibilia *Pat* 597 m. 19.

Wallice [Wallicus+-e; cf. CL Gallice], in Welsh.

hundredus .. Latine sive cantredus ~e et Hibernice HIGD. II 86; **1334** una gavella fuerat liberorum .. et ideo vocabatur dicta gavella ~e *gavel Rethe* .. et secunda gavella fuit de vilioribus .. quapropter vocabatur *Kaythe* ~e quasi gavella villica Latine *Surv. Denb.* 53.

Wallicus [Wallus+-icus, cf. Waliscus]

1 foreign.

Saxones .. quoniam lingua sua extraneum omne ~um vocant, et gentes has sibi extraneas Walenses vocabant GIR. *DK* I 7.

2 of the (Celtic) people of the former Roman Britain, 'British', 'Welsh', (in quot. spec.) of Wales, Welsh, (also as sb. m.) Welsh person.

1252 dedit viij acras terre duobus Valicis *Fees* 1283; **c1298** Franci, Scoti, Wallici *Pol. Songs* 163; **1405** ad rebelles nostros ~os ad invicem alligander et assuranter fortificandos *Cl* 254 m. 6; dominus E. Mortimer .. filiam .. Owyni Glyndore desponsavit .. et .. conversus est totaliter ad ~os *V. Ric.* II 182.

Walliensis v. Wallensis.

Walligena, ~us, native of Wales, Welsh.

ortus ab Angligenis .. in Monemutha / patria Walligenis *Vers. Hen.* V 36; in Poyter capitur rex et flos Francigenorum / Londonias vehitur vi principis Walligenorum BAD. AUR. 212.

Wallionia v. Wallonia.

Wallonia [Wallonus+-ia], the territory of the (Celtic) people of the former Roman Britain, 'Wales', (esp. spec.) Wales.

s1094 .. ut Walanos debellaret mox exercitum in Waloniam duxit FL. WORC. II 35; est .. ~ia terra silvestris et pascuosa, ipsi Anglie proxima vicinitate contermina *G. Steph.* 8; si .. in Scotiam aut in Wallioniam vel contra exteras gentes pro patrie defensione proficiscitur *Sanct. Bev.* 102.

Wallonus [cf. Wallanus, Wallus], of the (Celtic) people of the former Roman Britain, 'British', 'Welsh', (in quot. as sb. m.) 'Briton', 'Welshman'.

in ista insula habentur quinque gentes, Angli, Britoni, Waloni, Scithi et Picti *AS Chr. pref.*

wallum v. walla.

1 wallura [walla+-ura], construction, maintenance, or repair of wall, embankment, or sim. (*v. et. wallatura*).

1296 et ij s. in waldura maris res' per famulos, et xix s. x d. in liiij pertic' waldure de la Suche emendandis *DL MinAc* 1/1 r. 6.

2 wallura v. watelura.

Wallus [AS *Wealh*], Welsh person.

Angli Saxones, ducibus Hengist et Horsa, Britonibus, qui nunc Guali vocantur, imperium .. jam fere dc annis abstulerunt ORD. VIT. IV 7 p. 230; contra Scotos et Gualos, Nordwigenas et Dacos *Ib.* VII 15 p. 239; **s1326** ~is corruptis MORE *Chr. Ed. II* 311.

walnux [ME *walnot*, cf. CL *nux*], walnut.

1373 in empcione quatuor millium ~nucium et viginti trium ulnarum de bultre .. xv s. ij d. *ExchScot* 444.

Walon- v. Wallon-.

walplata [ME *walplate*], horizontal timber set on wall to support rafters or sim., wallplate.

1295 carpentario adjuvanti . ad faciend' ~as dicti molendini *KR Ac* 462/14 m. 3; **1355** in emendacione magne coquine .. cum hostiis novis et fenestris, ~is, copulis, coopertura *Ib.* 544/36 m. 2.

Walsshria v. Walescheria.

walstottus [AS *wealhstod*, W. *gwalstawd*], interpreter, (spec.) official presiding over Welshry at Carmarthen.

1386 in denariis solutis Willelmo ap Cradok ~o de Wyd' et Elved tenenti curiam ibidem, percipiendo per annum ad voluntatem .. regis pro officio predicto lxvj s. viij d. *MinAc* 1222/1 m. 3; **1394** waletoto de Wydigada et Elvet *Ib.* 1222/7; **1410** Thome Walter et Rees ap Jevan Baghan, walstot' de Wydygada et Elvet, pro feodis suis in eodem officio .. lxvj s. viij d. *Ib.* 1222/10 m. 3.

waltrarius v. veltrarius.

walupia, lupin.

~ia, *electre Gl. Durh.* 305.

walura v. watelura. **wambarsarius, wambasarius** v. wambesarius. **wambasia** v. wambeso.

wambesarius (g-) [wambeso+-arius], gambeson-maker (in quot. passing into surname).

1119 (1280) Herebertus Weambasarius [vv. ll. Wombasarius, Wambarsarius] *Cart. Chester* 5 p. 41 (cf. ib. 8 p. 58: **c1150** H. Wombasarius); **1137** terram Safredi Wambasarii *Regesta* 749 (cf. *Act. Hen. II* I 298).

wambeso, ~iso (g-) [AN *wambisun, gambeson*, ME *gambesoun*], padded jacket or tunic (typically worn with mail or plate armour), gambeson.

s1181 omnes ceteri haberent ~asiam, capellum ferreum, lanceam, et gladium vel arcum et sagittas *G. Hen. II* I 270 (cf. ib. I 278: tota communa liberorum hominum habeant *wambais*); **1254** quod habere faciant Nicholao .. unum pannum de aresta ad ~isonem suum cooperiendum *Cl* 243 (=*RGasc* I 406b); **1264** de quodam gambisione ad regem mittendo. .. quendam gambisonem nostrum .. deliberari .. faciatis Martino de C. .. nobis .. deferendum *Cl* 351; ~esonem, capellum ferreum, gladium, et cultellum *Fleta* 36; **1276** tres gambesones .. et octo capellas ferreas .. nullum valoris *IMisc* 34/1; **1277** duas coopertutas ferreas et unam trepam, unam loricam, tres gambisones *Cl* 94 m. 11; **1275** quatinus duo paria caligarum de ferro .. unum sambezionum [l. gambezionum] .. ballivo nostro .. tradatis *Reg. Heref.* 6; **1293** afforciavit custodem chacie .. per homines .. armatos de .. gaumbesonibus *Reg. Cant.* 319; **1297** in pretio .. duorum gambisonum *Doc. Scot.* II 138; **1302** haubercas .. aketonas, gaumbesonas, trappas *JustIt* 226 r. 6*d.*; **1342** pro vadiis v cissorum .. operancium .. super gambisur' ij quirr', garnissur' ij parium quissyn' *KR Ac* 389/14 m. 3.

wambiso v. wambeso.

†wambum, *f. l.*

1314 cum .. scribaniam curie †wambi [*sic* MS, ed. bajuli] bastide nostre Valencie diocesis Agenn' .. Johanni de I. duxerint concedendam *RGasc* IV 1232.

wana- v. waina-. **wandaila** v. wandala.

wandala [ME *wandale, wandail, wandele*], division of land, wandale.

c1150 totam terram meam de M., a balco qui est inter ~elas demenii mei et vandelas hominum meorum *Cart. Whitby* II 526; **1160** et preterea duas acras terre et dimidiam in ~aila nostra de Westdala *E. Ch. Yorks* I 302; et in ~ala super ripam de Thesa tres acras *Cart. Rievaulx* 72; **c1210** dedi .. dimidiam acram a ~alis juxta terram R. *Couch. Furness* II 388; **c1285** unam ~aylam retro molendinum de Weldale *Cart. Whitby* I 114n.

wandalus v. Vandalus. **wandayla** v. wandala.

wandelardus [AN *wandelard*], minor official, (in quot. transf.) cheat, swindler.

Gilebertus postea, vir valde wandelardus / .. / Galfridus, qui piger est, et ad bona tardus. / .. Gilebert non sine re *gilur* appellatur *Pol. Songs* 49.

wandere [ME *wand, wond*+-ere], to furnish with wicker or wattle.

1308 in .. bercaria watelanda una cum parietibus ~endis ad tascham, v s. *Crawley* 262.

wanga v. vanga.

wangardia, *var. sp. of* avantwarda.

in wangardiam Anglorum .. irruerunt .. . super baggacium ceperunt infundere post reregardiam *Plusc.* X 29.

wanibilis v. wainabilis. **wanlacia** v. wanlassum.

wanlassare [wanlassum+-are], to drive game back towards the hunters.

1287 ipsum Johannem Hakenol in foresta predicta wanlacendo videntes *IMisc* 46/36.

wanlassator [wanlassare+-tor], one who drives the game back towards the hunters, beater.

1293 clamabat habere in chacia .. quinque arcus et unum berselettum et wenlatores .. ad fugiendum in eadem chacia *JustIt* 807 r. 1*d.*; **c1369** dictus canonicus fuit ibidem cum leporariis et I. S. et T. le R. fuerunt ~ores et ductores leporariorum ipsius canonici *TR Forest Proc.* 310 m. 1; **c1369** dicunt quod I. T. est communis ~or et adjutor omnium malefactorum venacionis domini regis in foresta *Ib.* 310 m. 19.

wanlassum [cf. AN *wanelace = trick*, ME *wanlas, wanlace*], (in quot. w. *facere* or *fugare*, act of) driving game back towards the hunters. **b** (transf.) hunting station.

1310 et quocienscumque dominus ad venandum venerit, isti custumarii solebant fugare waulassum et stabulum in fugatione ferarum bestiarum secundum quantitatem tenure sue *Antiq. Warw.* 639a; **1310** solebant amerciari similiter si non venerint ad waulassum, quoties dominus ad venandum venerit *Ib.* 639b; **1277** [*an inquisition .. as to whether they are obliged to drive the wanlass*] facere wanlaciam [*in the absence of the Earl*] *CourtR Wakefield* I 177. **b** **c1180** sursum usque ad wenelaciam Ricardi Cumin et sic deinde sursum ad sicum *Reg. Glasg.* 29.

wannabilis v. wainabilis. **wannagium** v. wainagium. **wannatio** v. vannatio. **wanneria** v. waineria. **wanniagium** v. wainagium. **wanniare** v. wainare.

wantarius (g-) [wantum+-arius], glove-maker, glover (also passing into surname).

1180 de gilda ~iorum et corariorum *Pipe* 71; **c1194** a domo Petri ~ii *BM Ch.* no. 76; **1198** Uctredus ~ius debet l s. de dono *Pipe* 146; **c1200** testibus .. Anketillo wantero etc. *Cart. Osney* I 113.

wanterus v. wantarius.

wantum (g-) [AN *gant, gaunt, wa(u)nt* < Frk. *want*], glove.

1157 ad gantas regis portandas ad Wudestock *Pipe* 115; **c1207** in feriis nostris ante levacionem ~i et post depositionem ~i *Cart. Mont. S. Mich.* 8; **1282** in gantis famulorum, viij d. ob. (*Ac. Thorncroft*) *Surrey Rec. Soc.* XV 38; **c1355** in j b' de bark' empt' pro dicto canewac' tannando, iij d. in jantis emptis circa predictam j d. ob. *KR Ac* 26/31.

waoda v. woda. **wapeltaca, ~eltakium, ~enta, ~entaca** v. wapentacum.

wapentacarius [wapentacum+-arius], judge or juror at wapentake court.

1240 vicecomes fieri fecit inquisitionem per x wapentakarios *CurR* XVI 2477; **1292** abbas de Furneys capitalis wapentacharius regis de wapentake de Furneys *JustIt* 416 m. 78*d.*; **1330** ceteri ~ii com' predicti *PQW* 643a; **1331** wapentacharii de M. habent cognitionem eorundem articulorum in wapentaco suo *Ib.* 137a.

wapentaccum, ~tacha v. wapentacum. **wapentacharius** v. wapentacarius. **wapentachium, ~chum, ~cium** v. wapentacum.

wapentacum [ME *wapentake* < AS *wæpengetæc*]

1 (administrative) subdivision of certain English shires (Yorks, Derbs, Notts, Lincs, Leics), wapentake.

1176 R. W. et R. A. .. debent x l. de Sto vapentagio *Pipe* 77; **1207** quodlibet .. wapeltakium et quelibet parochia inbrevietur per se Gerv. Cant. *Chr.* lviii; **1224** bursa de Langeburg' wapeltaca laccat j d. *LTR Mem* 7 m. 10*d.*; vetus Hullum, torrens .. wapintagia de Holdernesse et Herthylle dividens .. obstructum vix sewera valet nuncupari *Meaux* I 169; **1231** wabetacum de Dikering .. wabentacum de Bucros *Fees* 1352; **1235** rex concessit .. Alexandro wappentaccos de H., H. et G., tenendos et custodiendos quamdiu regi placuerit (*Pipe*) *Hist. Exch.* 229; **1238** assessores et collectores in terris .. episcopatus in wappentaccio de Sedbergh *Cl* 117; **1243** inquisicio facta in wapintacio de Kirketon de scutagio .. regis *Fees* 1004; **1260** cum .. habuerint returnum brevium nostrorum in wepentagio suo de Langeberg' de omnibus infra dictum wapentagium existentibus *Cl* 178; **1260** cum .. rex cito post tradidisset Edmundo de L. wapentachium regis .. quod ad firmam .. comitatus pertinuit *Cl* 300; **1275** collectores tocius wapintakie *Hund.* I 276a (cf. ib.: wapentakye); **1275** permisit illum felonem [et utlagatum] de wapintakio abire impunem *Ib.* I 275b; **1275** de firmis hundredorum, wenpentaclorum .. nesciunt *Ib.* I 87b; diversimode autem vocantur hundreda .. nam ultra Watlingestrete .. vocantur wapentakia. .. Anglice .. arma vocantur *wapne*, tactare est confirmare, quasi armorum confirmacio vel .. wapentakium, armorum tactus *Fleta* 133; comitatus quoque dividuntur in hundreda, que alicubi wapentagia nuncupantur Fortescue *LLA* 24; **1457** quodlibet hundredum, wapentaka, rapa, civitas .. hundreda, wapentache, rape, civitates *Lit. Cant.* III 227; **1467** de firma wappentakii de Goscote (*TR Bk.*) *JRL Bull.* L 234.

2 (session of) court of wapentake. **b** obligation to attend wapentake court. **c** (*finis ~i*) payment in lieu of suit at wapentake court.

c1120 debet ire ad placita et ad comitatus et ad wapentas *Cart. Burton* 25; faciant rectum in hundredis vel in wapentagiis [MS: wapintachiis] (*Leg. Ed. Conf.*) *GAS* 648; **1223** de sectis faciendis ad hundreda, comitatus, et wabitacula in comitatu tuo *Cl* 560a; **1234** tam hundreda et wapenthakia quam curie magnatum Anglie *Ann. Dunstable* 140 (cf. *Cl* 588: wapentacia); facere sectam ad wapentacam .. regis *Chr. Peterb.* 44; clamavit esse quietas de comitatu et secta de wappentaca *Ib.* 139; **1236** fratres hospitalis S. Lazari .. habent respectum .. de demanda que eis fit de secta facienda ad wapentacos *KR Mem* 15 m. 14; **1238** coram .. coronatoribus veniant certis diebus et locis ad wapentacca in singulis trehingis in quibus manent .. et sectas suas producant *LTR Mem* 12 m. 11(2); **1262** interesse non potuit proximis comitatibus, trithingis, et wapentaciis tuis *Cl* 177; **c1286** ad negocia .. prosequenda in comitatibus, wapentakibus, et assisis coram justiciis et judicibus *Ann. Durh.* 122; constitutiones .. de mense in mensem, in comitatibus, hundredis, et wapentakkis suis necnon in curiis baronum, publicentur *MGL* II 666; convenire fecerunt wappentachium vel hundredum pro inquisitione facta de morte hominis *Ib.* II 348; conati sumus in pleno wapentagio a possessoribus terrrum .. adjacentium auxilium .. postulare *Meaux* III 102; **1413** ad wappentagium tentum apud Kirketon *CourtR* 186/2; **1516** Snaynton: wappintagium domini regis ibidem tentum *DL CourtR* 128/1940 m. 3. **b** **1114** tenuras .. solutas ab omni servitio seculari sc. .. schiris, hundredis, wapuntagiis, trethingis *Croyl. Cont. A* 121; **c1155** quiete .. de wapentacis et hundris [*sic*] et comitatibus *Danelaw* 105; **1286** concessit quod .. prior et homines sui .. sint quieti per omnem terram .. de theolonio .. shiris et hundredis, wapentakiis, scottis etc. *Ann. Dunstable* 331; quieti sint de .. exercitibus et wapentachiis et scutagio *Oak Bk. Southampt.* II 108; **1403** quieti de omnibus sectis shirarum, hundredorum, et wapentachorum, ac de murdro et latrocinio *Gild Merch.* II 363. **c** **a1199** reddendo annuatim .. xviij d. sc. ix ad festum S. Martini et ix ad Pentecosten, et duos d. in fine wapentagii pro omni servicio *Cart. Sallay* 333; **1282** finis wapunt[aci] *IPM* 31/3 m. 2.

wapentacus, ~gium, ~ka v. wapentacum. **wapentakarius** v. wapentacarius. **wapentakis, ~kium, ~kkum, ~kya, wapenthakium** v. wapentacum. **wapintachium, ~cium, ~gium, ~kia, ~kium** v. wapentacum. **wappentaca, ~ccium, ~ccus, ~chium, ~gium, ~kium, wappintagium** v. wapentacum. **wapulator** v. vapulator. **wapuntacum, ~gium** v. wapentacum.

1 wara [? AS *waru*]

1 geld, rent, tax levied on assessment (*cf. defensio* 4); **b** (*libera ~a*). **c** military service (as owed, *cf. inwara, utwara*), (esp. *acra de ~a* or sim.) land subject to particular tax or held in exchange for (military) service; *cf. inwara, utwara.*

Eudo noluit dare warras de eadem silva *DB* I 212rb; reddendo annuatim .. j d. nomine ~e infra Natale *Carte Nativ.* 265. **b** reddendo sibi et heredibus suis annuatim j d. de libera ~a *Carte Nativ.* 234; **13..** libera ~a est unus redditus et est talis condicionis quod si non solvatur .. duplicabitur in crastino et sic in dies *Villainage in Eng.* 243 n. 2. **c** c**1181** de sexdecim acris terre de ~a hundredi de Ely .. et de decem et septem acris terre et dimidia de ~a in hundredo in Hadenham *Act. Ep. Ely* 114; in Asfeld sunt x acre de ~a quas isti tenent *Kal. Samson* f. 98; c**1186** in Sapestone tenet domina Matilda xxx acras de ~a libere, non dat hidagium *Ib.* f. 95v; **1219** de xv acris terre cum pertinentiis de warra [v. l. ~a] in Miclefeld' *CurR* VIII 96; **1224** inquirat .. per quantum tempus R. B. junior tenuit terram illam infra werram [*LTR Mem* 7 m. 1B*d.*: in warra] et extra *KR Mem* 7 m. 11*d.*; **1277** Samson filius Jordani tenet xij acras terre de ~a, que faciunt unam plenam terram *Villainage in Eng.* 442; **1358** unum toftum et decem acras ~e terre et dim. acram prati *Pat* 254 m. 25.

2 unit of land subject to assessment for tax or service (prob. equal to one virgate).

hoc manerium .. jacuit et jacet in Hiz. sed ~a hujus manerii jacuit in Bedefordscire *DB* I 132va; c**1120** terra warlanda se defendit pro j hida et sunt in ea vj ~e, ex quibus waris tres sunt in dominio ubi possint esse ij aratra; ceteras iij tenent vj villani ad opus, quisque sc. dimidiam ~am, et quisque operatur ij diebus *Cart. Burton* 22; **1189** (1400) de feudo de Manderill .. tres ~as terre apud Reindonan *CalPat* 375; c**1200** concedimus .. ~am et dim. cum cotlandis *MonA* VI 232a; **1227** totum servicium Roberti C. de la Habichyda et de quatuor ~is in villa de Calde Norton *ChartR* 18 m. 6; **1288** nullam terram clamat tenere nisi antiquam ~am, de qua solvit xl d. per annum *CourtR Hales* 181; **1298** in Schelton sunt x ~e terre et dimidia que continent xlij bovatas terre et quelibet bovata reddit per annum ix d. *IPM* 81/6; **1301** dominus concessit Willelmo ate Lowe quartam partem unius virgate terre .. ad tenendum inperpetuum pro serviciis quarte parti unius ~e terre pertinentibus *CourtR Hales* 412.

2 wara [AS *waru*], article of merchandise, ware.

11.. si quis gildam non habens aliquam ~am vel corrigia vel aliud hujusmodi taxaverit (*Stat. St. Omer*) *Gild Merch.* I 290.

3 wara v. wera.

4 wara v. werra.

waract- v. warect-. **waractum** v. warecta. **waraddus** v. waratus. **warancia** v. warenna. **warandum** v. warantum. **waranna** v. warenna. **warannarius** v. warennarius. **warannium** v. warenna. **waranta** v. warantus.

warantare (g-) [warantum+-are], **~izare**

1 to warrant, guarantee security of (possession of or right to property, privilege, or sim.); **b** (agreement, commitment, or sim.). **c** (w. cl.) to warrant, guarantee (that). **d** to take responsibility for.

1148 nisi eis istam tenuram de F. warrentizare possem *Ch. Chester* 86; s**1148** si .. predictas terras propter justam alicujus calumpniam varantizare non poterimus *Regesta Scot.* 42; **1170** ego omnes has .. elemosinas gwarentizabo et defendam adversus omnes homines *Kelso* 73; c**1182** ipse et heredes sui contra omnes homines eas [terras] ipsis garantuare tenentur (*Ch.*) BART. EXON. *Pen. app.* p. 153; **1189** ego et heredes mei .. ea .. monachis guarentizabimus *Cart. Sallay* 615; **1199** quod eidem J. .. presbiteratum Judeorum per totam Angliam garantetis et manuteneatis et pacifice defendatis *RChart* 6b; si non possim warantire heredi Roberti terram de M. *AncD* A 2998; **1227** si .. contigerit quod ego et fratres mei, qui istam elemosinam .. fecimus, eam .. abbacie non possimus garantare *CartINorm.* 306; a**1228** tenemur predictas terras .. contra omnes homines warantyzare *Cart. Mont. S. Mich.* 17; obligavit se .. ad defendendum et warentizandum .. terram .. ab .. omni servicio contra Adam de P. *Ch. Chester* 363 p. 240; **1249** Isabella S. in misericordiam quia vendidit Ricardo B. terram quam ei ~izare non potuit *SelPlMan* 19; **1276** cum .. Hugonem .. inde vocasset ad warrantum et ipse Hugo hoc [tenementum] ei warrantasset *SelCKB* I 26; contra omnes .. warendizabimus *Cart. Lindores* 124; **1281** molendinum .. tenemur .. ab omnibus impetitoribus garentire *RGasc* II 137b; ecclesiam .. de K. .. monasterio et monachis contra omnes homines et feminas .. garantizabimus *Mon. Hib. & Scot.* 258a; has prescriptas terras gwarantizabimus ego Alexander et heredes mei prefatis monachis *Couch. Kirkstall* 249; **1340** predictam terram .. varandisabimus *Reg. Aberd.* I 34; **1370** [*to guard*] garandisare [*the said priory house*] *CalPat* 376; priori interdico ne inde placitum intret sine me, quia .. elemosinam eis garentizare debeo *FormA* 49. **b** a**1190** vendidi .. illi .. unum *seilun* terre .. et hanc vendicionem ego et heredes mei warentisabimus *Danelaw* 350; c**1190** juravimus ad ~izandam hanc cartam *Cart. Glam.* I 44; Felicia venit et warrentizat ei vendicionem illam *PlCrGlouc* 6; c**1213** litteras .. nullas vel episcopo vel de episcopo scripsimus .. quas .. coram majoribus Anglie viris ecclesiasticis ~izare et ea que in eis continentur probare loco et tempore parati non simus GIR. *Ep.* 7 p. 254; **1244** convencionem ~izabunt contra omnes homines, mares et feminas *Cart. Osney* II 112; c**1251** ad cartam de vendicione manerii factam ~and' *AncD* A 761; **1292** concessionem illam confirmavit et eam in confirmacione guarentavit *PQW* 679b; **1402** nos .. heredes .. nostri .. predictam donacionem .. abbati et monachis .. contra omnes mortales ~azabimus et imperpetuum defendemus [*sic*] J. Robertson, *Illustrations of the Topography and Antiquities of Aberdeen and Banff* II 10; c**1500** redditus .. fratribus contra omnes mortales verantizabimus, acquietabimus, et imperpetuum defendemus *Scot. Grey Friars* II 30. **c** qui [testes] si ~izaverint quod recte sit facta justicia de ipso .. quietus erit interfector illius [latronis] (*Leg. Ed. retr.*) *GAS* 667; celerarius solebat warentizare servientibus curie ut essent a scotto et tailagio quieti BRAKELOND f. 150v; **1256** volumus et garantimus quod si aliquis implacitet nos .. super rebus quas emimus a priore .. dictus prior vel fratres .. non teneantur nos .. defendere et garantizare ultra summam quingentarum quinquaginta marcarum quas a nobis receperunt pro rebus supradictis *MonA* VI 1036b; provisum est et guerentatum per nos .. quod nullus .. appelletur .. occasione prisie .. Petri de Gavaston *Tract. Ed. II* 18. **d** s**1189** homines Hoilandenses dicunt quod mariscus ille non est abbatis sed est illorum proprius .. et nec combustionem nec extirpationem warrantizant .. inquisiti utrum combustionem .. vellent warrantizare necne, dixerunt quod de his noluerunt respondere *Croyl. Cont. B* 456.

2 to warrant, guarantee to, protect (person, with regard to property *etc.*).

1107 (1330) de tot arboribus quieti sint forestarii .. de quot guarantizaverint [cf. *EHR* XXIV 221: garantizaverint] eos .. monachi Montisburgi per tallias suas *CalCh* IV 157; **1269** varentizabo Hugonem B. .. de vaccis hominum meorum betaxorum .. comitis quod idem H. B. mihi resstituit [*sic*] (*Penshurst MSS*) *HMC Rep.* LXXVII 31.

3 to protect or guarantee (person or life). **b** to provide or stand warranty for (w. acc. or dat.).

nec habeat quisquam potestatem eum [furem] tenendi vel vitam ei ~izandi (*Leis Will.*) *GAS* 519; 'Domine, vindica me, protege me' .. in lingua Francorum significatio est ponenda, 'Domine .. garantiza me' ANDR. S. VICT. *Comm.* 118; c**1190** hoc .. feci ut Deus warentizet me et heredes meos de inimicis et periculis et omnibus malis *Ch. Heref.* 67; **1224** nisi feceris, te .. de periculo mortis ~izare non potero *Pat* 490. **b** si ipsi ~izaverint eum quod juste sit facta justicia de eo .. quietus fuerit interfector (*Leg. Ed.*) *GAS* 667; **1184** rex precepit bene forestariis suis quod si invenerint eos [clericos] forisfacientes, non dubitent in eos manum ponere ad retinendum et attachiandum, et ipse eos bene ~izabit *SelPlForest* lxxxvii.

4 to warrant (essoin).

si vero .. venerit et omnia essonia warantizaverit GLANV. I 12; essoniator venire debet et producere dominum ad ~izandum essonium quod pro eo fecit BRACTON f. 352; destrictione facta venit et obtulit se ad essonias suas ~andas *CBaron* 74; **1294** vadit misericordiam quod non venit ad warrantandum suam essoniam versus Nicolaum le Irenmonger *CourtR Hales* 265; **1378** in misericordia quia non fuerunt ad curiam ad ~izanda essonia *Banstead* 357.

warantazare v. warantare.

1 warantia (g-) [warantus+-ia], warranty. **b** (*vocare ad ~iam*) to vouch to warranty (*v. et. warantum* 2, *warantus* b).

1185 R. B. debet dim. m. quia non habuit comitatum ad ~iam *Pipe* 112; **1194** de placito ~ie carte *CurR* I 116; **1219** penitus ei defecit de warentia *Ib.* VIII 14; **1225** mandatum est justiciariis .. quod loquelam ~ie carte que sommonita est coram eis .. teneant in proximo adventu suo *Pat* 594; **1253** nos .. eis promittimus .. portare .. firmam garentiam de Burdigalensi archiepiscopo *RGasc* I 273b; **1255** de mala touta .. recepta, de qua .. rex .. eis fecit restitutionem, a .. rege .. portare garantiam eidem promittimus *Ib.* I *suppl.* 47b; **1267** R. et heredes sui warentizabunt eidem abbati .. advocaciones .. ecclesiarum .. pro hac recognicione, warenthia, fine, et concordia, idem abbas concessit .. *Reg. S. Thom. Dublin* 117; **1289** a .. venditore .. facientes nobis portari .. guarantiam *RGasc* II 437b; **1295** x d. in quodam garcione portante literam vicecomitis de ~ya directam custodi de Hull *KR Ac* 5/8 m. 12; **1313** promittimus firmam guirenciam et amparanciam *RGasc* IV 973; warranciam essoniatoris *MGL* I 63; **1391** quousque rex .. dictum David et heredes suos in quadraginta marcatis terre .. per cartam infeodaverit .. cum clausula warrancie *ExchScot* 251. **b** **1240** loquelam que fuit inter Matildam .. et Adam de W. quam W. Karleolensis vocavit ad ~iam seu quoscumque alios warantores postea vocatos, deforcientes .. ponant in respectum *Cl* 174; **1284** inde vocavit ad warenciam rotulos (*PlRJews*) *Law Merch.* III 6; oportebit capitalem dominum warrantizare si vocatus fuerit ad warrantiam HENGHAM *Judic. Esson.* 137.

2 warantia (g-) [AN *garance, warance, warence*], madder (used as dye).

1259 ceperunt lanam tinctam in wayda et eam posuerunt in ~ia et in bultura ad colorem ejusdem lane faciendum nigriorem *Rec. Leic.* I 84; **1297** de vj d. de tolneto ~ie hoc anno *Ac. Cornw* 100; **1326** terram arti fullonum aptam, warentiam, waydam, butirum, et alia facture pannorum necessaria *Cl* 143 m. 6*d.*; **1334** de herbagio vend' in gardino de Erburg .. et de xlij s. de warenc' vend' ibidem *MinAc* 992/22; **1336** emit et vendidit ~iam .. ad partem superlucri *Rec. Leic.* II 29; **1337** exitus manerii .. de warenc' vend' hoc anno, xxiij s. vj d. *MinAc* 992/25; **1358** de qualibet carrettata waide .. et ~ia *Pat* 254 m. 25.

3 warantia v. warenna.

warantiare [warantia+-are], to dye (in quot., wool) with madder.

warenciavit et bullivit in aluma lanam *Rec. Leic.* I 102.

waranticius (g-) [warantus+-icius], of or pertaining to warranty.

1493 ad quam .. solucionem .. domini rex et regina .. obligant se .. in forma contractus garenticii paratam execucionem habentis *Foed.* XII 522b.

warantio v. warantizatio. **warantire** v. warantare. **warantisatio, ~antisio** v. warantizatio. **warantium** v. warantum.

warantiza (g-) [cf. warantizare], warranty, act of warranting or guaranteeing.

1317 j d. domino Fulconi de Rycote pro warantiza [*or* ? l. warantiza'] seldarum *Cart. Osney* III 147.

warantizantia (g-) [warantizans *pr. ppl. of* warantizare+-ia], warranty, act of warranting or guaranteeing.

nec .. dictus abbas ad warentizanciam dicte terre tenetur *Cart. Chester* 276.

warantizare v. warantare.

warantizatio (g-) [warantizare+-tio], warranty, act of warranting or guaranteeing.

c**1180** pro hac .. concessione et dimissione et carte nostre confirmatione et ~ione *Chr. Westm.* 295; pro hac donacione et confirmacione et garantisione prefatus R. dedit mihi viginti et j s. exterlingorum *AncD* A 11092 (cf. ib.: garantizabo); **1202** ad vestram defensionem et warantizionem *Pat* I 8a; **1208** pro hac .. concessione et dimissione et ~ione *Ch. Westm.* 367 (cf. ib. 366: warantia); **1223** breve de warantisazione *LTR Mem* 7 m. 1 (2); **1226** dicti .. monachi tenentur ad warentizationem dicte firme *Cart. Osney* IV 70; **1233** super gwarantacionem garbarum de Invirkethin *Reg. Dunferm.* 222; **1233** ad guarantisationem decimarum garbarum *Ib.*; c**1240** si forte pro defectu †warantionis [l. warantizationis], acquietationis, et defensionis mee .. canonici dampnum .. incurrerint *Cart. Osney* IV 503; **1269** warrantizatio essoniorum debet irrotulari *CBaron* 85; **1274** dedit .. dim. marcam pro carta confirmationis et warentizationis terre precentoris *Chr. Evesham* 271; ad omnes cartas de simplici donatione debetur ~io et tenetur donator et ejus heres warrantizare HENGHAM *Judic. Esson.* 137; infra consuetudinem ecclesie placitabit de gwarrantizatione *Sanct. Bev.* 104;

1542 nomine varantizationis .. annui redditus *Form. S. Andr.* II 213.

warantizio v. warantizatio.

warantor, ~izator (g-) [warantare, warantizare +-tor], one who warrants or guarantees, warrantor, guarantor.

a**1170** quare volo ut predicti canonici habeant et teneant predictas terras .. pro domino rege Henrico .. qui donator et ~izator patri meo et mihi terre illius est (*Cart. Lanercost*) *Surtees Soc.* CCIII no. 1; **1240** loquelam que fuit inter Matildam .. et Adam de W. quam W. Karleolensis vocavit ad warantiam seu quoscumque alios ~ores postea vocatos, deforcientes .. ponant in respectum *Cl* 174.

warantum (g-) [AN *warant, garant*]

1 warranty, guarantee.

c**1148** nisi ibi de dominio meo xl librate terre fuerint alibi ei perficiam de hereditate mea juxta warandum meum et suum *Danelaw* 362; c**1157** si comes eam [conventionem] non teneret .. guarantum episcopi .. non faciens, restituerem eas [libratas terre] ecclesie Lincolnie *CalCh* IV 109 (=*Ch. Chester* 106); si de rege tenens baroniam .. fidem .. in manum vicecomitis dederit sub hoc tenore verborum, quod de hac summa .. garantum baronum scaccarii die compoti sui fiet, sic vicecomes contentus sit *Dial. Scac.* II 19; **1242** provisum fuit .. quod heredes .. Stephani tenerent duos capones in manus suas ... habeant varentum *Rec. Leic.* I 62; **1255** litteras nostras vobis mittimus patentes quas vobis .. pro guaranto retineatis *RGasc* I *sup.* 45a; **1289** recipientes ab eadem vicecomitissa guyrentum sufficiens vel caucionem idoneam *Ib.* II 361b; **1312** ipsas litteras penes se retinuit pro garento suo de hiis que solvit dicto Assivo *Ib.* IV 552b (*app.* II); **1498** in specialem varantum .. annuorum redditum *Reg. Aberd.* I 342.

2 (*ad* or *in ~um vocare* or sim.) to vouch to warranty, to have (someone) summoned or call for (document) for the act of warranting (*v. et. warantus* b) (*v. et. warantia* b, *warantus* b).

Hunfridus .. habet unam [hagam] de qua reclamat ad ~um regem *DB* I 56rb; abbas respondit quod .. bene posset trahere regem in ~um, quod nunquam aliquam cartam eis fecit in prejudicium ecclesie nostre Brakelond f. 142; **1218** de laico feodo suo in Hibernia quod tenet et de nobis tenere clamat et unde nos traxit ad ~um *Pat* 149; **1241** vocat ad ~um de xl acris *Reg. S. Aug.* 529; **1279** vocant recordum regis ad ~um quod predictus R. est in seisina [de terra de L.] *RParl Ined.* 6; Johannes vocavit .. Rogerum ad warrantum versus .. Hugonem de tenementis per predictum breve petitis *State Tri. Ed. I* 21; vocat rotulos et breve ad ~um *Ib.* 47; **1292** fecerunt defaltam postquam comparuerunt in curia et vocarunt ad ~ium Petrum Corbet *Reg. Heref.* 293; c**1307** si tenens forte vocaverit ad warrantum tunc si exigens essoniari voluerit, hoc erit versus tenentem .. set non versus vocatum ad warrantum antequam warrantizaverit quia oportet esse tenentem in dominico vel per warrantiam, set warrantus non est tenens antequam warrantizaverit *CBaron* 81; cum aliquis implacitatus in hustengo Londoniarum vocaret forinsecum ad ~um *MGL* II 169.

3 (legal) warrant, authorization, (also) document giving proof of authorization; **b** (in phr. *quo ~o* and hence *placita quo ~o*).

nec tenuit sine ullo warant' *DB* I 49vb; **1191** W. W. redd. comp. de dim. m. quia summonuit assisam sine warranto *Pipe* 8; **1202** non licet alicui appellato de pace regis exire de terra sine ~o antequam fuerit coram justiciariis *SelPlCrown* 14; **1219** nec placitum aliquod ad coronam nostram pertinens teneat sine speciali precepto et ~o nostro *Pat* 202; quesiti quod ~um inde habent, dicunt quod nullum set ponunt se in juratam *PlCrGlouc* 27; **1278** ceperunt predicta catalla sine warranto *JustIt* 980 m. 30; **1279** qui vestrum ipsam pecuniam liberaverit retineat istas literas pro warento *Reg. Heref.* 217; c**1290** cancellarius et scholares .. amerciamenta illa approprient et sine warranto .. ad grave damnum regis *MunAcOx* 51; **1321** regnum Anglie abjuravit et eodem die regiam stratam et warentum sancte ecclesie, videlicet crucem, in campis .. reliquit, versus silvam fugiendo *SelCCoron* 76; s**1326** quia post exilium reversus es et sine ~o repertus, decollatus *G. Ed. II Bridl.* 89; misit .. senescallus .. ~um sub sigillo suo constabulario castri ad liberandum corpus episcopi *Proc. A. Kyteler* 11; per quoddam warrantum .. ad ipsum .. in gaolam .. recipiendum *Entries* 341rb. **b** **1196** prior de Stanes summonitus ostensurus quare et quo ~o deforciat Basilie de L. .. advocacionem ecclesie de L. *CurR* I 20; **1202** comitatus .. quesitus quo ~o ipsi utlagaverunt bis unum hominem pro eadem morte *SelPl Crown* 22; **1228** summone .. omnes forestarios .. quod sint coram nobis .. ostensuri a quo tempore et per quem et quo ~o ballivas suas teneant *Cl* 90; in placito quo warento quod est coram vobis in itinere vestro *Reg. Malm.* II 401; s**1276** inquietavit rex quosdam ex magnatibus terre .. scire volens quo ~o tenerent terras ..; comes de Warenna .. interrogatus .. produxit in medium gladium .. eruginatum et ait, "ecce, domini mei, ecce warentum [*sic*] meum" W. Guisb. 216.

4 (spec.) document authorizing payment, warrant.

1282 quia .. multas .. oportet expensas facere, de quibus garantum aliquod non habetis .. precipimus ut ea que .. ad utilitatem .. nostram .. expenderitis vobis in vestro compoto allocentur *RGasc* II 166b; **1453** pro solucione creditorum et liberacione warrentorum *Ac. H. Buckingham* 27; **1453** Johanni W. receptor[i] de Caurs pro bobus cvj s. viij d. soluta per ~um domini allocatum in compoto suo de anno xxxj. Willelmo K. .. pro ciphis xliij s. de quibus habet ~um receptor Stafford' *Ib.* 49.

5 mill-dam.

1322 de med' molend' nichil hoc anno .. de vivar' nichil hoc anno quia caret warento (*Salop*) *MinAc* 965/5 r. 1; c**1474** opertantibus in adquisicione et dolacione lez *achelers* in quarrera de H. pro warranto molendini de S. .. et in factura dicti warranti *Ac. Durh.* 645; **1494** latamo operanti in opere latamorum per warrantum molendini de S. et le buttriciam infirmarii *Ib.* 652.

warantus (g-) [AN *warant, garant*], **~a,** one who gives warranty, guarantor, authoritative witness. **b** (w. *vocare* or sim.) to summon as warrantor (*v. et. warantia* b, *warantum* 2).

sic potest [rex] ei ~us esse qui in servicio suo est (*Leg. Hen.* 43. 1) *GAS* 569; **1130** est in misericordia regis si rex non est ei warand' de xxx s. quos injuste cepit *Pipe* 107; **1153** si comes R. eam [conventionem] non teneret vel de ea exiret, de predictis libratis terre .. date guarantum episcopi .. non faciens *Ch. Chester* 106; fidem dabit quod ad diem nominatum habebit garantum suum de illo essonio Glanv. I 12; **1200** Celestria .. que est ~a Joie ponit loco suo W. virum suum versus Alanum de B. *CurR* I 158; **1220** venit ipse et produxit ~um suum Edwardum, qui se fecit ~um de equa illa *SelPlCrown* 124; **1225** habuit unam filiam Johannam nomine que .. debet esse ~a *BNB* III 522; **1259** si feoffati illi warrantum vel medium non habeant qui inde eos acquietare debeat *RL* II 394; si .. mulier dotem recuperavit versus aliquem ~um qui warantizavit et ~us nihil habeat in comitatu unde warantizare possit Bracton f. 301; si warentus ille sit infra comitatum, tunc injungatur vicecomiti quod ipsum infra tertium diem .. faciat venire *Leg. Ant. Lond.* 233; warrantus non est tenens antequam warrantizaverit *CBaron* 81; **1316** cum [loquela de warantia] terminata fuerit, dicetur ~o quod eat in civitatem illam et respondeat de placito principali *MGL* II 172; quamvis warrantus moriatur pendente placito warrantie *Reg. Brev. Orig.* f. 158. **b** si vult warantem [*sic*] nominare, nullo modo liceat nisi habeat duos idoneos testes ... si .. ipse warantem [v. l. guarantem] voluerit vocare .. (*Inst. Cnuti*) *GAS* 327; si viventem ~um vocet et sit in alia scira quem vocat (*Quad* .) *Ib.* 224; **1166** comes Patricius debet c m. quia vuchavit regem ~um et non potuit habere *Pipe* 74; sed numquid ~us ~um poterit vocare in curia? quod si est, ad quotum ~um erit standum? Glanv. X 15; cum .. tutius sit warrantum vocari tenenti quam in propria persona subire defensionem .. tunc si warrantum habuerit, illum statim vocet Bracton f. 380.

warantya v. 1 warantia. **warantyzare** v. warantare.

1 waratus [wara+-tus], (of land) subject to tax or service.

1211 in liberatis hominibus de Wike pro terra sua gwarata, v. li. xiiij s. ix d. per breve domini episcopi *Pipe Wint.* 34.

2 waratus (g-) [OF *warat, garat*], ? mixture of pulses, grains, or sim.

1296 de quolibet crannoco de wareddo [*Cal. Ir.* IV 145: waraddo] venali, unum quadrantem *Pat* 115 m. 8; **1329** de quolibet crannoco de warreddo venali, unum quadrantem *Ib.* 172 m. 14.

1 warda, *var. sp. of* eswarda.

1286 nullus de libere tenentibus distringatur per ballivos meos sine warda seu judicio nisi pro firma debita *BBC* 233.

2 warda (g-), ~um [AS *weard*, AN *warde, garde*, ME *ward(e)*]

1 act or duty of guarding or protecting, (also as office) guardianship, keepership, custodianship, wardenship. **b** (*in ~a*) in or under protection, safekeeping, guard, or custody. **c** (*tenere ~am*) to keep guard.

ille frater bonus husebondus est, quod probatur ex ~a sua et ex obedienciis quas bene servavit Brakelond f. 124; **1200** fuit saisitus de ~a gaiole de Wintonie ut de feodo die quo obiit *CurR* I 117; **1274** ab custodia sua exchapiavit per malam ~am *Hund.* I 144a; **1315** salvis antiquis gardiis locis et personis ecclesiasticis seu religiosis concessis *Foed.* III 522a (cf. ib.: nec volumus quod gardiatores .. jurisdiccionem dicti ducis racione gardie hujusmodi aliquatenus impediant); **1536** custodiam sive verdam manerii et dominii S. Audoeni *MS PRO E 313/11/64A.* **b** **1304** cum [episcopus] .. se et ecclesiam suam esse in nostra speciali gardia recognoscat .. precipimus .. quatinus .. episcopum .. ab omni injuria .. protegatis *RGasc* III 432a; **1465** obiit in ~a .. regis pro suis transgressionibus *ExchScot* 314. **c** c**1300** debet tenere ~am infra portam curie .. per preceptum .. abbatis *Reg. S. Aug.* 123.

2 service of guarding or protecting: **a** (*~a castelli* or sim.) feudal service of providing personnel for a castle garrison, or payment in lieu. **b** (*~a et wacha*) watch and ward. **c** (*~a maris*) defence of the sea, coastguard service.

a **1130** episcopus reddit compotum de m li. ut milites episcopatus de Ely faciant ~am suam in insula de Ely sicut faciebant in castello de Norwic *Pipe* 44; c**1177** quieti .. de ~is et operibus castelorum *Danelaw* 179; confessus est .. se debere abbati domino suo †servicuim [l. servicium] trium militum integre in releviis et in scutagiis et in auxiliis sed de ~a facienda ad castellum Norwici tacuit Brakelond f. 139v; **1212** per servicium quod debet facere varidam in castro Salop' cum sua balista per viij dies *Fees* 145; immunes ab .. varda castelli *Melrose* 232; **1228** sic. .. habere faciat constabulario Windlesor' ~am debitam predicto castro de eadem terra *Cl* 26; a**1273** milites honoris Burgi non dabunt pro ~a castelli de Rokingham tempore pacis nisi iv s. de feodo militis, qui .. ante dabant dim. m. Swafham 103. **b** c**1205** x acras .. tenendas de nobis per servicium iij s. annuatim reddendorum .. faciendo et ~am et waccham in villa sancti Eadmundi *Bury St. Edm.* 174. **c** **1326** certum numerum hominum armatorum providendorum pro ~a maris *Lit. Cant.* I 182; munimen habuit in litore maris ad inimicos expellendos .. ipso existente in ~o maris venit rex .. et vi oppressit uxorem ducis *Eul. Hist.* III 3; tenentes .. debent contribuere .. pro ~a maris tempore guerre Thorne 2140.

3 wardship (as feudal right), guardianship of a legal minor's person and lands (with profits accruing), (also) estate held in wardship. **b** (*curia ~orum*) Court of Wards. **c** (*in* or *sub ~a*) in state of wardship.

occasione feodi sui quod in dominico suo habuerit vel occasione alicujus ~e Glanv. XIII 2; **1198** Hugo inde habet nisi ~am heredis Roberti *CurR* I 42; **1199** fuit seisitus inde ut de feodo vel de ~o *Ib.* I 102; **1212** Willelmus de Cantilupo tenet de garda hered' Johannis de K. feudum j militis et dimidii *Fees* 100; **1217** cum castris, ~is, escaetis, et omnibus aliis ad predictum episcopatum pertinentibus *Pat* 86; s**1220** barones .. in crastino coronationis juraverunt quod castra et ~ias suas ad voluntatem regis resignarent et de firmis suis .. computum ad scaccarium redderent *Ann. Dunstable* 57; **1223** provisum est .. quod .. rex haberet legitimam etatem quantum ad liberam dispositionem de castris et terris et gwardiis suis *Ib.* 83; **1235** mortuo Philippo de M. uxor ejus fecit finem priori pro herede, sc. pro relevio, garda et maritagio pro x marcis *Ann. Worc.* 427; **1253** de terra Henrici de H. que est in custodia nostra usque ad etatem suam ... finita guarda predicta .. *RGasc* I 326a; reprehensus est insuper .. rex quod episcopatus et abbatias sicut et gardas vacantes .. quos in manu sua diu tenet et teneretur tutor esse et defensor .. depauperat M. Par. *Maj.* V 7; s**1254** compertum .. est .. regem .. consumpsisse in expensis vicesies et septies centum milia librarum et amplius, exceptis gardis, terris, et redditibus quos contulit alienis *Id. Abbr.* 336; **1281** gwarda terrarum dicti heredis *IPM* 27/1; magnates

Anglie concesserunt regi Henrico ~as heredum et terrarum suarum, quod fuit initium multorum malorum in Anglia KNIGHTON I 210. **b 1583** per billam curie ~orum et liberacionum *Pat* 1236 m. 2. **c 1203** ad vestiandas ij garcettas que fuerunt in ~a .. Willelmi vij s. et vij d *Pipe* 223; **1272** si contingat .. quod heredes nostri .. aliquo tempore fuerint in vardia, volumus quod magister alium .. capellanum .. eligat *Reg. Aberd.* I 33; **1460** dicto nobili in pupillari etate et sub tutela seu wardia .. regis Scottorum *Mon. Hib. & Scot.* 427b.

4 ward, division (of place, also w. ref. to protective function): **a** (in castle); **b** (of city or borough); **c** (of county in northern England or in Scotland); **d** (of forest or pasture as area of jurisdiction of *custos maneriorum* or sim.).

a s**1324** evasit per omnes Turris custodias quas ~as vocamus et pervenit ad flumen WALS. *HA* I 174. **b** c**1120** recognosci faciatis per probos homines de ~a in qua est hida illa de Fleta *E. Ch. S. Paul.* 27; **1200** testibus .. J. filio H., tunc tempore aldermanno nostre †guade [l. guarde], etc. *Ch. Westm.* 381; c**1210** hiis testibus Jukello aldermanno ejusdem ~e etc. *E. Ch. S. Paul.* 81; s**1130** Londonia tota combusta est, excepto j ~am et dimid. *Ann. Worc.* 378; hos sequebatur una de custodiis civitatis [Londoniensis] quas ~as appellant *Chr. Angl.* 154; **1273** ponunt se super veredictum .. hominum de duobus veredis propinquioribus *Gaol Del.* 35A m. 4; **1368** Johanne de C. .. illius wardde aldermanno *FormA* 201. **c 1275** ~a de Tindale valet per annum vj m. et est in manu .. regis nunc *Hund.* II 21b; **1323** de duobus ultimis attachiamentis tentis in .. foresta [de Ingelwode] viz. in ~is de Penreth' et Gaytescales *KR Ac* 131/22 r. 7*d.*; **1345** juratores diversarum ~arum comitatus Northumbr' .. presentaverunt *SelCKB* VI 47; **1346** ~a de Inter *Aids* IV 58; **1358** infra ~am orientalem de Tevydale *RScot* 819a. **d 1334** agistatores ejusdem ~e *DL Couch.* II 194; **1447** expense in progressu ~e post festum Pasce *DCCant.* RE/40; **1459** per solucionem factam Marjorie Baty pro factura clausure ~e et nemorum de Faucland, x li. ij s. *ExchScot* 566; **1460** magistro cursorum ~e de Yarou .. cursori dicte ~e *Ib.* VII 24; **1467** propter abscisionem certarum quercuum infra ~am computantis *Ib.* 476; **1479** cursoris foreste de Ettrik infra ~am de Tweda *Ib.* 585.

5 group of people guarding, guard. **b** division within military formation, esp. in order of battle (in quot. dist. w. ref. to position). **c** group of men responsible for protecting social group, tithing.

1573 Christoferus Hatton, armiger .. capitaneus garde nostre personam regiam attendentis *Pat* 906 m. 12. **b 1247** [*going in his army in the vanguard*] prima ~a, [*returning in the rearguard*] *Cal. Scot.* I 317; eodem die prima ~a cepit duo castella fortissima per insultum *Eul. Hist.* III 217; ad exitum .. bosci ceciderunt in ultima ~a regis Francie at Angli illos non insequentes ne forte prima ~a Francorum vel media fugitivis preberet succursum *Ib.* III 222. **c** decimatio .. est que alicubi dicitur vulgo ~a, id est observatio: sc. sub una societate urbem vel centenarium debet servare, - alicubi dicitur *borch* (*Cons. Cnuti*) *GAS* 618; habeat quilibet primariorum quolibet anno de nostra ~a, quam *wichin* Angli appellant, duos equos *Ib.* 621; **1221** juratores dicunt quod nullum est ibi francum plegium nec ~a que debeat respondere de fugitivis et ideo inde loquendum *PlCrGlouc* 113.

6 act of guarding animals or keeping impounded beasts.

1239 ponat etiam in respectum .. demandam quam facit eisdem pro ~a averiorum captorum pro eisdem debitis *KR Mem* 18 m. 13*d.*; **1269** cepit averia sua et detinuit quousque solvisset ei dim. m. pro deliberacione ipsorum et v s. pro ~a eorundem *SelPlForest* 49; **1276** portarius castri de Windesor' cepit de .. Isabella septem sol. pro ~a .. averiorum *Hund.* I 14b; **1296** de vj d. de ~a averiorum in parco *DL MinAc* 1/1 r. 4.

7 duty of ward, (esp. in phr. *~a facta*) 'ward set' (w. ref. to animals taken in distraint when under the care of a custodian), (also) place where ward is set (esp. w. ref. to fine due for infringement of or intrusion of animals into such area).

1225 paverunt unum pratum de eadem terra cum ~a facta *BNB* III 114; c**1235** pecora non teneantur in defenso illo de ~a facta vel de consuetudine *BBC* 73; **1237** queruntur .. quod homines .. prata illa injuste paverunt cum ~a facta et contra pacem regis *CurR* XVII 74; **1247** Lucia Ruffa in misericordia pro averiis suis captis in pastura domini in ~a facta *CourtR Tooting Beck* 234; **1269** si averia .. priorisse inveniantur sine ~a facta in clausis .. abbatis .. de quibus contencio mota fuit .. non imparcabuntur sed recaciantur sine detrimento .. animalia *Cart. Sallay* 37; si averia .. leprosorum transierunt .. in moram illam sine ~a facta, ego vel heredes mei nullam inde occasionem queremus versus ipsos leprosos imparcandi averia sua, set sine detrimento eorum recaciabuntur .. si inventa fuerint averia eorum in mora illa .. cum ~a facta, emendabunt mihi .. dampnum quod fecerint averia sua secundum legem terre *Cart. Guisburn* 330; **1287** si quis manens extra forestam agistaverit sua animalia infra dominica dom. regis in landis, boscis, et hayis sine waranta vel cum wardo facto, quorumcunque fuerint animalia in eisdem inventa per forestarios .. regis juratos, capta appreciantur coram viridarios *SelPlForest* 64; (1294) ita quod nec animalia mea .. seu aliquorum aliorum herbagium dicti fossati de ~o facto nisi tantum ea fugando depascere valeant; et si ibidem inventa fuerint depascendo in ~o facto licebit .. ea imparcare *ChartR* 80 m. 6; (1307) si averia .. infra pasturam .. inventa fuerunt sine ~a facta absque lesione .. recaciabuntur *Ib.* 93 m. 7.

8 inspection. **b** (duty or court of) inspection or protection of forest.

1285 visio seu garda [feodi] *RGasc* III xlv. **b 1194** quieti sint de placito foreste et de guardo et reguardo foreste *BBC* 84; **1204** non eant ad ~am nec rewardam nec ad venditionem foreste *Ib.*; **1204** quieti .. de ~o et reguardo foreste et de communi secta swannemoti *Pipe* 141.

9 (*~am habere de*) to be afraid of.

1091 haec est justitia domini Normannie quod in curia sua vel eundo ad curiam vel redeundo de curia nullus homo gardam [vv. ll. gaurdam, gardiam] habuit de inimico suo. .. si aliquis inimico suo in via curie .. forisfecit .. dominus Normanniae habuit pecuniam suam (*Ch.*) *EHR* XXIII 506.

wardacra [warda+acra], ? acre reaped in lieu of ward service.

metet in autumpno ij ~as de frumento et avena *Dom. S. Paul.* 72.

wardagium (g-) [warda+-agium], payment in commutation of military service, wardage.

c**1068** sint quieti in civitatibus, burgis .. et nundinis .. de quolibet theolonio .. haydagio [v. l. hydagio], ~io, et omnibus geldis *Couch. Selby* II 19 (=*MonA* III 500); **1289** cottum seu gardagium de terris, feodis etc. .. Hospitalis [S. J. Jerusalem] *RGasc* II 409b; **1289** de jurisdictione .. et coto ac gardiagio quam et que .. A. habebat .. in terris et parrochiis *Ib.* II 508b; **1314** propter gardiagium plurium locorum *Ib.* IV 1300; **1382** fratribus hospitalis S. Leonardi .. concessum sit .. quod .. sint quieti .. de quolibet .. hidagio, weidagio, operibus et auxiliis castellorum *Cl* 222 m. 26 (cf. *CalPat* 444: **1340** [*quit of .. hidage,*] ~io, [*works and aids of castles*]).

wardare (g-) [warda+-are], to protect.

1283 consules jurabunt baillivo nostro et populo .. ville quod ipsi bene et fideliter gardabunt et gubernabunt nos et populum .. ville *RGasc* II 209b; **1305** religiosos .. se a nobis gardiari specialiter requirentes *Ib.* III 467b.

wardaria (g-) [warda+-aria], office of warder.

1253 rex solvit Johanni .. quindecim marcas .. apud Burdegalum in garderia sua *RGasc* I 352b; **1254** garderio regis .. et vigili de eadem garderia *Ib.* I 434a.

wardarius (g-) [warda+-arius], guard, warder.

c**1232** pro stipendio famulorum in curia cum nautis, gardariis, et caretagio busce, cj s. *Comp. Worc.* I 13; **1254** faciant habere .. garderio regis octo ulnas de eodem [sc. griseio] et vigili de eadem garderia quatuor ulnas *RGasc* I 434a.

wardaroba, ~bba, ~bia, ~pia v. warderoba.

wardator (g-) [wardare+-tor], warden, guardian; **b** (*~or specialis*); **c** (her.).

1305 cum concesserimus hominibus de insula Oleronis .. mille libras .. recipiendas per manus gardiatoris .. insule *RGasc* III 457b; **1309** expensa supervenientium .. in expensis ~oris foreste, x s. (*Michelmersh*) *Ac. Man. Wint.*; de nominibus ~orum dicti officii [lorimariorum] *MGL* II 50. **b 1293** in nostra garda existenti specialem gardiatorem daremus *RScot* 18a; **1312** defensores et gardiatores speciales *RGasc* IV 618. **c** iste haraldus conductor tunc vocatur gardiator .. qui gardiator tenetur ipsas personas per eum ductas custodire cotidie UPTON 86.

wardda v. warda.

wardecorsatum (g-) [AN *wardecors*, OF *gardecors*], protective garment.

1285 pro uncia et dimidia emptis ad consuendum .. gardecors' et unum alterum gardecors' de sindone rubeo factum ad opus dom' .. pro factura et custura pred' duorum gardecorsatorum (*KR Ac* 91/3) *Arch.* LXX 28.

wardegropa [ME *ward(e)+grope*], protective metal plate fixed to cartwheel.

1269 carette .. in ij waregrapis, j d. *MinAc* 994/27; **1276** liberat' fabro paranti axem cartarum cum waregrap' et clut', j d. *Ib.* 995/15; **1302** custus carett' .. in xvj clut' et ~is emptis ad ax', x d. ob. *Ib.* 999/2; **1316** in j vetere carecta emendanda cum grossis clavis et lurleggis ferreis et verigroppis ad idem emptis, xvj d. (*Alton Priors*) *Ac. Man. Wint.*

wardemotum, ~us, ~a [cf. ME *ward(e) mot*]

1 ward assembly, ward-moot.

c**1215** quilibet aldermannus teneat ~um suum de omnibus hominibus qui sunt de etate xv annorum et ultra *EHR* XVII 727; precipit aldermannis ut in crastino summo mane fecerent convenire ~a sua *Leg. Ant. Lond.* 31; universi aldermanni fecerunt inquisitionem super hoc, quilibet in ~o suo *Ib.* 51; **1275** prior de Cristescherche tenet ~am istam de Portsokna .. infra prioratum suum injuste .. quia ~a solebat teneri infra Portsockna et non extra *Hund.* I 414a (cf. ib. 426a: wardmota); **1278** prior .. dicit quod .. homines juste distringit ad veniendum in prioratum .. ad ~os suos extra sokam predictam .. et quod ad ecclesiam S. Botulphi nunquam aliquod ~um tentum fuit *Lond. Ed. I & II* II 248; **1419** '~um' dicitur quasi plebis tocius unius warde citate convocacio .. que vero nos '~a' vocamus Romani 'plebiscita' vocaverunt, que apud Saxones *folkesmot* antiquitus dicebantur *MGL* I 36.

2 *f. l.*

terras suas et †wardemotum [l. vadimonia] et debita civibus meis habere faciam infra civitatem et extra *GAS* 525.

wardemotus v. wardemotum.

warderoba (g-) [ME *warderobe, warderope, garderobe* < AN *garderobe, garderope*]

1 place (esp. room attached to other chamber) used for storage of clothing and for dressing, wardrobe. **b** (transf.) privy, toilet.

1176 Alnoth ingeniatori c et j s. ad faciendam ~am regis de Westmonasterio *Pipe* 198; **1226** caminum parve garderobe nostre *Cl* 104b; **1240** mandatum est .. quod parvam garderobam in qua robe regis dependere consueverunt lambruscari faciat *Cl* 172; **1295** lego eidem omnes coffras de camera et garderoba mea una cum omnibus pertinentibus ad ~am, ut in pannis .. et panniculis (*Test.*) *EHR* XV 526; **1334** omnes liberi .. solebant construere .. pro principe .. unam cameram cum gardroba *Surv. Denb.* 149; **1395** gardropa: una toga de blodio cum pelle grisia *Test. Ebor.* III 4. **b 1266** in reparacione domorum apud Kathenes, et ad deponendum wardrobam, x s. *ExchScot* 14; **1314** in omnimodis expensis factis circa voragines garderobe *Ac. Durh.* 513; solebat esse communis venella sed obturatur per fimos et garderobas *MGL* II 449; **1377** de factura cloacarum circa pontem Londoniarum .. conquestum fuit quod domus necessarie viz. garderobe confracte erant *Pl. Mem. Lond.* A22 m. 4b.

2 store room (esp. for items of value), 'wardrobe'; **b** (as financial and administrative department, esp. of royal household). **c** (*magna ~a* or sim.) Great Wardrobe (for cloth, furniture, jewels, *etc.*). **d** (*parva ~a*) petty wardrobe. **e** (*privata* or *secreta ~a*) privy wardrobe. **f** contents of wardrobe or store room.

1230 pro centum cere empto .. et liberato Nicholao de wardarobia *Pipe* 98; **1259** mandatum est .. quod jocalia regis aurea et argentea .. liberent .. clericis garderobe regis custodienda in eadem garderoba *Cl* 360; s**1307** ut quotquot militare vellent armis secularibus ad regem venirent de sua garderoba cuncta militaria ornamenta effluentissime admissuri J. LOND.

Commend. Ed. I 16; **1328** pro portagio armaturarum .. a garderoba armorum usque ad castrum *KR Ac* 383/19; **1375** nos .. abbas Oseneye .. concessimus .. Hugoni [Garde]rope quod percipiat de domo nostra .. *Cart. Osney* III 32; s**1381** credidit quod non esset aliquis rex Christianus habens meliorem gardropiam .. nam .. tanta copia erat vasorum et jocalia de argento etc. KNIGHTON II 135; **1490** Jacobo .. tunc in gardiroba .. Roberto in lardinaria .. in feodis suis *ExchScot* 186. **b** **1215** testimonium rotulorum nostrorum de ~a nostra in quibus inrotulantur feoda illa *Pat* 158a; **1224** computate episcopo Eliensi xl m. quas liberavit in wardarobba[m] nostram apud Neweham *LTR Mem* 8 m. 1A; **1230** ipsi regi in wardaropia apud Portesmue .. quater xx et xvj m. per breve regis *Pipe* 90; **1230** ipsi regi in guardaroba sua apud L. xx li. *Ib.* 293; **1235** computate l li. quas liberavit in gardaroba nostra Waltero de K., clerico nostro ejusdem wardrobe *KR Mem* 14 m. 3*d*.; s**1245** apud Lugdunum quedam .. pape camera que conclave, id est guarderoba, dicitur, cum omnibus que in ipsa continebantur, combusta est .. et fuit multorum assertio quod detestabilis illa carta que de tributo Anglie .. confecta fuerat eodem incendio in cinerem est redacta M. PAR. *Maj.* IV 417; custos protulit quemdam rotulum quem habuit in ~a domini regis *Leg. Ant. Lond.* 119; habet rex alios clericos in hospicio suo, ut thesaurarium garderobe sue, que est locus clericis .. assignatus, que in Francia camera clericorum appellatur. huic .. thesaurario cura expensarum regis et familie sue committitur *Fleta* 78; **1290** computantur expense ejusdem R. per lj dies in veniendo de curia Romana usque ad curiam regis in Anglia, percipiente [*sic*] per diem xx s. .. prout patet per particulas inde liberatas in garberoba *Doc. Scot.* I 137; **1292** magnum sigillum .. regis quod fuit in custodia sua liberatum fuit ibidem in garderoba regis *RScot* 10b; **1308** contrarotulatore garderobe nostre *Reg. Heref.* 444. **c** **1253** Rogerus Scissor reddat compotum suum ad scaccarium regis de tempore quo habuit custodiam magne garderobe regis *Cl* 449; **1334** clerico magne garderobe nostre domos sufficientes .. providere .. faciatis *RScot* 300a; **1458** vadia .. cum vestura .. percipienda annuatim .. ad magnam garderobam nostram *Pat* 485 m. 10; **1471** valecto grandis wardropie de Wyndesore *Test. Ebor.* III 187. **d** **1458** officium custodis lectorum nostrorum et aliarum rerum infra Turrim nostram .. per nomen custodie parve garderobe nostre *Pat* 485 m. 10. **e** **1323** in batellis allocatis de Eboraco usque Thorp' cum garderoba privata robarum *KR Ac* 378/17; **1353** clerico secrete garderobe regis *Ib.* 391/1; c**1376** super factura magnorum harnesiorum pro balistis infra cameram private garderobe *Ib.* 397/19. **f** **1333** in j carecta conducta pro garderoba carianda de Bewerlaco usque D. xxvj s. viij d. *Ac. Durh.* 521.

warderobarius (g-) [warderoba+-arius; cf. ME *warderober*, AN *garderober*], one in charge of the wardrobe, 'wardrober'.

1165 Gilleberto garderobario iij li. et vij s. per breve regis *Pipe* 20; non .. extendit se jurisdiccio senescalli ad modica delicta camerariorum vel garderobariorum audienda *Fleta* 70; **1292** per manum R. de B. tunc gardrobarii regine *Manners* 135; **1328** gardroperio domine Matilde *ExchScot* 115; **1330** in solucione .. quatuor gardropariis dominarum et domicellarum domus domine regine .. xl s. *Ib.* 287; comes Glovernie .. cum suo garderopario .. misit unum par calcarium FORDUN *GA* 114; **1396** de xx libris receptis de domino Willelmo N. garderobario hospitii domini *DocCOx* 307; s**1459** warentum .. directum suo ~io ad providendum de panno aureo magis precioso, vocato vulgariter *crimesyne thisswe Reg. Whet.* I 324.

wardestaffum [ME *ward(e)+staf(f)*], ceremonial staff displayed at hundred court, ward-staff.

1255 dicunt quod villa de Peteney prioris Wyntonie solebat sequi hundredum bis per annum et recipere werdstaf' *Hund.* II 235b (cf. *Hund.* I 155a: **1275** dicunt quod homagia comitis marescalli de Cestreford solebant vigilare *wardestaf* bis per annum et dabant viij d. per annum ad *wardpeny*).

wardia v. warda.

wardianatus (g-) [wardianus+-atus], office of warden, wardenship.

1482 Jacobo comiti Buchanie, gardiano medie warde, pro feodo suo gardianatus *ExchScot* 186; **1482** deputavimus ipsum Thomam locum tenentem gardianatus nostri Westmarchiarum Anglie versus Scotiam *RScot* 472b; **1485** ecclesiam .. in collegiatum cum gardianatu seu custodia presentis guardiani seu custodis .. erexit *Mon. Hib. & Scot.* 494a; **1548** [*the late wardenry*] gardinatus [*or chantry of Coberley*] *CalPat* 313; qui diu fratribus in gardianatu et bis in provincialatu laudabiliter prefuit *Scot. Grey Friars* II 289.

wardiania (g) [wardianus+-ia], office of warden, wardenship.

1548 praeposituras, magisteria, praesidentias, gardianias societatum, seu officia in locis predictis habentium *Foed.* IX 179a.

wardianitas (g-) [wardianus+-tas], office of warden, wardenship.

1471 erga curiam gardianitatis ibidem [apud Alnweyke] tentam *Ac. Bailiff Percy* 6; **1487** officium gardianitatis Karlioli sive Westmarchie *RScot* 479a.

wardianus (g-) [AN *gardein, gardian, wardain*, ME *gardein, gardian, wardein*]

1 warden, guardian, supervisor.

ibidem .. habeant [juvenes] gardianum aut unum alium maturum .. qui eis divina celebret et communicet, honesto modo AMUND. I 108; quod fratres fraternitatis aut gilde sic incepte .. singulis annis duos magistros et duos gardianos de seipsis eligere possint qui .. supervisionem fraternitatis .. ac custodiam omnium .. possessionum .. habeant *Gild Merch.* II 61; †gardicius [l. gardianus], *a wardeyn WW*.

2 guardian (of minor).

1571 Thomas B. filius junior et proximus heres Roberti .. Ricardus P. gardianus predicti Thome *Crawley* 526 (cf. *Jus Feudale* 286: tutoris et curatoris nomina apud Anglos rara sunt, utrique guardiani dicuntur).

3 warden (w. ref. to territorial or local admin.). **b** (*~us Insularum*) Warden of the Channel Islands. **c** (*~us Marchiarum*) Warden of the Marches (charged with supervision of borderlands between England and Scotland).

1392 arestatus est major Londoniarum et .. rex de suis militibus provideret aliquem qui rector foret et 'custos civitatis' vocaretur .. quem alio nomine vocamus vulgariter 'gardianum' WALS. *HA* II 209; gardianus habeat unum rotulum et aldermannus unum contrarotulum de omnibus placitis coram eis placitatis *MGL* I 253; **1482** Jacobo comiti Buchanie, gardiano medie warde, pro feodo suo gardianatus *ExchScot* 186. **b** **1240** et erat preceptum gardinis insularum quatenus omnia bona omnium regni alienigenarum in manu regis caperentur *CartINorm.* 398. **c** s**1404** Jacobus de Douglas, gardianus marchiarum *Plusc.* X 21; **1465** in presencia .. Johannis Nevill comitis Northumbrensis .. ac Marciarum orientalium et mediarum Anglie versus Scociam gardiani *Pri. Cold.* 197.

4 (*ecclesiae ~us* or sim.) churchwarden.

1462 computus .. ejusdem ecclesie gardianorum *Ac. Churchw. Sal.* 7; **1542** gardianos ecclesie beate Marie Magdallene *Cart. Osney* III 292.

5 (mon.): **a** superior (of monastery or sim., esp. of Franciscan friary). **b** warden (of manors).

a **1241** litteras .. fratris Ernaldi, gardiani fratrum minorum Agenensium *Cl* 368; gardianus fratrum minorum Londoniarum *Leg. Ant. Lond.* 134; ~um fratrum minorum Kilkennie *Proc. A. Kyteler* 13; **1327** in hoc capitulo factus est custos Oxon' fr. J. de Notingham, gardianus Rading' fr. W. de Assewell *Collect. Francisc.* I 147; **1549** frater Andreas Cottis, guardianus dicti ordinis apud Sanctum Andream *Conc. Scot.* II 84. **b** gardiani, qui et obedienciarii, tenentur interesse nocte dieque servicio divino, cum domi fuerint .. nec extra portas ad custodias suas exire *Cust. Cant.* I 147; gardiani prediorum *Let. Ch. Ch.* 14.

6 (acad.) warden (of college or school).

1412 omnes gardiani, custodes, prepositi, et rectores collegiorum *StatOx* 222; **1432** domino Ric. Barton tunc gardiano collegii nostri in Oxon. *Ac. Durh.* 231; **1451** lego custodi sive gardiano collegii de Tatteshall *Test. Ebor.* II 197.

7 (as sb. n., in gl.) wallet, bag, sack.

wallet, sek, poke .. gardianum, -i. n. *PP.*

wardmota v. wardemotum.

wardo [cf. ME *wardoun*], kind of pear, warden.

1389 de fructibus venditis, viz. pomis, wardon', et nucibus *Ac. Obed. Abingd.* 53.

wardpaia, ~panegus v. wardpena.

wardpena [AS *weardpening*, ME *wardpeni*], feudal payment in lieu of providing service of ward, wardpenny.

homines hujus manerii reddebant warpennam vicecomiti regis aut custodiam faciebant *DB* I 190ra; a**1097** mando .. ut dimittatis terras et homines Mauricii episcopi Lond' ita quietos esse de wardpennis et lestagio *E. Ch. S. Paul.* 16; a**1100** videte ne de terra episcopi Lundoniensis warpenam requiratis *Ib.* 14; **1130** in donis per breve regis episcopo de Ely xxvij s. et viij d. de warpenna episcopatus de Ely *Pipe* 44; **1157** eisdem [monachis] xvj d. in werpena *Ib.* 125; duos wardpanegos per annum sc. ad *Hokestay* unum denarium et ad festum S. Michaelis unum denarium *MS BL Addit. Ch. 58424*; hii sunt warpeneges *Kal. Samson* f. 102; **1279** totum dictum feodum debet ad wardam Richemundi x s., et ad warpannos iij s., et ad visum franchipleg' xl d. *Hund.* II 460a; c**1300** abbas Rameseye .. capit etiam ibidem auxilium vicecomitis et wartpenes et alia que ad libertatem pertinent *Cart. Rams.* I 273 (cf. ib. I 275: wartepenes); **1321** quieti de omnibus tallagiis .. wardpaiis, et aliis contribucionibus *PQW* 452b.

wardpenna v. wardpena. **wardroba, ~ropia** v. warderoba. **wardum** v. warda.

wardura (g-) [warda+-ura], border or trimming.

1591 pro velveto in lacinias sive garduram tunicarum stipatorum seu gardiorum domine regine *KR Ac* 432/10 r. 2*d*.

wardus (g-) [ME *ward(e)*], attendant, henchman, (also) bodyguard.

s**1304** misit suum gardium .. Roberto portantem xij d. et unum par calcarium. *Extr. Chr. Scot.* 130; **1591** stipatorum seu gardiorum domine regine *KR Ac* 432/10 r. 2*d*. (cf. *Jus Feudale* 53: guardus nihil aliud est nisi custos curtis, id est domus castri, pallatii sive praetorii).

warec- v. wreccum.

warecta (g-), ~um, ~us [AN *waret, warect*, OF *garait*]

1 fallow, fallow land. **b** (*ad ~am*, esp. w. *jacere*) (in) fallow (condition).

veracta videre tempus hiemale prohibebat BALSH. *Ut.* 46; c**1230** anno quo campus cadet in warettum *Reg. Malm.* II 29; **1234** debet arare ij acras, unam ad waretam et aliam ad seminand' *Cust. Glast.* 145; **1251** de feno quod est .. in manerio de B. habere faciat Ebuloni de M. quantum pertinet ad ~um instantis estatis *Cl* 484; **1279** [terra] semper in tercio anno nichil reddit quia jacet ~um *Hund.* II 711b; **1289** quinquaginta sadones terre .. debet extrahere, laborare, et in garegio vertere *RGasc* II 472b; **1289** terram et nemus .. debent .. in garocia vertere ab instanti mense Marcii usque ad duos annos proxime jam venturos *Ib.* II 492a; **1306** de pastura circa fossatum .. nichil hoc anno quia campus ~us *Crawley* 241; varratum, i. novale, *valwe WW*. **b** a**1128** debent prestare carrucas suas ter ad *hivernage* et ter ad *tremeis* et semel ad garetum *Chr. Peterb. app.* 161; c**1240** warantizabimus eis vesturam illius anni quo fuerit diracionata simul cum wareto *Cart. Glam.* III 403; c**1253** terram non seminabo .. que jacet ad warrectum in villa de Eston' *Cart. Beauchamp* 140; c**1260** pro denariis .. pro prato et terra modo ad varectum a Pascha jam instanti recipiendis vobis iiij marcas .. solvam *AncC* 47/57; quando tenementum jacet incultum et ad waractum BRACTON f. 228b; **1302** seminavit illam terram de vessis que deberet jacuisse ad varritam in anno presenti *CourtR Hales* 456; **1332** acras .. que nichil valent quia jacent ad warociam per totum annum *IPM* 31/30; **1334** residuum tocius terre .. quando jacet ad warettam nichil valet per annum, quia communis est omnibus tenentibus ibidem tempore warette *Ib.* 39/14.

2 (in etym. gl.).

veractus, verno tempore aratus OSB. GLOUC. *Deriv.* 627.

warectabilis (g-) [warectare+-bilis], fallow, that can be left fallow.

1281 frater Walterus .. fieri fecit quoddam in-hoc [i. e. inhok] in campo waretabili .. per quod frater Willielmus .. dicebat se de communi pastura ibidem disseisiri *Ambrosden* I 419.

warectare (g-) [warecta+-are], **warrare,** to ready (land) for leaving fallow, (also) to leave fallow.

a1128 in estate de v virgis wareitant j acram *Chr. Peterb. app.* 159; **1152** reddet .. quater xx acras waretatas *Dom. S. Paul.* 128; Sawinus dimidiam hidam pro iiij s. et varectat et arat et seminat acram suo semine *Cust. Abingd.* 304; c**1218** in seminando terras, arando, binando, et warettando (*Const. Lond.*) *EHR* XXX 298; c**1230** aliam acram circa festum S. Johannis Baptiste gwaretare debet (*Cust. Chisenbury*) *Doc. Bec* 54; c**1230** unam acram .. que de carruca domini guaretari debet (*Cust. Chisenbury*) *Ib.* 56; **1242** pro arandis, warrandis, rebinandis c et xl acris seminatis *Pipe* 126; c**1283** debent .. ~are in estate xj acras de warecto *Cust. Battle* 54; **1365** teneretur warrectare terram .. cum duabus carucis per annum .. et iterum arare .. cum duabus carucis ad semen yemale *Reg. Heref.* 27; unam rodam terre .. cum ordeo seminate, ac xvij acras terre sufficienter waractatas cum falda et fimo compescatas *Reg. Merton* 50; varrare, *to valwe londe WW*; *to felow lande*, barectare *CathA*.

warectatio (g-) [warectare+-tio], **warratio,** act of readying (land) for leaving fallow, fallowing.

1355 caruc' .. in xiij gaddis emptis pro ~one tempore estatis, xij d. (*Newnham, Kent*) *MinAc* 893/25; **1389** nec respondet de iiij s. de precio ~onis viiij acrarum terre warectate .. pro ordio seminando *LTR AcEsch* 10 r. 15*d.*; **1399** tam post blada vincta quam tempore warrectacionis omni anno *Ambrosden* II 198; varracio, *valwynge WW*.

warectus v. warecta. **waregrapa** v. wardegropa. **wareitare** v. warectare. **warek-** v. wreccum. **warena** v. warenna. **warenarius** v. warennarius. **warencia, ~nda** v. warenna. **warendizare** v. warantare. **warenga** v. wronga. **warenia** v. warenna.

warenna (g-), ~um [AN *garenne, warenne*, ME *wareine*; cf. et. AS *werian*], (exclusive) right of hunting (esp. rabbits or birds) in spec. (enclosed) area, 'warren', (also) land subject to such right.

c**1078** precipio ut .. episcopus habeat ~am suam quietam ab eo loco ubi aqua de Wincestra cadit in mare usque ad viam Cicestre, ita ut nemo aliquo modo venationem .. ibi faciat, nisi per ejus licentiam (*Ch. Wint.*) *EHR* XXV 386; cc acras silve minute et ~a leporum *DB* I 347vb; c**1160** ut habeatis bosca vestra et garenniam vestram per terram vestram *Regesta Scot.* 189; c**1168** concedo quod .. habeant gwarrenam in predictis nemoribus *Ib.* 46; **1189** (c1330) confirmamus guarendam suam, que circa abbatiam est, sicut fossis undique clausa est (*Ch. regis*) *MS Archives nationales, Paris JJ66* f. 8 no. 18; c**1200** confirmo warrenam ubique in terra eorum *Ch. Chester* 288; **1229** tenementa sua contenta infra warrennam nostram de S. *Cl* 211; **1238** pro transgressione facta in waranna regis de Cantibrigia *Cl* 51; **1248** Willelmus de. H. finem fecit per x libras pro transgressione cujusdam warende *Eyre Berks* 305; **1255** concesserant .. Amalbino .. guarennam ferarum et avium in honore castri de M. *RGasc* I *sup.* 42b; **1274** super .. capcione cuniculorum regis, destruccione warenie et chacie ejusdem (*Chanc. Misc.*) *S. Jers.* II 6; **1275** habet warennum .. quo waranto ignorant. .. habet warannium apud Bamton a quo tempore ignorant *Hund.* I 64a; **1275** appropriavit sibi varennam ex altera parte aque ultra fines et metas varenne sue *Ib.* I 188a; **1279** habet liberam warranam ex concessione .. Henrici regis *Couch. Kirkstall* 401; **1285** unam garennam cuniculorum *RGasc* II 259a; **1286** super chaceis .. et guaronis antiquis *Reg. Wint.* I 323; c**1292** justiciariis .. super transgressionibus parcorum et warrenorum in comitatu Kancie assignatis *Lit. Cant.* III 384; dedi .. libertatem bis vel ter venandi in warencia mea *FormA* 4; **1317** venacionem cujuscumque generis animalium .. in toto warannio nostro *Cart. Glam.* I 252; **1319** fratres tenent ij canes euntes in garenno domini *CBaron* 128; **1331** ad custodiendum totam garrennam nostram in omnibus maneriis nostris in comitatu Kancie *Lit. Cant.* I 364; **1346** venacioni et precipue in terris nostris .. privilegio garene munitis .. ad destruccionem dicte garene .. insistere non veretur *Reg. Heref.* 85; rex [sc. Edwardus I] confirmavit .. de rege Henrico secundo .. aliam chartam, de ~a columbarum *G. S. Alb.* II 35; **1422** fraccione parcorum et warancie ac piscacionibus stagnorum .. violacione jurium exceptis *Reg. Heref.* 14; decimas .. persolvant .. fructuum et bestiarum guarenarum LYNDW. 200f; *a warrane*, warena *CathA*; garennia, *wareyne WW*.

1 warennare v. warantare.

2 warennare (g-) [warenna+-are], to make (land) subject to the right of warren.

1287 dicit quod .. terre de K. non sunt ~ate set dicit quod ipse et feoffatores sui semper consueverunt currere et fugare ibidem ut in terris communibus et non ~atis *SelPlForest* cxxx; inquiratur qualiter Johannes usus est warenna predicta et si alienas terras colore carte predicte warrennavit *PQW* 64a; rex .. omnes ecclesie terras ~avit J. GLAST. 139.

warennarius (g-) [warenna+-arius; cf. OF *warrennier*]

1 of or pertaining to (the right of) warren.

1358 concesserimus ei ballivam garenarriam de Sancto Albano *G. S. Alb.* II 101.

2 (as sb.) one in charge of warren, warrener.

1155 in liberationibus viij forestariis et j ~io, vj li. et v s. *Pipe* 40; **1168** guarennario de B., ij s. *Ib.* 77; **1226** sine visu et contradictione ~iorum *MGL* II 44; **1255** Rogerus captus fuit in warenna domini J. de A. per warnerum suum *Hund.* II 58b; **1267** in liberacione j ~ii custodientis cunigar' *MinAc* 1078/9 T. 4*d.*; **1274** in una domu ad warnarium coniger' in coniger' de novo facienda, xxij d. ob. *Ib.* 984/4 r. 4; **1320** warannarius comitis marescalli .. cepit canes et leporarios convicinorum in balliva sua *ICrim* 36/14; **1329** [*their warrener*] garennarius [*and hayward*] messor [*in the said manor for his life*] *Cal. IPM* VII 184; **1331** non expedit domino regi ibi habere varennarium (*KR Ac*) *S. Jers.* I 15; warenarius, *a warner WW*.

warennator (g-) [warennare+-tor], one in charge of warren, warrener.

1271 si ~ores vel messorii vel aliqui alii custodii .. canes predictos .. capiant .. eos eis deliberant *AncD* A 306.

warennum v. warenna. **warenotum** v. warnodum. **warenstura** v. warnestura. **warent-** v. warant-. **warenthia** v. warantia. **warentisare** v. warantare. **warestura** v. warnestura. **waret-, warett-** v. warect-. **warettum, ~etum** v. warecta. **warf-** v. wharf-. **wargus** v. vargus. **wariso, warisona, warizona** v. warnisona.

warlanda [ME *warlond, warland*, cf. wara], land held subject to particular tax or in exchange for (military) service, 'warland'.

c**1117** tenet Ormus viij bovatas de ~a et iiij de inlanda (*Surv. Burton*) *EHR* XX 276; c**1120** in terra ~a sunt xiiij bovate ad opus et inter ~am et inlandam xix ad malam, id est simul xxxiij bovate *Cart. Burton* 23; c**1153** duas hidas terre in C., unam de dominio meo et alteram de ~a *Cart. Ciren.* 59; **1201** ij juga et quartam partem j jugi de ~a *CurR* II 24; **1206** quinque acras terre in T. de werlanda *RChart* 164.

warlare v. watelare. **warlocus** v. warlota.

warlota [cf. ME *warlotes*], ? class of land.

1205 unam acram prati de warloco suo *RChart* 143b; c**1250** unam rodam prati .. in loco qui dicitur *warlotes*, illam sc. rodam sive ~am .. defendemus .. dictam warlotatam contra omnes homines (*Cart. Malton*) *MS BL Cotton Faustina D v* f. 213v.

warlotata v. warlota. **warlura** v. watelura. **warmamentum** v. warniamentum. **warnadum** v. warnodum.

warnalium [dub.], ? hill.

c**1250** inde sursum usque ad inferius warnalium et inde ex transverso versus occidentem usque ad superius warnalium et sic per condossum sicut aqua descendit in Haufurlangburne *Melrose* 275.

warnarius v. warennarius. **warnastura** v. warnestura. **warnementum** v. warniamentum. **warnerus** v. warennarius.

warnestura (g-) [AN *garnesture, garnisture, warnesture*]

1 supplies, provisions (of food, arms, *etc.*, esp. for castle or sim.), stock, (also, act of) supplying, provisioning. **b** (*mortua ~a*) dead stock.

1177 pro j navi ad deferendam warnisturam in Hibernia *Pipe* 17; **1190** Gilleberto Pipard' ij m. et dim. pro warnitura quam Hugo Bard' accepit in castro de Scipton *Ib.* 145; **1199** in guarnistura quam posuit in castellis de Appelbi .. et Pomfret .. quater xx li. *Ib.* 210; **1203** totidem summas frumenti ad warnasturam castri nostri Guavar' *Pat* 28a; **1205** liberetis .. j dolium vini .. ad warnisturam navis sue *Cl* 37b; **1217** quod guarnesturam illam poni faciatis in castro Dovr' *Cl* 335b; **1222** salvis .. bladis suis .. et catallis, instauris, armis, et aliis warnisturis suis que in eodem castro habet *Pat* 346; **1224** respondere debet de warestura de Divises *KR Mem* 6 r. 6*d.*; **1253** de garnestura .. faciat habere .. x quarteria frumenti et xxv quarteria avene *Cl* 387; **1253** totam garnesturam vinorum quam rex habet apud Burgum .. vendi faciat *RGasc* I 352b; **1253** ~am regis que est in castro de F. apreciari faciat .. et eam dari militibus .. qui sunt ibidem in municione, in solucionem stipendiorum suorum *Ib.* I 377b; s**1250** significavit Soldanus regi Francorum ut .. civitatem Damiate cum sustentamentis, que garnesturas vulgares appellant, consultius resignaret M. PAR. *Maj.* V 105; **1255** cum .. varnesturis et aliis pertinenciis *RGasc* I *sup.* 39b; **1302** in ij millenis ferri emptis ad ~am *Fabr. Exon.* 16; **1311** de victualibus nostris in castro .. pro garnistura existentibus *RScot* 107a; **1336** mandamus vobis .. de armaturis .. sexaginta shavas sagittarum .. quas pro garnistura castri fore videritis competenciores *Ib.* 438b; **1336** [fontibus] mundandis et magis profundandis pro defectu aque ad garnisturam castri *Cal. Scot.* III 367; ut .. possemus edificia nobis competencia ad ~am nostram, tam in allece quam in ceteris piscibus .. construere *Meaux* II 30; *warnstore* .. wernestura *CathA*. **b** **1267** bladum, carnes, et alia vetusta mortue garnesture .. castri [de Corff'] .. vendi et de pecunia inde recepta aliam novam garnesturam emi et predictum castrum inde muniri faciatis *Cl* 345.

2 garrison. **b** body of armed men (esp. as established for defensive purposes).

supervenerunt garnesture de Mungumery .. dominus R. le Estrange capitaneus per regem constitutus etc. *Chr. Peterb.* 57; milites et servientes .. positi sunt in garenestura apud Wyndleshoram *Leg. Ant. Lond.* 55; **1337** pro gernestura et salva custodia ejusdem [ville] existentibus *RScot* 483b. **b** R. de C. cum equis et armis .. venit ad inquietandum .. Goronou .. ita quod non fuit securus transitus .. nisi cum forti warnistura de sua parentela et etiam de suis amicis PECKHAM *Ep.* 344 p. 449; s**1232** Ricardus .. castrum de Radenovere firmavit et ibidem posuit virilem warensturam [? l. warnesturam] cum multis tam militibus quam servientibus et peditibus *Ann. Tewk.* 88; **1271** garnestura ipsius comitis .. a castro recedat *Cart. Glam.* I 135.

warneta, warnetum v. warnodum.

warniamentum (g-) [AN, ME *warnement, garnement*], garment, livery.

uxori mee dederunt decem solidos ad unum warnementum emendum *Danelaw* 302; **1285** pro factura .. ij garminum de Worcested' lineatorum .. ij s. vj d. .. ij garminum de quodam panno mixto (*KR Ac* 91/3) *Arch.* LXX 31; **1288** dabit ei quolibet anno unum garmamentum *SelPlMan* 32; **1303** pro factura iiij robarum principis .. una cum factura xviij garniamentorum diversi panni .. que .. garniamenta postea contulit menestrallis et scutiferis suis *KR Ac* 363/18 f. 13*d.*; **1308** percipiet per annum ad totam vitam suam x s. pro quodam ~o *DocExch* 208; **1328** roba .. de quatuor garniamentis et tribus capiciis *Reg. Exon.* 566; **1332** habeat .. unum warmamentum [*sic*] pretio iij solidorum et unum par socularium *MonA* II 35b; **1340** in solucione facta pauperibus .. pro eorum garniamentis, sotularibus, et farina *Ac. Durh.* 202; pro se robam quatuor garnamentorum cum pelluris decentibus de secta fratrum et clericorum predicti prioris *Reg. Kilmainham* 75; **1392** sissores excessive ceperunt pro nonnullis garnementis faciendis *Arch. Ox.* II 82; **1440** de diversis robis et garmamentis [*sic*] regis *KR Ac* 409/2 m. 26; **1481** de iiij d. pro allacione garlamenti Johannis Wolston a Hianton usque ad domum majoris *REED Devon* 36; **1539** vendicio garmentorum *Feod. Durh.* 328.

warniator (g-) [cf. warnire], burnisher.

1377 Roberto Berkenshawe garniatori armorum regis *IssueR* 460 m. 14; **1389** Robertus Berkenshawe nuper garniator armorum nostrorum *Pat* 327 m. 28.

warnire (g-) [AN *garnir*], **~iare,** to garnish, adorn, trim, decorate; **b** (p. ppl. as adj., spec. of part of a 'garnish' set of vessels, esp. of pewter for use at table, also ppl. as sb. n. of such a vessel, set, or its decoration). *V. et. warnisare.*

1303 pro xxv coriis bovinis .. pro dictis domibus [sc. papillonibus etc.] tassellandis cum foraminibus et capitibus earundem inde garniandis una cum filo canabi et cera emptis ad dicta tassella *KR Ac* 363/18 f. 11*d.*; **1332** gernitus cum perleis (*KR Ac*) *Arch.*

LXXVII 138; **1338** unum scrinium auri .. garnitum de saphiris *Foed.* V 50b; **1338** in c discis garnitis emptis ij s. viij d. *Ac. Ep. Bath.* 129; **1356** nullus de dicta mestera zonas garniri faceret .. de pejori metallo quam de auricalco, bateria, ferro, et assere *RParl* II 456a; **1374** in coquina: item ij duodene vasorum de stanno gernattorum fere nove *Pri. Cold.* lxxvi; **1406** duo *traversyn blu* et albo .. garnita cum anulis de cupro *Arch.* LXVII 180. **b** **1368** in duodena de *peudervessell* garnatis *Ac. Durh.* 386; *garnyche off vessel*, garnitum *PP.*

warnisare (g-) [AN *garniser*, ME *garnishen*], to garnish, adorn, trim, decorate; **b** (p. ppl. as adj., spec. of part of a 'garnish' set of vessels, esp. of pewter for use at table). *V. et. warnire.*

1345 xij par' voluperiorum pro rege faciend' et garnissand' cum rubant' serici (*KR Ac*) *Arch.* XXXI 7; **1406** ij dorsoria .. garnisanda cum anulis de cupro *Ib.* LXVII 180; **1448** unam latam zonam .. garnisatam cum argento deaurato *Wills N. Country* I 49; **1453** pro uno salario garnesato cum *rubees*, perulis, et *saphyres citrine* (*KR Ac*) *JRL Bull.* XLII 116; **1462** habeat gladium cerico seu panno aureo vaginatum ac argento deaurato ornatum et garnesiatum *ChartR* 193 m. 30; **1486** cappam .. cum gemmis preciosis in le *orfres* infixis et garneizatis *Invent. Ch. Ch.* 121. **b** **1361** lego vj discos de *peudr'* gernesiat' *Cart. Osney* II 312; **1399** duodecim duodenas vasorum electrinorum garnizatorum *RScot* 150b; **1414** unam dim. duodenam de *vase* electriis garesiatis [*sic*] *Cl* 264 m. 5; **1450** lego .. dimidiam duodenam vasorum de peltro garnisatam *Test. Ebor.* II 145.

warnisio v. warnisona.

warnisona, warniso [AN *garnisun*]

1 supplies, provisions (of food, arms, *etc.*, esp. for castle or sim.), stock, (also, act of) supplying, provisioning. **b** (*~a mortua*) dead stock. **c** maintenance, (financial) support.

c1170 notum sit .. me concessisse .. Reginaldo B. meo †milite in atentu sue garison' villam totam de Est Witton (*AncC* I 27) *E. Ch. Yorks* IV 52; **1171** pro xxiiij summis fabarum .. ad garnisonem exercitus Hybernie *Pipe* 84; **1172** portaverat warnisionem regi in Ybernia *Ib.* 104; **1181** ad emendam warnisonam in navi *Ib.* 157; **1185** navibus ad deferenda arma et warnisionem *Cart. Glam.* I 27; **1185** pro l mensuris frumenti et l baconibus ad guarnisionem castelli de Penbroc . . . et pro l mensuris frumenti et l baconibus ad guarnisiam castri de Caermerdin *Ib.* I 31; **1190** in garnisione castelli de Wintonie *Pipe* 6; **1190** de xl l. quas recepit de warnisione navium W. de S. vendita *Ib.* 8; obsessis in castris solent domini castrorum garnitionem et succursum mittere P. Blois *Opusc.* 990B; **1213** ad ponendam in ea [sc. turri de Olerun] warnisonisionem nostram *Pat* 106b; **1215** salva garnisione castrorum nostrorum *Ib.* 135a; **1259** expensas .. guerre et garnisonum sustinebimus de proprio *RGasc* I *sup.* lxxxviii; **1277** habebit .. quamdiu fuerit in manerio cibum suum cum garrifona [? l. garrisona] sua, et qualibet nocte fenum .. ad equum suum *Med. E. Anglia* 70; **1300** pedites infra municionem castri de Strivelin et assignati ad garizonas suas habendas in diversis abbathiis *AcWardr* 180; faciat ballistas .. et alia arma necessaria pro garnizionibus castrorum *Med. Admin. Hist.* II 476n. 4; **1343** videbunt garnisiones tam gencium quam victualium Ad. Mur. *Chr.* 133. **b** **1267** [*five hundred marks to spend in supplies*] mortua garnisone [*for the Tower*] *Cal. Liberate* V 285; **1276** [*for the victuals and other things he expended in the munition of the castle, save the dead stock*] mortua garnisona *CalCl* 283; **1290** reddit compotum .. de l li. v s. receptis de lx quarteriis .. et una pipa mellis de mortua garnesona *MinAc W. Wales* 58; **1298** debet .. omnimoda victualia .. pro mortua garnisona in dicto castro assignata fideliter .. salvare *Doc. Scot.* II 314. **c** **1196** pugnavit pro quodam domino suo qui ei antea garisionem suam dederat *CurR* VII 330; **1203** ad sustentandum se in servicio nostro quousque ei certam gwarisionem assignaverimus *Pat* 30a; **1204** bonam et honorabilem warisonem vobis dabimus *Ib.* 48a; "magnam .. eleemosinam facere potestis, quia non habent aliam warisonam." cui episcopus, "si propter animarum warisonam hoc peterent, et non corporis, obtinerent" Gir. *GE* I 49; item eidem pro warizona sua in prioratu Lancetone xiij li. vj s. viij d. *Ac. Exec. Ep. Exon.* 43.

2 garrison. **b** body of armed men (esp. as established for defensive purposes).

1215 de quinque vel sex [militibus] ponendis in castro nostro de N. R. in garrisonem *Pat* 133a; **1223** Willelmus .. qui est in warnisione castri de Usk *Ib.* 407; **1232** milites .. quos rex mittit ad .. Philippum ad morandum cum eo in garnisone in villa S. Jacobi *Cl* 182; **1239** retineat Petrum de B. in warnisona castri Dovr' ad denarios regis *Cl* 155; **1263** servientibus regis in predicto castro in garnisona commorantibus *Cl* 240; **1417** capitaneus de garnesia nostra de Vernull' *RNorm* 219 (=*Foed.* IX 529). **b** s**1264** cum multis aliis militibus et garanasio multo Gerv. Cant. *GR cont.* 235; s**1264** castellanus cum garnasio quod habuit venit ad prioratum *Ib.* 238; **1279** castrum illud cum garisona sua *RL* II 343; s**1538** Scoti ceperunt .. insurgere .. et .. ille cum suis omnibus non modicum garusiis .. se praeparavit *Reg. Butley* 42.

warnisonisio v. warnisona.

1 warnistura v. warnestura.

2 warnistura (g-) [cf. warnisare], garnishing, decoration, trimming.

1342 pro .. garnissur' ij par' quissyn' .. pro iiij garnissur' emptis ad iiij bacynett' *KR Ac* 389/14 m. 3; **1345** pro talliatura, consutura, et garnistura ccij tunicarum cum tot capuciis pro ministrallis regis (*KR Ac*) *Arch.* XXXI 6.

warnitura v. warnestura. **warnoda** v. warnodum.

warnodum [? cf. warlota, warlanda], rent paid for land, or land for which rent is paid.

in Tisteltune habet Turnest j car. et dim. warnode ad geldum *DB* I 366rb; **c1160** [*seven selions which the countess held of his father*] in warnad' [*for four pence yearly*] *Free Peasantry* 103; **c1180** dedi .. Osberto .. unam acram prati .. quam .. pater suus tenuit de me, reddendo annuatim .. duos denarios de warneto .. pro omnibus serviciis et secularibus exactionibus *Danelaw* 236 (cf. ib. 175: **c1163** cum .. pratis, marescis .. terris cultis, terris de *warnothe*); **c1250** pro terris, pratis, et pasturis quas tenet per warnetum *DL Cart. Misc.* 2 no. 50; **1268** dedi .. warnotum de Linley et angulum prati de N. *MonA* V 723a; **1277** si placeat domino vel si non indiget de aratura, unus quisque eorum dabit pro caruca integra qualibet warneta tres denarios et non habebit cibum *Med. E. Anglia* 85; **1321** Skalleby .. tenuit .. quedam tenementa in eadem villa de Johanne de M. per servicium militare, reddendo .. ij s. de warenot' *IPM* 70/7 m. 15.

warnotum v. warnodum. **warocia** v. warecta. **warocum** v. warrocum. **warpannus, warpena, warpenegis, warpenna** v. wardpena. **warra** v. 1 wara, 1 wera, 2 werra. **warrana** v. warenna. **warrant-** v. warant-. **warrare** v. warectare. **warrea** v. 1 wera. **warrect-** v. warect-. **warrecum** v. warrocum. **warreddus** v. waratus. **warrena, ~nna** v. warenna. **warrennare** v. 2 warennare. **warrent-** v. warant-. **warrenum** v. warenna.

warrocare (g-) [warrocum+-are], to tighten a rope around, to garrotte.

1298 eadem nocte ipsum per pollices ligaverunt et capud suum cordis warroccaverunt, ita quod correum carnem et ossa capitis sui dilaceraverunt et fregerunt *PlRCP* 125 m. 107.

warroccare v. warrocare.

warrocum [AN *warrot, warrok*, OF *garrot*]

1 cudgel. **b** packing-stick (used for tightening rope).

1247 R. de P. percussit predictum R. quodam warreco in capite *JustIt* 56 m. 42; **1280** contenderunt adinvicem .. ita quod .. Ricardus percussit .. Rogerum quodam waroco in capite ita quod in crastino inde obiit *Ib.* 759 m. 7 (cf. ib. 761 m. 5*d.*: warocco). **b** **1325** pro ij peciis meremii pro warrokis ad scaffotam faciendis *KR Ac* 469/8 m. 2.

2 crossbow bolt.

1293 circa machinas, springala, garottos *RGasc* III cxl n; **1325** Henrico le Boghier et v sociis suis facientibus haft' pro garrot' et quarell' pro diversis springaldis et balistis *KR Ac* 165/1 m. 1; **1325** pro xij lib. cupri pro garrot' pennand' *Ib.* 165/1 m. 2; **1336** unum espringaldum cum centum garrocis, sexaginta arcus cum sexaginta shavis sagittarum *Cl* 157 m. 11.

warrokum v. warrocum.

wartha [ME *warth* < AS *waroð*], area of low-lying pasture.

1296 est ibidem una ~a que vocatur Anneyswarth *IPM* 77 (3c) m. 19; **1372** tradidi .. septem acras terre arabilis cum una ~a situatas in Pedertham *Arch. Bridgw.* 274.

wartpenis v. wardpena. **warv-, warw-** v. wharf-. **warvia** v. wharfus. **wasa** v. 2 vasa. **wascell-** v. washellus. **waschetum** v. wachetus. **Wasco-** v. Vasco-. **wasdellus** v. washellus. **wasderius** v. waidarius. **wasdia** v. waida.

washebayum, shallow pool formed by indentation in coastline, inlet.

1332 similiter de quolibet wasshebayo piscium sals' ij s. exceptis congris (*C. I.*) *JustIt* 1166 r. 7.

washellus [ME *washel*, cf. AS *wæsc*; cf. et. AN *vassel, wacel*], watercourse, stream, pool.

c1130 de pulla K. ducitur usque ad quendam quaceolum spinis consitum *MonA* IV 634a; **c1160** ab illis duobus lapidibus in transversum cujusdam vascelli usque ad .. *Kelso* 98; **c1173** usque ad wacellum qui in proximo oritur versus aquilonem et descendit in rivulum de L. *Regesta Scot.* 145; **11..** cum toftis .. propinquioribus wascello parvo juxta capellam currenti versus orientem (*Ch.*) *Hist. Northumberland* V 178n. 3; **c1190** de sursa fontis de Kalde Welle usque in vacellum in quo rivulus predicti fontis descendit et ab illo vacello sicut rivulus ille cadit *Kelso* 72; **1208** medietatem totius culture versus occidentem que appellatur Lingeside .. usque ad wasdellum de H. *Fines* 180/2/32; **1218** Alicia .. submersa fuit in quadam wascell' *Eyre Yorks* 235; **1234** Robertus L. [reddit] pro quadam breche que jacet a latere vastellarii de Hessebir' .. xij d. *Cust. Glast.* 56; **1240** antiquitus erat quoddam vacilla [*sic*] juxta altam viam ita profunda quod nullus potuit ire per altam viam *Cart. Worc.* 543; **1251** per quoddam wascellum quod circuit terram *Reg. Aberbr.* I 161; **1254** ascendendo per id vascellum usque ad rivulum *Ib.* I 323; concessi ut servientes pedites sui habeant unum lignum positum in transversum wastelli in oriente de E. super quod libere transire possunt *Cart. Newm.* 160.

washerum [ME *washer*], water-supplying pipe or outlet of pipe.

1320 in factura j wasceri ad vivarium magni parci de quadam magna quercu, .. item in cervisia empta pro hominibus ducentibus dictum wascer' a parco usque capud dicti vivarii *MinAc* 965/4.

washum [ME *wash*], wash, tract of land alternately covered and exposed by tide or sim.

s**1346** transierunt per unum whassum maris ad longitudinem unius leuce .. et ex altera parte wasshy [v. l. washii] inimici fuerant parati Knighton II 36.

wasshebayum v. washebayum. **wasshum** v. washum. **wasta-** v. vasta-. **wastallus** v. 2 wastellus.

1 wastellus v. washellus.

2 wastellus (g-) [AN *gastel, guastel*, ME *wastel*], sort of bread or cake made of fine flour, 'wastel' (also *panis ~i* or *panis de ~o*). **b** (w. *dominicus*) 'pain-demaine'.

statuit .. caritatem quandam albi vini conventui fieri, cum singulis guastellis piperatis singulis monachis *Chr. Battle* f. 100v; quod non faciunt quodlibet genus panis .. viz. quachetum, vastellum, symmellum *Iter Cam.* 9; nec .. gastella que vulgo *miches* vocitantur habere consueverant *Cust. Westm.* 98; quando quarterium frumenti venditur pro xij d., tunc ponderabit panis quadrantalis de ~o vj li. xvj s. *Fleta* 71; quibus .. diebus et festivitatibus siminella cum pane fermentato et quibus gastellum sive miche sint habituri fratres *Cust. Cant.* 160; panis .. symenelli ponderabit minus ~o *Reg. Malm.* I 135; **1337** in cc de gastellis pro pauperibus, iiij s. *Househ. Ac.* 204; pondus ~i in de Cene iiij li. sterlingorum *Cart. Rams.* III 159. **b** **1194** duodecim de dominicis guastellis nostris et totidem de simenellis nostris dominicis et duodecim sextercia vini *Rec. Scot.* I *Illustr.* xxviii; s**1194** cum .. rex Scotie ad curiam regis Anglie venerit .. habebit quotidie de liberatione .. xij ~os dominicos et xij siminellos dominicos R. Howd. III 245; habebit cotidie .. xij ~os dominicos .. et iv sexteria de dominico vino regis *Flor. Hist.* II 112.

wastina v. vastina. **wastus** v. vastus. **wastwa** v. westwa. **wasum** v. wosa.

watelagium [watelum+-agium], (act of) wattling.

1341 in emendacione j cotagii .. tam in carpentaria quam in watillagio ac cooperacione ad tascham xxj d. *MinAc* 1120/11 r. 18.

watelare [watelum+-are], to provide or construct (building or other structure) with rods and twigs, wattle.

1223 pro pariete bovarii faciendo et waldando *Building in Eng.* 188; **1237** pro appencio wallando et cooperiendo *KR Ac* 501/18 m. 2; **1271** in bercaria hogg' wyscanda et wactlenda per loca, ijs. iij d. ob. *Pipe Wint.* 11M59/B1/35 r. 3*d.*; **1273** in cc dim' rosch' empt' ad magnam stabulam cohoperiendam, x d.; in ros' empt' ad eandem warlandam, ij s. *MinAc* 768/7 m. 2; **1282** in eadem [domo molendini] wattlanda, xviij d. (*Ac. Pyrford*) *Sussex Rec. Soc.* XV 77; **1282** in wadlura ad domum for' empta et in eadem wadlanda *MinAc* 843/22; **1289** in virgis emptis ad novum molendinum wattiliandum, xxj d. .. in iiij hominibus conductis .. ad molendinum cooperiend' [*above line*: watland'] *Ib.* 1238/9; **1307** in grangia ordei discooperta watulanda, viij d. *Crawley* 253; **1308** in dicta bercaria ~anda una cum parietibus wandendis *Ib.* 262; **1308** in uno homine locato ad watilandum domum bercarie *Doc. Bec* 161; **1309** in virgis et perticis colligendis ad dictam cameram waldurandam (*MinAc*) *West Coker* 464; **1326** molendinum levabunt et watliabunt idem sumptibus suis *BB St. Davids* 112; **1342** [*wattling*] ~andis [*and thatching the said two houses*] (*MinAc*) *Beds Hist. Rec. Soc.* VIII 30; **1368** in columbari cooperiendo, ~ando et crestando .. v s. *MinAc* 840/29 m. 2; **1383** solut' cuidam homini .. wattellanti .. molendinum nec non studanti et pleccanti parietes .. molendini *Ib.* 1209/15 m. 8 *sched.* 2; **1438** pro dicta domo watilland' *Ac. Churchw. Som* 178.

watelarius [watelum+-arius], wattler.

in dabero, wallero, et frethero *la sperys* emendantibus dicte domus *Ac. Churchw. Som* 196.

watelatio [watelare+-tio], (act of) wattling.

1307 pro factura parve panetrie, omnibus computatis, ut in charpentria, wattellacione, daubura murorum, et cariagio meremii *KR Ac* 501/22 m. 3 (2).

watellatio v. watelatio.

watelum [ME *watel, watul* < AS], (also pl.) rods, branches, and twigs used for construction, wattle.

1424 pro sprittis, wattillis, *doubyngstoures Ac. Durh.* 271; **1464** pro watyllis emptis .. ad idem [stabulum] *Ac. Churchw. Bath* 61; **1489** in adquisicione wattyllis et cariagio straminis et wattyllis iiij s. x d. *Finc.* ccclxxxii.

watelura, watelatura [watelare+-ura], (act of, material for, or structure made by) wattling (esp. w. ref. to wall or fence).

c**1200** concesserunt .. mihi .. clausturam ad proprias sepes meas de Stretona et virgam ad wadluram .. domorum mearum *Cart. Burton* 46; **1223** in virgis colligendis ad walduram, iiij s. vj d. in .. waldura faciend' x s. *Pipe Wint.* 11M59/B1/11 m. 2; **1235** habere faciat Huberto H. .. undecim carectatas virge ad watluram inde faciendam *Cl* 219; **1245** in virgis colligendis ad wadlam et ad broch' faciend', xij d. ob. *Pipe Wint.* 11M59/B1/18 r. 13*d.*; **1251** virgas ad wauluram *IMisc* 5/24; **1252** virgas .. ad walluram quarumdam domorum ejusdem castri cooperiendorum [*sic*] stramine faciendam et reparandam *Cl* 78; **1276** in virgis emptis ad spicas et waluram stabuli xj d. in walura facienda j d. *Ac. Stratton* 190; **1281** cecidit de quadam domo de wallatura ejusdem domus, unde statim obiit ... precium wallature, vij s. *JustIt* 1001 r. 7; **1297** in una pecia waldature empta ad dictum longum stabulum, iij d. ob. *Ac. Cornw* 73; **1297** in granario .. reficiendo .., in wadura ad idem empta, ix d. *MinAc* 829/27 r. 3*d.*; c**1300** debent scindere carream de virgis et inde facere walluram in horreis *DCCant.* Reg. J p. 46; **1306** in arundine empta ad watlur' ejusdem [pistrini] *MinAc* 935/19; **1310** in subbosco sternendo .. pro parietibus novi stabuli .. warlandis .. in virgis parandis pro dicta warlura *Ib.* 992/8; **1344** in conduccione duorum garcionum prosternentium watlaturam pro granario .. item in conduccione cujusdam .. aptantis dictam watlaturam super .. granarium *Ac. Trin. Dublin* 38.

waterbaillia [cf. ME *waterbaillif*], (office of) water-bailiff, river-bailiff.

1403 cum.. officium seriancie aque maritime .. ac officium ~ie in portu ville Bristollie .. unum et idem officium .. existant *Cl* 251 m. 7; **1405** de custodia officii gaugeatoris in portu ville Bristolle' ac officii ~ie in eodem portu *KR Mem* 181 *Rec. Mich. vii.*

waterbederipa [ME *water+bedrip*], form of boon-work where lord gave workers water to drink.

1398 waterbederip[a]. et de cxxiiij operibus precar' provenientibus de .. xxxviij virgatariis .. quorum quilibet inveniet j operarium ad blada domini metenda .. et colligenda per j diem .. de quadam consuetudine vocata ~a, quorum singuli xiij percipient iij panes (*Comp. J. Lane, Harmondsworth*) *Ac. Man. Coll. Wint.*

waterfurgiare [ME *water+forwe, furgh*, cf. forea], ? to drain furrows.

1279 si debet ~iare, debet desiccare xx partitos; et si cum caruca ad ~iandum, tunc debet desiccare x partitos (*Inq. S. Paul.*) *Dom. S. Paul.* lxxix; **1292** ~iare (*Chingford*) *MinAc Essex*.

watergagia, ~gagium, ~gandum v. waterganga.

waterganga [ME *watergang*], watercourse, drainage ditch, sluice.

c**1200** faciant wallas et ~as *MonA* V 668a; **1258** ad reparactionem dictarum wallarum et watregangarum *Cl* 305 (cf. ib.: ~as); **1298** ita quod dicta watergaynga in principio suo .. usque ad duas quarentenas fiat de latitudine xiij pedum hominis *Reg. S. Aug.* 611; **1299** per defectum reparacionis walliarum, ~arum, et sewerarum contra impetum fluctuum aque Humbrie *LTR Mem* 71 m. 51; ad reparacionem .. walliarum et watergagiorum obligati sunt *Laws Romney Marsh* 1; wallie ille et watergagie irreparate existunt, per quod inundaciones maris .. magnum occupant spacium *Ib.* 7; c**1350** qui debent exscotare ad watergandum de Mealtot *Reg. S. Aug.* 308; iij acras terre jacentes ex parte west ad ~iam de Schythehege *Cart. Bilsington* 186.

watergangia, ~gaynga v. waterganga. **waterlecha, waterleda, waterleha** v. waterleta.

waterleta [ME *water+lete*], watercourse, channel, leat.

1211 in besca ad ~lecham de consuetudine, j d. ..; in consuetudine ~lethe, iiij d.; in besca ad ~leham de eadem consuetudine, j d. *Pipe Wint.* 169; **1286** in gurgite ~leti de Upercoleford' ultra Exe de novo faciendo cum dcc pilis scindendis *MinAc* 827/39 r. 2; **12..** hec est conventio facta .. de aqua que venit de K. per ~ledam que transit per mediam Kentelesmore usque in W. *Cart. S. Nich. Exon.* f. 43v; quilibet eorum .. emendabit ~letam *Cust. Taunton* 22.

waterletha, waterletum v. waterleta.

watertabula [ME *water table*], water-table, weathering, sloping ledge for carrying off rainwater.

1417 solutum Wynchecumbe pro quadracione et dolacione cxxij pedum pro le Aloures et ~a ad tascham capienti pro pede ij d. ob. *Rect. Adderbury* 18.

watilare v. watelare. **watillagium** v. watelagium. **watillare, watlare** v. watelare. **watlatura** v. watelura. **watlettus** v. vaslettus. **watliare** v. watelare. **watlura** v. watelura. **watreganga** v. waterganga. **wattellare, ~iliare** v. watelare. **wattillum** v. watelum. **wattinga** v. waitinga. **wattlare** v. watelare. **wattyllis** v. watelum. **watulare** v. watelare. **watyllum** v. watelum. **waulassum** v. wanlassum. **waulla** v. walla. **waulura** v. watelura. **waunagium** v. wainagium. **wavasaria** v. vavassarius. **wavassor** v. vavassor. **wavi-** v. waivi-. **waya** v. 1 waga. **wayarium** v. waiura. **wayda** v. waida. **waydarius** v. waidarius. **waydia** v. waida. **wayera, ~ia** v. waiura. **wayfare, ~iare** v. waiviare. **wayfrum, ~fum** v. waivius. **wayhura** v. waiura. **wayna-** v. waina-. **wayneria** v. waineria. **wayniare** v. wainare. **waynnabilis** v. wainabilis. **waynon', ~num** v. wainum. **wayoura, wayria** v. waiura. **waysa** v. 1 waga. **wayt-** v. wait-. **waytingum** v. waitinga. **wayura** v. waiura. **wayvare, ~eare** v. waiviare. **wayveria** v. waiviaria. **wayvia-** v. waivia-. **wayvium, wayvum** v. waivius. **wayza** v. 1 waga. **wdeuardus** v. wodewardus. **wdiarius** v. wodiarius. **weambasarius** v. wambesarius. **weda** v. welda.

wedbedripa [ME *wedbedrip*], boon-reaping (as pledged manorial service).

1325 Alicia .. tenet unum messuagium, duas acras terre et dim. acram prati, et faciet unam sarculaturam et unam ~am et levacionem feni *Ambrosden* I 576 (cf. ib. I 575: debet unam *wedbedrip* pro voluntate domine).

wedderus v. wethirus.

weddum [ME *wed* < AS *wedd*], ? pledge of manorial service.

c**1300** in tempore feni falcabunt per unum diem .. ad precarias et *lovebones* et pro ~is in autumno metent *Cart. Rams.* I 59; c**1300** ad precarias et *lovebones* et pro ~is metet *Ib.*

weddya, wedia v. 1 waga. **weduagium** v. widuagium.

wegga, wedga [ME *wegge, wedge*], wedge.

1300 in malleo ferri, vj ~is, j ligone, vj clippis, et ix clutis *Fabr. Exon.* 12; **1320** pekassis .. magno martello ferri .. crouwa .. ~is ferr' *Ib.* 127; j grossum martellum ferreum cum v ~is ferreis pro quarrera, precii vj d. *Capt. Seis. Cornw* 1; **1368** in operacione xxx petr' ferri .. cum .. iv hakkis, ij pikkis, et xix ~is .. *Ac. Durh.* 571; **1371** et in xxiv ~is ferri de novo fabricandis et in aliis instrumentis emendis, xij s. *Fabr. Exon.* 7; **1378** in billis et ~is acuendis et asserandis (*Ac. Malthall*) *DCCant.* x 1; **1537** pro le *trussynge* magne campane stiroppis, clavis, et wedgis ad eandem *Ac. Churchw. Bath* 114.

weia v. 1 waga. **weidia** v. waida. **weintinga** v. waitinga.

weira, ~is [ME *weir*], timber or plank forming part of structure of ship.

1296 in duobus lignis emptis de W. Tynctore ad woyres *Ac. Galley Newcastle* 169; in xiiij lignis de longitudine l pedum emptis de J. G. ad weyres *Ib.* 171; in duobus weyris ad bargiam emptis *Ib.* 177; in woyris, *spurchers*, et aliis emendacionibus factis in galea et bargia apud B. *Ib.* 185.

weisda v. waida. **weitagium** v. waitagium. **weiviare** v. waiviare. **wekkum** v. wreccum.

wekum [ME *weke*], candle-wick.

in ~is et victu emptis iij d. in stipendium R. K. custodiendo et illuminando cereos per annum v d. et eidem R. pro dicta cera facienda ij d. *Arch. Bridgw.* 282.

welcomare [ME *welcomen*, AN *welcumer*], to greet, welcome.

1320 turrim ingrediantur ad .. justiciarios suos ex parte civitatis salutandos et ~andos *MGL* I 53.

welda [ME *welde*]

1 dyer's rocket, weld (*Reseda luteola*), or sim., (also) yellow dyestuff prepared from it.

a**1153** si aliqua navis veniens carcata fuerit cum guello, dabit pro qualibet *frayel* ad introitum xxij d. (*Assisa de Tolloneis*) *APScot* I 670; **1327** xx dolia waide et sexcentas petras walde .. in portu del S. in Flandria carcari fecisse *Pat* 166 m. 5*d.*; **1350** waidas et wedas *CalCl* 277; **13..** vendiderunt weydam suam per cumbam .. et cineres per barillos, et woldam suam per petras *Rec. Norw.* II 209; **1359** illa xxv dolia et una pipa wayde et mille petre wolde in navibus de L. in Flandria *IMisc* 180/2; **1423** in plenam et pacificam possessionem .. per liberacionem sex ballettorum walde *Cl* 274 m. 19*d.*

2 dyestuff prepared from the leaves of *Isatis tinctoria*, woad (*v. et. waida, woda*).

1458 balas wisde sive gualde vulgariter nuncupate *wode Cl* 309 m. 23*d.*; **1523** de vinis, gualdis sive pastellis vocatis *Thoulouse woad Foed.* XIV 3 (cf. ib.: dolia .. vinorum, gualdorum, pastellorum); **1532** parvas dim' balett' gualde vocate *Toulouse woade KR Mem* 311 *Rec. P.* r. 49.

3 (*~a rubea*) madder.

1555 gualda rubea dict' *madder Pat* 904 m. 16.

welekus v. welkus. **welg-, welgh-, welghi-** v. felg-.

welkus [ME *welke* < AS *weoloc*], whelk (*Buccinum*).

1267 coquina, in m alleciis v s. vj d. .. in xij welekis ij s. (*Ac. Roger Leyburn*) *EHR* LIV 211; c**1287** A. C. vendit wylcos mixtos de bonis et malis et assuetus est talia facere *Leet Norw.* 10; **1289** in j salmone, xx d., in welk', xij d. *Ac. Swinfield* 43; **1305** in volk' et capr' marium, xij d. .. in volk' et sturg', xvj d. *KR Ac*

309/10 m. 1; **1306** in wolk' et smelt', xiij d. *Ib.* 309/10 m. 8; **1336** in welkys empt' pro pitancia conventus in die s. Witburge *Sacr. Ely* II 77; de lupis aquaticis grossis .. de wilkis, v sek', de grossis anguillis, v estik' WHITTLESEY *Cont.* 233; **1419** nullus debet portare welkes coctos ad vendendum; et qui portat illos est in misericordia, et amittet ~os suos *MGL* I 377; marinis piscibus, utpote polipis, ostreis, helcis, kilionibus, turbotis .. [flumina] utiliora BOWER II 2.

wellatio [cf. ME *wellen*], (fabrication of metal artefact by) welding.

1413 solutum fabro pro .. ~ione et aceracione cuniorum et pykosarum hoc anno xvj d. *Rect. Adderbury* 7; **1415** in soluto pro aceracione et ~ione cuneorum et picosarum cum iij d. pro clavis pro *scaffold* xvj d. *Ib.* 12.

wellium [W. *wele, gwely*], (W.) family group of land-owners, 'gwely'.

1419 debent sectam ad molendina domini principis .. exceptis heredibus duorum ~iorum, viz. Wele Seysyllt et Wele David .. qui habent molendinum proprium *Rec. Caern.* 275.

welluetum v. veluetum. **wenclutum** v. wainclutum.

wendus [ME *wonde, wande*; cf. wandala], measure of land, 'wand'.

c**1283** sciendum quod tres sunt ~i, scilicet Dunewendus, Chiltunwendus, et Brunelfordwendus'. in quolibet ~o sunt decem juga, et sic sunt in tribus ~is xxx juga *Cust. Battle* 122; c**1283** quilibet ~us faciet x averagia de tribus septimanis in tres septimanas *Ib.* 123.

wenelacia v. wanlassum. **wenpentaclum** v. wapentacum. **wenta** v. 1 Venta. **wepentagium** v. wapentacum.

1 wera, wara [AS *wer* > ME *were*], barrier placed across stream (esp. to provide water for driving mill-wheel or to preserve fish), weir, sluice, dam, (also) body of water held behind such barrier, pond.

c**1130** cum omnibus mansuris quas habui supra waram que est de molendinis meis que sunt juxta castellum Oxenefordie *Cart. Osney* I 1; **1285** cotagium primum super waram per Lucam piscatorem (*Rental*) *Ib.* III 127; **1286** predictam warram aperire et claudere, cum inundatio et diminutio aque accidere contigerit *Ib.* II 473; **1289** dedi .. totam ~am Cradoci usque ad viam que tendit apud C. *MonA* VI 1022; **13..** inveniet hominem ad gurgitem faciendum et waram (*Cart. Beaulieu*) *Villainage in Eng.* 243; c**1361** solut' hominibus venientibus ad frangendum waram molendini Oxon' .. per preceptum majoris *MunCOx* 271; **1401** in xx laborariis .. pilantibus et rammantibus waram [molendini] cum luto *Pipe Wint.* 11M59/B1/150 r. 23*d*; **1402** totum jus .. in maneriis .. ac omnibus aliis terris et tenementis .. mariscis, ~is, boscis .. in comitatibus Essexie *Cl* 249 m. 7*d*; **1453** cujusdam saline .. cum muris maritimis, strodis, ~is .. et aliis suis pertinenciis *Cl* 304 m. 7; **1550** aquas, piscarias, warreas, passagia, cimbas *Pat* 823 m. 5.

2 wera [AS *wer*], (leg.) price set upon man (according to rank) to be paid as compensation in case of homicide or injury, wergild. *V. et. weregildum.*

ut ~am suam, premium natalis sui, Christo persolvat et regi (*Quad.*) *GAS* 280; perdat manum aut dimidiam ~am [*Cons. Cnuti*: dimidiam redempcionem; AS: *healfes weres*] (*Ib.*) *Ib.* 339; supra rectam ~am [AS: *rihtwere*] .. due libre emendantur (*Ib.*) *Ib.* 467; *athemen* persolvantur plena ~a (*Leg. Hen.* 70. 7a) *Ib.* 588; reddere forisfacturam, i. e. ~am suam (*Leg. Ed.*) *Ib.* 667; **1189** (1252) nullus burgensium judicetur de misericordia pecunie nisi ad suam gueram, sc. centum solidos *CalCh* I 410; c**1210** ista precepta et statuta non sint violata super forisfacturam nostram plenam ~am (*Leg. Will.*) *GAS* 491; corpus ejus in misericordia regis [lege] Anglorum, ~e suum, i. e. precium sue redempcionis KNIGHTON I 84; si ordinatus occidatur supra rectam ~am primus gradus unam libram et dignam emendacionem .. perquirat *MGL* II 629.

weralada v. werelada. **werckacra** v. werkacra. **wercum** v. wreccum. **werdstaf'** v. wardestaffum. **were** v. 2 wera. **werecare** v. wreccare. **werecchum, ~ccum, ~cum** v. wreccum.

werefactio, were factio [wera+CL factio; cf. AS *werfæhþ*], (leg.) act (esp. homicide) that requires payment of wergild.

de accusatione et compositione were factionis (*Quad.*) *GAS* 25; omni homini licet firmationem et ~onem negare, si possit vel audet (*Ib.*) *Ib.* 111; qui ~onis, i. e. de homicidio, fuerit accusatus et negare voluerit occisionem illius cum jurejurando .. (*Ib.*) *Ib.* 113.

weregildum [AS *wer(e)gild*], **wergildum,** (leg.) price set upon man (according to rank) to be paid as compensation in case of homicide or injury, wergild. **b** (*~ildum fur* or sim., for AS *wergildþeóf*) thief whose wergild was paid as compensation for his crime. *V. et.* 2 *wera.*

~ildo, i. natalis sui pretio, se redimat, vel secundum weram suam neget (*Quad.*) *GAS* 97; regis simplum weregildum est sex thainorum ~ildum in Mircenorum laga (*Ib.*) *Ib.* 463; si Waliscus Anglicum occidat, non cogitur eum superreddere nisi dimidio ~ildo (*Ib.*) *Ib.* 377; [thaini occisi] ~yldum [v. l. wergildus] est vj villanorum ~yldum (*Leg. Hen.* 64. 2b) *Ib.* 584; si quis .. hominem occidat, ipse sibi portet homicidii faidiam, nisi amicorum auxilio .. persolvat pleno ~ildo (*Ib.* 88. 12a) *Ib.* 604. **b** de weregyldi-furis forfangio (*Quad.*) *GAS* 27; si weregildo-fur [v. l. weregildusfur] capiatur et ipsa die perdant eum qui ceperant illum (*Ib.*) *Ib.* 121.

weregium v. wreccum. **weregyldum** v. weregildum.

werelada [AS *werlád*], (leg.) oath of purgation in which the number of compurgators is determined by the wergild of the accused.

si quis altaris ministrum occidat, utlaga sit erga Deum .. nisi .. erga parentes ejus emendet vel weralada se adlegiet (*Quad.*) *GAS* 341; si parentes eorum purgare velint eos qui injuste vel sine judicio fuerunt occisi, liceat eis secundum legem pristinam ~a pernegare (*Ib.*) *Ib.* 591; homicidium wera solvatur vel ~a negetur (*Leg. Hen.* 12. 3) *Ib.* 558; si quis de homicidio accusetur et idem se purgare velit, secundum natale suum perneget, quod est ~a (*Ib.* 64. 4) *Ib.* 584.

werellum [cf. sciurellus, varius], fur from a squirrel's coat, or *f. l.*

1204 mercandise .. preter blada et vina et salem et ceram et varium et grisium et werellum [MS *illegible*; ? l. swerellum i. e. sciurellum] *Pat* 42b (=*EEC* 218).

wereplegium [wera+plegium], (leg.) surety or guarantee for (payment of) wergild.

rectum est ut homicida, postquam weregildum mortui vadiaverit, inveniat wereplegios, sicut ad eam pertinebit: hoc est de tpelfhindi hominis weregildo debent dari xij homines ad ~ium (*Quad.*) *GAS* 393.

wereplegius [wera+plegius], (leg.) one who guarantees or vouches for (payment of) wergild.

deinde oportet ut prolocutori detur in manu, cur interfector audeat accedere cum pace et ipse weram vadiare. et quando vadiaverit eam, inveniat ~ios (*Quad.*) *GAS* 191; inveniat ~ios (*Ib.*) *Ib.* 393 (v. wereplegium).

werequum, ~escum v. wreccum. **weretihla** v. weretihtla.

weretihtla [AS *wertihtle*], (leg.) charge or accusation pertaining to (payment of) wergild.

de ~tihla (*Quad.*) *GAS* 27.

wergagium v. wharfagium. **weriscum** v. wreccum.

werkacra, workacra [ME *werk, work*+acra], measure of ploughland held for rent-service.

quilibet istorum arrabit duas workacras ad culturam yemalem, preter J. Osmund, qui arrabit tantum j werckacram *Cust. Battle* 74.

werkfannare v. werkvannare.

werkgabulum [ME *werk*+gabulum], (man.) service charged upon tenants, rent-work.

[*werk-gavel* ..] ~um (*Ac. Tonbridge*) *Gavelkind* 24.

werkmannus [ME *werk-man*], labourer, worker, workman.

1376 in sol' facta quarerariis et aliis ~is frangentibus quareram et operantibus ad stagnum molendini et alibi *Ac. Durh.* 583; c**1438** ~o coquine, xiij s. iiij d. *Ib.* 73.

werkvannare, workvannare [ME *werk, work*+vannare], to winnow.

1329 workfannare (*MinAc Essex*) *MFG*; **1378** xxxviij tenentes vocati liberi virg' tenent inter se xj virg' terre, qui triturant et werkfann' pro qualibet virg' terre ad seis' yem' (*Hatfield Broad Oak*) *MinAc Essex* D/DQ18.

werlanda v. warlanda. **wernestura** v. warnestura. **werpena** v. wardpena. **werph-** v. wharf-. **werphagium** v. wharfagium.

werpire (gu-) [OF, AN *werpir, guerpir*], to abandon, renounce, give up (claim, property, or sim.).

1088 ecclesiam .. rex .. Thomae archiepiscopo pro illis quattuor acris terrae .. possidendam tradidit atque calumpniam .. terrae coram omnibus †werpirie [l. werpiri] fecit *MonA* III 546; **1157** territorium quod habet Romaricense monasterium Adocei et redditus de M. quos guirpuit Guillelmus de A. HADRIAN IV 133; **1289** nostris hominibus Oleronis condedimus licenciam dimittendi in manu prepositi nostri terras et res censuales quas a nobis tenent et in nostra presencia guerpire non possunt nisi in manu nostra *RGasc* II 355a.

1 werra v. 1 wara.

2 werra (gu-) [AN, ME *werre*, OF *guerre*]

1 (also pl., large-scale) hostile contention by means of armed forces, armed conflict, war (also fig. or in fig. context); **b** (as condition or period of hostilities, conflict, or unrest); **c** (w. ref. to identified instance); **d** (as practice or art, also as function). **e** (*~am movere* or sim.) to make, bring, or wage war (on), (also) to harry, ravage. **f** (*~am habere, de ~a* or *ad ~am esse*, or sim.) to be at war (with). **g** (*ire ad ~am* or sim.) to enter a state of hostilities, go to war.

~a surgente, terre ille vastate sunt *Obsess. Durh.* 8; fecerat hoc guerra vehemens hac undique terra R. CANT. *Malch.* II 310; humanum corpus .. assumpsit .. ut letalem guerram per protoplasti reatum progressam .. sedaret ORD. VIT. XII 21 p. 380; cum jam videretur Lodovicus in guerra superior .. venerunt ad eum nuncii MAP *NC* V 5 f. 65v; **1236** Unfridus non fuit in prisona ipsius Gilberti tempore werrie *CurR* XV 1760; †**1171** (13c) cum gerram inter me et adversarios meos complevero *Regesta Scot.* 119; irent .. cum sometariis, ut moris est guerre *Ann. Ed. I* 441; s**1339** rex Francie .. guerram navalem contra .. regem Anglie instituit *Meaux* II 382; c**1341** tres .. sunt cause juxte pusne, pro fide, pro jure, et pro patria .. domino igitur rege in guerra tali in yeme, in tanta tempestate, frigore, et miseria .. exeunte STRATFORD *Serm.* 15 p. 87; **1345** ut sic contra blasphemos .. possemus .. intendere guerre Christi AD. MUR. *Chr.* 165; **13..** incepit gwerra in Westwallia inter homines de E. et de C. *Ann. Cambr.* 104; cum soldano moratus fui et suis stipendiis militavi in ~is ipsius *Itin. Mand.* 26; omnia que [rex Francie] occupaverat super regem Ricardum per ~am *Feudal Man.* 95; **1438** abbas .. alia debita .. vel onera pro guerris seu guerrarum vadiis .. de nobis .. non exigat AMUND. II 172; de redditibus ad sustenendum sanctam guerram contra infideles *Plusc.* VII 10. **b** **1080** in cimiteriis: .. si .. aliqui .. ibi faciant mansionem dum guerra duraverit et ipsi propter guerram in atrio manserint (*Conc. Illebon.* 8) ORD. VIT. V 5 p. 318; cum manerium .. propter diuturnam verram esset desolatum TORIGNI *Chr. app.* p. 331; **1199** propter warram talem extorsit cartam *RChart* 17b; in guerra blandiendo, in pace depredando GIR. *EH* II 39; omnes mercatores habeant salvum .. ire per Angliam .. preterquam in tempore gwerre .. et si tales inveniantur in terra nostra in principio gwerre attachientur *Magna Carta* 41; **1340** per .. guerram .. passagium ultramarinum retardatur (*Lit. Regis*) W. GUISB. *Cont.* 362; c**1441** pacifice .. tenuerunt tam tempore pacis quam guerre *Pri. Cold.* 129. **c** qualiter se habuit in guerra Francorum W. FITZST. *Thom.* 23; c**1285** tempore guerre communis *ChartR* 73 m. 19; ita usitatum fuit ante guerram, tam tempore regis Johannis, regis Ricardi, quam tempore regis Henrici *MGL* I 78; in guerra Scocie habuit de familia xxvj vexillarios GRAYSTANES 18. **d** instructum gwerra tulit hunc hec Scotica terra *Poem Hild.* 35; Henricus .. solita werre machinamenta intulit *Chr. Holyrood* 46; s**1237** elegerat .. eundem comitem .. in guerra peritissimum M. PAR. *Maj.* III 387; **1273** *castles* .. que de guerra existunt *CalPat* 7; **1303** summa equi de wara *Doc. Scot.* II 461; **1309** plures Anglicos homines nostros, qui non erant nec sunt de guerra *RGasc* IV 336; **1339** equorum quos .. ad arma in equitacionibus de guerra .. amittent *RScot* 573a; **1341** omnes naves, bargeas, et flunos hujusmodi de guerra parari et muniri faciant (*Cl*) *Foed.* V 232; P. V. .. homo guerre in Francia, nobilior armiger lanceatus inter omnes alios, fuit occisus W. WORC. *Itin.* 204; **1545** instrumentum guerre vocatum *a hande gune Anc Indict* 565 m. 32. **e** belle scis actitare guerram .. qui hostibus prebes aque copiam W. MALM. *GR* IV 310; alii .. cupidi predones qui crudelissimam in Talou et Caletensi pago guerram faciebant ORD. VIT. XII 3 p. 321; **1189** si .. aliquis .. guerram movere presumpserit .. excommunicetur (*Lit. Regum*) DICETO *YH* 74; **1241** princeps Nortwallie eas occupavit per gwuerram motam inter regem et ipsum L. *Cl* 341. **f** Flandrensis comes cum quodam alio vicino comite de G. warram habuit *G. Herw.* f. 324b; G. .. cum quodam homine suo cui nomen Yvor modicus .. guerram habuerat GIR. *IK* I 6; cum barones partium illarum [Vasconie] quasi continue ad invicem sint de guerra *Arch. Gironde* XVI 126; **1297** cum Hybernicis ad guerram .. existentibus *StatIr* I 204. **g** **1293** inisse ad gwerram *RParl Ined.* 36 (cf. ib.: ire .. ad guerram).

2 (Ir., *terra ~e*).

a**1272** juxta terram guerre .. in terra pacis *Chanc. Misc.* 10/13/6 (v. 2 terra 8c).

3 hostile (esp. armed) action between groups or individuals, (also) hostile relations, feud, discord.

1091 nulli licuit pro guerra hominem capere vel redimere nec de bello vel conflictu pecuniam portare vel arma vel equum ducere (*Norm. Cons.*) *EHR* XXIII 508; si gwerram sibi faciant .. [dominus] prohibeat (*Leg. Hen.* 59. 12a) *GAS* 579; emendationem faciat parentibus vel ~am patiatur (*Leg. Ed.*) *Ib.* 638; nullus hominum audeat versus alium guerram facere sed de injuria sibi alata duci .. conqueratur *Cust. Norm.* 31; **1301** si aliquis burgensis cum aliquo certaverit et per iram eum percusserit .. et si guerram illius cui commisit sustinere poterit bene potest fieri *BBC* 145; baronibus .. aliis x solidos parentibus occisi fiat emendacio vel guerra eorum portetur KNIGHTON II 84.

werrare (gu-) [werra+-are; cf. ME *werren*, OF *guerrer*]

1 to wage war on, take hostile action (esp. w. arms) against, engage in hostilities with. **b** to ravage (land) by war.

1153 ad guerreandum quencumque voluerit *Ch. Chester* 110; tempore illo quo guerraverunt patrem suum *G. Hen. II* I 286; **1203** potestatem habebunt in castro illo quamdiu idem comes nos ~averit *Pat* I 23b; **1204** rex Francorum .. nos warrare .. non cessat *RChart* 133b; **1224** si forte rex Francorum nos guerraverit de terra nostra Pictavie *Pat* 422; **1242** licenciam .. quod .. possit gwerreare inimicos regis et eos gravare quantum poterit *RGasc* I 56b; **1253** ad guerreandum villam de R. et alios inimicos nostros *Ib.* I 265a; **1253** homines jurati .. Amaneum totis viribus suis infestabunt et guerrabunt *Ib.* I 286a; **1377** fideles domini regis .. in adjutorium Hibernicorum .. guerrare .. proponit *StatIr* I 472. **b** **1211** in liberatis hominibus de Wike pro terra sua gwarata *Pipe Wint.* 34.

2 (intr.) to wage war (on), be at war (with), fight; **b** (reciprocally or mutually). **c** (pr. ppl. as sb.) person at war.

c**1142** si aliquis vellet inde comiti H. malum facere .. si comes H. vellet inde guerrare .. comes G. cum illo se teneret (*Conventio*) *Mandeville* 381; **1255** in Wallia cum rex ibi fuerit ad gwerrand' *Hund.* II 82a; de nobis et hominibus nostris qui aperte guerraverunt pro nobis WEND. II 110; **1297** cum Hibernici se dederunt ad guerrandum ex arrupto vel improviso *StatIr* I 206; ad guerrendum in Scocia *Flor. Hist.* III 341; **1327** cor validum Scoti sumpsere movente / Willelmo Walaes et eos guerrare docente BOWER XI 29; **1584** rebelles .. regnum nostrum [Hiberniae] .. depredare guerrant' seu alio modo destruere seu devastare intenden' *Pat* 1302 m. 10*d*. **b** s**1215** J. rex Anglie et barones Anglie guerrarunt *Ann. Exon.* f. 12. **c** **1254** neque ipsum dominum regem non possit [attrahere] per guerrentem; et obligaverunt inde nominati milites .. *RGasc* I 348b; ubicumque rex devertebat secum armati vigilias circa eum ad modum guerrancium custodiebant AD. USK 23.

werrator (gu-) [werrare+-tor], warrior, fighter.

s**1250** reliquebantur .. ad custodiam Damiate .. Oliverus de T., pugnator egregius et guerrator, qui preerat balistariis M. PAR. *Maj.* V 159; dominus Bertrannus de C., famosissimus guerrator Francus, captus est KNIGHTON I 121; castellum .. municionibus lapideis, quas guerratores mantellos appellant, tutatum *Ps.*-ELMH. *Hen. V* 59 p. 148.

werria v. 2 werra.

werricus (gu-) [werra+-icus], of war, warlike.

c**1590** principes in expeditionibus guerricis cautiores reddentur (*Prol.*) FORDUN *Chr. pref. app.* li.

werrine (gu-) [werrinus+-e], through or by means of war.

1255 de quodam milite .. quem cepit guerrine in Wasconia *Liberate* 31 m. 7; **1319** omnes prisones et bona mobilia quecumque que ipsi de .. inimicis et rebellibus .. ~e adquirere poterint *RScot* 199b.

werrinus (gu-) [werra+-inus], of or pertaining to war. **b** (of object) designed or used for war. **c** (of people or their territory) engaged in war, who is at war (with or against), hostile (to).

1227 fuit seisitus .. in tempore Stephani regis quod fuit ~um *BNB* II 206; **1347** proventus ad tot sumptus guerrinos et onera alia incumbencia *Reg. Heref.* 309; guerrino turbine turbat vicinias *Planct. Univ. Ox.* 63; **1419** de vigiliis et custodia civitatis .. tempore guerrino *MGL* I 532; **1461** Alicia uxor .. castrum predictum adtunc modo guerrino ac manuforti, viz. librillis .. et aliis armaturis et habilimentis guerre custodiens *Pat* 493 m. 10*d.*; **1481** modo guerrino arraiati .. riotose contra pacem .. venerunt *Rec. Stan.* 70; **1558** Eugenius .. more ~o sive bellico invasit partes Anglicanas *ActPCIr* 54. **b** **1242** res ~e *Cal. Scot.* I 291; **1243** de denariis quos nobis debetis de catallis guerrinis que a nobis emistis *Liberate* 19 m. 1; **1376** duodecim arcus cum sagittis .. quatuor secures guerrinas precii vj d. et viij d. *SelCKB* VI 176; **1393** tres grossas naves guerrinas .. retinere .. valeat *Foed.* VII 744; c**1415** dantes vobis plenam .. potestatem .. ad naves et naviculas guerrinas .. congregandi *BBAdm* I 374; **1451** deploidibus defensivis, securibus guerrinis .. aliis armis defensibilibus armati *Pat* 473 m. 16. **c** **1215** preterquam in tempore gwerre et si sint de terra contra nos gwerrina *Magna Carta* 41; **1216** terra Flandr' .. sit inimica et contra nos guerrina *Pat* 176b; **1229** juraverunt quod coga eorum .. non est de terra regi guerrina *Cl* 258; **1242** navis .. capta est a gente nobis guerrina *RGasc* I 46a; **1254** eas [vaccas] cepistis in terra guerrina, viz. in terra Gastonis de B. *Cl* 301.

werv- v. wharf-. **wervum** v. wharfus. **werwolffus** v. werwolfus.

werwolfus [ME *werwolf*], werewolf, lycanthrope.

fartum cardiculorum .. *snyguer snagoer* werwolfforum *Digby Plays* 64.

wesciare v. wiscare. **wesd-** v. waid-. **wespes** v. vespa. **wessaxonicus** v. westsaxonicus.

west, west- [AS, ME *west*], (in compounds) western, (of the) west.

a**1200** xvj perticatas in latitudine que .. buttant in estcapite super B. et in westcapite super N. *Danelaw* 137; a**1200** extenditur a westporta grangie *Ib.* 154; **1234** debent habere jure pasturam de westcampo semper nisi quando campus seminatus fuerit *Cust. Glast.* 141; c**1240** ex west parte et predicti Philippi ex est parte *DL Cart. Misc.* I 22 (v. 2 est; [Sueinus] per intervalla temporum Suthanglis et Westanglis imminebat horrendus *Chr. Wallingf.* 61; **1268** vicecomiti Eboracensi .. in servitio nostro custodiendo westredingum nostrum *RL* II 325; **1305** [*in the west meadow*] westprato [*of Egburgh*] *CalCh* III 63; ad Crucmour in westwallicis est tumulus mirabilis HIGD. I 38; **1355** non tenuit .. westballivam forestarie in foresta domini regis de Savernak' *IPM* 128/1 m. 5.

westdarius v. waidarius. **westewa** v. westwa. **westibulum** v. vestibulum.

Westmonasterium [west-+monasterium, cf. AS *Westmynster*], Westminster.

c**1083** cum .. aliquis Dunelmensis monachus obierit, fiant pro eo apud ~ium vij plenaria officia in conventu *Ch. Westm.* 235 (cf. *AS Chr.* 269: s**1039** Haroldus rex .. sepultus est apud Westmynster); ad feudum S. Petri de Westmonsterio *DB* II 100; [Egelricus] exilio ~ium deportatus est W. MALM. *GP* III 131; s**1266** dominus A. abbas .. per abbatem ~ii ad visitandum dominum papam *Val. Norw.* 524.

Westmonsterium v. Westmonasterium.

westrum, *var. sp. of* oestrum.

in tantum .. diebus illis religio illa excrevit ut illi de Cistercio forent omnium monachorum exercicium, studiosorum speculum, desidum †westrum [l. oestrum] KNIGHTON I 108.

Westsaxo [west-+Saxo, cf. AS *West-Seaxe*], **~saxanus, ~saxensis,** West Saxon, inhabitant of Wessex.

quanta et qualia inter regem uest saexanorum nostrique pagi regnatores .. jurgia WEALDHERE *Ep.* 22; Edelhun precedens ~sexenses, regis insigne draconem sc. aureum gerens H. HUNT. *HA* IV 19; regnum ~saxonum fuit in Devenessire, Dorsete, Sumersete, Wiltesire, Suthantune, Surreie, Sudsexe, Berchesire R. NIGER *Chr. II* 136; Kinewaldus rex ~saxonum M. PAR. *Maj.* I 292; Thamisia .. fuit .. quondam terminus Canciorum et Estsaxonum, ~saxonum, et Merciorum HIGD. I 46.

Westsaxonia [west+Saxonia], **Westsexa** [AS *West-Seaxe*], **~sexia,** (Anglo-Saxon kingdom of) Wessex.

s**641** Osuualdus rex occisus est et Cenuualh cepit regnare in ~sexa *AS Chr.*; c**1115** regnum Anglie trifariam dividitur in ~sexia et Mircenos et Danorum provinciam *SelCh* 123; sanctum Oswaldum non nisi octennem regem fuisse ipsumque jam regno florentem in ~saxoniam advenisse R. COLD. *Osw.* 19.

westsaxonicus [Westsaxonia+-icus], of Wessex, West Saxon.

natus est puer Dei Dunstanus wessaxonicis Anglie partibus OSB. *V. Dunst.* 3.

westsexenelaga [AS *West-Seaxan-lagu*], law of West Saxons or Wessex.

propositis .. legibus Anglicanis secundum tripartitam earum distinctionem, hoc est Merchenelage, Danelage, ~e *Dial. Scac.* I 16A; Aluredus legem Anglie conscriptam superadjecit, que ~a vocabatur HIGD. I 50.

Westsexensis v. Westsaxo. **westua, westva** v. westwa.

westwa [W. *gwestfa*; cf. gestum], (W.) form of customary payment (orig. paid by free men for the support of the ruler's feasts), feast-dues, food-rent, 'gwestfa', (also) area from which feast-dues were collected.

1275 Kardigan' .. sunt ibidem quidam Walens' tenentes duos ~as, qui reddunt per annum ix s. v d. et iiij quarteria avene *IMisc* 33/31; **1280** concessisse .. ~am de L. integram .. infra commotum de A. *Pat* 100 m. 29; c**1295** rex habet ibidem quendam redditum qui vocatur westewa qui extenditur ad x l. xiij s. iiij d. *IMisc* 55/3; c**1300** quelibet ~a que solebat pascere dominum cum familia sua quater in anno *Tribal System* (1904) 116; **1306** de .. preposito commoti de K. de quodam annuo redditu dicto redditus de ~a per communitatem ejusdem commoti singulis annis solvendo ad quatuor anni terminos *MinAc W. Wales* 430; **1309** Luilinus .. defunctus tenuit de nobis die quo obiit commotum et dimidium et unam ~am in Cardiganshir' per tenuram Wallensicam *Abbr. Orig.* I 165; **1316** quod in consuetudine que vocatur westua recipienda .. sit in eleccione ballivorum nostrorum vaccam .. vel v s. recipere *Pat* 145 m. 34; **1327** sunt .. liberi tenentes qui reddunt per annum de redditu assis' que vocatur ~a xiiij li. ad quatuor anni terminos *IPM* 5/2 m. 9; **1332** tertiam partem unius westvae in Gwynwill tenuit in feodo *Cl* 152 m. 17; **1356** [*rents and customs called*] †wastwa [MS: westwa] *Cal. IPM* 324.

wetare v. vetare.

wetherbordare [cf. Eng. *wetherborde, weatherboard*], to cover with weatherboard, to weatherboard.

1515 carpentariis conductis ad ~andum finem coquinae T. W. unacum bordis de stauro *Comp. Swith.* 461.

wethirnavium v. withernamium.

wethirus, wetherus [ME *wethire, wether, weder*], male sheep, ram, 'wether'.

1496 cum rynmartis, vethiris, caponibus [et] aliis .. husbandorum oneribus *Reg. Aberbr.* II 301; **c1566** cum .. caponibus, aucis, pultris, equinis .. wedderis *Inchaffray* 165.

wethum, ~yum v. withum. **wetus** v. vetus. **weudegeldum** v. wodegeldum. **weutrereus** v. veltrarius. **wevi-** v. waivi-. **wexare** v. wiscare. **weya** v. 1 waga.

weyare, *s. dub.*

1289 in mundacione et ad weyand' dictum molendinum, vij d. *MinAc* 1238/9.

weyda v. waida. **weyera** v. waiura. **weyfare, ~iare, ~yare** v. waiviare. **weyra, ~is** v. weira. **weysda** v. waida. **weyt-** v. wait-. **weyv-, weyve-, weyvi-** v. waivi-. **wggum** v. wiggum.

wharfagium (wa-) [wharfus+-agium; cf. ME *wharfage*], use of wharf or dues for this, wharfage.

1098 (1253) quieta de passagio et pontagio et warvagio et stallagio *CalCh* I 425; **†1081** (12c) [*a portion of Waremanni-Acra with the wharf*] huervo .. [*and with its toll and wharfage*] huervagio *Cal. Doc. France* 1375; **1162** cum omnibus aliis consuetudinibus, legibus, et libertatibus suis et wergagio suo *bilande* et *bistrande Act. Hen. II* I 368; **1209** cum aliis consuetudinibus et libertatibus suis et warwagio suo *bilaunde* et *bistraunde RChart* 184a; **1229** habeant .. cum .. libertatibus suis et wervagio suo *bi lande* et *bi strande* (*Ch. Hen. III*) *MonA* VI 987; **1295** in cariagio dicte lane .. usque London' .. cum wharvagio et portagio ejusdem (*KR Mem*) *OED* s. v. *wharfage*; **1314** est ibi quoddam tolnetum de batto de Kairlion quod dicitur warvagium et valet per annum xx s. *IPM* 43/41; **1325** in j molari empto apud London' una cum warfagio, batagio, et cariagio (*Ac. Merstham*) *DCCant.*; **1342** de quodam molendino aquatico in M., cum hwarvagio unius hwarve et trium seudarum desuper existencium *IPM* 67/2 m. 9; **1395** solutum J. B. pro cariagio meremii .. vj l. v s. item pro werphagio ejusdem, xij s. iv d. *Cant. Coll. Ox.* 140; **1395** in navigio ejusdem [sc. vini] de Lond' ad Hendle ij s. vj d. in hwervagio ibidem vij d. *Ib.* III 54; **1409** de custumis que capi debent de rebus venalibus, locis wharvagii, et hujusmodi *MGL* I 530; de .. pontagio, chiminagio, ankeragio, et ~io *Entries* 674b.

wharfus, ~um, ~a (wa-) [ME *wharf* < AS *warf, hwearf*], wharf, dock, pier.

a1128 redditum de novo wervo super Tamisiam quod illi de arida harena .. construxerunt qui illud tenent *E. Ch. S. Paul.* 147 (cf. ib. *endorsed*: **12..** de warfo); **a1154** (1330) c s. annuatim de wherva de E. *CalCh* IV 185; **1192** in reparatione warviarum et gutteriarum domorum R. de Westm' *Pipe* 301; **1195** illam [terram] que jacet inter sharvam G. le Tannur et terram Radulfi .. cum edificiis et cum sharva *Ch. Westm.* 353; ubi warvum nostrum est *DCCant.* Reg. H f. 24a; **†1044** (13c) addidi .. partem terre .. cum huervo eidem terre pertinenti *MonA* VI 988; **12..** duos hwervos cum adjacenti terra *AncD* A 7309; **1320** licet .. piscenarii shopas suas in quodam loco qui vocatur Fishwarf London' habentes allecia .. in shopis suis super warfam predictam vendicioni exponere .. consuevissent *RParl* I 370b; **c1320** inquiratur .. an qwarve sive kaye .. debite reparentur *Dom. S. Paul.* 158*; **†1067** (1335) de uno hwearfo quod est ad applicacionem navium ad capud pontis illius civitatis *ChartR* 122 m. 18; **1342** cum hwarvagio unius hwarve *IPM* 67/2 m. 9; **1345** inter fossam .. turris ex una parte per regiam viam super eundem wharvum ex altera parte *Cl* 285 m. 9*d.*; **1386** argillam pro ~is molendini rammandis *KR Ac* 458/21; **1472** nec se intromittant de fretto navium aut habeant sive occupent aliquas wharvas sive kayas *Pat* 532 m. 17; **1539** reddimus .. aquas, piscarias .. wharphos *MonA* I 123.

wharphus, wharva v. wharfus. **wharvagium** v. wharfagium. **wharvum** v. wharfus. **whassum** v. washum. **wherva** v. wharfus. **whicwrc** v. wicwerkum.

whinnum [ME *whin*], whin, gorse.

c1289 de ~is venditis, ix s. ij d. (*Ac. Lessingham*) *Doc. Bec* 132.

whinwardus [? whinnum+wardus], ? one who guards whin, 'whin-ward'.

1267 in stipend' j winuard' et j hayward' per annum (*Pocklington, Yorks*) *MinAc* 1078/9 T. 4.

whippa, wippa [ME *whip, wippe*], lash (? *cf. wispa*).

c1260 in uncto ad carectam, ij d. in cordis ad w[ip]pas faciendas, j d. *Househ. Ac.* 157; **1300** minute cordis ad ~as *Fabr. Exon.* 11.

whitingus [ME *whiting*], whiting (*Merlangus*).

capo vocatur gornardus, asellus, vuytyngus P. Verg. I p. 14.

whittawiarius [ME *whittawiere*], one who taws skins to produce white leather, whittawer.

1284 de whittawyariis .. qui corea bovina et equina furata scienter albificant, ut sic non agnoscantur (*Stat. Rhuddlan*) *Rec. Caern.* 120.

whittawiator [cf. ME *whittawiere*], one who taws skins to produce white leather, whittawer.

1275 ballivi dicti comitis talliant pistar', braciatrices, carnifices, tannatores, whyctawyatores manentes extra burgum pro voluntate sua *Hund.* II 210a.

whittawyarius v. whittawiarius. **whyctawyator** v. whittawiator. **wianum** v. biannum.

1 wicarius v. 1 vicarius.

2 wicarius [wicum+-arius], tenant of a wick, (dairy-)farmer.

~ii x habent conredium quando primo portant caseum et quando ultimo redierint *Chr. Abingd.* II 243; si .. minores fuerint agni et oves, supplebit ~ius duodenarium nummorum, tam vellerum quam agnorum *Cust. Abingd.* 333; **1220** he .. terre sunt excepte quas quidam ~ii monachorum nunc tenent *Ch. Sal.* 97; **c1230** diebus quibus ~ii metunt habebunt garbam unam per liberacionem servientis (*Cust. Povington*) *Doc. Bec* 63; **1234** summa gabuli wikariorum qui relaxatur quia tenent wikas, ij s. *Cust. Glast.* 48; de terris et pratis vicariorum dictorum monachorum *Cart. Beaulieu* f. 14v; coquinarius omne pondus casei omnium uuichariorum suscipiet *Obed. Abingd.* 403.

wicattum v. wikettum. **Wiccingus** v. Wicingus. **Wiccius, Wicius** v. Hwiccius. **wicecomes** v. vicecomes. **wicha** v. wicum.

wichardus [ME *wichard*], kind of fish.

1344 xviij morr' .. iij wychard' .. j paner' merling' *KR Ac* 390/11 r. 15.

wichettum, ~etum v. wikettum. **wichewerc', wichewerk-** v. wicwerkum. **Wichinga** v. Wicingus. **wichterthila** v. withertihtla. **wichwerc-** v. wicwerkum.

Wicingus [AS *wicing*], **~a,** Viking.

rex E. ita donavit causa Wichingarum, quia super mare est *DB* I 40va; **s879** eodem anno extranei, i. e. Wicingi, collegerunt novum exercitum H. Hunt. *HA* V 9; obviantes xvj puppibus Wiccingorum vicerunt eas bello: sed redeuntes .. obviaverunt magno exercitu Wiccingorum et .. victi sunt *Ib.* V 10; occisus est ab Hibernensibus [v. l. apud Wilcinges; ? l. ab Wicingis] *Ib.* VII 21; **1212** si qui wikini vel alii forisfecerint in terra Reginaldi regis de Mann', vos ei sitis auxiliantes ad inimicos suos et nostros destruendos *Pat* 92b.

Wiclef-, Wiclev-, Wicliv- v. Wyclef-.

wicmannus [AS *wic+man*], tenant of or worker in a wick or (dairy-)farm.

c1230 debet una cum aliis *wikemans* [v. l. wikemannis] sc. bercario, fabro, molendinario et preposito habere corredium (*Cust. Brixton Deverill*) *Doc. Bec* 71; **1289** de frumento .. in consuetudine wikmannorum, viij quart' (*Pipe*) *Ib.* 142; **1289** in pane wikmannorum, viij bus' (*Pipe*) *Ib.* 143; **1307** in expensis wycmannorum diebus Natalis Domini et Pasche .. ij s. ij d. (*Ac. Combe*) *Ib.* 71.

wicum, ~a, ~us [AS *wic*; cf. CL vicus]

1 dwelling place, residence, tenement, (transf.) collection of dwellings, settlement.

838 scripta est haec cartula in bica regali que dicitur Fraericburna *Text. Roff.* f. 138v.

2 (spec.) salt-producing settlement (esp. in Cheshire), wich, (also) salt-works, salt-pit (*cf.* ME *wicher de sale* = 'salt pit'); **b** (in place name).

in eodem Mildestuic hundredo erat tercium *wich* quod vocatur Noruuich .. ipsae leges et consuetudines erant ibi quae erant in aliis wichis .. cetera omnia in his wichis sunt similia (*Chesh*) *DB* I 268ra; **†717** (12c) ego Æðelbaldus unam portionem mansionis in ~o emptorio salis quem nos Saltwich vocamus *CS* 138; **†c1150** Hugo M. dedit unam salinam in ~o suo *Cart. Chester* 8 p. 57; **c1210** de sale emendo in ~is meis *Ch. Chester* 282; **1239** et pro salsa de medio ~o quam rex pardonavit hominibus ipsius ~i pro pauperitate, x li. *Pipe Chesh* 47. **b** **c1275** in villa de ~o Malbano *Pipe Chesh* 112.

3 wick, (dairy-)farm.

ccxx acra prati et ~a de x pensis caseorum *DB* I 58va; dedit .. unum pensum casei de sua wicha, et decimam vellerum et agnorum *Chr. Abingd.* II 146; iste sunt ~e que tot pisas invenire debent *Ib.* II 149; de ~a Theosi que respicit ad ipsum dominum, id est pondera casei *Cust. Abingd.* 333; wikarii .. Philippus de ~a tenet j ferlingum et l oves matrices et xij vaccas *Cust. Glast.* 39; **1239** petit manerium de W. .. exceptis una wika *CurR* 120 m. 22; **c1280** habemus insulam de M. cum wyka et aliis pertinenciis *Cart. Osney* IV 86; **c1300** habuit .. apud Lex' in wyka que vocatur Arnodynes Wyk vj vaccas *RParl* I 259b; **c1400** in consuetudine .. vj bercariorum custodiencium j ~am bidencium (*MinAc Foulness*) *MS Essex RO D/DHt M 45* m. 2.

wicwerkum, ~workum [? ME *wic+werk, work*], measure of salt (*cf. wicum* 2).

a1167 (1447) sciatis me concessisse .. iiij wich' werc' salis de gernario meo apud Caneford (*Cart. Com. Sarisb.*) *CalPat* 114; **12..** unum †whicwrc [? l. whicwercum] salis *Rec. Eton* XVII 13; **12..** unum wychworcum salis *Ib.* XVII 14; **1274** de iiij[xx]xix wichewerk' et ij ambr', que faciunt ccxxij quart' vij bus' ij ambr' (*Old Lymington, Hants*) *MinAc* 984/3 r. 1; **1456** Alianora ducissa Somers' receptoribus .. domini nostri de Caneford .. et conventus .. de B. .. annuatim habere consueverunt .. octo quarteria salis per nomen quatuor wichewerc' salis *AncD* B 12383.

widdum, widdyium v. withum.

widia [? cf. withum], ? withy-bed.

1211 in cratibus et virgis colligendis xxij d. dim., in fossa circa widiam, viij d. *Pipe Wint.* 103.

widuagium [ME *widwe, wedwe*+-agium; cf. CL viduus], widowhood.

c1250 ego Cristina .. relicta Henrici Bastard in libera potestate mea et in weduagio meo dedi .. *Reg. S. Aug.* 584.

wigenarius v. wikenarius.

wiggum [ME *wigge*], small loaf, cake.

1365 W. le Bek pistor pro uno wggo de obolo in defectu, vj s. viiij d. *CourtR Winchester.*

wigilia v. vigilia. **wiginarius** v. wikenarius.

wigio, wigonus, wigena [cf. ME *wigion*], kind of wild duck, widgeon (*Mareca penelope* or sim.).

1255 in .. madlardis, wigionibus et pluver' .. ad opus nostrum contra festum Natalis Domini *Liberate* 31 m. 1; in vj maulardis et wigonis xij d. *Ac. Ep. Bath.* 87; quum multae sint aves aquaticae anati similes, sed minores, ut sunt, telae vocatae ab Anglis uuigenae et pochardae Turner *Av.* (1903) 48.

wigo v. wigio. **wika** v. wicum. **wikarius** v. 2 wicarius. **wikemannus** v. wicmannus.

wikenarius [ME *wikener* < AS *wicnere*], official, wickner (*cf. vicenarius* 2).

1392 in allocacione j prepositi qui gerit officium hoc anno, j messoris, j collectoris, et iiij wik', .. xxviij opera autumpnalia *DL MinAc* 288/4734 m. 4; **1397** J. .. de C. verberavit W. M. wiken' domini .. N. .. fecit rescussum wiken' domini de M. de uno equo capto pro execucione *DL CourtR* 103/1412 m. 1; **1493** J. atte Wode detinet wigenar' de Southreppes iiij d. de redditu assis' *Ib.* 103/1421 r. 1*d.*; **1497** eligunt domum Calke in eadem [villa] ad faciendum officium wigenar' hoc anno instante, unde J. M. cum parcenario suo tenent dictam domum; et quod idem J. M. juratus est ad faciendum eundem officium *Ib.* 103/1421 r. 3; **1497** injuste amerciare fecit N. C. wiginar' domini regis in curia .. tenta apud A. pro capcione unius equi *Ib.* 103/1421 r. 4; **1499** noluerunt facere officium wiginar' .. prout electi fuerunt *Ib.* 103/1421 r. 5.

wikerellum [? ME *wiker*], ? wicker, twig.

1269 custus domus .. in cc dim' de wikerell'. ij d. ob. .. in wikerell' ad eandem [stabulam] cooperiend' et grangiam similiter, ij d. (*Essex*) *MinAc* 840/1.

wikettum, ~a, wichettum, wichetta (gu-) [AN, ME *wiket*, AN *guichet*], small door or gate (in or alongside larger door or gate), wicket.

1198 in ferratura guincheti de gaiole, v s. *RScac Norm* II 355; **1201** pro uno wichetto et duobus luveriis ad gaiolam de Warew' *Pipe* 232; **1212** pro ferramentis duarum portarum et pro seruris unius wicatti in castro de M. *Ib.* 58 r. 10 (2); **1235** ad unum hostium et unum ~um et ad gradus gaiole Flete reparand' *Liberate* (*Exch.*) 1203 m. 2; c**1278** in meremio empto ad portam dicte turrelle cum duobus foliis et una guigetta (*KR Ac*) *Building in Eng.* 254; **1284** in ij *charneres* ad dependend' gwychett' porte emptis, iij d. (*Kent*) *MinAc* 893/36; **1285** ad gychettum de altare (*KR Ac*) *Arch.* LXX 29; **1285** in servicio .. carpentariorum qui fecerunt .. wykettas ad cysternam et ad prisonam *KR Ac* 460/27 A3 (c); **1289** pro emendacione viketti ad cagiam *Ib.* 467/20 m. 4; dominus prior jussit sibi wichetum porte protinus aperiri *G. Durh.* 31; **1316** in ferro empto pro gimellis de wyketto *Rec. Leic.* I 315; **1302** in vertivell' ad eandem portam et ad wicattum dicte porte *KR Ac* 479/16 m. 1; **1322** in .. ij seruris pro wyketto magne porte manerii *MinAc* 1145/21 m. 15; **1322** j serrura pro wycketto porte castri *Ib.* 1146/11 m. 10*d.*; non patuit ingressus .. nisi per unum parvum wykettum THORNE 2063.

wikinus v. Wicingus. **wikmannus** v. wicmannus. **wilda** v. 1 walda.

wile, ~um, ~ium [ME *wele, wile*], sort of wicker trap for catching fish.

1256 fit destructio salminiculorum per wyles et per minuta retia *AssizeR Northumb* 103; in gurgite et wara reparanda .. in wiliis et pottis ad idem faciendis, xij d. *Ac. Beaulieu* 70; **1278** quod .. non ponatur aliquod rete vel wile sive borach' ad stagna *JustIt* 132 r. 32*d.*; **1325** expense gurgitum .. in uno magno willo cum puteo empto ij s. *MinAc* 854/8.

wilenagium v. villanagium. **wilium** v. wile. **wilkus** v. welkus. **will-** v. vill-. **willum** v. wile.

wimpla, ~ia [AS *wimpel* > ME *wimple*; cf. AN *guimple*], wimple, head-dress.

1200 precium .. unius ulne de nigra bruneta ad caligas et iiij ~iarum albarum et bonarum *Liberate RC* 9; **1228** precipimus vobis quod duo paria ~arum de serico emi et liberari faciatis R. .. deferenda .. ad opus Alienore cognate nostre *Cl* 65; c**1250** vij ~e, quarum iiij de serico et tres linee *Vis. S. Paul.* 9.

wimplarium [wimpla+-arium], wimple, head-dress.

c**1160** unum scaccarium michi et uxori mee ~ia quedam donavit *E. Ch. Ox.* 54.

wimplarius [wimpla+-arius], maker of wimples (also passing into surname).

c**1192** dedi .. scoppam meam in nundinis Norhant' in †reugo [MS: rengo] ~iorum *E. Ch. Northants* 62; c**1200** his testibus .. Radulfo ~io *AncD* A 7826.

wimplia v. wimpla. **winbargia** v. windbargia.

windagium (gu-) [AN *wyndage, gindage*, ME *windage*]

1 (act of or payment for transfer by) hauling or hoisting (with windlass).

1284 Simoni de E., marin' Dublin', .. pro cartagio et discartagio et wyndagio iiij dol' farine in .. nave xvj d. *KR Ac* 351/9 m. 12; **1300** pro .. cariagio .. †gunidagio [l. guindagio] dictorum dol' *AcWardr* 53; **1300** pro †gumdagio [l. guindagio] *Ib.* 60; **1300** pro eodem blado cariando .. pro .. portagio et †quindagio [l. guindagio] ejusdem bladi *Ib.* 107; **1328** pro gwyndagio predictorum cj doliorum gwyndandorum de dictis batellis in predictam navem *KR Ac* 78/3 m. 4; **1329** pro j batello conducto .. ad deserviendum predictis carpentariis in extraccione seu guyndagio predicti meremii de aqua *Ib.* 467/7/1; **1329** in gyndagio doliorum *IMisc* 111/1; **1333** pro gindag' xlviij doleorum vini gindandorum de navi *KR Ac* 78/11 m. 4.

2 device for hauling or hoisting, windlass, winch.

in ij cheveronis emptis de L. de P. ad wyndagium iiij d. *Ac. Galley Newcastle* 175; in ligaminibus ferri ad capita wyndagii, ix d. *Ib.* 179; **1302** pro cariag' meremii .. pro uno wyndeg' inde faciendo et pro stipendiis carpentariorum wyndagium illud faciencium *MinAc* 771/2 m. 6.

windare (gu-), ~ere [ME *winden*], to haul or hoist (with windlass).

1226 quod lx dolia vini que sunt in navi .. ~ari .. faciatis *Cl* II 119b; **1274** de quolibet navigio .. wyndare unum doleum vini (*Chanc. Misc.*) *S. Jers.* II 9; **1309** navem .. salvaverunt .. et †quindaverunt [l. guindaverunt] vina extra navem *PQW* 830a; **1318** ad portand' et guyndand' cendulas .. super combleam magne aule *KR Ac* 469/1; **1325** pro una magna corda .. vocata *haucer* pro petris et morterio sursum wyndendis et tractandis *Ib.* 469/8 m. 8; **1328** pro gwyndagio predictorum cj doliorum gwyndandorum de dictis batellis in predictam navem *Ib.* 78/3 m. 4; **1333** pro gindag' xlviij doleorum vini gindandorum de navi .. apud Twedemouth' *Ib.* 78/11 m. 4; **1333** iij operariis portantibus arundines et *robouse* et ea super capellam wyndantibus et tractantibus *Ib.* 469/12 m. 16; c**1339** in aqua wyndanda de fonte tracticio in claustro *Ac. Durh.* 536; c**1340** in duabus magnis cordis factis .. pro pipa wyndanda *Ib.* 537.

windarium (gu-) [windare+-arium]

1 device for hauling or hoisting, windlass, winch.

1327 de firma wyndar' Tamisie .. quod ad x s. extenditur per annum .. in wyndar' Tamisie fracto reficiendo *Ac. Sheriffs* 1/7.

2 (payment for) hauling or hoisting (with windlass), or *f. l.*

c**1393** super officio buterie super vino, pro windario [MS: windar'; ? l. windagio] [et] celeragio ij doliorum vini Vasconie *Ac. H. Derby* 162.

windasius (gu-) [ME *windas*, OF *windas, guindas*], device for hauling or hoisting, windlass, winch.

ligno quod naute windasium vocant caput rudentis circumposuere, ut suffragante ligno conatus efficacior esset. est .. lignum ex transverso puppis positum, et ex latere perforatum, cujus usus est in majoribus navibus ad suspendendum velum W. CANT. *Mir. Thom.* III 44; **1277** [*the windlass*] wyndasius [*revolved .. so that he fell into the well*] *Cal. LBLond.* B 270; c**1295** in uno wyndasyo et duobus rotheris ferro ligatis *HMC Rep.* IX *App.* I 258a; **1304** in uno wyndasio et duobus *rotheres* ferro ligatis emptis ad eandem [galeam] *Pipe* 149 m. 3*d.*; **1307** est ibi quidam wyndasmus super Tamysiam pro navibus tractandis *IPM* 128/27; **1348** in uno ulmo empto .. pro quodam wyndasio inde faciendo ad idem ingenium *KR Ac* 462/16 f. 5*d.*; **1348** pro factura unius nove wyndase *Ib.* 462/16 f. 6.

windatio [windare+-tio], (act of) hauling or hoisting (with windlass).

1226 in wyndacione decem et octo doliorum vini a navi usque in quemdam batellum *Cl* II 117b; **1374** in j muro decaso in molendino de B. de novo faciendo, sc. cum *polles* et virgis colligendis pro wyndacione ejusdem, xij d. *MinAc* 1156/21.

windbandum [ME *windband*], (metal) band of wheel, wheel-rim.

1318 custus carectarum .. in iiij windband' cum clavis ad eandem rotam emptis *MinAc* 1144/4 f. 6; c**1351** in factura unius fyle .. cum wyndbandis factis de proprio ferro pro rotis molend' *Ac. Durh.* 551.

windbargia [? AS *wind+be(o)rg*; cf. Eng. *windbarge*], slab placed along edge of roof (as protection from wind), projecting hood of gable, 'wind-barge'.

1238 in bordis emendis ad winbargias faciendas ad duo capita magne aule, iiij s. et vj d. (*KR Ac* 476/3) *Building in Eng.* 214.

windellus [AS > ME *windel*], sort of basket, windle; **b** (as unit of dry measure).

1271 in j wyndel' ad brasium inponendum empt' ad molendinum *Pipe Wint.* 11M59/B1/36 r. 1*d.*; **1306** in .. j corbell' de virgis, vj buss[ellis] et ij wyndell' de virgis *MinAc* 1079/17 r. 10; **1325** item Kirkebybankes, Braithlagh' et firma wyndellorum ibidem reddunt per annum iiij s. *IPM* 81/18; **1351** in ij wyndl' emptis de stramine, iij d. *MinAc Wistow* 62. **b** c**1248** iiij cronnocos frumenti et .. unum vindellum salis *Cart. Beauchamp* 129; c**1252** invenient .. unum ~um farine avene *Couch. Furness* II 442; **1255** forestarii capiunt de villata H. xvj ~os avene *Hund.* II 76b; **1268** in xiiij bledis que faciunt j eskepp' v windell' salis emptis, v s. iij d. (*Cumb.*) *MinAc* 824/7 r. 1; **1282** quelibet eskeppa continet sexdecim ~os, et illi sexdecim ~i faciunt quarterium Lond' et dimidium *IPM* 31/3 m. 1; **1298** in j wyndello ob. *Rec. Elton* 66.

windor (gu-) [cf. windare; cf. et. ME *winder*], one who hauls or hoists (with windlass), winder.

1325 item predictis viij port' et guyndor' operantibus et desservientibus cementariis *KR Ac* 469/8 m. 3.

windrawerius [ME *wine-drawer*], carrier of wine.

1301 wyndrawerii jur' *Cal. LBLond.* C 111 *in marg.*

Winilus, Lombard (*cf.* Paul. *Hist. Lang.* I 1).

nobilem de genere Langobardorum conjugem accepit et .. Normanniam oblitus inter ~os .. vixit ORD. VIT. III 9 p. 109.

wintringus [cf. ME *yering, wintre*], winterling, yearling.

1320 de uno wyntring' de vago vendito, xij d. *KR Ac* 131/24 m. 1; **1330** agistamentum lande de P. in hyeme .. de R. de Kendale pro x av' ij wynt' ad dim. terminum, xxij d. *Ib.* 131/22 r. 4*d.*

winuardus v. whinwardus. **wippa** v. whippa.

wirum [ME *wire*], wire, thread.

c**1322** viij *botons* de ~o argenti *IMisc* 87/25; Contreye: mirum, sopanedula, tractaque wyrum, / et carmen notum, nova stipula, pedula totum, / cardones mille *Staura Civ.* 13.

wisca [dub.; ? cf. ON *visk* = *wisp*, ME *wiskid* = *entangled*], flexible twig or branch (suitable for being interlaced so as to form wattle-work).

13.. debet .. wiscare duas clatas de falda prioris et colligere ~as et culmina *Cart. S. Denys Southampt.* II 213.

wiscare [wisca+-are], to construct of interlaced flexible twigs or branches, to wattle.

c**1180** pastores .. habebunt claias ~atas, sub quibus custodientes averia sua jaceant *Melrose* 106; duas caulas ~abit et portabit *Rec. Templars* 24; **1223** in falda viscanda, v d. *Pipe Wint.* 11M59/B1/11; **1248** in bercaria cooperienda et pariete ~ando *Rec. Crondal* 77; in fald' vixand', vj d. *FormMan Shorwell*; in clatis faciendis et ovilibus per loca wixandis *Ac. Beaulieu* 165; **1274** in .. bident' lavand', tond', falda vyscand' *MinAc* 984/3 r. 7*d.*; c**1280** debet colligere stipulam, virgas, ad clates wyxandas .. et clates wixabit *Crawley* 235; p**1284** virgas ad faldas suas faciendas et wyscandas *Reg. Wint.* II 759; **1337** in stipula colligenda pro falda vestienda [? l. vescienda], iij d. (*Vernham Dean*) *Ac. Man. Coll. Wint.*; **13..** debet .. ~are duas clatas de falda prioris et colligere wiscas et culmina *Cart. S. Denys Southampt.* II 213; **1357** in bruera falcanda pro clatibus wesciandis .. pro defectu straminis *Crawley* 281; **1408** in stipula colligenda pro falda wexanda (*Ropley*) *Ac. Man. Coll. Wint.*

wiscator [wiscare+-tor], one who wattles.

1211 in consuetudine bercarii, porcarii, ~oris falde *Pipe Wint.* 117.

wisd-, wised- v. waid-.

wispa, wipa [ME *wispe, wippe*], bundle, wisp (? *cf. whippa*); **b** (as unit of measure, in quot. of glass).

1286 idem reddit compotum .. de ix s. .. receptis de ccc wypis cyrporum (*Milton, Kent*) *MinAc* 983/11 S. 4. **b** c**1536** empcio vitri .. pro xxij wispis coloris Borgandie vitri, iij l. vj s. .. pro viij wyspis vitri albi Borgandie, xij s. *Fabr. York* 108.

wista [AS *wist* = *subsistence, sustenance*], measure of land (in Sussex) typically equated with a virgate or a quarter of a hide, 'wist' (*v. EHR* II 331–2, *EHR* XVIII 705–8).

c**1115** ecclesiam de Westefeld cum una ~a terre, liberam et quietam ab omni consuetudine terrene servitutis *Regesta* 1805; octo .. virgate unam hidam faciunt. ~a vero quattuor virgatis constat *Chr. Battle* f. 15; dividitur .. leuga per ~as, que aliis in locis virgate vocantur *Ib.* f. 18v; in Petlee est una ~a in dominio... ista enim quadraginta viij acris constat *Ib.* f. 20; c**1280** quelibet dimidia hida continet ij ~as *Cust. Battle* 29 (cf. ib.: due .. sunt magne ~e .. debent facere quantum facit dimidia hida); **1280** ibidem [Crowhurst] sunt xxij custumarii qui tenent xxij virgatas terre, quas vocant wystas *Reg. Richm. app.* 44; virgata terre et wysta idem sunt et unum significant. virgata seu wysta est sextadecima pars unius feodi militis. quatuor virgate seu wyste faciunt unam hydam *Cust. Battle* 100; **1320** quattuor wista faciunt unam hidam *IMisc* 83/5; **1334** sunt ibidem xxj averagia debita de predictis custumariis, qui tenent inter se vij ~as *IPM* 40/8 m. 10; **1546** qualibet ~a continente xvj acras terre (*Eastbourne*) *Rutland MSS MinAc* 35–8 *Hen. VIII* m. 47*d*.

wistum v. wista.

wita [AS *wite*], payment by way of punishment, fine, 'wite'.

si quis infra hunc terminum malignaverit eum in ictibus aut vinculis aut verberibus, emendet singulum eorum rectitudine patrie wera et ~a [AS: *ge mid were ge mid wite*] (*Quad.*) *GAS* 49; aliquando fuit de eo qui aurum furabatur vel equas silvestres vel apes, et multe ~e majores quam alie. nunc sunt omnes pares preter *manþeofe* [qui hominem furatur]: centum viginti sol. (*Ib.*) *Ib.* 55; si servus operetur die dominica per preceptum domini sui, sit liber, et dominus emendet triginta sol. ad ~am (*Ib.*) *Ib.* 91; si quis Christianitatem .. malemittat .. reddat sic weram sic wytam sic *lahslite*, secundum quod factum est (*Ib.*) *Ib.* 131; habeant .. vavasores qui liberas terras tenent placita que ad ~am vel weram pertinent super suos homines et in suo (*Leg. Hen.* 27) *Ib.* 562.

witaservus [wita+servus], one who is enslaved as a consequence of crime.

wytaservus [AS: *witeðeow*] noviter effectus (*Quad.*) *GAS* 111 (cf. ib. 115: wita servus homo [AS: *witeðeowne monnan*] Waliscus debet superjurari per duodecim hidas sicut servus ad verbera, Anglicus homo per triginta quatuor hidas).

Witclev- v. Wyclef-. **witecockus, witecokus, witecus** v. wodecokus.

withernamiare [withernamium+-are], to take withernam.

1338 [*withernam should be taken*] quod homines .. wythernamientur [*of the goods and chattels of men of that town*] *Cal. Pl. Mem. Lond.* I 181.

withernamium [ME *withernam*], counter-distraint, withernam: **a** (distraint of an individual's personal goods to force release of something taken in distraint). **b** (distraint authorized by one civic group against another in order to recover something owed by one of its members). **c** seizure of one person to secure release of another.

a 1244 quia averia capta pro debitis nostris non sunt replegibilia nisi per preceptum nostrum .. tibi precipimus quod averia que cepisti de hominibus dicti episcopatus in wydernamium deliberari facias *Hist. Exch.* 672n; **1285** preceptum fuit coronatoribus quod, si predicta averia predicti Petri sint remota, tunc caperent de averiis ipsorum Maugeri et aliorum in wythernamium (*CoramR*) *SelCKB* I 138; si .. [averia] inveniri non possint eo quod alibi fugata sunt .. in fraudem forte et captor terram habuerit in comitatu et catalla, capiat serviens regis de averiis illius in duplum, nomine wythernamii, et illam disctriccionem detineat donec averia sic abducta reducantur *Fleta* 98; **1333** ideo adjudicatum est ~ium *EE County Court* 191; **s1333** vicecomes Cant. et Hunt. injuste cepit unum grave wethirnavium in maneriis ipsius abbatis de diversis amerciamentis in comitatibus Hunt. et Cant. ad sectam Henrici de Boys, mercatoris *Chr. Rams.* 352 *app.* **b** mercimonia capta in mare et rescussa, ubi ~ium conceditur per breve *MGL* I 619; **1462** ipsi habeant plenam facultatem et auctoritatem attachiendi et capiendi omnimoda bona et catalla omnium et singulorum baronum et inhabitancium infra Quinque Portus .. et membra eorundem in ~ium sive namium et execucionem ejusdem infra dictam villam nostram Cales' fiend' et exequend' pro bonis et catallis ipsorum majoris, aldermannorum et burgensium .. captis et detentis infra Quinque Portus *Chart R* 193 m. 30; major et jurati ville de Fordewyco possunt .. accipere wythernamium de civibus London' de civibus Cantuarie et aliunde ubi decreverint esse faciendum pro aliquo casu facto contra libertatem suam *Cust. Fordwich* 16. **c** ipsum H. pretextu brevis nostri de ~io cepisti et imprisonasti *Reg. Brev. Orig.* f. 79 (cf. *MS PRO C 249/21* no. 42).

withertihla v. withertihtla.

withertihtla [AS *wiþertihtle*], charge, accusation.

nemo .. de cesione nemoris inoperati jure cogitur respondere per witherti[h]lam [vv. ll. wichterthilam, withertilam, wythterthilam], nisi domino suo vel captus in ea (*Leg. Hen.* 23. 2) *GAS* 561.

withertila v. withertihtla.

withum, ~a [ME *withi*, cf. ME *widde*]

1 pliable twig (esp. of willow), withy, rope made of such twigs twisted together.

1326 in virg' et wyth' empt. pro *steyryng* per vices *Sacr. Ely* II 59; **1365** in wythis et shakelis emptis .. pro herciis j d. (*Lincs*) *DL MinAc* 242/3888 m. 2.

2 (Sc.) measure of iron (perh. as bound with a withe), 'widdy' (*cf. torques* 2b; *cf. et. garba* 4).

1478 de x li. xx withis ferri de firmis terrarum de Duchray de eisdem terminis. summa hujus oneris l li. xx *widdis* ferri *ExchScot* 533; **1481** onerat se in primis de .. x widdyis ferri per arreragia ultimi compoti sui *Ib.* 113; **1481** Westir Duchra .. inde pecunia iij li. vj s. viij d. cum parte de xx wethis ferris *Ib.* 596; **1484** de x li. xx wethyis ferri de firmis terrarum de D. *Ib.* 239; **1490** de x li. xx widdis ferri de firmis de D. *Ib.*

Wittenbergensissime, in true Wittenberg style.

pulcherrime et Wittenbergensissime More *Resp. ad Luther.* (ed. J. Headley, 1969) 306.

wivelingum [ME *wiveling, weveling*], (piece of) caulking material used in ship-building.

1295 in .. viij libris sepi cum wynelyngis emptis a diversis pro eadem gallya (*Ac. Galley Ipswich*) *HMC Rep.* IX App. I 257b.

wivera [? cf. ME *wiver*], ? support beam, 'wiver'.

1253 in garder[oba] nostra unam wyuram fieri .. facias *Liberate* 29 m. 7.

wixare v. wiscare. **wlg-** v. vulg-. **wln-** v. vuln-. **wlp-** v. vulp-. **wlpiclaris, ~cularis** v. vulpecularis. **wlt-** v. vult-.

wobodus [*eponym, after Walter Wobode as first holder of office*], official who summons keepers of royal hawks to bring hawks for service.

1304 rex dilecto servienti suo .. ~o suo salutem .. vobis mandamus quod .. summoneri .. faciatis omnes illos qui austurcos et espervarios nostros in custodia sua habent in Anglia *Cl* 121 m. 7*d*. (cf. *Pat* 48 m. 2: **1238** rex omnibus .. qui servicium austurcie ei debent .. mittimus ad vos Walterum Wobod servientem nostrum); **1306** pro ~o regis .. mittimus ad vos wodebouum nostrum, rogantes quatinus ipsum wodebouum cum duobus equis et duobus garcionibus .. in domum vestram admittatis *Cl* 123 m. 17*d*.; **1307** rogantes quatinus ipsum ~um .. in domum vestram admittatis *Cl* 124 m. 13*d*.

woda, wada (g-) [ME *wode* < AS *wad*], woad (*Isatis tinctoria*), or the blue dye obtained from its leaves; **b** (in gl., applied to other dyes and dye plants). *V. et. waida, welda.*

1228 j fraiello de vaddo (*Torksey*) *EEC* 157; tinctores pannorum tingunt pannos in rubea majore, gaudone [*gl.: wode, wede, gayde, warance, meder*], et sandice Garl. *Dict.* 131; **1303** de eodem pro viij libratis wadii (*Sandwich*) *EEC* 268; **1304** pro vj doliis ~e (*Sandwich*) *Ib.* 168; **1417** omnimoda mercimonia, species, vina, wadda, madera, alumen, et omnes alie mercandise que sunt per pondus vendende *Mem. York* II 81; **1504** pro ij balis wade (*Lynn*) *EEC* 653; **1504** pro ij doliis waode (*Lynn*) *Ib.*; **1523** de cx magnis balleis gadi *Law Merch.* II 130; pro pretio vj *sakettes* wodi *Entries* 181ra. **b** *brasyl*, gaudo .. vel lignum alexandrinum *PP*; candeo, A. *wylde madur WW*; gaudeo, A. *woode or madur WW*.

wodare, wadiare [woda+-are], to dye with woad.

1359 de qualibet cima posita ad lanam alienam wadiandam, qualibet septimana, obolum *Doc. Bev.* 2.

wodarius v. wodiarius. **wodcokkus** v. wodecokus. **wodebouus** v. wobodus. **wodecoketis** v. wodecokus.

wodecokus [ME *wodecok* < AS *wuducocc*], woodcock (*Scolopax rusticola*).

c1120 in luco sunt iij udecokeres in dominio *Cart. Burton* 18; in luco sunt iij wodecoketes in dominio *Ib.* 25; **1219** duos chapones et duos witecos [v. l. wytecocos] per annum *CurR* VIII 169; **c1240** pro vj denariis annuis et uno witecoko, reddendo .. j witecokum ad Natale Domini *Cart. Darley* I 220; **1250** ballivis Wintonie pro .. c et l perdicibus, witecockis, et plovariis *Cl* 385; **1306** reddit per annum ad festum Sancti Andree ij wydecokkes vel j d. *IPM* 123/9 m. 3; **a1327** super *la knolle* juxta volatile woodcoccorum *MonExon* 232n; in iij perdicibus de instauro iij d., in iij ~is iij d *Ac. Ep. Bath.* 104; **1430** in ix wodcokkis et feldefaris empt. *Ac. Durh.* 61.

wodegabulum [ME *wode*+gabulum], rent or gavel paid on woodland.

1366 de .. xl s. de ~o de Coytrath *Pat* 273 m. 3; **1366** Nerberd .. de operacionibus cum ~o xv s. *Ib.* 273 m. 3.

wodegeldum [ME *wode*+geldum], money paid for the privilege of cutting or gathering wood in a forest.

1199 sint quieti .. de omnibus geldis, et danegeldis, et weudegeld', et felgeldis *RChart* 18a; **1331** quod ipsi et homines sui sint quieti .. de omnibus geldis et danegeldis, ~is et fengeldis *PQW* 32b; **1336** de ~is, scilicet cum contigerit quod aliqua collecta in foresta facta fuerit ad opus quorumcumque ministrorum foreste ipse et homines sui de hujusmodi ~is virtute carte predicte quieti sunt (*DL Couch.*) *N. Riding Rec. Soc.* III 108.

wodehusa [ME *wode*+*hous*], **~um,** dwelling or tenement in wood.

1274 de ~is, videlicet Johanne Hervy pro iiij acris et dim. terre, iiij s., Thoma Felach' pro iij acris dim., iij s. vj d. *Cl* 91 m. 11; **1274** de ~is, videlicet Hugone Hervy pro iij acris terre iij s. *Cl* 91 m. 11.

wodemotum [ME *wode*+*mot*], court for receiving presentments about forest offences, court of attachment, woodmoot.

1298 perquisita ~i cum escapuris valent per annum xiij s. iiij d. *IPM* 81 no. 18; **1322** et de iiij s. x d. de minutis perquisitis wodemot' *MinAc* 1146/11 m. 2*; **1325** indictatus fuit apud ~um chacee de Nedwode de hoc quod interfecit quandam damam in chacea predicta *Cl* 143 m. 31; **1565** Heathley. curia wodmoti domine regine foreste sue sive chacee sue de Heathley vocate Leicester Forrest tenta apud Lockis Lodge .. custos .. presentat quod R. V. .. succidit veride boscum *DL CourtR* 81/1120.

woderova [AS *wudurofe* > ME *woderove*], woodruff (*Galium odoratum* or *Asperula odorata*).

†albule regie, quam Angli †woerovam [l. woderovam] vocant Adel. *CA* 14.

wodespechta [ME *wode*+*spechta*], green woodpecker (*Picus viridis*).

primum pici genus Angli spechtam, et uuodspechtam, Germani elsterspechtam nominant Turner *Av.* (1903) 148.

wodewardia [wodewardus+-ia], office of woodward (in quot. in Wales).

1302 de Johanne filio Madoci de Colshill tenente ~iam de Pycton ad firma .. x s. *MinAc* 771/2 m. 4; **c1370** concessit ei dictum vicecomitatum una cum .. commotis, raglotiis, ringildiis, wodwardiis, havotriis *Rec. Caern.* 139; **c1370** pro wodwardia in eodem comitatu de Caern' [clamat habere] de quolibet amerciato pro re forestam tangente in eodem commoto quatuor denarios *Ib.* 142; **1404** cum .. raglotia et ~ia de Arthelewak *Cl* 252 m. 26; **1404** et cum omnibus aliis ad predicta manerium de Aber et villas, raglocias, ~ias, frythes, et havotrias qualitercumque spectantibus *Cl* 252 m. 26; **1455** volumus .. quod predictus Edwardus princeps .. teneat principatum predictum .. cum omnibus dominiis et terris, ac ceteris premissis in Northwall', Westwall', et Southwall', ac dominiis, commotis .. curiis, ~iis, constabulariis *RParl* V 291b.

wodewardus [ME *wodeward* < AS *wuduweard*], wood or forest officer, keeper of a wood.

1224 quod habere faciat abbatisse de W. wudewardum suum ad custodiendum boscum suum in foresta de S. *Cl* 590b; **1235** wdewardus .. habebit mortuam buscam, scilicet seckillones, et siliginem crescentem in bosco *Cust. Glast.* 57; **1235** si non fuerit wdeuardus .. non debet dare predictas gallinas *Ib.* 90; ~us de

Herdewik cum suo garcione iiij panes, vj allecia, vj anguillas *Reg. Pinchbeck* f. 165a; **1449** de acquietancia j wodwardi nichil quia nullus hoc anno *Crawley* 487; **1545** Johannes Trotter woodwardus ibidem *CourtR* 195/26 m. 2*d*.

wodeweya [ME *wodewei*], woodland road, wood-way.

1142 sciatis me dedisse .. brocham de Schotouere sicut semita extenditur a mora usque ad ~am que protenditur ex transverso magni chimini ab illa ~a scilicet que provenit de Coueley cum mora prefata *Rec. Templars* 179.

wodiarius [ME *wodier*], one who looks after trees in a wood or forest, who cuts and purveys wood, woodman.

wudiarii. unus wodarius est in coquina domini, et recipit liberationem suam per mensem de granario, sc. j *crannoc* frumenti per ix stacas, et ij acras frumenti in autumpno .. alius wodarius est in coquina monachorum, et recipit acram apud Brente *Cust. Glast.* 1; dabit de consuetudine wdiariorum ij bussellos frumenti *Ib.* 72; dare ad consuetudinem ~iorum *Ib.* 73.

wodmotum v. wodemotum. **wodum** v. woda. **wodward-** v. wodeward-. **wolda** v. welda. **wolk'** v. welkus. **wolnerare** v. vulnerare. **wolpentinus** v. vulpentinus.

wombus [ME *womb*], belly (in quot. w. ref. to skin).

1361 duas pecias corei, scilicet ij ~os .. asportavit *Proc. J. P.* 357.

woodcoccus v. wodecokus. **woodwardus** v. wodewardus. **worcetum** v. worsteda. **wordinus** v. worthina. **workfannare** v. werkvannare. **worsetum** v. worsteda.

worsteda, ~um [ME *worsted*, *after Worstead, Norf*], **worsetum,** sort of woollen cloth (used for making clothing, furnishings, *etc.*), worsted.

pro iij ulnis burnete de worthested' emptis ad caligas domini et sororis sue et Britonis *Househ. Henry* 412; **1350** in xj pannis de nigro worseto *Ac. Durh.* 173; **1398** ~am pro uno jupone .. tres ruellas sargie vel worsted' *Cl* 242 m. 10; **1422** nec wurseto duplicato aut dimidiato .. audeant .. vestiri *Conc.* III 415b; **1423** non liceat prelatis sive subditis uti panno nitido de worceto in cucullis aut in flocis duplicato *Doc. Eng. Black Monks* II 154; **1444** duo frontalia, unum de arras et aliud de vorseto nigro. item unum magnum frontale rubeum de vorseto *Cart. Aberd.* I 63; urbs .. Nortvicus .. in qua id genus panni quod vocatur ostadum duplex et simplex elaborate fit Major I 5.

worstedicus, worseticus [worsteda+-icus], made of worsted.

cum duabus dalmaticis semisericis (vorseticas patria lingua solent dicere) Ferr. *Kinloss* 75.

worthested' v. worsteda.

worthina, worthia [AS *worþig*, ME *worth*], enclosed yard or plot, typically attached to dwelling, curtilage.

c**1182** Godfridus archidiaconus iij wordini apud Sudberi *RB Worc.* 34; c**1200** unam worþinam terre que est juxta mansionem predicti Willelmi *Cart. Worc.* 445; c**1230** dedi .. mesuagium quoddam cum curtilagio et prato .. dictum mesuagium cum prato et worthino predicto *Ib.* 289.

worthinum v. worthina.

wosa [ME *wose* < AS *wase*, cf. OF *vase*], mud, slime, ooze.

1252 in xj acris terre marlatis de waso mar' xix s. vj d. *DCCant.* Reg. H f. 173b; **1313** debent extrahere totam ordur' et ~am inventam in puteo sub dicto ponte et .. inde cariare dictam orduram et ~am *KR Ac* 469/16 f. 5; **1313** Ricardo Kyngrichard crudwayn' carianti fumos et ~as projectas de puteo exteriori pontis tornicii *Ib.* 469/16 f. 6; **1316** debent extrahere totam ordur' et ~am inventam in puteo sub dicto ponte *Ib.* 468/20 f. 8; **1340** in ij hominibus locatis per vj dies pro ~a de Tamis' jactanda pro compost' ij s. vj d. et in ij tribulis ferr' pro ~a emptis, iij d. *MinAc* 918/21.

woyra, woyris v. weira. **wraccare** v. wreccare. **wranga** v. wronga. **wrecare** v. wreccare.

wreccare [wreccum+-are], to wreck (ship or its contents).

c**1120** dirationavit quoddam vini dolium quod fuerat apud Bramcestre werecatum [cf. *Chr. Rams.* 267: wrecatum] *Cart. Rams.* I 149; **1474** bona ~ata super mare, et ut wreccum super terram projecta per costeram maris *Entries* 684ra; **1496** pro bonis et mercandisis wraccatis infra quandam suam navem ~catam super costeram Hibernie *L. & P. Ric. III–Hen. VII* II 306; **1499** de quadam nave ~ata in mari de D. (*Dengemarsh, Kent*) *CourtR* 180/61.

wrecchum v. wreccum.

wreccum [AN *wrek, werec, wrak* < ON *wrec*]

1 that which is cast ashore by the sea in tidal waters, (also) right (esp. of king) to receive such or duty (of others) to hand such over; **b** (spec. applied to ship wrecked and cast up on shore, from which nothing has escaped alive, and its contents); **c** (*~um maris*).

c**1107** (12..) habeant omnes libertates suas, ~um, et omnes liberas consuetudines suas tam in mari quam in terra sicut unquam melius habuerunt (*Ch. Wint.*) *EHR* XXXV 390; c**1158** (1313) sint quieti de theoloneo et passagio et lestagio et wereg' *CalCh* III 220; **1162** quietum et de werecco et de scyra et hundreto *Act. Hen. II* I 262; **1179** vicecomes redd. comp. de ij s. et iiij d. de wrecho regis *Pipe* 28; **1190** (1332) liberum et quietum de wreccho .. solida, libera et quieta de wereccho *CalCh* IV 271; **1195** W. C. r. c. de x m. pro warecco invento et asportato *Pipe* 135; c**1218** omnia jura sua in insula Jersoii in terra et in mari, videlicet werecum suum per totam terram suam *CartI Norm.* 26; **1219** proferunt .. quietanciam .. de wreco et pontagii et passagii *BNB* II 15; **1238** cum omni warekko suo in Wale et cum quarta parte warekci tocius terre de Gerner' *CartINorm.* 180; **1254** abbatia .. consuevit percipere werequum suum per totam terram quam habet in insula de Gerse *Ib.* 28; ~um dici poterit quasi derelictum, ut si quid navis levande causa a nave projectum fuerit ab aliquo sine animo retinendi vel repetendi, id proprie dici poterit ~um, cum res projecta habita sit pro derelicta Bracton f. 120; **1278** quieti sint de .. cayagio, rivagio, sponsagio, et omni wreceo (*Cinque Ports*) *BBC* 260; **1283** ut in visu franci plegii, wayviis, wekkys, et omnibus aliis libertatibus consimilibus *Foed.* II 238a; **1309** cum werisco et aliis quibusdam suis pertinenciis dictis religiosis *CartINorm.* 32; **1309** quoddam werescum inventum supra terram de Nigromonte ejusdem insule *Ib.* 33; **1331** si .. aliquod vereccum amoveatur de costera maris sine visu ministrorum regis *Ext. Guern.* 72. **b** **1230** cum nullum wrek' habeatur ubi aliquis homo vel marinellus ad terram salvo devenerit, licet navis in qua fuerunt periclitet, mandatum est eidem B. quod .. vina .. ei .. deliberet *Cl* 357; **1241** precipimus tibi quod .. catalla .. de quadam navi que nuper periclitata fuit in costera maris .. reddi facias .. non obstante ~o ejusdem navis eo quod nullus hominum in eadem navi existencium vivus evasit *Cl* 377; magis proprie dici poterit ~um si navis frangatur et de qua nullus vivus evaserit, et maxime si dominus rerum submersus fuerit, et quidquid inde ad terram venerit erit domini regis Bracton f. 120; **1260** tres pecias cere .. que invente fuerunt in quadam navi de Dunwic' confracta .. que wreckum dici non debent, pro eo quod homines ejusdem navis evaserunt vivi *Cl* 272; **1455** eo quod malus navis predicte confractus extitit, ~um dici affirmant .. quamquam omnes .. persone ac omnia bona .. in eadem navi existencia salvata fuerant *Pat* 479 m. 16d. **c** **1247** quieti sint wrecio maris in omnibus terris nostris (*Drogheda*) *BBC* 339; a**1249** si aliqua navis, vel fercosta, vel aliud vas appulsum fuerit, et †inloinveniatur [l. in illo inveniatur] homo, canis, vel murilegus vivens, et exeat unus ab illo vase, vas illud non adjudicabitur pro wrecto maris *RegiamM* II f. 28v; **1275** asportarunt unum porpes' de warekk' maris apud Northal pertin' ad dominum regem *Hund.* II 148b; quo warento clamat habere furcas, wrekum maris *Chr. Peterb.* 44; **1319** diverse terre et tenementa cum .. escaetis, verecis maris, varennis, chaciis *CartINorm.* 37; **1319** de hujusmodi terris et tenementis, homagiis, serviciis, advocacionibus, vericis maris, varennis, chaciis *Ib.*; **1331** clamat habere .. wercum maris per totam terram suam *Ib.* 33; **1331** in .. vereco maris, garena cuniculorum, et in aliis libertatibus (*Guern.*) *AncC* 55/4; de wrekko maris quantum valeat per annum nulla potest fieri estimare quia proficuum inde proveniens accidit casu fortuite aliquando majus aliquando minus etc. *Capt. Seis. Cornw* 138.

2 seaweed, wrack.

1300 cum idem Johannes cariasset unam batellatam verisci maris .. idem Willelmus .. veriscum predictum arrestavit .. et illud super dominicas terras domini sui spargere fecit *JustIt* 1158 r. 7; **1300** inpediunt homines regis quo minus colligere possunt ~um in mari ad terras suas emendendas *Ib.* 1158 r. 8; **1333** in curia .. ij furce ferree et pro fimo, j furca ferrea pro warect' [cf. *Ac. Wearmouth* 140: de furcis pro fimo viij. item pro alga marina iij] *Ac. Jarrow* 21; **1364** injunctum est omnibus tenentibus ville et eciam tenentibus de Weremouth .. quod nullus eorum ponat wrekcum maris super le Hough in crastino dierum festivalium *Hal. Durh.* 32.

wreceum, wrechum, wrecium, wreckum, wrectum, wrecum, wrekcum, wrekkum, wrekum v. wreccum. **wresaindis** v. wrethiare.

wrethia [ME *wrethe*], rounded or coiled shape (in quot. of iron loop attached to end of hurdle).

1292 faciet clayas ad faldam unde quelibet erit de novem pilis et unus pes erit inter quamlibet pilam cum una magna pila et wrevia (*Belchamp St. Pauls*) *MinAc Essex*.

wrethiare [ME *wrethen*], to shape by twisting or coiling.

1248 in virgis colligendis ad faldam agnarum et in xij clatis wresaindis [? l. wresiandis] iij d. *Rec. Crondal* 55.

wrevia v. wrethia.

wroga, *var. sp. of* runga.

1499 T. B. carpentario emendanti wrogas [*MonA* IV 564: †sorogas] molendini cum aliis necessariis *Min Ac* HENVII/691.

wronga [ME *wrong*], floor timber of ship.

1211 in wranga et kivillis ad batellum viij d. ob. *Pipe Wint.* 155; **1229** mandatum est R. de C. quod habere faciat R. A. de Bristoll' unum quercum in foresta de Sancto Briavell' .. ad warengas et alia necessaria facienda ad operationem navis sue quam fieri facit *Cl* 186; **1284** Johanni Merinario .. pro cxxij ~is ad easdem [bargias] *KR Ac* 467/9 m. 9; **1294** pro vij wrangis emptis ix s. iiij d. *Ib.* 5/2 m. 2; in lx arboribus emptis de priore de Tynemue .. ad wrangas faciendas in galea *Ac. Galley Newcastle* 165; in stipendiis trium garcionum deserviencium carpentariis in wrang' jungendis *Ib.* 172.

wrotare [ME *wroten*], (of pig or sim. animal) to root.

1456 ~o (*Fingrith*) *MFG*.

wudewardus v. wodewardus. **wudiarius** v. wodiarius.

wudredum, *var. sp. of* 2 *hundredum*.

c**1280** quando aliquis wudredi de Crauly capit introitum terre sue non operabit pro terra sua ante falcationem prati de Wulveseia *Crawley* 233.

wulpecularis v. vulpecularis. **wulperettus** v. vulpericius. **wulpinus** v. vulpinus.

wulzona [ME *wul, wol*, CL zona], woollen girdle, belt.

1509 cum .. xiiij grossis *wulcardes*, xv grossis wulzon[arum] *EEC* 562.

wursetum v. worsteda. **Wycclevista** v. Wyclefista. **wychardus** v. wichardus. **wychworcum** v. wicwerkum. **wyckettum** v. wikettum.

Wyclefensis (Wiclev-), of or pertaining to John Wycliffe or his teachings, (also as sb.) follower of Wycliffe.

prestet auxilium ad comprehensionem hereticorum Viclefensium [ed. Stow: ad compressionem hereticorum †Wyclesensium] *V. Ric. II* 37; cepit primo adherere Wiclefensibus .. qui sui tenentes doctrinam magistri jam examina multa suorum exequacium Londoniis fecerant *Ib.* 80.

Wyclefianus (Wiclev-), of or pertaining to John Wycliffe or his teachings. **b** (as sb.) follower of Wycliffe.

in tantum .. eum intoxicaverat Wicliviana invidia quod .. factus est quasi dux et capitaneus in turbine populi *G. Hen. V* 1; fautor perfidie, pro secta Wicliviana, / obicibus regis fert mala vota sacris Elmh. *Metr. Hen. V* 85. **b** istorum Lollardorum sive Wyclyvianorum disciplina longe aliter se habet

Wyclefianus (cont.)

KNIGHTON *Cont.* 182; sicque a vulgo Wyclyff discipuli et Wyclyviani sive Lollardi vocati sunt *Ib.* 184; idem archiepiscopus firmavit sentenciam excommunicationis super Lollardos sive Wyclyvianos cum fautoribus *Ib.* 312; **1523** tentatum id [sc. anarchia] aliquando a Vuyclefianis in hoc regno fuit (TUNSTALL) *Ep. Erasm.* V 1367.

Wycleficus (Wiclev-), of or pertaining to John Wycliffe or his teachings.

1523 ad ingentem Vuicleficarum haeresum catervam nova accedunt arma (TUNSTALL) *Ep. Erasm.* V 1367; **1533** addebat se timere .. ne, si Gallia per illum reciperet verbum Dei, confirmaretur in fide Eucharistiae contra Vicleficam sectam (MORE) *Ib.* X 2831; Ricardus Wychewith, Anglus, Wiclevicus sacerdos BALE *Index* 275.

Wyclefista (Wiclev-), follower of John Wycliffe or his teachings.

processus domini Johannis Lyncolniensis episcopi contra Willelmum Swynderby Wycclevistam, et impietates ejus hereticas *Ziz.* 334; scripturus .. contra novellos hereticos Witclevistas, qui his novissimis diebus Anglicanas repleverunt ecclesias NETTER *DAF* I 1a B; quid ergo et si dyscoli Vuitcleviste per cameras et tabernas perstrepant? *Ib.* I f. 2va; posset .. contumax Witclevista se scuto malignacionis sue contegere contra patrem *Ib.* II f. 5vb A; Guilhelmus Rymyngton .. scripsit .. dialogum inter catholicum et haereticum .. contra Wiclevistas BALE *Index* 148; **1555** inter alia Wiclefistae et Lutherani et omnes alii haeretici damnati et anathematizati fuerunt .. per damnatae memoriae Johannem Wiclef et Martinum Lutherum haeresiarchas .. falsa et haeretica dogmata credendo *Conc.* IV 133b.

Wyclefisticus (Wiclev-), of or pertaining to John Wycliffe, his teachings, or followers.

ut tendamus ad hanc Witclevisticam pravitatem de absoluta necessitatione voluntatis humane NETTER *DAF* I 69a C; audacter frangere simulacra opinionum et heresum quas furor Vuitclevistice pravitatis in regno consculpsit *Ib.* II f. 1rb A; doctrina nona .. qua docent Witclevistici sectatores .. quod iniquo .. magister ipsorum .. sit damnatus *Ib.* II f. 6vb A.

Wyclesensis v. Wyclefensis. **Wyclyvianus** v. Wyclefianus. **wycmannus** v. wicmannus. **wydecokkis** v. wodecokus. **wydernamium** v. withernamium. **wyka** v. wicum. **wyketta, ~um** v. wikettum. **wylcus** v. welkus. **wylis** v. wile. **Wyliscus** v. Waliscus. **wynda-** v. winda-. **wyndasa, ~asius, ~asmus, ~asyum** v. windasius. **wyndbandum** v. windbandum. **wyndegium** v. windagium. **wyndellus** v. windellus. **wyndere** v. windare. **wyndlus** v. windellus. **wyndrawerius** v. windrawerius. **wynea** v. vinea. **wynelyngum** v. wivelingum.

wynquartus, ? *f. l.*

1322 ipse .. prefatus serviens recipiet cervisiam dicti Willelmi per manus servientis in conventu quelibet [*sic*] die ad hostium claustri et suam wynquartum celarii *Cart. Blyth* A123 p. 488.

wynt- v. wintringus. **wyntringus** v. wintringus. **wypa** v. wispa. **wyrum** v. wirum. **wyscare** v. wiscare. **wysda** v. waida. **wyspa** v. wispa. **wysta** v. wista. **wyta** v. wita. **wytaservus** v. witaservus. **wytecocus** v. wodecokus. **wythernam-** v. withernam-. **wythterthila** v. withertihtla. **wythum** v. withum. **wyura** v. wivera. **wyxare** v. wiscare.

X

1 X [Gk.], X, chi (twenty-second letter of the Greek alphabet); **b** (used for the 'Ch' of Christus, freq. in conjunction w. rho). V. et. ch-.

qui [Latini] .. post perceptionem Dominicae fidei H et X et P et Ω cum A Graecas litteras .. recipiunt .. intromittentes X et P propter nomen Xpi' BEDE AM 83. **b** Xriste, tui est operis, quia vestis et ipsa sepulchro / inviolata nitet: Xriste, tui est operis BEDE HE IV 18; Xristicolas passim perdens per tetra venena BONIF. Aen. (Luxoria) 296; Xristus, -ti, i. chrismate unctus, inde Xristianus .. et hec Xristianitas .. et hoc Xristianismum OSB. GLOUC. Deriv. 628; **1413** Hec Est Nobilitas Regnantibus Inclita Cunctis / Virtutum Series, Relevans Examine Xpus (Acrostic) Pol. Poems II 122; **1413** Rex Es, Xpicolis Ale Ne Grave Ledat, Id Effer (Acrostic) Ib. II 123; coniferata sive conconata area .. cruci Constantino ostensae .. non dissimilem, et ex linearum dispositione crucem intelligunt †latera [l. litera] X intersectam, ut sic Christum in ea passum significarent, cujus nominis Graece scripti prima est litera X. plerunque autem superiorem partem erectae lineae in litteram P flectebant .. et hinc error vulgaris .. Christi nomen hoc modo scribens Xps, Xpi, Xpm SPELMAN Asp. 82.

2 X [CL], X (letter of Roman alphabet or sound represented by it); **b** (as cruciform); **c** (numeral, = 10). V. et. ix.

X quoque littera consonans ejusdem potestatis gratia duplex nuncupatur, ut 'axis' BEDE AM 85; ut ait Martianus quicquid -C- atque -S- formatur, -X- sola sibilat, et in sono suo utrasque litteras representat OSB. GLOUC. Deriv. 629. **b** vis prepes mundi velut x transponitur alti / qua movet et salvat omnia forma crucis GARL. Tri. Eccl. 34. **c** de x littera .. cum pro denis sola videbor, / unaque sum forma sed vim retinebo duarum HWÆTBERHT Aen. XIV (X littera) 3; Latino more computando D notat quingentos, j unum, c centum, l quinquaginta, v quinque, x decem BACON Gram. Gk. 82.

xaantus v. xanthus. **xamittum** v. samitum. **xanctio** v. sanctio.

Xandicos, Xanthicos [Ξανδικός, Ξανθικός], name of a month in the Macedonian calendar (equated w. April).

Apriles, qui secundum Gregus Xanthicus appellatur THEOD. Laterc. 2; vocatur .. apud eos [sc. Graecos] ipse .. Aprilis, ~os BEDE TR 14; Ebruus aequivocat Nisan Xanticos Graiusque Kal. M. A. 69; hebr' nisan. aegyp' famuthi. gr' xanthicos. lat' apr'. sax' eastormonað (Kal.) Miss. R. Jum. 12.

Xanthicus v. Xandicos.

xanthion [ξάνθιον], broad-leaved burweed, common cocklebur (Xanthium strumarium), used as reddish-yellow hair dye.

sanction, aut fassa gasmon, quam multi parrine dixerunt, nascitur locis umbrosis et in stangnis siccis, hastam habet angulosam et pinguem super terram. folia sunt illi andrafraxe similia, in summitate divisa, odorem cardami habentia, semen rotundum sicut olive, semen ejus mixtum cum aqua vel vino capillos rubeos facit Alph. 161.

xanthus, ~os [ξανθός = yellow or reddish-yellow]

1 reddish.

Theophilus dicit quod vigilie faciunt urinam xantos et ypoxantos, i. ru[beam] vel subru[beam] GILB. I 62v. 2; xantos, i. rubeum. inde ypoxantos Alph. 193.

2 (kind of) flower.

xaantus, i. flos Gl. Laud. 1526.

3 (as name of a town in Lycia, and of several rivers).

tertius circulus .. tendit per Caspias partes, Mediae proxima, Cataoniam, Cappadociam .. Lycaoniam, Lyciam, Patarum, Xanthum, Caunum, Rhodum BEDE

TR 33; Xanthus, -thi, i. quidam fluvius OSB. GLOUC. Deriv. 628.

Xanticos v. Xandicos. **xantos** v. xanthus.

†xelanum, ? f. l.

xelanum, i. assenablum Alph. 193.

xenaxe v. xinaxe.

xeniare [CL xenium+-are, v. et. exeniare], to present a gift to.

sanctum [Edmundum] actu regali ~avit, locum donis ac redditibus propriis munificavit, liberumque omni consuetudine chyrographizavit HERM. ARCH. 16.

xeniolum [CL], little gift, token (v. et. exeniolum).

futuram sui memoriam a singulis implorans, nonnullis etiam familiariorem amicitiam emeritis ~a que in secretis habebat largitus est W. MALM. GR I 61; revulso sepulcri operculo cum eo quasi cum amico fideliter collocutus, ~um in perpetui pignus amoris deposuit, et abiit Id. GP II 82; nec cessabant ~a, scilicet torques, anuli, zonule, serice vestes MAP NC III 2 f. 34; frequentibus ~is et amicicie simultatibus evicit ab ipso tam credi quam amari Ib. V 4 f. 62v; rex Francorum quedam ~a parva a rege Anglorum in signum dilectionis accepit OXNEAD Chr. 68.

xenium [CL < ξένιον], gift, present; **b** (of food); **c** (of offering given to church, shrine, or sim.); **d** (applied to customary payment or sim.); **e** (applied to corrupt payment, bribe, or sim.). **f** bounty, boon.

c**740** parva .. munusculorum transmisio scedulam istam comitatur .. id est turis et piperis et cinnamomi permodia zenia Ep. Bonif. 49; senium, munuscula Gl. Leid. 3. 18; s**924** ut .. reges et principes sorores ejus .. per internuncios nobiles ~iis et muneribus onustos in conjugium sibi dari postularent Chr. Rams. 14; oblatis ~iis imperator .. eam quem mallet, vel se vel filium, eligere precepit W. MALM. GR II 113; permanere cum illo volentibus magnos honores optulit, redeuntibus vero in occiduas partes larga ~ia donavit ORD. VIT. X 12 p. 75; †**605** (12c) camisiam ornatam, quod mihi ~ium de domno papa Gregorio sedis Apostolice directum fuerat CS 6; celebratis .. nupciis .. recedit Herla muneribus onustus et xenniis equorum, canum, accipitrum MAP NC I 11 f. 10v; **1232** xennia avium regi missa .. H. liberari faciant Cl 60; pilas Lutetiae affabre consutas ~ii loco ad eum mitteret REDMAN Hen. V 24. **b** per rusticum episcopo ~ium gratissimum, grandem scilicet piscem, destinaverit W. MALM. GP II 73; in Hebreo: x sectiones lactis, id est decem ~ia vel fercula de lacte diversi modi et diverse facture ANDR. S. VICT. Reg. 59; septem annis primis quatuor fercula [habuit] in domo sua, postea nisi tria, preter ~ia BRAKELOND f. 132. **c** oblata fuere sancto donaria rerum multarum innumerabilia; incolae, cives, et advenae sua dant ~ia HERM. ARCH. 14; tantummodo mitte ~ium ad Augustinense domicilium ad beatae Mildrethae tumulum ut ejus merearis suffragium per orationes fratrum GOSC. Lib. Mild. 7; beatum .. Laurentium, cujus ecclesie .. preter alia ~ia calice aureo honorificarit W. MALM. GR II 193; auctor Miceleniensis cenobii idem qui Mideltunensis .. similia contulit et villarum et reliquiarum ~ia Id. GP II 93; data ei a rege .. mansio qua cenobium edificaret, collataque a proceribus multorum ~iorum oblatio Ib. III 100; quidam anachorita vir .. ad quem Mathildis regina legatos et ~ia misit, ac ut pro marito filioque suo .. Deum oraret .. rogavit ORD. VIT. V 10 p. 383. **d 1202** (1227) nulla .. persona .. per debitum seu per consuetudinem aut per violentiam aliquid ab hominibus et terris .. Radingensis monasterii exigat .. non opera, non tributa, non zenia CalCh I 15; **1290** solute .. pro diversis particulis poletrie .. emptis ut patet per zennia infra .. exennium missum regi et regine in festo Natalis Domini Doc. W. Abb. Westm. 173; **1375** reddit .. unam gallinam et unum denarium ad izanium ad festum Natalis Domini IPM 247/61. **e** possunt .. communes loci ad quamlibet partem

inflecti pro facundia oratoris, presertim cum non contempnatur eloquentia quam pretiosa condiunt ~ia W. MALM. GR V 406; ~iorum obtentu vigorem animi enervans, inconsulto Wilfrido, tres alterius regionis episcopos in ejus diocesim introduxit Id. GP III 100; Aldelmus magnorum ~iorum oblationibus consensum voluntarium elicuit Ib. V 222; sit de numero non utencium vinum et alia xennia, et sit curia sua patens omnibus advenientibus BACON V 143. **f** en! piscatores retia sua libenter dilatant in pelago, ut captent grata ~ia [i. munera] piscium ÆLF. BATA 5. 9; a gude dede, beneficium, zennium, bene quidam. versus: do grates vobis propter data zennia nobis CathA; a mede, merces, meritum, premium, remuneracio, retribucio, vicissitudo, zennium. versus: si Christum sequeris tu zennia magna merebis Ib.

xennium v. xenium.

1 xenodochia, var. sp. of cenodoxia.

aut .. putredo dissolutionis et ignavie putrefaciet ea [sc. poma] .. aut fures jactantie et xenodochie furto sustollent ea J. FORD Serm. 92. 10.

2 xenodochia [ξενοδοχία], practice of offering hospitality to strangers.

exenodoc[h]ium, susceptio peregrinorum GlC E 519; xenodochia, susceptio peregrinorum Ib. X 2; **10..** exenodochia, susceptio peregrinorum WW.

xenodochiaria [LL xenodochium+-aria], (in gl.).

an hosspituller, cenodochiaria, cenodochiarius Cath A.

xenodochiarius [LL xenodochium+-arius], (in gl.).

xenodochium .. i. domus pauperum vel collectio pauperum .. et inde .. ~ius, -rii, i. custos xenodochii OSB. GLOUC. Deriv. 628; an hosspituller, cenodochiaria, cenodochiarius CathA.

xenodochiolum [LL xenodochium+-olum], (little) hostel, hospital, guest house.

xenodochium .. i. domus pauperum vel collectio pauperum quod quidam propter inceptionis scribunt per C et non per X, et inde hoc ~um, -li diminutivum OSB. GLOUC. Deriv. 628; an hospitalle, cenodochium vel xenodochium, xenodociolum CathA.

xenodochium [LL < ξενοδοχεῖον], place offering hospitality (esp. lodging) to strangers or others in need, hostel, hospital, guest house.

796 ~ia, id est hospitalia .. in quibus sit cotidiana pauperum et peregrinorum susceptio ALCUIN Ep. 114; xenodoc[h]iorum, collectionum GlC X 1; huic consuetudo erat singulis diebus quindecim pauperes peregrinos in domo sua ponere eisque victualium plenam administrationem facere, praeter eos qui in ~io habebantur ALEX. CANT. Mir. 42 (II) p. 240; deinde basilicam .. juxta quod .. patebat xenodochium [vv. ll. exenodochium, senodochium; gl.: haumonerie, hospita dicitur, hospital, herberch], cui planctibus impletum †misocomium [l. nosocomium] adjacebat BALSH. Ut. 50; **1195** interdicimus .. ut nulli licitum sit infra terminos parochiarum vestrarum ecclesiam, cimiterium, oratorium, vel ~ium de novo construere (Bulla papae) Cart. Lindores 93; c**1223** qui volunt domum hospitalem fundare seu sinodochium Ch. Sal. 159; preter pauperum et infirmorum, leprosorum, viduarum et orphanorum zenodochia que construxit (Gilbertus) NLA I 471 (cf. Canon. G. Sempr. f. 56); almesse howse, sinodoctrium, -ii PP; an hospitalle, cenodochium vel xenodochium, xenodociolum, asilum, diversorium, hospitale, hospicium, gerontoconium, rogatorium, xenotrophium CathA; nomina domorum et rerum ecclesiasticarum .. hoc hospitale, a nospytalle, hoc sinodogium, hoc diverticulum, i. diversorium WW; †exnado hior [? l. exenodochiorum], collecti WW.

xenodochus [LL < ξενοδόχος], keeper of or worker in hostel, guest house, hospital, or sim., guest-master.

~i sive hospitalium procuratores apostolorum sequuntur vestigia J. Sal. *Pol.* 692B; **1166** consilium quod vobis dedit Nicolaus ~us Rothomagensis *Id. Ep.* 182 (179).

xenodociolum v. xenodochiolum.   **Xenofontinus** v. Xenophontinus.

Xenophontinus [cf. CL Xenophontius], follower or disciple of Xenophon.

hoc .. asserit Flavianus .. Xenofontinos faciente invidia adversus Platonis gloriam impudenter finxisse J. Sal. *Pol.* 460B.

xenos [ξένος], stranger (esp. as guest).

s**1258** laicus sive quilibet de potentatibus qui spoliat ecclesias rebus suis, clericos, zenones, vel religiosos, sacrilegium committit *Ann. Burton* 427; ~os per 'x-' est peregrinus, a quo xenia, que sunt munera seu dona Bacon *Maj.* III 110; **1519** fratres Latine vel Gallice loqui scientes .. Latine vel Gallice inter se omnino loquantur, nisi vel excennis quispiam affuerit, vel festi celebrioris gratia *Conc.* III 688a.

xenotrophium [ξενοτροφεῖον], (in gl.) place offering hospitality (esp. lodging) to strangers or others in need, hostel, hospital, guest house.

an hospitalle, cenodochium vel xenodochium .. rogatorium, xenotrophium [MS: xeutrophium] *Cath A*.

xerampelinus [CL < ξηραμπέλινος], that resembles withered vine leaves, (in quot. in gl., understood as) threadbare. **b** (as sb. f.) cloth or garment having such resemblance (as threadbare or as of delicate material or workmanship). *Cf. et. pellina, sarpellarium, superpellicium, etc.*

seropelinus, A. *threadbare WW*; *thredbare*, cincinnosus, xeropellinus *CathA*. **b** cujus [sc. nimphule] indumenta in festivis diebus sint matronales, serapelline [v. l. serapeline; *gl.*: *chenses, pelyscuns, keinse pinché, keinse ridlé, bel pelisoun a dame*], recinium, teristrum Neckam *Ut.* 108; seropellina, A. *a roket WW*; *a thredbare clathe*, cicinnus, xeropellina *CathA*.

xerofag- v. xerophag-.   **xeromira, ~mirra, ~mirum** v. xeromyrrha.

xeromyrrha [ξηρός+μύρρα; cf. ξηρόμυρον (*in gl.* = rosmarinum); cf. et. xylomyrrha], (in gl., perh. as kind of heliotrope incense plant).

xeromirra, -e, i. equus Apollinis Osb. Glouc. *Deriv.* 628 (cf. Sedul. *Hymn.* 2. 81: xeromyrrham post sabbatum / quaedam vehebant corpori); **14. .** xeromirum .. i. siccum unguentum, quasi manibus confectum .. quod raro repperis equus est dictus xeromira (*Dict.*) *MS Trin. Coll. Camb. O. 5. 4* f. 274r.

xeropellina, ~us v. xerampelinus.

xerophaga [cf. xerophagus], (in gl.).

a frute, fructus, xiros grece. *a frute eter*, xirofagus vel xirofaga *CathA*.

xerophagia [CL < ξηροφαγία], eating of (only) dry foods (in quot. as form of abstinence or fast).

jejunium aliud est qualitatis, aliud quantitatis, aliud numeri, aliud summe exactionis, aliud alteritatis, aliud zerophagie Beleth *RDO* 11. 25A; jejunium ~ie est quando siccum cibum quis comedit. ~ia dicitur sicca comestio a 'xeron', quod est siccum, et 'phagin', quod est comedere .. sicca comestio est ut in fructibus, scilicet pomis, piris, et castaneis et consimilibus. quidam appellant siccam comestionem legumina cruda sive etiam cocta, si comedantur absque †vire [l. jure] malaxata cum cocleari *Ib.* 11. 25C; *a dry feste* [v. l. *dryfast*], xerofagia *CathA*.

xerophagus [cf. CL xerophagia], one who eats (only) dry food (esp. as form of abstinence or fast, also transf. w. ref. to ascetic life).

historiographis ad scribendum uberius tema dant presulum litigia, et cruenta principum prelia, quam theologorum sintagmata, vel xerofagorum parsimonia sive prodigia Ord. Vit. V 1 p. 302; xerofagi, i. fructus tantum comedentes Osb. Glouc. *Deriv.* 629; *a frute*, fructus, xiros grece. *a frute eter*, xirofagus vel xirofaga *CathA*.

---

xerostyrax [ξηρος+στύραξ, cf. CL styrax], dried aromatic gum or resin derived from the tree *Styrax officinalis*.

747 suscipere costum, cinnamomum, et serostyracem *Ep. Bonif.* 85.

xeutrophium v. xenotrophium.

xi [ξεῖ], xi, fourteenth letter of Greek alphabet; **b** (as numeral, = 60).

Greci .. habent octo semivocales, scilicet zita, labda, mi, ni, xi, ro, sima, phi. sed tres harum sunt duplices, scilicet zita, et xi, et phi. xi .. apud Grecos terminatur in i, et mutatur vocalis a parte ante et dicitur ix apud Latinos, ut dicit Priscianus Bacon *CSPhil.* 501. **b** xi, 'x', ξ, lx *Runica Manuscripta* 351 (cf. Bede *TR* 1: M xl, N l, Ξ lx).

xia v. sium.

†xierda, *? f. l.*

†xierda, i. cornix *Alph.* 194.

xifion v. xiphion.   **xilea** v. xylia.   **xilenum** v. selinon.   **xilia** v. xylia.

†xilibrium, *? f. l.*

14. . †xilibrium [*i. e.* sisymbrium], A. *horsmynt MS Univ. Coll. Lond. lat.* 11 f. 346vb.

xilo v. xylon.   **xiloaloes** v. xyloaloes.   **xilobalsamum** v. xylobalsamum.   **xilocaracta, ~ecta** v. xylocerata.   **xilocassia** v. xylocasia.   **xilocimianum** v. xylocinnamomum.   **xilofagus** v. xylophagus.   **xilomacor** v. xylomacor.   **xilomirta** v. xylomyrrha.   **xilon** v. xylon.   **xiloscissi** v. xylocissos.

†xilum, *f. l.*

†xilum vel exilo [v. l. xisum vel xolo; cf. (v. oxelaeon)], i. acetum *Alph.* 194.

ximacon v. zimaton.

xinaxe, *var. sp. of* synanche [CL < συνάγχη], morbid inflammation or swelling of or in the throat, quinsy. *V. et.* synanchia.

Demostenes .. legitur .. se dixisse pati reumaticam passionem .. sc. xenaxen [Aul. Gell. XI 9: synanchen] et contra †molestos [Aul. Gell. XI 9: Milesios] loqui non posse J. Waleys *Compend.* IV 6. 2 f. 173va; non xinaxen [Aul. Gell. XI 9: synanchen] Demostenes patitur, sed †achitexem [Aul. Gell. XI 9: argyranchen] i. cupiditatem *Ib.*

xinocerata v. xylocerata.

xiphias [CL < ξιφίας], swordfish.

~iae .. piscis summam rostri partem .. quae gladio seu ensi militari similis est, ad naturale rostrum tibi depinximus Caius *Anim.* f. 23b.

xiphion [CL < ξίφιον]

1 corn-flag, field gladiolus (*Gladiolus italicus, Gladiolus segetum*) or gladdon (*Iris foetidissima*).

xifion, i. ascamon [l. phasganon] *Gl. Laud.* 1527; gladiolus segetalis, respice in †xision [l. xifion] *Alph.* 72; gladiolus juxta aquas crescit .. gladiolus G. glaiol, A. *leure*. respice in uriolus et in xiridia et in †xision [l. xifion] *Ib.*; **14. .** exifion, eracion, *gladyn or bladyn MS Univ. Libr. Camb. Dd.* 11. 45 f. 116ra.

2 European bur-reed (*Sparganium emersum, Sparganium simplex*) or foxglove (*Digitalis purpurea*).

herba xifion, *þæt is foxes fot Leechdoms* I 24; yxifion, i. *foxes fot Gl. Laud.* 1531; **13. .** xifion, *voxesfot MS BL Sloane* 2479 f. 106v; **14. .** xifion, A. *foxesgloven MS BL Addit.* 18752 f. 116r.

xiria v. xirion.   **xiridia** v. xyris.   **xirio** v. xirion.

xirion [ξηρίον], dressing or ointment for wound (perh. as desiccative).

xirio, i. pultes ad plagam *Alph.* 194; xiria, i. unguentaria *Ib.*

xirobalsamum v. xylobalsamum.   **xirocerata** v. xylocerata.   **xirofag-** v. xerophag-.

xiros, *var. sp. of* choerus.

xiros, i. porcus *Alph.* 194.

xis, *? f. l.*

---

nauta brevis resonat gnarus de littore Xerses. / pax †xis [*? l.* cis *i. e.* -cis sc. pacis] semper, sed regna, calumnia longe Alcuin *Carm.* 118. 4 (cf. ib. 118. 13: os oris longa est; ib. 118. 15: virtus virtutis longa est).

xisimbrium v. sisymbrium.   **xision** v. xiphion.   **xisisimbrium** v. sisymbrium.

xistilla, *var. sp. of* 2 scilla.

xistilla, i. scilla *Alph.* 194.

xisum, xolo v. xilum.

xoro, *var. sp. of* oxireum.

xoro, i. acetum *Gl. Laud.* 1529.

xp-, xr- v. chr-, christ-.

xpma', *var. sp. of* christophora.

xpma' habet folia rotunda aliquantulum spissa, unum stipitem habet et parvuli rami exeuntes *Alph.* 194.

xucarium, xuker v. succarum.

xylia [cf. CL xylocassia], cassia (*Cinnamomum cassia*).

cassia, xilea idem *Alph.* 33; xilia, i. cassia *Ib.* 194.

xyloaloes [ξυλαλόη], aromatic resin or wood, esp. from trees of the genus *Aquilaria* or sim., lign-aloes.

et grana quinque squinanti, carpob', xiloaloes, xilocassie, croci Gilb. II 119v. 1; xiloal' gallie mus' spice cum vino aro' *Ib.* III 158v. 2; lignum aloes, quod vocatur xilo aloes, est subnigri coloris intra et extra, si est bonum Bacon IX 173; de lignis xiloaloes xilobalsamum, quia opus hic ponere confortativa cordis Gad. 15. 2; xilo interpretatur lignum, unde xilo aloes i. ligni aloes *SB* 43.

xylobalsamum [CL < ξυλοβάλσαμον], balsam wood.

balsamum, liquor; xilobalsamum, lignum balsami quia xilon dicitur lignum Osb. Glouc. *Deriv.* 80; xirobalsamum, -mi, i. cortex balsami vel, ut alii volunt, fructus balsami *Ib.* 628; dicitur .. balsamus arbor .. silobalsamum lignum quod inciditur, opobalsamum liquor quem in foramine concavitatis pendere cernimus Gerv. Tilb. III 78 p. 704; cum cute capparis quod canibar vocatur, anet', xilobal' Gilb. I 34v. 2; balsamus est arbor; sunt balsama dicta liquores / .. / trita vel incisa faciunt colobalsama ligna Garl. *Syn.* 1581D; xilobalsamum, i. lignum balsami et hujusmodi *SB* 44.

xylocasia (-ss-) [CL xylocassia < ξυλοκασία], wood of cassia (*Cinnamomum cassia*), or other aromatic wood.

et grana quinque squinanti, carpob', xiloaloes, xilocassie, croci Gilb. II 119v. 1; grana xv calamenti, xilocassie *Ib.* V 228. 1; lignum aloes, lignum amarum idem, xilocassia, respice in xilon *Alph.* 103; exilon vel exilos, id est lignum. inde xilocassia, id est lignum aloes *Ib.* 194; xilocassia, i. cassia lignea *SB* 44.

xylocerata [cf. ξυλοκέρατον]

1 carob tree (*Ceratonia siliqua*) or its fruit (esp. considered as resembling a horn).

xirocerata, i. cornua simili *Gl. Laud.* 1530; fac sirupum .. cum apozimate xilocaracte Gilb. IV 195. 1; in aqua celesti in quo xilocaracta .. decoquantur *Ib.* V 118v. 2; siliqua, i. fructus qui dicitur carobia. respice in xilocarecta *Alph.* 170; exilo cataracta, i. fructus quasi lignum cornutum vel scriptum, qui etiam dicitur vaginella vel siliqua *Ib.* 194; xinocerata, i. cornua *Ib.*

2 kind of briar or wild rose, prob. eglantine (*Rosa rubiginosa*) or dog rose (*Rosa canina*).

14. . silocaracta, *eglentere MS BL Sloane 1067* f. 287.

xylocinnamomum [CL < ξυλοκιννάμωμον], wood of cinnamon or (in quot.) of tree similar to cinnamon (perh. cassia, *Cinnamomum cassia*).

xilocimianum usui simile cinnamomo sed grossius et longius et quodammodo linosum et brumosum, sed vires et odores fert inferius, fere tamen ad eadem sumitur et eadem prestat *Alph.* 193.

xylocissos [ξύλον+κισσός, cf. CL cissos], ivy-wood.

scissi, i. edera, unde xiloscissi et [l. est] lignum edere et hujusmodi *SB* 38.

xylocolla [ξυλόκολλα], glue for wood.

†oxicolla [l. xylocolla], respice in taurocolla *Alph.* 132; taurocolla, quam multi †oxicolla [l. xylocolla; Diosc. III 87 ξυλοκόλλαν] dicunt, melior est radaica que maxime ex rasura corii fit *Ib.* 183.

xylomacor [dub.; ? cf. ξύλον, sycaminus, *or* sycomorus, macir *or* morus; cf. et. ξυλόμακερ], (in gl.).

solomacar, i. cortex de celsu *Gl. Laud.* 1434 (cf. ib. 1029: macir, i. cortex mali punici); xilomacor, i. cortex celsi *Ib.* 1528 (cf. *Alph.* 193: †zimaton [v. l. ximacon], i. cortex celsi).

xylomyrrha [ξύλον+μύρρα], wood of myrrh-tree (*Commiphora myrrha* or sim.).

xilomirta, i. lignum mirre *Alph.* 194.

xylon [CL (*applied to cotton-plant*) < ξύλον], wood.

balsamum, liquor; xilobalsamum, lignum balsami quia xilon dicitur lignum OSB. GLOUC. *Deriv.* 80; exilon vel exilos, id est lignum *Alph.* 194; carpobalsamum est fructus balsami, unde versus: est opo [i. e. ὀπός] siccus [*sic* MS; l. succus], ciro †ciro [*sic* MS; *? omit as dittograph*] lignum, carpoque [καρπός] fructus *SB* 14; xilo interpretatur lignum *SB* 43.

xylophagus [ξυλοφάγος], creature that eats wood, wood-worm.

a worme, vermis, gurgulio .. teredo est vermis in ligno, xilofagus idem est a xilon lignum et fagin comedere *CathA*.

xyris [CL < ξυρίς], **xyridia,** kind of wild iris, field gladiolus (*Gladiolus italicus* or *G. segetum*) or gladdon (*Iris foetidissima*).

dexeris aut cetris a Romanis gladiosum dicitur, folia habet similia yridi sed laciora et acuciora, semen ejus rotundum et nigrum, gustu viscidum *Alph.* 50; gladiolus .. respice in uriolus et in xiridia et in xision [l. xifion] *Ib.* 72; xiridia, i. gladiolus *Ib.* 194; **14..** xiridia, A. *gladwyn MS Univ. Coll. Lond. lat. 11* f. 346vb.

Y

Y [CL], Y (letter of Roman alphabet, also as upsilon, twentieth letter of Greek alphabet); **b** (as Greek numeral, = 400).

‘gula’ dicendum, non ‘gyla’, quia Y litteram nulla vox nostra asciscit BEDE *Orth.* 26; humanitas quasi in bivium separatur. unde a Pictagora per Y litteram significatur BERN. *Comm. Aen.* 64; secundum Grecos pronunciandum est gymnasius et gymnosophista per ‘G’ videlicet et ‘Y’ literam Samiam GROS. *Hexaem. proem.* 49; aliud habent i quod debiliter sonat et cum hyatu quod vocant ipsilo, hoc est y tenue, quia tenuem habet sonum; et nos vocamus illum y grecum et utimur pro eo hac figura y, u BACON *Gram. Gk.* 5; quandoque i stat immediate ante vel post m, n, vel u, potest mutari in y, ut legibilior sit, vel stare in sua natura *Orthog. Gall.* S17; in versibus Sibille qui incipit [*sic*]: judicii signum [quod] tellus sudore madescet y littera invenitur et exprimitur in quinque verbis: ‘Jhesus Christus Dei Filius Salvator’ W. WORC. *Itin.* 248. **b** Y cccc BEDE *TR* 1; oy, y, Y, cccc *Runica Manuscripta* 351.

†yacis, *f. l.*

1290 de zinzybre, .. pipere, cumino, †yacys [? l. macys] .. albo *Doc. Scot.* I 189.

yalodes v. hyaloides. **yalon** v. hyalus. **yantinus** v. oenanthinus. **yantis**, **~um** v. oenanthe.

yara [ME *yare*], enclosure for catching fish, fish-garth, yair.

1199 totam insulam .. preter unam piscariam meam, sc. unam jharam *Cart. Lindores* 2; **c1220** totam insulam .. preter unam iharam *Ib.* 15; **1275** habent unam yeram que dicitur Sandwardyere; et stat injuste super filum aque de Tyne .. et est de longitudine iiij perticarum *Hund.* II 19a; **1307** de xiij s. iiij d. de redditu piscarie .. pro j termino, quia ~e fuerunt prostrate *Boldon Bk.* xxxix; **c1380** cum viij s. de redditu .. pro j ~a, vocata Onnesyare, et cum ereccione j retis in portu *Surv. Durh. Hatf.* 137; **1398** donavit terram de K. inferiore Johanni de C. et yharam de K. inferiore *Reg. Moray* 211.

yarus v. 1 jarus. **yaxare** v. axare. **yburneus** v. eburneus. **yc-** v. et. ic-, oec-. **yconia** v. iconia. **yconomia, ~us** v. oeconomia, oeconomus. **yconoyfanas** v. iconophanus. **ycorarea** v. succoraria. **ycrasia** v. eucrasia. **ydempt-, ydent-** v. ident-. **ydicelidos** v. hydrocelicus. **ydiom-** v. idiom-. **ydra, ydra-** v. hydra, hydra-. **ydrag-** v. hydrarg-. **ydrep-, ydrop-** v. hydrop-. **ydrozephalos** v. hydrocephalus. **yelma** v. gelima. **yem-** v. et. hiem-. **yemps** v. hiems. **yepso** v. yespo. **yer-** v. hier-. **yera** v. hieros, yara. **yeratrum** v. 1 veratrum. **yerda** v. cnida. **yeresiva** v. geresgieva. **yersa** v. gersa.

yespo [ME *yespon* < AS *gespan*], measure of volume equal to amount contained in hands cupped together.

12.. tinctor .. habebit tot fabas sicut .. messor potest accipere duabus manibus junctis de fabis domini ter, sc. tres yepsones fabarum *Cust. Bleadon* 202.

ygia v. cnida, hygia. **yhara** v. yara. **yle** v. hyle. **ylex** v. ilex. **ylidrus** v. chelydrus. **ylimentum** v. elementum. **yliosus** v. iliosus.

†ylipsis, *f. l.*

pillule .. †ylipsis [l. yliosis *i. e.* iliosis ‘one who *suffers from stomach pains*’] conferunt, aurium dolorem sanant GILB. II 99v. 2.

ylium v. ilium. **ym-** v. et. im-. **ymag-** v. imag-. **ymb-** v. imb-. **ymera** v. hemera. **ymmoverius** v. immo. **ymn-** v. hymn-. **ymo-** v. immo-.

†ymon, *f. l.*

sic moritur Symon de bacca dictus et austri, / ecclesie plaustri rota, dux, auriga, †vel ymon [? l. †vel lymon] *Pol. Poems* I 228.

yn- v. in-.

yncherna, ? part of dovecote.

1378 in ij carp' conduct' per j diem pro j yncherne de lath' in columb' de B. fac', viij s.; in mm *lathnail* empt' pro dicta ~a, et pro coopert' dom', ij s. viij d. (*Hatfield Broad Oak*) *MS Essex RO D/DQ* 18.

ynos v. drys.

yochire [ME *yoken, yocken*], to yoke, join together.

1433 anulent et yochiant porchos suos *CourtR* 177/54 r. 18d.

yomanus [ME *yeman, yoman*], yeoman.

nobile illud decus et robur Angliae, nomen .. ~orum Anglorum fractum .. est ASCHAM *Ep.* 294.

yomenus v. esthiomenus. **yourum** v. 1 sorus. **ypapant-** v. hypapante. **ypepiosa** v. hypopia. **yper-** v. et. hyper-. **ypericon, ~ison** v. hypericum. **yperisinteticon** v. hypersyntelicon. **yperitron** v. hyperythros. **yperlodius, ~ludius** v. hyperludius. **ypia** v. hippia. **ypnalis** v. hypnale. **ypo-** v. hippo-, hypo-. **ypomaratrum** v. hippomarathrum. **ypotamus** v. hippopotamus. **ypotecaria** v. 1 apothecaria. **yppallage** v. hypallage. **yppomaratrum** v. hippomarathum. **yr-** v. et. ir-. **yrcinus** v. hircinus. **yre** v. 1 dia. **yreos** v. iris. **yricius** v. ericius. **yring-** v. eryngion. **yrsinus** v. hircinus. **yrundo** v. hirundo. **ysinon** v. isthmus. **ysitium** v. esicius. **ysmon** v. isthmus. **ysophagus** v. oesophagus. **ysophus** v. hyssopum. **ysopum, ~us** v. oesypum. **ysox** v. esox. **yssac-, yssak-, yssaqu-** v. issaccum. **ysserellus** v. isserellus. **yst-** v. et. hist-. **ysteron** v. hysteros. **ystri-** v. histro-. **yu** v. ion. **yva** v. iva. **yvernagium** v. hibernagium.

†yxerwrda, ? *f. l.*

hic namque redivivam semirute †yxerwrde [*sic* MS] scintillam laudabiliter excitavit *Hist. Llanthony* f. 50v.

yxifion v. xiphion.

Z

Z [CL], Z (letter of alphabet, also as zeta, sixth letter of Greek alphabet).

'z' septimam decimam consonantem propter Graeca verba quibus consuete utuntur adsumpsere Latini BEDE *AM* 82; hec .. littera que est 'z', inter duas posita vocales, vim et efficaciam duarum retinet consonantium OSB. GLOUC. *Deriv.* 632; consecrata .. mensa .. in Sabulo ... vel secundum alios hoc nomen 'Zabulo' per 'z' signat proprie locum GROS. *Hexaem.* proem. 50; nomina .. pluralis numeri .. vocalem 'e' habencia in ultimis sillabis requirunt hanc litteram 'z', verbi gracia *amez Orthog. Gall.* S6; 'z' Greca est ultima littera (HARCLAY *Adv.*) *Auct. Brit.* XVII 54.

zabanta v. zaberna.   **zabaoth** v. sabaoth.   **zabarra** v. zaberna.   **zabellus** v. sabelus.

zaberna [LL], travelling bag, scrip, satchel, 'wallet'.

gabarnas, arcas *GlC* G 17; zabarras, arcas *Ib.* Z 3; posuit .. super cervices discipulorum .. ~as plenas codicibus GIR. *GE* I 24 p. 66; sarcine et burse, sacci, ~e [ME: *packes*] sunt res mundane *AncrR* 55; *warderope of clothys* .. †zambua, †zabanta .. Ugucio in 'zambua' [cf. Hugh of Pisa *Deriv.*: zaberna vel zabarra vel zalbarra, archa vel locus ubi vestes reponuntur] *PP.*

zabilo, zablum v. sabulum.   **zabol-, zabul-** v. diabol-, sabul-.

zabuligenus, *var. sp. of* diaboligenus [LL diabolus+-genus], (in gl.) spawn of Satan.

zabuligenus, -ni, i. a zabulo genitus OSB. GLOUC. *Deriv.* 631.

zacar-, zachar- v. et. succar-.   **zaccaron** v. zarcaton.

zacharizare [LL Zacharias < Ζαχαρίας], to imitate Zacharias, father of John the Baptist (in quot. w. ref. to response to his wife's miraculous fertility).

ecce! [Lundonia] sterilis letare .. que nullos parturis vel habes sanctos ... jam secure ~abis cum Zacharia: visitavit oriens ex alto nostra [cf. *Luc.* i 78] HERM. ARCH. 12.

zactaron v. zarcaton.   **zaduaria, zadura** v. zedoaria.

Zafar [Ar. *ṣafr*], second month of the Islamic year, Safar.

est .. annus Arabum xij menses in se continens, quorum .. secundus .. 'Zafar' dierum xxviiij .. est ADEL. *Elk.* 1.

zafranum, *var. sp. of* safranum.

cuminum et zafranum nocent embrioni et suam tingunt pellem in palidum colorem M. SCOT *Phys.* 12.

zai v. zain.   **zaiboth** v. zibac.

zain [Heb.], zayin, seventh letter of the Hebrew alphabet.

aleph, beth, gimel, deleth, he, vau, zai (*De Inventione Litterarum*) *Runica Manuscripta* 350; zain, z BACON *Gram. Heb.* 202.

zaitaron v. zarcaton.

zakiare, *var. sp. of* saccare [*to etym. add* cf. AN *saker*, OF *sachier*], to pull up, pluck, pick (*cf. et.* sarculare).

idem zakiabit xxv garbas de stublis *Reg. S. Aug.* 313 (cf. ib. 119: debent facere xxv garbas de stipula; ib. 201: debent capere c garbas stipule); Blacsune debet .. in autumpno super tassum domini j hominem et zakiabit xxv garbas de stublis *Ib.*

zalare v. zelare.

†zalata, *f. l.*

†zalata [cf. χάλαζα], grando OSB. GLOUC. *Deriv.* 631; *hayle,* grando, †zalata .. *an hayle stone,* †zalata *CathA.*

†zalatias, *f. l.*

†zalatiam [*i. e.* chalazias '*gem resembling hailstone*'], gemmam dicimus que ad instar grandinis magna est OSB. GLOUC. *Deriv.* 631.

zallus [? ME ȝalu, yelwe], ? yellow.

sulphuris alius albus, alius niger, alius ~us, etc. M. SCOT *Part.* 297; suffumigatio cujus [sc. sulphuris] dealbat setam ~am *Ib.*

zamalentition, (med.) kind of herb used to heal wounds.

herba †zama lentition [*MS Bodley Ashmole 1462* f. 80r: zamalention; *MS BL Harl. 5294* f. 57v: zamalenticion] (Ps.-DIOSC. *Ex Herbis Femininis*) *Leechdoms* I 62.

zambanus [? Ar. *zabāniya = warders of Hell*], (alch., *focus ~us* or sim.) burning sulphur, 'hellfire'.

unusquisque [sulphur] habet certas virtutes .. ut in alchimia .. ad faciendum focum ~um M. SCOT *Part.* 297.

zambua v. zaberna.   **zambuca** v. 3 sambuca.

zambulare, *var. sp. of* sabulare.

c1297 zabulum .. ad zambulandum calcetum dicti conducti *Reg. Tristernagh* 78.

zamia v. zemia.   **zandria** v. 2 sandalum.   **zaphirus** v. sapphirus.

zarcaton [Ar. *bazr-qaṭūnā = seed-fleabane*; cf. Sp. *zaragatona*], psyllium (*Plantago afra* or sim.), 'fleaseed'.

†archacon [l. archaton], respice in †zactaron *Alph.* 16; psillium, respice in †zaccaron *Ib.* 148; †zaitaron vel †acaron, i. psillium *Ib.* 198; zarchaton, i. psillium *SB* 44.

zarchaton v. zarcaton.   **zarnec, ~net** v. zarnic.

zarnic [Ar. *zarnīkh*], bright yellow trisulphide of arsenic, orpiment, zarnich.

sulphur †zarnet [l. ~ec], i. e. auripigmentum, cito comburitur et a combustione cito consumitur ROB. ANGL. (I) *Alch.* 515a (cf. *rec. 1* 24: sulfur et auripigmentum comburuntur et in combustione diu non durant; *LC* 272a: ~ich, ~ec, ~eck, est auripigmentum).

zazannia v. zizanium.   **zebellinus** v. sabelinus.   **zedar** v. zedoaria.   **zedeoariare** v. zedoariare.   **zedoare** v. zedoaria.

zedoaria, ~ium [Ar. *zedwār* < Pers. *zadwār*], (med.) aromatic root of *Curcuma zedoaria* or sim., zedoary, 'setwall' (*cf. cetewala*); **b** (in gl.).

at zeduar stomachum confortat debilitatum (H. HUNT. *Herb.* VI 1. 8) *Med. Stud.* LXV 243; zedoarium radix, ut dicitur, herbe: / matricem mundat GARL. *Epith.* IV 327; ~ium est calidum et siccum, et est domesticum magis eligendum, et illud quod est magis citrinum, tenue, et longum, in sapore acutum ... sylvestre est subalbidum et stipticum BART. ANGL. XVII 196; cinamomi, zodoarii GILB. III 169v. 2; 1253 pro .. j li. zeodoar' ad opus regine (*Fruits & Electuaries*) *KR Ac* 349/10; qui timet sibi de vomitu .. comedat masticem et ~iam et coriandrum in aceto infusam GAD. 7v. 1; zodoar radix est cujusdam herbe .. G. et A. *zedewale Alph.* 198; †zedar calide virtutis est .. unde .. lumbricos occidit, ructum facit, et stomacho aptum est *Ib.*; species non pulverizate, sicut zimziber, ~e, galenga *Cust. Cant.* 362; zadura vel zaduaria, A. dicitur *setwall* TURNER *Herb.* (1965) 59. **b** zeduarium quedam herba est, A. *zeduale WW.*

zedoariare [zedoaria+-are], to flavour (in quot., wine) with zedoary.

1244 fieri faciat ad opus regis contra natale Domini claretum et pingmentum .. et de vino ij sexercia zedeoariata et .. iij muscata *Cl* 274.

zedoarium, ~uar, ~uarium v. zedoaria.   **zelalis** v. zelare.

zelanter [CL zelans *pr. ppl. of* zelare+-ter], with ardent fervour, zealously.

ille sic sponse sue amplectitur caritatem ut ~r quoque humilitatem respiciat ancille sue J. FORD *Serm.* 61. 2; 1262 ~r desiderans ut zelus et sollicitudo quos erga regiam obtineo majestatem .. consequatur [sic] effectum *RL* II 208.

zelare [CL cf. ζηλοῦν]

1 to love (person) jealously.

qui ex nimio amore ~at uxorem suam, non ferens quod alicui aliquod signum amoris demonstret ANDR. S. VICT. *Hept.* 132.

2 to have ardent fervour for (esp. protection or promotion of person or cause), be zealous for; **b** (intr., w. *pro*); **c** (w. *ut* or inf.); **d** (pr. ppl. as adj. or sb.). **e** (pass., also w. dir. obj.) to be filled with ardent fervour, be zealous (for).

~emus .. domum Dei BEDE *Hom.* II 1. 118A; 1172 quid .. facient miseri ~antes legem, videntes justitiam opprimi? *Ep. J. Sal.* 305 (307 p. 746); 1177 rex noster .. super omnia desiderabilia hujus mundi ~atur P. BLOIS *Ep.* 66. 198C; 1249 rector ecclesie de P. .. vir ut estimo ~ans animas AD. MARSH *Ep.* 34; [Frisones] castitatem multum ~ant, impudiciciam severius puniunt *Eul. Hist.* II 75; 1439 ~antes admodum .. honorem et exaltacionem ejusdem [abbatis] BEKYNTON I 12. **b** c1236 nos qui tenemur ferventius ~are pro domo Domini GROS. *Ep.* 21; 1299 vos pro promocione dictorum negociorum ~atis *Reg. Cant.* 327; 1305 pro illorum libencius zalamus honore a quibus nos majora cognoscimus servicia recepisse *RGasc* III 445b; c1341 quam sinceris affectibus amor paternus pro statu ~averit regni pacifico J. MASON *Ep.* 207; 1369 archiepiscopus cunctique satrapi sui fortiter ~ant pro secularibus tuendis *Lit. Cant.* II 492; cardinales .. divisi sunt in partes .. ~antes utrique pro suis compatriotis *Meaux* II 317. **c** perficere .. ~at similem suam, tam in his que pertinent ad hominem exteriorem .. quam in his que spectant ad interiorem AD. SCOT *Serm.* 421B; 1302 pacis dulcedinem .. assequi ~antes (*Ep.*) *Chr. Rams. app.* 376; 1302 ~antes .. ut .. [ecclesia B.] preservetur a noxiis et optatis semper proficiat incrementis *Reg. Cant.* 440. **d** electus .. contra quem sui fratris ~antes consurrexerunt ministri BYRHT. *V. Osw.* 449; qui decoris sacri .. observator ~antissimus est J. FORD *Wulf.* 57; 1331 peticionem .. Deo placidam et cunctis pie ~antibus acceptam *Lit. Cant.* I 373; c1402 universitas nostra, vestre sanctitatis ~antissima proles *FormOx* 212; justum mors †dicat [l. ditat], †zelalis [l. zelans] hereditat aurum J. FOXTON *Cosm.* 44. 1 p. 97. **e** ~us est legem Domini ut Finees [cf. *Num.* xxv 11] DOMINIC *V. Ecgwini* I 4; 1188 quia zelo ~ati sunt pro domo Domini, quasi reipublice estimati sunt inimici *Ep. Cant.* 227; 1223 rex .. insinuans quod .. sue ~etur ecclesie libertatem *Mon. Hib. & Scot.* 21a; 1228 volumus experiri .. devotionis affectum .. qualiter honorem ~amini matris vestre (*Lit. Papae*) *Reg. S. Osm.* II 149; 1285 Moysi .. principatui resistentes quos .. vivos devoravit inferus ut clareat quantum ~etur Dominus pro reverentia exhibenda prelatis PECKHAM *Ep.* 645 p. 896; 1440 quantumcumque .. ~ati simus BEKYNTON I 84; contigit ut .. rex fastu regio ~atus .. non aperiret portas (Adomnán *V. S. Columbae*) BOWER IV 12.

3 to envy, be jealous of. **b** (pass.) to be filled with envy, be jealous (of, in quot. w. dir. obj.).

s1190 in animo regis Francie perseveravit .. emulatio, et regis Ricardi gesta preclara ~ans .. servabat pectore vulpem *Itin. Ric.* II 21. **b** rumoribus auditis de .. athletis qui .. in oriente contra ethnicos .. triumpharunt, occidui proceres invictam probitatem et insperatos eventus eorum ~ati sunt ORD. VIT. X 20 p. 117; Scyllam .. Glaucus .. amavit. hunc Circe .. diligebat, ~ataque Scyllam fontem in quo lavari solebat venenis infecit ALB. LOND. *DG* 11. 8.

zelatio [LL = *jealousy*], ardent fervour, zeal.

virtutis amor et honoris Dei ~o ANDRÉ *Hen. VII* 85.

zelator [LL]

1 one who loves jealously.

capram .. per quam .. maritus ~or ac zelotipus sive zelotes nimis prodicioni datus GIR. *SD* 90.

2 one who has ardent fervour (esp. for protection or promotion of person or cause), zealous supporter.

1160 litteratus est, modestus, humilis, justitie ~or J. SAL. *Ep.* 59 (124 p. 214); ~ores circumcisionis persequebantur predicatores crucis GROS. *Gal.* 171; **1259** fratres minores .. cultus divini et salutis animarum precipue ~ores (*Lit. Regis*) *Mon. Francisc.* I *app.* 621; **1265** quibusdam rebellibus .. qui se regii honoris .. et pacis totius regni .. dicunt esse ~ores *Cl* 67; **1336** hic alter Mathathias, legis Dei ~or strenuus *Lit. Cant.* II 115; **1437** singuli in choro .. confabulantur .. ridendo .. in .. devocionis ~orum perturbacionem (*Examinatio*) *Stat. Linc.* II 401; **1440** vester actu, opere, et sermone ~or fervidus BEKYNTON I 34; domino W. Eliensi episcopo suus .. orator sedulus .. Johannes .. preces, vota, et quicquid melius tam rudis ~or cogitare possit (*Ep.*) CAPGR. *Symb.* 213.

zelatrix [CL zelare+-trix], one (f.) who has ardent fervour (esp. for protection or promotion of person or cause), zealous supporter (of).

1404 utilitas reipublice, cujus corona vestra regia .. ~ix .. proclamatur precipua *RL* I 258; **1414** universitati .. quam pro dogmatizacione salubrium negociorum .. fervidam scimus ~icem BEKYNTON II 123; dominam M. H. .. pacis ~icem .. in nostram .. priorissam .. eligimus *Form. S. Andr.* I 335.

zella v. 2 sella.

zelositas [zelosus+-tas], ardent fervour, (in quot. amorous) zeal.

?**13..** qui quidem L. in quodam magno convivio .. concipiens gelositatem inter uxorem suam et dictum Willielmum .. ipsum W. fecit suspendi (*Chr. Llanthony*) *MonA* VI 134b.

zelosus [CL zelus+-osus], filled with ardent fervour, zealous. **b** (in gl.).

1526 obitus devoti et ~i fratris (*ObitR Aberd.*) *Scot. Grey Friars* II 313 (=*Mon. Francisc.* II 132); **1559** qui .. erat .. per omnia religionem concernentia multum ~us (*ObitR Aberd.*) *Ib.* II 286 (=*Mon. Francisc.* II 123). **b** ~us, de quo potest haberi zelus OSB. GLOUC. *Deriv.* 632.

zelotes [LL], one who loves jealously (orig. as epithet of God).

quocunque .. pergeret .. clavem illius hostii .. fortis ~es [cf. *Exod.* xx 5] secum ferebat *Canon. G. Sempr.* f. 47v; miles .. nimis ~es philomelam quatuor equis distrahi precepit eo quod .. [uxorem] ad illiciti amoris compulisset illecebras NECKAM *NR* I 51; genus .. regium .. extinctum .. denunciat qualiter ~es suorum .. Dominus visitet peccata patrum in filios J. FURNESS *Kentig.* 22; capram .. per quam .. maritus zelator ac zelotipus sive ~es nimis prodicioni datus GIR. *SD* 90; **1236** novit ille qui est Deus ~es quod zelo salutis tue .. tibi scripsi GROS. *Ep.* 24; Dominum diligere .. qui viz. ~es est Deus .. qui .. se solum adorari vult GARDINER *VO* 76.

zelotip-, zelotop- v. zelotyp-.

zelotypare [CL zelotypus+-are]

1 to make sexually jealous, (also spec.) to cuckold.

hic sunt .. monache connubia, Christe, / que tibi spondebant nec tibi pacta tenent. / o te zelotypant! GARL. *Epith.* IX 115; **s1230** Lewelinus .. Willelmum .. eo quod ipsum ut dicitur zelotiparet .. suspendi fecit *Ann. Tewk.* 74; nuptiis .. celebratis, facta est commotio magna .. quasi Deo irato quoniam rex H. zelotipaverat et .. Christum de sponsa sua .. defraudaverat M. PAR. *Min.* I 189; rex [Johannes] .. nonnullos uxoribus suis zelotipavit *Flor. Hist.* II 136 (cf. *G. S. Alb.* I 240: multos .. ~avit violenter); zelotopatis, i. e. aliquibus dominis forte qui manent in castello cum uxoribus propter zelotypiam (ERGOME) *Pol. Poems* I 206; *to make cukewalde,* curucare, zelotipare *CathA* 86.

2 to have ardent fervour for, be zealous for (*v. et. zelare* 2).

perimit .. petulcum / .. Phinees legem zelotipando suam [cf. *Num.* xxv 8] E. THRIP. *SS* V *prol.*

zelotypia [CL < ζηλοτυπία]

1 sexual jealousy. **b** ? infidelity or sim. conduct giving rise to jealousy (in quot. in transf. context).

regem .. zelotipie spiritus concitans .. dormitare non permisit J. FURNESS *Kentig.* 36 p. 223; legerat .. iras, rixas, zelotipias graves, et suspiciones GIR. *Æthelb.* 4; cum .. a sociis de ~a increparetur, produxit eam [uxorem] in medio ut .. ea abuteretur M. PAR. *Maj.* I 96; ~a, quod est suspicio de sponsa BACON *Gram. Gk.* 62; potest .. aliquis frui quo non vult alium frui .. sicut apparet de ~a inordinata DUNS *Ord.* II 122; qui manent in castello cum uxoribus propter ~am (ERGOME) *Pol. Poems* I 206. **b** [parentes] de consensu tante copule sciscitabantur, at ipsa .. asserebat se ab alio amatore, sc. Christo, preveniri, increpans patrem et matrem de zelotipie presumptione M. PAR. *Min.* I 188.

2 ardent fervour (esp. for protection or promotion of person or cause), zeal (also w. obj. gen.).

o sancte ~e ardor in discipulo! R. BOCKING *Ric. Cic.* I 29; de zelotipia peripatetice veritatis cujus nos profitemur sectatores SICCAV. *PN* 37; **s1494** tanta ~a circa .. execucionem ferebatur quod [rex] .. interdixit ne ab ullo mortali .. quidquam .. pro edificacione illius loci acciperent sed ex regis erario dumtaxat (*Chr. Observ.*) *Scot. Grey Friars* II 177.

zelotypus [CL < ζηλότυπος]

1 sexually jealous. **b** (as sb. m.) jealous man, (spec.) cuckold.

si sis zelotipus nimium non inde susurres / .. / cum sis zelotipus discas spectare lacunar [cf. Juv. *Sat.* 1. 56] D. BEC. 2002; mens tua zelotypa te non sinit esse quietum: / nec spem nec requiem suspiciosus habet *Babio* 293; Rollo .. cum non esset zelotipus, pulcherimam habebat uxorem MAP *NC* III 5 f. 42v; dummodo diligitur [conjunx] .. / nunquam zelotipa suspicione caret A. MEAUX *Susanna* 68; [gallus] pro ipsa [uxore] tanquam ~us specialiter pugnat BART. ANGL. XII 16; cum cruciatu mentis castitatem sue uxoris observabat, ~us namque fuerat *Latin Stories* 78. **b** o zelotiporum verissime, jam habeo quod volui! *Wager* f. 41a; hic zelotopus, *a kukwald WW*; *a cukewalde*, curuca, nirus, zelotipus *CathA* (cf. ib.: *a man jolyce*, ~us, zelotipus).

2 cuckolder, adulterer.

collum zelotipi zonat lasciva lacertis, / furtivos tactus digiti tractare laborant / quos .. lecto fieri negat illa marito D. BEC. 2045; meche furtivum lascive plus placet unum / stuprum zelotipi quam centum stupra mariti *Ib.* 2049.

3 who has ardent fervour, zealous (for).

non regis formido zelotipi, non spes promissi premii .. manus artificum a sacrilegio cohibuit GOSC. *Edith* 280; constat .. quod librorum deberetis esse ~i pre ceteris Christianis R. BURY *Phil.* 6. 85.

zelus [CL < ζῆλος]

1 jealousy, (resentful) envious feeling.

c802 quae .. terribili censura leguntur de his qui ~um habent amarum [cf. *Jac.* iii 14] ALCUIN *Ep.* 245 p. 395; **c1081** quod carnalis ~us quo animae uruntur vindicare in nobis nichil prevaleat LANFR. *Ep.* 10 (23); [Wilfridus] nec laudibus decipi nec vituperationibus in ~um poterat commoveri EADMER *Wilf.* 23; dedit locum janitrici celi claviger paradisi, pulchro inter celicolas commertio, ~o nullo W. MALM. *GP* III 115 p. 248; ~us Christianorum adversus Judeos in Anglia respiravit .. eorum vel emulando felicitatem vel inhiando fortune HIGD. VII 25 p. 88; Atys .. quem illa [Cybele] amasse dicitur et nimio ~o castrasse *Deorum Imag.* 12.

2 ardent fervour, zeal; **b** (w. subj. gen.); **c** (w. obj. gen.).

adversum .. illos qui aliter facere volebant ~o magni fervoris accensus BEDE *HE* IV 22 p. 261; que fortitudo .. sustinere queat .. faciem tuam ~o succensam et pre furore nimio rubicundam? J. FORD *Serm.* 7. 6; lector et auditor disputent si miles rectum habuit ~um et secundum scienciam qui .. pontificis .. iracundi secutus est sentenciam [cf. *Rom.* x 2] MAP *NC* IV 6 f. 50v; **c1211** quamquam ~o rectitudinis et non amaritudinis corripi .. debeant GIR. *Ep.* 6 p. 234; bonum ~um gererent G. COLD. *Durh.* 2 (cf. *Regul. Bened.* 72); **1252** qui .. incedunt armati insidiantes quibusdam malo ~o *Cl* 263; in quolibet scrutinio .. collatio [votorum] fiat triplex, sc. numeri ad numerum, meriti ad meritum, ~i ad ~um L. SOMERCOTE 41; **1304** fervor ~i quem dictum nobilem scimus erga rem publicam habuisse *Lit. Cant.* I 30; a**1350** qui .. majorem ~um ad negocia universitatis expedienda habeant *StatOx* 63. **b** **601** gloriose fili .. ~um rectitudinis tuae in eorum conversione multiplica (*Lit. Papae*) BEDE *HE* I 32; hic [frater] aliquando tentatus a carne amputavit sibi genitalia ~o pudicitie ECCLESTON *Adv. Min.* 6; **1256** ex fidei puritate et intime affectionis ~o circa nostrum statum (*Ep.*) *Leg. Ant. Lond.* 26; Parisiense palladium .. cernimus .. sublatum, ubi tepuit, immo fere friguit ~us schole tam nobilis R. BURY *Phil.* 9. 156; "irrisores Helizei .. ~us calvi sentiunt" [*in marg.*: apparet fratrem ob imperitiam '~us' abusum neutro genere] MORE *Ut.* 77. **c** in ~o .. domus Domini sacrae legis .. nunc persolvo debitum GILDAS *EB* 1; pontificem A. .. virum habentem .. ~um Dei quamvis non plene secundum scientiam BEDE *HE* III 3 (cf. *Rom.* x 2: aemulationem Dei); **1268** Leticie .. et Alicie .. quas .. credimus habere ~um animarum .. virorum suorum defunctorum *Cl* 14; **1321** litteras .. ~um pacis et quietis plenarium continentes R. BURY *Ep.* 68; [Syringa] propter ~um harmonie et coitus a viro suo recesserat et secuta est fistulas *Eul. Hist.* I 41; **1450** ~o justicie et libertatis .. preservande *Pri. Cold.* 168.

zemech, lapis lazuli, azure.

zimiech [ME: *zyneth*] est idem quod lapis lasurii, et est lapis vel vena terre unde fit lasurium BART. ANGL. XVI 103 (cf. *LC* 272: zemech est lapis lazuli).

zemia [ζημία], **zamia** [CL < ζαμία], penalty; **b** (in gl., conf. w. *simia*).

zemma parata manet †nigidis cumulata tenebris, / quo redeunt miseri zemma parata manet (*Hymnus*) *Mir. Nin.* p. 962. **b** hec zamia .. i. genus monstri pilosi, et dicitur quandoque pro fraude et pro qualibet deceptione .. 'ubi manum inicit benigne, onerat ibi aliquam zamiam' [Plaut. *Aul.* 197] OSB. GLOUC. *Deriv.* 631.

zemis v. zyma. **zemma** v. zemia. **zemnare** v. seminare. **zen-** v. et. xen-. **zenefactorium** v. caenovectorium.

zenia [cf. Ar. *thāniya*], one sixtieth of a minute, second.

dies in horas xxiiij, hora in dakaicas lx, dakaica [v. l. minuta] in lx ~as i. e. secundas dividitur ADEL. *Elk.* 2.

zenis [? cf. Ar. *sab'a*], (Arabic numeral) 7.

septima [figura integrorum est] V zenis .... .. figura .. zenis [significat] septenarium THURKILL *Abac.* f. 55v.

zenith, cenith [Ar. *samt al-rās* = *direction of the head*], (astr., also *~ith capitis*) the point in the sky directly overhead, zenith.

[meridianus circulus] ceniz capitum mundique supermeat axes HANV. VIII 393; voco .. ~ith capitis extremitatem linee recte ducte a centro terre per caput hominis usque ad firmamentum GROS. 16; est solstitium estivale et non potest sol magis accedere ad ~ith capitis nostri SACROB. *Sph.* 90; quando stella est in linea meridiei .. accedit ad ~ith capitis aspicientis BACON *Maj.* I 131; stelle per cenith †transeuntes [l. transeuntis] unus solus radius perpendicularis .. intrat in oculum aspicientis PECKHAM *Persp.* III 13; distancia poli septentrionalis a cenith capitis ville tue WALLINGF. *Rect.* 422; medietas [mundi] .. ab oriente usque ad cenit [v. l. cenith] habentibus speram rectam est pars anterior WYCL. *Log.* III 9.

zenium, zennium v. xenium. **zeno** v. xenos. **zenodochium** v. xenodochium.

zenozephalus, *var. sp. of* cynocephalus.

hic zenozephalus, A. *maremusset WW.*

zeodoar' v. zedoaria. **zephirus** v. zephyrus.

zephyrus [CL], west wind.

plus pernix aquilis, zephiri velocior alis ALDH. *Aen.* 100 (*Creatura*) 35; **801** nisi forte zephirus mutetur in subsolanum ALCUIN *Ep.* 215; sunt .. quattuor principales venti, quorum hec sunt nomina: subsolanus, zephirus [*gl.: west*], septentrio, auster BYRHT. *Man.* 202; quanto .. ad circii ~ique fines magis vergitur .. tanto .. salubrior aura fecundat GIR. *TH* I 3; s**1363** sequebatur ventus ille ~us .. non minor illo .. anni proximo preteriti, quamvis preroborata non prostravit J. READING f. 181b.

zericus v. sericus.

zerna [LL; cf. Sp. *sarna*], form of pustular skin disease, impetigo.

taurocolla .. cum aceto soluta ~as †limpidas lepras [Diosc. III 87: λειχῆνας καὶ λέπρας] emendat *Alph.* 183; ~a, derta, serpigo, est intensa inpetigo *Ib.* 198 (cf. Isid. *Etym.* IV 8. 6: inpetigo est sicca scabies .. hanc vulgus 'sarnam' appellant).

zerophagia v. xerophagia.

1 zeta [CL < ζῆτα], zeta, sixth letter of the Greek alphabet (also as numeral, = 7).

~a, 'z', Z, vij (*De Inventione Litterarum*) *Runica Manuscripta* 351; paramese .. ~a et py Grecum jacens WILL. 20.

2 zeta, *var. sp. of* diaeta, room, chamber (also fig.). **b** (mon.) refectory (*cf. diaeta* 1).

[Babilas] ad palatinas ducitur zetas [*gl.: ad regales aulas*] .. quatenus cum rege .. altercaretur ALDH. *VirgP* 33; copiosos pecunie sumptus .. unde municipia .. vallis et muris ac multiplicibus zetis undique clauderentur ORD. VIT. X 8 p. 40; quidam ad illum de sullimi zeta jubente projecit *Ib.* X 10 p. 61; ave, virgo, Verbi zeta WALT. WIMB. *Virgo* 7 (cf. ib. 8: Verbi cella); hec camera, hic conclavis, hec zeta, *a chambyre* WW. **b** zetam .. cum veluti pransurus intraret, tam vacuus .. a mense surrexit quam .. ad mensam accessit OSB. *V. Elph.* 127; pransurus cum zetam intrasset, [archiepiscopus] omnes .. hilariter excepit ... prandio .. celebrato, editiorem locum ascendit W. MALM. *Dunst.* II 32; domui vicina fuerunt / horrea, pistrinum, zeta, coquina, penu A. MEAUX *Susanna* 142.

zeugma [LL < ζεῦγμα], zeugma, figure in which a word or phrase is (implicitly) made to relate to more than one other (typically grammatically parallel) word or phrase in the same clause; **b** (fig.).

~a, i. e. conjunctio, dicitur figura quando multa pendentia ad uno verbo aut una sententia conclduntur .. ut .. 'omnis amaritudo et ira et indignatio .. tollatur a vobis' [*Eph.* iv 31] BEDE *ST* 144; dicimus quia [haec constructio] ~a est, ut sit 'meminerit testamenti sui' .. et 'meminerit servorum suorum' [*II Macc.* i 2] ABBO *QG* 18 (40); est ibi zeuma, ut hic 'et Helena et Paris est albus' NECKAM *SS* I 28. 4; de zeumate .. dicendum quod est unius ad diversas clausulas discreta et ordinata reddicio BACON XV 71; esto .. ~a quoties in similibus clausulis commune aliquid in una positum in aliis non mutatum desyderatur LINACRE *Emend. Lat.* f. xlii v. **b** pulcrum in te fecit zeuma / cum univit Verbo pneuma / dupplicem substanciam WALT. WIMB. *Virgo* 31.

zeugmaticus [LL zeugma+-icus], of zeugma, zeugmatic.

in zeumatica construccione attribuitur aliquid .. divisim aliis BACON XV 73.

zeum- v. zeugm-. **zeuma** v. zeugma. **zeumaticus** v. zeugmaticus. **zhourus** v. 1 sorus.

zibac [Ar. *zībaq*], (alch.) quicksilver, mercury.

aqua mineralis Raymundina .. de qua dicit Maria prophetissa "fac aquam tuam sicut aquam currentem ex aliquo zaiboth minerali et vegetabili divinitus elaboratam" RIPLEY 346 (cf. *LC* 271b: zaibac, zaibuch .. est argentum vivum).

zibettum [Ar. *zabād*], African civet cat (*Civettictis civetta*).

nuper fortuna mihi ~um animal ex Africa obtulit CAIUS *Anim.* f. 6; longum est ~um a capite ad caudam pedem unum, palmos tres, et digitum unum Rom[anum] *Ib.* f. 6b.

zilzizeleon v. zinzeleon. **zima** v. zimia, zyma.

†**zimaton,** ? *f. l.*

†zimaton [v. l. ximacon; ? *i. e.* sycaminum; cf. (v. xylomacor)], i. cortex celsi *Alph.* 193.

zimia [Ar. (*ū*)*dīmā* < οἴδημα; cf. udimia], (med.) phlegmatic abscess, oedema.

apostema ex sanguine flegmon vocatur, ex colera herisipila, ex flegmate ~ia sive palus, ex melancholia sclirosis GILB. IV 202v. 2; si .. est magis vincens flegma quam deberet .. generatur tunc apostema molle quod nominatur undimia vel ~ia vel pallus GAD. 24v. 2; ~a [v. l. ~ia], i. apostema factum de flemnate *Alph.* 198; ~a est apostema †flancorum [*sic* MS] molle sine dolore *SB* 44.

zimiech v. zemech.

ziminum, *var. sp. of* cyminum.

1213 in iij li. zinziberis et iij li. canelle et xx li. zimini *Cl* 128b.

†**zimis,** *f. l.*

avencia [v. l. avancia], pes leporis, gariofilata, sanamunda, †zimis [v. l. ozimus, *i. e.* osmius] idem, G. et A. *avense Alph.* 17.

zimum v. zyma.

zimus, *var. sp. of* 2 thymus [CL < θύμος], small warty excrescence.

sunt alie verruce crispe et minute et dicuntur zimi GILB. III 170. 1.

zimziber, zinciper v. zingiber.

zingar [Ar. *zinğār*], bluish-green rust of copper or brass, verdigris.

zinzer, i. viride eris *SB* 44 (cf. *LC* 272a: ~ar, zimar, zynser, est viride aeris vel flos aeris).

zingiber [CL zingiberi], ~**ziber** [LL zinziberi], **gingiber** [LL]

1 (spice made from) root of the ginger-plant (*Zingiber officinale* or sim.), ginger. **b** (~*ziber viride*) undried ginger (typically preserved in syrup), 'green ginger'. **c** (~*ziber conditum*, med.) conserve of ginger (used as digestive or aphrodisiac).

s**1123** milites .. terram suffoderunt invenerunt in cistis [recondita] .. piper, gingiberum, et alia hujusmodi S. DURH. *HR* 274; **1130** in emptione piperis et cumini et gingibri .. ad opus regis *Pipe* 144; si [mercator foranus] piper vel cuminum vel gingiber .. attulerit, non minus quam xxv li. simul vendat (*Lib. Lond.*) *GAS* 673; **1213** in iij li. ~ziberis et iij li. canelle *Cl* 128b; **1234** retineri .. ad opus regis .. dim. centenam de ~zibere sicco *Cl* 381; **1242** pro una bala ~zibre ix li. vj s. et j d. *RGasc* I 31b; ~giber est radix herbe et est calidum et humidum BART. ANGL. XVII 195; sicut in balsamo et cinamomo et in gingimbere patet BACON XI 231; c**1250** saccus cinzibri, ij d. *DCCant.* Reg. H f. 162a; **1290** de ~zybre [? l. ~zybere], cetewale, pipere, cumino *Doc. Scot.* I 189; **1292** in zucara, gingibaro, galanga .. et aliis speciebus *Sacr. Ely* II 17; pro qualibet bala gyngiberis .. iiij d. *Oak Bk. Southampt.* II 24; ?**1303** saccus cincibri, ij d. (*KR AcCust* 157/12) *EEC* 161; **1309** de creto .. de gingebro .. de pipere (*JustIt*) S. *Jers.* XVIII 252; **1310** de vj s. vj d. de iij li. j quar. ~siberis electi .. et de xxiij s. ij d. ob. de xx li. j quar. ~siberis Columbe .. et de xxxvij s. xj d. ob. de xxix li. dim. et j quar. ~siberis communis *Ac. Exec. Ep. Exon.* 8; **1335** in j copula ~ziberi et pynonade *Comp. Swith.* 247; species non pulverizate, sicut zimziber, zedoare, galenga .. pertinent ad priorem *Cust. Cant.* 362; **1367** in expensis factis in .. cera, zynzibero, pipere *ExchScot* 215; c**1393** in .. speciebus emptis .. pro galeia, viz. croco, pipere, ~subero *Ac. H. Derby* 228; c**1393** pro croco [et] ~subre emptis *Ib.* 253; s**1405** post prandium .. cum convivis communicans .. [papa] synziberum et piper propriis manibus .. distribuit AD. USK 98; **1472** unam vesicam cum pulvere ~zeperi et sinamomi *Pat* 529 m. 19; *ginger,* ~ziber, ~zebrum *CathA*; **1534** de T. P. per cellerarium in ~zibro empto, v d. *Househ. Bk. Durh.* 37; **1542** ij uncie ~ciperis *Rutland MSS Ac. Bailiff* 31-4 *Hen. VIII* r. 28; ~ziperis *Ib.* **b** **1380** ij magnas ollas ~ziberis viridis, j vergentam zinzibiris facti cum aqua limonis *Foed.* VII 233a; c**1393** pro vij li. j quar. gingebris viridis in ij ollis .. xiiij s. vij d. *Ac. H. Derby* 154; **1417** in j li. de viride zynzybere empto, j s. viij d. *Doc. Robertsbr.* 165; **1440** pro j olla synzyberis veridis, val. vj s. viij d., cust. j d. *Port Bk. Southampt.* 80. **c** apotecarii in apoteca habent .. ~ziberum conditum GARL. *Dict.* 129; ~ziber conditum usuale sic fit. ..

stomachum confortat, digestivam virtutem adjuvat, vicio pectoris ex frigiditate valet, renes confortat, libidinem potenter excitat GILB. V 215v. 2; electuaria et hujusmodi sumenda post prandium .. ut ~ziber conditum ad confortandum (J. MIRFIELD *Brev.*) *Pop. Med.* 50; de speciebus [plus fecundancia sunt] ~ziber conditum .. saturien .. cum aliis communiter positis per doctores KYMER 19.

2 ginger-plant (*Zingiber officinale* or sim.).

1279 H. le C. [tenet] vij acras pro ob. [et] j racium [*sic*] jungiberis *Hund.* II 328b; **1295** reddendo .. annuatim michi .. unam radicem ~zeberis ad Pascha *Cart. Osney* I 55; ~ziber arbor est nascens in Arabia. sunt .. ejus radices minute et exalbide et leves et velute crinite, saporem [habentes] suavem et similem piperi [cf. Diosc. II 160] *Alph.* 198; [abbas] acquisivit .. de R. S. .. annuum redditum ij s., ij d., j rose, et j radicis ~ziberi *Meaux* II 305.

3 (in gl.).

†gingium, A. *gyngebred WW.*

zingiberatum, ~ziberatum [zinziber+-atum], **gingebrasium** [OF *gingembras*], **gingebrada** [ME *gingebred*], ginger preserved in syrup, 'gingerbread'.

1236 quod emi faciant ad opus regis .. v vel vj butisellos gingibratti boni *Cl* 397; **1242** quod emi faciat ad opus domini regis .. iij curdas de gyngibratto *Cl* 509; in diebus quibus non utimur vomitu vel potione, dabimus ~ziberatum GILB. VII 320. 1; **1258** quod .. liberent .. ad opus .. regine contra .. quadragesimam .. j quartron' zinziberis .. et iij botizellas gingiberat' *Cl* 186; **1258** xiij curde de gingebrato *Cal. Scot.* I 416; **1285** pro una gurda gingibrasii .. lxx s. (*KR Ac*) *Arch.* LXX 31; **1285** vij li. gingebrasii, v s. x d. (*KR Ac*) *Ib.* LXX 32; **1290** pro j gurdo gingebrade, ponderis xxviij li., xlij s. *Doc. Scot.* I 140; **1303** pro xxx libratis gingebratti, zucare, seffranne, et aliarum specierum (*KR AcCust*) *EEC* 271.

zingnites [? *corruption of* CL lychnites < λυχνίτης], kind of vitreous stone, said to have magical properties.

~es lapis est vitrei coloris qui gestatus in collo valet contra nyctalopam et sanguinem stringit et mentis alienationem repellit, et si tenetur ad lignum accensum, extinguitur flamma ejus [cf. Damigeron *De Lapidibus* 28] BART. ANGL. XVI 104.

zinodus v. synodus. **zinsiber, ~suberum, ~subris** v. zingiber.

zintala, (in gl.) mosquito.

a gnatte, culex, ~a *CathA*.

zintalicium [zintala+-icium], (in gl.) mosquito net.

a gnatte nett, canopeum, ~icium *CathA*.

zinzania v. zizanium. **zinzeber, ~brum** v. zingiber.

zinzeleon [? *by erron. expansion of abbr. for* CL quinquefolium], creeping cinquefoil (*Potentilla reptans*).

†zilzizeleon [v. l. zinzilion, pentafilon, A. *fyvelevedgras*] *Alph.* 198.

zinzeperum v. zingiber. **zinzer** v. zingar.

zinziare [CL], ~**itare** [LL], (of blackbird or thrush) to emit its cry.

meruli ~itant ALDH. *PR* 131; est .. proprietas .. merulorum ~iare OSB. GLOUC. *Deriv.* 78; ~innare proprium †pardorum [l. turdorum] est *Ib.* 632; et merulus modulans tam pulchris zinzitat odis [*Carm. de Philomela*] HIGD. I 25 (*recte* 24) p. 236; *to cry* .. †mulorum [l. merulorum], ~iare *CathA*.

zinziberum, zinzibra, zinzibrum v. zingiber. **zinzilion** v. zinzeleon. **zinzinnare** v. zinziare. **zinziper** v. zingiber. **zinzitare** v. zinziare. **zinzugia** v. syzygia. **zinzybris** v. zingiber. **zion** v. aizoon.

ziphera, *var. sp. of* cifra, (pl.) shorthand characters, 'ciphers'.

hodie .. ita frequens est modus iste scribendi ut nullus viz. sit neque princeps neque civis quin suas habeat notas, vulgo 'zipheras' nuncupatas P. VERG. *De rerum inventoribus* ed. Copenhaver (Cambridge, MA, 2002) II 8. 6.

zipula [crispula], small fried pastry, fritter, 'crisp'.

zipule, i. crispelle vel crispule idem *Alph*. 198 (cf. Simon of Genoa, *Clavis Sanationis*: zipule, frictele, crispelle, panis frixus in oleo).

zirbalis [zirbus+-alis], (in quot. of rupture) of or pertaining to the *zirbus*, omental.

hernia habet multas species, est enim .. quedam varicosa, quedam ~is, quedam intestinalis GAD. 129. 2.

zirbus [Ar. *ṭarb*]

1 (anat.) inner peritoneal membrane, omentum, caul (also transf., w. ref. to gut).

vene et artarie dilatantur intantum quod circumdant totum stomachum et intestina in modum cujusdam sacci, quod tegmentum '~us' appellatur *Ps.*-RIC. *Anat*. 34; per ~um [v. l. cirbum; *gl*.: *boel*] et longaonem feces descendunt ad anum GARL. *Dict*. 122; alii ~um emiserunt per vulnus, non tamen mortui fuerunt GILB. V 234. 1; sunt super ventrem primo cutis exterior, deinde mirac, deinde sifac, deinde ~us, deinde intestina GAD. 129. 2; hoc cirbrum, *a gute WW* (cf. ib.: hic cirbus, A. *hars-tharme*); ~us sive omentum sub peritonaeo exporrigitur. .. intestina plurima et imum ventriculum operit et alimenti coctionem expedit D. EDW. *Anat*. A4.

2 (hard or solid) abdominal fat.

omentum, ~us, †obdemen [l. abdomen], sumen, †sanguinum [l. sagimen], arvina, axungia idem. quando quodlibet horum simpliciter ponitur, pro porcina intelligitur *Alph*. 129; ~us est .. pinguedo que inferius adheret ventri *Ib*. 199.

zirca v. cyrta.   **zirmon** v. smyrnium.   **zirunge** v. zirungen.

zirungen [? Ar.], kind of medicinal ingredient (in quot. used to heal the joints).

recipe †scariole [al-Rāzī, *De Aegritudinibus Juncturarum* (Venice, 1497) f. 88va: sarcocolle] rubee [3 iij], ~en ana aureos ij GILB. VII 321. 1; ~en [al-Rāzī, *De Aegritudinibus Juncturarum* (Venice, 1497) f. 88vb: zurungem] habet magnam virtutem in omnibus doloribus juncturarum, sed destruit appetitum comedendi et desiccat juncturas cum in magna quantitate sumitur *Ib*. VII 321v. 2; admiscemus semper cum ~en anisum, zinziber, masticem *Ib*.; accipe †fatarangi viridem [al-Rāzī, *De Aegritudinibus Juncturarum* (Venice, 1497) f. 90ra: fumiterre viridis] vel ~e in estate, conquassa bene cum sepo, et pone super dolorem anche vel juncturarum *Ib*. VII 324. 2.

ziruph [Heb. *ziruf* = *combination*], form of cabbalistic decipherment involving systematic (reciprocal) substitution by reference to alphabet(s) divided into pairs of letters.

hanc .. operationem tibi .. commendo .. utilissimam. hac ego in Hebraeorum tziruph (sive thmura) cum maxima voluptate uti soleo DEE *Monas* 210.

zitanus, (in gl.) badger.

zitanus, i. taxus, A. *a brook WW*.

zitharius, *var. sp.* of citharius [cf. CL citharista], one who plays the *cithara*.

1546 dedi pandochiis zithariis mandatus a preside pro oblatione sua xij d *REED Cambridge* 142.

zituala v. cetewala.   **zizania** v. zizanium.

zizanicus [LL zizanium+-icus], of *zizanium* (in quot. in fig. context, w. ref. to *Matth*. xiii 24ff).

ut natorum nutrix .. suo ~annico semine hostem ingredi .. permittit *Regina Rhet*. 187.

zizanion v. zizanium.

zizanium, ~ania [LL < ζιζάνιον], 'zizany', kind of grass growing as a weed among corn, prob. darnel (*Lolium temulentum*); **b** (fig. or in fig. context, w. ref. to *Matth*. xiii 24ff).

[Augustus dicitur] *Weodmonath*, mensis ~aniorum, quod ea tunc maxime abundent BEDE *TR* 15; lollium, ~annia, nigella idem, G. *nele*, A. *kokkel*, nascitur intra triticum *Alph*. 105; *cokylle*, quedam aborigo, zazannia *CathA*; lolium Graeci 'eram' vocant, nonnulli '~anion', Angli *darnell*, indocti quidam *cockell* TURNER *Herb*. (1965) 52. **b** c**655** ut ipse [antistes]

.. omnem inimici ~aniam ex .. vestra insula .. eradicet (*Lit. Papae*) BEDE *HE* III 29; Deus qui bonorum semen in sua ecclesia serere consuevit .. zyzaniorum superseminatorem a vobis procul repellat EGB. *Pont*. 60; s**1263** quidam emuli .. seminaverunt zysanniam super triticum, clam procurantes ut .. GERV. CANT. *GR cont*. 228; inter eos pululans ~annia discordie in malum excrevit vehemencius ipsosque oppressit difficilius DOMERH. *Glast*. 377; ut a musica erroris ~ania evellatur, necessarium est quod tritici veritatis spice per hujus sciencie principiorum noticiam manifestantur TUNST. 201a; quia opportune ad spinas, cardones, et sizannia defalcanda et extirpanda tunc temporis instetit messis .. plures officiarios expulerunt FAVENT 13; **1400** quanto .. inimicus hominum gravius in inhumanis cordibus seminaret hujusmodi zinzanie vel fermenti speciem .. *Lit. Cant*. III 73; c**1412** ut heresium et errorum ~annia .. extirpentur radicitus, statutum est quod .. omnes .. juramentum prestent .. quod nullus .. in suo hospicio .. admittat aliquem .. de .. Lollardica pravitate .. suspectum *StatOx* 222.

zizann- v. zizan-.

ziziphum [CL], ~a, the jujube tree (*Zizyphus jujuba*) or its fruit, jujube.

sisippum, i. †ciperum [l. ciprum; cf. Plin. *HN* XII 109: cypros in Aegypto est arbor, ziziphi foliis] *Gl. Laud*. 173; sisipia, cum attramonto sutorio cocta, cacostomachum est et ventrem mollit, †filiis [l. foliis] utimur *Alph*. 173.

†zizonte, *f. l.*

philosophi ponunt animam in †zizonte [l. orizonte] †extremitatis [l. eternitatis] et temporis GILB. IV 184v. 2.

zmaragdus v. smaragdus.

zoacherium, (as name or title of book).

1452 lego domino J. G., celebranti in Greschurch-stret Londonii, unum librum vocatum '~ium' (*Test. Roff.*) *MunAcOx* 647.

zodaicus v. zodiacus.

zodiacus [CL < ζῳδιακός], (in gl.). **b** (*circulus ~us*, also as sb. m.) celestial belt that houses the wandering stars and is centred on the path of the sun, zodiac.

zotiacus, animalis *GlC* Z 1; zoziacum, sideralem *Gl. Leid*. 27. 10; ~us, sideralis *Ib*. 44. 23; hic ~us .. i. sideralis, quia *zodis* Grece sidus Latine OSB. GLOUC. *Deriv*. 631. **b** mathematici in explorandis hominum genituris .. ~um circulum in xij signa .. distribuunt BEDE *TR* 3; est unus circulus qui '~us' vel 'horoscopus' .. appellatur .. per quem sol et luna et stella Saturni, Jovis et Martis, Veneris, et Mercurii decurrunt BYRHT. *Man*. 4; zotia, i. e. signa, inde circulus iste 'zotiacus' dicitur quasi circulus signorum vel signifer *Miss. R. Jum*. 26; inter septem planetas per ~um circumeuntes discurrit etiam draco, sed contrario motu WALCHER *Drac*. 87; sol quanto in remotiores a ~o partes radios mittit, [tanto] minorem .. vim caloris exercet GIR. *TH* I 39; zodiaco nomen animalia dat, quia *zoas* / est animal NECKAM *DS* I 289; adimplet .. Deus annum cum deducit solem .. ab eodem puncto ~i in idem punctum GROS. *Cess. Leg*. I 10. 27; ~us qui est circulus in celo octavo dicitur '~us mobilis' .. set .. ~us principalis est in celo nono .. et hic ~us .. dicitur 'inmobilis' BACON V 15.

zodion [LL < ζῴδιον], sign of the zodiac.

zotia, i. e. signa, inde circulus iste 'zotiacus' dicitur quasi circulus signorum *Miss. R. Jum*. 26.

zodoar, zodoarium v. zedoaria.

zoe [LL < ζωή]

1 animate existence, life (in quot. w. ref. to afterlife).

a Domino .. qui zoen [*gl*.: i. vitam] eternam prestat omnibus ad se confugientibus LANTFR. *Swith*. 1.

2 manner of living, way of life.

[Colmanus de Paschae ratione] docte quidem morem narrans depromsit avitum / utpote preteritae recolens coragia zoe [i. e. zoes; *rec*. 2: sectae] FRITH. 261.

zoerus v. 1 sorus.   **zoma** v. 2 soma.

zona [CL < ζώνη]

1 belt or cord worn around the waist, girdle (also fig. or in fig. context). **b** band or strap placed round the body of a horse, girth (*cf. zonica*).

716 [presbiter] ~am ferream circa lumbos .. amore Domini cogente habuerat BONIF. *Ep*. 10 p. 14; ante cibum licite fiat laxatio zone D. BEC. 994; vestes sacerdotis .. alba, dalmatica, stola, cingulum sive tropheum sive ~a sive balteum NECKAM *Ut*. 119; homines .. nudis .. corporibus preter ~as latas de crudis animalium coriis quibus stringebantur GIR. *TH* III 26; zona [fidei] .. rumpitur cum .. caritatis ~a et .. pacis vinculo .. animam unit Deo J. FORD *Serm*. 7. 7; **1256** ivit Ricardus [capellanus] in cameram forinsecam et suspendit se ipsum †cona [l. ~a] sua *AssizeR Northumb* 83; ligatur quandoque ~a pro memoria rei habenda *AncrR* 156; c**1332** [articulamus quod] tu .. defers .. unam bursam sericam et sonam sericam .. contra decenciam ordinis (*Vis. Ipswich*) *EHR* XLVII 270; c**1422** pro auro .. empto .. pro quadam ~a pro corpore regine inde facienda, xxj s. j d. (*KR Ac*) *JRL Bull*. XXVI 90. **b 1237** in zonibus, aurifragiis, fresell', et alio apparatu j selle ad opus regine *Pipe* 81 r. 15.

2 one of the encircling regions of the celestial or terrestrial sphere, zone.

sunt .. Aethiopes .. quos sol .. semper adurit, quia sub tertio ~arum ferventissimo et torrido mundi circulo demorantur *Lib. Monstr*. I 9; ut 'aequinoctialem' vocent '~am' vel 'circulum' illam caeli regionem qua sol circa aequinoctia .. mundum consuevit ambire BEDE *TR* 34; **957** per diversa quinque †tonarum [l. ~arum] liniamenta *CS* 995 (cf. *Ch. Abingd*. 55: **956** ~arum); cum .. per torridam mediamque ~am .. feratur occeanus perque eandem .. versetur planetarum cursus .. mare calefieri necesse est ADEL. *QN* 51; est .. in Norwagia fons similis nature, sed tanto .. efficacie majoris quanto ad frigidam ~am magis accedit GIR. *TH* II 7 p. 86; Caldeorum est sententia tres ~as esse BERN. *Comm. Aen*. 87; duo tropici et paralellus articus et paralellus antarticus distinguunt in celo quinque ~as ... distinguuntur etiam totidem plage in terra directe predictis ~is supposite SACROB. *Sph*. 94.

3 *f. l.*

cum †zona [l. zoma, i. e. soma] finivit, ad tartara spiritus ivit (*Oratio de Passione*) *Anal. Hymn*. XXXI 53.

zonare [CL zona+-are]

1 to surround with a girdle, to girdle (also fig.).

[aquila] arborem zonat stipulis et vimine truncum WALT. ANGL. *Fab*. 13. 5; si te doctorem zonet doctrina legentem / .. discentibus esto fidelis D. BEC. 1712; [mulier] tenet et zonat clamidatque cibatque misellos *Ib*. 1976; *beltyd*, singulatus, ~atus, cinctus *CathA*.

2 (p. ppl. as sb. f., in gl.).

hec mantica, A. *male*. hec ~ata, idem *WW*.

zonaria [CL zona+-aria], place where girdles are made or sold, 'girdlery'.

1258 ego magister N. de H. .. concessi .. ecclesie B. Petri .. terram cum domibus .. in ~ia Gloucestr' *Arch. Soc. Bristol & Glos rec. ser*. XI no. 219; **1258** xxx et viij s. annualis redditus .. reddere consuevit de tenemento quod tenuit in ~ia Glouc' *Ib*. XI no. 298.

zonarius [CL], one who makes girdles, girdler (also passing into surname).

hic ~ius .. qui facit zonas OSB. GLOUC. *Deriv*. 631; c**1229** talliam Benedicti ~ii de Norwico .. de thm. m. *DCWestm*. 9011; a**1250** ~ius habeat zonas de cerico, lino, vel de coreo, sc. nigro, rubeo, vel albo, plusculas de ferro, cupro. item habeat planas zonas vel barratas sive membratas membris rotundis vel quadratis (*Nominale*) *Neues Archiv* IV 341 (cf. GARL. *Dict*. 123: corigiarii); **1262** concessi .. Sywardo de Bamptone ~io .. seldam suam cum solario supra .. in lormeria Oxonie *Cart. Eynsham* II 225; **1356** si aliquod opus ~iorum garnitum fuerit de plumbo, peutro, stanno, seu alia falsa re .. dictum falsum opus combureretur et .. operarii .. punientur (*Cl* 194 m. 4*d*.) *RParl* II 456a; **1388** pro anima S. A. quondam civis et ~ii London' *IMisc* 241/19 m. 4; **1416** capiantur .. due [persone] de discrecioribus ~iorum .. ad scrutandum quodcumque corium tannatum portandum .. ad civitatem (*Ord. Tannatorum*) *Mem. York* II 163.

zonella [CL zona+-ella], (in gl.) belt or cord worn around the waist, girdle.

    hec zona .. unde hec zonula .. et hec ~a .. ambo diminutiva OSB. GLOUC. *Deriv.* 631; *a belte* .. zona, †zonuba [l. zonula], ~a *CathA.*

zonica [CL zona+-ica], (in gl.) band or strap placed round the body of a horse, girth.

    hec ~a, hoc trossolare, *trosse Gl. AN Glasg.* f. 21va; hec zoni[c]a, *trusse Gl. AN Ox.* 404.

zonicare [zonica+-are], (in gl.).

    ~o, A. *to gyrde up WW.*

zonifragium [CL zona+fragium], (in gl.).

    hoc ~ium .. i. fractio zone OSB. GLOUC. *Deriv.* 631.

zonis v. zona.   **zonuba** v. zonula.

zonula [CL zona+-ula], belt or cord worn around the waist, girdle.

    hec zona .. unde hec ~a .. et hec zonella .. ambo diminutiva OSB. GLOUC. *Deriv.* 631; hoc [loculum puellarem] feret .. zonula HANV. IX 373; nec cessebant xeniola, sc. torques, anuli, ~e, serice vestes MAP *NC* III 2 f. 34; *a belte* .. zona, †zonuba [l. ~a], zonella *CathA.*

zotiacus v. zodiacus.

zoticus [ζωτικός], of or pertaining to (the sustaining of) life, vital.

    de formatione cerebri et ~arum virtutum ordinatione in embrione ALF. ANGL. *Cor* 15 *tit.*; qua materie cognatione .. ~as in ipso [cerebro] virtutes .. omnium auctor collocaverit *Ib.* 15. 5; cerebrum .. spirituum et ~arum virtutum domicilium est *Ib.* 16. 7.

zotion v. zodion.   **zoudare** v. soudare.   **zoukrum** v. succarum.

zoundare, *var. sp. of* soundare [ME *sounden*; cf. OF *sonder*], to sink a rod or line into (water) to ascertain the depth or quality of the bottom, sound.

    1391 pro una longa virga vocata *soundour* pro aqua sub ponte zoundanda, iiij d. *Ac. Bridge Masters* 10 m. 12.

zourus v. 1 sorus.   **zoziacus** v. zodiacus.

zubro [ORuss. *zubr'*], aurochs (*Bos primigenius*) or perh. European bison (*Bison bonasus*), zubr.

    14.. ~ones, ferocissime bestie ad longitudinem xv cubitorum, et cornua maxima habent (*Dict.*) *MS Trin. Coll. Camb. O. 5. 4* f. 275r.

zucar- v. succarum.

zucarium, *var. sp. of* succarum.

    pone aliquem cibantem se aliqua re dulci, ut zucario, melle, lacte BRADW. *AM* 128.

zuccar-, zuccer-, zuccher- v. succar-.   **zuccoraria, ~ium** v. succoraria.   **zucha** v. sucha.   **zuchar-, zucher-** v. succar-.   **zucheus, ~ia** v. sucha.   **zucr-, zucur-, zugur-, zuker-** v. succarum.   **zurungem** v. zirungen.   **zuschia** v. sucha.

zyma [ζύμη], fermenting agent added to dough to make it rise, leaven (also fig.); **b** (~*a vetus*, w. ref. to *I Cor.* v 7).

    modo tedet veri lima / .. modo zima / placet adulancium WALT. WIMB. *Van.* 117; zimum vel zemis, i. fermentum, extenuatorium est et mediocriter calefacit *Alph.* 198; *sowre daghe,* fermentum, zima *CathA.* **b** a zima veteri mundentur animi / baptissimo [*sic* MS] fletuum, ut simus azimi WALT. WIMB. *Sim.* 204; *aldesynne,* zima vetus, vetus peccatum *CathA.*

zynziberum, ~zyber v. zingiber.   **zysannia** v. zizanium.   **zystra** v. thistra.

zythum [CL < ζῦθος], sort of drink made from fermented malt, (Egyptian) beer.

    hunc liquorem .. nominant .. alii '~um', ut Aegyptii .. alii 'cervisiam', ut Galli CAIUS *De ephemera Britannica* (Louvain, 1556) f. 153; ~um renes et nervos tentat, cerebri membranas officit, inflationem parit, vitiosum succum creat, et elephantiasin .. gignit [Diosc. II 87] *Ib.* (Louvain, 1556) f. 154.

zyzanium v. zizanium.